D1752963

Handbuch der Anwaltshaftung

von

Dr. Horst Zugehör,
Richter am Bundesgerichtshof a.D., Oberhausen

Dr. Gero Fischer,
Vorsitzender Richter am Bundesgerichtshof, Karlsruhe

Dr. Oliver Sieg,
Rechtsanwalt, Düsseldorf

Heinz Schlee,
Abteilungsdirektor, München

2. überarbeitete und erweiterte Auflage

ZAP Ein Unternehmen
vom LexisNexis

ISBN 3-89655-212-0
978-3-89655-212-9

© ZAP Verlag für Rechts- und Anwaltspraxis GmbH & Co. KG, 2006

Alle Rechte sind vorbehalten.

Dieses Werk und alle in ihm enthaltenen Beiträge und Abbildungen sind urheberrechtlich geschützt. Mit Ausnahme der gesetztlich zugelassenen Fälle ist eine Verwertung ohne Einwilligung des Verlages unzulässig.

Druck: Bercker. Kevelaer

Vorwort

Das **umfassende Handbuch der Anwaltshaftung** dient einer sachgerechten **Vorsorge** gegen Eigenhaftung, der fachlichen **Bewältigung eines Regresses** aus anwaltlicher Berufstätigkeit und der **versicherungsrechtlichen Abwicklung** eines solchen Schadensfalles. Deswegen wendet sich dieses Buch vor allem an **Rechtsanwältinnen und Rechtsanwälte** – auch an **steuerberatende Anwälte** –, die von Schadensersatzforderungen betroffen oder mit der Geltendmachung oder Abwehr eines Regressanspruchs beauftragt sind, sowie an **Richter** und **Haftpflichtversicherer**. Mitbehandelt wird die Haftung von **Steuerberatern**, die von der höchstrichterlichen Rechtsprechung der Anwaltshaftung im Wesentlichen gleichgestellt wird, und – vor allem im Bereich der „Dritthaftung" – von **Wirtschaftsprüfern**.

Erläutert werden die **Vertragshaftung des Rechtsanwalts gegenüber seinem Auftraggeber** (Mandanten) und **gegenüber Dritten** („Dritthaftung"), die **außervertragliche** – insbesondere deliktische – Anwaltshaftung sowie die **Berufshaftpflichtversicherung des Rechtsanwalts**. Dabei werden die gesetzlichen **Änderungen des Leistungsstörungs-, Schadensersatz-, Vergütungs- und Verjährungsrechts** – insbesondere mit den für die Praxis wichtigen Fragen des **Übergangsrechts der Verjährung** und der **Haftungsbeschränkung durch Verjährungsvereinbarung** – eingehend erörtert. Die Reihenfolge der Abschnitte entspricht den Schritten, die bei der Prüfung eines Regressanspruchs beachtet werden sollten. „**Checklisten**" erleichtern die Haftungsprüfung im konkreten Fall.

Im Mittelpunkt der Erläuterungen steht die **aktuelle Rechtsprechung des IX. Zivilsenats des Bundesgerichtshofs**, der für die Anwaltsregresse und die Haftung aus steuerlicher Beratung zuständig ist. Auf **Spezialliteratur** wird in jedem Abschnitt verwiesen. **Rechtsprechungsübersichten** zu den einzelnen Abschnitten vermitteln in Leitsätzen wichtige Entscheidungen. Den Erläuterungen der schwierigen Bereiche der Kausalität, der Zurechnung und des Schadens sowie der Verjährung sind **Leitfäden** angefügt.

Vorsitzender Richter am Bundesgerichtshof Dr. Gero Fischer – Vorsitzender des zuständigen IX. Zivilsenats – behandelt Pflichtwidrigkeit und Verschulden sowie die – regelmäßig schwierigen und fallentscheidenden – Bereiche der Kausalität, der Zurechenbarkeit und des Schadens.

Richter am Bundesgerichtshof a.D. Dr. Horst Zugehör – früheres Mitglied des IX. Zivilsenats – erläutert die vertraglichen Grundpflichten des Rechtsanwalts, die Pflichten des Mandanten, das Mitverschulden des Auftraggebers, das neue Leistungsstörungsrecht, die Verjährung von Regressansprüchen nach altem und neuem Recht, die vertragliche und vorvertragliche Dritthaftung des Rechtsanwalts (gegenüber Nichtmandanten) und die anwaltliche Deliktshaftung.

Rechtsanwalt Dr. Oliver Sieg, dessen Tätigkeitsschwerpunkte u. a. das Gesellschafts- und Haftungsrecht sind (u. a. „Internationale Anwaltshaftung", 1996), erörtert den Anwaltsvertrag einschließlich des Mandats mit Auslandsbezug und mit Beteiligung mehrerer Rechtsanwälte – auch in Gesellschaften (einschließlich der neuen Rechtsprechung zur Sozietät) –, die Möglichkeiten vertraglicher Haftungsbeschränkungen und die anwaltlichen Einzelpflichten.

Heinz Schlee – Abteilungsdirektor eines großen Haftpflichtversicherers – befasst sich (aus seiner persönlichen Sicht) mit der Deckung von Haftpflichtansprüchen durch die Berufshaftpflichtversicherung für Rechtsanwälte.

Wir danken Frau Ass. jur. Birgit Kerber – Lektorin des Verlages – für ihre tatkräftige Unterstützung.

Karlsruhe, München, Düsseldorf und Oberhausen, im März 2006

Dr. Horst Zugehör
Dr. Gero Fischer
Dr. Oliver Sieg
Heinz Schlee

Bearbeiterverzeichnis

Es haben bearbeitet:

Rechtsanwalt Dr. Sieg – unter Mitarbeit von Rechtsanwalt Dr. Rothe –

Teil 1	Abschnitt 1	– Anwaltsvertrag (Rn. 3 ff.)
	Abschnitt 2 B	– Einzelpflichten des Rechtsanwalts (Rn. 603 ff.)
	Abschnitt 2 C	– Haftung für Hilfspersonen (Rn. 794 ff.)
	Abschnitt 2 E	– Rechtsprechungslexikon (Rn. 940)
Teil 3	Abschnitt 1	– Geschäftsführung ohne Auftrag und ungerechtfertigte Bereicherung (Rn. 1914 ff.)

Richter am BGH a.D. Dr. Zugehör

Teil 1	Abschnitt 2 A	– Allgemeine Vertragspflichten des Rechtsanwalts (Rn. 478 ff.)
	Abschnitt 2 D	– Pflichten des Mandanten (Rn. 801 ff.)
	Abschnitt 2 E	– Rechtsprechungslexikon (Rn. 940)
	Abschnitt 5	– Neues Leistungsstörungsrecht (Rn. 1098 ff.)
	Abschnitt 6	– Mitverschulden (Rn. 1217 ff.)
	Abschnitt 7	– Verjährung vertraglicher Regressansprüche (Rn. 1251 ff.)
Teil 2		– Vertragliche Haftung gegenüber „Nichtmandanten" („Dritthaftung") (Rn. 1596 ff.)
Teil 3	Abschnitt 2	– Unerlaubte Handlungen (Rn. 1924 ff.)
Teil 4		– Checklisten für die Haftungsprüfung (Rn. 2076 ff.)

Vors. Richter am BGH Dr. Gero Fischer

Teil 1	Abschnitt 3	– Pflichtwidrigkeit und Verschulden (Rn. 941 ff.)
	Abschnitt 4	– Kausalität, Zurechenbarkeit, Schaden (Rn. 990 ff.)

Abteilungsdirektor Heinz Schlee

Teil 5	Abschnitt 3	– Haftpflichtversicherung für Rechtsanwälte (Rn. 2079 ff.)

Zitiervorschlag

Bearbeiter, in: Zugehör/Fischer/Sieg/Schlee, Handbuch der Anwaltshaftung, 2. Aufl. 2006, Rn. ...

oder

Zugehör/Bearbeiter, Handbuch der Anwaltshaftung, 2. Aufl. 2006, Rn. ...

Inhaltsübersicht

	Seite
Vorwort	V
Bearbeiterverzeichnis	VII
Inhaltsübersicht	IX
Literaturverzeichnis	XIX
Abkürzungsverzeichnis	XXIII

Teil 1: Vertragliche Haftung gegenüber dem Auftraggeber

	Rn.
Abschnitt 1: Anwaltsvertrag	
A. Vertrag zwischen Rechtsanwalt und Auftraggeber	3
I. Rechtsnatur	4
II. Vertragsschluss	9
III. Vertragsinhalt	42
IV. Vertragsparteien	50
V. Vertragsbeendigung	51
VI. Beweislast	103
B. Andere anwaltliche Schuldverhältnisse	107
I. Vertrag über anwaltliche Tätigkeit	108
II. Mehrfachberufler	109
III. Vertrag über anwaltsfremde Tätigkeit	133
IV. Amtliche und amtsähnliche Tätigkeit	155
V. Gerichtliche Beiordnung	161
C. Vertragsstatut bei Auslandsbezug	171
D. Vor- und nachvertragliche Haftung	173
I. Vorvertragliche Haftung	174
II. Nachvertragliche Haftung	189
E. Beteiligung mehrerer Rechtsanwälte	205
I. Prozess- und Verkehrsanwalt	206
II. Haupt- und unterbevollmächtigter Rechtsanwalt	229
III. Angestellter Rechtsanwalt und freier Mitarbeiter	258
IV. Allgemein und amtlich bestellter Vertreter	268
V. Abwickler	282
VI. Nacheinander und nebeneinander tätige Rechtsanwälte	290
VII. Zusammenarbeit mit ausländischen Anwälten	308
VIII. Sozietät (Gesellschaft bürgerlichen Rechts)	337
IX. Bürogemeinschaft	372
X. Partnerschaft	374

	Rn.
XI. GmbH	389
XII. Rechtsanwalts-AG	396
XIII. Europäische wirtschaftliche Interessenvereinigung	400
XIV. Verbund	406
XV. Sternsozietät	409
F. Vertragliche Haftungsbeschränkungen	410
I. Die Regelung des § 51a BRAO	411
II. Haftungsbeschränkung auf einen Höchstbetrag	414
III. Haftungskonzentration auf einzelne Rechtsanwälte	449
G. Anhang	473
Anhang 1: Rechtsprechungslexikon	473
Anhang 2: Formulierungsbeispiele für Haftungsbeschränkung	474

Abschnitt 2: Pflichten aus dem Anwaltsvertrag

	Rn.
A. Allgemeine Vertragspflichten des Rechtsanwalts	478
I. Grundlagen	480
II. Inhalt und Umfang des Mandats	492
III. Die einzelnen Grundpflichten	506
IV. Zur Kritik an der Rechtsprechung	591
B. Einzelpflichten des Rechtsanwalts	603
I. Tätigkeitsbezogene Pflichten	603
II. Weitere anwaltliche Pflichten	764
C. Haftung für Hilfspersonen	794
I. Haftung für Erfüllungsgehilfen	795
II. Haftung für Verrichtungsgehilfen	799
D. Pflichten des Mandanten	801
I. Vergütungspflicht	801
II. Informationspflicht	927
III. Weisung	932
E. Anhang: Rechtsprechungslexikon	940

Abschnitt 3: Pflichtwidrigkeit und Verschulden

	Rn.
A. Pflichtwidrigkeit	941
I. Inhalt der Pflichtverletzung	944
II. Objektiver Sorgfaltsmaßstab	947
III. Pflicht-/Rechtswidrigkeit	950
IV. Beweislast	952
B. Verschulden	966
I. Sorgfaltsmaßstab	967
II. Situationsbezogene Umstände	971
III. Beweislast	985
C. Anhang	986

		Rn.
Anhang 1:	Rechtsprechungslexikon	986
Anhang 2:	Leitfaden zur Feststellung von Pflichtwidrigkeit und Verschulden	987

Abschnitt 4: Kausalität, Zurechenbarkeit, Schaden

A. Kausalität		990
I.	Grundsatz	991
II.	Haftungsausfüllende Kausalität	992
III.	Beweislast	995
IV.	Sonderformen der Kausalität	1013
B. Zurechnung		1014
I.	Adäquanz	1015
II.	Schutzzweck der Norm	1032
III.	Hypothetische Kausalität	1036
IV.	Rechtmäßiges Alternativverhalten	1043
C. Schaden		1047
I.	Differenztheorie	1048
II.	Normativer Schaden	1050
III.	Hypothetisches Ausgangsverfahren	1062
IV.	Vorteilsausgleich	1079
V.	Person des Geschädigten	1088
VI.	Inhalt des Schadensersatzanspruchs	1090
VII.	Beweisfragen	1093
D. Anhang		1096
Anhang 1:	Rechtsprechungslexikon	1096
Anhang 2:	Leitfaden zur Feststellung von Kausalität, Zurechnung und Schaden	1097

Abschnitt 5: Neues Leistungsstörungsrecht

A. Geltungsbereich		1098
B. Haftung eines Rechtsberaters nach neuem Recht		1099
I.	Haftung aus Dienstvertrag	1100
II.	Haftung aus Werkvertrag	1183
C. Störung der Geschäftsgrundlage (§ 313 BGB)		1212
D. Kündigung von Dauerschuldverhältnissen aus wichtigem Grund (§ 314 BGB)		1213

Abschnitt 6: Mitverschulden

A. Allgemeines	1217
B. Schuldfähigkeit	1221
C. Adäquate Mitursache	1222
D. Schutzbereich	1223
E. Zurechnung eines Mitverschuldens Dritter	1224

	Rn.
F. Haftungsverteilung	1227
G. Beweis	1228
H. Verfahren	1229
I. Mitverschulden des Mandanten	1233
I. Grundsätze der Anrechnung eines Mitverschuldens	1234
II. Einzelfälle eines Mitverschuldens	1235
III. Zurechnung des Schadensbeitrags eines anderen Rechtsberaters	1239
IV. Abwägung der Schadensbeiträge	1249
J. Anhang: Rechtsprechungslexikon	1250

Abschnitt 7: Verjährung vertraglicher Regressansprüche

	Rn.
A. Geltungsbereich des alten und neuen Verjährungsrechts	1251
I. Altes Recht	1251
II. Neues Recht	1259
III. Zusammenfassung	1272
B. Altes Verjährungsrecht	1274
I. Einführung	1274
II. Vertraglicher Schadensersatzanspruch des Auftraggebers	1283
III. Erst-(Primär-)verjährung	1339
IV. Zweit-(Sekundär-)verjährung	1365
V. Allgemeines zur Verjährung von Primär- und Sekundäranspruch nach altem Recht	1412
C. Rechtsprechungslexikon (altes Verjährungsrecht)	1443
D. Neues Verjährungsrecht	1444
I. Einführung	1444
II. Regelverjährung eines Schadensersatzanspruchs gegen einen Rechtsanwalt oder Steuerberater	1452
III. Werkvertragliche Verjährung gemäß § 634a BGB	1497
IV. Hemmung der Verjährung (§§ 203 ff. BGB)	1501
V. Neubeginn der Verjährung (§ 212 BGB)	1528
VI. Verjährungs-(Anspruchs-)konkurrenz	1534
VII. Rechtsfolgen der Verjährung (§§ 214 ff. BGB)	1535
VIII. Rechtsmissbräuchliche Verjährungseinrede	1543
IX. Vereinbarungen über die Verjährung (§ 202 BGB)	1544
E. Leitfaden zur Verjährung	1594
I. Altes Recht	1594
II. Neues Recht	1595

Teil 2: Vertragliche Haftung gegenüber „Nichtmandanten" („Dritthaftung")

Rn.

Abschnitt 1: Anwaltsvertrag zugunsten Dritter
A. Allgemeines 1608
B. Anwaltliche Rechtsbeistandspflicht zugunsten Dritter 1612
    I. Anwendungsfälle 1613
    II. Deckungsverhältnis zwischen Rechtsanwalt und Auftraggeber 1617
    III. Valutaverhältnis zwischen Auftraggeber und begünstigtem Dritten 1636
    IV. Vollzugsverhältnis zwischen Rechtsanwalt und begünstigtem Dritten 1638
C. Andere anwaltliche Verpflichtungen zugunsten Dritter 1639
D. Anhang: Rechtsprechungslexikon 1640

Abschnitt 2: Anwalts-, Steuerberater- und Wirtschaftsprüfervertrag mit Schutzwirkung zugunsten Dritter
A. Allgemeines 1641
B. Rechtsgrundlage und Zweck des Vertrages mit Schutzwirkung zugunsten Dritter 1642
    I. Schutzwirkung kraft Vertragsauslegung 1642
    II. Vertragliche Schutzwirkung statt Deliktsschutz 1643
C. Voraussetzungen des Vertrages mit Schutzwirkung zugunsten Dritter 1644
    I. Objektive Voraussetzungen 1644
    II. Subjektive Voraussetzungen 1650
    III. Interessenabwägung 1651
    IV. Vorvertragliches Verhältnis mit Schutzwirkung 1652
D. Rechtsberaterverträge mit Schutzwirkung zugunsten Dritter 1653
    I. Schutzwirkung für Angehörige des Auftraggebers 1654
    II. Schutzwirkung für andere Personen 1659
    III. Auskunft, Gutachten, Bilanz/Jahresabschluss, Testat und Schutzwirkung für Dritte (Berufs-/Expertenhaftung) 1661
    IV. Bewertung 1699
E. Sonstige anwaltliche Verpflichtung mit Schutzwirkung zugunsten Dritter .. 1705
F. Rechtsfolgen eines Vertrages mit Schutzwirkung zugunsten Dritter 1706
G. Vertrag mit Schutzwirkung zugunsten Dritter und Drittschadensliquidation 1713
    I. Meinungsstreit 1714
    II. Drittschadensliquidation 1715
    III. Unterschiede 1716
    IV. Folgerungen 1717
    V. Ergebnis 1719
    VI. Entsprechende Anwendung des § 335 BGB? 1720
H. Anhang: Rechtsprechungslexikon 1721

	Rn.
Abschnitt 3: Anwaltshaftung gegenüber Dritten aus Auskunftsvertrag	
A. Allgemeines	1722
B. Auskunft im Rahmen eines Rechtsberatervertrages	1724
C. Vertragliche Auskunft gegenüber Dritten („Nichtmandanten")	1725
I. Auskunftsvertrag als Rechtsgrundlage	1726
II. „Stillschweigend" geschlossener Auskunftsvertrag	1730
III. Auskunftsvertrag mit Dritten in Wahrnehmung der Interessen des Mandanten	1731
IV. Auskunftsvertrag mit „demjenigen, den es angeht"?	1741
V. Auskunftsvertrag mit Schutzwirkung zugunsten Dritter	1742
D. Auskunft bei vertraglicher Anlageberatung oder -vermittlung	1743
I. Auskunft und Anlageberatung	1744
II. Auskunft und Anlagevermittlung	1747
III. Abgrenzung zwischen Anlageberatung und -vermittlung	1751
E. Andere Modelle einer Auskunftshaftung	1752
F. Grenzen des anwaltlichen Auskunftsvertrages	1753
G. Schadensersatzpflicht aus anwaltlichem Auskunftsvertrag	1754
I. Verletzung einer Auskunftspflicht	1754
II. Verschulden	1755
III. Haftungsausfüllende Kausalität	1756
IV. Haftungsrechtliche Zurechnung	1759
V. Schadensersatz	1760
VI. Mitverschulden	1770
VII. Verjährung	1774
H. Anhang: Rechtsprechungslexikon	1778
Abschnitt 4: Anwaltshaftung aus Treuhandvertrag	
A. Allgemeines	1779
I. Treuhandverhältnis	1780
II. Treuhandschaften	1784
III. Eigen- und fremdnützige Treuhand	1790
IV. Treugut in Zwangsvollstreckung und Insolvenz	1792
B. Rechtsberater als Treuhänder	1798
I. Beispiele	1798
II. Anwaltlicher Treuhandvertrag	1799
III. Verbot der Vertretung widerstreitender Interessen	1815
IV. Treuhand eines Anwaltsnotars	1817
C. Schadensersatzpflicht aus Treuhandvertrag	1819
I. Verletzung der Treuhandpflicht	1819
II. Verschulden	1824
III. Haftungsausfüllende Kausalität	1825

	Rn.
IV. Haftungsrechtliche Zurechnung	1826
V. Art und Umfang des Schadensersatzes	1827
VI. Mitverschulden	1831
VII. Verjährung	1832
D. Aufrechnung und Zurückbehaltungsrecht	1833
E. Anhang: Rechtsprechungslexikon	1834

Abschnitt 5: Anwaltshaftung aus Verschulden bei Vertragsschluss

A. Allgemeines	1835
I. Haftung für Verhandlungsgehilfen (§ 278 BGB)	1835
II. Eigenhaftung der Verhandlungsgehilfen	1838
III. Voraussetzungen der Gehilfenhaftung aus c.i.c.	1840
B. Rechtsanwalt und c.i.c.	1847
I. § 44 BRAO	1847
II. Beteiligung an Vertragsverhandlungen des Mandanten	1848
III. Amtliche und amtsähnliche Tätigkeit	1851
C. Schadensersatzpflicht aus c.i.c.	1855
I. Verletzung einer vorvertraglichen Pflicht	1856
II. Verschulden	1860
III. Haftungsausfüllende Kausalität	1861
IV. Haftungsrechtliche Zurechnung	1863
V. Art und Umfang des Schadensersatzes	1864
VI. Mitverschulden	1870
VII. Verjährung	1871
D. Anhang: Rechtsprechungslexikon	1878

Abschnitt 6: Bürgerlich-rechtliche Prospekthaftung von Rechtsanwälten, Steuerberatern und Wirtschaftsprüfern

A. Allgemeines	1879
B. Prospekthaftung im engeren Sinne	1883
I. Abgrenzungen	1883
II. Prospektverantwortliche	1886
III. Pflichtverletzung	1888
IV. Verschulden	1892
V. Haftungsausfüllende Kausalität	1893
VI. Haftungsrechtliche Zurechnung	1897
VII. Art und Umfang des Schadensersatzes	1900
VIII. Mitverschulden	1904
IX. Verjährung	1905
C. Prospekthaftung im weiteren Sinne	1910
I. Voraussetzungen	1910
II. Anwendungsbereich	1911

	Rn.
III. Verjährung	1912
D. Anhang: Rechtsprechungslexikon	1913

Teil 3: Außervertragliche Haftung des Rechtsanwalts

Abschnitt 1: Geschäftsführung ohne Auftrag und ungerechtfertigte Bereicherung

A. Geschäftsführung ohne Auftrag	1914
B. Ungerechtfertigte Bereicherung	1919
C. Verjährung	1922
D. Anhang: Rechtsprechungslexikon	1923

Abschnitt 2: Unerlaubte Handlungen

A. Haftung aus § 823 Abs. 1 BGB	1924
I. Allgemeines	1924
II. § 823 Abs. 1 BGB	1929
B. Abwehransprüche auf Beseitigung und Unterlassung	1984
I. Allgemeines	1984
II. Beseitigung und Widerruf	1989
III. Unterlassung	2002
IV. Gegendarstellung	2007
C. Haftung aus § 823 Abs. 2 BGB	2008
I. Schutzgesetz	2009
II. Weitere Haftungsvoraussetzungen	2016
III. Mitverschulden	2020
IV. Beweis	2021
D. Haftung aus § 824 BGB	2024
I. Geschütztes Rechtsgut	2025
II. Verletzung	2026
III. Verschulden	2027
IV. Schutzbereich	2028
V. Berechtigtes Interesse	2029
VI. Schadensersatz	2030
VII. Beweislast	2031
E. Haftung aus § 826 BGB	2032
I. Verstoß gegen die guten Sitten	2033
II. Vorsätzliche Schädigung	2037
III. Schadensersatz	2040
IV. Beweis	2045
V. Berufs- und Expertenhaftung	2047
F. Haftung aus § 831 BGB	2052

		Rn.
I.	Haftungsgrundlage	2053
II.	Verrichtungsgehilfe	2055
III.	Verrichtung	2058
IV.	Schutzbereich	2059
V.	Entlastung	2060
VI.	Verantwortlichkeit eines Vertragsgehilfen (§ 831 Abs. 2 BGB)	2065
VII.	Beweislast	2066

G. Verjährung ... 2067
    I. Altes Recht (§ 852 Abs. 1, 2 BGB a.F.) ... 2067
    II. Neues Recht ... 2070
    III. Arglisteinrede gemäß § 853 BGB ... 2074
H. Anhang: Rechtsprechungslexikon ... 2075

Teil 4: Checklisten für die Haftungsprüfung

Checkliste 1: Vertragliche Haftung des Rechtsanwalts gegenüber dem Auftraggeber (Mandanten) ... 2076
Checkliste 2: Vertragliche Haftung des Rechtsanwalts gegenüber einem „Nichtmandanten" („Dritthaftung") ... 2077
Checkliste 3: Außervertragliche Haftung des Rechtsanwalts gegenüber Mandanten und Dritten ... 2078

Teil 5: Berufshaftpflichtversicherung für Rechtsanwälte

Abschnitt 1: Grundlagen
A. Rechtsgrundlagen ... 2079
B. Die Allgemeinen Versicherungsbedingungen (AVB) ... 2080
    I. Kein Genehmigungserfordernis ... 2080
    II. Verhandelbarkeit der AVB ... 2081
    III. Auslegung der AVB ... 2082
C. Versicherungsverträge mit ausländischen Versicherern ... 2083

Abschnitt 2: Die Berufshaftpflichtversicherung
A. Versicherungspflicht ... 2084
B. Versicherte Personen ... 2087
    I. Adressaten des § 51 BRAO ... 2087
    II. Regelungen der AVB ... 2090
C. Versicherter Gegenstand ... 2099
    I. Überblick ... 2099
    II. Deckungsumfang im Grundsatz ... 2100
    III. Ausschlüsse vom Deckungsumfang ... 2113

	Rn.
IV. Einschlüsse in die Berufshaftpflichtversicherung	2139
V. Versicherungssumme, Selbstbehalt	2142
D. Beginn und Ende der Versicherung	2153
I. Beginn der Versicherung	2153
II. Ende der Versicherung	2161
E. Prämienzahlung	2163
F. Der Versicherungsfall	2169
I. Definition	2169
II. Zeitliche Komponente	2170
III. Mehrfaches Handeln oder Unterlassen	2171
G. Obliegenheiten	2172
I. Mitteilungen an den Versicherer	2172
II. Vor Vertragsschluss, bei Antragstellung	2173
III. Vor dem Versicherungsfall	2174
IV. Nach dem Versicherungsfall	2175
H. Fälligkeit, Verlust des Anspruchs, Regress	2190
I. Fälligkeit	2190
II. Verlust	2192
III. Regress des Versicherers	2195
I. Besonderheiten vor und im Prozess mit dem Versicherer	2196
I. Gerichtsstand	2197
II. Klageantrag	2198
III. Erstmaliges Berufen auf Obliegenheitsverletzungen im Prozess	2199
Abschnitt 3: Ansprüche des geschädigten Mandanten gegen den Versicherer	2200
Abschnitt 4: Geplante Reform des Versicherungsvertragsgesetzes	2206

	Seite
Stichwortverzeichnis	1217

Literaturverzeichnis

Zur **Spezialliteratur** s. die Hinweise vor den einzelnen Teilen bzw. Abschnitten.

Amann/Brambring/Hertel, Vertragspraxis nach neuem Schuldrecht, 2. Aufl. 2003;
Arndt/Lerch/Sandkühler, Bundesnotarordnung, 5. Aufl. 2003;
Assmann/Lenz/Ritz, Verkaufsprospektgesetz, 2001;
Assmann/Schneider (Hrsg.), Wertpapierhandelsgesetz, 3. Aufl. 2003;
Assmann/Schütze, Handbuch des Kapitalanlagerechts, 2. Aufl. 1997; Ergänzungsband 2001;
Bamberger/Roth, Kommentar zum Bürgerlichen Gesetzbuch, Bd. 1 (§§ 1 - 610), 2003;
v. Bar/Mankowski, Internationales Privatrecht, Bd. I, 2. Aufl. 2003; Bd. II, 1991;
Baumbach/Hefermehl, Wettbewerbsrecht, 23. Aufl. 2004;
Baumbach/Hopt, Handelsgesetzbuch, 32. Aufl. 2006;
Baumbach/Lauterbach/Albers/Hartmann, Zivilprozessordnung, 64. Aufl. 2006;
Baumgärtel, Handbuch der Beweislast im Privatrecht, Bd. 1, 2. Aufl. 1991;
Beck'sches Rechtsanwalts-Handbuch, hgg. von Büchting/Heussen, 8. Aufl. 2004;
Borgmann/Jungk/Grams, Anwaltshaftung, 4. Aufl. 2005;
Braun (Anton), Gebührenabrechnung nach dem neuen Rechtsanwaltsvergütungsgesetz (RVG), 2004;
Braun (Eberhard), Insolvenzordnung, 2. Aufl. 2004;
Bruck/Möller/Johannsen, Versicherungsvertragsgesetz – Allgemeine Haftpflichtversicherung, 8. Aufl. 1970;
Coing, Die Treuhand kraft privaten Rechtsgeschäfts, 1973;
Damm/Rehbock, Widerruf, Unterlassung und Schadensersatz in Presse und Rundfunk, 2. Aufl. 2001;
Dauner-Lieb/Heidel/Lepa/Ring (Hrsg.), Anwaltkommentar Schuldrecht, 2003;
Erman, Handkommentar zum Bürgerlichen Gesetzbuch, Bd. I, II, 11. Aufl. 2004;
Feuerich/Braun, Bundesrechtsanwaltsordnung, 5. Aufl. 2000;
Feuerich/Weyland, Bundesrechtsanwaltsordnung, 6. Aufl. 2003;
Geigel/Schlegelmilch (Hrsg.), Der Haftpflichtprozess, 24. Aufl. 2004;
Geimer, Internationales Zivilprozessrecht, 4. Aufl. 2001;
Gerold/Schmidt/v. Eicken/Madert/Müller-Rabe, Rechtsanwaltsvergütungsgesetz, 16. Aufl. 2004;
Gottwald, Verjährung im Zivilrecht, 2005;
Gräfe/Lenzen/Schmeer, Steuerberaterhaftung, 3. Aufl. 1998;
Haft/Schlieffen (Hrsg.), Handbuch Mediation, 2002;
Hartmann, Kostengesetze, 35. Aufl. 2005;
Hartstang, Anwaltsrecht, 1991;
Hartung/Holl, Anwaltliche Berufsordnung, 2. Aufl. 2001;
Hartung/Römermann, Praxiskommentar zum Rechtsanwaltsvergütungsgesetz, 2004;
Haug, Die Amtshaftung des Notars, 2. Aufl. 1997;
Hefermehl/Köhler/Bornkamm, Wettbewerbsrecht, 24. Aufl. 2006;
Helle, Der Schutz der Persönlichkeit, der Ehre und des wirtschaftlichen Rufes im Privatrecht, 2. Aufl. 1969;
Henssler/Graf von Westphalen (Hrsg.), Praxis der Schuldrechtsreform, 2. Aufl. 2003;
Henssler/Prütting, Bundesrechtsanwaltsordnung, 2. Aufl. 2004;
Herber/Piper, Internationales Straßentransportrecht, 1996;
Hirte, Berufshaftung, 1996;
Jaeger/Luckey, Das neue Schadensersatzrecht, 2002;
Jauernig, Bürgerliches Gesetzbuch, 9. Aufl. 1999;

Jayme/Hausmann, Internationales Privat- und Verfahrensrecht, 12. Aufl. 2004;
Jessnitzer/Blumberg, Bundesrechtsanwaltsordnung, 8. Aufl. 1998;
Kegel/Schurig, Internationales Privatrecht, 9. Aufl. 2004;
Kleine-Cosack, Bundesrechtsanwaltsordnung, 4. Aufl. 2003;
Koller, Transportrecht, 5. Aufl. 2004;
Kopp/Schenke, Verwaltungsgerichtsordnung, 14. Aufl. 2005;
Kropholler, Europäisches Zivilprozessrecht, 8. Aufl. 2005;
Lange (Hermann), Schadensersatz – Handbuch des Schuldrechts, Bd. 1, hgg. von Gernhuber, 2. Aufl. 1990;
Langenfeld, Vertragsgestaltung, 3. Aufl. 2004;
Leipziger Kommentar zum Strafgesetzbuch, 10. Aufl. 1988;
Liebich/Mathews, Treuhand und Treuhänder in Recht und Wirtschaft, 2. Aufl. 1983;
Löffler/Ricker, Handbuch des Presserechts, 5. Aufl. 2005;
Lorenz/Riehm, Lehrbuch zum neuen Schuldrecht, 2002;
Maass, Haftungsrecht des Notars, 1994;
Münchener Anwaltshandbuch Versicherungsrecht, hgg. von Terbille, 2004;
Münchener Handbuch des Gesellschaftsrechts, Bd. 1, 2. Aufl. 2004; Bd. 3, 2. Aufl. 2003;
Münchener Kommentar zum Bürgerlichen Gesetzbuch,
 – Bd. 1, Allgemeiner Teil (§§ 1 – 240) und AGB-Gesetz, 4. Aufl. 2001;
 – Bd. 2a, Schuldrecht, Allgemeiner Teil (§§ 241 – 432), 4. Aufl. 2003;
 – Bd. 3, Schuldrecht, Besonderer Teil (§§ 433 – 610), 4. Aufl. 2004;
 – Bd. 4, Schuldrecht, Besonderer Teil II (§§ 611 – 704), 4. Aufl. 2005;
 – Bd. 5, Schuldrecht, Besonderer Teil III (§§ 705 – 853), 4. Aufl. 2004;
 – Bd. 9, Erbrecht, 4. Aufl. 2004;
Münchener Kommentar zum Handelsgesetzbuch, 2001;
Münchener Kommentar zur Insolvenzordnung, Bd. 1, 2001;
Münchener Kommentar zur Zivilprozessordnung, Bd. 3, 2. Aufl. 2001; ZPO-Reform, 2. Aufl. 2002;
Nagel/Gottwald, Internationales Zivilprozessrecht, 5. Aufl. 2002;
Palandt, Bürgerliches Gesetzbuch, 65. Aufl. 2006;
Reichsgerichtsräte Kommentar, Das Bürgerliche Gesetzbuch mit besonderer Berücksichtigung der Rechtsprechung des Reichsgerichts und des Bundesgerichtshofs (RGRK), hgg. von Mitgliedern des Bundesgerichtshofs,
 – Bd. II, 1. Teil, 12. Aufl. 1976;
 – Bd. II, Teil 3/2, 12. Aufl. 1997;
 – Bd. II, 4. Teil, 12. Aufl. 1978;
 – Bd. V, 1. Teil, 12. Aufl. 1974;
 – Bd. V, 2. Teil, 12. Aufl. 1975;
Reithmann/Martiny, Internationales Vertragsrecht, 6. Aufl. 2004;
Riedel/Sußbauer, Rechtsanwaltsvergütungsgesetz, 9. Aufl. 2005;
Rinsche, Die Haftung des Rechtsanwalts und des Notars, 6. Aufl. 1998;
Rinsche/Fahrendorf/Terbille, Die Haftung des Rechtsanwalts, 7. Aufl. 2005;
Römer/Langheid, Versicherungsvertragsgesetz, 2. Aufl. 2003;
Rosenberg/Schwab/Gottwald, Zivilprozessrecht, 16. Aufl. 2004;
Schack, Internationales Zivilverfahrensrecht, 3. Aufl. 2002;
Schäfer/Müller, Haftung für fehlerhafte Wertpapierdienstleistungen, 1999;
Schaub, Arbeitsrechts-Handbuch, 11. Aufl. 2005;
Schimansky/Bunte/Lwowski, Bankrechts-Handbuch, 2. Aufl. 2001;
Schippel, Bundesnotarordnung, 7. Aufl. 2000;

Schlechtriem/Schwenzer, Kommentar zum Einheitlichen UN-Kaufrecht – CSIG –, 4. Aufl. 2004;
Schmidt (Karsten), Handelsrecht, 5. Aufl. 1999;
ders., Gesellschaftsrecht, 4. Aufl. 2002;
Scholz, Kommentar zum GmbH-Gesetz, I. Bd., 9. Aufl. 2000;
Seitz/Schmidt/Schoener, Der Gegendarstellungsanspruch in Presse, Film, Funk und Fernsehen, 3. Aufl. 1998;
Sieg, Internationale Anwaltshaftung, 1996;
Soergel, Bürgerliches Gesetzbuch, Bd. 2, Schuldrecht I (§§ 241 – 432), 12. Aufl. 1990;
Späte, Allgemeine Versicherungsbedingungen für die Haftpflichtversicherung, 1993;
Späth, Die zivilrechtliche Haftung des Steuerberaters, 4. Aufl. 1995;
Staudinger, Kommentar zum Bürgerlichen Gesetzbuch,
– Buch 1, Allgemeiner Teil (§§ 164 – 240), 2004;
– Buch 2, Recht der Schuldverhältnisse (Einl. zu §§ 241 ff., §§ 241 – 243), Neubearbeitung 2005;
– Buch 2, Recht der Schuldverhältnisse (§§ 249 – 254), Neubearbeitung 2005;
– Buch 2, Recht der Schuldverhältnisse (§§ 255 – 304), Neubearbeitung 2004;
– Buch 2, Recht der Schuldverhältnisse (§§ 328 – 359), Neubearbeitung 2004;
– Buch 2, Recht der Schuldverhältnisse (§§ 616 – 630), Neubearbeitung 2002;
– Buch 2, Recht der Schuldverhältnisse (§§ 631 – 651), Neubearbeitung 2003;
– Buch 2, Recht der Schuldverhältnisse (§§ 652 – 656), Neubearbeitung 2003;
– Buch 2, Recht der Schuldverhältnisse (§§ 705 – 740), 13. Bearbeitung 2003;
– Zweites Buch, Recht der Schuldverhältnisse (§§ 823 – 825), 13. Bearbeitung 1999;
– Einführungsgesetz zum Bürgerlichen Gesetzbuch/Internationales Privatrecht,
– (Art. 3 – 6 EGBGB), Neubearbeitung 2003;
– (Art. 27 – 37 EGBGB), 13. Bearbeitung 2002;
Stein/Jonas, Kommentar zur Zivilprozessordnung, Bd. 7 (§§ 704 – 827), 22. Aufl. 2002; Bd. 8, 22. Aufl. 2004;
Thomas/Putzo, Zivilprozessordnung, 27. Aufl. 2005;
Tipke/Lang, Steuerrecht, 18. Aufl. 2005;
Tröndle/Fischer, Strafgesetzbuch, 53. Aufl. 2006;
Ulmer/Brandner/Hensen, AGB-Gesetz, 9. Aufl. 2001;
Veith/Gräfe, Der Versicherungsprozess, 2005;
Vollkommer, Anwaltshaftungsrecht, 1989;
Vollkommer/Heinemann, Anwaltshaftungsrecht, 2. Aufl. 2003;
Vortmann (Hrsg.), Prospekthaftung und Anlageberatung, 2000;
Wenzel, Das Recht der Wort- und Bildberichterstattung, 5. Aufl. 2003;
v. Westphalen, Vertragsrecht und AGB-Klauselwerke, 2002;
Wolf/Horn/Lindacher, AGB-Gesetz, 4. Aufl. 1999;
Wussow, Unfallhaftpflichtrecht, 15. Aufl. 2002;
Zöller, Zivilprozessordnung, 25. Aufl. 2005;
Zugehör, Beraterhaftung nach der Schuldrechtsreform (Rechtsanwälte, Steuerberater, Wirtschaftsprüfer), 2002;
Zugehör/Ganter/Hertel, Handbuch der Notarhaftung, 2004.

Abkürzungsverzeichnis

a.A.	anderer Ansicht
abl.	ablehnend
a.F.	alte Fassung
a.a.O.	am angegebenen Ort
ABA	American Bar Association (USA)
ABl	Amtsblatt der Europäischen Gemeinschaften
Abs.	Absatz, Absätze
Abschn.	Abschnitt
AcP	Archiv für die civilistische Praxis
a.E.	am Ende
AFG	Arbeitsförderungsgesetz
AfP	Archiv für Presserecht
AG	Aktiengesellschaft, Amtsgericht
AGB	Allgemeine Geschäftsbedingung(en)
AGBG	Gesetz zur Regelung des Rechts der Allgemeinen Geschäftsbedingungen
AHB	Allgemeine Versicherungsbedingungen für die Haftpflichtversicherung
AktG	Aktiengesetz
Alt.	Alternative
Anh.	Anhang
Anl.	Anlage
Anm.	Anmerkung
AnwBl	Anwaltsblatt
AnwGH	Anwaltsgerichtshof
AO	Abgabenordnung
ARB	Allgemeine Bedingungen für die Rechtsschutzversicherung
ArbGG	Arbeitsgerichtsgesetz
Art.	Artikel
Aufl.	Auflage
AuslInvestmG	Auslandsinvestmentgesetz

AVB	Allgemeine Versicherungsbedingungen zur Vermögensschaden-Haftpflichtversicherung von Rechtsanwälten und Patentanwälten
AW-Prax	Außenwirtschaftliche Praxis (Zs.)
Az.	Aktenzeichen
BAG	Bundesarbeitsgericht
BauGB	Baugesetzbuch
BayObLG	Bayerisches Oberstes Landesgericht
BB	Der Betriebs-Berater (Zs.)
BBG	Bundesbeamtengesetz
BDSG	Bundesdatenschutzgesetz
Beck-RS	Rechtsprechung aus den Zeitschriftenredaktionen des Beck-Verlages (online)
Beil.	Beilage
BerHG	Beratungshilfegesetz
Beschl.	Beschluss
BeurkG	Beurkundungsgesetz
BFH	Bundesfinanzhof
BGB	Bürgerliches Gesetzbuch
BGBl. I, II	Bundesgesetzblatt, Teil I, Teil II
BGH	Bundesgerichtshof
BGHR	Rechtsprechung des Bundesgerichtshofs in Zivilsachen (Loseblatt-Sammlung)
BGH-Report	Schnelldienst der Zivil-Rechtsprechung des BGH (Zs.)
BGHSt	Entscheidungen des Bundesgerichtshofs in Strafsachen
BGHZ	Entscheidungen des Bundesgerichtshofs in Zivilsachen
BinnSchG	Binnenschifffahrtsgesetz
BKR	Zeitschrift für Bank- und Kapitalmarktrecht
BNotK	Bundesnotarkammer
BNotO	Bundesnotarordnung
BörsG	Börsengesetz

BORA	Berufsordnung für Rechtsanwälte
BRAGO	Bundesgebührenordnung für Rechtsanwälte
BRAK	Bundesrechtsanwaltskammer
BRAK-Mitt.	Mitteilungen der Bundesrechtsanwaltskammer
BRAO	Bundesrechtsanwaltsordnung
BR-Drucks.	Bundesrats-Drucksache
BRRG	Bundesrechtsrahmengesetz
BT-Drucks.	Bundestags-Drucksache
Buchst.	Buchstabe
BVerfG	Bundesverfassungsgericht
BVerfGE	Entscheidungen des Bundesverfassungsgerichts
BVerwG	Bundesverwaltungsgericht
BW NotZ	Zeitschrift für das Notariat in Baden-Württemberg
bzw.	beziehungsweise
c.i.c.	culpa in contrahendo (Verschulden bei Vertragsschluss)
CCBE	Conseil des Barreaux de la Communauté Européenne (Vereinigung der Anwaltskammern in der Europäischen Gemeinschaft)
CISG	Convention on Contracts for the International Sale of Goods – UN-Kaufrecht
CR	Computer und Recht (Zs.)
DAV	Deutscher Anwaltverein, Der Amtsvormund (Rundbrief des Deutschen Instituts für Vormundschaftswesen)
d. h.	das heißt
DB	Der Betrieb (Zs.)
DDR	Deutsche Demokratische Republik
ders.	derselbe
dies.	dieselbe(n)
Diss.	Dissertation

Abkürzungsverzeichnis

DM	Deutsche Mark
DNotZ	Deutsche Notar-Zeitschrift
DONot	Dienstordnung für Notarinnen und Notare
DRiZ	Deutsche Richterzeitung
Drucks.	Drucksache
DStR	Deutsches Steuerrecht (Zs.)
DtZ	Deutsch-Deutsche Rechts-Zeitschrift
DZWiR	Deutsche Zeitschrift für Wirtschaftsrecht
EDV	Elektronische Datenverarbeitung
EFTA	European Free Trade Association
EG	Europäische Gemeinschaft
EGBGB	Einführungsgesetz zum Bürgerlichen Gesetzbuch
EGGVG	Einführungsgesetz zum Gerichtsverfassungsgesetz
EGMR	Europäischer Gerichtshof für Menschenrechte
EGV	Vertrag zur Gründung der Europäischen Gemeinschaft
Einf.	Einführung
Einl.	Einleitung
EU	Europäische Union
EuGH	Gerichtshof der Europäischen Gemeinschaften
EuGVÜ	Europäisches Übereinkommen über die gerichtliche Zuständigkeit und Vollstreckung gerichtlicher Entscheidungen in Zivil- und Handelssachen
EuGVVO	Verordnung (EG) Nr. 44/2001 des Rates über die gerichtliche Zuständigkeit und die Anerkennung und Vollstreckung von Entscheidungen in Zivil- und Handelssachen vom 22.12.2000, AB1EG Nr. L12/01
EuRAG	Gesetz über die Tätigkeit europäischer Rechtsanwälte in Deutschland
EuZW	Europäische Zeitschrift für Wirtschaftsrecht
EWG	Europäische Wirtschaftsgemeinschaft
EWGV	Vertrag zur Gründung der Europäischen Wirtschaftsgemeinschaft

EWiR	Entscheidungen zum Wirtschaftsrecht
EWIV	Europäische wirtschaftliche Interessenvereinigung
EWIV-VO	Verordnung (EWG) Nr. 2137/85 des Rates über die Schaffung einer Europäischen wirtschaftlichen Interessenvereinigung
F.	Fassung
f., ff.	folgende, fortfolgende
FamRZ	Zeitschrift für das gesamte Familienrecht
FAZ	Frankfurter Allgemeine Zeitung
FF	Französische Francs
FGG	Gesetz über die Angelegenheiten der freiwilligen Gerichtsbarkeit
FGO	Finanzgerichtsordnung
Fn.	Fußnote
FPR	Familie, Partnerschaft, Recht (Zs.)
FS	Festschrift
G	Gesetz
GA	Goltdammer's Archiv
Gbl.	Gesetzblatt
GemS-OBG	Gemeinsamer Senat der Obersten Gerichtshöfe des Bundes
GenG	Gesetz betreffend die Erwerbs- und Wirtschaftsgenossenschaften
GesO	Gesamtvollstreckungsordnung
GG	Grundgesetz für die Bundesrepublik Deutschland
GI	Gerling Informationen
GKG	Gerichtskostengesetz
GmbH	Gesellschaft mit beschränkter Haftung
GmbHG	Gesetz betreffend die Gesellschaften mit beschränkter Haftung
GmbHR	GmbH-Rundschau (Zs.)

Abkürzungsverzeichnis

Gr.	Gruppe
grdl.	grundlegend
GRUR	Gewerblicher Rechtsschutz und Urheberrecht (Zs.)
GSST	Großer Senat für Strafsachen
GSZ	Großer Senat für Zivilsachen
GuT	Gewerbemiete und Teileigentum (Zs.)
GVBl	Gesetz- und Verordnungsblatt
GVG	Gerichtsverfassungsgesetz
GWG	Geldwäschegesetz
Halbs.	Halbsatz
HaustürWG	Gesetz über den Widerruf von Haustürgeschäften und ähnlichen Geschäften
HGB	Handelsgesetzbuch
hgg.	herausgegeben
HRR	Höchstrichterliche Rechtsprechung
Hrsg.	Herausgeber
Hs.	Halbsatz
i.A.	im Auftrag
i.d.F.	in der Fassung
i.d.R.	in der Regel
InvG	Investmentgesetz
i.S.d.	im Sinne der/des/dieser
i.S.v.	im Sinne von
i.V.	in Vertretung
i.V.m.	in Verbindung mit
IFLRev	International Finance Law Review (England)
InsO	Insolvenzordnung
IPR	Internationales Privatrecht
IWB	Internationale Wirtschafts-Briefe (Zs.)

JA	Juristische Arbeitsblätter (Zs.)
JGG	Jugendgerichtsgesetz
Jura	Juristische Ausbildung (Zs.)
JurBüro	Das juristische Büro (Zs.)
JR	Juristische Rundschau (Zs.)
JuS	Juristische Schulung (Zs.)
JW	Juristische Wochenschrift (Zs.)
JZ	Juristenzeitung

KAGG	Gesetz über Kapitalanlagegesellschaften
Kap.	Kapitel
KG	Kammergericht, Kommanditgesellschaft
KGaA	Kommanditgesellschaft auf Aktien
KO	Konkursordnung
KostO	Kostenordnung
KostRMoG	Gesetz zur Modernisierung des Kostenrechts (Kostenrechtsmodernisierungsgesetz)
krit.	kritisch
KSchG	Kündigungsschutzgesetz
KTS	Zeitschrift für Konkurs-, Treuhand- und Schiedsgerichtswesen
KWG	Kreditwesengesetz

LAG	Landesarbeitsgericht
LG	Landgericht
lit.	litera (Buchstabe)
LM	Lindenmaier und Möhring, Nachschlagewerk des Bundesgerichtshofs
Ls.	Leitsatz

Lugano-GVÜ	Luganer Übereinkommen über die gerichtliche Zuständigkeit und die Vollstreckung gerichtlicher Entscheidungen in Zivil- und Handelssachen v. 16.9.1988
LZ	Leipziger Zeitschrift für Deutsches Recht

m. Anm.	mit Anmerkung
MedR	Medizinrecht (Zs.)
m. w. N.	mit weiteren Nachweisen
MDR	Monatsschrift für Deutsches Recht
Mio.	Million(en)
MittRhNotK	Mitteilungen der Rheinischen Notarkammer
MünchKomm	Münchener Kommentar

n.F.	neue Fassung
n.rkr.	nicht rechtskräftig
NCPC	Nouveau code de la procédure civile (Frankreich)
NJW	Neue Juristische Wochenschrift
NJW-CoR	NJW-Computerrecht
NJWE-VHR	NJW-Entscheidungsdienst Versicherungs-/Haftungsrecht
NJW-RR	NJW-Rechtsprechungs-Report Zivilrecht
NotVO (oder VONot)	Verordnung der DDR über die Tätigkeit von Notaren in eigener Praxis v. 20.6.1990 (Gesetzblatt der DDR I, S. 475)
Nr.	Nummer(n)
NStZ	Neue Zeitschrift für Strafrecht
n.v.	nicht veröffentlicht
NVersZ	Neue Zeitschrift für Versicherungsrecht
NVwZ	Neue Zeitschrift für Verwaltungsrecht
NWB	Neue Wirtschafts-Briefe (Zs.)
NZA	Neue Zeitschrift für Arbeitsrecht
NZG	Neue Zeitschrift für Gesellschaftsrecht
NZV	Neue Zeitschrift für Verkehrsrecht

OGH	Oberster Gerichtshof der Republik Österreich
OHG	Offene Handelsgesellschaft
OLG	Oberlandesgericht
OLGZ	Entscheidungen der Oberlandesgerichte in Zivilsachen
OVG	Oberverwaltungsgericht
OWiG	Gesetz über Ordnungswidrigkeiten
PartGG	Gesetz über Partnerschaftsgesellschaften Angehöriger Freier Berufe (Partnerschaftsgesellschaftsgesetz)
PatAnwO	Patentanwaltsordnung
PflichtVG	Pflichtversicherungsgesetz
PHi	Produkt- und Umwelthaftpflicht international – Recht und Versicherung (Zs.)
pVV	positive Vertragsverletzung
r + s	Recht + Schaden (Zs.)
RabelsZ	Rabels Zeitschrift für ausländisches und internationales Privatrecht
RADG	Rechtsanwaltsdienstleistungsgesetz
RBerG	Rechtsberatungsgesetz
RG	Reichsgericht
RGRK	Reichsgerichtsrätekommentar
RGSt	Entscheidungen des Reichsgerichts in Strafsachen
RGZ	Entscheidungen des Reichsgerichts in Zivilsachen
RichtlRA	Grundsätze des anwaltlichen Standesrechts, Richtlinien gemäß § 177 Abs. 2 Nr. 2 BRAO a.F.
RIW	Recht der Internationalen Wirtschaft, Außenwirtschaftsdienst des Betriebs-Beraters (Zs.)
RLNot	Allgemeine Richtlinien für die Berufsausübung der Notare
Rn.	Randnummer(n)

RPfl	Der Deutsche Rechtspfleger (Zs.)
RPflG	Rechtspflegergesetz
RVG	Gesetz über die Vergütung der Rechtsanwältinnen und Rechtsanwälte (Rechtsanwaltsvergütungsgesetz)
S.	Seite(n)
s.	siehe
SchiedsVZ	Zeitschrift für Schiedsverfahren
SchuModG	Gesetz zur Modernisierung des Schuldrechts
SGB	Sozialgesetzbuch
SGG	Sozialgerichtsgesetz
sog.	so genannte(r)
StB	Der Steuerberater (Zs.)
StBerG	Steuerberatungsgesetz
Stbg	Die Steuerberatung (Zs.)
StBGebV	Gebührenverordnung für Steuerberater, Steuerbevollmächtigte und Steuerberatungsgesellschaften (Steuerberatergebührenverordnung)
StGB	Strafgesetzbuch
StPO	Strafprozessordnung
u. a.	und andere/unter anderem
u. U.	unter Umständen
USA	United States of America (Vereinigte Staaten von Amerika)
UmwG	Umwandlungsgesetz
Urt.	Urteil
UWG	Gesetz gegen den unlauteren Wettbewerb
v.	vom
VAG	Versicherungsaufsichtsgesetz

VerbrKrG	Verbraucherkreditgesetz
VerglO	Vergleichsordnung
Verkaufsprospektgesetz	Wertpapier-Verkaufsprospektgesetz
VermG	Gesetz zur Regelung offener Vermögensfragen (Vermögensgesetz)
VersR	Versicherungsrecht (Zs.)
VG	Verwaltungsgericht
VGH	Verwaltungsgerichtshof
vgl.	vergleiche
VONot (oder NotVO)	Verordnung der DDR über die Tätigkeit von Notaren in eigener Praxis v. 20.6.1990 (Gesetzblatt der DDR I, S. 475)
VV	Vergütungsverzeichnis
VVG	Versicherungsvertragsgesetz
VwGO	Verwaltungsgerichtsordnung

WiB	Wirtschaftsrechtliche Beratung (Zs.)
WM	Wertpapiermitteilungen – Zeitschrift für Wirtschafts- und Bankrecht
WpHG	Gesetz über den Wertpapierhandel (Wertpapierhandelsgesetz)
WPO	Gesetz über eine Berufsordnung der Wirtschaftsprüfer
WuB	Wirtschafts- und Bankrecht (Zs.)

z. B.	zum Beispiel
ZAP	Zeitschrift für die Anwaltspraxis
ZEuP	Zeitschrift für Europäisches Privatrecht
ZfBR	Zeitschrift für deutsches und internationales Baurecht
ZfIR	Zeitschrift für Immobilienrecht
ZGS	Zeitschrift für das gesamte Schuldrecht
ZHR	Zeitschrift für das gesamte Handels- und Wirtschaftsrecht
Ziff.	Ziffer

ZInsO	Zeitschrift für das gesamte Insolvenzrecht
ZIP	Zeitschrift für Wirtschaftsrecht
ZNotP	Zeitschrift für die NotarPraxis
ZPO	Zivilprozessordnung
ZRP	Zeitschrift für Rechtspolitik
Zs.	Zeitschrift
ZS	Zivilsenat
z.T.	zum Teil
zust.	zustimmend
z. V. b.	zur Veröffentlichung bestimmt
ZVersWiss	Zeitschrift für die gesamte Versicherungswissenschaft
ZVglRWiss	Zeitschrift für Vergleichende Rechtswissenschaft
ZVG	Gesetz über die Zwangsversteigerung und Zwangsverwaltung
ZwVwV	Zwangsverwalterverordnung
ZZP	Zeitschrift für Zivilprozess

Teil 1: Vertragliche Haftung gegenüber dem Auftraggeber

Abschnitt 1: Anwaltsvertrag

Inhaltsverzeichnis

	Rn.
A. Vertrag zwischen Rechtsanwalt und Auftraggeber	3
I. Rechtsnatur	4
II. Vertragsschluss	9
1. Stillschweigender Vertragsschluss	12
2. Gefälligkeit	22
3. Einbeziehung Allgemeiner Geschäftsbedingungen	27
4. Fernabsatzvertrag	36
5. Übernahmepflicht	37
6. Übernahmeverbot	38
III. Vertragsinhalt	42
IV. Vertragsparteien	50
V. Vertragsbeendigung	51
1. Fallgruppen	52
2. Erledigung des Auftrags	53
a) Außergerichtliche Tätigkeit des Rechtsanwalts	57
b) Gerichtliche Tätigkeit des Rechtsanwalts	58
3. Kündigung	62
a) Rechtsgrundlagen	63
b) Außerordentliches Kündigungsrecht beider Parteien	67
aa) Dienste höherer Art aufgrund besonderen Vertrauens	68
bb) Dauerhaftes Dienstverhältnis mit festen Bezügen	69
c) Ausschluss des außerordentlichen Kündigungsrechts	72
aa) Beiordnungsfälle	73
bb) Vertraglicher Ausschluss	74
d) Kündigungserklärung	76
e) Schadensersatz bei Kündigung zur Unzeit ohne wichtigen Grund	77
aa) Kündigung zur Unzeit	78
bb) Wichtiger Grund	83
cc) Schadensersatz	84
f) Schadensersatz bei Kündigung infolge vertragswidrigen Verhaltens	85
aa) Vertragswidriges Verhalten des Rechtsanwalts	87

	Rn.
bb) Vertragswidriges Verhalten des Auftraggebers	94
cc) Schadensersatz	101
g) Ausschluss des Schadensersatzes bei ordentlicher Kündigung	102
VI. Beweislast	103
B. Andere anwaltliche Schuldverhältnisse	107
I. Vertrag über anwaltliche Tätigkeit	108
II. Mehrfachberufler	109
1. Anwaltsnotar	110
a) Grundlagen	111
b) Haftungsprivileg bei notarieller Tätigkeit	114
c) Abgrenzung anwaltlicher und notarieller Tätigkeit	117
d) Aufeinanderfolge anwaltlicher und notarieller Tätigkeit	128
e) Aufeinanderfolge notarieller und anwaltlicher Tätigkeit	129
2. Rechtsanwalt und Steuerberater/Wirtschaftsprüfer	130
III. Vertrag über anwaltsfremde Tätigkeit	133
1. Abgrenzung	134
2. Einzelfälle	137
a) Treuhänderische Vermögensverwaltung	138
b) Anlageberatung	143
c) Makler	145
d) Buchführung und -prüfung	148
e) Mitglied eines Aufsichtsrats	151
f) Mediator	154
IV. Amtliche und amtsähnliche Tätigkeit	155
1. Verwalter in Insolvenzverfahren	156
2. Vormund, Pfleger und Betreuer	158
3. Testamentsvollstrecker und Nachlassverwalter	159
V. Gerichtliche Beiordnung	161
1. Prozesskostenhilfe	162
2. Notanwalt und Gewährung von Beratungshilfe	168
3. Beistand im Scheidungsverfahren	169
4. Pflichtverteidiger	170
C. Vertragsstatut bei Auslandsbezug	171
D. Vor- und nachvertragliche Haftung	173
I. Vorvertragliche Haftung	174
1. Verschulden bei Vertragsschluss	174
2. § 44 Satz 2 BRAO	175
a) Angebot zum Abschluss eines Anwaltsvertrages	176
b) Zugang	177
c) Keine Annahmeerklärung durch den Rechtsanwalt	179
d) Schuldhafte Verzögerung der Ablehnungserklärung	180

		Rn.

	e) Schadensersatz	188
II.	Nachvertragliche Haftung	189
	1. Erlöschen der Pflichten mit Beendigung des Anwaltsvertrages	190
	2. Nachwirkende Vertragspflichten	191
	a) Gesetzliche nachvertragliche Pflichten	192
	b) Nachvertragliche Aufklärungspflichten	193
	aa) Laufende prozessuale Fristen	194
	bb) Materiell-rechtliche Fragen, insbesondere Verjährung	197
	cc) Verjährung der Sekundärhaftung	201
	c) Nachvertragliche Pflichten bei Fortgeltung einer Vollmacht	202
	3. Zusammenfassung	204
E.	**Beteiligung mehrerer Rechtsanwälte**	205
I.	Prozess- und Verkehrsanwalt	206
	1. Begriffsbestimmung	206
	2. Verkehrsanwaltsvertrag	209
	3. Eigenständige Pflichtenkreise von Prozess- und Verkehrsanwalt	211
	4. Haftung des Prozessbevollmächtigten	212
	5. Haftung des Verkehrsanwalts	218
	6. Gesamtschuldnerische Haftung	223
	7. Fehler eines Rechtsanwalts als Mitverschulden des gemeinsamen Auftraggebers	226
	8. Zusammenfassung	228
II.	Haupt- und unterbevollmächtigter Rechtsanwalt	229
	1. Grundlagen	230
	2. Unterbevollmächtigung beim sog. Kartellsystem	233
	3. Voraussetzungen wirksamer Unterbevollmächtigung	241
	4. Rechtsfolgen wirksamer Unterbevollmächtigung	247
	5. Rechtsfolgen eigenmächtiger Unterbevollmächtigung	254
	6. Zusammenfassung	257
III.	Angestellter Rechtsanwalt und freier Mitarbeiter	258
	1. Begriffsbestimmung	260
	2. Haftung des beauftragten Rechtsanwalts	262
	3. Haftung des angestellten Rechtsanwalts bzw. des freien Mitarbeiters	263
IV.	Allgemein und amtlich bestellter Vertreter	268
	1. Begriffsbestimmung	269
	2. Haftung der beteiligten Rechtsanwälte	271
	3. Haftung des beauftragten Rechtsanwalts	272
	4. Eigenhaftung des Vertreters	274
	5. Gesamtschuldnerische Haftung	281
V.	Abwickler	282

	Rn.
1. Begriffsbestimmung	283
2. Haftung des Abwicklers	286
3. Haftung des früheren Rechtsanwalts	288
VI. Nacheinander und nebeneinander tätige Rechtsanwälte	290
1. Grundlagen	290
2. Eigenständige Pflichtenkreise	292
3. Kausalität und Zurechnung	294
4. Gesamtschuldnerische Haftung	300
5. Fehler eines Rechtsanwalts als Mitverschulden des Auftraggebers	301
VII. Zusammenarbeit mit ausländischen Anwälten	308
1. Grundlagen	308
2. Anwendbares Recht	311
3. Haftung des beauftragten Rechtsanwalts	312
4. Haftung des ausländischen Rechtsanwalts	331
5. Einvernehmensanwalt	332
6. Honorar des ausländischen Anwalts	336
VIII. Sozietät (Gesellschaft bürgerlichen Rechts)	337
1. Grundlagen	338
a) Gesellschaftsrecht	340
b) Berufsrecht	341
c) Wettbewerbsrecht	342
2. Haftung der Mitglieder einer Sozietät	345
a) Einführung	345
b) Entwicklung der Rechtsprechung	347
c) Bewertung des Urteils vom 29.1.2001 und Folgen für Rechtsanwaltssozietäten	350
aa) Vertragliche Ausgestaltung der gesetzlichen Gesellschafterhaftung	351
bb) Analogie zu § 8 Abs. 2 PartGG	352
d) Einzelfragen	353
aa) Einzel- und Gesamtmandat	354
bb) Anscheinssozietät	355
cc) Haftung neu eingetretener Sozien	356
dd) Haftung ausgeschiedener Sozien	359
e) Internationale Sozietät	362
aa) Anwendbares Recht	363
bb) Berufsrechtliche Zulässigkeit	366
cc) Haftung	370
f) Ausgleich im Innenverhältnis	371
IX. Bürogemeinschaft	372
1. Rechtsgrundlagen	372

	Rn.
2. Haftung	373
X. Partnerschaft	374
1. Rechtsgrundlagen	374
2. Haftung der Partnerschaft	375
3. Haftung der Partner	376
4. Haftungsbeschränkung auf einzelne Partner	383
XI. GmbH	389
1. Rechtsgrundlagen	389
2. Haftung	391
XII. Rechtsanwalts-AG	396
1. Zulassungsvoraussetzungen	397
2. Postulationsfähigkeit	398
3. Haftung	399
XIII. Europäische wirtschaftliche Interessenvereinigung	400
1. Rechtsgrundlagen	400
2. Anwendbares Recht	401
3. Haftung	402
XIV. Verbund	406
1. Begriff	406
2. Anwendbares Recht	407
3. Haftung	408
XV. Sternsozietät	409
F. Vertragliche Haftungsbeschränkungen	**410**
I. Die Regelung des § 51a BRAO	411
1. Sinn und Zweck	412
2. Zeitlicher Anwendungsbereich	413
II. Haftungsbeschränkung auf einen Höchstbetrag	414
1. Grundlagen des § 51a Abs. 1 BRAO	415
a) Anspruch des Auftraggebers aus dem Vertragsverhältnis mit dem Rechtsanwalt	415
b) Begriff der Haftungsbeschränkung	416
2. Individualvertragliche Haftungsbeschränkung	417
a) Haftung für Fahrlässigkeit	418
b) Vereinbarung im Einzelfall	419
c) Schriftform	424
d) Beschränkung der Haftung auf die Mindestversicherungssumme	425
e) Aufklärung des Auftraggebers	426
f) Rechtsfolge einer unzulässigen Haftungsbeschränkung	427
g) Ausgestaltung	431
3. Haftungsbeschränkung durch vorformulierte Vertragsbedingungen	432

		Rn.
	a) Vorformulierte Vertragsbedingungen	433
	b) Kein Formerfordernis	434
	c) Einfache Fahrlässigkeit	435
	d) Beschränkung der Haftung auf den vierfachen Betrag der Mindestversicherungssumme	438
	e) Versicherungsschutz	439
	f) Vorformulierte Vertragsbedingungen und AGB-Recht	440
	g) Rechtsfolge einer unzulässigen Haftungsbeschränkung	445
	h) EG-Verbraucherschutz-Richtlinie	446
III.	Haftungskonzentration auf einzelne Rechtsanwälte	449
	1. Haftungskonzentration auf einzelne Mitglieder einer Sozietät	450
	a) Motive des Gesetzgebers	451
	b) Mitglieder einer Sozietät	452
	c) Beschränkung der persönlichen Haftung auf Schadensersatz	453
	d) Vereinbarung im Einzelfall oder durch vorformulierte Vertragsbedingungen	458
	e) Bearbeitung des Mandats	459
	f) Namentliche Bezeichnung	461
	g) Zustimmungserklärung des Auftraggebers	462
	h) Rechtsfolge einer unzulässigen Haftungskonzentration	464
	i) Auseinanderfallen von bezeichnetem und das Mandat bearbeitendem Mitglied der Sozietät	465
	2. Haftungskonzentration auf einzelne Mitglieder einer Partnerschaft	472
G. Anhang		473
	Anhang 1: Rechtsprechungslexikon	473
	Anhang 2: Formulierungsbeispiele für Haftungsbeschränkung	474

Spezialliteratur:

Adolff, Die zivilrechtliche Verantwortlichkeit deutscher Anwälte bei der Abgabe von Third Party Legal Opinions, 1997;
Ahlers, Die Rechtsanwalts-GmbH, AnwBl 1991, 10;
ders., Die Anwalts-GmbH nach geltendem Recht, AnwBl 1991, 226;
ders., Zur Definition der überörtlichen Sozietät, AnwBl 1992, 54;
ders., Die GmbH als Zusammenschluss Angehöriger freier Berufe zur gemeinsamen Berufsausübung, in: FS Rowedder, 1994, S. 1;
ders., Die Rechtsanwalts-GmbH zugelassen: Ein Intermezzo?, AnwBl 1995, 121;
Altmeppen, Verfassungswidrigkeit der akzessorischen Haftung in der GbR?, NJW 2004, 1563;
Arnold, Die Tragweite des § 8 Abs. 2 PartGG vor dem Hintergrund der Haftungsverfassung der Gesellschaft bürgerlichen Rechts, BB 1996, 597;

Authenrieth, Die inländische Europäische Wirtschaftliche Interessenvereinigung (EWIV) als Gestaltungsmittel, BB 1989, 305;
Bach, Die BGB-Gesellschaft als Mitglied einer Europäischen Wirtschaftlichen Interessenvereinigung (EWIV)?, BB 1990, 1432;
Baldringer/Jordans, Die Haftung des Anwalts für den gemeinsamen Auftritt der (Schein-)Sozietät, AnwBl 2005, 676;
Baumann, Rechtsnatur und Haftungsverfassung der Gesellschaft bürgerlichen Rechts im Spannungsfeld zwischen Grundrechtsgewährleistung und Zivilrechtsdogmatik, JZ 2001, 895;
Becker, Haftungsfragen internationaler Anwaltstätigkeit, AnwBl 1998, 305;
Becker-Eberhardt, Zum Inkrafttreten des neuen anwaltlichen Berufsrecht und zur Zulässigkeit von Sternsozietäten, JZ 2000, 418;
Bellstedt, Die Rechtsanwalts-GmbH, AnwBl 1995, 573;
Berger, Rechtliche Rahmenbedingungen anwaltlicher Dienstleistung über das Internet, NJW 2001, 1530;
Berndt/Boin, Zur Rechtsnatur der Gesellschaft bürgerlichen Rechts, NJW 1998, 2854;
v. Bernstorff, Keine entsprechende Anwendung des § 664 BGB auf entgeltliche Geschäftsbesorgungsverträge, NJW 1952, 731;
ders., Die Bedeutung der Legal Opinion in der Außenhandelsfinanzierung, RIW 1988, 680;
Beuthin, Zur Begriffsverwirkung im deutschen Gesellschaftsrecht, JZ 2003, 715;
Boehme, Neue Grundsätze zur Haftung des Beitretenden für alte GbR-Schulden, NZG 2006, 764;
Boele, Die Organisation von Rechtsanwaltssozietäten Heute und Morgen, 1992;
Böhlhoff, Globalisierte Anwaltschaft, BRAK-Mitt. 2002, 13;
Boergen, Die vertragliche Haftung des Rechtsanwalts, 1968;
Bösert, Das Gesetz über Partnerschaftsgesellschaften Angehöriger Freier Berufe (Partnerschaftsgesellschaftsgesetz), ZAP (1994), Fach 15, S. 137;
Borgmann, Haftpflichtfragen, AnwBl 1997, 112;
dies., Haftpflichtfragen, AnwBl 1997, 220;
dies., Die Rechtsprechung des BGH zum Anwaltshaftungsrecht in der Zeit von Mitte 1991 bis Mitte 2000, NJW 2000, 2953;
dies., Die Rechtsprechung des BGH zum Anwaltshaftungsrecht in der Zeit von Mitte 2000 bis Mitte 2002, NJW 2002, 2145;
dies., Die Rechtsprechung des BGH zum Anwaltshaftungsrecht in der Zeit von Mitte 2002 bis Mitte 2004, NJW 2005, 22;
Born, Die Partnerschaftsgesellschaft für Rechtsanwälte, 1996;
Brandes, Die höchstrichterliche Rechtsprechung des Bundesgerichtshofs zur GmbH, WM 1998, 1;
ders., Die Rechtsprechung des Bundesgerichtshofs zur Personengesellschaft, WM 2000, 385;
Braun, Contra-Anwalts-GmbH, MDR 1995, 447;
Bruns, Die Haftung des neuen Sozius für alte Schulden, ZIP 2002, 1602;
Bürger, Das Fernabsatzrecht und seine Anwendbarkeit auf Rechtsanwälte, NJW 2002, 465;
Bunte, Mandatsbedingungen der Rechtsanwälte und das AGB-Gesetz, NJW 1981, 2657;
Burger, Die akzessorische Haftung des eintretenden Sozius für Altverbindlichkeiten der Sozietät, BRAK-Mitt. 2003, 262;
Busse, Die personelle Haftungsbegrenzung in der Steuerberater-Sozietät gemäß § 67a Abs. 2 StBerG, DStR 1995, 738;
Canaris, Die Übertragung des Regelungsmodells der §§ 125 – 130 HGB auf die Gesellschaft bürgerlichen Rechts als unzulässige Rechtsfortbildung contra legem, ZGR 2004, 69;
Chab, Vertragliche Haftungsbeschränkungen – Fluch oder Segen?, AnwBl 2006, 205;

ders., Pflichten und Haftung des Anwalts, PKH nach der ZPO-Reform, BRAK-Mitt. 2003, 163;
ders., Ansprüche gegen Anwälte aus Treuhand, AnwBl 2004, 440;
Clausnitzer/Pieper/Schollmeier, EG-Recht in der Anwaltskanzlei, 1999;
Damm, Gesellschaftsrecht der Freien Berufe im Wandel, in: FS Brandner, 1996, S. 31;
Damm/v. Mickwitz, Kooperation und Haftung in interprofessionellen Sozietäten, JZ 2001, 76;
Dauner-Lieb, Durchbruch für die Anwalts-GmbH?, GmbHR 1995, 259;
dies., Ein neues Fundament für die BGB-Gesellschaft, DStR 2001, 356;
Deppert, Die Rechtsprechung des Senats für Anwaltssachen des Bundesgerichtshofes im Jahre 2002, BRAK-Mitt. 2003, 42;
dies., Die Rechtsprechung des Senats für Anwaltssachen des Bundesgerichtshofes im Jahre 2003, BRAK-Mitt. 2004, 94;
Diller/Beck, Neuregelung der Verjährung für Anwaltshaftung: Der Irrgarten der Übergangsregelungen, ZIP 2005, 976;
Dittmann, Überlegungen zur Rechtsanwalts-GmbH, ZHR 161 (1997), 332;
Döser, Gutachten für den Gegner: Third Party Legal Opinion im deutschen Recht, in: FS Nirk, 1992, S. 151;
Donath, Rechtsberatungsgesellschaften, ZHR 156 (1992), 134;
Düwell, Zur Zulässigkeit der Berufsausübung in einer Kapitalgesellschaft (sog. Anwalts-GmbH), AnwBl 1990, 388;
Duve, Brauchen wir ein Recht der Mediation? Zur Zukunft rechtlicher Rahmenregelungen für die Mediation in Deutschland und Europa, AnwBl 2003, 1 ff.;
ders., Mediation in der Wirtschaft, 2003;
ders., Mediation und Vertraulichkeit/Der Vorentwurf einer europäischen Mediationsrichtlinie, IDR 2004, 126;
ders.; Mediation und Vertraulichkeit, IDR 2004, 126;
ders.; Brauchen wir ein Recht der Mediation?, AnwBl 2004, 1;
Eichele, Sozietätshaftung? Denkbare Folgen zur Rechtsfähigkeit der BGB-Gesellschaft, BRAK-Mitt. 2001, 156;
Eidenmüller, Vertrags- und Verfahrensrecht der Wirtschaftsmediation, 2001;
Eisenberg, Das Internationale Privatrecht der Anwaltshaftung, 1998;
Elsing, Alles entschieden bei der Gesellschaft bürgerlichen Rechts? Die Rechtsprechung zwischen Mosaik- und Meilensteinen, BB 2003, 909;
Engels, Beauftragung mehrerer Anwälte – Erstattungsfähigkeit ihrer Gebühren, MDR 1999, 1043;
Evers, Der Rechtsanwalt als Treuhänder im Bauherrenmodell, NJW 1983, 1652;
Eylmann, Bewegung im Berufsrecht der Notare, NJW 1998, 2929;
v. Falkenhausen, Brauchen die Rechtsanwälte ein Partnerschaftsgesetz?, AnwBl 1993, 479;
Feddersen/Meyer-Landrut, Partnerschaftsgesellschaftsgesetz, 1995;
Fischer, Die Haftung des Insolvenzverwalters nach neuem Recht, WM 2004, 2185;
Flume, Allgemeiner Teil des Bürgerlichen Rechts, Erster Band, Erster Teil, Die Personengesellschaft, 1977 (zitiert: Personengesellschaft);
Frank, Ist die Bestimmung über den Parteiverrat (§ 356 StGB) ein Schutzgesetz im Sinne des § 823 Abs. 2 BGB?, MDR 1962, 945;
Friedlaender, Anmerkung zu RG, Urt. v. 2.10.1925 – 497/24 III, JW 1926, 246;
ders., Anmerkung zu RG, Urt. v. 10.2.1928 – 231/27 III, JW 1928, 1134;
Fuhrmann, Die Rechtsstellung des angestellten Rechtsanwalts, 1989;
Funke, Der Regierungsentwurf zur Rechtsanwalts-GmbH, AnwBl 1998, 6;
Ganske, Das Recht der Europäischen Wirtschaftlichen Interessenvereinigung, 1988;
Gerhardt/Geiss, Der „blaue Himmel" beginnt zu früh, ZRP 1997, 165;

Gerlt, Der Gesetzesentwurf zur Anwalts-GmbH: Ein Abschreckungsversuch?, MDR 1998, 259;
Gesmann-Nuissl, Die Rechts- und Parteifähigkeit sowie Haftverfassung der Gesellschaft bürgerlichen Rechts nach dem Urteil des BGH, II ZR 331/99 = WM 2001, 408, WM 2001, 973;
Gladys, Rechtsfähigkeit und Parteifähigkeit der GbR – Berufshaftpflichtversicherung für Vermögensschäden der Sozietät?, Stgb 2001, 684;
Gloria/Karbowski, Die Europäische Wirtschaftliche Interessenvereinigung (EWIV), WM 1990, 1313;
Goette, BGB-Gesellschaft: Parteifähigkeit der Gesamthand als Gruppe und akzessorische Haftung der Gesellschafter für die Gesellschaftsschulden, DStR 2001, 310;
ders., Wo steht der BGH nach „Centros" und „Inspire Art", DStR 2005, 197;
Graef, Die Haftung des deutschen und des englischen Anwalts für fehlerhafte Prozessführung, 1995;
Grams, Möglichkeiten der Haftungsbeschränkungen für Rechtsanwälte, AnwBl 2001, 233;
ders., Haftungsverfassung von Anwaltssozietäten, BRAK-Mitt. 2002, 60;
ders., Möglichkeiten der Haftungsbeschränkung für Rechtsanwälte, AnwBl 2001, 295;
ders., Die Anwaltssozietät in der Rechtsform der Gesellschaft bürgerlichen Rechts, BRAK-Mitt. 2002, 67;
ders., Haftungsverfassung von Anwaltssozietäten, BRAK-Mitt. 2002, 60;
ders., Zusammenschluss von Anwälten, BRAK-Mitt. 2002, 214;
Großfeld, Internationales und Europäisches Unternehmensrecht, 2. Aufl. 1995;
Gruber, Anwaltshaftung bei grenzüberschreitenden Mandaten, MDR 1998, 1399;
Grüninger, Die deutsche Rechtsanwaltssozietät als Mitglied einer EWIV, AnwBl 1990, 228;
ders., Aspekte, Strategien und Möglichkeiten einer EWIV von Rechtsanwälten, AnwBl 1992, 111;
Grunewald, Die Entwicklung der Rechtsprechung zum anwaltlichen Berufsrecht in den Jahren 1999 und 2000, NJW 2002, 188;
dies., Rechtsberatung und Streitschlichtung im Internet – (k)ein Fall für das Rechtsberatungsgesetz?, BB 2001, 1111;
dies., Anwaltshaftung bei gemeinschaftlicher Berufsausübung, ZAP (2001), Fach 23, S. 551;
dies., Die Entwicklung der Rechtsprechung zum anwaltlichen Berufsrecht in den Jahren 2001 bis 2003, NJW 2004, 1146;
dies., Scheinsozietäten als besondere Form der Scheingesellschaft, in: FS Ulmer, 2003, S. 141;
dies, Zur Haftung neu eintretender Sozien für die Altverbindlichkeiten einer Kanzlei, JZ 2004, 683;
Grunewald/Müller, Ausländische Rechtsberatungsgesellschaften in Deutschland, NJW 2005, 465;
Gruson, Persönliche Haftung deutscher Unternehmensjuristen für die Richtigkeit einer legal opinion nach US-amerikanischem Recht, RIW 2002, 596;
Haas, Neue Gesellschaftsform, BRAK-Mitt. 1994, 1;
Habersack, Haftung der Mitglieder einer GbR für Bürgschaftsverpflichtungen der Gesellschaft, BB 1999, 61;
ders., Das anwaltliche Berufsrecht in der Rechtsprechung des BVerfG seit 1987, NJW 2003, 261;
ders., Die Anerkennung der Rechts- und Parteifähigkeit der GbR und der akzessorischen Gesellschafterhaftung durch den BGH, BB 2001, 477;
Haft/Schliefen/Prütting, Handbuch der Mediation, 2002;
Hartstang, Anwaltliche Berufsausübung in Form einer GmbH – Zugleich eine Besprechung von BayObLG vom 24.11.1994 – 3 Z BR 115/94, ZAP (1994), Fach 23, S. 193;
Hartung, Neues Berufs- und Gebührenrecht für Rechtsanwälte, WiB 1994, 585;

ders., Sozietät oder Kooperation, AnwBl 1995, 333;
ders., Mandatsvertrag – Das Einzelmandat in der Anwaltssozietät, MDR 2002, 1224;
ders., Das anwaltliche Berufsrecht in der Rechtsprechung des BVerfG seit 1987 – Ein Überblick über die wesentlichen Entscheidungen der letzten 15 Jahre, NJW 2003, 261;
Hasenkamp, Die akzessorische Haftung ausscheidender und eintretender Gesellschafter bürgerlichen Rechts, DB 2002, 2632;
ders., Haftung für Altverbindlichkeiten bei Eintritt in eine GbR, DNotZ 2003, 768;
K. Heinemann, Baustein anwaltlicher Berufshaftung: die Beweislast, NJW 1990, 2345;
P. Heinemann, Rechtsformwahl und Anwalts-GmbH, AnwBl 1991, 233;
Heinrichs, Die Entwicklung des Rechts der Allgemeinen Geschäftsbedingungen im Jahre 1996, NJW 1997, 1407;
Hellwig, Formen der Gestaltung der Zusammenarbeit mit dem ausländischen Anwalt, AnwBl 1996, 124;
ders., Die Rechtsanwalts-GmbH, ZHR 161 (1997), 337;
Heinrichs/Kießling, Die „GbR ohne persönliche Gesellschafterhaftung", WM 1999, 877;
Henssler, Die Rechtsanwalts-GmbH, JZ 1992, 697;
ders., Anwaltsgesellschaften, NJW 1993, 2137;
ders., Haftungsrisiken anwaltlicher Tätigkeit, JZ 1994, 178;
ders., Der Regierungsentwurf eines Gesetzes über Partnerschaftsgesellschaften, WiB 1994, 53;
ders., Die Freiberufler-GmbH, ZIP 1994, 844;
ders., Anmerkung zu BayObLG, Beschluss vom 14.11.1994 – 3 Z BR 115/94, ZIP 1994, 1871;
ders., Die Haftung der Partnerschaft und ihrer Gesellschafter, in: FS Vieregge, 1995, S. 361;
ders., Neue Formen anwaltlicher Zusammenarbeit, DB 1995, 1549;
ders., Die Haftung der Rechtsanwälte und Wirtschaftsprüfer, AnwBl 1996, 3;
ders., Partnerschaftsgesellschaftsgesetz, 1997;
ders., Die Rechtsanwalts-GmbH – Zulässigkeit und Satzungserfordernisse, ZHR 161 (1997), 305;
ders., Der Gesetzesentwurf zur Regelung der Rechtsanwalts-GmbH, ZIP 1997, 1481;
ders., Rechtsanwalts-GmbH oder Partnerschaft?, ZAP (1997), Fach 23, S. 285;
ders., Das Verbot der Sternsozietät gemäß § 31 Berufsordnung der Rechtsanwälte – eine reformbedürftige Norm, ZIP 1998, 2121;
ders., Zur Zulässigkeit einer interprofessionellen Sternsozietät, NZG 1999, 1095;
ders., Die gesetzliche Regelung der Rechtsanwalts-GmbH, NJW 1999, 241;
ders., Mediation und Rechtsberatung, NJW 2003, 241;
ders., Der (Teil-)Vergütungsanspruch des Rechtsanwalts im Falle vorzeitiger Mandatsbeendigung im Normgefüge des § 628 BGB, NJW 2005, 1;
ders., Aktuelle Praxisfragen anwaltlicher Vergütungsvereinbarungen, NJW 2005, 1537;
Henssler/Deckenbrock, Der (Teil-)Vergütungsanspruch des Rechtsanwalts im Falle vorzeitiger Mandatsbeendigung im Normgefüge des § 628 BGB, NJW 2002, 1;
Henssler/Streck, Handbuch des Sozietätsrechts, 2001;
Henze, Beschränkung der Gesellschafterhaftung – Teilrechtsfähigkeit der GbR im Wandel, BB 1999, 2260;
Heublein, Die Rechtsanwalts-Aktiengesellschaft vor der Eintragung ins Handelsregister, AnwBl 1999, 304;
Heussen, Interessenkonflikt zwischen Amt und Mandat bei Aufsichtsräten, NJW 2001, 708;
v. d. Heydt/Rechenberg, Die Europäische Wirtschaftliche Interessenvereinigung, 1991;
Hofmeister, Beginn der Enthaftung des ausscheidenden Personengesellschafters nach § 160 I 2 HGB, NJW 2003, 93;
Hommelhoff/Schwab, Anm. BayObLG, Beschl. 24.11.1994 – 3 Z BR 115/94, WiB 1995, 115;

Hommelhoff, Wider das Akzessorietätsdogma in der Gesellschaft bürgerlichen Rechts, ZIP 1998, 8;
Horn, Deutsches und europäisches Gesellschaftsrecht und die EuGH-Rechtsprechung zur Niederlassungsfreiheit – Inspire Art, NJW 2004, 893;
Horst, E-Commerce – Verbotenes Terrain für Rechtsanwälte?, MDR 2000, 1293;
Hueck, Drei Fragen zur Gesamthandsgesellschaft, in: FS Zöllner, 1998, S. 275;
Jackson & Powell, On Professional Negligence, 4. Aufl. 1997;
Jahndorf, Die EWIV im Ertragsteuerrecht, 1995;
Jander/Du Mesnil de Rochemont, Die Legal Opinion im Rechtsverkehr mit den USA, RIW 1976, 332;
Jauernig, Zur Rechts- und Parteifähigkeit der Gesellschaft bürgerlichen Rechts, NJW 2001, 2231;
Jawansky, Haftung und Vertrauensschutz bei Berufsausübung in der Partnerschaftsgesellschaft, DB 2001, 2281;
ders., Aktuelle Entwicklungen im Berufs- und Gesellschaftsrecht der Anwaltschaft – Abschied vom Verbot der Sternsozietät, hin zur AG und zum Konzern, DB 2002, 2699;
Junge-Ilges, Haftungsvereinbarungen der rechts- und wirtschafsberatenden Berufe, 1995;
Jungk, Die Rechtsanwaltssozietät als Haftungsgemeinschaft, AnwBl 1996, 297;
dies., Viele Anwälte verderben den Fall – wer haftet?, AnwBl 1997, 620;
dies., Aktuelle Entwicklungen in der Rechtsprechung zur Rechtsberaterhaftung, BRAK-Mitt. 2001, 159;
dies., Der Anwaltsnotar, AnwBl 1999, 343, 404;
dies., Der Anwalt im Grenzbereich anwaltlicher Tätigkeit, AnwBl 2004, 117;
dies., Haftung neu eintretender Sozien für Altverbindlichkeiten analog § 130 HGB auch für Haftpflichtansprüche, BRAK-Mitt. 2004, 217;
Kääb/Oberländer, Kooperationsformen bei Rechtsanwälten, BRAK-Mitt. 2005, 55;
Kaiser, Die Haftung des deutschen Rechtsanwalts bei grenzüberschreitender Tätigkeit, NJW 1991, 2049;
Kaiser/Bellstedt, Die Anwaltssozietät, 2. Aufl. 1995;
Kappus, Inhaltskontrolle gesetzesrezitierender Klauseln, NJW 2003, 322;
Kempter, Das Partnerschaftsgesellschaftsgesetz, BRAK-Mitt. 1994, 122;
ders., Die Rechtsanwalts-GmbH und das Bayerische Oberste Landesgericht – was nun?, BRAK-Mitt. 1995, 4;
Kempter/Kopp, Hinweise zur Gestaltung der Satzung einer Rechtsanwalts-GmbH, BRAK-Mitt. 1998, 254;
dies., Hinweise zur Gestaltung der Satzung einer Rechtsanwalts-AG, NJW 2001, 777;
dies., Zulässigkeit und berufsrechtliche Zulassung der Rechtsanwalts-Aktiengesellschaft, NZG 2005, 582;
Kewenig, Das Recht der rechtsberatenden Berufe – eine Herausforderung für den Gesetzgeber und die Standesorganisation, JZ 1990, 782;
Kilian, Das Verbot der Sternsozietät – Verstoß gegen Gemeinschaftsrecht?, NJW 2001, 326;
ders., Die ILP – Modell für das deutsche Recht?, NZG 2004, 71;
Kindler, Niederlassungsfreiheit für Scheinauslandsgesellschaften, NJW 1999, 1993;
Kirchberg, Anmerkung zum Beschluss des BVerfG v. 3.7.2003, Az.: 1 BvR 238/01, BRAK-Mitt. 2003, 236;
Klein-Blenkers, Wirtschaftliche Bedeutung und rechtliche Fragen zur Europäischen Wirtschaftlichen Interessenvereinigung, DB 1994, 2224;
Kleine-Cosack, Neuordnung des anwaltlichen Berufsrechts, NJW 1994, 2249;
Knief, Der Rechtsanwalt als Angestellter und als freier Mitarbeiter, AnwBl 1985, 58;

Knöringer, Die Eintrittshaftung von Scheingesellschaftern einer Anwalts-GbR, AnwBl 2002, 681;

Knoll/Schüppen, Die Europäische wirtschaftliche Interessenvereinigung, WiB 1994, 889, 936;

dies., Die Partnerschaftsgesellschaft – Handlungszwang, Handlungsaltemative oder Schubladenmodell?, DStR 1995, 608, 646;

Knöfel, Internationales Sozietätsrecht, RIW 2006, 87;

Koch, Zur Zulässigkeit der Rechtsanwalts-GmbH nach geltendem Recht, AnwBl 1993,157;

ders., Pro-Anwalts-GmbH, MDR 1995, 446;

Koch, B., Interdisziplinäre Zusammenarbeit von Wirtschaftsprüfern, Steuerberatern und Rechtsanwältn in Deutschland, 2003;

Koch, J., Haftungsbeschränkungen bei der Abgabe von Third Party Legal Opinions, WM 2005, 1208;

Koller, Das Haftungsprivileg des Geschäftsbesorgers gemäß §§ 664 Abs. 1 Satz 2, 675 BGB, ZIP 1985, 1243;

Kollhosser/Raddatz, Die Europäische Wirtschaftliche Interessenvereinigung (EWIV), JA 1989, 10;

Kornblum, Die Haftung assoziierter Rechtsanwälte, BB 1973, 218;

Krämer, Haftung aus Gefälligkeit, in: FS Kreft, 2004, S. 79;

Kraus/Kunz/Mäder/Nerlich/Peres/Schmid/Senft/Stuber/Weber, Sozietätsrecht, 2. Aufl. 2006;

Kreifels, Verschmelzung deutscher Sozietäten mit anglo-amerikanischen Law Firms, BRAK-Mitt. 2002, 8;

Kremer, Freie Berufe in der Rechtsform der GmbH, GmbHR 1983, 259;

Lach, Die Möglichkeiten der Niederlassung europäischer Rechtsanwälte in Deutschland, NJW 2000, 1609;

Landry, Die Anwalts-Kapitalgesellschaft, MDR 1995, 558;

Lang A., Die neuere Rechtsprechung des Bundesgerichtshofs zu Auftrag, Geschäftsbesorgung und Geschäftsführung ohne Auftrag, WM 1988, Beil. 9;

Lang R., Haftpflichtfragen, AnwBl 1981, 496;

Lang/Fraenkel, Die Gesellschaft bürgerlichen Rechts, WM 2002, 260;

Lange, Die Haftung des Gesellschafters einer GbR für Altverbindlichkeiten, NZG 2002, 401;

Langenkamp/Jaeger, Die Haftung für Fehler von Scheinpartnern in Rechtsanwalts- und Steuerberaterpartnerschaften, NJW 2005, 3238;

Leibner, Haftungsrechtliche Rahmenbedingungen für die Tätigkeit als Mediator, NJW 2002, 3521;

Lenz, Die Partnerschaft – alternative Gesellschaftsform für Freiberufler, MDR 1994, 741;

Leutheusser-Schnarrenberger, Die Partnerschaftsgesellschaft – nationale und EG-rechtliche Bestrebungen zu einem Sondergesellschaftsrecht für die freien Berufe, in: FS Helmrich, 1994, S. 677;

Littbarski, Interdependenz zwischen Gefälligkeit, Haftung und Haftpflichtversicherung?, VersR 2004, 950;

Loewer, Neuordnung des anwaltlichen Berufsrechts, BRAK-Mitt 1994, 186;

Louven, Die Haftung des deutschen Rechtsanwalts im internationalen Mandat, VersR 1997, 1050;

Lux, Generelle Haftungsprivilegierung von Sozien?, NJW 2003, 2806;

Mahnke, Das Partnerschaftsgesellschaftsgesetz, WM 1996, 1029;

Mankowski, Anmerkung zu BGH, Urt. 25.4.1996 – 1 ZR 106/94, WiB 1996, 1019;

ders., Anwendbares Recht beim Mandatsverhältnis einer internationalen Anwaltssozietät, AnwBl 2001, 249;

Marx, Die Europäische Wirtschaftliche Interessenvereinigung (EWIV) als Kooperationsform für die freien Berufe, AnwBl 1997, 241;
Mayer, Eine Lanze für das Korrespondenzmandat, AnwBl 1992, 170;
Mazza, Die Haftung des neu eintretenden Partners für Alt-Verbindlichkeiten der Partnerschaft aus Schäden wegen fehlerhafter Berufsausübung, BB 1997, 746;
Meik/Faecks, Haftungsprobleme bei der Gebührenteilung zwischen Korrespondenz- und Prozessanwalt, AnwBl 1989, 83;
Meilicke/v. Westphalen/Hoffmann/Lenz, Partnerschaftsgesellschaftsgesetz, 1995;
Meyer-Landrut, Die Europäische Wirtschaftliche Interessenvereinigung, 1988;
Michalski, Zum Regierungsentwurf eines Partnerschaftsgesellschaftsgesetzes, ZIP 1993, 1210;
Michalski/Römermann, Partnerschaftsgesellschaftsgesetz, Kommentar, 1999;
dies., Interprofessionelle Zusammenarbeit von Rechtsanwälten, NJW 1996, 3233;
dies., Vertrag der Partnerschaftsgesellschaft, 3. Aufl. 2002;
Mühsam-Werther, Beweislast im Anwaltsregressprozess, JW 1925, 1362;
Müller, K., Schadensersatzpflicht verbundener Anwälte, NJW 1969, 903, 1416;
Müller-Gugenberger, EWIV – Die neue europäische Gesellschaftsform, NJW 1989, 1449;
Müller-Gugenberger/Schotthöfer, Die EWIV in Europa, 1995;
Müller-Rabe, Übergangsrecht nach § 61 RVG in Zivilsachen, NJW 2005, 1609;
Münchener Handbuch des Gesellschaftsrechts, Band 1: BGB-Gesellschaft, Offene Handelsgesellschaft, Partnerschaftsgesellschaft, Partenreederei, EWIV, 2004;
Nerlich, Internationale Kooperationsmöglichkeiten für europäische Rechtsanwälte, 1994;
ders., Anwaltssozietäten in Europa, AnwBl 1994, 529;
Neye, Die Europäische wirtschaftliche Interessenvereinigung – eine Zwischenbilanz, DB 1997, 861;
Niebling, Haftungsbeschränkung für Rechtsanwälte trotz AGB-Richtlinie, AnwBl 1996, 20;
Odersky, Die überörtliche Anwaltssozietät, in: FS Merz, 1992, S. 439;
Oppenhoff, Anwaltsgemeinschaften, ihr Sinn und Zweck, AnwBl 1967, 267;
Pabst, Gebührenrechtliche Folgen der Kündigung des Mandats, MDR 1978, 449;
Passarge, Anforderungen an die Satzung einer Rechtsanwalts-AG, NJW 2005, 1835;
Pera, Anwaltshonorare in Deutschland und den U.S.A., 1995;
Pilny, Germany offers lawyers new partnership vehicle, IFLRev 1996, 14;
Pluskat, Die Ausgestaltung der Rechtsanwalts-Aktiengesellschaft, AnwBl 2003, 131;
Pohlmann, Rechts- und Parteifähigkeit der Gesellschaft bürgerlichen Rechts, WM 2002, 1421;
Poll, Die Haftung der freien Berufe am Beispiel des Rechtsanwalts, Diss. Berlin 1992;
Prechtel, Der Gerichtsstand des Erfülungsortes bei anwaltlichen Gebührenforderungen, NJW 1999, 3617;
Probst, Haftpflichtfragen, AnwBl 1976, 288;
Prohaska, Die Handelndenhaftung in der Anwalts-GmbH, MDR 1997, 701;
Rabe, Der Beruf des Rechtsanwalts – Herausforderung in Gegenwart und Zukunft, NJW 1971, 1385;
Reiff, Die neuen berufsrechtlichen Bestimmungen über Haftungsbeschränkungen durch AGB, AnwBl 1997, 3;
ders., Wider die unternehmenstragende Gesellschaft bürgerlichen Rechts ohne Gesellschafterhaftung, ZIP 1999, 517;
Riedel, Nochmals: Der Rechtsanwalt als Treuhänder im Bauherrenmodell, NJW 1984, 1021;
Rinsche, Grundsätze der Anwaltshaftung, ZAP (1997), Fach 23, S. 249;
ders., Grundsätze der Notarhaftung, ZAP (1997), Fach 23, S. 273;
Rinsche/Schlüter, Anwaltstätigkeit im internationalen Bereich, ZAP (1992), Fach 23, S. 115;
Römer, Das sogenannte Augenblicksversagen, VersR 1992, 1187;

Römermann, Entwicklungen und Tendenzen bei Anwaltsgesellschaften, 1995;
ders., Anwalts-GmbH als „theoretische Variante" zur Partnerschaft?, GmbHR 1997, 530;
ders., Der neue Regierungsentwurf zum AnwaltsGmbH-Gesetz, NZG 1998, 81;
ders., Neues im Recht der Partnerschaftsgesellschaft, NZG 1998, 675;
ders., Anwalts-GmbH im Wettbewerb, GmbHR 1998, 966;
ders., Zur Zulässigkeit der anwaltlichen Sternsozietät, AnwBl 1999, 554;
ders., Persönliche Haftung des Neugesellschafters einer Gesellschaft bürgerlichen Rechts auch für deren Altverbindlichkeiten, BB 2003, 1081;
ders., Die Anwalts-AG, ZAP, Fach 23, S. 461;
ders., Anmerkung zum Urteil des BGH v. 7.4.2003 – Az.: II ZR 56/02, BB 2003, 1084;
Römermann/Spönemann, Gesellschaftsformen für Rechtsanwälte – Berufsrecht, Gesellschaftsrecht, Steuerrecht, NZG 1998, 15;
Sandrock, Ein amerikanisches Lehrstück für das Kollisionsrecht der Kapitalgesellschaften, RabelsZ 42 (1978), 227;
ders., Die Konkretisierung der Überlagerungstheorie in einigen zentralen Rechtsfragen, in: FS Beitzke, 1979, S. 669;
ders., Centros: Ein Etappensieg für die Überlagerungstheorie, BB 1999, 1337;
Sassenbach, Die Rechts- und Parteifähigkeit der Gesellschaft bürgerlichen Rechts und besondere Aspekte der Berufshaftpflichtversicherung der Rechtsanwälte, AnwBl 2002, 54;
Schäfer, Scheinsozietät und Scheinsozius – Gesellschafts- und wettbewerbsrechtliche Fragen am Beispiel der Anwaltssozietät, DStR 2003, 1078;
Schardey, Neue Formen anwaltlicher Berufsausübung, in: FS Quack, 1991, S. 731;
Scharlach/Hoffmann, Die Partnerschaftsgesellschaft – auf Umwegen zum Erfolg, WM 2000, 2082;
Schlee, Haftpflichtfragen, AnwBl 1990, 205;
Schlosser, Grünes Licht für die Rechtsanwalts-GmbHs?, JZ 1995, 345;
Schlüter, Die EWIV: Modellfall für ein europäisches Gesellschaftsrecht, EuZW 2002, 589;
Schmeel, Einschaltung mehrerer Anwälte – oder: der geschundene Korrespondenzanwalt, MDR 1995, 24;
Schmellenkamp, Der Prozessbevollmächtigte als Zustellungsempfänger – Die Bedeutung des § 87 ZPO, AnwBl 1985, 14;
Schmidt, K., Partnerschaftsgesetzgebung zwischen Berufsrecht, Schuldrecht und Gesellschaftsrecht, ZIP 1993, 633;
ders., Die Freiberufliche Partnerschaft, NJW 1995, 1;
ders., Die BGB-Außengesellschaft: rechts- und parteifähig – Besprechung des Grundlagenurteils II ZR 331/00 vom 29.1.2001, NJW 2001, 993;
ders., Die Gesellschafterhaftung bei der Gesellschaft bürgerlichen Rechts als gesetzliches Schuldverhältnis, NJW 2003, 1897;
ders., Analoge Anwendung von § 28 HGB auf die Sachgründung freiberuflicher und gewerbetreibender BGB-Gesellschaften, BB 2004, 785;
ders., Die Sozietät als Sonderform der BGB-Gesellschaft, NJW 2005, 2801;
Schmidt, M. J., Die internationale Durchsetzung von Rechtsanwaltshonoraren, 1991;
Schneider, C., Anwaltskartelle – Wettbewerbswidrigkeit nach Aufhebung des Lokalisationsgrundsatzes, MDR 2000, 437;
Schneider D., Von der losen Kooperation nach dem „Best-friends-System" zur überörtlichen Sozietät, AnwBl 1991, 565;
Schnittker, LLP und LLC – Was bedeutet der Konflikt zwischen den einzelnen Jurisdiktionen in den USA für die Haftung der Mitglieder und Partner, GmbHR 2001, 713;

Scholz, Die BGB-Gesellschaft nach dem Grundsatzurteil des BGH vom 29.1.2001, NZG 2002, 153;
Schoppmeyer, Die Haftung des Insolvenzverwalters nach § 61 InsO, in: FS Kreft, 2004, S. 525;
Schumacher, Rechtsanwaltsaktiengesellschaft – nach deren Anerkennung durch das BayObLG, AnwBl 2000, 409;
Schumann, Die überörtliche Anwaltssozietät, 1990;
Scriba, Die Europäische wirtschaftliche Interessenvereinigung, 1988;
Seibert, Zum neuen Entwurf eines Partnerschaftsgesellschaftsgesetzes, AnwBl 1993, 155;
ders., Die Partnerschaft für die Freien Berufe, DB 1994, 2381;
ders., Gesellschaften mit „Partner-Zusatz"-Änderungen zum 1. Juli 1997, ZIP 1997, 1046;
ders., Aktuelle Änderungen des Partnerschaftsgesellschaftsgesetzes: Neue Haftungsregelung für Freiberufler, BRAK-Mitt. 1998, 210;
Seitmann, Die Beteiligung mehrerer Anwälte an einem Haftpflichtfall, VersR 1974, 97;
Sieg, Internationale Anwaltshaftung, 1996;
ders., Internationale Anwaltshaftung in den U.S.A., NJW 1996, 2209;
ders., Anwaltshaftung bei der Anwendung ausländischen Rechts und bei der Zusammenarbeit mit ausländischen Anwälten, IWB Fach 4, Gruppe 2, S. 223;
ders., Die Haftung des Rechtsanwalts bei der Anwendung ausländischen Rechts, ZAP (1996), Fach 23, S. 239;
ders., Allgemeine Geschäftsbedingungen im internationalen Geschäftsverkehr, RIW 1997, 811;
ders., Die Haftung des Rechtsanwalts bei der Zusammenarbeit mit ausländischen Anwälten, ZAP (1998), Fach 23, S. 341;
ders., Grundzüge der Anwaltshaftung in Deutschland, PHi 1999, 130;
ders., Zur Rechts- und Parteifähigkeit der Gesellschaft bürgerlichen Rechts und der Haftung ihrer Gesellschafter, ZAP (2001), Fach 15, S. 355;
ders., Auswirkungen der neuen Rechtsprechung zur BGB-Gesellschaft auf die persönliche Haftung der Mitglieder von Rechtsanwalts-, Steuerberater- und Wirtschaftsprüfersozietäten, WM 2002, 1432;
ders., Anwaltshaftung bei der Anwendung ausländischen Rechts und bei der Zusammenarbeit mit ausländischen Anwälten, IWB 1996, 937;
Sieg/Holtmann, Der Anwaltsvertrag bei Mandaten mit Auslandsbezug, ZAP (1999), Fach 23, S. 387;
Sommer, Anwalts-GmbH oder Anwaltspartnerschaft, GmbHR 1995, 249;
Sotiropoulos, Partnerschaftsgesellschaft: Haftung der Partner und Haftungsbeschränkungswege, ZIP 1995, 1879;
Staehle, Zur Verfassungswidrigkeit von § 3 BORA, BRAK-Mitt. 2003, 238;
Stehle/Longin, Rechtsformen für die Freien Berufe, 1995;
Steindorff, Die Anwaltssozietät, in: FS R. Fischer, 1979, S. 747;
Stobbe, Die Beschränkung der Anwaltshaftung nach § 51a Abs. 1 Nr. 2 BRAO und die EG-Verbraucherrichtlinie, AnwBl 1997, 16;
Stoffels, AGB-Recht, 2003;
Strotmann, Der Zusammenschluss von Rechtsanwälten, 1998;
Stuber, Das Partnerschaftsgesellschaftsgesetz unter besonderer Berücksichtigung der Belange der Anwaltschaft, WiB 1994, 705;
Taupitz, Die Zulässigkeit von Freiberufler-GmbHs – Heilkunde-GmbH: ja, Rechtsberatungs-GmbH: nein?, JZ 1994, 1100;
ders., Rechtsanwalts-GmbH zugelassen: Durchbruch oder Intermezzo?, NJW 1995, 369;
Teichmann, Kauf- und Werkvertrag in der Schuldrechtsreform, ZfBR 2002, 13;
Theißen, Die überörtliche Anwaltssozietät, MDR 1993, 1;

Timm, Die Rechtsfähigkeit der Gesellschaft bürgerlichen Rechts und ihre Haftungsverfassung, NJW 1995, 3209;
Triebel/Otte/Kimpel, Die englische Limited Liability Partnership in Deutschland: Eine attraktive Rechtsform für deutsche Beratungsgesellschaften? BB 2005, 1233;
Ulmer, Weg zum Ausschluss der persönlichen Gesellschafterhaftung in der Gesellschaft bürgerlichen Rechts, ZIP 1999, 509;
ders., Gesellschafterhaftung in der Gesellschaft bürgerlichen Rechts: Durchbruch der Akzessorietätstheorie?, ZIP 1999, 554;
ders., Unbeschränkte Gesellschafterhaftung in der Gesellschaft bürgerlichen Rechts, ZGR 2000, 339;
ders., Die höchstrichterlich „enträtselte" Gesellschaft bürgerlichen Rechts, ZIP 2001, 585;
Ulmer/Habersack, Die Haftungsverfassung der Partnerschaftsgesellschaft, in: FS Brandner, 1996, S. 151;
Vogels, Die Haftung von Rechtsanwälten in der Sozietät, 1995;
Vorbrugg/Salzmann, Überörtliche Anwaltskooperationen, AnwBl 1996, 129;
v. Waldhausen, Anwaltshaftung im Rahmen internationaler Zusammenhänge, in: Haarmann Hemmelrath & Partner, Gestaltung und Analyse in der Rechts-, Wirtschafts- und Steuerberatung von Unternehmen, 1998, S. 675;
Weigel, Die Zulässigkeit der Anwalts-GmbH nach geltendem Recht, BRAK-Mitt 1992, 183;
Wellensiek, Anwaltshaftung und Risikomanagement, in: FS Brandner, 1996, S. 727;
Weller/Kienle, Die Anwalts-LLP in Deutschland – Annerkennung – Postulationsfähigkeit – Haftung, DStR 2005, 1060 und 1102;
Wertenbruch, Die Parteifähigkeit der GbR – die Änderungen für die Gerichts- und Vollstreckungspraxis, NJW 2002, 324;
Westerwelle, Die Interessenkollision nach der neuen Berufsordnung, NJW 1997, 2781;
ders., Auswirkungen des Wegfalls der Sozietätenregelung in § 3 BORA, NJW 2003, 2958;
v. Westphalen, Anwaltliche Haftungsbeschränkung im Widerstreit mit der Verbraucherschutzrichtlinie, ZIP 1995, 546;
ders., Leitlinien zur Haftungsbeschränkung in Mandats-AGB, MDR 1997, 989;
ders., Möglichkeiten der Beschränkung und Konzentration der Haftung der Rechtsanwälte, WiB 1997, 1217;
Wettlaufer, Angestellter oder freier Mitarbeiter, AnwBl 1989, 194;
Wiedemann, Zur Rechtsfähigkeit und Parteifähigkeit sowie zur Haftungsverfassung der GbR, JZ 2001, 661;
Willandsen, Die verwaltungs- und standesrechtliche Stellung des auch im Ausland zugelassenen deutschen Rechtsanwalts oder Rechtsbeistands, NJW 1989, 1128;
Woelk, Möglichkeiten der Haftungsbeschränkung des Rechtsanwalts, AnwBl 2003, 328;
Wolf, Anwaltshaftung in der Sozietät, in: FS Schneider, 1997, S. 349;
Wolfram, Modern Legal Ethics, 1986;
Wunderlich, Das Ende der Doppelverpflichtungstheorie?, WM 2002, 271;
Zacharias, Haftungsfallen beim Eintritt in eine Anwaltssozietät, AnwBl 2003, 679;
ders., Die neue BGH-Rechtsprechung zur Haftung neuer GbR-Gesellschafter für Altverbindlichkeiten – Existenzbedrohung für Freiberufler?, BB 2003, 1916;
Zahorka, Die Teilnahme von Drittlandsunternehmen an einer EWIV, EuZW 1994, 201;
Zimmer, Internationales Gesellschaftsrecht, 1996;
Zimmermann, Haftungsbeschränkung statt Versicherung? – Zur Reichweite von § 51a BRAO, NJW 2005, 177;
Zöllner, Rechtssubjektivität von Personengesellschaften?, in: FS Gernhuber, 1993, S. 563;

ders., Rechtsfähigkeit der BGB-Gesellschaft – ein Sachverstands- oder Kommunikationsproblem?, in: FS Kraft, 1998, S. 701;
Zuck, Die Europäische Wirtschaftliche Interessenvereinigung als Instrument anwaltlicher Zusammenarbeit, NJW 1990, 954;
ders., Die Anwalts-GmbH nach §§ 59c ff. BRAO, MDR 1998, 1317;
ders., Die berufsrechtliche Zulassung der Anwalts-GmbH, AnwBl 1999, 297;
ders., Ungelöste Probleme der anwaltlichen Berufsordnung, NJW 1999, 263;
Zugehör, Die Verjährung in der Berufshaftung der Rechtsanwälte, NJW 1995, Beil. zu Heft 21;
ders., Die Haftung des Anwaltsnotars als Treuhänder, ZNotP 1997, 42;
ders., Schwerpunkte der zivilrechtlichen Steuerberaterhaftung, DStR 2001, 1613 und 1663;
ders., Einzelvertragliche Haftungsbeschränkung gemäß § 51a Abs. 1 Nr. 1 BRAO, in: FS Kreft, 2004, S. 117.

Wenn von **Anwaltshaftung** die Rede ist, sind diejenigen Rechtsnormen gemeint, welche die Voraussetzungen regeln, unter denen ein Rechtsanwalt gegenüber seinem Auftraggeber oder anderen Personen zum Schadensersatz verpflichtet ist.[1] Das Recht der Anwaltshaftung ist nicht kodifiziert, sondern **vornehmlich Richterrecht**. Vereinzelte gesetzliche Regelungen enthalten § 44 Satz 2 BRAO sowie § 51a BRAO. Grundlegende Bedeutung kommt der Rechtsprechung des für die Anwaltshaftung[2] (und auch für die Haftung der Rechtsbeistände und Steuerberater) zuständigen IX. Zivilsenats des BGH zu.

1

Das deutsche Recht wählt für die Anwaltshaftung im Gegensatz zu anderen Rechtsordnungen[3] einen **vertragsrechtlichen Ansatz**.[4] Dies hängt vor allem damit zusammen, dass in §§ 823 ff. BGB eine deliktische Haftung für fahrlässig verursachte Vermögensschäden weitgehend ausgeschlossen ist.[5] Dogmatisch wurde die Haftung des

2

---

1 Allgemein zu Begriff, Grund und Zweck von Haftung: *Sieg*, Internationale Anwaltshaftung, S. 61 ff.

2 Im Geschäftsverteilungsplan des BGH für das Geschäftsjahr 2006 ist von „Rechtsstreitigkeiten über Auftragsverhältnisse (§§ 662 – 676 BGB) und Geschäftsführung ohne Auftrag (§§ 677 – 687 BGB) [...] betreffend Ansprüche von und gegen Rechtsanwälte" sowie von „Schadensersatzansprüchen wegen Pflichtverletzungen gegen Rechtsanwälte" die Rede.

3 Vgl. etwa *Hirte*, Berufshaftung, S. 242 ff. (Österreich, Schweiz, Frankreich, Italien, England und USA); *Sieg*, NJW 1996, 2209 ff. (zum US-amerikanischen Recht); vgl. auch unten, Fn. 626.

4 Vgl. *Borgmann/Jungk/Grams*, Anwaltshaftung; *Rinsche/Fahrendorf/Terbille*, Die Haftung des Rechtsanwalts; *Vollkommer/Heinemann*, Anwaltshaftungsrecht; vgl. auch *Boergen*, Vertragliche Haftung des Rechtsanwalts; *Henssler*, JZ 1994, 178 ff.; *Hirte*, Berufshaftung, S. 11 ff.; *Poll*, Die Haftung der freien Berufe am Beispiel des Rechtsanwalts, S. 49 f. und S. 163 ff.; *Rinsche*, ZAP (1997), Fach 23, S. 249 ff.; *Römermann*, in: *Hartung/Holl*, BORA, vor § 11 (§§ 51 – 51b BRAO; *Sieg*, Internationale Anwaltshaftung, S. 85 ff.; *ders.*, PHi 1999, 130 ff.

5 Zur Deliktshaftung des Rechtsanwalts vgl. Rn. 1924 ff.

Rechtsanwalts gegenüber seinem Auftraggeber herkömmlicherweise auf das Institut der **positiven Vertragsverletzung (pVV)**[6] zurückgeführt.[7] Seit der Schuldrechtsmodernisierung gilt das **neue Leistungsstörungsrecht** (dazu Rn. 1098 ff.); hierauf wird – ebenso wie auf das Übergangsrecht – Bezug genommen. Danach ist der Rechtsanwalt grundsätzlich verpflichtet, demjenigen, mit dem er einen Anwaltsvertrag geschlossen hat, den durch eine schuldhafte Pflichtverletzung verursachten Schaden zu ersetzen.

A. Vertrag zwischen Rechtsanwalt und Auftraggeber

3   Die Schadensersatzverpflichtung des Rechtsanwalts setzt einen **Vertrag mit dem Auftraggeber („Mandanten")** voraus. Gegenstand des Vertrages muss die Erbringung einer typischen anwaltlichen Leistung sein, z.b. die **Beratung** des Mandanten, dessen **Vertretung** in einem Gerichts- oder Verwaltungsverfahren oder die Berücksichtigung der Interessen des Auftraggebers bei **kautelarjuristischer Tätigkeit**, etwa bei der Aushandlung und/oder Gestaltung eines Vertrages.

I. Rechtsnatur

4   Nach allgemeiner Ansicht in Rechtsprechung[8] und Schrifttum[9] ist ein typischer Anwaltsvertrag **regelmäßig als Dienstvertrag** einzuordnen, der eine **Geschäftsbesorgung** zum Inhalt hat (§§ 611, 675 Abs. 1 BGB). Das gilt auch für den Vertrag eines anwaltlichen Mediators mit der einzelnen Konfliktpartei.[10] **Ausnahmsweise** kann der Anwaltsvertrag aber auch **Werkvertrag** sein, der auf eine Geschäftsbesorgung gerichtet ist (§§ 631, 675 Abs. 1 BGB).[11] Auf die Besonderheiten eines Vertrages über eine anwaltsfremde Tätigkeit ist gesondert einzugehen (Rn. 133 ff.).

5   Die **Abgrenzung** von Anwaltsdienst- und Anwaltswerkvertrag ist für die Voraussetzungen der zentralen Haftungsnorm des § 280 Abs. 1 BGB, insbesondere für die von einem Rechtsanwalt zu beachtenden Sorgfaltsstandards grundsätzlich ohne Bedeu-

---

6   Zum Begriff der positiven Vertragsverletzung: *Sieg*, Internationale Anwaltshaftung, Fn. 38.
7   Vgl. etwa BGH, WM 1986, 199, 203; NJW-RR 1990, 1241, 1244; *Hartstang*, S. 541; *Vollkommer/Heinemann*, Rn. 340.
8   BGHZ 18, 340, 345 f.; BGH, NJW 1996, 661 f.; BGH, NJW 2002, 290.
9   *Borgmann/Jungk/Grams*, § 8 Rn. 2; *Vollkommer/Heinemann*, Rn. 2.
10 *Leibner*, NJW 2002, 3521; *Henssler*, NJW 2003, 241; zur Mediation vgl. unten Rn. 154.
11 RG, JW 1914, 642 f.; RGZ 88, 223, 226 f.; BGH, NJW 1965, 106; BGH, NJW 1970, 1596, 1597; VersR 1972, 1052, 1053; BGH, NJW 1990, 510; 1996, 661, 662 – Abgrenzung im Ergebnis offen gelassen; NJW 1996, 2929, 2930 – Abgrenzung im Ergebnis ebenfalls offen gelassen; OLG Düsseldorf, VersR 1993, 702, 703; vgl. zur Rechtsnatur des Anwaltsvertrages: *Borgmann/Jungk/Grams*, §§ 8 – 11; *Staudinger/Martinek*, BGB, § 675 Rn. C2, C3; *Palandt/Weidenkaff*, BGB, Einf. v. § 611 Rn. 21; *Terbille*, in: *Rinsche/Fahrendorf/Terbille*, Rn. 18; *RGRK/Steffen*, BGB, § 675 Rn. 57; *Vollkommer/Heinemann*, Rn. 2.

tung.[12] Besondere Regeln können sich jedoch aus speziellen Vorschriften des Dienstvertragsrechts (etwa §§ 627, 628 BGB)[13] oder des Werkvertragsrechts (etwa §§ 631 ff. BGB, insbesondere § 634a BGB)[14] ergeben.

Ob ein Anwaltsvertrag als Dienst- oder als Werkvertrag einzuordnen ist, muss im Einzelfall ermittelt werden. Die Tätigkeit eines Rechtsanwalts ist **im Regelfall**, insbesondere bei Beauftragung zur Prozessführung oder zur Besorgung von sonstigen Rechtsangelegenheiten, als **Dienstvertrag** zu qualifizieren. In diesem Fall bildet der **umfassende anwaltliche Beistand**, d.h. die Wahrung und Durchsetzung der Rechte und Interessen des Auftraggebers, den Gegenstand des Vertrages.[15]

6

Die Rechtsprechung hat einen Anwaltsvertrag **ausnahmsweise als Werkvertrag** gewertet, wenn ausschließlich ein durch anwaltliche Arbeit herbeizuführender Erfolg den Gegenstand der Verpflichtung bildet. Erfolg und Vergütung müssen im Verhältnis von Leistung und Gegenleistung stehen.[16] Dies hat die Rechtsprechung etwa angenommen, wenn nach dem Vertrag (nur) eine **Rechtsauskunft** über eine Einzelfrage,[17] (nur) die **Erstattung eines Gutachtens**[18] oder (nur) eines **Vertragsentwurfs**[19] geschuldet ist. Dasselbe gilt auch, wenn ein Rechtsanwalt sich zur Abgabe einer „**legal opinion**"[20] verpflichtet oder bei der **Erstellung oder Prüfung eines Jahresabschlusses**.[21] Ein Werkvertrag liegt jedoch nicht vor, wenn nicht der zu erzielende Erfolg den Inhalt der Vertragsleistung bildet, sondern die Dienstleistung etwa in Form der Beratung oder des Beistands Hauptmerkmal bleibt.[22]

7

---

12 BGH, NJW 1996, 2929, 2930, 2931.
13 Zu §§ 627, 628 BGB bei Beendigung eines Anwaltsvertrages vgl. Rn. 77 ff.; dazu: *Teichmann*, ZfBR 2002, 13, 20.
14 Zur Verjährung gemäß § 634a BGB vgl. Rn. 1497 ff.; *Zugehör*, NJW 1995, Beil. zu Heft 21, S. 9; BGH, NJW 1965, 106 f.; NJW 1996, 661, 662.
15 BGH, NJW 1965, 106; OLG Düsseldorf, VersR 1993, 702, 703; OLG Karlsruhe, NJW-RR 1994, 1084; *Borgmann/Jungk/Grams*, § 10 Rn. 24.
16 RGZ 88, 223, 227; BGH, NJW 1965, 106; BGH, NJW 1970, 1596, 1597; BGH, NJW 1996, 2929; OLG Düsseldorf, VersR 1993, 702, 703.
17 BGH, NJW 1965, 106.
18 BGH, NJW 1965, 106; NJW 1967, 719 f. („i.d.R. Werkvertrag"); BGH, Urt. v. 10.3.2005 – IX ZR 25/01, BeckRS 2005/04044 (Steuerberater); vgl. auch RG, JW 1936, 1861 (Ls.).
19 RG, JW 1914, 642 (Erstellung eines nach chinesischem Recht brauchbaren Vertrags über die Ausbeutung einer Kohlegrube und Besorgung der dazu erforderlichen Verhandlungen mit dem deutschen Konsulat); vgl. auch OLG Köln, MDR 1980, 667.
20 Allgemein zur legal opinion: *Adolff*, Die zivilrechtliche Verantwortlichkeit deutscher Anwälte bei der Abgabe von Third Party Legal Opinions; *v. Bernstorff*, RIW 1988, 680 ff.; *Döser*, in: FS Nirk, S. 151 ff.; *Jander/Du Mesnil de Rochement*, RIW 1976, 332; *Gruson*, RiW 2002, 596.
21 BGH, NJW 2000, 1107.
22 RGZ 88, 223, 227; *Borgmann/Jungk/Grams*, § 11 Rn. 35.

8 Ein **anwaltliches Dauerberatungs-** bzw. **Dauervertretungsmandat** zwischen einem Rechtsanwalt und einem bestimmten Mandanten ist einheitlich als Dienstvertrag anzusehen. Aus der Tatsache, dass sich die dem Verpflichteten obliegenden einzelnen Tätigkeiten erst konkretisieren müssen, ist für die rechtliche Einordnung des Vertragsverhältnisses nichts herzuleiten. Damit wird nicht schon jede zu erbringende Einzelleistung für sich als Erfolg i.S.d. Werkvertragsrechts geschuldet. Selbst wenn eine einzelne Dienstleistung, für sich gesehen, einen „Erfolg" hervorbringt, ist dies bei Dauerschuldverhältnissen nichts Ungewöhnliches.[23]

II. Vertragsschluss

9 Das Zustandekommen eines Anwaltsvertrages richtet sich nach **§§ 145 ff. BGB**.[24] Es bedarf also eines hinreichend bestimmten **Angebots**, das die Gegenseite ohne Änderung innerhalb der Annahmefrist **annimmt**. Einem Rechtsanwalt ist gemäß § 43b 2. Halbs. BRAO Werbung, die auf den Abschluss eines Auftrags im Einzelfall gerichtet ist, untersagt. Deshalb darf das Angebot zur Übernahme eines Mandats nicht von dem Rechtsanwalt ausgehen.[25] Vertretung durch einen anderen Rechtsanwalt, nicht jedoch durch das Büropersonal, ist beim Vertragsschluss möglich.[26] Dieser müsste aber legitimiert sein, wie z.b. der Rechtsanwalt nach § 81 ZPO für die Beauftragung eines Bevollmächtigten für die höheren Instanzen. Im Zusammenhang mit dem Vertragsschluss können die Parteien das **Honorar** im Rahmen des § 4 RVG ausgestalten oder eine **Haftungsbeschränkung** (§ 51a BRAO; dazu Rn. 710 ff.) vereinbaren. Sowohl für den Rechtsanwalt als auch für den Auftraggeber empfiehlt es sich, den **Vertragsinhalt** möglichst genau schriftlich zu dokumentieren, um späteren Missverständnissen vorzubeugen.[27] Voraussetzung für einen wirksamen Anwaltsvertrag ist eine schriftliche Dokumentation jedoch nicht.[28] Angebot und Annahme können auch mündlich erklärt werden. Ein Anwaltsvertrag kann sogar durch **schlüssiges Verhalten** der Vertragsparteien zustande kommen. Hiervon ist ein Tätigwerden des Rechtsanwalts aufgrund einer **Gefälligkeit**, d.h. ohne rechtsgeschäftlichen Bindungswillen abzugrenzen.[29]

Der Rechtsanwalt hat regelmäßig ein Ermessen, ob er ein Mandat annehmen möchte. Ausnahmsweise ist er zur Annahme gesetzlich verpflichtet.[30] Im Übrigen besteht kein

---

23 BGH, NJW 1970, 1596, 1597; vgl. auch OLG Hamm, NJW-RR 1995, 1530, 1531.
24 Vgl. zum Zustandekommen eines Anwaltsvertrages: *Borgmann/Jungk/Grams*, § 12; *Vollkommer/Heinemann*, Rn. 38 – 50.
25 *Terbille*, in: *Rinschel/Fahrendorf/Terbille*, Rn. 27.
26 *Borgmann/Jungk/Grams*, § 12 Rn. 58 – 61.
27 Vgl. allgemein zum Inhalt des Anwaltsvertrages Rn. 42 ff.
28 BGH, NJW 1991, 2084, 2085.
29 *Krämer*, in: FS Kreft, S. 79.
30 Vgl. zur Übernahmepflicht Rn. 37.

Kontrahierungszwang für den Rechtsanwalt, da andernfalls das Vertrauensverhältnis zwischen Anwalt und Mandant gefährdet wäre.[31]

Von dem Zustandekommen des Anwaltsvertrages ist die **Bevollmächtigung** des Rechtsanwalts zur Vornahme materiell- oder prozessrechtlicher Handlungen zu unterscheiden. Die (Prozess-)Vollmacht soll den Rechtsanwalt lediglich nach außen legitimieren (vgl. § 84 ZPO). Die Wirksamkeit der (Prozess-)Vollmacht oder anderer von einem Rechtsanwalt namens der Partei vorgenommenen Rechtshandlungen ist unabhängig vom Zustandekommen oder von der Wirksamkeit des Anwaltsvertrages.[32] Erklärt der Auftraggeber, er wolle eine Anwaltskostennote bezahlen, obwohl er weiß, dass diese formunwirksam ist, so kann hierin die Bestätigung eines nichtigen Rechtsgeschäfts liegen.[33]

10

Rechtsfolge eines zwischen den Parteien geschlossenen Anwaltsvertrages ist vor allem die **Verpflichtung des Rechtsanwalts**, im Rahmen des erteilten Auftrags nach jeder Richtung umfassend für den Mandanten tätig zu werden.[34] Wenn der Rechtsanwalt die vertraglich geschuldete Dienst- oder Werkleistung nicht sorgfältig erfüllt, muss er dem Mandanten den dadurch entstandenen Schaden ersetzen. Umgekehrt wird mit dem Vertragsschluss gemäß § 612 Abs. 1 bzw. § 632 Abs. 1 BGB der **Honoraranspruch** des Rechtsanwalts gegen den Mandanten begründet.

11

1. Stillschweigender Vertragsschluss

Um die Beteiligten vor ungewollten **Haftungs- oder Gebührenrisiken** zu schützen, kann ein **stillschweigend (konkludent) geschlossener Anwaltsvertrag** nicht ohne weiteres angenommen werden.[35] Im Interesse der Rechtssicherheit sind an die Annahme eines Vertragsschlusses durch schlüssiges Verhalten erhöhte Anforderungen zu stellen.[36] Die Annahme eines Vertragsschlusses durch schlüssiges Verhalten ist nur gerechtfertigt, wenn das Verhalten eines Beteiligten von dem anderen bei Anwendung der im Verkehr erforderlichen Sorgfalt nach Treu und Glauben mit Rücksicht auf die Verkehrssitte eindeutig und zweifelsfrei als eine auf den Abschluss eines Anwaltsvertrages gerichtete Willenserklärung aufzufassen ist.[37] Ob sich aus den Umständen im

12

---

31 Zu den gesetzlichen Pflichtmandaten vgl. §§ 78, 121, 625 ZPO; § 6 BeratungshilfeG; § 11a ArbGG sowie § 141 StPO.
32 BGH, NJW 1971, 1801, 1802; 1978, 1003, 1004; 1993, 1926; OLG Hamm, NJW 1992, 1174, 1175 f.
33 OLG Celle, NJW-RR 2004, 492.
34 BGH, NJW 1993, 3323, 3324.
35 Vgl. *Borgmann/Jungk/Grams*, § 12 Rn. 67; *Terbille*, in: *Rinsche/Fahrendorf/Terbille*, Rn. 44; *Vollkommer/Heinemann*, Rn. 38 f.
36 BGH, NJW 1991, 2084, 2085; vgl. auch Beschl. des IX. Zivilsenats des BGH v. 6.10.2005 – IX ZR 111/03, BeckRS 2005/12188.
37 BGH, NJW 2004, 3630, 3631; zur Rechtserheblichkeit schlüssigen Verhaltens allgemein: BGH, NJW 1984, 2279, 2280; NJW 1990, 454, 456.

Einzelfall ein bestimmter **rechtsgeschäftlicher Verpflichtungswille** schlüssig ergibt (§ 157 BGB), kann nur einer umfassenden **Gesamtwürdigung aller Umstände** entnommen werden.[38]

13 Ein Anwaltsvertrag kommt z.b. durch stillschweigendes Verhalten des Rechtsanwalts zustande, wenn der Rechtsanwalt mit einem Dritten auf Veranlassung des Mandanten korrespondiert, in einem behördlichen oder gerichtlichen Verfahren für diesen tätig wird oder eine gewünschte Auskunft erteilt. Umgekehrt kann der Rechtsuchende eine konkludente Annahme auch durch die Entgegennahme der vertraglichen Leistung des Rechtsanwalts zum Ausdruck bringen. Dies kommt vor allem in denjenigen Fällen in Betracht, in denen die Annahmeerklärung des Rechtsanwalts gemäß § 150 BGB als neues Angebot zu werten ist.

14 Das RG hat entschieden, dass ein Anwaltsvertrag stillschweigend zustande kommen kann, indem der Rechtsanwalt die Vollmachtsurkunde des Rechtsuchenden entgegennimmt.[39]

15 Der BGH hat einen konkludent geschlossenen Anwaltsvertrag angenommen, weil der Rechtsanwalt einen Rechtsuchenden während eines Zwangsversteigerungsverfahrens ständig unterrichtet und briefliche Anfragen pünktlich beantwortet hat. Zwischen den Beteiligten fanden wiederholt Gespräche über die Vorgehensweise des Rechtsuchenden statt. Der Rechtsanwalt hatte die Generalvollmacht seines Auftraggebers zu den Verfahrensakten gereicht und war im Verteilungstermin ausdrücklich auch für diesen aufgetreten. Damit habe der Rechtsanwalt zum Ausdruck gebracht, dass er die Interessen seines Auftraggebers vertreten wollte.[40]

16 In einem anderen Fall hatte ein Mandant seinem bereits beauftragten Rechtsanwalt beiläufig eine neue Rechtssache angetragen und hierzu Unterlagen überlassen. Der BGH hat den konkludenten Abschluss eines Anwaltsvertrages in der neuen Sache bejaht, weil der Rechtsanwalt darin eine schriftliche Stellungnahme abgegeben, ein Schreiben entworfen und dem Mandanten vorgeschlagen hatte, dieses Schreiben an die Gegenseite zu versenden. Hierin habe der Rechtsuchende die Bekundung des Willens des Rechtsanwalts sehen dürfen und müssen, entsprechend dem in der Übersendung der Schriftstücke liegenden Angebot einen weiteren Anwaltsvertrag abzuschließen.[41]

17 Speziell für den **Verkehrsanwaltsvertrag** hat der BGH ausgeführt, dass die Voraussetzungen für einen konkludenten Vertragsschluss nur vorliegen, wenn die Partei die ständige schriftliche und mündliche Information des Berufungsanwalts durch den Prozessbevollmächtigten erster Instanz hinnimmt und auch eigene Erklärungen zur Sache

---

38 BGH, NJW 1991, 32; NJW-RR 2005, 494.
39 RG, JW 1910, 332; zurückhaltend: BGH, NJW 2003, 3564 (Vergütungsprozess).
40 BGH, VersR 1981, 460, 461.
41 BGH, NJW 1988, 2880, 2881. Zum konkludenten Abschluss eines Anwaltsvertrages auch: OLG Celle, JurBüro 1973, 135; OLG Stuttgart, AnwBl 1976, 439, 441.

während des Berufungsverfahrens im Wesentlichen über den Prozessbevollmächtigten erster Instanz leitet. Einem Rechtsanwalt, der im Wege der Prozesskostenhilfe im ersten Rechtszug beigeordnet wurde und die Vermittlung des Verkehrs mit dem Prozessbevollmächtigten beim Berufungsgericht übernimmt, soll eine Verkehrsgebühr nicht zustehen, wenn er Anlass zu der Annahme hat, die Partei gehe davon aus, dass sich die bisherige Beiordnung auch auf die Vermittlung des Verkehrs im Berufungsverfahrens erstrecke, und wenn er die Partei gleichwohl nicht auf die Entgeltlichkeit seiner Tätigkeit hinweist. Diese Aussage sei verallgemeinerungsfähig. Zweifel, ob der andere Partner die möglichen Folgen seines Handelns übersieht, das an sich den Schluss auf ein Vertragsangebot zulässt, gingen zu Lasten dessen, der sich auf das Zustandekommen eines Vertrages beruft.[42]

Wird ein **Anwaltsnotar** (dazu vgl. Rn. 110 ff.) zunächst in seiner Eigenschaft als Notar beauftragt oder angesprochen und übt er später Anwaltstätigkeit aus, kommt ein Anwaltsvertrag durch die Entgegennahme der anwaltlichen Leistung nur dann stillschweigend zustande, wenn der Anwaltsnotar den Auftraggeber zuvor darüber aufgeklärt hat, dass er diese Tätigkeit als Rechtsanwalt ausüben wolle und dementsprechend ein Anwaltshonorar erwarte, jedenfalls soweit der Auftraggeber in der Meinung handelt, der Auftragnehmer werde weiterhin als Notar tätig.[43] 18

In einem Fall, in dem ein (angestellter) Rechtsanwalt einem Rechtsuchenden im Wege der **Prozesskostenhilfe** nach § 121 ZPO **beigeordnet** wird, kommt ein **Anwaltsvertrag** gerade auch mit diesem Anwalt jedenfalls dadurch zustande, dass der Anwalt im Einverständnis mit der Partei tätig wird.[44] 19

Für den **konkludenten Abschluss eines Anwaltsvertrages** reicht es demgegenüber **nicht** aus, dass ein Dritter mit einem von der Gegenseite beauftragten Rechtsanwalt die **technische Abwicklung eines Zahlungsvorgangs** über ein Anderkonto dieses Rechtsanwalts vereinbart.[45] 20

Bei der Durchsicht der Rechtsprechung fällt auf, dass die Gerichte im Ergebnis bei der Annahme eines konkludent geschlossenen Anwaltsvertrages großzügiger sind, wenn es um die Haftung eines Rechtsanwalts geht. Strengere Anforderungen an einen Vertragsschluss werden vor allem dann gestellt, wenn der Rechtsanwalt von dem Rechtsuchenden ein Honorar für sein Tätigwerden fordert. Daher sollten die Beteiligten im wechselseitigen Interesse, sowohl aus haftungs- als auch aus gebührenrechtlichen Gründen, in jedem Fall von vornherein klar zum Ausdruck bringen, ob und inwieweit 21

---

42 BGH, NJW 1991, 2084, 2086; OLG Koblenz, NJW-RR 1993, 695, 696. Hierzu auch im Zusammenhang mit dem Verkehrsanwaltsvertrag Rn. 209 ff. Andererseits aber auch OLG Köln, VersR 1994, 1300 sowie *Borgmann/Jungk/Grams*, § 12 Rn. 64.
43 OLG Hamm, DNotZ 1968, 625 f.; 1985, 182, 184 f.
44 BGH, NJW-RR 2005, 494, 497.
45 BGH, NJW 2004, 3630.

eine vertragliche Bindung gewollt ist. Für den Anwalt ist insofern von Bedeutung, dass ihn die **Darlegungs- und Beweislast** trifft, sofern er sich auf eine konkludente Mandatserteilung beruft.[46]

2. Gefälligkeit

22 In engem Zusammenhang mit den Voraussetzungen für einen stillschweigenden Abschluss eines Anwaltsvertrages steht die Abgrenzung einer vertraglichen Vereinbarung von einer sog. Gefälligkeit, bei der ein **rechtsgeschäftlicher Bindungswille fehlt**.[47] Grundlegend für die **Abgrenzung**, ob die Beteiligten eine (konkludente) rechtsverbindliche Vereinbarung oder nur eine unverbindliche Gefälligkeit gewollt haben, ist das – nicht zur Anwaltshaftung ergangene – Urteil des BGH vom 22.6.1956.[48] Danach setzt eine **Gefälligkeit** begriffsnotwendig die **Unentgeltlichkeit der Leistung** voraus. Aus der Unentgeltlichkeit der Leistung allein lässt sich jedoch nicht auf das Fehlen ihres rechtsgeschäftlichen Charakters schließen. Dies zeigt die Regelung für Verträge, die eine Gefälligkeit zum Gegenstand haben (§§ 516, 598, 662 oder 690 BGB). Andererseits ist auch § 675 Abs. 2 BGB zu beachten. Danach begründet die auf einer reinen Gefälligkeit beruhende Raterteilung oder Empfehlung vorbehaltlich einer Verantwortlichkeit aus einem Vertragsverhältnis oder aus einer unerlaubten Handlung keine Schadensersatzverpflichtung. Eine **Gefälligkeit hat nur dann rechtsgeschäftlichen Charakter**, wenn der Leistende den Willen hat, dass seinem Handeln rechtsgeschäftliche Geltung zukommen soll und der Empfänger die Leistung i.d.S. angenommen hat. Ob ein Rechtsbindungswille vorhanden ist, ist nicht nach dem inneren, nicht in Erscheinung getretenen Willen des Leistenden zu beurteilen. **Entscheidend** ist, ob der Leistungsempfänger aus dem Handeln des Leistenden unter den gegebenen Umständen nach Treu und Glauben mit Rücksicht auf die Verkehrssitte auf einen solchen Willen schließen musste. Es kommt also darauf an, wie sich dem objektiven Beobachter das Handeln des Leistenden darstellt.[49] Die Umstände der Gefälligkeit, also deren Art, Zweck sowie wirtschaftliche und rechtliche Bedeutung für den Empfänger und die sich daraus ergebende Interessenlage der Parteien können die Gefälligkeit über den Bereich rein tatsächlicher Vorgänge hinausheben. **Gefälligkeiten des täglichen Lebens** halten sich regelmäßig außerhalb des rechtsgeschäftlichen Bereichs. Das Gleiche gilt für Gefälligkeiten, die im **rein gesellschaftlichen Verkehr** wurzeln. Der Wert einer anvertrauten Sache, die wirtschaftliche Bedeutung einer Angelegenheit, das er-

---

46 BGH, NJW 2003, 3564, 3565.
47 Zur Abgrenzung von Gefälligkeitsverhältnis und vertraglicher Verpflichtung: *Palandt/Heinrichs*, BGB, Einl. v. § 241 Rn. 7 ff.; *MünchKomm/Kramer*, BGB, vor § 241 Rn. 31 ff.; *Staudinger/J. Schmidt*, BGB, Einl. zu §§ 241 ff. Rn. 214 ff.; *Krämer*, in: FS Kreft, S. 79 ff. Speziell für den Anwaltsvertrag: *Borgmann/Jungk/Grams*, § 9 Rn. 22; *Terbille*, in: *Rinsche/Fahrendorf/Terbille*, Rn. 37; *Vollkommer/Heinemann*, Rn. 17, 18.
48 BGH, NJW 1956, 1313.
49 Hierzu bereits Rn. 9.

kennbare Interesse des Begünstigten und die nicht ihm, wohl aber dem Leistenden erkennbare Gefahr, in die er durch eine fehlerhafte Leistung geraten kann, können aber dennoch auf einen rechtlichen Bindungswillen schließen lassen. Eine Auskunft, die im Rahmen einer **Geschäftsverbindung** erteilt wird, muss auf rechtlich verpflichtender Gewissenhaftigkeit beruhen. Für einen Rechtsbindungswillen spricht es i.d.R., wenn der Leistende selbst ein rechtliches oder wirtschaftliches Interesse an der dem Begünstigten gewährten Hilfe hat.[50]

Ob eine bloße Gefälligkeit vorliegt oder die Parteien stillschweigend einen Vertrag geschlossen haben, hängt von den **Umständen des Einzelfalls** ab. Der Raterteilung in „gemütlicher" Runde, beim Kartenspiel oder beim unverbindlichen Gespräch unter Freunden fehlt regelmäßig der Rechtsbindungswille. Zu den Umständen des Einzelfalls kann auf eine reichhaltige Kasuistik zurückgegriffen werden. Auch für die anwaltliche Tätigkeit hatte die Rechtsprechung mehrfach Gelegenheit, zu der Abgrenzung Stellung zu nehmen. Im Urteil vom 16.11.1989 hat der BGH das Vorliegen eines Anwaltsvertrages angenommen. Der Rechtsanwalt hatte sich auf telefonische Anfrage des sich im Ausland aufhaltenden Rechtsuchenden bereit erklärt, zu ermitteln, um welchen Vorgang es sich bei einem durch Niederlegung zur Post zugestellten Schriftstück handele. Im entschiedenen Fall hatte ein vom Rechtsuchenden mitgeteiltes B-Aktenzeichen auf ein Mahnverfahren hingedeutet. Daher habe der Rechtsanwalt damit rechnen müssen, dass die niedergelegten Sendungen nicht unwesentliche rechtliche und wirtschaftliche Interessen des Rechtsuchenden berührten. Dann aber sei für die Annahme einer nicht rechtsgeschäftlichen Gefälligkeitsabrede kein Raum.[51]

23

In dem Urteil vom 21.12.1989 hat der BGH die Übernahme vertraglicher Pflichten daraus abgeleitet, dass der Rechtsanwalt den Rechtsuchenden seit mehr als zehn Jahren anwaltlich in anderen Sachen beraten hatte und nunmehr in einer neuen Sache, bei der für den Rechtsuchenden erhebliche wirtschaftliche Interessen auf dem Spiel standen, für diesen die Korrespondenz übernommen und ihn in Verhandlungen vertreten hatte. Keine Bedeutung hat der Senat dem Umstand beigelegt, dass der Rechtsanwalt unentgeltlich tätig geworden war.[52]

24

In einem anderen Fall hat das OLG Köln das Tätigwerden eines Rechtsanwalts als Verkehrsanwalt in der Berufungsinstanz nicht mehr als bloße Gefälligkeit gewertet. Der Rechtsanwalt hatte – nach vorangegangener Vertretung des Rechtsuchenden bei außergerichtlichen Verhandlungen und nach Entwurf der Schriftsätze sowie Betätigung als Verkehrsanwalt in der ersten Instanz – in der Berufungsinstanz weiterhin den gesamten Schriftverkehr der Prozessbevollmächtigten mit dem Rechtsuchenden vermittelt. In-

25

---

50 BGH, NJW 1956, 1313 f. Vgl. auch BGH, NJW 1992, 498. Kriterien zur Abgrenzung, ob eine Gefälligkeit oder ein rechtsverbindlicher Vertrag vorliegt: *Borgmann/Jungk/Grams*, § 9 Rn. 23, auch RG, JW 1928, 1134 m. Anm. *Friedlaender*.
51 BGH, NJW-RR 1990, 204, 205.
52 BGH, NJW-RR 1990, 1532.

soweit sah es der Senat als unerheblich an, dass der Rechtsanwalt für seine Tätigkeit keine Gebühren berechnet hat.[53]

26 Nach Ansicht des OLG Celle spricht es für eine Gefälligkeit, wenn der Rechtsanwalt nur eine geringe Arbeitsleistung für jemanden erbracht hat, mit dem er freundschaftlich verbunden ist.[54] Kein Anwaltsvertrag wird geschlossen, wenn der Rechtsanwalt dem Gegner seines Auftraggebers eine Auskunft erteilt und jenen über das bestehende Mandatsverhältnis aufklärt.[55]

3. Einbeziehung Allgemeiner Geschäftsbedingungen

27 Bestandteil des Anwaltsvertrages können auch **Allgemeine Geschäftsbedingungen** sein.[56] Für **vertragliche Haftungsbeschränkungen** ist in § 51a Abs. 1 Nr. 1, Abs. 2 Satz 2 BRAO die Verwendung vorformulierter Vertragsbedingungen durch den Rechtsanwalt ausdrücklich vorgesehen. Auch im Übrigen bestehen keine Bedenken gegen die Einbeziehung vorformulierter Vertragsklauseln, und zwar weder durch den Rechtsanwalt[57] noch durch den Auftraggeber.

28 **Allgemeine Geschäftsbedingungen** sind gemäß § 305 Abs. 1 Satz 1, 2 BGB alle für eine Vielzahl von Verträgen[58] vorformulierten Vertragsbedingungen, die eine Vertragspartei der anderen Vertragspartei bei Abschluss eines Vertrages stellt. Wann eine Vertragsbedingung „für eine Vielzahl" von Verträgen i.S.d. § 305 Abs. 1 Satz 1 vorformuliert ist, muss im Einzelfall unter Berücksichtigung aller Umstände geprüft werden.[59] **Sonderregeln** gelten nach § 310 Abs. 3 Nr. 1 und 2 BGB für **Verträge zwischen Rechtsanwälten** und natürlichen Personen, die den Vertrag zu einem Zweck abschließen, der weder einer gewerblichen noch einer selbständigen beruflichen Tätigkeit zugerechnet werden kann (Verbraucher, § 13 BGB). Auch nicht schriftlich niedergelegte Vertragsbedingungen können für eine Vielzahl von Verträgen vorformuliert i.S.d. § 305 Abs. 1 BGB sein, wenn sie zu diesem Zweck „im Kopf" des AGB-Verwenders oder seiner Abschlussgehilfen „gespeichert" sind.[60] Nach § 305 Abs. 1 Satz 3 BGB liegt keine Allgemeine Geschäftsbedingung vor, wenn eine Klausel zwischen den Ver-

---

53 OLG Köln, VersR 1994, 1300, 1301. Vgl. auch BGH, NJW 1991, 2084, 2086; OLG Koblenz, NJW-RR 1993, 695, 696.
54 OLG Celle, JurBüro 1973, 135.
55 *Friedlaender*, JW 1928, 1134, 1135; vgl. auch BGH, NJW 1991, 32, 33.
56 Zur Verwendung vorformulierter Vertragsbedingungen im Anwaltsvertrag: *Schäfer*, in: *v. Westphalen*, Vertragsrecht und AGB-Klauselwerke, Rn. 20 f.; *Vollkommer/Heinemann*, Rn. 7 – 11.
57 Beispiele: BGH, NJW-RR 1986, 1281, 1283 – Aufrechnungsverbot in vorformuliertem Anwaltsvertrag; AG Krefeld, NJW 1980, 1582 f. – vorgedruckter anwaltlicher Honorarschein.
58 BGH, NJW 2004, 1454.
59 BGH, NJW 1997, 135; vgl. auch OLG Düsseldorf, NZG 1998, 353 f.
60 BGH, NJW 1999, 2180, 2181; NJW 2004, 502; NJW-RR 2004, 814.

tragspartnern im Einzelnen ausgehandelt ist. Eine Klausel ist individuell ausgehandelt, wenn die Gegenseite des Verwenders den Inhalt der Klausel beeinflusst hat bzw. beeinflussen konnte. Eine unveränderte Aufnahme des vom Verwender vorgelegten Textes genügt den Anforderungen des § 305 Abs. 1 Satz 3 BGB nur, wenn der Verwender zur Änderung bereit und dies der anderen Seite bewusst und möglich war. Es ist notwendig, dass der Verwender zunächst den in seinen Allgemeinen Geschäftsbedingungen enthaltenen „gesetzesfremden Kerngehalt", also die dem wesentlichen Inhalt der gesetzlichen Regelung ändernden oder ergänzenden Bestimmungen, inhaltlich ernsthaft zur Disposition stellt und dem Verhandlungspartner Gestaltungsfreiheit zur Wahrung eigener Interessen einräumt mit zumindest der realen Möglichkeit, die inhaltliche Ausgestaltung der Vertragsbedingungen zu beeinflussen.[61] Dabei muss der Verwender seine Verhandlungsbereitschaft dem anderen Teil unzweideutig und ernsthaft erklärt haben. Dies gilt auch, wenn eine vorformulierte Vertragsbedingung im kaufmännischen Geschäftsverkehr verwandt wird.[62]

Die **Einbeziehung** von **Allgemeinen Geschäftsbedingungen** in den **Anwaltsvertrag** richtet sich nach § 305 Abs. 2 BGB. Gegenüber Nichtunternehmern setzt § 305 Abs. 2 BGB voraus, dass der Rechtsanwalt den Mandanten bei Vertragsschluss auf die Allgemeinen Geschäftsbedingungen hinweist und diesem die Möglichkeit verschafft, in zumutbarer Weise von dem Inhalt der AGB Kenntnis zu nehmen. Der Auftraggeber muss mit der Geltung der AGB einverstanden sein. Dasselbe gilt auch im umgekehrten Fall, wenn der Mandant Allgemeine Geschäftsbedingungen gegenüber dem Rechtsanwalt verwendet.[63]

29

Der **Hinweis** auf die Allgemeinen Geschäftsbedingungen (§ 305 Abs. 2 Nr. 1 BGB) muss klar erkennbar sein. Daher reicht es etwa nicht aus, wenn sie auf der Rückseite der zum Vertragsschluss führenden Erklärung abgedruckt sind.[64] Der Hinweis auf die AGB muss zum Zeitpunkt des Vertragsschlusses erfolgen.[65] Ein mündlicher Hinweis reicht aus, empfiehlt sich jedoch aus Beweisgründen nicht.

30

Nach § 305 Abs. 2 Nr. 2 BGB muss der Verwender seinem Vertragspartner die **Möglichkeit** verschaffen, von dem Inhalt der AGB **in zumutbarer Weise Kenntnis zu nehmen**. Bei einem Vertragsschluss unter Anwesenden ist es grundsätzlich erforderlich, dass die AGB dem Vertragspartner vorgelegt werden. Ausnahmsweise reicht ein ausdrücklicher Hinweis, wo die AGB zur Einsicht ausliegen oder aushängen. Bei einem Vertragsschluss unter Abwesenden ist für die Einbeziehung erforderlich, die AGB

31

---

61 BGH, NJW 2000, 1110; BGH, ZIP 2003, 407.
62 BGH, WM 1995, 1455, 1456; NJW-RR 1996, 783, 787; NJW 1998, 2600, 2601; *Palandt/Heinrichs*, BGB, § 305 Rn. 21; *Sieg*, RIW 1997, 811 ff.; *Stoffels*, Rn. 148; *Vollkommer/Heinemann*, Rn. 7.
63 A.A. LG Köln, MDR 1996, 352.
64 *Palandt/Heinrichs*, BGB, § 305 Rn. 29.
65 *Palandt/Heinrichs*, BGB, § 305 Rn. 30; vgl. OLG Hamburg, WM 2003, 581.

dem in Aussicht genommenen Vertragspartner zu übersenden. Insbesondere reicht es nicht aus, dass der Verwender dem Vertragspartner anbietet, die AGB auf Wunsch zu übermitteln. Eine Ausnahme wird anerkannt, wenn die AGB der Gegenseite beim Vertragsschluss aus einem anderen Grund bereits vorlagen oder während der Vertragsverhandlungen überreicht worden sind.[66] Mit In-Kraft-Treten des Schuldrechtsmodernisierungsgesetzes gilt eine Neuregelung für den Fall, dass die Vertragspartei erkennbar körperlich behindert ist. Dann muss der Verwender nach § 305 Abs. 2 Nr. 2 BGB diese körperliche Behinderung angemessen berücksichtigen. Diese Regelung soll sicherstellen, dass einem erkennbar Sehbehinderten der Inhalt der AGB in geeigneter Form zugänglich gemacht wird, etwa durch Übergabe in elektronischer Form oder in Braille-Schrift.[67]

32   Das **Einverständnis des Vertragspartners** mit der Geltung der AGB ist i.d.R. gegeben, wenn es nach vorangegangener Erfüllung der Voraussetzungen des § 305 Abs. 2 Nr. 1 und 2 BGB zum Vertragsschluss kommt.[68] Nimmt der Rechtsanwalt ein Angebot des Rechtsuchenden unter Beiziehung seiner eigenen AGB an, liegt gemäß § 150 Abs. 2 BGB ein neues Angebot vor. Dieses Angebot bedarf seinerseits der Annahme durch den Mandanten. Im nichtkaufmännischen Verkehr ist eine konkludente Annahme des Mandanten durch Entgegennahme der anwaltlichen Leistung nicht ausreichend. Vielmehr bedarf es – wie bei einer Einbeziehung der AGB nach Vertragsschluss – einer ausdrücklichen Änderungsvereinbarung.[69] Eine nachträgliche Einbeziehung von AGB – etwa nach mündlichem Abschluss eines oder während eines Dauermandats – ist jedenfalls dann zulässig, wenn sie unter den Voraussetzungen des § 305 Abs. 2 BGB zustande kommt und der Vertragspartner des Verwenders sich mit der Vertragsänderung ausdrücklich einverstanden erklärt.[70]

33   § 305 Abs. 2 gilt wegen § 310 Abs. 1 Satz 1 BGB nicht, wenn die AGB gegenüber einer Person verwendet werden, die bei Abschluss des Vertrages in Ausübung ihrer gewerblichen oder selbständigen beruflichen Tätigkeit handelt (Unternehmer, § 14 BGB). Auch unter Unternehmern gelten die von einer Seite verwendeten AGB allerdings nur, wenn sie durch rechtsgeschäftliche Einbeziehung Vertragsbestandteil geworden sind. Für ein stillschweigendes Einverständnis reicht ein eindeutiger und erkennbarer Hinweis des Verwenders aus, wenn die Gegenseite von den AGB in zumutbarer Weise Kenntnis nehmen kann und der Geltung nicht widerspricht. Die AGB müssen nicht der zum Vertragsschluss führenden Erklärung beigefügt sein. Vom anderen Vertragsteil

---

66   *Palandt/Heinrichs*, BGB, § 305 Rn. 33.
67   *Palandt/Heinrichs*, BGB, § 305 Rn. 40.
68   *Palandt/Heinrichs*, BGB, § 305 Rn. 47.
69   BGH, NJW 1988, 2106, 2108; *Palandt/Heinrichs*, BGB, § 305 Rn. 43.
70   BGH, NJW 1984, 1112; auch KG, NJW-RR 1994, 1265 f.

wird erwartet, dass er die ihm unbekannten AGB anfordert oder sich sonst beschafft.[71] Gegenüber einem **Unternehmer** werden AGB nach den Regeln über das kaufmännische Bestätigungsschreiben[72] auch Vertragsbestandteil, wenn der Rechtsanwalt auf die AGB Bezug nimmt, selbst wenn sie nicht Gegenstand der Vertragsverhandlungen oder nicht der zum Vertragsschluss führenden Erklärung beigefügt waren. Weist der Verwender erstmals in seiner Auftragsbestätigung auf die Einbeziehung seiner AGB hin, können diese im kaufmännischen Verkehr Vertragsinhalt werden, wenn der Vertragspartner die vertragliche Leistung widerspruchslos entgegennimmt und damit das letzte Angebot billigt.[73] Der Widerspruch kann auch in einer Abwehrklausel der eigenen AGB erklärt werden.

Besonderheiten für die Einbeziehung von Allgemeinen Geschäftsbedingungen müssen beachtet werden, wenn der Rechtsanwalt von einem **ausländischen Mandanten** beauftragt worden ist.[74] Unterliegt der Vertrag deutschem Recht, so gelten für die Einbeziehung grundsätzlich die allgemeinen Regeln. Erforderlich ist ein für den ausländischen Vertragspartner verständlicher Hinweis auf die AGB.[75] Es ist jedoch nicht erforderlich, dass der Anwalt seine AGB für den Mandanten übersetzt. Entscheidend ist vielmehr die Verhandlungs- und Vertragssprache zwischen Anwalt und Mandant. Diese gilt dann auch für die AGB.[76]   34

Um sicher zu gehen, dass die AGB wirksam in einen Vertrag einbezogen sind, empfiehlt es sich, dem Vertragspartner die vorformulierten Vertragsklauseln beim Vertragsschluss zu übergeben und diesen zu einer schriftlichen Bestätigung der Einbeziehung der AGB mit dem Vertragsschluss zu bewegen. Auch im kaufmännischen Geschäftsverkehr sollte dies aus Beweisgründen beachtet werden. Liegen die Voraussetzungen für eine Einbeziehung von AGB in den Anwaltsvertrag nicht vor, kommt der Vertrag gemäß § 306 Abs. 1 BGB ohne die AGB zustande, wenn die Parteien den Vertrag einvernehmlich durchführen.[77]   35

---

71   BGH, NJW 1982, 1749, 1750; OLG Düsseldorf, WiB 1996, 905, 906; *Palandt/Heinrichs*, BGB, § 305 Rn. 50; *MünchKomm/Basedow*, BGB, § 305 Rn. 95; *Ulmer*, in: *Ulmer/Brandner/Hensen*, AGBG, § 2 Rn. 79 ff.; *Wolf*, in: *Wolf/Horn/Lindacher*, AGBG, § 2 Rn. 61 ff.
72   Zum kaufmännischen Bestätigungsschreiben *Baumbach/Hopt*, HGB, § 346 Rn. 16 ff.; *Schmidt*, Handelsrecht, § 19 III.
73   BGH, NJW 1995, 1671, 1672; *Palandt/Heinrichs*, BGB, § 305 Rn. 54; *Ulmer*, in: *Ulmer/Brandner/Hensen*, AGBG, § 2 Rn. 87 ff.
74   Zur Verwendung von Allgemeinen Geschäftsbedingungen im internationalen Geschäftsverkehr: *Sieg*, RIW 1997, 811 ff.
75   *Palandt/Heinrichs*, BGB, § 305 Rn. 59.
76   BGH, NJW 1983, 1489; WM 2004, 1177.
77   *Palandt/Heinrichs*, BGB, § 306 Rn. 4.

4. Fernabsatzvertrag

36 Von zunehmender Bedeutung ist die Frage, ob und inwieweit Anwaltsverträge als **Fernabsatzverträge gemäß § 312b BGB** bezeichnet werden können und welche rechtlichen Konsequenzen dies hat. Dies ist nur dann überhaupt möglich, wenn der jeweilige Vertrag nach dem 1.1.2002 zustande gekommen ist (Art. 229 § 5 EGBGB).[78]

Gemäß § 312b Abs. 1 BGB sind Fernabsatzverträge Verträge über die Lieferung von Waren oder über die Erbringung von Dienstleistungen, die zwischen einem Unternehmer und einem Verbraucher unter ausschließlicher Verwendung von Fernkommunikationsmitteln abgeschlossen werden, es sei denn, dass der Vertragsschluss nicht im Rahmen eines für den Fernabsatz organisierten Vertriebs- oder Dienstleistungssystems erfolgt. Das Gesetz stellt damit nicht allein auf Merkmale des konkreten Vertrages, sondern auf die Struktur des anbietenden Unternehmens ab. Dies dürfte auf der Annahme beruhen, dass die spezifischen Gefahren, denen der Verbraucher im Fernabsatz ausgesetzt ist, erst aus einer systematischen Nutzung der Ferntechniken erwachsen.[79] Die Vorschrift formuliert insoweit einen Ausnahmetatbestand („es sei denn"), der im Zweifel eng auszulegen ist.[80] Vor diesem Hintergrund ist die **Anwendbarkeit des Fernabsatzrechts auf Verträge mit Rechtsanwälten** äußerst zweifelhaft. Daran ändert auch nichts die im anwaltlichen Bereich bei Vertragsanbahnung und Vertragsdurchführung häufiger werdende Nutzung elektronischer Hilfsmittel wie Telefax, Internet und E-Mail neben dem Telefon.

Bei einem Anwaltsvertrag, der i.d.R. einen bürgerlich-rechtlichen Dienstvertrag mit dem Inhalt einer Geschäftsbesorgung i.S.d. §§ 611, 675 Abs. 1 BGB darstellt,[81] fehlt es an dem gesetzlich vorgesehenen Merkmal, dass die Verträge im Rahmen eines für den Fernabsatz organisierten Vertriebs- oder Dienstleistungssystems abgeschlossen werden müssen. Von einem derartigen System kann i.d.R. bei Rechtsanwälten nicht die Rede sein. Das Tatbestandsmerkmal ist erfüllt, wenn der Anwalt in seinem Betrieb die personellen, sachlichen und organisatorischen Voraussetzungen geschaffen hat, die notwendig sind, um regelmäßig Geschäfte im Fernabsatz zu bewältigen.[82] Entscheidend ist dabei, ob der Begriff des für den Fernabsatz organisierten Vertriebs- oder Dienstleistungssystems auf den Vertragsschluss oder die Leistung zu beziehen ist, d.h. ob es nur auf die organisatorischen Voraussetzungen für regelmäßige Vertragsschlüsse unter ausschließlicher Verwendung von Fernkommunikationsmitteln ankommt oder darauf, dass diese Verträge ihrem Gepräge nach typische Fernabsatzgeschäfte darstellen.[83] Die Grundlagen des Fernabsatzgeschäftes können nur dann eine Rolle spielen,

---

78 *Zugehör*, Beraterhaftung, Rn. 13; *Bürger*, NJW 2002, 465.
79 *MünchKomm/Wendehorst*, BGB, § 312b Rn. 1.
80 *Palandt/Heinrichs*, BGB, § 312b Rn. 11.
81 Vgl. dazu oben Rn. 4 ff.
82 RegE BT-Drucks. 14/2658, S. 30.
83 *MünchKomm/Wendehorst*, BGB, § 312b Rn. 50.

wenn nicht nur der Vertragsschluss rein zufällig telefonisch zustande kommt. Steht also das Element der persönlichen Leistungserbringung in unmittelbarem Kundenkontakt im Vordergrund, passen die Vorschriften des § 312b BGB nicht. Es ist zwar durchaus vorstellbar, dass Anwaltsverträge telefonisch zustande kommen, doch steht die persönliche Beratung durch den Anwalt im Vordergrund. Diese erfolgt insbesondere bei Verbrauchern, wie es der § 312b BGB erfordert, durch persönliche Gespräche.

Das Gesetz ist so auszulegen, dass ein organisiertes Vertriebs- oder Dienstleistungssystem nur dann vorliegt, wenn der Unternehmer gezielt und systematisch die Fernkommunikation nutzt und damit der Verbraucher als Vertragspartner im Distanzgeschäft schützenswert ist.

Etwas anderes ergibt sich möglicherweise dann, wenn der Anwalt ausschließlich seine Beratung über das Telefon erteilt (**„Anwalts-Hotline"**). Derartige „Anwalts-Hotlines" sind inzwischen vom BGH anerkannt.[84] Auch beim Angebot anwaltlicher Dienstleistungen über das **Internet** können die Regelungen der §§ 312b ff. BGB anwendbar sein.[85]

5. Übernahmepflicht

Grundsätzlich ist ein Rechtsanwalt nicht zur Übernahme eines Mandats verpflichtet.[86] Er kann die Übernahme eines Mandats ohne Angabe von Gründen ablehnen. Wenn der Rechtsanwalt einen ihm angetragenen Auftrag nicht unverzüglich ablehnt, ist er allerdings gemäß **44 Satz 2 BRAO** verpflichtet, dem Anfragenden den aus der verspäteten Mitteilung entstandenen Schaden zu ersetzen (vgl. dazu Rn. 175 ff.). Ausnahmsweise ist ein Rechtsanwalt zur Übernahme eines Mandats verpflichtet, wenn er einer Partei gerichtlich beigeordnet wird (§§ 48 Abs. 1, 49a BRAO; s. dazu Rn. 161 ff.).

37

6. Übernahmeverbot

Das Gegenteil der Verpflichtung, ein Mandat anzunehmen, bilden diejenigen Tatbestände, die dem Rechtsanwalt trotz grundsätzlicher Vertragsfreiheit die Übernahme eines Mandats verbieten. **Berufsrechtliche Verbote** der Mandatsübernahme zur **Vermeidung von Interessenkonflikten** enthalten die §§ 43a Abs. 4, 45 – 47 BRAO.

38

Gemäß § 43a Abs. 4 BRAO darf der Rechtsanwalt **keine widerstreitenden Interessen vertreten**. Dass dieses Verbot für den einzelnen Rechtsanwalt gilt, ergibt sich bereits aus dem Wortlaut der Norm. Lange Zeit war die Frage umstritten, ob und inwieweit die Norm auch im Falle eines **Sozietätswechsel** greift. Dazu hat das BVerfG in sei-

39

---

84 Vgl. BGH, NJW 2003, 819 = BGHZ 152, 153; BGH, NJW 2005, 1266; vgl. zur Steuerberater-Hotline, BGH, NJW 2005, 1268; *Horst*, MDR 2000, 1293.
85 *Berger*, NJW 2001, 1530.
86 BGH, NJW 1967, 1567, 1568.

nem Beschluss vom 3.7.2003[87] entschieden, dass eine generelle Erstreckung des § 43a Abs. 4 BRAO auf den Sozietätswechsel nicht möglich ist. In dem Beschluss ging es um einen „**Sozietätswechsler**". Die aufnehmende Sozietät war aufgefordert worden, alle Mandate niederzulegen, bei denen die frühere Sozietät des neuen Kollegen auf der Gegenseite stand. Ein solches Gebot zur Niederlegung der Mandate ist mit Art. 12 Abs. 1 GG jedenfalls dann nicht vereinbar, wenn die vom Sozietätswechsel betroffenen Mandanten beider Seiten das Vertragsverhältnis zu ihren jeweiligen Rechtsanwälten nicht als gestört ansehen und mit einer Fortführung der eigenen und der gegnerischen Mandate einverstanden sind.[88] Die Entscheidung macht deutlich, dass in erster Linie die Mandanten bestimmen, wie ihre Interessen liegen und ob insoweit ein Verstoß gegen § 43a Abs. 4 BRAO vorliegt.

40 Für **§ 45 Abs. 2 Nr. 2 BRAO** ist wiederholt betont worden, dass ein entgegen dieser Vorschrift geschlossener Vertrag gemäß § 134 BGB nichtig ist.[89] Die **Nichtigkeitsfolge** ergibt sich bereits aus dem Wortlaut der Vorschrift. Nach § 45 Abs. 2 Nr. 4 BRAO a.F. „darf [ein Rechtsanwalt] nicht tätig werden", wenn ein Verbotstatbestand vorliegt. Die Nichtigkeitsfolge des § 134 BGB ergibt sich auch aus dem Sinn und Zweck des Verbots. Ohne Bedeutung ist, dass sich das Verbot nur gegen den Rechtsanwalt richtet. Dies ist für Geschäftsbesorgungsverträge mit einem nicht zugelassenen Rechtsberater, also bei einem Verstoß gegen das RBerG, wiederholt anerkannt worden.[90] Sowohl bei dem RBerG als auch bei § 45 BRAO geht es um den Schutz vor den Gefahren einer unzureichenden und nicht sachgemäßen Betreuung. Auch **§ 45 Abs. 1 Nr. 2 BRAO** will eine von möglichen Interessenkonflikten des Rechtsanwalts unbeeinflusste Betreuung des Rechtsuchenden sicherstellen. Mit diesem Gesetzeszweck wäre es unvereinbar, die Vertragsbeziehungen des Rechtsanwalts mit dem Mandanten auch nur teilweise als rechtswirksam zu behandeln. Insbesondere müsste jeder etwa bestehenden Vergütungsforderung ein Anspruch der Partei auf entsprechende anwaltliche Tätigkeit gegenüberstehen. Eine solche Tätigkeit ist aber vom Gesetz schlechthin untersagt, ohne dass es darauf ankäme, wie eng die Beziehung einzelner Maßnahmen des Rechtsanwalts zu dem denkbaren Interessenkonflikt wegen der früheren Tätigkeit ist.[91]

---

87 BVerfG, NJW 2003, 2520; ähnlich: OLG Karlsruhe, NJW 2002, 3561; anders: BGH, NJW 2001, 1572.
88 Vgl. *Hartung*, NJW 2003, 261; *Westerwelle*, NJW 2003, 2958; *Kirchberg*, BRAK-Mitt. 2003, 236; *Staehle*, BRAK-Mitt. 2003, 238.
89 OLG Köln, AnwBl 1980, 70, 71; OLG Hamm, DNotZ 1989, 632; NJW 1992, 1174, 1175 f. Vgl. auch BGH, NJW 1993, 1926, wonach die Wirksamkeit von Rechtshandlungen des Rechtsanwalts durch das Verbot des § 45 Abs. 1 Nr. 4 BRAO a.F. nicht berührt wird.
90 BGH, NJW 1962, 2010; 1988, 561; 1996, 1954, 1955; vgl. auch BGH, NJW-RR 1990, 948 f. – Verstoß gegen § 14 Abs. 4 Satz 1 BNotO.
91 OLG Köln, AnwBl 1980, 70, 71.

Diese **Nichtigkeitsfolge des § 134 BGB** greift bei allen Tatbeständen der §§ 45 – 47 BRAO gleichermaßen ein.[92] Nichts anderes gilt auch für das **Verbot des § 43a Abs. 4 BRAO**, widerstreitende Interessen wahrzunehmen. Der enge Zusammenhang mit den Tatbeständen des § 45 BRAO wird dadurch verdeutlicht, dass die Regelung des § 43a Abs. 4 BRAO vor der Novellierung des Anwaltsrechts 1994 in § 45 Nr. 2 BRAO enthalten war. Etwas anderes gilt nur, wenn der Rechtsanwalt nicht in derselben Sache (vgl. § 3 Abs. 1 BORA),[93] sondern in verschiedenen Sachen gleichzeitig für und gegen den Mandanten tätig wird. Der Rechtsanwalt muss den Mandanten dann von der gleichzeitigen Tätigkeit im Interesse Dritter unterrichten. Der Auftraggeber kann in die Wahrnehmung der Interessen des Dritten einwilligen. Rechtlich beachtlich ist diese Einwilligung nur, wenn sie in voller Kenntnis der dafür maßgebenden Umstände erteilt wird. Wenn der Rechtsanwalt seinen Auftraggeber nicht hinreichend aufgeklärt hat, ist eine Einwilligung des Auftraggebers unbeachtlich.[94]

41

Anders als bei § 3 Abs. 2 BeurkG besteht bei §§ 43a Abs. 4, 45 – 47 BRAO keine Möglichkeit, auf das Tätigkeitsverbot mit Einwilligung des Mandanten nach dessen Aufklärung über den Hinderungsgrund zu verzichten.[95] Insoweit kann der Rechtsanwalt dem Auftraggeber gemäß § 311 Abs. 2 BGB (**culpa in contrahendo** – c.i.c.)[96] oder nach § 823 Abs. 2 BGB i.V.m. § 356 StGB[97] zum Schadensersatz verpflichtet sein.[98]

III. Vertragsinhalt

Der **Vertragsinhalt** richtet sich nach den **Vereinbarungen** der Parteien.[99] Für den Umfang des Mandats kommt es maßgebend auf den dem Rechtsanwalt erkennbar gewordenen Willen des Mandanten an.

42

---

92 BGH, NJW 1999, 1715, 1717 zu § 46 Abs. 2. Nr. 1 BRAO; offen gelassen in OLG München, NJW 1997, 1313, 1314 – Lösung über § 138 Abs. 1 BGB; *Borgmann/Jungk/Grams*, § 12 Rn. 55; *Hartung*, in: *Hartung/Holl*, BORA, § 45 BRAO Rn. 57; *Eylmann*, in: *Henssler/Prütting*, BRAO, vor § 43 Rn. 14; § 45 Rn. 49; *Kleine-Cosack*, BRAO, § 45 Rn. 41, § 46 Rn. 18 und § 47 Rn. 13; a.A. *Vollkommer/Heinemann*, Rn. 54.
93 Zur Interessenkollision nach der Berufsordnung: *Westerwelle*, NJW 1997, 2782 ff.
94 BGH, NJW 1985, 41 f.
95 *Borgmann/Jungk/Grams*, § 12 Rn. 55; *Eylmann*, in: *Henssler/Prütting*, BRAO, § 43a Rn. 156; *Jessnitzer/Blumberg*, BRAO, § 45 Rn. 3; *Kleine-Cosack*, BRAO, § 45 Rn. 43.
96 Zur Haftung des Rechtsanwalts wegen Verschuldens bei Vertragsschluss: Rn. 174.
97 Der BGH hat offen gelassen, ob § 356 StGB ein Schutzgesetz i.S.v. § 823 Abs. 2 BGB darstellt: BGH, NJW 1992, 436, 438. Verneinend: *Frank*, MDR 1962, 945; *Palandt/Sprau*, BGB, § 823 Rn. 69.
98 BGH, NJW-RR 2005, 1290, 1291 (Nichtigkeit eines Steuerberatungsvertrages wegen Verstoßes gegen § 6 Nr. 4 StBerG); *Borgmann/Jungk/Grams*, § 12 Rn. 55.
99 BGH, NJOZ 2004, 3624; allgemein zum Vertragsinhalt: *Borgmann/Jungk/Grams*, § 14; *Vollkommer/Heinemann*, Rn. 4 – 6.

Aus dem Umfang einer gleichzeitig erteilten (Prozess-)**Vollmacht** lassen sich keine Rückschlüsse auf den Inhalt des Mandats ziehen. Zwar werden sich der Inhalt des Auftrags und der gleichzeitig erteilten Prozessvollmacht in der Praxis regelmäßig decken. Für die Prozessvollmacht verbietet sich eine solche Schlussfolgerung jedoch deshalb, weil sie jedenfalls im Anwaltsprozess gemäß §§ 81, 83 ZPO grundsätzlich nicht mit Außenwirkung beschränkt werden kann.[100]

43 Im Vordergrund des festzulegenden Vertragsinhalts steht die vom Rechtsanwalt zu erbringende Leistung. Wenn Rechtsanwalt und Auftraggeber nichts Abweichendes vereinbart haben, liegt **grundsätzlich ein sog. unbeschränktes Mandat** vor (vgl. Rn. 493). Es besteht allerdings auch die Möglichkeit, den Gegenstand des Mandats genau zu umschreiben und damit die Sorgfaltspflichten des Rechtsanwalts bereits tatbestandlich zu beschränken. Schwierig ist die Abgrenzung, wenn die Auftragserklärung des Mandanten entweder ein beschränktes Mandat oder ein unbeschränktes Mandat mit einer Weisung enthalten kann. Dann ist der Wille der Vertragspartner im Wege der Auslegung zu ermitteln (§§ 133, 157 BGB). Dafür kommt es darauf an, ob der Rechtsanwalt nach dem Willen der Parteien von der Pflicht befreit sein sollte, den Mandanten auf erkennbare Risiken und Nachteile seiner Erklärung hinzuweisen.[101]

44 Ein **beschränktes Mandat** (vgl. Rn. 493) liegt z.B. vor, wenn die Parteien sich darüber einig sind, dass Gegenstand der anwaltlichen Beratung nur zivilrechtliche Ansprüche sein sollen, oder wenn der Rechtsanwalt steuerrechtliche Normen oder etwa Rechtsvorschriften eines ausländischen Staates nicht prüfen soll. Ein Auftrag, die Interessen des Mandanten in einer nach Gegenstand und Entgelt beschränkten Angelegenheit wahrzunehmen, umfasst nicht die Mitwirkung an einer andersartigen, ungleich bedeutsameren Tätigkeit. So hat der BGH angenommen, dass ein Auftrag, ein Unternehmen im Rahmen einer innerbetrieblichen Weiterbildung gegen ein Tageshonorar zu beraten, nicht auch die Vorbereitung eines Unternehmenskaufs umfasst.[102] Das OLG Nürnberg hat entschieden, dass ein Mandant, der seinen Rechtsanwalt mit der Verfolgung von Schadensersatzansprüchen aus einem Kraftfahrzeugunfall mandatiert hat, nicht erwarten kann, dass der Anwalt auch arbeits- und sozialversicherungsrechtliche Ansprüche verfolgt.[103] Um Unklarheiten von vornherein zu vermeiden, sollte der Mandatsinhalt positiv und/oder negativ präzise abgegrenzt werden. Im Zusammenhang mit der Umschreibung des Vertragsinhalts empfiehlt es sich klarzustellen, ob der Rechtsanwalt nur nach außen eingeschränkt für seinen Auftraggeber auftreten oder ob er auch im Innenverhältnis bestimmten Rechtsfragen nicht nachgehen soll.[104] Bei einem mündlich geschlossenen Vertrag können spätere Streitigkeiten vermieden werden, wenn die Par-

---

100 OLG Hamburg, NJW 1972, 775.
101 BGH, NJW 1996, 2929, 2931; 1997, 2168, 2169.
102 BGH, NJW 1998, 3486.
103 OLG Nürnberg, BRAK-Mitt. 2000, 22.
104 *Borgmann/Jungk/Grams*, § 14 Rn. 91.

teien den Inhalt noch einmal schriftlich fixieren. Soweit der Mandant Kaufmann ist, gelten dann die Regeln des kaufmännischen Bestätigungsschreibens.[105]

Der Vertragsinhalt beeinflusst die von dem Rechtsanwalt zu beachtenden **Sorgfaltsstandards**. Bei einem **unbeschränkten Mandat** ist der Rechtsanwalt grundsätzlich verpflichtet, die Interessen seines Auftraggebers in den Grenzen des erteilten Mandats nach jeder Richtung umfassend wahrzunehmen. Der Rechtsanwalt muss sein Verhalten so einrichten, dass er Schädigungen seines Auftraggebers tunlichst vermeidet, auch wenn deren Möglichkeit nur von einem Rechtskundigen vorhergesehen werden kann. Sind mehrere Wege möglich, um den erstrebten Erfolg zu erreichen, hat der Rechtsanwalt denjenigen zu wählen, auf dem dieser am sichersten erreichbar ist.[106] Der Rechtsanwalt muss den Mandanten dann vor voraussehbaren und vermeidbaren Nachteilen bewahren; Zweifel und Bedenken, zu denen die Sachlage Anlass gibt, hat der Rechtsanwalt darzulegen und mit seinem Auftraggeber zu erörtern.[107]

45

Innerhalb eines **eingeschränkten Mandats** – also bezüglich seines Gegenstands – trifft den Rechtsanwalt die zuvor beschriebene umfassende Betreuungspflicht.[108] Der Rechtsanwalt ist allerdings grundsätzlich nicht verpflichtet, Vorgänge zu prüfen, die ihm bei Gelegenheit der Erfüllung dieses Auftrags bekannt werden und dazu in keiner unmittelbaren Beziehung stehen.[109] **Ausnahmsweise** muss der Rechtsanwalt den Auftraggeber allerdings auch **über Gefahren außerhalb des Gegenstands des Mandats aufklären**, die dem Rechtsanwalt bekannt oder für ihn offenkundig sind, insbesondere wenn er Grund zu der Annahme hat, dass sich der Mandant der ihm drohenden Nachteile nicht bewusst ist.[110] Dies hat der BGH in einem Fall angenommen, in dem der Rechtsanwalt beauftragt worden war, wegen Rentenansprüchen aus einer betrieblichen Alterversorgung Restitutionsansprüche gemäß §§ 3 ff. des Gesetzes zur Regelung offener Vermögensfragen (VermG) zu prüfen, und dieser während der Bearbeitung des Mandats von fristgebundenen Restitutionsansprüchen gemäß § 30a VermG wegen Grund- und Aktienvermögen erfahren hatte.[111] Ist der Mandatsumfang beschränkt worden, kann vom Anwalt grundsätzlich nicht verlangt werden, über dieses begrenzte Mandat hinaus von sich aus eine Aufklärung über Tatsachen zu betreiben, die das Mandat nicht unmittelbar betreffen, weder nach den vom Auftraggeber erteilten

46

---

105 Zum kaufmännischen Bestätigungsschreiben: *Baumbach/Hopt*, HGB, § 346 Rn. 16 ff.; *Schmidt*, Handelsrecht, § 19 III.
106 BGH, NJW 1993, 3323, 3324.
107 BGH, NJW 1996, 2929, 2931.
108 Vgl. BGH, WM 2000, 1591; WM 2001, 1868.
109 BGH, NJW 1995, 958; 1995, 2842; 1998, 1486, 1487, jeweils zur Steuerberaterhaftung; BGH, BRAK-Mitt. 2005, 72 – zur Haftung eines Strafverteidigers; NJW-RR 2003, 1035, 1036 (Steuerberater).
110 BGH, NJW 2002, 1413; NJW 1997, 2168, 2169; WM 1998, 2246, 2247; 1999, 1330, 1336; BGH, NJW-RR 2005, 1511.
111 BGH, WM 1998, 2246, 2247 f.

Sieg

Informationen noch aus Rechtsgründen, die in einer inneren Beziehung zu dem Sachverhalt stehen, aus dem der Mandant einen Rechtsanspruch herleiten will.[112] Zu den Einzelheiten der Pflichten des Rechtsanwalts beim umfassenden bzw. beschränkten Mandat s. ausführlich Rn. 493 ff.

47 Neben der Umschreibung der eigentlichen anwaltlichen Leistung können die Parteien **Nebenabreden** in den Vertrag aufnehmen. Die Vertragspartner können etwa im Rahmen von § 4 RVG das **Honorar** vertraglich ausgestalten,[113] gemäß § 51a BRAO eine **Haftungsbeschränkung** vereinbaren (s. dazu Rn. 410 ff.), bei Mandaten mit Auslandsbezug eine **Rechtswahl- oder Gerichtsstandvereinbarung** treffen oder sonstige Punkte regeln, welche den Anwaltsvertrag betreffen. Insoweit empfiehlt sich ebenfalls eine schriftliche Fixierung.

48 Der Mandant kann den Vertragsinhalt auch durch **Weisungen** näher ausgestalten.[114] Der Rechtsanwalt muss diese Weisungen grundsätzlich beachten (vgl. §§ 665, 675 Abs. 1 BGB). In grundlegenden Fragen des Mandats kann der Rechtsanwalt sogar verpflichtet sein, das ausdrückliche Einverständnis des Mandanten, dessen Weisung, einzuholen, etwa, ob eine bestimmte Klage erhoben, ein Rechtsmittel eingelegt, ein Vergleich oder Vertrag so wie ausgehandelt abgeschlossen werden soll. Bei unklaren Weisungen oder einer Änderung der Sachlage kann der Rechtsanwalt gehalten sein, auf eine Klarstellung oder Ergänzung hinzuwirken.[115]

49 Gemäß § 269 BGB ist auch der **Erfüllungsort** einer vertraglichen Ausgestaltung zugänglich. Für den Gerichtsstand des Erfüllungsortes sind die Einschränkungen des § 29 Abs. 2 ZPO zu beachten.[116] Wenn eine vertragliche Festlegung fehlt, richtet sich der Erfüllungsort nach den Umständen, insbesondere der Natur des Schuldverhältnisses. Lange Zeit galt in dieser Frage, dass einheitlicher Erfüllungsort des Anwaltsvertrages der Ort ist, an dem sich die Kanzlei des Rechtsanwalts befindet.[117] Maßgebend sind die Verhältnisse zum Zeitpunkt des Vertragsschlusses, unabhängig von nachträglichen Änderungen des Vertragsschwerpunktes.[118] Zur Begründung des Erfüllungsorts am Ort

---

112 BGH, NJW 2002, 1413.
113 Zu vertraglichen Vergütungsvereinbarungen: BGH, NJW 2004, 2848; *Henssler*, NJW 2005, 1537 sowie die Kommentierungen zu § 4 RVG.
114 Vgl. *Borgmann/Jungk/Grams*, § 22; *Fahrendorf*, in: *Rinsche/Fahrendorf/Terbille*, Rn. 571 ff.; *Vollkommer/Heinemann*, Rn. 306 f.
115 Zur Pflicht des Rechtsanwalts, Weisungen des Mandanten zu beachten s. Rn. 504.
116 Zum internationalen Gerichtsstand des Art. 5 Nr. 1 EuGVÜ bei sog. abstrakten Erfüllungsortvereinbarungen: EuGH, NJW 1997, 1431, 1432 f.
117 BGH, NJW 1986, 1178; NJW 1991, 3095, 3096; OLG Köln, NJW 1960, 1301; OLG Celle, MDR 1980, 673 f.; BayObLG, MDR 1981, 233 f.; 1992, 296; 1993, 179; OLG Köln, AnwBl 1994, 476; BayObLG, NJW-RR 1996, 52 f.; OLG Hamburg, BRAK-Mitt. 2002, 44; LG Frankfurt, NJW 2001, 2640; OLG München, VersR 2001, 395.
118 OLG Köln, AnwBl 1994, 476.

der Kanzlei des Rechtsanwalts hat das OLG Köln[119] ausgeführt, dass die Kanzlei des Rechtsanwalts den Mittelpunkt seiner beruflichen Tätigkeit bildet. Dort wird i.d.R. der Anwaltsvertrag geschlossen und finden üblicherweise die Informations- und Beratungsgespräche mit dem Auftraggeber statt. In seiner Kanzlei leistet der Rechtsanwalt die geistige Vorarbeit, fertigt die Schriftsätze an und wickelt von dort den Schriftverkehr mit seinem Mandanten, dessen Gegner und/oder mit Dritten ab. Der Sitz der Kanzlei bleibt im Allgemeinen auch dann Erfüllungsort für die Dienste des Rechtsanwalts, wenn er für seinen Auftraggeber einen auswärtigen Verhandlungs- oder Besprechungstermin wahrnimmt.

Der **BGH** lehnt diese Argumentation in seiner Grundsatzentscheidung vom 4.3.2004 für die **Honorarforderung des Rechtsanwalts** ab und differenziert zwischen den jeweils geschuldeten Leistungen.[120] Für Anwaltsverträge bleibt es im Allgemeinen dabei, dass **Leistungsort** für das geschuldete Honorar der **Wohnsitz des Mandanten** ist. Der Vertrag mit einem rechtlichen Berater habe nicht typischerweise seinen räumlichen oder rechtlichen Schwerpunkt in der Kanzlei. Vielmehr könne jeder Auftrag, die Interessen des Mandanten in einem gerichtlichen oder behördlichen Verfahren zu vertreten, dazu führen, dass der Vertrag hauptsächlich an einem von dem des Kanzleisitzes verschiedenen Ort durchgeführt werde. Für Beratungsaufgaben des Rechtsanwalts gelte im Grundsatz nichts anderes, weil sie die Mitwirkung an auswärtigen Verhandlungen oder Vertragsabschlüssen erfordern könnten. Da es also an einem für Verträge mit rechtlichen Beratern typischen örtlichen Bezug fehle, gebe es keinen berechtigten Grund, den Kanzleisitz als Ort der vom Mandanten geschuldeten Geldleistung anzusehen. Das KG Berlin schließt sich dieser Auffassung an und begründet sie mit der Wandlung des Berufsbildes des Rechtsanwalts.[121] Insbesondere vor dem Hintergrund europäischer Gesetzgebung erscheint das Ergebnis des BGH zweifelhaft. Nach Art. 5 Nr. 1b EuGVVO besteht der Gerichtsstand des Erfüllungsorts für Verträge über Dienstleistungen vertragseinheitlich an dem Ort, an dem die Dienste nach dem Vertrag erbracht worden sind oder hätten erbracht werden müssen. Der Erfüllungsstand richtet sich also einheitlich nach der vertragscharakteristischen Leistung. Beim Anwaltsvertrag ist dies offensichtlich die anwaltliche Dienstleitung, so dass auch für die Zahlungsverpflichtung des Mandanten der Gerichtsstand am Sitz des Rechtsanwalts sein sollte. Zu Art. 5 Nr. 1 lit. b EuGVVO hat der BGH jetzt entschieden, dass für die Erbringung der Dienstleistung und der Gegenleistung einheitlicher Erfüllungsort der Ort der vertragscharakteristischen Leistung ist[122] (s. auch Rn. 172).

---

119 OLG Köln, AnwBl 1994, 476.
120 BGH, NJW-RR 2004, 932; vgl. auch BGH, NJW 2004, 54; OLG Frankfurt, NJW 2001, 1583; OLG Dresden, NJW-RR 2002, 929; OLG Karlsruhe, NJW 2003, 2174; OLG Hamburg, NJW-RR 2003, 1705; anders: BayObLG, NJW 2003, 366.
121 KGR Berlin 2003, 230.
122 BGH, NJW 2006, 1806.

Vor diesem Hintergrund ist davon auszugehen, dass für Schadensersatzansprüche wegen **Schlechterfüllung anwaltlicher Vertragspflichten** weiterhin der **Sitz der Kanzlei Erfüllungsort** ist. Nichts anderes ergibt sich, wenn der Mandant Schadensersatzansprüche gegen seinen Prozessbevollmächtigten und gegen den von ihm beauftragten Verkehrsanwalt (s. dazu Rn. 206 ff.) geltend macht.[123] Wenn der Auftraggeber Prozess- und Verkehrsanwalt gemeinsam verklagen möchte, ist das zuständige Gericht nach § 36 Nr. 2 ZPO zu bestimmen. Unterhält ein Rechtsanwalt mehrere Kanzleien in verschiedenen Staaten (vgl. § 29a BRAO), ist analog Art. 28 Abs. 1 EGBGB nach den Umständen des Einzelfalls festzustellen, zu welcher das in Frage stehende Mandat den engeren Bezug aufweist.

IV. Vertragsparteien

50 Herkömmlich wird ein **Rechtsanwalt** für „seinen" **Mandanten** tätig. An der Bearbeitung eines Mandats können aber auch **mehrere Rechtsanwälte** beteiligt sein. Auf die Beteiligung mehrerer Rechtsanwälte und den Vertragsschluss mit einem anwaltlichen Verbund wird an anderer Stelle ausführlich eingegangen (Rn. 205 ff.). Ein Rechtsanwalt kann auch für **mehrere Auftraggeber** tätig werden. Dies wird gebührenrechtlich in § 7 RVG ausdrücklich anerkannt. Der Rechtsanwalt ist gegenüber jedem Mandanten zur sorgfaltsgerechten Ausübung seiner beruflichen Tätigkeit verpflichtet. Insbesondere muss der Rechtsanwalt beachten, dass er nicht entgegen § 43a Abs. 4 BRAO **widerstreitende Interessen** wahrnimmt oder sich wegen **Parteiverrats** gemäß § 356 StGB strafbar macht (vgl. Rn. 38 ff.). Der Rechtsanwalt hat nicht mehrere Auftraggeber, wenn er von dem **Rechtsschutzversicherer** seines Mandanten beauftragt wird. Der Rechtsschutzversicherer handelt gemäß § 17 Abs. 2 ARB 1994 namens und im Auftrag des Versicherten, wird jedoch selbst nicht Vertragspartner des Rechtsanwalts.[124]

V. Vertragsbeendigung

51 Die vom Rechtsanwalt zu beachtenden Sorgfaltsstandards setzen grundsätzlich einen bestehenden Anwaltsvertrag voraus. Daher kommt der **Beendigung des Anwaltsvertrages**[125] haftungsrechtlich eine erhebliche Bedeutung zu. Nur ausnahmsweise sind **vor- oder nachvertragliche Sorgfaltspflichten** anzuerkennen (Rn. 173 ff.). Die Beendigung des Auftrags beeinflusste nach altem Recht die Verjährung von Schadensersatzansprüchen des Auftraggebers aus dem mit dem Rechtsanwalt bestehenden Vertragsverhältnis. Gemäß § 51b 2. Alt. BRAO begann die Verjährung spätestens, wenn

---

123 BayObLG, MDR 1992, 296; 1993, 179; NJW-RR 1996, 52 f.; OLG München, VersR 2001, 395; a.A.: LG Frankfurt, NJW 2001, 2640; OLG Frankfurt, NJW 2001, 1583; so auch: *Prechtel*, NJW 1999, 3617.

124 Zur Beauftragung eines Rechtsanwalts durch einen Rechtsschutzversicherer: BGH, NJW 1978, 1003 f.; *Borgmann/Jungk/Grams*, § 12 Rn. 68 – 72.

125 Vgl. zur Beendigung des Anwaltsvertrages: *Borgmann/Jungk/Grams*, § 15; *Terbille*, in: *Rinsche/Fahrendorf/Terbille*, Rn. 202 ff.; *Vollkommer/Heinemann*, Rn. 124 – 134.

der Auftrag beendet ist.[126] Die Vergütung des Rechtsanwalts wird gemäß § 8 RVG fällig, wenn der Auftrag erledigt oder die Angelegenheit beendet ist.

1. Fallgruppen

Grundfall der Beendigung des Anwaltsvertrages ist **die Erledigung des Auftrags**. Von praktischer Bedeutung ist daneben die **Kündigung des Anwaltsvertrages** durch den Auftraggeber oder durch den Rechtsanwalt. In Betracht kommt ferner eine **einvernehmliche Vertragsbeendigung**.[127] Mit dem **Tod des Rechtsanwalts** erlischt im Zweifel der mit dem Mandanten geschlossene Vertrag (§§ 675 Abs. 1, 673 BGB),[128] es sei denn, dass der Auftrag einer Sozietät erteilt wurde. Dann besteht der Auftrag mit der Sozietät selbst, nicht mit deren einzelnen Mitgliedern, fort.[129] Besonderheiten gelten, wenn für die Kanzlei des verstorbenen Rechtsanwalts gemäß § 55 Abs. 1 BRAO ein Abwickler eingesetzt ist (dazu Rn. 282 ff.). Für Schadensersatzansprüche gegen einen verstorbenen Rechtsanwalt, die bei dessen Tod bereits entstanden waren, haften dessen Erben (§§ 1967, 2058 BGB).[130] Der **Tod des Mandanten** führt demgegenüber gemäß §§ 675 Abs. 1, 672 BGB im Zweifel nicht zum Erlöschen des Vertrages. An die Stelle der verstorbenen Partei treten deren Erben (§ 1922 Abs. 1 BGB). Gemäß §§ 115, 116 InsO wird der Anwaltsvertrag auch mit der **Eröffnung des Insolvenzverfahrens** über das Vermögen des Auftraggebers beendet, es sei denn, dass sich die vertragliche Geschäftsbesorgung nicht auf das zur Masse gehörige Vermögen bezieht (§§ 115, 116 InsO).[131]

52

2. Erledigung des Auftrags

Regelmäßig wird der Anwaltsvertrag durch Erledigung des Auftrags, d.h. durch die **Erreichung des Vertragszwecks** beendet.[132] Grundsätzlich ist der Auftrag erledigt, wenn von dem Rechtsanwalt keine weiteren Handlungen in Erfüllung des Auftrags mehr zu erwarten sind. Der Rechtsanwalt selbst muss seinen Auftrag als erfüllt an-

53

---

126 Ausführlich zur Verjährung nach altem Recht Rn. 1274 ff. und nach neuem Recht Rn. 1444 ff.
127 BGH, NJW 1986, 1490 (Novation).
128 Hierzu etwa BGH, VersR 1982, 190 f.; NJW 1988, 1973.
129 Überholt: BGH, NJW 1988, 1973, 1974. Zur Haftung der Mitglieder einer Rechtsanwaltssozietät Rn. 337 ff.
130 Hierzu etwa OLG Nürnberg, NJW-RR 1989, 1370.
131 Zu § 23 KO: RGZ 118, 158; BGH, WM 1963, 1232; 1988, 1838; NJW 1990, 510; 1997, 1302, 1303.
132 BGH, NJW 1996, 2929, 2930 – speziell zum Anwaltsdienstvertrag; OLG Bamberg, VersR 1978, 329; OLG Köln, VersR 1980, 362 f.; OLG Nürnberg, VersR 1980, 541; *Borgmann/Jungk/Grams*, § 15 Rn. 97 – 104; *Terbille*, in: *Rinscheid/Fahrendorf/Terbille*, Rn. 203; *Schlee*, AnwBl 1990, 205 f.; *Vollkommer/Heinemann*, Rn. 125.

sehen.¹³³ Im Normalfall bringt der Rechtsanwalt gegenüber dem Mandanten mit der Übersendung der **(Schluss-)Rechnung** zum Ausdruck, dass er den Auftrag als erledigt ansieht.¹³⁴ Im Einzelfall sind Art und Form der Kostenrechnung zu berücksichtigen. Aus der vorbehaltlosen Zahlung des Mandanten kann gefolgert werden, dass dieser die Rechnung auch so verstanden hat.¹³⁵ Nicht ausreichend ist die bloß faktische Beendigung des Mandats, wenn sowohl der Rechtsanwalt als auch der Auftraggeber untätig bleiben, ohne dass eine Partei den Anwaltsvertrag gekündigt hat oder der Vertragszweck erreicht worden ist. Dies hat das OLG Köln in einem Fall betont, in dem der Rechtsanwalt seine Tätigkeit eingestellt hatte, nachdem der Mandant einen angeforderten Vorschuss nicht gezahlt hatte.¹³⁶

54 Im Übrigen ist derjenige Zeitpunkt, zu dem der einem Rechtsanwalt erteilte, nicht ausdrücklich gekündigte Auftrag endet, den **Umständen des Einzelfalls** zu entnehmen.¹³⁷ Für die Feststellung, ob ein Auftrag erledigt ist, spielt dessen Inhalt eine besondere Rolle.¹³⁸ Es ist zu prüfen, ob der Rechtsanwalt die vertraglich vereinbarte Leistung erbracht, d.h. die vertraglich vereinbarten Hauptpflichten erfüllt hat. Eine Schlechterfüllung ist demgegenüber für die Beendigung des Auftrags ohne Bedeutung. Auch eine unvollständig erteilte Beratung führt nicht notwendig dazu, dass eine Beendigung des Mandats vor ihrer Vervollständigung nicht eintreten kann.¹³⁹ Sie führt regelmäßig vielmehr zur Haftung des Rechtsanwalts. Auch auf die Erfüllung vertraglicher Nebenpflichten kommt es für die Beendigung des Auftrags nicht an.¹⁴⁰

55 Um festzustellen, ob ein Anwaltsvertrag beendet ist, ist zwischen der eigentlichen anwaltlichen Leistung und der nur **bürotechnischen Abwicklung** eines Auftrags, wie etwa der Rückgabe der zur Durchführung des Auftrags überlassenen Schriftstücken u.Ä. zu unterscheiden. Solche abschließenden Arbeiten sind zwar notwendig, betreffen aber nicht mehr die Aufgabe des Rechtsanwalts, Rechtsrat zu gewähren, sondern nur eine Nebenpflicht. Ihre noch ausstehende Erledigung ist deshalb grundsätzlich nicht geeignet, die Beendigung des Mandats hinauszuzögern.¹⁴¹ Auskünfte, die ein Rechtsanwalt erteilt, nachdem er seinem Mandanten gegenüber zu erkennen gegeben hat, dass er den Vertrag als erfüllt ansieht, haben keinen Einfluss auf die Beendigung des

---

133 BGH, VersR 1963, 435, 436; NJW 1979, 264, 265; OLG Hamm, VersR 1981, 440, 442.
134 BGH, NJW 1996, 661, 662.
135 BGH, VersR 1984, 162, 163; OLG Bamberg, VersR 1978, 329. Zur Beendigung des Auftrags mit Erstellung der Rechnung durch den Rechtsanwalt auch BGH, NJW 1992, 436, 438.
136 OLG Köln, VersR 1980, 362, 363.
137 BGH, NJW 1979, 264, 265; OLG Bamberg, VersR 1978, 329.
138 BGH, WM 1984, 1318. Zum Inhalt des Anwaltsvertrages Rn. 42 ff.
139 OLG Köln, VersR 1980, 362, 363.
140 Missverständlich *Römermann*, in: *Hartung/Holl*, BORA, vor § 51 BRAO Rn. 15, der darauf abstellt, ob der Rechtsanwalt seine Pflichten erfüllt hat.
141 BGH, WM 1984, 1318.

Vertrags.[142] Dies gilt insbesondere dann, wenn die Auskünfte auf nachvertraglichen Verpflichtungen des Rechtsanwalts beruhen.[143]

Da die Erledigung des Auftrags von den Umständen des Einzelfalls abhängt, ist es schwer, allgemeingültige Grundsätze aufzustellen. Am leichtesten ist es noch bei einem anwaltlichen Werkvertrag, dessen Abnahme möglich ist.[144]

a) Außergerichtliche Tätigkeit des Rechtsanwalts

Die dem Rechtsanwalt aufgetragenen Handlungen können erledigt sein, wenn eine übernommene **Beratung** erteilt ist.[145] Ist der Rechtsanwalt beauftragt, den Mandanten außerhalb eines Rechtsstreits bei **Vergleichsverhandlungen** oder **anderen Vertragsverhandlungen** zu vertreten, tritt die Beendigung des Auftrags grundsätzlich mit der Unterzeichnung des Vergleichs oder des Vertrages ein. Im Einzelfall muss allerdings festgestellt werden, ob der Rechtsanwalt den Mandanten nach dem Inhalt des erteilten Auftrags auch noch beim Vollzug der Vereinbarung beraten soll.

Ist die Erstellung eines Vertragsentwurfs als **Werkvertrag** (§§ 631, 675 Abs. 1 BGB) zu bewerten, ändert sich in der Sache nichts. Dann ist der Anwaltsvertrag mit der **Abnahme** des anwaltlichen Werkes als in der Hauptsache vertragsgemäße Leistung (§§ 640, 641 BGB) beendet. Dies hat der BGH bejaht, wenn die Vertragspartner einen vom Rechtsanwalt entworfenen Vertrag unterzeichnet haben.[146] In einem anderen Fall, in dem der Rechtsanwalt für den Mandanten Verträge für die Beschäftigung freier Mitarbeiter entwerfen sollte, hat der BGH – ohne auf den Vertragstyp einzugehen – die Beendigung eines Auftrags angenommen, nachdem der Rechtsanwalt dem Mandanten den Vertragsentwurf vorgelegt und erläutert hatte.[147] Für einen Fall, in dem der Rechtsanwalt beauftragt war, einen notariell zu beurkundenden Vertrag mit der Gegenseite auszuhandeln und an dessen Abschluss mitzuwirken, hat der BGH[148] zur Fälligkeit der Gebührenforderung nach § 16 BRAGO in der damals geltenden Fassung ausgeführt, dass der Auftrag erst beendet sei, wenn dem beauftragten Rechtsanwalt der Vertrag vereinbarungsgemäß vom Notar übermittelt worden sei, so dass er den Inhalt des Vertrages vor der Weiterleitung an den Mandanten überprüfen könne. In einer anderen Sache hat der BGH entschieden, dass eine Beendigung des Mandats nicht notwendigerweise darin zu sehen ist, dass der Mandant über zwei Jahre keine Tätigkeit abfordert. Wenn eine Auseinandersetzung für mögliche Rückfragen auf zwei Jahre „verfristet"

---

142   OLG Bamberg, VersR 1978, 329.
143   Zu nachvertraglichen Pflichten des Rechtsanwalts Rn. 189 ff.
144   BGH, NJW 1996, 2929.
145   OLG Köln, VersR 1980, 362, 363.
146   BGH, NJW 1996, 661, 662; 1996, 2929, 2930.
147   BGH, NJW-RR 1990, 459.
148   BGH, WM 1984, 1318.

Sieg

wird und am Ende dieser Zeit die Kostenberechnung übersandt wird, ist hierin erst die Erledigung des Mandats zu sehen.[149]

b) Gerichtliche Tätigkeit des Rechtsanwalts

58 Besondere Regeln für die Beendigung eines Auftrags gelten, wenn der Rechtsanwalt den Mandanten in einem Rechtsstreit vertreten soll. Grundsätzlich ist ein Auftrag mit dem **Abschluss einer Instanz** beendet, wenn vom Rechtsanwalt keine weiteren Handlungen mehr zu erwarten sind.[150] Von dem Prozessbevollmächtigten ist nach Zustellung des die Instanz abschließenden Urteils zu erwarten, dass er dem Mandanten die Entscheidung übersendet,[151] den Zeitpunkt der Zustellung[152] und den Ablauf der Rechtsmittelfrist mitteilt sowie den Mandanten auf die Rechtsmittelmöglichkeiten[153] hinweist.[154] Die Mitteilungspflicht besteht auch dann, wenn der Rechtsanwalt das Rechtsmittel für aussichtslos hält.[155] Auch ohne besonderen Auftrag kann es Aufgabe des Prozessanwalts sein, den Mandanten nach einer die Instanz abschließenden Entscheidung über die Aussichten eines Rechtsmittels zu belehren.[156] Der Auftrag kann ausnahmsweise nicht als erledigt angesehen werden, wenn im Einzelfall eine Pflicht besteht, innerhalb der Berufungsfrist bei der Partei nachzufragen, ob sie Berufung einzulegen beabsichtige. Eine solche Nachfragepflicht ist regelmäßig zu verneinen. Aufgrund der besonderen Umstände des Falls kann sich jedoch eine **nachträgliche Erkundigungspflicht** ergeben, wenn der Rechtsanwalt besonderen Anlass hat, den Verlust seiner Mitteilung zu befürchten oder wenn ihm der Standpunkt der Partei, unter allen Umständen ein Rechtsmittel einlegen zu wollen, bereits bekannt ist.[157] Ein Anwaltsvertrag ist ferner dann beendet, wenn er nicht durch ein Urteil abgeschlossen wird, sondern wenn die Parteien einen **Vergleich** geschlossen haben. Ein abschließender Termin- oder Prozessbericht gehört in keinem Fall zur Durchführung des Auftrags, sondern ist lediglich dessen Folge.[158] Eine Aufzählung dessen, was gebührenrechtlich zum selben Rechtszug gehört, enthalten §§ 16 und 19 RVG. Auch **Vollstreckungsmaßnahmen** im Anschluss an einen Rechtsstreit können noch von einem einheitlichen Auftrag umfasst sein, wenn ein enger zeitlicher Zusammenhang mit der Prozessvertretung besteht.

---

149 BGH, NJW 2004, 1523, 1525.
150 OLG Hamm, VersR 1981, 440, 442.
151 Die Übermittlung muss nicht durch eingeschriebenen Brief erfolgen: BGH, NJW 1990, 189.
152 Zur Mitteilung des Zustellungsdatums: BGH, VersR 1974, 1131.
153 Hierzu auch BGH, NJW-RR 1989, 1109.
154 BGH, NJW 1960, 818, 819; BGH, VersR 1963, 435; NJW 1977, 1198; 1990, 189, 190. Vgl. auch BGH, NJW 1958, 2015 f.
155 BGH, NJW 1999, 2435.
156 BGH, NJW 2002, 1048, 1049; bestätigt durch BVerfG, NJW 2002, 2937.
157 BGH, VersR 1963, 435, 436.
158 OLG Nürnberg, VersR 1979, 541 (der BGH hat die Annahme der Revision abgelehnt).

A. Vertrag zwischen Rechtsanwalt und Auftraggeber

Der vorbezeichnete Grundsatz, wonach ein Prozessmandat regelmäßig mit der die Instanz abschließenden Entscheidung beendet ist, wird durchbrochen, wenn der **erstinstanzliche Anwalt auch in der Rechtsmittelinstanz** auftreten soll. Ist der beauftragte Rechtsanwalt (bzw. ein anderes Mitglied der beauftragten Sozietät) ebenfalls bei dem Rechtsmittelgericht zugelassen und sein Auftrag nicht ausdrücklich auf die Vertretung im ersten Rechtszug beschränkt, ist das Mandatsverhältnis zwischen Partei und Rechtsanwalt mit dem Abschluss der Instanz noch nicht beendet. Die Einlegung der Berufung stellt sich in diesem Fall nicht als Ausführung eines neuen Auftrags, sondern als **Fortführung einer „schwebenden Angelegenheit"** dar. Der Wille einer Partei, die einen Rechtsstreit einleiten will oder in einen Rechtsstreit einbezogen wird und einen Rechtsanwalt mit ihrer Vertretung beauftragt, geht in aller Regel dahin, dass dieser sie in der Rechtssache bis zu ihrem endgültigen Abschluss vertritt, soweit seine Postulationsfähigkeit reicht.[159]

59

Dasselbe gilt, wenn der **erstinstanzliche Anwalt** die Erfolgsaussichten eines Rechtsmittels überprüfen und/oder den am Rechtsmittelgericht zugelassenen Rechtsanwalt auswählen und beauftragen soll, den Mandanten in der höheren Instanz zu vertreten.[160] Ist der erstinstanzliche Anwalt in die vorbereitenden Maßnahmen der Partei zur **Beauftragung eines Rechtsmittelanwalts** einbezogen, endet sein Mandat erst mit der Annahme des Vertretungsauftrags durch den Rechtsmittelanwalt oder der eindeutigen Erklärung gegenüber dem Mandanten, bei der Beauftragung des Rechtsmittelanwalts nicht mehr mitzuwirken.[161] Nach ständiger Rechtsprechung des BGH muss sich ein Anwalt bei der Erteilung des Auftrags zur Rechtsmitteleinlegung notfalls durch telefonischen Anruf rechtzeitig vor Fristablauf davon überzeugen, ob der Auftrag eingetroffen und ob er angenommen worden ist.[162] Die vorbeschriebene Pflicht des Prozessanwalts, in eigener Verantwortung geeignete und verlässliche Maßnahmen zu treffen, die eine zuverlässige Information über den Lauf der Rechtsmittelfrist gewährleisten, trifft auch den **Verkehrsanwalt**, der es übernommen hat, den Berufungsanwalt zu beauftragen.[163]

60

Soll der beauftragte Rechtsanwalt weiterhin den Verkehr zwischen der Partei und dem Prozessbevollmächtigten führen, besteht das Mandat – mit geändertem Inhalt – fort. Selbst wenn ein Rechtsanwalt, der nicht zum **Verkehrsanwalt** bestellt ist, nach Erlass eines erstinstanzlichen Urteils seine Handakten einem anderen, beim Berufungsgericht zugelassenen Anwalt übersendet, folgt daraus nach Ansicht des BGH nicht ohne weiteres, dass der Mandant von diesem Zeitpunkt an von dem Anwalt keine weiteren Tätigkeiten mehr erwarten darf. Aus dem Gesamtverhalten der Beteiligten kann ge-

61

---

159 OLG Hamburg, NJW 1972, 775.
160 OLG Hamm, VersR 1981, 440, 442.
161 BGH, VersR 1978, 722.
162 BGH, VersR 1985, 962; NJW 1988, 3020 f.; VersR 1990, 801 – jeweils zu § 233 ZPO.
163 BGH, VersR 1990, 801; 1991, 896 – beide Entscheidungen zu § 233 ZPO.

folgert werden, dass das Mandat noch nicht beendet ist, wenn der Auftraggeber den Rechtsanwalt, der immer noch als **„Hausanwalt"** tätig ist, bittet, die Revisionsbegründung im Vorprozess durchzusehen und zusätzliche Argumente an den Revisionsanwalt zu übermitteln. Im konkreten Fall hatte der Rechtsanwalt die erbetene Stellungnahme übermittelt und mit dem Mandanten einen weiteren Besprechungstermin in der Angelegenheit vereinbart. Wenn der Anwalt in dieser Weise tätig wird, kann im Allgemeinen angenommen werden, dass noch ein Mandatsverhältnis besteht. Daran ändert auch grundsätzlich der Umstand nichts, dass der Rechtsanwalt für diese Tätigkeit keine besonderen Gebühren berechnet hat.[164]

3. Kündigung

62 Der Anwaltsvertrag kann auch in der Weise beendet werden, dass entweder der **Auftraggeber** oder der **Rechtsanwalt** den Vertrag **kündigt**.[165] Wenn der Rechtsanwalt die Kündigung ausspricht, ist in der Praxis davon die Rede, dass der Rechtsanwalt **„das Mandat niederlegt"**. Die Wirksamkeit einer Kündigung und die daran anknüpfenden Rechte der Vertragsparteien setzen zunächst voraus, dass ein Kündigungsgrund vorliegt. Die Kündigung darf nicht gesetzlich oder vertraglich ausgeschlossen sein. Schließlich muss die Kündigung wirksam erklärt worden sein. Wenn eine Kündigung wirksam ist, stellt sich die Frage, ob daraus Schadensersatzansprüche des Vertragspartners folgen. Auch ist zu prüfen, welche Folgen die Kündigung eines Anwaltsvertrages für den Honoraranspruch des Rechtsanwalts hat.[166] Auch kann die Kündigung des Anwaltsvertrages durch den Mandanten Auswirkungen auf die Zuordnung einer Pflichtverletzung für einen dem Mandanten später entstandenen Schaden haben, wenn der Mandant das Auftragsverhältnis zu einem Zeitpunkt gekündigt hat, zu dem der Schaden noch vermieden werden konnte.[167]

a) Rechtsgrundlagen

63 I.d.R. handelt es sich bei einem Anwaltsvertrag um einen **Dienstvertrag**, der eine **Geschäftsbesorgung** zum Gegenstand hat (§§ 611, 675 Abs. 1 BGB; zur Rechtsnatur des Anwaltsvertrages: Rn. 4). Dann richten sich die Kündigung des Anwaltsvertrages und deren Rechtsfolgen in den meisten Fällen nach **§§ 627, 628 BGB**. Neben § 627 Abs. 1 BGB bleibt das Recht aus **§ 626 BGB**, den Anwaltsvertrag aus wichtigem Grund zu kündigen, unberührt.[168] An Stelle eines außerordentlichen Kündigungsrechts gemäß §§ 626, 627 BGB ist zu prüfen, ob der Vertragspartner den Vertrag ordentlich

---

164 BGH, NJW 1979, 264, 265.
165 Zur Beendigung des Anwaltsvertrages durch Kündigung *Borgmann/Jungk/Grams*, § 15 Rn. 105 – 111; *Terbille*, in: *Rinscke/Fahrendorf/Terbille*, Rn. 212 ff.; *Vollkommer/Heinemann*, Rn. 128 – 130.
166 Vgl. *Henssler/Deckenbrock*, NJW 2005, 1.
167 Vgl. BGH, NJW 2002, 1117.
168 BGH, NJW 1995, 1425, 1430.

kündigen kann. Ein solches ordentliches Kündigungsrecht richtet sich vorbehaltlich vertraglicher Regelungen nach § 621 BGB. Diese Vorschrift ist auch bei einem Dienstvertrag, der eine Geschäftsbesorgung zum Gegenstand hat, heranzuziehen.[169]

Der Anwaltsvertrag kann ausnahmsweise als **Werkvertrag**, der eine **Geschäftsbesorgung** zum Gegenstand hat (§§ 631, 675 Abs. 1 BGB), einzuordnen sein (Rn. 4). Dann muss **§ 649 BGB** beachtet werden. § 649 Satz 1 BGB sieht vor, dass der Auftraggeber (Besteller) den Vertrag bis zur Vollendung des Werks jederzeit kündigen kann. Die Vergütung des Rechtsanwalts (des Unternehmers) richtet sich dann nach § 649 Satz 2 BGB. Beim Anwaltswerkvertrag ist ein Sonderkündigungsrecht des Rechtsanwalts nicht vorgesehen. Insoweit stellt sich die Frage nach einer analogen Anwendbarkeit des § 627 BGB.

64

Für Dienst- und Werkverträge, die eine Geschäftsbesorgung zum Gegenstand haben, verweist § 675 Abs. 1 BGB auf **§ 671 Abs. 2 BGB**, soweit dem Verpflichteten das Recht zusteht, ohne Einhaltung einer Kündigungsfrist zu kündigen. Ein solches Sonderkündigungsrecht enthält § 627 Abs. 1 BGB. § 671 Abs. 2 BGB entspricht § 627 Abs. 2 BGB und ist daneben ohne Bedeutung. Auf § 671 Abs. 3 BGB, wonach der Beauftragte bei Vorliegen eines wichtigen Grundes auch dann zur Kündigung berechtigt ist, wenn er auf das Kündigungsrecht verzichtet hat, verweist § 675 Abs. 1 BGB nicht.

65

Die meisten Entscheidungen, in denen sich die Gerichte mit den Voraussetzungen dieser Vorschriften im Zusammenhang mit Anwaltsverträgen beschäftigt haben, betreffen Sachverhalte, in denen der Rechtsanwalt seinen Mandanten nach einer Kündigung des Anwaltsvertrages auf **Zahlung des Honorars** gemäß § 628 Abs. 1 BGB in Anspruch genommen hat.[170] Gemäß § 628 Abs. 1 Satz 1 BGB kann der Rechtsanwalt einen seinen bisherigen Leistungen entsprechenden Teil des Honorars verlangen, wenn nach dem Beginn des Anwaltsvertrages das Vertragsverhältnis aufgrund des § 626 BGB oder des § 627 BGB gekündigt wird. Das bedeutet, dass nur die bereits erbrachten Leistungen bezahlt werden müssen.[171] Bei der Ermittlung der Anspruchshöhe ist die Sonderregelung des § 15 Abs. 4 RVG zu beachten. Kündigt der Rechtsanwalt, ohne durch vertragswidriges Verhalten des Auftraggebers dazu veranlasst zu sein, oder veranlasst er durch sein vertragswidriges Verhalten die Kündigung des Mandanten, steht ihm ein Anspruch auf das Honorar insoweit nicht zu, als seine bisherigen Leistungen infolge der Kündigung für den anderen Teil kein Interesse haben. Auf Einzelheiten des Honoraranspruchs des Rechtsanwalts soll an dieser Stelle nicht weiter eingegangen werden. Die Aussagen in den Urteilen zur Auslegung des § 628 Abs. 1 BGB lassen sich auf die hier behandelten Haftungssachverhalte nach § 628 Abs. 2 BGB übertragen.

66

---

169 OLG Hamm, NJW-RR 1995, 1530, 1532.
170 Vgl. etwa *Pabst*, MDR 1978, 449 ff. sowie die RVG-Kommentare zu § 15 Abs. 1 und 4.
171 OLG Braunschweig, VersR 2001, 204.

b) Außerordentliches Kündigungsrecht beider Parteien

67 Aus **§ 627 Abs. 1 BGB** wird allgemein gefolgt, dass sowohl der Auftraggeber als auch der Rechtsanwalt den Anwaltsvertrag grundsätzlich jederzeit und ohne Angabe von Gründen kündigen können. Nach § 627 Abs. 1 BGB kann ein Dienstverhältnis, das kein Arbeitsverhältnis i.S.v. § 622 BGB ist, gekündigt werden, ohne dass die Voraussetzungen des § 626 BGB vorliegen müssen. Es wird daher weder ein Kündigungsgrund vorausgesetzt noch muss dem Vertragspartner ein solcher mitgeteilt oder die Zwei-Wochen-Frist des § 626 Abs. 2 BGB eingehalten werden.

aa) Dienste höherer Art aufgrund besonderen Vertrauens

68 Voraussetzung des § 627 Abs. 1 BGB ist lediglich, dass der zur Dienstleistung Verpflichtete **Dienste höherer Art** zu leisten hat, die **aufgrund besonderen Vertrauens** übertragen zu werden pflegen. Der gesetzgeberische Grund für die gegenüber § 626 BGB erleichterte, jederzeitige Möglichkeit zur Lösung eines Dienstverhältnisses i.S.d. § 627 BGB liegt in dem besonderen Vertrauen, von dem derartige Dienstverhältnisse getragen werden. Dieses kann schon durch unwägbare Umstände und rational nicht begründbare Empfindungen gestört werden, die objektiv keinen wichtigen Grund zur Kündigung darstellen. Bei derartigen, auf persönliches Vertrauen ausgerichteten Dienstverhältnissen soll die Freiheit der persönlichen Entschließung eines jeden Teils im weitesten Ausmaß gewährleistet werden.[172]

Ein **Anwaltsvertrag** wird allgemein als ein Dienstvertrag angesehen, aufgrund dessen der Rechtsanwalt i.S.d. § 627 Abs. 1 BGB verpflichtet ist, Dienste höherer Art zu leisten, die aufgrund besonderen Vertrauens übertragen zu werden pflegen.[173]

bb) Dauerhaftes Dienstverhältnis mit festen Bezügen

69 § 627 Abs. 1 BGB schließt das jederzeitige Kündigungsrecht ausnahmsweise aus, wenn der zur Dienstleistung Verpflichtete zu dem Berechtigten in einem **dauerhaften Dienstverhältnis mit festen Bezügen** steht. Dahinter steht der Gedanke, dass in diesen Ausnahmefällen dem Vertrauen des Dienstverpflichteten auf seine Existenzsicherung Vorrang vor dem Schutz der Entschließungsfreiheit des Dienstberechtigten einzuräumen ist.[174] Der typische Fall eines Rechtsanwalts in einem dauerhaften Dienstverhältnis mit festen Bezügen ist der **Syndikusanwalt**.[175]

70 Regelmäßig steht der beauftragte Rechtsanwalt zu seinem Mandanten nicht in einem dauerhaften Dienstverhältnis mit festen Bezügen.[176] Allerdings ist ein solches dau-

---

172 BGH, NJW-RR 1993, 505, 506 – Managementvertrag.
173 BGH, NJW 1978, 2304; 1985, 41; 1987, 315, 316; 1995, 1425, 1430.
174 BGH, NJW-RR 1993, 505, 506 – Managementvertrag.
175 *Staudinger/Preis*, BGB, § 627 Rn. 14, 16; vgl. BGH, NJW 1999, 1715.
176 BGH, NJW 1985, 41.

erhaftes Dienstverhältnis mit festen Bezügen denkbar, wenn dem Rechtsanwalt ein **Dauerberatungsmandat** erteilt ist.[177] Wann ein Dienstverhältnis als „dauernd" anzusehen ist, muss im Einzelfall nach der Verkehrsanschauung und dem Sprachgebrauch ermittelt werden.[178] Ein dauerndes Dienstverhältnis i.S.d. § 627 Abs. 1 BGB erfordert keine Dienstleistung, welche die Erwerbstätigkeit des Verpflichteten vollständig oder hauptsächlich in Anspruch nimmt. Es setzt auch keine soziale und wirtschaftliche Abhängigkeit voraus. Nach der maßgebenden Verkehrsauffassung ist es kein Kennzeichen oder gar Erfordernis eines dauerhaften Dienstverhältnisses, dass es auf unbestimmte Zeit eingegangen ist. Ein dauerhaftes Dienstverhältnis kann auch vorliegen, wenn der Vertrag auf eine bestimmte längere Zeit geschlossen ist. Für ein dauerhaftes Dienstverhältnis kann eine Vertragslaufzeit von einem Jahr genügen, wenn es sich um eine Verpflichtung für ständige oder langfristige Aufgaben handelt und die Vertragspartner von der Möglichkeit und Zweckmäßigkeit einer Verlängerung ausgehen.[179] Die Voraussetzung eines dauerhaften Dienstverhältnisses i.S.d. § 627 Abs. 1 BGB ist in anderen Fällen auch bei einer Mindestvertragslaufzeit von 18 Monaten[180] oder von fünf Jahren[181] angenommen worden.

Dienste höherer Art erfordern, dass die Dienste üblicherweise nur infolge **besonderen persönlichen Vertrauens** übertragen werden. Ein solches besonderes Vertrauen wird i.d.R. nur Personen, nicht aber Instituten oder Unternehmen entgegengebracht.[182] Es ist noch offen, wie sich dieser Gedanke auf eine Anwalts-AG oder Anwalts-GmbH auswirkt.

Der Rechtsanwalt erhält **feste Bezüge**, wenn er sich darauf verlassen kann, dass ihm auf längere Sicht bestimmte, von vornherein festgelegte Beträge als Honorar zufließen werden. Sie müssen geeignet sein, Grundlage der Existenzplanung des Rechtsanwalts zu sein. Den Gegensatz stellen Entgelte dar, die von außervertraglichen Entwicklungen abhängen, deshalb der Höhe nach schwanken und im ungünstigsten Fall sogar ganz ausfallen können. Sie sind nur insoweit feste Bezüge, als dem Rechtsanwalt ein bestimmtes Mindesteinkommen versprochen ist.[183]

71

---

177 BGH, NJW 1995, 1425, 1430.
178 BGH, NJW 1967, 1416 – Wirtschaftsberatervertrag.
179 BGH, NJW 1967, 1416, 1417 – Wirtschaftsberatervertrag; BGH, NJW 1984, 1531 – Direktschulvertrag; BGH, NJW-RR 1993, 374 – Steuerberatervertrag.
180 OLG Hamm, NJW-RR 1995, 1530, 1531.
181 BGH, NJW 1995, 1425, 1430; vgl. auch BGH, NJW-RR 1993, 505 – Managementvertrag.
182 BGH, NJW-RR 2003, 1064; OLG Celle, NJW-RR 1995, 1465.
183 BGH, NJW 1995, 1425, 1430; vgl. auch BGH, NJW-RR 1993, 374, 375 – Steuerberatervertrag; BGH, NJW-RR 1993, 505, 506 – Managementvertrag.

c) Ausschluss des außerordentlichen Kündigungsrechts

72 Das Recht zur jederzeitigen Kündigung des Anwaltsvertrages nach § 627 Abs. 1 BGB kann gesetzlich oder vertraglich ausgeschlossen sein.

aa) Beiordnungsfälle

73 Wenn der Vertragsschluss auf eine gerichtliche Beiordnung des Rechtsanwalts zurückgeht (dazu auch Rn. 268 ff.), kann dieser den Anwaltsvertrag wegen des dadurch begründeten Kontrahierungszwangs nicht ohne weiteres kündigen.[184] Dann muss der Rechtsanwalt zunächst die Aufhebung der Beiordnung gemäß §§ 48 Abs. 2, 49 Abs. 2 BRAO beantragen. Voraussetzung ist, dass hierzu ein wichtiger Grund vorliegt.

bb) Vertraglicher Ausschluss

74 Das Sonderkündigungsrecht nach **§ 627 BGB** kann – jedenfalls durch Vereinbarung im Einzelfall – auch vertraglich ausgeschlossen oder beschränkt werden.[185] Der **vertragliche Ausschluss** des Rechts, gemäß § 627 Abs. 1 BGB den Anwaltsvertrag jederzeit ohne Einhaltung einer Frist zu kündigen, muss nicht notwendig ausdrücklich vereinbart werden.

Der Ausschluss kann sich eindeutig und bestimmt aus anderen Abreden ergeben.[186] Allein aus dem Umstand, dass ein Anwaltsvertrag auf eine bestimmte Zeit geschlossen ist, lässt sich nicht die Schlussfolgerung ziehen, dass die Parteien das Kündigungsrecht nach § 627 Abs. 1 BGB ausschließen wollten.[187] Offenbaren die Parteien jedoch zusätzlich ein Interesse an einer schuldrechtlichen Bindung, kann dies für einen konkludenten Ausschluss des außerordentlichen Kündigungsrechts des § 627 Abs. 1 BGB sprechen. Auch ein erhebliches wirtschaftliches Interesse des beauftragten Rechtsanwalts an der Durchführung der Vereinbarung kann dafür sprechen, dass den Parteien die Möglichkeit genommen werden sollte, sich jederzeit einseitig von dem Vertrag zu lösen.[188]

Selbst wenn das Recht zur jederzeitigen Kündigung ausgeschlossen oder beschränkt wird, bleibt es dennoch beim Vorliegen eines wichtigen Grundes nach **§ 626 BGB**

---

184 *Borgmann/Jungk/Grams*, § 15 Rn. 105.
185 RGZ 105, 416, 417; BGH, NJW-RR 1991, 439, 440; NJW 1995, 1425, 1430; 1997, 2944; OLG Düsseldorf, BB 1987, 2187; OLG Koblenz, NJW 1990, 3153, 3154; a.A. *Borgmann/Jungk/Grams*, § 15 Rn. 105, die jedoch nicht hinreichend berücksichtigen, dass § 671 Abs. 3 BGB von der Verweisung des § 675 Abs. 1 BGB gerade nicht erfasst wird.
186 BGH, NJW-RR 1991, 439, 440; OLG Düsseldorf, BB 1987, 2187; OLG Karlsruhe, NJW-RR 1994, 1084.
187 BGH, NJW-RR 1991, 439, 440; OLG Düsseldorf, BB 1987, 2187; vgl. auch RGZ 105, 416, 417.
188 BGH, NJW-RR 1991, 439, 440 – Auftrag über die Vermarktung eines Namens.

erhalten. Diese Vorschrift ist unabdingbar.[189] Der BGH hat ausgeführt, dass die in § 627 BGB vorgesehene Möglichkeit, den Anwaltsvertrag unter erleichterten Voraussetzungen zu kündigen, für diesen nicht schlechthin kennzeichnend sei. Sie scheide z.b. bereits gesetzlich aus, wenn der Rechtsanwalt zu dem Mandanten in einem dauernden Dienstverhältnis mit festen Bezügen stehe.[190]

Ob das Kündigungsrecht nach § 627 Abs. 1 BGB beim Anwaltsvertrag auch durch **Allgemeine Geschäftsbedingungen** ausgeschlossen werden kann, ist noch nicht höchstrichterlich geklärt. Der BGH hat hierzu Bedenken geäußert, diese Frage im Ergebnis aber offen gelassen. Da unter § 627 BGB verschiedene Dienstleistungen fallen, sei eine differenzierte Betrachtungsweise erforderlich.[191]

- In Bezug auf einen **Vertrag über finanzwirtschaftliche Baubetreuung** hat der BGH entschieden, § 627 Abs. 1 BGB trage der jederzeitigen Kündigungsmöglichkeit für beide Teile dem gegenseitigen Vertrauensverhältnis in der Weise Rechnung, dass im Fall des Vertrauensverlustes eine sofortige Beendigung des Vertragsverhältnisses möglich sein müsse. Bei derartigen, ganz auf persönliches Vertrauen gestellten und zudem lockeren, nicht auf eine ständige Tätigkeit gerichteten Dienstverhältnissen soll die Freiheit der persönlichen Entschließung eines jeden Teils im weitesten Ausmaß gewahrt werden. Das sei ein auf einem Gerechtigkeitsgebot beruhender Rechtsgrundsatz, mit dem die Verweisung auf das Kündigungsrecht aus § 626 BGB in Allgemeinen Geschäftsbedingungen unvereinbar sei.[192] Daher könnte durch Allgemeine Geschäftsbedingungen das außerordentliche Kündigungsrecht des § 627 Abs. 1 BGB grundsätzlich nicht ausgeschlossen werden.[193]

- Zu einer etwaigen Ausnahme bei **Steuerberaterverträgen** hat das OLG Koblenz ausgeführt, dass die Abbedingung des außerordentlichen Kündigungsrechts aus § 627 Abs. 1 BGB durch Allgemeine Geschäftsbedingungen zwar nicht grundsätzlich gemäß § 9 AGBG (jetzt: § 307 Abs. 1, 2 Nr. 1 BGB) unwirksam sei. Eine solche Klausel könne jedoch gegen diese Vorschrift – je nach Ausgestaltung der Klausel – im Einzelfall verstoßen. Bei der erforderlichen Abwägung sei das Interesse des Mandanten zu berücksichtigen, dem Steuerberater, der sein Vertrauen verloren habe, nicht länger Einblick in seine Einkommens- und Vermögensverhältnisse sowie in die sonstigen Betriebsinterna gewähren zu müssen, wenn er das Honorar nicht ohne Gegenleistung zahlen wolle. Umgekehrt habe der Steuerberater ein berechtigtes Interesse, vorausschauend planen zu können. Dem Steuerberater sei verständlicherweise daran gelegen, Betriebseinrichtungen und Personal nicht von heute auf

75

---

189 BGH, NJW-RR 1993, 374, 375 – Steuerberatervertrag.
190 BGH, NJW 1995, 1425, 1430.
191 BGH, NJW 1989, 1479, 1480 – Partnervermittlungsvertrag; BGH, NJW-RR 1993, 374, 375 – Steuerberatervertrag.
192 BGH, WM 2005, 1667.
193 *MünchKomm/Henssler*, BGB, § 627 Rn. 31; *Palandt/Weidenkaff*, BGB, § 627 Rn. 5.

morgen nutzlos oder unrentabel werden zu lassen. Daher sei jedenfalls eine Klausel gemäß § 9 AGBG (jetzt: § 307 BGB) unwirksam, nach der ein auf unbestimmte Zeit geschlossener Vertrag von jedem Vertragspartner grundsätzlich nur mit einer Frist von drei Monaten zum Schluss eines Kalendervierteljahres beendet werden könne.[194] Diese Erwägungen lassen sich auch auf einen **Anwaltsvertrag** übertragen, wenngleich eine Einzelfallbetrachtung erforderlich bleibt.

d) Kündigungserklärung

76 Die Kündigungserklärung ist eine empfangsbedürftige Willenserklärung, die dem Vertragspartner gemäß § 130 BGB **zugehen** muss. Daher ist etwa eine Kündigung des Anwaltsvertrages durch den Rechtsanwalt unwirksam, wenn die Mandatsniederlegung nur gegenüber dem Prozessgericht erklärt wird.[195]

e) Schadensersatz bei Kündigung zur Unzeit ohne wichtigen Grund

77 Wenn der beauftragte Rechtsanwalt den Anwaltsvertrag gemäß § 627 Abs. 1 BGB außerordentlich kündigt, obliegt ihm nach § 627 Abs. 2 Satz 1 BGB, auf das Interesse des Mandanten Rücksicht zu nehmen, sich die Dienste anderweitig beschaffen zu können. Eine Ausnahme von dieser Einschränkung des jederzeitigen Kündigungsrechts sieht das Gesetz für den Fall vor, dass ein wichtiger Grund für die unzeitige Kündigung vorliegt. Kündigt der Rechtsanwalt den Auftrag ohne einen wichtigen Grund zur Unzeit, ist er nach **§ 627 Abs. 2 Satz 2 BGB** verpflichtet, dem Mandanten den daraus entstehenden **Schaden zu ersetzen**.[196] Die Wirksamkeit der Kündigung bleibt davon unberührt.[197] Der Mandant, der von dem Kündigungsrecht des § 627 Abs. 1 BGB Gebrauch macht, unterliegt im Gegensatz zum Rechtsanwalt nicht den Einschränkungen des § 627 Abs. 2 BGB.

aa) Kündigung zur Unzeit

78 Eine Kündigung zur Unzeit liegt vor, wenn der Mandant sich notwendige Dienste eines anderen Rechtsanwalts nach Zugang der Kündigung nicht beschaffen kann. Dabei kommt es allerdings nicht darauf an, ob dem Mandanten dies in gleicher Güte und zu gleichen Bedingungen möglich ist. Maßgebend dafür, ob eine Kündigung zur Unzeit erfolgt, ist nicht der Zeitpunkt der Kündigungserklärung, sondern der der tatsächlichen Beendigung des Auftrags.[198] Ob eine Kündigung zur Unzeit ausgesprochen worden ist,

---

194 OLG Koblenz, NJW 1990, 3153, 3154 – Steuerberatervertrag – m.w.N. aus dem Schrifttum.
195 BGH, VersR 1977, 334; vgl. auch BGH, VersR 1972, 185; BGH, NJW 1998, 3783, 3784.
196 Vgl. auch die Parallelvorschriften zu § 627 Abs. 2 BGB: §§ 723 Abs. 2, 671 Abs. 2, 712 Abs. 2, 2226 Satz 3 BGB.
197 *Palandt/Weidenkaff*, BGB, § 627 Rn. 6.
198 *Palandt/Weidenkaff*, BGB, § 627 Rn. 6; *MünchKomm/Henssler*, BGB, § 627 Rn. 24.

hängt von den Umständen des Falls ab. Um eine Kündigung zur Unzeit zu vermeiden, trifft den Rechtsanwalt bei einer Kündigung nach §§ 626, 627 BGB die Obliegenheit, alles zu unterlassen bzw. alles Gebotene zu unternehmen, um unabwendbare Nachteile für den Auftraggeber abzuwenden.

Vor einer **Mandatsniederlegung während eines anhängigen Verfahrens** muss ein Rechtsanwalt den Verfahrensgegenstand anhand seiner Akte überprüfen und erforderliche **fristwahrende Maßnahmen**, etwa die Einlegung von Rechtsmitteln, noch veranlassen.[199] Es kann auch eine Obliegenheit des Rechtsanwalts bestehen, eine gebotene Fristverlängerung zu beantragen und zu überwachen, ob diese auch gewährt worden ist, bevor er das Mandat kündigt. Der Rechtsanwalt kann ferner gehalten sein, einen **Termin** für den Mandanten wahrzunehmen, wenn er sich nicht dem Vorwurf ausgesetzt sehen will, das Mandat zur Unzeit niedergelegt zu haben. Notfalls muss der Rechtsanwalt nach einer Niederlegung des Mandats von den ihm nach § 87 Abs. 2 ZPO zustehenden Rechten Gebrauch machen.

79

Der BGH hat einen Fall entschieden, in dem der **Berufungsanwalt** das Mandat niedergelegt hatte, weil der Mandant einer schriftlichen Aufforderung, bei ihm wegen der Berufungsbegründung vorzusprechen, keine Folge geleistet hatte. Der Rechtsanwalt hatte daraufhin keinen Antrag auf **Fristverlängerung** gestellt. Nach Ansicht des BGH war dem Auftraggeber eine Fristversäumung des Rechtsanwalts nach §§ 233, 85 Abs. 2 ZPO zuzurechnen.[200] Für § 627 Abs. 2 BGB lässt sich daraus ableiten, dass in einem solchen Fall jedenfalls auch eine Kündigung zur Unzeit vorliegt.

80

Das OLG Düsseldorf hat entschieden, dass eine Niederlegung eines Mandats zur Unzeit vorliegen kann, wenn der Rechtsanwalt dem Mandanten nicht zugleich mitteilt, dass in Kürze der Ablauf der Berufungs- oder Berufungsbegründungsfrist droht. Beabsichtigt der Rechtsanwalt, das Mandat zum Ablauf einer gesetzlichen oder richterlichen Frist niederzulegen, muss er zunächst zugunsten des Mandanten eine Fristverlängerung beantragen, um diesem zu ermöglichen, noch einen anderen Rechtsanwalt mit der Wahrnehmung seiner Interessen zu beauftragen. Die Verpflichtung entfällt danach nur ausnahmsweise, wenn dem Mandanten ein schweres eigenes Fehlverhalten vorzuwerfen ist. Dies ist nach Ansicht des OLG Düsseldorf nicht bereits dann der Fall, wenn der Mandant einen Kostenvorschuss nicht rechtzeitig zahlt.[201]

Zu einem Antrag auf **Wiedereinsetzung in den vorigen Stand** nach § 233 ZPO hat der BGH ausgeführt, dass die Kündigung eines Anwaltsvertrages durch den Prozessbevollmächtigten während bereits angelaufener Frist zur Begründung eines Rechtsmittels nicht schuldhaft erfolgt, wenn der Rechtsanwalt damit rechnen konnte, dass der

81

---

199 OLG Frankfurt, VersR 1991, 897 f. – zu § 233 ZPO.
200 BGH, VersR 1960, 637 f.
201 OLG Düsseldorf, NJW-RR 2000, 874, 875.

Mandant bis zum Ablauf der Frist genügend Zeit und Gelegenheit zur Beauftragung eines anderen Anwalts haben werde.[202]

82 Das OLG Karlsruhe hat ausgeführt, dass eine Kündigung zur Unzeit nicht vorliege, wenn der **Prozessbevollmächtigte im Revisionsverfahren** das Mandat zwar während des Laufs der Revisionsbegründungsfrist niederlege, durch die Beantragung einer (auch gewährten) Fristverlängerung aber gleichzeitig dafür Sorge getragen habe, dass sein Mandant noch rechtzeitig einen anderen Anwalt beauftragen und dieser die erforderlichen Maßnahmen fristgerecht einleiten könne. Dabei hat das Gericht offen gelassen, ob eine Kündigung zur Unzeit vorliegt, wenn der Nachfolger des kündigenden Rechtsanwalts wegen einer kurzfristigen Beauftragung nicht vollständig und umfassend informiert werden kann oder wenn sich der Zeitdruck in anderer Weise auf die Qualität der Revisionsbegründung auswirkt.[203]

bb) Wichtiger Grund

83 Die Voraussetzungen, nach denen ein Rechtsanwalt gemäß **§ 627 Abs. 2 BGB** aus einem **wichtigen Grund zu einer unzeitigen Kündigung** berechtigt ist, richten sich ebenfalls nach den Umständen des Einzelfalls. Gerichtliche Entscheidungen sind hierzu im Zusammenhang mit Anwaltsverträgen bislang nicht veröffentlicht worden.[204]

Der Wortlaut des § 627 Abs. 2 BGB, der das Vorliegen eines wichtigen Grundes erfordert, unterscheidet sich von § 628 Abs. 2 BGB, der ein vertragswidriges Verhalten voraussetzt, und von § 626 Abs. 1 BGB, der daran anknüpft, ob dem Kündigenden ein Festhalten am Vertrag unzumutbar ist. Eine Gleichsetzung dieser Begriffe verbietet sich daher. So ist ein wichtiger Grund i.S.d. § 627 Abs. 2 BGB nicht erst dann gegeben, wenn dem Rechtsanwalt die Fortsetzung des Auftrags nicht mehr zugemutet werden kann.[205] Sonst würde der Zweck des § 627 Abs. 1 BGB, gegenüber der allgemeinen Vorschrift des § 626 BGB die außerordentliche Kündigung eines Dienstvertrages mit besonderem Vertrauensverhältnis zu erleichtern, verfehlt.[206]

Ein wichtiger Grund i.S.d. § 627 Abs. 2 BGB ist daher immer dann gegeben, wenn eine Kündigung ohne Rücksicht darauf, ob der Auftraggeber sich die Dienste anderweitig beschaffen kann, gerechtfertigt ist.[207] Wie bei § 723 Abs. 2 BGB bedarf es hierzu einer **Abwägung der Interessen** des Kündigenden an einer schnellen Beendigung

---

202 BGH, VersR 1987, 286.
203 OLG Karlsruhe, NJW-RR 1994, 1084.
204 Zum Vorliegen eines wichtigen Grundes gemäß § 627 Abs. 2 BGB bei der Kündigung eines Heilbehandlungsvertrages: OLG Karlsruhe, VersR 1996, 62.
205 *RGRK/Corts*, BGB, § 627 Rn. 16; *Erman/Belling*, BGB, § 627 Rn. 9; *Staudinger/Preis*, BGB, § 627 Rn. 31; *Vollkommer/Heinemann*, Rn. 130; *MünchKomm/Henssler*, BGB, § 627 Rn. 26; a.A., allerdings ohne Begründung, *Borgmann/Jungk/Grams*, § 15 Rn. 107.
206 Zum Zweck des Sonderkündigungsrechts nach § 627 Abs. 1 BGB vgl. Rn. 69.
207 *Staudinger/Preis*, BGB, § 627 Rn. 31; *Vollkommer/Heinemann*, Rn. 130.

des Vertrages und derjenigen des Vertragspartners an der Wahl eines schonenderen Zeitpunktes, regelmäßig also an einem zeitlichen Hinausschieben der Kündigung. Dabei kommt es auf die Gesamtumstände des Falles an.[208] Ein erheblicher Anhaltspunkt für einen wichtigen Grund i.S.d. § 627 Abs. 2 BGB besteht dann, wenn das Verhalten des Auftraggebers, welches die Kündigung durch den Rechtsanwalt veranlasst hat, zugleich als vertragswidrig i.S.d. § 628 Abs. 1 Satz 2, Abs. 2 BGB zu bewerten ist.[209]

cc) **Schadensersatz**

Wenn der Rechtsanwalt den Auftrag zur Unzeit gekündigt hat und ein wichtiger Grund hierzu nicht vorliegt, hat dies nicht die Unwirksamkeit der Kündigung zur Folge. Vielmehr ist der Rechtsanwalt verpflichtet, dem Mandanten denjenigen **Schaden zu ersetzen**, den dieser gerade **infolge des Kündigungszeitpunkts** erlitten hat. Demgegenüber kann der Auftraggeber nicht den Ersatz des Erfüllungsinteresses infolge der Vertragsbeendigung als solcher verlangen.[210]

84

f) **Schadensersatz bei Kündigung infolge vertragswidrigen Verhaltens**

Hat eine Vertragspartei die Kündigung des Anwaltsvertrages nach § 626 oder § 627 Abs. 1 BGB durch **vertragswidriges Verhalten** veranlasst, ist sie gemäß **§ 628 Abs. 2 BGB** dem Vertragspartner zum **Ersatz des Schadens** verpflichtet, der dadurch entsteht, dass der Anwaltsvertrag aufgehoben wird.[211] Der Schadensersatzanspruch kann sowohl dem Rechtsanwalt als auch dem Mandanten zustehen. Der Schaden des Rechtsanwalts kann etwa darin bestehen, dass er nicht das Honorar erhält, das er bei der vertragsgemäßen Durchführung des Vertrages hätte beanspruchen können. Auch kann er im Vertrauen auf die Durchführung des Anwaltsvertrages Aufwendungen getätigt haben, die sich nach der Kündigung als nutzlos erweisen. Umgekehrt können Kosten und Aufwendungen des Mandanten durch die Kündigung nutzlos geworden sein.

85

Das vertragswidrige Verhalten, das den Anlass für die außerordentliche Kündigung bildet, setzt nach allgemeiner Ansicht eine **schuldhafte Verletzung einer Vertragspflicht** voraus.[212] Der Schadensersatzanspruch nach § 628 Abs. 2 BGB entfällt, wenn zur Zeit der Kündigung auch der Kündigungsempfänger aus wichtigem, vom anderen Teil zu vertretenden Grund hätte kündigen können; es kommt nicht darauf an, ob er

86

---

208   *MünchKomm/Ulmer*, BGB, § 723 Rn. 29.
209   Zum vertragswidrigen Verhalten des Auftraggebers i.S.d. § 628 Abs. 1 Satz 2, Abs. 2 BGB Rn. 94 ff.
210   *RGRK/Corts*, BGB, § 627 Rn. 18; *Staudinger/Preis*, BGB, § 627 Rn. 30; *MünchKomm/Henssler*, BGB, § 628 Rn. 64; vgl. auch *MünchKomm/Ulmer*, BGB, § 723 Rn. 49.
211   OLG Köln, VersR 2002, 762.
212   BGH, NJW 1995, 1954, 1955; OLG Köln, AnwBl 1972, 159, 160.

von seiner Kündigungsmöglichkeit tatsächlich Gebrauch gemacht hätte.[213] Wenn der Auftraggeber sich auf ein vertragswidriges Verhalten des Rechtsanwalts gemäß **§ 628 Abs. 1 Satz 2, Abs. 2 BGB** beruft, trägt der **Auftraggeber** die **Beweislast** dafür, dass er die Kündigung des Rechtsanwalts nicht durch eigenes vertragswidriges Verhalten veranlasst und dass der Rechtsanwalt sich seinerseits vertragswidrig verhalten hat.[214]

aa) Vertragswidriges Verhalten des Rechtsanwalts

87 Eine Kündigung des Auftraggebers ist berechtigt, wenn der Rechtsanwalt durch **vertragswidriges Verhalten** das Vertrauensverhältnis ernstlich erschüttert oder zerstört hat und dem Auftraggeber ein Festhalten am Vertrag nicht mehr zuzumuten ist, weil er befürchten muss, dass der Rechtsanwalt seine Interessen nicht mehr sachgerecht wahrnehmen werde.[215] Diese Definition verdeutlicht, dass das Merkmal vertragswidrigen Verhaltens in starkem Umfang von einer Bewertung der Verhältnisse des Einzelfalls abhängt. Daher können die zu § 628 Abs. 1 Satz 2 BGB ergangenen höchstrichterlichen und obergerichtlichen Entscheidungen allenfalls eine grobe Leitlinie für andere Fälle darstellen.

88 Der Rechtsanwalt kann sich etwa vertragswidrig verhalten, wenn er den ihm erteilten Auftrag in erheblicher Weise **unsachgemäß bearbeitet**.[216] Der BGH hat ein vertragswidriges Verhalten eines Rechtsanwalts angenommen, weil dieser in einem Rechtsstreit ohne sachlichen Grund und ohne Zustimmung des Auftraggebers zu dessen Nachteil eine strafbewehrte Unterlassungsverpflichtung abgegeben und einen Schriftsatz verfasst hatte, der mit dem bisherigen Vorbringen nicht abgestimmt war.[217]

89 Auch eine **Interessenkollision** des beauftragten Rechtsanwalts oder andere Umstände, die Zweifel an dessen Zuverlässigkeit oder Unabhängigkeit begründen, können vertragswidriges Verhalten i.S.d. § 628 Abs. 1 Satz 2, Abs. 2 BGB darstellen. So hat der BGH ausgeführt, dass der beauftragte Rechtsanwalt sich vertragswidrig verhält, wenn er in einer anderen Sache die **berufliche Qualifikation seines Mandanten angreift**, nachdem der Rechtsanwalt den Auftraggeber über die Tragweite eines Interessenkonflikts nicht ausreichend aufgeklärt hatte. Dies gilt auch, wenn der Auftraggeber zuvor darin eingewilligt hat, dass der Rechtsanwalt in einer anderen Sache gleichzeitig die Interessen eines Dritten gegen ihn wahrnimmt. Eine Einwilligung des Auftraggebers, dass sein Rechtsanwalt Interessen eines Dritten gegen ihn – den Mandanten – wahrnimmt, ist nur dann rechtlich beachtlich, wenn der Auftrageber seine Zustimmung in voller Kenntnis der dafür maßgebenden Umstände erteilt hat. Der Rechtsanwalt muss

---

213 BGH, NJW 1966, 437.
214 BGH, NJW 1982, 437, 438; 1995, 1954; 1997, 188, 189; OLG Düsseldorf, VersR 1988, 1155 (Ls.).
215 BGH, VersR 1977, 421, 423; NJW 1985, 41; 1995, 1954.
216 *Pabst*, MDR 1978, 449, 451.
217 BGH, VersR 1977, 421, 423.

den Mandanten dann u.a. auch darauf hinweisen, mit welchen Angriffen gegen seine berufliche Tätigkeit oder seine Person er rechnen muss. Wenn der Rechtsanwalt dieser Aufklärungspflicht nicht genügt, verstößt er gegen seine Pflicht, alles zu unterlassen, was das Vertrauensverhältnis zu seinem Mandanten beeinträchtigen kann.[218]

In einer anderen Sache hat der BGH entschieden, dass ein Rechtsanwalt sich in vorwerfbarer Weise vertragswidrig verhält, wenn er während des Vertrages den **dringenden Verdacht strafbarer Handlungen** zum Nachteil anderer Auftraggeber begründet und dadurch schwer wiegende Zweifel an seiner beruflichen Zuverlässigkeit und Redlichkeit auslöst. Dies sei etwa der Fall, wenn der Rechtsanwalt in Untersuchungshaft genommen worden ist, weil er verdächtigt wird, Gelder anderer Auftraggeber veruntreut zu haben.[219] 90

Die Kündigung des Anwaltsvertrages durch den Auftraggeber kann auch durch vertragswidriges Verhalten des Rechtsanwalts i.S.d. § 628 Abs. 1 Satz 2 BGB veranlasst sein, wenn der Rechtsanwalt bei objektiver Betrachtung den **Eindruck erweckt**, er gebe die **Sache seines Mandanten bereits verloren** und habe deshalb die geschuldeten Bemühungen eingestellt.[220] 91

Nach Ansicht des OLG Koblenz handelt ein Rechtsanwalt demgegenüber **nicht vertragswidrig**, wenn er den Klageauftrag eines von einem Rechtskundigen vertretenen Mandanten nicht sofort ausführt, sondern in einem längeren Schriftwechsel **Bedenken gegen die Schlüssigkeit und Vollständigkeit des Sachvortrags** äußert und dadurch die Klageerhebung um einen Monat verzögert. Im entschiedenen Fall gab der vom Mandanten den beauftragten Rechtsanwälten unterbreitete Sachverhalt Anlass zu Bedenken. Das Gericht hat auch berücksichtigt, dass der Auftraggeber darauf bestanden hatte, dass die Rechtsanwälte das Mandat ohne eine Haftungsbeschränkung übernehmen. Daher hätten die Rechtsanwälte nicht vertragswidrig gehandelt, indem sie die Voraussetzungen für eine umfassende, möglichst abgesicherte Klagebegründung zu schaffen versuchten und dazu die Stellungnahme und weitere Informationen des Auftraggebers erbaten.[221] 92

In einem anderen Fall hat das OLG Karlsruhe ausgeführt, dass ein Rechtsanwalt **nicht pflichtwidrig** handelt, wenn er das Mandat kündigt, nachdem der Auftraggeber **entgegen dem wohlbegründeten Rat des Rechtsanwalts die Weisung** erteilt hat, ein Revisionsverfahren weiter durchzuführen. Sei der Prozessbevollmächtigte nach gründlicher Prüfung der Sach- und Rechtslage von der Aussichtslosigkeit eines Rechtsmittels überzeugt, bringe ihn das Beharren des Mandanten auf Durchführung des Verfahrens in einen unauflösbaren Konflikt. Auf der einen Seite stehe die vertragliche Verpflich- 93

---

218 BGH, NJW 1985, 41 f.
219 BGH, NJW 1995, 1954.
220 OLG Düsseldorf, AnwBl 1985, 259, 260.
221 OLG Koblenz, AnwBl 1976, 214.

tung, den Weisungen des Mandanten nachzukommen. Auf der anderen Seite müsse der Rechtsanwalt sowohl auf seine Stellung als unabhängiges Organ der Rechtspflege (§§ 1, 3 Abs. 1 BRAO) als auch auf sein berufliches Ansehen Rücksicht nehmen. Um in einem solchen Fall die Weisung zu erfüllen, müsste der Rechtsanwalt die Revision mit erkennbar unerheblichen Erwägungen begründen. Dies sei dem Rechtsanwalt nicht zumutbar. Schließlich sei die Missachtung des anwaltlichen Rats geeignet, die Vertrauensbasis des Mandatsverhältnisses nachträglich zu erschüttern.[222]

bb) Vertragswidriges Verhalten des Auftraggebers

94 Der **Auftraggeber** verhält sich **vertragswidrig** i.S.d. § 628 Abs. 1 Satz 2 BGB, wenn er durch schuldhaftes Verhalten das Vertrauensverhältnis nachhaltig zerstört hat und dem Rechtsanwalt die weitere Durchführung des Mandats billigerweise nicht zugemutet werden kann.[223] Im Schrifttum hat Pabst den Versuch unternommen, typische Fälle vertragswidrigen Verhaltens des Auftraggebers aufzuzeigen.[224] Danach verhält sich der Auftraggeber vertragswidrig i.S.d. § 628 Abs. 1 Satz 2 BGB, wenn er

- einen angeforderten **Gebührenvorschuss nicht zahlt**, obwohl der Rechtsanwalt zuvor angedroht hat, das Mandat in diesem Fall niederzulegen;
- bewusst **fehlerhafte** bzw. hartnäckig **unvollständige Informationen** erteilt, obwohl der Rechtsanwalt dem Auftraggeber zuvor angedroht hat, das Mandat niederzulegen;
- einen **anderen Rechtsanwalt beauftragt** und dadurch Zweifel an der Tauglichkeit des ursprünglich beauftragten Rechtsanwalts zum Ausdruck bringt;
- unbegründete und/oder in der Form unangemessene **Vorwürfe gegen den Rechtsanwalt** erhebt;
- **unberechtigte Schadensersatzansprüche** geltend macht;
- **unzumutbare Anforderungen stellt**, insbesondere bewusst und hartnäckig verlangt, dass der Rechtsanwalt gegen Gesetze oder berufsrechtliche Vorschriften verstößt;
- vom Rechtsanwalt trotz ordnungsgemäßer Aufklärung verlangt, an einer **offenkundig aussichtslosen Rechtsposition** festzuhalten.

95 Die Rechtsprechung hatte naturgemäß bislang nur mit Einzelfällen zu tun, in denen es um vertragswidriges Verhalten des Auftraggebers ging. Nach Ansicht des BGH liegt ein wichtiger Grund des Rechtsanwalts zur Kündigung des Anwaltsvertrages vor, wenn das Vertrauensverhältnis zerstört ist, weil der Mandant wiederholt gegenüber

---

222 OLG Karlsruhe, NJW-RR 1994, 1084, 1085.
223 OLG Düsseldorf, VersR 1988, 1155 (Ls.); *Pabst*, MDR 1978, 449, 450.
224 *Pabst*, MDR 1978, 449, 450 f.

dem von ihm beauftragten Rechtsanwalt **grundlose Anschuldigungen** erhoben und **unberechtigte Regressansprüche** angemeldet hat.[225]

Das OLG Düsseldorf hat vertragswidriges Verhalten nach § 628 Abs. 1 Satz 2 BGB angenommen, weil der Mandant seinem Rechtsanwalt vorgeworfen hatte, mit der Gegenpartei zusammengewirkt und sich daher wegen **Parteiverrats** (§ 356 StGB) strafbar gemacht zu haben. Dann sei dem Rechtsanwalt die Fortsetzung des Mandatsverhältnisses nicht mehr zuzumuten. Dies führe dazu, dass der Rechtsanwalt nicht mehr imstande ist, die Interessen seines Auftraggebers unvoreingenommen und mit der nötigen Einsatzbereitschaft wahrzunehmen. Die für die Bearbeitung eines Mandats unverzichtbare Vertrauensgrundlage entfalle bereits, wenn ein entsprechendes Verhalten ernstlich in Erwägung gezogen und gegenüber dem beauftragten Rechtsanwalt behauptet werde. Ob der Mandant eine angebliche Strafanzeige wirklich gestellt habe, sei unerheblich.[226]

96

Zu der Frage, unter welchen Voraussetzungen **Weisungen des Mandanten**, die den Vorstellungen des Anwalts zuwiderlaufen, ein vertragswidriges Verhalten i.S.v. § 628 Abs. 1 Satz 2 BGB darstellen, hat das OLG Köln ausführlich Stellung genommen. Diese Frage könne nicht generell beantwortet werden. Es sei zu unterscheiden, ob Meinungsverschiedenheiten einen Bereich beträfen, der letztlich der Entscheidung des Auftraggebers selbst unterliege, oder aber ein Gebiet, auf dem die eigenverantwortliche Tätigkeit des Rechtsanwalts im Vordergrund stehe. Es sei die ausschließliche Aufgabe des mit der Prozessvertretung beauftragten Rechtsanwalts, rechtliche Schlussfolgerungen zu ziehen; der Auftraggeber könne lediglich den Umfang des Sachvortrags, allenfalls noch die äußere Gestaltung des Schriftsatzes bestimmen. Wenn der Auftraggeber trotz Unterrichtung über die Rechtslage Weisungen zum Inhalt eines Schriftsatzes in rechtlicher Hinsicht gegeben habe, habe er die ihm als Auftraggeber zustehenden Befugnisse überschritten. Dann habe der Auftraggeber nicht dem Mandatsverhältnis entsprechend, also vertragswidrig, gehandelt.[227]

97

Das OLG Karlsruhe hat die Ansicht vertreten, dass ein Mandant sich nicht vertragswidrig verhalte, wenn er darauf beharre, ein **aussichtsloses Rechtsmittelverfahren** durchzuführen.[228]

98

Die Kündigung des Auftrags durch den Rechtsanwalt ist nach Meinung des OLG München dann nicht durch vertragswidriges Verhalten des Mandanten veranlasst, wenn dieser von dem Rechtsanwalt **berufsrechtswidriges Vorgehen**, etwa persönliche und unsachliche **Angriffe auf Richter** verlange. Von einem Rechtsanwalt werde erwartet, dass er ein derartiges Anliegen des Mandanten zurückweise. Erst wenn der Mandant

99

---

225 BGH, NJW 1997, 188, 189.
226 OLG Düsseldorf, VersR 1991, 1381, 1382.
227 OLG Köln, AnwBl 1972, 159, 160.
228 OLG Karlsruhe, NJW-RR 1994, 1084, 1085.

hartnäckig auf seiner Weisung bestehe, habe der Rechtsanwalt einen berechtigten Anlass zur Kündigung des Anwaltsvertrages.[229]

100 In derselben Entscheidung hat das OLG München ausgeführt, dass eine Kündigung des Mandats durch den Rechtsanwalt auch nicht allein deswegen gerechtfertigt sei, weil der Auftraggeber **in einer anderen Sache das Mandat gekündigt** habe, sofern dies ohne beleidigende oder ehrverletzende Äußerungen des Mandanten geschehen sei.[230]

cc) Schadensersatz

101 Hat der Rechtsanwalt eine Kündigung des Auftraggebers durch vertragswidriges Verhalten veranlasst, ohne dass dieser sich seinerseits vertragswidrig verhalten hat, muss der Rechtsanwalt dem Auftraggeber **den durch die Kündigung verursachten Schaden ersetzen**. Dieser Anspruch geht auf Ersatz des Erfüllungsinteresses. Der Berechtigte ist so zu stellen, wie er bei Fortbestand des Dienstverhältnisses stehen würde. Dem Berechtigten ist (nur) der Schaden zu ersetzen, der ihm bis zum vereinbarten oder durch ordentliche Kündigung herbeigeführten Vertragsende entsteht.[231] Umgekehrt kann auch der Rechtsanwalt schadensersatzberechtigt sein.

g) Ausschluss des Schadensersatzes bei ordentlicher Kündigung

102 Wenn ein Rechtsanwalt den Auftrag **ordentlich kündigt**, handelt er vertragsgemäß. Eine darauf gestützte Schadensersatzpflicht des Rechtsanwalts wegen einer Vertragsverletzung ist daher ausgeschlossen. Ein Schadensersatzanspruch des Auftraggebers nach § 627 Abs. 2 BGB bzw. §§ 675 Abs. 1, 671 Abs. 2 BGB wegen einer Kündigung zur Unzeit, für die kein wichtiger Grund vorliegt, kommt nur bei einer außerordentlichen, nicht jedoch bei einer ordentlichen Kündigung in Betracht. § 628 BGB findet ebenfalls keine Anwendung, wenn eine Partei den Anwaltsvertrag ordentlich kündigt oder wenn die Parteien vereinbaren, den Vertrag einvernehmlich aufzuheben.[232]

VI. Beweislast

103 Die **Darlegungs- und Beweislast für den Abschluss eines Anwaltsvertrages** trägt derjenige, der aus dem Vorliegen des Anwaltsvertrages[233] für sich günstige Rechtsfol-

---

229 OLG München, Urt. v. 18.9.1973 – 5 U 1359/66, zitiert nach Mitteilungen der Allianz Versicherungs-AG, AnwBl 1974, 43.
230 OLG München, Urt. v. 18.9.1973 – 5 U 1359/66, zitiert nach Mitteilungen der Allianz Versicherungs-AG, AnwBl 1974, 43.
231 BGH, NJW 1993, 1386 f.; *Staudinger/Preis*, BGB, § 628 Rn. 45 ff.
232 BGH, NJW 1994, 1069, 1070.
233 Allgemein zum Vertragsschluss Rn. 9 ff.

gen herleitet.[234] Deshalb muss der **Mandant**, der von einem Rechtsanwalt Schadensersatz verlangt, **darlegen und beweisen**, dass ein Anwaltsvertrag oder ein gleichstehendes vertragsähnliches Verhältnis zustande gekommen ist, das nach seinem Inhalt und Umfang die anwaltliche Pflicht auslöst, an deren Verletzung der Schadensersatzanspruch geknüpft wird.[235] Einen **Gebührenanspruch** hat der Rechtsanwalt darzulegen und zu beweisen.[236] Der BGH hat im Urteil vom 17.7.2003 die **Substanziierungslast** eines Rechtsanwalts im Vergütungsprozess für die streitige Erteilung eines Mandats konkretisiert. Wird in einem anwaltlichen Vergütungsprozess die Erteilung des Mandats streitig, so muss das rechtsgeschäftliche Handeln der Beteiligten in tatsächlicher Hinsicht so dargelegt werden, dass sich das Zustandekommen des anspruchsbegründenden Vertrags – im Regelfall in Anwendung der §§ 145 ff. BGB – rechtlich prüfen lässt. Bei konkludentem Verhalten eines Vertragsteils darf nicht lediglich das ihm zugeschriebene Erklärungsergebnis behauptet werden, sondern das tatsächliche Verhalten selbst muss so deutlich sein, dass es auf den ihm zugeschriebenen rechtlichen Erklärungsgehalt hin aus Sicht des Empfängers unter Berücksichtigung der §§ 133, 157 BGB gewürdigt werden kann.[237]

Bei einem Haftungssachverhalt muss der Mandant in Abgrenzung zur Gefälligkeit nicht nur nachweisen, dass der Rechtsanwalt eine Tätigkeit ausgeübt hat, die von der Sache her allgemein Gegenstand anwaltlicher Beratung oder Interessenvertretung sein kann. Der Mandant muss auch beweisen, dass diese anwaltliche Tätigkeit als vertragliche Leistung gerade in Erfüllung eines Auftrags erbracht worden ist.[238] Wenn der Mandant sich auf einen stillschweigenden Vertragsschluss (dazu Rn. 12 ff.) beruft, muss er diejenigen Umstände beweisen, aus denen sich diese Rechtsfolge ergibt. 104

Absprachen oder **Weisungen**, die den Vertragsinhalt und damit die vom Rechtsanwalt geschuldete Leistung ausgestalten, muss der Auftraggeber ebenso beweisen[239] wie ein weisungswidriges Verhalten des Rechtsanwalts.[240] Eine **nachträgliche Änderung einer Weisung** muss der Rechtsanwalt darlegen und beweisen.[241] Wenn der Rechtsanwalt 105

---

234 Vgl. *Borgmann/Jungk/Grams*, § 42; *Heinemann*, NJW 1990, 2345, 2346 f.; *Baumgärtel/Laumen*, Handbuch der Beweislast, § 675 BGB Rn. 3 – 10; *Mühsam-Werther*, JW 1925, 1362 f.; *Vollkommer/Heinemann*, Rn. 663 – 668; vgl. BGH, VersR 2004, 1561, 1562; BGH, WM 2001, 1517, 1518; BGH, NJW 2000, 3286, 3287.
235 RG, HRR 1933, Nr. 1746; BGH, NJW 1994, 1472, 1474; OLG München, VersR 1971, 525; KG, MDR 1973, 233.
236 Hierzu etwa: OLG Hamm, DNotZ 1968, 625; OLG Frankfurt, AnwBl 1981, 152; OLG Düsseldorf, AnwBl 1986, 400.
237 BGH, NJW 2003, 3564, 3565.
238 OLG Düsseldorf, AnwBl 1986, 400; zur Abgrenzung einer bloßen Gefälligkeit von einer vertraglichen Bindung Rn. 22 ff.
239 KG, MDR 1973, 233.
240 *Mühsam-Werther*, JW 1925, 1367, 1368.
241 BGH, NJW 1994, 3295, 3297.

behauptet, ihm sei ein gegenständlich **beschränktes Mandat** (dazu Rn. 43 ff.) erteilt worden, hat der Auftraggeber darzulegen und zu beweisen, dass ein **unbeschränkter Auftrag** vereinbart worden ist.[242] Wenn allerdings feststeht, dass der Rechtsanwalt in einem bestimmten Bereich – etwa im Steuerrecht oder in einer ausländischen Rechtsordnung – oder gegenüber bestimmten Personen tätig geworden ist, kann sich daraus der **Anscheinsbeweis** ergeben, dass der Auftrag sich auch hierauf erstreckt hat. Diese Schlussfolgerung beruht auf dem allgemeinen Erfahrungssatz, dass ein Rechtsanwalt nicht tätig zu werden pflegt, wenn er nicht zuvor entsprechend beauftragt worden ist.[243] Ist zunächst ein unbeschränkter Auftrag erteilt worden, muss der Rechtsanwalt beweisen, dass der Auftrag nachträglich inhaltlich eingeschränkt oder beendet worden ist.[244]

106 Umstritten ist die **Beweislastverteilung**, wenn der Mandant einen Schadensersatzanspruch auf die Behauptung stützt, der Rechtsanwalt habe abredewidrig eine Klage eingereicht, ohne dass seine Rechtsschutzversicherung eine Deckungszusage erteilt habe. Zum Teil wird die Ansicht vertreten, dass der Rechtsanwalt dann eine **unbedingte Beauftragung** beweisen müsse.[245] Hierzu hat der BGH[246] betont, dass bei Zweifeln, ob ein Vertrag unbedingt oder unter einer aufschiebenden Bedingung geschlossen worden ist, diejenige Partei die Beweislast für einen unbedingten Vertragsabschluss trägt, die Rechte aus dem Vertrag herleite. In dem hier erörterten Fall geht es jedoch nicht darum, ob der Vertrag unbedingt oder bedingt geschlossen worden ist. Das Bestehen eines Anwaltsvertrages als Grundlage des geltend gemachten Schadensersatzanspruchs ist unstreitig, und zwar mit dem Inhalt, dass der Rechtsanwalt die Erfolgsaussichten des Rechtsstreits prüfen und die Korrespondenz mit der Rechtsschutzversicherung führen sollte. Streitig ist allein die weitergehende Frage, ob der Rechtsanwalt eine Klage nur bei Deckungszusage der Rechtsschutzversicherung einreichen sollte. Einen solchen, ihn begünstigenden Inhalt des Anwaltsvertrages hat nach allgemeiner Ansicht der Auftraggeber zu beweisen. Im Ergebnis gilt für den hier behandelten Fall nichts anderes als für die Frage, ob ein beschränkter oder unbeschränkter Auftrag erteilt worden ist.

B. Andere anwaltliche Schuldverhältnisse

107 Ein Rechtsanwalt erbringt seine berufliche Leistung in aller Regel, jedoch nicht zwangsläufig aufgrund eines **echten Anwaltsvertrages**. Er kann mit seinem Auftraggeber

---

242 BGH, NJW 1996, 2929, 2931; OLG München, NJW 1986, 726, 727 sowie *Borgmann/Jungk/Grams*, § 42 Rn. 3, 6 m.w.N. unveröffentlichter Oberlandesgerichtsurteile.
243 *Baumgärtel/Laumen*, Handbuch der Beweislast, § 675 BGB Rn. 7; *Vollkommer/Heinemann*, Rn. 667.
244 BGH, NJW 1994, 1472, 1474.
245 OLG Düsseldorf, VersR 1976, 892 f.; OLG Nürnberg, NJW-RR 1989, 1370, 1371; *Vollkommer/Heinemann*, Rn. 664; a.A. *Borgmann/Jungk/Grams*, § 42 Rn. 4; *Heinemann*, NJW 1990, 2345, 2346; *Baumgärtel/Laumen*, Handbuch der Beweislast, § 675 BGB Rn. 6 (für den Gebührenanspruch).
246 BGH, NJW 1985, 497.

auch einen **Vertrag** schließen, der eine **anwaltsfremde Tätigkeit** zum Gegenstand hat oder im Rahmen seiner beruflichen Betätigung Rechtsbeziehungen zu anderen Personen aufgrund eines **gesetzlichen Schuldverhältnisses** begründen, insbesondere bei der amtlichen bzw. amtsähnlichen Tätigkeit. Bedeutung hat diese Abgrenzung für das **Gebührenrecht** (vgl. § 1 RVG), für das vom Rechtsanwalt zu beachtende **Berufsrecht** und für die anwaltliche **Haftung**. Die Einordnung des Schuldverhältnisses betrifft nicht nur die zu beachtenden **Sorgfaltsstandards**. Bis zum 15.12.2004 hatte dies etwa auch Bedeutung für die **Verjährung** eines solchen Schadensersatzanspruchs (§ 51b BRAO a.F. – dazu Rn. 1274 ff.). Für den Rechtsanwalt selbst ist von erheblicher Bedeutung, welche Tätigkeiten im Rahmen seiner Berufsausübung von der **Berufshaftpflichtversicherung** (§ 51 BRAO) abgedeckt sind (dazu Rn. 2084 ff.).

I. Vertrag über anwaltliche Tätigkeit

Für einen **echten Anwaltsvertrag** ist gemäß § 3 BRAO kennzeichnend, dass ein Rechtsanwalt sich verpflichtet, seinen Auftraggeber in dessen Rechtsangelegenheiten zu beraten und/oder zu vertreten, und zwar sowohl gegenüber Dritten als auch vor Gerichten, Schiedsgerichten oder Behörden. Schließt ein Rechtsanwalt mit einem Auftraggeber einen solchen Vertrag, der ihn zu der **anwaltstypischen Aufgabe des rechtlichen Beistands** im weitesten Sinne verpflichtet, handelt es sich um einen „Anwaltsvertrag" und um „anwaltliche Berufstätigkeit".

108

Diese beiden Begriffe lassen sich auch verwenden, wenn der Rechtsanwalt mit dem Auftraggeber einen **Vertrag ohne Rechtsbeistandspflicht** schließt, dessen Gegenstand eine **anwaltsuntypische bzw. anwaltsfremde Aufgabe** betrifft. In beiden Fällen kann der Anwaltsvertrag ein Dienst- oder Werkvertrag sein, der sich auf eine Geschäftsbesorgung bezieht (§§ 611 bzw. 631, 675 Abs. 1 BGB). Im Vordergrund der folgenden Betrachtung stehen die Besonderheiten des „echten" Anwaltsvertrages. Ein solcher Vertrag ist gemeint, wenn von einem „Anwaltsvertrag" und von „anwaltlicher Berufstätigkeit" die Rede ist. Der „unechte" Vertrag eines Rechtsanwalts mit seinem Auftraggeber ohne Rechtsbeistandspflicht folgt den allgemeinen Regeln (zur Abgrenzung Rn. 133 ff.).

II. Mehrfachberufler

Abgrenzungsfragen stellen sich bei **Mehrfachberuflern**, wenn also diejenige Tätigkeit, die Gegenstand des einem **Rechtsanwalt** erteilten Auftrags ist, auch aufgrund eines anderen Berufs, dem der Auftragnehmer angehört, vor allem als **Notar** oder als **Steuerberater** und/oder **Wirtschaftsprüfer**, erledigt werden kann. Wenn ein Rechtsanwalt in mehr als einem Staat zugelassen ist, ist das Recht, das auf die beruflichen Rechtsbeziehungen mit Dritten, insbesondere auf den Anwaltsvertrag anzuwenden ist, nach den Regeln des Internationalen Privatrechts zu ermitteln (dazu Rn. 171 f.).

109

1. Anwaltsnotar

110 In vielen Bundesländern werden die Aufgaben des Notars von Rechtsanwälten wahrgenommen (sog. Anwaltsnotar; § 3 Abs. 2 BNotO).[247]

a) Grundlagen

111 Die anwaltliche und die notarielle Tätigkeit eines **Anwaltsnotars** sind im Einzelfall voneinander zu trennen. In seiner Eigenschaft **als Rechtsanwalt** ist der Anwaltsnotar gemäß § 2 Abs. 1 BRAO freiberuflich aufgrund eines Anwaltsvertrages tätig und der berufene unabhängige Berater und Vertreter seines Mandanten in allen Rechtsangelegenheiten (§ 3 Abs. 1 BRAO). Rechtsanwälte, die zugleich Notare sind, dürfen eine Sozietät mit anderen Rechtsanwälten oder mit anderen in § 59a Abs. 1 BRAO aufgeführten Freiberuflern nur bezüglich ihrer anwaltlichen Berufsausübung eingehen (§ 59a Abs. 1 Satz 3 BRAO).[248] Im Gegensatz zum Rechtsanwalt übt der **Notar** ein öffentliches Amt aus (§ 1 BNotO), steht gegenüber den Beteiligten nicht in einem privatrechtlichen Vertragsverhältnis[249] und ist gegenüber den Beteiligten zur Unabhängigkeit und Unparteilichkeit verpflichtet (§ 14 Abs. 1 Satz 2 BNotO).

112 Nach § 45 Abs. 1 Nr. 1, 2 BRAO darf ein Rechtsanwalt insbesondere nicht tätig werden, wenn er **in derselben Rechtssache** als Notar (oder als Notarvertreter bzw. Notariatsverweser) bereits tätig geworden ist oder wenn er in dieser Eigenschaft eine Urkunde aufgenommen hat und deren Rechtsbestand oder Auslegung streitig ist oder die Vollstreckung aus einer solchen Urkunde betrieben wird.[250] Diese **Verbote** gelten gemäß § 45 Abs. 2 BRAO auch für die mit dem Rechtsanwalt in Sozietät oder in sonstiger Weise zur gemeinschaftlichen Berufsausübung verbundenen oder verbunden gewesenen Rechtsanwälte, auch soweit einer von diesen im vorbeschriebenen Sinne tätig geworden ist.

113 Umgekehrt soll ein Notar insbesondere in Angelegenheiten einer Person, die ihn oder eine Person, mit der sich der Notar zur gemeinsamen Berufsausübung verbunden oder mit der er gemeinsame Geschäftsräume hat, in derselben Angelegenheit außerhalb seiner Amtstätigkeit bevollmächtigt hat, an einer Beurkundung gemäß **§ 3 Abs. 1 Nr. 7 BeurkG** nicht mitwirken.[251] Handelt es sich um eine Angelegenheit mehrerer Personen und ist der Notar früher in derselben Angelegenheit als Bevollmächtigter

---

[247] Allgemein zur Haftung des Anwaltsnotars: *Zugehör*, in: *Zugehör/Ganter/Hertel*, Notarhaftung, Rn. 307 ff.; *ders.*, ZNotP 1997, 42 ff.; *Borgmann/Jungk/Grams*, § 7; *Hartstang*, S. 178 – 201; *Jungk*, AnwBl 1999, 343 und 404; *Vollkommer/Heinemann*, Rn. 20.

[248] Nach § 9 Abs. 1 BNotO dürfen Nur-Notare mit Rechtsanwälten keine Sozietät bilden.

[249] So auch BGH, NJW 2002, 1655.

[250] Allgemein zu Übernahmeverboten: *Ganter*, in: *Zugehör/Ganter/Hertel*, Notarhaftung, Rn. 610 ff.

[251] Zu der ähnlich lautenden Vorschrift des § 16 Abs. 1 Nr. 5 BNotO a.F.: BGH, NJW 1969, 929, 932; vgl. auch *Eylmann*, NJW 1998, 2929, 2931.

tätig gewesen oder ist er in dieser Sache für eine dieser Personen als Bevollmächtigter tätig, soll er vor der Beurkundung darauf hinweisen und fragen, ob er die Beurkundung gleichwohl vornehmen soll (§ 3 Abs. 2 BeurkG). Für **Amtstätigkeiten des Notars nach §§ 20 – 22a BNotO**, bei denen es sich nicht um Beurkundungen i.s.d. BeurkG handelt, gilt § 3 BeurkG gemäß § 16 Abs. 1 BNotO entsprechend. § 3 BeurkG begründet für den Notar zwingende Amtspflichten. Durch die Ausgestaltung als Sollvorschriften ist nur klargestellt, dass ein Verstoß nicht zur Unwirksamkeit der Beurkundung führt.[252]

b) Haftungsprivileg bei notarieller Tätigkeit

Die Haftung des Rechtsanwalts folgt aus einer schuldhaften Verletzung seiner vertraglichen Pflichten. Die Haftung des Notars richtet sich gemäß § 19 BNotO nach den Grundsätzen der Amtshaftung.[253] 114

Eine im Vergleich zur Anwaltshaftung systemwidrige Regelung enthält **§ 19 Abs. 1 Satz 2 BNotO**. Danach kann ein Notar, dem Fahrlässigkeit zur Last fällt, nur dann in Anspruch genommen werden, wenn der Verletzte nicht in anderer Weise Ersatz zu erlangen vermag. Dies gilt allerdings nicht bei Amtsgeschäften der in § 23 BNotO (Aufbewahrung und Ablieferung von Wertgegenständen) oder § 24 BNotO (Betreuung und Vertretung eines Beteiligten) bezeichneten Art im Verhältnis zwischen dem Notar und dem Auftraggeber. Eine **vorrangige Haftung Dritter** kommt etwa in Betracht, wenn der Schaden, der durch eine fehlerhafte Beurkundung entstanden ist, zugleich auf einen Fehler eines **Rechtsanwalts** zurückzuführen ist, der den betroffenen Beteiligten beraten hat. 115

Das **Haftungsprivileg des Notars** gemäß § 19 Abs. 1 Satz 2 BNotO gilt nicht, wenn mit dem ebenfalls zum Schadensersatz verpflichteten Rechtsanwalt Personenidentität besteht. Deshalb ist es einem Notar, der zugleich Rechtsanwalt ist und in beiden Eigenschaften einen Fehler begangen hat, verwehrt, den Ersatzanspruch durch Hinweis auf seine Haftung als Rechtsanwalt abzuwehren. Ob die Haftung als Rechtsanwalt – etwa wegen Verjährung – nicht mehr durchsetzbar wäre, ist unerheblich.[254] 116

c) Abgrenzung anwaltlicher und notarieller Tätigkeit

Die **anwaltliche und notarielle Tätigkeit eines Anwaltsnotars** kann sich im Einzelfall überschneiden. Nach § 24 Abs. 1 BNotO ist ein Notar – ebenso wie ein Rechtsanwalt – auch zur Betreuung der Beteiligten auf dem Gebiet der vorsorgenden Rechtspflege, insbesondere zur Anfertigung von Urkundsentwürfen und zur Beratung der Beteiligten 117

---

252 BGH, NJW 1985, 2027.
253 Allgemein zur Haftung des Notars: *Zugehör/Ganter/Hertel*, Notarhaftung; sowie auch: *Haug*, Die Amtshaftung des Notars; *ders.*, in: *Schippel*, BNotO, § 19; *Maass*, Haftungsrecht des Notars; *Sandkühler*, in: *Arndt/Lerch/Sandkühler*, BNotO, § 19.
254 BGH, NJW 1993, 2747, 2751 f.

berechtigt. Der Notar ist auch, soweit sich nicht aus anderen Vorschriften Beschränkungen ergeben, in diesem Umfang befugt, die Beteiligten vor Gerichten und Verwaltungsbehörden zu vertreten. Die **Abgrenzung** richtet sich nach § **24 Abs. 2 BNotO**.[255] Der Anwaltsnotar hat schon zu Beginn seines Tätigwerdens klarzustellen, ob er als Anwalt oder Notar tätig werden will.[256]

118 § **24 Abs. 2 Satz 1 BRAO** begründet in unklaren Fällen eine unwiderlegliche **Vermutung für das Vorliegen eines Notargeschäfts**.[257] Nimmt ein Notar, der zugleich Rechtsanwalt ist, Handlungen der in § 24 Abs. 1 BNotO bezeichneten Art vor, ist danach anzunehmen, dass er als Notar tätig geworden ist, wenn die Handlung bestimmt ist, Amtsgeschäfte der in §§ 20 – 23 BNotO bezeichneten Art[258] vorzubereiten oder auszuführen[259]. Die Vermutung des § 24 Abs. 2 Satz 1 BNotO greift jedoch nicht ein, wenn die Betreuungstätigkeit als Beitrag zu der Urkundstätigkeit eines **anderen** (Anwalts-)**Notars** dient.[260]

119 Nur wenn nach § 24 Abs. 2 Satz 1 BNotO keine Klarheit zu erzielen ist, bestimmt § 24 Abs. 2 Satz 2 BNotO als **Auslegungsregel**,[261] dass in allen anderen Fällen im Zweifel anzunehmen ist, dass der **Anwaltsnotar als Rechtsanwalt** tätig geworden ist.

120 Derartige Zweifel bestehen nicht, wenn nach den objektiven Umständen, insbesondere nach der Art der Tätigkeit, eine Aufgabe zu erfüllen ist, die in den Bereich notarieller Amtstätigkeit fällt.[262] Dasselbe gilt, wenn die Parteien einvernehmlich festgelegt haben, dass der Anwaltsnotar – im Rahmen der beruflichen Befugnisse – als Rechtsanwalt oder als Notar handeln soll.[263] Allerdings können die Beteiligten und der Anwaltsnotar nicht über zwingende Normen des Berufsrechts verfügen und eine hiervon abweichende Vereinbarung treffen.[264]

---

255 Allgemein zu § 24 Abs. 2 BNotO: *Zugehör*, in: *Zugehör/Ganter/Hertel*, Notarhaftung, Rn. 307 ff.; *Reithmann*, in: *Schippel*, BNotO, § 24 Rn. 49 – 54; *Sandkühler*, in: *Arndt/Lerch/Sandkühler*, BNotO, § 24 Rn. 57 – 65.
256 Richtlinienempfehlung der BNotK, Ziff. I 3, DNotZ 1999, 258.
257 BGH, WM 1977, 1141; BGH, NJW-RR 2001, 1639, 1640.
258 Beurkundungen und Beglaubigungen (§ 20 BNotO), Bescheinigungen über eine Vertretungsberechtigung (§ 21 BNotO), Abnahme von Eiden und Aufnahme eidesstattlicher Versicherungen (§ 22 BNotO), Erteilung von Bescheinigungen für das Ausland (§ 22a BNotO) oder Aufbewahrung und Ablieferung von Wertgegenständen (§ 23 BNotO).
259 BGH, NJW-RR 2001, 1639, 1640; *Zugehör*, in: *Zugehör/Ganter/Hertel*, Notarhaftung, Rn. 312.
260 OLG Hamm, DNotZ 1956, 154, 155; 1977, 49, 51.
261 *Zugehör*, ZNotP 1997, 42, 44.
262 BGH, VersR 1983, 81, 82; NJW 1997, 661, 662.
263 BGH, NJW 1998, 1864, 1866; *Zugehör*, ZNotP 1997, 42, 43.
264 *Zugehör*, ZNotP 1997, 42, 44.

B. Andere anwaltliche Schuldverhältnisse

Ansonsten ist in allen übrigen – unklaren – Fällen, in denen ein Geschäft sowohl anwaltlicher als auch notarieller Natur sein kann, grundsätzlich nach objektiven Maßstäben die Art des ausgeübten Geschäfts das ausschlaggebende Abgrenzungskriterium. Wird ein Anwaltsnotar als **einseitiger Vertreter der Interessen eines Beteiligten** tätig, handelt er als **Rechtsanwalt**.[265] Ein Anwaltsnotar wird demgegenüber in seiner Eigenschaft als **Notar** tätig, wenn er als **unparteiischer Mittler** zwischen den widerstreitenden Interessen aller Beteiligten auftritt.[266] Zumindest im Rahmen des § 24 Abs. 2 Satz 1 BNotO ist auch zu berücksichtigen, wie eine Erklärung des Notars aus der Sicht des Empfängers bei vernünftigem, unvoreingenommenem Verständnis aufzufassen ist. Die Sicht eines Beteiligten kann insbesondere dann den Ausschlag geben, wenn die Erklärung des Anwaltsnotars sich nach ihrem Inhalt allein an diesen Beteiligten richtet.[267]

121

Die Abgrenzung zwischen anwaltlicher und notarieller Tätigkeit hängt von den Umständen des jeweiligen Falls ab. Wenn ein Anwaltsnotar eine schriftliche Rechtsauskunft mit seinem **Notarsiegel** versieht, ist regelmäßig davon auszugehen, dass er als Notar tätig geworden ist.[268] Der umgekehrte Schluss ist jedoch nicht berechtigt. Wird einer Erklärung eines Anwaltsnotars das Notarsiegel nicht beigefügt, lässt dieser Umstand allein nicht ohne weiteres die Annahme zu, der Anwaltsnotar sei als Rechtsanwalt tätig geworden.[269] Auch der **Beifügung der Berufsbezeichnung „Rechtsanwalt"** ist allein nicht zu entnehmen, dass ein Anwaltsnotar entgegen dem objektiven Erklärungsinhalt nicht als Notar, sondern als Rechtsanwalt tätig geworden ist.[270]

122

Wird ein Anwaltsnotar mit der Anfertigung eines **Vertragsentwurfs** beauftragt, ist danach zu unterscheiden, ob er im Auftrag nur eines Vertragspartners oder im einvernehmlichen Willen aller Vertragsparteien tätig wird. Im erstgenannten Fall nimmt der Anwaltsnotar einseitig die Interessen seines Auftraggebers wahr, so dass seine Tätigkeit dem Berufsbild eines Rechtsanwalts zuzuordnen ist. Dies gilt umso mehr, wenn er seinen Auftraggeber über die Beratung hinaus auch noch in Verhandlungen mit anderen Vertragsparteien vertritt.[271] Entwirft der Anwaltsnotar einen Vertrag dagegen im Auftrag aller Beteiligten, handelt er als Notar, auch wenn die notarielle Beurkundung des Vertrages nicht vorgesehen ist oder durch einen anderen Notar erfolgen soll.[272]

123

---

265 *Zugehör*, in: *Zugehör/Ganter/Hertel*, Notarhaftung, Rn. 309.
266 BGH, VersR 1962, 353, 354; NJW 1969, 929, 931; NJW-RR 1992, 1178, 1181; NJW 1993, 2747, 2748; 1996, 520, 521; 1997, 661, 662; 1998, 1864, 1866; WM 2001, 1204, 1205; OLG Hamm, DNotZ 1956, 154, 156; 1977, 49, 52; NJWE-VHR 1997, 59.
267 BGH, NJW 1997, 661, 662; *Zugehör*, ZNotP 1997, 42, 44.
268 BGH, WM 1977, 1141.
269 BGH, NJW 1997, 661, 662.
270 BGH, NJW 1994, 1405, 1406; OLG Hamm, NJWE-VHR 1997, 59.
271 OLG Hamm, DNotZ 1956, 154, 156 f.
272 BGH, VersR 1972, 1049; OLG Hamm, DNotZ 1977, 49, 52.

124 Berät ein Anwaltsnotar einen Beteiligten über ein Rechtsgeschäft, das er anschließend beurkundet, treffen ihn bei der Beurkundung die Pflichten eines Notars.[273] War die **vorausgegangene Beratung** dazu bestimmt, die Beurkundung vorzubereiten, ist der Anwaltsnotar auch insoweit als Notar tätig geworden (§ 24 Abs. 2 Satz 1 BNotO). Etwas anderes gilt jedoch, wenn die Beratung den Schwerpunkt der Tätigkeit darstellt und der Anwaltsnotar hierbei einseitig die Interessen des Auftraggebers vertritt.[274]

125 Rät ein Anwaltsnotar seinem Auftraggeber, aus steuerlichen Erwägungen eine bestimmte Eigentumswohnung zu erwerben, kann dies nicht als Vorbereitung einer anschließenden notariellen Beurkundung des Kaufvertrages i.S.d. § 24 Abs. 2 Satz 1 BNotO angesehen werden. Der BGH hat dazu ausgeführt, ein solcher Rat gehöre zum Vorfeld wirtschaftlicher Überlegungen und sei dem Entschluss, die Eigentumswohnung zu kaufen, vorgelagert. Der Rat habe dazu gedient, den Kaufentschluss überhaupt erst zu wecken, und habe mit der rechtlichen Gestaltung des Kaufvertrages nichts zu tun gehabt. Von der späteren Beurkundung des Kaufvertrages sei in diesem Stadium des Vorgesprächs noch nicht die Rede gewesen. Aus diesen Umständen hat der Senat nach § 24 Abs. 2 Satz 2 BNotO die Schlussfolgerung abgeleitet, dass der Anwaltsnotar die dem Kaufentschluss **vorangegangene Beratung** als Rechtsanwalt im Rahmen des damals bereits bestehenden Vertragsverhältnisses durchgeführt hat. Da der Anwaltsnotar den Käufer nicht hinreichend über die rechtlichen Risiken des Erwerbs aufgeklärt hatte, war er im entschiedenen Fall dem Auftraggeber in seiner Eigenschaft als Rechtsanwalt zum Schadensersatz verpflichtet.[275]

126 Im Verfahren der **freiwilligen Gerichtsbarkeit** darf ein **Notar** nicht als Verfahrensbevollmächtigter eines Beteiligten tätig werden, wenn andere Beteiligte mit gegensätzlichen Interessen privater Art in dem Verfahren auftreten. In diesem Fall würde er nämlich als einseitiger Interessenvertreter tätig werden und damit gegen § 14 Abs. 1 Satz 2 BNotO verstoßen.[276] Ein **Anwaltsnotar** würde dann in seiner Eigenschaft als **Rechtsanwalt** handeln. Zur Vertretung der Beteiligten im FGG-Verfahren durch einen Anwaltsnotar (im konkreten Fall ging es um die Erteilung eines Erbscheins) hat das OLG Hamm Stellung genommen. Während des nicht streitigen Teils der Antragstellung werde der Anwaltsnotar in seiner Eigenschaft als Notar tätig. Hierzu gehöre nicht nur die Aufnahme des Erbscheinantrages gemäß § 2356 Abs. 2 BGB, sondern auch die Teilnahme an einem Termin vor dem Nachlassgericht, anlässlich dessen die Beteiligten angehört werden. Sobald der Anwaltsnotar allerdings als Interessenvertreter eines Beteiligten im streitigen Verfahren auftrete, handele er als Rechtsanwalt. Das streitige Verfahren werde danach erst eingeleitet, wenn eine rechtsmittelfähige Verfügung oder

---

273 BGH, NJW 1993, 2747, 2748; 1996, 1675, 1676.
274 BGH, NJW 1993, 2747, 2748.
275 BGH, NJW 1988, 563, 565 f.
276 BGH, NJW 1969, 929, 931.

ein Bescheid des Gerichts ergangen sei, der dem Inhalt nach den gestellten Antrag ganz oder zum Teil ablehne.²⁷⁷

In einem vom BGH entschiedenen Fall hatte ein **Anwaltsnotar**, der in die **Abwicklung eines Kapitalanlagegeschäfts** eingeschaltet war, als Treuhänder, Rechtsanwalt und Notar erklärt, zur Absicherung von Anlagegeldern seien ausreichende Sicherheiten hinterlegt worden. Diese Sicherheiten stünden im näher beschriebenen Sicherungsfall unwiderruflich zur Deckung des Anlagekapitals nebst Zinsen zur Verfügung. Er – der Anwaltsnotar – sei beauftragt und bevollmächtigt, bei Nichterfüllung des Anlagevertrages die fällige Summe zum Auszahlungstermin unverzüglich aus den hinterlegten Sicherheiten abzudecken. Diese Erklärung hat der Senat als eindeutigen Hinweis auf ein notarielles Verwahrungsgeschäft i.S.d. § 23 BNotO bewertet. Insbesondere dann, wenn eine Erklärung nach ihrem Inhalt nur den Empfänger betreffe, sei für die Abgrenzung auf dessen Sicht unter Zugrundelegung eines vernünftigen und unvoreingenommenen Verständnisses abzustellen.²⁷⁸ In dieser Entscheidung hat der BGH erstmals ausdrücklich anerkannt, dass für die Abgrenzung von anwaltlichen und notariellen Geschäften auch das subjektive Verständnis²⁷⁹ desjenigen maßgeblich sein kann, für den der Anwaltsnotar tätig wird.²⁸⁰

127

d) Aufeinanderfolge anwaltlicher und notarieller Tätigkeit

Die einem Anwaltsnotar aus seiner Beauftragung als Rechtsanwalt entstandenen Pflichten werden nicht nachträglich dadurch zu Amtspflichten, dass er einen von ihm **als Rechtsanwalt eines Beteiligten ausgehandelten Vertrag beurkundet** hat.²⁸¹ Berät ein Anwaltsnotar etwa einen Mandanten über ein Rechtsgeschäft und beurkundet er anschließend die Willenserklärung des Mandanten, treffen ihn bei der Beurkundung die Pflichten des Notars. War die vorausgegangene Beratung dazu bestimmt, die Beurkundung vorzubereiten, ist er auch insoweit gemäß § 24 Abs. 2 Satz 1 BNotO als Notar tätig geworden. Etwas anderes gilt jedoch, wenn die Beratung den Schwerpunkt der Tätigkeit darstellt und der Anwaltsnotar hierbei einseitig Interessen des Mandanten vertritt. Dann kann der Anwaltsnotar für einen ihm dabei unterlaufenen Beratungsfehler nach den Grundsätzen der Anwaltshaftung einzustehen haben, während eine Pflichtverletzung bei der Beurkundung – etwa eine unterlassene Belehrung – zusätzlich eine Haftung als Notar begründet.²⁸²

128

---

277 OLG Hamm, DNotZ 1985, 182, 183 f.
278 BGH, NJW 1997, 661, 662; vgl. auch OLG Hamm, NJWE-VHR 1997, 59; vgl. dazu *Zugehör*, in: *Zugehör/Ganter/Hertel*, Notarhaftung, Rn. 318.
279 Zur Berücksichtigung der subjektiven Meinung des Auftraggebers und des Anwaltsnotars vgl. OLG Hamm, DNotZ 1956, 154, 156; 1977, 49, 51 f.
280 *Zugehör*, ZNotP 1997, 42, 44.
281 BGH, VersR 1962, 353, 354.
282 BGH, NJW 1993, 2747, 2748; vgl. auch BGH, VersR 1962, 353, 354.

e) Aufeinanderfolge notarieller und anwaltlicher Tätigkeit

129 Problematisch ist der umgekehrte Fall, dass ein Anwaltsnotar zunächst als Notar beauftragt bzw. ersucht worden ist und sodann anwaltliche Aufgaben wahrgenommen hat. Dann bedarf es des zusätzlichen Abschlusses eines Anwaltsvertrages.[283] Ein Anwaltsvertrag kommt durch die Entgegennahme der anwaltlichen Leistung nur dann konkludent zustande (dazu Rn. 12), wenn der Anwaltsnotar den Rechtsuchenden zuvor darüber aufgeklärt hat, dass er die in Aussicht genommene Tätigkeit als Rechtsanwalt ausüben wolle und dementsprechend ein – im Vergleich zur Notarvergütung höheres – Anwaltshonorar erwarte. Nimmt der Auftraggeber an, der Auftragnehmer werde weiterhin als Notar tätig, kann aus der stillschweigenden Entgegennahme der anwaltlichen Tätigkeit gerade nicht auf den Willen des Auftraggebers zur Begründung eines anwaltlichen Dienstverhältnisses geschlossen werden.[284]

2. Rechtsanwalt und Steuerberater/Wirtschaftsprüfer

130 Abgrenzungsschwierigkeiten ergeben sich bei einer **steuerlichen Beratung**, wenn der beauftragte **Rechtsanwalt zugleich Steuerberater und/oder Wirtschaftsprüfer** ist.[285] Gemäß § 3 Nr. 1 StBerG bzw. § 3 Nr. 2 StBerG, § 2 Abs. 2 WPO sind Steuerberater sowie Wirtschaftsprüfer zur geschäftsmäßigen Hilfeleistung in Steuersachen befugt. Auch zum Berufsbild des Rechtsanwalts gehört die steuerrechtliche Beratung des Mandanten.[286] Dies folgt aus § 3 Abs. 1 BRAO, wonach der Rechtsanwalt der berufene Berater und Vertreter in **allen** Rechtsangelegenheiten ist, und wird für den **Fachanwalt für Steuerrecht** in § 43c Abs. 1 Satz 2 BRAO besonders hervorgehoben. § 3 Nr. 2 StBerG erlaubt auch Rechtsanwälten die geschäftsmäßige Hilfeleistung in Steuersachen. Ein Steuerberater darf hingegen seinen Auftraggeber ausschließlich auf dem Gebiet des Steuerrechts beraten (§ 33 StBerG). Ein Vertrag, der die geschäftsmäßige Besorgung einer anderen Rechtsangelegenheit betrifft, ist regelmäßig nichtig.[287] Die Tätigkeit eines Steuerberaters als Testamentsvollstrecker ist keine Besorgung einer fremden Rechtsangelegenheit i.S.d. Art. 1 § 1 RBerG.[288]

131 Kann die von einem Rechtsanwalt erbrachte Leistung mehreren von ihm ausgeübten Berufen zugeordnet werden, kommt es für die Abgrenzung darauf an, welchem Beruf

---

283 Allgemein zum Abschluss eines Anwaltsvertrages Rn. 9 ff.
284 OLG Hamm, DNotZ 1968, 625, 626; 1985, 182, 184 f.
285 Zur Zuordnung des Vertragsverhältnisses, wenn ein Rechtsanwalt zugleich als Steuerberater und/oder Wirtschaftsprüfer zugelassen ist: *Zugehör*, NJW 1995, Beil. zu Heft 21, S. 8; vgl. *Koch, B.*, S. 176 ff.; *Zugehör*, in: *Zugehör/Ganter/Hertel*, Notarhaftung, Rn. 307 ff.
286 BGH, NJW 1968, 844, 845; 1970, 1189, 1190; VersR 1972, 1052, 1053; NJW 1981, 401, 402; 1982, 1866; 1988, 563, 565, 566; 1994, 1405, 1406; 1995, 3248, 3251; 2000, 1560; BVerfG, NJW 1998, 3481.
287 BGH, WM 1999, 2360; 2000, 1342.
288 BGH, NJW 2005, 968.

die Tätigkeit nach dem Willen der Vertragsparteien zugeordnet sein sollte.[289] Wenn eine Parteienvereinbarung fehlt oder der **Wille der Parteien** nicht feststellbar ist, ist zu ermitteln, bei welchem Berufsbild der **Schwerpunkt** der vertraglichen Verpflichtungen liegt.[290]

Ist ein Rechtsanwalt zugleich Steuerberater und/oder Wirtschaftsprüfer, so ist, falls hinreichende Anhaltspunkte für einen abweichenden Willen fehlen, anzunehmen, dass er seinem Mandanten eine steuerliche Beratung als Steuerberater versprochen hat; das gilt jedenfalls dann, wenn diese der ausschließliche oder wesentliche Gegenstand des Vertrages ist.[291]   132

III. Vertrag über anwaltsfremde Tätigkeit

Ein Rechtsanwalt kann im Rahmen seiner Berufsausübung auch anwaltsfremde Aufgaben wahrnehmen.[292] Ob im Einzelfall ein (typischer) Anwaltsvertrag mit der Verpflichtung zum rechtlichen Beistand oder ein Vertrag über eine anwaltsfremde Tätigkeit vorliegt, hängt vom Inhalt der Aufgabe ab, die dem Rechtsanwalt übertragen und von diesem durchgeführt wurde.[293]   133

1. Abgrenzung

Die Rechtsprechung zur Abgrenzung eines echten Anwaltsvertrages mit Rechtsbeistandspflicht (§ 3 BRAO) von einem Vertrag, der nicht diese typische Aufgabe, sondern eine anwaltsfremde Leistung zum Gegenstand hat, ergibt kein einheitliches Bild. Früher hat der BGH für einen echten Anwaltsvertrag darauf abgestellt, ob die dem Rechtsanwalt eigene Aufgabe, rechtlichen Beistand zu leisten, im Vordergrund steht.[294] In anderen Entscheidungen wird darauf abgestellt, ob die dem Rechtsanwalt übertragene Aufgabe in nicht unwesentlichem Umfang rechtsberatender Natur ist. Dann stelle sich der zwischen dem Rechtsanwalt und seinem Auftraggeber geschlossene Vertrag – unabhängig von den Vorstellungen, die sich die Parteien über dessen Rechtsnatur machen – in seiner Gesamtheit als Anwaltsvertrag dar.[295] Keine anwaltliche Berufs-   134

---

289 *Zugehör*, DStR 2001, 1613.
290 BGH, NJW 1981, 401, 402; 1982, 1866, 1867; 1987, 3136, 3137; 1988, 1663 f.; 1994, 1405, 1406; 1995, 3248, 3251; BGH, NJW 2001, 871.
291 BGH, NJW 1982, 1866, 1867; NJW 1994, 1405, 1406.
292 Zur Abgrenzung eines Anwaltsvertrages von einem Vertrag über anwaltsfremde Tätigkeiten vgl. *Borgmann/Jungk/Grams*, § 6; *Hartstang*, S. 427 f.; *Terbille*, in: *Rinsche/Fahrendorf/Terbille*, Rn. 23 f.; *Vollkommer/Heinemann*, Rn. 32 – 35; *Zugehör*, NJW 1995, Beil. zu Heft 21, S. 8.
293 BGH, NJW 1955, 1921; 1967, 876; 1970, 1189; VersR 1972, 1052, 1053; NJW 1980, 1855 f.
294 BGH, NJW 1955, 1921; 1967, 876; 1970, 1189; VersR 1972, 1052, 1053; NJW 1980, 1855 f.
295 BGH, WM 1976, 1135, 1136; 1977, 551, 552; NJW 1985, 2642; 1992, 681, 682.

tätigkeit liegt nach der insoweit einheitlichen älteren Rechtsprechung vor, wenn der rechtliche Beistand bei der Durchführung des erteilten Auftrags zurücktritt, als unwesentlich erscheint und im Ergebnis keine praktisch ins Gewicht fallende Rolle spielt.[296] Gegen eine anwaltliche Tätigkeit spreche es auch, wenn die betreffende Aufgabe i.d.R. oder mindestens in erheblichem Umfang auch von Angehörigen anderer Berufe wahrgenommen werde.[297]

135 Von diesen **Abgrenzungskriterien** hat der BGH – ohne die frühere Rechtsprechung ausdrücklich aufgegeben zu haben – in neueren Entscheidungen Abstand genommen.[298] Ein Anwaltsvertrag setzt danach nicht zwingend voraus, dass die Rechtsberatung den überwiegenden Umfang oder den Schwerpunkt der gesamten Anwaltstätigkeit ausmacht. Ein **echter Anwaltsvertrag** kann deshalb zugleich **anwaltsuntypische Aufgaben** umfassen, falls diese in einem engen Zusammenhang mit der rechtlichen Beistandspflicht stehen und auch Rechtsfragen aufwerfen können. Dabei sind die Gesamtumstände des Einzelfalls zu würdigen.[299]

136 Kann danach nicht festgestellt werden, ob ein Anwaltsvertrag vorliegt oder nicht, ist **im Zweifel** anzunehmen, dass derjenige, der die Dienste eines Rechtsanwalts in Anspruch nimmt, ihn auch in dieser Eigenschaft beauftragen will, weil er erwartet, dass der Rechtsanwalt bei seiner gesamten Tätigkeit auch die rechtlichen Interessen des Auftraggebers wahrnehmen werde.[300] Diese **Auslegungsregel** greift allerdings nicht ein, wenn eindeutige und zwingende Gründe entgegenstehen, insbesondere wenn es dem Auftraggeber nicht um die Leistung rechtlichen Beistands geht[301] bzw. wenn die Rechtsberatung und -vertretung völlig in den Hintergrund tritt und deswegen als unwesentlich erscheint.[302]

2. Einzelfälle

137 Die Rechtsprechung hat in einer Vielzahl von Entscheidungen Gelegenheit gehabt, im Einzelfall abzugrenzen, ob bei Ausübung einer anwaltsfremden Tätigkeit ein echter Anwaltsvertrag vorliegt. Die Tendenz geht in den letzten Jahren eher zu einer großzügigeren Annahme eines solchen Vertrages. Deshalb sind die Schlussfolgerungen älterer

---

296 BGH, NJW 1967, 876; 1970, 1189; VersR 1972, 1052, 1053; NJW 1971, 2227; WM 1976, 1135, 1136; 1977, 551, 552; NJW 1980, 1855 f.; 1985, 2642.
297 BGH, NJW 1967, 876; 1970, 1189; 1980, 1855 f.
298 *Zugehör*, NJW 1995, Beil. zu Heft 21, S. 8.
299 BGH, NJW 1998, 3486; vgl. auch BGH, NJW 1993, 199; 1994, 1405, 1406; 1995, 1025, 1027; BGH, NJW 1999, 3040; BGH, NJW 2004, 1169.
300 BGH, NJW 1980, 1855, 1856; NJW 1985, 2642; NJW 1998, 3486; BGH, NJW 1999, 3040.
301 BGH, WM 1976, 1135, 1136; 1977, 551, 552; NJW 1980, 1855, 1856; NJW 1985, 2642; OLG Hamm, NJW-RR 1995, 951.
302 BGH, NJW 1998, 3486.

Entscheidungen nur mit Vorsicht auf neue Sachverhalte zu übertragen. Streitanfällig ist die Abgrenzung insbesondere bei **Haftungssachverhalten** sowie bei Streitigkeiten um das **Honorar** des Beauftragten. Auch in steuerrechtlicher Hinsicht kann die Abgrenzung Bedeutung erlangen, etwa im Hinblick auf eine Gewerbesteuerpflicht. Um von vornherein Abgrenzungsschwierigkeiten zu vermeiden, empfiehlt es sich für beide Parteien, möglichst schriftlich festzulegen, ob der beauftragte Rechtsanwalt in dieser Eigenschaft oder etwa als Treuhänder, Anlageberater, Makler o.Ä. tätig und entlohnt werden soll.

a) Treuhänderische Vermögensverwaltung

Zur anwaltlichen Berufstätigkeit kann gemäß § 43a Abs. 5 Satz 2 BRAO, § 4 BORA u.a. die **Verwahrung und/oder Verwaltung von Fremdgeldern** gehören.[303] Der BGH hat entschieden, dass auch die **Treuhandtätigkeit zum Berufsbild des Rechtsanwalts** gehört.[304] Ein Rechtsanwalt, der als **Treuhänder bei einem Anlagemodell** die eingezahlten Gelder zu überwachen oder zu verwalten hat, schließt mit den Anlegern jedenfalls dann einen Anwaltsvertrag, wenn es zu seinen Aufgaben auch gehört, die Anleger in den mit der Beteiligung und deren Verwaltung auftretenden Rechtsfragen zu beraten.[305]

138

Der II. Zivilsenat des BGH hat diese Voraussetzung für die **treuhänderische Verwaltung von Anlagebeteiligungen** bejaht. Beteilige sich ein Anleger über einen Treuhänder mittelbar an einem Kapitalanlagemodell, das durch eine besondere zivilrechtliche Gestaltung eine wirtschaftlich und steuerlich günstige Geldanlagemöglichkeit schaffen soll, setze die treuhänderische Verwaltung der Beteiligung nicht nur Kenntnisse des Steuerrechts, sondern auch zivilrechtliche Kenntnisse voraus. Der Treuhänder, der sich im Interesse der Anleger an einem Kapitalanlagemodell beteilige, habe dabei deren Belange wahrzunehmen; dazu gehöre auch die Beratung der Anleger in den mit der Beteiligung und deren Verwaltung auftretenden Rechtsfragen. Für die haftungsrechtliche Bewertung – vorliegend für die Anwendbarkeit der früheren Verjährungsvorschrift § 51b BRAO a.F. – sei nicht entscheidend, dass § 1 Abs. 2 BRAGO in der damals geltenden Fassung die Tätigkeit des Rechtsanwalts als Treuhänder ausdrücklich vom Geltungsbereich dieses Gesetzes ausnehme; auch andere anwaltliche Tätigkeit könne kraft Vereinbarung nach Grundsätzen außerhalb der BRAGO (jetzt: des RVG) abgerechnet werden. Ausschlaggebend sei, dass es sich um eine Tätigkeit handele, die zum typischen Berufsbild des Rechtsanwalts gehöre.[306]

139

---

303 Vgl: *Borgmann*, AnwBl 1997, 112 f.; *Borgmann/Jungk/Grams*, § 6 Rn. 20; *Evers*, NJW 1983, 1652 f.; *Riedel*, NJW 1984, 1021 f.
304 BGH, NJW 1993, 199; BGH, NJW 1999, 3040.
305 BGH, NJW-RR 1988, 1299; NJW 1993, 199; 1995, 1025, 1027; vgl. auch BGH, NJW 1986, 1171, 1172, zu dem einem Steuerberater erteilten Treuhandauftrag.
306 BGH, NJW 1993, 199.

140 Demgegenüber hat der III. Zivilsenat des BGH später ausgeführt, dass ein Rechtsanwalt, der verpflichtet ist, die Verwendung der Gelder zu überwachen sowie die Anleger auf die typischen wirtschaftlichen Risiken der Anlage und auf regelwidrige Umstände in der Abwicklung durch die Anlegegesellschaft hinzuweisen, mit den Anlegern keinen Anwaltsvertrag schließe. Dann träfen den Treuhänder zwar Überwachungs- und Aufklärungspflichten, nicht aber die Verpflichtung, die Anleger auf zivilrechtlichem und steuerrechtlichem Gebiet zu beraten.[307]

141 Noch 1966 hatte der VII. Zivilsenat eine anwaltliche Berufstätigkeit bezüglich einer allgemeinen Vermögensverwaltung ganz abgelehnt. Der Senat hat darauf abgestellt, dass ein Vermögensverwalter zwar vielfach Geschäfte zu erledigen habe, für die es des Rechtsrats bedürfe. Sie pflegten aber nicht das Wesen einer solchen Verwaltung zu bestimmen. Der Verwalter habe vor allem die Grundsätze der Rentabilität zu berücksichtigen und darauf bedacht zu sein, die ihm anvertrauten Werte sicher und gewinnbringend anzulegen. Darüber hinaus habe er, wenn etwa Miethäuser den wesentlichen Bestand bildeten, mit Dingen zu tun, die sich weit vom Aufgabenkreis eines Rechtsanwalts entfernten. Geschäfte dieser Art würden im Allgemeinen von Angehörigen anderer Berufe und nicht von Rechtsanwälten erledigt.[308]

142 Das OLG Düsseldorf hat im Anschluss an die neuere Rechtsprechung des BGH entschieden, dass kein Anwaltsvertrag zustande kommt, wenn ein Rechtsanwalt für seinen Auftraggeber Geldbeträge in Empfang zu nehmen und/oder weiterzuleiten hat, um ein Darlehensverhältnis mit einem im Ausland ansässigen Darlehensnehmer anzubahnen und abzuwickeln, soweit hiermit keine rechtliche Beratung verbunden ist, sondern der Rechtsanwalt lediglich die wirtschaftlichen Interessen seines Auftraggebers wahrnimmt.[309]

b) Anlageberatung

143 Die Rechtsprechung hat wiederholt eine **Anlageberatung durch Rechtsanwälte** beschäftigt.[310] Der BGH hat einen Anwaltsvertrag in einem Fall bejaht, in dem der Rechtsanwalt seinem Auftraggeber anlässlich eines Erbfalls ein steuerlich motiviertes Anlagemodell vermittelt hatte. Die Anlageberatung könne Rechtsfragen umfassen, etwa ob das Anlagemodell rechtswirksam und anlegergünstig ausgestaltet sei. Vor allem ergaben sich rechtliche Probleme oft – wie auch in dem entschiedenen Fall – im Hinblick auf die Sicherheiten für Investitionen, also dahin, ob eine Absicherung geboten werde, die aus rechtlicher Sicht das Risiko des Anlegers ausschließe oder verringere. Von der Art der Tätigkeit her könne deshalb die Anlageberatung allgemein auch zum Gegenstand einer Rechtsberatung werden. Anlageberatung gehöre allgemein zu den

---
307 BGH, NJW 1995, 1025, 1027.
308 BGH, NJW 1967, 876.
309 OLG Düsseldorf, NJWE-VHR 1997, 255.
310 Vgl. *Borgmann/Jungk/Grams*, § 6 Rn. 18; *Jungk*, AnwBl 2004, 117.

B. Andere anwaltliche Schuldverhältnisse

Aufgaben, die bei einer Steuerberatung – dazu sei auch ein Rechtsanwalt befugt – oft mit anfielen. Im Einzelfall sei ein enger innerer Zusammenhang mit der spezifischen Anwaltstätigkeit erforderlich und näher darzulegen. Ein solcher Zusammenhang könne sich insbesondere daraus ergeben, dass der Berater aufgrund seiner fachlichen Tätigkeit Möglichkeiten zu günstigen Vermögensanlagen kenne, die wirtschaftlich gerade dem Mandanten in seiner besonderen Lage nützlich sein könnten. Einer ausdrücklichen Frage des Mandanten oder einer entsprechenden Beratungspflicht des Anwalts bedürfe es dazu nicht. Ein enger innerer Zusammenhang sei schon dann zu bejahen, wenn ein wirtschaftlich denkender, die Interessen seines Mandanten umfassend berücksichtigender Rechtsanwalt aufgrund der Erörterung der Einkommens- und Vermögensverhältnisse sich im Rahmen des erteilten Auftrags herausgefordert fühlen dürfe, zur Vermögensanlage zu raten.[311]

1980 hatte der III. Zivilsenat des BGH[312] anwaltliche von anwaltsfremder Tätigkeit noch danach abgegrenzt, ob die Aufgabe, rechtlichen Beistand zu leisten, im Vordergrund stehe, oder ob sie bei der Durchführung des erteilten Auftrags zurücktrete, als unwesentlich erscheine und im Ergebnis keine praktisch ins Gewicht fallende Rolle spiele. Zum Wesen der Anlageberatung gehöre die Leistung rechtlichen Beistands gerade nicht. Eine solche Beratung könne der Tätigkeit eines Nachweismaklers nahe stehen oder gleichkommen. Abgesehen davon sei es regelmäßig nicht die eigentliche Aufgabe eines Anlageberaters, Rechtsrat zu erteilen. Bei der Anlage von Geldern müssten zwar vielfach auch rechtliche Gesichtspunkte beachtet werden, vor allem auf dem Gebiet des Steuerrechts und des Gesellschaftsrechts. Deshalb werde eine Anlageberatung aber, soweit nicht ausnahmsweise Rechtsfragen im Vordergrund stünden, noch nicht zur Rechtsberatung. Vielmehr gäben Erwägungen zur Rendite und zur Sicherheit der geplanten Investitionen grundsätzlich den Ausschlag. Den in diesem Zusammenhang auftauchenden Rechtsfragen werde i.d.R. geringeres Gewicht beigemessen. Jedenfalls wenn der Auftraggeber rechtlichen Beistand aber gar nicht gesucht habe oder solche Fragen ganz im Hintergrund gestanden hätten, sei kein Anwaltsvertrag geschlossen worden.

144

c) Makler

Ein **Rechtsanwalt** kann sich grundsätzlich auch als **Makler** i.S.d. § 652 BGB betätigen.[313] Mit dem Beruf des Rechtsanwalts ist eine gewerbliche Tätigkeit nicht kraft Gesetzes unvereinbar. Unzulässig ist es allerdings, dass ein Rechtsanwalt ständig den Beruf eines Maklers ausübt. Jedenfalls gelegentlich kann ein Rechtsanwalt ein einzelnes Maklergeschäft mit Dritten vereinbaren. Dadurch werden das allgemeine Ansehen und

145

---

311 BGH, NJW 1994, 1405, 1406; zu den Pflichten eines Rechtsanwalts, der seinem Auftraggeber aus steuerlichen Erwägungen empfiehlt, eine bestimmte Eigentumswohnung zu erwerben: BGH, NJW 1988, 563, 565.
312 BGH, NJW 1980, 1855 f.
313 Vgl. *Borgmann/Jungk/Grams*, § 6 Rn. 12 – 16; *Jungk*, AnwBl 2004, 117.

Vertrauen in den Berufsstand des Rechtsanwalts nicht untergraben.[314] Dann bestehen auch keine Bedenken gegen die Vereinbarung eines erfolgsabhängigen Maklerhonorars,[315] selbst wenn ein entsprechendes Erfolgshonorar bei echten Anwaltsverträgen wegen Verstoßes gegen § 49b Abs. 2 BRAO gemäß § 134 BGB nichtig wäre. Etwas anderes soll allerdings gelten, wenn ein Rechtsanwalt für die Vermittlung eines Grundstücksgeschäfts mit seinem Mandanten als Honorar einen prozentualen Anteil am erzielten Kaufpreis vereinbart.[316] Ein Rechtsanwalt darf jedoch keine Maklerverträge über Grundstücke schließen, wenn er sich mit einem Anwaltsnotar zur gemeinsamen Berufsausübung verbunden hat. Dieses Verbot korrespondiert mit der Bestimmung des § 14 Abs. 4 BNotO. Dürften Anwälte, die sich mit einem Anwaltsnotar zusammengeschlossen haben, Grundstücksgeschäfte vermitteln, wäre der Anwaltsnotar an diesen Honoraren regelmäßig beteiligt und hätte ein eigenes wirtschaftliches Interesse am Abschluss solcher Geschäfte. Gerade das will § 14 Abs. 4 BNotO jedoch verhindern.[317] Diese Entscheidung des BGH hat allerdings das BVerfG – 2. Kammer des Ersten Senats[318] – unter Verweis auf die Wirtschaftsprüferentscheidung vom 8.4.1998 für „zweifelhaft" gehalten.[319] Der BGH hat im Hinblick auf § 7 Nr. 8 BRAO bekräftigt, dass die Geschäftsführertätigkeit für ein Versicherungsmaklerunternehmen auch dann mit der gleichzeitigen Ausübung des Anwaltsberufs unvereinbar ist, wenn dieses Unternehmen nicht mehr selbst am Markt tätig wird, sondern nur als Franchise-Geber gegenüber selbständigen Agenturinhabern auftritt. Selbst eine derartige Unternehmensstruktur, so der BGH, gefährde die Anwaltstätigkeit als einen freien und unabhängigen Beruf sowie den Schutz der notwendigen Vertrauensgrundlage der Rechtsanwaltschaft.[320]

146 Zur **Abgrenzung zwischen Anwalts- und Maklervertrag** hat der BGH bislang darauf abgestellt, ob der Rechtsanwalt im Rahmen der erbrachten Maklerleistungen seinem Auftraggeber rechtlichen Rat von nicht völlig untergeordneter Bedeutung hat zuteil werden lassen. Sei der einem Rechtsanwalt erteilte Auftrag in nicht unwesentlichem Umfang rechtsberatender Natur, stelle sich der zwischen ihm und seinem Auftraggeber geschlossene Vertrag – unabhängig von den Vorstellungen, die sich die Parteien über dessen Rechtsnatur machen – in seiner Gesamtheit als Anwaltsvertrag dar, der die Maklertätigkeit mit umfasse. Etwas anderes gelte lediglich dann, wenn die rechtsberatende Tätigkeit völlig in den Hintergrund trete und keine in Betracht kommende Rolle

---

314 BGH, NJW 1992, 681 f.; vgl. auch BGH, WM 1977, 551, 552.
315 BGH, NJW 1992, 681, 682; vgl. auch BGH, NJW 1996, 2499, 2500.
316 BGH, WM 1977, 551, 552 f.; NJW 1996, 2499, 2500.
317 BGH, NJW 2001, 1569, 1570 = BGHZ 147, 39, 41 ff.
318 Beschl. v. 17.9.2001 – 1 BvR 615/01, n.v.
319 BVerfGE 98, 49.
320 BGH, NJW-RR 2000, 437.

spiele.³²¹ Für die Abgrenzung von Anwaltsvertrag und Maklervertrag ist anerkannt, dass im Zweifel, sofern nicht deutliche und zwingende Gründe entgegenstehen, davon auszugehen ist, dass die Partei, die anstelle eines Maklers einen Rechtsanwalt mit der Vermittlung eines (Kauf-)Vertrags beauftragt hat, ihn in eben dieser Eigenschaft zuzieht, also von ihm erwartet, dass er bei seinem Tätigwerden insbesondere auch ihre rechtlichen Interessen betreut.³²² Ist die dem Rechtsanwalt übertragene Aufgabe nicht im unwesentlichen Umfang rechtsberatender Natur, stellt sich hier der zwischen ihm und seinem Auftraggeber geschlossene Vertrag in seiner Gesamtheit als Anwaltsdienstvertrag dar, der die Maklertätigkeit mit umfasst.³²³ Der bloße Hinweis darauf, dass der Rechtsanwalt nicht als solcher, sondern als Makler tätig werde, reicht für die Herauslösung eines solchen Geschäfts aus der allgemeinen Anwaltstätigkeit jedenfalls nicht aus.³²⁴

Eine Rechtsberatung des Käufers scheidet etwa aus, wenn der Rechtsanwalt als einseitiger Interessenvertreter des Verkäufers auftritt. Dies gilt umso mehr, wenn der Käufer seinerseits einen Rechtsanwalt mit der Wahrnehmung seiner Interessen beauftragt hat und damit zum Ausdruck bringt, dass er den makelnden Rechtsanwalt nicht mit Rechtsberatung beauftragt und dessen Aufgabe auf die Maklertätigkeit beschränkt sein soll.³²⁵ Besteht die einem Rechtsanwalt übertragene Aufgabe in der Vermittlung eines Kauf- oder Darlehensgeschäfts, ist, sofern nicht eindeutige und zwingende Gründe entgegenstehen, im Zweifel davon auszugehen, dass die Partei, die anstelle eines Maklers einen Rechtsanwalt beauftragt hat, ihn in eben dieser Eigenschaft zuzieht, also von ihm erwartet, dass er bei seinem Tätigwerden auch ihre rechtlichen Interessen betreut.³²⁶ Diese Auslegungsregel greift allerdings nicht ein, wenn feststeht, dass es dem Auftraggeber nicht um die Leistung rechtlichen Beistandes geht.³²⁷

147

d) **Buchführung und -prüfung**

Wenn ein **Rechtsanwalt** sich gegenüber seinem Auftraggeber zur **Buchführung oder -prüfung** verpflichtet, ist grundsätzlich kein echter Anwaltsvertrag geschlossen.³²⁸ In den dazu veröffentlichten Entscheidungen wird danach abgegrenzt, ob die dem Rechtsanwalt eigene Aufgabe, rechtlichen Beistand zu leisten, im Vordergrund steht oder ob es sich um Arbeiten handelt, die i.d.R. oder doch in erheblichem Umfang auch

148

---

321 BGHZ 18, 340, 346; BGH, VersR 1970, 136, 137; NJW 1971, 2227; WM 1976, 1125, 1136; 1977, 551, 552; NJW 1985, 2642; 1987, 2451 f.; 1992, 681, 682; OLG Hamm, NJW-RR 1995, 951.
322 OLG Saarbrücken, VersR 2004, 507, 508.
323 BGH, VersR 2001, 1137 m.w.N.
324 BGH, NJW 1996, 2499, 2500.
325 BGH, NJW 1992, 681, 682; vgl. auch BGH, VersR 1970, 136, 137.
326 BGH, WM 1977, 551, 552; NJW 1985, 2642.
327 OLG Hamm, NJW-RR 1995, 951.
328 Vgl. *Jungk*, AnwBl 2004, 118.

von anderen Personen berufsmäßig wahrgenommen werden und deshalb nicht zum typischen Aufgabengebiet des Rechtsanwalts gehören.[329] Vor dem Hintergrund der neueren Rechtsprechung zur Abgrenzung zwischen echtem und unechtem Anwaltsvertrag erscheint allerdings fraglich, ob ähnliche Sachverhalte heute noch genauso beurteilt würden.

149 Der BGH hat ausgeführt, dass die kaufmännische Buchführung keine typische Tätigkeit eines Rechtsanwalts sei. Dabei könnten zwar vereinzelt auch Rechtsfragen auftreten. Das Wesentliche der Buchführung liege nicht in der rechtlichen Beratung, sondern in außerrechtlichen Aufgaben. Auch der Jahresabschluss (die Bilanz) gehöre, soweit er von dem mit der Buchhaltung Betrauten erstellt wird, seinem Wesen nach noch zur Buchführung. Zwar könnten hier öfter Rechtsfragen auftreten als bei der laufenden Buchführung. Sie bildeten aber nicht notwendig einen so erheblichen Teil der Tätigkeit bei der Fertigung des Jahresabschlusses durch den Buchführenden, dass sie der Gesamttätigkeit (Buchführung einschließlich Jahresabschluss) das typische Gepräge einer anwaltlichen Tätigkeit geben würden. Auch wenn der Rechtsanwalt später zur finanzamtlichen Betriebsprüfung zugezogen werde, handele es sich nicht um eine wesensmäßig anwaltliche Tätigkeit.[330]

150 An das vorbezeichnete Urteil anknüpfend hat der BGH weiterhin entschieden, dass zwar die Aufgabe, Steuerbilanzen und -erklärungen zu errichten, überwiegend auf rechtlichem Gebiet stehe. Die damit mehr oder weniger zwangsläufig verbundene Aufgabe, auch die Buchführung des Auftraggebers zu kontrollieren, stehe dem gegenüber im Hintergrund. Eine von laufenden Steuerberatung gesondert in Auftrag gegebene Unterschlagungsprüfung, die allein auf die „detektivische" Ermittlungstätigkeit zur Feststellung von Tatsachen ziele und bei der nicht die Fachkenntnisse eines Rechtsanwalts, sondern lediglich Kenntnisse auf dem Gebiet der Buchhaltung und -prüfung einzusetzen seien, sei jedoch keine anwaltliche Berufstätigkeit. Keine Rolle spiele dabei, dass sich an das Ergebnis der Prüfung rechtliche Folgerungen und rechtserhebliche Entschließungen des Auftraggebers knüpfen könnten.[331]

e) Mitglied eines Aufsichtsrats

151 Eine **Tätigkeit als Aufsichtsratsmitglied** einer AG, KGaA oder GmbH (§§ 95 ff., 278 Abs. 3 AktG, § 52 Abs. 1 GmbHG) kann nicht zulässigerweise **Gegenstand eines Anwaltsvertrages** sein. Ein Anwaltsvertrag, der **während der Amtszeit als Aufsichtsratsmitglied geschlossen** wird, ist wegen der zwingenden abschließenden Regelung des § 113 AktG gemäß § 134 BGB unwirksam, wenn sich dessen Gegenstand auf gesetzliche **Organpflichten des Aufsichtsrats** bezieht.[332] Eine solche Organpflicht ist

---

329 Allgemein zu den Abgrenzungskriterien Rn. 134 ff.
330 BGH, NJW 1970, 1189, 1190.
331 BGH, VersR 1972, 1052, 1053.
332 *Heussen*, NJW 2001, 708, 709.

B. Andere anwaltliche Schuldverhältnisse

insbesondere die Überwachung der Geschäftsführung (§ 111 Abs. 1 AktG) und die damit verbundene allgemeine Pflicht, die Geschäftsführung über die Zweckmäßigkeit und Rechtmäßigkeit der Unternehmenspolitik zu beraten. Nach der Rechtsprechung des BGH handelt es sich demgegenüber nicht mehr um gesetzliche Pflichten eines Aufsichtsratsmitglieds zur laufenden Beratung der Geschäftsführung, wenn die aufgrund des Anwaltsvertrages zu leistenden Dienste von ihrem Gegenstand her **Fragen eines besonderen Fachgebiets** betreffen. Der Umfang der Beratung ist danach ohne Bedeutung.[333]

Die Wirksamkeit solcher Verträge, die nicht in den Aufgabenbereich des Aufsichtsrats fallen, hängt gemäß § 114 AktG von der **Zustimmung des Aufsichtsrats** ab. Allerdings muss der Vertrag eindeutige Feststellungen darüber ermöglichen, dass die zu erbringende Leistung außerhalb der organschaftlichen Pflichten liegt. Die besonderen Einzelfragen, in denen das Aufsichtsratsmitglied die Geschäftsleitung beraten soll, sowie das für diese Leistungen von der Gesellschaft zu entrichtende Entgelt müssen so **konkret bezeichnet** werden, dass sich der Aufsichtsrat ein eigenständiges Urteil über die Art der Leistung, ihren Umfang sowie die Höhe und Angemessenheit der Vergütung bilden kann. Verträge, die diese Anforderungen nicht erfüllen, insbesondere weil sie als Beratungsgegenstand nur allgemein bezeichnete Einzelfragen auf Gebieten angeben, die grundsätzlich auch zur Organtätigkeit gehören oder gehören können, sind von vornherein nicht von einer Zustimmung des Aufsichtsrats gemäß § 114 AktG gedeckt. Sie sind vielmehr nach § 113 AktG i.V.m. § 134 BGB unwirksam.[334]

152

Ist demgegenüber ein Anwaltsvertrag, der sich auf Dienstleistungen innerhalb des Aufgabenbereichs des Aufsichtsrats bezieht oder dessen Gegenstand nicht hinreichend konkret zum Ausdruck gebracht wird (§ 113 AktG) bzw. zu dessen Durchführung die Zustimmung des Aufsichtsrats nicht eingeholt oder versagt worden ist (§ 114 AktG), **vor Antritt des Aufsichtsratsmandats geschlossen** worden, ist er grundsätzlich wirksam. Er bleibt jedoch **ohne Wirkung, solange das Aufsichtsratsmandat besteht**.[335] Der Anwalt kann diesem Dilemma nach Überzeugung des LG Stuttgart auch nicht dadurch ausweichen, dass ein anderes Mitglied seiner Sozietät die konkreten Beratungsaufträge außerhalb des Überwachungsbereichs übernimmt.[336]

153

333　BGH, NJW 1991, 1830, 1831.
334　BGH, NJW 1994, 2484, 2485; OLG Frankfurt, DStR 2006, 108.
335　BGH, NJW 1998, 3486, 3487, unter Bezugnahme auf BGH, NJW 1991, 1830, 1832 und 1994, 2484, 2486.
336　LG Stuttgart, BB 1998, 1549 ff.

f) Mediator

154 In den letzten Jahren betätigen sich Rechtsanwälte zunehmend auch als Mediator.[337] Unter **Mediation** versteht man die Einschaltung eines (meist) neutralen und unparteiischen Dritten im Konflikt, der die Parteien bei ihren Verhandlungs- und Lösungsversuchen unterstützt, jedoch über keine eigene (Konflikt) Entscheidungskompetenz verfügt.[338]

Auch wenn sich Mediation in Deutschland noch nicht im größeren Umfang durchgesetzt hat, wird hierüber bereits viel geschrieben. Zur Mediation heißt es in § 18 BORA, dass der Rechtsanwalt den Regeln des Berufsrechts unterliegt, wenn er als Vermittler, Schlichter oder Mediator tätig wird. Zudem ist die Nutzung der Bezeichnung Mediator gemäß § 7a BORA eingeschränkt. Danach darf sich als Mediator nur bezeichnen, wer durch geeignete Ausbildung nachweisen kann, dass er die Grundsätze des Mediationsverfahrens beherrscht. Umstritten ist dabei die Frage, ob nicht anwaltliche Mediation nach Art. 1 § 1 RBerG erlaubnispflichtig ist.[339] Bei dem Vertrag zwischen dem Mediator und den einzelnen Konfliktparteien handelt es sich regelmäßig um ein Verhältnis gemäß §§ 611, 675 Abs. 1 BGB.[340] Für den anwaltlichen Mediator gelten die allgemeinen Grundsätze zur Anwaltshaftung.

Nachdem die Frage der Vergütung in der BRAGO noch nicht geregelt war und eine Reihe von Fragen sich ergaben, ist nunmehr die Vergütung des Mediators in § 34 RVG ausdrücklich geregelt. Durch § 34 RVG wird eine anwaltliche Tätigkeit als Mediator zur Berufstätigkeit des Rechtsanwalts erklärt. Gemäß § 34 RVG soll der Rechtsanwalt für die Tätigkeit als Mediator auf eine Gebührenvereinbarung hinwirken. Wenn keine Vereinbarung getroffen worden ist, bestimmt sich die Gebühr nach den Vorschriften des bürgerlichen Rechts.[341] Für den anwaltlichen Mediator gelten zunächst die Grundsätze, welche die Rechtsprechung generell zur Anwaltshaftung umfassend entwickelt hat.[342] Einzelheiten bedürfen einer stärkeren Präzisierung anhand einer sich herausbildenden Einzelfall-Praxis.

---

337 *Eidenmüller*, Vertrags- und Verfahrensrecht der Wirtschaftsmediation; *Duve*, Mediation in der Wirtschaft: Wege zum professionellen Konfliktmanagement; *ders.*, IDR 2004, 126; *ders.*, AnwBl 2004, 1 ff.
338 *Koch*, in: *Henssler/Prütting*, BRAO, § 18 BORA Rn. 1.
339 OLG Rostock, BB 2001, 869; LG Hamburg, NJW-RR 2000, 1514; *Henssler*, NJW 2003, 241; AnwGH Baden-Württemberg, NJW 2001, 3199.
340 *Haft/Schliefen/Prütting*, Handbuch Mediation, S. 827.
341 *Madert*, in: *Gerold/Schmidt/v. Eicken/Madert/Müller-Rabe*, RVG, § 34 Rn. 3.
342 *Vollkommer/Heinemann*, Rn. 22.

IV. Amtliche und amtsähnliche Tätigkeit

Wenn ein **Rechtsanwalt** zur Wahrnehmung einer **amtlichen oder amtsähnlichen Tätigkeit** bestellt worden ist, scheidet eine Haftung aus Anwaltsvertrag aus.[343]   155

1. Verwalter in Insolvenzverfahren

Die Tätigkeit als Insolvenzverwalter stellt eine nicht berufstypische Tätigkeit des Anwalts dar, die selbst bei Beantwortung schwieriger Rechtsfragen keine Besorgung von „Rechtsangelegenheiten" i.S.d. § 3 Abs. 1 BRAO darstellt.[344] Ein **Rechtsanwalt**, der zum **Insolvenzverwalter** bestellt worden ist, ist nach § 60 InsO für die Erfüllung der ihm obliegenden Pflichten allen Beteiligten gegenüber verantwortlich.[345] Ein Insolvenzverwalter haftet allen Beteiligten, denen gegenüber er Verwalterpflichten schuldhaft verletzt. Das dem Insolvenzverwalter übertragene Amt begründet gegenüber allen Beteiligten gesetzliche Pflichten. Dies führt zu einer außervertraglichen Sonderbeziehung zwischen Insolvenzverwalter und Beteiligten.[346] Einen Sondertatbestand enthält § 61 InsO. Danach ist der Insolvenzverwalter dem Massegläubiger zum Schadensersatz verpflichtet, wenn eine Masseverbindlichkeit, die durch eine Rechtshandlung des Insolvenzverwalters begründet worden ist, aus der Insolvenzmasse nicht voll erfüllt werden kann.[347]   156

Das Gleiche gilt gemäß § 21 Abs. 2 Nr. 1 InsO für einen vor Insolvenzeröffnung bestellten **vorläufigen Insolvenzverwalter**, einen für die Eigenverwaltung bestellten **Sachwalter** (§ 274 Abs. 1 InsO) oder einen **Zwangsverwalter** (§ 154 Satz 1 ZVG). Tragender Grund dieser Haftungstatbestände ist, dass die Verwalter zur Tätigkeit in einem fremden Rechts- und Interessenkreis gerichtlich bestellt sind und fremde Geschäfte zu besorgen haben; als öffentlich bestellte Verwalter fremden Vermögens haften sie allen, denen gegenüber ihnen aufgrund der übertragenen Vermögensverwaltung besondere Pflichten obliegen, für die ordnungsgemäße Erfüllung dieser Pflichten.[348]   157

2. Vormund, Pfleger und Betreuer

Ein gerichtlich bestellter **Vormund** (§ 1789 BGB) ist dem Mündel gemäß § 1833 Abs. 1 Satz 1 BGB für den aus einer Pflichtverletzung entstehenden Schaden verant-   158

---

343   Allgemein zur amtlichen oder amtsähnlichen Tätigkeit eines Rechtsanwalts vgl. *Borgmann/Jungk/Grams*, § 6 Rn. 22 – 34; *Vollkommer/Heinemann*, Rn. 57 – 62; *Zugehör*, NJW 1995, Beil. zu Heft 21, S. 6 f.
344   BFH, NJW 2002, 990, 991.
345   *Fischer*, WM 2004, 2185; *Schoppmeyer*, in: FS Kreft, S. 525.
346   BGH, NJW 1985, 1161, 1162; vgl. auch BGH, NJW 1996, 2499 sowie 1998, 3567 (Rechtsanwalt als Liquidator einer Gesellschaft).
347   Vgl. BGH, WM 2004, 1191; 2005, 337.
348   BGH, NJW 1989, 1034.

wortlich, wenn ihm ein Verschulden zur Last fällt. Für **Pfleger** (§ 1915 BGB) und **Betreuer** (§ 1908i BGB) gilt § 1833 BGB entsprechend.

3. Testamentsvollstrecker und Nachlassverwalter

159 Verletzt ein **Testamentsvollstrecker** seine Pflichten, ist er gemäß § 2219 BGB dem Erben für den daraus entstehenden Schaden und, soweit ein Vermächtnis zu vollziehen ist, auch dem Vermächtnisnehmer verantwortlich, wenn ihm ein Verschulden zur Last fällt. Eine Haftung gegenüber Dritten kommt nur unter dem Gesichtspunkt einer unerlaubten Handlung in Betracht.

160 Ein vom Nachlassgericht bestellter **Nachlassverwalter** ist den Gläubigern gemäß §§ 1985 Abs. 2 Satz 2, 1980 Abs. 1 Satz 2 BGB für den Schaden verantwortlich, der diesen daraus entsteht, dass der Nachlassverwalter nicht unverzüglich die Eröffnung eines Nachlasskonkurs- oder Nachlassvergleichsverfahrens beantragt, wenn er von der Überschuldung des Nachlasses Kenntnis erlangt.[349]

V. Gerichtliche Beiordnung

161 In den Fällen der §§ **48 – 49a BRAO** ist ein Rechtsanwalt verpflichtet, die Vertretung oder Beistandschaft für diejenige Partei zu übernehmen, der er gerichtlich beigeordnet worden ist.[350] Die **Beiordnung** begründet ein gesetzliches Schuldverhältnis. Daneben kann es zum Abschluss eines Anwaltsvertrages kommen, aus dem sich weitergehende Pflichten des Rechtsanwalts ergeben. Grundsätzlich bleibt die Partei allerdings frei, ob sie mit dem beigeordneten Rechtsanwalt einen Anwaltsvertrag schließt oder nicht.[351] Der Anwaltsvertrag kommt also erst dann zustande, wenn die betreute Person den Rechtsanwalt beauftragt.[352] Vereinzelt ist ein gesetzlicher **Kontrahierungszwang** vorgesehen, d.h. die Verpflichtung des Rechtsanwalts, ein Angebot der Partei zum Abschluss eines Anwaltsvertrages anzunehmen.[353]

1. Prozesskostenhilfe

162 Nach § 48 Abs. 1 Nr. 1 BRAO muss ein Rechtsanwalt im gerichtlichen Verfahren die Vertretung einer Partei übernehmen, wenn er der Partei im Wege der **Prozesskostenhil-**

---

349 Vgl. zur Verjährung eines Schadensersatzanspruchs gegen einen Rechtsanwalt nach altem Recht: BGH, NJW 2002, 3773.
350 Vgl. *Borgmann/Jungk/Grams*, § 12 Rn. 39 – 50; *Terbille*, in: *Rinsche/Fahrendorf/Terbille*, Rn. 47; *Vollkommer/Heinemann*, Rn. 55; *Zugehör*, NJW 1995, Beil. zu Heft 21, S. 7 sowie die Kommentierungen zu §§ 48 – 49a BRAO.
351 Ein Ausnahme gilt im Entmündigungsverfahren gemäß §§ 668, 670, 686 ZPO.
352 BGH, NJW-RR 2005, 494, 495.
353 Zur Übernahmepflicht bereits Rn. 37.

fe³⁵⁴ nach § 121 ZPO, § 11a ArbGG oder aufgrund anderer gesetzlicher Vorschriften³⁵⁵ zur vorläufig unentgeltlichen Wahrnehmung ihrer Rechte beigeordnet ist.

Eine gerichtliche Beiordnung im Wege der Prozesskostenhilfe begründet als solche noch kein Vertragsverhältnis zwischen Rechtsanwalt und Partei, sondern lediglich ein **öffentlich-rechtliches Schuldverhältnis**. Die Partei kann dem Rechtsanwalt noch ein Angebot auf Abschluss eines Anwaltsvertrages unterbreiten, welches der Rechtsanwalt annehmen muss.³⁵⁶ Erst dann entsteht ein **vertragliches Mandatsverhältnis**.³⁵⁷ Nach der Beauftragung des im Wege der Prozesskostenhilfe beigeordneten Rechtsanwalts gelten haftungsrechtlich keine Besonderheiten im Verhältnis zu einem „frei" beauftragten Rechtsanwalt.³⁵⁸ § 121 Abs. 1 – 3 ZPO geht grundsätzlich davon aus, dass der Rechtsanwalt, dessen Beiordnung beantragt wird, der Partei seine Bereitschaft, das Mandat zu übernehmen, bereits erklärt hat. Abgesehen von den Fällen des § 121 Abs. 4 ZPO liegt daher in der Praxis regelmäßig bereits ein Anwaltsvertrag vor.³⁵⁹ Dieser Vertrag kann unabhängig von einer zu gewährenden Prozesskostenhilfe geschlossen sein. Der Vertrag kann aber auch die Wahrnehmung der Interessen des Auftraggebers mit dem Ziel beinhalten, ihn zunächst nur in dem Verfahren auf Gewährung von Prozesskostenhilfe zu vertreten, und im Übrigen unter der aufschiebenden Bedingung stehen, dass das Gericht den Rechtsanwalt auch tatsächlich beiordnet. Der genaue Inhalt der zwischen den Parteien getroffenen Vereinbarungen muss im Einzelfall festgestellt werden.

163

Wenn Partei und Rechtsanwalt noch keinen Anwaltsvertrag geschlossen haben, verhält sich der beigeordnete Rechtsanwalt grundsätzlich pflichtgemäß, wenn er sich bereithält, mit der Partei einen solchen Anwaltsvertrag zu schließen, um nach seinem Zustandekommen für sie tätig zu werden. Die für den Rechtsanwalt durch die Beiordnung begründete Rechtspflicht besteht dann darin, dass er den Antrag auf Abschluss eines Anwaltsvertrages nicht ablehnen darf, und den Auftrag, sie im Prozess zu vertreten, annehmen und ausführen muss.³⁶⁰

164

---

354 Die Vorschriften über die Gewährung von Prozesskostenhilfe (§§ 114 – 127 ZPO) haben 1980 die bis dahin geltenden Vorschriften des sog. Armenrechts abgelöst und inhaltlich modifiziert. Nach neuem Recht kann der Antragsteller den beizuordnenden Rechtsanwalt grundsätzlich selbst auswählen (§ 121 Abs. 1 – 3 ZPO).
355 § 166 VwGO, § 73a SGG und § 142 FGO.
356 RGZ 94, 342, 345 f.; 115, 60, 62; BGH, NJW 1959, 1732, 1733; 1973, 757, 758; vgl. auch RGZ 89, 42, 44 f.; BGHZ 2, 227, 229 – jeweils zu § 115 ZPO a.F.
357 Vgl. BGH, NJW-RR 2005, 494.
358 BGH, NJW 1988, 1079, 1080.
359 Vgl. BGH, NJW-RR 2005, 494; *Henssler/Schaich*, in: *Henssler/Prütting*, BRAO, § 48 Rn. 7.
360 RGZ 115, 60, 62.

165 Ausnahmsweise begründet bereits die Beiordnung als solche **vorvertragliche**[361] **Fürsorge-, Belehrungs- und Betreuungspflichten.** Der beigeordnete Rechtsanwalt ist u.a. verpflichtet, die Partei, der er im Wege der Prozesskostenhilfe gerichtlich beigeordnet worden ist, über die notwendigen Maßnahmen und vor allem über die zu wahrenden Fristen zu belehren und so nach Kräften zu verhindern, dass seine Partei aus Rechtsunkenntnis Schaden erleidet.[362] Gegenüber einer rechtsunkundigen Partei kann der beigeordnete Rechtsanwalt verpflichtet sein, darauf hinzuweisen, dass sein Tätigwerden noch eines gesonderten Auftrags bedarf. Eine solche Hinweispflicht kann insbesondere bestehen, wenn eine Frist abzulaufen droht, deren Einhaltung ein alsbaldiges Handeln des Rechtsanwalts ohne Abwarten eines Parteiauftrags erfordert. Aufgrund des Zwecks der Beiordnung, die Rechte der Partei wahrzunehmen, kann der beigeordnete Rechtsanwalt in Ausnahmefällen sogar verpflichtet sein, von sich aus die Rechte der Partei wahrzunehmen und das zur Wahrung einer Frist Erforderliche zu veranlassen, bevor er in vertragliche Beziehungen zur Partei tritt.[363] Eine solche Verpflichtung des Rechtsanwalts entfällt jedoch, wenn die gebotenen Handlungen nicht ohne eine Instruktion oder Mitwirkung der Partei vorgenommen werden können.[364] Dies ist insbesondere der Fall, wenn der beigeordnete Rechtsanwalt den Gerichtsakten des Prozesskostenhilfeverfahrens nicht die erforderlichen Angaben entnehmen kann, um die objektiv gebotenen Maßnahmen ergreifen zu können. Dann ist es Sache der Partei, die in erster Linie selbst für die Wahrnehmung ihrer Interessen zu sorgen hat, mit dem beigeordneten Rechtsanwalt unverzüglich Kontakt aufzunehmen, diesen zu beauftragen und ihr Rechtsschutzbegehren zu erläutern.[365]

166 Solange Partei und beigeordneter Rechtsanwalt noch keinen umfassenden Anwaltsvertrag geschlossen haben, richtet sich das Handeln des Rechtsanwalts für die Partei nach den Vorschriften über die **Geschäftsführung ohne Auftrag**, während er nach außen als Vertreter ohne Vertretungsmacht erscheint. Die Rechtslage weicht insoweit von derjenigen ab, wenn Partei und Rechtsanwalt bereits einen Anwaltsvertrag geschlossen haben und dem Rechtsanwalt Prozessvollmacht erteilt ist.[366]

167 Eine schuldhafte Verletzung der durch die Beiordnung auferlegten Pflichten verpflichtet den Rechtsanwalt zum **Schadensersatz.** Der beigeordnete Rechtsanwalt verhält sich insbesondere pflichtwidrig, wenn er den Antrag der Partei auf Abschluss eines Anwaltsvertrages ablehnt. Eine Schadensersatzpflicht kann auch bestehen, wenn der bei-

---

361 Allgemein zur vorvertraglichen Haftung eines Rechtsanwalts Rn. 174 ff.
362 BGH, NJW 1959, 1732, 1733; 1973, 757, 758.
363 RGZ 115, 60, 62 f.; a.A. RGZ 94, 342, 347, wonach vor Vertragsschluss lediglich rechtlich unverbindliche Anstandspflichten (nobile officium) des beigeordneten Rechtsanwalts bestehen, für die Partei tätig zu werden.
364 RG, Urt. v. 1.3.1907 – III 351/06, zitiert nach RGZ 115, 60, 64.
365 *Borgmann/Jungk/Grams*, § 12 Rn. 42.
366 RGZ 115, 60, 63.

geordnete Rechtsanwalt die ihm in den vorbeschriebenen Ausnahmefällen obliegenden Fürsorge-, Belehrungs- und Betreuungspflichten nicht ordnungsgemäß erfüllt.[367]

2. Notanwalt und Gewährung von Beratungshilfe

Für die Beiordnung als **Notanwalt** (§§ 78b, 78c ZPO, § 48 Abs. 1 Nr. 2 BRAO) und für die anwaltliche Vertretung im vor- und außergerichtlichen Bereich nach dem **Beratungshilfegesetz** (§ 49a Satz 1 BRAO) gelten die zu einer Beiordnung gemäß § 48 Abs. 1 Nr. 1 BRAO, § 121 ZPO dargelegten Grundsätze entsprechend.[368]

168

3. Beistand im Scheidungsverfahren

Wenn ein **Rechtsanwalt** dem Antragsgegner in einer **Scheidungssache** (§ 48 Abs. 1 Nr. 3 BRAO, § 625 ZPO) gerichtlich als **Beistand** (§ 90 ZPO) zugeordnet wird, entsteht zwischen der Partei und dem Beistand kein Vertrags-, sondern ein **gesetzliches Schuldverhältnis**.[369] Dieses Beistandsverhältnis kann auch ohne Zustimmung oder sogar gegen den Willen der Partei angeordnet werden. Die Haftung des Rechtsanwalts ergibt sich unmittelbar aus diesem gesetzlichen Schuldverhältnis.[370] Dieses Schuldverhältnis begründet eine gesetzliche Sonderbeziehung, die eine analoge Anwendung der Grundsätze der positiven Vertragsverletzung rechtfertigt. Ein Vertrag kommt nur und erst dann zustande, wenn der Antragsgegner den beigeordneten Rechtsanwalt tatsächlich beauftragt, seine rechtlichen Interessen wahrzunehmen.[371] Von diesem Zeitpunkt an richtet sich eine Haftung des Rechtsanwalts nach vertraglichen Grundsätzen. Daneben bleibt das öffentlich-rechtliche Schuldverhältnis, das durch die Beiordnung begründet worden ist, bestehen. Es erlischt durch den Vertragsschluss nicht.

169

4. Pflichtverteidiger

Ein ähnliches gesetzliches Schuldverhältnis wie bei einer Beiordnung nach § 48 Abs. 1 Nr. 3 BRAO, § 625 ZPO liegt vor, wenn ein **Rechtsanwalt** unabhängig vom Willen der zu betreuenden Person nach der **Strafprozessordnung**[372], dem **Gesetz über Ordnungswidrigkeiten**[373] oder dem **Gesetz über die internationale Rechtshilfe in Strafsachen** als **Pflichtverteidiger** bzw. **Beistand** bestellt wird. Gemäß § 49 Abs. 1 BRAO ist ein Rechtsanwalt verpflichtet, eine solche Aufgabe zu übernehmen. Durch die

170

---

367 RGZ 115, 60, 63.
368 Vgl. *Borgmann/Jungk/Grams*, § 12 Rn. 40, 45; *Vollkommer/Heinemann*, Rn. 55, 59; *Zugehör*, NJW 1995, Beil. zu Heft 21, S. 7.
369 Die Gebühren des Rechtsanwalts richten sich nach §§ 39, 45 Abs. 2 RVG. Gebührenschuldner ist die Partei.
370 *Borgmann/Jungk/Grams*, § 12 Rn. 47; *Vollkommer/Heinemann*, Rn. 60.
371 *Zugehör*, NJW 1995, Beil. zu Heft 21, S. 7.
372 Etwa gemäß §§ 141–143, 117 Abs. 4, 138c Abs. 3 Satz 4, 231a Abs. 4, 350 Abs. 3 StPO; vgl. auch §§ 68, 104 Abs. 1 Nr. 10, 109 Abs. 1 Satz 1 JGG; § 34 Abs. 3 Nr. 1 EGGVG.
373 § 60 OWiG.

Beiordnung wird kein Anwaltsvertrag begründet. Haftungsgrundlage ist das zwischen den Parteien bestehende **gesetzliche Schuldverhältnis**, das durch die konstitutive Beiordnung gemäß § 49 Abs. 1 BRAO, § 141 Abs. 4 StPO begründet wird.[374] Sobald die Parteien im Nachgang zu der Beiordnung einen Anwaltsvertrag schließen, richtet sich eine Schadensersatzverpflichtung des Rechtsanwalts nach vertragsrechtlichen Grundsätzen.[375]

C. Vertragsstatut bei Auslandsbezug

171 Wenn ein **Haftungssachverhalt** eine Verbindung zum **ausländischen Recht** aufweist, ist vor der eigentlichen Sachprüfung zu ermitteln, **nach welcher Rechtsordnung** sich die Voraussetzungen und Rechtsfolgen eines Schadensersatzanspruchs richten (vgl. Art. 3 Abs. 1 EGBGB).[376] Denkbar ist ein solcher **Auslandsbezug** bei einem **Anwaltsvertrag**, etwa wenn

- eine ausländische Partei beteiligt ist,
- ein im Ausland zugelassener Anwalt in Deutschland seine Dienstleistung erbringt,
- ein deutscher Rechtsanwalt vor einem ausländischen Gericht oder einer ausländischen Behörde und/oder
- von einem ausländischen Büro aus für den Auftraggeber tätig wird und/oder
- bei der Bearbeitung des Mandats ausländische Rechtsnormen zu berücksichtigen sind.

Das anwendbare (Sach-)Recht ist nach dem einschlägigen **Kollisionsrecht (Internationalen Privatrecht – IPR)** zu ermitteln. Das heranzuziehende Kollisionsrecht richtet sich danach, welches Gericht zur Entscheidung berufen ist. Deutsche Gerichte wenden deutsches Kollisionsrecht an,[377] ausländische Gerichte regelmäßig das am Gerichtsort geltende Kollisionsrecht (sog. lex fori). Nach dem anzuwendenden Kollisionsrecht ist zu prüfen, wie die streitentscheidende Rechtsfrage zu qualifizieren ist, also etwa berufs-, vertrags-, delikts- oder gesellschaftsrechtlich.[378] Zu ermitteln ist der kollisi-

---

374 *Borgmann/Jungk/Grams*, § 12 Rn. 46; *Vollkommer/Heinemann*, Rn. 61, befürwortet eine analoge Anwendbarkeit des § 1833 BGB.

375 *Zugehör*, NJW 1995, Beil. zu Heft 21, S. 7.

376 Zu dem auf einen Anwaltsvertrag anwendbaren Recht: *Eisenberg*, Das Internationale Privatrecht der Anwaltshaftung, S. 38 ff.; *Raiser*, NJW 1991, 2049, 2056 f.; *Sieg*, Internationale Anwaltshaftung, S. 189 – 199; vgl. auch *Sieg*, ZAP (1996), Fach 23, S. 239, 241 f.; *Sieg/Holtmann*, ZAP (1999), Fach 23, S. 387, 388 ff. Zu dem auf internationale Sozietäten anwendbaren Recht Rn. 363 ff.

377 BGH, NJW 1996, 54 f.

378 Zum anwendbaren Berufsrecht: *Eisenberg*, Das Internationale Privatrecht der Anwaltshaftung, S. 33 ff.; *Sieg/Holtmann*, ZAP (1999), Fach 23, S. 387, 389 f.; *Willandsen*, NJW 1989, 1128 ff.

C. Vertragsstatut bei Auslandsbezug

onsrechtliche Tatbestand, der die Voraussetzungen für das **anwendbare Sachrecht (Statut)** enthält.

Im **deutschen Recht** sind die Voraussetzungen und Rechtsfolgen eines Schadensersatzanspruchs des Mandanten gegen den beauftragten Rechtsanwalt vertragsrechtlich zu qualifizieren.[379] Das **Vertragsstatut** richtet sich im deutschen IPR – vorbehaltlich der Regelungen in völkerrechtlichen Vereinbarungen und ungeachtet der Regelungen in den Rechtsakten der Europäischen Gemeinschaften (vgl. Art. 3 Abs. 2 EGBGB) – nach **Art. 27 – 37 EGBGB**.[380] Vorrangig ist gemäß Art. 27 EGBGB eine **Rechtswahl der Vertragsparteien** zu beachten. Wenn eine Rechtswahl weder ausdrücklich getroffen worden ist noch Umstände vorliegen, die auf eine konkludente Rechtswahl schließen lassen, ist für das Vertragsstatut grundsätzlich auf das **Recht desjenigen Staates abzustellen, in dem der Rechtsanwalt seine Kanzlei unterhält**, von der aus er die vertragliche Leistung erbringt. Dies wird gemäß Art. 28 Abs. 2 EGBGB vermutet. Im Einzelfall kann diese Vermutung gemäß Art. 28 Abs. 1, 5 EGBGB widerlegt werden. Dazu muss sich aus der Gesamtheit der Umstände ergeben, dass der Vertrag **engere Verbindungen mit einem anderen Staat** aufweist. Wegen der Unsicherheiten, die bei der Ermittlung des auf einen Anwaltsvertrag anwendbaren Rechts auftreten können, ist bei einem grenzüberschreitenden Mandat eine **ausdrückliche Rechtswahl zu empfehlen**. Für Verbraucherverträge, d.h. Verträge über die Erbringung von Dienstleistungen zu einem Zweck, der nicht der beruflichen oder gewerblichen Tätigkeit des Auftraggebers zugerechnet werden kann, sind die Besonderheiten des Art. 29 EGBGB zu beachten. Wenn eine Partei ihrer zum Vertragsschluss führenden Erklärung **Allgemeine Geschäftsbedingungen** zugrunde legt, die eine **Rechtswahlklausel** enthalten,[381] gilt Art. 29a EGBGB (früher galt § 12 AGBG). Auch Art. 6, 27 Abs. 3 oder 34 EGBGB können ausnahmsweise zur Geltung eines abweichenden Rechts führen. Auf ausländische Kollisionsnormen, die bei einem Rechtsstreit vor einem ausländischen Gericht zu beachten sind, wird nicht weiter eingegangen.

Der **internationale Gerichtsstand** für die Geltendmachung von Schadensersatzansprüchen gegen Rechtsanwälte richtet sich innerhalb der Mitgliedstaaten der Europäischen Union nach der EuVVO.[382] Zu dem **besonderen Gerichtsstand des Erfüllungsortes** (Art. 5 Nr. 1 lit. b EuGVVO) hat der BGH entschieden, dass für die Erbringung der Dienstleistung und der Gegenleistung einheitlicher Erfüllungsort der Ort der vertragscharakteristischen Leistung ist. Ist die Dienstleistung in mehreren Mit-

172

---

379 Zur Qualifikation der sog. Dritthaftungsfälle: *Adolff*, Die zivilrechtliche Verantwortlichkeit deutscher Anwälte bei der Abgabe von Third Party Legal Opinions, S. 197 – 205.
380 Vgl. *Mankowski*, AnwBl 2001, 249 ff.
381 Zu einer Rechtswahl in Allgemeinen Geschäftsbedingungen: *Sieg*, RIW 1997, 811, 815 – 817; *Stadler*, Allgemeine Geschäftsbedingungen im Internationalen Handel, 2003.
382 Verordnung (EG) Nr. 44/2001 des Rates über die gerichtliche Zuständigkeit und die Anerkennung und Vollstreckung von Entscheidungen in Zivil- und Handelssachen vom 22.12.2000, ABlEG Nr. L 12 vom 16.1.2001, S. 1.

gliedstaaten zu erbringen, ist als einziger Erfüllungsort der Ort zu bestimmen, in dem der Schwerpunkt der Tätigkeit liegt. Wird ein Rechtsanwalt mit der Wahrnehmung eines Mandats beauftragt, ist im Grundsatz davon auszugehen, dass er die hierdurch erforderlich werdende Tätigkeit vom Sitz seiner Kanzlei aus erbringt. Hat ein Rechtsanwalt eine Dienstleistung zu erbringen, die auch die Teilnahme an der Verhandlung eines Schiedsgerichts in einem anderen Mitgliedstaat erfordert, ist für die Feststellung des einheitlichen Erfüllungsortes maßgebend, ob der Schwerpunkt der Tätigkeit in einer Gesamtschau der Terminswahrnehmung oder der sonstigen Tätigkeit, insbesondere der schriftsätzlichen Terminsvorbereitung, zukommt. Hierbei handelt es sich um eine dem Tatrichter zukommende Würdigung.[383]

D. Vor- und nachvertragliche Haftung

173 Die Haftung des Rechtsanwalts setzt im Regelfall, jedoch nicht notwendig einen Anwaltsvertrag voraus. Eine Haftung ist auch im Vorfeld oder nach Beendigung eines solchen Vertragsverhältnisses denkbar.

I. Vorvertragliche Haftung

1. Verschulden bei Vertragsschluss

174 Ein Rechtsanwalt kann bei Ausübung seiner beruflichen Tätigkeit nach den Grundsätzen des **Verschuldens bei Vertragsschluss (culpa in contrahendo)**, die jetzt in § 311 Abs. 2 Nr. 1 BGB i.V.m. § 241 Abs. 2 BGB kodifiziert sind, zum Schadensersatz verpflichtet sein.[384] Die vorvertraglichen Sorgfaltspflichten gegenüber einem Vertragsinteressenten sind jedoch wesentlich enger begrenzt als innerhalb eines Vertragsverhältnisses. Eine solche vorvertragliche Haftung kommt auch wegen der **Verletzung vorvertraglicher Fürsorge-, Belehrungs- oder Betreuungspflichten** in Betracht.[385] Die Rechtsprechung hat vorvertragliche Pflichten insbesondere im Zusammenhang mit der Aufklärung des Mandanten über voraussichtlich anfallende Gebühren thematisiert.[386] Denkbar ist eine vorvertragliche Haftung auch, wenn ein Gericht bereits gemäß § 48 Abs. 1 Nr. 1 oder 2 BRAO bzw. § 49a BRAO eine beantragte Beiordnung beschlossen, der Antragsteller mit dem beigeordneten Rechtsanwalt aber noch keinen Anwaltsvertrag geschlossen hat.[387]

---

383 BGH, NJW 2006, 1806 (im konkreten Fall stellte das Gericht auf den Kanzleisitz ab).
384 Vgl. *Borgmann/Jungk/Grams*, § 32 Rn. 18 ff.; *Eylmann*, in: *Henssler/Prütting*, BRAO, § 44; *Feuerich/Braun*, BRAO, § 44 Rn. 1 – 13; *Holl*, in: Hartung/Holl, BORA, § 44 BRAO Rn. 18; Kleine-Cosack, BRAO, § 44; *Terbille*, in: *Rinsche/Fahrendorf/Terbille*, Rn. 225; *Vollkommer/Heinemann*, Rn. 343 f.
385 *Zugehör*, NJW 1995, Beil. zu Heft 21, S. 11.
386 BGH, NJW 1998, 136, 137.
387 Zu den Beiordnungsfällen Rn. 161 ff.

2. § 44 Satz 2 BRAO

Einen gesetzlich normierten **Sonderfall** des Verschuldens bei Vertragsschluss sowie des Anspruchs aus §§ 675 Abs. 1, 663 BGB enthält **§ 44 Satz 2 BRAO**. Nach § 44 Satz 1 BRAO muss ein Rechtsanwalt, der in seinem Beruf in Anspruch genommen wird und den Auftrag nicht annehmen will, die Ablehnung unverzüglich erklären. Wenn der Rechtsanwalt diese Erklärung schuldhaft verzögert, ist er gemäß § 44 Satz 2 BRAO verpflichtet, dem Anfragenden den daraus entstehenden Schaden zu ersetzen. Das grundsätzliche Recht des Rechtsanwalts, Mandanten oder angetragene Mandate abzulehnen, darf allerdings nicht darüber hinwegtäuschen, dass ein Rechtsanwalt im Interesse einer funktionsfähigen Rechtspflege für Gerichte, Behörden und Rechtsuchende gleichermaßen erreichbar sein muss.[388]

175

a) Angebot zum Abschluss eines Anwaltsvertrages

§ 44 Satz 2 BRAO setzt voraus, dass der Rechtsanwalt „in seinem Beruf in Anspruch genommen wird". Dies bedeutet, dass dem Rechtsanwalt ein Angebot zum Abschluss eines Anwaltsvertrages zugegangen sein muss. Dies ist nicht der Fall, wenn dem Rechtsanwalt eine bloße Gefälligkeit (dazu Rn. 22 ff.) oder eine anwaltsfremde Tätigkeit (dazu Rn. 133 ff.) angetragen wird.

176

b) Zugang

Ein Antrag auf Übernahme eines Mandats geht einem Rechtsanwalt zu, wenn der Antrag in dessen Kanzlei in einer Weise eingeht, dass der Rechtsanwalt selbst oder sein Vertreter[389] hiervon bei normalen Verhältnissen Kenntnis nehmen kann und diese Kenntnisnahme nach der Verkehrsauffassung zu erwarten ist. Nimmt der Rechtsanwalt von dem Antrag früher Kenntnis, geht ihm der Antrag bereits zu diesem Zeitpunkt zu.[390]

177

Nach der Verkehrsauffassung ist von einem Rechtsanwalt zu erwarten, dass ihm ein eingehender Antrag noch am selben Tag, spätestens jedoch am Folgetag vorgelegt wird und somit zugeht. Der BGH hat zu §§ 233, 85 Abs. 2 ZPO entschieden, dass ein Rechtsanwalt die gebotene Sorgfalt verletzt, wenn er nicht dafür Sorge trägt, dass alle Eingänge durch einen verantwortlichen Juristen darauf geprüft werden, ob etwas zu veranlassen ist, insbesondere ob eine fristwahrende (Prozess-)Handlung vorzunehmen ist. Ein Rechtsanwalt müsse anordnen, dass zumindest alle Posteingänge, die nicht

178

---

388 Sächs. AGH, BRAK-Mitt. 2005, 31.
389 Zum allgemein und amtlich bestellten Vertreter s. Rn. 269 ff.
390 In Anlehnung an den Zugang einer Willenserklärung gemäß § 130 Abs. 1 Satz 1 BGB, vgl. hierzu BGHZ 67, 271, 275; BGH, NJW-RR 1989, 757, 758; *Palandt/Heinrichs*, BGB, § 130 Rn. 5 ff. sowie *Eylmann*, in: *Henssler/Prütting*, BRAO, § 44 Rn. 5.

eindeutig in den ausschließlichen Bearbeitungskreis des Bürovorstehers fallen, am Tag ihres Eingangs ihm oder seinem Vertreter vorzulegen seien.[391]

c) Keine Annahmeerklärung durch den Rechtsanwalt

179 Ein Schadensersatzanspruch nach § 44 Satz 2 BRAO setzt des Weiteren voraus, dass ein Anwaltsvertrag noch nicht – auch nicht etwa stillschweigend (dazu Rn. 12 ff.) – zustande gekommen ist. Vielmehr muss der Rechtsanwalt dem Anfragenden mitgeteilt haben, dass er dessen Angebot zum Abschluss eines Anwaltsvertrages nicht annimmt. Eine Haftung nach § 44 Satz 2 BRAO kommt auch dann infrage, wenn der Rechtsanwalt auf eine Anfrage, die auf den Abschluss eines Anwaltsvertrags gerichtet ist, gar nicht reagiert.

d) Schuldhafte Verzögerung der Ablehnungserklärung

180 Ein Rechtsanwalt muss die Erklärung, dass er ein ihm angetragenes Mandat ablehnt, unverzüglich, d.h. ohne schuldhaftes Zögern abgeben. Nach dem Zugang eines Antrags auf Übernahme eines Mandats hat der Rechtsanwalt unverzüglich zu prüfen und zu entscheiden, ob er gemäß §§ 43a Abs. 4, 45, 46 BRAO verhindert ist bzw. ob er das angetragene Mandat aus einem anderen Grund nicht übernehmen kann oder möchte. Diese Prüfung muss der Rechtsanwalt selbst vornehmen. Er darf sie allenfalls auf einen anwaltlichen Vertreter delegieren, nicht jedoch auf das Büropersonal.[392] Ob der Rechtsanwalt die Ablehnung eines Mandats unverzüglich erklärt hat, hängt von den Umständen des Einzelfalls ab.

181 I.d.R. hat er eine Anfrage noch am selben Tag oder zumindest am Folgetag zu überprüfen. In einfacheren Fällen wird vom Rechtsanwalt erwartet, umgehend eine Entscheidung zu treffen. In schwierigeren Fällen ist dem Rechtsanwalt eine Bedenk- oder Prüfungszeit bis zu mehreren Tagen einzuräumen.[393] In Sozietäten kann es einer Abstimmung desjenigen Rechtsanwalts, dem der Antrag auf Übernahme eines Mandats zugegangen ist, mit den anderen Sozien bedürfen. Das Reichsgericht hat darauf hingewiesen, dass von einem Rechtsanwalt nicht erwartet werden könne, Schreiben, die äußerlich nicht als eilig erkennbar seien, unter allen Umständen in kürzester Zeit zu bearbeiten. Es sei zu berücksichtigen, dass der Rechtsanwalt auch noch andere Geschäfte zu besorgen und auch Anspruch auf angemessene Ruhepausen habe.[394] Wenn dem Rechtsanwalt die Eilbedürftigkeit erkennbar ist, etwa weil der Anfragende hierauf ausdrücklich hingewiesen hat, ist eine raschere Prüfung und Entscheidung als im Normalfall geboten.

---

391 BGH, VersR 1971, 1022; NJW 1990, 189, 190.
392 BGH, VersR 1971, 1022; NJW 1974, 861.
393 *Borgmann/Jungk/Grams*, § 13 Rn. 75; *Eylmann*, in: *Henssler/Prütting*, BRAO, § 44 Rn. 6; *Holl*, in: *Hartung/Holl*, BORA, § 44 BRAO Rn. 14.
394 RG, JW 1932, 2144, 2145 zu einem Antrag auf Wiedereinsetzung in den vorigen Stand.

D. Vor- und nachvertragliche Haftung

Der BGH hat zu einem Antrag auf Wiedereinsetzung in den vorigen Stand ausgeführt, dass ein Rechtsanwalt sich nicht von der Pflicht befreien könne, jeden Eingang selbst mindestens darauf durchzulesen, ob er sofort bearbeitet werden muss. Um die ihm anvertrauten Interessen des Absenders sachgerecht zu wahren, müsse er als Adressat darüber entscheiden, ob in einem Brief ein Antrag enthalten sei, und was dann – u.U. sogleich – geschehen müsse.[395]

182

Problematisch sind diejenigen Fälle, in denen ein Rechtsanwalt sich zu dem Zeitpunkt, zu dem der Antrag auf Übernahme eines Mandats eingeht, nicht in seiner Kanzlei aufhält, ohne dass er einen Vertreter bestellt hat. Der BGH hat in einem Wiedereinsetzungsverfahren ausgeführt, ein Rechtsanwalt müsse während der **Abwesenheit von seiner Kanzlei** dafür Sorge tragen, dass ein anderer Rechtsanwalt oder ein ihm gleichgestellter Vertreter die Überwachung vor allem des Posteingangs übernimmt; dies gelte insbesondere dann, wenn der Rechtsanwalt zehn Tage von seiner Kanzlei ferngeblieben sei und mit dieser Dauer der Abwesenheit auch von vornherein gerechnet habe.[396]

183

Der VGH München hat in einem Beschluss die Ansicht vertreten, ein Rechtsanwalt müsse sogar Sorge tragen, dass auch während seiner Abwesenheit an einem Werktag in den üblichen Bürozeiten eingehende Schriftstücke – vorliegend ein um 15.42 Uhr per Telefax eingegangener Antrag auf Übernahme eines Mandats – noch am selben Tag auf drohenden Fristablauf hin geprüft werden. Es sei dem Rechtsanwalt zuzumuten, noch am selben Tag die Frist zu wahren.[397]

184

Die Voraussetzungen, unter denen ein Rechtsanwalt wegen einer Abwesenheit von seiner Kanzlei einen **Vertreter** bestellen muss, regelt **§ 53 Abs. 1 BRAO**. Danach muss ein Rechtsanwalt (nur dann) für seine Vertretung sorgen, wenn er länger als eine Woche gehindert ist, seinen Beruf auszuüben oder wenn er sich länger als eine Woche von seiner Kanzlei entfernen will. Daraus folgt die Wertung des Gesetzgebers, dass von einem Rechtsanwalt gerade nicht erwartet wird, täglich oder etwa während der üblichen Bürozeiten in seiner Kanzlei anwesend zu sein. Dies wäre weder praktikabel noch kann es von einem Rechtsuchenden erwartet werden. Diesem ist zur Abwendung von Nachteilen zuzumuten, sich in erkennbaren Eilfällen zu erkundigen, ob sein Antrag angenommen worden ist. Stellt der Anfragende dabei fest, dass der Rechtsanwalt, den er um die Übernahme des Mandats ersucht hat, nicht in seiner Kanzlei erreichbar ist und auch keinen Vertreter bestellt hat, muss er sich um die Beauftragung eines anderen Rechtsanwalts bemühen. Daraus folgt, dass ein Rechtsanwalt die Ablehnung eines Mandats nicht allein deshalb schuldhaft verzögert, weil er bei Eingang des Antrages kurzfristig nicht in seiner Kanzlei war.

185

---

395 BGH, NJW 1974, 861; vgl. auch BGH, VersR 1971, 1022.
396 BGH, VersR 1957, 254, 255.
397 VGH München, NJW 1993, 1731, 1732. Kritisch hierzu: *Borgmann/Jungk/Grams*, § 13 Rn. 74; *Eylmann*, in: *Henssler/Prütting*, BRAO, § 44 Rn. 6; *Holl*, in: *Hartung/Holl*, BORA, § 44 BRAO Rn. 13.

Sieg

186 Hat der Rechtsanwalt die Anfrage geprüft und entschieden, das angetragene Mandat nicht zu übernehmen, muss er dem Anfragenden seine Entscheidung unverzüglich mitteilen. Er muss sich dann grundsätzlich noch am selben Tag, spätestens am Folgetag erklären. In eiligen Fällen kann es auch geboten sein, die Ablehnung durch Telefon oder Telefax zu übermitteln. Die Erklärung, mit der der Rechtsanwalt die Übernahme eines angetragenen Mandats ablehnt, bedarf keiner besonderen Form. Grundsätzlich reicht eine mündliche Mitteilung aus. Aus Beweisgründen empfiehlt sich allerdings eine schriftliche Antwort. Die Beförderungsgefahr trägt in diesen Fällen der Empfänger. Der Rechtsanwalt handelt pflichtgemäß, wenn er seine Ablehnungserklärung rechtzeitig absendet.[398]

187 Kann der Rechtsanwalt den Anfragenden nicht mehr rechtzeitig von der Ablehnung benachrichtigen, etwa weil dieser nicht telefonisch zu erreichen ist, ist der Rechtsanwalt nicht verpflichtet, die erforderlichen Maßnahmen zu veranlassen, um für den Anfragenden unabwendbare Nachteile zu verhindern. Allerdings muss der Rechtsanwalt die Ablehnung der Übernahme ordnungsgemäß und rechtzeitig erklärt haben.[399]

e) Schadensersatz

188 Wenn die vorbeschriebenen Voraussetzungen des § 44 Satz 2 BRAO vorliegen, muss der Rechtsanwalt dem Anfragenden den **Verzögerungsschaden** ersetzen. Der Anfragende ist so zu stellen, wie er stehen würde, wenn der Rechtsanwalt rechtzeitig erklärt hätte, dass er das Angebot zum Abschluss eines Anwaltsvertrages nicht annimmt. Dieser Schaden kann darin bestehen, dass zwischenzeitlich eine Verjährungs-, eine prozessuale oder eine materiell-rechtliche Frist abgelaufen ist. Im Einzelfall kann ein Mitverschulden des Anfragenden nach § 254 BGB bis zum Ausschluss eines Schadensersatzanspruchs führen.

II. Nachvertragliche Haftung

189 Auch **nach Beendigung des Vertragsverhältnisses** (dazu Rn. 51 ff.) treffen einen Rechtsanwalt im Einzelfall **Pflichten**, deren Verletzung einen Schadensersatzanspruch des ehemaligen Mandanten begründen kann.[400] Hiervon sind diejenigen Sachverhalte abzugrenzen, in denen sich Beratungs- und Handlungspflichten des Rechtsanwalts aus dem laufenden Vertragsverhältnis ergeben. Kein Fall der Verletzung nachwirkender Vertragspflichten liegt vor, wenn der Rechtsanwalt den Anwaltsvertrag ohne wichtigen

---

398 *Borgmann/Jungk/Grams*, § 13 Rn. 76; *Eylmann*, in: *Henssler/Prütting*, BRAO, § 44 Rn. 8.

399 BGH, NJW 1967, 1567, 1568; *Borgmann/Jungk/Grams*, § 13 Rn. 77; *Eylmann*, in: *Henssler/Prütting*, BRAO, § 44 Rn. 9.

400 Vgl. *Borgmann*, AnwBl 1997, 220 ff.; *Borgmann/Jungk/Grams*, § 15 Rn. 114 – 119; *Probst*, AnwBl 1976, 288; *Terbille*, in: *Rinsche/Fahrendorf/Terbille*, Rn. 230; *Vollkommer/Heinemann*, Rn. 343.

Grund zur Unzeit gekündigt oder die Kündigung des Vertrages durch vertragswidriges Verhalten veranlasst hat und deswegen eine Haftung nach § 627 Abs. 2 Satz 2 BGB oder § 628 Abs. 2 BGB in Betracht kommt (vgl. dazu Rn. 77 ff.).

1. Erlöschen der Pflichten mit Beendigung des Anwaltsvertrages

Grundsätzlich erlöschen die Pflichten des Rechtsanwalts aus dem Anwaltsvertrag mit der Beendigung des Vertragsverhältnisses. Der BGH hat hervorgehoben, dass ein Rechtsanwalt grundsätzlich nicht verpflichtet sei, seinem bisherigen Mandanten Ratschläge für die künftige Sachbehandlung zu erteilen, wenn dem Rechtsanwalt der Auftrag zu einem Zeitpunkt entzogen werde, in dem keine Nachteile durch alsbaldigen Fristablauf drohten.[401] Eine generelle Rechtspflicht, eine zuvor geschuldete Beratung nach Vertragsende unaufgefordert wieder aufzunehmen, wenn der frühere Mandant erkennbar erneut der Beratung bedarf, würde die beratenden Berufe in unzumutbarer Weise überfordern und außer Acht lassen, dass die Beratung im Allgemeinen ein besonderes Vertrauensverhältnis voraussetzt.[402]

190

2. Nachwirkende Vertragspflichten

Ausnahmsweise können einem Rechtsanwalt vertragliche Pflichten auch noch nach Beendigung des Vertragsverhältnisses obliegen. Vertragliche Pflichten können insbesondere in dem Sinne **über die Vertragsabwicklung hinaus** fortwirken, dass kein Beteiligter den Vertragszweck nachträglich vereiteln oder gefährden darf. Hierbei geht es aber i.d.R. nur um Nebenpflichten, nicht um ein Fortdauern der – etwa auf Beratung gerichteten – vertraglichen Hauptpflicht selbst.[403] An den nachvertraglichen Pflichten des Rechtsanwalts ändert sich nichts dadurch, dass er von der Beendigung des Mandatsverhältnisses keine Kenntnis hat. § 674 BGB bietet dem Rechtsanwalt keinen weiter gehenden Schutz, als wenn der Anwaltsvertrag erloschen wäre.[404]

191

a) Gesetzliche nachvertragliche Pflichten

Nachvertragliche (Neben-)Pflichten werden dem Rechtsanwalt in §§ 203 Abs. 1 Nr. 3, 204 StGB **(Schweigepflicht)**, § 356 StGB **(Verbot des Parteiverrats)**, § 50 Abs. 2 BRAO (Aufbewahrung von **Handakten**),[405] §§ 675 Abs. 1, 666 BGB **(Rechenschaftslegung)** oder §§ 675 Abs. 1, 667 BGB **(Herausgabe** erlangter Gegenstände)

192

---

401 BGH, NJW 1997, 254; vgl. auch BGH, NJW 1997, 1302; BGH, Beschl. v. 21.1.2005 – IX ZR 186/01, BRAK-Mitt. 2005, 72 (keine Hinweispflicht auf Ansprüche gegen anderen Rechtsanwalt).
402 BGH, NJW-RR 1990, 459, 460.
403 BGH, NJW-RR 1990, 459, 460; *Zugehör*, NJW 1995, Beil. zu Heft 21, S. 11 m.w.N.
404 BGH, NJW 1997, 1302, 1303.
405 Zu § 50 BRAO etwa BGH, NJW 1997, 2944, 2945 f.

auferlegt. Diese Pflichten sind allerdings haftungsrechtlich nicht von vorrangigem Interesse.

b) Nachvertragliche Aufklärungspflichten

193 Die Rechtsprechung hat aus § 242 BGB besondere **nachwirkende Vertragspflichten zur Aufklärung und Belehrung** des ehemaligen Auftraggebers abgeleitet. So entfallen die Pflichten des beauftragten Rechtsanwalts mit der Vertragsbeendigung nicht stets in vollem Umfang. Ausnahmsweise kann der Rechtsanwalt unter besonderen Umständen bei Vertragsende gehalten sein, die übernommene Angelegenheit des Mandanten wenigstens so abzuschließen, dass dieser infolge der Beendigung keine einem Rechtskundigen erkennbaren und vermeidbaren Schäden erleidet.[406]

aa) Laufende prozessuale Fristen

194 So muss der Rechtsanwalt seinen früheren Auftraggeber u.U. weiterhin über **laufende prozessuale Fristen** belehren, deren Versäumung für diesen nachteilige Folgen haben kann. Der Rechtsanwalt muss den früheren Auftraggeber dann aufklären, welche notwendigen Maßnahmen zu ergreifen und welche Umstände zu beachten sind. Der Rechtsanwalt kann auch zu einer Belehrung verpflichtet sein, dass nur ein anderer Rechtsanwalt eine nötige Prozesshandlung rechtswirksam vornehmen kann.[407] Der Rechtsanwalt, der beabsichtigt, das ihm erteilte Mandat nach Einlegung der Berufung niederzulegen, muss seinem Mandanten mitteilen, dass in Kürze der Ablauf der Berufungsbegründungsfrist droht. Beabsichtigt der Rechtsanwalt zum Ablauf der Berufungsbegründungsfrist das Mandat niederzulegen, so muss er zunächst zugunsten des Mandanten eine Fristverlängerung beantragen, um diesem zumindest zu ermöglichen, noch rechtzeitig einen anderen Rechtsanwalt mit der Wahrnehmung seiner Interessen zu beauftragen.[408]

195 Der BGH hat einen Fall entschieden, in dem der Rechtsanwalt während eines schwebenden Armenrechtsverfahrens (jetzt: Verfahrens auf Gewährung von Prozesskostenhilfe) im Auftrag seines Mandanten vorsorglich ein Rechtsmittel einlegt hatte, die Begründung des Rechtsmittels jedoch von einer Regelung der Honorarfrage, insbesondere von einer positiven Entscheidung über das Armenrechtsgesuch (jetzt: den Antrag auf Gewährung von Prozesskostenhilfe) abhängig gemacht hatte. Dann ist der Anwaltsvertrag regelmäßig auf die Einlegung des Rechtsmittels beschränkt. Hatte der Rechtsanwalt zunächst eine unbeschränkte Vertretung in dem Rechtsmittelzug übernommen, liegt jedenfalls in der Weigerung, das Rechtsmittel zu begründen bzw. eine Verlängerung der Frist zur Begründung des Rechtsmittels zu beantragen, eine **Niederlegung**

---

406 BGH, NJW 1997, 1302.
407 BGH, NJW 1997, 1302 unter Bezugnahme auf BGH, VersR 1957, 127; vgl. auch BGH, NJW 1998, 3783, 3784 zu § 233 ZPO.
408 OLG Düsseldorf, VersR 2001, 1026.

des Mandats; dann ist der Auftrag mit der Einlegung des Rechtsmittels beendet. Der BGH hat jedoch eine nachvertragliche Verpflichtung des Rechtsanwalts angenommen, gegenüber seiner Partei vor Ablauf dieser Frist unzweifelhaft zum Ausdruck zu bringen, dass er mit der Einlegung des Rechtsmittels seine Tätigkeit als beendet ansehe und es ablehne, die Einhaltung der Frist zur Begründung des Rechtsmittels weiter zu überwachen. Der Rechtsanwalt müsse seine Partei dann auch darüber belehren, dass mit der Einlegung des Rechtsmittels die Frist zur Begründung dieses Rechtsmittels zu laufen begonnen habe und der Fristlauf auch durch ein etwa noch nicht beschiedenes Armenrechtsgesuch (jetzt: einen noch nicht beschiedenen Antrag auf Gewährung von Prozesskostenhilfe) nicht gehemmt werde.[409]

Die nachvertragliche Verpflichtung eines Rechtsanwalts, seinen früheren Auftraggeber u.U. über laufende prozessuale Fristen zu belehren, deren Versäumung für diesen nachteilige Folgen haben kann, bezieht sich in gleicher Weise auf vorprozessuale **Fristen in einem behördlichen Rechtsmittelverfahren**. Hat ein Rechtsanwalt für einen Mandanten eine Steuererklärung abgegeben, ist er zwar nicht verpflichtet, ein sich anschließendes Einspruchs- oder Abänderungsverfahren ebenfalls zu betreiben. Wendet sich der (frühere) Mandant aber wegen eines solchen Nachfolgebescheids zur früheren Steuererklärung an diesen Rechtsanwalt, so ist dieser aufgrund des nachvertraglichen Schuldverhältnisses gemäß § 242 BGB verpflichtet, dem – früheren – Mandanten die Ablehnung unverzüglich mitzuteilen. Ist die Angelegenheit, wie bei Einsprüchen gegen Steuerbescheide, offensichtlich fristgebunden, hat der Rechtsanwalt möglichst so beschleunigt zu antworten, dass die laufende Frist nicht in vermeidbarer Weise versäumt wird, und hierbei auf den drohenden Fristablauf hinzuweisen. Auf § 44 Satz 2 BRAO[410] kommt es hierfür nicht an.[411] Der Rechtsanwalt muss jedenfalls auf eine ihm erkennbare Gefahr, die dem Auftraggeber bei Beendigung des Mandats insbesondere durch den Ablauf einer Frist droht, jedenfalls dann hinweisen, wenn der Rechtsanwalt die Gefahr selbst mit verursacht hat.[412] Hat ein Rechtsanwalt eine zu einem bestimmten Zeitpunkt gebotene Maßnahme unterlassen, durch die dem Mandanten später ein Schaden entsteht, ist dieser Schaden dem Rechtsanwalt grundsätzlich selbst dann zuzurechnen, wenn der Mandant das Auftragsverhältnis zu einem Zeitpunkt gekündigt hat, als der Schaden noch vermieden werden konnte.[413] So ist ein **Steuerberater** verpflichtet, bei Beendigung des Mandats auf die Gefahr des Ablaufs der Frist für eine Antragstellung hinzuweisen, wenn für ihn erkennbar ist, dass der Mandant aufgrund des früheren Verhaltens des Beraters darauf vertraut, dass dieser den Antrag von sich aus stellen werde.[414]

196

---

409 BGHZ 7, 280, 285 – 287 zu § 233 ZPO.
410 Zu § 44 Satz 2 BRAO Rn. 175 ff.
411 BGH, NJW 1996, 842.
412 BGH, VersR 2002, 502, 503.
413 BGH, NJW 2002, 1117.
414 BGH, NJW 2001, 1644.

bb) Materiell-rechtliche Fragen, insbesondere Verjährung

197 Unter besonderen Voraussetzungen kommt auch eine Pflicht zur Belehrung des früheren Auftraggebers über **materiell-rechtlich Fragen** in Betracht. Zwar entbindet das Vertragsende den Rechtsanwalt von seiner Pflicht, die zuvor vertraglich übernommene Angelegenheit auch nur zu einem provisorischen Ende zu führen. Der Auftraggeber darf ferner nicht etwa beanspruchen, über die Sach- und Rechtslage bei Mandatsende umfassend unterrichtet zu werden.[415] Ist dem Rechtsanwalt aber erkennbar, dass dem Mandanten gerade **aus der Beendigung der anwaltlichen Tätigkeit ein Schaden droht**, weil er sich mangels Kenntnis der Rechtslage der Gefahren nicht bewusst ist, ist der Rechtsanwalt nach Treu und Glauben (§ 242 BGB) verpflichtet, den ehemaligen Auftraggeber bei Mandatsende auf diese Gefahr jedenfalls dann hinweisen, wenn er sie erkennbar mit verursacht hat.[416]

198 Ein solcher Fall liegt vor, wenn der beauftragte Rechtsanwalt während des Mandats pflichtwidrig nicht die erforderlichen Maßnahmen zur Verhinderung der Verjährung eines Anspruchs eingeleitet hat; er ist dann bei Mandatsende verpflichtet, den früheren Mandanten darauf hinzuweisen, dass der Ablauf der Verjährungsfrist droht.[417]

199 In einem anderen Fall hat der BGH eine anwaltliche Pflicht zum Hinweis auf eine drohende Verjährung bei Mandatsende angenommen, weil der Rechtsanwalt nur gegen einen Teil der möglichen Schuldner verjährungshemmende Maßnahmen eingeleitet hatte. Im entschiedenen Fall sollte vom Ausgang dieser Rechtsstreitigkeiten das weitere Vorgehen gegen die noch nicht verklagten Schuldner abhängig gemacht werden. Die nachwirkende Verpflichtung folgt dann aus der allgemeinen Vertragspflicht, Ansprüche, die Gegenstand des Mandats sind, rechtzeitig vor Verjährung zu sichern (dazu Rn. 611 ff.).[418]

200 Hat ein Rechtsanwalt von seinem Auftraggeber Unterlagen zur Durchsetzung einer Kaufpreisforderung erhalten, verletzt der Rechtsanwalt seine nachvertraglichen Pflichten aus dem Anwaltsvertrag, wenn er nach Beendigung des Mandats weder die Unterlagen zurückgibt noch den Mandanten auf die drohende Verjährung hinweist.[419]

cc) Verjährung der Sekundärhaftung

201 Auch die im Rahmen des bis zum 15.12.2004 gültigen § 51b BRAO (dazu Rn. 1274 ff.) von der Rechtsprechung entwickelte sekundäre vertragliche Pflicht des Rechtsanwalts, seinen Auftraggeber auf eine eigene Schadensersatzpflicht hinzuweisen und über die Verjährung dieses Anspruchs zu belehren, bestand **grundsätzlich nur bis zur**

---

415 BGH, VersR 1957, 127.
416 BGH, NJW 1997, 1302.
417 BGH, NJW 1997, 1302 f.
418 BGH, NJW 1993, 1779, 1780.
419 BGH, NJW 1984, 431, 432.

Beendigung des Mandats. Später konnte diese sog. Sekundärhaftung (dazu Rn. 1362 ff.) nur entstehen, wenn der Rechtsanwalt ein **neues Mandat über denselben Gegenstand** erhält.[420] **Ausnahmsweise** und unter ganz besonderen Umständen konnte aus Treu und Glauben eine Benachrichtigungspflicht nach Vertragsbeendigung entstehen, um einen dem Vertragspartner offensichtlich drohenden erheblichen Schaden abzuwenden, der mit der vorangegangenen Vertragserfüllung zusammenhing. In den hierzu entschiedenen Fällen konnte dem Auskunftspflichtigen selbst kein Nachteil aus der ihm zugemuteten nachvertraglichen Unterrichtung entstehen. Der BGH hat in dem insoweit grundlegenden Urteil vom 1.2.1990[421] nicht entschieden, ob eine nachvertragliche Auskunftspflicht auch demjenigen zugemutet werden kann, der durch eine derartige Unterrichtung selbst Nachteile erleiden würde, insbesondere weil er auf eine gegen ihn selbst bestehende Regressmöglichkeit hinweisen müsste. Ebenso hat der Senat offen gelassen, ob eine nachvertragliche Mitwirkungspflicht überhaupt zumutbar ist, wenn ihre Erfüllung eine umfangreiche und schwierige Rechtsprüfung voraussetzt. Jedenfalls scheidet eine nachvertragliche Beratungspflicht des ehemaligen Rechtsanwalts aus, wenn dafür kein Bedarf mehr besteht, weil der frühere Auftraggeber in derselben Sache einen anderen Rechtsanwalt eingeschaltet hat.[422] Dieser Grundsatz lässt sich auf alle nachwirkenden Vertragspflichten des Rechtsanwalts gegenüber seinem früheren Mandanten übertragen.

c) Nachvertragliche Pflichten bei Fortgeltung einer Vollmacht

Besondere nachvertragliche Pflichten eines Rechtsanwalts können sich auch daraus ergeben, dass eine erloschene **(Prozess-)Vollmacht** im Außenverhältnis zum Teil **als fortbestehend fingiert** wird. So erlischt eine materiell-rechtliche Vollmacht zwar grundsätzlich mit der Beendigung des zugrunde liegenden Rechtsverhältnisses (§ 168 Satz 1 BGB). Die Vollmacht wirkt allerdings gegenüber gutgläubigen Dritten gemäß §§ 169 – 173 BGB fort, wenn die Erteilung diesen bekannt gemacht, das Erlöschen jedoch nicht mitgeteilt worden ist. Nach § 87 Abs. 1 ZPO erlangt die Kündigung der Prozessvollmacht erst rechtliche Wirksamkeit, sobald das Erlöschen der Vollmacht dem Prozessgegner bzw. dem Prozessgericht angezeigt wird.[423] In Rechtsstreitigkeiten, für die Anwaltszwang besteht (vgl. § 78 ZPO), erlangt die Kündigung sogar erst dann rechtliche Wirksamkeit, wenn dem Gegner und dem Gericht neben dem Ausscheiden des vormaligen Prozessbevollmächtigten die Bestellung eines neuen Prozessbevollmächtigten angezeigt worden ist. Zustellungen haben nach § 176 ZPO bis zur Bekanntgabe des Wechsels an den bisherigen Prozessbevollmächtigten zu erfolgen.[424]

202

---

420 *Zugehör*, NJW 1995, Beil. zu Heft 21, S. 17.
421 BGH, NJW-RR 1990, 459.
422 BGH, NJW-RR 1990, 459, 460; vgl. auch BGH, NJW 1984, 2204; 1985, 1151, 1152; 1987, 326, 327; OLG Hamm, NJW 1981, 2130 (Ls.).
423 Zu § 87 ZPO vgl. neben den ZPO-Kommentaren: *Schmellenkamp*, AnwBl 1985, 14 ff.
424 BGHZ 47, 135, 138.

Gemäß § 87 Abs. 2 ZPO ist der Prozessbevollmächtigte auch nach seiner **Kündigung** berechtigt, für den früheren Mandanten so lange zu handeln, bis dieser für die Wahrnehmung seiner Rechte in anderer Weise gesorgt hat. Dies mag bei materiell-rechtlichen nachwirkenden Vertragspflichten angezeigt sein. Allerdings ist der Rechtsanwalt nach Beendigung des Mandats und damit auch der Prozessvollmacht nicht verpflichtet, für den ehemaligen Mandanten tätig zu werden.[425] Nur wenn der Rechtsanwalt von dieser Berechtigung Gebrauch macht, treffen ihn die gleichen Pflichten wie bei fortbestehender Prozessvollmacht.[426]

203 Nach Beendigung des Mandats bleibt der Prozessbevollmächtigte verpflichtet, seine frühere Partei über eine an ihn erfolgte Zustellung unverzüglich zu unterrichten.[427] Der Rechtsanwalt muss den früheren Mandanten in dem erforderlichen Umfang belehren, insbesondere auf die Rechtsfolgen eines drohenden Fristablaufs hinweisen. Ein Verschulden des Rechtsanwalts ist dem ehemaligen Mandanten dann allerdings nicht mehr nach § 85 Abs. 2 ZPO zuzurechnen. Hierzu kommt es ausschließlich darauf an, ob der Rechtsanwalt noch beauftragt ist, nicht jedoch darauf, ob dessen Vertretungsmacht noch gemäß § 87 Abs. 1 ZPO fortbesteht.[428]

3. Zusammenfassung

204 Aus der **Rechtsprechung zu den nachvertraglichen Pflichten** lässt sich die Empfehlung ableiten, dass ein Rechtsanwalt bei Beendigung des Mandats, insbesondere nach einer Kündigung des Anwaltsvertrages durch einen Beteiligten, sorgfältig prüfen muss, über welche Risiken der ehemalige Auftraggeber noch aufzuklären ist und welche Handlungen noch vorzunehmen sind, um drohende Rechtsnachteile abzuwenden. I.d.R. sollte dem ehemaligen Auftraggeber geraten werden, für die Sicherung seiner Rechte – notfalls unverzüglich – einen anderen Rechtsanwalt zu beauftragen. Im Einzelfall kann es sogar geboten sein, dass der frühere Rechtsanwalt selbst noch die erforderlichen Maßnahmen einleitet.

---

425 BGHZ 43, 135, 137; *Schmellenkamp*, AnwBl 1985, 14, 16.
426 OLG Bremen, NJW-RR 1986, 358, 359. Die Entscheidung ist allerdings insoweit zweifelhaft, als das Gericht bereits in der Entgegennahme einer Zustellung nach §§ 87 Abs. 1, 176 ZPO ein solches Tätigwerden erblickt.
427 BGH, NJW 1980, 999; VersR 1988, 835, 836 – jeweils zu §§ 233, 85 Abs. 2 ZPO. Vgl. auch *Borgmann/Jungk/Grams*, § 15 Rn. 114 – 118; *Vollkommer/Heinemann*, Rn. 138 – 143.
428 BGHZ 7, 280, 286 f.; 47, 135, 138; 47, 320, 322; BGH, NJW 1980, 999; VersR 1983, 540; 1985, 1185, 1186.

E. Beteiligung mehrerer Rechtsanwälte

In der Beratungspraxis, vor allem aber in der Prozesspraxis kommt es regelmäßig vor, dass mehrere Rechtsanwälte an der Bearbeitung eines Auftrags beteiligt sind.[429] Systematisch ist zu unterscheiden, ob der Rechtsuchende **mit mehreren Rechtsanwälten einen Anwaltsvertrag geschlossen** hat oder ob der **beauftragte Rechtsanwalt im Innenverhältnis** – mit oder ohne Kenntnis und Zustimmung des Mandanten – einen **anderen Rechtsanwalt einbezogen** hat. Diese Zusammenarbeit der Rechtsanwälte kann **im Einzelfall** erfolgen oder auf einer **dauerhaften vertraglichen Grundlage** beruhen. Haftungsrechtlich stellt sich dann die Frage, welche Sorgfaltspflichten die beteiligten Rechtsanwälte gegenüber dem Auftraggeber zu beachten haben und unter welchen Voraussetzungen eine Pflichtverletzung des einen Rechtsanwalts dem anderen Rechtsanwalt zuzurechnen ist. Weiterhin kommt es darauf an, ob mehrere an der Mandatsbearbeitung beteiligte Rechtsanwälte als Gesamtschuldner haften und wie ein Regress im Innenverhältnis geregelt ist. Haften die beteiligten Rechtsanwälte nicht als Gesamtschuldner, kann die Pflichtverletzung eines Rechtsanwalts gegenüber dem Auftraggeber einem anderen an der Mandatsdurchführung beteiligten Rechtsanwalt unter den Voraussetzungen der §§ 254, 278 BGB zuzurechnen sein.

205

I. Prozess- und Verkehrsanwalt

1. Begriffsbestimmung

Die Aufgabenteilung zwischen einem Prozess- und einem Verkehrsanwalt ergab sich über Jahrzehnte daraus, dass ein Rechtsanwalt seinen Auftraggeber in Zivilsachen grundsätzlich nur vor demjenigen Gericht vertreten kann, bei dem er zugelassen ist (vgl. § 78 ZPO). Diese rechtliche Beschränkung entspricht nicht der Erfahrungstatsache, dass ein Rechtsuchender i.d.R. einen Rechtsanwalt beauftragt bzw. mit einem Rechtsanwalt seines Vertrauens zusammenarbeitet, der in seiner Nähe niedergelassen ist. Wenn nun ein Rechtsstreit vor einem auswärtigen Gericht geführt werden muss, legt der Rechtsuchende regelmäßig Wert darauf, weiterhin von seinem lokalen Rechtsanwalt beraten zu werden. Wenngleich inzwischen die Beschränkungen hinsichtlich der Postulationsfähigkeit weitgehend aufgehoben sind, wird dennoch aus einer Vielzahl von Gründen ein weiterer Rechtsanwalt als Prozessbevollmächtigter beauftragt. Dasselbe gilt, wenn der Auftraggeber auch in der Berufungsinstanz nicht auf die Mittlerrolle seines am Berufungsgericht nicht zugelassenen erstinstanzlichen Prozessbevollmächtigten verzichten möchte. Ein zunehmend an Bedeutung gewinnender Sonderfall ist die Beauftragung eines ausländischen Prozessbevollmächtigten, wenn der

206

---

429   Vgl. *Borgmann/Jungk/Grams*, §§ 36 – 38; *Hellwig*, AnwBl 1996, 124 ff.; *Jungk*, AnwBl 1997, 620 f.; *Seltmann*, VersR 1974, 97 ff.; *Sieg*, Internationale Anwaltshaftung, S. 145 ff.; *ders.*, NJW 1996, 2209 ff.; *ders.*, IWB 1996, 937 ff.; *ders.*, ZAP (1998), Fach 23, S. 341 ff.; *Vollkommer/Heinemann*, Rn. 438 – 463.

Mandant Partei eines Rechtsstreits im Ausland ist.[430] Derjenige Rechtsanwalt, der den Verkehr mit dem gemeinsamen Auftraggeber führt, wird allgemein als **Verkehrs- oder Korrespondenzanwalt**, der Prozessbevollmächtigte als **Prozessanwalt** bezeichnet.[431]

207 Das Verhältnis zwischen Verkehrsanwalt und Prozessbevollmächtigtem sowie die Beziehungen der Rechtsanwälte zum gemeinsamen Auftraggeber sind – abgesehen vom Gebührenrecht – gesetzlich nicht geregelt. Im RVG ist die Tätigkeit des Verkehrsanwalts in Nr. 3400 des Gebührenverzeichnisses berücksichtigt. Diese Regelung hat § 52 BRAGO abgelöst. Die **Erstattungsfähigkeit** der Kosten des Verkehrsanwalts richtet sich nach § 91 ZPO.[432]

208 Die Gestaltung der Zusammenarbeit zwischen dem Mandanten und den beauftragten Rechtsanwälten hängt von ihren **Absprachen** ab. Es gibt **keine zwingend vorgeschriebene Aufgabenverteilung**. Der **Verkehrsanwalt** vermittelt typischerweise die Korrespondenz zwischen dem Prozessbevollmächtigten und dem gemeinsamen Mandanten.[433] Vielfach wird zusätzlich vereinbart, dass der Verkehrsanwalt den Auftraggeber weiterhin zu beraten, den rechtserheblichen Sachverhalt aufzuklären und auch die Schriftsätze auszuarbeiten hat, die der Prozessbevollmächtigte dann mit seinem Briefbogen bzw. Stempel zu versehen, zu unterzeichnen und bei Gericht einzureichen hat. Auf Wunsch des Auftraggebers kann der Verkehrsanwalt auch als Beistand des Prozessbevollmächtigten an Gerichtsterminen teilnehmen.

2. Verkehrsanwaltsvertrag

209 Ein **Verkehrsanwaltsvertrag** kann nicht nur **ausdrücklich**, sondern auch **durch schlüssiges Verhalten** der Vertragsparteien zustande kommen. An einen konkludenten Abschluss eines Verkehrsanwaltsvertrages sind im Interesse der Rechtssicherheit erhöhte Anforderungen zu stellen (dazu Rn. 12 ff.). Ein Verkehrsanwaltsvertrag kommt nicht bereits konkludent zustande, wenn der erstinstanzliche Prozessbevollmächtigte mit dem Auftraggeber die Entscheidung sowie die Aussichten des Rechtsmittels bespricht, den Rechtsanwalt für das Berufungsverfahren bestellt und an diesen die Handakten weiterleitet. Alle diese Tätigkeiten sind noch mit dem Honorar für das Tätigwerden des Rechtsanwalts in der vorangegangenen Instanz abgegolten. Nur wenn die Umstände die Annahme eines entsprechenden Vertragsangebots eindeutig und klar

---

430 Zur Beauftragung eines ausländischen Prozessbevollmächtigten sowie dem hierzu maßgebenden Präzedenzfall, OLG Bamberg, MDR 1989, 542; s.a. Rn. 316.

431 Vgl. *Borgmann/Jungk/Grams*, § 38 Rn. 62 – 65; *Hartstang*, S. 77 – 84 und 595 – 601; *A. Lang*, WM 1988, Beil. zu Heft 9, S. 4 f.; *Mayer*, AnwBl 1992, 170 ff.; *Meik/Faecks*, AnwBl 1989, 83 ff.; *Terbille*, in: *Rinsche/Fahrendorf/Terbille*, Rn. 179; *Seltmann*, VersR 1974, 97, 99 – 104; *Vollkommer*, Rn. 443 – 447.

432 Einzelheiten etwa bei *Zöller/Herget*, ZPO, § 91 Rn. 13 „Verkehrsanwalt"; *Engels*, MDR 1999, 1043; *Schmeel*, MDR 1995, 24 ff. Zur Erstattung der Kosten für einen Verkehrsanwalt ausländischer Parteien: *Mankowski*, in: *Reithmann/Martiny*, Rn. 2144 – 2165 m.w.N.

433 Zu den Aufgaben der beteiligten Rechtsanwälte: OLG Frankfurt, MDR 1980, 51.

erkennen lassen, kann vom schlüssigen Abschluss eines Verkehrsanwaltsvertrages ausgegangen werden. Die Voraussetzungen für einen Verkehrsanwaltsvertrag können als erfüllt anzusehen sein, wenn die Partei die ständige schriftliche und mündliche Information des Prozessbevollmächtigten durch einen anderen, am Prozessgericht nicht zugelassenen Rechtsanwalt hinnimmt und auch die eigenen Erklärungen zur Sache während des Verfahrens in erster Linie über diesen Rechtsanwalt leitet. Bestehen nach den Umständen des konkreten Falls, namentlich wegen des Verhaltens einer Partei, **Zweifel**, ob der andere die möglichen Folgen seines Handelns übersieht, das an sich den Schluss auf ein Vertragsangebot zulässt, gehen diese zulasten dessen, der sich auf das Zustandekommen des Verkehrsanwaltsvertrages beruft.[434]

Wenn der für die erste Instanz beauftragte Rechtsanwalt eine **rechtlich unerfahrene Partei** nicht darauf hinweist, dass die beabsichtigte Fortsetzung der Korrespondenz mit den beauftragten Berufungsanwälten zu vergüten ist, kann er sich i.d.r. nicht darauf berufen, er habe die Hinnahme seiner Tätigkeit durch den Mandanten als Annahme seiner Offerte zum Abschluss eines Verkehrsanwaltsvertrages verstehen dürfen.[435]

210

3. Eigenständige Pflichtenkreise von Prozess- und Verkehrsanwalt

Prozess- und Verkehrsanwalt stehen mit dem gemeinsamen Auftraggeber in **selbständigen Vertragsverhältnissen** mit **eigenständigen** Aufgabenbereichen.[436] Prozess- und Verkehrsanwalt sind miteinander nicht in vertraglichen Beziehungen verbunden. Die Pflichtenkreise des Prozessbevollmächtigten und des Verkehrsanwalts sind daher strikt voneinander zu trennen. Der eine ist weder **Unterbevollmächtigter**[437] noch **Erfüllungsgehilfe** des anderen i.S.d. § 278 BGB.[438]

211

4. Haftung des Prozessbevollmächtigten

Die **Pflicht zu ordnungsgemäßem prozessualem Handeln** gegenüber dem Prozessgericht obliegt dem **Prozessbevollmächtigten**,[439] nicht dem Verkehrsanwalt.

212

Selbst wenn der Verkehrsanwalt einen Schriftsatz ausgearbeitet hat, ist die Verantwortlichkeit des Prozessbevollmächtigten für den **Inhalt des Schriftsatzes** nicht

---

434 BGH, NJW 1991, 2084, 2085 f.; vgl. auch OLG Koblenz, NJW-RR 1993, 695, 696.
435 OLG Koblenz, NJW-RR 1993, 695, 696.
436 BGH, NJW 1988, 1079, 1082; BGH, NJW-RR 1990, 1241, 1245; OLG München, NJW-RR 1991, 1460, 1462; OLG Düsseldorf, NJWE-VHR 1997, 252, 253; OLG Celle, NJW-RR 2006, 346.
437 BGH, NJW 1988, 3013, 3014; zum Haupt- und Unterbevollmächtigten Rn. 229 ff.
438 BGH, NJW 1988, 1079, 1082; NJW-RR 1990, 1241, 1245.
439 Die Prozessvollmacht ermächtigt gemäß § 81 ZPO zu allen den Rechtsstreit betreffenden Prozesshandlungen, etwa zu Anerkenntnis, Verzicht, Klagerücknahme, Erledigungserklärung oder Vergleich; zur Prozessvollmacht eines ehemaligen Rechtsanwalts: BGH, Beschl. v. 26.1.2006 – III ZB 63/05, BGH-Report 2006, 595.

beschränkt.⁴⁴⁰ Deshalb besteht besondere Haftungsgefahr, wenn der Prozessbevollmächtigte einen vom Verkehrsanwalt entworfenen Schriftsatz ohne weitere Prüfung unterzeichnet und bei Gericht unter seinem Namen einreicht (nur „stempelt"), es sei denn, der Prozessbevollmächtigte lehnt eine Verantwortung für den Inhalt eines Schriftsatzes unmissverständlich ab.⁴⁴¹

213 Da eine solche Erklärung als **Haftungsbeschränkung** zu bewerten ist, muss sie inhaltlich den Anforderungen des **§ 51a Abs. 1 BRAO** genügen.⁴⁴² Eine entsprechende Haftungsbeschränkung betrifft das entsprechende **Innenverhältnis** zwischen Rechtsanwalt und Mandant. Wenn der Prozessbevollmächtigte eine solche Erklärung auch im **Außenverhältnis**, d.h. gegenüber dem Prozessgericht oder der gegnerischen Partei abgibt, gilt der Schriftsatz als nicht ordnungsgemäß unterschrieben.⁴⁴³

214 Der **Prozessbevollmächtigte** hat nach deutschem Zivilprozessrecht (§ 81 ZPO) eine selbständige, eigenverantwortliche Stellung, die sich zugleich auf das vertragliche Innenverhältnis zu seinem Mandanten auswirkt. Mehrere Prozessbevollmächtigte sind berechtigt, sowohl gemeinschaftlich als auch einzeln die Partei zu vertreten. Eine abweichende Bestimmung der **Vollmacht** hat gegenüber dem Prozessgegner keine rechtliche Wirkung (§ 84 ZPO). Gemäß § 85 Abs. 1 ZPO sind die vom Prozessbevollmächtigten vorgenommenen Prozesshandlungen für die Partei in gleicher Art verpflichtend, als wenn sie von der Partei selbst vorgenommen worden wären. Andererseits steht ein Verschulden des Prozessbevollmächtigten dem Verschulden der von ihm vertretenen Partei gleich (§ 85 Abs. 2 ZPO). Der Prozessbevollmächtigte, nicht der Verkehrsanwalt, verantwortet die **Prozesstaktik**. Allenfalls der beim Prozessgericht zugelassene Rechtsanwalt kann die Vorzüge und die Nachteile einer bestimmten Art der Prozessführung aufgrund seiner Kenntnis der örtlichen und persönlichen Eigenarten des angerufenen Gerichts hinreichend zuverlässig abschätzen. Hält der Prozessbevollmächtigte die vom Verkehrsanwalt vorgeschlagene Taktik für unzweckmäßig, riskant oder gar nachteilig, muss er seine **Bedenken** gegenüber diesem Anwalt kundtun. Erst wenn der Verkehrsanwalt auf eine solche „Gegenvorstellung" die **Weisung des Mandanten** übermittelt, es solle bei der von ihm vorgeschlagenen Prozesstaktik bleiben, verletzt der Prozessbevollmächtigte im Allgemeinen nicht seine Vertragspflichten, indem er die Weisung befolgt.⁴⁴⁴ Ist die **vom Verkehrsanwalt formulierte Klage unschlüssig oder unsubstanziiert**, so ist der Prozessbevollmächtigte verpflichtet, auf einen er-

---

440 BGH, NJW-RR 1990, 1241, 1243.
441 OLG Düsseldorf, AnwBl 1993, 637; NJWE-VHR 1998, 234, 235; vgl. auch zum Unterschriftserfordernis gemäß §§ 519, 130 Nr. 6 ZPO: BGH, NJW 1989, 394, 395; NJW 1989, 3022 sowie allgemein: *Terbille*, in: *Rinsche/Fahrendorf/Terbille*, Rn. 188.
442 Allgemein zu vertraglichen Haftungsbeschränkungen auf einen Höchstbetrag Rn. 414 ff.; *Zugehör*, in: FS Kreft, S. 117.
443 BGH, NJW 1989, 394, 395; 1989, 3022.
444 BGH, NJW-RR 1990, 1241, 1243 f.; vgl. auch OLG Düsseldorf, AnwBl 1993, 637.

gänzenden substanziierten Klagevortrag zu drängen.⁴⁴⁵ Ohne Hinzutreten besonderer Umstände besteht für den Prozessbevollmächtigten keine Veranlassung, die **Sachverhaltsdarstellung** in einem Schriftsatz des Verkehrsanwalts in Zweifel zu ziehen und bei dem Auftraggeber nachzufragen; die Ermittlung des rechtlich relevanten Sachverhalts ist die alleinige Aufgabe des die Schriftsätze entwerfenden Verkehrsanwalts.⁴⁴⁶ Für den mangelhaften Entwurf einer Berufungsbegründung, die der Verkehrsanwalt zur Einreichung bei dem Prozessgericht dem Prozessbevollmächtigten zuleitet, haftet unbeschadet der Verantwortlichkeit des Prozessbevollmächtigten auch der Verkehrsanwalt im Rahmen seines Auftrags.⁴⁴⁷

Die Grenzen der **Sorgfaltspflichten des Prozessbevollmächtigten** ergeben sich aus dem ihm erteilten **Mandat**. Wenn zunächst nur eine **Teilklage** erhoben worden ist, verbleibt die Verjährungskontrolle bezüglich der nicht eingeklagten Restforderung bei dem Auftraggeber bzw. dem von diesem beauftragten Verkehrsanwalt. Dann ist der Prozessbevollmächtigte nicht verpflichtet, Rechtsansichten des Verkehrsanwalts zu überprüfen und ggf. – ohne Gebührenanspruch, jedoch mit Haftungsrisiko – einen korrigierenden Rechtsrat zu erteilen.⁴⁴⁸

215

Die **Vollziehung einer einstweiligen Verfügung** durch Zustellung im Parteibetrieb gehört ebenfalls zu den Aufgaben, die der Prozessbevollmächtigte aufgrund des Anwaltsvertrages zu erfüllen hat.⁴⁴⁹

216

Nach Abschluss einer Instanz hat der Prozessbevollmächtigte in eigener Verantwortung geeignete und verlässliche Maßnahmen zu treffen, die eine zuverlässige Unterrichtung über den **Lauf der Rechtsmittelfrist** gewährleisten. Dazu gehört vor allem, das für den Beginn des Laufs der Rechtsmittelfrist maßgebende **Zustellungsdatum** festzustellen.⁴⁵⁰ Bei **Rechtsmittelaufträgen** erschöpft sich die Sorgfaltspflicht des beauftragenden Rechtsanwalts nicht im rechtzeitigen Absenden des Auftragsschreibens; der Rechtsanwalt, der einen solchen Auftrag erteilt, muss auch dafür Sorge tragen, dass der beauftragte Rechtsanwalt den Auftrag innerhalb der laufenden Rechtsmittelfrist **bestätigt**. Der beauftragte Rechtsanwalt muss seinerseits den rechtzeitigen Eingang dieser Bestätigung überwachen.⁴⁵¹ Der beauftragte Rechtsanwalt muss nach Mandatsübernahme in eigener Verantwortung die Zulässigkeitsvoraussetzung des Rechtsmittels und eine etwaige Fristenverlängerung selbst überprüfen und darf diese erst eintragen,

217

---

445 BGH, NJW-RR 1990, 1241, 1243 f.; vgl. auch OLG Brandenburg, AnwBl 1995, 262, 263.
446 OLG Düsseldorf, NJWE-VHR 1997, 58.
447 BGH, WM 2002, 650.
448 OLG Düsseldorf, VersR 1989, 850, 851.
449 OLG Düsseldorf, NJWE-VHR 1997, 252, 253.
450 BGH, VersR 1991, 896 – zu § 233 ZPO.
451 BGH, NJW 1988, 3020 f.; VersR 1990, 801; NJW 1997, 3245 – alle Entscheidungen zu § 233 ZPO.

wenn er sich von ihrer Gewährung – ggf. durch Rückfrage im Büro des beauftragenden Rechtsanwalts oder bei Gericht – überzeugt hat.[452] Bleibt die Mandatsbestätigung des zweitinstanzlichen Rechtsanwalts aus, ist der erstinstanzliche Prozessbevollmächtigte verpflichtet, rechtzeitig vor Ablauf der Berufungsfrist Rücksprache zu halten. Anders liegt der Fall, wenn zwischen dem erstinstanzlichen Prozessbevollmächtigten und dem Rechtsmittelanwalt im Einzelfall oder allgemein eine Absprache besteht, dass dieser Rechtsmittelaufträge annehmen, prüfen und ausführen wird. Bei ordnungsgemäßer Büroorganisation kann sich der erstinstanzliche Prozessbevollmächtigte dann grundsätzlich darauf verlassen, dass der erteilte Auftrag den Rechtsmittelanwalt rechtzeitig erreicht.[453] Teilt der erstinstanzliche Verkehrsanwalt dem Korrespondenzanwalt den Zeitpunkt der Zustellung eines Urteils als Grundlage für dessen Rechtsmittelfristberechnung mit, muss er die Richtigkeit dieser Angabe eigenverantwortlich überprüfen und darf sich insoweit nicht auf eine Bürokraft verlassen.[454]

5. Haftung des Verkehrsanwalts

218 Der **Verkehrsanwalt** ist verpflichtet, den **Prozessbevollmächtigten sorgfältig auszuwählen**, wenn der Auftraggeber ihm dessen Beauftragung überlässt. Entscheidend sind die Umstände des Falls, insbesondere die tatsächliche und rechtliche Schwierigkeit sowie die wirtschaftliche Bedeutung der Angelegenheit für den Auftraggeber. Im Normalfall kann sich der Verkehrsanwalt wegen der fachlichen Eignung des Prozessbevollmächtigten auf dessen Selbsteinschätzung und auf die Angaben in einem Anwaltsverzeichnis verlassen. Nur wenn das zu übertragende Mandat ausnahmsweise Erfahrung und Fachkenntnisse in einem **Spezialgebiet, Sprachkenntnisse, jederzeitige Erreichbarkeit, sachkundige Vertreter oder Mitarbeiter des sachbearbeitenden Anwalts** erfordert, muss der Verkehrsanwalt sich vor der Beauftragung vergewissern, ob der Prozessbevollmächtigte persönlich und fachlich geeignet ist sowie über die erforderliche Büroorganisation verfügt. Hierzu kann der Verkehrsanwalt i.d.R. auf Empfehlungen verlässlicher und unabhängiger Dritter und auf Referenzmandate des Prozessbevollmächtigten vertrauen. Von besonderer Bedeutung ist in jedem Fall, dass der Verkehrsanwalt rechtzeitig mit dem in Aussicht genommenen Prozessbevollmächtigten Rücksprache nimmt und sicherstellt, dass in dessen Person kein **Interessenkonflikt** vorliegt. Die vorbeschriebenen Pflichten sind **dem Verkehrsanwaltsvertrag im Wege der Auslegung zu entnehmen**. Eine analoge Anwendung des § 664 Abs. 1 Satz 2 BGB ist wegen des auf Anwaltsverträge anzuwendenden § 675 Abs. 1 BGB ausgeschlossen.[455]

---

452 BGH, NJW 2000, 3071.
453 BGH, NJW 1988, 3020 f.; 1997, 3245 – beide zu § 233 ZPO.
454 BGH, NJW 2001, 1579.
455 Zu den Gründen, die gegen eine direkte oder analoge Anwendung des § 664 Abs. 1 Satz 2 BGB auf Anwaltsverträge sprechen s. Rn. 312 ff.

E. Beteiligung mehrerer Rechtsanwälte

Die dargelegte Pflicht des Prozessanwalts, in eigener Verantwortung geeignete und verlässliche Maßnahmen zu treffen, die eine zuverlässige Information über den **Lauf der Rechtsmittelfrist** gewährleisten, trifft auch den Verkehrsanwalt, der es übernommen hat, den Berufungsanwalt zu beauftragen.[456] Der Verkehrsanwalt ist deshalb in eigener Verantwortung verpflichtet, die Mandatsübernahme durch den auswärtigen Rechtsanwalt sowie die fristgemäße Einlegung und Begründung des Rechtsmittels zu überwachen.[457] Der einen Rechtsmittelauftrag erteilende Rechtsanwalt muss wegen der besonderen Bedeutung der Rechtsmittelfristen eigenverantwortlich in einer jeden Zweifel ausschließenden Weise dem beauftragten Rechtsanwalt die für die fristgemäße Einlegung und Begründung des Rechtsmittels erforderlichen Daten übermitteln. Erfolgt die Übermittlung fernmündlich, so besteht eine besondere Kontrollpflicht, um Missverständnisse zuverlässig auszuschließen.[458]

219

Nach Übernahme des Mandats durch den Prozessbevollmächtigten ist der Verkehrsanwalt **grundsätzlich nicht verpflichtet, den Prozessbevollmächtigten bei seiner Tätigkeit zu überwachen**. Nur wenn sich dem Verkehrsanwalt aufgrund besonderer Umstände aufdrängen muss, dass der Prozessbevollmächtigte ihm obliegende Pflichten nicht erfüllt, muss der Verkehrsanwalt im Rahmen seiner dem Mandanten gegenüber bestehenden Beratungspflicht diesen darauf hinweisen und auf Abhilfe dringen. Der Entwurf eines Schriftsatzes oder die Überwachung von Fristen durch den Verkehrsanwalt erweitert grundsätzlich nicht dessen Verantwortungsbereich gegenüber dem Prozessgericht.[459] Dies ändert allerdings nichts daran, dass der Verkehrsanwalt seinem Auftraggeber für den Inhalt der von ihm entworfenen Schriftsätze verantwortlich ist.[460] Wenn er den Prozessbevollmächtigten zu einer mündlichen **Verhandlung vor dem Prozessgericht** begleitet, ist er verpflichtet zu verhindern, dass der Prozessbevollmächtigte Maßnahmen ergreift, die den gemeinsamen Auftraggeber schädigen können, etwa wenn der Prozessbevollmächtigte ohne sachlichen Grund die Klage zurücknimmt.[461]

220

Daneben ist die **Ermittlung des rechtlich relevanten Sachverhalts** grundsätzlich die ausschließliche Aufgabe des Verkehrsanwalts, insbesondere dann, wenn er die Schriftsätze zu entwerfen hat.[462] Der Verkehrsanwalt hat die Informationen des Mandanten aufzunehmen, zu verarbeiten und fehlerfrei an den Prozessbevollmächtigten weiterzuleiten. Der Verkehrsanwalt hat den Auftraggeber **über den Fortgang des Rechts-**

221

---

456 BGH, VersR 1990, 801; 1991, 896 – beide zu § 233 ZPO.
457 BGH, NJW 1997, 3245 – zu § 233 ZPO.
458 BGH, NJW 2000, 3071; 2001, 1576; 2001, 1579.
459 BGH, NJW 1988, 1079, 1082; 1988, 3013, 3014; 1992, 836, 837; vgl. auch BGH, VersR 1990, 801 – zu § 233 ZPO.
460 BGH, WM 2002, 650, 651.
461 OLG Köln, NJW-RR 1995, 1401, 1402.
462 OLG Düsseldorf, NJWE-VHR 1997, 58; 1998, 234, 235.

streits zu unterrichten. Seine Aufgabe erschöpft sich nicht in der Weiterleitung von Schriftstücken. Er hat den Auftraggeber auch über die rechtliche Bedeutung eines Beweisbeschlusses zu **belehren** und auf gerichtliche Auflagen **hinzuweisen**, an deren Erfüllung der Auftraggeber mitwirken muss. Dies gilt insbesondere für die Auflage, einen für die Beweiserhebung notwendigen Kostenvorschuss zu zahlen. Zu diesem Zweck muss der Verkehrsanwalt den Inhalt eines Beweisbeschlusses mit der für einen Rechtsanwalt erforderlichen Sorgfalt prüfen und das Ergebnis dem Mandanten mitteilen. Stellt er Fehler oder Unklarheiten fest, aus denen für den Auftraggeber Rechtsnachteile erwachsen können, darf er es nicht dabei bewenden lassen, sondern muss den Prozessbevollmächtigten veranlassen, bei dem Prozessgericht auf Berichtigung oder Klarstellung zu dringen.[463] Der Verkehrsanwalt handelt vertragswidrig, wenn er den vom Auftraggeber ausgehändigten Gerichtskostenvorschuss nicht an das Gericht weiterleitet.[464]

222 Der Verkehrsanwalt ist ferner verpflichtet, Fristen (mit) zu überwachen, wenn er eine solche **Fristenkontrolle** übernommen hat.[465] Hatte der Verkehrsanwalt aufgrund interner Absprache anstelle des Prozessbevollmächtigten die Berufungsbegründung zu entwerfen und damit auch deren fristgerechte Einreichung sicherzustellen, ist der Verkehrsanwalt verpflichtet zu überwachen, dass diese Berufungsbegründung fristgerecht bei Gericht eingeht.[466] Wenn der Verkehrsanwalt umfassend für den Auftraggeber im Rahmen eines **einstweiligen Verfügungsverfahrens** tätig ist, d.h. den gesamten Streitstoff aufzubereiten, die Schriftsätze anzufertigen, die zur Glaubhaftmachung notwendigen eidesstattlichen Versicherungen zu beschaffen und an der mündlichen Verhandlung vor dem auswärtigen Gericht teilzunehmen hat, gehört es auch zu seiner Aufgabe, für den Vollzug der erwirkten einstweiligen Verfügung zu sorgen, zumindest also die rechtzeitige Vollziehung zu überwachen.[467]

6. Gesamtschuldnerische Haftung

223 Da der **Prozess- und der Verkehrsanwalt** selbständig für Fehler in ihrem jeweiligen vertraglichen Verantwortungsbereich einzustehen haben, haften sie dem gemeinsamen Auftraggeber **grundsätzlich nicht** als **Gesamtschuldner**.

224 Eine gesamtschuldnerische Haftung des Prozessbevollmächtigten und des Verkehrsanwalts kommt **ausnahmsweise** in Betracht, wenn beide Rechtsanwälte unabhängig voneinander eine – jeweils eigene, im Rahmen ihrer selbständigen Verträge mit dem Mandanten bestehende – Pflicht verletzen und deshalb beide für den entstandenen

---

463 BGH, NJW 1988, 3013, 3014; vgl. auch OLG Köln, VersR 1994, 1300, 1301 zur Überprüfung einer „Abtretungserklärung".
464 BGH, NJW 1988, 1079, 1082.
465 OLG Düsseldorf, VersR 1989, 850, 851.
466 BGH, VersR 1990, 801, 802 – zu § 233 ZPO.
467 OLG Düsseldorf, NJWE-VHR 1997, 252, 253 f.

Schaden in gleicher Weise verantwortlich sind. Voraussetzung ist, dass es sich dabei um ein und dieselbe Pflicht handelt (sog. **Pflichtenüberschneidung**).[468] Dann liegt eine Zweckgemeinschaft der beteiligten Rechtsanwälte vor, die zu einer gesamtschuldnerischen Haftung i.S.d. § 421 BGB führt.[469] Hierzu sind vorrangig die den beteiligten Rechtsanwälten obliegenden Pflichten anhand der vertraglich übernommenen Aufgaben im Einzelfall festzustellen. Eine gesamtschuldnerische Haftung von Prozess- und Verkehrsanwalt wurde **angenommen**, wenn beide Rechtsanwälte

- gerichtliche Auflagen nicht beachtet bzw. es unterlassen haben, den Inhalt dieser Auflagen richtig zu stellen;[470]
- es versäumt haben, eine Rechtsmittelfrist zu wahren;[471]
- eine sachlich nicht gebotene prozessuale Erklärung in einer gemeinsam wahrgenommenen mündlichen Verhandlung abgegeben, z.B. eine Klage zurückgenommen haben;[472]
- es versäumt haben, verjährungsunterbrechende Maßnahmen einzuleiten[473] oder
- eine einstweilige Verfügung nicht durch Zustellung im Parteiverkehr vollzogen haben.[474]

Wenn Prozess- und Verkehrsanwalt als Gesamtschuldner für den Schaden des Auftraggebers verantwortlich sind, erfolgt der **Haftungsausgleich im Innenverhältnis** gemäß **§ 426 BGB**. Nach § 426 Abs. 1 Satz 1 BGB sind Gesamtschuldner im Verhältnis zueinander zu gleichen Anteilen verpflichtet, soweit nicht ein anderes bestimmt ist. Diese als Grundregel vorgesehene Haftung zu gleichen Teilen ist nur anzuwenden, wenn jeder andere Verteilungsmaßstab fehlt. Praktisch ist sie also die Ausnahme und nur eine bloße Hilfsregel. Jedoch ist der Gesamtschuldner, der eine von der Grundregel abweichende Verteilung verlangt, für die Tatsachen beweispflichtig, welche die Abweichung rechtfertigen sollen.[475] Für die Bemessung des Gesamtschuldnerausgleichs im Innenverhältnis ist der **Gedanke des § 254 BGB** heranzuziehen.[476] Danach kommt es vor allem auf eine Bewertung des Maßes **der Verursachung und des Verschuldens**

225

---

468 BGH, NJW 1993, 1779, 1781; NJW 1997, 2168, 2170; OLG Köln, VersR 1994, 1300, 1301; NJW-RR 1995, 1401, 1402; OLG Düsseldorf, NJWE-VHR 1997, 252, 253.
469 BGHZ 59, 97, 101; *Terbille*, in: *Rinsche/Fahrendorf/Terbille*, Rn. 185; *Vollkommer/Heinemann*, Rn. 449.
470 BGH, NJW 1988, 3013, 3014.
471 BGH, VersR 1991, 896; NJW 1997, 3245 – beide zu § 233 ZPO.
472 OLG Köln, NJW-RR 1995, 1401, 1402.
473 OLG Köln, VersR 1994, 1300, 1301.
474 OLG Düsseldorf, NJWE-VHR 1997, 252, 253 f.
475 OLG Düsseldorf, NJWE-VHR 1997, 252, 254.
476 BGHZ 47, 227, 235.

im Einzelfall an.[477] Dabei kann die Abwägung zu einer Schadensteilung, aber auch zur alleinigen Belastung eines Ersatzpflichtigen führen. Beschränkt sich die Mithaftung eines Gesamtschuldners darauf, dass er den anderen Gesamtschuldner nicht ausreichend beaufsichtigt hat, ist er i.d.R. nicht ausgleichspflichtig. Hat ein Gesamtschuldner gegenüber dem anderen eine besondere Vertragspflicht verletzt, ist dies bei der Abwägung zu seinen Lasten zu berücksichtigen. Der zwischen Prozess- und Verkehrsanwalt vereinbarten Aufteilung des Honorars kommt für den Ausgleichsmaßstab nur eine untergeordnete Bedeutung zu.[478]

7. Fehler eines Rechtsanwalts als Mitverschulden des gemeinsamen Auftraggebers

226 Verlangt der Mandant von einem der gesamtschuldnerisch haftenden Rechtsanwälte Schadensersatz, kann sich der betroffene Rechtsanwalt **grundsätzlich nicht** darauf berufen, der Mandant müsse sich einen Fehler des anderen Rechtsanwalts bei dem haftungsbegründenden Vorgang gemäß §§ 254 Abs. 1, 278 BGB zurechnen lassen.[479] Auch im Rahmen des § 254 Abs. 1 BGB ist dem Geschädigten ein Verschulden eines Erfüllungsgehilfen, dessen er sich zur Wahrnehmung seiner Interessen im Rahmen eines Vertragsverhältnisses bedient, in entsprechender Anwendung des § 278 BGB zuzurechnen.[480] Wie bereits zuvor ausgeführt, wird i.d.R. keiner dieser Rechtsanwälte in seinem selbständigen vertraglichen Pflichtenkreis als Erfüllungsgehilfe des anderen tätig. **Ausnahmsweise** hat sich der geschädigte Mandant auf einen Regressanspruch einen schuldhaften Schadensbeitrag eines anderen Rechtsanwalts als Mitverschulden nach §§ 254 Abs. 1, 278 BGB anrechnen zu lassen, wenn er sich dieses Rechtsanwalts **zur Erfüllung eines Gebots des eigenen Interesses bedient** hat und das Verhalten dieser Hilfsperson in einem unmittelbaren Zusammenhang mit dem ihr anvertrauten Pflichtenkreis steht. Daher hat der Mandant gegenüber dem Prozessanwalt z.B. eine vorwerfbare und schadensursächliche **Falschangabe des Verkehrsanwalts als Mitverschulden** zu vertreten, wenn der Verkehrsanwalt im Einvernehmen mit dem Mandanten den Prozessanwalt über den Sachverhalt zu unterrichten hat.[481]

227 Unabhängig davon ist die Frage zu beurteilen, ob der Verkehrs- oder der Prozessanwalt Erfüllungsgehilfe des gemeinsamen Mandanten bei einer **Obliegenheit zur Schadensminderung** ist (vgl. Rn. 1217 ff.).[482] Eine Zurechnung nach §§ 254 Abs. 2

---

477 OLG Düsseldorf, NJWE-VHR 1997, 252, 254; OLG Celle, BRAK-Mitt. 1998, 70 (Ls.) m. Anm. *Borgmann*; OLG Celle, DNotZ 1984, 246, 248 f. – zu § 46 Satz 2 BNotO.
478 OLG Düsseldorf, NJWE-VHR 1997, 252, 254; im konkreten Fall Annahme einer Haftungsquote von jeweils 50 %.
479 BGH, NJW-RR 1990, 1241, 1245.
480 BGHZ 3, 46, 49 f.; 36, 329, 338 f.; NJW 1994, 1211, 1212; 1994, 2822, 2824; 1997, 2168, 2170.
481 BGH, NJW 1997, 2168, 2170; vgl. auch OLG München, NJW-RR 1991, 1460, 1462.
482 BGH, NJW-RR 1990, 1241, 1245; OLG München, NJW-RR 1991, 1460, 1462.

Satz 2, 278 BGB ist etwa vorzunehmen, wenn der in Anspruch genommene Verkehrsanwalt einen schuldhaften Schadensbeitrag des **Prozessanwalts** geltend macht und dieser bestellt wurde, um einen **erkannten oder für möglich gehaltenen Fehler des Verkehrsanwalts zu beheben.** Dies hat der BGH wiederholt für den Fall entschieden, dass der Auftraggeber mehrere Rechtsanwälte nacheinander eingeschaltet hat (dazu Rn. 290 ff.).

8. Zusammenfassung

Im Ergebnis stellt die Rechtsprechung weit reichende Sorgfaltspflichten sowohl an den Prozess- als auch an den Verkehrsanwalt. Die Gerichte tragen dem **Zusammenwirken beider Rechtsanwälte im Interesse des gemeinsamen Mandanten** Rechnung. Prozess- und Verkehrsanwalt werden gerade nicht nebeneinander, sondern miteinander tätig. Die vielen hierzu ergangenen Entscheidungen verdeutlichen vor allem die Gefahr, dass der eine Rechtsanwalt sich kritiklos auf den anderen verlässt und die eigenen Vorkehrungen zur Abwehr von Schäden des Auftraggebers vernachlässigt. Die Einschaltung mehrerer Rechtsanwälte darf nicht zum Nachteil des gemeinsamen Auftraggebers gehen. Vielmehr sind diese gehalten, zusammenzuarbeiten und ihre jeweiligen Aufgaben sorgfältig zu erfüllen.

228

II. Haupt- und unterbevollmächtigter Rechtsanwalt

Ein anderes Zusammenwirken mehrerer Rechtsanwälte im Einzelfall ergibt sich bei **Unterbevollmächtigung.**[483] Das Zusammenwirken zwischen Haupt- und Unterbevollmächtigtem hat in der Praxis die Kooperation in Form von Prozess- und Verkehrsanwalt weitgehend verdrängt und spielt damit eine erhebliche Rolle.

229

1. Grundlagen

Bei Prozessmandaten kann es vorkommen, dass der Prozessbevollmächtigte einen Gerichtstermin nicht persönlich wahrnehmen kann. Regelmäßig erteilt der beauftragte Rechtsanwalt dann einem am Gerichtsort niedergelassenen Rechtsanwalt **Untervollmacht**, um den Gerichtstermin wahrzunehmen. Der Hauptbevollmächtigte bleibt der für den Rechtsstreit bestellte Prozessbevollmächtigte, während der Unterbevollmächtigte sich nicht als weiterer Prozessbevollmächtigter bestellt, sondern auf die Wahrnehmung eines einzelnen Gerichtstermins beschränkt. Alle übrigen Prozesshandlungen nimmt weiter der Prozessbevollmächtigte vor. Die **Prozessvollmacht** ermächtigt nach § 81 ZPO zu allen den Rechtsstreit betreffenden Prozesshandlungen. Beispielhaft ist im Gesetz die „**Bestellung eines Vertreters**" aufgeführt, d.h. die Beauftragung eines

230

---

483 Vgl. zum Haupt- und Unterbevollmächtigten: *Borgmann/Jungk/Grams*, § 38 Rn. 60; *Fahrendorf*, in: *Rinsche/Fahrendorf/Terbille*, Rn. 696–700; *Seltmann*, JZ 1974, 97, 98 f.; *Vollkommer/Heinemann*, Rn. 441, 442.

Unterbevollmächtigten.[484] Im Anwaltsprozess (§ 83 Abs. 1 ZPO) ist die Prozessvollmacht im Außenverhältnis grundsätzlich nicht beschränkbar. Eine Beschränkung z.B. auf einzelne Anträge ist unzulässig.[485] Folglich kann der Auftraggeber im Anwaltsprozess das Recht zur Unterbevollmächtigung eines anderen Rechtsanwalts nicht mit Außenwirkung beschränken. Nur wenn eine Vertretung durch Rechtsanwälte nicht geboten ist, kann eine Vollmacht gemäß § 83 Abs. 2 ZPO für einzelne Prozesshandlungen erteilt werden.

231 **Gebührenrechtlich** sind die **Nrn. 3401 – 3405 VV RVG** zu beachten. Der **Gebührenanspruch des Unterbevollmächtigten** besteht bei wirksamer Unterbevollmächtigung gegenüber dem Auftraggeber. Falls die Voraussetzungen für die Einschaltung eines Unterbevollmächtigten fehlen, richtet sich dessen Gebührenanspruch gegen den Rechtsanwalt, der ihn beauftragt hat.[486] Umstritten kann in Einzelfällen sein, inwiefern die Kosten eines unterbevollmächtigten Rechtsanwalts erstattungsfähig sind.[487]

232 Gerichtliche Entscheidungen zu den haftungsrechtlichen Folgen des Zusammenwirkens eines Haupt- mit einem Unterbevollmächtigten sind nicht veröffentlicht. Die Stellungnahmen im Schrifttum weichen in Einzelfragen erheblich voneinander ab.

2. Unterbevollmächtigung beim sog. Kartellsystem

233 Thematisiert wurde die **Zulässigkeit der Unterbevollmächtigung** vor allem im Zusammenhang mit dem von Rechtsanwälten an einigen Gerichten praktizierten sog. **Kartellsystem**. Dabei handelt es sich um eine langjährige Übung örtlicher Anwaltsvereine vor allem im Oberlandesgerichtsbezirk Düsseldorf. Die Mitglieder des Anwaltsvereins, die an demselben Landgericht zugelassen sind, erteilen sich gegenseitig Untervollmacht. In einer von dem Anwaltsverein beschlossenen Sitzungsdienstordnung sind die Aufgaben und Pflichten der beteiligten Rechtsanwälte sowie der Umfang der Untervollmacht niedergelegt. Diese Sitzungsdienstordnung betrifft nur das Verhältnis zwischen den Mitgliedern des Vereins. Das Gericht oder Dritte bindet sie nicht. Der Verein bestellt für jede Sitzung der Amts- und Landgerichte, in der bürgerlichrechtliche Streitigkeiten verhandelt werden, ein anwaltliches Mitglied, das als Unterbevollmächtigter derjenigen Kollegen auftritt, die diesen Verhandlungstermin nicht persönlich wahrnehmen können (sog. **Kartellanwalt**). Dann muss der vom Auftraggeber eingeschaltete Hauptbevollmächtigte die Handakte mit einer klaren schriftlichen, auf einem Formular des Vereins eingetragenen Weisung rechtzeitig im Sitzungssaal niederlegen. Wenn der Hauptbevollmächtigte die Maßgaben der Sitzungsdienstordnung missachtet, ist der Unterbevollmächtigte nicht verpflichtet aufzutreten.

---

484 BGH, NJW 1980, 999.
485 BGHZ 92, 137, 142 f.
486 *Gerold/Schmidt/v. Eicken/Madert/Müller-Rabe*, RVG, Rn. 22 zu VV 3401.
487 BGH, BB 2004, 1023.

E. Beteiligung mehrerer Rechtsanwälte

Die **rechtliche Bewertung des Kartellsystems** durch einzelne Senate des OLG Düsseldorf weicht zum Teil erheblich voneinander ab. Eine einheitliche Linie, an der sich die Praxis ausrichten kann, ist wünschenswert, gegenwärtig jedoch nicht erkennbar. 234

Im Urteil vom 28.6.1971[488] hat das OLG Düsseldorf das Kartellsystem grundsätzlich gebilligt. Dessen Einrichtung sei im Interesse der Rechtsanwälte und des Gerichts geschaffen worden und dürfe den Parteien daher keine vermeidbaren Nachteile bringen. 235

In einem späteren Urteil hat ein anderer Senat des OLG Düsseldorf grundlegende Kritik an dem Kartellsystem geübt.[489] Eine wirksame Untervollmacht des Kartellanwalts setze eine Erklärung des Prozessbevollmächtigten voraus. Diese Erklärung könne darin liegen, dass der Vertretene dem Vertreter mündlich oder schriftlich Weisung erteile, für ihn aufzutreten, und ihm Gelegenheit gebe, sich mit dem Prozessstoff zu befassen. Dem Kartellanwalt müsse eine auf den Fall bezogene Weisung erteilt worden sein. Er müsse i.d.R. ferner die Möglichkeit haben, sich mittels der Handakten des Prozessbevollmächtigten ein eigenes Bild von dem Streitstoff zu machen und dabei insbesondere zu prüfen, ob er nicht wegen besonderer Umstände gehindert ist, die Vertretung wahrzunehmen. Eine von zahlreichen Rechtsanwälten gegenseitig erteilte allgemeine Vollmacht, einander in Terminen aller künftigen Rechtsstreitigkeiten zu vertreten, lasse sich nicht mit den Erfordernissen einer ordnungsgemäßen Rechtspflege in Einklang bringen und sei deshalb unwirksam. 236

In dieselbe Richtung weist ein anderes Urteil des OLG Düsseldorf.[490] Eine Büroorganisation, die es ermögliche, dass das Büropersonal ohne Zwischenschalten des Rechtsanwalts eine Akte „ins Kartell" gebe, sei grob mangelhaft. Es sei nachlässig und mit den Pflichten eines Rechtsanwalts nicht zu vereinbaren, dass ein Rechtsanwalt (hier der Kartellanwalt) eine Sache streitig verhandele, ohne sie zu kennen. Es sei nicht einzusehen, dass das Auftreten eines uninformierten Rechtsanwalts im Interesse des Gerichts liegen könne. Jedenfalls nach dem In-Kraft-Treten des Gesetzes zur Vereinfachung und Beschleunigung gerichtlicher Verfahren vom 3.12.1975[491] sei die Auffassung, ein Anwaltskartell führe zu einer ordnungsgemäßen Prozessführung, nicht mehr haltbar. Die mündliche Verhandlung, die nach dem Willen des Gesetzgebers Kern des Zivilprozesses sein solle, verkäme zur Farce, wenn es hingenommen würde, dass die Prozessbevollmächtigten der Parteien den Streitstoff nicht kennen und deshalb zu einer Erörterung in rechtlicher und tatsächlicher Hinsicht nicht in der Lage seien. 237

---

488 OLG Düsseldorf, NJW 1971, 1707.
489 OLG Düsseldorf, NJW 1976, 1324.
490 OLG Düsseldorf, NJW 1982, 1888, 1889.
491 BGBl. I, S. 3281.

238 Den vorläufigen Schlusspunkt der Urteile des OLG Düsseldorf zum Anwaltskartell bildet ein Urteil vom 9.1.1989.[492] Danach ist ein Gericht nicht seiner Hinweispflicht enthoben, wenn eine Partei von einem sog. Kartellanwalt vertreten wird.

239 Im Schrifttum wird das Kartellsystem vereinzelt als nicht ordnungsgemäße Prozessführung bewertet.[493] Die Kritik am Kartellsystem ist in dieser Allgemeinheit nicht gerechtfertigt, zumal wenn eine Auseinandersetzung mit den Stellungnahmen in der obergerichtlichen Rechtsprechung, die dem Kartellsystem wohlwollend gegenüberstehen,[494] unterbleibt. Es wird nicht genügend beachtet, dass das Kartellsystem sich über lange Zeit bewährt hat. Nach den Erfahrungen des Verfassers beteiligen sich die betroffenen Amts- und Landgerichte mittelbar an dieser Praxis, ja unterstützen sie sogar. So werden Durchlauftermine angesetzt, bei denen im Rahmen eines frühen ersten Termins gemäß § 275 ZPO zum Teil bis zu 20 Sachen auf dieselbe Uhrzeit terminiert werden, für deren Behandlung dann insgesamt 30 bis 60 Minuten zur Verfügung stehen. In all diesen Fällen ist von vornherein eine mündliche Erörterung der Sache nicht vorgesehen und auch nicht beabsichtigt. Vielmehr werden nur die bereits schriftlich angekündigten Anträge der Parteien gestellt. Anschließend bestimmt das Gericht einen Termin zur Verkündung einer Entscheidung. Mögliche Hinweise des Gerichts zur Sache werden schriftlich gegeben. So dient das Kartellsystem einer ordnungsgemäßen Prozessführung und entlastet die Gerichte, auf deren Überlastung an anderer Stelle aus berufenem Mund vielfach hingewiesen worden ist.[495] In anderen Fällen, die außerhalb der Durchlauftermine angesetzt werden, treten keine Kartellanwälte auf. Im Regelfall ist deshalb das Kartellsystem nicht zu beanstanden, wenn der Prozessbevollmächtigte die Sache ordnungsgemäß, d.h. unter Beifügung der Handakten und mit einer klaren und vollständigen Weisung „ins Kartell gibt". Es liegt auf der Hand, dass das System im Einzelfall auch missbraucht und von einer ordnungsgemäßen Prozessführung dann nicht mehr gesprochen werden kann. Die Missbrauchsfälle können durch haftungs- und berufsrechtliche Sanktionen gegen die betroffenen Rechtsanwälte zu einem sachgerechten Ergebnis geführt werden.

240 Zusammenfassend ist festzuhalten, dass sorgfältig zwischen den Voraussetzungen einer wirksamen Unterbevollmächtigung, der haftungsrechtlichen Behandlung sowie der berufsrechtlichen Bewertung des in einzelnen Gerichtsbezirken praktizierten Anwaltskartells unterschieden werden muss. Hierzu ist es zwingend geboten, den jeweiligen Einzelfall zu betrachten. Für eine pauschale Abwertung des Anwaltskartells gibt dieser komplexe Gegenstand nichts her.

---

492 OLG Düsseldorf, NJW 1989, 1489.
493 *Schneider*, MDR 2000, 437 – wettbewerbsrechtliche Bedenken.
494 OLG Düsseldorf, NJW 1971, 1707; 1989, 1489.
495 *Gerhardt/Geiss*, ZRP 1997, 165, 166; vgl. auch FAZ v. 31.1.1998, S. 4 und v. 23.1.1999, S. 6.

3. Voraussetzungen wirksamer Unterbevollmächtigung

Die Voraussetzungen einer **wirksamen Unterbevollmächtigung** müssen anhand der Umstände des jeweiligen Falls ermittelt werden. Die **Vollmacht** ist vom **Anwaltsvertrag als Grundverhältnis zu unterscheiden**. Dem Vertretungsverhältnis muss nicht notwendig ein Rechtsverhältnis mit dem Vollmachtgeber zugrunde liegen.[496] Zu denken ist etwa an einen Anwaltsvertrag zugunsten eines Dritten; auch der Dritte erteilt eine Vollmacht, damit die anwaltliche Hauptleistung zu seinen Gunsten zu einem Erfolg führen kann. Für eine wirksame Unterbevollmächtigung muss demjenigen Rechtsanwalt, dem eine Untervollmacht eingeräumt werden soll, ein **Auftrag** erteilt werden. Hierzu bedarf es einer entsprechenden Erklärung des Auftraggebers selbst oder seines Prozessbevollmächtigten. Eine **Prozessvollmacht** zum Zweck der Terminwahrnehmung setzt eine Erklärung des Vertretenen voraus; diese kann darin liegen, dass der Vertretene dem Vertreter mündlich oder schriftlich Weisung erteilt, für ihn aufzutreten.[497] Eine solche Weisung muss sich auf einen im Einzelfall konkretisierten Auftrag beziehen. Eine allgemeine Unterbevollmächtigung für eine Vielzahl, zum Zeitpunkt der Abgabe der Erklärung ungewisse Anzahl Fälle ist nicht möglich. Daher bedarf es zu einer wirksamen Unterbevollmächtigung im Rahmen des vorbeschriebenen Kartellsystems einer konkreten, vollständigen und verständlichen **Weisung im Einzelfall**. Dieses Angebot zur Unterbevollmächtigung nimmt der Kartellanwalt konkludent an, wenn er für die Partei auftritt, deren Prozessbevollmächtigter die Sache ins Kartell gegeben hat.

241

Soweit für eine wirksame Unterbevollmächtigung verlangt wird, dem Rechtsanwalt, der Untervollmacht erhalten soll, müsse Gelegenheit gegeben werden, sich mittels der Handakten des Prozessbevollmächtigten der Partei ein eigenes Bild von dem Streitstoff zu machen und dabei insbesondere zu prüfen, ob er nicht wegen besonderer Umstände gehindert ist, die Vertretung wahrzunehmen,[498] handelt es sich nicht um Voraussetzungen einer wirksamen Unterbevollmächtigung, sondern um Umstände, die das **Innenverhältnis** zwischen dem Prozess- bzw. unterbevollmächtigten Rechtsanwalt und dem Auftraggeber betreffen. Sie können deshalb allenfalls eine haftungs- oder berufsrechtliche Verantwortung der beteiligten Rechtsanwälte begründen. Eine im Innenverhältnis pflichtwidrige Unterbevollmächtigung darf jedoch nicht zu Lasten des Verfahrensgegners im **Außenverhältnis** gehen.

242

Eine wirksame Unterbevollmächtigung setzt des Weiteren voraus, dass der die Unterbevollmächtigung vermittelnde Prozessbevollmächtigte **im Rahmen seiner Vollmacht** handelt. Grundsätzlich ist dies der Fall, wenn der Mandant seinem Hauptvertreter Vollmacht zur Beauftragung des Untervertreters erteilt hatte. Dies gilt auch dann, wenn der Mandant dies nicht getan oder dem Hauptvertreter sogar untersagt hatte, der

243

---

496 BGH, NJW 1981, 1727, 1728.
497 OLG Düsseldorf, NJW 1976, 1324.
498 OLG Düsseldorf, NJW 1976, 1324.

Hauptvertreter aber im Anwaltsprozess von einer – nach außen hin nicht beschränkbaren – Prozessvollmacht Gebrauch gemacht hatte (§§ 81, 83 Abs. 1 ZPO).

244 Für ein Handeln im Rahmen der Prozessvollmacht kommt es nicht darauf an, dass die Unterbevollmächtigung sachlich gerechtfertigt ist. Die Gegenansicht[499] lässt sich weder zivilrechtlich (vgl. § 164 BGB) noch zivilverfahrensrechtlich (vgl. §§ 81, 83 ZPO) rechtfertigen. Soweit eine Beschränkung der Prozessvollmacht möglich ist, ist der Prozessbevollmächtigte nur dann gehindert, einem anderen Rechtsanwalt Untervollmacht zu erteilen, wenn der Auftraggeber ihn angewiesen hat, hiervon abzusehen und den Gerichtstermin persönlich wahrzunehmen. Dann muss der Prozessbevollmächtigte sich entscheiden, ob er dieser Weisung folgt oder das Mandat niederlegt. § 83 Abs. 1 ZPO legt fest, dass im Anwaltsprozess eine Beschränkung der Vollmacht nach außen grundsätzlich nicht möglich ist. Nur im Parteiprozess, in dem eine Vertretung durch Rechtsanwälte nicht geboten ist, kann eine Vollmacht gemäß § 83 Abs. 2 ZPO für einzelne Prozesshandlungen erteilt und somit auch eine Unterbevollmächtigung mit Außenwirkung ausgeschlossen werden. Die **Reichweite der Prozessvollmacht** muss deshalb im Einzelfall festgestellt werden. Die Ansicht, bei einer weisungswidrigen Unterbevollmächtigung hafteten der Prozess- und der Unterbevollmächtigte als Gesamtschuldner,[500] lässt sich mit den zuvor dargelegten Grundsätzen nicht in Einklang bringen.[501]

245 Eine wirksame Unterbevollmächtigung darf des Weiteren **nicht gesetzlich ausgeschlossen** sein. § 81 ZPO sieht eine Unterbevollmächtigung für **zivilrechtliche Streitigkeiten** vor. Demgegenüber kann ein **Pflichtverteidiger** (vgl. § 142 StPO) nicht wirksam Untervollmacht erteilen. Wird eine Revisionsbegründungsschrift von einem Rechtsanwalt unterzeichnet, der von dem Pflichtverteidiger „unterbevollmächtigt" worden ist, führt dies zur Unzulässigkeit der Revision.[502] Auch § 52 Abs. 1 BRAO schränkt die Zulässigkeit einer Unterbevollmächtigung ein. Soweit eine Vertretung durch Rechtsanwälte geboten ist, kann danach der zum Prozessbevollmächtigten bestellte Rechtsanwalt die Vertretung nur auf einen Rechtsanwalt übertragen, der selbst in dem Verfahren zum Prozessbevollmächtigten bestellt werden kann. Danach ist eine von einem Unterbevollmächtigten eingelegte Berufung nur wirksam, wenn sowohl der Haupt- als auch der Unterbevollmächtigte vor dem Berufungsgericht postulationsfähig sind.[503]

---

499 *Borgmann/Jungk/Grams*, § 38 Rn. 60; *Vollkommer/Heinemann*, Rn. 442.
500 *Fahrendorf*, in: *Rinsche/Fahrendorf/Terbille*, Rn. 699. Inkonsequent ist dessen dort dargestellte Einschränkung. Danach kommt zwischen Unterbevollmächtigtem und Mandant kein Vertrag zustande, wenn der Hauptbevollmächtigte den Unterbevollmächtigten wahrheitsgemäß auf das fehlende Einverständnis des Mandanten (mit der Unterbevollmächtigung) hingewiesen hat.
501 *Vollkommer/Heinemann*, Rn. 442.
502 OLG Düsseldorf, NJW 1993, 2002.
503 OLG Karlsruhe, VersR 1988, 587.

E. Beteiligung mehrerer Rechtsanwälte

Der Unterbevollmächtigte muss sich schließlich als **selbständig verantwortlicher Bevollmächtigter** zu **erkennen geben**; er darf nicht nur als Überbringer einer fremden Erklärung auftreten. Erklärungen wirken nur dann unmittelbar für und gegen den Vertretenen, wenn der Vertreter sie im Namen des Vertretenen abgibt (§ 164 Abs. 1, 2 BGB). Ein Rechtsanwalt, der „für" einen anderen Rechtsanwalt auftritt, handelt erkennbar als Unterbevollmächtigter.[504]

246

4. Rechtsfolgen wirksamer Unterbevollmächtigung

Wenn die Voraussetzungen einer **Unterbevollmächtigung** vorliegen, kommt auch ein **Vertrag** zwischen dem **Mandanten** und dem Rechtsanwalt (**Unterbevollmächtigten**), der von dem anwaltlichen Hauptbevollmächtigten im Namen des Mandanten eingeschaltet worden ist, zustande. Der Hauptbevollmächtigte und der Unterbevollmächtigte haben in diesem Fall miteinander keinen Vertrag geschlossen.[505]

247

Der Unterbevollmächtigte, der namens des Auftraggebers eingeschaltet ist, handelt dann nicht als Vertreter oder in Erfüllung einer Verbindlichkeit des Hauptbevollmächtigten. Eine Verschuldenszurechnung nach **§ 278 BGB scheidet deshalb aus**.[506]

248

Im Schrifttum werden die Rechtsfolgen einer wirksamen Unterbevollmächtigung vielfach als Problem der erlaubten Substitution gemäß oder analog § 664 Abs. 1 Satz 2 BGB behandelt.[507] Wie an anderer Stelle ausführlich dargelegt wird, findet diese Vorschrift wegen des eindeutigen Wortlauts des § 675 Abs. 1 BGB, der § 664 BGB von Geschäftsbesorgungsverträgen ausdrücklich ausnimmt, weder unmittelbare noch – mangels einer Regelungslücke – analoge Anwendung. Im Übrigen besteht kein Anlass, § 664 Abs. 1 Satz 2 BGB entsprechend anzuwenden. Zur Ermittlung der Sorgfaltspflichten des mit der Auswahl des Unterbevollmächtigten beauftragten Rechtsanwalts lassen sich durch Auslegung des Anwaltsvertrages mit dem Hauptbevollmächtigten sachgerechte Ergebnisse ohne dogmatische Systembrüche erzielen.[508]

249

Wie bei der Aufgabenteilung zwischen Verkehrs- und Prozessanwalt sind aufgrund der Verträge mit dem Auftraggeber die **Sorgfaltspflichten der beteiligten Rechtsanwälte** zu ermitteln. Die für Verkehrs- und Prozessanwalt aufgestellten Grundsätze (Rn. 206 ff.) gelten entsprechend.[509]

250

---

504 BAG, NJW 1990, 2706 f.
505 *Borgmann/Jungk/Grams*, § 38 Rn. 60; *Vollkommer/Heinemann*, Rn. 442.
506 *Fahrendorf*, in: *Rinsche/Fahrendorf/Terbille*, Rn. 698; *Vollkommer/Heinemann*, Rn. 442; mit anderer Begründung *Seltmann*, JZ 1974, 97, 98 f.
507 *Borgmann/Jungk/Grams*, § 38 Rn. 61; *Vollkommer/Heinemann*, Rn. 442.
508 Zu den Gründen, die gegen eine direkte oder analoge Anwendung des § 664 Abs. 1 Satz 2 BGB auf Anwaltsverträge und zur Haftung der beteiligten Rechtsanwälte sprechen s. Rn. 312 ff.
509 *Fahrendorf*, in: *Rinsche/Fahrendorf/Terbille*, Rn. 697; *Vollkommer/Heinemann*, Rn. 442.

Sieg

251 Zu den **Sorgfaltspflichten des Hauptbevollmächtigten** zählen in erster Linie die ordnungsgemäße Erstellung der **Schriftsätze** sowie die **Fristenkontrolle**. Wenn eine wirksame Unterbevollmächtigung vorliegt, ist der Hauptbevollmächtigte gegenüber dem Auftraggeber auch verpflichtet, den **Unterbevollmächtigten sorgfältig auszuwählen, zu unterrichten und zu überwachen**. Wird eine Sache ins Kartell gegeben, liegt eine sorgfältige Auswahl des Unterbevollmächtigten nur dann vor, wenn der Hauptbevollmächtigte dem Unterbevollmächtigten die Handakten überlässt, diesen klar und eindeutig anweist und ihm ermöglicht zu prüfen, ob er verhindert ist, den Auftrag zu übernehmen.[510] Der Hauptbevollmächtigte hat durch eine entsprechende Büroorganisation sicherzustellen, dass das Büropersonal eine Akte nicht ohne seine Zwischenschaltung „ins Kartell gibt". Andernfalls handelt er grob fahrlässig.[511] Der Hauptbevollmächtigte handelt auch pflichtwidrig, wenn er einen Unterbevollmächtigten trotz entgegenstehender **Weisung des Auftraggebers** einschaltet. Der Prozessbevollmächtigte ist aufgrund seiner Prozessvollmacht nicht befugt, seine Vollmacht an einen anderen so weiterzugeben, dass dieser neben ihm die Vertretung für den Prozess als Ganzes übernimmt.[512]

252 Der **Unterbevollmächtigte** hat nur einen **eingeschränkten Pflichtenkreis**. Dieser ist im konkreten Einzelfall anhand der durch den Hauptbevollmächtigten übermittelten Weisung des Auftraggebers und des dem Unterbevollmächtigten eingeräumten Spielraums zu ermitteln. In jedem Fall zählt dazu die **ordnungs- und weisungsgemäße Wahrnehmung des Gerichtstermins**, für den die Untervollmacht erteilt worden ist. Es ist nachlässig und mit den Pflichten eines Rechtsanwalts nicht zu vereinbaren, wenn dieser eine Rechtssache streitig verhandelt, ohne sie überhaupt zu kennen.[513] Ob hierzu auch der Fall zu rechnen ist, dass ein Unterbevollmächtigter als Kartellanwalt in einem vom Gericht erkennbar als Durchlauftermin angesetzten frühen ersten Termin aufgrund einer eindeutigen Weisung des Hauptbevollmächtigten nur einen Sachantrag stellt, erscheint angesichts der vorangegangenen Bewertung des Kartellsystems (vgl. Rn. 239) als fraglich. Im Anschluss an den wahrgenommenen Termin hat der Unterbevollmächtigte unverzüglich den Hauptbevollmächtigten über den Verlauf vollständig zu informieren sowie überlassene Handakten zurückzureichen.

253 Die zur Aufgabenteilung von Prozess- und Verkehrsanwalt entwickelten Grundsätze (vgl. Rn. 206 ff.) lassen sich auf eine mögliche **gesamtschuldnerische Haftung** von Haupt- und Unterbevollmächtigtem und einen etwaigen Ausgleich im Innenverhältnis

---

510 Zu diesen Umständen als Voraussetzungen einer wirksamen Unterbevollmächtigung: OLG Düsseldorf, NJW 1975, 1324.
511 OLG Düsseldorf, NJW 1982, 1888, 1889.
512 BGH, NJW 1981, 1727, 1728.
513 OLG Düsseldorf, NJW 1982, 1888, 1889.

übertragen.[514] Haupt- und Unterbevollmächtigter haften z.b. dann als Gesamtschuldner, wenn sie sich unsachgemäß an einem Anwaltskartell beteiligen, indem der Hauptbevollmächtigte den Fall ohne die Handakten und/oder ohne ausreichende Weisung ins Kartell gibt und der Kartellanwalt die Unterbevollmächtigung gleichwohl annimmt und in der Sache auftritt.[515]

5. Rechtsfolgen eigenmächtiger Unterbevollmächtigung

Zwischen dem unterbevollmächtigten Rechtsanwalt und dem Auftraggeber kommt **kein Vertrag** zustande, wenn die Voraussetzungen für die Einschaltung eines Unterbevollmächtigten fehlen. Vertragsbeziehungen bestehen dann allerdings zwischen den beiden Rechtsanwälten. Gegenüber dem Auftraggeber ist dem beauftragten Rechtsanwalt ein Verschulden des von diesem eingeschalteten Rechtsanwalts gemäß **§ 278 BGB** zuzurechnen. Die früher vertretene Gegenansicht, die aus §§ 1, 2 BRAO folgert, dass die Voraussetzungen des § 278 BGB nicht vorlägen,[516] ist allzu formaljuristisch und trägt den Gegebenheiten der Praxis nicht Rechnung.

254

Zum Teil wird eine **gesamtschuldnerische Haftung** beider Rechtsanwälte gegenüber dem Mandanten angenommen.[517] Die Vertreter dieser Ansicht berücksichtigen nicht, dass jedenfalls in Parteiprozessen keine Unterbevollmächtigung zustande gekommen ist. Es wird nicht hinreichend auf die Voraussetzungen einer Unterbevollmächtigung eingegangen, sondern lediglich eine Rechtsfolgenbetrachtung angestellt. Dem Prozessbevollmächtigten ist eine schuldhafte Pflichtverletzung des von ihm eingeschalteten Rechtsanwalts nach § 278 BGB zuzurechnen.[518] Diese Rechtsanwälte haften also nicht als Gesamtschuldner.

255

Eine Eigenhaftung des von einem anderen Rechtsanwalt eingeschalteten Rechtsanwalts, der nicht Unterbevollmächtigter des Auftraggebers ist, kommt unter den Voraussetzungen der **Sachwalterhaftung** in Betracht, wenn er gegenüber dem Auftraggeber besonderes persönliches Vertrauen in Anspruch genommen hat.[519]

256

6. Zusammenfassung

Für die haftungsrechtliche Bewertung von Sachverhalten, bei denen ein haupt- und ein unterbevollmächtigter Rechtsanwalt für den Mandanten tätig werden, muss unter-

257

---

514 Zum Freistellungsanspruch des Unterbevollmächtigten gegen den Hauptbevollmächtigten: *Fahrendorf*, in: *Rinsche/Fahrendorf/Terbille*, Rn. 700.
515 Vgl. hierzu den Fall, der dem zuvor dargelegten Urteil des OLG Düsseldorf, NJW 1982, 1888, 1889, zugrunde lag.
516 *Seltmann*, JZ 1974, 97, 98 f.
517 *Borgmann/Jungk/Grams*, § 38 Rn. 60, die in diesen Fällen eine gesamtschuldnerische Haftung des haupt- und des unterbevollmächtigten Rechtsanwalts annehmen.
518 *Vollkommer/Heinemann*, Rn. 442.
519 Zur Sachwalterhaftung des angestellten Rechtsanwalts: BGH, NJW-RR 1990, 459, 460 f.

schieden werden, ob die Voraussetzungen einer Unterbevollmächtigung im Namen des Mandanten vorliegen oder nicht. Abgrenzungsschwierigkeiten können sich ergeben, wenn der vom Prozessbevollmächtigten eingeschaltete Rechtsanwalt als dessen allgemeiner Vertreter i.S.d. § 53 Abs. 1, Abs. 2 Satz 1 BRAO (dazu Rn. 268 ff.) oder als Sozius bzw. Partner[520] auftritt.

III. Angestellter Rechtsanwalt und freier Mitarbeiter

258 Mehrere Rechtsanwälte können auch in der Weise zusammenwirken, dass der beauftragte Rechtsanwalt im Innenverhältnis **angestellte Rechtsanwälte** oder **freie Mitarbeiter** in die Mandatsbearbeitung einbezieht.[521] Der angestellte Rechtsanwalt oder freie Mitarbeiter kann z.b. damit betraut werden, einen Schriftsatz vorzubereiten, eine gutachtliche Stellungnahme zu einzelnen Rechtsfragen abzugeben, eine Besprechung mit dem Auftraggeber durchzuführen oder einen Auftrag selbständig zu bearbeiten.

259 Ist ein Gerichtstermin wahrzunehmen, tritt ein angestellter Rechtsanwalt oder freier Mitarbeiter i.d.R. als **Unterbevollmächtigter** (dazu Rn. 229 ff.) oder als **allgemeiner Vertreter** gemäß § 53 Abs. 1, Abs. 2 Satz 1 BRAO (dazu Rn. 268 ff.) des Prozessbevollmächtigten auf. Besonderheiten gelten, wenn der angestellte Rechtsanwalt oder freie Mitarbeiter nach außen wie ein Mitglied einer Rechtsanwaltssozietät auftritt, etwa indem er auf dem Briefkopf oder Kanzleischild wie ein Sozietätsmitglied behandelt wird. Die rechtliche Einordnung eines solchen sog. Scheinsozius wird gesondert im Zusammenhang mit der Sozietät behandelt (vgl. Rn. 355).

1. Begriffsbestimmung

260 Die Zulässigkeit der Beschäftigung von angestellten Rechtsanwälten und freien Mitarbeitern ist in § 26 BORA anerkannt.[522] Auch **§ 51 Abs. 1 Satz 2, Abs. 2 BRAO** unterstellt für die Berufshaftpflichtversicherung eines Rechtsanwalts mittelbar die Zulässigkeit einer Zusammenarbeit mit angestellten Rechtsanwälten bzw. freien Mitarbeitern.[523]

261 **Angestellter Rechtsanwalt** ist derjenige, der aufgrund eines privatrechtlichen Vertrages verpflichtet ist, einem anderen Rechtsanwalt (Arbeitgeber) unter Eingliederung in dessen Betrieb weisungsabhängige Arbeit gegen Entgelt zu leisten. Im Unterschied dazu ist für einen **freien Mitarbeiter** charakteristisch, dass er sich seine (Arbeits- und

---

520 Zur Haftung von Rechtsanwälten, die in einer Sozietät oder in einer Partnerschaft zusammenarbeiten s. Rn. 337 ff. und Rn. 374 ff.
521 Vgl. zur Haftung des angestellten Rechtsanwalts bzw. des freien Mitarbeiters: *Fuhrmann*, Die Rechtsstellung des angestellten Rechtsanwalts, S. 114 f.; *Henssler*, JZ 1994, 178, 185; *Sieg*, Internationale Anwaltshaftung, S. 149; *Vollkommer/Heinemann*, Rn. 459.
522 *Nerlich*, in: *Hartung/Holl*, BORA, § 26 Rn. 1 ff.
523 Zum Ausschluss eines Regresses des Berufshaftpflichtversicherers gegen den angestellten Rechtsanwalt des Versicherungsnehmers: OLG Hamburg, VersR 1985, 230.

Urlaubs-)Zeit frei einteilen kann und in der Bearbeitung einzelner Rechtssachen und der Wahrnehmung von Terminen frei ist. Für die **Abgrenzung** ist im Einzelfall auf den Grad der persönlichen Abhängigkeit abzustellen, in dem sich der zur Dienstleistung Verpflichtete befindet. Die persönliche Abhängigkeit eines Mitarbeiters kann darin bestehen, dass er Arbeitsanweisungen hinsichtlich Zeit, Ort und Inhalt der geschuldeten Dienstleistungen beachten muss.[524]

2. Haftung des beauftragten Rechtsanwalts

Der Rechtsanwalt als Vertragspartner des Mandanten ist grundsätzlich verpflichtet, die ihm übertragenen Aufgaben selbst zu erfüllen. Dies folgt aus der Natur des Anwaltsvertrages. Für ein Verschulden eines angestellten Rechtsanwalts oder eines freien Mitarbeiters haftet der Rechtsanwalt gemäß § 278 BGB.[525] Diese Vorschrift differenziert nicht danach, ob die Hilfskräfte mit Zustimmung des Mandanten hinzugezogen werden.[526] § 278 BGB ist auch anwendbar, wenn der Rechtsanwalt Aufgaben des Anwaltsvertrages auf einen **Rechtsreferendar**[527] oder einen **nicht-juristischen Mitarbeiter**[528] überträgt.

262

3. Haftung des angestellten Rechtsanwalts bzw. des freien Mitarbeiters

Zwischen dem angestellten Rechtsanwalt bzw. freien Mitarbeiter und dem Mandanten kommt **kein Vertragsverhältnis** zustande. Vertragsbeziehungen bestehen nur zu

263

---

524 BAG, NJW 1984, 1985, 1986 f.; 1993, 2458, 2459; 1998, 3661 f.; OLG München, MDR 1999, 1412; LAG Berlin, NZA 1987, 488 f. Allgemein zum angestellten Rechtsanwalt und freien Mitarbeiter auch: *Feuerich/Weyland*, BRAO, § 2 Rn. 18 ff.; *Fuhrmann*, Die Rechtsstellung des angestellten Rechtsanwalts, S. 101 ff.; *Hartung*, in: *Henssler/Prütting*, BRAO, § 59a Rn. 111 – 117; *Kaiser/Bellstedt*, Rn. 30; *Kleine-Cosack*, BRAO, vor § 59a Rn. 53 – 66; *Knief*, AnwBl 1985, 58 f.; *Sieg*, Internationale Anwaltshaftung, S. 48; *Wettlaufer*, AnwBl 1989, 194 ff.; vgl. auch § 7 Abs. 4 und 2 Nr. 9 SGB IV zum Sozialversicherungsrecht.

525 BGH, NJW-RR 1990, 459, 460; NJW 1993, 1323, 1324; KG, MDR 1994, 100; BGH, NJW 2004, 2901; BGH, NJW-RR 2003, 1064, 1067 (angestellter Steuerberater); BGH, NJW 2004, 2901 (freier Mitarbeiter – zu § 233 ZPO); BGH, NJW-RR 2005, 494, 495 (auch im Fall der gerichtlichen Beiordnung eines angestellten Rechtsanwalts).

526 BGH, NJW-RR 1990, 459, 460; a.A. *Borgmann/Jungk/Grams*, § 38 Rn. 69, wonach § 278 BGB bei einer Übertragung des Auftrags mit Zustimmung des Mandanten nicht anwendbar sei.

527 BGH, NJW 2001, 3191; zur Haftung für eine schuldhaft pflichtwidrige Verursachung eines Schadens durch einen Referendar: RG, JW 1914, 77, 78; BGH, NJW 1961, 601 f.

528 RG, JW 1921, 460 (Unterschlagungen des Bürovorstehers; *Borgmann/Jungk/Grams*, § 38.

dem vom Auftraggeber eingeschalteten Rechtsanwalt.[529] Der Erfüllungsgehilfe eines Rechtsanwalts haftet im Außenverhältnis dem Mandanten i.d.R. nicht.[530]

264 **Ausnahmsweise** wird eine **eigene vertragliche Ersatzpflicht des Erfüllungsgehilfen** bejaht, wenn die Vertragsverletzung nicht in einer eigentlichen Leistungsstörung, sondern in einer Verletzung von Nebenpflichten besteht und der Erfüllungsgehilfe bei der Anbahnung und Abwicklung des Vertragsverhältnisses für sich Vertrauen in Anspruch genommen hat. Mittlerweile richten sich diese Fälle nach § 311 Abs. 3 BGB. In dem Fall, der dem Urteil des BGH vom 1.2.1990[531] zugrunde lag, war der Schaden nicht durch die Verletzung einer nebenvertraglichen Schutzpflicht, sondern durch eine Schlechterfüllung der hauptsächlich geschuldeten Beratungspflicht entstanden. Der Gehilfe haftet als „**Sachwalter**" nur dann selbst, wenn er gleichsam in eigener Sache tätig wird. Der BGH hat dies auf diejenigen Fälle beschränkt, in denen der Erfüllungsgehilfe in besonderem Maße persönliches Vertrauen in Anspruch genommen hat oder dem Vertragsgegenstand besonders nahe steht, weil er wirtschaftlich selbst stark am Vertragsschluss interessiert ist und aus dem Geschäft eigenen Nutzen erstrebt. Eine eigene Haftung des Vertreters ist nur gerechtfertigt, wenn er über das normale Verhandlungsvertrauen hinausgegangen ist, das bei der Anbahnung von Geschäftsbeziehungen immer gegeben ist oder vorhanden sein sollte. Der Vertreter muss dem Verhandlungspartner eine zusätzliche, von ihm persönlich ausgehende Gewähr für den Bestand und die Erfüllung des in Aussicht genommenen Rechtsgeschäfts geboten haben, die für den Willensentschluss des anderen Teils bedeutsam war. Dies kann etwa bei einer außergewöhnlichen Sachkunde oder bei großer persönlicher Zuverlässigkeit des Vertreters der Fall sein. Allein der Hinweis auf diejenige Sachkunde, die für die übernommene Tätigkeit ohnehin erforderlich ist, erweckt kein besonderes Vertrauen in diesem Sinne.

265 Eine eigene **Haftung des angestellten Rechtsanwalts** kann sich auch aus dessen **Beiordnung im Wege der Prozesskostenhilfe** ergeben, jedenfalls dann, wenn er im Einverständnis mit der Partei tätig wird.[532]

Für die Haftung eines **angestellten Rechtsanwalts** gegenüber dem Auftraggeber gilt nichts anderes. An den vorbeschriebenen Anforderungen für eine Eigenhaftung des angestellten Rechtsanwalts bzw. freien Mitarbeiters fehlt es insbesondere, wenn er am Abschluss des Anwaltsvertrages nicht beteiligt ist.[533]

266 Inwieweit die Rechtsprechung zur **Eigenhaftung des Vertreters wegen eigenen wirtschaftlichen Interesses** am Vertragsschluss künftig aufrechterhalten wird, erscheint

---

529 *Fahrendorf*, in: *Rinsche/Fahrendorf/Terbille*, Rn. 692.
530 BGH, NJW-RR 1990, 459, 460 f.; BGH, NJW-RR 2003, 1064, 1067; BGH, NJW-RR 2005, 594.
531 BGH, NJW-RR 1990, 459, 460 f.
532 BGH, NJW-RR 2005, 494, 497; zu den Beiordnungsfällen, oben Rn. 161 ff.
533 KG, MDR 1994, 100.

fraglich. So hat der für das Gesellschaftsrecht zuständige II. Zivilsenat des BGH dieses Kriterium für die Eigenhaftung des Vertreters (im entschiedenen Fall des GmbH-Geschäftsführers) weitgehend aufgegeben.[534] Der für die Anwaltshaftung zuständige IX. Zivilsenat hat auf Anfrage des II. Zivilsenats[535] mitgeteilt, dass er an seiner bisherigen Rechtsauffassung nicht festhalte.[536] Die Rechtsprechung zur Eigenhaftung des Vertreters wegen **Inanspruchnahme besonderen persönlichen Vertrauens** bleibt hiervon unberührt.[537] Unberührt bleibt auch eine **deliktsrechtliche Haftung** des angestellten Rechtsanwalts bzw. freien Mitarbeiters.[538]

Gegenüber dem vertretenen Rechtsanwalt haftet der **angestellte Rechtsanwalt** nach den allgemeinen **arbeitsrechtlichen Regeln**.[539] Entsprechendes gilt auch für eine **Haftung des freien Mitarbeiters** gegenüber dem vertretenen Rechtsanwalt. Danach ist eine Haftung des angestellten Rechtsanwalts bzw. freien Mitarbeiters gegenüber dem vertretenen Rechtsanwalt ausgeschlossen, wenn dem Vertreter im Innenverhältnis ein **Freistellungsanspruch** zusteht.

267

IV. Allgemein und amtlich bestellter Vertreter

Einen Sonderfall des Zusammenwirkens des beauftragten Rechtsanwalts mit einem anderen Rechtsanwalt bildet die **allgemeine bzw. amtliche Bestellung eines Vertreters nach § 53 BRAO**.[540]

268

1. Begriffsbestimmung

Gemäß **§ 53 Abs. 1 BRAO** ist ein Rechtsanwalt berufsrechtlich verpflichtet, für seine Vertretung zu sorgen, wenn er länger als eine Woche daran gehindert ist, seinen Beruf auszuüben oder wenn er sich länger als eine Woche von seiner Kanzlei entfernen will. Der **Rechtsanwalt kann den Vertreter selbst bestellen**, wenn die Vertretung die Dauer eines Monats nicht überschreitet und von einem bei demselben Gericht zugelassenen Rechtsanwalt übernommen wird (§ 53 Abs. 2 Satz 1 BRAO). Die Bestellung bedarf dann keiner besonderen Form.[541] Ist der Vertreter nicht an demselben Gericht wie der vertretene Rechtsanwalt zugelassen oder soll der Vertreter für länger als einen

269

---

534 BGH, NJW 1994, 2220, 2221.
535 BGH, NJW 1994, 2220, 2221.
536 BGH, NJW 1994, 2220, 2221.
537 Vgl. BGH, NJW-RR 2003, 1064, 1067 (angestellter Steuerberater).
538 KG, MDR 1994, 100.
539 Zur Haftung des angestellten Rechtsanwalts gegenüber dem Rechtsanwalt, der ihn angestellt hat: LAG München, NJW-RR 1988, 542 f. Vgl. auch *Schaub*, Arbeitsrechts-Handbuch, § 52.
540 Vgl. zu § 53 BRAO: Kommentierungen bei *Feuerich/Weyland*; *Kleine-Cosack*; *Jessnitzer/Blumberg*; *Prütting/Schaich*, in: Henssler/Prütting; *Holl*, in: Hartung/Holl.
541 *Kleine-Cosack*, BRAO, § 53 Rn. 3.

Monat bestellt werden, ist gemäß § 53 Abs. 2 Satz 2, Abs. 3 BRAO ein Vertreter für alle Behinderungsfälle, die während eines Kalenderjahres eintreten, **von der Landesjustizverwaltung zu bestellen.**[542] Dem Vertreter stehen gemäß § 53 Abs. 7 BRAO die anwaltlichen Befugnisse des Rechtsanwalts zu, den er vertritt.

270 Denkbar ist, dass ein Rechtsanwalt etwa wegen einer längeren Krankheit, wegen der Verhängung eines zeitlich beschränkten oder vorläufigen Berufsverbots (§ 70 StGB, § 132a StPO) oder wegen eines längeren Auslandsaufenthalts an der Berufsausübung gehindert ist. In der Praxis kommt die Bestellung eines amtlichen Vertreters vor allem bei Rechtsanwälten vor, die eine Singularzulassung an einem Oberlandesgericht haben und die sich gemäß § 53 Abs. 3 BRAO durch einen am Landgericht zugelassenen Rechtsanwalt – i.d.R. einen Sozius oder einen angestellten Rechtsanwalt – vertreten lassen, wenn sie selbst – auch nur kurzfristig – an der Berufsausübung gehindert sind. Die Rechtsprechung war vor allem mit Sachverhalten beschäftigt, bei denen um die Wirksamkeit der von einem Vertreter eingelegten Berufung gestritten wurde.[543] In anderen Fällen lag keine wirksame amtliche Bestellung vor. Gleichwohl war der vermeintliche Vertreter für den vertretenen Rechtsanwalt vor einem Gericht, an dem der Vertretene, nicht jedoch der Vertreter postulationsfähig war, aufgetreten bzw. hatte einen fristwahrenden Schriftsatz unterschrieben. Dann stellt sich die Frage, ob die jeweilige Prozesshandlung wirksam war oder ob Wiedereinsetzung in den vorigen Stand gemäß § 233 ZPO möglich ist. Wiedereinsetzung hängt davon ab, ob die Partei sich ein Verschulden des beauftragten Rechtsanwalts oder des – vermeintlichen – Vertreters gemäß § 85 Abs. 2 ZPO zurechnen lassen muss.[544] Ist durch eine fehlerhafte Prozesshandlung dem Auftraggeber ein Schaden entstanden, muss geprüft werden, ob sich die beteiligten Rechtsanwälte pflichtwidrig verhalten haben und dem Auftraggeber zum Schadensersatz verpflichtet sind.

2. Haftung der beteiligten Rechtsanwälte

271 Die **Haftung der beteiligten Rechtsanwälte** gegenüber dem Auftraggeber richtet sich danach, wie der handelnde Rechtsanwalt nach außen auftritt und wie das Gericht bzw. der Gegner das Auftreten verstehen dürfen.[545] Abgrenzungsschwierigkeiten können sich ergeben, wenn der Vertreter einen Gerichtstermin als Unterbevollmächtigter wahr-

---

542 Hierzu die von der Bundesrechtsanwaltskammer veröffentlichten Hinweise für die Tätigkeit des amtlich bestellten Vertreters, BRAK-Mitt. 1994, 22, 24.
543 BGH, NJW 1975, 542; 1981, 1740; 1991, 1175; 1993, 1925; 1999, 365; OLG München, AnwBl 1985, 589; OLG Koblenz, VersR 1991, 1034; OLG München, MDR 1995, 318.
544 BGH, MDR 1982, 998; VersR 1987, 73; OLG München, AnwBl 1981, 443; MDR 1987, 590 – alle zum Irrtum über die Bestellung des Rechtsanwalts, der als Vertreter eine Berufungsbegründung unterzeichnet hatte; BGH, VersR 1982, 770 – keine Verhinderung des Vertretenen; OVG Hamburg, NJW 1993, 747 – zu § 53 Abs. 2 Satz 1 BRAO. Hierzu auch *R. Lang*, AnwBl 1981, 496.
545 Vgl. auch BGH, NJW 1975, 542, 543.

nimmt (dazu Rn. 229 ff.) oder wenn die beteiligten Rechtsanwälte ständig als Sozien bzw. Partner zusammenarbeiten oder sich zu einer anderen Kooperation verbunden haben.[546] Wenn der handelnde Rechtsanwalt **als amtlich bestellter Vertreter des beauftragten Rechtsanwalts auftritt**, haftet er grundsätzlich nach den gleichen Grundsätzen wie ein angestellter Rechtsanwalt oder freier Mitarbeiter (dazu Rn. 258 ff.).[547] Der Mandant steht dann nur mit dem von ihm beauftragten Rechtsanwalt in **vertraglichen Beziehungen**, nicht dagegen mit dessen Vertreter.[548]

3. Haftung des beauftragten Rechtsanwalts

Der beauftragte Rechtsanwalt haftet dem Auftraggeber für die Erfüllung seiner Pflichten aus dem **Anwaltsvertrag**. Wenn der beauftragte Rechtsanwalt die amtliche Bestellung eines Vertreters beantragt und zu diesem Zeitpunkt mit dem Auftraggeber bereits einen Vertrag geschlossen hatte, ist er aufgrund dieses Vertrages verpflichtet, darauf zu achten, dass die **Bestellung seines Vertreters wirksam** ist.[549] Aus dem Anwaltsvertrag ergeben sich weitere **Auswahl-, Unterrichtungs-, Überwachungs- und Kontrollpflichten** hinsichtlich des Tätigwerdens des Vertreters. 272

Ein Rechtsanwalt hat für ein schuldhaftes Versehen, das seinem amtlich bestellten Vertreter bei der Durchführung eines Rechtsstreits unterlaufen ist, nach **§ 278 BGB** einzustehen. § 664 Abs. 1 Satz 2 BGB findet keine Anwendung.[550] Zur Begründung hat das RG darauf abgestellt, dass sich eine Partei i.d.R. ihren Anwalt als den Mann ihres Vertrauens wähle, bei dem sie die Sache in guten Händen wisse. Selbstverständlich müsse sie es hinnehmen und werde auch regelmäßig damit rechnen, dass sich der Anwalt bei seiner zeitweiligen Verhinderung in der Berufsausübung nach der Rechtsanwaltsordnung vertreten lasse. Die Partei baue dann aber regelmäßig doch darauf, dass der von ihr gewählte Anwalt selbst die Verantwortung für eine ordnungsgemäße Behandlung der Rechtssache weiter trage. Es komme nicht darauf an, ob der Auftraggeber von der Vertretung Kenntnis habe. Allgemein betrachte sich ein zeitweise verhinderter Anwalt, dem ein Vertreter bestellt worden sei, für die ihm anvertrauten Rechtssachen selbst weiter als verantwortlich. Der Vertreter werde regelmäßig nicht im eigenen Namen tätig, sondern übe nur im Namen des Anwalts dessen Berufstätigkeit aus. Die auf den Anwalt ausgestellten Vollmachten blieben rechtswirksam, während für den bestellten Vertreter in aller Regel keine besonderen Vollmachten erteilt würden. Der Anwalt bleibe an sich befugt, trotz der Bestellung eines Vertreters Rechtshandlungen für die Partei vorzunehmen, möge die Standespflicht ihm darin auch Beschränkungen auferlegen. 273

---

546 Zur Haftung von Rechtsanwälten, die sich zu in einer Sozietät, Bürogemeinschaft, Partnerschaft, GmbH, EWIV oder einem Verbund zusammengeschlossen haben Rn. 337 ff.
547 *Fahrendorf*, in: *Rinsche/Fahrendorf/Terbille*, Rn. 695.
548 *Vollkommer/Heinemann*, Rn. 462.
549 OLG München, MDR 1987, 590 – zu §§ 233, 85 Abs. 2 ZPO; *Borgmann/Jungk/Grams*, § 38 Rn. 71; *Vollkommer/Heinemann*, Rn. 462.
550 RGZ 163, 377. Vgl. auch OLG Frankfurt, NJW 1986, 3091.

Der Vertreter habe im Verhältnis zu dem vertretenen Anwalt gleichsam die **Stellung eines gesetzlichen Vertreters.** Wenn aber § 278 BGB ausdrücklich vorschreibe, dass der Schuldner ein Verschulden seines gesetzlichen Vertreters in gleichem Umfang wie eigenes Verschulden zu vertreten hat, so müsse auch die Haftung des vertretenen Anwalts bei Verschulden seines Vertreters ebenso gestaltet sein.[551]

4. Eigenhaftung des Vertreters

274 Der **amtlich bestellte Vertreter** ist **grundsätzlich gesetzlicher Vertreter des beauftragten Rechtanwalts.** Deshalb scheidet eine Eigenhaftung des Vertreters regelmäßig aus.[552]

275 Der amtlich bestellte Vertreter haftet nach allgemeinen Grundsätzen, wenn er einen eigenen Anwaltsvertrag mit dem Auftraggeber des Vertretenen abgeschlossen hat oder wenn er in den Vertrag zwischen dem Auftraggeber und dem vertretenen Rechtsanwalt eingetreten ist.[553]

276 **In besonderen Ausnahmefällen** kann eine **Eigenhaftung des amtlich bestellten Vertreters** gegenüber dem Mandanten nach den Grundsätzen der Sachwalterhaftung[554] in Betracht kommen. Nach einem Urteil des OLG Frankfurt[555] muss sich der amtlich bestellte Vertreter nach Treu und Glauben (§ 242 BGB) so behandeln lassen, als ob er eigene Anwaltspflichten gegenüber dem Auftraggeber des Vertretenen übernommen habe. Die Gesamtheit der Umstände hätten im entschiedenen Fall den Vertreter so nahe an die Stellung des vom Mandanten selbst beauftragten Rechtsanwalts herangerückt, dass es recht und billig erscheine, den Vertreter wie einen solchen Rechtsanwalt zu behandeln. Der Vertreter habe sich der Sache nach wie ein Abwickler einer Rechtsanwaltskanzlei verhalten, der nach § 55 Abs. 2 Satz 4 BRAO als von der Partei bevollmächtigt gilt.[556] Des Weiteren habe allein der Vertreter Einfluss auf das Mandat des Auftraggebers gehabt. Schließlich habe der Vertreter ähnlich einem Sachwalter in besonderem Maße das persönliche Vertrauen des Auftraggebers in Anspruch genommen.[557] Ob und inwieweit diese Entscheidung des OLG Frankfurt verallgemeinert werden kann, muss angesichts der Betonung der Umstände des Einzelfalls bezweifelt werden.[558]

---

551 RGZ 163, 377. Zur Einordnung der Entscheidung: *Sieg*, Internationale Anwaltshaftung, S. 163.
552 OLG Köln, VersR 1997, 619.
553 OLG Köln, VersR 1997, 619.
554 Zur Eigenhaftung des angestellten Rechtsanwalts bzw. des freien Mitarbeiters s. Rn. 263 ff.
555 OLG Frankfurt, NJW 1986, 3091.
556 Zum Abwickler s. Rn. 282 ff.
557 Vgl. Rn. 264.
558 Vgl. auch OLG Köln, VersR 1997, 619.

Der amtlich bestellte Vertreter ist – wie der Vertretene – dafür verantwortlich, dass die **Bestellung wirksam ist**.[559] Der Vertreter muss auch beachten, dass er die **Grenzen seines Vertretungsverhältnisses** nicht überschreitet. Nach § 53 Abs. 7 BRAO stehen dem Vertreter nämlich nur die anwaltlichen Befugnisse des Rechtsanwalts zu, den er vertritt.

277

Der Vertreter ist ferner verpflichtet sicherzustellen, dass das **Vertretungsverhältnis nach außen zum Ausdruck kommt** und die von ihm vorgenommenen **Verfahrenshandlungen wirksam** sind. Allerdings sind die Anforderungen der Rechtsprechung hieran nicht allzu streng. Prozesshandlungen des Vertreters sind auch ohne die Anzeige oder den Nachweis einer konkreten Verhinderung des Vertretenen wirksam.[560] Es ist zur Vermeidung von Missverständnissen und unnötigen Rückfragen zweckmäßig, für die Wirksamkeit der Verfahrenshandlungen aber nicht erforderlich, dass der nicht postulationsfähige Rechtsanwalt als Vertreter sich in seinen Schriftsätzen für den vertretenen postulationsfähigen Rechtsanwalt ausdrücklich als „allgemeiner Vertreter" oder als „amtlich bestellter Vertreter" bezeichnet.[561] Es reicht aus, wenn sich dem Schriftsatz aus den Umständen entnehmen lässt, dass der Unterzeichner in Vertretung des beim Prozessgericht zugelassenen Rechtsanwalts gehandelt hat. Ausreichend ist danach sogar, wenn der maßgebliche Schriftsatz den gemeinsamen Stempel des Vertreters und des Vertretenen trägt.[562] Hat der amtliche Vertreter eines beim Berufungsgericht zugelassenen Rechtsanwalts in der Berufungsschrift eindeutig zum Ausdruck gebracht, im Rechtsmittelverfahren nicht für sich selbst, sondern für den vertretenen Rechtsanwalt zu handeln, braucht er in den nachfolgenden Schriftsätzen hierauf nicht nochmals hinzuweisen.[563] Der nach § 53 BRAO bestellte Vertreter kann auch solche Prozesshandlungen für den vertretenen Rechtsanwalt vornehmen, die diesem als Vertreter eines anderen Rechtsanwalts obliegen.[564] Unterzeichnet ein amtlich bestellter Vertreter eines Rechtsanwalts einen bestimmenden Schriftsatz mit seinem Namen und dem vorangestellten Zusatz „i.V.", so ist die Unterschrift wirksam. Anders läge es, wenn der Vertreter mit „i. A." gezeichnet hätte.[565]

278

Bei einem Verstoß gegen diese Pflichten kommt allerdings – von den vorbeschriebenen Ausnahmen abgesehen – eine Eigenhaftung des Vertreters gegenüber dem Auftraggeber nicht in Betracht. Vielmehr hat der **Auftraggeber nur einen Schadensersatzan-**

279

---

559 BGH, MDR 1982, 998; OLG München, MDR 1987, 590 – jeweils zu §§ 233, 85 Abs. 2 ZPO.
560 BGH, NJW 1975, 542; 1981, 1740, 1741.
561 BGH, NJW 1975, 542; 1999, 365.
562 BGH, NJW 1993, 1925.
563 BGH, NJW 1991, 1175.
564 BGH, NJW 1981, 1740, 1741; OLG München, AnwBl 1985, 589; differenzierend OLG München, MDR 1995, 318.
565 OLG Koblenz, VersR 1991, 1034.

spruch gegen den von ihm beauftragten Rechtsanwalt. Dieser muss für das Verschulden seines Vertreters nach § 278 BGB einstehen.[566]

280 Der Vertretene hat dann möglicherweise einen **Ausgleichsanspruch gegen den Vertreter** im Innenverhältnis. Dieser Ausgleichsanspruch richtet sich nach den Grundsätzen der positiven Vertragsverletzung. Wenn der Vertretene den Vertreter bestellt hat, kann das Innenverhältnis ein Gesellschaftsvertrag (§ 705 BGB bzw. § 1 Abs. 4 PartGG), Arbeitsvertrag (§ 611 BGB), Geschäftsbesorgungsvertrag (§§ 675 Abs. 1, 611 BGB) oder Auftrag (§ 662 BGB) sein. Wenn der Vertreter von der Justizverwaltung bestellt wird und kein Vertragsverhältnis zu dem Vertretenen besteht, richtet sich das Innenverhältnis nach § 53 Abs. 9, 10 BRAO. Gemäß § 53 Abs. 9 BRAO wird der Vertreter in eigener Verantwortung, jedoch im Interesse, für Rechnung und auf Kosten des Vertretenen tätig. Die §§ 666, 667 und 670 BGB gelten entsprechend. Auch aufgrund dieses gesetzlichen Schuldverhältnisses ist der Vertreter gegenüber dem Vertretenen verpflichtet, den ihm obliegenden Pflichten ordnungsgemäß nachzukommen.

5. Gesamtschuldnerische Haftung

281 Der beauftragte Rechtsanwalt und dessen Vertreter können nach Maßgabe der vorstehenden Ausführungen im Außenverhältnis **ausnahmsweise** als **Gesamtschuldner** haften.[567] **Freistellungsansprüche** des Vertreters gegen den beauftragten Rechtsanwalt richten sich nach deren Vereinbarungen im Innenverhältnis.

V. Abwickler

282 In Zusammenhang mit den Vertretungsverhältnissen des § 53 BRAO steht die in **§ 55 BRAO** geregelte **Bestellung eines Abwicklers**.[568]

1. Begriffsbestimmung

283 Ein Abwickler kann **für die Kanzlei eines verstorbenen Rechtsanwalts** (§ 55 Abs. 1 BRAO) oder für einen **früheren Rechtsanwalt** bestellt werden, dessen Zulassung zur Rechtsanwaltschaft erloschen, zurückgenommen oder widerrufen ist (§ 55 Abs. 5 BRAO). Die Tätigkeit eines Abwicklers betrifft keinen Fall des Zusammenwirkens mehrerer Rechtsanwälte. Vielmehr werden die Rechtsanwälte **nacheinander** tätig (dazu Rn. 290 ff.). Gerade im Fall des § 55 Abs. 5 BRAO lassen sich Überschneidungen jedoch nicht ausschließen. Der Abwickler ist i.d.R. längstens für ein Jahr zu bestellen (§ 55 Abs. 1 Satz 4 BRAO). Ihm obliegt es gemäß § 55 Abs. 2 BRAO, **die**

---

566 Zur Haftung des vertretenen Rechtsanwalts s. Rn. 262.
567 Zur gesamtschuldnerischen Haftung mehrerer Rechtsanwälte auch Rn. 300.
568 Vgl. hierzu die von der Bundesrechtsanwaltskammer veröffentlichten Hinweise für die Tätigkeit des Abwicklers, BRAK-Mitt. 1994, 22 – 24. Allgemein zu § 55 BRAO: Kommentierungen bei *Feuerich/Weyland*; *Kleine-Cosack*; *Jessnitzer/Blumberg*; *Prütting/Schaich*, in: *Henssler/Prütting*; *Holl*, in: *Hartung/Holl*.

schwebenden Angelegenheiten abzuwickeln. Er führt die laufenden Aufträge fort; innerhalb der ersten sechs Monate ist der Abwickler auch berechtigt, neue Aufträge anzunehmen (§ 55 Abs. 2 Satz 2 BRAO).[569] Ihm stehen die anwaltlichen Befugnisse zu, die der verstorbene bzw. frühere Rechtsanwalt hatte (§ 55 Abs. 2 Satz 3 BRAO). Der Abwickler **gilt für die schwebenden Angelegenheiten als von der Partei bevollmächtigt**, sofern diese nicht für die Wahrnehmung ihrer Rechte in anderer Weise gesorgt hat (§ 55 Abs. 2 Satz 3 BRAO). Einzelne Vorschriften des § 53 BRAO werden durch § 55 Abs. 3 BRAO für entsprechend anwendbar erklärt.

Der gemäß § 55 Abs. 5 BRAO bestellte Abwickler steht in einem **öffentlich-rechtlichen Verhältnis**. Es verpflichtet ihn **gegenüber der Landesjustizverwaltung** zur ordnungsgemäßen und zweckentsprechenden Abwicklung der Kanzlei des früheren Rechtsanwalts. Aus der öffentlich-rechtlich begründeten Dienstverpflichtung kann nicht gefolgert werden, dass der Abwickler nicht berechtigt ist, zivilrechtliche Forderungen zu begründen oder Verbindlichkeiten einzugehen. Das Gegenteil ist der Fall.   284

Im **Verhältnis zum früheren Rechtsanwalt und dessen Mandanten** richten sich die Rechte und Pflichten des Abwicklers ausschließlich nach **privatrechtlichen Grundsätzen**.[570] Führt ein Rechtsanwalt die Kanzlei eines verstorbenen Rechtsanwalts fort (§ 55 Abs. 1 BRAO), **tritt er gegenüber den Mandanten des verstorbenen Rechtsanwalts in die Anwaltsverträge ein oder schließt mit diesen neue Anwaltsverträge**.[571] Im Fall des § 55 Abs. 5 BRAO handelt der Abwickler gegenüber den Mandanten als Vertreter des Rechtsanwalts, für dessen Kanzlei er als Abwickler eingesetzt ist, es sei denn, er schließt mit Mandanten einen neuen Anwaltsvertrag. Das Verhältnis des Abwicklers zu dem früheren Rechtsanwalt richtet sich nach denselben Grundsätzen wie das Innenverhältnis des amtlich bestellten Vertreters zum Vertretenen (§ 55 Abs. 3 Satz 1 BRAO i.V.m. § 53 Abs. 9 BRAO – dazu Rn. 280).   285

2. Haftung des Abwicklers

Haftungsrechtlich sind die **Pflichtenkreise des Abwicklers und des verstorbenen bzw. früheren Rechtsanwalts** auseinander zu halten.[572]   286

Für seine Pflichtverletzungen **haftet der Abwickler selbst**. Seine Haftung ist demgegenüber ausgeschlossen, soweit die Pflichtverletzung in den Aufgabenkreis des verstorbenen bzw. früheren Rechtsanwalts fällt. Allerdings kann der Abwickler seinerseits verpflichtet sein, Fehler des früheren Rechtsanwalts zu beheben. Eine Eigenhaftung des zum Abwickler bestellten Rechtsanwalts kann sich auch ergeben, wenn er selbst

---

569 Diese Sechs-Monats-Frist hat die Rechtsprechung wiederholt beschäftigt: BGH, NJW 1980, 1050; 1991, 1236; 1992, 2158.
570 OLG Düsseldorf, AnwBl 1997, 226.
571 Vgl. zur Vergütung des Abwicklers: BGH, NJW 2004, 52.
572 Zur Haftung des Abwicklers: *Borgmann/Jungk/Grams*, § 38 Rn. 72; BRAK, BRAK-Mitt. 1994, 22, 24.

mit dem Auftraggeber einen neuen Anwaltsvertrag geschlossen hat oder in den Vertrag zwischen dem Auftraggeber und dem früheren bzw. verstorbenen Rechtsanwalt eingetreten ist.

287 Der zum Abwickler bestellte Rechtsanwalt haftet dem Auftraggeber, wenn er nicht sicherstellt, dass die von ihm vorgenommenen **Verfahrenshandlungen** wirksam sind. **Neue Aufträge** darf der Abwickler nur innerhalb der Sechs-Monats-Frist des § 55 Abs. 2 BRAO annehmen. Die **Einlegung von Rechtsmitteln** wird wie die Annahme eines neuen Auftrags behandelt.[573] Die Gerichte haben vor allem Fälle beschäftigt, in denen der Abwickler Rechtsmittel eingelegt hat. Der Abwickler ist im Rahmen seiner Tätigkeit berechtigt, den Auftraggeber wirksam vor dem Gericht zu vertreten, bei dem der Rechtsanwalt, dessen Kanzlei er abwickelt, zugelassen war.[574] Ist der Abwickler der Kanzlei eines verstorbenen OLG-Anwalts selbst bei diesem Gericht nicht zugelassen, kann er nur innerhalb der ersten sechs Monate ab Bestellung wirksam Berufung einlegen; diese Frist beginnt bei Verlängerung seiner Bestellung nicht erneut.[575] Wird die Bestellung eines Rechtsanwalts nicht verlängert, sondern wird dieser von der Landesjustizverwaltung zum wiederholten Mal zum Abwickler einer Kanzlei bestellt, ist er nach der weiteren Bestellung erneut zur Übernahme neuer Mandate mit den Befugnissen des verstorbenen Rechtsanwalts berechtigt.[576]

3. Haftung des früheren Rechtsanwalts

288 Mit der **Rechtsstellung eines** nach § 55 Abs. 5 BRAO bestellten **Abwicklers** befasst sich ein Urteil des OLG Düsseldorf.[577] Darin ging es um die Verpflichtung des früheren Rechtsanwalts, von ihm kassierte Mandantengelder auszukehren. Nach Ansicht des Senats war im entschiedenen Fall für diese Haftung des früheren Rechtsanwalts ohne Bedeutung, dass für die Kanzlei ein Abwickler bestellt worden war.

Gemäß § 55 Abs. 2 Satz 2 1. Halbs. BRAO führt der Abwickler die laufenden Aufträge fort; insoweit gilt er als von der Partei bevollmächtigt (§ 55 Abs. 2 Satz 4 1. Halbs. BRAO). Diese Regelung hat nach Ansicht des OLG Düsseldorf zur Folge, dass der **frühere Rechtsanwalt seine Rechtsstellung als beauftragter Rechtsanwalt des Mandanten nur für die Zukunft verliert**. Er hafte nicht für Handlungen des Abwicklers, die dieser ab Bestellung in Ausübung des Amtes vorgenommen habe. Der Abwickler trete als selbstverantwortlicher Vertragspartner für den Mandanten des früheren Rechtsanwalts nur in den Fällen des § 55 Abs. 2 Satz 2 BRAO auf. Wenn der Abwickler weder einen schwebenden Auftrag fortführe noch einen neuen Auftrag an-

---

573 BGH, NJW 1992, 2158, 2159.
574 BGH, NJW 1980, 1050.
575 BGH, NJW 1992, 2158; vgl. auch OLG Nürnberg, AnwBl 1971, 203; OLG Hamburg, NJW 1972, 775.
576 BGH, NJW 1991, 1236.
577 OLG Düsseldorf, AnwBl 1997, 226.

genommen habe, sei der Abwickler gemäß §§ 55 Abs. 3, 53 Abs. 9 Satz 1 BRAO nur Vertreter des früheren Rechtsanwalts. Dies habe zur Folge, dass der frühere Rechtsanwalt gemäß §§ 164 ff. BGB berechtigt und verpflichtet werde und für haftungsbegründende Handlungen seines Vertreters gemäß § 278 BGB einzustehen habe. Ein solcher Sonderfall liege vor, wenn ein Mandat vor Beginn der Abwicklung abgeschlossen sei und es nur noch darum gehe, das durch Geschäftsführung des früheren Rechtsanwalts Erlangte an den Mandanten auszukehren.

Ist der Abwickler für die Kanzlei eines verstorbenen Rechtsanwalts gemäß § 55 Abs. 1 BRAO bestellt, trifft diese Pflicht gemäß §§ 1967, 2058 BGB die Erben. 289

VI. Nacheinander und nebeneinander tätige Rechtsanwälte

1. Grundlagen

Mehrere Rechtsanwälte, die an der Bearbeitung eines Mandats beteiligt sind, müssen nicht notwendig im Innenverhältnis miteinander verbunden sein. Der Mandant kann mehrere Rechtsanwälte unabhängig voneinander, also **nacheinander oder nebeneinander**, beauftragen.[578] Von praktischer Bedeutung ist vor allem der Fall, dass der zunächst eingeschaltete Rechtsanwalt das Mandat niederlegt bzw. der Auftraggeber den Anwaltsvertrag kündigt und einen anderen Rechtsanwalt in derselben Sache beauftragt. Der Prozessbevollmächtigte für die Rechtsmittelinstanz folgt demjenigen für die Vorinstanz. Ist der erstinstanzliche Prozessbevollmächtigte in der Rechtsmittelinstanz Verkehrsanwalt (dazu Rn. 206 ff.), so wird er neben dem Rechtsmittelanwalt für den Mandanten tätig. 290

Ein innerer Zusammenhang zwischen dem Tätigwerden mehrerer Rechtsanwälte fehlt auch, wenn der Mandant voneinander unabhängig mehrere Rechtsanwälte in derselben Sache nebeneinander beauftragt. Entsprechendes gilt, wenn der Auftraggeber neben einem Rechtsanwalt einen Steuerberater oder einen anderen Berater einschaltet. Ein Rechtsanwalt kann im Zusammenhang mit beratender Tätigkeit einen Vertrag oder eine Erklärung (z.B. ein Testament) entwerfen, der bzw. die anschließend von einem Notar beurkundet wird. 291

2. Eigenständige Pflichtenkreise

Die Rechtsstellung nacheinander oder nebeneinander tätiger Rechtsanwälte wird dadurch charakterisiert, dass **jeder der beteiligten Anwälte** mit dem Auftraggeber einen **eigenständigen Anwaltsvertrag** geschlossen hat. Alle Rechtsanwälte haben dann einen eigenen Pflichten- und Verantwortungsbereich. **Keiner** ist in seinem Pflichtenkreis als **Erfüllungsgehilfe** des anderen i.S.d. § 278 BGB tätig. Selbst wenn die Anwälte 292

---

578 Vgl. zur Haftung nacheinander tätiger Rechtsanwälte: *Borgmann/Jungk/Grams*, § 30 Rn. 119; *Vollkommer/Heinemann*, Rn. 448 – 452.

voneinander wissen, darf keiner seine Pflichten im Vertrauen darauf vernachlässigen, der andere werde die seinen erfüllen.[579] Die allgemeinen haftungsrechtlichen Sorgfaltsstandards (Rn. 478 ff.) gelten uneingeschränkt für jeden der beteiligten Rechtsanwälte. Es muss in jedem Einzelfall geprüft werden, welche Pflichten einem beteiligten Rechtsanwalt gegenüber dem Mandanten obliegen und ob er diese Pflichten verletzt hat.

293 Ein Rechtsanwalt, der vor einem anderen Rechtsanwalt tätig geworden ist, hat zu prüfen, ob sich im Zusammenhang mit der **Beendigung des Mandats** besondere Aufklärungspflichten ergeben. Diese Frage wurde in der Rechtsprechung vor allem in Fällen erörtert, in denen eine materielle oder prozessuale Frist abzulaufen drohte. Dann ist zu prüfen, welche Vorkehrungen der Rechtsanwalt nach Kündigung des Anwaltsvertrages gegen einen Fristablauf zum Schutz des – ehemaligen – Mandanten ergreifen muss (Rn. 191 ff.).

3. Kausalität und Zurechnung

294 Werden für den Auftraggeber **mehrere Rechtsanwälte in derselben Sache** tätig, stellt sich die Frage, unter welchen Voraussetzungen die Pflichtverletzung eines Rechtsanwalts für einen entstandenen Schaden ursächlich und dem Rechtsanwalt zurechenbar ist, wenn der Mandant oder ein anderer vom Mandanten eingeschalteter Rechtsanwalt in den Geschehensablauf eingreift (dazu Rn. 1018 ff.).

295 **Ursächlich** ist eine pflichtwidrige Handlung, wenn sie nicht hinweggedacht werden kann, ohne dass der Schaden entfiele.[580] Für die Zurechnung eines Schadens ist auf das Kriterium der Adäquanz abzustellen. Ein **adäquater Zusammenhang** besteht, wenn eine Tatsache im Allgemeinen und nicht nur unter besonders eigenartigen, ganz unwahrscheinlichen und nach dem regelmäßigen Verlauf der Dinge außer Betracht zu lassenden Umständen zur Herbeiführung des Schadens geeignet ist.[581] Unter dem Gesichtspunkt der haftungsrechtlichen Zurechenbarkeit (dazu Rn. 1014 ff.) ist es dem Schädiger **nicht zuzurechnen**, dass **der Geschädigte selbst** in ungewöhnlicher und unsachgemäßer Weise in den Geschehenslauf eingreift und eine weitere Ursache setzt, die den Schaden erst endgültig herbeiführt. Diese Voraussetzung liegt aber nicht vor, wenn für die Zweithandlung des Geschädigten ein rechtfertigender Anlass bestand

---

579 BGH, NJW 1993, 2676, 2677, zu nebeneinander beauftragten, voneinander unabhängig tätigen Rechtsanwälten; BGH, DStR 2001, 1619, 1620 (zwei Steuerberater); BGH, NJW 2003, 2100 (Fristenkontrolle bei Vertretung durch mehrere Prozessbevollmächtigte); vgl. hierzu auch die Rechtsprechung zur Haftung von Verkehrs- und Prozessanwalt, Rn. 206 ff.
580 BGHZ 2, 138, 140 f.; BGH, NJW 1995, 126, 127.
581 BGHZ 3, 261, 264 ff.; BGH, NJW 1990, 2882, 2883.

oder diese durch das haftungsbegründende Ereignis herausgefordert wurde und eine nicht ungewöhnliche Reaktion auf das Ereignis darstellt.[582]

Zum Verhältnis von **Rechtsanwalt und Notar** hat der BGH ausgeführt, es liege nicht außerhalb aller Wahrscheinlichkeit, dass ein Notar bei der Beurkundung eines Vertrages Einzelheiten nicht zutreffend berücksichtige. Erst recht könne ein solches Versehen dadurch gefördert werden, dass zuvor der Rechtsberater eines Vertragspartners dem Notar seine rechtliche Bewertung mitgeteilt habe. Es komme nicht selten vor, dass sich sogar verantwortungsbewusste Rechtskundige auf plausibel erscheinende Vorbeurteilungen verließen und deswegen nicht weiter nachforschten.[583] Nichts anderes gilt für Rechtsanwälte, die nebeneinander oder nacheinander in derselben Sache tätig werden.

296

Haben **verschiedene Personen mehrere Ursachen für einen Schaden gesetzt**, wird zivilrechtlich nicht danach unterschieden, ob einzelne Ursachen wesentlicher sind als andere. Dies gilt grundsätzlich auch, wenn eine Ursache für sich allein den Schaden nicht herbeigeführt hat, es dazu vielmehr des Hinzutretens weiterer Ursachen im Sinne einer **Gesamtkausalität** bedurfte. Demgemäß ist derjenige Schaden ebenfalls zu ersetzen, der letztlich durch das **Eingreifen eines Dritten** eintritt. Die **Zurechenbarkeit** fehlt in derartigen Fällen nur ausnahmsweise, wenn die Ursächlichkeit des ersten Umstands für das Eintreten des zweiten Ereignisses nach dem **Schutzzweck der Norm** gänzlich bedeutungslos war, wenn also das schädigende erste Verhalten nur noch der äußere erste Anlass für ein völlig ungewöhnliches und sachwidriges Eingreifen eines Dritten bildet, der dann den Schaden erst endgültig herbeiführt. Beim Eingreifen eines Dritten kommt es – anders als bei Maßnahmen des Geschädigten selbst – nicht darauf an, ob sich der Außenstehende durch das Verhalten des Erstschädigers zu seinem Willensentschluss herausgefordert fühlen durfte.[584]

297

Hierzu hat der BGH ausgeführt, dass dies, von den Fällen subsidiärer Haftung (§ 839 Abs. 1 Satz 2 BGB, § 19 Abs. 1 Satz 2 BNotO) abgesehen, **auch im Verhältnis zwischen verschiedenen Organen der Rechtspflege** als möglichen Schädigern gelte. Sie wirkten im Rahmen ihrer Zuständigkeitsbereiche wechselseitig aufeinander ein. Insbesondere habe der Rechtsanwalt die Interessen seines Mandanten auch gegenüber dem Notar wahrzunehmen. Auf die Erfüllung der notariellen Prüfungs- und Belehrungspflichten (§§ 17 f. BeurkG, §§ 14 Abs. 1 Satz 1, 24 Abs. 1 Satz 1 BNotO) dürfe sich der vom Mandanten hinzugezogene Rechtsanwalt nicht verlassen. Umgekehrt habe der Notar seine Amtspflichten grundsätzlich auch gegenüber dem anwaltlich beratenen Beteiligten zu erfüllen, solange nicht feststehe, dass dieser tatsächlich umfassend un-

298

---

582   BGH, NJW 1990, 2882, 2883; vgl. auch BGH, NJW 1993, 1779, 1780; 1994, 2822, 2823; BGH, NJW-RR 2003, 850, 855; BGH, NJW-RR 2005, 494, 497; OLG Düsseldorf, NJWE-VHR 1998, 234, 235; jeweils m.w.N.
583   BGH, NJW 1990, 2882, 2883.
584   BGH, NJW 1990, 2882, 2883 f. m.w.N.

terrichtet sei. Gegenüber Rechtskundigen oder rechtskundig Beratenen könne der Notar sich allerdings u.U. kürzer fassen. Jedenfalls habe er keine erhöhte Gewährleistungspflicht, die eine Mitverantwortung des Rechtsanwalts ausschließe.[585]

299 **Der Zurechnungszusammenhang zwischen dem Anwaltsfehler und dem entstandenen Schaden** entfällt, wenn der Mandant aufgrund anderweitiger rechtlicher Beratung noch in der Lage ist, durch eine Pflichtverletzung seines Rechtsanwalts drohende Nachteile abzuwenden, er jedoch die ihm angeratene Maßnahme aus unvertretbaren Gründen unterlässt. Dies ist der Fall, wenn der Mandant den Rat derjenigen Rechtsanwälte missachtet, die er eingeschaltet hatte, um die Erfolgsaussichten einer Berufung zu prüfen. Hat der Berufungsanwalt den Mandanten hinsichtlich der Verjährung zutreffend beraten und ihm eindeutig von der Durchführung des Rechtsmittels abgeraten, ist das Verhalten des Mandanten nach Einlegung des Rechtsmittels als gänzlich unsachgemäß zu werten, sofern keine nachvollziehbaren Gründe ersichtlich sind, gleichwohl gegen den Rat des Rechtsanwalts das Rechtsmittel durchzuführen.[586]

4. Gesamtschuldnerische Haftung

300 **Nacheinander oder nebeneinander tätige Rechtsanwälte** haben für Fehler in ihrem eigenen Verantwortungsbereich unabhängig voneinander einzustehen. Sie haften daher **grundsätzlich nicht als Gesamtschuldner**. Ebenso wie beim Zusammenwirken eines Verkehrs- und eines Prozessanwalts (Rn. 223 ff.) setzt eine gesamtschuldnerische Haftung i.S.d. §§ 421 ff. BGB voraus, dass die beteiligten Rechtsanwälte unabhängig voneinander eine jeweils eigene Pflicht verletzen und beide für den entstandenen Schaden in gleicher Weise verantwortlich sind. Dies ist etwa der Fall, wenn nacheinander mehrere Rechtsanwälte aufgrund eines Anwaltsvertrages für den Auftraggeber tätig werden und der erste einen schadensursächlichen Fehler begangen hat, den der zweite Rechtsanwalt nicht erkannt oder behoben hat.[587] Dies gilt insoweit, als nicht bereits der Fehler eines Rechtsanwalts dem Auftraggeber gemäß §§ 254, 278 BGB zuzurechnen ist (dazu Rn. 1239 ff.). Eine gesamtschuldnerische Haftung greift auch ein, wenn ein Rechtsanwalt durch fehlerhafte Beratung verschuldet, dass sein Mandant einen ihm ungünstigen Vertrag schließt und der beurkundende Notar den ihm erkennbaren Fehler bei der Beurkundung nicht berichtigt. Dann haften dem Auftraggeber der Rechtsanwalt und der Notar als Gesamtschuldner.[588] Wenn mehrere Rechtsanwälte dem Auftraggeber als Gesamtschuldner haften, erfolgt der **Haftungsausgleich im Innenverhältnis** gemäß § 426 BGB.[589]

---

585 BGH, NJW 1990, 2882, 2884.
586 BGH, NJW 1994, 2822, 2823; NJW-RR 2005, 1146, 1147; NJW-RR 2005, 1435, 1436.
587 RGZ 167, 76, 80; BGH, NJW 1993, 1779, 1781; 1994, 1211, 1212; 1997, 2168, 2170; NJW-RR 2003, 850, 856; OLG Düsseldorf, NJWE-VHR 1998, 234, 236.
588 BGH, NJW 1990, 2882, 2883 f.
589 Zum Haftungsausgleich im Innenverhältnis mehrerer als Gesamtschuldner haftender Rechtsanwälte s. Rn. 225.

5. Fehler eines Rechtsanwalts als Mitverschulden des Auftraggebers

Verlangt der Mandant von einem der nacheinander oder nebeneinander beauftragten Rechtsanwälte Schadensersatz, kann sich dieser Rechtsanwalt grundsätzlich nicht darauf berufen, der Mandant müsse sich einen Fehler eines anderen in derselben Sache beauftragten Rechtsanwalts gemäß §§ **254 Abs. 1, 278 BGB** zurechnen lassen. Zwar ist im Rahmen des § 254 Abs. 1 BGB dem Geschädigten ein Verschulden eines Erfüllungsgehilfen, dessen er sich zur Wahrnehmung seiner Interessen im Rahmen eines Vertragsverhältnisses bedient, in entsprechender Anwendung des § 278 BGB zuzurechnen.[590] Mehrere nacheinander oder nebeneinander beauftragte Rechtsanwälte werden aber i.d.R. unabhängig voneinander tätig, so dass **grundsätzlich kein Rechtsanwalt Erfüllungsgehilfe eines anderen** i.S.d. § 278 BGB ist. **Ausnahmsweise** hat sich der geschädigte Mandant auf einen Regressanspruch einen schuldhaften Pflichtverstoß eines anderen Rechtsanwalts im Rahmen des haftungsbegründenden Vorgangs als **Mitverschulden** gemäß §§ 254 Abs. 1, 278 BGB **anrechnen** zu lassen, wenn er sich dieses Rechtsanwalts zur Erfüllung eines Gebots des eigenen Interesses bedient hat und das Verhalten dieser Hilfsperson in einem unmittelbaren Zusammenhang mit dem ihr anvertrauten Pflichtenkreis steht.[591]

301

Nach Eintritt des schädigenden Ereignisses kann den Mandanten die Obliegenheit treffen, den Schaden abzuwenden oder zu mindern (§ 254 Abs. 2 Satz 1 BGB). Dabei findet § 278 BGB gemäß § 254 Abs. 2 Satz 2 BGB entsprechende Anwendung. Der BGH hat zu den Voraussetzungen, unter denen dem Auftraggeber, der Schadensersatz von dem zuerst beauftragten Rechtsanwalt verlangt, die schuldhafte Pflichtverletzung eines zweiten von ihm eingeschalteten Rechtsanwalts als Mitverschulden gemäß §§ 254 Abs. 2, 278 BGB zuzurechnen ist, wiederholt Stellung genommen.

302

Früher wurde in der Rechtsprechung die Ansicht vertreten, der in der Berufungsinstanz tätige Rechtsanwalt sei verpflichtet, von der von ihm vertretenen Partei Schaden abzuwenden, der dieser infolge eines Fehlers ihres erstinstanzlichen Anwalts drohe. Insoweit sei der Berufungsanwalt Erfüllungsgehilfe der Partei gegenüber dem erstinstanzlichen Anwalt. Die Partei müsse sich daher gegenüber dem erstinstanzlichen Anwalt stets einen Fehler ihres zweitinstanzlichen Anwalts anspruchsmindernd anrechnen lassen.[592] Nach der neueren Rechtsprechung des für die Anwaltshaftung zuständigen IX. Zivilsenats des BGH ist eine differenziertere Betrachtungsweise geboten.

303

---

590 BGHZ 3, 46, 49 f.; 36, 329, 338 f.; NJW 1994, 1211, 1212; 1994, 2822, 2824; 1997, 2168, 2170.
591 BGH, NJW 1997, 2168, 2170; vgl. auch BGH, NJW 1996, 48, 51.
592 So ausdrücklich: OLG Hamm, VersR 1982, 1057 f. unter Berufung auf RGZ 167, 76, 80 f. Vgl. auch BGH, NJW 1974, 1865, 1867; VersR 1983, 34, 35; OLG Düsseldorf, AnwBl 1985, 38, 40.

304 Im Urteil vom 18.3.1993 hat der BGH unter Auseinandersetzung mit der früheren Rechtsprechung und den im Schrifttum vertretenen Ansichten entschieden, dass der Auftraggeber sich das Verschulden eines zweiten Rechtsanwalts, der das Mandat des ersten Anwalts fortführt, nicht zurechnen lassen muss, wenn der Zweitanwalt denselben schadensursächlichen Fehler begangen hat wie der zuerst tätig gewordene Kollege und der Auftraggeber sich darauf verlassen durfte, dass der erste Anwalt seine Vertragspflichten sachgerecht erfüllt hatte. Andernfalls würde nicht hinreichend berücksichtigt, dass eine Zurechnung nach §§ 254 Abs. 2 Satz 2, 278 BGB nur gelten könne, wenn ein Geschädigter sich der Hilfsperson zur Erfüllung eines Gebots des eigenen Interesses bediene. In einem solchen Fall habe der Mandant jedoch von sich keine Veranlassung, etwas zu unternehmen, um eine im eigenen Interesse gebotene Obliegenheit zur Abwendung des Schadens zu erfüllen. Er dürfe sich vielmehr darauf verlassen, dass der von ihm beauftragte Rechtsanwalt die rechtlich erforderlichen Maßnahmen ergriffen habe. Er brauche sich dann den Rechtsirrtum des zweiten Rechtsanwalts nicht als eigenes Verschulden zurechnen zu lassen.[593] In diesen Fällen kommt eine **gesamtschuldnerische Haftung der beteiligten Rechtsanwälte** in Betracht (dazu Rn. 300).

305 Beauftragt der Mandant dagegen einen Rechtsanwalt, um **einen erkannten oder für möglich gehaltenen Fehler eines früheren Rechtsanwalts zu beheben**, muss sich der Mandant im Verhältnis zu seinem ersten Rechtsanwalt einen schuldhaften Schadensbeitrag seines zweiten Rechtsanwalts als **Mitverschulden zurechnen** lassen.[594] Entgegen der von Vollkommer[595] vertretenen Ansicht sei eine solche Belastung des Mandanten in dessen Rechtsverhältnis zu seinem ersten Rechtsanwalt nicht unangemessen, sondern sachgerecht; der Mandant könne insoweit bei seinem zweiten Anwalt Rückgriff nehmen.[596]

306 Später hat der BGH diesen Grundsatz auch auf den Fall erstreckt, dass den Mandanten selbst aufgrund einer anderweitig erhaltenen Rechtsmittelbelehrung die **Obliegenheit** trifft, **Schaden infolge eines Fehlers des ersten Anwalts zu vermeiden.**

Auch dann muss der Auftraggeber sich ein Verschulden des zweiten Anwalts als eigenes anrechnen lassen. Im entschiedenen Fall kannte der Auftraggeber von vornherein die streitgegenständliche Verjährungsproblematik aufgrund der Beratung durch den Berufungsanwalt.[597]

307 Bei der Prüfung des Mitverschuldens des geschädigten Mandanten, dessen Rechtsanwalt bei der Behebung eines Fehlers des früheren Rechtsanwalts durch pflichtwidriges

---

593 BGH, NJW 1993, 1779, 1781; bestätigt in BGH, NJW 1994, 1211, 1212; 1994, 2822, 2824; NJW-RR 2005, 1146, 1147; NJW-RR 2005, 1435, 1436.
594 BGH, NJW 1994, 1211, 1212; OLG Düsseldorf, NJWE-VHR 1998, 234, 236.
595 *Vollkommer/Heinemann*, Rn. 451.
596 BGH, NJW 1994, 1211, 1212.
597 BGH, NJW 1994, 2822, 2824.

Prozessverhalten zu einem Schaden beigetragen hat, ist für die Beurteilung des **hypothetischen Kausalverlaufs** die Beurteilung desjenigen Gerichts maßgeblich, das mit dem Regressanspruch gegen den ersten Rechtsanwalt befasst ist.[598]

VII. Zusammenarbeit mit ausländischen Anwälten

1. Grundlagen

Wenn ein Rechtsanwalt mit einem Sachverhalt konfrontiert ist, bei dem Rechtsvorschriften eines ausländischen Staates zu berücksichtigen sind, muss er sich entscheiden, ob er das **ausländische Recht** selbst prüft,[599] ob er dafür einen Anwalt aus dem jeweiligen Rechtskreis hinzuzieht oder ob er das Mandat niederlegt und dem Auftraggeber einen anderen Rechtsanwalt empfiehlt, der über die nötige Kompetenz und Erfahrung im internationalen Rechtsverkehr verfügt.

308

Nach Ziff. 3.1.3 der **Berufsregeln der Rechtsanwälte der Europäischen Union** (CCBE) in der Fassung vom 28.11.1998[600] muss ein Rechtsanwalt ein Mandat ablehnen, wenn er weiß oder wissen muss, dass es ihm an den erforderlichen Kenntnissen fehlt, es sei denn, er arbeitet mit einem Rechtsanwalt zusammen, der diese Kenntnisse besitzt. **§ 29 Abs. 1 BORA** der Rechtsanwälte bestimmt, dass die CCBE-Regeln auch in Deutschland rechtsverbindlich sind.[601] Die Berufsordnung unterscheidet – inhaltlich wenig geglückt – zwischen der Tätigkeit von Rechtsanwälten innerhalb der Europäischen Gemeinschaft (Ziff. 1.5 CCBE-Regeln) und „sonstiger grenzüberschreitender Tätigkeit". Nur im erstgenannten Fall finden die CCBE-Regeln Anwendung. Sonst unterliegt die grenzüberschreitende Tätigkeit der Berufsordnung. Diese enthält jedoch keine Ziff. 3.1.3 CCBE-Regeln entsprechende Bestimmung. Damit geht die Verweisung ins Leere. Haftungsrechtlich wirkt sich dies nicht aus, da die Normen des Berufsrechts nicht herangezogen werden können, um die von einem Rechtsanwalt zu beachtenden Sorgfaltsstandards zu konkretisieren.[602]

309

---

598 BGH, NJW 1994, 1211, 1212 f.
599 Zur Haftung des Rechtsanwalts bei der Anwendung ausländischen Rechts: *Knöfel*, RIW 2006, 87; *Sieg*, Internationale Anwaltshaftung, S. 120 ff.; *ders.*, ZAP (1996), Fach 23, S. 239 ff.
600 Abgedruckt und besprochen bei *Lörcher*, in: *Hartung/Holl*, BORA. Die CCBE-Richtlinien werden gegenwärtig überarbeitet.
601 Vgl. *Lörcher*, in: *Hartung/Holl*, BORA, § 29 Rn. 1 ff.
602 Zum US-amerikanischen Recht: ABA Model Rules of Professional Conduct (1983), Scope [6] – „Violation of a Rule should not give rise to a cause of action nor should it create any presumption that a legal duty has been breached. The Rules are designed to provide guidance to lawyers and to provide a structure for regulating conduct through disciplinary agencies. They are not designed to be a basis for civil liability. [...] Accordingly nothing in the Rules should be deemed to augment any Substantive legal duty of lawyers or to the extra disciplinary consequences of violating such a duty." Hierzu: *Wolfram*, Modern Legal Ethics, § 5.6.2 m.w.N.

310 Wenn ein Rechtsanwalt für die Prüfung ausländischen Rechts einen **ausländischen Anwalt** hinzuzieht,[603] sind zwei Fälle zu unterscheiden. Die Anwälte können auf einer **ständigen vertraglichen Grundlage** kooperieren.[604] Im Regelfall arbeitet der Rechtsanwalt mit dem ausländischen Kollegen aber **im Einzelfall** anlässlich eines konkreten Mandats zusammen.

2. Anwendbares Recht

311 Wie bei jedem Sachverhalt mit Auslandsberührung ist zunächst die Frage des anwendbaren Rechts zu prüfen (vgl. Art. 3 Abs. 1 EGBGB), wenn ein deutscher Rechtsanwalt einen ausländischen Kollegen im Einzelfall zur Bearbeitung eines Mandats hinzuzieht. Unabhängig davon, ob der deutsche Rechtsanwalt den ausländischen Anwalt im eigenen Namen oder im Namen des Auftraggebers beauftragt, ist das **Vertragsstatut** dieses Anwaltsvertrags zu ermitteln. Nach deutschem Internationalen Privatrecht findet auf einen Anwaltsvertrag gemäß **Art. 28 Abs. 2 EGBGB** – vorbehaltlich einer Rechtswahl gemäß Art. 27 EGBGB – grundsätzlich das **Recht am Ort der Kanzlei des beauftragten Rechtsanwalts** Anwendung (ausführlich Rn. 171 f.).

3. Haftung des beauftragten Rechtsanwalts

312 Die **Haftung des in Deutschland niedergelassenen Rechtsanwalts** (im Folgenden: des deutschen Rechtsanwalts) richtet sich **grundsätzlich nach deutschem Recht**. Danach kann dem Rechtsanwalt ein Verschulden des hinzugezogenen ausländischen Anwalts unter den Voraussetzungen des **§ 278 BGB** als eigenes Verschulden zuzurechnen sein. Analog **§ 664 Abs. 1 Satz 2 BGB** hat der deutsche Rechtsanwalt nur ein Verschulden bei der Übertragung des Auftrags auf den ausländischen Anwalt zu vertreten, wenn diese gestattet ist. In tatsächlicher Hinsicht ist zu unterscheiden, ob der Rechtsanwalt den ausländischen Kollegen nur intern einbezieht oder als Vertreter im Namen des Mandanten beauftragt. Im ersten Fall kommt ein Vertrag zwischen den Anwälten, im zweiten zwischen dem ausländischen Anwalt und dem Mandanten des deutschen Rechtsanwalts zustande.

313 Der BGH hatte bislang keine Gelegenheit, zur Haftung des Rechtsanwalts bei der Zusammenarbeit mit ausländischen Anwälten Stellung zu nehmen. Mit einschlägigen Präzedenzfällen haben sich das RG sowie das OLG Bamberg befasst.

---

603 Zur Haftung deutscher Rechtsanwälte bei der Zusammenarbeit mit ausländischen Anwälten: *Becker*, AnwBl 1998, 305 ff.; *Gruber*, MDR 1998, 1399, 1400; *Hellwig*, AnwBl 1996, 124 ff.; *Louven*, VersR 1997, 1050, 1054 f.; *Kaiser*, NJW 1991, 2049, 2055 f.; *Rinsche/Schlüter*, ZAP (1992), Fach 23, S. 115, 119 – 121; *Sieg*, Internationale Anwaltshaftung, S. 145 f.; *ders.*, NJW 1996, 2209, 2211 f.; *ders.*, IWB 1996, 937, 943 ff.; *ders.*, ZAP (1998), Fach 23, S. 341 ff.; *v. Waldhausen*, S. 675, 685.

604 Wegen der Zusammenarbeit auf dauerhafter vertraglicher Grundlage wird auf die Darstellungen zu den einzelnen Rechtsformen (Sozietät, Bürogemeinschaft, Partnerschaft, GmbH, EWIV und Verbund) verwiesen: Rn. 337 ff.

In dem vom **RG** entschiedenen Fall[605] sollte ein deutscher **Patentanwalt** ein Warenzeichen des Mandanten in Argentinien verlängern. Der Patentanwalt übertrug die Ausführung des Auftrags einem Patentanwaltsbüro in Buenos Aires. Infolge verspäteter Neuanmeldung lief der Warenzeichenschutz ab. Die Schadensersatzklage des Mandanten gegen den deutschen Patentanwalt war erfolglos. Es sei rechtlich zulässig gewesen, den Auftrag nach § 664 BGB zu übertragen. Hierfür sei es unwesentlich, dass zwischen dem Mandanten und dem ausländischen Anwalt unmittelbare Vertragsbeziehungen zustande gekommen seien. Entscheidend sei allein, dass die Übertragung sachgemäß gewesen sei. Gemäß § 664 Abs. 1 Satz 2 BGB habe der deutsche Anwalt nur ein ihm bei der Übertragung zur Last fallendes Verschulden zu vertreten. Dies entfalle, weil der deutsche Anwalt ein angesehenes und zuverlässiges Patentanwaltsbüro ausgewählt habe. Ein Verschulden bei der Unterweisung des ausländischen Anwalts sei nicht festzustellen. Für das Verschulden des ausländischen Anwalts hafte der deutsche Anwalt nach § 664 Abs. 1 Satz 2 BGB nicht. Eine Zurechnung des fremden Verschuldens nach § 278 BGB scheide aus.

314

Diese Erwägungen, welche die Haftung eines Patentanwalts betreffen, lassen sich in vollem Umfang auf einen **Rechtsanwalt** übertragen.[606]

Das **RG** hat die zitierte Entscheidung **später nicht bestätigt**.[607] Das Gericht hat Bedenken Rechnung getragen, die sich daraus ergeben, dass der Vertrag zwischen Rechtsanwalt und Mandant i.d.R. ein Dienstvertrag ist, der eine Geschäftsbesorgung zum Inhalt hat. Auf solche Verträge sei § 664 BGB, der den unentgeltlichen Auftrag betrifft, wegen § 675 Abs. 1 BGB nicht anwendbar. Vielmehr sei eine Auslegung des konkreten Vertrages erforderlich.

315

Der Entscheidung des **OLG Bamberg**[608] lag ein Fall zugrunde, in dem ein deutscher Rechtsanwalt beauftragt worden war, Klage gegen eine Gesellschaft mit Sitz in der Schweiz vor einem Gericht in Zürich nach schweizerischem Recht zu erheben. Der Rechtsanwalt beauftragte im Namen und mit Zustimmung des Mandanten einen in der Schweiz niedergelassenen und bei dem zuständigen Gericht zugelassenen Anwalt, den Prozess durchzuführen. Der schweizerische Anwalt unterließ es, die drohende Verjährung des geltend zu machenden Anspruchs zu unterbrechen.

316

Das OLG Bamberg hat die Schadensersatzklage gegen den deutschen Rechtsanwalt abgewiesen. Dieser Rechtsanwalt habe die Funktion eines Verkehrsanwalts gehabt, d.h. das Zwischenglied zwischen dem Mandanten und dem Prozessbevollmächtigten

---

605 RG, JW 1926, 246.
606 Vgl. *Friedlaender* in seiner Anmerkung zu dem dargestellten Urteil, JW 1926, 246.
607 RGZ 161, 68, 71 und 73 ff. sowie RGZ 163, 377, 378 f. Unklar demgegenüber: BGH, NJW 1952, 257 einerseits und LM Nr. 1 zu § 664 andererseits.
608 OLG Bamberg, MDR 1989, 542.

gebildet.[609] Deswegen hätten der deutsche Verkehrs- und der ausländische Prozessanwalt jeweils einen eigenen, selbständigen Aufgabenkreis gehabt. Der Verkehrsanwalt sei überwiegend für die Übermittlung der notwendigen Informationen und Weisungen zuständig gewesen. Der Prozessanwalt sei für die eigentliche Prozessführung verantwortlich. Dazu gehöre neben dem Vortrag des Sachverhalts auch die rechtliche Bearbeitung des Falls. Der Prozessanwalt habe den Lauf etwaiger Verjährungsfristen zu beachten und notfalls für eine Unterbrechung der Verjährung zu sorgen, zumindest aber den Mandanten hierauf hinzuweisen. Die alleinige Verantwortung des Prozessanwalts hierfür werde auch nicht durch den Auslandsbezug in Frage gestellt. Der deutsche Verkehrsanwalt habe sich darauf verlassen dürfen, dass der beauftragte Prozessbevollmächtigte seinen Pflichtenkreis vollständig und mit der erforderlichen Sorgfalt übernehme und das anzuwendende schweizerische Recht kennen und beachten werde. Zu einer Kontrolle sei der deutsche Verkehrsanwalt nicht verpflichtet gewesen. Eine Haftung des deutschen Rechtsanwalts für einen Fehler des hinzugezogenen ausländischen Anwalts nach § 278 BGB scheide aus. Zwischen Verkehrs- und Prozessanwalt bestünden keine vertraglichen Beziehungen. Beide unterhielten ein selbständiges Vertragsverhältnis mit dem Mandanten. Daher erfüllten sie innerhalb ihres Aufgabenkreises eigene Verpflichtungen gegenüber dem Mandanten und nicht gegenüber dem anderen Anwalt. Eine Haftung des deutschen Rechtsanwalts analog § 664 Abs. 1 Satz 2 BGB hat das Gericht nicht in Erwägung gezogen.

317 Der IX. Zivilsenat des BGH hat den Antrag des Klägers auf Bewilligung von Prozesskostenhilfe für eine Revision gegen dieses Urteil mangels hinreichender Aussicht auf Erfolg abgelehnt.[610]

318 Im **Schrifttum** ist umstritten, ob **§ 664 Abs. 1 Satz 2 BGB** auf Dienstverträge, die eine Geschäftsbesorgung zum Gegenstand haben (§§ 611, 675 Abs. 1 BGB), entsprechend anwendbar ist.[611] Zum Teil wird diese Ansicht vertreten, wenn die Hinzuziehung des ausländischen Anwalts mit Zustimmung des Mandanten erfolgt und objektiv sachgerecht ist.[612]

319 Eine andere Ansicht unterscheidet danach, ob der Mandant mit dem ausländischen Anwalt einen gesonderten, eigenständigen Vertrag geschlossen hat (dann entsprechende

---

609 Allgemein zur Haftung von Verkehrs- und Prozessanwalt Rn. 206 ff.
610 MDR 1989, 543.
611 Dafür etwa: *Erman/Ehmann*, BGB, § 664 Rn. 7; *Koller*, ZIP 1985, 1243, 1246 ff.; *Palandt/Sprau*, BGB, § 664 Rn. 1. Dagegen etwa: *v. Bernstorff*, NJW 1952, 731 f.; *MünchKomm/Grundmann*, BGB, § 278 Rn. 16; *Palandt/Heinrichs*, BGB, § 278 Rn. 10; *Staudinger/Löwisch*, BGB, § 278 Rn. 15; *RGRK/Steffen*, BGB, § 278 Rn. 12.
612 *Gruber*, MDR 1998, 1399, 1400; *Raiser*, NJW 1991, 2049, 2055; *v. Waldhausen*, S. 675, 685.

Anwendung des § 664 Abs. 1 Satz 2 BGB) oder ob der deutsche Rechtsanwalt den ausländischen Kollegen intern eingeschaltet hat (dann Geltung des § 278 BGB).[613]

Eine Unterscheidung zwischen **§ 278 BGB** und **§ 664 Abs. 1 Satz 2 BGB** danach, ob der Mandant mit dem ausländischen Anwalt einen eigenständigen Vertrag geschlossen hat oder ob der Rechtsanwalt den Kollegen intern eingeschaltet hat, überzeugt nicht. Das RG hat in seiner Entscheidung aus dem Jahr 1925,[614] auf die sich die Vertreter der zitierten Ansicht[615] berufen, vielmehr hervorgehoben, dass es für die Annahme einer zulässigen Substitution keineswegs wesentlich sei, ob der Mandant und der ausländische Anwalt unmittelbar einen Vertrag schließen. Entscheidend ist, ob die **Übertragung objektiv sachgemäß** ist. Daher ist es nicht haltbar, § 278 BGB anzuwenden, nur weil zwischen dem Mandanten und dem anderen Anwalt kein Vertrag zustande kommt. Der praktisch wichtige Fall, dass der ausländische Anwalt mit Wissen bzw. Zustimmung des Mandanten eingeschaltet wird, bleibt danach unberücksichtigt. 320

Auch die entsprechende Anwendung des **§ 664 Abs. 1 Satz 2 BGB** ist dogmatisch fragwürdig. Gegen eine unmittelbare Anwendung des § 664 BGB auf Anwaltsverträge spricht der ausdrückliche und unzweideutige Wille des Gesetzgebers. § 675 Abs. 1 BGB verweist gerade nicht auf § 664 BGB. Für eine Analogie fehlt eine planwidrige Gesetzeslücke.

Zudem kommt es für § 664 Abs. 1 Satz 2 BGB nicht darauf an, ob der Auftraggeber Kenntnis von der Einschaltung des Substituten hatte, ob er dieser zugestimmt oder mit dem ausländischen Anwalt einen gesonderten Vertrag geschlossen hat. Die haftungsrechtliche Privilegierung des Auftragnehmers setzt tatbestandlich nur voraus, dass die **Übertragung „gestattet"** ist. Hierfür reicht es aus, dass die Gestattung sich aus der Auslegung des jeweiligen Vertrages nach den Grundsätzen der §§ 157, 242 BGB ergibt. Soweit im Schrifttum § 664 Abs. 1 Satz 2 BGB in einen Gegensatz zu § 278 BGB gestellt wird, bleibt ein weiterer Gesichtspunkt unbeachtet. Nach allgemeiner Ansicht zu § 664 Abs. 1 Satz 2 BGB findet § 278 BGB keineswegs Anwendung, wenn die Voraussetzungen einer gestatteten Übertragung des Auftrags nicht vorliegen. Vielmehr hat der Auftragnehmer dann dem Auftraggeber für jeden Fehler des Substituten, also unabhängig von einem Verschulden, einzustehen.[616]

Daher sind die Sorgfaltsanforderungen bei der Einbeziehung eines ausländischen Anwalts dem jeweiligen Anwaltsvertrag im Wege der Auslegung und unter Berücksichtigung der gesetzlichen Wertung des **§ 613 BGB** zu entnehmen. 321

---

613 *Hellwig*, AnwBl 1996, 124, 125; *Henssler*, JZ 1994, 178, 185 f.; *Mankowski*, in: *Reithmann/Martiny*, Rn. 2170; *ders.*, NJW 1996, 2218; wohl auch *Becker*, AnwBl 1998, 305, 306.
614 RG, JW 1926, 246.
615 *Mankowski*, in: *Reithmann/Martiny*, Rn. 2170.
616 *Erman/Ehmann*, BGB, § 664 Rn. 4; *Palandt/Sprau*, BGB, § 664 Rn. 2; *Staudinger/Wittmann*, BGB, § 664 Rn. 4.

322 Der Rechtsanwalt muss danach den Auftraggeber über das Erfordernis, einen ausländischen Anwalt einzuschalten, und die damit verbundenen Kosten **aufklären**.

323 Ist der Mandant mit der Einschaltung eines ausländischen Anwalts einverstanden, ist der deutsche Rechtsanwalt verpflichtet, den **ausländischen Anwalt sorgfältig auszuwählen**.[617] Eine Ausnahme greift nur dann ein, falls der Mandant den zu beauftragenden ausländischen Anwalt selbst bestimmt. Die Anforderungen an die Auswahl hängen von den Umständen des Falls ab, insbesondere von den tatsächlichen und rechtlichen Schwierigkeiten sowie der wirtschaftlichen Bedeutung der Angelegenheit für den Auftraggeber. Im Normalfall kann sich der deutsche Rechtsanwalt bezüglich der fachlichen Eignung des ausländischen Anwalts auf dessen Selbsteinschätzung und die Angaben in einem Anwaltsverzeichnis verlassen. Nur wenn das zu übertragende Mandat ausnahmsweise besondere **Erfahrung und Fachkenntnisse in einem Spezialgebiet, Sprachkenntnisse, jederzeitige Erreichbarkeit, sachkundige Vertretung oder Mitarbeiter des sachbearbeitenden Anwalts** erfordert, muss der deutsche Rechtsanwalt sich vor der Beauftragung vergewissern, ob der in Aussicht genommene ausländische Anwalt persönlich und fachlich geeignet ist sowie über die erforderliche Büroorganisation verfügt. Hierzu kann der auswählende Rechtsanwalt i.d.R. auf Empfehlungen verlässlicher und unabhängiger Dritter und auf Referenzmandate des angesprochenen ausländischen Anwalts vertrauen.

324 Von besonderer Bedeutung ist in jedem Fall, dass der deutsche Rechtsanwalt **rechtzeitig** mit dem in Aussicht genommenen ausländischen Kollegen **Rücksprache nimmt**. Insbesondere ist der Gefahr vorzubeugen, dass der ausländische Anwalt wegen eines **Interessenkonflikts** verhindert ist, ein ihm angetragenes Mandat zu übernehmen. Dann muss ausreichend Zeit bestehen, um einen anderen geeigneten ausländischen Anwalt zu beauftragen. Hierzu kann es sich ausnahmsweise sogar empfehlen, mit mehreren ausländischen Anwälten gleichzeitig zu verhandeln.

325 Die **Beauftragung des ausländischen Anwalts** sollte – nach vorangegangener Absprache mit dem Mandanten – durch den deutschen Rechtsanwalt **im Namen des Auftraggebers** erfolgen. Bei der Beauftragung muss der deutsche Rechtsanwalt sicherstellen, dass der ausländische Anwalt die Übernahme des Auftrags schriftlich bestätigt. Bereits zum Zeitpunkt des Vertragsschlusses sollte Klarheit über die **Kosten** sowie das **Honorar des ausländischen Anwalts** bestehen. Um spätere Missverständnisse auszuschließen, empfiehlt es sich für den deutschen Rechtsanwalt, darauf zu achten, dass der Auftraggeber sein diesbezügliches Einverständnis erklärt hat und dieses beweiskräftig dokumentiert ist.

---

617 Zur Auswahl und Überwachung des Prozessbevollmächtigten durch den hiermit beauftragten Verkehrsanwalt s. Rn. 218 ff.

Nach Beauftragung hat der deutsche Rechtsanwalt den ausländischen Anwalt umfassend **in den Sachverhalt einzuweisen**[618] und hierzu die aus seiner Sicht relevanten Tatsachen zu übermitteln. Soweit erforderlich, hat der deutsche Rechtsanwalt dafür zu sorgen, dass Dokumente ordnungsgemäß und juristisch präzise übersetzt werden. Ist im Inland eine materielle oder prozessuale Frist einzuhalten, muss der ausländische Anwalt über die Folgen einer Fristversäumung aufgeklärt werden. Außerdem hat der deutsche Rechtsanwalt zu **überwachen**, dass der ausländische Anwalt den ihm übertragenen Aufgaben rechtzeitig nachkommt. Im Übrigen richtet sich der Umfang der dem deutschen Rechtsanwalt obliegenden Überwachung nach dem konkreten Mandat. Grundsätzlich ist er nicht verpflichtet, aktiv tätig zu werden und Zwischenberichte des ausländischen Anwalts anzufordern.

326

Das von dem ausländischen Anwalt vorgelegte **Ergebnis** – also etwa ein Vertrags- oder Schriftsatzentwurf, ein Rechtsgutachten – ist **auf Plausibilität zu überprüfen und dem Auftraggeber zu übermitteln.**

327

Der deutsche Rechtsanwalt ist jedoch grundsätzlich nicht verpflichtet, **ausländische Rechtsnormen** zu berücksichtigen und den Auftraggeber diesbezüglich zu beraten und aufzuklären.[619] Insoweit kann er sich darauf verlassen, dass der ausländische Anwalt seine Heimatrechtsordnung kennt.[620] Diese Pflicht trifft ausschließlich den ausländischen Anwalt.[621]

328

Diese Grundsätze setzen voraus, dass der deutsche Rechtsanwalt nach Rücksprache mit dem Mandanten den ausländischen Kollegen eingeschaltet und dessen Erkenntnisse nicht als Ergebnis eigener Prüfung ausgegeben hat. Andernfalls greift § 278 BGB ein, weil dann die Prüfung des ausländischen Rechts Gegenstand des Anwaltsvertrages zwischen dem deutschen Rechtsanwalt und seinem Mandanten ist.[622]

329

Ein deutscher Rechtsanwalt ist gegenüber seinem Mandanten grundsätzlich nicht verpflichtet, ausländische Rechtsnormen zu prüfen.[623] § 278 BGB ist daher nur anzuwenden, wenn der deutsche Rechtsanwalt ausnahmsweise doch dazu verpflichtet ist, weil er entweder nach außen zurechenbares Vertrauen hervorruft, über Kenntnisse in der jeweiligen ausländischen Rechtsordnung zu verfügen, oder weil die Prüfung ausländischen Rechts Gegenstand des konkreten Anwaltsvertrages ist.[624] Letzteres ist gerade nicht der Fall, wenn der deutsche Rechtsanwalt ausländisches Recht nicht selbst prüft,

---

618 RG, JW 1926, 246.
619 Zu den Pflichten des deutschen Rechtsanwalts bei der Anwendung ausländischen Rechts: *Sieg*, Internationale Anwaltshaftung, S. 120 ff.; *ders.*, ZAP (1997), Fach 23, S. 239 ff.
620 OLG Bamberg, MDR 1989, 542 f.
621 Einzelheiten bei *Sieg*, Internationale Anwaltshaftung, S. 169.
622 Einzelheiten bei *Sieg*, Internationale Anwaltshaftung, S. 170.
623 *Sieg*, Internationale Anwaltshaftung, S. 127; *ders.*, ZAP (1996), Fach 23, S. 239.
624 *Sieg*, Internationale Anwaltshaftung, S. 128 ff.

sondern sich hierzu – mit Wissen des Mandanten und gemäß der berufsrechtlichen Verpflichtung aus Ziff. 3.1.3 CCBE-Regeln – der Sachkunde eines ausländischen Anwalts bedient.

330 Die vorbeschriebenen Grundsätze gelten unabhängig davon, ob der Auftraggeber mit dem ausländischen Anwalt einen eigenständigen Vertrag geschlossen hat. Wenn es allerdings nicht zu einem solchen Vertragsschluss kommt und damit der Auftraggeber den ausländischen Anwalt im Falle eines Fehlers nicht in Regress nehmen kann, kann dies eine Pflichtverletzung des deutschen Anwalts darstellen. Der deutsche Rechtsanwalt sollte daher darauf achten, den ausländischen Anwalt **im Namen des Auftraggebers** einzuschalten.

4. Haftung des ausländischen Rechtsanwalts

331 Dem Mandanten des deutschen Rechtsanwalts können auch Ansprüche gegen den ausländischen Anwalt zustehen. Einzelheiten der Haftung des ausländischen Anwalts richten sich bei Anwendung deutschen Internationalen Privatrechts grundsätzlich nach der **Rechtsordnung desjenigen Staates, in dem der Anwalt niedergelassen ist**.[625] Auf die Haftung des Anwalts nach ausländischem Recht wird hier nicht weiter eingegangen.[626]

5. Einvernehmensanwalt

332 Besonderheiten sind zu beachten, wenn ein **Anwalt, der in einem anderen EU- oder EWR-Mitgliedstaat zugelassen ist, in Deutschland seine Dienstleistung unter der heimischen Berufsbezeichnung erbringt**.[627] Hierzu berechtigt ihn die in der Europäischen Gemeinschaft sowie im Europäischen Wirtschaftsraum garantierte **Dienstleistungsfreiheit**. Einzelheiten richten sich in Deutschland nach dem Gesetz über die Tätigkeit europäischer Rechtsanwälte in Deutschland (EuRAG) vom 9.3.2000,[628] das seinerseits auf die Richtlinie des Rates 98/5/EG vom 12.2.1998 zur Erleichterung der ständigen Ausübung des Rechtsanwaltsberufs in einem anderen Mitgliedstaat als dem, in dem die Qualifikation erworben wurde, beruht.[629] Allerdings ist der auslän-

---

[625] Zu dem auf den Anwaltsvertrag anwendbaren Recht s. Rn. 171 f.
[626] Überblick zur Anwaltshaftung in Österreich, der Schweiz, Frankreich, Italien, England und den USA bei *Hirte*, S. 242 ff. Speziell zur Anwaltshaftung nach US-amerikanischem Recht: *Wolfram*, Modern Legal Ethics; *Sieg*, NJW 1996, 2209 ff. m.w.N. Zur Anwaltshaftung nach englischem Recht: *Jackson & Powell* on Professional Negligence; *Dietlmeier*, Die Haftung englischer Rechtsanwälte für Fahrlässigkeit (Professional Negligence); *Graef*, Die Haftung des deutschen und des englischen Anwalts für fehlerhafte Prozessführung.
[627] Vgl. zur Zulassung als europäischer Rechtsanwalt in Deutschland: BGH, NJW 2003, 3706; VGH Baden-Württemberg, BRAK-Mitt. 2006, 45; *Lach*, NJW 2000, 1609.
[628] BGBl. 2000 I, S. 182, zuletzt geändert durch Art. 1 Gesetz v. 26.10.2003, BGBl. I, S. 2074.
[629] ABlEG 1998 Nr. L77, S. 36 = NJW 1999, 268.

dische Rechtsanwalt dann verpflichtet, einen Einvernehmensanwalt gemäß § 28 Abs. 1 EuRAG einzuschalten, sofern er vor einem deutschen Gericht, bei dem Anwaltszwang besteht, auftreten möchte.

Für den ausländischen Anwalt gelten dieselben Sorgfaltsstandards wie für deutsche Rechtsanwälte.[630] Wenn der Einvernehmensanwalt mit dem Mandanten des ausländischen Anwalts keinen eigenen Anwaltsvertrag geschlossen hat (§ 28 Abs. 3 EuRAG), haftet der ausländische Anwalt für Fehler des Einvernehmensanwalts nach **§ 278 BGB.**

333

Der **deutsche Einvernehmensanwalt haftet** grundsätzlich nicht gegenüber dem Auftraggeber des ausländischen Anwalts, sondern nur gegenüber dem ausländischen Anwalt aus dem zwischen ihnen bestehenden Vertrag. § 28 Abs. 2 EuRAG, wonach es dem Einvernehmensanwalt obliegt, gegenüber dem ausländischen Anwalt darauf hinzuwirken, dass dieser bei der Vertretung oder Verteidigung die Erfordernisse einer geordneten Rechtspflege beachtet, ist nur berufsrechtlich von Bedeutung, haftungsrechtlich jedoch irrelevant.[631] Wenn der deutsche Rechtsanwalt gegenüber dem Mandanten des ausländischen Anwalts besonderes persönliches Vertrauen in Anspruch genommen hat, haftet er diesem ausnahmsweise persönlich.[632]

334

Wenn ein **deutscher Rechtsanwalt** seinerseits **in einem anderen EU- oder EWR-Mitgliedstaat seine anwaltliche Dienstleistung erbringt** und hierzu mit einem ausländischen Einvernehmensanwalt zusammenarbeitet, ergeben sich haftungsrechtlich keine Besonderheiten für die Zusammenarbeit mit ausländischen Anwälten. Allerdings sind in jedem Fall auch die Vorschriften des Tätigkeitsstaates zu beachten.

335

6. Honorar des ausländischen Anwalts

Ziff. 5.7 CCBE-Regeln bestimmt, dass im beruflichen Verkehr zwischen Rechtsanwälten verschiedener Mitgliedstaaten – vorbehaltlich einer abweichenden Vereinbarung – derjenige Rechtsanwalt, der sich nicht darauf beschränkt, seinem Mandanten einen ausländischen Kollegen zu benennen oder das Mandat zu vermitteln, sondern eine Angelegenheit einem ausländischen Kollegen überträgt oder diesen um Rat bittet, persönlich dann zur **Zahlung des Honorars** verpflichtet ist, wenn Zahlung von dem Mandanten nicht erlangt werden kann. Daraus wird im Schrifttum zum Teil eine zivilrechtliche Haftung des deutschen Rechtsanwalts für das Honorar des ausländischen Anwalts abgeleitet.[633] Dabei wird jedoch nicht hinreichend berücksichtigt, dass die

336

---

630 Vgl. auch: EuGH, NJW 1988, 887, 888.
631 *Sieg*, Internationale Anwaltshaftung, S. 176 f., zu § 4 RADG.
632 Zur Haftung wegen Inanspruchnahme besonderen persönlichen Vertrauens: BGH, NJW-RR 1990, 459, 460 f.
633 *Hellwig*, AnwBl 1996, 124, 125; *Louven*, VersR 1997, 1050, 1055; *Rinschel Schlüter*, ZAP (1992), Fach 23, S. 115, 120 f.; *Lörcher*, in: *Hartung/Holl*, BORA, Ziff. 5.7 CCBE-Richtlinien, Rn. 1.

CCBE-Regeln, soweit die Berufsordnung in § 29 Abs. 1 auf sie Bezug nimmt, nur berufsrechtliche Pflichten begründen. Zur Begründung einer zivilrechtlichen Haftung ist die Satzungsversammlung der Rechtsanwälte nicht befugt. Solche Regeln sind dem Bundesgesetzgeber vorbehalten. **Entscheidend ist allein, ob zwischen dem ausländischen Anwalt und dem deutschen Kollegen ein Vertrag besteht.** Einzelheiten ergeben sich nach dem Recht desjenigen Staates, in dem der ausländische Anwalt seine Niederlassung unterhält.[634] Nach deutschem Recht haftet für das Honorar des Rechtsanwalts nur der Auftraggeber (§§ 611, 612, 675 Abs. 1 BGB), nicht jedoch dessen Stellvertreter (vgl. § 164 Abs. 1 Satz 1 BGB) oder derjenige, der diesen Auftrag vermittelt hat. Daran ändert sich nichts, wenn es sich bei dem Stellvertreter oder Vermittler um einen anderen Rechtanwalt handelt.

VIII. Sozietät (Gesellschaft bürgerlichen Rechts)

337 Eine zentrale Frage bei der Zusammenarbeit von **Rechtsanwälten in einer Sozietät** ist die, unter welchen Voraussetzungen die Mitglieder persönlich für **Schadensersatzansprüche des Auftraggebers** haften, und zwar auch dann, wenn sie sich selbst nicht schuldhaft pflichtwidrig verhalten haben, i.d.R. nicht einmal an der Übernahme oder Bearbeitung des schadensträchtigen Mandats beteiligt waren. Die **Haftungsprinzipien** haben sich insbesondere durch das Grundsatzurteil des – für das Gesellschaftsrecht zuständige Senats – II. Zivilsenats des BGH vom 29.1.2001 zur Anerkennung der Rechtsfähigkeit der BGB-Gesellschaft[635] und das Urteil desselben Senats vom 7.4.2003 zur Anwendbarkeit dieser Rechtsprechung auf die Freiberufler-Sozietät[636] **fundamental geändert.**

1. Grundlagen

338 Zu den Rechtsformen, in denen Rechtsanwälte zusammenarbeiten können, ist viel geschrieben worden.[637] Im Mittelpunkt des Interesses stand lange die Zulässigkeit des **Zusammenschlusses von Rechtsanwälten in einer GmbH**, die in dem Beschluss

---

634 Zu dem auf den Anwaltsvertrag anwendbaren Recht: Rn. 317 f.
635 BGHZ 146, 341 = NJW 2001, 1056 = WM 2001, 408.
636 BGHZ 154, 370 = NJW 2003, 1803.
637 *Damm*, in: FS Brandner, S. 31 ff.; *Hellwig*, AnwBl 1996, 124 ff.; *Henssler*, NJW 1993, 2137 ff.; *Kaiser/Bellstedt*, Die Anwaltssozietät; *Römermann*, Entwicklungen und Tendenzen bei Anwaltsgesellschaften; *Römermann/Spönemann*, NZG 1998, 15 ff.; *Schardey*, in: FS Quack, S. 731, 736 ff.; *Schneider*, AnwBl 1991, 565 f.; *Sieg*, Internationale Anwaltshaftung, S. 43 ff.; *ders.*, ZAP (1998), Fach 23, S. 341 ff.; *Stehle/Longin*, Rechtsformen für die Freien Berufe; *Strotmann*, Der Zusammenschluss von Rechtsanwälten; *Vorbrugg/Salzmann*, AnwBl 1996, 129 ff. sowie die Kommentierungen des § 59a BRAO. Rechtsvergleichend zu den Rechtsordnungen der EU-Staaten: *Nerlich*, Internationale Kooperationsmöglichkeiten für europäische Rechtsanwälte; *ders.*, AnwBl 1994, 529, 532 ff. Vgl. auch die Angaben zu den einzelnen Kooperationsformen.

des BayObLG vom 24.11.1994 bejaht wurde.[638] Am 25.7.1994 wurde das **Partnerschaftsgesellschaftsgesetz** (PartGG) verabschiedet, das am 1.7.1995 in Kraft getreten ist. Mittlerweile gibt es auch erste Anwaltsgesellschaften in der Rechtsform der **Aktiengesellschaft**. Zunehmend sind in Deutschland Rechtsanwälte als Mitglieder von Sozietäten in der Rechtsform ausländischer Gesellschaften niedergelassen.[639] Bereits seit dem 1.7.1989 können sich Anwälte aus den Mitgliedstaaten der Europäischen Union grenzüberschreitend zu einer **Europäischen wirtschaftlichen Interessenvereinigung (EWIV)** zusammenschließen.

Die §§ 51a Abs. 2, 59a BRAO[640] enthalten erstmals spezielle gesetzliche Regelungen für **Rechtsanwaltssozietäten**. Eine Sozietät ist ein Zusammenschluss von Rechtsanwälten, die nicht nur ein gemeinsames Büro unterhalten, sondern den Beruf im Interesse und auf Rechnung aller Sozien unter Benutzung ihrer gemeinsamen Einrichtungen gemeinschaftlich, als eine Einheit, ausüben.[641] Sie ist die traditionelle Rechtsform, in der Rechtsanwälte beruflich zusammenarbeiten.[642] Der Begriff der Sozietät hat einen **gesellschaftsrechtlichen** und einen **berufsrechtlichen Inhalt**. Beide Aspekte müssen auseinander gehalten werden. Besondere Anforderungen an die Ausgestaltung einer Rechtsanwaltssozietät und deren Auftreten nach außen ergeben sich aus dem **Wettbewerbsrecht**.

339

a) Gesellschaftsrecht

Gesellschaftsrechtlich ist eine Sozietät der Zusammenschluss von Rechtsanwälten zur gemeinschaftlichen Berufsausübung in einer **Gesellschaft bürgerlichen Rechts**,[643] soweit die Rechtsanwälte nicht ausdrücklich eine andere Rechtsform gewählt haben.

340

---

638 BayObLG, NJW 1995, 199 ff.; vgl. jetzt §§ 59c ff. BRAO.
639 Zur englischen LLP: *Weller/Kienle*, DStR 2005, 1060 und 1102.
640 Gesetz zur Neuordnung des Berufsrechts der Rechtsanwälte und Patentanwälte v. 2.9.1994, BGBl. I, S. 2278, in Kraft getreten am 9.9.1994, BGH, NJW 2003, 3548; Einzelheiten hierzu etwa bei *Hartung*, WiB 1994, 585 ff.; *Kleine-Cosack*, NJW 1994, 2249 ff.; *Loewer*, BRAK-Mitt. 1994, 186 ff.; *Schardey*, AnwBl 1994, 369 ff.
641 BGHZ 56, 355 = NJW 1971, 1801, 1802.
642 Allgemein zur Sozietät: *Ahlers*, AnwBl 1992, 54 f.; *Boele*, Die Organisation von Rechtsanwaltssozietäten Heute und Morgen; *Feuerich/Weyland*, BRAO, § 59a Rn. 11 ff.; *Hartung*, AnwBl 1995, 333 ff.; *ders.*, in: *Henssler/Prütting*, BRAO, § 59a Rn. 18 – 99; *Hartstang*, S. 30 – 74, 590 – 595; *Kaiser/Bellstedt*, Die Anwaltssozietät, Rn. 1 – 194; *Kleine-Cosack*, BRAO, vor § 59a Rn. 4 – 26, § 59a Rn. 3 – 7; *Jungk*, AnwBl 1996, 297 ff.; *Kornblum*, BB 1973, 218 ff.; *K. Müller*, NJW 1969, 903 ff. und 1416 f.; *Oppenhoff*, AnwBl 1967, 267 ff.; *Rabe*, NJW 1971, 1385 ff.; *Römermann*, Entwicklungen und Tendenzen bei Anwaltsgesellschaften, S. 30 – 97; *ders.*, in: *Hartung/Holl*, BORA, vor § 30 Rn. 16 – 64; *Schmid*, in: Münchener Handbuch des Gesellschaftsrechts, § 24; *Sieg*, Internationale Anwaltshaftung, S. 43 ff. und S. 146 ff.; *Steindorff*, in: FS R. Fischer, S. 747 ff.; *Vogels*, Die Haftung von Rechtsanwälten in der Sozietät; *Wolf*, in: FS Schneider, S. 349 ff.
643 BGH, NJW 1971, 1801, 1802; 1996, 2859; 2001, 1056; 2004, 2013.

Einzelheiten der gesellschaftsrechtlichen Verfassung einer Sozietät ergeben sich aus §§ 705 ff. BGB, § 51a Abs. 2 Satz 1 BRAO und aus dem **Gesellschaftsvertrag.**

b) Berufsrecht

341 **Berufsrechtlich** begrenzt **§ 59a Abs. 1 und 3 BRAO** die Zulässigkeit einer **Sozietät** auf die Zusammenarbeit mit den Angehörigen der dort genannten Berufsgruppen.[644] Gemäß **§ 59a Abs. 2 BRAO** muss die Sozietät eine gemeinschaftliche Kanzlei unterhalten oder mehrere Kanzleien, in denen zumindest ein Mitglied der Sozietät verantwortlich tätig ist, für das die Kanzlei den Mittelpunkt seiner beruflichen Tätigkeit bildet.[645] **§ 29a BRAO**, wonach Rechtsanwälte auch in anderen Staaten Kanzleien einrichten oder unterhalten dürfen, bleibt unberührt. **§ 59a BRAO** gilt als berufsrechtliche Vorschrift unabhängig von der Rechtsform für sämtliche Zusammenschlüsse von Rechtsanwälten zur gemeinschaftlichen Berufsausübung, insbesondere also auch für Rechtsanwälte, die sich zu einer Partnerschaft zusammengeschlossen haben. Bei einer als GmbH organisierten Rechtsanwaltsgesellschaft verweist jedoch § 59m Abs. 2 BRAO nicht auf § 59a BRAO.

c) Wettbewerbsrecht

342 **Wettbewerbsrechtlich** schränkt die Rechtsprechung das Auftreten von Rechtsanwaltssozietäten nach außen ein. Der BGH folgert aus §§ 1, 3 UWG, dass ein Rechtsanwalt im gewerblichen Verkehr auf die Mitarbeit in einer Sozietät nur hinweisen darf, wenn die mit den Sozien getroffenen vertraglichen Absprachen den Vorstellungen entsprechen, die das rechtsuchende Publikum mit einer Sozietät berechtigterweise verbindet. **Dem Bild des Außenverhältnisses müsse das Innenverhältnis unter den Rechtsanwälten, die als Sozien auftreten, entsprechen.** Jedes Mitglied der Sozietät müsse durch die Sozietätsvereinbarung ermächtigt und grundsätzlich verpflichtet sein, den Anwaltsvertrag mit Wirkung für und gegen alle Sozien abzuschließen und deren gesamtschuldnerische Haftung mit den Mandanten zu vereinbaren.[646] Daraus leitet der I. Zivilsenat des BGH u.a. ab, dass ein Rechtsanwalt nicht den Anschein erwecken dürfe, sich mit einem anderen Rechtsanwalt zu einer Sozietät zusammengeschlossen zu haben, wenn dies in Wahrheit nicht der Fall sei, wenn also eine sog. Außen- oder Scheinsozietät vorliegt.[647] Dogmatisch inkonsequent – wenn auch in der Sache nicht zu kritisieren – ist dann, dass die Rechtsprechung vor dem Hintergrund der §§ 1, 3 UWG keine Bedenken hat, dass angestellte Rechtsanwälte, mit denen im Innenverhältnis

---

644 Zur internationalen Sozietät s. Rn. 362 ff.
645 Zur überörtlichen Sozietät s. *Sieg*, in: *Zugehör*, Anwaltshaftung, 1. Aufl., Rn. 376 ff.
646 BGH, NJW 1991, 49, 50 – zum anwaltlichen Berufsrecht; BGH, NJW 1993, 196, 198 – überörtliche Sozietät; BGH, NJW 1996, 2308, 2309 f. – internationale Sozietät.
647 BGH, NJW 1993, 196, 198.

auch keine Geschäftsführungsbefugnis und keine Verteilung von Gewinn und Verlust vereinbart ist, im Briefkopf als „Sozius" erscheinen dürfen.[648]

Ob an dieser wettbewerbsrechtlichen Rechtsprechung seit der grundlegenden Überarbeitung der Bundesrechtsanwaltsordnung im September 1994 noch festzuhalten ist, erscheint fraglich. So hatte der BGH angedeutet, dass an der Vereinbarung der gesamtschuldnerischen Haftung der nach außen in Erscheinung tretenden Sozien jedenfalls festzuhalten sei, solange der Gesetzgeber nicht durch eine Änderung der Haftungsstruktur der Anwaltsgesellschaften die Erwartungshaltung des rechtssuchenden Publikums hinsichtlich der persönlichen Haftung der in einer Sozietät zusammengeschlossenen Rechtsanwälte gewandelt hat.[649] Zwischenzeitlich hat der Gesetzgeber in § 59a Abs. 2 BRAO die Voraussetzungen für die Bildung überörtlicher Rechtsanwaltssozietäten festgelegt. Er hat nicht verlangt, dass der Sozietätsvertrag jedes Mitglied ermächtigen und verpflichten muss, den Anwaltsvertrag mit Wirkung für und gegen alle Sozien abzuschließen und deren gesamtschuldnerische Haftung mit den Mandanten zu vereinbaren. Auch die Gesetzgebungsmaterialien enthalten für einen entsprechenden Willen des Gesetzgebers keinen Anhaltspunkt. Zudem hat der Gesetzgeber in § 51a Abs. 2 BRAO den Mitgliedern einer Rechtsanwaltssozietät ermöglicht, die Haftung auf einzelne Sozien zu beschränken (dazu Rn. 450 ff.).

343

Haftungsrechtlich haben die wettbewerbsrechtlichen Regeln – ebenso wie die des Berufsrechts[650] – keine Bedeutung. Mit den einzelnen Normen werden unterschiedliche Zwecke verfolgt.[651] Die Vorschriften des Wettbewerbsrechts bezwecken die Aufrechterhaltung eines fairen Wettbewerbs. Sie dienen damit dem Schutz der Allgemeinheit und der Mitbewerber, also der anderen Rechtsanwälte, nicht jedoch der Mandanten.[652] Demgegenüber erfüllen die Vorschriften des Haftungsrechts in erster Linie eine Ausgleichs- und Präventivfunktion und dienen damit dem Schutz der Auftraggeber.[653] Das Berufsrecht bezweckt, das Vertrauen der Allgemeinheit in die ordnungsgemäße Berufsausübung durch die Rechtsanwälte zu gewährleisten (vgl. § 43 BRAO). Die Vorschriften begründen keine subjektiven Rechte des Mandanten.[654]

344

---

648 Vgl. BGH, NJW 1996, 2308, 2310.
649 BGH, NJW 1993, 196, 198; vgl. auch BGH, NJW 1992, 3037, 3039.
650 BGH, NJW 1971, 1801, 1802.
651 Dies wird von *Borgmann/Jungk/Grams*, § 36 Rn. 4 f. nicht hinreichend berücksichtigt.
652 Allgemein zu den Zwecken der Vorschriften des UWG: *Baumbach/Hefermehl*, Wettbewerbsrecht, Einl. UWG, Rn. 40 ff.
653 Zu den Funktionen des Haftungsrechts: *Sieg*, Internationale Anwaltshaftung, S. 63 ff.
654 *Sieg*, Internationale Anwaltshaftung, S. 89 – zu § 823 Abs. 2 BGB.

2. Haftung der Mitglieder einer Sozietät

a) Einführung

345 Das Recht der Gesellschaft bürgerlichen Rechts ist **in §§ 705 ff. BGB** nur zum Teil geregelt. Die Beantwortung wichtiger Fragen wie etwa die, ob eine solche Gesellschaft selbst Träger von Rechten und Pflichten sein kann und insoweit rechtsfähig ist, oder Einzelheiten der persönlichen Haftung der Gesellschafter für Verbindlichkeiten der Gesellschaft hat der Gesetzgeber der Rechtsprechung überlassen. So ist in dem 1994 in Kraft getretenen **§ 51a Abs.** 2 Satz 1 BRAO zwar festgeschrieben, dass die Mitglieder einer (Rechtsanwalts-)Sozietät „aus dem zwischen ihr und dem Auftraggeber bestehenden Vertragsverhältnis als Gesamtschuldner" haften.[655] Der Gesetzgeber hat damit jedoch bewusst vermieden festzulegen, wie die Sozienhaftung dogmatisch einzuordnen ist.[656]

Die **tatsächlichen Erscheinungsformen** von Gesellschaften bürgerlichen Rechts sind äußerst vielgestaltig. In der Praxis spielen dabei Zusammenschlüsse von Freiberuflern, insbesondere Rechtsanwälten, zur gemeinschaftlichen Berufsausübung eine große Rolle. Wenn mehrere Rechtsanwälte sich zu einer Sozietät in der Rechtsform einer Gesellschaft bürgerlichen Rechts zusammengeschlossen haben, stellt sich die Frage, ob die Sozietät selbst oder nur deren einzelne Mitglieder Vertragspartner des Auftraggebers sind, sowie nach welchen Voraussetzungen sich die persönliche Haftung der Sozietätsmitglieder, insbesondere derjenigen, die nicht an der zur Haftung führenden Mandatsbearbeitung beteiligt waren, richtet.[657]

Hierzu hat der VI. Zivilsenat des **BGH** in der grundlegenden Entscheidung vom 6.7.1971 ausgeführt: „Die Sozietät ist freilich keine juristische Person, daher nicht als solche der dem Mandanten gegenüberstehende Beauftragte".[658] Weiter heißt es in dem Urteil: „Der Anwaltsvertrag (kommt) bei einer Sozietät mit allen Anwälten zustande".[659] Hierauf gründet die vertragliche Begründung der persönlichen Haftung der Mitglieder von Rechtsanwalts-, Steuerberater- oder Wirtschaftsprüfersozietäten gegenüber den Auftraggebern der Sozietät, die bis zuletzt ständige Rechtsprechung des

---

655 § 67a Abs. 2 StBerG oder § 54a Abs. 2 WPO enthält keine solche Regelung.
656 BT-Drucks. 12/4493 v. 19.5.1993, S. 23 und 32.
657 Ausführlich zur bisherigen Rechtslage s. *Sieg,* in: *Zugehör,* Anwaltshaftung, 1. Aufl., Rn. 344 ff.
658 BGHZ 56, 355, 358 = WM 1971, 1386.
659 BGHZ 56, 355 = WM 1971, 1386, 1388 (insoweit in der amtlichen Sammlung nicht abgedruckt).

hierfür nunmehr zuständigen IX. Zivilsenats gewesen ist.[660] Damit dürfte jetzt Schluss sein.[661]

Durch das (Versäumnis-)Urteil vom 29.1.2001 hat der für das Gesellschaftsrecht zuständige II. Zivilsenat des **BGH** den jahrzehntelangen Streit im Schrifttum und die unentschiedene Haltung der Rechtsprechung zur Rechtsfähigkeit einer Gesellschaft bürgerlichen Rechts und zur Haftung von deren Gesellschaftern gelöst.[662] **Eine (Außen-)Gesellschaft bürgerlichen Rechts ist danach (beschränkt) rechtsfähig**, im Zivilprozess **aktiv und passiv parteifähig** und als solche **Vertragspartner eines Auftraggebers**. Bereits im Urteil vom 29.7.1999 hat ebenfalls der II. Zivilsenat ausgeführt, dass die **Gesellschafter** einer (Außen-)Gesellschaft bürgerlichen Rechts **für die Verbindlichkeiten der Gesellschaft kraft Gesetzes** (und nicht kraft Vertrages) auch **persönlich und mit ihrem Privatvermögen haften**.[663] In Fortführung dieses Urteils hat der Senat in dem Urteil vom 29.1.2001 nunmehr entschieden, dass die Gesellschafterhaftung in Konsequenz der Anerkennung der beschränkten Rechtsfähigkeit der (Außen-)Gesellschaft bürgerlichen Rechts im Sinne einer akzessorischen Haftung der Gesellschafter für die Gesellschaftsverbindlichkeiten zu entscheiden ist. Soweit ein Gesellschafter für die Verbindlichkeiten der Gesellschaft auch persönlich haftet, ist hierfür der **jeweilige Bestand der Gesellschaftsschuld maßgebend**. Insoweit entspricht das Verhältnis zwischen Gesellschafts- und Gesellschafterhaftung der Rechtslage nach §§ 128 f. HGB bei der OHG.[664]

346

---

660 BGHZ 70, 247 = WM 1978, 411; BGHZ 83, 823 = WM 1982, 743; BGH, WM 1990, 188; WM 1996, 1632; zuletzt etwa noch BGH, WM 1999, 1846; WM 2000, 963.
661 Zur früheren Rechtslage, insbesondere für Altfälle, wird auf *Sieg*, in: *Zugehör*, Anwaltshaftung, 1. Aufl., Rn. 344 ff. verwiesen. Zur neuen Rechtslage vgl. auch *Sieg*, WM 2002, 1432.
662 BGHZ 146, 341 = WM 2001, 408; allgemein zu dem Urteil etwa: *Baumann*, JZ 2001, 895; *Beuthien*, JZ 2003, 715; *Boehme*, NZG 2003, 764; *Bruns*, ZIP 2002, 1602; *Burger*, BRAK-Mitt. 2003, 262; *Canaris*, ZGR 2004, 69; *Dauner-Lieb*, DStR 2001, 356; *Eichele*, BRAK-Mitt. 2001, 156; *Elsing*, BB 2003, 18, 909; *Gesmann-Nuissl*, WM 2001, 973; *Goette*, DStR 2001, 315; *Gladys*, Stbg 2001, 684; *Grams*, BRAK-Mitt. 2002, 60; *Grunewald*, in: FS Ulmer, S. 141; *Habersack*, BB 2001, 477; *Hasenkamp*, DB 2002, 2632; *Heil*, NZG 2001, 300; *Jungk*, BRAK-Mitt. 2001, 159; *Jauernig*, NJW 2001, 2231; *Knöringer*, AnwBl 2002, 681; *Koch, B.*, S. 183 ff.; *Lang/Fraenkel*, WM 2002, 260; *O. Lange*, NZG 2002, 401; *Lux*, NJW 2003, 2806; *Pohlmann*, WM 2002, 1421; *Römermann*, BB 2003, 1084; *Sassenbach*, AnwBl 2002, 54; *K. Schmidt*, NJW 2001, 993; *ders.*, NJW 2003, 1897; *Scholz*, NZG 2002, 153; *Sieg*, ZAP (2001), Fach 15, S. 355; *Ulmer*, ZIP 2001, 585; *Wertenbruch*, NJW 2002, 324; *Wiedemann*, JZ 2001, 661; *Wunderlich*, WM 2002, 271; *Zacharias*, AnwBl 2003, 679; *ders.*, BB 2003, 1916.
663 BGHZ 142, 315, 318 = WM 1999, 2071; hierzu etwa: *Hennrichs/Kießling*, WM 1999, 877; *Henze*, BB 1999, 2260; *Ulmer*, ZGR 2000, 339.
664 BGH, WM 2001, 408, 414.

Auf weitere Einzelheiten dieses Urteils wird an dieser Stelle nicht eingegangen. Die Annahme der Rechtsfähigkeit einer (Außen-)Gesellschaft bürgerlichen Rechts hat der II. Zivilsenat sorgfältig begründet und die Vorteile für die Rechtspraxis überzeugend dargelegt. Die **haftungsrechtliche Analogie zu §§ 128 f. HGB** ist ebenfalls konsequent und grundsätzlich einleuchtend. Angesichts des entschiedenen Falls, in dem es um die persönliche Haftung der Mitglieder einer bauwirtschaftlichen Arbeitsgemeinschaft ging, war keine weitere Differenzierung angezeigt. Es stellt sich allerdings die **Frage**, ob die vom II. Zivilsenat im Urteil vom 29.1.2001 aufgestellten Grundsätze uneingeschränkt auch **auf Freiberufler-, insbesondere Rechtsanwaltssozietäten übertragen werden können.**

In Ergänzung seiner neuen Rechtsprechung hat der **BGH** entschieden dass eine **Gesellschaft bürgerlichen Rechts** sich ein zu Schadensersatz verpflichtendes Handeln ihrer geschäftsführenden Gesellschafter entsprechend § 31 BGB zurechnen lassen muss. Die **Gesellschafter haften** grundsätzlich **auch für gesetzlich begründetet Verbindlichkeiten ihrer Gesellschaft** persönlich und als Gesamtschuldner.[665]

b) Entwicklung der Rechtsprechung

347   Der II. Zivilsenat hat sich mit den vorgenannten Urteilen der im Schrifttum entwickelten **Akzessorietätstheorie**[666] ausdrücklich angeschlossen und die traditionelle **Doppelverpflichtungstheorie** verworfen. Nach dem letztgenannten Ansatz handelt das nach außen auftretende Mitglied einer Gesellschaft bürgerlichen Rechts sowohl im Namen der Gesellschaft als auch der einzelnen Mitglieder. Neben dem gesamthänderisch gebundenen Gesellschaftsvermögen werden die einzelnen Mitglieder der Gesellschaft persönlich rechtsgeschäftlich verpflichtet.[667]

348   Wie bereits dargelegt, hat der **IX. Zivilsenat des BGH** demgegenüber in ständiger Rechtsprechung und unter allgemeiner Billigung des Fachschrifttums[668] zur Begründung einer grundsätzlich gesamtschuldnerischen Haftung der Mitglieder von Rechtsanwaltssozietäten einen vertragsrechtlichen Ansatz vertreten. Diese Rechtsprechung lag auf der Linie der Doppelverpflichtungstheorie, ohne auf den vorgenannten dogmatischen Streit ausdrücklich eingegangen zu sein.[669] Danach haften neben der Sozietät, das heißt dem gesamthänderisch gebundenen Gesellschaftsvermögen i.S.d. § 718

---

665   BGHZ 154, 88 = NJW 2003, 1445; vgl. BGH, NJW 2003, 2984, 2985.
666   Vgl. etwa *Flume*, § 16 IV 3; *K. Schmidt*, Gesellschaftsrecht, § 60 III 2; *Timm*, NJW 1995, 3209 ff.; *MünchKomm/Ulmer*, BGB, § 705 Rn. 130 ff.
667   Vgl. etwa *Habersack*, BB 1999, 61; *Hommelshoff*, ZIP 1998, 8; *Hueck*, in: FS Zöllner, Bd. 1, S. 275; *Erman/Westermann*, BGB, § 714 Rn. 10 f.; *Zöllner*, in: FS Gernhuber, S. 563; *ders.*, in: FS Kraft, S. 701.
668   *Borgmann/Haug*, 3. Aufl. 1995, § 36 Rn. 1 und § 10 Rn. 27, 28; *Kornblum*, BB 1973, 218; *Rinsche*, 6. Aufl. 1998, Rn. I 161 ff. und 18 ff.; *Steindorff*, in: FS R. Fischer, S. 747; *Vollkommer*, 1. Aufl. 1989, Rn. 50 ff. und 313 ff.
669   Vgl. vorstehend Fn. 658, 660.

Abs. 1 BGB, grundsätzlich alle nach außen als Mitglieder der Sozietät in Erscheinung tretenden Rechtsanwälte aus dem mit dem Auftraggeber bestehenden Vertrag als Gesamtschuldner persönlich mit ihrem Privatvermögen. In Ausnahmefällen hat die Rechtsprechung ein Einzelmandat angenommen. Vertragspartner der Mandanten waren dann nur einzelne Mitglieder der Sozietät, die allein im Fall einer schuldhaften Pflichtverletzung – neben der Sozietät – zum Schadensersatz verpflichtet waren. Der IX. Zivilsenat hat noch zuletzt – etwa in den Urteilen vom 8.7.1999[670] und vom 16.12.1999[671] – betont, dass ein Sozietätsmitglied ein ihm angetragenes Mandat regelmäßig zugleich im Namen der übrigen Sozien annehme.[672]

Andere Senate des BGH haben sich ebenfalls gegen die **Rechtsfähigkeit einer Gesellschaft bürgerlichen Rechts** ausgesprochen, etwa der I. Zivilsenat,[673] der V. Zivilsenat[674] sowie der XII. Zivilsenat.[675] Andererseits deutete sich die Festlegung des II. Zivilsenats bereits in früheren Entscheidungen an. So hat der Senat ausgeführt, dass eine (Außen-)Gesellschaft bürgerlichen Rechts Gesellschafter einer GmbH,[676] Partei eines Schuldverhältnisses,[677] Mitglied einer Genossenschaft,[678] Aktionär einer Aktiengesellschaft[679] oder Gesellschafter einer anderen Gesellschaft bürgerlichen Rechts[680] sein könne. Allgemein hieß es in diesen Entscheidungen, dass eine Gesellschaft bürgerlichen Rechts als Gesamtheitsgemeinschaft ihrer Gesellschafter jede Rechtsposition einnehmen könne, soweit nicht spezielle Gesichtspunkte entgegenstehen.[681]

Mittlerweile hat der II. Zivilsenat die Grundlagen des Urteils vom 29.1.2001 in weiteren Entscheidungen bestätigt. In dem Beschluss vom 16.7.2001 ging es um die Fähigkeit einer (Außen-)Gesellschaft bürgerlichen Rechts, Kommanditistin einer Kommanditge-

349

---

670 BGH, WM 1999, 1846 (Haftung des Mitgliedes einer Scheinsozietät für die Veruntreuung von Mandantengeldern durch den sachbearbeitenden Rechtsanwalt bei der Verwaltung und Abwicklung eines Nachlasses); OLG Köln, NJW-RR 2004, 279.
671 BGH, WM 2000, 963 = NJW 2000, 1333 (Haftung der Mitglieder einer interprofessionellen Sozietät aus Rechtsanwälten und Steuerberatern/Wirtschaftsprüfern); vgl. BGH, NJW 2000, 1560.
672 Vgl. auch *Brandes*, WM 2000, 385, 386; *Hartung*, MDR 2002, 1224, 1225.
673 BGH, DB 2000, 2117 (Markenrechtsfähigkeit).
674 BGHZ 107, 268 = WM 1989, 1229 (WEG-Verwalter).
675 BGHZ 138, 82 = WM 1998, 1455 (Vermieterwechsel analog § 571 BGB bei Wechsel von Gesellschaftern einer GbR).
676 BGHZ 78, 311, 313 ff. = WM 1981, 163.
677 BGHZ 79, 374, 378 f. = WM 1981, 359.
678 BGHZ 116, 86, 88 ff. = WM 1992, 12.
679 BGHZ 118, 83, 99 f. = WM 1992, 1225.
680 BGH, WM 1997, 2220.
681 BGHZ 136, 254, 257 ff. = WM 1997, 1666 (XI. Zivilsenat) – Scheckfähigkeit einer Gesellschaft bürgerlichen Rechts.

Sieg

sellschaft zu sein.[682] Eine Woche zuvor hat bereits der Patentanwaltsenat im Beschluss vom 9.7.2001 die Rechtsfähigkeit einer (Außen-)Gesellschaft bürgerlichen Rechts unter Bezugnahme auf das Urteil vom 29.1.2001 bejaht.[683] Weitere Entscheidungen haben seitdem auf das Urteil vom 29.1.2001 Bezug genommen.[684] Mit Urteil vom 7.4.2003[685] hat der BGH entschieden, dass die Grundsätze des Urteils vom 29.1.2001 **auch für Freiberufler-Sozietäten** in der Rechtsform der Gesellschaft bürgerlichen Rechts gelten. Der II. Zivilsenat des BGH hat in diesem Urteil aber ausdrücklich **offen gelassen, ob dies auch für Verbindlichkeiten aus beruflichen Haftungsfällen dieser Gesellschaft gilt** oder in diesen Fällen eine Ausnahme analog § 8 Abs. 2 PartGG zu machen ist. Zuletzt hat der II. Zivilsenat des BGH diese Rechtsprechung im Urteil vom 12.12.2005 bestätigt und differenziert.[686]

c) **Bewertung des Urteils vom 29.1.2001 und Folgen für Rechtsanwaltssozietäten**

350 Bemerkenswert ist, dass der II. Zivilsenat trotz der ausführlichen Begründung des Urteils vom 29.1.2001 **nicht auf den abweichenden dogmatischen Ansatz des IX. Zivilsenats eingegangen ist.** Es ist nicht davon auszugehen, dass der II. Zivilsenat die Rechtsprechung anderer Senate übersehen hat. Vielmehr liegt die Folgerung nahe, dass der II. Senat jedenfalls im Ergebnis keinen Widerspruch zu den Schlussfolgerungen des IX. Senats angenommen und daher von einer Vorlage an den Großen Senat abgesehen hat.

Viel spricht dafür, dass der IX. Zivilsenat sich den Grundlagen, die der II. Zivilsenat in dem Urteil vom 29.1.2001 zum Ausdruck gebracht hat, anschließen wird. Einer Auslegung des Rechtsanwaltsvertrages zur Begründung eines Gesamtmandates der zu einer Sozietät zusammengeschlossenen Rechtsanwälte bedarf es künftig nicht mehr, weil die gesamtschuldnerische Haftung aller Sozietätsmitglieder dann der gesetzlichen Regellage entspricht.[687] Aufgrund der Besonderheiten der Rechtsanwaltshaftung ist aber nach Maßgabe der bisher schon vom IX. Zivilsenat aufgestellten Regeln **je nach Einzelfall zu differenzieren.** Hierzu ist insbesondere die Möglichkeit zu nutzen, **durch eine eigenständigere Auslegung des Rechtsanwaltsvertrages** die sachgerechten Ergebnisse der bisherigen Rechtsprechung unter Abänderung des Begründungsansatzes

---

682 BGH, WM 2001, 1764.
683 BGH, DB 2001, 1876.
684 BGH, WM 2001, 2379 = NJW 2002, 368 (Anwendbarkeit des VerbrKrG auf GbR); WM 2001, 2442 = ZIP 2002, 174 (namens GbR abgegebene Willenserklärung); NJW 2003, 1043 (Rubrumsberichtigung); BVerfG, NZG 2002, 1104 (Kammer-Beschluss v. 2.9.2005: Grundrechtsfähigkeit).
685 BGHZ 154, 370 = NJW 2003, 1803.
686 BGH, WM 2006, 187.
687 *Zugehör*, Beil. zu ZAP 18/2001, S. 3 ff.

beizubehalten.[688] Darüber hinaus stellt sich die Frage, ob bei Freiberufler-Sozietäten eine **Analogie zu § 8 PartGG** näher liegt als eine **Analogie zu § 128 HGB**.

aa) Vertragliche Ausgestaltung der gesetzlichen Gesellschafterhaftung

Das Modell der **akzessorischen Gesellschafterhaftung**, dem der II. Zivilsenat nunmehr ausdrücklicht folgt, gilt nur **vorbehaltlich einer anderweitigen Absprache mit dem Gläubiger**. So ist bei Personenhandelsgesellschaften allgemein anerkannt, dass die persönliche Haftung der Gesellschafter gemäß § 128 HGB durch vertragliche Vereinbarung mit dem Vertragspartner der Gesellschaft modifiziert, ja sogar auch ganz abbedungen werden kann.[689] Dies hat der II. Zivilsenat des BGH in dem bereits erwähnten Urteil vom 27.9.1999 für die gesetzliche Haftung der Gesellschafter einer (Außen-)Gesellschaft bürgerlichen Rechts ausdrücklich bestätigt.[690] Diese Interpretation legt auch die vom BGH zu dem Urteil vom 29.1.2001 veröffentlichte Pressemitteilung nahe, die insoweit über den Wortlaut der Urteilsbegründung hinausgeht.[691]

351

Eine solche Absprache, die die persönliche Haftung der Gesellschafter für Verbindlichkeiten der Gesellschaft regelt, kann dem Vertrag zwischen Auftraggeber und einer Rechtsanwaltssozietät **durch Auslegung der wechselseitigen Erklärungen bei Abschluss des Vertrages je nach Einzelfall auch konkludent entnommen werden**.[692] Eine derartige Differenzierung der persönlichen Haftung der Sozietätsmitglieder durch konkludente Auslegung des Rechtsanwaltsvertrages zwischen Auftraggeber und Sozietät lässt sich vor allem mit den vom Gesetzgeber vorgegebenen **Besonderheiten des Berufsbildes der Rechtsanwälte** begründen. Im Übrigen ist auch **kein praktisches Bedürfnis erkennbar, nur wegen der dogmatischen Änderung der Rechtsnatur der BGB-Gesellschaft von den bewährten Ergebnissen der Rechtsprechung des IX. Zivilsenats abzuweichen**. Diese Rechtsprechung trägt den tatsächlichen Besonderheiten deutlich differenzierter Rechnung, als eine strikte Analogie zu dem gesetzlichen Leitbild des § 128 HGB.[693] Auf Einzelheiten wird im Folgenden noch ausführlicher eingegangen.

---

688 *Sieg*, ZAP (2001), Fach 15, S. 355; *Zugehör*, Beil. zu ZAP 18/2001, S. 5.
689 *Baumbach/Hopt*, HGB, § 128 Rn. 38; *Habersack*, in: Staub, Großkommentar zum HGB, § 128 Rn. 15; *K. Schmidt*, in: Schlegelberger, HGB, § 128 Rn. 13, jew. m.w.N.
690 BGHZ 142, 315, 321 = WM 1999, 2071; vgl. auch *K. Schmidt*, NJW 2001, 993, 999: „Nicht die Begründung dieser Haftung (analog § 130 HGB), sondern deren Ausschluss bedarf einer besonderen Vereinbarung mit dem Gläubiger".
691 Vgl. etwa Gl 2001, 55.
692 Zustimmend *Jungk*, BRAK-Mitt. 2001, 159, 160.
693 Vgl. auch insoweit BGHZ 74, 240 = WM 1979, 774 (II. Zivilsenat).

bb) Analogie zu § 8 Abs. 2 PartGG

352 Die konkludente Auslegung des Rechtsanwaltsvertrages ist allerdings dann entbehrlich, wenn man für die persönliche Haftung der Mitglieder von Rechtsanwaltssozietäten weitergehend eine Analogie zu § 8 PartGG in Betracht zieht.[694] Gemäß § 8 Abs. 1 Satz 1 PartGG haften für Verbindlichkeiten der Partnerschaft den Gläubigern neben dem Vermögen der Partnerschaft die Partner als Gesamtschuldner. Die §§ 129 und 130 HGB sind entsprechend anzuwenden (§ 8 Abs. 1 Satz 2 PartGG). Wenn allerdings nur einzelne Partner mit der Bearbeitung eines Auftrages befasst waren, sieht **§ 8 Abs. 2 PartGG eine gesetzliche Haftungskonzentration** für berufliche Fehler auf diejenigen Partner vor, die mit der Bearbeitung des jeweiligen Auftrages befasst waren. Untergeordnete Beiträge bei der Bearbeitung eines Auftrags blieben ausgenommen.

Die vom II. Zivilsenat des BGH im Urteil vom 29.1.2001 gezogene **Analogie zu den Haftungsregeln der OHG** ist insoweit nachzuvollziehen, als es in dem entschiedenen Fall um eine bauwirtschaftliche Arbeitsgemeinschaft ging. Bei solchen **gewerblichen Gesellschaften bürgerlichen Rechts** ist in der Tat die OHG die vergleichbare gesetzlich typisierte Rechtsform. **Anders** sieht es hingegen bei **Freiberuflerzusammenschlüssen** aus. Diese sind gerade keine Gesellschaften, „deren Zweck auf den Betrieb eines Handelsgewerbes (...) gerichtet ist", wie es in § 105 Abs. 1 HGB heißt. Für Gesellschaften, „in der sich Angehörige Freier Berufe zur Ausübung ihrer Berufe zusammenschließen",[695] hat der Gesetzgeber vielmehr die **Partnerschaft als typisiertes Regelmodell** vorgesehen. Deren **Haftungsregelung in § 8 PartGG** unterscheidet sich deutlich von dem der OHG. Der Sinn und Zweck der akzessorischen Haftung analog § 128 HGB besteht nicht darin, dem Gläubiger möglichst viele Schuldner zuzuführen.[696] Auch ist hier zu berücksichtigen, dass Rechtsberater – anders als allgemein die Gesellschafter einer Gesellschaft bürgerlichen Rechts – bereits gesetzlich verpflichtet sind, eine Berufshaftpflichtversicherung zu unterhalten.[697] Wenn eine Gesetzesanalogie für die persönliche Haftung der Gesellschafter einer Freiberufler-Sozietät in Betracht kommt, ist es daher die zu § 8 PartGG und nicht die zu §§ 128, 129 HGB für gewerbliche Personenhandelsgesellschaften in der Rechtsform einer OHG.

Diese Lösung ist auch bei **Abwägung der Interessen** des Auftraggebers und der Mitglieder des Freiberuflerzusammenschlusses sachgerecht. Ein besonderes Vertrauen für die sachgerechte Bearbeitung eines Auftrages bringt der Mandant – neben der Sozietät als solcher, auf deren Reputation er vertraut – im Wesentlichen den sachbearbeitenden Sozien (Partnern) entgegen, nicht jedoch den ihm gegenüber nicht in Erscheinung tre-

---

694 *Sieg*, ZAP (2001), Fach 15, S. 355; im Ansatz für eine Angleichung der Rechtsverhältnisse einer Gesellschaft bürgerlichen Rechts auch (neben OHG und KG) an die einer Partnerschaft, allerdings ohne auf § 8 PartGG einzugehen: *Ulmer*, ZIP 2001, 585.
695 § 1 Abs. 1 Satz 1 PartGG.
696 *Zugehör*, Beil. zu ZAP 18/2001, S. 6.
697 § 51 BRAO, § 67 StBerG, § 54 WPO.

tenden Sozien. Dies wird insbesondere bei großen, überörtlichen oder gar internationalen Zusammenschlüssen deutlich. Daneben ist der Auftraggeber im Fall von Schadensersatzansprüchen wegen beruflicher Pflichtverletzungen der Sozietät bzw. einzelner Sozien vor allem über das Vermögen der Sozietät, wozu insbesondere Honorarforderungen gegen andere Auftraggeber zählen, sowie durch die Haftpflichtversicherungen der Sozietätsmitglieder abgesichert.[698]

d) Einzelfragen

Wenn man von der im Urteil vom 29.1.2001 festgelegten Haftung der Gesellschafter einer BGB-Gesellschaft analog §§ 128, 129 HGB ausgeht, bleiben speziell für Rechtsanwaltssozietäten **viele Fragen offen**, so etwa die Haftung der Mitglieder von interprofessionellen oder Anscheins-Sozietäten sowie die Haftung neu eingetretener bzw. ausgeschiedener Sozietätsmitglieder. Hierzu bietet die vorstehend angesprochene Auslegung des Vertrages zwischen der Sozietät und deren Auftraggeber einen wichtigen Ansatz. Auch versicherungs- und berufsrechtlich müssen neue Lösungen gefunden werden. Im Folgenden wird auf **die wichtigsten haftungsrechtlichen Fallgruppen** eingegangen.

353

aa) Einzel- und Gesamtmandat

Nach der bisherigen Rechtsprechung des IX. Zivilsenats ist die Annahme eines Einzelmandats ein besonders begründungsbedürftiger Ausnahmefall vom Grundsatz eines Gesamtmandats mit gesamtschuldnerischer Haftung aller Mitglieder der Sozietät.[699] Ein **Einzelmandat** ist etwa anzunehmen, wenn die beauftragte Sozietät und der Auftraggeber vertraglich die persönliche Haftung auf einzelne Mitglieder der Sozietät nach § 51a Abs. 2 BRAO, § 67a Abs. 2 StBerG, § 54a Abs. 2 WPO beschränken. Die Rechtsprechung hat ein Einzelmandat bejaht, wenn ein Rechtsanwalt mit einer Tätigkeit betraut wurde, die **außerhalb des durch § 3 Abs. 1 BRAO gekennzeichneten Berufsbildes des Rechtsanwalts liegt** und mit einer rechtsberatenden Tätigkeit eines Rechtsanwalts auch nicht im Zusammenhang steht.[700] Ebenfalls wurde bei **interprofessionellen Sozietäten**, also etwa Sozietäten, an denen Rechtsanwälte, Steuerberater und/oder Wirtschaftsprüfer beteiligt sind, nur eine persönliche Haftung derjenigen Berufsträger angenommen, die die allgemeinen rechtlichen und fachlichen Voraussetzungen zur Bearbeitung des erhaltenen Auftrages erfüllen, d.h. berufsrechtlich zur Ver-

354

---

698   Zu diesem Gedanken etwa die Begründung des Gesetzgebers zu § 51a BRAO: BT-Drucks. 12/4993 v. 19.5.1993, S. 32.
699   Vgl. Rn. 349 ff. und Rn. 354 ff. der ersten Auflage.
700   BGH, WM 1988, 986; WM 1999, 1846.

tragserfüllung befugt sind, und von denen der Mandant die Bearbeitung des erteilten Auftrages erwartet.[701] Entsprechendes gilt für **internationale Sozietäten**.[702] Es sprechen gute Gründe dafür, dass sich hieran im Ergebnis über eine vertragliche Ausgestaltung der (gesetzlichen) Haftung der Gesellschafter einer Rechtsanwaltssozietät in der Rechtsform einer BGB-Gesellschaft **nichts ändert**. Unter Berücksichtigung der von der bisherigen Rechtsprechung zu einem sachgerechten Ausgleich geführten Interessen des Auftraggebers einer Rechtsanwaltssozietät und der als Haftungsschuldner in Betracht kommenden Sozietätsmitglieder, insbesondere der mit der Bearbeitung eines Auftrages nicht befassten, ja zum Teil sogar nicht einmal berechtigten Gesellschafter, **kann der Rechtsanwaltsvertrag konkludent ausgelegt werden**. Dabei sind auch die Besonderheiten der gesetzlich geregelten Berufsbilder der Rechtsanwälte im Vergleich zum gesetzlich vorausgesetzten Regelfall gewerblich tätiger OHG-Gesellschafter zu beachten. Vor diesem Hintergrund ist einem Rechtsanwaltsvertrag mit einer Sozietät im Wege der Auslegung zu entnehmen, dass in denjenigen Fällen, in denen die Rechtsprechung bislang ein Einzelmandat angenommen hat, die **persönliche Haftung der Sozietätsmitglieder** analog § 128 HGB auf diejenigen **begrenzt** ist, die Vertragspartner nach den Grundsätzen des Einzelmandats wären. Diese Auslegung ist allerdings dann entbehrlich, wenn insoweit nicht § 128 HGB, sondern **§ 8 PartGG analog** herangezogen wird.

Dass die bereits seit mehreren Jahren etablierte Rechtsprechung des BGH zur Rechtsfähigkeit der BGB-Gesellschaft und die Diskussion über die Auswirkungen auf Freiberufler-Sozietäten noch nicht Allgemeingut ist, zeigt etwa ein Urteil des OLG München vom 28.7.2005. Im konkreten Fall ging es um die Haftung eines Rechtsanwalts und eines Steuerberaters, die sich zur gemeinsamen Berufsausübung zu einer Sozietät in der Rechtsform einer BGB-Gesellschaft zusammengeschlossen hatten. Beide Berater wurden von deren Mandanten wegen einer angeblich fehlerhaften Beratung im Zusammenhang mit der rein zivilrechtlichen Verlängerung eines Pachtvertrages auf Schadensersatz in Anspruch genommen. Konkret ging es dabei um den Ablauf der Verjährungsfrist des § 585 Abs. 2 BGB in der damals geltenden Fassung. Das OLG München hat die Haftung auch des Steuerberaters als Gesamtschuldner neben dem Rechtsanwalt-Sozius mit deren Zugehörigkeit zu einer Sozietät begründet. Dabei ist der Senat weder auf die Rechtsprechung und das Schrifttum zur Rechtsfähigkeit der BGB-Gesellschaft noch auf die abweichende Rechtsprechung des IX. Zivilsenats des BGH zur Haftung der Mitglieder einer interprofessionellen Sozietät nach der bis dahin geltenden Rechtslage[703] eingegangen. Die Revision hat das OLG München nicht zugelassen, da nach seiner Einschätzung eine Einzelfallentscheidung ohne grundsätzliche

---

701 BGH, WM 1982, 743; WM 1992, 1964; zuletzt noch BGH, WM 2000, 963; hierzu etwa *Damm/v. Mickwitz*, JZ 2001, 76.
702 Rn. 362 ff.; vgl. auch *Sieg*, in: *Zugehör*, Anwaltshaftung, 1. Aufl., Rn. 373 ff.
703 BGH, NJW 1982, 1866; WM 1992, 1964; 2963.

Bedeutung vorliege und der Senat bei dem Urteil nicht von der höchstrichterlichen Rechtsprechung abgewichen sei. Dieses Urteil dürfte im Fall einer höchstrichterlichen Überprüfung aus den dargelegten Erwägungen keinen Bestand haben.

bb) Anscheinssozietät

Im Ergebnis dürfte sich auch an der Rechtsprechung zur sog. **Anscheinssozietät** nichts ändern.[704] Danach haften wie Mitglieder einer Sozietät auch Rechtsanwälte, die sich zu einer Bürogemeinschaft zusammengeschlossen haben, angestellte Rechtsanwälte bzw. freie Mitarbeiter einer Sozietät oder zwischenzeitlich aus der Sozietät ausgeschiedene Rechtsanwälte, wenn sie in zurechenbarer Weise den Anschein erwecken, Mitglieder einer Sozietät zu sein.[705] Das OLG Saarbrücken hat in einem Urteil vom 22.12.2005 betont, dass es für das Vorliegen eines Vertrauenstatbestandes auf den Kenntnisstand und die Sicht des konkreten Mandanten ankommt. Wichtigstes Kriterium hierzu ist der Briefkopf der Kanzlei. Andere Umstände – allerdings von geringerer Bedeutung – sind die Angaben in einer Vollmacht oder auf dem Türschild der Kanzlei.[706] Eine weitergehende Beschränkung der persönlich haftenden Mitglieder einer Sozietät ergibt sich dann, wenn man – wie vorstehend bereits angedeutet – von einer analogen Anwendbarkeit des § 8 Abs. 2 PartGG auch auf Rechtsanwaltssozietäten in der Rechtsform einer Gesellschaft bürgerlichen Rechts ausgeht.[707]

355

cc) Haftung neu eingetretener Sozien

Nach dem **vertragsrechtlichen Konzept der bisherigen Rechtsprechung** haftet ein neu in eine Sozietät eingetretener Rechtsanwalt grundsätzlich nicht für Schadensersatzansprüche aus einem Mandatsverhältnis, das zu dem Zeitpunkt seines Eintritts bereits abgeschlossen war. In laufende Mandate wird das neu eintretende Sozietätsmitglied danach nur aufgrund entsprechender Vereinbarung mit dem Mandanten einbezogen.[708] Eine solche Einbeziehung kann auch stillschweigend erfolgen. Hierzu hat der IX. Zivilsenat betont, dass im Zweifel sowohl der Mandant, als auch die Sozietät den Willen hätten, im Fall einer **Sozietätserweiterung** das hinzutretende Mitglied von diesem Zeitpunkt an in das Auftragsverhältnis einzubeziehen.

356

---

704 Vgl. auch *Eichele*, BRAK-Mitt. 2001, 156, 158; *Schäfer*, DStR 2003, 1078; vgl. auch *Sieg*, in: *Zugehör*, Anwaltshaftung, 1. Aufl., Rn. 369 ff.; *Baldringer/Jordans*, AnwBl 2005, 676.
705 BGH, WM 1978, 411; WM 1991, 743; zuletzt noch BGH, WM 1999, 1846, 1847; BGH, Beschl. v. 7.4.2005 – IX ZR 18/02, Beck-RS 2005/09708; OLG Saarbrücken, NJW-RR 2006, 707; weitgehend: OLG Köln, VersR 2003, 1047 („in Kanzleigemeinschaft").
706 OLG Saarbrücken, NJW-RR 2006, 707.
707 Zur Rechtsscheinhaftung bei Partnerschaften: OLG München, DB 2001, 809, 811.
708 BGH, WM 1988, 457; WM 1990, 188; WM 1994, 355; OLG Hamburg, VersR 1980, 1073, 1074.

Auch der II. Zivilsenat hat diese Lösung im Urteil vom 30.4.1979 allgemein für die Haftung des eingetretenen BGB-Gesellschafters ausführlich begründet. Dabei hat der Senat insbesondere eine entsprechende Anwendung des § 130 HGB auf bürgerlichrechtliche Gesellschaften abgelehnt, weil die unterschiedslose Strenge der handelsrechtlichen Haftungsbestimmungen zur Vielgestaltigkeit der Erscheinungsformen solcher Gesellschaften wenig passe.[709]

357 Im neueren Schrifttum wird zur Haftung der Mitglieder einer (Außen)Gesellschaft bürgerlichen Rechts seit dem Urteil vom 29.1.2001 überwiegend die Auffassung vertreten, dass **§ 130 HGB für die Haftung eingetretener Sozietätsmitglieder analog** gelte.[710] Das OLG Hamm sowie zwei Landgerichte haben sich dem mit Urteil vom 22.11.2001 angeschlossen.[711] Das OLG Düsseldorf hat demgegenüber eine Analogie zu § 130 HGB bei Rechtsanwaltssozietäten mit Urteil vom 20.12.2001 abgelehnt.[712] Zur Begründung für eine solche Analogie wird vor allem darauf abgestellt, dass die Gesellschaftsgläubiger davor geschützt werden müssten, nicht feststellen zu können, wer im Zeitpunkt, zu dem die Forderung entstanden ist, Gesellschafter war.[713] Im Recht der OHG und KG vollziehe sich der Erwerb ebenso wie bei der Gesellschaft bürgerlichen Rechts außerhalb des Handelsregisters und eine Eintragung wirke nur deklaratorisch. Gleiches gelte für Gesellschaften bürgerlichen Rechts.[714]

Zumindest bei **Rechtsanwaltssozietäten** ist es dem Gläubiger aber auch ohne Registerpublizität ohne weiteres wesentlich einfacher als durch Einsichtnahme in das Handelsregister möglich, anhand des **Briefbogens der Sozietät**, deren **Kanzleischild** oder **Internetauftritt** nachzuvollziehen, wer als Gesellschafter in Erscheinung tritt. Mit stark zunehmender Tendenz werden Rechtsanwälte bereits vor dem eigentlichen Eintritt in die Sozietät nach außen als solche hervorgehoben. Diese haften dann ohnehin bereits nach Rechtsscheingrundsätzen wie Sozien.[715] Rechtsanwälte sind zudem berufsrechtlich verpflichtet, alle Mitglieder der Sozietät auf Briefbögen aufzuführen (§ 10 BORA). **Steuerberatungsgesellschaften** und Zusammenschlüsse von Steuerbe-

---

709 BGHZ 74, 240, 242 ff. = WM 1979, 774.
710 *Gesmann-Nuissl*, WM 2001, 973, 978; *Grunewald*, ZAP (2001), Fach 23, S. 551, 554; *Habersack*, BB 2001, 477, 482; *K. Schmidt*, NJW 2001, 993, 999; *ders.*, NJW 2005, 2801; *Lux*, NJW 2003, 2806; *Hasenkamp*, DNotZ 2003, 768; differenzierend *Ulmer*, ZIP 2001, 585, 598; a.A.: *Wiedemann*, JZ 2001, 661, 664.
711 OLG Hamm, ZIP 2002, 527; LG Frankenthal, NJW 2004, 3190; LG Hamburg, NJW 2004, 3492; ebenso im Ergebnis, allerdings ohne auf das Problem eingegangen zu sein: OLG Saarbrücken, NJW-RR 2006, 707, 708; hierzu etwa auch *Grams*, BRAK-Mitt. 2004, 217; offen gelassen in BGHZ 154, 370 = NJW 2003, 1803.
712 OLG Düsseldorf, ZIP 2002, 616.
713 *Gesmann-Nuissl*, WM 2001, 973, 878; *Habersack*, BB 2001, 477, 482; *Ulmer*, ZIP 2001, 585, 598.
714 *Habersack*, BB 2001, 477, 482.
715 Zur Anscheinssozietät Rn. 355.

ratern als Gesellschaft bürgerlichen Rechts müssen – weitergehend – der zuständigen Steuerberaterkammer Einzelheiten u.a. über die Gesellschafter mitteilen (§§ 49, 56 Abs. 5 StBerG). Für **Wirtschaftsprüfer** und deren Gesellschaften besteht ein Berufsregister, das auch Angaben über die Mitglieder eines beruflichen Zusammenschlusses enthält (§ 38 WPO).

Im Schrifttum wird vereinzelt darauf abgestellt, dass eine gesamtschuldnerische Haftung des eintretenden (Schein)Sozius für Altverbindlichkeiten analog § 130 HGB auch zu wirtschaftlich sachgerechten Ergebnissen führe. Hierzu wird auf die Absicherung über die Berufshaftpflichtversicherung der Rechtsanwälte abgestellt.[716] Abgesehen davon, dass versicherungsrechtliche Erwägungen bei der berufshaftungs- und gesellschaftsrechtlichen Beurteilung der anstehenden Fragen außen vor zu bleiben haben, greift diese Auffassung im Schrifttum zu kurz. Dies zeigt etwa der vom IX. Zivilsenat des BGH mit Urteil vom 22.1.2004 entschiedene Fall.[717] In dem diesem Urteil zugrunde liegenden Sachverhalt war ein neu zugelassener Rechtsanwalt in eine Einzelkanzlei aufgenommen und als Schein-Sozius auf den Briefkopf gesetzt worden. Für eine **vorsätzliche Pflichtverletzung** (Veruntreuung von Mandantengeldern) des insolventen Schein-Sozius **vor dem Beitritt des Junganwalts** wurde dieser auf Schadensersatz in Anspruch genommen. Ein entsprechendes Haftungsrisiko kann sich beim Eintritt in eine Sozietät, insbesondere eine kleine Sozietät, in gleicher Weise realisieren. Die Haftpflichtversicherung der Alt-Sozien[718] gewährt im Fall einer wissentlichen Pflichtverletzung oder eines anderen Deckungsausschlusses wegen der Zurechnungsklausel in § 12 der Allgemeinen Versicherungsbedingungen für alle Alt-Sozien **keinen Versicherungsschutz**.[719] Der Neu-Sozius ist im Normalfall ebenfalls nicht versichert. Versicherungsschutz wird nach den marktüblichen Bedingungswerken nur für Verstöße ab Versicherungsbeginn gewährt.[720] Der Versicherungsschutz beginnt danach frühestens mit der Zulassung als Rechtsanwalt. Wenn dem Neu-Sozius vorsätzliche Pflichtverletzungen eines Alt-Sozius analog § 130 HGB zugerechnet würden, die bereits vor Berufsaufnahme des Neu-Sozius begangen wurden, wäre dieser Neu-Sozius grundsätzlich nicht versichert. Eine Rückwärtsdeckung wird neu zugelassenen Anwälten nur auf ausdrückliche Nachfrage und gegen zusätzliche Prämie angeboten.[721] Im

---

716 *K. Schmidt*, NJW 2005, 2801, 2808; a.A: *Zacharias*, AnwBl 2003, 679.
717 BGHZ 157, 361 = BGH, NJW 2004, 836.
718 Versicherte Personen sind immer nur die Rechtsanwälte. Die Sozietät ist selbst nie versichert, allenfalls Versicherungsnehmer einer Versicherung für fremde Rechnung (§§ 74 ff. VVG).
719 S. hierzu Rn. 2093.
720 S. hierzu Rn. 2154 ff.
721 Die Aussage von *K. Schmidt*, NJW 2005, 2801, 2808, Fn. 89, ist daher falsch und bleibt jeden Nachweis schuldig. Sie widerspricht der Praxis, dargelegt von *Burger* (Allianz Versicherungs-AG), BRAK-Mitt. 2003, 262. Eine weitergehende als die von Burger geschilderte Praxis ist auch dem Fach- und Gesetzgebungsausschuss des Deutschen AnwaltVereins, dem der Verfasser angehört, nicht bekannt.

Sieg

Übrigen würde eine solche im Einzelfall zu vereinbarende Rückwärtsdeckung nicht Versicherungsfälle umfassen, bei denen Verstöße dem Versicherungsnehmer oder den Alt-Sozien beim Abschluss des Versicherungsvertrages bereits bekannt gewesen sind (vgl. § 2 Abs. 2 VVG).[722] Es bliebe daher bei einer **Haftung von Neu-Sozien für Altverbindlichkeiten analog § 130 HGB** bei erheblichen **Deckungslücken durch die Berufshaftpflichtversicherung.**

358 Die sachlichen Erwägungen des II. Zivilsenats gegen eine entsprechende Anwendung des § 130 HGB auf eine Gesellschaft bürgerlichen Rechts aus dem Jahr 1979 gelten zudem uneingeschränkt fort.[723] Es erscheint in der Sache nicht angemessen, diese differenzierten Überlegungen durch eine rein dogmatische Betrachtungsweise abzulösen. So bestehen **erhebliche Unterschiede zwischen einer bauwirtschaftlichen Arbeitsgemeinschaft und einem Zusammenschluss von Freiberuflern.** Nach der bisherigen Rechtsprechung des IX. Zivilsenats werden die berechtigten Interessen der Beteiligten dahin abgegrenzt, dass der Auftraggeber regelmäßig nicht darauf vertraut, dass ihm ein zum Zeitpunkt einer Pflichtverletzung einer Rechtsanwaltssozietät noch gar nicht angehörendes Mitglied persönlich zum Schadensersatz verpflichtet ist.

Daher ist auch zur Haftung der in eine Rechtsanwaltssozietät eingetretenen Mitglieder eine Lösung über die Auslegung des Rechtsanwaltsvertrages möglich, soweit nicht eine Haftung später eintretender Mitglieder einer Rechtsanwaltssozietät aufgrund einer **Analogie zu § 8 Abs. 2 PartGG** ohnehin regelmäßig ausscheidet. **In keinem Fall ist eine Analogie zu § 130 HGB für Freiberufler-Sozietäten** in der Rechtsform einer Gesellschaft bürgerlichen Rechts anzuerkennen.

Hiervon zu trennen ist die **Haftung eines Rechtsanwalts**, der sich **mit einem bisher als Einzelanwalt tätigen anderen Rechtsanwalt** zur gemeinsamen Berufsausübung in einer **Sozietät** in einer Rechtsform einer Gesellschaft bürgerlichen Rechts **zusammenschließt.** Der IX. Zivilsenat des BGH hat hierzu im Urteil vom 22.1.2004[724] entschieden, dass der so beitretende Anwalt **nicht entsprechend § 28 Abs. 1 Satz 1 i.V.m. § 128 Satz 1 HGB** für die im Betrieb des bisherigen Einzelanwalts begründeten Verbindlichkeiten haftet.[725] Etwas anderes soll im Einzelfall dann gelten, **wenn der Neugesellschafter die bestehende Altverbindlichkeit der Gesellschaft im Beitrittszeitpunkt kennt** oder wenn er sie bei auch nur geringer Aufmerksamkeit **hätte erkennen können.**[726]

---

722 *Burger*, BRAK-Mitt. 2003, 262, 265.
723 Wie hier: *Wiedemann*, JZ 2001, 661, 664 mit Hinweis auf ausländische Rechtsordnungen.
724 BGHZ 157, 361 = BGH, NJW 2004, 836.
725 Hierzu: *Grunewald*, JW 2004, 681; *K. Schmidt*, BB 2004, 785.
726 BGH, WM 2006, 187.

dd) Haftung ausgeschiedener Sozien

Von besonderer Bedeutung ist des Weiteren die Haftung der aus einer Sozietät ausgeschiedenen Gesellschafter. Nach der **bisherigen Rechtsprechung** des IX. Zivilsenats kommt es für die Haftung eines ausgeschiedenen Sozietätsmitglieds auf den Zeitpunkt an, zu dem ein Mitglied der Sozietät die in Frage stehende Pflicht verletzt hat. Das **ausgeschiedene Mitglied haftet grundsätzlich nur für solche Pflichtverletzungen, die während seiner Mitgliedschaft in der Sozietät begangen wurden.**[727] Besonderheiten ergeben sich allenfalls nach den Grundsätzen der **Anscheinssozietät**,[728] etwa wenn das ausgeschiedene Sozietätsmitglied nicht alles Zumutbare unternommen hat, damit sein Name von dem Briefbogen und dem Praxisschild der Sozietät entfernt wird.

359

Begründet man die Haftung der Mitglieder einer Rechtsanwaltssozietät **analog den Haftungsregelungen einer OHG**, richtet sich die Haftung ausgeschiedener Mitglieder – über **§ 736 Abs. 2 BGB** – nach **§ 160 HGB**.[729] Gemäß § 160 Abs. 1 HGB haftet ein aus einer Gesellschaft ausgeschiedener Gesellschafter für die bis dahin begründeten Verbindlichkeiten der Gesellschaft, wenn sie vor Ablauf von fünf Jahren nach dem Ausscheiden fällig und daraus Ansprüche gegen ihn gerichtlich geltend gemacht sind. Von entscheidender Bedeutung ist insoweit die Formulierung „**bis dahin begründete Verbindlichkeiten**". Diese Regelung erfasst vor allem vertragliche Erfüllungsansprüche – insbesondere aus Dauerschuldverhältnissen – sowie an deren Stelle oder daneben tretende Sekundäransprüche, etwa auf Schadensersatz.[730] Insoweit besteht Einigkeit, dass sich die auf den Zeitpunkt des Ausscheidens maßgebliche Abgrenzung von Alt- und Neuschulden nicht nach der Entstehung der Verbindlichkeit, erst recht nicht nach deren Fälligkeit richtet, sondern nach der Schaffung ihrer Rechtsgrundlage.[731]

Grundlegend ist hierzu ein Urteil des **II. Zivilsenats des BGH** vom 21.12.1961.[732] In dieser Entscheidung hat der Senat entschieden, dass jedenfalls ein Schadesnersatzanspruch aus § 280 BGB a.F. wegen schuldhafter Unmöglichkeit der Herausgabe aus einem Depotvertrag bereits mit Abschluss des Vertrages „begründet" worden ist. In dieser Entscheidung hat der Senat umfassend die Interessen des ausgeschiedenen Gesellschafters sowie der Gläubiger der Gesellschaft abgewogen. Zum einen sei zu

360

---

727 BGH, WM 1982, 743.
728 Hierzu Rn. 355.
729 Zur Anwendbarkeit dieser Vorschriften etwa *K. Schmidt*, NJW 2001, 993, 999.
730 Über einen solchen Fall entschied etwa der II. Zivilsenat des BGH im Urteil vom 27.9.1999 = WM 1999, 2406; vgl. auch RGZ 140, 10, 16.
731 RGZ 86, 60, 61; 125, 417, 418 f.; 140, 10, 12 ff.; BGHZ 36, 224, 225 ff. = WM 1962, 195; 48, 203, 204 = WM 1967, 929; BGH, WM 1999, 2406; *von Gerkan*, in: *Röhricht/Graf von Westphalen*, HGB, § 128 Rn. 23, § 160 Rn. 9; *Baumbach/Hopt*, HGB, § 128 Rn. 24; *Habersack*, in: *Staub*, Großkommentar zum HGB, § 128 Rn. 63, 68; *Hofmeister*, NJW 2003, 93.
732 BGHZ 32, 224 = WM 1962, 195.

beachten, dass ein Gesellschafter nach seinem Ausscheiden keine Möglichkeit mehr habe, die Geschäftsführung der Gesellschaft zu beeinflussen oder zu überwachen. Auch habe er keinen Einblick in die Tätigkeit der Gesellschaft mehr. Andererseits müssten grundlegende Gläubigerinteressen berücksichtigt werden. Würde der Gläubiger in diesen Fällen nicht mehr gegen den ausgeschiedenen Gesellschafter vorgehen können, wäre der Schutz, den ihm die persönliche Haftung der Gesellschafter verschaffen soll, nicht gewährleistet. Der Gläubiger dürfe im Vertrauen darauf handeln, dass ihm die Gesellschafter persönlich haften. Diese Haftung könne jedenfalls nicht durch solche Vorgänge wegfallen, auf die er keinen Einfluss habe. Aus diesem Zweck der §§ 128, 159 HGB in der damals geltenden Fassung hat das Gericht gefolgert, dass der Gesellschaftsgläubiger den ausgeschiedenen Gesellschafter in Anspruch nehmen kann, wenn die Gesellschaft die vor seinem Ausscheiden begründete Verpflichtung nach seinem Ausscheiden schuldhaft verletzt hat.

Aus der vorzitierten Rechtsprechung leitet die **h.M.** im Schrifttum ab, dass auch Schadensersatzansprüche wegen positiver Vertragsverletzung bzw. jetzt nach § 280 BGB Altverbindlichkeiten sind, für die ein **ausgeschiedener Gesellschafter** bereits **haftet, wenn der Vertrag vor dessen Ausscheiden geschlossen** worden ist, jedoch **die einen Ersatzanspruch begründenden Tatbestandsvoraussetzungen erst nachträglich eintreten.**[733]

361 Für **Rechtsanwaltssozietäten** muss der von der Rechtsprechung angeführte Gesichtspunkt, dass der Gläubiger zumindest insoweit schutzbedürftig ist, als die Haftung der Gesellschafter nicht durch Vorgänge wegfallen darf, auf die er keinen Einfluss hat,[734] **differenziert werden.** Wenn ein Mitglied der Sozietät ausscheidet, hat der Auftraggeber die Möglichkeit zu entscheiden, ob er einen der Sozietät erteilten Auftrag weiterhin durch diese bearbeiten lassen möchte oder das Mandat beendet und auf den ausgeschiedenen Sozius bzw. eine Sozietät, der sich dieser angeschlossen hat, überträgt. Dann muss der Auftraggeber u.a. abwägen, wie wichtig ihm das persönliche Vertrauen in die Person des sachbearbeitenden Rechtsanwalts und die Qualität der Sachbearbeitung einerseits oder eine etwaige Haftungsmasse andererseits ist. Bei Rechtsanwaltsverträgen ist nicht bekannt, dass der letztgenannte Gesichtspunkt gegenüber dem erstgenannten auch nur ansatzweise eine Rolle spielen würde.

Soweit ersichtlich, hat sich die Rechtsprechung mit der Frage, unter welchen Voraussetzungen **Schadensersatzansprüche** wegen schuldhafter Pflichtverletzung[735] eines Rechtsanwaltsvertrages nach Maßgabe von § 159 HGB a.F. oder § 160 HGB n.F. begründet sind, **noch nicht auseinandergesetzt.** Es erscheint jedoch fraglich, ob auch für die Begründung von Schadensersatzverbindlichkeiten wegen Pflichtverletzung

---

733 Vgl. etwa *K. Schmidt*, Gesellschaftsrecht, § 128 Rn. 52; *MünchKomm/Ulmer*, BGB, § 8 PartGG Rn. 26.
734 BGHZ 36, 224, 228 = WM 1962, 195.
735 Vgl. § 280 Abs. 1 BGB in der ab dem 1.1.2002 geltenden Fassung.

eines Rechtsanwalts ausschließlich auf den Abschluss des von einem solchen Schadensersatzanspruch vorausgesetzten Mandatsverhältnisses abzustellen ist. Vielmehr sprechen in einem solchen Fall – analog der allgemeinen Auffassung zur Einbeziehung deliktischer Schadensersatzansprüche[736] – gute Gründe dafür, **dass es darauf ankommt, ob der haftungsbegründende Tatbestand vor dem Ausscheiden des Gesellschafters verwirklicht worden ist**. Hierzu ist zumindest zu fordern, dass bereits vor dem Ausscheiden des Mitglieds einer Rechtsanwaltssozietät die von Schadensersatzanspruch weiter vorausgesetzte Pflichtverletzung abgeschlossen ist. Demgegenüber setzt die „Begründung" eines Anspruchs aus **§ 280 Abs. 1 BGB a.F.** nicht voraus, dass ein Schaden des Auftraggebers eingetreten ist.

Bei dieser Auslegung des § 160 HGB für die Nachhaftung aus einer Rechtsanwaltssozietät ausgeschlossener Gesellschafter ändert sich nicht viel gegenüber der bisherigen Rechtslage aufgrund der Rechtsprechung des IX. Zivilsenats des BGH. Eindeutig ist die Rechtslage wiederum bei einer entsprechenden Anwendung des **§ 8 Abs. 2 PartGG** auch auf Rechtsanwaltssozietäten in der Rechtsform einer Gesellschaft bürgerlichen Rechts (dazu Rn. 383).

e) Internationale Sozietät

Internationale Sozietäten sind **gesellschaftsrechtliche Zusammenschlüsse von Rechtsanwälten, die in mindestens zwei Jurisdiktionen zugelassen sind**. Nicht notwendig ist demgegenüber, dass eine internationale Sozietät Kanzleien in mehreren Staaten unterhält, wie dies § 29a BRAO deutschen Rechtsanwälten erlaubt.[737]

362

aa) Anwendbares Recht

Wie bei jedem Sachverhalt mit Bezug zum Recht eines ausländischen Staates (vgl. Art. 3 Abs. 1 Satz 1 EGBGB) ist auch bei einer **internationalen Sozietät** vorab festzustellen, **welche Rechtsordnung** anzuwenden ist.[738] Insoweit ist zwischen dem **auf Haftungssachverhalte anwendbaren (Zivil-)Recht** und dem anwendbaren **Berufsrecht** zu trennen.

363

Im Folgenden wird von der **Geltung des deutschen Internationalen Privatrechts** ausgegangen. Allerdings kann im Einzelfall für die Bestimmung des anwendbaren Rechts auch auf **ausländische Kollisionsnormen** abzustellen sein. Das anwendbare Kollisionsrecht richtet sich nach der sog. **lex fori**, d.h. dem am Gerichtsort geltenden Recht.[739] Die Rechtsbeziehungen von Rechtsanwälten, die sich in einer Sozie-

---

736 *Habersack*, in: *Staub*, Großkommentar zum HGB, § 128 Rn. 69.
737 Ausführlich zur internationalen Sozietät: *Sieg*, Internationale Anwaltshaftung, S. 44 ff.; *Triebel/Otte*, BB 2005, 1233.
738 Zu dem auf einen Anwaltsvertrag anwendbaren Recht: Rn. 317 f. sowie *Sieg*, Internationale Anwaltshaftung, S. 189 ff.
739 BGH, NJW 1996, 54 f.

tät in der Rechtsform einer Gesellschaft bürgerlichen Rechts zusammengeschlossen haben, zu dem Auftraggeber einschließlich einer etwaigen Haftung richten sich nach vertragsrechtlichen Grundsätzen (vgl. § 51a Abs. 2 Satz 1 BRAO). Dann ist das Vertragsstatut zu ermitteln (Rn. 317 f.). Das **Vertragsstatut** richtet sich nach **Art. 27 – 37 EGBGB**. Vorbehaltlich einer **Rechtswahl** (Art. 27 EGBGB) ist gemäß Art. 28 Abs. 1 Satz 1 EGBGB das Recht des Staates anzuwenden, zu dem der Vertrag den engsten Bezug aufweist.[740] Für die Haftung einer internationalen Sozietät kommt es hierzu insbesondere auf den **Sitz des beim konkreten Mandat federführenden Büros an**.[741] Art. 37 Nr. 2 EGBGB nimmt allerdings Fragen, die das Gesellschaftsrecht und das Recht juristischer Personen betreffen, von den Regeln der Art. 27 ff. EGBGB aus.[742]

364 Die **Haftung der Mitglieder internationaler Sozietäten** ist **gesellschaftsrechtlich zu qualifizieren**. Das Gesellschaftsstatut ist in Deutschland weder staatsvertraglich noch gesetzlich geregelt. Wegen der Einzelheiten ist auf die von der Rechtsprechung entwickelten Grundsätze abzustellen. Nach früher überwiegender Ansicht richtete sich das Gesellschaftsstatut nach dem Recht am tatsächlichen Verwaltungssitz der Gesellschaft.[743] Dieser **tatsächliche Verwaltungssitz** ist danach i.S.d. kollisionsrechtlichen Anknüpfung der Tätigkeitsort der Geschäftsführung und der dazu berufenen Vertretungsorgane, also der Ort, wo die grundlegenden Entscheidungen der Unternehmensleitung in laufende Geschäftsführungsakte umgesetzt werden.[744] Nach der **Rechtsprechung des EuGH** verstößt es grundsätzlich gegen die im EG-Vertrag gewährleistete Niederlassungsfreiheit (Art. 43 ff. EGV), wenn ein Mitgliedstaat die Eintragung der Zweigniederlassung einer Gesellschaft verweigert, die in einem anderen Mitgliedstaat, in dem sie ihren Sitz hat, rechtmäßig errichtet worden ist, aber keine Geschäftstätigkeit entfaltet, und wenn die Zweigniederlassung es der Gesellschaft ermöglichen soll, ihre gesamte Geschäftstätigkeit in dem Staat auszuüben, in dem diese Zweignie-

---

740 *Staudinger/Großfeld*, Internationales Gesellschaftsrecht, Rn. 714; *Mankowski*, WiB 1996, 1019, 1020; *Sieg*, Internationale Anwaltshaftung, S. 190 ff.

741 Weitere Kriterien für die Ermittlung der engsten Beziehung beim Anwaltsvertrag: *Sieg*, Internationale Anwaltshaftung, S. 195 f.

742 Zu dem auf internationale Sozietäten anwendbaren Recht: *Mankowski*, WiB 1996, 1019, 1020; vgl. auch *Sieg/Holtmann*, ZAP (1999), Fach 23, S. 387, 389.

743 Allgemein zum Gesellschaftsstatut: BGHZ 51, 27, 28; BGH, NJW 1986, 2194, 2195; OLG Hamm, RIW 1997, 236, 237; *Staudinger/Großfeld*, Internationales Gesellschaftsrecht, Rn. 13 ff. und 685 ff.; *ders.*, Internationales und Europäisches Unternehmensrecht, S. 38 ff.; *Kegel*, Internationales Privatrecht, S. 408 ff.; *Sandrock*, RabelsZ 42 (1978), 227 ff.; *ders.*, in: FS Beitzke, S. 669 ff.; *Zimmer*, Internationales Gesellschaftsrecht, alle m.w.N.

744 BGH, NJW 1986, 2194, 2195, im Anschluss an *Sandrock*, in: FS Beitzke, S. 669, 683.

derlassung errichtet wird, ohne dort eine Gesellschaft zu errichten.[745] Aufgrund dieser neuen Rechtsprechung des EuGH wird das Gesellschaftsstatut sich nach der sog. **Gründungstheorie** richten. Dies bedeutet, dass sich die gesellschaftsrechtlichen Verhältnisse einschließlich der persönlichen Haftung der Gesellschafter für Verbindlichkeiten der Gesellschaft **nach dem Recht richten, nach dem die Gesellschaft, hier die Sozietät, gegründet worden ist**. Für eine deutsche Gesellschaft bürgerlichen Rechts oder Partnerschaft gilt deutsches Recht, für eine englische Limited Liability Partnership gilt englisches Recht usw.[746] Die Gründungstheorie gilt auch für Gesellschaften, die nach US-amerikanischem Recht gegründet sind, auch wenn deren Verwaltungssitz in Deutschland liegt. Dies gilt jedenfalls dann, wenn die Gesellschaft geschäftliche Aktivitäten auch in den USA entfaltet.[747] Diese Regeln gelten entsprechend für Anwaltskanzleien, die nach US-amerikanischem Recht gegründet sind.

Haftungsrechtlich ist zu beachten, dass das Recht, nach dem sich die vertragliche Haftung der Sozietät richtet (**Vertragsstatut**) von dem Recht, nach dem sich die persönliche Haftung der Sozietätsmitglieder richtet (**Gesellschaftsstatut**) voneinander abweichen und zu unterschiedlichen Ergebnissen führen kann. 365

bb) Berufsrechtliche Zulässigkeit

Nach § 59a Abs. 3 Nr. 1 BRAO dürfen sich **Rechtsanwälte mit ausländischen Anwälten**[748] zu einer **Sozietät** zusammenschließen. Vorausgesetzt wird, dass die ausländischen Anwälte „Angehörige von Rechtsanwaltsberufen aus Mitgliedstaaten der Europäischen Union oder anderen Staaten sind, die gemäß § 206 BRAO[749] berechtigt sind, sich im Geltungsbereich dieses Gesetzes (d.h. der Bundesrepublik Deutschland) niederzulassen und ihre Kanzlei im Ausland unterhalten". Diese komplizierte Regelung wird nicht dadurch verständlicher, dass gemäß § 206 BRAO ein ausländischer Anwalt nur dann berechtigt ist, sich in Deutschland niederzulassen, „wenn er (...) in die für den Ort seiner Niederlassung zuständige Rechtsanwaltskammer aufgenommen ist". Nach dem Gesetzeswortlaut dürften sich somit deutsche Rechtsanwälte mit ausländischen Anwälten zu einer internationalen Sozietät nur zusammenschließen, wenn alle Anwälte – deutsche und ausländische – in eine deutsche Rechtsanwaltskammer 366

---

745 EuGH, NJW 1999, 2027 ff. (Centros); NJW 2002, 3614 (Überseering); NJW 2003, 3331 (Inspire Art); NJW 2006, 425 (SEVIC); vgl. etwa statt vieler: *Goette*, DStR 2005, 197; *Horn*, NJW 2004, 893.
746 Vgl. hierzu etwa: *Grunewald/Müller*, NJW 2005, 465; *Kilian*, NZG 2004, 71; *Schnittker*, GmbHR 2001, 713.
747 BGH, ZIP 2004, 1549.
748 Unter ausländischen Anwälten werden im Folgenden Anwälte verstanden, die – unabhängig von der Staatsangehörigkeit – ausschließlich bei den Gerichten einer ausländischen Jurisdiktion zugelassen sind.
749 Zu § 206 BRAO: *Feuerich/Weyland*, BRAO, § 206; *Sieg*, Internationale Anwaltshaftung, S. 36 f. und S. 39 f.

aufgenommen sind. Dies ist bei ausländischen Anwälten, die sich nicht in Deutschland niedergelassen haben und dies auch nicht beabsichtigten, nicht möglich. Ein solches Verständnis der §§ 59a Abs. 3 Nr. 1, 206 BRAO widerspräche der Lebenswirklichkeit. Bereits 1994, als der Gesetzgeber diese Vorschriften in Kraft gesetzt hat, waren internationale Sozietäten zwischen deutschen Rechtsanwälten und ausländischen Anwälten aus EU- und Nicht-EU-Staaten nicht mehr wegzudenken. Weder das Gesetz noch die Gesetzgebungsmaterialien enthalten Anhaltspunkte dafür, dass diese Zusammenschlüsse rückwirkend für unzulässig erklärt werden sollten.

367 Das offenkundige Redaktionsversehen des Gesetzgebers in §§ 59a Abs. 3 Nr. 1, 206 BRAO ist durch eine teleologische Reduktion des Gesetzes aufzulösen. Die Zulässigkeit einer internationalen Sozietät deutscher Rechtsanwälte mit ausländischen Anwälten **hängt davon ab, ob die ausländischen Anwälte sich in Deutschland niederlassen.** Geschieht dies, so müssen diese auch in die zuständige Rechtsanwaltskammer aufgenommen sein. Lassen sich die ausländischen Anwälte nicht in Deutschland nieder, weil sie ihre Kanzlei im Ausland unterhalten, so ist eine internationale Sozietät mit ihnen uneingeschränkt zulässig. Allein diese Auslegung entspricht dem Zweck des Gesetzes, die internationale Wettbewerbsfähigkeit der deutschen Anwaltschaft zu stärken.[750]

368 Das Urteil des **BGH** vom 25.4.1996[751] steht dieser Gesetzesauslegung nicht entgegen. Der I. Zivilsenat hatte über die wettbewerbsrechtliche Zulässigkeit der Bezeichnung „Internationale Sozietät von Rechtsanwälten und Attorneys-at-Law" zu entscheiden.[752] Die Verwendung der vorgenannten Bezeichnung auf dem Briefkopf einer aus sechs Rechtsanwälten bestehenden inländischen Kanzlei sei irreführend, wenn der Sozietät mit den ausländischen Rechtsberatern nur einer dieser Anwälte angehöre. Zu den berufsrechtlichen Voraussetzungen einer internationalen Anwaltssozietät hat das Gericht ebenso wenig Stellung genommen wie zu den haftungsrechtlichen Auswirkungen. Eine Sozietät zwischen einem deutschen Rechtsanwalt und den insbesondere in den USA, aber auch in anderen Staaten niedergelassenen Anwälten hat der Senat nicht beanstandet.[753] Daraus kann im Umkehrschluss gefolgert werden, dass der Senat die vorbeschriebene teleologische Reduktion der §§ 59a Abs. 2, 206 BRAO als selbstverständlich vorausgesetzt hat.

369 Die in der Bundesrepublik Deutschland zugelassenen Rechtsanwälte unterliegen den **Berufs- und Standesregeln**, die in der Bundesrepublik Deutschland gelten, also der Rechtsanwaltsordnung und der Berufsordnung. Dies gilt auch für ausländische Rechtsanwälte, sofern sie ihren Rechtsanwaltsberuf ständig in der Bundesrepublik Deutschland ausüben wollen. Dies entschied der AGH Nordrhein-Westfalen am 3.11.2000

---

750 Ausführlich: *Sieg*, Internationale Anwaltshaftung, S. 44 ff.
751 BGH, NJW 1996, 2308 ff. – „Shearman & Sterling".
752 Allgemein zur wettbewerbsrechtlichen Behandlung von Sozietäten Rn. 342 ff.
753 BGH, NJW 1996, 2308, 2310.

bezüglich einer internationalen Sozietät, die als Partnership nach englischem Recht organisiert war.[754] Der BGH hat diese Entscheidung bestätigt.[755]

cc) Haftung

Nach bislang allgemeiner Ansicht im Schrifttum haften alle zu einer internationalen Sozietät verbundenen Anwälte ausnahmslos als **Gesamtschuldner**.[756] Angesichts der **Rechtsfähigkeit auch einer internationalen Sozietät** in der Rechtsform einer Gesellschaft bürgerlichen Rechts und der prinzipiellen analogen Anwendbarkeit der §§ 128 ff. HGB gelten die vorstehend entwickelten Grundsätze zur Sozietäts- und Sozienhaftung auch hier, einschließlich einer Analogie zu § 8 Abs. 2 PartGG (vgl. Rn. 383 ff.).

370

f) Ausgleich im Innenverhältnis

Der Ausgleich mehrerer als Gesamtschuldner haftender Rechtsanwälte im Innenverhältnis richtet sich nach **§ 426 Abs. 1 Satz 1 BGB**. Danach sind mehrere Gesamtschuldner im Verhältnis zueinander zu gleichen Anteilen verpflichtet, soweit nicht ein anderes bestimmt ist. Eine solche Vereinbarung kann sich insbesondere aus dem **Sozietätsvertrag** ergeben. Wenn eine ausdrückliche Vereinbarung der Sozien fehlt, können die im Gesellschaftsvertrag festgelegten Gewinnquoten der Mitglieder der Sozietät oder die Anteile am Gesellschaftsvermögen einen Anhaltspunkt für einen mutmaßlich gewollten Maßstab für die Haftungsquoten bilden.[757] Dennoch ist es erstrebenswert diesbezüglich eine detaillierte Regelung zu treffen.[758] Einem angestellten Rechtsanwalt oder freien Mitarbeiter, der nach den Grundsätzen der Anscheinssozietät (dazu Rn. 355) haftet, kann ein **Freistellungsanspruch** gegen seinen Arbeitgeber zustehen.[759]

371

---

754 AGH Nordrhein-Westfalen, BRAK-Mitt. 2001, 92.
755 BGH, NJW 2002, 1419 („Lovells").
756 *Böhlhoff*, BRAK-Mitt. 2002, 13; *Borgmann/Jungk/Grams*, § 36 Rn. 5 ff.; *Grams*, BRAK-Mitt. 2002, 214; *Hellwig*, AnwBl 1996, 124, 126; *Kreifels*, BRAK-Mitt. 2002, 8; *Raiser*, NJW 1991, 2049, 2056; wohl auch *v. Waldhausen*, S. 675, 686.
757 *Borgmann/Jungk/Grams*, § 36 Rn. 8; *Terbille*, in: *Rinschel/Fahrendorf/Terbille*, Rn. 143.
758 *Borgmann/Jungk/Grams*, § 36 Rn. 29.
759 Zum angestellten Rechtsanwalt und freien Mitarbeiter s. Rn. 358 ff.

IX. Bürogemeinschaft

1. Rechtsgrundlagen

372 Im Gegensatz zu einer Sozietät schließen sich die **Mitglieder einer Bürogemeinschaft**[760] nicht zur gemeinschaftlichen Berufsausübung zusammen, sondern teilen sich lediglich die Infrastruktur (Büro, Bibliothek, EDV, Personal usw.). Jeder Rechtsanwalt wirtschaftet auf eigene Rechnung. Nach **§ 59a Abs. 4 BRAO** gelten Abs. 1 und 3 entsprechend für Bürogemeinschaften. Gesellschaftsrechtlich ist eine Bürogemeinschaft eine **Innengesellschaft**.[761]

2. Haftung

373 Rechtsanwälte, die sich zu einer Bürogemeinschaft verbunden haben, **haften grundsätzlich** unabhängig voneinander **nur gegenüber ihren Vertragspartnern**. Dies setzt voraus, dass das Auftreten nach außen dem Innenverhältnis der in einer Bürogemeinschaft verbundenen Rechtsanwälte entspricht. Eine **gesamtschuldnerische Haftung** der Mitglieder einer Bürogemeinschaft kann sich **ausnahmsweise** nach den Grundsätzen der Duldungs- bzw. Anscheinsvollmacht ergeben, wenn die Anwälte gegenüber dem Auftraggeber den **Rechtsschein einer Sozietät** hervorrufen.[762] Dann müssen sie sich haftungsrechtlich so behandeln lassen, als seien sie zu einer Sozietät verbunden.[763]

---

760 Zur Bürogemeinschaft: *Feuerich/Weyland*, BRAO, § 59a Rn. 28 – 33; *Soergel/Hadding*, vor § 705 Rn. 42; *Hartung*, in: *Henssler/Prütting*, BRAO, § 59a Rn. 100 – 109; *Jessnitzer/Blumberg*, BRAO, § 59a Rn. 14, 18; *Kaiser/Bellstedt*, Die Anwaltssozietät, Rn. 24 – 29; *Römermann*, in: *Hartung/Holl*, BORA, vor § 30 Rn. 252 – 263; *Sieg*, Internationale Anwaltshaftung, S. 48; *MünchKomm/Ulmer*, BGB, vor § 705 Rn. 39; *Vorbrugg/Salzmann*, AnwBl 1996, 129, 130.

761 Zur Zulässigkeit der Bürogemeinschaft eines Rechtsanwalts mit einer Steuerberatungsgesellschaft: BGH, DStR 2005, 758.

762 BGH, NJW 1978, 996.

763 Zur Anscheinssozietät s. Rn. 355.

X. Partnerschaft

1. Rechtsgrundlagen

Das **Gesetz über Partnerschaftsgesellschaften Angehöriger Freier Berufe (PartGG)**[764] ist am 1.7.1995 in Kraft getreten.[765] Die **Partnerschaft**[766] soll sich nach dem Willen des Gesetzgebers auch für interprofessionelle, überregionale und internationale Zusammenschlüsse eignen. Sie tritt neben die anderen berufsrechtlich zulässigen Formen, in denen Rechtsanwälte gemeinschaftlich ihren Beruf ausüben können.[767] **Gesellschaftsrechtlich** ist die Partnerschaft (trotz des allgemeinen Verweises auf die §§ 705 ff. BGB in § 1 Abs. 4 PartGG) weitgehend der **OHG** (§§ 105 ff. HGB) **angeglichen**, die für die freien Berufe mangels Ausübung eines Handelsgewerbes keine zulässige Organisationsform darstellt. Partei des **Anwaltsvertrages mit dem Auftraggeber** ist gemäß § 7 Abs. 2 PartGG i.V.m. § 124 HGB die (teilrechtsfähige) **Partnerschaft** und sind **nicht die einzelnen Partner**. Wenngleich die rechtliche Selbständigkeit der Gesellschaft und die gesetzlich vorgesehenen Haftungsbeschränkungen für die Gesellschafter die Partnerschaftsgesellschaft attraktiv erscheinen lassen, ist die Akzeptanz bislang eher gering.[768]

374

---

764 Gesetz vom 25.7.1994, BGBl. I, S. 1744. Gesetzgebungsmaterialien: BT-Drucks. 12/6152 vom 11.11.1993 und BT-Drucks. 12/7642 vom 20.5.1994.

765 Zur Entstehungsgeschichte des Gesetzes etwa: *v. Falkenhausen*, AnwBl 1993, 79 ff.; *Henssler*, NJW 1993, 2137, 2142 f.; *ders.*, WiB 1994, 53 ff.; *Leutheusser-Schnarrenberger*, in: FS Helmrich, S. 677 ff.; *Michalski*, ZIP 1993, 1210 ff.; *K. Schmidt*, ZIP 1993, 633 ff.; *Seibert*, AnwBl 1993, 155 ff.

766 Kommentierungen des Partnerschaftsgesellschaftsgesetzes bei: *Feddersen/Meyer-Landrut*, PartGG; *Henssler*, in: *Henssler/Prütting*, BRAO; *ders.*, PartGG; *Meilicke/v. Westphalen/Hoffmann/Lenz*, PartGG; *Michalski/Römermann*, PartGG sowie *MünchKomm/Ulmer*, BGB.

767 Allgemein zur Partnerschaft etwa zuletzt: *Langenkamp/Jaeger*, NJW 2005, 3238 sowie auch *Bösert*, ZAP (1994), Fach 15, S. 137 ff.; *Boin*, Die Partnerschaftsgesellschaft für Rechtsanwälte; *Henssler*, ZAP (1997), Fach 23, S. 285, 286 – 293; *Kempter*, BRAK-Mitt. 1994, 122 ff.; *Knoll/Schüppen*, DStR 1995, 608 ff. und 646 ff.; *Lenz*, MDR 1994, 741 ff.; *Mahnke*, WM 1996, 1029 ff.; *Pilny*, IFLRev 1996, 14 ff.; *Römermann*, Entwicklungen und Tendenzen bei Anwaltsgesellschaften, S. 98 – 140; *ders.*, in: *Hartung/Holl*, BORA, vor § 30 Rn. 65 – 119; *K. Schmidt*, NJW 1995, 1 ff.; *ders.*, Gesellschaftsrecht, § 64; *Seibert*, DB 1994, 2381 ff.; *ders.*, in: Münchener Handbuch des Gesellschaftsrechts, §§ 30 ff.; *ders.*, ZIP 1997, 1046 ff.; *Sieg*, Internationale Anwaltshaftung, S. 49 und S. 154 ff.; *Sommer*, GmbHR 1995, 249 ff.; *Stuber*, WiB 1994, 705 ff.; *Jawansky* DB 2001, 2281.

768 Nach Mitteilungen der BRAK waren zum 1.1.2005 1286 Partnerschaftsgesellschaften für Rechtsanwälte als Mitglieder der Rechtsanwaltskammern eingetragen, was einen Zuwachs von 21,21 % im Vergleich zum Vorjahr bedeutete: BRAK-Mitt. 2005, 76.

2. Haftung der Partnerschaft

375 Für **Verbindlichkeiten der Partnerschaft haftet** gemäß § 8 Abs. 1 Satz 1 PartGG das – gesamthänderisch gebundene – **Vermögen der Partnerschaft**. Einer Partnerschaft ist ein deliktisches Fehlverhalten eines Partners **analog § 31 BGB** zuzurechnen.[769] Nach § 6 Abs. 1, 2 PartGG ist jeder Partner bezüglich seiner beruflichen Leistungen als geschäftsführender Gesellschafter organschaftlicher Vertreter der Partnerschaft (§ 7 Abs. 3 PartGG i.V.m. § 125 Abs. 1 HGB) i.S.d. § 31 BGB.

3. Haftung der Partner

376 Neben dem Vermögen der Partnerschaft **haften für Verbindlichkeiten der Partnerschaft** nach § 8 Abs. 1 Satz 1 PartGG die **Partner mit ihrem Privatvermögen als Gesamtschuldner**. § 8 Abs. 1 PartGG ist an das akzessorische Haftungsmodell der OHG in §§ 128 – 130 HGB angelehnt. Daher kann für die Auslegung von § 8 Abs. 1 Satz 1 PartGG auf die für § 128 Satz 1 HGB entwickelten Grundsätze zurückgegriffen werden.[770] Die für eine Rechtsanwaltssozietät in der Rechtsform einer Gesellschaft bürgerlichen Rechts entwickelten Grundsätze über Gesamt- und Einzelmandat[771] lassen sich auf eine Partnerschaft nicht übertragen.

Die Haftung nach § 8 Abs. 1 Satz 1 PartGG umfasst sämtliche **Verbindlichkeiten der Partnerschaft**, also grundsätzlich auch **Erfüllungsansprüche aus Anwaltsverträgen**,[772] sofern die Leistung sich auf anwaltliche Tätigkeiten der Partner bezieht,[773] sowie **vertragliche und gesetzliche Schadensersatzansprüche** unabhängig von ihrem Rechtsgrund.[774]

377 Wird ein Mitglied einer Kanzlei als „**Scheinpartner**" im Verkehr wie ein Mitglied der Partnerschaft wahrgenommen, richtet sich dessen Haftung analog den Grundsätzen des § 8 PartGG. Dann haftet den Mandanten für Fehler bei der Berufsausübung neben der Partnerschaft und neben den Partnern, die einen Auftrag bearbeitet haben, auch ein „Scheinpartner", wenn dieser ebenfalls an der Mandatsbearbeitung teilgenommen

---

769 Zur analogen Anwendbarkeit des § 31 BGB auf OHG bzw. KG: BGH, NJW 1952, 538. Zur Partnerschaft: *Henssler*, PartGG, § 8 Rn. 4 ff.; *MünchKomm/Ulmer*, BGB, § 8 PartGG Rn. 8.
770 Zur Haftung der Partner gemäß § 8 Abs. 1 PartGG: *Henssler*, in: FS Vieregge, S. 361, 364 – 368; *ders.*, PartGG, § 8 Rn. 10 – 25; *Jawanski*, DB 2001, 2281; *Michalski/Römermann*, PartGG, § 8 Rn. 10 – 15; *MünchKomm/Ulmer*, BGB, § 8 PartGG Rn. 7 – 15; *Scharlach/Hoffmann*, WM 2000, 2082; *v. Westphalen*, in: *Meilicke/v. Westphalen/Hoffmann/Lenz*, PartGG, § 8 Rn. 9 – 40.
771 Zum Gesamt- und Einzelmandat bei einer Sozietät s. Rn. 754.
772 Vgl. die sog. Erfüllungstheorie für OHG bzw. KG: BGHZ 73, 217 = NJW 1979, 1361 f.; BGH, NJW 1987, 2367, 2369.
773 *MünchKomm/Ulmer*, BGB, § 8 PartGG Rn. 7.
774 *Michalski/Römermann*, PartGG, § 8 Rn. 10; *MünchKomm/Ulmer*, BGB, § 8 PartGG Rn. 8.

hat. Auch wenn allein der „Scheinpartner" einen Auftrag bearbeitet hat, führt das nur zu dessen persönlicher Haftung neben der Haftung der Partnerschaft, nicht jedoch zu einer gesamtschuldnerischen Haftung aller „echten" Partner. Dies hat das OLG München in einem Urteil entschieden, in dem es um die wettbewerbsrechtliche Zulässigkeit der Aufnahme von „Scheinpartnern" auf den Briefkopf einer Partnerschaft nach Maßgabe der §§ 1, 3 UWG ging.[775] Der BGH hat die Revision nicht angenommen.[776]

Wird ein Partner von einem Gläubiger der Partnerschaft in Anspruch genommen, richtet sich der **Ausgleich im Innenverhältnis** vorbehaltlich der Regelungen im Partnerschaftsvertrag nach § 6 Abs. 3 PartGG i.V.m. § 110 HGB. Danach besteht grundsätzlich ein Ausgleichsanspruch des Partners gegen die Partnerschaft. Im Verhältnis der Partner zur Partnerschaft besteht kein Gesamtschuldverhältnis i.S.v. §§ 421 ff. BGB.[777] Soweit der ausgleichsberechtigte Partner von der Partnerschaft keinen Ersatz erhalten kann, sind die anderen Partner nach § **426 Abs. 1 BGB** anteilig ausgleichspflichtig.[778]

378

Gemäß § 8 Abs. 1 Satz 2 PartGG i.V.m. § 129 HGB kann ein Partner, der wegen einer Verbindlichkeit der Partnerschaft in Anspruch genommen wird, neben persönlichen **Einwendungen** auch die der Partnerschaft zustehenden Einwendungen geltend machen kann. Dem Partner steht zudem die **Einrede der Anfechtbarkeit und der Aufrechenbarkeit** analog § 129 Abs. 2, 3 HGB zu. Aus einem gegen die Partnerschaft gerichteten vollstreckbaren Titel findet die **Zwangsvollstreckung** gegen die Partner nicht statt (§ 129 Abs. 4 HGB). Vielmehr bedarf es eines auf den einzelnen Partner lautenden Titels.

379

§ 8 Abs. 1 Satz 2 PartGG bestimmt des Weiteren, dass auch § 130 HGB für die Haftung der Partner entsprechend anzuwenden ist.[779] Danach haftet ein **neu in die Partnerschaft eintretender Partner** gleich den anderen Partnern nach Maßgabe der § 8 Abs. 1 Satz 1, Satz 2 PartGG, § 129 HGB auch für Verbindlichkeiten der Partnerschaft, die bereits vor seinem Eintritt begründet worden sind. Ohne Bedeutung für die Haftung für solche Altverbindlichkeiten ist, ob der Name der Partnerschaft (vgl. § 2 PartGG) infolge des Eintritts geändert wird oder nicht. Entgegenstehende Vereinbarungen zwischen den Partnern sind gegenüber Dritten unwirksam.

380

Fraglich ist, ob eine **neu gegründete Partnerschaft** unter den Voraussetzungen des **§ 28 HGB** für Verbindlichkeiten eines Rechtsanwalts haftet, dessen Praxis in die Partnerschaft mit einem anderen Rechtsanwalt eingebracht wird, so dass dann auch der

381

---

775 OLG München, NJW-RR 2001, 1358, 1360; *Langenkamp/Jaeger*, NJW 2005, 3238.
776 Beschl. des I. Zivilsenats v. 8.11.2001, NJW-RR 2002, 288.
777 *Henssler*, PartGG, § 8 Rn. 12; *Michalski/Römermann*, PartGG, § 8 Rn. 11; a.A. *v. Westphalen*, in: *Meilicke/v. Westphalen/Hoffmann/Lenz*, PartGG, § 8 Rn. 11 f.
778 *MünchKomm/Ulmer*, BGB, § 8 PartGG Rn. 5 ff.
779 Zur Haftung des neu eintretenden Partners für Altverbindlichkeiten der Partnerschaft aus Schäden wegen fehlerhafter Berufsausübung: *Mazza*, BB 1997, 746 ff.

eintretende Partner gemäß § 8 Abs. 1 Satz 1 PartGG für diese Verbindlichkeiten haften würde.[780] § 2 Abs. 2 PartGG verweist für die Partnerschaft auf eine Vielzahl firmenrechtlicher Vorschriften des HGB, nicht jedoch auf § 28 HGB. § 2 PartGG betrifft nur das Namensrecht der Partnerschaft im engeren Sinne, nicht jedoch die sich daraus ergebenden Haftungsfragen. Der Verweis in § 2 Abs. 2 PartGG bezieht sich folgerichtig auch nur auf Vorschriften des HGB-Firmenrechts im engeren Sinne. **Gute Gründe sprechen für eine analoge Anwendung des § 28 HGB auf den Eintritt in eine Partnerschaft**,[781] weil die sich daraus ergebende Interessenlage derjenigen beim Eintritt in ein einzelkaufmännisches Geschäft vergleichbar ist und die Partnerschaft einer OHG angenähert ist.

382 Denkbar ist auch eine Haftung eines Rechtsanwaltes oder anderen Freiberuflers, der zwar im Innenverhältnis nicht Partner ist, aber im Außenverhältnis, etwa im Partnerschaftsregister, auf dem Briefbogen oder Kanzleischild der Partnerschaft zurechenbar den Anschein hervorruft, er sei Partner. Die **Haftung** des **Scheinpartners** richtet sich dann nach § 5 Abs. 2 PartGG i.V.m. § 15 Abs. 3 HGB bzw. den allgemeinen Grundsätzen der Rechtsscheinhaftung.[782]

4. Haftungsbeschränkung auf einzelne Partner

383 **§ 8 Abs. 2 PartGG** in der Neufassung des Gesetzes zur Änderung des Umwandlungsgesetzes, des Partnerschaftsgesellschaftsgesetzes und anderer Gesetze vom 22.7.1998,[783] in Kraft getreten am 1.8.1998, sieht eine **gesetzliche Haftungsbeschränkung** auf einzelne Partner vor. Waren nur einzelne Partner mit der Bearbeitung eines Auftrags befasst, so haften nur sie gemäß § 8 Abs. 1 PartGG für berufliche Fehler **neben der Partnerschaft**; ausgenommen sind einzelne Bearbeitungsbeiträge von untergeordneter Bedeutung.[784] Damit hat die Partnerschaft gegenüber der Sozietät in der Rechtsform einer Gesellschaft bürgerlichen Rechts deutlich an Attraktivität gewonnen. Die Haftung des Vermögens der Partnerschaft bleibt davon unberührt.

---

780 Vgl. zur Haftung des in eine Einzelkanzlei eintretenden Anwalts, wenn dadurch ein Zusammenschluss in der Rechtsform einer BGB-Gesellschaft entsteht: BGH, NJW 2004, 836.
781 *MünchKomm/Ulmer*, BGB, § 8 PartGG Rn. 10; a.A. *Henssler*, PartGG, § 8 Rn. 21; *Mahnke*, WM 1996, 1029, 1033.
782 OLG München, DB 2001, 809, 811; *Henssler*, PartGG, § 8 Rn. 25; *MünchKomm/Ulmer*, BGB, § 8 PartGG Rn. 11; *Langenkamp/Jaeger*, NJW 2005, 3238; *Jawansky*, DB 2001, 2284; zur Rechtsscheinhaftung bei der Sozietät s. Rn. 355.
783 BGBl. I, S. 1878.
784 Vgl. BT-Drucks. 13/9820; zum Referentenentwurf des Bundesjustizministeriums, auch abgedruckt in ZIP 1997, 1518, 1523 f.; *Henssler*, ZIP 1997, 1481, 1489–1491; *Römermann*, GmbHR 1997, 530, 536 f.; zur gesetzlichen Neuregelung des § 8 Abs. 2 PartGG: *Römermann*, NZG 1998, 675 f.; *Seibert*, BRAK-Mitt. 1999, 210 f.

Nach der ursprünglichen, nunmehr aufgehobenen Fassung des § 8 Abs. 2 PartGG bedurfte eine Haftungskonzentration auf einzelne Partner noch einer vertraglichen Vereinbarung mit dem Auftraggeber.[785] Bezweckt ist nunmehr – unter Anknüpfung an die Grundgedanken der bisherigen Regelung – eine einfache und unbürokratische Regelung der Handelndenhaftung.[786] Angesichts des klaren Gesetzeswortlauts bezieht sich die Haftungsbeschränkung nach § 8 Abs. 2 PartGG ausschließlich auf Schäden, die gerade auf **fehlerhafter Berufsausübung** beruhen. Für sonstige Verbindlichkeiten (etwa aus Kauf-, Miet- oder Arbeitsverträgen) bleibt es bei der unbeschränkten, gesamtschuldnerischen Haftung der Partner nach § 8 Abs. 1 PartGG.[787]

384

Berufen sich die mit der Bearbeitung eines Auftrags nicht bzw. nur mit einem untergeordneten Beitrag befassten Partner auf die Haftungsbeschränkung nach § 8 Abs. 2 PartGG und reicht das Privatvermögen der haftenden Partner zusammen mit dem gesamthänderisch gebundenen Vermögen der Partnerschaft nicht aus, um einen Schadensersatzanspruch des geschädigten Auftraggebers zu erfüllen, müssen die Partner entscheiden, ob sie den zur Befriedigung des Gläubigers erforderlichen Betrag in die Partnerschaft nachschießen oder Insolvenz über das Vermögen der Partnerschaft anmelden. Im erstgenannten Fall läuft die Haftungskonzentration faktisch ins Leere. Im letztgenannten Fall wird die **Partnerschaft gemäß § 131 Abs. 1 Nr. 3 HGB i.V.m. § 9 Abs. 1 PartGG aufgelöst**. Diese Regelung ist zwingend und kann nicht im Gesellschaftsvertrag abbedungen werden.[788] Wird das **Insolvenzverfahren über das Vermögen eines Partners eröffnet**, wird die Partnerschaft gemäß § 9 Abs. 2 PartGG nicht aufgelöst. Das Gesetz ordnet an, dass dieser Partner dann aus der Partnerschaft ausscheidet.

385

Ebenso wie § 8 Abs. 2 PartGG a.F. gilt auch die neue Fassung nur für die Haftung aus der **fehlerhaften Berufsausübung**, und zwar **aus dem Anwaltsvertrag** („Auftrag").[789] Weitere Tatbestandsvoraussetzung ist, dass mindestens ein **Partner mit der Bearbeitung des Auftrags „befasst"** war. Befassen bedeutet, dass der Partner den Auftrag selbst bearbeitet oder den bearbeitenden Rechtsanwalt überwacht hat bzw. dies nach der internen Zuständigkeitsverteilung hätte tun müssen.[790] Damit ist die Neufassung an die frühere Voraussetzung angelehnt, dass derjenige Partner, auf den die

386

---

785 Zu § 8 Abs. 2 PartGG a.F. s. *Sieg*, in: *Zugehör*, Anwaltshaftung, 1. Aufl., Rn. 490–499.
786 Referentenentwurf der Bundesregierung, abgedruckt in ZIP 1997, 1518, 1523.
787 BT-Drucks. 13/9820, S. 21; vgl. *Jawansky*, DB 2001, 2282.
788 *Henssler*, in: *Henssler/Prütting*, BRAO, § 9 PartGG Rn. 21.
789 *Seibert*, BRAK-Mitt. 1999, 210, 211; zu Ansprüchen aus fehlerhafter Berufsausübung i.S.v. § 8 Abs. 2 PartGG Rn. 383 ff.
790 Begründung des Referentenentwurfs, ZIP 1997, 1518, 1523; *Seibert*, BRAK-Mitt. 1999, 210, 211; a.A. *Römermann*, NZG 1998, 575, 576.

Haftung konzentriert wird, innerhalb der Partnerschaft die berufliche Leistung erbringt oder verantwortlich leitet und überwacht.[791]

387 **Alle Partner haften** daher persönlich – neben dem Partnerschaftsvermögen – **als Gesamtschuldner**, wenn sie mit der Leistungserbringung befasst sind. Dasselbe gilt auch, wenn kein Partner – sondern etwa ausschließlich ein angestellter Rechtsanwalt oder ein freier Mitarbeiter – damit befasst ist. Letzteres kann auch eintreten, wenn die Partnerschaft den Auftrag angenommen, danach aber nichts unternommen hat oder wenn nicht aufzuklären ist, wer sich mit dem Auftrag befasst hat oder hätte befassen müssen.[792]

388 Neu ist auch die Klarstellung des Entwurfs, **untergeordnete Bearbeitungsbeiträge** vom Befassen negativ abzugrenzen. Ein solcher Bearbeitungsbeitrag von untergeordneter Bedeutung liegt vor etwa bei einer Urlaubs-, Krankheits- oder sonstigen Abwesenheitsvertretung ohne eigene substantielle Bearbeitung. Von untergeordneter Bedeutung ist auch eine bloß interne Mitwirkung anderer Partner, die dem verantwortlichen, sachbearbeitenden Partner in den Angelegenheiten behilflich sind. Ein Bearbeitungsbeitrag, der den zur Haftung führenden Fehler mitverursacht hat, soll unter keinen Umständen als untergeordnet bewertet werden können. Einzelheiten der Abgrenzung bleiben der Rechtsprechung überlassen.[793]

XI. GmbH

1. Rechtsgrundlagen

389 Die **Zulässigkeit einer GmbH** als Rechtsform für die **berufliche Zusammenarbeit von Rechtsanwälten** war früher lange im Schrifttum umstritten.[794] Die überwiegende

---

[791] Zur Erbringung oder verantwortlichen Leitung und Überwachung der beruflichen Leistung s. *Sieg*, in: *Zugehör*, Anwaltshaftung, 1. Aufl., Rn. 495.
[792] Begründung des Referentenentwurfs, ZIP 1997, 1518, 1523.
[793] Begründung des Referentenentwurfs, ZIP 1997, 1518, 1523; vgl. auch *Henssler*, ZIP 1997, 1481, 1490; *Seibert*, BRAK-Mitt. 1999, 210, 211.
[794] **Dagegen:** *Bösert*, ZAP (1994), Fach 15, S. 137, 139 f.; *Braun*, MDR 1995, 447; *Donath*, ZHR 156 (1992), 134, 136 ff.; *Düwell*, AnwBl 1990, 388 f.; *Haas*, BRAK-Mitt. 1994, 1; *Kempter*, BRAK-Mitt. 1995, 4 f.; *Kremer*, GmbHR 1983, 259, 264 f.; *Loewer*, BRAK-Mitt. 1994, 186, 190; *Taupitz*, JZ 1994, 1100, 1104 ff.; *ders.*, NJW 1995, 369 ff.; *Weigel*, BRAK-Mitt. 1992, 183 f.; *Zuck*, in: *Lingenberg/Hummel/Zuck/Eich*, Grundsätze des anwaltlichen Standesrechts, § 28 Rn. 50.

Anzahl der Autoren bejahte deren Zulässigkeit.[795] Der **BGH** konnte sich mit dieser Frage nicht befassen. Allerdings hat er die Zulässigkeit einer Zahnarzt-GmbH ausdrücklich anerkannt.[796] Am 24.11.1994 hat das **BayObLG** die Zulässigkeit einer Anwalts-GmbH erstmals gerichtlich anerkannt.[797] Es hat diese Rechtsprechung später bestätigt,[798] andere Gerichte sind ihm gefolgt.[799] Nach wie vor erfreut sich die Anwalts-GmbH allerdings lediglich geringer Beliebtheit.[800] Dies mag möglicherweise an den hohen Hürden der §§ 59c ff. BRAO einerseits und den versicherungsrechtlichen Nachteilen andererseits liegen.[801]

Eine **GmbH**, die **rechtsberatend** tätig ist, bedarf einer **Erlaubnis nach dem Rechtsberatungsgesetz** auch dann, wen ihr Geschäftsführer als Rechtsanwalt zugelassen ist.[802]

Mit dem Gesetz zur Änderung der Bundesrechtsanwaltsordnung, der Patentanwaltsordnung und anderer Gesetze vom 31.8.1998,[803] das am 1.3.1999 in Kraft getreten ist,[804] hat der **Gesetzgeber die Rechtsanwalts-GmbH ausdrücklich anerkannt** und deren Zulassungsvoraussetzungen im Einzelnen in §§ **59c – 59m BRAO** geregelt. Nunmehr können **Rechtsanwaltsgesellschaften mit beschränkter Haftung,** deren Unternehmensgegenstand die Beratung und Vertretung in Rechtsangelegenheiten ist (§ 59c

390

---

795 Dafür sowie allgemein zur Anwalts-GmbH: *Ahlers*, AnwBl 1991, 10 ff. und 226 ff.; *ders.*, in: FS Rowedder, S. 1 ff.; *ders.*, AnwBl 1995, 3 ff.; *ders.*, AnwBl 1995, 121 ff.; *Bellstedt*, AnwBl 1995, 573 ff.; *Boele*, Die Organisation von Rechtsanwaltssozietäten Heute und Morgen, S. 214 ff.; *Dauner-Lieb*, GmbHR 1995, 259 ff.; *Hartstang*, ZAP (1994), Fach 23, S. 193 f.; *P. Heinemann*, AnwBl 1991, 233 ff.; *Hellwig*, ZHR 161 (1997), 337 ff.; *Henssler*, JZ 1992, 697 ff.; *ders.*, NJW 1993, 2137, 2140 ff.; *ders.*, ZIP 1994, 844, 848 ff.; *ders.*, ZIP 1994, 1871 f.; *ders.*, DB 1995, 1549 ff.; *ders.*, in *Henssler/Prütting*, BRAO, Anh. § 59a; *ders.*, ZHR 161 (1997), 305 ff.; *ders.*, ZAP (1997), Fach 23, S. 285, 293 – 301; *Hommelhoff/Schwab*, WiB 1995, 115 ff.; *Kewenig*, JZ 1990, 782, 7881; *Koch*, AnwBl 1993, 157 ff.; *ders.*, MDR 1995, 446; *Landry*, MDR 1995, 558 ff.; *Römermann*, Entwicklungen und Tendenzen bei Anwaltsgesellschaften, S. 141 – 180; *ders.*, in: *Hartung/Holl*, BORA, vor § 30 Rn. 120 – 204; *ders.*, GmbHR 1997, 530 ff.; *Schlosser*, JZ 1995, 345 ff.; *Sieg*, Internationale Anwaltshaftung, S. 49 ff. und S. 156 f.; *Sommer*, GmbHR 1995, 249 ff.
796 BGHZ 124, 224 ff.
797 BayObLG, NJW 1995, 199.
798 BayObLG, NJW 1996, 3217 ff.
799 OLG Bamberg, MDR 1996, 423; OLG Köln, NJW-RR 1998, 271 f.; LG Baden-Baden, AnwBl 1996, 537 f.
800 Zum 1.1.2005 waren 179 Rechtsanwalts-GmbHs als Mitglieder der Rechtsanwaltskammern eingetragen, was nur noch einen Zuwachs um 6,55 % im Vergleich zum Vorjahr bedeutete, vgl. BRAK-Mitt. 2005, 76.
801 *Kraus/Senft*, Sozietätsrecht, vor § 15 Rn. 3 – 5.
802 BGH, NJW 2005, 1488.
803 BGBl. I, S. 2600.
804 Art. 8 des Gesetzes enthält eine Übergangsregelung für Rechtsanwaltsgesellschaften, die bei In-Kraft-Treten des Gesetzes bereits eingetragen waren.

Abs. 1 BRAO), als **Prozess- oder Verfahrensbevollmächtigte** beauftragt werden. Gemäß § 59l BRAO ist die Rechtsanwaltsgesellschaft postulationsfähig und hat dabei die **Rechte und Pflichten eines Rechtsanwalts**.[805] **Sie handelt durch ihre Organe und Vertreter**, in deren Person die für die Erbringung rechtsbesorgender Leistungen gesetzlich vorgeschriebenen Voraussetzungen im Einzelfall vorliegen müssen.[806] Im **Prozesskostenhilfeverfahren** kann die Anwalts-GmbH gemäß § 121 Abs. 1 ZPO beigeordnet werden.[807] **Verteidiger** i.S.d. §§ 137 ff. StPO ist nur die für die Rechtsanwaltsgesellschaft handelnde Person. Ein **Prozessmandat** wird deshalb **grundsätzlich der Rechtsanwaltsgesellschaft** und nicht den einzelnen in ihr zusammengeschlossenen Rechtsanwälten erteilt. Für Rechtsanwaltsgesellschaften gelten die in § 59m Abs. 2 BRAO im einzelnen aufgeführten Vorschriften der BRAO entsprechend.

2. Haftung

391 **Vertragspartner des Auftraggebers ist ausschließlich die GmbH.** Für schuldhafte Pflichtverletzungen eines Rechtsanwalts, der einer Anwalts-GmbH angehört, **haftet dem Mandanten die Gesellschaft mit dem Gesellschaftsvermögen**. Die persönliche Inanspruchnahme der bei der GmbH beschäftigten Anwälte aus dem Mandatsvertrag ist ausgeschlossen (§ 13 Abs. 2 GmbHG).

392 **Dem Mandanten haftet weder der ihm gegenüber handelnde Rechtsanwalt noch ein anderes Mitglied der Gesellschaft persönlich mit seinem Privatvermögen.** Die in dem Referentenentwurf vorgesehene Regelung des § 59p E-BRAO, wonach für berufliche Fehler die mit der Bearbeitung des Auftrags befassten Geschäftsführer neben der Rechtsanwaltsgesellschaft als Gesamtschuldner haften sollten, wurde nicht Gesetz.[808] Eine persönliche Haftung des handelnden Rechtsanwalts kann sich ausnahmsweise nur nach den Grundsätzen der sog. **Sachwalterhaftung** ergeben.[809] Der Rechtsanwalt haftet danach dem Auftraggeber der GmbH insbesondere, wenn er diesem gegenüber besonderes persönliches Vertrauen in Anspruch genommen hat. Dies ist allerdings die begründungsbedürftige Ausnahme.[810]

393 Eine Sonderregelung für die Rechtsanwalts-GmbH enthält § 59j Abs. 4 BRAO. Danach **haften die Gesellschafter und Geschäftsführer persönlich**, soweit die Be-

---

805 OLG Nürnberg, NJW 2002, 3715.
806 Vgl. zur Frage des Erfordernisses eines Geschäftsführers bei der Errichtung von Zweigniederlassungen: BGH, NJW 2003, 2025.
807 OLG Nürnberg, NJW 2002, 3715.
808 Zu den hiergegen geäußerten Bedenken: *Hellwig*, ZHR 161 (1997), 337, 357 – 362; *Henssler*, DB 1995, 1549, 1551; *ders.*, ZIP 1997, 1481, 1487 f.; *Prohaska*, MDR 1997, 701 ff.; *Römermann*, GmbHR 1997, 530, 533 f.; *Vorbrugg/Salzmann*, AnwBl 1996, 129, 135.
809 Zur Sachwalterhaftung (des angestellten Rechtsanwalts bzw. des freien Mitarbeiters) Rn. 264.
810 Zur Durchgriffshaftung gegen den anwaltlichen GmbH-Gesellschafter: *Henssler*, ZAP (1997), Fach 23, S. 285, 296.

rufshaftpflichtversicherung nicht in dem gesetzlich vorgeschriebenen Umfang unterhalten wird. Das StBerG oder die WPO sehen keine entsprechende Regelung für Geschäftsführer und Gesellschafter von Steuerberatungs- oder Wirtschafsprüfungsgesellschaften vor.

Der **Gesetzgeber** hat vielmehr für Rechtsanwaltsgesellschaften in der Rechtsform einer GmbH von einer generellen Entscheidung darüber, ob die ein Mandat bearbeitenden und/oder verantwortenden Gesellschafter oder Geschäftsführer persönlich haften, abgesehen[811] und die **Lösung der Rechtsprechung überlassen**.[812] 394

Denkbar ist eine **deliktische persönliche Haftung**, wenn die Tatbestandsvoraussetzungen dafür in der Person des handelnden Rechtsanwalts vorliegen.[813]

Darüber hinaus wird die Ansicht vertreten, der Auftraggeber könne bei einem **Fehlverhalten eines Rechtsanwalts, der Geschäftsführer einer Anwalts-GmbH ist**, den Schadensersatzanspruch der Gesellschaft gegen diesen aus § 43 Abs. 2 GmbHG pfänden und sich zur Einziehung überweisen lassen.[814] Eine der Gesellschaft zuzurechnende Pflichtverletzung des Geschäftsführers gegenüber dem Auftraggeber aus dem Anwaltsvertrag ist jedoch nicht mit einer Pflichtverletzung des Geschäftsführers aus seiner organschaftlichen Stellung gegenüber der Gesellschaft gleichzusetzen. Andernfalls würde die gesetzliche Wertung des § 43 Abs. 1 GmbHG missachtet. Diese Vorschrift begründet keine Sorgfaltspflichten des Geschäftsführers einer GmbH im Verhältnis zu Dritten, insbesondere nicht zu Gläubigern der Gesellschaft.[815] Ein Anspruch der Gesellschaft gegen den Geschäftsführer einer Anwalts-GmbH aus § 43 Abs. 2 GmbHG besteht daher nicht allein deshalb, weil der Geschäftsführer Pflichten gegenüber einem Mandanten verletzt hat. Ob und unter welchen Voraussetzungen die Gesellschafter auf Schadensersatzansprüche gegen einen Geschäftsführer verzichten – etwa indem sie den Geschäftsführer entlasten (vgl. § 46 Nr. 5 GmbHG)[816] – und dadurch pfändbaren Ansprüchen Dritter gegen die Gesellschaft die Grundlage entziehen können, ist daher unerheblich. 395

---

811 Vgl. BR-Drucks. 1002/97 vom 29.12.1997, S. 13 f. Für die Anwalts-GmbH sah § 59p E-BRAO des Regierungsentwurfs noch eine solche Regelung vor. Hierzu etwa: *Hellwig*, ZHR 161 (1997), 337, 357 ff.; *Henssler*, DB 1995, 1549, 1551; *ders.*, ZIP 1997, 1481, 1487 f.; *Prohaska*, MDR 1997, 701; *Römermann*, GmbHR 1997, 530, 533.
812 Vgl. auch *Sieg*, WM 2002, 1432, 1438 f.
813 *Grams*, AnwBl 2001, 295.
814 *Henssler*, ZHR 161 (1997), S. 305, 322 f.; *ders.*, ZAP (1997), Fach 23, S. 285, 296; in diesem Sinne auch: *Kaiser/Bellstedt*, Rn. 576.
815 BGHZ 31, 258 = NJW 1960, 285, 289.
816 Zur Entlastung, ihren Voraussetzungen und ihren Wirkungen: BGHZ 94, 324 = NJW 1986, 129, 130; *Brandes*, WM 1998, 1, 14; *Schmidt*, Gesellschaftsrecht, § 36 II. 4. d) aa).

XII. Rechtsanwalts-AG

396 Es besteht mittlerweile weitgehend Einigkeit, dass insbesondere vor dem Hintergrund der in Art. 12 Abs. 1 GG gewährten Berufsfreiheit eine Rechtsanwalts-AG zulässig ist. Dies hat der **BGH** nunmehr mit Urteil vom 10.1.2005 **bestätigt**.[817]

1. Zulassungsvoraussetzungen

397 Das vorgenannte BGH-Urteil bestimmt, dass bei der Zulassung der AG **eine Ausrichtung an den Bestimmungen der §§ 59c ff. BRAO zu erfolgen hat**. Dies hatte das OLG Nürnberg entgegen vereinzelter Ansichten in der Literatur anders gesehen.[818] Im April 2000 wurde die erste deutsche Aktiengesellschaft für Rechtsanwälte in das Handelsregister eingetragen.

2. Postulationsfähigkeit

398 Unklar ist weiterhin, ob eine als Rechtsanwaltsgesellschaft zugelassene Rechtsanwalts-AG postulationsfähig ist. Der **BFH** hatte dies zunächst in Bezug auf § 62a Abs. 2 FGO für möglich gehalten, wobei er in seiner Entscheidung davon ausging, dass die AG als Rechtsanwaltsgesellschaft zugelassen sei.[819] Der BFH hielt später jedoch fest, dass die Vertretungsbefugnis vor dem BFH einer zugelassenen Rechtsanwalts-AG nur dann zustehe, wenn die Gesellschaft nach deutschem Recht als solche zum Beruf zugelassen sei und die Zulassung im Zeitpunkt der Vornahme der betreffenden Prozesshandlung vorliege.[820]

3. Haftung

399 **Vertragspartner ist die Aktiengesellschaft selbst**.[821] Bei einer Rechtsanwalts-AG haftet für die Verbindlichkeiten der Gesellschaft, die Vertragspartnerin des Mandanten ist, grundsätzlich nur das Gesellschaftsvermögen (§ 1 Abs. 1 Satz 2 AktG).[822] Dies gilt auch für eine „Ein Mann"-AG (vgl. §§ 2, 42 AktG).[823] Der AG wird das Handeln ihres Vorstandes entsprechend § 31 BGB und ihrer angestellten und freiberuflich tätigen Rechtsanwälte über § 278 BGB zugerechnet. Eine Anwalts-AG kann – **ebenso wie**

---

817 BGH, NJW 2005, 1568; BayObLG, NJW 2000, 1647; *Jawansky*, DB 2002, 2699; *Kempter/Kopp*, NJW 2001, 777, 780; *dies.*, NZG 2005, 582; *Passarge*, NJW 2005, 1835; *Pluskat*, AnwBl 2003, 131; *Römermann*, in: *Hartung/Holl*, BORA, vor § 30 Rn. 205; *ders.*, ZAP, Fach 23, S. 461, 470; *Schumacher*, AnwBl 2000, 409.
818 OLG Nürnberg, NJW 2003, 2245; a.A.: *Grunewald*, NJW 2002, 188, 189.
819 BFH, BRAK-Mitt. 2004, 138 = NJW 2004, 1974.
820 BFH, Beschl. v. 15.11.2004, BRAK-Mitt. 2005, 93.
821 *Vollkommer/Heinemann*, Rn. 86, 582.
822 *Henssler*, in: *Henssler/Streck*, Handbuch des Sozietätsrechts, Fn. 1 ff.
823 *Vollkommer/Heinemann*, Rn. 582.

eine Anwalts-GmbH (§ 59m Abs. 2 BRAO) – eine Haftungsbeschränkung nach § 51a Abs. 1 BRAO vereinbaren.[824]

XIII. Europäische wirtschaftliche Interessenvereinigung

1. Rechtsgrundlagen

Mit der **Europäischen wirtschaftlichen Interessenvereinigung (EWIV)**[825] gibt es seit 1985 eine supranationale Gesellschaftsform geschaffen. In einer EWIV können Anwälte bzw. Anwaltssozietäten aus Mitgliedstaaten der Europäischen Union zusammenarbeiten. Anderen ausländischen Anwälten ist die Beteiligung an einer EWIV verwehrt. Dieser Umstand fördert nicht gerade die Attraktivität dieser Rechtsform.[826] Zu der am 1.7.1989 in Kraft getretenen **EWIV-Verordnung** (im Folgenden: **EWIV-VO**),[827] die gemäß Art. 189 Abs. 2 EGV unmittelbar in den Mitgliedstaaten gilt, haben die Mitgliedstaaten **Ausführungsgesetze** erlassen, die weitere Einzelheiten regeln.[828]

400

---

824 *Zugehör*, in: FS Kreft, S. 120.
825 Zur EWIV: *Authenrieth*, BB 1989, 305 ff.; *Bach*, BB 1990, 1432; *Ganske*, Das Recht der Europäischen Wirtschaftlichen Interessenvereinigung; *Gloria/Karbowski*, WM 1990, 1313 ff.; *Grüninger*, AnwBl 1990, 228; *ders.*, AnwBl 1992, 111 ff.; *Henssler*, NJW 1991, 2137, 2143 f.; *v. d. Heydt/v. Rechenberg*, Die Europäische Wirtschaftliche Interessenvereinigung; *Jahndorf*, Die EWIV im Ertragsteuerrecht; *Klein-Blenkers*, DB 1994, 2224 ff.; *Knoll/Schüppen*, WiB 1994, 889 ff.; *Kollhosser/Raddatz*, JA 1989, 10 ff.; *Lentner*, Das Gesellschaftsrecht der Europäischen wirtschaftlichen Interessenvereinigung; *Marx*, AnwBl 1997, 241 ff.; *Meyer-Landrut*, Die Europäische Wirtschaftliche Interessenvereinigung; *Müller-Gugenberger*, NJW 1989, 1449 ff.; *Müller-Gugenberger/Schotthöfer*, Die EWIV in Europa; *Nerlich*, Internationale Kooperationsmöglichkeiten für europäische Rechtsanwälte, S. 93 ff.; *Neye*, DB 1997, 861 ff.; *Römermann*, Entwicklungen und Tendenzen bei Anwaltsgesellschaften, S. 8 – 29; *ders.*, in: *Hartung/Holl*, BORA, vor § 30 Rn. 234 – 251; *Salger/Neye*, in: Münchener Handbuch des Gesellschaftsrechts, Band 1, §§ 94 ff.; *Schlüter*, EuZW 2002, 589; *Schmidt*, Gesellschaftsrecht, § 66; *Schollmeier*, in: *Clausnitzer/Pieper/Schollmeier*, EG-Recht in der Anwaltskanzlei, S. 31, 34 ff.; *Scriba*, Die Europäische wirtschaftliche Interessenvereinigung; *Sieg*, Internationale Anwaltshaftung, S. 54 f. und S. 157 ff.; *Zahorka*, EuZW 1994, 201 ff.; *Zuck*, NJW 1990, 954 ff.
826 Vgl. etwa FAZ v. 13.2.1995, S. 18.
827 Verordnung (EWG) Nr. 2137/85 des Rates vom 25.7.1985 über die Schaffung einer Europäischen wirtschaftlichen Interessenvereinigung (EWIV), ABl. EG Nr. L 199/1 vom 31.7.1985.
828 In Deutschland ist das Gesetz zur Ausführung der EWG-Verordnung über die Europäische wirtschaftliche Interessenvereinigung vom 14.4.1988 (BGBl I, S. 514) am 1.7.1989 in Kraft getreten. Zu den Ausführungsgesetzen der anderen EU-Mitgliedstaaten: *Müller-Gugenberger/Schotthöfer*, Die EWIV in Europa.

2. Anwendbares Recht

401 Das auf eine EWIV **anwendbare Recht** richtet sich grundsätzlich nach der **EWIV-VO**. Soweit diese Verordnung keine Regelungen enthält, bestimmt Art. 2 Abs. 1 EWIV-VO, dass für die im Einzelnen aufgezählten Gegenstände das „**innerstaatliche Recht**" des Staates anzuwenden ist, in dem die Vereinigung ihren Sitz hat. Im Übrigen ist zur Lückenfüllung das „**einzelstaatliche Recht**" zu ermitteln, das sich aus dem jeweils anwendbaren nationalen Kollisionsrecht ergibt.[829]

3. Haftung

402 Die EWIV ist eine **Personengesellschaft ohne eigene Rechtspersönlichkeit**. Art. 1 Abs. 2 EWIV-VO sieht vor, dass eine EWIV von der Eintragung an die Fähigkeit hat, im eigenen Namen Träger von Rechten und Pflichten zu sein, Verträge zu schließen oder andere Rechtshandlungen vorzunehmen sowie vor Gericht zu stehen. Die EWIV selbst ist daher **im Rahmen ihres Gegenstandes ein selbständiges Haftungssubjekt**.[830]

403 Die **Mitglieder haften** gemäß Art. 24 Abs. 1 Satz 1 EWIV-VO und § 1 des deutschen Ausführungsgesetzes i.V.m. § 128 HGB **unbeschränkt und gesamtschuldnerisch für Verbindlichkeiten der EWIV**. Art. 24 Abs. 2 EWIV-VO stellt klar, dass die Mitglieder nur **subsidiär** im Verhältnis zu der Vereinigung haften. **Neu eintretende Mitglieder** können ihre Haftung unter den Voraussetzungen des Art. 26 Abs. 2 Satz 2 EWIV-VO beschränken.

404 Ein wesentliches Merkmal der EWIV besteht darin, dass der **Gegenstand der Vereinigung** nur darin bestehen darf, die wirtschaftliche Tätigkeit ihrer Mitglieder zu erleichtern oder zu entwickeln, um es ihnen zu ermöglichen, die Ergebnisse dieser Tätigkeit zu verbessern oder zu steigern. Eine EWIV darf nicht den Zweck verfolgen, Gewinn für sich selbst zu erzielen (Präambel und Art. 3 Abs. 1 EWIV-VO).

Wegen dieses zwingenden Hilfscharakters eignet sich diese Gesellschaftsform nicht dazu, dass sich Anwälte aus unterschiedlichen Staaten in einer EWIV zusammenschließen, um gemeinschaftlich ihren Beruf auszuüben. **Eine EWIV selbst darf keine Rechtsberatung durchführen**. Dies stellt Ziffer 5 der Erwägungsgründe zur EWIV-VO ausdrücklich klar. **Vertragspartner des Mandanten im Rahmen eines Auftrags zur Wahrnehmung rechtlicher Interessen** ist daher **stets das einzelne EWIV-Mitglied, nicht die EWIV selbst**. Die übrigen EWIV-Mitglieder sind nicht Haftungsschuldner des Auftraggebers eines EWIV-Mitglieds, wenn dieses wegen fehlerhafter Berufausübung zum Schadensersatz verpflichtet ist.

---

[829] Zur Einbeziehung nationalen Rechts: *Jahndorf*, Die EWIV im Ertragsteuerrecht, S. 28 – 36.

[830] Vgl. BGH, NJW 2002, 608.

Eine **Rechtsscheinhaftung** kommt **ausnahmsweise** in Betracht, wenn die beteiligten Anwälte nach außen zurechenbar den **Anschein einer internationalen Sozietät** hervorrufen.[831] **Arbeitet das deutsche EWIV-Mitglied mit einem ausländischen EWIV-Mitglied zusammen**, gelten im Übrigen dieselben Grundsätze, als wenn die Anwälte einander im Einzelfall hinzuziehen.[832]

405

XIV. Verbund

1. Begriff

In der grenzüberschreitenden Praxis kommt es vielfach vor, dass sich **Anwälte aus mehreren Staaten vertraglich verbinden**, ohne gemeinschaftlich den Beruf ausüben oder eine EWIV gründen zu wollen. Ein derartiger **Verbund** kann unterschiedlich ausgestaltet sein und verschiedene Zwecke verfolgen. Diese werden unter den Schlagworten „**Club**", „**network**", „**Allianz**", „**Gruppe**" oder mit der Minimalform eines Netzwerkes „**best friends**" beschrieben. Inzwischen drängen auch franchise-ähnliche Systeme oder virtuelle Großkanzleien auf den Markt.[833] Beim **Anwaltsfranchising** besteht das Ziel in einer flächendeckenden Rechtsberatung, wobei Netzwerke der Verdrängung von mittelständischen Kanzleien entgegenwirken sollen. Die eingebundenen Juristen praktizieren regelmäßig ein einheitliches Marketing.[834]

406

2. Anwendbares Recht

Auch bei einem **grenzüberschreitenden Verbund** ist vorrangig das **anwendbare Recht** zu ermitteln. Nach deutschem Internationalen Privatrecht richten sich die Fragen der Haftung der Mitglieder eines solchen Verbunds nach dem **Vertragsstatut**. Insoweit wird auf die Ausführungen zur internationalen Sozietät verwiesen.[835]

407

3. Haftung

Nach deutschem Recht ist die Zusammenarbeit von Anwälten in einem Verbund **haftungsrechtlich wie die Zusammenarbeit mit einem ausländischen Anwalt im Einzelfall** zu behandeln.[836]

408

---

831 Zur Anscheinssozietät s. Rn. 355.
832 Zur Haftung bei der Zusammenarbeit mit ausländischen Anwälten im Einzelfall s. Rn. 308 ff.
833 Zu den beschriebenen Formen der Zusammenarbeit: *Becker*, AnwBl 1998, 305 ff.; *Hellwig*, AnwBl 1996, 124, 125 ff.; *Schneider*, AnwBl 1991, 565 f.; *Sieg*, Internationale Anwaltshaftung, S. 55 f. und S. 159; *Kääb/Oberländer*, BRAK-Mitt. 2005, 55.
834 *Kääb/Oberländer*, BRAK-Mitt. 2005, 55.
835 Zum Vertragsstatut bei einer internationalen Sozietät s. Rn. 363 ff.
836 Zur Haftung bei der Zusammenarbeit mit ausländischen Anwälten im Einzelfall s. Rn. 308 ff.

Ausnahmsweise können die Grundsätze der **Anscheinssozietät** zu einer gesamtschuldnerischen Haftung aller Mitglieder des Verbunds führen.[837] Allerdings sind dann auch die vorbeschriebenen Einschränkungen für internationale Sozietäten zu beachten.[838] Die Voraussetzungen einer Anscheinssozietät liegen nicht vor, wenn nur auf den Verbund hingewiesen wird. Dasselbe gilt, wenn auch die Sozietätsbezeichnungen der ausländischen Kooperationspartner in der Fußzeile des Briefbogens ausdrücklich erwähnt werden.[839] Die Gegenansicht[840] übersieht, dass die zu einem Verbund zusammengeschlossenen Rechtsanwälte dann gerade nicht als internationale Sozietät auftreten, sondern an untergeordneter Stelle auf die Kooperationspartner oder auf den Verbund hinweisen. Der hiervon angesprochene – wohl nahezu ausschließlich unternehmerisch tätige – Mandantenkreis weiß dies zu unterscheiden. Als Sozietät treten nur die namentlich bezeichneten Rechtsanwälte auf, nicht die Mitglieder des bloß unter der „Firma" angegebenen ausländischen Büros. Eine gesamtschuldnerische Haftung beruht darauf, dass die einzelnen Sozietätsmitglieder gegenüber dem Mandanten in dieser Eigenschaft auftreten. Dies ist bei dem Hinweis auf mehrere Sozietäten, die sich zu einem Verbund zusammengeschlossen haben, aber gerade nicht der Fall. Der Hinweis auf Büros im Ausland kann jedoch zu einem verschärften Haftungsmaßstab für die deutschen Rechtsanwälte führen.[841] Eine gesamtschuldnerische Haftung nach den Grundsätzen der Anscheinssozietät käme in Betracht, wenn die Kooperation firmenmäßig auf der Kopfzeile des Briefbogens in den Vordergrund gerückt wird. Eine solche Gestaltung des Briefbogens dürfte allerdings nach deutschem Wettbewerbsrecht[842] nicht zulässig sein.[843]

XV. Sternsozietät

409 Umstritten ist die Frage des Verbots der Sternsozietät.[844] Unter dem Begriff der Sternsozietät versteht man die **Zugehörigkeit eines Berufsangehörigen zu mehreren, voneinander verschiedenen Sozietäten.** Dieses Verbot enthält § 31 BORA. § 31 BORA steht im engen Zusammenhang mit § 59a Abs. 1 Satz 1 BRAO, der es Anwälten gestattet, sich mit Berufskollegen sowie Angehörigen von bestimmten anderen Wirtschaftsberatungsberufen in Berufsausübungsgesellschaften zusammenzuschließen. § 59a BRAO enthält für den Rechtsanwalt ein einfaches gesetzliches Ver-

---

837 Zur Anscheinssozietät s. Rn. 355.
838 Zur Haftung einer internationalen Sozietät s. Rn. 362 ff.
839 *Vorbrugg/Salzmann*, AnwBl 1996, 129, 139.
840 *Becker*, AnwBl 1998, 305, 306; *Hellwig*, AnwBl 1996, 124, 126.
841 *Sieg*, Internationale Anwaltshaftung, S. 159.
842 OLG Düsseldorf, NJW 1994, 869 f. – Werbung eines deutschen Rechtsanwalts im Ausland.
843 BGH, NJW 1996, 2308; OLG Karlsruhe, NJW 1990, 3093.
844 Vgl. *Henssler*, ZIP 1998, 2121, 2128; *ders.*, NZG 1999, 1095; *Kilian*, NJW 2001, 326; *Römermann*, AnwBl 1999, 554.

bot, in seiner Stellung als Rechtsanwalt mehr als einer Berufsausübungsgesellschaft anzugehören.[845] Mit Beschluss vom 14.11.2005[846] hat der Senat für Anwaltssachen des **BGH** entschieden, dass das **Verbot der Sternsozietät zurzeit nicht verfassungswidrig** sei. Das Verbot der Sternsozietät gelte **auch für die Anwaltsaktiengesellschaft**. Dazu hat der Senat festgestellt, dass konzernähnliche Strukturen, wie sie durch eine Sternsozietät auftreten, vom Gesetzgeber, von Rechtsprechung und Literatur missbilligt werden.[847] Die Übernahme einer bloßen Kapitalbeteiligung ohne aktive Tätigkeit ist durch **§ 59e Abs. 1 Satz 2 BRAO** verboten. Die Einhaltung dieser Bestimmungen hat der BGH[848] in seiner Entscheidung vom 10.1.2005 auch für die Aktionäre einer Rechtsanwalts-AG gefordert. Dass § 59a Abs. 1 Satz 1 BRAO die Beteiligung eines Rechtsanwalts an einer BGB-Gesellschaft und § 59e Abs. 1 Satz 2, Abs. 2 BRAO diejenige an einer Rechtsanwaltsgesellschaft mit beschränkter Haftung betrifft, besagt nach Auffassung des BGH nicht, dass im Umkehrschluss auf eine weitergehende Freiheit der übrigen Gesellschaftsformen geschlossen werden kann. Vielmehr gilt § 59e Abs. 1 Satz 2 BRAO entsprechend auch für Rechtsanwaltsgesellschaften.

In Abweichung von der h.M. in der Literatur[849] hat der BGH[850] entschieden, dass die Einschränkung der Berufsausübung **nicht verfassungswidrig** und aus Gründen des Gemeinwohls gerechtfertigt sei. Konzernähnliche Strukturen in der Anwaltschaft führten zu unfreien und abhängigen Rechtsanwälten. Zudem sei für den Rechtssuchenden nicht zumutbar, die Frage der Zuständigkeit und des Ansprechpartners zu klären.

F. Vertragliche Haftungsbeschränkungen

In der BRAO-Novelle 1994[851] hat der Gesetzgeber in **§ 51a BRAO** die Voraussetzungen geregelt, unter denen ein Rechtsanwalt mit seinem Auftraggeber Vereinbarungen treffen kann, welche die Haftung wegen fehlerhafter Berufsausübung beschränken. Das Gesetz unterscheidet zwischen **Haftungsbeschränkungen auf einen Höchstbetrag** und **Haftungskonzentrationen auf einzelne Mitglieder einer Sozietät**. Für Rechtsanwälte, die sich zur gemeinschaftlichen Berufsausübung in einer **Partnerschaft** zusammengeschlossen haben, sieht **§ 8 Abs. 2 PartGG** eine gesetzliche Haftungs-

410

---

845 Für diese Auffassung: *Feuerich/Weyland*, BRAO § 59a Rn. 4; *Henssler*, ZIP 1998, 2121, 2123; *Zuck*, NJW 1999, 263; a.A.: *Becker-Eberhardt*, JZ 2000, 418; *Kilian*, NJW 2001, 326, 327.
846 BGH, BB 2006, 238 = ZIP 2006, 282.
847 BT-Drucks. 12/4993, S. 33; 13/9820, S. 14; BGH, NJW 1999, 2970, 2971; NJW 2003, 3548, 3549; *Henssler*, ZIP 1998, 2121, 2123; *Zuck*, NJW 1999, 263, 265.
848 BGH, NJW 2005, 1568.
849 *Henssler*, ZIP 1998, 2121, 2124; *ders.*, in: *Henssler/Prütting*, BRAO, § 31 BORA Rn. 8 ff.; *Jawansky*, DB 2002, 2699, 2701; *Zuck*, NJW 1999, 263, 265.
850 BGH, BB 2006, 238 = ZIP 2006, 282.
851 Gesetz zur Neuordnung des Berufsrechts der Rechtsanwälte und der Patentanwälte vom 2.9.1994 (BGBl. I, S. 2278), in Kraft getreten am 9.9.1994.

konzentration auf die mit der Bearbeitung eines Mandats befassten Partner vor (vgl. Rn. 383 ff.).[852]

Vor dem In-Kraft-Treten des § 51a BRAO war die Zulässigkeit vertraglicher Haftungsbeschränkungen zwischen Rechtsanwalt und Auftraggeber im Schrifttum umstritten. Die Lösungsvorschläge ließen keine einheitliche Linie erkennen.[853] Nach Auffassung des BGH lassen sich aus § 51a BRAO unter Berücksichtigung der früheren Standesregeln Anhaltspunkte dafür entnehmen, was im Rahmen des § 138 Abs. 1 BGB in den letzten Jahren vor dem In-Kraft-Treten der Neuregelung guter Sitte entsprach. So wurde eine Haftungsbeschränkung für Schäden, die auf einfacher Fahrlässigkeit beruhen, für zulässig erachtet, soweit sie sich an den seinerzeit geltenden Mindestversicherungssummen, im entschiedenen Fall 2 Mio. DM, ausrichtete.[854] Wenngleich mit § 51a BRAO den vertraglichen Haftungsbeschränkungen ein klarer gesetzlicher Rahmen gegeben wurde, sind die Details auch über zehn Jahre nach In-Kraft-Treten der Norm noch umstritten (zu einzelnen Formulierungsbeispielen zur Haftungsbeschränkung vgl. Rn. 474 ff.).

I. Die Regelung des § 51a BRAO

411 § 51a BRAO hat einen **berufsrechtlichen und einen zivilrechtlichen Gehalt**.[855] Im Folgenden werden nur die zivilrechtlichen Fragen, d.h. die Haftung des Rechtsanwalts

---

852 Allgemein zu vertraglichen Haftungsbeschränkungen zwischen Rechtsanwalt und Auftraggeber: *Borgmann/Jungk/Grams*, §§ 40, 41; *Busse*, DStR 1995, 738 ff.; *Chab*, AnwBl 2006, 205; *Grams*, AnwBl 2001, 233; *Koch, J.*, WM 2005, 1208; *Niebling*, AnwBl 1996, 20 ff.; *Reiff*, AnwBl 1997, 3 ff.; *Römermann*, in: Hartung/Holl, BORA, § 51a BRAO; *Schäfer*, „Rechtsanwälte" in: *v. Westphalen*, Vertragsrecht und AGB-Klauselwerke, Rn. 59 ff.; *Sieg*, Internationale Anwaltshaftung, S. 148 und S. 185 ff.; *Sieg/Holtmann*, ZAP (1999), Fach 23, S. 387, 392 ff.; *Stobbe*, AnwBl 1997, 16 ff.; *Wellensiek*, in: FS Brandner, S. 727 ff.; *v. Westphalen*, ZIP 1995, 546 ff.; *ders.*, MDR 1997, 989 ff.; *ders.*, WiB 1997, 1217 ff.; *Wolf*, in: FS Schneider, 349, 354 – 360; *Zugehör*, in: FS Kreft, S. 117; sowie die Kommentierungen von § 51a BRAO und § 8 Abs. 2 PartGG a.F.

853 Zur Rechtslage vor dem In-Kraft-Treten des § 51a BRAO: *Borgmann/Haug*, 2. Aufl. 1986, §§ 39 – 41; *Bunte*, NJW 1981, 2657 ff.; *Feuerich/Braun*, BRAO, § 51a Rn. 3 f.; *Hartstang*, S. 637 – 651; *Henssler*, JZ 1994, 178; 186; *Junge-Ilges*, Haftungsvereinbarungen der rechts- und wirtschaftsberatenden Berufe, S. 39 – 66; *Rinsche*, ZAP (1989), Fach 23, S. 53 ff.

854 BGH, NJW 1998, 1864, 1866; vgl. auch BGH, NJW 1997, 1008, 1012 zu Haftungsbeschränkungen in Allgemeinen Geschäftsbedingungen eines Steuerberaters.

855 Allgemein zu § 51a BRAO: *Feuerich/Weyland*, BRAO; *Jessnitzer/Blumberg*, BRAO; *Kleine-Cosack*, BRAO, § 51a; *Stobbe*, in: Henssler/Prütting, BRAO, § 51a Rn. 8.

gegenüber seinem Auftraggeber und die Möglichkeiten einer vertraglichen Haftungsbeschränkung, näher untersucht. **§ 51a BRAO lautet:**[856]

(1) Der Anspruch des Auftraggebers aus dem zwischen ihm und dem Rechtsanwalt bestehenden Vertragsverhältnis auf Ersatz eines fahrlässig verursachten Schadens kann beschränkt werden:

1. *durch schriftliche Vereinbarung im Einzelfall bis zur Höhe der Mindestversicherungssumme;*

2. *durch vorformulierte Vertragsbedingungen für Fälle einfacher Fahrlässigkeit auf den vierfachen Betrag der Mindestversicherungssumme, wenn insoweit Versicherungsschutz besteht.*

(2) Die Mitglieder einer Sozietät haften aus dem zwischen ihr und dem Auftraggeber bestehenden Vertragsverhältnis als Gesamtschuldner. Die persönliche Haftung auf Schadensersatz kann auch durch vorformulierte Vertragsbedingungen beschränkt werden auf einzelne Mitglieder einer Sozietät, die das Mandat im Rahmen ihrer eigenen beruflichen Befugnisse bearbeiten und namentlich bezeichnet sind. Die Zustimmungserklärung zu einer solchen Beschränkung darf keine anderen Erklärungen enthalten und muß vom Auftraggeber unterschrieben sein.

1. Sinn und Zweck

Die Einführung einer vertraglichen Haftungsbeschränkung ermöglicht es dem Rechtsanwalt, sein hohes, möglicherweise existenzgefährdendes Haftungsrisiko in vertretbaren Grenzen zu halten.[857] Die Regelung soll im Haftungsfall die **Interessen des Rechtsanwalts und des Mandanten zu einem angemessenen Ausgleich** führen. Eine klare gesetzliche Regelung habe den Vorteil, dass die Rechtsanwälte das Haftungsrisiko besser kalkulieren können. Die berechtigten Interessen des Rechtsuchenden, den Rechtsanwalt für berufliches Fehlverhalten in Anspruch nehmen zu können, seien durch eine vereinbarte Haftungsbeschränkung nicht beeinträchtigt. Der notwendige Mandantenschutz werde durch die in § 51 BRAO flankierend eingeführte **Berufshaftpflichtversicherung** gewährleistet. Wirtschaftlicher Schaden, den ein Mandant durch fehlerhafte Berufshandlungen erleide, werde durch eine leistungsfähige Haftpflichtversicherung zuverlässiger ausgeglichen als durch eine unbeschränkte persönliche Haftung des Rechtsanwalts.[858] Um den Mandanten vor unangemessenen Nachteilen dieser als anwaltsfreundlich empfundenen Regelung zu schützen, ist damit zu rechnen, dass der BGH § 51a BRAO restriktiv auslegen wird.

412

---

856 § 51a BRAO entspricht inhaltlich weitgehend § 67a StBerG sowie § 54a WPO. Steuerberater und Wirtschaftsprüfer können durch vorformulierte Vertragsbedingungen ihre Haftung allerdings auch für grobe Fahrlässigkeit beschränken.
857 Vgl. Gesetzgebungsmaterialien: BT-Drucks. 12/4993 vom 19. 5. 1993, S. 32 f., 49 und 52; BT-Drucks. 12/7656 vom 24.5.1994, S. 50 und BT-Drucks. 12/7868 vom 14.6.1994, S. 1.
858 BT-Drucks. 12/4993 vom 19.5.1993, S. 32.

2. Zeitlicher Anwendungsbereich

413 § 51a BRAO ist nur auf Haftungsbeschränkungen anwendbar, die **am oder nach dem 9.9.1994**, also dem Tag des In-Kraft-Tretens der BRAO-Novelle, **vereinbart worden** sind. Es wird die Ansicht vertreten, für die zeitliche Geltung des § 51a BRAO komme es darauf an, ob die ausgeschlossenen Ansprüche sich auf Pflichtverletzungen beziehen, die nach dem In-Kraft-Treten des Gesetzes begangen worden sind.[859] Nach altem Recht vereinbarte Haftungsbeschränkungen seien am Maßstab des § 51a BRAO zu messen. Entsprächen die Haftungsbeschränkungen diesem Maßstab nicht, seien sie unwirksam.[860] Diese Aussagen widersprechen einander. Das Gesetz enthält keinen Ansatzpunkt dafür, dass auf den Zeitpunkt der Pflichtverletzung abzustellen ist. Nach § 51a BRAO ist vielmehr der Zeitpunkt der Vereinbarung einer Haftungsbeschränkung maßgeblich. Die Parteien, die Haftungsbeschränkungen vor dem 9.9.1994 vereinbart haben, welche nach dem damaligen Rechtszustand wirksam waren, genießen Vertrauensschutz. Dies betrifft allerdings nur die seltenen Fälle, in denen zulässige Vereinbarungen über eine Haftungsbeschränkung weitere Voraussetzungen als nach § 51a Abs. 1 BRAO zu erfüllen hatten. Die BRAO enthält auch keine Ausnahmeregelung, welche die Geltung der Vorschrift auf solche Verträge erstreckt, die vor ihrem In-Kraft-Treten abgeschlossen worden sind.

II. Haftungsbeschränkung auf einen Höchstbetrag

414 Eine **Haftungsbeschränkung** kann als **unselbständiger Bestandteil des Anwaltsvertrages** gleichzeitig mit diesem oder auch als **selbständige Abrede** nachträglich vereinbart werden. Das **Zustandekommen** der Vereinbarung über die Haftungsbeschränkung richtet sich nach den allgemeinen Regeln, insbesondere nach **§§ 145 ff. BGB**. § 51a Abs. 1 BRAO unterscheidet zwischen Haftungsbeschränkungen durch **Vereinbarung im Einzelfall** und durch **vorformulierte Vertragsbedingungen**. Über **§ 8 Abs. 3 PartGG** gilt § 51a Abs. 1 BRAO auch für die gemeinschaftliche Berufsausübung in einer Partnerschaft.

1. Grundlagen des § 51a Abs. 1 BRAO

a) Anspruch des Auftraggebers aus dem Vertragsverhältnis mit dem Rechtsanwalt

415 § 51a Abs. 1 BRAO betrifft „Ansprüche des Auftraggebers aus dem zwischen ihm und dem Rechtsanwalt bestehenden Vertragsverhältnis" auf Ersatz eines fahrlässig verursachten Schadens. Dies bedeutet, dass eine vertragliche Haftungsbeschränkung **nicht** Schadensersatzansprüche erfasst, die auf einem **untypischen Anwaltsvertrag**, also

---

859 *Stobbe*, in: *Henssler/Prütting*, BRAO, § 51a Rn. 24 – 25; wie hier: *Feuerich/Weyland*, BRAO, § 51a Rn. 3 ff.
860 *Stobbe*, in: *Henssler/Prütting*, BRAO, § 51a Rn. 25.

einem Vertrag, der eine anwaltsfremde Leistung ohne Rechtsberatungspflicht zum Gegenstand hat, oder auf **gesetzlicher Grundlage** beruhen.[861] Auch auf die sog. **Dritthaftung** des Rechtsanwalts gegenüber Personen, mit denen er keinen Anwaltsvertrag geschlossen hat,[862] erstreckt sich § 51a Abs. 1 BRAO grundsätzlich nicht. Ein Dritter, der nach den Grundsätzen des **Vertrags mit Schutzwirkung zugunsten Dritter** in den Schutzbereich des Anwaltsvertrages einbezogen wird, kann allerdings nicht besser gestellt werden als der eigentliche Auftraggeber. Der Dritte muss daher Haftungsbeschränkungen gegen sich gelten lassen, die der Auftraggeber mit dem Rechtsanwalt vereinbart hat (vgl. auch § 334 BGB).[863]

b) Begriff der Haftungsbeschränkung

Entgegen seinem missverständlichen Wortlaut erfasst § 51a Abs. 1 BRAO nicht nur die Voraussetzungen für die Wirksamkeit von Beschränkungen der Haftung auf einen **Höchstbetrag**, sondern auch die eines **vollständigen Haftungsausschlusses**.[864] Allein diese Auslegung entspricht der Absicht des Gesetzgebers, Haftungsbeschränkungen zwischen Rechtsanwalt und Mandant umfassend und abschließend zu regeln.[865] Der BGH hat in einem anderen Zusammenhang ausgeführt, dass der Begriff Haftungsausschluss in der Rechtssprache nicht klar gegen den der Haftungsbeschränkung abgegrenzt sei. Für eine Abgrenzung nach den Merkmalen „Haftungsausschluss gleich Einengung der Haftung zum Grund des Anspruchs" und „Haftungsbeschränkung gleich summenmäßige Begrenzung des Umfangs der Haftung" fehle es an jeglichem Anhalt; denn Grund und Höhe gehörten in gleicher Weise zum Inhalt des anspruchsbegründenden Tatbestandes. Ihre getrennte Behandlung beruhe in erster Linie auf prozessualen Vorschriften und dadurch gegebenen Möglichkeiten. Haftungsausschluss und Haftungsbeschränkung kennzeichneten vielmehr denselben rechtlichen Vorgang unter verschiedenen Blickwinkeln; in jeder Beschränkung der Haftung liege zugleich der Ausschluss einer weiterreichenden Haftung.[866]

416

---

861 Zur Abgrenzung des Anwaltsvertrages von anderen Schuldverhältnissen s. Rn. 107 ff., sowie zur außervertraglichen Haftung des Rechtsanwalts gegenüber dem Auftraggeber Rn. 1914 ff.
862 Zur Haftung gegenüber Dritten s. Rn. 1596 ff., sowie auch *Sieg*, Internationale Anwaltshaftung, S. 90.
863 *Borgmann/Jungk/Grams*, § 41 Rn. 41; *Stobbe*, in: *Henssler/Prütting*, BRAO, § 51a Rn. 26.
864 Zur Unzulässigkeit eines vollständigen Haftungsausschlusses s. Rn. 427 ff.
865 *Stobbe*, in: *Henssler/Prütting*, BRAO, § 51a Rn. 18; a.A. *Schäfer*, in: *v. Westphalen*, Vertragsrecht und AGB-Klauselwerke, Rn. 60.
866 BGHZ 49, 218, 220 f.

2. Individualvertragliche Haftungsbeschränkung

417 Die Zulässigkeit von **Haftungsbeschränkungen auf einen Höchstbetrag** durch Vereinbarung im Einzelfall ist in **§ 51a Abs. 1 Nr. 1 BRAO** geregelt.

a) Haftung für Fahrlässigkeit

418 Nach § 51a Abs. 1 BRAO kann der Anspruch auf Ersatz eines **fahrlässig verursachten Schadens** beschränkt werden. Die Haftung des Rechtsanwalts für **Vorsatz** kann nicht im Voraus beschränkt werden (§ 276 Abs. 2 BGB). § 51a Abs. 1 Nr. 1 BRAO enthält im Gegensatz zu § 51a Abs. 1 Nr. 2 BRAO keine Einschränkung auf Fälle einfacher Fahrlässigkeit. Daraus folgt, dass durch eine Vereinbarung im Einzelfall die Haftung nicht nur für einfache, sondern **auch für grobe Fahrlässigkeit** beschränkt werden kann.[867]

Im **Schrifttum** wird die Ansicht vertreten, die Haftung wegen grob fahrlässiger Pflichtverletzungen könne auch durch Vereinbarung im Einzelfall nicht beschränkt werden. Andernfalls würde „dieser extreme Randbereich einer Falschberatung zukünftig noch mit dem Bonus der Haftungsbeschränkung belohnt".[868] Diese Ansicht widerspricht dem Wortlaut, der Systematik und dem Zweck des Gesetzes. Sie missachtet den Grundsatz der Privatautonomie. Die rechtspolitische Entscheidung des Gesetzgebers, die im Gesetzgebungsverfahren kontrovers diskutiert worden war, ist hinzunehmen. Der Auftraggeber wird dadurch geschützt, dass er bei einer im Einzelfall auszuhandelnden Haftungsbeschränkung dem Anliegen des Rechtsanwalts nicht zustimmen muss und von dessen Beauftragung ganz absehen kann.

Allerdings ist damit zu rechnen, dass der **BGH** in denjenigen Fällen, in denen eine Haftungsbeschränkung auch grob fahrlässige Pflichtverletzungen erfasst, strenge Anforderungen an die Aufklärung eines rechtlich unerfahrenen Mandanten über die sich aus der Haftungsbeschränkung ergebenden Risiken und das Ausmaß seines möglichen Rechtsverlusts stellen wird.

b) Vereinbarung im Einzelfall

419 Die Vereinbarung einer Haftungsbeschränkung „im Einzelfall" wird dadurch erschwert, dass der die Klausel verfassende Rechtsanwalt – abgesehen von einer Wiederholung des Gesetzeswortlauts – von § 51a Abs. 1 Nr. 1 BRAO **wenig Gestaltungsspielraum** hat.[869] Umso wichtiger ist es bei der Ausgestaltung, die Vorgaben der Rechtsprechung an eine „Vereinbarung im Einzelfall" zu beachten.

---

867 BGH, NJW 1998, 1864, 1866; *Borgmann/Jungk/Grams*, § 41 Rn. 55; *Kleine-Cosack*, BRAO, 51a Rn. 3; *Feuerich/Weyland*, BRAO, § 51a Rn. 5; *Römermann*, in: *Hartung/Holl*, BORA, § 51a BRAO Rn. 8; *Stobbe*, in: *Henssler/Prütting*, BRAO, § 51a Rn. 41.
868 *Schäfer*, in: *v. Westphalen*, Vertragsrecht und AGB-Klauselwerke, Rn. 75 g.
869 Zur Inhaltskontrolle gesetzesrezitierender Klauseln etwa: *Kappus*, NJW 2003, 322.

Eine „**Vereinbarung im Einzelfall**" i.S.d. § 51a Abs. 1 Nr. 1 BRAO ist negativ von einer Vereinbarung durch „**vorformulierte Vertragsbedingungen**" i.S.d. § 51a Abs. 1 Nr. 2 BRAO abzugrenzen. Nach einer im Schrifttum vertretenen Meinung fallen auch vorformulierte Haftungsbeschränkungen unter § 51a Abs. 1 Nr. 1 BRAO, wenn sie im Einzelfall erfolgen.[870] Diese Ansicht widerspricht nicht nur dem bereits dargelegten Willen des Gesetzgebers, sondern auch der gesetzlichen Systematik, die einen Gegensatz zwischen einer Vereinbarung im Einzelfall (§ 51a Abs. 1 Nr. 1 BRAO) und einer Vereinbarung durch vorformulierte Vertragsbedingungen aufstellt. § 51a Abs. 1 Nr. 2 BRAO ist danach lex specialis zu § 51a Abs. 1 Nr. 1 BRAO. Eine vordergründig allein auf den Wortlaut des § 51a Abs. 1 Nr. 1 BRAO abstellende Argumentation greift demgegenüber zu kurz.

Der Begriff „**vorformulierte Vertragsbedingungen**" ist an die Terminologie in Art. 3 Abs. 2 der Richtlinie des Rates 93/13/EWG vom 5.4.1993 über missbräuchliche Klauseln in Verbraucherverträgen angepasst. Die gleiche Formulierung enthält auch § 310 Abs. 3 Nr. 2 BGB. Im Gegensatz zu § 305 Abs. 1 BGB setzt § 51a Abs. 1 Nr. 2 BRAO nicht voraus, dass die Vertragsbedingung für eine Vielzahl von Verträgen vorformuliert ist. Eine vorformulierte Vertragsbedingung liegt in Anlehnung an § 305 Abs. 1 BGB insbesondere vor, wenn die Haftungsbeschränkung in vorgedruckten Formularen verwendet wird, auch wenn unselbständige Textteile wie etwa Namen oder die Höhe der Haftungsbeschränkung nachträglich individuell ausgefüllt werden.[871]

420

Demgegenüber liegt eine „**Vereinbarung im Einzelfall**" in Anlehnung an § 305 Abs. 1 Satz 3 BGB vor, wenn die Haftungsbeschränkung im Einzelnen zwischen den Vertragsparteien ausgehandelt ist. Zur Auslegung der Formulierung „Vereinbarung im Einzelfall" in § 51a Abs. 1 Nr. 1 BRAO kann auf die Rechtsprechung zu § 305 Abs. 1 Satz 3 BGB zurückgegriffen werden.[872] Danach ist eine Klausel **im Einzelfall ausgehandelt**, wenn die Gegenseite des Verwenders den Inhalt mit beeinflusst hat bzw. mit beeinflussen konnte.[873] Der BGH hat ausgeführt, dass ein Indiz für ein individuelles Aushandeln sich daraus ergeben könne, dass im vorformulierten Vertragstext nachträglich Änderungen eingefügt worden sind. Aushandeln i.S.v. 305 Abs. 1 Satz 3 BGB bedeute andererseits nicht, dass die vom Verwender der AGB vorformulierte Bestimmung tatsächlich abgeändert oder (mit weiterem Regelungsinhalt) ergänzt worden sei. Es komme vielmehr auf die Umstände des Einzelfalls an. Auch bei einem unveränderten Text könne § 305 Abs. 1 Satz 3 BGB erfüllt sein, wenn der andere Teil sich nach gründlicher Erörterung ausdrücklich einverstanden erklärt habe. Im kaufmännischen

421

---

870 *Römermann*, in: *Hartung/Holl*, BORA, § 51a BRAO Rn. 9 – 13.
871 Vgl. BGHZ 102, 152, 158; 118, 229, 238; BGH, NJW 1996, 1208 f.; *Ulmer*, in: *Ulmer/Brandner/Hensen*, AGBG, § 1 Rn. 56; *Wolf*, in: *Wolf/Horn/Lindacher*, AGBG, § 1 Rn. 39.
872 *Borgmann/Jungk/Grams*, § 41 Rn. 49; *Reiff*, AnwBl 1997, 3, 6; *Stobbe*, in: *Henssler/Prütting*, BRAO, § 51a Rn. 36.
873 BGHZ 85, 305, 308; 104, 232, 236.

Verkehr könne ein individuelles Aushandeln im Übrigen auch dann zu bejahen sein, wenn der Verwender eine bestimmte Klausel für unabdingbar erkläre.[874] In anderen Urteilen des BGH heißt es, dass ein Aushandeln vorliege, wenn der Verwender den in seinen AGB enthaltenen gesetzesfremden Kerngehalt, also die den wesentlichen Inhalt der gesetzlichen Regelung ändernden oder ergänzenden Bestimmungen inhaltlich ernsthaft zur Disposition stelle. Der Verwender müsse dem Verhandlungspartner Gestaltungsfreiheit zur Wahrung eigener Interessen einräumen, zumindest mit der realen Möglichkeit, die inhaltliche Ausgestaltung der Vertragsbedingungen beeinflussen zu können.[875]

422 Im Schrifttum wird die Ansicht vertreten, der Rechtsanwalt müsse seinen Auftraggeber auch über **Bedeutung und Tragweite der Freizeichnungsvereinbarung aufklären**. Diese Aufklärung sei notwendiger Bestandteil des Aushandelns der Vereinbarung im Einzelfall. Die Intensität der Aufklärungspflicht werde durch die jeweiligen Umstände, insbesondere die Person des Auftraggebers bestimmt. Sei für den Rechtsanwalt vorhersehbar, dass das Schadensrisiko die im Gespräch befindliche Obergrenze der Haftungsbeschränkung deutlich überschreite, müsse der Rechtsanwalt den Auftraggeber auf die Möglichkeit hinweisen, auf eigene Kosten eine Zusatzversicherung abzuschließen.[876]

Eine solche Verpflichtung ist keineswegs „anerkannt". Für diese Behauptung wird kein Beleg angeführt. Wer sich auf eine – individualvertraglich ausgehandelte – Haftungsbeschränkung einlässt, weiß, dass damit auch Risiken verbunden sind. In aller Regel hat der Auftraggeber trotz der für ihn ungünstigen Haftungsbeschränkung ein besonderes Interesse an der Beauftragung des ausgewählten Rechtsanwalts. Ein solches Interesse kann etwa daraus folgen, dass der Mandant gerade den beauftragten Rechtsanwalt für sich gewinnen will oder – bei einem Beratungsmandat – in eine Haftungsbeschränkung gegen eine günstigere Gestaltung des Honorars einwilligt. Die strengen Anforderungen an ein Aushandeln einer Vertragsklausel im Einzelfall sollten nicht übertrieben werden. Es kann also nicht die Rede davon sein, dass eine Vereinbarung im Einzelfall begriffsnotwendig eine Aufklärung des Auftraggebers durch den Rechtsanwalt über das Risiko der Haftungsbeschränkung erfordert. Allerdings kann unabhängig davon, ob eine Vereinbarung im Einzelfall vorliegt oder nicht, eine **Aufklärungspflicht** des Rechtsanwalts über die sich für den Auftraggeber aus einer Haftungsbeschränkung ergebenden Risiken bestehen.

---

874 BGH, NJW 1992, 2283, 2285; a.A. *Römermann*, in: *Hartung/Holl*, BORA, § 51a BRAO Rn. 12, nach dem nur bei einer tatsächlichen Änderung des ursprünglichen Textes von einer ausgehandelten Klausel auszugehen ist.
875 BGH, WM 1995, 1455, 1456; NJW 2000, 1110; ZIP 2003, 407; OLG Düsseldorf, VersR 2002, 901; vgl. auch *Palandt/Heinrichs*, BGB, § 305 Rn. 21; *Ulmer*, in: *Ulmer/Brandner/Hensen*, AGBG, § 1 Rn. 45 ff., 88; *Wolf*, in: *Wolf/Horn/Lindacher*, AGBG, § 1 Rn. 33 ff.
876 *Stobbe*, in: *Henssler/Prütting*, BRAO, § 51a Rn. 48.

Die Voraussetzungen des Aushandelns sind **für jede Vertragsklausel gesondert** festzustellen. Dies folgt aus dem Wortlaut des § 305 Abs. 3 Satz 1 BGB, der die Formulierung „soweit" enthält. Eine Bestimmung, die als AGB bzw. vorformulierte Vertragsbedingung zu bewerten ist, hat keine „Ausstrahlungswirkung" auf den übrigen Vertragsinhalt, wenn die anderen, im Einzelnen ausgehandelten Klauseln eine in sich abgeschlossene Regelung darstellen.[877]

423

c) Schriftform

Für Haftungsbeschränkungen durch Vereinbarung im Einzelfall gilt nach § 51a Abs. 1 Nr. 1 BRAO ein **Schriftformerfordernis** i.S.d. **§ 126 BGB**. Gemäß § 126 Abs. 2 BGB müssen beide Parteien – also Auftraggeber und Rechtsanwalt – dieselbe Urkunde unterzeichnen. Wenn über den Vertrag mehrere gleichlautende Urkunden aufgenommen werden, genügt es gemäß § 126 Abs. 2 Satz 2 BGB, dass jede Partei die für die andere Partei bestimmte Urkunde unterzeichnet. Im Unterschied zu § 51a Abs. 2 Satz 3 BRAO liegt also hier nach der Konzeption des Gesetzes keine einseitige Zustimmungserklärung des Mandanten vor, sondern es handelt sich um eine unter Mitwirkung beider Parteien getroffene vertragliche Abrede.[878] Eine Vereinbarung über eine Haftungsbeschränkung, die nicht den Maßgaben des § 126 BGB genügt, ist nach § 125 Satz 1 BGB nichtig. So ist beispielsweise eine in Textform auf elektronischem Wege ausgehandelte Haftungsbeschränkung nicht ausreichend.[879]

424

d) Beschränkung der Haftung auf die Mindestversicherungssumme

Eine Haftungsbeschränkung durch Vereinbarung im Einzelfall ist **bis zur Höhe der Mindestversicherungssumme** zulässig. Die Versicherungssumme ist in § 51 Abs. 4 BRAO **für jeden Versicherungsfall** auf mindestens **250.000 €** festgelegt. Gemäß § 51 Abs. 8 BRAO kann das Bundesministerium der Justiz diese Summe mit Zustimmung des Bundesrates und nach Anhörung der Bundesrechtsanwaltskammer neu festsetzen. Eine solche Neufestsetzung muss erforderlich sein um bei einer Änderung der wirtschaftlichen Verhältnisse einen hinreichenden Schutz der Geschädigten sicherzustellen. Anders als bei einer Haftungsbeschränkung durch vorformulierte Vertragsbedingungen muss nicht „insoweit Versicherungsschutz bestehen".[880] Aus Gründen der Rechtssicherheit ist für die Höhe der Mindestversicherungssumme der Zeitpunkt maßgebend, zu dem die Parteien die Haftungsbeschränkung vereinbart haben. Anstelle des Mindestbetrages kann die Haftung auch auf einen **höheren Betrag** beschränkt werden. Dann ist darauf zu achten, dass mit der Haftpflichtversicherung eine entsprechende Deckung vereinbart ist. In diesem Rahmen besteht Verhandlungsspielraum. Dieser

425

---

877 Vgl. etwa BGHZ 97, 212, 215; BGH, NJW 1997, 135; *Ulmer*, in: *Ulmer/Brandner/Hensen*, AGBG, § 1 Rn. 55; *Wolf*, in: *Wolf/Horn/Lindacher*, AGBG, § 1 Rn. 37.
878 *Römermann*, in: *Hartung/Holl*, BORA, § 51a BRAO Rn. 7; *Grams*, AnwBl 2001, 235.
879 *Zimmermann*, NJW 2005, 177.
880 Vgl. *Stobbe*, in: *Henssler/Prütting*, BRAO, § 51a Rn. 42.

kann vor allem dazu genutzt werden, den individualvertraglichen Charakter einer Haftungsbeschränkung hervorzuheben.

e) Aufklärung des Auftraggebers

426 Unabhängig von der Frage, ob eine Vereinbarung im Einzelfall vorliegt (Rn. 419 ff.), ist davon auszugehen, dass der BGH eine **Aufklärungspflicht des Rechtsanwalts** jedenfalls in denjenigen Fällen annehmen wird, in denen eine Haftungsbeschränkung auch grob fahrlässige Pflichtverletzungen erfasst und der Mandant – wie im Regelfall – derart rechtlich unerfahren ist, dass er sich über die aus der Haftungsbeschränkung folgenden Risiken und das Ausmaß seines möglichen Rechtsverlusts nicht im Klaren ist.[881] Da Rechtsfolge einer unterbliebenen oder unzureichenden Belehrung des Auftraggebers wäre, dass der Rechtsanwalt sich nicht auf eine Haftungsbeschränkung berufen könnte, muss der Rechtsanwalt auch beweisen, dass er den Mandanten so hinreichend aufgeklärt hat, dass dieser gewusst hat, worauf er sich eingelassen hat.

f) Rechtsfolge einer unzulässigen Haftungsbeschränkung

427 Es kann vorkommen, dass Rechtsanwalt und Mandant in Unkenntnis des § 51a Abs. 1 Nr. 1 BRAO individualvertraglich die Haftung des Rechtsanwalts in einer über den gesetzlichen Rahmen hinausgehenden Weise beschränkt haben. Zu denken ist etwa an einen **vollständigen Haftungsausschluss** für telefonische Rechtsberatung, Beratung unter Zeitdruck, für eine Beratung in einer ausländischen Rechtsordnung[882] oder im Steuerrecht. § 51a BRAO enthält keine Aussage über die Rechtsfolgen einer unzulässigen Haftungsbeschränkung. Der Vorschrift ist jedoch zu entnehmen, dass eine Haftungsbeschränkung nur unter den dort aufgeführten Voraussetzungen zulässig sein soll. Eine **darüber hinausgehende Vereinbarung**, wie **etwa ein vollständiger Haftungsausschluss**, ist daher **grundsätzlich unwirksam**.[883]

Die **inhaltlichen Grenzen** einer Haftungsbeschränkung im Einzelfall ergeben sich neben § 51a Abs. 1 Nr. 1 BRAO aus den allgemeinen Regeln der §§ 138, 242, 276 Abs. 2 und 278 Satz 2 BGB. Auf dem Umweg über diese Normen darf allerdings die spezielle gesetzgeberische Wertung in § 51a Abs. 1 Nr. 1 BRAO nicht umgangen werden.

428 Die **Rechtsfolgen einer unwirksamen individualvertraglichen Haftungsbeschränkung** richten sich nach **§ 139 BGB**. Danach ist ein Rechtsgeschäft bei Nichtigkeit eines Teils des Geschäfts insgesamt nichtig, wenn nicht anzunehmen ist, dass es auch ohne den nichtigen Teil vorgenommen sein würde. Wenn die Parteien eines Anwalts-

---

881 Dazu *Zugehör*, in: FS Kreft, S. 136 ff.; allgemein zur Pflicht des Rechtsanwalts, den Mandanten über Risiken zu belehren und aufzuklären: Rn. 556 ff.; *Grams*, AnwBl 2001, 235.
882 Zur Haftungsbeschränkung bei der Anwendung ausländischen Rechts: *Sieg*, Internationale Anwaltshaftung, S. 186 ff.
883 *Borgmann/Jungk/Grams*, § 41 Rn. 56; *Stobbe*, in: *Henssler/Prütting*, BRAO, § 51a Rn. 20; *Zugehör*, in: FS Kreft, S. 141 f.

vertrages keine ausdrückliche oder konkludente Regelung der Rechtsfolgen einer Teilnichtigkeit vorgesehen haben, ist deren mutmaßlicher Wille im Wege der ergänzenden Auslegung zu ermitteln. Maßgeblich ist, welche Entscheidung die Parteien bei Kenntnis der Teilnichtigkeit nach Treu und Glauben, bei vernünftiger Abwägung der beiderseitigen Interessen und unter Berücksichtigung der Verkehrssitte getroffen hätten.[884] Dabei kommt den Umständen des Einzelfalls besondere Bedeutung zu.

Bei einem Anwaltsvertrag ist **im Zweifel anzunehmen, dass die Parteien den Vertrag trotz einer unwirksamen Haftungsbeschränkung** durchgeführt hätten. Dann bleibt der Vertrag zwischen Rechtsanwalt und Mandant im Übrigen wirksam. An die Stelle der unwirksamen Haftungsbeschränkung tritt eine Regelung, die dem hypothetischen Parteiwillen entspricht, d.h. die der im Einzelnen ausgehandelten Vereinbarung am nächsten kommt, aber noch zulässig ist. Unter Berücksichtigung aller Umstände des Einzelfalls kann die Vereinbarung im Zweifel **ergänzend** so **ausgelegt werden**, dass sie den Voraussetzungen des § 51a Abs. 1 Nr. 1 BRAO genügt: Der Rechtsanwalt haftet seinem Auftraggeber für Vorsatz uneingeschränkt; für Fahrlässigkeit ist die Haftung auf den Mindestbetrag der gesetzlichen Haftpflichtversicherung, gegenwärtig 250.000 €, beschränkt. Allein dies entspricht – jedenfalls bei einer individualvertraglichen Haftungsbeschränkung – dem das deutsche Privatrecht beherrschenden Grundsatz der Privatautonomie. Ein Rückgriff auf das dispositive Gesetzesrecht, also eine gemäß § 276 Abs. 1 Satz 1 BGB unbeschränkte Haftung auch für Fahrlässigkeit, entspricht im Zweifel nicht dem übereinstimmenden Willen beider Parteien.

429

Eine Vereinbarung, in der die Haftung des Rechtsanwalts allgemein auf Fahrlässigkeit beschränkt wird, die jedoch den **Anforderungen an eine Vereinbarung im Einzelfall nicht genügt** und deshalb unter § 51a Abs. 1 Nr. 2 BRAO fällt, ist – wie im Folgenden noch zu zeigen sein wird (dazu Rn. 432 ff.) – unwirksam.

430

g) Ausgestaltung

Bei einer Haftungsbeschränkung, deren Ausgestaltung nur wirksam ist, wenn sie den Anforderungen an eine Vereinbarung im Einzelfall genügt, muss darauf geachtet werden, dass der Text **nicht einem vorformulierten Muster entnommen** wird. Die Parteien sollten beim Abschluss des Auftrags den **Inhalt** so genau wie möglich **positiv umschreiben** sowie **negativ abgrenzen**. Sie können z.B. vereinbaren, dass der Rechtsanwalt Fragen des Steuerrechts oder ausländischen Rechts nicht prüft. Dann kann es erforderlich sein, dass der Rechtsanwalt vorschlägt, zu diesen Sachgebieten einen anderen Berater zu beauftragen. Durch die Beschreibung des vereinbarten Auftragsinhalts (**Leistungsbeschreibung**) kann der Umfang der Sorgfaltspflichten bereits tatbestandlich begrenzt werden. Aus Gründen der Beweisbarkeit sollte dieser Vertrags-

431

---

884 BGH, NJW 1986, 2576, 2577; *Palandt/Heinrichs*, BGB, § 139 Rn. 14 ff.; *Zugehör*, in: FS Kreft, S. 145; zur Umkehr der Vermutung des § 139 BGB in ihr Gegenteil durch eine salvatorische Klausel; BGH, NJW 1999, 1404, 1406.

inhalt schriftlich fixiert werden. Rechtsanwalt und Mandant können eine Haftungsbeschränkung auch mit einer **Vereinbarung über das Honorar** zusammenfassen. Gemäß **§ 4 Abs. 1 RVG** ist hierzu eine **Vereinbarung im Einzelfall** erforderlich. All dies erleichtert im Streitfall den Beweis, dass auch eine Haftungsbeschränkung im Einzelfall vereinbart worden ist. Daneben kann es für den Rechtsanwalt empfehlenswert sein, beweiskräftig zu dokumentieren, dass er den Auftraggeber über die sich für diesen aus der Haftungsbeschränkung ergebenden Risiken **aufgeklärt hat**.

3. Haftungsbeschränkung durch vorformulierte Vertragsbedingungen

432 **Haftungsbeschränkungen auf einen Höchstbetrag** durch **vorformulierte Vertragsbedingungen** sind in **§ 51a Abs. 1 Nr. 2 BRAO** geregelt. Hierfür sieht das Gesetz mehrere Einschränkungen gegenüber einer Haftungsbeschränkung durch Vereinbarung im Einzelfall vor.

a) Vorformulierte Vertragsbedingungen

433 § 51a Abs. 1 Nr. 2 BRAO erfasst tatbestandlich alle Haftungsbeschränkungen auf einen Höchstbetrag durch vorformulierte Vertragsbedingungen. Auf die **Abgrenzung** der Haftungsbeschränkungen durch vorformulierte Vertragsbedingungen von denjenigen durch Vereinbarung im Einzelfall (§ 51a Abs. 1 Nr. 1 BRAO) wurde bereits eingegangen (dazu Rn. 417 ff.).

b) Kein Formerfordernis

434 Im Gegensatz zu § 51a Abs. 1 Nr. BRAO bedarf es im Rahmen der Nr. 2 keiner Schriftform. Die Vorformulierung ist auch bei einer mündlich vereinbarten Klausel möglich.[885]

c) Einfache Fahrlässigkeit

435 Eine Haftungsbeschränkung zwischen Rechtsanwalt und Auftraggeber durch vorformulierte Vertragsbedingungen ist nur für Fälle **einfacher Fahrlässigkeit** zulässig.[886] Gemäß § 51a Abs. 1 Nr. 2 BRAO ist ein ausdrücklicher Hinweis in den Formulartext aufzunehmen, dass die Haftungsbeschränkung für Fälle nur einfacher Fahrlässigkeit gilt. Andernfalls ist die Haftungsbeschränkung von vornherein ungültig.[887] Haftungsbeschränkungen auch für **grob fahrlässige Sorgfaltspflichtverletzungen** des Rechtsanwalts sind nur individualvertraglich möglich. Dadurch kommt der Abgrenzung zwischen einfacher und grober Fahrlässigkeit erhebliche Bedeutung zu.

---

885 *Römermann*, in: *Hartung/Holl*, BORA, § 51a BRAO Rn. 19.
886 Kritisch zur Begründung und zu Widersprüchen des Gesetzgebers: *Borgmann/Jungk/Grams*, § 41 Rn. 43 f. sowie *Stobbe*, in: *Henssler/Prütting*, BRAO, § 51a Rn. 55.
887 *Zimmermann*, NJW 2005, 177.

Die Rechtsprechung versteht unter **grobe Fahrlässigkeit** ein Handeln, bei dem die erforderliche Sorgfalt nach den gesamten Umständen in ungewöhnlich großem Maße verletzt worden ist und bei dem dasjenige unbeachtet geblieben ist, was im gegebenen Fall jedem hätte einleuchten müssen.[888] Die Prüfung, ob ein Verhalten als grob fahrlässig zu bewerten ist, muss von Fall zu Fall erfolgen. Dabei sind auch die subjektiven, in der Individualität des Handelnden begründeten Umstände zu berücksichtigen. Im Gegensatz zu den objektiv zu ermittelnden Sorgfaltsmaßstäben bei der gewöhnlichen Fahrlässigkeit (§ 276 Abs. 1 Satz 2 BGB) kann es für die grobe Fahrlässigkeit keine für alle Fälle festen Maßstäbe geben. Der Richter hat vielmehr nach freiem, pflichtgemäßem Ermessen zu prüfen, ob nach der Gesamtlage der Umstände die Sorgfaltsverletzung als besonders schwer erscheint.[889] Da der Anwaltsvertrag häufig sehr von den Einzelheiten des konkreten Lebenssachverhalts geprägt wird, kann derselbe Fehler je nach den Umständen als eine leichte oder grobe Verletzung vertraglicher Pflichten erscheinen.[890]

Der Gesetzgeber meint, Probleme bei der Rechtsanwendung seien nicht zu befürchten, weil der Begriff der groben Fahrlässigkeit bereits in vielen gesetzlichen Regelungen verwendet werde. Die Klärung der Frage, ob etwa in den Fällen einer Fristversäumung von leichter oder grober Fahrlässigkeit auszugehen sei, könne der Rechtsprechung überlassen werden.[891] Entscheidungen zur Anwaltshaftung, die **einfache und grobe Fahrlässigkeit** abgrenzen, sind jedoch bislang nicht veröffentlicht worden. Auch künftig wird es nur schwer möglich sein, aus einzelnen Urteilen allgemeine Grundsätze abzuleiten, um für die erforderliche Rechtssicherheit zu sorgen. Für die Feststellung grober Fahrlässigkeit muss nämlich stets auf die individuellen Umstände des betroffenen Rechtsanwalts abgestellt werden. Die Rechtsprechung zu § 277 BGB oder anderen auf grobe Fahrlässigkeit abstellenden Vorschriften kann für die vom Rechtsanwalt zu beachtenden Sorgfaltsstandards nicht verwertet werden. 436

Angesichts der Unsicherheit, wie ein Gericht im Streitfall eine Sorgfaltspflichtverletzung bewerten wird, sind bei einer Haftungsbeschränkung in vorformulierten Vertragsbedingungen Auseinandersetzungen über den Grad der Fahrlässigkeit vorherbestimmt. Vor allem aus Gründen der Rechtssicherheit sollte eine Haftungsbeschränkung auf einen Höchstbetrag nach Möglichkeit individualvertraglich vereinbart werden. 437

---

888 BGHZ 10, 14, 16; BGH, NJW-RR 1994, 1469, 1471; vgl. auch *Römer*, VersR 1992, 1187.
889 BGHZ 10, 14, 17.
890 BGH, NJW 1994, 3295, 3298.
891 BT-Drucks. 12/7868 v. 14.6.1994, S. 1.

d) Beschränkung der Haftung auf den vierfachen Betrag der Mindestversicherungssumme

438 In vorformulierten Vertragsbedingungen ist eine Haftungsbeschränkung nur auf den vierfachen Betrag der Mindestversicherungssumme, also gegenwärtig auf 1 Mio. € zulässig. Eine Beschränkung auf einen **höheren Betrag** ist möglich, wenn insoweit Versicherungsschutz besteht. Wegen des AGB-rechtlichen Transparenzgebots[892] muss der Haftungshöchstbetrag **konkret beziffert** werden. Deshalb ist eine Haftungsbeschränkung „auf den vierfachen Betrag der Mindestversicherungssumme" nicht wirksam.

e) Versicherungsschutz

439 § 51a Abs. 1 Nr. 2 BRAO setzt ferner voraus, dass „**insoweit Versicherungsschutz besteht**" (vgl. Rn. 2084 ff.). Hierzu ist nicht nur die **Höhe der Haftpflichtversicherung** zu überprüfen. Der Versicherungsschutz kann auch in den in § 51 Abs. 3 BRAO aufgezählten **Ausnahmetatbeständen** der gesetzlichen Haftpflichtversicherung problematisch sein. Betroffen sind vor allem Mandate mit Auslandsbezug. Soweit die Haftpflichtversicherung im Einzelfall ein bestimmtes Risiko nicht abdeckt, muss der Haftung beschränkende Rechtsanwalt zusätzlich eine **Einzelversicherung** abschließen.

Um den Mandanten hinreichend zu schützen, muss der erforderliche Versicherungsschutz zum **Zeitpunkt der den Haftungsfall auslösenden Pflichtverletzung** bestehen, nicht etwa zum Zeitpunkt, zu dem die Parteien die Haftungsbeschränkung vereinbaren.[893]

f) Vorformulierte Vertragsbedingungen und AGB-Recht

440 Auf **Haftungsbeschränkungen** durch vorformulierte Vertragsbedingungen ist das **AGB-Recht**, soweit § 51a Abs. 1 Nr. 1 BRAO keine besonderen Regelungen enthält, unter den weiteren Voraussetzungen der §§ 305 Abs. 1, 305a, 308 – 310 BGB grundsätzlich anwendbar.[894]

441 § 51a Abs. 1 Nr. 2 BRAO regelt nicht die vertragliche Einbeziehung einer Haftungsbeschränkung durch vorformulierte Vertragsbedingungen. Die **Einbeziehung in den Anwaltsvertrag** richtet sich deshalb nach § 305 Abs. 2 und 3 BGB.[895] Da gegenüber

---

892 Vgl. auch Art. 5 Satz 1 der EG-Verbraucherschutz-Richtlinie sowie *Palandt/Heinrichs*, BGB, § 307 Rn. 16; *Wolf*, in: *Wolf/Horn/Lindacher*, AGBG, § 9 Rn. 143 ff., 151.
893 *Borgmann/Jungk/Grams*, § 41 Rn. 52; *Kleine-Cosack*, BRAO, § 51a Rn. 9; *Römermann*, in: *Hartung/Holl*, BORA, § 51a BRAO Rn. 26; *Schäfer*, in: *v. Westphalen*, Vertragsrecht und AGB-Klauselwerke, Rn. 66; *Stobbe*, AnwBl 1997, 16; *ders.*, in: *Henssler/Prütting*, BRAO, § 51a Rn. 60.
894 *Woelk*, AnwBl 2003, 328 m.w.N.
895 Allgemein zur Einbeziehung von Allgemeinen Geschäftsbedingungen in den Anwaltsvertrag: Rn. 27 ff.

Unternehmern § 305 Abs. 2 und 3 wegen § 310 Abs. 3 BGB keine Anwendung findet, ist insoweit auf die von der Rechtsprechung entwickelten Regeln abzustellen. Danach reicht ein eindeutiger Hinweis auf die AGB aus, wenn es dem Mandanten möglich ist, von den AGB in zumutbarer Weise Kenntnis zu nehmen. In jedem Fall ist ein zumindest stillschweigend erklärtes Einverständnis des Mandanten notwendig.[896] Aus Beweisgründen sollte der Mandant deshalb auch bei einer Haftungsbeschränkung durch vorformulierte Vertragsbedingungen gebeten werden, die **Vereinbarung schriftlich zu bestätigen**.

Insbesondere bei der Prozessvertretung könnte daran gedacht werden, dem Mandanten eine Haftungsbeschränkung durch vorformulierte Vertragsbedingungen auf einem Formular gemeinsam mit der **Prozessvollmacht** vorzulegen oder die Haftungsbeschränkungsklausel mit einer **Honorarvereinbarung** zu verbinden. Im Schrifttum wird die Ansicht vertreten, wegen **§ 305c Abs. 1 BGB** müssten die Regelungen in getrennten Urkunden enthalten sein.[897] Dies entspricht der Rechtsprechung des BGH zu § 4 Abs. 1 Satz 1 StBGebV (bzw. zu § 4 Abs. 1 RVG).[898] Aus der systematischen Stellung des § 51a Abs. 2 Satz 3 BRAO folgt allerdings, dass diese strenge Formvorschrift nicht für vorformulierte Haftungsbeschränkungen nach § 51a Abs. 1 Nr. 2 BRAO gilt.[899] Auch wenn gute Gründe dafür sprechen, dass es ausreicht, wenn die Haftungsbeschränkung deutlich von anderen Erklärungen, wie etwa der Vollmacht, **räumlich und drucktechnisch abgegrenzt** wird, sollte zur Sicherheit auf eine **Trennung der Urkunden** geachtet werden.[900]

442

Bei der Gestaltung formularmäßiger Haftungsbeschränkungen kommt **§ 305c Abs. 2 BGB** eine zentrale Rolle zu. Nach dieser Vorschrift gehen **Zweifel bei der Auslegung** Allgemeiner Geschäftsbedingungen zu Lasten des Verwenders, hier also regelmäßig zu Lasten des Rechtsanwalts. Wenn die Haftungsbeschränkungsklausel insgesamt unübersichtlich und nur schwer verständlich ist, ist sie gemäß § 305c Abs. 2 BGB unwirksam.[901]

443

Haftungsbeschränkungen durch vorformulierte Vertragsbedingungen, die den von § 51a Abs. 1 Nr. 2 BRAO vorgegebenen Rahmen ausfüllen, sind nicht bereits gemäß § 307 Abs. 3 Satz 1 BGB einer **Inhaltskontrolle** nach §§ 307 Abs. 1 und 2, 308,

444

---

896 Gegen eine Anwendbarkeit des § 2 AGBG auf die Einbeziehung von Haftungsbeschränkungen durch vorformulierte Vertragsbedingungen in den Anwaltsvertrag: *Stobbe*, in: *Henssler/Prütting*, BRAO, § 51a Rn. 53.
897 *Feuerich/Weyland*, BRAO, § 51a Rn. 7.
898 BGH, NJW-RR 1996, 375, 376, 377.
899 Vgl. auch *Schäfer*, in: *v. Westphalen*, Vertragsrecht und AGB-Klauselwerke, Rn. 66.
900 Ausführlich hierzu im Zusammenhang mit § 51a Abs. 2 Satz 3 BRAO: Rn. 462 f.
901 Zu einer Haftungsbeschränkung in Allgemeinen Mandatsbedingungen eines Steuerberaters: BGH, NJW 1997, 1008, 1012.

309 BGB entzogen,[902] da solche Klauseln von dem dispositiven gesetzlichen Grundsatz des § 276 Abs. 1 Satz 1 BGB abweichen.[903] Allerdings konkretisiert § 51a Abs. 1 Nr. 2 BRAO die Vorschriften über die Inhaltskontrolle in §§ 307 Abs. 1 und 2, 308, 309 BGB, insbesondere § 309 Nr. 7 BGB. § 51a Abs. 1 Nr. 2 BRAO gebührt daher im Rahmen seines Anwendungsbereichs als **Spezialregelung** Vorrang.[904] Diese Auslegung entspricht dem Willen des Gesetzgebers, Haftungsbeschränkungen zwischen Rechtsanwalt und Auftraggeber in vorformulierten Vertragsbedingungen abschließend zu regeln.[905] Über die §§ 307 Abs. 1 und 2, 308, 309 BGB können nicht die Wertungen des § 51a Abs. 1 Nr. 2 BRAO umgangen werden.

g) Rechtsfolge einer unzulässigen Haftungsbeschränkung

445 Eine Haftungsbeschränkung durch vorformulierte Vertragsbedingungen, die den Voraussetzungen des § 51a Abs. 1 Nr. 2 BRAO nicht genügt, ist **unwirksam**. Bei Allgemeinen Geschäftsbedingungen ist eine sog. **geltungserhaltende Reduktion grundsätzlich ausgeschlossen**. Dies bedeutet, dass eine Klausel, die in einer Allgemeinen Geschäftsbedingung enthalten ist, auch nicht in dem Umfang aufrechterhalten werden darf, in dem sie zulässigerweise hätte vereinbart werden dürfen.[906] Vielmehr gilt dann gemäß **§ 306 Abs. 2 BGB** das **dispositive Gesetzesrecht**. § 276 Abs. 1 Satz 1 BGB schreibt vor, dass ein Rechtsanwalt Vorsatz und Fahrlässigkeit zu vertreten hat. Er haftet dann auch für nur leicht fahrlässige Pflichtverletzungen. Das Schicksal der übrigen Bestimmungen des Anwaltsvertrages richtet sich nach **§ 306 Abs. 1, 3 BGB**. Nach § 306 Abs. 1 BGB bleibt der Vertrag im Übrigen grundsätzlich wirksam, wenn Allgemeine Geschäftsbedingungen ganz oder teilweise nicht Vertragsbestandteil geworden sind. Gemäß § 306 Abs. 3 BGB ist der Vertrag jedoch ausnahmsweise unwirksam, wenn das Festhalten an ihm auch unter Berücksichtigung der nach § 306 Abs. 2 BGB vorgesehenen Änderung eine unzumutbare Härte für eine Vertragspartei darstellen würde.

h) EG-Verbraucherschutz-Richtlinie

446 Im Schrifttum wird die Ansicht vertreten, § **51a BRAO** verstoße „offensichtlich" gegen die Richtlinie des Rates **93/13/EWG** vom 5.4.1993 über missbräuchliche Klau-

---

902 A.A. *Reiff*, AnwBl 1997, 3, 6 – 12.
903 Zu § 8 AGBG bei sog. normausfüllenden Klauseln: BGHZ 100, 157, 179 – § 651h Abs. 1 BGB; BGHZ 106, 42, 45 f. – § 20 HypothekenbankenG; vgl. auch *Heinrichs*, NJW 1997, 1407, 1412.
904 *Heinrichs*, NJW 1997, 1407, 1412; *Kleine-Cosack*, BRAO, § 51a Rn. 1; *Römermann*, in: *Hartung/Holl*, BORA, § 51a BRAO Rn. 1; *Stobbe*, AnwBl 1997, 16; a.A. („trotz der gesetzlichen Regelung") *Schäfer*, in: *v. Westphalen*, Vertragsrecht und AGB-Klauselwerke, Rn. 70; wohl auch – allerdings ohne Begründung – *v. Westphalen*, MDR 1997, 989, 990.
905 Der Gesetzgeber beabsichtigte eine „gesetzlich klar geregelte Möglichkeit über die Vereinbarung von Haftungsbeschränkungen", BT-Drucks. 12/4993 v. 19.5.1993, S. 32.
906 BGH, NJW 1982, 2309, 2310; 1993, 1786, 1787; 1996, 1407 f.

seln in Verbraucherverträgen.[907] § 51a Abs. 1 Nr. 2 BRAO unterschreite den durch Art. 8 der Richtlinie vorgeschriebenen Mindestschutz und sei deshalb nichtig, soweit der Mandant „Verbraucher" i.S.d. Richtlinie[908] sei.[909] Der Gesetzgeber habe mit der generell-abstrakten Haftungsbeschränkung in § 51a BRAO jedenfalls die in Art. 4 Abs. 1 der EG-Richtlinie genannten konkreten Umstände des Vertragsschlusses außer Acht gelassen.[910] Selbst wenn man „nur" auf die generellen Umstände abhebe, sei die in § 51a Abs. 1 Nr. 2 BRAO niedergelegte Haftungsgrenze allemal „ungebührlich", weil sie die Rechtsposition des Verbrauchers verkürze. Die gesetzliche Haftungsbeschränkung liege beträchtlich unter dem vorhersehbaren Schadensvolumen und sei daher nach Art. 3 Abs. 1 der Richtlinie missbräuchlich.[911]

Gegen diese Ansicht wird angeführt, § 51a Abs. 1 Nr. 2 BRAO sei eine zwingende Norm i.S.d. Art. 1 Abs. 2 der Richtlinie und daher von deren sachlichem Anwendungsbereich ausgeschlossen.[912] § 51a BRAO ist jedoch nur insoweit zwingend, als darin Mindestanforderungen festgelegt sind, denen Vereinbarungen genügen müssen, durch welche ein Rechtsanwalt seine Haftung gegenüber dem Auftraggeber beschränkt. Die danach zulässige Haftungsbeschränkung ist ihrerseits keineswegs zwingend, sondern dispositiv. Wenn eine Haftungsbeschränkung unzulässig ist, gilt § 276 Abs. 1 Satz 1 BGB. § 51a BRAO ist deshalb nicht bereits gemäß Art. 1 Abs. 2 vom sachlichen Anwendungsbereich der Richtlinie ausgenommen.

447

---

907 ABl EG Nr. L 95/29; auch abgedruckt in NJW 1993, 1838 ff.
908 Verbraucher ist gemäß Art. 2 lit. b eine natürliche Person, die bei Verträgen, die unter diese Richtlinie fallen, zu einem Zweck handelt, der nicht ihrer gewerblichen oder beruflichen Tätigkeit zugerechnet werden kann.
909 *V. Westphalen*, ZIP 1995, 546, 547 f.; *ders.*, MDR 1997, 989, 990 – „ernsthafte Bedenken gegen Wirksamkeit des § 51a BRAO unter Berücksichtigung der EU-rechtlicher Umsetzungspflicht des nationalen Gesetzgebers"; *Schäfer*, in: *v. Westphalen*, Vertragsrecht und AGB-Klauselwerke, Rn. 75o ff. Dagegen: *Feuerich/Weyland*, BRAO, § 51a Rn. 2; *Heinrichs*, NJW 1997, 1407, 1412; *Reiff*, AnwBl 1997, 3, 12 – 15; *Stobbe*, AnwBl 1997, 16 ff.; *ders.*, in: *Henssler/Prütting*, BRAO, § 51a Rn. 83, 84.
910 Gemäß Art. 4 Abs. 1 wird die Missbräuchlichkeit einer Klausel unter Berücksichtigung der Art der Güter oder Dienstleistungen, die Gegenstand des Vertrages sind, aller den Vertragsschluss begleitenden Umstände sowie aller Klauseln desselben Vertrages oder eines anderen Vertrages, von dem die Klausel abhängt, zum Zeitpunkt des Vertragsschlusses beurteilt.
911 Art. 3 Abs. 1 schreibt vor, dass eine Vertragsklausel, die nicht im Einzelnen ausgehandelt wurde, als rechtsmissbräuchlich anzusehen ist, wenn sie gegen das Gebot von Treu und Glauben zum Nachteil des Verbrauchers ein erhebliches und ungerechtfertigtes Missverhältnis der vertraglichen Rechte und Pflichten der Vertragspartner verursacht. Der Anhang zur Richtlinie enthält hierzu für die Mitgliedstaaten unverbindliche Empfehlungen.
912 *Reiff*, AnwBl 1997, 3, 12 – 15; *Stobbe*, AnwBl 1997, 16, 18 f.; *ders.*, in: *Henssler/Prütting*, BRAO, § 51a Rn. 83, 84.

448 § 51a BRAO ist aber nicht „offensichtlich" wegen Verstoßes gegen die EG-Verbraucherschutz-Richtlinie nichtig. Entgegen der vorzitierten Ansicht[913] darf nicht allgemein auf § 51a BRAO abgestellt werden. Die in § 51a Abs. 1 Nr. 1 BRAO enthaltene Möglichkeit, die Haftung durch Vereinbarung im Einzelfall zu beschränken, wird von der Richtlinie nicht berührt. Vorliegend geht es allein um § 51a Abs. 1 Nr. 2 BRAO. Diese Vorschrift ist nicht deswegen unwirksam, weil sie den Umständen des Vertragsschlusses keine Bedeutung beimisst. In extrem gelagerten Sachverhalten kann § 51a Abs. 1 Nr. 2 BRAO **richtlinienkonform so ausgelegt** werden, dass die Berufung auf eine danach an sich zulässige Haftungsbeschränkung gemäß § 242 BGB rechtsmissbräuchlich ist. Dies ist der Fall, wenn die Haftungsbeschränkung im Einzelfall außer Verhältnis zu dem vorhersehbaren Schadensrisiko des Auftraggebers steht.[914] An eine solche Einschränkung des § 51a Abs. 1 Nr. 2 BRAO sind strenge Anforderungen zu stellen. Regelmäßig wird der Auftraggeber bei Gegenstandswerten von mehr als 1 Mio. € über die nötige Erfahrung und vor allem die Verhandlungsmacht verfügen, seinen Vorstellungen über den Inhalt des Mandats, insbesondere die Vereinbarung einer vertraglichen Haftungsbeschränkung, nachdrücklich Geltung zu verschaffen. Dem Rechtsuchenden bleibt es unbenommen, einen Rechtsanwalt zu beauftragen, der nicht auf einer Haftungsbeschränkung besteht. Solche Mandanten sind nicht der typische „Verbraucher", von dem der Richtliniengeber ausgegangen ist und dessen Schutzbedürftigkeit Rechnung getragen werden muss. Es überzeugt nicht, wegen solcher „Verbraucher" einen Verstoß des § 51a Abs. 1 Nr. 2 BRAO gegen Art. 4 Abs. 1 der EG-Verbraucherschutz-Richtlinie anzunehmen. Aus ähnlichen Gründen verstößt § 51a Abs. 1 Nr. 2 BRAO auch nicht gegen Art. 3 Abs. 1 der Richtlinie.[915]

III. Haftungskonzentration auf einzelne Rechtsanwälte

449 Die Haftung der Mitglieder einer Rechtsanwaltssozietät sowie die Voraussetzungen für eine zulässige **Beschränkung der Haftung auf einzelne Sozietätsmitglieder** sind in **§ 51a Abs. 2 BRAO** geregelt. Bei einer gemeinschaftlichen Berufsausübung gilt in einer **Partnerschaft § 8 Abs. 1, 2 PartGG** und in einer **GmbH § 13 GmbHG**. Obwohl diese Vorschriften vergleichbare Sachverhalte betreffen, weichen sie inhaltlich erheblich voneinander ab.

1. Haftungskonzentration auf einzelne Mitglieder einer Sozietät

450 Die zu einer Sozietät in der Rechtsform einer Gesellschaft bürgerlichen Rechts zusammengeschlossenen Rechtsanwälte sind unter den Voraussetzungen des § 51a Abs. 2 Satz 2, 3 BRAO berechtigt, ihre persönliche Haftung auf Schadensersatz auf einzelne

---

913 *V. Westphalen*, ZIP 1995, 546, 547 und 550.
914 Vgl. auch *Stobbe*, AnwBl 1997, 16, 19.
915 *Reiff*, AnwBl 1997, 3, 13 – 15; *Stobbe*, AnwBl 1997, 16, 19.

Mitglieder der Sozietät zu beschränken. Diese Regelung spielt in der Rechtspraxis allerdings so gut wie keine Rolle.

a) Motive des Gesetzgebers

Der Gesetzgeber hat das **Bedürfnis für eine Haftungskonzentration** vor allem damit begründet, dass das einzelne Mitglied einer Sozietät nur begrenzte Einfluss- und Kontrollmöglichkeiten habe, soweit es an der Mandatsbearbeitung nicht beteiligt ist. Deshalb soll § 51a Abs. 2 BRAO nicht nur für örtliche, sondern vor allem auch für **überörtliche oder interprofessionelle Sozietäten** eine sachgerechte Gestaltung des Anwaltsvertrages ermöglichen. Der Mandant werde durch die von jedem Sozius abzuschließende **Berufshaftpflichtversicherung** ausreichend geschützt. Auf die Mithaftung der anderen Sozien sei der Mandant dann nicht angewiesen.[916]

451

b) Mitglieder einer Sozietät

§ 51a Abs. 2 BRAO regelt die Haftung von „**Mitgliedern einer Sozietät**". Die Vorschrift hat einen berufsrechtlichen und einen zivilrechtlichen Gehalt. **Zivil- bzw. gesellschaftsrechtlich** umfasst der Begriff „Sozietät" speziell die Rechtsform einer Gesellschaft bürgerlichen Rechts. **Berufsrechtlich** ist unter Sozietät allgemein der Zusammenschluss von Rechtsanwälten zur gemeinschaftlichen Berufsausübung zu verstehen.[917] § 51a Abs. 2 BRAO knüpft insoweit an die berufsrechtlichen Vorgaben des § 59a Abs. 1 – 3 BRAO an. Hinsichtlich der Zulässigkeit einer Haftungsbeschränkung steht der berufsrechtliche Gehalt im Vordergrund. Deshalb ist etwa eine Haftungskonzentration auf ein **Schein-Mitglied der Sozietät**[918] nicht zulässig.[919] Die Voraussetzungen und Rechtsfolgen einer Haftungsbeschränkung sind zivilrechtlicher Natur. Eine Haftungskonzentration auf einzelne Sozien wirkt daher auch zu Gunsten andernfalls haftender Scheinsozien. Aus dem zivilrechtlichen Gehalt der Vorschrift folgt auch, dass § 51a Abs. 2 Satz 2, 3 BRAO nur für Haftungsbeschränkungen durch Sozietäten in der Rechtsform einer **Gesellschaft bürgerlichen Rechts** gilt, **nicht** jedoch für **Partnerschaften**. Für diese enthält § 8 Abs. 2 PartGG eine Sonderregelung (dazu Rn. 383 ff.).

452

c) Beschränkung der persönlichen Haftung auf Schadensersatz

Bei einer Rechtsanwaltssozietät, die als **Gesellschaft bürgerlichen Rechts** organisiert ist, haften neben dem gesamthänderisch gebundenen Gesellschaftsvermögen **grundsätzlich alle Mitglieder der Sozietät** aus dem zwischen ihnen und dem Auftraggeber

453

---

916 BT-Drucks. 12/4993 v. 19.5.1993, S. 32.
917 Ausführlich zur Sozietät Rn. 337 ff., sowie *Sieg*, Internationale Anwaltshaftung, S. 43 ff.
918 Zur Haftung von sog. Anscheinssozien s. Rn. 355.
919 *Stobbe*, in: *Henssler/Prütting*, BRAO, § 51a Rn. 69; a.A. *Römermann*, in: *Hartung/Holl*, BORA, § 51a BRAO Rn. 35.

bestehenden Vertrag als **Gesamtschuldner mit ihrem Privatvermögen**, wenn ein Sozietätsmitglied infolge pflichtwidrigen Verhaltens Mandanten schuldhaft geschädigt hat.[920] Dieser von der Rechtsprechung entwickelte **Grundsatz** ist nunmehr **in § 51a Abs. 2 Satz 1 BRAO kodifiziert**. Etwas anderes gilt bei einem sog. **Einzelmandat** an einzelne Mitglieder der Sozietät.

454 Das Urteil des BGH vom 25.6.1992 ist die bislang einzige gerichtliche Entscheidung zu Haftungsbeschränkungen von Mitgliedern einer Rechtsanwaltssozietät in der Rechtsform einer BGB-Gesellschaft.[921] Darin wird bestätigt, dass eine **Beschränkung der Haftung auf das Gesellschaftsvermögen** grundsätzlich auch in der Weise möglich ist, dass die Vertretungsmacht des geschäftsführenden Gesellschafters im Gesellschaftsvertrag entsprechend begrenzt wird und diese Beschränkung der Vertretungsmacht für Dritte erkennbar ist. Einer Mitwirkung des Auftraggebers bedürfe es nicht. Bedenken könnten dagegen bestehen, Haftungserleichterungen bei Rechtsanwaltssozietäten durch Hinweise auf Haftungsbeschränkungen im Zusammenhang mit der Gesellschaftsbezeichnung de lege lata als zulässig anzusehen. Einem Bedürfnis nach Haftungserleichterungen könnte dadurch entsprochen werden, dass der Gesetzgeber auch für Rechtsanwaltssozietäten bestimmte Gesellschaftsformen zulasse, bei denen – für den Rechtsverkehr erkennbar – gesetzliche Mindestvoraussetzungen bestehen.

455 § 51a Abs. 2 Satz 2 BRAO erlaubt nunmehr den Mitgliedern einer Sozietät, durch Vereinbarung mit dem Auftraggeber ihre **„persönliche Haftung" zu beschränken**. Damit ist die Haftung der Sozien mit ihrem Privatvermögen gemeint. Die **Haftung mit dem gesamthänderisch gebundenen Gesellschaftsvermögen** darf nicht beschränkt werden.[922] Auch bei einer Haftungskonzentration auf einzelne Sozien ist dem Gläubiger der Zugriff auf das gesamthänderisch gebundene Gesellschaftsvermögen möglich.[923]

Unzulässig ist es, die persönliche **Haftung aller Mitglieder** der Sozietät auszuschließen. Eine solche Vereinbarung ginge über § 51a Abs. 2 BRAO hinaus. Diese Vorschrift regelt abschließend die Möglichkeiten für die in einer Sozietät zusammengeschlossenen Rechtsanwälte, mit dem Auftraggeber eine Beschränkung der Haftung auf einzelne Sozien zu vereinbaren. Das Gesetz erlaubt nur, die persönliche Haftung auf einzelne Mitglieder der Sozietät zu beschränken.[924]

456 Bei einer Haftungsbeschränkung auf einzelne Mitglieder einer Sozietät kann es vorkommen, dass das gesamthänderisch gebundene Vermögen der Gesellschaft sowie das

---

920 Allgemein zur Haftung der zu einer Sozietät verbundenen Rechtsanwälte Rn. 337 ff., sowie auch Sieg, Internationale Anwaltshaftung, S. 146 ff.
921 BGH, NJW 1993, 3037, 3039; vgl. auch BayObLG, NJW 1999, 297 f.; OLG München, ZIP 1999, 535 ff.
922 BT-Drucks. 12/7656 v. 24.5.1994, S. 50; *Borgmann/Jungk/Grams*, § 41 Rn. 57; *Römermann*, in: *Hartung/Holl*, BORA, § 51a BRAO Rn. 32.
923 A.A. *Stobbe*, in: *Henssler/Prütting*, BRAO, § 51a Rn. 70.
924 *Wolf*, in: FS Schneider, S. 349, 350; a.A. *Arnold*, BB 1996, 597, 600 f.

private Vermögen derjenigen Sozien, die persönlich haften, **nicht ausreichen, um den Ersatzanspruch des geschädigten Auftraggebers zu befriedigen.** Wenn der Auftraggeber einen rechtskräftigen Titel erwirkt hat, kann er gemäß § 197 Abs. 1 Nr. 3 BGB dreißig Jahre lang in das Vermögen der Sozietät vollstrecken. Die Sozien müssen dann entscheiden, ob sie den erforderlichen Restbetrag nachschießen oder die Sozietät auflösen. Im erstgenannten Fall läuft die Haftungskonzentration faktisch ins Leere. Im letztgenannten Fall können diejenigen Sozien, deren persönliche Haftung wirksam ausgeschlossen ist, zwar ihr Privatvermögen retten, nicht jedoch die gemeinschaftliche Berufsausübung.[925]

Darüber hinaus ist ein Weiteres zu beachten: Gemäß **§ 735 BGB** haben die Gesellschafter für einen Fehlbetrag aufzukommen, wenn das Gesellschaftsvermögen zur Berichtigung der gemeinschaftlichen Schulden nicht ausreicht. Diese Vorschrift kann allerdings **im Sozietätsvertrag abbedungen** werden.[926] Haben die Gesellschafter von dieser Möglichkeit keinen Gebrauch gemacht, kann der Mandant den der Sozietät zustehenden Anspruch gemäß §§ 736, 829, 835, 836 ZPO pfänden und sich zur Einziehung überweisen lassen.

457

d) Vereinbarung im Einzelfall oder durch vorformulierte Vertragsbedingungen

Das Gesetz stellt klar, dass eine Haftungsbeschränkung auf einzelne Sozien „**auch durch vorformulierte Vertragsbedingungen**" erfolgen darf.[927] Daraus folgt, dass eine **individualvertragliche Regelung nicht ausgeschlossen ist**.[928] Zur **Abgrenzung** zwischen einer Vereinbarung im Einzelfall und durch vorformulierte Vertragsbedingungen kann auf die Ausführungen im Zusammenhang mit Haftungsbeschränkungen auf einen Höchstbetrag verwiesen werden (dazu Rn. 414 ff.). Die §§ 307 Abs. 1 und 2, 308, 309 BGB werden durch § 51a Abs. 2 Satz 2, 3 BRAO als lex specialis im Rahmen seines Anwendungsbereichs verdrängt.[929]

458

---

925 *Busse*, DStR 1995, 738, 743.
926 *MünchKomm/Ulmer*, BGB, § 735 Rn. 2.
927 Hierbei handelt es sich nach dem Willen des Gesetzgebers nur um einen klarstellenden Hinweis: BT-Drucks. 12/4993 v. 19.5.1993, S. 52.
928 *Stobbe*, in: *Henssler/Prütting*, BRAO, § 51a Rn. 71; *Schäfer*, in: *v. Westphalen*, Vertragsrecht und AGB-Klauselwerke, Rn. 75 a.
929 A.A. *Wellensiek*, in: FS Brandner, S. 727, 735 ff., mit der Begründung, aus den Gesetzgebungsmaterialien sei der Wille des Gesetzgebers nicht eindeutig erkennbar, solche Klauseln generell zu erlauben. Genau dies wird jedoch durch die Formulierung „auch durch vorformulierte Vertragsbedingungen" im Gesetz selbst zum Ausdruck gebracht.

e) Bearbeitung des Mandats

459 Die Haftung darf nur auf solche **Mitglieder einer Sozietät** beschränkt werden, die das Mandat „im Rahmen ihrer eigenen beruflichen Befugnisse bearbeiten." Es ist erforderlich, dass derjenige Sozius, auf den die Haftung konzentriert wird, das Mandat tatsächlich „bearbeitet". In Anlehnung an § 8 Abs. 2 PartGG a.f. (Rn. 383 ff.) ist hiermit vor allem dasjenige Mitglied der Sozietät gemeint, welches die eigentliche anwaltliche Leistung erbringt, also das Mandat annimmt, Schreiben an den Auftraggeber, an den Gegner, an Behörden oder an Gerichte unterzeichnet, Besprechungs-, Verhandlungs- bzw. Gerichtstermine wahrnimmt und die Abschlussrechnung erteilt. Einen Auftrag können auch **mehrere Mitglieder der Sozietät** bearbeiten. **Untergeordnete Hilfstätigkeiten** eines anderen Mitglieds der Sozietät bleiben außer Betracht, etwa die Vertretung des bearbeitenden Sozius wegen Krankheit, Urlaubs oder einer Terminkollision, oder eine interne Erörterung des Mandats. Ist ausschließlich ein Rechtsanwalt tätig geworden, der nicht Mitglied der Sozietät ist, also etwa ein **angestellter Rechtsanwalt** oder ein **freier Mitarbeiter**, kommt es darauf an, welches Mitglied der Sozietät für die Bearbeitung des Mandats gegenüber dem Auftraggeber die Verantwortung übernommen hat. Die Abgrenzung, welches Mitglied einer Sozietät einen Auftrag bearbeitet hat, kann sich im Einzelfall als schwierig erweisen und wird sicherlich künftig Anlass zu Rechtsstreitigkeiten bieten.[930]

460 Nach der Begründung des Gesetzgebers soll es nicht möglich sein, die Haftung bei einer **interprofessionellen Sozietät** auf ein Mitglied zu beschränken, das nicht als Rechtsanwalt zugelassen ist.[931] Hierzu ist mit Recht darauf hingewiesen worden, dass bei einer Sozietät zwischen Rechtsanwälten und Steuerberatern bzw. Wirtschaftsprüfern ein steuerrechtliches Mandat auch von einem Steuerberater oder Wirtschaftsprüfer bearbeitet werden darf.[932] Dann ist es auch zulässig, die Haftung auf ein Mitglied dieser Berufsgruppen zu beschränken.[933] Die Haftung kann (nur) auf ein solches Mitglied der Sozietät beschränkt werden, das im Rahmen seiner beruflichen Befugnisse das Mandat auch bearbeiten darf.

f) Namentliche Bezeichnung

461 Diejenigen Mitglieder der Sozietät, die den Auftrag bearbeiten und auf welche die Haftung beschränkt wird, müssen **namentlich bezeichnet** werden. Bei **überörtlichen Sozietäten** ist es zulässig, die Haftung auf die Sozien desjenigen Büros zu beschränken, in welchem der Auftrag bearbeitet wird. Die namentliche Bezeichnung der in einem Büro zugelassenen Sozien ergibt sich dann aus dem Briefkopf, den die Rechtsanwälte im Schriftverkehr mit den Mandanten verwenden. Entsprechendes gilt für eine

---

930 *Busse*, DStR 1995, 738, 743; *Wolf*, in: FS Schneider, S. 349, 356.
931 BT-Drucks. 12/4993 v. 19.5.1993, S. 52.
932 Zur Bearbeitung steuerrechtlicher Mandate durch sog. Mehrfachberufler s. Rn. 130 ff.
933 *Borgmann/Jungk/Grams*, § 41 Rn. 60.

Haftungskonzentration auf die Mitglieder einer bestimmten Berufsgruppe bei einer **interprofessionellen Sozietät**.

g) Zustimmungserklärung des Auftraggebers

§ 51a Abs. 2 Satz 3 BRAO enthält für die **Zustimmungserklärung des Auftraggebers** zu einer Haftungskonzentration auf einzelne Mitglieder der Sozietät eine besondere **Formvorschrift**. Die Zustimmungserklärung darf **keine anderen Erklärungen enthalten** und muss **vom Auftraggeber unterschrieben** sein. Dem Gesetzeswortlaut ist nicht zu entnehmen, ob die Zustimmungserklärung des Auftraggebers in einer **gesonderten Urkunde** abgegeben werden muss oder ob es ausreicht, wenn die Zustimmungserklärung auf dasselbe Schriftstück mit anderen Teilen des Anwaltsvertrages, Allgemeinen Geschäftsbedingungen oder der Vollmacht gesetzt wird, vorausgesetzt, die Zustimmungserklärung des Auftraggebers ist von dem übrigen Text **räumlich getrennt, drucktechnisch hervorgehoben und enthält insoweit keine anderen Erklärungen**.[934] Der Gesetzeswortlaut lässt beide Auslegungsmöglichkeiten zu. Für die letztgenannte Auslegung des § 51a Abs. 2 Satz 3 BRAO lässt sich der Gesetzeszweck und der systematische Zusammenhang mit vergleichbaren Vorschriften anführen. So entspricht die weitergehende Auslegung des § 51a Abs. 2 Satz 3 BRAO der von § 305c Abs. 1 BGB[935] sowie § 355 Abs. 3 BGB.[936] Alle diese Vorschriften bezwecken – wie § 51a Abs. 2 Satz 3 BRAO –, den Vertragspartner vor unüberlegten und übereilten Erklärungen zu schützen.[937] Andererseits hat der BGH zu § 4 Abs. 1 StBGebV (bzw. § 4 Abs. 1 RVG)[938] ausgeführt, dass die Vereinbarung einer höheren Vergütung, als sie sich aus der Steuerberatergebührenverordnung (bzw. aus dem RVG) ergibt, unwirksam sei, wenn die Erklärung des Auftraggebers in einem Vordruck auch Abreden zum Vergütungsanspruch bei vorzeitiger Vertragsbeendigung, zu Änderungen und Ergänzungen sowie zur Kündigung der Vereinbarung enthalte.[939] Um **sicher zu gehen**, empfiehlt es sich für die Praxis, bis zu einer höchstrichterlichen Klärung dieser Frage die engere Gesetzesauslegung zu berücksichtigen. Daher sollte die Zustimmungserklärung des Auftraggebers zu einer Haftungskonzentration auf einzelne Mitglieder einer Rechtsanwaltssozietät gemäß § 51a Abs. 2 Satz 3 BRAO in einer **gesonderten Urkunde**, die keine weiteren Erklärungen enthält, niedergelegt werden.

462

---

934 Hierzu s. *Busse*, DStR 1995, 738, 743.
935 *Palandt/Heinrichs*, BGB, § 305c Rn 2.
936 *Palandt/Heinrichs*, BGB, § 355 Rn. 18.
937 Vgl. auch BGH, NJW 1996, 1964 f. (zu § 1b Abs. 2 Satz 2 AbzG).
938 Nach § 4 Abs. 1 Satz 1 StBGebV bzw. § 3 Abs. 1 Satz 1 BRAGO darf ein Steuerberater bzw. ein Rechtsanwalt aus einer Vereinbarung eine höhere als die gesetzliche Vergütung nur fordern, wenn die Erklärung des Auftraggebers schriftlich abgegeben und nicht in der Vollmacht oder in einem Vordruck, der auch andere Erklärungen umfasst, enthalten ist.
939 BGH, NJW-RR 1996, 375, 376, 377; vgl. auch OLG Düsseldorf, AnwBl 1998, 102 f.

463 Fraglich ist, ob das **Formerfordernis** des § 51a Abs. 2 Satz 3 BRAO auch für Haftungskonzentrationen durch **Vereinbarung im Einzelfall** gilt. Hierfür spricht nach dem ersten Eindruck der Gesetzeswortlaut. Bedenken ergeben sich aufgrund der Formulierung „zu einer solchen Beschränkung". Grammatikalisch könnte damit der Satzteil „vorformulierte Vertragsbedingungen" gemeint sein. Zwingend ist diese Schlussfolgerung jedoch nicht. Aufschlussreicher ist die Begründung des Gesetzgebers:[940]

> „Da die Beschränkung der persönlichen Haftung auf ein Sozietätsmitglied nicht ohne weiteres mit den Erwartungen übereinstimmt, die das Publikum von einer Sozietät hat, ist es angemessen, die Einverständniserklärung in einer gesonderten Urkunde zu verlangen. Nur dann ist der Auftraggeber hinreichend davor geschützt, die ihm abverlangte Erklärung zu übersehen."

Dies legt die Auslegung nahe, § 51a Abs. 2 Satz 3 BRAO gelte nur für Haftungsbeschränkungen durch vorformulierte Vertragsbedingungen. Bei Vereinbarungen im Einzelfall muss der Mandant vor Überraschungen nicht geschützt werden. Hierfür sprechen auch Praktikabilitätserwägungen. Den Anwälten einer Sozietät muss es möglich sein, individualvertraglich eine **Haftungskonzentration auf einzelne Sozien mit einer Beschränkung der Haftung auf einen Höchstbetrag** zu verbinden. Sowohl für den Auftraggeber als auch den Rechtsanwalt kann es vorteilhaft sein, mit der Haftungsbeschränkung eine **Honorarvereinbarung** zu verbinden; § 3 Abs. 1 Satz 1 BRAGO bzw. § 4 Abs. 1 Satz 1 RVG stehen insoweit nicht entgegen. Für individualvertragliche Haftungsbeschränkungen auf einzelne Sozien gilt das Formerfordernis des § 51a Abs. 2 Satz 3 BRAO somit nicht. Um **sicher zu gehen**, empfiehlt es sich aber auch für individualvertragliche Haftungsbeschränkungen, bis zu einer höchstrichterlichen Klärung das Formerfordernis des § 51a Abs. 2 Satz 3 BRAO einzuhalten.

h) Rechtsfolge einer unzulässigen Haftungskonzentration

464 Die Rechtsfolgen unzulässiger Haftungskonzentrationen sind in § 51a Abs. 2 BRAO nicht geregelt. Insoweit gelten § 139 BGB[941] oder § 306 BGB.[942] § 51a Abs. 2 Satz 2 BRAO ist zu entnehmen, dass eine **Haftungskonzentration nicht wirksam** sein soll, wenn die Haftung auf das gesamthänderisch gebundene Vermögen der Sozietät beschränkt wird, also kein Mitglied der Sozietät namentlich als Haftungsschuldner bezeichnet wird, oder wenn auch die Haftung mit dem Gesellschaftsvermögen eingeschränkt wird. Unwirksam ist eine Vereinbarung, die eine Person namentlich als Haftungsschuldner bezeichnet, welche nicht Mitglied der Sozietät ist oder das Mandat nicht im Rahmen ihrer beruflichen Befugnisse bearbeitet. Eine Haftungskonzentration ist ferner unwirksam, wenn das Formerfordernis des § 51a Abs. 2 Satz 3 BRAO nicht

---

940 BT-Drucks. 12/4993 v. 19.5.1995, S. 49 sowie BT-Drucks. 12/7656 v. 24.5.1994, S. 50.
941 Zu § 139 BGB als Rechtsfolge unzulässiger Haftungsbeschränkungen auf einen Höchstbetrag durch Vereinbarung im Einzelfall s. Rn. 427 ff.
942 Zu § 306 BGB als Rechtsfolge unzulässiger Haftungsbeschränkungen auf einen Höchstbetrag durch vorformulierte Vertragsbedingungen s. Rn. 445.

beachtet wird. In diesen Fällen bleibt es dann bei der gesetzlichen Haftung nach § 51a Abs. 2 Satz 1 BRAO: Alle Mitglieder der Sozietät haften – neben dem gesamthänderisch gebundenen Gesellschaftsvermögen – mit ihrem Privatvermögen als Gesamtschuldner.

i) Auseinanderfallen von bezeichnetem und das Mandat bearbeitendem Mitglied der Sozietät

Für die Praxis stellt sich die wichtige Frage, ob bzw. unter welchen Voraussetzungen eine Haftungskonzentration auf einzelne Mitglieder einer Sozietät wirksam ist, wenn neben dem namentlich bezeichneten Sozius noch andere Sozien an der Mandatsbearbeitung beteiligt sind. 465

Zum Teil wird – ohne nähere Begründung – die Ansicht vertreten, eine Haftungsbeschränkung sei stets unwirksam, wenn entgegen der namentlichen Bezeichnung in der vom Auftraggeber unterschriebenen Erklärung andere Mitglieder der Sozietät in der Sache tätig werden und einen Schadensersatzanspruch des Auftraggebers begründen.[943] Weitergehend wird zum Teil sogar gefordert, in der Vereinbarung müssten alle Erfüllungsgehilfen aufgeführt werden, denen sich der namentlich bezeichnete Sozius zur Ausführung seiner Pflichten bedient.[944]

Nach einer anderen Ansicht haftet neben dem namentlich bezeichneten Sozius – unabhängig von der Intensität seiner Mitwirkung an der Mandatsbearbeitung – auch der tatsächlich den Auftrag bearbeitende Sozius. Es komme nicht darauf an, ob dieser in der Vereinbarung über die Haftungskonzentration namentlich bezeichnet sei. Alle übrigen Sozien, die weder namentlich bezeichnet noch in die Mandatsbearbeitung einbezogen sind, hafteten nicht persönlich mit ihrem Privatvermögen.[945] Hierzu wird auf die Gesetzgebungsmaterialien verwiesen: Nach der Gegenäußerung der Bundesregierung zur Stellungnahme des Bundesrates soll die Gesetzesfassung klarstellen, dass dem Auftraggeber „auch" derjenige hafte, der den Auftrag zulässigerweise bearbeitet.[946] Aus Gründen der Rechtssicherheit müsse dem Auftraggeber der Nachweis der sozietätsinternen Mandatsbearbeitung erspart bleiben. Es lasse sich kaum ein tauglicher Grund finden, warum die sozietätsinterne Hinzuziehung eines namentlich nicht aufgeführten Mitglieds der Sozietät die unbeschränkte persönliche Haftung aller übrigen (unbeteiligten) Sozien zur Folge haben solle. Den Interessen des Auftraggebers sei dadurch hinreichend gedient, dass der namentlich bezeichnete Sozius im Eigeninteresse weitere Bearbeiter des Mandats preisgeben werde, wenn er wegen seiner persönlichen Haftung andernfalls in eine existentielle Notlage gerate. 466

---

943   *Römermann*, in: *Hartung/Holl*, BORA § 51a BRAO Rn. 45; wohl auch *Stobbe*, in: *Henssler/Prütting*, BRAO, § 51a Rn. 76; *Kleine-Cosack*, BRAO, § 51a Rn. 17.
944   *Schäfer*, in: *v. Westphalen*, Vertragsrecht und AGB-Klauselwerke, Rn. 75e.
945   *Busse*, DStR 1995, 738, 743 zu § 67a Abs. 2 StBerG.
946   BT-Drucks. 12/4993 v. 19.5.1993, S. 52.

467 Zwingend ist diese Argumentation nicht. Der Gesetzeswortlaut gibt für die Lösung der Streitfrage nichts her. Unter welchen Voraussetzungen eine Haftungskonzentration nach § 51a Abs. 2 Satz 2 BRAO als unwirksam zu bewerten ist, richtet sich nach §§ 134, 138 Abs. 1 und 242 BGB. In erster Linie ist der Gesetzeszweck des § 51a Abs. 2 Satz 2 BRAO heranzuziehen.[947] Die Interessen des Auftraggebers und der Mitglieder der beauftragten oder zu beauftragenden Sozietät sind zu einem angemessenen Ausgleich zu führen. Dabei ist auf eine klare und praktikable Gesetzesanwendung zu achten. Deshalb ist zu unterscheiden, ob bereits zu dem Zeitpunkt, zu dem die Vereinbarung über die Haftungskonzentration zustande gekommen ist, andere als die in der Vereinbarung über die Haftungskonzentration bezeichneten Sozien das Mandat bearbeiten bzw. bearbeiten sollen oder ob erst nachträglich andere als die bezeichneten Sozien in die Mandatsbearbeitung einbezogen werden.[948]

468 Nur im ersten Fall besteht die Gefahr, dass der Auftraggeber getäuscht wird. Dieser ist dann schutzbedürftiger als die Mitglieder der Sozietät, die einen Informationsvorsprung haben. Es darf kein Anreiz geschaffen werden, die den Auftrag tatsächlich bearbeitenden Sozien unrichtig zu bezeichnen. Die Bezeichnung des den Auftrag tatsächlich bearbeitenden Sozius ist maßgebend für die Zustimmung des Auftraggebers zu der Haftungsbeschränkung. Dieser muss in der Lage sein, das Risiko abzuschätzen, einen möglichen Schadensersatzanspruch nicht durchsetzen zu können. Hierzu muss er wissen, welcher Sozius das Mandat bearbeitet. Nur wenn der Auftraggeber umfassend informiert ist, kann er von einer Zustimmung zu der Haftungskonzentration oder sogar von einer Beauftragung der Sozietät absehen. Wenn diejenigen Sozien, die das Mandat bearbeiten sollen, zu dem **Zeitpunkt, zu dem die Vereinbarung über die Haftungskonzentration zustande kommt**, in der Zustimmungserklärung **unrichtig bezeichnet** sind, ist es daher sachgerecht, die Haftungskonzentration als **unwirksam** zu bewerten. Dann gilt die gesetzliche Regel des § 51a Abs. 2 Satz 1 BRAO.

469 Nach den allgemeinen Regeln über die **Beweislast** müssen die in Anspruch genommenen Rechtsanwälte darlegen und beweisen, dass eine Vereinbarung über die Haftungsbeschränkung wirksam zustande gekommen ist. Sie müssen daher auch darlegen und beweisen, dass diejenigen Rechtsanwälte, die in der Vereinbarung über die Haftungsbeschränkung namentlich benannt sind, das Mandat bearbeitet haben. Einwendungen gegen die Haftungsbeschränkung muss der Auftraggeber beweisen.

470 Wenn sich **nachträgliche Änderungen der Mandatsbearbeitung** ergeben, haften neben dem namentlich bezeichneten Mitglied der Sozietät auch diejenigen Sozien, die tatsächlich an der Mandatsbearbeitung beteiligt sind. Der Auftraggeber braucht nicht zuzustimmen, dass ihm weitere Sozien haften. Die gegenteilige Ansicht würde zu einer

---

947 Allgemein zum Zweck des § 51a BRAO s. Rn. 412 sowie speziell zu § 51a Abs. 2 Rn. 451.
948 Im Anschluss an *Ulmer/Habersack*, in: FS Brandner, S. 151, 159 ff.; *MünchKomm/Ulmer*, BGB, § 8 PartGG Rn. 21 – 25.

für die Praxis überflüssigen Formalisierung und Erhöhung des Aufwands führen. Das namentlich bezeichnete Mitglied der Sozietät kann der Auftraggeber ohne weiteres in Anspruch nehmen. Darüber hinaus kann er diejenigen Sozien in Anspruch nehmen, die ihm gegenüber an der Mandatsbearbeitung mitgewirkt haben. Das Auftreten nach außen lässt die **tatsächliche Vermutung** zu, dass diese Sozien das Mandat auch im Innenverhältnis verantwortlich bearbeitet haben. Es ist dann Sache des in Anspruch genommenen Sozius zu **beweisen**, dass er das Mandat nicht bearbeitet, sondern nur eine untergeordnete Hilfstätigkeit ausgeübt hat. Hierzu kann es erforderlich sein zu beweisen, welches andere Mitglied der Sozietät das Mandat bearbeitet hat.

Der umgekehrte Fall einer **nachträglichen Reduzierung oder eines Wechsels der möglichen Haftungsschuldner** ist dagegen nur wirksam, wenn der Mandant einwilligt. Das **Einverständnis des Auftraggebers** muss bei einer Haftungsbeschränkung durch vorformulierte Vertragsbedingungen den Anforderungen des § 51a Abs. 2 Satz 3 BRAO entsprechen. Bei individualvertraglicher Vereinbarung sollte die Änderung zu Beweiszwecken dokumentiert werden.

471

2. Haftungskonzentration auf einzelne Mitglieder einer Partnerschaft

Für Zusammenschlüsse von Rechtsanwälten in einer **Partnerschaft** sieht § 8 Abs. 2 PartGG seit dem 1.8.1998 eine **gesetzliche Haftungskonzentration** auf diejenigen Partner vor, die mit der Bearbeitung eines Auftrags befasst sind, wobei untergeordnete Bearbeitungsbeiträge ausgenommen sind (Rn. 388). Nach § 8 Abs. 2 PartGG **in der bis zum 1.8.1998 geltenden Fassung** bedurfte es für eine wirksame Haftungskonzentration noch einer **vertraglichen Vereinbarung** mit dem Auftraggeber. So konnten die Partner – ähnlich wie in § 51a Abs. 2 BRAO – ihre Haftung gemäß § 8 Abs. 1 Satz 1 PartGG für Ansprüche aus Schäden wegen fehlerhafter Berufsausübung auch unter Verwendung vorformulierter Vertragsbedingungen auf denjenigen von ihnen beschränken, der innerhalb der Partnerschaft die berufliche Leistung zu erbringen oder verantwortlich zu leiten und zu überwachen hat. Die Vorschrift des § 8 Abs. 2 PartGG a.F. hat haftungsrechtlich **keine Bedeutung** gewinnen können, so dass die vertragliche Haftungsbeschränkung auf einzelne Mitglieder einer Partnerschaft hier nicht weiter behandelt wird.[949]

472

---

[949] Zur alten Rechtslage vgl. *Sieg*, in: *Zugehör*, Anwaltshaftung, 1. Aufl., Rn. 490 ff.

G. Anhang

473 **Anhang 1: Rechtsprechungslexikon**

Abwickler (§ 55 BRAO)

Die Sechs-Monats-Frist, während der der Abwickler einer Anwaltspraxis gemäß § 55 Abs. 2 BRAO berechtigt ist, neue Mandate anzunehmen, beginnt mit der Bestellung zum Abwickler.
BGH, Urt. v. 23.11.1979 – V ZR 123/76, NJW 1980, 1050.

Wird ein Rechtsanwalt von der Landesjustizverwaltung wiederholt zum Abwickler einer Kanzlei bestellt, so ist er nach der weiteren Bestellung wiederum zur Übernahme neuer Mandate mit den Befugnissen des verstorbenen Rechtsanwalts berechtigt.
BGH, Beschl. v. 16.1.1991 – XII ZB 154/90, NJW 1991, 1236.

Ein nicht beim Oberlandesgericht zugelassener, zum Abwickler einer Kanzlei eines verstorbenen OLG-Anwalts bestellter Rechtsanwalt kann nur innerhalb der ersten sechs Monate ab Bestellung wirksam Berufung einlegen. Diese Frist beginnt bei Verlängerung seiner Bestellung nicht erneut.
BGH, Beschl. v. 24.3.1992 – X ZB 2/92, NJW 1992, 2158.

Der Abwickler steht in einem öffentlich-rechtlichen Rechtsverhältnis lediglich zur Justizverwaltung; die privatrechtlichen Rechtsbeziehungen bleiben bestehen, insbesondere ist auch das Verhältnis der Erben des verstorbenen Rechtsanwalts zum Abwickler – wie § 55 Abs. 3 Satz 1 BRAO i.V.m. § 53 Abs. 9 BRAO zeigt – rein privatrechtlicher Natur. Die gesetzlichen Rechte und Pflichten des Abwicklers aus § 55 Abs. 2, Abs. 3 Satz 1, i.V.m. § 53 Abs. 9 BRAO sind von den Rechten und Pflichten der Erben des verstorbenen Rechtsanwalts unabhängig und bestehen neben ihnen.
BGH, Urt. v. 7.7.1999 – VIII ZR 131/98, NJW 1999, 3037.

Der Abwickler einer Kanzlei darf aus dem ihm anvertrauten Treugut Geld entnehmen, um notwendige Aufwendungen zu bestreiten. Der Abwickler darf nicht in die Gefahr gebracht werden, im wirtschaftlichen Ergebnis seine umfangreiche Abwicklertätigkeit mit erheblichen Vergütungseinbußen oder gar mit Verlust zu beenden, obwohl die Einnahmen aus der Abwicklertätigkeit ausreichen, die Kosten dieser Tätigkeit zu decken.
BGH, Beschl. v. 24.10.2003 – AnwZ (B) 62/02, NJW 2004, 52.

Der amtlich bestellte Abwickler einer Kanzlei kann auch dann mit seiner Vergütungsforderung gegen den Anspruch auf Herausgabe des aus der Abwicklung Erlangten aufrechnen, wenn zwischenzeitlich das Insolvenzverfahren über das Vermögen des Vertretenen eröffnet worden ist.

Nach Ablauf seiner Bestellung ist der ehemalige Abwickler zur Herausgabe des bis dahin nicht ausgekehrten Fremdgeldes an den Verwalter verpflichtet. Eine Aufrechnung mit seinem Vergütungsanspruch ist unzulässig.
BGH, Urt. v. 23.6.2005 – IX ZR 139/04, ZIP 2005, 1742 = WM 2005, 1956.

Der gemäß § 55 Abs. 5 BRAO bestellte Abwickler für die Kanzlei eines früheren Rechtsanwalts, dessen Zulassung zur Rechtsanwaltschaft widerrufen worden ist, steht in einem öffentlich-rechtlichen Rechtsverhältnis. Es verpflichtet ihn zur ordnungsgemäßen und zweckentsprechenden Abwicklung der Kanzlei des früheren Rechtsanwalts. Die öffentlich-rechtlich begründete Dienstverpflichtung schließt nicht aus, dass der Abwickler zivilrechtliche Forderungen oder Verbindlichkeiten begründet. Im Verhältnis zum früheren Rechtsanwalt und dessen Mandanten richten sich die Rechte und Pflichten des Abwicklers ausschließlich nach privatrechtlichen Grundsätzen.

Die Regelung des § 55 Abs. 2 Satz 2 1. Halbs. i.V.m. § 55 Abs. 2 Satz 4 1. Halbs. BRAO hat zur Folge, dass der frühere Rechtsanwalt seine Rechtsstellung als beauftragter Rechtsanwalt des Mandanten kraft Gesetzes für die Zukunft verliert. Er haftet nicht für die Handlungen des Abwicklers, die dieser ab Bestellung in Ausübung des Amtes vornimmt.

Der Abwickler ist selbstverantwortlicher Vertragspartner des Mandanten des früheren Rechtsanwalts nur in den Fällen des § 55 Abs. 2 Satz 2 BRAO. In allen übrigen Fällen ist er gemäß §§ 55 Abs. 3, 53 Abs. 9 Satz 1 BRAO nur dessen Vertreter. Dies hat zur Folge, dass der frühere Rechtsanwalt gemäß §§ 164 ff. BGB berechtigt und verpflichtet wird und für haftungsbegründende Handlungen seines Vertreters gemäß § 278 BGB einzustehen hat.

Auch nach der Bestellung eines Abwicklers gemäß § 55 Abs. 5 BRAO schuldet der frühere Rechtsanwalt seinem Mandanten die Auskehrung von ihm eingezogener Mandantengelder.
OLG Düsseldorf, Urt. v. 28 1.1997 – 24 U 6/96, AnwBl 1997, 226.

Die ursprünglich den Erblasser treffende Verpflichtung zur Auskehrung von Fremdgeldern an die Berechtigten geht grundsätzlich nach § 1922 BGB auf die Erben über. An dieser Verpflichtung ändert auch nichts die Bestellung eines Abwicklers der Kanzlei.

Ein Rechtsanwalt, der als Abwickler einer Kanzlei bestellt ist, wird nicht als Rechtsbeistand des Rechtsanwalts tätig, dessen Kanzlei er abwickelt. Kündigt der Abwickler einer Kanzleiangestellten, so kann er diese in einer Bestandsstreitigkeit vor dem Arbeitsgericht vertreten, ohne Parteiverrat nach § 356 StGB zu begehen.
OLG Nürnberg, Beschl. v. 3.3.1999 – Ws 104/99, NStZ 1999, 408 = NJW 1999, 2381.

Der bestellte Kanzleiabwickler tritt als Verfahrensbevollmächtigter vollständig an die Stelle des verstorbenen oder des aus der Rechtsanwaltschaft ausgeschiedenen Rechts-

anwalts. Folglich sind ihm allein gerichtliche Entscheidungen zuzustellen.
BayObLG, Beschl. v. 16.6.2004 – 2 Z BR 253/03, NJW 2004, 3722.

Der Kanzleiabwickler ist hinsichtlich der von ihm verwalteten Rechtsanwaltsanderkonten Rechtsnachfolger i.S.d. § 727 ZPO. Die Vollstreckungsklausel eines gegen den früheren Rechtsanwalt erwirkten Titels ist analog § 748 Abs. 2 ZPO gegenüber dem Abwickler umzuschreiben.
OLG Karlsruhe, Beschl. v. 9.8.2004 – 19 W 41/04, NJW-RR 2005, 293.

Aktiengesellschaft

Die Umwandlung einer als Rechtsanwaltsgesellschaft zugelassenen GmbH in eine Aktiengesellschaft rechtfertigt nach § 59h Abs. 3 i.V.m. § 59c Abs. 1 BRAO den Widerruf der Zulassung als Rechtsanwaltsgesellschaft.
Zur berufsrechtlichen Zulassung einer Aktiengesellschaft als Rechtsanwaltsgesellschaft BGH, Beschl. v. 10.1.2005 – AnwZ (B) 27 u. 28/0, NJW 2005, 1568 = BGHZ 161, 376.

Der Zusammenschluss von Rechtsanwälten zur gemeinsamen Berufsausübung in einer Aktiengesellschaft ist grundsätzlich zulässig.
BayObLG, Beschl. v. 27.3.2000 – 3 Z BR 331/99, NJW 2000, 1647.

Allgemein oder amtlich bestellter Vertreter (§ 53 BRAO)

■ Haftung

Ein Rechtsanwalt haftet für ein schuldhaftes Versehen seines amtlich bestellten Vertreters im Rahmen des § 278 BGB und nicht nur im Rahmen des § 664 Abs. 1 Satz 2 BGB. Ob der Mandant Kenntnis von der Vertretung des beauftragten Rechtsanwalts hatte, ist unerheblich.
RG, Urt. v. 19.4.1940 – III 127/39, RGZ 163, 377.

Der amtlich bestellte Vertreter schließt mit dem Auftraggeber des vertretenen Rechtsanwalts weder einen Anwaltsvertrag noch tritt er in dessen Anwaltsvertrag ein. Der nach § 53 BRAO amtlich bestellte Vertreter eines Rechtsanwalt ist ledig lich dessen Erfüllungsgehilfe oder gesetzlicher Vertreter i.S.d. § 278 BGB.

Der amtlich bestellte Vertreter muss sich ausnahmsweise nach Treu und Glauben (§ 242 BGB) so behandeln lassen, als ob er eigene Anwaltspflichten gegenüber dem Auftraggeber übernommen habe. Dies ist dann der Fall, wenn der Vertreter sich der Sache nach wie ein Abwickler einer Rechtsanwaltskanzlei verhält, allein Einfluss auf das Mandat nimmt oder ähnlich einem Sachwalter in besonderem Maße das persönliche Vertrauen des Auftraggebers in Anspruch genommen hat.
OLG Frankfurt/M., Urt. v. 10.4.1986 – 22 U 29/85, NJW 1986, 3091.

Ein amtlich bestellter Vertreter ist grundsätzlich gesetzlicher Vertreter des beauftragten Rechtsanwalts. Deshalb scheidet eine Eigenhaftung des Vertreters regelmäßig aus.

Diese Grundsätze gelten auch für die Bestellung eines Vertreters nach § 161 BRAO, der hinsichtlich der Rechte und Pflichten des amtlich bestellten Vertreters in seinem Absatz 2 auf § 53 Abs. 7 – 10 BRAO verweist.
BGH, Beschl. v. 17.2.2005 – IX ZR 159/02, BRAK-Mitt. 2005, 137.

Einem anwaltlichen Vertreter ist das Wissen des von ihm vertretenen Rechtsanwalts aus einem zurückliegenden anderen Auftragsverhältnis mit demselben Mandanten nicht zuzurechnen.
OLG Frankfurt/M., Urt. v. 5.5.2004 – 19 U 184/03, OLGR Frankfurt, 2004, 298.

■ **Prüfung der Bestellung**

Ein beim Landgericht zugelassener Rechtsanwalt, der als Vertreter eines beim Oberlandesgericht zugelassenen Rechtsanwalts eine Berufung bei diesem Gericht einlegt, muss selbst prüfen, ob seine Bestellung zum Vertreter erfolgt ist.
BGH, Beschl. v. 12.5.1982 – IV a ZB 13/81, MDR 1982, 998.

Versäumt ein Rechtsanwalt eine Berufungsbegründungsfrist, weil er sich über seine Bestellung als Vertreter des beim Berufungsgericht zugelassenen Prozessbevollmächtigten irrt, ist im Einzelfall zu prüfen, ob die Voraussetzungen für eine Wiedereinsetzung in den vorigen Stand vorliegen.
BGH, Beschl. v. 18.9.1986 – 1 ZB 14/85, VersR 1987, 73.

Die beteiligten Rechtsanwälte müssen selbst überwachen, ob dem Antrag, einen Rechtsanwalt als „oberlandesgerichtlich bestellter Vertreter" eines anderen Rechtsanwalts für das neue Kalenderjahr zu bestellen, stattgegeben wurde. Dies kann nicht einer Kanzleiangestellten überlassen bleiben.
OLG München, Beschl. v. 19.3.1981 – 19 U 1688/81, AnwBl 1981, 443.

Ein Rechtsanwalt, der eines amtlich bestellten Vertreters für alle Behinderungsfälle während eines Kalenderjahres bedarf, muss selbst darauf achten, dass der Antrag rechtzeitig gestellt wird und ob ihm entsprochen worden ist.

Auch den als Vertreter vorgesehenen Sozius, der nur bei dem Landgericht zugelassen ist, trifft ein Verschulden, wenn er eine an das Oberlandesgericht zu richtende Berufungsschrift unterschreibt, ohne zu prüfen, ob er zum Vertreter bestellt worden ist.
OLG München, Beschl. v. 1.4.1987 – 18 U 2421/87, MDR 1987, 590.

■ **Wirksamkeit von Prozesshandlungen**

Die Verfahrenshandlungen, die ein nach § 53 BRAO amtlich bestellter Vertreter für den von ihm vertretenen Rechtsanwalt vornimmt, sind ohne die Anzeige oder den Nachweis eines „Verhinderungsfalles" wirksam.

Der unterzeichnende Rechtsanwalt muss eindeutig nach außen zum Ausdruck bringen, die Berufungsbegründung mit Wirkung für und gegen den beim Berufungsgericht zugelassenen Rechtsanwalt zu unterschreiben. Es ist zur Vermeidung von Missverständnissen und unnötigen Rückfragen zweckmäßig, für die Wirksamkeit der Verfahrenshandlungen aber nicht erforderlich, dass sich der nach § 53 BRAO bestellte allgemeine Vertreter des Berufungsanwalts in seinen Schriftsätzen für den vertretenen Rechtsanwalt als „allgemeiner Vertreter" oder „amtlich bestellter Vertreter" bezeichnet.
BGH, Urt. v. 9.12.1975 – III ZR 134/72, NJW 1975, 542.

Der nach § 53 BRAO bestellte allgemeine Vertreter kann auch solche Prozesshandlungen für den vertretenen Rechtsanwalt vornehmen, die diesem als Vertreter eines anderen Rechtsanwalts obliegen.
BGH, Beschl. v. 11.3.1981 – VIII ZB 18/81, NJW 1981, 1740.

Für die Frage, ob ein allgemeiner oder amtlich bestellter Vertreter eines Rechtsanwalts im konkreten Fall als Parteivertreter anzusehen ist, kommt es zunächst darauf an, ob er für alle Behinderungsfälle, die während eines Kalenderjahres eintreten können, oder ohne jede Einschränkung für die genannte Zeit zum Vertreter bestellt ist. Im Übrigen ist darauf abzustellen, ob ihm die Sache intern zur selbständigen Bearbeitung übertragen ist oder nicht.
BGH, Beschl. v. 5.5.1982 – VIII ZB 4/82, VersR 1982, 770.

Hat der amtlich bestellte Vertreter eines beim Berufungsgericht zugelassenen Rechtsanwalts in der Berufungsschrift eindeutig zum Ausdruck gebracht, im Rechtsmittelverfahren nicht für seine eigene Praxis, sondern für den vertretenen Anwalt zu handeln, so braucht er in den nachfolgenden Schriftsätzen hierauf nicht nochmals hinzuweisen.
BGH, Urt. v. 14.12.1990 – V ZR 329/89, NJW 1991, 1175.

Für die Wirksamkeit der Prozesshandlung eines gemäß § 53 BRAO als Vertreter bestellten Rechtsanwalts reicht es aus, wenn sein Handeln als Vertreter sich aus den Umständen hinreichend deutlich erkennbar ergibt.
BGH, Beschl. v. 9.2.1993 – XI ZR 2/93, NJW 1993, 1925.

Ein nicht postulationsfähiger Rechtsanwalt als amtlich bestellter Vertreter eines postulationsfähigen Rechtsanwalts handelt rechtswirksam, wenn hinreichend deutlich erkennbar wird, dass er in dieser Eigenschaft auftritt.
BGH, Beschl. v. 22.10.1998 – VII ZB 15/98, NJW 1999, 365.

Ein beim Oberlandesgericht zugelassener Rechtsanwalt kann gemäß § 53 Abs. 2 Satz 1 BRAO selbst nur einen Rechtsanwalt zu seinem Vertreter bestellen, der bei demselben Oberlandesgericht zugelassen ist. Fehlt eine solche Zulassung, so wird dessen Prozesshandlungen unwirksam.
BGH, Beschl. v. 6.2.2001 – XI ZB 14/00, NJW 2001, 1575.

Ein nach § 53 BRAO zum allgemeinen Vertreter bestellter Rechtsreferendar kann gegen ein Urteil Berufung einlegen, wenn der vertretene Rechtsanwalt dies als Vertreter eines beim OLG zugelassenen Rechtsanwalts könnte.
OLG München, Urt. v. 17.10.1984 – 20 U 2597/84, AnwBl 1985, 589.

Unterzeichnet ein amtlich bestellter Vertreter eines Rechtsanwalts einen bestimmenden Schriftsatz mit seinem Namen und dem vorangestellten Zusatz „i. V.", so ist die Unterschrift wirksam. Anders läge es, wenn er mit „i. A." gezeichnet hätte.
OLG Koblenz, Urt. v. 4.4.1991 – 5 U 388/90.

Die Bestellung eines Anwaltsvertreters nach § 53 Abs. 3 BRAO berechtigt nur zur Vertretung bei den Gerichten, bei denen der vertretene Anwalt selbst zugelassen ist. Sie umfasst nicht die Befugnis des vertretenen Anwalts, infolge eigener Bestellung als allgemeiner Vertreter eines dritten Anwalts bei dem Gericht Prozesshandlungen vorzunehmen, bei dem nur der dritte Anwalt zugelassen ist.
OLG München, Beschl. v. 9.1.1995 – 28 U 5254/94, MDR 1995, 318.

Für die Wirksamkeit der Prozesshandlung eines gemäß § 53 BRAO als Vertreter bestellten Rechtsanwalts reicht es aus, wenn sein Handeln als Vertreter sich aus den Umständen hinreichend deutlich erkennbar ergibt.
KG, Urt. v. 18.1.1999 – 8 U 3790/97, MDR 1999, 1230.

Angestellter Rechtsanwalt

Das Verschulden eines angestellten Rechtsanwalts ist dem beauftragten Rechtsanwalt nach § 278 BGB zuzurechnen.
BGH, Urt. v. 14.1.1993 – IX ZR 206/91, NJW 1993, 1323.

Das Verschulden eines angestellten Rechtsanwalts ist dem beauftragten Rechtsanwalt nach § 278 BGB zuzurechnen.

Vertragliche Beziehungen bestehen grundsätzlich nur zwischen dem Mandanten und dem beauftragten Rechtsanwalt.

Eine eigene Haftung des angestellten Rechtsanwalts kommt nur in Betracht, wenn er bei Anbahnung der mit den Mandanten begründeten Vertragsbeziehungen besonderes Vertrauen dahin in Anspruch nimmt, dass er entscheidenden Einfluss auf die ordnungsgemäße Durchführung des Mandats hat, und wenn die behaupteten Pflichtverletzung nicht in einer schlechten Leistung, sondern in der Verletzung einer Aufklärungs-, Rücksichts- oder Schutzpflicht besteht.
BGH, Urt. v. 6.2.2003 – IX ZR 77/02, NJW-RR 2003, 1064 = WM 2003, 1138 = VersR 2003, 1135.

Wird der armen Partei ein beim beauftragten Rechtsanwalt angestellter Anwalt im Wege der Prozesskostenhilfe beigeordnet, so kommt ein Anwaltsvertrag mit diesem spätestens dadurch zustande, dass der Anwalt im Einverständnis mit der Partei tätig wird.

Hat die arme Partei dem anderen Rechtsanwalt ein Mandat vor der Beiordnung des angestellten Anwalts erteilt, so besteht dieser Vertrag auch nach der Beiordnung fort, wenn nicht anderes vereinbart ist. Der angestellte Anwalt haftet in einem solchen Fall nur für eine eigene Pflichtvertretung nach der Beiordnung.
BGH, Urt. v. 23.9.2004 – IX ZR 137/03, NJW-RR 2005, 494 = MDR 2005, 435.

Der Mandant, der in einer Rechtsangelegenheit eine Anwaltssozietät beauftragt, erlangt, wenn die Bearbeitung einem Referendar und später angestellten Anwalt übertragen wird, im Fall der Schlechterfüllung keinen vertraglichen Schadensersatzanspruch gegen diesen Anwalt.
KG, Urt. v. 18.6.1993 – 6 U 3348/92, MDR 1994, 100.

Hat der Berufshaftpflichtversicherer eines Rechtsanwalts seinen Versicherungsnehmer von Haftpflichtansprüchen freigestellt, die aus schuldhaftem Verhalten mitversicherter Mitarbeiter erwachsen sind, so ist er nicht berechtigt, gegen diese Rückgriff wegen Übergangs von Ansprüchen des Versicherungsnehmers aus positiver Vertragsverletzung zu nehmen.
OLG Hamburg, Urt. v. 22.6.1982 – 7 U 194/80, VersR 1985, 229.

Hat ein angestellter Rechtsanwalt die von einem Volljuristen im Anwaltsberuf zu erwartende Sorgfalt nicht gewahrt, ist er dennoch nicht schadensersatzpflichtig, wenn der Arbeitgeber die Art und den Umfang der Sorgfalt, die bei der Bearbeitung des Auftrages angewendet wurden, gekannt und gebilligt hat.
LAG München, Urt. v. 27.5.1986 – 7 Sa 714/85, NJW-RR 1988, 542.

Ein Rechtsanwalt, der als Alleininhaber einer Anwaltskanzlei einen Briefkopf unter der Bezeichnung „R. & Partner" verwendet, erweckt nach dem äußeren Anschein den Eindruck einer Sozietät, auch wenn es sich bei dieser Kanzlei tatsächlich nicht um eine Sozietät im Rechtssinn handelt. Gibt der alleinhandelnde Inhaber unter der Sozietätsbezeichnung eine Willenserklärung zum Abschluss eines Vertrages mit der Kanzlei ab und tritt der Wille, nur im eigenen Namen handeln zu wollen, nicht erkennbar hervor, so ist der Mangel des Willens, auch im Namen der übrigen Rechtsanwälte zu handeln, unbeachtlich, so dass auch diese Vertragspartner werden.

Dulden und billigen es Rechtsanwälte, die bei einem anderen Rechtsanwalt angestellt sind, dass dieser unter Verwendung eines gemeinsamen Briefkopfes, der entgegen der wahren Rechtslage auf das Bestehen einer Anwaltssozietät hinweist, nach außen hin in Erscheinung tritt, so begründet dies eine Anscheinsvollmacht für den Kanzleiinhaber zur Vertretung der anderen Rechtsanwälte.
OLG Frankfurt/M., Urt. v. 16.3.2000 – 16 U 69/99, NJW-RR 2001, 1004.

G. Anhang 1: Rechtsprechungslexikon

Wenn die Berufungs- und Berufungsbegründungsschrift zwar fristgerecht eingereicht worden ist, jedoch von einem nicht postulationsfähigen Anwalt, der in der Kanzlei des Berufungsanwalts angestellt ist, unterschrieben worden ist, kann im Wiedereinsetzungsverfahren nicht auf die erneute formgerechte Einlegung und Begründung der Berufung verzichtet werden. Auch wenn eine Wiedereinsetzung in Betracht kommt, weil ein Verschulden des angestellten Rechtsanwalts, dem nicht die eigenständige Bearbeitung des Berufungsverfahrens übertragen worden ist, der Partei nicht angelastet werden kann, ist ein Wiedereinsetzungsantrag unzulässig, wenn die versäumte Prozesshandlung nicht innerhalb der zweiwöchigen Antragsfrist nachgeholt wird.
SchlHol OLG, Beschl. v. 2.5.2003 – 13 U 2/03, MDR 2003, 1023.

Die Beiordnung eines angestellten Anwalts im Wege der Prozesskostenhilfe lässt die bestehende Haftung des zunächst beauftragten Anwalts nicht entfallen. Vielmehr besteht bei der Beiordnung die Haftung des beigeordneten PKH-Anwalts neben der des beauftragten Anwalts im fortbestehenden vertraglichen Mandat. Die Tatsache, dass die Beiordnung rückwirkend erfolgt, hat nur gebühren- und kostenrechtliche Bedeutung.
OLG Rostock, Urt. v. 19.5.2003 – 3 U 143/02, VersR 2004, 739.

Anwaltsfremde Tätigkeit

■ Anlageberatung

Eine anwaltliche Berufstätigkeit liegt vor, wenn die Aufgabe, rechtlichen Beistand zu leisten, im Vordergrund steht. Falls diese Aufgabe bei der Durchführung des Auftrags zurücktritt, als unwesentlich erscheint und im Ergebnis keine ins Gewicht fallende Rolle spielt, handelt es sich nicht um einen echten Anwaltsvertrag.

Gegen eine anwaltliche Tätigkeit spricht es, wenn die vertragliche Hauptpflicht i.d.R. oder mindestens in erheblichem Umfang auch von Angehörigen anderer Berufe erfüllt werden kann.

Nur im Zweifel ist anzunehmen, dass derjenige, der die Dienste eines Rechtsanwalts in Anspruch nimmt, ihn auch in dieser Eigenschaft beauftragen will.

Zum Wesen der Anlageberatung gehört die Leistung rechtlichen Beistandes jedenfalls dann nicht, wenn der Auftraggeber rechtlichen Beistand entweder gar nicht gesucht hat oder aber solche Fragen als nebensächlich ganz im Hintergrund gestanden haben.
BGH, Urt. v. 17.4.1980 – III ZR 73/79, NJW 1980, 1855.

Empfiehlt ein Rechtsanwalt aus steuerlichen Gründen einen bestimmten Vermögenserwerb, hat er den Mandanten umfassend über die mit dem Geschäft zusammenhängenden zivilrechtlichen Fragen zu belehren und vor Risiken zu bewahren, die sich erkennbar aus diesem Rechtsbereich ergeben.
BGH, Urt. v. 22.10.1987 – IX ZR 175/86, NJW 1988, 563 = WM 1987, 1516.

Für die Annahme eines Anwaltsvertrages muss die Rechtsberatung nicht in jedem Einzelfall den überwiegenden Umfang der gesamten Anwaltstätigkeit ausmachen. Vielmehr ist bei einer umfassend angelegten Tätigkeit des Beraters und bei Fehlen einer besonderen Parteivereinbarung entscheidend, wo nach dem Willen der Beteiligten der Schwerpunkt der vertraglichen Verpflichtungen liegen soll.

Ein echter Anwaltsvertrag kann zugleich anwaltsuntypische Maßnahmen umfassen, falls sie in einem engen inneren Zusammenhang mit einer rechtsberatenden Tätigkeit stehen und jedenfalls allgemein auch Rechtsfragen aufwerfen können.

Die Anlageberatung kann in diesem Sinne Rechtsfragen umfassen, etwa ob das Anlagemodell rechtswirksam und anlegergünstig ausgestaltet ist.

Ein enger innerer Zusammenhang ist schon dann zu bejahen, wenn sich ein wirtschaftlich denkender, die Interessen des Mandanten umfassend berücksichtigender Rechtsanwalt aufgrund der Erörterung der Einkommens- und Vermögensverhältnisse im Rahmen des erteilten Auftrags herausgefordert fühlen darf, zur Vermögensanlage zu raten.
BGH, Urt. v. 27.1.1994 – IX ZR 195/93, NJW 1994, 1405 = WM 1994, 504.

Kein Anwaltsvertrag kommt zustande, wenn ein Rechtsanwalt für seinen Auftraggeber Geldbeträge in Empfang zu nehmen und/oder weiterzuleiten hat, um ein Darlehensverhältnis mit einem im Ausland ansässigen Darlehensnehmer anzubahnen und abzuwickeln, soweit hiermit keine rechtliche Beratung verbunden ist, sondern der Rechtsanwalt lediglich die wirtschaftlichen Interessen seines Auftraggebers wahrnimmt.
OLG Düsseldorf, Urt. v. 31.1.1997 – 7 U 68/96, NJWE-VHR 1997, 255.

Ein Rechtsanwalt muss auch über wirtschaftliche Gefahren des vom Mandanten beabsichtigten Geschäfts belehren und auf gebotene Vorsichtsmaßregeln hinweisen. Dabei hat der Anwalt seinem Auftraggeber den sichersten und ungefährlichsten Weg vorzuschlagen.

Ein Rechtsanwalt handelt pflichtwidrig wenn er seinem Mandanten die Geldanlage in einem Bauprojekt empfiehlt, obwohl er weiß, dass der Empfänger des Geldes (baubetreuender Architekt und Mitgesellschafter) seinen Beruf nicht mehr ausüben darf, die eidesstattliche Offenbarungsversicherung abgegeben hat und wegen Vermögensdelikten vorbestraft ist.
OLG Koblenz, Urt. v. 19.12.2002 – 5 U 1392/01, NJW-RR 2003, 272.

■ **Aufsichtsratsmitglied**

Ein Beratungsvertrag einer AG mit einem Mitglied ihres Aufsichtsrats, der sich auf Tätigkeiten bezieht, welche bereits von der Überwachungspflicht des Aufsichtsrats umfasst werden, ist nichtig, wenn der Vertrag während der Amtszeit geschlossen wird, und für die Dauer der Amtszeit unwirksam, wenn er vor deren Beginn abgeschlossen worden ist.

Um eine nicht in den Aufgabenbereich des Aufsichtsrats fallende Tätigkeit handelt es sich, wenn die zu leistenden Dienste Fragen eines besonderen Fachgebiets betreffen, sofern sich die zu erbringenden Beratungsleistungen nicht auf übergeordnete, in den Rahmen der Aufsichtsratstätigkeit gehörende allgemeine Aspekte der Unternehmenspolitik beziehen.
BGH, Urt. v. 25.3.1991 – II ZR 188/89, BGHZ 114, 127 = NJW 1991, 1830 = WM 1991, 1075/1143.

Die speziellen Einzelfragen, in denen ein Aufsichtsratsmitglied die Geschäftsführung aufgrund eines gesonderten Vertrages beraten soll, sowie das für diese Leistungen von der Gesellschaft zu entrichtende Entgelt müssen in dem Vertrag so genau bezeichnet werden, dass sich der Aufsichtsrat ein eigenständiges Urteil über die Art der Leistung, ihren Umfang sowie die Höhe und Angemessenheit der Vergütung machen kann.

Verträge, welche diese Anforderungen nicht erfüllen, sind von vornherein nicht von § 114 AktG gedeckt. Sie sind nach § 113 AktG i.V.m. § 134 BGB unwirksam.

Das Zustimmungserfordernis gilt auch für Beratungsverträge, die vor Antritt des Aufsichtsratsmandats geschlossen worden sind. Wird der Vertrag dem Aufsichtsrat nicht zur Zustimmung vorgelegt oder verweigert der Aufsichtsrat seine Zustimmung, verliert der Beratungsvertrag für die Dauer des Aufsichtsratsmandats seine Wirkung.
BGH, Urt. v. 4.7.1994 – II ZR 197/93, BGHZ 126, 340 = NJW 1994, 2484 = WM 1994, 1473.

Ein typischer Anwaltsvertrag kann auch anwaltsfremde Maßnahmen umfassen, falls diese in einem engen inneren Zusammenhang mit der rechtlichen Beistandspflicht stehen und auch Rechtsfragen aufwerfen können. Etwas anderes gilt nur dann, wenn die Rechtsberatung und -vertretung völlig in den Hintergrund tritt und deswegen als unwesentlich erscheint.

Lässt die Gesamtwürdigung aller Umstände des Einzelfalls nicht die Feststellung zu, ob ein Anwaltsvertrag vorliegt oder nicht, ist im Zweifel anzunehmen, dass derjenige, der die Dienste eines Rechtsanwalts in Anspruch nimmt, ihn auch in dieser Eigenschaft beauftragen will.

Ein Anwaltsvertrag, den ein Rechtsanwalt vor seiner Bestellung zum Aufsichtsratsmitglied geschlossen hat und dessen Gegenstand sich auf gesetzliche Organpflichten eines Aufsichtsratsmitglieds bezieht, ist wirkungslos, solange das Aufsichtsratsmandat besteht. Dasselbe gilt auch dann, wenn die Vertragspflichten des Rechtsanwalts außerhalb seiner Tätigkeit im Aufsichtsrat liegen und der Aufsichtsrat dem Vertrag nicht zugestimmt hat.
BGH, Urt. v. 2.7.1998 – IX ZR 63/97, NJW 1998, 3486 = WM 1998, 2243.

Buchführung oder -prüfung

Für eine anwaltliche Berufstätigkeit ist darauf abzustellen, ob die dem Rechtsanwalt eigene Aufgabe im Vordergrund steht, rechtlichen Beistand zu leisten, oder ob Arbeiten in Rede stehen, die i.d.r. oder doch in erheblichem Umfang auch von anderen Personen berufsmäßig wahrgenommen werden und deshalb nicht zum typischen Aufgabengebiet des Rechtsanwalts gehören.

Die kaufmännische Buchführung ist keine typische Tätigkeit eines Rechtsanwalts. Die Fertigung des Jahresabschlusses (der Bilanz) durch den mit der Buchhaltung Betrauten gehört noch zur Buchführung.

Wird ein Rechtsanwalt zur finanzamtlichen Betriebsprüfung zugezogen, weil er die Bücher geführt und die Jahresabschlüsse erstellt hat, handelt es sich nicht um eine wesensmäßig anwaltliche Tätigkeit.
BGH, Urt. v. 9.4.1970 – VII ZR 146/68, BGHZ 53, 394 = NJW 1970, 1189.

Für die Frage, ob die Tätigkeit eines Rechtsanwalts eine Berufsausübung i.S.d. § 3 BRAO darstellt, ist darauf abzustellen, ob die ihm übertragene Aufgabe, rechtlichen Beistand zu leisten, gegenüber den Arbeiten, die andere Aufgaben zum Inhalt haben und daher i.d.r. von anderen Personen wahrgenommen werden, im Vordergrund steht. Dies ist der Fall, wenn Steuerbilanzen und -erklärungen anzufertigen sind. Die damit verbundene Aufgabe, auch die Buchführung des Auftraggebers zu kontrollieren, steht demgegenüber im Hintergrund.

Eine Unterschlagungsprüfung, die allein auf die „detektivische" Ermittlungstätigkeit zur Feststellung von Tatsachen zielt und bei der nicht die Fachkenntnisse eines Rechtsanwalts, sondern lediglich Kenntnisse auf dem Gebiet der Buchhaltung und -prüfung einzusetzen sind, ist keine anwaltliche Berufstätigkeit.
BGH, Urt. v. 29.6.1972 – VIII 84/71, VersR 1972, 1052.

Makler

Ein Fall anwaltlicher Berufsausübung liegt auch vor, wenn die dem Rechtsanwalt eigentümliche Aufgabe des rechtlichen Beistandes nicht so in den Hintergrund tritt, dass es gerechtfertigt wäre, die übernommene und durchgeführte Aufgabe als reine Maklertätigkeit zu sehen.
BGH, Urt. v. 26.10.1955 – VI ZR 145/54, BGHZ 18, 340 = NJW 1955, 1921.

Einem Rechtsanwalt fällt nach Vorbildung und Beruf in erster Linie die Aufgabe zu, rechtlichen Beistand zu gewähren. Grundsätzlich ist davon auszugehen, dass er zu diesem Zweck, also in seiner Eigenschaft als Rechtsanwalt hinzugezogen wird.

Wenn jedoch die rechtliche Betreuung ganz unwesentlich ist, tritt die Rechtsanwaltstätigkeit gegenüber der Maklertätigkeit so weit zurück, dass sie rechtlich unerheblich wird.
BGH, Urt. v. 18.11.1969 – VI ZR 90/68, VersR 1970, 136.

Ein Anwaltsvertrag liegt nicht vor, wenn die anwaltliche Tätigkeit gegenüber der Maklertätigkeit ganz zurücktritt, unwesentlich erscheint und keine praktisch ins Gewicht fallende Rolle spielt, also wenn die dem Rechtsanwalt eigentümliche Aufgabe, rechtlichen Beistand zu gewähren, so in den Hintergrund tritt, dass nur von einer reinen Maklertätigkeit gesprochen werden kann.
BGH, Urt. v. 16.9.1971 – VII ZR 312/69, BGHZ 57, 53 = NJW 1971, 2227.

Die Abgrenzung zwischen Anwalts- und Maklervertrag hängt nicht von den Vorstellungen der Vertragspartner, sondern davon ab, ob die dem Rechtsanwalt eigentümliche Aufgabe, rechtlichen Beistand zu leisten, so in den Hintergrund getreten ist, dass es gerechtfertigt ist, die übernommene und durchgeführte Aufgabe als reine Maklertätigkeit zu werten.

Hat der Rechtsanwalt seinem Auftraggeber in nicht mehr ganz unerheblichem Umfang rechtlichen Beistand geleistet, so ist der zwischen ihnen bestehende Vertrag in seiner Gesamtheit kein Maklervertrag, sondern ein Anwaltsdienstvertrag.
BGH, Urt. v. 5.4.1976 – III ZR 79/74, WM 1976, 1135.

Die Eigenschaft als Rechtsanwalt steht dem Abschluss eines einzelnen Maklervertrages nicht entgegen.

Ob im Einzelfall eine Anwalts- oder Maklertätigkeit vorliegt, hängt vom Inhalt der dem Rechtsanwalt übertragenen und von ihm durchgeführten Aufgabe ab.

Hat ein Rechtsanwalt seinem Auftraggeber bei seiner Tätigkeit auch rechtlichen Beistand zu leisten, so wird er als Anwalt tätig, mag auch im Vordergrund seiner Bemühungen eine typische Maklertätigkeit stehen. Etwas anderes gilt lediglich dann, wenn die rechtsberatende Tätigkeit völlig in den Hintergrund tritt und keine Rolle spielt.

Die Vorstellungen, die sich die Parteien über die Rechtsnatur ihrer Vereinbarung machen, sind unerheblich.
BGH, Urt. v. 16.2.1977 – IV ZR 55/75, NJW 1976, 628 (Ls.) = WM 1977, 551.

Ist der Inhalt der einem Rechtsanwalt übertragenen Aufgabe in nicht unwesentlichem Umfang rechtsberatender Natur, stellt sich der zwischen ihm und seinem Auftraggeber geschlossene Vertrag – unabhängig von den Vorstellungen, die sich die Parteien über dessen Rechtsnatur machen – in seiner Gesamtheit als Anwaltsdienstvertrag dar, der die Maklertätigkeit umfasst.

Etwas anderes gilt lediglich dann, wenn die rechtsberatende Aufgabe völlig in den Hintergrund tritt.

Besteht die einem Rechtsanwalt übertragene Aufgabe in der Vermittlung eines Kauf- oder Darlehensvertrages, so ist, sofern nicht eindeutige und zwingende Gründe entgegenstehen, im Zweifel davon auszugehen, dass die Partei, die anstelle eines Maklers einen Rechtsanwalt beauftragt hat, ihn in eben dieser Eigenschaft zuzieht, also von ihm erwartet, dass er bei seinem Tätigwerden insbesondere ihre rechtlichen Interessen betreut.
BGH, Urt. v. 10.6.1985 – III ZR 73/84, NJW 1985, 2642 = WM 1985, 1401.

Ein Rechtsanwalt kann nicht aus berufs- und gebührenrechtlichen Gründen einen Teil eines Gesamtauftrages aus dem anwaltlichen Vertragsverhältnis ausklammern. Die Vorstellungen, die sich die Parteien über die Rechtsnatur des Vertragsverhältnisses machen, sind unerheblich.
BGH, Urt. v. 23.2.1987 – AnwSt (R) 24/86, NJW 1987, 2451.

Mit dem Beruf des Rechtsanwalts ist eine gewerbliche Tätigkeit nicht kraft Gesetzes unvereinbar. Wenn auch die ständige Ausübung des Berufs eines Maklers für einen Rechtsanwalt unzulässig ist, kann er jedenfalls ein gelegentliches einzelnes Maklergeschäft grundsätzlich rechtswirksam mit einem Dritten vereinbaren.

Zur Abgrenzung zwischen einem Makler- und einem Anwaltsvertrag ist darauf abzustellen, ob der Rechtsanwalt im Rahmen seiner Maklerleistungen dem Auftraggeber rechtlichen Rat von nicht völlig unerheblicher Bedeutung hat zuteil werden lassen.

Für den Abschluss eines Maklervertrages mit einem Rechtsanwalt spricht, dass dieser als Interessenvertreter der Gegenseite aufgetreten ist und der Auftraggeber seinerseits einen anderen Rechtsanwalt mit der Wahrnehmung seiner Interessen beauftragt hat.
BGH, Urt. v. 31.10.1991 – IX ZR 303/90, NJW 1992, 681 = WM 1992, 279.

An die Herauslösung eines Geschäfts aus der allgemeinen Anwaltstätigkeit sind strenge Anforderungen zu stellen; der bloße Hinweis darauf, dass der Rechtsanwalt als Makler tätig werde, reicht nicht aus.
BGH, Urt. v. 13.6.1996 – III ZR 113/95, BGHZ 133, 90 = NJW 1996, 2499 = WM 1996, 1465.

Schließen sich ein Rechtsanwalt und ein Anwaltsnotar zu einer Sozietät zusammen, so darf der mit dem Notar verbundene Rechtsanwalt Maklerverträge über Grundstücke abschließen.
BGH, Urt. v. 22.2.2001 – IX ZR 357/99, NJW 2001, 1569 = BGHZ 147, 39, 41 ff. (vgl. dazu aber BVerfG, Beschl. v. 17.9.2001 – 1 BvR 615/01, n.v.: „sehr zweifelhaft" mit Rücksicht auf BVerfGE 98, 49).

Für die Einordnung eines Auftrags als Anwaltsvertrag ist maßgeblich, dass die übertragene Aufgabe in nicht ganz unwesentlichem Umfang rechtsberatender oder rechtsbesorgender Natur ist.

Sofern nicht deutliche und zwingende Gründe entgegenstehen, ist im Zweifel davon auszugehen, dass die Partei, die anstelle eines Maklers einen Rechtsanwalt mit der Vermittlung eines (Kauf-)Vertrages beauftragt hat, erwartet, dass der Anwalt auch ihre rechtlichen Interessen betreut; dabei ist jedoch maßgebend, wie die Willenserklärung redlicherweise unter den bekannten Umständen nach Treu und Glauben unter Berücksichtigung der Verkehrssitte von dem Rechtsanwalt verstanden werden darf. Diese Auslegungsregel greift nicht ein, wenn feststeht, dass es dem Auftraggeber nicht um die Leistung rechtlichen Beistands geht.
OLG Hamm, Urt. v. 2.3.1995 – 28 U 134/94, NJW-RR 1995, 951.

■ **(Treuhänderische) Vermögensverwaltung**

Eine Vermögensverwaltung gehört i.d.R. nicht zur Berufstätigkeit des Rechtsanwalts. Maßgebend ist insoweit, ob die dem Rechtsanwalt eigene Aufgabe im Vordergrund steht, rechtlichen Beistand zu leisten; ist dies der Fall, dann gehört das Geschäft auch dann zu seiner Berufstätigkeit, wenn es sich um ein sog. Wirtschaftsmandat handelt.

Dagegen gehört ein Geschäft nicht zur Berufstätigkeit eines Rechtsanwalts, wenn Arbeiten in Rede stehen, die i.d.R. oder doch in erheblichem Umfang auch von anderen Personen berufsmäßig wahrgenommen werden und deshalb nicht zum typischen Aufgabengebiet des Rechtsanwalts gehören.
BGH, Urt. v. 22.12.1966 – VII ZR 195/64, BGHZ 46, 268 = NJW 1967, 876.

Wird ein Rechtsanwalt mit den Aufgaben eines Treuhänders beauftragt, die mit der eigentlichen juristischen Tätigkeit in Zusammenhang stehen, kommt ein Anwaltsvertrag zustande.
BGH, Urt. v. 10.3.1988 – III ZR 195/86, NJW-RR 1988, 1299 = WM 1988, 986.

Die Treuhandtätigkeit gehört zum Berufsbild des Rechtsanwalts.

Die Anwendung des anwaltlichen Berufsrechts auf eine vom Rechtsanwalt ausgeübte Tätigkeit setzt voraus, dass diese auch eine Rechtsberatung zum Gegenstand hat. Das trifft für die treuhänderische Verwaltung von Anlagebeteiligungen zu. Beteiligt sich ein Anleger über einen Treuhänder mittelbar an einem Kapitalanlagemodell, das durch eine besondere zivilrechtliche Gestaltung eine wirtschaftlich und steuerlich günstige Geldanlagemöglichkeit schaffen soll, setzt die treuhänderische Verwaltung der Beteiligung nicht nur Kenntnisse des Steuerrechts, sondern auch zivilrechtliche Kenntnisse voraus.

Der Treuhänder, der sich im Interesse der Anleger an einem Kapitalanlagemodell beteiligt, hat deren Belange wahrzunehmen; dazu gehört auch die Beratung der Anleger in den mit der Beteiligung und deren Verwaltung verbundenen Rechtsfragen.

Für die Anwendung der (inzwischen aufgehobenen) Verjährungsvorschrift des § 51 BRAO a.F. (= § 51b BRAO n.F.) ist nicht entscheidend, dass nach § 1 Abs. 2 BRAGO

die Tätigkeit des Rechtsanwalts als Treuhänder dem Geltungsbereich dieses Gesetzes unterliegt. Ausschlaggebend ist, dass es sich um eine Tätigkeit handelt, die zum typischen Berufsbild des Rechtsanwaltsgehört.
BGH, Urt. v. 9.11.1992 – II ZR 141/91, BGHZ 120, 157 = NJW 1993, 199.

Ein Rechtsanwalt, der als Treuhänder bei einem Anlagemodell die eingezahlten Gelder überwacht oder verwaltet, hat mit den Anlegern einen Anwaltsvertrag geschlossen, wenn es zu seinen Aufgaben gehört, die Anleger in den mit der Beteiligung und deren Verwaltung verbundenen Rechtsfragen zu beraten.

Dies ist nicht der Fall, wenn der Treuhänder lediglich verpflichtet ist, die Verwendung der eingezahlten Gelder zu überwachen sowie die Anleger auf die typischen wirtschaftlichen Risiken der Anlage und auf regelwidrige Umstände der Geschäftstätigkeit der Anlagegesellschaft hinzuweisen.
BGH, Urt. v. 1.12.1994 – III ZR 93/93, NJW 1995, 1025 = WM 1995, 344.

Eine vertragliche Vermögensverwaltung bzw. Treuhandtätigkeit zählt regelmäßig nicht zur Berufstätigkeit eines Rechtsanwalts, wenn das Interesse des Auftraggebers allein dahin geht, einen Vermögensgegenstand zu erhalten oder eventuell gewinnbringend anzulegen.
BGH, Urt. v. 7.7.1999 – VIII ZR 131/98, NJW 1999, 3037.

Übernimmt es ein Rechtsanwalt, für seinen Auftraggeber Geldbeträge in Empfang zu nehmen und/oder weiterzuleiten, um ein Darlehensverhältnis mit einem im Ausland ansässigen Darlehensgeber anzubahnen und abzuwickeln, so liegt hierin, wenn damit eine rechtliche Beratung nicht verbunden ist, nicht deshalb eine anwaltstypische Tätigkeit, weil dem Anwaltsstand besonderes Vertrauen entgegengebracht wird.
OLG Düsseldorf, Urt. v. 31.1.1997 – 7 U 68/96, NJWE-VHR 1997, 255 = VersR 1997, 1279.

Ausländischer Anwalt

Ein Patentanwalt ist berechtigt, einen im Ausland auszuführenden Auftrag nach § 664 BGB durch Substitution auf einen ausländischen Anwalt weiter zu übertragen.

Für die Annahme einer Substitution ist es unwesentlich, ob zwischen dem Auftraggeber und dem ausländischen Anwalt unmittelbare Vertragsbeziehungen zustande kommen. Entscheidend ist, ob die Übertragung sachgemäß war.
RG, Urt. v. 2.10.1925 – III 497/24, JW 1926, 246.

Der neben einem ausländischen Prozessbevollmächtigten bestellte inländische Verkehrsanwalt ist nicht verpflichtet, die Verjährungsvorschriften des ausländischen Rechts zu prüfen und den Mandanten auf drohende Verjährung hinzuweisen.

Der deutsche Verkehrsanwalt darf sich darauf verlassen, dass der beauftragte ausländische Prozessbevollmächtigte seine Pflichten vollständig und mit der erforderlichen Sorgfalt wahrnimmt und das anzuwendende ausländische Recht kennt und beachtet.
OLG Bamberg, Urt. v. 7.11.1988 – 4 U 119/88, MDR 1989, 542.

Beendigung des Anwaltsvertrages

■ Erledigung außergerichtlicher Tätigkeit

Die Beendigung eines Anwaltsvertrages hängt von dem Inhalt des Auftrags ab. Ein Auftrag ist beendet, wenn der Rechtsanwalt seine Aufgaben erfüllt hat.

Ist der Rechtsanwalt beauftragt, einen notariell zu beurkundenden Vertrag auszuhandeln und an dessen Abschluss mitzuwirken, ist der Auftrag erst dann beendet, wenn der Notar die Verträge dem Rechtsanwalt vereinbarungsgemäß übermittelt hat, so dass dieser den Inhalt der Verträge vor der Weiterleitung an die Partei darauf überprüfen kann, ob er dem Willen der Beteiligten entspricht. Diese Überprüfung gehört auch ohne besondere Weisung zum Inhalt des Auftrags.

Insoweit ist zu unterscheiden zwischen der eigentlichen anwaltlichen Leistung und der nur bürotechnischen Abwicklung eines Auftrags durch Rückgabe von Schriftstücken, die zur Durchführung des Auftrags überlassen worden sind. Die noch ausstehende Erledigung einer solchen Maßnahme ist nicht geeignet, die Beendigung des Anwaltsvertrages hinauszuzögern.
BGH, Beschl. v. 13.7.1984 – III ZR 137/83, VersR 1984, 1318 = AnwBl 1985, 257.

Hat der Rechtsanwalt Verträge über die Beschäftigung freier Mitarbeiter zu entwerfen, ist der Auftrag jedenfalls mit der Vorlage und Erläuterung des Vertragsentwurfs erkennbar abgeschlossen.
BGH, Urt. v. 1.2.1990 – IX ZR 82/89, NJW-RR 1990, 459.

Hat der Rechtsanwalt im Rahmen eines Werkvertrages einen Kaufvertrag zu entwerfen, wird das Mandat beendet, sobald der Auftraggeber den bestellten Entwurf als in der Hauptsache vertragsgemäße Leistung abnimmt, indem er diesen unterzeichnet (§§ 640, 641 BGB). Liegt ein Dienstvertrag vor, endet der Auftrag, sobald der Rechtsanwalt nach Erledigung seiner Aufgaben dem Mandanten seine Gebührenrechnung erteilt.
BGH, Urt. v. 16.11.1995 – IX ZR 148/94, NJW 1996, 661 = WM 1996, 540.

Hat der Rechtsanwalt einen Pachtvertrag zu entwerfen, ist das Mandat mit der Unterzeichnung der Vertragsurkunde beendet. Liegt ein Dienstvertrag vor, findet der Auftrag damit seine Erledigung. Handelt es sich um einen Werkvertrag, wird das Mandat beendet, sobald der Auftraggeber den Vertragsentwurf als in der Hauptsache vertragsgemäße Leistung abnimmt, indem er ihn unterschreibt.
BGH, Urt. v. 20.6.1996 – IX ZR 106/95, NJW 1996, 2929 = WM 1996, 1832.

Wird eine Auseinandersetzung für mögliche Rückfragen auf zwei Jahre „verfristet" und am Ende dieser Zeit die Kostenberechnung übersandt, ist hierin erst die Erledigung des Mandats zu sehen.
BGH, Urt. v. 27.11.2003 – IX ZR 76/00, NJW 2004, 1523.

Die Beendigung eines ungekündigten Mandats ist den Umständen des Einzelfalls zu entnehmen. I.d.R. ist es erforderlich, dass die übertragenen Aufgaben erledigt sind.

Trotz unvollständiger Beratung ist der Auftrag erledigt, wenn der Rechtsanwalt zu erkennen gibt, dass er seinen Auftrag als erfüllt betrachtet. Dies ist beispielsweise dann der Fall, wenn der Rechtsanwalt eine Rechnung übersendet.

Auskünfte, die im Rahmen einer nachvertraglichen Verpflichtung erfolgen, haben keinen Einfluss auf die Beendigung des Anwaltsvertrages.
OLG Bamberg, Urt. v. 19.11.1976 – 3 U 7176, VersR 1978, 329.

■ **Erledigung gerichtlicher Tätigkeit**

Grundsätzlich endet der Auftrag des erstinstanzlichen Anwalts, sobald er seiner Partei das Urteil übersandt und mitgeteilt hat, wann das Urteil zugestellt wurde und deswegen die Rechtsmittelfrist endet.
BGH, Urt. v. 16.12.1959 – IV ZR 206/59, BGHZ 31, 351 = NJW 1960, 818.

Das Mandat kann erst dann enden, wenn keine weiteren Handlungen vom Anwalt mehr zu erwarten sind. Es bleibt dahingestellt, ob das Mandat eines erstinstanzlichen Anwalts regelmäßig nach Übersendung des Urteils mit Zustellungsvermerk erlischt oder ob auf die Übersendung des mit dem Rechtskraftzeugnis versehenen erstinstanzlichen Urteils abzustellen ist.

Der Prozessbevollmächtigte ist verpflichtet, der von ihm vertretenen Partei von dem Lauf der Berufungsfrist Kenntnis zu geben, so dass sie entscheiden kann, ob Berufung einzulegen ist. Diese Pflicht erfüllt der Rechtsanwalt, wenn er das abgekürzte Urteil übersendet und das Zustellungsdatum mit dem Hinweis auf den Ablauftermin der Berufungsfrist angibt. Die Übersendung muss nicht durch eingeschriebenen Brief erfolgen.

Der Auftrag kann jedoch nur dann als erledigt angesehen werden, wenn im Einzelfall eine Pflicht, innerhalb der Berufungsfrist bei der Partei nachzufragen, ob sie Berufung einlegen wolle, nicht mehr besteht. Eine solche Nachfragepflicht ist regelmäßig zu verneinen. Aufgrund der besonderen Umstände des Falls kann sich jedoch ausnahmsweise eine nachträgliche Erkundigungspflicht ergeben, wenn der Rechtsanwalt besonderen Anlass hat, den Verlust seiner Mitteilung zu befürchten, oder wenn ihm der Standpunkt der Partei, unter allen Umständen ein Rechtsmittel einlegen zu wollen, bereits bekannt ist.
BGH, Urt. v. 23.1.1963 – VIII ZB 19/62, VersR 1963, 435.

Das Mandat eines Prozessbevollmächtigten endet nicht, bevor die Entscheidung, welche die Instanz abschließt, ihm zugestellt worden ist.
BGH, Beschl. v. 2.7.1974 – VI ZR 80/74, VersR 1974, 1131.

Ist der erstinstanzliche Anwalt in die vorbereitenden Maßnahmen der Partei zur Beauftragung eines Revisionsanwalts einbezogen, endet sein Mandat regelmäßig erst mit der Annahme des Vertretungsauftrags durch den Revisionsanwalt oder mit der eindeutigen Erklärung gegenüber dem Mandanten, bei der Beauftragung des Revisionsanwalts nicht mehr mitzuwirken.
BGH, Beschl. v. 17.4.1978 – II ZR 34/78, VersR 1978, 722.

Das Mandatsverhältnis zwischen einem Rechtsanwalt und seiner Partei endet grundsätzlich, wenn nach den Umständen des Einzelfalls keine weiteren Handlungen mehr von dem Rechtsanwalt zu erwarten sind.

Übersendet ein Rechtsanwalt, der nicht zum Verkehrsanwalt bestellt ist, nach Erlass eines erstinstanzlichen Urteils seine Handakten einem anderen, beim Berufungsgericht zugelassenen Rechtsanwalt, folgt daraus nicht ohne weiteres, dass der Mandant von diesem Zeitpunkt an von dem Rechtsanwalt keine weitere Tätigkeit mehr erwarten kann und darf.

Die Beendigung des Mandats hängt in diesem Fall davon ab, ob der Rechtsanwalt selbst seinen Auftrag als erfüllt ansieht oder nicht. Das kann abschließend nur aufgrund des Gesamtverhaltens des Rechtsanwalts und seines Mandanten beurteilt werden.

Im Allgemeinen kann angenommen werden, dass noch ein Mandatsverhältnis besteht, wenn der Auftraggeber den Rechtsanwalt, der als sein „Hausanwalt" tätig ist, um Durchsicht der Revisionsbegründung im Vorprozess und um Übermittlung zusätzlicher Argumente an den Revisionsanwalt bittet, der Rechtsanwalt die erbetene Stellungnahme abgibt und die Vertragspartner wegen des Rechtsstreits noch einen Besprechungstermin vereinbaren.
BGH, Urt. v. 10.10.1978 – VI ZR 115/77, NJW 1979, 264.

Das Mandat eines erstinstanzlichen Prozessbevollmächtigten ist grundsätzlich nicht beendet, bevor er seinem Auftraggeber das erstinstanzliche Urteil übersandt, dessen Zustellung mitgeteilt und auf die Rechtsmittelmöglichkeiten hingewiesen hat.
BGH, Beschl. v. 20.9.1989 – IV b ZB 91/89, NJW 1990, 189.

Das Mandatsverhältnis ist jedenfalls dann, wenn der Rechtsanwalt auch beim Rechtsmittelgericht zugelassen ist und sein Auftrag nicht ausdrücklich auf die Vertretung im ersten Rechtszug beschränkt ist, mit dessen Abschluss noch nicht beendet. Die Einlegung der Berufung stellt sich deshalb nicht als Ausführung eines neuen Auftrags, sondern als Fortführung einer „schwebenden Angelegenheit" dar.
OLG Hamburg, Urt. v. 16.11.1971 – 12 U 169/69, NJW 1972, 775.

Das Mandat eines Rechtsanwalts endet auch ohne Kündigung, wenn Inhalt und Zweck des Auftrags voll erledigt sind bzw. wenn der Rechtsanwalt keine weitere Tätigkeit mehr für den Mandanten entfalten kann. Ein abschließender Prozessbericht gehört nicht mehr zur Durchführung des Auftrags.
OLG Nürnberg, Urt. v. 24.4.1979 – 3 U 13/79 (Annahme der Revision abgelehnt: BGH, Beschl v. 5.2.1980 – VI ZR 172/79), VersR 1980, 541.

Ein Anwaltsvertrag erlischt nicht durch faktische Beendigung des Mandats, sondern nur durch Kündigung oder Erreichen des Vertragszwecks. Aus einer Untätigkeit des Rechtsanwalts kann auf einen rechtlich relevanten Beendigungsgrund geschlossen werden. Die Nichtzahlung eines angeforderten Vorschusses reicht dafür nicht aus, wenn der Rechtsanwalt deswegen nicht kündigt.
OLG Köln, Urt. v. 17.10.1979 – 2 U 33/79, VersR 1980, 362, zu § 17 BRAGO.

Das Mandatsverhältnis zwischen dem Rechtsanwalt und seiner Partei endet grundsätzlich dann, wenn keine weiteren Handlungen mehr von dem Rechtsanwalt zu erwarten sind. Dabei ist entscheidend, ob der Rechtsanwalt seinen Auftrag als erfüllt ansieht oder nicht. Dies kann abschließend nur aufgrund des Gesamtverhaltens der Beteiligten beurteilt werden. Eine Mandatsbeendigung tritt danach regelmäßig mit der die Instanz abschließenden Entscheidung ein. Soll der erstinstanzliche Rechtsanwalt nicht in der Rechtsmittelinstanz auftreten und auch nicht einen anderen Rechtsanwalt beauftragen, ist er aus seiner Verantwortung entlassen und beendet das Mandat, wenn er die Entscheidung mit den Informationen dem Auftraggeber zuleitet.
OLG Hamm, Urt. v. 25.11.1980 – 28 U 18/80, VersR 1981, 440.

■ Übersendung der Rechnung

Mit der Übersendung seiner Kostenrechnung bringt ein Rechtsanwalt gegenüber seinem Mandanten regelmäßig zum Ausdruck, dass er den Auftrag als erledigt ansieht. Aus einer vorbehaltlosen Zahlung des Mandanten geschlossen werden, dass er die Rechnung auch so verstanden hat.
BGH, Urt. v. 29.11.1983 – VI ZR 3/82, VersR 1984, 162.

Das Mandat kann mit Erteilung der Rechnung enden.
BGH, Urt. v. 10.10.1991 – IX ZR 38/91, NJW 1992, 436.

Beendigung durch Kündigung

→ *„Kündigung"*

■ Novation

Ein Anwaltsvertrag kann auch im Wege der Schuldumschaffung (Novation) erlöschen. Wegen der weitreichenden Folgen einer Schuldumschaffung muss ein dahingehender

Vertragswille deutlich erkennbar zum Ausdruck kommen. Verbleiben Zweifel an einer Schuldumschaffung, ist regelmäßig nur von einem Abänderungsvertrag auszugehen.
BGH, Urt. v. 14.11.1985 – III ZR 80/84, NJW 1986, 1490.

■ **Tod des beauftragten Rechtsanwalts**

Der amtlich bestellte Vertreter eines Rechtsanwalts ist nach dessen Tod nicht der Bevollmächtigte der Partei i.S.d. § 85 Abs. 2 ZPO.
BGH, Beschl. v. 10.11.1981 – VIII ZR 315/80, VersR 1982, 190.

Ein Einzelmandat erlischt mit dem Tod des beauftragten Rechtsanwalts gemäß §§ 675, 673 BGB. War bereits vor dem Tod des Rechtsanwalts ein Vertragsverhältnis mit allen Mitgliedern seiner Sozietät vereinbart, besteht dieses mit den verbleibenden Mitgliedern fort.
BGH, Urt. v. 4.2.1988 – IX ZR 29/87, NJW 1988, 1973 = WM 1988, 457.

Beiordnung im Prozesskostenhilfeverfahren

In dem Armenrechtsgesuch oder in der Zustellung des Beiordnungsbeschlusses an den Anwalt sind nicht schon allgemein die Bevollmächtigung und die Beauftragung des beizuordnenden Anwalts enthalten.

Die Partei muss dafür Sorge tragen, dass sie nach der Armenrechtsbewilligung den ihr beigeordneten Anwalt so rechtzeitig bevollmächtigt, dass Fristen gewahrt werden können.

Unter Umständen kann die Anstandspflicht (nobile officium) vom Anwalt erfordern, dass er nach der Beiordnung nicht wartet, bis die Partei sich an ihn wendet, sondern dass er seinerseits alsbald die Sache in Angriff nimmt, insbesondere dann, wenn Rechte der Partei gefährdet sind.

Diese Anstandspflicht begründet noch keine Vertretereigenschaft des beigeordneten Anwalts.
RG, Urt. v. 18.2.1919 – VII 351/18, RGZ 94, 342.

Armenrechtsgesuch und Beiordnung bringen i.d.R. noch keinen Dienstvertrag zwischen dem Rechtsanwalt und der Partei zustande.

Nach der Beiordnung darf der Rechtsanwalt den Vertragsantrag der Partei nicht ablehnen, sondern muss den Auftrag, sie im Prozess zu vertreten, annehmen und ausführen.

Eine rechtsunkundige Partei hat der Rechtsanwalt darüber aufzuklären, dass sein Tätigwerden noch einen besonderen Auftrag von ihrer Seite voraussetzt.

Droht der Ablauf einer Frist, obliegt dem beigeordneten Anwalt die Pflicht, von sich aus das zur Wahrung der Frist Nötige schon zu veranlassen, ehe er in vertragliche Beziehungen zur Partei tritt.

Im Verhältnis zur Partei richten sich dann die Rechtsfolgen seines Handelns nach den Vorschriften über die Geschäftsführung ohne Auftrag, während der Anwalt nach außen als Vertreter ohne Vertretungsmacht erscheint.

Eine schuldhafte Verletzung der dem Rechtsanwalt durch seine Beiordnung auf erlegten Pflichten macht ihn schadensersatzpflichtig. Dies gilt nicht bloß dann, wenn er den Vertragsantrag der armen Partei ablehnt, sondern auch dann, wenn er die ihm in besonderen Fällen obliegenden weitergehenden Pflichten nicht er füllt.
RG, Urt. v. 26.11.1926 – III 536/25, RGZ 115, 60.

Die Beiordnung eines Armenanwalts begründet noch kein privates Rechtsverhältnis zwischen dem Rechtsanwalt und der Partei.

Ein Mandats- und Vollmachtsverhältnis setzt eine entsprechende Auftrags- und Vollmachtserteilung durch die Partei voraus.

Für den Rechtsanwalt entstehen schon mit der Beiordnung Fürsorge-, Belehrungs- und Betreuungspflichten. Er hat vor allem die arme Partei über die zu wahrenden Fristen zu belehren und so zu verhindern, dass sie aus Rechtsunkenntnis Schaden erleidet.
BGH, Urt. v. 22.6.1959 – III ZR 52/58, BGHZ 30, 226 = NJW 1959, 1732.

Die Beiordnung selbst begründet noch keinen Vertrag zwischen dem Rechtsanwalt und der Partei. Die Partei muss den beigeordneten Rechtsanwalt mit ihrer Vertretung noch beauftragen und ihm für sein Auftreten Vollmacht erteilen.

Der beigeordnete Rechtsanwalt hat schon vor der Erteilung dieses privatrechtlichen Auftrags gewisse Fürsorge-, Belehrungs- und Beratungspflichten, die jedoch nicht auf Vertrag beruhen.
BGH, Urt. v. 1.3.1973 – III ZR 188/71, BGHZ 60, 255 = NJW 1973, 757; vgl. BGH, Urt. v. 23.9.2004 – IX ZR 137/03, NJW 2005, 494.

Wird der armen Partei ein bei dem beauftragten Rechtsanwalt angestellter Anwalt im Wege der Prozesskostenhilfe beigeordnet, so kommt ein Anwaltsvertrag mit Letzterem spätestens dadurch zu Stande, dass der Anwalt im Einverständnis mit der Partei tätig wird.

Hat die arme Partei vor der Beiordnung eines angestellten Rechtsanwalts dem Prinzipal ein Mandat erteilt, besteht dieser Vertrag auch nach der Beiordnung fort, wenn nichts anderes vereinbart ist.

Der angestellte Anwalt haftet in einem solchen Fall nur für eigene Pflichtverletzungen nach der Beiordnung.
BGH, Urt. v. 23.9.2004 – IX ZR 137/03, NJW-RR 2005, 494 = MDR 2005, 435.

Beweislast

Ist zweifelhaft, ob ein Vertrag unbedingt oder unter einer aufschiebenden Bedingung abgeschlossen worden ist, trägt diejenige Partei die Beweislast für einen unbedingten Vertragsabschluss, die Rechte aus ihm herleitet.
BGH, Urt. v. 17.10.1984 – III ZR 181/83, NJW 1984, 497.

Der Auftraggeber ist für den Umfang des erteilten Auftrags beweispflichtig.
Ist streitig, ob der Mandant den Auftrag nachträglich eingeschränkt oder gekündigt hat, ist dafür der Rechtsanwalt beweisbelastet.
BGH, Urt. v. 10.2.1994 – IX ZR 109/93, NJW 1994, 1472 = WM 1994, 1114.

Der Rechtsanwalt muss darlegen und beweisen, dass der Auftraggeber eine Weisung nachträglich geändert hat.
BGH, Urt. v. 9.6.1994 – IX ZR 125/93, BGHZ 126, 217 = NJW 1994, 3295 = WM 1994, 2113.

Der Auftraggeber muss beweisen, dass ein unbeschränktes Mandat vorliegt.
BGH, Urt. v. 20.6.1996 – IX ZR 106/95, NJW 1996, 2929 = WM 1996, 1832.

Ein Rechtsanwalt hat grundsätzlich von der Belehrungsbedürftigkeit seines Auftraggebers auszugehen, auch gegenüber rechtlich und wirtschaftlich erfahrenen Personen. Dafür, dass der Mandant im Einzelfall die Rechtslage kannte und nicht belehrungsbedürftig war, trifft den Anwalt die Beweislast.
BGH, Urt. v. 26.10.2000 – IX ZR 289/99, NJW 2001, 517.

Zur Darlegung eines Mandats in einem anwaltlichen Vergütungsprozess.
BGH, Urt. v. 17.7.2003 – IX ZR 250/02, NJW 2003, 3564.

Macht der Anwaltsnotar ein Anwaltshonorar geltend, muss er beweisen, dass der Auftraggeber ihn als Rechtsanwalt beauftragt hat.
OLG Hamm, Urt. v. 10.4.1968 – 12 U 12/68, DNotZ 1968, 625.

Den Inhalt des Anwaltsvertrages muss der Auftraggeber beweisen.
OLG München, Urt. v. 14.7.1970 – 4 U 240/69, VersR 1971, 525.

Für einen Anspruch aus Verletzung eines Dienstvertrages muss der Auftraggeber den Auftrag als solchen und seinen gesamten Inhalt beweisen. Die Beweislast erstreckt sich auch darauf, welchen Sachverhalt er dem Rechtsanwalt unterbreitet hat.

Den Auftraggeber trifft die Beweislast dafür, ob und ggf. welche Weisungen er dem Rechtsanwalt erteilt hat.
KG, Urt. v. 18.10.1972 – 4 U 2377/71, MDR 1973, 233.

Ein Rechtsanwalt muss seine Behauptung, er habe einen ausdrücklichen Klageauftrag auch für den Fall gehabt, dass die Rechtsschutzversicherung des Mandanten keine

Deckungszusage erteilt, darlegen und beweisen.
OLG Düsseldorf, Urt. v. 6.11.1975 – 8 U 36/75, VersR 1976, 892.

Macht der Rechtsanwalt einen Honoraranspruch geltend, muss er einen Anwaltsvertrag beweisen.
OLG Frankfurt/M., Urt. v. 11.12.1980 – 12 U 96/79, AnwBl 1981, 152.

Eine umfassende Beauftragung des Rechtsanwalts hat der Auftraggeber zu beweisen.
OLG München, Urt. v. 10.7.1985 – 15 U 4266/84, NJW 1986, 726.

Ist streitig, ob ein auf eine anwaltliche Geschäftsbesorgung gerichteter Auftrag erteilt worden ist, muss der Rechtsanwalt nach allgemeinen Grundsätzen das Mandat als Voraussetzung für den Anspruch auf Vergütung beweisen.

Dafür reicht es nicht aus, dass er die Entfaltung einer anwaltlichen Tätigkeit nachweist, die Gegenstand anwaltlicher Beratung oder Interessenvertretung sein kann. Der Beweis muss vielmehr dahin geführt werden, dass die Tätigkeit als vertragliche Leistung in Erfüllung eines Mandats erbracht worden ist.
OLG Düsseldorf, Urt. v. 12.6.1986 – 8 U 156/85, AnwBl 1986, 400.

Der Rechtsanwalt trägt die Beweislast für einen unbedingten Klageauftrag.
OLG Nürnberg, Urt. v. 29.6.1989 – 8 U 4078/88, NJW-RR 1989, 1370.

Erfüllungsort

Nach § 269 BGB sind Ansprüche aus einem Anwaltsvertrag am Ort der Kanzlei des Rechtsanwalts als Leistungsort zu erfüllen. Honoraransprüche aus einem Rechtsanwaltsvertrag können unabhängig davon, ob der Beklagte seinen Wohnsitz im Ausland hat und deshalb ein ausländischer Gerichtsstand gegeben sein kann, jedenfalls auch am Ort der Kanzlei des Rechtsanwalts gerichtlich geltend gemacht werden (§ 29 ZPO).
BGH, Urt. v. 31.1.1991 – III ZR 150/88, NJW 1991, 3095.

Gebührenforderungen von Rechtsanwälten können i.d.R. nicht gemäß § 29 ZPO am Gericht des Kanzleisitzes geltend gemacht werden.
BGH, Beschl. v. 11.11.2003 – X ARZ 91/03, NJW 2004, 54.

Für Gebührenforderungen aus Anwaltsverträgen besteht i.d.R. kein Gerichtsstand des Erfüllungsortes am Kanzleisitz.
BGH, Urt. v. 4.3.2004 – IX ZR 101/03, NJW-RR 2004, 932.

Für den besonderen Gerichtsstand des Erfüllungsortes (Art. 5 Nr. 1 lit. b EuGVVO) besteht für die Erbringung der Dienstleistung und der Gegenleistung ein einheitlicher Erfüllungsort an dem Ort der vertragscharakteristischen Leistung. Ist die Dienstleistung in mehreren Mitgliedstaaten zu erbringen, ist als einziger Erfüllungsort der Ort zu bestimmen, an dem der Schwerpunkt der Tätigkeit liegt. Wird ein Rechtsanwalt mit der Wahrnehmung eines Mandats beauftragt, ist im Grundsatz davon auszugehen, dass

er die hierdurch erforderlich werdende Tätigkeit vom Sitz seiner Kanzlei aus erbringt. Hat ein Rechtsanwalt eine Dienstleistung zu erbringen, die auch die Teilnahme an der Verhandlung eines Schiedsgerichts in einem anderen Mitgliedstaat erfordert, ist für die Feststellung des einheitlichen Erfüllungsortes maßgebend, ob der Schwerpunkt der Tätigkeit in einer Gesamtschau der Terminswahrnehmung oder der sonstigen Tätigkeit, insbesondere der schriftsätzlichen Terminsvorbereitung, zukommt.
BGH, Urt. v. 2.3.2006 – IX ZR 15/05, NJW 2006, 1806.

Freier Mitarbeiter

Aus der Natur des Anwaltsvertrages folgt, dass in erster Linie der Rechtsanwalt als Vertragspartner persönlich seinem Auftraggeber zur Erfüllung der übertragenen Aufgaben verpflichtet ist. Für ein Verschulden der von ihm eingeschalteten Hilfskräfte haftet er gemäß § 278 BGB auch dann, wenn sie – hier: ein freier Mitarbeiter – mit Zustimmung des Mandanten hinzugezogen werden. Daneben haftet der Gehilfe des Rechtsanwalts im Außenverhältnis dem Mandanten in aller Regel nicht.

Der Gehilfe haftet als „Sachwalter" nur dann selbst, wenn er gleichsam in eigener Sache tätig wird, das heißt, wenn er im besonderen Maße persönliches Vertrauen in Anspruch genommen hat oder dem Verhandlungsgegenstand besonders nahe steht, weil er wirtschaftlich selbst stark am Vertragsabschluss interessiert ist und aus dem Geschäft eigenen Nutzen erstrebt.

Eine eigene Haftung des Vertreters ist nur dann gerechtfertigt, wenn er über das normale Verhandlungsvertrauen hinausgegangen ist, das bei der Anbahnung von Geschäftsbeziehungen immer gegeben ist oder vorhanden sein sollte. Der Vertreter muss dem Verhandlungspartner eine zusätzliche, von ihm persönlich ausgehende Gewähr für den Bestand und die Erfüllung des in Aussicht genommenen Rechtsgeschäfts geboten haben, die für den Willensentschluss des anderen Teils bedeutsam war. Das kann etwa bei einer außergewöhnlichen Sachkunde oder bei großer persönlicher Zuverlässigkeit des Vertreters der Fall sein. Allein der Hinweis auf diejenige Sachkunde, die für die übernommene Tätigkeit ohnehin erforderlich ist, erweckt kein besonderes Vertrauen in diesem Sinne.
BGH, Urt. v. 1.2.1990 – IX ZR 82/89, NJW-RR 1990, 459 = WM 1990, 815.

Bedient sich der Prozessbevollmächtigte einer Partei bei der Bearbeitung eines Rechtsstreits eines nichtanwaltlichen, volljuristisch ausgebildeten freien Mitarbeiters, so muss sich die Partei dessen Verschulden wie eigenes zurechnen lassen, wenn ihm der Rechtsstreit vom Prozessbevollmächtigten zur selbstständigen Bearbeitung übergeben worden ist.
BGH, Beschl. v. 9.6.2004 – VIII ZR 86/04, NJW 2004, 2901.

Gefälligkeit

Eine Gefälligkeit setzt die Unentgeltlichkeit der Leistung voraus; daraus allein lässt sich aber nicht auf das Fehlen ihres rechtsgeschäftlichen Charakters schließen.

Ob ein Rechtsbindungswille vorhanden ist, ist nicht nach dem inneren Willen des Leistenden zu beurteilen, sondern danach, ob der Leistungsempfänger aus dem Handeln des Leistenden unter den gegebenen Umständen nach Treu und Glauben mit Rücksicht auf die Verkehrssitte auf einen solchen Willen schließen musste. Es kommt darauf an, wie sich dem objektiven Beobachter das Handeln des Leistenden darstellt.

Ob eine Gefälligkeitshandlung rechtsgeschäftlicher Natur ist, richtet sich nach den Umständen des Einzelfalls, insbesondere nach Art, Zweck, wirtschaftlicher und rechtlicher Bedeutung der Gefälligkeit sowie der sich daraus ergebenden Interessenlage der Beteiligten.

Gefälligkeiten des täglichen Lebens halten sich regelmäßig außerhalb des rechtsgeschäftlichen Bereichs. Das gleiche gilt für Gefälligkeiten, die im rein gesellschaftlichen Verkehr wurzeln.

Hat der Leistende selbst ein rechtliches oder wirtschaftliches Interesse an der dem Begünstigten gewährten Hilfe, so wird diese i.d.R. für seinen Rechtsbindungswillen sprechen.
BGH, Urt. v. 22.6.1956 – I ZR 198/54, BGHZ 21, 102 = NJW 1956, 1313.

Wird ein Rechtsanwalt von seinem im Ausland weilenden Mandanten beauftragt, ein durch Niederlegung zur Post zugestelltes Schriftstück abzuholen, kann ein Anwaltsvertrag zustande kommen, falls der Rechtsanwalt aus dem mitgeteilten B-Aktenzeichen auf ein Mahnverfahren schließen kann. Dann ist für die Annahme einer unverbindlichen Gefälligkeitsabrede kein Raum.
BGH, Urt. v. 16.11.1989 – IX ZR 190/88, NJW-RR 1990, 204.

Wirtschaftliche Interessen schließen es aus, in der Korrespondenz und in Verhandlungen mit Dritten eine anwaltliche Gefälligkeit ohne Verpflichtungscharakter zu sehen. Daran ändert sich nichts, wenn der Rechtsanwalt insoweit unentgeltlich tätig wurde.
BGH, Urt. v. 21.12.1989 – IX ZR 234/88, NJW-RR 1990, 1532 = WM 1990, 695.

Es kommt kein Anwaltsvertrag mit dem Anfragenden zustande, wenn ein Rechtsanwalt lediglich eine so geringe Arbeitsleistung erbringt, dass angesichts der freundschaftlichen Bindung zwischen den Parteien von einer reinen Gefälligkeit gesprochen werden muss.
OLG Celle, Urt. v. 23.11.1972 – 7 U 4/71, JurBüro 1973, 136.

Vermittelt ein Rechtsanwalt während des Berufungsverfahrens weiterhin den gesamten Schriftverkehr der Prozessbevollmächtigten mit dem Mandanten, kommt ein Verkehrs-

anwaltsvertrag zustande. Bedeutungslos ist insoweit, dass der Rechtsanwalt für seine Tätigkeit keine Gebühren berechnet hat.
OLG Köln, Urt. v. 21.10.1993 – 7 U 47/93, VersR 1994, 1300.

Gegenstand

Der Auftrag eines Rechtsanwalts, die Interessen des Mandanten in einer nach Gegenstand und Entgelt begrenzten Angelegenheit wahrzunehmen (hier: Unternehmensberatung für innerbetriebliche Weiterbildung gegen ein Tageshonorar), umfasst nicht die Mitwirkung an einer andersartigen, ungleich bedeutsameren Tätigkeit, etwa an der Vorbereitung eines Unternehmenskaufs.
BGH, Urt. v. 2.7.1998 – IX ZR 63/97, NJW 1998, 3486 = WM 1998, 2243.

Haftungsbeschränkung

Der Hinweis am unteren Rand des Briefbogens einer – in der Rechtsform der BGB-Gesellschaft bestehenden – Anwalts-, Wirtschaftsprüfer- und Steuerberatersozietät auf eine „Gesellschaft bürgerlichen Rechts (mit beschränkter Gesellschafterhaftung)" bzw. „Gesellschaft bürgerlichen Rechts mit beschränkter Haftung" ist nicht geeignet, eine Haftungsbeschränkung herbeizuführen. Die Verwendung derartiger Briefbögen im geschäftlichen Verkehr verstößt gegen § 1 UWG.
BGH, Urt. v. 25.6.1992 – I ZR 120/90, NJW 1992, 2037 = WM 1992, 1964.

Für Haftungsbeschränkungen, deren Wirksamkeit sich nach dem vor In-Kraft-Treten des § 51a BRAO geltenden Recht richtet, lassen sich aus der in dieser Vorschrift enthaltenen Regelung unter Berücksichtigung der früheren Standesregeln gewichtige Anhaltspunkte dafür entnehmen, was insoweit in den letzten Jahren vor dem In-Kraft-Treten der Neuregelung guter Sitte entsprach.
BGH, Urt. v. 4.12.1997 – IX ZR 41/97, NJW 1998, 1864 = WM 1998, 335.

Kartellanwalt

→ *„Unterbevollmächtigter Rechtsanwalt"*

Kündigung

■ **Allgemeine Geschäftsbedingungen**

Ob der Rechtsgedanke des § 627 BGB, bei Diensten, die nur aufgrund besonderen Vertrauens übertragen zu werden pflegen, dem Dienstberechtigten eine Kündigung zu gestatten, wenn er – aus welchen Gründen auch immer – dieses Vertrauen verloren hat, AGB-Klauseln entgegensteht, die das Kündigungsrecht des § 627 Abs. 1 BGB einschränken oder ausschließen, bleibt offen. Da unter diese Gesetzesvorschrift ganz

verschiedene Dienstleistungen fallen, ist eine differenzierte Betrachtungsweise angebracht.
BGH, Urt. v. 1.2.1989 – IV a ZR 354/87, BGHZ 106, 341 = NJW 1989, 1479.

Die Frage, ob § 627 BGB durch AGB rechtswirksam ausgeschlossen werden darf, bleibt offen.
BGH, Urt. v. 19.11.1992 – IX ZR 77/92, NJW-RR 1993, 374 = WM 1993, 515.

Die Abbedingung des Kündigungsrechts aus § 627 Abs. 1 BGB durch AGB ist grundsätzlich nicht unwirksam. Hiergegen kann eine Klausel jedoch nach ihrer Ausgestaltung im Einzelfall verstoßen.
OLG Koblenz, Urt. v. 18.5.1990 – 2 U 1382/88, NJW 1990, 3153, zu § 9 AGBG

■ Dauerhaftes Dienstverhältnis

Ein dauerhaftes Dienstverhältnis i.S.d. § 627 Abs. 1 BGB erfordert keine Dienstleistung, die die Erwerbstätigkeit des Verpflichteten vollständig oder hauptsächlich in Anspruch nimmt.

Es setzt auch keine soziale und wirtschaftliche Abhängigkeit des Verpflichteten voraus.

Nach der maßgeblichen Verkehrsauffassung muss ein dauerhaftes Dienstverhältnis nicht auf unbestimmte Zeit eingegangen sein.

Ein dauerhaftes Dienstverhältnis kann auch vorliegen, wenn der Vertrag auf eine bestimmte längere Zeit abgeschlossen ist. Dafür kann ein Jahr genügen, wenn es sich um eine Verpflichtung für ständige oder langfristige Aufgaben handelt und die Vertragspartner von der Möglichkeit und Zweckmäßigkeit einer Verlängerung ausgehen.
BGH, Urt. v. 31.3.1967 – VI ZR 288/64, BGHZ 47, 303 = NJW 1967, 1416 = WM 1967, 717; v. 19.11.1992 – IX ZR 77/92, NJW-RR 1993, 374 = WM 1993, 515.

■ Dienste höherer Art

Ein Anwaltsvertrag hat i.S.d. § 627 BGB die Leistung von Diensten höherer Art zum Gegenstand, die aufgrund besonderen Vertrauens übertragen zu werden pflegen.
BGH, Urt. v. 27.2.1978 – AnwSt (R) 9/77, NJW 1978, 2304; v. 7.6.1984 – III ZR 37/83, NJW 1985, 41 = WM 1984, 1426; v. 16.10.1986 – III ZR 67/85, NJW 1987, 315; v. 19.11.1992 – IX ZR 77/92, NJW-RR 1993, 374 = WM 1993, 515.

■ Dienstverhältnis mit festen Bezügen

Entscheidend für die Annahme fester Bezüge i.S.d. § 627 Abs. 1 BGB ist, ob der Dienstberechtigte sich darauf verlassen kann, dass ihm auf längere Zeit bestimmte, von vornherein festgelegte Beträge als Dienstbezüge zufließen werden, so dass sie die Grundlage seines wirtschaftlichen Daseins bilden können.

Den Gegensatz stellen Entgelte dar, die von außervertraglichen Entwicklungen abhängen und deshalb der Höhe nach schwanken.
Sie sind jedoch insoweit feste Bezüge, als dem Dienstverpflichteten ein bestimmtes Mindesteinkommen versprochen ist.
BGH, Urt. v. 13.1.1993 – VIII ZR 112/92, NJW-RR 1993, 505 = WM 1993, 795; v. 23.2.1995 – IX ZR 29/94, NJW 1995, 1425 = WM 1995, 1064.

■ **Form**

Ein Anwaltsvertrag kann durch formloses Schreiben gekündigt werden. Der Rechtsanwalt ist grundsätzlich nicht verpflichtet, beim Mandanten nachzufragen, ob er ein derart versandtes Schreiben erhalten habe. Etwas anderes kann gelten, wenn dem Mandanten infolge der Kündigung ein Rechtsverlust droht.
BGH, Beschl. v. 10.9.1998 – II ZB 21/98, NJW 1998, 3783.

■ **Individualabrede**

Die Parteien können die Kündigungsmöglichkeit des § 627 Abs. 1 BGB abbedingen. Das Kündigungsrecht des § 627 Abs. 1 BGB kann auch konkludent ausgeschlossen werden. Hierzu bedarf es des klaren und bestimmten Ausdrucks eines entsprechenden Parteiwillens.

Aus der Vereinbarung einer bestimmen Vertragslaufzeit (hier: fünf Jahre) kann allein noch nicht gefolgert werden, dass die Parteien den Willen konkludent zum Ausdruck gebracht haben, das Kündigungsrecht des § 627 Abs. 1 BGB auszuschließen.

Für einen konkludenten Ausschluss kann es aber sprechen, wenn die Parteien zusätzlich ein beiderseitiges Interesse an einer festen schuldrechtlichen Bindung haben.

Auch ein erhebliches wirtschaftliches Interesse des Beauftragten an der Durchführung der Vereinbarung kann dafür sprechen, dass den Parteien die Möglichkeit genommen werden sollte, sich jederzeit einseitig von dem Vertrag zu lösen.
BGH, Urt. v. 13.12.1990 – III ZR 333/89, NJW-RR 1991, 439 = WM 1991, 604.

Das jederzeitige Kündigungsrecht nach § 627 BGB kann durch individualvertragliche Vereinbarung abbedungen werden.

Ein solcher Kündigungsausschluss lässt die Möglichkeit der Kündigung aus wichtigem Grund nach § 626 BGB bestehen.
BGH, Urt. v. 3.7.1997 – IX ZR 244/96, NJW 1997, 2944.

■ **Kündigung zur Unzeit**

Lässt der Prozessbevollmächtigte des Berufungsklägers nach Niederlegung des Mandats die Berufungsbegründungsfrist verstreichen, weil sein Auftraggeber einer schrift-

lichen Aufforderung, bei ihm wegen der Berufungsbegründung vorzusprechen, keine Folge geleistet hat, so liegt hierin, insbesondere in der Unterlassung eines Antrags auf Fristverlängerung, ein die Wiedereinsetzung in den vorigen Stand ausschließendes Verschulden des Rechtsanwalts i.S.d. §§ 233, 85 Abs. 2 ZPO.
BGH, Beschl. v. 6.4.1960 – IV ZB 78/60, VersR 1960, 637.

Die Niederlegung des Mandats zur Unzeit kann einen Verschuldensvorwurf i.S.d. § 85 Abs. 2 ZPO begründen, der dem Mandanten bei Versäumung eines Termins wegen mangelnder Vertretung zuzurechen ist.
BGH, Beschl. v. 24.1.1985 – I ZR 113/84, VersR 1985, 542.

Die Kündigung eines Anwaltsvertrages während einer laufenden Rechtsmittelbegründungsfrist begründet gegen die Prozessbevollmächtigten keinen Schuldvorwurf i.S.d. §§ 233, 85 Abs. 2 ZPO, wenn sie damit rechnen konnten, dass ihr Mandant bis zum Ablauf der Frist genügend Zeit und Gelegenheit zur Beauftragung eines anderen Rechtsanwalts haben werde.
BGH, Beschl. v. 9.10.1986 – VII ZB 6/86, VersR 1987, 286.

Bevor ein Rechtsanwalt ein Mandat während eines anhängigen Verfahrens niederlegt, muss er selbst den Verfahrensstand anhand seiner Akte überprüfen und ggf. noch fristwahrende Maßnahmen treffen. Andernfalls handelt der Rechtsanwalt schuldhaft i.S.d. §§ 233, 85 Abs. 2 ZPO.
OLG Frankfurt/M., Beschl. v. 18.12.1990 – 17 W 32/90, VersR 1991, 897.

Eine Kündigung zur Unzeit i.S.d. § 627 Abs. 2 BGB liegt nicht vor, wenn der Rechtsanwalt das Mandat zwar während des Laufs der Revisionsbegründungsfrist niederlegt, durch die beantragte (und gewährte) Fristverlängerung aber gleichzeitig dafür Sorge trägt, dass der Mandant noch rechtzeitig einen anderen Anwalt beauftragen und dieser die erforderlichen Maßnahmen fristgerecht einleiten kann.

Etwas anderes kann sich allerdings dann ergeben, wenn der Nachfolger als Prozessbevollmächtigter wegen der kurzfristigen Beauftragung nicht vollständig und umfassend informiert werden kann, oder wenn sich der Zeitdruck in anderer Weise auf die Qualität der Begründung der Rechtsposition des Mandanten in dem Rechtsstreit auswirkt.
OLG Karlsruhe, Urt. v. 8.3.1994 – 3 U 45/93, NJW-RR 1994, 1084.

▪ Vertragswidriges Verhalten beider Beteiligter

Ein Schadensersatzanspruch nach § 628 Abs. 2 BGB steht einem Vertragsteil nicht zu, wenn zur Zeit seiner Kündigung auch der andere wegen vertragswidrigen Verhaltens des Kündigenden hätte fristlos kündigen können; es kommt nicht darauf an, ob von dieser Kündigungsbefugnis auch tatsächlich Gebrauch gemacht wird.
BGH, Urt. v. 29.11.1965 – VII ZR 202/63, BGHZ 44, 271 = NJW 1966, 347.

■ **Vertragswidriges Verhalten des Rechtsanwalts**
Der Rechtsanwalt handelt vertragswidrig i.S.d. § 628 Abs. 1 Satz 2 BGB, wenn sein Verhalten geeignet ist, das Vertrauensverhältnis zwischen den Parteien grundlegend zu erschüttern, und der Auftraggeber dann ernstlich befürchten muss, der beauftragte Rechtsanwalt werde seine Interessen nicht sachgerecht vertreten.

Der Rechtsanwalt hat die Kündigung des Anwaltsvertrages durch sein vertragswidriges Verhalten i.S.d. § 628 Abs. 1 Satz 2 BGB veranlasst, wenn er entgegen der Weisung des Auftraggebers zu dessen Nachteil eine strafbewehrte Unterlassungsverpflichtung abgibt und einen mit dem bisherigen Vorbringen nicht zu vereinbarenden Schriftsatz bei Gericht einreicht, der die Rechtsstellung des Auftraggebers in dem Verfahren verschlechtern kann.
BGH, Urt. v. 7.10.1976 – III ZR 110/74, VersR 1977, 421.

Der Auftraggeber hat zu beweisen, dass vertragswidriges Verhalten des Rechtsanwalts zur Kündigung geführt hat und infolgedessen sein Interesse an den bisherigen Leistungen des Rechtsanwalts entfallen ist.
BGH, Urt. v. 8.10.1981 – III ZR 190/79, NJW 1982, 437.

Beruht ein Vertrag auf besonderem Vertrauen, können beide Vertragsteile bei ernsthafter Erschütterung oder einem Fortfall der Vertrauensgrundlage auch dann kündigen, wenn die Voraussetzungen einer Kündigung aus wichtigem Grund gemäß § 626 BGB nicht gegeben sind.

Willigt der Auftraggeber ein, dass der Rechtsanwalt in einer anderen Sache die Interessen eines Dritten gegen ihn wahrnimmt, ist diese Zustimmung nur wirksam, wenn der Rechtsanwalt den Auftraggeber über ihre Tragweite ausreichend unter richtet hat.

Ist eine solche Unterrichtung unterblieben, können Angriffe des Rechtsanwalts gegen die berufliche Qualifikation seines Mandanten in der anderen Sache ein vertragswidriges Verhalten i.S.d. § 628 Abs. 1 Satz 2 BGB darstellen, das die Kündigung des Anwaltsvertrages rechtfertigen kann.
BGH, Urt. v. 7.6.1984 – III ZR 37/83, NJW 1985, 41 = WM 1984, 1426.

Die Kündigung des Anwaltsvertrages ist durch vertragswidriges Verhalten des Rechtsanwalts i.S.d. § 628 Abs. 1 Satz 2 BGB veranlasst, wenn das Vertrauen des Auftraggebers infolge eines Fehlverhaltens des Rechtsanwalts derart zerstört ist, dass dem Auftraggeber nicht mehr zuzumuten ist, am Vertrag festzuhalten, weil er ernsthaft befürchten muss, dass der beauftragte Rechtsanwalt seine Interessen nicht sachgerecht wahrnehmen werde.

Ein vertragswidriges, die Kündigung des Vertragspartners veranlassendes Verhalten i.S.d. § 628 Abs. 1 Satz 2 BGB setzt eine schuldhafte Verletzung einer Vertragspflicht voraus.

Ein Rechtsanwalt verhält sich in vorwerfbarer Weise vertragswidrig, wenn er während des Vertrages den Verdacht strafbarer Handlungen zum Nachteil anderer Auftraggeber begründet und dadurch schwerwiegende Zweifel an seiner beruflichen Zuverlässigkeit und Redlichkeit auslöst. Dies ist etwa dann der Fall, wenn der Rechtsanwalt wegen des Verdachts, Gelder anderer Auftraggeber veruntreut zu haben, in Untersuchungshaft genommen wird.
BGH, Urt. v. 30.3.1995 – IX ZR 182/94, NJW 1995, 1954 = WM 1995, 1288.

Ein Rechtsanwalt handelt nicht vertragswidrig i.S.d. § 628 Abs. 1 Satz 2 BGB, wenn er den Klageauftrag eines von Juristen vertretenen Mandanten nicht sofort ausführt, sondern in einem längeren Schriftwechsel Bedenken gegen die Schlüssigkeit und Vollständigkeit des Sachvortrages äußert und dadurch die Klageerhebung verzögert.
OLG Koblenz, Urt. v. 24.3.1976 – 1 U 316/75, AnwBl 1976, 214.

Bestätigt ein Prozessbevollmächtigter als Zeuge Behauptungen seines Mandanten, hat er, wenn eigene Interessen durch die Vernehmung nicht berührt werden, weder prozessrechtlich noch standesrechtlich einen Grund, sein Mandat niederzulegen.
OLG Hamm, Beschl. v. 7.9.1976 – 23 W 598/76, MDR 1977, 142.

Erweckt der Rechtsanwalt den Eindruck, er gebe die Sache seines Mandanten bereits verloren und habe deshalb die geschuldeten Bemühungen eingestellt, handelt er vertragswidrig i.S.d. § 628 Abs. 1 Satz 2 BGB.
OLG Düsseldorf, Urt. v. 7.2.1985 – 8 U 135/84, AnwBl 1985, 259.

Erteilt der Mandant entgegen dem wohlbegründeten Rat des Rechtsanwalts die Weisung, ein Revisionsverfahren weiter durchzuführen, stellt es keine Pflichtverletzung i.S.d. § 628 Abs. 1 Satz 2 BGB dar, wenn der Rechtsanwalt daraufhin das Mandat niederlegt.
OLG Karlsruhe, Urt. v. 8.3.1994 – 3 U 45/93, NJW-RR 1994, 1084.

▪ Vertragswidriges Verhalten des Auftraggebers

Wiederholte grundlose Vorwürfe und Androhungen unbegründeter Regressforderungen seitens des Auftraggebers sind geeignet, das Vertrauensverhältnis zu dem Rechtsanwalt zu zerstören, und begründen ein vertragswidriges Verhalten des Auftraggebers i.S.d. § 628 Abs. 1 Satz 2 BGB.

Der Auftraggeber hat die Voraussetzungen des § 628 Abs. 1 Satz 2 BGB darzulegen und zu beweisen. Dazu gehören die Darlegung und der Beweis, dass er die Kündigung durch den Rechtsanwalt nicht durch eigenes vertragswidriges Verhalten veranlasst hat.
BGH, Urt. v. 17.10.1996 – IX ZR 37/96, NJW 1997, 188 = WM 1996, 2244.

Ob Weisungen des Mandanten, die den Vorstellungen des Rechtsanwalts über die Bearbeitung einer bestimmten Angelegenheit zuwiderlaufen, ein vertragswidriges Verhalten i.S.d. § 628 Abs. 1 Satz 2 BGB sind, hängt davon ob, ob die Meinungsverschiedenheiten einen Bereich betreffen, der letztlich der Entscheidung des Auftraggebers selbst unterliegt, oder ein Gebiet, auf dem die eigenverantwortliche Tätigkeit des Rechtsanwalts im Vordergrund steht.

Der Auftraggeber verletzt schuldhaft den Anwaltsvertrag, wenn er nach Aufklärung über die Rechtslage seinem Rechtsanwalt verbindliche Weisungen über den rechtlichen Inhalt eines Schriftsatzes erteilt, die der Rechtsansicht des Rechtsanwalts widersprechen.
OLG Köln, Urt. v. 6.12.1971 – 17 U 1/71, AnwBl 1972, 159.

Ein vertragswidriges Verhalten des Auftraggebers i.S.d. § 628 Abs. 1 BGB liegt vor, wenn er durch schuldhaftes Verhalten das Vertrauensverhältnis nachhaltig zerstört hat, so dass dem Rechtsanwalt die weitere Durchführung des Mandats billigerweise nicht zugemutet werden kann. Dieses sog. Kündigungsverschulden setzt regelmäßig eine schwerwiegende Verfehlung oder Vertragswidrigkeit voraus.
OLG Düsseldorf, Urt. v. 24.3.1988 – 8 U 95/87, VersR 1988, 1155 (Ls.).

Ein Rechtsanwalt, dem der Auftraggeber Parteiverrat vorwirft, ist nicht mehr imstande, die Interessen seines Auftraggebers unvoreingenommen zu vertreten. Kündigt der Rechtsanwalt daraufhin das Mandatsverhältnis, handelt er nicht vertragswidrig i.S.d. § 628 Abs. 1 Satz 2 BGB.
OLG Düsseldorf, Urt. v. 15.11.1990 – 8 U 70/89, VersR 1991, 1381.

Beharrt der Auftraggeber auf einem aussichtslosen Rechtsmittelverfahren, so handelt er nicht vertragswidrig i.S.d. § 628 Abs. 1 Satz 2 BGB.
OLG Karlsruhe, Urt. v. 8.3.1994 – 3 U 45/93, NJW-RR 1994, 1084.

■ Schadenszurechnung

Hat der Rechtsanwalt eine zu einem bestimmten Zeitpunkt gebotene Maßnahme unterlassen und entsteht dem Mandanten daraus später ein Schaden, ist dieser dem Rechtsanwalt grundsätzlich selbst dann zuzurechnen, wenn der Mandant das Auftragsverhältnis zu einem Zeitpunkt gekündigt hat, als der Schaden noch vermieden werden konnte.
BGH, Urt. v. 29.11.2001 – IX ZR 278/00, NJW 2002, 1117 = WM 2002, 505 = VersR 2003, 108.

Mehrfachberufler

■ Anwaltsnotar

Anwaltliche Pflichten eines Anwaltsnotars werden nicht dadurch zu notariellen Amtspflichten, dass er einen von ihm als Rechtsanwalt eines Beteiligten ausgehandelten Vertrag beurkundet.
BGH, Urt. v. 7.1.1962 – III ZR 214/60, VersR 1962, 353.

Ein Notar darf im Verfahren der freiwilligen Gerichtsbarkeit nicht als Verfahrensbevollmächtigter eines Beteiligten tätig werden, wenn andere Beteiligte mit gegensätzlichen Interessen privater Art in dem Verfahren auftreten. Dies gilt auch für ein Zwangsversteigerungsverfahren zwecks Aufhebung einer Gemeinschaft.

Ein Notar ist nicht Interessenvertreter eines Beteiligten, sondern unparteiischer Betreuer aller Beteiligten.
BGH, Beschl. v. 20.1.1969 – NotZ 1/68, BGHZ 51,301 = NJW 1969, 929.

Erteilt ein Anwaltsnotar eine schriftliche Rechtsauskunft, die neben der Unterschrift auch das Notarsiegel trägt, müssen daraus der Wille und das Bewusstsein des Unterzeichnenden entnommen werden, in diesem bestimmten Fall nicht als Rechtsanwalt, sondern als Notar zu handeln.
BGH, Urt. v. 28.6.1977 – VI ZR 74/76, WM 1977, 1141 = DNotZ 1978, 312.

Nimmt ein Notar treuhänderisch Grundschuldbriefe und Pfandfreigabeerklärungen mit der Weisung an, diese Urkunden nur auftragsgemäß zu verwerten, obliegen ihm gegenüber dem Auftraggeber notarielle Betreuungspflichten i.S.d. § 24 Abs. 1 BNotO, deren Verletzung zur Amtshaftung führt.
BGH, Urt. v. 26.10.1982 – VI ZR 318/80, VersR 1983, 81.

Rät ein Anwaltsnotar, der als Rechtsanwalt die steuerliche Beratung seines Mandanten übernommen hat, diesem aus steuerlichen Gründen zum Erwerb einer bestimmten Eigentumswohnung und beurkundet er dann als Notar den Kaufvertrag, so gehört die dem Kaufentschluss vorangegangene Beratung zur anwaltlichen Tätigkeit.
BGH, Urt. v. 22.10.1987 – IX ZR 175/86, NJW 1988, 563 = WM 1987, 1516.

Entscheidend für die Abgrenzung zwischen notarieller und anwaltlicher Tätigkeit ist die Art des ausgeübten Geschäfts; wird ein Anwaltsnotar als einseitiger Interessenvertreter seines Auftraggebers tätig, so handelt er im Zweifel als Rechtsanwalt und nicht als Notar, der im Rahmen vorsorgender Rechtspflege gemäß § 14 Abs. 1 Satz 2 BNotO unparteiischer Betreuer aller Beteiligten ist.
BGH, Urt. v. 14.5.1992 – IX ZR 262/91, NJW-RR 1992, 1178 = WM 1992, 1533; v. 19.10.1995 – IX ZR 104/94, NJW 1996, 520 = WM 1996, 30.

Berät ein Anwaltsnotar einen Mandanten über ein von diesem abzuschließendes Rechtsgeschäft und beurkundet er anschließend die Willenserklärung des Mandanten, so treffen ihn bei der Beurkundung die Pflichten eines Notars. War die vor ausgegangene Beratung dazu bestimmt, die Beurkundung vorzubereiten, so ist er auch insoweit als Notar tätig geworden (§ 24 Abs. 2 Satz 1 BNotO). Etwas anderes gilt jedoch, wenn die Beratung den Schwerpunkt der Tätigkeit darstellt und der Anwaltsnotar hierbei einseitig die Interessen seines Mandanten wahrnimmt.

Ein Anwaltsnotar kann in derselben Sache als Rechtsanwalt und zusätzlich als Notar haften.

Ein Anwaltsnotar, der fahrlässig sowohl anwaltliche als auch Amtspflichten verletzt hat, kann als Notar auch dann in Anspruch genommen werden, wenn der Geschädigte von ihm aufgrund der Anwaltshaftung Ersatz verlangen kann oder – falls dieser Anspruch bereits verjährt ist – hätte erlangen können.
BGH, Urt. v. 24.6.1993 – IX ZR 216/92, NJW 1993, 2747 = WM 1993, 1889.

Zweifel i.S.d. § 24 Abs. 2 Satz 2 BNotO, ob der Anwaltsnotar als Rechtsanwalt oder als Notar tätig geworden ist, bestehen nicht, wenn nach den objektiven Umständen, insbesondere nach der Art der Tätigkeit, eine Aufgabe zu erfüllen ist, die in den Bereich notarieller Amtstätigkeit fällt. Dies trifft zu, wenn nicht einseitige Interessenwahrnehmung in Rede steht, sondern eine neutrale, unparteiische Berücksichtigung der Belange sämtlicher Beteiligten.

Für die Abgrenzung, ob die Erklärung eines Anwaltsnotars seinem anwaltlichen oder notariellen Tätigkeitsbereich zuzuordnen ist, kann auch auf die Sicht des Empfängers abzustellen sein, wenn die abgegebene Erklärung nach ihrem Inhalt nur den Empfänger betrifft.

Der Beifügung der Berufsbezeichnung „Rechtsanwalt" allein ist nicht zu entnehmen, dass ein Anwaltsnotar entgegen dem objektiven Erklärungsinhalt nicht als Notar, sondern nur als Rechtsanwalt tätig werden will.

Regelmäßig ist davon auszugehen, dass ein Anwaltsnotar, der eine schriftliche Rechtsauskunft mit einem Notarsiegel versieht, als Notar handelt. Wird umgekehrt einer von einem Anwaltsnotar abgegebenen Erklärung das Notarsiegel nicht bei gefügt, lässt dieser Umstand allein nicht ohne weiteres die Annahme zu, der Anwaltsnotar sei als Rechtsanwalt tätig geworden.
BGH, Urt. v. 21.11.1996 – IX ZR 182/95, BGHZ 134, 100 = NJW 1997, 661 = WM 1997, 78.

Um festzustellen, in welcher Eigenschaft ein Rechtsanwalt und Notar bei der Erfüllung einer unter § 24 Abs. 1 BNotO fallenden Aufgabe tätig geworden ist, sind die gesamten objektiven Umstände und die Vorstellungen der an dem Geschäft beteiligten Personen zu berücksichtigen. Um eine notarielle Amtstätigkeit handelt es sich, wenn es nicht um einseitige Interessenwahrnehmung geht, sondern bei der Erfüllung der Aufgabe die Belange sämtlicher Beteiligten neutral und unparteiisch zu berücksichtigen sind.

Eine Treuhandtätigkeit, bei der ein Rechtsanwalt und Notar Geld, das ihm von seinem Auftraggeber übergeben worden ist, in Bargeld einer anderen Währung einzutauschen hat, betrifft i.d.R. kein notarielles Verwahrungsgeschäft i.S.d. § 23 BNotO.
BGH, Urt. v. 4.12.1997 – IX ZR 41/97, NJW 1998, 1864 = WM 1998, 335.

Zweifel i.S.d. § 24 Abs. 2 Satz 2 BNotO bestehen nicht, wenn nach den objektiven Umständen, insbesondere der Art der Tätigkeit, eine Aufgabe zu erfüllen ist, die in den Bereich notarielle Amtstätigkeit fällt. Dies trifft zu, wenn nicht einseitige Interessen-

wahrnehmung in Rede steht, sondern eine neutrale, unparteiische Berücksichtigung der Belange sämtlicher Beteiligter.
BGH, Urt. v. 29.3.2001 – IX ZR 445/98, NJW-RR 2001, 1639 = WM 2001, 1204.

Um die gesetzliche Vermutung des § 24 Abs. 2 Satz 1 BNotO anwenden zu können, genügt es nicht, dass die Betreuungstätigkeit eines Anwaltsnotars als Beitrag zu der von einem anderen Notar geleisteten Urkundentätigkeit aufgefasst werden kann.

Die erforderliche scharfe und objektive Abgrenzung zwischen Notar- und Anwaltstätigkeit ist nicht zu erreichen, wenn dabei lediglich auf die subjektive Meinung des Auftraggebers und des Anwaltsnotars abgestellt wird.

Für eine Notartätigkeit muss vielmehr auch nach den Umständen des Falles, insbesondere nach ihrer Art eine Aufgabe zu erfüllen sein, die in den notariellen Amtsbereich gehört. Handelt dagegen der Anwaltsnotar nicht im Rahmen vorsorgender Rechtspflege, sondern in Vertretung einseitiger Interessen, handelt es sich um Anwaltstätigkeit.

Beauftragen sämtliche Beteiligte einen Anwaltsnotar, einer beabsichtigten Änderung eines Vertrages eine juristisch einwandfreie Fassung zu geben, wird der Anwaltsnotar als Notar tätig, auch wenn die notarielle Beurkundung des Vertrages nicht vorgesehen ist oder durch einen anderen Notar durchgeführt werden soll.

Dagegen wird ein Anwaltsnotar als Rechtsanwalt tätig, wenn er von einem Beteiligten beauftragt wird, einen Vertragsentwurf zu erstellen, der seinen Interessen gerecht wird, und ihn bei den Verhandlungen mit den anderen Vertragsparteien wegen der endgültigen Fassung des Vertrages zu vertreten.
OLG Hamm, Beschl. v. 17.12.1955 – 14 W 130/55, DNotZ 1956, 155; OLG Hamm, Beschl. v. 14.8.1975 – 15 W 104/75, DNotZ 1977, 49.

Liegt die Tätigkeit eines Anwaltsnotars nicht im Rahmen der vorsorgenden Rechtspflege, sondern in der Vertretung einseitiger Interessen, so handelt es sich um Anwaltstätigkeit.

Wird ein Anwaltsnotar in seiner Eigenschaft als Notar angegangen und übt er später Anwaltstätigkeit aus, ohne den Auftraggeber darüber aufzuklären, dass er diese Tätigkeit als Rechtsanwalt ausüben wolle und dementsprechend ein Anwaltshonorar erwarte, kommt ein Anwaltsvertrag i.d.R. nicht konkludent zustände, falls der Auftraggeber die anwaltliche Leistung in der Meinung entgegennimmt, der Anwaltsnotar werde weiterhin als Notar tätig.
OLG Hamm, Urt. v. 10.4.1968 – 12 U 21/68, DNotZ 1968, 625; OLG Hamm, Urt. v. 16.2.1984 – 28 U 252/83, DNotZ 1985, 182.

Ein Anwaltsnotar, der einen Geschäftsveräußerungsvertrag als Notar beurkunden soll, bereitet dieses Geschäft nicht i.S.d. § 24 Abs. 2 Satz 1 BNotO vor, wenn er sich im Auftrag des Geschäftsinhabers durch ein Rundschreiben an dessen Gläubiger wendet,

um die genaue Höhe ihrer Forderungen zu erfahren.
OLG Schleswig, Urt. v. 25.2.1977 – 3 U 21/76, VersR 1978, 554.

Ein Anwaltsnotar, der es übernimmt, eine zur Sicherheit von Kapitalanlegern versprochene Hinterlegung von Bargeld in einem ausländischen Banksafe zu über wachen und das hinterlegte Geld bei Eintritt des Sicherungsfalls an die Anleger auszuzahlen, handelt nicht als Rechtsanwalt, sondern als Notar.

Die Übernahme dieser Tätigkeit begründet ungeachtet ihrer dienstrechtlichen Unzulässigkeit ein notarielles Verwahrungsgeschäft.
OLG Hamm, Urt. v. 24.3.1995 – 11 U 155/94, NJWE-VHR 1997, 59 (rechtskräftig durch Nichtannahmebeschluss des BGH v. 28.3.1996 – IX ZR 149/95).

■ **Rechtsanwalt und Steuerberater/Wirtschaftsprüfer**

Ein Rechtsanwalt ist zur Beratung und Vertretung in Steuersachen berufen. Er ist berechtigt, sich zu spezialisieren und nur auf dem Rechtsgebiet des Steuerrechts tätig zu sein.
BGH, Beschl. v. 4.1.1968 – AnwZ (B) 10/67, BGHZ 49, 244 = NJW 1968, 844.

Die Verjährung von Schadensersatzansprüchen gegen Rechtsanwälte, Steuerberater und Wirtschaftsprüfer aus einer Tätigkeit, die ihrem jeweiligen Berufsbild entspricht, richtet sich nach den Vorschriften derjenigen Berufsordnung, der die Berater bei Ausübung dieser Tätigkeit unterliegen. Dabei kann es darauf ankommen, für welchen Beruf die Tätigkeit „typisch" oder „spezifisch" ist und welchem Beruf sie zumindest ihrem Schwerpunkt nach zuzurechnen ist.

Für Angehörige nur eines einzigen Berufs ist dagegen allein ausschlaggebend, ob die Tätigkeit in den Bereich dieses Berufs fällt. Trifft das zu, richtet sich die Verjährung allein nach den für diesen Beruf geltenden Bestimmungen.
BGH, Urt. v. 6.11.1980 – VII ZR 237/79, BGHZ 78, 335 = NJW 1988, 401.

Das gesetzliche Berufsbild des Rechtsanwalts schließt auch die steuerliche Beratung ein.

Die Verjährung von Schadensersatzansprüchen gegen Rechtsanwälte, Steuerberater und Wirtschaftsprüfer aus einer Tätigkeit, die ihrem jeweiligen Berufsbild entspricht, richtet sich nach derjenigen Berufsordnung, der sie bei Ausübung dieser Tätigkeit unterliegen.

Ein Steuerberater, der gleichzeitig Rechtsanwalt oder Wirtschaftsprüfer ist, verspricht seinem Mandanten die Hilfe und Beratung in Steuersachen als Steuerberater jedenfalls dann, wenn diese der ausschließliche oder wesentliche Gegenstand des Vertrages ist.
BGH, Urt. v. 21.4.1982 – IV a ZR 291/80, BGHZ 83, 328 = NJW 1982, 1866.

Übt der steuerliche Berater den Beruf des Steuerberaters, des Wirtschaftsprüfers und des Rechtsanwalts nebeneinander aus, ist die Verjährungsvorschrift für einen Regress-

anspruch derjenigen Berufsordnung zu entnehmen, die die Parteien für die Tätigkeit des Beraters erkennbar zugrunde legen wollten, oder die – mangels feststellbaren Parteiwillens – den Schwerpunkt seiner vertraglichen Verpflichtungen regelt.
BGH, Urt. v. 25.3.1987 – IV a 259/85, NJW 1987, 3136 = WM 1987, 928.

Auch bei Mehrfachberuflern muss für die Annahme eines Anwaltsvertrages die Rechtsberatung nicht in jedem Einzelfall den überwiegenden Teil der Gesamttätigkeit ausmachen. Vielmehr ist bei einer umfassend angelegten Tätigkeit des Beraters und bei Fehlen einer besonderen Parteivereinbarung entscheidend, wo nach dem Willen der Beteiligten der Schwerpunkt der vertraglichen Verpflichtungen liegen soll.
Steuerberatung gehört zum typischen Berufsbild des Rechtsanwalts.
BGH, Urt. v. 27.1.1994 – IX ZR 195/93, NJW 1994, 1405 = WM 1994, 504.

Steuerberatende Tätigkeit gehört sowohl zum Berufsbild des Rechtsanwalts als auch des Wirtschaftsprüfers.

Maßgeblich für die Anwendbarkeit der (inzwischen aufgehobenen) Verjährungsvorschriften des § 51 BRAO a.F. (= § 51b BRAO n.F.) oder des § 51a WPO ist, ob die geschuldete Beratung nach dem Willen der Vertragspartner von dem Auftragnehmer als Rechtsanwalt oder als Wirtschaftsprüfer erbracht werden sollte.
BGH, Urt. v. 28.9.1995 – IX ZR 158/94, NJW 1995, 3248 = WM 1995, 2075.

Nacheinander tätige Rechtsanwälte

Ein Rechtsanwalt, der an Stelle des bisherigen Parteivertreters einen Prozess übernimmt, ist grundsätzlich verpflichtet, die Prozesslage in sachlicher Hinsicht nach allen Richtungen von neuem selbständig zu prüfen.
RG, Urt. v. 7.2.1933 – III 180/32, RGZ 139, 358.

Darf sich ein Mandant darauf verlassen, dass der von ihm beauftragte Rechtsanwalt (objektiv erforderliche) Maßnahmen zur Unterbrechung der Verjährung zu Recht für unnötig gehalten hat, und unterliegt ein zweiter Rechtsanwalt, der das Mandat des ersten fortführt, demselben Irrtum, so braucht sich der Mandant den Fehler des zweiten Rechtsanwalts im Verhältnis zum ersten nicht als Mitverschulden anrechnen zu lassen.

Verschiedene Personen, die jeweils unabhängig voneinander eine Ursache für einen Schaden gesetzt haben, haften grundsätzlich auch dann als Gesamtschuldner, wenn es sich bei den Schädigern um verschiedene Organe der Rechtspflege handelt.
BGH, Urt. v. 18.3.1993 – IX ZR 120/92, NJW 1993, 1779 = WM 1993, 1376; vgl. BGH, WM 1994, 948, 949.

Rechtsanwälte, die jeweils im Rahmen ihrer selbständigen Pflichtenkreise zum Schaden des Mandanten schuldhaft beigetragen haben, haften diesem grundsätzlich als Gesamtschuldner. In einem solchen Fall hat sich der geschädigte Auftraggeber i.d.R. nicht eines zweiten Anwalts i.S.d. Vorschrift des § 278 BGB, die im Rahmen des § 254 BGB entsprechend anzuwenden ist, bedient, um eine im eigenen Interesse gebotene Obliegenheit zur Abwendung oder Minderung seines Schadens zu erfüllen.

Beauftragt der Mandant jedoch einen Rechtsanwalt, um einen erkannten oder für möglich gehaltenen Fehler eines früheren Rechtsanwalts zu beheben, so muss sich der Mandant im Verhältnis zu seinem ersten Anwalt einen schuldhaften Schadensbeitrag seines zweiten Anwalts als Mitverschulden zurechnen lassen.

Bei der Prüfung eines Mitverschuldens des geschädigten Mandanten, dessen (zweiter) Rechtsanwalt bei der Behebung eines Fehlers eines früheren Rechtsanwalts durch pflichtwidriges Prozessverhalten zu dem Schaden schuldhaft beigetragen hat, ist für die Prüfung des Kausalverlaufs die Beurteilung des Gerichts maßgeblich, das mit dem Regressanspruch gegen den ersten Anwalt befasst ist.
BGH, Urt. v. 20.1.1994 – IX ZR 46/93, NJW 1994, 1211 = WM 1994, 948; vgl. BGH, WM 2002, 505, 509 und WM 2005, 1812, 1813 (Rechtsanwalt); WM 2001, 1675, 1677 (Steuerberater).

Ist der Mandant aufgrund anderweitiger rechtlicher Beratung noch in der Lage, ihm durch eine Pflichtverletzung seines Anwalts drohende wirtschaftliche Nachteile abzuwenden, unterlässt er jedoch die ihm geratene Maßnahme aus unvertretbaren Gründen, entfällt der Zurechnungszusammenhang zwischen dem Anwaltsfehler und dem entstandenen Schaden.

Trifft den Mandanten selbst aufgrund einer anderweitig erhaltenen Rechtsbelehrung die Obliegenheit, sich darum zu bemühen, Schaden infolge eines Fehlers des ersten Anwalts zu vermeiden, muss er sich ein Verschulden des zweiten Anwalts als eigenes anrechnen lassen.
BGH, Urt. v. 14.7.1994 – IX ZR 204/93, NJW 1994, 2822 = WM 1994, 2162.

Der Auftraggeber muss sich das Verschulden eines anderen Rechtsanwalts nach §§ 254 Abs. 2 Satz 2, 278 BGB nur zurechnen lassen, wenn der Geschädigte sich der Hilfe dieses Rechtsanwalts bedient, um das Gebot eines eigenen Interesses zu erfüllen.

Dies ist nicht der Fall, wenn für den einen Rechtsanwalt nicht erkennbar ist, dass er im Verhältnis zu einem anderen Rechtsanwalt etwas zur Schadensabwehr zu veranlassen hat.
BGH, Urt. v. 21.9.1995 – IX ZR 228/94, NJW 1996, 48 = WM 1996, 35.

Ein Steuerberater darf sich darauf, dass ein anderer als Spezialist beauftragter Berater seine Pflichten ordnungsgemäß erfüllen werde, nicht verlassen, wenn er mit gleichen Pflichten beauftragt und nicht lediglich zur „Begleitung" des Spezialisten eingeschaltet worden ist.

Verletzt auch der andere Berater seine Pflichten, lässt dies die Schadensersatzpflicht des Steuerberaters nicht entfallen; vielmehr haften beide Berater grundsätzlich als Gesamtschuldner für den Schaden.
BGH, Urt. v. 19.7.2001 – IX ZR 246/00, NJW 2001, 3477 = WM 2001, 1868.

Mehrere nacheinander eingeschaltete Rechtsanwälte haften grundsätzlich als Gesamtschuldner.

Der von einer früheren Vertragsverletzung eines Rechtsanwalts ausgehende Zurechnungszusammenhang wird grundsätzlich nicht dadurch unterbrochen, dass nach dem pflichtwidrig handelnden Anwalt eine andere rechtskundige Person mit der Angelegenheit befasst worden ist und noch in der Lage gewesen wäre, den Schadenseintritt zu verhindern, wenn sie die ihr obliegende Sorgfaltspflicht beachtet hätte.
BGH, Urt. v. 13.3.2003 – IX ZR 181/99, NJW-RR 2003, 850 = MDR 2003, 742.

Wenn eine Partei durch zwei Prozessbevollmächtigte vertreten wird, haben beide Rechtsanwälte ihre Pflichten im Rahmen der Fristenkontrolle zu erfüllen.

Für den Beginn des Laufs der Berufungsfrist ist auf die zeitlich erste Zustellung an einen der Prozessbevollmächtigten abzustellen. Dieser Rechtsanwalt ist gehalten, die für die fristgerechte Einlegung des Rechtsmittels erforderlichen Daten an den anderen Rechtsanwalt zu übermitteln.

Der Rechtsanwalt, der die Fristenkontrolle zu organisieren hat, muss darauf achten, dass die endgültige Frist erst dann berechnet und eingetragen wird, wenn geklärt ist, wann an die anderen Rechtsanwälte zugestellt ist.
BGH, Beschl. v. 10.4.2003 – VII ZR 383/02, NJW 2003, 2100.

Lässt ein Rechtsanwalt einen Anspruch des Mandanten verjähren, wird der Zurechnungszusammenhang nicht dadurch unterbrochen, dass der Mandant später einen anderen Rechtsanwalt beauftragt, der es ebenfalls fahrlässig versäumt, noch rechtzeitig den Eintritt der Verjährung zu vermeiden.

Die Anrechnung eines Mitverschuldens des Mandanten setzt voraus, dass dieser sich des Zweitanwalts bedient hat, um eine im eigenen Interesse gebotene Obliegenheit zur Abwehr oder Minderung des Schadens zu erfüllen, der durch den in Anspruch genommenen Erstanwalt herbeigeführt wurde.
BGH, Urt. v. 7.4.2005 – IX ZR 132/01, NJW-RR 2005, 1146 = WM 2005, 1812 = VersR 2005, 1241.

Allein ein vorhandenes Misstrauen und das besondere Streben nach Absicherung, das den Mandanten zur Beauftragung eines zweiten Rechtsanwalts veranlasst, führen noch nicht zu einer Ausweitung der Gebote des eigenen Interesses, deren Außerachtlassung Voraussetzung für die Annahme eines Mitverschulden ist.

Vermutet der Mandant einen anderen Fehler als denjenigen, den der Rechtsanwalt tatsächlich begangen hat, und beauftragt er einen zweiten Rechtsanwalt, wegen dieses vermeintlichen Fehlers Haftpflichtansprüche gegen den ersten zu prüfen, so kann dem Mandanten nicht als Mitverschulden zugerechnet werden, dass der Zweitanwalt den vermeintlichen Fehler verfolgt und dabei den tatsächlichen Fehler übersieht, dessen

Folgen noch vermeidbar gewesen wären.
BGH, Urt. v. 24.5.2005 – IX ZR 276/03, NJW-RR 2005, 1435 = WM 2005, 1902.

Nachvertragliche Haftung

Ein Rechtsanwalt, der während eines schwebenden Armenrechtsverfahrens ein Rechtsmittel einlegt, muss das Rechtsmittel rechtzeitig begründen, mindestens aber rechtzeitig Verlängerung der Rechtsmittelbegründungsfrist beantragen, wenn er nicht vor Ablauf dieser Frist seiner Partei gegenüber unzweifelhaft zum Ausdruck bringt, dass er mit der Rechtsmitteleinlegung seine Tätigkeit als beendet ansieht und es ablehnt, die Einhaltung der Rechtsmittelbegründungsfrist weiter zu überwachen.

Außerdem besteht für ihn die Verpflichtung, eine prozessunkundige Partei dar über zu belehren, dass mit der Rechtsmitteleinlegung die Frist zur Begründung eines Rechtsmittels zu laufen begonnen hat und diese durch ein noch unbeschiedenes Armenrechtsgesuch nicht gehemmt wird.
BGH, Beschl. v. 6.10.1952 – III ZR 369/51, BGHZ 7, 280.

Ein Rechtsanwalt muss bei Beendigung des Anwaltsvertrages seinen Auftraggeber darüber belehren, welche Fristen laufen, welche notwendigen Maßnahmen zu ergreifen und welche wesentlichen Umstände zu beachten sind. Es ist jedoch nicht Aufgabe eines Rechtsanwalts, dem ein Auftrag entzogen wird, seinem Auftraggeber Ratschläge für die künftige Sachbehandlung zu geben.
BGH, Urt. v. 12.12.1957 – III ZR 155/56, VersR 1958, 127.

Der Prozessbevollmächtigte hat nach Kündigung des Mandats die Pflicht, seine frühere Partei über eine an ihn erfolgte Zustellung in Kenntnis zu setzen.
BGH, Urt. v. 14.12.1979 – V ZR 146/78, NJW 1980, 999.

Hat ein Rechtsanwalt von seinem Mandanten Unterlagen zur Durchsetzung einer Kaufpreisforderung erhalten, verletzt er nachvertragliche Pflichten aus dem Anwaltsvertrag, wenn er, obwohl eine Verjährung droht, nach Beendigung des Mandats weder diese Unterlagen an den Mandanten zurückgibt noch diesen auf die drohende Verjährung hinweist.
BGH, Urt. v. 11.10.1983 – VI ZR 95/82, NJW 1984, 431.

Nach der Niederlegung des Mandats bleibt der Rechtsanwalt verpflichtet, seine frühere Partei über eine an ihn erfolgte Zustellung unverzüglich zu unterrichten.
BGH, Urt. v. 2.3.1988 – IV a ZR 218/87, VersR 1988, 835.

Die Pflicht eines Rechtsanwalts, den Mandanten auf einen Ersatzanspruch gegen sich selbst und dessen drohende Verjährung hinzuweisen, besteht grundsätzlich nur bis zur Beendigung des Anwaltsvertrages.

Jedenfalls dann, wenn der Mandant nach Ablauf des Mandats in derselben Sache anderweitig anwaltlich beraten wird, entfällt die Belehrungspflicht des früheren Rechtsanwalts.
BGH, Urt. v. 1.2.1990 – IX ZR 82/89, NJW-RR 1990, 459 = WM 1990, 815.

Hat ein Rechtsanwalt nichts unternommen, um Ansprüche des Mandanten vor Verjährung zu sichern, ist er jedenfalls bei Beendigung des Mandats verpflichtet, den nunmehr beauftragten Rechtsanwalt oder den Auftraggeber auf den drohenden Eintritt der Verjährung hinzuweisen.
BGH, Urt. v. 18.3.1993 – IX ZR 120/92, NJW 1993, 1779 = WM 1993, 1376.

Hat ein Rechtsanwalt für einen Mandanten eine Steuererklärung abgegeben, ist er nicht verpflichtet, ein Einspruchs- oder Abänderungsverfahren zu betreiben.

Wendet sich der (frühere) Mandant wegen eines Nachfolgebescheids zur früheren Steuererklärung an diesen Rechtsanwalt, so ist dieser aufgrund des nachvertraglichen Schuldverhältnisses gemäß § 242 BGB verpflichtet, dem – früheren – Mandanten die Ablehnung unverzüglich mitzuteilen. Ist die Angelegenheit, wie bei Einsprüchen gegen Steuerbescheide, offensichtlich fristgebunden, hat der Rechtsanwalt möglichst so beschleunigt zu antworten, dass die laufende Frist nicht in vermeidbarer Weise versäumt wird, und hierbei auf den drohenden Fristablauf hinzuweisen.
BGH, Urt. v. 23.11.1995 – IX ZR 225/94, NJW 1996, 842.

Wird einem Rechtsanwalt der Auftrag zu einem Zeitpunkt entzogen, in dem keine Nachteile durch alsbaldigen Fristablauf drohen, ist er nicht verpflichtet, dem bisherigen Mandanten Ratschläge für die künftige Sachbehandlung zu erteilen.
BGH, Urt. v. 24.10.1996 – IX ZR 4/96, NJW 1997, 254 = WM 1997, 77.

Droht dem Auftraggeber aus der Beendigung der anwaltlichen Tätigkeit erkennbar ein Schaden, weil er sich mangels Kenntnis der Rechtslage der Gefahr nicht voll bewusst ist, muss der Rechtsanwalt bei Mandatsende jedenfalls dann auf die Gefahr (hier: der baldigen Verjährung) hinweisen, wenn er sie zuvor durch Untätigkeit mit verursacht hat.

An den nachvertraglichen Pflichten eines Rechtsanwalts ändert sich nichts dadurch, dass er hiervon keine Kenntnis davon hat, sondern von einem Anwaltsvertrag ausgeht. § 674 BGB bietet dem Rechtsanwalt keinen weitergehenden Schutz, als wenn der Auftrag nicht erloschen wäre.
BGH, Urt. v. 28.11.1996 – IX ZR 39/96, NJW 1997, 1302 = WM 1997, 321 = AnwBl 1997, 230.

Nebeneinander tätige Rechtsanwälte

Beauftragt ein Mandant nebeneinander zwei voneinander unabhängig tätige Rechtsanwälte, so haben beide einen eigenständigen Pflichten- und Verantwortungskreis. Keiner ist in seinem Pflichtenkreis Erfüllungsgehilfe des anderen i.S.d. § 278 BGB. Selbst wenn die Anwälte voneinander wissen, darf keiner seine eigenen Pflichten im

Vertrauen darauf vernachlässigen, der andere werde die seinen erfüllen.
BGH, Urt. v. 8.7.1993 – IX ZR 242/92, NJW 1993, 2676.

Hat der Rechtsanwalt Ansprüche des Mandanten verjähren lassen, wird der Zurechnungszusammenhang zwischen Pflichtverletzung und Schaden nicht dadurch unterbrochen, dass der Mandant vor Ablauf der Verjährungsfrist einen anderen Anwalt mit der Prüfung von Schadensersatzansprüchen gegen den ersten Anwalt beauftragt.
BGH, Urt. v. 29.11.2001 – IX ZR 278/00, NJW 2002, 1117; vgl. BGH, WM 2005, 1146, 1147 und 1812, 1813.

Notar und Rechtsanwalt

Verschuldet der Rechtsanwalt durch fehlerhafte Beratung, dass sein Mandant einen ihm ungünstigen notariellen Vertrag schließt, so entfällt die Haftung des Rechtsanwalts nicht deswegen, weil der beurkundende Notar den ihm erkennbaren Fehler bei der Beurkundung nicht berichtigt.
BGH, Urt. v. 10.5.1990 – IX ZR 113/89, NJW 1990, 2882 = WM 1990, 1710.

Partnerschaft

In Bezug auf die Handelndenhaftung gemäß § 8 Abs. 2 PartGG bei Tätigwerden eines „echten" Partners stellt sich die Haftungslage bei der „echten" Partnerschaft nicht anders dar als bei der „Scheinpartnerschaft".

Eine Ersetzung dieser Handelndenhaftung durch eine Haftung der „echten" Partner findet im Gesetz keine Stütze. Ebenfalls bedarf es bei der Rechtsform der Partnerschaft keines Rückgriffs auf die Rechtsscheinhaftung aller auf dem Briefkopf aufgeführten Rechtsanwälte nach den Grundsätzen der Außensozietät.
OLG München, Urt. v. 18.1.2001 – 29 U 2962/00, NJW-RR 2001, 1358; der BGH hat durch Beschl. v. 8.11.2001 – I ZR 85/01 die Revision nicht angenommen, NJW-RR 2002, 288.

Rechtsnatur

Das vertragliche Verhältnis zwischen dem Rechtsanwalt und seinem Auftraggeber ist regelmäßig ein Dienstvertrag nach § 611 ff. BGB, der eine Geschäftsbesorgung nach § 675 BGB zum Gegenstand hat. Ausnahmsweise kann ein Anwaltvertrag auch den Charakter eines Werkvertrages nach §§ 631 ff. BGB haben, der eine Geschäftsbesorgung nach § 675 BGB zum Gegenstand hat.
RG, Urt. v. 17.3.1914 – 468/13 III, JW 1914, 642.

Regelmäßig ist das Vertragsverhältnis zwischen Rechtsanwalt und Auftraggeber ein Dienstvertrag.

Nur ausnahmsweise kann insoweit ein Werkvertrag angenommen werden. Voraussetzung dafür ist, dass der zu erzielende Erfolg den Inhalt der Vertragsleistung bildet. Erfolg und Vergütung müssen im Verhältnis von Leistung und Gegenleistung stehen.
RG, Urt. v. 5.5.1916 – III 10/16, RGZ 88, 223.

Das Vertragsverhältnis zwischen einem Rechtsanwalt und seinem Auftraggeber ist regelmäßig ein Dienstvertrag, der eine Geschäftsbesorgung zum Gegenstand hat.

Ausnahmsweise kann es aber auch ein Werkvertrag sein, wenn nicht anwaltlicher Beistand, sondern vielmehr ein durch anwaltliche Arbeit herbeizuführender Erfolg den Gegenstand der Verpflichtung bildet. Dies ist gewöhnlich dann der Fall, wenn der Anwalt es übernimmt, Rechtsauskunft über eine konkrete Frage zu erteilen oder ein schriftliches Rechtsgutachten anzufertigen.
BGH, Urt. v. 20.10.1964 – VI ZR 101/63, NJW 1965, 106.

Die Vereinbarung über die Erstattung eines Gutachtens durch einen Diplomingenieur ist i.d.R. kein Dienst-, sondern ein Werkvertrag. Diese Rechtslage entspricht weitgehend der beim Anwaltsvertrag.
BGH, Urt. v. 8.12.1966 – VII ZR 114/64, NJW 1967, 719.

Ein Vertrag, durch den einem Steuerberater oder Steuerbevollmächtigten allgemein die Wahrnehmung aller steuerlichen Interessen des Auftraggebers übertragen wird, ist regelmäßig ein Dienstvertrag, der eine Geschäftsbesorgung zum Gegenstand hat. Die Rechtslage entspricht weitgehend der beim Anwaltsvertrag.
BGH, Urt. v. 4.6.1970 – VII ZR 187/68, BGHZ 54, 106 = NJW 1970, 1596.

Grundlage der anwaltlichen Tätigkeit ist regelmäßig ein auf Geschäftsbesorgung gerichteter Dienstvertrag (§§ 675, 611 BGB).
BGH, Urt. v. 30.9.1989 – III ZR 112/88, BGHZ 109, 266 = NJW 1990, 510.

Der Anspruch auf Ersatz eines Schadens aus der Verwertung eines fehlerhaften anwaltlichen Vertragsentwurfs verjährt (nach altem Recht) gemäß § 51 BRAO a.F. (= § 51b BRAO n.F.), unabhängig davon, ob der Auftrag an den Rechtsanwalt gemäß dem Regelfall zu einem Dienstvertrag (§§ 611, 675 BGB) oder ausnahmsweise zu einem Werkvertrag der Parteien (§§ 631, 675 BGB) geführt hat.

Aufgrund eines Dienstvertrags ist der Rechtsanwalt seinem Auftraggeber grundsätzlich zu einer umfassenden und erschöpfenden Beratung verpflichtet. Der Anwalt muss prüfen, ob der ihm vorgetragene Sachverhalt geeignet ist, den vom Auftraggeber erstrebten Erfolg herbeizuführen. Den Mandanten muss der Rechtsanwalt vor Nachteilen bewahren, soweit solche voraussehbar und vermeidbar sind; Zweifel und Bedenken, zu denen die Sachlage Anlass gibt, muss der Anwalt darlegen und mit seinem Auftraggeber erörtern. Diese Pflichten obliegen dem Rechtsanwalt im Wesentlichen auch dann, wenn er – abweichend vom Regelfall – einen Werkvertrag geschlossen hat.
BGH, Urt. v. 20.6.1996 – IX ZR 106/95, NJW 1996, 2929 = WM 1996, 1832.

Der Auftrag, ein Gutachten über steuerliche Fragen oder Fragen der „Vermögensverwaltung" zu erstellen, ist ein Werkvertrag i.S.d. §§ 631 ff. BGB.
BGH, Urt. v. 10.3.2005 – IX ZR 25/01, BeckRS 2005, 04044.

Die Tätigkeit eines Rechtsanwalts ist regelmäßig ein Geschäftsbesorgungsverhältnis mit Dienstvertragscharakter. Wird die Rechtsauskunft über eine Einzelfrage oder ein Gutachten geschuldet, kommt ein Werkvertrag, der ebenfalls auf eine Geschäftsbesorgung gerichtet ist, in Betracht, insbesondere dann, wenn der Rechtsanwalt nach seinen Vereinbarungen mit dem Auftraggeber für einen bestimmten Erfolg seiner Tätigkeit einzustehen hat.
OLG Düsseldorf, Urt. v. 11.6.1992 – 18 U 161/90, VersR 1993, 702.

Die Erstellung oder Prüfung eines Jahresabschlusses ist Gegenstand eines Werkvertrages.
BGH, Urt. v. 1.2.2000 – X ZR 198/97, NJW 2000, 1107.

Zur Abgrenzung von Dienst- und Werkvertrag.
BGH, Urt. v. 7.3.2002 – III ZR 12/01, NJW 2002, 1571; v. 16.7.2002 – X ZR 27/01, NJW 2002, 3323, 3324.

Sozietät

■ Allgemeines (Rechtsfähigkeit und Haftung)

Die Gesellschafter einer bürgerlichrechtlichen Gesellschaft haften – neben dem Gesellschaftsvermögen – kraft Gesetzes auch persönlich für die im Namen ihrer Gesellschaft begründeten Verpflichtungen.

Die persönliche Haftung des Gesellschafters kann nur durch Vereinbarung mit dem Vertragspartner ausgeschlossen werden.
BGH, Urt. v. 27.9.1999 – II ZR 371/98, BGHZ 142, 315, 317 ff. = NJW 1999, 3483.

Eine Gesellschaft bürgerlichen Rechts hat nach außen hin insoweit beschränkte Rechtsfähigkeit, als sie durch Teilnahme am Rechtsverkehr eigene Rechte und Pflichten begründet, und ist in diesem Rahmen im Zivilprozess aktiv und passiv parteifähig.

Soweit ein Gesellschafter für eine Verbindlichkeit der Gesellschaft persönlich haftet, entspricht dies der akzessorischen Haftung des Gesellschafters bei der OHG.
BGH, Urt. v. 29.1.2001 – II ZR 331/00, BGHZ 146, 341, 343 ff. = WM 2001, 408.

Eine bürgerlichrechtliche Gesellschaft muss sich zu Schadensersatz verpflichtendes Handeln ihrer geschäftsführenden Gesellschafter entsprechend § 31 BGB zurechnen lassen.

Ihre Gesellschafter haften grundsätzlich auch für gesetzlich begründete Verbindlichkeiten der Gesellschaft (hier aus § 896 BGB) persönlich und als Gesamtschuldner.

BGH, Urt. v. 24.2.2003 – II ZR 385/99, BGHZ 154, 88, 99 ff. = NJW 2003, 1445; vgl.
BGH, Urt. v. 24.6.2003 – VI ZR 434/01, BGHZ 155, 205, 210 = NJW 2003, 2984.

■ Anschein

Die Rechtsgrundsätze für die Haftung eines Rechtsanwalts, der einer Anwaltssozietät angehört, sind auch dann anzuwenden, wenn die Anwälte nur nach außen hin den Anschein erweckt haben, zwischen ihnen bestehe eine Sozietät.
BGH, Urt. v. 24.1.1978 – VI ZR 264/76, BGHZ 70, 247 = NJW 1978, 996.

Steuerberater, die gegenüber einem Mandanten durch gemeinsame Briefbögen, Stempel oder Siegel den Anschein einer Sozietät erwecken, müssen sich an dem von ihnen gesetzten Rechtsschein festhalten lassen.
BGH, Urt. v. 17.10.1989 – XI ZR 158/88, NJW 1990, 827 = WM 1990, 188.

Der aus einer Sozietät ausgeschiedene Rechtsanwalt haftet neuen Mandanten nach den Grundsätzen der Anscheinsvollmacht, wenn sein Name weiterhin auf dem Praxisschild und den Briefbögen der Kanzlei erscheint und er nicht alle ihm zumutbaren Maßnahmen zur Beseitigung des Rechtsscheins ergriffen hat.
BGH, Urt. v. 24.1.1991 – IX ZR 121/90, NJW 1991, 1225.

Ein Rechtsanwalt haftet als Scheinsozius, wenn er das Briefpapier verwendet, auf dem neben den anderen Mitgliedern der Sozietät auch sein Name aufgeführt ist.
BGH, Beschl. v. 7.4.2005 – IX ZR 18/02, Beck RS 2005, 04708.

Zur vertraglichen Haftung des Mitglieds einer Scheinsozietät für die Veruntreuung von Mandantengeldern durch den sachbearbeitenden Rechtsanwalt.
BGH, Urt. v. 8.7.1999 – IX ZR 338/97, NJW 1999, 3040 = WM 1999, 1846.

Betreibt ein Rechtsanwalt eine Anwaltskanzlei selbständig, ohne dass die anderen im Briefkopf der Kanzlei aufgeführten Rechtsanwälte auf die tägliche Arbeit und auf die Personalentscheidungen erkennbar Einfluss nehmen, kann er einem von ihm angestellten Rechtsanwalt für die (Schein-)Sozietät wirksam kündigen, ohne nach § 174 BGB eine Vollmacht der anderen Mitglieder der (Schein-)Sozietät vorzulegen.
BAG, Urt. v. 6.2.1997 – 2 AZR 128/96, NJW 1997, 1867.

Werden im Briefkopf eines Rechtsanwalts weitere Anwälte unter der Sammelbezeichnung „in Kanzleigemeinschaft" aufgeführt, so kann dies den Anschein einer Sozietät erwecken.
OLG Köln, Urt. v. 17.12.2002 – 22 U 168/02, VersR 2003, 1047.

Für die Frage des Vorliegens einer Scheinsozietät kommt es auf den Kenntnisstand und die Sicht des konkreten Mandanten an.
OLG Saarbrücken, Urt. v. 22.12.2005 – 8 U 92/05, NJW-RR 2006, 707.

■ Ausscheidendes Mitglied

Ein Rechtsanwalt haftet nach dem Ausscheiden aus einer Sozietät unter dem Gesichtspunkt der Anscheinsvollmacht als Gesamtschuldner mit den übrigen Mitgliedern, solange die Veränderung in der personellen Zusammensetzung nach außen nicht sichtbar gemacht worden ist.
OLG Brandenburg, Urt. v. 8.3.1995 – 1 U 26/94, AnwBl 1995, 262.

■ Fristenkontrolle

Von mehreren in einer Sozietät zusammengeschlossenen Rechtsanwälten hat grundsätzlich derjenige die Fristen zu überwachen, der beim zuständigen Gericht zugelassen ist.
BGH, Beschl. v. 10.7.1997 – IX ZB 57/97, NJW 1997, 3177.

■ Haftung

Wer einen einer Anwaltssozietät angehörenden Rechtsanwalt beauftragt, schließt den Anwaltsvertrag im Zweifel nicht nur mit dem Rechtsanwalt ab, der seine Sache bearbeitet, sondern mit allen Sozietätsmitgliedern. Sie alle haften ihm auf Schadensersatz, auch wenn nur der Anwalt, der die Sache bearbeitet, den Schaden verschuldet hat.
BGH, Urt. v. 6.7.1971 – VI ZR 94/69, BGHZ 56, 355 = NJW 1971, 1801.

■ internationale Sozietät

Die Verwendung der Bezeichnung „Internationale Sozietät von Rechtsanwälten und Attorneys-at-Law" auf dem Briefkopf einer aus sechs Rechtsanwälten bestehenden inländischen Kanzlei ist wettbewerbswidrig gemäß § 1 UWG i.V.m. § 43b BRAO sowie nach § 3 UWG, wenn der Sozietät mit den ausländischen Rechtsberatern nur einer dieser Rechtsanwälte angehört.
BGH, Urt. v. 25.4.1996 – I ZR 106/94, NJW 1996, 2308.

■ interprofessionelle Sozietät

Ein Rechtsanwalt, der mit Steuerberatern und/oder Wirtschaftsprüfern in einem Sozietätsverhältnis steht, wird durch ein Mandat, das die Erledigung von steuerlichen Angelegenheiten zum Gegenstand hat und der Sozietät als solcher erteilt wird, mitverpflichtet.
BGH, Urt. v. 21.4.1982 – IV a ZR 291/80, BGHZ 83, 328 = NJW 1982, 1866.

Wer einen einer Steuerberatersozietät angehörenden Steuerberater beauftragt, schließt den Vertrag – nicht anders als bei der Einschaltung eines Anwalts – im Zweifel mit allen in der Sozietät verbundenen Steuerberatern und Rechtsanwälten. Die unterschiedliche Qualifikation der einzelnen Mitglieder der Sozietät hat lediglich zur Folge, dass eine gesamtschuldnerische Verpflichtung nur entstehen kann, soweit jedes Mitglied die

generellen und fachlichen Voraussetzungen zur Bearbeitung des Auftrags erfüllt.
BGH, Urt. v. 3.6.1993 – IX ZR 173/92, BB 1993, 1682 (insoweit in NJW 1993, 2799 nicht abgedruckt).

Ein Geschäftsbesorgungsvertrag, der auf eine Rechtsbesorgung und eine sich daraus ergebende treuhänderische Geldverwaltung gerichtet ist, kommt im Zweifel nicht mit Steuerberatern und Wirtschaftsprüfern einer gemischten Sozietät zustande.
BGH, Urt. v. 16.12.1999 – IX ZR 117/99, NJW 2000, 1333 = WM 2000, 963.

Bei gemischten Sozietäten tritt die Mithaftung nur für diejenigen Sozietätsmitglieder ein, die auf dem Berufsgebiet, in die das Mandat fällt, nach dem Gesetz auch tätig sein dürfen. Der Steuerberatersozius haftet daher nicht für eine außersteuerliche – ihm selbst gemäß § 1 RBerG verbotene – Rechtsberatung durch seinen Anwaltssozius. Dieser haftet aber für eine steuerliche Falschberatung eines mit ihm assoziierten Steuerberaters, weil auch der Rechtsanwalt zur Hilfeleistung in Steuersachen gemäß § 3 Abs. 1 BRAO und § 3 Nr. 2 StBerG befugt ist.
OLG Köln, Urt. v. 3.5.1996 – 11U 252/95, NJW-RR 1997, 438.

Ein Steuerberater, der Mitglied einer Sozietät mit einem Rechtsanwalt ist, haftet analog § 128 HGB für alle Pflichtverletzungen, die im Zusammenhang mit dem Kanzleibetrieb stehen, auch wenn es sich hierbei um eine Pflichtverletzung im Zusammenhang mit einem Mandat handelt, welches ausschließlich eine Rechtsberatung zum Gegenstand hat.
OLG München, Urt. v. 28.7.2005 – 19 U 5139/04, GuT 2005, 215.

■ neu eintretendes Mitglied

Bei der Gründung einer Anwaltssozietät erstrecken sich die bereits vorher den einzelnen Anwälten erteilten Einzelmandate nicht automatisch auf die übrigen Mitglieder der Sozietät. Dazu bedarf es vielmehr einer zumindest stillschweigenden Einbeziehung der Sozien in das bisherige Einzelmandat.

Wenn ein Rechtsanwalt nach dem Tod seines Sozius ein bisher von diesem betreutes Einzelmandat übernimmt, ist er ohne besonderen Anlass nicht verpflichtet, die Handakten daraufhin durchzusehen, ob seinem Sozius vor Jahren irgendein Versäumnis unterlaufen ist.
BGH, Urt. v. 4.2.1988 – IX ZR 20/87, NJW 1988, 1973 = WM 1988, 457.

Ein Steuerberatervertrag, der ursprünglich nur mit einem Steuerberater geschlossen wurde, kann einen neu hinzutretenden Sozius einbeziehen, wenn die Sozien bei der Ausführung des Auftrags gegenüber dem Mandanten gemeinsam auftreten und das Verhalten beider Seiten dahin zu deuten ist, dass sie sich über die Erstreckung des Mandats auf die Sozietät einig sind.
BGH, Urt. v. 17.10.1989 – XI ZR 158/88, NJW 1990, 827 = WM 1990, 188.

Das einer Anwaltssozietät erteilte Mandat erstreckt sich im Zweifel auch auf später eintretende Sozietätsmitglieder.
BGH, Urt. v. 5.11.1993 – V ZR 1/93 – NJW 1994, 257.

Der in eine Gesellschaft bürgerlichen Rechts eintretende Gesellschafter hat für vor seinem Eintritt begründete Verbindlichkeiten der Gesellschaft grundsätzlich auch persönlich und als Gesamtschuldner mit den Altgesellschaftern einzustehen.

Dieser Grundsatz gilt auch für Gesellschaften bürgerlichen Rechts, in denen sich Angehörige freier Berufe zu gemeinsamer Berufsausübung zusammengeschlossen haben. Ob für Verbindlichkeiten aus beruflichen Haftungsfällen dieser Gesellschaften eine Ausnahme zu machen ist, bleibt offen.
BGH, Urt. v. 7.4.2003 – II ZR 56/02, BGHZ 154, 370 = NJW 2003, 1803.

Schließt sich ein Rechtsanwalt mit einem bisher als Einzelanwalt tätigen Rechtsanwalt zur gemeinsamen Berufsausübung in einer Sozietät in der Form einer Gesellschaft bürgerlichen Rechts zusammen, so haftet er nicht entsprechend § 28 Abs. 1 Satz 1 i.V.m. § 128 Satz 1 HGB für die im Betrieb des bisherigen Einzelanwalts begründeten Verbindlichkeiten.
BGH, Urt. v. 22.1.2004 – IX ZR 65/01, BGHZ 157, 361 = NJW 2004, 836.

Der Neugesellschafter ist in seinem Vertrauen auf den Fortbestand der gemäß Senatsurteil vom 7.4.2003 (II ZR 56/02, BGHZ 154, 370) bestehenden Rechtslage nicht geschützt, sondern haftet analog § 130 HGB, wenn er die Altverbindlichkeit, für die er in Anspruch genommen wird, bei seinem Eintritt in die Gesellschaft kennt oder wenn er deren Vorhandensein bei auch nur geringer Aufmerksamkeit hätte erkennen können.
BGH, Urt. v. 12.12.2005 – II ZR 283/03, WM 2006, 187 = DStR 2006, 106.

■ **Prozesskostenhilfe**

Eine Partei, die im Verfahren der Prozesskostenhilfe einen einer Anwaltssozietät angehörenden Rechtsanwalt beigeordnet erhält und diesen beauftragt, braucht nur für dessen Verschulden, nicht aber für das eines anderen Mitglieds der Sozietät einzustehen.
BGH, Beschl. v. 7.5.1991 – XII ZB 18/91, NJW 1991, 2294.

Stillschweigender Vertragsschluss

Ein Anwaltsvertrag kann stillschweigend zustande kommen, indem der Rechtsanwalt die Vollmacht des Rechtsuchenden entgegennimmt.
RG, Urt. v. 25.2.1910 – 153/09 III, JW 1910, 332.

Zwischen den Parteien kann ein Anwaltsvertrag konkludent geschlossen werden, wenn der Rechtsanwalt während eines Zwangsversteigerungsverfahrens den Auftraggeber

ständig unterrichtet, seine Anfragen beantwortet, die ihm erteilte Generalvollmacht zu den Zwangsversteigerungsakten reicht und im Verteilungstermin für den Auftraggeber auftritt.
BGH, Urt. v. 23.1.1981 – V ZR 198/79, VersR 1981, 460.

Trotz fehlenden Erklärungsbewusstseins (Rechtsbindungs-, Geschäftswillens) liegt eine Willenserklärung vor, wenn der Erklärende bei Anwendung der im Verkehr erforderlichen Sorgfalt hätte erkennen und vermeiden können, dass seine Äußerung nach Treu und Glauben und der Verkehrssitte als Willenserklärung aufgefasst werden durfte, und wenn der Empfänger sie tatsächlich auch so verstanden hat.
BGH, Urt. v. 7.6.1984 – IX ZR 66/83, BGHZ 91, 324 = NJW 1984, 2279.

Ein Anwaltsvertrag kann schlüssig zustande kommen, wenn der Auftraggeber den Rechtsanwalt anlässlich der Erörterung einer anderen Rechtsangelegenheit beiläufig auf eine neue Sache anspricht und ihm hierzu Unterlagen zusendet sowie der Rechtsanwalt daraufhin an den Auftraggeber ein Schreiben richtet, das sich auf die neue Sache bezieht und den Vorschlag eines Schreibens an die Gegenseite enthält.
BGH, Urt. v. 17.3.1988 – IX ZR 43/87, NJW 1988, 2880 = WM 1988, 905.

Da der Anwaltsvertrag zu seiner Wirksamkeit keiner Form bedarf, kann er auch durch schlüssiges Verhalten der Vertragsparteien zustande kommen. Im Interesse der Rechtssicherheit sind an die Annahme eines Vertragsschlusses durch schlüssiges Verhalten allerdings erhöhte Anforderungen zu stellen.

Eine solche Annahme ist – sofern es an einem Erklärungsbewusstsein fehlt – nur gerechtfertigt, wenn das Verhalten eines Beteiligten von dem anderen bei Anwendung der im Verkehr erforderlichen Sorgfalt nach Treu und Glauben mit Rücksicht auf die Verkehrssitte eindeutig und zweifelsfrei als eine auf den Abschluss eines (Anwalts-)Vertrages gerichtete Willenserklärung aufzufassen ist.

Die Annahme eines Verkehrsanwaltsvertrages setzt eindeutige und klare Anhaltspunkte voraus.

Zweifel an einem Vertragsangebot gehen zu Lasten dessen, der sich auf das Zustandekommen eines Vertrages beruft.
BGH, Urt. v. 21.3.1991 – IX ZR 186/90, NJW 1991, 2084 = WM 1991, 1567.

Wird in einem anwaltlichen Vergütungsprozess die Erteilung des Mandats streitig, so muss das rechtsgeschäftliche Handeln der Beteiligten in tatsächlicher Hinsicht so dargelegt werden, dass sich das Zustandekommen des anspruchsbegründenden Vertrags – im Regelfall in Anwendung der §§ 145 ff. BGB – rechtlich prüfen lässt.

Bei konkludentem Verhalten eines Vertragsteils darf nicht lediglich das ihm zugeschriebene Erklärungsergebnis behauptet werden, sondern das tatsächliche Verhalten selbst muss so deutlich sein, dass es auf den ihm zugeschriebenen rechtlichen Erklärungsge-

halt hin aus der Sicht des Empfängers unter Berücksichtigung der §§ 133, 157 BGB gewürdigt werden kann.
BGH, Urt. v. 17.7.2003 – IX ZR 250/02, NJW 2003, 3564 = WM 2004, 437 = VersR 2004, 1561.

Die Annahme eines Vertragsschlusses durch schlüssiges Verhalten ist nur gerechtfertigt, wenn das Verhalten eines Beteiligten von dem anderen bei Anwendung der im Verkehr erforderlichen Sorgfalt nach Treu und Glauben mit Rücksicht auf die Verkehrssitte eindeutig und zweifelsfrei als eine auf den Abschluss eines Anwaltsvertrages gerichtete Willenserklärung aufzufassen ist.

Wird ein gegen den Mandanten eines Rechtsanwalts erlassener Haftbefehl unter der Voraussetzung außer Vollzug gesetzt, dass der Beschuldigte selbst eine Barkaution leistet, und ist ein Dritter bereit, dem Beschuldigten diesen Betrag zur Verfügung zu stellen, werden vertragliche Beziehungen zwischen dem Dritten und dem vom Beschuldigten beauftragten Rechtsanwalt nicht schon dadurch begründet, dass der Rechtsanwalt mit dem Dritten die technische Abwicklung des Zahlungsvorgangs über ein Anderkonto dieses Rechtsanwalts vereinbart.
BGH, Urt. v. 22.7.2004 – IX ZR 132/03, NJW 2004, 3630 = WM 2004, 1825.

Wird ein Anwaltsnotar in seiner Eigenschaft als Notar angegangen und übt er später Anwaltstätigkeit aus, ohne den Auftraggeber darüber aufzuklären, dass er diese Tätigkeit als Rechtsanwalt ausüben wolle und dementsprechend ein Anwaltshonorar erwarte, kommt ein Anwaltsvertrag i.d.R. nicht konkludent zustande, falls der Auftraggeber die anwaltliche Leistung in der Meinung entgegennimmt, der Anwaltsnotar werde weiterhin als Notar tätig.
OLG Hamm, Urt. v. 10.4.1968 – 12 U 21/68, DNotZ 1968, 625; v. 16.2.1984 – 28 U 252/83, DNotZ 1985, 182.

Übernahmepflicht

Ein Rechtsanwalt hat das Recht – unter Umständen sogar die Pflicht (§ 45 BRAO) –, ein ihm angetragenes Mandat abzulehnen. Von § 48 BRAO abgesehen besteht kein Kontrahierungszwang. Allerdings gehört es zu einer Anstandspflicht des Rechtsanwalts, selbst dann vorsorglich Berufung einzulegen, wenn er das Mandat ablehnen will, er davon aber die Partei nicht mehr rechtzeitig benachrichtigen kann.
BGH, Urt. v. 19.4.1967 – VIII ZR 46/65, BGHZ 47, 320 = NJW 1967, 1567.

Übernahmeverbot

Ein Verstoß des Rechtsanwalts gegen § 45 Abs. 1 Nr. 4 BRAO a.F. (= § 45 Abs. 1 Nr. 2 BRAO n.F.) berührt nicht die Wirksamkeit der ihm erteilten Prozessvollmacht und der von ihm namens der Partei vorgenommenen Rechtshandlungen.
BGH, Urt. v. 19.3.1993 – V ZR 36/92, NJW 1993, 1926.

Ein Verstoß gegen § 46 Abs. 2 Nr. 1 BRAO führt zur Nichtigkeit des zwischen Rechtsanwalt und Mandant abgeschlossenen Geschäftsbesorgungsvertrages gemäß § 134 BGB.
BGH, Urt. v. 25.2.1999 – IX ZR 384/97, NJW 1999, 1715 = WM 1999, 970.

Ein Rechtsanwalt, der gegen § 45 Abs. 1 Nr. 4 BRAO a.F. (= § 45 Abs. 1 Nr. 2 BRAO n F.) verstößt, handelt damit nicht zugleich wettbewerbswidrig, auch wenn diese Vorschrift eine so genannte wertbezogene Norm ist.
BGH, Urt. v. 5.10.2000 – I ZR 224/98, WM 2001, 696.

Ein Vertrag, in dem sich ein Kontierer i.S.d. § 6 Nr. 4 StBerG zur Buchführung und Steuerberatung verpflichtet, ist grundsätzlich insgesamt nichtig. Vertragliche oder vertragsähnliche Ansprüche auf Schadensersatz bestehen dann nicht. Allerdings können Schadensersatzansprüche aus Verschulden bei Vertragsschluss in Betracht kommen.

Ein Hilfeleistender, der nur einen Teil der vom Verbot des § 5 StBerG umfassten Tätigkeiten erbringen darf, ist verpflichtet, auf die Grenzen seiner Leistungsbefugnis unmissverständlich hinzuweisen und eine weitergehende Tätigkeit abzulehnen.
BGH, Urt. v. 14.4.2005 – IX ZR 104/04, NJW-RR 2005, 1290 = WM 2005, 1334 = VersR 2006, 232.

Der Verstoß gegen das dem Rechtsanwalt auferlegte Verbot, tätig zu werden, wenn es sich um den Rechtsbeistand oder um die Auslegung einer Urkunde handelt, die er als Notar aufgenommen hat (§ 45 Abs. 1 Nr. 4 BRAO a.F. = § 45 Abs. 1 Nr. 2 BRAO n F.), hat gemäß § 134 BGB die Nichtigkeit des Geschäftsbesorgungsvertrages mit dem Mandanten zur Folge.
OLG Köln, Beschl. v. 14.2.1979 – 17 W 421/78, AnwBl 1980, 70.

Eine entgegen der Verbotsnorm des § 45 Abs. 1 Nr. 4 BRAO a.F. (= § 45 Abs. 1 Nr. 2 BRAO n.F.) entwickelte prozessuale oder vorprozessuale Tätigkeit des Anwaltsnotars hat die Nichtigkeit des Geschäftsbesorgungsvertrages mit dem Mandanten zur Folge.
OLG Hamm, Urt. v. 21.9.1987 – 5 U 188/87, DNotZ 1989, 632.

Verstößt ein Anwaltsnotar dadurch gegen die ihm nach § 14 Abs. 1 Satz 2 BNotO obliegenden Amtspflichten, dass er einen Beteiligten, für den er zunächst als Notar tätig war, später als Rechtsanwalt vertritt, ist der mit dem Mandanten abgeschlossene Geschäftsbesorgungsvertrag nichtig.
OLG Hamm, Beschl. v. 1.10.1991 – 15 W 266/91, NJW 1992, 1174.

Unterbevollmächtigter Rechtsanwalt

Stellt das Gericht an den in der mündlichen Verhandlung allein anwesenden Kartellanwalt entscheidungserhebliche Fragen, die dieser nicht hinreichend beantworten kann, weil er mit der Sache nicht vertraut ist, so verletzt es hierdurch seine Aufklärungspflicht, wenn es die unzureichende Antwort des Kartellanwalts seiner Entscheidung zugrunde legt.

Ein Anwaltskartell, das im Interesse der Rechtsanwälte und des Gerichts eingerichtet ist, darf den Parteien keine vermeidbaren Nachteile bringen.
OLG Düsseldorf, Urt. v. 28.6.1971 – 1 U 34/71, NJW 1971, 1707.

Die Erteilung einer Vollmacht zur Terminwahrnehmung setzt eine Erklärung des Vertretenen voraus. Sie kann darin liegen, dass der Vertretene dem Vertreter mündlich oder schriftlich Weisung erteilt, für ihn aufzutreten, und ihm Gelegenheit gibt, sich mit dem notwendigen Prozessstoff zu befassen. Damit sind zugleich die notwendigen Voraussetzungen aufgezeigt, sich aus Zweckmäßigkeitsgründen in den Sitzungen durch den sog. „Kartellanwalt" vertreten zu lassen. Diesem muss eine auf den Fall bezogene Weisung erteilt worden sein. Er muss i.d.R. ferner die Möglichkeit haben, sich mittels der Handakten des Prozessbevollmächtigten der Partei ein eigenes Bild von dem Streitstoff zu machen, und insbesondere zu prüfen, ob er nicht etwa wegen besonderer Umstände gehindert ist, die Vertretung wahrzunehmen. Eine von Rechtsanwälten gegenseitig erteilte allgemeine Vollmacht, in Terminen aller künftigen Rechtsstreitigkeiten einander zu vertreten, lässt sich nicht mit den Erfordernissen einer ordnungsgemäßen Rechtspflege in Einklang bringen und wäre deshalb unwirksam.
OLG Düsseldorf, Urt. v. 30.9.1975 – 20 U 22/75, NJW 1975, 1324.

Eine Büroorganisation, die es ermöglicht, dass das Büropersonal eines Rechtsanwalts ohne Zwischenschaltung des Rechtsanwalts eine Akte ins „Kartell" gibt, ist grob mangelhaft.

Ein Rechtsanwalt handelt pflichtwidrig, wenn er eine Rechtssache vor dem Gericht streitig verhandelt, ohne sie überhaupt zu kennen.

Nach dem In-Kraft-Treten des Gesetzes zur Vereinfachung und Beschleunigung gerichtlicher Verfahren vom 3.12.1976 kann ein so genanntes Anwaltskartell nicht mehr als ordnungsgemäße Prozessführung angesehen werden.
OLG Düsseldorf, Urt. v. 21.4.1982 – 17 U 100/81, NJW 1982, 1888.

Das Gericht ist seiner Hinweispflicht nicht enthoben, weil der Kläger im Verhandlungstermin von einem sog. Kartellanwalt vertreten wird.

Beabsichtigt das Gericht mit den Parteien ein Rechtsgespräch zu führen, so hat es die Anwälte vor dem Termin hiervon zu unterrichten.

Das Gericht darf sich nicht damit begnügen, im Termin einen Hinweis an den sog. Kartellanwalt zu geben. Vielmehr muss der Partei Gelegenheit zur Stellungnahme gegeben werden.
OLG Düsseldorf, Urt. v. 9.1.1989 – 5 U 155/88, NJW 1989, 1489.

Ein Pflichtverteidiger kann nicht wirksam Untervollmacht erteilen. Wird die Revisionsbegründung von einem Rechtsanwalt unterzeichnet, der von dem Pflichtverteidiger unterbevollmächtigt worden ist, führt dies zur Unzulässigkeit der Revision.
OLG Karlsruhe, Beschl. v. 8.2.1993 – 2 Ss 426/92 – 3/93 II, NJW 1993, 2002.

Verkehrs- und Prozessanwalt

Die Pflichtenkreise des Prozessbevollmächtigten und des Verkehrsanwalts müssen unterschieden werden. Es handelt sich um rechtlich selbständige Mandate mit verschiedenen Pflichten. Keiner dieser Anwälte ist in seinem Pflichtenkreis als Erfüllungsgehilfe des anderen i.S.d. § 278 BGB tätig.

Die Pflicht zu ordnungsmäßigem prozessualen Handeln gegenüber dem Prozessgericht obliegt dem zum Prozessbevollmächtigten bestellten Rechtsanwalt, nicht dem Verkehrsanwalt. Nach der Übernahme des Prozessmandats durch den Prozessbevollmächtigten trifft den Verkehrsanwalt grundsätzlich keine Pflicht, die Tätigkeit des Prozessbevollmächtigten zu überwachen. Nur dann, wenn sich dem Verkehrsanwalt aufdrängen muss, dass der Prozessbevollmächtigte ihm obliegende Pflichten nicht erfüllt, muss der Verkehrsanwalt im Rahmen seiner Beratungspflicht den Mandanten darauf hinweisen und auf Abhilfe dringen.

Entwirft der Verkehrsanwalt einen Schriftsatz an das Prozessgericht, so wird dadurch weder die Verantwortung des Prozessbevollmächtigten für den Inhalt des Schriftsatzes beschränkt noch der Verantwortungsbereich des Verkehrsanwalts in Bezug auf das prozessuale Handeln gegenüber dem Prozessgericht erweitert.
BGH, Urt. v. 17.12.1987 – IX ZR 41/86, NJW 1988, 1079 = WM 1988, 382.

Die Pflicht des zum Prozessbevollmächtigten bestellten Rechtsanwalts zu sachgemäßer Prozessführung ändert sich nicht dadurch, dass ein Verkehrsanwalt in die Korrespondenz zwischen ihm und dem Mandanten eingeschaltet ist, Fristen überwacht und die Schriftsätze an das Prozessgericht entwirft.

Der Verkehrsanwalt hat den Mandanten auf die rechtliche Bedeutung eines Beweisbeschlusses hinzuweisen, zu dessen Erfüllung der Mandant mitwirken muss. Das gilt insbesondere für die Auflage, einen für die Beweiserhebung notwendigen Kostenvorschuss zu zahlen.
BGH, Urt. v. 24.3.1988 – IX ZR 115/87, BGHZ 105, 116 = NJW 1988, 3013 = WM 1988, 987.

Der Rechtsanwalt, der den Rechtsmittelanwalt zu beauftragen hat, muss dafür Sorge tragen, dass dieser den Auftrag rechtzeitig bestätigt, und den Eingang dieser Bestätigung überwachen. Besteht zwischen dem erstinstanzlichen Prozessbevollmächtigten und dem Rechtsmittelanwalt im Einzelfall oder allgemein die Absprache, dass dieser Rechtsmittelaufträge annehmen, prüfen und ausführen wird, besteht für den beauftra-

genden Rechtsanwalt i.d.R. kein Grund, von sich aus den Ablauf der Rechtsmittelfrist weiterhin zu überwachen.
BGH, Beschl. v. 11.7.1988 – I ZB 5/88, NJW 1988, 3020.

Nach der Übernahme des Prozessmandats trifft den Verkehrsanwalt grundsätzlich keine Verpflichtung mehr, den Prozessbevollmächtigten bei seiner Tätigkeit zu überwachen, es sei denn, dass sich ihm aufdrängen muss, der Prozessbevollmächtigte werde die ihm obliegenden Pflichten nicht erfüllen.

Eine Pflicht des Verkehrsanwalts, die Wahrung der Berufungsbegründungspflicht zu überwachen, besteht dann, wenn er aufgrund interner Absprachen anstelle des Prozessbevollmächtigten die Berufungsbegründung zu fertigen und damit auch deren fristgerechte Einreichung sicherzustellen hat.
BGH, Beschl. v. 28.3.1990 – VII ZB 7/90, VersR 1990, 801.

Der Prozessbevollmächtigte verantwortet die einzuschlagende Prozesstaktik. Hält er die vom Verkehrsanwalt vorgeschlagene Taktik für unzweckmäßig, riskant oder gar nachteilig, so muss er seine Bedenken diesem gegenüber kundtun. Erst wenn auf eine solche „Gegenvorstellung" hin der Verkehrsanwalt die Weisung des Mandanten übermittelt, es solle bei der von ihm vorgeschlagenen Prozesstaktik bleiben, verletzt der Prozessbevollmächtigte im allgemeinen nicht seine Vertragspflichten, indem er die Weisung befolgt.

Ein Versäumnis des Prozessbevollmächtigten ist dem Mandanten zuzurechnen (§§ 254 Abs. 2, 278 BGB), wenn dieser Rechtsanwalt Erfüllungsgehilfe des Mandanten bei einer Obliegenheit zur Schadensminderung war.
BGH, Urt. v. 28.6.1990 – IX ZR 209/89, NJW-RR 1990, 1241 = WM 1990, 1917.

Sowohl der Prozessbevollmächtigte als auch der Verkehrsanwalt, der den Berufungsanwalt beauftragt hat, haben in eigener Verantwortung geeignete und verlässliche Maßnahmen zu treffen, die eine zuverlässige Information über den Lauf der Rechtsmittelfrist gewährleisten.
BGH, Beschl. v. 22.11.1990 – I ZB 13/90, VersR 1991, 896.

Vom schlüssigen Abschluss eines Verkehrsanwaltsvertrages kann nur dann ausgegangen werden, wenn die Umstände die Annahme eines Vertragsangebots eindeutig und klar erkennen lassen.
BGH, Urt. v. 21.3.1991 – IX ZR 186/90, NJW 1991, 2084 = WM 1991, 1567.

Personen, die jeweils unabhängig voneinander eine Ursache für einen Schaden gesetzt haben, haften grundsätzlich als Gesamtschuldner.

Der Geschädigte hat sich ausnahmsweise auf einen Regressanspruch gegen einen Rechtsanwalt einen schuldhaften Schadensbeitrag eines anderen Rechtsanwalts dann als Mitverschulden anrechnen zu lassen, wenn er sich dieses Rechtsanwalts zur Erfüllung eines Gebots des eigenen Interesses bedient hat und das Verhalten dieser Hilfsperson in unmittelbarem Zusammenhang mit dem ihr anvertrauten Pflichtenkreis steht.

Unterrichtet ein Rechtsanwalt im Einvernehmen mit dem Mandanten dessen Prozessanwalt über den Sachverhalt, so hat der Mandant gegenüber dem Prozessanwalt eine vorwerfbare und schadensursächliche Falschangabe als Mitverschulden gemäß §§ 254 Abs. 1, 278 BGB zu vertreten.
BGH, Urt. v. 13.3.1997 – IX ZR 81/96, NJW 1997, 2168 = WM 1997, 1392.

Ein Rechtsanwalt, der einen Rechtsmittelanwalt zu beauftragen hat, kann nicht darauf vertrauen, dass der Auftrag ausgeführt wird. Dies kann anders sein, wenn zwischen dem beauftragenden Rechtsanwalt oder seiner Partei und dem beauftragten Rechtsanwalt eine Absprache besteht, dass dieser Rechtsmittelaufträge annimmt, prüft und ausführen wird.

Fehlt eine solche Absprache, endet die Sorgfaltspflicht des beauftragenden Rechtsanwalts regelmäßig nicht mit dem rechtzeitigen Absenden des Auftragsschreibens. Vielmehr hat er auch nach Absenden des Auftragsschreibens den Ablauf der Rechtsmittelfrist in eigener Verantwortung zu überwachen.
BGH, Beschl. v. 5.6.1997 – X ZB 2/97, NJW 1997, 3245 = WM 1997, 2091.

Die Sorgfaltspflichten des Verkehrsanwalts bei der Beauftragung eines Prozessanwalts erschöpfen sich nicht im rechtzeitigen Absenden des Auftragsschreibens. Er muss vielmehr dafür Sorge tragen, dass der mit der Rechtsmitteleinlegung beauftragte Anwalt den Auftrag innerhalb der laufenden Rechtsmittelfrist bestätigt und den rechtzeitigen Eingang dieser Bestätigung überwachen.

Bleibt die Mandatsbestätigung des zweitinstanzlichen Anwalts aus, ist der erstinstanzliche Prozessbevollmächtigte verpflichtet, rechtzeitig vor Ablauf der Berufungsfrist Rückfrage zu halten.
BGH, Beschl. v. 19.6.2001 – VI ZB 22/01, NJW 2001, 3195.

Teilt der erstinstanzliche Prozessbevollmächtigte dem Korrespondenzanwalt den Zeitpunkt der Zustellung eines Urteils als Grundlage für dessen Rechtsmittelfristberechnung mit, muss er die Richtigkeit dieser Angabe eigenverantwortlich prüfen und darf sich insoweit nicht auf eine Bürokraft verlassen.

Ebenso hat der Korrespondenzanwalt die Rechtsmittelfrist in eigener Verantwortung zu prüfen, bevor er dem zweitinstanzlichen Rechtsanwalt einen Rechtsmittelauftrag erteilt.
BGH, Beschl. v. 13.2.2001 – VI ZB 34/00, NJW 2001, 1579.

Dem Verkehrsanwalt, nicht dem Prozessbevollmächtigten, obliegt grundsätzlich die Pflicht zur Beratung des Mandanten. Dies gilt jedenfalls bezüglich eines Teilanspruchs, der nicht Gegenstand der Klage ist.

Teilt der Verkehrsanwalt dem Prozessbevollmächtigten fehlerhafte Rechtsansichten mit, kann dies, soweit es sich um den Gegenstand eines dem Prozessbevollmächtigten noch nicht erteilten Folgemandats handelt, grundsätzlich nicht zu einer Änderung der Pflichtenkreise in dem Sinn führen, dass der Prozessbevollmächtigte zur Überprüfung der Rechtsansichten des Verkehrsanwalts und zu einem korrigierenden Rechtsrat verpflichtet wäre.
OLG Düsseldorf, Urt. v. 6.10.1988 – 8 U 188/87, VersR 1989, 850.

Der Mandant muss sich unter Umständen eine schuldhafte Pflichtwidrigkeit des Verkehrsanwalts bei der Erfüllung von Informationspflichten gegenüber dem Prozessanwalt gemäß §§ 254, 278 BGB zurechnen lassen.
OLG München, Urt. v. 31.5.1990 – 24 U 808/89, NJW-RR 1991, 1460.

Weist der erstinstanzliche Anwalt den Mandanten nicht darauf hin, dass die von ihm beabsichtigte Fortsetzung der Korrespondenz mit dem Berufungsanwalt entgeltpflichtig sei, und leitet er lediglich die Vorschussanforderung des Berufungsanwalts weiter, ohne – anders als in der ersten Instanz – einen Vorschuss auch für seine eigene weitere Tätigkeit anzufordern, so darf er i.d.R. die Hinnahme dieser Tätigkeit durch den Mandanten nicht als Annahme eines Angebots zum Abschluss eines Verkehrsanwaltsvertrags verstehen.
OLG Koblenz, Urt. v. 27.10. 1992 – 3 U 1884/91, NJW-RR 1993, 695.

Sind Prozessanwalt und Verkehrsanwalt für einen Schaden insoweit verantwortlich, als jeder in seinem eigenen Verantwortungsbereich eine Ursache für denselben Schaden gesetzt hat, haften sie als Gesamtschuldner.
OLG Köln, Urt. v. 3.3.1995 – 19 U 119/94, NJW-RR 1995, 1401.

Ein Verkehrsanwalt, der auch die Schriftsätze zu entwerfen hat, hat den rechtlich relevanten Sachverhalt zu ermitteln.

Wenn keine besonderen Umstände hinzutreten, hat der Prozessbevollmächtigte keine Veranlassung, die Sachverhaltsdarstellung in den vom Verkehrsanwalt gefertigten Schriftsätzen in Zweifel zu ziehen und bei dem Auftraggeber nachzufragen.
OLG Düsseldorf, Urt. v. 18.1.1996 – 18 U 220/94, NJWE-VHR 1997, 58.

Der Prozessbevollmächtigte ist dafür verantwortlich, dass die Rechtsbeständigkeit einer einstweiligen Verfügung durch ihre notwendige Vollziehung im Wege der Zustellung im Parteibetrieb gewährleistet wird.

Auch der Verkehrsanwalt, der zur Erwirkung einer einstweiligen Verfügung für den Auftraggeber tätig ist, ist diesem gegenüber verpflichtet, für den Vollzug der einstweiligen Verfügung zu sorgen, indem er zumindest den Prozessanwalt im Hinblick auf die fristgebundene Vollziehung zu überwachen hat.

Prozess- und Verkehrsanwalt haften als Gesamtschuldner, wenn jeder in seinem Verantwortungsbereich pflichtwidrig und schuldhaft eine Ursache für denselben Schaden gesetzt hat.

In einem derartigen Fall haften Prozess- und Verkehrsanwalt ihrem Mandanten als Gesamtschuldner auf Schadensersatz in Höhe der Gerichtskosten, die ihm deshalb zur Last fallen, weil nach Erwirkung einer einstweiligen Verfügung deren Vollziehung durch Zustellung im Parteibetrieb versäumt wird.

Die Verteilung des Schadens auf mehrere Ersatzpflichtige gemäß § 426 Abs. 1 Satz 1 BGB richtet sich nach § 254 BGB, wobei in erster Linie das Maß der Verursachung, in zweiter Linie das Verschulden maßgeblich ist.

Beruht die Mithaftung eines Gesamtschuldners allein darauf, dass er den anderen Gesamtschuldner nicht ausreichend beaufsichtigt hat, ist er diesem i.d.R. nicht ausgleichspflichtig. Hat ein Gesamtschuldner gegenüber dem anderen eine besondere Vertragspflicht verletzt, ist dies bei der Abwägung zu seinen Lasten zu berücksichtigen.
OLG Düsseldorf, Urt. v. 19.6.1997 – 6 U 122/96, NJWE-VHR 1997, 252.

Haften Verkehrs- und Prozessanwalt als Gesamtschuldner, wird im Innenverhältnis nur dann gemäß § 426 Abs. 1 BGB gleichmäßig geteilt, wenn jeder andere Verteilungsmaßstab fehlt. Die Aufteilung folgt grundsätzlich nach dem Maß der Verursachung und des Verschuldens.
OLG Celle, Urt. v. 5.11.1997 – 2 U 217/96, BRAK-Mitt. 1998, 70 (Ls.).

Ein Verkehrsanwalt ist verpflichtet, sich umfassend über den entscheidungserheblichen Sachverhalt zu informieren, durch Befragung des Auftraggebers die für die rechtliche Beurteilung der Sache maßgebenden Punkte zu klären und diese Informationen an den Prozessanwalt zu übermitteln.

Auch wenn der Prozessanwalt die vom Verkehrsanwalt erstellten Schriftsätze nur „gestempelt" hat, ist er für die Prozessführung verantwortlich. Er hat den relevanten Sachverhalt vorzutragen und den Fall rechtlich zu bearbeiten.
OLG Düsseldorf, Urt. v. 30.3.1998 – 9 U 191/97, NJWE-VHR 1998, 234.

Der Prozessanwalt ist für den Inhalt einer vom Verkehrsanwalt des Mandanten entworfenen Berufungsbegründungsschrift verantwortlich.

Er hat die Berufungsbegründung daraufhin zu überprüfen, ob sie die Anforderungen von § 528 ZPO a.F., insbesondere diejenigen von Abs. 3 Nr. 2 – 4 erfüllt. Der Prozessanwalt hat insbesondere zu prüfen, ob die Begründung materiell-rechtlich schlüssig und geeignet ist, den Erfolg der Berufung herbeizuführen.
OLG Frankfurt/M., Urt. v. 25.2.2003 – 8 U 154/02, NJW-RR 2003, 709.

Verkehrs- und Prozessanwalt haben grundsätzlich mit dem Mandanten selbständige Vertragsverhältnisse mit jeweils eigenen Aufgabenbereichen.
OLG Celle, Urt. v. 21.9.2005 – 3 U 99/05, NJW-RR 2006, 346.

Vertragsinhalt

Gibt der Mandant bei Abschluss eines Anwaltsvertrages eine Erklärung ab, die entweder einen beschränkten Auftrag oder ein unbeschränktes Mandat mit einer Weisung zum Inhalt haben kann, so ist der Inhalt eines daraufhin geschlossenen Vertrages im Wege der Auslegung zu ermitteln.
BGH, Urt. v. 13.3.1997 – IX ZR 81/96, NJW 1997, 2168 = WM 1997, 1392.

Gegenstand der anwaltlichen Tätigkeit ist das Recht oder Rechtsverhältnis, auf das sich die Tätigkeit eines Rechtsanwalts bezieht. Dabei wird der Gegenstand durch den Auftrag des Auftraggebers bestimmt.
BGH, Urt. v. 17.6.2004 – IX ZR 56/03, NJOZ 2004, 3624 = JurBüro 2005, 141.

Maßgebend für den Umfang der anwaltlichen Pflichten ist der Inhalt des vom Mandanten erteilten Auftrags. Aus der gleichzeitig erteilten Prozessvollmacht lassen sich keine Rückschlüsse darauf ziehen, ob zugleich mit dem Prozessmandat auch schon der Auftrag erteilt worden ist, gegen das erstinstanzliche Urteil Berufung einzulegen. Für den Umfang des Mandats kommt es deshalb allein auf den dem Rechtsanwalt erkennbaren Willen des Mandanten an.

Der Wille einer Partei, die einem Rechtsanwalt ein Prozessmandat erteilt, geht in aller Regel dahin, dass dieser sie in der Rechtssache bis zu deren endgültigem Abschluss vertritt, soweit seine Postulationsfähigkeit reicht; dies wird vom Rechtsanwalt auch so verstanden.

Dementsprechend findet eine Besprechung mit dem Prozessbevollmächtigten darüber, ob Berufung einzulegen ist, aus der Sicht der Mandanten innerhalb eines bestehenden Auftragsverhältnisses statt. Dieser wird es als Kündigung des bisherigen Mandats auffassen, wenn er sich dazu entschließt, einen anderen Rechtsanwalt mit der Vertretung im nächsten Rechtszug zu beauftragen.
OLG Hamburg, Urt. v. 16.11.1971 – 12 U 169/69, NJW 1972, 775.

Vertragsschluss

Der durch den Anruf bei einer Anwalts-Hotline zustande kommende Beratungsvertrag wird im Zweifel mit dem den Anruf entgegennehmenden Rechtsanwalt geschlossen und nicht mit dem – zur Rechtsberatung nicht befugten – Unternehmen, das den Beratungsdienst organisiert und bewirbt.
BGH, Urt. v. 26.9.2002 – I ZR 102/00, DStR 2003, 1852.

Vorvertragliche Haftung

Von einem Rechtsanwalt kann nicht erwartet werden kann, Schreiben, die äußerlich nicht als eilig erkennbar sind, unter allen Umständen in kürzester Zeit zu bearbeiten.
RG, Urt. v. 9.3.1932 – 499/31 IX, JW 1932, 2144.

Ein Rechtsanwalt muss während der Abwesenheit von seiner Kanzlei dafür Sorge tragen, dass ein anderer Rechtsanwalt oder ein ihm gleichgestellter Vertreter die Überwachung der Kanzlei und vor allem des Posteingangs übernimmt; dies gilt insbesondere dann, wenn der Rechtsanwalt zehn Tage seiner Kanzlei fernbleibt und mit dieser Dauer der Abwesenheit auch von vornherein gerechnet hat.
BGH, Urt. v. 19.2.1957 – VIII ZR 284/56, VersR 1957, 254.

Ein Rechtsanwalt verletzt die gebotene Sorgfalt, wenn er nicht dafür Sorge trägt, dass alle Eingänge durch einen verantwortlichen Juristen darauf geprüft werden, ob etwas zu veranlassen, insbesondere ob eine fristwahrende Prozesshandlung vorzunehmen ist. Er muss anordnen, dass zumindest alle Posteingänge, die nicht eindeutig in den ausschließlichen Bearbeitungskreis der Bürovorsteherin fallen, am Tag ihres Eingangs ihm oder seinem Vertreter vorzulegen sind.
BGH, Beschl. v. 7.7.1971 – IV ZB 39/71, VersR 1971, 1022.

Ein Rechtsanwalt kann sich nicht von der Pflicht befreien, jeden Eingang selbst mindestens darauf durchzulesen, ob er sofort bearbeitet werden muss. Um die ihm anvertrauten Interessen des Absenders sachgerecht zu wahren, muss er als Adressat darüber entscheiden, ob eine Eilmaßnahme geboten ist. Die Erledigung dieser Aufgabe kann ein Rechtsanwalt nicht seinem Büro überlassen.
BGH, Beschl. v. 21.2.1974 – II ZB 13/73, NJW 1974, 861.

Ein Rechtsanwalt ist verpflichtet, dafür Sorge zu tragen, dass die Schriftstücke, die während seiner Abwesenheit an einem normalen Werktag während der üblichen Bürozeiten eingehen, noch am selben Tag auf drohenden Fristablauf hin geprüft werden.
VGH München, Beschl. v. 28.12.1992 – 23 B 92/1549, NJW 1993, 1731.

Anhang 2: Formulierungsbeispiele für Haftungsbeschränkung

Beispiel 1: Rahmenkonzept einer Haftungsbeschränkung auf einen Höchstbetrag durch Vereinbarung im Einzelfall 474

Vereinbarung über eine Haftungsbeschränkung zwischen

...

[vollständiger Name und Anschrift des Auftraggebers]

(im Folgenden „Auftraggeber")

und

...

[Berufsbezeichnung, vollständiger Name und Kanzleianschrift des beauftragten Rechtsanwalts]

(im Folgenden „Rechtsanwalt")

1. ... *[Inhalt des Auftrags positiv umschreiben und negativ abgrenzen]*
2. Ansprüche des Auftraggebers aus dem mit dem beauftragten Rechtsanwalt zuvor unter 1. beschriebenen Vertragsverhältnis auf Ersatz eines fahrlässig verursachten Schadens werden auf einen Betrag von 250.000 € *[an dieser Stelle kann und sollte eine höhere, mit der Haftpflichtversicherung vereinbarte Haftsumme eingesetzt werden]* beschränkt. Die Haftung wegen Vorsatzes bleibt unberührt.

(Ort, Datum, Unterschrift des Auftraggebers)

(Ort, Datum, Unterschrift des Rechtsanwalts)

Beispiel 2: Haftungsbeschränkung auf einen Höchstbetrag durch vorformulierte Vertragsbedingungen 475

(Briefbogen des beauftragten Rechtsanwalts)

Auftraggeber: ...

Gegenstand des Auftrags: ...

1. Der Anspruch des Auftraggebers aus dem mit dem beauftragten Rechtsanwalt *[Name]* bestehenden Vertragsverhältnis auf Ersatz eines fahrlässig verursachten Schadens wird für Fälle einfacher Fahrlässigkeit auf einen Höchstbetrag von 1 Million € *[an dieser Stelle kann auch ein höherer Betrag bis zur Deckungsgrenze der abgeschlossenen Versicherung eingesetzt werden]* beschränkt.

2. Wünscht der Auftraggeber eine höhere Absicherung, so kann auf seine Kosten eine Einzelhaftpflichtversicherung mit einer höheren Versicherungssumme abgeschlossen werden.

Ich erkläre mich mit vorstehender Vereinbarung einverstanden.

(Ort, Datum, Unterschrift des Auftraggebers)

476 **Beispiel 3:** **Haftungsbeschränkung auf einzelne Mitglieder einer Sozietät durch vorformulierte Vertragsbedingungen**

(Briefbogen der beauftragten Sozietät)

Auftraggeber: ...

Gegenstand des Auftrags: ...

Bearbeitender Rechtsanwalt: ...

Die persönliche Haftung der Mitglieder der beauftragten Sozietät *[Name]* auf Schadensersatz aus dem mit dem Auftraggeber bestehenden Vertragsverhältnis wird auf die oben genannten, das Mandat bearbeitenden Mitglieder der Sozietät beschränkt.

Ich erkläre mich mit vorstehender Vereinbarung einverstanden.

(Ort, Datum, Unterschrift des Auftraggebers)

477 **Beispiel 4:** **Haftungsbeschränkung auf einzelne Mitglieder einer überörtlichen Sozietät durch vorformulierte Vertragsbedingungen**

(Briefbogen der beauftragten Sozietät)

Auftraggeber: ...

Gegenstand des Auftrags: ...

Bearbeitende(s) Büro(s): ...

Die persönliche Haftung der Mitglieder der beauftragten Sozien *[Name der beauftragten Sozietät]* auf Schadensersatz aus dem mit dem Auftraggeber bestehenden Vertragsverhältnis wird auf diejenigen auf diesem Briefbogen namentlich bezeichneten Mitglieder der Sozietät beschränkt, die in dem/den oben aufgeführten Büro/ Büros niedergelassen sind, in welchem/welchen der Auftrag bearbeitet wird.

Ich erkläre mich mit vorstehender Vereinbarung einverstanden.

(Ort, Datum, Unterschrift des Auftraggebers)

Abschnitt 2: Pflichten aus dem Anwaltsvertrag

Inhaltsverzeichnis

	Rn.
A. Allgemeine Vertragspflichten des Rechtsanwalts	478
I. Grundlagen	480
1. Vertragspflichten nach Maßgabe des Mandats	480
2. Anforderungen der Rechtsprechung	482
3. Grundpflichten	483
a) In den Grenzen des Mandats	484
b) Während des Mandats	485
c) Nebenpflichten vor und nach der Mandatszeit	486
d) Pflichtverletzung und Haftung	488
aa) Pflichtverletzung	488
(1) Pflichtverletzung nach altem Recht	489
(2) Pflichtverletzung nach neuem Recht	490
bb) Weitere Haftungsvoraussetzungen	491
II. Inhalt und Umfang des Mandats	492
1. Auftragsinhalt	492
2. Umfassendes oder beschränktes Mandat	493
3. Gemeinsamkeit und Unterschied	494
4. Warnpflicht bei beschränktem Mandat	496
5. Abgrenzung	499
a) Tatfrage	499
b) Steuerfragen	502
c) Verjährung	503
d) Umfassendes Mandat mit Weisung oder beschränkter Auftrag	504
6. Beweislast	505
III. Die einzelnen Grundpflichten	506
1. Klärung des Sachverhalts	507
a) Ziel des Mandanten	508
b) Feststellung des Sachverhalts	510
c) Informationspflicht des Mandanten	511
aa) Mitverschulden bei Verletzung	512
bb) Vertrauen auf Richtigkeit der Angaben	513
cc) Ergänzung der Angaben	515
d) Einsicht in Akten, Register, Urkunden und Unterlagen	518
e) Beweissicherung	521
2. Rechtsprüfung	522
a) Allgemeines	522
b) Gesetzeskenntnis	527

	Rn.
aa) Mandatsbezogen	528
bb) Neue oder geänderte Rechtsnormen	531
cc) Recht der neuen Länder	532
dd) Andere Frage: Verschulden?	533
ee) Mandat mit Auslandsbezug	535
c) Kenntnis der Rechtsprechung	544
aa) Höchstrichterliche Rechtsprechung	544
(1) Richtungweisende Bedeutung	545
(2) Maßgeblich für Rechtsberater	546
(3) Fundorte	547
(4) Neue Entscheidungen	548
(5) Vertrauen auf Fortbestand	549
(6) Keine höchstrichterliche Rechtsprechung	550
bb) Rechtsprechung der Untergerichte	551
d) Kenntnis des Schrifttums	552
e) Eigene Rechtsüberzeugung	553
3. Rechtsberatung	556
a) Ergebnis der Sach- und Rechtsprüfung	556
b) Keine Eindringlichkeit	557
c) Ziel	558
d) Belehrungsbedürftigkeit	559
e) Zweifel, Bedenken und Risiken	560
f) Risikoreiche Maßnahmen	563
g) Außerrechtliche Umstände	564
h) Geeigneter und sicherster Weg	568
aa) Geeigneter Weg	568
bb) Sicherster Weg	569
(1) Beispiele	572
(2) Hilfs- und Vorsorgemaßnahmen	575
(3) Nachteile	581
4. Schadensverhütung	582
a) Verhältnis zu den übrigen Grundpflichten	582
b) Veränderung des Mandatsgegenstandes	585
c) Beispiele	588
d) Honorarfreie Schadensverhütung	590
IV. Zur Kritik an der Rechtsprechung	591
1. Anwaltliche Vertragspflichten überzogen?	591
2. Schranken der Regresspflicht	594
3. Folgerungen	600

Teil 1 • Abschnitt 2 • Pflichten aus dem Anwaltsvertrag

	Rn.
B. Einzelpflichten des Rechtsanwalts	603
I. Tätigkeitsbezogene Pflichten	603
1. Prozessuale Tätigkeit	604
a) Beweissicherung	605
aa) Befragung des Auftraggebers	606
bb) Feststellungen durch den Auftraggeber	607
cc) Beweissicherung durch den Rechtsanwalt	608
dd) Herbeischaffung der Beweismittel im Prozess	610
b) Anspruchssicherung	611
aa) Sicherung gegen Verjährung	612
(1) Erfassung und Überwachung von Verjährungsfristen	613
(2) Verjährungshemmung	614
(a) Abrede mit dem Schuldner	616
(b) Klageerhebung	617
(c) Mahnverfahren	621
(d) Außergerichtliches Güteverfahren	623
(e) Selbständiges Beweisverfahren und Streitverkündung	624
(3) Vorkehrungen gegen drohende Verjährung	625
(4) Hinweispflichten bei beschränktem Mandat	628
bb) Sicherung gegen Versäumung von Ausschlussfristen	629
c) Prozessaussicht	630
aa) Aufklärung über Notwendigkeit, Erfolgsaussicht und Risiken eines Rechtsstreits	631
bb) Inhalt der Aufklärungspflicht	637
cc) Beweisbarkeit der Aufklärung	640
d) Kosten	641
aa) Grundsätzlich keine Kostenaufklärung	642
bb) Ausnahmen	643
(1) § 49b Abs. 5 BRAO	644
(2) § 12a Abs. 1 Satz 2 ArbGG	645
(3) Nachfrage des Mandanten	646
(4) Vorliegen besonderer Umstände	647
(5) Rechtsverfolgung im Ausland	649
cc) Inhalt der Aufklärungspflicht	650
dd) Prozesskosten- und Beratungshilfe	651
ee) Rechtsschutzversicherung	652
ff) Rechtsfolge eines Verstoßes	653
e) Klageerhebung und Verteidigung gegen eine Klage	654
aa) Wille des Auftraggebers	655
bb) Zuständiges Gericht	656

	Rn.
cc) Vertretung	659
dd) Klage im Urkundenprozess	660
ee) Streitverkündung	661
f) Schriftsätze	664
aa) Anträge	665
bb) Sachvortrag	666
(1) Schlüssiger und substanziierter Vortrag	667
(2) Umfassender Vortrag	668
(3) Rechtzeitiger Vortrag	671
(4) Abstimmung des Vortrags mit dem Auftraggeber	672
cc) Rechtsausführungen	673
(1) Verhinderung gerichtlicher Fehler	674
(2) Auswirkungen auf Kausalität und Zurechenbarkeit	678
g) Mündliche Verhandlung	679
aa) Wahrnehmung des Termins	680
bb) Säumnis des Prozessgegners	681
cc) Ergänzender Vortrag des Prozessgegners	682
dd) Hinweise und Anregungen des Gerichts	683
ee) Terminbericht	688
h) Maßnahmen nach Urteilserlass	689
aa) Rechtsmittel	690
(1) Möglichkeit und Aussichten eines Rechtsmittels	691
(2) Feststellung und Mitteilung der Rechtsmittelfrist	692
(3) Form- und fristgerechte Einlegung des Rechtsmittels	694
(4) Beauftragung eines Rechtsmittelanwalts	695
bb) Wiedereinsetzung in den vorigen Stand	696
cc) Zwangsvollstreckung	697
(1) Einleitung und Betreibung	698
(2) Verteidigung gegen Zwangsvollstreckung	707
dd) Arrest und einstweilige Verfügung	710
i) Vergleich	711
aa) Rechtsnatur und Wirksamkeit	712
bb) Beratung oder Vertretung bei Vergleichsverhandlungen	713
(1) Entscheidung des Auftraggebers	714
(2) Aufklärung des Auftraggebers	716
(3) Abwägung der Vor- und Nachteile eines Vergleichs	718
(4) Inhalt des Vergleichs	723
cc) Widerruf eines Vergleichs	724
dd) Außergerichtlicher Vergleich und Schiedsvergleich	729
2. Außergerichtliche Beratung	730
a) Einordnung der Beratungspflicht	731

	Rn.
b) Inhalt der allgemeinen Beratungspflicht	732
c) Steuerrechtliche Beratung	739
d) Wirtschaftliche Erwägungen	742
3. Rechtsgestaltende Tätigkeit	743
a) Aufklärung über die rechtliche Tragweite	744
b) Wiedergabe des Willens des Auftraggebers	745
c) Zweckmäßigkeit und Wirksamkeit	746
d) Spielraum bei inhaltlicher Gestaltung	751
e) Kosten einer notariellen Beurkundung	754
f) Verträge mit Auslandsbezug	757
aa) Zusammenarbeit mit ausländischen Anwälten	758
bb) Rechtswahlklauseln	759
cc) Vertragssprache	760
g) Einseitige Rechtsgeschäfte und rechtsgeschäftsähnliche Erklärungen	762
II. Weitere anwaltliche Pflichten	764
1. Verschwiegenheit	765
a) Rechtsgrundlagen	766
b) Ausnahmen	769
c) Verschwiegenheitsrecht	774
2. Vermeidung von Interessenkollisionen	775
3. Verwahrung und Herausgabe von Mandantengeldern	781
4. Handakten	782
a) Führung und Aufbewahrung	784
b) Herausgabe	785
c) Zurückbehaltungsrecht des Rechtsanwalts	788
d) Auskunftserteilung, Rechenschaftslegung, Einsicht in die Handakten	791
C. Haftung für Hilfspersonen	794
I. Haftung für Erfüllungsgehilfen	795
II. Haftung für Verrichtungsgehilfen	799
Sieg	
D. Pflichten des Mandanten	801
I. Vergütungspflicht	801
1. Vertragliche Hauptpflicht	802
2. Rechtsgrundlagen	803
a) Allgemeines und Vergütungsprozess	803
b) Vergütung aus echtem Anwaltsvertrag	805
c) Vergütung aus unechtem Anwaltsvertrag	808
d) § 1 Abs. 2 RVG	810
e) Vergütungsprozess	812

	Rn.
3. Honorarfreie Leistung	813
4. Aufklärung über Gebührenhöhe	814
5. Gebührenrechtliche Grundbegriffe	820
6. Gebührenvereinbarung	825
a) Gebührenüberschreitung	825
aa) Formzwang	826
bb) Vereinbarte Zusatzvergütung	832
cc) Rechtswidrige Vereinbarung	833
dd) Irrtum	834
ee) Formunwirksamkeit	835
ff) Rückforderung	840
gg) Herabsetzung	842
b) Gebührenunterschreitung	843
aa) Gesetzliche Regelungen	843
bb) Folgen der verbotswidrigen Gebührenunterschreitung	847
c) Erfolgshonorar	849
aa) Gesetzliche Regelungen	849
bb) Früherer Rechtszustand	850
cc) Neuere Rechtsprechung	851
dd) Folgen einer verbotswidrigen Abrede	852
ee) Erfolgshonorar mit Auslandsbezug	855
7. Abtretung der Gebührenforderung	856
a) Vor Einführung des § 49b Abs. 4 BRAO	857
b) Nach In-Kraft-Treten des § 49b Abs. 4 BRAO	861
8. Pfändung der Gebührenforderung	869
9. Honorarforderung einer Sozietät	876
10. Honorar und Gewährleistung	877
11. Kündigung und Vergütung	879
a) § 628 BGB (Anwaltsdienstvertrag)	880
b) § 628 Abs. 1 Satz 1 BGB	881
aa) Kündigung gemäß § 626 BGB	882
bb) Kündigung gemäß § 627 BGB	883
(1) Dienste höherer Art	885
(2) Dauerndes Dienstverhältnis	886
(3) Feste Bezüge	887
cc) Vergütungsteil	889
(1) Pauschgebühren	890
(2) Vereinbartes Honorar	891
c) § 628 Abs. 1 Satz 2 BGB	892
aa) Kündigung des Rechtsanwalts	893
bb) Kündigung des Auftraggebers	895

	Rn.
cc) Kein Interesse	896
dd) Beweislast	901
d) § 628 Abs. 2 BGB	902
e) Vergütung aus gekündigtem Anwaltswerkvertrag	903
aa) Kündigung des Auftraggebers	904
bb) Kündigung des Rechtsanwalts	906
12. Verwirkung der Honorarforderung	907
13. Verjährung der Honorarforderung	909
a) Neues Verjährungsrecht	909
aa) Ab 1.1.2002 entstandene Ansprüche	910
bb) Verjährungsfrist und -beginn	911
cc) Hemmung und Neubeginn der Verjährung	912
b) Altes Verjährungsrecht	913
aa) Verjährungsfrist und -beginn	913
bb) Hemmung der Verjährung	914
cc) Unterbrechung der Verjährung	915
dd) Vollendung der Verjährung	917
14. Aufrechnung und Zurückbehaltung	918
II. Informationspflicht	927
III. Weisung	932
Zugehör	
E. Anhang: Rechtsprechungslexikon	940
Sieg/Zugehör	

Spezialliteratur:

Allgemeine Vertragspflichten:

Baum/Trafkowski, Anwaltstätigkeit und Fernabsatzgesetz, CR 2001, 459;
Becker, T., Haftungsfragen internationaler Anwaltstätigkeit, AnwBl 1998, 305;
Berger, Rechtliche Rahmenbedingungen anwaltlicher Dienstleistungen über das Internet, NJW 2001, 1530;
Bodewig, Rechtsfolgen vorvertraglichen Verschuldens bei Abbruch von Vertragsverhandlungen, Jura 2001, 1;
Borgmann, Die Rechtsprechung des BGH zum Anwaltshaftungsrecht in der Zeit von Mitte 1991 bis Mitte 2000, NJW 2000, 2953;
dies., Die Rechtsprechung des BGH zum Anwaltshaftungsrecht in der Zeit von Mitte 2000 bis Mitte 2002, NJW 2002, 2145;
dies., Die Rechtsprechung des BGH zum Anwaltshaftungsrecht in der Zeit von Mitte 2002 bis Ende 2004, NJW 2005, 22;
Bräuer, Zusammenarbeit von Rechtsanwälten im Mandat, AnwBl 2002, 594 und 652;
dies., Steuerrechtliche Fehlerquellen im allgemeinen zivilrechtlichen Mandat, AnwBl 2003, 361;

dies., Prozesskosten als Haftungsquelle, AnwBl 2006, 61;

Breidenbach/Henssler (Hrsg.), Mediation für Juristen, 1997;

Bürger, Das Fernabsatzrecht und seine Anwendbarkeit auf Rechtsanwälte, NJW 2002, 465;

Chab, Neue Regressprobleme im strafrechtlichen Mandat, AnwBl 2005, 497;

ders., Vertragliche Haftungsbeschränkungen – Fluch oder Segen?, AnwBl 2006, 205;

Chiang, Beweislast und Beweiserleichterung bei der Haftung von Angehörigen der freien Berufe, 1999;

Duve, Rechtsberatung durch Mediatoren im Spiegel der Rechtsprechung, BB 2001, 692;

Edenfeld, Anwaltshaftung – Beratungspflichten beim Vergleich, MDR 2001, 972;

Fischer, G., Tendenzen der Rechtsprechung des BGH zum Anwaltshaftungsrecht, NJW 1999, 2993;

Fischer, U., Arbeitsrechtliche Haftungsfalle: Urlaubsverfall im Kündigungsschutzprozess, AnwBl 2003, 47;

Franzen, Vermeidbare Prozesse, NJW 1982, 1854;

Ganter, Die Rechtsprechung des IX. Zivilsenats des Bundesgerichtshofs zur Anwaltshaftung seit 1984, WM 2001, Sonderbeilage Nr. 6;

Gebler, Die Aufklärungspflicht des Anwalts im Rahmen des Mandats und die Beratungs- und Belehrungspflichten beim Vergleichsabschluß sowie die Rechtsfolgen eines Pflichtenverstoßes, 1996;

Goecke, Der internationale Warenkauf, MDR 2000, 63;

Gounalakis, Haftung des Steuerberaters – Gefahrenanalyse und Risikobegrenzung, NJW 1998, 3593;

Graef, Die Haftung des deutschen und englischen Anwalts für fehlerhafte Prozessführung, 1995;

Gregor, Der OK-Vermerk des Telefaxsendeprotokolls als Zugangsnachweis, NJW 2005, 2885;

Gruber, J., Anwaltshaftung bei grenzüberschreitenden Sachverhalten, MDR 1998, 1399;

Gruson, Persönliche Haftung deutscher Unternehmensjuristen für die Richtigkeit einer legal opinion nach US-amerikanischem Recht, RIW 2002, 596;

Hartung, Das Mandat in der einverständlichen Scheidung, MDR 1999, 1179;

Hebler, Bedeutung juristischer Projektbegleitung bei der Errichtung umfangreicher Bauprojekte durch Großunternehmen, ZfIR 1998, 58;

Heinemann, Baustein anwaltlicher Berufshaftung: die Beweislast, NJW 1990, 2345;

Henke, U., Unterliegen Rechtsanwälte den Regeln des Fernabsatzgesetzes?, AnwBl 2002, 106;

Henssler, Die Haftung der Rechtsanwälte und Wirtschaftsprüfer, AnwBl 1996, 3;

ders., Haftungsrisiken anwaltlicher Tätigkeit, JZ 1994, 178;

ders., Mediation und Rechtsberatung, NJW 2003, 241;

Henssler/Koch, Mediation in der Anwaltspraxis, 2000;

Henssler/Schwackenberg, Der Rechtsanwalt als Mediator, MDR 1997, 409;

Hörmann, Die zivilrechtliche Haftungssituation des Rechtsanwalts, 1999;

Horst, E-Commerce – Verbotenes Terrain für Rechtsanwälte?, MDR 2000, 1293;

Hübner, Die Berufshaftung – ein zumutbares Berufsrisiko?, NJW 1989, 5;

Jansen/Hung, Insolvenzbekanntmachungen.de – Eine neue Haftungsfalle für den Rechtsanwalt?, NJW 2004, 3379;

Jungk, Anwaltshaftung für Fehlberatung im Vorfeld der Insolvenz, AnwBl 2002, 692;

dies., Der Anwalt im Grenzbereich anwaltlicher Tätigkeit, AnwBl 2004, 117;

Köllner, Die Haftung des Strafverteidigers, ZAP (1997), Fach 23, S. 303;

Krämer, A., Haftung aus Gefälligkeit, in: FS Kreft, 2004, S. 79;

Laghzaoui/Wirges, Anwaltshaftung bei Verwendung von Internet und Telefax, AnwBl 1999, 253;

Lange H.-F., Schadensersatzanspruch gegen Steuerberater bei Nichtkenntnis der BFH-Rechtsprechung, DB 2003, 869;

Langenfeld, Vereinbarungen zur zeitlichen und höhenmäßigen Begrenzung des Ehegattenunterhalts und des nachehelichen Unterhalts, FPR 2003, 155;

Leibner, Haftungsrechtliche Rahmenbedingungen für die Tätigkeit als Mediator, NJW 2002, 3521;

Lindner, Haftung bei Mandaten mit Auslandsbezug, AnwBl 2003, 169 und 227;

Louven, Die Haftung des deutschen Rechtsanwalts im internationalen Mandat, VersR 1997, 1050;

Lütcke, Fernabsatzrecht, 2002;

Mohrbutter, UN-Kaufrecht für die Bundesrepublik Deutschland, ZAP (1991), Fach 3, S. 69;

Müller, K., Die Pflichten des Rechtsanwalts im Zusammenhang mit der Führung eines Prozesses, MDR 1969, 161;

ders., Zur Haftung des Anwalts aus fehlerhafter Prozeßführung, MDR 1969, 797, 896, 965;

Münch, C., Steuerfragen bei Scheidungsvereinbarungen, ZNotP 2005, 2;

Odersky, Die Berufshaftung – ein zumutbares Berufsrisiko?, NJW 1989, 1;

Olzen, Die Rechtswirkungen geänderter höchstrichterlicher Rechtsprechung in Zivilsachen, JZ 1985, 155;

Piltz, Neue Entwicklungen im UN-Kaufrecht, NJW 2000, 553;

Poll, Die Haftung der Freien Berufe zwischen standesrechtlicher Privilegierung und europäischer Orientierung, 1994;

Popp, Die Verpflichtung des Anwalts zur Aufklärung des Sachverhalts, 2001;

Prinz, Der juristische Supermann als Maßstab, VersR 1986, 317;

Raebel, Haftung des Steuerberaters wegen Missachtung des werdenden Rechts, DStR 2004, 1673;

Raiser, Die Haftung des deutschen Rechtsanwalts bei grenzüberschreitender Tätigkeit, NJW 1991, 2049;

Riederer von Paar, Die Haftung des Rechtsanwalts bei grenzüberschreitender Tätigkeit, AnwBl 1991, 496;

Riesenkampff, Beweisbarkeit der form- und fristgemäßen Übermittlung durch Telefaxgeräte, NJW 2004, 3296;

Rinsche/Schlüter, Anwaltstätigkeit im internationalen Bereich, ZAP (1992), Fach 23, S. 115;

Sassenbach, Haftung für fehlerhafte legal due diligence, AnwBl 2004, 651;

Scheffler, Anwaltspflichten – Anwaltsverschulden, NJW 1961, 577;

Schlee, Die Pflicht des Rechtsanwalts zur Sachverhaltsaufklärung, AnwBl 1989, 390;

ders., Rechtsanwaltspflichten bei Mandatsbeendigung, AnwBl 1990, 205;

ders., Zustellungsmangel als „Rettungsanker" bei Fristversäumung?, AnwBl 1993, 237;

ders., Aktuelle Rechtsprechung zur Haftung der Rechtsanwälte und steuerlichen Berater, WM-Seminar v. 27./28.11.2003, n. v.;

Schmidt, M. J., Vollstreckung titulierter Rechtsanwaltshonorare und Kostenerstattungsansprüche im Ausland – Grundzüge des EuGVÜ und LuganoÜ, ZAP (1992), Fach 24, S. 141, 153;

Schneider, Der freie Anwalt und die Präjudizien, MDR 1972, 745;

Schnorbus, Die Haftung des Rechtsanwalts im Lichte höchstrichterlicher Rechtsprechung, DStR 1998, 1637;

Schultz, Blick in die Zeit, MDR 1965, 264;

Sieg, Haftung des Rechtsanwalts bei der Anwendung ausländischen Rechts, ZAP (1996), Fach 23, S. 239;

ders., Haftung des Rechtsanwalts bei der Zusammenarbeit mit ausländischen Anwälten, ZAP (1998), Fach 23, S. 341;

ders., Internationale Anwaltshaftung, 1996;
Sieg/Holtmann, Der Anwaltsvertrag bei Mandaten mit Auslandsbezug, ZAP (1999), Fach 23, S. 387;
Simon-Widmann, Haftungsgefahren im Zusammenhang mit Entlassungsentschädigungen, AnwBl 2003, 49;
Slobodenjuk, Vertragliche Anwaltspflichten – überspanntes Haftungsrisiko?, NJW 2006, 113;
Sundermeier/Gruber, Die Haftung des Steuerberaters in der wirtschaftlichen Krise des Mandanten, DStR 2000, 929;
Teichmann, Kauf- und Werkvertrag in der Schuldrechtsreform, ZfBR 2002, 13;
van Bühren, Das rechtsschutzversicherte Mandat, MDR 1998, 745;
Wedemeyer, Vermeidbare Klippen des Wettbewerbsrechts, NJW 1979, 293;
Weimar, Grundfragen der anwaltlichen Rechtsberatung, MDR 1998, 1008;
ders., Anwaltliche Gestaltung von Subunternehmer- und Outsourcingverträgen, MDR 1999, 645;
Winckelmann, Risiken der Anwaltshaftung bei der Begrenzung des Zugewinnausgleichsanspruchs gemäß § 1378 II BGB, FPR 2003, 167;
Wurster, Europas Rechtsanwälte im Internet, AnwBl 2002, 316;
Zuck, Unvollkommene, nichtige oder verfassungswidrige Gesetze als Haftungsgefahr für den Rechtsanwalt, MDR 1999, 1047;
Zugehör, Die neuere Rechtsprechung des Bundesgerichtshofs zur zivilrechtlichen Haftung der steuerlichen Berater, WM 2000, Sonderbeilage Nr. 4;
ders., Schwerpunkte der zivilrechtlichen Steuerberaterhaftung, DStR 2001, 1613 und 1663;
ders., Höchstpersönliche (Lebens-, Glaubens-, Gewissens-)Entscheidungen des Mandanten und Haftung des steuerlichen Beraters, DStR 2003, 1124 und 1171;
ders., Anwaltsverschulden, Gerichtsfehler und Anwaltshaftung, NJW 2003, 3225;
Zwecker/Abshoff, Die anwaltliche Beratung beim Management Buy-Out, AnwBl 2000, 553.

Zugehör

Einzelpflichten:

Abrahams, Präklusion und Fluchtwege im Zivilprozess, AnwBl 1999, 111 und 168;
Berger, Zur Neuregelung und Zession anwaltlicher Gebührenforderungen in § 49b IV BRAO, NJW 1995, 1406;
Bergerfurth, Der Widerrufsvergleich und seine Risiken, NJW 1969, 1797;
Bethke, Das Schlichtungsverfahren in Bayern – eine Möglichkeit der außergerichtlichen Beilegung von bürgerlichrechtlichen Streitigkeiten, NJW 1993, 2728;
Borgmann, Haftpflichtfragen, AnwBl 1990, 318;
dies., Haftpflichtfragen, AnwBl 1997, 559;
dies., Auftrag an einen Rechtsmittelanwalt, BRAK-Mitt. 1999, 75;
dies., Die Informationspflicht des Mandanten und die anwaltliche Pflicht zur Sachverhaltsaufklärung, BRAK-Mitt. 2001, 72;
Brauer, Anforderungen im Rahmen der vorläufigen Vollstreckbarkeit, AnwBl 2004, 246;
Büttner, Wiedereinsetzung in den vorigen Stand, 1996;
Chab, Ungenügender Vortrag und Hinweispflicht des Gerichts, AnwBl 2004, 182;
Dahns, Umstrittenes Verbot zur Werbung um ein konkretes Einzelmandat, NJW-Spezial 2004, 141;
Derleder, Rechtsformen anwaltlicher Beratungshilfe, MDR 1981, 448;
Dobmaier, Haftungsfälle bei Versicherungsmandaten, AnwBl 1998, 601;
Edenfeld, Anwaltshaftung – Beratungspflichten im Vergleich, MDR 2001, 972;

Eidenmüller, Die Auswirkung der Einleitung eines ADR-Verfahrens auf die Verjährung, SchiedsVZ 2003, 163;
Eggersmann/Hoene, Anwaltliche Verschwiegenheit contra Benachrichtigungs- und Auskunftspflicht – Konflikt zwischen § 203 StGB und § 26 BDSG, CR 1990, 18;
Eylmann, Unsachlichkeit als Charakterfehler ahnden, AnwBl 1999, 338;
Fiala/von Walter, Die Handakte des Steuerberaters, Wirtschaftsprüfers und Rechtsanwalts, DStR 1998, 694 und 736;
Frank, Ist die Bestimmung über den Parteiverrat (§ 356 StGB) Schutzgesetz im Sinne des § 823 Abs. 2 BGB?, MDR 1962, 945;
Friedrich, Verjährungshemmung durch Güteverfahren, NJW 2003, 1781;
Gebler, Die Aufklärungspflicht des Anwalts im Rahmen des Mandats und die Beratungs- und Belehrungspflichten beim Vergleichsabschluss sowie die Rechtsfolgen eines Pflichtenverstoßes, 1996;
Gerhardt, Wahrung der Konkursanfechtungsfrist durch Antragstellung bei der „Hamburger Gütestelle", NJW 1981, 1542;
Goette, Auslandsbeurkundungen im Kapitalgesellschaftsrecht, DStR 1996, 709;
Gounalakis, Haftung des Steuerberaters – Gefahrenanalyse und Risikobegrenzung, NJW 1998, 3593;
Greißinger, Beratungshilfe, Prozesskostenhilfe und anwaltliche Aufklärungspflicht, AnwBl 1982, 288;
Großfeld/Berndt, Die Übertragung von deutschen GmbH-Anteilen im Ausland, RIW 1996, 626;
Hartmann, Hinweispflicht des Anwalts bezüglich Wertgebühren, NJW 2004, 2484;
Heil, Parteifähigkeit der GbR – der Durchbruch der Gruppenlehre?, NZG 2001, 300;
Henssler, Das anwaltliche Berufsgeheimnis, NJW 1994, 1817;
ders., Das Verbot der Vertretung widerstreitender Interessen, NJW 2001, 1521;
Herrmann, Geheimhaltungspflicht des Rechtsanwalts über Geheimnisse des Verhandlungsgegners bei Tätigkeit für aufeinander folgende Auftraggeber in der gleichen Angelegenheit, DB 1997, 1017;
Hoppmann, Anwaltsregress in der gerichtlichen Praxis, MDR 1994, 14;
Jansen/Hung, Insolvenzbekanntmachungen.de – Eine neue Haftungsfalle für den Rechtsanwalt?, NJW 2004, 3379;
Jestaedt, Erstattung von Anwaltskosten im US-Prozeß?, RIW 1986, 95;
Jungk, Merkposten für das gerichtliche Mahnverfahren, AnwBl 1998, 272;
dies., Zur Belehrungspflicht des Rechtsanwalts gegenüber seinem Mandaten, BRAK-Mitt. 2001, 69;
dies., Zur Wahl des sichersten Weges bei zwei vorangegangenen gleichlautenden Gerichtsentscheidungen, BRAK-Mitt. 2001, 117;
Kanzleiter, Der Blick in die Zukunft als Voraussetzung der Vertragsgestaltung, NJW 1995, 905;
Knöfel, Anwaltshaftung und Verfassungsrecht, AnwBl 2004, 76;
Langenfeld, Vertragsgestaltung, 1991;
Maxeiner, Die Gefahr der Übertragung deutschen Rechtsdenkens auf dem US-amerikanischen Zivilprozess, RIW 1990, 440;
Medicus, Das Bundesverfassungsgericht und die Anwaltshaftung, AnwBl 2004, 257;
Müller, G., Typische Fehler bei der Wiedereinsetzung in den vorigen Stand, NJW 1993, 681;
dies., Die Rechtsprechung des BGH zur Wiedereinsetzung in den vorigen Stand, NJW 1995, 3224 und NJW 1998, 497;
Müller, K., Die Pflichten des Anwalts im Zusammenhang mit der Führung des Prozesses, JR 1969, 161;

ders., Zur Haftung des Anwalts aus fehlerhafter Prozesshandlung, MDR 1969, 797, 869 und 965;

Nassall, Auskunfts- und Akteneinsichtsrechte des Konkursverwalters gegenüber dem Rechtsanwalt des Gemeinschuldners, KTS 1988, 633;

ders., Zur Schweigepflicht des Rechtsanwalts im Konkurs juristischer Personen, NJW 1990, 496;

Nerlich, Außergerichtliche Streitbeilegung mittels Anwaltsvergleich, MDR 1997, 416;

Ostler, Stellung und Haftungsrisiko des Rechtsanwalts in Zivilsachen, JA 1983, 109;

Pera, Anwaltshonorare in Deutschland und den U.S.A., 1995;

Prechtel, Zulässigkeit der Abtretung anwaltlicher Honorarforderungen an Rechtsanwälte angesichts § 49b IV BRAO, NJW 1997, 1813;

Recq, Das neue Anwaltsgesetz in Frankreich, AnwBl 1993, 67;

Reuter, Keine Auslandsbeurkundung im Gesellschaftsrecht?, BB 1998, 116;

Rinsche, Soll der Anwalt der Empfehlung des Gerichts zur Antragstellung nachkommen?, AnwBl 1994, 216;

Rüpke, Anwaltsrecht und Datenschutzrecht, NJW 1993, 3097;

Scharpenack, Der Vergleich mit Widerrufsvorbehalt – Fakten und Formulierungshilfen, MDR 1996, 883;

Schlee, Haftpflichtfragen, AnwBl 1985, 143;

ders., Haftpflichtfragen, AnwBl 1989, 223;

Schneider, Problemfälle aus der Prozesspraxis – Anwaltliche Belehrung Hilfsbedürftiger, MDR 1988, 282;

Schultz, Blick in die Zeit, MDR 1965, 264;

Schumann, Zur örtlichen Allzuständigkeit der Öffentlichen Rechtsauskunft- und Vergleichsstelle zu Hamburg im bürgerlich-rechtlichen Güteverfahren, DRiZ 1970, 60;

Sieg, Internationale Anwaltshaftung, 1996;

ders., Anwaltshaftung bei der Anwendung ausländischen Rechts und bei der Zusammenarbeit mit ausländischen Anwälten, IWB (1996), Fach 4 Gr. 2, S. 223;

ders., Haftung des Rechtsanwalts bei der Anwendung ausländischen Rechts, ZAP (1996), Fach 23, S. 239;

ders., Allgemeine Geschäftsbedingungen und UN-Kaufrecht, AW-Prax 1997, 27;

ders., Allgemeine Geschäftsbedingungen im grenzüberschreitenden Geschäftsverkehr, RIW 1997, 811;

ders., Internationale Gerichtsstands- und Schiedsklauseln in Allgemeinen Geschäftsbedingungen, RIW 1998, 102;

ders., Haftung des Rechtsanwalts bei der Zusammenarbeit mit ausländischen Anwälten, ZAP (1998), Fach 23, S. 341;

Späth, Zivilrechtliche Haftung des Steuerberaters, NWB (1995), Fach 30, S. 951;

Staudinger/Eidenmüller, Verjährungshemmung leicht gemacht: Prospekthaftung der Telekom vor der Gütestelle, NJW 2004, 23;

Triebel, Anglo-amerikanischer Einfluss auf Unternehmenskaufverträge in Deutschland – eine Gefahr für die Rechtsklarheit?, RIW 1998, 1;

Völtz, § 49b BRAO – Eine vergessene Reform?, BRAK-Mitt. 2004, 103;

Wagner/Lerch, Mandatsgeheimnis im Internet?, NJW-CoR 1996, 380;

Wehrberger, Haftpflichtrisiken aus dem Bereich der erbrechtlichen Beratung, AnwBl 1998, 338;

Weinschenk, Anwaltskosten in den USA, RIW 1990, 935;

Wenzel, Die Pflichten des Rechtsanwalts nach dem Geldwäschegesetz, ZAP (1994), Fach 21, S. 95;

Westerwelle, Die Interessenkollision nach der neuen Berufsordnung, NJW 1997, 2781;

Wirges, Das Verhältnis zwischen § 840 I Nr. 1 ZPO und § 43a BRAO, JurBüro 1997, 295;
Wirth, Keine Auskunftspflicht der Rechtsanwälte, Wirtschaftsprüfer und Steuerberater gegenüber der Wertpapieraufsicht, BB 1996, 1725.
Zietsch/Roschmann, Die Regelungen des vorprozessualen Güteverfahrens, NJW 2001, 3;
Zugehör, Anwaltsverschulden, Gerichtsfehler und Anwaltshaftung, NJW 2003, 3225;

Sieg

Pflichten des Mandanten:

Bach, Anwaltsvergütungen in Europa, Rpfleger 1991, 7;
Berger, Zur Neuregelung der Zession anwaltlicher Gebührenforderungen in § 49b Abs. 4 BRAO, NJW 1995, 1406;
ders., Die Abtretung ärztlicher Honorarforderungen, NJW 1995, 1584;
ders., Anwaltliche Honorarforderungen – Gerichtliche Durchsetzung und berufsrechtliche Verschwiegenheitspflicht, MDR 2003, 970;
Borgmann, Korrespondierende Pflichten aus dem Anwaltsvertrag: Die Informationspflicht des Mandanten und die Aufklärungspflicht des Anwalts, in: FS Ostler 1983, S. 1;
Brieske, Die anwaltliche Honorarvereinbarung, 1997;
Brüssow/Petri, Der Rechtsanwalt und die Geldwäsche, AnwBl 2004, 114;
Eggert, Das Zeitentgelt – gesetzliche Gebühr oder Honorarvereinbarung?, AnwBl 1994, 214;
Engels, Die Honorarvereinbarung in der anwaltlichen Praxis, MDR 1999, 1244;
Everts, Sicherung anwaltlicher Honorarforderungen durch Arrest?, NJW 2003, 3136;
Frenzel, Die Abtretung anwaltlicher Honorarforderungen – § 49b Abs. 4 BRAO, AnwBl 2005, 121;
Gebler, Die Aufklärungspflicht des Anwalts im Rahmen des Mandats und die Beratungs- und Belehrungspflichten beim Vergleichsabschluss sowie die Rechtsfolgen eines Pflichtenverstoßes, 1996;
Gsell, Schuldrechtsreform: Die Übergangsregelungen für die Verjährungsfristen, NJW 2002, 1297;
Hamm, Geldwäsche durch die Annahme von Strafverteidigerhonorar?, NJW 2000, 636;
Hansens, Die Anwaltsvergütung nach dem Recht der bisherigen DDR und nach dem Recht der Bundesrepublik Deutschland – eine rechtsvergleichende Darstellung, DtZ 1991, 97;
Hartmann, Hinweispflicht des Anwalts bezüglich Wertgebühren, NJW 2004, 2484;
Hartung, Das neue Rechtsanwaltsvergütungsgesetz, NJW 2004, 1409;
Heinze, Zur Wirksamkeit von Vereinbarungen über Anwaltsvergütungen, NJW 2004, 3670;
Henssler, Treuhandgeschäft – Dogmatik und Wirklichkeit, AcP Bd. 196 (1996), S. 37;
ders., Aktuelle Praxisfragen anwaltlicher Vergütungsvereinbarungen, NJW 2005, 1537;
Henssler/Deckenbrock, Der (Teil-)Vergütungsanspruch des Rechtsanwalts im Falle vorzeitiger Mandatsbeendigung im Normgefüge des § 628 BGB, NJW 2005, 1;
Henssler/Steinkraus, Der Gerichtsstand des Erfüllungsortes gem. § 29 ZPO für die anwaltliche Honorarklage, AnwBl 1999, 186;
Katholnigg, Kann die Honorarannahme des Strafverteidigers als Geldwäsche strafbar sein?, NJW 2001, 2041;
Kilian, Das Verbot des anwaltlichen Erfolgshonorars, JurBüro 1994, 641;
ders., Erfolgshonorare im Internationalen Privatrecht, AnwBl 2003, 452;
ders., Die Leistung auf eine formwidrige Vergütungsvereinbarung, NJW 2005, 3104;
Lindemann, Der Begriff der gleichen „Angelegenheit" in der Beratungshilfe, NJW 1986, 2299;
Lorenz, S., Gescheiterte Vertragsbeziehungen zwischen Geschäftsführung ohne Auftrag und Bereicherungsrecht: späte Einsicht des BGH?, NJW 1996, 883;

Mansel, Neues Verjährungsrecht und Anwaltsvertrag – Vorteile für den Rechtsanwalt, NJW 2002, 418;
Meier-Beck/Voit, Die Rechtsprechung des Bundesgerichtshofs zum Werkvertragsrecht (ohne Bauvertragsrecht), WM-Sonderbeilage Nr. 2/2004;
Mugler, Die Vergütung des Anwalts in Fällen vorzeitiger Kündigung des Mandats, AnwBl 2000, 19;
Neuhofer, Honoraranspruch im Regressfall, AnwBl 2004, 583;
Pabst, Gebührenrechtliche Folgen der Kündigung des Mandates, MDR 1978, 449;
Prechtel, Zulässigkeit der Abtretung anwaltlicher Honorarforderungen an Rechtsanwälte angesichts § 49b Abs. 4 BRAO, NJW 1997, 1813;
ders., Der Gerichtsstand des Erfüllungsortes bei anwaltlichen Gebührenforderungen, NJW 1999, 3617;
Schellhammer, Aufrechnung des Anwalts mit Honoraransprüchen gegen Ansprüche auf Herausgabe von Fremdgeld, ZAP (2000), Fach 2, S. 267;
Schepke, Das Erfolgshonorar des Rechtsanwalts, 1998;
Schmidt, B., Zur unberechtigten Kündigung aus wichtigem Grund beim Werkvertrag, NJW 1995, 1313;
Schneider, N., Anforderungen an eine ordnungsgemäße Abrechnung nach dem RVG, AnwBl 2004, 510;
ders., Die Vergütungsvereinbarung, 2006;
Schons, Ein Jahr RVG – Versuch einer Bestandsaufnahme, NJW 2005, 3089;
Siemon, Der Gerichtsstand für anwaltliche Honorarklagen, MDR 2002, 366;
Soldan Institut, Erfolgshonorare in der beruflichen Praxis der Rechtsanwälte, AnwBl 2006, 50;
Steenken, Die Auswirkungen der Schlechterfüllung des Anwaltsvertrages auf den Vergütungsanspruch, 2002;
Voit, Die außerordentliche Kündigung des Werkvertrages durch den Besteller, BauR 2002, 1776;
Würz-Bergmann, Die Abtretung von Honorarforderungen schweigepflichtiger Gläubiger, insbesondere Rechtsanwälte, Steuerberater, Wirtschaftsprüfer und Ärzte, 1993.

A. Allgemeine Vertragspflichten des Rechtsanwalts

478 **Rechtsberater – Rechtsanwälte und steuerliche Berater** (Steuerberater, Wirtschaftsprüfer, Rechtsanwälte) sowie ihre Gesellschaften – **haften ihren Auftraggebern (Mandanten)** für berufliche Fehler i.d.R. aufgrund eines (Anwalts-, Steuerberater-, Wirtschaftsprüfer-)**Vertrages**.[1]

Rechtsanwälte schließen mit ihren Mandanten i.d.R. einen **echten Anwaltsvertrag**, in dem sich der Rechtsanwalt zum berufstypischen Rechtsbeistand – grundsätzlich zur Rechtsberatung und/oder -vertretung – verpflichtet (vgl. § 3 Abs. 1 BRAO; dazu Rn. 108 ff., 133 ff., 1306 ff.); ein solcher Vertrag ist **Gegenstand der folgenden Haftungsprüfung**. An den Abschluss eines (echten) **Anwaltsvertrages** durch konkludentes Verhalten sind strenge Anforderungen zu stellen;[2] das gilt insbesondere dann,

---

1 Zur Haftung aus Gefälligkeit: Rn. 22 ff.; vgl. BGHZ 21, 102, 106 ff. = NJW 1956, 1313; BGH, NJW 1992, 498 f.; *A. Krämer*, in: FS Kreft, S. 79; *Hörmann*, Die zivilrechtliche Haftungssituation des Rechtsanwalts, 1999.

2 BGH, NJW 1988, 2880, 2881; 1991, 2084, 2085 f.; 1996, 842; 2000, 1263.

A. Allgemeine Vertragspflichten des Rechtsanwalts

wenn derjenige, der einen solchen Vertragsschluss behauptet, aus einem Anwaltsvertrag einen Schadensersatzanspruch herleiten will, weil er durch anwaltliche Tätigkeit für einen Mandanten, der gegensätzliche Interessen verfolgt, geschädigt worden sein kann.[3]

Bei einem **unechten Anwaltsvertrag** übernimmt der Rechtsanwalt keine oder nur eine geringfügige Pflicht zur Rechtsbetreuung; vielmehr steht eine berufsuntypische Aufgabe im Vordergrund, so dass der Rechtsanwalt nach den Regeln des jeweiligen Vertragstyps (z.B. eines Maklervertrages) haftet (Rn. 133 ff.).[4] Mit dem Anwaltsberuf grundsätzlich **unvereinbar** ist eine Tätigkeit als **Versicherungsmakler,**[5] **Grundstücksmakler** oder **Vermittler von Finanzdienstleistungen.**[6] Ein Anwaltsvertrag, der gegen die **Tätigkeitsverbote** der § 43a Abs. 4, §§ 45 – 47 BRAO verstößt, ist grundsätzlich gemäß § 134 BGB nichtig (Rn. 775 ff.).[7]

Der **BGH** geht von einem **weiten Begriff des echten Anwaltsvertrages** aus. Danach liegt ein solcher Vertrag auch dann vor, wenn dieser zwar berufsuntypische Tätigkeit umfasst, diese aber in engem innerem Zusammenhang mit Rechtsberatung steht und jedenfalls auch Rechtsfragen aufwerfen kann, es sei denn, dass die Rechtsberatung und -vertretung völlig in den Hintergrund treten und deswegen als unwesentlich erscheinen.[8] Nach den maßgeblichen Umständen des Einzelfalls kann – nicht muss – ein echter Rechtsberatervertrag vorliegen (vgl. Rn. 133 ff.) z.B. bei einem **Treuhandvertrag,**[9] einer **Anlageberatung,**[10] **Maklertätigkeit**[11] und **Vermögensverwaltung.**[12]

479

---

[3] BGH, NJW 2004, 3630, 3631.
[4] Dazu aus versicherungsrechtlicher Sicht: Rn. 2102 ff.; *Jungk,* AnwBl 2004, 117.
[5] BGH, NJW-RR 2000, 437.
[6] BGH, NJW 2004, 212; vgl. BGHZ 147, 39, 41 ff. = WM 2001, 744 – dagegen aber BVerfG, Beschl. v. 17.9.2001 – 1 BvR 615/01, n.v. (vgl. Rn. 808).
[7] BGHZ 141, 69, 79 = WM 1999, 970, 973, zu § 46 Abs. 2 Nr. 1 BRAO.
[8] BGH, WM 1998, 2243, 2244 = NJW 1998, 3486; WM 1999, 1846, 1848; 2001, 744, 745; NJW 2004, 1169, 1170.
[9] BGHZ 120, 157, 159 f. = NJW 1993, 199: Ja – Rechtsanwalt; BGHZ 97, 21, 25 = NJW 1986, 1171; BGH, NJW 1990, 2464, 2465; WM 1991, 695, 697: Ja – jeweils Steuerberater; BGH, WM 1995, 344, 347: Nein – Rechtsanwalt.
[10] BGH, NJW 1982, 1866, 1867: Ja – Steuerberater; BGH, NJW 1980, 1855, 1856: Nein – Rechtsanwalt; BGH, NJW 1994, 1405: Ja – Rechtsanwalt.
[11] BGH, WM 1977, 551, 552; 1985, 1401, 1402 = NJW 1985, 2642: Jeweils ja – Rechtsanwalt; WM 1992, 279, 280 = NJW 1992, 681, 682: Nein – Rechtsanwalt.
[12] BGHZ 46, 268 = NJW 1967, 876: Grundsätzlich nein – Rechtsanwalt; BGH, WM 1999, 1846, 1848 = NJW 1999, 3040, 3042: Ja – Rechtsanwalt.

Dementsprechend liegt ein **echter Steuerberater- oder Wirtschaftsprüfervertrag** vor, wenn der Vertragsgegenstand noch in nennenswertem Umfang berufstypische Tätigkeiten dieser Rechtsberater betrifft (§§ 33, 57 Abs. 3 StBerG, § 2 WPO).[13] Will ein Rechtsberater seine Dienstleistung unter Einsatz moderner Kommunikationsmittel erbringen, so kann ein **Fernabsatzvertrag** vorliegen.[14] Ist ein solcher Vertrag **vor dem 1.1.2002** zustande gekommen, so ist das **Fernabsatzgesetz vom 27.6.2000** zu beachten, das am 30.6.2000 in Kraft getreten ist[15] und mit Ablauf des 31.12.2001 aufgehoben wurde.[16] Wurde ein solcher Vertrag **seit dem 1.1.2002** geschlossen, so gelten die **§§ 312b ff. BGB**; auf einen **Rechtsberatervertrag im elektronischen Geschäftsverkehr** ist § 312e BGB anzuwenden.[17]

Eine Haftung aus **amtlicher oder amtsähnlicher Tätigkeit** eines Rechtsberaters ergibt sich aus einem **gesetzlichen Schuldverhältnis** (dazu Rn. 155 ff.).

I. Grundlagen

1. Vertragspflichten nach Maßgabe des Mandats

480 Vertragliche Pflichten gegenüber seinem Auftraggeber (Mandanten) hat der Rechtsanwalt **grundsätzlich nur im Rahmen seines Auftrags (Mandats), d.h. bezüglich des Gegenstandes des Anwaltsvertrages**.[18]

Welche **einzelnen Pflichten** der Rechtsanwalt zu erfüllen hat, richtet sich nach dem **Inhalt und Umfang seines Auftrags** sowie den **Umständen des Einzelfalls**. Dafür ist es grundsätzlich gleichgültig, ob der jeweilige Anwaltsvertrag gemäß dem **Regelfall ein Dienstvertrag** (§§ 611, 675 Abs. 1 BGB)[19] oder **ausnahmsweise ein Werkver-**

---

13 *MünchKomm/Müller-Glöge*, BGB, § 611 Rn. 126 ff. zum Steuerberatervertrag, Rn. 132 f. zum Wirtschaftsprüfervertrag.
14 BGHZ 152, 153, zur Beratung über **Anwalts-Hotline**; BGH, NJW 2005, 1268: **Steuerberater-Hotline**; vgl. *Laghzaoui/Wirges*, AnwBl 1999, 253; *Horst*, MDR 2000, 1293; *Baum/Trafkowski*, CR 2001, 459; *Berger*, NJW 2001, 1530; *Lütcke*, Fernabsatzrecht, 2002; *Henke*, AnwBl 2002, 106; *Wurster*, AnwBl 2002, 316; *Bürger*, NJW 2002, 465.
15 BGBl. I, S. 897.
16 Art. 6 des Gesetzes zur Modernisierung des Schuldrechts vom 26.11.2001 – BGBl. I, S. 3138.
17 Dazu *Vollkommer/Heinemann*, Rn. 48 f.; vgl. BGH, WM 2004, 2399 = BGHZ 160, 393.
18 BGH, NJW 1988, 563, 566 = WM 1987, 1516; WM 1993, 1376, 1377; NJW 1993, 2045; 1996, 2648, 2649; WM 1998, 140, 141; für den Steuerberater: BGH, NJW 1995, 2842; WM 1997, 335, 338, insoweit nicht abgedruckt in BGHZ 134, 212.
19 BGHZ 54, 106 = WM 1970, 1052; BGH, WM 1988, 763, 764; BGHZ 115, 382, 384 ff. = WM 1992, 62; BGH, WM 1997, 330; NJW 2002, 1571, 1572 und Urt. v. 11.5.2006 – IX ZR 63/05, z.v.b.: Steuerberatervertrag.

trag (§§ 631, 675 Abs. 1 BGB; dazu Rn. 6 ff.)[20] ist, der eine **Geschäftsbesorgung** – die Rechtsbetreuung (Rechtsberatung und/oder -vertretung) des Auftraggebers – zum Gegenstand hat. Die Unterscheidung ist aber erheblich, weil zwar nicht das Dienstvertragsrecht, wohl aber das Werkvertragsrecht eine eigenständige Regelung der Mängelhaftung (§§ 633 ff. BGB; dazu Rn. 1183 ff.) nebst der Verjährung von Mängelansprüchen des Bestellers (§ 634a BGB; dazu Rn. 1497 ff.) hat.[21] Beim dienstvertraglichen Geschäftsbesorgungsvertrag übernimmt der Rechtsberater regelmäßig keine Gewähr für den Erfolg seiner geschuldeten Leistung.[22]

Dies gilt entsprechend für die **Steuerberatung** durch einen **Rechtsanwalt**,[23] die Tätigkeit eines **Patentanwalts**[24] sowie für die Rechtsberatung und -vertretung durch einen **Rechtsbeistand**.[25]

Der Vertrag eines **anwaltlichen Mediators** mit den an der Mediation Beteiligten betrifft eine Geschäftsbesorgung mit Dienstvertragscharakter.[26]

Ein **Dauermandat**[27] kann eine **rechtliche Klammer** für die in seinem Rahmen erbrachten Leistungen sein; erledigt ein Rechtsberater (Rechtsanwalt, Steuerberater, Wirtschaftsprüfer) innerhalb eines Dauermandats einen einzelnen Auftrag, der – etwa wegen Verstoßes eines Steuerberaters gegen das Rechtsberatungsgesetz – unwirksam ist, so haftet der Berater, obwohl der Einzelauftrag nichtig ist, aufgrund der Rechtsbeziehung des Dauermandats nach Vertragsgrundsätzen.[28] Ob **selbständige Einzelaufträge oder ein Dauermandat** vorliegen, entscheidet der Wille der Beteiligten, der sich aus Vertragsbestimmungen oder aus dem – für den anderen Teil erkennbaren – Verhalten einer Partei ergeben kann; auch dann, wenn sich ein Mandant immer wieder desselben Rechtsberaters bedient, können Einzelaufträge erteilt worden sein.[29]

---

20 **Gutachten**: BGH, NJW 1965, 106; 1967, 719, 720; **Vertragsentwurf**: RG, JW 1914, 642; BGH, WM 1996, 540, 541 und 1832, 1833 = NJW 1996, 2929; Erstellung und Prüfung eines **Jahresabschlusses**: BGH, NJW 2000, 1107; vgl. zur Abgrenzung von Dienst- und Werkvertrag: BGH, NJW 2002, 1571, 1572 f. und 3323, 3324 = BGHZ 151, 330.
21 Vgl. BGH, NJW 2002, 1571; 2004, 2817; *Teichmann*, ZfBR 2002, 13, 20 f.
22 BGHZ 115, 382, 387, 389, für die Steuerberaterhaftung.
23 BGH, WM 1993, 510, 511; dazu *Bräuer*, AnwBl 2003, 361; vgl. für den Steuerberater: BGHZ 128, 358, 361 = NJW 1995, 958 = WM 1995, 721; BGH, WM 1997, 335, 338, insoweit nicht abgedruckt in BGHZ 134, 212.
24 BGH, NJW-RR 2000, 791 f.
25 BGH, WM 1993, 510, 511.
26 *Henssler/Koch*, § 8 Rn. 14 (S. 251); *Heß/Sharma*, in: *Haft/Schlieffen*, § 26 Rn. 6 (S. 678); *Leibner*, NJW 2002, 3521; vgl. OLG Karlsruhe, NJW 2001, 3197; *Breidenbach/Henssler* (Hrsg.), Mediation für Juristen, 1997; *Henssler/Schwackenberg*, MDR 1997, 409; *Duve*, BB 2001, 692; *Henssler*, NJW 2003, 241.
27 Dazu *Palandt/Heinrichs*, BGB, 64. Aufl. 2005, § 314 Rn. 1 ff.
28 BGH, WM 1999, 2360, 2361 f.: Steuerberater.
29 BGH, WM 1987, 721, 722; 1988, 166, 167, jeweils Steuerberater.

Zugehör

481 Als **Verteidiger im Strafverfahren** hat der Rechtsanwalt die Stellung eines selbständigen Beistandes des Beschuldigten oder Angeklagten und eines unabhängigen Organs der Rechtspflege; seine Aufgabe besteht darin, alles geltend zu machen, was dem Beschuldigten oder Angeklagten nach dem Sach- oder Verfahrensrecht günstig ist.[30] Der Verteidiger, der von einem Dritten Gelder entgegennimmt, die zur **Hinterlegung einer Kaution** für den Mandanten bestimmt sind, begründet dadurch grundsätzlich **kein zusätzliches Vertragsverhältnis** (Anwalts- oder Treuhandvertrag) **gegenüber dem Geldgeber**, sondern handelt i.d.R. allein als Vertreter seines Auftraggebers.[31]

2. Anforderungen der Rechtsprechung

482 Der BGH[32] umschreibt die **allgemeinen Vertrags-(General-)pflichten** des Rechtsanwalts aus einem echten Anwaltsvertrag wie folgt:

> *Der Rechtsanwalt hat im Rahmen seines Auftrags seinen Auftraggeber umfassend und erschöpfend zu belehren. Er muss den ihm vorgetragenen Sachverhalt dahin prüfen, ob er geeignet ist, den vom Mandanten erstrebten Erfolg herbeizuführen. Ist dies der Fall, so hat der Anwalt seinem Auftraggeber diejenigen Schritte zu empfehlen, die zu dem erstrebten Ziel führen können. Dafür hat der Anwalt den sichersten Weg vorzuschlagen. Vor voraussehbaren und vermeidbaren Nachteilen muss der Anwalt den Mandanten bewahren. Damit dieser eine sachgerechte Entscheidung treffen kann, hat der Anwalt ihn über Risiken und deren abschätzbares Ausmaß aufzuklären; Zweifel und Bedenken, zu denen die Sach- oder Rechtslage Anlass gibt, muss der Anwalt darlegen und mit seinem Auftraggeber erörtern.*

3. Grundpflichten

483 Aus diesem Katalog, der auch für den **Patentanwalt**,[33] **Steuerberater**[34] und **Rechtsbeistand** – unabhängig davon, ob dieser Mitglied einer Rechtsanwaltskammer ist oder nicht[35] – gilt, ergeben sich folgende **vertraglichen Grund-(Haupt-/„Kardinal"-)pflichten**:

Der **Rechtsanwalt** hat

- das vom Auftraggeber angestrebte **Ziel** und den dafür maßgeblichen **Sachverhalt**, zu dem auch bereits erhobene oder noch mögliche Einwände eines Gegners gehören, zu **klären** (dazu Rn. 507 ff.),

---

30 BGH, MDR 1965, 26 f.; vgl. KG, NJW 2005, 1284; *Köllner*, ZAP (1997), Fach 23, S. 303; *Chab*, AnwBl 2005, 497.
31 BGH, NJW 2004, 3630, 3631.
32 NJW 1988, 563, 566; 1992, 1159, 1160; WM 1993, 610, 614 = NJW 1993, 1320, 1322; NJW 1994, 1211, 1212; 1995, 449, 450; WM 1996, 1832, 1834; 2003, 1628, 1629.
33 BGH, NJW-RR 2000, 791, 792.
34 BGHZ 129, 386, 396 = WM 1995, 1450; BGH, WM 1996, 542, 543; 1998, 301, 302 = NJW 1998, 1486; ZIP 2003, 803, 804; WM 2003, 1138, 1140; 2004, 472; NJW-RR 2004, 1358 = WM 2004, 2034.
35 BGH, NJW-RR 2006, 275, 277 = WM 2006, 592, 595.

- diesen Sachverhalt auf seine **rechtliche Erheblichkeit** für das angestrebte Ziel zu **prüfen** (dazu Rn. 522 ff.),
- **den Mandanten über das Ergebnis der Prüfung der Sach- und Rechtslage zu belehren**, die sich daraus ergebenden **Zweifel, Bedenken** und **Risiken darzulegen** und **geeignete Wege** für das weitere Vorgehen – vor allem den **sichersten Weg – aufzuzeigen** (dazu Rn. 556 ff.),
- stets darauf zu achten, dass der **Auftraggeber keinen voraussehbaren und vermeidbaren Schaden erleidet** (dazu Rn. 582 ff.).

a) In den Grenzen des Mandats

Diese **anwaltlichen Grundpflichten** bestehen **innerhalb der Grenzen eines jeden Mandats**, sei es umfassend oder beschränkt (dazu Rn. 42 ff., 493 ff.). Das bedeutet, dass der Rechtsanwalt diese Grundpflichten bezüglich des jeweiligen Gegenstandes seines – umfassenden oder beschränkten – Auftrags zu erfüllen hat. Aus der Natur des Anwaltsvertrages ergibt sich, dass der **Rechtsanwalt persönlich** die ihm übertragenen Aufgaben **zu erledigen hat**; für eingeschaltete Hilfskräfte haftet er gemäß § 278 BGB[36] (dazu Rn. 258 ff., 794 ff.).

484

b) Während des Mandats

Diese **Hauptpflichten** obliegen dem Rechtsanwalt nur **während des Mandats**; sie beginnen und enden mit dem Anwaltsvertrag[37] (zur Vertragsbeendigung Rn. 51 ff.).

485

c) Nebenpflichten vor und nach der Mandatszeit

Nach dem Rechtsgrundsatz von Treu und Glauben (§ 242 BGB) kann für den Rechtsanwalt außerhalb der Mandatszeit (nur) eine **vor- oder nachvertragliche Nebenpflicht** zum Schutz des – künftigen bzw. früheren – Mandanten entstehen, deren schuldhafte Verletzung zu einer Haftung führen kann.[38]

486

Wegen eines **Verschuldens vor oder bei Vertragsschluss des Anwaltsvertrages** (dazu Rn. 174 ff., 1315 ff.) kann ein **Rechtsanwalt** z.B. haften, wenn er einen Auftrag, den er nicht annehmen will, nicht unverzüglich ablehnt (§ 44 BRAO; **Steuerberater:** § 63 StBerG; **Wirtschaftsprüfer:** § 51 WPO) oder wenn er zwischen einer Beiordnung (§§ 48, 49 BRAO; vgl. Rn. 161 ff.) und dem Abschluss des Anwaltsvertrages die Interessen des künftigen Mandanten nicht wahrt. Darüber hinaus können

487

---

36 BGH, NJW 1981, 2741, 2743; NJW-RR 1990, 459, 460.
37 BGH, NJW-RR 1990, 459, 460.
38 Zu einer vorvertraglichen Sorgfaltspflicht: BGH, MDR 1997, 1170 = WM 1998, 140; zu einer nachvertraglichen Benachrichtigungspflicht u.a.: BGH, NJW-RR 1990, 459, 460; WM 1996, 542, 543; 2001, 739, 740 = NJW 2001, 1644; OLG Koblenz, WM 2006, 449, 451.

dem Rechtsberater weitere **vorvertragliche Sorgfalts-(Aufklärungs-, Schutz- und Obhuts-)pflichten** obliegen.[39]

Nach einer – vorzeitigen oder vertragsgemäßen – Beendigung des Anwaltsvertrages kann eine **nachvertragliche Nebenpflicht** (dazu Rn. 189 ff., 1319) für den Rechtsanwalt nur dann entstehen, wenn infolge der Vertragsbeendigung **dem früheren Mandanten ein unmittelbarer**, mit der vorangegangenen Vertragserfüllung zusammenhängender **Schaden droht**, z.b. wegen unmittelbar bevorstehender Verjährung eines Anspruchs,[40] wegen drohenden Ablaufs einer Frist[41] oder Rückforderung einer Prozessbürgschaft.[42] Besteht eine solche Gefahr nicht, so ist der Rechtsanwalt dem früheren Auftraggeber zu keiner Nachsorge verpflichtet; er braucht dann in einer unvollendeten Angelegenheit keine Ratschläge für die künftige Sachbehandlung zu erteilen[43] und nicht die Sache zu einem vorläufigen Ende zu führen.[44] Aus einem beschränkten Mandat (Rn. 42 ff., 493 ff.) entsteht grundsätzlich keine nachwirkende Nebenpflicht, soweit dem Rechtsberater keine Warnpflicht obliegt (Rn. 496 ff.).[45]

d) Pflichtverletzung und Haftung

aa) Pflichtverletzung

488 Erste Voraussetzung für einen vertraglichen Regressanspruch des Mandanten ist eine bestimmte **objektive Pflichtverletzung** des Rechtsanwalts, Steuerberaters oder Wirtschaftsprüfers (dazu im Einzelnen Rn. 491 ff.), also ein **pflichtwidriges Tun oder Unterlassen**.

(1) Pflichtverletzung nach altem Recht

489 Nach dem **alten Leistungsstörungsrecht des BGB**, das auf die **vor dem 1.1.2002** geschlossenen Rechtsberaterverträge anzuwenden ist (Art. 229 § 5 EGBGB; vgl. Rn. 941 ff.) und deswegen noch viele Jahre die Haftungspraxis prägen wird, besteht eine anwaltliche Pflichtverletzung regelmäßig in einer **Schlechterfüllung** („**positiven Vertragsverletzung** – pVV") des grundsätzlich vorliegenden **Dienstvertrages** oder

---

39 Wirtschaftsprüfer: BGHZ 100, 132, 136 = NJW 1987, 3155; Rechtsanwalt: BGHZ 120, 157, 160 = NJW 1993, 199; WM 1998, 140, 141; zum vorvertraglichen Verschulden bei Abbruch von Vertragsverhandlungen: *Bodewig*, Jura 2001, 1.
40 BGH, NJW 1984, 431, 432; WM 1997, 321, 322.
41 BGH, NJW 1980, 999; VersR 1988, 835, 836; WM 1996, 542, 543; 1997, 77, 78 = NJW 1997, 254; WM 2001, 739, 740 = NJW 2001, 1644, mit Anm. *Graefe*, EWiR 2001, 465, 466; vgl. *Schlee*, AnwBl 1990, 205.
42 BGH, NJW 1990, 2128, 2129.
43 BGH, WM 1997, 77, 78 = NJW 1997, 254.
44 BGH, WM 1997, 321, 322.
45 BGHZ 128, 358, 361 f. = NJW 1995, 958, 959: Steuerberater.

einer **nachvertraglichen**, noch diesem Vertrag entspringenden **Pflicht**.[46] Sie kann einen **Verstoß gegen die vertragliche Hauptpflicht zur Rechtsberatung und/oder -vertretung** des Auftraggebers oder die **Verletzung einer vertraglichen Nebenpflicht** (§ 242 BGB) betreffen. Erledigt ein steuerlicher Berater eine von Gesetzes wegen fristgebundene Maßnahme – z.b. eine Steuererklärung oder einen Jahresabschluss – zu spät, so liegt auch dann eine Schlechterfüllung des Vertrages – kein Verzug – vor, weil sich eine solche Fristenregelung an den Auftraggeber, nicht an den Berater richtet.[47]

Ein Rechtsberater kann wegen **Verletzung einer vorvertraglichen Pflicht** vor oder bei Vertragsschluss (**„culpa in contrahendo"** – c.i.c."; dazu Rn. 173 ff.) haften.

Nur selten wird ein Schadensersatzanspruch des Mandanten gegen den Rechtsberater aus **Verzug** (§§ 286, 326 BGB a.F.) oder **zu vertretender Unmöglichkeit** (§§ 280, 325 BGB a.F.) gegeben sein (dazu Rn. 944 ff.).

Besondere Rechtsgrundlagen für einen Ersatzanspruch des Auftraggebers – auch nach neuem Leistungsstörungsrecht (dazu Rn. 1098 ff.) – können § 627 Abs. 2 Satz 2, § 628 Abs. 2 BGB (dazu Rn. 902) und § 675 Abs. 1 BGB i.V.m. §§ 670, 671 Abs. 2 Satz 2 BGB (dazu Rn. 781 ff.) sein.

Ist der Rechtsberatervertrag ausnahmsweise ein **Werkvertrag** (Rn. 6 ff., 480), so hat der Rechtsberater für die **Mangelfreiheit** seines Werks einzustehen (§§ 633 ff. BGB a.F.).[48]

(2) Pflichtverletzung nach neuem Recht

Auch nach **neuem Leistungsstörungsrecht** (§§ 280 ff. BGB n.F.; dazu Rn. 1100 ff.), das aufgrund des Gesetzes zur Modernisierung des Schuldrechts vom 26.11.2001[49] für Rechtsberaterverträge gilt, die **seit dem 1.1.2002** geschlossen wurden oder künftig noch geschlossen werden (Art. 229 §§ 5 ff. EGBGB i.V.m. Art. 9 Abs. 1 Satz 2 des Modernisierungsgesetzes), steht ein Regressanspruch des Mandanten wegen **Schlechterfüllung der vertraglichen Hauptpflicht** zur Rechtsbetreuung (Rechtsberatung und/ oder -vertretung) aus dem regelmäßig vorliegenden **Dienstvertrag** im Vordergrund. Dabei kann es sich um eine „nicht wie geschuldet" erbrachte **(Schlecht-)Leistung** oder um eine **Verletzung einer leistungsbezogenen Nebenpflicht** – etwa einer Warnpflicht aus beschränktem Mandat (Rn. 496 ff.) – handeln (§ 280 Abs. 1, 3, § 281 BGB n.F.; dazu Rn. 1100 ff.).

490

---

46 Vgl. BGH, NJW 2002, 1571, 1572.
47 BGHZ 115, 382, 387 ff. = WM 1992, 62, unter Aufgabe der früheren gegenteiligen Rechtsprechung.
48 Vgl. BGH, NJW 2002, 1571, 1572.
49 BGBl. I, S. 3138.

Ein Schadensersatzanspruch wegen **Verspätung** der anwaltlichen Leistung (teilweiser oder vollständiger **Nichtleistung**) richtet sich bei **Verzögerung** nach § 280 Abs. 1, 2, § 286 BGB n.F. (Rn. 1121), bei **Schadensersatz statt der Leistung** nach § 280 Abs. 1, 3, § 281 BGB n.F. (Rn. 1122 ff.).

Ein Schadensersatzanspruch kann sich ferner ergeben

- bei „**Ausschluss der Leistungspflicht**" (teilweiser oder vollständiger **Unmöglichkeit der Leistung**) aus § 280 Abs. 1, 3, § 283 BGB n.F. (Rn. 1144 ff.; zur Ersatzpflicht bei **anfänglicher** – schon bei Vertragsschluss vorhandener – **Unmöglichkeit**: § 311a BGB n.F.; dazu Rn. 1146);
- wegen **Verstoßes gegen** eine **nicht leistungsbezogene Neben-(Schutz-)Pflicht** aus § 280 Abs. 1, 3, § 282 BGB n.F. (Rn. 1143);
- wegen **Verschuldens vor oder bei Vertragsschluss** aus §§ 280, 311 Abs. 2, 3 BGB n.F. (Rn. 1116 ff.).

Bei einem **Anwaltswerkvertrag** gelten die Vorschriften des **neuen allgemeinen Leistungsstörungsrechts bis zur Abnahme des Werks** (§ 640 BGB), hilfsweise bis zur Vollendung eines nicht abnahmefähigen Werks (§ 646 BGB). Insbesondere hat der Besteller bis zu diesem Zeitpunkt einen **Erfüllungsanspruch auf Herstellung eines mangelfreien Werks** (§ 633 Abs. 1 BGB). **Nach der Abnahme** beschränkt sich dieser Anspruch auf das hergestellte und abgenommene Werk; Rechte des Bestellers wegen Mängel dieses Werks richten sich dann nach der **Sonderregelung der §§ 634 ff. BGB**.[50]

bb) Weitere Haftungsvoraussetzungen

491 Hat der Rechtsanwalt durch eine objektiv vertragswidrige, nicht ausnahmsweise durch einen Rechtfertigungsgrund gedeckte und damit **rechtswidrige Pflichtverletzung** (dazu Rn. 950 f.) – oder durch einen entsprechenden objektiven Verstoß gegen eine vorvertragliche Pflicht – einen **Schaden des Mandanten adäquat verursacht** (haftungsbegründender Ursachenzusammenhang = **haftungsbegründende Kausalität**), so ist weitere Haftungsvoraussetzung, dass diese Pflichtverletzung dem Rechtsanwalt als **Verschulden** gemäß § 276 BGB **vorzuwerfen ist** (dazu Rn. 966 ff.). Kommt Fahrlässigkeit (§ 276 Abs. 1 Satz 2 BGB a.F. = § 276 Abs. 2 BGB n.F.) in Betracht, so ist zu prüfen, ob besondere Umstände des Einzelfalls – etwa die Eilbedürftigkeit oder eine besondere Schwierigkeit des Mandats – dem Vorwurf entgegenstehen, der Rechtsanwalt habe die im Verkehr erforderliche Sorgfalt außer Acht gelassen. Objektive Pflichtverletzung und subjektives Verschulden dürfen nicht, wie es bei der Untersuchung einer Anwaltshaftung häufig geschieht, miteinander vermengt werden.

---

50 Im Einzelnen *Palandt/Sprau*, BGB, 64. Aufl. 2005, Vorbem. zu § 633 Rn. 6 ff., § 634 Rn. 2 ff.; vgl. *Palandt/Heinrichs*, BGB, 64. Aufl. 2005, § 280 Rn. 15, 17.

Aus einer schuldhaften Verletzung einer Vertragspflicht haftet der Anwalt nur dann, wenn diese einen **Schaden im Rechtssinne adäquat verursacht hat** (haftungsausfüllender Ursachenzusammenhang = **haftungsausfüllende Kausalität** – dazu Rn. 990 ff., 1047 ff.), der dem Anwalt **haftungsrechtlich zuzurechnen** ist, insbesondere in den **Schutzbereich der verletzten Vertragspflicht** fällt (Rn. 1014 ff.).

Ein schadensursächliches **Mitverschulden** des geschädigten Mandanten (§ 254 BGB; Rn. 1217 ff.) oder eine **Verjährung** des Regressanspruchs (§ 51b BRAO; §§ 194 ff. BGB n.F.; Rn. 1251 ff.) können der anwaltlichen Vertragshaftung entgegenstehen.

Ein **Rechtsanwalt** kann gegen denjenigen, der einen Regressanspruch geltend macht, grundsätzlich **auf Feststellung klagen**, dass ein solcher Anspruch nicht besteht; in einem solchen Fall trägt der Beklagte die Darlegungs- und Beweislast für die Voraussetzungen eines solchen Anspruchs.[51]

II. Inhalt und Umfang des Mandats

1. Auftragsinhalt

Der **Rechtsanwalt** ist der berufene unabhängige **Berater und Vertreter in allen Rechtsangelegenheiten** (§ 3 BRAO). Er darf also auf allen Rechtsgebieten tätig werden.

492

Ein **Steuerberater** darf für seinen Auftraggeber grundsätzlich nur auf dem Gebiet des **Steuerrechts** tätig werden (§ 33 StBerG); ein Vertrag, der die geschäftsmäßige Besorgung einer anderen Rechtsangelegenheit betrifft, ist regelmäßig nichtig (§ 134 BGB mit Art. 1 § 1 RBerG).[52] Ein Steuerberater, der bei der Erledigung seines Mandats die Rechtslage nicht überblickt, kann gehalten sein, seinem Auftraggeber zu **empfehlen einen** geeigneten **Rechtsanwalt aufzusuchen**.[53]

2. Umfassendes oder beschränktes Mandat

Der Rechtsanwalt hat meistens ein **unbeschränktes Mandat** (vgl. Rn. 42 ff.); er ist dann beauftragt, seinen Auftraggeber in der gesamten Rechtsangelegenheit umfassend zu beraten und, soweit dies zulässig ist, zu vertreten. Das bedeutet i.d.R., dass dem Anwalt die entsprechende außergerichtliche und gerichtliche Tätigkeit übertragen ist; soweit der Anwalt bei dem Gericht nicht zugelassen ist, soll er als Verkehrsanwalt die Verbindung zum Prozessbevollmächtigten halten.[54]

493

---

51 BGH, WM 1992, 276, 277 ff.
52 BGH, WM 1999, 2360, 2361 f.; 2000, 1342, 1344; vgl. BGH, WM 2005, 1998, 1999 (Ansprüche aus c.i.c. und Geschäftsführung ohne Auftrag).
53 BGH, NJW-RR 2004, 1358, 1359 = WM 2004, 2034 = MDR 2004, 746: Beitragspflicht zur gesetzlichen Krankenversicherung.
54 BGH, WM 1988, 987, 989 f.

Teil 1 • Abschnitt 2 • Pflichten aus dem Anwaltsvertrag

Häufig wird dem Rechtsanwalt nur ein **beschränktes Mandat** übertragen; er ist dann nur beauftragt, seinen Mandanten in einer Rechtsangelegenheit bezüglich eines **Teils des Gegenstandes** oder in einer **bestimmten Art, Richtung und Reichweite** zu beraten und zu vertreten.[55] Das Musterbeispiel ist ein gesonderter **Prozessauftrag** für eine Instanz.[56] Ein beschränktes Mandat liegt z.b. auch dann vor, wenn ein Anwalt beauftragt wird, einen bereits vereinbarten Vertragsinhalt in eine geeignete juristische Form zu bringen[57] oder eine Klage zu erheben, ohne vorher die entscheidungserhebliche Frage der Verjährung des Klageanspruchs zu prüfen.[58] Beschränkte Mandate haben weiterhin

- **Rechtsanwälte**, die bei der Erledigung einer Rechtsangelegenheit des Auftraggebers **zusammenarbeiten** (Rn. 205 ff.),[59] z.B. **Verkehrs- und Prozessanwalt**;
- **Allgemein- und Spezialberater**, etwa ein Steuerberater für allgemeine Steuersachen und ein „Steuerspezialist", sofern kein Doppelauftrag vorliegt;[60]
- **deutscher und ausländischer Anwalt** (dazu Rn. 308 ff.);[61]
- **antragstellender Rechtsanwalt und Terminsanwalt** bei einverständlicher Ehescheidung.[62]

3. Gemeinsamkeit und Unterschied

494   Umfassendes und beschränktes Mandat haben **gemeinsam**, dass die **anwaltlichen Hauptpflichten** aus dem echten Anwaltsvertrag (Rn. 478 ff.),

- den maßgeblichen Sachverhalt zu klären (Rn. 507 ff.),
- diesen Sachverhalt rechtlich zu prüfen (Rn. 522 ff.),
- den Auftraggeber über das Ergebnis der Sach- und Rechtsprüfung zu belehren (Rn. 556 ff.)
- und Nachteile des Mandanten zu verhindern (Rn. 582 ff.),

innerhalb der Grenzen des Mandats zu erfüllen sind.

Der **Unterschied** besteht darin, dass – anders als beim umfassenden Mandat – sich diese anwaltlichen **Hauptpflichten beim beschränkten Mandat nur auf den – beschränkten – Gegenstand des jeweiligen Anwaltsvertrages erstrecken**. Das bedeutet, dass derjenige, der einem Rechtsanwalt einen beschränkten Auftrag erteilt hat,

---

55 Vgl. BGH, WM 1996, 1832, 1834.
56 Vgl. BGH, NJW 1993, 2045.
57 BGH, WM 1996, 1832, 1834.
58 BGH, WM 1997, 1392, 1393.
59 Dazu *Bräuer*, AnwBl 2002, 594 und 652.
60 BGH, WM 2000, 1591 = NJW-RR 2001, 201; WM 2001, 1868 = NJW 2001, 3477.
61 Dazu *Lindner*, AnwBl 2003, 169 und 227.
62 Dazu *Hartung*, MDR 1999, 1179, 1180; *Bräuer*, AnwBl 2002, 594, 652, 654.

diesem **Anwalt grundsätzlich nicht vorwerfen kann**, er habe zwar seinen Auftrag fehlerlos erledigt, hätte aber zur Verhinderung des – anderweitig verursachten – Schadens **über sein Mandat hinausgehen müssen**.[63]

Hat der **Rechtsanwalt** nur den Auftrag erhalten, einen bereits vereinbarten Vertragsinhalt in eine geeignete juristische Form zu bringen, so haftet dieser Anwalt nicht dafür, dass die Vertragspartner von einem falschen Sachverhalt ausgegangen sind.[64] War der Rechtsanwalt nur beauftragt, einen Anspruch einzuklagen, ohne vorab die entscheidungserhebliche Verjährungsfrage zu prüfen, so haftet dieser Anwalt nicht, wenn der Klageanspruch wegen Verjährung abgewiesen wird.[65] Hat der Mandant nach Kündigung seines Arbeitsverhältnisses den Anwalt nur beauftragt, eine höhere Abfindung aus einem Sozialplan durchzusetzen, so ist der Anwalt nicht dafür verantwortlich, dass der Mandant die Frist für eine Kündigungsschutzklage versäumt.[66] Sollte der steuerberatende Rechtsanwalt nur die Zustimmung des geschiedenen Ehemannes der Mandantin zur Auszahlung eines bestimmten Steuerguthabens einholen, so brauchte er nicht deren Interessen bezüglich belastender Steuerbescheide wahrzunehmen.[67]

Ein **Steuerberater** – dies gilt auch für einen **Rechtsanwalt**[68] – muss Umstände, die ihm bei Erledigung seines Auftrages bekannt werden, aber **keinen unmittelbaren Bezug zu seiner Aufgabe** haben, nicht darauf prüfen, ob sie Anlass zu einer Beratung des Mandanten geben;[69] bei einem **Dauermandat** kann dies anders sein.[70] So braucht ein **Steuerberater**, der einen Jahresabschluss zu erstellen hat, grundsätzlich nicht nachträglich zu prüfen, ob die Voraussetzungen für eine Befreiung von der Grunderwerbsteuer vorlagen.[71] Ein Steuerberater, der seinem Mandanten aus steuerlichen Gründen zur Aufteilung seines Betriebs geraten hat, ist ohne besonderen Auftrag nicht verpflichtet, die ordnungsmäßige Ausführung dieser Maßnahme zu überwachen, selbst wenn er allgemeine Steuerangelegenheiten für den Auftraggeber erledigt.[72] Beauftragt der Mandant einen steuerlichen Spezialisten für ein bestimmtes Vorhaben, so braucht der Steuerberater, der (nur) die allgemeinen Steuerangelegenheiten desselben Auftrag-

495

---

63 BGH, WM 1996, 1832, 1834; 1997, 1392, 1393.
64 BGH, WM 1996, 1832, 1834.
65 BGH, WM 1997, 1392, 1393.
66 Vgl. BGH, Beschl. v. 11.3.1998 – IX ZR 32/97, n.v.
67 BGH, Beschl. v. 8.2.2001 – IX ZR 376/99, n.v.
68 BGH, WM 2002, 505, 506.
69 BGHZ 128, 358, 361 f. = NJW 1995, 958 = WM 1995, 721; BGH, WM 1995, 1500, 1501; 2000, 1591.
70 BGH, WM 1998, 301, 303.
71 BGHZ 128, 358, 361 f. = NJW 1995, 958 = WM 1995, 721.
72 BGH, WM 1995, 1500, 1501.

Zugehör

gebers erledigt, die Leistung des Spezialisten grundsätzlich nicht zu prüfen und zu überwachen.[73]

4. Warnpflicht bei beschränktem Mandat

496 Bei einem **beschränkten Mandat** braucht der **Rechtsanwalt** also **grundsätzlich Interessen seines Auftraggebers außerhalb des Mandatsgegenstandes nicht wahrzunehmen**. Der Wille der Vertragspartner hat die anwaltliche Leistungspflicht auf einen bestimmten Teil der Rechtsangelegenheit des Auftraggebers beschränkt. Nur dafür schuldet dieser dem Anwalt eine Vergütung. Müsste ein Rechtsanwalt zur Wahrung von Belangen seines Auftraggebers über sein Mandat hinausgehen, so hätte der Anwalt – ohne zusätzliches Honorar – ein erweitertes Haftungsrisiko zu tragen, das er häufig nicht übersehen und deswegen nicht versichern könnte. Dies gilt insbesondere dann, wenn solche Interessen des Mandanten keine unmittelbare Beziehung zum – beschränkten – Mandatsgegenstand haben. Häufig müsste der Anwalt, ohne dass dies für die ordnungsmäßige Erfüllung seines beschränkten Auftrags notwendig wäre, das Umfeld seines beschränkten Auftragsgegenstandes nach schutzwerten Interessen seines Auftraggebers absuchen. Würde der Anwalt sodann seinem Mandanten etwa die Verfolgung eines – außerhalb des beschränkten Gegenstandes des Anwaltsvertrages liegenden – Anspruchs empfehlen und wäre eine entsprechende Klage erfolglos, so müsste der Anwalt eine Inanspruchnahme wegen eines fehlerhaften Rats befürchten.

497 Allerdings besteht für einen **Rechtsanwalt und Steuerberater** nach Treu und Glauben (§ 242 BGB) eine **Nebenpflicht zur Warnung seines Auftraggebers vor Gefahren außerhalb des beschränkten Mandatsgegenstandes**, soweit diese dem Anwalt oder Steuerberater **bekannt oder für ihn offenkundig sind**.[74] Dies gilt insbesondere dann, wenn die Gefahr Interessen des Auftraggebers betrifft, die mit dem beschränkten Auftragsgegenstand in engem Zusammenhang stehen.[75] Das ist der Fall, wenn der Rechtsanwalt einen Restitutionsanspruch nach dem Vermögensgesetz wegen Rentenforderungen durchsetzen soll und dabei erfährt, dass der Mandant einen solchen Anspruch auch wegen Grund- und Aktienvermögens haben kann und die dafür bestehende Ausschlussfrist abzulaufen droht.[76] Ein **Steuerberater**, der nur die allgemeinen Steuerangelegenheiten seines Mandanten erledigt, hat diesen zu warnen, wenn er erkennt, dass der für ein besonderes Vorhaben seines Auftraggebers beauftragte „Steuerspezialist" durch einen Fehler eine Gefahrenlage für den Mandanten begründet, und annehmen

---

73 BGH, WM 2000, 1591, 1593 = NJW-RR 2001, 201; WM 2001, 1868, 1869 = NJW 2001, 3477.
74 **Rechtsanwalt**: BGH, WM 1997, 1392, 1394 = NJW 1997, 2168, 2169; WM 1998, 2246, 2247; 2002, 505, 506; **Steuerberater**: BGHZ 128, 358, 361 f. = WM 1995, 721; BGH, WM 1995, 1500, 1501; 2000, 1591, 1593; 2001, 1868, 1869.
75 BGH, WM 1998, 2246, 2248.
76 BGH, WM 1998, 2246, 2247 f.

muss, dass dieser die Gefahr nicht kennt.[77] Ein Steuerberater, der eine anwaltliche Sozietät betreut, kann auch bei beschränktem Mandat verpflichtet sein, die Mitglieder der Sozietät vor einem steuerlichen Risiko zu warnen, das sich aus einer Artveränderung der Sozietät mit gemischter, teilweise gewerblicher (Makler-)Tätigkeit ergibt.[78]
Eine entsprechende Warnpflicht kann auch als **vorvertragliche Aufklärungspflicht** bestehen.[79]
Vereinzelt hat der **BGH** die Warnpflicht scheinbar auch auf Fälle leichter Fahrlässigkeit erstreckt. So hat er eine Warnpflicht angenommen, wenn der Rechtsberater die außerhalb seines Mandats liegende Gefahr „erkennen muss".[80] Außerdem soll der Rechtsberater „vor Gefahren warnen, die sich bei ordnungsgemäßer Bearbeitung aufdrängen".[81] Weiterhin soll ein Steuerberater „vor außerhalb seines Auftrags liegenden steuerlichen Fehlentscheidungen warnen, wenn sie ihm bekannt oder für einen durchschnittlichen Berater auf den ersten Blick ersichtlich sind".[82] Mit diesen Formulierungen dürfte Offenkundigkeit gemeint sein, vor der der Berater nicht die Augen verschließen darf. Eine Ausdehnung der Warnpflicht auf Fälle leichter Fahrlässigkeit ginge zu weit (Rn. 496).

Für den **Rechtsanwalt**, der beauftragt ist, einen Anspruch einzuklagen, ohne dessen Verjährung zu prüfen, besteht insoweit keine Warnpflicht, als in einem fremden Rechtsgutachten, von dem er auftragsgemäß ausgehen soll, der Verhandlungsbegriff i.S.d. § 852 Abs. 2 BGB a.F. verkannt worden ist.[83] Ein **Strafverteidiger** braucht seinen Auftraggeber grundsätzlich nicht auf die Gefahr der Verjährung eines Regressanspruchs gegen einen Rechtsanwalt hinzuweisen, der den Mandanten zivilrechtlich beraten hat.[84] Eine Warnpflicht aus eingeschränktem Mandat entfällt, wenn der **Steuerberater** davon ausgehen darf, der Mandant werde anderweitig fachkundig beraten.[85]

498

---

77 BGH, WM 2000, 1591, 1593; NJW 2001, 3477, 3478.
78 BGH, WM 2005, 1813, 1814 f. = NJW-RR 2005, 1654.
79 BGH, ZIP 2003, 806, 807 = NJW-RR 2003, 1035 = WM 2003, 1621, für einen steuerlichen Hinweis zu Anlagevorhaben.
80 BGH, WM 2001, 1868, 1869 = NJW 2001, 3477.
81 BGH, WM 2002, 505, 506.
82 BGH, NJW-RR 2005, 1511 = WM 2005, 1904, 1905.
83 BGH, WM 1997, 1392, 1394.
84 BGH, Beschl. v. 21.1.2005 – IX ZR 186/01, n.v.; Besprechung durch *Grams*, BRAK-Mitt. 2005, 72.
85 BGH, NJW-RR 2005, 1511, 1512 = WM 2005, 1904, 1905.

5. Abgrenzung

a) Tatfrage

499 Ob der Auftraggeber dem Rechtsanwalt ein **umfassendes oder beschränktes Mandat** erteilt hat, ist eine **Tatfrage**, keine Rechtsfrage.

500 Zwar hat der BGH[86] in einem Fall, in dem der Rechtsanwalt das „eingeschränkte Mandat" einer **Prozessführung** erhalten hatte, ausgeführt, der Anwalt habe diese Aufgabe nicht völlig isoliert von den übrigen Interessen des Auftraggebers sehen dürfen; vielmehr habe er die mit dem Rechtsstreit unmittelbar zusammenhängenden rechtlichen und wirtschaftlichen Belange seines Mandanten mit berücksichtigen müssen. Das klingt danach, als sei der mit einem beschränkten Mandat betraute Rechtsanwalt von Rechts wegen stets verpflichtet, solche Interessen des Auftraggebers außerhalb des Mandatsgegenstandes zu wahren; dies wäre nicht gerechtfertigt, weil sich der Wille der Partner des Anwaltsvertrages nur auf einen beschränkten Vertragsgegenstand und damit auf eine entsprechende anwaltliche Leistungspflicht erstreckt hat. Die Entscheidung des BGH muss aber dahin verstanden werden, dass das **Prozessmandat tatsächlich von den Vertragspartnern dahin erweitert** worden war, dass der Anwalt die Verjährung von Ansprüchen zu verhindern hatte, die der Mandant bei einem Prozessverlust gegen einen Dritten (den Steuerberater des Mandanten) hatte.

501 Ein solches **erweitertes Mandat liegt nahe**, wenn der Anwalt – anders als in einem vom BGH[87] entschiedenen Fall – keinen unbeschränkten Auftrag zur Durchsetzung von Ansprüchen gegen mehrere Schuldner erhält, sondern nur mit einem „**Musterprozess**" gegen einen Schuldner beauftragt wird; dann wird sich dieses Mandat i.d.R. darauf erstrecken, die Verjährung der Ansprüche des Auftraggebers gegen die übrigen Schuldner zu vermeiden. Anders kann es in solchen Fällen dann sein, wenn der Mandant mit der Wahrnehmung seiner Interessen gegenüber denjenigen Schuldnern, die nicht Prozessgegner sind, einen anderen Rechtsanwalt beauftragt.

b) Steuerfragen

502 Tatfrage des Einzelfalls ist es auch, ob das anwaltliche Mandat sich auf **Steuerfragen** erstreckt.[88] Der Rechtsanwalt ist der berufene Berater und Vertreter auch im Steuerrecht (vgl. § 3 BRAO). Andererseits pflegen Mandanten zwischen einer anwaltlichen Beratung im Steuerrecht und auf anderen Rechtsgebieten zu unterscheiden. Dieser Erfahrungssatz gilt aber nicht, wenn der beauftragte Rechtsanwalt Fachanwalt für Steuerrecht oder zugleich Steuerberater und/oder Wirtschaftsprüfer ist (vgl. Rn. 109); in

---

86 NJW 1993, 2045 = WM 1993, 1508.
87 WM 1993, 1376, 1377.
88 Dazu *Bräuer*, AnwBl 2003, 361; vgl. zur Steuerbarkeit von arbeitsrechtlichen Abfindungen: *Simon-Widmann*, AnwBl 2003, 49; zu Steuerfragen bei Scheidungsvereinbarungen: *Münch*, ZNotP 2005, 2.

solchen Fällen ist auch ein steuerrechtliches Mandat naheliegend.[89] In anderen Fällen bedarf es dafür bestimmter tatsächlicher Anhaltspunkte, etwa wenn eine Steuerfrage für ein anwaltliches betreutes Rechtsgeschäft des Mandanten von ausschlaggebender Bedeutung ist[90] oder eine besondere Vergütung für Steuerberatung vereinbart ist.

c) Verjährung

Besondere Bedeutung gewinnt die Feststellung des Mandatsgegenstandes bei der **Prüfung, ob ein (neuer) Rechtsanwalt einen Regressanspruch des Mandanten gegen einen früher für diesen tätigen Rechtsanwalt hat verjähren lassen.** Dieses Problem ergibt sich häufig bei nacheinander tätigen Prozessanwälten desselben Auftraggebers, vor allem nach altem Verjährungsrecht für die Frage, ob die **sekundäre Pflicht eines Anwalts zum Hinweis auf die eigene mögliche Regresshaftung** und deren Verjährung entfallen ist mit der Beauftragung eines anderen Anwalts (dazu Rn. 1365 ff.). Der **Prozessauftrag**, der regelmäßig nur die Vertretung des Auftraggebers im Rechtsstreit umfasst, kann sich darauf erstrecken, einen Regressanspruch des Mandanten gegen dessen früheren Anwalt zu prüfen und die Verjährung eines solchen Anspruchs zu verhindern. Eine entsprechende **Erweiterung des Prozessmandats liegt nahe**, wenn der Mandant das Vertragsverhältnis mit dem Erstanwalt wegen des Verdachts einer Pflichtverletzung vorzeitig beendet hat und der Zweitanwalt dies weiß. Dies gilt auch, wenn der Auftraggeber gegenüber seinem Berufungsanwalt dem erstinstanzlichen Prozessbevollmächtigten eine Pflichtverletzung vorwirft. Anders kann dies sein, wenn der Auftraggeber nach der Beauftragung des Berufungsanwalts noch mit dem erstinstanzlichen Anwalt wegen der Verjährungsfrage korrespondiert; damit kann der Mandant zum Ausdruck gebracht haben, dass er diese Frage nicht zum Gegenstand des Mandats des Berufungsanwalts gemacht hat.[91]

503

d) Umfassendes Mandat mit Weisung oder beschränkter Auftrag

Kann ein **umfassendes Mandat mit einer Weisung** des Auftraggebers (§§ 665, 675 Abs. 1 BGB) **oder** aber ein **beschränkter Auftrag** erteilt worden sein, so ist der Wille der Vertragspartner im Wege der **Auslegung** zu ermitteln (§§ 133, 157 BGB); es spricht für ein beschränktes Mandat, wenn der Rechtsanwalt von der Pflicht befreit sein sollte, den Mandanten auf erkennbare Risiken und Nachteile seiner Auftragserklärung hinzuweisen.[92] Verbindet der Mandant nämlich mit einem unbeschränkten Auftrag eine **Weisung**, so ist diese für den Anwalt ausnahmsweise dann nicht bindend, wenn dem Auftraggeber bei ihrer Ausführung Nachteile drohen; in diesem Falle

504

---

89   Vgl. BGH, NJW 1988, 563, 565 = WM 1987, 1516; WM 1996, 542, 547 = NJW 1996, 842; vgl. BGH, VersR 1968, 969 f.
90   Vgl. RG, JW 1932, 2855, 2856.
91   Vgl. BGH, Beschl. v. 25.6.1998 – IX ZR 124/97, S. 4, n.v.
92   BGH, WM 1997, 1392, 1394.

hat der Anwalt den Mandanten darauf hinzuweisen und dessen Antwort abzuwarten[93] (dazu Rn. 932 ff.).

6. Beweislast

505 Im Regressfall hat der **Mandant** (als Anspruchsteller) **Inhalt und Umfang des Auftrags zu beweisen**, aus dem er seine Ersatzforderung herleitet.[94]

Ist streitig, **ob** dem Rechtsanwalt oder Steuerberater ein **umfassendes oder beschränktes Mandat** erteilt worden ist, so ist diese Frage vom **Tatrichter** aufgrund der Umstände des Einzelfalls **gemäß § 286 ZPO** zu beantworten. Es gibt keinen Erfahrungssatz, dass ein Auftraggeber dem Anwalt ein unbeschränktes Mandat erteilt. Behauptet der Anwalt einen beschränkten Auftragsgegenstand, so hat der **Auftraggeber** für einen Regressanspruch, der sich nur aus einem **unbeschränkten Mandat** ergeben kann, dieses **zu beweisen**.[95] Gelingt dieser Beweis nicht, so ist – gemäß dem Vorbringen des Anwalts – von einem beschränkten Mandat auszugehen.

Behauptet der beklagte Rechtsanwalt im Regressprozess, der klagende Auftraggeber habe das zunächst **unbeschränkte Mandat nachträglich eingeschränkt**, so hat der Rechtsanwalt dieses Vorbringen zu beweisen.[96] Die Beweislast obliegt dem Rechtsanwalt auch für seine Behauptung, der Mandant habe eine **ursprüngliche Weisung später geändert**.[97]

III. Die einzelnen Grundpflichten

506 Eine Vertragspflicht, deren Verletzung in einem Regressfall geltend gemacht wird, muss auf eine der **vier Grundpflichten** des Rechtsberaters zurückzuführen sein.[98]

1. Klärung des Sachverhalts

507 Um die übernommene Rechtsbetreuung (Rechtsberatung und/oder -vertretung) fehlerfrei vornehmen zu können, hat der Rechtsberater (Rechtsanwalt, Steuerberater, Wirt-

---

93 BGH, WM 1997, 1392, 1393 f.
94 BGH, NJW 1994, 1472, 1474; WM 1996, 1832, 1834; 1997, 1392, 1394.
95 BGH, NJW 1994, 1472, 1474; WM 1996, 1832, 1834; 1997, 1392, 1394.
96 BGH, NJW 1994, 1472, 1474 = WM 1994, 1114, 1118.
97 BGH, NJW 1994, 3295, 3297 = WM 1994, 2113, 2117.
98 Dazu u.a. BGH, WM 1996, 1832, 1834; 2003, 1628, 1629: jeweils **Rechtsanwalt**; BGHZ 129, 386, 396 = WM 1995, 1450; BGH, WM 1998, 301, 302; 2003, 1623; 2004, 472; NJW-RR 2004, 1358, 1359 = WM 2004, 2034 = MDR 2004, 746: jeweils **Steuerberater**; zu den Grundpflichten eines anwaltlichen **Mediators**: *Leibner*, NJW 2002, 3521.

schaftsprüfer) zunächst **den maßgeblichen Sachverhalt festzustellen**.[99] Nur dann hat er eine **zuverlässige Grundlage für sein weiteres Vorgehen**.

a) Ziel des Mandanten

Der Rechtsanwalt hat zunächst zu klären, welches **Ziel der Auftraggeber** in seiner Rechtsangelegenheit verfolgt, die Gegenstand des Anwaltsvertrages sein soll. Ist das Begehren unklar, so hat der Rechtsanwalt **nachzufragen**.[100] 508

Die Haftpflichtpraxis zeigt, dass es bereits bei dieser ersten und wichtigsten Frage zu **Missverständnissen** zwischen Mandant und Anwalt kommen kann, insbesondere deswegen, weil der i.d.R. rechtsunkundige Mandant keine klare und vollständige Vorstellung von seinen rechtlichen Möglichkeiten hat. Im Regressprozess macht der Mandant etwa geltend, er habe nach einem Betriebsübergang den neuen Arbeitgeber, nicht aber – wie geschehen – den früheren Arbeitgeber in Anspruch nehmen wollen, oder er habe eine Kündigungsschutzklage erheben, nicht aber – wie geschehen – nur eine höhere Abfindung aus einem Sozialplan anstreben wollen.

Es ist Sache des Rechtsanwalts, dem Mandanten bei der Festlegung des Ziels des Anwaltsvertrages zu helfen. Dafür hat er zu prüfen, ob der ihm **vorgetragene Sachverhalt den vom Mandanten erstrebten Rechtserfolg überhaupt zulässt**.[101] Ist dies offensichtlich nicht der Fall, so muss der Anwalt den Mandanten sogleich darüber aufklären.[102] Hängt der Erfolg von **Erklärungen des Mandanten** (z.B. Mahnung, Kündigung, Anfechtung, Fristsetzung) ab, so hat der Rechtsanwalt auf die rechtzeitige Abgabe hinzuwirken.[103] 509

b) Feststellung des Sachverhalts

Lässt der geschilderte Sachverhalt nach erster Einschätzung den vorläufigen Schluss zu, dass der Auftraggeber sein Ziel erreichen kann, so hat der Rechtsanwalt **die maßgeblichen tatsächlichen Umstände** (auch erhobene oder mögliche Einwände eines 510

---

99 Dazu eingehend *Popp*, Die Verpflichtung des Anwalts zur Aufklärung des Sachverhalts, 2001.
100 BGH, NJW 2002, 1421, 1422.
101 BGH, NJW 1996, 2929, 2932; WM 1997, 1392, 1394.
102 Vgl. BGH, NJW 1988, 563, 565 f., betreffend einen anwaltlichen Rat zum Erwerb einer Eigentumswohnung aus steuerlichen Gründen; NJW 1992, 1159, 1160, betreffend die Errichtung einer GmbH durch einen Arzt entgegen der Berufsordnung; NJW 2001, 3543, 3545, betreffend den Kostenschaden infolge einer aussichtslosen Klage.
103 BGH, VersR 1963, 387, 388.

Gegners) und die **notwendigen Beweismittel zu sammeln, zu ordnen und festzustellen**.[104]

Zur **Aufgabe eines Prozessanwalts**, den maßgeblichen Sachverhalt zu klären, hat der BGH[105] ausgeführt:

> *Habe der Rechtsanwalt einen Anspruch seines Auftraggebers einzuklagen, so sei es seine Aufgabe, die zugunsten seines Mandanten sprechenden tatsächlichen und rechtlichen Gesichtspunkte so umfassend wie möglich darzustellen, damit das Gericht diese bei seiner Entscheidung berücksichtigen könne. Der Anwalt müsse sich um zusätzliche Aufklärung bemühen, wenn nach den Umständen für eine zutreffende rechtliche Einordnung die Kenntnis weiterer Tatsachen erforderlich und deren Bedeutung für den Mandanten nicht ohne weiteres ersichtlich seien. Was danach im Einzelfall geboten sei, hänge von den gesamten Umständen – insbesondere vom Begehren des Auftraggebers – und dem Inhalt des Mandats ab. Der Rechtsanwalt brauche grundsätzlich nicht Vorgänge aufzuklären, die weder nach der vom Mandanten erteilten Information noch aus Rechtsgründen in einer inneren Beziehung zu dem Sachverhalt stünden, aus dem der Auftraggeber einen Anspruch gegen seinen Vertragspartner herleiten wolle.*

Dementsprechend hat ein **Prozessanwalt**, der den beklagten Mandanten vertritt, **rechtshindernde Einwendungen** gegen den Klageanspruch grundsätzlich nur insoweit zu erwägen, als der mitgeteilte Sachverhalt dafür Anhaltspunkte bietet.[106] Danach dürfte ein Prozessanwalt in Fällen, in denen weder nach dem Vorbringen des Auftraggebers noch aus sonstigen Gründen ein Anhaltspunkt für eine finanzielle Krise des Schuldners des Mandanten besteht, grundsätzlich nicht verpflichtet sein, vor Klageerhebung zu erforschen, ob über das Vermögen des Schuldners das Insolvenzverfahren eröffnet worden ist. Ein Blick auf Insolvenzbekanntmachungen – etwa im Internet – ist allerdings empfehlenswert.[107]

Schon bei der Pflicht zur Klärung des maßgeblichen Sachverhalts gilt das „**Gebot des sichersten Weges**" (dazu Rn. 568 ff.). Dazu gehört es auch, **Umstände beweiskräftig festzuhalten**, die zur **Wahrung der Interessen des Mandanten** erheblich sind. Deswegen kann eine **Beweissicherung** nötig sein (dazu Rn. 521, 605 ff.). Ein steuerlicher Berater hat einen von § 122 Abs. 2 Nr. 1 AO abweichenden **Zugang eines Steuerbescheides** in einer solchen Weise festzuhalten, dass er für einen rechtzeitigen Einspruch substanziiert vortragen und einem gegenteiligen Standpunkt der Finanzbehörde entgegentreten kann.[108]

---

104   BGH, NJW 1961, 601, 602; 1982, 437; 1983, 1665 f.; 1996, 2929, 2931; 1998, 2048, 2049 = WM 1998, 1542; WM 2000, 189, 190; NJW 2002, 1413; vgl. *Schlee*, AnwBl 1989, 390.
105   NJW 2002, 1413 = WM 2002, 1077.
106   BGH, WM 2005, 2197, 2199 = AnwBl 2006, 68, 69 = NJW 2006, 501, 503.
107   Dazu *Jansen/Hung*, NJW 2004, 3379, die eine entsprechende selbständige Nachforschungspflicht einem Prozessanwalt, der Fachanwalt für Insolvenzrecht ist, nicht aber einem „Allgemeinanwalt" auferlegen wollen.
108   BGH, WM 1992, 701, 702 ff.

c) Informationspflicht des Mandanten

Damit der Rechtsanwalt oder Steuerberater diese Aufgabe erfüllen kann, hat der **Mandant seine vertragliche Informationspflicht zu erfüllen** (dazu Rn. 927 ff.), also seinen Anwalt oder Steuerberater wahrheitsgemäß und vollständig über die tatsächlichen Umstände seiner Rechtsangelegenheit zu **unterrichten** und ihm die einschlägigen **Unterlagen** zur Verfügung zu stellen.[109] Diese Nebenpflicht des Mandanten ist das Gegenstück zur Grundpflicht eines Rechtsberaters, den rechtlich maßgeblichen Sachverhalt zu klären, und ermöglicht erst eine einwandfreie Erfüllung dieser Pflicht.

511

aa) Mitverschulden bei Verletzung

Verletzt der Mandant seine Informationspflicht und entsteht ihm daraus ein Schaden, so kann ein Regressanspruch gegen seinen Rechtsanwalt wegen eines **Mitverschuldens** entfallen oder gemindert werden (§ 254 BGB; dazu Rn. 1217 ff.).[110]

512

Dies kommt z.B. in Betracht, wenn der Mandant seinem Anwalt verschwiegen hat, dass Baugenehmigung und Gaststättenerlaubnis einer Erweiterung des Gaststättenbetriebs entgegenstehen und deswegen die Abwicklung eines vom Anwalt entworfenen Pachtvertrages scheitert,[111] oder der Mandant bzw. sein Beauftragter dem Prozessbevollmächtigten unzutreffende Angaben über angeblich verjährungshemmende Verhandlungen i..d. § 852 Abs. 2 BGB a.F. gemacht hat und die Klage wegen Verjährung abgewiesen wird.[112]

Dementsprechend kann dem Auftraggeber ein Mitverschulden vorzuwerfen sein, wenn er seinem Steuerberater vorspiegelt, seine Arbeitnehmer seien von der gesetzlichen Krankenversicherung befreit, und dadurch mitverursacht, dass der Steuerberater bei der übernommenen Lohnabrechnung und -kontenführung keine Beiträge zur Sozialversicherung abführt.[113]

---

109 **Rechtsanwalt**: BGH, NJW 1996, 2929, 2932 = WM 1996, 1832; WM 1997, 1392, 1395; 1998, 1542, 1543; **Steuerberater**: BGH, WM 1997, 328, 330 = NJW 1997, 518; NJW-RR 2004, 1358, 1360 = WM 2004, 2034 = MDR 2004, 746, 747.
110 BGH, VersR 1983, 34, 35; NJW 1996, 2929, 2932; WM 1997, 1392, 1395.
111 BGH, NJW 1996, 2929, 2932.
112 BGH, WM 1997, 1392, 1395.
113 BGH, NJW-RR 2004, 1358, 1360 f. = WM 2004, 2034.

bb) Vertrauen auf Richtigkeit der Angaben

513 I.d.R. darf der Rechtsanwalt auf die **Richtigkeit tatsächlicher Angaben** seines Auftraggebers – oder eines Dritten, dem der Mandant die Unterrichtung seines Anwalts überlassen hat[114] – ohne eigene Nachforschungen **vertrauen**.[115]

514 Dieser Grundsatz gilt **nicht für die Mitteilung von Rechtstatsachen** – etwa für Angaben über die Zustellung eines Urteils –[116], für die **Verwendung von Rechtsbegriffen** – etwa „Abnahme eines Bauwerks",[117] „Mietkauf", „Leihe", „Übereignung", „Rechtsnachfolge" – und für **rechtliche Wertungen**, etwa betreffend den Umfang einer vertraglichen Verpflichtung[118], einen Kleinbetrieb i.S.d. § 23 Abs. 1 Satz 2, 3 KSchG[119] oder einen Betriebsübergang i.S.d. § 613a BGB. Solche Angaben des regelmäßig rechtsunkundigen Auftraggebers sind unzuverlässig. Insoweit muss der Anwalt die zugrunde liegenden, für die rechtliche Prüfung bedeutsamen **Umstände und Vorgänge klären**; dafür kann es ausreichen, dass er seinen Auftraggeber „**gezielt befragt**"[120] und von diesem **einschlägige Unterlagen erbittet**.[121]

cc) Ergänzung der Angaben

515 Hat der Rechtsanwalt Anhaltspunkte dafür, dass die Information durch den Mandanten unzutreffend oder lückenhaft ist, so hat der Anwalt sich um eine **Berichtigung und Ergänzung der Angaben** zu bemühen.[122] Die Anhörung und Befragung des Mandanten hat der Rechtsanwalt **grundsätzlich selbst** vorzunehmen.[123]

516 Soll der Rechtsanwalt Unterhaltsansprüche einklagen, so muss er mit Rücksicht auf § 323 ZPO für eine ergänzende Aufklärung durch den Mandanten darüber sorgen, ob schon ein Unterhaltstitel vorliegt, wenn dafür Anhaltspunkte gegeben sind.[124] Vertritt der Rechtsanwalt seinen Auftraggeber in einem Kündigungsschutzprozess, so kann er

---

114 Vgl. BGH, NJW 1991, 2839, 2840 f. = WM 1991, 1812; WM 1997, 1392, 1394, betreffend die Information des Prozessbevollmächtigten durch einen Rechtsanwalt.
115 BGH, NJW 1996, 2929, 2931; WM 1997, 1392, 1394; NJW 1998, 2048, 2049; MDR 2004, 746, 747 = NJW-RR 2004, 1358, 1360, 1361; AnwBl 2005, 506; WM 2006, 927, 929.
116 BGH, WM 1994, 1805, 1806; NJW-RR 1995, 825.
117 OLG Düsseldorf, NJW-RR 1989, 927, 928.
118 BGH, NJW 1985, 1154, 1155.
119 BGH, WM 2000, 189, 190 = NJW 2000, 730.
120 BGH, NJW 1983, 1665, 1666 = ZIP 1983, 996, 998; WM 2006, 927, 929.
121 BGH, NJW 1961, 601, 602; 1982, 437; WM 1994, 1805; NJW 1996, 2929, 2931; WM 2000, 189, 190 = NJW 2000, 730.
122 BGH, NJW 1982, 437; 1994, 1472, 1474; WM 1997, 1392, 1394; NJW 1998, 2048, 2049 f.; 2002, 1413 = WM 2002, 1077; Beschl. v. 17.7.2002 – IX ZR 418/98, n.v. (Zugang einer Kündigung eines Arbeitsverhältnisses).
123 BGH, NJW 1981, 2741, 2743.
124 BGH, NJW 1998, 2048, 2049 = WM 1998, 1542.

A. Allgemeine Vertragspflichten des Rechtsanwalts

zur Wahrung eines Anspruchs seines Auftraggebers auf Ersatz eines Lohnausfalls verpflichtet sein zu ermitteln, ob der Mandant mit seinem Arbeitgeber eine Ausschlussfrist für einen solchen Anspruch vereinbart hat oder ob eine solche Frist aufgrund eines Tarifvertrages besteht.[125]

Grundsätzlich spricht der **Anscheinsbeweis** dafür, dass der Mandant eine Bitte seines Anwalts um weitere Informationen und Unterlagen erfüllt hätte.[126]   517

d) Einsicht in Akten, Register, Urkunden und Unterlagen

Zur Klärung des Sachverhalts kann es notwendig sein, dass der Anwalt **Akten** eines Gerichts oder einer Behörde, die den Gegenstand des Mandats betreffen,[127] sowie das **Grundbuch** und **öffentliche Register** einsieht.[128]   518

Soll der Rechtsanwalt seinen Auftraggeber in einem streitigen Vertragsverhältnis beraten und vertreten, so erfordert die Klärung des Sachverhalts i.d.R. die Durchsicht der **Vertragsurkunden**[129] – in Bausachen auch der Ausschreibungsunterlagen[130] oder Baubeschreibung –,[131] des **Schriftwechsels** der Vertragspartner sowie sonstiger **einschlägiger Unterlagen** und **Belege**.[132]   519

Beweisstücke, die dem Anwalt in seiner Kanzlei vorgelegt werden, hat dieser in Augenschein zu nehmen.[133]   520

e) Beweissicherung

Die Vertragspflichten, den Sachverhalt zu klären und den Mandanten vor voraussehbaren und vermeidbaren Nachteilen zu bewahren, können vom Rechtsanwalt eine **Beweissicherung** verlangen, wenn zu besorgen ist, dass ein Beweismittel verloren geht oder seine Benutzung erschwert wird[134] (dazu Rn. 605 ff.).   521

---

125 BGH, NJW 1983, 1665 f. = ZIP 1983, 996, 997.
126 BGH, WM 1991, 1993, 1994; NJW 1994, 1472, 1475; 1996, 2929, 2932; 1998, 2048, 2050.
127 BGH, WM 1994, 1805, 1806, wegen der Zustellung eines Urteils; NJW 1998, 2048, 2050 = WM 1998, 1542, wegen der Geltendmachung weiterer Unterhaltsansprüche.
128 Vgl. OLG Düsseldorf, NJW-RR 1989, 927, 928.
129 BGH, NJW 1985, 1154, 1155; vgl. BGH, NJW 2002, 1413 = WM 2002, 1077.
130 BGH, VersR 1983, 34.
131 BGH, NJW 1985, 1154, 1155.
132 BGH, NJW 1981, 2741, 2743.
133 BGH, NJW 1981, 2741, 2743.
134 BGH, NJW 1993, 2676, 2677; vgl. BGH, WM 1992, 701, 703 f., betreffend einen Steuerberater.

2. Rechtsprüfung

a) Allgemeines

522 Hat der beauftragte Rechtsanwalt den zur Erledigung seines Auftrags maßgeblichen Sachverhalt ermittelt, so beginnt seine **vornehmste und wichtigste Aufgabe**, diesen **Sachverhalt** im Hinblick auf das von seinem Mandanten erstrebte Ziel – sorgfältig und **„nach jeder Richtung"**[135] – **rechtlich zu prüfen**. Erst nachdem der Rechtsanwalt selbst die Rechtslage festgestellt hat, kann er seiner Vertragspflicht gerecht werden, seinen Auftraggeber in den Grenzen des Mandats umfassend und möglichst erschöpfend zu belehren, ihm geeignete Ratschläge für das weitere Vorgehen zu empfehlen und ihn in jeder Richtung – auch gegenüber Gerichten und Behörden – zu betreuen.

523 Dies gilt **für jedes Mandat**, gleichgültig, ob es die **Vertretung in einem Prozess oder sonstigen Verfahren** (dazu Rn. 604 ff.), eine **außergerichtliche Beratung** (dazu Rn. 730 ff.) oder eine **Vertrags- oder sonstige Rechtsgestaltung** (dazu Rn. 743 ff.) zum Gegenstand hat. Zur Rechtsprüfung gehört auch die **Überwachung materieller und prozessualer Fristen**;[136] allein die Versäumung solcher Fristen durch Rechtsanwälte soll mehr als 40 % aller Haftpflichtfälle auslösen und damit die größte Fehlerquelle anwaltlicher Tätigkeit sein.[137]

524 Die Pflicht des Rechtsanwalts zur **vertragsgerechten Rechtsprüfung** vielfältiger Rechtsgebiete stellt hohe Anforderungen.[138] Diese Pflicht verlangt regelmäßig, dass der Anwalt zusätzlich zu seinem bereits vorhandenen Wissen **weitere, mandatsbezogene Kenntnisse hinzuerwirbt** (dazu Rn. 528 ff.).

525 Der mühevollen Arbeit – i.d.R. als erster –, das Rechtsdickicht zu lichten, ist der Rechtsanwalt auch bei einem **Prozess – oder sonstigem Verfahrensauftrag** nicht enthoben.[139] Er kann die Rechtsprüfung nicht nach dem Satz „iura novit curia" dem Gericht überlassen und sich auf die Beibringung des Tatsachenmaterials beschränken. Vielmehr hat der Rechtsanwalt die Vertragspflicht, alle zugunsten seines Auftraggebers sprechenden **tatsächlichen und rechtlichen Gesichtspunkte dem Gericht darzule-

---

135 BGH, VersR 1967, 704, 705; WM 1993, 1376, 1377.
136 BGH, WM 1992, 739, 740; vgl. *Schlee*, AnwBl 1993, 237.
137 *Schlee*, WM-Seminar v. 27./28.11.2003.
138 Vgl. z.B. zum **Mietrecht**: BGH, NJW 2004, 1523 (Apothekenbetriebsräume); OLG Koblenz, NJW 2004, 77 (Vermieterpfandrecht); **Gesellschaftsgründung**: OLG Schleswig, NJW-RR 2004, 417; **Insolvenzrecht**: *Sundermeier/Gruber*, DStR 2000, 929; *Jungk*, AnwBl 2002, 692; **Steuerrecht**: *Bräuer*, AnwBl 2003, 361; **Arbeitsrecht**: *U. Fischer*, AnwBl 2003, 47 (Urlaubsverfall); *Simon-Widmann*, AnwBl 2003, 49 (Entlassungsentschädigungen und ihre Besteuerung); **Unternehmenskauf**: *Zwecker/Abshoff*, AnwBl 2000, 553 („Management Buy-Out"); **Unterhaltsbegrenzung** zwischen Ehegatten: *Langenfeld*, FPR 2003, 155; Begrenzung des **Zugewinnausgleichs**: *Winckelmann*, FPR 2003, 167.
139 Zur Stellung des Prozess-/Verfahrensanwalts: *Zugehör*, NJW 2003, 3225, 3228 f.

gen und damit auch **Fehlern des Gerichts entgegenzuwirken.**[140] Eine schuldhafte Verletzung dieser Pflicht erhöht, wenn sie nicht rechtzeitig behoben wird,[141] das Risiko eines gerichtlichen Irrtums oder Versehens und wird für eine darauf beruhende Fehlentscheidung mitursächlich, so dass der daraus folgende Schaden des Mandanten dem Rechtsanwalt – auch nach dem Schutzzweck der verletzten Vertragspflicht – grundsätzlich haftungsrechtlich zuzurechnen ist (dazu Rn. 1024 ff.).[142]

Zwar obliegt die rechtliche Beurteilung des Streitfalls dem Gericht; dieses trägt für sein Urteil die volle Verantwortung.[143] Aber auch der Rechtsanwalt als unabhängiges Organ der Rechtspflege (§ 1 BRAO) hat dazu beizutragen, das Recht im Einzelfall zu verwirklichen; innerhalb ihrer verschiedenen Funktionen sind die Pflichten des Gerichts und des Rechtsanwalts gleichrangig.[144] Das Grundrecht auf rechtliches Gehör (Art. 103 Abs. 1 GG) setzt voraus, dass die Verfahrensbeteiligten auf die Entscheidung des Gerichts einwirken; dieses muss die Argumente der Parteien zur Kenntnis nehmen und bei der Entscheidungsfindung erwägen.[145] Die **Mitverantwortlichkeit des Rechtsanwalts für ein richtiges Urteil** besteht – entgegen einer Entscheidung des RG[146] – auch im Revisionsverfahren.[147]

Entsprechend den vorstehenden Ausführungen hat der Rechtsanwalt als **Verteidiger im Strafverfahren** das Gericht auf eine Verjährung der Strafverfolgung hinzuweisen, obwohl dieses von Amts wegen den Sachverhalt nach allen Richtungen hin zu untersuchen hat.[148]

526

---

140 BGH, NJW 1974, 1865, 1866; 1988, 3013, 3016; NJW-RR 1990, 1241, 1242; WM 1996, 35, 40; NJW 1996, 2648, 2650 f.; WM 1998, 1542, 1545 = NJW 1998, 2048.
141 BGH, NJW 1988, 486, 487.
142 BGH, NJW 1988, 3013, 3016; NJW-RR 1990, 1241, 1242; NJW 1994, 1211, 1213; 1996, 48, 50 f. und 2648, 2650 f.; 1998, 2048, 2050 = WM 1998, 1542, 1545; *K. Müller*, MDR 1969, 161, 165 und 797, 896, 965; *Zugehör*, NJW 2003, 3225, 3227 ff.
143 BGH, NJW 1988, 3013, 3016; 1996, 2648, 2650.
144 *Schultz*, MDR 1965, 264.
145 BVerfGE 76, 171, 192 = NJW 1988, 191, 193; BGH, NJW 1988, 3013, 3016; *Schultz*, MDR 1965, 264 f.; *K. Müller*, MDR 1969, 797, 801, 896; *Zugehör*, NJW 2003, 3225, 3228 f.
146 RGZ 142, 394, 396.
147 *K. Müller*, MDR 1969, 896 f.; vgl. BGH, NJW 1988, 3013, 3016.
148 BGH, MDR 1965, 26, 27.

b) Gesetzeskenntnis

527 Die Behauptung, die Rechtsprechung erwarte vom Rechtsanwalt „eine im Wesentlichen lückenlose Gesetzeskenntnis",[149] ist in dieser Allgemeinheit falsch (Rn. 591 ff.). Eine entsprechende Forderung wäre irreal und – auch für Richter – unerfüllbar.

aa) Mandatsbezogen

528 Die Rechtsprechung erwartet vielmehr (nur) eine **mandatsbezogene Rechtskenntnis**;[150] maßgeblicher Zeitpunkt ist insoweit der **Zeitpunkt der Beratung**.[151] Das bedeutet, dass der Rechtsberater sich Kenntnis derjenigen **Rechtsgrundlagen, höchstrichterlichen Rechtsprechung** (dazu Rn. 544 ff.) und – eingeschränkt – derjenigen **Literatur** (dazu Rn. 552) verschaffen muss, die **Ziel und Gegenstand des Mandats betreffen** und damit zur fehlerfreien Erledigung des Mandats erforderlich sind.

Um die übernommene Pflicht zur rechtlichen Betreuung seines Auftraggebers erfüllen zu können, muss sich der Rechtsanwalt die **wesentlichen deutschen Rechtsnormen** (Grundgesetz, Bundes- und Landesgesetze, Rechtsverordnungen, Satzungen) sowie **private Rechtsquellen** (z.B. Verträge, Versicherungsbedingungen,[152] Tarifverträge[153]) erschließen, die die **vertragsgerechte Erledigung seines konkreten Auftrags** betreffen.

Drängt sich einem Rechtsanwalt der Eindruck auf, ein **Gesetz**, das bei der Wahrnehmung des Mandats zu berücksichtigen ist, sei **verfassungswidrig**, so sollte er unverzüglich einen Spezialisten für Verfassungsrecht hinzuziehen; das gilt vor allem bei einem **Prozessmandat**, weil **Grundrechtsrügen** in einem Verfahren von vornherein zu erheben sind.[154]

529 Bei **Steuerberatung** kann auch die Kenntnis der einschlägigen **Erlasse und ständigen Verwaltungsübung der Finanzbehörden** notwendig sein.[155] Ein bestimmtes **Verhalten der Finanzbehörde**, das für den Mandanten günstig ist, hat der Steuerbe-

---

149 *Rinsche*, Rn. I 99; überzogen auch OLG Hamm, VersR 1981, 936: „Gesetzeskenntnis, zumindest des BGB, bis ins Detail wird in der Rechtsprechung vom Anwalt fast ausnahmslos gefordert"; i.d.S. weiterhin *Hübner*, NJW 1989, 5, 6: „Dabei wird eine lückenlose Kenntnis aller deutschen Gesetze – an die 3000 Seiten Bundesgesetzblatt pro Jahr – erwartet."
150 BGH, WM 2005, 2197, 2198 f. = AnwBl 2006, 68 f. (Rechtsanwalt); DB 2006, 1104 (Steuerberater).
151 Vgl. BGH, WM 1993, 1677, 1678 und 2129, 2130; 2000, 2439, 2442 = BGHZ 145, 256; NJW 2004, 3487.
152 Vgl. BGH, VersR 1971, 1119, 1120 ff.; 1985, 83, 84 f.; OLG Düsseldorf, VersR 1985, 92.
153 BGH, NJW 1983, 1665.
154 Dazu im Einzelnen *Zuck*, MDR 1999, 1047.
155 BGH, WM 1995, 2075, 2076 = NJW 1995, 3248; WM 2001, 741 = NJW-RR 2001, 1351: Praxis der Finanzverwaltung zum gewerblichen Grundstückshandel.

rater auch dann zu beachten, wenn es einer höchstrichterlichen Rechtsprechung nicht entspricht.[156]

Wird in der Tages- oder Fachpresse über **Vorschläge zur Änderung des Steuerrechts** berichtet, die im Falle ihrer Verwirklichung Ziele und Vorhaben des Mandanten vereiteln oder beeinträchtigen können, so kann der Steuerberater gehalten sein, sich aus allgemein zugänglichen Quellen über den näheren Inhalt und den Verfahrensstand solcher Überlegungen zu unterrichten, um danach prüfen zu können, ob es geboten ist, dem Mandanten Maßnahmen zur Abwehr drohender Nachteile zu empfehlen.[157] Das gilt entsprechend für alle Rechtsberater und für beabsichtigte **Änderungen aller Rechtsgebiete**, um im Rahmen der Schadensverhütungspflicht (dazu Rn. 582 ff.) voraussehbare und vermeidbare Nachteile für den Mandanten abzuwenden.

Die Pflicht, sich mandatsbezogene Rechtskenntnisse zu verschaffen, besteht auch dann, wenn der Anwalt ein Mandat auf einem ungewohnten **Spezialgebiet** übernommen hat, etwa betreffend das Zwangsversteigerungsrecht,[158] eine Verfassungsbeschwerde,[159] das Recht der ehemaligen DDR für Kreispachtverträge[160] oder die Verordnung über die Herstellung und den Vertrieb von Medaillen und Marken.[161]

bb) Neue oder geänderte Rechtsnormen

Auch **neue oder geänderte Rechtsnormen**, die für den konkreten Mandatsgegenstand gelten, hat der Rechtsanwalt zu ermitteln.[162] Dies kann mit Hilfe der **Gesetzblätter des Bundes und der Länder** geschehen; zur Beseitigung von Unklarheiten und Zweifeln kann die **amtliche Gesetzesbegründung** beitragen.

Zur **Kenntnisnahme von Rechtsänderungen** (vgl. Rn. 548) ist dem Rechtsanwalt oder Steuerberater grundsätzlich ein „**realistischer Toleranzzeitraum**", also eine der Sachlage angemessene Zeitspanne zuzubilligen.[163] Dieser Zeitraum kann kürzer sein, wenn die Rechtsänderung einen **eilbedürftigen Auftrag** betrifft; dies ist z.B. der Fall, wenn der Rechtsberater ein Rechtsmittel einzulegen hat und gerade das Rechtsmittelrecht geändert wurde.

---

156 BGH, WM 1993, 1677, 1678 = NJW 1993, 3323.
157 BGH, NJW 2004, 3487 = WM 2005, 896; dazu *Raebel*, DStR 2004, 1673.
158 OLG Köln, VersR 1979, 580.
159 BVerfG, NJW 1993, 2793; vgl. BVerfG, NJW 2004, 2959: Missbrauchsgebühr gegen Rechtsanwalt.
160 BGH, WM 2000, 2431, 2435 ff.
161 BGH, WM 2005, 2197 f. = AnwBl 2006, 68 f. = NJW 2006, 501, 502.
162 Vgl. BGH, NJW 1971, 1704; VersR 1972, 766 und 1024; VersR 1978, 653; NJW 1978, 1486.
163 BGH, WM 2000, 2431, 2435 = NJW 2001, 675, 678, für die Ermittlung der einschlägigen Rechtsprechung; vgl. RGZ 115, 185, 187; BGH, MDR 1958, 496, 497; NJW 1971, 1704; *Vollkommer*, Rn. 149.

cc) Recht der neuen Länder

532 Ferner hat sich der Rechtsanwalt Kenntnis von mandatsbezogenen Rechtsvorschriften zu verschaffen, die sich aus dem **Beitritt der Länder der ehemaligen DDR** zur Bundesrepublik am 3.10.1990 ergeben.[164]

dd) Andere Frage: Verschulden?

533 Eine **andere Frage** ist es, ob der Rechtsanwalt, der seine Vertragspflicht zur Ermittlung der mandatsbezogenen Rechtskenntnis objektiv verletzt hat, sich ein **Verschulden** vorwerfen lassen muss (§ 276 BGB; dazu Rn. 966 ff.).

Insoweit wirken auch höchstrichterliche Entscheidungen – insbesondere zu § 233 i.V.m. § 85 Abs. 2 ZPO – mitunter schablonenhaft und überzogen. So heißt es z.B. in Beschlüssen des BGH[165] recht pauschal, die Versäumung der Berufungsfrist infolge einer Gesetzesänderung beruhe auf einer schuldhaften Rechtsunkenntnis des Prozessbevollmächtigten, weil dieser sich jedenfalls Kenntnis von den Bundesgesetzen verschaffen müsse, die die in einer Anwaltspraxis gewöhnlich vorkommenden Gebiete betreffen.

534 Besondere Umstände des Einzelfalls können eine objektive Pflichtverletzung des Anwalts entschuldigen (dazu Rn. 971 ff.). Zur Entschuldigung reicht es aber nicht aus, dass der Anwalt überlastet[166] oder kein Spezialist des einschlägigen Rechtsgebiets ist.[167]

ee) Mandat mit Auslandsbezug

535 Besonders hohe Anforderungen an die Rechtsprüfung des Rechtsanwalts – und an die Klärung des maßgeblichen Sachverhalts – stellt ein **Mandat mit Auslandsbezug** (vgl. Rn. 171 f., 308 ff.),[168] das wegen der starken, noch zunehmenden internationalen Verflechtung persönlicher und wirtschaftlicher Art inzwischen verbreitet ist. Ein solcher Auslandsbezug kann schon den **Blick auf das deutsche Recht** verdunkeln; z.B. ist einem Rechtsanwalt und einem Familiengericht in einem Ehescheidungsverfahren nicht aufgefallen, dass die vor einem griechisch-orthodoxen Geistlichen ohne ord-

---

164 Vgl. BGH, FamRZ 1991, 1174, 1175; DtZ 1993, 86; NJW 1993, 332; WM 2000, 2431 = NJW 2001, 675: Kreispachtverträge in der DDR.
165 VersR 1972, 766 und 1024.
166 BGH, NJW 1971, 1704.
167 BGH, MDR 1958, 496, 497.
168 Dazu OLG Koblenz, NJW 1989, 2699 f.; *Sieg*, Internationale Anwaltshaftung, 1996; *ders.*, ZAP (1996), Fach 23, S. 239 ff.; *ders.*, ZAP (1998), Fach 23, S. 341 ff.; *Sieg/Holtmann*, ZAP (1999), Fach 23, S. 387 ff.; *Rinsche/Schlüter*, ZAP (1992), Fach 23, S. 115 ff.; *Raiser*, NJW 1991, 2049 ff.; *Riederer von Paar*, AnwBl 1991, 496; *Graef*, Haftung des deutschen und englischen Anwalts, 1995; *Louven*, VersR 1997, 1050; *Becker*, AnwBl 1998, 305; *Gruber*, MDR 1998, 1399; *Gruson*, RIW 2002, 596, 601; *Lindner*, AnwBl 2003, 169 u. 227.

nungsmäßige Ermächtigung geschlossene Ehe der früheren griechischen, jetzt deutschen Staatsangehörigen nach deutschem Recht unwirksam war, weil sie nicht den Voraussetzungen des § 15a EheG a.f. entsprach.[169]

Erfordert der Auslandsbezug die **Anwendung fremden Rechts**, so liegt die **Haftungsgefahr** wegen eines Fehlers, ausgelöst durch die **Sprachbarriere** und **mangelnde Kenntnisse des ausländischen Rechts**, erst recht auf der Hand.

Übernimmt der deutsche Rechtsanwalt – möglichst nach Prüfung der Versicherungsfrage (Rn. 2084 ff.) – ein solches Mandat, so hat er sich **grundsätzlich** die zur Ausführung des Auftrags erforderlichen **Kenntnisse des ausländischen Rechts zu verschaffen**.[170] Hat der Mandant allerdings – neben dem deutschen Rechtsanwalt – einen Anwalt des Landes bestellt, dessen Recht maßgeblich ist, so kann der deutsche Anwalt sich i.d.r. darauf verlassen, dass der ausländische Anwalt sein Heimatrecht kennt und beachtet;[171] die Verpflichtung des deutschen Anwalts kann sich dann beschränken auf die Prüfung, ob der ausländische Anwalt hinsichtlich aller entscheidenden Punkte der Angelegenheit tätig war.[172] 536

Ein Prozessmandat mit zivilrechtlichem Auslandsbezug verlangt zunächst die **Kenntnis des deutschen Internationalen Zivilverfahrensrechts** (Grundsatz der lex fori), das sich im Wesentlichen nach der ZPO, dem FGG und – vorrangig – internationalen Verträgen bestimmt.[173] Danach ist die Frage zu beantworten, ob die **deutschen Gerichte** für die Entscheidung des Streitfalles mit Auslandsberührung **international zuständig** sind; fehlt eine vorrangige staatsvertragliche Regelung, so richtet sich die internationale Zuständigkeit grundsätzlich nach der örtlichen Zuständigkeit.[174] 537

Für die Mitgliedstaaten der **Europäischen Union** ist insoweit die Verordnung (EG) Nr. 44/2001 v. 22.12.2000 des Rates über die gerichtliche Zuständigkeit und die Anerkennung und Vollstreckung von Entscheidungen in Zivil- und Handelssachen (**EuGVVO**)[175] zu beachten; diese Verordnung ersetzt im Wesentlichen das Brüsseler Übereinkommen über die gerichtliche Zuständigkeit und Vollstreckung gerichtlicher Entscheidungen in Zivil- und Handelssachen (**EuGVÜ**; vgl. Art. 66 ff. EuGVVO).

---

169   BGH, NJW-RR 2003, 850 ff.
170   BGH, NJW 1972, 1044; OLG Bamberg, MDR 1989, 542.
171   BGH, NJW 1972, 1044; OLG Bamberg, MDR 1989, 542 f.
172   Vgl. BGH, NJW 1972, 1044.
173   Dazu *MünchKomm/Gottwald*, ZPO – Bd. 3, 2. Aufl. 2001, Schlussanhang „Internationales Zivilprozessrecht", S. 1971 ff.; *Geimer*, Internationales Zivilprozessrecht, 4. Aufl. 2001; *Jayme/Hausmann*, Internationales Privat- und Verfahrensrecht, 12. Aufl. 2004; *Nagel/Gottwald*, Internationales Zivilprozessrecht, 5. Aufl. 2002.
174   BGHZ 115, 90, 91 f. = NJW 1991, 3092; BGHZ 134, 116, 117 = NJW 1997, 657 = WM 1997, 178; BGH, NJW 1997, 2245.
175   ABl. EG Nr. L 12 v. 16.1.2001, S. 1.

Das EG/EFTA „**Lugano-Übereinkommen**" über die gerichtliche Zuständigkeit und die Vollstreckung gerichtlicher Entscheidungen in Zivil- und Handelssachen" v. 16.9.1988[176] gilt im Verhältnis zu den Staaten, die nicht Mitglieder der EU sind; es ist für die Bundesrepublik Deutschland am 1.3.1995 in Kraft getreten.[177]

538 Ist ein zivilrechtlicher Streit mit Auslandsbezug vor einem deutschen Gericht auszutragen, so ist weiterhin die **Kenntnis des deutschen Internationalen Privatrechts (IPR)** erforderlich (Art. 3 – 46 EGBGB).[178] Die dazu gehörenden „Kollisionsnormen" bestimmen, **welche Rechtsordnung** das deutsche Gericht auf den Streitfall anzuwenden hat. Vorrang haben insoweit völkerrechtliche Vereinbarungen (**Staatsverträge**), soweit sie unmittelbar anwendbares innerstaatliches Recht geworden sind (Art. 3 Abs. 2 Satz 1 EGBGB); Regelungen in **Rechtsakten der Europäischen Gemeinschaften** bleiben unberührt (Art. 3 Abs. 2 Satz 2 EGBGB). Fehlen solche Anknüpfungsbestimmungen, so gelten die Vorschriften der Art. 3 ff. EGBGB.

539 Ergibt sich danach, dass auf den Streitfall **ausländisches Recht** anzuwenden ist, so muss sich der deutsche Rechtsanwalt entscheiden, ob er unter weiterer Ausführung des Mandats entweder selbst prüft, wie die Angelegenheit nach dem ausländischen Recht zu beurteilen ist, oder für diese Prüfung einen Fachmann hinzuzieht oder das Mandat niederlegt. Arbeitet der deutsche Rechtsanwalt mit ausländischen Anwälten ständig zusammen – etwa innerhalb einer Internationalen Sozietät (dazu Rn. 362 ff.), einer Bürogemeinschaft (Rn. 372 ff.), einer Partnerschaft (Rn. 347 ff.), einer Rechtsberatungs-GmbH (Rn. 389 ff.), einer Europäischen wirtschaftlichen Interessenvereinigung (Rn. 400 ff.) oder eines sonstigen vertraglichen Verbundes (Rn. 406 ff.) –, so wird es nahe liegen, dass der deutsche Anwalt seinem Mandanten – unter **Aufklärung über die Kostenfolge** – rät, in einem solchen Rahmen **fachkundige Hilfe** bezüglich des ausländischen Rechts zu suchen.[179] Insoweit muss ein deutscher Rechtsanwalt seinen **Versicherungsschutz** bedenken, weil Regressansprüche aus Tätigkeiten im Zusammenhang mit außereuropäischem Recht regelmäßig nicht unter die Berufshaftpflichtversicherung fallen (Rn. 2113 ff.).[180]

---

176 BGBl. II 1994, S. 2660.
177 BGBl. II 1995, S. 221.
178 Vgl. BGHZ 78, 318, 321 = NJW 1981, 522, betreffend das Anfechtungsrecht; BGHZ 134, 116, 120 = NJW 1997, 657 = WM 1997, 178, betreffend die Konkursanfechtung; BGH, NJW 1996, 54 f., betreffend eine Provisionsforderung; OLG Hamm, DZWir 1997, 460, betreffend eine Vaterschaftsanfechtung; *v. Bar/Mankowski*, Internationales Privatrecht – Bd. I, 2. Aufl. 2003; – Bd. II, 1991; *Jayme/Hausmann*, Internationales Privat- und Verfahrensrecht, 12. Aufl. 2004; *Kegel/Schurig*, Internationales Privatrecht, 9. Aufl. 2004; *Palandt/Heldrich*, BGB, „Internationales Privatrecht" – zu Art. 3 ff. EGBGB; *Reithmann/ Martiny*, Internationales Vertragsrecht, 6. Aufl. 2004.
179 Vgl. *Sieg*, ZAP (1998), Fach 23, S. 345 ff.
180 *Lindner*, AnwBl 2003, 169 und 227, 229.

A. Allgemeine Vertragspflichten des Rechtsanwalts

Ein **ausländischer Anwalt** kann auch auf einzelvertraglicher Grundlage zur Unterstützung des deutschen Mandatsanwalts eingeschaltet werden (zur Haftung in diesem Fall Rn. 312 ff.).[181] Aus dessen Sicht empfiehlt es sich, nicht im eigenen Namen den ausländischen Kollegen zu beauftragen, weil sonst eine Haftung gemäß § 278 BGB in Betracht kommt, sondern den Mandanten – unter Aufklärung über die Kostenfolge – zum Abschluss eines gesonderten Vertrages mit dem ausländischen Anwalt – neben dem bestehenden Vertrag mit dem deutschen Anwalt – zu veranlassen, so dass selbständige anwaltliche Verantwortungsbereiche entstehen.[182] Im letztgenannten Falle kann der deutsche Anwalt für eine eigene schuldhafte Pflichtverletzung haften, wenn er den ausländischen Kollegen schlecht ausgewählt oder unzureichend in den maßgeblichen Sachverhalt eingewiesen hat oder – im Rahmen der eigenen vertraglichen Pflicht zur Verhütung voraussehbarer und vermeidbarer Fehler (Rn. 582 ff.) – nicht geprüft hat, ob der ausländische Anwalt alle wesentlichen Punkte der Angelegenheit betreut hat.[183]

540

Ausländisches Recht kann auch durch ein Gutachten eines entsprechenden Instituts ermittelt werden.[184]

541

Der **deutsche Zivilrichter** ist nicht nur befugt, sondern verpflichtet, das für die Entscheidung des Rechtsstreits **maßgebliche ausländische Recht von Amts wegen zu ermitteln**; es liegt in seinem pflichtgemäßen Ermessen, auf welche Weise dies geschieht (§ 293 ZPO).[185] Bei der Erfüllung dieser Aufgabe haben die **Parteien den Richter** – so gut wie möglich und zumutbar – **zu unterstützen;**[186] ein solcher Beitrag kann die richterliche Ermittlungsaufgabe erheblich beeinflussen.[187]

542

Als **deutsches**, nicht als ausländisches **Recht** sind z.B. anzuwenden

543

- die **allgemeinen Regeln des Völkerrechts** (Art. 25 GG) und die in nationales Recht umgesetzten **völkerrechtlichen Verträge und Abkommen** (Art. 59 Abs. 2 GG);[188]

---

181 Vgl. *Sieg*, ZAP (1998), Fach 23, S. 342 ff.; *Rinsche/Schlüter*, ZAP (1992), Fach 23, S. 121 f.
182 Vgl. *Sieg*, ZAP (1998), Fach 23, S. 341 ff.; *Rinsche/Schlüter*, ZAP (1992), Fach 23, S. 119 ff., 122; *Lindner*, AnwBl 2003, 169, 170.
183 Vgl. BGH, NJW 1972, 1044.
184 Vgl. BGH, NJW 1991, 1418, 1419.
185 BGH, MDR 1976, 832 f.; BGHZ 118, 151, 162 f. = WM 1992, 1040; BGH, NJW 1991, 1418, 1419; WM 1997, 1245, 1246.
186 BGH, MDR 1976, 832, 833; vgl. BGH, NJW 1991, 1418, 1419.
187 Vgl. BGHZ 118, 151, 164 = WM 1992, 1040; BGH, NJW 1991, 1418, 1419; WM 1997, 1245, 1247.
188 *Sieg*, Internationale Anwaltshaftung, S. 76 f.

- das **„Europarecht"** in Gestalt der verbindlichen Rechtsnormen innerhalb der Europäischen Union;[189]
- in deutsches Recht umgesetzte Abkommen mit internationaler Geltung (**„Internationales Einheitsrecht"**), etwa
  - das UN-Übereinkommen vom 11.4.1980 über Verträge über den internationalen Warenkauf (**„UN-Kaufrecht"**– CISG),[190] für die Bundesrepublik Deutschland am 1.1.1991 in Kraft getreten;[191]
  - das Übereinkommen vom 19.5.1956 über den **Beförderungsvertrag im internationalen Straßengüterverkehr (CMR)**,[192] für die Bundesrepublik Deutschland am 5.2.1962 in Kraft getreten;[193]
  - das **Haager Minderjährigenschutzabkommen (MSA)** vom 5.10.1961[194] und die **Haager Übereinkommen im Bereich des Familienrechts**.[195]

Insoweit muss sich der deutsche Rechtsanwalt Rechtskenntnisse hinsichtlich des Mandatsgegenstandes verschaffen.

c) Kenntnis der Rechtsprechung

aa) Höchstrichterliche Rechtsprechung

544 Aus der Sicht des Mandanten und seines Rechtsberaters ergibt sich das Recht, das auf den Mandatsgegenstand anzuwenden ist, in erster Linie aus dem Gesetz und aus dessen Anwendung durch die Gerichte in früheren, gleichgelagerten Fällen (**„Präjudizien"**). Maßgeblich ist vor allem die **„höchstrichterliche Rechtsprechung"**, die i.d.R. die Spitze einer „anerkannten" oder „herrschenden Meinung" in einer Rechtsfrage ist.

Daran sind beteiligt:

- das **Bundesverfassungsgericht** wegen der Verbindlichkeit seiner Entscheidungen gemäß § 31 BVerfGG,[196]
- die **obersten Gerichtshöfe des Bundes** (vgl. Art. 95 GG) und

---

189 Vgl. *Sieg*, Internationale Anwaltshaftung, S. 77 ff.; *Rinschel/Schlüter*, ZAP (1992), Fach 23, S. 116 f.
190 BGBl. II 1989, S. 586, 588, berichtigt BGBl. II 1990, S. 1699.
191 BGBl. II 1990, S. 1477; vgl. *Schlechtriem/Schwenzer*, UN-Kaufrecht, 4. Aufl. 2004; *Mohrbutter*, ZAP (1991), Fach 3, S. 69 ff.; *Piltz*, NJW 2000, 553; *Goecke*, MDR 2000, 63.
192 BGBl. II 1961, S. 1119, 1120.
193 BGBl. II 1962, S. 12; vgl. *Herber/Piper*, Internationales Straßentransportrecht, 1996; *Koller*, Transportrecht, 5. Aufl. 2004, S. 1013.
194 BGBl. II 1971, S. 217, 219.
195 Vgl. *Palandt/Heldrich*, BGB, 64. Aufl. 2005, Einleitung vor Art. 3 EGBGB Rn. 6, Anhang zu Art. 13, 18, 24 EGBGB.
196 Vgl. BVerfG, NJW 1975, 1355, 1356.

- der **Europäische Gerichtshof** bezüglich des Gemeinschaftsrechts der Europäischen Union.

(1) Richtungweisende Bedeutung

Die höchstrichterliche Rechtsprechung hat „**richtungweisende Bedeutung**" für die Anwendung und Entwicklung des Rechts,[197] auch zur Wahrung der Rechtseinheit und zur Rechtsfortbildung. Sie prägt die Entscheidungen der Instanzgerichte und die juristische Praxis.[198]

545

(2) Maßgeblich für Rechtsberater

Der **Rechtsanwalt und Steuerberater** haben die Wahrnehmung ihrer Mandate **grundsätzlich an der** – jeweils aktuellen – **höchstrichterlichen Rechtsprechung im Zeitpunkt der Beratung auszurichten.**[199] Dies gilt auch dann, wenn es sich aus der Sicht des beauftragten Anwalts um ein **rechtliches Sondergebiet** handelt.[200] Die höchstrichterliche Rechtsprechung ist grundsätzlich auch dann maßgeblich, wenn sie von Instanzgerichten und/oder im Schrifttum abgelehnt[201] und auch vom Rechtsberater selbst nicht geteilt wird.[202]

546

Zu beachten hat der Rechtsberater die **höchstrichterliche Rechtsprechung derjenigen Gerichtsbarkeit**, der der **Mandatsgegenstand** unterliegt, es sei denn, dass diese Rechtsprechung ausnahmsweise allgemein anerkannten Rechtsgrundsätzen widerspricht oder mit der Verfassung nicht vereinbar ist.[203] Das betrifft insbesondere **Inhalt und Umfang der Vertragspflichten** eines Rechtsanwalts oder Steuerberaters; in einem Regressprozess ergibt sich häufig spiegelbildlich aus der höchstrichterlichen Rechtsprechung der einschlägigen Gerichtsbarkeit, ob dem Mandanten aus der schuldhaften Verletzung dieser Pflichten ein ersatzfähiger **Schaden im Rechtssinne** entstan-

---

197 BGH, NJW 1993, 3323, 3324 = WM 1993, 2129; NJW 2001, 675, 678 = WM 2000, 2431, 2435.
198 *Olzen*, JZ 1985, 155, 156 f., zur Bindungswirkung der Rechtsprechung des BGH.
199 Für den **Rechtsanwalt**: BGH, NJW 1993, 3323, 3324 = WM 1993, 2129; NJW 1996, 2929, 2931 = WM 1996, 1832; NJW 2001, 675, 678; WM 2003, 1628, 1630; für den **Steuerberater**: BGH, WM 1993, 1677, 1678 = NJW 1993, 3323; WM 1993, 2129, 2130 f.; 1995, 2075, 2076; BGHZ 145, 256, 263 = NJW 2001, 146 = WM 2000, 2439; *Lange*, DB 2003, 869.
200 RGZ 89, 426, 430, für das Zwangsversteigerungsrecht; BGH, MDR 1958, 496, für das Bundesentschädigungsrecht; NJW 1983, 1665, für das Arbeitsrecht; NJW 2001, 675, 678 = WM 2000, 2431, 2435, für Kreispachtverträge nach dem Recht der früheren DDR.
201 BGH, NJW 1961, 601, betreffend eine abweichende Ansicht in einem „angesehenen Kommentar"; WM 1993, 1677, 1678; NJW 1992, 3323, 3324.
202 BGHZ 145, 256, 263 = NJW 2001, 146 = WM 2000, 2439; BGH, WM 2003, 1628, 1630.
203 BGHZ 145, 256, 261 ff. = WM 2000, 2439 = NJW 2001, 146.

den ist (dazu Rn. 1047 ff.). Im Rahmen solcher Prüfungen ist z.b. zu ermitteln, ob nach der Rechtsprechung

- des **BAG** die Kündigung eines Arbeitsverhältnisses sozial gerechtfertigt war;[204]
- des **BFH** bei verdeckter Treuhandschaft der Vorsteuerabzug dem Treuhänder oder Treugeber zusteht,[205] Zuwendungen an den Gesellschafter-Geschäftsführer einer „Einmann"-GmbH als Betriebsausgaben anzuerkennen sind[206] oder eine Aufdeckung stiller Reserven vorliegt;[207]
- des **BVerwG** eine „Milch-Referenzmenge" auf den Erwerber eines Hofes übergegangen ist;[208]
- des **BSG** die Befreiung von Arbeitnehmern von der gesetzlichen Krankenversicherungspflicht wirksam ist.[209]

(3) Fundorte

547 Die höchstrichterliche Rechtsprechung ist zu finden in den **amtlichen Sammlungen** der obersten Bundesgerichte, in – allgemeinen oder auf besondere Rechtsgebiete festgelegten – **juristischen Zeitschriften**, in **Kommentaren, Lehrbüchern** und **elektronischen Datenbanken**. Der Anwalt darf sich nicht damit begnügen, die mandatsbezogene Rechtsfrage nur anhand der amtlichen Entscheidungssammlung zu prüfen.[210]

(4) Neue Entscheidungen

548 Grundsätzlich ist dem Rechtsanwalt ein „**realistischer Toleranzzeitraum**"[211] zuzubilligen, in dem er von **neuen höchstrichterlichen Entscheidungen** Kenntnis zu nehmen hat (vgl. Rn. 531).[212] Ist ein Rechtsgebiet in der Entwicklung begriffen und ist weitere höchstrichterliche Rechtsprechung zu erwarten, so muss ein Rechtsanwalt, der

---

204 BGH, WM 2000, 966, 968 ff. = NJW 2000, 1572.
205 BGH, WM 1997, 335 – teilweise abgedruckt in BGHZ 134, 212, 218 ff.
206 BGH, WM 1998, 301 = NJW 1998, 1486.
207 BGH, WM 2004, 475, 477 = NJW 2004, 444.
208 BGH, WM 2003, 1146, 1150.
209 BGH, MDR 2004, 746, 747 = NJW-RR 2004, 1358 = WM 2004, 2034.
210 BGH, MDR 1958, 496; NJW 1974, 1865, 1868; BGHZ 85, 252, 259 ff. = NJW 1983, 820; BGH, NJW 2001, 675, 678; OLG Celle, NJW 1977, 1350.
211 *Vollkommer*, Rn. 149.
212 BGH, WM 2000, 2431, 2435 = NJW 2001, 675, 678; vgl. BGH, NJW 1958, 825; 1979, 877; OLG Düsseldorf, VersR 1980, 359 f.; *Lange*, DB 2003, 869, 871 f.: „Allgemeine Karenzzeit von 4 bis 6 Wochen" nach Veröffentlichung der Entscheidung; OLG Zweibrücken, NJW 2005, 3358: zeitnahe Auswertung zumindest einer allgemeinen juristischen Fachzeitschrift.

A. Allgemeine Vertragspflichten des Rechtsanwalts

ein Mandat aus einem solchen Bereich zu erledigen hat, auch **Spezialzeitschriften** in angemessener Zeit durchsehen.[213]

Übersieht ein Anwalt unterhalb dieser angemessenen Zeitgrenze eine neue, den Mandatsgegenstand betreffende höchstrichterliche Entscheidung, so fehlt i.d.R. schon eine Pflichtverletzung, zumindest ein Verschulden. Dies kann ausnahmsweise bei besonderer Eilbedürftigkeit anders sein, z.b. dann, wenn die Einlegung eines fristgebundenen Rechtsmittels von einer solchen Entscheidung abhängt.

(5) Vertrauen auf Fortbestand

Grundsätzlich darf ein Anwalt **auf den Fortbestand der höchstrichterlichen Rechtsprechung vertrauen.**[214] 549

In „eng umgrenzten **Ausnahmefällen**" kann dies dann anders sein, wenn **neue Gesetze oder neue „Rechtsfiguren"** einwirken[215] oder ein oberstes Gericht auf eine mögliche **Änderung seiner Rechtsprechung** in der Zukunft hingewiesen hat („obiter dictum").[216] Eine allgemeine Pflicht, „nach Möglichkeit neue Entwicklungen in Rechtsprechung und Rechtswissenschaft ... zu verfolgen und im Rahmen des Zumutbaren deren Auswirkungen auf eine ältere Rechtsprechung im Bereich der jeweiligen Problemfelder zu bedenken",[217] mag für einen Revisionsanwalt bestehen, für andere Rechtsanwälte aber grundsätzlich nicht. Im Regelfall wären diese – mit Rücksicht auf ihren Aufgabenbereich und ihre Arbeitsbedingungen[218] – durch eine solche Pflicht überfordert; hellseherische Fähigkeiten können nicht verlangt werden.

Eine anwaltliche Pflicht, bezüglich eines bestimmten Mandatsgegenstandes eine **Änderung der höchstrichterlichen Rechtsprechung** in Betracht zu ziehen, setzt vielmehr voraus, dass sich dies **aufgrund eindeutiger Umstände aufdrängt**.[219] Dies dürfte z.B. der Fall gewesen sein, soweit der IX. Zivilsenat des BGH die „Anlass-Rechtsprechung" des V. und XI. Zivilsenats des BGH auf die Bürgschaft übertragen hat;[220] es war sicher der Fall bezüglich der neuen Rechtsprechung zur nachträglichen Übersicherung bei Sicherungsübertragungen,[221] nachdem mehrere Senate des BGH dazu verschiedene

---

213 BGH, WM 2000, 2431, 2435 = NJW 2001, 675, 678.
214 BGH, NJW 1993, 3323, 3324 = VersR 1994, 99 = WM 1993, 2129.
215 Vgl. BGH, NJW 2004, 3487.
216 BGH, NJW 1993, 3323, 3324 f. = WM 1993, 2129; vgl. BGHZ 60, 98, 102 = NJW 1973, 364.
217 Vgl. BGH, NJW 1993, 3323, 3324 f. = WM 1993, 2129.
218 Vgl. *Schneider*, MDR 1972, 745, 746.
219 Vgl. BGH, NJW 1993, 3323, 3325 = WM 1993, 2129.
220 BGHZ 130, 19, 25 ff. = WM 1995, 1397 = NJW-RR 1995, 1450.
221 BGH GSZ, WM 1998, 227 = BGHZ 137, 212.

Ansichten vertreten hatten.²²² Ebenso sicher hatte sich dagegen die Änderung der lange geltenden höchstrichterlichen Rechtsprechung zur „Blankobürgschaft"²²³ nicht mit der erforderlichen Deutlichkeit angekündigt.

(6) Keine höchstrichterliche Rechtsprechung

550 Hat sich bezüglich des Mandatsgegenstandes eine **höchstrichterliche Rechtsprechung noch nicht gebildet**, so kann der Rechtsanwalt im Rahmen der Rechtsprüfung vor der Aufgabe stehen, die **„Tendenz" der Entwicklung** einer solchen Rechtsprechung festzustellen.²²⁴ Eine entsprechende anwaltliche Vertragspflicht setzt aber – ebenso wie bei einer zu erwartenden Änderung der Rechtsprechung (Rn. 549) – „Evidenz" voraus.²²⁵ Die Entwicklungslinie kann sich ergeben aus richtungweisenden höchstrichterlichen Entscheidungen²²⁶ und/oder aus solchen der Untergerichte²²⁷ und/oder aus der herrschenden Meinung im Schrifttum.²²⁸

Ein Steuerberater soll die Vertragspflicht haben, eine verbindliche **Auskunft der Finanzbehörde** zu einer **unklaren Rechtslage** einzuholen, wenn BFH und Finanzgerichte noch nicht entschieden haben sowie die Praxis der Finanzverwaltung und die Ansichten im Schrifttum uneinheitlich sind.²²⁹

bb) Rechtsprechung der Untergerichte

551 Erreicht der Instanzenzug das oberste Bundesgericht nicht, so wird der Rechtsanwalt die Rechtsprechung des – örtlich und sachlich zuständigen – **(Unter-)Gerichts der letzten Instanz** für den Mandatsgegenstand zu berücksichtigen haben.²³⁰ Dies gilt etwa für die Rechtsprechung der **Oberlandesgerichte in bestimmten Familien-Folgesachen** (§ 629 Abs. 1 ZPO),²³¹ im **einstweiligen Rechtsschutz** (vgl. § 542 Abs. 2 ZPO)²³² und in **Angelegenheiten der freiwilligen Gerichtsbarkeit** (vgl. § 28 FGG) sowie für die

---

222 XI. Zivilsenat in BGHZ 133, 25, 27 ff. = WM 1996, 1128; VII. Zivilsenat in WM 1997, 311; IX. Zivilsenat in WM 1997, 750.
223 BGHZ 132, 119, 122 ff. = WM 1996, 762 = NJW-RR 1996, 882.
224 Vgl. BGH, NJW 1985, 264, 265; WM 1986, 199, 202; 1993, 420, 423 = NJW-RR 1993, 243.
225 Vgl. BGH, NJW 1993, 3323, 3325 = WM 1993, 2129.
226 Vgl. BGH, NJW 1985, 264, 265; WM 1986, 199, 202.
227 Vgl. BGH, WM 1993, 420, 423 = NJW-RR 1993, 243, 245, betreffend OLG-Urteile; WM 2000, 2431, 2435 = NJW 2001, 675.
228 Vgl. BGH, WM 2000, 2431, 2435 = NJW 2001, 675.
229 OLG Düsseldorf, Stbg 2004, 508, mit abl. Anm. *Spiess*.
230 Vgl. OLG Zweibrücken, NJW 2005, 3358; *Rinsche*, Rn. I 117; *Vollkommer*, Rn. 133; *Schneider*, MDR 1972, 745.
231 Vgl. OLG Frankfurt, FamRZ 1991, 1047, 1048, betreffend einen Anwaltsregress wegen Missachtung einer obergerichtlichen Unterhaltstabelle.
232 *Wedemeyer*, NJW 1979, 293, 298.

Rechtsprechung des BayObLG im Rahmen seiner Zuständigkeit (§ 8 EGGVG i.V.m. dem bayerischen Ausführungsgesetz). In **Mietsachen** kann eine ständige Rechtsprechung einer Spezialkammer des Landgerichts zu beachten sein.[233]

Eine schuldhafte Pflichtverletzung des Rechtsanwalts wird allerdings insoweit regelmäßig nur dann in Betracht kommen, wenn er eine ständige, seinen Mandatsgegenstand prägende Rechtsprechung des zuständigen Untergerichts außer Acht gelassen hat.

d) Kenntnis des Schrifttums

Eine anwaltliche Vertragspflicht, die rechtliche Prüfung des Mandatsgegenstandes auf das **juristische Schrifttum** zu erstrecken, kann nur in beschränktem Umfang bestehen.

552

Das Studium der **Kommentare**[234] und anderer **Fachbücher**,[235] die Gesetze unter Angabe der Meinungen in der Rechtsprechung und Rechtslehre erläutern, ist – auch noch im Zeitalter der juristischen Datenbanken – eine zeitsparende Möglichkeit, sich Kenntnis von der mandatsbezogenen Rechtslage zu verschaffen.

Die übrige, unübersehbare **rechtswissenschaftliche Literatur** braucht der Rechtsanwalt bezüglich des Mandatsgegenstandes nur ausnahmsweise dann einzusehen, wenn der Fortbestand einer höchstrichterlichen Rechtsprechung zweifelhaft ist (Rn. 549) oder sich eine solche noch gar nicht gebildet hat (Rn. 550).[236] Im Zweifel wird es für den Anwalt in solchen Fällen ratsam sein, sich der **herrschenden Meinung im Schrifttum** anzuschließen.[237]

e) Eigene Rechtsüberzeugung

Nachdem der Rechtsanwalt sich – im vorstehenden Rahmen – mandatsbezogene Kenntnis der Rechtsnormen und der Ansichten in der Rechtsprechung und Rechtslehre verschafft hat, wird er diese bewerten und sich – als Abschluss der Rechtsprüfung – eine **eigene Meinung von der Rechtslage** bilden.[238]

553

Als unabhängiges Organ der Rechtspflege (§ 1 BRAO) braucht der Rechtsanwalt die vorgefundenen Meinungen nicht kritiklos zu übernehmen. Beabsichtigt er, im Rahmen seines Mandats einer **herrschenden Meinung** – insbesondere **einer höchstrich-**

554

---

233 KG, MDR 1993, 178 f.
234 Zu deren Bedeutung – 1982 – BGHZ 85, 252, 259 ff. = NJW 1983, 820.
235 Vgl. BGH, NJW 1992, 3237, 3239 = WM 1992, 1662; BGHZ 145, 265, 275 f. = WM 2000, 2443, 2446, jeweils zur Notarhaftung: „Übliche Erläuterungsbücher".
236 Vgl. BGH, NJW 2001, 675, 678 = WM 2000, 2431, 2435; *Schneider*, MDR 1972, 745.
237 Vgl. für die Notarhaftung: BGH, NJW 1985, 264, 265; VersR 1970, 932, 933; NJW 1992, 3237, 3239; BGHZ 145, 265, 276 ff. = WM 2000, 2443.
238 RGZ 87, 183, 187; BGH, NJW 1967, 105, 107.

terlichen Rechtsprechung – seine eigene Rechtsansicht entgegenzusetzen, so ist allerdings **Vorsicht** geboten. Ein solches Vorhaben darf nicht leichtfertig auf Kosten und Risiko des Mandanten ausgeführt werden.[239] Eine **Abweichung von der herrschenden Meinung** stellt den Anwalt unter hohen Begründungszwang.[240] Davon befreit sich der Anwalt i.d.R. noch nicht durch den Hinweis, dass eine höchstrichterliche Rechtsprechung von Instanzgerichten und/oder im Schrifttum abgelehnt werde.[241]

Deswegen sollte der Rechtsanwalt eine Abweichung von der herrschenden Rechtsmeinung nur **in besonders gelagerten Ausnahmefällen** in Betracht ziehen. Steht er mit seiner Rechtsansicht allein, so sollte er nicht versuchen, diese auf fremdes Risiko durchzusetzen. Bei rechts-/vertragsgestaltender Tätigkeit sollte der Rechtsanwalt niemals von der herrschenden Meinung abweichen.

555 Andererseits ist ein Rechtsanwalt, der mit guten Gründen eine herrschende, aber nicht mehr als unanfechtbar geltende Rechtsmeinung bekämpft, für die Rechtsentwicklung unverzichtbar.[242] Anwaltlicher Einsatz hat dazu beigetragen, dass – auch „feste" – höchstrichterliche Rechtsprechung geändert und einer besseren Rechtserkenntnis zum Durchbruch verholfen wurde. Jedenfalls darf der Rechtsanwalt bei der Wahrnehmung eines Mandats nur dann – etwa in einem „Musterprozess" – von der herrschenden Meinung abweichen, nachdem er seinen Auftraggeber über das **Erfolgs- und Kostenrisiko** aufgeklärt (dazu Rn. 560 ff.) und dieser seine Zustimmung erklärt hat.[243] Verweigert sich der Mandant, so muss der Anwalt seine eigene Rechtsansicht zurückstellen oder das Mandat niederlegen.

3. Rechtsberatung

a) Ergebnis der Sach- und Rechtsprüfung

556 Nach der Klärung des maßgeblichen Sachverhalts (Rn. 507 ff.) und der mandatsbezogenen Rechtsprüfung (Rn. 522 ff.) obliegt dem **Rechtsanwalt** die weitere vertragliche Hauptpflicht (Rn. 482), **seinen Auftraggeber – in den Grenzen des** umfassenden oder eingeschränkten **Mandats** (Rn. 493 ff.) – **über das Ergebnis der Prüfung der Sach- und Rechtslage zu unterrichten** und ihm darzulegen, welche Schlüsse aus diesem Befund zu ziehen sind.[244]

---

239 Vgl. BGH, NJW 1989, 1155, 1156 – mit Anm. *Wagner*, a.a.O. – zur Versäumung einer Berufungsbegründungsfrist infolge einer unzutreffenden anwaltlichen Auslegung einer Entscheidung des BVerfG.
240 Vgl. BGH, MDR 1958, 496, 497.
241 Vgl. BGH, NJW 1961, 601; WM 1993, 1677, 1678; NJW 1993, 3323, 3324.
242 Vgl. RGZ 87, 183, 187; *Borgmann*, § 19 Rn. 71.
243 Vgl. BGH, NJW 1993, 3323, 3325; *Schneider*, MDR 1972, 745, 747.
244 BGH, NJW 1994, 1211, 1212; 1995, 449, 450; WM 1996, 1832, 1834; 2003, 1628, 1629; für den Steuerberater: BGHZ 129, 386, 396 = WM 1995, 1450; MDR 2004, 746 = NJW-RR 2004, 1358, 1359 = WM 2004, 2034.

A. Allgemeine Vertragspflichten des Rechtsanwalts

Er hat – im Rahmen seines Mandats – „den Mandanten in seiner Rechtssache **grundsätzlich umfassend und möglichst erschöpfend rechtlich zu beraten**."[245] Auf Selbstverständlichkeiten braucht der Anwalt seinen Auftraggeber nicht hinzuweisen; das gilt z.b. für dessen Pflicht, als Verkäufer den Käufer auf Altlasten des Kaufgrundstücks hinzuweisen.[246] Zu den rechtlichen Gesichtspunkten, über die der Rechtsanwalt seinen Auftraggeber aufzuklären hat, kann nach den Umständen des Einzelfalls auch der **Umfang des Kostenerstattungsrisikos** gehören.[247]

Diese Pflicht muss der Rechtsanwalt **selbst erfüllen**; er darf diese Aufgabe nicht seinem Bürovorsteher überlassen.[248]

Zu **unredlichen oder ungesetzlichen Maßnahmen** darf der Rechtsanwalt nicht raten;[249] das gilt auch für einen Steuerberater.[250]

Der **Steuerberater** hat „im Rahmen seines Auftrags den Mandanten **umfassend zu beraten** und **ungefragt** über alle bedeutsamen steuerlichen Einzelheiten und deren Folgen **zu unterrichten**";[251] kommen **verschiedene steuerrechtliche Wege** mit unterschiedlichen Vor- und Nachteilen in Betracht, so hat der Steuerberater dies aufzuzeigen.[252]

Wird bei der Beratung ein „**Prüfungsvorbehalt**" dahin gemacht, dass die Rechtslage noch geprüft werden müsse, so muss dem Mandanten klar gemacht werden, dass die Beratung wegen dieses Vorbehalts nur vorläufigen Charakter haben soll.[253]

Ein **Strafverteidiger** hat seinen Mandanten, der eine **Kaution** zu leisten hat, um einen Haftbefehl außer Vollzug zu setzen, darüber zu belehren, dass der Rückzahlungsanspruch gegen die Hinterlegungsstelle von Gläubigern gepfändet werden kann und insoweit Sicherungsmaßnahmen (z.b. Abtretung des Anspruchs) möglich sind.[254]

---

245 BGH, WM 2003, 1628, 1629, m.w.N.
246 BGH, AnwBl 2005, 506.
247 BGH, NJW-RR 2006, 557, 558 (Unterlassungserklärung im einstweiligen Verfügungsverfahren); vgl. zu Prozesskosten als Haftungsgegenstand: *Bräuer*, AnwBl 2006, 61.
248 BGH, NJW 1981, 2741, 2743.
249 Vgl. BGH, VersR 1983, 562, 563; NJW 1988, 2880, 2881; 1992, 1159, 1160.
250 BGH, WM 1997, 328, 329.
251 BGH, WM 2004, 472 = NJW-RR 2004, 1210; MDR 2004, 746 = NJW-RR 2004, 1358, 1359; DB 2006, 1104.
252 BGH, WM 2004, 472 = NJW-RR 2004, 1210.
253 BGH, WM 2003, 1138, 1140: Steuerberater.
254 BGH, NJW 2004, 3630, 3631.

Zugehör

b) Keine Eindringlichkeit

557 Für diese **Rechtsberatung (-belehrung, -aufklärung)** ist – entgegen einer missverständlichen Entscheidung des BGH[255] – **keine besondere Nachdrücklichkeit oder Eindringlichkeit** erforderlich.[256]

c) Ziel

558 **Ziel der anwaltlichen Rechtsberatung** ist es, dem Mandanten **eigenverantwortliche, sachgerechte (Grund-)Entscheidungen** („Weichenstellungen") in seiner Rechtsangelegenheit zu ermöglichen.[257] Der Mandant – nicht an seiner Stelle der Rechtsanwalt – hat nach der Rechtsberatung z.b. zu entscheiden,

- ob er ein **Recht geltend machen**[258] oder sich **gegen einen Anspruch wehren** soll (vgl. Rn. 654 ff.);[259]
- ob er einen **Vergleich** schließen soll (vgl. Rn. 711 ff.);[260]
- ob er ein **Rechtsmittel** einlegen oder zurücknehmen soll (Rn. 689 ff.);[261]
- ob er einen **Vertrag** schließen oder lösen soll (Rn. 730 ff., 743 ff.);

---

255 BGHZ 97, 372, 376 = NJW 1986, 2043: „eindringliche Belehrung" statt „klare Belehrung".

256 Für den **Rechtsanwalt**: BGH, NJW 1987, 1322, 1323; BGHZ 126, 217, 220 = NJW 1994, 3295 = WM 1994, 2113; für den **Steuerberater**: BGH, NJW 1995, 2842, 2843; 1996, 2571, 2572; NJW-RR 2006, 195, 196.

257 BGH, NJW 1992, 1159, 1160; 1995, 449, 450; 1996, 2648, 2649 = WM 1996, 1824; für den Steuerberater: BGHZ 129, 386, 396 = WM 1995, 1450; BGH, WM 1997, 335, 338, insoweit nicht abgedruckt in BGHZ 134, 212; WM 1999, 1342, 1344; 2004, 472.

258 Vgl. BGH, WM 2003, 1628: Abtretungsverbot für Klageforderung und Beweisnot; WM 2004, 481: Mahnbescheid nach Antrag auf Eröffnung des Konkursverfahrens.

259 BGH, NJW-RR 2000, 791: Verteidigung eines Patents im Nichtigkeitsverfahren.

260 Vgl. BGH, NJW 1993, 1325, 1326; 2000, 1944 = WM 2000, 1353; NJW 2002, 1048, 1049: Jeweils Scheidungsvergleich; NJW 1994, 2085; WM 2000, 1353 f.; NJW 2002, 292: Jeweils Abfindungsvergleich nach Unfall; NJW-RR 2000, 791, 793: Vergleich im Patentnichtigkeitsverfahren; zur **anwaltlichen Beratungspflicht im Rahmen von Vergleichsverhandlungen**: OLG Düsseldorf, NJWE-VHR 1997, 12 (rechtskräftig nach Nichtannahme der Revision durch Beschl. des BGH vom 12.6.1997 – IX ZR 188/96); *Edenfeld*, MDR 2001, 972.

261 BGH, WM 2003, 1146, 1148 = NJW 2003, 2022: Möglichkeit und Aussicht einer Revision (Nichtzulassungsbeschwerde); WM 2004, 436 f. = NJW 2003, 2986: Rechtsmittel gegen ein Räumungsurteil und Rechtsbehelfe gegen Zwangsvollstreckung; VersR 1958, 526, 527: Kein Rechtsmittel gegen Scheidungsurteil entgegen Weisung des Mandanten; OLG Karlsruhe, VersR 1995, 937, 938: Einlegung der Revision entgegen anwaltlichem Rat; BGH, VersR 1961, 467, 468 ff.: Rücknahme der Berufung in einem Vergleich.

- welchen wesentlichen Inhalt seine rechtsgeschäftliche **Willenserklärung** haben soll[262] (Rn. 743 ff.).

Es ist nicht Aufgabe des Beraters, dem Auftraggeber solche grundlegenden Entschlüsse in dessen Angelegenheit abzunehmen.

d) Belehrungsbedürftigkeit

Der **Rechtsanwalt** hat von der **Belehrungsbedürftigkeit seines Mandanten** auszugehen. Dies gilt selbst gegenüber einem rechtlich vorgebildeten und wirtschaftlich erfahrenen Auftraggeber, weil auch dieser auf eine vertragsgerechte Pflichterfüllung des Rechtsanwalts vertrauen darf;[263] deswegen ist dem Mandanten bei einer Schlechterfüllung des Anwaltsvertrages grundsätzlich kein Mitverschulden (§ 254 BGB) vorzuwerfen (Rn. 1234). Behauptet der Anwalt im Regressprozess, eine rechtliche Belehrung des Auftraggebers sei entbehrlich gewesen, weil dieser die Rechtslage gekannt habe,[264] so hat der Anwalt sein Vorbringen im Streitfall – als Ausnahme von der Regel – zu beweisen.[265]

559

Hat der Mandant einen Rechtsberater beauftragt, um eine **höchstpersönliche Lebens-, Glaubens- oder Gewissensentscheidung** vorzubereiten,[266] so erstreckt sich die Beratungspflicht nicht auf Umstände, die der Auftraggeber kennt – z.b. den Wegfall der Kirchensteuer bei Kirchenaustritt –, und nicht auf eine Empfehlung bezüglich der höchstpersönlichen Entscheidung des Mandanten.[267]

Ein **Steuerberater** kann verpflichtet sein, seinem Auftraggeber die **Hinzuziehung eines Rechtsanwalts zu empfehlen**, wenn sich ergibt, dass der Mandant Hilfe in allgemein-rechtlichen, insbesondere in gesellschaftsrechtlichen Angelegenheiten benötigt.[268]

---

262 BGH, WM 1995, 1504: Testament.
263 BGH, NJW 2001, 517, 518 = WM 2001, 98.
264 Vgl. BGH, NJW 1992, 1159, 1160; 1993, 1320, 1322 = WM 1993, 610, 614.
265 BGH, WM 2000, 959, 961; NJW 2001, 517, 518 = WM 2001, 98; jeweils **Rechtsanwalt**; WM 1996, 71, 72; 1998, 301, 302; 2000, 959, 961; NJW-RR 2003, 1574, jeweils **Steuerberater**; NJW 1996, 2037, 2038: **Notar**.
266 Vgl. OLG Düsseldorf, OLG-Report Düsseldorf 2003, 106 = GI 2003, 60: Steuerberater zu Kirchensteuer und Kirchenaustritt; OLG Koblenz, NJW-RR 2003, 351: steuerberatender Rechtsanwalt zu Eigenheimzulage und Ehescheidung.
267 Dazu im Einzelnen *Zugehör*, DStR 2003, 1124, 1126 f. und 1171 ff., mit Kritik der Entscheidungen Fn. 266; im Anschluss daran zutreffend OLG Köln, DStR 2005, 621.
268 BGH, NJW 1986, 1050, 1051; WM 1999, 2360, 2361; Beschl. v. 5.12.2002 – IX ZR 70/02, S. 2, n.v.; MDR 2004, 746 = NJW-RR 2004, 1358, 1359 = WM 2004, 2034.

Dem Rechtsanwalt ist zu empfehlen, im eigenen Interesse den Kern seiner Rechtsberatung für einen späteren Regressfall vorsorglich **beweiskräftig festzuhalten**; eine entsprechende **Dokumentationspflicht** besteht allerdings **nicht**.[269]

e) Zweifel, Bedenken und Risiken

560 Die anwaltliche Rechtsberatung muss sich darauf erstrecken, dem Auftraggeber die **Zweifel und Bedenken**, zu denen die Sach- und Rechtslage Anlass geben, sowie **mögliche Risiken und deren abschätzbares Ausmaß**; darzulegen und diese mit dem Mandanten zu erörtern; nur in Kenntnis solcher Umstände kann dieser über sein weiteres Vorgehen sachgerecht entscheiden.[270] Eine solche Belehrung kann allenfalls dann **entbehrlich** sein, wenn der Rechtsanwalt erkennt, dass der Mandant die Risiken des Geschäfts oder der beabsichtigten rechtlichen Gestaltung kennt und er diese auch bei einer Belehrung auf sich nehmen würde[271] (vgl. zur Beweislast Rn. 559).

Danach ist die Erklärung eines **Patentanwalts** gegenüber seinem Mandanten, dessen Patent werde mit Sicherheit für nichtig erklärt werden, pflichtwidrig, wenn eine solche Prognose objektiv zumindest zweifelhaft ist.[272] Dementsprechend darf ein **Rechtsanwalt** bei schwieriger und zumindest unklarer Rechtslage nicht gegenüber seinem Auftraggeber den Eindruck erwecken, eine **Beschwerde gegen die Nichtzulassung der Revision** sei schlechthin aussichtslos, wenn er dies nicht sorgfältig geprüft hat.[273]

561 **Unklar** kann der letztlich maßgebliche **Sachverhalt** sein, etwa weil die Einlassung und Entschlüsse eines in Anspruch zu nehmenden Gegners unbekannt sind oder das Ergebnis einer Beweisaufnahme aussteht; auf ein **mögliches Beweisrisiko** ist hinzuweisen. Ist **unklar, wer** von mehreren Personen der **Vertragspartner des Mandanten** ist, so hat der Rechtsanwalt, der einen vertraglichen Anspruch des Auftraggebers durchsetzen soll, diesem zu raten, den auftragserteilenden Vertreter aus § 179 Abs. 1 BGB zu verklagen und den übrigen als Vertragspartner in Betracht kommenden Personen den Streit zu verkünden.[274] **Unsicher** kann die **Rechtslage** sein,[275] vor allem wenn eine

---

269 BGH, NJW 1988, 200, 203; 1992, 1695, 1696.
270 BGHZ 89, 178, 182 = NJW 1984, 791; BGH, NJW 1985, 264, 265; BGHZ 97, 372, 376 = NJW 1986, 2043; BGH, NJW 1992, 1159, 1160; 1993, 1320, 1322 = WM 1993, 610, 614; NJW 1994, 1211, 1212; 1995, 449, 450; WM 1997, 1392, 1396; NJW 2001, 517; 2002, 292; NJW-RR 2003, 850, 851, 853.
271 BGH, NJW 1977, 2073, 2074; 1992, 1159, 1160.
272 BGH, NJW-RR 2000, 791, 792 f.
273 BGH, WM 2003, 1146, 1148 = NJW 2003, 2022.
274 BGH, NJW-RR 2005, 1585 f. = WM 2005, 2108.
275 Vgl. BGH, VersR 1983, 34, betreffend den Abschluss eines Bauvertrages; NJW 1985, 264, betreffend eine Schiedsgerichtsklausel; NJW 1992, 1159, 1160, betreffend die Gründung einer GmbH entgegen der ärztlichen Berufsordnung; NJW 1996, 2648, 2649, betreffend einen Leasingvertrag und eine formularmäßige Zinsklausel; NJW-RR 2006, 273: Auslegung des unbestimmten Rechtsbegriffs einer Steuernorm.

höchstrichterliche Rechtsprechung fehlt; gerade in solchen Fällen muss der Anwalt seinen Auftraggeber auf den entsprechenden **Risikograd** deutlich hinweisen.[276] Mit **besonderen Risiken** ist die anwaltliche **Beratung über steuerrechtliche Fragen** im Rahmen eines allgemeinen zivilrechtlichen Mandats[277] und im Vorfeld der **Insolvenz des Mandanten** verbunden.[278] Ist die Auslegung eines unbestimmten Rechtsbegriffs einer Steuervorschrift offen und für die Entscheidung des Mandanten bedeutsam, so hat der Steuerberater grundsätzlich auf das **Risiko** hinzuweisen, das sich aus der **ungewissen Rechtslage** ergibt.[279]

Ist ein **Prozess** – oder ein anderes gerichtliches oder behördliches Verfahren – nahezu sicher oder jedenfalls mit hoher Wahrscheinlichkeit **aussichtslos**, so muss der Rechtsanwalt dies dem Mandanten klarmachen, wenn er nicht für die Kosten haften will.[280] Er muss davon abraten, dass sein Auftraggeber einen Mahnbescheid beantragt, wenn gegen den Schuldner bereits ein Antrag auf Eröffnung des Insolvenzverfahrens gestellt ist.[281] Entscheidet sich der Mandant nach ausreichender Belehrung über das Risiko doch zum Prozess, so hat der Anwalt die Kosten nicht zu verantworten.[282] Dies gilt entsprechend, wenn der Mandant sich nach genügender Risikoaufklärung entschließt, gemäß dem Rat seines Anwalts eine herrschende Rechtsmeinung zu bekämpfen (Rn. 553 ff.).[283]

562

Soll ein Rechtsanwalt im Auftrag seines Mandanten aus einem vorläufig vollstreckbaren Urteil vollstrecken, so muss er diesen über das **Risiko mangelnder Insolvenzfähigkeit einer Sicherungsvollstreckung** (§ 720a ZPO) belehren, wenn er die zerrüttete wirtschaftliche Lage des Schuldners kennt.[284]

Soll ein Rechtsanwalt im Auftrag einer erkennbar dauernd zahlungsunfähigen oder überschuldeten Genossenschaft einen außergerichtlichen Vergleich mit den Gläubigern anstreben, so muss er den Vorstand der Genossenschaft darüber belehren, dass dieser unverzüglich die **Eröffnung des Insolvenzverfahrens zu beantragen** hat und keine Zahlungen mehr leisten darf (§ 99 GenG). Da ein **Vergleich** mit den Gläubigern in Widerspruch zu dieser gesetzlichen Regelung stünde, hat der Rechtsanwalt auf die

---

276 BGH, NJW 1984, 791, 792 f.; 1992, 1159, 1160.
277 Dazu *Bräuer*, AnwBl 2003, 361.
278 Dazu *Sundermeier/Gruber*, DStR 2000, 929; *Jungk*, AnwBl 2002, 692.
279 BGH, WM 2005, 2345 = NJW-RR 2006, 273, 274 (verdeckte Gewinnausschüttung).
280 BGHZ 89, 178, 182 = NJW 1984, 791: BGHZ 97, 372, 376 = NJW 1986, 2043; BGH, NJW 1988, 2113; WM 1997, 1392, 1396; NJW 1998, 900, 901; WM 2003, 1628, 1629; 2004, 481, 482 f.; OLG Düsseldorf, VersR 1973, 424, 425; vgl. *Franzen*, NJW 1982, 1854.
281 BGH, WM 2004, 481.
282 BGH, NJW 1988, 2113, 2114.
283 Vgl. BGH, NJW 1993, 3323, 3325.
284 BGH, WM 2000, 1814, 1815 = NJW 2001, 673.

rechtlichen Bedenken gegen eine solche Maßnahme und daraus drohende Risiken hinzuweisen.[285]

f) Risikoreiche Maßnahmen

563 Erhöht der Rechtsanwalt durch eine **ungewöhnliche Maßnahme das Misserfolgsrisiko des Auftraggebers**, indem er etwa **im Prozess einen Sachvortrag zurückhält**[286] oder mehrfache Klagen bei unzuständigen Gerichten anhängig macht,[287] so haftet der Anwalt für die sich daraus ergebenden Nachteile seines Mandanten, falls dieser nicht zuvor genügend über die Risikosteigerung unterrichtet wurde.[288] Dies gilt entsprechend, wenn der Anwalt lediglich eine **Teilklage** erhebt und deswegen die Verjährung bezüglich der restlichen Forderung nicht verhindert wird, oder eine **„Musterklage" gegen einen von mehreren Schuldnern** anhängig macht und deswegen die Verjährung der Ansprüche gegen die übrigen Schuldner nicht vermieden wird.[289]

g) Außerrechtliche Umstände

564 Das **anwaltliche Mandat** aus einem echten Anwaltsvertrag mit Rechtsbeistandspflicht umfasst die Rechtsberatung und -vertretung bezüglich des Auftragsgegenstandes, **grundsätzlich** – mangels anderer Vereinbarung – aber **nicht die Betreuung wegen außerrechtlicher Umstände, insbesondere nicht die Wahrnehmung wirtschaftlicher Interessen**.

565 Die Rechtsbeistandspflicht aus einem echten Anwaltsvertrag verlangt vom Rechtsanwalt grundsätzlich nicht, wirtschaftliche Belange seines Auftraggebers wahrzunehmen.[290] Es ist allgemein bekannt, dass ein **Rechtsanwalt** – anders als ein Steuerberater (§ 57 Abs. 3 Nr. 3 StBerG) und ein Wirtschaftsprüfer (§ 2 Abs. 3 Nr. 2 WPO) – nach seiner Ausbildung und seinem gewöhnlichen Aufgabenbereich Rechtsberater, i.d.R. aber **kein Wirtschaftsberater** ist. Erteilt er dennoch im Rahmen einer vertraglichen Rechtsbeziehung wirtschaftliche Ratschläge, so geschieht dies grundsätzlich unentgeltlich und mit Haftungsrisiko. Selbstverständlich kann der Rechtsanwalt jedoch mit seinem Auftraggeber **vereinbaren**, wirtschaftliche oder andere außerrechtliche Belange seines Mandanten gegen Entgelt wahrzunehmen;[291] eine solche Aufgabe kann so-

---

285 BGH, NJW 2001, 517, 518 = WM 2001, 98; vgl. zur **Rechtsberatung bei Insolvenzgefahr**: *Sundermeier/Gruber*, DStR 2000, 929; *Jungk*, AnwBl 2002, 692.
286 BGH, NJW-RR 1990, 1241, 1243 = WM 1990, 1917.
287 BGH, NJW 1991, 2280, 2282 f.
288 BGH, NJW-RR 1990, 1241, 1243; NJW 1991, 2280, 2282 f.
289 BGH, NJW 1993, 1779, 1780.
290 A.A. *Vollkommer/Heinemann*, Rn. 245.
291 Vgl. z.B. zur anwaltlichen Gestaltung von Subunternehmer- und Outsourcingverträgen: *Weimar*, MDR 1999, 645; zur anwaltlicher Beratung bei Insolvenzgefahr: *Jungk*, AnwBl 2002, 692; zu „due diligence" bei Unternehmenskäufen: *Sassenbach*, AnwBl 2004, 651.

gar überwiegender oder ausschließlicher Gegenstand eines unechten Anwaltsvertrages sein, bei dem die Rechtsbeistandspflicht in den Hintergrund tritt (dazu Rn. 487 ff.).

Zwar hat das RG[292] in einem – von den veröffentlichten Entscheidungsgründen nicht gedeckten – Leitsatz ausgesprochen, ein Rechtsanwalt sei auch Steuer- und Wirtschaftsberater der Partei (vgl. zur anwaltlichen Steuerberatung Rn. 502), davon gehe diese bei der Inanspruchnahme eines Rechtsanwalts auch aus. Eine solche Erwartung hegt das Publikum jedoch nicht (vgl. Rn. 502). 566

In einer Entscheidung des BGH[293] heißt es zwar, bei einem Prozessmandat müsse der Rechtsanwalt die mit dem Rechtsstreit unmittelbar zusammenhängenden rechtlichen und wirtschaftlichen Belange seiner Partei mit berücksichtigen. Diese Formulierung darf aber nicht überbewertet werden. In dem entschiedenen Fall ging es nicht um die Wahrnehmung rein wirtschaftlicher Interessen des Auftraggebers, sondern um die drohende Verjährung von Rechtsansprüchen des Mandanten, die bei einem Prozessverlust gegen Dritte bestehen konnten.

Soweit der BGH[294] von einem Rechtsanwalt verlangt hat, den Mandanten **auf wirtschaftliche Gefahren hinzuweisen**, handelte es sich um **Ausnahmefälle**, in denen die anwaltliche **Vertragspflicht zur Schadensverhütung** eine solche Aufklärung erforderte, um den Auftraggeber vor voraussehbaren und vermeidbaren Nachteilen zu bewahren (dazu Rn. 582 ff.). 567

Dies kann z.B. der Fall sein, wenn die **wirtschaftliche Gefahr** sich **aus der Anlage und/oder Durchführung des anwaltlich betreuten Geschäfts** des Auftraggebers ergibt. Soll ein Rechtsanwalt für seinen Mandanten einen Leasingvertrag beenden, in dem fünf verschiedene Kündigungsmöglichkeiten mit jeweils unterschiedlichen „Ablösungsbeträgen" vorgesehen sind, so ergibt sich aus der **Anlage dieses Vertrages** die Pflicht des Rechtsanwalts, seinen Auftraggeber über die Möglichkeit einer ordentlichen Vertragskündigung zu belehren.[295] Ein Rechtsanwalt – Fachanwalt für Steuerrecht –, der im Rahmen eines Steuerberatungsmandats seinem Mandanten zur Steuerersparnis den Kauf einer bestimmten – noch nicht vorhandenen – Eigentumswohnung empfiehlt, hat den Auftraggeber auf die Umstände hinzuweisen, die der **Durchführbarkeit** eines solchen Erwerbs entgegenstehen können.[296] Hat der Mandant einem Interessenten in einer notariellen Urkunde die Veräußerung von Grundstücken unter einer Bindungsfrist mit Verlängerungsklausel angeboten, so ist der mit der **Abwicklung der Angelegenheit** beauftragte Rechtsanwalt, der von dem Angebot ohne Rücksicht auf die

---

292 JW 1932, 2855 f.
293 NJW 1993, 2045.
294 VersR 1960, 932, 933; NJW 1995, 449, 451; 1996, 2648, 2650; 1998, 900, 901.
295 BGH, NJW 1996, 2648, 2650.
296 BGH, NJW 1988, 563, 566.

Verlängerungsklausel Abstand nehmen will, verpflichtet, seinen Auftraggeber über die Gefahren einer Schadensersatzpflicht und entgehenden Gewinns aufzuklären.[297]

Die **wirtschaftliche Gefahr**, auf die ein Rechtsanwalt im Rahmen seiner Schadensverhütungspflicht hinzuweisen hat, kann **unmittelbar dem Mandatsgegenstand** anhaften. Eine solche Gefahr kann z.b. darin bestehen, dass

- ein **anwaltlicher Vertragsentwurf noch eine notarielle Beurkundung erfordert**, die mit **weiteren Kosten** verbunden ist;[298]
- ein Rechtsanwalt seine Auftraggeberin, die eine unfertige Eigentumswohnung gekauft und infolgedessen über den gezahlten Kaufpreis hinaus Vermögensverluste erlitten hat, darüber belehren muss, dass (nach altem Recht; vgl. nunmehr § 325 BGB n.F.) der **Gesamtschaden nicht über Vertragsrücktritt**, sondern **nur mit einem Schadensersatzanspruch wegen Nichterfüllung** ausgeglichen werden kann, und außerdem die beabsichtigte Weiterveräußerung der Wohnung einem solchen Anspruch entgegensteht;[299]
- eine Vollstreckungsmaßnahme im Wege der **Sicherungsvollstreckung nicht insolvenzfest** ist.[300]

Über die voraussichtliche **Höhe seiner gesetzlichen Vergütung** braucht der Rechtsanwalt seinen Auftraggeber – abgesehen von der seit 1.7.2004 bestehenden Hinweispflicht nach § 49b Abs. 5 BRAO – nur auf dessen Verlangen oder unter bestimmten Umständen des Einzelfalls nach Treu und Glauben (§ 242 BGB) aufzuklären (vgl. Rn. 814 ff.).[301] Auf die gesetzlichen Möglichkeiten der **Beratungs- und Prozesskostenhilfe** hat der Rechtsanwalt nur dann hinzuweisen, wenn er Anhaltspunkte für eine wirtschaftliche Bedürftigkeit seines Mandanten hat (§ 16 Abs. 1 BRAO).[302]

h) Geeigneter und sicherster Weg

aa) Geeigneter Weg

568 Die anwaltliche Rechtsberatung muss sich darauf erstrecken, dem Mandanten **geeignete Schritte** zu empfehlen, die **zu dem erstrebten Ziel** führen können.

---

297 BGH, NJW 1998, 900, 901.
298 BGH, WM 1998, 140, 141.
299 BGH, NJW 1995, 449, 450 ff.
300 BGH, WM 2000, 1814, 1815 = NJW 2001, 673.
301 BGH, WM 1998, 2243, 2245 = NJW 1998, 2243.
302 OLG Köln, NJW 1986, 725, 726; OLG Koblenz, VersR 1990, 309, jeweils zur Prozesskostenhilfe; vgl. BVerfG, NJW 2000, 2494.

Hat der Anwalt z.B. eine Forderung seines Auftraggebers geltend zu machen, so können geeignete und erforderliche Schritte zum Erfolg eine **Beweissicherung**[303] (dazu Rn. 521) und/oder die **Verhinderung der Verjährung**[304] (dazu Rn. 576) sein.

bb) Sicherster Weg

Gibt es mehrere rechtliche gangbare Wege zu dem erstrebten Ziel, so hat der Rechtsanwalt oder Steuerberater – vorausschauend („ex ante") – den „**sichersten** Weg" zu empfehlen, d.h. diejenige Maßnahme vorzuschlagen, mit der das Ziel voraussichtlich mit größter Sicherheit erreicht werden kann.[305] 569

Einen Weg, der dem Mandanten mit absoluter Sicherheit und ohne jede Gefahr rechtlichen Erfolg bietet, gibt es nicht. Das Gebot, den „**relativ sichersten Weg**"[306] vorzuschlagen – und regelmäßig zur Schadensverhütung auch zu beschreiten (Rn. 582 ff.) – bedeutet nur, dass der Anwalt zur Sicherung des Mandatsziels grundsätzlich diejenige – rechtlich einwandfreie – Maßnahme wählen soll, die mehr Erfolg verspricht als andere gangbare Schritte und daher sicherer ist.[307] 570

Dieses „**Gebot des sichersten Weges**" verknüpft die anwaltlichen Grundpflichten zur **Rechtsbetreuung und Schadensverhütung**.[308] Deswegen kann sich dieses Gebot mit demjenigen, voraussehbare und vermeidbare Schäden des Auftraggebers zu vermeiden (Rn. 582 ff.), überschneiden. Die Sach- oder Rechtslage kann so unklar sein, dass letztlich mehrere gangbare Wege gar nicht zur Verfügung stehen; dann muss der Rechtsanwalt den **einzigen richtigen Weg** wählen, Vorsorge zu treffen für die seinem Auftraggeber ungünstigste Wendung der Sach- und Rechtslage (vgl. Rn. 575 ff.). 571

(1) Beispiele

Das „**Gebot des sichersten Weges**" hat ein **Rechtsanwalt** z.B. in folgenden Fällen zu beachten: 572

- *Kann es auf den Zugang einer empfangsbedürftigen Willenserklärung ankommen, so ist die Zustellung (vgl. § 132 BGB) oder eine zustellungsartige Übermittlung – z.B. ein Einschrei-*

---

303 BGH, NJW 1993, 2676, 2677 f.
304 BGH, VersR 1971, 1119, 1121; NJW 1993, 1779, 1780.
305 BGH, NJW 1988, 486, 487; 1992, 1159, 1160; 1993, 1320, 1322 = WM 1993, 610, 614; NJW 1994, 1211, 1212; 1995, 449, 450 und 2551, 2552; 1996, 2648, 2649 = WM 1996, 1824; WM 1999, 647, 648 = NJW 1999, 1391; **Steuerberater**: BGH, WM 1998, 301, 302; 2000, 1591; 2003, 1138, 1140; DB 2006, 1104.
306 BGH, NJW 1991, 2079, 2080; WM 1993, 510, 511; NJW 2000, 3560, 3561; *Borgmann*, in: *Borgmann/Jungk/Grams*, § 22 Rn. 142: „Richtiger, d.h. rechtlich begründeter und zulässiger und auch sicherer Weg".
307 Vgl. BGH, NJW 1974, 1865, 1866; VersR 1983, 562, 563.
308 Vgl. BGH, WM 1996, 35, 40 = NJW 1996, 48 = VersR 1996, 190, 193.

ben mit Rückschein – wegen des damit verbundenen Zugangsnachweises sicherer als ein gewöhnlicher Brief oder ein einfaches Einschreiben.[309]

- Soll ein Rechtsanwalt für seinen Mandanten eine Gesellschaft am letzten Tag der Frist kündigen, so ist es möglich, dass die Gegenseite einräumt, von der Bevollmächtigung durch den Vollmachtgeber in Kenntnis gesetzt worden zu sein (vgl. § 174 Satz 2 BGB). Für den nicht auszuschließenden Fall, dass dies doch bestritten wird, ist es sicherer, dass der Anwalt mit der Kündigungserklärung eine Vollmachtsurkunde vorlegt (§ 174 Satz 1 BGB).[310]

- Soll der Rechtsanwalt einen Vertrag seines Auftraggebers für die Zukunft beenden, so kann es ausreichen, dass der Anwalt gegenüber dem Vertragsgegner zu erkennen gibt, sein Mandant wolle von dem Vertrag Abstand nehmen. Sicherer und frei von der Gefahr eines Missverständnisses ist eine eindeutige Wortwahl unter Gebrauch des einschlägigen Fachausdrucks – „Kündigung", nicht „Rücktritt".[311]

- Eine Klage auf Zahlung von Unterhalt kann zwar in eine Abänderungsklage gemäß § 323 ZPO umgedeutet werden; sicherer ist es aber, sich nicht darauf zu verlassen und von vornherein eine solche Klage zu erheben.[312]

- Will ein Mandant nach § 326 BGB a.F. (vgl. § 325 BGB n.F.) den Kauf einer mangelhaften Sache rückgängig machen, so kann er mit einem Rücktritt vom Vertrag die Rückzahlung des Kaufpreises und den Ersatz von Verzugsschäden bis zum Rücktritt verlangen; demgegenüber ist jedoch ein Schadensersatzanspruch wegen Nichterfüllung des Vertrages der bessere und sicherere Weg, bereits entstandene Nachteile – einschließlich der Kaufpreiszahlung – und künftige Folgeschäden auf den Verkäufer abzuwälzen.[313]

- Erklärt der Mandant seinem Rechtsanwalt, anlässlich der beabsichtigten Ehescheidung wolle seine Ehefrau keine Rechte aus einem Versorgungsausgleich geltend machen, so ist eine Vereinbarung gemäß § 1587o BGB möglich, die vom Familiengericht genehmigt werden muss. Der erstrebte Ausschluss des Versorgungsausgleichs wird jedoch sicherer erreicht, wenn ein notariell beurkundeter Ehevertrag geschlossen (§§ 1408, 1410 BGB) und die Ehescheidung erst ein Jahr nach Vertragsschluss beantragt (§ 1408 Abs. 2 Satz 2 BGB) wird.[314]

- Erhebt ein Rechtsanwalt eine Kündigungsschutzklage (nur) gegen eine (zweite) Kündigung eines Arbeitsverhältnisses, obwohl er Anhaltspunkte dafür hat, dass gegenüber seinem Mandanten zuvor in unmittelbarem zeitlichem Zusammenhang schon eine (erste) Kündigung ausgesprochen worden ist, so ist es möglich, dass das Arbeitsgericht von einer einheitlichen Kündigung ausgeht, bei der die zweite Erklärung die erste umfasst. Sicherer und ungefährlicher ist es, die fristgerechte Klage auf beide Kündigungen zu erstrecken.[315]

---

309 Vgl. BGHZ 101, 49, 55 = NJW 1987, 2235; BGH, NJW 1995, 521, 522 und 665, 666 f.; Laumen, in: Baumgärtel, Handbuch der Beweislast, zu §§ 130, 132 BGB; vgl. zur Übermittlung durch Telefax: Riesenkampff, NJW 2004, 3296; Gregor, NJW 2005, 2885.
310 BGH, NJW 1994, 1472, 1473 = WM 1994, 1114; vgl. OLG Hamm, NJW-RR 2005, 134, 135.
311 BGH, NJW 1996, 2648, 2650 = WM 1996, 1824.
312 BGH, NJW 1998, 2048, 2050 = WM 1998, 1542.
313 BGH, NJW 1995, 449, 450.
314 BGH, NJW 1994, 1211, 1212 = WM 1994, 948, 949.
315 BGH, WM 1999, 647, 648 = NJW 1999, 1391.

A. Allgemeine Vertragspflichten des Rechtsanwalts

- *Tritt eine GmbH auf Rat ihres Rechtsanwalts eine einzuklagende Forderung trotz eines Abtretungsverbotes in AGB ab, um ihrem Geschäftsführer die Zeugenstellung im Prozess zu verschaffen, so ist es möglich, dass das Gericht die Ansicht des Rechtsanwalts teilt, das Abtretungsverbot, zu dem höchstrichterliche Rechtsprechung fehlt und das von einem Teil des Schrifttums für unwirksam gehalten wird, sei unzulässig. Sicherer ist es, die Forderung im Namen der GmbH einzuklagen und entweder deren Geschäftsführer nach seiner Abberufung als Zeugen zu benennen oder zum Beweis der Forderung auf eine überzeugende Parteierklärung des Geschäftsführers[316] zu vertrauen.[317]*

Ein **Steuerberater** hat „das Gebot des sichersten Weges" z.B. in folgenden Fällen zu berücksichtigen:

573

- *Rät ein Steuerberater seinem Auftraggeber, der ein Haus im Bauherrenmodell erwirbt, dieses Haus an einen gewerblichen Zwischenmieter und -vermieter zu vermieten, damit – nach Verzicht auf die Steuerfreiheit der Mietumsätze – die Vorsteuer auf Bau- und Nebenkosten erstattet wird, so ist es möglich, dass das zuständige Finanzamt den Vorsteuerabzug anerkennt. Sicherer ist es, in Betracht zu ziehen, dass das Finanzamt einen solchen Steuervorteil versagen kann, wenn es die Zwischenvermietung als Gestaltungsmissbrauch gemäß § 42 AO zur Steuerumgehung wertet.[318]*

- *Kann der Mandant alternative Steuervergünstigungen mit unterschiedlichen Rechtsfolgen in Anspruch nehmen, so kann es aus der Sicht des Steuerberaters dem gegenwärtigen Interesse des Mandanten, der Eigentumswohnungen erwirbt, entsprechen, dass dieser nur über die Abschreibungsmöglichkeit nach § 7b EStG belehrt wird, die zu einem „Objektverbrauch" führt. Da es aber nicht auszuschließen ist, dass der Mandant – wie im entschiedenen Fall geschehen – später ein Haus erwirbt und dafür geltend gemachte Abschreibungen am „Objektverbrauch" scheitern, ist es zur ordnungsmäßigen Erfüllung des Mandats sicherer, dass der Steuerberater seinen Auftraggeber von vornherein auch über die Abschreibungsmöglichkeit nach § 7 Abs. 5 EStG unterrichtet, die keinen „Objektverbrauch" zur Folge hat.[319]*

Wie **schwierig** es für den Anwalt sein kann, den „**sichersten Weg**" **zu finden** und seinem Auftraggeber aufzuzeigen, zeigt anschaulich ein – vom BGH[320] entschiedener – Fall, in dem ein Rechtsanwalt einen **Testamentsentwurf** zu überprüfen hatte. Der Erblasser wollte seinen behinderten Sohn umfassend und dauerhaft sichern und außerdem seine Ehefrau bedenken; dabei wollte er sein Vermögen möglichst als Ganzes erhalten wissen, das nach dem Tode des Sohnes in eine Familienstiftung überführt werden sollte. Schon die rechtliche Einordnung dieser Zielvorstellungen des Mandanten waren nicht leicht zu bewältigen. Die eigentliche Schwierigkeit der anwaltlichen Arbeit ergab sich jedoch daraus, dass der Vermögenskern in Gestalt von Gesellschaftsanteilen teilweise verloren gehen konnte, wenn Erben keine Mitgesellschafter oder Abkömmlinge des Erblassers waren.

574

---

316 Vgl. BGHZ 122, 115, 121; BGH, BGHR ZPO § 141 – Anhörung 2.
317 BGH, WM 2003, 1628 = NJW-RR 2003, 1212.
318 BGHZ 129, 386, 396 f. = WM 1995, 1450.
319 BGH, WM 2004, 472 f. = NJW-RR 2004, 1210.
320 BGH, NJW 1995, 2551.

(2) Hilfs- und Vorsorgemaßnahmen

575 Das **Gebot des „sichersten Weges"** kann vom Anwalt **Hilfs- und Vorsorgemaßnahmen** verlangen. Dieser muss z.b. damit rechnen, dass – entgegen seiner eigenen Beurteilung – ein Gericht einen tatsächlichen oder rechtlichen Streitpunkt zugunsten des Gegners entscheidet, so dass für diesen Fall Vorkehrungen erforderlich sein können.[321]

576 Selbst wenn eine geltend zu machende Forderungen nach Ansicht des Rechtsanwalts erst zu einem späten Zeitpunkt verjährt, kann der Anwalt verpflichtet sein, einen **früheren Verjährungseintritt** in Betracht zu ziehen und im Hinblick darauf eine frühere Unterbrechung der Verjährung zu veranlassen.[322] Dies gilt entsprechend für die Einhaltung einer Klagefrist, wenn deren Beginn unklar ist.[323]

577 Hält der Rechtsanwalt einen **gerichtlichen Hinweis**, seine Partei möge mit Gegenansprüchen wenigstens hilfsweise aufrechnen, – mit Recht – für unhaltbar, so hat er doch vorsorglich der Rechtsansicht des Gerichts Rechnung zu tragen.[324]

578 Hält der Rechtsanwalt eine gerichtliche Anordnung, durch die die Beweiserhebung von der **Einzahlung eines Kostenvorschusses** durch seine Partei abhängig gemacht wird, für unzutreffend, so muss er doch die Erfüllung dieser Auflage veranlassen.[325]

579 Ist es nicht auszuschließen, dass ein bestimmtes Rechtsgeschäft der **notariellen Beurkundung** bedarf, so ist vorsorglich eine entsprechende anwaltliche Empfehlung an den Auftraggeber erforderlich.[326]

580 Kann ein Rechtsgeschäft unter ein **Verbraucherschutzgesetz** fallen, so hat der Rechtsanwalt zugunsten eines Mandanten, der Verbraucher im Rechtssinne (§ 13 BGB) ist, auch die sich daraus ergebenden Rechtsfolgen zu berücksichtigen.[327]

(3) Nachteile

581 Der Anwalt muss bedenken, dass der „**sicherste Weg**" dem Auftraggeber zwar rechtliche Vorteile, aber auch **wirtschaftliche Nachteile – z.B. Kosten** oder **Verluste an-**

---

321 BGH, NJW 1974, 1865, 1866; WM 1988, 987, 991; NJW 1993, 2797, 2798; DB 2006, 1104 (Steuerberater).
322 BGH, NJW 1981, 2741, 2742; 1993, 734, 735 und 2797, 2798; vgl. BGH, WM 2002, 505, 507; NJW-RR 2006, 275, 277 (Rechtsbeistand).
323 BGH, Beschl. v. 17.7.2002 – IX ZR 418/98, n.v. (Zugang einer Kündigung eines Arbeitsverhältnisses).
324 BGH, NJW 1974, 1865, 1866.
325 BGH, WM 1988, 987, 990 = NJW 1988, 3013.
326 Vgl. BGH, VersR 1975, 540, 541; NJW 1993, 3323, 3324 f.; VersR 1996, 99, 100 f.
327 Vgl. BGH, WM 1993, 420, 423 = NJW-RR 1993, 243, für das Abzahlungsgesetz wegen einer Bierbezugspflicht.

derer Art (etwa einer Geschäftsbeziehung) – bringen kann. Soweit der Anwalt dies erkennen muss, kann er gehalten sein, den Mandanten darauf hinzuweisen.[328] Dieser hat die Vor- und Nachteile abzuwägen und zu entscheiden, ob der „sicherste Weg" oder ein anderer gangbarer Weg, der zwar gefährlicher für den Rechtserfolg ist, aber andere Nachteile vermeidet, eingeschlagen werden soll. Entsteht daraus dem Mandanten ein Schaden, so ist der Anwalt dafür nicht verantwortlich; dieser hat mit der vertragsgerechten Aufklärung des Auftraggebers seine Pflicht erfüllt.

4. Schadensverhütung

a) Verhältnis zu den übrigen Grundpflichten

Die allgemeine **Vertragspflicht eines Rechtsanwalts oder Steuerberaters, seinen Auftraggeber vor voraussehbaren und vermeidbaren Schäden zu bewahren** (vgl. Rn. 482 f.),[329] **überlagert die übrigen Grundpflichten** aus dem echten Anwaltsvertrag zur Klärung des Sachverhalts sowie zur Rechtsprüfung und -beratung und füllt diese Hauptpflichten aus.

582

Insbesondere **prägt die Schadensverhütungspflicht das „Gebot des sichersten Weges"** (dazu Rn. 568 ff.). Dies hat zur Folge, dass der Rechtsanwalt oder Steuerberater den **sichersten Weg** nicht nur zu **empfehlen**, sondern auch zu **gehen** hat, falls der Mandant keine andere Weisung erteilt.

Diese Pflicht verletzt ein Rechtsanwalt z.B., wenn er

583

- einen gerichtlichen Hinweis gemäß § 139 ZPO missachtet, weil er ihn – zu Recht – als unhaltbar ansieht;[330]
- eine fehlerhafte gerichtliche Auflage, die eine Beweisaufnahme von der Einzahlung eines Kostenvorschusses durch den Mandanten abhängig macht, nicht erfüllt, ohne auf eine Berichtigung zu dringen;[331]
- bei einer Nachlassverwaltung Zahlungen allein an einen Miterben statt an die ungeteilte Erbengemeinschaft leistet, so dass die Gefahr besteht, dass dieses Nachlassvermögen der Mitverwaltung durch die übrigen Miterben und wegen Insolvenz des begünstigten Miterben der Auseinandersetzung entzogen wird;[332]

---

328 Vgl. BGH, WM 1998, 140, 141.
329 **Rechtsanwalt**: BGH, NJW 1974, 1865, 1866; VersR 1975, 425; WM 1996, 35, 40 und 1832, 1834; NJW 1996, 2648, 2649; 2004, 1521, 1522; **Steuerberater**: BGH, WM 1998, 301, 303; WM 2004, 472 f. = NJW-RR 2004, 1210; MDR 2004, 746 = NJW-RR 2004, 1358 = WM 2004, 2034.
330 BGH, NJW 1974, 1865, 1866.
331 BGH, WM 1988, 987, 990 = NJW 1988, 3013.
332 BGH, WM 1999, 1846, 1849 = NJW 1999, 3040.

- nach einer „Flucht in die Säumnis" keinen Einspruch gegen das Versäumnisurteil einlegt;[333]
- nicht durch geeignete Rechtsbehelfe verhindert, dass vor der Entscheidung seines Mandanten, ob gegen ein Räumungsurteil Berufung eingelegt werden soll, der Gegner vollendete Tatsachen schafft.[334]

584 Ein **Steuerberater verstößt gegen die vertragliche Schadensverhütungspflicht** z.B., wenn er

- trotz triftigen Anlasses seine Auftraggeberin – eine GmbH – nicht davor warnt, dass Zuwendungen an ihren Gesellschafter-Geschäftsführer als verdeckte Gewinnausschüttung mit entsprechendem Steuernachteil gewertet werden können;[335]
- seinen Mandanten nicht über alternative Steuervergünstigungen mit unterschiedlichen Rechtsfolgen aufklärt;[336]
- bei übernommener Lohnabrechung und -kontenführung Beiträge zur Sozialversicherung nicht abführt, sondern an den Beschäftigten des Mandanten auszahlt, und dem Auftraggeber nicht empfiehlt, wegen sich aufdrängender sozialversicherungsrechtlicher Fragen den Rat eines Rechtsanwalts einzuholen.[337]

b) Veränderung des Mandatsgegenstandes

585 **Entwickelt und verändert** sich der **Mandatsgegenstand**, so wandelt sich auch die **anwaltliche Schadensverhütungspflicht**.

586 Vor allem ein **Prozessauftrag** macht dies deutlich: Hat der Rechtsanwalt seinem Auftraggeber pflichtgemäß die Einklagung eines Anspruchs oder die Abwehr einer fremden Forderung als aussichtsreich empfohlen, so kann er im Rahmen einer vertragsgerechten Prozessführung (dazu Rn. 604 ff.) u.a. verpflichtet sein,

- die Einzahlung eines Kostenvorschusses für eine fristwahrende Klage[338] oder für eine Beweisaufnahme[339] zu veranlassen,
- gerichtliche Auflagen zu beachten,[340]
- zu einem Vergleich zu raten oder von ihm abzuraten (dazu Rn. 711 ff.),

---

333 BGH, NJW 2002, 290, 291.
334 BGH, WM 2004, 436, 437.
335 BGH, WM 1998, 301, 302 f.
336 BGH, WM 2004, 472 f. = NJW-RR 2004, 1210.
337 BGH, MDR 2004, 476 = NJW-RR 2004, 1358 = WM 2004, 2034.
338 BGH, VersR 1974, 1224, 1225; WM 1995, 212, 213, jeweils zu § 12 Abs. 3 VVG.
339 BGH, WM 1988, 987, 990.
340 BGH, NJW 1974, 1865, 1866.

A. Allgemeine Vertragspflichten des Rechtsanwalts

- die Sicherstellung eines vom Gegner zu zahlenden Betrages für jeden der mehreren Mandanten zu gewährleisten,[341]
- die Festsetzung des Wertes der Beschwer gemäß § 546 ZPO a.F. zu prüfen,[342]
- für die Rückgabe einer Prozesssicherheit zu sorgen.[343]

Ein weiterer dynamischer Vorgang, der hohe Anforderungen an die Schadensverhütungspflicht stellt, sind z.b. eine **baubegleitende Rechtsberatung durch einen Rechtsanwalt**[344] oder die „begleitende Beratung" des Auftraggebers **durch einen Steuerberater neben einem Steuerspezialisten** für ein bestimmtes Vorhaben.[345]

587

c) Beispiele

Die **vertragliche Pflicht zur Schadensverhütung** verlangt von einem **Rechtsanwalt** z.B.,

588

- einer **gerichtlichen oder behördlichen Fehlentscheidung entgegenzuwirken**;[346]
- eine grundsätzlich verbindliche **Weisung** seines Auftraggebers (§§ 665, 675 Abs. 1 BGB) dann **nicht blindlings zu befolgen**, wenn diesem bei Ausführung der Weisung Nachteile drohen (vgl. Rn. 937);[347]
- **notwendige Hilfs- und Vorsorgemaßnahmen** vorzunehmen, etwa eine **Beweissicherung** zu veranlassen (Rn. 521), die **Verjährung einer Forderung des Mandanten** auch für den Fall **zu verhindern**, dass das Gericht einen früheren Verjährungseintritt annimmt als der Anwalt (Rn. 576)[348] oder Vorkehrungen gegen eine Versäumung der Frist zur Ehelichkeitsanfechtung zu treffen;[349]
- **risikoreiche Maßnahmen** nur nach Aufklärung des Auftraggebers und mit dessen Zustimmung vorzunehmen, etwa bei **Prozessführung unter Abweichung von der herrschenden Meinung** (Rn. 553 ff.), **Zurückhaltung von Sachvortrag im Prozess**[350] oder einer **Musterklage** nur gegen einen von mehreren Schuldnern, obwohl die Verjährung der Forderung gegen die übrigen Schuldner droht (Rn. 563);[351]

---

341 BGH, VersR 1984, 785, 786.
342 BGH, WM 1989, 1826, 1827.
343 BGH, NJW 1990, 2128, 2129.
344 BGH, WM 1998, 2252; vgl. *Hebler*, ZfIR 1998, 58.
345 BGH, WM 2000, 1591.
346 BGH, WM 1996, 35, 40; 1998, 1542, 1545 = NJW 1998, 2048; vgl. *Zugehör*, NJW 2003, 3225, 3226.
347 BGH, VersR 1961, 467, 468; 1980, 925, 926; 1985, 83, 84; NJW 1985, 42, 43; NJW-RR 1990, 1241, 1243; WM 1997, 1392, 1393 f.; OLG Karlsruhe, VersR 1995, 537, 538.
348 BGH, NJW 1981, 2741, 2742; WM 1993, 734, 735 und 2797, 2798; 2002, 505, 507.
349 BGH, FamRZ 2005, 261, 262 f. = NJW-RR 2005, 494, 496, zu § 1594 BGB a.F.
350 BGH, WM 1990, 1917.
351 BGH, NJW 1993, 1779, 1780.

- den **Versicherungsschutz des Mandanten** zu berücksichtigen.[352]

589 Von einem **Steuerberater** fordert die **vertragliche Schadensverhütungspflicht** z.b.,

- seinen **Auftraggeber vor einer steuerstrafrechtlichen Verfolgung zu bewahren**;[353]
- bei entsprechenden Anhaltspunkten einer **gerichtlichen oder behördlichen Fehlentscheidung entgegenzuwirken**;[354]
- eine grundsätzlich verbindliche **Weisung** seines Auftraggebers (§§ 665, 675 Abs. 1 BGB) dann **nicht blindlings zu befolgen**, wenn diesem bei Ausführung der Weisung Nachteile drohen;[355]
- den Mandanten auf eine **wirtschaftliche Fehlentscheidung** hinzuweisen, wenn diese für den Steuerberater offen zutage liegt, etwa dann, wenn eine **empfohlene Vermögensanlage** wegen der bekannten Vermögensverhältnisse des Auftraggebers nicht zur beabsichtigten Steuerersparnis führen kann;[356]
- **Zuschätzungen** zu den vom Mandanten mitgeteilten Einnahmen allenfalls dann vorzunehmen, wenn dies dringend erforderlich erscheint, um sonst drohende, mindestens ebenso große Nachteile für den Auftraggeber abzuwenden;[357]
- bei übernommener **Lohnabrechung und -kontenführung** Beiträge zur Sozialversicherung abzuführen und nicht an Beschäftigte des Auftraggebers auszuzahlen.[358]

d) Honorarfreie Schadensverhütung

590 Mit Rücksicht auf die Vorschrift des § 249 BGB, nach der Schadensersatz in erster Linie durch Wiederherstellung des früheren Zustandes zu leisten ist, kann der Rechtsberater gegenüber seinem Mandanten verpflichtet sein, den infolge eines Fehlers **drohenden Schaden durch eine zumutbare honorarfreie Zusatzleistung zu verhindern**.[359]

---

352 BGH, VersR 1971, 1119, 1120; 1985, 83, 84; OLG Düsseldorf, VersR 1985, 92, jeweils eine Haftpflichtversicherung betreffend; OLG Düsseldorf, VersR 1976, 892; OLG Nürnberg, NJW-RR 1989, 1370; OLG Köln, NJW-RR 2004, 1573; *van Bühren*, MDR 1998, 745, jeweils eine Rechtsschutzversicherung betreffend; *Borgmann*, in: *Borgmann/Jungk/Grams*, § 21 Rn. 127 ff.; *Vollkommer/Heinemann*, Rn. 274 ff.
353 BGH, WM 1997, 328, 330.
354 BGH, WM 1992, 701, 702; 1993, 1106.
355 BGH, WM 1998, 301, 303.
356 BGH, WM 1987, 661, 662; 1991, 1303, 1304.
357 BGH, WM 1991, 1597, 1598.
358 BGH, MDR 2004, 746 = NJW-RR 2004, 1358 = WM 2004, 2034.
359 **Rechtsanwalt**: BGH, NJW 1994, 1472, 1473; 2000, 3560 = WM 2000, 2437; **Steuerberater**: BGH, NJW-RR 2003, 1574, 1576; WM 2003, 1138, 1140.

A. Allgemeine Vertragspflichten des Rechtsanwalts

Ist ein **Schaden des Mandanten bereits eingetreten**, weil der Rechtsanwalt einen Prozessverlust zu verantworten hat, so hat der Anwalt aufgrund seiner Ersatzpflicht seinem Mandanten die Aufwendungen für einen aussichtsreichen weiteren Prozess zur Verfügung zu stellen, durch den der Schaden beseitigt oder verringert werden kann; der Anwalt kann den **Zweitprozess auch auf eigene Kosten und eigenes Risiko** führen.[360] Ein Rechtsberater kann sich **vertraglich verpflichten**, einen von ihm verursachten **Schaden seines Auftraggebers zu beseitigen**.[361] Nach Erteilung einer falschen oder unvollständigen **Auskunft** unter „Prüfungsvorbehalt" ist ein Rechtsberater verpflichtet, einen daraus drohenden Schaden des Mandanten abzuwenden oder zu verringern.[362]

IV. Zur Kritik an der Rechtsprechung

1. Anwaltliche Vertragspflichten überzogen?

Es ist verständlich, dass vor allem Rechtsanwälte, ihre Haftpflichtversicherer und ihnen nahe stehende Autoren zuweilen insbesondere die Anforderungen der Rechtsprechung an die **anwaltlichen Vertragspflichten** als überzogen bewerten. Rechtsanwälte nutzen ihr weitgehendes **Beratungsmonopol** auf vielfältigen Rechtsgebieten; die damit verbundene **Arbeitslast** und der ständige **Zeit-, Konkurrenz- und Kostendruck** wecken zwangsläufig den Wunsch, die allgegenwärtige Haftungsgefahr zu mildern. Dabei geraten die **Belange der rechtsuchenden Mandanten**, deren Schutz die anwaltlichen Vertragspflichten dienen, leicht in den Hintergrund.

591

Unverständlich und bedauerlich sind jedoch diejenigen Stimmen in der Literatur, die mit ihren Formulierungen die **Rechtsprechung zu den vertraglichen Anwaltspflichten in ein falsches Licht** rücken.

592

Da ist z.B. davon die Rede,

- nach der Rechtsprechung müsse der pflichtgemäß arbeitende Rechtsanwalt „ein juristischer Supermann sein, der über ein computerhaftes Gedächtnis, ein hervorragendes Judiz sowie über höchste Intelligenz und Energie" verfüge;[363]
- die Rechtsprechung verlange vom Anwalt eine menschenunmögliche Leistung, indem man einen irreal hohen Wissensstand und einen praktisch nicht einzuhaltenden Sorgfaltsstandard voraussetze;[364]

---

360 BGH, NJW 2000, 3560, 3562 = WM 2000, 2437.
361 BGH, WM 2003, 936, 939 = NJW-RR 2003, 1574: Steuerberater.
362 BGH, WM 2003, 1138, 1140: Steuerberater.
363 *Rinsche*, Rn. I 72; in diesem Sinne für die Steuerberaterhaftung: *Gounalakis*, NJW 1998, 3593, 3594, 3598; der Kritik Rinsches widersprechen *Vollkommer/Heinemann*, Rn. 225.
364 *Rinsche*, Rn. I 73.

- der BGH weite den vertraglichen Pflichtenkreis des Anwalts bis an die Grenze des Möglichen aus; er fordere die totale und optimale Wahrung der Mandantenbelange und lasse die Pflicht zu Höchstleistungen ihre Grenze nur an der Unmöglichkeit finden;[365]
- die Rechtsprechung verlange auch „vom Feld-, Wald- und Wiesenanwalt regelmäßig umfassende Kenntnis des relevanten Rechts"; da der BGH optimale Anwaltsleistung fordere, übernehme der Anwalt insoweit „eine grundsätzliche Garantiehaftung"; zurzeit hafte dieser „für jede suboptimale Leistung".[366]

593 Solche Formulierungen mögen geeignet sein, einem Unbehagen in der Anwaltschaft an der – als „anwaltsfeindlich" empfundenen[367] – Rechtsprechung Ausdruck zu geben, mit der Realität hat diese Kritik aber wenig gemein. Umso befremdlicher wirkt es, dass eine Kammer des BVerfG dieser Voreingenommenheit gegenüber der Rechtsprechung Vorschub leistet, indem in einem Fall, in dem ein Rechtsanwalt seinen Mandanten gleich durch drei schuldhafte Pflichtverletzungen in zwei Gerichtsverfahren geschädigt hatte,[368] auf die (erfolglose) Verfassungsbeschwerde des haftenden Anwalts dem BGH unterstellt wird, er lasse „Rechtsanwälte ... ersatzweise für Fehler der Rechtsprechung" haften, „nur weil sie haftpflichtversichert" seien.[369]

2. Schranken der Regresspflicht

594 Diese **Kritik** hat schon einen **falschen Ansatz**. Indem sie von den in der Rechtsprechung entwickelten abstrakten vertraglichen Grundpflichten des Rechtsanwalts zur Klärung des Sachverhalts, zur Rechtsprüfung, Rechtsberatung und Schadensverhütung (Rn. 482, 506 ff.) ausgeht, erweckt sie „zu Unrecht den Anschein einer Gleichsetzung – jeder – suboptimalen Anwaltsleistung mit Anwaltshaftpflicht".[370]

595 Nicht erläutert wird, dass für jede einzelne Regressforderung zu prüfen ist, ob sich aus diesen Grundpflichten nach dem Inhalt und Umfang des jeweiligen Mandats sowie nach den Umständen des Einzelfalls einzelne Pflichten bezüglich des konkreten Mandatsgegenstandes ergeben haben, die der Rechtsanwalt verletzt haben kann (Rn. 506 ff. mit Nachweisen der Rechtsprechung).[371]

596 Die entsprechende Voraussetzung eines Regressanspruchs führt zu einer **Beschränkung der objektiven Pflichtverletzungen** und damit zu einer – **ersten** – Begrenzung der Anwaltshaftung. **Maßstab** der – aus der Rückschau („ex post") – **im Einzelfall**

---

365 *Scheffler*, NJW 1961, 577.
366 *Prinz*, VersR 1986, 317 ff.; in diesem Sinne auch *Slobodenjuk*, NJW 2006, 113, 116 f.
367 *Rinsche*, Rn. I 73.
368 BGH, NJW 2002, 1048.
369 NJW 2002, 2937; dazu *Zugehör*, NJW 2003, 3225, 3227 ff.
370 *Vollkommer*, Rn. 94.
371 Vgl. *Vollkommer*, Rn. 94 – 96; *Vollkommer/Heinemann*, Rn. 225 f.

geschuldeten objektiven Pflicht ist **nicht ein Idealanwalt**, sondern **ein gewissenhafter** („Durchschnitts-")Anwalt, der die allgemein anerkannten Erfordernisse der anwaltlichen Berufsausübung unter den konkreten Umständen beachtet (Rn. 947 ff.).

Ein **weiteres**, allerdings nur in Ausnahmefällen wirkendes **Korrektiv** ist das subjektive **Verschulden**, das durch die vertragliche Pflichtverletzung indiziert wird und vom Anwalt auszuräumen ist (vgl. § 280 Abs. 1 Satz 2 BGB; Rn. 1107 ff.).[372] Für die – im Regressfall regelmäßig in Betracht kommende – **Fahrlässigkeit** ist kein individueller, sondern ein **objektiver Sorgfaltsmaßstab** anzulegen (§ 276 Abs. 2 BGB);[373] **maßgeblich** ist danach diejenige **Umsicht und Sorgfalt**, die nach der **Anschauung besonnener, gewissenhafter und erfahrener Angehöriger des jeweiligen Berufskreises** bei der gegebenen Sachlage zu erwarten war.[374] Danach kommt es – vorausschauend („ex ante") – an auf die **übliche, von einem ordentlichen Rechtsanwalt zu fordernde Sorgfalt** (Rn. 947 ff.),[375] **nicht auf diejenige eines Idealanwalts**.

597

Eine weitere Begrenzung der vertraglichen Anwaltshaftung ergibt sich daraus, dass eine **Ersatzpflicht** wegen einer schuldhaften Pflichtverletzung sich **auf den Schaden im Rechtssinne** (Rn. 1047 ff.) beschränkt, der dem Anwalt haftungsrechtlich **zuzurechnen ist**, insbesondere in den **Schutzbereich der verletzten Pflicht** fällt (Rn. 1014 ff.).

598

Die höchste Hürde für einen Regressanspruch ist die **Beweislast des Mandanten** für alle Anspruchsvoraussetzungen mit Ausnahme des Verschuldens. Dieser hat nicht nur **die objektive Pflichtverletzung des Anwalts zu beweisen** (Rn. 952 ff.),[376] sondern auch **den Ursachenzusammenhang zwischen einer solchen Pflichtverletzung und dem geltend gemachten Schaden** (Rn. 995 ff.). Vor allem an diesem **Beweis der sog. haftungsausfüllenden Kausalität** scheitern in der Praxis zahlreiche Regressforderungen, wenn wegen der Umstände des Einzelfalls kein Anscheinsbeweis zugunsten des Mandanten eingreift und dieser nicht zweifelsfrei beweisen kann, dass er bei pflichtgemäßem Verhalten des Anwalts den geltend gemachten Schaden nicht erlitten hätte. Der – seit 1984 für die Anwaltshaftung zuständige – IX. Zivilsenat des **BGH** hat es – sogar für grobe anwaltliche Pflichtverletzungen – **abgelehnt, die Beweislast für den Ursachenzusammenhang** zwischen der Verletzung einer vertraglichen Aufklärungs- und Beratungspflicht einerseits und dem Schaden andererseits – wie dies in anderen Rechtsbereichen geschehen ist – **umzukehren und dem Rechtsanwalt aufzubürden** (Rn. 995 ff.).[377]

599

---

372 BGH, NJW 1987, 326, 327; WM 1996, 1832, 1835.
373 BGH, NJW 1994, 2232, 2233; NJW-RR 1996, 981.
374 BGH, VersR 1967, 704, 705; NJW 1972, 150, 151; 1988, 909.
375 BGH, VersR 1982, 495; NJW 1985, 1710, 1711; NJW-RR 1988, 508, jeweils zu § 233 ZPO.
376 BGH, NJW 1985, 264, 265; 1996, 2571.
377 BGHZ 123, 311 = NJW 1993, 3259; BGHZ 126, 217 = NJW 1994, 3295.

3. Folgerungen

600 Mit Rücksicht auf diese Hindernisse, die ein vertraglicher Regressanspruch gegen einen Rechtsanwalt zu überwinden hat, sowie auf die bisher **anwaltsfreundliche Verjährungsregelung** (§ 51b BRAO; dazu Rn. 1274 ff.) und die **Möglichkeiten einer Beschränkung der anwaltlichen Haftung** (§§ 51a, 59c ff. BRAO, § 8 PartGG; dazu Rn. 410 ff.) erscheint eine übertriebene Kritik an der Rechtsprechung als unangebracht.

601 Sollte mit einer solchen Kritik schlüssig die Aufforderung verbunden sein, die nach Vertrag und Gesetz **schutzwerten Belange der geschädigten Mandanten**, die im Gegensatz zur Anwaltschaft nicht organisiert sind und keinen Einfluss auf Gesetzgeber und Medien haben, zugunsten des schädigenden Rechtsanwalts zu vernachlässigen, so muss der Richter dieses Ansinnen zurückweisen.

602 Jede Kritik sollte allerdings für den Richter, der in jedem einzelnen Regressprozess den gerechten Ausgleich der Interessen des geschädigten Mandanten und des schädigenden Rechtsanwalts zu suchen und zu finden hat, Anlass sein, seine **Maßstäbe** zu überdenken. Einerseits darf der Auftraggeber von „seinem" Rechtsanwalt erwarten, dass dieser – gegen Zahlung der Vergütung – den dienst- oder werkvertraglichen Geschäftsbesorgungsvertrag (§ 675 BGB) durch eine einwandfreie durchschnittliche Leistung bezüglich des Mandatsgegenstandes erfüllt. Wird der Rechtsanwalt daran durch einen Mangel an Zeit, Fähigkeit, Erfahrung oder Sorgfalt gehindert, so fällt ein darauf beruhender Fehler in den Verantwortungsbereich des Anwalts, der die Folgen grundsätzlich nicht auf den Mandanten abwälzen darf. Andererseits ist nicht jeder Misserfolg des Auftraggebers auf eine schuldhafte Pflichtverletzung des Rechtsanwalts zurückzuführen. Dieser garantiert seinem Mandanten i.d.R. nicht, dass das erstrebte Ziel erreicht wird; folglich darf dem Anwalt **keine (Miss-)Erfolgshaftung ohne schuldhaften Fehler** auferlegt werden. Als allgemeine **Richtschnur** sollte gelten, dass eine objektive Verletzung des Anwaltsvertrages dann in Betracht zu ziehen ist, wenn der Rechtsanwalt im Rahmen seines Auftrags eine Maßnahme vorgenommen bzw. unterlassen hat, deren Unterlassung bzw. Vornahme sich unter den konkreten Umständen des Einzelfalls einem ordentlichen Durchschnittsanwalt aufgedrängt hätte.

Zugehör

B. Einzelpflichten des Rechtsanwalts

I. Tätigkeitsbezogene Pflichten

603 Aus den **allgemeinen Pflichten** des Rechtsanwalts (Rn. 478 – 602) lassen sich für die typischen Bereiche der anwaltlichen Berufsausübung, also für die **prozessuale, beratende und vertragsgestaltende Anwaltstätigkeit**, spezielle **tätigkeitsbezogene Pflichten** ableiten. Diese Pflichten können im Einzelfall ineinander übergehen. Hier-

von abzugrenzen sind diejenigen Pflichten, die ein Rechtsanwalt zu beachten hat, wenn er eine **anwaltsfremde** oder eine **amtliche bzw. amtsähnliche Tätigkeit** ausübt (Rn. 133 – 160). Dabei handelt es sich nicht um typische Fragen der Anwaltshaftung. Vielmehr gelten dann die allgemeinen Regeln zur Haftung eines Vermögensverwalters, Anlageberaters, Maklers, Vormunds (§ 1833 BGB), Testamentsvollstreckers (§ 2219 BGB), Verwalters (§ 60 Abs. 1 Satz 1 InsO) usw. Von den tätigkeitsbezogenen Pflichten werden auch diejenigen Fälle nicht erfasst, in denen vor allem die **fehlerhafte Beurteilung von Rechtsnormen** die anwaltliche Pflichtverletzung begründet.[378] Es würde zu weit führen und die hier behandelte Thematik sprengen, allgemein auf die Rechtsgrundlagen der anwaltlichen Berufsausübung und die Ursachen anwaltlicher Pflichtverletzungen bei der Rechtsprüfung einzugehen.[379] Hierzu wird auf die Darstellungen zu den Verfahrensrechten und zum materiellen Recht verwiesen.

1. Prozessuale Tätigkeit

Die Vertretung des Auftraggebers in einem gerichtlichen Verfahren ist das klassische Betätigungsfeld der Rechtsanwälte.[380] Die Pflichten, die ein Rechtsanwalt dabei zu beachten hat, werden im Folgenden **nach den einzelnen Verfahrensabschnitten dargestellt**. Einzelne Pflichten bestehen bereits im Vorfeld eines Prozesses bzw. bei einer vor- oder außerprozessualen Erledigung eines streitigen Rechtsverhältnisses, etwa durch Abschluss einer Vergleichsvereinbarung. Im Vordergrund der folgenden Ausführungen steht die Vertretung des Auftraggebers vor den **ordentlichen Gerichten in Zivilsachen**. Die anwaltlichen Pflichten bei der Vertretung in einem gerichtlichen Verfahren gelten entsprechend auch für die Vertretung des Mandanten in einem **Verwaltungsverfahren**, insbesondere in einem Einspruchs- oder Widerspruchsverfahren, und in einem **schiedsrichterlichen** Verfahren.

Zur prozessualen Tätigkeit hat der BGH den **allgemeinen Grundsatz** aufgestellt, dass ein Rechtsanwalt, der die Beratung einer Partei in einem Zivilprozess übernimmt, zum Schadensersatz verpflichtet ist, wenn er durch sein Verschulden bewirkt, dass sein Auftraggeber einen Rechtsstreit verliert, den er bei sachgemäßer Vertretung gewonnen hätte.[381] Ein Rechtsanwalt, der eine Prozessvertretung übernimmt, ist grundsätzlich verpflichtet, die **Prozesslage in rechtlicher Hinsicht umfassend zu prüfen**.[382] Diese

---

378 Zu den Pflichten des Rechtsanwalts bei der Rechtsprüfung s. Rn. 522 – 555.
379 Vgl. zu den hauptsächlichen Haftpflichtquellen: *Borgmann/Jungk/Grams*, §§ 50 – 58; *Fahrendorf*, in: *Rinsche/Fahrendorf/Terbille*, Rn. 1228 ff.; *Vollkommer/Heinemann*, Rn. 702 ff.
380 Allgemein zu den Pflichten des Rechtsanwalts im Zusammenhang mit der Führung eines Prozesses: *Hartstang*, S. 514 ff.; *K. Müller*, JR 1969, 161 ff.; vgl. auch *Hoppmann*, MDR 1994, 14 ff.
381 BGH, NJW-RR 1986, 1281.
382 RGZ 139, 358, 362.

allgemeinen Aussagen sind bezüglich der einzelnen tätigkeitsbezogenen Pflichten des Rechtsanwalts zu präzisieren.

a) Beweissicherung

605 Ein Rechtsanwalt ist nach Übernahme des Mandats verpflichtet, den rechtlich relevanten Sachverhalt zu ermitteln (Rn. 510 – 521). Dazu gehört die **Pflicht, Beweise zu sichern**.[383]

aa) Befragung des Auftraggebers

606 Ein Rechtsanwalt muss geeignete **Beweismittel** ermitteln, indem er den Auftraggeber hierzu gezielt befragt.[384] Allerdings ist der Rechtsanwalt nicht verpflichtet, in irgendeiner Form an Zeugen heranzutreten, um zu klären, wie diese im Fall einer Vernehmung aussagen werden. Eine derartige „Parteivernehmung" von Zeugen wird von der Rechtsprechung als bedenklich bezeichnet. Sie könne dazu führen, dass der Beweiswert einer Zeugenaussage gemindert und der Rechtsanwalt dem Verdacht einer unzulässigen Zeugenbeeinflussung ausgesetzt werde.[385] Dabei ist jedoch auch zu beachten, dass es in der Praxis vielfach unumgänglich ist, zur Ermittlung der einer Klage oder Klageerwiderung zugrunde zu legenden Tatsachen und zur Prüfung der Erfolgsaussichten eines Rechtsstreits mit möglichen Zeugen Kontakt aufzunehmen.

bb) Feststellungen durch den Auftraggeber

607 Zur Vorbereitung eines Prozesses, in welchem ein substanziierter Vortrag zu Ursachen, Art und Umfang des Schadens erwartet wird, ist der mit der Prozessvertretung beauftragte Rechtsanwalt verpflichtet, **entsprechende Feststellungen zu veranlassen und Beweise zu sichern**.[386] Der BGH leitet diese Pflicht aus der allgemeinen Pflicht des Rechtsanwalts ab, im Rahmen des ihm erteilten Auftrages seinen Auftraggeber allgemein und umfassend zu belehren, seine Belange nach jeder Richtung wahrzunehmen und die Geschäfte so zu erledigen, dass Nachteile für ihn möglichst vermieden werden (Rn. 482). Die Verpflichtung zur Beweissicherung gilt insbesondere dann, **wenn zu befürchten ist, dass solche Feststellungen später nicht mehr nachgeholt werden, Beweismittel verloren gehen oder in Zukunft nur schwer zugänglich sein können**. Unter solchen Umständen ist regelmäßig die Einleitung eines **selbständigen Beweisverfahrens** nach §§ 485 ff. ZPO angebracht. Kommt es für die Feststellungen nicht auf besondere Sachkunde an, kann der Rechtsanwalt auch in anderer Weise dafür sor-

---

383 Vgl. BGH, NJW 1993, 2676, 2677; WM 1992, 701, 702 ff.; *Fahrendorf*, in: *Rinsche/Fahrendorf/Terbille*, Rn. 453 ff.; *Vollkommer/Heinemann*, Rn. 179.
384 Weitgehend BGH, VersR 1961, 467, 469; vgl. auch OLG Köln, NJW 1986, 725 f.; sowie *Fahrendorf*, in: *Rinsche/Fahrendorf/Terbille*, Rn. 453.
385 BGH, VersR 1965, 710, 712; vgl. auch RGZ 140, 392, 397 f.
386 BGH, WM 1998, 1542; 2000, 189; NJW 2002, 1413.

gen, dass der Mandant in einem späteren Prozess zu substanziierten Darlegungen und zum Beweis in der Lage ist. Dann kann die Einholung eines **Privatgutachtens** oder eine **Beweissicherung durch den Mandanten selbst** ausreichen.[387]

In einem vom BGH entschiedenen Fall waren die in einem Modegeschäft vorhandenen Waren durch Feuchtigkeit beschädigt worden, die in die gemieteten Geschäftsräume eingedrungen war. Die von dem Geschäftsinhaber beauftragten Rechtsanwälte handelten nach Ansicht des Senats pflichtwidrig, weil sie nicht veranlasst hatten, die Beschädigung der einzelnen Kleidungsstücke vor der späteren Veräußerung **beweiskräftig festzuhalten**, um für eine Klage gegen den Verursacher den Schaden nach Art und Umfang darlegen und belegen zu können. Nachdem die Ware veräußert worden war, war nicht mehr festzustellen, ob, wie und in welchem Umfang die Einzelteile tatsächlich beschädigt worden waren. Die Rechtsanwälte hätten nach Ansicht des BGH den Auftraggeber darauf aufmerksam machen müssen, dass vor dem Verkauf beschädigter Waren deren Zustand entweder

- durch einen Sachverständigen,
- durch Personen, die später als Zeugen in Betracht kommen, oder
- durch den Auftraggeber selbst im Beisein solcher Personen

festgehalten wird. Die Rechtsanwälte seien verpflichtet gewesen, dem Auftraggeber **deutlich vor Augen zu führen**, welches **Risiko** die Unterlassung solcher Maßnahmen nach sich ziehen konnte. Auf ein von der Partei eingeholtes Gutachten hätten die Rechtsanwälte sich nur dann verlassen dürfen, wenn sie sich darüber vergewissert hätten, dass der Gutachter als zuverlässig bekannt und ihm von dem Mandanten ein sachgerechter Auftrag erteilt worden sei. Das **Gutachten** müsse von den Rechtsanwälten umgehend **auf seine Eignung zur Beweissicherung überprüft** werden. Wenn sich die Vorlage des Gutachtens verzögere, sei es Aufgabe der beauftragten Rechtsanwälte, bei dem Mandanten nachzufragen und erforderlichenfalls zu veranlassen, den Sachverständigen zu erinnern oder dies selbst in die Hand nehmen.[388]

cc) Beweissicherung durch den Rechtsanwalt

Die Beweissicherungspflicht kann auch Angelegenheiten aus der Sphäre des Rechtsanwalts selbst betreffen. Wenn der beauftragte Rechtsanwalt etwa **Zustellungen** eines Gerichts, einer Behörde oder der Gegenseite entgegennimmt, die an ihn in seiner Eigenschaft als Parteivertreter erfolgen und eine Frist auslösen, kann er verpflichtet sein, Maßnahmen zu treffen, die es ihm erlauben, zu dem Tag des Zugangs substanziiert vorzutragen. Dies hat der BGH in einem Fall angenommen, in dem ein Rechtsanwalt und Steuerberater für seinen Mandanten einen Steuerbescheid entgegengenommen hatte. Der Bescheid war später als drei Tage nach dem angeblichen Tag der Abgabe zur

608

---

387 BGH, VersR 1965, 710, 712; vgl. auch RGZ 140, 392, 397 f.
388 BGH, NJW 1993, 2676, 2677.

Post (der Ausstellung) zugegangen. Bezeichne die Steuerbehörde unter Hinweis auf den angeblichen Tag der Aufgabe des Steuerbescheides zur Post den von dem steuerlichen Berater eingelegten Einspruch unter Berufung auf §§ 355, 122 Abs. 2 AO 1977 als verspätet, müsse der Berater, falls der Bescheid von der Behörde später als angegeben zur Post aufgegeben worden sei, **Vorkehrungen treffen**, die es ihm ermöglichen, das Aufgabedatum substanziiert zu bestreiten und zu beweisen. Eine **selbständige, allgemeine Dokumentationspflicht**, deren Verletzung einen Schadensersatzanspruch des Mandanten auslöst, **lehnt der BGH jedoch ab**. Ein Rechtsanwalt handele nicht allein deshalb pflichtwidrig, weil er es unterlasse, diejenigen Vorgänge, welche die ordnungsgemäße Bearbeitung des übertragenen Mandats belegen, schriftlich festzuhalten. Schadensersatzpflichtig mache nur eine nicht ordnungsgemäße Bearbeitung des übertragenen Auftrags. Es gehöre indessen zur **ordnungsgemäßen Bearbeitung eines Mandats**, sich **schriftliche Aufzeichnungen zu machen**, um zu den getroffenen Feststellungen oder Maßnahmen später substanziiert vortragen zu können oder um das Gedächtnis zu unterstützen. Dies müsse durch einen **Eingangsstempel** oder **Vermerk** geschehen, in dem der Tag des Eingangs festgehalten werde. Es sei des Weiteren empfehlenswert, den **Poststempel** auf dem Briefumschlag so lange aufzuheben, als er noch als Beweismittel dienen könne.[389] Auch müsse über ein Gespräch mit der zur Entscheidung berufenen Stelle, das für den Fortgang der Angelegenheit für den Mandanten bedeutsam sei, ein Vermerk gefertigt und zu den Handakten genommen werden. Ob auch ein „Bestätigungsschreiben" an den Gesprächspartner geboten ist, hat der BGH offen gelassen.[390]

609 Entsprechendes gilt, wenn der Rechtsanwalt für den Auftraggeber **fristgebundene Erklärungen** gegenüber Behörden, Gerichten, dem Prozessgegner oder einem Dritten abzugeben hat. Dann muss er nicht nur auf den form- und fristgerechten Zugang achten,[391] sondern auch darauf, dass der Mandant in die Lage versetzt wird, dies im Streitfall beweisen zu können. Dies hat insbesondere dadurch zu erfolgen, dass der Rechtsanwalt den Zugang der Erklärung durch eine Urkunde (Rn. 572), durch eine Zeugenaussage oder eine schriftliche Erklärung des Adressaten bestätigen kann.[392]

dd) Herbeischaffung der Beweismittel im Prozess

610 Im Rechtsstreit trägt die Partei eine Mitverantwortung, die schriftsätzlich angebotenen **Beweismittel herbeizuschaffen**. Daher muss der Rechtsanwalt den Auftraggeber u.a. veranlassen, einen **Kostenvorschuss zu zahlen**, von dem das Gericht die Ladung eines Zeugen oder Sachverständigen abhängig macht. Diesbezüglich bestehende Zweifel

---

389 BGH, NJW 1992, 1695, 1696.
390 BGH, NJW 1992, 1695, 1697.
391 Zu den Pflichten bei einseitigen Rechtsgeschäften oder rechtsgeschäftlichen Erklärungen s. Rn. 762 f.
392 BGH, NJW 1995, 521, 522.

muss der Rechtsanwalt gegenüber dem Auftraggeber sowie gegenüber dem Gericht darlegen.³⁹³

b) Anspruchssicherung

Über die Beweissicherungspflicht, welche die tatsächlichen Grundlagen von Ansprüchen des Auftraggebers betrifft, hinaus muss ein Rechtsanwalt auch verhindern, dass dem Auftraggeber **rechtliche Nachteile durch Zeitablauf** entstehen, insbesondere dadurch, dass **Fristen** nicht beachtet werden. Dabei kann es sich insbesondere um **Ausschluss- oder Verjährungsfristen** handeln. Auf die Pflicht, **prozessuale Fristen** zu beachten, wird gesondert eingegangen.³⁹⁴

611

aa) Sicherung gegen Verjährung

Der in der Praxis wichtigste Sicherungsfall ist die Beachtung von **Verjährungsfristen** und die Verhinderung der Verjährung (§§ 194 – 218 BGB) von Ansprüchen des Auftraggebers.³⁹⁵ Die Rechtsprechung leitet die Verpflichtung des Rechtsanwalts, einem Rechtsverlust des Mandanten wegen Verjährung durch geeignete Maßnahmen entgegenzuwirken,³⁹⁶ aus der allgemeinen Pflicht ab, im Rahmen des Auftrags die Belange des Auftraggebers nach jeder Richtung wahrzunehmen und ihm voraussehbare und vermeidbare Nachteile zu ersparen (Rn. 482). Im Einzelnen muss der Rechtsanwalt im Rahmen seines Mandats

612

- unverzüglich Verjährungsfristen für Ansprüche des Auftraggebers **erfassen** und **überwachen** sowie
- die Ansprüche gegen eine drohende Verjährung **sichern**, d.h. rechtzeitig Maßnahmen zur Hemmung der Verjährung einleiten.

Wenn der Rechtsanwalt Dispositionen trifft, die das Risiko der Verjährung erhöhen, ist er verpflichtet, **Vorkehrungen gegen eine drohende Verjährung** zu treffen. Wenn ein Anwalt vertraglich verpflichtet ist, vermeidbare Nachteile für seinen Auftraggeber zu verhindern, hat er deren Ansprüche vor der Verjährung zu sichern. Ist unklar, wann die Ansprüche auf Ersatz des materiellen und immateriellen Schadens verjähren, ist der Anwalt verpflichtet, unter Berücksichtigung des für seinen Mandanten ungünstigs-

---

393 BGH, NJW 1988, 3013, 3016.
394 Zu der Pflicht, rechtzeitig schriftsätzlich vorzutragen s. Rn. 671; zu der Pflicht, Rechtsmittelfristen und andere Notfristen zu wahren s. Rn. 694.
395 Vgl. *Borgmann/Jungk/Grams*, § 20 Rn. 87 und § 52; *Ostler*, JA 1983, 109, 113; *Fahrendorf*, in: *Rinsche/Fahrendorf/Terbille*, Rn. 1749; *Vollkommer/Heinemann*, Rn. 823.
396 RGZ 115, 185, 189; BGH, VersR 1960, 991, 992; 1967, 704, 705; 1971, 1119, 1121; WM 1985, 203, 204 f.; NJW 1988, 1079, 1081; 1992, 820; 1993, 1779, 1780; 1993, 2797 f.; 1994, 2822, 2823; 1997, 1302; OLG Hamm, MDR 1998, 122.

ten Falls, sofort entsprechende Maßnahmen zu ergreifen.[397] Dies gilt entsprechend für **Vorkehrungen gegen die Versäumung einer Anfechtungsfrist**, z.B. zur **Ehelichkeitsanfechtung** (vgl. Rn. 629).[398]

Der BGH hat insofern eine **Beweislastregel** am Beispiel eines **Architektenvertrages** aufgestellt: Hat der Rechtsanwalt Ansprüche seines Mandanten gegen den Architekten wegen mangelhafter Beaufsichtigung des Unternehmers verjähren lassen und entsteht in diesem Zusammenhang Streit über die Höhe der Leistungen, die der gekündigte Arbeitnehmer hätte abrechnen können, so trifft den Anwalt die Beweislast.[399]

(1) Erfassung und Überwachung von Verjährungsfristen

613 Nach Übernahme eines neuen Mandats muss ein Rechtsanwalt sich unverzüglich, d.h. innerhalb einer angemessenen – i.d.r. nach Tagen zu bemessenden – Frist, mit dem Gegenstand des Auftrags vertraut machen und ihn darauf **überprüfen**, ob und ggf. welche Maßnahmen zur ordnungsgemäßen Wahrnehmung der Rechte des Auftraggebers erforderlich sind.[400] Hierzu zählt auch die **Feststellung** und anschließende **Überwachung von Verjährungsfristen**.[401] Dabei muss der Rechtsanwalt im Interesse seines Mandanten den **sichersten Weg** wählen (Rn. 568 – 581).[402] Wenn unklar ist, wann der Anspruch des Auftraggebers verjährt, muss der Rechtsanwalt in Erwägung ziehen, dass sich das zur Entscheidung berufene Gericht der seinem Mandanten ungünstigeren Beurteilung anschließt.[403] Grundsätzlich wird vom Rechtsanwalt erwartet, dass er die in Frage kommenden Verjährungsvorschriften kennt.[404] Der BGH hat hervorgehoben, dass die **Fristenkontrolle** zu dem ureigenen Aufgabenbereich des Rechtsanwalts gehört.[405] Fehler bei der Fristenkontrolle, die **angestellte Rechtsanwälte** oder **nichtjuristische Mitarbeiter** des beauftragten Rechtsanwalts zu vertreten haben, sind diesem haftungsrechtlich gemäß § 278 BGB zuzurechnen (vgl. Rn. 258 – 267 sowie Rn. 794 f.).

---

397 BGH, NJW 1981, 2741, 2742; WM 1993, 735, 735 u. 2797, 2798; 2002, 505, 507; NJW 2004, 1521.
398 BGH, NJW-RR 2005, 494.
399 BGH, WM 2004, 2220.
400 RGZ 115, 185, 187; BGH, VersR 1965, 763 f.; NJW 1994, 2822, 2823.
401 Vgl. *Fahrendorf*, in: *Rinscke/Fahrendorf/Terbille*, Rn. 1749; *Vollkommer/Heinemann*, Rn. 824.
402 BGH, NJW 1994, 2822, 2823.
403 BGH, NJW 1993, 2797 f.
404 Zu den vom Rechtsanwalt erwarteten Rechtskenntnissen s. Rn. 522 – 555.
405 BGH, NJW 1992, 820.

(2) Verjährungshemmung

Die Verjährungshemmung ist nunmehr in den §§ 203 ff. BGB geregelt. Das Schuldrechtsmodernisierungsgesetz hat dabei eine Reihe von Änderungen gebracht. Die Rechtsverfolgung durch Klage und gleichgestellte Maßnahmen (§§ 209, 210, 219, 220 BGB a.F.) führen nach § 204 BGB nicht mehr zum Neubeginn, sondern nur noch zur Hemmung der Verjährung. Die **Hemmung** aus tatsächlichen, rechtlichen und familiären Gründen (§§ 202, 203 und 204 BGB a.F.) und die **Ablaufhemmung** (§§ 206, 207 BGB a.F.) behält das Schuldrechtsmodernisierungsgesetz, teils in engerer, teils in erweiterter Fassung, bei. Zudem ist der Begriff „**Unterbrechung**" durch „**Neubeginn" der Verjährung** (§ 212 BGB) ersetzt. Ähnlich wie die frühere deliktsrechtliche Vorschrift des § 852 Abs. 2 BGB a.F. hat der Gesetzgeber in § 203 BGB einen allgemeinen **Hemmungstatbestand der Verhandlungen zwischen dem Gläubiger und Schuldner** eingeführt. Der Begriff der Verhandlung ist dabei weit auszulegen.[406] Der Gläubiger muss klarstellen, dass er einen Anspruch geltend machen und worauf er ihn im Kern stützen will.[407] Es genügt grundsätzlich jeder Meinungsaustausch über den Anspruch oder die anspruchsbegründenden Umstände zwischen Gläubiger und Schuldner oder bevollmächtigten Personen, sofern der Schuldner Verhandlungen nicht erkennbar sofort ablehnt oder die Ansprüche bestreitet, so dass der Gläubiger zu der Annahme berechtigt ist, der Schuldner lasse sich jedenfalls auf Erörterungen über die Berechtigung seiner Ansprüche ein.[408] § 203 Satz 2 BGB sieht zudem neuerdings vor, dass dem Gläubiger eine dreimonatige Ablaufhemmung nach Ende der Verhandlungen zur Vorbereitung einer gerichtlichen Geltendmachung seiner Ansprüche eingeräumt wird.

614

Grundsätzlich wird ein Rechtsanwalt den Schuldner seines Mandanten zunächst auffordern, einen Anspruch innerhalb einer bestimmten Frist zu erfüllen und für den Fall der Nichterfüllung die gerichtliche Durchsetzung des Anspruchs androhen. Wenn der Schuldner zur **Erfüllung** oder zu einem **Anerkenntnis** i.S.d. § 212 Abs. 1 Nr. 1 BGB nicht bereit ist, ist der vom Gläubiger beauftragte Rechtsanwalt verpflichtet zu verhindern, dass der Anspruch des Auftraggebers verjährt, d.h. der Schuldner berechtigt ist, die Leistung zu verweigern (§ 214 Abs. 1 BGB). Dann muss der Rechtsanwalt rechtzeitig **Maßnahmen zur Hemmung** (§§ 203 ff. BGB)[409] der Verjährung einleiten. Diese Verpflichtung, die Verjährung zu verhindern, ist erst verletzt, wenn die Verjährung entweder bereits eingetreten ist oder so nahe bevorsteht, dass sie aus zeitlichen Gründen nicht mehr gehemmt werden kann.[410] Zu den Pflichten des Rechtsanwalts gehört es

615

---

406 BGH, NJW 1983, 2075 zu § 852 BGB.
407 OLG München, ZIP 2005, 656; *Palandt/Heinrichs*, BGB, § 203 Rn. 2.
408 BGH, NJW-RR 2001, 1168; *Borgmann/Jungk/Grams*, § 52 Rn. 63.
409 Vgl. auch Hemmungstatbestände in §§ 497 Abs. 3 Satz 3, 771 Satz 2 BGB; § 8 Abs. 2 RVG; § 439 Abs. 3 HGB; §§ 3 Nr. 3 Satz 3, 4, 12 Abs. 3 PflichtVG, § 12 Abs. 2 VVG.
410 BGH, NJW 1993, 1779, 1780.

jedoch, eine die Verjährung hemmende Maßnahme so rechtzeitig vorzunehmen, dass der Mandant auch bei einer ihm ungünstigen Beurteilung der Verjährungsfrage durch das Prozessgericht der vermeidbaren Gefahr der Klageabweisung wegen Verjährung entgeht.[411]

Über die Vor- und Nachteile der einzelnen Möglichkeiten, die Verjährung zu hemmen, muss der Rechtsanwalt seinen **Auftraggeber rechtzeitig aufklären** und mit ihm im konkreten Fall absprechen, wie verfahren werden soll.

(a) Abrede mit dem Schuldner

616 Bevor der Rechtsanwalt Maßnahmen einleitet, um die Verjährung durch Klageerhebung oder eine gleichgestellte Maßnahme zu hemmen, kann er versuchen, mit der Gegenseite eine Vereinbarung zu treffen, wonach diese vor dem Ablauf der Verjährungsfrist darauf verzichtet, sich für einen bestimmten Zeitraum auf die Einrede der Verjährung zu berufen (sog. **pactum de non petendo**; dazu Rn. 1544 ff.). Gemäß § 202 Abs. 1 BGB kann die Verjährung bei Haftung wegen Vorsatzes nicht im Voraus durch Rechtsgeschäfte erleichtert werden. § 202 Abs. 2 BGB bestimmt, dass die Verjährung durch Rechtsgeschäft nicht über eine Verjährungsfrist von 30 Jahren ab dem gesetzlichen Verjährungsbeginn hinaus erschwert werden kann. Darüber hinaus sind vertragliche Vereinbarungen über die Verjährung weitgehend und in Abkehr von § 225 Satz 1 BGB a.F. möglich. Der Schuldner kann jedoch mit der Berufung auf die Verjährung solange gegen Treu und Glauben (§ 242 BGB) verstoßen, als er beim Gläubiger den Eindruck erweckt hat, dessen Ansprüche würden befriedigt oder doch nur mit sachlichen Einwendungen bekämpft, und solange er ihn hierdurch von der rechtzeitigen Klageerhebung oder -erweiterung abhält. **Die Berufung des Schuldners auf die Verjährung** ist dann treuwidrig und unwirksam, wenn der Gläubiger aus dem gesamten Verhalten des Schuldners für diesen erkennbar das Vertrauen geschöpft hat und auch schöpfen durfte, der Schuldner werde die Verjährungseinrede nicht geltend machen, sich vielmehr auf sachliche Einwendungen beschränken.[412] Das ist i.d.R. dann anzunehmen, wenn der Schuldner dem Gläubiger gegenüber ausdrücklich auf die **Einrede der Verjährung verzichtet**. Dieser aus § 242 BGB abzuleitende **Vertrauensschutz** reicht aber nur so weit und gilt nur so lange, wie die den Einwand der unzulässigen Rechtsausübung begründenden tatsächlichen Umstände fortdauern. Der Gläubiger muss nach dem für ihn erkennbaren Fortfall dieser Umstände innerhalb einer angemessenen, nach Treu und Glauben zu bestimmenden Frist seinen Anspruch gerichtlich geltend machen.[413]

---

411 BGH, VersR 1960, 991, 992; NJW 1981, 2741, 2742; WM 1993, 734, 735 und 2797, 2798; 2002, 505, 507.
412 BGH, WM 1996, 1108; NJW 1998, 902, 903.
413 BGH, NJW 1991, 974, 975; vgl. auch BGH, NJW 1974, 1285 f.; 1979, 866, 867; 1981, 1550, 1551; 1999, 1022, 1023.

(b) Klageerhebung

Der Regelfall einer die **Verjährung hemmenden** Maßnahme ist die **Erhebung einer Klage** (§ 204 Abs. 1 Nr. 1 BGB). Einer Klage vor den staatlichen Gerichten ist eine **Schiedsklage** gleichgestellt (§ 204 Abs. 1 Nr. 11 BGB). Für die Klageerhebung vor einem ordentlichen Gericht in Zivilsachen kommt es auf die **Zustellung der Klage** an (§§ 261 Abs. 1, 253 Abs. 1 ZPO). Klagen, für welche der Rechtsweg außerhalb der ZPO gegeben ist, sind mit Einreichung bei Gericht erhoben. Die Zustellung spielt dabei keine Rolle.[414] Allerdings ist für Verfahren nach den Regeln der ZPO die **Vorwirkung des § 167 ZPO** zu beachten. Danach erfolgt eine Verjährungshemmung durch Klageerhebung nicht erst mit der Zustellung der Klage, sondern bereits mit deren Einreichung bzw. Anbringung bei Gericht, falls die Klage demnächst zugestellt wird. Eine Klage ist „demnächst" innerhalb einer nach den Umständen angemessenen, selbst längeren Frist zugestellt, sofern die Partei alles Zumutbare für eine alsbaldige Zustellung getan hat und schutzwürdige Belange der Gegenpartei nicht entgegenstehen; der Partei sind nur Verzögerungen zuzurechnen, die sie bei gewissenhafter Prozessführung hätte vermeiden können, etwa eine **verspätete Einzahlung des Gerichtskostenvorschusses**. Die Partei soll bei der Zustellung von Amts wegen vor Nachteilen durch Zustellungsverzögerungen innerhalb des gerichtlichen Geschäftsbetriebs bewahrt werden.[415] Notfalls muss der Rechtsanwalt seinen Mandanten darauf hinweisen, dass ihm im Fall einer verspäteten Einzahlung des Gerichtskostenvorschusses die Gefahr der Anspruchverjährung droht. Hierzu reicht ein allgemein gehaltener Hinweis nicht aus. Der Rechtsanwalt muss dem Mandanten klar vor Augen führen, dass die Klage bei Verjährung des Anspruchs abgewiesen werden muss, so dass auch ein Rechtsmittel aussichtslos wäre.[416]

617

Hat der Auftraggeber dem Rechtsanwalt **Geld zur Einzahlung der Gerichtsgebühr** für das Verfahren im allgemeinen überlassen, verletzt der Rechtsanwalt seine Pflichten, wenn er das Geld nicht bestimmungsgemäß einzahlt, um durch eine alsbaldige Zustellung der Klage (§ 167 ZPO) die Verjährung des damit geltend gemachten Anspruchs zu hemmen (§ 204 Abs. 1 Nr. 1 BGB), sondern ohne Einwilligung des Auftraggebers zur Tilgung eigener Gebührenforderungen verwendet. Dies gilt auch dann, wenn der Rechtsanwalt gleichzeitig beauftragt wird, einen Antrag auf Bewilligung von Prozesskostenhilfe zu stellen.[417]

618

Um die Verjährung zu hemmen, kann der Gläubiger insbesondere eine **Leistungs- oder eine Feststellungsklage** (§ 256 ZPO) erheben (§ 204 Abs. 1 Nr. 1 BGB). Die Verteidigung gegen eine **negative Feststellungsklage** des Schuldners hemmt demgegenüber

619

---

414 Vgl. §§ 74, 81 VwGO; §§ 87, 90 SGG; §§ 47, 64 FGO.
415 BGH, NJW 1988, 1980, 1981 f.; 1992, 1820, 1821; 1995, 2230, 2231; 1999, 1022, 1024.
416 BGH, NJW 1974, 2318, 2319; NJW-RR 1995, 252 – Ablauf einer Ausschlussfrist gemäß § 12 Abs. 3 VVG.
417 BGH, NJW 1989, 1148, 1149.

Sieg

die Verjährung von Ansprüchen des Gläubigers weder gemäß § 204 Abs. 1 Nr. 1 BGB noch in entsprechender Anwendung dieser Vorschrift.[418] Voraussetzung einer Verjährungshemmung gemäß § 204 Abs. 1 Nr. 1 BGB ist, dass eine **Klageerhebung wirksam** ist, also den Voraussetzungen des § 253 ZPO genügt.[419] Die Klage muss ferner **von dem Berechtigten erhoben** worden sein.[420] Unbeachtlich ist demgegenüber, ob die Klage zulässig oder begründet ist.[421] Die Hemmung tritt selbst dann ein, wenn die Klage vor einem unzuständigen Gericht erhoben wird.[422] Die Hemmungswirkung der Klage setzt nicht voraus, dass alle für einen solchen Anspruch entscheidungserheblichen Tatsachen sogleich schlüssig behauptet und substanziiert vorgetragen werden. Der unzureichende Tatsachenvortrag kann im Laufe des Rechtsstreits nachgeholt werden, und zwar auch dann noch, wenn der Anspruch ohne die Verjährungshemmung der Klage bereits verjährt wäre.[423] Eine **Teilklage** hemmt die Verjährung nur in der Höhe des eingeklagten Betrages.[424] Dafür ist es unerheblich, wenn die Aufgliederung des Klageantrags auf die einzelnen Forderungen und die Bezifferung dieser Forderungen erst nach Ablauf der Verjährungsfrist während des Rechtsstreits vorgenommen werden.[425]

620 Gemäß § 204 Abs. 1 Nr. 14 wird die Verjährung gehemmt durch die Veranlassung der Bekanntgabe des erstmaligen **Antrags auf Prozesskostenhilfe**. Wird die Bekanntgabe demnächst nach der Einreichung des Antrags veranlasst, so tritt die Hemmung der Verjährung bereits mit der Einreichung ein. Die Verjährung ist zudem gemäß § 206 BGB gehemmt, wenn eine Partei durch höhere Gewalt an der Rechtsverfolgung gehindert ist. Die Verjährungsfrist ist dann solange gehemmt, bis die Partei in der Lage ist, ordnungsgemäß Klage zu erheben.

(c) Mahnverfahren

621 Kann eine Klage zur Verjährungshemmung noch nicht erhoben werden, weil noch klagebegründende Tatsachen ermittelt und/oder Beweismittel beigebracht werden

---

418 BGHZ 72, 23, 25 ff., zu § 209 Abs. 1 BGB a.F.
419 BGH, NJW-RR 1989, 508. Zu den Sorgfaltspflichten des Rechtsanwalts bei Klageerhebung s. Rn. 654 – 663.
420 BGHZ 78, 1, 3 f.
421 BGHZ 78, 1, 5 – unzulässige gewillkürte Prozessstandschaft; BGH, NJW 1978, 1058 – örtlich oder sachlich unzuständiges Gericht. Zur Verjährungsunterbrechung durch eine Klage vor einem international unzuständigen Gericht: RG, JW 1926, 374 f.; RGZ 129, 385 ff.; OLG Düsseldorf, NJW 1978, 1752 sowie *Geimer*, Internationales Zivilprozessrecht, Rn. 2828 ff.; *Schack*, Internationales Zivilverfahrensrecht, Rn. 780 ff.
422 RGZ 151, 232, 235; BGH, NJW 1961, 2259; 1962, 2154; 1978, 1058.
423 BGH, NJW-RR 1996, 1409, 1410.
424 BGHZ 66, 142, 147; BGH, NJW 1978, 1058, 1059.
425 BGH, NJW 1959, 1819 f.; 1967, 2210, 2211.

müssen,[426] kann es sich – auch aus Kostengründen[427] – empfehlen, den **Erlass eines Mahnbescheids** zu beantragen (§ 204 Abs. 1 Nr. 3 BGB, §§ 688 – 703d ZPO).[428] Dann ist lediglich der **Anspruchsgegenstand präzise zu individualisieren** (§ 690 Abs. 1 Nr. 3 ZPO). Der im Mahnbescheid bezeichnete Anspruch muss durch die Kennzeichnung von anderen Ansprüchen so unterschieden und abgegrenzt werden können, dass er über einen Vollstreckungsbescheid Grundlage eines Vollstreckungstitels sein kann. Der Schuldner muss erkennen können, welcher Anspruch gegen ihn geltend gemacht wird, damit er beurteilen kann, ob er sich gegen den Anspruch zur Wehr setzen will oder nicht. Die Art und der Umfang der erforderlichen Angaben hängen vom Einzelfall, vor allem von dem zwischen den Parteien bestehenden Rechtsverhältnis und der Art des Anspruchs ab.[429]

Im Mahnverfahren tritt die **verjährungshemmende Wirkung der Zustellung** eines Mahnbescheids (§ 691 Abs. 2 ZPO) bereits mit der **Einreichung oder Anbringung des Antrags** auf Erlass des Mahnbescheids ein, wenn die Zustellung demnächst erfolgt. Beantragt keine Partei im Anschluss an die Zustellung des Widerspruchs durch den Antragsgegner (§ 694 ZPO), das streitige Verfahren durchzuführen (§ 696 Abs. 1 ZPO), und werden die restlichen Gerichtskosten nicht eingezahlt (§ 12 Abs. 3 Satz 3 GKG), tritt ein **Stillstand des Verfahrens** ein. Die Verjährungshemmung richtet sich dann nach § 204 Abs. 2 BGB. Der Antragsgegner kann den Antragsteller nach Einleitung eines Mahnverfahrens allerdings zwingen, den Antrag innerhalb von zwei Wochen zu begründen (§§ 696 Abs. 1 Satz 1, 697 ZPO), indem er Widerspruch einlegt und die restlichen Gerichtskosten einzahlt. Dann ergeben sich dieselben Anforderungen, den Antrag hinreichend substanziiert zu begründen, wie bei einer Klageerhebung.

622

(d) Außergerichtliches Güteverfahren

Wenn mit einer Verteidigung des Antragsgegners gegen einen Mahnbescheid zu rechnen ist, sollte in Erwägung gezogen werden, einen Antrag auf Einleitung eines **außergerichtlichen Güteverfahrens** bei einer Gütestelle der in § 794 Abs. 1 Nr. 1 ZPO bezeichneten Art zu stellen (§ 204 Abs. 1 Nr. 4 BGB; vgl. § 15a EGZPO).[430] Bei einem außergerichtlichen Güteverfahren handelt es sich um ein **Schlichtungsverfahren**, das einem gerichtlichen Verfahren vorgeschaltet werden kann. Die Anforderungen an die Substanziierung des geltend gemachten Anspruchs sind geringer als bei einem or-

623

---

426 Zu der Pflicht des Rechtsanwalts, eine Klage bzw. die hiergegen gerichtete Verteidigung hinreichend zu substanziieren s. Rn. 667.
427 Ziff. 1100 im Vergleich zu Ziff. 1210 des Kostenverzeichnisses in Anlage 1 zum GKG.
428 Hierzu *Jungk*, AnwBl 1998, 272 ff.
429 Zu den Anforderungen an die Umschreibung des Anspruchsgegenstands: BGH, NJW 1992, 1111; 1993, 862, 863; 1995, 2230, 2231; 1996, 2152 f.; BGH, NJW-RR 2006, 275 = WM 2006, 592.
430 *Eidenmüller*, SchiedsVZ 2003, 163; *Friedrich*, NJW 2003, 1781; *Staudinger/Eidenmüller*, NJW 2004, 23; *Zietsch/Roschmann*, NJW 2001, Beil. zu Heft 51.

dentlichen Zivilverfahren, zumal eine (kostenträchtige) Abweisung nicht stattfindet. Von einem solchen Güteverfahren ist die Öffentlichkeit ausgeschlossen. Gemäß § 91 Abs. 3 ZPO werden die Kosten eines gescheiterten Güteverfahrens vor einer durch die Landesjustizverwaltung eingerichteten oder anerkannten Gütestelle im Rahmen eines nachfolgenden Rechtsstreits berücksichtigt, wenn zwischen der Beendigung des Güteverfahrens und der Klageerhebung nicht mehr als ein Jahr verstrichen ist.

(e) **Selbständiges Beweisverfahren und Streitverkündung**

624 Grundsätzlich ist in Erwägung zu ziehen, zur Verjährungshemmung ein **selbständiges Beweisverfahren** (§§ 485 ff. ZPO) einzuleiten (§ 204 Abs. 1 Nr. 7 BGB) oder Dritten, die an einem Rechtsstreit nicht beteiligt sind, in zulässiger Weise den **Streit zu verkünden** (§§ 72 – 74 ZPO, § 204 Abs. 1 Nr. 6 BGB).[431]

In beiden Fällen tritt die Hemmung gemäß § 167 ZPO bereits mit Einreichung des Antrags ein, wenn die Zustellung „demnächst" erfolgt. Bei einer Verjährungshemmung durch Streitverkündung müssen die zeitlichen Grenzen des § 204 Abs. 2 BGB beachtet werden. Die Wirkungen einer Streitverkündung können auch durch eine Vereinbarung zwischen den Beteiligten erzielt werden.[432]

(3) **Vorkehrungen gegen drohende Verjährung**

625 Ein Rechtsanwalt hat **vor Ablauf der Verjährungsfrist Vorkehrungen zu treffen**, damit es **nicht zur Verjährung kommt** (vgl. Rn. 503). Diese Pflicht setzt wesentlich früher ein als der Eintritt der Verjährung selbst. Ein Rechtsanwalt, der von seinem Mandanten beauftragt wird, dessen Rechte gegenüber einem säumigen Schuldner wahrzunehmen, ist aufgrund des Anwaltsvertrags verpflichtet, Vorkehrungen gegen eine drohende Verjährung spätestens dann einzuleiten, wenn er **Dispositionen** trifft, **die das Risiko der Verjährung erhöhen**.[433] So entsteht diese Verpflichtung i.d.R., wenn der Rechtsanwalt lediglich eine **Teilklage** erhebt, für den nicht anhängig gemachten Teil der Forderung.[434] Auch wenn ein Rechtsanwalt von seinem Mandanten beauftragt wird, seine Rechte gegenüber einer Vielzahl von Schuldnern wahrzunehmen, und sich dazu entschließt, zunächst nur „**Musterprozesse**" gegen einzelne Schuldner zu führen, hat er Vorkehrungen zu treffen, dass die Ansprüche gegen die übrigen Schuldner nicht verjähren.[435]

626 Die Pflicht, Vorkehrungen gegen eine drohende Verjährung zu treffen, kann auch nach **risikoerhöhenden Unterlassungen** des Rechtsanwalts eingreifen. Nimmt ein Rechts-

---

431 Zur Pflicht des Rechtsanwalts zur Streitverkündung auch s. Rn. 661 – 663.
432 OLG Düsseldorf, NJW-RR 1993, 1471.
433 BGH, NJW 1993, 1779, 1780; 1997, 1302; WM 2002, 505, 507; vgl. auch BGH, VersR 1971, 1119, 1122.
434 RGZ 115, 185 ff.; BGH, NJW 1993, 1779, 1780.
435 BGH, NJW 1993, 1779, 1780.

anwalt den Auftrag, eine Forderung einzuziehen, nur gut ein halbes Jahr vor deren Verjährung an, so verletzt er seine Pflicht, solche Vorkehrungen zu treffen, jedenfalls dadurch, dass er fast die Hälfte der Zeit untätig bleibt. Dann darf der Rechtsanwalt die Angelegenheit nach einer ersten Zahlungsaufforderung nicht für mehr als einen Monat auf Frist legen. Nach fruchtlosem Fristablauf wird erwartet, dass der Rechtsanwalt Maßnahmen einleitet, um die Verjährung zu hemmen.[436]

Ein Rechtsanwalt, der der Pflicht zu vorbeugenden Maßnahmen nicht gerecht geworden ist, kann sich i.d.R. nicht darauf berufen, dass das Mandat vor Eintritt der Verjährung beendet worden ist und danach eine Hemmung der Verjährung noch möglich gewesen wäre, aber nicht stattgefunden hat. Vielmehr kann der Rechtsanwalt auch **nach Beendigung des Mandats** noch verpflichtet sein, den ehemaligen Mandanten auf eine drohende Verjährung hinzuweisen und ihn über die Folgen nicht rechtzeitiger verjährungshemmender Maßnahmen aufzuklären.[437]

627

(4) Hinweispflichten bei beschränktem Mandat

Auch wenn der Rechtsanwalt nur eingeschränkt beauftragt ist (Rn. 504), kann eine **Nebenpflicht** bestehen, seinen **Auftraggeber auf die drohende Verjährung** von Ansprüchen gegen einen Dritten **hinzuweisen**. Vorausgesetzt wird, dass für den Rechtsanwalt ersichtlich ist, dass bei Verlust des Rechtsstreits Ansprüche gegen einen Dritten in Betracht kommen und der Auftraggeber insoweit nicht anderweitig beraten wird. Auch bei einem auf die Führung eines bestimmten Prozesses eingeschränkten Mandat darf der Rechtsanwalt seine Aufgabe nicht völlig isoliert von den übrigen Interessen des Auftraggebers sehen. Vielmehr hat er die **mit dem Rechtsstreit unmittelbar zusammenhängenden rechtlichen und wirtschaftlichen Belange seiner Partei** mit zu berücksichtigen und darauf zu achten, dass ihr insoweit nicht durch ein Versäumnis während des Prozesses Nachteile entstehen; dies gilt insbesondere für den Verlust von Ansprüchen, die gegen Dritte – selbständig oder bei ungünstigem Ausgang des Rechtsstreits – in Betracht kommen. Obwohl das Mandat auf die Verfolgung des Anspruchs gegen eine bestimmte Partei beschränkt ist, gehört es zu dem Auftrag des Rechtsanwalts zu prüfen, ob insoweit Verjährung droht, und seinen Auftraggeber ggf. zu belehren, welche Maßnahmen zur Vermeidung rechtlicher Nachteile erforderlich sind.[438] Eine Nebenpflicht, den Auftraggeber darauf hinzuweisen, dass neben den Ansprüchen, die Gegenstand des Auftrags sind, auch solche gegen Dritte zu verjähren drohen, scheidet aber jedenfalls dann aus, wenn der mögliche Gegenstand der Beratung bei der Auftragserteilung ausdrücklich ausgeklammert worden ist.[439]

628

---

436 BGH, NJW 1997, 1302.
437 Allgemein zu den nachvertraglichen Pflichten eines Rechtsanwalts Rn. 191 – 203.
438 BGH, NJW 1993, 2045.
439 BGH, NJW 1993, 1779, 1781.

bb) Sicherung gegen Versäumung von Ausschlussfristen

629 **Ausschlussfristen** werden dadurch gekennzeichnet, dass die Rechte, die innerhalb einer solchen Frist geltend zu machen sind, mit deren Ablauf erlöschen. Der Ablauf einer Ausschlussfrist ist in einem Rechtsstreit **von Amts wegen zu beachten**.[440] Ausschlussfristen unterscheiden sich insoweit von Verjährungsfristen (vgl. § 214 BGB). Ebenso wie bei Verjährungsfristen ist ein Rechtsanwalt verpflichtet, im Rahmen seines Mandats mögliche Ausschlussfristen unverzüglich zu erfassen und zu überwachen sowie zu **verhindern**, dass der **Mandant durch Fristablauf Rechtsnachteile erleidet**.[441] Entsprechendes gilt, wenn dem Mandanten ein Rechtsverlust durch den **Ablauf einer Klagefrist** droht. Dann muss der Rechtsanwalt den Auftraggeber auf diese Folge auch dann hinweisen, wenn er eine Klage für aussichtslos hält, um diesem eine eigenverantwortliche Entscheidung zu ermöglichen.[442]

Neben dem Übersehen einer Ausschlussfrist kann es auch dadurch zu einem von dem beauftragten Rechtsanwalt zu verantwortenden Fristversäumnis kommen, dass er entgegen § 174 BGB bei einem **einseitigen Rechtsgeschäft**, das während einer Ausschlussfrist im Auftrag des Mandanten vorzunehmen ist – etwa bei einer Kündigung gemäß § 626 BGB – versäumt, eine ordnungsgemäße **Vollmachtsurkunde vorzulegen** und der andere das Rechtsgeschäft aus diesem Grund unverzüglich zurückweist, sofern der Vollmachtgeber den anderen von der Bevollmächtigung nicht in Kenntnis gesetzt hatte. Dann kann es für eine ordnungsgemäße Wiederholung des einseitigen Rechtsgeschäfts bereits zu spät sein (vgl. auch Rn. 763).

c) Prozessaussicht

630 Der allgemeine Grundsatz, dass der um Beratung ersuchte Rechtsanwalt zu einer umfassenden und möglichst erschöpfenden Belehrung verpflichtet ist und seinen Mandanten vor Schäden bewahren muss (Rn. 482), findet eine spezielle Ausprägung, wenn ein Rechtsanwalt ein Mandat übernommen hat, das die **Vertretung des Auftraggebers in einem gerichtlichen Verfahren** zum Gegenstand hat.[443] Dabei hat der Anwalt dem Auftraggeber den den Umständen nach **sichersten und ungefährlichsten Weg** vorzu-

---

440 *Palandt/Heinrichs*, BGB, Überbl. v. § 194 Rn. 13; *Ostler*, JA 1983, 109, 113 f.; *Vollkommer/Heinemann*, Rn. 710 – 712; zu § 12 Abs. 3 VVG: *Dobmaier*, AnwBl 1998, 602 f.
441 BGH, NJW 1974, 2318, 2319; NJW-RR 1995, 252; NJW 1998, 1860, 1861; WM 1998, 2246, 2248; NJW-RR 2005, 494, 496; OLG Düsseldorf, NJW 1987, 2523 f.; BayObLG, NJWE-VHR 1998, 181, 182 f.
442 BGH, WM 1999, 1342, 1344 – Steuerberater (zu § 47 FGO).
443 Vgl. *Borgmann/Jungk/Grams*, § 20 Rn. 91 – 98; *Hartstang*, S. 516 – 519; *K. Müller*, JR 1969, 161, 163; *Fahrendorf*, in: *Rinsche/Fahrendorf/Terbille*, Rn. 546 ff.; *Vollkommer/Heinemann*, Rn. 253 – 259.

schlagen und ihn über mögliche Risiken aufzuklären, damit der Mandant eine sachgerechte Entscheidung treffen kann.[444]

aa) Aufklärung über Notwendigkeit, Erfolgsaussicht und Risiken eines Rechtsstreits

Der **Auftraggeber muss eigenverantwortlich über Art und Weise einer gerichtlichen Rechtsverfolgung entscheiden** können. Soweit er hierzu nicht in der Lage ist, muss der Rechtsanwalt ihn über die Notwendigkeit, Erfolgsaussicht und Gefahren eines Rechtsstreits ins Bild setzen.[445] Für die dabei bestehenden Beratungs- und Aufklärungspflichten macht es keinen Unterschied, ob der Rechtsanwalt den Kläger oder Beklagten vertritt oder ob es um die Erfolgsaussichten eines Rechtsmittels[446] geht.

631

Bei der Prüfung der **Aussichten eines beabsichtigten Prozesses** muss der Rechtsanwalt vor allem den ihm **vorgetragenen Sachverhalt darauf überprüfen, ob er geeignet ist, den von dem Auftraggeber erstrebten Erfolg zu begründen** (vgl. Rn. 508).[447] Auf rechtliche Bedenken gegen die Erfolgsaussichten einer Klage muss der Rechtsanwalt den Auftraggeber hinweisen.[448] Der Rechtsanwalt muss nicht nur das Vorhandensein, sondern auch das **ungefähre, in etwa abschätzbare Ausmaß des Risikos** eines zu erwartenden Rechtsstreits darlegen und erörtern.[449] Eine unzureichende Beurteilung der Prozessaussicht, die allgemein anerkannte methodische Regeln missachtet, geht zu Lasten des Rechtsanwalts.

632

Da der Rechtsanwalt die Prozessaussicht zugunsten seiner Partei so umfassend wie möglich darzustellen hat, darf er sich nicht ohne weiteres mit den Informationen seines Auftraggebers begnügen. Er muss um **zusätzliche Aufklärung** bemüht sein, wenn den Umständen nach die Kenntnis weiterer Tatsachen für eine zutreffende rechtliche Einordnung erforderlich ist und deren Bedeutung für den Mandanten nicht ohne weiteres ersichtlich ist. Kann die Klage auf **verschiedene rechtliche** Grundlagen gestützt werden, ist der Sachvortrag so zu gestalten, dass möglichst alle in Betracht kommenden Gründe konkret dargelegt werden. Was danach **im Einzelfall geboten** ist, hängt von den gesamten Umständen, insbesondere vom Begehren des Mandanten und dem Inhalt des Mandats ab. Der Rechtsanwalt hat sich nur **mit den tatsächlichen Angaben zu befassen**, die zur pflichtgemäßen Erledigung des Auftrags zu beachten sind. Er braucht sich nicht um die Aufklärung von Vorgängen zu bemühen, die weder nach den

633

---

444 BGH, NJW 1996, 2648.
445 BGH, VersR 1963, 387, 388; NJW-RR 1991, 1241, 1243. Zur fehlenden **Belehrungsbedürftigkeit** eines Auftraggebers: BGH, WM 2000, 959, 961; NJW 2001, 517, 518; NJW-RR 2003, 1574; OLG Düsseldorf, MDR 1986, 145.
446 Vgl. BGH, NJW-RR 1986, 1281; OLG Celle, AnwBl 1982, 22 f.
447 BGH, VersR 1963, 387, 388; NJW 1986, 2043, 2044; 1988, 2113.
448 BGH, NJW 1988, 2113; 1997, 2168, 2169.
449 BGH, NJW 1984, 791, 792 f.

Informationen des Auftraggebers noch aus Rechtsgründen in einer inneren Beziehung zu dem Sachverhalt stehen, aus dem der Mandant einen Anspruch herleitet.[450]

634 In einem Fall, in dem ein **Unterliegen nahezu sicher oder jedenfalls mit hoher Wahrscheinlichkeit zu erwarten** ist, muss der Rechtsanwalt **von der Klage abraten**. Wünscht der Mandant dennoch die Klage, muss der Rechtsanwalt das Prozessrisiko klar herausstellen. Der Rechtsanwalt darf dann seine Beratung nicht auf den Hinweis beschränken, dass ein Risiko bestehe und der Ausgang des Rechtsstreits offen sei; er muss vielmehr auch von sich aus **deutlicher zum hohen Grad des Risikos und zur Wahrscheinlichkeit eines Prozessverlustes Stellung nehmen**.[451] Es genügt nicht, dass der Rechtsanwalt mit allgemeinen Formeln auf das Prozessrisiko hinweist.[452] Bleibt der Mandant nach einer solchen eindringlichen Belehrung bei seinem Entschluss, die Klage durchzuführen, kann der Rechtsanwalt dem entsprechen, ohne gegen seine Pflichten aus dem Anwaltsvertrag zu verstoßen.[453] Ein Rechtsanwalt verstößt auch dann nicht gegen seine Pflichten, wenn er nach eindringlicher Belehrung dem Wunsch seines Mandanten nachkommt, die Rechtsverfolgung auf eine juristische Meinung zu stützen, die allenfalls noch vertretbar erscheint.[454]

635 Soweit das Begehren des Mandanten aufgrund einer gut vertretbaren Rechtsauffassung zwar Erfolg haben kann, die Rechtslage aber dennoch zweifelhaft ist, weil sich etwa eine gefestigte Rechtsprechung noch nicht gebildet hat, muss der Rechtsanwalt gegenüber seinem Mandanten **Zweifel und Bedenken, zu denen die Rechtslage Anlass gibt, darlegen und erörtern** sowie die weiteren Schritte von der Entscheidung des Mandanten abhängig machen (vgl. Rn. 560).[455] Eine entsprechende Pflicht, den Mandanten aufzuklären und das weitere Vorgehen von dessen Entscheidung abhängig zu machen, trifft den Rechtsanwalt erst recht, wenn die rechtliche Beurteilung infolge der Tatsachenlage oder der Auffassungen im Schrifttum und der Rechtsprechung zu ernstlich begründeten Zweifeln Anlass gibt, oder wenn der Rechtsanwalt sogar weiß bzw. bei Anwendung der erforderlichen Sorgfalt davon ausgehen muss, dass das Gericht seine Rechtsauffassung nicht teilt. Ein Rechtsanwalt darf nicht darauf vertrauen, seine Auffassung werde die Billigung der Gerichte finden, selbst wenn sie in einem angese-

---

450 BGH, NJW 2002, 1413 = WM 2002, 1077.
451 BGH, NJW 1984, 791, 793; 1986, 2043, 2044; 1988, 2113; 1997, 2168, 2169; 1998, 1488, 1491; vgl. auch OLG Hamm, AnwBl 1987, 33; OLG Celle, AnwBl 1987, 491 f.; OLG Köln, NJW-RR 1994, 955, 956. Auch der Hinweis auf „ein relatives Risiko" ist nicht hinreichend substanziiert: BGH, NJW 1991, 2280, 2282.
452 BGH, NJW-RR 2000, 791.
453 BGH, NJW 1986, 2043, 2044. Vgl. auch OLG Düsseldorf, VersR 1973, 424, 425; MDR 1986, 145; OLG Celle, AnwBl 1987, 491.
454 BGH, VersR 1974, 458, 459; vgl. auch BGH, NJW 1974, 1865, 1866.
455 BGH, NJW 1986, 2043, 2044; vgl. auch BGH, NJW 1985, 264, 265. Zum Erfordernis einer Zustimmung des Auftraggebers zu grundlegenden prozessualen Maßnahmen: BGH, VersR 1961, 467, 468 ff.

B. Einzelpflichten des Rechtsanwalts

henen Kommentar vertreten wird, aber von der Mehrheitsmeinung abweicht.[456] Selbst Fehler des Gerichts dürfen nicht außer Acht gelassen werden.[457] So verletzt ein Patentanwalt seine Pflichten aus dem Anwaltsvertrag, wenn er seinem Mandanten gegenüber erklärt, dessen Patent werde mit Sicherheit für nichtig erklärt werden, wenn eine solche Prognose objektiv zumindest zweifelhaft ist.[458] Aber auch allgemeine Formulierungen wie „geringe Prozesschancen" oder „hohes Risiko" sind unzureichend.[459]

Eine Beratung bezüglich der **Aussichten eines Rechtsmittels** setzt freilich voraus, dass der Rechtsanwalt die Erfolgsaussichten zunächst sorgfältig geprüft hat. Der BGH hat hierzu festgestellt, dass es zu den Aufgaben des Berufungsanwalts gehören kann, den Mandanten über die Möglichkeit und die Aussicht einer Revision zu beraten.[460] Danach ist insbesondere die Besprechung des Urteils mit dem Auftraggeber und die Belehrung über das zulässige Rechtsmittel noch dem abgeschlossenen Rechtszug zuzuordnen. Das Gleiche gelte, wenn der Rechtsanwalt dem Mandanten – etwa in Form eines zusammenfassenden Prozessberichts oder auch in einer Besprechung – seine Ansicht über die ergangene Entscheidung und über die Aussichten eines Rechtsmittels mitteilt.[461] Demgegenüber gehört es ohne besonderen Auftrag nicht mehr zu dem Mandat eines Berufungsanwalts, die materiellen Gründe des Berufungsurteils einer eingehenden Prüfung auf ihre Richtigkeit zu unterziehen, Erfolg versprechende Angriffspunkte herauszuarbeiten und sie auf ihre Revisibilität hin zu untersuchen. Erwecken die Ausführungen des Berufungsanwalts bei dem Auftraggeber den Eindruck, der Anwalt habe das Urteil einer umfassenden Prüfung unterzogen und er sei sich als Ergebnis dieser Prüfung sicher, die Entscheidung des Ausgangsgerichts könne nicht mit Aussicht auf Erfolg angegriffen werden, führt dies zu einer Pflichtverletzung, wenn der Anwalt die Erfolgsaussichten nicht sorgfältig geprüft hat.[462] Die Art der Belehrung richtet sich dabei einerseits nach dem Begriffsvermögen des Mandanten und zum anderen nach dem Grad der Erfolgsaussichten bzw. Aussichtslosigkeit des Rechtsstreits. Von völlig aussichtslosen Verfahren – z.B. bei sicher eingetretener Verjährung – muss der Anwalt abraten.[463]

636

---

456 BGH, NJW 1974, 1865, 1866.
457 BGH, a.a.O., spricht von dem „bei Richtern nur unvollkommenen menschlichen Erkenntnisvermögen" und der „niemals auszuschließenden Möglichkeit eines Irrtums".
458 BGH, NJW-RR 2000, 791.
459 *Borgmann/Jungk/Grams*, § 20 Rn. 94.
460 BGH, WM 1989, 1826, 1827; vgl. auch BVerfG, NJW 2002, 2937 sowie BGH, WM 2004, 436, 437 (Beschwerde gegen Nichtzulassung der Revision).
461 BGH, WM 1991, 1567.
462 BGH, NJW 2003, 2022.
463 BGH, NJW 2001, 3543.

Sieg

bb) Inhalt der Aufklärungspflicht

637 Der Inhalt der **Pflicht, über das Prozessrisiko aufzuklären**, hängt von den Umständen des Einzelfalls ab. Wie bereits dargelegt, reicht eine nur allgemein gehaltene Aussage nicht aus. Der Rechtsanwalt muss **konkret beschreiben, woraus sich das Prozessrisiko ergibt**:[464]

- So kann etwa die **Zulässigkeit der Klage** zweifelhaft sein, weil unsicher ist, ob die deutschen Gerichte oder ob ausländische **Gerichte international zuständig** sind.[465]
- Das Gleiche gilt, wenn unsicher ist, ob ein ordentliches Gericht oder ein **Schiedsgericht** zur Streitentscheidung berufen ist.[466]
- Unsicherheiten können sich daraus ergeben, dass eine **Rechtsfrage noch nicht höchstrichterlich entschieden** ist oder von der **Bewertung der Umstände des Einzelfalls** abhängt.
- Zweifel bestehen häufig deshalb, weil es streitentscheidend auf die **Auslegung** einer Willenserklärung, etwa eines Testaments, oder einer vertraglichen Vereinbarung ankommt.[467]
- In vielen Fällen ist der Ausgang eines Rechtsstreits nicht genau vorherzusagen, weil der **Sachverhalt nicht hinreichend sicher feststeht** und von ungewissen Zeugenaussagen oder Sachverständigengutachten abhängt.[468]
- Bei der Entscheidung, ob ein Rechtsstreit einzuleiten ist, können schließlich **außerrechtliche Erwägungen** zu berücksichtigen sein. Aus wirtschaftlicher Sicht ist zu prüfen, ob damit gerechnet werden kann, dass aus einem Titel in das Vermögen des Schuldners mit Erfolg vollstreckt werden kann.[469] Auch ist mit dem Auftraggeber zu erörtern, ob – etwa zur Substanziierung eines Schadensersatzanspruchs – Geschäftsgeheimnisse oder -verbindungen offen gelegt werden müssen.

638 An den vorbeschriebenen Aufklärungs- und Beratungspflichten ändert sich nichts, wenn eine Klage nur deshalb erhoben werden soll, um Zeit zu gewinnen oder die Position bei Vergleichsverhandlungen zu verbessern.[470] Ein Anliegen des Mandanten, die Erfüllung eines Anspruchs um jeden Preis zu verzögern, deckt nicht kostspielige sinnlose Verzögerungsmaßnahmen, wenn aussichtsreichere Möglichkeiten bestehen.[471]

---

464 Vgl. etwa BGH, NJW 1991, 2280, 2283.
465 BGH, NJW-RR 1986, 1281.
466 BGH, NJW 1985, 264; 1990, 2127.
467 BGH, NJW 1988, 2113 – Wandelungsvereinbarung.
468 OLG Düsseldorf, VersR 1985, 552, 553 – Arzthaftung.
469 Vgl. BGH, WM 2004, 481; *Jansen/Hung*, NJW 2004, 3379.
470 Vgl. etwa BGH, NJW 1988, 2113; 1991, 2280, 2282 f.
471 BGH, NJW 1991, 2280, 2283 – Klageerhebung vor dem örtlich zuständigen anstatt vor dem unzuständigen Gericht.

Besonderheiten sind zu beachten, wenn der geltend zu machende **Anspruch zu verjähren droht**.[472] Nach entsprechender Aufklärung des Mandanten kann es wegen der irreversiblen Folgen der Verjährung gemäß § 214 Abs. 1 BGB erforderlich sein, auch bei einem größeren Prozessrisiko zur Einleitung eines gerichtlichen Verfahrens und damit zu einer Hemmung der Verjährung gemäß § 204 BGB zu raten. Ist der Rechtsanwalt nach Prüfung der Rechtslage der Ansicht, eine Klageerhebung schließe für den Mandanten ein zu großes Prozessrisiko ein, weil der Anspruch wahrscheinlich schon verjährt sei, muss er seinen Auftraggeber innerhalb einer kurzen, allenfalls nach Tagen zu bemessenden Frist auf seine Bedenken hinweisen und die Rechtslage mit ihm erörtern.[473] Soweit eine aussichtsreiche Klage noch **vorprozessuale rechtsgeschäftliche Erklärungen** der Partei erfordert, etwa eine Mahnung, Kündigung, Fristsetzung oder Anfechtung, muss der Rechtsanwalt seinen Auftraggeber darauf hinweisen und auf die fristgemäße Abgabe dieser Erklärungen hinwirken.[474]

639

cc) Beweisbarkeit der Aufklärung

Aus den vorstehenden Ausführungen ergibt sich für die Praxis die Empfehlung, die **Bedenken** betreffend die Erfolgsaussichten einer Klage oder der Verteidigung gegen eine Klage oder der Einlegung eines Rechtsmittels dem Mandanten **schriftlich** mitzuteilen bzw. zu bestätigen oder zumindest einen **Aktenvermerk über eine Belehrung** anzufertigen. Auch wenn den Auftraggeber, der einen Rechtsanwalt auf Leistung von Schadensersatz in Anspruch nimmt, die Beweislast dafür trifft, dass der Rechtsanwalt seine Pflichten nicht gehörig erfüllt hat (Rn. 952), wird von dem Rechtsanwalt erwartet, dass er substantiiert darlegt, ob und wie er den Mandanten gerade über die konkreten Risiken eines Rechtsstreits belehrt hat.[475]

640

d) Kosten

In engem Zusammenhang mit der Aufklärung und Beratung des Mandanten über das Prozessrisiko steht die **Aufklärung über die mit einem Prozess verbundenen Kosten**.[476] So hat der Rechtsanwalt den Mandanten vor der Führung aussichtsloser bzw. unsicherer Rechtsstreitigkeiten vor allem auch wegen der mit dem Prozessverlust verbundenen Kostenbelastung (§§ 91 ff. ZPO) zu warnen. Ein Rechtsanwalt, der die Erfolgsaussichten eines Prozesses nicht ausreichend geprüft und deshalb dem Mandanten geraten hat, einen aussichtslosen Rechtsstreit zu führen, haftet wegen der un-

641

---

472 Zu der Pflicht, Ansprüche des Auftraggebers gegen Verjährung zu sichern s. Rn. 612 – 628.
473 BGH, VersR 1965, 763; vgl. auch BGH, VersR 1971, 1119, 1122.
474 BGH, VersR 1963, 387, 388 f.
475 BGH, NJW 1991, 2280, 2283; *Fahrendorf*, in: *Rinsche/Fahrendorf/Terbille*, Rn. 664.
476 Vgl. *Borgmann/Jungk/Grams*, § 20 Rn. 99 – 104; *Hartstang*, S. 519 – 522; *Vollkommer/Heinemann*, Rn. 260 – 263, 766; *Terbille*, in: *Rinsche/Fahrendorf/Terbille*, Rn. 1463 – 1493.

nütz angefallenen Kosten auf Schadensersatz.[477] Für die Anforderungen an eine Belehrung des Auftraggebers über die anfallenden Kosten macht es keinen Unterschied, ob der Rechtsanwalt prozessual oder beratend tätig werden soll. Änderungen haben sich insbesondere durch die Einführung des Rechtsanwaltsvergütungsgesetzes (RVG) mit Wirkung zum 1.7.2004 ergeben.

aa) Grundsätzlich keine Kostenaufklärung

642 Grundsätzlich ist ein Rechtsanwalt nicht verpflichtet, den Mandanten von sich aus auf die **Entgeltlichkeit seiner Tätigkeit** (§§ 675 Abs. 1, 612 Abs. 1, 632 Abs. 1 BGB) hinzuweisen. Auch auf die Höhe der nach dem RVG anfallenden Gebühren braucht der Rechtsanwalt i.d.R. nicht ungefragt hinzuweisen (vgl. Rn. 815).[478] Dies gilt auch, obwohl § **49b Abs. 5 BRAO**[479] eine gesetzliche Ausnahme normiert (Rn. 814). Der Grundsatz, dass die unterliegende Partei die **Kosten eines Rechtsstreits** zu tragen, insbesondere die dem Gegner erwachsenden Kosten zu erstatten hat, soweit sie zur zweckentsprechenden Rechtsverfolgung oder Rechtsverteidigung notwendig waren (§ 91 Abs. 1 Satz 1 ZPO), ist allgemein bekannt.[480] Der BGH verweist darauf, dass kein Mandant erwarten darf, ein Fachberater werde unentgeltlich für ihn tätig. Dessen gesetzliche Gebühren sind allgemein zu erfahren.[481] Das RG hat darauf abgestellt, dass die Partei selbst zu erwägen hat, ob sich die Rechtsverfolgung lohne. Soweit hierzu die Höhe der aufzuwendenden Kosten von Bedeutung ist, ist es eine Obliegenheit des Mandanten, sich bei dem beauftragten Rechtsanwalt zu erkundigen.[482]

bb) Ausnahmen

643 Der vorbeschriebene Grundsatz wird durch zahlreiche Ausnahmen eingeschränkt, in denen der Rechtsanwalt den Auftraggeber auch über die **Kosten einer beabsichtigten Rechtsverfolgung aufklären** muss. Diese Aufklärungspflicht besteht dann i.d.R. bereits vor Abschluss des Anwaltsvertrages. Solche vorvertraglichen Pflichten gegenüber einem Vertragsinteressenten sind wesentlich enger begrenzt als die Pflichten innerhalb eines Vertragsverhältnisses.[483]

---

477 BGH, WM 1998, 779, 782, 783 – Steuerberaterhaftung.
478 RGZ 118, 365, 367; BGH, NJW 1969, 932, 934; 1998, 136, 137; 1998, 3486, 3487.
479 Eingefügt durch Kostenrechtsmodernisierungsgesetz v. 5.5.2004, BGBl. I, S. 718.
480 *Fahrendorf*, in: *Rinsche/Fahrendorf/Terbille*, Rn. 1463; *Borgmann/Jungk/Grams*, § 20 Rn. 99.
481 BGH, NJW 1998, 136, 137.
482 RGZ 118, 365, 367.
483 BGH, NJW 1998, 136, 137. Allgemein zu vorvertraglichen Pflichten des Rechtsanwalts Rn. 174–188.

B. Einzelpflichten des Rechtsanwalts

(1) § 49b Abs. 5 BRAO

Nach § 49b Abs. 5 BRAO, der mit dem Rechtsanwaltsvergütungsgesetz zum 1.7.2004 eingefügt worden ist, hat der Rechtsanwalt dann, wenn sich die zu erhebenden Gebühren nach dem **Gegenstandswert** richten, vor Übernahme des Auftrages darauf **hinzuweisen**. Dies ist für die gerichtliche Prozessvertretung der Fall. Ab dem 1.7.2006 ist die Anwaltsvergütung nach Maßgabe des § 34 RVG[484] für Beratungsmandate zwischen Rechtsanwalt und Mandant grundsätzlich frei auszuhandeln. Überwiegend wird § 49b Abs. 5 BRAO nur berufsrechtliche Relevanz beigemessen.[485] Nach der amtlichen Begründung soll diese Vorschrift in der Form einer besonderen Berufspflicht die allgemeine Berufspflicht zur gewissenhaften Berufsausübung gemäß § 43a BRAO konkretisieren.[486] Dementsprechend stellt § 49b Abs. 5 BRAO keine eigenständige privatrechtliche Anspruchsgrundlage dar.

644

(2) § 12a Abs. 1 Satz 2 ArbGG

Eine ausdrückliche **gesetzliche Hinweispflicht** auf den Ausschluss einer Kostenerstattung sieht § 12a Abs. 1 Satz 2 ArbGG vor. Danach ist vor Abschluss der Vereinbarung über die Vertretung in einem Rechtsstreit vor einem **Arbeitsgericht** darauf hinzuweisen, dass in **Urteilsverfahren des ersten Rechtszuges** kein Anspruch der obsiegenden Partei auf Entschädigung wegen Zeitversäumnis und auf Erstattung der Kosten für die Zuziehung eines Prozessbevollmächtigten oder Beistandes besteht.[487]

645

(3) Nachfrage des Mandanten

Fragt der Mandant nach den Kosten einer beabsichtigten Rechtsverfolgung, etwa um das wirtschaftliche Risiko der Prozessführung abschätzen zu können, muss der Rechtsanwalt die **voraussichtliche Höhe seiner gesetzlichen Vergütung** wahrheitsgemäß **mitteilen**.[488]

646

(4) Vorliegen besonderer Umstände

Ein Rechtsanwalt kann auch gemäß §§ 157, 242 BGB ausnahmsweise verpflichtet sein, den Mandanten **unaufgefordert über das Kostenrisiko aufzuklären**, wenn dies aufgrund der besonderen Umstände des Einzelfalls unter Berücksichtigung von **Treu und Glauben** geboten erscheint. Insoweit sind im Rahmen einer **Gesamtwürdigung**

647

---

484 In der Fassung des Gesetzes v. 5.5.2004 (BGBl. I, S. 718); vgl. *Schneider*, Die Vergütungsvereinbarung, Rn. 1312.
485 *Völtz*, BRAK-Mitt. 2004, 103; *Dahns*, NJW-Spezial 2004, 144; a.A. *Hartmann*, NJW 2004, 2484; *Fahrendorf*, in: *Rinsche/Fahrendorf/Terbille*, Rn. 1463.
486 Amtliche Begründung, BT-Drucks. 15/1971 v. 11.11.2003, S. 232.
487 Zu § 12a Abs. 1 Satz 2 ArbGG: OLG Düsseldorf, AnwBl 1987, 147, 148; LG München I, AnwBl 1981, 68; vgl. LAG Düsseldorf, NZA-RR 2004, 433.
488 BGH, NJW 1980, 2128, 2130; 1998, 136, 137; 1998, 3486, 3487.

zu berücksichtigen: einerseits der Schwierigkeitsgrad und Umfang der anwaltlichen Aufgabe, ein ungewöhnlich hoher Gegenstandswert und sich daraus ergebende hohe Gebühren, die das vom Auftraggeber erstrebte Ziel wirtschaftlich sinnlos machen können, andererseits die Bedeutung der Angelegenheit für den Mandanten sowie dessen Vermögensverhältnisse und Erfahrung im Umgang mit Rechtsanwälten. Wenn die von dem Rechtsuchenden **erstrebte Rechtsverfolgung aus Sicht des Rechtsanwalts erkennbar wirtschaftlich unvernünftig** ist, weil das Ergebnis in keinem angemessenen Verhältnis zu den Kosten steht, ist der Rechtsanwalt verpflichtet, dem Mandanten nach Hinweis auf die voraussichtlichen Kosten Gelegenheit zu geben, über seine Beauftragung zu entscheiden.[489]

Der BGH hat eine solche Pflicht des Rechtsanwalts angenommen, wenn dieser an dem Abschluss eines zum Zeitpunkt seines Tätigwerdens im Wesentlichen bereits entworfenen Unternehmenskaufvertrags mit einem Volumen von damals 45 Mio. DM nur in der Weise mitgewirkt hat, dass er lediglich Schriftstücke entgegengenommen und Termine abgestimmt hat. Etwas anderes wäre dann anzunehmen, wenn der Rechtsanwalt den komplexen und rechtlich schwierigen Vertrag von Anfang an in mehreren zeitaufwendigen Verhandlungen mit den Parteien vorbereitet und ausgehandelt hat.[490]

648 Auch wenn der Rechtsanwalt den **Eindruck erweckt hat, weitere Gebühren fielen nicht an**, kann er von sich aus verpflichtet sein, den Auftraggeber über die tatsächlich anfallenden Kosten aufzuklären.[491] Eine solche Belehrungspflicht kann entfallen, wenn der Auftraggeber im Umgang mit Rechtsanwälten erfahren ist.[492]

(5) Rechtsverfolgung im Ausland

649 Besondere Umstände, aufgrund derer ein Rechtsanwalt gemäß §§ 157, 242 BGB ausnahmsweise verpflichtet ist, den Mandanten unaufgefordert über das **Kostenrisiko** aufzuklären, können insbesondere vorliegen, wenn der Rechtsanwalt den Mandanten über eine **Rechtsverfolgung im Ausland** berät.[493] Andere Rechtsordnungen sehen nicht immer – anders als die §§ 91 ff. ZPO – Ansprüche der in einem Rechtsstreit ob-

---

489 BGH, NJW 1998, 136, 137; 1998, 3486, 3487. Vgl. auch RGZ 118, 365, 367; BGH, NJW 1969, 932, 933 f.; OLG München, NJW-RR 1991, 1460, 1461.
490 BGH, NJW 1998, 3486, 3487.
491 OLG Koblenz, AnwBl 1988, 64 – Anfall einer doppelten Prozessgebühr nach Übernahme des Mandats wegen des Todes des bisherigen Prozessbevollmächtigten.
492 BGH, NJW 1969, 932, 933.
493 *Sieg*, Internationale Anwaltshaftung, S. 141.

siegenden Partei auf Erstattung der Prozesskosten vor[494] oder kennen keine streitwertorientierte Kostenberechnung.[495] In vielen ausländischen Rechtsordnungen ist es üblich, dass Anwälte insbesondere nach dem zeitlichen Aufwand für die Mandatsbearbeitung abrechnen. Dies kann die Rechtsverfolgung bei Sachverhalten mit einem niedrigen Gegenstandswert im Vergleich zu Deutschland erheblich verteuern, ja sogar wirtschaftlich unsinnig machen.[496] Auf ein solches mit der Rechtsverfolgung verbundenes Kostenrisiko muss ein Rechtsanwalt den Mandanten daher grundsätzlich hinweisen. Dies beruht darauf, dass der Mandant insoweit besonders schutzbedürftig ist, weil er aufgrund seiner Erwartungen, die auf der Rechtspraxis in Deutschland beruhen, nicht mit abweichenden Regelungen im Ausland rechnet. Entsprechendes kann auch umgekehrt gelten, wenn der Rechtsanwalt einen **ausländischen Mandanten im Inland** vertritt, der mit den Besonderheiten des deutschen Rechtssystems nicht vertraut ist. Beauftragt der Auftraggeber einen deutschen Rechtsanwalt, zur Prüfung ausländischen Rechts oder zur Führung eines Rechtsstreits mit einem ausländischen Anwalt zusammenzuarbeiten (Rn. 308 – 336), ist vor der Beauftragung des ausländischen Anwalts zur Vermeidung von Missverständnissen dessen Vergütung zu klären und der Mandant sodann über die voraussichtlich anfallenden, unter Umständen nicht erstattungsfähigen Kosten aufzuklären.

cc) Inhalt der Aufklärungspflicht

Besteht ausnahmsweise eine Pflicht zur Aufklärung über die gesetzlichen Gebühren, hängt der gebotene **Inhalt der Aufklärung** von den **Umständen des jeweiligen Falls** ab. Entscheidend für das Maß der Unterrichtung ist die für den Rechtsanwalt erkennbare **Belehrungsbedürftigkeit und Interessenlage des Auftraggebers**. Hierbei kommt der praktischen Brauchbarkeit der Belehrung besonderes Gewicht zu. Der Rechtsanwalt muss die **tatsächliche Höhe der zu erwartenden Gebühren** angeben, damit der Auftraggeber seine weiteren Maßnahmen danach einrichten kann. Deshalb gehört hierzu grundsätzlich nicht nur die Angabe der Gesamtsumme der Gebühren, sondern i.d.R. auch der Hinweis darauf, welche Gebühren voraussichtlich entstehen werden. Eine allgemeine Schätzung genügt nicht. Gerade ein **außergewöhnlich hoher Gegenstandswert** und sich daraus ergebende hohe Gebühren begründen eine beson-

650

---

494 Zur Rechtslage in Frankreich, wo das Gericht die unterlegene Partei zwar zu einer Entschädigung verurteilen kann (Art. 700 NCPC), deren Höhe aber in aller Regel nicht ausreicht, das Anwaltshonorar abzudecken: *Recq*, AnwBl 1993, 67, 68 f. In den USA gilt nach common law der Grundsatz, dass die unterlegene Partei eines Rechtsstreits nicht verpflichtet ist, der obsiegenden Partei ihre außergerichtlichen Kosten zu erstatten (sog. American Rule). Hierzu etwa: *Jestaedt*, RIW 1986, 95 ff.; *Maxeiner*, RIW 1990, 440, 445; *Pera*, S. 133 ff.; *Weinschenk*, RIW 1990, 435 ff.
495 Zu dem Honorarrecht US-amerikanischer Anwälte: *Pera*, S. 94 ff.
496 In den USA wird es erst ab einem Gegenstandswert von 10.000 – 100.000 US$ als wirtschaftlich angesehen, einen Rechtsstreit zu beginnen, soweit der Rechtsanwalt nicht auf der Basis eines Erfolgshonorars tätig wird: *Maxeiner*, RIW 1990, 440, 445.

dere Verpflichtung des Rechtsanwalts, auf Befragen dem Auftraggeber seine Vorstellungen von der Höhe des Gegenstandswerts und damit auch der Gebühren mindestens der Größenordnung nach mitzuteilen. Daher kann grundsätzlich eine Auskunft nicht genügen, die zwar die insgesamt in Betracht kommenden Gebühren im Ergebnis nicht zu niedrig angibt, aber so ungenau ist, dass der Auftraggeber die Höhe der zu erwartenden Gebühren nicht annähernd sicher überblicken kann. Andererseits kann ein Rechtsanwalt den Auftraggeber nicht abschließend unterrichten, wenn er noch am Anfang seiner Tätigkeit steht und daher nicht alle für die Bemessung der Gebühren wesentlichen Faktoren kennt. Dann ist grundsätzlich ein **Vorbehalt** geboten, damit der Auftraggeber die **Vorläufigkeit der ihm erteilten Auskunft** erkennen kann.[497] Entsteht durch die Aussage des Rechtsanwalts der Eindruck, weitere Gebühren als die bislang entstandenen fielen durch seine weitere Tätigkeit nicht an, so muss der Rechtsanwalt den Mandanten dahingehend aufklären, dass (möglicherweise) weitere Kosten entstehen, die dem Mandanten später in Rechnung gestellt werden.[498]

dd) Prozesskosten- und Beratungshilfe

651 Eine Pflicht zur Aufklärung über die Kosten eines Rechtsstreits oder einer Beratung erstreckt sich grundsätzlich nicht darauf, den Auftraggeber auf die abstrakte Möglichkeit hinzuweisen, **Beratungs- bzw. Prozesskostenhilfe** (Rn. 162 – 167) in Anspruch nehmen zu können. Eine solche **Hinweispflicht** kann **ausnahmsweise** bestehen, falls der Mandant beim Rechtsanwalt **nachfragt**, dem Rechtsanwalt die entsprechenden **Umstände mitteilt** oder der Mandant aufgrund seiner Einkommens- und Vermögensverhältnisse **erkennbar anspruchsberechtigt** sein kann.[499] Einen Hinweis des Rechtsanwalts auf die Möglichkeit, Prozesskostenhilfe zu beantragen, hat das OLG Köln in einem Fall als nicht geboten angesehen, in dem die Partei die von dem Rechtsanwalt angeforderten Kostenvorschüsse ohne Hinweis auf finanzielle Schwierigkeiten gezahlt hatte.[500] Anders sieht dies der BGH in einem Urteil vom 17.1.2004,[501] der sich stärker an **§ 16 Abs. 1 BORA** orientiert. Nach § 16 BORA ist der Rechtsanwalt verpflichtet, bei begründetem Anlass auf die Möglichkeit von Beratungs- und Prozesskostenhilfe hinzuweisen.

Der Rechtsanwalt genügt seiner Beratungspflicht, wenn er auf die Notwendigkeit einer umgehenden Antragstellung unter Verwendung der amtlichen Vordrucke hinweist. Ob die persönlichen und wirtschaftlichen Verhältnisse des Antragstellers für die Inan-

---

497 BGH, NJW 1980, 2128, 2130.
498 OLG Schleswig, MDR 2003, 120; OLG Düsseldorf, NJW 2000, 1650; *Terbille*, in: *Rinsche/Fahrendorf/Terbille*, Rn. 1467.
499 BGH, NJW 1998, 136, 137; OLG Koblenz, VersR 1990, 309; vgl. auch *Derleder*, MDR 1981, 448; *Greißinger*, AnwBl 1982, 288; *Schneider*, MDR 1988, 282.
500 OLG Köln, NJW 1986, 725, 726; vgl. auch OLG Koblenz, VersR 1990, 309.
501 BGH, NJW 2002, 1048, 1049.

spruchnahme von Prozesskostenhilfe tatsächlich ausreichen, braucht er nicht zu prüfen.[502]

ee) Rechtsschutzversicherung

Das OLG Nürnberg hat die Ansicht vertreten, dass ein Rechtsanwalt verpflichtet sei, vor Klageerhebung zu klären, ob der Mandant rechtsschutzversichert ist, sowie den Mandanten nach Aufklärung über das Kostenrisiko entscheiden zu lassen, ob ein Klageauftrag unabhängig von einer **Deckungszusage der Rechtsschutzversicherung** erteilt wird.[503] Gegen diese Auffassung spricht, dass ein Rechtsanwalt grundsätzlich gerade nicht verpflichtet ist, den Auftraggeber von sich aus über die anfallenden Kosten aufzuklären (dazu Rn. 642). Deshalb kann der Auftraggeber auch nicht erwarten, dass der Rechtsanwalt sich ungefragt nach dem Bestehen einer Rechtsschutzversicherung erkundigt. Hierauf hinzuweisen ist eine **Obliegenheit des Auftraggebers**, die dieser auch unschwer erfüllen kann.[504] Wenn der Auftraggeber den Rechtsanwalt allerdings über das Bestehen einer Rechtsschutzversicherung informiert hat, darf der Rechtsanwalt regelmäßig vor der Kostenzusage des Versicherers nur dann Klage erheben, wenn der Mandant ihn damit ausdrücklich beauftragt und dieser weiß, dass er damit Gefahr läuft, die Kosten des Rechtsstreits selbst tragen zu müssen.[505] Es besteht jedoch keine generelle Verpflichtung des Rechtsanwalts, im Laufe eines Prozesses über mehrere Instanzen auf eine mögliche Erschöpfung der Deckungssumme einer Rechtsschutzversicherung hinzuweisen.[506] Vom Rechtsanwalt ohne besonderen Anlass zu verlangen, den Mandanten über sämtliche Einschränkungen des Versicherungsschutzes nach den ARB vorsorglich aufzuklären und die Reichweite einer Deckungszusage zu überprüfen und dem Mandanten zu erläutern, würden den Umfang der (Neben-)Pflichten unangemessen ausweiten.[507]

652

ff) Rechtsfolge eines Verstoßes

Hat der Rechtsanwalt den Mandanten nicht pflichtgemäß über die Höhe der entstehenden **Gebühren** belehrt, steht dem Mandanten ein Anspruch auf **Schadensersatz** wegen anwaltlicher Pflichtverletzung gemäß § 280 BGB zu. Mit diesem Anspruch kann der Mandant gegen einen Gebührenanspruch des Rechtsanwalts ganz oder teilweise **auf-**

653

---

502 OLG Düsseldorf, AnwBl 1984, 444, 445; AnwBl 1987, 147.
503 OLG Nürnberg, NJW-RR 1989, 1370.
504 *Borgmann/Jungk/Grams*, § 20 Rn. 130; *Fahrendorf*, in: *Rinsche/Fahrendorf/Terbille*, Rn. 1475; a.A. *Vollkommer/Heinemann*, Rn. 274.
505 OLG Düsseldorf, VersR 1976, 892.
506 OLG Hamm, NJW-RR 2001, 1073.
507 LG Berlin, ZfS 1994, 462, 463.

rechnen.⁵⁰⁸ Nennt der Rechtsanwalt zu einem frühen Zeitpunkt zu niedrige Gebühren, kann er später ohne einen rechtzeitigen Hinweis keine höhere Vergütung verlangen.⁵⁰⁹

e) Klageerhebung und Verteidigung gegen eine Klage

654 Ein Rechtsanwalt hat, bevor er eine Klage erhebt oder eine vergleichbare Maßnahme einleitet, den Auftraggeber über das **Prozessrisiko** – und ausnahmsweise auch über die **Kosten** – **aufzuklären**.⁵¹⁰ Nur dann ist der Mandant in der Lage, sich eigenverantwortlich für oder gegen eine gerichtliche Rechtsverfolgung zu entscheiden. Die **Klage** selbst muss **rechtzeitig**⁵¹¹ und **wirksam** (§ 253 ZPO) erhoben werden.⁵¹² Der Rechtsanwalt verletzt seine Pflichten aus dem Anwaltsvertrag, wenn er eine von vornherein offenkundig aussichtslose Klage bei Gericht einreicht,⁵¹³ es sei denn, er hat den Mandanten hierüber ordnungsgemäß aufgeklärt und dieser hat gleichwohl auf einer Klageerhebung bestanden.

Die Ausführungen zur Klageerhebung gelten entsprechend für die Verteidigung des Mandanten gegen eine Klage.

aa) Wille des Auftraggebers

655 Bevor ein Rechtsanwalt eine Klage erhebt, hat er sich Klarheit über den Willen seines Auftraggebers zu verschaffen.⁵¹⁴ **Weisungen** des Mandanten hat er grundsätzlich zu beachten (Rn. 932). Deshalb empfiehlt es sich, dem Mandanten den Entwurf der Klageschrift mit der Bitte zu übermitteln, diesen zu genehmigen oder Änderungs- oder Ergänzungsvorschläge mitzuteilen. Dadurch kann der Rechtsanwalt sicherstellen, dass er das Begehren seines Mandanten sowie den zugrunde gelegten Sachverhalt richtig und vollständig wiedergegeben sowie Beweis durch die zur Verfügung stehenden Erkenntnisquellen angetreten hat. Dagegen kann der Rechtsanwalt dem Auftraggeber nicht die rechtliche Beurteilung abnehmen, insbesondere nicht die Prüfung, ob die Klage schlüssig ist, d.h. ob der Klagevortrag ausreicht, das Klagebegehren zu tragen.

---

508   BGH, NJW 1969, 932, 933; 1980, 2128, 2130.
509   BGH, NJW 1980, 2128, 2130; OLG Karlsruhe, NJW 1990, 2132, 2133.
510   Zur Aufklärung des Auftraggebers über das Prozessrisiko und über Kosten s. Rn. 630 – 640 und Rn. 641 – 653.
511   Zur Sicherung von Ansprüchen gegen Verjährung und gegen den Ablauf von Ausschlussfristen s. Rn. 611 – 629.
512   Zur Anwaltshaftung wegen Erhebung einer unzureichenden Teilklage: BGH, NJW 1984, 2347 ff.
513   OLG Köln, NJW-RR 1994, 27, 28 – mietrechtliche Räumungsklage, obwohl die auf § 564b BGB gestützte Kündigung wegen Mängeln der Kündigungserklärung erkennbar unwirksam war; vgl. auch BGH, WM 1998, 779, 782 f. – Steuerberaterhaftung.
514   OLG München, NJW-RR 1991, 1460, 1461.

bb) Zuständiges Gericht

Grundsätzlich muss eine Klage vor dem zuständigen Gericht erhoben werden.[515] Der Beklagte braucht sich grundsätzlich auf eine Klage vor einem unzuständigen Gericht nicht einzulassen, sondern kann dessen **Unzuständigkeit rügen** (§ 39 ZPO, Art. 24 EuGVVO), und zwar **rechtzeitig** (§ 282 Abs. 3 ZPO). Dem Prozessbevollmächtigten eines Beklagten kann vorgeworfen werden, dass er die fehlende **internationale Zuständigkeit** der deutschen Gerichte nicht gerügt und vor den international unzuständigen deutschen Gerichten eine Widerklage erhoben hat. Der Rechtsanwalt kann sich nicht darauf verlassen, dass die Gegenseite sich auf die (Wider-)Klage vor einem international nicht zuständigen Gericht rügelos einlässt.[516]

656

Das OLG Hamm begründet eine Verpflichtung, die **sachliche Unzuständigkeit** des angerufenen Gerichts zu rügen, mit der Ansicht, der Rechtsuchende habe vor höheren Gerichten eine größere Aussicht auf eine richtige Entscheidung. Diese Gerichte seien mit weniger Sachen befasst und vielfach mit „Spezialisten" besetzt. Rate der Rechtsanwalt des Beklagten seiner Partei, sich auf eine Klage vor einem Amtsgericht rügelos einzulassen, obwohl an sich das Landgericht erstinstanzlich zuständig wäre, könne dem Rechtsanwalt kein Vorwurf gemacht werden, wenn er seinen Auftraggeber über die in Betracht kommenden Gerichtsstände sowie über die Vor- und Nachteile des „großen" und „kleinen" Instanzenzugs belehrt und der Auftraggeber sein Einverständnis bekundet oder eine entsprechende Weisung erteilt habe.[517]

657

Hat ein Rechtsanwalt pflichtwidrig für die von ihm vertretene Partei Klage vor einem unzuständigen Gericht erhoben, hat er seinem Mandanten die durch die Verweisung verursachten **Mehrkosten** (§ 281 Abs. 3 Satz 2 ZPO) zu erstatten. Soweit durch die Klageerhebung vor einem unzuständigen Gericht eine Frist versäumt wird, haftet der Rechtsanwalt auch für den Schaden, der dem Mandanten dadurch entsteht. Dasselbe hat zu gelten, wenn es nicht um die sachliche Zuständigkeit, sondern um die **örtliche (Un-)Zuständigkeit** des angerufenen Gerichts geht. Besondere Regeln sind bei der Bestimmung der **international zuständigen Gerichte** zu beachten, insbesondere wenn Gerichte mehrerer Staaten international zuständig sein können (sog. forum shopping) oder eine Prorogation der international zuständigen Gerichte in Betracht kommt.[518]

658

---

515 OLG Koblenz, NJW 1989, 2699 f. – Prüfung der internationalen Zuständigkeit vor Klageerhebung.
516 BGH, NJW-RR 1986, 1281, 1282.
517 OLG Hamm, NJW-RR 1991, 1498 f.
518 Zur Haftung des Rechtsanwalts bei der Auswahl des Gerichtsstandes (forum shopping) bzw. zur Prorogation der internationalen Zuständigkeit: *Sieg*, Internationale Anwaltshaftung, S. 135 ff.

cc) Vertretung

659 Eine von einem **vollmachtlosen Rechtsanwalt** eingereichte Klage ist als unzulässig abzuweisen. Ein ohne Vollmacht eingelegtes Rechtsmittel ist als unzulässig zu verwerfen. Allgemein ist eine **ohne Vollmacht vorgenommene Prozesshandlung unzulässig.**[519] Die prozessrechtliche Bevollmächtigung kann nur durch eine schriftliche Vollmacht nachgewiesen werden, die zu den Gerichtsakten abzugeben ist (§ 80 Abs. 1 ZPO). Vor ordentlichen Gerichten in **Zivilsachen** ist die Bevollmächtigung eines Rechtsanwalts allerdings nur **auf Rüge** eines Prozessbeteiligten nachzuweisen (§ 88 ZPO). § 67 Abs. 3 VwGO sieht grundsätzlich eine Prüfung der Vollmacht **von Amts wegen** vor. Auch vor den Gerichten der **Verwaltungsgerichtsbarkeit** gilt die Regel des § 88 ZPO. Diese Vorschrift ist allerdings im Rahmen der VwGO wegen des hier stärker ausgeprägten Untersuchungsgrundsatzes in der Weise anzuwenden, dass bei Auftreten eines Rechtsanwalts als Prozessbevollmächtigtem eine Prüfung der Vollmacht von Amts wegen grundsätzlich nicht stattfindet, sondern nur dann, wenn besondere Umstände Anlass geben, die Bevollmächtigung des Rechtsanwalts in Zweifel zu ziehen.[520] Besonders streng ist der Nachweis der Prozessvollmacht vor den Gerichten der **Finanzgerichtsbarkeit**. Gemäß § 62 Abs. 3 FGO ist die Bevollmächtigung stets durch eine schriftliche Vollmacht nachzuweisen. Das Gericht hat einen entsprechenden Mangel von Amts wegen zu berücksichtigen. Zur Nachreichung der Vollmacht hat das Gericht eine Frist zu setzen, die eine ausschließende Wirkung hat. Dies gilt auch bei einer Vertretung durch einen Rechtsanwalt.[521] Ein Rechtsanwalt handelt pflichtwidrig, wenn er es versäumt, die Prozessvollmacht rechtzeitig bei Gericht einzureichen.[522]

dd) Klage im Urkundenprozess

660 Ausnahmsweise kann ein Rechtsanwalt sogar verpflichtet sein, Klage im **Urkundenprozess** (§§ 592 ff. ZPO) zu erheben. Grundsätzlich hat ein Rechtsanwalt seinen Auftrag so zu erledigen, dass er die Belange des Auftraggebers in jeder Hinsicht beachtet und Nachteile für ihn möglichst vermeidet. Ein Rechtsanwalt, welcher Ansprüche aus einem schriftlichen Vertrag geltend zu machen hat, ist gleichwohl **i.d.R. nicht gehalten, Klage im Urkundenprozess zu erheben**. Die Vollstreckung aus einem im Urkundenprozess erstrittenen Titel ist mit der Gefahr verbunden, bei Aufhebung des Urteils im Nachverfahren Schadensersatz leisten zu müssen (§§ 600 Abs. 2, 302 Abs. 4 Satz 3 ZPO). Nur wenn es dem Auftraggeber vor allem darauf ankommt, mit einem Vorbehaltsurteil **möglichst schnell einen vollstreckbaren Titel zu erhalten**, ist eine

---

519   GemS-OBG, NJW 1984, 2149.
520   BVerwG, NJW 1985, 2963, 2964; vgl. auch *Kopp/Schenke*, VwGO, § 67 Rn. 51 ff.
521   BFH, NJW 1987, 2704 (Ls.); vgl. auch BFH, NJW 1996, 3366.
522   BGH, WM 1998, 779, 781.

Klage im Urkundenprozess geboten.[523] Entsprechendes gilt für eine **Klage im Scheck- und Wechselprozess** (§§ 602, 605a ZPO).

ee) Streitverkündung

Es kann für einen Rechtsanwalt geboten sein, dem Mandanten zu empfehlen, einem **Dritten den Streit zu verkünden** (§§ 72 – 74 ZPO), wenn dem Auftraggeber für den Fall eines ungünstigen Ausgangs eines Rechtsstreits gegen den Dritten ein Anspruch auf Gewährleistung oder auf Schadloshaltung zustehen kann oder wenn der Auftraggeber einen Anspruch des Dritten besorgt. Das Merkmal der **Schadloshaltung** ist erfüllt, wenn der Dritte den Schaden ersetzen muss, welcher der Partei dadurch erwächst, dass sie den im Prozess befangenen Anspruch erfüllen muss oder dessen Erfüllung nicht durchsetzen kann; dies gilt auch dann, wenn die beklagte Partei und der Dritte dem Streitverkünder alternativ haften, d.h. wenn derselbe Anspruch nicht nur gegen den Beklagten, sondern auch gegen den Dritten in Betracht kommt, aber nur eine dieser Personen verpflichtet sein kann.[524] Eine Pflicht, einem Dritten den Streit zu verkünden, hat der BGH ausdrücklich für den Fall angenommen, dass sich während eines Rechtsstreits herausstellt, dass dem Auftraggeber für den Fall des Unterliegens Ansprüche gegen Dritte zustehen.[525]

661

Die Streitverkündung bewirkt von dem Zeitpunkt an, zu dem der Beitritt infolge der Streitverkündung möglich war, gemäß § 74 ZPO den Eintritt der **Interventionswirkung** des § 68 ZPO. Dies bedeutet, dass der Streitverkündete sich im Verhältnis zu der Hauptpartei später grundsätzlich nicht mehr darauf berufen kann, dass der Rechtsstreit unrichtig entschieden worden sei. Im Ergebnis wird der Streitverkündete dadurch an die Ergebnisse des Vorprozesses gebunden. Die Interventionswirkung tritt gemäß Art. 65 EuGVVO bzw. Art. V des Protokolls Nr. 1 vom 16.9.1988 zum **LuganoGVÜ**[526] auch ein, wenn einer Person der Streit verkündet wird, die ihren Wohnsitz in einem anderen Vertragsstaat hat. Neben diesen prozessualen Wirkungen hat eine Streitverkündung auch materiell-rechtliche Folgen. Insbesondere wird die **Verjährung** gegen über dem Streitverkündeten **gehemmt** (§ 204 Abs. 1 Nr. 6 BGB).[527] Neben der Streitverkündung in einem Rechtsstreit kann auch vertraglich mit dem Dritten vereinbart werden, die Wirkungen der Streitverkündung gegen sich gelten zu lassen; dies kann insbesondere aus Kostengründen zu empfehlen sein.

662

Ein Rechtsanwalt, der es übernommen hat, in einem anhängigen Verfahren namens seines Mandanten einem Dritten den Streit zu verkünden oder die Wirkung der Streit-

663

---

523 BGH, NJW 1994, 3295, 3297.
524 BGH, NJW 1989, 521, 522.
525 BGH, NJW 1993, 2045; zu der Pflicht, eine den Auftraggeber belastende Interventionswirkung zu vermeiden: BGH, NJW 1983, 820, 822.
526 BGBl. 1994 II, S. 2693, vgl. *Jayme/Hausmann*, Anhang Nr. 152.
527 Zur Verjährungsunterbrechung durch Streitverkündung s. Rn. 624.

verkündung durch Abschluss einer entsprechenden Vereinbarung herbeizuführen, ist verpflichtet, seinen **Mandanten über die Wirkung der Streitverkündung** und insbesondere über die Dauer der Verjährungshemmung nach § 204 Abs. 2 BGB zu **belehren**. Dies gilt zumindest dann, wenn das Ziel der Streitverkündung gerade auch in der Hemmung der Verjährung liegt.[528] Der Rechtsanwalt muss seinen Auftraggeber vor einer Streitverkündung in einem Rechtsstreit ferner darüber aufklären, dass durch den Beitritt des Streitverkündeten auf Seiten des Gegners im Fall eines Unterliegens gemäß §§ 66, 101 ZPO **zusätzliche Kosten** anfallen.

f) Schriftsätze

664 Den Schriftsätzen der Parteien kommt im Rahmen der Prozessführung eine entscheidende Aufgabe zu.[529] Schriftsätze bereiten entweder die mündliche Verhandlung vor (sog. **vorbereitende Schriftsätze**, § 129 ZPO) oder enthalten formgebundene Parteierklärungen, wie etwa Klage, Einlegung von Rechtsmitteln, Streitverkündung oder Klagerücknahme (sog. **bestimmende Schriftsätze**).

aa) Anträge

665 Ein wesentlicher Bestandteil der Schriftsätze sind die darin enthaltenen **(Sach-)Anträge**, auf die in der mündlichen Verhandlung regelmäßig nur Bezug genommen wird (§ 297 ZPO).[530] Der Rechtsanwalt hat für eine sachgerechte Antragstellung zu sorgen.[531] Die Anträge müssen **geeignet sein, den vom Auftraggeber geäußerten Willen und dessen Interessen umzusetzen**.[532] Sie müssen hinreichend **deutlich und bestimmt** sein.[533] Soweit geboten, sind sachgerechte **Hilfsanträge** zu stellen. So kann der Rechtsanwalt in einem Kündigungsschutzprozess verpflichtet sein, hilfsweise zu beantragen, das Arbeitsverhältnis aufzulösen und den Arbeitgeber zur Zahlung einer angemessenen Abfindung zu verurteilen (vgl. § 9 Abs. 1 Satz 1 KSchG).[534] Überflüssige oder zu weitgehende Anträge sind wegen des **Kostenrisikos** im Fall des (teilweisen) Unterliegens zu vermeiden.[535] Andererseits ist ein Rechtsanwalt nicht allein wegen des Kostenrisikos gehalten, eine Teilklage zu erheben. Dies widerspräche der Pflicht, dem

---

528 OLG Karlsruhe, NJW 1987, 331, 332.
529 Vgl. *Hartstang*, S. 522 – 528; *K. Müller*, JR 1969, 161, 164 ff.; *ders.*, MDR 1969, 797 ff., 896 ff. und 965 ff.
530 Zur Antragstellung: *K. Müller*, JR 1969, 161, 166.
531 BGH, NJW 1998, 2048, 2050 – Abänderungsklage gemäß § 323 ZPO statt Leistungsklage zur Durchsetzung bereits titulierter Unterhaltsansprüche.
532 OLG Hamm, NJW-RR 1995, 526 – Antrag auf Gewährung einer Räumungsfrist nach § 721 ZPO.
533 BGH, VersR 1956, 762, 763.
534 OLG Bamberg, NJW-RR 1989, 223, 224.
535 Zur Verpflichtung des Rechtsanwalts zu einer kostensparenden Tätigkeit: BGH, VersR 1959, 390; OLG Düsseldorf, JurBüro 1986, 387.

Mandanten den sichersten Weg zu empfehlen (Rn. 568). Eine **Teilklage** ist nur dann geboten, wenn der Auftraggeber den Rechtsanwalt nach entsprechender Aufklärung hierzu angewiesen hat. Die Anträge müssen im Übrigen sicherstellen, dass im Falle eines Obsiegens die mit der Klage geltend gemachten Ansprüche auch **vollstreckt** werden können.

Daneben hat der Rechtsanwalt auf sachgerechte, das Verfahren betreffende **Prozessanträge** zu achten, etwa auf Erlass eines Anerkenntnis- oder Versäumnisurteils (§§ 307, 330, 331 Abs. 1 ZPO) oder auf Erhebung im Einzelnen bezeichneter Beweise (§§ 371, 373, 403, 420, 421, 428, 432, 445 ZPO). So ist beispielsweise die Benennung von Zeugen mit „N.N." unsubstanziiert und unerheblich. Auf **richterliche Hinweise** über eine sachdienliche Antragstellung (§ 139 Abs. 1 Satz 2 ZPO) kann einzugehen sein.

Ein Rechtsanwalt, dessen Mandant als Erbe wegen einer Nachlassverbindlichkeit in Anspruch genommen wird, ist grundsätzlich verpflichtet, den **Vorbehalt der beschränkten Erbenhaftung** (§ 1990 BGB, § 780 ZPO) zu beantragen und in den Titel aufnehmen zu lassen.[536]

bb) Sachvortrag

Im Zivilprozess obliegt es den Parteien, den **Tatsachenstoff** einschließlich der **Beweismittel** – schriftsätzlich – beizubringen. Ist die Partei anwaltlich vertreten, trifft den Prozessbevollmächtigten die Pflicht, dafür einzutreten, dass alle zugunsten des Mandanten sprechenden tatsächlichen (und auch rechtlichen) Gesichtspunkte **so umfassend wie möglich** ermittelt werden, damit das Gericht sie bei der Entscheidung berücksichtigen kann (vgl. Rn. 507).[537] Dabei hat der Rechtsanwalt die **Wahrheitspflicht** des § 138 Abs. 1 ZPO zu beachten. Der Inhalt der vorbereitenden Schriftsätze hat den Anforderungen des § 130 ZPO zu genügen. Zu achten ist insbesondere auf das **Unterschriftserfordernis** des § 130 Nr. 6 ZPO. Bestimmende Schriftsätze müssen zwingend unterschrieben sein.[538] Eine **Berufungsbegründung** muss den inhaltlichen Anforderungen des § 520 Abs. 3 ZPO genügen, um die Frist gemäß § 520 Abs. 2 Satz 1 ZPO zu wahren. Für die **Revisionsbegründung** ist § 551 Abs. 3 ZPO zu beachten.

666

(1) Schlüssiger und substanziierter Vortrag

Der Tatsachenvortrag des Klägers muss **schlüssig**, die Verteidigung des Beklagten rechtserheblich sein.[539] Eine Partei genügt ihrer **Darlegungslast**, wenn sie Tatsachen

667

---

536 BGH, NJW 1992, 2694; vgl. auch BGH, NJW 1991, 2839, 2840; *Wehrberger*, AnwBl 1998, 338, 340.
537 BGH, NJW 1988, 3013, 3016; 1996, 2648, 2650; zu den Grenzen dieser Pflicht: BGH, NJW 2002, 1413 = WM 2002, 1077.
538 Vgl. *Borgmann/Jungk/Grams*, § 50 Rn. 22; *Vollkommer/Heinemann*, Rn. 811 sowie die ZPO-Kommentare.
539 Vgl. BGH, NJW 1982, 437; OLG Koblenz, NJW-RR 1997, 954.

vorträgt, die i.V.m. einem Rechtssatz geeignet sind, das geltend gemachte Recht als entstanden erscheinen zu lassen. Das Gericht muss beurteilen können, ob die gesetzlichen Voraussetzungen der an eine Behauptung geknüpften Rechtsfolge erfüllt sind.[540] Auch diejenigen Vorschriften, welche die Geltendmachung eines Schadens erleichtern (§ 252 BGB, § 287 ZPO), entbinden den beauftragten Rechtsanwalt nicht von der Pflicht, die für die Begründung eines eingeklagten Anspruchs relevanten Tatsachen schlüssig darzulegen.[541] Ist ein schlüssiger oder erheblicher Vortrag der Partei nicht möglich, hat der Rechtsanwalt den Mandanten über die Risiken aufzuklären und von einer Klageerhebung bzw. einer Verteidigung gegen eine Klage zur Vermeidung überflüssiger Kosten abzuraten.[542] Der Rechtsanwalt ist ferner verpflichtet, den Sachvortrag hinreichend zu **substanziieren**,[543] um zu verhindern, dass die Geständnisfiktion des § 138 Abs. 3 ZPO eingreift bzw. ein Vortrag als unbeachtlich zurückgewiesen wird.

(2) Umfassender Vortrag

668 Inhalt und Umfang des tatsächlichen Vortrags hängen davon ab, auf welche Rechtsgrundlagen ein geltend gemachter Anspruch bzw. eine Einwendung gestützt wird. Daher besteht ein enger **Zusammenhang zwischen Sach- und Rechtsvortrag**. Gibt die rechtliche Beurteilung wegen der Tatsachenlage oder der Auffassungen im Schrifttum und in der Rechtsprechung zu ernsthaften Zweifeln Anlass, muss der Rechtsanwalt auch **in Betracht ziehen, dass sich die zur Entscheidung berufene Stelle einer seinem Auftraggeber ungünstigeren Beurteilung der Rechtslage anschließt**; der Rechtsanwalt muss daher möglichst so vortragen, dass sein Auftraggeber auch in diesem Fall keinen Nachteil erleidet.[544] Dies gilt vor allem dann, wenn der Rechtsanwalt seinen Vortrag so einrichten kann, dass er sowohl seiner eigenen Rechtsansicht gerecht wird als auch derjenigen, die möglicherweise das Gericht oder die entscheidende Behörde vertreten könnte. Weiß der Rechtsanwalt oder muss er bei Anwendung der erforderlichen Sorgfalt davon ausgehen, dass das Gericht seine Rechtsauffassung nicht teilt, dann ist er, soweit dies möglich ist, auch verpflichtet, durch **hilfsweise Prozesshandlungen** bzw. **vorsorglichen Vortrag** der Rechtsansicht des Gerichts Rechnung zu tragen, um für den Mandanten den größtmöglichen Vorteil im Prozess zu erreichen. Kann die Klage auf **verschiedene rechtliche Gesichtspunkte** gestützt werden, so ist der Sachvortrag so zu gestalten, dass alle in Betracht kommenden Gründe im Rahmen der zur Verfügung stehenden Möglichkeiten konkret dargelegt werden.[545] Davon

---

540 BGH, NJW 1984, 2888, 2889; 1991, 2707, 2709; NJW-RR 1993, 189.
541 OLG Koblenz, NJW-RR 1997, 954 – Mietausfallschaden wegen Verzögerung eines Bauvorhabens.
542 Zur Pflicht, den Mandanten über das Prozessrisiko aufzuklären s. Rn. 630 – 640.
543 BGH, NJW-RR 1990, 1241, 1244; vgl. auch BGH, VersR 1963, 387, 388; NJW 1992, 1695, 1696; 1993, 2676, 2677.
544 BGH, NJW 1974, 1865, 1866; 1988, 1079, 1080; NJW-RR 1990, 1241, 1242.
545 BGH, NJW 1996, 2648, 2649; NJW 2002, 1413.

kann auch dann keine Ausnahme gemacht werden, wenn der Rechtsanwalt zu Recht die vom Gericht vertretene Meinung oder einen ihm nach §§ 139, 278 Abs. 3 ZPO erteilten Hinweis für falsch hält. Ein Rechtsanwalt darf nicht darauf vertrauen, seine Auffassung werde die Billigung der Gerichte finden, selbst wenn sie in einem angesehenen Kommentar vertreten wird, aber von der Mehrheitsmeinung abweicht.[546] Will der Rechtsanwalt einen weniger sicheren Weg gehen, muss er zumindest seinen Auftraggeber zuvor über die daraus folgenden Gefahren **belehren** und die weitere Vorgehensweise von der **Entscheidung des Auftraggebers** abhängig machen.[547]

Was **im Einzelfall geboten** ist, hängt von den gesamten Umständen ab, insbesondere davon, was der Mandant begehrt, sowie dem Inhalt des erteilten Mandats. Der Rechtsanwalt hat sich nur mit den **tatsächlichen Angaben** zu befassen, die **zur pflichtgemäßen Erledigung des ihm übertragenen Auftrages** zu beachten sind. Er braucht sich grundsätzlich nicht um die Aufklärung von Vorgängen zu bemühen, die weder nach dem vom Auftraggeber erteilten Informationen noch aus Rechtsgründen in einer inneren Beziehung zu dem Sachverhalt stehen, aus dem der Mandant einen Anspruch gegen seinen Vertragspartner herzuleiten beabsichtigt.[548]

Ein Rechtsanwalt darf auch nicht völlig auf den Erfolg der von ihm vorgebrachten hauptsächlichen Verteidigungsmittel, also etwa auf Einwendungen gegen die Zulässigkeit einer Klage oder gegen den Grund einer Klage vertrauen. Aus der allgemeinen Pflicht, von mehreren in Betracht kommenden Maßnahmen diejenige zu treffen, welche drohende Nachteile am sichersten vermeidet (Rn. 568 – 581), folgt, dass ein Rechtsanwalt vorsorglich **alle in Betracht kommenden Einwendungen** gegen eine Klage geltend machen, also etwa zur Sache selbst und zur Höhe des von der Gegenseite geltend gemachten Anspruchs vortragen muss. Er darf sich nicht darauf verlassen, dass das Gericht ihm noch rechtzeitig einen Hinweis erteilen und Gelegenheit geben werde, sein Vorbringen zu ergänzen, wenn es die vorgetragene Verteidigung für nicht erheblich hält. Insoweit gilt auch nichts anderes nach der Neufassung des § 139 ZPO, der eine umfassende **Hinweispflicht des Gerichts** vorsieht.[549] Diese Hinweispflicht des Gerichts führt nicht zu einer Entlastung des Rechtsanwalts, umfassend im Prozess vorzutragen. Den Rechtsanwalt entlastet es auch nicht, wenn er im Einklang mit dem Willen des Mandanten handelt. Der Rechtsanwalt darf einen möglicherweise entscheidungserheblichen **Sachverhalt nicht zurückhalten**, ohne den Mandanten auf die damit verbundenen Risiken hingewiesen zu haben.[550] So handelt ein Rechtsanwalt pflichtwidrig, der in seinem schriftsätzlichen Vortrag von einer für seinen Auftraggeber rechtlich vorteilhaften Einwendung deshalb absieht, weil er meint, dieser Vortrag

669

---

546 BGH, NJW 1974, 1865, 1866; vgl. auch *K. Müller*, JR 1969, 161, 163 f.
547 Zur Aufklärung über das Prozessrisiko s. Rn. 630 – 640.
548 BGH, NJW 1995, 958; NJW 2002, 1413.
549 Vgl. *Chab*, AnwBl 2004, 182.
550 BGH, NJW-RR 1990, 1241, 1242.

sei für seinen Mandanten ehrenrührig oder kreditgefährdend, es sei denn, dass er den Auftraggeber über die Vor- und Nachteile dieses Sachvortrags aufgeklärt und dessen Zustimmung eingeholt hat.[551]

670 **Gerichtliche Auflagen**, ergänzend vorzutragen und/oder Beweis anzutreten, muss der mit der Prozessführung beauftragte Rechtsanwalt sachgemäß und ausreichend beantworten, soweit der Mandant ihn ausreichend informiert hat. Wenn dieser seiner **Informationslast** nicht nachkommt, muss der Rechtsanwalt ihn auf die bei einem ungenügenden Vortrag drohenden prozessrechtlichen Nachteile konkret hinweisen.[552]

(3) Rechtzeitiger Vortrag

671 Schließlich ist der Rechtsanwalt verpflichtet, **rechtzeitig vorzutragen**.[553] Die **gesetzlichen und vom Gericht gesetzte Fristen**[554] sind einzuhalten.[555] Der Rechtsanwalt muss verhindern, dass die **Präklusionswirkungen** der §§ 296, 296a ZPO bzw. der §§ 530 – 532 ZPO eingreifen[556] und einzelne Angriffs- oder Verteidigungsmittel als verspätet zurückgewiesen werden.

(4) Abstimmung des Vortrags mit dem Auftraggeber

672 Um sicherzustellen, dass der Rechtsanwalt das Begehren seines Mandanten sowie den zugrunde gelegten Sachverhalt richtig und vollständig wiedergegeben sowie Beweis durch die zur Verfügung stehenden Erkenntnisquellen angetreten hat, sollte er dem Mandanten die zur Einreichung bei Gericht vorgesehenen Schriftsätze mit der Bitte übermitteln, diese zu genehmigen oder Änderungs- und Ergänzungsvorschläge mitzuteilen. Der Rechtsanwalt kann sich dadurch auch insoweit absichern, als der Auftraggeber sein Einverständnis mit der Diktion der Schriftsätze erklärt.[557]

cc) Rechtsausführungen

673 Die Partei selbst ist grundsätzlich nicht gehalten, ihre Rechtsansicht dem Gericht mitzuteilen. Das Gericht hat die von den Parteien unterbreiteten Tatsachen von Amts wegen rechtlich zu bewerten. Es gilt der Grundsatz „**iura novit curia**". Die Partei hat daher nur diejenigen Tatsachen vorzutragen, welche die Voraussetzungen einer Anspruchsnorm oder einer Einwendung gegen einen geltend gemachten Anspruch ausfüllen.

---

551 RGZ 139, 358, 361 f. – Geltendmachung der fehlenden Devisentermingeschäftsfähigkeit.
552 BGH, NJW 1982, 437 f.
553 BGH, NJW-RR 1990, 1241, 1244.
554 Vgl. etwa §§ 273 Abs. 2 Nr. 1; 275 Abs. 1 Satz 1, Abs. 3, 4; 276 Abs. 1 Satz 2, Abs. 3; 277; 282; 283; 340 Abs. 3; 520 Abs. 2; 697 Abs. 2 Satz 2, Abs. 3 Satz 2; 700 Abs. 4, 5 ZPO.
555 OLG Düsseldorf, VersR 1989, 287, 288.
556 Vgl. *Abrahams*, AnwBl 1999, 111 ff.; *Borgmann/Jungk/Grams*, § 51.
557 OLG Köln, NJW-RR 1996, 698 f.

(1) Verhinderung gerichtlicher Fehler

Der für die Partei tätige Rechtsanwalt ist allerdings verpflichtet, den Versuch zu unternehmen, **die zur Entscheidung berufene Stelle – das Gericht oder die Behörde – davon zu überzeugen, dass und warum seine Auffassung richtig ist**.[558] Dies gilt insbesondere dann, wenn die rechtliche Beurteilung zu ernstlich begründeten Zweifeln Anlass gibt. Der Rechtsanwalt muss in diesem Fall in Betracht ziehen, dass sich die zur Entscheidung berufene Stelle der dem Auftraggeber ungünstigeren Beurteilung der Rechtslage anschließt.[559] **Möglichen Fehlern des Gerichts muss der Rechtsanwalt entgegenwirken und diese zu verhindern suchen.**[560] In einer älteren Entscheidung hat der BGH zur Begründung auf das unvollkommene menschliche Erkenntnisvermögen und die niemals auszuschließende Möglichkeit menschlicher Irrtümer abgestellt.[561] Später wurde hervorgehoben, dass der mit der Prozessführung beauftragte Rechtsanwalt seinem Mandanten gegenüber verpflichtet sei, dafür einzutreten, dass die zugunsten seines Mandanten sprechenden tatsächlichen Umstände und rechtlichen Gesichtspunkte so umfassend wie möglich ermittelt und bei der Entscheidung des Gerichts berücksichtigt würden. Zwar weise das Gesetz die Entscheidung und damit die rechtliche Beurteilung des Streitfalls dem Gericht zu. Es widerspreche jedoch der rechtlichen und tatsächlichen Stellung des Prozessbevollmächtigten in den Tatsacheninstanzen, dessen Aufgabe allein in der Beibringung des Tatsachenmaterials zu sehen. Der Möglichkeit, auf die rechtliche Beurteilung des Gerichts Einfluss zu nehmen, entspreche im Verhältnis zum Mandanten die Pflicht, diese Möglichkeit zu nutzen.[562] Das BVerfG hat in einem Beschluss vom 12.8.2002 deutlich gemacht, dass die Rechtskenntnis und -anwendung vornehmlich Aufgabe der Gerichte ist. Fehler der Richter seien – soweit möglich – im Instanzenzug zu korrigieren.[563]

674

So verletzt ein Rechtsanwalt seine Pflichten aus dem Anwaltsvertrag, wenn eine erforderliche Beweiserhebung nicht durchgeführt wird, weil der Rechtsanwalt es versäumt hat, einen **gerichtlichen Beweisbeschluss zu überprüfen** und deswegen nicht

675

---

558 BGH, NJW 1988, 486, 487; 1988, 1079, 1080; NJW-RR 1990, 1241, 1242; NJW 1992, 1695, 1696; 1994, 1211, 1213; 1995, 1419, 1429; WM 1998, 1542, 1545 = NJW 1998, 2048.
559 BGH, NJW 1974, 1865, 1866; 1988, 1079, 1080; NJW-RR 1990, 1241, 1242.
560 BGH, NJW 1964, 2402, 2403; 1974, 1865, 1866; 1988, 3013, 3016; NJW-RR 1989, 1109; 1990, 1241, 1242; vgl. auch *K. Müller*, JR 1969, 161, 165; *ders.*, MDR 1969, 896; *Schultz*, MDR 1965, 264.
561 BGH, NJW 1964, 2402, 2403; vgl. auch BGH, NJW 1974, 1865, 1866.
562 BGH, NJW 1996, 2648, 2650 sowie BGH, NJW 1988, 3013, 3016, auch in Abgrenzung zu RGZ 142, 396, 398 f.
563 BVerfG, NJW 2002, 2937; vgl. dazu BGH, NJW 2003, 202, 204; NJW-RR 2003, 350 u. 850; *Zugehör*, NJW 2003, 3225, 3227 ff.; *Knöfel*, AnwBl 2004, 76; *Medicus*, AnwBl 2004, 257.

bemerkt hat, dass das Gericht fälschlicherweise seinem Mandanten und nicht dem Prozessgegner die **Vorschusspflicht für einen Sachverständigen** auferlegt hat.[564] Ein Rechtsanwalt hat in einem Rechtsstreit alles vorzutragen, was die gerichtliche Entscheidung für die von ihm vertretene Partei günstig beeinflussen kann. Er ist daher unter anderem auch verpflichtet, auf die **Unschlüssigkeit einer Klage oder auf die Unerheblichkeit der Verteidigung der Gegenseite hinzuweisen.**[565] Der BGH hat eine Pflichtverletzung in einem Fall angenommen, in dem der Rechtsanwalt nicht erkannt und gerügt hatte, dass eine AGB-Klausel, auf die sich der Prozessgegner berufen und die das Gericht seinem Urteil zugrunde gelegt hatte, unwirksam war.[566]

676 Die Notwendigkeit, auch zu Rechtsfragen Stellung zu nehmen, hat der BGH insbesondere angenommen, wenn der Rechtsanwalt durch **eigenes vorprozessuales Fehlverhalten** die Gefahr einer gerichtlichen Fehlbeurteilung hervorgerufen hat.[567] Allerdings hat der Rechtsanwalt einen durch eine unrichtige Gerichtsentscheidung verursachten Fehler nicht zu verantworten, wenn er nach anfänglichen Fehlern dem Gericht noch rechtzeitig den richtigen Sachverhalt unterbreitet und auf die zutreffenden rechtlichen Gesichtspunkte hingewiesen hat.[568]

677 **Fehler des Gerichts schließen die Mitverantwortung des Rechtsanwalts für eigenes Verschulden grundsätzlich nicht aus** (vgl. Rn. 1014 ff. zur haftungsrechtlichen Zurechnung).[569] Ob etwas anderes im Fall ganz ungewöhnlicher, schwerer Fehlgriffe der zur Entscheidung berufenen Stelle gilt, die außerhalb des realitätsgerechten Vorstellungsvermögens eines durchschnittlich erfahrenen, sorgfältigen und vorsichtigen Rechtsanwalts liegen, hat der Bundesgerichtshof offen gelassen.[570]

(2) Auswirkungen auf Kausalität und Zurechenbarkeit

678 Hat der Rechtsanwalt es unterlassen, Fehlern des Prozessgerichts entgegenzuwirken, setzt eine Schadensersatzpflicht weiter voraus, dass er einen Schaden des Auftraggebers in zurechenbarer Weise verursacht hat (vgl. Rn. 1014 ff. zur haftungsrechtlichen Zurechnung).[571] Einem Rechtsanwalt ist ein Schaden aus einem gerichtlichen Fehler

---

564 BGH, NJW 1988, 3013, 3016.
565 OLG Köln, AnwBl 1984, 92.
566 BGH, NJW 1996, 2648, 2650.
567 BGH, NJW 1996, 2648, 2650; WM 1996, 35, 40; 1998, 1542, 1545.
568 BGH, NJW 1988, 486, 488.
569 BGH, NJW 1964, 2402, 2404; 1988, 3013, 3016; NJW-RR 1990, 1241, 1242; WM 1996, 35, 40; NJW 1997, 250; NJW 1998, 2048, 2050.
570 BGH, NJW-RR 1990, 1241, 1242; vgl. auch BGH, NJW 1988, 3013, 3016.
571 Hierzu etwa: BGH, NJW 1988, 3013, 3016; 1996, 2648, 2650 f.; *K. Müller*, MDR 1969, 797 ff., 896 ff. und 965 ff.; *Schultz*, MDR 1965, 264, 265; allgemein zu Kausalität und Schadenszurechnung: Rn. 990 ff.

g) Mündliche Verhandlung

Die mündliche Verhandlung ist nach der Vorstellung des Gesetzgebers der eigentliche Kern eines Rechtsstreits (vgl. §§ 128 Abs. 1, 137 ZPO).[573] Sie wird in Anwaltsprozessen (§ 78 ZPO) durch die Schriftsätze der Parteien vorbereitet (§ 129 ZPO). Während der mündlichen Verhandlung kann der Rechtsanwalt zu einer raschen Entscheidung gezwungen sein, insbesondere dann, wenn er sich mit seinem Mandanten nicht kurzfristig absprechen kann.

679

aa) Wahrnehmung des Termins

Ein Rechtsanwalt verletzt seine Pflichten, wenn er einen Gerichtstermin versäumt, zu dem festgesetzten Termin mit erheblicher Verspätung erscheint und nicht für seine Vertretung gesorgt hat. Dann kann gegen die Partei ein **Versäumnisurteil** erlassen werden. Je nach dem **Grund der Säumnis** ist allerdings zu prüfen, ob der Rechtsanwalt auch **schuldhaft** gehandelt hat.[574] Unter Anwendung des Sorgfaltsmaßstabes eines ordentlichen Rechtsanwalts, wie er auch für § 233 ZPO gilt, braucht der Anwalt beispielsweise aber nicht wegen eines unvorhergesehenen Verkehrshindernisses eine Reservezeit einzuplanen.[575] Er muss allerdings, soweit möglich, versuchen, durch geeignete Maßnahmen den Erlass eines Versäumnisurteils zu verhindern, z.B. durch Mitteilung über Handy an das Gericht.[576] Dies hat auch rechtzeitig zu erfolgen.[577] Sollte sich der Anwalt jedoch zu der sog. „**Flucht in die Säumnis**" entschließen, um durch die Einlegung eines Einspruchs gegen das Versäumnisurteil den Weg für eine Fortsetzung des Verfahrens freizumachen, ist der Anwalt regelmäßig verpflichtet, auch ohne ausdrückliche Weisung des Mandanten Einspruch gegen das Versäumnisurteil einzulegen.[578]

680

bb) Säumnis des Prozessgegners

Es entspricht i.d.R. dem Interesse des Mandanten, den Erlass eines **Versäumnisurteils** zu beantragen (§§ 330, 331 Abs. 1 ZPO), wenn der Prozessgegner säumig ist.

681

---

572 BGH, NJW 1996, 48, 51; 1996, 2648, 2650; 1997, 250, 253; 1998, 2048, 2050; 2002, 1048, 1049.
573 Vgl. *Fahrendorf*, in: *Rinsche/Fahrendorf/Terbille*, Rn. 1506 ff.
574 Vgl. BGH, NJW 1999, 724 f. – straßenverkehrsbedingte Säumnis (zu § 345 ZPO).
575 BGH, NJW 1999, 724.
576 Vgl. BGH, NJW 1999, 724.
577 BGH, NJW 2006, 448.
578 BGH, NJW 2002, 290, 291.

cc) Ergänzender Vortrag des Prozessgegners

682 Bei ergänzendem Vorbringen des Prozessgegners kann es geboten sein, **Verfahrensrügen** geltend zu machen (§ 295 ZPO), **Verspätung** zu rügen (§ 296 ZPO) oder die Gewährung einer **Schriftsatzfrist** zu beantragen (§ 283 ZPO).

dd) Hinweise und Anregungen des Gerichts

683 Auf einen gerichtlichen Hinweis gemäß §§ 139, 278 Abs. 3 ZPO, etwa wegen Bedenken gegen die Schlüssigkeit einer Klage, die Erheblichkeit einer Verteidigung, wegen nicht ausreichender Substanziierung des Vortrags oder wegen fehlender Beweisantritte, kann es geboten sein, **Vertagung** zu beantragen (§ 227 ZPO).[579] Ausnahmsweise kann es sogar ratsam sein, „**in die Säumnis zu fliehen**",[580] die **Klage zu erweitern** bzw. eine **Widerklage zu erheben**. Dies kann insbesondere dann geboten sein, wenn eine Nachholung des gebotenen Vortrags im Termin nicht möglich ist und eine Zurückweisung als **verspätet** (§ 296 ZPO) droht. Allerdings kann das Unterlassen der „Flucht in die Säumnis" eine Haftung des Rechtsanwalts nur dann begründen, wenn dadurch eine Zurückweisung des verspäteten Vorbringens vermieden worden wäre.[581]

684 Des Weiteren muss der Rechtsanwalt, wie bei der Vorbereitung der Verhandlung durch Schriftsätze, **Fehlern des Gerichts entgegenwirken**, wenn das Gericht zur Aufklärung des Sachverhalts Fragen stellt oder Hinweise zur rechtlichen Bewertung gibt (Rn. 674 – 677). So kann der prozessbevollmächtigte Rechtsanwalt z.B. seine Pflichten verletzen, wenn er auf Rat des Gerichts eine **Klage zurücknimmt**, ohne zuvor auf die vom Gericht nicht hinreichend gewürdigte höchstrichterliche Rechtsprechung hingewiesen und versucht zu haben, das Gericht davon zu überzeugen, dass die in der mündlichen Verhandlung vertretene Rechtsansicht unzutreffend ist.[582]

685 Besonderheiten gelten dann, wenn das **letztinstanzliche Gericht** seine Rechtsauffassung durchblicken lässt und dem Prozessbevollmächtigten einer Partei **empfiehlt, die Klage oder ein eingelegtes Rechtsmittel zurückzunehmen**. Dann steht der Rechtsanwalt vor der schwierigen Entscheidung, durch ein Eingehen auf die Empfehlung des Gerichts Kosten zu vermeiden oder nochmals seinen Standpunkt zu verdeutlichen, um doch noch die für richtig gehaltene Entscheidung zu erwirken.[583] Das OLG Köln hat hierzu ausgeführt, dass die Rücknahme der Berufung durch den Prozessbevollmäch-

---

579 Vgl. BGH, NJW 1999, 2123 ff. – Wiedereröffnung der mündlichen Verhandlung gemäß § 156 ZPO im Anschluss an nicht nachgelassenen Schriftsatz nach Hinweis in der (letzten) mündlichen Verhandlung.
580 Vgl. *Abrahams*, AnwBl 1999, 168 ff.; *Borgmann/Jungk/Grams*, § 51 Rn. 60; *Fahrendorf*, in: *Rinsche/Fahrendorf/Terbille*, Rn. 1513; *Vollkommer/Heinemann*, Rn. 833, 836, 837, 839.
581 OLG Düsseldorf, VersR 1989, 287, 288.
582 OLG Köln, NJW-RR 1995, 1401.
583 Hierzu *Rinsche*, AnwBl 1994, 216.

tigten jedenfalls dann keine Verletzung der Pflichten aus dem Anwaltsvertrag darstelle, wenn das Rechtsmittel nach ausdrücklicher Erklärung des Berufungsgerichts keine Aussicht auf Erfolg habe, gegen die Entscheidung des Berufungsgerichts kein weiteres Rechtsmittel gegeben wäre und der Mandant sich mit der Berufungsrücknahme einverstanden erklärt habe.[584] Kann sich der Rechtsanwalt mit dem abwesenden Mandanten nicht abstimmen, handelt er nicht pflichtwidrig, wenn er der ausdrücklichen und nach Beratung wiederholten Empfehlung des Gerichts zur Rücknahme des Rechtsmittels folgt.

Insbesondere vor dem Hintergrund der Zivilprozessrechtsreform von 2001 ist der Rechtsanwalt verpflichtet, die **prozessualen Angriffs- und Verteidigungsmittel** taktisch richtig einzusetzen. So ist etwa die Frage des neuen Tatsachenvorbringens in der Berufungsinstanz nur eingeschränkt oder in Ausnahmefällen zu berücksichtigen, was, sollte die gegnerische Partei beispielsweise eine Einrede verspätet erheben, jedenfalls geltend gemacht werden muss.[585] 686

Werden anlässlich einer mündlichen Verhandlung auf Anregung des Gerichts **Vergleichsverhandlungen** geführt, muss der Rechtsanwalt die hierfür geltenden Grundsätze beachten (Rn. 711 – 729). 687

ee) Terminbericht

Von dem Ergebnis der mündlichen Verhandlung sollte der Rechtsanwalt dem Auftraggeber umgehend und ausführlich **berichten**, insbesondere im Termin gefasste Entscheidungen des Gerichts oder Beschlüsse, etwa über Hinweise, Auflagen, Schriftsatzfristen, Beweisaufnahmen oder die Verkündung von Entscheidungen, mitteilen. Dies empfiehlt sich insbesondere deshalb, weil das Terminsprotokoll unter Umständen erst nach mehreren Wochen zugestellt wird. 688

h) Maßnahmen nach Urteilserlass

Die von einem **Rechtsanwalt** nach **Erlass eines Urteils** gegenüber seinem Auftraggeber zu beachtenden Pflichten richten sich danach, ob die Partei unterlegen ist oder obsiegt hat.[586] Ebenso wie vor der Erhebung einer Klage muss der Rechtsanwalt den Auftraggeber nach Erlass eines Urteils in die Lage versetzen, eigenverantwortlich eine Entscheidung über das weitere Vorgehen treffen zu können (vgl. Rn. 655). 689

---

584 OLG Köln, NJW 1989, 1159.
585 BGH, NJW 2005, 291; OLG Hamm, NJW 2003, 2325; OLG Düsseldorf, GI 2005, 21.
586 Vgl. *Hartstang*, S. 532 – 537; *K. Müller*, JR 1969, 161, 166 f.

aa) Rechtsmittel

690 Von besonderer Bedeutung für die – ganz oder teilweise – unterlegene Partei ist die **Aufklärung über Rechtsmittel.**[587]

(1) Möglichkeit und Aussichten eines Rechtsmittels

691 Nach Abschluss einer Instanz ist der Prozessbevollmächtigte daher verpflichtet, **die ihm zugestellte Entscheidung umgehend an den Mandanten zu übersenden.**

Er hat den Auftraggeber **über mögliche Rechtsmittel aufzuklären.**[588] So hat der Rechtsanwalt u.a. auch zu überprüfen, ob das Gericht den **Wert der Beschwer** richtig festgesetzt hat.[589] Des Weiteren hat der Rechtsanwalt den Mandanten über die **Aussicht eines Rechtsmittels** aufzuklären. Diese Pflichten treffen den Rechtsanwalt auch ohne besonderen Auftrag des Mandanten.[590] Hierbei handelt es sich um eine besondere Ausprägung der allgemeinen Pflicht, den Mandanten über die Prozessaussichten zu beraten (Rn. 630 – 640). Gerade bei Revisionen oder Nichtzulassungsbeschwerden zum BGH ist zu erwägen, mit der Prüfung der Erfolgsaussichten einen am Rechtsmittelgericht zugelassenen Rechtsanwalt zu beauftragen.

(2) Feststellung und Mitteilung der Rechtsmittelfrist

692 Der Rechtsanwalt hat den **Beginn der Rechtsmittelfrist festzustellen** und den **Fristablauf zu berechnen.** Im Zusammenhang mit der Beweissicherungspflicht (Rn. 606 – 610) hat derjenige Rechtsanwalt, der Zustellungen[591] eines Gerichts, einer Behörde oder der Gegenseite entgegennimmt, die an ihn in seiner Eigenschaft als Parteivertreter erfolgen und eine Frist auslösen, **Maßnahmen zu treffen, die es ihm erlauben, zu dem Tag des Zugangs substanziiert vorzutragen.**[592] Auch muss über ein Gespräch, das für den Fortgang der Angelegenheit bedeutsam ist, etwa mit dem Vorsitzenden des Prozessgerichts wegen einer Fristverlängerung, ein Vermerk gefertigt und zu den Handakten genommen werden.[593]

---

587 BGH, NJW 2002, 2022, 2986; vgl. *Borgmann/Jungk/Grams*, §§ 53 – 55; *Fahrendorf*, in: *Rinsche/Fahrendorf/Terbille*, Rn. 1548.

588 Zur Verpflichtung, den Mandanten auf die Möglichkeit einer Verfassungsbeschwerde hinzuweisen, wenn ein Gericht die Verpflichtung zur Vorlage an ein höheres Gericht willkürlich außer Acht lässt (Art. 101 Abs. 1 Satz 2 GG): OLG Braunschweig, NJWE-VHR 1998, 350, 351.

589 BGH, NJW-RR 1989, 1109.

590 BGH, NJW-RR 1989, 1109; vgl. auch BGH, VersR 1960, 209; 1965, 710, 711; NJW 1983, 820, 822; OLG Celle, AnwBl 1972, 22.

591 §§ 166 ff. ZPO neu gefasst durch Gesetz vom 25.6.2001 (BGBl. I, S. 1206), in Kraft seit 1.7.2002.

592 BGH, NJW 1992, 1695, 1696; vgl. auch BGH, VersR 1974, 1131.

593 BGH, NJW 1992, 1695, 1697.

Sodann hat der Rechtsanwalt dem **Auftraggeber Beginn und Ablauf der Rechtsmittelfrist mitzuteilen**.[594] Falls ein Rechtsmittel ausschließlich von einem am Rechtsmittelgericht zugelassenen Rechtsanwalt fristwahrend eingelegt werden kann, ist der Mandant auch hierüber aufzuklären. All diese Pflichten bestehen noch **aufgrund des ursprünglichen Prozessauftrags**. Die Rechtsmittelfrist beginnt noch nicht, wenn das Urteil lediglich im Entwurf zugestellt wird.[595] Maßgeblich für den Beginn der Rechtsmittelfrist ist allein das Verkündungsprotokoll.[596]

693

(3) Form- und fristgerechte Einlegung des Rechtsmittels

Grundsätzlich ist der Rechtsanwalt allerdings **nicht verpflichtet, bei seinem Mandanten nachzufragen, ob er ein Rechtsmittel einlegen will**. Eine solche Pflicht besteht nur dann **ausnahmsweise**, wenn der Rechtsanwalt einen besonderen Anlass hat, den Verlust seiner Mitteilung zu befürchten oder wenn ihm der Standpunkt der Partei, unter allen Umständen ein Rechtsmittel einzulegen, bereits bekannt ist.[597] Jedenfalls muss ein Rechtsanwalt darauf hinwirken, dass bis zur Entscheidung über die Einlegung eines Rechtsmittels keine vollendeten Tatsachen geschaffen werden.[598]

694

Der **mit der Einlegung des Rechtsmittels beauftragte Rechtsanwalt** hat sicher zu stellen, dass die Frist zur Einlegung sowie zur Begründung des Rechtsmittels – formgerecht – eingehalten wird. Probleme entstehen insbesondere dann, wenn das Rechtsmittel oder die Rechtsmittelbegründung per Telefax an das Gericht gesandt wird oder wenn der Anwalt den Schriftsatz an eine unrichtige Gerichtsadresse schickt. Diese Themen können an dieser Stelle nicht näher erörtert werden, doch bieten sie Grund für eine Vielzahl von Gerichtsentscheidungen.[599]

(4) Beauftragung eines Rechtsmittelanwalts

Wenn der erstinstanzliche Prozessbevollmächtigte nicht selbst ein Rechtsmittel einlegen kann, etwa weil er an dem Rechtsmittelgericht nicht postulationsfähig ist, nicht einlegen soll oder nicht einlegen will, kann er gleichwohl mit dem Auftraggeber vereinbaren, einen **am Rechtsmittelgericht zugelassenen Rechtsanwalt auszuwählen** und zu beauftragen, den Mandanten in der höheren Instanz zu vertreten. Bei Rechtsmittelaufträgen erschöpft sich die Sorgfaltspflicht des Rechtsanwalts nicht im **rechtzeitigen Absenden des Auftragschreibens**; der Rechtsanwalt, der einen solchen Auftrag

695

---

594 BGH, VersR 1963, 435; vgl. auch BGH, NJW 1960, 818, 819; 1977, 1198; 1990, 189, 190.
595 OLG Frankfurt/M., NJW-RR 1995, 511.
596 BGH, VersR 1989, 604.
597 BGH, VersR 1963, 435, 436.
598 BGH, NJW 2003, 2986.
599 BVerfG, MDR 2000, 168; BGH, NJW 1987, 341; NJW-RR 1990, 1149; VersR 1994, 75; vgl. dazu *Borgmann/Jungk/Grams*, § 54.

erteilt, muss auch dafür Sorge tragen, dass der beauftragte Rechtsanwalt den Auftrag innerhalb der laufenden Rechtsmittelfrist **bestätigt**. Der beauftragende Rechtsanwalt muss den **rechtzeitigen Eingang dieser Bestätigung überwachen**. Notfalls muss sich der beauftragte Rechtsanwalt rechtzeitig vor Fristablauf davon überzeugen, ob der Auftrag bei dem am Rechtsmittelgericht zugelassenen Rechtsanwalt eingetroffen ist und dieser ihn angenommen hat.[600] Eine **Rückfrage** bei dem zu beauftragenden Rechtsanwalt ist nur dann **ausnahmsweise nicht erforderlich**, wenn zwischen dem erstinstanzlichen Prozessbevollmächtigten und dem Rechtsmittelanwalt im Einzelfall oder allgemein die Absprache besteht, dass dieser Rechtsmittelaufträge annehmen, prüfen und ausführen wird. Bei ordnungsgemäßer Büroorganisation darf sich der beauftragende Rechtsanwalt dann grundsätzlich darauf verlassen, dass der erteilte Auftrag den anderen Rechtsanwalt rechtzeitig erreicht.[601]

bb) Wiedereinsetzung in den vorigen Stand

696 In engem Zusammenhang mit der Pflicht, ein Rechtsmittel fristwahrend einzulegen und zu begründen, steht das Institut der **Wiedereinsetzung in den vorigen Stand** (§§ 233 – 238 ZPO).[602] Wenn der Auftraggeber ohne sein Verschulden verhindert ist, eine **Notfrist** (§ 224 Abs. 1 Satz 2 ZPO), eine **gleichgestellte Frist** zur Begründung eines Rechtsmittels oder die Wiedereinsetzungsfrist (§ 234 Abs. 1 ZPO) einzuhalten, ist ihm auf Antrag Wiedereinsetzung in den vorigen Stand zu gewähren (§ 233 ZPO). Die wichtigsten Anwendungsfälle sind die Versäumung der Frist zur Einlegung oder Begründung der Berufung (§§ 517, 520 Abs. 2 ZPO) und der Revision (§§ 548, 551 Abs. 2 ZPO) sowie zur Einlegung eines Einspruchs (§ 339 Abs. 1 ZPO) oder einer sofortigen Beschwerde (§ 569 Abs. 1 ZPO).

Ein Rechtsanwalt handelt pflichtwidrig, wenn durch sein **Verschulden** (§ 85 Abs. 2 ZPO) eine von ihm zu überwachende prozessuale Notfrist oder gleichgestellte Frist nicht eingehalten wird, so dass eine Wiedereinsetzung in den vorigen Stand nicht gewährt werden kann.[603] Pflichtverletzungen des Rechtsanwalts kommen insbesondere bei der Berechnung und Kontrolle dieser Fristen sowie bei der Einleitung sachgerechter Maßnahmen zu ihrer Wahrung vor.[604]

---

600 BGH, VersR 1985, 962; NJW 1988, 3020 f.; VersR 1990, 801; NJW 1997, 3245 – alle zu § 233 ZPO; vgl. auch *Borgmann*, BRAK-Mitt. 1999, 75 f.
601 BGH, NJW 1988, 3020 f.; 1997, 3245 – beide zu § 233 ZPO.
602 Vgl. auch § 22 Abs. 2 FGG, § 60 VwGO, § 67 SGG, § 56 FGO, § 110 AO 1977, §§ 44 – 47 StPO.
603 *Terbille*, in: *Rinsche/Fahrendorf/Terbille*, Rn. 1807; *Vollkommer/Heinemann*, Rn. 738.
604 Vgl. *Fahrendorf*, in: *Rinsche/Fahrendorf/Terbille*, Rn. 1458; *Vollkommer/Heinemann*, Rn. 741 – 746; *Borgmann/Jungk/Grams*, §§ 56 – 57; *Büttner*, Wiedereinsetzung in den vorigen Stand; *G. Müller*, NJW 1993, 681; 1995, 3224 und 1998, 497.

cc) Zwangsvollstreckung

Besondere anwaltliche Pflichten bestehen, wenn die in einem Rechtsstreit vertretene Partei ganz oder teilweise obsiegt hat, so dass sie aus einem rechtskräftigen oder für vorläufig vollstreckbar erklärten Endurteil (§ 704 Abs. 1 ZPO) die Zwangsvollstreckung betreiben kann.[605]

697

(1) Einleitung und Betreibung

Der mit der Prozessführung beauftragte Rechtsanwalt hat die von ihm vertretene Partei, die in einer Instanz ganz oder zum Teil obsiegt hat, über die **Möglichkeiten der Zwangsvollstreckung aufzuklären**. Noch **im Rahmen des Prozessmandats** hat der Rechtsanwalt darauf zu achten, dass nach Vorliegen eines zur Zwangsvollstreckung geeigneten Titels umgehend ein **Antrag auf Festsetzung der erstattungsfähigen Kosten** gestellt wird (§§ 103 – 107 ZPO). Da gemäß § 104 Abs. 1 Satz 2 ZPO die festgesetzten Kosten bereits vom Eingang des Festsetzungsantrags zu verzinsen sind, kann eine ohne Grund verzögerte Antragstellung zum Ausfall erheblicher Beträge führen.

698

Ein Auftrag zur Durchführung der Zwangsvollstreckung erstreckt sich auf die **Durchsetzung titulierter Ansprüche**, die der Partei nach Recht und Gesetz zustehen. Daher verletzt ein Rechtsanwalt die ihm obliegenden Pflichten, wenn er die Vollstreckung aus einem Titel versäumt, und zwar grundsätzlich selbst dann, wenn der Titel mit der materiellen Rechtslage nicht übereinstimmt. Nur **ausnahmsweise** handelt der Rechtsanwalt **nicht pflichtwidrig**, sofern gegen die Vollstreckung der Einwand des § 826 BGB begründet ist. Dies setzt allerdings voraus, dass es mit dem Gerechtigkeitsgedanken schlechthin unvereinbar wäre, wenn der Titelgläubiger seine formelle Rechtsposition unter Missachtung der materiellen Rechtslage zum Nachteil des Schuldners ausnutzt. Es reicht demgegenüber nicht aus, dass der Titel objektiv unrichtig ist und der daraus vollstreckende Gläubiger dies weiß. Vielmehr müssen Umstände hinzutreten, welche die Ausnutzung des Titels in hohem Maße unbillig und geradezu unerträglich erscheinen lassen.[606]

699

Der Rechtsanwalt ist gehalten, die **Zwangsvollstreckung zügig zu betreiben**.[607] Wenn die Pfändung beweglichen Vermögens aus einem **vorläufig vollstreckbaren Urteil** in Betracht kommt,[608] hat der Rechtsanwalt den Auftraggeber über die Möglichkeit zu beraten, gemäß § 720a ZPO ohne Sicherheitsleistung **eine Sicherungsvollstreckung** zu betreiben. Der BGH hat entschieden, dass ein Rechtsanwalt, der einen Gläubiger wegen der Vollstreckung aus einem vorläufig vollstreckbaren Urteil berät, diesen über

700

---

605 Vgl. *Schlee*, AnwBl 1985, 143; *Vollkommer/Heinemann*, Rn. 355.
606 BGH, NJW 1996, 48, 49 – Vollstreckung aus einem materiell-rechtlich unrichtigen Versäumnisurteil.
607 OLG Köln, NJW-RR 1986, 222, 223 – Vollstreckung aus einem für vorläufig vollstreckbar erklärten Urteil.
608 Vgl. dazu *Bräuer*, AnwBl 2004, 246.

das Risiko mangelnder Insolvenzfestigkeit der Sicherungsvollstreckung belehren muss, wenn er weiß oder wissen muss, dass der Schuldner in angespannten finanziellen Verhältnissen lebt. Hinzu kam im konkreten Fall, dass der Schuldner seinen Sitz in den neuen Bundesländern hatte oder ihn dort hin verlegen wollte. Insofern musste der Rechtsanwalt seinen Mandanten auf die erkennbare Gefahr des Eingreifens von § 7 Abs. 3 GesO[609] oder des § 88 InsO über das **Risiko der mangelnden Insolvenzfestigkeit der Sicherungsvollstreckung** belehren.[610] Dabei ist die **Zwei-Wochen-Frist des § 750 Abs. 3 ZPO** zu beachten. Bei der Zwangsvollstreckung aus einem für vorläufig vollstreckbar erklärten Urteil ist der Auftraggeber auf das Risiko hinzuweisen, dass er **gemäß § 717 Abs. 2 ZPO** dem Schuldner denjenigen **Schaden zu ersetzen** hat, der diesem durch die Vollstreckung des Urteils oder durch eine zur Abwendung der Vollstreckung gemachte Leistung entstanden ist, wenn das für vorläufig vollstreckbar erklärte Urteil aufgehoben oder abgeändert wird.

701   Bei der Abfassung eines **Antrags auf Erlass eines Pfändungsbeschlusses**, mit dem sämtliche Guthaben des Schuldners bei einer Bank gepfändet werden sollen, muss der Rechtsanwalt darauf achten, dass nicht nur Ansprüche des Schuldners aus laufender Geschäftsverbindung, sondern auch aus einem etwaigen **Wertpapierdepot** erfasst werden.[611] Nach einer fruchtlosen Vollstreckung in das bewegliche Vermögen des Schuldners kann der vom Gläubiger mit der Zwangsvollstreckung beauftragte Rechtsanwalt bei entsprechenden Anhaltspunkten auch verpflichtet sein, das **Grundbuch darauf einzusehen**, ob der Schuldner noch Grundvermögen hat. Dies hat das OLG Düsseldorf in einem Fall angenommen, in dem es sich bei dem Schuldner um eine Gesellschaft gehandelt hat, die als Baubetreuerin tätig geworden ist und die Errichtung von Wohnungsanlagen betrieben hat.[612]

702   Nach erfolgloser Vollstreckung in das bewegliche Vermögen ist der Rechtsanwalt verpflichtet, zunächst ein Verfahren nach § 807 ZPO auf **Vorlage eines Vermögensverzeichnisses und auf eidesstattliche Versicherung** der Richtigkeit und Vollständigkeit einzuleiten. Stellt er stattdessen sogleich einen **Antrag auf Eröffnung des Insolvenzverfahrens** über das Vermögen des Schuldners (§§ 11 ff. InsO), handelt er pflichtwidrig.[613]

---

609   Die Gesamtvollstreckungsordnung ist durch EGInsO seit dem 1.1.1999 (vgl. Art. 110 Abs. 1 EGInsO) aufgehoben.
610   BGH, NJW 2001, 673, 674.
611   OLG Düsseldorf, VersR 1991, 42 f. (der BGH hat die Revision gegen dieses Urteil mit Beschl. v. 28.6.1990 nicht angenommen – IX ZR 281/89); vgl. BGH, NJW 1998, 2134, 2135.
612   OLG Düsseldorf, ZIP 1984, 1499, 1501; vgl. *Fahrendorf*, in: *Rinscheid/Fahrendorf/Terbille*, Rn. 1796, der in diesem Zusammenhang auf ein unveröffentlichtes Urteil des OLG Hamm v. 17.3.1988 (Az. 28 U 203/86) hinweist (die Revision gegen dieses Urteil hat der BGH mit Beschluss vom 21.9.1989 nicht angenommen – IX ZR 154/88).
613   OLG Düsseldorf, ZIP 1984, 1499, 1500.

B. Einzelpflichten des Rechtsanwalts

Bei der **Forderungspfändung** hat der Rechtsanwalt darauf zu achten, dass die Verwertbarkeit des gepfändeten Anspruchs für den Auftraggeber nach Möglichkeit erhalten bleibt. Insbesondere hat der Rechtsanwalt zu verhindern, dass der gepfändete Anspruch gegen den Drittschuldner verjährt.[614] Bei verzögerter Beitreibung einer dem Gläubiger zur Einziehung überwiesenen Forderung kommt ein Schadensersatzanspruch des Schuldners nach § 842 BGB in Betracht, mit dem dieser gegen Forderungen des Gläubigers aufrechnen kann. Dies kann wiederum zu einem Regressanspruch des Gläubigers gegen den von ihm beauftragten Rechtsanwalt führen.

703

Der den Gläubiger vertretende Rechtsanwalt hat auch an die Möglichkeit einer **Vorpfändung** gemäß § 845 ZPO zu denken. Danach kann der Gläubiger bereits vor der Pfändung einer Forderung – ohne dass es der Erteilung einer vollstreckbaren Ausfertigung und der Zustellung des Schuldtitels bedarf – aufgrund eines vollstreckbaren Schuldtitels dem Drittschuldner und dem Schuldner durch den Gerichtsvollzieher die Benachrichtigung zustellen lassen, dass die Pfändung bevorstehe. Damit ist die Aufforderung an den Drittschuldner zu verbinden, nicht an den Schuldner zu zahlen; der Schuldner ist aufzufordern, sich jeder Verfügung über die Forderung, insbesondere ihrer Einziehung, zu enthalten. Die Benachrichtigung des Drittschuldners hat die Wirkung eines Arrests (§ 930 ZPO), sofern die Pfändung der Forderung innerhalb eines Monats bewirkt wird. Insbesondere eine Vorpfändung des Geschäftskontos kann die Zahlungsbereitschaft des Schuldners fördern.[615]

704

Ein Rechtsanwalt, der die im Auftrag seines Mandanten eingeleitete **Zwangsvollstreckung versehentlich auch noch nach Tilgung der Schuld weiter betreibt**, macht sich gegenüber dem Schuldner für daraus entstandene Schäden grundsätzlich nicht schadensersatzpflichtig.[616]

705

Das System der **insolvenzrechtlichen Anfechtungsregeln** (§§ 129 ff. InsO) schränkt das bei der Einzelzwangsvollstreckung geltende Prioritätsprinzip ein (§ 131 InsO), so dass ein erst während der Drei-Monats-Zeitraums vor dem Eröffnungsantrag wirksam gewordenes Pfandrecht in der Insolvenz kein anfechtungsfestes Absonderungsrecht nach § 50 Abs. 1 InsO begründet, wenn der Schuldner zur Zeit der Rechtshandlung zahlungsunfähig war.[617] Wenn also erhebliche Anhaltspunkte dafür vorliegen, dass eine Einzelvollstreckung letztlich keinen Vorteil bringen kann, wird der Anwalt davon abzuraten, jedenfalls aber hierzu hinreichend zu belehren haben.[618]

706

---

614 BGH, NJW 1996, 48, 51.
615 OLG Hamm, NJW-RR 2000, 1008.
616 BGH, NJW 1979, 1351; ausführlich zur „Dritthaftung" des Rechtsanwalts gegenüber anderen Personen als dem Auftraggeber Rn. 1596 ff.
617 BGH, NJW 2004, 1444.
618 BGH, WM 2004, 481, 482.

(2) Verteidigung gegen Zwangsvollstreckung

707 Die Abwehr einer Klage und der Vollstreckung aus einem Urteil stellen i.d.r. inhaltlich eine Angelegenheit dar. Der Auftrag betrifft dann die Abwehr derselben Ansprüche und damit denselben Gegenstand.[619] Der Rechtsanwalt, der den Mandanten gegen eine Zwangsvollstreckung verteidigen soll, hat zu prüfen, ob die allgemeinen und besonderen **Voraussetzungen der Zwangsvollstreckung** vorliegen und die relevanten **Verfahrensvorschriften** einschließlich der Pfändungsschutzvorschriften (§§ 811 – 812, 850 – 850k ZPO) beachtet werden. Bei einem Verstoß ist der Mandant über mögliche **Rechtsbehelfe** (z.b. §§ 732, 766 – 768, 793 ZPO, § 11 RPflG) aufzuklären. Der Rechtsanwalt hat ferner in Erwägung zu ziehen, eine **einstweiligen Einstellung der Zwangsvollstreckung** zu beantragen (§§ 707, 719, 769 ZPO) oder **Schutzanträge** zugunsten des Auftraggebers (§§ 712, 721, 765a, 794a, 813a ZPO) zu stellen.[620]

708 Der Rechtsanwalt hat den Mandanten auch auf die Möglichkeit hinzuweisen, eine **Vollstreckung durch Sicherheitsleistung abzuwenden**. Ggf. ist darauf zu achten, dass eine solche Abwendungsbefugnis durch eine Bankbürgschaft ermöglicht wird. Dann kann der Schuldner nach der Zustellung einer geeigneten **Bankbürgschaft** (im Original) an den Gläubiger die Einstellung der Zwangsvollstreckung beantragen (§§ 775 Nr. 3, 776 ZPO).

709 Der Berufungsanwalt, der für seinen Mandanten ohne Beteiligung eines Korrespondenzanwalts eine einstweilige Einstellung der Zwangsvollstreckung gegen Sicherheitsleistung erwirkt (§§ 719, 707 ZPO) und die Sicherheit dem Gegner übermittelt hat, ist verpflichtet, sich um die **Rückgabe der Sicherheit** zu kümmern, nachdem sein Mandant mit der Berufung ganz oder im Wesentlichen obsiegt hat (vgl. § 715 ZPO). In diesen Fällen muss der Berufungsanwalt seinem Mandanten notfalls zur Klage auf Rückgabe der Sicherheit raten, falls der Gegner diese nicht freiwillig herausgibt (§ 109 ZPO). Der Rechtsanwalt kann sich seiner Pflichten nicht dadurch entledigen, dass er die Handakten an den Prozessbevollmächtigten erster Instanz, der im Berufungsverfahren nicht als Korrespondenzanwalt beteiligt und mit der Sache nicht mehr befasst war, mit der Bemerkung zurückschickt, die Angelegenheit abgeschlossen zu haben.[621]

dd) Arrest und einstweilige Verfügung

710 Besondere anwaltliche Pflichten gelten nach Erlass einer Entscheidung im **Arrest- oder einstweiligen Verfügungsverfahren** (§§ 916 ff., 935 ff. ZPO). Wegen §§ 929 Abs. 2, 3, 936 ZPO muss der Rechtsanwalt, der für seinen Auftraggeber einen Arrest oder eine einstweilige Verfügung erstritten hat, darauf achten, dass die Partei die An-

---

619 BGH, NJW 1996, 48, 51.
620 BGH, WM 2004, 436.
621 BGH, NJW 1990, 2128, 2129.

ordnung innerhalb eines Monats **vollzieht**. Dies wird dadurch sichergestellt, dass der stattgebende Beschluss bzw. das Urteil dem Gegner **im Parteiverfahren** (§§ 191 ff. ZPO) **zugestellt** wird. Versäumt der beauftragte Rechtsanwalt dies, verletzt er seine Pflichten aus dem Anwaltsvertrag.[622] Ist der Gegner in dem Verfügungsverfahren anwaltlich vertreten, hat die **Zustellung** gemäß § 172 ZPO **an** dessen **Prozessbevollmächtigten** zu erfolgen. Eine Zustellung im Parteibetrieb hat zur Vollziehung der Anordnung auch dann zu erfolgen, wenn im Verfügungsverfahren ein Urteil ergeht, das von Amts wegen zugestellt wird.[623]

i) Vergleich

Gemäß § 278 Abs. 1 ZPO[624] soll das Gericht in jeder Lage des Verfahrens auf eine **gütliche Beilegung des Rechtsstreits oder einzelner Streitpunkte** bedacht sein. In § 54 ArbGG ist ein gerichtliches Güteverfahren sogar zwingend vorgeschrieben. Die **Prozessvollmacht** erstreckt sich gemäß § 81 ZPO u.a. auch auf die Beendigung des Rechtsstreits durch **Vergleich**. Allerdings kann die Prozessvollmacht insoweit gemäß § 83 Abs. 1 ZPO im Anwaltsprozess mit Wirkung auch gegenüber dem Gegner beschränkt werden. Den Rechtsanwalt, der seinen Auftraggeber in Vergleichsverhandlungen berät oder vertritt oder beim Abschluss eines Vergleichs mitwirkt, treffen dabei besondere Pflichten.[625]

711

aa) Rechtsnatur und Wirksamkeit

Ein in einem Rechtsstreit geschlossener Vergleich hat einen **doppelten Rechtscharakter**.[626] Zum einen ist ein Vergleich eine **Prozesshandlung**, welche die Beendigung eines Rechtsstreits herbeiführt und deren Wirksamkeit sich nach den Grundsätzen des Prozessrechts richtet. Insbesondere muss die Partei in einem Anwaltsprozess (§ 78 ZPO) beim Abschluss des Vergleichs **von einem postulationsfähigen Rechtsanwalt vertreten werden**. Ein **gerichtlich protokollierter Vergleich** (§§ 160 ff. ZPO) begründet einen **Titel**, aus dem die Zwangsvollstreckung betrieben werden kann (§ 794 Abs. 1 Nr. 1 ZPO). Ein Vergleich muss inhaltlich – wie alle Vollstreckungstitel – **hinrei-**

712

---

622 OLG Düsseldorf, NJWE-VHR 1997, 252, 253; *Vollkommer/Heinemann*, Rn. 724 – 728.
623 BGH, NJW 1993, 1076, 1077 f.; vgl. auch BGH, NJW 1972, 119, 124.
624 Vgl. auch § 57 Abs. 2 ArbGG, § 106 VwGO und § 101 SGG.
625 Vgl. BGH, NJW-RR 2000, 791; NJW 2002, 1048; *Borgmann/Jungk/Grams*, § 20 Rn. 112 – 126; *Gebler*, Die Aufklärungspflicht des Anwalts im Rahmen des Mandats und die Beratungs- und Belehrungspflichten beim Vergleichsschluss sowie die Rechtsfolgen eines Pflichtenverstoßes, 1996; *Hartstang*, S. 528 – 531; *Terbille*, in: *Rinsche/Fahrendorf/Terbille*, Rn. 1717 ff.; *Sieg*, Internationale Anwaltshaftung, S. 98; *Vollkommer/Heinemann*, Rn. 277 – 283, 819 – 822; vgl. auch *Borgmann*, AnwBl 1990, 318; 1997, 559; *Schlee*, AnwBl 1989, 223; *Edenfeld*, MDR 2001, 972.
626 RGZ 161, 253, 255; BGHZ 16, 388, 390; 28, 171, 172; BGH, NJW 1985, 1962, 1963; OLG Köln, NJWE-VHR 1997, 133.

chend bestimmt sein.[627] Andererseits ist ein Vergleich ein **privatrechtlicher Vertrag**, für den die Vorschriften des BGB, insbesondere § 779 BGB, gelten. Ein gerichtlicher Vergleich ersetzt durch die Aufnahme der Erklärungen in ein nach den Vorschriften der ZPO errichtetes Protokoll nicht nur eine notarielle Beurkundung (§ 127a BGB), sondern auch alle anderen privatrechtlichen **Formerfordernisse**. Da die Prozesshandlung nur die „Begleitform" für einen materiell-rechtlichen Vergleich ist, verliert sie ihre Wirksamkeit, wenn der materielle Vergleich seinerseits unwirksam ist oder wird. Kommt hingegen wegen formeller Mängel ein Prozessvergleich nicht wirksam zustande, führt dies nicht ohne weiteres zur Unwirksamkeit der materiell-rechtlichen Vereinbarung. Die Vereinbarung kann als **außergerichtlicher, materiell-rechtlicher Vergleich** i.S.d. § 779 BGB Bestand haben, soweit dies dem hypothetischen Parteiwillen entspricht.[628]

bb) Beratung oder Vertretung bei Vergleichsverhandlungen

713 Die Pflicht, den Mandanten in die Lage zu versetzen, eigenverantwortlich darüber zu entscheiden, wie er seine Interessen in rechtlicher und wirtschaftlicher Hinsicht zur Geltung bringen will, findet eine besondere Ausprägung, wenn der **Rechtsanwalt in Vergleichsverhandlungen** eingeschaltet ist.[629] Wegen der Eigenschaft eines Vergleichs als materiell-rechtlicher Vertrag sind insbesondere auch die Pflichten des Rechtsanwalts bei der Gestaltung von Verträgen zu beachten (Rn. 743 – 763).

(1) Entscheidung des Auftraggebers

714 Die **Entscheidung**, ob ein Rechtsstreit durch **Vergleich** abgeschlossen oder fortgeführt wird, hat der **Auftraggeber** zu treffen. Daher ist der Rechtsanwalt grundsätzlich gehalten, sich der Zustimmung der Partei zu versichern, nachdem er diese ordnungsgemäß aufgeklärt hat.[630] Wenn der Rechtsanwalt eine Zustimmung des Auftraggebers nicht einholen kann, sollte er einen Vergleich nur unter **Widerrufsvorbehalt** schließen (Rn. 724 – 728). Gemäß §§ 675 Abs. 1, 665 BGB ist ein Rechtsanwalt ausnahmsweise berechtigt, von einer **Weisung des Auftraggebers** abzuweichen, wenn er nach den Umständen annehmen darf, dass der Auftraggeber bei Kenntnis der Sachlage die Abweichung billigen würde. Allerdings hat der Rechtsanwalt seine entsprechende Absicht dem Auftraggeber vorher mitzuteilen, soweit nicht bei einem weiteren Abwarten dem Auftraggeber ein erheblicher Schaden droht.

715 Der BGH hat offen gelassen, ob **anderweitige Interessen von überragender Bedeutung** es rechtfertigen können, einen Vergleich auch ohne Belehrung und ohne Absprache mit dem Auftraggeber zu schließen. Dann hätte der Rechtsanwalt aber in

---

627 OLG Hamm, NJW 1974, 652.
628 BGHZ 16, 388, 390; BGH, NJW 1985, 1962, 1963; OLG Köln, NJWE-VHR 1997, 133.
629 BGH, NJW 1993, 1325, 1326; NJW-RR 1996, 567.
630 BGH, VersR 1961, 467, 468; NJW 1994, 2085, 2086; 2002, 292.

jedem Fall die Vorteile eines Vergleichs gegen die Nachteile, die aus einem Abschluss eines möglicherweise der Partei abträglichen und ihrem Willen widersprechenden Vergleichs erwachsen können, abzuwägen.[631] Dies ist immer dann zu verlangen, wenn der Vergleich wesentliche Punkte enthält, die der Rechtsanwalt bis dahin nicht mit dem Auftraggeber besprochen hat und diesem Nachteile bringen können.

(2) Aufklärung des Auftraggebers

Der Rechtsanwalt muss den Mandanten auf **Vor- und Nachteile des beabsichtigten Vergleichs** hinweisen.[632] Eine **Aufklärung** ist insbesondere dann erforderlich, wenn der Rechtsanwalt sich nicht sicher sein kann, dass der Auftraggeber Inhalt und Tragweite des Vergleichs vollständig erfasst, sondern vielmehr konkrete Anhaltspunkte dafür hat, dass der Mandant erwartet, durch einen Vergleich eine bestimmte Rechtsposition gewahrt zu wissen. Dann muss der Rechtsanwalt den Mandanten aufklären, wenn er beabsichtigt, den Vergleich mit einem abweichenden Inhalt abzuschließen.[633] Der Rechtsanwalt muss im Einzelnen darlegen, welche Gesichtspunkte für und gegen den Abschluss des Vergleichs sprechen. Er muss alle **Bedenken, Unsicherheitsfaktoren** und die seinem Mandanten durch den vorhergesehenen Vergleich entstehenden **Folgen** erörtern. Dabei hat der Rechtsanwalt auch auf die durch einen Vergleichsschluss anfallenden **Steuern** bzw. auf **Rückzahlungsansprüche der Arbeitsverwaltung** hinzuweisen.[634]

716

In einer Entscheidung vom 30.11.1999 hatte der BGH über die **Vergleichsempfehlung** eines Patentanwalts zu entscheiden. Der Mandant war Inhaber eines Patents, das ein Wettbewerber mit der Aufhebungsklage angegriffen hatte. Der Mandant klagte seinerseits gegen den Wettbewerber auf Schadensersatz, Rechnungslegung und Unterlassung. Der Patentanwalt teilte dem Mandanten mit, die Nichtigkeitsklage werde erfolgreich sein und riet deshalb zu dem Abschluss des Vergleichs, in dem der Mandant auf bestimmte Rechte an der Erfindung und auf Schadensersatz im Gegenzug gegen die Rücknahme der Nichtigkeitsklage verpflichtete. Der BGH bejahte eine Verletzung der Beratungspflicht, da der Patentanwalt den Erfolg der Nichtigkeitsklage unzutreffend eingeschätzt hatte. Er hätte stattdessen seine **Zweifel** und **Bedenken**, sowie den **Risikoumfang** darlegen müssen. Allgemeine Hinweise, wonach der Ausgang des Rechtsstreits offen sei oder Erklärungen, der Mandant habe nur geringe Prozesschancen bzw.

717

---

631 BGH, NJW 1994, 2085, 2086.
632 BGH, VersR 1961, 276, 278; 1968, 450, 451, 452; NJW 1994, 2085, 2086; 2000, 1944; 2002, 292; NJW-RR 2000, 791.
633 BGH, NJW 1993, 1325, 1326; NJW-RR 1996, 567; vgl. auch BGH, VersR 1961, 467, 468; OLG Koblenz, VersR 1983, 450; OLG Düsseldorf, NJWE-VHR 1997, 12, 13.
634 Vgl. OLG Düsseldorf, VersR 1988, 1048 – § 128a AFG; *Fahrendorf*, in: *Rinsche/Fahrendorf/Terbille*, Rn. 1746 – zu Steuern.

er trage ein hohes Prozessrisiko, seien nicht ausreichend, um den Aufklärungspflichten des Patentanwalts zu genügen.[635] Für Rechtsanwälte kann nichts anderes gelten.

(3) Abwägung der Vor- und Nachteile eines Vergleichs

718 Ein Rechtsanwalt hat vor Abschluss eines Vergleichs alle damit zusammenhängenden Vor- und Nachteile so gewissenhaft zu bedenken, wie es ihm aufgrund seiner Informationen, Kenntnisse und Erfahrungen vorausschauend möglich ist.[636] Wegen der Schwierigkeiten und Ungewissheiten bei der **Abwägung der Vor- und Nachteile eines Vergleichs** billigt die Rechtsprechung dem Rechtsanwalt, der den Auftraggeber bei Vergleichsverhandlungen berät oder vertritt, einen **weiten Ermessensspielraum** zu. Ansonsten ginge der Rechtsanwalt ein für ihn nicht mehr tragbares Risiko ein. Innerhalb dieses Spielraums hat der Rechtsanwalt eine **gewissenhafte Interessenabwägung** vorzunehmen.[637] Dabei ist auch zu berücksichtigen, dass eine gütliche Regelung naturgemäß voraussetzt, dass nicht nur die Interessen des Mandanten, sondern auch die des Gegners hinreichend berücksichtigt werden, also von beiden Parteien ein Nachgeben in den zuvor eingenommenen Positionen erwartet wird.[638]

Für den Anwalt besteht kein Ermessensspielraum, wenn der Vergleich für diejenige Partei, welche ohnehin weniger wirtschaftliches Gewicht hat, eine **unangemessene Benachteiligung** darstellt.[639] Das BVerfG hat diesen Aspekt **insbesondere im Familienrecht** unter besonderer Berücksichtigung des Grundrechtsschutzes der Familie entwickelt. Dieser Grundrechtsschutz setzt der Privatautonomie dort Grenzen, wo der Vertrag eine einseitige Dominanz eines Ehepartners widerspiegelt.[640] Die Dispositionsfreiheit kann auch noch für andere, im öffentlichen Interesse geschaffenen Regelungen fehlen, z.B. für Verfügungen über den Versorgungsausgleich, bei denen mehr Anwartschaften übertragen werden, als gesetzlich vorgesehen.[641]

719 Bei der Abwägung der Vor- und Nachteile eines Vergleichs hat der Rechtsanwalt nicht nur **rechtliche**, sondern auch **wirtschaftliche und persönliche Interessen seines Mandanten** zu berücksichtigen.[642] Bei den **rechtlichen Aspekten** spielt die Bewer-

---

635 BGH, NJW-RR 2000, 791.
636 BGH, VersR 1968, 450, 451 f.; vgl. auch RG, JW 1932, 2856.
637 BGH, VersR 1968, 450, 451 f.; NJW 1993, 1325, 1328; OLG Oldenburg, NJW-RR 1991, 1499; OLG Hamburg, MDR 1999, 122 f.
638 OLG Düsseldorf, NJWE-VHR 1997, 12, 14.
639 *Borgmann/Jungk/Grams*, § 20 Rn. 119.
640 BVerfG, NJW 2001, 957.
641 BGH, FamRZ 2001, 1444.
642 Vgl. etwa BGH, NJW 1993, 1325, 1329; OLG Frankfurt/M., NJW 1988, 3269, 3270; OLG Köln, VersR 1992, 448; OLG Düsseldorf, NJWE-VHR 1997, 12, 13.

tung der Prozessaussicht eine entscheidende Rolle.⁶⁴³ Dabei kann insbesondere darauf abzustellen sein, wie die Rechts- und/oder Beweislage einzuschätzen ist oder ob der Ausgang eines Rechtsstreits von einer nicht eindeutigen Vertragsauslegung abhängt. Bei der Beurteilung der Prozessaussicht ist auch die Möglichkeit einer gerichtlichen Fehlentscheidung in Rechnung zu stellen. Aus **wirtschaftlicher Sicht** kann in Erwägung zu ziehen sein, dass ein Vergleich dem Mandanten die Möglichkeit bietet, schnell zu Geld zu kommen, ohne das Risiko tragen zu müssen, bei einer späteren Zwangsvollstreckung in das Vermögen des Schuldners auszufallen; dies gilt insbesondere dann, wenn die Insolvenz des Schuldners droht. Schließlich können für einen Vergleichsschluss eine **psychische Belastung der Partei** durch einen langjährigen Rechtsstreit sowie **private, familiäre** oder **geschäftliche Beziehungen der Parteien** sprechen. Rein wirtschaftliche Überlegungen gewinnen vor allem dann an Bedeutung, wenn es sich um eine rechtliche Auseinandersetzung unter Fremden handelt. Bei einer Auseinandersetzung im engsten Familienkreis kann nicht allein auf die Erfolgsaussichten abgestellt werden. Dann ist im Regelfall den familiären und psychischen Umständen ein erhebliches Gewicht beizumessen.⁶⁴⁴

Die **Empfehlung des Prozessgerichts**, einen bestimmten Vergleich zu schließen, entbindet den Rechtsanwalt nicht von seiner Verantwortung, den Auftraggeber zu beraten. Erscheint der gerichtliche Vergleichsvorschlag als unvertretbar und wäre zugleich gegen eine negative Streitentscheidung des Gerichts noch ein Rechtsmittel zulässig, ist ein Rechtsanwalt, der den Vergleich auf Vorschlag des Gerichts schließt, nicht notwendigerweise entschuldigt. Jedoch ist in jedem Fall eine entsprechende richterliche Empfehlung ein wichtiger Faktor bei der Abwägung, ob der Vergleich geschlossen werden soll. Dies gilt vor allem dann, wenn gegen ein Urteil dieses Gerichts kein Rechtsmittel mehr möglich wäre.⁶⁴⁵

720

Sieht der Vergleich vor, dass mit dessen Abschluss alle gegenseitigen Forderungen der Parteien erledigt sind (sog. **Abfindungsvergleich**) – dies kommt insbesondere bei Schadensersatz- oder Gewährleistungsansprüchen sowie in arbeitsgerichtlichen Verfahren⁶⁴⁶ häufig vor –, bestehen für den Auftraggeber besondere Risiken. Dies gilt insbesondere dann, wenn sich die Abgeltung auch auf zukünftige, zum Zeitpunkt des Vergleichsschlusses noch unbekannte Schäden erstreckt. Selbst wenn der Mandant seine Vergleichsbereitschaft zu erkennen gibt, hat der Rechtsanwalt ihn darüber zu belehren, dass Fehleinschätzungen über die **künftige Entwicklung**, etwa unfallbedingter Körperschäden, zu seinen Vergleichsrisiken gehören und dass er dann, wenn sich diese

721

---

643 RG, JW 1932, 2856; OLG Düsseldorf, NJWE-VHR 1997, 12 f.; ausführlich zur Aufklärung über die Prozessaussicht Rn. 630 – 640.
644 OLG Düsseldorf, NJWE-VHR 1997, 12, 14.
645 OLG Frankfurt, NJW 1988, 3269, 3270; vgl. auch OLG Stuttgart, VersR 1984, 450, 451; OLG Frankfurt, AnwBl 1984, 91.
646 Dazu *Borgmann*, AnwBl 1997, 559.

Risiken verwirklichen, grundsätzlich keine Ansprüche mehr geltend machen kann.[647] Diese Belehrungspflicht kann im Einzelfall so weit gehen, dass der Rechtsanwalt von einem solchen Vergleich dringend abraten muss.[648] So kann es empfehlenswert sein, einen weniger weit reichenden Vergleich vorzuschlagen, wonach etwa nur die eingeklagten Forderungen erledigt und die Regelung von **Zukunftsschäden** ausdrücklich, klar und unmissverständlich ausgeklammert werden. Im Hinblick auf materielle Zukunftsschäden, die von einem Vergleich ausgenommen werden, ist darauf zu achten, dass bis zu einem möglichen Schadenseintritt die Verjährung gehemmt wird.[649]

722 Der Rechtsanwalt darf einen Vergleich nicht empfehlen, wenn dieser den Interessen seines Mandanten in keiner Weise gerecht wird und begründete Aussicht besteht, im Fall einer **Prozessentscheidung ein günstigeres Ergebnis** zu erzielen.[650] Zu strenge Maßstäbe behindern dabei die vom Gesetzgeber ausdrücklich gewünschte gütliche Beilegung von Rechtsstreitigkeiten. Ein Vergleich dient i.d.R. den Interessen der beteiligten Parteien und der Aufrechterhaltung bzw. der Wiederherstellung des Rechtsfriedens. Der Rechtsanwalt hat sich daher – nach entsprechender Belehrung des Mandanten über die Sach- und Rechtslage – nur dann gegen einen Vergleichsschluss auszusprechen, wenn im Einzelfall für die Partei der vermutliche günstige Prozessausgang ganz im Vordergrund steht und sonstige Motive deutlich dahinter zurücktreten. Die Aufklärungspflicht und der Spielraum des Rechtsanwalts bei Vergleichsverhandlungen richten sich nach der Lage, die sich dem Rechtsanwalt zum **Zeitpunkt des Vergleichsabschlusses** (ex-ante) bietet.[651]

(4) Inhalt des Vergleichs

723 Der Rechtsanwalt, der den Mandanten bei Vergleichsverhandlungen berät oder den Vergleich im Namen des Mandanten schließt, muss darauf achten, dass die prozessualen und materiell-rechtlichen **Wirksamkeitsvoraussetzungen eines Vergleichs** (Rn. 712) vorliegen.

Ebenso wie bei der Vertragsgestaltung (Rn. 745) ist bei der Abfassung des Vergleichstextes darauf zu achten, dass der **Wille des Auftraggebers in der schriftlichen Niederlegung der Vereinbarung richtig und vollständig zum Ausdruck kommt**[652] und

---

647 BGH, NJW 1994, 2085, 2086; vgl. auch BGH, VersR 1961, 276; 1961, 467.
648 OLG Köln, NJW-RR 1995, 1529.
649 Vgl. OLG Hamm, MDR 1998, 388. Zur Gestaltung eines Vergleichs: *Dobmaier*, AnwBl 1998, 602, 603; *Terbille*, in: *Rinscle/Fahrendorf/Terbille*, Rn. 1738.
650 BGH, VersR 1961, 276, 278; 1968, 450, 451; NJW 1993, 1325, 1328; NJW-RR 1996, 567, 568; BGH, NJW 2001, 3543, 3544.
651 BGH, VersR 1968, 450, 452; OLG Hamburg, VersR 1980, 1073, 1074; OLG Frankfurt (Kassel), NJW 1988, 3269, 3270; OLG Oldenburg, NJW-RR 1991, 1499; OLG Hamm, VersR 1992, 1404 (Ls.); OLG Düsseldorf, NJWE-VHR 1997, 12, 13.
652 BGH, VersR 1960, 546, 548; 1960, 932, 933; NJW 2002, 1048.

kein wichtiger Gesichtspunkt, der das ausgehandelte Ergebnis wesentlich zu Ungunsten des Auftraggebers beeinflussen könnte, außer Acht gelassen wird.[653] Aufgabe des Rechtsanwalts ist es, durch die Wortwahl des Vergleichstextes **Klarheit** zu schaffen und Zweifel, die mehrere Auslegungen zulassen, zu vermeiden.[654] Der Rechtsanwalt hat darauf zu achten, dass der Vergleich das **Ergebnis der Vergleichsverhandlungen wiedergibt** und so wie vereinbart auch **protokolliert** (§ 160 Abs. 3 Nr. 1 ZPO; vgl. § 278 Abs. 6 ZPO) wird.

cc) Widerruf eines Vergleichs

Die Aufnahme eines **Widerrufsvorbehalts** in einen Vergleich ist zu empfehlen, wenn der Rechtsanwalt den Mandanten über die Vor- und Nachteile des in Aussicht genommenen Vergleichs nicht mehr ausreichend aufklären oder dessen Entscheidung vor Abschluss des Vergleichs nicht einholen kann.[655] Bei einem in einen Vergleich aufgenommenen Widerrufsvorbehalt handelt es sich i.d.R. um eine **aufschiebende bzw. auflösende Bedingung** (§ 158 BGB) oder um ein **vertragliches Rücktrittsrecht** (§§ 346 ff. BGB).[656] Ein **Widerruf** muss rechtzeitig, gegenüber der richtigen Stelle und formgerecht erklärt werden. Hierfür ist die widerrufende Partei regelmäßig beweisbelastet.[657] Deshalb sollte in dem Vergleich auch insoweit auf eine eindeutige Regelung geachtet werden.

724

Wenn ein Rechtsanwalt einen Vergleich widerruft, muss er die vereinbarte **Widerrufsfrist** einhalten. Die Fristberechnung richtet sich nach §§ 187 Abs. 1, 188, 193 BGB. Die Frist beginnt – soweit nichts anderes vereinbart ist – am Tag des Vergleichsschlusses, nicht an dem Tag, an dem das Sitzungsprotokoll dem Prozessbevollmächtigten zugeht. Die Frist endet am letzten Tag der Vereinbarung. Eine Wiedereinsetzung in den vorigen Stand ist bei vertraglichen Fristen weder gemäß § 233 ZPO noch in entsprechender Anwendung dieser Vorschrift möglich.[658]

725

Aus der anwaltlichen Pflicht, den nach den Umständen für den Mandanten sichersten Weg zu gehen (Rn. 569 – 581), wird gefolgert, dass ein Rechtsanwalt, der einen Prozessvergleich widerrufen soll, Maßnahmen zu ergreifen hat, die nach allgemeiner Voraussicht den **rechtzeitigen Eingang des Widerrufs in beweisbarer Form sicherstellen**. Ist genügend Zeit vorhanden, kann der Widerruf durch Einschreiben mit

726

---

653 BGH, VersR 1968, 969, 970 – zur Vertragsgestaltung.
654 BGH, VersR 1960, 546, 548; 1960, 932, 933 – zur Vertragsgestaltung; BGH, NJW 1996, 2648, 2650 – zu einer rechtsgestaltenden Erklärung; *Borgmann/Jungk/Grams*, § 20 Rn. 126.
655 Allgemein zum Widerrufsvergleich: *Bergerfurth*, NJW 1969, 1797; *Scharpenack*, MDR 1996, 883.
656 BGH, NJW 1984, 312; vgl. auch BVerwG, NJW 1993, 2193.
657 BGH, NJW 1995, 521, 522.
658 BGH, NJW 1974, 107; 1995, 521, 522.

Rückschein erklärt werden. In Eilfällen kommt ein Widerruf durch Telefax in Betracht. Der Widerruf kann aber auch schriftlich durch Boten oder mit der Post übermittelt werden, sofern hierbei die Rechtzeitigkeit des Eingangs eindeutig festgestellt werden kann. Als Nachweis kann grundsätzlich auch eine telefonische Eingangsbestätigung des Empfängers des Schreibens dienen; sie kann grundsätzlich von einer zuverlässigen Rechtsanwaltsgehilfin eingeholt werden. Der Zeitpunkt, zu dem der Widerruf erklärt werden muss, hängt entscheidend von den Umständen des Einzelfalls ab. Insoweit lässt sich der Grundsatz, dass die Parteien gegenüber dem Gericht Fristen bis zum letzten Tag ausschöpfen dürfen,[659] auf das Innenverhältnis des Rechtsanwalts zu seinem Mandanten nicht ohne weiteres übertragen; dem Rechtsanwalt können weitergehende Rechtspflichten obliegen. Steht der Wunsch des Auftraggebers, einen Vergleich frühzeitig zu widerrufen, endgültig fest, hat der Rechtsanwalt dem – vorbehaltlich des § 665 BGB – zu entsprechen. Andernfalls ist er – insbesondere wenn er die vergleichsweise getroffene Regelung im Interesse seines Mandanten für sachgerecht hält – nicht gehindert, die vereinbarte Überlegungsfrist auszuschöpfen, um einen noch unentschlossenen Mandanten von den Vorzügen des Vergleichs zu überzeugen.[660]

727 Der **Widerruf** muss **gegenüber der zuständigen Stelle** erklärt werden. Beim Abschluss eines Vergleichs steht den Parteien das Recht zu, den Adressaten eines Widerrufs festzulegen; dies kann auch stillschweigend geschehen.[661] In Rechtsprechung und Schrifttum ist umstritten, ob dann, wenn eine Regelung des Widerrufsadressaten im Vergleich fehlt, der Widerruf dem Gegner gemäß § 130 BGB zugehen[662] oder gegenüber dem Prozessgericht[663] erfolgen muss bzw. wahlweise entweder gegenüber dem Gegner oder dem Prozessgericht erklärt werden kann.[664] Dabei können auch örtliche Übungen zu beachten sein.[665] Unsicherheiten werden vermieden, indem bei der Vereinbarung des Widerrufsvorbehalts festgelegt wird, dass ein Widerruf nur oder auch gegenüber dem Prozessgericht zu erfolgen hat. Ist im Vergleich nicht geregelt, wem gegenüber ein Widerruf zu erklären ist, empfiehlt es sich zur Sicherheit, einen Widerruf des Vergleichs sowohl gegenüber dem Gericht, vor dem der Vergleich geschlossen

---

659   BVerfG, NJW 1986, 244; 1987, 1191; BGHZ 9, 118, 119; BGH, NJW 1990, 188; 1992, 244.
660   BGH, NJW 1995, 521, 522.
661   Dazu RGZ 161, 253, 255 f.; BGH, NJW 1980, 1752, 1753; 1980, 1753, 1754; BAG, NJW 1960, 1364, 1365; OLG Düsseldorf, NJW-RR 1987, 255, 256.
662   Vgl. RGZ 161, 253, 255 f.; BGH, JR 1955, 179, 180; ZZP 71 (1958), 454, 455; BAG, NJW 1960, 1364, 1365; *Zöller/Stöber*, ZPO, § 794 Rn. 10a.
663   OLG Köln, NJW 1992, 1369; *Hartmann*, in: *Baumbach/Lauterbach/Albers/Hartmann*, ZPO, Anh. § 307 Rn. 12, 45 sowie – ausdrücklich begrenzt auf die Sonderregelung des § 106 VwGO – BVerwG, NJW 1993, 2193.
664   OLG Düsseldorf, NJW-RR 1987, 255, 256; *Stein/Jonas/Münzberg*, ZPO, § 794 Rn. 65; *Thomas/Putzo*, ZPO, § 794 Rn. 22; *MünchKomm/Wolfsteiner*, ZPO, § 794 Rn. 73.
665   OLG Köln, NJW 1992, 1369; *Bergerfurth*, NJW 1969, 1797; *Zöller/Stöber*, ZPO, § 794 Rn. 10a.

wurde, als auch gegenüber dem Gegner fristgerecht zu erklären. Es ist davon abzuraten, die Widerrufsmöglichkeit an eine schriftliche Anzeige zur Gerichtsakte zu binden. Das LG Hagen hat entschieden, dass dann der rechtzeitige Eingang im Gerichtsbriefkasten die Widerrufsfrist nicht wahre.[666] Der Anwalt könne nämlich nicht ausreichend kontrollieren, dass die Widerrufsfrist in einem solchen Fall eingehalten wird, da er keinen Einfluss auf die gerichtsinternen Abläufe bezüglich der Postverteilung hat. Die Richtigkeit dieser Entscheidung ist allerdings zweifelhaft.

Ein Rechtsanwalt muss schließlich auch dafür sorgen, dass ein Vergleich **formgerecht widerrufen** wird.[667] Der Widerruf kann grundsätzlich formfrei erfolgen, es sei denn, dass etwas anderes vereinbart ist.[668]

dd) Außergerichtlicher Vergleich und Schiedsvergleich

Die Grundsätze über den Prozessvergleich gelten für einen **außergerichtlichen** – ausschließlich materiell-rechtlichen – **Vergleich** sowie für einen **Vergleich in einem schiedsrichterlichen Verfahren** entsprechend. Allerdings ist dabei zu berücksichtigen, dass weder ein außergerichtlicher Vergleich (**Anwaltsvergleich**) noch ein Vergleich im schiedsrichterlichen Verfahren selbst einen **Vollstreckungstitel** begründen. Bei einem außergerichtlichen Vergleich bedarf es gemäß §§ 794 Abs. 1 Nr. 4b, 796a – 796c ZPO einer gerichtlichen oder notariellen **Vollstreckbarerklärung**. Die §§ 796a – 796c ZPO sind insoweit am 1.1.1998 an die Stelle des § 1044b ZPO a.F. getreten.[669] Im **schiedsrichterlichen Verfahren** sieht § 1053 ZPO nunmehr anstelle des § 1044a ZPO a.F. vor, dass ein **Vergleich nur in der Form eines Schiedsspruches** möglich ist, der einer gerichtlichen Vollstreckbarerklärung bedarf (§§ 794 Abs. 1 Nr. 4a, 1060 ff. ZPO).

2. Außergerichtliche Beratung

Der **außergerichtlichen Beratung** sind alle Mandate zuzuordnen, bei denen ein Rechtsanwalt beauftragt wird, dem Auftraggeber zu empfehlen, was aus rechtlicher Sicht zu tun bzw. zu unterlassen ist. In der Praxis lässt sich die beratende Tätigkeit regelmäßig nicht genau von Aufträgen abgrenzen, die im Zusammenhang mit der Führung eines Prozesses oder der Gestaltung eines Vertrages stehen, an denen der Auftraggeber beteiligt ist. Die Beratung steht etwa im Vordergrund, wenn ein Rechtsanwalt beauftragt ist, sich zu den Erfolgsaussichten einer Klage bzw. eines Rechtsmittels oder einer hiergegen gerichteten Verteidigung zu äußern. Auch die Prüfung eines Vertrags,

---

666 LG Hagen, BRAK-Mitt. 2004, 160.
667 BGH, NJW 1995, 521, 522.
668 RGZ 161, 253, 255; BGH, NJW 1995, 521, 522; OLG Hamm, NJW 1992, 1705 f.
669 Art. 1 Nr. 2 – 5 des Gesetzes zur Neuordnung des Schiedsverfahrensrechts vom 22.12.1997, BGBl. I, S. 3224. Zu §§ 796a – 796c ZPO: BT-Drucks. 13/5274 v. 12.7.1996, S. 29 f.

Sieg

eines Testaments, Allgemeiner Geschäftsbedingungen oder die Anfertigung eines Rechtsgutachtens zu einer konkreten Rechtsfrage sind als Beratung anzusehen.[670]

a) Einordnung der Beratungspflicht

731 Bei der **Beratung** des Auftraggebers handelt es sich um eine vertraglich geschuldete **Primärpflicht**, während **Aufklärung und Belehrung** (s. Rn. 569 f.) **Nebenpflichten** im Rahmen eines weitergehenden Auftrags sind.[671] Belehrung und Aufklärung sollen die rechtliche Tragweite einer konkreten Maßnahme aufzeigen und können hinter der Beratung zurückbleiben, mit ihr übereinstimmen oder über sie hinausgehen. Die Beratung kann sich auf den einzuschlagenden Weg beschränken, auf die Ausgestaltung des Rechtsverhältnisses; sie kann sich über die rechtliche Gestaltung hinaus auf andere rechtliche Fragen erstrecken.[672] Im Ergebnis gehen Beratung einerseits sowie Belehrung und Aufklärung andererseits vielfach ineinander über.

b) Inhalt der allgemeinen Beratungspflicht

732 Auch im Rahmen eines außergerichtlichen Beratungsmandats ist der Rechtsanwalt verpflichtet, den **Mandanten in die Lage zu versetzen, eigenverantwortlich** darüber **zu entscheiden**, wie er seine Interessen in rechtlicher und wirtschaftlicher Hinsicht zur Geltung bringen will.[673] Der um Rat ersuchte Rechtsanwalt ist seinem Auftraggeber zu einer **umfassenden und erschöpfenden** Belehrung verpflichtet, sofern dieser nicht eindeutig zu erkennen gibt, dass er des Rates nur in einer bestimmten Richtung bedarf (vgl. Rn. 482).[674]

733 Erhält ein Rechtsanwalt den Auftrag, ein von seinem Mandanten erstrebtes Ziel zu erreichen, muss er prüfen, ob der ihm unterbreitete **Sachverhalt geeignet ist, dieses Ziel zu erreichen**.[675] Dem Mandanten sind diejenigen Schritte zu empfehlen, die zu dem erstrebten Ziel führen können. Der Rechtsanwalt muss den Auftraggeber **vor Nachteilen bewahren, die voraussehbar und vermeidbar sind**. Dazu hat der Rechtsanwalt dem Mandanten den **sichersten Weg** vorzuschlagen (Rn. 569 – 581) und ihn über mögliche

---

670 Vgl. etwa BGH, NJW 1994, 1211 – Beratung über Ausschluss des Versorgungsausgleichs vor Beantragung der Ehescheidung; BGH, NJW 1994, 1472 – Beratung in allen mit dem Ausscheiden aus einer GmbH verbundenen Rechtsfragen; BGH, NJW 1995, 51 – Beratung über Ausschluss einer Person von der Erbberechtigung; BGH, NJW 1995, 449 – Beratung wegen der Verletzung der Pflicht des Verkäufers zur Fertigstellung einer Eigentumswohnung; BGH, NJW 1997, 2946 – Beratung über die Wirksamkeit eines Treuhandvertrages; BGH, NJW 1998, 900 – Beratung über Vertragsauslegung.
671 Vgl. *Sieg*, Internationale Anwaltshaftung, S. 96, 113.
672 BGH, NJW 1993, 729, 730 – zur Notarhaftung.
673 BGH, NJW 1993, 1325, 1326 – Beratung vor Vergleichsschluss.
674 BGH, NJW 1961, 601, 602; 1988, 563, 566; 1992, 1159, 1160; 1993, 1320, 1322; 1998, 900, 901.
675 Zur Pflicht, den Sachverhalt zu klären Rn. 507 – 521.

Risiken aufzuklären, damit der Mandant eine sachgerechte Entscheidung treffen kann. **Zweifel und Bedenken**, zu denen die Sach- und Rechtslage Anlass gibt, muss der Rechtsanwalt darlegen und mit dem Auftraggeber erörtern.[676]

Der Rechtsanwalt muss den Auftraggeber nicht nur über das Vorhandensein, sondern auch über das **ungefähre, in etwa abschätzbare Ausmaß des Risikos** unterrichten, weil der Mandant i.d.R. nur aufgrund einer Einschätzung auch des Risikoumfangs über sein weiteres Vorgehen entscheiden kann. Eine solche Belehrung[677] kann allenfalls dann **entbehrlich** sein, wenn der Rechtsanwalt erkennt, dass der Mandant die Risiken des Geschäfts oder der beabsichtigten rechtlichen Gestaltung kennt und er diese auch bei einer Belehrung auf sich nehmen würde.[678] Weitere Schritte sind davon abhängig, wie sich der Mandant nach der Beratung entscheidet. Allerdings wird von einem Rechtsanwalt nur ein im Rahmen eines geordneten Kanzleibetriebs regelmäßig zumutbares Verhalten erwartet.[679] Besondere **Nachdrücklichkeit oder Eindringlichkeit** der Beratung kann **nicht** gefordert werden. Sachgerechte Unterscheidungen für den Grad des Einwirkens auf den Mandanten, den erteilten Rat anzunehmen und ihm auch zu folgen, sind nicht möglich.[680]

734

Der Inhalt und damit auch der Schutzzweck einer Beratung hängen von den **Umständen des einzelnen Falls** und dem **Inhalt des konkreten Beratungsauftrags** ab.[681] Sie ergeben sich aus dem für den Rechtsanwalt erkennbaren Ziel, das der Mandant mit der Beauftragung verfolgt.[682]

735

Wenn der Mandant dem Rechtsanwalt keine besonderen **Weisungen** bei der Durchführung eines bestimmten Auftrags erteilt hat, darf der Rechtsanwalt den Auftrag i.d.R. aus eigener Entschließung erledigen. Er muss dann nur darauf achten, dass voraussehbare und vermeidbare Nachteile für den Auftraggeber vermieden werden. Der Rechtsanwalt ist dann berechtigt und sogar verpflichtet, so vorzugehen, wie es ihm aufgrund der erhaltenen Information und seiner sonstigen Kenntnisse als sachgerecht erscheinen muss. Dabei ist dem Rechtsanwalt ein **Spielraum** zuzubilligen. Im Einzelfall kann der Rechtsanwalt sogar verpflichtet sein, gegen frühere ausdrückliche Weisungen des Mandanten zu handeln, wenn dies in einer neuen Lage objektiv dem Interesse des Mandanten entspricht. Wenn der Rechtsanwalt erkennt, dass für den Mandanten ein anderes als das ursprünglich vorgegebene Ziel (etwa Vertragsauflösung statt Vertragserfüllung) vorteilhafter, aber auch risikobehaftet sein kann, muss er die neue Situati-

736

---

676 BGH, NJW 1992, 1159, 1160; 1993, 1320, 1322; 1994, 1211, 1212; 1995, 51, 52; 1995, 449, 450; vgl. auch BGH, NJW 1961, 601, 602; 1996, 2648, 2649; 1996, 2929, 2931.
677 BGH, NJW 1992, 1159, 1160.
678 BGH, NJW 1977, 2073, 2074; 1992, 1159, 1160; 1993, 1320, 1322.
679 BGH, NJW 1995, 51, 52.
680 BGH, NJW 1987, 1322, 1323.
681 BGH, NJW 1988, 563, 566; 1995, 51, 52; 1996, 2648, 2649.
682 BGH, NJW 1997, 2946, 2647.

on im Rahmen des Möglichen und Zumutbaren mit dem Mandanten besprechen. Der Rechtsanwalt hat den Mandanten dann umfassend aufzuklären und zu beraten und darf grundsätzlich nur nach Absprache weitere Schritte einleiten.[683]

737 Der Rechtsanwalt verletzt seine Pflichten gegenüber dem Auftraggeber nicht, wenn er bei der Verfolgung der Ziele des Mandanten Maßnahmen ergreift, an denen er im Hinblick auf die notwendige Einzelfallwürdigung aus Rechtsgründen nicht gehindert ist. Der BGH hat entschieden, dass ein Rechtsanwalt nicht pflichtwidrig handelt, wenn er dem Mandanten (Verkäufer) empfiehlt, von einem **Kaufvertrag** gemäß § 326 BGB a.f. zurückzutreten und nicht Erfüllung (Zahlung des Kaufpreises) oder Schadensersatz wegen Nichterfüllung zu verlangen, um einer langwierigen Auseinandersetzung wegen Mängelrügen des Käufers aus dem Wege zu gehen, zumal dann, wenn Zweifel an der Zahlungsfähigkeit des Käufers und damit an dem Erfolg einer Zwangsvollstreckung bestehen.[684] In einem anderen, ebenfalls nach altem Recht zu beurteilenden Fall, hat der BGH entschieden, dass ein Rechtsanwalt einem Bauherrn, der ihn beauftragt hat, seine Interessen gegenüber einem Bauunternehmer zu vertreten, zur **Kündigung eines Bauwerkvertrages** gemäß § 649 BGB oder zu einem Vorgehen nach § 326 BGB a.f. nur dann raten darf, wenn anzunehmen ist, dass dem Mandanten daraus kein Schaden entsteht. Lassen sich nachteilige Folgen für den Bauherrn nicht hinreichend sicher ausschließen und sind auch keine überwiegenden Vorteile erkennbar, muss die Empfehlung zur Vertragsbeendigung unterbleiben. Der Rechtsanwalt handelt dann pflichtgemäß, wenn er auf **Vertragserfüllung** beharrt. Der BGH hat betont, dass im Rahmen eines solchen Anwaltsdienstvertrages nicht geschuldet wird, eine mangelfreie und fristgerechte Herstellung des Gesamtbauwerkes zu erreichen. Der Mandant kann von dem Rechtsanwalt nur eine vertragsgerechte Beratung und Belehrung erwarten.[685]

738 Demgegenüber verletzt ein Rechtsanwalt, der den Mandanten (Käufer) wegen der Verletzung der Pflicht des Verkäufers zur rechtzeitigen Fertigstellung einer Eigentumswohnung beraten hat (nach altem Recht), seine Pflichten, wenn er dem Mandanten, der nicht nur den Kaufpreis gezahlt, sondern auch darüber hinausgehende Vermögensverluste erlitten hat, empfiehlt, den Rücktritt vom **Kaufvertrag** zu erklären statt Schadensersatz wegen Nichterfüllung des Kaufvertrages zu verlangen, und dem Mandanten nicht zugleich von einer Veräußerung abrät, die weitere Verluste verursacht.[686] Ebenso verletzt der Rechtsanwalt seine Pflichten aus einem Beratungsauftrag, wenn er dem Mandanten zu einer – rechtlich unzulässigen – **Teilkündigung eines Vertrages** rät.[687] Hat der Rechtsanwalt den Auftrag, seinen Mandanten in allen Fragen zu beraten, die dessen **Ausscheiden aus einer GmbH** betreffen, ist er i.d.R. verpflichtet, ihm Inhalt

---

683 BGH, VersR 1980, 925, 926; vgl. auch BGH, VersR 1956, 762, 763.
684 BGH, NJW 1991, 2079, 2080.
685 BGH, WM 1998, 2252, 2253 f.
686 BGH, NJW 1995, 449, 450 f.
687 BGH, NJW 1993, 1320, 1322.

und Bedeutung einer im Gesellschaftsvertrag enthaltenen **Buchwertklausel** zu erläutern; dazu gehört es auch, im Ansatz aufzuzeigen, unter welchen Voraussetzungen die Bindung an die Buchwertklausel nicht gilt, oder durch gezielte Fragen zu ermitteln, ob ein solcher Fall überhaupt in Betracht kommt.[688]

Das OLG Schleswig präzisierte den Inhalt der Beratungspflicht im Hinblick auf **§ 25 Abs. 1 HGB**. Beabsichtigen die Gründungsgesellschafter einer GmbH innerhalb des Firmennamens Namensbestandteile einer Einzelfirma zu verwenden, so hat der beratende Rechtsanwalt, wenn sich für ihn bei pflichtgemäßem Handeln Anhaltspunkte dafür ergeben, dass nicht nur die Fortführung der Firma, sondern auch die Fortführung des Handelsgeschäfts selbst und damit sämtliche Voraussetzungen für eine Haftung der GmbH nach § 25 Abs. 1 HGB gegeben sein können, unter Beachtung des Grundsatzes des sichersten Weges darauf hinzuweisen. Er muss dann darauf hinwirken, von den Abwehrmöglichkeiten des § 25 Abs. 2 HGB rechtzeitig Gebrauch zu machen oder auf eine Fortführung des entscheidenden Firmenzusatzes zu verzichten.[689]

c) Steuerrechtliche Beratung

Zum Berufsbild des Rechtsanwalts gehört auch die **steuerrechtliche Beratung** des Mandanten.[690] Dies folgt aus § 3 Abs. 1 BRAO. Danach ist der Rechtsanwalt der berufene Berater und Vertreter in allen Rechtsangelegenheiten. Für den Fachanwalt für Steuerrecht wird dies in § 43c Abs. 1 Satz 2 BRAO besonders hervorgehoben. § 3 Nr. 2 StBerG erlaubt auch Rechtsanwälten die geschäftsmäßige Hilfeleistung in Steuersachen.[691] Die Normen des Steuerrechts sind daher grundsätzlich von einem Rechtsanwalt bei der Beratung des Mandanten zu berücksichtigen.[692] Die Pflichten des Rechtsanwalts, der einen Mandanten steuerlich berät, beurteilen sich nach denselben Grundsätzen wie bei der Beratung in anderen Rechtsangelegenheiten.[693] Daher ist anhand des konkreten Anwaltsvertrags sowie der Umstände des jeweiligen Falls zu prüfen, ob der Auftraggeber eine umfassende steuerrechtliche Beratung durch den Rechtsanwalt erwartet.

739

---

688 BGH, NJW 1994, 1472, 1474.
689 OLG Schleswig, NJW-RR 2004, 417.
690 BGH, NJW 1968, 844, 845; 1970, 1189, 1190; VersR 1972, 1052, 1053; NJW 1981, 401, 402; 1982, 1866; 1988, 563, 565 f.; 1994, 1405, 1406; 1995, 3248, 3251.
691 Zur Abgrenzung, wenn der beauftragte Rechtsanwalt zugleich als Steuerberater und/oder Wirtschaftsprüfer zugelassen ist s. Rn. 130–132.
692 Zur Haftung des Steuerberaters: *Gounalakis*, NJW 1998, 3593 ff.; *Gräfe/Lenzen/Schmeer*, Steuerberaterhaftung; *Späth*, Die zivilrechtliche Haftung des Steuerberaters; *ders.*, NWB (1995), Fach 30, S. 951 ff.
693 BGH, NJW 1988, 563, 566; vgl. auch BGH, NJW 1992, 1695, 1696.

740 Grundsätzlich umfasst das einem Rechtsanwalt erteilte **Mandat nicht** auch die **Beratung und Belehrung im Steuerrecht**.[694] Dies beruht darauf, dass Mandanten zwischen einer anwaltlichen Beratung im Steuerrecht und auf anderen Rechtsgebieten zu unterscheiden pflegen. Von diesem Erfahrungssatz ist eine **Ausnahme** zu machen, wenn der beauftragte Rechtsanwalt **Fachanwalt für Steuerrecht** oder **zugleich Steuerberater und/oder Wirtschaftsprüfer** ist; in solchen Fällen liegt auch ein steuerrechtliches Mandat nahe.[695] In anderen Fällen müssen hierzu bestimmte tatsächliche Anhaltspunkte vorliegen, etwa die Vereinbarung einer besonderen Vergütung für die Steuerberatung (Rn. 502).

741 Beabsichtigt der Rechtsanwalt, das **Steuerrecht aus dem Gegenstand des Auftrags ausklammern**, sollte er dies dem Mandanten vor Vertragsschluss anzeigen oder mit dem Auftraggeber während des laufenden Mandats eine entsprechende, den Vertragsinhalt ergänzende Abrede treffen.[696] In beiden Fällen empfiehlt es sich, den Vertragsinhalt beweiskräftig festzuhalten. Von der tatbestandsmäßigen Beschreibung des Vertragsinhalts ist die Vereinbarung einer **Haftungsbeschränkung** gemäß § 51a BRAO (dazu Rn. 411 – 472) abzugrenzen.

Wenn der beauftragte Rechtsanwalt die steuerrechtliche Seite eines Mandats nicht selbst prüfen kann oder möchte, sollte er in Erwägung ziehen, dem Mandanten zu empfehlen, einen **Steuerberater oder Wirtschaftsprüfer hinzuziehen**. Für die Zusammenarbeit des Rechtsanwalts mit einem Steuerberater bzw. Wirtschaftsprüfer gelten diejenigen Grundsätze, die für die Zusammenarbeit mit ausländischen Anwälten entwickelt worden sind (Rn. 308 – 336).

d) Wirtschaftliche Erwägungen

742 **Grundsätzlich** ist ein Rechtsanwalt **nicht verpflichtet, die wirtschaftlichen Belange seines Auftraggebers wahrzunehmen** (Rn. 564 – 567). Soweit nichts anderes vereinbart ist, besteht keine Pflicht, sich in die Rolle des Unternehmers zu versetzen, wirtschaftliche Analysen und Prognosen zu erstellen und dem Mandanten auf unternehmerischem Gebiet Ratschläge zu erteilen.[697] Nur ausnahmsweise kann der Rechtsanwalt im Rahmen des Mandats verpflichtet sein, den Auftraggeber auch auf **erkennbar drohende wirtschaftliche Gefahren** des beabsichtigten Vorgehens und die erforderlichen Vorsichtsmaßregeln hinzuweisen.[698]

---

694 Differenzierend *Vollkommer/Heinemann*, Rn. 804.
695 BGH, NJW 1988, 563, 565; 1996, 842, 845.
696 Ausführlich zum Inhalt eines Anwaltsvertrages Rn. 42 – 49.
697 OLG Karlsruhe, DStR 1991, 780; vgl. auch OLG Stuttgart, DStR 1988, 523 – jeweils zur Steuerberaterhaftung.
698 BGH, VersR 1968, 969; NJW 1996, 2648, 2650; 1998, 900, 901.

3. Rechtsgestaltende Tätigkeit

Vielfach werden Rechtsanwälte beauftragt, einen **Vertrag, Allgemeine (Vertrags-) Geschäftsbedingungen, ein Testament oder Ähnliches zu entwerfen**. Haftungsrechtlich gleich zu behandeln ist der **Entwurf einer rechtsgeschäftsähnlichen Erklärung**, z.b. einer Fristsetzung, einer Mahnung, einer Kündigung oder eines Rücktritts. Daneben kann ein Rechtsanwalt beauftragt sein, einen vorgelegten **Entwurf zu bewerten** und/oder den Mandanten bei **Vertragsverhandlungen** zu vertreten.[699]

743

In der Praxis kommt der **vorsorgenden, kautelarjuristischen Tätigkeit** des Rechtsanwalts neben der Prozessvertretung eine immer stärkere Bedeutung zu. Gleichwohl beachtet das herkömmliche Schrifttum zur Anwaltshaftung weitgehend nur die prozessuale Tätigkeit. Für die Beurteilung der Anwaltstätigkeit außerhalb von Rechtsstreitigkeiten fehlt zum Teil das Problembewusstsein. Soweit Sorgfaltsstandards bei kautelarjuristischer Tätigkeit für die **Notarhaftung** nach §§ 19, 24 BNotO, § 17 BeurkG untersucht worden sind,[700] lassen sich die gewonnenen Erkenntnisse nur begrenzt auf die Haftung des Rechtsanwalts übertragen. Im Gegensatz zum Rechtsanwalt ist ein Notar Inhaber eines öffentlichen Amtes (§ 1 BNotO) und zur Unparteilichkeit verpflichtet (§ 14 Abs. 1 Satz 2 BNotO), während ein Rechtsanwalt die Interessen seines Auftraggebers im Rahmen des Mandats bestmöglich wahrzunehmen hat.[701] Die Pflichten bei Vertragsgestaltung gehen auf die **allgemeinen Pflichten bei außergerichtlicher Beratung** zurück. Die dafür aufgestellten Grundsätze gelten daher auch dann, wenn der Rechtsanwalt den Mandanten bei dem Entwurf von Verträgen berät (Rn. 730 – 742). Für die Pflichten bei Vertragsgestaltung lassen sich zudem Erkenntnisse aus den **Pflichten bei der Vorbereitung eines Vergleichs** – wegen dessen Eigenschaft als materiell-rechtlicher Vertrag (Rn. 712) – gewinnen (Rn. 711 – 729).

a) Aufklärung über die rechtliche Tragweite

Der Rechtsanwalt hat bei einem Auftrag, der eine Vertragsgestaltung zum Gegenstand hat, den Mandanten über die **rechtliche Tragweite der einzelnen Klauseln aufzuklären**. Einzelheiten richten sich nach den **allgemeinen Beratungs- und Aufklärungspflichten** (Rn. 736 ff.). Ein Rechtsanwalt, der den Mandanten bei der **Errichtung einer GmbH**, die den Geschäftsbetrieb eines in finanzielle Schwierigkeiten geratenen einzelkaufmännischen Unternehmens übernehmen soll, umfassend berät, verletzt seine Pflichten aus dem Anwaltsvertrag, wenn er den Mandanten nicht über den

744

---

699 Zu den Pflichten bei Vertragsgestaltung: *Sieg*, Internationale Anwaltshaftung, S. 93, 131 – 134.
700 Etwa: *Ganter*, in: *Zugehör/Ganter/Hertel*, Notarhaftung, Rn. 923; *Langenfeld*, Vertragsgestaltung, S. 40 ff.; *Reithmann*, in: *Schippel*, BNotO, § 24 Rn. 13 ff.; *Sandkühler*, in: *Arndt/Lerch/Sandkühler*, BNotO, § 24 Rn. 14 ff.
701 Zur Abgrenzung der anwaltlichen von der notariellen Tätigkeit vgl. Rn. 117 – 127.

Haftungstatbestand des § 25 Abs. 1 HGB belehrt und keine Gestaltung vorschlägt, die eine Haftung der neu gegründeten Gesellschaft für Verbindlichkeiten des erworbenen Handelsgeschäfts ausschließt. Ist dem Rechtsanwalt die Absicht des Auftraggebers bekannt, die GmbH von Altschulden freizuhalten, muss er deutlich auf das verbleibende Haftungsrisiko hinweisen, das sich aus der vom Mandanten vorgesehenen Gestaltung ergibt. Zudem ist der Rechtsanwalt verpflichtet, dem Mandanten einen Weg aufzuzeigen, um die Haftung der zu gründenden GmbH für die Altschulden zu vermeiden. Hierzu hätte der Rechtsanwalt etwa eine neue, mit der Firma des übernommenen Handelsgeschäfts im Kern nicht verwechselbare neue Firma für die GmbH oder einen Haftungsausschluss gemäß § 25 Abs. 2 HGB empfehlen müssen.[702]

b) Wiedergabe des Willens des Auftraggebers

745 Ein Rechtsanwalt, der als Berater zu einer schriftlichen Vereinbarung zugezogen wird, hat vor allem darauf zu achten, dass der **Wille des Auftraggebers** in der Urkunde **richtig und vollständig** zum Ausdruck kommt.[703] Legt der Auftraggeber dem Rechtsanwalt einen **bereits ausgehandelten Vertragsentwurf** vor, ist der Rechtsanwalt verpflichtet zu prüfen, ob ein wichtiger Gesichtspunkt, sei es aus fehlender Rechtskenntnis, sei es aus Versehen, außer Acht gelassen worden ist, der das ausgehandelte Ergebnis wesentlich zu Ungunsten des Mandanten beeinflussen könnte.[704] Aufgabe des Rechtsanwalts, der einen Vertrag zu entwerfen hat, ist es ferner, **durch die Wortwahl Klarheit zu schaffen**. Der i.d.R. rechtsunkundige Auftraggeber schaltet den Fachberater u.a. deswegen ein, damit dieser das erwünschte rechtliche Ergebnis möglichst auch erreicht. Auslegung setzt erst ein, wenn der Wortlaut eines Vertrages zu Zweifeln Anlass gibt; dazu darf es der Rechtsanwalt regelmäßig nicht kommen lassen.[705] Ein **Auslegungsrisiko** muss ein juristischer Fachberater nach Möglichkeit **vermeiden**. Den sichersten Weg hält er nur ein, falls seine Erklärung unmissverständlich ist. Dazu gehört auch die zutreffende Verwendung der einschlägigen Fachausdrücke.[706]

c) Zweckmäßigkeit und Wirksamkeit

746 Der **Entwurf** einer einseitigen Erklärung oder eines Vertrags muss **zweckmäßig**[707] und **wirksam** sein. Soweit Bedenken gegen die Wirksamkeit des Vertrages oder einzelner Klauseln bestehen, muss der Rechtsanwalt den Mandanten hierüber aufklären und dessen Entscheidung einholen.[708] Der Rechtsanwalt hat dem Auftraggeber dann eine

---

702 BGH, NJW 1986, 581, 582.
703 BGH, VersR 1960, 546, 548; 1960, 932, 933.
704 BGH, VersR 1968, 969, 970 – Berücksichtigung der mit einem zu veräußernden Kommanditanteil verbundenen Lastenausgleichsabgabe.
705 BVerfG, NJW 2002, 2937; BGH, NJW 2002, 1048, 1049.
706 BGH, VersR 1960, 546, 548; 1960, 932, 933; NJW 1996, 2648, 2650.
707 Vgl. BGH, NJW 1993, 729, 730 – zur Notarhaftung.
708 BGH, VersR 1956, 451.

rechtlich einwandfreie Gestaltung zu empfehlen, die seinen berechtigten Interessen entspricht.[709]

Wenn die Parteien einen Vertrag nicht selbst schließen, sondern sich vertreten lassen, oder wenn am Vertragsschluss juristische Personen oder gleichgestellte Rechtssubjekte beteiligt sind, ist auf eine wirksame rechtsgeschäftliche oder organschaftliche **Vertretung der Parteien** zu achten. Im Zweifelsfall empfiehlt es sich, sich Urkunden oder einen aktuellen Handelsregisterauszug vorlegen zu lassen, aus denen sich die Vollmacht der handelnden Personen ergibt. 747

Die Unwirksamkeit eines Vertrages kann sich insbesondere aus der Nichtbeachtung einer **Formvorschrift** ergeben (§ 125 BGB).[710] Von praktisch erheblicher Bedeutung sind vor allem **§ 311b BGB** (= § 313 BGB a.F.) sowie **§ 15 Abs. 3, 4 GmbHG**. Nach § 311b Abs. 1 Satz 1 BGB bedürfen Verträge, durch die sich der eine Teil verpflichtet, das Eigentum an einem Grundstück zu übertragen oder zu erwerben, der notariellen Beurkundung. § 15 Abs. 3, 4 GmbHG schreibt eine notarielle Beurkundung für die Verpflichtung zur Abtretung eines Geschäftsanteils an einer GmbH sowie für dessen Abtretung vor. Dabei ist zu beachten, dass auch **Nebenabreden** und **nachträgliche Vertragsänderungen bzw. -ergänzungen** der notariellen Beurkundung bedürfen können.[711] Berät ein Rechtsanwalt seinen Mandanten über Rechtsgeschäfte, die nur unter Einhaltung einer bestimmten Form rechtswirksam abgeschlossen werden können, genügt er im allgemeinen seiner Verpflichtung aus dem Anwaltsvertrag nicht mit dem bloßen Hinweis auf die Formbedürftigkeit. Er muss dem Mandanten vielmehr auch das **besondere Risiko deutlich machen**, das dieser eingeht, wenn er ohne **Beachtung der Form** das Rechtsgeschäft abschließt oder die Formwahrung auf einen späteren Zeitpunkt verschiebt. Dies gilt jedenfalls dann, wenn der Mandant schon vorher Leistungen erbringt, auf Rechte oder Rechtspositionen verzichtet oder sich sonstiger Möglichkeiten begibt, die den Vertragspartner zum formgültigen Abschluss des Rechtsgeschäfts veranlassen können. Eine solche Belehrung kann allenfalls dann **entbehrlich** sein, wenn der Rechtsanwalt erkennt, dass dem Mandanten die Risiken des Geschäfts 748

---

709 BGH, NJW-RR 1993, 243, 247 – Vertrag, der die Übernahme einer Gaststätte zum Gegenstand hat; Pflicht des Rechtsanwalts zur Aufklärung über das Recht des Übernehmers, seine Willenserklärung zur Übernahme der Pflichten aus einem Bierlieferungsvertrag zu widerrufen.

710 BGH, NJW 1977, 2073 – Nichtbeachtung des § 1410 BGB; BGH, NJW 1993, 3323 – Nichtbeachtung des § 313 BGB a.F.; vgl. auch OLG Hamm, NJWE-VHR 1998, 130, 131 – Nichtbeachtung des § 2282 BGB.

711 Zum Umfang des Formzwangs nach § 313 BGB a.F.: BGH, NJW 1982, 434; 1984, 974, 975; 1996, 452; nach § 311b BGB: *Palandt/Grüneberg*, BGB, § 311b Rn. 25 ff.; *MünchKomm/Kanzleiter*, BGB, § 311b Rn. 49 ff. Zum Umfang des Formzwangs nach § 15 Abs. 4 GmbHG: BGH, NJW 1969, 2049; 1983, 1843, 1844; WM 1989, 256, 258; NJW 1996, 2642; *Hueck/Fastrich*, in: *Baumbach/Hueck*, GmbHG, § 15 Rn. 30; *Jasper*, in: Münchener Handbuch des Gesellschaftsrechts, GmbH, § 24 Rn. 41, 47.

749 oder der beabsichtigten Gestaltung bekannt sind und er diese auch bei einer Belehrung auf sich nehmen würde.[712] Ein Vertrag darf weiterhin nicht gegen ein **gesetzliches Verbot** verstoßen (§ 134 BGB),[713] **sittenwidrige Regelungen** enthalten (§ 138 Abs. 1 BGB) oder aus einem anderen Grund nichtig sein. So hat etwa der mit der Erstellung eines Pachtvertrages über die gewerbliche Nutzung von Räumen beauftragte Rechtsanwalt zu überprüfen, ob der vereinbarte **Vertragszweck erreicht werden kann**. Dies ist insbesondere dann nicht der Fall, wenn die geplante Nutzung bauplanungsrechtlich nach dem Inhalt der Baugenehmigung oder anderen öffentlich-rechtlichen Vorschriften bzw. Verfügungen nicht zulässig ist.[714] Ggf. hat der Rechtsanwalt vorzuschlagen, vor Vertragsschluss eine Befreiung gemäß § 31 Abs. 2 BauGB einzuholen. In jedem Fall ist der Auftraggeber über die Risiken aufzuklären und ihm eine zweckmäßige vertragliche Regelung – im vorbeschriebenen Fall bezüglich der Rechtsmängelhaftung in dem Pachtvertrag – zu empfehlen.

750 Ist ein **Teil eines Rechtsgeschäfts** nichtig, ist gemäß § 139 BGB das gesamte Rechtsgeschäft nichtig, sofern nicht anzunehmen ist, dass es auch ohne den nichtigen Teil vorgenommen sein würde. Wegen der aus dieser Norm resultierenden Unsicherheit werden häufig sog. **salvatorische Klauseln** in Verträge aufgenommen, durch die vereinbart wird, dass die Unwirksamkeit eines Teils des Vertrages die Gültigkeit des übrigen Vertrages nicht berühren soll.[715] Diese Klauseln beinhalten in Bezug auf § 139 BGB grundsätzlich, dass nunmehr Abweichen von den Regeln des § 139 BGB die Darlegungs- und Beweislast für die Voraussetzungen der Gesamtnichtigkeit bei der Partei liegt, die entgegen der Erhaltungsklausel den Vertrag insgesamt für unwirksam hält.[716]

d) Spielraum bei inhaltlicher Gestaltung

751 **Vertragsklauseln** sind aufgrund ihres Gegenstands notwendigerweise **zukunftsorientiert zu gestalten**. Sie bezwecken eine Vorausregelung denkbarer Konflikte zwischen den Vertragspartnern. Erst im Nachhinein kann sich herausstellen, dass einzelne Klauseln den Interessen des Mandanten nicht gerecht werden oder für ihn nachteilig sind. Streitigkeiten können auch auftreten, wenn die Klauseln keine Regelung eines Problems enthalten, das während der Vertragsabwicklung auftritt.

---

712 BGH, NJW 1977, 2073, 2074.
713 Aufklärung über die Risiken einer Vertragsgestaltung zur Vermeidung eines gesetzlichen Verbots: BGH, NJW 1992, 1159 – Verbot einer ärztlichen Zweitpraxis.
714 Zu einem solchen Fall: BGH, NJW 1996, 2929, 2932.
715 BGH, NJW 1992, 2696; 1996, 773; 1997, 585.
716 BGH, NJW 2003, 347 (abweichend von BGH, NJW 1994, 1651).

B. Einzelpflichten des Rechtsanwalts

Die Parteien bzw. die sie beratenden Rechtsanwälte können bei der Aushandlung eines Vertrages nicht ausschließlich ihre eigenen Vorstellungen verwirklichen, sondern müssen auf die **Interessen der Gegenseite** eingehen. Der Vertragsinhalt kommt im Wege gegenseitigen Nachgebens zustande. Angesichts der Verhandlungssituation können auch **außerrechtliche Erwägungen** eine Rolle spielen, etwa dass der Mandant mit der Gegenseite auch künftig noch anderweitig zusammenarbeiten möchte oder muss bzw. mit der Gegenseite familiär oder privat eng verbunden ist. Eine optimale rechtliche Lösung kann außer Verhältnis zum Aufwand oder Risiko eines langfristigen Streits stehen. Weitere Kriterien können das Bedürfnis des Mandanten sein, Diskretion oder das Gesicht zu wahren.[717]

752

Vertragsklauseln müssen **abstrakt** gehalten und geeignet sein, **vorbeugend** eine möglichst große Anzahl von Konfliktfällen im Interesse der Vertragsparteien lösen zu können. Ein Rechtsanwalt handelt daher grundsätzlich nicht pflichtwidrig, wenn er bei den Vertragsverhandlungen nicht alle Interessen seines Mandanten durchsetzt. Hierzu kann auf die höchstrichterliche Rechtsprechung zur anwaltlichen Beratung beim Abschluss eines Vergleichs (Rn. 711 – 729) zurückgegriffen werden. Die vom Rechtsanwalt gewählte Lösung muss vertretbar sein und auch den Interessen des Mandanten dienen. Dem Rechtsanwalt ist jedoch ein **Spielraum** einzuräumen, innerhalb dessen er nach pflichtgemäßem Ermessen entscheiden kann. Wichtig ist, dass der Rechtsanwalt den **Mandanten** über alle für die Entscheidungsfindung relevanten Kriterien, Zweifelsfragen und Ungewissheiten berät und aufklärt, so dass dieser in der Lage ist, eine **eigenverantwortliche Entscheidung** zu treffen. Der Rechtsanwalt haftet nur, wenn die ausgehandelte Lösung offensichtlich nicht den Interessen des Mandanten entspricht.[718]

753

Wie bereits im Zusammenhang mit den Pflichten bei Vergleichsschluss dargelegt (Rn. 722), ist auch für die Pflichten eines vertragsgestaltenden Rechtsanwalts im Rahmen der Prognose auf eine **ex-ante-Sicht** abzustellen, da der Vertragsjurist für eine ungewisse Zukunft plant und gestaltet.[719]

e) Kosten einer notariellen Beurkundung

Bevor ein Rechtsanwalt ein Mandat zur Gestaltung eines Vertrages übernimmt, ist er regelmäßig zu einem **Hinweis** verpflichtet, wenn der abzuschließende Vertrag der **notariellen Beurkundung** bedarf. Auf die durch einen Vertragsschluss kraft Gesetzes anfallenden Rechtsanwaltsgebühren muss ein Rechtsanwalt allerdings grundsätzlich nicht ungefragt hinweisen (Rn. 642). Er hat den Auftraggeber jedoch darüber aufzuklären, dass durch eine notarielle Beurkundung **zusätzliche** – nicht gemäß § 145 Abs. 1 Satz 3 KostO anrechenbare – **Kosten** entstehen. Der Rechtsanwalt kann nicht

754

---

717 Zur Berücksichtigung außerrechtlicher Erwägungen: *Sieg*, Internationale Anwaltshaftung, S. 111.
718 Vgl. *Sieg*, Internationale Anwaltshaftung, S. 132 f.
719 *Kanzleiter*, NJW 1995, 905, 910.

ohne weiteres voraussetzen, dass der Auftraggeber dies weiß. Dieser muss in die Lage versetzt werden, selbst sachgerecht entscheiden zu können, ob er die gezielte Betreuung durch anwaltliche Tätigkeit oder einen neutralen notariellen Vertragsentwurf wünscht.[720]

755 Der Rechtsanwalt schuldet aber **regelmäßig nicht den Rat, einen Notar aufzusuchen**. Dies beruht darauf, dass der Mandant wegen der unterschiedlichen Aufgabenbereiche des Rechtsanwalts einerseits und des Notars andererseits verständige Gründe haben kann, einen Rechtsanwalt seines Vertrauens mit einem Vorentwurf zu beauftragen. Während der Rechtsanwalt Parteivertreter ist, der das Beste gerade für seinen Auftraggeber anstreben und einen entsprechenden Vertrag gestalten soll, darf der Notar als unparteiischer Mittler zwischen beiden Vertragsteilen nicht einseitig die eine oder andere Seite begünstigen. Der Rechtsanwalt kann deshalb im Allgemeinen davon ausgehen, dass seine fachkundige Hilfe gerade in der vorbeschriebenen Hinsicht gewünscht wird, wenn der Auftraggeber weiß, dass zusätzliche Kosten durch die Einschaltung eines Notars entstehen werden, und dennoch den Rechtsanwalt mit einem Vertragsentwurf beauftragt. Ist der Mandant darüber unterrichtet, dass der anwaltliche Entwurf zusätzliche Kosten verursacht, kann er eigenverantwortlich entscheiden, ob ihm Bedeutung und Schwierigkeitsgrad der Sache den weiteren Aufwand wert sind. Allenfalls auf eine ausdrückliche Rückfrage hin kann der Rechtsanwalt noch zu ergänzenden Erläuterungen verpflichtet sein. Auch wenn von Anfang an zu erkennen ist, dass eine standardisierte Beurkundung anfällt, die keinen Raum für wesentliche einzelfallbezogene Ausgestaltungen lässt, zieht der BGH in Erwägung, dass der Rechtsanwalt gehalten sein kann, den Rechtsuchenden lediglich an einen Notar zu verweisen. Ob eine solche Verpflichtung besteht, wenn ein Rechtsanwalt mit einem Notar in einer gemeinsamen Praxis verbunden ist, hat der BGH offen gelassen.[721]

756 Zudem kann zu berücksichtigen sein, dass die Gebühren einer notariellen Beurkundung durch einen in Deutschland niedergelassenen Notar, die in der Kostenordnung nach dem Geschäftswert bemessen werden, wesentlich höher sein können als die Kosten einer **gleichwertigen Auslandsbeurkundung**, etwa in der Schweiz, in Österreich oder in den Niederlanden. Allerdings ist in jedem Fall zu prüfen, ob das zu beurkundende Rechtsgeschäft den Formerfordernissen des anzuwendenden materiellen Rechts entspricht (vgl. Art. 11 EGBGB).[722] So kann die **Auflassung** (§ 925 Abs. 1 Satz 2 BGB) eines in Deutschland belegenen Grundstücks nicht wirksam vor einem ausländischen Notar erklärt werden.[723] Demgegenüber genügt eine notarielle Beurkundung einer Vielzahl gesellschaftsrechtlicher Vorgänge vor einem ausländischen Notar

---

[720] BGH, NJW 1998, 136, 137; anders noch OLG Düsseldorf, AnwBl 1984, 443.
[721] BGH, NJW 1998, 136, 137.
[722] Differenzierend: *Goette*, DStR 1996, 709; vgl. auch *Großfeld/Berndt*, RIW 1996, 626; *Reuter*, BB 1998, 116.
[723] BGH, WM 1968, 1170, 1171; OLG Köln, DNotZ 1972, 489; KG, NJW-RR 1986, 1486.

dem als Wirkungsstatut gemäß Art. 11 Abs. 1 1. Alt. EGBGB berufenen deutschen Recht, soweit die ausländische Beurkundung der deutschen gleichwertig ist. Dies wurde etwa angenommen für die notarielle Beurkundung der **Satzungsänderung** einer GmbH (§ 53 GmbHG),[724] des Beschlusses über eine **Kapitalerhöhung** einer GmbH (§ 55 GmbHG)[725] oder der **Abtretung von Geschäftsanteilen** einer GmbH (§ 15 Abs. 3 GmbHG).[726] Umstritten ist dagegen, ob auch ein **Verschmelzungsvertrag** (§§ 6, 13 Abs. 3 UmwG) vor einem ausländischen Notar wirksam beurkundet werden kann.[727]

f) Verträge mit Auslandsbezug

Besondere Regeln sind bei Verträgen mit Auslandsbezug zu beachten. Diese Verträge enthalten etwa regelmäßig **Rechtswahl-** und **internationale Gerichtsstands-** bzw. **Schiedsklauseln.**[728]   757

aa) Zusammenarbeit mit ausländischen Anwälten

Weist der **Vertrag** einen **Bezug zu einer ausländischen Rechtsordnung** auf, handelt ein deutscher Rechtsanwalt grundsätzlich gewissenhaft, wenn er einen Vertragsentwurf einem Anwalt aus dem fremden Rechtskreis vorlegt, damit dieser den Entwurf auf etwaige Risiken für den Mandanten überprüft.[729] Dann kann sich im Einzelfall die Pflicht des deutschen Rechtsanwalts auf die **Kontrolle** beschränken, ob der ausländische Anwalt seine Prüfung auf alle entscheidenden Punkte des Vertragsentwurfs erstreckt hat. Wie weit die Prüfungspflicht des deutschen Rechtsanwalts geht, ist eine Frage der **Auslegung des Anwaltsvertrages.** Der deutsche Rechtsanwalt darf grundsätzlich davon ausgehen, dass ein vom Auftraggeber schon vorher eingeschalteter ausländischer Anwalt sein Heimatrecht kennt und nach diesem Recht einen seiner Natur nach alltäglichen Vertrag fehlerfrei entworfen hat.[730] Pflichtwidrig ist es allenfalls,   758

---

724 BGH, NJW 1981, 1160 – Notar aus dem schweizerischen Kanton Zürich.
725 OLG Düsseldorf, NJW 1989, 2200 – niederländischer Notar.
726 BGH, WM 1989, 1221, 1224; OLG München, RIW 1998, 147, 148 – jeweils Notar im schweizerischen Kanton Basel-Stadt.
727 LG Kiel, RIW 1997, 957 – österreichischer Notar; vgl. auch LG Nürnberg-Fürth, NJW 1992, 633; LG Köln, GmbHR 1990, 171 – Notar aus dem schweizerischen Kanton Basel-Stadt bzw. Zürich; OLG Frankfurt, GmbHR 2005, 764 – Notar im Schweizer Kanton Basel; a.A. LG Augsburg, RIW 1998, 65 – Notar aus dem schweizerischen Kanton Zürich.
728 Ausführlich zu Rechtswahl-, internationalen Gerichtsstands- und Schiedsklauseln: *Sieg,* RIW 1997, 811 und 1998, 102 jeweils m.w.N.
729 Zur Haftung bei der Anwendung ausländischen Rechts: *Sieg,* Internationale Anwaltshaftung, S. 118 ff.; *ders.,* NJW 1996, 2209, 2211 f.; *ders.,* IWB (1996) Gruppe 2, S. 223, 225; *ders.,* ZAP (1996), Fach 23, S. 239.
730 BGH, NJW 1972, 1044; vgl. auch RG, JW 1926, 246; OLG Bamberg, MDR 1989, 542 f.

wenn der **deutsche Rechtsanwalt den ausländischen Anwalt nicht sorgfältig ausgewählt, instruiert oder überwacht hat**.[731]

bb) Rechtswahlklauseln

759 Speziell für die **Wahl zwischen zwei oder mehreren Rechtsordnungen** ist noch ein weiteres zu bedenken. Beruft sich der Mandant gegenüber dem Rechtsanwalt darauf, dass dieser ihm geraten habe, sich auf eine Rechtsordnung einzulassen, die sich später als für ihn nachteilig erweist, ist davon auszugehen, dass die staatlichen Rechtsordnungen einander in dem Bemühen, einen gerechten Ausgleich der betroffenen Interessen herbeizuführen, grundsätzlich gleichwertig sind. Dies bedeutet nicht, dass die einzelnen Rechtsordnungen auch gleichartig sein müssen. Sie können hinsichtlich der Problemlösungen im Detail unterschiedliche Bewertungen vornehmen, andere Rechtsfolgen vorsehen und zu inhaltlich voneinander abweichenden Ergebnissen führen.[732] Deswegen kann einem Rechtsanwalt nicht ohne weiteres vorgeworfen werden, er habe eine „falsche" Rechtsordnung empfohlen. Zwar mag sich die gewählte Rechtsordnung anlässlich eines späteren Streitfalls für den Mandanten im Einzelfall als nachteilig erweisen. Umgekehrt kann die Vertragsgestaltung den Mandanten unter einem anderen Gesichtspunkt gegenüber seinem Vertragspartner aber auch begünstigen. Deshalb ist es wichtig, alle für den Vertrag relevanten Umstände in eine **Gesamtbewertung** einzubeziehen. Diese darf sich nicht auf Ausschnitte des Gesamtproblems beschränken.[733] Entsprechendes gilt, wenn die Parteien in einem Vertrag eine **Gerichtsstands- oder Schiedsgerichtsvereinbarung** ausgehandelt haben.

cc) Vertragssprache

760 Immer wieder ist zu beobachten, dass ein **Vertrag, der deutschem Recht unterliegt**, nicht in deutscher Sprache, sondern **in einer anderen Sprache**, insbesondere in Englisch, verfasst wird.[734] Dann besteht die nahe liegende Gefahr, dass wegen der ausländischen Fachbezeichnungen ein **Auslegungsrisiko** entsteht. Dies hat ein Rechtsanwalt aber nach Möglichkeit zu vermeiden und für unmissverständliche Erklärungen unter Verwendung der einschlägigen Fachausdrücke zu sorgen (vgl. Rn. 744 f.). Daher empfiehlt es sich in solchen Fällen, zumindest auch eine deutschsprachige Version des Vertrages anzufertigen, welche für Auslegungsfragen als maßgeblich bestimmt wird.

761 Für eine wirksame **Einbeziehung von Allgemeinen Geschäftsbedingungen** in einen Vertrag bedarf es – bei Geltung deutschen Rechts als Vertragsstatut (Art. 27 ff. EGBGB) – gemäß § 305a BGB eines Hinweises auf deren Geltung in der **Verhandlungssprache**,

---

731 Zur Zusammenarbeit mit ausländischen Anwälten vgl. Rn. 308 – 336.
732 Zur Relativität des Rechtsbegriffs: *Sieg*, Internationale Anwaltshaftung, S. 73 f.
733 Zur Haftung bei der Empfehlung und Überprüfung von Rechtswahlklauseln: *Sieg*, Internationale Anwaltshaftung, S. 133.
734 Vgl. etwa *Triebel*, RIW 1998, 1.

der **Muttersprache des Vertragspartners** oder unter Umständen auch einer im **Handel üblichen Sprache** (vorzugsweise englisch). Entsprechendes gilt für die Sprache, in der die Allgemeinen Geschäftsbedingungen abzufassen sind. Der Vertragspartner des Verwenders kann nicht eine Übersetzung der Allgemeinen Geschäftsbedingungen in seine Muttersprache verlangen, wenn die Allgemeinen Geschäftsbedingungen in der Verhandlungs- oder Vertragssprache formuliert sind. Dem Vertragspartner ist dann zuzumuten, sich um eine **Übersetzung** zu bemühen.[735] Ähnliches hat zu gelten, wenn auf den Vertrag die Regeln des Wiener UN-Übereinkommens über Verträge über den internationalen Warenkauf vom 11.4.1980 (**UN-Kaufrecht** oder CISG)[736] Anwendung finden.[737]

g) Einseitige Rechtsgeschäfte und rechtsgeschäftsähnliche Erklärungen

Für die Vorbereitung einseitiger Rechtsgeschäfte oder rechtsgeschäftsähnlicher Erklärungen gelten die vorbeschriebenen Pflichten bei der Vertragsgestaltung entsprechend. So muss ein Rechtsanwalt ein **Auslegungsrisiko** nach Möglichkeit vermeiden. Den sichersten Weg hält er nur ein, falls seine Erklärung unmissverständlich ist. Dazu gehört auch die zutreffende Verwendung der einschlägigen **Fachausdrücke**.[738] Der BGH hat betont, jeder Rechtsanwalt müsse wissen, dass man sich von einem Mietvertrag oder mietähnlichen Vertrag im Regelfall durch eine „**Kündigung**", nicht durch einen „**Rücktritt**" löst. Auch ist in einem solchen Fall klarzustellen, ob eine Kündigung fristlos (außerordentlich) oder fristgerecht (ordentlich) erfolgen soll. Bei einer außerordentlichen Kündigung ist hilfsweise eine ordentliche Kündigung zum nächstmöglichen Termin auszusprechen.[739]

762

Gemäß § 174 Satz 1 BGB ist ein **einseitiges Rechtsgeschäft**, das ein Bevollmächtigter einem anderen gegenüber vornimmt, unwirksam, wenn der Bevollmächtigte die **Vollmachtsurkunde** nicht vorlegt und der Adressat die Erklärung aus diesem Grund unverzüglich zurückweist. Nimmt der Rechtsanwalt für seinen Auftraggeber ein einseitiges Rechtsgeschäft vor, ohne die Vollmachtsurkunde im Original vorzulegen, handelt er pflichtwidrig, wenn er mit der Möglichkeit rechnen muss, dass dem Mandanten im Streitfall nicht unerhebliche Rechtsnachteile entstehen, weil er nicht zu beweisen vermag, den Gegner vorher von der Bevollmächtigung seines Rechtsanwalts in Kenntnis gesetzt zu haben.[740]

763

---

735 *Sieg*, RIW 1997, 811, 816, Fn. 48, 49 m.w.N.
736 BGBl. 1989 II, S. 586; abgedruckt etwa bei *Jayme/Hausmann*, Nr. 77. Zum UN-Kaufrecht: *Sieg*, RIW 1997, 811, 812 ff. m.w.N.
737 *Sieg*, AW-Prax 1997, 27; *ders.*, RIW 1997, 811, 814.
738 BGH, VersR 1960, 546, 548; 1960, 932, 933; NJW 1996, 2648, 2650.
739 BGH, NJW 1996, 2648, 2650.
740 BGH, NJW 1994, 1472.

II. Weitere anwaltliche Pflichten

764 Die vorbeschriebenen allgemeinen und tätigkeitsbezogenen Pflichten, die ein Rechtsanwalt bei der Berufsausübung zu beachten hat, bezwecken den Schutz des Auftraggebers vor Vermögensschäden. Daneben hat ein Rechtsanwalt weitere Pflichten zu beachten, die vorrangig den **Schutz anderer Rechtsgüter des Mandanten** betreffen.[741] Auch diese Pflichten ergeben sich vor allem aus dem **Anwaltsvertrag**, aus dem **BGB**, dem **StGB**, der **BRAO**, aus der **anwaltlichen Berufsordnung** (BORA) sowie über § 29 BORA aus den **Berufsregeln der Rechtsanwälte der Europäischen Gemeinschaft** (CCBE-Richtlinien). Die einzelnen Rechtsquellen sind auseinanderzuhalten. Insbesondere können **berufsrechtliche Pflichten** nicht – was vielfach nicht hinreichend beachtet wird – ohne weiteres auf das Zivilrecht übertragen werden. Die einzelnen Pflichten werden im Folgenden in erster Linie vor dem Hintergrund der hier behandelten Haftung des Rechtsanwalts näher dargestellt. Nicht weiter eingegangen wird auf die **Pflichten, ein Mandat zügig**[742] und **sachlich zu bearbeiten**[743] sowie den **Mandanten über den Fortgang der Sache zu unterrichten.**[744]

1. Verschwiegenheit

765 Die Pflicht zur Verschwiegenheit[745] ist eine der **anwaltlichen Kardinalpflichten**. So hat das BVerfG in dem viel beachteten Beschluss aus 1987 zu den für verfassungswidrig erklärten Richtlinien des anwaltlichen Standesrechts betont, dass die Verschwiegenheitspflicht – ebenso wie das Verbot, widerstreitende Interessen wahrzunehmen (Rn. 775 – 780) – zu denjenigen Grundpflichten des Rechtsanwalts gehöre, deren Fortbestand zur Aufrechterhaltung einer funktionsfähigen Rechtspflege unverzichtbar sei.[746] Die Verschwiegenheitspflicht begründet – neben der fachlichen Qualifikation des Rechtsanwalts – die Grundlage für dessen Beauftragung und das dem Rechtsanwalt entgegengebrachte Vertrauen. Diese Pflicht trifft auch die Mitarbeiter und Berufshelfer des Anwalts (§ 203 Abs. 3 StGB, § 102 Abs. 2 AO).[747]

---

741 *Borgmann/Jungk/Grams*, §§ 23, 24; *Hartstang*, S. 509 ff.; *Fahrendorf*, in: *Rinschel/Fahrendorf/Terbille*, Rn. 599 ff.; *Vollkommer/Heinemann*, Rn. 320 – 337.
742 Vgl. etwa BGH, VersR 1999, 442, 444.
743 Vgl. BVerfGE 76, 171, 193 = NJW 1988, 191; Nichtannahmebeschluss des BGH v. 22.6.1995 – IX ZR 224/94; *Eylmann*, AnwBl 1999, 338, 339 f.; *Vollkommer/Heinemann*, Rn. 325, 326; vgl. auch § 43a Abs. 3 BRAO sowie die Kommentierungen hierzu.
744 Vgl. § 11 BORA; BGH, NJW 1994, 2085, 2086.
745 *Borgmann/Jungk/Grams*, § 24; *Hartung*, in: *Hartung/Holl*, BORA, § 3; *Henssler*, NJW 1994, 1817; *Vollkommer/Heinemann*, Rn. 322 – 324 sowie die BRAO-Kommentare zu § 43a Abs. 2. Zu einzelnen Aspekten: *Eggersmann/Hoene*, CR 1990, 18; *Herrmann*, DB 1997, 1017; *Rüpke*, NJW 1993, 3097; *Wagner/Lerch*, NJW-CoR 1996, 380; *Wirges*, JurBüro, 1997, 295; *Wirth*, BB 1996, 1725.
746 BVerfG, NJW 1988, 191, 193.
747 *Borgmann/Jungk/Grams*, § 24 Rn. 172.

a) Rechtsgrundlagen

Die **Verschwiegenheitspflicht** ergibt sich unmittelbar aus dem **Anwaltsvertrag**.[748] **Berufsrechtlich** enthält § **43a Abs. 2 BRAO** eine gesetzliche Regelung.[749] Die Pflicht des Rechtsanwalts zur Verschwiegenheit bezieht sich danach auf alles, was ihm in Ausübung seines Berufs bekannt geworden ist. Eine Ausnahme macht das Gesetz lediglich für Tatsachen, die offenkundig sind oder ihrer Bedeutung nach keiner Geheimhaltung bedürfen. § **2 BORA** konkretisiert § 43a Abs. 2 BRAO. In Abs. 2 wird insbesondere hervorgehoben, dass die Verschwiegenheitspflicht **nach Beendigung eines Mandats** (insbesondere auch nach dem Tod des Mandanten) **fortbesteht**. Nichts anderes gilt für die Verschwiegenheitspflicht aus dem Anwaltsvertrag.[750] Gemäß § 2 Abs. 4 BORA ist ein Rechtsanwalt verpflichtet, seine Mitarbeiter und alle sonstigen Personen, die bei seiner beruflichen Tätigkeit mitwirken, ausdrücklich zur Verschwiegenheit zu verpflichten und anzuhalten.

766

Eine besondere Ausprägung findet die Verschwiegenheitspflicht in §§ 203–205 StGB. Nach § 203 Abs. 1 Nr. 3 StGB macht sich ein Rechtsanwalt strafbar, der unbefugt ein fremdes Geheimnis, namentlich ein zum persönlichen Lebensbereich gehörendes Geheimnis oder ein Betriebs- oder Geschäftsgeheimnis offenbart, das ihm in seiner Person als Rechtsanwalt anvertraut oder sonst bekannt geworden ist. § 203 Abs. 3 StGB betont ausdrücklich, dass die Strafbarkeit durch den Tod des Betroffenen nicht ausgeschlossen wird. § 204 StGB verschärft die Strafandrohung noch, wenn der Rechtsanwalt ein fremdes Geheimnis, zu dessen Geheimhaltung er nach § 203 StGB verpflichtet ist, unbefugt verwertet. Ein Verstoß gegen §§ 203, 204 StGB kann unter den weiteren Voraussetzungen des § **823 Abs. 2 BGB** auch zu einer zivilrechtlichen Haftung führen.[751]

767

Im Hinblick auf den unbefugten Umgang mit **Insiderinformationen** über börsennotierte Gesellschaften, von denen der **Rechtsanwalt** im Zusammenhang mit seiner beruflichen Tätigkeit Kenntnis erlangt, muss ein Rechtsanwalt die Vorschriften des **Gesetzes über den Wertpapierhandel**[752] beachten. Gemäß § 38 Abs. 1 WpHG macht sich ein Rechtsanwalt strafbar, der § 14 Abs. 1 WpHG zuwiderhandelt. Danach ist es einem Insider (§ 13 WpHG) verboten, unter Ausnutzung seiner Kenntnis von einer Insidertatsache (§ 15 Abs. 1 WpHG) Insiderpapiere (§ 12 WpHG) für eigene oder fremde Rechnung oder für einen anderen zu erwerben oder zu veräußern (Nr. 1), einem anderen eine Insidertatsache unbefugt mitzuteilen oder zugänglich zu machen (Nr. 2) oder einem anderen auf der Grundlage seiner Kenntnis von einer Insidertatsache den

768

---

748 *Hartung*, in: Hartung/Holl, BORA, § 2 Rn. 23; *Henssler*, NJW 1994, 1817, 1818; *Vollkommer/Heinemann*, Rn. 322; *Fahrendorf*, in: Rinsche/Fahrendorf/Terbille, Rn. 634.
749 Parallel gilt § 57 Abs. 1 StBerG für Steuerberater und § 43 WPO für Wirtschaftsprüfer.
750 *Borgmann/Jungk/Grams*, § 24 Rn. 160 f.; *Vollkommer/Heinemann*, Rn. 322.
751 *Herrmann*, DB 1997, 1017, 1020 f.; *Palandt/Sprau*, BGB, § 823 Rn. 148.
752 Wertpapierhandelsgesetz (WpHG) i.d.F. der Neubekanntmachung vom 9.9.1998, BGBl. I, S. 2708.

Erwerb oder die Veräußerung von Insiderpapieren zu empfehlen (Nr. 3). Nach § 38 Abs. 2 WpHG steht einem Verbot i.S.d. Abs. 1 ein entsprechendes ausländisches Verbot gleich. § 39 WpHG normiert weitere Ordnungswidrigkeiten bei dem Verstoß gegen andere Vorschriften des WpHG.

b) Ausnahmen

769 Die **Verschwiegenheitspflicht** gilt jedoch **nicht uneingeschränkt**. Gemäß § 2 Abs. 3 BORA ist ein Rechtsanwalt nicht zur Verschwiegenheit verpflichtet, soweit die Berufsordnung oder andere Rechtsvorschriften Ausnahmen zulassen oder die Durchsetzung oder Abwehr von Ansprüchen aus dem Mandats Verhältnis oder die Verteidigung des Rechtsanwalts in eigener Sache die Offenbarung erfordern. Auch für die zivilrechtliche Verschwiegenheitspflicht des Rechtsanwalts aus dem Anwaltsvertrag sowie im Rahmen des § 203 StGB sind entsprechende Ausnahmen zu beachten.

770 Insbesondere die **Einwilligung des Geheimnisträgers, i.d.R. die des Mandanten**, kann den Rechtsanwalt von einer Verschwiegenheitspflicht aus dem Anwaltsvertrag, aus § 43a Abs. 2 BRAO oder § 203 Abs. 1 Nr. 1 StGB befreien.[753] Ist der **Mandant verstorben**, ist im Einzelfall zu prüfen, ob dessen Wille sich auch darauf erstreckt hat, dass der Gegenstand des Auftrags gegenüber den Erben und nächsten Angehörigen geheim gehalten werden soll oder nicht. Dies kann und muss der Rechtsanwalt nach pflichtgemäßem Ermessen entscheiden. Wegen ihrer höchstpersönlichen Natur geht die Befugnis, den Rechtsanwalt von der Verschwiegenheitspflicht zu befreien, **nicht auf die Erben des Auftraggebers** über.[754] Ist über das Vermögen des Auftraggebers das Insolvenzverfahren eröffnet, geht die Befugnis zur Entbindung von der Schweigepflicht grundsätzlich auf den Insolvenzverwalter über.[755]

771 Auch **ohne das Einverständnis und sogar gegen den erklärten Willen des Auftraggebers** kann ein Rechtsanwalt berechtigt sein, ihm in Ausübung des Berufs anvertraute Tatsachen zu offenbaren. Diese Befugnis folgt im Zivilrecht aus dem allgemeinen Rechtsprinzip der **Abwägung widerstreitender Rechtsgüter und Pflichten**. So gebührt den **berechtigten Interessen des Rechtsanwalts**, seinen Honoraranspruch durchzusetzen oder sich gegen eine Inanspruchnahme des Auftraggebers oder in einem gegen ihn eingeleiteten Strafverfahren zu verteidigen, grundsätzlich Vorrang vor dem Schweigegebot, wenn der Rechtsanwalt andernfalls seine berechtigten In-

---

753 Vgl. BGH, NJW 1999, 1404, 1406; BayObLG, NJW 1966, 1664, 1665; *Fahrendorf*, in: *Rinsche/Fahrendorf/Terbille*, Rn. 635; ausführlich hierzu *Herrmann*, DB 1997, 1017, 1018 ff. m.w.N;.

754 *Borgmann/Jungk/Grams*, § 24 Rn. 179; *Eylmann*, in: *Henssler/Prütting*, BRAO, § 43a Rn. 52; *Hartung*, in: *Hartung/Holl*, BORA, § 2 Rn. 37; vgl. auch OLG Hamburg, MDR 1964, 672; BayObLG, NJW 1966, 1664, 1665 f.; OLG München, AnwBl 1975, 159, 160 f.

755 BGH, NJW 1990, 510, 511 f.; OLG Düsseldorf, ZIP 1993, 1807; *Nassall*, KTS 1988, 633, 639, jeweils zur KO.

teressen nicht sachgerecht durchsetzen kann.[756] Im Strafrecht kann eine Offenbarung geheimhaltungspflichtiger Tatsachen nach § 34 StGB wegen **Notstands** oder gemäß § 193 StGB wegen **Wahrnehmung berechtigter Interessen** gerechtfertigt sein. Wenn der Rechtsanwalt im Auftrag seines Mandanten mit einem Dritten verhandelt, besteht die Verschwiegenheitspflicht nach einem Urteil des Reichsgerichts nicht in Bezug auf solche Umstände, die der Auftraggeber dem Vertragsgegner offenbaren muss; bestehe der Auftraggeber auf Verschwiegenheit, müsse der Rechtsanwalt die Übernahme oder Fortführung des Auftrags ablehnen.[757] Weitere Ausnahmen von der Verschwiegenheitspflicht können sich aus gesetzlichen Vorschriften ergeben, etwa im Rahmen einer **Drittschuldnererklärung** gemäß § 840 ZPO, einer **eidesstattlichen Versicherung und der Abgabe eines Vermögensverzeichnisses** nach § 807 ZPO oder einer Pflicht zur **Anzeige schwerer Straftaten** nach §§ 138, 139 Abs. 3 Satz 2 StGB.[758]

Das Geldwäschegesetz in der Fassung vom 8.8.2002[759] verpflichtet den zum Zweck einer Geldwäsche aus einer Katalogstraftat des § 261 StGB in Anspruch genommenen Anwalt zu einer Anzeige bei der Bundesrechtsanwaltskammer, ohne dass dem Mandanten das mitgeteilt werden dürfte[760]. Die Idenfizierungspflicht besteht für den Rechtsanwalt, der im weitesten Sinne mit dem Vermögen seines Mandanten in Berührung kommt, immer. 772

Der BGH hat wiederholt entschieden, dass die **Abtretung der anwaltlichen Honorarforderung** wegen der damit nach § 402 BGB verbundenen umfassenden Auskunftspflicht gegen § 203 Abs. 1 Nr. 3 StGB verstoßen und daher gemäß § 134 BGB nichtig sein kann, wenn der Mandant hierzu seine Zustimmung nicht erteilt hat[761] (vgl. dazu Rn. 857). Die Zession ist nicht gemäß § 134 BGB, § 203 Abs. 1 Nr. 3 StGB unwirksam, wenn ein Rechtsanwalt Honorarforderungen ohne Zustimmung des Auftraggebers an einen anderen Rechtsanwalt abtritt, der diesen Auftraggeber zuvor außergerichtlich und in Kostenfestsetzungsverfahren vertreten und die Angelegenheit umfassend kennengelernt hat.[762] **§ 49b Abs. 4 BRAO** bestimmt nunmehr, dass ein Rechtsanwalt, der eine Gebührenforderung erwirbt, in gleicher Weise zur Verschwiegenheit verpflichtet ist wie der beauftragte Rechtsanwalt. Die Abtretung von Gebührenforderungen oder 773

---

756 BGH, NJW 1952, 151; MDR 1956, 625; KG, NJW 1994, 462, 463; BGH, WM 1986, 426, 429 – Steuerberater; *Borgmann/Jungk/Grams*, § 24 Rn. 183 ff.; *Hartung*, in: *Hartung/Holl*, BORA, § 2 Rn. 38 ff.
757 RG, JW 1929, 3149, 3150.
758 *Eylmann*, in: *Henssler/Prütting*, BRAO, § 43a Rn. 54 – 62; *Hartung*, in: *Hartung/Holl*, BORA, § 2 Rn. 40 – 43.
759 BGBl. I, S. 3105.
760 *Borgmann/Jungk/Grams*, § 24 Rn. 183, wo diese Ausnahme als ein Sündenfall des Gesetzgebers gegenüber der freien Anwaltschaft gewertet wird.
761 BGHZ 122, 115, 117 ff.; BGH, NJW 1993, 1912; 1993, 2795; 1995, 2026; 1995, 2915; 1996, 2087; 1997, 188; vgl. auch BGH, NJW 1999, 1404, 1406; WM 2004, 2505.
762 BGH, NJW 2005, 507.

die Übertragung ihrer Einziehung an einen nicht als Rechtsanwalt zugelassenen Dritten ist nach dieser Vorschrift unzulässig, es sei denn, die Forderung ist rechtskräftig festgestellt, ein erster Vollstreckungsversuch ist fruchtlos ausgefallen und der Rechtsanwalt hat die ausdrückliche, schriftliche Einwilligung des Mandanten eingeholt (vgl. dazu Rn. 856 ff.).[763]

c) Verschwiegenheitsrecht

774 Der Verschwiegenheitspflicht entspricht ein Verschwiegenheitsrecht.[764] Dies kommt insbesondere in denjenigen Vorschriften zum Ausdruck, die Rechtsanwälten ein **Zeugnisverweigerungsrecht** einräumen, wie § 383 Abs. 1 Nr. 6 ZPO; § 15 Abs. 1 FGG; §§ 46 Abs. 2; 80 Abs. 2 ArbGG; § 98 VwGO; § 65 Abs. 2 VwVfG; § 118 Abs. 1 SGG; § 53 Abs. 1 Nr. 3 StPO; § 102 Abs. 1 Nr. 3 Buchst. a, b AO 1977; § 84 Abs. 1 FGO. Während sich das Zeugnisverweigerungsrecht nach § 383 Abs. 1 Nr. 6 ZPO auf Tatsachen bezieht, die dem Rechtsanwalt kraft seiner Berufszugehörigkeit anvertraut sind und deren Geheimhaltung durch ihre Natur oder durch gesetzliche Vorschrift geboten ist, erstreckt sich § 53 Abs. 1 Nr. 3 StPO auf alles, was dem Rechtsanwalt in dieser Eigenschaft anvertraut worden oder bekannt geworden ist. Von der zugrunde liegenden Verpflichtung zur Verschwiegenheit kann nur der Auftraggeber den Rechtsanwalt entbinden (vgl. § 385 Abs. 2 ZPO; § 53 Abs. 2 StPO; § 102 Abs. 3 AO 1977).

2. Vermeidung von Interessenkollisionen

775 Die Pflicht des Rechtsanwalts, Interessenkollisionen zu vermeiden, ist in ihrer Bedeutung mit der Pflicht zur Verschwiegenheit vergleichbar.[765] Auch diese Pflicht ergibt sich aus dem **Anwaltsvertrag**. § 146 StPO schreibt für Strafverfahren vor, dass ein Verteidiger nicht gleichzeitig mehrere derselben Tat Beschuldigte verteidigen darf. In einem Verfahren kann er auch nicht gleichzeitig mehrere verschiedener Taten Beschuldigte verteidigen. **§ 43a Abs. 4 BRAO** bestimmt allgemein, dass ein Rechtsanwalt keine widerstreitenden Interessen wahrnehmen darf (dazu bereits Rn. 38 – 41).[766] **§ 3 BORA** konkretisiert diese Regelung.[767] Danach darf ein Rechtsanwalt nicht tätig werden, wenn er, gleich in welcher Funktion, eine andere Partei in **derselben Rechtssache im widerstreitenden Interesse** bereits beraten oder vertreten hat oder mit dieser Rechtssache in sonstiger Weise i.S.d. §§ 45, 46 BRAO beruflich befasst war. Das Verbot galt nach § 3 Abs. 2 BORA auch, wenn ein anderer Rechtsanwalt oder Ange-

---

763 Hierzu etwa *Berger*, NJW 1995, 1406; *Prechtel*, NJW 1997, 1813.
764 *Henssler*, NJW 1994, 1817, 1823 f.
765 *Henssler*, NJW 2001, 1521 ff., der das Verbot der Vertretung widerstreitender Interessen neben dem anwaltlichen Berufsgeheimnis und der anwaltlichen Unabhängigkeit als Grundwert bezeichnet.
766 Hierzu: OLG München, NJW 1997, 1313; AG Neunkirchen, FamRZ 1996, 298.
767 Ausführlich *Hartung*, in: *Hartung/Holl*, BORA, § 3 Rn. 15 m.w.N.; vgl. auch *Westerwelle*, NJW 1997, 2782; vgl. OLG Hamburg, NJW-RR 2002, 61.

höriger eines anderen Berufs i.S.d. § 59a BRAO, mit dem der Rechtsanwalt in einer **Sozietät**, zur gemeinschaftlichen Berufsausübung in sonstiger Weise – also in einem **Anstellungsverhältnis**, als **freier Mitarbeiter** – oder in einer **Bürogemeinschaft** verbunden ist oder war, in derselben Rechtssache, gleich in welcher Funktion, im widerstreitenden Interesse berät, vertritt, bereits beraten oder vertreten hat oder mit dieser Rechtssache in sonstiger Weise beruflich befasst ist oder war. Eine gemeinschaftliche Berufsausübung in sonstiger Weise liegt auch vor, wenn mehrere Rechtsanwälte sich zu einer **Partnerschaft** (Rn. 374 – 388) oder zu einer **GmbH** (Rn. 389 – 395) zusammengeschlossen haben, nicht dagegen bei einer Zusammenarbeit in einer **Europäischen wirtschaftlichen Interessenvereinigung** (Rn. 400 – 405) oder in einem **Verbund** (Rn. 407 – 409).[768] § 3 Abs. 2 BRAO, wonach das Tätigkeitsverbot auch dann gelten soll, wenn ein anderer Sozietätsanwalt mit der Sache beruflich befasst war, so dass nach Ansicht des BGH[769] bei einem Wechsel der Sozietät die neue Sozietät alle Mandate niederlegen musste, bei denen der in eine Kanzlei eingetretene früher auf der Gegenseite stand, ist für verfassungswidrig erklärt worden und damit nichtig.[770]

Ein Anwaltsvertrag, der gegen § 43a Abs. 4 BRAO verstößt, ist **gemäß § 134 BGB nichtig**. Die Nichtigkeit kann sich auch aus **§ 138 Abs. 1 BGB** ergeben (Rn. 41).[771] Ein **Honoraranspruch** des Mandanten besteht dann nicht; eine bereits geleistete Vergütung kann gemäß § 812 Abs. 1 Satz 1 BGB zurückgefordert werden (vgl. auch Rn. 1919).[772] Gleichwohl vorgenommene **Rechtshandlungen** des Rechtsanwalts für den Mandanten bleiben wirksam.[773]

776

Anders als bei § 3 Abs. 1 Satz 2, Abs. 2 BeurkG besteht bei § 43a Abs. 4 BRAO – ebenso wie bei §§ 45 – 47 BRAO – **keine Möglichkeit**, das Tätigkeitsverbot mit **Einwilligung des Mandanten** nach dessen Aufklärung über den Hinderungsgrund außer Kraft zu setzen, soweit dadurch nicht der Interessengegensatz aufgehoben wird.[774] Der Rechtsanwalt, der nach dem klaren Hervortreten der Interessengegensätze der Parteien seine Tätigkeit für eine Partei weiterführt, indem er sie trotz des bestehenden Interessenkonflikts weiter berät oder vertritt, handelt pflichtwidrig. Daran ändert nichts, dass seine weitere Tätigkeit dem Willen beider Parteien entsprochen hat und der Rechtsanwalt die von ihm weiterberatene Partei über die möglichen Risiken einer

---

768 *Hartung,* in: *Hartung/Holl,* BORA, § 3 Rn. 56 f., jedoch a.A. für die EWIV.
769 NJW 2001, 1575
770 BVerfG, NJW 2003, 2520, 2522; vgl. *Henssler,* NJW 2001, 1521.
771 *Hartung,* in: *Hartung/Holl,* BORA, § 3 Rn. 71; offen gelassen von OLG München, NJW 1997, 1313, 1314.
772 *Hartung,* in: *Hartung/Holl,* BORA, § 3 Rn. 71.
773 *Hartung,* in: *Hartung/Holl,* BORA, § 3 Rn. 73.
774 *Borgmann/Jungk/Grams,* § 12 Rn. 52; *Eylmann,* in: *Henssler/Prütting,* BRAO, § 43a Rn. 149; *Hartung,* in: *Hartung/Holl,* BORA, § 3 Rn. 29; *Jessnitzer/Blumberg,* BRAO, § 45 Rn. 3; *Kleine-Cosack,* BRAO, § 45 Rn. 43 sowie bereits Rn. 39.

einvernehmlichen Regelung aufgeklärt hat.[775] Der Rechtsanwalt kann dem Mandanten wegen Verschuldens bei Vertragsschluss (§ 311 Abs. 2 Nr. 1 BGB) zum **Schadensersatz** verpflichtet sein. Daneben kann dem früheren Mandanten ein Schadensersatzsatzanspruch aus **Vertragsverletzung** (§ 280 Abs. 1 BGB) zustehen.

777 Wenn der Rechtsanwalt **nicht in derselben Sache**, sondern in verschiedenen Sachen gleichzeitig für und gegen den Mandanten tätig wird, muss er den Mandanten von der gleichzeitigen Tätigkeit im Interesse Dritter unterrichten. Der Auftraggeber kann dann in die Wahrnehmung der Interessen des Dritten einwilligen. Rechtlich beachtlich ist diese Einwilligung allerdings nur, wenn sie in voller Kenntnis der dafür maßgebenden Umstände erteilt wird. Hat der Rechtsanwalt seinen Auftraggeber nicht hinreichend aufgeklärt, ist eine Einwilligung des Auftraggebers unbeachtlich.[776]

778 Nach § 356 StGB macht sich ein Rechtsanwalt, der bei den ihm in dieser Eigenschaft anvertrauten Angelegenheiten in derselben Rechtssache beiden Parteien durch Rat oder Beistand pflichtwidrig dient, wegen **Parteiverrats** strafbar. Ob der Rechtsanwalt bei einer Verletzung des § 356 StGB gemäß **§ 823 Abs. 2 BGB** zum **Schadensersatz** verpflichtet ist, hat der BGH bislang offen gelassen.[777]

779 Das Verbot, widerstreitende Interessen wahrzunehmen, erfordert von dem betroffenen Rechtsanwalt **kanzleiinterne Organisationsmaßnahmen**, die zu **Organisationspflichten** erstarken können, wenn Mandanten ein Schaden droht. So ist bei einer Sozietät oder einer anderen dauerhaften Zusammenarbeit mehrerer Rechtsanwälte sicherzustellen, dass vor der Übernahme eines neuen Mandats alle hierzu berechtigten Rechtsanwälte informiert oder die Prüfung von Interessenkollisionen bei einem Rechtsanwalt konzentriert werden. Daneben kann es geboten sein, besondere Listen zu führen oder EDV-Programme zu unterhalten, aufgrund derer Interessenkollisionen kurzfristig festgestellt werden können. Insbesondere ist auf Interessenkollisionen im Hinblick auf die Strukturen **verbundener Unternehmen** (§ 15 AktG) zu achten. Eine Beeinträchtigung der Rechte von (auch ehemaligen) Mandanten kommt in Betracht, wenn die Verhältnisse angesichts der Größe eines Büros unübersichtlich zu werden drohen. Dies betrifft in erster Linie die **überörtlichen und internationalen Sozietäten**.[778] Wenn ein Rechtsanwalt eine Interessenkollision erkannt hat, muss er **unverzüglich** den oder die betroffenen **Mandanten hiervon unterrichten** und das zuletzt angenommene **Man-**

---

775 OLG Karlsruhe, NJW 2001, 3197.
776 BGH, NJW 1985, 41.
777 BGH, NJW 1992, 436, 438; vgl. auch BGH, NJW 1996, 2929, 2931; bejahend: *Borgmann/Jung/Grams*, § 7 Rn. 52 und § 12 Rn. 52; verneinend: *Frank*, MDR 1962, 945; *Palandt/Sprau*, BGB, § 823 Rn. 69.
778 Hierzu *Herrmann*, DB 1997, 1017.

B. Einzelpflichten des Rechtsanwalts

dat, unter Umständen sogar beide Mandate, **niederlegen**. Entsprechendes kann gelten, wenn infolge eines **Sozietätswechsels** eine Interessenkollision auftritt.[779]

Mandanten können sich **gegen die Gefahr drohender Interessenkonflikte** der beauftragten bzw. zu beauftragenden Rechtsanwälte **sichern**, indem sie eine Beauftragung davon abhängig machen, dass ihnen gerade bei inhaltlich sensiblen Mandaten vertraglich eine Ausschließlichkeit im Hinblick auf Mandanten aus der jeweiligen Branche zugesichert wird, damit die offenbarten Interna nicht später bei der Beratung von Wettbewerbern ausgenutzt werden.

780

3. Verwahrung und Herausgabe von Mandantengeldern

Wenn der Rechtsanwalt für seinen Mandanten Gelder oder andere Gegenstände entgegennimmt und/oder aufbewahrt, ist er hierüber zur **Rechenschaftslegung** und zur **Herausgabe** verpflichtet (§§ 666, 667, 675 Abs. 1, 611 bzw. 631 BGB).[780] In den wichtigsten Anwendungsfällen nimmt der Rechtsanwalt Zahlungen des Auftraggebers zur Weiterleitung an Gerichte, Behörden oder Gegner oder von Schuldnern des Mandanten entgegen. Nach diesen Vorschriften ist aber auch eine den Interessen des Auftraggebers widersprechende Provision herauszugeben, die der Rechtsberater von einem Dritten erhalten hat.[781]

781

§ 43a Abs. 5 BRAO bestimmt, dass ein Rechtsanwalt bei der Behandlung der ihm anvertrauten Vermögenswerte zu der erforderlichen Sorgfalt verpflichtet ist. Fremde Gelder sind **unverzüglich an den Empfangsberechtigten weiterzuleiten** oder auf ein **Anderkonto** einzuzahlen. **§ 4 BORA** wiederholt und spezifiziert diese Pflichten. Insbesondere darf ein Rechtsanwalt danach eigene Forderungen nicht mit Geldern verrechnen, die an ihn zweckgebunden für Dritte gezahlt worden sind. Haben Rechtsanwälte oder deren Mitarbeiter Gelder des Auftraggebers **veruntreut** (§ 266 StGB), so tritt neben die Haftung aus dem Anwaltsvertrag die **deliktische Schadensersatzverpflichtung** gemäß § 823 Abs. 2 BGB.[782]

4. Handakten

Der Rechtsanwalt hat **Handakten**[783] **zu führen, aufzubewahren** und ggf. **an den Mandanten herauszugeben** sowie dem Mandanten **Einsicht** in die Handakten zu

782

---

779   Hartung, in: Hartung/Holl, BORA, § 3 Rn. 65, insbesondere zum Sozietätswechsel Rn. 61 – 63, 68 – 70; Fahrendorf, in: Rinsche/Fahrendorf/Terbille, Rn. 636 – 639.
780   BGH, NJW 1971, 559, 560; 1995, 1425, 1426.
781   BGH, WM 2000, 1596.
782   BGHZ 100, 190, 192; vgl. auch BGH, NJW 1999, 3040 = WM 1999, 1846.
783   Zum Begriff vgl. Stobbe, in: Henssler/Prütting, BRAO, § 50 Rn. 4: jede geordnete Sammlung von eine Angelegenheit betreffenden Schriftstücken und Unterlagen, die innerdienstlich oder -betrieblich benutzt wird und deren Inhalt i.d.R. vertraulich ist.

gewähren.[784] Insoweit besteht eine **Nebenpflicht aus dem Anwaltsvertrag**.[785] Diese Pflicht hat haftungsrechtlich allerdings nur eine mittelbare Bedeutung, etwa wenn der Rechtsanwalt infolge nachlässiger Führung der Handakte eine Frist nicht beachtet. Die Pflichtverletzung liegt dann darin, dass der Rechtsanwalt die Frist versäumt hat, und nicht darin, dass er die Handakte nachlässig geführt hat.[786] Im Rahmen der **Beweissicherungspflicht** (dazu Rn. 608) kann ein Rechtsanwalt sogar verpflichtet sein, schriftliche Aufzeichnungen über die Zustellung von fristauslösenden Schriftstücken zu machen, um insoweit später substanziiert vortragen zu können. Nur ordnungsgemäß geführte Handakten ermöglichen es i.d.R. dem Rechtsanwalt, sich in einem Regressprozess gegen den Vorwurf einer Pflichtverletzung substanziiert zu verteidigen oder einen Honoraranspruch hinreichend zu belegen.

Eine **allgemeine Dokumentationspflicht** des Rechtsanwalts **besteht nicht**.[787]

783 Gibt der Rechtsanwalt die ihm vom Mandanten überlassenen Unterlagen nach Mandatsende verspätet zurück und erleidet der Auftraggeber sodann wegen einer versäumten Frist einen Rechtsverlust, kann der Rechtsanwalt wegen der **Verletzung nachvertraglicher Pflichten** zum Schadensersatz verpflichtet sein, wenn er den Mandanten nicht anderweitig auf die drohende Verjährung hingewiesen hat.[788] Ob allerdings die nachlässige Führung der Handakten in einem Regressprozess Beweiserleichterungen zugunsten des Auftraggebers begründen kann[789], erscheint fraglich, da einen Rechtsanwalt eine Dokumentationspflicht gerade nicht trifft.[790]

a) Führung und Aufbewahrung

784 Nach **§ 50 Abs. 1 BRAO** muss ein Rechtsanwalt durch Handakten ein geordnetes Bild über die von ihm entfaltete Tätigkeit geben können.[791] Der Rechtsanwalt hat die Handakten **fünf Jahre ab Beendigung eines Mandats**[792] **aufzubewahren**; diese Pflicht erlischt vorher, wenn der Rechtsanwalt den Auftraggeber aufgefordert hat, die Handakten in Empfang zu nehmen, und der Auftraggeber dieser Aufforderung nicht binnen sechs Monaten nachgekommen ist (§ 50 Abs. 2 BRAO). § 56 Abs. 1 BRAO enthält

---

784 *Borgmann/Jungk/Grams*, § 23; *Fiala/von Walter*, DStR 1998, 694 und 736; *Nerlich*, in: *Hartung/Holl*, BORA, vor § 17; *Fahrendorf*, in: *Rinsche/Fahrendorf/Terbille*, Rn. 621 – 624; *Vollkommer/Heinemann*, Rn. 330 – 335.
785 *Vollkommer/Heinemann*, Rn. 330; *Stobbe*, in: *Henssler/Prütting*, BRAO, § 50 Rn. 2.
786 Vgl. etwa BGH, VersR 1978, 841 – Rechtsanwalt hat telefonischen Auftrag, Berufung einzulegen, nicht notiert und sodann die fristgerechte Berufungseinlegung versäumt.
787 BGH, NJW 1988, 200, 203; 1992, 1695, 1696.
788 BGH, NJW 1984, 431, 432 – hierzu Rn. 200.
789 So OLG Köln, MDR 1968, 674 sowie *Borgmann/Jungk/Grams*, § 23 Rn. 156.
790 BGH, NJW 1992, 1695, 1696 im Gegensatz zu BGH, NJW 1986, 59, 61.
791 Vgl. § 66 StBerG für Steuerberater und § 51b WPO für Wirtschaftsprüfer.
792 Zur Beendigung des Anwaltsvertrages s. Rn. 51 – 106.

eine besondere Pflicht des Rechtsanwalts **gegenüber der Rechtsanwaltskammer** zur Vorlage der Handakten. Bedient sich der Rechtsanwalt gemäß § 50 Abs. 4 BRAO zum Führen der Handakten der **elektronischen Datenverarbeitung**, so ist er zwar nicht gehalten, gespeicherte Daten ausgedruckt zur Handakte zu bringen, aber er muss sicherstellen, dass er auch hinsichtlich des virtuellen Teils der Handakte diesen Aufbewahrungspflichten nachkommt.[793]

b) Herausgabe

Gemäß §§ 667, 675 Abs. 1, 611 bzw. 631 BGB ist ein Rechtsanwalt verpflichtet, dem Auftraggeber alles **herauszugeben**, was er zur Ausführung des Auftrags erhalten und aus der Geschäftsbesorgung erlangt hat. Der Anspruch aus §§ 667, 675 Abs. 1, 611 bzw. 631 BGB wird regelmäßig mit der Ausführung des einzelnen Auftrags oder spätestens mit der Beendigung des Auftragsverhältnisses fällig. Durch das Erlöschen des Mandats wird der Anspruch nicht berührt. Zu den herauszugebenden Unterlagen zählen auch die **Handakten** des Rechtsanwalts.[794] Für **Vollmachtsurkunden** enthält § 175 BGB eine Sonderregelung. Danach hat der Bevollmächtigte nach dem Erlöschen der Vollmacht die Vollmachtsurkunde dem Vollmachtgeber zurückzugeben; ein Zurückbehaltungsrecht steht ihm nicht zu.

785

„Aus der Geschäftsführung erlangt" i.S.v. § 667 BGB ist nicht nur der gesamte drittgerichtete Schriftverkehr des Rechtsanwalts mit dem Auftraggeber, also sowohl die dem Rechtsanwalt zugegangenen Schriftstücke als auch Kopien eigener Schreiben des Rechtsanwalts, sondern sind auch Notizen über Besprechungen, die der Rechtsanwalt im Rahmen der Geschäftsbesorgung mit Dritten geführt hat. Sofern diese Notizen die Wiedergabe von Gesprächen enthalten, ist im Regelfall davon auszugehen, dass sie nicht lediglich dem internen Gebrauch des Rechtsanwalts – etwa als bloße Arbeitshilfe oder Gedächtnisstütze –, sondern auch dem Interesse des Auftraggebers zu dienen bestimmt sind, um den Inhalt der für ihn geführten Verhandlungen zu dokumentieren. Eine Ausnahme gilt für Unterlagen, die nicht lediglich über das Vorgehen im Rahmen der Vertragserfüllung Aufschluss geben, sondern persönliche Eindrücke wiedergeben, die der Rechtsanwalt in den betreffenden Gesprächen gewonnen hat. Die **Herausgabepflicht** erstreckt sich des Weiteren **nicht** auf den Briefwechsel zwischen dem Rechtsanwalt und dem Auftraggeber und auf Notizen über Gespräche zwischen diesen[795] (vgl. auch § 50 Abs. 4 BRAO). Wird die **Handakte in elektronischer Form** geführt, so ist eine Herausgabe von Ausdrucken nicht zu verlangen, sondern lediglich die **Herausgabe eines Datenträgers**.[796] Werden die Daten bei einem Dritten gespeichert, so kann

786

---

793 *Stobbe*, in: *Henssler/Prütting*, BRAO, § 50 Rn. 10.
794 BGH, NJW 1990, 510; OLG Köln, VersR 1998, 499, 500; vgl. auch *Nassall*, KTS 1988, 633.
795 BGH, NJW 1990, 510, 511; vgl. auch BGH, NJW 1983, 328 (Rechtsverhältnis zwischen Arzt und Patient).
796 *Stobbe*, in: *Henssler/Prütting*, BRAO, § 50 Rn. 16.

787 Gegenüber einem Anspruch auf Herausgabe der Handakten – ebenso wie gegen einen Anspruch auf Einsichtnahme (Rn. 791 – 793) – kann sich ein Rechtsanwalt nicht auf seine anwaltliche Schweigepflicht (Rn. 765 – 769) berufen. Das Berufsgeheimnis des Rechtsanwalts verfolgt einen anderen Schutzzweck. Es dient nicht dem eigenen Geheimhaltungsinteresse des Rechtsanwalts, sondern ausschließlich dem Auftraggeber. Eine Ausnahme wird mit Rücksicht auf Art. 12 Abs. 1 GG lediglich für diejenigen Unterlagen gemacht, die persönliche, vertrauliche Hintergrundinformationen des Rechtsanwalts betreffen.[798] Ohne Bedeutung ist es auch, dass der Rechtsanwalt durch die Offenbarung des Inhalts der Handakten der Gefahr einer strafrechtlichen Verfolgung ausgesetzt wäre.[799]

c) Zurückbehaltungsrecht des Rechtsanwalts

788 **§ 50 Abs. 3 BRAO** räumt dem Rechtsanwalt ein – neben **§ 273 Abs. 1 BGB** – **spezielles Zurückbehaltungsrecht an den Handakten** ein. Danach kann der Rechtsanwalt seinem Auftraggeber die Herausgabe der Handakten verweigern, bis er wegen seiner Gebühren und Auslagen befriedigt ist. Eine Ausnahme wird gemacht, soweit die Vorenthaltung der Handakten oder einzelner Schriftstücke nach den Umständen unangemessen wäre (vgl. auch **§ 17 BORA**). **Handakten i.S.d. § 50 Abs. 2, 3 BRAO** sind nach Abs. 4 dieser Bestimmung nur diejenigen Schriftstücke, die der Rechtsanwalt aus Anlass seiner beruflichen Tätigkeit von dem Auftraggeber oder für ihn erhalten hat, nicht aber der Briefwechsel zwischen Rechtsanwalt und Mandant sowie diejenigen Schriftstücke, die dieser bereits in Urschrift oder Abschrift erhalten hat. Entsprechendes gilt, soweit sich der Rechtsanwalt zum Führen von **Handakten der elektronischen Datenverarbeitung** bedient (§ 50 Abs. 5 BRAO). Dafür, in welchem Umfang der Mandant die bei der Bearbeitung einer Rechtsangelegenheit angefallenen Schriftstücke bereits erhalten hat, ist der Rechtsanwalt darlegungs- und beweisbelastet, da es darum geht, inwieweit der Herausgabeanspruch bereits durch Erfüllung erloschen ist.[800]

789 Der BGH hat betont, dass das Zurückbehaltungsrecht des Rechtsanwalts gemäß § 50 Abs. 3 BRAO i.d.R. **nur wegen der Honorarforderung aus der konkreten Angelegenheit** bestehe, auf die sich die zurückbehaltene Handakte beziehe.[801] Soweit es um **Geschäftspapiere des Mandanten** geht, dürfen Handakten, die eine andere Angele-

---

797 BGH, DStR 2004, 1397.
798 BGH, NJW 1990, 510, 511 f.; vgl. auch *Nassall*, NJW 1990, 496.
799 BGH, NJW 1990, 510, 511 unter Verweis auf BGH, NJW 1964, 1469.
800 BGH, NJW 1990, 510, 511; OLG Köln, VersR 1998, 499, 500.
801 Vgl. zum Steuerberater: BGH, WM 1988, 627; NJW 1989, 1216; NJW-RR 2004, 1290; OLG Düsseldorf, NJW-RR 2005, 364.

genheit betreffen, auch dann nicht zurückgehalten werden, wenn es sich insgesamt um ein einheitliches Lebensverhältnis handelt. Das wäre mit Rücksicht auf den Zweck dieser Regelung, dem Rechtsanwalt zur Durchsetzung seiner Gebührenansprüche ein über die allgemeinen zivilrechtlichen Befugnisse hinausgehendes Druckmittel in die Hand zu geben, nicht gerechtfertigt.[802] Auch wegen der **Kosten**, die durch Vervielfältigung der Handakte vor der Herausgabe entstehen, steht dem Rechtsanwalt kein Zurückbehaltungsrecht zu.[803] Das Zurückbehaltungsrecht des § 50 Abs. 3 BRAO besteht nicht, wenn die **Vorenthaltung** der Akten oder einzelner Schriftstücke **nach den Umständen unangemessen wäre**. Dies ist etwa der Fall, wenn sich in den Handakten ein wesentliches Beweisstück für Rechte des Mandanten befindet, die zu verjähren drohen.[804]

Neben dem besonderen Zurückbehaltungsrecht des § 50 Abs. 3 BRAO kann dem Rechtsanwalt ein **allgemeines Zurückbehaltungsrecht gemäß § 273 Abs. 1 BGB** zustehen. Dessen Voraussetzungen sind zum Teil weiter, zum Teil aber auch enger als diejenigen des Zurückbehaltungsrechts nach § 50 Abs. 3 BRAO. So setzt § 273 Abs. 1 BGB lediglich voraus, dass der Schuldner aus demselben rechtlichen Verhältnis, auf dem seine Verpflichtung beruht, einen fälligen Anspruch gegen den Gläubiger hat. Für „dasselbe rechtliche Verhältnis" i.S.d. § 273 Abs. 1 BGB reicht es aus, dass es als gegen Treu und Glauben verstoßend erscheint, einen Anspruch ohne Rücksicht auf einen sich aus diesem Lebensverhältnis ergebenden Gegenanspruch geltend zu machen.[805] Andererseits ist ein Zurückbehaltungsrecht nach § 273 Abs. 1 BGB aber ausgeschlossen, wenn dem die Natur des Schuldverhältnisses entgegensteht. Dies hat der BGH bejaht für **Geschäftspapiere**, die für die ordnungsgemäße Bearbeitung der jeweiligen Angelegenheit alsbald benötigt werden, also etwa für vollstreckbare Urkunden, die fällige Forderungen betreffen.[806]

790

d) Auskunftserteilung, Rechenschaftslegung, Einsicht in die Handakten

Neben die Pflicht aus §§ 667, 675 Abs. 1, 611 bzw. 631 BGB zur Herausgabe der Handakten tritt die Pflicht des Rechtsanwalts, dem Mandanten **Einsichtnahme** in die Handakten zu gestatten. Dies folgt aus §§ 666, 675 Abs. 1, 611 bzw. 631 BGB, auf Verlangen über den Stand der Geschäfte **Auskunft** zu erteilen und nach der Ausführung des Auftrags **Rechenschaft** abzulegen (vgl. auch §§ 260, 261 BGB).

791

---

802 BGH, NJW 1997, 2944, 2945 f. zu § 50 Abs. 1 Satz 1 BRAO a.F., dem § 50 Abs. 3 BRAO n.F. im Wesentlichen entspricht.
803 OLG Köln, VersR 1998, 499, 500.
804 *Borgmann*, AnwBl 1998, 95 unter Verweis auf BGH, NJW 1984, 431, 432.
805 BGH, NJW 1997, 2944, 2945; vgl. auch BGHZ 92, 194, 196; 115, 99, 103.
806 BGH, NJW 1997, 2944, 2945.

Der Begriff „Rechenschaft" wird in einem weiteren Sinne als in § 259 BGB verstanden. Er bezieht sich insbesondere nicht nur auf eine mit Einnahmen und Ausgaben verbundene Verwaltung, sondern umfasst allgemein die Pflicht des Beauftragten, in verkehrsüblicher Weise die wesentlichen Einzelheiten seines Handelns zur Auftragsausführung darzulegen und dem Auftraggeber die notwendige Übersicht über das besorgte Geschäft zu verschaffen.

792 Dabei sind dem Auftraggeber auch **Belege**, soweit üblich und vorhanden, vorzulegen. Diese Vorlagepflicht des Rechtsanwalts ist die Grundlage für den Anspruch des Auftraggebers auf Einsicht in die Handakten. Dies gilt nicht nur für solche Unterlagen, die dem Auftraggeber zu belassen sind, also bereits unter die Herausgabepflicht des § 667 BGB fallen; vielmehr kann sich die Vorlage auch auf diejenigen Bestandteile der Handakten des Rechtsanwalts beziehen, die nicht herausgegeben zu werden brauchen, sondern beim Rechtsanwalt verbleiben können. Eine **Ausnahme** wird lediglich für diejenigen Unterlagen gemacht, die **persönliche oder vertrauliche Eindrücke des Rechtsanwalts** selbst betreffen. Die Auskunfts- und Rechenschaftspflicht des Rechtsanwalts kann ferner auch dann bestehen, wenn der Herausgabeanspruch des Auftraggebers (Rn. 785 f.) bereits durch Erfüllung erloschen ist; dies gilt insbesondere hinsichtlich solcher Unterlagen, die der Mandant zwar bereits erhalten hat, die aber bei ihm nachträglich verloren gegangen sind. Beschränkungen des Auskunftsanspruchs können sich aus den Umständen des Einzelfalls, insbesondere nach **Treu und Glauben** (§ 242 BGB), ergeben.[807]

793 Ein **Einsichtnahmerecht des Mandanten nach § 810 BGB** tritt regelmäßig hinter dessen Ansprüche aus §§ 666, 675 Abs. 1, 611 bzw. 631 BGB zurück. Der BGH hat hervorgehoben, dass ein „rechtliches Interesse" i.S.d. § 810 BGB nicht besteht, wenn die Einsichtnahme lediglich dazu dienen soll, Unterlagen für die Rechtsverfolgung des Auftraggebers zu beschaffen und so den Rechtsanwalt auszuforschen. Daher greift § 810 BGB nicht ein, wenn jemand, der für einen Schadensersatzanspruch gegen den Urkundenbesitzer an sich darlegungs- und beweispflichtig ist, sich durch die Urkundeneinsicht zusätzliche Kenntnisse verschaffen und erst auf diese Weise Anhaltspunkte für ein pflichtwidriges Verhalten des Rechtsanwalts ermitteln will. Diese Einschränkung wird im Rahmen des § 666 BGB nicht gemacht.[808]

---

807 BGH, NJW 1990, 510, 511 unter Verweis auf BGH, NJW 1985, 2699; NJW-RR 1988, 1072; NJW 1989, 1601.
808 BGH, NJW 1990, 510, 511; vgl. auch AG Berlin-Charlottenburg, NJW 1997, 1450.

C. Haftung für Hilfspersonen

Bei der Mandatserledigung arbeiten Rechtsanwälte vielfach mit anderen Personen zusammen (Rn. 205 – 409).[809] Daneben schalten Rechtsanwälte regelmäßig **nichtanwaltliche Hilfspersonen ein**.[810]

794

I. Haftung für Erfüllungsgehilfen

Aus dem Anwaltsvertrag haftet ein Rechtsanwalt für schuldhaftes Verhalten oder Unterlassen der von ihm eingeschalteten Hilfspersonen unter den Voraussetzungen des **§ 278 BGB**. Diese Verschuldenszurechnung erstreckt sich auch auf eine Haftung des Rechtsanwalts aus Verschulden bei Vertragsschluss (dazu Rn. 174)[811] oder aus Vertrag mit Schutzwirkung zugunsten Dritter (dazu Rn. 1641 ff.).[812] **Erfüllungsgehilfe** i.S.d. § 278 BGB ist jeder, der mit dem Willen des Rechtsanwalts bei der Erfüllung einer diesem obliegenden Verbindlichkeit als dessen Hilfsperson tätig wird,[813] also etwa Bürovorsteher,[814] Anwaltsgehilfen,[815] Schreibkräfte, technisches Personal, Boten oder auch studentische Hilfskräfte und Referendare.[816]

795

Ein **Tätigwerden in Erfüllung einer Verbindlichkeit** setzt voraus, dass die von dem Erfüllungsgehilfen erbrachte Tätigkeit objektiv im Bereich des vom Rechtsanwalt geschuldeten Gesamtverhaltens liegt.[817] Maßgebend ist der konkrete Pflichtenkreis, der durch Art und Inhalt des jeweiligen Schuldverhältnisses festgelegt wird. Die schuldhafte Handlung oder das schuldhafte Unterlassen des Erfüllungsgehilfen muss in einem **inneren, sachlichen Zusammenhang** mit den Aufgaben stehen, die der Rechtsanwalt ihm im Hinblick auf die Vertragserfüllung zugewiesen hatte.[818] Hierzu zählt etwa die **unterlassene Erfassung einer Frist** durch einen Büroangestellten.[819] Eine Verschuldenszurechnung nach § 278 BGB wird nicht dadurch ausgeschlossen,

796

---

809 Die hierzu entwickelten Regeln gelten in gleicher Weise für eine Zusammenarbeit mit Wirtschaftsprüfern, Steuerberatern oder anderen Freiberuflern.
810 Hierzu *Borgmann/Jungk/Grams*, § 38; *Fahrendorf*, in: *Rinschel/Fahrendorf/Terbille*, Rn. 693; *Vollkommer/Heinemann*, Rn. 463.
811 BGHZ 15, 204, 205; 79, 281, 287; BGH, NJW 1990, 1661, 1662.
812 BGHZ 9, 316, 318; 24, 325, 327.
813 BGHZ 13, 111, 113; 50, 32, 35; 62, 119, 124.
814 RG, JW 1906, 332; RGZ 101, 248, 249; BGH, VersR 1958, 191; NJW 1981, 2741, 2742; zur Inkassovollmacht des Bürovorstehers: *Albrecht*, JW 1908, 729.
815 BGH, VersR 1965, 43.
816 RG, JW 1914, 77, 78; BGH, NJW 1961, 601.
817 BGHZ 123, 1, 14.
818 Vgl. BGHZ 114, 263, 270; BGH, NJW 1993, 1704, 1705.
819 BGH, VersR 1965, 43.

dass der Erfüllungsgehilfe **Weisungen des Rechtsanwalts** missachtet.[820] Sogar **vorsätzliche deliktische Handlungen** eines Erfüllungsgehilfen können dem Rechtsanwalt nach § 278 BGB zuzurechnen sein, etwa eine Unterschlagung oder Veruntreuung anvertrauter Mandantengelder unter Ausnutzung der ihm anvertrauten Stellung. Dies hat das RG in einem Fall angenommen, in dem der Bürovorsteher eines Rechtsanwalts, dem dieser während seiner Abwesenheit in weitem Umfang den Verkehr mit den Mandanten überlassen hatte, einen Auftraggeber auf betrügerische Weise zur Hergabe von Wertpapieren veranlasst und diese anschließend unterschlagen hatte.[821]

797 An dem inneren, sachlichen Zusammenhang fehlt es, wenn der Erfüllungsgehilfe lediglich **bei Gelegenheit der Vertragserfüllung** schuldhaft handelt. Die Haftung des Rechtsanwalts entfällt, wenn das pflichtwidrige Verhalten aus dem allgemeinen Aufgabenkreis herausfällt, den der Erfüllungsgehilfe für den Rechtsanwalt wahrzunehmen hat.[822] Dies ist insbesondere bei der Verletzung **höchstpersönlicher Pflichten** des Rechtsanwalts der Fall, etwa betreffend die Entscheidung über die Annahme eines Mandats, die Anhörung und Befragung des Auftraggebers, die eigentliche Rechtsberatung sowie die Vertretung des Mandanten gegenüber Gerichten, Behörden und Dritten.[823]

798 Allerdings kann der Rechtsanwalt in solchen Fällen wegen **eigenen Verschuldens** (§ 276 Abs. 1 Satz 1 BGB) aus dem Anwaltsvertrag zum Schadensersatz verpflichtet sein, wenn er die von ihm in die Mandatsbearbeitung einbezogenen Hilfspersonen nicht ausreichend angewiesen und überwacht hat, seinen Bürobetrieb nicht hinreichend organisiert oder sogar das Fehlverhalten der von ihm eingeschalteten Hilfsperson veranlasst, gebilligt oder geduldet hat.[824] Eine **eigene vertragliche Haftung des Erfüllungsgehilfen** scheidet demgegenüber regelmäßig aus.[825]

II. Haftung für Verrichtungsgehilfen

799 Im Rahmen der **deliktischen Haftung** hat ein Rechtsanwalt für von ihm eingeschaltete Hilfspersonen unter den Voraussetzungen des **§ 831 BGB** einzustehen.[826]

---

820 BGH, VersR 1965, 43, 44; vgl. auch BGH, NJW-RR 1989, 723, 725; NJW 1997, 1360, 1361.
821 RGZ 101, 248, 249; vgl. auch etwa BGH, NJW 1993, 1704, 1705; *Vollkommer/Heinemann*, Rn. 463.
822 BGHZ 58, 358, 366; BGH, VersR 1966, 1154, 1155.
823 RG, JW 1906, 332 f. – unrichtige Rechtsauskunft des Bürovorstehers trotz entgegenstehender Weisung des Rechtsanwalts; BGH, NJW 1981, 2741, 2743; *Borgmann/Jungk/Grams*, § 38 Rn. 74.
824 Vgl. BGH, NJW 1981, 2781, 2743; *Borgmann/Jungk/Grams*, § 38 Rn. 75; *Fahrendorf*, in: *Rinsche/Fahrendorf/Terbille*, Rn. 694; *Vollkommer/Heinemann*, Rn. 463.
825 Zur Eigenhaftung des anwaltlichen Mitarbeiters s. Rn. 263 – 267.
826 Ausführlich zur deliktischen Haftung des Rechtsanwalts Rn. 1924.

Verrichtungsgehilfe ist jede Hilfsperson, die der Rechtsanwalt in seinem Einflussbereich allgemein oder im Einzelfall eingeschaltet hat und die zu ihm in einem Abhängigkeitsverhältnis derart steht, dass der Rechtsanwalt deren Tätigkeit jederzeit beschränken, untersagen oder nach Zeit und Umfang beschränken kann.[827] Eine Haftung des Rechtsanwalts nach § 831 BGB setzt nicht voraus, dass der Verrichtungsgehilfe mit seiner ausdrücklichen oder stillschweigenden Zustimmung gehandelt hat. Es genügt, dass der Gehilfe **in Ausführung der Verrichtung** einem Dritten widerrechtlich einen Schaden zugefügt hat und der Rechtsanwalt nicht den Nachweis nach § 831 Abs. 1 Satz 2 BGB führt, dass er bei der Auswahl und Leitung die erforderliche Sorgfalt beobachtet hat oder der Schaden auch bei Anwendung dieser Sorgfalt entstanden wäre.

Ein Verschulden des Verrichtungsgehilfen ist nicht erforderlich. Vielmehr genügt die objektive Widerrechtlichkeit seiner Handlung. Nur wenn die Widerrechtlichkeit erst durch die Kenntnis der Tatumstände etwa der Sittenwidrigkeit einer Handlung begründet wird, muss der Verrichtungsgehilfe eine solche Kenntnis haben.[828] Daneben kommt regelmäßig eine **persönliche deliktische Haftung des Verrichtungsgehilfen** in Betracht, und zwar als Gesamtschuldner neben dem Rechtsanwalt (vgl. § 840 Abs. 1 BGB).

800

Sieg

D. Pflichten des Mandanten

I. Vergütungspflicht

Regressansprüche gegen Rechtsberater werden häufig in der Weise geltend gemacht, dass sie von den Mandanten gegen anwaltliche Honorarforderungen zur Aufrechnung gestellt werden.[829] Umgekehrt kann der Rechtsanwalt mit einem Vergütungsanspruch gegen eine Schadensersatzforderung des Auftraggebers aufrechnen. Deswegen sollen **Grundzüge der Vergütungspflicht des Auftraggebers** in diesem Handbuch der Anwaltshaftung erörtert werden.

801

1. Vertragliche Hauptpflicht

Der **Auftraggeber** hat dem für ihn tätigen **Rechtsanwalt oder Steuerberater** die geschuldete Vergütung zu zahlen. Dies ist die **Hauptpflicht des Mandanten** aus einem **Anwalts- oder Steuerberatervertrag**.

802

Die **Bundesgebührenordnung für Rechtsanwälte (BRAGO)** über die Vergütung (Gebühren und Auslagen) für anwaltliche Berufstätigkeit ist **am 1.7.2004 ersetzt** wor-

---

827 BGHZ 45, 311, 313; 103, 298, 303; BGH, WM 1989, 1047, 1050.
828 BGH, NJW 1956, 1715.
829 Vgl. *Neuhofer*, AnwBl 2004, 583.

den durch das **Gesetz über die Vergütung der Rechtsanwältinnen und Rechtsanwälte (Rechtsanwaltsvergütungsgesetz – RVG)**.[830]

Nach den **Übergangsvorschriften** der §§ 60, 61 RVG ist grundsätzlich die BRAGO anzuwenden, wenn dem Rechtsanwalt der Auftrag vor dem 1.7.2004 erteilt worden ist; wurde der Rechtsanwalt seit diesem Stichtag beauftragt, so gilt das RVG.[831] **Rechtsprechung und Schrifttum** zur BRAGO behalten danach unmittelbare Bedeutung, soweit noch das alte Gebührenrecht anzuwenden ist; außerdem können sie zur Auslegung derjenigen Bestimmungen des RVG dienen, die den Vorschriften der BRAGO entsprechen.

Die **Gebührenverordnung für Steuerberater, Steuerbevollmächtigte und Steuerberatungsgesellschaften (Steuerberatergebührenverordnung – StBGebV)** regelt – i.V.m. § 64 StBerG – die Vergütung (Gebühren und Auslagen) für die selbständige Berufstätigkeit der genannten steuerlichen Berater.

2. Rechtsgrundlagen

a) Allgemeines und Vergütungsprozess

803 Rechtliche Grundlage eines **Vergütungsanspruchs** des Rechtsanwalts oder Steuerberaters ist **i.d.R. ein Vertrag.**

Beauftragt ein Prozessbevollmächtigter im eigenen Namen einen Rechtsanwalt mit der Wahrnehmung eines Termins, so ist der **Terminsvertreter** regelmäßig Erfüllungsgehilfe des Prozessanwalts und verdient die Gebühr für diesen.[832]

Entsprechend § 5 RVG gilt auch für die BRAGO, dass ein **Rechtsanwalt**, der sich **durch einen Assessor vertreten** lässt, eine Vergütung in Höhe der vollen gesetzlichen Gebühren verdienen kann; das ist i.d.r. jedenfalls dann der Fall, wenn der Assessor beim Prozessbevollmächtigten angestellt ist und seine Zulassung als Rechtsanwalt betreibt.[833]

Ein **früherer Rechtsanwalt** ist auch **nach seinem Ausscheiden aus der Anwaltschaft** berechtigt und verpflichtet, außerhalb eines Kostenfestsetzungsverfahrens die Voraus-

---

830 Art. 3 des Gesetzes zur Modernisierung des Kostenrechts (Kostenrechtsmodernisierungsgesetz – KostRMoG) v. 5.5.2004 (BGBl. I, S. 718, 788); vgl. *Schons*, NJW 2005, 3089. **Zum RVG**: *Braun*, Gebührenabrechnung nach dem neuen Rechtsanwaltsvergütungsgesetz (RVG), 2004; *Gerold/Schmidt/v. Eicken/Madert/Müller-Rabe*, Rechtsanwaltsvergütungsgesetz, 16. Aufl. 2004; *Hartung/Römermann*, Praxiskommentar zum Rechtsanwaltsvergütungsgesetz, 2004; *Hartung*, NJW 2004, 1409; *Schneider, N.*, AnwBl 2004, 510.
831 Zum Übergangsrecht: VG Lüneburg, NJW 2005, 697; zur Abrechnung im Falle des § 91 Abs. 2 Satz 3 ZPO: LG Mönchengladbach, NJW-RR 2005, 863.
832 BGH, WM 2001, 167, 168 = NJW 2001, 753, 754.
833 BGH, NJW-RR 2004, 1143.

setzungen des § 18 BRAGO (vgl. § 10 RVG) für das Einfordern seiner Vergütungsansprüche zu erfüllen, wenn der bestellte Abwickler insoweit nicht tätig geworden ist.[834] Nimmt ein **Strafverteidiger Honorar** an, obwohl er weiß, dass es aus einer Straftat i.S.d. § 261 Abs. 1 Satz 2 StGB stammt, kann er sich wegen **Geldwäsche** strafbar machen (§ 261 Abs. 2 Nr. 1 StGB; vgl. auch § 11 GwG).[835] Unter Einschränkung des rechtlichen Ansatzes dieses Urteils des **BGH** hat das **BVerfG**[836] entschieden, dass die genannte Strafvorschrift mit dem Grundgesetz vereinbar ist, soweit Strafverteidiger nur dann mit Strafe bedroht werden, wenn sie **bei Annahme ihres Honorars sichere Kenntnis von dessen Herkunft** haben; Leichtfertigkeit i.S.d. § 261 Abs. 5 StGB **genügt insoweit nicht**. Aufgrund dieser Entscheidung ist der Beschluss des LG Berlin[837] gegenstandslos; dieses hatte angenommen, der Strafverteidiger habe eine Erkundigungspflicht bei Barzahlung größerer, über die üblichen Gebührensätze hinausgehender Beträge, die mit den angegebenen Herkunftsquellen nicht vereinbar seien.

Bei **Nichtigkeit eines Anwaltsvertrages** – etwa wegen Verstoßes eines Syndikusanwalts gegen das Tätigkeitsverbot des § 46 Abs. 2 Nr. 1 BRAO (§ 134 BGB)[838] – oder eines **Steuerberatervertrages** – z.B. wegen unerlaubter Rechtsberatung (Art. 1 § 1 RBerG i.V.m. § 134 BGB)[839] – kann sich ein **Anspruch auf Vergütung geleisteter Dienste** aus anderen Rechtsgrundlagen ergeben.

804

Ein solcher Anspruch kann nach den Vorschriften über die **Geschäftsführung ohne Auftrag** (§§ 677 ff., § 683 mit § 670 BGB) begründet sein;[840] dies gilt nicht, wenn die Dienste in einer gesetzwidrigen Tätigkeit bestehen, die der Geschäftsführer nicht den Umständen nach für erforderlich halten darf.[841]

Hat der Mandant aufgrund eines unwirksamen Vertrages Dienste eines Rechtsberaters erlangt, so kann diesem ein Anspruch auf Wertersatz aus **ungerechtfertigter Bereicherung** (§§ 812, 818 Abs. 2 BGB) zustehen, der sich nach der Höhe der üblichen oder

---

834 BGH, NJW-RR 2004, 1144 = WM 2004, 2222.
835 BGHSt 47, 68 = WM 2001, 1579 = NJW 2001, 2891; ebenso *Katholnigg*, NJW 2001, 2041; a.A. OLG Hamburg, NJW 2000, 673; Hamm, NJW 2000, 636, mit Ausnahme des Falles, dass der Verteidiger die deliktische Herkunft des Geldes kennt; *Brüssow/Petri*, AnwBl 2004, 114.
836 NJW 2004, 1305; vgl. NJW 2005, 1707.
837 NJW 2003, 2694, 2695.
838 BGH, NJW 1999, 1715, 1717.
839 BGH, NJW 2000, 1560, 1561 f. = WM 2000, 1342; vgl. BGH, NJW 1996, 1954, 1955 ff.; NJW-RR 2005, 1290, 1291 (**Kontierer**); WM 2006, 830 (ausländisches Mitglied einer Steuerberatersozietät).
840 BGHZ 37, 258, 263 = NJW 1962, 2010; BGH, WM 2000, 973: **Rechtsanwalt**; NJW 2000, 1560, 1562 = WM 2000, 1342: **Steuerberater**; abl. *Lorenz*, NJW 1996, 883 ff.; vgl. BGH, WM 2005, 1998, 1999 f. (Geschäftsbesorger).
841 BGH, NJW 2000, 1560, 1562 = WM 2000, 1342, m.w.N.: Steuerberater.

hilfsweise nach der angemessenen, vom Vertragspartner ersparten Vergütung richtet; das gilt nach § 817 Satz 2 BGB nicht, wenn sich der Rechtsberater bewusst war, dass er gegen ein gesetzliches Verbot oder gegen die guten Sitten verstieß.[842]

b) Vergütung aus echtem Anwaltsvertrag

805 Handelt es sich um einen – umfassenden oder beschränkten (Rn. 493 ff.) – Anwaltsvertrag mit der dafür typischen Rechtsbeistandspflicht des Rechtsanwalts (§ 3 Abs. 1 BRAO) – also um einen **echten Anwaltsvertrag** (Rn. 480) –,[843] so liegt **i.d.R. ein Dienstvertrag, ausnahmsweise ein Werkvertrag** vor, der eine **Geschäftsbesorgung** zum Gegenstand hat (§ 675 Abs. 1 mit § 611 oder § 631 BGB; Rn. 480). In einem solchen Falle übt ein in Deutschland zugelassener Rechtsanwalt oder eine deutsche Rechtsanwaltsgesellschaft „**Berufstätigkeit**" i.S.d. § 1 Abs. 1 BRAGO[844] bzw. „anwaltliche Tätigkeiten" i.S.d. § 1 Abs. 1 RVG aus. Dann gründet sich der Anspruch eines Rechtsanwalts auf „**Vergütung (Gebühren und Auslagen)**" i.S.d. Bestimmungen bei einem **Anwaltsdienstvertrag** auf §§ **611, 612 Abs. 1, § 675 Abs. 1 BGB**, bei einem **Anwaltswerkvertrag** auf §§ **631, 632 Abs. 1, § 675 Abs. 1 BGB**, jeweils ergänzt durch die **Sonderregelungen des RVG** und – für Altfälle (§§ 60, 61 RVG) – der BRAGO betreffend die **Fälligkeit** (§ 8 RVG/§ 16 BRAGO), einen **Vorschuss** (§ 9 RVG/§ 17 BRAGO) und die **Einforderung** (§ 10 RVG/§ 18 BRAGO);[845] der **Höhe** nach bemisst sich die anwaltliche Vergütung dann regelmäßig nach der gesetzlichen Grundlage (§ 2 RVG/§§ 1 – 3 BRAGO).[846] Danach ist zum Abschluss eines solchen Anwaltsvertrages eine Einigung über die gesetzliche Vergütung grundsätzlich nicht notwendig.[847] Kann bei einem Werkvertrag eine ausdrückliche oder stillschweigende Vereinbarung über die Vergütung nicht festgestellt werden, so darf ein Werklohnanspruch schon dann nicht zugesprochen werden, wenn durchgreifende Zweifel bestehen, dass die Herstellung des Werks nur gegen eine Vergütung zu erwarten war.[848]

Nach § **49b Abs. 5 BRAO** hat der **Rechtsanwalt seit dem 1.7.2004**, wenn sich seine **Gebühren nach dem Gegenstandswert** richten (§ 2 RVG), hierauf **vor Übernahme des Auftrags hinzuweisen**. Dadurch soll dem **potentiellen Mandanten** ermöglicht werden, nach näherer Unterrichtung eine für ihn **günstigere Honorarvereinbarung**

---

842 BGH, NJW 2000, 1560, 1562 = WM 2000, 1342, m.w.N.: Steuerberater; vgl. BGH, NJW 1996, 1954, 1957; WM 2006, 830.
843 Zu den Voraussetzungen zusammenfassend BGH, WM 1998, 2243, 2244 = NJW 1998, 3486.
844 BGH, NJW 1980, 1855; WM 1998, 2243, 2244.
845 Vgl. dazu BGH, WM 1998, 2243, 2246 = NJW 1998, 3486.
846 Vgl. BGH, NJW 1987, 315, 316; VersR 1991, 718, 720 = NJW 1991, 3095; OLG Stuttgart, AnwBl 1976, 439, 400.
847 BGH, WM 1976, 1135, 1136.
848 BGH, MDR 2004, 1105.

zu erreichen, etwa eine Pauschal- oder Zeitvergütung in einer außergerichtlichen Angelegenheit (§ 4 Abs. 2 Satz 1 RVG). Mit Rücksicht auf diesen Sinn und Zweck der Neuregelung kann ein **fahrlässiger Verstoß** gegen diese Hinweispflicht zu einem **Schadensersatzanspruch des Mandanten** führen, wenn dieser darlegen und beweisen kann, dass er bei Erfüllung dieser Pflicht geringere Gebühren – entweder bei diesem oder einem anderen Rechtsanwalt – gezahlt hätte; insoweit läge bei Festsetzung der Vergütung gemäß § 11 RVG ein **gebührenrechtlicher Einwand** vor (§ 11 Abs. 5 Satz 1 RVG).[849] Bei **vorsätzlicher Verletzung** der Hinweispflicht kommt auch eine Schadensersatzpflicht aus unerlaubter Handlung in Betracht (§ 823 Abs. 2 BGB i.V.m. §§ 263, 266 StGB). Danach sollte der Rechtsanwalt im eigenen Interesse **festhalten, dass und wie er diese Hinweispflicht erfüllt hat**.[850]

Gemäß § 34 RVG[851] in der **ab 1.7.2006** geltenden Fassung kann die **Anwaltsvergütung für eine Beratung**, ein schriftliches Gutachten und eine Tätigkeit als Mediator **grundsätzlich vereinbart** werden.

Eine **Auslandssache** darf ein deutscher Rechtsanwalt grundsätzlich nach dem deutschen Vergütungsgesetz abrechnen.[852] Zum Vergütungsanspruch eines deutschen Rechtsanwalts gegen einen **ausländischen Mandanten**[853] und eines **ausländischen Rechtsanwalts** gegen einen deutschen Auftraggeber wird verwiesen auf Rn. 308 ff.[854]

806

Nach der Wiedervereinigung konnte in Übergangsfällen die **Rechtsanwaltsgebührenordnung der früheren DDR** von 1982 – DDR-RAGO[855] – in der Fassung der Änderungen 1990[856] in entsprechender Anwendung des § 134 BRAGO, bezogen auf den Tag des Beitritts am 3.10.1990, Gültigkeit haben für Rechtsanwälte, die in der DDR zugelassen waren oder sich im beigetretenen Teil Deutschlands niedergelassen haben; mit dieser Maßgabe war die BRAGO in den neuen Ländern am Beitrittstag in Kraft getreten (Anl. I Kap. III Sachgebiet A Abschn. III Nr. 26 des Einigungsvertrages 1990).[857]

807

---

849 *Hartmann*, NJW 2004, 2484.
850 *Hartmann*, NJW 2004, 2484, 2485.
851 In der Fassung des Gesetzes v. 5.5.2004 (BGBl. I, S. 718); vgl. *Schneider, N.*, Vergütungsvereinbarung, Rn. 1312.
852 Vgl. BGHZ 54, 193, 197; BGH, WM 1995, 1962, 1964; *Madert*, in: *Gerold/Schmidt* u.a., RVG, § 1 Rn. 410 ff.
853 Vgl. BGH, VersR 1991, 718 = MDR 1991, 801.
854 Dazu *Madert*, in: *Gerold/Schmidt* u.a., RVG, § 1 Rn. 411, 417 ff.; zu den Anwaltsvergütungen in Europa: *Bach*, Rpfleger 1991, 7; vgl. BGH, RIW 2005, 540: Honorar- und Gerichtsstandsvereinbarung eines in Israel zugelassenen Rechtsanwalts mit einer in Deutschland wohnhaften Israelin.
855 GBl. DDR I, S. 183.
856 GBl. DDR I, S. 666 und 1293.
857 BGBl. II, S. 885.

Unter den Voraussetzungen der Nr. 26a dieser Anlage des Einigungsvertrages **ermäßigten sich die Gebühren** um 20 %; nach der Ermäßigungssatz-Anpassungsverordnung vom 15.4.1996[858] verringerte sich die Ermäßigung auf 10 % mit Wirkung vom 1.7.1996. Gemäß § 135 BRAGO gilt der Ermäßigungssatz im Land Berlin seit dem 1.3.2002 nicht mehr.

Nach Entscheidung des **BVerfG**[859] ist diese **Regelung des Gebührenabschlags** für Rechtsanwälte, die ihre Kanzlei in den neuen Bundesländern eingerichtet haben, wegen veränderter rechtlicher Rahmenbedingungen für die Anwaltstätigkeit (Aufgabe des Lokalisationsprinzips und Wegfall der damit verbundenen Beschränkungen der Postulationsfähigkeit) nur noch **bis zum 31.12.2003** anzuwenden.

Der **Gebührenabschlag „Ost"** betraf auch eine **überörtliche Sozietät**, wenn ein Sozietätsmitglied, das seine Kanzlei im Beitrittsgebiet hatte, die mandatsbezogenen Handlungen vorgenommen hatte, welche die Gebühren ausgelöst hatten.[860]

Einer Partei aus den alten Bundesländern, die sich durch einen Rechtsanwalt aus den alten Bundesländern vor einem Gericht in den neuen Bundesländern vertreten ließ, durfte der **Kostenerstattungsanspruch** (§ 91 ZPO) nicht deswegen gekürzt werden, weil bei Vertretung durch einen Rechtsanwalt aus den neuen Ländern geringere gesetzliche Gebühren entstanden wären.[861]

c) Vergütung aus unechtem Anwaltsvertrag

808 Übernimmt der Rechtsanwalt eine anwaltsfremde Aufgabe im Rahmen eines **unechten Anwaltsvertrages**, bei dem die anwaltstypische Rechtsbeistandspflicht in den Hintergrund tritt und deswegen als unwesentlich erscheint (Rn. 133 ff., 478 ff.),[862] so richtet sich der **Vergütungsanspruch** sowohl dem Grunde als auch der Höhe nach allein **nach dem jeweiligen Vertrag**, etwa nach einem **Maklervertrag** eines Rechtsanwalts.[863]

Nach dem **BGH**[864] ist ein **Maklervertrag** über ein Grundstück, den ein mit einem Anwaltsnotar in einer Sozietät verbundener Rechtsanwalt schließt, insbesondere mit Rücksicht auf § 14 Abs. 4 BNotO nichtig (§ 134 BGB); diese Ansicht hat das **BVerfG**

---

858 BGBl. I, S. 604.
859 NJW 2003, 737.
860 BGHZ 153, 210, 213 f. = WM 2003, 1616 f.
861 BGH, WM 2003, 1638, 1639 f.
862 Vgl. BGH, WM 1998, 2243, 2244 = NJW 1998, 3486.
863 BGH, WM 1992, 279, 280; NJW 2000, 3067, 3068 = WM 2000, 1546; vgl. dagegen BGHZ 57, 53, 56 = NJW 1971, 2227; BGH, WM 1977, 551, 552; 1985, 1401, 1402.
864 BGHZ 147, 39, 41 ff. = NJW 2001, 1569 = WM 2001, 744.

– 2. Kammer des Ersten Senats[865] – als „sehr zweifelhaft" bezeichnet mit Rücksicht auf BVerfGE 98, 49.

Die **gesetzliche Vergütungsregelung** ist bei einem **unechten Anwaltsvertrag nicht anzuwenden**.[866] Dies ist z.b. angenommen worden bei einem Vertrag eines Rechtsanwalts betreffend 809

- Vermögensverwaltung,[867]
- kaufmännische Buchführung,[868]
- Anlageberatung,[869]
- Anlagetreuhand.[870]

d) § 1 Abs. 2 RVG

Das **RVG** gilt – ebenso wie früher die BRAGO nach ihrem § 1 Abs. 2 – auch dann nicht, wenn der Rechtsanwalt als Vormund, Betreuer, Pfleger, Testamentsvollstrecker, Insolvenzverwalter, Sachwalter, Mitglied des Gläubigerausschusses, Nachlass- oder Zwangsverwalter, Treuhänder, Schiedsrichter oder in ähnlicher Stellung tätig wird.[871] Dabei handelt es sich um Aufgaben, deren Erledigung zum großen Teil nicht nur im privaten, sondern auch im öffentlichen Interesse liegt, und die in erheblichem Umfang auch von Angehörigen anderer Berufe wahrgenommen werden.[872] 810

Dennoch kann der Rechtsanwalt im Rahmen einer solchen Tätigkeit für die **Erledigung bestimmter Einzelaufgaben** eine **Vergütung nach § 1 Abs. 2 Satz 2 RVG** (früher nach § 1 Abs. 2 Satz 2 BRAGO) **i.V.m. § 1835 Abs. 3 BGB** fordern. Nach dieser Vorschrift gelten als Aufwendungen, deren Ersatz der Vormund vom Mündel verlangen kann (§ 1835 Abs. 1 BGB), auch solche Dienste, die zu seinem Beruf gehören; der Rechtsgedanke dieser Bestimmung ist auf die übrigen Tätigkeiten i.S.d. § 1 Abs. 2 Satz 1 RVG zu übertragen.[873] 811

---

865 Beschl. v. 17.9.2001 – I BvR 615/01, n.v.
866 BGH, WM 1998, 2243, 2244 = NJW 1998, 3486, betreffend die BRAGO.
867 BGHZ 46, 268, 270 f. = NJW 1967, 876.
868 BGHZ 53, 394, 395 f. = NJW 1970, 1189.
869 BGH, NJW 1980, 1855 f.
870 BGH, WM 1995, 344, 347.
871 Zu den sich hieraus ergebenden Vergütungsfragen: *Madert*, in: *Gerold/Schmidt* u.a., RVG, § 1 Rn. 85 ff.
872 BGHZ 133, 90, 95 = WM 1996, 1465; BGH, WM 1998, 2248, 2249, 2251 = BGHZ 139, 309, jeweils betreffend die Abwicklung einer Gesellschaft.
873 BGHZ 139, 309, 312 ff. = WM 1998, 2248, 2250, zu § 1 Abs. 2 BRAGO.

Nimmt ein **Rechtsanwalt** im Rahmen einer solchen Tätigkeit – etwa als **Liquidator**[874] oder als **Zwangsverwalter**[875] – Aufgaben wahr, deren sachgerechte Erledigung selbst ein geschäftserfahrener Nichtjurist einem Rechtsanwalt hätte übertragen müssen, so steht dem Anwalt – neben dem Honorar für die allgemeine Tätigkeit – eine **zusätzliche Vergütung** nach dem RVG zu, gleichgültig, ob es sich um eine gerichtliche oder außergerichtliche Tätigkeit handelt. Dem Auftraggeber soll es dann nicht zugute kommen, dass der Rechtsanwalt Dienste erbringt, für die der Auftraggeber sonst die Hilfe eines anderen Rechtsanwalts hätte in Anspruch nehmen und vergüten müssen.[876] An die Berechtigung einer solchen Sondervergütung sind allerdings **hohe Anforderungen** zu stellen; sie sind i.d.r. erst dann erfüllt, wenn es sich um rechtliche Maßnahmen handelt, die über die übliche allgemeine Tätigkeit i.S.d. § 1 Abs. 2 Satz 1 RVG erheblich hinausgehen.[877] Eine **AGB-Klausel**, die einen begründeten Anspruch des Rechtsanwalts auf ein Sonderhonorar im vorstehenden Sinne ausschließt und von einer beliebigen Zustimmung des anderen Teils abhängig macht, ist gemäß § 9 Abs. 1, 2 Nr. 1 AGBG (§ 307 BGB n.F.) unwirksam.[878]

Ein **Insolvenzverwalter** darf Aufgaben, die ein Nichtjurist im Allgemeinen nicht sachgerecht erledigen kann, auch dann einem Rechtsanwalt übertragen, wenn er selbst Volljurist ist.[879]

e) Vergütungsprozess

812   Wird in einem anwaltlichen Honorarrechtsstreit die **Erteilung des Mandats bestritten**, so muss der **Rechtsanwalt das rechtsgeschäftliche Handeln der Beteiligten** in tatsächlicher Hinsicht so **darlegen**, dass sich der Vertragsschluss – im Regelfall gemäß §§ 145 ff. BGB – rechtlich prüfen lässt. Bei konkludentem Verhalten des Vertragspartners darf nicht lediglich die angebliche Auftragserteilung behauptet werden; vielmehr muss dessen tatsächliches Verhalten so deutlich dargelegt werden, dass es auf den ihm zugeschriebenen Erklärungsgehalt hin aus der Sicht des Empfängers mit Rücksicht auf §§ 133, 157 BGB gewürdigt werden kann (**Substantiierungslast des Rechtsanwalts**).[880]

Im Vergütungsprozess ist der Rechtsanwalt **nicht an seine Gebührenrechnung gebunden**.[881]

---

874   BGHZ 139, 309, 312 ff. = WM 1998, 2248, 2250, zu § 1 Abs. 2 BRAGO.
875   BGH, NJW 2004, 3429, zu § 1 Abs. 2 BRAGO.
876   BGHZ 139, 309, 312, 316 = WM 1998, 2248, 2250 f., zu § 1 Abs. 2 BRAGO.
877   BGHZ 139, 309, 313 = WM 1998, 2248, 2250, zu § 1 Abs. 2 BRAGO.
878   BGHZ 139, 309, 316 = WM 1998, 2248, 2251.
879   BGH, ZIP 2005, 36.
880   BGH, NJW 2003, 3564, 3565 = WM 2004, 437 f.
881   BGH, ZIP 1995, 118, 120.

Die frühere **Rechtsprechung**[882] hatte angenommen, **Vergütungsansprüche aus einem Anwaltsvertrag** seien nach § 269 Abs. 1, § 270 Abs. 1, 4 BGB am Ort der Kanzlei des Rechtsanwalts als Leistungsort zu erfüllen, so dass der entsprechende **Gerichtsstand des Erfüllungsorts** (§ 29 ZPO) gegeben sei (vgl. Rn. 49 ff.). Diese Rechtsprechung ist **überholt**. Der **BGH**[883] hat inzwischen entschieden, dass **für anwaltliche Gebührenforderungen i.d.R. kein Gerichtsstand des Erfüllungsorts** (§ 29 ZPO) **am Kanzleisitz** bestehe, weil für Verträge mit Rechtsberatern der typische örtliche Bezug fehle; gegenteilige Umstände i.S.d. § 269 Abs. 1 BGB dafür, dass der Mandant seine Vergütungspflicht in der Kanzlei des Rechtsanwalts zu erfüllen habe, seien bei einem Anwaltsvertrag regelmäßig nicht festzustellen, gleichgültig, ob es sich dabei um einen Dienst- oder Werkvertrag handele. Diese neue Rechtsprechung des BGH muss **für Honoraransprüche eines Steuerberaters entsprechend** gelten;[884] dafür spricht, dass der BGH[885] ausgeführt hat, es fehle „an einem für Verträge mit rechtlichen Beratern typischen örtlichen Bezug". Danach ist im Allgemeinen **Leistungsort für die geschuldete Vergütung der Wohnsitz oder Sitz des Mandanten** mit dem **Gerichtsstand der §§ 13, 17, 21 ZPO**,[886] es sei denn, dass ein Gerichtsstand der Widerklage (§ 33 ZPO) oder des Hauptprozesses (§ 34 ZPO) zur Wahl steht (§ 35 ZPO) oder eine Gerichtsstandsvereinbarung i.S.d. § 29 Abs. 2, § 38 ZPO gegeben ist.[887]

Mit Rücksicht auf die anwaltliche Verschwiegenheitspflicht (§ 43a Abs. 2 BRAO, §§ 203 – 205 StGB, § 2 BORA), die das allgemeine Persönlichkeitsrecht des Mandanten in Gestalt des Rechts auf informationelle Selbstbestimmung (Art. 2 Abs. 1 GG; dazu Rn. 857 ff.) schützt, wird angenommen, die **Sicherung einer anwaltlichen Honorarforderung durch Arrest** (§§ 916 ff. ZPO) entfalle, wenn der Rechtsanwalt den Arrestgrund (§ 917 ZPO) nur durch Offenbarung anvertrauter Tatsachen begründen könne.[888]

---

882 BGHZ 97, 79, 82 = NJW 1986, 1178; BGH, NJW 1991, 3095, 3096, m.w.N.; BayObLG, NJW 2003, 366 und 1196, 1197; LG München, NJW 2001, 1583; zust. *Henssler/Steinkraus*, AnwBl 1999, 186; a.A. *Prechtel*, NJW 1999, 3617; *Siemon*, MDR 2002, 366.
883 NJW 2004, 54 = WM 2004, 496 = AnwBl 2004, 119 = BGHZ 157, 20, mit zust. Anm. *Schneider, N.*, AnwBl 2004, 121; NJW-RR 2004, 932 = WM 2004, 2038; so zuvor schon OLG Frankfurt, NJW 2001, 1583; LG Frankfurt, NJW 2001, 2640; OLG Karlsruhe, NJW 2003, 2174.
884 In diesem Sinne BGH, NJW 2003, 3201, 3202; anders noch BayObLG, NJW 2003, 1196, 1197 – vor der genannten neuen Rechtsprechung des BGH.
885 NJW-RR 2004, 932.
886 BGH, NJW 2004, 54, 56; NJW-RR 2004, 932.
887 Dazu Anm. *Schneider, N.*, AnwBl 2004, 121 f.
888 KG, NJW 1994, 462, 463; *Everts*, NJW 2002, 3136; a.A. *Berger*, MDR 2003, 970, 973, mit Rücksicht auf einen Geheimnisschutz gemäß § 172 Nr. 2, 3, § 174 Abs. 3 GVG.

3. Honorarfreie Leistung

813 Zu einer **honorarfreien Leistung** kann der Rechtsanwalt nach der vertraglichen Grundpflicht zur **Schadensverhütung** (Rn. 582 ff.) verpflichtet sein, um Nachteile, die infolge seines Fehlers dem Mandanten drohen, abzuwenden (Rn. 590).[889] Eine „**Dritthaftung**" eines Rechtsanwalts gegenüber Nichtmandanten (Rn. 1596 ff.) aufgrund eines **Auskunftsvertrages** (Rn. 1722 ff.) setzt **keinen Vergütungsanspruch** gegen den Dritten voraus.[890]

4. Aufklärung über Gebührenhöhe

814 Der BGH[891] nimmt an, dass ein anwaltlicher **Vergütungsanspruch „durch einen Vertragsschluss kraft Gesetzes"** entstehe. Dies betrifft die Fälle, in denen eine bestimmte anwaltliche Vergütung in einem Anwaltsvertrag mit Rechtsbeistandspflicht nicht vereinbart worden ist (vgl. §§ 611 Abs. 1, 631 Abs. 1, 675 Abs. 1 BGB). Dann lässt sich für den Regelfall, dass bei Vertragsschluss die Vergütung nicht angesprochen worden ist, dieses Ergebnis der Rechtsprechung für einen **Anwaltsdienstvertrag** aus §§ 612 Abs. 1, 675 Abs. 1 BGB und für einen **Anwaltswerkvertrag** aus §§ 632 Abs. 1, 675 Abs. 1 BGB ableiten;[892] ergänzend gilt die gesetzliche Vergütungsregelung. Der Auftraggeber muss bei der Beauftragung eines Rechtsanwalts regelmäßig damit rechnen, dass er die gesetzliche anwaltliche Vergütung zu zahlen hat.[893] Allerdings hat der Rechtsanwalt nunmehr die **Hinweispflicht nach § 49b Abs. 5 BRAO** zu beachten (dazu Rn. 805).

815 Danach braucht der Rechtsanwalt **ungefragt** den Mandanten bei Vertragsschluss grundsätzlich **nicht auf die gesetzliche Vergütungspflicht** nach der BRAGO **hinzuweisen. Auf Verlangen** des Auftraggebers hat der Rechtsanwalt die voraussichtliche Höhe seines Entgelts **mitzuteilen**.[894]

816 Unter besonderen Umständen des Einzelfalls kann der Rechtsanwalt – **ausnahmsweise** – nach Treu und Glauben (§ 242 BGB) verpflichtet sein, **auch ohne Frage** des Auftraggebers diesen vor Vertragsschluss **über die** voraussichtliche Höhe der **Vergütung aufzuklären**.[895] Insoweit sind im Rahmen einer **Gesamtwürdigung** zu berücksichtigen:

---

889 BGH, NJW 1994, 1472, 1473; 2000, 3560, jeweils Rechtsanwalt; NJW-RR 2003, 1574: Steuerberater.
890 BGHZ 100, 117, 119 = NJW 1987, 1815.
891 NJW 1998, 136, 137 = WM 1998, 140.
892 Vgl. OLG Stuttgart, AnwBl 1976, 439, 440; OLG Düsseldorf, AnwBl 1986, 400.
893 BGH, NJW 1998, 136, 137 = WM 1998, 140; WM 1998, 2243, 2245 = NJW 1998, 3486.
894 BGH, WM 1998, 2243, 2245 = NJW 1998, 3486, m.w.N.; vgl. BGH, NJW 1980, 2128, 2130.
895 BGH, WM 1998, 2243, 2245 = NJW 1998, 3486, m.w.N.

D. Pflichten des Mandanten

- einerseits der **Schwierigkeitsgrad** und **Umfang der anwaltlichen Aufgabe**,
- ein **ungewöhnlich hoher Gegenstandswert** und sich daraus ergebende hohe Gebühren, die das vom Auftraggeber erstrebte Ziel wirtschaftlich sinnlos machen können,
- andererseits die **Bedeutung der Angelegenheit** für den Mandanten sowie dessen **Vermögensverhältnisse** und **Erfahrung** im Umgang mit Rechtsanwälten.

Letztlich hängt eine solche **Aufklärungspflicht** entscheidend davon ab, ob der Rechtsanwalt nach den **Umständen des Einzelfalls** ein Bedürfnis des Mandanten, vor Abschluss des Anwaltsvertrags die voraussichtliche Vergütungshöhe zu erfahren, erkennen konnte und musste.[896]

Ein solches Bedürfnis wird regelmäßig gegeben sein, wenn der Rechtsanwalt nur eine **geringfügige Vertragstätigkeit** erbringen soll, die in keinem angemessenen Verhältnis zu voraussichtlich hohen Gebühren nach einem ungewöhnlich hohen Gegenstandswert steht; dann muss der Auftraggeber Gelegenheit haben, nach Hinweis auf die Kosten über die Beauftragung des Rechtsanwalts zu entscheiden.[897]

817

Dagegen kann auch mit Rücksicht auf Treu und Glauben ein Interesse des Auftraggebers, vor Vertragsschluss über die voraussichtliche Vergütung ungefragt unterrichtet zu werden, trotz eines hohen Gegenstandswertes zu verneinen sein, wenn der Rechtsanwalt eine **ungewöhnlich schwierige, umfangreiche Tätigkeit** entfalten soll und die **Angelegenheit für den Auftraggeber große Bedeutung** hat, so dass die anfallenden Gebühren aus der Sicht des Rechtsanwalts in einem angemessenen Verhältnis zum Nutzen des Auftraggebers stehen.[898]

Eine Pflicht, vor Vertragsschluss den Auftraggeber **über die voraussichtliche Anwaltsvergütung aufzuklären**, ist so zu erfüllen, dass dieser die Gesamthöhe der zu erwartenden Gebühren annähernd sicher überblicken kann; vermag der Rechtsanwalt die voraussichtliche Höhe der Vergütung selbst noch nicht abschließend abschätzen, so ist ein entsprechender Vorbehalt gegenüber dem Auftraggeber nötig.[899] Nach dem BGH[900] ist regelmäßig darauf hinzuweisen, welche Gebühren voraussichtlich entstehen werden.

818

Verletzt der Rechtsanwalt eine Pflicht, vor Vertragsschluss den Auftraggeber über die voraussichtliche Vergütung aufzuklären, so kann dieser deswegen einen **Schadenser-**

819

---

896 BGH, WM 1998, 2243, 2245 = NJW 1998, 3486.
897 BGH, WM 1998, 2243, 2245 = NJW 1998, 3486.
898 BGH, WM 1998, 2243, 2245 = NJW 1998, 3486, für einen Unternehmenskauf.
899 BGH, WM 1980, 2128, 2130.
900 NJW 1980, 2128, 2130.

Teil 1 • Abschnitt 2 • Pflichten aus dem Anwaltsvertrag

satzanspruch erwerben, der der anwaltlichen Vergütungsforderung entgegensteht (zu § 49b Abs. 5 BRAO vgl. Rn. 805).[901]

5. Gebührenrechtliche Grundbegriffe

820 Der BGH hat in jüngeren Entscheidungen **gebührenrechtliche Grundbegriffe** definiert.

821 „**Angelegenheit**" im gebührenrechtlichen Sinne (§§ 4, 7, 15, 16 ff. RVG/§§ 6, 7, 12, 13 BRAGO) ist das gesamte Geschäft eines einheitlichen Lebenssachverhalts, das der Rechtsanwalt für den Auftraggeber besorgen soll; ihr Inhalt bestimmt den Rahmen der anwaltlichen Tätigkeit.[902]

822 Ob „**dieselbe Angelegenheit**" vorliegt oder mehrere Angelegenheiten im gebührenrechtlichen Sinne gegeben sind (§§ 7, 15, 16 ff. RVG/§§ 6, 13 BRAGO), hat im Streitfall grundsätzlich der Tatrichter mit Rücksicht auf die jeweiligen Lebensverhältnisse im Einzelfall zu entscheiden,[903] soweit eine gesetzliche Regelung fehlt (vgl. §§ 16 ff. RVG).

Dafür ist insbesondere der Inhalt des **Auftrags** (§§ 6–19, 15 RVG/§§ 5, 6, 13 BRAGO) maßgeblich.[904] Ein einziger Auftrag kann mehrere Angelegenheiten umfassen.[905]

Die außergerichtliche **Regulierung eines Unfallschadens** aufgrund eines einheitlichen Auftrags ist gebührenrechtlich auch dann nur **eine einzige Angelegenheit**, wenn sie sich über mehrere Jahre hinzieht und auch neue Schadensbeträge umfasst.[906]

Der Rechtsanwalt, der **in derselben Angelegenheit für mehrere Auftraggeber** tätig wurde – etwa in Schulangelegenheiten eines minderjährigen Kindes für beide Eltern –, erhielt die **Mehrvertretungsgebühren** des § 6 Abs. 1 Satz 1, 2 BRAGO (vgl. nunmehr § 7 RVG mit Nr. 1008 VV RVG) ohne Rücksicht darauf, ob im Einzelfall eine Mehrbelastung tatsächlich eintrat oder typischerweise zu erwarten war und ob das Verfahren kostengünstiger allein im Namen des Kindes, vertreten durch die Eltern, hätte geführt werden können.[907]

---

901 BGHZ 77, 27, 29 f. = WM 1980, 1044; BGH, WM 1998, 2243, 2245 = NJW 1998, 3486.
902 BGH, ZIP 1995, 118 f.; NJW 1995, 1431; 2004, 1043, 1045; OLG Frankfurt; NJW-RR 2005, 67, 68.
903 BGH, NJW 1995, 1431; 2005, 2927.
904 BGH, NJW 1995, 1431; 2004, 1043, 1045; 2005, 2927.
905 BGH, ZIP 1995, 118, 119; Urt. v. 13.4.2006 – IX ZR 158/05, WM 2006, 1159, z.V.b. in BGHZ.
906 BGH, NJW 1995, 1431; vgl. zur „Angelegenheit" in der Beratungshilfe: *Lindemann*, NJW 1986, 2299.
907 BVerwG, NJW 2000, 2288 f.

434 Zugehör

D. Pflichten des Mandanten

Bei Aktivprozessen einer **Anwaltssozietät**, insbesondere **bei Honorarklagen**, fallen **keine Mehrvertretungsgebühren** für denjenigen Rechtsanwalt an, der die Sozietät vertritt. Diese kann Vorsorge dafür treffen, dass die Einziehung einer Honorarforderung durch ein Sozietätsmitglied allein erledigt wird und dadurch Prozesskosten im Interesse des Mandanten möglichst gering gehalten werden. Dies gilt bei einer **Sozietät aus Rechtsanwälten, Steuerberatern und Wirtschaftsprüfern** entsprechend, gleichgültig, ob es sich um Honoraransprüche für anwaltliche oder steuerberatende Tätigkeiten handelt. Ohnehin ist § 6 Abs. 1 Satz 2 BRAGO bei Aktivprozessen einer **BGB-Gesellschaft** nicht mehr anzuwenden, nachdem dieser durch die neue Rechtsprechung[908] (dazu Rn. 337 ff.) **Rechts- und Parteifähigkeit** zuerkannt worden ist.[909]

„**Gegenstand der anwaltlichen Tätigkeit**", nach dessen Wert die Gebühren berechnet werden (§ 2 Abs. 1 RVG/§ 7 Abs. 1 BRAGO), ist das Recht oder Rechtsverhältnis, auf das sich die anwaltliche Tätigkeit nach dem konkreten **Auftrag** erstreckt.[910] Eine einzige Angelegenheit kann mehrere Gegenstände umfassen; dann darf der Rechtsanwalt die Gebühren zwar nur einmal fordern (§ 15 Abs. 2 RVG/§ 13 Abs. 2 BRAGO), dies aber nach den zusammengerechneten Werten der mehreren Gegenstände (§ 22 Abs. 1 RVG/§ 7 Abs. 2 BRAGO).[911]

823

Ein Rechtsanwalt darf nicht im eigenen Gebühreninteresse anstehende Verfahren seines Auftraggebers einseitig und ohne hinreichenden Sachgrund vereinzeln, sondern muss sie nach ihrer objektiven Zusammengehörigkeit behandeln; **bei pflichtwidriger Trennung der Verfahren** kann der Rechtsanwalt **keine Mehrgebühren** verlangen.[912]

Im Rahmen seiner Vergütungspflicht hat der Mandant auf Verlangen des Rechtsanwalts einen angemessenen **Vorschuss** auf entstandene und voraussichtlich entstehende Gebühren und Auslagen zu entrichten (§§ 669, 675 Abs. 1 BGB i.V.m. § 9 RVG/§ 17 BRAGO),[913] der den späteren Vergütungsanspruch des vorleistungspflichtigen Rechtsanwalts sichert.[914]

824

Bei **Rahmengebühren** unterliegt auch die **Vorschussanforderung** billigem Ermessen (§ 14 RVG/§ 12 BRAGO); es ist **unbillig**, die Rahmengebühren bereits in voller Höhe

---

908 BGHZ 146, 341 = NJW 2001, 1056.
909 BGH, NJW-RR 2004, 489.
910 BGH, ZIP 1995, 118, 122.
911 Vgl. BGH, ZIP 1995, 118, 122.
912 BGH, NJW 2004, 1043, 1045.
913 Vgl. BGH, NJW 1985, 2263, 2264; VersR 1989, 863, 864; 1991, 122; OLG Braunschweig, JurBüro 1976, 1107, 1109.
914 BGH, NJW 2004, 1043, 1047; Urt. v. 13.4.2006 – IX ZR 158/05, WM 2006, 1159, z.V.b. in BGHZ.

Zugehör

als Vorschuss zu verlangen, wenn sich noch nicht übersehen lässt, ob die erforderliche Anwaltstätigkeit die Höchstgebühr rechtfertigt.[915]

Kann der Rechtsanwalt nicht beweisen, dass Zahlungen des Mandanten auf angeforderte **Honorarvorschüsse** geleistet worden sind, so kommt ein **Rückzahlungsanspruch** des Auftraggebers aus §§ 667, 675 Abs. 1 BGB in Betracht.[916]

6. Gebührenvereinbarung

a) Gebührenüberschreitung

825 Nach § 4 Abs. 1 RVG kann aus einer **Vereinbarung eine höhere als die gesetzliche Vergütung**[917] nur gefordert werden, wenn die Erklärung des Auftraggebers schriftlich abgegeben und nicht in der Vollmacht enthalten ist (Satz 1); ist das Schriftstück nicht vom Auftraggeber verfasst, muss es als Vergütungsvereinbarung bezeichnet und diese von anderen Vereinbarungen deutlich abgesetzt werden (Satz 2). Diese Vorschrift entspricht im Wesentlichen dem **früheren § 3 Abs. 1 Satz 1 BRAGO**.[918] Nach § 4 Abs. 6 RVG i.V.m. § 8 BerHG ist **im Rahmen der Beratungshilfe eine Honorarvereinbarung nichtig.**

Die Beurteilung, ob eine Vereinbarung einen über die gesetzliche Vergütung hinausgehenden Honoraranspruch begründen soll, richtet sich danach, was die Erledigung der gesamten Angelegenheit auf der Grundlage der **Vereinbarung im Vergleich zur normierten Regelung** kostet; allein die **Überschreitung einer einzelnen gesetzlichen Gebühr** ist insoweit **unerheblich**.[919] Ein solcher **Vergleich** ist erst dann möglich, wenn sich die Höhe der gesetzlichen Vergütung ermitteln lässt, **i.d.R. also erst nach Beendigung der anwaltlichen Tätigkeit.**[920]

aa) Formzwang

826 Das **Formerfordernis** dient einem **doppelten Zweck**. Der Mandant soll davor geschützt werden, unüberlegt, leichtfertig oder sogar unbewusst eine höhere als die ge-

---

915 BGH, NJW 2004, 1043, 1047, zur BRAGO.
916 BGH, Beschl. v. 13.4.2000 – IX ZR 171/98, n.v.
917 Zu anwaltlichen Vergütungsvereinbarungen in der Praxis: *Hensseler*, NJW 2005, 1537; *Schneider, N.*, Die Vergütungsvereinbarung, Rn. 1 ff.
918 Dazu BGH, NJW 2004, 2818, 2819; *Brieske*, S. 65 ff.; *Engels*, MDR 1999, 1244; *Heinze*, NJW 2004, 3670.
919 BGH, WM 2000, 2435, 2436, zu § 4 Abs. 1 StBGebV; NJW 2004, 2818, 2819, zu § 3 BRAGO.
920 BGH, NJW 2004, 2818, 2819, zu § 3 BRAGO.

setzliche Gebührenverpflichtung zu übernehmen; daneben soll eine klare Rechtslage geschaffen und Gebührenstreitigkeiten vorgebeugt werden.[921] Dieser Formzwang ist zum Schutz des Auftraggebers **streng zu beachten**.[922]

Ein **abstraktes Schuldanerkenntnis**, das nicht auf den Schuldgrund hinweist, **genügt nach diesem Schutzzweck nicht dem Formerfordernis**; vielmehr muss die schriftliche Erklärung des Mandanten einen konkreten Hinweis enthalten, für welche anwaltliche Tätigkeit die vereinbarte Vergütung zu zahlen ist.[923] Ein solches Schuldanerkenntnis ist auch keine Leistung, die eine formunwirksame Vergütungsabrede heilt (§ 4 Abs. 1 Satz 3 RVG/§ 3 Abs. 1 Satz 2 BRAGO).[924]

827

Nebenabreden zur Vergütungsforderung berühren die Rechtswirksamkeit einer **vorgedruckten Honorarabrede** („**Honorarschein**") insoweit nicht, als sie Fälligkeit, Stundung, Ratenzahlung, Erfüllungsort, Gerichtsstand eines Vergütungsstreits und entgeltliche Nebenleistungen zum Gegenstand haben.[925]

828

Schädliche Nebenabreden, die zur **Unwirksamkeit der Vergütungsvereinbarung** führen, betreffen z.B.

- einen Gerichtsstand für sämtliche Ansprüche aus dem Anwaltsvertrag;[926]
- den Vergütungsanspruch bei vorzeitiger Vertragsbeendigung sowie Änderungen, Ergänzungen und Kündigung der Vergütungsvereinbarung;[927]
- die Festlegung der anwaltlichen Rechtsbetreuung und die Begrenzung der Haftung des Rechtsanwalts.[928]

Eine Honorarvereinbarung ist auch dann unwirksam, wenn die formularmäßige Vergütungsvereinbarung ein Empfangsbekenntnis des Auftraggebers enthält.[929]

---

921 BGHZ 57, 53, 57 f. = NJW 1971, 2227; BGH, VersR 1991, 718, 721 = NJW 1991, 3095; NJW-RR 2003, 1168, 1169 = WM 2003, 1631; NJW 2004, 2818, 2819, jeweils zu § 3 BRAGO.
922 OLG Düsseldorf, MDR 1998, 498, zu § 3 BRAGO; vgl. BGH, WM 1996, 73, 77, zu § 4 StBGebV.
923 BGHZ 57, 53, 57 ff. = NJW 1971, 2227, zu § 3 BRAGO.
924 BGHZ 57, 53, 60 = NJW 1971, 2227, zu § 3 BRAGO.
925 BGH, AnwBl 1978, 227; NJW 2004, 2818, 2819, m.w.N., jeweils zu § 3 Abs. 1 BRAGO; WM 1996, 73, 77, zu der – dieser Vorschrift entsprechenden – Bestimmung des § 4 Abs. 1 StBGebV.
926 OLG München, NJW 1993, 3336; OLG Düsseldorf, MDR 1998, 498, zu § 3 Abs. 1 BRAGO.
927 BGH, WM 1996, 73, 77, zu der – § 3 Abs. 1 Satz 1 BRAGO entsprechenden – Vorschrift des § 4 Abs. 1 StBGebV.
928 BGH, NJW 2004, 2818, 2819, zu § 3 Abs. 1 BRAGO.
929 OLG Düsseldorf, MDR 2004, 58, zu § 3 Abs. 1 BRAGO.

829 Aus einer Vergütungsvereinbarung muss der Mandant seine **finanzielle Belastung erkennen können**; erforderlich ist, dass die vereinbarte Vergütung ohne Schwierigkeit und Unsicherheit berechnet werden kann.[930] Die Anforderungen an die **Bestimmtheit einer Honorarvereinbarung** dürfen aber nicht überspannt werden.[931]

830 **Dem Mandanten muss** bei Abschluss der Vereinbarung **bewusst sein**, dass das vereinbarte Entgelt die gesetzliche Vergütung übersteigt; das bedeutet im Regelfall, dass der Rechtsanwalt seinen Auftraggeber darauf hinweisen muss.[932]

831 Ein **Schuldbeitritt** zu einer Vergütungsvereinbarung unterliegt dem Formzwang der § 4 Abs. 1 Satz 1, 2 RVG/§ 3 Abs. 1 Satz 1 BRAGO.[933]

bb) Vereinbarte Zusatzvergütung

832 Eine **höhere als die gesetzliche Vergütung** kann sich ergeben aus der Vereinbarung
- einer **Pauschalvergütung**;[934]
- eines höheren **Streitwertes**;[935]
- eines **prozentualen Aufschlags** auf den Gebührenbetrag;[936]
- eines **Zeithonorars**.[937]

cc) Rechtswidrige Vereinbarung

833 Ist die Vergütungsvereinbarung formgerecht (Rn. 826 ff.), so kann sie doch gemäß § 138 BGB wegen **Sittenwidrigkeit** nichtig sein; das ist insbesondere dann anzu-

---

930 Jeweils zu § 3 Abs. 1 BRAGO: BGH, NJW 1965, 1023; 2005, 2142 f.; OLG Hamm, AnwBl 1985, 452; weniger streng: LG München I, NJW 1975, 937 f., für ein Stundenhonorar; LG Düsseldorf, JurBüro 1991, 530 f., für die Festlegung eines höheren Streitwertes.
931 BVerfG, NJW 2002, 3314, zu einer Vereinbarung über Auslagen.
932 OLG Frankfurt, AnwBl 1983, 513; 1988, 120; LG Kempten, NJW 1954, 725, 726; LG Freiburg, AnwBl 1983, 513, jeweils zu § 3 Abs. 1 BRAGO.
933 BGH, VersR 1991, 718, 720 = NJW 1991, 3095, zu § 3 BRAGO.
934 Vgl. BGH, NJW 1980, 1851, 1852; 1982, 2329, 2330; 1987, 315, 316; 1991, 3095, 3096 ff. (Strafverteidiger); WM 2003, 89, 91; NJW 2005, 2142 = BGHZ 162, 98 (Strafverteidiger); OLG Düsseldorf, AnwBl 1986, 408; OLG Köln, NJW 2006, 923.
935 BFH, NJW 1976, 208; OLG Hamm, AnwBl 1986, 452; LG Düsseldorf, JurBüro 1991, 530, 531.
936 OLG Hamm, AnwBl 1986, 452.
937 OLG Frankfurt, AnwBl 1983, 513; LG München I, NJW 1975, 937, 938; *Eggert*, AnwBl 1994, 214, 215; vgl. BGHZ 152, 153, 160 ff. = WM 2003, 1127: Zeitvergütung bei Rechtsberatung über Anwalts-Hotline; BGH, NJW 2000, 1107 = WM 2000, 973, 974: Stundenhonorar eines Wirtschaftsprüfers; WM 2000, 2435, 2436: Stundenhonorar eines Steuerberaters; NJW 2003, 2386 und 3486: Stundenhonorare von Rechtsanwälten; BGH, NJW 2005, 1266: Minutenpreis einer „Telekanzlei"; BGH, NJW 2005, 1268: Zeitgebühr einer Steuerberater-Hotline.

nehmen, wenn zwischen der anwaltlichen Leistung und der vereinbarten Vergütung ein auffälliges Missverhältnis besteht und der Anwalt die Unterlegenheit des Mandanten bewusst zu seinem Nachteil ausnutzt.[938] Die **Stundensatzvereinbarung** eines Rechtsanwalts ist **sittenwidrig**, wenn sie die gesetzlichen Gebühren um mehr als das Siebzehnfache und die äußerste Grenze eines aufwandsangemessenen Honorars[939] um jedenfalls annähernd das Doppelte übersteigt; die Wahl des US-amerikanischen Rechts ändert daran nichts, wenn der Anwaltsvertrag ein Verbrauchervertrag ist (Art. 29 EGBGB).[940] Ein Mandant, der in einem vorformulierten **deklaratorischen Schuldanerkenntnis** eine Schuld aus einer formgerechten **Stundensatzvereinbarung** mit einem Rechtsanwalt bestätigt, kann die berechneten honorarpflichtigen Stunden nicht mehr bestreiten; ein solches Schuldanerkenntnis, mit dem sich die Vertragspartner im Wege gegenseitigen Nachgebens verständigen, benachteiligt einen Verbraucher nicht unangemessen.[941]

Keinen Anspruch kann der Rechtsanwalt aus einer Vergütungsvereinbarung herleiten, die er durch **vertragswidriges Verhalten** herbeigeführt hat, etwa durch die Androhung, das Mandat niederzulegen und damit die Erfolgsaussicht des Auftraggebers in einem anhängigen Rechtsstreit zu verschlechtern.[942] **Droht ein Rechtsanwalt mit der Kündigung des Mandats**, um aufgrund der dadurch verursachten Zwangslage des Mandanten eine günstige **Honorarvereinbarung** zu erreichen, so kann diesem – neben einem Anfechtungsrecht (§ 123 BGB) – ein Anspruch auf **Befreiung von der Verbindlichkeit** wegen Verschuldens beim Vertragsschluss zustehen; das Verlangen eines Rechtsanwalts nach einem **Sonderhonorar** ist jedoch gerechtfertigt, wenn der mit dem Mandat verbundene Aufwand den Umfang, den die gesetzliche Gebührenbemessung als durchschnittlich voraussetzt, deutlich überschreitet.[943]

Das vereinbarte Entgelt steht dem Rechtsanwalt, soweit es die gesetzliche Vergütung übersteigt, auch dann nicht zu, wenn die Honorarvereinbarung ein **anfechtbares**

---

938 Zu § 3 BRAGO: BGH, NJW 1995, 1425, 1428 ff.; BGHZ 144, 343, 345 f. = NJW 2000, 2669; BGH, WM 2000, 1596, 1598; NJW 2003, 2386, 2387 = WM 2003, 1626, 1627 = AnwBl 2004, 61; NJW 2003, 3486 = AnwBl 2003, 721, mit Anm. *Mankowski*, AnwBl 2004, 63; NJW-RR 2004, 1145, 1147; NJW 2005, 2142 und OLG München, NJW-RR 2004, 1573, jeweils Vergütung eines **Strafverteidigers**.
939 Dazu BGH, NJW 2003, 2386, 2387 = WM 2003, 1626.
940 BGH, NJW 2003, 3486, mit Anm. *Mankowski*, AnwBl 2004, 63; vgl. BGH, RIW 2005, 540: Wahl israelischen Rechts für anwaltliche Honorarvereinbarung.
941 BGH, NJW 2003, 2386, 2387 f. = WM 2003, 1626, 1628 = AnwBl 2004, 61, zu § 3 BRAGO, § 9 AGBG.
942 LG Karlsruhe, MDR 1991, 548.
943 BGH, NJW 2002, 2774, 2775 = WM 2003, 89, 90 f.

Rechtsgeschäft ist, das die Gläubiger des Auftraggebers benachteiligt.[944] Dementsprechend kann auch die Übereignung einer Sache zur **Sicherung einer anwaltlichen Vergütungsforderung** der Insolvenzanfechtung unterliegen.[945]

Zum Anwaltshonorar i.V.m. **Geldwäsche** wird auf Rn. 803 verwiesen.

dd) Irrtum

834 Sind die Vertragspartner bei einer Vergütungsabrede **irrtümlich** davon ausgegangen, dass die gesetzlichen Gebühren höher seien als die vereinbarten, so kann die **Geschäftsgrundlage der Honorarvereinbarung** fehlen; dann ist deren Inhalt regelmäßig an die tatsächlichen Verhältnisse anzupassen (vgl. § 313 BGB).[946]

ee) Formunwirksamkeit

835 Entspricht die Erklärung des Auftraggebers, mit der dieser einer Vergütungsvereinbarung i.S.d. § 4 Abs. 1 Satz 1, 2 RVG/§ 3 Abs. 1 Satz 2 BRAGO zugestimmt hat, nicht den **Formerfordernissen** dieser Vorschriften, so ist die **Vereinbarung nichtig** (§ 125 Satz 1 BGB), so dass der Rechtsanwalt **nur die gesetzliche Vergütung** verlangen kann.[947] Der Mandant kann jedoch eine formunwirksame Vergütungsvereinbarung – etwa durch Stundungsbitten – **schriftlich bestätigen** und damit im Einvernehmen mit dem Rechtsanwalt wirksam machen (§ 141 BGB).[948]

Erbringt der Auftraggeber **freiwillig und ohne Vorbehalt** die nicht formgerecht vereinbarte **Vergütung**, so kann er diese, soweit sie über die gesetzlichen Gebühren hinausgeht, nicht wegen Formwidrigkeit der Abrede zurückfordern (§ 4 Abs. 1 Satz 3 RVG/§ 3 Abs. 1 Satz 2 BRAGO).[949]

836 Eine **freiwillige, vorbehaltlose Leistung** i.S.d. Bestimmungen liegt nur dann vor, wenn der Auftraggeber gewusst hat, dass er mehr zahlt, als ohne Vereinbarung nach dem Gesetz zu zahlen wäre; die Unklagbarkeit der Forderung braucht dem Mandanten nicht bekannt gewesen zu sein.[950] Auch ein **Verzicht auf die Rückforderung** setzt ein

---

944 BGHZ 77, 250, 252 ff. = NJW 1980, 1962; BGH, NJW 2002, 3252; OLG Hamm, NJW 1998, 1871 f.; ZIP 2002, 313; vgl. BGH, Urt. v. 13.4.2006 – IX ZR 158/05, WM 2006, 1159, z.V.b. in BGHZ (anfechtbare Vorschusszahlung).
945 BGH, NJW 2000, 957, 958.
946 BGH, NJW 1995, 1425, 1428.
947 BGH, NJW 2004, 2818, 2819 f., zu § 3 BRAGO.
948 OLG Celle, NJW-RR 2004, 492 f., zu § 3 BRAGO.
949 OLG Frankfurt, AnwBl 1983, 513; *Brieske*, S. 193 f., zu § 3 BRAGO; *Kilian*, NJW 2005, 3104.
950 BGHZ 152, 153, 161 f. = NJW 2003, 819; BGH, NJW 2004, 2818, 2819, jeweils m.w.N. zu § 3 BRAGO.

solches Bewusstsein voraus.⁹⁵¹ Keine freiwillige Leistung ist erfolgt, wenn der Rechtsanwalt sein Tätigwerden von Vorschusszahlungen abhängig gemacht hat.⁹⁵²

Der **Rechtsanwalt hat darzulegen und zu beweisen**, dass der Auftraggeber eine freiwillige, vorbehaltlose Leistung in diesem Sinne erbracht hat; ein dokumentierter Hinweis, dass die vereinbarte Vergütung die gesetzlichen Gebühren übersteigt, kann die erforderliche Unterrichtung des Mandanten beweiskräftig belegen.⁹⁵³   837

Eine **Teilerfüllung** i.S.d. § 4 Abs. 1 Satz 3 RVG/§ 3 Abs. 1 Satz 2 BRAGO auf denjenigen Betrag, der die gesetzliche Vergütung überschreitet, kann den Formmangel in Höhe der Leistung heilen.⁹⁵⁴   838

Ein **Vorschuss** auf den gesetzlichen Vergütungsanspruch (dazu Rn. 824) kann nicht einseitig vom Rechtsanwalt nachträglich als Leistung auf eine spätere mündliche Vergütungsvereinbarung gewertet werden, um den Formmangel gemäß § 4 Abs. 1 Satz 3 RVG/§ 3 Abs. 1 Satz 2 BRAGO zu heilen; der Schutzzweck des Formerfordernisses dieser Vorschriften würde sonst unterlaufen.⁹⁵⁵   839

ff) Rückforderung

Verlangt der Auftraggeber die auf eine **sittenwidrige Honorarvereinbarung** (dazu Rn. 833) gezahlte Vergütung zurück, soweit diese die gesetzlichen Gebühren übersteigt, so kann er den **Rückzahlungsanspruch** auf **ungerechtfertigte Bereicherung** (§ 812 Abs. 1 Satz 1 BGB) stützen; ein solcher Anspruch unterliegt der **regelmäßigen Verjährungsfrist**.⁹⁵⁶ Das gilt entsprechend für die **Rückforderung** des Entgelts, das auf eine **formnichtige Vergütungsabrede** gezahlt wurde.⁹⁵⁷   840

Ein Rückzahlungsanspruch ist **grundsätzlich nicht treuwidrig** (§ 242 BGB), wenn die Vertragspartner eine formunwirksame Honorarabrede längere Zeit für gültig gehalten und wiederholt herabgesetzt haben.⁹⁵⁸ Zum **Verzicht auf die Rückforderung** wird auf Rn. 836 verwiesen.

Im **Rückforderungsprozess** hat der **Rechtsanwalt darzulegen und zu beweisen**, dass der Auftraggeber freiwillig und ohne Vorbehalt auf eine formnichtige Vergütungsvereinbarung gezahlt hat (vgl. Rn. 835 ff.); insoweit handelt es sich nicht um eine Voraus-   841

---

951 OLG Frankfurt, AnwBl 1988, 120, 121.
952 KG, MDR 2005, 58.
953 BGH, NJW 2004, 2818, 2820, zu § 3 BRAGO.
954 Vgl. RG, LZ 1916, S. 1017, zu § 518 Abs. 2 BGB; LG Kempten, NJW 1954, 725, 726, zu § 3 BRAGO.
955 OLG Frankfurt, AnwBl 1983, 513, 514, zu § 3 BRAGO.
956 BGHZ 144, 344, 347 = WM 2000, 1596, 1599 = NJW 2000, 2669, zu § 195 BGB a.F.
957 BGHZ 144, 344, 347 = WM 2000, 1596 = NJW 2000, 2669; BGH, NJW 2004, 2818, 2819, zu § 3 BRAGO.
958 BGH, NJW 2004, 2818, 2820, zu § 3 BRAGO.

setzung des Bereicherungsanspruchs.⁹⁵⁹ Verlangt der Auftraggeber ein Anwaltsentgelt zurück, weil es die gesetzliche Vergütung übersteigt, so hat der Rückzahlungsanspruch schon Erfolg, wenn der Mandant beweist, dass nicht einmal eine mündliche – formunwirksame – Vergütungsvereinbarung geschlossen wurde.⁹⁶⁰

gg) Herabsetzung

842 Eine **unangemessen hohe, vereinbarte Vergütung** kann im Rechtsstreit – nach Einholung eines Gutachtens des Vorstandes der Rechtsanwaltskammer – auf den angemessenen Betrag bis zur Höhe der gesetzlichen Vergütung **herabgesetzt werden** (§ 4 Abs. 4 RVG/§ 3 Abs. 3 BRAGO).⁹⁶¹ Dadurch sollen zum Schutz des Mandanten überzogene Vergütungsabreden, die mit der besonderen Stellung eines Rechtsanwalts als Organs der Rechtspflege (§ 1 BRAO) unvereinbar sind, auf ein angemessenes Entgelt zurückgeführt werden.⁹⁶²

Diesen Rechtsgedanken hat der BGH⁹⁶³ auch dann angewandt, wenn der Rechtsanwalt in Vertretung seines Auftraggebers mit dessen Vertragsgegner vereinbart hat, dass dieser den anwaltlichen Honoraranspruch gegen den Mandanten unter **Beitritt zu dessen Vergütungsschuld** in einem Vertrag zugunsten des Rechtsanwalts zu erfüllen hat; der beigetretene Honorarschuldner kann in entsprechender Anwendung des § 417 Abs. 1 Satz 1 BGB die Herabsetzung der vereinbarten Vergütung verlangen.

b) Gebührenunterschreitung

aa) Gesetzliche Regelungen

843 Nach **§ 49b Abs. 1 BRAO**, eingeführt durch Gesetz vom 2.9.1994,⁹⁶⁴ ist es unzulässig, **geringere Gebühren** und Auslagen zu vereinbaren und zu fordern, als das RVG (früher die BRAGO) vorsieht, soweit nichts anderes bestimmt ist (Satz 1). Im Einzelfall darf der Rechtsanwalt besonderen Umständen in der Person des Auftraggebers, insbesondere dessen Bedürftigkeit, Rechnung tragen durch Ermäßigung oder Erlass von Gebühren oder Auslagen nach Erledigung des Auftrags (Satz 2).

Dieses **grundsätzliche Verbot einer gebührenunterschreitenden Vereinbarung** wurde **vor In-Kraft-Treten der neuen Vorschrift** am 9.9.1994 aus den anwaltlichen

---

959 BGH, NJW 2004, 2818, 2819 f., zu § 3 BRAGO.
960 LG Freiburg, AnwBl 1983, 514 f.
961 Zu § 3 Abs. 3 BRAGO: BGH, NJW 2005, 2142, 2143 = BGHZ 162, 98 (Honorarvereinbarung eines Strafverteidigers); LG Düsseldorf, JurBüro 1991, 530 f.
962 BGH, NJW 1997, 2388, 2389.
963 NJW 1997, 2388, 2389, zu § 3 Abs. 3 BRAGO.
964 BGBl. I, S. 2278; nunmehr in der Fassung des Gesetzes zur Modernisierung des Kostenrechts vom 5.5.2004 – BGBl. I, S. 718.

Standesrichtlinien hergeleitet; verbotswidrige Abreden wurden regelmäßig gemäß § 138 Abs. 1 BGB als nichtig bewertet.[965]

Die **Neuregelung** soll nach ihrer Begründung[966] einen „**Preiswettbewerb um Mandate**" **verhindern** und „einen weitgehend gleichen Zugang zum Recht und zu den Rechtsanwälten gewährleisten".

Nach § 21 Abs. 1 BORA gilt das **Verbot** der Gebührenunterschreitung **auch im Verhältnis des Rechtsanwalts zu Dritten**, die anstelle des Mandanten oder neben diesem es übernehmen, die Gebühren zu bezahlen, oder die sich gegenüber dem Mandanten verpflichten, diesen von anfallenden Gebühren freizustellen. 844

Keine Gebührenunterschreitung liegt vor, wenn ein **Terminsvertreter** weniger als die in § 53 BRAGO vorgesehenen Gebühren erhält.[967] 845

Ausnahmen vom grundsätzlichen Verbot der Gebührenunterschreitung enthält § 4 Abs. 2 Satz 1 RVG (früher § 3 Abs. 5 Satz 1 BRAGO).[968] Nach diesen Vorschriften kann der Rechtsanwalt in außergerichtlichen Angelegenheiten Pauschal- und Zeitvergütungen vereinbaren, die niedriger sind als die gesetzlichen Gebühren.[969] Eine solche Abrede unterliegt keinem Formzwang;[970] § 4 Abs. 2 Satz 4 RVG (früher § 3 Abs. 1 Satz 3 Halbs. 1 BRAGO) empfiehlt lediglich die Schriftform. 846

Streiten Rechtsanwalt und Mandant darüber, ob eine entsprechende Gebührenunterschreitung vereinbart wurde, so ist diese **vom Auftraggeber zu beweisen** (§ 4 Abs. 2 Satz 4 RVG; früher § 3 Abs. 1 Satz 3 Halbs. 2 BRAGO), der durch eine solche Abrede begünstigt wird.[971]

bb) Folgen der verbotswidrigen Gebührenunterschreitung

Eine **unzulässige Vereinbarung** einer Gebührenunterschreitung oder eines **Gebührenverzichts**[972] ist wegen Verstoßes gegen § 49b Abs. 1 BRAO **nach § 134 BGB nichtig**.[973] Zwar richtet sich das gesetzliche Verbot der Gebührenunterschreitung nur an den Rechtsanwalt; die Durchsetzung des Verbotszwecks erfordert aber die Unwirksamkeit des verbotswidrigen Rechtsgeschäfts.[974] 847

---

965   BGH, NJW 1980, 2407 f.; 1995, 1425, 1426 f.; vgl. *Feuerich/Braun*, BRAO, § 49b Rn. 1 – 11.
966   BT-Drucks. 12/4993, S. 31.
967   BGH, NJW 2001, 753 f. = WM 2001, 167.
968   Dazu eingehend *Brieske*, S. 90 ff.
969   Zu § 3 Abs. 5 Satz 1 BRAGO: *Brieske*, S. 90 ff., 95 ff.
970   BGHZ 152, 153, 161 = NJW 2003, 819, zur BRAGO.
971   Vgl. BGH, WM 2000, 2435, 2436 f., zu § 4 StBGebV.
972   Vgl. zu einem Gebührenverzicht nach altem Recht: BGH, NJW 1980, 2407.
973   *Dittmann*, in: *Henssler/Prütting*, BRAO, § 49b Rn. 14.
974   Vgl. BGHZ 65, 368, 370 = NJW 1976, 415.

848 Die Unwirksamkeit einer gegen § 49b Abs. 1 BRAO verstoßenden Vereinbarung hat – entgegen dem Regelfall des § 139 BGB – **grundsätzlich nicht** die **Nichtigkeit des gesamten Anwaltsvertrages** zur Folge.[975] Vielmehr sind insoweit wegen der gleichliegenden Interessenlage der Vertragspartner die Grundsätze anzuwenden (vgl. Rn. 853 f. zum Erfolgshonorar), die die Rechtsprechung für eine sittenwidrige Gebührenunterschreitung nach altem Recht entwickelt hat.[976] Danach ist es dem Rechtsanwalt nach dem Rechtsgrundsatz von Treu und Glauben (§ 242 BGB) **i.d.R. verwehrt**, vom Mandanten nachträglich den **Unterschiedsbetrag** zwischen der verbotswidrig vereinbarten geringeren und der gesetzlichen Vergütung zu fordern. Mit einem solchen Vorgehen würde sich der Rechtsanwalt regelmäßig in einen treuwidrigen Gegensatz zu seinem früheren Verhalten setzen, das in seinem – meistens rechtsunkundigen – Auftraggeber das Vertrauen begründet hat, nur die vereinbarte – niedrigere – Vergütung zahlen zu müssen. Dies gilt entsprechend, wenn der Rechtsanwalt auf die gesetzliche Vergütung unzulässigerweise verzichtet hat.[977]

c) Erfolgshonorar

aa) Gesetzliche Regelungen

849 Nach dem – durch Gesetz vom 2.9.1994 (BGBl. I, S. 2278) eingeführten – **§ 49b Abs. 2 BRAO** sind Vereinbarungen unzulässig, durch die eine Vergütung oder ihre Höhe vom Ausgang der Sache oder vom Erfolg der anwaltlichen Tätigkeit abhängig gemacht wird („**Erfolgshonorar**" = „palmarium") oder nach denen der Rechtsanwalt einen Teil des erstrittenen Betrags als Honorar erhält („quota litis" = **Streitanteil**).[978] Ein Erfolgshonorar in diesem Sinne liegt nicht vor, wenn nur die Erhöhung gesetzlicher Gebühren vereinbart wird (§ 49b Abs. 2 Satz 2 BRAO).[979]

Nach **§ 352 StGB** kann ein Rechtsanwalt sich strafbar machen, wenn er Gebühren oder andere Vergütungen erhebt, von denen er weiß, dass sie überhaupt nicht oder nur in geringerem Umfang geschuldet werden (**Gebührenüberhebung**).

Das **Verbot eines Erfolgshonorars** – auch in Gestalt eines Streitanteils – soll im Interesse des Allgemeinwohls **gewährleisten**, dass der **Rechtsanwalt** als Organ der Rechtspflege (§ 1 BRAO) und als berufener Berater und Vertreter in allen Rechtsangelegenheiten (§ 3 Abs. 1 BRAO) **unabhängig ist**.[980] Der Rechtsanwalt soll nicht das

---

[975] BGH, NJW 1980, 2407, 2408.
[976] BGH, NJW 1980, 2407, 2408.
[977] BGH, NJW 1980, 2407, 2408.
[978] Dazu BGH, NJW-RR 2003, 1067, 1069; 2004, 1145, 1146; *Schepke*, S. 102 ff.; *Brieske*, S. 79 ff.; Soldan Institut, AnwBl 2006, 50 ff.
[979] Diese Klarstellung wurde angefügt durch Gesetz zur Modernisierung des Kostenrechts vom 5.5.2004 – BGBl. I, S. 718, 834.
[980] BT-Drucks. 12/4993, S. 31.

erstrebte Ziel seines Auftraggebers zu seiner eigenen wirtschaftlichen Angelegenheit machen, um sich eine Vergütung zu sichern, die sonst gar nicht oder nur in geringerem Umfang geschuldet würde; sonst bestünde die Gefahr, dass der Rechtsanwalt den Erfolg und dessen möglichst weitgehendes Ausmaß mit unzulässigen Mitteln zu erreichen versucht.[981] Dementsprechend steht bei der anwaltlichen Tätigkeit die sorgfältige fachliche Dienstleistung, nicht deren Ergebnis im Vordergrund. Da das Verbot eines Erfolgshonorars letztlich den vorrangigen Belangen einer integren Rechtspflege dient, ist es als Einschränkung des Grundrechts der freien Berufsausübung (Art. 12 Abs. 1 Satz 2 GG) **verfassungsrechtlich unbedenklich.**[982]

bb) Früherer Rechtszustand

Vor Einführung des § 49b Abs. 2 BRAO wurde die Vereinbarung eines Erfolgshonorars – auch in Gestalt eines Streitanteils – mit Rücksicht auf die **Standesrichtlinien** als grundsätzlich sittenwidriges und damit **nichtiges Rechtsgeschäft** i.S.d. **§ 138 Abs. 1 BGB** angesehen.[983]

850

Dagegen hat der BGH[984] in einem Fall, in dem ein Rechtsanwalt in einem Einzelfall als Makler ohne Rechtsberatung des Vertragspartners – also aufgrund eines unechten Anwaltsvertrages (vgl. Rn. 133 ff., 478 ff.) – tätig war, die Vereinbarung der **erfolgsabhängigen Maklerprovision** (§ 652 Abs. 1 BGB) als wirksam angesehen.

cc) Neuere Rechtsprechung

Die **Vereinbarung eines Streitanteils als Mindesthonorar** ist **nichtig** (§ 49b Abs. 2 BRAO, § 134 BGB); diese Rechtsfolge kann bei Verbraucherverträgen nicht durch Wahl US-amerikanischen Rechts umgangen werden (Art. 29 EGBGB).[985]

851

Vereinbart ein Rechtsanwalt mit den Parteien eines Grundstückskaufvertrags, in deren Auftrag er mit Gläubigern des Verkäufers über die **Ablösung von Grundpfandrechten** aus dem Erlös des verkauften Grundstücks verhandeln soll, dass ein nach der Ablösung **verbleibender Kaufpreisrest** ihm **als Vergütung** zustehen soll, so handelt

---

981 BGHZ 39, 142, 146 ff. = NJW 1963, 1147; BGH, WM 1976, 1135, 1137; 1977, 551, 552 f.; NJW 1981, 998; 1987, 3203, 3204; 1992, 681, 682; BGHZ 133, 90, 94 = WM 1996, 1465.
982 *Dittmann*, in: *Henssler/Prütting*, BRAO, § 49b Rn. 15; *Feuerich/Weyland*, BRAO, § 49b Rn. 32.
983 BGHZ 39, 142, 145 ff. = NJW 1963, 1147; BGH, WM 1976, 1135, 1137; 1977, 551, 552 f.; NJW 1981, 998; 1987, 3203, 3204, betreffend eine Vereinbarung zur Rückzahlung eines Vergütungsteils bei Misserfolg; NJW 1992, 681, 682; BGHZ 133, 90, 94 = WM 1996, 1465; zusammenfassend zum früheren Rechtszustand: *Feuerich/Braun*, BRAO, § 49b Rn. 21 ff.; *Kilian*, JurBüro 1994, 641 ff.
984 NJW 1992, 681, 682.
985 BGH, NJW 2003, 3486.

es sich um ein **unzulässiges Erfolgshonorar**, weil das Entgelt und dessen Höhe vom Erfolg der Verhandlungen abhängen.[986]

Dagegen liegt **kein unzulässiges Erfolgshonorar** vor, wenn ein Rechtsanwalt, der eine Einigung von Abkömmlingen des Erblassers über eine **Nachlassverteilung** in eine angemessene juristische Form bringen soll, eine **Vergütung** vereinbart, die an die **Höhe des Erbteilanspruchs** des Mandanten anknüpft; in diesem Falle ist das vereinbarte Honorar zwar von der Höhe der Erbschaft, nicht aber vom Erfolg der anwaltlichen Tätigkeit abhängig.[987]

Auch eine Abrede, die nur die **vorzeitige Fälligkeit des Anwaltshonorars** an eine Zahlung des Prozessgegners im laufenden Rechtsstreit knüpft, betrifft **kein unzulässiges Erfolgshonorar**.[988]

dd) Folgen einer verbotswidrigen Abrede

852 Die Vereinbarung eines erfolgsbestimmten Honorars i.S.d. § 49b Abs. 2 BRAO ist **nach § 134 BGB nichtig**.[989] Der Verbotszweck erfordert die Unwirksamkeit einer solchen Abrede, obwohl sich das Verbot nur an den Rechtsanwalt richtet (vgl. Rn. 847 zur Gebührenunterschreitung).[990]

853 Ein **Anspruch auf Rückzahlung** eines entrichteten unzulässigen Erfolgshonorars ergibt sich aus **ungerechtfertigter Bereicherung** (§ 812 Abs. 1 Satz 1 BGB).[991]

Die Nichtigkeit einer gegen § 49b Abs. 2 BRAO verstoßenden Vereinbarung führt – entgegen dem Regelfall des § 139 BGB – **grundsätzlich nicht zur Unwirksamkeit des gesamten Anwaltsvertrages**.[992] Vielmehr sind insoweit wegen der gleichliegenden Interessenlage der Vertragspartner die Grundsätze anzuwenden (vgl. Rn. 848 zur Gebührenunterschreitung), die die Rechtsprechung für eine sittenwidrige Abrede eines Erfolgshonorars nach altem Recht entwickelt hat.[993] Deswegen bleibt dem Rechtsanwalt in einem solchen Fall der Anspruch auf die **gesetzlichen Gebühren** erhalten.[994]

854 Danach schließt zwar eine unwirksame Vereinbarung eines erfolgsbestimmten Honorars einen Anspruch des Rechtsanwalts auf die **gesetzliche Vergütung** grundsätzlich

---

986 BGH, WM 2004, 478, 479 = NJW 2004, 1169.
987 BGH, NJW-RR 2003, 1067, 1069 = WM 2003, 1631.
988 BGH, NJW-RR 2004, 1145, 1146 f.
989 BGH, WM 2004, 478, 479 = NJW 2004, 1169.
990 Vgl. BGHZ 65, 368, 370 = NJW 1976, 415.
991 BGH, WM 2004, 478, 479 f. = NJW 2004, 1169.
992 BGHZ 18, 340, 348 f. = NJW 1955, 1921; BGHZ 39, 142, 150 = NJW 1963, 1147; BGH, WM 1976, 1135, 1137; 2004, 478, 481 = NJW 2004, 1169.
993 BGH, NJW 1980, 2407, 1408.
994 BGH, WM 2004, 478, 481 = NJW 2004, 1169.

nicht aus.⁹⁹⁵ Diesem kann aber die gesetzliche, erfolgsunabhängige Vergütung nach dem Rechtsgrundsatz von **Treu und Glauben** (§ 242 BGB) – unabhängig vom ausstehenden Erfolgseintritt oder im Falle des Misserfolgs – dann zu versagen sein, wenn der Rechtsanwalt in seinem – regelmäßig rechtsunkundigen – Auftraggeber das Vertrauen begründet hat, eine Anwaltsvergütung nur im Erfolgsfall zahlen zu müssen.⁹⁹⁶ Soweit der BGH⁹⁹⁷ in diesem Zusammenhang – auch – darauf abgestellt hat, der Mandant hätte sich auf eine entsprechende Honorarregelung nicht eingelassen, ist dies nicht überzeugend, weil der Abschluss eines Anwaltsvertrages die Vereinbarung der gesetzlichen Vergütung nicht voraussetzt.⁹⁹⁸ Richtigerweise kann es insoweit maßgeblich sein, dass der Auftraggeber, wenn er die Unwirksamkeit der Abrede eines erfolgsabhängigen Honorars gekannt hätte, den Rechtsanwalt nicht beauftragt hätte.⁹⁹⁹

ee) Erfolgshonorar mit Auslandsbezug

Vereinbart ein **deutscher Rechtsanwalt** nach deutschem Recht ein **Erfolgshonorar** mit einem **ausländischen Auftraggeber**, so ist die Abrede gemäß § 49b Abs. 2 BRAO i.V.m. § 134 BGB unwirksam und von einem deutschen Gericht entsprechend zu beurteilen; dagegen kann eine solche Abrede bei Anrufung eines ausländischen Gerichts durchsetzbar sein.¹⁰⁰⁰

855

Vereinbaren **ausländische Rechtsanwälte**, deren heimische Rechtsordnung ein **Erfolgshonorar** billigt, mit einem **deutschen Mandanten** eine erfolgsbestimmte Vergütung, so kann diese grundsätzlich in Deutschland durchgesetzt werden.¹⁰⁰¹

7. Abtretung der Gebührenforderung

Zur Beantwortung der Frage, welche Rechtsfolgen die mit Gesetz vom 2.9.1994¹⁰⁰² eingeführte und am 9.9.1994 in Kraft getretene Vorschrift des **§ 49b Abs. 4 BRAO** für die **Abtretung anwaltlicher Vergütungsforderungen** hat, ist zunächst der zuvor geltende Rechtszustand darzustellen, an den die Neuregelung anknüpfen will.

856

---

995 BGHZ 18, 340, 349 = NJW 1955, 1921; BGH, WM 1976, 1135, 1137; 1977, 551, 552; 2004, 478, 481 = NJW 2004, 1169.
996 BGHZ 18, 340, 347, 349 = NJW 1955, 1921; BGH, WM 1976, 1135, 1137.
997 BGHZ 18, 340, 347 = NJW 1955, 1921, betreffend die Finanzierung eines Schiffsneubaus.
998 BGH, WM 1976, 1135, 1136.
999 Vgl. *Brieske*, S. 89.
1000 Dazu im Einzelnen *Brieske*, S. 86 f.; *Engels*, MDR 1999, 1244, 1245 f.; *Kilian*, AnwBl 2003, 452, 460.
1001 Vgl. BGHZ 22, 162, 163 ff. = NJW 1957, 184; BGHZ 44, 183, 187 ff. = NJW 1966, 296; BGHZ 118, 312, 332 ff. = NJW 1992, 3096; *Brieske*, S. 87 f.; *Kilian*, AnwBl 2003, 452, 455 ff.
1002 BGBl. I, S. 2278.

a) Vor Einführung des § 49b Abs. 4 BRAO

857 Im Anschluss an seine Rechtsprechung zur Abtretung ärztlicher Honorarforderungen[1003] und zur Weitergabe einer ärztlichen Patienten- und Berufskartei[1004] hat der BGH[1005] entschieden, dass die **Abtretung der Honorarforderung eines Rechtsanwalts (§§ 398, 675 BGB) ohne Zustimmung des Mandanten** i.d.R. den objektiven Tatbestand der – das Privatgeheimnis schützenden – Strafvorschrift des § 203 Abs. 1 Nr. 3 StGB erfüllt, weil mit der Abtretung die **umfassende Informationspflicht** des § 402 BGB gegenüber dem neuen Gläubiger verbunden ist; deswegen sind sowohl das **schuldrechtliche Grundgeschäft** der Forderungsübertragung als auch die **Abtretung als dingliches Erfüllungsgeschäft gemäß § 134 BGB nichtig**. Dadurch soll dem durch Art. 2 Abs. 1 GG gewährleisteten **Recht des Mandanten auf informationelle Selbstbestimmung** Rechnung getragen werden,[1006] selbst wenn es später tatsächlich nicht erforderlich ist, der anwaltlichen Schweigepflicht unterliegende Tatsachen zu offenbaren;[1007] dagegen ergeben sich keine Bedenken aus Art. 14 GG.[1008]

858 Die **Abtretung** der anwaltlichen Honorarforderung ist auch dann **nichtig**, wenn sie **an Steuerberater derselben Sozietät**[1009] oder **an einen anderen Rechtsanwalt** erfolgt ist, und zwar auch dann, wenn der Vergütungsanspruch bereits rechtskräftig festgestellt ist.[1010]

859 Der **Rechtsanwalt darf seine Honorarforderung**, deren Berechtigung vom Mandanten bestritten wird, „als letztes Mittel" – auch durch einen anderen Rechtsanwalt als Prozessbevollmächtigten[1011] – **gerichtlich geltend machen**, selbst wenn dabei ein Geheimnis des Auftraggebers offenbart werden könnte.[1012] Das Geheimhaltungsinteresse des Mandanten muss dann nach dem Grundsatz der Verhältnismäßigkeit hinter die Vermögensbelange des Rechtsanwalts zurücktreten, weil dieser sonst rechtlos stünde. Dies hat auch dann zu gelten, wenn ein Sozietätsanwalt eine den **Sozietätsanwälten zur gesamten Hand zustehende Vergütungsforderung** geltend macht.[1013]

1003 BGHZ 115, 123 = NJW 1991, 2955; BGH, NJW 1996, 775.
1004 BGHZ 116, 268 = NJW 1992, 737.
1005 BGHZ 122, 115, 117 ff. = NJW 1993, 1638; BGH, NJW 1993, 1912 = WM 1993, 1251; NJW 1993, 2795, 2796; 1997, 188.
1006 BGHZ 122, 115, 119 = NJW 1993, 1638.
1007 BGH, NJW 1993, 1912.
1008 BGH, NJW 1993, 1912.
1009 BGHZ 122, 115, 119 = NJW 1993, 1638.
1010 BGH, NJW 1993, 1912 = WM 1993, 1251.
1011 BGH, NJW 1993, 1912.
1012 BGHZ 122, 115, 120 m.w.N. = NJW 1993, 1638; BGH, NJW 1996, 775, 776; anders für einen Arrest zur Sicherung einer anwaltlichen Honorarforderung: *Everts*, NJW 2002, 3136; vgl. Rn. 812 a.E.
1013 Vgl. BGH, NJW 1996, 2859, 2860 = WM 1996, 1632.

D. Pflichten des Mandanten

Eine Bestimmung in einem Vertrag zur **Übernahme einer Anwaltskanzlei**, die den Veräußerer auch ohne Einwilligung der betroffenen Mandanten verpflichtet, seine Akten dem Erwerber zu überlassen, ist nichtig.[1014] Wirksam ist allerdings die ohne Zustimmung des Mandanten vorgenommene Abtretung einer anwaltlichen Vergütungsforderung (vgl. auch Rn. 868).

860

- an den **Erwerber einer Anwaltskanzlei**, der zuvor als **Mitarbeiter des Zedenten** die Angelegenheiten des Mandanten umfassend kennen gelernt hatte;[1015]
- an den bereits vor der Abtretung bestellten **Abwickler** der Kanzlei des Zedenten;[1016]
- an den **Erwerber einer Anwaltskanzlei**, der in die bisher bestehende (**Außen-**)**Sozietät** eintritt, während der Veräußerer als freier Mitarbeiter für eine Übergangszeit tätig sein soll.[1017]

b) Nach In-Kraft-Treten des § 49b Abs. 4 BRAO

Nach dieser neuen, am 9.9.1994 in Kraft getretenen Vorschrift ist ein Rechtsanwalt, der eine Gebührenforderung erwirbt, in gleicher Weise zur Verschwiegenheit verpflichtet wie der beauftragte Rechtsanwalt (§ 49b Abs. 4 Satz 1 BRAO); die Abtretung von Gebührenforderungen oder die Übertragung ihrer Einziehung an einen nicht als Rechtsanwalt zugelassenen Dritten ist unzulässig, es sei denn, die Forderung ist rechtskräftig festgestellt, ein erster Vollstreckungsversuch ist fruchtlos ausgefallen und der Rechtsanwalt hat die ausdrückliche, schriftliche Einwilligung des Mandanten eingeholt (§ 49b Abs. 4 Satz 2 BRAO). Entsprechende Regelungen enthalten § 64 Abs. 2 StBerG und § 55a Abs. 3 WPO.

861

Der **Zweck der neuen Regelung** erschließt sich hinreichend aus deren **Entstehungsgeschichte**.[1018] § 49b Abs. 4 Satz 1 BRAO ist auf Vorschlag des Rechtsausschusses des Bundestages[1019] eingeführt worden. In der Begründung[1020] wird auf die Urteile des BGH vom 25.3.1993[1021] und vom 13.5.1993[1022] verwiesen, aus denen sich ergebe, dass eine Abtretung anwaltlicher Gebührenforderungen im Hinblick auf § 134 BGB nur wirksam sei, wenn entweder der Rechtsanwalt die Zustimmung des Mandanten zur Weitergabe von Informationen aus dem Mandatsverhältnis einhole oder Zessionar und

862

1014 BGH, NJW 1995, 2026 f.
1015 BGH, NJW 1995, 2915 f. = WM 1995, 1841.
1016 BGH, NJW 1997, 118 = WM 1996, 2244.
1017 BGHZ 148, 97, 101 ff. = WM 2001, 1621.
1018 Dazu eingehend *Prechtel*, NJW 1997, 1813, 1814.
1019 BT-Drucks. 12/7656, S. 11.
1020 BT-Drucks. 12/7656, S. 49.
1021 NJW 1993, 1638.
1022 NJW 1993, 1912.

Zedent denselben Schweigepflichten unterworfen seien; dem solle mit der Neuregelung klarstellend Rechnung getragen werden.

Danach ist der Gesetzgeber davon ausgegangen, dass die Abtretung einer anwaltlichen Gebührenforderung nicht nach § 134 BGB i.V.m. § 203 Abs. 1 Nr. 3 StGB unwirksam ist, wenn der Rechtsanwalt als neuer Gläubiger und Empfänger der geschützten Informationen ebenfalls der Pflicht zur Verschwiegenheit unterliegt.

863 Die **Zielsetzung des Gesetzgebers** hat in Satz 1 des § 49b Abs. 4 BRAO – i.V.m. dem Umkehrschluss aus Satz 2 dieser Vorschrift – den erforderlichen **hinreichend bestimmten Ausdruck**[1023] gefunden.[1024]

864 Bei der **Auslegung des § 49b Abs. 4 Satz 1 BRAO** wird zunächst zu berücksichtigen sein, dass der Gesetzgeber die in der Gesetzesbegründung genannten Entscheidungen des BGH[1025] missverstanden hat mit der Annahme, für die wirksame Abtretung einer anwaltlichen Vergütungsforderung an einen Rechtsanwalt genüge es, diesem eine Schweigepflicht aufzuerlegen. Der BGH[1026] hat mehrmals für gleichliegende Sachverhalte ausgesprochen, dass die Nichtigkeit eines gegen § 203 Abs. 1 StGB verstoßenden Rechtsgeschäfts gemäß § 134 BGB nicht dadurch ausgeschlossen werde, dass der Abtretungs- oder Mitteilungsempfänger ebenfalls nach der Strafvorschrift einer Schweigepflicht unterliege.

865 Es ist **zweifelhaft, ob** diese **berufsrechtliche Neuregelung** einem Rechtsanwalt – unter Einschränkung der Strafbestimmung des § 203 Abs. 1 Nr. 3 StGB – **ausnahmslos gestattet**, seine Gebührenforderung trotz der Informationspflicht gemäß § 402 BGB an einen anderen Rechtsanwalt abzutreten, der nach dem Wortlaut der Strafvorschrift nicht der Schweigepflicht unterliegt, weil ihm die Angelegenheit nicht im Rahmen eines Anwaltsvertrages „als Rechtsanwalt" anvertraut, sondern nur und erst aufgrund der Abtretung bekannt wird.[1027] Solche Zweifel betreffen erst recht mehrfache Abtretungen einer Gebührenforderung.

Die einschlägigen Entscheidungen des BGH[1028] nach dem In-Kraft-Treten der Neuregelung sind zu altem Recht ergangen, so dass sie sich mit dieser Frage nicht befassen (vgl. Rn. 868). Die **überwiegende Ansicht** in der Rechtsprechung der Instanzgerichte

---

1023 Vgl. BVerfGE 11, 126, 130 = NJW 1960, 1563.
1024 A.A. *Prechtel*, NJW 1997, 1813, 1814; zu Auslegungsmöglichkeiten OLG Nürnberg, AnwBl 1995, 195, 196, auch zu einer Rückwirkung; *Berger*, NJW 1995, 1406, 1407.
1025 NJW 1993, 1638 und 1912.
1026 BGHZ 115, 123, 128 f. = NJW 1991, 2955, für die Abtretung einer ärztlichen Honorarforderung; BGHZ 116, 268, 272 = NJW 1992, 737, für die Weitergabe einer ärztlichen Patienten- und Beratungskartei.
1027 Vgl. BGH, NJW 1993, 1912 und 2795, 2796; 1997, 188 m.w.N.; zusammenfassend zu dieser Streitfrage: *Prechtel*, NJW 1997, 1813.
1028 NJW 1995, 2026, 2027 und 2915; 1997, 188.

und im Schrifttum hält **§ 49b Abs. 4 Satz 1 BRAO** im vorstehenden Sinne – ohne Zustimmung des Mandanten – für **uneingeschränkt anwendbar**.[1029] Dagegen bedarf die Abtretung einer anwaltlichen Honorarforderung an einen Rechtsanwalt **nach anderer Ansicht**[1030] der **Einwilligung des Mandanten** dann, wenn damit die Mitteilung von Geheimnissen verbunden ist, weil die Neuregelung deren Schutz nicht verringern wolle; in diesem Falle liefe die Neuregelung ins Leere.

Da § 49b Abs. 4 Satz 1 BRAO dahin zu werten ist, dass die Abtretung einer anwaltlichen Gebührenforderung an einen Rechtsanwalt ohne Zustimmung des Mandanten nicht zur Nichtigkeitsfolge nach § 134 BGB i.V.m. § 203 Abs. 1 Nr. 3 StGB führen soll, wird sich die **Frage** stellen, ob eine solche allgemeine **Einschränkung des Rechts auf informationelle Selbstbestimmung** (Art. 2 Abs. 1 GG)[1031] und des deswegen gebotenen Schutzes persönlicher Daten **verfassungsrechtlich unbedenklich** ist oder zu einer – einschränkenden – **verfassungskonformen Auslegung** der neuen Gesetzesbestimmung[1032] zwingt.[1033]

866

Der BGH[1034] hat in diesem Zusammenhang die **große Bedeutung dieses Rechts** betont und ausgeführt, dass der Schutz dieses Rechts nicht mehr ausreichend gewährleistet sei, wenn die Weitergabe fremder persönlicher Daten allein mit der objektiven Interessenlage gerechtfertigt werde und deren Beurteilung an die Stelle einer freien Entscheidung des Betroffenen über die Preisgabe und Verwendung seiner persönlichen Daten trete. Ein **allgemein überwiegendes Interesse des Rechtsanwalts** an einer uneingeschränkten Abtretbarkeit seiner Gebührenforderung besteht **nicht**.[1035] Soweit die Abtretung die **gerichtliche Durchsetzung der Gebührenforderung** erleichtern soll, weil der frühere Gläubiger als Zeuge zur Verfügung steht, hat der BGH[1036] bereits ausgesprochen, dass ein solcher prozesstaktischer Zweck die Abtretung an einen au-

---

1029 LG Baden-Baden, NJW-RR 1998, 202; OLG Hamburg, OLG-Report Bremen/Hamburg/Schleswig 2001, 74; AG Cham, NJW-RR 2003, 1645; LG Regensburg, NJW 2004, 3496; wohl auch OLG Nürnberg, AnwBl 1995, 195, 196 und OLG München, NJW 2000, 2592, 2594; *Dittmann*, in: *Henssler/Prütting*, BRAO, § 49b Rn. 37; *Feuerich/Braun*, BRAO, § 49b Rn. 36; *Feuerich/Weyland*, BRAO, § 49b Rn. 47 f.; *Jessnitzer/Blumberg*, BRAO, § 49b Rn. 7; *Palandt/Heinrichs*, BGB, 64. Aufl. 2005, § 134 Rn. 22a; *Paulus*, NJW 2004, 21; *Frenzel*, AnwBl 2005, 121, 122, 124.
1030 AG München, NJW-RR 1997, 1559; LG Karlsruhe, NJW-RR 2002, 706; LG München I, NJW 2004, 451; *Berger*, NJW 1995, 1406, 1407; *Prechtel*, NJW 1997, 1813, 1816.
1031 BVerfGE 65, 141 ff. = NJW 1984, 419; BVerfGE 78, 77, 84 = NJW 1988, 2031; BVerfGE 80, 367, 373 = NJW 1990, 563; BVerfGE 84, 192, 194 ff. = NJW 1991, 2411.
1032 Vgl. BVerfGE 2, 266, 282 = NJW 1953, 1057; BVerfGE 8, 28, 34 = NJW 1958, 1227.
1033 Eine solche Auslegung befürwortet *Prechtel*, NJW 1997, 1813, 1814 f.
1034 BGHZ 116, 268, 273 = NJW 1992, 737; BGHZ 122, 115, 119 f. = NJW 1993, 1638.
1035 *Prechtel*, NJW 1997, 1813, 1815.
1036 BGHZ 122, 115, 121 = NJW 1993, 1638.

ßerhalb des Mandatsverhältnisses stehenden Dritten nicht rechtfertige, weil auch eine Parteierklärung im Honorarprozess den Beweis begründen könne.

Der Rechtsanwalt kann ein **wirtschaftliches Interesse** an der Verwertung seiner Gebührenforderung durch Abtretung haben, etwa bei **Veräußerung seiner Kanzlei** oder zur **Kreditsicherung.** Insoweit hat der BGH[1037] eine stille Zession mit Einziehungsbefugnis des Zedenten für zulässig gehalten. Ob jedoch ein solches anwaltliches Interesse ausreicht, allgemein das Recht des Mandanten auf Selbstbestimmung über seine persönlichen Daten einzuschränken, ist zweifelhaft.

867 Gemäß der in § 49b Abs. 4 BRAO zum Ausdruck gebrachten Wertung des Gesetzgebers kann zwar i.d.r. davon ausgegangen werden, dass das Recht des Mandanten auf **informationelle Selbstbestimmung** (Art. 2 Abs. 1 GG) **durch eine Abtretung der anwaltlichen Honorarforderung** an einen **anderen schweigepflichtigen Rechtsanwalt nicht beeinträchtigt** wird. Das schließt aber in jedem Falle die verfassungsrechtliche Prüfung ein, ob nicht doch **ausnahmsweise** unter Abwägung der beiderseitigen Interessen und nach dem Grundsatz der Verhältnismäßigkeit dem **Grundrecht der Vorzug** zu geben ist; dann wäre eine solche Abtretung trotz des – verfassungskonform auszulegenden – § 49b Abs. 4 BRAO unwirksam.[1038]

868 Inzwischen hat der BGH[1039] – in Ergänzung eines früheren Urteils[1040] (vgl. Rn. 860) – entschieden, dass die Abtretung einer anwaltlichen Honorarforderung an einen anderen Rechtsanwalt ohne Zustimmung des Mandanten dann nicht gemäß § 134 BGB, § 203 Abs. 1 Nr. 3 StGB unwirksam ist, wenn der Zessionar die Angelegenheit zuvor durch Tätigkeit für den Zedenten umfassend kennen gelernt hatte; insoweit brauchte die Streitfrage zu § 49b Abs. 4 BRAO (Rn. 865 ff.) nicht geklärt zu werden.

8. Pfändung der Gebührenforderung

869 Aus der Vorschrift des **§ 49b Abs. 4 Satz 2 BRAO**, die die Abtretung einer anwaltlichen Gebührenforderung an einen Dritten, der nicht als Rechtsanwalt zugelassen ist, grundsätzlich für unzulässig erklärt, wird von einer **Mindermeinung** im Schrifttum abgeleitet, die **anwaltliche Gebührenforderung** sei infolgedessen gemäß § 851 Abs. 1 ZPO **unpfändbar**, soweit nicht die in § 49b Abs. 4 Satz 2 BRAO genannten Ausnahmevoraussetzungen gegeben seien.[1041] Dies würde entsprechend gelten für die **Gebührenforderungen der Steuerberater und -bevollmächtigten** sowie **der Wirt-**

1037 NJW 1993, 1912 und 2795, 2796.
1038 Vgl. BGH 122, 115, 120 = NJW 1993, 1638; *Berger*, NJW 1995, 1406, 1407; *Prechtel*, NJW 1997, 1813, 1814 f., 1816.
1039 WM 2004, 2505 f. = NJW 2005, 507; Urt. v. 9.6.2005 – IX ZR 14/04, z.V.b.
1040 BGH, NJW 1995, 2915 f. = WM 1995, 1841.
1041 *Diepold*, MDR 1995, 23 f.; *Dittmann*, in: *Hensller/Prütting*, BRAO, § 49b Rn. 42; *Feuerich/Weyland*, BRAO, § 49b Rn. 54.

schaftsprüfer gemäß § 64 Abs. 2 StBerG, § 55a Abs. 3 WPO. Dieser Ansicht kann nicht gefolgt werden.

Es befremdet schon auf den ersten Blick, dass die genannten Rechtsberater, die Gläubiger eines Kollegen sind, in dessen Honorarforderungen ohne weiteres vollstrecken könnten; andere Gläubiger der Rechtsberater könnten dagegen nur mit schriftlicher Einwilligung des Mandanten (Gebühren- und Drittschuldners) auf rechtskräftig festgestellte Gebührenforderungen zugreifen, die bei einem ersten Vollstreckungsversuch uneinbringlich waren. Da Gebührenforderungen bei Unpfändbarkeit nicht dem Beschlag im Insolvenzverfahren unterlägen (§ 1 Abs. 1 KO, §§ 1 Abs. 1 Satz 2, 7 Abs. 2 GesO, §§ 35, 36 InsO), wären Außenstände der Rechtsberater dem Zugriff der Gläubiger praktisch entzogen. Danach hätten die – sämtlich 1994 eingeführten – Vorschriften der § 49b Abs. 4 BRAO, § 64 Abs. 2 StBerG, § 55a Abs. 3 WPO ein **doppeltes Privileg** für Rechtsberater zur Folge, nämlich einerseits eine „Bevorzugung ... als Vollstreckungsgläubiger" und andererseits einen „Vollstreckungsschutz durch die Hintertür".[1042] 870

Zu Recht nimmt die **herrschende Meinung**[1043] dagegen an, dass **Gebührenforderungen von Rechtsanwälten und Steuerberatern grundsätzlich pfändbar** sind und dem **Insolvenzbeschlag** unterliegen. 871

Die **Gebührenforderung des Rechtsberaters** ist **nach § 851 Abs. 1 ZPO pfändbar**, weil sie i.S.d. Vorschrift übertragbar ist. Unübertragbar wäre sie nur bei fehlender **Verkehrsfähigkeit**, also dann, wenn der Rechtsberater die Forderung nicht – auch nicht mit Zustimmung des Mandanten – übertragen könnte. Das ist aber nicht der Fall. Die Verschwiegenheitspflicht der Rechtsberater (§ 203 Abs. 1 Nr. 3 StGB), die das Recht der Auftraggeber auf informationelle Selbstbestimmung (Art. 2 Abs. 1 GG) schützen soll (vgl. Rn. 857), hat zur Folge, dass der Rechtsberater seine Honorarforderung ohne Zustimmung des Mandanten grundsätzlich nicht übertragen darf. § 851 Abs. 1 ZPO betrifft aber nur den Fall, dass die Forderung rechtlich nicht übertragen werden kann; nicht gleichgestellt ist der Fall, dass die Forderung nicht übertragen werden darf.[1044] Für die Pfändung der Honorarforderung des Rechtsberaters ist dessen Mitwirkung nicht erforderlich (§ 829 ZPO). 872

1042 *Diepold*, MDR 1995, 23.
1043 BGHZ 141, 173, 175 ff. = NJW 1999, 1544, 1546 f.; BGH, NJW-RR 2004, 54; BFH, NJW 2005, 1308; OLG Stuttgart, NJW 1994, 2838; *Würz-Bergmann*, S. 225 ff., 229; *Berger*, NJW 1995, 1406, 1407 f.; *Stein/Jonas/Brehm*, ZPO, § 851 Rn. 9; *Zöller/Stöber*, ZPO § 829 Rn. 33 – Stichwort: Arzt usw.; vgl. BGH, NJW 2005, 1505 = BGHZ 162, 187, für eine ärztliche Honorarforderung; vgl. BGH, NJW 2004, 3770, 3771, zur Pfändbarkeit anwaltlicher Versorgungsansprüche.
1044 Vgl. BGHZ 141, 173, 176 = NJW 1999, 1544.

873 Die Pfändbarkeit der Honorarforderungen der Rechtsberater ergibt sich auch aus dem **Rechtsgedanken des § 851 Abs. 2 ZPO.**[1045] Ein Vollstreckungszugriff auf eine solche Forderung verändert nicht deren Inhalt i.S.d. § 399 Fall 1 BGB. Da das Erfordernis der Zustimmung des Mandanten zur Abtretung der Gebührenforderung dessen Datenschutz dient, ist eine Vollstreckung in eine solche Forderung **dem in § 399 Fall 2 BGB geregelten Fall vergleichbar,** dass die Abtretung durch Vereinbarung – hier des Rechtsberaters – mit dem Schuldner (Mandanten) ausgeschlossen ist. **§ 851 Abs. 2 ZPO** soll verhindern, dass der Vollstreckungsschuldner durch einfache Abrede mit dem Drittschuldner den Gläubigerzugriff vereitelt; dieser Regelung liegt der **Gedanke** zugrunde, dass das Interesse des Drittschuldners an der Unübertragbarkeit der Forderung den Belangen des **Vollstreckungsgläubigers** wenigstens insoweit weichen muss, als es diesem nicht verwehrt sein darf, **auf die Forderung überhaupt zugreifen zu können.**[1046]

874 Die **Datenschutzbelange des Mandanten** (Gebühren- und Drittschuldners) können nach Pfändung der Honorarforderung des Rechtsberaters **im weiteren Vollstreckungsverfahren gewahrt** werden.

Die **Erklärungspflicht des Drittschuldners** gegenüber dem Vollstreckungsgläubiger (**§ 840 ZPO**) erstreckt sich nur auf die Leistungsbereitschaft, nicht auf die Offenbarung von Mandantengeheimnissen bezüglich der Forderungsgrundlage.[1047]

Die **Verpflichtung** des Rechtsberaters als **Vollstreckungsschuldner, dem Vollstreckungsgläubiger** die zur Geltendmachung der Forderung nötige **Auskunft zu erteilen** und die **Forderungsunterlagen herauszugeben (§ 836 Abs. 3 ZPO), umfasst nicht** die Mitteilung von **Tatsachen,** zu deren **Geheimhaltung** der Rechtsanwalt verpflichtet ist.[1048] Dies gilt entsprechend für Angaben im Rahmen einer **eidesstattlichen Versicherung nach § 807 ZPO.**[1049]

875 Danach verlangt der **Schutz des informationellen Selbstbestimmungsrechts des Mandanten** (Art. 2 Abs. 1 GG) nicht, dass schon die Pfändung der Gebührenforderung des Rechtsberaters unzulässig ist; vielmehr **genügt** es dafür, dass die **Informationspflicht des Vollstreckungsschuldners** gegenüber seinem Gläubiger sich **im Rah-**

1045 Vgl. BGHZ 141, 173, 177 = NJW 1999, 1544; OLG Stuttgart, NJW 1994, 2838 f.; *Würz-Bergmann,* S. 227 f.; *Zöller/Stöber,* ZPO, § 829 Rn. 33 – Stichwort: Arzt usw.
1046 BGHZ 56, 229, 232 = NJW 1971, 1750.
1047 Vgl. BGHZ 141, 173, 178 = NJW 1999, 1544.
1048 Vgl. BGHZ 141, 173, 178 = NJW 1999, 1544; BFH, NJW 2005, 1308; OLG Stuttgart, NJW 1994, 2838, 2839; *Stein/Jonas/Brehm,* ZPO, § 851 Rn. 9; *Berger,* NJW 1995, 1406, 1408; *Zöller/Stöber,* ZPO, § 829 Rn. 33 – Stichwort: Arzt usw.; vgl. *Berger,* NJW 1995, 1584, 1588, für eine ärztliche Honorarforderung; insoweit weitergehend zugunsten des Gläubigers: *Würz-Bergmann,* S. 232 ff.
1049 Vgl. BGHZ 141, 173, 178 = NJW 1999, 1544; BFH, NJW 2005, 1309; *Berger,* NJW 1995, 1406, 1408; vgl. *ders.,* NJW 1995, 1584, 1589, für eine ärztliche Honorarforderung.

men der **Schweigepflicht** hält.[1050] Damit wird zugleich vermieden, dass **das durch Art. 14 GG geschützte Forderungsrecht des Vollstreckungsgläubigers** unzulässig beeinträchtigt wird.[1051]

9. Honorarforderung einer Sozietät

Der BGH[1052] hat – abweichend von seiner früheren Rechtsprechung[1053] – entschieden, dass die **Honorarforderung einer Anwaltssozietät nicht** deren Mitgliedern als **Gesamtgläubigern** (§ 428 BGB) zusteht. Der Vergütungsanspruch gehört zum Vermögen der bürgerlich-rechtlichen Gesellschaft der **Sozietätsanwälte** (§ 718 BGB) und steht diesen **zur gesamten Hand** zu (§ 719 BGB); er ist von den geschäftsführenden Gesellschaftern für die Gesellschaft (Sozietät) einzuziehen (vgl. dazu Rn. 337 ff.). Da Geschäftsführung und Vertretung in einer Anwaltssozietät im Allgemeinen – entgegen §§ 709, 714 BGB – gemäß § 710 BGB so geregelt sind, dass jedes Sozietätsmitglied allein die Gesellschaft nach außen hin vertreten kann,[1054] kann **jeder Sozietätsanwalt** in Vertretung der Gesellschaft vom Mandanten **Zahlung der Vergütung an die Sozietät verlangen.**[1055] Die Geschäftsführungs- und Vertretungsbefugnis des einzelnen Sozietätsanwalts erstreckt sich jedoch nicht darauf, im eigenen Namen Erfüllung der – zum Gesamthandsvermögen gehörenden – Vergütungsforderung an sich selbst zu fordern.[1056] Könnte dies jedes Sozietätsmitglied als Gesamtgläubiger, so bliebe den übrigen Gesellschaftern nach der Leistung des Schuldners gemäß § 428 BGB nur ein Ausgleichsanspruch gegen deren Empfänger.

876

Die Sozietätsanwälte können allerdings ein Sozietätsmitglied im Wege der **gewillkürten Prozessstandschaft** ermächtigen, eine Vergütungsforderung der Sozietät im eigenen Namen und auf eigene Rechnung geltend zu machen.[1057]

10. Honorar und Gewährleistung

Der anwaltliche Vergütungsanspruch aus einem – im Regelfall geschlossenen – **Anwaltsdienstvertrag** (§§ 611, 675 Abs. 1 BGB; vgl. Rn. 480)[1058] kann nicht kraft Gesetzes wegen mangelhafter Dienstleistung gekürzt werden oder wegfallen, weil das

877

1050 OLG Stuttgart, NJW 1994, 2838, 2839.
1051 *Würz-Bergmann*, S. 230; vgl. BGH, NJW 2004, 3770, 3771, zur Pfändbarkeit anwaltlicher Versorgungsansprüche.
1052 NJW 1996, 2859 = WM 1996, 1632.
1053 NJW 1963, 1301; 1980, 2407.
1054 BGHZ 56, 355, 359 = NJW 1971, 1801 = WM 1971, 1386.
1055 BGH, NJW 1996, 2859 = WM 1996, 1632.
1056 Vgl. BGH, NJW 2004, 1043, 1044.
1057 BGH, NJW 1996, 2859, 2860 = WM 1996, 1632, 1633; NJW 2004, 1043, 1044.
1058 BGH, WM 1996, 540, 541 und 1832, 1833.

Dienstvertragsrecht **keine Gewährleistungsregelung** kennt[1059] (vgl. aber Rn. 907 f.). Allerdings kann die anwaltliche Vergütung zu dem durch Schlechterfüllung des Vertrages entstandenen Schaden gehören, dessen Ersatz der Mandant verlangen kann.[1060]

878 Dagegen kann ein Rechtsanwalt seine **Vergütung** aus einem – nur ausnahmsweise vorliegenden – **Anwaltswerkvertrag** (§§ 631, 675 Abs. 1 BGB; vgl. Rn. 480), aufgrund dessen er für die Mangelfreiheit seines Werks einzustehen hat, bei Herstellung eines **mangelhaften Werks** ganz oder teilweise **verlieren** (§§ 633 ff. BGB a.F. und n.F.). Nach dem **bis Ende des Jahres 2001 geltenden Recht** (vgl. Art. 229 § 5 EGBGB) konnte dies im Wege einer **Wandelung** oder **Minderung** gemäß § 634 BGB a.F. geschehen, unbeschadet eines Anspruchs des Auftraggebers aus § 633 BGB a.F.[1061] sowie eines Anspruchs aus § 635 BGB a.F. auf **Ersatz eines „Mangelschadens"**[1062] oder aus positiver Verletzung des Werkvertrages auf Ersatz eines **„Mangelfolgeschadens"**.[1063]

Zum **neuen werkvertraglichen Leistungsstörungsrecht** wird auf Rn. 1183 ff. verwiesen.

11. Kündigung und Vergütung

879 Die **Sondervorschriften der §§ 626, 627 BGB** über die außerordentliche Kündigung eines Dienstverhältnisses mit der Folgenregelung des **§ 628 BGB gehen** der neuen Bestimmung des **§ 314 BGB** (dazu Rn. 1213) **vor**,[1064] die die außerordentliche Kündigung eines Dauerschuldverhältnisses betrifft.

a) § 628 BGB (Anwaltsdienstvertrag)

880 Diese Vorschrift, die auf **Dienstverträge eines Rechtsanwalts**[1065] oder **Steuerberaters**[1066] grundsätzlich anzuwenden ist, beantwortet die Frage, wie eine **außerordentliche** – vom Rechtsanwalt bzw. Steuerberater oder vom Auftraggeber ausgesprochene – **Kündigung** eines regelmäßig vorliegenden (Rn. 480) **Dienstvertrages** (§§ 611, 675

1059 BGH, NJW 1963, 1301, 1302; 2002, 1571, 1572; 2004, 2817; OLG Nürnberg, AnwBl 1971, 175, 176; dazu eingehend *Steenken*, S. 25 ff.
1060 BGH, NJW 1963, 1301, 1302; 1981, 1211, 1212; 2002, 1571, 1572; *Steenken*, S. 25 ff.
1061 Vgl. BGHZ 26, 337, 339 f. = NJW 1958, 706; BGH, NJW 1976, 143; BGHZ 94, 330, 334 = NJW 1985, 2325; BGH, NJW 1991, 2630, 2632.
1062 BGHZ 67, 1, 5 ff. = NJW 1976, 1502; BGHZ 72, 31, 33 = NJW 1978, 1626; BGHZ 87, 239, 241 f. = NJW 1983, 2078; BGHZ 96, 221, 223 ff. = NJW 1986, 922; BGHZ 154, 301 = WM 2003, 1441, 1442 ff.; vgl. *Steenken*, S. 105 ff.
1063 Vgl. BGHZ 61, 203, 205 = NJW 1973, 1752; BGHZ 67, 1, 5, 8 f. = NJW 1976, 1502; BGHZ 87, 239, 241 f. = NJW 1983, 2078; BGHZ 115, 32, 34; BGH, WM 1996, 540, 541; NJW 2000, 133, 134 und 2020.
1064 Begründung des Entwurfs eines Gesetzes zur Modernisierung des Schuldrechts v. 11.5.2001, BR-Drucks. 338/01, S. 410.
1065 BGH, NJW 2004, 2817.
1066 LG Duisburg, NJW-RR 2002, 277, 278.

D. Pflichten des Mandanten

Abs. 1 BGB) gemäß §§ 626, 627 BGB sich auf die **Vergütung** des Rechtsberaters auswirkt[1067] (vgl. Rn. 62 ff.).

Nach dem eindeutigen Wortlaut erstreckt sich § 628 BGB nicht auf eine Vertragsbeendigung durch ordentliche Kündigung (vgl. §§ 620 Abs. 2 – 625 BGB) oder durch einvernehmliche Auflösung.[1068]

Die Anwendung des § 628 BGB wird nicht durch die gesetzlichen Vergütungsregelungen für diese Rechtsberater ausgeschlossen.[1069] Allerdings ist § 628 BGB **abdingbar**.[1070]

b) § 628 Abs. 1 Satz 1 BGB

Diese Vorschrift enthält den **Grundsatz**, dass der Rechtsanwalt, wenn der Anwaltsdienstvertrag nach dem Beginn der Dienstleistung gemäß §§ 626, 627 BGB gekündigt worden ist, denjenigen **Teil der Vergütung** verlangen kann, der seiner bisherigen Leistung entspricht.[1071]

881

aa) Kündigung gemäß § 626 BGB

Die vorzeitige Beendigung eines Anwaltsdienstvertrages wird nur selten mit einer **Kündigung gemäß § 626 BGB** erstrebt. Danach kann ein Dienstverhältnis von jedem Vertragspartner aus wichtigem Grund ohne Einhaltung einer Kündigungsfrist – in der kurzen Ausschlussfrist des § 626 Abs. 2 BGB[1072] – gelöst werden, wenn dem Kündigenden wegen bestimmter Tatsachen mit Rücksicht auf alle Umstände des Einzelfalles und unter Abwägung der Interessen beider Vertragsteile die Fortsetzung des Vertrages nicht zugemutet werden kann. Der Beweis dieser Kündigungsvoraussetzungen kann dem kündigenden Vertragspartner[1073] im Streitfall schwer fallen.

882

bb) Kündigung gemäß § 627 BGB

Nach **§ 627 Abs. 1 BGB** kann ein Dienstverhältnis, das kein Arbeitsverhältnis i.S.d. § 622 BGB ist, „auch ohne die im § 626 bezeichnete Voraussetzung" von jedem Vertragspartner jederzeit – mit der Einschränkung für den Dienstverpflichteten gemäß § 627 Abs. 2 BGB – und ohne Begründung **gekündigt** werden, wenn der Dienstver-

883

1067 Dazu *Vollkommer/Heinemann*, Rn. 128 ff.; *Steenken*, S. 64 ff.
1068 BGH, NJW 1994, 1069, 1070.
1069 BGH, NJW 1982, 437, 438; 1985, 41; 1987, 315, 316, jeweils zur BRAGO; LG Duisburg, NJW-RR 2002, 277, 278, zur StBGebV.
1070 BGHZ 54, 106, 108 = NJW 1970, 1596.
1071 BGH, NJW 1982, 437, 438; 1987, 315, 316; vgl. LG Duisburg, NJW-RR 2002, 277, 278: Steuerberater.
1072 BGH, WM 1999, 281, 282.
1073 Vgl. BAG, JZ 1973, 58, 59; NJW 1988, 438; BGH, NJW 2003, 431, 432.

pflichtete Dienste höherer Art zu leisten hat, die aufgrund besonderen Vertrauens übertragen zu werden pflegen, es sei denn, dass es sich um ein dauerndes Dienstverhältnis mit festen Bezügen handelt. Diese Vorschrift schließt eine Kündigung gemäß der – unabdingbaren – Bestimmung des § 626 BGB nicht aus.

884 § 627 BGB ist zwar grundsätzlich **abdingbar**,[1074] jedoch sind der Beschränkung oder dem Ausschluss **enge Grenzen** gesetzt,[1075] insbesondere wenn dies durch AGB geschieht.[1076]

(1) Dienste höherer Art

885 Im Rahmen eines Dienstvertrages hat ein **Rechtsanwalt**[1077] oder **Steuerberater**[1078] **Dienste höherer Art** i.S.d. § 627 Abs. 1 BGB zu leisten, die ein Mandant **aufgrund besonderen Vertrauens** zu übertragen pflegt.[1079] Dieses kann schon gestört werden durch unwägbare Umstände und Empfindungen, die objektiv keinen wichtigen Kündigungsgrund darstellen; deswegen soll die Entschließungsfreiheit der Vertragspartner gewährleistet werden.[1080]

(2) Dauerndes Dienstverhältnis

886 Ein **dauerndes Dienstverhältnis** i.S.d. § 627 Abs. 1 BGB erfordert keine Dienstleistung, die die Erwerbstätigkeit des Verpflichteten vollständig oder hauptsächlich in Anspruch nimmt.[1081] Es setzt weder eine soziale und wirtschaftliche Abhängigkeit des Verpflichteten noch eine unbestimmte Vertragsdauer voraus. Ein solches Dauerverhältnis kann auch dann vorliegen, wenn der Vertrag auf eine bestimmte längere Zeit geschlossen worden ist. Dafür kann ein Jahr genügen, wenn es sich um eine Verpflichtung für ständige oder langfristige Aufgaben handelt und die Vertragspartner von der Möglichkeit und Zweckmäßigkeit einer Verlängerung ausgehen.[1082]

1074 RGZ 105, 416, 417; BGH, NJW-RR 1991, 439, 440.
1075 Vgl. BGH, NJW-RR 1991, 439, 440; OLG Düsseldorf, NJW-RR 1987, 691, 693.
1076 BGHZ 106, 341, 346 f. = NJW 1989, 1479; BGH, WM 1993, 515; 2005, 1667 = MDR 2005, 1285; OLG Hamm, NJW-RR 1987, 243, 244; OLG Koblenz, NJW 1990, 3153 f.
1077 BGH, NJW 1987, 315, 316.
1078 BGH, NJW-RR 1993, 374, 375 = WM 1993, 516; OLG Koblenz, NJW 1990, 3153; LG Duisburg, NJW-RR 2002, 277, 278.
1079 BGH, NJW 1987, 315, 316; WM 1993, 515 = NJW-RR 1993, 374.
1080 BGH, NJW-RR 1993, 505, 506.
1081 BGH, WM 1993, 515, 516 = NJW-RR 1993, 374.
1082 BGHZ 120, 108, 111: Vertrag auf zwei Jahre; BGH, WM 1993, 515, 516 = NJW-RR 1993, 374: Vertrag auf ein Jahr mit Verlängerungsklausel; NJW-RR 1993, 505: fünfjährige Laufzeit.

Ein dauerndes Dienstverhältnis i.S.d. § 627 BGB kann auch ein anwaltliches Dauerberatungsmandat sein.[1083]

(3) Feste Bezüge

Feste Bezüge in einem dauernden Dienstverhältnis sind nur **Vergütungen**, die von vornherein und für einen längeren Zeitraum festgelegt sind und einen solchen Umfang erreichen, dass **der Verpflichtete** mit ihnen **für seine wirtschaftliche Daseinsvorsorge rechnen und planen darf**.[1084] Das ergibt sich aus dem Zweck der Ausnahmeregelung, die ein dauerndes Dienstverhältnis mit festen Bezügen der freien Kündigung gemäß § 627 Abs. 1 BGB entzieht. Dieser besteht darin, das Vertrauen des Dienstverpflichteten auf seine Existenzsicherung zu schützen und insoweit die Kündigungsfreiheit des Dienstberechtigten einzuschränken.[1085]

887

Keine festen Bezüge sind Entgelte, die von außervertraglichen Entwicklungen – etwa vom Jahresumsatz des Auftraggebers – abhängen, der Höhe nach schwanken und kein bestimmtes Mindesteinkommen sichern. Solche Vergütungen begründen kein Vertrauen auf eine Daseinsvorsorge; sie sind zwar letztlich bestimmbar, aber durch den Eintritt ungewisser, wechselhafter Umstände bedingt, so dass sie eine unterschiedliche Höhe erreichen oder sogar vollständig entfallen können.[1086]

888

cc) Vergütungsteil

Nach § 628 Abs. 1 Satz 1 BGB erhält der Rechtsanwalt nach einer Vertragskündigung gemäß §§ 626, 627 BGB grundsätzlich „einen seinen **bisherigen Leistungen entsprechenden Teil der Vergütung**".

889

(1) Pauschgebühren

Sind Pauschgebühren im Zeitpunkt der Vertragskündigung bereits entstanden, so beeinträchtigt die vorzeitige Vertragsbeendigung den anwaltlichen Vergütungsanspruch nicht (§ 15 Abs. 4 RVG/§ 13 Abs. 4 BRAGO). Diese Gebühren, die der Rechtsanwalt in voller Höhe mit der ersten Tätigkeit verdient, die die gesetzlichen Voraussetzungen ihres Entstehungstatbestandes erfüllt, sind die Vergütung für die bisherige Leistung des Rechtsanwalts i.S.d. § 628 Abs. 1 BGB.[1087]

890

1083 OLG Hamm, NJW-RR 1995, 1530, 1531.
1084 BGH, WM 1993, 515, 516; NJW-RR 1993, 505, 506.
1085 BGH, NJW-RR 1993, 505, 506; WM 1993, 515, 516 = NJW-RR 1993, 374 f.
1086 BGH, WM 1993, 515, 516, für ein Entgelt eines Steuerberaters, das sich letztlich nach dem Jahresumsatz des Mandanten bestimmt; NJW-RR 1993, 505, 506, für die Vergütung eines Managers, die sich nach der Anzahl der öffentlichen Auftritte und der Höhe der dabei erzielten Gagen eines Künstlers richtet.
1087 BGH, NJW 1982, 437, 438; 1987, 315, 316; WM 1995, 1288, 1289, jeweils zur BRAGO; LG Duisburg, NJW-RR 2002, 277, 278, zu § 12 Abs. 4 StBGebV.

(2) Vereinbartes Honorar

891 Die **Herabsetzung eines vereinbarten Honorars** nach Maßgabe dieser Vorschrift[1088] wird durch § 15 Abs. 4 RVG/§ 13 Abs. 4 BRAGO nicht ausgeschlossen.[1089] Eine Ermittlung des gerechtfertigten Teils einer vereinbarten Vergütung gemäß der Vorschrift des § 628 Abs. 1 Satz 1 BGB, die den Anspruchsgrund betrifft, geht einer Ermäßigung des vereinbarten Honorars nach § 4 Abs. 4 RVG/§ 3 Abs. 3 BRAGO vor, die sich nur auf die Höhe der Vergütung bezieht (Rn. 842).[1090] Diese Vorschriften sind in diesem Zusammenhang nur dann anzuwenden, wenn auch das nach § 628 Abs. 1 Satz 1 BGB geschuldete Teilhonorar aus der Vereinbarung noch unangemessen hoch ist oder die Vertragspartner verabredet haben, dass auch bei vorzeitiger Vertragsbeendigung das gesamte vereinbarte Honorar zu zahlen ist.[1091]

c) § 628 Abs. 1 Satz 2 BGB

892 Nach Satz 2 des § 628 Abs. 1 BGB kann ein **Vergütungsanspruch** des Rechtsanwalts aus Satz 1 dieser Vorschrift unter zwei Voraussetzungen – teilweise oder vollständig – insoweit **entfallen**, als die bisherigen Anwaltsleistungen infolge der Kündigung für den Mandanten kein Interesse haben.

Im Schrifttum[1092] wird die Ansicht vertreten, diese Bestimmung sei entsprechend anzuwenden, wenn der Anwaltsdienstvertrag nicht gekündigt werde, dem Rechtsanwalt aber die weitere Wahrnehmung des Mandats – etwa wegen Krankheit – unmöglich werde.

aa) Kündigung des Rechtsanwalts

893 Ein solcher Anspruchsverlust kann zunächst eintreten, wenn der **Rechtsanwalt** als Dienstverpflichteter **kündigt**, ohne dazu durch vertragswidriges Verhalten des Auftraggebers veranlasst worden zu sein.

894 Ein **vertragswidriges Verhalten** i.S.d. § 628 Abs. 1 Satz 2 BGB setzt die schuldhafte Verletzung einer Vertragspflicht voraus.[1093] Der **Auftraggeber** kann durch vertragswidriges Verhalten den Rechtsanwalt zu einer Vertragskündigung gemäß §§ 626, 627 BGB veranlassen, indem er z.B.

- diesem grundlose Vorwürfe macht und unbegründete Regressforderungen androht;[1094]

1088 Dazu im Einzelnen *Pabst*, MDR 1978, 449; *Brieske*, S. 121 ff.
1089 BGH, NJW 1987, 315, 316, zur BRAGO.
1090 BGHZ 162, 98 = NJW 2005, 2142 (Pauschalhonorar eines Strafverteidigers).
1091 BGH, NJW 1987, 315, 316, zur BRAGO.
1092 *Henssler/Deckenbrock*, NJW 2005, 1, 3, 6.
1093 BGH, WM 1995, 1288, 1289.
1094 BGH, WM 1996, 2244, 2246 = NJW 1997, 188.

D. Pflichten des Mandanten

- mit einer Weisung einen sachgerechten Rat des Anwalts missachtet und an einer aussichtslosen Maßnahme festhält;[1095]
- den angeforderten Gebührenvorschuss nicht zahlt;[1096]
- einen anderen Rechtsanwalt beauftragt und unzulässige oder übertriebene Anforderungen an die Art der Mandatsausübung stellt.[1097]

Dementsprechend kann der Mandant durch vertragswidriges Verhalten seinen **Steuerberater** zur Vertragskündigung veranlassen, indem er notwendige Besprechungen mehrmals kurzfristig verschiebt und dadurch seine Vertragspflicht zur Information seines Beraters (Rn. 511 ff.) schuldhaft verletzt.[1098]

bb) Kündigung des Auftraggebers

Einen Vergütungsanspruch kann der **Rechtsanwalt** gemäß § 628 Abs. 1 Satz 2 BGB auch dann verlieren, wenn er durch **vertragswidriges Verhalten** i.s.d. Vorschrift (Rn. 894) die **Vertragskündigung des Auftraggebers** veranlasst.[1099] 895

Dies kann der Fall sein, wenn der Rechtsanwalt in vorwerfbarer Weise während des Vertrages

- den Verdacht strafbarer Handlungen zum Nachteil anderer Mandanten begründet[1100]

oder

- den Auftraggeber nicht hinreichend über eine Interessenkollision aufklärt.[1101]

Mit Sinn und Zweck des § 627 BGB (Rn. 883 ff.) dürfte nicht im Einklang stehen die Entscheidung des OLG Brandenburg,[1102] der Vergütungsanspruch des Dienstverpflichteten entfalle nur dann gemäß § 628 Abs. 1 Satz 2 BGB, wenn dieser die Kündigung des Dienstberechtigten nach § 627 BGB durch eine schuldhafte Vertragsverletzung mit der Schwere eines wichtigen Grundes i.S.d. § 626 BGB veranlasst habe.

cc) Kein Interesse

Die bisherige anwaltliche Tätigkeit hat infolge der Kündigung des Anwaltsdienstvertrages für den Auftraggeber dann „**kein Interesse**" mehr, wenn dieser sie nicht mehr wirtschaftlich verwerten kann, sie also für ihn nutzlos geworden ist.[1103] 896

1095 AG Köln, AnwBl 1989, 624, 625.
1096 BGH, VersR 1989, 863, 864, zu § 17 BRAGO.
1097 *Pabst*, MDR 1978, 449, 450 f.
1098 LG Duisburg, NJW-RR 2002, 277, 278.
1099 Dazu *Pabst*, MDR 1978, 449, 451.
1100 BGH, WM 1995, 1288, 1289 = NJW 1995, 1954.
1101 BGH, NJW 1985, 41.
1102 NJW-RR 2001, 137, 138; so auch *Henssler/Deckenbrock*, NJW 2005, 1, 2, 6.
1103 BGH, NJW 1982, 437, 438; 1985, 41.

897 Das ist insoweit der Fall, als der Auftraggeber anstelle des bisherigen Rechtsanwalts einen anderen Rechtsanwalt beauftragen und diesem nochmals eine Vergütung zahlen muss;[1104] dies führt zum entsprechenden Verlust des Vergütungsanspruchs des früheren Rechtsanwalts, ohne dass es dafür einer Aufrechnung des Auftraggebers mit einer Gegenforderung bedarf.[1105]

898 Hat der frühere Rechtsanwalt den Mandanten in einem anhängigen Rechtsstreit vertreten, so entfällt der Anspruch auf eine Vergütung der bisherigen Leistung vollständig, wenn der Auftraggeber – wie im Regelfall – einem **neuen Prozessbevollmächtigten** die gleichen Gebühren nochmals in voller Höhe entrichten muss.[1106]

899 Anders kann dies bei **Honorarvereinbarungen sein**.[1107]

900 Die **Rückerstattung von Gebührenvorauszahlungen** – insbesondere von **Vorschüssen** – regelt § 628 Abs. 1 Satz 3 BGB.[1108]

dd) Beweislast

901 Gegenüber der Bestimmung des § 628 Abs. 1 Satz 1 BGB, die dem Rechtsanwalt nach einer Kündigung des Anwaltsdienstvertrages gemäß §§ 626, 627 BGB einen Anspruch auf diejenige Vergütung gewährt, die seinen bisherigen Leistungen entspricht, begründet **§ 628 Abs. 1 Satz 2 BGB für den Auftraggeber eine Einwendung**, deren Voraussetzungen dieser im Streitfall **darlegen und beweisen muss**.[1109]

Hat der **Rechtsanwalt gekündigt**, so trägt der Auftraggeber die Darlegungs- und Beweislast dafür, dass er diese Kündigung nicht durch eigenes vertragswidriges Verhalten veranlasst hat und sein Interesse an der bisherigen Anwaltsleistung entfallen ist.[1110]

Hat der **Auftraggeber gekündigt**, so muss er darlegen und beweisen, dass der Rechtsanwalt die Kündigung durch vertragswidriges Verhalten veranlasst hat und kein Interesse an der bisherigen Anwaltsleistung besteht.[1111]

1104 BGH, NJW 1982, 437, 438; 1985, 41; WM 1995, 1288, 1289; 1996, 2244, 2246; im Einzelnen *Pabst*, MDR 1978, 449, 451 f.; a.A. *Mugler*, AnwBl 2000, 19, 20 f.
1105 BGH, NJW 1982, 437, 438; 1985, 41.
1106 BGH, NJW 1982, 437, 438; 1985, 41; WM 1995, 1288, 1289.
1107 Dazu im Einzelnen *Pabst*, MDR 1978, 449, 452.
1108 Dazu *Pabst*, MDR 1978, 449, 452 f.
1109 BGH, NJW 1982, 437, 438; WM 1995, 1288, 1289; 1996, 2244, 2246.
1110 BGH, WM 1996, 2244, 2246 = NJW 1997, 188.
1111 BGH, NJW 1982, 437, 438; WM 1995, 1288, 1289.

d) § 628 Abs. 2 BGB

Im Rahmen eines Schadensersatzanspruchs aus § 628 Abs. 2 BGB kann der Rechtsanwalt eine entgangene Vergütung geltend machen (Rn. 86).[1112]

902

Die neuen allgemeinen Vorschriften der §§ 280 ff. BGB über Schadensersatz (dazu Rn. 1100 ff.) sind nur insoweit anzuwenden, als die **Sondervorschrift des § 628 Abs. 2 BGB** keine andere Regelung trifft.[1113]

Nach der Rechtsprechung des BAG[1114] setzt ein „**Auflösungsverschulden**" i.s.d. § 628 Abs. 2 BGB voraus, dass ein vertragswidriges schuldhaftes Verhalten mit **dem Gewicht** eines **wichtigen Grundes** i.S.d. § 626 BGB vorliegt. Ein **Schadensersatzanspruch** aus dieser Vorschrift ist nach deren Schutzzweck **zeitlich begrenzt** bis zum Ablauf der Frist einer (fiktiven) Kündigung oder bis zur vereinbarten Beendigung des Vertragsverhältnisses.[1115]

e) Vergütung aus gekündigtem Anwaltswerkvertrag

Liegt – ausnahmsweise (Rn. 480) – ein **Anwaltswerkvertrag** (§§ 631, 675 Abs. 1 BGB) vor, richtet sich im **Kündigungsfall** die **anwaltliche Vergütung** nach den werkvertraglichen Regeln.[1116]

903

aa) Kündigung des Auftraggebers

Kündigt der **Auftraggeber**, bevor der Rechtsanwalt sein Werk – etwa ein Gutachten – vollendet hat, so bestimmt sich die **anwaltliche Vergütung nach § 649 BGB**.[1117] Der Auftraggeber hat ersparte Aufwendungen, anderweitige Verwendung der Arbeitskraft und deren böswilliges Unterlassen zu beweisen.[1118]

904

Nach dem **bis Ende 2001 geltenden Schuldrecht** war jedenfalls bei Werkverträgen, die wegen der Eigenart der Werkleistung auf eine längere Zusammenarbeit angelegt sind und ein besonderes Vertrauensverhältnis voraussetzen, auch eine **außerordentliche Kündigung aus wichtigem Grund** zulässig, wenn dem Besteller eine weitere Bindung an den Vertrag – etwa wegen einer positiven Vertragsverletzung des Ver-

905

1112 Dazu im Einzelnen *Pabst*, MDR 1978, 449, 453; vgl. BAG, NJW 2002, 1593; BGH, NJW 2004, 1043, 1047.
1113 *Palandt/Weidenkaff*, BGB, 64. Aufl. 2005, § 626 Rn. 3.
1114 NJW 2002, 1593, 1594.
1115 BGHZ 122, 9, 12 ff. = NJW 1993, 1386, zu dem inhaltlich übereinstimmenden § 89a Abs. 2 HGB; BAG, NJW 2002, 1593, 1594, 1596 f.; vgl. BAG, NJW 1972, 1437.
1116 Vgl. dazu *Meier-Beck/Voit*, WM-Sonderbeilage Nr. 2/2004, S. 15 f.
1117 Vgl. BGH, NJW 1993, 1972, 1973; BGHZ 140, 263; BGH, NJW-RR 2000, 309; WM 2001, 821; zur Abrechnung eines gekündigten Pauschalpreisvertrages: BGH, NJW 1997, 733; NJW-RR 1998, 234.
1118 BGH, WM 2001, 821.

tragspartners[1119] – nicht mehr zugemutet werden kann.[1120] In diesem Falle erhielt der Rechtsanwalt keine Vergütung für die noch nicht erbrachte Vertragsleistung; für die bis zur Kündigung erbrachte Leistung stand ihm der entsprechende Vergütungsanteil nach § 632 Abs. 2 BGB zu,[1121] es sei denn, dass der hergestellte Werkteil wegen Mängel wertlos ist oder dass dieser trotz Mangelfreiheit für den Auftraggeber unbrauchbar ist oder von diesem nicht in zumutbarer Weise verwertet werden kann[1122] (zu den Mängelrechten nach neuem Recht Rn. 1183 ff.).

Ob ein solches **Kündigungsrecht** auch **nach neuem Leistungsstörungsrecht** (dazu Rn. 1155 ff.) besteht, ist mit Rücksicht auf § 314 BGB n.F. zweifelhaft.[1123]

bb) Kündigung des Rechtsanwalts

906 **Kündigt** der **Rechtsanwalt** einen **Anwaltswerkvertrag aus wichtigem Grund**, so kann ihm eine Vergütung im Rahmen eines Schadensersatzanspruchs wegen einer Pflichtverletzung des Mandanten zustehen (vgl. Rn. 903 ff.).[1124]

Löst der Anwalt den Werkvertrag gemäß §§ **642, 643 BGB**, kann er – neben einer Entschädigung nach § 642 BGB – einen Vergütungsanteil für die bereits geleistete Arbeit und Ersatz von Auslagen verlangen (§ **645 Abs. 1 BGB**).[1125]

12. Verwirkung der Honorarforderung

907 Der Begriff der „**Verwirkung**" betrifft im Regelfall eine gegen den allgemeinen Rechtsgrundsatz von Treu und Glauben (§ 242 BGB) verstoßende **späte Rechtsausübung**,[1126] kann aber auch für einen – ebenfalls auf diesen Grundsatz gestützten – **Rechtsverlust wegen pflichtwidrigen Verhaltens** verwendet werden (vgl. Rn. 877).[1127]

908 Das RG[1128] hat die Vorschrift des § **654 BGB**, die eine Verwirkung des Mäklerlohnanspruchs betrifft, **entsprechend auf den Anwaltsvertrag** dahin angewandt, dass eine vorsätzliche oder fahrlässige Verletzung wesentlicher Vertragspflichten des Rechts-

---

1119 Vgl. BGH, WM 1995, 1288, 1289 = NJW 1995, 1954.
1120 Vgl. BGH, WM 1990, 1756, 1757; NJW 1993, 1972, 1973; NJW-RR 1996, 1108; *Schmidt*, NJW 1995, 1313; *Voit*, BauR 2002, 1776, 1778.
1121 Vgl. BGH, NJW-RR 2000, 309.
1122 Vgl. BGHZ 136, 33, 38 ff. = NJW 1997, 3017, für einen Architektenvertrag.
1123 Dazu im Einzelnen *Voit*, BauR 2002, 1776, 1778 ff.
1124 Vgl. BGH, NJW 1996, 3270, 3271; OLG Köln, NJW 1993, 73.
1125 Vgl. BGH, WM 1982, 586, 587; BGHZ 136, 303, 307 f. = NJW 1997, 3018; BGH, NJW 1998, 456, 457; WM 1999, 1179.
1126 BGHZ 25, 47, 51 f. = NJW 1957, 1358; BGHZ 105, 290, 298 = NJW 1989, 836.
1127 Vgl. BGHZ 55, 274, 277 = NJW 1971, 1127; BGH, NJW 1984, 1529, 1530; NJW-RR 1997, 348, 349.
1128 RGZ 113, 264, 269.

anwalts zum Verlust der Vergütung führen könne. Der BGH[1129] ist dieser Rechtsprechung nur insoweit gefolgt, als lediglich ein vorsätzlicher, nach § 356 StGB strafbarer **Parteiverrat den anwaltlichen Vergütungsanspruch ausschließt**. Eine **fahrlässige Pflichtverletzung**, sei sie auch grober Art, hat eine solche Wirkung **nicht**.[1130] Diese Ergebnisse lassen sich auch mit einer unmittelbaren Anwendung des allgemeinen Grundsatzes von Treu und Glauben im Rechtsverkehr (§ 242 BGB) begründen, dessen Ausprägung § 654 BGB ist.[1131]

Ein Anspruch einer Gesellschaft bürgerlichen Rechts auf **Maklerprovision** muss nicht deswegen entsprechend § 654 BGB verwirkt sein, weil ein Gesellschafter, der **Rechtsanwalt** ist, für die Gegenseite tätig geworden und dies nicht offen gelegt worden ist.[1132]

13. Verjährung der Honorarforderung

a) Neues Verjährungsrecht

Der **Anspruch eines Rechtsanwalts** auf Zahlung von Gebühren und Auslagen – seine „Vergütung" i.S.d. § 1 Abs. 1 Satz 1 RVG/BRAGO – unterliegt **seit dem 1.1.2002 dem neuen Verjährungsrecht** der §§ 194 ff. BGB;[1133] das gilt auch für die an diesem Tag bestehenden und noch nicht verjährten Honoraransprüche (Art. 229 § 6 Abs. 1 Satz 1 EGBGB). Der **Beginn**, die **Hemmung** – einschließlich der **Ablaufhemmung** – und der **Neubeginn der Verjährung** (infolge ihrer Unterbrechung) bestimmen sich jedoch für die Zeit **vor dem 1.1.2002 nach den bis dahin geltenden Vorschriften** (Art. 229 § 6 Abs. 1 Satz 2 EGBGB; vgl. die weiteren Übergangsregelungen des Art. 229 § 6 EGBGB).[1134] Die **alte Verjährungsfrist** von zwei Jahren (§ 196 Abs. 1 Nr. 15, § 198 Satz 1, § 201 BGB a.F.) ist **für die vor dem 1.1.2002 fällig gewordenen anwaltlichen Vergütungsansprüche maßgeblich** (Art. 229 § 6 Abs. 3 EGBGB), weil sie kürzer ist als die neue regelmäßige Verjährungsfrist von drei Jahren (§§ 195, 199 BGB n.F.).[1135] Insoweit hat das alte Verjährungsrecht (dazu Rn. 1274 ff.) seine Bedeutung behalten. Da das **neue Verjährungsrecht keine Rückwirkung** hat, ändert sich nichts an der Verjährung derjenigen Vergütungsansprüche, die vor dem 1.1.2002 eingetreten ist.

909

1129 NJW 1963, 1301, 1303; 1981, 1211, 1212; vgl. BGH, NJW-RR 1988, 352, 353; WM 1999, 970, 972 f. (Syndikus); OLG Nürnberg, AnwBl 1971, 175, 176; OLG München, NJW 1997, 1313, 1314.
1130 BGH, NJW 1981, 1211, 1212.
1131 OLG Nürnberg, AnwBl 1971, 175, 176.
1132 BGH, NJW 2000, 3067, 3068 = WM 2000, 1546.
1133 Eingeführt durch Gesetz zur Modernisierung des Schuldrechts v. 26.11.2001 (BGBl. I, S. 3138).
1134 Dazu *Gsell*, NJW 2002, 1297.
1135 *Mansel*, NJW 2002, 418, 419.

Zum **neuen Verjährungsrecht** wird auf Rn. 1444 ff. verwiesen. Bezüglich der Verjährung eines Vergütungsanspruchs nach dem RVG ist **§ 8 Abs. 1 RVG** zu berücksichtigen. Danach wird die anwaltliche Vergütung grundsätzlich **fällig** (§ 8 Abs. 1 Satz 1 RVG), wenn der Auftrag erledigt (dazu Rn. 53 ff.) oder die Angelegenheit beendet ist (dazu Rn. 51 f.).[1136] Die **Verjährung** des Anspruchs auf eine Vergütung für eine Tätigkeit in einem gerichtlichen Verfahren wird grundsätzlich **gehemmt**, solange dieses anhängig ist (§ 8 Abs. 2 Satz 1 RVG); durch einen Festsetzungsantrag gemäß § 11 RVG wird die Verjährung des Vergütungsanspruchs wie durch Klageerhebung gehemmt (§ 11 Abs. 7 RVG i.V.m. § 204 BGB).

aa) Ab 1.1.2002 entstandene Ansprüche

910 Die seit dem 1.1.2002 entstandenen und noch entstehenden Vergütungsansprüche eines Rechtsanwalts **verjähren ausschließlich nach §§ 194 ff. BGB** n.F. (dazu Rn. 1444 ff.).

bb) Verjährungsfrist und -beginn

911 § 199 BGB regelt den Beginn der regelmäßigen Verjährungsfrist von drei Jahren (§ 195 BGB) und der **Höchstfristen**.

Nach § 199 Abs. 1 BGB **beginnt die Verjährung eines vertraglichen Vergütungsanspruchs** mit dem Schluss des Jahres, in dem dieser Anspruch – mit Fälligkeit (§ 8 Abs. 1 RVG) – entstanden ist (§ 199 Abs. 1 Nr. 1 BGB) und der Gläubiger (Rechtsanwalt) von den anspruchsbegründenden Umständen und der Person des Schuldners Kenntnis erlangt oder ohne grobe Fahrlässigkeit erlangen müsste (§ 199 Abs. 1 Nr. 2 BGB).

Die absolute (Verjährungs-)**Höchstfrist** mit objektiv bestimmtem, kenntnisunabhängigem Beginn ergibt sich für einen vertraglichen Vergütungsanspruch aus § 199 Abs. 4 BGB. Danach verjährt ein solcher Anspruch ohne Rücksicht auf die Kenntnis oder grob fahrlässige Unkenntnis in **zehn Jahren von seiner Entstehung an**. Diese Frist beginnt **taggenau** mit dem festgelegten Zeitpunkt, also nicht unbedingt gemäß § 199 Abs. 1 BGB mit Jahresschluss, und ist nach §§ 186, 187 f. BGB zu berechnen. Auch diese Maximalfrist kann gehemmt werden (§§ 203 ff. BGB) oder neu beginnen (§ 212 BGB).

cc) Hemmung und Neubeginn der Verjährung

912 **Seit dem 1.1.2002** sind – gemäß den Regelungen in Art. 229 § 6 Abs. 1, 2 EGBGB – die **neuen Vorschriften über Hemmung** (§§ 203 ff. BGB i.V.m. § 8 Abs. 2 RVG) und **Neubeginn der Verjährung** (§ 212 BGB) auf alle Ansprüche – auch auf die vor diesem Zeitpunkt entstandenen Forderungen – anzuwenden (vgl. Rn. 1251 ff.).

1136 Dazu BGH, Urt. v. 13.4.2006 – IX ZR 158/05, WM 2006, 1159, z.V.b. in BGHZ.

D. Pflichten des Mandanten

Nach neuem Recht können bestimmte Ereignisse die Verjährung lediglich hemmen (§§ 203, 211 BGB); das gilt auch für die Klageerhebung (§ 204 Abs. 1 Nr. 1 BGB). § 212 BGB betreffend einen „Neubeginn der Verjährung" enthält die wenigen verbliebenen Tatbestände einer Verjährungsunterbrechung.

b) Altes Verjährungsrecht

aa) Verjährungsfrist und -beginn

Soweit sich die **Verjährung eines anwaltlichen Vergütungsanspruchs** für die Zeit vor dem 1.1.2002 **nach altem Recht** richtet (Art. 229 § 6 EGBGB, Rn. 1252 ff.), gilt Folgendes: 913

Ein solcher Anspruch **verjährt** nach § 196 Abs. 1 Nr. 15 BGB a.F. **in zwei Jahren**.

Die **Verjährung beginnt** mit dem Schluss des Jahres, in dem der Anspruch fällig wird (§§ 198, 201 BGB a.F.). Die **Fälligkeit** tritt gemäß § 16 Satz 1 BRAGO regelmäßig ein mit der Erledigung des Auftrags (Rn. 53 ff.) oder mit der Beendigung der Angelegenheit (Rn. 51 f.); maßgeblich ist der erste Eintritt eines dieser Tatbestände.[1137] Die Parteien können allerdings abweichend von der abdingbaren Vorschrift des § 16 BRAGO einen anderen Fälligkeitszeitpunkt vereinbaren; sie können schon bei Abschluss des Anwaltsvertrages die Fälligkeit der Vergütungsforderung und damit den Verjährungsbeginn hinausschieben.[1138] Der Lauf der Verjährungsfrist hängt nicht davon ab, dass der Rechtsanwalt seinem Auftraggeber die **Berechnung der Vergütung** mitteilt (§ 18 Abs. 1 Satz 2 BRAGO). Solange der Rechtsanwalt die Vergütung nicht **einfordern** kann, weil eine von ihm unterzeichnete und dem Auftraggeber mitgeteilte Berechnung fehlt (§ 18 Abs. 1 Satz 1 BRAGO), braucht dieser nicht zu zahlen und kann der Anwalt mit seiner Honorarforderung nicht aufrechnen.[1139]

bb) Hemmung der Verjährung

Nach §§ 202 ff. BGB a.F. ist die **Verjährung gehemmt**, solange der Gläubiger seinen Anspruch aus rechtlichen oder tatsächlichen Gründen vorübergehend nicht verfolgen kann; die Hemmungszeit wird **in die Verjährungszeit nicht eingerechnet** (§ 205 BGB a.F.; vgl. Rn. 1412 ff.). 914

Die Entstehung und die Fälligkeit des anwaltlichen Vergütungsanspruchs werden durch den Erlass oder das Fehlen einer **Streitwertfestsetzung** nicht berührt; ein solcher Umstand beeinflusst infolgedessen nicht die Verjährung.[1140] Einschränkungen,

---

1137 BGH, WM 1998, 2243, 2245 m.w.N. = NJW 1998, 3486.
1138 BGH, NJW-RR 1992, 254, 255, für den Fall der Abtretung einer Forderung zur Sicherung des anwaltlichen Honoraranspruchs.
1139 BGH, AnwBl 1985, 257 f.; vgl. BGH, NJW 2002, 2774, 2775 = WM 2003, 89.
1140 BGH, NJW 1998, 2670, 2671 = WM 1998, 1545.

die sich für die Durchsetzung des Vergütungsanspruchs aus der Bindungswirkung des § 9 BRAGO ergeben, werden durch § 202 Abs. 1 BGB erfasst; danach ist die **Verjährung gehemmt**, solange der Durchsetzung des Anspruchs vorübergehend ein rechtliches Hindernis entgegensteht.[1141] Deswegen ist, falls der ursprünglich festgesetzte Streitwert später heraufgesetzt wird, die Verjährung des Vergütungsanspruchs, soweit dieser durch die ursprüngliche Streitwertfestsetzung nicht gedeckt ist, bis zur Erhöhung des Wertes gehemmt.[1142]

cc) Unterbrechung der Verjährung

915 Die Verjährung kann gemäß §§ 208 – 210 BGB a.F. **unterbrochen** werden (vgl. Rn. 1419 ff.). Die bis zur Unterbrechung verstrichene Verjährungsfrist fällt weg; eine **neue Verjährung** beginnt erst nach dem Ende der **Unterbrechungsdauer** (§ 217 BGB a.F.), die in §§ 211 – 215 BGB a.F. geregelt ist. Die **Unterbrechungswirkung** kann nach den entsprechenden Regelungen in §§ 212 – 216 BGB a.F. **nachträglich und rückwirkend entfallen**.[1143]

Die **Klageerhebung** (§ 209 Abs. 1 BGB a.F.) unterbricht die Verjährung nur für Ansprüche in Gestalt und im Umfang des **Streitgegenstandes der Klage**.[1144]

916 Die **Honorarklage unterbricht die Verjährung** des anwaltlichen Vergütungsanspruchs auch dann, wenn der Rechtsanwalt seinem Auftraggeber noch keine **Berechnung der Vergütung** gemäß § 18 BRAGO mitgeteilt hat; wird dies bis zur letzten mündlichen Verhandlung in der Tatsacheninstanz nachgeholt, so wird die Vergütungsforderung damit **einforderbar**.[1145]

dd) Vollendung der Verjährung

917 Die Prüfung, wann ein am 31.12.2001 bestehender, unverjährter Vergütungsanspruch eines Rechtsanwalts verjährt, hat Folgendes zu berücksichtigen: Nach altem Recht ist zu ermitteln, wann die Verjährungsfrist gemäß § 196 Abs. 1 Nr. 15, §§ 198, 201 BGB a.F. begonnen hat und ob die Verjährung für die Zeit vor dem 1.1.2002 nach §§ 202 ff. BGB a.F. gehemmt oder nach §§ 208 ff. BGB a.F. unterbrochen wurde (Art. 229 § 6 Abs. 1, 2 EGBGB; Rn. 1252). Da die zweijährige Verjährungsfrist für den vertraglichen Erfüllungsanspruch des Rechtsanwalts nach altem Recht kürzer ist als diejenige gemäß §§ 195, 199 Abs. 1, 4 BGB n.F., ist zum Schutz des Schuldners die kürzere

---

1141 BGH, NJW 1998, 2670, 2672.
1142 BGH, NJW 1998, 2670, 2672, abweichend von BGH, LM BGB § 198 Nr. 10 = AnwBl 1978, 229. Zweifelhaft ist, ob diese Rechtsprechung nach §§ 203 – 206 BGB n.F. noch Bestand haben kann.
1143 Zur verjährungsunterbrechenden Wirkung der Streitverkündung: BGH, NJW 2002, 1414, 1416.
1144 BGH, WM 1996, 125, 127; 2000, 1348, 1349.
1145 BGH, WM 1998, 2243, 2246 = NJW 1998, 3486.

Verjährungsfrist des alten Rechts maßgeblich (Art. 229 § 6 Abs. 3 EGBGB), so dass die Verjährung mit dem Ablauf dieser Frist vollendet ist,[1146] es sei denn, dass die Verjährung ab 1.1.2002 nach neuem Recht gehemmt wird (§§ 203 ff. BGB n.F.) oder neu beginnt (§ 212 BGB n.F.).

Hat der beklagte Gebührenschuldner den anwaltlichen Honoraranspruch im **Urkundsverfahren** unter Vorbehalt der Ausführung seiner Rechte anerkannt, so kann er die **Verjährungseinrede noch im Nachverfahren** erheben.[1147]

14. Aufrechnung und Zurückbehaltung

Hat der Auftraggeber einen Zahlungsanspruch gegen den Rechtsanwalt, so kann dieser gemäß §§ 387 ff. BGB **aufrechnen** mit Ansprüchen auf Zahlung der Vergütung (§ 675 Abs. 1 mit §§ 611, 612 oder 631, 632 BGB) und auf Ersatz von Auslagen (§§ 670, 675 Abs. 1 BGB), und zwar auch mit entsprechenden Forderungen aus früheren Mandaten.[1148]   918

Ein Gerichtsurteil kann gegen den allgemeinen Gleichheitsgrundsatz (Art. 3 Abs. 1 GG) verstoßen, wenn eine **aufrechenbare Schadensersatzforderung gegen einen Rechtsanwalt** willkürlich verneint wird, obwohl dieser seinen Mandanten, der Arbeitslosenhilfe bezog, pflichtwidrig nicht auf die Möglichkeit der **Beratungshilfe** hingewiesen hat.[1149]   919

Vergütungsforderungen des Rechtsanwalts und ein auf Geld gerichteter **Herausgabeanspruch des Mandanten** aus §§ 667, 675 Abs. 1 BGB sind allerdings i.d.R. nicht gleichartig i.S.d. § 387 BGB, so dass insoweit eine Aufrechnung ausscheidet; anders ist dies, wenn der Rechtsanwalt eine Geldforderung seines Auftraggebers nicht über ein Treuhandkonto, sondern über ein eigenes Bankkonto eingezogen hat, weil dann der Herausgabeanspruch die Zahlung eines entsprechenden Betrages betrifft.[1150]   920

Der amtlich bestellte **Abwickler einer Anwaltskanzlei** kann gegen den Anspruch auf Herausgabe des aus der Abwicklung Erlangten **mit seiner Vergütungsforderung** auch dann **aufrechnen**, wenn zwischenzeitlich das **Insolvenzverfahren** über das Vermögen des ehemaligen Rechtsanwalts eröffnet wurde; nach Ablauf seiner Bestellung ist der

---

1146 *Palandt/Heinrichs*, BGB, 64. Aufl. 2005, Art. 229 § 8 EGBGB Rn. 5; zweifelnd für einen 2001 entstandenen Anspruch mit Rücksicht auf § 187 BGB: *Gsell*, NJW 2002, 1297, 1300.
1147 BGH, NJW-RR 1992, 254, 256.
1148 BGHZ 71, 380, 382 f. = NJW 1978, 1807; BGH, NJW 1995, 1425, 1426; WM 2003, 92, 94; dazu eingehend *Schellhammer*, ZAP (2000), Fach 2, S. 267 ff.
1149 BVerfG, NJW 2000, 2494.
1150 BGHZ 71, 380, 392 f. = NJW 1978, 1807; vgl. BGH, WM 2000, 1596, 1599 f. (Herausgabe einer vertragswidrigen Provision).

Abwickler zur Herausgabe des Fremdgelds an den Verwalter verpflichtet, ohne dass er mit seinem Vergütungsanspruch aufrechnen darf.[1151]

921 Gegen **unpfändbare Ansprüche** kann nicht aufgerechnet werden (§ 394 BGB), gegen **zweckgebundene Ansprüche** nur mit solchen Gegenforderungen, deren Erfüllung demselben Zweck dient.[1152] Nach § 4 Abs. 3 BORA darf der Rechtsanwalt eigene Forderungen nicht mit Geldern verrechnen, die an ihn zweckgebunden für Dritte gezahlt worden sind.

922 Die **Aufrechnung** ist über die gesetzlich und vertraglich ausdrücklich geregelten Fälle hinaus **ausgeschlossen**, wenn nach dem besonderen Inhalt des Schuldverhältnisses der Ausschluss als **stillschweigend vereinbart** anzusehen ist (§ 157 BGB) oder wenn wegen der Natur der Rechtsbeziehung oder wegen des Zwecks der geschuldeten Leistung eine Erfüllung im Wege der Aufrechnung **mit Treu und Glauben (§ 242 BGB) unvereinbar** wäre.[1153]

923 Wegen der Natur eines **Treuhandverhältnisses** darf der fremdnützige Treuhänder gegen den Herausgabeanspruch des Treugebers aus §§ 667, 675 Abs. 1 BGB **grundsätzlich nicht mit Gegenforderungen aufrechnen**, die ihren Grund nicht in dem Treuhandvertrag und den damit verbundenen Aufwendungen haben.[1154] Dagegen ist die Aufrechnung dann unbeschränkt zulässig, wenn der Treuhandabrede ein gesetzlich verbotenes Ziel – etwa eine Vollstreckungsvereitelung (§ 288 StGB) – zugrunde liegt.[1155]

924 Die in einem **formularmäßigen Anwaltsvertrag** enthaltene Klausel, wonach jede **Aufrechnung gegenüber der Honorarforderung ausgeschlossen** ist, ist wegen unangemessener Benachteiligung des Mandanten **unwirksam**.[1156]

925 In den Fällen, in denen eine Aufrechnung ausgeschlossen ist, kann eine fällige Geldforderung auch nicht „**zurückbehalten**" werden, weil dies einer Aufrechnung gleichkäme.[1157] Gegenüber einem Anspruch des Treugebers aus §§ 667, 675 Abs. 1 BGB auf Herausgabe des vom Treuhänder auftragsgemäß erworbenen Eigentums ist wegen der

---

1151 BGH, WM 2005, 1956.
1152 BGH, WM 1989, 450, 452, betreffend einen Gerichtskostenvorschuss; BGHZ 113, 90, 93 f. = NJW 1991, 839, betreffend beigetriebene Unterhaltsleistungen.
1153 BGHZ 95, 109, 113 = NJW 1985, 2820; BGHZ 113, 90, 93 = NJW 1991, 839; BGH, NJW 1993, 2041, 2042; 1995, 1425, 1426; WM 2003, 92, 94.
1154 BGHZ 95, 109, 113 = NJW 1985, 2820; BGH, NJW 1993, 2041, 2042 m.w.N.; 1994, 2885, 2886; NJW 1996, 1543; WM 2003, 92, 94; vgl. zur Aufrechnung im Treuhandverhältnis: *Henssler*, AcP 196 (1996), S. 62 ff.; *Schellhammer*, ZAP (2000), Fach 2, S. 267, 268 ff.
1155 BGH, NJW 1993, 2041, 2042.
1156 BGH, WM 1986, 199, 203 = NJW-RR 1986, 1281.
1157 BGH, NJW 1984, 128, 129.

Natur des **Treuhandverhältnisses** ein **Zurückbehaltungsrecht** (§ 273 BGB) grundsätzlich **ausgeschlossen** wegen solcher Gegenforderungen, die in keinem Zusammenhang mit der Geschäftsbesorgung stehen.[1158]

Ein **Zurückbehaltungsrecht** des Rechtsanwalts an den **Handakten** aus **§ 50 Abs. 3 BRAO** besteht i.d.R. nur wegen der Honorarforderung aus der Angelegenheit, auf die sich die Handakte bezieht (vgl. Rn. 782 ff.).[1159]

926

§ 50 BRAO schränkt Ansprüche des Auftraggebers gegen den Rechtsanwalt auf **Herausgabe von Handakten** (§§ 667, 675 Abs. 1 BGB) und auf **Einsichtnahme in Handakten** (§§ 666, 675 Abs. 1 BGB) dahin ein, dass solche Ansprüche sich nicht auf Aufzeichnungen über persönliche Eindrücke, den Briefwechsel zwischen den Parteien des Anwaltsvertrages und anwaltliche Notizen über Gespräche mit dem Mandanten erstrecken.[1160]

Eine vertragswidrige **Verweigerung der Rückgabe von Unterlagen** kann im Regressprozess zu **Beweisnachteilen** führen.[1161]

II. Informationspflicht

Der Rechtsanwalt kann die Interessen seines **Mandanten** nur dann vertragsgerecht wahrnehmen, wenn dieser seine **vertragliche Nebenpflicht zur Information seines Rechtsanwalts** – während der gesamten Dauer des Anwaltsvertrages – erfüllt, d.h. seinen Anwalt wahrheitsgemäß und vollständig über das **erstrebte Ziel** und die **tatsächlichen Umstände** seiner Rechtsangelegenheit **unterrichtet** und ihm die einschlägigen **Unterlagen** zur Verfügung stellt (Rn. 511 ff.).[1162]

927

Die **Informationspflicht des Auftraggebers** und die **Grundpflicht des Rechtsanwalts zur Klärung des maßgeblichen Sachverhalts** (Rn. 507 ff.) stehen in **Wechselwirkung**.[1163] Grundsätzlich darf der **Rechtsanwalt auf die Richtigkeit und Vollständigkeit tatsächlicher Angaben** seines Auftraggebers – oder eines Dritten, dem

928

1158 RGZ 160, 52, 59; BGH, LM BGB § 313 Nr. 15.
1159 BGH, WM 1997, 2087, 2090.
1160 Dazu eingehend BGHZ 109, 260, 264 ff. = NJW 1990, 510, zu § 50 BRAO a.F., betreffend entsprechende Ansprüche eines Konkursverwalters gegen den Rechtsanwalt des Gemeinschuldners.
1161 BGH, NJW 2002, 825: Steuerberater; zum **Zurückbehaltungsrecht an Steuerunterlagen**: BGH, NJW 1989, 1216; NJW-RR 2004, 1290 = WM 2004, 2216; OLG Düsseldorf, NJW-RR 2005, 364.
1162 BGH, NJW 1996, 2929, 2932 = WM 1996, 1832, 1835, 1836; WM 1997, 1392, 1395; 1998, 1542, 1544; MDR 2004, 746 = NJW-RR 2004, 1358, 1360 = WM 2004, 2034; eingehend *Gebler*, S. 16 ff., 47 ff.
1163 BGH, NJW 1982, 437 = VersR 1982, 143; *Borgmann*, in: FS Ostler, S. 1 ff.

der Mandant die Unterrichtung seines Anwalts überlassen hat[1164] – ohne eigene Nachforschungen **vertrauen** (Rn. 513 f.).[1165] Dies gilt insbesondere für eine Information, die die berufliche Tätigkeit des Auftraggebers betrifft.[1166]

929 Dieser Vertrauensgrundsatz entfällt für die **Mitteilung von Rechtstatsachen** und für **rechtliche Wertungen**; insoweit muss der Rechtsanwalt den maßgeblichen Sachverhalt ermitteln, indem er selbst – nicht durch seinen Bürovorsteher[1167] – **den Mandanten befragt** und **Unterlagen erbittet** (Rn. 514 f.).[1168] Diese Ermittlungspflicht obliegt dem Rechtsanwalt auch dann, wenn er Anhaltspunkte dafür hat, dass die **Angaben des Mandanten unzutreffend** oder **lückenhaft** sind (Rn. 515).[1169]

930 Grundsätzlich spricht der **Anscheinsbeweis** dafür, dass der Mandant eine Bitte seines Rechtsanwalts um weitere Informationen und Unterlagen erfüllt hätte (Rn. 517).[1170]

931 **Verletzt der Mandant seine vertragliche Informationspflicht**, indem er oder ein Beauftragter den Rechtsanwalt falsch oder unvollständig unterrichtet oder diesem einschlägige Unterlagen oder Beweismittel vorenthält, so kann ein Regressanspruch des Auftraggebers gegen den Rechtsanwalt wegen eines **Mitverschuldens** (§ 254 BGB) entfallen oder gemindert werden (Rn. 512, 1233 ff.).[1171]

III. Weisung

932 Nach §§ 665, 675 Abs. 1 BGB hat der **Auftraggeber** das Recht, die Ausführung des Mandats durch **Weisungen** zu steuern. Andererseits trifft den Auftraggeber die **Nebenpflicht**, den Zweck des Anwaltsvertrages **nicht** durch **sachwidrige Weisungen** zu gefährden.

933 Aus §§ 665, 675 Abs. 1 BGB ergibt sich, dass der beauftragte **Rechtsanwalt grundsätzlich Weisungen seines Auftraggebers zu befolgen** hat, selbst wenn dies zu Nach-

---

1164 BGH, NJW 1991, 2839, 2840 f. = WM 1991, 1812; WM 1997, 1392, 1394.
1165 BGH, VersR 1960, 911; NJW 1991, 2839, 2841; 1996, 2929, 2931 = WM 1996, 1832, 1835; WM 1997, 1392, 1394; NJW 1998, 2048, 2049 = WM 1998, 1542, 1544.
1166 BGH, NJW 1982, 437 = VersR 1982, 143.
1167 BGH, NJW 1981, 2741, 2743.
1168 BGH, NJW 1961, 601, 602; 1985, 1154, 1155; WM 1994, 1805; NJW 1996, 2929, 2931.
1169 BGH, NJW 1961, 601, 602; VersR 1961, 467, 469; NJW 1982, 437; 1983, 1665 f.; VersR 1983, 34; WM 1997, 1392, 1394; NJW 1998, 2048, 2049 = WM 1998, 1542, 1544.
1170 BGH, NJW 1994, 1472, 1475; 1996, 2929, 2932 = WM 1996, 1832, 1835; NJW 1998, 2048, 2050.
1171 BGH, VersR 1983, 34, 35; NJW 1996, 2929, 2931 = WM 1996, 1832, 1835 f.; WM 1997, 1392, 1395.

teilen für den Mandanten führen kann[1172] (vgl. Rn. 504 zur Frage, ob ein umfassendes Mandat mit Weisung oder ein beschränkter Auftrag vorliegt).

Nach diesen Vorschriften darf der beauftragte Rechtsanwalt von den Weisungen des Auftraggebers dann **abweichen**, wenn er den Umständen nach annehmen darf, dass der Auftraggeber bei Kenntnis der Sachlage die Abweichung billigen würde; der Rechtsanwalt hat vor der Abweichung dem Auftraggeber Anzeige zu machen und dessen Entschließung abzuwarten, wenn nicht mit dem Aufschub Gefahr verbunden ist. Auch im letztgenannten Fall darf der Rechtsanwalt von einer Weisung nur dann abweichen, wenn er mit der Billigung durch den Auftraggeber rechnen darf.[1173] Der Rechtsanwalt hat zu **beweisen**, dass eine Abweichung von einer Weisung gemäß §§ 665, 675 Abs. 1 BGB gerechtfertigt war.[1174] Dies gilt auch für eine Behauptung des Rechtsanwalts, eine Pflichtverletzung entfalle, weil der Mandant eine ursprünglich erteilte Weisung nachträglich geändert und er – der Rechtsanwalt – sich dementsprechend verhalten habe.[1175] 934

Unverbindlich ist von vornherein eine **Weisung**, die vom Rechtsanwalt ein **unredliches, unzulässiges oder rechtswidriges Vorgehen** verlangt;[1176] ein solches Ansinnen muss der Rechtsanwalt, der sich als unabhängiges Organ der Rechtspflege (§ 1 BRAO) nicht zum willenlosen Werkzeug seines Auftraggebers machen darf,[1177] zurückweisen. 935

Die gesetzliche Regelung (§§ 665, 675 Abs. 1 BGB) ist sachgerecht, weil der **Auftraggeber das Misserfolgs- und Kostenrisiko** des Auftrags trägt. Deswegen ist es grundsätzlich Sache des Mandanten, nach vertragsgerechter Beratung durch seinen Rechtsanwalt **eigenverantwortlich** die **grundlegenden Entscheidungen** darüber zu treffen, in welcher Weise seine Interessen wahrgenommen werden sollen (dazu Rn. 558). 936

Allerdings darf der Rechtsanwalt **Weisungen** seines Auftraggebers **nicht blindlings befolgen**. Aufgrund seiner Vertragspflicht, voraussehbare und vermeidbare Schäden von seinem – i.d.R. rechtsunkundigen – Mandanten abzuwenden (Rn. 582 ff.), hat der Rechtsanwalt zu prüfen, ob dem Auftraggeber bei Ausführung seiner Weisung Nachteile drohen; ist dies der Fall, so hat der Rechtsanwalt seinen Mandanten auf die **Gefahr hinzuweisen** und **dessen Antwort abzuwarten**.[1178] Kann das Ziel des Mandanten 937

1172 BGH, NJW 1985, 42, 43 = VersR 1984, 658, 659; VersR 1985, 83, 84; WM 1997, 1392, 1393 f.
1173 BGH, VersR 1977, 421, 423.
1174 RGZ 90, 129, 131; RG, HRR 1931 Nr. 405; KG, OLGZ 1973, 18, 20.
1175 BGHZ 126, 217, 221 = NJW 1994, 3295, 3297.
1176 OLG Karlsruhe, VersR 1995, 537, 538.
1177 BGH, MDR 1958, 496, 497.
1178 BGH, MDR 1977, 476; NJW 1985, 42, 43; VersR 1985, 83, 84; WM 1997, 1392, 1394 = NJW 1997, 2168; 1998, 1486, 1487 = WM 1998, 301, 303.

Teil 1 • Abschnitt 2 • Pflichten aus dem Anwaltsvertrag

auf andere Weise sicherer und ungefährlicher erreicht werden, so hat der Rechtsanwalt den Auftraggeber auch darüber zu unterrichten.[1179]

938 **Beharrt der Mandant** trotz anwaltlicher Warnung **auf seiner Weisung**, so kann der Rechtsanwalt, falls er nicht eine **Niederlegung des Mandats** vorzieht, der Weisung – etwa zur Erhebung einer „praktisch aussichtslosen" Klage[1180] – **nachkommen, ohne dass damit eine Pflichtverletzung** verbunden wäre.[1181] Das bedeutet, dass der Auftraggeber einen Schaden infolge seiner Weisung, die er trotz vertragsgerechter Warnung seines Rechtsanwalts aufrechterhalten hat, allein zu tragen hat.

939 Im Einzelfall kann es für den Rechtsanwalt **schwierig** sein **abzugrenzen,**

- ob er aufgrund seiner Sachkunde und Erfahrung – im Rahmen einer Grundentscheidung des Auftraggebers – eine eigene selbständige Entscheidung und Maßnahme im Interesse seines Mandanten zu treffen hat oder
- ob vielmehr das beabsichtigte Vorgehen eine grundlegende Entschließung seines Auftraggebers erfordert oder die Prüfung voraussetzt, ob eine Abweichung von einer Weisung des Mandanten gemäß §§ 665, 675 Abs. 1 BGB gerechtfertigt ist.

Insoweit klingen die Ausführungen des BGH[1182] in einem Urteil aus 1980 verführerisch. Dort heißt es: I.d.R. dürfe der Rechtsanwalt, wenn ihm keine besonderen Weisungen bei der Verfolgung eines bestimmten Auftrags erteilt worden seien, den Auftrag aus eigener Entschließung erledigen. Er müsse nur darauf achten, dass dabei Nachteile für den Auftraggeber vermieden werden, soweit sie vorsehbar und vermeidbar sind. Er sei dann berechtigt und sogar verpflichtet, so vorzugehen, wie es ihm aufgrund der erhaltenen Information und seiner sonstigen Kenntnisse als sachgerecht erscheinen müsse. Der ihm insoweit verbleibende Spielraum sei aufgrund seiner Sachkenntnis und Erfahrung sogar nicht einmal eng zu ziehen. Den Entschluss über das Vorgehen im Einzelnen bei Ausführung eines bestimmten Auftrags könne nämlich in vielen Fällen der Mandant nicht allein fassen; er müsse oft notgedrungen dem Anwalt gewisse „freie Hand" lassen. Dieser könne sogar im Einzelfall verpflichtet sein, gegen frühere ausdrückliche Weisungen des Mandanten zu handeln, nämlich dann, wenn es in einer neuen Situation objektiv dem Interesse der Partei entspreche.

Diese Entscheidung sollte den Rechtsanwalt nicht verleiten, im Zweifel anzunehmen, er könne selbst ohne Rücksprache mit seinem Mandanten entscheiden und vorgehen. Handelt es sich allein um die ureigene anwaltliche Aufgabe der Rechtsberatung und

---

1179 BGH, VersR 1985, 42, 43.
1180 BGHZ 97, 372, 376 = NJW 1986, 2043.
1181 BGH, VersR 1974, 488, 489; BGHZ 97, 372, 376 = NJW 1986, 2043; NJW-RR 1990, 1241, 1243.
1182 VersR 1980, 925, 926.

474   *Zugehör*

-betreuung, so ist i.d.R. nur der allein sachkundige Rechtsanwalt gefordert.[1183] **Im Zweifelsfalle** – insbesondere bei Maßnahmen, die den Kern der Interessen des Auftraggebers berühren und beeinträchtigen können – sollte der Rechtsanwalt aber zugunsten des Mandanten – und unter dem Regressgesichtspunkt auch zu seinen eigenen Gunsten – dem **Gebot des sichersten Weges** (Rn. 568) folgen; das bedeutet, dass er im Zweifel sein geplantes Vorgehen mit dem Auftraggeber besprechen und dessen Zustimmung einholen sollte.[1184]

Zugehör

E. Anhang: Rechtsprechungslexikon

I. Pflichten des Rechtsanwalts

Anspruchssicherung

Die Übernahme der Prozessvertretung begründet für den Rechtsanwalt die Verpflichtung, sich unverzüglich, d.h. innerhalb einer angemessenen, sich je nach Sachlage nach Tagen zu bemessenden Frist mit dem Prozessstoff vertraut zu machen und ihn darauf zu überprüfen, ob und welche Maßnahmen erforderlich sind, um die drohende Verjährung von Ansprüchen des Auftraggebers zu verhindern.
RG, Urt. v. 2.11.1926 – III 534/25, RGZ 115, 185.

Ein Rechtsanwalt muss eine Klage so bald erheben oder eine die Verjährung unterbrechende oder hemmende Maßnahme so rechtzeitig vornehmen, dass der Mandant auch bei einer ihm ungünstigen Beurteilung der Verjährungsfrist der Gefahr entgeht, dass die Klage wegen Verjährung abgewiesen wird.
BGH, Urt. v. 20.6.1960 – III ZR 127/59, VersR 1960, 991.

Zu den Aufgaben des Prozessbevollmächtigten gehört es, die Ansprüche seines Auftraggebers nach jeder Richtung sorgfältig zu prüfen und vor allem gegen eine drohende Verjährung zu sichern.
BGH, Urt. v. 7.2.1967 – VI ZR 101/65, VersR 1967, 704.

Die Prüfung der Frage, ob einem Anspruch des Mandanten Verjährung droht, gehört zu den wichtigsten Pflichten eines Rechtsanwalts. Er muss alle geeigneten Schritte unternehmen, um die Rechte seines Mandanten zu wahren.
BGH, Urt. v. 13.7.1971 – VI ZR 140/70, VersR 1971, 1119.

1183 Vgl. LG Köln, MDR 1963, 134 f., betreffend eine weisungswidrige Zustimmung zu einer Aussetzung des Rechtsstreits.
1184 Vgl. BGH, MDR 1977, 476.

Sieg

Ein Rechtsanwalt, der eine Deckungsklage zur Wahrung der Frist des § 12 Abs. 3 VVG eingereicht hat, muss den Mandanten i.d.r. ausdrücklich darauf hinweisen, dass er bei verspäteter Zahlung des Gerichtskostenvorschusses Gefahr läuft, den Versicherungsschutz endgültig zu verlieren.
BGH, Urt. v. 24.9.1974 – VI ZR 82/73, NJW 1974, 2318.

Ein Rechtsanwalt handelt pflichtwidrig, wenn er einen Anspruch seines Mandanten verjähren lässt, ohne diesen zuvor auf die Verjährungsgefahr hingewiesen und eine verjährungsunterbrechende Maßnahme empfohlen zu haben.
BGH, Urt. v. 20.11.1984 – IX ZR 9/84, WM 1985, 203.

Aus dem Anwaltsvertrag ergibt sich die Verpflichtung des Rechtsanwalts, dafür zu sorgen, dass bestehende Ansprüche des Auftraggebers nicht verjähren.
BGH, Urt. v. 17.12.1987 – IX ZR 41/86, NJW 1988, 1079 = WM 1988, 382.

Der Rechtsanwalt verletzt seine Pflichten, wenn er Geld, das er von seinem Auftraggeber zur Einzahlung der Gerichtsgebühr für das Verfahren erhalten hat, eigenmächtig zur Tilgung eigener Gebührenforderungen verwendet, so dass die Klage mangels Zahlung des Kostenvorschusses nicht demnächst i.S.v. § 270 Abs. 3 ZPO (a.F.) zugestellt wird und die geltend gemachte Forderung deshalb verjährt. Dies gilt auch dann, wenn der Rechtsanwalt gleichzeitig beauftragt worden ist, einen Antrag auf Bewilligung von Prozesskostenhilfe zu stellen.
BGH, Urt. v. 20.12.1988 – IX ZR 88/88, NJW 1989, 1148.

Die Fristenkontrolle gehört zum ureigenen Aufgabenbereich des Rechtsanwalts. Er hat dafür Sorge zu tragen, dass die Rechte des Mandanten gegen eine drohende Verjährung gesichert werden.
BGH, Urt. v. 19.12.1991 – IX ZR 41/91, NJW 1992, 820.

1. Ein Rechtsanwalt ist verpflichtet, darauf zu achten, ob dem Mandanten wegen Verjährung ein Rechtsverlust droht, und dieser Gefahr durch geeignete Maßnahmen entgegenzuwirken.
2. Die Pflicht zur Unterbrechung der Verjährung ist erst verletzt, wenn diese bereits eingetreten ist oder so nahe bevorsteht, dass sie aus zeitlichen Gründen nicht mehr unterbrochen werden kann.
3. Die Pflicht, Vorkehrungen gegen eine Verjährung zu treffen, entsteht i.d.R. spätestens dann, wenn ein Rechtsanwalt Dispositionen trifft, die das Risiko der Verjährung erhöhen. Dies ist, wenn der Rechtsanwalt lediglich eine Teilklage erhebt, der Fall bezüglich des nicht anhängig gemachten Teils der Forderung.
4. Erhebt der Rechtsanwalt eine „Musterklage" gegen einen oder mehrere Schuldner, muss er Vorkehrungen gegen die drohende Verjährung von Ansprüchen des Mandanten gegen weitere Schuldner treffen.
BGH, Urt. v. 18.3.1993 – IX ZR 120/92, NJW 1993, 1779 = WM 1993, 1376.

Auch wenn sich das Mandat nur auf die Verfolgung des Anspruchs gegen eine bestimmte Partei beschränkt, bei negativem Ausgang der erhobenen Klage aber die Ersatzpflicht eines Dritten in Betracht kommt, ist der Rechtsanwalt verpflichtet zu prüfen, ob insoweit Verjährung droht. Ist für den Rechtsanwalt ersichtlich, dass der Auftraggeber insoweit nicht anderweitig beraten wird, muss er diesen darüber belehren, welche Maßnahmen zur Vermeidung rechtlicher Nachteile erforderlich sind.
BGH, Urt. v. 29.4.1993 – IX ZR 101/92, NJW 1993, 2045 = WM 1993, 1508.
1. Der Rechtsanwalt ist vertraglich verpflichtet, Ansprüche seines Auftraggebers vor der Verjährung zu sichern.
2. Ist unklar, wann der Anspruch des Auftraggebers verjährt, muss der Rechtsanwalt in Erwägung ziehen, dass sich das zur Entscheidung berufene Gericht der seinem Mandanten ungünstigeren Beurteilung anschließt. Der Rechtsanwalt muss daher die Verjährung so rechtzeitig unterbrechen, dass dem Mandanten auch bei der für ihn ungünstigsten Beurteilung der Verjährungsfrage kein Nachteil entsteht.
3. Hat es ein Rechtsanwalt unter Außerachtlassung des den Umständen nach sichersten Weges unterlassen, Ansprüche seines Auftraggebers in verjährungsunterbrechender Weise geltend zu machen, und ist es deshalb zweifelhaft geworden, ob die Ansprüche verjährt sind, wird der Schaden des Mandanten, der der vom Gegner erhobenen Verjährungseinrede nicht wirksam entgegentritt, auch dann vom Schutzbereich der verletzten Pflicht erfasst, wenn die Verjährungseinrede zu Unrecht erhoben ist.
BGH, Urt. v. 17.6.1993 – IX ZR 206/92, NJW 1993, 2797 = WM 1993, 1798.
1. Der Rechtsanwalt muss die Frage der Verjährung schon prüfen, bevor er eine Klage einreicht.
2. Er ist insoweit gehalten, rechtzeitig die notwendigen Schritte anzuraten und den sichersten Weg zu wählen.
BGH, Urt. v. 14.7.1994 – IX ZR 204/93, NJW 1994, 2822 = WM 1994, 2162.

Ein Rechtsanwalt, der mit der Erhebung einer Versicherungsschutzklage betraut ist, muss seinen Auftraggeber darüber belehren, dass die Klagefrist des § 12 Abs. 3 VVG nur durch die Klagezustellung gewahrt wird, und dass dafür die Zahlung des Gerichtskostenvorschusses erforderlich ist.
BGH, Urt. v. 17.11.1994 – IX ZR 208/93, NJW-RR 1995, 252 = WM 1995, 212.

1. Ein Rechtsanwalt, der Rechte seines Mandanten gegenüber einem säumigen Schuldner wahrzunehmen, ist verpflichtet, Vorkehrungen gegen eine drohende Verjährung zu treffen.
2. Diese Pflicht entsteht i.d.R. spätestens dann, wenn der Rechtsanwalt Dispositionen trifft, die das Risiko der Verjährung erhöhen. Dies gilt für risikoerhöhende Unterlassungen entsprechend.
3. Nimmt ein Rechtsanwalt den Auftrag, eine Forderung einzuziehen, nur gut ein halbes Jahr vor deren Verjährung an, verletzt er seine Pflicht, Vorkehrungen gegen eine Verjährung zu treffen, jedenfalls dadurch, dass er die Hälfte der Zeit untätig bleibt. Nach einer Zahlungsaufforderung darf der Rechtsanwalt die Angelegenheit dann nicht

für mehr als einen Monat auf Frist legen.
BGH, Urt. v. 28.11.1996 – IX ZR 39/96, NJW 1997, 1302 = WM 1997, 321.

Ein Rechtsanwalt, der beauftragt worden ist, wegen einer bestimmten Vermögensdisposition Restitutionsansprüche gemäß §§ 3 ff. VermG zu prüfen, muss den Mandanten vor einer drohenden Verfristung von Restitutionsansprüchen wegen anderer Vermögensdispositionen (§ 30a VermG), von denen der Rechtsanwalt während der Bearbeitung des Mandats erfährt, warnen, wenn er Grund zu der Annahme hat, dass sich der Mandant dieser Gefahr nicht bewusst ist.
BGH, Urt. v. 9.7.1998 – IX ZR 324/97, WM 1998, 2246 = NJW 1998, 3050 (Ls.).

Wenn ein Rechtsverlust durch den Ablauf einer Klagefrist droht, ist der Auftraggeber hierauf hinzuweisen, auch wenn der Berater eine Klage für aussichtslos hält.
BGH, Urt. v. 11.5.1999 – IX ZR 298/97, WM 1999, 1342.

Ein Rechtsanwalt verletzt die im Rahmen des Anwaltsvertrages bestehende Verpflichtung zur ordnungsgemäßen Prozessführung, wenn er eine Ausschlussfrist zur Klageerhebung versäumt (hier die Monatsfrist des § 51 Abs. 1 Satz 2 GenG).
OLG Düsseldorf, Urt. v. 11.6. 1987 – 8 U 86/86, NJW 1987, 2523.

Auch der nur als sog. Stempelanwalt tätige Prozessanwalt ist – neben dem Verkehrsanwalt – zur Fristenkontrolle und erforderlichenfalls zur rechtzeitigen Anmahnung des Gerichtskostenvorschusses innerhalb der sich ihm aus der Klageschrift ergebenden Verjährungsfrist verpflichtet.
OLG Hamm, Urt. v. 29.10.1998 – 28 U 42/98, MDR 1999, 899.

1. Der Rechtsanwalt hat seine Tätigkeit für den Mandanten in erster Linie an der höchstrichterlichen Rechtsprechung auszurichten; denn diese hat richtungsweisende Bedeutung für Entwicklung und Anwendung des Rechts. Der Anwalt muss sich deshalb über die Entwicklung der höchstrichterlichen Rechtsprechung nicht nur anhand der amtlichen Sammlungen, sondern auch der einschlägigen Fachzeitschriften unterrichten.
2. Eine Pflicht des Rechtsanwalts, darüber hinaus die veröffentlichte Instanz-Rechtsprechung und das Schrifttum sowie hierbei insbesondere die Aufsatzliteratur heranzuziehen, besteht zwar grundsätzlich in beschränktem Maße; strengere Anforderungen sind jedoch zu stellen, wenn ein Rechtsgebiet ersichtlich in der Entwicklung begriffen und (weitere) höchstrichterliche Rechtsprechung zu erwarten ist. Dann muss ein Anwalt, der eine Angelegenheit aus diesem Bereich zu bearbeiten hat, auch Spezialzeitschriften in angemessener Zeit durchsehen.
3. Ihm muss dabei freilich insgesamt ein realistischer Toleranzrahmen zugebilligt werden.
BGH, Urt. v. 21.9.2000 – IX ZR 127/99, NJW 2001, 675 = DStR 2000, 1924.

Hat der Rechtsanwalt durch eine schuldhafte Vertragsverletzung verursacht, dass Ansprüche des Mandanten verjährt sind, wird der Zurechnungszusammenhang zwischen Pflichtverletzung und Schaden nicht bereits dadurch unterbrochen, dass der Mandant vor Ablauf der Verjährungsfrist einen anderen Rechtsanwalt mit der Prüfung von Scha-

densersatzansprüchen gegen den ersten Anwalt beauftragt.
BGH, Urt. v. 29.11.2001 – IX ZR 278/00, NJW 2002, 1117 = WM 2002, 505.

Beratung (allgemein)

1. Der Auftraggeber, der sich in Rechtsangelegenheiten an einen Rechtsanwalt wendet, darf erwarten, dass er über die Gesichtspunkte und Umstände, die für sein Verhalten in der Angelegenheit entscheidend werden können, eingehend und erschöpfend belehrt wird.
2. Es ist Sache des Rechtsanwalts, einer Partei diejenigen Schritte anzuraten, die zu dem erstrebten Ziel führen.
3. Demgemäß ist der Rechtsanwalt zur allgemeinen, umfassenden und möglichst erschöpfenden Belehrung verpflichtet, soweit sein Auftraggeber nicht unzweideutig zu erkennen gibt, dass er des Rates nur in einer bestimmten Richtung bedarf. Der Rechtsanwalt muss dabei die Zweifel und Bedenken, zu denen die Sachlage Anlass gibt, darlegen und erörtern.
4. Die Pflicht des Rechtsanwalts zur vollständigen Beratung setzt voraus, dass er zunächst durch Befragung des Auftraggebers diejenigen Punkte klärt, auf die es für die rechtliche Beurteilung ankommen kann, und dabei auch die in der Sache liegenden Zweifel bedenkt und erörtert, die er als Rechtskundiger erkennen kann und muss, während sie auch einem geschäftsgewandten Rechtsunkundigen verborgen bleiben können. Wenn solche Zweifel bestehen können, darf der Rechtsanwalt sich nicht mit der rechtlichen Würdigung des ihm vorgetragenen Sachverhalts begnügen, sondern muss sich bemühen, durch Befragung des Ratsuchenden ein möglichst vollständiges und objektives Bild der Sachlage zu gewinnen.
BGH, Urt. v. 21.1.1960 – III ZR 160/59, NJW 1960, 601.

Ein Rechtsanwalt, der die Interessen eines Grundstücksverkäufers vertritt, verletzt die ihm obliegende Aufklärungs- und Beratungspflicht, wenn er ohne Absprache mit seinem Auftraggeber eine von diesem gesetzte Zahlungsfrist verlängert, obwohl für ihn erkennbar ist, dass er damit den Auftraggeber daran hindern kann, sich zu seinem Vorteil von dem Kaufvertrag wegen Zahlungsverzugs des Käufers zu lösen.
BGH, Urt. v. 10.6.1980 – VI ZR 127/79, VersR 1980, 925.

Der Rechtsanwalt ist zur umfassenden Belehrung und Beratung des Auftraggebers verpflichtet; besondere Nachdrücklichkeit und Eindringlichkeit der Beratung kann nicht gefordert werden.
BGH, Urt. v. 5.2.1987 – IX ZR 65/86, NJW 1987, 1322.

1. Soweit der Auftraggeber nicht unzweideutig zu erkennen gibt, dass er des Rates nur in einer bestimmten Richtung bedarf, ist der Rechtsanwalt zur allgemeinen, umfassenden und möglichst erschöpfenden Belehrung des Auftraggebers verpflichtet. Unkundige muss er über die Folgen ihrer Erklärungen belehren und vor Irrtümern

bewahren.
2. Der Rechtsanwalt hat dem Mandanten diejenigen Schritte anzuraten, die zu dem erstrebten Ziel führen können, und Nachteile für den Auftraggeber zu verhindern, soweit solche voraussehbar und vermeidbar sind.
3. Dazu hat der Rechtsanwalt dem Auftraggeber den sichersten und ungefährlichsten Weg vorzuschlagen und ihn über mögliche Risiken aufzuklären, damit der Mandant zu einer sachgerechten Entscheidung in der Lage ist.
4. Welche Pflichten sich aus diesen allgemeinen Grundsätzen im Einzelfall ergeben, hängt davon ab, welches Mandat dem Rechtsanwalt erteilt ist.
BGH, Urt. v. 22.10.1987 – IX ZR 175/86, NJW 1988, 563 = WM 1987, 1516.

Ein Rechtsanwalt verletzt seine Pflichten gegenüber dem Auftraggeber nicht, wenn er bei der Verfolgung der Ziele des Mandanten Maßnahmen ergreift, an denen er nach den Umständen des Einzelfalls aus Rechtsgründen nicht gehindert ist.
BGH, Urt. v. 16.5.1991 – IX ZR 131/90, NJW 1991, 2079.

1. Der um Rat gebetene Rechtsanwalt ist seinem Auftraggeber zu einer umfassenden und erschöpfenden Belehrung verpflichtet, sofern dieser nicht eindeutig zu erkennen gibt, dass er des Rates nur in einer bestimmten Richtung bedarf.
2. Der Rechtsanwalt muss den ihm vorgetragenen Sachverhalt daraufhin prüfen, ob er geeignet ist, den vom Auftraggeber erstrebten Erfolg herbeizuführen. Er hat dem Mandanten diejenigen Schritte anzuraten, die zu dem erstrebten Ziel führen können, und Nachteile für den Auftraggeber zu verhindern, soweit solche voraussehbar und vermeidbar sind.
3. Dazu hat er dem Auftraggeber den sichersten Weg vorzuschlagen und ihn über mögliche Risiken aufzuklären, damit der Mandant eine sachgerechte Entscheidung treffen kann; Zweifel und Bedenken, zu denen die Sachlage Anlass gibt, muss der Rechtsanwalt darlegen und mit dem Auftraggeber erörtern.
4. Eine solche Belehrung kann allenfalls dann entbehrlich sein, wenn der Rechtsanwalt erkennt, dass der Mandant die Risiken des Geschäfts oder der beabsichtigten Gestaltung kennt und er diese auch bei einer Belehrung auf sich nehmen würde.
BGH, Urt. v. 6.2.1992 – IX ZR 95/91, NJW 1992, 1159 = WM 1992, 742; v. 5.11.1992 – IX ZR 200/91, NJW 1993, 1320 = WM 1993, 610.

Der Rechtsanwalt muss den Auftraggeber nicht nur über das Vorhandensein, sondern auch über das ungefähre, in etwa abschätzbare Ausmaß des Risikos unterrichten.
BGH, Urt. v. 6.2.1992 – IX ZR 95/91, NJW 1992, 1159 = WM 1992, 742.

Der Rechtsanwalt verletzt seine Pflichten, wenn er dem Auftraggeber zu einer unzulässigen Teilkündigung eines Vertrages rät.
BGH, Urt. v. 5.11.1992 – IX ZR 200/91, NJW 1993, 1320 = WM 1993, 610.

1. Der um Rat gebetene Rechtsanwalt ist seinem Auftraggeber zu einer umfassenden und erschöpfenden Belehrung verpfichtet.

2. Der Rechtsanwalt muss den ihm vorgetragenen Sachverhalt dahin überprüfen, ob er geeignet ist, den vom Auftraggeber erstrebten Erfolg herbeizuführen. Dem Mandanten hat der Rechtsanwalt diejenigen Schritte zu empfehlen, die zu dem erstrebten Ziel führen können.
3. Er muss den Auftraggeber vor Nachteilen bewahren, soweit solche voraussehbar und vermeidbar sind. Dazu hat der Rechtsanwalt dem Mandanten den sichersten Weg vorzuschlagen und ihn über mögliche Risiken aufzuklären, damit der Mandant eine sachgerechte Entscheidung treffen kann; Zweifel und Bedenken, zu denen die Sachlage Anlass gibt, muss der Rechtsanwalt darlegen und mit dem Auftraggeber erörtern.
BGH, Urt. v. 20.1.1994 – IX ZR 46/93, NJW 1994, 1211 = WM 1994, 948; v. 20.10.1994 – IX ZR 116/93, NJW 1995, 449 = WM 1995, 398.

Hat der Rechtsanwalt seinen Mandanten in allen Fragen zu beraten, die dessen Ausscheiden aus einer Gesellschaft betreffen, ist er i.d.R. verpflichtet, ihm Inhalt und Bedeutung einer im Gesellschaftsvertrag enthaltenen Buchwertklausel zu erläutern; dazu hat er auch im Ansatz aufzuzeigen, unter welchen Voraussetzungen die Bindung an die Buchwertklausel nicht gilt, oder durch gezielte Fragen zu ermitteln, ob ein solcher Fall überhaupt in Betracht kommt.
BGH, Urt. v. 10.2.1994 – IX ZR 109/93, NJW 1994, 1472 = WM 1994, 1114.

1. Ein Rechtsanwalt muss anhand des ihm unterbreiteten Sachverhalts prüfen, ob und ggf. auf welchem Weg das Ziel seines Auftraggebers erreichbar ist. Bedenken, zu denen die Rechtslage Anlass gibt, sind zu erörtern.
2. Wenn mehrere Wege zur Verfolgung des Auftragsziels in Betracht kommen, hat der Rechtsanwalt den sichersten zu wählen. Insoweit darf vom Rechtsanwalt nur ein Verhalten erwartet werden, das im Rahmen eines geordneten Kanzleibetriebs regelmäßig zumutbar ist. Dabei richten sich die konkreten Handlungs- und Unterlassungspflichten nach den Umständen des einzelnen Falls und dem Mandat.
BGH, Urt. v. 13.7.1994 – IV ZR 294/93, NJW 1995, 51.

Ein Rechtsanwalt verletzt seine Beratungspflicht, wenn er dem Mandanten, der eine unfertige Eigentumswohnung erworben und nicht nur den Kaufpreis gezahlt, sondern darüber hinausgehende Vermögensverluste erlitten hat, empfiehlt, vom Vertrag zurückzutreten statt Schadensersatz wegen Nichterfüllung zu verlangen, und zugleich nicht von der beabsichtigten Veräußerung abrät, die weitere Verluste verursachen würde (§ 326 BGB a.F.)
BGH, Urt. v. 20.10.1994 – IX ZR 116/93, NJW 1995, 449 = WM 1995, 398.

Der Schutzzweck der Beratung ergibt sich aus dem für den Rechtsanwalt erkennbaren Ziel, das der Mandant mit der Beauftragung verfolgt.
BGH, Urt. v. 26.6.1997 – IX ZR 233/96, NJW 1997, 2946 = WM 1997, 1489.

Der Rechtsanwalt muss den Mandanten auch über konkrete wirtschaftliche Gefahren der beabsichtigten Vorgehensweise und die erforderlichen Vorsichtsmaßregeln aufklä-

ren.
BGH, Urt. v. 27.11.1997 – IX ZR 141/96, NJW 1998, 900 = WM 1998, 776.

Ein Rechtsanwalt darf einem Bauherrn, der ihn mit der Wahrnehmung seiner Interessen beauftragt hat, nur dann raten, einen Bauwerkvertrag gemäß § 649 BGB zu kündigen oder nach § 326 BGB a.f. vorzugehen, wenn anzunehmen ist, dass dem Mandanten daraus kein Schaden entsteht. Lassen sich nachteilige Folgen für den Bauherrn nicht hinreichend sicher ausschließen und sind auch keine überwiegenden Vorteile erkennbar, muss die Empfehlung, den Vertrag zu kündigen, unterbleiben. Der Rechtsanwalt handelt in einem solchen Fall pflichtgemäß, wenn er Vertragserfüllung verlangt.
BGH, Urt. v. 17.9.1997 – IX ZR 291/97, WM 1998, 2252.

Sieg

■ Klärung des Sachverhalts

Der Rechtsanwalt muss den Sachverhalt klären, den er seiner fachlichen Tätigkeit zugrunde zu legen hat, und prüfen, ob dieser geeignet ist, den vom Mandanten erstrebten Erfolg herbeizuführen. I.d.R. darf der Rechtsanwalt auf die Richtigkeit tatsächlicher Angaben seines Auftraggebers ohne eigene Nachforschungen vertrauen, solange er die Unrichtigkeit oder Unvollständigkeit weder kennt noch kennen muss. Dieser Grundsatz gilt jedoch nicht für die Mitteilung von Rechtstatsachen und rechtlichen Wertungen, da solche Angaben eines rechtsunkundigen Mandanten unzuverlässig sind. Insoweit muss der Rechtsanwalt die zugrunde liegenden, für die rechtliche Prüfung bedeutsamen Umstände und Vorgänge klären; dafür genügt es regelmäßig, dass er seinen Mandanten befragt und von diesem einschlägige Unterlagen erbittet.
BGH, Urt. v. 18.11.1999 – IX ZR 420/97, WM 2000, 189 = NJW 2000, 730.

Der Rechtsanwalt darf sich nicht ohne weiteres mit der Information durch seinen Auftraggeber begnügen; er muss sich um zusätzliche Aufklärung bemühen, wenn den Umständen nach für eine zutreffende rechtliche Einordnung die Kenntnis weiterer Tatsachen erforderlich und deren Bedeutung für den Mandanten nicht ohne weiteres ersichtlich ist.

Was danach geboten ist, hängt von den Umständen des Einzelfalls, insbesondere vom Ziel des Mandanten sowie vom Inhalt des Mandats ab. Der Rechtsanwalt hat sich nur mit den tatsächlichen Angaben zu befassen, die zur pflichtgemäßen Erledigung des ihm übertragenen Auftrags zu beachten sind. Er braucht sich grundsätzlich nicht um die Aufklärung von Vorgängen zu bemühen, die weder nach den vom Auftraggeber erteilten Informationen noch aus Rechtsgründen in einer inneren Beziehung zu dem Sachverhalt stehen, aus dem der Mandant einen Anspruch gegen seinen Vertragspartner herleitet.
BGH, Urt. v. 7.2.2002 – IX ZR 209/00, NJW 2002, 1413 = WM 2002, 1077.

Bietet der vom (beklagten) Mandanten mitgeteilte Sachverhalt dem Rechtsanwalt keinen Anhaltspunkt für rechtshindernde Einwendungen gegen den Klageanspruch, so ist der Rechtsanwalt, der erst während der Vertragsabwicklung beauftragt worden ist, insoweit nicht zu einer weiteren Erforschung des Sachverhalts verpflichtet.
BGH, Urt. v. 22.9.2005 – IX ZR 23/04, WM 2005, 2197, 2199 = AnwBl 2006, 68, 69 = NJW 2006, 501, 503.

■ **Rechtsprüfung**

Der Rechtsanwalt hat seine Tätigkeit für den Mandanten in erster Linie an der höchstrichterlichen Rechtsprechung auszurichten, weil diese richtungweisende Bedeutung für Entwicklung und Anwendung des Rechts hat. Er muss sich deshalb über die Entwicklung der höchstrichterlichen Rechtsprechung nicht nur anhand der amtlichen Sammlungen, sondern auch der einschlägigen Fachzeitschriften unterrichten. Eine anwaltliche Pflicht, darüber hinaus die veröffentlichte Rechtsprechung der Instanzgerichte und das Schrifttum heranzuziehen, besteht grundsätzlich nur in beschränktem Maße; strengere Anforderungen sind jedoch zu stellen, wenn ein Rechtsgebiet ersichtlich in der Entwicklung begriffen und (weitere) höchstrichterliche Rechtsprechung zu erwarten ist. Dann muss ein Anwalt, der eine Angelegenheit aus diesem Bereich zu bearbeiten hat, auch Spezialzeitschriften in angemessener Zeit durchsehen. Dafür muss ihm freilich insgesamt ein „realistischer Toleranzrahmen" zugebilligt werden.
BGH, Urt. v. 21.9.2000 – IX ZR 127/99, WM 2000, 2431, 2435 = NJW 2001, 675.

Die jeweils aktuelle Rechtsprechung im Zeitpunkt der Beratung hat für die Erfüllung der Vertragspflichten eines Rechtsanwalts oder Steuerberaters überragende Bedeutung. Deshalb haben diese Berater ihre Hinweise, Belehrungen und Empfehlungen i.d.R. danach auch dann auszurichten, wenn sie diese Rechtsprechung für unzutreffend halten.

Maßgeblich ist die höchstrichterliche Rechtsprechung derjenigen Gerichtsbarkeit, die für den Mandatsgegenstand gilt, es sei denn, dass diese Rechtsprechung allgemein anerkannten Rechtsgrundsätzen widerspricht, insbesondere mit der Verfassung nicht vereinbar ist.
BGH, Urt. v. 28.9.2000 – IX ZR 6/99, BGHZ 145, 256, 263 f. = WM 2000, 2439 = NJW 2001, 146.

Der Rechtsanwalt hat sich die mandatsbezogenen Rechtskenntnisse, soweit sie nicht zu seinem präsenten Wissen gehören, ungesäumt zu verschaffen und sich auch in eine Spezialmaterie einzuarbeiten.
BGH, Urt. v. 22.9.2005 – IX ZR 23/04, WM 2005, 2197, 2198 = AnwBl 2006, 68.

Ein Rechtsanwalt hat zumindest eine allgemeine juristische Fachzeitschrift regelmäßig und zeitnah zu ihrem Erscheinen auszuwerten.
OLG Zweibrücken, Beschl. v. 2.9.2005 – 3 W 168/05, NJW 2005, 3358.

■ **Rechtsberatung und sicherster Weg**

Der Rechtsanwalt hat seinen Auftraggeber umfassend und möglichst erschöpfend zu belehren. Er hat ihm die geeigneten Schritte zu dem erstrebten Ziel anzuraten und Nachteile für den Mandanten zu verhindern, soweit solche voraussehbar und vermeidbar sind. Dazu hat er dem Auftraggeber den relativ sichersten und am wenigsten gefährlichen Weg vorzuschlagen und ihn über mögliche Risiken aufzuklären, damit der Mandant eine sachgerechte Entscheidung treffen kann.
BGH, Urt. v. 11.2.1999 – IX ZR 14/98, WM 1999, 647, 648 = NJW 1999, 1391.

Der Rechtsanwalt hat den Mandanten in seiner Rechtssache grundsätzlich umfassend und möglichst erschöpfend rechtlich zu beraten. Insbesondere sind Zweifel und Bedenken, zu denen die Sach- oder Rechtslage Anlass gibt, sowie mögliche Risiken eines Rechtsstreits darzulegen. Erscheint eine beabsichtigte Klage wenig aussichtsreich, so muss der rechtliche Berater hierauf und auf die damit verbundenen Gefahren hinweisen.

Kommen verschiedene Wege zu dem erstrebten Ziel in Betracht, so muss der Rechtsanwalt seinen Mandanten über die Alternativen und die mit ihnen verbundenen Vor- und Nachteile belehren. Sind mehrere Wege gangbar, so hat er denjenigen Weg vorzuschlagen, der die geringsten Gefahren aufweist.
BGH, Urt. v. 29.4.2003 – IX ZR 54/02, NJW-RR 2003, 1212 = WM 2003, 1628.

Zur Beratung über das Risiko mangelnder Insolvenzfestigkeit der Sicherungsvollstreckung.
BGH, Urt. v. 6.7.2000 – IX ZR 198/99, WM 2000, 1814, 1815 = NJW 2001, 673.

Zur Beratung über die Möglichkeit und Aussicht einer Revision durch einen Berufungsanwalt (Nichtzulassungsbeschwerde).
BGH, Urt. v. 27.3.2003 – IX ZR 399/99, WM 2003, 1146, 1148 = NJW 2003, 2022.

Zur Beratung vor Einlegung eines Rechtsmittels gegen ein Räumungsurteil.
BGH, Urt. v. 10.7.2003 – IX ZR 5/00, WM 2004, 436, 437 = NJW 2003, 2986.

Zur anwaltlichen Beratung bei Beantragung eines Mahnbescheides, wenn bereits die Eröffnung des Konkursverfahrens gegen den Schuldner beantragt wurde.
BGH, Urt. v. 8.1.2004 – IX ZR 30/03, WM 2004, 481, 482.

Es ist Sache des Mandanten zu entscheiden, ob und mit welchem Inhalt er einen Rechtsstreit durch Vergleich beendet. Will der Prozessbevollmächtigte einen Vergleich abschließen, so hat er deshalb grundsätzlich vorher die Zustimmung des Auftraggebers einzuholen. Zuvor muss er diesen darüber unterrichten, mit welchem Inhalt er den Vergleich abschließen will, und ihn über die Vor- und Nachteile belehren. Das gilt insbesondere dann, wenn der Rechtsanwalt Anhaltspunkte dafür hat, dass sich der Mandant von einem Vergleich mehr verspricht. Für einen Abfindungsvergleich gilt dies in

besonderem Maße.
BGH, Urt. v. 8.11.2001 – IX ZR 64/01, NJW 2002, 292.

Der Rechtsanwalt hat grundsätzlich von der Belehrungsbedürftigkeit seines Auftraggebers auszugehen. Das gilt sogar gegenüber rechtlich und wirtschaftlich erfahrenen Personen. Behauptet der Rechtsanwalt, der Mandant habe die Rechtslage gekannt und sei deswegen nicht belehrungsbedürftig gewesen, so hat er dies zu beweisen.
BGH, Urt. v. 26.10.2000 – IX ZR 289/99, NJW 2001, 517, 518.

Ist unklar, wer von mehreren Personen der Vertragspartner des Mandanten ist, so hat der Rechtsanwalt, der einen vertraglichen Anspruch des Mandanten durchsetzen soll, diesem zu raten, den auftragserteilenden Vertreter aus § 179 Abs. 1 BGB zu verklagen und den übrigen als Vertragspartner in Betracht kommenden Personen den Streit zu verkünden.
BGH, Urt. v. 21.7.2005 – IX ZR 193/01, NJW-RR 2005, 1585 f. = WM 2005, 2108.

Zu den rechtlichen Gesichtspunkten, über welche der Rechtsanwalt seinen Auftraggeber aufklären muss, kann auch der Umfang des Kostenerstattungsrisikos gehören. Eine anwaltliche Pflicht, den Mandanten auf eine Maßnahme zur Vermeidung von Verfahrenskosten hinzuweisen, hängt von den Umständen des Einzelfalls ab.
BGH, Urt. v. 8.12.2005 – IX ZR 188/04, NJW-RR 2006, 557, 558 = WM 2006, 1216.

■ **Schadensverhütung**

Der mit einem Vertragsentwurf beauftragte Rechtsanwalt hat seinen Auftraggeber dann aufzuklären, wenn die von diesem erstrebte Rechtsverfolgung erkennbar wirtschaftlich unvernünftig ist, weil das zu erreichende Ziel in keinem angemessenen Verhältnis zu den anfallenden Kosten steht. Unter diesem Gesichtspunkt ist der Rechtsanwalt regelmäßig zu einem Hinweis verpflichtet, dass der in Auftrag gegebene Vertragsentwurf der notariellen Beurkundung bedarf und dadurch zusätzliche Kosten entstehen. Der Rechtsanwalt schuldet aber regelmäßig nicht den Rat, einen Notar aufzusuchen.
BGH, Urt. v. 18.9.1997 – IX ZR 49/97, WM 1998, 140, 141.

Droht dem Auftraggeber ein Schaden infolge eines anwaltlichen Fehlers, so kann der Rechtsanwalt verpflichtet sein, zusätzliche honorarfreie Leistungen zu erbringen, wenn sich der Schaden nur noch auf diese Weise verhindern lässt. Ist der Schaden bereits aus einem vom Rechtsanwalt zu verantwortenden Grunde eingetreten, besteht jedoch berechtigte Aussicht, ihn durch einen Zweitprozess zu beseitigen oder zu verringern, so hat der Anwalt gemäß § 249 BGB seinem Mandanten die dafür erforderlichen Aufwendungen zur Verfügung zu stellen, sofern er ihn nicht auf andere Weise schadlos stellt. Führt der Anwalt in einem solchen Fall den Zweitprozess, so handelt er auf eigenes Risiko; der geschädigte Auftraggeber ist ihm gegenüber nicht verpflichtet, sich auf einen weiteren Rechtsstreit zur Schadensminderung oder -beseitigung einzulassen.

BGH, Urt. v. 21.9.2000 – IX ZR 439/99, NJW 2000, 3560, 3562 = WM 2000, 2437, 2439; für den Steuerberater: BGH, Urt. v. 23.1.2003 – IX ZR 180/01, NJW-RR 2003, 1574, 1576; v. 6.2.2003 – IX ZR 77/02, WM 2003, 1138, 1140.

Die anwaltliche Pflicht, den Mandanten vor der Verjährung einer Forderung zu schützen, setzt nicht erst kurz vor Ablauf der Verjährungsfrist ein. Vielmehr sind Vorkehrungen zur Vermeidung der Verjährung erforderlich, sobald die Gefahr besteht, dass der Anspruch gegen den Dritten aus dem Blick gerät. Dieses Risiko muss ein sorgfältiger Rechtsanwalt besonders bei Ansprüchen beachten, die erst bei ungünstigem Ausgang einer laufenden rechtlichen Auseinandersetzung bedeutsam sind.
BGH, Urt. v. 29.11.2001 – IX ZR 278/00, WM 2002, 505, 507.

Zugehör

Beratung (Steuerrecht)

Zu der Pflicht des Rechtsanwalts, die Interessen seines Mandanten wahrzunehmen, gehört es auch, seinen Mandanten darauf hinzuweisen, dass bei der Übernahme sämtlicher Geschäftsanteile einer GmbH eine Grunderwerbsteuerpflicht entsteht und hierdurch erhebliche Kosten erwachsen können.
RG, Urt. v. 17.6.1932 – 330/31 III, JW 1932, 2855.

1. Die Pflichten eines Rechtsanwalts, der einen Mandanten steuerlich berät, beurteilen sich nach denselben Grundsätzen wie bei der Beratung in anderen Rechtsangelegenheiten.
2. Empfiehlt der Rechtsanwalt aus steuerlichen Gründen einen bestimmten Vermögenserwerb, hat er den Mandanten in der durch die Sachlage gebotenen Weise auch umfassend über die mit dem Geschäft zusammenhängenden zivilrechtlichen Fragen zu belehren und vor Risiken zu bewahren, die sich erkennbar aus diesem Rechtsbereich ergeben.
BGH, Urt. v. 22.10.1987 – IX ZR 175/86, NJW 1988, 563 = WM 1987, 1516.

Die Pflicht zur Beschreitung des den Umständen nach „sichersten Weges" trifft Rechtsanwälte nicht nur bei der Beratung in allgemeinen Rechtsangelegenheiten, sondern in gleicher Weise bei der steuerlichen Beratung.
BGH, Urt. v. 13.2.1992 – IX ZR 105/91, NJW 1992, 1695.

Kommt die Inanspruchnahme alternativer Steuervergünstigungen mit unterschiedlichen Rechtsfolgen in Betracht, hat der Steuerberater grundsätzlich über die verschiedenen Möglichkeiten auch dann umfassend zu belehren, wenn noch nicht erkennbar ist, ob die unterschiedlichen Rechtsfolgen für den Mandanten jeweils bedeutsam sind.
BGH, Urt. v. 16.10.2003 – IX ZR 167/02, NJW-RR 2004, 1210 = VersR 2004, 867.

Im Rahmen eines Dauermandats ist der Steuerberater verpflichtet, ungefragt über steuerlich bedeutsame Fragen und zivilrechtliche Gestaltungsmöglichkeiten zu beraten.
OLG Schleswig, Urt. v. 13.10.1998 – 6 U 1/98, VersR 2000, 784.

Sieg

■ **Klärung des Sachverhalts**

Ein steuerlicher Berater, dem ein Steuerbescheid später als drei Tage nach dem angeblichen Tag der Aufgabe zur Post zugeht, hat im Interesse seines Mandanten einen solchen, von § 122 Abs. 2 Nr. 1 AO abweichenden Zugang des Bescheids so festzuhalten, dass er für einen rechtzeitigen Einspruch substanziiert vortragen und einem gegenteiligen Standpunkt der Finanzbehörde entgegentreten kann.
BGH, Urt. v. 13.2.1992 – IX ZR 105/91, WM 1992, 701, 703 = NJW 1992, 1695.

■ **Rechtsprüfung**

Der Steuerberater hat aufgrund seiner Vertragspflicht, die Interessen des Mandanten bestmöglich zu wahren, die für diesen günstigen Rechtsfolgen aus einem bestimmten Verhalten der Finanzbehörde auch dann zu beachten, wenn dieses mit der höchstrichterlichen Rechtsprechung nicht in Einklang steht. Maßgeblich für den Steuerberater ist grundsätzlich die höchstrichterliche Rechtsprechung im Zeitpunkt der Beratung.
BGH, Urt. v. 3.6.1993 – IX ZR 173/92, WM 1993, 1677, 1678; vgl. zur Beachtung der höchstrichterlichen Rechtsprechung: BGH, Urt. v. 28.9.2000 – IX ZR 6/99, BGHZ 145, 256, 263 f. = WM 2000, 2439 = NJW 2001, 146 (s. „Beratung [allgemein]").

Eine Verwaltungsübung der Finanzbehörden (hier: Praxis der Finanzverwaltung zum gewerblichen Grundstückshandel) ist in einem Regressprozess gegen einen steuerlichen Berater zu beachten.
BGH, Urt. v. 22.2.2001 – IX ZR 293/99, WM 2001, 741, 743 f. = NJW-RR 2001, 1351.

■ **Rechtsberatung und sicherster Weg**

Im Rahmen seines Auftrags hat der Steuerberater seinen Mandanten umfassend zu beraten und ungefragt über alle steuerlichen Einzelheiten und deren Folgen zu unterrichten. Insbesondere muss der Steuerberater seinen Auftraggeber möglichst vor Schaden bewahren; deswegen hat er den sichersten Weg zu dem erstrebten steuerlichen Ziel aufzuzeigen und sachgerechte Vorschläge zu dessen Verwirklichung zu unterbreiten. Er hat den Mandanten in die Lage zu versetzen, eigenverantwortlich seine Rechte und Interessen wahren und eine Fehlentscheidung vermeiden zu können.
BGH, Urt. v. 11.5.1995 – IX ZR 140/94, BGHZ 129, 386, 396 = WM 1995, 1450.

Die Aufgaben eines Steuerberaters richten sich nach Inhalt und Umfang seines Mandats. Nur in dessen Grenzen hat er den Auftraggeber auch ungefragt über die bei der

Bearbeitung auftauchenden steuerrechtlichen Fragen zu belehren. Vorgänge, die dem Steuerberater lediglich bei Gelegenheit des Auftrags bekannt werden, jedoch in keiner unmittelbaren Beziehung zu seiner Aufgabe stehen, braucht er nicht darauf zu untersuchen, ob sie Veranlassung zu einem Rat oder Hinweis an dem Mandanten geben. Bei einem beschränkten Mandat hat der Steuerberater allerdings im Rahmen seiner vertraglichen Nebenpflicht, den Mandanten vor Schaden zu bewahren, diesen auf Fehlentscheidungen hinzuweisen, die für den Berater offen zutage liegen.
BGH, Urt. v. 26.1.1995 – IX ZR 10/94, BGHZ 128, 358, 361 = NJW 1995, 958; vgl. *zur Warnpflicht aus beschränktem Mandat: BGH, Urt. v. 4.5.2000 – IX ZR 142/99, WM 2000, 1591, 1593; v. 19.7.2001 – IX ZR 246/00, WM 2001, 1868, 1869; v. 7.7.2005 – IX ZR 425/00, WM 2005, 1813 = NJW-RR 2005, 1654; v. 21.7.2005 – IX ZR 6/02, NJW-RR 2005, 1511 = WM 2005, 1904.*

Im Rahmen seiner Beratungspflicht hat der Steuerberater seinen Mandanten auf eine ständige, für ihn günstige Verwaltungspraxis der Finanzbehörden auch dann hinzuweisen, wenn diese mit der Sach- und Rechtslage nicht im Einklang steht. Will der Steuerberater die Vergünstigung nicht beantragen, weil er sie für gesetzwidrig hält, so kann der Mandant einen anderen Berater damit beauftragen.
BGH, Urt. v. 28.9.1995 – IX ZR 158/94, WM 1995, 2075, 2076.

Ein Steuerberater muss seinen Mandanten auch dann über die Frist zur Anfechtung eines Steuerbescheids belehren, wenn er eine Klage für aussichtslos hält.
BGH, Urt. v. 11.5.1999 – IX ZR 298/97, WM 1999, 1342, 1344.

Im Rahmen seines Auftrags hat der Steuerberater seinen Mandanten umfassend zu beraten und ungefragt über alle bedeutsamen steuerlichen Einzelheiten und deren Folgen zu unterrichten. Insbesondere muss er seinen Auftraggeber möglichst vor Schaden bewahren. Er hat diesen in die Lage zu versetzen, eigenverantwortlich seine Rechte und Interesse wahren und eine Fehlentscheidung vermeiden zu können.

Nach Erteilung einer falschen oder unvollständigen Auskunft ist der Steuerberater verpflichtet, einen dadurch drohenden Schaden nach Möglichkeit abzuwenden oder in seinem Ausmaß zu mildern. Dieser Pflicht kann er durch einen Prüfungsvorbehalt nur dann genügen, wenn dieser aus der maßgeblichen Sicht des Mandanten dahin verstanden werden muss, die zuvor erteilte Auskunft solle gerade auch in den Punkten, in denen sie unrichtig ist, nur vorläufig sein.
BGH, Urt. v. 6.2.2003 – IX ZR 77/02, WM 2003, 1138, 1140.

Kommen alternative Steuervergünstigungen mit unterschiedlichen Rechtsfolgen in Betracht (hier: Abschreibung nach § 7 Abs. 5 EStG und nach § 7b EStG), so hat der Steuerberater seinen Auftraggeber darüber auch dann zu belehren, wenn noch nicht

erkennbar ist, ob für diesen die verschiedenen Rechtsfolgen jemals bedeutsam sein werden.
BGH, Urt. v. 16.10.2003 – IX ZR 167/02, WM 2004, 472 = NJW-RR 2004, 1210.

Wird in der Tages- oder Fachpresse über Vorschläge zur Änderung des Steuerrechts berichtet, die im Falle ihrer Verwirklichung Ziele des Mandanten vereiteln oder beeinträchtigen können, so kann der Steuerberater gehalten sein, sich aus allgemein zugänglichen Quellen über den näheren Inhalt und den Verfahrensstand solcher Überlegungen zu unterrichten, um danach prüfen zu können, ob er dem Mandanten Maßnahmen zur Abwehr drohender Nachteile zu empfehlen hat.
BGH, Urt. v. 15.7.2004 – IX ZR 472/00, NJW 2004, 3487.

Die Rechtsberatung durch den Steuerberater dient der Unterrichtung des Mandanten, um diesem eine eigene freie Entscheidung zu ermöglichen. Der Berater muss nicht auf Befolgung seines Rates drängen.
BGH, Urt. v. 22.9.2005 – IX ZR 205/01, NJW-RR 2005, 195, 196.

Ein Steuerberater hat seinen Auftraggeber grundsätzlich auf eine unklare Rechtslage bezüglich der Auslegung einer Steuernorm (hier des Begriffs der verdeckten Gewinnausschüttung) hinzuweisen, wenn dies für die Entscheidung des Mandanten bedeutsam ist.
BGH, Urt. v. 20.10.2005 – IX ZR 127/04, WM 2005, 2345.

■ **Schadensverhütung**

Ein Steuerberater ist grundsätzlich verpflichtet, seinen Mandanten vor einer steuerstrafrechtlichen Verfolgung zu bewahren. Er hat zwar die vertragliche Aufgabe, die steuerlichen Interessen seines Mandanten wahrzunehmen und damit die Steuerlast für diesen möglichst gering zu halten. Er muss sich dabei aber im Rahmen der Rechtsordnung halten. Verstößt eine bestimmte Handhabung gegen steuerliche Rechtsvorschriften, so muss der Steuerberater den Mandanten darauf hinweisen; verlangt dieser trotzdem eine gesetzwidrige Behandlung eines steuerlichen relevanten Sachverhalts, dann darf der Steuerberater dem nicht nachkommen; notfalls muss er das Mandat beenden. Erst recht darf der Steuerberater nicht von sich aus einen Vorgang den Steuerbehörden in einer Weise darstellen, die zu einer Verkürzung des staatlichen Steueranspruchs führt.
BGH, Urt. v. 14.11.1996 – IX ZR 215/95, WM 1997, 328, 330 = NJW 1997, 518.

Hat ein steuerlicher Berater triftigen Anlass zur Annahme, sein Auftraggeber laufe wegen fehlender Fachkenntnis Gefahr, einen Steuernachteil infolge verdeckter Gewinnausschüttung zu erleiden, so hat er den Mandanten zu warnen und Vorschläge zur Vermeidung eines Schadens zu unterbreiten.
BGH, Urt. v. 18.12.1997 – IX ZR 153/96, WM 1998, 301, 303 = NJW 1998, 1486.

Zu den Pflichten eines Steuerberaters aus einem Auftrag, zur Beseitigung eines von ihm verursachten Schadens seines Auftraggebers einen steuerbegünstigten Immobilienerwerb zu überwachen.
BGH, Urt. v. 23.1.2003 – IX ZR 180/01, NJW-RR 2003, 1574.

Ein Steuerberater verstößt gegen die vertragliche Schadensverhütungspflicht, wenn er bei übernommener Lohnabrechnung und -kontenführung Beiträge zur Sozialversicherung nicht abführt, sondern an Beschäftigte seines Mandanten auszahlt.

Ein Steuerberater, für den sich die Rechtslage als unklar darstellt, kann gehalten sein, seinem Mandanten zu empfehlen, einen geeigneten Rechtsanwalt aufzusuchen.
BGH, Urt. v. 12.2.2004 – IX ZR 246/02, MDR 2004, 746 = NJW-RR 2004, 1358, 1359 = WM 2004, 2034.

Zugehör

Beratung (Strafrecht)

Bei einem Vollstreckungsmandat muss der Rechtsanwalt bei entsprechenden Anhaltspunkten §§ 111c und 111g StPO mit ihren vollstreckungsrechtlichen Auswirkungen beachten und wegen des Grundsatzes des sichersten Weges ggf. einen Zulassungsbeschluss nach § 111g Abs. 2 StPO unverzüglich erwirken.
OLG Hamm, Urt. v. 11.2.1999 – 28 U 153/98, NJW-RR 2000, 1008.

Berufungsrücknahme

Die Rücknahme der Berufung in der mündlichen Verhandlung durch den Prozessbevollmächtigten stellt jedenfalls dann keine Verletzung der Pflichten aus dem Anwaltsvertrag dar, wenn das Rechtsmittel nach ausdrücklicher Erklärung des Berufungsgerichts keine Aussicht auf Erfolg hat, gegen die Entscheidung des Berufungsgerichts kein weiteres Rechtsmittel gegeben wäre und der Mandant sich mit der Berufungsrücknahme einverstanden erklärt hat.
OLG Köln, Beschl v. 28.11.1988 – 2 W 103/88, NJW 1989, 1159.

Beweissicherung

Die vorherige Befragung der als Zeugen in Betracht kommenden Personen durch den Beweisführer ist als bedenklich zu bezeichnen und geeignet, den Beweiswert eines Zeugnisses herabzumindern. Es besteht daher keine entsprechende Pflicht des Rechtsanwalts.
RG, Urt. v. 6.3.1932 – IX 306/31, RGZ 140, 392.

Ein Rechtsanwalt, der in einem Vergleich die Berufung gegen ein klageabweisendes Urteil zurücknehmen will, muss gewissenhaft alle Möglichkeiten für eine günstigere Been-

digung des Rechtsstreits, etwa durch die Ermittlung neuer Zeugen, geprüft haben.
BGH, Urt. v. 20.3.1961 – III ZR 172/59, VersR 1961, 467.

Ein Rechtsanwalt ist nicht verpflichtet, vor Einlegung einer Berufung an Zeugen heranzutreten, um zu klären, wie diese bei einer Vernehmung aussagen werden. Eine „Parteivernehmung" von Zeugen durch den Prozessbevollmächtigten ist bedenklich.
BGH, Urt. 23.4.1965 – VI ZR 254/63, VersR 1965, 710.

1. Ein Rechtsanwalt und Steuerberater, der für seinen Mandanten einen Steuerbescheid entgegennimmt, muss, wenn der Bescheid ihm später als drei Tage nach dem angeblichen Tag der Abgabe zur Post (der Ausstellung) zugegangen ist, im Interesse des Mandanten Maßnahmen treffen, die es ihm erlauben, zu dem Tag des Zugangs substanziiert vorzutragen und einem gegenteiligen Standpunkt der Behörde wirksam entgegenzutreten.
2. Bezeichnet die Steuerbehörde unter Hinweis auf den angeblichen Tag der Aufgabe des Steuerbescheides zur Post den von dem steuerlichen Berater eingelegten Einspruch unter Berufung auf §§ 355, 122 Abs. 2 AO 1977 als verspätet, muss der Berater, falls der Bescheid von der Behörde später als von ihr angegeben zur Post aufgegeben worden ist, das Aufgabedatum substanziiert bestreiten, um seinen Pflichten gegenüber dem Mandanten zu genügen.
3. Eine selbständige, allgemeine Dokumentationspflicht, deren Verletzung eine Schadensersatzverpflichtung auslöst, besteht nicht.
4. Ein Rechtsanwalt handelt nicht allein deshalb pflichtwidrig, weil er es unterlässt, diejenigen Vorgänge, welche die ordnungsgemäße Bearbeitung des übertragenen Mandats belegen, schriftlich festzuhalten.
5. Über ein Gespräch mit der zur Entscheidung berufenen Stelle, das für den Fortgang der Angelegenheit des Mandanten bedeutsam ist, muss der Rechtsanwalt einen Vermerk fertigen und zu den Handakten nehmen.
BGH, Urt. v. 13.2.1992 – IX ZR 105/91, NJW 1992, 1695.

1. Wird ein Rechtsanwalt beauftragt, Schadensersatzansprüche geltend zu machen, kann er verpflichtet sein, zur Vorbereitung des Prozesses, in welchem ein substanziierter Vortrag zu Ursachen, Art und Umfang des Schadens erwartet wird, entsprechende Feststellungen zu veranlassen und Beweise zu sichern.
2. Unter solchen Umständen ist regelmäßig die Einleitung eines selbständigen Beweisverfahrens nach §§ 485 ff. ZPO angebracht. Kommt es für die Feststellungen nicht auf besondere Sachkunde an, kann der Rechtsanwalt auch in anderer Weise dafür sorgen, dass der Mandant in einem späteren Prozess zu substanziierten Darlegungen in der Lage ist.
BGH, Urt. v. 8.7.1993 – IX ZR 242/92, NJW 1993, 2676 = WM 1993, 1967.

Benennt der Mandant dem Rechtsanwalt zum Beweis zwei Zeugen, dann braucht der Rechtsanwalt nicht nachzufragen, ob weitere Zeugen in Betracht kommen.
OLG Köln, Beschl. v. 25.11.1985 – 2 W 157/85, NJW 1986, 725.

Einseitiges Rechtsgeschäft

Nimmt der Rechtsanwalt für seinen Auftraggeber ein einseitiges Rechtsgeschäft – etwa die Kündigung einer Gesellschaft – vor, ohne die Vollmachtsurkunde im Original vorzulegen, handelt er pflichtwidrig, wenn er wegen § 174 Satz 1 BGB mit der Möglichkeit rechnen muss, dass dem Mandanten im Streitfall nicht unerhebliche Rechtsnachteile entstehen, weil er nicht zu beweisen vermag, den Gegner vorher von der Bevollmächtigung des Rechtsanwalts in Kenntnis gesetzt zu haben.
BGH, Urt. v. 10.2.1994 – IX ZR 109/93, NJW 1994, 1472 = WM 1994, 1114.

Einstweilige Verfügung

Der in einem einstweiligen Verfügungsverfahren beauftragte Rechtsanwalt hat dafür zu sorgen, dass eine einstweilige Verfügung dem Gegner im Parteibetrieb zugestellt und damit vollzogen wird.
OLG Düsseldorf, Urt. v. 19.6.1997 – 6 U 122/96, NJWE-VHR 1997, 252.

Handakten

Wird der Rechtsanwalt telefonisch beauftragt, Berufung einzulegen, hat er einen gedächtnisunterstützenden Vermerk zu fertigen, um die unverzügliche Erledigung sicherzustellen.
BGH, Beschl v. 8.6.1978 – VII ZB 13/78, VersR 1978, 841.

Hat ein Rechtsanwalt von seinem Mandanten sämtliche Unterlagen zur Durchsetzung einer Kaufpreisforderung erhalten, so verletzt er nachvertragliche Pflichten aus dem Anwaltsvertrag, wenn er, obwohl eine Verjährung droht, nach Beendigung des Mandats weder diese Unterlagen an den Mandanten zurückgibt noch ihn anderweitig auf die drohende Verjährung hinweist.
BGH, Urt. v. 11.10.1983 – VI ZR 95/82, NJW 1984, 431.

1. Der Anspruch des Mandanten gegen den beauftragten Rechtsanwalt auf Herausgabe der Handakten richtet sich nach § 667 BGB i.V.m. § 50 BRAO.
2. Dieser Anspruch erstreckt sich auf den gesamten drittgerichteten Schriftverkehr, den der Rechtsanwalt für den Auftraggeber erhalten und geführt hat, also auf die dem Rechtsanwalt zugegangenen Schriftstücke und die Kopien eigener Schreiben des Rechtsanwalts.
3. Zu den herauszugebenden Unterlagen gehören auch Notizen über Besprechungen, die der Rechtsanwalt zur Besorgung des Geschäfts mit Dritten geführt hat. Eine Ausnahme gilt für Unterlagen, die persönliche Eindrücke des Rechtsanwalts in solchen Gesprächen wiedergeben. Eine weitere Einschränkung erfährt der Herausgabeanspruch durch § 50 Abs. 3 Satz 2 BRAO a.F. (= § 50 Abs. 4 BRAO n.F.) für den Briefwechsel zwischen Rechtsanwalt und Auftraggeber.

4. Darüber hinaus ist der Rechtsanwalt verpflichtet, dem Auftraggeber die erforderlichen Nachrichten zu geben, auf Verlangen über den Stand des Geschäfts Auskunft zu erteilen und nach der Ausführung des Auftrags Rechenschaft abzulegen (§ 666 BGB). Der Mandant darf die Handakten einsehen, und zwar grundsätzlich auch dann, wenn Unterlagen nicht unter die Herausgabepflicht des § 667 BGB fallen; hiervon ausgenommen sind lediglich diejenigen Schriftstücke, die persönliche, vertrauliche Aufzeichnungen des Rechtsanwalts enthalten.
5. Die anwaltliche Schweigepflicht steht der Erfüllung der vorgenannten Pflichten grundsätzlich nicht entgegen.
BGH, Urt. v. 30.11.1989 – III ZR 112/88, BGHZ 109, 260 = NJW 1990, 510.

1. Das Zurückbehaltungsrecht nach § 50 Abs. 1 Satz 1 BRAO a.F. (§ 50 Abs. 3 BRAO n.F.) besteht in aller Regel nur wegen der Honorarforderung aus der konkreten Angelegenheit, auf die sich die zurückbehaltene Handakte bezieht. Soweit es um Geschäftspapiere des Mandanten geht, dürfen Handakten, die eine andere Angelegenheit betreffen, auch dann nicht zurückgehalten werden, wenn es sich insgesamt um ein einheitliches Lebensverhältnis handelt.
2. Ein Zurückbehaltungsrecht nach § 273 Abs. 1 BGB scheidet aus, wenn ihm die Natur des Schuldverhältnisses, auf dem der Anspruch auf Herausgabe der Handakten beruht, entgegensteht. Dies ist dann der Fall, wenn es sich um Geschäftspapiere handelt, die für die ordnungsgemäße Bearbeitung der Angelegenheit, auf die sie sich beziehen, alsbald benötigt werden.
BGH, Urt. v. 3.7.1997 – IX ZR 244/96, NJW 1997, 2944 = WM 1997, 2087.

Legt ein Rechtsanwalt in einem Rechtsstreit, den ein Mandant gegen ihn führt, trotz Aufforderung seine Handakten nicht vor und macht er dadurch dem Kläger einen Beweis unmöglich, darf dieser wegen Beweisvereitelung als geführt angesehen werden.
OLG Köln, Urt. v. 20.3.1968 – 13 U 82/67, MDR 1968, 674.

1. Der auf Herausgabe der Handakten in Anspruch genommene Rechtsanwalt genügt seiner Darlegungslast nicht mit dem Vorbringen, der Mandant habe „alle zu beanspruchenden Schriftstücke" zugeleitet bekommen.
2. Dem Rechtsanwalt steht ein Zurückbehaltungsrecht an der Handakte wegen der Kosten, die er für deren Kopie aufwenden will, nicht zu.
OLG Köln, Urt. v. 16.12.1996 – 12 U 141/96, VersR 1998, 499.

Verweigert der rechtliche Berater dem Mandanten vertragswidrig die Rückgabe erhaltener Unterlagen und erschwert er ihm dadurch die Darlegung, infolge dieser Vertragsverletzung einen Schaden erlitten zu haben, kann dies nach den Umständen dazu führen, dass an die Substantiierung des Klagevortrags in diesem Punkt geringere Anforderungen als im Regelfall zu stellen sind.
BGH, Urt. v. 27.9.2001 – IX ZR 281/00, NJW 2002, 825 = DStR 2002, 282 = VersR 2002, 110.

Ob der Auftraggeber nach dem Ende des Mandats vom Steuerberater verlangen kann, dass dieser der Übertragung der von ihm bei der DATEV gespeicherten Daten auf einen anderen Steuerberater zustimmt, hängt davon ab, ob die Daten das vertraglich geschuldete Arbeitsergebnis enthalten oder ob es sich um dieses vorbereitende Arbeitsleistungen handelt.
BGH, Urt. v. 11.3.2004 – IX ZR 178/03, WM 2004, 2216 = NJW-RR 2004, 1290 = DStR 2004, 1397.

1. Ein Steuerberater, der aufgrund eines Geschäftsbesorgungsvertrags tätig wird, ist verpflichtet, die ihm von dem Mandanten zum Zwecke der Geschäftsbesorgung überlassenen Unterlagen (Kassenbelege, Kassenabrechnungen, Bankauszüge) an diesen bei Beendigung des Mandats herauszugeben. Im Falle der Unwirksamkeit der Beauftragung ergibt sich der Anspruch aus ungerechtfertigter Bereicherung gemäß § 812 Abs. 1 BGB.
2. Sind die Unterlagen einer Steuerberatersozietät übergeben worden, schuldet jedes einzelne Mitglied der Sozietät wie ein Gesamtschuldner neben der Gesellschaft die Herausgabe.
3. Ein Zurückbehaltungsrecht des Steuerberaters an den Handakten besteht gemäß § 66 Abs. 4 StBerG nur insoweit, als er für die konkrete Angelegenheit, für die er die Unterlagen erhalten hat, noch Vergütung verlangen kann.
4. Gemäß § 66 Abs. 4 Satz 2 StBerG besteht ein Zurückbehaltungsrecht des Steuerberaters nicht, wenn die Vorenthaltung der Handakten oder einzelner Schriftstücke nach den Umständen gegen Treu und Glauben verstoßen würde. Ein solcher Fall liegt vor, wenn die Klärung der Gegenforderung des Steuerberaters schwierig und zeitraubend ist und dadurch die Durchsetzung des Herausgabeanspruchs des Mandanten auf unabsehbare Zeit verhindern kann.
OLG Düsseldorf, Urt. v. 21. 12. 2004 – 23 U 36/04, NJW-RR 2005, 364.

Interessenkollision

Das Verbot der Wahrnehmung widerstreitender Interessen ist zur Aufrechterhaltung einer funktionsfähigen Rechtspflege unerlässlich.
BVerfG, Beschl. v. 14.7.1987 – 1 BvR 537/81 u.a., BVerfGE 76, 171 = NJW 1988, 191.

1. Wer sich darauf beruft, ein Rechtsanwalt habe seinen Honoraranspruch wegen Verstoßes gegen das Verbot der Vertretung widerstreitender Interessen verwirkt, muss hinreichend konkrete Tatsachen dafür vortragen, dass der Rechtsanwalt in derselben Rechtssache tätig geworden ist.
2. Von derselben Rechtssache kann nur gesprochen werden, wenn in zwei Sachverhalten ein und derselbe historische Vorgang von rechtlicher Bedeutung sein kann. Diese Voraussetzung liegt nicht vor, wenn ein Rechtsanwalt mehrfach Konkursverwalter war, in dieser Eigenschaft mit einer Großbank zu tun hatte, und schließlich für einen

Schuldner dieser Großbank Verhandlungen über den Verkauf eines Unternehmens des Schuldners an Dritte führt.
3. Es bleibt dahingestellt, ob ein Verstoß gegen das Verbot der Vertretung wider streitender Interessen (§ 43a Abs. 4 BRAO) dazu führt, dass der zugrunde liegende Anwaltsvertrag wegen Verstoßes gegen ein gesetzliches Verbot (§ 134 BGB) oder gegen die guten Sitten (§ 138 Abs. 1 BGB) nichtig ist.
OLG München, Urt. v. 2.10.1996 – 21 U 3394/96, NJW 1997, 1313.

Klageerhebung bzw. Einlassung auf eine Klage

Bei einer für den Mandanten zweifelhaften Rechtslage muss ein Rechtsanwalt von zwei Wegen den gefahrloseren wählen, zumal dann, wenn dieser der billigere ist.
BGH, Urt. v. 18.12.1958 – III ZR 191/57, VersR 1959, 390.

Ein Rechtsanwalt, der im Auftrag seines Mandanten eine Teilklage erhebt, ist verpflichtet, diese so abzufassen und zu begründen, dass sie den Anforderungen an eine ausreichende Bestimmtheit des Klagegrundes nach § 253 Abs. 2 Nr. 2 ZPO genügt.
BGH, Urt. v. 22.5.1984 – VI ZR 228/82, NJW 1984, 2346.

1. Ein Rechtsanwalt ist verpflichtet, zur Abwehr einer Klage die fehlende internationale Zuständigkeit der deutschen Gerichte zu rügen.
2. Ein Rechtsanwalt verletzt seine Pflichten aus dem Anwaltsvertrag, wenn er eine Widerklage erhebt, obwohl die deutschen Gerichte hierfür nicht international zuständig sind. Der Rechtsanwalt darf sich nicht darauf verlassen, dass die Gegenseite sich auf eine solche Widerklage rügelos einlässt.
BGH, Urt. v. 31.10.1985 – IX ZR 175/84, NJW-RR 1986, 1281 = WM 1986, 199.

I.d.R. ist ein Rechtsanwalt nicht gehalten, Klage im Urkundenprozess zu führen. Dies ist erst dann in Erwägung zu ziehen, wenn für den Rechtsanwalt ein besonderes Interesse des Mandanten, mit einem Vorbehaltsurteil möglichst schnell einen vollstreckbaren Titel zu erhalten, ersichtlich wird.
BGH, Urt. v. 9.6.1994 – IX ZR 125/93, BGHZ 126, 217 = NJW 1994, 3295 = WM 1994, 2113.

Bei einer Klageerhebung vor den Finanzgerichten verletzt der Prozessbevollmächtigte seine Pflichten, wenn er trotz einer gerichtlichen Ausschlussfrist keine Prozessvollmacht einreicht, so dass die Klage abgewiesen wird.
BGH, Urt. v. 18.12.1997 – IX ZR 180/96, WM 1998, 779.

Der Rechtsanwalt ist im Verhältnis zu seiner Partei zu einer Kosten sparenden Tätigkeit verpflichtet.
OLG Düsseldorf, Beschl. v. 5.11.1985 – 10 WF 222/85, JurBüro 1986, 387.

Ein Rechtsanwalt ist verpflichtet, vor Klageerhebung die internationale Zuständigkeit des angerufenen Gerichts zu prüfen und die Klage vor einem international zuständigen Gericht einzureichen.
OLG Koblenz, Urt. v. 9.6.1989 – 2 U 1907/87, NJW 1989, 2699.

Bevor ein Rechtsanwalt eine Klage erhebt, muss er ein undeutliches Klageziel seines Mandanten durch Rückfrage klarstellen.
OLG München, Urt. v. 31.5.1990 – 24 U 808/89, NJW-RR 1991, 1490.

Ein Rechtsanwalt, der den Auftraggeber über die Vor- und Nachteile des „kleinen" und des „großen" Instanzenzugs aufgeklärt hat, verletzt nicht seine Pflichten aus dem Anwaltsvertrag, wenn der Mandant sein Einverständnis mit der rügelosen Einlassung auf eine Klage vor einem sachlich unzuständigen Amtsgericht erklärt hat.
OLG Hamm, Urt. v. 25.4.1991 – 28 U 241/90, NJW-RR 1991, 1498.

Ein Rechtsanwalt verletzt seine Pflichten aus dem Anwaltsvertrag u.a. dann, wenn er eine von vornherein offenkundig aussichtslose Klage bei Gericht einreicht.
OLG Köln, Urt. v. 29.6.1993 – 9 U 237/92, NJW-RR 1994, 27.

Klagerücknahme

Verkennt das erstinstanzliche Gericht die Rechtslage, muss der Prozessbevollmächtigte das Gericht auf die höchstrichterliche Rechtsprechung hinweisen und versuchen, das Gericht von den Rechten seines Auftraggebers zu überzeugen. Nimmt der Rechtsanwalt stattdessen in einem solchen Fall entsprechend dem Rat des Gerichts die Klage zurück, verletzt er die ihm obliegenden Vertragspflichten.
OLG Köln, Urt. v. 3.3.1995 – 19 U 119/94, NJW-RR 1995, 1401.

Kosten

1. Soweit die Wirtschaftlichkeit der Rechtsverfolgung von der Kostenhöhe abhängt, mag sich die Partei beim Anwalt erkundigen.
2. Dem Anwalt kann nur unter ganz besonderen Umständen nach Treu und Glauben (§§ 157, 242 BGB) angesonnen werden, unaufgefordert die Partei auf die erwachsenden Gebühren hinzuweisen. Nahe liegende und erhebliche wirtschaftliche Bedenken gegen die Zweckmäßigkeit der Rechtsverfolgung hat der Rechtsanwalt mit seinem Mandanten zu erörtern.
RG, Urt. v. 8.11.1927 – III 76/27, RGZ 118, 365.

Grundsätzlich braucht der Rechtsanwalt den Auftraggeber über die Höhe der gesetzlichen Gebühren nicht aufzuklären. Eine solche Pflicht kann sich allerdings nach Treu und Glauben aus den Umständen des Einzelfalls ergeben.
BGH, Urt. v. 16.1.1969 – VII ZR 66/66, NJW 1969, 932 = WM 1969, 846.

1. Auf Verlangen des Mandanten muss ein Rechtsanwalt die voraussichtliche Höhe der gesetzlichen Vergütung mitteilen.
2. Art und Umfang der Aufklärung bestimmen sich nach den Umständen des einzelnen Falls, in erster Linie nach der erkennbaren Interessenlage des Mandanten.
BGH, Urt. v. 13.3.1980 – III ZR 145/78, BGHZ 77, 27 = NJW 1980, 2128 = WM 1980, 1044.

1. Auf die kraft Gesetzes entstehenden Gebühren muss ein Rechtsanwalt den Mandanten regelmäßig nicht ungefragt hinweisen. Diesbezügliche Fragen muss er wahrheitsgemäß beantworten.
2. Der Rechtsanwalt kann zu einem Hinweis auf die Rechtsberatungs- oder Prozesskostenhilfe gegenüber einem solchen Mandanten verpflichtet sein, der erkennbar aufgrund seiner Einkommens- und Vermögensverhältnisse anspruchsberechtigt ist.
3. Der Rechtsanwalt hat den Auftraggeber darauf hinzuweisen, dass die beabsichtigte Rechtsverfolgung erkennbar wirtschaftlich unvernünftig ist, weil das Ziel in keinem angemessenen Verhältnis zu den anfallenden Kosten steht.
BGH, Urt. v. 18.9.1997 – IX ZR 49/97, NJW 1998, 136 = WM 1998, 140.

1. Ungefragt schuldet der Rechtsanwalt seinem Auftraggeber grundsätzlich keinen Hinweis über die anfallenden Gebühren. Auf Verlangen des Auftraggebers hat der Rechtsanwalt die voraussichtliche Höhe seines Entgelts mitzuteilen.
2. Auch aus besonderen Umständen des Einzelfalls kann sich nach Treu und Glauben eine Pflicht des Rechtsanwalts ergeben, den Auftraggeber ungefragt über die voraussichtliche Höhe der Vergütung zu belehren. Insoweit hat die erforderliche Gesamtwürdigung zu berücksichtigen einerseits den Schwierigkeitsgrad und Umfang der anwaltlichen Aufgabe, einen ungewöhnlich hohen Gegenstandswert und sich daraus ergebende hohe Gebühren, die das vom Auftraggeber erstrebte Ziel wirtschaftlich sinnlos machen können, andererseits die Bedeutung der Angelegenheit für den Mandanten sowie dessen Vermögensverhältnisse und Erfahrung im Umgang mit Rechtsanwälten.
BGH, Urt. v. 2.7.1998 – IX ZR 63/97, NJW 1998, 3486 = WM 1998, 2243.

Für einen rechtsschutzversicherten Mandanten darf der Rechtsanwalt regelmäßig vor der Kostenzusage des Versicherers nur dann Klage erheben, wenn der Mandant ihn damit ausdrücklich beauftragt hat, obwohl er weiß, dass er damit Gefahr läuft, die Kosten des Rechtsstreits selbst tragen zu müssen.
OLG Düsseldorf, Urt. v. 6.11.1975 – 8 U 36/75, VersR 1976, 892.

Zahlt die Partei die vom Rechtsanwalt angeforderten Kostenvorschüsse ohne Hinweis auf finanzielle Schwierigkeiten, braucht der Rechtsanwalt nicht von sich aus nachzufragen, ob Anlass besteht, Prozesskostenhilfe zu beantragen.
OLG Köln, Beschl. v. 25.11.1985 – 2 W 157/85, NJW 1986, 725.

Im Normalfall braucht der Rechtsanwalt unbefragt nicht darauf hinzuweisen, dass er eine Vergütung fordern und diese nach der Gebührenordnung berechnen werde. Bei

besonderen Umständen ist er nach Treu und Glauben (§ 242 BGB) verpflichtet, auf die Vergütungspflicht hinzuweisen. Dies gilt dann, wenn der Rechtsanwalt den Eindruck erweckt hat, erneute Gebühren fielen nicht an.
OLG Koblenz, Beschl v. 26.5.1986 – 14 W 385/86, AnwBl 1988, 64.

1. Es gehört zu den anwaltlichen Beratungspflichten, auf die Prozesskostenhilfe aufmerksam zu machen, wenn der Mandant dem Rechtsanwalt die dafür sprechenden Umstände mitteilt.
2. Der Rechtsanwalt genügt dieser Pflicht, wenn er auf die Notwendigkeit einer umgehenden Antragstellung unter Verwendung der amtlichen Vordrucke hinweist. Ob die persönlichen und wirtschaftlichen Verhältnisse des Antragstellers für die Inanspruchnahme von Prozesskostenhilfe tatsächlich ausreichen, braucht er dagegen nicht zu erörtern und auch nicht zu prüfen.
OLG Düsseldorf, Urt. v. 17.5.1984 – 8 U 20/83, AnwBl 1984, 444 = MDR 1984, 937;
OLG Düsseldorf, Urt. v. 20.6.1988 – 8 U 166/84, AnwBl 1987, 144.

Es stellt keine Verletzung der dem Rechtsanwalt obliegenden Beratungspflicht dar, wenn er nicht zum Prozesskostenhilfegesuch rät, weil er weiß, dass der Partei aus einem früheren Hausverkauf erhebliche Geldmittel zugeflossen waren, und die Partei auf Befragen erklärt, mit dem Geld im Ausland ein Ferienhaus erworben zu haben.
OLG Koblenz, Beschl. v. 1.2.1989 – 5 W 825/88, VersR 1990, 309.

Ein Rechtsanwalt ist verpflichtet, vor Klageerhebung die Frage der Rechtsschutzgewährung zu klären oder den Mandanten nach Aufklärung über das Kostenrisiko entscheiden zu lassen, ob der Klageauftrag unabhängig von einer Deckungszusage der Rechtschutzversicherung erteilt wird.
OLG Nürnberg, Urt. v. 29.6.1989 – 8 U 4078/88, NJW-RR 1989, 1370.

1. Hat der Rechtsanwalt über die Wahrscheinlichkeit eines Prozessgewinns schuldhaft falsche Angaben gemacht und dadurch den Mandanten zur Prozessführung veranlasst, haftet er für die gesamten Kosten des Rechtsstreits, wenn der Mandant bei richtiger Auskunft den Prozess nicht begonnen hätte.
2. Gibt ein Rechtsanwalt die voraussichtlichen Kosten eines Rechtsstreits zu niedrig an, haftet er – nach negativem Ausgang des Rechtsstreits – nur für die Mehrkosten, nicht aber für alle Kosten des Rechtsstreits.
OLG Karlsruhe, Urt. v. 15.5.1990 – 17 U 68/89, NJW 1990, 2132.

Der Rechtsanwalt kann verpflichtet sein, im Zusammenhang mit der Klarstellung des Prozessziels den Mandanten über das bei unbeschränkter Klageerhebung ungewöhnlich hohe Kostenrisiko ungefragt aufzuklären, wenn eine prozessuale Beschränkung der Klage möglich ist.
OLG München, Urt. v. 31.5.1990 – 24 U 808/89, NJW-RR 1990, 1460.

Die Aufklärungspflicht des Korrespondenzanwalts erstreckt sich darauf, dass seine Gebühren nicht erstattungsfähig sind.
OLG Köln, Urt. 12.3.1997 – 17 U 85/96, VersR 1998, 1282 (Ls.).

Der Rechtsanwalt (hier: Verkehrsanwalt) muss den Mandanten ausnahmsweise über das Entstehen von gesetzlichen Gebühren und deren Höhe aufklären, wenn ein Aufklärungsbedürfnis des Mandanten besteht, weil er Nehmer einer Rechtsschutzversicherung ist oder der Rechtsanwalt aus anderen Gründen ein Aufklärungsinteresse bezüglich des zu erwartenden Honorars erkennen kann.
OLG Düsseldorf, Urt. v. 23.11.1999 – 24 U 213/98, NJW 2000, 1650.

Wird ein Rechtsanwalt beauftragt, für 68 Arbeitnehmer Kündigungsschutzklagen bei im Wesentlichen übereinstimmenden Lebenssachverhalten zu erheben, dann hat er grundsätzlich zur Vermeidung von Ersatzansprüchen aus Ersparnisgründen von Einzelklagen abzusehen und den im Arbeitsgerichtsprozess in vergleichbaren Fällen durchaus üblichen Weg einer Gemeinschaftsklage zu wählen.
OLG Koblenz, Urt. v. 8.11.2000 – 1 U 1760/98, MDR 2001, 720.

Das Vorliegen eines außergewöhnlich hohen Gegenstandswerts und die sich hieraus ergebenden hohen Gebühren begründen eine besondere Beratungspflicht des Rechtsanwalts. Dabei muss der Anwalt dem Mandanten durch Angabe des ungefähren Kostenbetrages – zumindest aber durch Angabe der kostenbestimmenden Faktoren – das außerordentlich hohe Kostenrisiko der beabsichtigten Maßnahme deutlich vor Augen halten.
BGH, Beschl. v. 7.12.2000 – IX ZR 423/99, BRAK-Mitt. 2001, 118.

Eine Belehrungspflicht des Rechtsanwalts über entstehende Mehrkosten kann sich ergeben, wenn der Prozessbevollmächtigte nach Abschluss einer Instanz weiter als Verkehrsanwalt tätig sein will, obwohl dies nicht zwingend notwendig wäre.
OLG Schleswig, Urt. v. 22.8.2002 – 11 U 30/01, MDR 2003, 120.

Mündliche Verhandlung

Ein Rechtsanwalt verletzt seine Pflichten, wenn er einen Gerichtstermin versäumt oder zu dem festgesetzten Termin mit erheblicher Verspätung erscheint.
BGH, Urt. v. 14.1.1993 – IX ZR 206/91, NJW 1993, 1323.

Die Rücknahme der Berufung in der mündlichen Verhandlung durch den Prozessbevollmächtigten ist jedenfalls dann keine Verletzung der Vertragspflichten, wenn das Rechtsmittel nach ausdrücklicher Erklärung des Gerichts keine Aussicht auf Erfolg hat, gegen dessen Entscheidung kein weiteres Rechtsmittel gegeben wäre und der Mandant sich mit der Berufungsrücknahme einverstanden erklärt hat.
OLG Köln, Beschl. v. 28.11.1988 – 2 W 103/88, NJW 1989, 1159.

Das Unterlassen einer „Flucht in die Säumnis" begründet eine Haftung des Rechtsanwalts nur, wenn dadurch vermieden worden wäre, dass ein Vorbringen als verspätet zurückgewiesen wird.
OLG Düsseldorf, Urt. v. 22.12.1988 – 8 U 15/88, VersR 1989, 287.

Verkennt das erstinstanzliche Gericht die Rechtslage, muss der Prozessbevollmächtigte das Gericht auf die höchstrichterliche Rechtsprechung hinweisen. Nimmt der Rechtsanwalt stattdessen entsprechend dem Rat des Gerichts die Klage zurück, verletzt er seine Vertragspflichten.
OLG Köln, Urt. v. 3.3.1995 – 19 U 119/94, NJW-RR 1995, 1401.

Prozessaussicht

1. Ein Rechtsanwalt, der einen Klageauftrag erhält, muss den Auftraggeber über die Notwendigkeit, Aussichten und Gefahren eines Rechtsstreits ins Bild setzen, soweit der Auftraggeber zu eigener Beurteilung nicht in der Lage ist.
2. Sind die Angaben des Mandanten in wesentlichen Punkten unvollständig sind, hat der Rechtsanwalt eine Ergänzung zu veranlassen. Hängt der Prozesserfolg von einer Mahnung, Kündigung, Fristsetzung oder Anfechtung ab, hat der Rechtsanwalt auf eine fristgemäße Erklärung hinzuwirken.
BGH, Urt. v. 17.1.1963 – III ZR 145/61, VersR 1963, 387.

Hält ein Rechtsanwalt nach Prüfung der Rechtslage eine Klageerhebung für ein zu großes Prozessrisiko, weil der Anspruch wahrscheinlich schon verjährt ist, muss er seinen Auftraggeber innerhalb einer kurzen, allenfalls nach Tagen zu bemessenden Frist auf seine Bedenken hinweisen und die Rechtslage mit ihm erörtern.
BGH, Urt. v. 30.3.1965 – VI ZR 279/63, VersR 1965, 763.

Ein Rechtsanwalt verstößt dann nicht gegen seine Vertragspflicht, wenn er nach eindringlicher Belehrung dem Wunsch seines Mandanten nachkommt, die Rechtsverfolgung auf eine juristische Meinung zu stützen, die allenfalls noch vertretbar erscheint. Dies gilt vor allem dann, wenn der Mandant sich auf den Rat eines anderen Rechtskundigen stützen kann.
BGH, Urt. v. 4.12.1973 – VI ZR 10/72, VersR 1974, 488.

1. Gibt die rechtliche Beurteilung infolge der Tatsachenlage oder der Auffassungen im Schrifttum und in der Rechtsprechung zu ernstlichen Zweifeln Anlass, muss der Rechtsanwalt in Betracht ziehen, dass sich die zur Entscheidung berufene Stelle der seinem Auftraggeber ungünstigeren Beurteilung der Rechtslage anschließt; er muss daher im Rahmen des Möglichen seine Maßnahmen so treffen, dass sein Auftraggeber auch in diesem Fall keinen Nachteil erleidet.
2. Weiß der Rechtsanwalt oder muss er bei Anwendung der erforderlichen Sorgfalt davon ausgehen, dass das Gericht seine Rechtsauffassung nicht teilt, dann ist er, soweit das möglich ist, verpflichtet, durch hilfsweise Prozesshandlungen der Rechtsansicht

des Gerichts Rechnung zu tragen, um für seinen Mandanten den größtmöglichen Vorteil im Prozess zu erreichen.
3. Ein Rechtsanwalt darf nicht darauf vertrauen, seine Auffassung, die in einem angesehenen Kommentar vertreten wird, aber von der Mehrheitsmeinung abweicht, werde die Billigung der Gerichte finden. Er muss seinen Auftraggeber über die in soweit bestehenden Gefahren belehren und sein weiteres Verhalten von dessen Entscheidung abhängig machen.
BGH, Urt. v. 25.6.1974 – VI ZR 18/73, NJW 1974, 1865.

1. Die umfassende und erschöpfende Belehrungspflicht des Rechtsanwalts schließt die eingehende Unterrichtung über die einzelnen Gesichtspunkte und Umstände ein, die für das weitere Verhalten des Auftraggebers und die Angelegenheit entscheidend sein können. Dabei muss der Rechtsanwalt Zweifel und Bedenken darlegen und erörtern. Die Unterrichtung muss sich insbesondere nicht nur auf das Vorhandensein, sondern auch das ungefähre, in etwa abschätzbare Ausmaß des Risikos eines zu erwartenden Rechtsstreits erstrecken.
2. Ist für den beratenden Rechtsanwalt erkennbar, dass ein beabsichtigter Rechtsstreit nahezu sicher oder jedenfalls mit sehr hoher Wahrscheinlichkeit für seinen Mandanten verloren gehen wird, genügt er seiner Beratungspflicht i.d.R. nicht schon durch den Hinweis, dass ein Risiko bestehe und der Ausgang des Rechtsstreits offen sei; der Rechtsanwalt muss vielmehr von sich aus deutlicher zum hohen Grad des Risikos und zur Wahrscheinlichkeit eines Prozessverlustes Stellung nehmen.
3. Macht ein Rechtsanwalt im Verlauf einer Rechtsberatung Vorschläge zur Änderung einer von ihm als wettbewerbsrechtlich bedenklich bezeichneten Warenausstattung, muss er damit rechnen, dass der Auftraggeber die Vorschläge als geeignet zur Beseitigung oder erheblichen Minderung des Prozessrisikos ansieht. Sind sie dazu wegen ihrer Geringfügigkeit – für den Rechtsanwalt erkennbar – ungeeignet, muss dieser den verbleibenden hohen Grad des Risikos gegenüber dem Auftraggeber klarstellen
BGH, Urt. v. 8.12.1983 – 1 ZR 183/81, BGHZ 89, 178 = NJW 1984, 791.

Ein Rechtsanwalt ist verpflichtet, seinen Mandanten über die Zweifel an der Zulässigkeit des Rechtsweges aufzuklären, die sich aus der Tendenz der Rechtsprechung und dem Umstand ergeben, dass sich eine gefestigte Rechtsprechung zu den Besonderheiten der vorliegenden Fallgestaltung noch nicht gebildet hat.
BGH, Urt. v. 16.10.1984 – VI ZR 304/82, NJW 1985, 264.

1. Wird ein Rechtsanwalt beauftragt, angebliche Rechte seines Mandanten gegen einen Dritten zu verfolgen, obliegt es ihm zu prüfen, ob das Begehren bei dem vorgetragenen Sachverhalt Erfolg haben kann.
2. Ist eine Klage aussichtslos, muss der Rechtsanwalt von der Klageerhebung abraten. Wünscht der Mandant dennoch die Klage, muss der Rechtsanwalt das Prozessrisiko klar herausstellen. Bleibt der Mandant nach einer eindringlichen Belehrung bei seinem

Sieg

Entschluss, die Klage durchzuführen, kann der Rechtsanwalt dem ohne Verstoß gegen seine Mandatspflicht entsprechen.
3. Kann das Begehren des Mandanten aufgrund einer gut vertretbaren Rechtsauffassung zwar Erfolg haben, ist die Rechtslage aber dennoch zweifelhaft, weil sich etwa eine gefestigte Rechtsprechung noch nicht gebildet hat, muss der Rechtsanwalt gegenüber seinem Mandanten entsprechende Zweifel und Bedenken darlegen und erörtern und die weiteren Schritte von der Entscheidung des Mandanten abhängig machen.
BGH, Urt. v. 17.4.1986 – IX ZR 200/85, BGHZ 97, 372 = NJW 1986, 2043.

1. Bei der Prüfung der Aussichten eines beabsichtigten Prozesses muss der Rechtsanwalt vor allem den ihm vorgetragenen Sachverhalt daraufhin untersuchen, ob er geeignet ist, den von dem Auftraggeber erstrebten Erfolg zu begründen.
2. Auf mögliche Bedenken gegen die Erfolgsaussichten einer Klage muss der Rechtsanwalt den Auftraggeber hinweisen. Ergibt die Prüfung, dass die beabsichtigte Klage nahezu sicher oder jedenfalls mit hoher Wahrscheinlichkeit aussichtslos ist, darf der Rechtsanwalt dies nicht verschweigen; er muss vielmehr von sich aus hinreichend deutlich auf den Grad des Risikos und der Wahrscheinlichkeit eines Prozessverlustes Stellung nehmen.
3. Geht es um die Auslegung einer Willenserklärung, etwa um die Frage, ob der Verkäufer der Rückgängigmachung eines Kaufvertrages zugestimmt hat, ist ein anwaltlicher Berater nicht verpflichtet, von einer (Wider-)Klage abzuraten. Er muss allerdings auf die Bedenken gegen die Schlüssigkeit einer beabsichtigten Klage hinweisen.
BGH, Urt. v. 10.3.1988 – IX ZR 194/87, NJW 1988, 2113 = WM 1988, 842.

Ein Rechtsanwalt darf die Erhebung einer Klage vor den staatlichen Gerichten, die wegen einer Schiedsgerichtsabrede kaum Erfolgsaussichten hat, nur dann empfehlen, wenn er den Auftraggeber auf das sich daraus ergebende Risiko hinweist und dieser dennoch das Kostenrisiko einer unzulässigen Klage vor den ordentlichen Gerichten auf sich nehmen will, weil er sich vor dem Schiedsgericht ohnehin keinen sachlichen Erfolg verspricht.
BGH, Urt. v. 29.3.1990 – IX ZR 24/88, NJW 1990, 2127.

Soll ein Rechtsanwalt einen Rechtsstreit führen, muss er den Auftraggeber über die Notwendigkeit, Aussichten und Gefahren eines Prozesses ins Bild setzen, soweit der Mandant zu eigener Beurteilung nicht in der Lage ist.
BGH, Urt. v. 28.6.1990 – IX ZR 209/89, NJW-RR 1990, 1241 = WM 1990, 1917.

1. Bei einer auf bloße Verzögerung bedachten Prozessführung hat der Rechtsanwalt den Auftraggeber substanziiert über die sich aus den gesetzlichen Vorschriften ergebenden Grenzen zu belehren. Der Hinweis auf „ein relatives Risiko" reicht dazu nicht aus.
2. Ein Rechtsanwalt, der für seinen Mandanten eine neue Klage während der Rechtshängigkeit einer früheren Klage mit demselben Streitgegenstand vor einem örtlich unzuständigen Gericht einleitet, muss angeben können, ob und wie er den Mandanten gerade in dieser Hinsicht belehrt hat.

3. Ein Anliegen des Mandanten, die Erfüllung eines Anspruchs um jeden Preis zu verzögern, deckt nicht kostspielige sinnlose Verzögerungsmaßnahmen, wenn aussichtsreichere möglich sind, etwa die Klage beim zuständigen Gericht.
BGH, Urt. v. 28.5.1991 – IX ZR 181/90, NJW 1991, 2280.

1. Zweifel und Bedenken, zu denen die Sachlage Anlass gibt, hat der Rechtsanwalt darzulegen und mit seinem Auftraggeber zu erörtern.
2. Erscheint nach pflichtgemäßer Prüfung der Sach- und Rechtslage eine beabsichtigte Klage nahezu sicher oder jedenfalls mit großer Wahrscheinlichkeit als aussichtslos, muss der Rechtsanwalt auf den damit verbundenen Grad der Gefahr eines Prozessverlustes hinweisen
BGH, Urt. v. 13.3.1997 – IX ZR 81/96, NJW 1997, 2168 = WM 1997, 1392.

Ein Steuerberater muss dem Auftraggeber von einer im Endergebnis aussichtslosen Klage abraten.
BGH, Urt. v. 18.12.1997 – IX ZR 180/96, NJW 1998, 1488 = WM 1998, 779.

1. I.d.R. darf der Rechtsanwalt auf die Richtigkeit tatsächlicher Angaben seines Auftraggebers ohne eigene Nachforschungen vertrauen, solange er die Unrichtigkeit oder Unvollständigkeit weder kennt noch kennen muss. Dieser Grundsatz gilt jedoch nicht für die Mitteilung von Rechtstatsachen und rechtlichen Wertungen, da solche Angaben eines rechtsunkundigen Mandanten unzuverlässig sind.
2. Insoweit muss der Rechtsanwalt die zugrunde liegenden, für die rechtliche Prüfung bedeutsamen Umstände und Vorgänge klären; dafür genügt es regelmäßig, dass er seinen Mandanten befragt und von diesem einschlägige Unterlagen erbittet.
BGH, Urt. v. 18.11.1999 – IX ZR 420/97, WM 2000, 189.

1. Erscheint eine beabsichtigte Klage wenig aussichtsreich, so muss der rechtliche Berater hierauf sowie auf die damit verbundenen Gefahren hinweisen.
2. Die Hinweise und Belehrungen des rechtlichen Beraters haben sich an der jeweils aktuellen höchstrichterlichen Rechtsprechung auszurichten, dies sogar dann, wenn er selbst deren Ansicht nicht teilt.
BGH, Urt. v. 29.4.2003 – IX ZR 54/02, NJW-RR 2003, 1212 = VersR 2004, 736.

Beantragt ein Rechtsanwalt für seinen Mandanten einen Mahnbescheid gegen einen Schuldner, wenn gegen den Schuldner bereits ein Antrag auf Eröffnung des Konkursverfahrens gestellt ist, liegt eine Pflichtverletzung vor.
BGH, Urt. v. 8.1.2004 – IX ZR 30/03, VersR 2004, 738.

1. Der Rechtsanwalt hat die Führung eines Prozesses dann abzulehnen, wenn er für den Mandanten nach der Sach- und Rechtslage keine Erfolgsaussicht sieht.
2. In Arzthaftungsprozessen darf der Rechtsanwalt ein Schadensersatzbegehren seines Mandanten in aller Regel nicht von vornherein für aussichtslos halten, weil der

Prozessausgang regelmäßig von einer Beweisaufnahme abhängt, deren Ergebnis für den medizinischen Laien vorher kaum abschätzbar ist.
OLG Düsseldorf, Urt. v. 15.3.1984 – 8 U 95/83, VersR 1984, 552.

Hat eine Klage keine Aussicht auf Erfolg, weil die geltend zu machende Forderung verjährt ist, muss der Rechtsanwalt dem Mandanten von der Prozessführung klar und eindeutig abraten.
OLG Köln, Urt. v. 25.3.1994 – 19 U 136/93, NJW-RR 1994, 955.

1. Der Rechtsanwalt muss die Erfolgsaussichten der Rechtsverfolgung oder Rechtsverteidigung sorgfältig prüfen und den Mandanten über das Ausmaß des Prozessrisikos informieren. Ist sicher oder in hohem Maße wahrscheinlich, dass der Mandant den Prozess verliert, muss der Rechtsanwalt hierauf nachdrücklich hinweisen.
2. Die dargelegte Beratungs- und Hinweispflicht des Rechtsanwalts besteht nicht nur bei Beginn des Mandats, sondern für dessen gesamte Dauer, denn insbesondere die spätere Einlassung des Prozessgegners oder eine veränderte Tatsachengrundlage oder gerichtliche Hinweise können eine Anpassung und Neubewertung der anwaltlichen Prognose notwendig machen. Der Rechtsanwalt muss den rechtsunkundigen Mandanten daher auch noch in einem späteren Stadium über die zweckmäßigsten prozessualen Möglichkeiten (Antragsrücknahme usw.) aufklären, um diesen weitere Kostennachteile infolge eines absehbaren Prozessverlustes zu ersparen.
OLG Koblenz, Urt. v. 12.11.1999 – 10 U 63/99, VersR 2001, 1026.

Führt der Rechtsanwalt für einen rechtsschutzversicherten Mandanten einen wenig aussichtsreichen Prozess, so muss er den Mandanten darüber spätestens dann belehren, wenn der Rechtsschutzversicherer die zunächst erteilte Deckungszusage zurückzieht oder einschränkt und der Rechtsanwalt dagegen für den Mandanten nichts unternehmen will.
OLG Düsseldorf, Urt. v. 6.7.2001 – 24 U 211/00, VersR 2002, 1105 = NJW-RR 2002, 64.

Prozessuale Tätigkeit (allgemein)

Ein Rechtsanwalt, der eine Prozessvertretung übernimmt, ist grundsätzlich verpflichtet, die Prozesslage in rechtlicher Hinsicht umfassend zu prüfen.
RG, Urt. v. 7.2.1933 – III 180/32, RGZ 139, 358.

Der Rechtsanwalt, der die Beratung einer Partei in einem Zivilprozess übernimmt, haftet auf Schadensersatz, wenn er durch eine schuldhafte Pflichtverletzung bewirkt, dass die Partei einen Prozess verliert, den sie bei sachgemäßer Vertretung gewonnen hätte.
BGH, Urt. v. 31.10.1985 – IX ZR 175/84, NJW-RR 1986, 1281 = WM 1986, 199.

Rechtsmittel (Prüfung der Erfolgsaussicht)

Ein Rechtsanwalt verletzt schuldhaft seine Pflichten, wenn er eine Beschwerde gegen die Nichtzulassung einer Revision einlegt, obwohl er ohne weiteres erkennen konnte, dass die Rechtsauffassung des OLG in dem angefochtenen Urteil dem klaren, eindeutigen und keine andere Auslegung zulassenden Wortlaut des Gesetzes entspricht oder mit der Rechtsprechung des BGH übereinstimmt, so dass die Entscheidung ausschließlich auf den vom OLG getroffenen tatsächlichen Feststellungen beruht.
BGH, Beschl. v. 7.1.1960 – IV ZB 289/59, VersR 1960, 209.

Der Rechtsanwalt muss den Mandanten über die Erfolgsaussicht einer Berufung aufklären. Der Rechtsanwalt hat die Einlegung der Berufung zu empfehlen, wenn sie Aussicht auf Erfolg verspricht. Dies gilt insbesondere dann, wenn anderenfalls die Gefahr einer doppelten Klageabweisung, und zwar auch in einem späteren Verfahren gegen einen Streitverkündeten, besteht.
BGH, Urt. v. 9.11.1982 – VI ZR 293/79, BGHZ 85, 252 = NJW 1983, 820.

1. Es gehört zu den Aufgaben des Berufungsanwalts, den Mandanten über die Möglichkeit und die Aussicht einer Revision zu beraten.
2. Es gehört zu den Pflichten des Rechtsanwalts im Berufungsverfahren, die Festsetzung des Wertes der Beschwer durch das Berufungsgericht auf ihre Richtigkeit zu überprüfen.
BGH, Urt. v. 6.7.1989 – IX ZR 75/88, NJW-RR 1989, 1109 = WM 1989, 1826.

Der Rechtsanwalt hat seinen Mandanten über den Inhalt eines gegen ihn ergangenen Urteils, den Zeitpunkt der Zustellung sowie die Möglichkeit eines Rechtsmittels und die dafür geltende Einlegungsfrist zu unterrichten.
OLG Celle, Urt. v. 21.10.1981 – 3 U 43/81, AnwBl 1982, 22.

Ein Rechtsanwalt ist verpflichtet, den Mandanten auf die Möglichkeit einer Verfassungsbeschwerde hinzuweisen, wenn ein Gericht die Verpflichtung zur Vorlage an ein höheres Gericht willkürlich außer Acht lässt.
OLG Braunschweig, Urt. v. 24.9.1997 – 3 U 40/97, NJWE-VHR 1998, 350.

Rechtsmittel (Prüfung und Wahrung der Rechtsmittelfrist)

1. Der Prozessbevollmächtigte ist verpflichtet, seiner Partei den Lauf der Berufungsfrist mitzuteilen und die Möglichkeit zu verschaffen, über die Einlegung der Berufung zu entscheiden. Dieser Pflicht entspricht der Rechtsanwalt, wenn er das abgekürzte Urteil übersendet und das Zustellungsdatum mit dem Hinweis auf den Ablauftermin der Berufungsfrist angibt; die Übersendung muss nicht durch eingeschriebenen Brief erfolgen.
2. Eine Pflicht des Rechtsanwalts, innerhalb der Berufungsfrist bei der Partei nachzufragen, ob sie Berufung einlegen wolle, ist regelmäßig zu verneinen. Aufgrund der

besonderen Umstände des Falls kann sich jedoch ausnahmsweise eine nachträgliche Erkundigungspflicht ergeben, wenn der Rechtsanwalt besonderen Anlass hat, den Verlust seiner Mitteilung zu befürchten, oder wenn ihm der Wille der Partei, unter allen Umständen ein Rechtsmittel einlegen zu wollen, bereits bekannt ist.
BGH, Urt. v. 23.1.1963 – VIII ZB 19/62, VersR 1963, 435.

1. Der beauftragende Rechtsanwalt muss dafür Sorge tragen, dass der beauftragte Rechtsmittelanwalt den Auftrag rechtzeitig bestätigt, und den Eingang dieser Bestätigung überwachen.
2. Besteht zwischen dem erstinstanzlichen Prozessbevollmächtigten und dem Rechtsmittelanwalt im Einzelfall oder allgemein die Absprache, dass dieser Rechtsmittelaufträge annehmen, prüfen und ausführen wird, besteht für den beauftragenden Rechtsanwalt i.d.r. kein Grund, von sich aus den Ablauf der Rechtsmittelfrist weiterhin zu überwachen.
BGH, Beschl. v. 11.7.1988 – 1 ZB 5/88, NJW 1988, 3020.

Der Verkehrsanwalt ist verpflichtet, die Wahrung der Frist zur Begründung der Berufung zu überwachen, wenn er aufgrund einer internen Absprache anstelle des Prozessbevollmächtigten die Berufungsbegründung zu entwerfen und damit auch deren fristgerechte Einreichung sicherzustellen hat.
BGH, Beschl. v. 28.3.1990 – VII ZB 7/90, VersR 1990, 801.

Sowohl der Prozessbevollmächtigte als auch der Verkehrsanwalt, der den Berufungsanwalt beauftragt hat, haben in eigener Verantwortung geeignete und verläßliche Maßnahmen zu treffen, die eine zuverlässige Information über den Lauf der Rechtsmittelfrist gewährleisten.
BGH, Beschl. v. 22.11.1990 – I ZB 13/90, VersR 1991, 896.

1. Der Rechtsanwalt, der einem Kollegen einen Rechtsmittelauftrag zu erteilen hat, kann nicht darauf vertrauen, dass der Auftrag ausgeführt wird, es sei denn, dass zwischen den Rechtsanwälten oder der vertretenen Partei einerseits und dem als Prozessbevollmächtigten in Aussicht genommenen Rechtsanwalt andererseits im Einzelfall oder allgemein eine Absprache dahingehend besteht, dass dieser Rechtsmittelaufträge annehmen, prüfen und ausführen werde.
2. Fehlt eine solche Absprache, endet die Sorgfaltspflicht des beauftragenden Rechtsanwalts regelmäßig nicht mit dem rechtzeitigen Absenden des Auftragsschreibens. Vielmehr hat er nach Absenden des Auftragsschreibens den Ablauf der Rechtsmittelfrist in eigener Verantwortung zu überwachen.
3. Der Verkehrsanwalt hat in diesem Fall dafür zu sorgen, dass der Ablauf der Rechtsmittelfrist als eigene Frist eingetragen wird, um die Mandatsübernahme durch den auswärtigen Rechtsanwalt zu überwachen. Bestätigt der auswärtige Rechtsanwalt den Auftrag nicht, hat der Verkehrsanwalt Nachforschungen innerhalb der laufenden Rechtsmittelfrist anzustellen.
BGH, Beschl. v. 5.6.1997 – X ZB 2/97, NJW 1997, 3245 = WM 1997, 2091.

Der von einem in der Kanzlei des zugelassenen Prozessbevollmächtigen tätigen, beim Berufungsgericht nicht zugelassenen Anwalt gestellte Antrag auf Verlängerung der Frist zur Berufungsbegründung ist unwirksam. Darauf, dass einem solchen Antrag stattgegeben wird, darf der Anwalt nicht vertrauen.
OLG Karlsruhe, Beschl. v. 14.5.1999 – 14 U 246/98, NJW-RR 2000, 1519.

Schriftsätze (Anträge)

Ein Rechtsanwalt, der den zur Wahrung der Interessen seiner Partei erforderlichen Antrag nicht klar genug stellt, handelt pflichtwidrig.
BGH, Urt. v. 20.9.1956 – III ZR 199/55, VersR 1956, 762.

Ein Rechtsanwalt, dessen Mandant als Erbe wegen einer Nachlassverbindlichkeit in Anspruch genommen wird, ist grundsätzlich verpflichtet, den Vorbehalt der beschränkten Erbenhaftung zu beantragen und in den Titel aufnehmen zu lassen.
BGH, Urt. v. 2.7.1992 – IX ZR 256/91, NJW 1992, 2694.

1. Der Rechtsanwalt hat für eine sachgerechte Antragstellung zu sorgen.
2. Ein Rechtsanwalt, der mit der Durchsetzung von Unterhaltsansprüchen beauftragt ist, hat im Hinblick auf § 323 ZPO zu klären, ob eine Abänderungs- oder eine Leistungsklage zu erheben ist.
BGH, Urt. v. 2.4.1998 – IX ZR 107/97, NJW 1998, 2048 = WM 1998, 1542.

Ein Rechtsanwalt handelt fahrlässig, wenn er eine Kündigungsschutzklage nur gegen eine zweite Kündigung erhebt, obwohl es Anhaltspunkte dafür hat, dass dem Mandanten möglicherweise zuvor schon einmal gekündigt worden ist.
BGH, Urt. v. 11.2.1999 – IX ZR 14/98, NJW 1999, 1391 = WM 1999, 647.

In einem Kündigungsschutzprozess kann der Prozessbevollmächtigte verpflichtet sein, hilfsweise den Antrag zu stellen, das Arbeitsverhältnis seiner Partei mit dessen Arbeitgeber aufzulösen und diesen zur Zahlung einer angemessenen Abfindung zu verurteilen.
OLG Bamberg, Urt. v. 18.7.1988 – 4 U 60/88, NJW-RR 1989, 223.

Im Mieträumungsverfahren darf sich der Rechtsanwalt des Beklagten nicht darauf verlassen, dass das Gericht die Bewilligung einer Räumungsfrist von Amts wegen prüft; vielmehr muss der Rechtsanwalt selbst einen Antrag nach § 721 ZPO stellen und begründen.
OLG Hamm, Urt. v. 25.10.1994 – 28 U 40/94, NJW-RR 1995, 526.

Schriftsätze (Rechtsausführungen)

Die Gerichte sind verfassungsrechtlich nicht legitimiert, den Rechtsanwälten auf dem Umweg über den Haftungsprozess auch die Verantwortung für die richtige Rechtsan-

wendung aufzubürden.
BVerfG (2. Kammer des Ersten Senats), Beschl. v. 12.8.2002 – 1 BvR 399/02, NJW 2002, 2937.

1. Der Strafverteidiger hat gegenüber dem Beschuldigten die Pflicht, die Strafverfolgungsbehörden oder das Gericht auf eine Verjährung der Strafverfolgung hinzuweisen.
2. Der Strafverteidiger hat im Interesse des Beschuldigten nach Kräften dazu beizutragen, dass Irrtümer des Gerichts zulasten des Beschuldigten vermieden werden.
BGH, Urt. v. 17.9.1964 – III ZR 215/63, NJW 1964, 2402.

1. Im Prozess ist der Rechtsanwalt verpflichtet, den Versuch zu unternehmen, das Gericht davon zu überzeugen, dass und warum seine Auffassung richtig ist.
2. Ein Rechtsanwalt ist mit Rücksicht auf das nur unvollkommene menschliche Erkenntnisvermögen und die niemals auszuschließende Möglichkeit eines Irrtums verpflichtet, nach Kräften Irrtümern und Versehen des Gerichts entgegenzuwirken.
3. Daher muss er alles vorbringen, was die Entscheidung günstig beeinflussen kann. Hierzu können auch Rechtsauffassungen gehören.
BGH, Urt. v. 25.6.1974 – VI ZR 18/73, NJW 1974, 1865.

Der Rechtsanwalt, dem vorprozessual ein Fehler unterlaufen war, hat einen Schaden, der auf falscher Entscheidung im anschließenden gerichtlichen Verfahren beruht, nicht zu verantworten, wenn er dem Gericht noch rechtzeitig den richtigen Sachverhalt unterbreitet und auf die zutreffenden rechtlichen Gesichtspunkte hingewiesen hat.
BGH, Urt. v. 5.11.1987 – IX ZR 86/86, NJW 1988, 486.

1. Gibt die rechtliche Beurteilung Anlass zu ernstlichen Zweifeln, muss der Rechtsanwalt in Betracht ziehen, dass sich die zur Entscheidung berufene Stelle der seinem Auftraggeber ungünstigeren Beurteilung der Rechtslage anschließt.
2. Im Prozess ist der Rechtsanwalt verpflichtet, den Versuch zu unternehmen, das Gericht davon zu überzeugen, dass und warum seine Auffassung richtig ist.
3. Welche konkreten Pflichten aus diesen allgemeinen Grundsätzen abzuleiten sind, richtet sich nach dem Mandat und den Umständen des Falls.
BGH, Urt. v. 17.12.1987 – IX ZR 41/86, NJW 1988, 1079 = WM 1988, 382.

1. Es gehört zu den Pflichten des Rechtsanwalts, Fehlern des Gerichts entgegenzuwirken.
2. Der verfahrensrechtlichen Mitverantwortung der Verfahrensbeteiligten für die Entscheidungsgrundlagen entspricht im Verhältnis der Partei und dem mit der Wahrnehmung ihrer Interessen beauftragten Rechtsanwalt die anwaltliche Verpflichtung, dafür einzutreten, dass die zugunsten des Mandanten sprechenden tatsächlichen und rechtlichen Gesichtspunkte so umfassend wie möglich ermittelt und bei der Entscheidung des Gerichts berücksichtigt werden.
3. Verletzt der Rechtsanwalt schuldhaft diese Pflicht mit der Folge, dass bei der ge-

richtlichen Entscheidung zugunsten des Mandanten sprechende Gesichtspunkte übersehen werden, so kann es grundsätzlich die Verantwortung des Rechtsanwalts gegenüber dem Mandanten nicht berühren, dass dem Gericht bei der Entscheidungsfindung ein Fehler in derselben Richtung unterlaufen ist.

4. Diese Überlegungen schließen es nicht aus, dass es Sachverhalte geben mag, in denen der durch eine fehlerhafte Gerichtsentscheidung verursachte Schaden dem Rechtsanwalt haftungsrechtlich nicht zugerechnet werden kann, obwohl eine Verletzung der anwaltlichen Pflichten vorausgegangen ist.

5. Wird eine erforderliche Beweiserhebung nicht durchgeführt, weil dazu notwendige Verfahrenshandlungen der Partei unterbleiben, und geht deshalb der Prozess verloren, hat der Prozessbevollmächtigte pflichtwidrig gehandelt, wenn er es versäumt hat, auf die Klarstellung einer missverständlichen Vorschussanforderung des Gerichts hinzuwirken.
BGH, Urt. v. 24.3.1988 – IX ZR 114/87, NJW 1988, 3013 = WM 1988, 987.

Es gehört zu den Pflichten des Rechtsanwalts, Fehlern des Gerichts entgegenzuwirken. Derartige Fehler schließen die Haftung des Rechtsanwalts für vorwerfbare Pflichtverletzungen nicht aus.
BGH, Urt. v. 6.7.1989 – IX ZR 75/88, NJW-RR 1989, 1109 = WM 1989, 1826.

1. Ein Rechtsanwalt ist verpflichtet, den Versuch zu unternehmen, das Gericht davon zu überzeugen, dass und warum seine Auffassung richtig ist. Fehler des Gerichts muss er zu verhindern suchen.
2. Etwaige Versäumnisse des Gerichts schließen die Mitverantwortung des Rechtsanwalts für eigenes Versehen grundsätzlich nicht aus.
3. Ob etwas anderes im Falle ganz ungewöhnlicher schwerer Fehlgriffe der zur Entscheidung berufenen Stelle gilt, die außerhalb jedes realitätsgerechten Vorstellungsvermögens eines durchschnittlich erfahrenen, sorgfältigen und vorsichtigen Rechtsanwalts liegen, bleibt offen.
BGH, Urt. v. 28.6.1990 – IX ZR 209/89, NJW-RR 1990, 1241 = WM 1990, 1917.

Ein Rechtsanwalt ist verpflichtet, den Versuch zu unternehmen, die entscheidende Stelle – das Gericht oder die Behörde – davon zu überzeugen, dass und warum seine Auffassung richtig ist.
BGH, Urt. v. 13.2.1992 – IX ZR 105/91, NJW 1992, 1695.

Der Rechtsanwalt ist verpflichtet zu versuchen, das Gericht unter Hinweis auf die höchstrichterliche Rechtsprechung von seiner Rechtsauffassung zu überzeugen.
BGH, Urt. v. 20.1.1994 – IX ZR 46/93, NJW 1994, 1211.

Es gehört zu den Pflichten eines zum Prozessbevollmächtigten bestellten Rechtsanwalts, Fehlern des Gerichts entgegenzuwirken.
BGH, Urt. 15.12.1994 – IX ZR 45/94, NJW 1995, 1419 = WM 1994, 948.

1. Der mit der Prozessführung betraute Rechtsanwalt ist seinem Mandanten gegenüber verpflichtet, dafür einzutreten, dass die zugunsten des Mandanten sprechenden tatsächlichen und rechtlichen Gesichtspunkte so umfassend wie möglich ermittelt und bei der Entscheidung des Gerichts berücksichtigt werden.
2. Verlangt ein Käufer im Rechtsstreit unter Berufung auf seine Allgemeinen Geschäftsbedingungen überhöhte Zinsen, so ist der gegnerische Prozessbevollmächtigte verpflichtet, das Gericht auf Bedenken hinzuweisen, die sich aus § 11 Nr. 5 AGBG ergeben.
BGH, Urt. v. 4.6.1996 – IX ZR 51/95, NJW 1996, 2648 = WM 1996, 1824.

1. Ein Rechtsanwalt hat in einem Rechtsstreit alles vorzubringen, was die gerichtliche Entscheidung für die von ihm vertretene Partei günstig beeinflussen kann.
2. Ein Rechtsanwalt ist verpflichtet, auf die Unschlüssigkeit einer Klage bzw. auf die Unerheblichkeit einer Verteidigung der Gegenseite hinzuweisen.
OLG Köln, Urt. v. 2.11.1983 – 17 U 32/83, AnwBl 1984, 92.

Schriftsätze (Sachvortrag)

Ein Rechtsanwalt, der eine für seinen Auftraggeber rechtlich vorteilhafte Einwendung nicht schriftsätzlich vorträgt, weil er meint, dieser Vortrag sei für seinen Mandanten ehrenrührig oder kreditgefährdend, handelt pflichtwidrig, wenn er den Auftraggeber nicht über die Vor- und Nachteile dieses Vorgehens aufgeklärt und dessen Zustimmung eingeholt hat.
RG, Urt. v. 7.2.1933 – III 180/32, RGZ 139, 358.

1. Soweit der Auftraggeber den Rechtsanwalt informiert hat, hat der Rechtsanwalt gerichtliche Auflagen sachgemäß und ausreichend zu beantworten.
2. Unterrichtet der Auftraggeber seinen Rechtsanwalt nicht ausreichend, muss dieser den Auftraggeber auf die bei einem ungenügenden Vortrag drohenden prozessrechtlichen Nachteile hinweisen.
BGH, Urt. v. 8.10.1981 – III ZR 190/79, NJW 1982, 437.

1. Im Zivilprozess obliegt die Beibringung des Tatsachenstoffs in erster Linie der Partei.
2. Ein pflichtgemäß handelnder Prozessbevollmächtigter darf nicht völlig auf den Erfolg der hauptsächlichen Verteidigungsmittel vertrauen, sondern muss darauf bedacht sein, einen von seinem Mandanten möglicherweise geschuldeten Schadensersatz so gering wie möglich zu halten. Er hat neben der Verteidigung gegen die Zulässigkeit der Klage und den Grund des geltend gemachten Anspruchs auch zu der Schadenshöhe vorzutragen.
3. Der Rechtsanwalt ist zu hinreichend substanziiertem und rechtzeitigem Sachvortrag verpflichtet.
BGH, Urt. v. 28.6.1990 – IX ZR 209/89, NJW-RR 1990, 1241 = WM 1990, 1917.

1. Es ist die Aufgabe des Rechtsanwalts, der einen Anspruch klageweise geltend machen soll, die zugunsten seiner Partei sprechenden tatsächlichen und rechtlichen Gesichtspunkte so umfassend wie möglich darzustellen, damit sie das Gericht bei seiner Entscheidung berücksichtigen kann. Er darf sich nicht ohne weiteres mit dem begnügen, was sein Auftraggeber ihm an Informationen liefert, sondern muss um zusätzliche Aufklärung bemüht sein, wenn den Umständen nach für eine zutreffende rechtliche Einordnung die Kenntnis weiterer Tatsachen erforderlich und deren Bedeutung für den Mandanten nicht ohne weiteres ersichtlich ist.
2. Der Rechtsanwalt hat sich nur mit den tatsächlichen Angaben zu befassen, die zur pflichtgemäßen Erledigung des ihm übertragenen Auftrags zu beachten sind. Er braucht sich grundsätzlich nicht um die Aufklärung von Vorgängen zu bemühen, die weder nach den vom Auftraggeber erteilten Informationen noch aus Rechtsgründen in einer inneren Beziehung zu dem Sachverhalt stehen, aus dem der Mandant einen Anspruch gegen seinen Vertragspartner herleiten will.
BGH, Urt. v. 7.2.2002 – IX ZR 209/00, NJW 2002, 1413.

1. Ein Rechtsanwalt ist im Rahmen der Prozessführung verpflichtet, darauf zu achten, dass gesetzliche und gerichtliche Fristen eingehalten werden.
2. Das Versäumen einer gerichtlichen Frist kann einem Rechtsanwalt nur vorgeworfen werden, wenn der Mandant beweist, dass der Rechtsanwalt von der Fristverfügung rechtzeitig Kenntnis erlangt hat.
OLG Düsseldorf, Urt. v. 22.12.1988 – 8 U 15/88, VersR 1989, 287.

Ein Verstoß des Prozessbevollmächtigten gegen eine „Verpflichtung zur moderaten Prozessführung" besteht jedenfalls dann nicht, wenn der Mandant zu erkennen gegeben hat, dass er mit Inhalt und Diktion der Schriftsätze einverstanden ist.
OLG Köln, Urt. v. 22.11.1994 – 22 U 138/94, NJW-RR 1996, 698.

Die eine Geltendmachung des Schadens erleichternden Vorschriften des § 252 BGB und des § 287 ZPO entbinden den beauftragten Rechtsanwalt nicht, die für die Begründung eines eingeklagten Anspruchs relevanten Ausgangs- bzw. Anknüpfungstatsachen schlüssig darzulegen.
OLG Koblenz, Urt. v. 25.3.1997 – 3 U 334/96, NJW-RR 1997, 954.

Der Kläger im Regressprozess muss den Inhalt ausländischer Rechtsnormen substanziiert vortragen, wenn ihm dies zumutbar ist (hier: belgische Steuernorm; belgische Anwälte waren in der Steuersache eingeschaltet). Der Notwendigkeit eines substanziierten Sachvortrags ist er nicht wegen § 293 ZPO – Amtsermittlung ausländischen Rechts – enthoben.
OLG Köln, Urt. v. 6.11.1998 – 20 U 73/98, GI 2000, 169.

Der Rechtsanwalt hat durch Befragen des Mandanten ein möglichst vollständiges und objektives Bild des Sachverhalts zu gewinnen.
OLG Celle, Urt. v. 3.6.1998 – 3 U 159/97, GI 2000, 301.

Sicherheitsleistung (Rückforderung)

Ein Berufungsanwalt, der für seinen Mandanten ohne Beteiligung eines Korrespondenzanwalts eine einstweilige Einstellung der Zwangsvollstreckung gegen Sicherheitsleistung erwirkt hat, hat für die Rückgabe der Sicherheit zu sorgen, nachdem sein Mandant mit der Berufung ganz oder im Wesentlichen obsiegt hat. In diesem Fall muss der Berufungsanwalt seinem Mandanten zur Klage auf Rückgabe der Sicherheit raten, falls der Gegner diese nicht freiwillig herausgibt.
BGH, Urt. v. 22.3.1990 – IX ZR 128/89, NJW 1990, 2128 = WM 1990, 1161.

Streitverkündung

Ein Rechtsanwalt hat darauf hinzuwirken, dass nach einer Streitverkündung eine Interventionswirkung seines Auftraggebers vermieden wird. Hierzu hat der Rechtsanwalt dem Auftraggeber bei hinreichender Erfolgsaussicht zu raten, gegen ein Urteil Berufung einzulegen, wenn andernfalls die Gefahr einer doppelten Klageabweisung droht, und zwar auch in einem späteren Verfahren gegen den Streitverkündeten.
BGH, Urt. v. 9.11.1982 – VI ZR 293/79, BGHZ 85, 252 = NJW 1983, 820.

1. Ein Rechtsanwalt ist auch dann verpflichtet, seinen Auftraggeber auf die drohende Verjährung von Ansprüchen gegen einen Dritten hinzuweisen, wenn sein Mandat nur die Vertretung in einem bestimmten Rechtsstreit umfasst, für den Rechtsanwalt jedoch ersichtlich ist, dass bei Verlust des Prozesses Ansprüche gegen einen Dritten in Betracht kommen und der Auftraggeber insoweit nicht anderweitig beraten wird.
2. Im Zivilprozess bietet sich in einer solchen Sachlage als nahe liegender Weg zur Wahrung der Rechte des Mandanten an, dem Dritten den Streit zu verkünden.
BGH, Urt. v. 29.4.1993 – IX ZR 101/92, NJW 1993, 2045 = WM 1993, 1508.

1. Ein Rechtsanwalt, der es übernommen hat, in einem anhängigen Verfahren namens seines Mandanten einem Dritten den Streit zu verkünden oder die Wirkung der Streitverkündung durch Abschluss einer entsprechenden Vereinbarung herbeizuführen, ist verpflichtet, seinen Mandanten über die Wirkung der Streitverkündung gemäß § 215 BGB (a.F.) zu belehren.
2. Dies gilt zumindest dann, wenn das Ziel der Streitverkündung gerade auch in der Unterbrechung der Verjährung liegt.
OLG Karlsruhe, Urt. v. 17.10.1985 – 12 U 208/84, NJW 1987, 331.

Vergleich

1. Bevor der Rechtsanwalt seiner Partei in einer Rechtsstreitigkeit den Abschluss eines Vergleichs empfiehlt, ist er verpflichtet, sich anhand der Rechtsprechung und des Schrifttums ein Bild über die Prozessaussichten seines Auftraggebers zu machen.
2. Bestehen in Schrifttum oder Rechtsprechung zu einer Rechtsfrage mehrere beacht-

liche Meinungen, hat der Rechtsanwalt, der seiner Partei auf der Grundlage einer ihr ungünstigen Meinung einen Vergleich vorschlägt, auf die sich daraus ergebenden Bedenken aufmerksam zu machen.
RG, Urt. v. 4.3.1932 – 116/31 III, JW 1932, 2856.

Bevor ein Rechtsanwalt zu einem Vergleich rät, muss er abwägen, ob dieser den wohlverstandenen Interessen seines Mandanten genügt. Er muss seinen Mandanten auf Bedenken und auf die Nachteile des Vergleichs hinweisen. Er darf jedenfalls dann nicht ohne weiteres einen Vergleich empfehlen, vorschlagen oder unwiderruflich abschließen, wenn nach der Prozesslage eine begründete Aussicht besteht, dass im Falle der Entscheidung für den Mandanten ein günstigeres Ergebnis zu erzielen ist.
BGH, Urt. v. 5.12.1960 – III ZR 141/59, VersR 1961, 276.

1. Ein Rechtsanwalt, der in einem Vergleich die Berufung gegen ein klageabweisendes Urteil zurücknehmen will, muss sich der eindeutigen Zustimmung seines Auftraggebers vergewissern, nachdem er diesen eingehend über die rechtliche Bedeutung und die wirtschaftlichen Folgen einer solchen Erklärung belehrt sowie gewissenhaft alle Möglichkeiten für eine günstigere Beendigung des Rechtsstreits geprüft hat.
2. Selbst wenn der Auftraggeber dem Rechtsanwalt bedeutet hat, er sei unter Umständen vergleichsbereit, hat der Rechtanwalt die Partei darüber zu belehren, dass Fehlentscheidungen über die künftige Entwicklung der unfallbedingten Körperschäden zu den von ihr im Abfindungsvergleich zu übernehmenden Risiken gehören und dass sie bei Verwirklichung dieser Risiken grundsätzlich keine Schadensersatzansprüche mehr geltend machen kann.
3. Es bleibt offen, ob anderweitige Interessen von überragender Bedeutung es ausnahmsweise rechtfertigen können, einen Vergleich ohne vorherige Belehrung und ohne Absprache mit dem Auftraggeber zu schließen.
BGH, Urt. v. 20.3.1961 – III ZR 172/59, VersR 1961, 467.

1. Hat ein Rechtsanwalt zwischen der Empfehlung eines Vergleichs und der Führung eines Rechtsstreits zu wählen, so beschränkt sich seine Sorgfaltspflicht darauf, alle wesentlichen Vor- und Nachteile so gewissenhaft zu bedenken, wie ihm dies aufgrund seiner Informationen, Kenntnisse und Erfahrungen vorausschauend möglich ist, und seinen Auftraggeber entsprechend zu belehren und zu beraten.
2. Ein vorgeschlagener Vergleich kann so eindeutig ungünstig sein, dass der Rechtsanwalt von ihm abraten muss und ihn nur abschließen darf, wenn der Mandant es dem dringenden Rat zuwider ausdrücklich verlangt.
BGH, Urt. v. 5.1.1968 – VI ZR 137/66, VersR 1968, 450.

1. Hat ein Rechtsanwalt konkrete Anhaltspunkte dafür, dass sein Mandant erwartet, durch einen Vergleich eine bestimmte Rechtsposition zu wahren, hat er den Mandanten darüber aufzuklären, dass er beabsichtigt, den Vergleich mit einem abweichenden Inhalt abzuschließen.
2. Einem Rechtsanwalt, der an Vergleichsverhandlungen mitwirkt, ist ein Ermessens-

spielraum zuzubilligen. Besteht nach der Prozesslage indessen begründete Aussicht, dass im Fall einer Entscheidung ein wesentlich günstigeres Ergebnis zu erzielen ist, hat der Rechtsanwalt von einem Vergleich abzuraten.
BGH, Urt. v. 14.1.1993 – IX ZR 76/92, NJW 1993, 1325 = WM 1993, 1197.

Ein Rechtsanwalt darf einen bindenden Abfindungsvergleich mit erheblicher Tragweite regelmäßig nur schließen, wenn sein Mandant hierüber belehrt ist und zugestimmt hat.
BGH, Urt. v. 21.4.1994 – IX ZR 123/93, NJW 1994, 2085 = WM 1994, 1340.

1. Weist ein Mandant seinen Rechtsanwalt endgültig an, einen unter Vorbehalt geschlossenen Prozessvergleich zu widerrufen, hat der Rechtsanwalt den Widerruf unverzüglich zu erklären.
2. Bei der Ausübung des vorbehaltenen Widerrufs eines Prozessvergleichs hat der Rechtsanwalt regelmäßig für den rechtzeitigen und formgerechten Eingang bei der zuständigen Stelle in beweisbarer Form Sorge zu tragen.
BGH, Urt. v. 1.12.1994 – IX ZR 131/94, NJW 1995, 521 = WM 1995, 719.

1. Der Rechtsanwalt hat den Auftraggeber in die Lage zu versetzen, eigenverantwortlich darüber zu entscheiden, ob er sich auf einen Vergleich einlassen will oder nicht.
2. Ein Rechtsanwalt ist verpflichtet, seinen Mandanten darüber aufzuklären, mit welchem Inhalt er einen Vergleich abzuschließen gedenkt. Eine derartige Aufklärung ist grundsätzlich erforderlich, falls sich der Rechtsanwalt nicht sicher sein kann, dass sein Auftraggeber Inhalt und Tragweite des Vergleichs vollständig kennt.
3. Der Rechtsanwalt hat von einem Vergleich abzuraten, wenn nach der Prozesslage eine begründete Aussicht besteht, im Falle einer Entscheidung ein wesentlich günstigeres Ergebnis zu erzielen.
BGH, Urt. v. 7.12.1995 – IX ZR 238/94, NJW-RR 1996, 567.

Erhält ein Rechtsanwalt vom Vorstand eine erkennbar dauernd zahlungsunfähigen oder überschuldeten Genossenschaft den Auftrag, mit den Gläubigern einen außergerichtlichen Vergleich anzustreben, hat er die Vorstandsmitglieder über die Pflicht, einen Antrag auf Eröffnung des Insolvenzverfahrens zu stellen, sowie das Verbot, Zahlungen zu leisten, zu belehren. Die Betreuung der Genossenschaft durch einen Verband enthebt den Rechtsanwalt grundsätzlich nicht von dieser Verpflichtung.
BGH, Urt. v. 26.10.2000 – IX ZR 289/99, NJW 2001, 517.

Will ein Prozessbevollmächtigter einen Vergleich abschließen, hat er sich grundsätzlich der vorherigen Zustimmung der Partei zu versichern. Zuvor muss er diese darüber informieren, mit welchem Inhalt er den Vergleich abzuschließen gedenkt, und die Partei über die Vor- und Nachteile ins Bild setzen. Dies gilt insbesondere dann, wenn der Rechtsanwalt Anhaltspunkte dafür hat, dass der Mandant sich mehr davon verspricht. Selbst wenn der Rechtsanwalt der Meinung ist, das von ihm ausgehandelte Ergebnis

sei schon das Äußerste, was bei der Gegenseite zu erreichen sei, entbindet ihn das nicht von seiner Aufklärungspflicht.
BGH, Urt. v. 8.11.2001 – IX ZR 64/01, NJW 2002, 292.

Ein Rechtsanwalt, der beim Abschluss eines Vergleichs mitwirkt, hat bei der Abfassung des Vergleichstextes für eine vollständige und richtige Niederlegung des Willens seines Mandanten und für einen möglichst eindeutigen und nicht erst der Auslegung bedürftigen Wortlaut zu sorgen.
BGH, Urt. v. 17.1.2002 – IX ZR 182/00, NJW 2002, 1048.

1. Maßgeblich für die Beurteilung der Frage, ob ein Rechtsanwalt im Zusammenhang mit einem Vergleichsschluss seine Pflichten verletzt hat, ist die Lage, die sich ihm im Zeitpunkt des Vergleichsschlusses bietet.
2. Dabei ist den Schwierigkeiten und Unsicherheiten Rechnung zu tragen, die nahezu bei jedem Vergleichsschluss vor Beendigung eines Prozesses vorhanden sind. Dies schließt allerdings nicht die Verpflichtung des Rechtsanwalts aus, sorgfältig alle Vor- und Nachteile abzuwägen, die ein Vergleich für seinen Mandanten mit sich bringt, und die Chancen und Risiken eines Prozesses zu bedenken.
OLG Hamburg, Urt. v. 9.1.1980 – 9 U 114/78, VersR 1980, 1073.

Der Rechtsanwalt wird von seinen Pflichten nicht dadurch entbunden, dass das Gericht einen Vergleichsvorschlag unterbreitet hat.
OLG Stuttgart, Urt. v. 5.8.1982 – 7 U 80/82, VersR 1984, 450 (Nichtannahme der Revision durch Beschl. des BGH v. 7. 6. 1983 – VI ZR 216/82).

1. Die Entscheidung, ob ein Vergleich geschlossen werden soll, hat letztlich stets der Mandant zu treffen.
2. Der Rechtsanwalt ist aus diesem Grund verpflichtet, dem Mandanten im Einzelnen darzulegen, welche Gesichtspunkte für und gegen einen Vergleich sprechen.
3. Dabei darf der Rechtsanwalt aber nicht durch eine ex-post-Betrachtung überfordert werden. Maßgebend ist die Lage im Zeitpunkt des Vergleichsabschlusses.
4. Die Empfehlung des Gerichts, einen bestimmten Prozessvergleich zu schließen, entbindet den Rechtsanwalt nicht von seiner Beratungspflicht gegenüber seiner Partei. Dies gilt insbesondere dann, wenn der gerichtliche Vergleichsvorschlag unvertretbar ist und gegen eine negative Entscheidung des Gerichts noch ein Rechtsmittel zulässig wäre.
5. Die richterliche Empfehlung eines Vergleichs ist ein wichtiger Faktor bei der Abwägung, ob ein Vergleich geschlossen werden soll. Dies gilt vor allem dann, wenn gegen ein Urteil dieses Gerichts kein Rechtsmittel mehr möglich wäre
OLG Frankfurt (Kassel), Urt. v. 12.1.1988 – 14 U 178/86, NJW 1988, 3269.

Bei einem Vergleich, der zur Beendigung eines Arbeitsverhältnisses eine Abfindungszahlung an den Arbeitnehmer vorsieht, kann ein Rechtsanwalt verpflichtet sein, seinen Auftraggeber auf die Geltung und Bedeutung des § 128a AFG hinzuweisen und ihm

deutlich zu machen, dass der Arbeitgeber bzw. der Arbeitnehmer für Rückforderungen der Arbeitsverwaltung haften kann.
OLG Düsseldorf, Urt. v. 18.9.1986 – 8 U 72/85, VersR 1988, 1048.

1. Der Rechtsanwalt hat im Rahmen von Vergleichsverhandlungen einen weiten Ermessensspielraum.
2. Der Rechtsanwalt hat auf der Grundlage der ihm zur Verfügung stehenden Informationen eine Prognose zu treffen, wie ein Rechtsstreit möglicherweise ausgehen wird, und dann zu prüfen, ob einem Vergleich der Vorzug zu geben ist.
3. Rät der Rechtsanwalt nicht zu einem Vergleich, so kann darin nur dann eine Pflichtverletzung liegen, wenn zum Zeitpunkt der Vergleichsverhandlung objektive Anhaltspunkte einen Vergleich eindeutig günstiger erscheinen lassen als die Klage.
OLG Oldenburg, Urt. v. 12.4.1991 – 6 U 230/90, NJW-RR 1991, 1499.

1. Vor Abschluss eines Prozessvergleichs muss der Prozessbevollmächtigte dem Mandanten etwaige Unsicherheitsfaktoren bei der Weiterführung des Prozesses darlegen und diese gegenüber den Folgen der Beendigung des Prozesses durch Vergleich abwägen.
2. Das Risiko einer Beweisaufnahme, der Kosten, der Einstellung des Richters und der Prognose der Prozessaussicht hat der Prozessbevollmächtigte darzulegen. Die Entscheidung, ob ein Vergleich mit einem bestimmten Inhalt geschlossen werden soll, hat letztlich der Mandant zu treffen.
OLG Köln, Urt. v. 10.7.1991 – 13 U 68/91, VersR 1992, 448.

1. Bei der Prüfung, ob ein Rechtsanwalt im Zusammenhang mit einem Vergleichsabschluss die ihm obliegenden Pflichten schuldhaft verletzt hat, darf keine ex-post-Betrachtung vorgenommen werden. Maßgebend ist vielmehr die Lage, die sich dem Rechtsanwalt im Zeitpunkt des Vergleichsabschlusses darbietet.
2. Der Rechtsanwalt hat bei der Beratung der Mandanten alle Faktoren sorgfältig gegeneinander abzuwägen und unter Beachtung des Grundsatzes des sicheren und gefahrlosen Weges zu gewichten.
3. Ein Rechtsanwalt, der zu einem Vergleich rät, muss abwägen, ob dieser den wohlverstandenen Interessen seines Mandanten genügt; er muss dabei auf Bedenken und auf nachteilige Vergleichsfolgen hinweisen. Er darf nicht ohne weiteres einen Vergleich empfehlen, vorschlagen oder unwiderruflich abschließen, wenn nach der Prozesslage eine begründete Aussicht besteht, dass im Fall der Entscheidung ein günstigeres Ergebnis zu erzielen ist; zumindest muss der Rechtsanwalt bei seiner Beratung darauf hinweisen.
OLG Hamm, Urt. v. 18.2.1992 – 28 U 209/91, VersR 1992, 1404 (Ls.).

Schwere Verletzungen, dadurch bedingte Behinderungen und die ärztlich attestierte Gefahr einer Verschlimmerung können bei einem erst siebenundzwanzigjährigen Mandanten einen Rechtsanwalt verpflichten, von einer Abfindungserklärung in einem Vergleich dringend abzuraten.
OLG Köln, Urt. v. 22.3.1995 – 11 U 184/94, NJW-RR 1995, 1529.

1. Bei der Beratung im Rahmen von Vergleichsverhandlungen kommt dem Rechtsanwalt ein weiter Ermessensspielraum zu. Der Rechtsanwalt hat auf der Grundlage der ihm zur Verfügung stehenden Informationen eine Prognose zu treffen, wie ein Rechtsstreit möglicherweise ausgehen wird, und muss dann prüfen, ob einem Vergleich der Vorzug zu geben ist. Hierbei darf der Rechtsanwalt nicht durch übertriebene Anforderungen an seine Berufsausübung eingeengt werden.
2. Neben Unsicherheitsfaktoren (offenes Ergebnis von Beweisaufnahmen, Einstellung des Richters, Kostenrisiko) sind auch die ernsthaften Wünsche sowie die psychische Lage des Mandanten zu berücksichtigen.
3. Rein wirtschaftliche Überlegungen gewinnen insbesondere dann an Bedeutung, wenn es sich um rechtliche Auseinandersetzungen unter Fremden handelt. Bei einer Auseinandersetzung im engsten Familienkreis kann nicht allein auf die Erfolgsaussichten abgestellt werden. Vielmehr ist im Regelfall den familiären und psychischen Umständen ein erhebliches Gewicht beizumessen.
4. Eine gütliche Regelung setzt voraus, dass nicht nur die Interessen der Partei, sondern auch die Vorstellungen der Gegenseite berücksichtigt werden.
OLG Düsseldorf, Urt. v. 12.7.1996 – 7 U 199/95, NJWE-VHR 1997, 12 = NJW-RR 1997, 3034 (Ls.) (Nichtannahme der Revision durch Beschl. des BGH v. 12.6.1997 – IX ZR 188/96).

Bei Abschluss eines Abfindungsvergleichs ist ein Rechtsanwalt verpflichtet, bei künftigen Schäden und Spätfolgen, die von der Abfindungssumme nicht umfasst sein sollen, den dahingehenden Vorbehalt klar und unmissverständlich so zu vereinbaren und niederzulegen, dass der Mandant auch nach Ablauf der Verjährungsfrist für die betroffenen Ansprüche gegen die Erhebung der Verjährungseinrede sicher geschützt ist.
OLG Hamm, Urt. v. 16.6.1998 – 28 U 237/97, MDR 1999, 388.

Bei der Prüfung, ob der Vorschlag eines Rechtsanwalts, einen außergerichtlich angebotenen Vergleich abzulehnen, eine Pflichtverletzung darstellt, ist auf die Sach- und Rechtslage abzustellen, die sich für den Rechtsanwalt zum Zeitpunkt der Beratung ergab. Dabei ist dem Rechtsanwalt für die Beurteilung ein Ermessensspielraum einzuräumen.
OLG Hamburg, Urt. v. 2.7.1998 – 6 U 40/98, MDR 1999, 122.

Verschwiegenheit

Die Verschwiegenheitspflicht ist zur Aufrechterhaltung einer funktionsfähigen Rechtspflege unerlässlich.
BVerfG, Beschl. v. 14.7.1987- 1 BvR 537/81 u. a., BVerfGE 76, 171 = NJW 1988, 191.

1. Verhandelt der Rechtsanwalt im Auftrag seines Mandanten mit einem Dritten, besteht die Verschwiegenheitspflicht nicht in Bezug auf Umstände, die der Auftraggeber dem Vertragsgegner offenbaren muss.

2. Besteht der Auftraggeber auf Verschwiegenheit, muss der Rechtsanwalt die Übernahme oder Fortführung des Auftrags ablehnen.
RG, Urt. v. 11.7.1929 – 751/28 VI, JW 1929, 3149.

1. Ein Rechtsanwalt kann auch ohne Einverständnis des Auftraggebers oder sogar gegen dessen erklärten Willen befugt sein, ihm in Ausübung seines Berufs anvertraute Tatsachen zu offenbaren, wenn er andernfalls in einem Rechtsstreit gegen den Auftraggeber seine Honorar- und Gebührenansprüche nicht geltend machen kann.
2. Ein Rechtsanwalt ist nicht befugt, ihm im Rahmen eines Anwaltsvertrages anvertraute Tatsachen, die zur Substantiierung eines Honorar- oder Gebührenanspruchs in einem Hauptprozess nicht offenbart werden müssen, zur Begründung des Arrestgrundes nach § 917 ZPO zu verwenden
KG, Urt. v. 7.10.1993 – 16 U 4836/93, NJW 1994, 462.

Tritt ein Rechtsanwalt Honorarforderungen ohne Zustimmung des Auftraggebers an einen anderen Rechtsanwalt ab, der ihn zuvor außergerichtlich und im Kostenfestsetzungsverfahren (§ 19 BRAGO) vertreten und die Angelegenheit umfassend kennen gelernt hat, so ist die Zession nicht gemäß § 134 BGB, § 203 Abs. 1 Nr. 3 StGB unwirksam.
BGH, Urt. v. 11.11.2004 – IX ZR 240/03, NJW 2005, 507.

Vertrag (Gestaltung)

Ein Rechtsanwalt, der einen vom Auftraggeber vorgelegten Vertragsentwurf prüfen soll, muss mit hinreichender Deutlichkeit auf die Unwirksamkeit des Vertrages oder einzelner Vertragsklauseln hinweisen.
BGH, Urt. v. 3.5.1956 – III ZR 251/54, VersR 1956, 451.

Der als Berater für eine schriftliche Vereinbarung hinzugezogene Rechtsanwalt muss sein Augenmerk in erster Linie darauf richten, dass der Wille seines Auftraggebers in der Urkunde richtig und vollständig zum Ausdruck kommt.

Er muss ferner darauf achten, dass Unklarheiten vermieden werden, die den Erfolg der Vereinbarung infrage stellen können.
BGH, Urt. v. 31.3.1960 – III ZR 34/59, VersR 1960, 546; v. 12.7.1960 – III ZR 89/59, VersR 1960, 932.

Der Rechtsanwalt muss den Auftraggeber auch über mögliche wirtschaftliche Gefahren und die erforderlichen Vorsichtsmaßregeln aufklären.
BGH, Urt. v. 12.7.1960 – III ZR 89/59, VersR 1960, 932.

1. Bei der Durchsicht eines vom Auftraggeber vorgelegten Vertragsentwurfs hat der Rechtsanwalt zu prüfen, ob der Auftraggeber einen wichtigen Gesichtspunkt, der das ausgehandelte Ergebnis wesentlich zu seinen Ungunsten beeinflussen kann, außer Acht gelassen hat.

2. Der Rechtsanwalt hat zu prüfen, ob alle wichtigen Punkte in die Urkunde aufgenommen sind.
BGH, Urt. v. 18.6.1968 – VI ZR 160/66, VersR 1968, 969.

1. Hat an einem Vertrag ein vom Mandanten selbst beauftragter Rechtsanwalt gerade des Landes mitgewirkt, dessen Recht maßgebend ist, kann sich im Einzelfall die Pflicht des deutschen Rechtsanwalts auf die Prüfung beschränken, ob der ausländische Anwalt alle entscheidenden Punkte des Vertrages berücksichtigt hat.
2. Der deutsche Rechtsanwalt darf grundsätzlich davon ausgehen, dass der von dem Auftraggeber schon vorher eingeschaltete ausländische Anwalt sein Heimatrecht kennt und nach diesem Recht einen seiner Natur nach alltäglichen Vertrag fehlerfrei entworfen hat.
BGH, Urt. v. 22.2.1972 – VI ZR 135/70, NJW 1972, 1044.

1. Berät ein Rechtsanwalt seinen Mandanten über formgebundene Rechtsgeschäfte, genügt er im Allgemeinen seiner Verpflichtung aus dem Anwaltsvertrag nicht mit dem einfachen Hinweis auf die Formbedürftigkeit.
2. Der Rechtsanwalt muss dem Mandanten vielmehr das besondere Risiko deutlich machen, das dieser eingeht, wenn er ohne Beachtung der Form das Rechtsgeschäft abschließt oder die Formwahrung auf einen späteren Zeitpunkt verschiebt. Dies gilt jedenfalls dann, wenn der Auftraggeber schon vorher Leistungen erbringt, auf Rechte verzichtet oder sich sonstiger vorhandener Möglichkeiten begibt, die den Vertragspartner zum formgültigen Abschluss des Rechtsgeschäfts veranlassen könnten.
3. Eine solche Belehrung kann allenfalls dann entbehrlich sein, wenn der Rechtsanwalt erkennt, dass dem Mandanten die Risiken des Geschäfts oder der beabsichtigten rechtlichen Gestaltung bekannt sind und er diese auch bei einer Belehrung auf sich nehmen würde.
BGH, Urt. v. 11.1.1977 – VI ZR 261/75, NJW 1977, 2073.

1. Ein Rechtsanwalt, der den Auftraggeber bei der Gründung einer den Geschäftsbetrieb eines einzelkaufmännischen Unternehmens fortführenden GmbH berät, muss darauf hinweisen, dass die vom Auftraggeber vorgesehene Firmierung der GmbH zu einer Haftung für die Verbindlichkeiten der zu löschenden Firma führt.
2. Außerdem ist der Rechtsanwalt verpflichtet, dem Auftraggeber den sichersten Weg aufzuzeigen, wie eine Haftung der zu gründenden GmbH für die Altschulden vermieden werden kann. Er muss auf der Eintragung einer neuen Firma, die mit der zu löschenden Firma im Kern nicht identisch ist, bestehen oder ggf. den Haftungsausschluss nach § 25 Abs. 2 HGB samt Voraussetzungen eingehend darlegen und empfehlen.
BGH, Urt. v. 10.10.1985 – IX ZR 153/84, NJW 1986, 581.

Ein Rechtsanwalt, der an einer Vertragsgestaltung zur Umgehung eines gesetzlichen Verbots mitwirkt, muss seinen Auftraggeber auf rechtliche Zweifel und Gefahren, die sich aus der vorgeschlagenen Gestaltung ergeben, auch dann hinweisen, wenn diesem das Verbot als solches bekannt ist.
BGH, Urt. v. 6.2.1992 – IX ZR 95/91, NJW 1992, 1159 = WM 1992, 742.

Sieg

1. Der Rechtsanwalt, der einen ihm vorgelegten Vertragstext zu prüfen hat, hat den Vertrag sowie die einzelnen Klauseln auf ihre Wirksamkeit zu untersuchen.
2. Der Rechtsanwalt hat auf rechtliche Bedenken gegen einen vorgelegten Vertragsentwurf hinzuweisen. Er muss eine rechtlich einwandfreie Vertragsgestaltung empfehlen, die den berechtigten Interessen des Auftraggebers entspricht.
BGH, Urt. v. 8.10.1992 – IX ZR 98/91, NJW-RR 1993, 243 = WM 1993, 420.

1. Der Rechtsanwalt, der mit einer Rechtsgestaltung beauftragt ist, hat durch die Wortwahl seiner Erklärung Klarheit zu schaffen. Er darf es nicht dazu kommen lassen, dass der Wortlaut einer Erklärung zu Zweifeln Anlass gibt. Dazu gehört auch die zutreffende Verwendung der einschlägigen Fachausdrücke (Kündigung statt Rücktritt).
2. Der Rechtsanwalt hat seinen Mandanten im Rahmen des Mandats vor erkennbar drohenden wirtschaftlichen Gefahren zu warnen.
BGH, Urt. v. 4.6.1996 – IX ZR 51/95, NJW 1996, 2648 = WM 1996, 1824.

1. Der Rechtsanwalt, der mit der Gestaltung eines Vertrages beauftragt ist, muss prüfen, ob der vorgesehene Vertragszweck zu erreichen ist.
2. Der Rechtsanwalt muss den Auftraggeber über Zweifel an der Durchführbarkeit eines Vertrages aufklären.
BGH, Urt. v. 20.6.1996 – IX ZR 106/95, NJW 1996, 2929 = WM 1996, 1832.

1. Der Mandant hat einen Vertragsentwurf seines Rechtsanwalts zu prüfen.
2. Ein Mitverschulden des Mandanten kommt nicht in Betracht, soweit es um die rechtliche Beurteilung des Vertragsentwurfs geht
3. Diese Einschränkung gilt nicht, wenn sich der haftungsbegründende Fehler des Rechtsanwalts auf die sprachlich eindeutige Wiedergabe eines zuvor erzielten Verhandlungsergebnisses bezieht, welches zu seinem Verständnis keine rechtlichen Spezialkenntnisse erfordert.
OLG Hamm, Urt. v. 24.11.1993 – 33 U 31/93, NJW-RR 1995, 1267.

Vertrag (Kosten)

1. Auf die durch einen Vertragsschluss kraft Gesetzes entstehenden Anwaltsgebühren muss ein Rechtsanwalt regelmäßig nicht ungefragt hinweisen. Nur diesbezügliche Fragen muss er wahrheitsgemäß beantworten.
2. Der Rechtsanwalt kann gehalten sein, einen Mandanten auf die Möglichkeit der Rechtsberatungs- oder Prozesskostenhilfe hinzuweisen, wenn dieser erkennbar aufgrund seiner Einkommens- und Vermögensverhältnisse anspruchsberechtigt ist.
3. Der Rechtsanwalt muss darüber aufklären, dass die beabsichtigte Rechtsverfolgung erkennbar wirtschaftlich unvernünftig ist, weil das Ziel in keinem angemessenen Verhältnis zu den anfallenden Kosten steht.
4. Wird ein Rechtsanwalt mit dem Entwurf eines Vertrages betraut, der notarieller Beurkundung bedarf, hat er den Auftraggeber i.d.R. auf diesen Umstand und dadurch

entstehende weitere Kosten hinzuweisen.
5. Der Rechtsanwalt schuldet regelmäßig nicht den Rat, einen Notar aufzusuchen.
BGH, Urt. v. 18.9.1997 – IX ZR 49/97, NJW 1998, 136 = WM 1998, 140.
1. Der Rechtsanwalt muss den Mandanten darauf hinweisen, dass ein beabsichtigtes Rechtsgeschäft der notariellen Beurkundung bedarf. Diesen Hinweis muss der Rechtsanwalt aber nicht bereits bei Beginn der Beratung geben und mit der Belehrung über Entstehung und Höhe notarieller Gebühren verbinden.
2. Der Rechtsanwalt ist nicht verpflichtet, den Mandanten wegen eines formbedürftigen Vertrages von vornherein an einen Notar zu verweisen und von der Inanspruchnahme anwaltlicher Leistungen unter Hinweis auf die Entstehung doppelter Kosten abzuraten.
3. Etwas anders gilt ausnahmsweise dann, wenn der Rechtsanwalt erkennen muss, dass der Mandant unrichtige Vorstellungen über die Aufgaben von Rechtsanwalt und Notar hat und der Ansicht ist, der Rechtsanwalt könne auch eine notarielle Beurkundung vornehmen.
OLG Düsseldorf, Urt. v. 7.6.1984 – 8 U 150/83, AnwBl 1984, 443 = MDR 1984, 844.

Zwangsvollstreckung

Ein Rechtsanwalt, der die im Auftrag seines Mandanten eingeleitete Zwangsvollstreckung versehentlich auch noch nach Tilgung der Schuld weiter betreibt, haftet grundsätzlich nicht für einen daraus entstandenen Schaden.
BGH, Urt. v. 13.3.1979 – VI ZR 117/77, NJW 1979, 1351.

1. Der Mandant kann von seinem Rechtsanwalt auch im Rahmen eines Vollstreckungsauftrags grundsätzlich nur die Durchsetzung von Ansprüchen verlangen, die ihm nach Recht und Gesetz zustehen.
2. Versäumt ein Rechtsanwalt die Vollstreckung aus einem rechtskräftigen Versäumnisurteil, verletzt er grundsätzlich die ihm obliegenden Pflichten. Dies gilt grundsätzlich auch dann, wenn das Urteil im Widerspruch zur materiellen Rechtslage ergangen ist. Der Rechtsanwalt handelt jedoch nicht pflichtwidrig, sofern gegen die Vollstreckung der Einwand des § 826 BGB begründet ist.
3. Bei der Vollstreckung hat der Rechtsanwalt darauf zu achten, die Verwertbarkeit eines gepfändeten Anspruchs für den Auftraggeber nach Möglichkeit zu erhalten. Der Rechtsanwalt hat dabei insbesondere die Verjährung rechtzeitig zu unterbrechen und den Mandanten auf diese Weise vor Gegenansprüchen aus § 842 ZPO zu schützen.
BGH, Urt. v. 21.9.1995 – IX ZR 228/94, NJW 1996, 48 = WM 1996, 35.

Ein Rechtsanwalt, der den Auftrag zur Zwangsvollstreckung übernommen hat, handelt pflichtwidrig, wenn er nach erfolgloser Vollstreckung in das bewegliche Vermögen nicht zunächst ein Verfahren nach § 807 ZPO einleitet, sondern sogleich einen Antrag auf Eröffnung des Konkurses über das Vermögen des Schuldners stellt.
OLG Düsseldorf, Urt. v. 28.6.1984 – 8 U 165/83, ZIP 1984, 1499.

Ein Rechtsanwalt handelt pflichtwidrig, wenn er einen Auftrag zur Zwangsvollstreckung aus einem für vorläufig vollstreckbar erklärten Urteil nicht alsbald ausführt.
OLG Köln, Beschl. v. 4.11.1985 – 2 W 129/85, NJW-RR 1986, 222.

Der mit der Einleitung von Zwangsvollstreckungsmaßnahmen beauftragte Rechtsanwalt muss den Antrag auf Erlass eines Pfändungsbeschlusses, mit dem sämtliche Guthaben des Schuldners bei einer Bank gepfändet werden sollen, so abfassen, dass nicht nur Ansprüche des Schuldners aus laufender Geschäftsverbindung, sondern auch aus einem etwaigen Wertpapierdepot erfasst werden.
OLG Düsseldorf, Urt. v. 23.11.1989 – 8 U 35/89, VersR 1991, 424 (Nichtannahme der Revision durch BGH, Beschl v. 28.6.1990 – IX ZR 281/89).

II. Haftung für Hilfspersonen

Hat der Rechtsanwalt seinem Büropersonal Verhandlungen mit dem Publikum ausdrücklich untersagt, haftet er nicht dafür, dass sein Bürovorsteher eigenmächtig eine unrichtige Rechtsauskunft erteilt.
RG, Urt. v. 16.3.1906 – 342/05 III, JW 1906, 332.

Lässt sich ein Rechtsanwalt in einem Zwangsvergleichstermin von einem Referendar vertreten, hat er für dessen Verschulden nach § 278 BGB einzustehen.
RG, Urt. v. 4.11.1913 – 266/13 III, JW 1914, 77.

Überlässt der Rechtsanwalt während seiner Abwesenheit den Verkehr mit seinen Auftraggebern dem Bürovorsteher, hat er für dessen schuldhafte Handlungen nach § 278 BGB auch dann einzustehen, wenn der Bürovorsteher Wertpapiere unterschlägt, die ein Mandant zur Abwendung der Zwangsvollstreckung hinterlegt hat.
RG, Urt. v. 28.1.1921 – 342/20 III, RGZ 101, 248 = JW 1921, 460.

Ein Rechtsanwalt, der die Interessen seines Mandanten bei einem Versteigerungstermin durch ein näher verabredetes Mitbieten wahrzunehmen hat und zum Versteigerungstermin seinen Bürovorsteher entsendet, muss sich vergewissern, dass dieser mit den Grundlagen für eine gehörige Wahrnehmung der Parteiinteressen in dem Termin vertraut ist.
BGH, Urt. v. 19.12.1957 – III ZR 127/56, VersR 1958, 191.

Ein Rechtsanwalt muss sich ein Verschulden eines von ihm eingeschalteten Referendars unter den Voraussetzungen des § 278 BGB zurechnen lassen.
BGH, Urt. v. 21.11.1960 – III ZR 160/59, NJW 1961, 601.

Ein Rechtsanwalt hat für das Verschulden seiner Bürogehilfen bei der Erfüllung des Anwaltsvertrages nach § 278 BGB einzustehen.
BGH, Urt. v. 20.10.1964 – VI ZR 115/63, VersR 1965, 43.

Ein Rechtsanwalt muss grundsätzlich sowohl die Anhörung und Befragung der Mandanten als auch die eigentliche juristische Beratungstätigkeit persönlich ausüben und darf dies nicht dem Bürovorsteher überlassen.
BGH, Urt. v. 23.6.1981 – VI ZR 42/80, NJW 1981, 2741.

Sieg

III. Pflichten des Mandanten

Information

Bei der Erfüllung seiner Pflicht, im Rahmen eines unbeschränkten Mandats den Sachverhalt zu klären, den er seiner fachlichen Tätigkeit zugrunde legen soll, darf der Rechtsanwalt i.d.R. auf die Richtigkeit tatsächlicher Angaben seines Mandanten ohne eigene Nachforschungen vertrauen, solange er die Unrichtigkeit oder Unvollständigkeit der Angaben weder kennt noch kennen muss.

Dieser Grundsatz gilt nicht für die Mitteilung von Rechtstatsachen und rechtlichen Wertungen, weil solche Angaben des regelmäßig rechtsunkundigen Auftraggebers unzuverlässig sind. Insoweit muss der Rechtsanwalt die zugrunde liegenden, für die rechtliche Prüfung bedeutsamen Umstände und Vorgänge klären, indem er seinen Mandanten befragt und von diesem einschlägige Unterlagen erbittet; lässt dies keine verlässliche Klärung erwarten, können weitere zumutbare Ermittlungen erforderlich sein.

Grundsätzlich spricht der Beweis des ersten Anscheins dafür, dass der Mandant eine Bitte seines Rechtsanwalts um Informationen und Unterlagen erfüllt hätte.

Der Auftraggeber kann ein schadensursächliches Mitverschulden (§ 254 BGB) zu tragen haben, wenn er seine Vertragspflicht zur wahrheitsgemäßen und vollständigen Unterrichtung seines Rechtsanwalts verletzt hat
BGH, Urt. v. 20.6.1996 – IX ZR 106/95, WM 1996, 1832, 1834 ff. = NJW 1996, 2929; v. 2.4.1998 – IX ZR 107/97, WM 1998, 1542, 1544.

Unterrichtet ein Mandant seinen Prozessanwalt durch einen anderen Rechtsanwalt über den Sachverhalt, so hat der Mandant gegenüber dem Prozessanwalt eine schadensursächliche Falschangabe als Mitverschulden (§§ 254 Abs. 1, 278 BGB) zu vertreten.
BGH, Urt. v. 13.3.1997 – IX ZR 81/96, WM 1997, 1392, 1394 f. = NJW 1997, 2168.

Ein Rechtsanwalt ist grundsätzlich nicht verpflichtet, eigene selbständige Ermittlungen und Prüfungen darüber anzustellen, ob die von seinem Mandanten erteilten Informationen in allen Punkten richtig und ob Beweismittel in jeder Hinsicht beweiskräftig sind. Der Rechtsuchende kann von seinem Rechtsanwalt erwarten, dass dieser seinen Angaben vertraut.
BGH, Urt. v. 20.6.1960 – III ZR 107/59, VersR 1960, 911.

Teil 1 • Abschnitt 2 • Pflichten aus dem Anwaltsvertrag

Bestehen Zweifel an der Richtigkeit und Vollständigkeit der Angaben des Mandanten, so muss der Rechtsanwalt durch Befragung seines Auftraggebers die Information ergänzen.
BGH, Urt. v. 21.11.1960 – III ZR 160/59, NJW 1961, 601, 602.

Ein Rechtsanwalt muss grundsätzlich sowohl die Anhörung und Befragung des Mandanten als auch die eigentliche rechtliche Beratung selbst vornehmen und darf diese Tätigkeiten nicht seinem Bürovorsteher überlassen.
BGH, Urt. v. 23.6.1981 – VI ZR 42/80, NJW 1981, 2741, 2743.

Bei lückenhaften oder oberflächlichen Informationen muss der Rechtsanwalt auf deren Vervollständigung dringen und notfalls den Auftraggeber über die rechtlichen Nachteile unterrichten, falls eine Ergänzung unterbleibt.

Bei Rechtsstreitigkeiten, die die berufliche Tätigkeit des Mandanten betreffen, ist der Rechtsanwalt besonders auf eine sachkundige Information durch den Mandanten angewiesen.
BGH, Urt. v. 8.10.1981 – III ZR 190/79, NJW 1982, 437; v. 2.4.1998 – IX ZR 107/97, WM 1998, 1542, 1544.

Es gehört zu den grundlegenden Pflichten eines Anwalts, zu Beginn eines Mandats zunächst den Sachverhalt möglichst genau zu klären, den er beurteilen soll. Dabei darf er allerdings den tatsächlichen Angaben des Mandanten vertrauen, braucht also keine eigenen Nachforschungen anzustellen, solange er die Unrichtigkeit der Angaben nicht kennt oder kennen muss. Erscheint nach den Umständen für eine zutreffende rechtliche Einordnung die Kenntnis weiterer Tatsachen erforderlich und ist deren rechtliche Bedeutsamkeit für den Mandanten nicht ohne weiteres ersichtlich, darf sich der Anwalt nicht mit dem begnügen, was sein Auftraggeber berichtet, sondern hat sich durch zusätzliche Fragen um eine ergänzende Aufklärung zu bemühen.
BGH, Urt. v. 2.4.1998 – IX ZR 107/97, WM 1998, 1542, 1544 = NJW 1998, 2048.

Vergütung

■ Abschluss eines Anwaltsvertrages

Die BRAGO regelt den Anwaltsvertrag und den darauf beruhenden Honoraranspruch des Rechtsanwalts nicht abschließend. Sie enthält grundsätzlich keine Bestimmungen über den Grund des Vergütungsanspruchs. Dessen Voraussetzungen ergeben sich vielmehr aus den bürgerlichrechtlichen Vorschriften, die durch die BRAGO hinsichtlich der Höhe der Vergütung ergänzt werden.
BGH, Urt. v. 16.10.1986 – III ZR 67/85, NJW 1987, 315, 316.

Der Anspruch auf eine Vergütung nach der BRAGO setzt eine vertragliche Anwaltstätigkeit mit der dafür typischen Rechtsbeistandspflicht (§ 3 Abs. 1 BRAO) voraus (§ 1 Abs. 1 BRAGO).

Ein Anwaltsvertrag erfordert nicht, dass die Rechtsberatung und -vertretung den Schwerpunkt der anwaltlichen Tätigkeit bilden. Ein Anwaltsvertrag kann auch anwaltsfremde Maßnahmen umfassen, die in einem engen inneren Zusammenhang mit der rechtlichen Beistandspflicht stehen und auch Rechtsfragen aufwerfen können.

Wird ein Rechtsanwalt, der bereits für eine Gesellschaft tätig ist, zum Mitglied des Aufsichtsrates dieser Gesellschaft bestellt, so kann sich dies auf den Gebührenanspruch aus dem Anwaltsvertrag auswirken.
BGH, Urt. v. 2.7.1998 – IX ZR 63/97, WM 1998, 2243, 2244 = NJW 1998, 3486.

Ist der Geschäftsbesorgungsvertrag eines Rechtsberaters (hier: eines Steuerberaters) nichtig, so kann diesem gegen den Auftraggeber ein Vergütungsanspruch aus ungerechtfertigter Bereicherung (§§ 812 ff. BGB) zustehen, falls nicht § 817 Satz 2 BGB entgegensteht.

In einem solchen Fall kann der Rechtsberater keine Vergütung aus Geschäftsführung ohne Auftrag (§ 683 mit § 670 BGB) verlangen, wenn seine Dienste in einer gesetzwidrigen Tätigkeit bestanden haben, die er den Umständen nach nicht für erforderlich halten durfte.
BGH, Urt. v. 17.2.2000 – IX ZR 50/98, NJW 2000, 1560, 1562 = WM 2000, 1342.

Eine Vergütung aus Geschäftsführung ohne Auftrag kommt in Betracht, wenn ein Rechtsanwalt ein Geschäft des Geschäftsherrn führen wollte und die Übernahme der Geschäftsführung dem Interesse und dem wirklichen oder mutmaßlichen Willen des Geschäftsherrn entsprach.
BGH, Urt. v. 17.2.2000 – IX ZR 344/98, WM 2000, 973.

Bestreitet der Beklagte in einem Vergütungsprozess die Erteilung eines Mandats, so muss der Rechtsanwalt das rechtsgeschäftliche Handeln der Beteiligten in tatsächlicher Hinsicht so darlegen, dass sich der Abschluss eines Anwaltsvertrages rechtlich prüfen lässt; das gilt auch bei konkludentem Verhalten eines Vertragsteils.
BGH, Urt. v. 17.7.2003 – IX ZR 250/02, NJW 2003, 3564, 3565 = WM 2004, 437 f.

■ Abtretung der Honorarforderung

Tritt ein Rechtsanwalt bei Veräußerung seiner Kanzlei Honorarforderungen – unter Übergabe der Handakten – ohne Zustimmung des Auftraggebers an einen Rechtsanwalt ab, der zuvor als Mitarbeiter des Zedenten die Angelegenheiten des Mandanten umfassend kennen gelernt hat, so ist die Abtretung nicht gemäß § 134 BGB, § 203 Abs. 1 Nr. 3 StGB unwirksam.
BGH, Urt. v. 10.8.1995 – IX ZR 220/94, NJW 1995, 2915 f.; v. 11.11.2004 – IX ZR 240/03, WM 2004, 2505 = NJW 2005, 507; v. 9.6.2005 – IX ZR 14/04, z.V.b.

Die Abtretung der Honorarforderung eines Rechtsanwalts ist auch ohne Zustimmung des Mandanten wirksam, wenn der Abtretungsempfänger bereits vor der Abtretung zum Abwickler der Kanzlei des Zedenten bestellt worden ist.
BGH, Urt. v. 17.10.1996 – IX ZR 37/96, WM 1996, 2244, 2245 = NJW 1997, 188.

■ Anfechtbarkeit der Honorarzahlung

Wird Anwaltshonorar vor Eröffnung des Insolvenzverfahrens über das Vermögen des Mandanten gezahlt, so kann dessen Zahlung der Insolvenzanfechtung unterliegen.
BGH, Urt. v. 18.7.2002 – IX ZR 480/00, NJW 2002, 3252 f.; vgl. OLG Hamm, Urt. v. 13.11.2001 – 27 U 96/01, ZIP 2002, 313 (Verteidigerhonorar und Insolvenzanfechtung).

Die Sicherungsübereignung einer Sache zur Sicherung einer anwaltlichen Vergütungsforderung kann der Insolvenzanfechtung unterliegen.
BGH, Urt. v. 2.12.1999 – IX ZR 412/98, NJW 2000, 957, 958.

■ Aufklärung über Gebühren

Ungefragt schuldet der Rechtsanwalt seinem Auftraggeber grundsätzlich keinen Hinweis auf die Gebührenhöhe. Der Mandant muss bei der Beauftragung eines Rechtsanwalts regelmäßig damit rechnen, dass er die gesetzliche anwaltliche Vergütung zu zahlen hat.

Auf Verlangen des Auftraggebers hat der Rechtsanwalt die voraussichtliche Höhe seines Entgelts mitzuteilen.

Aus besonderen Umständen des Einzelfalls kann sich nach Treu und Glauben (§ 242 BGB) eine Pflicht des Rechtsanwalts ergeben, auch ohne Frage des Auftraggebers diesen über die voraussichtliche Höhe seiner Vergütung zu belehren. Insoweit hat die erforderliche Gesamtwürdigung zu berücksichtigen einerseits den Schwierigkeitsgrad und Umfang der anwaltlichen Aufgabe, einen ungewöhnlich hohen Gegenstandswert und sich daraus ergebende hohe Gebühren sowie andererseits die Bedeutung der Angelegenheit für den Mandanten und dessen Vermögensverhältnisse und Erfahrung im Umgang mit Rechtsanwälten. Letztlich ist insoweit entscheidend, ob der Rechtsanwalt nach den Umständen des Einzelfalls ein entsprechendes Aufklärungsbedürfnis des Auftraggebers erkennen konnte und musste.
BGH, Urt. v. 2.7.1998 – IX 63/97, WM 1998, 2243, 2245 = NJW 1998, 3486.

■ Aufrechnung

Die Klausel eines formularmäßigen Anwaltsvertrages, die jede Aufrechnung gegen die Honorarforderung ausschließt, ist unwirksam (§§ 9, 11 Nr. 3 AGBG).
BGH, Urt. v. 31.10.1985 – IX ZR 175/84, WM 1986, 199, 203 = NJW-RR 1986, 1281.

Über die gesetzlich oder vertraglich ausdrücklich geregelten Fälle hinaus ist eine Aufrechnung ausgeschlossen, wenn das nach dem besonderen Inhalt des Schuldverhältnisses als stillschweigend vereinbart angesehen werden muss (§ 157 BGB) oder wenn die Natur der Rechtsbeziehung oder der Zweck der geschuldeten Leistung eine Erfüllung im Wege der Aufrechnung als mit Treu und Glauben unvereinbar (§ 242 BGB) erscheinen lässt.

Insbesondere wegen erkennbarer besonderer Zweckgebundenheit eines Rechtsgeschäfts kann gegen die sich daraus ergebenden Forderungen nicht mit Ansprüchen aufgerechnet werden, die ihren Grund nicht in demselben Geschäft haben. Deswegen kann ein Rechtsanwalt gegen einen Anspruch eines Elternteils auf Auszahlung einer beigetriebenen Leistung auf Kindesunterhalt nicht mit solchen Gegenforderungen aufrechnen, die nicht im Zusammenhang mit der Durchsetzung des Kindesunterhalts stehen.
BGH, Urt. v. 29.11.1990 – IX ZR 94/90, BGHZ 113, 90, 93 f. = NJW 1991, 839; vgl. BGH, Urt. v. 12.9.2002 – IX ZR 66/01, WM 2003, 92, 94.

Eine Aufrechnung ist über die gesetzlich oder vertraglich ausdrücklich geregelten Fälle hinaus ausgeschlossen, sofern der besondere Inhalt des Schuldverhältnisses, die Natur der Rechtsbeziehungen oder der Zweck der geschuldeten Leistung eine Erfüllung im Wege der Aufrechnung als mit Treu und Glauben unvereinbar erscheinen lassen. Insbesondere Treuhänder und Geschäftsführer dürfen gegen einen Anspruch auf Herausgabe des Erlangten nicht beliebig aufrechnen.

Ein Rechtsanwalt ist grundsätzlich nicht gehindert, sich durch Aufrechnung mit Honoraransprüchen aus nicht zweckgebundenen Fremdgeldern zu befriedigen, auch wenn die Vergütungsansprüche nicht gerade den Auftrag betreffen, der zu dem Geldeingang geführt hat.
BGH, Urt. v. 23.2.1995 – IX ZR 29/94, NJW 1995, 1425, 1426; v. 12.9.2002 – IX ZR 66/01, WM 2003, 92, 94.

Ein Gerichtsurteil kann gegen den allgemeinen Gleichheitssatz (Art. 3 Abs. 1 GG) verstoßen, wenn eine aufrechenbare Schadensersatzforderung gegen einen Rechtsanwalt willkürlich verneint wird, obwohl dieser seinen Mandanten, der Arbeitslosenhilfe bezog, pflichtwidrig nicht auf die Möglichkeit der Beratungshilfe hingewiesen hat.
BVerfG (2. Kammer des Ersten Senats), Beschl. v. 7.4.2000 – 1 BvR 2205/99, NJW 2000, 2494.

Der amtlich bestellte Abwickler einer Anwaltskanzlei kann auf den Anspruch auf Herausgabe des aus der Abwicklung Erlangten mit seiner Vergütungsforderung auch dann aufrechnen, wenn zwischenzeitlich das Insolvenzverfahren über das Vermögen des ehemaligen Rechtsanwalts eröffnet wurde.
Nach Ablauf seiner Bestellung ist der Abwickler zur Herausgabe des Fremdgelds an den Verwalter verpflichtet, ohne dass er mit seinem Vergütungsanspruch aufrechnen darf.
BGH, Urt. v. 23.6.2005 – IX ZR 139/04, WM 2005, 1956.

■ Erfolgshonorar

Verpflichtet sich ein Rechtsanwalt zur Rückzahlung eines Teils der vereinbarten Vergütung, falls ein bestimmter Erfolg seiner anwaltlichen Tätigkeit nicht eintritt (hier:

Herabsetzung der Steuerschuld um einen bestimmten Betrag), so ist dies als unzulässige Vereinbarung eines Erfolgshonorars nichtig.
BGH, Urt. v. 4.12.1986 – III ZR 51/85, BB 1987, 1064, 1065 = NJW 1987, 3203.

Die Vereinbarung eines Erfolgshonorars ist immer dann sittenwidrig, wenn dadurch die Unabhängigkeit des Rechtsanwalts gefährdet wird. Dies gilt auch dann, wenn sich ein gerichtlich zum Abwickler einer AG bestellter Rechtsanwalt von einem Aktionär ein Erfolgshonorar versprechen lässt, weil dadurch zumindest die Möglichkeit eines Konflikts zwischen den Interessen der Gesellschaft und den nicht notwendig gleichgerichteten Belangen des Gesellschafters begründet wird.
BGH, Urt. v. 13.6.1996 – III ZR 113/95, BGHZ 133, 90, 93 ff. = WM 1996, 1465 = NJW 1996, 2499.

Die Vereinbarung eines Streitanteils als Mindesthonorar ist nichtig (§ 49b Abs. 2 BRAO, § 134 BGB); diese Rechtsfolge kann bei Verbraucherverträgen nicht durch Wahl US-amerikanischen Rechts umgangen werden (Art. 29 EGBGB).
BGH, Beschl. v. 24.7.2003 – IX ZR 131/00, NJW 2003, 3486.

Soll ein Rechtsanwalt eine Einigung über eine Nachlassverteilung in eine angemessene juristische Form kleiden, so ist eine vereinbarte Vergütung, die an die Höhe des Erbteilanspruchs des Mandanten anknüpft, kein unzulässiges Erfolgshonorar.
BGH, Urt. v. 29.4.2003 – IX ZR 138/02, NJW-RR 2003, 1067, 1069 = WM 2003, 1631.

Vereinbart ein Rechtsanwalt mit den Parteien eines Grundstückskaufvertrages, in deren Auftrag er mit Gläubigern des Verkäufers über die Ablösung von Grundpfandrechten aus dem Erlös des verkauften Grundstücks verhandeln soll, dass ein nach der Ablösung verbleibender Kaufpreisrest ihm als Vergütung zustehen soll, so handelt es sich um ein unzulässiges Erfolgshonorar.
BGH, Urt. v. 23.10.2003 – IX ZR 270/02, WM 2004, 478, 479 = NJW 2004, 1169.

Eine Abrede, die nur die vorzeitige Fälligkeit der Anwaltsvergütung an eine Zahlung des Prozessgegners im laufenden Rechtsstreits knüpft, betrifft kein unzulässiges Erfolgshonorar.
BGH, Urt. v. 18.3.2004 – IX ZR 177/03, NJW-RR 2004, 1145, 1146 f.

■ Erfüllungsort

Für Gebührenforderungen von Rechtsanwälten besteht i.d.R. kein Gerichtsstand des Erfüllungsorts (§ 29 ZPO) am Kanzleisitz (Änderung der Rechtsprechung).
BGH, Beschl. v. 11.11.2003 – X ARZ 91/03, NJW 2004, 54; Urt. v. 4.3.2004 – IX ZR 101/03, NJW-RR 2004, 932.

■ Gebühren

Die Erledigung des Auftrags kann mit der Beendigung der Angelegenheit zusammenfallen, muss es aber nicht. Ein einziger Auftrag kann mehrere Angelegenheiten umfassen.

Die Angelegenheit bedeutet den durch einen einheitlichen Lebenssachverhalt abgesteckten Rahmen der anwaltlichen Tätigkeit.

Die Angelegenheit ist nicht dasselbe wie der Gegenstand der anwaltlichen Tätigkeit. Gegenstand in diesem Sinne ist das Recht oder Rechtsverhältnis, auf das sich die jeweilige Tätigkeit des Rechtsanwalts nach dem Auftrag bezieht. Eine Angelegenheit kann mehrere Gegenstände umfassen; dann darf der Rechtsanwalt die Gebühren zwar nur einmal fordern (§ 13 Abs. 2 BRAGO), dies aber nach dem Gesamtwert der Gegenstände (§ 7 Abs. 2 BRAGO).

Im Honorarprozess ist der Rechtsanwalt nicht an seine Gebührenrechnung gebunden.
BGH, Urt. v. 24.11.1994 – IX ZR 222/93, ZIP 1995, 118 = NJW-RR 1995, 758 = WM 1995, 947.

Unter einer Angelegenheit im gebührenrechtlichen Sinne ist das gesamte Geschäft zu verstehen, das der Rechtsanwalt für den Auftraggeber besorgen soll. Ihr Inhalt bestimmt den Rahmen, innerhalb dessen der Rechtsanwalt tätig wird.

Wann eine Angelegenheit oder mehrere Angelegenheiten vorliegen, hat grundsätzlich der Tatrichter mit Rücksicht auf die jeweiligen Lebensverhältnisse im Einzelfall zu entscheiden; dabei ist insbesondere der Inhalt des Auftrags maßgeblich.

Die auf einem einheitlichen Auftrag beruhende außergerichtliche Regulierung eines Unfallschadens ist gebührenrechtlich auch dann nur eine einzige Angelegenheit, wenn sie sich über mehrere Jahre hinzieht und sich auch auf die jeweils neu hinzukommenden Schadensbeträge erstreckt.
BGH, Urt. v. 9.2.1995 – IX ZR 207/94, NJW 1995, 1431; vgl. BGH, Urt. v. 3.5.2005 – IX ZR 401/00, NJW 2005, 2927 (Vergleichsbemühungen gegenüber Gläubigern des Mandanten).

Ein Rechtsanwalt darf nicht im eigenen Gebühreninteresse anstehende Verfahren seines Auftraggebers einseitig und ohne hinreichenden Sachgrund vereinzeln, sondern muss sie nach ihrer objektiven Zusammengehörigkeit behandeln; bei pflichtwidriger Trennung der Verfahren kann der Rechtsanwalt keine Mehrgebühren verlangen.

Bei Rahmengebühren unterliegt auch die Vorschussanforderung billigem Ermessen; es ist unbillig, solche Gebühren bereits in voller Höhe als Vorschuss zu verlangen, wenn sich noch nicht übersehen lässt, ob die erforderliche Anwaltstätigkeit die Höchstgebühr rechtfertigt.
BGH, Urt. v. 11.12.2003 – IX ZR 109/00, NJW 2004, 1043, zur BRAGO.

Ein ehemaliger Rechtsanwalt ist auch nach seinem Ausscheiden aus der Anwaltschaft berechtigt und verpflichtet, außerhalb eines Kostenfestsetzungsverfahrens die Voraussetzungen des § 18 BRAGO für das Einfordern seiner Vergütungsansprüche zu erfüllen, wenn dies nicht vom bestellten Abwickler erledigt worden ist.
BGH, Urt. v. 6.5.2004 – IX ZR 85/03, NJW-RR 2004, 1144.

Die Regelung des „Gebührenabschlags Ost" für Rechtsanwälte, die ihre Kanzlei in den neuen Bundesländern eingerichtet haben, ist wegen veränderter rechtlicher Rahmenbedingungen für die Anwaltstätigkeit nur noch bis zum 31.12.2003 anzuwenden.
BVerfG, Urt. v. 28.1.2003 – 1 BvR 487/01, NJW 2003, 737; vgl. dazu BVerfG (2. Kammer des Ersten Senats), Beschl. v. 15.3.2000 – 1 BvR 230/00, NJW 2000, 1939; BGH, Beschl. v. 12.12.2002 – V ZB 23/02, BGHZ 153, 211 = WM 2003, 1616; Beschl. v. 4.2.2003 – XI ZB 21/02, WM 2003, 1638.

■ Geldwäsche

§ 261 Abs. 2 Nr. 1 StGB ist verfassungsgemäß, soweit Strafverteidiger nur dann mit Strafe bedroht werden, wenn sie bei Annahme ihres Honorars sichere Kenntnis von dessen Herkunft haben; Leichtfertigkeit i.S.d. § 261 Abs. 5 StGB genügt insoweit nicht.
BVerfG, Urt. v. 30.3.2004 – 2 BvR 1520/01 u. 1521/01, NJW 2004, 1305.

Nimmt ein Strafverteidiger Honorar an, obwohl er weiß, dass es aus einer Straftat i.s.d. § 261 Abs. 1 Satz 2 StGB stammt, so kann er sich wegen Geldwäsche strafbar machen (§ 261 Abs. 2 Nr. 1 StGB).
BGH, Urt. v. 4.7.2001 – 2 StR 513/00, BGHSt 47, 68 = WM 2001, 1579 = NJW 2001, 2891; der rechtliche Ansatz dieser Entscheidung wurde eingeschränkt durch das vorstehende Urteil des BVerfG.

■ Honorarforderung einer Sozietät

Honorarforderungen aus einem Vertrag mit einer Anwaltssozietät stehen den Mitgliedern der Sozietät zur gesamten Hand und nicht als Gesamtgläubigern zu (Abweichung von BGH, NJW 1963, 1301 und NJW 1980, 2407).

Die Sozietätsanwälte können ein Mitglied der Sozietät im Wege der gewillkürten Prozessstandschaft ermächtigen, eine Vergütungsforderung der Sozietät im eigenen Namen und auf eigene Rechnung geltend zu machen.
BGH, Urt. v. 20.6.1996 – IX ZR 248/95, NJW 1996, 2859, 2860 = WM 1996, 1632.

Eine Sozietät, die aus Rechtsanwälte, Steuerberatern und Wirtschaftsprüfern besteht, hat bei Aktivprozessen – insbesondere bei Honorarklagen – dafür zu sorgen, dass diese Aufgabe durch ein anwaltliches Sozietätsmitglied allein erledigt wird, um Prozesskosten im Interesse des Mandanten möglichst gering zu halten. Deswegen entfällt eine Erhöhungsgebühr nach § 6 Abs. 1 Satz 2 BRAGO.
BGH, Beschl. v. 5.1.2004 – II ZB 22/02, NJW-RR 2004, 489.

Honorarvereinbarung

Vereinbart ein Rechtsanwalt unmittelbar mit dem Gegner seines Mandanten, dass er – über einen Vertrag zugunsten des Rechtsanwalts unter Beitritt zur Honorarschuld des Mandanten – gegen den Dritten einen eigenen Zahlungsanspruch erhält, so kann eine unangemessen hohe Vergütung nach § 3 Abs. 3 BRAGO auf den angemessenen Betrag herabgesetzt werden. Darauf kann sich der Dritte in entsprechender Anwendung des § 417 Abs. 1 Satz 1 BGB berufen.
BGH, Urt. v. 15. 5. 1997 – IX ZR 167/96, NJW 1997, 2388, 2389.

Die Anforderungen an die Bestimmtheit einer Honorarvereinbarung dürften nicht unnötig überspannt werden (Vereinbarung über Auslagen).
BVerfG (2. Kammer des Ersten Senats), Beschl. v. 12.8.2002 – 1 BvR 328/02, NJW 2002, 3314; vgl. BGH, Urt. v. 27.1.2005 – IX ZR 273/02, NJW 2005, 2142 = BGHZ 162, 98.

Die Beurteilung, ob eine Vereinbarung einen über die gesetzliche Vergütung hinausgehenden Honoraranspruch begründen soll, richtet sich danach, was die Erledigung der gesamten Angelegenheit auf der Grundlage der Vereinbarung im Vergleich zur gesetzlichen Regelung kostet; allein die Überschreitung einer einzelnen gesetzlichen Gebühr ist insoweit unerheblich.

Derjenige, der die Vereinbarung einer Gebührenunterschreitung mit einem Steuerberater behauptet, hat deren Voraussetzungen zu beweisen.
BGH, Urt. v. 21.9.2000 – IX ZR 437/99, WM 2000, 2435, 2436, zu § 4 Abs. 1 StBGebV.

Ob das vereinbarte Honorar höher ist als das gesetzliche, ergibt sich aus einem Vergleich der gesamten gesetzlichen Vergütung mit dem vereinbarten Betrag. Ein solcher Vergleich ist i.d.R. erst nach Beendigung der anwaltlichen Tätigkeit möglich.

Eine Honorarabrede ist nach § 3 Abs. 1 Satz 1 BRAGO formunwirksam, wenn der Vordruck auch Vereinbarungen über die geschuldete Anwaltsleistung und eine Haftungsbegrenzung enthält.

Eine freiwillige Leistung i.S.d. § 3 Abs. 1 Satz 2 BRAGO liegt nur dann vor, wenn der Auftraggeber gewusst hat, dass seine Zahlung die gesetzliche Vergütung überstieg.

Fordert der Auftraggeber seine Zahlung aus ungerechtfertigter Bereicherung (§ 812 BGB) zurück, so hat der Rechtsanwalt die Voraussetzungen des § 3 Abs. 1 Satz 2 BRAGO darzulegen und zu beweisen.

Die Rückforderung einer überhöhten Vergütung aus einer unwirksamen Vereinbarung ist grundsätzlich nicht treuwidrig, selbst wenn das Honorar mehrfach herabgesetzt wurde.
BGH, Urt. v. 8.6.2004 – IX ZR 119/03, NJW 2004, 2818.

Bei Vereinbarung einer Vergütung für Strafverteidigungen, die das Fünffache der gesetzlichen Höchstgebühren übersteigt, spricht eine tatsächliche Vermutung dafür, dass sie unangemessen hoch ist (§ 3 Abs. 3 BRAGO).
Zur Widerlegung der Vermutung.
BGH, Urt. v. 27.1.2005 – IX ZR 273/02, NJW 2005, 2142, 2144 = BGHZ 162, 98.

Die Stundensatzvereinbarung eines Rechtsanwalts ist sittenwidrig, wenn sie die gesetzlichen Gebühren um mehr als das Siebzehnfache und die äußerste Grenze eines aufwandsangemessenen Honorars um jedenfalls annähernd das Doppelte übersteigt. Die Wahl des US-amerikanischen Rechts ändert daran nichts, wenn der Anwaltsvertrag mit einem Verbraucher geschlossen wurde (Art. 29 EGBGB).
BGH, Beschl. v. 24.7.2003 – IX ZR 131/00, NJW 2003, 3486.

Ein Mandant, der in einem vorformulierten deklaratorischen Schuldanerkenntnis eine Schuld aus einer formgerechten Stundensatzvereinbarung mit einem Rechtsanwalt bestätigt, kann die berechneten honorarpflichtigen Stunden nicht mehr bestreiten.

Beträgt das vereinbarte Stundensatzhonorar weniger als das Fünffache der gesetzlichen Gebühren, so kann bei Sachen mit kleineren und mittleren Streitwerten allein aus dem Quotienten von berechnetem Honorar und gesetzlichen Gebühren kein sittenwidriges Missverhältnis von anwaltlicher Leistung und vereinbarter Gegenleistung entnommen werden. Das gilt insbesondere dann, wenn eine arbeitszeitabhängige Vergütung vereinbart wird, der vereinbarte Stundensatz nicht außergewöhnlich hoch ist und die Gesamtvergütung durch die Anzahl der rechnungsmäßig anfallenden Stunden aufwandsabhängig wächst.
BGH, Urt. v. 3.4.2003 – IX ZR 113/02, NJW 2003, 2386, 2387 = WM 2003, 1626.

Macht ein Wirtschaftsprüfer ein vereinbartes Stundenhonorar für die Erstellung eines Jahresabschlusses geltend, so ist der Einwand des Bestellers, der behauptete Zeitaufwand sei überhöht, beachtlich. Der Besteller hat einen entsprechenden Schadensersatzanspruch wegen Verletzung der Vertragspflicht zu wirtschaftlicher Betriebsführung darzulegen und zu beweisen.
BGH, Urt. v. 1.2.2000 – X ZR 198/97, WM 2000, 973, 974 f. = NJW 2000, 1107.

Droht ein Rechtsanwalt mit der Kündigung des Mandats, um aufgrund der dadurch verursachten Zwangslage des Mandanten eine günstige Honorarvereinbarung zu erreichen, so kann diesem – neben einem Anfechtungsrecht (§ 123 BGB) – ein Anspruch auf Befreiung von der Verbindlichkeit wegen Verschuldens bei Vertragsschluss zustehen.

Verlangt ein Rechtsanwalt ein Sonderhonorar, so ist dieses gerechtfertigt, wenn der mit dem Mandat verbundene Aufwand den Umfang, den die gesetzliche Gebührenbemessung als durchschnittlich voraussetzt, deutlich überschreitet.
BGH, Urt. v. 4.7.2002 – IX ZR 153/01, NJW 2002, 2774, 2775 = WM 2003, 89, 90 f.

■ Kündigung

§ 628 Abs. 1 BGB regelt die Frage, in welchem Umfang dem Rechtsanwalt nach der außerordentlichen Kündigung gemäß § 627 BGB Honoraransprüche gegen den Auftraggeber zustehen.

Danach kann der Rechtsanwalt grundsätzlich einen seinen bisherigen Leistungen entsprechenden Teil der Vergütung verlangen (§ 628 Abs. 1 Satz 1 BGB), so dass dem Anwalt trotz der vorzeitigen Beendigung seines Auftrags Gebühren gemäß §§ 13 Abs. 4, 31 BRAGO in voller Höhe verbleiben.

Hat der Rechtsanwalt jedoch durch vertragswidriges Verhalten, das eine schuldhafte Verletzung einer Vertragspflicht voraussetzt, die Kündigung des Auftraggebers veranlasst, so steht dem Anwalt eine Vergütung insoweit nicht zu, als seine bisherigen Leistungen infolge der Kündigung für den Mandanten kein Interesse mehr haben (§ 628 Abs. 1 Satz 2 BGB). Die Voraussetzungen dieser Einwendung hat der Auftraggeber darzulegen und zu beweisen.

Ein Prozessbevollmächtigter verliert seinen Vergütungsanspruch gemäß § 628 Abs. 1 Satz 2 BGB, wenn der Mandant den Auftrag kündigt, weil der Anwalt in Untersuchungshaft genommen wurde wegen des Verdachts, Gelder anderer Auftraggeber veruntreut zu haben, und einen neuen Prozessbevollmächtigten bestellt, für den die gleichen Anwaltsgebühren nochmals entstehen.
BGH, Urt. v. 30.3.1995 – IX ZR 182/94, WM 1995, 1288, 1289 = NJW 1995, 1954.

Bei vorzeitiger Beendigung des Mandats ist zunächst zu prüfen, welcher Teil des vereinbarten Pauschalhonorars dem Rechtsanwalt nach dem – vorrangigen – § 628 Abs. 1 Satz 1 BGB zusteht; nur wenn der sich dann ergebende Vergütungsteil noch immer wesentlich höher ist als die gesetzliche Vergütung, kommt eine Herabsetzung nach § 3 Abs. 3 BRAGO in Betracht.
BGH, Urt. v. 27.1.2005 – IX ZR 273/02, NJW 2005, 2142, 2143 = BGHZ 162, 98, 104 f.

Ein Rechtsanwalt leistet Dienste höherer Art i.S.d. § 627 Abs. 1 BGB.

Ein dauerndes Dienstverhältnis i.S.d. Vorschrift erfordert keine Dienstleistung, die die Erwerbstätigkeit des Verpflichteten vollständig oder hauptsächlich in Anspruch nimmt. Es kann auch dann vorliegen, wenn der Vertrag auf eine bestimmte längere Zeit abgeschlossen ist. Dafür kann ein Jahr genügen, wenn es sich um eine Verpflichtung für ständige oder langfristige Aufgaben handelt und die Vertragspartner von der Möglichkeit und Zweckmäßigkeit einer Verlängerung ausgehen.

Mit festen Bezügen ist ein solches dauerndes Dienstverhältnis nur dann verbunden, wenn der Verpflichtete eine bestimmte, vertraglich festgelegte Regelvergütung erhält, mit der er rechnen und planen darf. Dafür genügt nicht ein Entgelt, das zwar letztlich

bestimmbar ist, aber von ungewissen, schwankenden Voraussetzungen abhängt (hier: vom Jahresumsatz des Dienstberechtigten).
Zum Ausschluss des Kündigungsrechts nach § 627 Abs. 1 BGB durch AGB.
BGH, Urt. v. 19.12.1992 – IX ZR 77/92, WM 1993, 515, 516 = NJW-RR 1993, 374; vgl. *zur Kündigung eines Steuerberatervertrages nach § 627 BGB: OLG Koblenz, Urt. v. 18.5.1990 – 2 U 1382/88, NJW 1990, 3153; LG Duisburg, Urt. v. 4.8.2000 – 10 O 57/98, NJW-RR 2002, 277.*

Feste Bezüge hat ein dauerndes Dienstverhältnis i.S.d. § 627 Abs. 1 BGB dann, wenn der Dienstverpflichtete sich darauf verlassen kann, dass ihm auf längere Sicht bestimmte, von vornherein festgelegte Beträge in einem Umfang zufließen werden, dass diese die Grundlage seines wirtschaftlichen Daseins bilden können. Dies gilt nicht für Entgelte, die von außervertraglichen Entwicklungen abhängen und deswegen der Höhe nach schwanken.
BGH, Urt. v. 13.1.1993 – VIII ZR 112/92, NJW-RR 1993, 505, 506.

Da § 628 Abs. 1 Satz 2 BGB für den Mandanten eine Einwendung gegenüber einem Vergütungsanspruch aus § 628 Abs. 1 Satz 1 BGB begründet, hat der Mandant die Voraussetzungen dieser Einwendung darzulegen und zu beweisen.

Der Auftraggeber hat daher zu beweisen, dass seine Kündigung auf vertragswidrigem Verhalten des Rechtsanwalts beruht und infolgedessen das Interesse an den bisherigen anwaltlichen Leistungen entfallen ist.
BGH, Urt. v. 8.10.1981 – III ZR 190/79, NJW 1982, 437, 438.

Da § 628 Abs. 1 Satz 2 BGB einen Ausnahmetatbestand gegenüber Satz 1 dieser Vorschrift enthält, hat der Mandant die Voraussetzungen dieses Ausnahmetatbestandes darzulegen und zu beweisen.

Daher trägt der Auftraggeber die Beweislast dafür, dass er die Kündigung des Rechtsanwalts nicht durch eigenes vertragswidriges Verhalten veranlasst hat.
BGH, Urt. v. 17.10.1996 – IX ZR 37/96, WM 1996, 2244, 2246 = NJW 1997, 188.

Der Vergütungsanspruch aus einem Anwaltsdienstvertrag kann wegen mangelhafter Anwaltsleistung nicht gekürzt werden oder entfallen.
§ 628 Abs. 1 BGB ist auf Anwaltsdienstverträge grundsätzlich anzuwenden.
BGH, Urt. v. 15.7.2004 – IX ZR 256/03, NJW 2004, 2817.

Ein „Auflösungsverschulden" i.S.d. § 628 Abs. 2 BGB setzt voraus, dass ein vertragswidriges schuldhaftes Verhalten mit dem Gewicht eines wichtigen Grundes i.S.d. § 626 BGB vorliegt.

Ein Schadensersatzanspruch aus dieser Vorschrift ist nach deren Schutzzweck zeitlich begrenzt bis zum Ablauf der Frist einer (fiktiven) Kündigung oder bis zur vereinbarten Beendigung des Vertragsverhältnisses.

BAG, Urt. v. 26.7.2001 – 8 AZR 739/00, NJW 2002, 1593, 1594, 1597 f.; vgl. BGH, Urt. v. 3.3.1993 – VIII ZR 101/92, BGHZ 122, 9, 12 ff. = NJW 1993, 1386, zu dem inhaltlich übereinstimmenden § 89a Abs. 2 HGB.

Kündigt der Besteller einen Werkvertrag, so richtet sich die Abrechnung der bis zur Kündigung erbrachten Leistungen des Unternehmers nach § 632 BGB, nicht nach § 649 Satz 2 BGB.
BGH, Urt. v. 30.9.1999 – VII ZR 250/98, NJW-RR 2000, 309.

Im Rahmen des § 649 Satz 2 BGB hat der Auftraggeber ersparte Aufwendungen, anderweitige Verwendung der Arbeitskraft oder deren böswilliges Unterlassen zu beweisen.
BGH, Urt. v. 21.12.2000 – VII ZR 467/99, WM 2001, 821.

■ **Pfändbarkeit einer Honorarforderung**

Eine Honorarforderung, die nicht abgetreten werden darf, weil der Gläubiger (hier: Steuerberater) gemäß § 203 StGB zur Wahrung von Mandantengeheimnissen verpflichtet ist, ist grundsätzlich pfändbar (§ 851 ZPO). Das Geheimhaltungsinteresse des Drittschuldners (Mandanten) wird durch eine Einschränkung der Auskunftspflichten des § 836 Abs. 3 ZPO geschützt.
BGH, Urt. v. 25.3.1999 – IX ZR 223/97, BGHZ 141, 173, 176 = NJW 1999, 1544, 1546 f.

Gebührenforderungen von Rechtsanwälten und Steuerberatern sind grundsätzlich pfändbar und unterliegen dem Insolvenzbeschlag.
BGH, Beschl. v. 16.10.2003 – IX ZB 133/03, NJW-RR 2004, 54.

Gebührenforderungen von Rechtsanwälten unterliegen grundsätzlich der Pfändung.
BFH, Beschl. v. 1.2.2005 – VII B 198/04, NJW 2005, 1308.

■ **Vergütung gemäß § 1 Abs. 2 BRAGO/RVG**

Die Tätigkeit eines Rechtsanwalts als Liquidator einer GmbH gehört zu den Aufgaben i.S.d. § 1 Abs. 2 Satz 1 BRAGO.

Der als Liquidator tätige Rechtsanwalt kann ein zusätzliches Honorar nach anwaltlichem Gebührenrecht für die Wahrnehmung solcher Aufgaben verlangen, zu deren sachgerechter Erledigung selbst ein als Liquidator erfahrener Nichtjurist einen Rechtsanwalt hinzuziehen müsste (§ 1 Abs. 2 Satz 2 BRAGO mit § 1835 BGB). Die formularmäßige Bestimmung eines mit einem Rechtsanwalt geschlossenen Liquidatorenvertrages, die nach der gesetzlichen Regelung begründete Ansprüche des Anwalts auf eine zusätzliche Vergütung ausschließt und diese stattdessen von einer im freien Belieben stehenden Zustimmung des Vertragspartners im Einzelfall abhängig macht, ist unwirksam (§ 9 Abs. 1, 2 Nr. 1 AGBG).

BGH, Urt. v. 17.9.1998 – IX ZR 237/97, WM 1998, 2248, 2249 ff. = NJW 1998, 3567 = BGHZ 139, 309.

■ **Verjährung des Vergütungsanspruchs**

(nach altem Recht §§ 194 ff. BGB a.F. mit BRAGO; nunmehr §§ 194 ff. BGB n.F. mit RVG).

Der Anspruch eines Rechtsanwalts auf Gebühren und Auslagen verjährt nach § 196 Abs. 1 Nr. 15 BGB a.F. in zwei Jahren; die Verjährung beginnt mit dem Schluss des Jahres, in dem Anspruch fällig geworden ist (§§ 198, 201 BGB a.F.). Fälligkeit tritt regelmäßig ein mit der Erledigung des Auftrags oder der Beendigung der Angelegenheit (§ 16 Satz 1 BRAGO); maßgeblich ist der erste Eintritt eines dieser Tatbestände, falls nichts anderes vereinbart ist. Der Lauf der Verjährungsfrist hängt nicht davon ab, wann der Rechtsanwalt seinem Auftraggeber die Berechnung der Vergütung mitteilt (§ 18 Abs. 1 Satz 2 BRAGO).

Die Klage auf Zahlung der Vergütung nach der BRAGO unterbricht die Verjährung des Vergütungsanspruchs nach § 209 Abs. 1 BGB a.F. auch dann, wenn der Rechtsanwalt seinem Auftraggeber noch keine Berechnung der Vergütung gemäß § 18 BRAGO mitgeteilt hat. Wird dies bis zur letzten mündlichen Verhandlung in der Tatsacheninstanz nachgeholt, so wird die Vergütungsforderung damit i.S.d. § 18 Abs. 1 Satz 1 BRAGO einforderbar.

BGH, Urt. v. 2.7.1998 – IX ZR 63/97, WM 1998, 2243, 2245 f. = NJW 1998, 3486.

Die den Verjährungsbeginn auslösende Fälligkeit des anwaltlichen Vergütungsanspruchs wird durch die Tatbestände des § 16 BRAGO bestimmt.

Wird der Streitwert i.S.d. § 9 Abs. 1 BRAGO zu niedrig festgesetzt, so wird die Verjährung desjenigen Teils des Vergütungsanspruchs, der vom festgesetzten Streitwert nicht gedeckt wird, bis zu einer Heraufsetzung des Wertes gemäß § 202 Abs. 1 BGB a.F. gehemmt; mit der Höherfestsetzung beginnt keine neue Verjährungsfrist (Abweichung von BGH, AnwBl 1978, 229).

BGH, Urt. v. 7. 5. 1998 – IX ZR 139/97, NJW 1998, 2670, 2671 f. = WM 1998, 1545.

■ **Verwirkung**

Ein Anspruch einer Gesellschaft bürgerlichen Rechts auf Maklerprovision muss nicht entsprechend § 654 BGB verwirkt sein, weil ein Gesellschafter, der Rechtsanwalt ist, für die Gegenseite tätig geworden und dies nicht offen gelegt worden ist.

BGH, Urt. v. 8.6.2000 – III ZR 186/99, NJW 2000, 3067, 3068 = WM 2000, 1546.

Weisung

I.d.R. darf der Rechtsanwalt, wenn ihm keine besonderen Weisungen für die Ausführung eines bestimmten Auftrags erteilt sind, diesen aus eigener Entschließung erledigen. Er muss nur darauf achten, dass dabei voraussehbare und vermeidbare Nachteile für den Auftraggeber vermieden werden. Der Rechtsanwalt ist dann berechtigt und sogar verpflichtet, so vorzugehen, wie es ihm aufgrund der erhaltenen Information und seiner sonstigen Kenntnisse als sachgerecht erscheinen muss. Der ihm insoweit verbleibende Spielraum ist aufgrund seiner Sachkenntnis und Erfahrung nicht eng zu ziehen. Der Rechtsanwalt kann sogar im Einzelfall verpflichtet sein, gegen frühere Weisungen des Mandanten zu handeln, wenn es in einer neuen Lage objektiv dem Interesse der Partei entspricht.
BGH, Urt. v. 10.6.1980 – VI ZR 127/79, VersR 1980, 925, 926.

Ein Rechtsanwalt hat Weisungen seines Mandanten nicht blindlings Folge zu leisten. Bei unsachgemäßen und für den Auftraggeber möglicherweise nachteiligen Weisungen hat der Rechtsanwalt diesen vor der Ausführung auf die Gefahren hinzuweisen und die Antwort abzuwarten. Dies gilt für Weisungen bei allen Anwaltstätigkeiten.
BGH, Urt. v. 20.3.1984 – VI ZR 154/82, NJW 1985, 42, 43 = VersR 1984, 658.

Der Rechtsanwalt hat grundsätzlich die Weisungen seines Auftraggebers zu befolgen, selbst wenn dies zu Nachteilen für den Mandanten führen kann. Er darf allerdings solche Weisungen nicht blindlings befolgen. Er muss selbständig prüfen, ob dem Auftraggeber bei der Ausführung der Weisung Nachteile drohen. Der Rechtsanwalt hat den Mandanten auf diese hinzuweisen, ihn zu warnen und ihm Alternativen aufzuzeigen, mit denen das erstrebte Ziel sicherer erreicht werden kann.
BGH, Urt. v. 30.10.1984 – IX ZR 6/84, VersR 1985, 83, 84.

Ist eine Klage praktisch aussichtslos, so muss der Rechtsanwalt von der Klageerhebung abraten. Bleibt der Mandant nach einer solchen eindringlichen Belehrung bei seinem Entschluss, die Klage durchzuführen, so kann der Rechtsanwalt dem ohne Verstoß gegen seine Mandatspflicht entsprechen.
BGH, Urt. v. 17.4.1986 – IX ZR 200/85, BGHZ 97, 372, 376 = NJW 1986, 2043.

Beharrt der Mandant auf seiner Weisung, obwohl er durch seinen Rechtsanwalt auf Bedenken eindringlich hingewiesen worden ist, so verstößt dieser mit der Befolgung der Weisung nicht gegen seine Vertragspflichten.
BGH, Urt. v. 28.6.1990 – IX ZR 209/89, NJW-RR 1990, 1241, 1243.

Weisungen des Mandanten sind dann nicht zu befolgen, wenn diese eine rechtswidrige, unlautere, völlig unsinnige oder querulatorische Tätigkeit des Rechtsanwalts verlangen.
OLG Karlsruhe, Urt. v. 8.3.1994 – 3 U 45/93, VersR 1995, 537, 538.

Weisungen seines Auftraggebers hat der Rechtsanwalt grundsätzlich zu befolgen. Dies darf aber nicht blindlings geschehen. Vielmehr muss der Rechtsanwalt selbständig prüfen, ob dem Auftraggeber bei Ausführung einer Weisung Nachteile drohen; ist dies der Fall, so hat der Rechtsanwalt den Mandanten darauf hinzuweisen und dessen Antwort abzuwarten.
BGH, Urt. v. 13.3.1997 – IX ZR 81/96, WM 1997, 1392, 1393 f. = NJW 1997, 2168; vgl. BGH, Urt. v. 18.12.1997 – IX ZR 153/96, NJW 1998, 1486, 1487 = WM 1998, 301, 303.

Behauptet der Rechtsanwalt, der Auftraggeber habe eine ursprünglich erteilte Weisung nachträglich geändert, so hat er dies zu beweisen.
BGH, Urt. v. 9.6.1994 – IX ZR 125/93, BGHZ 126, 217, 221 = NJW 1994, 3295, 3297.

Abschnitt 3: Pflichtwidrigkeit und Verschulden

Inhaltsverzeichnis

		Rn.
A.	**Pflichtwidrigkeit**	941
I.	Inhalt der Pflichtverletzung	944
	1. Unmöglichkeit und Verzug	944
	2. Pflichtverletzung	946
II.	Objektiver Sorgfaltsmaßstab	947
III.	Pflicht-/Rechtswidrigkeit	950
IV.	Beweislast	952
	1. Grundlagen	952
	2. Negative Tatsachen	957
	3. Weisungen	960
	4. Belehrungsbedürftigkeit des Mandanten	962
	5. Nachträgliche Änderungen des Auftrags	963
	6. Negative Feststellungsklage	965
B.	**Verschulden**	966
I.	Sorgfaltsmaßstab	967
	1. Grundsätze	967
	2. Materielles und prozessuales Verschulden	970
II.	Situationsbezogene Umstände	971
	1. Einschränkungen der Leistungsfähigkeit	971
	2. Beeinflussung durch Rechtsfehler Dritter	979
III.	Beweislast	985
C.	**Anhang**	986
	Anhang 1: Rechtsprechungslexikon	986
	Anhang 2: Leitfaden zur Feststellung von Pflichtwidrigkeit und Verschulden	987

Spezialliteratur:

Borgmann, Die Rechtsprechung des Bundesgerichtshofs zum Anwaltshaftungsrecht seit Mitte 1991, NJW 2000, 2953; 2002, 2145; 2005, 22;
Deutsch, Anm. zu BGH, Urt. v. 9.6.1967 – VI ZR 11/66, JZ 1967, 103;
Fischer, G., Tendenzen der Rechtsprechung des Bundesgerichtshofs zum Anwaltshaftungsrecht, NJW 1999, 2993;
Hansens, Die Rechtsprechung zum Anwaltshaftpflichtrecht im Jahre 1991, NJW 1992, 1353;
Henssler, Haftungsrisiken anwaltlicher Tätigkeit, JZ 1994, 178;
Löwisch, Rechtswidrigkeit und Rechtfertigung von Forderungsverletzungen, AcP 165, 421;
Kaiser, Die Haftung des deutschen Rechtsanwalts bei grenzüberschreitender Tätigkeit, NJW 1991, 2049;

Rinsche, Soll der Anwalt der Empfehlung des Gerichts zur Antragstellung nachkommen?, AnwBl 1994, 216;
Scheffler, Anwaltspflichten – Anwaltsverschulden, NJW 1961, 577;
Schmidt, B., Der Irrtum des Kollegialgerichts als Entschuldigungsgrund?, NJW 1993, 1630;
Zugehör, Höchstpersönliche (Lebens-, Glaubens-, Gewissens-)Entscheidungen des Mandanten und Haftung des steuerlichen Beraters, DStR 2003, 1171.

A. Pflichtwidrigkeit

941 Jeder vertragliche Schadensersatzanspruch des Mandanten setzt voraus, dass der Anwalt eine aus der getroffenen Vereinbarung folgende **Pflicht verletzt** hat und sich sein Handeln als **rechtswidrig** und **schuldhaft** erweist. Diese drei Merkmale sind zwar rechtstheoretisch klar zu unterscheiden, lassen sich jedoch im Einzelfall oftmals nur schwer voneinander abgrenzen.

942 Die Praxis befasst sich damit in aller Regel nicht, weil das Problem im Allgemeinen keine entscheidungserhebliche Bedeutung gewinnt. Dies gilt in besonderem Maße für die Unterscheidung von Pflichtverletzung und Rechtswidrigkeit.

943 Dem wird nachfolgend dadurch Rechnung getragen, dass die wesentlichen Fragen aus diesen beiden Bereichen unter dem Begriff der Pflichtwidrigkeit zusammenfassend dargestellt werden.

I. Inhalt der Pflichtverletzung

1. Unmöglichkeit und Verzug

944 Diese Rechtsinstitute haben für den Anwaltsvertrag **kaum praktische Bedeutung**, weil der rechtliche Berater grundsätzlich nicht für einen Leistungserfolg einzustehen hat. Er verpflichtet sich aufgrund des Geschäftsbesorgungsvertrages i.d.R. nur, den Mandanten auf dem Weg zu seinem erstrebten Ziel sorgfältig und fachkundig zu beraten und zu betreuen.

Selbst dann, wenn der Anwalt den Mandanten in einer Angelegenheit vertritt oder berät, die jener binnen einer bestimmten Frist zu erledigen hat, übernimmt er grundsätzlich nicht die Gewähr für das rechtzeitige Gelingen des Bemühens.[1] Hat der Mandant die ihm gesetzte Frist nicht einhalten können, folgt also daraus nicht schon eine Haftung des Anwalts wegen Verzuges oder Unmöglichkeit.

945 Ansprüche aus Unmöglichkeit oder Verzug kommen nur dann in Betracht, wenn der Anwalt bestimmte, inhaltliche abgrenzbare, fällige Aufgaben gar nicht oder erst zu

---

1 BGHZ 115, 382, 389 = NJW 1992, 307, 309. Die Entscheidung, die eine gegenteilige Rechtsprechung (BGHZ 84, 244) aufgibt, betrifft die Steuerberaterhaftung. Was dort gesagt ist, gilt jedoch für den Anwaltsvertrag erst recht.

einem Zeitpunkt erbracht hat, als er durch Mahnung in Verzug gesetzt worden war.[2] Entsprechende Pflichtverletzungen, die in erster Linie bei **Anwaltswerkverträgen** auftreten,[3] spielen in der Praxis nur eine unbedeutende Rolle.[4]

2. Pflichtverletzung

Nach altem Recht bildete die Anspruchsgrundlage nahezu ausschließlich die **Haftung aus positiver Vertragsverletzung (positive Forderungsverletzung)**. Dieses seit langem anerkannte Rechtsinstitut, das zum Gewohnheitsrecht erstarkt war, betraf alle Pflichtverletzungen im Rahmen eines bestehenden Schuldverhältnisses, die nicht von den Bestimmungen über Unmöglichkeit und Verzug erfasst werden, also die **Schlechterfüllung von Hauptpflichten** ebenso wie die **Versäumung** oder **Vernachlässigung von Nebenpflichten**.

946

An die Stelle dieser Rechtsfigur ist **nunmehr der Begriff der Pflichtverletzung (§ 280 Abs. 1 BGB)** getreten, der die zentrale Kategorie im neuen Leistungsstörungsrecht darstellt. Da er alle vertraglichen Störungen erfasst, die bisher von der positiven Vertragsverletzung abgedeckt wurden, sind Pflichtwidrigkeit und Verschulden auch im neuen Schuldrecht nach den bisher geltenden Regeln und Maßstäben zu prüfen.[5]

II. Objektiver Sorgfaltsmaßstab

Nach einer in der Literatur teilweise vertretenen Auffassung ist bei der rechtlichen Wertung, ob ein Pflichtenverstoß vorliegt, von einem Höchstmaß an objektiv möglicher Sorgfalt auszugehen.[6] Diese Anforderungen seien dann im Rahmen der Verschuldensprüfung auf die von einem gewissenhaften Durchschnittsanwalt zu fordernde Sorgfalt herabzusetzen. Nur so gelange man zu einer nachvollziehbaren Trennung zwischen Rechtswidrigkeit und Schuld und vermeide die Gefahr, eine verschuldensunabhängige Haftung zu begründen.

947

Diese Auffassung ist jedoch rechtlich nicht haltbar.[7] Die Pflichten des Anwalts bestimmen sich nach dem konkreten Mandat, richten sich also nach dem **Inhalt** der jeweils getroffenen **Vereinbarung**. Der Anwalt hat schon objektiv, wie jeder andere Schuldner, nicht mehr zu leisten als das, was sein Vertragspartner nach Treu und Glauben (§ 242 BGB) erwarten darf. Bei Geschäftsbesorgungsverträgen hat der Auftraggeber

948

---

2 Vgl. BGHZ 115, 382, 390 = NJW 1992, 307, 309.
3 Vgl. dazu Rn. 4 ff.
4 Vgl. aber BGH, NJW 2002, 825.
5 Die durch das **neue Leistungsstörungsrecht** aufgeworfenen Probleme sind in Teil 1 Abschnitt 5 gesondert behandelt (Rn. 1098 ff.).
6 *Vollkommer/Heinemann*, Rn. 384 ff.; *Raiser*, NJW 1991, 2049, 2053; *Henssler*, JZ 1994, 178, 182; *Medicus*, AnwBl 2004, 257, 261.
7 Ebenso *Borgmann/Jungk/Grams*, Kap. V Rn. 23; *Fahrendorf*, in: *Rinsche/Fahrendorf/Terbille*, Rn. 401.

nur Anspruch auf eine Art der Erledigung, die den im Verkehr anerkannten **Leistungsmaßstäben der Berufsgruppe** entspricht, zu der der Schuldner gehört. Schon der Inhalt der objektiv geschuldeten Pflicht ist daher nicht an einem Ideal, sondern an einem **gewissenhaft handelnden**, die allgemein anerkannten Maßstäbe der Berufsausübung einhaltenden **Anwalt** auszurichten.[8] Dies ist die Linie der höchstrichterlichen Rechtsprechung, ohne dass diese Frage jemals besonders vertieft worden wäre.[9] Die neue Rechtsprechung begnügt sich deshalb i.d.R. damit, auf die **Einhaltung der allgemeinen Standards**, wie etwa die Wahl des relativ sichersten Weges, die notwendige rechtliche Belehrung oder das Aufzeigen der konkreten Risiken, zu verweisen, und bejaht eine Pflichtverletzung bei einem Leistungsmangel in einem oder mehreren dieser Bereiche.[10]

949 Kommt es somit darauf an, was der **Auftraggeber**, bezogen auf den Inhalt der dem rechtlichen Berater übertragenen Aufgaben, **allgemein von jedem gewissenhaften und sorgfältigen Anwalt erwarten durfte**, haben bei Prüfung der Pflichtwidrigkeit einzelfallbezogene Umstände, die es ausnahmsweise zweifelhaft erscheinen lassen, ob dem Anwalt die Einhaltung der grundsätzlich gebotenen Maßstäbe möglich und zumutbar war, außer Betracht zu bleiben. Sie gewinnen rechtliche Bedeutung erst im Rahmen des Verschuldens. Dem objektiven Maßstab entspricht es, dass die Beurteilung der Pflichtwidrigkeit vom Standpunkt einer **Ex-post-Betrachtung** zu erfolgen hat.[11]

III. Pflicht-/Rechtswidrigkeit

950 Da der Anwalt regelmäßig keinen Erfolg, sondern nur eine bestimmte Tätigkeit schuldet und deren Umfang sowie die Art der Ausführung vom Inhalt des Vertrages abhängen, **indiziert** die Feststellung der **Pflichtwidrigkeit** die **Rechtswidrigkeit** des vertraglichen Verhaltens. Beide Begriffe sind zwar nicht gleichzusetzen, weil der Anwalt trotz Verletzung einer dem Mandanten geschuldeten Pflicht nicht rechtswidrig gehandelt hat, wenn ihm ein Rechtfertigungsgrund zur Seite stand.[12] In der Rechtspraxis kommen solche Fälle aber nur äußerst selten vor. Im Regelfall steht also mit der Pflichtverletzung die Rechtswidrigkeit fest. Damit ist jedenfalls für den Bereich des Anwaltsvertrages der Lehre vom sog. **Verhaltensunrecht**[13] zu folgen.

951 Der Rechtsanwalt, der eine objektiv verfehlte Maßnahme trifft, damit jedoch lediglich einer **Weisung des Mandanten** entspricht, handelt schon nicht pflichtwidrig, wenn er

---

8   Vgl. BGH, VersR 1967, 704, 705.
9   Vgl. BGH, NJW 1987, 1322, 1323; 1988, 706, 707.
10   Vgl. BGHZ 97, 372, 376 = NJW 1986, 2043, 2044; BGH, NJW-RR 1990, 1241, 1243; NJW 1992, 1159, 1160; 1995, 2550, 2551; 1996, 2648, 2649 f.
11   *Borgmann/Jungk/Grams*, Kap. V Rn. 20; *Vollkommer/Heinemann*, Rn. 386.
12   Ebenso *Fahrendorf*, in: *Rinsche/Fahrendorf/Terbille*, Rn. 672.
13   *Borgmann/Jungk/Grams*, Kap. V, Rn. 21; *Vollkommer/Heinemann*, Rn. 386; *Löwisch*, AcP 165, 421, 426 ff.

den Auftraggeber zuvor ausreichend über die aus der Weisung drohenden Nachteile belehrt hat.[14] Dies ergibt sich aus dem rein vertragsbezogenen Charakter der geschuldeten Pflichten. Daher scheitert ein Anspruch aus positiver Vertragsverletzung auch dann am Fehlen einer Pflichtverletzung, wenn der Anwalt eine Weisung ausführt, mit der der Mandant selbst ein rechtswidriges Ziel verfolgt, oder wenn der Anwalt mit dem von seinem Auftraggeber verlangten Verhalten gegen standesrechtliche oder öffentlich-rechtliche Bestimmungen verstößt.[15] Weicht der Anwalt vom Auftrag ohne zwingenden Grund ab, billigt der Mandant jedoch nachträglich die getroffene Entscheidung, so hat der Anwalt zunächst pflichtwidrig gehandelt; sein Verhalten ist jedoch infolge der nachträglich erteilten Zustimmung nicht rechtswidrig.

IV. Beweislast

1. Grundlagen

Der Mandant muss die **anwaltliche Pflichtverletzung** als Voraussetzung seines Regressanspruchs – wie jeder Kläger, der Ansprüche aus Vertragsverletzung geltend macht – **beweisen**.[16] Das gilt grundsätzlich unabhängig davon, welche Vorwürfe gegen den Anwalt erhoben werden, also für Beratungsfehler ebenso wie für unzulängliche Sachaufklärung oder ungeeignete prozessuale Maßnahmen. Da die Pflichtverletzung zur haftungsbegründenden Kausalität gehört, ist nach **§ 286 ZPO** zu beurteilen, ob der Beweis geführt ist.[17]

952

Hängt die Frage, ob der Anwalt seinen Vertragspflichten nicht gerecht geworden ist, vom **Umfang des Mandats** ab und besteht über diese Frage Streit, so trifft auch in diesem Punkt die **Beweislast den Kläger**.[18] Macht er geltend, er habe den Auftrag wegen einer Pflichtverletzung des Anwalts beendet, oder dessen Vertragsverstoß liege gerade darin, dass er den Anwaltsvertrag zur Unzeit gekündigt habe, gilt dasselbe.[19]

953

Liegen vom Anwalt verfasste **Schriftstücke** vor, die, für sich genommen, **fehlerhaft** sind, stellt sich die Frage, welche beweisrechtlichen Folgen dies nach sich zieht. Der **BGH** hatte folgenden Fall zu entscheiden:[20]

954

Der Anwalt hatte eine unzulängliche schriftliche Stellungnahme zum Prozessrisiko verfasst und dem Mandanten ausgehändigt, ohne sie in dem Schriftstück als unvollständig zu kennzeichnen oder sich dort eine spätere Ergänzung vorzubehalten. Der Anwalt behauptete jedoch

---

14 BGHZ 97, 372, 376 = NJW 1986, 2043, 2044; BGH, VersR 1974, 488, 489; NJW 1985, 2028; NJW-RR 1990, 1241, 1243.
15 BGH, NJW 1991, 2280, 2282.
16 BGH, NJW 1985, 264; 1991, 2280, 2281; 1996, 2571; 1999, 2437.
17 BGH, NJW 1993, 3073, 3076.
18 BGH, NJW 1982, 437, 438; 1996, 2929, 2931.
19 BGH, NJW 1996, 2929, 2931.
20 BGH, NJW 1985, 264.

im Regressprozess, er habe im unmittelbaren zeitlichen Zusammenhang mit dieser Stellungnahme diese mündlich so erläutert, dass dem Mandanten die Sach- und Rechtslage insgesamt zutreffend dargestellt worden sei.

Der BGH ließ es bei der **allgemeinen Beweislastregel** bewenden, weil der Anwalt sonst gezwungen sei, die unvollständige schriftliche Stellungnahme zurückzurufen oder sich vom Mandanten eine Bestätigung über die Belehrung ausstellen zu lassen, was das Vertrauensverhältnis unzumutbar belaste. Ob diese Frage anders zu beurteilen ist, wenn der Anwalt behauptet, erst später alles richtiggestellt zu haben, wurde in der Entscheidung offen gelassen.[21]

955 Ein wegen **Einreichung einer unzulässigen Klage** in Anspruch genommener Steuerberater berief sich darauf, der Auftraggeber habe ihm nach umfassender Belehrung einen entsprechenden Auftrag erteilt. Auch in diesem Fall hat der BGH nicht entschieden, ob der Berater dann beweisen muss, seinen Auftraggeber über die Aussichtslosigkeit der Sache hinreichend belehrt und die Klage nur deshalb erhoben zu haben, weil ihm eine entsprechende Weisung gegeben wurde; denn der Klage war schon aus anderen Gründen stattzugeben.[22] Die Frage ist folglich bisher in der Rechtsprechung nicht hinreichend geklärt.

956 **Grundsätzlich** tritt in entsprechenden Fällen **keine Umkehr der Beweislast** ein. Die in Betracht kommenden Sachverhalte sind nahezu unübersehbar. Das dem jeweiligen Schriftstück zu entnehmende Indiz für ein anwaltliches Fehlverhalten kann unterschiedlich stark ausgeprägt sein. Schon deshalb wäre eine generelle Verschiebung der Beweislast auf den Anwalt in solchen Fällen nicht sachgerecht. Sie würde nicht zu einem angemessenen Ausgleich zwischen den Interessen der Streitparteien führen. Auf der anderen Seite darf nicht unberücksichtigt bleiben, dass der Anwalt mit einer unzulässigen oder unschlüssigen Klage ebenso wie mit einer als solchen fehlerhaften schriftlichen Belehrung zurechenbar den **Anschein einer Pflichtverletzung** begründet hat. Daher liegt es nahe, in solchen Fällen mit dem **prima-facie-Beweis** zu arbeiten.[23] Der Anwalt muss also Tatsachen darlegen und beweisen, die es möglich erscheinen lassen, dass er gleichwohl seine vertraglichen Aufgaben korrekt erfüllt hat. Erst wenn ihm dies gelingt, obliegt es dem Mandanten, den vollen Beweis der Pflichtverletzung zu führen.

2. Negative Tatsachen

957 Besteht der behauptete Fehler des Beraters in einer **Unterlassung**, wird dem **Kläger ebenfalls die Beweislast** aufgebürdet, obwohl es insoweit um eine negative Tatsache

---

21 BGH, NJW 1985, 264, 265.
22 BGH, NJW-RR 1992, 1110, 1114 f.
23 Wie hier *Baumgärtel/Laumen*, § 675 Rn. 13; *Vollkommer/Heinemann*, Rn. 678 ff.; gegen eine Beweiserleichterung für den Mandanten *Fahrendorf*, in: *Rinschel/Fahrendorf/Terbille*, Rn. 654 f.

geht.²⁴ Unabhängig davon, ob ein notwendiger Hinweis in fehlerhafter Weise gegeben oder gänzlich versäumt wurde, handelt es sich jeweils um eine Vertragsverletzung. Schon deshalb kann nicht danach differenziert werden, ob dem Anwalt eine fehlerhafte Maßnahme oder eine Unterlassung vorgeworfen wird.²⁵

Das berechtigte Interesse des Auftraggebers, mit seiner Klage nicht infolge unerfüllbarer Beweisanforderungen zu scheitern, wird vielmehr dadurch gewahrt, dass das **Bestreiten des Beraters nur erheblich** ist, wenn er konkret darlegt, wie die Betreuung ausgesehen hat, die er erbracht haben will. Der Anwalt kann sich also nicht damit begnügen, den erhobenen Vorwurf allgemein in Abrede zu stellen. Vielmehr muss er den Gang der Besprechung schildern, insbesondere **konkrete Angaben** darüber machen, welche Belehrungen und Ratschläge er erteilt und wie der Mandant darauf reagiert hat.²⁶ Die Anforderungen an die Substantiierung richten sich nach den Umständen des Einzelfalls. Keinesfalls wird verlangt, dass der Rechtsanwalt die Gespräche mit dem Mandanten nach Ort und Zeit genau einordnet. Grundsätzlich genügt die nähere Erläuterung, wie er die von ihm jeweils geschuldete Pflicht erfüllt haben will.²⁷ Ist dies geschehen, muss der klagende Mandant die von seinem früheren Berater gegebene Schilderung widerlegen. 958

Die von der Rechtsprechung gestellten Anforderungen sind notwendig, weil andernfalls das Unterlassen gebotener Belehrung und Aufklärung praktisch nicht zu beweisen und damit das **Gebot der Waffengleichheit** im Prozess verletzt wäre. Der Anwalt wird nicht unzumutbar belastet; er hat die Möglichkeit, den Inhalt der Beratung durch einen Aktenvermerk festzuhalten und sich so geeignetes Material zur Auffrischung seiner Erinnerung zu verschaffen. Zwar obliegt ihm dem Mandanten gegenüber keine Dokumentationspflicht.²⁸ Jedoch ist es nicht unbillig, wenn der Anwalt Nachteile zu tragen hat, die daraus entstehen, dass er nicht in geeigneter Weise zur Wahrung seiner eigenen Interessen vorgesorgt hat. Die vom BGH vertretene Auffassung hat daher auch im Schrifttum Zustimmung gefunden.²⁹ 959

---

24   BGHZ 126, 217, 225 = NJW 1994, 3295, 3299; BGH, NJW 1985, 264, 265; 1987, 1322, 1323; NJW-RR 1987, 869; NJW 1991, 2280, 2281; 1993, 1139, 1140; 1995, 2842, 2843; 1996, 2571, 2572; 1998, 136, 137; WM 1997, 335, 339.
25   BGH, NJW 1996, 2571, 2572; deshalb wurde auch die abweichende Rechtsprechung zur Steuerberaterhaftung (vgl. BGH, NJW 1986, 2570) aufgegeben.
26   BGHZ 126, 217, 225 = NJW 1994, 3295, 3299; BGH, NJW 1987, 1322, 1323; 1995, 2842, 2843; 1996, 2571, 2572; WM 1997, 335, 339.
27   BGH, NJW 1987, 1322, 1323; 1991, 2280, 2283; 1993, 1139, 1140; WM 1999, 645, 646; NJW 2000, 730, 732.
28   BGH, NJW 1992, 1695, 1696; vgl. Rn. 782.
29   *Fahrendorf*, in: *Rinsche/Fahrendorf/Terbille*, Rn. 657 ff.; *Vollkommer/Heinemann*, Rn. 676 f.

3. Weisungen

960 Der Rechtsanwalt hat Weisungen seines Auftraggebers grundsätzlich zu befolgen.[30] Streit kann jedoch darüber entstehen, **ob eine Weisung erteilt** wurde, welchen Inhalt sie hatte und ob der Anwalt sie beachtet hat. Auch insoweit ist **derjenige, der Schadensersatz verlangt, beweisbelastet**,[31] weil es sich ausschließlich um Merkmale handelt, die zu den Voraussetzungen der Pflichtwidrigkeit gehören. Steht zwar der Inhalt der Weisung fest, bestreitet der Mandant jedoch die Behauptung des Anwalts, dieser Weisung entsprechend vorgegangen zu sein, so mag aus § 665 BGB eine Umkehr der Beweislast herzuleiten sein, wenn lediglich Erfüllung einer bestimmten Weisung verlangt wird. Begehrt der Mandant dagegen Schadensersatz, kommt diese Bestimmung ihm beweismäßig nicht zugute; denn ihr geht der Grundsatz vor, dass bei Schadensersatzklagen aus Vertragsverletzung diese als Anspruchsvoraussetzung von demjenigen zu beweisen ist, der Ersatz verlangt.[32]

961 Steht dagegen fest, dass der Anwalt von seinen vertraglichen Pflichten abgewichen ist, macht er jedoch geltend, der Kläger habe seinem Handeln nachträglich zugestimmt, beruft er sich auf einen **Rechtfertigungsgrund**. Dieser ist als **Ausnahmetatbestand** von demjenigen zu beweisen, der sich auf ihn beruft.[33]

4. Belehrungsbedürftigkeit des Mandanten

962 Streiten die Parteien darüber, ob Hinweise und Belehrungen deshalb unterbleiben durften, weil dem Mandanten die Sach- und Rechtslage bekannt und er mit den in Betracht kommenden Risiken vertraut war, so ist für einen solchen Ausnahmetatbestand der **Anwalt beweispflichtig**. Nach der Rechtsprechung des BGH hat der Notar über die rechtliche Tragweite des von ihm zu beurkundenden Geschäfts zu belehren. Diese Verpflichtung entfällt nur dann, wenn sich die Beteiligten infolge einer früheren Belehrung oder aus sonstigen Gründen über die Rechtsfolgen und das damit verbundene Risiko vollständig im Klaren sind; die entsprechenden Voraussetzungen hat der Notar zu beweisen.[34] Dieser Grundsatz gilt entsprechend, wenn sich der Anwalt darauf beruft, er habe von der im Allgemeinen gebotenen Aufklärung absehen dürfen, weil der **Mandant nicht belehrungsbedürftig** gewesen sei.[35]

---

30 BGH, NJW 1997, 2168, 2169.
31 *Baumgärtel/Laumen*, § 675 Rn. 14.
32 A.A. *Baumgärtel/Laumen*, § 665 Rn. 1; § 675 Rn. 12. Die Aussagen des das Rechtsverhältnis zwischen Versicherungsnehmer und Versicherungsagenten betreffenden Urteils BGH, NJW 1988, 60, 62 können nicht entsprechend angewandt werden.
33 *Fahrendorf*, in: Rinsche/Fahrendorf/Terbille, Rn. 676.
34 BGH, NJW 1995, 330, 331; 1996, 2037, 2038.
35 BGH, NJW 2000, 1263; 2001, 517, 518.

5. Nachträgliche Änderungen des Auftrags

Spätere Abweichungen vom Inhalt des zunächst erteilten **Auftrags** hat die Partei zu beweisen, die sich darauf beruft. Dies trifft auch auf später gegebene **Weisungen** zu, die den Inhalt der ursprünglichen Vertragspflicht beeinflussen.[36] War die Maßnahme des Anwalts auf der Grundlage des ihm zunächst erteilten Auftrags pflichtwidrig, behauptet er jedoch, aufgrund einer entsprechenden nachträglichen Weisung tätig geworden zu sein, hat er die im Vertragsverhältnis eingetretene **Änderung zu beweisen**.[37]

963

Streiten die Parteien jedoch lediglich darüber, zu welchem Zeitpunkt der Auftraggeber seinen Berater mit einer bestimmten Information ausgestattet hat, verschiebt sich die Beweislage nicht zugunsten des Auftraggebers. Da die Frage des **Informationszeitpunkts** den Vertragsumfang nicht berührt und es für ein laufendes Beratungsverhältnis durchaus typisch ist, dass sich dem Anwalt selbst bei sachgerechtem Arbeiten der entscheidungserhebliche Sachverhalt erst nach und nach erschließt, besteht kein Grund, von den allgemeinen Beweisregeln abzuweichen.[38]

964

6. Negative Feststellungsklage

Berühmt sich der Mandant eines Schadensersatzanspruchs gegen den Anwalt und hat dieser ein rechtliches Interesse an der baldigen Klärung des streitigen Rechtsverhältnisses, kann er Klage auf Feststellung erheben, dass ein solcher Anspruch nicht besteht. Auch dann obliegt dem **Mandanten die Darlegungs- und Beweislast** für die von ihm behauptete Pflichtverletzung.[39] Da die Beweislastregeln zum materiellen Recht gehören, kommt es nicht darauf an, ob der Auftraggeber Schadensersatz verlangt oder ausnahmsweise der Anwalt im Wege einer negativen Feststellungsklage angreift.

965

B. Verschulden

Die Anwaltshaftung setzt ein **Verschulden des beauftragten Beraters** oder eines **Erfüllungsgehilfen**[40] voraus (§§ 276 Abs. 1, 278 BGB). Da eine **vorsätzliche Verletzung der Pflichten** aus dem Mandat in der Praxis kaum eine Rolle spielt, geht es im Allgemeinen darum, ob ein **fahrlässiges Verhalten** zu bejahen ist. Gemäß § 276 Abs. 2 BGB handelt fahrlässig, wer die im Verkehr erforderliche Sorgfalt außer Acht lässt.

966

---

36 BGHZ 126, 217, 221 = NJW 1994, 3295, 3297.
37 BGHZ 126, 217, 221 = NJW 1994, 3295, 3297.
38 *Fahrendorf*, in: *Rinsche/Fahrendorf/Terbille*, der sich zu Recht gegen OLG Köln, VersR 1996, 194 wendet.
39 BGH, NJW 1992, 436, 438.
40 In diesem Kapitel wird nur das Verschulden des Anwalts selbst behandelt; zur Haftung für Erfüllungsgehilfen vgl. Rn. 795 ff.

I. Sorgfaltsmaßstab

1. Grundsätze

967 § 276 Abs. 2 BGB stellt auf die **im Verkehr erforderliche Sorgfalt** ab. Die Beurteilung hat somit nach einem **objektivierten Maßstab** zu erfolgen. Es muss die Sorgfalt beachtet worden sein, die nach den Erfordernissen des Verkehrs in der konkreten Lage erwartet werden durfte. Die persönliche Eigenart des Schuldners, seine individuellen Fähigkeiten, Kenntnisse und Erfahrungen sind nicht von Belang. Vielmehr ist auf die **berechtigte Verkehrserwartung an die betreffende Berufsgruppe** allgemein abzustellen, also auf das Maß an Fähigkeiten, Umsicht und Sorgfalt, das von den Angehörigen dieses Standes bei Erledigung des entsprechenden Geschäfts **typischerweise** verlangt werden kann.[41]

968 Auch die Beurteilung des **Anwaltsverschuldens** ist an diesem Maßstab auszurichten; davon geht die höchstrichterliche Rechtsprechung als selbstverständlich aus.[42] Die **gebotene objektive Betrachtungsweise** erklärt, warum die meisten Entscheidungen sich nur kurz oder gar nicht mit dem Verschulden befassen. Ist die objektiv gebotene Sorgfalt nicht gewahrt, so kann sich der Verpflichtete nur in Ausnahmefällen darauf berufen, nicht schuldhaft gehandelt zu haben;[43] vielmehr spricht eine Pflichtverletzung zunächst für ein Verschulden des Rechtsberaters.[44] Da die Rechtsprechung schon bei der Prüfung der Pflichtverletzung **nicht auf den Idealanwalt abstellt**, sondern auf den Inhalt des Vertrages und die daraus folgenden berechtigten Erwartungen der rechtsuchenden Person an Fähigkeiten und Sorgfalt des beauftragten Beraters,[45] stellen sich auf der Ebene des Verschuldens regelmäßig keine zusätzlichen Fragen, wenn das Mandat in der generell üblichen Weise abgewickelt werden konnte, also keine Besonderheiten auftraten, die bei der Beurteilung der Pflichtwidrigkeit außer Betracht bleiben.

969 Wesentliche Umstände für die Beurteilung des Verschuldens können sich aus **situationsbezogenen Besonderheiten** des Falles ergeben. Die rechtliche Beurteilung, ob ein bestimmtes Verhalten als fahrlässig anzusehen ist, muss die **konkrete Lage des jeweiligen Falles** einbeziehen. Den Schuldner trifft nur dann der Vorwurf der Fahrlässigkeit, wenn er den Haftungstatbestand **vorhersehen und vermeiden** konnte.[46] Für den Anwalt heißt dies, er hätte in der konkreten Situation erkennen können, dass er pflichtwidrig handelt und dem Auftraggeber daraus möglicherweise ein Vermögens-

---

41 BGHZ 80, 186, 193 = NJW 1981, 1603, 1604; BGH, NJW 1980, 2464, 2465; 1988, 909; 1994, 2232, 2233.
42 Besondere Hinweise finden sich in haftungsrechtlichen Entscheidungen nur selten: vgl. BGH, VersR 1961, 467, 469; 1967, 704, 705; 1975, 425, 426.
43 BGH, NJW 1994, 2232, 2233.
44 BGH, WM 2005, 999 (steuerlicher Berater).
45 Vgl. oben Rn. 948.
46 *MünchKomm/Grundmann*, BGB, § 276 Rn. 68 ff.; *Palandt/Heinrichs*, BGB, § 276 Rn. 20 f.

schaden entsteht, und er hätte den eingetretenen Nachteil verhindern können. Diese Beurteilung hat vom **Zeitpunkt** der konkreten Situation aus, also **ex ante**, zu erfolgen.[47] Auf die weitere Schadensentwicklung braucht sich die Vorhersehbarkeit dagegen nicht zu erstrecken.[48]

2. Materielles und prozessuales Verschulden

Gemäß **§ 233 ZPO** ist einer Partei Wiedereinsetzung in den vorigen Stand zu gewähren, wenn sie ohne Verschulden gehindert war, eine der dort genannten Fristen einzuhalten. Da die Partei sich das Verschulden ihres Anwalts zurechnen lassen muss (**§ 85 ZPO**), kann die schuldhafte Versäumung der Frist den haftungsauslösenden Umstand bilden. In der höchstrichterlichen Rechtsprechung ist inzwischen anerkannt, dass seit der Neufassung der Vorschrift des § 233 ZPO mit Wirkung vom 1. 7. 1977 kein von § 276 Abs. 2 BGB abweichender Maßstab mehr gilt. Gefordert ist lediglich die **übliche Sorgfalt eines ordentlichen Rechtsanwalts**.[49] Dasselbe gilt für die unverschuldete Versäumung eines Termins nach § 337 Satz 1 ZPO.[50]

970

II. Situationsbezogene Umstände

1. Einschränkungen der Leistungsfähigkeit

Vor allem infolge plötzlicher **gesundheitlicher Beeinträchtigungen** kann für den Anwalt eine Lage eintreten, die es ihm unmöglich macht, seinen Mandatspflichten nachzukommen. Für solche unvorhersehbaren Ereignisse, die ihn an der Wahrnehmung seiner beruflichen Aufgaben hindern, muss der Anwalt zwar insbesondere durch Bestellung eines geeigneten Vertreters **Vorsorge** treffen, damit dem Mandanten daraus möglichst kein Schaden erwächst.[51] Die Beeinträchtigungen können jedoch so heftig sein, dass es nicht mehr möglich ist, die Pflichtverletzung durch Einschaltung eines Vertreters zu vermeiden.

971

Praktische Bedeutung gewinnt diese Problematik vor allem bei der **Versäumung von Fristen**. Die Rechtsprechung hat hier anerkannt, dass ein physischer Zusammenbruch mit Einlieferung ins Krankenhaus,[52] Herz- und Kreislaufbeschwerden, die zur Unterbrechung der aktuellen beruflichen Tätigkeit führen,[53] durch Diabetes bedingtes Un-

972

---

47 BGHZ 80, 186, 193 = NJW 1981, 1603, 1604.
48 BGHZ 57, 25, 33 = NJW 1971, 1980, 1982; BGH, NJW-RR 1993, 345.
49 BGH, VersR 1982, 495; NJW 1985, 1710, 1711; NJW-RR 1988, 508.
50 BGH, NJW 1999, 724.
51 BGH, VersR 1987, 785, 786; 1990, 1026; VersR 1994, 1207, 1208; NJW 1996, 1540.
52 BGH, VersR 1990, 1026.
53 BGH, VersR 1967, 476; vgl. auch BGH, NJW 1992, 1898, 1899.

wohlsein⁵⁴ oder eine andere Krankheit, die mit hohem Fieber verbunden ist,⁵⁵ im Einzelfall den Vorwurf der Fahrlässigkeit ausschließen können.

973 Besondere **seelische Belastungen** durch Ausnahmesituationen gehören ebenfalls hierher.⁵⁶ Dabei kommt es freilich immer darauf an, ob die Fristversäumung mit zumutbaren Maßnahmen noch vermeidbar gewesen wäre, wenn der Anwalt rechtzeitig die gebotene Vorsorge getroffen hätte.

974 In krassen Fällen können die plötzlich eingetretenen körperlichen und seelischen Belastungen so groß sein, dass es dem Anwalt nicht einmal mehr zuzumuten ist, dafür Sorge zu tragen, dass die für entsprechende Situationen vorgesehenen Maßnahmen in Gang gesetzt werden.⁵⁷

975 Wird der Anwalt in einen **Unfall** verwickelt, kann er dadurch im Einzelfall auch ohne eigene Verletzungen unverschuldet an der Wahrung seiner Pflichten gehindert sein. Dies trifft etwa dann zu, wenn er infolge der eingetretenen Zeitverzögerung den Nachtbriefkasten nicht mehr rechtzeitig erreicht.⁵⁸ Für solche unvorhersehbaren Ereignisse braucht der Rechtsanwalt keine Reservezeit einzuplanen, auch nicht für Behinderungen durch verkehrswidrig abgestellte Fahrzeuge oder einen **Verkehrsstau**, sofern mit solchen im Einzelfall nicht zu rechnen war.⁵⁹ Entsprechend zu behandeln sind überraschende Computerdefekte und Störungen der Übermittlung per **Telefax**.⁶⁰ Dagegen hat der Anwalt es zu verantworten, wenn er sich auf seine Uhr verlassen und nicht bemerkt hat, dass diese inzwischen stehen geblieben war oder nachging.⁶¹

976 Von diesen i.d.R. plötzlich und unerwartet auftretenden Ereignissen abgesehen kann der Anwalt sich für eine hinter der üblichen Sorgfalt zurückbleibende Bearbeitung eines Mandats grundsätzlich nicht durch den Hinweis auf gesundheitliche Beeinträchtigungen entlasten. Der Mandant hat Anspruch darauf, dass der Beauftragte seine Sache mit der **berufsüblichen Sorgfalt** bearbeitet. Ist für den Anwalt erkennbar, dass er dazu infolge persönlicher Umstände gegenwärtig nicht in der Lage ist, muss er entweder dafür sorgen, den üblichen Standard durch Herabsetzung seiner Belastungen wieder zu erreichen, oder, wenn dies nicht möglich ist, den Mandanten auf die Tatsachen hinweisen, die seine Arbeitskraft einschränken, damit jener selbstverantwortlich entscheiden kann, ob er gleichwohl das Vertragsverhältnis fortsetzen will. Danach versteht es sich von selbst, dass der Anwalt eine Pflichtverletzung nicht damit

---

54 BGH, VersR 1987, 785.
55 BGH, VersR 1973, 317.
56 BGH, VersR 1981, 839; 1984, 988; 1985, 47.
57 BGH, VersR 1987, 785, 786.
58 BGH, VersR 1988, 249.
59 BGH, NJW 1989, 2393; 1998, 2677, 2678; 1999, 724.
60 BVerfG, NJW 2001, 3473; BGH, NJW-RR 2003, 861; NJW 2004, 2525.
61 BGH, VersR 1978, 1168; 1985, 477.

entschuldigen kann, er sei infolge andauernder **Überlastung** zu konzentrierter Arbeit nicht mehr fähig gewesen.[62]

Die objektive Betrachtungsweise schließt erst recht eine Berufung des Anwalts auf **mangelnde Kenntnisse** oder **fehlende Erfahrung** aus. Der Mandant darf grundsätzlich nicht deshalb schlechter gestellt sein, weil er an einen **Berufsanfänger** geraten ist.[63] Eine Ausnahme kommt allenfalls dann in Betracht, wenn der Auftraggeber auf ein daraus herrührendes Risiko zuvor ausdrücklich hingewiesen wurde und sich aus den Umständen entnehmen lässt, dass nach dem übereinstimmenden Willen der Parteien das anwaltliche Handeln ausnahmsweise nicht an der berufsüblichen Sorgfalt gemessen werden sollte.

977

Im Schrifttum wird in diesem Zusammenhang teilweise die Frage erörtert, ob strengere Verschuldensmaßstäbe bei besonders qualifizierten Rechtsanwälten, insbesondere bei solchen, die eine Bezeichnung als **Fachanwalt** erworben haben, anzulegen und umgekehrt bei **ausländischen Rechtsanwälten** mildere Anforderungen geboten sind.[64] Indessen handelt es sich dabei nicht um ein Problem des Verschuldens, sondern um die Frage, ob der Pflichtenkreis des Anwalts bei entsprechenden Berufsgruppen erweitert bzw. eingeschränkt ist.[65] Dies lässt sich nicht generell, vielmehr nur bezogen auf den Inhalt des jeweiligen Vertrages beurteilen. Insbesondere kommt es darauf an, ob der Mandant den Anwalt gerade im Hinblick auf besonders ausgewiesene Fachkenntnisse beauftragt hat und, soweit er einen ausländischen Rechtsanwalt eingeschaltet hat, mit einem in gewisser Weise begrenzten Fachwissen des Beraters rechnen musste. Ist der Pflichtenkreis des Anwalts auf dieser Grundlage ermittelt, stellen sich im Bereich des Verschuldens keine zusätzlichen Probleme. Zu fragen ist dann auch dort, ob trotz pflichtwidrigen Handelns aufgrund besonderer situationsbezogener Umstände der Vorwurf der Fahrlässigkeit nicht erhoben werden kann.

978

2. Beeinflussung durch Rechtsfehler Dritter

Der **Anwalt** hat die Angelegenheit nicht nur selbständig zu durchdenken, sondern auch dem **Gericht** gegenüber die zugunsten seiner Partei sprechenden rechtlichen Gesichtspunkte deutlich zu machen.[66] Infolge dieser Verpflichtung zur eigenverantwortlichen Rechtsprüfung hat er einen ihm unterlaufenen **Rechtsirrtum i.d.R. zu vertreten**. Er wird auch nicht ohne weiteres dadurch entschuldigt, dass andere Rechtskundige

979

---

62 BGH, NJW 1996, 997.
63 Vgl. dazu die Rechtsprechung zum medizinischen Berufsanfänger: BGHZ 88, 248, 259 f. = BGH, NJW 1984, 655, 657; BGH, NJW 1988, 2298, 2299 f.
64 Ausführlich dazu: *Vollkommer/Heinemann*, Rn. 407 ff.; vgl. auch *Borgmann/Jungk/Grams*, Kap. V Rn. 30; *Römermann*, in: *Hartung/Holl*, BORA, vor § 51 BRAO Rn. 34; *Kleutgens*, S. 77.
65 BGH, NJW 1989, 1432, 1433, zum ausländischen Anwalt.
66 BGH, NJW-RR 1990, 1241; NJW 1996, 2648, 2650.

denselben Fehler begangen haben. Selbst wenn ein **Kollegialgericht** das Verhalten als objektiv berechtigt angesehen hat, kann im Einzelfall eine schuldhafte Pflichtverletzung zu bejahen sein.[67] Dieser Grundsatz gilt für die Steuerberaterhaftung in gleicher Weise.[68]

980 Nicht jede Rechtsansicht, die von der höchstrichterlichen Rechtsprechung verworfen wird, ist indessen als schuldhafter Irrtum zu bewerten. Schließt der **Rechtsanwalt** in einer Frage, die bis dahin nicht höchstrichterlich entschieden worden ist, sich einem instanzgerichtlichen Urteil oder einer in der Literatur vertretenen Auffassung mit **vertretbaren Erwägungen** an, ist im Allgemeinen zumindest ein Verschulden selbst dann zu verneinen, wenn sich diese Auffassung später in der Praxis nicht durchsetzt.[69] Wird in den gängigen **Kommentaren** eine fehlerhafte Rechtsansicht vertreten und enthalten diese auch keinen Hinweis auf eine entgegenstehende Rechtsprechung, ist dem Anwalt, der sich darauf verlassen hat, kein Vorwurf zu machen.[70] Der BGH hat daher das Verschulden eines Notars verneint, der im Rahmen eines Bauträgermodells einen wegen Verstoßes gegen das Rechtsberatungsgesetz nichtigen Geschäftsbesorgungsvertrag beurkundet hat, weil es sich um einen in der Praxis häufig verwendeten Vertragstyp handelte, dessen Wirksamkeit bis dahin weder in der Literatur noch in der veröffentlichten Rechtsprechung problematisiert worden war.[71] Ein vergleichbarer **Rechtsirrtum des Anwalts oder Steuerberaters** wäre ebenfalls nach den aus diesem Urteil ersichtlichen Grundsätzen zu beurteilen.

981 Eine schwierige Lage kann für den Rechtsanwalt entstehen, wenn das **Gericht** bestimmte **rechtliche Hinweise** erteilt, oftmals mit dem Ziel, ihn zu bestimmten Erklärungen, etwa zu einem Vergleichsschluss oder einer Rechtsmittelrücknahme, zu bewegen. Auch hier gilt im Ansatz, dass der Anwalt nicht jede vom Gericht verlautbarte Meinung unbesehen übernehmen darf, sondern möglichst versuchen muss, sich eine **eigenständige Meinung** zu bilden.[72] Jedoch können gerade in solchem Zusammenhang Umstände auftreten, die geeignet sind, auch bei einem sorgfältig arbeitenden Rechtsanwalt ein schützwürdiges **Vertrauen** zu begründen.

982 Art und Inhalt einer gerichtlichen Stellungnahme können den **Anschein einer amtlichen Autorität** begründen, auf die sich der Rechtsanwalt verlassen darf, mit der Folge, dass seine dadurch veranlassten objektiv fehlerhaften Entschließungen entschuldigt sind.[73] Dies trifft etwa auf die telefonische Mitteilung des Vorsitzenden zu, eine

---

67 BGHZ 85, 252, 261 = NJW 1983, 820, 822; NJW 1994, 1211, 1213; 2003, 2022, 2024.
68 *Zugehör*, DStR 2003, 1171.
69 BGH, NJW 1960, 283; VersR 1980, 193.
70 BGH, NJW 1985, 495.
71 BGHZ 145, 265 = NJW 2001, 70.
72 BGH, NJW 1994, 1211, 1213.
73 BVerfG, NJW 2004, 2887.

Fristverlängerung sei gewährt worden.[74] Auf die Richtigkeit der von einem Fachsenat erteilten **Rechtsmittelbelehrung** darf sich der Anwalt ebenfalls verlassen.[75] Wird eine **Zustellung** auf richterliche Anordnung wiederholt, kann der Prozessbevollmächtigte des Zustellungsempfängers davon ausgehen, dass erst die zweite Zustellung die Rechtsmittelfrist in Lauf gesetzt hat.[76] Rät der Vorsitzende des zuständigen Gerichts zur **Rücknahme des Rechtsmittels**, weil er es irrig für unzulässig hält, kann bei undurchsichtiger Rechtslage der Anwalt, der diesem Hinweis folgt, entschuldigt sein.[77] Dasselbe gilt, wenn er sich durch einen entsprechenden Hinweis des unzuständigen Gerichts hat davon abhalten lassen, das Rechtsmittel noch rechtzeitig beim **zuständigen Gericht** einzulegen.[78]

Nicht selten wird der Anwalt im **Termin** mit einer bis dahin nicht verlautbarten Meinung des Gerichts konfrontiert, auf die er nicht vorbereitet zu sein brauchte. In einem solchen Fall wird der Anwalt i.d.R. durchsetzen können, dass ihm Gelegenheit gegeben wird, zu der Ansicht des Gerichts noch Stellung zu beziehen. Möglicherweise verspielt er aber dadurch eine für die eigene Partei günstige **Vergleichsmöglichkeit**. In einer solchen Lage kann es je nach den Umständen vertretbar sein, die gerichtliche Meinung ungeprüft zu übernehmen, damit ein von der Partei gewünschter, aus der Sicht ex ante günstig erscheinender Vergleich gelingt. Eine entsprechende Konstellation ergab sich für den Berufungsanwalt in einem vom **BGH** entschiedenen Fall:[79]

983

> Der Anwalt wurde dort mit der Auffassung des Familiensenats konfrontiert, die Zahlungsklage sei unzulässig, weil eine Abänderungsklage hätte erhoben werden müssen. Die gerichtliche Meinung war falsch, weil sich die unzulässige Klage nach der Rechtsprechung des BGH in eine Abänderungsklage hätte umdeuten lassen.[80] Der Anwalt erkannte den gerichtlichen Fehler nicht und schloss noch im Termin (in Anwesenheit seiner Partei) den vom Gericht vorgeschlagenen Vergleich, der insoweit ungünstig war, als auf rückständigen Unterhalt verzichtet wurde, der Mandantin jedoch den begehrten Unterhalt für die Zukunft sicherte. Darin war nach Auffassung des BGH unter den gegebenen Umständen kein Verschulden zu sehen. Die Abweisung der zunächst auch gegen den Berufungsanwalt gerichteten Klage wurde daher durch Nichtannahmebeschluss bestätigt.[81]

Erkennt der **Berufungsanwalt** einen Rechtsfehler des erstinstanzlichen Urteils nicht, trifft ihn i.d.R. ein Verschulden. Auch dies kann indessen anders zu beurteilen sein,

984

---

74 BGHZ 93, 300, 305; vgl. für eine missverständliche Verlängerung der Frist zur Berufungsbegründung: BGH, NJW 1999, 1036.
75 BGH, NJW 1993, 3206; WM 2003, 2478, 2479.
76 BGH, VersR 1987, 258.
77 BGH, VersR 1959, 638, 641 f.; NJW 1981, 576.
78 BGH, NJW-RR 1989, 825.
79 BGH, NJW 1998, 2048.
80 BGH, NJW 1992, 438, 439; NJW-RR 1993, 5.
81 Dieses Ergebnis ist aus den Gründen des Urteils BGH, NJW 1998, 2048 nur mittelbar zu erschließen.

wenn das vorausgegangene Verhalten aller Beteiligten geeignet war, ihn in dem betreffenden Punkt irrezuführen. In dem oben geschilderten Fall[82] hat der BGH es nicht als Verschulden gewertet, dass der Anwalt bei Ausarbeitung der Berufungsbegründung die Unzulässigkeit der Zahlungsklage nicht erkannt hatte: Alle Beteiligten einschließlich des erstinstanzlichen Gerichts waren, ohne die Frage überhaupt anzusprechen, von der Zulässigkeit der Zahlungsklage ausgegangen. Das Familiengericht hatte ihr teilweise stattgegeben und sie im Übrigen als unbegründet abgewiesen. Die Berufung richtete sich nur gegen den abgewiesenen Teil. In dieser Situation lag es besonders fern, sich noch mit der Zulässigkeit der Klage zu befassen. Das hätte der Anwalt zwar aufgrund seiner umfassenden Rechtsprüfungspflicht grundsätzlich tun müssen. Wegen der Vorgeschichte des Falles und der konkreten Umstände wurde sein Versagen jedoch als entschuldbar eingestuft.

III. Beweislast

985 Nach § 280 Abs. 1 Satz 2 BGB kann der Gläubiger Ersatz des Schadens nicht verlangen, wenn der Schuldner die Pflichtverletzung nicht zu vertreten hat. **Fehlendes Verschulden** ist daher generell ein Einwendungstatbestand, dessen Voraussetzungen der **Schuldner zu beweisen** hat. Dieser Grundsatz war bereits nach früher geltendem Recht (analog § 282 BGB a.F.) in der höchstrichterlichen Rechtsprechung anerkannt.[83]

C. Anhang

986 ### Anhang 1: Rechtsprechungslexikon

Beweislast

■ Pflichtverletzung

Wer einen Rechtsanwalt auf Leistung von Schadensersatz in Anspruch nimmt, weil dieser seine Pflichten nicht gehörig erfüllt hat, trägt die Beweislast für die Pflichtverletzung. Daran ändert sich auch dann nichts, wenn der Anwalt eine zur Aufklärung des Mandanten über das Prozessrisiko nicht ausreichende schriftliche Stellungnahme verfasst und dem Mandanten ausgehändigt hatte, ohne in dem Schriftstück selbst sie als unvollständig zu bezeichnen oder sich eine spätere Ergänzung oder Einschränkung vorzubehalten, und der Anwalt in unmittelbarem zeitlichem Zusammenhang mit der unvollständigen schriftlichen Stellungnahme ergänzende mündliche Erläuterungen abgegeben haben will.
BGH, Urt. v. 16.10.1984 – VI ZR 304/82, NJW 1985, 264.

---

82 BGH, NJW 1998, 2048.
83 BGH, NJW 1987, 326, 327; NJW 1996, 2929, 2932; 2001, 517, 518; ebenso zur Steuerberaterhaftung BGHZ 129, 386, 399 = NJW 1995, 2108, 2111.

Wer einen Rechtsanwalt auf Leistung von Schadensersatz in Anspruch nimmt, weil dieser seine Pflichten nicht gehörig erfüllt habe, trägt für dieses Unterlassen die Beweislast, auch wenn ihm damit der Beweis einer negativen Tatsache aufgebürdet wird.

Der Anwalt kann sich aber nicht damit begnügen, eine Pflichtverletzung zu bestreiten oder ganz allgemein zu behaupten, er habe den Mandanten ausreichend unterrichtet. Vielmehr muss er den Gang der Besprechung im einzelnen schildern, insbesondere konkrete Angaben darüber machen, welche Belehrungen und Ratschläge er erteilt und wie darauf der Mandant reagiert hat.
BGH, Urt. v. 5.2.1987 – IX ZR 65/86, NJW 1987, 1322, 1323; v. 9.6.1994 – IX ZR 125/93, BGHZ 126, 217, 225 = NJW 1994, 3295, 3299; v. 11.5.1995 – IX ZR 130/94, NJW 1995, 2842, 2843; vgl. für den Steuerberater: BGH, Urt. v. 4.6.1996 – IX ZR 246/95, NJW 1996, 2571 f. = WM 1996, 1841, 1842.

Der Anspruchsteller muss den Ablauf des Geschehens, das den konkreten Haftungsgrund bildet, nach § 286 ZPO beweisen. Dieser Bereich erstreckt sich nur bis zu der Feststellung, der Vertragspartner sei von dem Verstoß so betroffen, dass nachteilige Folgen für ihn eintreten konnten.
BGH, Urt. v. 15.6.1993 – XI ZR 111/92, NJW 1993, 3073, 3076.

Die Belehrungspflicht des Notars entfällt, wenn die Beteiligten sich – aufgrund einer früheren Belehrung oder aus anderen Gründen – über die Tragweite ihrer Erklärungen und das damit verbundene Risiko vollständig im Klaren sind. Da es sich um eine Ausnahme von der gesetzlichen Belehrungspflicht handelt, hat der Notar diese Voraussetzungen zu beweisen.
BGH, Urt. v. 27.10.1994 – IX ZR 12/94, NJW 1995, 330; v. 25.4.1996 – IX ZR 237/95, NJW 1996, 2037, 2038.

An der dem Mandanten obliegenden Darlegungs- und Beweislast ändert sich nichts dadurch, dass der Anwalt negative Feststellungsklage erhoben hat.
BGH, Urt. v. 10.10.1991 – IX ZR 38/91, NJW 1992, 436, 438.

Der Rechtsanwalt, der seinen Auftraggeber pflichtwidrig nicht auf einen möglichen Regressanspruch und dessen Verjährung hingewiesen hat, muss beweisen, dass der Mandant nicht belehrungsbedürftig war.
BGH, Urt. v. 9.12.1999 – IX ZR 129/99, NJW 2000, 1263.

■ Verschulden

Der Anwalt hat die Darlegungs- und Beweislast dafür, dass ihn an der objektiven Verletzung seiner vertraglichen Pflichten kein Verschulden trifft.
BGH, Urt. v. 18. 9. 1986 – IX ZR 204/85, NJW 1987, 326, 327, zu § 282 BGB a.F.

Ein objektiv fehlerhaftes Verhalten spricht zunächst für ein Verschulden.
BGH, Urt. v. 20.1.2005 – IX ZR 416/00, WM 2005, 999 (steuerlicher Berater).

■ Vertragsänderung

Behauptet der Anwalt, die von ihm begangene Pflichtverletzung sei infolge einer späteren Weisung des Mandanten nicht für den Schaden ursächlich geworden, trägt er die Beweislast für die Änderung des Auftrags, nicht jedoch für den weiteren Kausalverlauf.
BGH, Urt. v. 9. 6.1994 – IX ZR 125/93, BGHZ 126, 217 = NJW 1994, 3295.

Pflichtverletzung

■ Inhalt der Vertragspflicht

Die Vertragspflichten der steuerlichen Berater sind grundsätzlich wie diejenigen anderer Dienstverpflichteter im Rahmen eines Geschäftsbesorgungsvertrages zu bestimmen. Sie verpflichten sich zur sorgfältigen und fachkundigen Beratung sowie Betreuung des Mandanten, übernehmen jedoch regelmäßig nicht die Gewähr für das rechtzeitige Gelingen des Bemühens.
BGH, Urt. v. 17.10.1991 – IX ZR 255/90, BGHZ 115, 382, 389 = NJW 1992, 307, 309.

■ Verzug

Ein steuerlicher Berater kommt mit der Erfüllung seiner Vertragspflichten gegenüber seinem Mandanten nicht allein deswegen in Verzug, weil die Steuererklärung nicht innerhalb der hoheitlich festgesetzten Frist beim Finanzamt eingeht. Erfüllt der Berater seine Pflicht, die pünktliche Abgabe der Steuererklärung mit Rat und Tat zu fördern, schuldhaft nicht ordnungsgemäß, so haftet er wegen positiver Vertragsverletzung.
BGH, Urt. v. 17.10.1991 – IX ZR 255/90, BGHZ 115, 382 = NJW 1992, 307.

Pflichtwidrigkeit

■ Weisung des Mandanten

Ist eine Klage praktisch aussichtslos, so muss der Anwalt von der Klageerhebung abraten. Wünscht der Mandant dennoch die Klage, muss der Anwalt das Prozessrisiko klar herausstellen. Erteilt der Mandant nach einer solchen eindringlichen Belehrung die Weisung, die Klage durchzuführen, so kann der Anwalt dem ohne Verstoß gegen seine Mandatspflicht entsprechen.
BGH, Urt. v. 17.4.1986 – IX ZR 200/85, BGHZ 97, 372, 376 = NJW 1986, 2043, 2044.

Rechtsirrtum

■ Eigenverantwortung

Versäumnisse des Gerichts schließen die Mitverantwortung des Rechtsanwalts für eigenes Versehen grundsätzlich nicht aus.
BGH, Urt. v. 28. 6. 1990 – IX ZR 209/89, NJW-RR 1990, 1241, 1243; v. 4.6.1996 – IX ZR 51/95, NJW 1996, 2648, 2650.

■ Fehler in Handkommentaren

Dem Prozessbevollmächtigten kann kein Vorwurf daraus gemacht werden, dass er sich ohne nähere Prüfung einer unrichtigen Ansicht angeschlossen hat, die von einem OLG und den gängigen Handkommentaren vertreten wird.
BGH, Beschl. v. 18.10.1984 – III ZB 22/84, NJW 1985, 495.

■ Kollegialgericht

Ein Schuldvorwurf wegen fehlerhafter Prozessführung wird nicht dadurch ausgeschlossen, dass ein Kollegialgericht die Rechtsansicht des Rechtsanwalts geteilt und das Verhalten des Rechtsanwalts als vorwurfsfrei beurteilt hat.
BGH, Urt. v. 31.10.1985 – IX ZR 175/84, NJW-RR 1986, 1281; v. 20.1.1994 – IX ZR 46/93, NJW 1994, 1211, 1213; v. 27.3.2003 – IX ZR 399/99, WM 2003, 1146, 1149 = NJW 2003, 2022.

■ Unsichere Rechtslage

Bei unsicherer Rechtslage kann dem Rechtsanwalt eine von ihm eingehend überprüfte, jedoch sich als unzutreffend erweisende Auffassung, die zur Versäumung einer Rechtsmittelfrist führt, nicht zum Vorwurf gemacht werden.
BGH, Beschl. v. 23.11.1979 – IV ZB 79/79, VersR 1980, 193.

Einem Notar, der im Jahre 1993 einen notariellen Vertrag im Rahmen eines Bauträgermodells beurkundete, der hauptsächlich Pflichten zur rechtlichen Abwicklung des Grundstückserwerbs zum Inhalt hatte, kann die Unkenntnis des Erfordernisses der Erlaubnis nach dem Rechtsberatungsgesetz nicht als schuldhaft vorgeworfen werden.
BGH, Urt. v. 28.9.2000 – IX ZR 279/99, BGHZ 145, 265 = NJW 2001, 70.

■ Vertrauensschutz

Unter besonderen Umständen kann ein vom Gericht hervorgerufener und unterhaltener Rechtsirrtum des Rechtsanwalts als unverschuldet erscheinen. Ein solcher Ausnahmefall kommt in Betracht, wenn das Gericht den Anwalt dadurch an einer unbefangenen, sachgerechten Prüfung hindert, dass es ihm unter Ablehnung seiner Gegenvorstellungen nachdrücklich nahe legt, eine angeblich unzulässige, in Wirklichkeit aber rechts-

wirksam eingelegte Berufung zur Vermeidung von Rechtsnachteilen zurückzunehmen und eine neue, verspätete Berufung einzulegen, für die gleichzeitig die Wiedereinsetzung in den vorigen Stand als sicher in Aussicht gestellt wird.
BGH, Urt. v. 20.4.1959 – III ZR 141/57, VersR 1959, 638.

Die Versäumung einer Rechtsmittelfrist kann im Einzelfall unverschuldet sein, wenn der Rechtsanwalt ein zulässig eingelegtes Rechtsmittel auf richterliche Empfehlung zurückgenommen hat, weil es irrtümlich für unzulässig gehalten wurde.
BGH, Beschl. v. 26.11.1980 – IVb ZR 592/80, NJW 1981, 576; v. 8.2.1989 – IVb ZB 185/88, NJW-RR 1989, 825.

Hat der Vorsitzende des zuständigen Gerichts die beantragte Fristverlängerung telefonisch ausgesprochen, so kann es für deren Wirksamkeit keine Rolle spielen, ob er die Verlängerung schriftlich verfügt oder einen Vermerk über sie angefertigt hatte. Auch hier muss der Vertrauensschutz durchgreifen; Mängel des Verlängerungsantrages werden auf diese Weise geheilt.
BGH, Beschl v. 23.1.1985 – VIII ZB 18/84, BGHZ 93, 300, 305.

Wird unter Verkennung der Wirksamkeit einer schon erfolgten Zustellung auf richterliche Anordnung die Zustellung wiederholt, handelt der Prozessbevollmächtigte des Zustellungsempfängers nicht schuldhaft, wenn er nunmehr darauf vertraut, dass erst die zweite Zustellung die Berufungsfrist in Lauf setzte.
BGH, Beschl. v. 7.10.1986 – VI ZB 8 /86, VersR 1987, 258.

Auch ein Anwalt darf sich auf die Rechtsmittelbelehrung eines Fachsenats beim Oberlandesgericht verlassen.
BGH, Beschl. v. 23.9.1993 – LwZR 10/92, NJW 1993, 3206.

Sorgfaltsmaßstab

Auch bei einem Rechtsanwalt bestimmt sich das Maß der Anforderungen an seine Sorgfaltspflicht danach, was normalerweise von einem gewissenhaften und erfahrenen Angehörigen seines Berufskreises bei der gegebenen Sachlage an Umsicht und Sorgfalt zu erwarten war.
BGH, Urt. v. 7.2.1967 – VI ZR 101/65, VersR 1967, 704, 705.

Tatsachen, negative

→ „Beweislast"

Verschulden

■ Arbeitsüberlastung

Die Berufungsfrist wird dann nicht ohne Verschulden versäumt, wenn die Nichteinhaltung der Frist darauf beruht, dass der Anwalt in Folge länger andauernder Überlastung zeitweise die Fähigkeit zu konzentrierter Arbeit eingebüßt hat.
BGH, Beschl. v. 23.11.1995 – V ZB 20/95, NJW 1996, 997.

■ Belastungen, seelische

Die Versäumung einer Rechtsmittelfrist ist nicht vom Anwalt verschuldet, wenn das Fehlen der Vorsorge für die Wahrung der Frist auf der besonderen psychischen Lage beruht, in der sich der Anwalt nach seinem Entschluss zur Selbsttötung befand.
BGH, Beschl. v. 10.7.1984 – VI ZB 10/84, VersR 1984, 988.

Ein Rechtsanwalt, der die Vornahme einer zur Fristwahrung erforderlichen Handlung vergisst, ist entschuldigt, wenn er durch familiäre Sorgen von seinen beruflichen Aufgaben stark und nachhaltig abgelenkt war.
BGH, Beschl. v. 8.11.1984 – V ZB 14/84, VersR 1985, 47.

■ Beweislast

Der Anwalt hat die Darlegungs- und Beweislast dafür, dass ihn an der objektiven Verletzung seiner vertraglichen Pflichten kein Verschulden trifft.
BGH, Urt. v. 18. 9.1986 – IX ZR 204/85, NJW 1987, 326, 327.

Ein objektiv fehlerhaftes Verhalten spricht zunächst für ein Verschulden.
BGH, Urt. v. 20.1.2005 – IX ZR 416/00, WM 2005, 999 (steuerlicher Berater).

■ Krankheit

Der Rechtsanwalt muss geeignete Vorsorge für den Fall treffen, dass er unvorhergesehen an der Wahrung von Fristen gehindert ist. Das gilt insbesondere, wenn er seine Kanzlei allein betreibt und nicht ständig über eingearbeitetes, zum selbständigen Handeln befähigtes Personal verfügt.

Das Fehlen geeigneter Vorsorgemaßnahmen wirkt sich auf die Fristversäumung aber dann nicht aus, wenn für den Rechtsanwalt wegen einer plötzlichen schweren Erkrankung die Unterrichtung eines Vertreters unzumutbar ist.
BGH, Beschl. v. 6. 3. 1990 – VI ZB 4/90, VersR 1990, 1026.

Diabetesbedingtes Unwohlsein des Rechtsanwalts kann unter besonderen Umständen die verspätete Erledigung einer Fristsache entschuldigen.
BGH, Beschl. v. 11. 3.1987 – VIII ZB 2/87, VersR 1987, 785.

prozessuales

Das Gesetz erwartet seit der Neuregelung des Wiedereinsetzungsrechts im Jahre 1977 vom Prozessbevollmächtigten lediglich die übliche, von einem ordentlichen Rechtsanwalt zu fordernde Sorgfalt. Nur wenn ein besonderer Anlass dem Rechtsanwalt im Einzelfall die Notwendigkeit weiterer Prüfung aufdrängt, ist er zu gesteigerter Sorgfalt verpflichtet.
BGH, Beschl. v. 2.12.1987 – IVa ZB 17/87, NJW-RR 1988, 508.

Unfall

Es stellt kein Verschulden des Rechtsanwalts dar, wenn er die rechtzeitige Einreichung der Berufungsbegründungsschrift deshalb versäumt, weil an seinem fast neuen Pkw eine unvorhersehbare Reifenpanne auftritt und er deshalb die zuständige Briefannahmestelle erst nach 24.00 Uhr erreicht.
BGH, Beschl. v. 17.9.1987 – VII ZB 5/87, VersR 1988, 249; v. 23.4.1998 – I ZB 2/98, NJW 1998, 2677.

Verkehrsstau

Der Anwalt braucht keine Reservezeit wegen eines unvorhersehbaren Verkehrshindernisses auf dem Weg zum Gericht einzuplanen.
BGH, Urt. v. 19.11.1998 – IX ZR 152/98, NJW 1999, 724.

Vertragsänderung

→ *„Beweislast"*

Verzug

Ein steuerlicher Berater kommt mit der Erfüllung seiner Vertragspflichten gegenüber seinem Mandanten nicht allein deswegen in Verzug, weil die Steuererklärung nicht innerhalb der hoheitlich festgesetzten Frist beim Finanzamt eingeht. Eine schuldhafte Verletzung der Pflichten kann den Berater nach den Grundsätzen der positiven Vertragsverletzung schadensersatzpflichtig machen. Hingegen gerät er mit seiner vertraglichen Hauptpflicht regelmäßig erst in Verzug, wenn er trotz Mahnung fällige Dienstpflichten nicht erfüllt.
BGH, Urt. v. 17.10.199 – IX ZR 255/90, BGHZ 115, 382, 390 = NJW 1992, 307, 309.

Anhang 2: Leitfaden zur Feststellung von Pflichtwidrigkeit und Verschulden

987

I. Pflichtwidrigkeit	
1. Die Pflichtwidrigkeit folgt aus der **Verletzung einer dem Anwalt obliegenden vertraglichen Pflicht**.	Rn. 946 ff.
2. Für die Feststellung, ob eine Pflichtverletzung vorliegt, gilt ein **objektiver Sorgfaltsmaßstab**. Die Anforderungen an die Sorgfalt werden an dem ausgerichtet, was von einem gewissenhaft handelnden, die allgemein anerkannten Maßstäbe der Berufsausübung beachtenden Durchschnittsanwalt erwartet werden kann.	Rn. 947 ff.
3. Die **Pflichtwidrigkeit indiziert die Rechtswidrigkeit** des anwaltlichen Handelns. Diese wird nur durch besondere Rechtfertigungsgründe ausgeschlossen, denen kaum praktische Bedeutung zukommt. Ein **Handeln nach Weisung des Mandanten** ist – sofern dieser hinreichend belehrt wurde – schon **nicht pflichtwidrig**.	Rn. 950 ff.
4. Die **Beweislast für die Pflichtverletzung** des Anwalts trifft grundsätzlich den **Mandanten**.	Rn. 952 ff.
a) Dies gilt selbst dann, wenn	
• die behauptete Pflichtverletzung in einem Unterlassen besteht;	Rn. 957 ff.
• darüber gestritten wird, ob dem Anwalt Weisungen erteilt und diese erfüllt wurden;	Rn. 960 f.
• der Anwalt auf negative Feststellung klagt.	Rn. 965
b) Hat der Mandant eine Unterlassung des Anwalts zu beweisen, muss der Berater konkret darlegen, welche Belehrungen und Ratschläge er erteilt haben will und wie der Mandant darauf reagiert hat.	Rn. 958
c) Ein Anscheinsbeweis zugunsten des Mandanten kommt in Betracht, wenn vom Anwalt verfasste, rechtlich fehlerhafte Schriftstücke vorliegen. Die Frage ist in der Rechtsprechung jedoch noch nicht geklärt.	Rn. 956
d) Nachträgliche Vertragsänderungen hat die Partei zu beweisen, die sich darauf beruft.	Rn. 963

e) Wendet der Anwalt ein, seine Partei sei nicht belehrungsbedürftig gewesen, trifft ihn dafür die Beweislast.	Rn. 962
f) Der Beweis muss nach § 286 ZPO geführt werden.	Rn. 952
II. Verschulden	
1. Wegen des im Zivilrecht geltenden objektiven Fahrlässigkeitsbegriffs **indiziert die Pflichtwidrigkeit das Verschulden.** Ist die objektiv gebotene Sorgfalt nicht gewahrt, entfällt ein Verschulden nur in Ausnahmefällen, nämlich wenn dem Anwalt aufgrund besonderer situationsbezogener Umstände im Einzelfall die Pflichtverletzung nicht vorzuwerfen ist.	Rn. 967
2. Als **solche situationsbezogenen Umstände** kommen hauptsächlich in Betracht	Rn. 971
a) Einschränkungen der Leistungsfähigkeit durch Krankheit, Unfall oder besondere seelische Belastungen.	Rn. 971
b) Schutzwürdiges Vertrauen auf die fehlerhafte Rechtsauffassung Dritter. Dabei ist jedoch zu beachten, dass der Anwalt jede Angelegenheit eigenverantwortlich rechtlich zu durchdenken hat und nicht schon dadurch entlastet wird, dass ein Kollegialgericht sein Verhalten als rechtmäßig gewertet hat.	Rn. 979 ff.
3. Der Sorgfaltsmaßstab ist für **materiell-rechtliches** und für **prozessuales Verschulden** derselbe.	Rn. 970
4. Steht ein pflichtwidriges Verhalten des Anwalts fest, muss er **Umstände darlegen und beweisen**, aus denen sich ergibt, dass ihn **ausnahmsweise kein Verschulden** trifft.	Rn. 985

Abschnitt 4: Kausalität, Zurechenbarkeit, Schaden

Inhaltsverzeichnis

		Rn.
A. Kausalität		990
I.	Grundsatz	991
II.	Haftungsausfüllende Kausalität	992
III.	Beweislast	995
	1. Grundregel	995
	2. Grober Fehler	996
	3. Beratungsfehler	998
	4. Anscheinsbeweis	1004
	5. Beweisvereitelung	1011
IV.	Sonderformen der Kausalität	1013
B. Zurechnung		1014
I.	Adäquanz	1015
	1. Grundlagen	1015
	2. Handlungen des Mandanten	1018
	3. Handlungen Dritter	1021
	4. Fehler des Gerichts	1024
II.	Schutzzweck der Norm	1032
	1. Grundsätze	1032
	2. Einzelfälle	1035
III.	Hypothetische Kausalität	1036
IV.	Rechtmäßiges Alternativverhalten	1043
C. Schaden		1047
I.	Differenztheorie	1048
II.	Normativer Schaden	1050
	1. Grundsätze	1050
	2. Nutzungen	1051
	3. Vermögenslosigkeit	1052
	4. Zeit- und Arbeitsaufwand	1053
	5. Anwaltskosten	1055
	6. Ansprüche gegen Dritte	1056
	7. Verstoß gegen materielles Recht	1057
III.	Hypothetisches Ausgangsverfahren	1062
	1. Gerichtliche Entscheidungen	1063
	2. Verwaltungsverfahren	1067
	3. Beweisfragen	1072
IV.	Vorteilsausgleich	1079
	1. Grundsätze	1079

	Rn.
2. Ersparte Aufwendungen	1081
3. Steuervorteile	1082
4. Aufdeckung stiller Reserven	1083
5. Nutzungen und Gebrauchsvorteile	1085
6. Ansprüche gegen Dritte	1086
7. Beweis	1087
V. Person des Geschädigten	1088
VI. Inhalt des Schadensersatzanspruchs	1090
VII. Beweisfragen	1093
D. Anhang	1096
Anhang 1: Rechtsprechungslexikon	1096
Anhang 2: Leitfaden zur Feststellung von Kausalität, Zurechnung und Schaden	1097

Spezialliteratur:

Baumgärtel, Die Bedeutung der sogenannten „tatsächlichen Vermutung" im Zivilprozess, in: FS Schwab, 1990, S. 43;
Baur, Hypothetische Inzidentprozesse, in: FS Larenz, 1973, S. 1063;
Borgmann, Die Rechtsprechung des BGH zum Anwaltshaftungsrecht seit Mitte 1991, NJW 2000, 2953; 2002, 2145; 2005, 22;
dies., Anm. zu BGH, Urt. v. 13.3.2003 – IX ZR 181/99, FamRZ 2003, 844;
Braun, Zur schadensrechtlichen Problematik des hypothetischen Inzidentprozesses bei Regressklagen gegen den Anwalt, ZZP 96, 89;
ders., Anm. zu BGH, Urt. v. 13.6.1996 – IX ZR 233/95, JZ 1997, 259;
Ehricke, Anm. zu BGH LM BGB § 675 Nr. 205;
Fischer, G. Zum Kausalitätsbeweis in der Anwaltshaftung, in: FS Odersky, 1996, S. 1023;
ders., Tendenzen der Rechtsprechung des BGH zum Anwaltshaftungsrecht, NJW 1999, 2993;
Friedhoff, Der hypothetische Inzidentprozess bei der Regresshaftung des Anwalts, 2002;
Ganter, Der Ersatz eines entgangenen „rechtswidrigen" Vorteils in der Berufshaftung rechtlicher und steuerlicher Berater, NJW 1996, 1310;
Giesen, Anm. zu BGH, Urt. v. 1.10.1987 – IX ZR 117/86, JZ 1988, 660;
Götte, Anm. zu BGH, Urt. v. 16.11.1993 – XI ZR 214/92, DStR 1994, 331;
Gottwald, Kausalität und Zurechnung – Probleme und Entwicklungstendenzen des Haftungsrechts, Karlsruher Forum 1986, Beil. zu VersR 1988, S. 3;
Greger, Praxis und Dogmatik des Anscheinsbeweises, VersR 1980, 1091;
Grunewald, Die Beweislastverteilung bei der Verletzung von Aufklärungspflichten, ZIP 1994, 1162;
Heinemann, Baustein anwaltlicher Berufshaftung: Die Beweislast, NJW 1990, 2345;
Henssler, Haftungsrisiken anwaltlicher Tätigkeit, JZ 1994, 178;
Huster, Beweislastverteilung und Verfassungsrecht, NJW 1995, 112;
Knöfel, Anwaltshaftung und Verfassungsrecht, AnwBl 2004, 76;
Lauda, Anm. zu BGH LM BGB § 249 (Ba) Nr. 33;

Lepa, Der Anscheinsbeweis in der Rechtsprechung des Bundesgerichtshofes, in: FS F. Merz, 1992, S. 387;

Mäsch, Eine Wende in der Rechtsprechung des BGH zur Anwaltshaftung, NJW 2001, 1547;

Mätzig, Der Beweis der Kausalität im Anwaltshaftungsprozess, 2001;

Medicus, Das Bundesverfassungsgericht und die Anwaltshaftung, AnwBl 2004, 257;

Mertens, Der Begriff des Vermögensschadens im Bürgerlichen Recht, 1967;

Mummenhoff, Erfahrungssätze im Beweis der Kausalität, 1997;

Pentz, Zum Umfang der Schadensersatzpflicht des Rechtsanwalts wegen unzutreffender Prozesskostenschätzung, AnwBl 1992, 128;

Prütting, Gegenwartsprobleme der Beweislast, 1983;

ders., Beweiserleichterungen für den Geschädigten – Möglichkeiten und Grenzen, Karlsruher Forum 1989, S. 3;

Reinhardt, Die Umkehr der Beweislast aus verfassungsrechtlicher Sicht, NJW 1994, 93;

Schack, Der Schutzzweck als Mittel der Haftungsbegrenzung im Vertragsrecht, JZ 1986, 305;

Schlüter, Beraterhaftung für vermeintlich entgangenen Steuererlass – Anm. zu BGH, Urt. v. 23.11.1995 – IX ZR 225/94, DStR 1996, 1963;

Stodolkowitz, Beweislast und Beweiserleichterungen bei der Schadensursächlichkeit von Aufklärungspflichtverletzungen, VersR 1994, 11;

Stürner, Der entgangene rechtswidrige oder sittenwidrige Gewinn, VersR 1976, 1012;

Vollkommer, Beweiserleichterungen für den Mandanten bei Verletzung von Aufklärungs- und Beratungspflichten durch den Anwalt?, in: FS Baumgärtel, 1990, S. 585;

Walter, Der Anwendungsbereich des Anscheinsbeweises, ZZP 90, 270;

Weber, H., Der Kausalitätsbeweis im Zivilprozess, 1997;

Zugehör, Höchstpersönliche (Lebens-, Glaubens-, Gewissens-)Entscheidungen des Mandanten und Haftung des steuerlichen Beraters, DStR 2003, 1124 und 1171;

ders., Anwaltsverschulden, Gerichtsfehler und Anwaltshaftung, NJW 2003, 3225.

Der vom Mandanten geltend gemachte Ersatzanspruch beruht häufig auf einer **Ursachenkette**, zu der äußere Ereignisse, Maßnahmen und Entscheidungen Dritter sowie eigene Handlungen des Betroffenen gehören. 988

Zu einer Haftung **des Anwalts** gelangt man nur dann, **wenn folgende Fragen zu bejahen sind**: 989

- Ist die Pflichtwidrigkeit für den behaupteten Nachteil **ursächlich** im **logischen Sinn**?
  Damit befasst sich der Abschnitt „Kausalität" (s. Rn. 990 ff.).

- Ist dem Anwalt der von ihm verursachte Nachteil **haftungsrechtlich zuzurechnen**?
  Diesen Fragenkreis behandelt der Abschnitt „Zurechenbarkeit" (s. Rn. 1014 ff.).

- Handelt es sich bei dem geltend gemachten Nachteil um einen **Schaden im Rechtssinne**?
  Dieses Thema ist Gegenstand des Abschnitts „Schaden" (s. Rn. 1047 ff.).

A. Kausalität

990 Zunächst stellt sich immer die Frage, ob zwischen der Pflichtverletzung des Anwalts und dem geltend gemachten Schaden eine **ursächliche Verknüpfung im logischen Sinne** besteht, das dem Anwalt vorgeworfene Handeln also als „conditio sine qua non" nicht hinweggedacht werden kann, ohne dass der Erfolg entfällt.

I. Grundsatz

991 Der rechtliche Ansatzpunkt der in diesem Bereich vorzunehmenden Prüfung ist in Theorie und Praxis nicht umstritten. Die Frage des **Ursachenzusammenhangs zwischen einer anwaltlichen Pflichtverletzung und dem Schaden des Mandanten** beantwortet sich nicht danach, ob der Mandant dem pflichtwidrigen Rat des Anwalts gefolgt ist oder aus eigenem Antrieb gehandelt hat, sondern danach, wie er sich verhalten hätte, wenn er richtig beraten worden wäre.[1] Bestand die Pflichtverletzung in einem **positiven Tun**, so ist zu fragen, wie sich das Vermögen des Verletzten ohne die pflichtwidrige Handlung entwickelt hätte. Ist dem Anwalt dagegen eine **Unterlassung** vorzuwerfen, muss untersucht werden, wie die Dinge gelaufen wären, wenn er die versäumte Handlung pflichtgemäß vorgenommen hätte.[2] Der Richter hat damit im Prozess einen **hypothetischen Tatsachenverlauf** aufzuklären – denjenigen, der bei vertragsgerechtem Verhalten des Anwalts eingetreten wäre. Dies hat jedoch nichts mit den Fragen des rechtmäßigen Alternativverhaltens und der hypothetischen Kausalität zu tun. Jene Begriffe umschreiben Probleme wertender Zurechnung. Hier geht es dagegen allein um die **reale Kausalität einer Pflichtwidrigkeit** als notwendige Voraussetzung des geltend gemachten Schadens.[3]

II. Haftungsausfüllende Kausalität

992 Bei Vertragsverletzungen bildet das der übernommenen Pflicht entsprechende Interesse des Vertragspartners das geschützte Rechtsgut. Der **Verstoß** gegen die **vertraglich vereinbarte Pflicht**, durch den der Partner so betroffen wird, dass für ihn **nachteilige Folgen eintreten können**, ist daher der **nach § 286 ZPO zu beweisende Haftungsgrund**.[4]

Alle weiteren Tatsachen, insbesondere die Feststellung, dass infolge der Pflichtverletzung ein Schaden entstanden ist, gehören zur **haftungsausfüllenden Kausalität**.

---

1 BGH, NJW 2002, 593.
2 BGH, NJW 1990, 2128, 2129; vgl. auch BGH, WM 1988, 1454, 1455; NJW-RR 1990, 462, 463; NJW 2002, 593.
3 BGH, WM 1988, 1454; NJW 1992, 2694, 2695.
4 BGHZ 4, 192, 196; BGH, NJW 1983, 998; WM 1993, 1735, 1738; NJW 2004, 444.

Deshalb wird für den Beweis, dass die Vertragsverletzung zum Schaden geführt hat, nach ständiger Rechtsprechung die Vorschrift des **§ 287 Abs. 1 ZPO** herangezogen.[5]

Zur haftungsausfüllenden Kausalität zählt auch die **Frage, wie sich der Mandant bei vertragsgerechter Beratung verhalten hätte**.[6] Dies ist schon deshalb berechtigt, weil die Handlung des Mandanten – etwa mit Abgabe einer rechtlich ungünstigen Willenserklärung – bereits unmittelbar den Schaden herbeiführen kann. Abgesehen davon lässt sich für die Zuordnung zu § 287 ZPO zusätzlich ins Feld führen, dass allein die tatsächlichen Geschehnisse exakter Feststellung zugänglich sind, bei Würdigung des Ursachenzusammenhangs zwischen Pflichtverstoß und dem eingetretenen Schaden dagegen hypothetische Erwägungen notwendig werden. Diesen aus der Art des Schadens herrührenden **Beweisschwierigkeiten** wird nur ein Verfahren, wie es in § 287 Abs. 1 ZPO vorgesehen ist, gerecht.[7]

993

Nach § 287 ZPO reicht für die richterliche Überzeugung eine überwiegende, auf gesetzlicher Grundlage beruhende **Wahrscheinlichkeit** aus.[8] Dies wirkt sich auch auf die **Darlegungslast des Geschädigten** aus. Es genügt, dass er Tatsachen vorträgt und unter Beweis stellt, die für eine Beurteilung nach § 287 ZPO ausreichende greifbare Anhaltspunkte bieten.[9] Die Frage, wie sich der Mandant bei ordnungsgemäßer Beratung verhalten hätte, kann daher auch durch **Vernehmung des Klägers als Partei** nach § 287 Abs. 1 Satz 3 ZPO geklärt werden.[10]

994

III. Beweislast

1. Grundregel

Der **Beweis für den Ursachenzusammenhang** zwischen der Pflichtwidrigkeit und dem Schaden obliegt nach allgemeinen Regeln **demjenigen, der Schadensersatz verlangt**; denn es handelt sich dabei um eine **anspruchsbegründende Voraussetzung**.

995

---

5   BGHZ 4, 192, 196; 58, 343, 349 = NJW 1972, 1422, 1423; BGHZ 84, 244, 253 = NJW 1982, 2238, 2240; BGH, NJW 1993, 3073, 3076; WM 2000, 197, 198; 2000, 1351, 1352; NJW 2000, 1572, 1573; 2004, 444; 2004, 1521, 1522.
6   BGHZ 129, 386, 399 = NJW 1995, 2108, 2111; BGH, NJW 1988, 200, 204; NJW 1992, 2694, 2695; WM 1993, 420, 426; NJW 1993, 1320, 1322; 1995, 449, 451; WM 2004, 472, 474; NJW 2004, 444; 2004, 1521, 1522; WM 2005, 2110, 2111.
7   Vgl. BGH, NJW 1983, 998; 1993, 3073, 3076.
8   BGH, WM 2000, 197, 198; 2000, 1351, 1352; NJW 2004, 444, 445 und 1521, 1522; WM 2006, 927, 930. Lässt der Kläger offen, für welche von mehreren Vorgehensweisen er sich bei vertragsgemäßer Belehrung entschieden hätte, so ist die notwendige Schadenswahrscheinlichkeit nur zu bejahen, wenn sie sich für alle in Betracht zu ziehenden Ursachenverläufe ergibt (BGH, WM 2006, 927).
9   BGH, WM 2000, 197, 198.
10 BGH, WM 2004, 472, 474.

Daran hat die Rechtsprechung im Grundsatz bis heute festgehalten.[11] Da Regressprozessen gegen den Anwalt oftmals ein sehr komplexer Sachverhalt zugrunde liegt und die Entscheidung dieses Punktes von Wertungsfragen vielfältiger Art beeinflusst sein kann, bedeutet dies für den Mandanten in der Praxis eine **hohe Hürde**, an der sein Ersatzanspruch nicht selten zu scheitern droht. Daher wurde schon lange die Frage diskutiert, ob – über § 287 ZPO hinaus – unter bestimmten Voraussetzungen eine **Verlagerung der Beweislast** auf den Anwalt oder zumindest eine **Beweiserleichterung** für den Mandanten geboten ist. Gerade in diesem Bereich hat sich die höchstrichterliche Rechtsprechung in wesentlichen Punkten weiterentwickelt.

2. Grober Fehler

996 Im Arzthaftungsrecht gilt nach ständiger Rechtsprechung der Grundsatz, dass der **Arzt**, der einen **groben Fehler** begangen hat, das **Risiko der nicht vollen Aufklärbarkeit** des ursächlichen Verlaufs zu tragen hat, sofern die ihm zur Last fallende Pflichtwidrigkeit geeignet war, den eingetretenen Schaden herbeizuführen.[12] Daraus leiten manche Autoren die Forderung ab, auch der Anwalt müsse bei groben Vertragsverletzungen das Beweisrisiko tragen.[13]

997 Diesen Bestrebungen hat der **BGH** jedoch in einem Grundsatzurteil vom 9.6.1994[14] **für echte Anwaltsverträge** mit Rechtsbeistandspflicht (§ 3 Abs. 1 BRAO) eine Absage erteilt. Der **Mandant** hat auch im Falle eines **groben anwaltlichen Pflichtverstoßes** dessen **Kausalität** für den geltend gemachten Schaden zu **beweisen**. Zwei Erwägungen waren dafür von maßgeblicher Bedeutung: Der Fehler des Anwalts verletzt den Mandanten nicht in einem höchstpersönlichen Rechtsgut, sondern hat i.d.R. nur vermögensrechtliche Nachteile zur Folge. Vor allem aber sind die Beweisschwierigkeiten des Mandanten nicht mit denen des geschädigten Patienten vergleichbar. Bezüglich dessen, was sich im Körper des Patienten abspielt, hat der Arzt einen erheblichen Wissensvorsprung. Weil die Aufklärung des Sachverhalts besondere medizinische Kenntnisse voraussetzt, ist der Patient dem Arzt insoweit als Prozesspartei deutlich unterlegen. Bei anwaltlichen Vertragsverletzungen wird die Schadensentstehung dagegen häufig entscheidend beeinflusst von Umständen aus der Sphäre des Mandanten, die der Anwalt nicht kennt oder auf die er jedenfalls keinen Einfluss nehmen kann. Oftmals geht es um Fragen, zu deren Klärung der Auftraggeber ebenso gut beitragen kann wie der Anwalt, denen der Mandant vielfach sogar näher steht, weil sie sich in

---

11   BGHZ 123, 311, 313 = NJW 1993, 3259, 3260; BGH, NJW 1988, 200, 203; 1992, 2694, 2695; 1998, 1860, 1863.
12   BGHZ 85, 212, 216 f. = NJW 1983, 333, 334; 107, 222, 228 = NJW 1989, 2318, 2320.
13   *Palandt/Heinrichs*, BGB, § 280 Rn. 38; *Giesen*, JZ 1988, 660; *Heinemann*, NJW 1990, 2345, 2353.
14   BGHZ 126, 217 = NJW 1994, 3295, 3298; vgl. zu dieser Problematik auch BGH, NJW 1988, 200, 203.

seiner Lebenssphäre abgespielt haben. Das Gebot der „Waffengleichheit im Prozess" rechtfertigt daher **keine Beweislastverlagerung auf den Anwalt**.[15]

3. Beratungsfehler

Hat der Anwalt vertragliche **Aufklärungs-, Hinweis- oder Beratungspflichten verletzt**, ergibt sich in jedem Fall die **Frage, wie der Mandant gehandelt hätte**, wäre er ordnungsgemäß ins Bild gesetzt worden. Da es sich insoweit um einen gedachten, hypothetischen Sachverhalt handelt, begründet dieser Punkt besondere **Beweisschwierigkeiten**, die zudem bei pflichtgemäßem Handeln des rechtlichen Beraters nicht aufgetreten wären. Daher sind sich Lehre und Praxis im Ansatz einig, dass dem Mandanten das Überwinden dieser Hürde erleichtert werden muss.

998

Nach einer vom **BGH im Kauf- und Werkvertragsrecht** entwickelten Rechtsprechung trifft **denjenigen, der vertragliche Hinweis- oder Beratungspflichten verletzt**, das **Risiko der Unaufklärbarkeit des Kausalzusammenhangs**, soweit es um die Frage geht, wie der Kunde gehandelt hätte, wenn ihm die gebotene Aufklärung erteilt worden wäre. Zu dessen Gunsten gilt also die Vermutung, er hätte sich so entschieden, dass ihm kein finanzieller Nachteil entstanden wäre. Der Vertragsgegner kann eine entsprechende richterliche Wertung nur dadurch vermeiden, dass er den vollen Gegenbeweis führt.[16]

999

Diese Beweislast wurde in der Folgezeit auf andere Vertragstypen ausgedehnt. Die Rechtsprechung nahm zunächst auch bei Regressprozessen gegen rechtliche Berater eine entsprechende Beweislastumkehr an. Zugunsten des Mandanten gelte die tatsächliche Vermutung, dass derjenige, der einen anderen wegen seiner besonderen Sachkunde um Rat frage, sich beratungsgemäß verhalten hätte.[17]

1000

Diese Rechtsprechung hat der für die Haftung der rechtsberatenden Berufe zuständige IX. Zivilsenat des **BGH** mit Urteil vom 30.9.1993[18] aufgegeben. Maßgebend dafür war in erster Linie die aus der Behandlung zahlreicher Fälle im Laufe der Jahre gewonnene Erkenntnis, dass die Verlagerung der Beweislast bei Verträgen, die die **rechtliche Beratung und Betreuung** zum Gegenstand haben, nicht zu einer **angemessenen Risikoverteilung** zwischen den Parteien führt. Anders als etwa im Kauf- und Werkvertragsrecht stammen die Gefahren, über die zu belehren ist, nicht regelmäßig aus der Sphäre desjenigen, den die Hinweispflicht trifft. Bei Verträgen mit rechtlichen Beratern bestimmen sich die Umstände, die eine Aufklärung und Belehrung erfordern, wesentlich nach den spezifischen Wünschen, Anliegen und Belastungen des Mandanten sowie nach seinen individuellen Lebensumständen. Daraus können sich deutliche Hinweise

---

15 BGHZ 126, 217, 223 f. = NJW 1994, 3295.
16 BGHZ 61, 118, 121 = NJW 1973, 1688; BGHZ 64, 46, 51 = NJW 1975, 824, 825.
17 BGH, VersR 1981, 982, 985; NJW 1983, 1665, 1666; 1990, 2127, 2128.
18 BGHZ 123, 311 = NJW 1993, 3259.

dafür ergeben, dass er dem rechtlich gebotenen Hinweis seines Beraters nicht gefolgt wäre. Müsste dieser auch in solchen Fällen den vollen Gegenbeweis führen und demgemäß Tatsachen aus dem Einflussbereich seines Auftraggebers beweisen oder widerlegen, stände er vor einer praktisch nicht überwindbaren Hürde. Die Beweislastumkehr entzöge folglich den individuellen Umständen und Verhaltensweisen des Auftraggebers jede entscheidungserhebliche Bedeutung. Dieser wäre im Ergebnis praktisch so gestellt, als hätte er die versäumten Hinweise tatsächlich befolgt, und erhielte damit mehr, als es seine schutzwürdigen Interessen erfordern. Daher bleibt es im Ansatz bei der **Beweislast des Mandanten**.

1001 Die Beurteilung, wie der Mandant im Falle vertragsgerechter Beratung gehandelt hätte, bezieht sich nicht auf ein reales Geschehen, sondern den **hypothetischen Fall**, dass der Anwalt eine einwandfreie Leistung erbracht hätte. Eine solche Würdigung ist in hohem Maße auf **Erfahrungswerte** angewiesen und kann regelmäßig nur zu Wahrscheinlichkeitsaussagen gelangen. Derjenige, der sich zur Durchsetzung eigener Interessen der überlegenen Kenntnis eines Anwalts bedient, ist i.d.R bereit, die von diesem aufgezeigte Lösung zur Erreichung des angestrebten Ziels zu realisieren. Eine auf die Lebenserfahrung gestützte **tatsächliche Vermutung** sowie eine aus der Typizität eines bestimmten Geschehensablaufs gezogene Schlussfolgerung führen zur Anwendung der Regeln über den **Anscheinsbeweis**;[19] denn eine auf Erfahrungssätzen beruhende tatsächliche Vermutung ist ein Element der **Beweiswürdigung**, welches erschüttert ist, sobald feststeht, dass infolge bestimmter Indizien ein atypischer Kausalverlauf konkret möglich erscheint.[20]

1002 In der höchstrichterlichen Rechtsprechung gilt seit jeher der Grundsatz, für individuelle Verhaltensweisen von Menschen in bestimmten Lebenslagen könne es keinen Anscheinsbeweis geben.[21] Dies mag zutreffend sein, wenn ein Vorgang zu beweisen ist, der sich tatsächlich ereignet hat, etwa die Frage, ob eine bestimmte Handlung vorsätzlich begangen worden ist.[22] Muss sich der Richter jedoch die Überzeugung davon bilden, wie ein nur **gedachtes Geschehen** voraussichtlich abgelaufen wäre, stehen

---

19 BGHZ 123, 311, 315 = NJW 1993, 3259, 3260.

20 BGHZ 123, 311, 315 = NJW 1993, 3259 in Übereinstimmung mit einer im Schrifttum zunehmend vertretenen Auffassung: *Baumgärtel/Laumen*, § 675 BGB Rn. 21 f.; *MünchKomm/Prütting*, ZPO, § 292 Rn. 23; *Fahrendorf*, in: *Rinsche/Fahrendorf/Terbille*, Rn. 727; *Rosenberg/Schwab/Gottwald*, S. 663, 673; *Vollkommer/Heinemann*, Rn. 687 ff.; *Borgmann/Jungk/Grams*, Kap. IX Rn. 26; *Palandt/Heinrichs*, BGB, § 280 Rn. 39; *Baumgärtel*, in: FS Schwab, S. 43, 46 ff.; *Grunewald*, ZIP 1994, 1162; *Heinemann*, NJW 1990, 2345, 2352; *Prütting*, Gegenwartsprobleme der Beweislast, S. 55; *Stodolkowitz*, VersR 1994, 11, 13; *Walter*, ZZP 90, 274, 277.

21 BGHZ 31, 351, 357 = NJW 1960, 818, 819; BGHZ 100, 214, 216 = NJW 1987, 1944; BGH, NJW 1968, 2139; 1983, 1548, 1551. Diese Auffassung wird im Schrifttum angegriffen; vgl. *Baumgärtel*, in: FS Schwab, S. 43, 46, 50; *Lepa*, in: FS Merz, S. 387, 399; *Prütting*, Karlsruher Forum 1989, S. 13; *Vollkommer*, in: FS Baumgärtel, S. 585, 592 ff.

22 BGH, NJW 2002, 1643.

ihm keine unmittelbaren Beweise zur Verfügung. Folglich ist er auf **Indizien, Vermutungen** und seine **Lebenserfahrung** angewiesen, aufgrund deren er seine Würdigung vorzunehmen hat. Dann aber muss es rechtlich zulässig sein, aus Sachverhalten, die eine bestimmte Reaktion des Betroffenen nahe legen, prima facie das Beweisergebnis abzuleiten.[23]

Die neue Rechtsprechung, die **anstelle einer Beweislastumkehr die Grundsätze des Anscheinsbeweises**[24] anwendet, hat der BGH inzwischen in zahlreichen Urteilen bestätigt.[25] Die Anwendung des Anscheinsbeweises setzt jedoch immer **objektive Umstände** voraus, die eine bestimmte Entschließung des Mandanten mit Wahrscheinlichkeit hätten erwarten lassen.[26] Geht es um Entscheidungen im **höchstpersönlichen Lebensbereich**, die i.d.R. von ganz individuell geprägten Erwägungen beeinflusst werden – z.b. Fragen der Eheschließung oder des Kirchenaustritts – ist der Anscheinsbeweis grundsätzlich **nicht anwendbar**.[27]

1003

4. Anscheinsbeweis

Seit dem grundlegenden Urteil des BGH vom 30.9.1993[28] sind nunmehr bei Verletzung von Beratungspflichten im Rahmen echter Anwaltsverträge **folgende Grundsätze maßgeblich**:

1004

(1) Es gilt die **Vermutung**, dass der Mandant bei pflichtgemäßer Beratung des Anwalts dessen Hinweisen gefolgt wäre, sofern für ihn bei vernünftiger Betrachtungsweise aus damaliger Sicht **nur eine Entscheidung nahe gelegen hätte**. Um dies beurteilen zu können, müssen die **Handlungsalternativen** miteinander verglichen werden, die für ihn nach pflichtgemäßer Beratung zur Verfügung gestanden hätten.[29] Diese Vermutung muss der steuerliche Berater in gleicher Weise gegen sich gelten lassen.[30] Die Regeln des Anscheinsbeweises sind jedoch unanwendbar, wenn unter wirtschaftlichen Gesichtspunkten unterschiedliche Schritte in Betracht kommen und der Berater dem

1005

---

23 Tatsächlich ist die Rechtsprechung des BGH in einer Reihe vergleichbarer Fälle, insbesondere wenn es darum ging, wie sich der Betroffene ohne die Täuschung oder bei vertragsgerechter Aufklärung verhalten hätte, so verfahren: vgl. BGH, NJW 1958, 177; 1967, 1222, 1223; 1974, 795, 796; WM 1976, 111, 113; VersR 1985, 83, 85; NJW 1992, 1159, 1160; WM 1995, 1540; NJW 1998, 2898, 2899.
24 Vgl. dazu BGH, NJW 2001, 1140, 1141.
25 BGH, NJW 1994, 1472; 1995, 449, 451; 1996, 312, 314; 1996, 2648; 1998, 749; 2002, 1117, 1120; WM 2003, 1628, 1631; NJW 2004, 444, 445.
26 BGH, WM 1998, 783, 785.
27 *Zugehör*, DStR 2003, 1124, 1172.
28 BGHZ 123, 311 = NJW 1993, 3259.
29 BGH, NJW-RR 2005, 784, 785 = WM 2005, 1615; NJW 2005, 3275, 3276 = WM 2005, 2110, 2111.
30 BGH, NJW-RR 1992, 1110.

Teil 1 • Abschnitt 4 • Kausalität, Zurechenbarkeit, Schaden

Mandanten lediglich die erforderliche fachliche Information für eine sachgerechte Entscheidung zu geben hat.[31]

1006 (2) Greift die Vermutung eines beratungsgerechten Verhaltens des Mandanten ein, so bewirkt sie keine Beweislastumkehr. Vielmehr **kann der Berater die Vermutung entkräften**, indem er Tatsachen beweist, die für ein atypisches Verhalten des Mandanten sprechen;[32] dann besteht wieder die volle Beweislast des Mandanten für den haftungsausfüllenden Ursachenzusammenhang.[33] Wer der in Anspruch genommenen Partei schuldhaft die Möglichkeit beschneidet, den Anscheinsbeweis zu erschüttern, kann sich nicht auf dessen Beweiserleichterung berufen.[34]

1007 Was das im Einzelnen bedeutet, lässt sich an dem BGHZ 123, 311 zugrunde liegenden Sachverhalt aus der Steuerberaterhaftung als **Beispielsfall** verdeutlichen:

> *Die Klägerin war zusammen mit N. Gesellschafter einer OHG. Die Klägerin war daran interessiert, aus der Gesellschaft auszuscheiden. Sie beauftragte den Beklagten, sie in allen damit zusammenhängenden steuerlichen Fragen zu beraten. N. war bereit, ihr eine Barabfindung von 90.000 DM zu zahlen und Darlehensschulden der Klägerin von 350.000 DM zu übernehmen. Der Beklagte erklärte der Klägerin, sie müsse nur wegen der Abfindung mit Steuern (ca. 9.000 DM) rechnen. Das Finanzamt behandelte jedoch auch die Freistellung von der Verbindlichkeit als Veräußerungsgewinn und setzte Steuern i.H.v. insgesamt 100.000 DM fest. Der Beklagte hätte der Klägerin als günstigste Lösung raten müssen, als stille Gesellschafterin in der OHG zu verbleiben. Die Klägerin behauptet, sie wäre einem entsprechenden Rat gefolgt.*

> *1. Alt:*

> *Der Beklagte bestreitet die Behauptung mit Nichtwissen. Das ist zwar zulässig (§ 138 Abs. 4 ZPO), bringt ihm aber nichts; weil nur eine Entscheidung wirtschaftlich vernünftig war, gilt zugunsten der Klägerin der Anscheinsbeweis, dass sie sich beratungsgemäß verhalten hätte.*

> *2. Alt:*

> *Der Beklagte wendet ein, die Klägerin hätte auch bei richtiger Beratung die Gesellschaft verlassen, weil sie und N. damals heillos zerstritten gewesen seien, und legt dies substanziiert dar. Die Klägerin räumt die Zerstrittenheit ein. Dann fehlt es an einem Sachverhalt, der den Anscheinsbeweis begründet; denn in diesem Fall war das Verbleiben als stille Gesellschafterin nach der Lebenserfahrung nicht nahe liegend.*

> *3. Alt:*

> *Das Vorbringen des Beklagten ist streitig. Hier ist die Darstellung der Klägerin geeignet, den Anscheinsbeweis zu begründen. Der Beklagte trägt jedoch Tatsachen vor, die den Anscheinsbeweis zu entkräften vermögen. Gelingt dem Beklagten der Beweis dieser Indiztatsachen, obliegt*

---

31 BGH, WM 1999, 645, 646; 2001, 741, 743; NJW 2004, 2817, 2818.
32 BGHZ 123, 311 = NJW 1993, 3259; BGH, NJW 1996, 3009.
33 BGH, WM 1993, 1513, 1516.
34 BGH, NJW 1998, 79.

der Klägerin nunmehr der volle Kausalitätsnachweis. Bleibt der Beklagte dagegen beweisfällig, hat die Klägerin den Anscheinsbeweis geführt.

(3) Ein Anscheinsbeweis zugunsten des Mandanten kommt nicht nur dann in Betracht, wenn der Anwalt eine **bestimmte Empfehlung** zu geben hatte. Hatte der Anwalt seinen Auftraggeber lediglich **umfassend über die Rechtslage zu belehren**, verblieb für den Mandanten aber bei vertragsgerechter Information nur eine sinnvolle Entscheidung, so liegt ebenfalls ein in gleicher Weise typischer Sachverhalt vor.[35]

1008

(4) Zugunsten des Mandanten ist prima facie anzunehmen, dass er dem Anwalt die benötigte **Information** vollständig erteilt hätte, wenn dieser seine Beratungs- und Aufklärungspflichten sachgerecht wahrgenommen hätte.[36]

1009

(5) Darüber hinaus ist im Bereich der übrigen **Pflichtverletzungen** des Anwalts ebenfalls zu prüfen, ob nach der Lebenserfahrung ein bestimmtes Verhalten des Mandanten nahe liegt, wenn der Anwalt seine vertraglichen Pflichten erfüllt hätte. Ist dies zu bejahen, kann dort ebenfalls mit dem Anscheinsbeweis gearbeitet werden. Dies kommt insbesondere in Betracht, wenn einem Anwalt ein grober Fehler unterlaufen ist.[37]

1010

5. Beweisvereitelung

Verweigert der rechtliche Berater dem Mandanten vertragswidrig **die Rückgabe erhaltener Unterlagen** und erschwert er diesem dadurch die Darlegung, infolge dieser Vertragsverletzung einen Schaden erlitten zu haben, kann dies nach den Umständen dazu führen, dass an die **Substantiierung des Klagevortrags** in diesem Punkt **geringere Anforderungen** als im Regelfall zu stellen sind. Es genügt dann, dass das dem Kläger nach den Umständen mögliche Vorbringen gewisse Anzeichen für den von ihm behaupteten Schaden liefert.[38]

1011

In einem solchen Fall kommt für den Geschädigten auch eine **Beweiserleichterung** in Betracht. Diese greift jedoch erst ein, wenn er seinerseits hinreichend substanziiert die für die Schadensentstehung maßgeblichen, aus seinem Wahrnehmungs- und Einwirkungsbereich herrührenden Tatsachen vorgetragen und unter Beweis gestellt hat. Insoweit muss er dem Tatrichter eine umfassende Würdigung aller Umstände des Einzelfalles ermöglichen. Hat dieser die danach eventuell gebotene Beweisaufnahme

1012

---

35   BGHZ 123, 311, 318 = NJW 1993, 3259, 3260. Die Urteile BGH, WM 2001, 741, 743 und NJW 2002, 593, 594 könnten demgegenüber so verstanden werden, als setze die Anwendung des Anscheinsbeweises immer einen bestimmten Rat des Anwalts voraus. Die entsprechenden Ausführungen sind jedoch missverständlich formuliert. Den Entscheidungen lagen keine Sachverhalte zugrunde, in denen es auf diese Frage ankam. Die in BGHZ 123, 311 enthaltenen Grundaussagen sind später nicht geändert oder eingeschränkt worden; das ist aus BGH, WM 2003, 1628, 1631 ersichtlich.
36   BGH, NJW 1994, 1472; 1998, 2048, 2050.
37   BGHZ 126, 217, 224 = NJW 1994, 3295, 3298.
38   BGH, NJW 2002, 825.

durchgeführt, ist dem Kläger jedoch auf diese Weise der Beweis nicht gelungen und beruht dies möglicherweise auf der vom Berater zu verantwortenden, zugleich eine Verletzung vertraglicher Pflichten darstellenden Beweisvereitelung, so geht die **Unmöglichkeit der Tatsachenaufklärung** zu dessen Lasten.[39]

IV. Sonderformen der Kausalität

1013 Ist der Schaden nur durch das Zusammenwirken mehrerer Ursachen, die von verschiedenen Personen gesetzt wurden, entstanden, spricht man von **Gesamtkausalität**. Ursächlich geworden ist dann jeder einzelne Beitrag.[40] Das bedeutet indessen nicht ohne weiteres, dass alle Personen für den Schaden haften. Die Frage der Ersatzpflicht lässt sich in diesen Fällen erst aufgrund wertender Zurechnung entscheiden.[41]

Haben zwei Ereignisse in gleichzeitigem Zusammenwirken den Schaden herbeigeführt, war jedoch schon jedes Ereignis für sich allein geeignet, zu diesem Ergebnis zu führen, wäre der Schaden also auch bei Ausfall der jeweils anderen Ursache eingetreten, ist die Conditio-sine-qua-non-Formel ausnahmsweise nicht brauchbar; denn der Geschädigte ginge leer aus, wenn sie zur Anwendung käme. Sie bedarf daher hier der normativen Korrektur, mit der Folge, dass jedes der Ereignisse als kausal anzusehen ist.[42] Es handelt sich um einen Fall der **Doppelkausalität**. Im Anwaltshaftungsrecht hat diese Rechtsfigur, die ein gleichzeitiges Zusammenwirken voneinander unabhängiger Ursachen voraussetzt, kaum praktische Bedeutung.

B. Zurechnung

1014 Eine allein an der logischen **Ursächlichkeit** i.S.d. Bedingungstheorie orientierte Verantwortlichkeit der pflichtwidrig handelnden Person würde zu einer uferlosen Haftung führen. Schon früh hat deshalb die Rechtsprechung eine **Eingrenzung mit der Adäquanzformel** vorgenommen. Diese soll diejenigen Bedingungen innerhalb einer Ursachenkette als nicht haftungsrelevant ausscheiden, die bei wertender Betrachtungsweise unerheblich erscheinen.

Die erforderliche Eingrenzung lässt sich jedoch nicht allein auf diesem Wege erreichen. Nicht jedes für den geltend gemachten Nachteil wesentliche Verhalten des Anwalts macht ihn ersatzpflichtig; erforderlich ist weiter, dass der eingetretene Schaden vom **Schutzzweck der verletzten Pflicht** gedeckt ist.

Schließlich spielen noch Probleme der **hypothetischen Kausalität** (Rn. 1036 ff.) und des **rechtmäßigen Alternativverhaltens** (Rn. 1043 ff.) eine Rolle.

---

39 BGH, NJW 2002, 825, 827.
40 BGH, NJW 1990, 2882, 2883; *Vollkommer/Heinemann*, Rn. 485.
41 Dazu unten Rn. 1014 ff.
42 BGH, VersR 1971, 818, 819; 1983, 731, 732; NJW 1988, 2880, 2882.

I. Adäquanz

1. Grundlagen

Ist der Schadensfall das Ergebnis einer Reihe ineinander greifender Ursachen, wird häufig darüber gestritten, ob das dem Anwalt zur Last fallende Verhalten in Anbetracht der übrigen kausal gewordenen Umstände noch rechtserhebliche Bedeutung hat. Nach ständiger Rechtsprechung wird im Schadensersatzrecht allgemein jede Handlung oder Unterlassung als **adäquat ursächlich** angesehen, welche die objektive Möglichkeit eines Nachteils der eingetretenen Art generell in nicht unerheblicher Weise erhöht hat.[43]

1015

Die Prüfung erstreckt sich auf alle zur Zeit des Eintritts der Begebenheit dem optimalen Beobachter erkennbaren Umstände und bezieht auch das erst im Zeitpunkt der Beurteilung zur Verfügung stehende Erfahrungswissen ein. Gefordert ist eine **wertungsgeprägte Entscheidung**, bis zu welcher Grenze dem Urheber einer Bedingung deren **Folgen billigerweise zugerechnet** werden können.[44] Ist dessen Verhalten im allgemeinen und nicht nur unter besonders eigenartigen, unwahrscheinlichen und nach dem gewöhnlichen Verlauf der Dinge außer Betracht zu lassenden Umständen geeignet, den eingetretenen Schaden herbeizuführen,[45] wird die Adäquanz und damit ein **Zurechnungszusammenhang** zwischen dem Verhalten und dem eingetretenen Schaden bejaht.

1016

Im Anwaltshaftungsrecht tritt diese Problematik regelmäßig in der Weise auf, dass der **Mandant selbst oder Dritte willentlich in das Geschehen eingegriffen** und damit das Ergebnis beeinflusst haben. Dies schließt i.d.R. nicht aus, die Vertragsverletzung dem Anwalt haftungsrechtlich zuzurechnen. Dessen Pflichtwidrigkeit bleibt nur dann als nicht schadensadäquat unberücksichtigt, wenn sie in keinem inneren Zusammenhang zum eingetretenen Schaden steht, vielmehr nur den äußeren Anlass für ein völlig ungewöhnliches Eingreifen eines Dritten bildet.[46]

1017

2. Handlungen des Mandanten

Ein eigener selbständiger Willensakt des Geschädigten schließt es nicht aus, demjenigen die Schadensfolge zuzurechnen, der die Kausalkette in Gang gesetzt hat. Wurde die **Handlung des Mandanten** durch das haftungsbegründende Ereignis geradezu **herausgefordert** oder bestand für sie ein **rechtfertigender Anlass**, so bleibt der **Zurechnungszusammenhang** mit dem Verhalten des Anwalts bestehen. Der Begriff des

1018

---

43 BGHZ 3, 261.
44 BGHZ 3, 261; 79, 259, 261 = NJW 1981, 983.
45 BGHZ 7, 198, 204 = NJW 1953, 700, 701; BGHZ 57, 137, 141 = NJW 1972, 36, 37; NJW 1986, 1329, 1331; 1990, 2882, 2883; 2000, 947, 948.
46 BGH, NJW 1986, 1329, 1331; 1990, 2882, 2884; 1993, 2797, 2799; 2000, 947, 948; 2002, 1117, 1120.

rechtfertigenden Anlasses ist in einem weiten Sinne zu verstehen. Es genügt, dass es sich um eine Entschließung handelt, die nicht als ungewöhnlich oder gänzlich unangemessen zu bewerten ist.[47] Die Beendigung einer rechtlichen Auseinandersetzung durch **Vergleich** ist i.d.R. als **vernünftige Reaktion** in diesem Sinne anzusehen.[48] Versucht der Mandant, den durch den Anwaltsfehler drohenden oder bereits eingetretenen Schaden mittels einer Klage gegen einen Dritten abzuwenden, bleibt diese Klage jedoch erfolglos, so ist ein adäquater Ursachenzusammenhang mit dem Fehler des Beraters zu bejahen, sofern bei vernünftiger Beurteilung eine realistische Chance bestand, den Rechtsstreit zu gewinnen, oder der Berater, obwohl er auf die Entschließung des Mandanten hätte Einfluss nehmen können, nicht davon abgeraten hat, den Prozess zu führen.[49]

1019 Dies gilt grundsätzlich auch dann, wenn der Rechtsanwalt eine gebotene Maßnahme unterlassen hat, der Mandant das Vertragsverhältnis kündigt, bevor der Schaden eintritt, und er im Zeitpunkt der **Kündigung** noch hätte vermieden werden können; denn der Anwalt hätte trotz der Kündigung noch den bisher unterlassenen Hinweis erteilen können. Im Übrigen wird der **Zurechnungszusammenhang** nicht schon dadurch **unterbrochen**, dass der Mandant den **Vertrag beendet** und einen **anderen Berater** hinzugezogen hat; denn eine solche Maßnahme kann regelmäßig nicht als ungewöhnliche, völlig unangemessene Entschließung gewertet werden.[50] Besonders bedeutsam ist dies für die Fälle, in denen der Anwalt versäumt hat, den Mandanten auf den drohenden Ablauf der Verjährung hinzuweisen. Hier wird der Zurechnungszusammenhang zwischen Pflichtverletzung und Schaden nicht ohne weiteres dadurch unterbrochen, dass der Mandant vor Ablauf der Verjährungsfrist einen anderen Rechtsanwalt mit der Prüfung von Schadensersatzansprüchen gegen den ersten Anwalt beauftragt.[51]

1020 Hat der Anwalt den Mandanten **durch einen Beratungsfehler in eine ungünstige Situation** gegenüber seinem Vertragspartner gebracht, entspricht es durchaus der Lebenserfahrung, dass jener daraus Vorteile zu ziehen sucht, auf die er keinen Anspruch hat. Entschließt sich der Mandant in einer solchen Lage, dem Begehren des Vertragsgegners nachzugeben und es nicht auf einen Prozess ankommen zu lassen, handelt es sich im Allgemeinen um einen normalen Geschehensablauf, der die Zurechnung bestehen lässt.[52] Jedoch darf sich der Mandant nicht zu Leistungen verpflichtet haben, für

---

47 BGH, NJW-RR 1990, 1241, 1244; NJW 1993, 1139, 1141; 1995, 449, 451; 1999, 2183, 2187. Missverständlich BGH, NJW 1988, 1143, 1145: Dort fehlte es in Wirklichkeit schon am logischen Ursachenzusammenhang.
48 BGH, NJW 1993, 1139, 1141; 1993, 1320, 1322 f.; 1993, 2797, 2799; 1998, 2048, 2050; 1999, 1391, 1392; NJW-RR 2000, 791; OLG Hamm, NJW-RR 2004, 213, 215 f.
49 BGH, NJW 1999, 2183, 2187.
50 BGH, NJW 2002, 1117, 1120.
51 BGH, NJW 2002, 1117, 1120; NJW-RR 2005, 1146.
52 BGH, VersR 1980, 649, 650.

deren Gewährung kein vertretbarer Anlass bestand.⁵³ Ein völlig unsachgemäßes, den Zurechnungszusammenhang unterbrechendes Verhalten hat der BGH in einem Falle bejaht, in dem der Mandant aufgrund anderweitiger rechtlicher Beratung noch rechtzeitig die Hinweise erhalten hatte, um den ihm aus einem Anwaltsfehler drohenden Schaden abzuwenden, sich jedoch aus schlechthin unvertretbaren Gründen völlig uneinsichtig verhalten hatte.⁵⁴ Dasselbe trifft für vorsätzlich falsche Erklärungen zu, die bewirkt haben, dass der Berater den durch seine Pflichtverletzung drohenden Schaden nicht mehr abwenden konnte.

3. Handlungen Dritter

Für das **Verhalten Dritter** gilt dasselbe wie für das Eingreifen des Geschädigten. Es beseitigt die Zurechnung nur, sofern es als **gänzlich ungewöhnliche Beeinflussung des Geschehensablaufs** zu werten ist. Der **Zurechnungszusammenhang** wird daher grundsätzlich nicht dadurch unterbrochen, dass nach dem pflichtwidrig handelnden Anwalt eine andere rechtskundige Person mit der Angelegenheit befasst worden ist und noch in der Lage gewesen wäre, den Schadenseintritt zu verhindern, wenn sie die ihr obliegende Sorgfaltspflicht beachtet hätte. Trifft der zweite Berater eine Entschließung oder erteilt er einen Hinweis, die schlechterdings unverständlich sind, also gemessen an sachgerechter Berufsausübung sachfremd und nicht nachvollziehbar erscheinen, hat der erste Anwalt dafür nicht einzustehen.⁵⁵

Deshalb hat der **BGH** in den nachstehend geschilderten **Beispielsfällen** ein schadensadäquates Verhalten des Anwalts bzw. Notars bejaht, der die Erstursache gesetzt hatte:

(1) Der beklagte Anwalt hatte es versäumt, notwendige Maßnahmen zur Unterbrechung der Verjährung zu treffen. Dem später beauftragten Kollegen war derselbe Fehler unterlaufen.⁵⁶

(2) Der Mandant entschließt sich infolge fehlerhafter anwaltlicher Beratung zu einem ihm ungünstigen Vertrag; der beurkundende Notar hätte auf den ihm erkennbaren Fehler hinweisen müssen.⁵⁷

(3) Der Notar hatte in dem von ihm beurkundeten Kaufvertrag die Wohnfläche des Hauses versehentlich zu hoch angegeben. Der Käufer verlangte deshalb vom Verkäufer einen Teil des Kaufpreises zurück. Er erwirkte einen Vollstreckungsbescheid; der Verkäufer versäumte infolge eines Anwaltsversehens die Einspruchsfrist. Dieser nahm nunmehr den Notar auf Schadensersatz in Anspruch. Dabei behauptete er, dem Käufer sei die wirkliche

---

53 BGH, NJW 1997, 250, 253; 1999, 2183, 2187.
54 BGH, NJW 1994, 2822; vgl. auch NJW 1997, 250, 253.
55 BGH, NJW 1990, 2882, 2884; 1994, 2822, 2824; 2001, 1117, 1120; 2001, 3477, 3478; NJW-RR 2003, 850.
56 BGH, NJW 1993, 1779.
57 BGH, NJW 1990, 2882, 2884.

Wohnfläche bei Vertragsschluss genau bekannt, dessen Rückzahlungsanspruch also unbegründet gewesen.[58]

1023 Gerade der letzte Fall zeigt, dass im Filter der Adäquanz nur wenige pflichtwidrige Handlungen des Rechtsberaters hängenbleiben. Nach Auffassung der Rechtsprechung wird der Zurechnungszusammenhang nicht einmal dadurch unterbrochen, dass ein von der Pflichtwidrigkeit begünstigter **Dritter** den ihm zu Unrecht zugefallenen Vorteil **bewusst zum Nachteil des Mandanten** ausnutzt. Da ein solches Verhalten nicht außerhalb aller Erfahrung liegt, bleibt der Anwaltsfehler adäquat ursächlich für den Schaden des Auftraggebers. Die **Zurechnungsgrenze** ist erst dann überschritten, wenn der erste Anwalt den später mandatierten Kollegen noch rechtzeitig vor Eintritt des Schadens auf den Fehler hinweist und jener trotzdem aus sachwidrigen Erwägungen die gebotene Maßnahme unterlässt.

4. Fehler des Gerichts

1024 Es gehört zu den vertraglichen Pflichten des **Anwalts**, durch vollständigen Sachvortrag und geeignete Rechtsausführungen auch darauf **hinzuwirken, gerichtliche Fehler** möglichst **zu vermeiden**.[59] Schon daraus folgt, dass eine Haftung des Anwalts auch dann in Betracht kommt, wenn er dieser Aufgabe nicht gerecht geworden und deshalb eine Fehlentscheidung ergangen ist, die den Mandanten belastet.[60] Dieser Grundsatz bedarf jedoch einer **Einschränkung**, weil das Gericht für die Beachtung der ihm im öffentlichen Interesse obliegenden Verpflichtung, nach den Regeln der Verfahrensvorschriften möglichst zu einer richtigen Entscheidung zu gelangen, unabhängig von der Leistung des Anwalts verantwortlich ist. Diese Aufgabe, die in dem Satz „iura novit curia" zum Ausdruck kommt, muss in die im Rahmen der Zurechnung gebotene wertende Betrachtungsweise einbezogen werden.[61] Daraus folgt, dass Fehler des Gerichts in ihrer Bedeutung für den haftungsrechtlichen Zusammenhang nicht ohne weiteres den Handlungen Dritter oder des Mandanten gleichgestellt werden können.

Die höchstrichterliche Rechtsprechung hat dieser Besonderheit zunächst dadurch Rechnung getragen, dass ein **Zurechnungszusammenhang** zwischen der **Vertragsverletzung des Anwalts** und dem geltend gemachten **Schaden** trotz eines dazwischen geschalteten **gerichtlichen Fehlers** nur bejaht wurde, sofern Letzterer jedenfalls auch

---

58 BGH, NJW-RR 1990, 204.
59 Vgl. Rn. 674 ff.
60 BGH, NJW 1988, 3013; NJW-RR 1990, 1241, 1242; NJW 1993, 2797, 2799; 2002, 1048, 1049; NJW-RR 2003, 850.
61 Ausführlich zu dieser Problematik *Fahrendorf*, in: *Rinsche/Fahrendorf/Terbille*, Rn. 788 ff.; *Medicus*, AnwBl 2004, 257 ff.; *Zugehör*, NJW 2003, 3225 ff.; vgl. auch BVerfG, NJW 2002, 2937, 2938.

auf Umständen oder Problemen beruhte, deren Auftreten der Anwalt gerade durch sachgerechtes Arbeiten hätte **vermeiden** müssen.[62]

Hat der Anwalt eine Willenserklärung als **Rücktritt statt als Kündigung** bezeichnet, muss er dafür einstehen, wenn dies mit dazu beigetragen hat, dass das Gericht eine dem Mandanten nachteilige, fehlerhafte Auslegung vorgenommen hat.[63] Sind infolge einer vom Anwalt verzögerten Durchsetzung des Anspruchs oder wegen unvollständigen Tatsachenvortrags zusätzliche tatsächliche oder rechtliche Schwierigkeiten entstanden, die der Richter nicht zutreffend bewältigt hat, gilt dasselbe.[64] Hat der Anwalt statt des sachgerechten einen **fehlerhaften Antrag** gestellt und ist dadurch ein zusätzliches, schwieriges Rechtsproblem entstanden, das der Richter fehlerhaft gelöst hat, muss sich der Anwalt den daraus entstandenen Schaden haftungsrechtlich zurechnen lassen.[65] Zu den Aufgaben des Anwalts im Prozess kann es auch gehören, auf einen klar ersichtlichen **Fehler in einem gerichtlichen Beweisbeschluss** hinzuweisen;[66] versäumt er dies, wird der Zurechnungszusammenhang grundsätzlich nicht dadurch unterbrochen, dass das Gericht eine unzutreffende Entscheidung gefällt hat.[67] Dagegen kann der Anwalt für Irrtümer des Gerichts, zu denen er nicht durch eine eigene Pflichtverletzung beigetragen hat, selbstverständlich in keiner Weise verantwortlich gemacht werden.

1025

In einem Urteil aus dem Jahre 2003[68] hat der **BGH** an dieser Differenzierung jedoch nicht festgehalten und praktisch denselben **Zurechnungsmaßstab** angewandt, wie er allgemein bei nachfolgenden **Handlungen Dritter**[69] gilt. Der Entscheidung lag folgender Sachverhalt zugrunde:

1026

Der Mandant hatte 1962 als griechischer Staatsangehöriger vor einem griechisch-orthodoxen Geistlichen die Ehe mit einer Griechin geschlossen. 1989 hatte er – inzwischen ausschließlich deutscher Staatsangehöriger – sich von der Frau getrennt und 1991 den beklagten Rechtsanwalt mit der Wahrnehmung seiner Interessen beauftragt. Dieser hatte ein Ehescheidungsurteil erwirkt; danach hatte der Mandant Versorgungsausgleich und Unterhalt an die Frau zu zahlen. Später wurde erkannt, dass die Eheschließung aus Rechtsgründen gemäß §§ 11, 15a EheG unwirksam war.

Der Fehler des Rechtsanwalts lag darin, dass er Scheidungsklage erhoben statt Antrag auf Feststellung des Nichtbestehens einer Ehe gestellt hatte. Dem Familiengericht, das auf der Grundlage des vom Rechtsanwalt zutreffend mitgeteilten Sachverhalts von Amts wegen die Zulässigkeit der Klage zu prüfen hatte, war allerdings derselbe

---

62 BGH, NJW 1996, 48; 1996, 2648, 2650; 1997, 250, 253; 1998, 2048, 2050.
63 BGH, NJW 1996, 2648, 2650.
64 BGH, NJW 1996, 48, 51; NJW-RR 1990, 1241, 1244; NJW 2000, 3560, 3561.
65 BGH, NJW 1998, 2048, 2050.
66 Vgl. Rn. 675.
67 BGH, NJW 1988, 3013, 3015.
68 BGH, NJW-RR 2003, 850.
69 Vgl. oben Rn. 1021 ff.

Fischer

Rechtsfehler unterlaufen. Es hatte ebenso wie der Anwalt die Nichtigkeit der Ehe nicht erkannt.

1027 Der BGH hat in diesem Fall die Haftung des Anwalts mit folgenden Erwägungen bejaht: Er habe mit der Wahl der Klageart den entscheidenden Einfluss auf die weitere rechtliche Gestaltung ausgeübt, weil der deutsche Zivilprozess der Parteiherrschaft unterliege. Bei mitwirkender Schadensverursachung durch mehrere Personen hafteten diese zum Schutz des Geschädigten grundsätzlich gemeinsam als Gesamtschuldner. Der Umstand, dass der daraus üblicherweise folgende Innenausgleich (§§ 426, 254 BGB) hier durch das Spruchrichterprivileg des § 839 Abs. 2 Satz 1 BGB gestört werde, könne nicht dazu führen, dass der geschädigte Mandant regelmäßig keinen Ersatz des erlittenen Schadens erlangen könne. Etwas anderes sei allenfalls dann anzunehmen, wenn der Schadensbeitrag des Gerichts denjenigen des Anwalts soweit überwiege, dass dieser daneben ganz zurücktrete. Hier habe der Familienrichter allein das Ehescheidungsurteil mit der Anordnung des Versorgungsausgleichs zu verantworten. Der vom Beklagten vertragswidrig fehlgestaltete Prozess habe jedoch nicht in geringerem Maße zu dem entstandenen Schaden beigetragen, weil er erst die **Gefahrenlage geschaffen** habe, in welcher sich der Fehler des Gerichts habe auswirken können.[70]

1028 Diese Wertung berücksichtigt nicht hinreichend, dass das Familiengericht schon von Amts wegen als Prozessvoraussetzung die rechtlichen Merkmale einer gültigen Ehe zu prüfen hatte, unabhängig vom Vorbringen des Klägers. Der Anwalt hatte den Sachverhalt zutreffend mitgeteilt. Daher stand hier die besondere Verantwortung, die dem Richter aufgrund der ihm von Rechts wegen obliegenden Aufgaben in der Gestaltung des Verfahrens sowie der Prüfung der Sach- und Rechtslage zukommt, ganz im Vordergrund. Die rechtliche Klärung wurde ihm durch die von dem Anwalt vertretene unrichtige Ansicht nicht erschwert. Die Bejahung der Haftung des Anwalts in einem solchen Fall wertet nicht genügend die besondere Stellung des Richters nach der Prozessordnung sowie den ihm gesetzlich auferlegten Pflichtenkreis[71] und führt damit zu einer **Überdehnung des Schutzzwecks** der dem Rechtsanwalt obliegenden Pflichten.[72]

---

70 BGH, NJW-RR 2003, 850; im Wesentlichen zustimmend *Zugehör*, NJW 2003, 3225, 3229; *Fahrendorf*, in: *Rinschel/Fahrendorf/Terbille*, Rn. 800.
71 Vgl. dazu auch BVerfG, NJW 2002, 2937, 2938. Die Argumentation dieser Entscheidung ist allerdings in wesentlichen Teilen verfehlt, insbesondere, soweit das BVerfG mit dem Begriff der Haftungsverschiebung arbeitet. Der Anwalt haftet nie für Fehler des Gerichts, sondern immer nur für eigene Fehler. In diesen Fällen geht es allein darum, ob und unter welchen Voraussetzungen dem Anwalt der ihm zur Last fallende kausal gebliebene Fehler wegen eines zeitlich nachfolgenden gerichtlichen Fehlers haftungsrechtlich nicht mehr zuzurechnen ist. Das lässt sich nicht generell beantworten, sondern bedarf einer fallbezogenen wertenden Betrachtungsweise. Vgl. zur Kritik auch *Knöfel*, AnwBl 2004, 76 ff.; *Medicus*, AnwBl 2004, 257; *Zugehör*, NJW 2003, 3225, 3227 f.
72 Im Ergebnis ebenso *Vollkommer/Heinemann*, Rn. 539.

B. Zurechnung

Auf der Grundlage der vom BGH nunmehr vertretenen Auffassung ist es allerdings konsequent, dem Anwalt, der den Beklagten vertritt und ebenso wie das Gericht nicht die **Unschlüssigkeit** eines Klageanspruchs erkannt hat, den daraus entstandenen Schaden des Mandanten zuzurechnen.[73]

1029

Steht der Fehler des Gerichts **nicht in einem inneren Zusammenhang** mit der Pflichtwidrigkeit, begründet dies **keine Haftung**, sofern der Schaden ohne gerichtlichen Fehler nicht entstanden wäre.[74] Ein solcher innerer Zusammenhang ist auch dann zu verneinen, wenn der Vertrag infolge eines Anwaltsfehlers den Parteiwillen nicht eindeutig zum Ausdruck bringt, der Richter jedoch die deshalb erforderliche Beweisaufnahme, die den wahren Sachverhalt aufgedeckt hätte, aus schlechthin unvertretbaren Gründen nicht durchgeführt und deshalb ein Fehlurteil gefällt hat.[75]

1030

Einen Schaden, der zwar auf einen **anwaltlichen Fehler** zurückgeht, jedoch so **rechtzeitig behoben** wurde, dass für das Gericht keine erhöhten Schwierigkeiten mehr bestanden, den Streitfall richtig zu entscheiden, hat der Anwalt nicht zu verantworten.[76] Hat er beispielsweise dafür gesorgt, dass ein Vertrag, der aus von ihm zu vertretenden Gründen zunächst nicht wirksam geworden ist, im Wege der Genehmigung Gültigkeit erlangt hat, verneint das Gericht jedoch rechtsfehlerhaft eine wirksame Heilung, obwohl der Fall in dieser Hinsicht keine besonderen Schwierigkeiten aufgeworfen hat, braucht der Rechtsanwalt nicht für den daraus entstandenen Nachteil des Mandanten einzustehen.

1031

II. Schutzzweck der Norm

1. Grundsätze

Seit langem ist in Rechtsprechung und Lehre anerkannt, dass die Adäquanztheorie allein nicht zu einer sachgerechten **Eingrenzung der Haftung** für schadensursächliches Verhalten führt. Demjenigen, der eine ursächliche Bedingung gesetzt hat, darf der Schaden nur zugerechnet werden, wenn dieser sich innerhalb des **Schutzbereichs der verletzten Norm** verwirklicht. Es muss ein **innerer Zusammenhang** zwischen

1032

---

73 BGH, NJW 1996, 2648, 2650.
74 BGH, NJW 1997, 250, 253.
75 Vgl. BGH, NJW 2002, 1048, 1049, wo die Problematik jedoch nicht angesprochen wird. Dies beanstandet BVerfG, NJW 2002, 2937, 2938, im Ergebnis zu Recht, ohne freilich die maßgeblichen Wertungsgesichtspunkte herauszuarbeiten; zutreffend *Zugehör*, NJW 2003, 3225, 3229 f.; *Fahrendorf*, in: *Rinsche/Fahrendorf/Terbille*, Rn. 793.
76 BGH, NJW 1988, 486, 487.

dem **Verhalten des Schädigers** und dem eingetretenen **Schaden** bestehen; eine lediglich zufällige Verbindung genügt nicht.[77] Diese ursprünglich im Deliktsrecht entwickelte Wertung wurde auf das Vertragsrecht übertragen. Die Haftung des Schuldners ist dort durch den **Schutzzweck der verletzten vertraglichen Pflicht** begrenzt.[78]

1033 Für die **Anwaltshaftung** heißt dies, dass der Berater nur für solche Nachteile einzustehen hat, zu deren Abwendung er die aus dem Mandat folgenden Pflichten übernommen hat.[79] Hat der Berater allein die steuerlichen Folgen einer vom Mandanten erwogenen gesellschaftsrechtlichen Beteiligung zu erläutern, so haftet er bei einem Fehler nur für die im steuerlichen Bereich eingetretenen Nachteile, nicht dagegen für den ausgebliebenen Unternehmenserfolg, der auf anderen Faktoren beruht.[80] Die Pflicht des Anwalts zur frist- und formgerechten Begründung eines weisungsgemäß eingelegten Rechtsmittels soll die Partei nur vor einem ungerechtfertigten Misserfolg ihres Begehrens schützen, nicht indes vor dem beschleunigten Verlust des Prozesses, der von Rechts wegen ohnehin hätte eintreten müssen.[81] Ist der Mandant infolge eines Anwaltsfehlers einen Vertrag eingegangen, der ihm eine ungesicherte Vorleistung aufbürdet, so kann er nicht Ersatz für die Nachteile fordern, die ihm deshalb entstanden sind, weil er später diese Vorleistung verweigert hat; vom Schutzzweck der Pflicht umfasst ist lediglich der Schaden, der durch Erfüllung der ungünstigen Vorleistungspflicht entstanden ist. Wer einem Anlageinteressenten eine umfassende Beratung oder Aufklärung schuldet, haftet grundsätzlich für alle auf einer Verletzung seiner Pflichten beruhenden Schäden; beschränkt sich die Beratungs- oder Aufklärungspflicht dagegen auf einen bestimmten, für das Vorhaben bedeutsamen Einzelpunkt, so hat der Berater bei Verletzung seiner Pflicht nur für Schäden einzustehen, die in diesem Punkt eintreten.[82]

1034 Der Gesichtspunkt des **Schutzzwecks** der Norm wird auch in den Fällen bedeutsam, in denen der Schaden sowohl auf einer **Pflichtverletzung des Anwalts** als auch einem **gerichtlichen Fehler** beruht.[83] Dort lässt sich der Haftungsrahmen nicht ohne die Beachtung von Zweck und Ziel der übernommenen Pflichten sachgerecht bestimmen.[84]

---

77 BGHZ 27, 137, 140 = NJW 1958, 1041, 1042; BGHZ 37, 311, 315 = NJW 1962, 1676, 1677; BGHZ 57, 137, 142 = NJW 1972, 36; NJW 1986, 1329, 1331; 1990, 2882, 2883 f.; 1998, 2048, 2049; WM 1999, 2360, 2362; 2001, 297, 298; NJW-RR 2003, 1035, 1036.
78 BGH, NJW 1990, 2057.
79 BGH, NJW 1993, 1779, 1781; 1993, 2797, 2799; 1995, 449, 451; 1997, 2946.
80 BGH, WM 2003, 1621, 1622.
81 BGH, NJW 2005, 1935; vgl. auch Rn. 1057 a.E.
82 BGHZ 116, 209, 212 ff. = NJW 1992, 555 = WM 1992, 133; BGH, NJW-RR 2003, 1035, 1036.
83 Vgl. oben Rn. 1024 ff.
84 BGH, NJW 1996, 48, 51; 1998, 2048, 2050.

2. Einzelfälle

Auf folgende Fälle aus der Judikatur ist besonders hinzuweisen: 1035

*(1) Die Pflicht des Anwalts, den nach den Umständen sichersten Weg zu wählen, um die **Verjährung von Ansprüchen des Auftraggebers** zu verhindern, soll den Mandanten auch davor schützen, in eine rechtlich oder tatsächlich zweifelhafte Lage zu geraten, in der er sich außerstande sieht, der vom Gegner zu Unrecht erhobenen Verjährungseinrede erfolgreich entgegenzutreten.*[85]

*(2) Wendet sich der Treuhänder von Geschäftsanteilen an den Anwalt mit der Bitte um Beratung, weil die Gesellschaft dringend finanzielle Mittel benötigt, die die Treugeber einzuschießen verpflichtet sind, jedoch freiwillig nicht leisten, und erklärt der Anwalt dem Mandanten infolge fehlerhafter rechtlicher Beratung, der **Treuhandvertrag** sei unwirksam und der Mandant deshalb auch wirtschaftlich Alleineigentümer der Anteile, so haftet der Anwalt für wirtschaftliche Nachteile, die dem Mandanten daraus entstanden sind, dass er infolge der Beratung selbst einen Kredit aufgenommen oder eine Bürgschaft erteilt hat.*[86]

*(3) Der Kläger und seine Schwester hatten den beklagten Anwalt in einer **erbrechtlichen Auseinandersetzung** mit der Schwägerin mandatiert. Infolge eines Anwaltsfehlers musste der Kläger wesentlich mehr zahlen, als bei sachgerechter Vertretung seiner Interessen notwendig gewesen wäre. Nunmehr machte die Schwester geltend, infolge der an die Schwägerin gezahlten Abfindung stehe auch ihr ein höherer Anspruch, als zunächst angenommen, zu. Selbst wenn dies zutreffen sollte, haftet der Anwalt insoweit nicht, weil seine Pflicht sich nur auf die Rechtsbeziehungen des Klägers zur Schwägerin erstreckte.*[87]

(4) Der Mandant ist von einem Konkurrenzunternehmen abgemahnt und zur Abgabe einer Unterlassungserklärung aufgefordert worden. Er bittet den Anwalt um Begutachtung der Aussichten eines Prozesses sowie der Höhe der dann entstehenden Kosten. Der Anwalt bewertet (zutreffend) die Rechtslage als unsicher und sieht den Prozess daher als risikoreich an. Dessen Kosten schätzt er auf höchstens 7.000 DM, obwohl er hätte erkennen können, dass der Aufwand möglicherweise 18.000 DM beträgt. Der Mandant entschließt sich zum Prozess, den er verliert. Er hätte die Unterlassungserklärung abgegeben, wenn er gewusst hätte, welche Kosten ihm drohen. Das OLG Karlsruhe hat in diesem Falle unter Berufung auf den Schutzzweck der verletzten Pflicht nur zur Zahlung der Differenz von 11.000 DM zwischen den tatsächlich entstandenen und den geschätzten Kosten verurteilt.[88] *Das dürfte rechtlich nicht haltbar sein; denn auch die Verpflichtung, zutreffend über das **Kostenrisiko** aufzuklären, diente dazu, dem Mandanten die notwendige sachliche Grundlage für die Entscheidung zu geben, ob er sich überhaupt auf den Rechtsstreit einlassen wollte. Richtigerweise hätte der Klage daher in Höhe des Unterschiedes zwischen den Prozesskosten und den Aufwendungen bei sofortiger Unterwerfung stattgegeben werden müssen.*

*(5) Der Mandant beauftragte den Berater, ihn im Zusammenhang mit dem Erwerb eines Hausgrundstücks **steuerlich zu beraten**. Obwohl die Beratung nicht sachgerecht war, gelang es dem Kläger, alle erstrebten Steuervorteile zu erzielen. Er verlangt jedoch Schadensersatz, weil*

---

85 BGH, NJW 1993, 2797, 2799.
86 BGH, NJW 1997, 2946, 2947.
87 BGH, NJW 1997, 250, 253.
88 OLG Karlsruhe, NJW 1990, 2132 m. krit. Anm. *Pentz*, AnwBl 1992, 128.

sich die Investition aus anderen Gründen als nicht rentabel erwiesen hat. Dieser Anspruch ist selbst dann nicht begründet, wenn der Mandant bei vertragsgerechter Beratung im Steuerrecht das Haus nicht gekauft hätte; denn der Schutzzweck der Vertragspflicht des Beraters erstreckt sich nicht auf Nachteile seines Auftraggebers außerhalb des steuerlichen Bereichs.[89]

*(6) Jedenfalls im Steuerrecht hat der Berater den Mandanten auch davor zu bewahren, bei Ausschöpfung der in Betracht kommenden Steuervorteile den zulässigen Rahmen zu überschreiten und sich dadurch **steuerstrafrechtlicher Verfolgung** auszusetzen. Wird der Berater seiner Aufgabe nicht gerecht, so hat er den dadurch verursachten Vermögensschaden zu ersetzen. Dieser liegt auch insoweit im Schutzbereich der dem Berater obliegenden Pflichten, als es sich um ein dem Steuerpflichtigen auferlegtes Bußgeld handelt, dessen Verhängung ein eigenes Verschulden des Steuerschuldners, nämlich leichtfertiges Verhalten (§ 378 Abs. 1 AO), voraussetzt. Etwas anderes gilt nur dann, wenn der Mandant vorsätzlich gegen die Steuergesetze verstoßen hat.*[90]

*(7) Der Mandant wurde wegen eines Anwaltsfehlers zu Unrecht zur Zahlung von 10.000 € verurteilt. Er nimmt den Anwalt nicht nur wegen dieses Betrages sowie der Prozesskosten in Regress, sondern macht darüber hinaus geltend, die durch die Verurteilung und die anschließende Zwangsvollstreckung verursachten Aufregungen hätten eine bei ihm schon lange bestehende chronische Krankheit so verschlimmert, dass er arbeitsunfähig geworden sei. Er verlangt deshalb entgangenen Arbeitslohn. Dieser Schaden liegt außerhalb des Schutzbereichs der Norm. Die verletzte Vertragspflicht erstreckte sich nicht auf die Bewahrung des Mandanten vor **gesundheitlichen Nachteilen** als Folge der Belastung durch die Prozessführung.*[91]

*(8) Der Mandant erteilt seinem Anwalt den **Treuhandauftrag**, eine ihm übersandte Bürgschaft nur bei Vorliegen der im Einzelnen bezeichneten Voraussetzungen an den Gläubiger weiterzuleiten. Der Anwalt gibt die Bürgschaft jedoch vorzeitig heraus. In diesem Falle hat er den vollen, durch seine Pflichtwidrigkeit verursachten Schaden zu ersetzen. Eine Einschränkung der Haftung unter dem Gesichtspunkt des mit der Treuhandauflage verfolgten Zwecks kommt nicht in Betracht; weil der Mandant durch einen solchen Vertrag umfassend vor den Folgen einer unberechtigten Verfügung über das Treugut geschützt wird.*[92]

III. Hypothetische Kausalität

1036 Dieser Begriff bezeichnet den Einwand, der real bewirkte Schaden wäre später durch einen anderen Umstand, die sog. **Reserveursache**, ebenfalls herbeigeführt worden. Ursächlich für den Schaden ist nur das tatsächliche Erstereignis. Die Reserveursache konnte sich nicht mehr auswirken, weil der vermögensrechtliche Nachteil schon eingetreten war. Die Frage betrifft folglich **nicht die Kausalität**, vielmehr handelt es sich um ein reines **Zurechnungsproblem**.[93]

---

89 BGH, NJW 1990, 2057, 2058.
90 BGH, NJW 1997, 518, 519.
91 OLG Braunschweig, Urt. v. 2.11.2000 – 2 U 13/00; der BGH hat das Prozesskostenhilfegesuch des Klägers für die Durchführung der Revision mangels Erfolgsaussicht zurückgewiesen (Beschl. v. 15.3.2001 – IX ZA 27/00, n.v.).
92 BGH, NJW 2002, 2459.
93 BGHZ 104, 355, 359 = NJW 1988, 3265, 3266.

B. Zurechnung

Während die Rechtsprechung des **Reichsgerichts** die Reserveursache **grundsätzlich als unbeachtlich** behandelte,[94] hat sich in der Rechtsprechung des **BGH** eine **differenzierte Beurteilung** durchgesetzt. An der genannten Regel wird zwar im Grundsatz festgehalten. Jedoch wurden **Fallgruppen** herausgebildet, in denen die **hypothetische Ursache rechtliche Bedeutung** gewinnt, weil ansonsten der Geschädigte ungerechtfertigt besser stände und der Schädiger unbillig belastet würde.[95]

1037

Das gilt vor allem für die sog. **Anlagefälle**, in denen die pflichtwidrige Handlung eine bereits weitgehend entwertete Sache betraf. War der zerstörte oder beschädigte Gegenstand schon im Zeitpunkt des haftungsbegründenden Ereignisses mit einer Schadensanlage behaftet, die später zum gleichen Ergebnis geführt hätte, so ist diese Tatsache nach ständiger Rechtsprechung für die Frage, ob und in welchem Umfang ein Schaden entstanden ist, zu berücksichtigen.[96] Dasselbe gilt bei **vermögensrechtlichen Daueransprüchen**, z.B. auf Ersatz des Verdienstausfalls oder auf Schadensersatzrenten, wenn feststeht, dass der Berechtigte von einem bestimmten Zeitpunkt an auch ohne die vom Schädiger zu verantwortende Handlung die Voraussetzungen für die Einkünfte, deren Ersatz er verlangt, nicht mehr erfüllt hätte.[97] Hat die Klage des Arbeitnehmers gegen eine ungerechtfertigte Kündigung infolge eines Anwaltsfehlers keinen Erfolg, ist der Umstand, dass der Mandant die Stelle aus persönlichen Gründen ohnehin alsbald hätte aufgeben müssen, für die Frage erheblich, welcher Schaden ihm aus der Pflichtverletzung seines Beraters entstanden ist.[98] War das benachteiligte Unternehmen nicht lebensfähig, hätte es wegen mangelnder Rentabilität oder wachsender Verschuldung auf jeden Fall binnen kurzem liquidiert werden müssen, ist dies ebenfalls **haftungsrechtlich zu berücksichtigen**.[99]

1038

Hätte dagegen der hypothetische Ursachenverlauf zu einem Ersatzanspruch des Betroffenen gegen einen Dritten geführt, kann dies denjenigen, der pflichtwidrig gehandelt hat, nicht entlasten, weil sonst der Geschädigte leer ausginge.[100]

Derjenige, der für den Schaden in Anspruch genommen wird, hat die **hypothetische Geschehenskette zu beweisen**;[101] insoweit gilt ebenfalls § 287 ZPO. Die bloße Möglichkeit eines hypothetischen Ereignisses bleibt immer rechtlich unbeachtet.

1039

---

94 RGZ 141, 365; 144, 80, 84; 144, 348, 353; 169, 117, 120.
95 BGHZ 10, 6 = NJW 1953, 977; BGHZ 29, 207, 215; 104, 355, 358 f. = NJW 1988, 3265, 3266; BGHZ 125, 56, 61 = NJW 1994, 999, 1000; BGH, NJW 1996, 3343, 3345.
96 BGHZ 78, 209, 214 = NJW 1981, 628, 630; BGHZ 125, 56, 61 = NJW 1994, 999, 1000; BGH, WM 1960, 21, 23 f.; NJW 1985, 676, 677.
97 BGHZ 10, 6 = NJW 1953, 977.
98 BGH, MDR 1977, 468; vgl. BGH, NJW 2000, 1572, 1573 f.
99 BGH, LM § 249 (Ba) BGB Nr. 20.
100 BGH, NJW 1958, 705; 1967, 551, 552.
101 BGHZ 78, 209, 213 f. = NJW 1981, 628, 630; BGH, NJW 1967, 551; 1983, 1053; 1996, 3343, 3345.

1040 Fragen des **hypothetischen Kausalverlaufs** tauchen im Haftungsrecht der rechtsberatenden Berufe i.d.R. nur dort auf, wo es darum geht, **wie der Vorprozess bei sachgerechtem Verhalten des Anwalts geendet hätte**, und gehören dann i.d.R. zur Schadensproblematik.[102]

1041 In unmittelbarem Zusammenhang mit der pflichtwidrigen Handlung stellt sich das Problem in den nachfolgenden **Beispielen**:

*(1) Eine Bank hatte auf einem Anderkonto eines Notars 20 Mio. DM zur **Finanzierung eines Grundstückskaufs** zur Verfügung gestellt. Der Notar zahlte den Betrag aus, bevor die von der Bank im Treuhandvertrag festgelegten Voraussetzungen erfüllt waren. Gegen den Schadensersatzanspruch wendet der Notar ein, die Bank wäre, wenn die Auszahlungsvoraussetzungen nicht eingetreten wären, in derselben Höhe aus einer in diesem Zusammenhang dem Verkäufer erteilten Bürgschaft in Anspruch genommen worden.*[103]

*(2) Durch Verschulden des Anwalts sind die **Vertragsverhandlungen gescheitert**; der Mandant fordert Schadensersatz. Der Anwalt macht geltend, der Mandant wäre nicht in der Lage gewesen, den gültigen Vertrag zu erfüllen, so dass der andere Teil zurückgetreten wäre.*[104]

1042 **In beiden Fällen** ist die Berufung auf den **hypothetischen Kausalverlauf beachtlich**, sofern dem Berater der entsprechende Beweis gelingt. Die rechtliche und wirtschaftliche Situation der Bank ist infolge der zusätzlich erteilten Bürgschaft bei wertender Betrachtungsweise ebenso einzuschätzen wie ein schon mit einer Schadensanlage belastetes Rechtsgut.[105] Im zweiten Fall liegt der hypothetische Ablauf in einem Bereich, der vom Geschädigten selbst zu verantworten ist.[106] Davon unberührt bleiben die Ansprüche, die sich daraus ergeben, dass der Mandant Nachteile erlitten hat (z.B. durch verfrühte Zahlung), die selbst dann eingetreten wären, wenn sich der hypothetische Verlauf realisiert hätte.[107]

IV. Rechtmäßiges Alternativverhalten

1043 Der Einwand des rechtmäßigen Alternativverhaltens erfordert nicht die Prüfung, wie die Vermögenslage des Betroffenen wäre, wenn der Anwalt die Pflichtverletzung nicht

---

102 Vgl. unten Rn. 1062 ff.
103 BGH, NJW 1996, 3343.
104 RGZ 147, 248; *Vollkommer/Heinemann*, Rn. 495, behandeln den Fall zu Unrecht als Beispiel für rechtmäßiges Alternativverhalten.
105 BGH, NJW 1996, 3343, 3345.
106 Ebenso *Fahrendorf*, in: *Rinsche/Fahrendorf/Terbille*, Rn. 805.
107 Entgegen BGH, WM 1985, 666, 670, handelt es sich bei folgendem Sachverhalt nicht um ein Problem hypothetischer Kausalität: Durch einen Fehler des rechtlichen Beraters ist dem Unternehmer ein steuerlicher Nachteil entstanden, der ansonsten bei der drei Jahre später erfolgten Betriebsaufgabe eingetreten wäre. Hier geht es in Wirklichkeit nur darum, wie ein später tatsächlich eingetretenes Ereignis die Schadensberechnung beeinflusst.

begangen hätte.[108] Vielmehr umschreibt der Begriff Fälle, in denen der Schuldner geltend macht, der durch sein rechtswidriges Verhalten tatsächlich verursachte Schaden wäre auch dann eingetreten, wenn er eine **andere**, von der verletzten Pflicht verschiedene, **selbständige Pflicht erfüllt** hätte. Es geht also wiederum um die Frage, ob die realen **Folgen** des **dem Schädiger** zur Last fallenden Verhaltens ihm **billigerweise zugerechnet** werden können.[109]

Das Problem des **rechtmäßigen Alternativverhaltens** tritt **im Haftungsrecht der rechtsberatenden Berufe selten** auf. I.d.R. geht es dort nur um die zur Kausalität gehörende Frage, ob der geltend gemachte Nachteil auch dann eingetreten wäre, wenn der Beklagte die Pflichtverletzung nicht begangen hätte. Eine Ausnahme bildet folgender, dem **Notarhaftungsrecht** entnommener Fall:[110]

1044

> *Der Notar war beauftragt, die **Fälligkeitsbestätigung für den Kaufpreis** zu erteilen, sobald die Auflassungsvormerkung für die Käuferin mit dem vereinbarten Rang eingetragen war. Er stellte die Bestätigung jedoch zu einem Zeitpunkt aus, als diese Voraussetzung noch fehlte. Die Käuferin macht den Schaden geltend, der ihr dadurch entstanden ist, dass sie den Kaufpreis zu früh gezahlt hat. Der Notar wendet ein, bei Erfüllung aller seiner Pflichten hätte er die Eintragung der Vormerkung bis zu dem Tag bewirkt, an dem er die Fälligkeitsbestätigung ausstellte. Dann hätte die Klägerin zu demselben Zeitpunkt zahlen müssen.*

Nach Auffassung des BGH entscheidet der **Schutzzweck der jeweils verletzten Norm** darüber, ob und inwieweit der Einwand des rechtmäßigen Alternativverhaltens im Einzelfall beachtlich ist.[111] Damit befindet sich die Rechtsprechung in Übereinstimmung mit großen Teilen des Schrifttums[112] sowie der vom BAG[113] vertretenen Auffassung. Im hier geschilderten Fall hat der BGH den Einwand zu Recht als unbeachtlich angesehen. Die dem Notar obliegende Pflicht sollte die Käuferin davor schützen, vor Eintragung der zu ihrer Sicherheit vereinbarten Vormerkung leisten zu müssen. Gerade dieses Ziel wurde nicht erreicht. Daher kann sich der Notar der Haftung nicht mit dem Hinweis darauf entziehen, nur weil er eine weitere ihm der Käuferin gegenüber obliegende Pflicht verletzt habe, sei die Vormerkung verspätet eingetragen worden.[114]

1045

---

108 Das wird teilweise in der Literatur nicht hinreichend beachtet; vgl. *Vollkommer/Heinemann*, Rn. 489.
109 BGHZ 96, 157, 172 = NJW 1986, 576, 579; BGH, NJW-RR 1988, 1367; NJW 1992, 2694, 2695; 1996, 311, 312; NJW-RR 1997, 562, 563 f.; WM 2000, 928, 929; NJW 2003, 295, 296.
110 Vgl. BGHZ 96, 157, 158 ff. = NJW 1986, 576.
111 BGHZ 96, 157, 173 = NJW 1986, 576, 579.
112 *Palandt/Heinrichs*, BGB, Vorbem. vor § 249 Rn. 106 f.; *Staudinger/Schiemann*, BGB, § 249 Rn. 102, 105; *v. Caemmerer*, Schriftenreihe der Juristischen Studiengesellschaft Karlsruhe, Heft 54, S. 33 ff.
113 BAGE 6, 321, 376 ff. = DB 1959, 143, 146; NJW 1984, 2846, 2847.
114 BGHZ 96, 157, 173 f. = NJW 1986, 576, 579.

Hätten die Beteiligten im Streitfall anstelle des Notars einen Anwalt beauftragt, wäre selbstverständlich ebenso zu entscheiden.

Generell liegt es nahe, hier den im Amtshaftungsrecht geltenden **Grundsatz** entsprechend anzuwenden, dass derjenige, der dem Schutz des Betroffenen dienende grundlegende Verfahrensvorschriften verletzt, sich nicht auf rechtmäßiges Alternativverhalten berufen darf.[115]

1046 Soweit die Berufung auf rechtmäßiges Alternativverhalten nach dem Schutzzweck der Norm beachtlich ist, trifft den **Schädiger** die **Beweislast** dafür, dass der Nachteil auch bei einem solchen Verhalten entstanden wäre.[116] Die bloße Möglichkeit, dass sich das rechtmäßige Alternativverhalten in derselben Weise ausgewirkt hätte, ist in jedem Falle unbeachtlich.[117]

C. Schaden

1047 Während in den vorangegangenen Kapiteln dargestellt wurde, unter welchen Voraussetzungen die anwaltliche Pflichtverletzung für die vom Mandanten geltend gemachten Nachteile als ursächlich anzusehen und dem Anwalt haftungsrechtlich zuzurechnen ist, geht es nunmehr darum, ob und in welchem Umfang das eingetretene Ereignis als ersatzfähiger **Schaden im Rechtssinne** anzuerkennen ist. Dabei werden hier im Wesentlichen nur die Probleme behandelt, denen im Anwaltshaftungsrecht erhebliche Bedeutung zukommt. Andere Fragen sind nur angesprochen, soweit die Rechtsprechung dazu in einschlägigen Fällen Stellung genommen hat.

I. Differenztheorie

1048 Ob und inwieweit ein nach §§ **249 ff. BGB** zu ersetzender Schaden vorliegt, beurteilt sich grundsätzlich nach einem **rechnerischen Vergleich** der durch das schädigende Ereignis bewirkten Vermögenslage mit derjenigen, die ohne jenen Umstand eingetreten wäre (sog. **Differenzhypothese**).[118] Der haftpflichtige Rechtsanwalt hat den Mandanten vermögensmäßig **so zu stellen, wie dieser bei pflichtgemäßem Verhalten des Beraters stünde**.[119] Dazu muss die **tatsächliche Gesamtvermögenslage** derjenigen

---

115 BGHZ 36, 144, 153 f. = NJW 1962, 583, 585; OLG Köln, VersR 1996, 456; *v. Caemmerer*, a.a.O., S. 32; *Staudinger/Schiemann*, BGB, § 249 Rn. 106.
116 BGHZ 120, 281, 287 = NJW 1993, 520, 521 f.; BGH, NJW 1991, 166, 167.
117 BGH, NJW 1959, 1316, 1317; *Staudinger/Schiemann*, BGB, Vorbem. zu §§ 249 ff. Rn. 93.
118 BGHZ 98, 212, 217 = NJW 1987, 50, 51; BGHZ 99, 182, 196 = NJW 1987, 831, 834; BGHZ 123, 96, 99 = NJW 1993, 2527; BGH, NJW 1988, 1143, 1144; NJW-RR 1988, 1367; 1990, 629, 630 f.; NJW 1994, 2357, 2359.
119 BGH, NJW-RR 1990, 1241, 1244; NJW 1995, 449, 451; 2000, 2669, 2670; ZIP 2004, 2192, 2193; WM 2005, 999, 1000.

gegenübergestellt werden, die sich **ohne den Fehler des Rechtsanwalts** ergeben hätte. Hat etwa der Mandant einen gegenseitigen Vertrag geschlossen, von dem er bei sachgerechter Beratung Abstand genommen hätte, ist ein Schaden zu bejahen, wenn die mit dem Vertrag verbundenen Verpflichtungen und sonstigen Nachteile durch die Vorteile nicht ausgeglichen werden.[120] Die Differenzrechnung darf nicht auf einzelne Rechnungsposten beschränkt werden, sondern erfordert einen **Gesamtvermögensvergleich**, der alle von dem haftungsbegründenden Ereignis betroffenen Vermögenspositionen umfasst.[121] Danach kann ein „(Einkommen-)Steuerschaden" aus der Veräußerung von Grundstücken entfallen, wenn ein günstiger Verkaufsgewinn abzüglich Steuern und der Verkehrswert der Grundstücke ohne Veräußerung einander gegenübergestellt werden.[122]

Bei der Schadensberechnung sind alle Folgen des haftungsbegründenden Umstands bis zum Zeitpunkt der **letzten mündlichen Verhandlung** in die Schadensberechnung einzubeziehen.[123] Auch die nach der mündlichen Verhandlung mit Wahrscheinlichkeit zu erwartende weitere Schadensentwicklung kann berücksichtigt werden.[124] Substanziierten Vortrag zur Entwicklung der Schadenshöhe hat der Richter zu beachten.[125] Nur wenn der Schuldner schon früher seine Ersatzpflicht erfüllt hat, werden ihm spätere Folgen nicht mehr zugerechnet.[126]

II. Normativer Schaden

1. Grundsätze

In der Rechtsprechung hat sich schon seit langem die Erkenntnis durchgesetzt, dass der Schaden nicht rein rechnerisch auf „natürlichem" Wege bestimmt werden kann. Das nach der Differenzmethode gewonnene Ergebnis bedarf einer **normativen Kontrolle**, die am **Schutzzweck der Haftung** sowie an **Funktion und Ziel des Schadensersatzes** ausgerichtet ist.[127] Dies führt einerseits zur Erweiterung des Anspruchsumfangs. So hat die Rechtsprechung in einer unrichtigen Buchung auf dem Konto des Bankkunden einen Schaden gesehen, obwohl dessen Vermögen sich nach der Differenzrechnung nicht verändert hatte, weil die unberechtigte Buchposition ihn in seiner wirt-

---

120 BGH, WM 1997, 2309, 2311; 1998, 142 = NJW 1998, 982.
121 BGH, WM 1983, 418; NJW 1988, 1937, 1838; WM 2004, 472, 474; ZIP 2004, 2192, 2193; WM 2005, 999, 1000; 2005, 2110, 2111 = NJW 2005, 3275, 3276.
122 BGH, WM 2005, 999, 1000.
123 BGHZ 79, 249, 258 = NJW 1981, 2065, 2067; BGHZ 99, 81, 86 = NJW 1987, 645, 646; BGH, NJW-RR 1990, 629, 631; NJW 1994, 314; 1996, 2652, 2654.
124 BGHZ 27, 181, 188 = NJW 1958, 1085, 1086.
125 BGH, WM 2001, 2251, 2252.
126 BGH, NJW 1980, 1742, 1743; 1988, 1837, 1838; 1996, 2652, 2654.
127 BGHZ 98, 212, 217 f. = NJW 1987, 50, 51; BGH, WM 1997, 2309, 2311; 2005, 426, 428; 2005, 3071, 3072 f.

schaftlichen Dispositionsfreiheit beeinträchtigte.[128] Auch der Verlust einer hinreichend konkreten tatsächlichen Erwerbsaussicht kann einen ersatzfähigen Schaden darstellen. Eine solche Position gehört bereits zum rechtlich geschützten Vermögensbereich, sofern sie in rechtlich nicht zu beanstandender Weise erworben wurde.[129] Auf der anderen Seite werden kausale Nachteile ausgeklammert, deren Erstattung mit übergeordneten Prinzipien des Rechts nicht vereinbar wäre.[130]

2. Nutzungen

1051 Wesen und Bedeutung des Vermögens erschöpfen sich nicht in dessen Bestand, sondern umfassen auch die Möglichkeit, dieses seiner Bestimmung gemäß zu **nutzen** sowie darüber zu **verfügen**. Schon in der **Beeinträchtigung** dieser Befugnisse kann ein vermögensrechtlicher Nachteil liegen.[131] Daher wurde schon in der unbefugten Weiterleitung der treuhänderisch übertragenen Darlehenssumme an den Kreditnehmer ein Schaden gesehen.[132] Dies setzt jedoch immer voraus, dass der Vermögenswert in seiner **Verwendungsfähigkeit** mindestens wesentlich **eingeschränkt** war. Daher begründet allein die Tatsache, dass der Eigentümer die Sache aus dringenden wirtschaftlichen Gründen nicht mehr selbst nutzen kann, keinen Ersatzanspruch, soweit sie einem sinnvollen Gebrauch, z.B. durch Vermietung, zugeführt werden kann.[133] Der bloße **Wegfall der Arbeitskraft** ist ebenfalls kein Schaden, solange sich die Beeinträchtigung der Erwerbsmöglichkeit nicht in erlittenen Verlusten oder entgangenen Gewinnen ausgewirkt hat.[134]

3. Vermögenslosigkeit

1052 Auch der **vermögenslose Schuldner** hat ein rechtlich geschütztes Interesse daran, nicht grundlos mit einer zusätzlichen Verbindlichkeit belastet zu werden. Der Mandant kann den Anwalt wegen eines Fehlers, der **weitere Schulden** verursacht hat, daher selbst dann in Anspruch nehmen, wenn er keine Aussicht hat, jemals aus eigener Kraft seine Gläubiger zu befriedigen.[135] Hat der Mandant dagegen infolge eines Anwaltsversehens eine **Forderung** verloren, ist der Einwand beachtlich, diese wäre **gegen den Dritten**

---

128 BGH, NJW 2001, 3183.
129 BGH, NJW 2000, 2669, 2670.
130 BGHZ 72, 328, 330 ff. = NJW 1979, 819, 820; 124, 86, 95 f. = NJW 1994, 453, 455; 125, 27, 34 = NJW 1994, 858, 860; 145, 256, 262 = NJW 2001, 146, 148; NJW 2005, 1935, 1936.
131 BGHZ 88, 11 =NJW 1983, 2139; BGHZ 98, 212, 217 f. = NJW 1987, 50, 51; BGH, NJW 1994, 2357, 2359.
132 BGH, NJW 1987, 3201.
133 BGH, NJW 1994, 442.
134 BGHZ 50, 304, 306 = NJW 1968, 1823; BGHZ 54, 45, 49 ff. = NJW 1970, 1411; BGHZ 131, 220, 226 = NJW 1996, 921, 923.
135 BGHZ 59, 148, 150 = NJW 1972, 1856, 1857; BGH, NJW 1986, 581, 583.

nicht durchsetzbar gewesen.[136] Der Mandant muss dann nach § 287 ZPO beweisen, dass er bei sachgerechtem Vorgehen des Anwalts Leistungen erhalten hätte.[137] Trifft dies nicht zu, ist die verlorene Forderung wertlos. Dem steht der Fall gleich, dass der Mandant den Titel von vornherein nicht durchsetzen wollte, sondern für andere Zwecke erstrebte; dann begründet der Verlust der klageweise erfolglos geltend gemachten Forderung noch keinen ersatzfähigen Nachteil.[138]

4. Zeit- und Arbeitsaufwand

Hat der Mandant infolge eines Anwaltsfehlers einen **Prozess** verloren, so kann sich die Frage stellen, ob er außer der Erstattung der Gerichtskosten und der auszugleichenden Auslagen des Gegners auch Ersatz für den **eigenen Arbeitsaufwand** verlangen kann. **Außergerichtliche Auseinandersetzungen** können ebenfalls eine vergleichbare zeitliche Beanspruchung hervorrufen. Ein zusätzlicher Erstattungsanspruch entsteht dem Auftraggeber des Anwalts daraus jedoch grundsätzlich nicht. Die Rechtsprechung entnimmt der gesetzlichen Beschreibung der **prozessualen Kostenerstattungspflicht** auch eine in das materielle Recht hinüberwirkende **Zurechnungsgrenze**. Der dem Mandanten selbst entstandene Arbeits- und Zeitaufwand bei der Durchsetzung eigener oder der Abwehr fremder Ansprüche begründet im Allgemeinen **keinen ersatzfähigen Nachteil**.[139] Das gilt selbst dann, wenn der Geschädigte die ihm in diesem Rahmen obliegenden Aufgaben an Angestellte übertragen hat,[140] soweit es sich um Aufwendungen handelt, die nach dem Sinn und Zweck der gesetzlichen Regelung der Partei selbst obliegen.[141]

1053

Das trifft nicht zu, wenn die Arbeiten zur Beseitigung einer vom Schädiger zu verantwortenden Störung der Rechtssphäre des Betroffenen notwendig waren[142] oder schon der Art nach über das hinausgingen, was einer Partei zur Wahrung ihrer Interessen billigerweise zugemutet werden kann.[143] In solchen Fällen ist der zur Wiederherstellung erforderliche Geldbetrag zu erstatten; dieser bestimmt sich unabhängig von den individuellen Möglichkeiten des Betroffenen nach objektiven Kriterien.[144]

1054

---

136 BGH, VersR 1974, 906, 907; NJW 1986, 246, 247; 2004, 1521, 1522.
137 BGH, NJW 1986, 246, 247; 1993, 734.
138 BGH, NJW 2004, 1521, 1522.
139 BGHZ 66, 112, 115 = NJW 1976, 1256, 1257; BGHZ 75, 230, 231 = NJW 1980, 119; BGHZ 111, 168, 177 = NJW 1990, 2060, 2062; BGHZ 127, 348, 351 = NJW 1995, 446, 447; BGHZ 131, 220, 225 = NJW 1996, 921, 922.
140 BGHZ 75, 230, 231 = NJW 1980, 119; BGHZ 131, 220, 225 = NJW 1996, 921, 922.
141 BGHZ 111, 168, 177 = NJW 1990, 2060, 2062.
142 BGHZ 76, 216, 219 = NJW 1980, 1518, 1519.
143 BGHZ 131, 220, 225 = NJW 1996, 921, 922.
144 BGH, NJW 1996, 1924, 1925.

Teil 1 • Abschnitt 4 • *Kausalität, Zurechenbarkeit, Schaden*

5. Anwaltskosten

1055 Bildet eine Vermögensverletzung den Haftungsgrund, so sind diejenigen adäquat verursachten **Rechtsverfolgungskosten zu ersetzen**, die aus Sicht des Schadensersatzgläubigers zur Wahrnehmung und Durchsetzung seiner Rechte **erforderlich und zweckmäßig** waren.[145] Dabei darf der Geschädigte zur Schadensbeseitigung grundsätzlich den Weg einschlagen, der aus seiner Sicht der Interessenverfolgung am besten entspricht. Dies gilt allerdings nur insoweit, als seine Forderung auch objektiv berechtigt ist. Deshalb ist der Erstattungsanspruch hinsichtlich der Anwaltskosten grundsätzlich auf die Gebühren nach dem Geschäftswert beschränkt, welcher der letztlich begründeten Schadenshöhe entspricht.[146]

6. Ansprüche gegen Dritte

1056 Hat der **Geschädigte einen Ersatzanspruch gegen einen Dritten**, ist dies schadensrechtlich grundsätzlich ohne Bedeutung.[147] Der Anwalt darf den Mandanten also nicht darauf verweisen, dieser sei in der Lage, den Vermögensverlust durch Inanspruchnahme eines anderen auszugleichen.[148] In solchen Fällen kann der Anwalt lediglich – sofern kein Gesamtschuldverhältnis vorliegt – gemäß **§ 255 BGB** die **Abtretung** des Anspruchs gegen den Dritten Zug um Zug gegen Ausgleich des Schadens verlangen.[149]

7. Verstoß gegen materielles Recht

1057 Der Geschädigte soll im Wege des **Schadensersatzes** grundsätzlich nicht mehr erhalten als das, was er **nach der materiellen Rechtslage** verlangen kann.[150] Der Verlust oder die Vorenthaltung einer tatsächlichen oder rechtlichen Position, auf die nach der Rechtsordnung kein Anspruch besteht, stellt keinen ersatzfähigen Schaden dar.[151] Deshalb ist ein Vorteil nicht ersatzfähig, wenn er nur durch **Verletzung eines gesetzlichen Verbots**[152] oder **Verstoß gegen die guten Sitten**[153] hätte erlangt werden können. Han-

---

145 BGH, NJW 2004, 444, 446; 2005, 1112.
146 BGH, NJW 2005, 1112, 1113.
147 BGH, NJW 1982, 1806, 1807; 1990, 1360; 1994, 511; 1997, 2946, 2948; 2001, 3190, 3192.
148 BGH, NJW 1982, 1806; 1997, 1008, 1012.
149 BGHZ 120, 261, 268 = NJW 1993, 593, 594; BGH, NJW 1982, 1806, 1807; 1997, 1008, 1012; 1997, 2946, 2948; 2001, 3190, 3192; 2002, 292, 294.
150 BGHZ 124, 86, 95 = NJW 1994, 453, 455; BGHZ 125, 27, 34 = NJW 1994, 858, 860; BGH, NJW 1987, 3255, 3256; NJW-RR 1989, 530.
151 BGHZ 125, 27, 34 = NJW 1994, 858, 860; BGH, NJW-RR 1989, 530; NJW 1995, 3248, 3249; WM 2000, 1814, 1816; BGHZ 145, 256, 262 = NJW 2001, 146, 148.
152 BGHZ 75, 366, 368 = NJW 1980, 775, 776; BGHZ 79, 223, 231 = NJW 1981, 920, 922; 1986, 1486, 1487.
153 BGHZ 67, 119, 121 = NJW 1976, 1883, 1884.

delt es sich um **entgangenen Gewinn aus verbotswidrigen Verträgen**, schließt die Rechtswidrigkeit des Handelns einen Ersatzanspruch allerdings nur dann aus, wenn das einschlägige Gesetz sowohl die Vornahme des Rechtsgeschäfts missbilligt als auch dessen rechtliche Wirksamkeit verhindern soll.[154] Ebenso scheitert ein Anspruch auf entgangenen Gewinn nicht schon deshalb, weil dem Geschädigten zur Ausführung des beabsichtigten Geschäfts die dafür erforderliche Genehmigung fehlte, die er auf Antrag hätte erlangen können, sofern er nicht wissentlich gegen die gesetzliche Ordnung verstoßen hat.[155] Verliert der Mandant die Möglichkeit, durch ein **unbegründetes Rechtsmittel** die Erfüllung einer berechtigten Forderung hinauszuzögern, stellt dies keinen Schaden im Rechtssinne dar.[156] Dies gilt gleichermaßen, wenn infolge eines nicht ordnungsgemäß eingelegten oder begründeten Rechtsmittels ein nachteiliger Verwaltungsakt (hier Entzug der Zulassung als Kassenarzt) früher vollziehbar wird, als dies bei einer sachlichen Entscheidung über das Rechtsmittel der Fall gewesen wäre; der Kläger hat ein schutzwürdiges Interesse i.S.d. Schadensbegriffs nur an einer richtigen Entscheidung, nicht dagegen an dem mit der Verlängerung des Verfahrens verbundenen Zeitgewinn, wenn sich sein Begehren als unbegründet erweist.[157]

Davon streng zu unterscheiden ist eine Rechtsposition, die der Kläger aufgrund eines **rechtskräftigen Urteils** erlangt hat. Der titulierte Anspruch bildet selbst dann, wenn er auf einer materiell oder verfahrensrechtlich **unrichtigen Entscheidung** beruht, einen rechtlich geschützten **Vermögenswert**, dessen Verlust einen ersatzfähigen Schaden darstellt.[158] Kann der Mandant den Titel infolge anwaltlichen Verschuldens nicht mit Erfolg vollstrecken, haftet der Anwalt auf Schadensersatz. Dies setzt selbstverständlich voraus, dass der Mandant den Titel überhaupt durchsetzen wollte.[159] Ist das Erwirken oder Ausnutzen des Titels **ausnahmsweise** als vorsätzliche sittenwidrige Schädigung (**§ 826 BGB**) zu werten, hat der Titelinhaber, dem der damit erstrebte Erfolg nicht gelingt, keinen rechtserheblichen Nachteil erlitten.[160]

1058

Bildet der Titel trotz gerichtlicher Fehlentscheidung einen rechtlich geschützten Vermögenswert und hat der unterlegene Prozessgegner seinerseits gegen den von ihm beauftragten Anwalt einen **Regressanspruch**, so ist die **Pfändung** dieser Forderung ein rechtlich zulässiges Mittel, den Titel durchzusetzen. Versäumt der Anwalt dies, ist darin ebenfalls ein Schaden im Rechtssinne zu sehen.[161]

1059

---

154 BGHZ 75, 366, 368 = NJW 1980, 775, 776.
155 BGH, NJW 1974, 1374, 1376.
156 RGZ 162, 65, 68; BGH, WM 1989, 1826, 1828; NJW 2005, 1935, 1936.
157 BGH, NJW 2005, 1935 = WM 2005, 950.
158 BGH, NJW 1996, 48, 49; 2000, 730, 731.
159 BGH, VersR 1985, 83, 85; NJW 2004, 1521, 1522.
160 BGH, NJW 1996, 48, 49; 2000, 730, 731.
161 BGH, VersR 1982, 975; NJW 1996, 48, 49.

1060 Hat der Mandant infolge eines dem Anwalt zuzurechnenden Fehlers ein Vergleichsangebot der Gegenseite nicht angenommen oder einen schon geschlossenen **Vergleich widerrufen**, ist ihm dadurch i.d.R. auch dann ein Schaden im Rechtssinne entstanden, wenn sein ursprüngliches Begehren rechtlich nicht begründet war; denn ein den Streit erledigender Vergleich ist gleichwohl wirksam. Aus einem Vergleichsangebot und erst recht aus einem widerruflich abgeschlossenen Vergleich erwächst dem Mandanten daher eine selbständige **Vermögensposition**, deren Verlust unabhängig von der Rechtslage, die sich ohne den Vergleich ergibt, einen ersatzfähigen Schaden darstellt. Diese in einzelnen Berufungsurteilen vertretene Auffassung hat der BGH durch Nichtannahme der Revisionen gebilligt.[162]

1061 Aus **Rechtshandlungen einer Behörde** kann dem Adressaten – oder bei einer Selbstbindung durch entsprechende **Verwaltungsübung** auch einem Dritten – eine **vermögenswerte Rechtsposition** erwachsen. Wird diese infolge eines Anwaltsfehlers nicht wahrgenommen, begründet das einen ersatzfähigen Schaden.[163]

III. Hypothetisches Ausgangsverfahren

1062 Die zuletzt erörterten Fragen treten besonders dann auf, wenn der Kläger geltend macht, er habe einen **Rechtsstreit** oder ein **behördliches Verfahren**, in dem er von dem beklagten Anwalt vertreten wurde, nur deshalb **verloren**, weil diesem ein Fehler unterlaufen sei. Behauptet der Mandant, infolge unzureichender Beratung durch den Anwalt habe er **versäumt, einen Prozess zu führen oder ein Gesuch zu stellen**, die für ihn günstig ausgegangen wären, kommt es ebenfalls darauf an, **wie jene Verfahren bei pflichtgemäßem Verhalten des Rechtsanwalts ausgegangen wären**, nach welchen Kriterien das hypothetische Ergebnis zu ermitteln ist und welche Rechte sich daraus für den Mandanten ergeben. Die Problematik betrifft alle Themenbereiche dieses Abschnitts: Kausalität, Zurechnung und Schaden. Da die **Lösung** der Rechtsprechung nur **auf der Grundlage des normativen Schadensbegriffs** verständlich und in sich schlüssig ist, wird das Thema erst an dieser Stelle erörtert.

1. Gerichtliche Entscheidungen

1063 Bei einer rein kausalen Betrachtungsweise müsste das Regressgericht aufklären, wie die damals angegangene Instanz tatsächlich geurteilt hätte, also ggf. die im Ausgangsprozess tätigen Richter dazu als Zeugen vernehmen.[164] Nach ständiger Rechtsprechung kommt es darauf nicht an. Vielmehr hat der **Schadensersatzrichter zu prüfen, wie nach seiner Auffassung der Vorprozess richtigerweise hätte entschieden werden**

---

162 BGH, Beschl. v. 28.6.1990 – IX ZR 241/89, n.v.; v. 22.10.1998 – IX ZR 180/97, n.v.
163 BGHZ 79, 223, 229 f. = NJW 1981, 920, 921; BGH, NJW-RR 1992, 1110, 1112; NJW 1993, 2799, 2802.
164 Dies wird von einer Mindermeinung in der Literatur vertreten: vgl. namentlich *Braun*, ZZP 1996, 89; *ders.*, JZ 1997, 259.

müssen.[165] Dies gilt auch dann, wenn das andere Verfahren unterbrochen ist und noch fortgesetzt werden kann.[166] Die Beurteilung des Regressrichters ist sogar dann maßgeblich, wenn feststeht, welchen Ausgang das frühere Verfahren bei vertragsgerechter Arbeit des Anwalts genommen hätte.[167] Die wertende Betrachtungsweise führt indessen niemals dazu, dass der Anwalt einen lediglich fiktiven, mit der Realität nicht zu vereinbarenden Schadensersatz schuldet; denn Voraussetzung ist immer, dass dem Mandanten infolge des Fehlers eine ihm günstige, Gesetz und Recht entsprechende Entscheidung entgangen ist.[168]

Nicht erheblich ist die in einigen Entscheidungen des BGH auftauchende Erwägung, es sei schwerlich aufzuklären, wie die konkret zuständigen Personen entschieden hätten. Diese Begründung trägt nicht, weil das von Fall zu Fall je nach den besonderen Umständen ganz unterschiedlich sein kann. Maßgeblich ist in Wirklichkeit allein die Wertung, dass der Mandant nicht davon profitieren kann, wenn in dem Vorprozess bei vertragsgerechter Leistung des Anwalts ein **Fehlurteil zu seinen Gunsten** ergangen wäre. Er soll vielmehr nur das ersetzt verlangen können, was er ohne den anwaltlichen Fehler zu Recht erhalten hätte.[169]   1064

Der **Regressrichter** hat für seine eigene Beurteilung von dem **Sachverhalt** auszugehen, der dem Gericht bei pflichtgemäßem Verhalten des Anwalts unterbreitet worden wäre.[170] Zugrunde zu legen ist die **Rechtslage** zu dem **Zeitpunkt**, zu dem die hypothetische Entscheidung ergangen wäre bzw. hätte ergehen müssen;[171] denn die Pflichtverletzung des Anwalts, auf die der Ersatzanspruch gestützt wird, kann grundsätzlich nur auf den Rechtszustand bezogen werden, der galt, als der Anwalt konsultiert wurde.   1065

Zu dem im Zeitpunkt der hypothetischen Entscheidungen geltenden Recht gehört auch die **höchstrichterliche Rechtsprechung** in ihrer damaligen Ausprägung.[172] Der Anwalt hat seine Beratung an der aktuellen höchstrichterlichen Rechtsprechung aus-   1066

---

165 BGHZ 36, 144, 154 f. = NJW 1962, 583, 585 f.; BGHZ 72, 328, 330 = NJW 1979, 819; BGHZ 79, 223, 226 = NJW 1981, 920, 921; BGHZ 124, 86, 96 = NJW 1994, 453, 455; BGHZ 133, 110 = NJW 1996, 2501; BGH, NJW 2000, 730, 732; 2000, 1263, 1266; 2000, 1572, 1573; BGHZ 145, 256, 261 = NJW 2001, 146, 148; NJW 2005, 3071, 3072.
166 BGH, WM 2000, 1814.
167 *Vollkommer/Heinemann*, Rn. 555 ff.; *Ganter*, NJW 1996, 1310, 1312.
168 *Vollkommer/Heinemann*, Rn. 559.
169 BGHZ 72, 328, 330 = NJW 1979, 819; BGHZ 124, 86, 96 = NJW 1994, 453, 455; BGH, NJW 1987, 3255, 3256; NJW 2000, 730, 732; 2000, 1263, 1266; 2000, 1572, 1573; BGHZ 145, 256, 261 = NJW 2001, 146, 148.
170 BGH, NJW 1988, 3013, 3015; WM 1989, 1826, 1828; NJW 2000, 730, 732; 2000, 1263, 1266; 2000, 1572, 1573.
171 BGHZ 79, 223, 228 ff. = NJW 1979, 920, 921; BGH, NJW-RR 1991, 660, 661; NJW 1993, 2799, 2801; BGHZ 145, 256, 259 = NJW 2001, 146, 147.
172 BGHZ 145, 256 = NJW 2001, 146.

zurichten, sogar dann, wenn er selbst sie für unzutreffend hält.[173] Hat sie danach für den Anwalt bei seiner Tätigkeit gesetzesähnliche Bedeutung, kann ihr kein geringeres Gewicht beigemessen werden, wenn es darum geht, unter welchen Voraussetzungen der Anwalt dafür einzustehen hat, dass das dem Mandanten günstige Ergebnis des hypothetischen Inzidentprozesses tatsächlich nicht eingetreten ist. Dies erweist sich besonders dann als sachgerecht, wenn die im Ausgangsverfahren getroffene Entscheidung der Kontrolle einer anderen **Gerichtsbarkeit** als der Ziviljustiz untersteht. Die dort zuständigen Richter sind aufgrund ihrer speziellen Kenntnisse und beruflichen Erfahrungen besonders geeignet, die in dem jeweiligen Rechtsgebiet auftretenden Fragen zu beantworten, weil sie i.d.R. über ein reicheres Fachwissen verfügen als der Zivilrichter. Es entspricht deshalb den berechtigten Belangen beider Parteien, dass der im Schadensersatzprozess zuständige Richter bei der Beantwortung von Fragen aus einem ihm fern liegenden Rechtsgebiet sich an der dort geltenden höchstrichterlichen Rechtsprechung ausrichtet, die sich in dem für die Beurteilung maßgeblichen Zeitpunkt gebildet hatte.[174] Eine Ausnahme gilt lediglich, sofern sich später herausstellt, dass diese Rechtsprechung mit der Verfassung nicht vereinbar war.[175] Darin liegt keine Tendenzwende zur bisherigen Rechtsprechung,[176] sondern lediglich eine Präzisierung des normativen Schadensbegriffs, indem nicht nur die zum maßgeblichen Zeitpunkt geltenden gesetzlichen Vorschriften, sondern auch die damals einschlägige höchstrichterliche Rechtsprechung einbezogen wird.

2. Verwaltungsverfahren

1067 Diese wertende Betrachtungsweise lässt sich auf den **Ausgang von Verwaltungsverfahren** insoweit übertragen, als sie **rechtlich gebunden** waren, bei gesetzmäßiger Durchführung also nur zu einem einzigen Ergebnis hätten gelangen können. In diesen Fällen ist ebenfalls allein darauf abzustellen, wie die Behördenentscheidung richtigerweise hätte lauten müssen.[177] Stand der Behörde dagegen ein **Ermessensspielraum** zu, waren also von Rechts wegen inhaltlich verschiedene Ergebnisse möglich, muss der Regressrichter klären, welche Entscheidung die Behörde tatsächlich getroffen hätte; denn er darf nicht sein Ermessen an die Stelle der dafür zuständigen Behörde setzen. Lediglich dann, wenn das Ermessen der Behörde im Einzelfall so eingeschränkt war,

---

173 BGH, NJW-RR 1992, 1110, 1112; NJW 1993, 2799, 2800.
174 BGHZ 145, 256, 264 = NJW 2001, 146, 148; zustimmend *Fahrendorf*, in: Rinsche/Fahrendorf/Terbille, Rn. 855 ff.; *Vollkommer/Heinemann*, Rn. 555; kritisch *Borgmann*, NJW 2002, 2145, 2150.
175 BGH, NJW 1985, 2842, 2483; BGHZ 145, 256, 264 = NJW 2001, 146, 148 f.
176 Unzutreffend daher *Mäsch*, NJW 2001, 1547.
177 BGH, NJW 1996, 842, 843; BGHZ 145, 256, 260 = NJW 2001, 146, 147.

dass nur eine einzige Entscheidung in Betracht kam, ist dies auch im Regressprozess zugrunde zu legen.[178]

Hat der Schadensersatzrichter festzustellen, welche Ermessensentscheidung die Behörde bei vertragsgerechter Leistung des Anwalts tatsächlich getroffen hätte, und gelangt er zu dem **Ergebnis**, dass sie **dem Mandanten günstig** gewesen wäre, kann das nach den **Regeln des normativen Schadensbegriffs** einen Ersatzanspruch grundsätzlich nur unter der Voraussetzung begründen, dass sich die **Behördenentscheidung im Rahmen von Recht und Gesetz gehalten hätte**.[179]

Die Rechtsprechung des **BGH** hat jedoch zwei **Ausnahmen** von dieser Regel zugelassen.

In der ersten Entscheidung ging es, übertragen auf das Anwaltshaftungsrecht, um Folgendes:[180]

Der Berater hat die Bearbeitung eines Antrags auf Befreiung von der Grunderwerbsteuer verzögert. Infolge einer zwischenzeitlichen Änderung der Richtlinien hat der Mandant – im Gegensatz zu den früheren Gesuchstellern – die Befreiung nicht mehr erhalten. Die Änderung der Richtlinie beruhte darauf, dass zwischenzeitlich ein höchstrichterliches Urteil ergangen war, welches die bisherige Praxis der Steuerbefreiung als rechtswidrig beanstandete. Bei gesetzmäßigem Verfahren der Behörde hätte keinem Antragsteller Steuerbefreiung gewährt werden dürfen.

Trotzdem hat der **BGH** der Schadensersatzklage stattgegeben, weil der Kläger bei rechtzeitigem Antrag die Steuerbefreiung erhalten hätte und **der durch einen rechtswidrigen Verwaltungsakt Begünstigte eine rechtlich geschützte Position erlange**, deren Verlust als Schaden anzusehen sei.[181] Ein schutzwürdiger Besitzstand kann jedoch nicht durch eine fiktive Entscheidung begründet werden, die gerade mit diesem Inhalt nicht hätte ergehen dürfen. Wäre die hier gewählte Argumentation richtig, müsste bei Gerichtsentscheidungen im Ausgangsverfahren ebenfalls darauf abgestellt werden, wie der Prozess tatsächlich ausgegangen wäre; denn das fiktive – materiell falsche – Urteil hätte infolge der Rechtskraft erst recht eine geschützte Rechtsposition begründet. Das aber lehnt der BGH in ständiger Rechtsprechung zu Recht ab, weil ein solches Ergebnis mit dem normativen Schadensbegriff nicht vereinbar wäre. Daher ist es inkonsequent, bei einer falschen Verwaltungsentscheidung von dieser Linie abzuweichen. Das genannte Urteil beruht infolgedessen auf einer unzutreffenden rechtlichen Wertung und ist **abzulehnen**.

---

178 BGHZ 79, 223, 226 = NJW 1981, 920, 921; BGH, NJW-RR 1991, 660, 661; NJW 1993, 2799, 2801; 1996, 321, 322; 1996, 842, 843; vgl. OLG Düsseldorf, Stbg 2004, 508, m. abl. Anm. *Spiess*: verbindliche Auskunft der Finanzbehörde bei unklarer Rechtslage.
179 Vgl. Rn. 1057.
180 BGHZ 79, 223 = NJW 1981, 920.
181 BGHZ 79, 223, 229 ff. = NJW 1981, 920, 921.

1071 Den Ausgangspunkt für die zweite Entscheidung bildete folgender Fall:[182]

*Der Behörde war ein Ermessen hinsichtlich der Gewährung bestimmter Steuervorteile an Betriebe im Zonenrandgebiet eingeräumt worden. Insoweit hatte sich in Bayern – entgegen den bundeseinheitlichen Richtlinien – zugunsten der Steuerpflichtigen eine ständige **rechtswidrige Verwaltungspraxis** gebildet. Dem Mandanten ist der Vorteil entgangen, weil der Berater versäumt hat, ihn auf diese Praxis hinzuweisen.*

Auch hier hat der **BGH** den geltend gemachten Nachteil als **ersatzfähigen Schaden** angesehen. Es widerspreche nicht grundsätzlich der Rechtsordnung, wenn der Auftraggeber Ersatz dafür verlange, dass er sich die Behördenpraxis nicht habe zunutze machen können. Zwar müsse die Verwaltung jeden neuen Einzelfall zum Anlass nehmen, von der gesetzwidrigen Verfahrensweise abzurücken und zur Rechtmäßigkeit zurückzukehren. Sei jedoch eine grundsätzliche Änderung der Verwaltungsübung nicht gewährleistet, weil die Behörde nicht generell änderungswillig sei, so habe sich die Verwaltung in einer Weise gebunden, welche das **Vertrauen des einzelnen**, ebenso behandelt zu werden, **schutzwürdig** erscheinen lasse.[183] Hier erhält die ständige Verwaltungspraxis streitentscheidendes Gewicht selbst dann, wenn sie rechtswidrig ist. Im Ergebnis kommt ihr damit dieselbe Bedeutung zu wie einer Bindung durch rechtmäßige ständige Verwaltungsübung. Das vermag wertungsmäßig nur zu überzeugen, sofern in derartigen Fällen ein Anspruch auf **Gleichbehandlung im Unrecht** verwaltungsrechtlich durchsetzbar ist, der Kläger also eine ihm negative Inzidententscheidung der Behörde mit Erfolg hätte gerichtlich anfechten können. Diese Frage ist bisher in der verwaltungsgerichtlichen Rechtsprechung **nicht hinreichend geklärt**;[184] auch der BGH hat sie offen gelassen.

3. Beweisfragen

1072 Die **hypothetische Betrachtung**, ob der Kläger bei sachgemäßer anwaltlicher Vertretung den Ausgangsprozess gewonnen hätte, betrifft nicht nur **Rechtsfragen**, sondern vor allem **Tatsachenfeststellungen**. Dabei ist von dem Sachverhalt auszugehen, der dem Gericht bei sachgemäßem Vorgehen des Anwalts unterbreitet worden wäre.[185]

1073 Die Feststellung, wie der Prozess richtigerweise hätte entschieden werden müssen, ist nach **§ 287 ZPO** zu treffen, weil es sich um ein Element der **haftungsausfüllenden Kausalität** handelt.[186] Entgegen der bis dahin nahezu einhelligen Meinung im Schrift-

---

182 Vgl. BGH, NJW 1995, 3248.
183 BGH, NJW 1995, 3248, 3249 f.
184 Vgl. die Nachweise in BGH, NJW 1995, 3248; zu dieser Problematik auch *Fahrendorf*, in: Rinsche/Fahrendorf/Terbille, Rn. 865.
185 BGHZ 133, 110, 111 f. = NJW 1996, 2501; BGH, NJW 2000, 730, 732; 2000, 1263, 1266; 2000, 1572, 1573; 2005, 3071, 3072.
186 BGH, VersR 1985, 146, 147; NJW 1987, 3255; 1988, 3013, 3015; 2000, 730, 732; 2005, 3071, 3072.

tum[187] und in Abkehr von einem früheren Urteil[188] hat der BGH entschieden, dass diese Grundsätze auch dann zur Anwendung kommen, wenn im **Ausgangsprozess** oder dem **behördlichen Verfahren** die **Amtsermittlungsmaxime** galt.[189] Diese dient allein dem öffentlichen Interesse daran, den wahren Sachverhalt zur Geltung zu bringen. Sie liefert jedoch keinen Grund dafür, auch im Regressprozess die Beweisanforderungen zu erhöhen. Hier ist die Partei vielmehr wie jeder andere Mandant zu behandeln, welcher behauptet, durch Fehler seines Anwalts geschädigt worden zu sein. Die Ausrichtung an § 287 ZPO entspricht auch den Beweismaßstäben, die die Rechtsprechung bei vergleichbarer Problematik in Amtshaftungsprozessen anwendet.[190]

Dass damit zugleich der **Umfang der Beweisaufnahme** in sinnvoller Weise gestrafft wird, zeigt folgendes **Beispiel**: 1074

> *Die Zwillinge Albert und Anton hatten den Kläger auf **Feststellung der Vaterschaft** in Anspruch genommen. Das Amtsgericht hatte ein serologisches Gutachten eingeholt, welches zu einer Vaterschaftswahrscheinlichkeit von 99,993 % gelangte. Das Amtsgericht traf daraufhin die begehrte Feststellung. Der Kläger beauftragte den beklagten Anwalt, Berufung einzulegen. Er wollte einen Zeugen dafür benennen, dass die Mutter in der Empfängniszeit mit einem weiteren Mann geschlechtlich verkehrt hatte, und die Einholung eines erbbiologischen Gutachtens beantragen. Der Anwalt legte Berufung ein, jedoch beim Landgericht statt beim OLG. Nunmehr verklagte der Vater den Anwalt und machte geltend – unter Berufung auf die damaligen Beweisanträge –, die Klage der Kinder wäre bei Durchführung der Berufung abgewiesen worden.*

Nach der Rechtsprechung hätten im Ausgangsverfahren, in dem das Amtsermittlungsprinzip galt und der wirkliche Vater ermittelt werden sollte, die beantragten Beweise erhoben werden müssen.[191] Im Regressprozess durfte das Gericht davon absehen, weil ohne Beweisaufnahme mit der von § 287 ZPO geforderten Wahrscheinlichkeit anzunehmen war, dass die Berufung keinen Erfolg gehabt hätte.[192]

Weiter stellt sich die Frage, wie mit **Beweismitteln** umzugehen ist, die nicht im Vorprozess zur Verfügung standen, wohl aber im Haftungsprozess. Da es nicht darauf ankommt, wie die Entscheidung tatsächlich gelautet hätte, sondern vielmehr, wie sie richtigerweise hätte ergehen müssen, der materiellen Gerechtigkeit also Vorrang gebührt vor der tatsächlichen Kausalität, sind diese **neuen Beweismittel zu berücksich-** 1075

---

187 *Baumgärtel/Laumen*, § 675 Rn. 26; *Borgmann/Haug*, Anwaltshaftung, 3. Aufl. 1995, Kap. IX Rn. 41; *Vollkommer*, Anwaltshaftungsrecht, 1989, Rn. 486; *Baur*, in: FS Larenz, S. 1063, 1078.
188 BGH, NJW-RR 1987, 898, 899.
189 BGHZ 133, 110 = NJW 1996, 2501.
190 BGH, NJW 1959, 1125, 1126; 1983, 2241, 2243; 1995, 2344, 2345.
191 BGH, NJW 1991, 2961, 2963.
192 BGHZ 133, 110 = NJW 1996, 2501, 2502.

tigen. Deshalb steht der Gegner des Vorprozesses als Zeuge zur Verfügung, ebenso auch jedes weitere nunmehr erst benutzbare Beweismittel.[193]

1076 Geht es um die Feststellung von Tatsachen, zu deren Klärung die Beauftragung eines oder mehrerer **Sachverständigen** notwendig ist, so darf der Richter **im Haftungsprozess vorliegende Beweisergebnisse** grundsätzlich nicht deshalb außer Betracht lassen, weil der Vorprozess verfahrensfehlerfrei hätte abgeschlossen werden können, ohne zu diesen Erkenntnissen zu gelangen. Der **reale Kenntnisstand** kann nicht zugunsten einer mit Unsicherheiten behafteten hypothetischen Betrachtung vernachlässigt werden.[194] Beruht die tatsächliche Würdigung des Regressrichters jedoch auf **Erkenntnissen**, die selbst bei pflichtgemäßem Handeln der im Vorprozess auftretenden Rechtsanwälte und sachgerechtem Verfahren des mit diesem Prozess befassten Gerichts **keinesfalls zur Verfügung gestanden** hätten, dürfen diese im Regressprozess nicht berücksichtigt werden. Anderenfalls käme der Mandant aufgrund des Anwaltsfehlers im Wege des Schadensersatzes in den Genuss eines Vorteils, den er ohne jenen Fehler unter keinen Umständen hätte erlangen können. Dies wäre mit dem Schutzzweck der verletzten Norm nicht zu vereinbaren; denn die Pflicht, sachgerecht, vollständig und rechtzeitig vorzutragen sowie Beweismittel zu benennen, dient nicht der Abwendung von Nachteilen, die durch die Wahrnehmung jener Pflichten nicht beeinflusst werden können.[195]

1077 Der Regressrichter darf aber das objektiv Richtige nur dann **außer Betracht** lassen, wenn diese Erkenntnis **im Vorprozess unter keinen Umständen gewonnen** worden wäre. Kann dagegen nicht ausgeschlossen werden, dass bei pflichtgemäßem Handeln des Anwalts der Mandant den Vorprozess gewonnen hätte, ist der Zurechnungszusammenhang nicht unter wertenden Gesichtspunkten abzulehnen. Den **Anwalt** trifft daher in diesen Fällen die **Beweislast**, dass der Vorprozess trotz der Pflichtverletzung bei allen rechtlich möglichen Verfahrensweisen zum Nachteil des Mandanten hätte ausgehen müssen.[196]

1078 Hinsichtlich der **Beweislast** gilt grundsätzlich: Die **Regeln des Ausgangsrechtsstreits sind auch im Regressprozess anzuwenden.**[197] Der Rechtsanwalt tritt insoweit gleichsam in die Rolle der Gegenpartei des Ausgangsrechtsstreits ein.

---

193 BGHZ 30, 226, 232; 72, 328, 330 = NJW 1979, 819; BGHZ 133, 110 = NJW 1996, 2501, 2502; NJW 2005, 3071, 3072.
194 BGH, NJW 2005, 3071, 3072.
195 BGH, NJW 2005, 3071, 3073.
196 BGH, NJW 2005, 3071, 3073.
197 BGHZ 72, 328, 330 = NJW 1979, 819; BGHZ 133, 110 = NJW 1996, 2501, 2502; BGH, VersR 1985, 146, 147; NJW 1987, 3255; 1988, 3013, 3015; 2000, 730, 732 und 1572, 1573; 2002, 593, 594; NJW-RR 2004, 1649.

Beispiel:

Der Kläger verlangt den Kaufpreis für eine Maschine. Der Käufer macht Wandlung geltend und beruft sich auf Verjährung. Die Klage wird wegen Verjährung abgewiesen. Zu den Mängeln trifft das Gericht keine Feststellungen. **Verklagt nun der Kläger den Anwalt, weil er versäumt habe, die Verjährung rechtzeitig zu unterbrechen, so wird dieser sich damit verteidigen, die Maschine sei ohnehin mangelhaft gewesen. Dafür trägt er aber nunmehr die Beweislast, obwohl es sich um ein Element der haftungsausfüllenden Kausalität handelt, die grundsätzlich der Geschädigte nachzuweisen hat.**

Diese Verlagerung zum Nachteil des Anwalts beruht auf der Erwägung, dass die Beweislastregeln zum materiellen Recht gehören und der Mandant nicht allein deshalb schlechter gestellt werden darf, weil die Frage infolge des Anwaltsfehlers nicht im Prozess gegen die Vertragspartei, sondern erst im Schadensersatzprozess entscheidungserheblich wird.[198] Der Grundsatz kann sich **im Einzelfall auch zulasten des Mandanten** auswirken, etwa dann, wenn die Frage, ob er den Steuerschaden noch rechtzeitig durch einen Rechtsbehelf hätte abwenden können, vom Zeitpunkt des Zugangs des Steuerbescheids abhängt.[199]

IV. Vorteilsausgleich

1. Grundsätze

Die neuere Rechtsprechung löst auch die Frage, ob und in welchem Umfang sich der Geschädigte **Vorteile anrechnen** lassen muss, die in ursächlichem Zusammenhang mit dem haftungsbegründenden Ereignis stehen, nicht nach formalen Gesichtspunkten, sondern aufgrund einer **wertenden Betrachtungsweise**. Die Beurteilung wird dabei vor allem von der Erwägung bestimmt, dass einerseits der Geschädigte sich an dem Haftungsfall nicht bereichern, andererseits der Schädiger nicht unbillig entlastet werden soll. Danach hat eine Anrechnung zu erfolgen, soweit sie mit dem Sinn und Zweck des Ersatzanspruchs übereinstimmt, dem Geschädigten unter Berücksichtigung der Interessenlage nach Treu und Glauben zumutbar ist und den Schädiger nicht in unangemessener Weise von der Verantwortlichkeit für sein pflichtwidriges Verhalten freistellt.[200]

1079

Nachteile und Vorteile des Geschädigten müssen i.d.R. in einem **inneren Zusammenhang** zueinander stehen und dadurch gleichsam zu einer **Rechnungseinheit** verbunden sein. Dies ist anzunehmen, wenn Vorteile sich bestimmten Schadensposi-

1080

---

198 BGHZ 133, 110 = NJW 1996, 2501, 2502.
199 BGH, NJW 2001, 2169.
200 BGHZ 77, 151, 153 = NJW 1980, 2187, 2188; BGHZ 91, 206, 209 f. = NJW 1984, 2457, 2458; BGH, NJW 1979, 760, 761; 1984, 977, 978; 1989, 2117.

tionen wertend zuordnen lassen.[201] Berechnet der Geschädigte seinen Ersatzanspruch auf der Grundlage eines Deckungsverkaufs, so wird allein dadurch noch kein innerer Zusammenhang zwischen allen durch die Pflichtverletzung bedingten nachteiligen und vorteilhaften Vermögensveränderungen hergestellt, der einen Vorteilsausgleich rechtfertigt. Dies ist nur insoweit anzunehmen, als sich einem bestimmten Nachteil ein bestimmter Vorteil gegenüberstellen lässt.[202] Verschuldet ein Steuerberater die Festsetzung von Verspätungszuschlägen gegen den Mandanten, sind Vorteile daraus, dass er ein nicht durch Steuerzahlungen gemindertes Vermögen nutzen oder die Verspätungszuschläge als Betriebsausgaben absetzen kann, anzurechnen.[203]

2. Ersparte Aufwendungen

1081 Ersparte Aufwendungen muss sich der Geschädigte im Allgemeinen **anrechnen** lassen. Das betrifft bei Verdienstausfallschäden die Fahrtkosten und ähnliche mit der Berufstätigkeit eng verbundene Ausgaben[204] sowie bei Verzögerungsschäden den dadurch ersparten Zinsaufwand.[205] Die Kosten eines infolge fehlerhafter Beratung eingeholten Privatgutachtens sind nicht zu ersetzen, wenn bei pflichtgemäßem Verhalten des Anwalts Sachverständigenkosten in gleicher Höhe entstanden wären, die nun nicht mehr erforderlich sind.[206] Wird dem Mandanten infolge eines Anwaltsfehlers der Zuschlag in der Zwangsversteigerung versagt, gelingt es jedoch, das Grundstück in einem späteren Versteigerungstermin zu erwerben, so besteht zwischen beiden Ereignissen ein innerer Zusammenhang, der den Vorteilsausgleich rechtfertigt.[207] Auf den Regressschaden eines Arbeitgebers, der infolge unerkannter Versicherungspflicht eines Mitarbeiters keinen Arbeitnehmeranteil vom Lohn abzieht und diesen Abzug nicht mehr nachholen kann, ist der Vorteil anzurechnen, den die Verjährung von Beitragsansprüchen gegen den Arbeitgeber aus dem besagten Grund bewirkt.[208]

3. Steuervorteile

1082 **Grundsätzlich** mindern **schadensbedingte Steuerersparnisse** finanzielle Nachteile des Betroffenen, sind also dem Schädiger **gutzubringen**. Jedoch ist jeweils zu prüfen, ob der **Zweck der Steuervergünstigung** im Einzelfall einer entsprechenden Entlas-

---

201 BGHZ 77, 151, 154 = NJW 1980, 2187, 2188; BGH, NJW 1979, 760, 761; 1983, 2137, 2138; 1989, 2117; 1997, 2378; WM 2001, 2251, 2252; 2002, 813, 815; ZIP 2004, 2192, 2193.
202 BGH, NJW 1997, 2378.
203 BGH, WM 1991, 814.
204 BGH, NJW 1980, 1787.
205 BGH, NJW 1983, 2137, 2138.
206 BGH, NJW 1997, 250, 251.
207 BGH, NJW-RR 1987, 246, 247.
208 BGH, ZIP 2004, 2192, 2193.

tung entgegensteht.[209] Aus diesem Grunde werden Steuervorteile nicht berücksichtigt, wenn der Geschädigte die Schadensersatzleistung ebenfalls versteuern muss.[210] Steuerdifferenzbeträge, die wegen einer Körperverletzung gewährt werden (§ 33b EStG), sind nicht anzurechnen.[211] Auch die für den Ausgleich von Verdienstausfall geltende Steuervergünstigung des § 34 Abs. 2 Nr. 2 EStG mindert den Schaden nicht.[212] Diese Vorschrift soll Steuernachteile verhindern, die sich aus der Steuerprogression des Einkommensteuertarifs für eine einmalige und außergewöhnliche Zusammenballung von Einkünften im Veranlagungszeitraum ergeben. Selbst wenn der Geschädigte wegen der Höhe seiner übrigen Einkünfte ohnehin der Höchstbesteuerung unterliegt, kommt dieser steuerliche Vorteil allein ihm zugute.[213] Dasselbe gilt für die Verjährung von Steuerschulden[214] sowie die zwischenzeitliche Ermäßigung des Steuertarifs bei verspäteter Schadensersatzleistung.[215] Erhält der Geschädigte neben dem Schadensersatz auch Leistungen aus einer Sozialversicherung, die gemäß § 3 EStG steuerfrei sind, so ist dieser Vorteil zur Vermeidung einer ansonsten unbilligen Besserstellung auszugleichen; denn der Geschädigte darf sich nach Versteuerung der Schadensersatzbeträge sowie Erhalt der Sozialleistungen nicht besser stehen als bei Auszahlung des Nettogehalts, das er ohne den zum Schadensersatz verpflichtenden Vorgang erhalten hätte.[216] In Fällen einer misslungenen Kapitalanlage sind die für die Anlage erzielten Steuervorteile grundsätzlich auf den Schaden anzurechnen.[217]

4. Aufdeckung stiller Reserven

Bei der Aufdeckung stiller Reserven muss der dadurch bewirkten Steuerlast grundsätzlich der Vorteil gegenübergestellt werden, der dem Mandanten aus dem Vorgang zugeflossen ist. Im Falle der Veräußerung eines Wirtschaftsguts ist daher der **Veräußerungsgewinn** abzüglich der Steuern einerseits mit dem **Wert des Wirtschaftsguts ohne Veräußerung** andererseits zu vergleichen.[218]

1083

---

209 BGHZ 53, 132, 134 = NJW 1970, 461, 462; BGHZ 74, 104, 113 f. = NJW 1979, 1449, 1451 f.; BGHZ 127, 391, 397 f. = NJW 1995, 389, 391; BGH, NJW 1980, 1788; 1983, 2137, 2138; 1986, 245; 1999, 3711; NJW-RR 2005, 318, 321.
210 BGH, NJW 1999, 3711, 3712; NJW-RR 2005, 318, 321.
211 BGHZ 127, 391, 397 = NJW 1995, 389, 391; BGH, NJW 1986, 245.
212 BGHZ 74, 104, 116 = NJW 1979, 1449, 1452; BGH, NJW 1980, 1788, 1789; 1986, 245; 1993, 1643.
213 BGH, NJW 1994, 2084, 2085.
214 BGHZ 53, 132 = NJW 1970, 461; BGHZ 127, 391, 397 = NJW 1995, 389, 391.
215 BGHZ 127, 391, 397 = NJW 1995, 389, 391; BGH, NJW 1986, 245.
216 BGH, NJW 1999, 3711, 3712.
217 BGH, WM 2001, 2262, 264; NJW 2004, 1868, 1870.
218 BGH, WM 2005, 999, 1000.

1084 Dagegen darf aus der steuerdogmatischen Einordnung der stillen Reserven als „Aufschub der Besteuerung"[219] nicht gefolgt werden, wegen Befreiung von einer latenten Steuerlast entstehe dem Mandanten in diesen Fällen niemals ein Schaden. Hätte er bei richtiger Beratung Maßnahmen getroffen, die zur Folge gehabt hätten, dass eine Aufdeckung stiller Reserven in absehbarer Zeit nicht in Betracht kam, so ist ein Schaden in Höhe der Steuerlast im Allgemeinen zu bejahen.[220]

5. Nutzungen und Gebrauchsvorteile

1085 Nutzungen und Gebrauchsvorteile einer Sache, die im Falle der Ersatzleistung an den Schädiger zurückzugewähren sind, muss sich der Geschädigte i.d.R. **anrechnen** lassen.[221] Kommt der Schuldner mit einer Verpflichtung in Verzug und erleidet der Gläubiger dadurch einen Schaden, so kann eine damit zusammenhängende Wertsteigerung einer Sache des Gläubigers im Wege der Vorteilsausgleichung zu berücksichtigen sein; jedoch kommt es hier darauf an, wie der Berechtigte mit der Sache verfahren wollte.[222]

6. Ansprüche gegen Dritte

1086 Vertragliche Ansprüche des Geschädigten gegen Dritte, die durch das den Schaden begründende Ereignis ausgelöst werden oder mit dem haftungsbegründenden Geschehen jedenfalls in ursächlichem Zusammenhang stehen, dienen i.d.R **nicht dazu, den Schädiger zu entlasten.**[223]

7. Beweis

1087 Die **Darlegungs- und Beweislast** für Tatsachen, die den **Vorteilsausgleich** rechtfertigen, trifft immer den **Schädiger**. Allerdings kann der Berechtigte, soweit Tatsachen aus einem nur ihm zugänglichen Bereich herrühren, gehalten sein, sich dazu im Einzelnen zu äußern.[224] Macht der Berater, der die Festsetzung von Säumniszuschlägen gegen seinen Mandanten verschuldet hat, geltend, diesem sei dadurch ein Zinsgewinn zugeflossen, muss er dies dem Grunde und der Höhe nach beweisen.[225]

---

219 *Gräfe/Lenzen/Schmeer*, Steuerberaterhaftung, Rn. 557; *Tipke/Lang*, Steuerrecht, 17. Aufl., § 9 Rn. 415.
220 BGH, NJW 2004, 444, 445.
221 BGH, NJW 1982, 1279, 1280; 1984, 229, 230.
222 BGHZ 77, 151, 154 ff. = NJW 1980, 2187, 2188.
223 Vgl. Rn. 1056.
224 BGHZ 127, 391, 395 = NJW 1995, 389, 390; BGH, NJW 1979, 760, 761; 1993, 1320, 1323; 1995, 2106, 2107.
225 BGH, WM 1991, 814.

V. Person des Geschädigten

Soweit nicht ausnahmsweise die Voraussetzungen eines Vertrages mit Schutzwirkung für Dritte oder der Drittschadensliquidation gegeben sind,[226] hat der haftpflichtige Anwalt nur für den **Schaden des Mandanten** einzustehen. Deshalb ist festzustellen, in wessen Person der Schaden eingetreten ist. Das kann zu Schwierigkeiten führen, wenn der Anwalt von einer **Gesellschaft** mandatiert wurde. Grundsätzlich ist streng zwischen dem Schaden der Gesellschaft und demjenigen der Gesellschafter zu unterscheiden. Die juristische Person ist für die schadensrechtliche Beurteilung als selbständiges Zurechnungsobjekt zu behandeln.[227] Daher kann ein Schaden der Gesellschafter nur liquidiert werden, wenn diese in den Schutzbereich des Mandats der Gesellschaft einbezogen waren. Aus einem Schaden der Gesellschafter folgt nicht automatisch ein vermögensrechtlicher Nachteil der Gesellschaft.[228] Die Saldierung eines Steuernachteils der Gesellschaft mit einem Anrechnungsvorteil des Gesellschafters kommt ebenfalls grundsätzlich nicht in Betracht.[229]

1088

Jedoch darf die gebotene formale Betrachtungsweise nicht zu wirtschaftlich widersinnigen Ergebnissen führen. Das wird aus einem Urteil des BGH deutlich, welches die Haftung des Beraters für einen bei der **Verschmelzung** von zwei **Kapitalgesellschaften** entstandenen Schaden betrifft.[230] Das Berufungsgericht hatte die Klage mit der Begründung abgewiesen, bei richtiger Beratung wäre die Klägerin durch Verschmelzung untergegangen; der Steuervorteil, dessen Verlust sie geltend machte, wäre bei der anderen, hier tatsächlich untergegangenen Gesellschaft eingetreten. Dem ist der BGH zu Recht nicht gefolgt. Die Person des Rechtsträgers war unwesentlich, weil es immer um dieselbe Vermögensmasse ging, deren Bestand durch die Verschmelzung gesichert werden sollte. In einem solchen Fall hat der Berechtigte der verbleibenden Gesellschaft den Schaden zu ersetzen, der darin besteht, dass es bei ihr zu einer höheren Steuerbelastung kommt, als sie bei einer Verschmelzung auf die untergegangene Gesellschaft eingetreten wäre.[231]

1089

VI. Inhalt des Schadensersatzanspruchs

Der Mandant hat Anspruch darauf, so gestellt zu werden, als hätte der Anwalt sich pflichtgemäß verhalten (§ 249 Abs. 1 BGB).[232] Zu fragen ist, **wie sich das Vermö-**

1090

---

226 Vgl. dazu Rn. 1641 ff.
227 BGHZ 61, 380, 383 = NJW 1974, 134, 135; BGH, NJW 1977, 1283; NJW-RR 1992, 290; WM 2005, 2396.
228 BGH, NJW-RR 1992, 290, 291 f.
229 BGH, NJW 1998, 1486, 1487.
230 BGH, NJW 1997, 1001.
231 BGH, NJW 1997, 1001, 1002.
232 BGH, NJW 1995, 451; WM 2005, 999, 1000.

gen des Geschädigten im Vergleich zum tatsächlichen Ablauf entwickelt hätte.[233] Hat der Anwalt fehlerhaft beraten, kann er **grundsätzlich nicht auf Schadensersatz wegen Nichterfüllung** (vgl. zum neuen Leistungsstörungsrecht Rn. 1098 ff.) in Anspruch genommen werden; denn er hat nicht für einen bestimmten Erfolg im Sinne einer Garantie einzustehen. Vielmehr haftet er nur auf den **Vertrauensschaden**, der dem Mandanten dadurch entstanden ist, dass er sich auf Richtigkeit und Vollständigkeit des erteilten Rates verlassen hat.[234] Hat er aufgrund einer fehlerhaften Auskunft ein Geschäft abgeschlossen oder eine Maßnahme durchgeführt, die er bei rechtlich einwandfreier Beratung nicht vorgenommen hätte, ist ein ersatzfähiger Schaden nur entstanden, sofern seine Vermögenslage ohne die Investition insgesamt günstiger wäre.[235] Gedeckt ist aber ein Anspruch auf **entgangenen Gewinn**, sofern dieser ohne die Pflichtverletzung des Anwalts eingetreten wäre.[236] Dazu können sogar Spekulationsgeschäfte gehören, die mit dem infolge des Anwaltsfehlers verlorenen oder zu spät erhaltenen Geld erfolgreich getätigt worden wären.[237] Hat der rechtliche Berater Ersatz für den Verlust eines Gesellschaftsanteils zu leisten, so ist regelmäßig der **Wiederbeschaffungswert zu erstatten**. Die dem Geschädigten künftig entstehenden Erträge aus der Beteiligung werden nicht gesondert ersetzt, sondern fließen in die Bemessung des Wiederbeschaffungswertes ein.[238]

1091 Ausnahmsweise entsteht auch eine Pflicht des Anwalts, eine **schadensbeseitigende Handlung** nach § 249 Abs. 1 BGB vorzunehmen. So ist der **Anwalt** verpflichtet, über den ursprünglichen Auftrag hinausgehende **Leistungen honorarfrei zu erbringen**, wenn dem Mandanten aufgrund eines anwaltlichen Fehlers **Nachteile drohen**, die auf diese Weise noch abgewendet werden können.[239] Nach dem Gesetz wird in erster Linie **Wiederherstellung des ursprünglichen Zustandes** geschuldet. Deshalb besteht die beschriebene Pflicht erst recht, wenn der **Schaden** nicht lediglich droht, sondern **schon eingetreten** ist, auf diese Weise aber beseitigt oder zumindest verringert werden kann. Hat der Anwalt z.B. verschuldet, dass ein dem Mandanten **ungünstiges Urteil** ergangen ist, besteht jedoch ernsthafte Aussicht, die Entscheidung im Berufungsverfahren zu korrigieren, ist er verpflichtet – sofern die Partei zustimmt –, die Berufung zwar in deren Namen, aber auf eigene Kosten durchzuführen und insoweit alles zu veranlassen, was geeignet ist, den Prozesserfolg zu bewirken.[240] Die Grenzen einer solchen Verpflichtung ergeben sich aus § 251 Abs. 2 Satz 1 BGB.

---

233 BGH, NJW 1988, 2880, 2881; 1995, 449, 451; 1998, 1860, 1862.
234 BGH, NJW-RR 1991, 1125, 1126; 1995, 619, 620.
235 BGH, WM 1998, 142 = NJW 1998, 982.
236 BGH, NJW 1988, 200, 203; 1998, 900, 902; 2002, 825, 826.
237 BGH, NJW 1983, 758.
238 BGHZ 150, 319 = NJW 2002, 2787.
239 BGH, NJW 1994, 1472, 1473.
240 BGH, NJW 2000, 3560; 2006, 288.

Die am 1.8.2002 in Kraft getretene Vorschrift des § 253 Abs. 2 BGB hat den bisher geltenden **Schmerzensgeldanspruch** erheblich **erweitert**, indem nunmehr für die Verletzung der dort genannten Rechtsgüter eine billige Entschädigung in Geld auch dann verlangt werden kann, wenn der **Schaden** allein **auf einer vertraglichen Pflichtverletzung** beruht. Das kann auch für die Haftung des rechtlichen Beraters Bedeutung gewinnen. Voraussetzung ist jeweils, dass der Schutz von Gesundheit und Freiheit des Mandanten in den Bereich der vom Anwalt übernommenen Pflichten fällt.[241] Dies ist etwa dort zu bejahen, wo der Mandant infolge eines Fehlers seines Verteidigers in Haft genommen oder ihm die beantragte Haftverschonung versagt wurde.[242]

1092

VII. Beweisfragen

Da der **Schaden** ebenfalls zu den Voraussetzungen eines Ersatzanspruchs gehört, trifft den **Mandanten die Beweislast**, die ihm jedoch durch § **287 ZPO** erleichtert wird. Eine deutlich überwiegende, auf gesicherter Grundlage beruhende Wahrscheinlichkeit, dass ein Schaden entstanden ist, reicht für die richterliche Überzeugungsbildung aus.[243] Dessen Umfang ist dann nach freiem Ermessen zu schätzen.

1093

§ 287 ZPO erleichtert dem Geschädigten darüber hinaus die **Darlegungslast**. Die Klage darf nicht wegen eines lückenhaften Vortrages abgewiesen werden, solange greifbare Anhaltspunkte für die Schätzung vorhanden sind.[244] Notfalls muss der Richter sich mit der **Schätzung eines Mindestschadens** begnügen, damit der Betroffene nicht leer ausgeht, obwohl im Ergebnis feststeht, dass ein erheblicher Schaden entstanden ist. Eine Schätzung wird erst dann unzulässig, wenn sie mangels jeglicher konkreter Anhaltspunkte praktisch völlig in der Luft hinge und daher willkürlich wäre.[245] Die Rechtsprechung des BGH ist jedoch in diesem Punkt nicht ganz einheitlich. Teilweise wird eine Schätzung für unzulässig gehalten, wenn der Kläger nicht hinreichend konkrete Anhaltspunkte für die Schadensermittlung genannt hat.[246]

1094

§ **252 Satz 2 BGB** bringt für den Geschädigten eine zusätzliche Erleichterung, soweit er **entgangenen Gewinn** nachzuweisen hat. Nach dieser Vorschrift gilt als entgangen der Gewinn, welcher nach dem gewöhnlichen Lauf der Dinge oder nach den besonderen Umständen, insbesondere nach den getroffenen Anstalten und Vorkehrungen, mit Wahrscheinlichkeit erwartet werden konnte. Demzufolge genügt es, wenn nach den

1095

---

241 Vgl. oben Rn. 1032 ff.
242 KG, NJW 2005, 1284, 1285.
243 BGH, NJW 1992, 2694, 2695; 1993, 734; WM 2001, 2455, 2458; NJW 2004, 444, 445; 2004, 1521, 1522.
244 BGH, NJW 1992, 2694, 2695 f.; 1993, 734; NJW-RR 1992, 202, 203; WM 2002, 909, 910.
245 BGHZ 91, 243, 256 f.; BGH, NJW-RR 1990, 200, 203; ZIP 1997, 1839, 1842.
246 BGH, NJW 1995, 1023, 1024.

Umständen der Ausfall des Gewinns wahrscheinlicher ist als das Gegenteil.[247] Dabei dürfen **keine strengen Anforderungen** an die Darlegungs- und Beweislast des Geschädigten gestellt werden.[248] Allerdings benötigt das Gericht auch insoweit **Anknüpfungstatsachen**, die auf einen entgangenen Gewinn schließen lassen. Dafür reicht es grundsätzlich nicht aus, einen positiven Aspekt des entgangenen Geschäfts, etwa steuerliche Abschreibungsvorteile, herauszugreifen. Vielmehr müssen auch die notwendiger Weise mit der Entscheidung verbundenen Nachteile bezeichnet werden.[249] Die nach dieser Vorschrift gebotene Prognose hat nicht nur die Verhältnisse **im Zeitpunkt der Entstehung des Schadens**, sondern auch die wahrscheinliche **künftige Entwicklung** zu berücksichtigen.[250] Kann der Geschädigte, weil er im Zeitpunkt des Schadensereignisses noch in der Ausbildung oder erst am Anfang seiner beruflichen Entwicklung stand, nur wenige konkrete Anhaltspunkte liefern, darf der Richter nicht allein deshalb eine entsprechende Schätzung verweigern.[251]

D. Anhang

Anhang 1: Rechtsprechungslexikon

Adäquanz

■ Begriff

Eine Begebenheit ist adäquate Bedingung eines Erfolges, wenn sie die objektive Möglichkeit eines Erfolges von der Art des eingetretenen generell in nicht unerheblicher Weise erhöht hat. Bei der dahin zielenden Würdigung sind lediglich zu berücksichtigen:
a) alle zur Zeit des Eintritts der Begebenheit dem optimalen Beobachter erkennbaren Umstände,
b) die dem Urheber der Bedingung noch darüber hinaus bekannten Umstände. Diese Prüfung ist unter Heranziehung des gesamten Erfahrungswissens vorzunehmen, das im Zeitpunkt der Beurteilung zur Verfügung steht.
Bei dieser Adäquanzprüfung handelt es sich nicht eigentlich um eine Frage der Kausalität, sondern um die Ermittlung der Grenze, bis zu der dem Urheber einer Bedingung eine Haftung für ihre Folgen billigerweise zugemutet werden kann.
BGH, Urt. v. 23.10.1951 – I ZR 31/51, BGHZ 3, 261.

---

247 BGH, NJW 1988, 200, 204.
248 BGH, WM 2002, 2010, 2011.
249 BGHZ 54, 45, 55 f. = NJW 1970, 1411, 1412; BGH, NJW 1988, 200, 204; 2004, 1868, 1870.
250 BGH, NJW 1997, 937, 938.
251 BGH, NJW 1998, 1633, 1634.

Handlungen des Mandanten

Bestand für die Zweithandlung des Geschädigten ein rechtfertigender Anlass oder wurde sie durch das haftungsbegründende Ereignis herausgefordert und erweist sich die Reaktion auch nicht als ungewöhnlich oder gänzlich unangemessen, so bleibt der Zurechnungszusammenhang mit dem Verhalten des Schädigers bestehen.
Die Beendigung einer rechtlichen Auseinandersetzung durch Vergleich kann grundsätzlich ein sachgemäßes Verhalten sein, das auf die Zurechnung des Schadens zum haftungsbegründenden Verhalten des Schuldners keinen Einfluss hat.
BGH, Urt. v. 3.12.1992 – IX ZR 61/92, NJW 1993, 1139, 1141.

Ist der Mandant aufgrund anderweitiger rechtlicher Beratung noch in der Lage, ihm durch eine Pflichtverletzung seines Anwalts drohende wirtschaftliche Nachteile abzuwenden, unterlässt er jedoch die ihm geratene Maßnahme aus unvertretbaren Gründen, entfällt der Zurechnungszusammenhang zwischen dem Anwaltsfehler und dem entstandenen Schaden.
BGH, Urt. v. 14.7.1994 – IX ZR 204/93, NJW 1994, 2822.

Hat der Rechtsanwalt eine zu einem bestimmten Zeitpunkt gebotene Maßnahme unterlassen und entsteht dem Mandanten daraus später ein Schaden, ist dieser dem Rechtsanwalt grundsätzlich selbst dann zuzurechnen, wenn der Mandant das Auftragsverhältnis zu einem Zeitpunkt gekündigt hat, als der Schaden noch vermieden werden konnte.

Hat der Rechtsanwalt durch eine schuldhafte Vertragsverletzung verursacht, dass Ansprüche des Mandanten verjährt sind, wird der Zurechnungszusammenhang zwischen Pflichtverletzung und Schaden nicht bereits dadurch unterbrochen, dass der Mandant vor Ablauf der Verjährungsfrist einen anderen Rechtsanwalt mit der Prüfung von Schadensersatzansprüchen gegen den ersten Anwalt beauftragt.
BGH, Urt. v. 29.11.2001 – IX ZR 278/00, NJW 2002, 1117.

Handlungen Dritter

Ein adäquater Zusammenhang besteht, wenn eine Tatsache im Allgemeinen und nicht nur unter besonders eigenartigen, ganz unwahrscheinlichen und nach dem regelmäßigen Verlauf der Dinge außer Betracht zu lassenden Umständen zur Herbeiführung eines Erfolges geeignet war. Er kann fehlen, wenn der Geschädigte oder ein Dritter in völlig ungewöhnlicher und unsachgemäßer Weise in den schadensträchtigen Geschehensablauf eingreift und eine weitere Ursache setzt, die den Schaden erst endgültig herbeiführt.
BGH, Urt. v. 16.11.1989 – IX ZR 190/88, NJW-RR 1990, 204.

Verschuldet ein Rechtsanwalt durch fehlerhafte Beratung, dass sein Mandant einen ihm ungünstigen notariellen Vertrag schließt, so entfällt die Haftung des Rechtsanwalts

nicht deswegen, weil der beurkundende Notar den ihm erkennbaren Fehler bei der Beurkundung nicht berichtigt.
BGH, Urt. v. 10.5.1990 – IX ZR 113/89, NJW 1990, 2882.

Verursacht der Rechtsanwalt durch pflichtwidrige Untätigkeit, dass ein Anspruch des Mandanten verjährt, den er durchzusetzen beauftragt war, wird der Zurechnungszusammenhang nicht dadurch unterbrochen, dass der Mandant später einen anderen Anwalt beauftragt, der es fahrlässig versäumt, noch rechtzeitig den Eintritt der Verjährung zu vermeiden.
BGH, Urt. v. 7.4.2005 – IX ZR 132/01, NJW-RR 2005, 1146.

■ Fehler des Gerichts

Der sowohl durch einen anwaltlichen Fehler als auch durch ein objektiv unrichtiges Urteil verursachte Schaden des Mandanten ist dem Anwalt i.d.R. zuzurechnen, wenn dessen Pflichtverletzung zusätzliche tatsächliche oder rechtliche Schwierigkeiten hervorgerufen hat und diese sich auf die ergangene Entscheidung ausgewirkt haben.
BGH, Urt. v. 21. 9. 1995 – IX ZR 228/94, NJW 1996, 48.

Betreibt ein Rechtsanwalt eine Ehescheidungsklage für einen Mandanten, obwohl dieser erkennbar keine wirksame Ehe geschlossen hatte, so wird die Haftung des Anwalts für die Schäden, die dem Mandanten aus der Scheidung erwachsen, regelmäßig nicht allein dadurch ausgeschlossen, dass auch das Familiengericht das Vorliegen einer Nichtehe hätte erkennen und deswegen die Scheidungsklage hätte abweisen müssen.
BGH, Urt. v. 13.3.2003 – IX ZR 181/99, NJW-RR 2003, 850.

Alternativverhalten, rechtmäßiges

Bei dem Einwand des rechtmäßigen Alternativverhaltens geht es um die der Bejahung des natürlichen Ursachenzusammenhangs nachfolgende Frage, inwieweit einem Schadensverursacher die Folgen seines pflichtwidrigen Verhaltens bei wertender Betrachtung billigerweise zugerechnet werden können.

Der Schutzzweck der jeweils verletzten Norm entscheidet darüber, ob und inwieweit der Einwand im Einzelfall erheblich ist.
BGH, Urt. v. 24.10.1985 – IX ZR 91/84, BGHZ 96, 157 = NJW 1986, 676.

Regelmäßig muss der Schädiger nachweisen, der Schaden wäre auch bei rechtmäßigem Alternativverhalten eingetreten.
BGH, Urt. v. 25.11.1992 – VIII ZR 170/91, BGHZ 120, 281, 287 = NJW 1993, 520, 521.

Hat der Versicherer die Regulierung eines Brandschadens auf dem verwalteten Grundstück abgelehnt, weil der Zwangsverwalter es versäumt hat, einen Gefahr erhöhenden Umstand anzuzeigen, und verteidigt sich der Zwangsverwalter gegenüber der aus die-

sem Grunde erhobenen Schadensersatzklage mit der Behauptung, auch bei rechtzeitiger Anzeige an den Versicherer hätte bei Schadenseintritt kein Versicherungsschutz mehr bestanden, so erhebt er damit nicht den Einwand des rechtmäßigen Alternativverhaltens, sondern bestreitet den vom Kläger zu beweisenden Ursachenzusammenhang zwischen Pflichtverletzung und Schaden.
BGH, Urt. v. 17.10.2002 – IX ZR 3/01, NJW 2003, 295.

Anscheinsbeweis

1. In Verträgen mit rechtlichen Beratern gilt die Vermutung, dass der Mandant beratungsgemäß gehandelt hätte, nur, wenn nach der Lebenserfahrung bei vertragsgemäßer Leistung des Beraters lediglich ein bestimmtes Verhalten nahe gelegen hätte.
2. Diese Vermutung bewirkt keine Beweislastumkehr, sondern bildet einen Anwendungsfall des Anscheinsbeweises. Der rechtliche Berater kann ihn daher entkräften, indem er Tatsachen beweist, die für ein atypisches Verhalten des Mandanten sprechen.
3. Ein Anscheinsbeweis zugunsten des Mandanten setzt nicht zwingend voraus, dass der rechtliche Berater eine bestimmte Empfehlung zu geben hat. Ein Sachverhalt, der bei zutreffender Information nur eine Entscheidung sinnvoll erscheinen ließ, kann auch dann gegeben sein, wenn sich die Aufgabe des Beraters darauf beschränkte, die Rechtslage zu erläutern.
BGH, Urt. v. 30.9.1993 – IX ZR 73/93, BGHZ 123, 311 = NJW 1993, 3259.

Bei der Vermutung, dass der Mandant dem Anwalt rechtzeitig die notwendigen Informationen erteilt hätte, wenn dieser seine Beratungs- und Aufklärungspflichten sachgerecht wahrgenommen hätte, handelt es sich um einen Anwendungsfall des Anscheinsbeweises.
BGH, Urt. v. 10.2.1994 – IX ZR 109/93, NJW 1994, 1472.

Im Anwaltshaftungsrecht hat der Mandant auch dann zu beweisen, dass die Pflichtverletzung des Anwalts für den geltend gemachten Schaden ursächlich geworden ist, wenn dem Anwalt ein grober Fehler unterlaufen ist. Die Beweisführung kann jedoch im Einzelfall nach den Grundsätzen des Anscheinsbeweises erleichtert sein.
BGH, Urt. v. 9.6.1994 – IX ZR 125/93, BGHZ 126, 217 = NJW 1994, 3295.

Ausgangsverfahren, hypothetisches

■ Grundsatz

Hängt die Haftung des Anwalts vom Ausgang eines Vorprozesses ab, hat das Regressgericht nicht darauf abzustellen, wie jener voraussichtlich geendet hätte, sondern selbst zu entscheiden, welches Urteil richtigerweise hätte ergehen müssen.
BGH, Urt. v. 13.6.1996 – IX ZR 233/95, BGHZ 133, 110 = NJW 1996, 2501.

Grundsätzlich ist von dem Sachverhalt auszugehen, der dem Gericht des Vorprozesses bei pflichtgemäßem Verhalten des Anwalts unterbreitet und von diesem Gericht aufge-

klärt worden wäre. Die dazu notwendigen Feststellungen sind nach § 287 ZPO unter Würdigung aller Umstände nach freier Überzeugung zu treffen.
BGH, Urt. v. 24.3.1988 – IX ZR 114/87, NJW 1988, 3013, 3015.

Wenn im Haftpflichtprozess die Frage, ob dem Anspruchsteller durch die schuldhafte Pflichtverletzung des Rechtsanwalts ein Schaden entstanden ist, vom Ausgang eines anderen Verfahrens abhängt, muss das Regressgericht selbst prüfen, wie jenes Verfahren richtigerweise zu entscheiden gewesen wäre. Dies gilt auch dann, wenn das andere Verfahren unterbrochen ist und noch fortgesetzt werden kann.
BGH, Urt. v. 6.7.2000 – IX ZR 198/99, WM 2000, 1814.

Die Frage, ob dem Mandanten dadurch ein ersatzfähiger Schaden entstanden ist, dass infolge eines Fehlers des rechtlichen Beraters im Ausgangsverfahren eine ihm ungünstige Entscheidung getroffen wurde, ist auf der Grundlage der damals geltenden höchstrichterlichen Rechtsprechung zu beurteilen. Eine spätere Änderung dieser Rechtsprechung oder eine abweichende Auffassung des Regressrichters sind i.d.R. rechtlich unerheblich.
BGH, Urt. v. 28.9.2000 – IX ZR 6/99, BGHZ 145, 256 = NJW 2001, 146.

Im Anwaltshaftungsprozess darf der Richter bereits vorliegende Beweisergebnisse nicht deshalb außer Betracht lassen, weil der Richter des Vorprozesses auch ohne Verfahrensfehler zu diesen Erkenntnissen nicht gelangt wäre.

Hat der Rechtsanwalt es versäumt, ein gerichtliches Gutachten durch Vorlage eines bereits erstatteten, zu gegenteiligen Ergebnissen kommenden Privatgutachtens anzugreifen, und dadurch seines Mandatspflichten verletzt, bedeutet der materiell-rechtlich nicht gerechtfertigte Verlust dieses Prozesses für den Mandanten keinen Schaden im Rechtssinne, wenn das Gericht des Vorprozesses bei sämtlichen von der Zivilprozessordnung ermöglichten Verfahrensweisen notwendiger Weise zum Nachteil des Mandanten hätte entscheiden müssen.
BGH, Urt. v. 16.6.2005 – IX ZR 27/04, NJW 2005, 3071.

■ Beweislast

Dem Kläger günstige Beweislastregeln des Ausgangsprozesses sind auch im Rechtsstreit gegen den Anwalt anzuwenden. Dies beruht auf der Erwägung, dass es sich um Vorschriften des materiellen Rechts handelt und der Mandant nicht allein deshalb schlechter gestellt sein darf, weil der hypothetische Sieg im Vorprozess nunmehr eine notwendige Voraussetzung für die Bejahung eines Schadens darstellt, den grundsätzlich der Kläger nachzuweisen hat.
BGH, Urt. v. 13.6.1996 – IX ZR 233/95, BGHZ 133, 110 = NJW 1996, 2501, 2502.

Der Grundsatz, dass die Beweislastregeln des Ausgangsrechtsstreits auch im Regressprozess anzuwenden sind, kann sich auch zulasten des Mandanten eines Steuerberaters auswirken, wenn die Frage, ob der Mandant den Steuerschaden noch rechtzeitig durch

einen Rechtsbehelf hätte abwenden können, vom Zeitpunkt des Zugangs des Steuerbescheids abhängt.
BGH, Urt. v. 3.5.2001 – IX ZR 46/00, NJW 2001, 2169.

Hat der Rechtsanwalt Ansprüche seines Mandanten gegen den Architekten wegen mangelhafter Beaufsichtigung des Unternehmers verjähren lassen und entsteht in diesem Zusammenhang Streit über die Höhe der Leistungen, die der gekündigte Unternehmer hätte abrechnen können, so trifft den Anwalt die Beweislast.
BGH, Urt. v. 6.5.2004 – IX ZR 211/00, NJW-RR 2004, 1649.

Die Ungewissheit, ob der Vorprozess trotz der anwaltlichen Pflichtverletzung bei allen rechtlich möglichen Verfahrensweisen zum Nachteil des Mandanten hätte ausgehen müssen, geht zu Lasten des Rechtsanwalts.
BGH, Urt. v. 16.6.2005 – IX ZR 27/04, NJW 2005, 3071.

■ **Beweisverfahren**

Bei der Entscheidung über den Schadensersatzanspruch gegen einen Rechtsanwalt kann sich das Gericht sämtlicher zulässiger Beweismittel bedienen, auch wenn sie in dem durch Verschulden des Anwalts unterbliebenen Vorprozess nicht hätten berücksichtigt werden können.
BGH, Urt. v. 14.11.1978 – VI ZR 112/97, BGHZ 72, 328 = NJW 1979, 819.

Über die Frage, wie ein vorausgegangener Rechtsstreit ohne den vom Rechtsanwalt zu verantwortenden Fehler hätte enden müssen, ist im Regressprozess auch dann gemäß § 287 ZPO zu entscheiden, wenn das Ausgangsverfahren nach dem Amtsermittlungsgrundsatz zu führen ist.
BGH, Urt. v. 13.6.1996 – IX ZR 233/95, BGHZ 133, 110 = NJW 1996, 2501.

■ **Verwaltungsverfahren**

Der Grundsatz der selbständigen Rechtsprüfung durch das Regressgericht erfährt dann eine Ausnahme, wenn der Verwaltungsbehörde ein Ermessensspielraum zustand oder eine Bindung aufgrund allgemeiner Verwaltungsübung eingetreten war. In solchen Fällen ist die mutmaßliche Behördenentscheidung festzustellen.
BGH, Urt. v. 3.6.1993 – IX ZR 173/92, NJW 1993, 2799, 2801.

Hängt die Schadensursächlichkeit einer anwaltlichen Pflichtverletzung von einer behördlichen Ermessensentscheidung ab, so ist ausnahmsweise darauf abzustellen, wie die Verwaltungsbehörde richtigerweise hätte entscheiden müssen, wenn die zu beurteilende Fallgestaltung bei pflichtgemäßer Ermessensausübung nur eine einzige Beurteilung zuließ.
BGH, Urt. v. 23.11.1995 – IX ZR 225/94, NJW 1996, 842.

Lässt ein Berater eine ständig geübte Verwaltungspraxis zur Wirtschaftsförderung pflichtwidrig und schuldhaft außer Acht, hat er dem Mandanten für die daraus erwachsenden Nachteile einzustehen, auch wenn die Verwaltungsübung gegen Ermessensrichtlinien verstößt.
BGH, Urt. v. 28.9.1995 – IX ZR 158/94, NJW 1995, 3248.

Beweis

■ Allgemein

Die Beurteilung der haftungsausfüllenden Kausalität unterliegt der Vorschrift des § 287 ZPO. Danach ist der Richter bei der Feststellung des Schadens freier gestellt. Gegenüber § 286 ZPO ermäßigt § 287 ZPO das Beweismaß. Jedenfalls eine deutlich überwiegende, auf gesicherter Grundlage beruhende Wahrscheinlichkeit reicht für die richterliche Überzeugungsbildung aus.

§ 287 ZPO erleichtert dem Geschädigten darüber hinaus auch die Darlegungslast.
BGH, Urt. v. 2.7.1992 – IX ZR 256/91, NJW 1992, 2694, 2695.

Ist im Regressprozess gegen den rechtlichen Berater streitig, wie sich der Mandant bei vertragsgerechter Leistung des rechtlichen Beraters verhalten hätte, kann der Richter den Regresskläger nach seinem Ermessen hierzu ohne weiteres als Partei vernehmen.
BGH, Urt. v. 16.10.2003 – IX ZR 167/02, WM 2004, 472.

■ Entgangener Gewinn

Konnte der Gewinn nach dem gewöhnlichen Lauf der Dinge oder den besonderen Umständen mit Wahrscheinlichkeit erwartet werden, wird vermutet, dass er entstanden wäre; der Schädiger trägt dann die Beweislast dafür, dass der Gewinn gleichwohl nicht erzielt worden wäre. Voraussetzung für diese Beweiserleichterung ist allerdings, dass der Schadensersatz fordernde Kläger zunächst die Tatsachen darlegt und im Streitfall beweist, aus denen sich die Wahrscheinlichkeit der Gewinnerzielung ergeben soll; insoweit trägt er die volle, nur durch § 287 ZPO gemilderte Beweislast.
BGH, Urt. v. 1.10.1987 – IX ZR 117/86, NJW 1988, 200, 204.

■ Hypothetisches Ausgangsverfahren

Bei der Entscheidung über den Schadensersatzanspruch gegen einen Rechtsanwalt kann sich das Gericht sämtlicher bei ihm zulässiger Beweismittel bedienen, auch wenn sie in dem durch Verschulden des Anwalts unterbliebenen Vorprozess nicht hätten berücksichtigt werden können.
BGH, Urt. v. 14.11.1978 – VI ZR 112/77, BGHZ 72, 328 = NJW 1979, 819.

Über die Frage, wie ein vorausgegangener Rechtsstreit ohne den vom Rechtsanwalt zu verantwortenden Fehler hätte enden müssen, ist im Regressprozess auch dann gemäß

§ 287 ZPO zu entscheiden, wenn das Ausgangsverfahren nach dem Amtsermittlungsgrundsatz zu führen war.
BGH, Urt. v. 13.6.1996 – IX ZR 233/95, BGHZ 133, 110 = NJW 1996, 2501.

Im Anwaltshaftungsprozess darf der Richter bereits vorliegende Beweisergebnisse nicht deshalb außer Betracht lassen, weil der Richter des Vorprozesses auch ohne Verfahrensfehler zu diesen Erkenntnissen nicht gelangt wäre.
BGH, Urt. v. 16.6.2005 – IX ZR 27/04, NJW 2005, 3071.

Beweislast

■ Hypothetisches Ausgangsverfahren

Dem Kläger günstige Beweislastregeln des Ausgangsprozesses sind auch im Rechtsstreit gegen den Anwalt anzuwenden. Dies beruht auf der Erwägung, dass es sich um Vorschriften des materiellen Rechts handelt und der Mandant nicht allein deshalb schlechter gestellt sein darf, weil der hypothetische Sieg im Vorprozess nunmehr eine notwendige Voraussetzung für die Bejahung eines Schadens darstellt, den grundsätzlich der Kläger nachzuweisen hat.
BGH, Urt. v. 13.6.1996 – IX ZR 233/95, BGHZ 133, 110 = NJW 1996, 2501, 2502.

■ Hypothetische Kausalität

Für den Einwand der hypothetischen Kausalität ist der Schädiger beweispflichtig.
BGH, Urt. v. 29.9.1982 – IVa ZR 309/80, BGH, NJW 1983, 1053.

■ Kausalität

Grundsätzlich hat der Geschädigte den Ursachenzusammenhang zwischen der Vertragsverletzung und dem Schaden als anspruchsbegründende Voraussetzung darzutun und nachzuweisen.
BGH, Urt. v. 30.9.1993 – IX ZR 73/93, BGHZ 123, 311, 313 = NJW 1993, 3259, 3260.

In Verträgen mit rechtlichen Beratern gilt die Vermutung, dass der Mandant beratungsgemäß gehandelt hätte, nur, wenn nach der Lebenserfahrung bei vertragsgemäßer Leistung des Beraters lediglich ein bestimmtes Verhalten nahe gelegen hätte.

Diese Vermutung bewirkt keine Beweislastumkehr, sondern bildet einen Anwendungsfall des Anscheinsbeweises. Der rechtliche Berater kann ihn daher entkräften, indem er Tatsachen beweist, die für ein atypisches Verhalten des Mandanten sprechen.

Der Anscheinsbeweis zugunsten des Mandanten setzt nicht zwingend voraus, dass der rechtliche Berater eine bestimmte Empfehlung zu geben hat. Ein Sachverhalt, der bei zutreffender Information nur eine Entscheidung sinnvoll erscheinen ließ, kann

auch dann gegeben sein, wenn sich die Aufgabe des Beraters darauf beschränkte, die Rechtslage zu erläutern.
BGH, Urt. v. 30.9.1993 – IX ZR 73/93, BGHZ 123, 311 = NJW 1993, 3259.

Im Anwaltshaftungsrecht hat der Mandant auch dann zu beweisen, dass die Pflichtverletzung des Anwalts für den geltend gemachten Schaden ursächlich geworden ist, wenn dem Anwalt ein grober Fehler unterlaufen ist. Die Beweisführung kann jedoch im Einzelfall nach den Grundsätzen des Anscheinsbeweises erleichtert sein.
BGH, Urt. v. 9.6.1994 – IX ZR 125/93, BGHZ 126, 217 = NJW 1994, 3295.

Bei der Vermutung, dass der Mandant dem Anwalt rechtzeitig die notwendigen Informationen erteilt hätte, wenn dieser seine Beratungs- und Aufklärungspflichten sachgerecht wahrgenommen hätte, handelt es sich um einen Anwendungsfall des Anscheinsbeweises.
BGH, Urt. v. 10.2.1994 – IX ZR 109/93, NJW 1994, 1472.

■ **Rechtmäßiges Alternativverhalten**

Regelmäßig muss der Schädiger nachweisen, der Schaden wäre auch bei rechtmäßigem Alternativverhalten eingetreten.
BGH, Urt. v. 25.11.1992 – VIII ZR 170/91, BGHZ 120, 281, 287 = NJW 1993, 520, 521.

■ **Vorteilsausgleich**

Der Schädiger hat einen anrechenbaren Vorteil des Geschädigten zu beweisen.
BGH, Urt. v. 5.11.1992 – IX ZR 200/91, NJW 1993, 1320, 1323.

Beweisvereitelung

Verweigert der rechtliche Berater dem Mandanten vertragswidrig die Rückgabe erhaltener Unterlagen und erschwert er ihm dadurch die Darlegung, infolge dieser Vertragsverletzung einen Schaden erlitten zu haben, kann dies nach den Umständen dazu führen, dass an die Substantiierung des Klagevortrags in diesem Punkt geringere Anforderungen als im Regelfall zu stellen sind.

Gelingt dem Kläger in einem solchen Fall trotz eines den Umständen nach ausreichenden Sachvortrags der von ihm gemäß § 287 ZPO zu führende Beweis nicht und beruht dies möglicherweise darauf, dass ihm die vom rechtlichen Berater vorenthaltenen Unterlagen fehlen, geht die Unmöglichkeit der Tatsachenaufklärung zulasten des Beraters.
BGH, Urt. v. 27.9.2001 – IX ZR 281/00, NJW 2002, 825.

Differenztheorie

Der Rechtsanwalt, der seinem Auftraggeber wegen positiver Vertragsverletzung zum Schadensersatz verpflichtet ist, hat diesen bei der Schadensersatzleistung so zu stellen, wie er bei pflichtgemäßem Verhalten des Anwalts stünde.
BGH, Urt. v. 28.6.1990 – IX ZR 209/89, NJW-RR 1990, 1241, 1244.

Ob ein Vermögensschaden vorliegt, beurteilt sich grundsätzlich nach der sog. Differenzhypothese, also nach einem Vergleich der infolge des haftungsbegründenden Ereignisses eingetretenen Vermögenslage mit derjenigen, die sich ohne jenes Ereignis ergeben hätte.

Die Differenzhypothese hat sich einer normativen Kontrolle zu unterziehen, die sich einerseits an der jeweiligen Haftungsgrundlage, konkret also an dem haftungsbegründenden Ereignis, und andererseits an der darauf beruhenden Vermögensminderung orientiert und die dabei auch die Verkehrsanschauung berücksichtigt.
BGH, Urt. v. 26.9.1997 – V ZR 29/96, WM 1997, 2309, 2311.

Bei der konkreten Schadensberechnung sind grundsätzlich alle adäquaten Folgen des haftungsbegründenden Umstands bis zum Zeitpunkt der letzten mündlichen Verhandlung, dem aus prozessualen Gründen letztmöglichen Beurteilungszeitpunkt, in die Schadensberechnung einzubeziehen.
BGH, Urt. v. 12.7.1996 – V ZR 117/95, NJW 1996, 2652, 2654.

Dritte

■ Anspruch gegen Dritte

Ein Schaden kann grundsätzlich nicht deshalb verneint werden, weil dem Berechtigten gegen einen Dritten ein Anspruch zusteht, dessen Durchsetzung den erlittenen Vermögensnachteil ausgleichen würde. In einem solchen Fall kann der Ersatzpflichtige lediglich die Abtretung jenes Anspruchs nach § 255 BGB verlangen.
BGH, Urt. v. 26.6.1997 – IX ZR 233/96, NJW 1997, 2946, 2948.

■ Kausale Handlungen

Ein adäquater Zusammenhang kann fehlen, wenn ein Dritter in völlig ungewöhnlicher und unsachgemäßer Weise in den schadensträchtigen Geschehensablauf eingreift und eine weitere Ursache setzt, die den Schaden erst endgültig herbeiführt.
BGH, Urt. v. 16.11.1989 – IX ZR 190/88, NJW-RR 1990, 204.

Verschuldet ein Rechtsanwalt durch fehlerhafte Beratung, dass sein Mandant einen ihm ungünstigen notariellen Vertrag schließt, so entfällt die Haftung des Rechtsanwalts

nicht deswegen, weil der beurkundende Notar den ihm erkennbaren Fehler bei der Beurkundung nicht berichtigt.
BGH, Urt. v. 10.5.1990 – IX ZR 113/89, NJW 1990, 2882.

Entgangener Gewinn

▪ Beweis

Konnte der Gewinn nach dem gewöhnlichen Lauf der Dinge oder den besonderen Umständen mit Wahrscheinlichkeit erwartet werden, wird vermutet, dass er entstanden wäre; der Schädiger trägt dann die Beweislast dafür, dass der Gewinn gleichwohl nicht erzielt worden wäre. Voraussetzung für diese Beweiserleichterung ist allerdings, dass der Schadensersatz fordernde Kläger zunächst die Tatsachen darlegt und im Streitfall beweist, aus denen sich die Wahrscheinlichkeit der Gewinnerzielung ergeben soll; insoweit trägt er die volle, nur durch § 287 ZPO gemilderte Beweislast.
BGH, Urt. v. 1.10.1987 – IX ZR 117/86, NJW 1988, 200, 204.

Ersatzanspruch

▪ Freistellung

Zwar geht der zunächst auf Befreiung von der Schuld gerichtete Anspruch gemäß § 250 Satz 2 BGB in einen Schadensersatzanspruch über, wenn der Schädiger die Leistung ernsthaft und endgültig abgelehnt hat. Das setzt aber voraus, dass der Kläger tatsächlich mit einer Verbindlichkeit beschwert ist, die Forderung also erfüllen muss.
BGH, Urt. v. 10.12.1992 – IX ZR 54/92, NJW 1993, 1137, 1138.

▪ Gegen Dritte

Ein Schaden kann grundsätzlich nicht deshalb verneint werden, weil dem Berechtigten gegen einen Dritten ein Anspruch zusteht, dessen Durchsetzung den erlittenen Vermögensnachteil ausgleichen würde. In einem solchen Fall kann der Ersatzpflichtige lediglich die Abtretung jenes Anspruchs nach § 255 BGB verlangen.
BGH, Urt. v. 26.6.1997- IX ZR 233/96, NJW 1997, 2946, 2948.

▪ Inhalt

Zur Beantwortung der Frage, welchen Schaden eine Pflichtverletzung zur Folge hat, ist zu prüfen, welchen Verlauf die Dinge bei pflichtgemäßem Verhalten genommen hätten und wie die Vermögenslage des Betroffenen sein würde, wenn der Pflichtenverstoß nicht begangen, sondern pflichtgemäß gehandelt worden wäre.
BGH, Urt. v. 17.3.1988 – IX ZR 43/87, NJW 1988, 2880, 2881.

Der Berater hat dem Mandanten nur den Nachteil zu ersetzen, der ihm durch das Vertrauen auf die Richtigkeit und Vollständigkeit der Beratung entstanden ist, ihn also so zu stellen, wie er bei pflichtgemäßem Verhalten stände.
BGH, Urt. v. 7.5.1991 – IX ZR 188/90, NJW-RR 1991, 1125, 1126.

Haftet der Rechtsanwalt dem Mandanten für den durch Verlust eines Prozesses entstandenen Schaden, besteht jedoch berechtigte Aussicht, diesen durch die Führung eines weiteren Rechtsstreits zu beseitigen oder zu vermindern, muss der Anwalt sofern er seinen Auftraggeber nicht anderweitig schadlos stellt, diesen Rechtsstreit auf eigene Kosten und eigenes Risiko führen.
BGH, Urt. v. 21.9.2000 – IX ZR 439/99, NJW 2000, 3560.

■ Schadensbeseitigendes Handeln

Drohen dem Mandanten Nachteile infolge eines dem Anwalt unterlaufenen Fehlers, kann dieser verpflichtet sein, zur Abwendung des Schadens über den ursprünglichen Auftrag hinausgehende Leistungen honorarfrei zu erbringen.
BGH, Urt. v. 10.2.1994 – IX ZR 109/93, NJW 1994, 1472.

Gericht

■ Kausale Fehler

Der sowohl durch einen anwaltlichen Fehler als auch durch ein objektiv unrichtiges Urteil verursachte Schaden des Mandanten ist dem Anwalt i.d.R. zuzurechnen, wenn dessen Pflichtverletzung zusätzliche tatsächliche oder rechtliche Schwierigkeiten hervorgerufen hat und diese sich auf die ergangene Entscheidung ausgewirkt haben.
BGH, Urt. v. 21.9.1995 – IX ZR 228/94, NJW 1996, 48.

Betreibt ein Rechtsanwalt eine Ehescheidungsklage für einen Mandanten, obwohl dieser erkennbar keine wirksame Ehe geschlossen hatte, so wird die Haftung des Anwalts für die Schäden, die dem Mandanten aus der Scheidung erwachsen, regelmäßig nicht allein dadurch ausgeschlossen, dass auch das Familiengericht das Vorliegen einer Nichtehe hätte erkennen und deswegen die Scheidungsklage hätte abweisen müssen.
BGH, Urt. v. 13.3.2003 – IX ZR 181/99, NJW-RR 2003, 850.

Geschädigter

■ Anspruch gegen Dritte

Ein Schaden kann grundsätzlich nicht deshalb verneint werden, weil dem Berechtigten gegen einen Dritten ein Anspruch zusteht, dessen Durchsetzung den erlittenen

Vermögensnachteil ausgleichen würde. In einem solchen Fall kann der Ersatzpflichtige lediglich die Abtretung jenes Anspruchs nach § 255 BGB verlangen.
BGH, Urt. v. 26.6.1997 – IX ZR 233/96, NJW 1997, 2946, 2948.

■ Anspruch auf schadensbeseitigende Handlung

Drohen dem Mandanten Nachteile infolge eines dem Anwalt unterlaufenen Fehlers, kann dieser verpflichtet sein, zur Abwendung des Schadens über den ursprünglichen Auftrag hinausgehende Leistungen honorarfrei zu erbringen.
BGH, Urt. v. 10.2.1994 – IX ZR 109/93, NJW 1994, 1472.

■ Anspruchsinhalt

Zur Beantwortung der Frage, welchen Schaden eine Pflichtverletzung zur Folge hat, ist zu prüfen, welchen Verlauf die Dinge bei pflichtgemäßem Verhalten genommen hätten und wie die Vermögenslage des Betroffenen sein würde, wenn der Pflichtenverstoß nicht begangen, sondern pflichtgemäß gehandelt worden wäre.
BGH, Urt. v. 17.3.1988 – IX ZR 43/87, NJW 1988, 2880, 2881.

■ Freistellungsanspruch

Zwar geht der zunächst auf Befreiung von der Schuld gerichtete Anspruch gemäß § 250 Satz 2 BGB in einen Schadensersatzanspruch über, wenn der Schädiger die Leistung ernsthaft und endgültig abgelehnt hat. Das setzt aber voraus, dass der Kläger tatsächlich mit einer Verbindlichkeit beschwert ist, die Forderung also erfüllen muss.
BGH, Urt. v. 10.12.1992 – IX ZR 54/92, NJW 1993, 1137, 1138.

■ Juristische Person

Eine GmbH kann steuerliche Nachteile ihrer Gesellschafter nicht als eigenen Schaden geltend machen.
BGH, Urt. v. 7.11.1991 – IX ZR 3/91, NJW-RR 1992, 290.

Wurde die Verpflichtung, über die günstigste Art der Verschmelzung zweier Kapitalgesellschaften zu beraten, schuldhaft verletzt, so ist der nach der Verschmelzung übrig bleibenden Gesellschaft der Schaden zu ersetzen, der darin besteht, dass die Verschmelzung der untergegangenen Gesellschaft wirtschaftlich günstiger gewesen wäre.
BGH, Urt. v. 5.12.1996 – IX ZR 61/96, NJW 1997, 1001.

Inzidentverfahren, hypothetisches

→ *„Ausgangsverfahren, hypothetisches"*

Kausalität

■ Allgemein

Zur Beantwortung der Frage, welchen Schaden die Pflichtverletzung zur Folge hatte, ist zu prüfen, welchen Verlauf die Dinge bei pflichtgemäßem Verhalten genommen hätten und wie die Vermögenslage des Betroffenen sein würde, wenn der Rechtsanwalt die Pflichtverletzung nicht begangen, sondern pflichtgemäß gehandelt hätte. Sofern die Pflichtverletzung in einer Unterlassung besteht, muss untersucht werden, wie die Dinge bei pflichtgemäßem positiven Handeln gelaufen wären. Es muss also hinzugedacht werden, dass der Schädiger seine Pflichten ordnungsgemäß erfüllt habe.
BGH, Urt. v. 22.3.1990 – IX ZR 128/89, NJW 1990, 2128, 2129.

Die Frage des Ursachenzusammenhang zwischen einer anwaltlichen Pflichtverletzung und dem Schaden des Mandanten beantwortet sich nicht danach, ob der Mandant dem pflichtwidrigen Rat des Anwalts gefolgt ist oder aus eigenem Antrieb gehandelt hat, sondern danach, wie er sich verhalten hätte, wenn er richtig beraten worden wäre.
BGH, Urt. v. 6.12.2001 – IX ZR 124/00, NJW 2002, 593.

■ Anscheinsbeweis

In Verträgen mit rechtlichen Beratern gilt die Vermutung, dass der Mandant beratungsgemäß gehandelt hätte, nur, wenn nach der Lebenserfahrung bei vertragsgemäßer Leistung des Beraters lediglich ein bestimmtes Verhalten nahe gelegen hätte.

Diese Vermutung bewirkt keine Beweislastumkehr, sondern bildet einen Anwendungsfall des Anscheinsbeweises. Der rechtliche Berater kann ihn daher entkräften, indem er Tatsachen beweist, die für ein atypisches Verhalten des Mandanten sprechen.

Ein Anscheinsbeweis zugunsten des Mandanten setzt nicht zwingend voraus, dass der rechtliche Berater eine bestimmte Empfehlung zu geben hat. Ein Sachverhalt, der bei zutreffender Information nur eine Entscheidung sinnvoll erscheinen ließ, kann auch dann gegeben sein, wenn sich die Aufgabe des Beraters darauf beschränkte, die Rechtslage zu erläutern.
BGH, Urt. v. 30.9.1993 – IX ZR 73/93, BGHZ 123, 311 = NJW 1993, 3259.

Bei der Vermutung, dass der Mandant dem Anwalt rechtzeitig die notwendigen Informationen erteilt hätte, wenn dieser seine Beratungs- und Aufklärungspflichten sachgerecht wahrgenommen hätte, handelt es sich um einen Anwendungsfall des Anscheinsbeweises.
BGH, Urt. v. 10.2.1994 – IX ZR 109/93, NJW 1994, 1472.

Ein Anscheinsbeweis für die vorsätzliche Verwirklichung einer Straftat kommt grundsätzlich nicht in Betracht.
BGH, Urt. v. 5.3.2002 – VI ZR 398/00, NJW 2002, 1643.

Beweislast

Grundsätzlich hat der Geschädigte den Ursachenzusammenhang zwischen der Vertragsverletzung und dem Schaden als anspruchsbegründende Voraussetzung darzutun und nachzuweisen.
BGH, Urt. v. 30.9.1993 – IX ZR 73/93, BGHZ 123, 311, 313 = NJW 1993, 3259, 3260.

Im Anwaltshaftungsrecht hat der Mandant auch dann zu beweisen, dass die Pflichtverletzung des Anwalts für den geltend gemachten Schaden ursächlich geworden ist, wenn dem Anwalt ein grober Fehler unterlaufen ist. Die Beweisführung kann jedoch im Einzelfall nach den Grundsätzen des Anscheinsbeweises erleichtert sein.
BGH, Urt. v. 9.6.1994 – IX ZR 125/93, BGHZ 126, 217 = NJW 1993, 3295.

Beweisvereitelung

Verweigert der rechtliche Berater dem Mandanten vertragswidrig die Rückgabe erhaltener Unterlagen und erschwert er ihm dadurch die Darlegung, infolge dieser Vertragsverletzung einen Schaden erlitten zu haben, kann dies nach den Umständen dazu führen, dass an die Substantiierung des Klagevortrags in diesem Punkt geringere Anforderungen als im Regelfall zu stellen sind.

Gelingt dem Kläger in einem solchen Fall trotz eines den Umständen nach ausreichenden Sachvortrags der von ihm gemäß § 287 ZPO zu führende Beweis nicht und beruht dies möglicherweise darauf, dass ihm die vom rechtlichen Berater vorenthaltenen Unterlagen fehlen, geht die Unmöglichkeit der Tatsachenaufklärung zulasten des Beraters.
BGH, Urt. v. 27.9.2001 – IX ZR 281/00, NJW 2002, 825.

Haftungsausfüllende Kausalität

Bei Vertragsverletzungen erstreckt sich der Bereich des nach § 286 ZPO zu beweisenden Haftungsgrundes nur bis zu der Feststellung, der Vertragspartner sei von dem Verstoß so betroffen worden, dass nachteilige Folgen für ihn eintreten konnten. Für den Nachweis der Ursächlichkeit der Vertragsverletzung für den eigentlichen Schadenseintritt ist dagegen § 287 ZPO maßgebend.
BGH, Urt. v. 15.6.1993 – XI ZR 111/92, NJW 1993, 3073, 3076.

Zur haftungsausfüllenden Kausalität, wenn in einem unter Mitwirkung eines Rechtsanwalts geschlossenen Vertrag durch dessen Verschulden eine für den Mandanten unerkannt ungünstige Vertragsklausel vereinbart wird.
BGH, Urt. v. 25.11.1999 – IX ZR 332/98, WM 2000, 197.

D. Anhang 1: Rechtsprechungslexikon

■ Hypothetische Kausalität

Im Schadensersatzrecht besteht heute Einigkeit darüber, dass es sich bei der sog. hypothetischen Kausalität nicht um ein Problem der Kausalität, sondern um eine Frage der Schadenszurechnung handelt. Dass der durch das haftungsbegründende Ereignis real bewirkte Schaden später durch einen anderen Umstand (die *Reserveursache*) ebenfalls herbeigeführt worden wäre, kann an der Kausalität der realen Ursache nichts ändern. Ob die Reserveursache beachtlich ist und zu einer Entlastung des Schädigers führt, ist eine Wertungsfrage, die für verschiedene Fallgruppen durchaus unterschiedlich beantwortet wird.
BGH, Urt. v. 7.6.1988 – IX ZR 144/87, BGHZ 104, 355, 359 f. = NJW 1988, 3265, 3266.

Für den Einwand der hypothetischen Kausalität ist der Schädiger beweispflichtig.
BGH, Urt. v. 29.9.1982 – IVa ZR 309/80, NJW 1983, 1053.

Prozess

■ Hypothetischer Ausgang

Hängt die Haftung des Anwalts vom Ausgang eines Vorprozesses ab, hat das Regressgericht nicht darauf abzustellen, wie jener voraussichtlich geendet hätte, sondern selbst zu entscheiden, welches Urteil richtigerweise hätte ergehen müssen.
BGH, Urt. v. 13.6.1996 – IX ZR 233/95, BGHZ 133, 110 = NJW 1996, 2501.

Grundsätzlich ist von dem Sachverhalt auszugehen, der dem Gericht des Vorprozesses bei pflichtgemäßem Verhalten des Anwalts unterbreitet und von diesem Gericht aufgeklärt worden wäre. Die dazu notwendigen Feststellungen sind nach § 287 ZPO unter Würdigung aller Umstände nach freier Überzeugung zu treffen.
BGH, Urt. v. 24.3.1998 – IX ZR 114/87, NJW 1988, 3013, 3015.

Wenn im Haftpflichtprozess die Frage, ob dem Anspruchssteller durch die schuldhafte Pflichtverletzung des Rechtsanwalts ein Schaden entstanden ist, vom Ausgang eines anderen Verfahrens abhängt, muss das Regressgericht selbst prüfen, wie jenes Verfahren richtigerweise zu entscheiden gewesen wäre. Dies gilt auch dann, wenn das andere Verfahren unterbrochen ist und noch fortgesetzt werden kann.
BGH, Urt. v. 6.7.2000 – IX ZR 198/99, WM 2000, 1814.

Die Frage, ob dem Mandanten dadurch ein ersatzfähiger Schaden entstanden ist, dass infolge eines Fehlers des rechtlichen Beraters im Ausgangsverfahren eine ihm ungünstige Entscheidung getroffen wurde, ist auf der Grundlage der damals geltenden höchstrichterlichen Rechtsprechung zu beurteilen. Eine spätere Änderung dieser Rechtsprechung oder eine abweichende Auffassung des Regressrichters sind i.d.R. rechtlich unerheblich.
BGH, Urt. v. 28.9.2000 – IX ZR 6/99, BGHZ 145, 256 = NJW 2001, 146.

Im Anwaltshaftungsprozess darf der Richter bereits vorliegende Beweisergebnisse nicht deshalb außer Betracht lassen, weil der Richter des Vorprozesses auch ohne Verfahrensfehler zu diesen Erkenntnissen nicht gelangt wäre.
BGH, Urt. v. 16.6.2005 – IX ZR 27/04, NJW 2005, 3071.

Schaden

■ Arbeitsaufwand

1. Für eigenen Zeitaufwand bei der außergerichtlichen Abwicklung des Schadensersatzanspruchs kann der Geschädigte, jedenfalls soweit dabei der übliche Rahmen nicht überschritten wird, vom Schädiger keinen Ersatz verlangen.
2. Dies gilt auch für eine Behörde, die wegen der Häufung von Schadensfällen in ihrem Bereich für diese Tätigkeit besonderes Personal einsetzt.
BGH, Urt. v. 9.3.1976 – VI ZR 98/75, BGHZ 66, 112 = NJW 1976, 1256.

Der tatsächliche geldwerte Arbeitsaufwand, der ohne das schädigende Ereignis nicht erbracht worden wäre, ist ebenso ein Vermögensschaden wie die verhinderte geldwerte Arbeitsleistung.
BGH, Urt. v. 24.11.1995 – V ZR 88/95, BGHZ 131, 220 = NJW 1996, 921.

■ Differenztheorie

Ob ein Vermögensschaden vorliegt, beurteilt sich grundsätzlich nach der sog. Differenzhypothese, also nach einem Vergleich der infolge des haftungsbegründenden Ereignisses eingetretenen Vermögenslage mit derjenigen, die sich ohne jenes Ereignis ergeben hätte.
BGH, Urt. v. 26.9.1997 – V ZR 29/96, WM 1997, 2309, 2311.

Der Rechtsanwalt, der seinem Auftraggeber wegen positiver Vertragsverletzung zum Schadensersatz verpflichtet ist, hat diesen bei der Schadensersatzleistung so zu stellen, wie er bei pflichtgemäßem Verhalten des Anwalts stände.
BGH, Urt. v. 28.6.1990 – IX ZR 209/89, NJW-RR 1990, 1241, 1244.

Bei der konkreten Schadensberechnung sind grundsätzlich alle adäquaten Folgen des haftungsbegründenden Umstands bis zum Zeitpunkt der letzten mündlichen Verhandlung, dem aus prozessualen Gründen letztmöglichen Beurteilungszeitpunkt, in die Schadensberechnung einzubeziehen.
BGH, Urt. v. 12.7.1996 – V ZR 117/95, NJW 1996, 2652, 2654.

Ein Schaden des Mandanten infolge einer überhöhten Maklerprovision ist nicht schon deshalb zu verneinen, weil er trotz des unangemessenen Maklerhonorars einen höheren Kaufpreis erlangt hat, als er ihn ohne die Einschaltung dieses Maklers erzielt hätte. Vielmehr kommt es allein darauf an, wie der Mandant wirtschaftlich stände, wenn der Makler korrekt gehandelt hätte.
BGH, Urt. v. 30.5.2000 – IX ZR 121/99, NJW 2000, 2669.

Zur Frage der Behandlung nach der letzten mündlichen Tatsachenverhandlung entstehender Vorteile, die den Schaden mindern würden, bei der Schadensberechnung.
BGH, Urt. v. 2.4.2001 – II ZR 331/99, WM 2001, 2251.

■ **Gesellschaftsanteil**

Als Ersatz für den Verlust eines Gesellschaftsanteils ist regelmäßig der Wiederbeschaffungswert zu erstatten. Dabei werden die dem Geschädigten künftig entgehenden Erträge nicht gesondert ersetzt, sondern bei der Bemessung des Wiederbeschaffungswerts berücksichtigt.
BGH, Urt. v. 18.4.2002 – IX ZR 72/99, BGHZ 150, 319 = NJW 2002, 2787.

■ **Normativer Schaden**

Die Differenzhypothese hat sich einer normativen Kontrolle zu unterziehen, die sich einerseits an der jeweiligen Haftungsgrundlage, konkret also an dem haftungsbegründenden Ereignis, und andererseits an der darauf beruhenden Vermögensminderung orientiert und die dabei auch die Verkehrsanschauung berücksichtigt.
BGH, Urt. v. 26.9.1997 – V ZR 29/96, WM 1997, 2309, 2311.

Der Verlust einer tatsächlichen oder rechtlichen Position, auf die der Geschädigte keinen Anspruch hat, stellt grundsätzlich keinen ersatzfähigen Nachteil dar. Der Kläger soll im Wege des Schadensersatzes nicht mehr erhalten als das, was er nach der materiellen Rechtslage hätte verlangen können.
BGH, Urt. v. 11.11.1993 – IX ZR 35/93, BGHZ 124, 86, 95 = NJW 1994, 453, 455.

Entgangener Gewinn aus verbotswidrigen Verträgen ist nur dann nicht zu ersetzen, wenn das Verbotsgesetz nicht nur die Vornahme des gewinnbringenden Rechtsgeschäfts missbilligt, sondern auch dessen zivilrechtliche Wirksamkeit verhindert.
BGH, Urt. v. 30.11.1979 – V ZR 214/77, BGHZ 75, 366 = NJW 1980, 775.

Es widerspricht grundsätzlich nicht der Rechtsordnung, wenn der Auftragnehmer für die Nachteile einstehen muss, die dem Auftraggeber entstanden sind, weil er sich durch schuldhaft schlechte Ausführung des Auftrags die damalige Behördenpraxis nicht hat zunutze machen können.
BGH, Urt. v. 28.9.1995 – IX ZR 158/94, NJW 1995, 3248, 3249.

Die Vollstreckung aus einem Versäumnisurteil ist grundsätzlich selbst dann rechtlich einwandfrei, wenn es mit der materiellen Rechtslage nicht übereinstimmt. Der Fehler, der einem Anwalt bei der Vollstreckung aus einem solchen Urteil unterläuft, ist folglich geeignet, den Mandanten in einer rechtlich geschützten Position zu verletzen.
BGH, Urt. v. 21.9.1995 – IX ZR 228/94, NJW 1996, 48, 49.

Für den beschleunigten Misserfolg einer unbegründeten sozial-(verwaltungs-)gerichtlichen Anfechtungsklage haftet der Rechtsanwalt mangels Schaden im Rechtssinne

auch dann nicht, wenn die aufschiebende Wirkung der Klage seinem Auftraggeber noch die einstweilige Fortsetzung gewinnbringender Berufsausübung ermöglicht hätte.
BGH, Urt. v. 16.12.2004 – IX ZR 295/00, NJW 2005, 1935.

Wird das Prozessziel wegen eines Anwaltsfehlers verfehlt, besteht der Vermögensschaden des Mandanten, wenn er den erstrebten Titel nicht hätte durchsetzen wollen, nicht im Verlust der klageweise geltend gemachten Forderung.
BGH, Urt. v. 18.3.2004 – IX ZR 255/00, NJW 2004, 1521.

■ Nutzungen

Eine Entschädigung wegen entgangener Nutzung einer Sache kommt nur dann in Betracht, wenn diese objektiv nicht nutzbar oder in ihrer Verwendungsfähigkeit wesentlich eingeschränkt ist.
Selbst dann, wenn der Eigentümer sich aus dringenden wirtschaftlichen Gründen veranlasst sieht, die Selbstnutzung der eigenen Sache aufzugeben und sie einer anderen Verwendung zuzuführen, kann das allein keinen Ersatzanspruch begründen, solange dem Eigentümer eine sinnvolle Verwendung der Sache weiterhin möglich ist.
BGH, Urt. v. 11.11.1993 – IX ZR 229/92, NJW 1994, 442.

Nicht der Wegfall der Arbeitskraft als solcher ist ein Schaden im haftungsrechtlichen Sinne, sondern der dadurch entstandene Ausfall der Arbeitsleistung. Daher kann ein Unternehmer, bei dem sich der wirtschaftliche Wert seiner Arbeitsleistung nach dem Erfolg seiner Tätigkeit bestimmt, seinen Schaden nicht nach der Höhe des Gehalts einer gleichwertigen Ersatzkraft bestimmen.
BGH, Urt. v. 5.5.1970 – VI ZR 212/68, BGHZ 54, 45 = NJW 1970, 1411.

■ Stille Reserven

Rät der steuerliche Berater dem Mandanten pflichtwidrig zur Aufgabe des Gewerbebetriebs und führt diese zur Aufdeckung stiller Reserven, stellt die hierauf entfallende Einkommensteuer grundsätzlich einen Schaden dar.
BGH, Urt. v. 23.10.2003 – IX ZR 249/02, NJW 2004, 444.

Zur Schadensberechnung bei Haftung des Steuerberaters wegen der Aufdeckung stiller Reserven durch Verkauf von Gewerbeerwartungsland.
BGH, Urt. v. 20.1.2005 – IX ZR 416/00, WM 2005, 999.

■ Vermögenslosigkeit

Ein Schaden liegt auch dann vor, wenn eine zusätzliche Verbindlichkeit einen vermögenslosen Schuldner trifft.
BGH, Urt. v. 10.10.1985 – IX ZR 153/84, NJW 1986, 581.

Eine wegen der Vermögenslage des Schuldners auf Dauer uneinbringliche Forderung hat keinen Geldwert. Ihr Verlust verringert den Wert des Vermögens des Geschädigten nicht.
BGH, Urt. v. 19.9.1985 – IX ZR 138/84, NJW 1986, 246, 247.

■ **Vertrauensschaden**

Der Berater hat dem Mandanten nur den Nachteil zu ersetzen, der ihm durch das Vertrauen auf die Richtigkeit und Vollständigkeit der fehlerhaften Beratung entstanden ist, ihn also so zu stellen, wie er bei pflichtgemäßem Verhalten stände.
BGH, Urt. v. 7.5.1991 – IX ZR 188/90, NJW-RR 1991, 1125, 1126.

■ **Schmerzensgeld**

Versäumt es der Strafverteidiger schuldhaft, einen Antrag auf Verlegung des Termins zur Hauptverhandlung zu stellen und gerät der Mandant deswegen in Haft, so steht diesem ein Anspruch auf angemessenes Schmerzensgeld wegen der erlittenen Freiheitsentziehung zu.
KG, Urt. v. 17.1.2005 – 12 U 302/03, NJW 2005, 1284.

Schutzzweck

Der Anwalt hat für solche Nachteile einzustehen, die im Schutzbereich der verletzten vertraglichen Pflichten liegen. Zu ersetzen sind solche Schadensfolgen, zu deren Abwendung die verletzte Vertragspflicht übernommen wurde.
BGH, Urt. v. 21.9.1995 – IX ZR 228/94, NJW 1996, 48, 51.

Berät der Anwalt den Mandanten rechtlich fehlerhaft und geht dieser infolgedessen eine Verpflichtung ein, aus der ihm ein Schaden entsteht, liegt dieser regelmäßig im Schutzbereich der verletzten Anwaltspflicht, wenn sich aus Inhalt und Zweck der geschuldeten Beratung ergibt, dass sie den Mandanten auch vor den Gefahren zu bewahren hatte, die eingetreten sind.
BGH, Urt. v. 26.6.1997 – IX ZR 233/96, NJW 1997, 2946.

Ein Berater, der es durch einen Rat oder durch die unzutreffende Darstellung steuerlich bedeutsamer Vorgänge verschuldet, dass gegen seinen Mandanten wegen leichtfertiger Steuerverkürzung ein Bußgeld verhängt wird, kann verpflichtet sein, jenem den darin bestehenden Vermögensschaden zu ersetzen.
BGH, Urt. v. 14.11.1996 – IX ZR 215/95, NJW 1997, 518.

Wer einem Anlageinteressenten umfassende Beratung oder Aufklärung schuldet, haftet bei Verletzung seiner Pflicht grundsätzlich für alle Schäden infolge einer nachteiligen Anlageentscheidung. Beschränkt sich die Beratungs- oder Aufklärungspflicht dagegen auf einen bestimmten, für das Vorhaben bedeutsamen Einzelpunkt, so hat der Berater bei Verletzung seiner Pflicht nur für die Schäden einzustehen, die in diesem Punkt

eintreten, nicht aber für den Gesamtschaden infolge des fehlgeschlagenen Vorhabens.
BGH, Urt. v. 3.12.1991 – XI ZR 300/90; BGHZ 116, 209, 212 ff. = NJW 1992, 555 = WM 1992, 133.

Wer einen anderen allein auf steuerliche Vorteile einer gesellschaftsrechtlichen Beteiligung hinweist, haftet ihm bei einem Fehler grundsätzlich nur für den ausgebliebenen Steuervorteil und nicht für einen ausgebliebenen Unternehmenserfolg.
BGH, Urt. v. 13.2.2003 – IX ZR 62/02, NJW-RR 2003, 1035.

Gibt ein Rechtsanwalt, der von einer Bank den Treuhandauftrag hat, über ihm ausgehändigte Bürgschaftserklärungen nur unter bestimmten Bedingungen zu verfügen, die Bürgschaften pflichtwidrig vorzeitig weiter und kommt es zu einer Inanspruchnahme der Bank, so muss er diese im Wege des Schadensersatzes so stellen, als wäre sie keine Bürgschaftsverpflichtung eingegangen; die Schadensersatzpflicht lässt sich nicht im Hinblick auf den Zweck des Treuhandgeschäfts und der einzelnen Treuhandauflagen einschränken.
BGH, Urt. v. 6.6.2002 – III ZR 206/01, NJW 2002, 2459.

Vermutung

■ Kausalität

In Verträgen mit rechtlichen Beratern gilt die Vermutung, dass der Mandant beratungsgemäß gehandelt hätte, nur, wenn nach der Lebenserfahrung bei vertragsgemäßer Leistung des Beraters lediglich ein bestimmtes Verhalten nahe gelegen hätte.

Diese Vermutung bewirkt keine Beweislastumkehr, sondern bildet einen Anwendungsfall des Anscheinsbeweises. Der rechtliche Berater kann ihn daher entkräften, indem er Tatsachen beweist, die für ein atypisches Verhalten des Mandanten sprechen.
BGH, Urt. v. 30.9.1993 – IX ZR 73/93, BGHZ 123, 311 = NJW 1993, 3259.

Bei der Vermutung, dass der Mandant dem Anwalt rechtzeitig die notwendigen Informationen erteilt hätte, wenn dieser seine Beratungs- und Aufklärungspflichten sachgerecht wahrgenommen hätte, handelt es sich um einen Anwendungsfall des Anscheinsbeweises.
BGH, Urt. v. 10.2.1994 – IX ZR 109/93, NJW 1994, 1472.

Verwaltungsverfahren

■ Hypothetischer Ausgang

Der Grundsatz der selbständigen Rechtsprüfung durch das Regressgericht erfährt dann eine Ausnahme, wenn der Verwaltungsbehörde ein Ermessensspielraum zustand oder eine Bindung aufgrund allgemeiner Verwaltungsübung eingetreten war. In solchen Fällen ist die mutmaßliche Behördenentscheidung festzustellen.
BGH, Urt. v. 3.6.1993 – IX ZR 173/92, NJW 1993, 2799, 2801.

Hängt die Schadensursächlichkeit einer anwaltlichen Pflichtverletzung von einer behördlichen Ermessensentscheidung ab, so ist ausnahmsweise darauf abzustellen, wie die Verwaltungsbehörde richtigerweise hätte entscheiden müssen, wenn die zu beurteilende Fallgestaltung bei pflichtgemäßer Ermessensausübung nur eine einzige Beurteilung zuließ.
BGH, Urt. v. 23.11.1995 – IX ZR 255/94, NJW 1996, 842.

Lässt ein Berater eine ständig geübte Verwaltungspraxis zur Wirtschaftsförderung pflichtwidrig und schuldhaft außer Acht, hat er dem Mandanten für die daraus erwachsenen Nachteile einzustehen, auch wenn die Verwaltungsübung gegen Ermessensrichtlinien verstößt.
BGH, Urt. v. 28.9.1995 – IX ZR 158/94, NJW 1995, 3248.

Vorteilsausgleich

■ Allgemein

Die Grundsätze der Vorteilsausgleichung beruhen auf dem Gedanken, dass der Geschädigte sich – jedenfalls in gewissem Umfang – diejenige Vorteile anrechnen lassen muss, die mit dem Schadensereignis „korrespondieren", d.h. die ihm im Zusammenhang mit diesem Ereignis in einer Weise zugeflossen sind, dass ihre Anrechnung nach dem Sinn des Schadensersatzrechts mit dem Zweck des Ersatzanspruchs übereinstimmt; die Anrechnung muss dem Geschädigten unter Berücksichtigung der gesamten Interessenlage nach Treu und Glauben zumutbar sein und darf den Schädiger nicht unangemessen entlasten.
BGH, Urt. v. 15.12.1988 – III ZR 110/87, NJW 1989, 2117.

Zur Frage der Behandlung nach der letzten mündlichen Tatsachenverhandlung entstehender Vorteile, die den Schaden mindern würden, bei der Schadensberechnung.
BGH, Urt. v. 2.4.2001 – II ZR 331/99, WM 2001, 2251.

■ Ansprüche gegen Dritte

Ein Schaden kann grundsätzlich nicht deshalb verneint werden, weil dem Berechtigten gegen einen Dritten ein Anspruch zusteht, dessen Durchsetzung den erlittenen Vermögensnachteil ausgleichen würde. In einem solchen Fall kann der Ersatzpflichtige lediglich die Abtretung jenes Anspruchs nach § 255 BGB verlangen.
BGH, Urt. v. 26.6.1997 – IX ZR 233/96, NJW 1997, 2946, 2948.

■ Beweislast

Der Schädiger hat einen anrechenbaren Vorteil des Geschädigten zu beweisen.
BGH, Urt. v. 5.11.1992 – IX ZR 200/91, NJW 1993, 1320, 1323.

Teil 1 • Abschnitt 4 • Kausalität, Zurechenbarkeit, Schaden

Verschuldet ein Steuerberater, dass gegen seinen Mandanten vom Finanzamt Verspätungszuschläge festgesetzt werden, so hat der Steuerberater darzutun, dass und in welcher Höhe der Mandant infolge der verspäteten Steueranmeldung auch einen auszugleichenden Vermögensvorteil erlangt hat.
BGH, Urt. v. 31.1.1991 – IX ZR 124/90, WM 1991, 814.

■ Ersparte Aufwendungen

Die Kosten eines überflüssigen Privatgutachtens hat der wegen fehlerhafter Beratung in Anspruch genommene Anwalt dem Mandanten nach den Grundsätzen der Vorteilsausgleichung dann nicht zu ersetzen, wenn der Mandant bei ordnungsgemäßer Beratung Kosten in gleicher Höhe für ein anderes Gutachten hätte aufwenden müssen, die er nunmehr einspart, weil es sich im Regressprozess – und nur hier – um Prozesskosten handelt.
BGH, Urt. v. 10.10.1996 – IX ZR 294/95, NJW 1997, 250.

Aus dem Regressschaden eines Arbeitgebers, der infolge unerkannter Versicherungspflicht eines Mitarbeiters keinen Arbeitnehmeranteil vom Lohn abzieht und diesen Abzug nicht mehr nachholen kann, ist der Vorteil anzurechnen, den die Verjährung von Beitragsansprüchen gegen den Arbeitgeber aus dem nämlichen Grund wegen des Arbeitgeberanteils bewirkt.
BGH, Urt. v. 23.9.2004 – IX ZR 148/03, ZIP 2004, 2192.

■ Gebrauchsvorteile

Vorteile, die dem Geschädigten infolge des Gebrauchs der gekauften Sache zugeflossen sind, müssen berücksichtigt werden.
BGH, Urt. v. 10.2.1982 – VIII ZR 27/81, NJW 1982, 1279, 1280.

■ Steuervorteile

Schadensbedingte Steuerersparnisse des Geschädigten verringern stets den zu ersetzenden konkreten Schaden, sind also dem Schädiger gutzubringen, wenn nicht gerade der Zweck der Steuervergünstigung einer solchen Entlastung entgegensteht. Deswegen verbleiben dem Geschädigten Steuerdifferenzbeträge, die ihm nur wegen einer Körperverletzung gewährt werden (§ 33b EStG), weil eine einmalige und außergewöhnliche Zusammenballung von Ersatzleistungen in einem Veranlagungszeitraum erfolgt ist (§ 34 Abs. 2 EStG), weil die Steuerschuld verjährt ist oder weil die Schadensersatzleistung verspätet gezahlt und inzwischen der Steuertarif ermäßigt worden ist.
BGH, Urt. v. 15.11.1994 – VI ZR 194/93, BGHZ 127, 391, 397 = NJW 1995, 389, 391.

Anhang 2: Leitfaden zur Feststellung von Kausalität, Zurechnung und Schaden 1097

Eine **Pflichtverletzung** des Anwalts begründet nur dann einen **Ersatzanspruch**, wenn – kumulativ –
- sie für den geltend gemachten Nachteil **ursächlich (kausal)** ist (s. Rn. 989 ff.),
- dieser dem Anwalt **haftungsrechtlich zuzurechnen** ist (s. Rn. 1014 ff.),
- ein **Schaden im Rechtssinne** entstanden ist (s. Rn. 1047 ff.).

I. Kausalität	Rn. 989 ff.
1. Es geht nur um die **Ursächlichkeit im logischen Sinne**. *Kontrollfrage:* Wie wäre der Tatsachenverlauf gewesen, wenn sich der Anwalt vertragsgerecht verhalten hätte? (Achtung: Hat nichts mit hypothetischer Kausalität oder rechtmäßigem Alternativverhalten zu tun!)	Rn. 990
2. Beweislast: Sie liegt beim **Mandanten**, jedoch gibt es **Beweiserleichterungen**: a) § 287 ZPO; b) **Anscheinsbeweis**: (1) dass sich der Mandant beratungsgemäß verhalten hätte, wenn bei vernünftiger Betrachtungsweise aus damaliger Sicht nur eine einzige Entscheidung nahe gelegen hätte; (2) dass der Mandant die benötige Information vollständig erteilt hätte; (3) hinsichtlich jedes anderen Mandantenverhaltens, das nach den Umständen und der Lebenserfahrung nahe lag; c) Beweisvereitelung.	Rn. 995 ff. Rn. 995 Rn. 1001 ff. Rn. 1011 ff.
II. Zurechnung	Rn. 1014
1. Zunächst ist die **Adäquanz** zu prüfen. *Formel*: Ein **adäquater Zusammenhang** besteht, wenn eine Tatsache im Allgemeinen und nicht nur unter besonders	Rn. 1015 ff.

eigenartigen, nach dem regelmäßigen Verlauf der Dinge außer Betracht zu lassenden Umständen zur Herbeiführung des Erfolges geeignet war. Im Anwaltshaftungsrecht spielt das willentliche **Eingreifen des Mandanten oder Dritter** eine große Rolle. In diesen Fällen bleibt ein adäquater Zusammenhang mit der Pflichtwidrigkeit des Anwalts bestehen, wenn,	
a) das **Handeln des Mandanten** als vernünftige oder zumindest vertretbare Reaktion zu werten ist,	Rn. 1018 ff.
b) das **Handeln Dritter** sich nicht als ein gänzlich ungewöhnliches Verhalten darstellt,	Rn. 1021 ff.
c) **Fehler des Gerichts** vorliegen, denen der Anwalt hätte entgegenwirken müssen.	Rn. 1024 ff.
2. Ist die Adäquanz zu bejahen, schließt sich die Prüfung an, ob der eingetretene **Nachteil innerhalb des Schutzzwecks der verletzten Anwaltspflicht** liegt. *Kontrollfrage:* Handelt es sich um einen Nachteil, zu dessen Abwendung der Anwalt die aus dem Mandat folgenden Pflichten übernommen hat?	Rn. 1032 ff.
3. Zurechnungsausschluss infolge **hypothetischer Kausalität**? I.d.R. zu verneinen.	Rn. 1036 ff.
4. Zurechnungsausschluss wegen **rechtmäßigen Alternativverhaltens**? *Kontrollfrage:* Wäre der tatsächlich verursachte Nachteil auch dann entstanden, wenn der Anwalt eine andere, von der verletzten Pflicht verschiedene, selbständige Pflicht erfüllt hätte? Das kommt äußerst selten vor und erfordert dann eine Abwägung nach Schutzzweckgesichtspunkten.	Rn. 1043 ff.
III. Schaden	**Rn. 1047 ff.**
1. Zu ersetzen ist nur der **Vertrauensschaden** (zum neuen Leistungsstörungsrecht s. Rn. 1100 ff.). *Kontrollfrage:* Die Berechnung erfolgt grundsätzlich im Wege der **Differenzhypothese**. Wie hätte sich das Vermögen ohne die anwaltliche Pflichtverletzung entwickelt?	Rn. 1048 f.

D. Anhang 2: Leitfaden zur Feststellung von Kausalität, Zurechnung und Schaden

2. Die Differenzhypothese bedarf jedoch einer **normativen Kontrolle**; diese ist am Schutzzweck der Haftung sowie an der Funktion des Schadensersatzes auszurichten: **Grundsatz**: Der Mandant soll nicht mehr erhalten als das, was ihm nach Recht und Gesetz zugestanden hätte.	Rn. 1050 ff.
3. **Sonderproblem**: Der Schaden hängt davon ab, wie ein **Rechtsstreit** oder ein **behördliches Verfahren** bei vertragsgerechtem Verhalten des Anwalts ausgegangen wäre. **Grundsatz**: a) Bei gerichtlichen Entscheidungen kommt es darauf an, wie der **Vorprozess** richtigerweise hätte entschieden werden müssen. b) Bei **behördlichen Verfahren** gilt dasselbe, wenn nur eine einzige rechtmäßige Entscheidung möglich war. Anderenfalls ist festzustellen, wie das Verfahren tatsächlich ausgegangen wäre.	Rn. 1062 ff.
4. **Vorteilsausgleich** Es gilt eine wertende Betrachtungsweise. *Kontrollfragen*: Ist die Anrechnung mit Sinn und Zweck des Ersatzanspruches vereinbar? Wird der Schädiger durch eine Anrechnung in unangemessener Weise entlastet?	Rn. 1079 ff.
5. **Beweislast** Sie liegt zu 1. bis 3. beim Mandanten, zu 4. beim Anwalt. **Beweiserleichterungen**: a) § 287 ZPO; b) § 252 Satz 2 BGB.	Rn. 1093 ff.

Abschnitt 5: Neues Leistungsstörungsrecht

Inhaltsverzeichnis

	Rn.
A. Geltungsbereich	1098
B. Haftung eines Rechtsberaters nach neuem Recht	1099
I. Haftung aus Dienstvertrag	1100
1. Schadensersatz (§§ 280 ff. BGB)	1100
a) Schadensersatz neben der Leistung (§ 280 Abs. 1 BGB)	1100
aa) Schuldverhältnis	1101
bb) Pflichtverletzung	1102
cc) Verantwortlichkeit des Schuldners	1103
dd) Schaden i.S.d. § 280 Abs. 1 BGB	1104
ee) Darlegungs- und Beweislast	1107
ff) Beispielsfälle der Rechtsberaterhaftung aus § 280 Abs. 1 BGB	1111
(1) Schlechtleistung(-erfüllung)	1111
(2) Verletzung einer leistungsbezogenen vertraglichen Nebenpflicht	1112
(3) Nichtleistung (Ausbleiben der Leistung)	1113
(4) Verletzung einer nicht leistungsbezogenen Neben-(Schutz-)pflicht	1114
(5) Zu vertretende Unmöglichkeit	1115
(6) Verschulden vor oder bei Vertragsschluss	1116
b) Ersatz eines Verzögerungsschadens (§ 280 Abs. 1, 2, § 286 BGB)	1121
c) Schadensersatz statt der Leistung wegen Schlechterfüllung (§ 280 Abs. 1, 3, § 281 BGB)	1122
aa) Leistung „nicht wie geschuldet"	1122
bb) Voraussetzungen des § 280 Abs. 1 BGB	1123
cc) Frist zur Leistung oder Nacherfüllung	1124
dd) Schadensersatz statt der Leistung und Aufwendungsersatz	1128
ee) Schadensersatz statt der ganzen Leistung	1131
ff) Anspruch auf Leistung und auf Schadensersatz statt der Leistung	1135
gg) Darlegungs- und Beweislast	1137
d) Schadensersatz statt der Leistung wegen Nichtleistung und bei Teilleistung (§ 280 Abs. 1, 3, § 281 BGB)	1138
e) Schadensersatz statt der Leistung wegen Verletzung einer Schutzpflicht (§ 280 Abs. 1, 3, § 282 BGB)	1143

Zugehör

	Rn.
f) Schadensersatz statt der Leistung bei Unmöglichkeit (§ 280 Abs. 1, 3, § 283 BGB)	1144
aa) Ausschluss der Leistungspflicht wegen nachträglicher Unmöglichkeit (§ 283 Satz 1 BGB)	1144
bb) Ausschluss der Leistungspflicht wegen Teilunmöglichkeit und Unmöglichkeit der Nacherfüllung (§ 283 Satz 2 BGB)	1149
g) Nur eingeschränkte Anwendung der §§ 281, 283 BGB auf Anwaltsvertrag?	1152
2. Rücktritt (§§ 323 ff., 346 ff. BGB)	1155
a) Beschränkte Anwendung auf Rechtsberaterverträge	1155
aa) Dienstverträge	1155
bb) Werkverträge	1159
b) Voraussetzungen (§§ 323 – 326 BGB)	1160
aa) Allgemeines	1160
bb) Rücktritt wegen Schlechtleistung (§ 323 BGB)	1161
cc) Rücktritt wegen Nichtleistung und bei Teilleistung (§ 323 BGB)	1167
dd) Rücktritt wegen Verletzung einer Schutzpflicht (§ 324 BGB)	1170
ee) Rücktritt wegen Unmöglichkeit (§ 326 BGB)	1171
(1) Befreiung von der Gegenleistung bei Unmöglichkeit (§ 326 Abs. 1 – 4 BGB)	1172
(2) Rücktritt wegen teilweiser oder vollständiger Unmöglichkeit (§ 326 Abs. 5 BGB)	1178
c) Rechtsfolgen des Rücktritts (§§ 346 – 354 BGB)	1179
aa) Erklärung des Rücktritts	1179
bb) Wirkung des Rücktritts	1180
II. Haftung aus Werkvertrag	1183
1. Grundsätze	1183
2. Mängelrechte des Bestellers (§ 634 BGB)	1186
a) Nacherfüllung (§ 634 Nr. 1, § 635 BGB)	1190
b) Selbstvornahme der Mangelbeseitigung (§ 634 Nr. 2, § 637 BGB)	1194
c) Rücktritt vom Vertrag (§ 634 Nr. 3 i.V.m. §§ 323, 326 Abs. 5, § 636 BGB)	1196
d) Minderung der Vergütung (§ 634 Nr. 3, § 638 BGB)	1197
e) Schadensersatz oder Ersatz vergeblicher Aufwendungen (§ 634 Nr. 4 i.V.m. §§ 280, 281, 283, 284, 311a, 636 BGB)	1198
aa) Schadensersatz aus § 280 Abs. 1, § 634 Nr. 4 BGB	1199
bb) Schadensersatz aus §§ 281, 634 Nr. 4 BGB	1203
cc) Schadensersatz aus §§ 283, 634 Nr. 4 BGB	1206

	Rn.
dd) Schadensersatz aus § 311a Abs. 2, § 634 Nr. 4 BGB	1208
ee) Ersatz vergeblicher Aufwendungen aus § 284, § 634 Nr. 4 BGB	1209
3. Rechte wegen Nichtleistung des Werkunternehmers	1210
4. Rechte wegen Verletzung einer werkvertraglichen Schutzpflicht	1211
C. Störung der Geschäftsgrundlage (§ 313 BGB)	1212
D. Kündigung von Dauerschuldverhältnissen aus wichtigem Grund (§ 314 BGB)	1213

Spezialliteratur:

Anders, Der zentrale Haftungsgrund der Pflichtverletzung im Leistungsstörungsrecht des Entwurfs für ein Schuldrechtsmodernisierungsgesetz, ZIP 2001, 184;
Auktor/Mönch, Nacherfüllung – nur noch auf Kulanz?, NJW 2005, 1686;
Begründung des Entwurfs vom 11.5.2001 eines Gesetzes zur Modernisierung des Schuldrechts: BT-Drucks. 14/6040 = BR-Drucks. 338/01;
Bressler, Selbstvornahme im „Schwebezustand" nach Ablauf der Nacherfüllungsfrist, NJW 2004, 3382;
Bruns, Die vertragliche Haftung des Rechtsanwalts gegenüber dem Mandanten nach neuer Rechtslage, VersR 2002, 524;
Canaris, Die Reform des Rechts der Leistungsstörungen, JZ 2001, 499;
Derleder, Der Wechsel zwischen den Gläubigerrechten bei Leistungsstörungen und Mängeln, NJW 2003, 998;
Derleder/Zänker, Der ungeduldige Gläubiger und das neue Leistungsstörungsrecht, NJW 2003, 2777;
Feldhahn, Die Störung der Geschäftsgrundlage im System des reformierten Schuldrechts, NJW 2005, 3381;
Gaier, Das Rücktritts(folgen)recht nach dem Schuldrechtsmodernisierungsgesetz, WM 2002, 1;
Grigoleit, Neuregelung des Ausgleichs „frustrierter" Aufwendungen (§ 284 BGB): Das ausgefallene Musical, ZGS 2002, 122;
Grunewald, Die Haftung des Anwalts für fehlerhafte Beratung des Mandanten nach neuem Recht, AnwBl 2002, 258;
v. Hase, Fristlose Kündigung und Abmahnung nach neuem Recht, NJW 2002, 2278;
Heinrichs, Die Transformation des Erfüllungsanspruchs in einen Schadensersatzanspruch, in: FS Derleder 2005, S. 87;
Herresthal/Riehm, Die eigenmächtige Selbstvornahme im allgemeinen und besonderen Leistungsstörungsrecht, NJW 2005, 1457;
Hertel, Schuldrechtsreform – Überblick und Hinweise zur notariellen Vertragsgestaltung, ZNotP 2002, 4;
Heß, Das neue Schuldrecht – In-Kraft-Treten und Übergangsregelungen, NJW 2002, 253;
Huber/Faust, Schuldrechtsmodernisierung, 2002;
Kindl, Das Recht der Leistungsstörungen nach dem Schuldrechtsmodernisierungsgesetz, WM 2002, 1313;
Koch, Auswirkungen der Schuldrechtsreform auf die Gestaltung Allgemeiner Geschäftsbedingungen, WM 2002, 2173 und 2217;

Lorenz, S., Schadensersatz statt der Leistung, Rentabilitätsvermutung und Aufwendungsersatz im Gewährleistungsrecht, NJW 2004, 26;
Recker, Schadensersatz statt der Leistung – oder: Mangelschaden und Mangelfolgeschaden, NJW 2002, 1247;
Reim, Der Ersatz vergeblicher Aufwendungen nach § 284 BGB, NJW 2003, 3662;
Schmidt-Räntsch/Maifeld/Meier-Göhring/Röcken, Das neue Schuldrecht, 2002;
Schmidt-Kessel/Baldus, Prozessuale Behandlung des Wegfalls der Geschäftsgrundlage nach neuem Recht, NJW 2002, 2076;
Schudnagies, Das Werkvertragsrecht nach der Schuldrechtsreform, NJW 2002, 396;
Sutschet, Haftung für anfängliches Unvermögen, NJW 2005, 1404;
Teichmann, Kauf- und Werkvertrag in der Schuldrechtsreform, ZfBR 2002, 13;
Thode, Werkleistung und Erfüllung im Bau- und Architektenvertrag, ZfBR 1999, 116;
Wilhelm, Die Pflichtverletzung nach dem neuen Schuldrecht, JZ 2004, 1055;
Zimmer, Das neue Recht der Leistungsstörungen, NJW 2002, 1;
Zugehör, Grundzüge des neuen Leistungsstörungsrechts für die Rechtsberaterhaftung, ZGS 2003, 272.

A. Geltungsbereich

1098 Soweit das **Leistungsstörungsrecht** des BGB durch das **Gesetz zur Modernisierung des Schuldrechts** vom 26.11.2001[1] geändert wurde, gilt die **Neuregelung** für Schuldverhältnisse - also auch für **Rechtsberaterverträge**-, die **seit dem 1.1.2002** entstanden sind oder künftig noch entstehen (Art. 9 Abs. 1 Satz 2 des Modernisierungsgesetzes).

Auf **Rechtsberaterverträge**, die vor diesem Tage geschlossen wurden, ist das **alte Leistungsstörungsrecht des BGB** anzuwenden; das gilt für Dauerschuldverhältnisse – etwa für **Dauermandate** von Rechtsberatern – mit der Maßgabe, dass das neue Recht vom 1.1.2003 an in der dann geltenden Fassung anzuwenden ist (Art. 229 § 5 EGBGB).[2] Geschah das pflichtwidrige Verhalten im Rahmen eines **vorvertraglichen Schuldverhältnisses** (§ 311 Abs. 2, 3 BGB) vor dem 1.1.2002, so ist altes Recht anzuwenden, selbst wenn der Schaden erst nach diesem Stichtag eintritt.[3] Die Anknüpfung an das alte Recht erstreckt sich auf das gesamte Schuldverhältnis, also auf dessen Entstehung, Inhalt und Abwicklung.[4]

---

1 BGBl. I, S. 3138.
2 Zur Übergangsregelung im Einzelnen *Mansel*, in: *Dauner-Lieb/Heidel/Lepa/Ring*, Anwaltkommentar Schuldrecht, Art. 229 § 5 EGBGB Rn. 1 ff.; *Heß*, NJW 2002, 253, 254 ff.
3 *Mansel*, in.: *Dauner-Lieb/Heidel/Lepa/Ring*, Anwaltkommentar Schuldrecht, Art. 229 § 5 EGBGB Rn. 27; *Heß*, NJW 2002, 253, 255.
4 *Mansel*, in.: *Dauner-Lieb/Heidel/Lepa/Ring*, Anwaltkommentar Schuldrecht, Art. 229 § 5 EGBGB Rn. 30; *Heß*, NJW 2002, 253, 255.

B. Haftung eines Rechtsberaters nach neuem Recht

Die – grundsätzlich abdingbaren[5] – **Neuregelungen des Schadensersatzrechts** (§§ 280 ff. BGB) und **des Rücktrittsrechts** (§§ 323 ff. BGB) wegen Pflichtverletzung stellen die **Haftung der Rechtsberater** (Rechtsanwälte, Steuerberater und Wirtschaftsprüfer) für Störungen des grundsätzlich vorliegenden **Geschäftsbesorgungsvertrages mit Dienstvertragscharakter** (Rn. 6 ff., 480) auf eine ungewohnte Rechtsgrundlage. Schon der neue **einheitliche Haftungsansatz der Pflichtverletzung** (§ 280 Abs. 1 Satz 1 BGB) und die teilweise neue **Begriffswelt der Rechtsfolgen** (§ 280 Abs. 2, 3, § 281: „Schadensersatz; Schadensersatz wegen Verzögerung der Leistung; Schadensersatz statt der Leistung; Schadensersatz statt der ganzen Leistung") machen es schwer, die für die Rechtsberaterhaftung typischen Leistungsstörungen einzuordnen. Dabei ergibt sich die **Besonderheit**, dass die typische Leistungsstörung einer Schlechterfüllung der vertraglichen Hauptpflicht zur Rechtsberatung und/oder -vertretung den Auftraggeber schädigt und sodann – entgegen der Grundvorstellung des Gesetzgebers (§§ 281, 323 BGB) – eine mangelfreie Dienstleistung häufig nicht über eine Fristsetzung nachgeholt werden kann. Für eine mangelhafte Rechtsberaterleistung im Rahmen eines ausnahmsweise vorliegenden **Geschäftsbesorgungsvertrages mit Werkvertragscharakter** (Rn. 6 ff., 480) ist eine ergänzende **Sonderregelung** (§§ 633 ff. BGB) zu berücksichtigen.

1099

Im Folgenden sollen die **Grundlinien der Rechtsberaterhaftung** nach neuem Recht dargelegt werden. Dabei soll die typische Leistungsstörung einer Schlechterfüllung des Rechtsberatervertrages im Vordergrund stehen.

I. Haftung aus Dienstvertrag

1. Schadensersatz (§§ 280 ff. BGB)

a) Schadensersatz neben der Leistung (§ 280 Abs. 1 BGB)

§ 280 Abs. 1 BGB enthält – bis auf die Sonderregelung des § 311a Abs. 2 BGB für eine anfängliche Unmöglichkeit – die **einheitliche Haftungsgrundlage für einen Schadensersatzanspruch** wegen einer zu vertretenden Pflichtverletzung im Rahmen eines Schuldverhältnisses. Nach dieser Vorschrift kann der Gläubiger, wenn der Schuldner eine Pflicht aus einem Schuldverhältnis verletzt, Ersatz des hierdurch entstehenden Schadens verlangen (Satz 1); dies gilt nicht, wenn der Schuldner die Pflichtverletzung nicht zu vertreten hat (Satz 2).

1100

Nach der **Struktur der Schadensersatzregelungen** in §§ 280 ff. BGB stützt **§ 280 Abs. 1 BGB** einen **Anspruch auf „einfachen" Schadensersatz** wegen einer zu ver-

---

[5] Vgl. *Dedek*, in: *Henssler/Graf von Westphalen*, Vorbem. zu §§ 280 – 291 BGB, Rn. 9; *Koch*, WM 2002, 2173, 2178 ff. und 2217 ff.

tretenden Verletzung einer Pflicht aus einem Schuldverhältnis. **Zusätzliche Voraussetzungen** bestehen für einen Anspruch auf **Ersatz eines Verzögerungsschadens** (§ 280 Abs. 2, § 286 BGB) und auf **Schadensersatz statt der Leistung** (§ 280 Abs. 3, §§ 281 – 283 BGB). Nach der Vorstellung des Gesetzgebers erhält der Gläubiger grundsätzlich Ersatz seines gesamten Schadens aus einer zu vertretenden Pflichtverletzung des Schuldners nach § 280 Abs. 1 BGB, es sei denn, dass Ersatz eines Verzögerungsschadens (§ 280 Abs. 2, § 286 BGB) oder Schadensersatz statt der Leistung (früher: Schadensersatz wegen Nichterfüllung) nach § 280 Abs. 3, §§ 281 – 283 BGB zu leisten ist.[6]

aa) Schuldverhältnis

1101 § 280 Abs. 1 BGB erstreckt sich auf **Schuldverhältnisse aller Art**, gleichgültig, ob es sich handelt um

- einen **Vertrag** (§ 311 Abs. 1 BGB), also auch einen Rechtsberatervertrag,
- ein **einseitiges Rechtsgeschäft** (z.B. eine Auslobung, § 657 BGB),
- das **Schuldverhältnis der Vertragsverhandlungen** (§ 311 Abs. 2, 3 BGB)
- oder ein **gesetzliches Schuldverhältnis** (z.B. Rückgewährverhältnis nach Rücktritt, § 346 Abs. 1, 4 BGB; Geschäftsführung ohne Auftrag, vgl. §§ 678, 682, 687 Abs. 2 BGB); grundsätzlich Eigentümer-Besitzer-Verhältnis, §§ 987 ff. BGB; ungerechtfertigte Bereicherung, §§ 812 ff. BGB; Vermächtnis, § 2174 BGB[7]; Schuldverhältnis des Insolvenzverwalters nach §§ 60, 61 InsO); ausgenommen sind allerdings Pflichten, die im Rahmen der §§ 823 ff. BGB zu berücksichtigen sind (z.B. Verkehrssicherungspflichten).[8]

bb) Pflichtverletzung

1102 § 280 Abs. 1 BGB umfasst jede Verletzung

- einer **Hauptpflicht** (vgl. § 241 Abs. 1 BGB), z.B. der **Vertragspflicht eines Rechtsberaters zur Rechtsbetreuung** (Rechtsberatung und/oder -vertretung) seines Auftraggebers, durch die herkömmlichen Leistungsstörungen der **Schlechterfüllung** (Schlechtleistung; früher „positive Forderungs- oder Vertragsverletzung"), des **Verzuges** oder der **zu vertretenden Unmöglichkeit**;
- einer **„leistungsbezogenen" Nebenpflicht**, die unmittelbar der Vorbereitung, Durchführung oder Sicherung der geschuldeten Hauptleistung dient (vgl. § 241

---

6   Entwurfsbegründung eines Gesetzes zur Modernisierung des Schuldrechts v. 11.5.2001: BT-Drucks. 14/6040 = BR-Drucks. 338/01; diese letztgenannte Drucksache wird im Folgenden zitiert als „Entwurfsbegründung", S. 306 f., 310 f.
7   *Palandt/Heinrichs*, BGB, 64. Aufl. 2005, § 280 Rn. 9, § 281 Rn. 4.
8   Vgl. *Anders*, ZIP 2001, 184.

Abs. 1 BGB), z.B. einer **Warnpflicht eines Rechtsberaters** vor Gefahren außerhalb des Mandatsgegenstandes (dazu Rn. 496 ff.);

- einer **„nicht leistungsbezogenen"** Nebenpflicht, die – unabhängig von der hauptsächlichen Leistungspflicht – nur fremde Rechtsgüter und Interessen schützen soll (§ 241 Abs. 2 BGB).

Nach dem neuen einheitlichen Haftungsansatz und Sammelbegriff der **„Pflichtverletzung"** (§ 280 Abs. 1 BGB) sind Störungen einer vertraglichen oder gesetzlichen Leistungspflicht die **Nichtleistung** (§ 281 Abs. 1 BGB: „nicht ... erbrachte Leistung"; § 323 Abs. 1 BGB: Nichterbringung einer fälligen Leistung), die **Schlechtleistung** (§ 281 Abs. 1 BGB: „nicht wie geschuldet erbrachte Leistung"; § 323 Abs. 1 BGB: nicht vertragsgemäße Leistung) und der **zu vertretende „Ausschluss der Leistungspflicht"** (§§ 275, 283 BGB). Daneben steht die selbständige Regelung des **Schuldnerverzuges** (§§ 286 ff. BGB).

cc) Verantwortlichkeit des Schuldners

Der Schuldner – z.B. ein Rechtsberater – haftet für seine **Pflichtverletzung** aus einem Schuldverhältnis nicht, wenn er diese nicht gemäß §§ 276 – 278 BGB **zu vertreten** hat (§ 280 Abs. 1 Satz 2 BGB). Nach diesen Vorschriften ist ein Rechtsberater i.d.R. für ein eigenes **Verschulden** in Gestalt von Vorsatz und Fahrlässigkeit oder für ein solches Verschulden von Erfüllungsgehilfen verantwortlich (dazu Rn. 794 ff.).

1103

dd) Schaden i.S.d. § 280 Abs. 1 BGB

Nach **§ 280 Abs. 1 BGB** kann der Geschädigte **Schadensersatz neben der Leistung** verlangen. **Geschädigter** kann z.B. der **Auftraggeber eines Rechtsberaters** oder ein **Dritter** sein, zu dessen Gunsten ein Rechtsberatervertrag geschlossen wurde (§ 328 BGB; dazu Rn. 1608 ff.) oder Schutzwirkung hat (§ 328 BGB analog; dazu Rn. 1641 ff.). Der Geschädigte kann grundsätzlich **Ersatz des Schadens** infolge der zu vertretenden Pflichtverletzung **und außerdem** eine pflichtgerechte Leistung aus dem Schuldverhältnis – also etwa eine **fehlerfreie Rechtsbetreuung** anstelle einer mangelhaften Dienstleistung – fordern. Insoweit stehen also **ein Ersatz- und Erfüllungsanspruch nebeneinander**.

1104

Bei Leistungsstörungen i.S.d. §§ 281 – 283 BGB umfasst ein **Schadensersatzanspruch aus § 280 Abs. 1 BGB** das „Integritätsinteresse" des Gläubigers[9] – etwa eines Mandanten –, der bei der Erfüllung des Schuldverhältnisses die Unversehrtheit seiner Rechtsgüter – bei Beauftragung eines Rechtsberaters regelmäßig seines Vermögens – gewahrt sehen will. Dementsprechend regelt § 280 Abs. 1 BGB den Ersatz entsprechender endgültiger **„Begleitschäden"**,[10] die durch den Schuldner angerichtet

---

9   *Palandt/Heinrichs*, 64. Aufl. 2005, BGB, § 280 Rn. 3.
10 LG Bonn, NJW 2004, 74, 75; *Lorenz/Riehm*, Rn. 185.

werden und durch eine ordnungsmäßige Erfüllung des Schuldverhältnisses nicht mehr zu beheben sind. Insoweit wird das **negative Interesse** ausgeglichen, d.h. der Geschädigte ist so zu stellen, wie er stünde, wenn das schädigende Ereignis unterblieben wäre, also wenn der Schädiger die Pflichtverletzung unterlassen hätte[11] (vgl. Rn. 1047 ff.).

1105 Davon **zu unterscheiden** ist ein „**Schadensersatz statt der Leistung**" (§ 280 Abs. 3, §§ 281 – 283 BGB; dazu Rn. 1122 ff.). Die entsprechende Haftung dient dem Interesse des Gläubigers an der pflichtgemäßen Leistung des Schuldners (positives „**Erfüllungsinteresse**"), indem unter bestimmten Voraussetzungen der **Schadensersatzanspruch an die Stelle des Anspruchs auf die Leistung** tritt (früher: Schadensersatz wegen Nichterfüllung); bei ausstehender und schlechter Leistung soll das gemäß § 281 BGB grundsätzlich erst dann der Fall sein, nachdem der Schuldner – regelmäßig über eine Fristsetzung – eine weitere Gelegenheit zur ordnungsmäßigen Erfüllung des Schuldverhältnisses erhalten hat.[12] Unter den Schadensersatz statt der Leistung (§ 280 Abs. 3 i.V.m. §§ 281, 282, 283 BGB) fallen alle Nachteile, die durch ordnungsmäßige Leistung hätten verhindert werden können; insoweit hat der Schuldner den Gläubiger so zu stellen, als hätte er seine Leistungspflicht ordentlich erfüllt.[13]

Nimmt z.B. ein Rechtsanwalt, der auftragsgemäß eine Forderung seines Mandanten durchsetzen soll, einen Nichtschuldner in Anspruch, so sind die infolge dieser schuldhaften Pflichtverletzung entstandenen Kosten des Auftraggebers ein „**Begleit-/Mangelfolgeschaden** außerhalb des Leistungsgegenstandes" und nach § 280 Abs. 1 BGB zu ersetzen. Unabhängig davon kann der Mandant vom Rechtsanwalt verlangen, die **vereinbarte Dienstleistung ordnungsgemäß zu erfüllen** (nachzuholen); geschieht dies nicht, so kann der Mandant insoweit einen Anspruch auf **Schadensersatz statt der Leistung** gemäß § 280 Abs. 3, §§ 281 – 283 BGB erwerben.

1106 Schwierig ist die **Abgrenzung** zwischen Schadensersatz neben der Leistung (§ 280 Abs. 1 BGB) und statt der Leistung (§ 280 Abs. 3, §§ 281, 283 BGB), wenn der Schuldner „die fällige Leistung ... nicht wie geschuldet erbringt" (vgl. § 281 Abs. 1 Satz 1 BGB), also **mangelhaft leistet (Schlechterfüllung)**. Hier hilft die Unterscheidung zwischen **Mangel- und Mangelfolgeschaden** im Rahmen der §§ 463, 635 BGB a.F.

§ 280 Abs. 1 BGB erfasst in einem solchen Fall **nicht** den Schaden, der im Mangel der Leistung selbst liegt **(Mangel- oder Nichterfüllungsschaden)**, die „hinter dem geschuldeten Soll des Schuldverhältnisses zurückbleibt"**(Erfüllungsinteresse)**; **insoweit** kann der Gläubiger **Schadensersatz statt der Leistung** verlangen, wenn die zusätzlichen Voraussetzungen der §§ 281 – 283 BGB erfüllt sind (§ 280 Abs. 3 BGB).[14]

---

11 Vgl. BGH, WM 1997, 2309, 2311; NJW 1998, 982, 983; WM 2001, 1246, 1247; *Lorenz/ Riehm*, Rn. 185.
12 Entwurfsbegründung (s.o. Fn. 6), S. 301 ff., 526.
13 *Lorenz/Riehm*, Rn. 185, 207.
14 Entwurfsbegründung (s.o. Fn. 6), S. 305, 307, 526.

Vielmehr soll **§ 280 Abs. 1 BGB** denjenigen **Schaden** ausgleichen, der infolge der zu vertretenden Pflichtverletzung – über das Interesse des Geschädigten an einer ordnungsmäßigen Erfüllung des Schuldverhältnisses hinaus – **an anderen Rechtsgütern des Geschädigten**, etwa in dessen Vermögen entstanden ist („**Mangelfolgeschaden**" = Schaden „außerhalb des Leistungsgegenstandes").[15] Danach schützt diese Vorschrift das **Integritätsinteresse** des Geschädigten, so dass dieser **grundsätzlich** vom Schädiger **neben diesem Schadensersatz noch eine pflichtgerechte Leistung** verlangen kann.[16]

ee) Darlegungs- und Beweislast

Die Darlegungs- und Beweislast ergibt sich aus der Fassung des § 280 Abs. 1 BGB. Danach hat der **Gläubiger** (Geschädigter, z.B. ein Mandant) – gemäß den allgemeinen Regeln – **darzulegen und zu beweisen**, dass der Schuldner (Schädiger, z.B. ein Rechtsberater) seine **Pflicht aus einem Schuldverhältnis verletzt** und dadurch den **Schaden verursacht hat**.

1107

Der **Schuldner** (Schädiger) hat **darzulegen und zu beweisen**, dass er seine **Pflichtverletzung nicht** i.S.d. **§§ 276 – 278 BGB zu vertreten** hat.

Bei **Verletzung von** – nicht leistungsbezogenen – **Neben-(Schutz-)pflichten** aus § 241 Abs. 2 BGB – auch im Rahmen eines Schuldverhältnisses der Vertragsverhandlungen (§ 311 Abs. 2, 3 BGB) – ist positiv **festzustellen, worin die Pflichtverletzung besteht** (vgl. die Beispielsfälle Rn. 1111).

1108

Eine **objektive Pflichtverletzung** i.S.d. § 280 Abs. 1 BGB steht fest, wenn ein Schuldner seine Leistung nicht, verspätet oder schlecht erbringt. Das gilt auch für die Vertragsleistung eines Rechtsberaters. Um demjenigen, der einen Regressanspruch gegen einen Rechtsberater auf eine Unterlassung – etwa einer Aufklärung, Belehrung oder Warnung – stützt, den erforderlichen **Negativbeweis einer Pflichtverletzung** zu ermöglichen oder zu erleichtern, muss es dabei bleiben, dass der Rechtsberater eine substanziierte Gegendarstellung abzugeben hat (Rn. 957).[17] Insoweit besteht eine Interessenlage wie bei Verletzung von Nebenpflichten aus § 241 Abs. 2 BGB (dazu Rn. 1143).

1109

---

15 Entwurfsbegründung (s.o. Fn. 6), S. 302.
16 Vgl. Entwurfsbegründung (s.o. Fn. 6), S. 302 ff., 526; *Palandt/Heinrichs*, BGB, 64. Aufl. 2005, § 280 Rn.8; *Dauner-Lieb*, Anwaltskommentar Schuldrecht, § 280 Rn. 37, 39, 41, 55, 61; *Huber/Faust*, 3. Kap. Rn. 181, 217, 219, 13. Kap. Rn. 98 ff.; *Dedek*, in: *Henssler/Graf von Westphalen*, § 280 Rn. 14 ff.; *Brambring*, in: *Amann/Brambring/Hertel*, S. 62 ff.; *Hertel*, ZNotP 2002, 4, 7; *Grunewald*, AnwBl 2002, 258; a.A. *Recker*, NJW 2002, 1247 f., der auch Mangelfolgeschäden in einen Anspruch auf Schadensersatz statt der Leistung einbezieht.
17 Vgl. *Palandt/Heinrichs*, BGB, 64. Aufl. 2005, § 280 Rn. 35.

Die Rechtsprechung zu **Erleichterungen der Darlegungs- und Beweislast** für eine Pflichtverletzung nach Gefahren- und Verantwortungsbereichen gilt fort.[18]

1110 Auch die höchstrichterliche Rechtsprechung zur **Beweislast** und zu **Beweiserleichterungen** für den adäquaten Ursachenzusammenhang zwischen der Verletzung der Vertragspflicht eines Rechtsberaters und dem geltend gemachten Schaden (**haftungsausfüllende Kausalität**; Rn. 992 ff.) gilt weiterhin.[19]

ff) Beispielsfälle der Rechtsberaterhaftung aus § 280 Abs. 1 BGB

(1) Schlechtleistung(-erfüllung)

1111 **Erfüllt ein Rechtsanwalt oder Steuerberater seine vertragliche Hauptpflicht** zur rechtlichen Betreuung seines Auftraggebers **schlecht** (mangelhaft, nicht vertragsgerecht), so besteht ein **Anspruch des Mandanten aus § 280 Abs. 1 BGB** auf Ersatz des hierdurch entstandenen **Schadens**, soweit eine Schadensersatzpflicht des Rechtsberaters **nicht** das Vorliegen zusätzlicher Voraussetzungen gemäß **§ 280 Abs. 2, 3 BGB** erfordert.

Danach stützt § 280 Abs. 1 BGB einen Schadensersatzanspruch z.b. in folgenden **Beispielsfällen einer schlechten Rechtsberatung**:

- *Ein Mandant befragt einen Rechtsanwalt, ob eine verhältnismäßig geringfügige restliche Kaufpreisforderung für ein Grundstück verjährt sei. Der Rechtsanwalt bejaht dies zu Unrecht. Der Verkäufer tritt vom Kaufvertrag wegen Verzuges mit der Kaufpreiszahlung zurück. Der Mandant wird zur Rückübereignung des Grundstücks, dessen Wert den Kaufpreis übersteigt, rechtskräftig verurteilt.*

- *Infolge fehlerhafter steuerlicher Beratung durch einen Rechtsanwalt, Steuerberater oder Wirtschaftsprüfer, z.B. über Umsatzsteuer[20], zur Vermeidung einer verdeckten Gewinnausschüttung[21] oder Aufdeckung stiller Reserven[22], erleidet der Mandant einen Steuerschaden, der bei richtiger Beratung nicht entstanden wäre.*

- *Wegen mangelhafter Beratung über eine steuersparende Vermögensanlage treten die erstrebten Steuervorteile nicht ein.*

(2) Verletzung einer leistungsbezogenen vertraglichen Nebenpflicht

1112 Der Mandant kann einen Schadensersatzanspruch aus § 280 Abs. 1 BGB gegen einen Rechtsberater wegen **schuldhafter Verletzung einer leistungsbezogenen vertraglichen Nebenpflicht**, die nach ihrem Zweck unmittelbar der ordnungsmäßigen Erfül-

---

18 Entwurfsbegründung (s.o. Fn. 6), S. 309; *Dedek*, in: *Henssler/Graf von Westphalen*, § 280 Rn. 6; *Palandt/Heinrichs*, BGB, 64. Aufl. 2005, § 280 Rn. 34.
19 Vgl. *Dedek*, in: *Henssler/Graf von Westphalen*, § 280 Rn. 7.
20 Vgl. BGH, WM 1994, 602; BGHZ 134, 212 = WM 1997, 335.
21 Vgl. BGH, WM 1998, 301.
22 BGH, NJW 2004, 444, 445.

lung des Schuldverhältnisses dient, erwerben. Das ist z.b. der Fall, wenn ein Rechtsberater den Auftraggeber **nicht** vor einer Gefahr außerhalb des Mandatsgegenstandes **warnt**, obwohl er diese Gefahr erkennt (dazu Rn. 496 ff.).

Beispiele:

- *Ein Rechtsanwalt, der einen Restitutionsanspruch nach dem Vermögensgesetz wegen Rentenforderungen durchsetzen soll, teilt dem Mandanten nicht mit, dass dieser einen solchen Anspruch auch wegen Grund- und Aktienvermögens haben kann und die dafür bestehende Ausschlussfrist abzulaufen droht.*[23]

- *Ein Steuerberater, der die allgemeinen Steuerangelegenheiten seines Auftraggebers betreut, unterrichtet diesen nicht darüber, dass das steuerliche Konzept eines anderen Steuerberaters, das im Auftrag desselben Mandanten für ein bestimmtes Vorhaben erstellt wurde, Mängel aufweist.*[24]

Tritt in solchen Fällen infolge schuldhafter **Verletzung der Warnpflicht** des Rechtsberaters ein Vermögensschaden des Mandanten ein, so kann dieser Ersatz dieses Schadens aus § 280 Abs. 1 BGB verlangen. Kann das **Mandat im Übrigen**, also hier die Durchsetzung des Restitutionsanspruchs bzw. die Erledigung der allgemeinen Steuerangelegenheiten, noch vertragsgerecht erfüllt werden, will dies der Auftraggeber aber wegen der Schädigung infolge der Verletzung der Warnpflicht nicht mehr, so ist zu prüfen, ob dieser gegen seinen Rechtsberater einen Anspruch auf **Schadensersatz statt der ganzen Leistung** hat (§ 280 Abs. 3, § 281 Abs. 1 Satz 1, 3, Abs. 2 2. Alt. BGB; dazu Rn. 1131 ff.), vom Dienstvertrag mit seinem Rechtsberater – ohne Beeinträchtigung seines Schadensersatzanspruchs (§ 325 BGB) – **zurücktreten** kann (§ 323 Abs. 1, 2 Nr. 3, Abs. 3 BGB; dazu Rn. 1155 ff.) oder diesen Vertrag gemäß § 314 BGB (dazu Rn. 1213 ff.) oder nach §§ 626, 627 BGB – mit der Vergütungs- und Schadensersatzfolge des § 628 BGB – **kündigen** darf (dazu Rn. 879 ff.).

(3) Nichtleistung (Ausbleiben der Leistung)

Unternimmt ein **Schuldner nichts**, um seine **fällige Leistungspflicht** ganz oder teilweise zu erfüllen, so kann er dem Gläubiger oder einem geschützten Dritten nach § **280 Abs. 1 BGB** haften.

1113

Beispiel:

Ein Rechtsanwalt wird von seinem kranken Mandanten beauftragt, ihn über eine letztwillige Aufteilung seines umfangreichen Vermögens zugunsten einiger seiner Kinder zu beraten. Der Rechtsanwalt unternimmt über längere Zeit nichts zur Erfüllung dieser Vertragspflicht. Nach dem Tode des Mandanten verlangen dessen Kinder, die bedacht werden sollten, vom Rechtsanwalt Schadensersatz aus einem Anwaltsvertrag mit Schutzwirkung zu ihren Gunsten (vgl. Rn. 1641 ff.).

---

23 Vgl. BGH, WM 1998, 2246, 2247.
24 Vgl. BGH, WM 2000, 1591, 1593; 2001, 1868, 1869.

Diese Anspruchsgrundlage wird zunächst **ergänzt durch § 280 Abs. 2 BGB**; danach ist ein Schaden, der allein durch die **Verzögerung der Leistung** entstanden ist, „nur unter der zusätzlichen Voraussetzung des § 286" – also des Schuldnerverzuges – zu ersetzen (dazu Rn. 1121).[25] **Neben einem solchen Schadensersatzanspruch** behält der Gläubiger grundsätzlich seinen **Leistungs-/Erfüllungsanspruch**.

Außerdem kann nach **§ 280 Abs. 3 BGB Schadensersatz statt der Leistung** wegen einer **Nichtleistung** nur unter zusätzlichen Voraussetzungen gefordert werden, und zwar bei einer noch möglichen Erfüllung des Schuldverhältnisses nach Maßgabe des § 281 BGB (dazu Rn. 1138 ff.) oder bei einem nachträglichen Ausschluss der Leistungspflicht gemäß § 283 BGB (dazu Rn. 1144 ff.); klarstellend verweisen diese Vorschriften ausdrücklich auf die eigentliche Anspruchsgrundlage des § 280 Abs. 1 BGB.

(4) Verletzung einer nicht leistungsbezogenen Neben-(Schutz-)pflicht

1114 Einen Ersatzanspruch aus § 280 Abs. 1 BGB hat ein Mandant auch dann, wenn dieser geschädigt wird durch die **schuldhafte Verletzung einer nicht leistungsbezogenen vertraglichen Nebenpflicht** seines Rechtsberaters (§ 241 Abs. 2 BGB), die nicht unmittelbar der vertragsgerechten Hauptleistung, sondern „leistungsbegleitend"[26] allgemein dem Schutz der Rechtsgüter und Interessen des Vertragspartners dient.

Beispiele:
- *Ein Rechtsanwalt oder Steuerberater erfüllt seine vertragliche Hauptpflicht zur Rechtsbetreuung seines Mandanten einwandfrei, hält seine Kanzleiräume aber in schlechtem Zustand. Als der Mandant dort zu einer Besprechung erscheint, bricht er sich ein Bein, weil er auf brüchigem Boden oder Unrat zu Fall kommt.*
- *Ein Rechtsberater übermittelt seine richtigen Ratschläge dem Mandanten in beleidigender Weise.*

In solchen Fällen kommt darüber hinaus regelmäßig ein **Schadensersatzanspruch statt der Leistung** aus § 280 Abs. 3, § 282 BGB – diese Vorschrift verweist auf die Haftungsgrundnorm des § 280 Abs. 1 BGB – in Betracht (dazu Rn. 1143).

(5) Zu vertretende Unmöglichkeit

1115 Macht ein Rechtsberater die Erfüllung seiner Vertragspflicht zur Rechtsbetreuung schuldhaft **unmöglich**, so haftet er für den hierdurch entstandenen Schaden des Auftraggebers (§§ 275, 280 Abs. 1 BGB).

---

25 Vgl. *Palandt/Heinrichs*, BGB, 64. Aufl. 2005, § 280 Rn. 13; *Dedek*, in: *Henssler/Graf von Westphalen*, § 280 Rn. 4, 17 ff.
26 *Dauner-Lieb*, Anwaltkommentar Schuldrecht, § 282 Rn. 1, 6.

Beispiel:

Ein Rechtsanwalt oder Steuerberater übernimmt am letzten Tag einer Frist für den Antrag auf eine Steuervergünstigung oder Subvention das Mandat, einen solchen Antrag einzureichen. Infolge fahrlässiger Versäumung der Antragsfrist entsteht dem Mandanten ein Nachteil.

In diesem Fall hat der Rechtsberater die Erledigung seines Auftrags schuldhaft unmöglich gemacht und deswegen **gemäß § 275 Abs. 1, 4, § 280 Abs. 1 BGB Schadensersatz** zu leisten. Diese Haftung wird durch **§ 280 Abs. 3, § 283 BGB** dahin ergänzt, dass der Gläubiger (Mandant) **Schadensersatz statt der Leistung** verlangen kann (dazu Rn. 1144 ff.).

(6) Verschulden vor oder bei Vertragsschluss

Ein Schadensersatzanspruch aus **§ 280 Abs. 1 BGB** kann sich auch ergeben wegen eines **Verschuldens vor oder bei Vertragsschluss** („culpa in contrahendo"), also wegen einer schuldhaften Pflichtverletzung in einem **Schuldverhältnis der Vertragsverhandlungen** (§ 311 Abs. 2, 3 BGB).[27]

1116

Nach § 311 Abs. 2 BGB entsteht ein **Schuldverhältnis** mit (Aufklärungs-, Schutz-, Obhuts-)Pflichten nach § 241 Abs. 2 BGB auch durch die Aufnahme von **Vertragsverhandlungen**, die **Anbahnung eines Vertrages** (auch ohne Verhandlungen) und **ähnliche geschäftliche Kontakte**, durch die ein Vertrag noch nicht angebahnt, aber vorbereitet werden soll.

1117

Gemäß **§ 311 Abs. 3 BGB** kann ein solches **Schuldverhältnis auch zu Personen** entstehen, die **nicht selbst Vertragspartei** werden sollen (Satz 1); das gilt insbesondere dann, wenn der Dritte in besonderem Maße Vertrauen für sich in Anspruch nimmt und dadurch die Vertragsverhandlungen oder den Vertragsschluss erheblich beeinflusst (Satz 2). Diese Vorschrift betrifft die **Eigenhaftung eines Verhandlungsgehilfen** (Vertreters, Vermittlers, Sachwalters) einer Partei aus Verschulden bei Vertragsschluss gegenüber seinem Verhandlungspartner oder der hinter diesem stehenden Person (dazu Rn. 1835 ff.).

1118

Beispiele:
- *Ein Rechtsanwalt oder Steuerberater will ein Mandatsangebot, z.B. zur Erhebung einer Klage gegen die Kündigung eines Arbeitsverhältnisses oder zur Anfechtung eines Steuerbescheides, nicht annehmen. Entgegen § 44 BRAO, § 63 StBerG versäumt der Rechtsberater schuldhaft, das Angebot gegenüber dem Antragenden unverzüglich abzulehnen. Dadurch entsteht diesem ein Schaden, weil die ursprüngliche Erfolgsaussicht der beabsichtigten Rechtsverfolgung inzwischen wegen Fristversäumung (§ 4 KSchG, § 47 FGO) entfallen ist.*

1119

---

27 Entwurfsbegründung (s.o. Fn. 6), S. 373 ff.; zu den Rechtsfolgen einer solchen Haftung: *Muthers*, in: *Henssler/Graf von Westphalen*, § 311 Rn. 6 ff.

- *Ein Rechtssuchender, der einem Rechtsberater ein Mandat erteilen will, verletzt sich in dessen baufälligen oder unsauberen Kanzleiräumen.*
- *Ein Rechtsberater, der als Vertreter seines Auftraggebers Vertragsverhandlungen führt und zu dessen Gunsten in besonderem Maße Vertrauen des Verhandlungspartners für sich persönlich in Anspruch nimmt, haftet selbst aus § 280 Abs. 1 BGB, wenn er dem Verhandlungspartner treuwidrig Umstände verschweigt, die für dessen Entschließung bedeutsam sind, z.B. dass sein Auftraggeber wegen fehlender Bonität den angestrebten Vertrag nicht durchführen kann oder die Kapitalsuche des Mandanten bei Anlegern ein unerlaubtes Bankgeschäft ist (vgl. Rn. 1835 ff.).*

1120 In diesen Zusammenhang gehört auch die **bürgerlichrechtliche Prospekthaftung**, die von der Rechtsprechung aus der Vertrauenshaftung für Verschulden vor oder bei Vertragsschluss entwickelt wurde (dazu Rn. 1879 ff.). Der Kapitalanleger, der aufgrund eines falschen Werbeprospekts eine nachteilige Vermögensanlage vorgenommen hat, kann z.b. gegen einen Rechtsberater, der für die unrichtigen Prospektangaben – etwa zur Verwendung oder Sicherung des Anlagekapitals – verantwortlich ist, einen Schadensersatzanspruch aus § 280 Abs. 1 BGB haben.

b) Ersatz eines Verzögerungsschadens (§ 280 Abs. 1, 2, § 286 BGB)

1121 Ein Anspruch auf **Schadensersatz wegen** – vollständiger oder teilweiser – **Verzögerung der fälligen Leistung** entsteht nach § 280 Abs. 2 BGB nur unter der – zusätzlich zu dem Haftungstatbestand des § 280 Abs. 1 BGB – weiteren Voraussetzung, dass der Schuldner gemäß § 286 BGB nach Mahnung oder einem gleichgestellten Umstand in Verzug geraten ist (vgl. Rn. 944 f.).

Beispiel:

Ein Rechtsberater übernimmt den Auftrag, einen teuren Bankkredit zur Finanzierung des Erwerbs und der Bebauung eines Grundstücks abzulösen und gegen einen billigeren Kredit einer anderen Bank auszutauschen. Trotz Mahnung des Auftraggebers kümmert sich der Berater lange Zeit fahrlässig nicht um die Erledigung des Mandats. Infolgedessen muss der Auftraggeber höhere Kreditzinsen zahlen, als sie bei pflichtgemäßem Verhalten des Beraters angefallen wären.

Hier ist der Gläubiger (Mandant) so zu stellen, wie er stehen würde, wenn der Schuldner (Rechtsberater) bei Eintritt seines **Verzuges** seine Vertragsleistung erbracht hätte.[28]

Neben einem Anspruch auf Ersatz eines Verzögerungsschadens i.S.d. Vorschriften besteht der Anspruch des Gläubigers auf **Leistung aus dem Schuldverhältnis** fort. Insoweit kann der Gläubiger gemäß § 281 BGB vorgehen und einen Anspruch auf **Schadensersatz statt der Leistung** wegen Nichtleistung erlangen (dazu Rn. 1138 ff.).

---

28 *Huber/Faust*, 3. Kap. Rn. 85.

c) Schadensersatz statt der Leistung wegen Schlechterfüllung (§ 280 Abs. 1, 3, § 281 BGB)

aa) Leistung „nicht wie geschuldet"

Wegen einer **Schlechterfüllung** der hauptsächlichen Vertragspflicht eines Rechtsberaters zur Rechtsberatung und/oder -vertretung (**Schlechtleistung**) – der für die Rechtsberaterhaftung typischen Leistungsstörung – kann der Auftraggeber oder geschützte Dritte nach § 280 Abs. 3, § 281 BGB **anstelle des Anspruchs auf die geschuldete fehlerfreie Vertragsleistung** einen Anspruch auf Ersatz des Schadens erlangen, der sich daraus ergibt, dass die – erbrachte – Schlechtleistung hinter dem geschuldeten vertragsgemäßen Dienst zurückbleibt, weil sie quantitativ oder qualitativ mangelhaft ist (vgl. Rn. 1104 ff.).[29] Ein solcher Anspruch auf „**Schadensersatz statt der Leistung** wegen ... nicht wie geschuldet erbrachter Leistung" (§ 281 BGB) soll das positive „**Erfüllungsinteresse**" befriedigen (vgl. Rn. 1105 f.). Er betrifft also **nicht** den Anspruch aus § 280 Abs. 1 BGB auf Ersatz eines Schadens, der infolge der Schlechtleistung an anderen Rechtsgütern des Auftraggebers oder geschützten Dritten – insbesondere in dessen Vermögen – eingetreten ist („**Integritätsinteresse**") und auch bei Nachholung der ordnungsmäßigen Vertragsleistung („Nacherfüllung") verbleibt (vgl. Rn. 1104 ff.).

1122

Unter § 281 BGB fällt auch die **Schlechterfüllung von Hauptpflichten aus Dienst-/Geschäftsbesorgungsvertrag**.[30]

Beispiele für Leistungsstörungen i.S.d. § 281 BGB:

- *Ein Rechtsanwalt wird vom Mandanten beauftragt, ihn in einer bestimmten Rechtsangelegenheit zu beraten und, soweit notwendig, zu vertreten (z.B. Anbahnung, Abschluss, Durchführung oder Lösung eines Vertrages mit einem Dritten; Erbeinsetzung; Rechtsverfolgung oder -verteidigung; Beweissicherung; Gründung einer Gesellschaft oder eine Gesellschaftsbeteiligung).*

- *Ein Steuerberater wird vom Mandanten beauftragt, ihn in einer steuerlichen Angelegenheit zu beraten und zu vertreten (z.B. steuerbegünstigtes Bauvorhaben; steuersparende Vermögensanlage; Gewinnausschüttung einer Gesellschaft; steuerfreie Rücklagen; Betriebsaufspaltung; Verschmelzung von Gesellschaften; finanzbehördliche oder -gerichtliche Verfahren).*

Unternimmt der Rechtsanwalt bzw. Steuerberater nichts zur Erfüllung der (möglichen) vereinbarten Dienstleistung („nicht erbrachte Leistung": **Nichtleistung**; dazu Rn. 1138 ff.) oder erfüllt er diese nicht ordnungsgemäß („nicht wie geschuldet", mangelhaft: **Schlechterfüllung/-leistung**), so kann der Gläubiger (Mandant) gegen den Schuldner (Rechtsberater) einen Schadensersatzanspruch i.S.d. §§ 280 Abs. 3,

---

29 Vgl. *MünchKomm/Ernst*, BGB, § 281 Rn. 4.
30 *Staudinger/Otto*, BGB, § 281 Rn. A33.

281 BGB erlangen, wenn die folgenden Voraussetzungen dieser Vorschriften vorliegen und eine vertragsgerechte Dienstleistung noch nachgeholt werden kann.

bb) Voraussetzungen des § 280 Abs. 1 BGB

1123 **Rechtsgrundlage** für einen Anspruch auf Schadensersatz statt der Leistung bleibt **§ 280 Abs. 1 BGB**, wie sich aus der Bezugnahme auf diese Vorschrift in § 281 BGB und aus § 280 Abs. 3 BGB („zusätzliche Voraussetzungen") ergibt.[31]

Für einen Anspruch auf Schadensersatz statt der Leistung müssen nach § 280 Abs. 3, § 281 Abs. 1 Satz 1 BGB zunächst die „Voraussetzungen des **§ 280 Abs. 1**" erfüllt sein. Danach muss ein Schadensersatzanspruch wegen einer zu vertretenden Verletzung einer Pflicht aus einem Schuldverhältnis gegeben sein. Das ist in der Rechtsberaterhaftung der Fall bei einer schuldhaften **Schlechterfüllung der hauptsächlichen Pflicht zur Rechtsbetreuung** (Rechtsberatung und/oder -vertretung) aus einem Anwalts- oder Steuerberatervertrag. Das gilt auch für die **Verletzung einer leistungsbezogenen Nebenpflicht** aus einem solchen Vertrag, z.b. bei Verletzung einer **Pflicht zur Warnung** vor Gefahren außerhalb des Mandatsgegenstandes (vgl. Rn. 496 ff.).

cc) Frist zur Leistung oder Nacherfüllung

1124 Ein Anspruch auf Schadensersatz statt der Leistung setzt nach § 280 Abs. 3, § 281 BGB grundsätzlich weiterhin voraus, dass der Gläubiger (hier der Mandant oder geschützte Dritte) dem Schuldner (hier dem Rechtsberater) erfolglos eine angemessene **Frist zu einer** – bisher ausgebliebenen – „**Leistung**" oder zu der – bei einer Schlechtleistung noch ausstehenden – „**Nacherfüllung**" bestimmt hat.[32] Danach soll der Schuldner, bevor der sekundäre Schadensersatzanspruch statt der Leistung an die Stelle der primären Leistungspflicht tritt, eine letzte Gelegenheit zur ordnungsmäßigen Erfüllung des Schuldverhältnisses erhalten[33], um den „**Vorrang des Erfüllungsanspruchs**" zu sichern.[34]

1125 Daraus ergibt sich zugleich, dass § 281 BGB **nur behebbare Leistungsstörungen** erfasst[35]; nicht behebbar sind eine Unmöglichkeit der Leistung (§ 283 BGB; dazu Rn. 1144 ff.) und eine Leistungsstörung durch Verletzung einer nicht leistungsbezogenen Nebenpflicht aus § 241 Abs. 2 BGB (§ 282 BGB; dazu Rn. 1143).

---

31 Entwurfsbegründung (s.o. Fn. 6), S. 313.
32 Entwurfsbegründung (s.o. Fn. 6), S. 315.
33 Entwurfsbegründung (s.o. Fn. 6), S. 307.
34 Entwurfsbegründung (s.o. Fn. 6), S. 203.
35 Entwurfsbegründung (s.o. Fn. 6), S. 314; *Schmidt-Räntsch/Maifeld/Meier-Göhring/Röcken*, S. 180; *Dauner-Lieb*, Anwaltkommentar Schuldrecht, § 280 Rn. 23, 24, § 281 Rn. 2, 7.

In den – in der Rechtsberaterhaftung seltenen – Fällen, dass während der gesetzten Frist nicht die Restleistung, sondern eine erste oder weitere Teil- oder Schlechtleistung vorgenommen wird, kann eine **weitere Fristsetzung** erforderlich sein.[36]

1126

Ist die gesetzte **Frist unangemessen kurz**, so wird eine angemessene Frist in Lauf gesetzt.[37] Die **Ablehnung der Leistung** für den Fall des fruchtlosen Fristablaufs braucht **nicht** angedroht zu werden (anders § 326 BGB a.F.). Nach § 281 Abs. 2 BGB ist die **Fristsetzung entbehrlich**, wenn der Schuldner die Leistung ernsthaft und endgültig verweigert hat oder wenn besondere Umstände vorliegen, die unter Abwägung der beiderseitigen Interessen die sofortige Geltendmachung des Schadensersatzanspruchs rechtfertigen.

1127

Ist – dies kommt in der Rechtsberaterhaftung so gut wie nicht vor – eine Unterlassungspflicht Gegenstand des Schuldverhältnisses, so tritt eine **Abmahnung** an die Stelle einer Fristsetzung (§ 281 Abs. 3 BGB).

Streitig ist, ob mit einer Fristsetzung zur Nacherfüllung die Erklärung verbunden werden kann, dass schon jetzt für den Fall des fruchtlosen Fristablaufs Schadensersatz verlangt – oder das Rücktrittsrecht ausgeübt – werde (vgl. Rn. 1458 ff.).[38]

dd) Schadensersatz statt der Leistung und Aufwendungsersatz

Ein Anspruch auf **Schadensersatz statt der Leistung** i.S.d. § 280 Abs. 1, 3, §§ 281 – 283 BGB (früher: **Schadensersatz wegen Nichterfüllung**) erstreckt sich auf das **positive Interesse**; der Gläubiger ist danach so zu stellen, wie er bei ordnungsmäßiger Erfüllung des Schuldverhältnisses durch den Schuldner stünde.[39] Im Rahmen eines Anspruchs auf Schadensersatz statt der Leistung aus einem gegenseitigen Vertrag – dies ist auch der Dienst- oder Geschäftsbesorgungsvertrag eines Rechtsberaters (Rechtsanwalts, Steuerberaters, Wirtschaftsprüfers)[40] – ist der **Schaden grundsätzlich nach der Differenzmethode zu ermitteln** (dazu Rn. 1048 f.).[41] Die Austausch-(Surrogations)lehre hat für die Praxis der Rechtsberaterhaftung keine Bedeutung, so

1128

---

36 Dazu *Dedek*, in: *Henssler/Graf von Westphalen*, § 281 Rn. 29.
37 Entwurfsbegründung (s.o. Fn. 6), S. 315; vgl. BGH, NJW 1985, 2640.
38 Bejahend *Dedek*, in: *Henssler/Graf von Westphalen*, § 281 Rn. 26; wohl auch *Palandt/Heinrichs*, BGB, 64. Aufl. 2005, § 281 Rn. 50a; einschränkend nur für den Fall, dass der Schuldner während der Frist keine Erfüllungsanstrengung unternimmt: *Derleder/Zänker*, NJW 2003, 2777, 2779 ff., 2783.
39 LG Bonn, NJW 2004, 74, 75; *Palandt/Heinrichs*, BGB, 64. Aufl. 2005, § 281 Rn. 18; *Lorenz/Riehm*, Rn. 207, 345; *Bruns*, VersR 2002, 524, 527; vgl. zum früheren Recht: BGH, NJW 1998, 2901, 2902.
40 *Palandt/Heinrichs*, BGB, 64. Aufl. 2005, Einführung vor § 320 Rn. 9.
41 BGHZ 20, 338, 343; 87, 156, 158 f.; 98, 212, 217; 99, 182, 196; 123, 96, 99; BGH, NJW 1994, 2357, 2359; *Palandt/Heinrichs*, BGB, 64. Aufl. 2005, § 281 Rn. 19 ff.; *Heinrichs*, in: FS Derleder, S. 87, 102 ff.

dass es insoweit dahin stehen kann, ob der Gläubiger nach der Schuldrechtsreform zwischen den beiden Methoden frei wählen kann.[42]

Schadensersatz statt der Leistung kann nur verlangt werden, **"soweit"** die – nachholbare – Leistung aus dem Schuldverhältnis nicht oder nicht wie geschuldet erbracht wird (§ 281 Abs. 1 Satz 1 BGB). Bei **Teil- oder Schlechtleistung** (dazu Rn. 1138 ff.) kann deswegen Schadensersatz statt der Leistung **nur für den ausgebliebenen oder mangelhaften Teil der Leistung** gefordert werden („kleiner Schadensersatz").[43]

Soweit kein Anspruch auf Schadensersatz statt der Leistung besteht, bleibt der Anspruch des Gläubigers (hier des Mandanten oder geschützten Dritten) gegen den Schuldner (hier gegen den Rechtsberater) auf eine – nachholbare – ordnungsmäßige Dienstleistung erhalten.

1129 Hat der Rechtsberater seine **Vertragsleistung mangelhaft** erbracht, so betrifft ein Anspruch des Auftraggebers auf **Schadensersatz statt der Leistung** (§ 280 Abs. 3, § 281 Abs. 1 Satz 1 BGB) z.b. den Ersatz der **Mehrkosten** einer – möglichen – anderweitigen, einwandfreien Leistung (Deckungsgeschäft).

Beispiele:
- *Ein Rechtsanwalt macht eine Forderung seines Auftraggebers gegen einen Nichtschuldner geltend. Ein Anspruch auf Schadensersatz statt der Leistung dieses Rechtsanwalts erstreckt sich auf Mehrkosten, die durch die Beauftragung eines anderen Anwalts zur Inanspruchnahme des richtigen Schuldners entstehen.*
- *Ein Steuerberater erledigt die Buchführung seines Mandanten fehlerhaft. Ein Anspruch auf Schadensersatz statt der Leistung dieses Steuerberaters umfasst Mehrkosten, die durch die Beauftragung eines anderen Steuerberaters entstehen.*

In solchen Fällen wird zu prüfen sein, ob dem Auftraggeber ein Anspruch auf **Schadensersatz statt der ganzen** (Vertrags-)**Leistung** zusteht (dazu Rn. 1131 ff.).

1130 **Anstelle des Schadensersatzes statt der Leistung** kann der Gläubiger **Ersatz der Aufwendungen** verlangen, die er im Vertrauen auf den Erhalt der Leistung gemacht hat und billigerweise machen durfte, es sei denn, dass deren Zweck auch ohne die Pflichtverletzung des Schuldners nicht erreicht worden wäre (**§ 284 BGB**). Danach müssen für einen Anspruch auf Aufwendungsersatz, der von einem Anspruch auf Ersatz des negativen Interesses zu unterscheiden ist, die Voraussetzungen für einen Anspruch auf Schadensersatz statt der Leistung vorliegen.[44]

---

42 So *Heinrichs*, in: FS Derleder, S. 87, 103.
43 Entwurfsbegründung (s.o. Fn. 6), S. 318, 321; *Dedek*, in: *Henssler/Graf von Westphalen*, § 284 Rn. 48; *Palandt/Heinrichs*, BGB, 64. Aufl. 2005, § 281 Rn. 46; *Bruns*, VersR 2002, 524, 527; *Kindl*, WM 2002, 1313, 1320; vgl. BGHZ 108, 156, 159 f.; BGH, NJW-RR 2002, 1593.
44 *Palandt/Heinrichs*, BGB, 64. Aufl. 2005, § 284 Rn. 3, 5.

B. Haftung eines Rechtsberaters nach neuem Recht

Diese Neuregelung ist als **selbständige Anspruchsgrundlage** eine Alternative zum Schadensersatz statt der Leistung und umfasst Aufwendungen für kommerzielle und ideelle (oder konsumtive) Zwecke.[45] Die Vorschrift ermöglicht dem Gläubiger einen **Ausgleich von Aufwendungen für ideelle Zwecke**, der im Wege des Schadensersatzes nach der für die Berechnung von Vermögensschäden grundsätzlich maßgeblichen Differenzmethode[46] nicht erreicht werden kann. Dort gilt die – durch den Schuldner widerlegbare – **Rentabilitätsvermutung**, nach der die geschuldete Leistung des Gläubigers und dessen weitere freiwillige Aufwendungen, die infolge einer Leistungsstörung des Schuldners nutzlos geworden sind, bei ordnungsmäßiger Erfüllung des Schuldverhältnisses durch die Vorteile der erwarteten Leistung des Schuldners aufgewogen worden wären.[47]

Verfolgt der Gläubiger **wirtschaftliche Zwecke** und ist die Rentabilitätsvermutung nicht widerlegt, so können vergebliche Aufwendungen über einen Anspruch auf Schadensersatz statt der Leistung – nach altem Recht im Rahmen eines Schadensersatzanspruch wegen Nichterfüllung – geltend gemacht werden. Das gilt nicht für Aufwendungen des Gläubigers für einen **ideellen Zweck**, die der Gläubiger auch bei ordnungsmäßiger Leistung des Schuldners selbst hätte tragen müssen.[48] Insoweit bietet nunmehr § 284 BGB unter den genannten Voraussetzungen einen Anspruch auf Ersatz von Aufwendungen unabhängig von deren Rentabilität.[49]

Aufwendungen i.S.d. § 284 BGB sind diejenigen freiwilligen Vermögensopfer, die im Vertrauen auf die ordnungsmäßige Leistung des Schuldners gemacht werden.[50] Dazu gehören **Vertragskosten**.[51] Dagegen zählt zu den Aufwendungen i.S.d. Vorschrift nicht die **schon erbrachte Gegenleistung**, also etwa das bereits gezahlte **Honorar** oder ein darauf entrichteter **Vorschuss**; ein Anspruch auf Erstattung richtet sich nach Rücktrittsrecht (dazu Rn. 1155 ff.)[52] oder ist bei Schlechtleistung eines Rechtsbera-

---

45 BGH, NJW 2005, 2848 = WM 2005, 1898 = ZGS 2005, 392.
46 BGHZ 98, 212, 217, m.w.N.
47 U.a. BGHZ 99, 182, 196 f.; 114, 193, 196 f.; 123, 96, 99 f.; 143, 41, 48.
48 BGHZ 99, 182, 198.
49 Dazu Entwurfsbegründung (s.o. Fn. 6), S. 325 ff.; LG Bonn, NJW 2004, 74, 75 f.; *Palandt/Heinrichs*, BGB, 64. Aufl. 2005, § 281 Rn. 23 f., § 284 Rn. 1 ff.; *Dedek*, in: *Henssler/Graf von Westphalen*, § 284 Rn. 1 ff.; *Lorenz/Riehm*, Rn. 222 ff.; *Grigoleit*, ZGS 2002, 122, 123; *Zimmer*, NJW 2002, 1, 10; *Kindl*, WM 2002, 1313, 1314; *Grunewald*, AnwBl 2002, 258, 259; *Reim*, NJW 2003, 3662 ff.; *Lorenz, S.*, NJW 2004, 26, 27 f.
50 BGH, NJW 2005, 2848 = WM 2005, 1898 = ZGS 2005, 392; *Palandt/Heinrichs*, BGB, 64. Aufl. 2005, § 284 Rn. 6 ff.; *Dedek*, in: *Henssler/Graf von Westphalen*, § 284 Rn. 7 ff.; *Reim*, NJW 2003, 3662, 3663 f.
51 Entwurfsbegründung (s.o. Fn. 6), S. 328; BGH, NJW 2005, 2848 = WM 2005, 1898 = ZGS 2005, 392; *Palandt/Heinrichs*, BGB, 64. Aufl. 2005, § 284 Rn. 6; *Reim*, NJW 2003, 3662, 3663 f.
52 *Huber/Faust*, 4. Kap. Rn. 17, 28.

ters Gegenstand eines Anspruchs auf Schadensersatz statt der ganzen Leistung (dazu Rn. 1131 ff.).

ee) Schadensersatz statt der ganzen Leistung

1131 Bei einer **Teil-** oder **Schlechtleistung** des Schuldners (hier eines Rechtsberaters) kann der Gläubiger (hier der Mandant oder geschützte Dritte) unter bestimmten Voraussetzungen einen Anspruch auf „**Schadensersatz statt der ganzen Leistung**" erlangen (§ 280 Abs. 3, § 281 Abs. 1 Satz 2, 3 BGB). Damit wird „**großer Schadensersatz**" – unter „Totalliquidation" eines Vertrages[53] – erreicht (zum „kleinen Schadensersatz" Rn. 1104 ff.); der Gläubiger kann unter den Voraussetzungen dieser Vorschriften eine Teil- oder Schlechtleistung („quantitative" bzw. „qualitative Minderleistung"[54]) zurückweisen und Ersatz des gesamten Schadens verlangen, der durch die Nichterfüllung des Schuldverhältnisses entstanden ist.[55] Ein solcher Anspruch erfasst bei einem gegenseitigen Vertrag – etwa einem Rechtsberatervertrag – **auch Folgeschäden** – mit Ausnahme eines Verzögerungsschadens (§ 280 Abs. 2 mit § 286 BGB) – und verdrängt damit im Ergebnis alle auf § 280 Abs. 1 BGB gestützten Ansprüche.[56]

1132 Bei einer **Schlechtleistung** hängt ein Anspruch auf **Schadensersatz statt der ganzen Leistung** – zusätzlich zu den Voraussetzungen für einen Anspruch auf Schadensersatz statt der Leistung (§ 280 Abs. 3, § 281 Abs. 1 Satz 1, Abs. 2 BGB) – davon ab, dass die **Pflichtverletzung erheblich** ist (§ 281 Abs. 1 Satz 3 BGB); dies kann eine umfassende Interessenabwägung erfordern.[57] Aus der Fassung dieser Vorschrift ergibt sich, dass der **Schuldner**, der einen solchen weitgehenden, regelmäßig gegebenen Anspruch leugnet, **darzulegen und zu beweisen** hat, dass eine **Pflichtverletzung unerheblich** ist.

In der ursprünglichen Entwurfsbestimmung des § 281 Abs. 1 Satz 3 war vorgesehen, dass der Gläubiger, falls der Schuldner teilweise oder nicht wie geschuldet geleistet hat, Schadensersatz statt der ganzen Leistung nur verlangen kann, wenn sein **Interesse an der geschuldeten Leistung** dies erfordert. Auf Empfehlung des Rechtsausschusses[58] wurde eine solche einheitliche Regelung für Teil- und Schlechtleistung nicht beschlossen. Danach kommt es für einen Anspruch auf Schadensersatz statt der ganzen Leistung wegen einer **Schlechtleistung** nicht darauf an, ob der Gläubiger an einer solchen Minderleistung kein Interesse hat.

---

53 *Dedek*, in: *Henssler/Graf von Westphalen*, § 284 Rn. 48.
54 *Dedek*, in: *Henssler/Graf von Westphalen*, § 281 Rn. 19.
55 Vgl. BGHZ 108, 156, 159; *Palandt/Heinrichs*, BGB, 64. Aufl. 2005, § 281 Rn. 46 f.; *Dedek*, in: *Henssler/Graf von Westphalen*, § 281 Rn. 48; *Kindl*, WM 2002, 1313, 1320.
56 *Staudinger/Otto*, BGB, § 280 Rn. E45 ff., § 283 Rn. 65.
57 *Staudinger/Otto*, BGB, § 283 Rn. 91.
58 BT-Drucks. 14/7052, S. 185.

B. Haftung eines Rechtsberaters nach neuem Recht

Hat ein Rechtsberater seine geschuldete Dienstleistung zu einem abtrennbaren **Teil mangelhaft ausgeführt (Teilschlechtleistung)**, so wird ein Anspruch des Mandanten oder geschützten Dritten auf **Schadensersatz statt der ganzen Leistung** nach § 281 Abs. 1 Satz 3 BGB regelmäßig dann entfallen, wenn es sich um einen abgrenzbaren, **leicht zu behebenden Mangel** handelt und deswegen eine unerhebliche Pflichtverletzung vorliegt.

In einem solchen Fall kann der Mandant seinen **Anspruch auf eine fehlerfreie Dienstleistung** des Rechtsberaters gemäß § 280 Abs. 3, § 281 Abs. 1 Satz 1, Abs. 2 BGB verfolgen. Dafür hat der Mandant seinem Rechtsberater grundsätzlich eine angemessene Frist zur Behebung des Leistungsmangels zu setzen. Bei fruchtlosem Fristablauf kann der Mandant **Schadensersatz statt der Leistung** – nicht statt der ganzen Leistung – verlangen, **soweit** die Vertragserfüllung des Rechtsberaters **mangelhaft** ist.

Beispiele:

- *Ein Rechtsanwalt, der aufgrund eines einheitlichen Auftrags eines Erben den Nachlass verwalten, Ansprüche wegen angeblicher Nachlassverbindlichkeiten im Prozesswege abwehren und Nachlassvermögen gewinnbringend anlegen soll, begeht einen geringfügigen, leicht zu behebenden Verwaltungsfehler. Gleich liegt der Fall, dass einem Rechtsanwalt ein solcher Bagatellfehler unterläuft, wenn die Vermögensverwaltung einziger Gegenstand des Dienstvertrages ist.*

- *Ein Steuerberater, der aufgrund eines einheitlichen Auftrags die Buchführung erledigen, Steuererklärungen anfertigen und Abschlussarbeiten vornehmen soll, begeht einen geringfügigen, leicht zu behebenden Buchungsfehler. Gleich liegt der Fall, dass einem Steuerberater ein solcher Bagatellfehler unterläuft, wenn die Buchführung einziger Gegenstand des Dienstvertrages ist.*

Handelt es sich dagegen um einen nicht abgrenzbaren **Mangel einer unteilbaren Dienstleistung** eines Rechtsberaters – z.B. einer Rechtsberatung oder -vertretung –, so wird eine erhebliche Pflichtverletzung i.S.d. § 281 Abs. 1 Satz 3 BGB vorliegen, die dem Mandanten oder geschützten Dritten – über einen Schadensersatz statt der fehlerhaften Leistung (§ 280 Abs. 3, § 281 Abs. 1 Satz 1, Abs. 2 BGB) hinaus – einen Anspruch auf **Schadensersatz statt der ganzen Leistung** einräumt.

1133

Beispiel:

Ein Mandant erleidet einen Schaden, weil sein Rechtsberater ihn im Rahmen eines umfassenden Mandats in einem wesentlichen Einzelpunkt falsch oder ungenügend berät, z.B. über die Aussichten einer Klage oder eines Rechtsmittels oder über steuerliche Folgen einer Vermögensanlage.

Dementsprechend kommt ein Anspruch auf Schadensersatz statt der ganzen Leistung auch dann in Betracht, wenn ein **schwer zu behebender Fehler** bezüglich eines abtrennbaren Teils des Mandatsgegenstandes vorliegt.

Beispiel:

Ein Rechtsberater begeht in den Beispielsfällen zu Rn. 1132 einen schweren, nur mit erheblichem Aufwand zu beseitigenden Fehler bezüglich eines Teils des Mandatsgegenstandes.

1134 Verlangt der Gläubiger großen Schadensersatz, so kann der Schuldner einen bereits **erbrachten Teil seiner Leistung** nach Rücktrittsrecht (§§ 346 – 348 BGB) **zurückfordern** (§ 281 Abs. 5 BGB).

Hat ein Mandant oder ein geschützter Dritter eine **mangelhafte Dienstleistung** seines Rechtsberaters erhalten, so kann er diese ihrer Natur nach nicht nach § 346 Abs. 1 BGB herausgeben. In diesem Fall kommt ein **Wertersatz durch Zahlung einer entsprechenden Vergütung** in Betracht (§ 346 Abs. 2 Satz 1 Nr. 1, Satz 2 Halbs. 1 BGB).[59] Eine schlechte Dienstleistung eines Rechtsanwalts oder Steuerberaters, die sogleich einen Schaden des Auftraggebers oder geschützten Dritten auslöst, wird regelmäßig weder zu einem Wert noch zu einer Bereicherung des Empfängers führen (§ 346 Abs. 3 BGB).

Hat der Mandant ein **mangelhaftes, nicht abgenommenes Werk** seines Rechtsberaters – etwa einen Vertragsentwurf oder ein Gutachten – erhalten (vgl. dazu Rn. 1183 ff.), so kann er dieses i.d.R. nach § 281 Abs. 5, § 346 Abs. 1 BGB herausgeben.

ff) Anspruch auf Leistung und auf Schadensersatz statt der Leistung

1135 Der Gläubiger ist nicht gezwungen, von einem Anspruch auf Schadensersatz statt der Leistung wegen einer behebbaren **Schlechtleistung** (§ 280 Abs. 3, § 281 BGB) Gebrauch zu machen. Er kann stattdessen

- auf einer **ordnungsmäßigen Erfüllung des Schuldverhältnisses** bestehen
- oder möglicherweise von einem gegenseitigen **Vertrag** – etwa von einem Rechtsberatervertrag – **zurücktreten** (§ 323 BGB; dazu Rn. 1155 ff.) und **daneben Schadensersatz** aus § 280 Abs. 1 BGB verlangen (§ 325 BGB)
- oder bei einem **Werkvertrag Mängelrechte gemäß § 634 BGB** geltend machen (dazu Rn. 1186 ff.).

1136 **Verlangt der Gläubiger** (hier der Mandant oder geschützte Dritte) jedoch vom Schuldner (hier von einem haftpflichtigen Rechtsberater) **Schadensersatz statt der Leistung**, so wird dadurch **der Anspruch auf die Leistung ausgeschlossen** (§ 281 Abs. 4 BGB; vgl. zur Entstehung des Ersatzanspruchs Rn. 1456 ff.). Danach ist ein solches Verlangen – ebenso wie der Rücktritt (§ 346 Abs. 1 BGB, § 349 BGB) – ein **Gestaltungsrecht**.[60] Ein Verlangen, statt der Leistung den Schaden zu ersetzen, liegt in einer entsprechenden Klage und in jeder Erklärung des Gläubigers, die den eindeu-

---

59 Vgl. *Gaier*, WM 2002, 1, 4 f., 7 ff.
60 Entwurfsbegründung (s.o. Fn. 6), S. 320; *Palandt/Heinrichs*, BGB, 64. Aufl. 2005, § 281 Rn. 50a: geschäftsähnliche Handlung.

tigen Willen erkennen lässt, sich auf das Schadensersatzbegehren zu beschränken.[61] Mit einem solchen Verlangen endet das Nebeneinander von Erfüllungs- und Schadensersatzanspruch.[62]

gg) Darlegungs- und Beweislast

Der **Gläubiger** (hier der Mandant oder geschützte Dritte) hat grundsätzlich die **Voraussetzungen eines Anspruchs aus § 281 BGB** auf Schadensersatz statt der Leistung und auf Schadensersatz statt der ganzen Leistung **darzulegen und zu beweisen.**[63]

1137

Dagegen hat der **Schuldner** (hier ein Rechtsberater) **darzulegen und zu beweisen,** dass

- eine **Pflichtverletzung** i.S.d. § 281 Abs. 1 Satz 3 BGB **unerheblich ist,**
- er die **Pflichtverletzung nicht zu vertreten** hat (§ 280 Abs. 1 Satz 2 BGB)
- und die tatsächlichen Voraussetzungen einer **Rückforderung des Geleisteten** aus § 281 Abs. 5 BGB vorliegen.

d) Schadensersatz statt der Leistung wegen Nichtleistung und bei Teilleistung (§ 280 Abs. 1, 3, § 281 BGB)

Zu einem Anspruch auf Ersatz eines Verzögerungsschadens (§ 280 Abs. 1, 2, § 286 BGB) wird auf Rn. 1121 verwiesen.

1138

Nach § 280 Abs. 3, § 281 BGB kann ein Anspruch des Gläubigers gegen den Schuldner auf **Schadensersatz statt der Leistung** entstehen, „soweit" der Schuldner – dies ist in der Rechtsberaterhaftung selten – die mögliche und „**fällige Leistung nicht ... erbringt**"; es handelt sich also um eine vollständige Vorenthaltung der geschuldeten (fälligen) Leistung.[64] Insoweit gelten die Ausführungen zu Rn. 1122 ff. im Wesentlichen entsprechend mit der Maßgabe, dass es sich um ein **Ausbleiben der Leistung** handelt. Verzug i.S.d. § 286 BGB setzt ein solcher Schadensersatzanspruch nicht voraus.

Eine (vollständige) **Nichtleistung** liegt auch dann vor, wenn der Gläubiger eine Teilleistung gemäß § 266 BGB zurückweist.[65]

Erbringt ein **Rechtsberater** eine **unteilbare** – mögliche – **Dienstleistung**, z.B. eine Rechtsberatung oder die Auswechselung eines Finanzierungskredits seines Auftraggebers nicht und entsteht diesem dadurch ein Schaden, so kann der Mandant **Scha-**

1139

---

61 Entwurfsbegründung (s.o. Fn. 6), S. 320.
62 *Heinrichs*, in: FS Derleder, S. 87, 92, 105; vgl. BGH, ZNotP 2006, 222, 223 = NJW 2006, 1198.
63 Dazu *Palandt/Heinrichs*, BGB, 64. Aufl. 2005, § 281 Rn. 52.
64 *MünchKomm/Ernst*, BGB, § 281 Rn. 4.
65 LG Rottweil, NJW 2003, 3139.

densersatz wegen **Verzögerung der Leistung** unter den Voraussetzungen des § 280 Abs. 1, 2, § 286 BGB verlangen (Rn. 1121 f.).

Daneben kann der Mandant die **fällige Dienstleistung fordern**. Geht er insoweit gemäß § 281 BGB vor, so kann der Mandant, falls der Rechtsberater seine geschuldete, nachholbare Vertragspflicht weiterhin nicht erfüllt, einen Anspruch auf **Schadensersatz statt der Leistung** oder **statt der ganzen Leistung** erwerben (§ 280 Abs. 1, 3, § 281 BGB). Bei einer **unteilbaren Leistung** erstreckt sich ein solcher Schadensersatzanspruch auf die geschuldete Gesamtleistung.[66]

1140 Hat ein **Rechtsberater** aufgrund eines einheitlichen Dienstvertrages **mehrere selbständige Angelegenheiten** zu erledigen, führt er aber nur einen **Teil** aus, so umfasst ein Anspruch auf **Schadensersatz statt der – nachholbaren – Leistung** die „**Ersatzbeschaffungskosten**"[67] für den unerledigten Teil des Mandatsgegenstandes (§ 280 Abs. 3, § 281 Abs. 1 Satz 1 BGB).

Beispiele:

- *Ein Rechtsanwalt ist beauftragt, Forderungen seines Mandanten gegen mehrere Schuldner geltend zu machen. Das geschieht nur gegenüber einigen Schuldnern. Ein Anspruch auf Schadensersatz statt der Leistung erstreckt sich auf die* **Mehrkosten***, die dem Auftraggeber durch die anderweitige Ausführung des unerledigten Mandatsteils – betreffend die Forderungen gegen die übrigen Schuldner – entstehen.*
- *Ein Steuerberater soll die Bücher seines Auftraggebers führen und Steuererklärungen für diesen anfertigen. Der Steuerberater erledigt nur die Buchführung. Ein Anspruch auf Schadensersatz statt der Leistung umfasst die* **Mehrkosten***, die dem Mandanten durch die anderweitige Anfertigung der Steuererklärungen entstehen.*

In solchen Fällen wird zu prüfen sein, ob dem Auftraggeber ein Anspruch auf **Schadensersatz statt der ganzen (Vertrags-)Leistung** zusteht.

1141 Bei einer **Teilleistung** des Schuldners wird **Schadensersatz statt der ganzen Leistung** nur dann geschuldet, wenn der Gläubiger – dies hat er darzulegen und zu beweisen – **an der – einwandfreien – Teilleistung kein Interesse** hat (§ 281 Abs. 1 Satz 2 BGB). Das wird i.d.R. dann der Fall sein, wenn der erbrachte Teil der Leistung unter Berücksichtigung des Schadensersatzes statt des ausgebliebenen Leistungsteils (§ 280 Abs. 3, § 281 Abs. 1 Satz 1 BGB) das Leistungsinteresse des Gläubigers nicht voll deckt.[68]

Hat also ein **Rechtsberater** nur einen **Teil mehrerer** selbständiger, voneinander trennbarer **Aufgaben ("Angelegenheiten")**, die ihm aufgrund eines einheitlichen Anwaltsoder Steuerberatervertrages übertragen wurden, – fehlerfrei – erledigt **(Teilleistung)**, so kann der Mandant oder geschützte Dritte – über einen Schadensersatzanspruch

---

66   Vgl. BGH, NJW 2000, 1332 f.
67   Entwurfsbegründung (s.o. Fn. 6), S. 318.
68   Entwurfsbegründung (s.o. Fn. 6), S. 318.

statt des restlichen Teils des Mandatsgegenstandes (§ 280 Abs. 3, § 281 Abs. 1 Satz 1, Abs. 2 BGB) hinaus – **Schadensersatz statt der ganzen Leistung** fordern, wenn der Gläubiger **an der Teilleistung kein Interesse** hat (§ 280 Abs. 3, § 281 Abs. 1 Satz 2 BGB). Das wird dann der Fall sein, wenn das Leistungsinteresse des Mandanten oder geschützten Dritten durch die Teilleistung trotz eines Schadensersatzanspruchs statt der noch ausstehenden Restleistung nicht voll gedeckt wird.

Beispiele:
- *Ein Rechtsanwalt soll aufgrund des einheitlichen Auftrags eines Erben den Nachlass verwalten, Ansprüche wegen angeblicher Nachlassverbindlichkeiten im Prozesswege abwehren und Nachlassvermögen gewinnbringend anlegen. Der Rechtsanwalt erledigt nur einen Teil dieser – voneinander abgrenzbaren – Mandatsgegenstände, dies allerdings vertragsgerecht.*
- *Ein Steuerberater soll aufgrund eines einheitlichen Auftrags die Buchführung erledigen, Steuererklärungen anfertigen und Abschlussarbeiten vornehmen. Er erfüllt lediglich einen Teil dieser – voneinander abtrennbaren – Mandatsaufgaben, dies allerdings einwandfrei.*

In solchen Fällen ist es eine Frage des Einzelfalls, ob der Mandant an der fehlerfreien **Teilleistung** trotz eines Schadensersatzanspruchs statt der unerledigten Mandatsangelegenheiten (§ 280 Abs. 3, § 281 Abs. 1 Satz 1, Abs. 2 BGB) kein **Interesse** i.S.d. § 281 Abs. 1 Satz 2 BGB hat.

1142

Hat der Mandant ein solches Interesse an einem erbrachten Teilstück einer (teilbaren) Dienstleistung seines Rechtsberaters, so hat er dafür einen entsprechenden Teil der Vergütung zu erbringen; daneben verbleibt ihm der Schadensersatzanspruch bezüglich der ausgebliebenen restlichen Dienstleistung.[69]

Fehlt ein entsprechendes Interesse, so kann der Auftraggeber Schadensersatz statt der ganzen Leistung verlangen (§ 280 Abs. 3, § 281 Abs. 1 Satz 2, Abs. 2 BGB).[70] Macht der geschädigte Mandant diesen Anspruch geltend, so hat er eine bereits empfangene Teilleistung des Rechtsberaters zurückzugewähren, hilfsweise deren Wert nach Maßgabe der §§ 346 – 348 BGB zu ersetzen (§ 281 Abs. 5 i.V.m. § 346 Abs. 2 Satz 1 Nr. 1, Satz 2 BGB; vgl. Rn. 1179 ff.).

e) **Schadensersatz statt der Leistung wegen Verletzung einer Schutzpflicht (§ 280 Abs. 1, 3, § 282 BGB)**

Zu einem Schadensersatzanspruch aus § 280 Abs. 1 BGB wegen schuldhafter **Verletzung** einer – nicht unmittelbar leistungsbezogenen – **Nebenpflicht** (Schutz-, Verhaltenspflicht) aus § 241 Abs. 2 BGB wird auf Rn. 1102, 1114 verwiesen.

1143

---

69   Vgl. BGHZ 36, 316, 318; *Palandt/Heinrichs*, BGB, 64. Aufl. 2005, § 281 Rn. 37.
70   Vgl. BGH, NJW 1990, 2549, 2550.

Darüber hinaus kann eine solche schuldhafte Pflichtverletzung einen Anspruch auf **Schadensersatz statt der Leistung** aus § 280 Abs. 3, § 282 BGB auslösen, wenn dem Gläubiger die – mögliche – (**Haupt-)Leistung** durch den Schuldner **nicht mehr zuzumuten** ist. Insoweit entfällt ein Vorgehen des Gläubigers nach § 281 BGB, weil diese Leistungsstörung des Schuldners (Verletzung der Nebenpflicht aus § 241 Abs. 2 BGB) nicht behebbar ist. Ein solcher Schadensersatzanspruch dürfte in den unter Rn. 1114 angeführten Beispielsfällen zu bejahen sein.

Die Voraussetzungen eines Ersatzanspruchs aus § 280 Abs. 3, § 282 BGB – mit Ausnahme des Verschuldens (§ 280 Abs. 1 Satz 2 BGB) – hat der Gläubiger zu **beweisen**.

f) Schadensersatz statt der Leistung bei Unmöglichkeit (§ 280 Abs. 1, 3, § 283 BGB)

aa) Ausschluss der Leistungspflicht wegen nachträglicher Unmöglichkeit (§ 283 Satz 1 BGB)

1144 Nach dieser Vorschrift kann der Gläubiger, wenn der Schuldner nach § 275 Abs. 1 – 3 BGB nicht zu leisten braucht, unter den Voraussetzungen des § 280 Abs. 1 BGB **Schadensersatz statt der Leistung** verlangen.

1145 Die Bestimmungen des § 275 Abs. 1 – 3 BGB betreffen Hindernisse, die tatsächlich oder im Rechtssinne zur **Unmöglichkeit der Leistung** führen (**Ausschluss der Leistungspflicht**). Nach § 275 Abs. 1 BGB ist der Anspruch auf die geschuldete **Leistung kraft Gesetzes ausgeschlossen**, soweit diese für den Schuldner oder für jedermann unmöglich ist (**objektive Unmöglichkeit und subjektives Unvermögen**); das Schuldverhältnis bleibt bestehen und ist Grundlage für Sekundäransprüche.[71] Der Schuldner hat ein **Leistungsverweigerungsrecht**, soweit die Leistung einen unverhältnismäßigen Aufwand erfordert (§ 275 Abs. 2 BGB), oder wenn dem Schuldner die persönliche Leistung nicht zugemutet werden kann (§ 275 Abs. 3 BGB);[72] ein solches Recht ist im Rechtsstreit im Wege der **Einrede** geltend zu machen.

Für diese Fälle stellt § 275 Abs. 4 BGB klar, dass sich die **Rechte des Gläubigers** nach §§ 280, 283 – 285, 311a, 326 BGB bestimmen. Ist es unklar, ob Unmöglichkeit vorliegt, so kann der Gläubiger eine Frist gemäß § 281 BGB setzen und nach deren fruchtlosen Ablauf Schadensersatz verlangen oder ein Rücktrittsrecht ausüben.[73]

1146 **§ 311a BGB** regelt die Rechte des Gläubigers bei anfänglichen Leistungshindernissen i.S.d. § 275 Abs. 1 – 3 BGB. In der Rechtsberaterhaftung kommt eine solche **anfäng-**

---

71 *Lorenz/Riehm*, Rn. 319.
72 Dazu im Einzelnen *Dedek*, in: *Henssler/Graf von Westphalen*, § 275 Rn. 15 ff.
73 *Lorenz/Riehm*, Rn. 191.

liche Unmöglichkeit, bei der ein Leistungshindernis schon bei Vertragsschluss vorliegt, so gut wie nicht vor.[74]

§ 283 BGB betrifft die **nachträgliche Unmöglichkeit**. Kann oder muss der Schuldner seine Pflicht aus dem Schuldverhältnis ganz oder teilweise wegen eines nachträglichen (nach Vertragsschluss entstandenen) Leistungshindernisses i.S.d. § 275 Abs. 1 – 3 BGB nicht erfüllen, so ist dies eine **objektive Pflichtverletzung** i.S.d. § 280 Abs. 1 Satz 1 BGB; ist gemäß § 280 Abs. 1 Satz 2 BGB davon auszugehen, dass der Schuldner dieses Leistungshindernis **zu vertreten** hat, so kann der Gläubiger **Ersatz des Schadens** infolge der Pflichtverletzung verlangen (§ 275 Abs. 4, § 280 Abs. 1 BGB; dazu Rn. 1102 ff.).

Diese Schadensersatzpflicht wegen der nicht behebbaren Leistungsstörung wird durch § 280 Abs. 3, § 283 Satz 1 BGB dahin ergänzt, dass der Gläubiger **Schadensersatz statt der Leistung** verlangen kann, ohne dass es einer – hier sinnlosen – Fristsetzung oder Abmahnung i.S.d. § 281 BGB bedarf. Erlangt der Schuldner infolge des Umstandes, der zu seiner Leistungsbefreiung gemäß § 275 Abs. 1 – 3 BGB führt, einen Ersatz oder Ersatzanspruch, so kann der Gläubiger auf dieses **Surrogat** gemäß § 285 BGB zugreifen.

In dem unter Rn. 1115 genannten **Beispielsfall** steht dem Mandanten ein solcher Anspruch auf Schadensersatz statt der Leistung zu (§ 283 Satz 1 mit § 275 Abs. 1, 4, § 280 Abs. 1, 3 BGB).

Gegenüber einem **Anspruch des Gläubigers auf die Leistung** hat der **Schuldner darzulegen und zu beweisen**, dass seine Leistungspflicht wegen eines Hindernisses i.S.d. § 275 Abs. 1 – 3 BGB ausgeschlossen ist.[75]

Verlangt der **Gläubiger** dagegen **Schadensersatz statt der Leistung** (§ 280 Abs. 1, 3, § 283 BGB), so hat er ein nachträgliches, von einer Einrede des Schuldners unabhängiges Leistungshindernis i.S.d. § 275 Abs. 1 BGB **darzulegen und zu beweisen**.[76]

Ob und ggf. inwieweit der **Gläubiger** beim **Ausschluss der Leistungspflicht** des Schuldners seine **Gegenleistung** zu erbringen hat, regelt § 326 Abs. 1 – 4 BGB (dazu Rn. 1172 ff.).

bb) Ausschluss der Leistungspflicht wegen Teilunmöglichkeit und Unmöglichkeit der Nacherfüllung (§ 283 Satz 2 BGB)

Nach dieser Vorschrift sind auf einen Anspruch auf Schadensersatz statt der Leistung aus § 283 Satz 1 BGB die Bestimmungen des § 281 Abs. 1 Satz 2, 3, Abs. 5 BGB, die

1147

1148

1149

---

74 Dazu im Einzelnen *Kindl*, WM 2002, 1313, 1316 ff.; *Sutschet*, NJW 2005, 1404.
75 Vgl. dazu *Dedek*, in: *Henssler/Graf von Westphalen*, § 275 Rn. 39.
76 Zu den prozessualen Möglichkeiten des Gläubigers: *Dedek*, in: *Henssler/Graf von Westphalen*, § 275 Rn. 40 ff.; vgl. *Staudinger/Otto*, BGB, § 283 Rn. 101.

einen Anspruch auf **Schadensersatz statt der ganzen Leistung** bei Teil- und erheblicher Schlechtleistung betreffen (dazu Rn. 1122 ff.), entsprechend anzuwenden. Danach betrifft § 283 Satz 2 BGB mit der Verweisung auf § 281 Abs. 1 Satz 2 BGB zunächst die **Teilunmöglichkeit**; der Schuldner hat einen Teil seiner (tatsächlich und rechtlich teilbaren) Leistung erbracht (zur Teilleistung Rn. 1138 ff.), kann die restliche Leistung aber nicht erbringen, weil seine Leistungspflicht nach § 275 Abs. 1 – 3 BGB ausgeschlossen ist.[77] In einem solchen Fall kann der Gläubiger entsprechend § 281 Abs. 1 Satz 2 BGB Schadensersatz statt der ganzen Leistung (großen Schadensersatz) verlangen, wenn er an der erbrachten Teilleistung kein Interesse hat (dazu Rn. 1141 f.).[78] Besteht dagegen ein solches Interesse, so muss der Gläubiger – unbeschadet eines Rücktrittsrechts (§ 326 Abs. 5 BGB) – eine einwandfreie Teilleistung behalten, kann allerdings Schadensersatz statt des unmöglichen Leistungsrestes (kleinen Schadensersatz) fordern (§ 275 Abs. 4 mit § 280 Abs. 3, § 283 Satz 1 BGB).[79]

1150 Außerdem regelt § 283 Satz 2 BGB mit der Verweisung auf § 281 Abs. 1 Satz 3 BGB die **Unmöglichkeit der Nacherfüllung** (vgl. Rn. 1124) nach einer **Schlechterfüllung** der Leistungspflicht durch den Schuldner (dazu Rn. 1122 ff.).[80] Ist also die geschuldete Leistung nach Vertragsschluss unmöglich geworden (§ 275 Abs. 1 – 3 BGB), nachdem der Schuldner eine mangelhafte Leistung („nicht wie geschuldet") erbracht hat, so kann der Gläubiger entsprechend § 281 Abs. 1 Satz 3 BGB Schadensersatz statt der ganzen Leistung (großen Schadensersatz) verlangen, wenn die Pflichtverletzung des Schuldners erheblich ist (vgl. Rn. 1132 f.). Ist die Pflichtverletzung dagegen unerheblich, aber eine Nacherfüllung unmöglich, so kann der Gläubiger „kleinen" Schadensersatz wegen der Schlechtleistung und wegen des unmöglichen Leistungsrestes fordern (§ 275 Abs. 4 mit § 280 Abs. 1, 3, § 283 BGB).

1151 § 283 BGB ist für die **Rechtsberaterhaftung bedeutsam** (dazu auch Rn. 1152 ff.).[81] In diesem Haftungsbereich kommt es oft vor, dass die schuldhafte Verletzung (Nicht- oder Schlechtleistung i.S.d. § 281 Abs. 1 Satz 1 BGB) der hauptsächlichen Vertragspflicht eines Rechtsanwalts oder Steuerberaters zur Rechtsbetreuung (Rechtsberatung und/oder -vertretung) zu einem Schaden des Mandanten oder geschützten Dritten führt und sodann nach dem Inhalt des Rechtsberatervertrages eine ordnungsmäßige Leistung des Rechtsberaters nicht mehr nachgeholt werden kann.

---

77 Dazu eingehend *Staudinger/Otto*, BGB, § 283 Rn. 28 ff., 76 ff.
78 Vgl. BGH, NJW 1990, 2549, 2550.
79 *Staudinger/Otto*, BGB, § 283 Rn. 76 ff.
80 Dazu eingehend *Staudinger/Otto*, BGB, § 283 Rn. 45 ff., 86 ff.
81 A.A. – allgemein – *Palandt/Heinrichs*, BGB, 64. Aufl. 2005, § 283 Rn. 1; für die Anwaltshaftung: *Bruns*, VersR 2002, 524, 528, jeweils mit Rücksicht auf § 281 BGB; diese Vorschrift betrifft aber nur behebbare Leistungsstörungen; a.A. auch *Borgmann*, in *Borgmann/Jungk/Grams*, § 25 Rn. 7 ff. – dazu eingehend Rn. 1152 ff.

B. Haftung eines Rechtsberaters nach neuem Recht

Beispiele:

- *Ein Rechtsanwalt lässt eine Forderung seines Auftraggebers, die er durchsetzen soll, verjähren. Bei pflichtgemäßem Vorgehen des Anwalts wäre die Forderung durchgesetzt worden.*
- *Ein Rechtsanwalt versäumt die Frist für eine Leistungsklage gegen einen Versicherer (§ 12 Abs. 3 VVG) oder für eine Kündigungsschutzklage (§ 4 KSchG) oder für ein Rechtsmittel gegen eine dem Mandanten nachteilige gerichtliche oder behördliche Entscheidung. Bei Einhaltung der Frist hätte die Klage oder das Rechtsmittel Erfolg gehabt.*
- *Ein steuerlicher Berater versäumt die aussichtsreiche fristgerechte Erhebung eines Einspruchs oder einer Klage gegen einen Steuerbescheid.*

In solchen Fällen wird der Geschädigte regelmäßig **Schadensersatz statt der ganzen Leistung** aus § 280 Abs. 3, § 283 BGB verlangen können, weil die mangelhafte Leistung des Rechtsberaters auf einer **erheblichen Pflichtverletzung** beruht (§ 280 Abs. 3, § 283 i.V.m. § 281 Abs. 1 Satz 3 BGB; vgl. Rn. 1133).

Macht der Geschädigte diesen Anspruch geltend, so hat er bereits empfangene Vertragsleistungen zurückzugewähren bzw. deren Wert nach Maßgabe der §§ 346 – 348 BGB zu ersetzen (§ 280 Abs. 3, § 283 Satz 2 i.V.m. § 281 Abs. 5 BGB; vgl. Rn. 1179 ff.).

g) Nur eingeschränkte Anwendung der §§ 281, 283 BGB auf Anwaltsvertrag?

In einem jüngst erschienenen Werk zur Anwaltshaftung[82] wird – im Gegensatz zu den vorstehenden Ausführungen – für Anwaltsverträge die Anwendbarkeit des § 281 BGB weitgehend und des § 283 BGB vollständig verneint. Das erfordert eine eingehende, grundsätzliche Stellungnahme; insoweit fehlt bisher eine Entscheidung des BGH.

1152

aa) Zunächst wird die Ansicht vertreten, die **Anwendbarkeit des § 281 BGB** (dazu Rn. 1122 ff.) **auf Anwaltsverträge** sei beschränkt.[83] Schadensersatz statt der Leistung werde in der Anwaltshaftung nur selten in Betracht kommen. Grundsätzlich werde hier nur der Vertrauensschaden ersetzt; diesen Ersatz gewähre § 280 Abs. 1 BGB. Ein Rechtsanwalt schulde nur gewissenhafte Beratung und Vertretung; ein Leistungserfolg werde grundsätzlich nicht von einem anwaltlichen Dienstvertrag umfasst.

1153

Dieser Auffassung ist Folgendes entgegenzuhalten:

In einem Rechtsberatervertrag, der – gemäß dem Regelfall – ein dienstvertraglicher Geschäftsbesorgungsvertrag ist (§§ 611, 675 Abs. 1 BGB; dazu Rn. 480), verpflichtet sich der Rechtsberater grundsätzlich (nur) zur sorgfältigen, fachkundigen Rechtsbetreuung in den Grenzen des Mandats, ohne eine Gewähr für das Gelingen seiner Dienste zu übernehmen (vgl. Rn. 480).[84] Ein Rechtsanwalt, der von seinem Mandanten mit der Durchsetzung einer Forderung beauftragt wird, verletzt diese Pflicht, wenn

---

82 *Borgmann/Jungk/Grams*, Anwaltshaftung, 4. Aufl. 2005.
83 *Borgmann*, in *Borgmann/Jungk/Grams*, § 25 Rn. 7 ff.
84 BGHZ 115, 382, 386 f., 389, zur Steuerberaterhaftung.

Teil 1 • Abschnitt 5 • Neues Leistungsstörungsrecht

er einen falschen Schuldner in Anspruch nimmt. Die damit verbundenen Kosten beeinträchtigen das Vermögen des Mandanten „außerhalb des Leistungsgegenstandes". Dieser Nachteil ist nach § 280 Abs. 1 BGB zu ersetzen (negatives Interesse); es handelt sich um einen Mangelfolgeschaden aus der Schlechterfüllung der vereinbarten Dienstleistung (vgl. Rn. 1100 ff.).

Der Mangel der vereinbarten Leistung selbst kann (nur) durch Inanspruchnahme des richtigen Schuldners i.S.d. § 281 BGB (dazu Rn. 1122 ff.) vertragsgerecht behoben werden, solange die Forderung nicht verjährt ist. Diese Vorschrift erfasst – bis auf die Sonderregelungen der §§ 282, 283 BGB – alle Fälle, in denen das positive Leistungsinteresse des Schuldners verletzt wird, wobei der Fall der mangelhaften Leistung in das allgemeine Leistungsstörungsrecht eingebunden ist;[85] dieses Interesse wird im Falle seiner Störung durch eine Ersatzleistung in Geld in der Weise ausgeglichen, dass der Schuldner so zu stellen ist, wie er bei ordnungsmäßiger Erfüllung zum Zeitpunkt seines Ersatzbegehrens stünde.[86] Besteht der Mandant im genannten Fall auf einer Vertragserfüllung durch den beauftragten Rechtsanwalt, so kann und muss er diesem eine angemessene Frist zur Nacherfüllung seiner Vertragspflicht setzen (§ 280 Abs. 3, § 281 Abs. 1 Satz 1 BGB), falls dies nicht ausnahmsweise entbehrlich ist (§ 281 Abs. 2 BGB). Nach erfolglosem Fristablauf kann der Mandant von dem Rechtsanwalt, der seine fällige Vertragsleistung infolge einer schuldhaften Pflichtverletzung (§ 280 Abs. 1 BGB) nicht wie geschuldet erbracht hat, Schadensersatz statt der Leistung verlangen, und zwar regelmäßig statt der ganzen Leistung, weil es sich grundsätzlich um eine erhebliche Pflichtverletzung handelt (§ 280 Abs. 3, § 281 Abs. 1 Satz 1, 3 BGB). Danach gewährt das neue Recht nach gesetzlichem Wortlaut und systemgerechter Einordnung zur Befriedigung des Erfüllungsinteresses einen Anspruch auf Schadensersatz wegen endgültiger Nichterfüllung der vereinbarten Leistungspflicht; dieser Anspruch kann sich im genannten Fall auf die Rückzahlung eines Honorarvorschusses und den Ersatz von Mehrkosten infolge der Beauftragung eines anderen Rechtsanwalts erstrecken und einen aus § 280 Abs. 1 BGB zu ersetzenden Folge-(Begleit-)schaden – hier die Kosten der Inanspruchnahme eines Nichtschuldners – ungeachtet der unterschiedlichen Einordnung der Schadenspositionen einschließen (vgl. Rn. 1104 ff., 1131).[87]

Diesem Ergebnis steht nicht entgegen, dass der Rechtsanwalt in seinem Dienstvertrag keine Gewähr für einen Erfolg seiner Dienstleistung übernommen hat. Im genannten Fall hat er schon die vereinbarte Dienstleistung, nämlich die vertragsgerechte Inanspruchnahme des richtigen Schuldners mangelhaft erbracht. Ein vom Rechtsanwalt nicht übernommener Leistungserfolg bestünde darin, dass eine vertragsgerechte Inanspruchnahme des richtigen Schuldners im Ergebnis erfolgreich wäre, also z.B. ein

---

85 *MünchKomm/Ernst*, BGB, § 281 Rn. 2 ff.
86 *MünchKomm/Ernst*, BGB, § 281 Rn. 7 ff.
87 *Staudinger/Otto*, BGB, § 280 Rn. E45 ff., § 283 Rn. 65; *MünchKomm/Ernst*, BGB, § 281 Rn. 1.

entsprechender Titel erlangt und durchgesetzt würde. Mit einer Pflicht zum Schadensersatz statt der Leistung i.S.d. § 280 Abs. 3, §§ 281 ff. BGB wegen der dort genannten Leistungsstörungen wird dem Rechtsanwalt keine werkvertragliche Mängel-(Gewährleistungs-)haftung entsprechend §§ 633 ff. BGB (dazu Rn. 1183 ff.) auferlegt. Eine solche Schadensersatzpflicht betrifft jedes Schuldverhältnis i.s.d. § 280 Abs. 1 Satz 1 BGB, soweit keine abweichende gesetzliche Sonderregelung vorliegt. Sie gilt auch für die Schlechterfüllung der Hauptpflichten aus einem Dienst- oder Geschäftsbesorgungsvertrag.[88]

Nach altem Recht hat der haftpflichtige Rechtsanwalt nur das negative Interesse zu ersetzen.[89] Da dieses Interesse einen entgangenen Gewinn umfassen kann,[90] dürften sich das negative und ein – an der übernommenen Leistungspflicht auszurichtendes – positives Interesse regelmäßig entsprechen. Sollte dies ausnahmsweise nicht der Fall sein, so wird die bisherige Rechtsprechung zu überprüfen sein. Es ist dann allerdings nicht auszuschließen, dass der BGH zu dem Ergebnis gelangt, ein Schadensersatzanspruch statt der Leistung übersteige das Haftungsrisiko, das mit den dienstvertraglichen Pflichten aus einem Rechtsberatervertrag verbunden sei, und entfalle deswegen.

bb) Weiterhin wird die Ansicht vertreten, § 283 BGB sei auf **Anwaltsverträge** nicht anzuwenden.[91] Nach neuem Schuldrecht seien – wie nach altem Recht – anwaltliche Vertragsverletzungen des Verzuges und der Unmöglichkeit irrelevant. Insbesondere werde die Erfüllung einer Anwaltspflicht nicht unmöglich, indem der Rechtsanwalt einen Anspruch seines Mandanten verjähren lasse. Unmöglichkeit i.S.d. § 275 BGB betreffe einen Leistungserfolg, der grundsätzlich nicht Gegenstand eines Anwaltsvertrages sei. Deswegen könne nicht nach § 280 Abs. 3, § 283 BGB Schadensersatz statt der Leistung oder Schadensersatz statt der ganzen Leistung verlangt werden.

1154

Insoweit ist Folgendes zu entgegnen:

(1) In der Rechtsberaterhaftung war es nach altem Recht zwar selten, aber nicht ausgeschlossen, dass z.B. ein Rechtsanwalt oder Steuerberater wegen Verzuges haftete (Rn. 944 f.).[92] Nach neuem Recht kommt insoweit eine Schadensersatzpflicht aus § 280 Abs. 1, 3, § 286 BGB in Betracht (Rn. 1121).

---

88 *Staudinger/Otto*, BGB, § 281 Rn. A33; grundsätzlich in diesem Sinne mit Einschränkungen: *Palandt/Heinrichs*, BGB, 64. Aufl. 2005, § 281 Rn. 44, Einführung vor § 320 Rn. 16; *Heinrichs*, in: FS Derleder, S. 87, 93; *MünchKomm/Müller-Glöge*, BGB, § 611 Rn. 15.
89 BGH, NJW-RR 1991, 1125, 1126; 1995, 619, 620; 1996, 826; NJW 1995, 449, 451; DStR 2005, 548 = WM 2005, 999, 1000.
90 BGH, NJW 1988, 200, 203 f.; 1998, 900, 902.
91 *Borgmann*, in *Borgmann/Jungk/Grams*, § 25 Rn. 7.
92 Vgl. BGHZ 115, 382, 387.

(2) Schadensersatz statt der Leistung oder statt der ganzen Leistung wegen nachträglicher Unmöglichkeit (§ 280 Abs. 1, 2, § 283 BGB) kann nach neuem Recht auch aus einem Rechtsberatervertrag verlangt werden (dazu Rn. 1144 ff.).[93]

Die Gegenmeinung scheint der Ansicht in den ursprünglichen Entwürfen der Schuldrechtskommission zu folgen, die Unmöglichkeit sei nur ein Fall der allgemeinen Pflichtverletzung (§ 280 Abs. 1 Satz 1 BGB); tatsächlich blieb die Unmöglichkeit aber während des weiteren Gesetzgebungsverfahrens als eigenständiger Tatbestand des Leistungsstörungsrechts – mit speziellen Regelungen für vollständige und teilweise Unmöglichkeit (Rn. 1144 ff.) – erhalten, nach dem jeder unbehebbare Mangel der Leistung ein Fall der Unmöglichkeit ist.[94] Nach neuem Recht besteht eine Schadensersatzpflicht des Schuldners, der die Unmöglichkeit der Leistung zu vertreten hat, „unabhängig von der Art des Schuldverhältnisses",[95] also für alle Schuldverhältnisse.[96]

In einem typischen Fall aus der Praxis der Rechtsberaterhaftung lässt ein Rechtsanwalt eine Forderung des Mandanten, die er nach dessen Auftrag durchsetzen soll, verjähren. Ein solches Mandat verpflichtet den Rechtsanwalt zu einer sorgfältigen Rechtsbetreuung durch Inanspruchnahme des (richtigen) Schuldners; den Erfolg einer entsprechenden Dienstleistung garantiert der Rechtsanwalt regelmäßig nicht. Der Anwalt macht die Erfüllung seiner übernommenen Vertragspflicht schuldhaft unmöglich, indem er pflichtwidrig aus Gründen, die er zu vertreten hat, den Schuldner nicht vor Verjährung der Forderung vertragsgerecht in Anspruch nimmt und der Schuldner die Verjährungseinrede erhebt.[97] Damit ist der Anspruch des Mandanten auf die vereinbarte Dienstleistung i.S.d. § 275 Abs. 1 BGB „ausgeschlossen", weil er aus rechtlichen Gründen nicht mehr erfüllt werden kann.

Ein Anspruch auf Ersatz des Schadens aus einer solchen Pflichtverletzung kann nicht allein auf § 280 Abs. 1 BGB gestützt werden; diese Anspruchsgrundlage betrifft nach der gesetzlichen Gliederung bei Schlechtleistung nur einen Folge-(Begleit-)schaden „außerhalb des Leistungsgegenstandes" und soll das Integritäts-(Erhaltungs-)interesse des Gläubigers wahren (Rn. 1104 ff.). Der Schaden des Mandanten infolge des Forderungsverlustes ergibt sich dagegen aus der Nichterfüllung der vereinbarten Dienstleistung, betrifft also den Leistungsgegenstand und damit das Erfüllungsinteresse des Mandanten, das in den §§ 281 – 283 BGB geschützt wird.[98]

---

93 Vgl. zum alten Recht BGHZ 115, 382, 390.
94 *Lorenz/Riehm*, Rn. 291 f.
95 *Lorenz/Riehm*, Rn. 344.
96 *Staudinger/Otto*, BGB, § 283 Rn. 18.
97 Vgl. *Staudinger/Otto*, BGB, § 283 Rn. 11; *Lorenz/Riehm*, Rn. 297 ff., 319 ff.
98 Vgl. *Staudinger/Otto*, BGB, § 281 Rn. A32, § 283 Rn. 9 ff.

Der Schadensersatzanspruch kann im genannten Fall auch nicht auf § 281 BGB gestützt werden. Die Ansicht, diese Vorschrift mache § 283 BGB überflüssig,[99] überzeugt nicht.[100] § 281 BGB erfasst nur behebbare Leistungsstörungen (Rn. 1124 f.). Die Entbehrlichkeit einer Fristsetzung gemäß der Ausnahmevorschrift des § 281 Abs. 2 Fall 2 BGB ist kein Regelfall der Unmöglichkeit; bei dieser ist keine Abwägung i.s.d. Bestimmung notwendig, sondern eine Fristsetzung immer entbehrlich.[101]

Ein Schadensersatzanspruch aus § 280 Abs. 3, § 283 BGB bei Ausschluss der Leistungspflicht (§ 275 Abs. 1 – 3 BGB) infolge einer schuldhaften Pflichtverletzung des Schuldners (§ 280 Abs. 1 BGB) ist auf den Ersatz des (positiven) Erfüllungsinteresses gerichtet; deswegen hat der ersatzpflichtige Schuldner den Gläubiger wirtschaftlich so zu stellen, als hätte er seine Leistung ordnungsgemäß erbracht.[102] Das gilt in einem entsprechenden Fall auch für einen haftpflichtigen Rechtsanwalt, der z.B. auftragswidrig eine Forderung seines Mandanten verjähren lässt oder eine Klage- oder Rechtsmittelfrist versäumt. Ein solcher Schadensersatzanspruch erstreckt sich auf den Marktwert der – vollständig oder teilweise – unmöglichen Leistung, einen entgangenen Gewinn sowie die Mehrkosten eines Deckungsgeschäfts.[103]

2. Rücktritt (§§ 323 ff., 346 ff. BGB)

a) Beschränkte Anwendung auf Rechtsberaterverträge

aa) Dienstverträge

Ein **Rücktritt** (§§ 323, 324, 326 Abs. 5 BGB) **von einem Anwalts- oder Steuerberaterdienstvertrag** (dazu Rn. 480) ist **in Ausnahmefällen** zulässig.[104]

Ein **Rücktritt** ist **grundsätzlich ausgeschlossen**, wenn und soweit ein **Recht zur außerordentlichen Kündigung des Dienstvertrages** gemäß §§ 626, 627 BGB (dazu Rn. 879 ff.) besteht,[105] weil die **Folgeregelung des § 628 BGB** (dazu Rn. 880 ff.), die teilweise auf Rücktrittsrecht verweist (§ 628 Abs. 1 Satz 3 BGB), nicht unterlaufen werden darf.

1155

1156

---

99 *Palandt/Heinrichs*, BGB, 64. Aufl. 2005, § 281 Rn. 44, § 283 Rn. 1; *Heinrichs*, in: FS Derleder, S. 87, 92; *Bruns*, VersR 2002, 524, 528.
100 Eingehend *Staudinger/Otto*, BGB, § 283 Rn. 15.
101 *Staudinger/Otto*, BGB, § 283 Rn. 15.
102 *Staudinger/Otto*, BGB, § 283 Rn. 54, 66; *Lorenz/Riehm*, Rn. 319 ff., 345.
103 *Staudinger/Otto*, BGB, § 283 Rn. 54, 66.
104 Für einen vollständigen Ausschluss der Rücktrittsvorschriften: *MünchKomm/Müller-Glöge*, BGB, § 611 Rn. 14; *Vollkommer/Heinemann*, Rn. 126.
105 BGHZ 50, 312, 315; BGH, NJW 1990, 2549, 2550; BAG, NJW 1967, 2030, 2031; *Palandt/Weidenkaff*, BGB, 64. Aufl. 2005, § 626 Rn. 3, für ein Kündigungsrecht gemäß § 626 BGB.

1157 Ein **Rücktritt vom Dienstvertrag** kann jedoch **ausnahmsweise** selbst dann in Betracht kommen, wenn es sich dabei um ein **Dauerschuldverhältnis** handelt. Nicht jeder Dienstvertrag eines Rechtsanwalts oder Steuerberaters begründet schon ein Dauerschuldverhältnis; dies ist z.b. nicht der Fall, wenn der Dienstvertrag nur ein **Kurzmandat** – etwa eine einmalige Beratung – zum Gegenstand hat.[106]

Beispiel:

Ein Mandant beauftragt einen Rechtsanwalt oder Steuerberater, dem er sogleich einen Vorschuss auf die Vergütung zahlt, mit der Beratung in einer bestimmten Rechtsfrage. Noch bevor der Rechtsberater tätig wird, will der Auftraggeber den Dienstvertrag beenden, weil Umstände i.S.d. § 323 Abs. 2 BGB vorliegen.

In einem solchen Fall hilft ein außerordentliches Kündigungsrecht nach §§ 626, 627 BGB dem Mandanten nicht, den Vorschuss zurückzuerhalten, weil § 628 Abs. 1 Satz 3 BGB eine Kündigung „nach dem Beginn der Dienstleistung" voraussetzt (§ 628 Abs. 1 Satz 1 BGB). Vielmehr darf der Mandant nach § 323 Abs. 1, 2 BGB vom Vertrag zurücktreten (dazu Rn. 1161 ff.) und dann Rückzahlung des Vorschusses verlangen (§ 346 BGB; dazu Rn. 1179 ff.); ein Schadensersatzanspruch (§§ 280 ff. BGB) bleibt unberührt (§ 325 BGB).

Ist ein Anwalts- oder Steuerberaterdienstvertrag als **Dauermandat** angelegt, so kann ein vertraglich vorbehaltenes oder ein gesetzliches **Rücktrittsrecht bis zum Beginn der Dienstleistung** ausgeübt werden.[107] Dazu wird auf das vorgenannte **Beispiel** verwiesen mit der Maßgabe, dass der Rechtsanwalt oder Steuerberater den Auftraggeber nicht nur in einer bestimmten Rechtsfrage, sondern in allen Rechts- bzw. Steuerangelegenheiten auf Dauer betreuen soll.

1158 Ist ein **Dauermandat** bereits durch Dienstleistung **vollzogen**, so tritt **im Regelfall** an die Stelle eines Rücktrittsrechts ein – nur für die Zukunft wirkendes – **außerordentliches Kündigungsrecht**, weil die Vertragspartner im Allgemeinen kein Interesse haben, wegen einer nachträglichen Leistungsstörung den gesamten Vertrag auch hinsichtlich zunächst einwandfreier Leistungen rückgängig zu machen.[108]

Besteht jedoch **ausnahmsweise** ein solches Interesse, so kann auch bei einem **vollzogenen Dauerschuldverhältnis ein Rücktrittsrecht** in Betracht kommen; das gilt auch dann, wenn – etwa bei anfänglichen Leistungsstörungen – eine vollständige Rückabwicklung des Vertrages unschwer möglich und nach der Interessenlage der Vertragspartner sachgerecht ist.[109]

---

106 BGH, NJW 1989, 1479.
107 *Palandt/Heinrichs*, BGB, 64. Aufl. 2005, § 323 Rn. 4; *Palandt/Weidenkaff*, BGB, 64. Aufl. 2005, Vorbem. vor § 620 Rn. 8.
108 BGH, NJW 1986, 124, 125; 1987, 2004, 2006; 2002, 1870 = WM 2002, 1234; *Palandt/Weidenkaff*, BGB, 64. Aufl. 2005, Vorbem. vor § 620 Rn. 8.
109 BGH, NJW 2002, 1870 = WM 2002, 1234, m.w.N.

Beispiel:

Ein Rechtsanwalt oder Steuerberater, der alle Rechts- bzw. Steuerangelegenheiten seines Auftraggebers auf Dauer erledigen soll, begeht bei seiner ersten Beratungstätigkeit einen schwerwiegenden, nicht behebbaren Fehler. In einem solchen Fall kann der Mandant den Dienstvertrag für die Zukunft aufgrund einer außerordentlichen Kündigung gemäß §§ 626, 627 BGB beenden und einen Vorschuss nach § 628 Abs. 1 Satz 3 i.V.m. § 346 BGB zurückverlangen. Er kann die Rückzahlung des Vorschusses jedoch auch über einen Vertragsrücktritt gemäß § 326 Abs. 5 BGB (dazu Rn. 1178) erreichen, weil die vollständige Rückabwicklung des Vertrages ohne weiteres möglich und nach der Interessenlage auch sachgerecht ist; ein Schadensersatzanspruch (§ 628 Abs. 2 oder §§ 280 ff. BGB) bleibt unberührt (§ 325 BGB).

bb) Werkverträge

Ein **Rücktrittsrecht** nach §§ 323, 326 Abs. 5 BGB kann dem Auftraggeber zustehen, wenn der **Rechtsberatervertrag ein Werkvertrag** ist (§ 634 Nr. 3 BGB), der einen durch Dienstleistung herbeizuführenden Erfolg – etwa ein Gutachten, einen Vertragsentwurf oder einen Jahresabschluss – zum Gegenstand hat (§ 631 Abs. 2 BGB; dazu Rn. 480).

1159

b) Voraussetzungen (§§ 323 – 326 BGB)

aa) Allgemeines

Das **neue Rücktrittsrecht** (§§ 323 – 326 BGB) bei gegenseitigen Verträgen – dies sind auch Rechtsberaterdienst- und -werkverträge, die eine Geschäftsbesorgung zum Gegenstand haben[110] – ist ein **Spiegelbild** der Vorschriften über **Schadensersatz statt der Leistung** (§ 280 Abs. 1, 3, §§ 281 – 283 BGB). Die Voraussetzungen des Rücktritts wegen **Nichtleistung** und **Schlechterfüllung (Schlechtleistung)** nach § 323 BGB entsprechen im Wesentlichen denen des § 281 BGB. Das gilt weiterhin für ein Rücktrittsrecht **wegen Verletzung einer – nicht leistungsbezogenen – Neben-(Schutz-/Verhaltens-)pflicht** (§ 241 Abs. 2 BGB) nach § 324 BGB im Verhältnis zu § 282 BGB sowie wegen eines **Ausschlusses der Leistungspflicht (Unmöglichkeit)** nach § 326 Abs. 5 BGB im Verhältnis zu § 283 BGB.

1160

Wesentliche Neuerungen bestehen darin, dass

- ein **Rücktrittsrecht** grundsätzlich verschuldensunabhängig ist, also nicht voraussetzt, dass der Schuldner den Rücktrittsgrund zu vertreten hat (§ 323 Abs. 1, §§ 324, 326 Abs. 5 BGB; vgl. aber § 323 Abs. 6 BGB),
- und **neben dem Rücktritt Schadensersatz** verlangt werden kann (§ 325 BGB).[111]

---

110 Palandt/Heinrichs, BGB, 64. Aufl. 2005, Einführung vor § 320 Rn. 5, 9.
111 Dazu im Einzelnen *Derleder*, NJW 2003, 998, 999 ff.

bb) Rücktritt wegen Schlechtleistung (§ 323 BGB)

1161 § 323 Abs. 1 BGB erstreckt sich auf ein Recht zum **Rücktritt von einem gegenseitigen Vertrag** „wegen ... nicht vertragsgemäß erbrachter Leistung", also wegen einer – dies ist die typische Leistungsstörung bei einem Rechtsberatervertrag – **Schlechtleistung (Schlechterfüllung**; zu einem Schadensersatzanspruch wegen Schlechtleistung vgl. Rn. 1122 ff.). Diese kann betreffen die vertragliche **Hauptpflicht**, also z.b. die Vertragspflicht **eines Rechtsberaters zur Rechtsbetreuung** (Rechtsberatung und/oder -vertretung) seines Auftraggebers oder eines geschützten Dritten, oder eine **leistungsbezogene Nebenpflicht** aus dem Vertrag, etwa die **Pflicht eines Rechtsberaters zur Warnung** vor Gefahren außerhalb des Mandatsgegenstandes (vgl. Rn. 496 ff.). § 323 Abs. 1 BGB erfasst – ebenso wie § 281 BGB (vgl. Rn. 1124 f.) – **nur behebbare Fälle der Schlechtleistung**, in denen eine einwandfreie Vertragsleistung – über die grundsätzlich erforderliche Fristsetzung (§ 323 Abs. 1, 2 BGB) oder eine Abmahnung (§ 323 Abs. 3 BGB) – noch nachgeholt werden kann. Ist das nicht der Fall, so kann ein Rücktrittsrecht aus § 326 Abs. 5 BGB gegeben sein (Rn. 1171 ff.).[112]

1162 Das Rücktrittsrecht wegen einer behebbaren **Schlechtleistung (Schlechterfüllung)** setzt regelmäßig voraus, dass der Gläubiger dem Schuldner erfolglos eine angemessene **Frist** zur Leistung oder Nacherfüllung bestimmt hat (§ 323 Abs. 1 BGB); eine Erklärung, dass die Annahme einer Leistung nach Fristablauf abgelehnt werde (**Ablehnungsandrohung**), ist **unnötig** (anders § 326 BGB a.F.).

Der Gläubiger kann in Ausnahmefällen schon **vor Fälligkeit der Leistung zurücktreten**, wenn offensichtlich ist, dass die Voraussetzungen des Rücktritts eintreten werden (§ 323 Abs. 4 BGB), etwa dann, wenn bereits vor Fälligkeit ein unbehebbares Leistungshindernis abzusehen ist oder der Schuldner eine ernsthafte, endgültige Leistungsverweigerung ankündigt.[113]

Selbst wenn die Voraussetzungen für einen Vertragsrücktritt vorliegen, kann der **Gläubiger weiterhin die Vertragsleistung verlangen**; dieses Recht erlischt erst mit der Erklärung des Rücktritts (§§ 346, 349 BGB).[114]

1163 Anders als bei einer **Teilleistung**, bei der grundsätzlich nur ein Recht zum **Teilrücktritt** vom Vertrag in Betracht kommt (§ 323 Abs. 5 Satz 1 BGB; dazu Rn. 1168), kann der Gläubiger (hier der Mandant oder ein geschützter Dritter) bei einer **Schlechtleistung** des Schuldners (hier seines Rechtsberaters) – unter den Voraussetzungen des § 323 Abs. 1, 2, 4 BGB – **regelmäßig vom ganzen Vertrag zurücktreten**, es sei denn, dass die Pflichtverletzung unerheblich ist (§ 323 Abs. 5 Satz 2 BGB).[115]

---

112 Vgl. Entwurfsbegründung (s.o. Fn. 6), S. 427, 438.
113 Entwurfsbegründung (s.o. Fn. 6), S. 431.
114 BGH, ZNotP 2006, 222, 223 = NJW 2006, 1198.
115 Entwurfsbegründung (s.o. Fn. 6), S. 433.

Beruht die **Schlechtleistung** auf einer **unerheblichen Pflichtverletzung**, so kann der Gläubiger weder vom ganzen Vertrag noch von einem Vertragsteil zurücktreten.[116]

Ein **Mangel einer unteilbaren Dienstleistung** – z.B. einer **Rechtsberatung oder -vertretung** – wird i.d.R. eine **erhebliche Pflichtverletzung** sein, die den Auftraggeber – unter den Voraussetzungen des § 323 Abs. 1, 2, 4 BGB – zum Rücktritt vom (ganzen) Vertrag berechtigt (§ 323 Abs. 5 Satz 2 BGB). Ein solcher Rücktrittsgrund wird regelmäßig auch dann vorliegen, wenn der Rechtsberater eine **leistungsbezogene Nebenpflicht**, also etwa seine **Warnpflicht** bei beschränktem Mandat (dazu Rn. 496 ff.), **verletzt** (vgl. Rn. 1112).

1164

Das neue Rücktrittsrecht regelt nicht eine erhebliche **Teilschlechtleistung** (vgl. Rn. 1132).[117]

1165

Kommt ausnahmsweise ein Rücktrittsrecht in Betracht, weil ein Rechtsberater, der aufgrund eines einheitlichen Auftrages **mehrere abtrennbare Angelegenheiten** zu besorgen hat (vgl. die Beispielsfälle zu Rn. 1132), einen Teil seiner Aufgaben mangelhaft erledigt hat, so entfällt ein Vertragsrücktritt des Auftraggebers, wenn die Pflichtverletzung des Rechtsberaters unerheblich ist (vgl. Rn. 1132).

Ist in einem solchen Fall die Pflichtverletzung jedoch erheblich, so ist es zweifelhaft, ob der Mandant – unter den Voraussetzungen des § 323 Abs. 1, 2, 4 BGB – nur einen **Teilrücktritt** von dem entsprechenden Vertragsteil erklären oder **vom ganzen Vertrag zurücktreten** darf. Legt der Mandant Wert auf die Restleistung seines Rechtsberaters, so sollte ihm – gemäß dem Rechtsgedanken des § 323 Abs. 5 Satz 1 BGB (vgl. Rn. 1168) – der Teilrücktritt gestattet werden. Will der Auftraggeber dagegen vom ganzen Vertrag zurücktreten, so ist dies gemäß dem Grundsatz des § 323 Abs. 5 Satz 2 BGB gerechtfertigt.

§ 323 Abs. 6 BGB **schließt ein Rücktrittsrecht aus**, wenn der **Gläubiger für den Rücktrittsgrund** „allein oder weit überwiegend **verantwortlich** ist" oder sich im Verzug der Annahme befindet, wenn der vom Schuldner nicht zu vertretende Rücktrittsgrund eintritt. Damit wird der Gläubiger an seiner Vertragspflicht zur Gegenleistung festgehalten und eine Wirkung erzielt, die der Anrechnung eines Mitverschuldens (§ 254 BGB; dazu Rn. 1217 ff.) auf einen Schadensersatzanspruch entspricht.[118]

1166

Beispiel:

Eine falsche oder ungenügende Rechtsberatung durch einen Rechtsanwalt oder Steuerberater ist allein darauf zurückzuführen, dass der Mandant seinen Rechtsberater unzutreffend oder unzureichend über den zugrunde liegenden Sachverhalt unterrichtet hat.

---

116 Entwurfsbegründung (s.o. Fn. 6), S. 433.
117 Vgl. *Dauner-Lieb*, Anwaltkommentar Schuldrecht, § 323 Rn. 25.
118 Entwurfsbegründung (s.o. Fn. 6), S. 433 f.

cc) Rücktritt wegen Nichtleistung und bei Teilleistung (§ 323 BGB)

1167 § 323 Abs. 1 BGB erfasst auch den Fall des **Rücktritts** von einem gegenseitigen Vertrag „wegen nicht ... erbrachter Leistung". Darunter ist nur eine **behebbare Leistungsstörung** (dazu Rn. 1124 f.) zu verstehen, nicht aber ein dauerndes Ausbleiben der Leistung (Unmöglichkeit), das nach § 326 Abs. 5 BGB zu einem Rücktrittsrecht führen kann (Rn. 1171 ff.). Nach § 323 Abs. 1 BGB genügt es, dass die fällige Vertragsleistung nicht erbracht worden ist; die weiteren Voraussetzungen eines Verzuges (§ 286 BGB) brauchen nicht vorzuliegen.

Insoweit gelten die vorstehenden Ausführungen zu § 323 Abs. 1 – 4, 6 BGB (Rn. 1161 ff.) entsprechend.

1168 Erhält der Gläubiger von seinem Schuldner einer teilbaren Leistung nur eine – mangelfreie – **Teilleistung** (zur Teilschlechtleistung vgl. Rn. 1132) und verzögert der Schuldner die – mögliche – Restleistung, so kann der Gläubiger **vom ganzen Vertrag nur zurücktreten**, wenn er **an der Teilleistung kein Interesse** hat (§ 323 Abs. 5 Satz 1 BGB).

Aus der Fassung dieser Vorschrift ergibt sich, dass **grundsätzlich** bei einer Teilleistung lediglich ein **Teilrücktritt** vom Vertrag in Betracht kommt.[119] In einem solchen Fall behält der Gläubiger die Teilleistung, an der er ein Interesse hat, und tritt bezüglich der ausstehenden Vertragsleistung vom Vertrag (teilweise) zurück; für die Teilleistung hat der Gläubiger eine entsprechende Gegenleistung zu erbringen.[120]

Hat der Gläubiger dagegen an der Teilleistung kein Interesse (dazu Rn. 1141 f.), so kann er – unter den Voraussetzungen des § 323 Abs. 1, 2, 4 BGB – **vom ganzen Vertrag zurücktreten** (§ 323 Abs. 5 Satz 1 BGB).

1169 **Neben einem Vertragsrücktritt** gemäß § 323 BGB kann der Gläubiger **Schadensersatz wegen Verzögerung der Leistung** (§ 280 Abs. 1, 2, § 286 BGB; dazu Rn. 1121) verlangen (§ 325 BGB).[121]

dd) Rücktritt wegen Verletzung einer Schutzpflicht (§ 324 BGB)

1170 **Verletzt** ein Schuldner bei einem gegenseitigen Vertrag **eine – nicht unmittelbar leistungsbezogene – Neben-(Schutz-/Verhaltens-)pflicht** aus § 241 Abs. 2 BGB (dazu Rn. 1143), so kann der Gläubiger gemäß **§ 324 BGB** – ohne Fristsetzung oder Abmahnung – **vom Vertrag zurücktreten**, wenn ihm ein **Festhalten am Vertrag nicht mehr zuzumuten** ist. Das kann der Fall sein, wenn der Pflichtenverstoß – trotz einwandfreier Vertragserfüllung im Übrigen – das **Vertrauensverhältnis der Parteien**

---

119 Entwurfsbegründung (s.o. Fn. 6), S. 432.
120 Vgl. BGHZ 36, 316, 318; *Palandt/Heinrichs*, BGB, 64. Aufl. 2005, § 323 Rn. 25.
121 Zu weiteren Ersatzansprüchen neben Rücktritt: *Palandt/Heinrichs*, BGB, 64. Aufl. 2005, § 325 Rn. 2, 3.

stark erschüttert hat; auf ein Verschulden des anderen Teils kommt es auch hier für ein Rücktrittsrecht nicht an (vgl. Rn. 1160).

ee) Rücktritt wegen Unmöglichkeit (§ 326 BGB)

Nach § 326 Abs. 5 BGB kann der Gläubiger, wenn der Schuldner nach § 275 Abs. 1 – 3 BGB nicht zu leisten braucht, entsprechend § 323 BGB – allerdings ohne Fristsetzung – **vom Vertrag zurücktreten**. Die Reichweite dieser – erst im Gesetzgebungsverfahren eingefügten – Rücktrittsbestimmung wegen teilweisen oder vollständigen **Ausschlusses der Leistungspflicht (Unmöglichkeit)** erschließt sich erst nach einer Erörterung der vorangehenden Vorschriften des § 326 BGB, die in solchen Fällen die Befreiung von der Gegenleistung regeln.

1171

(1) Befreiung von der Gegenleistung bei Unmöglichkeit (§ 326 Abs. 1 – 4 BGB)

§ 326 Abs. 1 – 4 BGB regelt die Frage, ob und ggf. in welchem Umfang der **Gläubiger** seine **Gegenleistung** zu erbringen hat, wenn die Leistungspflicht des Schuldners gemäß § 275 Abs. 1 – 3 BGB entfällt.[122] Diese Vorschriften können auch auf **Dienstverträge** anzuwenden sein[123] (vgl. Rn. 1155 ff.).

1172

Ein Schuldner, dessen **Leistungspflicht** gemäß § 275 Abs. 1 BGB von Gesetzes wegen **ausgeschlossen** ist oder der ein **Leistungsverweigerungsrecht** nach § 275 Abs. 2, 3 BGB hat (dazu Rn. 1144 ff.), hat – vorbehaltlich der Regelungen in § 326 Abs. 2, 3 BGB – grundsätzlich **keinen Anspruch auf die vereinbarte Gegenleistung** (§ 326 Abs. 1 Satz 1 Halbs. 1 BGB).

1173

Bezieht sich ein solcher Ausschluss der Leistungspflicht nur auf einen **Teil der geschuldeten (teilbaren) Leistung**, so entfällt der Anspruch des Schuldners auf die **Gegenleistung zu einem entsprechenden Teil**; der Umfang der Befreiung des Gläubigers von seiner Leistungspflicht ist entsprechend der kaufrechtlichen **Minderungsvorschrift des § 441 Abs. 3 BGB** zu ermitteln (§ 326 Abs. 1 Satz 1 Halbs. 2 BGB). Diese Bestimmung erlangt i.d.R. nur dann Bedeutung, wenn der Gläubiger an der möglichen Teilleistung ein Interesse hat (vgl. Rn. 1141 f.;[124] grundsätzlich darf der Gläubiger nämlich eine Teilleistung zurückweisen (§ 266 BGB).[125] Vorsorglich kann der Gläubiger, der kein Interesse an der Teilleistung hat, sich von einer entsprechenden

---

122 Dazu *Palandt/Heinrichs*, BGB, 64. Aufl. 2005, § 326 Rn. 2 ff.; *Muthers*, in: *Henssler/Graf von Westphalen*, § 326 Rn. 2 ff.; *Lorenz/Riehm*, Rn. 324 ff.; *Zimmer*, NJW 2002, 1, 4 ff.; *Kindl*, WM 2002, 1313, 1318 f.
123 Vgl. BGHZ 10, 187, 190, zu §§ 323 ff. BGB a.F., für Dienstverträge mit Angehörigen freier Berufe; *Palandt/Heinrichs*, BGB, 64. Aufl. 2005, § 326 Rn. 4.
124 *Palandt/Heinrichs*, BGB, 64. Aufl. 2005, § 326 Rn. 5.
125 Vgl. BGH, NJW 1990, 2549, 2555, zu § 325 BGB a.F.; LG Rottweil, NJW 2003, 3139, zu §§ 266, 323 Abs. 5 BGB n.F.

Gegenleistungspflicht durch einen Rücktritt gemäß § 326 Abs. 5 BGB befreien (Rn. 1178).[126]

1174 Die Regelung des § 326 Abs. 1 Satz 1 BGB **gilt nicht**, wenn eine **Schlechtleistung** des Schuldners vorliegt und die geschuldete **Nacherfüllung** nach § 275 Abs. 1 – 3 BGB **unmöglich** ist (§ 326 Abs. 1 Satz 2 BGB). Das bedeutet, dass der **Gläubiger** bei einer nicht behebbaren Schlechtleistung des Schuldners **nicht kraft Gesetzes von seiner Leistungspflicht frei wird**; will er in einem solchen Fall nicht leisten, so muss er gemäß § 326 Abs. 5 BGB vom Vertrag **zurücktreten** (dazu Rn. 1178).[127]

1175 Nach § 326 Abs. 2 BGB bleibt die **Pflicht des Gläubigers zur Gegenleistung** bestehen, wenn er den **Grund des Ausschlusses der Leistungspflicht** des Schuldners gemäß § 275 Abs. 1 – 3 BGB „allein oder weit überwiegend" **zu verantworten** hat oder dieser Grund, falls er vom Schuldner nicht zu vertreten ist, während des Annahmeverzuges des Gläubigers eintritt (vgl. die Sonderregelung des § 615 BGB für einen Dienstvertrag und der §§ 642 ff. BGB für einen Werkvertrag).

1176 § 326 Abs. 3 BGB regelt die **Pflicht zur Gegenleistung** in dem Fall, dass der Gläubiger nach § 285 BGB ein **Surrogat** des geschuldeten Gegenstandes verlangt.

1177 Soweit die **Gegenleistung** nach diesen Bestimmungen nicht geschuldet wird, aber bereits bewirkt worden ist, kann der Gläubiger eine **Rückabwicklung** gemäß §§ 346 – 348 BGB verlangen (§ 326 Abs. 4 BGB).

(2) Rücktritt wegen teilweiser oder vollständiger Unmöglichkeit (§ 326 Abs. 5 BGB)

1178 Ein **Rücktrittsrecht des Gläubigers** gemäß § 326 Abs. 5 BGB in den Fällen, in denen der Schuldner nach § 275 Abs. 1 – 3 BGB nicht zu leisten braucht (dazu Rn. 1144 ff.), behält einen Anwendungsbereich (dazu Rn. 1173 f.), obwohl bei einem solchen **Ausschluss der Leistungspflicht** grundsätzlich der Anspruch des Schuldners auf die Gegenleistung kraft Gesetzes entfällt (§ 326 Abs. 1 Satz 1 BGB; dazu Rn. 1173). Insoweit wird auf Rn. 1144 ff. verwiesen.

c) Rechtsfolgen des Rücktritts (§§ 346 – 354 BGB)

aa) Erklärung des Rücktritts

1179 Das Gestaltungsrecht des **Rücktritts** wird durch einseitige Willenserklärung des Berechtigten gegenüber der anderen Vertragspartei **ausgeübt** (§ 349 BGB).[128] Sind – dies ist bei einem Rechtsberatervertrag häufig der Fall – auf einer Vertragsseite **mehrere Personen** beteiligt, so kann das **Rücktrittsrecht nur einheitlich** von allen und ge-

---

126 *Muthers*, in: *Henssler/Graf von Westphalen*, § 326 Rn. 11.
127 Entwurfsbegründung (s.o. Fn. 6), S. 427, 438.
128 Dazu *Gaier*, WM 2002, 1, 2 f.

gen alle ausgeübt werden (§ 351 BGB). In bestimmten Fällen kann das Rücktrittsrecht **erlöschen** (§ 350 BGB) oder der erklärte **Rücktritt unwirksam** werden (§§ 352, 353 BGB).

bb) Wirkung des Rücktritts

Der Rücktritt soll den Vertrag beenden und die Rechtslage vor Vertragsschluss wiederherstellen. Mit dem Rücktritt erlöschen die vertraglichen Leistungspflichten, soweit diese noch nicht erfüllt sind (**Befreiungswirkung**); beide Vertragspartner sind zur Rückgewähr der empfangenen Leistungen (**Rückgewährpflicht**) – sowie zur Herausgabe bzw. zum Wertersatz von **Nutzungen** und zum Ersatz von **Verwendungen** (§ 346 Abs. 1, § 347 BGB) – verpflichtet (§ 346 Abs. 1 BGB).[129] Das gilt sowohl für ein **vertraglich vorbehaltenes** als auch für ein **gesetzliches Rücktrittsrecht** (§ 346 Abs. 1 BGB). Der Rücktritt hebt den Vertrag nicht im Ganzen auf, sondern wandelt ihn in ein **Abwicklungsverhältnis mit vertraglicher Grundlage** um. Deswegen und gemäß § 325 BGB bleiben **trotz des Rücktritts Schadensersatzansprüche aus dem Vertrag** erhalten.

1180

Das Rücktrittsrecht bleibt auch dann bestehen, wenn der Berechtigte **zur Rückgewähr** der empfangenen Leistung **außerstande** ist; das ist z.b. bei einer **erlangten Dienstleistung** – z.b. bei einer Rechtsberatung oder -vertretung – nach deren Natur der Fall (vgl. § 346 Abs. 2 Satz 1 Nr. 1 BGB).

1181

Soweit eine Rückgewähr entfällt, hat der Schuldner grundsätzlich „statt der Rückgewähr" **Wertersatz** zu leisten, der sich im Regelfall nach der vertraglichen Gegenleistung bestimmt (§ 346 Abs. 2 BGB).[130] Selbst wenn ausnahmsweise eine Pflicht zum Wertersatz ausscheidet, so ist eine verbleibende **Bereicherung** herauszugeben (§ 346 Abs. 3 BGB).[131]

Bei einer **Schlechtleistung** eines Rechtsanwalts oder Steuerberaters – der in der Rechtsberaterhaftung typischen Leistungsstörung – führt die mangelhafte Dienstleistung i.d.R. weder zu einem Wert noch zu einer Bereicherung des Geschädigten.

Die wechselseitigen Pflichten der Vertragspartner aus dem Rückgewährverhältnis sind **Zug um Zug** zu erfüllen (§ 348 BGB). Kommt ein (Rückgewähr-)Schuldner seiner entsprechenden Pflicht nicht nach, so kann der andere Teil (Rückgewähr-Gläubiger) **Schadensersatz** gemäß §§ 280 – 283 BGB verlangen (§ 346 Abs. 4 BGB).

1182

---

129 Vgl. Entwurfsbegründung (s.o. Fn. 6), S. 440, 443; dazu im Einzelnen *Gaier*, WM 2002, 1, 3 ff.
130 Dazu *Gaier*, WM 2002, 1, 4 f., 7 ff.
131 Entwurfsbegründung (s.o. Fn. 6), S. 457: Rechtsfolgenverweisung.

II. Haftung aus Werkvertrag

1. Grundsätze

1183 Ein **Anwalts- oder Steuerberatervertrag** ist ausnahmsweise ein **Geschäftsbesorgungsvertrag mit Werkvertragscharakter** (§§ 631, 675 Abs. 1 BGB), wenn er einen durch Arbeit oder Dienstleistung herbeizuführenden Erfolg betrifft (§ 631 Abs. 2 BGB), etwa auf die Erstellung eines Gutachtens[132], eines Vertragsentwurfs[133] oder eines Jahresabschlusses[134] gerichtet ist (vgl. Rn. 480).

Die **Mängelhaftung des Werkunternehmers** wird in §§ 633 ff. BGB – unter weitgehender Anpassung an das neue Gewährleistungsrecht des Kaufvertrages (§§ 434 ff. BGB) – **in das neue Leistungsstörungsrecht eingebunden** (dazu Rn. 1098 ff.), so dass es kein selbständiges Gewährleistungsrecht des Werkvertrages mehr gibt,[135] und durch eine neue **Verjährungsregelung für Mängelansprüche** (§ 634a BGB) ergänzt (dazu Rn. 1497 ff.).

1184 Bis zum **Übergang der Leistungsgefahr** (vgl. zur Vergütungsgefahr §§ 644, 645 BGB) auf den Besteller – etwa einen Mandanten –, also i.d.R. **bis zur Abnahme des Werks** (§ 640 Abs. 1 BGB; vgl. Rn. 1185) gelten **unmittelbar** die Vorschriften des **neuen allgemeinen Leistungsstörungsrechts** (§§ 280 ff., 323 ff. BGB; dazu Rn. 1099 ff.);[136] mit der Abnahme gilt der ursprüngliche (allgemeine) Anspruch des Bestellers gegen den Unternehmer – etwa einen Rechtsberater –, das versprochene Werk herzustellen (§ 631 Abs. 1 BGB) und dieses mangelfrei zu verschaffen (§ 633 Abs. 1 BGB), als erfüllt.[137]

Nach der Abnahme, die den Erfüllungsanspruch des Bestellers auf das abgenommene Werk beschränkt,[138] richten sich die **Mängelrechte des Bestellers** nach der **vorrangigen Sonderregelung des § 634 BGB**;[139] diese geht davon aus, dass die **Herstellung eines mangelhaften Werks** eine objektive **Verletzung der Vertragspflicht des Unternehmers** (§§ 631 Abs. 1, 633 Abs. 1 BGB) ist.

---

132 Vgl. BGHZ 127, 378, 384 = NJW 1995, 392.
133 Vgl. RG, JW 1914, 642; BGH, WM 1996, 540, 541 und 1832, 1833.
134 Vgl. BGH, NJW 2000, 1107.
135 *Palandt/Sprau*, BGB, 64. Aufl. 2005, Vorbem. zu § 633 Rn. 1.
136 *Palandt/Heinrichs*, BGB, 64. Aufl. 2005, § 280 Rn. 17, § 323 Rn. 3; *Palandt/Sprau*, 64. Aufl. 2005, BGB, Vorbem. zu § 633 Rn. 6 ff.
137 BGHZ 153, 244, 250 f.; BGH, NJW 1999, 2046, 2047; *Palandt/Sprau*, BGB, 64. Aufl. 2005, § 640 Rn. 11; *Thode*, ZfBR 1999, 116.
138 BGH, NJW 1999, 2046, 2047; *Palandt/Sprau*, BGB, 64. Aufl. 2005, Vorbem. zu § 633 Rn. 8, § 634 Rn. 3, § 640 Rn. 11; *Thode*, ZfBR 1999, 116.
139 *Palandt/Heinrichs*, BGB, 64. Aufl. 2005, § 280 Rn. 17, § 323 Rn. 3; *Palandt/Sprau*, BGB, 64. Aufl. 2005, Vorbem. zu § 633 Rn. 8.

Der Besteller erfüllt seine **Abnahmepflicht** i.S.d. § 640 Abs. 1 Satz 1 BGB, wenn er das Werk – unbeschadet unwesentlicher Mängel (§ 640 Abs. 1 Satz 2 BGB) – als zumindest in der Hauptsache vertragsmäßige Leistung entgegennimmt;[140] dies kann auch durch schlüssiges Verhalten geschehen.[141] Einer Abnahme in diesem Sinne steht eine **fingierte Abnahme** gemäß § 640 Abs. 1 Satz 3 BGB gleich, wenn der Besteller seine Abnahmepflicht nicht innerhalb einer vom Unternehmer gesetzten angemessenen Frist erfüllt. Wegen **wesentlicher Mängel** des Werks darf der Besteller die Abnahme verweigern.

1185

Das **Werk eines Rechtsberaters**, das in einem schriftlich niedergelegten Gutachten, Vertragsentwurf oder Jahresabschluss verkörpert ist, ist **abnahmefähig**.[142]

2. Mängelrechte des Bestellers (§ 634 BGB)

Verletzt der Unternehmer – etwa ein Rechtsberater – seine vertragliche Hauptpflicht, das versprochene Werk herzustellen (§ 631 Abs. 1 BGB) und dem Besteller – etwa einem Mandanten – frei von Sach- und Rechtsmängeln zu verschaffen (§ 633 Abs. 1 BGB), so können dem Besteller wegen einer solchen **Schlechtleistung** (Schlechterfüllung des Werkvertrages) die in § 634 BGB bezeichneten **Mängelrechte** – nach Abnahme des Werks – zustehen, soweit nicht etwas anderes bestimmt – oder vereinbart – ist (vgl. § 639 BGB).[143]

1186

Dabei handelt es sich teilweise um **verschuldensunabhängige Rechte**, nämlich

1187

- den Anspruch auf **Nacherfüllung** (§ 634 Nr. 1, § 635 BGB),
- die Befugnis zur **Selbst-(Ersatz-)Vornahme** (§ 634 Nr. 2, § 637 BGB),
- die Gestaltungsrechte zum **Rücktritt vom Vertrag** (§ 634 Nr. 3, § 636 BGB)
- und zur **Minderung der Vergütung** (§ 634 Nr. 3, § 638 BGB);

ein **Anspruch auf Ersatz des Schadens** oder **vergeblicher Aufwendungen** (§ 634 Nr. 4, § 636 BGB) ist dagegen **verschuldensabhängig**.

Die genannten **verschuldensunabhängigen Mängelrechte** des Bestellers (§ 634 Nr. 1 – 3 BGB) können mit der **Abnahme des Werks** entfallen (§ 640 BGB). Wird ein **mangelhaftes Werk** als vertragsgemäß **abgenommen**, obwohl der Besteller den Mangel kennt, so stehen ihm die in § 634 Nr. 1 – 3 BGB bezeichneten **verschuldensunabhängigen Mängelrechte** der Nacherfüllung, der Selbstvornahme, des Rücktritts und

---

140 BGHZ 48, 257, 263; BGH, NJW 1993, 1972, 1974.
141 BGH, NJW-RR 1992, 1078, 1079; NJW 1993, 1972, 1974; *Palandt/Sprau*, BGB, 64. Aufl. 2005, § 640 Rn. 6.
142 BGH, NJW-RR 1992, 1078 und BGHZ 127, 378, 384, ein Gutachten betreffend; BGH, WM 1996, 1832, 1833, einen Vertragsentwurf betreffend.
143 *Palandt/Sprau*, BGB, 64. Aufl. 2005, § 634 Rn. 22 ff., § 639 Rn. 2 ff., § 640 Rn. 12; *Wagner*, in: *Henssler/Graf von Westphalen*, § 639 Rn. 1 ff.

der Minderung nur dann zu, wenn er sich diese **bei der Abnahme vorbehält** (§ 640 Abs. 2 BGB). Ein **verschuldensabhängiger Anspruch auf Schadensersatz** oder auf Ersatz vergeblicher Aufwendungen (§ 634 Nr. 4 BGB) wird dagegen durch Abnahme eines mangelhaften Werkes **nicht ausgeschlossen**.

1188 Im Rahmen der Mängelrechte des § 634 BGB hat der Besteller **grundsätzlich nur den Anspruch auf Nacherfüllung** (dazu Rn. 1190 ff.), weil dieser ein modifizierter Erfüllungsanspruch ist; andere Mängelrechte stehen dem Besteller nur dann zu, wenn die Nacherfüllung scheitert oder unmöglich ist.[144]

1189 **Vor der Abnahme** (§ 640 Abs. 1 Satz 1, 3 BGB), im Falle ihrer berechtigten Verweigerung (vgl. § 640 Abs. 1 Satz 2 BGB) oder bei einem Vorbehalt gemäß § 640 Abs. 2 BGB hat der **Unternehmer zu beweisen**, dass sein **Werk mangelfrei** ist; **nach der Abnahme** hat der **Besteller einen Mangel** des Werks zu **beweisen**.[145]

a) Nacherfüllung (§ 634 Nr. 1, § 635 BGB)

1190 Nach Abnahme eines fehlerhaften Werks ist grundsätzlich **vorrangiges Mängelrecht** des Bestellers – etwa eines Mandanten – ein **Anspruch** gegen den Unternehmer – etwa einen Rechtsberater – **auf Nacherfüllung**, also auf Herstellung und Verschaffung eines fehlerfreien Werks – etwa eines einwandfreien Gutachtens, Vertragsentwurfs oder Jahresabschlusses – (§ 634 Nr. 1, § 635 BGB); mit der Abnahme beschränkt sich der Anspruch auf Nacherfüllung auf das als Erfüllung angenommene Werk (Rn. 1184).[146]

1191 Verlangt der Besteller Nacherfüllung,[147] so kann der Unternehmer seine Pflicht zur Herstellung und Verschaffung eines mangelfreien Werks (§ 631 Abs. 1, § 633 Abs. 1 BGB) durch **Nachbesserung** endgültig erfüllen. Dafür kann er **nach seiner Wahl** den **Mangel beseitigen** oder ein **neues Werk herstellen** (§ 635 Abs. 1 BGB); bei Neuherstellung kann der Unternehmer **Rückgabe des mangelhaften Werks** verlangen (§ 635 Abs. 4 BGB). Die zur Nacherfüllung erforderlichen **Aufwendungen**, insbesondere Transport-, Wege-, Arbeits- und Materialkosten, hat der Unternehmer zu tragen (§ 635 Abs. 2 BGB). Ein Anspruch auf Nacherfüllung begründet ein **Zurückbehaltungsrecht** gegenüber dem Vergütungsanspruch des Unternehmers (§ 641 Abs. 3 BGB).

---

144 Vgl. *Palandt/Sprau*, BGB, 64. Aufl. 2005, § 634 Rn. 2, 3; *Wagner*, in: *Henssler/Graf von Westphalen*, § 634 Rn. 1 ff.
145 BGH, NJW-RR 1997, 339; 1999, 347, 348; NJW 2002, 223; *Palandt/Sprau*, BGB, 64. Aufl. 2005, § 634 Rn. 12.
146 Zu verjährungsrechtlichen Auswirkungen einer Nacherfüllung gemäß §§ 203, 212 Abs. 1 Nr. 1 BGB: *Auktor/Mönch*, NJW 2005, 1686, 1687 ff.
147 *Palandt/Sprau*, BGB, 64. Aufl. 2005, § 635 Rn. 3: geschäftsähnliche Handlung.

Ausnahmsweise kann ein Anspruch auf **Nacherfüllung** schon **vor Abnahme des Werks** bestehen (vgl. Rn. 1184 f.), etwa bei vorzeitiger Beendigung des Werkvertrags nach Herstellung eines mangelhaften Teilwerks.[148]

1192

Andere Mängelrechte gemäß § 634 Nr. 2 – 4 BGB kommen in Betracht (dazu Rn. 1194 ff.), wenn die **Nacherfüllung**

1193

- **unmöglich** ist (§ 275 Abs. 1 BGB);
- vom Unternehmer zu Recht **verweigert wird** (§ 275 Abs. 2, 3, § 635 Abs. 3 BGB);
- **fehlschlägt** und dem Besteller ein weiterer Nachbesserungsversuch nicht zuzumuten ist.[149]

b) Selbstvornahme der Mangelbeseitigung (§ 634 Nr. 2, § 637 BGB)

Hat der Mandant („Besteller") dem Rechtsberater („Unternehmer") wegen eines Mangels des abgenommenen Werks – z.b. eines Gutachtens, Vertragsentwurfs oder Jahresabschlusses – erfolglos eine angemessene Frist zur Nacherfüllung (§ 635 BGB) bestimmt, so hat der Mandant grundsätzlich das Recht zur **Selbstvornahme der Mangelbeseitigung** (§ 634 Nr. 2, § 637 Abs. 1 BGB), um ein fehlerfreies Werk zu erhalten.[150] Er darf dann den Mangel selbst – in eigener Person oder durch einen Dritten[151] – beseitigen und **Ersatz der erforderlichen Aufwendungen** verlangen, es sei denn, dass der Rechtsberater die Nacherfüllung gemäß 275 Abs. 1 – 3, § 635 Abs. 3 BGB zu Recht verweigert. Ein Verzug des Rechtsberaters mit der Mangelbeseitigung ist für das Ersatzvornahmerecht des Auftraggebers nicht erforderlich. Zur Durchführung dieses Rechts kann der Mandant vom Rechtsberater einen **Vorschuss** auf die erforderlichen Aufwendungen verlangen (§ 637 Abs. 3 BGB).

1194

Der Mandant erlangt das Recht zur Selbstvornahme ohne **Fristsetzung zur Nacherfüllung**, wenn die Fristbestimmung in entsprechender Anwendung des § 323 Abs. 2 BGB keinen Erfolg verspricht oder die Nacherfüllung fehlgeschlagen oder für den Mandanten unzumutbar ist (§ 637 Abs. 2 BGB). In diesen Fällen kann der Mandant **statt der Selbstvornahme** auch vom Vertrag **zurücktreten** (§ 634 Nr. 3 mit §§ 636, 323, 326 Abs. 5 BGB), anstelle des Rücktritts **die Vergütung mindern** (§ 634 Nr. 3, § 638 BGB) oder **Schadensersatz statt der Leistung** verlangen (§ 634 Nr. 4 mit §§ 636, 280, 281, 283, 311a BGB) bzw. **Ersatz vergeblicher Aufwendungen** fordern (§ 634 Nr. 4 mit § 284 BGB).

1195

---

148 *Palandt/Sprau*, BGB, 64. Aufl. 2005, Vorbem. zu § 633 Rn. 7, § 635 Rn. 2; *Wagner*, in: *Henssler/Graf von Westphalen*, § 634 Rn. 6, 24, § 635 Rn. 1.

149 *Palandt/Sprau*, BGB, 64. Aufl. 2005, § 634 Rn. 2, § 635 Rn. 5; *Wagner*, in: *Henssler/Graf von Westphalen*, § 634 Rn. 1 ff., § 635 Rn. 1, 5 ff.

150 Zur Selbstvornahme ohne Fristsetzung zur Nacherfüllung beim Kaufvertrag: BGH, NJW 2005, 1348; dazu krit. *Herresthal/Riehm*, NJW 2005, 1457.

151 *Palandt/Sprau*, BGB, 64. Aufl. 2005, § 637 Rn. 5; *Wagner*, in: *Henssler/Graf von Westphalen*, § 637 Rn. 1.

Macht der Besteller von seiner Befugnis zur Selbstvornahme Gebrauch, so fragt es sich, wie sich dies auf andere Mängelrechte auswirkt.[152] Jedenfalls kann der Besteller **Ersatz der Schäden** verlangen, die nicht vom Selbstvornahmerecht umfasst werden.[153]

c) Rücktritt vom Vertrag (§ 634 Nr. 3 i.V.m. §§ 323, 326 Abs. 5, § 636 BGB)

1196 Der Auftraggeber („Besteller") kann wegen eines abgenommenen **mangelhaften Werks** – z.b. eines Gutachtens, Vertragsentwurfs oder Jahresabschlusses – seines Rechtsberaters („Unternehmers") unter bestimmten Voraussetzungen **vom Werkvertrag zurücktreten** (§ 634 Nr. 3 mit §§ 636, 323, 326 Abs. 5 BGB; vgl. zum Rücktritt vor Abnahme Rn. 1192), falls eine Nacherfüllung (§ 635 BGB; dazu Rn. 1190 ff.) scheitert und der Mandant von einer Selbstbeseitigung des Mangels (§ 637 BGB; dazu Rn. 1194 f.) oder von einer Minderung des Werklohns (§ 638 BGB; dazu Rn. 1197) absieht.

Ein solches Rücktrittsrecht – anstelle der Wandelung nach früherem Recht (§ 634 BGB a.F.) – setzt grundsätzlich voraus, dass ein **erheblicher Mangel** vorliegt (§ 323 Abs. 5 Satz 2, § 634 Nr. 3 BGB) und der Mandant seinem Rechtsberater erfolglos eine angemessene **Frist zur – möglichen – Nacherfüllung** gesetzt hat (§ 323 Abs. 1, § 634 Nr. 3 BGB.).[154] Eine Fristsetzung ist in den Fällen des § 323 Abs. 2, § 634 Nr. 3 BGB sowie dann **entbehrlich**, wenn die Nacherfüllung vom Rechtsberater gemäß § 635 Abs. 3 BGB verweigert wird oder fehlgeschlagen oder dem Auftraggeber unzumutbar ist (§ 636 BGB). Ist dieser – etwa wegen einer Verletzung seiner Vertragspflicht zur Information seines Rechtsberaters (dazu Rn. 511 ff.) – für den Mangel des Werks allein oder weit überwiegend **verantwortlich**, so entfällt ein Rücktrittsrecht (§ 323 Abs. 6, § 634 Nr. 3 BGB; vgl. Rn. 1166).

Ist die **Nacherfüllung** – also die Herstellung eines mangelfreien Werks – i.S.d. § 275 Abs. 1 – 3 BGB **unmöglich**, so kann der Auftraggeber in entsprechender Anwendung des § 323 BGB n.F. wegen eines erheblichen Werkmangels – ohne Fristsetzung – vom Vertrag **zurücktreten** (§ 326 Abs. 5, § 634 Nr. 3 BGB; vgl. Rn. 1171 ff.).

Zu den **Rechtsfolgen des Rücktritts** wird auf Rn. 1179 ff. verwiesen. Neben dem **Rücktritt** kann der Besteller **Schadensersatz** verlangen (§ 325 BGB).

Ein **Rücktritt** i.S.d. § 634 Abs. 1 Nr. 3 BGB kann **in Verjährungsfällen unwirksam** sein (§ 634a Abs. 4 mit § 218 BGB).

---

152 Dazu *Palandt/Sprau*, BGB, 64. Aufl. 2005, § 634 Rn. 4; *Derleder*, NJW 2003, 998, 1003; *Bressler*, NJW 2004, 3382.
153 *Palandt/Sprau*, BGB, 64. Aufl. 2005, § 634 Rn. 4; *Wagner*, in: *Henssler/Graf von Westphalen*, § 634 Rn. 8; *Derleder*, NJW 2003, 998, 1003.
154 Vgl. Entwurfsbegründung (s.o. Fn. 6), S. 620.

d) Minderung der Vergütung (§ 634 Nr. 3, § 638 BGB)

Liegen die Voraussetzungen für einen Rücktritt vom Werkvertrag vor (dazu Rn. 1160 ff.), so kann der Besteller (hier der Auftraggeber) trotz des mangelhaften Werks (z.b. eines Gutachtens, Vertragsentwurfs oder Jahresabschlusses eines Rechtsberaters) am Vertrag festhalten und **an Stelle eines Rücktritts die Vergütung mindern** (§ 634 Nr. 3, § 638 Abs. 1 Satz 1, Abs. 3 BGB).

1197

Das gilt, da § 323 Abs. 5 Satz 2 BGB nicht anzuwenden ist (§ 638 Abs. 1 Satz 2 BGB), auch dann, wenn die Pflichtverletzung des Unternehmers (hier des Rechtsberaters) unerheblich ist, also der **Mangel** den Wert oder die Tauglichkeit nur **unerheblich** herabsetzt.[155]

Das **Gestaltungsrecht der Minderung** ist **unteilbar** und kann deswegen bei mehreren Beteiligten nur von allen oder gegen alle erklärt werden (§ 638 Abs. 2 BGB). Streitig ist, ob der Besteller nach Ausübung dieses Rechts entsprechend § 325 BGB zum Schadensersatz übergehen kann.[156]

Hat der Besteller schon mehr als die geminderte Vergütung gezahlt, so kann er vom Unternehmer **Erstattung des Mehrbetrages** – nach Rücktrittsrecht – verlangen (§ 638 Abs. 4 BGB).

Eine **Minderung** i.S.d. § 634 Abs. 1 Nr. 3 BGB kann **in Verjährungsfällen unwirksam** sein (§ 634 Abs. 5 mit § 218 BGB).

e) Schadensersatz oder Ersatz vergeblicher Aufwendungen (§ 634 Nr. 4 i.V.m. §§ 280, 281, 283, 284, 311a, 636 BGB)

Da der Rechtsberater („Unternehmer") mit der **Herstellung eines mangelhaften Werks** – z.B. eines Gutachtens, Vertragsentwurfs oder Jahresabschlusses – eine **pflicht-(vertrags-)widrige Schlechtleistung (Schlechterfüllung)** erbringt, kann der Auftraggeber („Besteller") nach Abnahme unter bestimmten Voraussetzungen **Schadensersatz** verlangen (§ 634 Nr. 4 BGB; zum Schadensersatz vor Abnahme Rn. 1184). Dazu verweist diese Bestimmung auf die allgemeinen Vorschriften für Schadensersatzansprüche (§§ 280, 281, 283, 311a BGB; dazu Rn. 1100 ff.).

1198

aa) Schadensersatz aus § 280 Abs. 1, § 634 Nr. 4 BGB

Hat der Rechtsberater die Herstellung des (abgenommenen) mangelhaften Werks, die eine objektive Verletzung der Vertragspflicht zur Verschaffung eines fehlerfreien Werks ist (§ 280 Abs. 1 Satz 1 mit § 633 BGB),[157] gemäß §§ 276 – 278, 280 Abs. 1

1199

---

155 Entwurfsbegründung (s.o. Fn. 6), S. 630.
156 Verneinend *Palandt/Sprau*, BGB, 64. Aufl. 2005, § 634 Rn. 5; bejahend *Teichmann*, ZfBR 2002, 13, 17; *Derleder*, NJW 2003, 998, 1001 ff.
157 Entwurfsbegründung (s.o. Fn. 6), S. 621.

Satz 2 BGB zu vertreten, so kann der Auftraggeber nach § 280 Abs. 1 mit § 634 Nr. 4 BGB Ersatz seines hierdurch verursachten **Schadens** verlangen, der ihm – außerhalb der Mangelhaftigkeit des Werks – an sonstigen Rechtsgütern, also i.d.R. in seinem Vermögen, entstanden ist und auch bei einer Nacherfüllung bestehen bleibt („**Mangelfolgeschaden**"; vgl. Rn. 1104 ff.).[158] Ob der Mandant Schadensersatz auch wegen des Werkmangels selbst verlangen kann, richtet sich nach §§ 281, 283, 311a i.V.m. § 634 Nr. 4, § 636 BGB (dazu Rn. 1203 ff.).

1200 *Beispiel:*

Der Mandant und sein Vertragspartner schließen einen Vertrag aufgrund eines (abgenommenen) mangelhaften Entwurfs eines Rechtsanwalts. Der Mandant legt den Entwurf einer Behörde vor, die den Vertrag genehmigen muss. Wegen des Vertragsmangels versagt die Behörde die Genehmigung und belastet den Mandanten mit Kosten.

*In diesem Fall kann der Mandant von seinem Rechtsanwalt, dessen mangelhafter Vertragsentwurf eine schuldhafte Pflichtverletzung ist (§ 280 Abs. 1 i.V.m. §§ 276, 633 BGB), Ersatz der hierdurch entstandenen, von der Behörde festgesetzten **Kosten** verlangen (§ 280 Abs. 1, § 634 Nr. 4 BGB). Diese Kosten sind ein Schaden, der dem Mandanten durch die zu vertretende Schlechtleistung des Rechtsberaters – neben dem Minderwert des Werks infolge seines Mangels – entstanden ist.*

1201 *1. Abwandlung des Beispielfalles:*

Der Rechtsanwalt hält seinen (abgenommenen) Vertragsentwurf auch nach Versagung der behördlichen Genehmigung für einwandfrei. Er ändert seine Ansicht erst, nachdem ihm der Mandant ein Gutachten eines anderen Rechtsberaters vorlegt, der Mängel des Vertragsentwurfs festgestellt hat, und fertigt sodann im Wege der Nacherfüllung (§ 635 BGB) einen fehlerfreien Entwurf an. Der von den Vertragspartnern auf dieser Grundlage geschlossene Vertrag wird von der Behörde genehmigt.

*In diesem Falle sind die **Mehraufwendungen** des Mandanten für den Gutachter ein Schaden i.S.d. § 280 Abs. 1, § 634 Nr. 4 BGB.*[159]

1202 *2. Abwandlung des Beispielfalles:*

*Nach Versagung der behördlichen Genehmigung des Vertrages, der aufgrund eines (abgenommenen) mangelhaften Vertragsentwurfs des Rechtsanwalts geschlossen worden war, tritt der Vertragspartner des Mandanten von dem Vertrag zurück (§ 323 Abs. 1, 2 Nr. 2, 3 BGB) und lehnt einen weiteren Vertragsschluss mit dem Mandanten ab. Dadurch **entgeht** diesem *ein **Gewinn** (§§ 249, 252 BGB).*

---

158 *Palandt/Sprau*, BGB, 64. Aufl. 2005, § 634 Rn. 8; *Raab*, Anwaltkommentar Schuldrecht, § 636 Rn. 32, 35, 39; *Huber/Faust*, 18. Kap. Rn. 71, 72.

159 Vgl. *Graf von Westphalen*, in: *Henssler/Graf von Westphalen*, § 437 Rn. 19 zum Kaufrecht; *Palandt/Sprau*, BGB, 64. Aufl. 2005, § 634 Rn. 8.

Der Mandant kann von seinem Rechtsberater auch Ersatz dieses Schadens aus § 280 Abs. 1 BGB verlangen.[160] *Dieser Fall ist zu unterscheiden von demjenigen, dass der Vertragspartner des Mandanten erst dann von einem Vertrag Abstand nimmt, nachdem der Mandant von seinem Rechtsanwalt erfolglos eine Nacherfüllung (§ 634 Nr. 1, § 635 BGB; dazu Rn. 1190 ff.) verlangt hat; dann kann der Anspruch auf Ersatz entgangenen Gewinns Gegenstand eines Anspruchs auf Schadensersatz statt der Leistung aus § 634 Nr. 4 i.V.m. § 281 BGB (dazu Rn. 1122 ff.), § 283 BGB (dazu Rn. 1144 ff.) oder § 311a BGB (dazu Rn. 1146) sein.*

bb) Schadensersatz aus §§ 281, 634 Nr. 4 BGB

Nach diesen Vorschriften kann der Mandant (Besteller/Gläubiger) von seinem Rechtsberater (Unternehmer/Schuldner) **Schadensersatz statt der Leistung** wegen eines **Mangels des (abgenommenen) Werks** – einer **Schlechtleistung/Schlechterfüllung** – („**Mangelschaden**"; vgl. Rn. 1104) grundsätzlich erst dann verlangen (zum Schadensersatz vor Abnahme: Rn. 1184), nachdem er dem Rechtsberater erfolglos eine angemessene **Frist zur** – möglichen – **Nacherfüllung**, also zur Herstellung eines mangelfreien Werks (§ 634 Nr. 1, § 635 BGB; dazu Rn. 1186), bestimmt hat (§ 280 Abs. 3, § 281 Abs. 1 Satz 1, § 634 Nr. 4 BGB; dazu und zum Folgenden Rn. 1124 ff.).[161] Eine Fristsetzung ist entbehrlich in den Fällen des § 281 Abs. 2 und des § 636 BGB (jeweils i.V.m. § 634 Nr. 4 BGB).

1203

Der Mandant hat aus § 281 Abs. 1 Satz 1, § 634 Nr. 4 BGB einen Anspruch auf Schadensersatz statt der – noch möglichen – Leistung grundsätzlich nur bezüglich des Werkmangels (vgl. dazu Rn. 1104 ff.). Darüber hinaus ist ein Anspruch auf **Schadensersatz statt der ganzen Leistung** gegeben, wenn die **Pflichtverletzung** des Rechtsberaters – also der Werkmangel – **erheblich** ist (§ 281 Abs. 1 Satz 3, § 634 Nr. 4 BGB; vgl. Rn. 1131 ff.). Macht der Mandant diesen Anspruch geltend, so kann der Rechtsberater sein **mangelhaftes Werk zurückfordern** (§ 281 Abs. 4, 5, § 634 Nr. 4 BGB).

1204

Beispiel:

1205

Der Mandant, dessen Vertragspartner trotz eines erheblichen Mangels des (abgenommenen) anwaltlichen Vertragsentwurfs einen Vertrag mit dem Mandanten aufgrund eines fehlerfreien Entwurfs dieses Rechtsanwalts schließen möchte, bestimmt seinem Anwalt, der bereits einen ***Vorschuss*** *auf die Vergütung erhalten hat, erfolglos eine angemessene Frist zu einer entsprechenden Nacherfüllung. Daraufhin nimmt der Dritte von einem Vertrag mit dem Mandanten Abstand. Der Mandant wird rechtskräftig verurteilt, an den Dritten* ***Ersatz nutzloser Vertragskosten*** *zu leisten und die* ***Prozesskosten*** *zu tragen. Außerdem ist dem Mandanten ein* ***Gewinn entgangen****.*

In diesem Fall hat der Mandant gegen seinen Rechtsanwalt einen Anspruch auf ***Schadensersatz statt der ganzen (Werk-)Leistung*** *(§ 634 Nr. 4 i.V.m. § 280 Abs. 3, § 281 Abs. 1 BGB). Der Rechtsanwalt hat die mit der Fristsetzung eröffnete letzte Chance zur Erfüllung seiner*

---

160 Vgl. BGH, NJW 2003, 3766; *Graf von Westphalen*, in: *Henssler/Graf von Westphalen*, § 437 Rn. 19; *Palandt/Sprau*, BGB, 64. Aufl. 2005, § 634 Rn. 8.
161 Entwurfsbegründung (s.o. Fn. 6), S. 662.

Vertragspflicht, ein mangelfreies Werk herzustellen (§ 633 BGB), schuldhaft nicht genutzt. Der erhebliche Werkmangel entspricht einer erheblichen Pflichtverletzung (§ 281 Abs. 1 Satz 3 BGB). Mit seinem Anspruch auf Schadensersatz statt der ganzen Leistung kann der Mandant verlangen, so gestellt zu werden, wie er stünde, wenn der Rechtsanwalt seine Werkvertragspflicht ordnungsgemäß erfüllt hätte, also der Vertragsentwurf mangelfrei gewesen wäre (§ 249 Abs. 1 BGB). Im Rahmen dieses Anspruchs kann der Mandant von seinem Anwalt **Ersatz seiner sämtlichen Nachteile** *(Vorschuss, Urteilssumme, Prozesskosten, entgangener Gewinn) verlangen, die ihm durch die erhebliche, schuldhafte Verletzung der Vertragspflicht zur Herstellung eines mangelfreien Vertragsentwurfs entstanden sind.*

Daneben *kann der Mandant vom Werkvertrag mit seinem Rechtsanwalt* **zurücktreten,** *wenn die Voraussetzungen des § 634 Nr. 3 mit §§ 323, 636 BGB erfüllt sind (dazu Rn. 1196). Dann kann er gemäß §§ 346, 347 BGB die Rückerstattung des Vorschusses nebst Zinsen („Nutzungen") und außerdem Ersatz seiner übrigen Schäden verlangen (§ 325 BGB).*

Der Rechtsanwalt kann seinen **mangelhaften Vertragsentwurf** *in jedem Fall vom Mandanten* **zurückfordern** *(§ 634 Nr. 3, 4 i.V.m. § 281 Abs. 5, § 346 Abs. 1 BGB).*

cc) Schadensersatz aus §§ 283, 634 Nr. 4 BGB

1206 Die Vorschriften der § 280 Abs. 3, § 283 Satz 1 BGB gewähren – ohne Fristsetzung oder Abmahnung – einen Anspruch auf **Schadensersatz statt der Leistung** bei **nachträglicher** – nach Vertragsschluss eingetretener – **Unmöglichkeit** einer ordnungsmäßigen Pflichterfüllung (dazu Rn. 1144 ff.). Das gilt auch für eine nachträgliche **Unmöglichkeit der Nacherfüllung** bei Herstellung eines (abgenommenen) Werks mit einem erheblichen Mangel (§ 283 Satz 2 i.V.m. § 281 Abs. 1 Satz 3, § 634 Nr. 4 BGB; dazu Rn. 1149 ff.; zum Schadensersatz vor Abnahme: Rn. 1184).

1207 *Beispiel:*

Ein Mandant verabredet mit einem Dritten, einen Vertrag aufgrund eines Entwurfs eines Rechtsanwalts zu schließen. Der Rechtsanwalt, der von seinem Mandanten einen **Vorschuss** *erhält, erstellt einen (abgenommenen) Vertragsentwurf mit einem erheblichen Mangel. Deswegen scheitert die Durchführung des Vertrages, der aufgrund dieses Entwurfs geschlossen wurde. Der Dritte nimmt von dem Vertrag Abstand und lehnt es ab, mit dem Mandanten einen neuen Vertrag aufgrund eines fehlerfreien Entwurfs des Rechtsanwalts zu schließen. Der Mandant wird zu einer* **Schadensersatzleistung an den Dritten** *rechtskräftig verurteilt.*

In diesem Falle hat der Mandant gegen seinen Rechtsanwalt – ohne Fristsetzung – einen Anspruch auf **Schadensersatz statt der ganzen Leistung** *aus § 283 i.V.m. § 280 Abs. 1, 3, § 281 Abs. 1 Satz 3, § 634 Nr. 4 BGB. Der Rechtsanwalt hat seine Vertragspflicht zur Herstellung eines mangelfreien Vertragsentwurfs (§ 633 BGB) schuldhaft verletzt (§ 280 Abs. 1 BGB). Der erhebliche Werkmangel entspricht einer erheblichen Pflichtverletzung (§ 283 Satz 2 i.V.m. § 281 Abs. 1 Satz 3, § 634 Nr. 4 BGB). Infolge der Abstandnahme des Dritten von einem Vertrag mit dem Mandanten ist – mit Rücksicht auf den Inhalt des Anwaltsvertrages – eine Nacherfüllung der anwaltlichen Vertragspflicht zur Herstellung eines fehlerfreien Vertragsentwurfs, der nur für einen Vertragsschluss mit diesem Dritten bestimmt und geeignet war, nachträglich im Rechtssinne* **unmöglich** *geworden (§ 283 i.V.m. § 275 Abs. 1, § 634 Nr. 4 BGB; vgl. Rn. 1145). Danach kann der Mandant von seinem Rechtsanwalt Ersatz der hierdurch*

B. Haftung eines Rechtsberaters nach neuem Recht

entstandenen Schäden, nämlich des Vorschusses, der Ersatzleistung an den Dritten sowie der Prozesskosten, verlangen.

*Der Mandant kann in diesem Falle – ohne Fristsetzung – gemäß § 326 Abs. 5 mit § 634 Nr. 3, § 636 BGB vom Werkvertrag mit seinem Rechtsanwalt **zurücktreten**, um seine Vorschussleistung zurückzuerhalten, und daneben Ersatz seiner übrigen Schäden verlangen (§ 325 BGB).*

dd) Schadensersatz aus § 311a Abs. 2, § 634 Nr. 4 BGB

Nach diesen Vorschriften kann der Gläubiger nach seiner Wahl einen Anspruch auf **Schadensersatz statt der Leistung** oder auf **Ersatz vergeblicher Aufwendungen** (§ 284 BGB) erlangen, wenn schon bei Vertragsschluss vorhandene Hindernisse der vertragsgerechten Werkleistung entgegenstehen (**anfängliche Unmöglichkeit**; vgl. Rn. 1146). Ein solcher Fall dürfte in der Rechtsberaterhaftung nicht auftreten. 1208

ee) Ersatz vergeblicher Aufwendungen aus § 284, § 634 Nr. 4 BGB

Nach diesen Vorschriften kann der Mandant als Besteller einer Werkleistung an Stelle des Schadensersatzes statt der Leistung **Ersatz nutzloser Aufwendungen** verlangen (vgl. Rn. 1130). 1209

3. Rechte wegen Nichtleistung des Werkunternehmers

Erbringt ein Rechtsberater („Unternehmer") die **Herstellung eines geschuldeten Werks** – etwa eines Vertragsentwurfs, Gutachtens oder Jahresabschlusses – **nicht**, so kann der Mandant („Besteller") nach dem allgemeinen neuen Leistungsstörungsrecht **folgende Rechte** erlangen (vgl. Rn. 1099 ff.): 1210

- Anspruch auf **Schadensersatz** aus § 280 Abs. 1 BGB (vgl. Rn. 1100 ff.);
- Anspruch auf **Schadensersatz wegen Verzögerung der Leistung** (§ 280 Abs. 1, 2, § 286 BGB; vgl. Rn. 1121);
- Anspruch auf **Schadensersatz statt der Leistung** wegen nicht erbrachter Leistung (§ 280 Abs. 1, 3, § 281 BGB; vgl. Rn. 1138 ff.);
- **Rücktrittsrecht** aus § 323 BGB (vgl. Rn. 1155 ff.).

4. Rechte wegen Verletzung einer werkvertraglichen Schutzpflicht

Verletzt ein Partner eines Werkvertrages – z.B. eines Rechtsberatervertrages – eine **nicht unmittelbar leistungsbezogene Neben-(Schutz-)pflicht** nach § 241 Abs. 2 BGB (dazu Rn. 1143), so können dem anderen Teil ein Anspruch auf **Schadensersatz** aus § 280 Abs. 1 BGB (vgl. Rn. 1100 ff.) oder auf **Schadensersatz statt der Leistung** (§ 280 Abs. 1, 3 i.V.m. § 282 BGB; vgl. Rn. 1143) sowie ein **Rücktrittsrecht** (§ 324 BGB; vgl. Rn. 1170) zustehen. 1211

C. Störung der Geschäftsgrundlage (§ 313 BGB)

1212 Die neue Vorschrift des § 313 BGB (zum Geltungsbereich Rn. 1098) regelt die Voraussetzungen und Rechtsfolgen der nachträglichen **Störung einer Geschäftsgrundlage**;[162] ein solcher Fall betrifft selten einen Rechtsberatervertrag.

Liegen die Voraussetzungen des § 313 Abs. 1, 2 BGB vor, so hat der durch die Störung benachteiligte Vertragspartner einen **Anspruch auf Anpassung des Vertrages**. Eine Klage ist unmittelbar auf die angepasste Leistung zu richten.[163]

Eine **Aufhebung des gestörten Vertrages** kommt nur dann in Betracht, wenn eine Anpassung des Vertrags unmöglich oder einem Vertragspartner nicht zuzumuten ist (§ 313 Abs. 3 BGB). In diesem Fall kann der benachteiligte Vertragspartner vom Vertrag **zurücktreten** (§ 313 Abs. 3 Satz 1 BGB); bei **Dauerschuldverhältnissen** – z.B. bei einem **Dauermandat** eines Rechtsberaters – tritt an die Stelle eines Rücktrittsrechts das Recht zur **Kündigung aus wichtigem Grund** gemäß § 314 BGB (§ 313 Abs. 3 Satz 2 BGB; zu § 314 BGB Rn. 1213 ff.).[164]

D. Kündigung von Dauerschuldverhältnissen aus wichtigem Grund (§ 314 BGB)

1213 § 314 BGB enthält eine allgemeine Vorschrift über die **außerordentliche Kündigung eines Dauerschuldverhältnisses** (zum Geltungsbereich Rn. 1098). Ein solches Schuldverhältnis kann ein **Dauermandat** eines Rechtsberaters sein, das i.d.R. ein Geschäftsbesorgungsvertrag mit Dienstvertragscharakter ist (§§ 611 ff., 675 Abs. 1 BGB; dazu Rn. 480). Die dafür geltenden **besonderen Vorschriften** über eine außerordentliche Kündigung (§ 624 sowie §§ 626, 627 mit der Folgenregelung des § 628 BGB) sind gegenüber § 314 BGB vorrangig.[165]

1214 Nach § 314 BGB kann ein Dauerschuldverhältnis von jedem Vertragspartner aus wichtigem Grund ohne Einhaltung einer Frist **gekündigt** werden; ein **wichtiger Grund** liegt vor, wenn dem kündigenden Vertragsteil unter Berücksichtigung aller Umstände des Einzelfalls und unter Abwägung der beiderseitigen Interessen die Fortsetzung des Vertragsverhältnisses bis zur vereinbarten Beendigung oder bis zum Ablauf einer Kündigungsfrist nicht zugemutet werden kann (Abs. 1).

---

162 Dazu BGH; ZNotP 2006; 225, 226; *Feldhahn*, NJW 2005, 3381.

163 Entwurfsbegründung (s.o. Fn. 6), S. 406; vgl. BGHZ 91, 32, 36; a.A. *Schmidt-Kessel/Baldus*, NJW 2002, 2076: Anspruch auf Zustimmung zur Anpassung.

164 Entwurfsbegründung (s.o. Fn. 6), S. 408; *Palandt/Heinrichs*, BGB, 64. Aufl. 2005, § 313 Rn. 26, 30; teilweise a.A. *Muthers*, in: *Henssler/Graf von Westphalen*, § 313 Rn. 37, 40, der nicht auf § 314 BGB abstellt; vgl. BGHZ 101, 143, 150; 133, 316, 327 f.; BGH, NJW 1997, 1702, 1705.

165 Entwurfsbegründung (s.o. Fn. 6), S. 410; *Palandt/Heinrichs*, BGB, 64. Aufl. 2005, § 314 Rn. 4, zu § 626 BGB; *von Hase*, NJW 2002, 2278, zu § 626 BGB.

D. Kündigung von Dauerschuldverhältnissen aus wichtigem Grund (§ 314 BGB)

Dabei handelt es sich im Kern um **zwingendes Recht**.[166] Ein Verschulden des anderen Teils ist weder erforderlich noch ausreichend; Störungen aus dem eigenen Verantwortungsbereich begründen grundsätzlich kein Kündigungsrecht.[167] **Entscheidend** ist die **Abwägung der beiderseitigen Interessen**.[168]

Besteht der **wichtige Grund** in der **Verletzung einer Vertragspflicht**, so ist die außerordentliche Kündigung **grundsätzlich** erst zulässig, nachdem der Berechtigte seinem Vertragspartner erfolglos eine **Frist zur Abhilfe** bestimmt oder eine **Abmahnung** erteilt hat; diese Voraussetzungen können in entsprechender Anwendung des § 323 Abs. 2 BGB entfallen (§ 314 Abs. 2 BGB). 1215

Die **Kündigung** ist innerhalb einer angemessenen **Frist seit Kenntnis des Kündigungsgrundes** zu erklären (§ 314 Abs. 3 BGB). Ob eine solche Frist angemessen ist, richtet sich nach den Umständen des einzelnen Dauerschuldverhältnisses; § 626 Abs. 2 Satz 1 BGB ist nicht entsprechend anzuwenden.[169] 1216

Ein Anspruch auf **Schadensersatz** wird durch die Kündigung **nicht ausgeschlossen** (§ 314 Abs. 4 BGB).[170]

---

166 Entwurfsbegründung (s.o. Fn. 6), S. 408; vgl. BGH, NJW 1986, 3134.
167 Entwurfsbegründung (s.o. Fn. 6), S. 409, 411; vgl. BGH, NJW 1991, 1828, 1829; 1996, 714.
168 Entwurfsbegründung (s.o. Fn. 6), S. 411.
169 Entwurfsbegründung (s.o. Fn. 6), S. 412; vgl. BGHZ 133, 331, 335; *Palandt/Heinrichs*, BGB, 64. Aufl. 2005, § 314 Rn. 10; *Muthers*, in: *Henssler/Graf von Westphalen*, § 314 Rn. 8.
170 Dazu *Palandt/Heinrichs*, BGB, 64. Aufl. 2005, § 314 Rn. 11.

Abschnitt 6: Mitverschulden

Inhaltsverzeichnis

	Rn.
A. Allgemeines	1217
B. Schuldfähigkeit	1221
C. Adäquate Mitursache	1222
D. Schutzbereich	1223
E. Zurechnung eines Mitverschuldens Dritter	1224
F. Haftungsverteilung	1227
G. Beweis	1228
H. Verfahren	1229
I. Mitverschulden des Mandanten	1233
I. Grundsätze der Anrechnung eines Mitverschuldens	1234
II. Einzelfälle eines Mitverschuldens	1235
III. Zurechnung des Schadensbeitrags eines anderen Rechtsberaters	1239
IV. Abwägung der Schadensbeiträge	1249
J. Anhang: Rechtsprechungslexikon	1250

Spezialliteratur:

Fuchs-Wissemann, Mitverschulden durch Unterlassen einer schadensaufhebenden Verjährungseinrede gegenüber einem Dritten, VersR 1997, 427;
Kraft/Giermann, Die Einrede der Verjährung als Obliegenheit i.S.d. § 254 Abs. 2 BGB, VersR 2001, 1475;
Protzen, Nichterheben der Verjährungseinrede gegenüber Drittem als Obliegenheitsverletzung?, NJW 1998, 1920;
Schnabel, Nichterhebung der Verjährungseinrede als Mitverschulden, NJW 2000, 3191;
Waas, Mitwirkendes Verschulden i.S.d. § 254 BGB durch Abschluss eines Vertrages mit dem Schädiger?, JR 2001, 1.

A. Allgemeines

Nach § **254 BGB** hat der **Geschädigte** ein **Mitverschulden** bei der Entstehung oder Entwicklung seines Schadens zu verantworten, das ihm **selbst** vorzuwerfen oder – in entsprechender Anwendung des § 278 BGB (vgl. § 254 Abs. 2 Satz 2 BGB) – wegen eines schuldhaften Schadensbeitrags seines **gesetzlichen Vertreters** oder **Erfüllungsgehilfen** (Rn. 794 ff.) zuzurechnen ist; diese Verantwortlichkeit kann den **Schadensersatzanspruch** des Geschädigten – etwa aus einem Vertrag – **verringern oder sogar beseitigen** (vgl. Rn. 1227).   1217

1218 Mitverschulden i.S.d. § 254 BGB ist ein **vorwerfbarer** (vorsätzlicher oder fahrlässiger) **Verstoß** gegen die im eigenen Interesse gebotene **Obliegenheit**, eine Selbstschädigung zu vermeiden, also ein „**Verschulden gegen sich selbst**"[1] und „**in eigener Angelegenheit**".[2] Der Geschädigte hat ein Mitverschulden zu verantworten, wenn er zur Entstehung oder Entwicklung seines Schadens dadurch beiträgt, dass er diejenige **Aufmerksamkeit und Sorgfalt außer Acht lässt**, die nach der Sachlage jedem verständigen Menschen erforderlich erscheint, um sich selbst vor Schaden zu bewahren.[3]

1219 Eine selbständige Haftung des Geschädigten braucht damit nicht verbunden zu sein; im Rahmen des § 254 BGB geht es nicht um eine Verletzung einer Rechtspflicht gegenüber einem anderen oder der Allgemeinheit.[4] Letztlich ist § 254 BGB eine besondere **Ausprägung** des allgemeinen **Grundsatzes von Treu und Glauben** (§ 242 BGB).[5] Der Geschädigte soll i.d.R. nicht Ersatz auch desjenigen Schadensanteils erhalten, der billigerweise auf seinen eigenen Schadensbeitrag zurückzuführen ist;[6] andererseits kann ein anrechenbares Mitverschulden des Geschädigten entfallen, wenn dessen Schadensbeitrag vom Schädiger veranlasst worden ist und diesem nach der Rechtsbeziehung der Beteiligten – etwa im Rahmen eines Beratungsvertrages mit einem Fachmann – billigerweise allein zuzurechnen ist.[7]

1220 Das adäquat schadensursächliche, nach dem Schutzzweck des § 254 BGB zurechenbare Mitverschulden (Rn. 1223) des Geschädigten kann die **Entstehung des Schadens** betreffen (§ 254 Abs. 1 BGB). Es bezieht sich auf die **Entwicklung des Schadens**, wenn der Geschädigte es – im Rahmen der Zumutbarkeit –[8] unterlassen hat, den Schädiger auf die – diesem unbekannte und nicht erkennbare – Gefahr eines ungewöhnlich hohen Schadens aufmerksam zu machen oder den Schaden abzuwenden oder zu mindern (§ 254 Abs. 2 Satz 1 BGB). Mit Ausnahme der Fälle, in denen der Schädiger für schuldloses Handeln haftet, kann nur eine **schuldhafte Mitverursachung** des Schadens den Ersatzanspruch des Geschädigten beeinträchtigen.[9]

---

1 BGHZ 57, 137, 145 = NJW 1972, 36.
2 BGH, VersR 1961, 907; NJW 1965, 962, 963.
3 BGHZ 9, 316, 318 = NJW 1953, 977; BGH, VersR 1961, 907; NJW 1965, 962, 963; NJW-RR 1988, 855 f.; WM 1995, 212, 214; NJW 1997, 2234, 2235.
4 BGH, NJW 1997, 2234, 2235.
5 BGH, NJW-RR 1988, 855, 856; WM 1999, 1981, 1983.
6 BGH, NJW-RR 1988, 855, 856; NJW 1997, 2234, 2235; WM 1999, 1981, 1983.
7 BGH, NJW-RR 1988, 855, 856.
8 BGH, NJW 1998, 3706, 3707.
9 BGH, NJW-RR 1988, 855.

B. Schuldfähigkeit

Ein Mitverschulden kann nur einem **Schuldfähigen** vorgeworfen werden;[10] fehlt diese Voraussetzung beim Geschädigten, so hat dieser im Rahmen einer schuldrechtlichen Verbindung zum Schädiger für einen Schadensbeitrag seines **gesetzlichen Vertreters** einzustehen (§§ 254, 278 BGB;[11] Rn. 1224 ff.).

1221

C. Adäquate Mitursache

Ein Mitverschulden kann nur dann auf den Schadensersatzanspruch angerechnet werden, wenn es als **adäquate Mitursache** zum Schaden beigetragen hat.[12] Zeitlich kann es grundsätzlich dem schadensstiftenden Verhalten des Schädigers vorausgehen oder nachfolgen.[13] Bei einem Schadensersatzanspruch wegen verspäteter Erfüllung oder Nichterfüllung eines Vertrages ist nur ein Mitverschulden nach Vertragsschluss rechtserheblich, weil erst dieser die Rechtsgrundlage für den Ersatzanspruch schafft.[14]

1222

D. Schutzbereich

Die Zurechnung eines Mitverschuldens setzt weiterhin voraus, dass der Schadensbeitrag des Geschädigten nach Art und Entstehungsweise in den **Schutzbereich der verletzten Norm** (§ 254 BGB) fällt; der infolge des Mitverschuldens entstandene Nachteil muss aus dem Bereich der Gefahren stammen, zu deren Abwendung die verletzte Vorschrift dient (vgl. Rn. 1032 ff.).[15] Der Zweck des § 254 BGB, eine voraussehbare und vermeidbare Selbstschädigung zu verhindern, muss die vom Geschädigten verletzte Obliegenheit und den damit verbundenen Nachteil umfassen.

1223

E. Zurechnung eines Mitverschuldens Dritter

Nach § 254 Abs. 2 Satz 2 BGB hat der Geschädigte in entsprechender Anwendung des § 278 BGB für ein **Mitverschulden seines gesetzlichen Vertreters** und eines **Erfüllungsgehilfen** einzustehen, soweit es sich um einen vorwerfbaren Verstoß gegen die in § 254 Abs. 2 Satz 1 BGB bezeichneten Obliegenheiten zur **Warnung** sowie zur

1224

---

10 RGZ 108, 86, 90.
11 BGHZ 9, 316, 320 = NJW 1953, 977; BGHZ 24, 325, 327 = NJW 1957, 1187; BGHZ 33, 136, 141 ff. = NJW 1961, 20; BGHZ 33, 247, 250 = NJW 1961, 211; BGH, NJW 1964, 1670, 1671; 1968, 1323, 1324; 1980, 2080; 1984, 2087.
12 BGH, NJW 1957, 217; WM 1959, 1112, 1113; BGHZ 61, 144, 147 = NJW 1973, 1698, betreffend Beschädigung von Bauleistungen durch wolkenbruchartige Regenfälle.
13 BGH, NJW 1957, 217; NJW 1983, 622, 623; VersR 1988, 570 und 1238, 1239.
14 BGH, NJW 1972, 1702, 1703; 1987, 251, 253; 1990, 1106, 1108.
15 BGH, VersR 1970, 812, 813; 1972, 1016, 1017; 1978, 1070, 1071: Beschädigung eines verbotswidrig geparkten Fahrzeugs beim Abschleppen; NJW 1986, 775: Selbstmordversuch eines Patienten im Krankenhaus.

Abwendung oder **Minderung des Schadens** handelt. Darüber hinaus hat der Geschädigte ein Mitverschulden solcher Personen auch dann in entsprechender Anwendung des § 278 BGB zu vertreten, wenn deren schuldhafter Schadensbeitrag den haftungsbegründenden Vorgang der **Schadensentstehung** betrifft.[16]

1225 **Erfüllungsgehilfe** in diesem Sinne ist diejenige Person, deren sich der Geschädigte zur Wahrnehmung seiner Interessen aus einem Schuldverhältnis – etwa aus einem Vertrag –[17] oder aus einer sonstigen, einem Schuldverhältnis ähnlichen Verbindung –[18] etwa aus einem Verschulden vor oder bei Vertragsschluss –[19] bedient.[20] **Erfüllungsgehilfen** eines Auftraggebers können auch ein **Rechtsanwalt**[21] und ein Notar[22] sein.

1226 Ein Mitverschulden der in § 278 BGB genannten Hilfspersonen ist dem Geschädigten nur dann zuzurechnen, wenn diese **in Erfüllung einer Obliegenheit des Geschädigten** – nicht nur bei entsprechender Gelegenheit – tätig geworden sind;[23] dies ist der Fall, wenn das Verhalten der Hilfspersonen im unmittelbaren sachlichen Zusammenhang mit ihrem Pflichtenkreis steht.[24] Das bedeutet, dass der **gesetzliche Vertreter** im Rahmen seiner Vertretungsmacht[25] und der **Erfüllungsgehilfe** innerhalb seines Aufgabenbereichs[26] gehandelt haben oder hätten handeln müssen und können.[27] Auch ein **eigenmächtiges Vorgehen** des Erfüllungsgehilfen kann dem Geschäftsherrn – hier dem Geschädigten – als Mitverschulden zugerechnet werden; dieses entfällt erst dann, wenn das Verhalten des Erfüllungsgehilfen aus dem allgemeinen Kreis des ihm anvertrauten Aufgabenbereichs herausfällt.[28]

---

16 BGH, WM 1997, 1392, 1395 m.w.N.
17 BGH, WM 1994, 2162, 2165; 1997, 1392, 1395.
18 BGH, NJW 1965, 962; 1980, 2080; BGHZ 103, 338, 342 = NJW 1988, 2667; BGHR, BGB § 254 Abs. 2 Satz 2 – Sonderverbindung 1.
19 RGZ 151, 357, 360 f.; BGH, NJW 1968, 1966, 1967; BGHZ 95, 170, 179 = NJW 1985, 2258.
20 BGHZ 50, 32, 35 = NJW 1968, 1569; BGHZ 62, 119, 124 = NJW 1974, 692; BGHZ 98, 330, 334 = NJW 1987, 1323.
21 BGHZ 58, 207, 211 f. = NJW 1972, 1048; BGH, NJW 1994, 1211, 1212 und 2822, 2824 und 3102, 3105, insoweit nicht abgedruckt in BGHZ 126, 138; NJW 1997, 2168, 2170.
22 BGHZ 62, 119, 121 f., 124 = NJW 1974, 692; BGH, NJW-RR 1998, 133, 135.
23 BGH, WM 1993, 1376, 1378.
24 BGH, NJW 1965, 962, 963 und 1709, 1710; WM 1997, 1392, 1395.
25 BGHZ 33, 136, 142, 144 = NJW 1961, 20.
26 BGH, NJW 1965, 1709, 1710; BGHZ 114, 263, 270 = NJW 1991, 2556; BGH, NJW 1993, 1704, 1705.
27 RGZ 160, 310, 313 ff.; BGHZ 23, 319, 322 f. = NJW 1957, 709; BGHZ 62, 63, 66 ff. = NJW 1974, 553; BGHZ 66, 43, 44 = NJW 1976, 516.
28 BGHZ 31, 358, 366 = NJW 1960, 669; BGH, NJW 1965, 1709, 1710; 1993, 1704, 1705.

F. Haftungsverteilung

Nach Feststellung sämtlicher Umstände, die die vom Schädiger und vom Geschädigten zu verantwortenden Schadensanteile begründet haben,[29] sind diese wechselseitigen Schadensbeiträge gegeneinander umfassend **abzuwägen** (§ 254 Abs. 1, 2 BGB; vgl. Rn. 1249).[30] Dafür ist abzustellen **in erster Linie** (§ 254 Abs. 1 BGB: „insbesondere") auf das Maß der **wechselseitigen Verursachung**, erst **in zweiter Linie** auf den Umfang des **beiderseitigen Verschuldens**.[31] Entscheidend für die Haftungsverteilung nach § 254 BGB ist, ob das Verhalten des Schädigers oder des Geschädigten den Schadenseintritt in wesentlich höherem Maße wahrscheinlich gemacht hat.[32]

1227

Im Ergebnis kann die Abwägung dazu führen, dass der **Schadensersatzanspruch** des Geschädigten **voll erhalten bleibt**, weil dessen Mitverschulden gegenüber dem Schadensbeitrag des Schädigers unerheblich ist, oder dass der Geschädigte seinen Ersatzanspruch wegen seines Mitverschuldens **teilweise oder vollständig verliert**, je nachdem, welches Gewicht das Mitverschulden gegenüber dem Schadensanteil des Schädigers hat. Handelt dieser vorsätzlich, so wird er bei nur fahrlässigem Mitverschulden des Geschädigten dessen Schaden meistens allein zu tragen haben,[33] es sei denn, dass besondere Zustände des Einzelfalls Anlass zu einer abweichenden Wertung geben und eine Schadensteilung rechtfertigen.[34] Dieser Grundsatz gilt nicht, wenn ein Erfüllungsgehilfe vorsätzlich gehandelt hat.[35]

G. Beweis

Der **Schädiger** muss die Umstände **beweisen**, die ein anspruchsminderndes Mitverschulden begründen; der **Geschädigte** muss, soweit es sich um Umstände aus seinem Verantwortungsbereich handelt, an der Aufklärung **mitwirken** und darlegen, was er zur Schadensminderung unternommen hat.[36] Die Beweislastregel des § 280 Abs. 1 Satz 2 BGB ist im Rahmen der Abwägung nach **§ 254 BGB** nicht anzuwenden.[37]

1228

29　BGH, NJW 1963, 1447, 1449.
30　BGH, NJW 2001, 3257, 3258.
31　BGHZ 33, 293, 302 = NJW 1961, 166; BGH, NJW 1969, 789, 790; 1998, 1137, 1138; 2003, 1929, 1931.
32　BGH, NJW 1983, 622, 623; WM 1994, 217, 218; 1995, 212, 214; 1998, 1137, 1138.
33　BGHZ 57, 137, 145 f. = NJW 1972, 36; BGH, NJW 1986, 2941, 2943.
34　BGH, WM 2002, 2473, 2476 = NJW 2002, 1643, 1646.
35　BGH, WM 1966, 64, 65.
36　BGHZ 91, 243, 260 = NJW 1984, 2216; BGH, NJW 1991, 1412, 1413; NJW-RR 2005, 1511, 1513 = WM 2005, 1904, 1907.
37　BGHZ 46, 260, 268 = NJW 1967, 622, zu § 282 BGB a.F.; *Palandt/Heinrichs*, BGB, 64. Aufl. 2005, § 254 Rn. 74.

Der **Beweis** für die **Umstände**, die dem Geschädigten **als Mitverschulden vorzuwerfen** wären („konkreter Haftungsgrund" des Geschädigten oder „haftungsbegründende Kausalität" seines möglichen Schadensbeitrags), ist nach der strengen Vorschrift des § 286 ZPO – bei typischen Geschehensabläufen mit der Erleichterung des **Anscheinsbeweises** (Rn. 1004 ff.) – zu führen.[38]

Nach dem verringerten Beweismaß des § 287 ZPO (vgl. Rn. 992 ff.) ist dagegen vom Schädiger zu **beweisen, dass und inwieweit** ein festgestelltes Verhalten des Geschädigten zum Entstehen und Umfang des Schadens **beigetragen** hat (haftungsausfüllende Kausalität eines Mitverschuldens).[39]

H. Verfahren

1229 Im **Rechtsstreit** ist ein vom Geschädigten zu verantwortendes **Mitverschulden von Amts wegen** zu berücksichtigen.[40]

1230 Die **Haftungsverteilung** nach § 254 BGB ist im Rechtsstreit Aufgabe des **Tatrichters**. An seiner Stelle darf das **Revisionsgericht** insoweit nur dann entscheiden, wenn die tatrichterliche Abwägung rechtsfehlerhaft ist und die maßgeblichen Abwägungsumstände geklärt sind.[41] Die tatrichterliche **Abwägung** ist **rechtsfehlerhaft**, wenn ihr rechtlich unzulässige Erwägungen zugrunde liegen oder die maßgeblichen Umstände unvollständig oder falsch berücksichtigt wurden oder die Abwägung auf einem Verstoß gegen Denk- oder Erfahrungssätze beruht.[42]

1231 Die Entscheidung über den **Grund des Schadensersatzanspruchs** erstreckt sich **grundsätzlich** auf den Einwand des **Mitverschuldens**.[43] Deswegen ist darüber i.d.R. bereits in einem **Grundurteil** (§ 304 ZPO) zu befinden; ausnahmsweise kann die Abwägung nach § 254 BGB dem **Höhe-(Betrags-, Nach-)verfahren** vorbehalten werden, wenn bereits endgültig feststeht, dass ein Mitverschulden des Geschädigten allenfalls zu einer Minderung, nicht aber zu einer Beseitigung des Schadensersatzanspruchs führen kann.[44] Dies gilt auch dann, wenn über den Einwand des Mitverschuldens bei der Entstehung **einzelner Schadensposten** erst im Betragsverfahren entschieden wer-

---

38 BGH, NJW 1986, 2945, 2946; 1991, 166, 167; 1998, 3706, 3707; NJW-RR 2003, 850, 856.
39 BGH, NJW 1968, 985; 1986, 2945, 2946; BGHR, BGB § 254 Abs. 1 – Abwägung 1.
40 BGH, NJW 1991, 166, 167.
41 BGHZ 108, 386, 392; NJW 1990, 250; BGH, NJW 1993, 1191, 1192; WM 1994, 217, 218.
42 BGH, NJW 1983, 622, 623; BGHR, BGB § 254 Abs. 1 – Abwägung 1; NJW-RR 1989, 676, 677; NJW 2003, 1929, 1931.
43 BGHZ 76, 397, 400 = NJW 1980, 1579; BGHZ 110, 323, 332 = WM 1990, 1539, 1542.
44 BGHZ 1, 34, 36 = NJW 1951, 188; BGHZ 76, 397, 399 f. = NJW 1980, 1579; BGHZ 110, 323, 332 = WM 1990, 1539, 1542; BGH, NJW 1997, 3176, 3177.

den soll.⁴⁵ Ein Grundurteil darf dagegen nicht ergehen, wenn ungeklärt ist, welches Ereignis von **mehreren möglichen schadensbegründenden Vorgängen**, die nach Verlauf und Auswirkung – auch bezüglich eines Mitverschuldens – verschieden sind, den Schaden herbeigeführt hat.⁴⁶ Die **Revision** kann auf die Frage des Mitverschuldens beschränkt werden.⁴⁷

In einem **Feststellungsurteil** über den Grund des Schadensersatzanspruchs muss wegen der Rechtskraftwirkung entschieden werden, ob der Kläger seinen Schaden mitverschuldet hat und deshalb einen Schadensteil selbst tragen muss.⁴⁸

Der Geschädigte kann – zur Kostenersparnis – unter Berücksichtigung eines Mitverschuldens nur einen **Teil seines Schadensersatzanspruchs einklagen**.⁴⁹   1232

I. Mitverschulden des Mandanten

Die folgenden Ausführungen betreffen diejenigen Fälle, in denen der **Rechtsanwalt** aus einem **echten Anwaltsvertrag** mit Rechtsbeistandspflicht (Rn. 478 f.) **haftet** und dem geschädigten **Mandanten ein Mitverschulden** vorwirft. Für den unechten Anwaltsvertrag ohne eine solche Verpflichtung (Rn. 133 ff., 478 f.) gelten die allgemeinen Regeln.   1233

I. Grundsätze der Anrechnung eines Mitverschuldens

Die Anrechnung eines schadensursächlichen **Mitverschuldens des Mandanten** selbst oder seines gesetzlichen Vertreters oder Erfüllungsgehilfen (§§ 254, 278 BGB) auf den **Regressanspruch** gegen den **Rechtsanwalt** – oder **Steuerberater** – richtet sich nach folgenden Grundsätzen:⁵⁰   1234

Der Einwand des mitwirkenden Verschuldens greift **i.d.R.** dann **nicht** ein, wenn die Verhütung des entstandenen Schadens nach dem Vertragsinhalt – vor allem im recht-

---

45 BGH, VersR 1974, 1172, 1173.
46 BGH, NJW 1979, 1933, 1935.
47 BGH, NJW-RR 1991, 1458.
48 BGH, NJW 1978, 544; 1992, 307, 309 = ZIP 1992, 548, 552, insoweit nicht abgedruckt in BGHZ 115, 382; NJW 1997, 3176, 3177.
49 RGZ 122, 351, 360; OLG München, NJW 1970, 1924, 1927; OLG Schleswig, VersR 1983, 932.
50 Für den **Rechtsanwalt**: BGH, WM 1992, 739, 740 = NJW 1992, 820; NJW 1993, 1320, 1323 und 2045, 2047; WM 1995, 212, 213 f.; NJW 1996, 2929, 2932 = WM 1996, 1832, 1835; NJW 1998, 2797, 2799; WM 1999, 1330, 1336; NJW 2002, 1048, 1049 und 1421, 1424; NJW-RR 2005, 1435 = WM 2005, 1902, 1903; für den **Steuerberater**: BGH, NJW 1997, 518, 519 = WM 1997, 328; WM 1998, 301, 304; NJW-RR 2001, 201, 204; NJW 2001, 1644, 1645 = WM 2001, 739, 740; NJW-RR 2003, 931 und 1064, 1067 = WM 2003, 1138 und 1623.

lichen Bereich –⁵¹ allein dem in Anspruch genommenen Berater oblag. Deswegen kann grundsätzlich dem geschädigten Auftraggeber nicht ein **Mitverschulden** angerechnet werden, weil er eine **Gefahr, zu deren Vermeidung er den fachkundigen Berater hinzugezogen hat**, bei genügender Sorgfalt selbst hätte erkennen und abwenden können. Dies gilt selbst bei **einschlägiger Vorbildung des Mandanten**, weil auch dieser sich auf eine einwandfreie Vertragserfüllung durch seinen Berater verlassen darf.⁵²

Dagegen kann ein vom geschädigten Mandanten zu verantwortendes **Mitverschulden** (§§ 254, 278 BGB) die **Regressforderung beeinträchtigen**, wenn sein Schadensbeitrag im **Bereich seiner Eigenverantwortung** wurzelt, also dort seine Ursache hat und der Auftraggeber – oder sein gesetzlicher Vertreter oder Erfüllungsgehilfe – diejenige Sorgfalt außer Acht gelassen hat, die nach der Sachlage erforderlich erschien, um sich selbst – bei Einschaltung von Hilfspersonen: den Mandanten – vor Schaden zu bewahren.

II. Einzelfälle eines Mitverschuldens

1235 Der Berater kann dem Mandanten grundsätzlich **kein Mitverschulden** insoweit entgegenhalten, als er auftragsgemäß als Fachmann tätig geworden ist. Dem **Rechtsanwalt** steht also regelmäßig kein Einwand des Mitverschuldens zu, soweit sich der Regressanspruch aus **seiner rechtlichen Tätigkeit** – also insbesondere aus **Rechtsberatung und -vertretung** – ergibt, weil es in diesem Bereich nach dem Inhalt des Anwaltsvertrages allein Sache des Anwalts ist, einen Schaden seines Auftraggebers zu vermeiden⁵³ (vgl. Rn. 582 ff.).

Dies gilt für einen **Steuerberater** entsprechend.⁵⁴

1236 Ein **anrechenbares Mitverschulden** kann sich daraus ergeben, dass der Mandant durch Verletzung seiner vertraglichen (Mitwirkungs-)Pflichten – insbesondere zur vollständigen und wahrheitsgemäßen **Information** seines Anwalts⁵⁵ oder Steuerberaters⁵⁶ – zur Entstehung seines Schadens beiträgt (§ 254 Abs. 1 BGB; vgl. Rn. 511 ff.) oder gegen seine Obliegenheit verstößt, seinen Schaden – etwa durch Einlegung von **Rechtsbehelfen und -mitteln** – abzuwenden oder zu mindern (§ 254 Abs. 2 BGB).

---

51 BGH, NJW-RR 2005, 1435 = WM 2005, 1902, 1903.
52 Für einen rechtskundigen Auftraggeber: BGH, WM 1992, 739, 740 = NJW 1992, 820; NJW 1993, 2045, 2047; WM 1993, 1889, 1893 f.; NJW 1997, 2168, 2170; für einen Mandanten mit steuerlichen Kenntnissen: BGH, WM 1998, 301, 304; für eine Bank: BGH, WM 1999, 1330, 1336; BGH, NJW-RR 2005, 1435 = WM 2005, 1902, 1903.
53 BGH, WM 1992, 739, 740 = NJW 1992, 820, insbesondere zur Fristenkontrolle; WM 1993, 1889, 1894; 1999, 1330, 1336; NJW 2002, 1048, 1049 und 1421, 1424.
54 BGH, WM 1998, 301, 304; NJW-RR 2001, 201, 204; 2003, 1064, 1067 = WM 2003, 1138, 1141.
55 BGH, NJW 1996, 2929, 2931 = WM 1996, 1832, 1836.
56 BGH, NJW 1997, 518, 519 = WM 1997, 328.

I. Mitverschulden des Mandanten

Ein **eigenverantwortlicher Schadensbeitrag** des geschädigten **Auftraggebers** ist angenommen worden, weil dieser

- seine Vertragspflicht zur wahrheitsgemäßen und vollständigen **Unterrichtung seines Rechtsanwalts** oder **Steuerberaters** verletzt hat, insbesondere diesem nicht von sich aus einschlägige **Unterlagen** zur Verfügung gestellt hat;[57]

- den **Gerichtskostenvorschuss** verspätet gezahlt und dies dazu beigetragen hat, dass der Rechtsanwalt die Frist für eine Versicherungsschutzklage nicht eingehalten hat;[58]

- es zu vertreten hat, dass seine **Vergleichsforderung** nicht durch seinen Rechtsanwalt im Vergleichsverfahren angemeldet und auch deswegen nicht aufgrund eines Liquidationsvergleiches erfüllt wurde;[59]

- sich ausnahmsweise den **Fehler eines anderen Anwalts** zurechnen lassen muss (dazu Rn. 1239 ff.);

- nach **vorzeitiger Beendigung des Beratungsvertrages** nicht den – zur weiteren Ausführung seines Vorhabens gebotenen – Rat eines anderen Fachmanns eingeholt hat;[60]

- seinem **Steuerberater** „Grundaufzeichnungen" und **Belege** nicht oder nur lücken- und fehlerhafte **Unterlagen** zur Verfügung gestellt hat;[61]

- in vorwerfbarer Weise versäumt hat, den **Schaden** infolge der Pflichtverletzung seines Beraters – insbesondere durch Einlegung zulässiger, aussichtsreicher und zumutbarer **Rechtsbehelfe und -mittel** –[62] abzuwenden oder zu mindern;[63] es sei denn, dass ein geschädigter Mandant die Einlegung eines Rechtsmittels erfolglos

---

[57] BGH, NJW 1996, 2929, 2932 = WM 1996, 1832, 1835 f., für den Fall einer Verletzung der anwaltlichen Pflicht zur Klärung des Sachverhalts; NJW 1997, 2168, 2170, für den Fall, dass der Mandant einen Rechtsanwalt mit der Information seines Prozessbevollmächtigten betraut hat; NJW 1997, 518, 519 = WM 1997, 328: Steuerberater; OLG Frankfurt/M., NJW-RR 2005, 67, 69: Unzureichende Unterrichtung des Prozessbevollmächtigten.

[58] BGH, WM 1995, 212, 214.

[59] BGH, NJW 1994, 3102, 3105, insoweit nicht abgedruckt in BGHZ 126, 138.

[60] BGH, WM 1994, 270 f. betreffend eine Steuerberatung.

[61] BGH, NJW 1992, 307, 309 = ZIP 1992, 548, 552, insoweit nicht abgedruckt in BGHZ 115, 382.

[62] BGHZ 90, 17, 31 f. = NJW 1984, 1169; BGHZ 110, 323, 330 = WM 1990, 1539, 1541 f.; BGH, NJW-RR 1991, 1458 f.; WM 1992, 2110, 2113 f.; NJW 1992, 1695, 1697; 1994, 1211, 1212.

[63] Für eine Schädigung durch **Rechtsanwälte**: BGH, WM 1993, 610, 615; NJW 1994, 3102, 3105, insoweit nicht abgedruckt in BGHZ 126, 138; für ein entsprechendes Mitverschulden des Auftraggebers nach Entzug des Mandats des – haftpflichtigen – **Steuerberaters**: BGH, NJW 1992, 1695, 1697.

Zugehör

davon abhängig gemacht hat, dass der für das nachteilige Urteil verantwortliche Rechtsanwalt eine **Kostenfreistellung** erklärt;[64]

- nach Zugang eines Steuerbescheids die von der Finanzbehörde vermissten Angaben zu Betriebsausgaben (**Barquittungen**) nicht nachholt;[65]
- die steuerlichen Folgen der Auflösung einer Rücklage nicht durch anderweitige Gestaltungsmöglichkeiten abwendet oder mindert.[66]

1237 Nach der Rechtsprechung des BGH[67] kann sich ein Auftraggeber in einen nach § 254 Abs. 1 BGB beachtlichen **Selbstwiderspruch** setzen, wenn er Arbeiten, von denen er weiß, dass sie mit Gefahren verbunden sind, die nur von einem Fachmann beherrscht werden können, an eine Person vergibt, deren mangelnde Sachkunde ihm bekannt ist oder an deren Fähigkeiten zu zweifeln auch aus seiner Sicht konkreter Anlass bestand. Einen solchen Vorwurf hat die Rechtsprechung bisher – soweit ersichtlich – keinem Mandanten wegen der **Beauftragung eines Rechtsberaters** gemacht.

1238 Ein Mandant kann gegen seine Obliegenheit aus § 254 Abs. 2 BGB verstoßen, wenn er seinen **Schaden nicht durch Erhebung der** – ihm bekannten – **Verjährungseinrede** gegenüber seinem (Dritt-)Gläubiger **abwendet**, sondern seinen haftpflichtigen Rechtsberater auf Ersatz dieses Schadens in Anspruch nimmt.[68]

III. Zurechnung des Schadensbeitrags eines anderen Rechtsberaters

1239 Haften verschiedene Personen für den Schaden eines anderen, so sind sie als **Gesamtschuldner** zum Schadensersatz verpflichtet (§§ 421 ff. BGB). Ein Gesamtschuldner kann sich gegenüber dem Geschädigten nicht damit entlasten, dass neben ihm andere – möglicherweise in stärkerem Maße als er – zu dem Schaden beigetragen haben[69] (vgl. Rn. 223 ff., 281, 290 ff.). Dieser **Grundsatz** gilt auch dann, wenn **mehrere Rechtsanwälte** oder **Steuerberater** – neben- oder nacheinander – denselben Auf-

---

64 BGH, WM 2006, 105, 106 = NJW 2006, 288, 289.
65 BGH, WM 2003, 1623, 1625 = NJW-RR 2003, 931.
66 BGH, NJW-RR 2003, 1064, 1067 = WM 2003, 1138, 1141.
67 NJW 1991, 165; 1993, 1191, 1192; WM 1998, 2068, 2070; 1999, 1981, 1983; abl. *Waas*, JR 2001, 1.
68 Vgl. OLG Hamm, NJW-RR 1996, 1338; LG Würzburg, NJW 1997, 2006; *Palandt/Heinrichs*, BGB, 64. Aufl. 2005, § 254 Rn. 46; *Kraft/Giermann*, VersR 2001, 1475; *Schnabel*, NJW 2000, 3191 f.; a.A. OLG Hamburg, VersR 2001, 1430, 1431; *Fuchs-Wissemann*, VersR 1997, 427, 428 f.; *Protzen*, NJW 1998, 1920, 1921 f.
69 BGH, NJW 1990, 2882, 2883 = WM 1990, 1710; NJW 1997, 2168, 2170; NJW-RR 2003, 850, 856.

traggeber geschädigt haben.[70] In einem solchen Fall kann derjenige Schädiger, der vom Geschädigten auf Schadensersatz in Anspruch genommen wird, vom Mitschädiger anteiligen Schadensausgleich im Innenverhältnis der Gesamtschuldner verlangen (§§ 426, 254 BGB).[71]

Der **geschädigte Mandant** muss sich – in Anwendung der allgemeinen Regeln über die Zurechnung eines mitwirkenden Verschuldens Dritter (Rn. 1224 ff.) – auf seinen vertraglichen Schadensersatzanspruch den **Schadensbeitrag eines anderen Rechtsberaters** nur dann **zurechnen** lassen, wenn dieser als sein **gesetzlicher Vertreter** oder als sein **Erfüllungsgehilfe** zur Wahrnehmung einer Pflicht oder Obliegenheit – jeweils gegenüber dem Schädiger – gehandelt hat (§§ 254, 278 BGB). Das gilt auch dann, wenn der **Mandant von einem Rechtsanwalt oder Steuerberater Schadensersatz verlangt** und ein **anderer, neben oder nach diesem Schädiger tätiger weiterer Rechtsberater** zu dem **Schaden** schuldhaft **beigetragen** hat. Dies kann sowohl den haftungsbegründenden Vorgang der **Schadensentstehung** (§ 254 Abs. 1 BGB) als auch die Obliegenheit zur **Schadensminderung** gemäß § 254 Abs. 2 BGB betreffen.[72]

1240

Ein vom geschädigten Mandanten zu vertretender **Beitrag eines für ihn tätigen Rechtsanwalts** zur **Entstehung des Schadens** (§ 254 Abs. 1 BGB) ist angenommen worden, weil dieser Anwalt in Erledigung seines Auftrags, die dem Auftraggeber obliegende Vertragspflicht zur **Unterrichtung des** – haftpflichtigen – Prozessbevollmächtigten[73] zu erfüllen, unzutreffende Angaben gemacht hat.[74]

1241

Häufiger stellt sich die Frage, ob sich der geschädigte Auftraggeber auf seinen **Regressanspruch gegen einen haftpflichtigen Rechtsanwalt** als **Mitverschulden** anrechnen lassen muss, dass **ein anderer** – in seinem Auftrag tätiger – **Anwalt** der Obliegenheit des Mandanten zur **Abwendung oder Minderung des Schadens** nicht gerecht geworden ist (§§ 254 Abs. 2, 278 BGB).

1242

Das RG[75] hatte angenommen, der Mandant müsse sich auf seinen Ersatzanspruch gegen einen Rechtsanwalt einen solchen Schadensbeitrag eines anderen Anwalts als Mitverschulden anrechnen lassen, weil dieser sein Erfüllungsgehilfe bei der „Verpflichtung" zur Verhütung oder Minderung des Schadens gewesen sei. Dementsprechend

---

70 **Für nebeneinander tätige Rechtsberater**: BGH, NJW 1988, 3013, 3016 = WM 1988, 987, betreffend Prozess- und Verkehrsanwalt; vgl. NJW-RR 2001, 201, 204, betreffend „allgemeinen" Steuerberater und „Steuerspezialisten"; **für nacheinander tätige Rechtsberater**: BGH, NJW 1997, 2168, 2170; NJW-RR 2003, 850, 856, jeweils Rechtsanwälte betreffend; vgl. NJW 2001, 2169, 2170 = WM 2001, 1675, 1677: Steuerberater.
71 BGH, NJW-RR 2003, 850, 856.
72 BGH, NJW 1997, 2168, 2170.
73 BGH, NJW 1996, 2929, 2931 = WM 1996, 1832, 1836.
74 BGH, NJW 1997, 2168, 2170 = WM 1997, 1392, 1395; vgl. auch BGH, NJW 1991, 2839, 2840 f.
75 RGZ 167, 76, 80.

hatte der VI. Zivilsenat des BGH[76] auf den Regressanspruch des Auftraggebers gegen den erstinstanzlichen Rechtsanwalt den Schadensbeitrag des Berufungsanwalts als Mitverschulden gemäß §§ 254, 278 BGB angerechnet. Diese Rechtsprechung, nach der der geschädigte Mandant im Verhältnis zu einem haftpflichtigen Rechtsanwalt den Schadensbeitrag eines anderen Anwalts schlechthin als Mitverschulden zu vertreten hat, hat der für die Anwaltshaftung seit 1984 zuständige IX. Zivilsenat des BGH nicht fortgeführt.

1243 Er betont die **grundsätzliche rechtliche Selbständigkeit** der Rechtspflegetätigkeit verschiedener Personen. Dies hat der IX. Zivilsenat des BGH mehrfach ausgesprochen für die Mandate des **Prozessbevollmächtigten und des Verkehrsanwalts**, die **nebeneinander** tätig werden (vgl. Rn. 206 ff.). Diese Rechtsanwälte haben im Rahmen ihres jeweils eigenen Vertrages mit demselben Auftraggeber[77] grundsätzlich unterschiedliche Pflichtenkreise, in denen keiner dieser Anwälte als Erfüllungsgehilfe i.S.d. § 278 BGB für den anderen tätig ist;[78] nur dann, wenn **ausnahmsweise** eine Vertragspflicht – etwa zur Wahrung einer Rechtsmittelfrist[79] oder zur Prüfung gerichtlicher Auflagen –[80] sowohl dem Prozessbevollmächtigten als auch dem Verkehrsanwalt obliegt und beide diese Pflicht schuldhaft verletzen, haften sie ihrem Mandanten für den dadurch verursachten Schaden als **Gesamtschuldner**. Rechtlich selbständig ist auch die Tätigkeit verschiedener Organe der Rechtspflege; deswegen entfällt die Haftung eines **Rechtsanwalts**, der seinen Mandanten durch fehlerhafte Beratung zum Abschluss eines nachteiligen notariellen Vertrages veranlasst, nicht deswegen, weil der **Notar** den ihm erkennbaren Fehler bei der Beurkundung nicht berichtigt.[81]

1244 Auch **Rechtsanwälte** oder **Steuerberater**, die **nacheinander denselben Auftraggeber geschädigt** haben, haften diesem **grundsätzlich als Gesamtschuldner, ohne** dass sich der Geschädigte bei der Inanspruchnahme eines haftpflichtigen Anwalts den Schadensbeitrag eines anderen Anwalts als **Mitverschulden** entgegenhalten lassen muss (vgl. Rn. 1240). Die Anrechnung eines Mitverschuldens des Mandanten würde insoweit voraussetzen, dass dieser sich des anderen (Zweit-)Anwalts bedient hat, um innerhalb seiner Mandatsbeziehung zum Erstanwalt eine im eigenen Interesse gebotene Obliegenheit zur Abwehr oder Minderung des Schadens zu erfüllen, der durch den in Anspruch genommenen Erstanwalt herbeigeführt wurde. Dies ist aber nicht der Fall, wenn der Auftraggeber – wie im Regelfall – auf eine fehlerfreie Vertragserfül-

---

76 NJW 1974, 1865, 1867.
77 Zu den Anforderungen an einen Verkehrsanwaltsvertrag: BGH, WM 1991, 1567, 1569.
78 BGH, WM 1988, 382, 387 = NJW 1988, 1079, 1082; WM 1988, 987, 990 = NJW 1988, 3013, 3014; WM 1990, 1917, 1921 ff. = NJW-RR 1990, 1241; WM 1992, 579, 581 = NJW 1992, 836, 837; NJW 2002, 1417; OLG Celle, NJW-RR 2006, 346.
79 Vgl. BGH, VersR 1986, 703; NJW 1988, 3020 f.; VersR 1991, 801 f. und 896.
80 BGH, WM 1988, 987, 990 = NJW 1988, 3013, 3014.
81 BGH, NJW 1990, 2882, 2884 = WM 1990, 1710; vgl. zur Haftung eines Notars für einen Rechtsanwalt: BGHZ 131, 200, 204 = NJW 1996, 464.

lung durch den in Anspruch genommenen Rechtsanwalt vertrauen durfte und vertraut hat.[82]

Anders ist dies dagegen, wenn der geschädigte Mandant **ausnahmsweise** einen **(Zweit-)Anwalt** oder **Steuerberater** beauftragt hat, um einen erkannten oder für möglich gehaltenen Fehler eines früheren, auf Schadensersatz in Anspruch genommenen (Erst-)**Anwalts** oder **Steuerberaters** zu beheben; in diesem Falle muss sich der Auftraggeber auf seine Regressforderung einen schuldhaften Schadensbeitrag seines zweiten Beraters als **Mitverschulden** gemäß §§ 254, 278 BGB anrechnen lassen.[83] Dann hat der Mandant nicht auf eine fehlerfreie Vertragserfüllung des ersten Anwalts oder Steuerberaters vertraut, sondern sich des Zweitberaters – zumindest auch – zur Erfüllung seiner Obliegenheit bedient, einen Schaden infolge eines erkannten oder für möglich gehaltenen Fehlers des früheren Anwalts oder Steuerberaters abzuwenden oder zu mindern. Ein solcher Fall liegt nicht vor, wenn der Auftraggeber seinem Rechtsanwalt misstraut und eine besondere Absicherung erstrebt, indem er einen weiteren Rechtsanwalt mit einer unspezifischen Kontrolle beauftragt; das gilt auch dann, wenn der Mandant, der einen anderen als den tatsächlichen Fehler des Erstanwalts vermutet, einen zweiten Anwalt mit der Prüfung eines Regressanspruchs beauftragt und dieser Anwalt den vermeintlichen Fehler verfolgt und dabei den tatsächlichen Fehler übersieht, dessen Folgen noch vermeidbar gewesen wären.[84]

1245

Die Anrechnung eines mitwirkenden Verschuldens des Zweitanwalts betrifft vor allem die Tätigkeit eines – haftpflichtigen – **Prozessbevollmächtigten** und eines nachfolgenden – ebenfalls regresspflichtigen – **Rechtsmittelanwalts**. Der BGH[85] hat dem Mandanten auf seinen Regressanspruch gegen einen Rechtsanwalt, der ihn im erstinstanzlichen Ehescheidungsverfahren bezüglich des Versorgungsausgleichs schuldhaft geschädigt hatte, einen schuldhaften **Schadensbeitrag seines Rechtsmittelanwalts als Mitverschulden** gemäß §§ 254 Abs. 2, 278 BGB angerechnet; dieser Zweitanwalt hatte, nachdem er Schadensersatzansprüche des Mandanten gegenüber dem früheren Anwalt angemeldet hatte, die – von diesem eingelegte – aussichtsreiche Beschwerde gegen die erstinstanzliche Entscheidung zurückgenommen.

1246

---

82   **Rechtsanwälte**: BGH, NJW 1993, 1779, 1781 = WM 1993, 1376, 1378; NJW 1994, 1211, 1212; WM 1994, 2162, 2165 = NJW 1994, 2822, 2824; WM 1997, 1392, 1395 = NJW 1997, 2168, 2170; WM 2005, 1812, 1813; NJW-RR 2006, 275, 277 f.; **Steuerberater**: BGH, NJW-RR 2001, 201, 204; NJW 2001, 2169, 2170 = WM 2001, 1675, 1677.

83   **Rechtsanwalt**: BGH, NJW 1994, 1211, 1212; WM 1994, 2162, 2165 = NJW 1994, 2822, 2824; NJW 1996, 48, 51; 2002, 1117, 1121 = WM 2002, 505, 509; NJW-RR 2003, 850, 856 und 1212, 1213; WM 2005, 1812, 1813 und 1902, 1904 = NJW-RR 2005, 1435, 1436; NJW-RR 2006, 275, 277 f.; **Steuerberater**: BGH, NJW 2001, 2169, 2170 = WM 2001, 1675, 1677; NJW-RR 2001, 201, 204; krit. *Vollkommer/Heinemann*, Rn. 451.

84   BGH, NJW-RR 2005, 1435, 1436 = WM 2005, 1902, 1904.

85   NJW 1994, 1211, 1212 f.

In einem anderen Fall ist dem geschädigten Mandanten auf einen Schadensersatzanspruch gegen seinen erstinstanzlichen Prozessbevollmächtigten, der eingeklagte Ansprüche hatte verjähren lassen, aber dennoch ein überwiegend obsiegendes erstinstanzliches Urteil erwirkt hatte, ein **Mitverschulden** gemäß §§ 254 Abs. 2, 278 BGB zugerechnet worden **wegen eines Schadensbeitrags des Berufungsanwalts**; dieser hatte seinem Auftraggeber nicht die Rücknahme der Berufung empfohlen, obwohl der Gegner mit einer unselbständigen Anschlussberufung erstmals die Verjährungseinrede erhoben hatte.[86]

Der geschädigte Auftraggeber kann ein **Mitverschulden** gemäß § 254 Abs. 2, § 278 BGB zu vertreten haben, wenn der **Zweitanwalt**, der einen Fehler des Erstanwalts beheben sollte, ebenso wie dieser die **Verjährung einer Forderung des Mandanten nicht verhindert**.[87]

1247 Borgmann[88] hält die Anrechnung eines Mitverschuldens in diesen Fällen für unberechtigt, weil der Zweitanwalt immer die vollen Aufklärungs-, Rechtsprüfungs- und Beratungspflichten habe und deswegen den Mandanten auch über die Fehler seines Vorgängers belehren müsse. Ob eine solche Pflicht Gegenstand des Mandats des Zweitanwalts ist, ist aber eine Tatfrage, die bei einem beschränkten Mandat (dazu Rn. 493 ff.) zu verneinen sein kann. Dies kann auch bei einem Rechtsmittelanwalt der Fall sein, wenn sein Auftrag im Einzelfall auf die Prozessvertretung beschränkt ist.

1248 Soll dem geschädigten Auftraggeber auf einen Regressanspruch gegen einen haftpflichtigen Verfahrensanwalt ein Mitverschulden wegen des Fehlers eines anderen – ebenfalls für den Mandanten in dem Verfahren tätigen – Anwalts als **Mitverschulden** angerechnet werden (§§ 254, 278 BGB), so hat das **Regressgericht** für die Frage, ob dieser Fehler zu dem Schaden beigetragen hat, zu **beurteilen**, wie das Vorverfahren bei pflichtgemäßem Verhalten dieses anderen Anwalts richtig hätte entschieden werden müssen **(hypothetischer Kausalverlauf bezüglich eines mitwirkenden Verschuldens)**; unmaßgeblich ist, wie seinerzeit im Vorverfahren mutmaßlich entschieden worden wäre[89] (vgl. Rn. 1062 ff.).

IV. Abwägung der Schadensbeiträge

1249 Sind alle tatsächlichen Umstände – gemäß § 286 ZPO – festgestellt worden, die **Schadensbeiträge des haftpflichtigen Rechtsanwalts** oder **Steuerberaters** und **des geschädigten Auftraggebers** begründen können, so ist – gemäß § 287 ZPO – zu beurteilen, in wieweit das schadensstiftende Verhalten des Rechtsberaters und das mitwirkende – schadensursächliche und zurechenbare – Mitverschulden des Mandanten zu dessen

---

86 BGH, NJW 1994, 2822, 2824 = WM 1994, 2162, 2165.
87 BGH, NJW 2002, 1117, 1121 = WM 2002, 505, 509.
88 *Borgmann/Jungk/Grams*, § 30 Rn. 122.
89 BGH, NJW 1994, 1211, 1212 f.

Schaden beigetragen haben (Rn. 1227). Da bei der **Abwägung** darauf abzustellen ist, ob das Verhalten des Schädigers (Rechtsanwalts oder Steuerberaters) oder des Geschädigten (Mandanten) den Schadenseintritt in wesentlich höherem Maße wahrscheinlich gemacht hat (Rn. 1227), hat **i.d.R.** ein **Berater**, der seinen Auftraggeber im Rahmen eines Beratungsvertrages geschädigt hat, gegenüber dem Mandanten, der ein schadensursächliches Mitverschulden zu verantworten hat, den **wesentlich größeren Beitrag** zu dem (Beratungs-)Schaden des Auftraggebers geleistet. Dementsprechend hat der BGH[90] den **Berater** in einem solchen Falle mit $^3/_5$ **des Schadens** belastet.

J. Anhang: Rechtsprechungslexikon 1250

Abwägung

Die Abwägung des Schadensanteils des Schädigers und eines Mitverschuldens des Geschädigten richtet sich in erster Linie danach, inwieweit der Schaden vorwiegend von dem einen oder dem anderen Teil verursacht worden ist; hierfür ist maßgeblich, wer den Schaden in wesentlich höherem Maße wahrscheinlich gemacht hat. Erst wenn das Maß der schadensursächlichen Wirkung des beiderseitigen Verhaltens keine überwiegende Verursachung durch einen Teil ergibt, ist der Grad des Verschuldens beider Teile zu prüfen.
BGH, Urt. v. 29.1.1969 – I ZR 18/67, NJW 1969, 789, 790; vgl. Urt. v. 25.3.2003 – VI ZR 161/02, NJW 2003, 1929, 1931.

Bei der Haftungsverteilung nach § 254 BGB ist entscheidend darauf abzustellen, ob das Verhalten des Schädigers oder des Geschädigten den Schadenseintritt in wesentlich höherem Maße wahrscheinlich gemacht hat.
BGH, Urt. v. 28.10.1993 – IX ZR 252/92, WM 1994, 217, 218 (Steuerberater) = NJW 1994, 379; v. 17.11.1994 – IX ZR 208/93, WM 1995, 212, 213 (Rechtsanwalt) = NJW 1995, 252.

Grundsätzlich hat der Tatrichter die Schadensbeiträge des Schädigers und des Geschädigten gegeneinander abzuwägen. Seine Haftungsverteilung ist mit der Revision nur begrenzt angreifbar. Das Revisionsgericht kann nur nachprüfen, ob der Abwägung rechtlich zulässige Erwägungen zugrunde liegen und ob der Tatrichter dabei alle Umstände vollständig und richtig berücksichtigt und nicht gegen Denk- und Erfahrungssätze verstoßen hat.
BGH, Urt. v. 30.9.1982 – III ZR 110/81, NJW 1983, 622, 623; Beschl. v. 21.12.1988 – III ZR 54/88, NJW-RR 1989, 676, 677.

---

90 WM 1995, 212, 214, betreffend einen Rechtsanwalt; WM 1994, 217, 218, betreffend einen Steuerberater; vgl. BGH, NJW 2002, 1117, 1121 = WM 2002, 505, 509: Mitverschulden des Mandanten eines Rechtsanwalts „allenfalls in Höhe eines deutlich unter 50 % liegenden Anteils"; OLG Hamm, NJW-RR 1995, 1267: Mitverschulden des Mandanten eines Rechtsanwalts zu $^1/_3$.

Das Revisionsgericht kann die Abwägung der Schadensbeiträge im Rahmen des § 254 BGB selbst vornehmen, wenn dafür alle tatsächlichen Umstände feststehen.
BGH, Urt. v. 3.10.1989 – XI ZR 163/88, BGHZ 108, 386, 392 = NJW 1990, 250; v. 17.11.1994 – IX ZR 208/93, WM 1995, 212, 214 = NJW-RR 1995, 252.

Anrechnung des Schadensbeitrags eines anderen Rechtsberaters

(s. auch „Entstehung des Schadens" und „Minderung des Schadens")

Verschiedene Personen, die jeweils unabhängig voneinander eine Ursache für einen Schaden gesetzt haben, haften grundsätzlich als Gesamtschuldner. Dies gilt auch dann, wenn die Schädiger verschiedene Organe der Rechtspflege – etwa ein Rechtsanwalt und ein Notar – sind. Haben ein Rechtsanwalt und nach ihm ein anderer Rechtsanwalt, der das Mandat fortführt, erforderliche Maßnahmen zur Unterbrechung der Verjährung unterlassen, so braucht sich der Auftraggeber in seinem Verhältnis zum Erstanwalt den Fehler des Zweitanwalts nicht als Mitverschulden anrechnen zu lassen, wenn er sich darauf verlassen hat, dass der Erstanwalt die Rechtslage umfassend geprüft hatte.
BGH, Urt. v. 18.3.1993 – IX ZR 120/92, NJW 1993, 1779, 1781 = WM 1993, 1376, 1378.

Hat ein Rechtsanwalt einen schadensursächlichen Fehler begangen, der von einem nachfolgenden Rechtsanwalt nicht erkannt oder nicht behoben wurde, so braucht der Auftraggeber sich auf einen Regressanspruch gegen den Erstanwalt eine schuldhafte Pflichtverletzung des Zweitanwalts dann nicht als Mitverschulden (§§ 254, 278 BGB) anrechnen zu lassen, wenn er sich auf eine sachgerechte Vertragserfüllung des Erstanwalts verlassen durfte. In diesem Falle haften die Rechtsanwälte, die jeweils im Rahmen ihrer selbständigen Pflichtenkreise zum Schaden des Mandanten schuldhaft beigetragen haben, diesem grundsätzlich als Gesamtschuldner.

Beauftragt der Mandant dagegen einen Rechtsanwalt, um einen erkannten oder für möglich gehaltenen Fehler eines früheren Rechtsanwalts zu beheben, so muss sich der Auftraggeber auf einen Regressanspruch gegen den Erstanwalt einen schuldhaften Schadensbeitrag des Zweitanwalts als Mitverschulden anrechnen lassen. Bei der Prüfung eines solchen Mitverschuldens ist für die Beurteilung des hypothetischen Kausalverlaufs die Beurteilung des Gerichts maßgeblich, das mit dem Regressanspruch gegen den Erstanwalt befasst ist.
BGH, Urt. v. 20.1.1994 – IX ZR 46/93, NJW 1994, 1211, 1212 f. = WM 1994, 948 = AnwBl 1994, 194.

Auch im Rahmen des § 254 Abs. 1 BGB hat der Geschädigte ein Verschulden eines Erfüllungsgehilfen, dessen er sich zur Wahrnehmung seiner Interessen im Rahmen eines Vertragsverhältnisses bedient, in entsprechender Anwendung des § 278 BGB zu verantworten. Ein geschädigter Mandant hat sich auf einen Regressanspruch gegen den Prozessanwalt einen schuldhaften Schadensbeitrag eines anderen Anwalts, der im

Auftrag des Mandanten den Prozessanwalt über den Sachverhalt zu unterrichten hatte, als Mitverschulden anrechnen zu lassen.
BGH, Urt. v. 13.3.1997 – IX ZR 81/96, NJW 1997, 2168, 2170 = WM 1997, 1392 = AnwBl 1997, 674.

Hat ein Rechtsanwalt pflichtwidrig keine Vorkehrungen getroffen, um die Verjährung einer Forderung seines Mandanten zu vermeiden, so kann dieser ein Mitverschulden gemäß §§ 254 Abs. 2, 278 BGB zu verantworten haben, wenn ein neuer Rechtsanwalt, der die Folgen des vom Erstanwalt begangenen Fehlers beseitigen soll, ebenfalls die Verjährung der Forderung nicht verhindert.
BGH, Urt. v. 29.11.2001 – IX ZR 278/00, WM 2002, 505, 509 = NJW 2002, 1117, 1121; vgl. weiterhin zum Mitverschulden des Mandanten wegen eines Schadenbeitrags eines Zweitberaters (§§ 254 Abs. 2, 278 BGB): **Rechtsanwalt:** *BGH, Urt. v. 14.7.1994 – IX ZR 204/93, NJW 1994, 2822, 2824 = WM 1994, 2162, 2165; v. 21.9.1995 – IX ZR 228/94, NJW 1996, 48, 51; v. 13.3.2003 – IX ZR 181/99, NJW-RR 2003, 850, 856; v. 29.4.2003 – IX ZR 54/02, NJW-RR 2003, 1212, 1213; v. 7.4.2005 – IX ZR 132/01, WM 2005, 1812, 1813; v. 24.5.2005 – IX ZR 276/03, NJW-RR 2005, 1435, 1436 = WM 2005, 1902, 1903 f.; v. 17.11.2005 – IX ZR 8/04, NJW-RR 2006, 275, 277 f.;* **Steuerberater:** *BGH, Urt. v. 4.5.2000 – IX ZR 142/99, NJW-RR 2001, 201, 204; v. 3.5.2001 – IX ZR 46/00, WM 2001, 1675, 1677 = NJW 2001, 2169, 2170.*

Hat ein Steuerberater steuerliche Nachteile seines Mandanten infolge Auflösung einer Rücklage verschuldet, so kann diesem ein Mitverschulden (§ 254 Abs. 2 Satz 1 BGB) vorzuwerfen sein, wenn er versäumt hat, den Steuerschaden durch andere Gestaltungsmöglichkeiten abzuwenden oder zu mindern.
BGH, Urt. v. 6.2.2003 – IX ZR 77/02, NJW-RR 2003, 1064, 1067 = WM 2003, 1138, 1141.

Hat ein Steuerberater seinen Auftraggeber nicht über die Anforderungen der Finanzbehörde an Barquittungen belehrt, so entfällt eine Haftung des Steuerberaters wegen eines Mitverschuldens des Mandanten (§ 254 Abs. 2 Satz 1 BGB), wenn dieser nach Zugang des Steuerbescheids die fehlenden Angaben zu den Betriebsausgaben nicht nachholt.
BGH, Urt. v. 20.2.2003 – IX ZR 384/99, NJW-RR 2003, 931, 932 = WM 2003, 1623, 1625.

Beweis

Der Schädiger muss die Umstände beweisen, die ein Mitverschulden des Geschädigten begründen. Dieser muss an der Aufklärung mitwirken, soweit es sich um Umstände aus seinem Verantwortungsbereich handelt, und darlegen, was er zur Schadensminderung unternommen hat.
BGH, Urt. v. 22.5.1984 – III ZR 18/93, BGHZ 91, 243, 260 = NJW 1984, 2216.

Trifft den Geschädigten ein Mitverschulden an der Entstehung des Schadens (§ 254 Abs. 1 BGB), so sind die haftungsbegründende Kausalität seines Schadensbeitrags nach dem Strengbeweis des § 286 ZPO und die haftungsausfüllende Kausalität des schadensursächlichen Mitverschuldens nach dem erleichterten Beweis gemäß § 287 ZPO festzustellen.

Verletzt der Geschädigte seine Obliegenheit zur Minderung des Schadens (§ 254 Abs. 2 BGB), so ist die Verletzung der Obliegenheit nach § 286 ZPO festzustellen; bei der Ermittlung, welchen Einfluss die Obliegenheitsverletzung auf den Umfang des Schadens gehabt hat, geht es um die nach § 287 ZPO festzustellende haftungsausfüllende Kausalität.
BGH, Urt. v. 24.6.1986 – VI ZR 222/85, NJW 1986, 2945, 2946.

Wirft ein Steuerberater seinem Auftraggeber ein Mitverschulden vor, weil dieser eine besondere Nachfrage bei ihm unterlassen habe, so muss der Steuerberater darlegen und beweisen, dass die Anfrage unterblieben ist.
BGH, Urt. v. 21.7.2005 – IX ZR 6/02, NJW-RR 2005, 1511, 1513 = WM 2005, 1904, 1907.

Einwand

Ein Mitverschulden i.S.d. § 254 BGB setzt grundsätzlich ein schuldhaftes schadensursächliches Verhalten des Geschädigten voraus. Eine schuldlose Mitverursachung des Schadens durch den Geschädigten kann dann berücksichtigt werden, wenn der Schädiger ebenfalls für schuldloses Handeln haftet oder der Geschädigte eine besondere Sach- oder Betriebsgefahr zu verantworten hat.

Ein Mitverschulden i.S.d. § 254 BGB liegt vor, wenn der Geschädigte diejenige Sorgfalt außer Acht lässt, die nach der Sachlage erforderlich erscheint, um sich selbst vor Schaden zu bewahren.

Dem Schädiger kann der Einwand des Mitverschuldens verwehrt sein, wenn der Schadensbeitrag des Geschädigten vom Schädiger veranlasst worden ist und diesem nach den Rechtsbeziehungen im Innenverhältnis billigerweise allein zugerechnet werden muss.
BGH, Urt. v. 1.12.1987 – X ZR 36/86, NJW-RR 1988, 855 f.

Der Einwand des Mitverschuldens greift i.d.R. dann nicht durch, wenn die Verhütung des entstandenen Schadens nach dem Vertragsinhalt dem in Anspruch genommenen Schädiger allein oblag. Deswegen kann der haftpflichtige Rechtsanwalt dem Auftraggeber grundsätzlich nicht als Mitschulden entgegenhalten, dass dieser eine Gefahr, zu deren Vermeidung er den Fachmann hinzugezogen hat, bei genügender Sorgfalt selbst hätte erkennen und abwenden können.

Anders ist dies jedoch, wenn eine Schadensursache im Bereich der Eigenverantwortung des Geschädigten entstanden ist und dieser diejenige Sorgfalt außer Acht gelassen hat, die nach der Sachlage erforderlich erschien, um sich selbst vor Schaden zu bewahren.
BGH, Urt. v. 20.6.1996 – IX ZR 106/95, NJW 1996, 2929, 2932 = WM 1996, 1832; vgl. Urt. v. 18.1.2001 – IX ZR 223/99, NJW 2001, 1644, 1645 = WM 2001, 739, 740; NJW-RR 2005, 1435 = WM 2005, 1902, 1903.

Hat der Rechtsanwalt seinen Auftraggeber durch eine schuldhafte Pflichtverletzung geschädigt, so kann er nicht einwenden, der Mandant hätte aufgrund eigener Rechtskunde den Schaden verhüten können.
BGH, Urt. v. 19.12.1991 – IX ZR 41/91, WM 1992, 739, 740 = NJW 1992, 820; v. 24.6.1993 – IX ZR 216/92, WM 1993, 1889, 1894 = NJW 1993, 2747 = AnwBl 1993, 635; v. 29.4.1993 – IX ZR 101/92, WM 1993, 1508, 1511 = NJW 1993, 2045; v. 13.3.1997 – IX ZR 81/96, NJW 1997, 2168, 2170 = WM 1997, 1392 = AnwBl 1997, 674; v. 15.4.1999 – IX ZR 328/97, WM 1999, 1330, 1336; v. 24.1.2002 – IX ZR 228/00, NJW 2002, 1421, 1424; NJW-RR 2005, 1435 = WM 2005, 1902, 1903.

Entstehung des Schadens

Ein Mitverschulden an der Entstehung eines Schadens setzt bei einem Ersatzanspruch wegen Nichterfüllung oder nicht rechtzeitiger Erfüllung eines Vertrages grundsätzlich voraus, dass der Schadensbeitrag des Geschädigten nach Vertragsschluss geschehen ist.
BGH, Urt. v. 12.7.1972 – VIII ZR 200/71, NJW 1972, 1702, 1703.

Im Rahmen des § 254 BGB kommt es nicht auf die zeitliche Reihenfolge der von den Parteien gesetzten Schadensursachen an.
BGH, Urt. v. 30.9.1982 – III ZR 110/81, NJW 1983, 622, 623.

Dem Mandanten ist ein schadensursächliches Mitverschulden vorzuwerfen, wenn er seinen Rechtsanwalt nicht wahrheitsgemäß und vollständig über den Sachverhalt unterrichtet und ihm nicht von sich aus die einschlägigen Unterlagen zur Verfügung stellt.
BGH, Urt. v. 20.6.1996 – IX ZR 106/95, NJW 1996, 2929, 2932 = WM 1996, 1832.

Überlässt der Auftraggeber die Unterrichtung seines Prozessbevollmächtigten einem Streitgenossen oder einem Dritten, so hat er eine Fehlinformation als Mitverschulden zu vertreten.
BGH, Urt. v. 11.7.1991 – IX ZR 180/90, NJW 1991, 2839, 2840 f.

Hat der geschädigte Mandant einen Rechtsanwalt beauftragt, den Prozessanwalt über den Sachverhalt zu unterrichten, so hat der Mandant eine Fehlinformation als Mitverschulden zu vertreten.
BGH, Urt. v. 13.3.1997 – IX ZR 81/96, NJW 1997, 2168, 2170 = WM 1997, 1392 =

AnwBl 1997, 674; vgl. Urt. v. 14.11.1996 – IX ZR 215/95, NJW 1997, 518, 519: Steuerberater.

Den Auftraggeber trifft ein Mitverschulden, wenn die schadensursächliche Versäumung der Klagefrist gemäß § 12 Abs. 3 VVG durch seinen Rechtsanwalt auch darauf beruht, dass er den Gerichtskostenvorschuss nicht rechtzeitig gezahlt hat.
BGH, Urt. v. 17.11.1994 – IX ZR 208/93, WM 1995, 212, 214 = NJW-RR 1995, 252.

Hat der Mandant dazu beigetragen, dass sein Rechtsanwalt die Anmeldung einer Vergleichsforderung seines Auftraggebers im Vergleichsverfahren versäumt, so hat der Mandant ein Mitverschulden zu vertreten, wenn die Forderung nicht aufgrund eines Liquidationsvergleichs erfüllt wird.
BGH, Urt. v. 26.5.1994 – IX ZR 39/93, NJW 1994, 3102, 3105, insoweit nicht abgedruckt in BGHZ 126, 138.

Erfüllungsgehilfe

Die entsprechende Anwendung des § 278 BGB im Rahmen des § 254 BGB setzt voraus, dass bereits ein Schuldverhältnis – mindestens ein einer Verbindlichkeit ähnliches Verhältnis – des Geschädigten besteht, zu dessen Erfüllung – nicht nur bei Gelegenheit seiner Tätigkeit – der Gehilfe handelt. Für ein Mitverschulden des Geschädigten reicht es aus, dass der mit der Erledigung des einschlägigen Pflichtenkreises betraute Gehilfe bei einer schadensursächlichen Handlung diejenige allgemeine Sorgfalt außer Acht lässt, die nach der Sachlage im Interesse des geschädigten Geschäftsherrn geboten war.
BGH, Urt. v. 8.2.1965 – III ZR 170/63, NJW 1965, 962 f.

Im Rahmen des § 254 Abs. 1, 2 BGB ist dem Geschädigten ein Verschulden eines Erfüllungsgehilfen, dessen er sich zur Wahrnehmung seiner Interessen im Rahmen eines Vertragsverhältnisses bedient, in entsprechender Anwendung des § 278 BGB zuzurechnen.
BGH, Urt. v. 13.3.1997 – IX ZR 81/96, NJW 1997, 2168, 2170 = WM 1997, 1392 = AnwBl 1997, 674.

Auch vorsätzliche unerlaubte Handlungen können zur Erfüllung einer vertraglichen Verbindlichkeit i.S.d. § 278 BGB begangen werden. Dies setzt voraus, dass die Verfehlung des Erfüllungsgehilfen seinen allgemeinen Aufgabenbereich betrifft und nicht nur mit der Vertragserfüllung in äußerem Zusammenhang steht.
BGH, Urt. v. 7.5.1965 – I b ZR 108/63, NJW 1965, 1709, 1710.

Ein Gläubiger haftet gemäß § 278 BGB dafür, dass sein mit der Zwangsvollstreckung beauftragter Rechtsanwalt den Pfandgegenstand nicht freigibt, nachdem ein die Veräußerung hinderndes Recht glaubhaft gemacht worden ist.
BGH, Urt. v. 7.3.1972 – VI ZR 158/70, BGHZ 58, 207, 211 ff. = NJW 1972, 1048.

J. Anhang: Rechtsprechungslexikon

Der Prozessbevollmächtigte und der Verkehrsanwalt werden innerhalb ihrer selbständigen Pflichtkreise nicht als Erfüllungsgehilfe des anderen i.S.d. § 278 BGB tätig.
BGH, Urt. v. 18.3.1993 – IX ZR 120/92, NJW 1993, 1779, 1781 = WM 1993, 1376.

Schaltet ein Vertragspartner zur Erfüllung einer ihm obliegenden Verpflichtung einen Notar ein, so kann dieser sein Erfüllungsgehilfe i.S.d. § 278 BGB sein.
BGH, Urt. v. 8.2.1974 – V ZR 21/72, BGHZ 62, 119, 122 ff. = NJW 1974, 692.

Minderung des Schadens

(s. auch „Anrechnung des Schadensbeitrags eines anderen Rechtsberaters")

Ein Mitverschulden des Geschädigten ist im Rechtsstreit von Amts wegen zu berücksichtigen.
BGH, Urt. v. 26.6.1990 – X ZR 19/89, NJW 1991, 166, 167.

Der Geschädigte hat grundsätzlich im Rahmen des § 254 BGB aussichtsreiche und zumutbare Rechtsmittel und Rechtsbehelfe zu ergreifen, um den ihm drohenden Schaden abzuwenden oder zu mindern.
BGH, Urt. v. 23.5.1991 – III ZR 73/90, NJW-RR 1991, 1458; v. 20.1.1994 – IX ZR 46/93, NJW 1994, 1211, 1212 = WM 1994, 948 = AnwBl 1994, 194.

Bestellt der Auftraggeber einen neuen Verfahrensbevollmächtigten, um einen erkannten oder für möglich gehaltenen Fehler seines früheren Rechtsanwalts zu beheben, so muss sich der Mandant auf seinen Regressanspruch gegen den Erstanwalt ein Mitverschulden anrechnen lassen, wenn der Zweitanwalt das vom Erstanwalt eingelegte aussichtsreiche Rechtsmittel zurücknimmt.
BGH, Urt. v. 20.1.1994 – IX ZR 46/93, NJW 1994, 1211, 1212 f. = WM 1994, 948 = AnwBl 1994, 194.

Auf einen Schadensersatzanspruch gegen den erstinstanzlichen Prozessbevollmächtigten, der die eingeklagten Ansprüche hat verjähren lassen, hat sich der Mandant ein Mitverschulden anrechnen zu lassen, wenn ihm der Berufungsanwalt nicht die Rücknahme der Berufung gegen ein überwiegend obsiegendes erstinstanzliches Urteil empfiehlt, nachdem der Gegner mit einer unselbständigen Anschlussberufung erstmals die Verjährungseinrede erhoben hat.
BGH, Urt. v. 14.7.1994 – IX ZR 204/93, NJW 1994, 2822, 2824 = WM 1994, 2162, 2165.

Ein Mitverschulden des geschädigten Mandanten kann entfallen, wenn dieser die Einlegung eines Rechtsmittels erfolglos davon abhängig gemacht hat, dass der für das nachteilige Urteil verantwortliche Rechtsanwalt eine Kostenfreistellung erklärt.
BGH, Urt. v. 6.10.2005 – IX ZR 111/02, WM 2006, 105, 106 = NJW 2006, 288, 289.

Verfahren

Grundsätzlich hat der Tatrichter die Schadensbeiträge des Schädigers und des Geschädigten gegeneinander abzuwägen. Seine Haftungsverteilung ist mit der Revision nur begrenzt angreifbar. Das Revisionsgericht kann nur nachprüfen, ob der Abwägung rechtlich zulässige Erwägungen zugrunde liegen und der Tatrichter dabei alle Umstände vollständig und richtig berücksichtigt und nicht gegen Denk- und Erfahrungssätze verstoßen hat.
BGH, Urt. v. 30.9.1982 – III ZR 110/81, NJW 1983, 622, 623; Beschl. v. 21.12.1988 – III ZR 54/88, NJW-RR 1989, 676, 677.

Das Revisionsgericht kann die Abwägung der Schadensbeiträge im Rahmen des § 254 BGB selbst vornehmen, wenn dafür alle tatsächlichen Umstände feststehen.
BGH, Urt. v. 3.10.1989 – XI ZR 163/88, BGHZ 108, 386, 392 = NJW 1990, 250; v. 17.11.1994 – IX ZR 208/93, WM 1995, 212, 214 = NJW-RR 1995, 252.

Besteht die Möglichkeit, dass das Mitverschulden des Geschädigten zum völligen Ausschluss der Haftung führen kann, so muss darüber im Grundverfahren entschieden werden. Kann das Mitverschulden nur zu einer Minderung, nicht aber zur Beseitigung der Schadenshaftung führen, so kann die Prüfung dem Betragsverfahren vorbehalten bleiben.
BGH, Urt. v. 11.1.1951 – III ZR 83/50, BGHZ 1, 34, 36 = NJW 1951, 188; v. 25.3.1980 – VI ZR 61/79, BGHZ 76, 397, 399 f. = NJW 1980, 1579; v. 13.5.1997 – VI ZR 145/96, NJW 1997, 3176, 3177.

Die Entscheidung über das Mitverschulden darf dem Betragsverfahren überlassen werden, wenn feststeht, dass das Mitverschulden nicht zum Haftungsausschluss führt. Dies gilt auch für die Entscheidung über ein Mitverschulden bei der Entstehung einzelner Schäden, wenn klar ist, für welche Schadensposten die Prüfung des Mitverschuldens in das Betragsverfahren verwiesen wird.
BGH, Urt. v. 11.7.1974 – II ZR 31/73, VersR 1974, 1172, 1173.

Die Prüfung des Mitverschuldens darf nicht dem Betragsverfahren überlassen werden, wenn ungeklärt ist, welcher von zwei nach Ablauf und Wirkung verschiedenen schadensbegründenden Verläufen erwiesen ist.
BGH, Urt. v. 15.5.1979 – VI ZR 70/77, NJW 1979, 1933, 1935.

Für ein Feststellungsurteil über den Grund des Anspruchs darf – anders als bei einem Grundurteil – nicht offen bleiben, ob der Kläger den Schaden mitverschuldet hat und deshalb einen Schadensteil selbst tragen muss.
BGH, Urt. v. 25.11.1977 – I ZR 30/76, NJW 1978, 544; v. 17.10.1991 – IX ZR 255/90, NJW 1992, 307, 309.

Abschnitt 7: Verjährung vertraglicher Regressansprüche

Inhaltsverzeichnis

	Rn.
A. Geltungsbereich des alten und neuen Verjährungsrechts	1251
I. Altes Recht	1251
1. Sonderverjährung für die Rechtsberaterhaftung und Schuldrechtsreform	1251
2. Übergangsregelungen	1252
3. Kennzeichen des alten Verjährungsrechts	1258
II. Neues Recht	1259
1. Gesetzliche Änderungen der Verjährung für die Rechtsberaterhaftung	1260
2. Übergangsregelungen	1262
3. Kennzeichen des neuen Verjährungsrechts	1271
III. Zusammenfassung	1272
B. Altes Verjährungsrecht	1274
I. Einführung	1274
1. Bedeutung für die Praxis	1274
2. Inhalt und Geschichte der alten Verjährungsvorschriften	1276
3. Zweck und Einschränkung der alten Verjährungsregelungen	1280
II. Vertraglicher Schadensersatzanspruch des Auftraggebers	1283
1. Vertragsverhältnis	1284
a) Amtliche oder amtsähnliche Anwaltstätigkeit und Verjährung	1285
aa) Tätigkeiten gemäß § 1 Abs. 2 RVG	1285
bb) Tätigkeiten gemäß §§ 48, 49, 49a BRAO	1290
cc) Notar und Anwaltsnotar	1296
b) Anwaltsdienst- oder -werkvertrag und Verjährung	1301
c) „Mehrfachberufler" und Verjährung	1304
aa) Rechtsanwalt – Steuerberater – Wirtschaftsprüfer	1304
bb) Steuerberatender Rechtsanwalt, der zugleich Steuerberater und/oder Wirtschaftsprüfer ist	1305
d) Anwaltsfremde Tätigkeit und Verjährung	1306
e) Anwaltsvertrag zugunsten eines Dritten oder mit Schutzwirkung für einen Dritten und Verjährung	1313
f) Vor- und nachvertragliches Verhältnis und Verjährung	1315
aa) Verschulden bei Vertragsschluss	1315
bb) Verletzung einer nachvertraglichen Pflicht	1319
g) Rechtsberater als Gesamtschuldner und Verjährung	1320

	Rn.
aa) Mitglieder von Rechtsberatersozietäten	1321
bb) Andere Fälle anwaltlicher Gesamtschuldnerschaft	1325
2. Ersatzanspruch gegen Rechtsanwalt oder Steuerberater	1329
a) Vertragliche Schadensersatzansprüche	1329
b) Darlegungs- und Beweislast	1332
aa) Mandant	1332
bb) Rechtsanwalt oder Steuerberater	1334
c) Andere vertragliche Ansprüche und Verjährung	1336
d) Außervertragliche Ansprüche des Auftraggebers und Verjährung	1337
e) Zwangsvollstreckung in Regressforderung	1338
III. Erst-(Primär-)verjährung	1339
1. Verjährungsbeginn mit Entstehung des vertraglichen Schadensersatzanspruchs (§ 51b Fall 1, § 59m Abs. 2 BRAO)	1339
a) § 198 BGB a.F.	1340
b) Überholte Rechtsprechung zum Schadenseintritt	1341
c) Neue Risiko-Schaden-Formel	1342
2. Verjährungsbeginn mit Beendigung des Auftrags (§ 51b Fall 2, § 59m Abs. 2 BRAO)	1348
3. Verjährungsbeginn nach §§ 68, 72 Abs. 1 StBerG	1352
a) Ersatzanspruch aus steuerlicher Beratung	1353
aa) Pflichtverletzung vor Erlass des belastenden Steuerbescheids	1353
bb) Pflichtverletzung nach Bekanntgabe des belastenden Steuerbescheids	1354
b) Ersatzanspruch aus sonstiger Betreuung	1355
c) Sekundärhaftung	1356
4. Verjährungsbeginn nach § 323 Abs. 5 HGB	1357
5. Verjährungsbeginn bei vor- und nachvertraglicher Anwaltshaftung	1358
a) Vorvertraglicher Regressanspruch	1358
b) Nachvertraglicher Regressanspruch	1359
6. Verjährungsbeginn bei Spätschäden (Grundsatz der Schadenseinheit)	1360
7. Eintritt und Einrede der Primärverjährung	1362
IV. Zweit-(Sekundär-)verjährung	1365
1. Sekundäranspruch des Auftraggebers und Sekundärhaftung des Rechtsberaters	1365
a) Allgemeines	1365
b) Inhalt	1366
c) Wirkung	1370
d) Zweck	1371

	Rn.
e) Rechtsgrund	1372
aa) Beratungspflicht auch „gegen sich selbst"	1372
bb) Keine unzulässige Selbstbezichtigung	1373
cc) Verfassungsrechtliches Gebot	1374
dd) Abwägung	1376
ee) Keine Gesetzesumgehung	1377
f) Arglisteinwand statt Sekundärhaftung?	1378
g) Entsprechende Anwendung des § 852 Abs. 1 BGB a.F.?	1379
2. Voraussetzungen des Sekundäranspruchs	1380
a) Entstehung der sekundären Hinweispflicht	1381
aa) Grundsätzlich bis Mandatsende	1381
bb) Nachvertragliche sekundäre Hinweispflicht?	1382
cc) Neuer Auftrag über denselben Gegenstand	1383
dd) Begründeter Anlass zur Prüfung	1384
b) Keine sekundäre Hinweispflicht bei anderweitiger anwaltlicher Beratung	1393
c) Verletzung der sekundären Hinweispflicht	1396
d) Verschulden	1398
e) (Sekundär-)Schaden und haftungsausfüllende Kausalität	1399
3. Sekundäranspruch und Mitverschulden	1402
4. Verjährung des Sekundäranspruchs	1403
a) Einrede der Sekundärverjährung	1403
b) Sekundärverjährung gemäß § 51b BRAO	1404
c) Regelfälle der Sekundärverjährung gemäß § 51b BRAO, § 68 StBerG	1405
aa) Dauermandat	1406
bb) Kurzmandat	1407
d) Grundsätzlich keine Sekundärverjährung bei einem nach Mandatsende entstandenen Primäranspruch	1408
e) Sekundärverjährung aus Anschlussmandat	1409
f) Sekundärverjährung für Primäranspruch aus vorvertraglicher Pflichtverletzung	1411
V. Allgemeines zur Verjährung von Primär- und Sekundäranspruch nach altem Recht	1412
1. Hemmung der Verjährung	1412
a) Gründe und Wirkung (§§ 202 ff. BGB a.F.)	1412
b) Einzel- oder Gesamtwirkung für Gesamtschuldner (§ 425 BGB)?	1413
c) Hauptanwendungsfälle in der anwaltlichen Berufshaftung	1414
d) Nicht analog § 639 Abs. 2, § 852 Abs. 2 BGB a.F.	1417
e) Darlegungs- und Beweislast	1418

	Rn.
2. Unterbrechung der Verjährung	1419
a) Unterbrechungsgründe	1419
aa) Anerkenntnis (§ 208 BGB a.F.)	1419
bb) Klage und gleichstehende Maßnahmen (§§ 209, 210 BGB a.f.)	1420
cc) Nicht Inanspruchnahme von Primärrechtsschutz	1424
dd) Unterbrechung der Sekundärverjährung durch Regressklage	1425
b) Wirkung der Unterbrechung (§ 217 BGB a.F.)	1426
aa) Dauer und Ende der Unterbrechungszeit	1427
bb) Rückwirkender Wegfall der Unterbrechung	1428
c) Einzel- oder Gesamtwirkung für Gesamtschuldner (§ 425 BGB)?	1429
d) Darlegungs- und Beweislast	1430
3. Vollendung der Verjährung, Beweislast und Verjährungseinrede	1431
a) Vollendung der Verjährung	1431
b) Beweislast	1432
c) Verjährungseinrede	1433
4. Verzicht auf Verjährungseinrede	1434
5. Rechtsmissbräuchliche Verjährungseinrede	1437
6. Verjährungs-(Anspruchs-)konkurrenz (§ 51b BRAO und § 852 BGB a.F.)	1439
7. Erleichterung der Verjährung	1442
C. Rechtsprechungslexikon (altes Verjährungsrecht)	**1443**
D. Neues Verjährungsrecht	**1444**
I. Einführung	1444
1. Grundzüge	1444
a) Regelverjährung	1444
b) Sonderverjährung	1446
c) Sonstige Hauptregelungen	1447
2. Bedeutung für die Praxis	1451
II. Verjährung eines Schadensersatzanspruchs gegen einen Rechtsanwalt oder Steuerberater	1452
1. Beginn der Regelverjährung (§§ 195, 199 Abs. 1 BGB)	1452
a) Schadensersatzanspruch i.S.d. § 199 BGB	1453
b) Entstehung des Anspruchs (§ 199 Abs. 1 Nr. 1 BGB)	1456
aa) Schadensersatzanspruch i.S.d. § 280 Abs. 1 BGB	1456
bb) Schadensersatzanspruch i.S.d. § 281 BGB	1458
cc) Schadensersatzanspruch i.S.d. §§ 282, 283, 311a BGB	1461
c) Kenntnis der anspruchsbegründenden Umstände und des Schädigers (§ 199 Abs. 1 Nr. 2 BGB)	1462

	Rn.
aa) Grundsätze	1463
bb) Einmalige Schadenshandlung (Grundsatz der Schadenseinheit)	1466
cc) Mehrere Schadenshandlungen	1470
dd) Kenntnis der den Anspruch begründenden Umstände	1472
ee) Kenntnis der Person des Schuldners	1474
ff) Zurechnung der Kenntnis Dritter	1477
(1) Gesetzlicher Vertreter	1478
(2) Wissensvertreter	1479
(3) Drittschadensliquidation	1481
(4) Erbfall	1482
(5) Forderungsübergang	1483
d) Grob fahrlässige Unkenntnis (§ 199 Abs. 1 Nr. 2 BGB)	1484
e) Ultimo-Regelung	1489
2. Verjährungshöchstfristen (§ 199 Abs. 2 – 4 BGB)	1491
a) Schadensersatzanspruch wegen Verletzung höchstpersönlicher Rechtsgüter (§ 199 Abs. 2 BGB)	1492
b) Sonstige Schadensersatzansprüche (§ 199 Abs. 3 BGB)	1493
3. Vollendung der Verjährung	1495
4. Beweislast	1496
III. Werkvertragliche Verjährung gemäß § 634a BGB	1497
IV. Hemmung der Verjährung (§§ 203 ff. BGB)	1501
1. Verhandlungen (§ 203 BGB)	1502
a) Begriff der Verhandlung	1504
b) Gegenstand der Verhandlung	1505
c) Verweigerung der Fortsetzung der Verhandlungen	1506
d) Ablaufhemmung	1507
2. Rechtsverfolgung (§ 204 BGB)	1508
a) Klage (§ 204 Abs. 1 Nr. 1 BGB)	1509
b) Weitere wichtige Hemmungsgründe der Rechtsverfolgung	1516
c) Ende der Hemmung (§ 204 Abs. 2 BGB)	1517
3. Leistungsverweigerungsrecht (§ 205 BGB)	1520
4. Weitere Hemmungsgründe	1521
5. Ablaufhemmung	1522
6. Verjährungshemmung bei anderen Ansprüchen (§ 213 BGB)	1523
7. Wirkung der Verjährungshemmung (§ 209 BGB)	1526
8. Beweislast	1527
V. Neubeginn der Verjährung (§ 212 BGB)	1528
1. Anerkenntnis und Vollstreckungshandlung als Unterbrechungstatbestände	1528
2. Neubeginn der Verjährung bei anderen Ansprüchen (§ 213 BGB)	1532

	Rn.
3. Beweislast	1533
VI. Verjährungs-(Anspruchs-)konkurrenz	1534
VII. Rechtsfolgen der Verjährung (§§ 214 ff. BGB)	1535
1. Wirkung der Verjährung	1535
2. Verjährung von Nebenleistungen (§ 217 BGB)	1540
3. Unwirksamkeit eines Rücktritts (§ 218 BGB)	1542
VIII. Rechtsmissbräuchliche Verjährungseinrede	1543
IX. Vereinbarungen über die Verjährung (§ 202 BGB)	1544
1. Grundsätze	1544
a) Allgemeines	1544
b) Inhalt einer Verjährungsvereinbarung	1545
c) Zeitpunkt und Form einer Verjährungsvereinbarung	1548
d) Leitlinie für Verjährungsvereinbarung	1549
2. Verjährungsvereinbarung und Haftung von Rechtsberatern	1550
a) Interesse der Rechtsberater an Erleichterung der Verjährung	1550
b) Berechtigtes Anliegen	1553
c) Ziel einer Verjährungserleichterung	1555
d) Erleichterte Verjährung von Regressansprüchen gegen Rechtsberater	1556
aa) Verjährungserleichterung durch AGB	1557
(1) Klauselverbote gemäß § 309 BGB	1560
(2) Inhaltskontrolle (§ 307 BGB)	1561
(a) Richterliche Prüfung	1562
(b) § 307 Abs. 2 Nr. 1 BGB	1565
(c) § 307 Abs. 2 Nr. 2 BGB	1570
(3) § 242 BGB	1571
(4) Ausblick	1572
bb) Verjährungserleichterung durch Einzelvereinbarung	1573
(1) Vertragspartner und geschützte Dritte	1574
(2) Grobe Fahrlässigkeit	1577
(3) Aushandeln	1578
(4) Inhalt und Umfang der gebotenen Aufklärung	1582
(5) Inhaltskontrolle gemäß §§ 138, 242 BGB	1584
e) Beweislast	1589
f) Folgen einer unwirksamen Verjährungserleichterung	1590
aa) Unwirksame Einzelvereinbarung	1590
bb) Unwirksame AGB	1591
g) Ergebnis	1592
E. **Leitfaden zur Verjährung**	1594
I. Altes Recht	1594
II. Neues Recht	1595

Spezialliteratur:

Abram, Auswirkungen des Schuldrechtsmodernisierungsgesetzes auf die Haftung des Versicherers und der Versicherungsvermittler, VersR 2002, 1331;
Becker-Eberhard, Probleme des Laufs der Verjährungsfrist bei der Anwalts- und Steuerberaterhaftung, in: FS E. Schumann, 2001, S. 1;
Berger, Aushandeln von Vertragsbedingungen im kaufmännischen Geschäftsverkehr, NJW 2001, 2152;
Borgmann, Die Rechtsprechung des BGH zum Anwaltshaftungsrecht in der Zeit von Mitte 2002 bis Ende 2004, NJW 2005, 22;
Brandner, Der Anwalt als Regressschuldner, AnwBl 1969, 384;
Bräuer, Und wieder eine Reform: Anpassung der Verjährungsvorschriften, AnwBl 2005, 65;
Brinker, Die Verjährung von Ersatzansprüchen gegen den Rechtsanwalt, 1990;
Bruns, Der „Schutzzweck der Sekundärhaftung" des Rechtsanwalts – kenntnisunabhängiger Wegfall der sekundären Hinweispflicht, NJW 2003, 1498;
Cahn/Farrenkopf, Probleme der Verjährung von Kostenerstattungsansprüchen beim Kreditgeschäft, ZIP 1986, 416;
Chab, Die Berechnung der Regressverjährung nach Wegfall des § 51b BRAO, AnwBl 2005, 356;
Coeppicus, Sachfragen des Betreuungs- und Unterbringungsrechts, 2000;
Dahns, Wegfall der Sonderverjährung im Bereich anwaltlicher Haftung, NJW-Spezial 2005, 93;
Derleder, Rechtsformen anwaltlicher Beratungshilfe, MDR 1981, 448;
Diller/Beck, Neuregelung der Verjährung für Anwaltshaftung: Der Irrgarten der Übergangsregelungen, ZIP 2005, 976;
Ebert, Verjährungshemmung durch Mahnverfahren, NJW 2003, 732;
Eckert, Die Verjährung vertraglicher Schadensersatzansprüche gegen Rechtsanwälte und Steuerberater, NJW 1989, 2081;
Fischer, G., Die Haftung des Insolvenzverwalters nach neuem Recht, WM 2004, 2185;
ders., Tendenzen der Rechtsprechung des BGH zum Anwaltshaftungsrecht, NJW 1999, 2993;
Friedrich, Verjährungshemmung durch Güteverfahren, NJW 2003, 1781;
Gill, Der besondere Verjährungsbeginn für Schadensersatzansprüche in § 852 I BGB, 1983;
Gottwald, U., Verjährung im Zivilrecht, 2005;
Grams, Möglichkeiten der Haftungsbeschränkung für Rechtsanwälte, AnwBl 2001, 233 und 292;
Greissinger, Beratungshilfe – Eine Zwischenbilanz, NJW 1985, 1671;
Grunewald, Die Haftung des Anwalts für fehlerhafte Beratung des Mandanten nach neuem Recht, AnwBl 2002, 258;
Gsell, Schuldrechtsreform: Die Übergangsregelungen für die Verjährungsfristen, NJW 2002, 1297;
Heinrichs, Entwurf eines Schuldrechtsmodernisierungsgesetzes: Neuregelung des Verjährungsrechts, BB 2001, 1417;
ders., Überlegungen zum Verjährungsrecht, seine Mängel, seine Rechtfertigung und seine Reform, Versicherungsrecht – Karlsruher Forum 1991;
Henssler, Haftungsrisiken anwaltlicher Tätigkeit, JZ 1994, 178;
Heß, Das neue Schuldrecht – In-Kraft-Treten und Übergangsregelungen, NJW 2002, 253;
Heussen, Interessenkonflikte zwischen Amt und Mandat bei Aufsichtsräten, NJW 2001, 708;
Hübner, Die Berufshaftung – Ein unzumutbares Berufsrisiko?, NJW 1989, 5;
Junge-Ilges, Haftungsvereinbarungen der rechts- und wirtschaftsberatenden Berufe, 1995;
Jungk, Der Anwalt im Grenzbereich anwaltlicher Tätigkeit, AnwBl 2004, 117;

Kandelhard, Zum Ablauf der allgemeinen Verjährungsfrist nach intertemporalem Verjährungsrecht, NJW 2005, 630;
Karst/Schmidt-Hieber, Vor der Schuldrechtsreform entstandene Ansprüche: Verjährung mit Ablauf des 31.12.2004?, DB 2004, 1766;
Kleutgens, Die Sekundärhaftung des Rechtsanwalts, 1994;
Leenen, Die Neugestaltung des Verjährungsrechts durch das Schuldrechtsmodernisierungsgesetz, DStR 2002, 34;
Leibner, Haftungsrechtliche Rahmenbedingungen für die Tätigkeit als Mediator, NJW 2002, 3521;
Lepa, Die Verjährung im Deliktsrecht, VersR 1986, 301;
Lux, Generelle Haftungsprivilegierung von Sozien?, NJW 2003, 2806;
Mansel, Die Neuregelung des Verjährungsrechts, NJW 2002, 89;
ders., Neues Verjährungsrecht und Anwaltsvertrag – Vorteile für den Rechtsanwalt, NJW 2002, 418;
Mansel/Budzikiewicz, Verjährungsanpassungsgesetz: Neue Verjährungsfristen, insbesondere für die Anwaltshaftung und im Gesellschaftsrecht, NJW 2005, 321;
Meyer, Verjährung von Schadensersatzansprüchen bei bezifferter verdeckter Teilklage, NJW 2002, 3067;
Ott, Das neue Schuldrecht – Überleitungsvorschriften und Verjährung, MDR 2002, 1;
Pfeiffer, Der Übergang von der Unterbrechung zur Hemmung der Verjährung, ZGS 2002, 275;
Prütting, Außergerichtliche Streitschlichtung, 2003;
Rabe, Die Auswirkungen des AGB-Gesetzes auf den kaufmännischen Verkehr, NJW 1987, 1978;
Reiff, Die neuen berufsrechtlichen Bestimmungen über Haftungsbeschränkungen durch AGB, AnwBl 1997, 3;
Reihlen, Die Haftung von Rechtsanwälten und Notaren gegenüber Drittbegünstigten für Fehler bei der Testamentserrichtung, 1992;
Rieble, Verjährung „verhaltener" Ansprüche – am Beispiel der Vertragsstrafe, NJW 2004, 2270;
Schmidt-Keßeler, Die Auswirkungen des Gesetzes zur Modernisierung des Schuldrechts auf die Verjährung von Ersatzansprüchen aus dem Steuerberatungsvertrag, DStR 2005, 494;
Schnaufer, Die Kenntnis des Geschädigten als Auslöser für den Beginn der Verjährungsfrist, 1997;
Schneider, E., Problemfälle aus der Prozeßpraxis – anwaltliche Belehrung Hilfsbedürftiger, MDR 1988, 282;
Schulte-Nölke/Hawxwell, Zur Verjährung von vor der Schuldrechtsreform entstandenen Ansprüchen, NJW 2005, 2117;
Sontheimer, Die neuen Verjährungsfristen für die StB- und RA-Haftung und im Gesellschaftsrecht, DStR 2005, 834;
Staudinger/Eidenmüller, Verjährungshemmung leicht gemacht: Prospekthaftung der Telekom vor der Gütestelle, NJW 2004, 23;
Stoecker, Die Verjährungsproblematik der vertraglichen Haftung des Rechtsanwaltes und des Steuerberaters, 1992;
Stoklossa, Der Sekundäranspruch des Mandanten und die daraus resultierende Verlängerung der Verjährungsfrist nach § 51b BRAO, 1996;
Taupitz, Die zivilrechtliche Pflicht zur unaufgeforderten Offenbarung eigenen Fehlverhaltens, 1989;
van Venrooy, Die Verjährung der Schadensersatzansprüche gegen Rechtsanwälte, Steuerberater, Wirtschaftsprüfer und Notare, DB 1981, 2364;
Weinbeer, § 61 InsO – BGH zu Grenzen der Verwalterhaftung, AnwBl 2004, 518;

ders., Die Insolvenzverwalterhaftung gemäß §§ 60 ff. InsO, AnwBl 2004, 48;
Windeknecht, Die Verjährung des gegen den Rechtsanwalt gerichteten Schadensersatzanspruchs – Berechtigung des Sekundäranspruchs –, 1990;
Würfele, Haftungs- und Haftungsbeschränkungsprobleme bei der gemeinschaftlichen Berufsausübung von Rechtsanwälten, 1999;
Zietsch/Roschmann, Die Regelungen des vorprozessualen Güteverfahrens, NJW 2001, Beilage zu Heft 51;
Zimmermann, „Sekundäre" und „tertiäre" Schadensersatzansprüche gegen den Rechtsanwalt, NJW 1985, 720;
Zugehör, Die Verjährung in der Berufshaftung der Rechtsanwälte, NJW 1995, Beilage zu Heft 21;
ders., Die Haftung des Anwaltsnotars als Treuhänder, ZNotP 1997, 42;
ders., Die neue Rechtsprechung des Bundesgerichtshofs zur zivilrechtlichen Haftung der steuerlichen Berater, WM 2000, Sonderbeilage Nr. 4 zu Heft Nr. 42;
ders., Schwerpunkte der zivilrechtlichen Steuerberaterhaftung, DStR 2001, 1613 und 1663;
ders., Einzelvertragliche Haftungsbeschränkung gemäß § 51a Abs. 1 Nr. 1 BRAO, in: FS Kreft (Verschuldung – Haftung – Vollstreckung – Insolvenz), 2004, S. 117 = ZAP (2005), Fach 23, S. 651.

A. Geltungsbereich des alten und neuen Verjährungsrechts

I. Altes Recht

1. Sonderverjährung für die Rechtsberaterhaftung und Schuldrechtsreform

Das **Gesetz zur Modernisierung des Schuldrechts** vom 26.11.2001 (SchuModG),[1] das bezüglich der **Neuregelung des BGB** – einschließlich des neuen Verjährungsrechts (§§ 194 ff. BGB) – am 1.1.2002 in Kraft getreten ist (Art. 9 dieses Gesetzes, Art. 229 §§ 5, 6 EGBGB), hatte die folgenden – inzwischen aufgehobenen (Rn. 1260 f.) – **Verjährungsvorschriften**, die **Beginn und Frist der Verjährung vertraglicher Schadensersatzansprüche gegen Rechtsberater** festlegten, **unberührt** gelassen:[2]

1251

- § 51b (= § 51 BRAO a.F.), § 59m Abs. 2 BRAO, betreffend **Rechtsanwälte** und **Rechtsanwaltsgesellschaften**;
- §§ 45b, 52m Abs. 2 PatAnwO betreffend **Patentanwälte** und **Patentanwaltsgesellschaften**;
- §§ 68, 72 Abs. 1 StBerG betreffend **Steuerberater, Steuerbevollmächtigte** und **Steuerberatungsgesellschaften**;
- §§ 51a, 56 Abs. 1 WPO, 323 Abs. 5 HGB betreffend **Wirtschaftsprüfer** und **Wirtschaftsprüfungsgesellschaften**.

---

1 BGBl. I, S. 3138.
2 *Palandt/Heinrichs*, BGB, 64. Aufl. 2005, § 280 Rn. 76, 87; *Heinrichs*, BB 2001, 1417, 1420; *Mansel*, NJW 2002, 418; *Grunewald*, AnwBl 2002, 258, 259; *Zugehör*, Beraterhaftung, Rn. 315.

2. Übergangsregelungen

1252 Im Rahmen einer Sonderverjährung nach diesen Vorschriften ist allerdings Art. 229 § 6 EGBGB als **Überleitungsvorschrift** zum neuen Verjährungsrecht (§§ 194 ff. BGB n.F.) zu beachten.[3] Danach sind die neuen Bestimmungen über **Hemmung** einschließlich einer **Ablaufhemmung** und **Neubeginn der Verjährung** (§§ 203 – 213 BGB) zu berücksichtigen; insoweit enthalten die genannten Verjährungsvorschriften für die Rechtsberaterhaftung keine Sonderregelung. **Bis zum 31.12.2001** richten sich die Hemmung und Unterbrechung schon bestehender und unverjährter Ansprüche nach §§ 202 ff., 208 ff. BGB a.F.; **ab 1.1.2002** sind grundsätzlich die §§ 203 – 213 BGB n.F. auf alle Ansprüche – auch auf die vor diesem Stichtag entstandenen Ansprüche – anzuwenden (Art. 229 § 6 Abs. 1 Satz 1, 2 EGBGB).[4] Schadensersatzansprüche aus **berufsuntypischen (unechten) Rechtsberaterverträgen** (dazu Rn. 133 ff., 478 f.) verjähren schon seit dem 1.1.2002 nach neuem Recht (Art. 229 § 6 Abs. 1 Satz 1 EGBGB).[5]

1253 Da das Schuldrechtsmodernisierungsgesetz **keine Rückwirkung** hat, ändert sich nichts an einer bereits vor dem 1.1.2002 eingetretenen Verjährung.[6]

1254 War ein vertraglicher oder vorvertraglicher Regressanspruch gegen einen Rechtsanwalt oder Steuerberater am 1.1.2002 nach altem Recht bereits verjährt, so richtet sich die Wirkung einer späteren Verjährungseinrede nicht nach §§ 222 ff. BGB a.F., sondern nach §§ 214 ff. BGB (Art. 229 § 6 Abs. 1 Satz 1 EGBGB).[7]

1255 Wenn nach dem 31.12.2001 ein Umstand eintritt, bei dessen Vorliegen nach früherem Recht eine vor dem 1.1.2002 eintretende **Unterbrechung der Verjährung** als erfolgt (vgl. § 212 Abs. 2 BGB a.F.) oder als nicht erfolgt (vgl. § 212 Abs. 1, § 212a Satz 3, § 213 Satz 1 mit § 212a Satz 3, § 213 Satz 2, § 214 Abs. 2, § 215 Abs. 2, § 216 BGB a.F.) gilt, so ist das alte Recht weiter anzuwenden (Art. 229 § 6 Abs. 1 Satz 3 EGBGB).

1256 Art. 229 § 6 Abs. 2 EGBGB betrifft die **Überleitung der Unterbrechung der Verjährung** nach altem Recht **in deren Hemmung** nach neuem Recht. Hat z.B. eine Klageerhebung die Verjährung eines Regressanspruchs gegen einen Rechtsberater nach § 209 BGB a.F. unterbrochen und dauert die Unterbrechung bei Ablauf des 31.12.2001 noch an, so gilt diese mit Ablauf dieses Tages als beendigt; ab 1.1.2002 wird die neue

---

3 Dazu *Palandt/Heinrichs*, BGB, 64. Aufl. 2005, Art. 229 § 6 EGBGB Rn. 1 ff.; *Gsell*, NJW 2002, 1297.
4 Dazu *Mansel*, in: *Dauner-Lieb/Heidel/Lepa/Ring*, Anwaltkommentar Schuldrecht, Art. 229 § 6 EGBGB Rn. 8 ff.; *Heß*, NJW 2002, 253, 257.
5 *Borgmann*, in: *Borgmann/Jungk/Grams*, § 48 Rn. 5.
6 *Palandt/Heinrichs*, BGB, 64. Aufl. 2005, Art. 229 § 6 EGBGB Rn. 3.
7 *Heinrichs*, BB 2001, 1417, 1422 (Fn. 39); *Mansel*, in: *Dauner-Lieb/Heidel/Lepa/Ring*, Anwaltkommentar Schuldrecht, Art. 229 § 6 EGBGB Rn. 4; a.A. *Heß*, NJW 2002, 253, 257.

Verjährung gemäß § 204 BGB gehemmt. Nach dem Ende der Unterbrechung am 31.12.2001, 24 Uhr, beginnt ab 1.1.2002 eine neue, volle, nach nunmehr geltendem Recht – unter Berücksichtigung des sonstigen Übergangsrechts (Art. 229 § 6 Abs. 3, 4 EGBGB – zu bestimmende Verjährungsfrist, die von diesem Zeitpunkt an sofort gehemmt wird.[8]

Bietet das neue Recht über das alte Recht hinaus einen **neuen Tatbestand der Verjährungshemmung** – z.b. den Hemmungsgrund der Verhandlungen gemäß § 203 BGB, soweit diese Vorschrift über § 852 Abs. 2 BGB a.F. hinausgeht –, so wird, falls die entsprechenden Voraussetzungen vorliegen, die Verjährung frühestens ab 1.1.2002 gehemmt (Art. 229 § 6 Abs. 1 Satz 1 EGBGB).[9]

Art. 229 § 6 Abs. 3, 4 EGBGB betrifft **nicht die Verjährungsfrist in den genannten Sonderregelungen** der Verjährung für die Haftung der Rechtsanwälte und Steuerberater bis einschließlich 14.12.2004 (dazu Rn. 1261 ff.).

1257

3. Kennzeichen des alten Verjährungsrechts

Die besonderen Verjährungsregelungen waren **beraterfreundlich**. Der **Beginn der Verjährungsfrist** von drei Jahren für vertragliche Schadensersatzansprüche gegen Rechtsanwälte, Steuerberater, Steuerbevollmächtigte und gegen Gesellschaften dieser Berufskreise sowie von fünf Jahren für vertragliche Regressforderungen gegen Wirtschaftsprüfer und deren Gesellschaften war – anders als z.B. nach § 852 Abs. 1 BGB a.F., § 199 Abs. 1 BGB n.F. – **kenntnisunabhängig** und i.d.R. allein an die objektive Voraussetzung der Entstehung des Ersatzanspruchs geknüpft, also unabhängig davon, ob der geschädigte Auftraggeber die Pflichtverletzung seines Rechtsberaters, seinen Schaden und dessen Urheber kannte. Die Verjährung eines Schadensersatzanspruchs gegen einen Rechtsanwalt oder eine Rechtsanwaltsgesellschaft begann schon mit Beendigung des Auftrags, falls das zu noch früherer Verjährung führte (§ 51b Fall 2, § 59m Abs. 2 BRAO).[10]

1258

II. Neues Recht

Dieser **Vorteil des kenntnisunabhängigen Verjährungsbeginns ist inzwischen entfallen**.

1259

---

8   *Mansel*, in: *Dauner-Lieb/Heidel/Lepa/Ring*, Anwaltkommentar Schuldrecht, Art. 229 § 6 EGBGB Rn. 11; *Pfeiffer*, ZGS 2002, 275 f.; *Ott*, MDR 2002, 1, 2.
9   *Heinrichs*, BB 2001, 1417, 1422; *Mansel*, in: *Dauner-Lieb/Heidel/Lepa/Ring*, Anwaltkommentar Schuldrecht, Art. 229 § 6 EGBGB Rn. 12; *Heß*, NJW 2002, 253, 257.
10 BGH, WM 1996, 540, 541 und 1832, 1835.

Teil 1 • Abschnitt 7 • Verjährung vertraglicher Regressansprüche

1. Gesetzliche Änderungen der Verjährung für die Rechtsberaterhaftung

1260 Durch Gesetz zur Reform des Zulassungs- und Prüfungsverfahrens des Wirtschaftsprüfungsexamens vom 1.12.2003[11] wurden die **Verjährungsvorschriften der §§ 51a, 56 Abs. 1 WPO, 323 Abs. 5 HGB mit Ablauf des 31.12.2003 aufgehoben**; seit dem **1.1.2004** ist – unbeschadet der Übergangsregelungen in § 139b WPO, Art. 55 EGHGB – auf **vertragliche Schadensersatzansprüche gegen Wirtschaftsprüfer und Wirtschaftsprüfungsgesellschaften** das neue Verjährungsrecht der **§§ 194 ff., 634a BGB** anzuwenden (Art. 10 dieses Gesetzes).

1261 Durch Gesetz vom 9.12.2004[12] zur Anpassung von Verjährungsvorschriften an das Gesetz zur Modernisierung des Schuldrechts wurden die **besonderen Verjährungsvorschriften für vertragliche Schadensersatzansprüche gegen Rechtsanwälte, Patentanwälte, Steuerberater und Steuerbevollmächtigte** sowie **gegen Gesellschaften dieser Berufskreise** (Rn. 1251) **mit Ablauf des 14.12.2004 aufgehoben; seit dem 15.12.2004** gilt für vertragliche Regressansprüche gegen diese Rechtsberater – unbeschadet der Überleitungsvorschrift des Art. 229 § 12 EGBGB – das **neue Verjährungsrecht der §§ 194 ff., 634a BGB** (Art. 6, 25 dieses Gesetzes).

Danach ist mit Rücksicht darauf, dass die – aufgehobenen – berufsbezogenen Verjährungsvorschriften grundsätzlich auch Schadensersatzansprüche aus Werkverträgen mit Rechtsberatern (dazu Rn. 480) umfasst haben (Rn. 1302), **seit dem 15.12.2004** auch die sach-(leistungs-)bezogene Verjährungsregelung des **§ 634a BGB** für Mängelansprüche des Bestellers gegen einen Rechtsberater als Werkunternehmer zu berücksichtigen (dazu Rn. 1497 ff.).[13]

2. Übergangsregelungen

1262 Nach **Art. 229 § 12 Abs. 1 EGBGB**, eingeführt durch Art. 6 des Gesetzes zur Anpassung von Verjährungsvorschriften vom 9.12.2004,[14] ist als **Überleitungsvorschrift zum Verjährungsrecht** grundsätzlich **Art. 229 § 6 EGBGB entsprechend** anzuwenden (vgl. Rn. 1252 ff.); an die Stelle des dort genannten 1.1.2002 tritt der 15.12.2004, an die Stelle des dort genannten 31.12.2001 der 14.12.2004. Art. 229 § 12 Abs. 2 EGBGB hat für die Rechtsberaterhaftung keine Bedeutung; diese Vorschrift betrifft nur diejenigen Fälle, in denen „erstmalig" durch das Anpassungsgesetz vom 9.12.2004 spezial-

---

11 BGBl. I, S. 2446.
12 BGBl. I, S. 3214; zu den Motiven die Entwurfsbegründung, BR-Drucks. 436/04.
13 Vgl. *Mansel/Budzikiewicz*, NJW 2005, 321, 325.
14 BGBl. I, S. 3214.

gesetzliche Verjährungsvorschriften eingeführt wurden, deren Verjährungsfristen über die neue Regelverjährung (§§ 195, 199 BGB) hinausgehen.[15]

Danach ergeben sich folgende **wesentliche Übergangsregelungen bezüglich der Verjährung** vertraglicher Schadensersatzansprüche gegen Rechtsanwälte und Steuerberater:

Das **neue Verjährungsrecht** der §§ 194 ff. BGB ist in der **seit dem 15.12.2004** geltenden Fassung auf die an diesem Tag bestehenden und **noch nicht verjährten Ansprüche** anzuwenden (entsprechend Art. 229 § 6 Abs. 1 Satz 1 EGBGB). Deswegen können vertragliche Schadensersatzansprüche gegen die genannten Rechtsberater, die an diesem Stichtag bestanden haben und unverjährt waren, gemäß §§ 195, 199 Abs. 1 BGB **Ende des Jahres 2007 verjähren**, falls die subjektiven Voraussetzungen des Verjährungsbeginns (§ 199 Abs. 1 Nr. 2 BGB) Ende 2004 vorgelegen haben;[16] solange diese fehlen, kommt eine Verjährung in den **Höchstfristen** des § 199 Abs. 2, 3 BGB in Betracht (dazu Rn. 1491 ff.). **Neues Verjährungsrecht** gilt auch dann, wenn ein **Schadensersatzanspruch** gegen die genannten Rechtsberater **aus einem Vertragsverhältnis**, das **vor dem 15.12.2004** begründet wurde, erst **nach diesem Stichtag entsteht**;[17] Verjährungs- und Übergangsrecht stellen auf den Anspruch, nicht auf das zugrunde liegende Rechtsverhältnis ab. Erst recht ist das **neue Verjährungsrecht** anzuwenden, wenn der **Vertrag mit dem Rechtsberater seit dem 15.12.2004** geschlossen wurde oder künftig geschlossen wird.

1263

Der **Beginn** der nunmehr grundsätzlich maßgeblichen **Verjährungsfrist von drei Jahren** gemäß § 195 BGB (entsprechend Art. 229 § 6 Abs. 1 Satz 1 EGBGB), die mit derjenigen der früheren Verjährungsvorschriften für die Haftung von Rechtsanwälten und Steuerberatern übereinstimmt, die **Hemmung**, die **Ablaufhemmung** und der **Neubeginn der Verjährung** richten sich für den Zeitraum **vor dem 15.12.2004** nach dem **damals geltenden Recht** (entsprechend Art. 229 § 6 Abs. 1 Satz 2 EGBGB; vgl. Rn. 1252 ff.). Das bedeutet, dass sich der **Beginn der Verjährung** für einen vor dem 15.12.2004 entstandenen vertraglichen (primären) Schadensersatzanspruch gegen Rechtsanwälte, Patentanwälte, Steuerberater und Steuerbevollmächtigte sowie gegen Gesellschaften dieser Berufskreise noch **nach altem Recht**, nämlich nach den – inzwischen aufgehobenen – Verjährungsvorschriften der §§ 51b, 59m Abs. 2 BRAO,

1264

---

15 Entwurfsbegründung, BR-Drucks. 436/04, S. 30. (Art. 6 des Anpassungsgesetzes war im Gesetzgebungsverfahren noch „Art. 7", Art. 229 § 12 EGBGB noch „Art. 229 § 11" EGBGB.)
16 Vgl. OLG Bamberg, NJW 2006, 304; a.A. *Kandelhard*, NJW 2005, 630, 631 f.; dagegen *Schulte-Nölke/Hawxwell*, NJW 2005, 2117.
17 Vgl. BGHZ 129, 282, 287, zu Art. 231 § 6 EGBGB; *Palandt/Heinrichs*, BGB, 64. Aufl. 2005, Art. 229 § 6 EGBGB Rn. 2, 3; *Mansel*, in: *Dauner-Lieb/Heidel/Lepa/Ring*, Anwaltkommentar Schuldrecht, Art. 229 § 6 EGBGB Rn. 3, 16; *Bereska*, in: *Henssler/Graf von Westphalen*, Art. 229 § 6 EGBGB Rn. 3; *Mansel/Budzikiewicz*, NJW 2005, 321, 326; a.A. *Gsell*, NJW 2002, 1297, 1302 f.

45b, 52m Abs. 2 PatAnwO, 68, 72 Abs. 1 StBerG richtet (vgl. Rn. 1274 ff.); hatte die Verjährung eines solchen Regressanspruchs am 15.12.2004 noch nicht begonnen, so gilt das neue Verjährungsrecht. Eine an diesem Stichtag bereits angelaufene Verjährungsfrist ändert sich nicht rückwirkend.[18]

1265 Ist vor dem 15.12.2004 i.S.d. § 51b BRAO der (primäre) Schadensersatzanspruch entstanden oder der Auftrag beendet worden, so bleibt es bei dieser Verjährungsregelung.[19]

Ist vor diesem Stichtag nach altem Recht die Primärverjährung (dazu Rn. 1339 ff.) eingetreten und ein sekundärer Schadensersatzanspruch des geschädigten Mandanten wegen pflichtwidriger, schuldhafter Herbeiführung der Primärverjährung (dazu Rn. 1365 ff.) entstanden, so läuft auch für die Verjährung dieses Anspruchs die Frist des § 51b BRAO;[20] ein solcher Sekundäranspruch, der nur ein „Hilfsrecht" und „unselbständiges Nebenrecht" des primären Regressanspruchs ist,[21] verjährt – unter Verlängerung der primären Verjährungsfrist – ebenfalls gemäß § 51b BRAO (dazu Rn. 1403 ff.). Dies entspricht Art. 229 § 6 Abs. 3 EGBGB, weil Primär- und Sekundärverjährung früher eintreten als die früheste Regelverjährung nach neuem Recht am 31.12.2007.

1266 Umstritten ist die Rechtslage, wenn der primäre Regressanspruch gegen einen Rechtsanwalt oder eine Rechtsanwaltsgesellschaft am 15.12.2004 noch nicht verjährt war und erst später die Voraussetzungen des alten Rechts für einen Sekundäranspruch eintreten (§§ 51b, 59m Abs. 2 BRAO; vgl. Rn. 1380 ff.).

Zwar verjährt ein Anspruch, der erst seit diesem Stichtag entstanden ist, nach neuem Recht; das gilt auch dann, wenn der zugrunde liegende Anwaltsvertrag vor dem 15.12.2004 geschlossen wurde. Andererseits hat das neue Verjährungsrecht keine Rückwirkung auf einen Anspruch, dessen Verjährung vor dem 15.12.2004 bereits nach altem Recht begonnen hat, aber an diesem Stichtag noch nicht vollendet war.

Aus dem letztgenannten Grund kann die Ansicht,[22] ein Sekundäranspruch könne mit Rücksicht auf § 199 Abs. 1 BGB letztmalig am 14.12.2004 entstanden sein und verjähre dann drei Jahre später, nicht überzeugen.[23]

---

18 *Mansel*, in: *Dauner-Lieb/Heidel/Lepa/Ring*, Anwaltkommentar Schuldrecht, Art. 229 § 6 EGBGB Rn. 7; *Mansel/Budzikiewicz*, NJW 2005, 321, 325.
19 *Mansel/Budzikiewicz*, NJW 2005, 321, 325.
20 *Mansel/Budzikiewicz*, NJW 2005, 321, 325 f.; *Sontheimer*, DStR 2005, 834, 836; *Fahrendorf*, in: *Rinsche/Fahrendorf/Terbille*, Rn. 947.
21 BGH, WM 2003, 928, 930 = NJW 2003, 822.
22 *Borgmann*, in: *Borgmann/Jungk/Grams*, § 48 Rn. 4, § 49 Rn. 46 und NJW 2005, 22, 30; *Diller/Beck*, ZIP 2005, 976, 979.
23 *Mansel/Budzikiewicz*, NJW 2005, 321, 326; *Chab*, AnwBl 2005, 356, 357 f.; *Fahrendorf*, in: *Rinsche/Fahrendorf/Terbille*, Rn. 947.

A. Geltungsbereich des alten und neuen Verjährungsrechts

Nach anderer Meinung[24] ist auch bei dieser Fallgestaltung ein Fristenvergleich entsprechend Art. 229 § 6 Abs. 3, 4 EGBGB vorzunehmen.

Weiterhin wird vorgeschlagen, für solche Altfälle an der Sekundärhaftung alten Rechts festzuhalten und erst bei Eintritt der Primärverjährung – nach dem 15.12.2004 – zu prüfen, ob ein Sekundäranspruch entstanden ist; ist das der Fall, so solle die neu anlaufende Verjährungsfrist für den Sekundäranspruch sich nicht mehr nach § 51b BRAO, sondern – mit bestimmten Einschränkungen – nach §§ 195, 199 BGB richten.[25]

Da die Fristen für Primär- und Sekundärverjährung nach § 51b BRAO in der Sache ein und dieselbe, durch eine Sekundärhaftung lediglich verlängerte Verjährungsfrist i.S.d. Vorschrift sind, sollte es folgerichtig bei dieser Verjährungsregelung bleiben, wenn die Primärverjährungsfrist nach altem Recht vor dem 15.12.2004 angelaufen, aber an diesem Stichtag noch nicht abgelaufen war, und später die Voraussetzungen eines Sekundäranspruchs erfüllt werden.[26] Dann würde der Schutz des geschädigten Mandanten im Übergang zum neuen Verjährungsrecht nicht verschlechtert; zugleich würde vermieden, dass zulasten des haftpflichtigen Rechtsanwalts ab 15.12.2004 eine Verjährungsfrist von 10 Jahren gemäß § 199 Abs. 3 Nr. 1 BGB gelten kann. Letztlich ausschlaggebend ist auch hier der Vergleich zwischen alt- und neurechtlicher Verjährungsfrist entsprechend Art. 229 § 6 Abs. 3, 4 EGBGB[27] (dazu Rn. 1268).

Die vorstehenden Ausführungen gelten entsprechend für die Primär- und Sekundärverjährung eines Schadensersatzanspruchs gegen Steuerberater, Steuerbevollmächtigte und Steuerberatungsgesellschaften nach §§ 68, 72 Abs. 1 StBerG (dazu Rn. 1352 ff.) mit der Maßgabe, dass diese alten Verjährungsvorschriften keinen Verjährungsbeginn mit Beendigung des Auftrags enthalten. 1267

Die entsprechende Anwendung des Art. 229 § 6 Abs. 3, 4 EGBGB ergibt Folgendes: **Verlängert** das ab 15.12.2004 gültige neue Verjährungsrecht (§§ 194 ff. BGB) die vorher geltende Verjährungsfrist für die Rechtsberaterhaftung, so ist die Verjährung eines vor diesem Stichtag entstandenen Regressanspruchs („Altforderung") zum **Schutz des Schuldners** – also **des haftpflichtigen Rechtsberaters** – mit Ablauf dieser alten Frist vollendet (entsprechend Art. 229 § 6 Abs. 3 EGBGB). **Verkürzt** das ab 15.12.2004 geltende neue Verjährungsrecht die genannten, bis zum 14.12.2004 gültigen Verjährungsfristen für die Rechtsberaterhaftung, so wird zum **Schutz des Gläubigers** – also **des ersatzberechtigten Mandanten** – die kürzere Frist für einen solchen Regressanspruch vom 15.12.2004 an berechnet (entsprechend Art. 229 § 6 Abs. 4 Satz 1 EGBGB); läuft 1268

---

24 *Bräuer*, AnwBl 2005, 65, 67; dagegen *Mansel/Budzikiewicz*, NJW 2005, 321, 326 (Fn. 47) mit der Begründung, dass die Verjährungsfristen nach altem und neuem Recht gleich lang seien.
25 *Mansel/Budzikiewicz*, NJW 2005, 321, 326 f.; in diesem Sinne auch *Fahrendorf*, in: *Rinschel/Fahrendorf/Terbille*, Rn. 948 ff.
26 So auch *Chab*, AnwBl 2005, 356, 358; *Sontheimer*, DStR 2005, 834, 836 f.
27 *Chab*, AnwBl 2005, 356, 358.

jedoch die alte Frist früher ab als die neue Frist, so ist die Verjährung mit Ablauf der alten Frist vollendet (entsprechend Art. 229 § 6 Abs. 4 Satz 2 EGBGB). Danach soll in entsprechender Anwendung des Art. 229 § 6 Abs. 3, 4 EGBGB die früher vollendete Verjährung maßgeblich sein. Soweit Art. 229 § 6 EGBGB auf Verjährungsfristen „nach dem Bürgerlichen Gesetzbuch" Bezug nimmt, sind im Rahmen des Art. 229 § 12 EGBGB die sich jeweils ergebenden Verjährungsfristen vor bzw. nach In-Kraft-Treten des Anpassungsgesetzes vom 9.12.2004 gemeint und miteinander zu vergleichen.[28]

Danach ist für Ansprüche, die am 15.12.2004 noch unverjährt waren, bezüglich der Verjährungsdauer ein **Vergleich zwischen alt- und neurechtlicher Verjährungsfrist** vorzunehmen.[29] Die **altrechtliche Verjährungsfrist** ergibt sich aus den bis zum 14.12.2004 geltenden kenntnisunabhängigen Sondervorschriften für die Verjährung von vertraglichen Schadensersatzansprüchen gegen Rechtsanwälte, Patentanwälte, Steuerberater und Steuerbevollmächtigte sowie gegen Gesellschaften dieser Berufskreise, möglicherweise verlängert durch eine Sekundärhaftung des Rechtsberaters (dazu Rn. 1365 ff.). In den Vergleich mit der – seit dem 15.12.2004 geltenden – **neurechtlichen Verjährungsfrist** der §§ 194 ff., 634a BGB sind sowohl die Regelfrist von drei Jahren (§ 195 BGB) mit ihrem kenntnisabhängigen Verjährungsbeginn (§ 199 Abs. 1 BGB) als auch die Höchstfristen für Schadensersatzansprüche von 10 bzw. 30 Jahren (§ 199 Abs. 2, 3 BGB) einzubeziehen.[30]

Welche **vergleichsrelevante Frist** maßgeblich ist, richtet sich nach der **Sachlage des konkreten Einzelfalls im Vergleichszeitpunkt**.[31] Streitig ist, ob dieser Zeitpunkt der Stichtag des 15.12.2004 („**starrer Vergleich**")[32] oder der Zeitpunkt der Klärung der Verjährungsfrage – also der Rechtsanwendung im Einzelfall – („**beweglicher Ver-**

---

28 Entwurfsbegründung, BR-Drucks. 436/04, S. 29.
29 *Palandt/Heinrichs*, BGB, 64. Aufl. 2005, Art. 229 § 6 EGBGB Rn. 6; *Mansel*, in: *Dauner-Lieb/Heidel/Lepa/Ring*, Anwaltkommentar Schuldrecht, Art. 229 § 6 EGBGB Rn. 24 ff.; *Gsell*, NJW 2002, 1297 ff.; *Karst/Schmidt-Hieber*, DB 2004, 1766, 1767; *Bräuer*, AnwBl 2005, 65, 67.
30 *Palandt/Heinrichs*, BGB, 64. Aufl. 2005, Art. 229 § 6 EGBGB Rn. 6; *Mansel*, in: *Dauner-Lieb/Heidel/Lepa/Ring*, Anwaltkommentar Schuldrecht, Art. 229 § 6 EGBGB Rn. 27; *Gsell*, NJW 2002, 1297, 1298 f.; gegen die Einbeziehung von Höchstfristen: *Diller/Beck*, ZIP 2005, 976, 978.
31 Dazu *Palandt/Heinrichs*, BGB, 64. Aufl. 2005, Art. 229 § 6 EGBGB Rn. 8; *Mansel*, in: *Dauner-Lieb/Heidel/Lepa/Ring*, Anwaltkommentar Schuldrecht, Art. 229 § 6 EGBGB Rn. 24, 27; *Heß*, NJW 2002, 253, 258; *Gsell*, NJW 2002, 1297, 1300; *Bräuer*, AnwBl 2005, 65, 67; vgl. OLG Bamberg, NJW 2006, 304.
32 In diesem Sinne *Mansel*, in: *Dauner-Lieb/Heidel/Lepa/Ring*, Anwaltkommentar Schuldrecht, Art. 229 § 6 EGBGB Rn. 24 ff.; *Heß*, NJW 2002, 253, 258; *Karst/Schmidt-Hieber*, DB 2004, 1766, 1767 f.; *Bereska*, in: *Henssler/Graf von Westphalen*, Art. 229 § 6 EGBGB Rn. 7, der insoweit auf den 31.12.2004 abstellt.

gleich") ist.[33] Wegen des Wortlauts des entsprechend anzuwendenden Art. 229 § 6 Abs. 3, 4 EGBGB dürfte auf den Stichtag des 15.12.2004 abzustellen sein.

Eine **Vereinbarung über die Verlängerung der Verjährungsfrist**, die nach altem Recht unwirksam gewesen sein kann (§ 225 Satz 1 BGB a.F., § 134 BGB; dazu Rn. 1434 ff.), kann gemäß § 202 BGB i.V.m. Art. 229 § 6 Abs. 1 Satz 1 EGBGB geheilt worden sein, wenn die gesetzliche Verjährungsfrist noch über den 31.12.2001 hinaus lief; Art. 229 § 6 Abs. 3 EGBGB gilt in diesem Fall nicht.[34] 1269

Zur entsprechenden Anwendung des Art. 229 § 6 Abs. 1 Satz 3, Abs. 2 EGBGB wird verwiesen auf Rn. 1255 f. 1270

3. Kennzeichen des neuen Verjährungsrechts

Der kenntnisunabhängige Verjährungsbeginn für vertragliche Schadensersatzansprüche gegen Rechtsberater (§§ 51b, 59m Abs. 2 BRAO, §§ 45b, 52m Abs. 2 PatAnwO, §§ 68, 72 Abs. 1 StBerG) wurde gemäß § 199 Abs. 1 BGB durch einen **kenntnisabhängigen Verjährungsbeginn** ersetzt. An die Stelle der früheren Verjährungsfristen von drei Jahren, die sich durch eine Sekundärhaftung (höchstens) verdoppeln konnten (dazu Rn. 1365 ff.), ist unter den Voraussetzungen des § 199 Abs. 1 BGB die **regelmäßige Verjährungsfrist von drei Jahren** getreten (§ 195 BGB); unter den Voraussetzungen des § 199 Abs. 2, 3 BGB sind **Höchst-("Maximal"-)Fristen von zehn oder 30 Jahren** möglich (dazu Rn. 1491 ff.). 1271

III. Zusammenfassung

Aus den vorstehenden Ausführungen ergeben sich **folgende wesentliche Ergebnisse zum Übergangsrecht**: 1272

Die **besonderen Verjährungsvorschriften** für vertragliche Schadensersatzansprüche gegen Rechtsanwälte, Patentanwälte, Steuerberater und Steuerbevollmächtigte sowie gegen Gesellschaften dieser Berufskreise (§§ 51b, 59m Abs. 2 BRAO, §§ 45b, 52m Abs. 2 PatAnwO, §§ 68, 72 Abs. 1 StBerG) gelten – dies ist vor allem wichtig für den **Verjährungsbeginn – bis einschließlich 14.12.2004; ab 15.12.2004** ist auf solche Ansprüche **grundsätzlich das neue Verjährungsrecht** (§§ 194 ff., 634a BGB) anzuwenden, auch – allerdings unter Beibehaltung eines Verjährungsbeginns nach altem Recht – auf die an diesem Tag bestehenden und noch nicht verjährten Ansprüche (Art. 229 § 12 Abs. 1 mit Art. 229 § 6 Abs. 1 Satz 1, 2 EGBGB). Neues Verjährungsrecht gilt grundsätzlich auch dann, wenn ein Regressanspruch gegen die genannten Rechtsberater aus einem Vertragsverhältnis, das vor dem 15.12.2004 begründet wurde, erst nach diesem Stichtag entsteht.

---

33 Dafür *Gsell*, NJW 2002, 1297, 1301 f.
34 *Mansel*, in: *Dauner-Lieb/Heidel/Lepa/Ring*, Anwaltkommentar Schuldrecht, Art. 229 § 6 EGBGB Rn. 18 ff.

Die **Geltung des neuen Verjährungsrechts** für Ansprüche, die am 15.12.2004 noch unverjährt waren, kann bezüglich der **Verjährungsdauer** zugunsten des alten Verjährungsrechts **entfallen** aufgrund eines **Vergleichs zwischen alt- und neurechtlicher Verjährungsfrist**, der nach der Sachlage des konkreten Einzelfalls zum 15.12.2004 vorzunehmen ist (Art. 229 § 12 Abs. 1 mit Art. 229 § 6 Abs. 3, 4 EGBGB).

Umstritten ist die Rechtslage, wenn der primäre Schadensersatzanspruch gegen die genannten Rechtsberater am 15.12.2004 noch unverjährt war und erst später die Voraussetzungen des alten Rechts für einen Sekundäranspruch eintreten (Rn. 1266 f.).

1273 **Bis zum 31.12.2001** richten sich **Hemmung** und **Unterbrechung der Verjährung** schon bestehender und unverjährter Ansprüche **nach altem Recht** (§§ 202 ff., 208 ff. BGB a.F.); **ab 1.1.2002** ist insoweit grundsätzlich das **neue Recht** (§§ 203 – 213 BGB n.F.) auf alle – auch auf die vor diesem Stichtag entstandenen – Ansprüche anzuwenden (Art. 229 § 6 Abs. 1 EGBGB).

B. Altes Verjährungsrecht

I. Einführung

1. Bedeutung für die Praxis

1274 Das **alte Verjährungsrecht** (zum Geltungsbereich Rn. 1251 ff.) hatte **herausragende Bedeutung** für die vertragliche Berufshaftung der Rechtsberater. Vor allem wegen des beraterfreundlichen **kenntnisunabhängigen Verjährungsbeginns** (Rn. 1258) verjährten zahlreiche Schadensersatzansprüche von Mandanten. In nahezu jedem Regressfall wurde die Verjährungseinrede erhoben.

Verjährungsanfällig waren nach altem Recht vor allem vertragliche Schadensersatzansprüche gegen Rechtsanwälte und ihre Gesellschaften (§§ 51b, 59m Abs. 2 BRAO), weil sich die anwaltliche Pflichtverletzung und der daraus folgende Schaden des Auftraggebers häufig erst nach langer Zeit zeigen. Niedriger war die Verjährungsquote für Regressansprüche gegen steuerliche Berater (§§ 68, 72 Abs. 1 StBerG), weil im Regelfall der Pflichtverletzung in einer steuerlichen Angelegenheit die Verjährung grundsätzlich erst mit Bekanntgabe des belastenden Steuerbescheids beginnt (Rn. 1353 f.) und der geschädigte Mandant durch einen solchen Bescheid regelmäßig problembewusst wird.

Das **alte Verjährungsrecht** wird wegen seiner Fortgeltung nach den Übergangsregelungen (dazu Rn. 1252 ff., 1262 ff.) **noch lange für die Haftungspraxis in „Altfällen" bedeutsam** sein. Deswegen soll es hier noch dargestellt werden.

1275 Die Verjährung soll **verhindern**, dass der Schuldner noch nach längerer Zeit in Anspruch genommen werden kann, obwohl sich seine Beweislage inzwischen verschlechtert haben kann, und auf unbegrenzte Zeit Rücklagen für Forderungen aus früherem Verhalten bilden muss. Darüber hinaus dient die Verjährung dem öffentlichen Interesse an Rechtsfrieden und -sicherheit durch möglichst rasche Abwicklung von Rechtsverhältnissen.[35]

2. Inhalt und Geschichte der alten Verjährungsvorschriften

Nach § 51b BRAO, § 45b PatAnwO in der Fassung des Gesetzes zur Neuordnung des Berufsrechts der **Rechtsanwälte** und der **Patentanwälte** vom 2.9.1994,[36] in Kraft seit dem 9.9.1994 (Art. 22 Abs. 1 dieses Gesetzes), verjährt ein Anspruch des Auftraggebers auf Schadensersatz aus dem Vertragsverhältnis zwischen ihm und dem Rechts- bzw. Patentanwalt in drei Jahren von dem Zeitpunkt an, in dem der Anspruch entstanden ist, spätestens jedoch in drei Jahren nach der Beendigung des Auftrags. Diese Vorschriften hatten die gleichlautenden Bestimmungen der §§ 51 BRAO, 45 PatAnwO a.F. abgelöst, die noch auf Haftpflichtfälle anzuwenden waren, die sich vor dem In-Kraft-Treten des Neuordnungsgesetzes ereignet hatten. Dieses Gesetz hatte (Art. 21) das zuvor in den neuen Bundesländern geltende **Rechtsanwaltsgesetz** vom 13.9.1990 aufgehoben, so dass die geänderte **BRAO** alsdann auch **im Beitrittsgebiet galt**.[37]

1276

Vor dem In-Kraft-Treten der BRAO vom 1.8.1959[38] und der PatAnwO vom 7.9.1966[39] hatte die Anwaltshaftung einer längeren Verjährungsfrist unterlegen. Nach dem In-Kraft-Treten des BGB hatte die Regelfrist des § 195 BGB a.F. gegolten. Durch Gesetz vom 22.5.1910[40] war sie auf fünf Jahre verkürzt worden.[41]

Nach altem Recht verjährt ein vertraglicher Schadensersatzanspruch gegen einen **Rechtsbeistand**, der **Mitglied einer Rechtsanwaltskammer** ist, gemäß **§ 51b BRAO**; dagegen unterliegt ein solcher Anspruch gegen einen Rechtsbeistand, der **keiner Rechtsanwaltskammer angehört**, der Regelverjährung nach **§ 195 BGB a.F.**[42]

Nach der Vorschrift des § 59m Abs. 2 BRAO in der Fassung des Gesetzes zur Änderung der Bundesrechtsanwaltsordnung, der Patentanwaltsordnung und anderer Gesetze vom 31.8.1998,[43] die am 1.3.1999 in Kraft getreten ist, gilt die Verjährungsregelung des § 51b BRAO sinngemäß für vertragliche Schadensersatzansprüche gegen **Rechtsanwaltsgesellschaften**. Dementsprechend ist die Verjährungsvorschrift des § 45b

1277

---

35 RGZ 145, 239, 244; BGHZ 59, 72, 74 = NJW 1972, 1460.
36 BGBl. I, S. 2278.
37 Vgl. Art. 231 § 6 EGBGB; BGHZ 122, 308, 310 = NJW 1993, 2178; BGHZ 126, 87 = NJW 1994, 1792; BGHZ 129, 282, 287 = DtZ 1995, 280.
38 BGBl. I, S. 565.
39 BGBl. I, S. 557.
40 RGBl. S. 772.
41 Im Einzelnen *Stoecker*, S. 42; *Windeknecht*, S. 3, 6 ff.; *Stoklossa*, S. 41 f.
42 BGH, NJW-RR 2006, 275, 278.
43 BGBl. I, S. 2600.

Teil 1 • Abschnitt 7 • Verjährung vertraglicher Regressansprüche

PatAnwO nach § 52m Abs. 2 PatAnwO auf vertragliche Regressansprüche gegen **Patentanwaltsgesellschaften** anzuwenden.

1278 Nach **§ 68 StBerG** richtet sich die Verjährung eines Regressanspruchs wegen fehlerhafter Steuerberatung gegen einen **Rechtsanwalt**, der auch Steuerberater ist (Rn. 1304 f.). Danach verjährt ein Anspruch des Auftraggebers auf Schadensersatz aus dem zwischen ihm und dem **Steuerberater** oder **Steuerbevollmächtigten** bestehenden Vertragsverhältnis in drei Jahren von dem Zeitpunkt an, in dem der Anspruch entstanden ist. Diese Vorschrift gilt nach **§ 72 Abs. 1 StBerG a.F.** sinngemäß für einen vertraglichen Schadensersatzanspruch gegen **Steuerberatungsgesellschaften** sowie gegen Vorstandsmitglieder, Geschäftsführer und persönlich haftende Gesellschafter einer Steuerberatungsgesellschaft, die nicht Steuerberater sind.

1279 Nach **§ 51a WPO** kann die Verjährung eines Regressanspruchs wegen mangelhafter Steuerberatung gegen einen **Rechtsanwalt**, der zugleich Wirtschaftsprüfer ist, zu beurteilen sein (Rn. 1304 f.). Danach verjährt ein vertraglicher Schadensersatzanspruch des Auftraggebers gegen einen **Wirtschaftsprüfer** in fünf Jahren seit Entstehung des Anspruchs. Diese Vorschrift gilt nach **§ 56 Abs. 1 WPO a.F.** sinngemäß für einen vertraglichen Schadensersatzanspruch gegen **Wirtschaftsprüfungsgesellschaften** sowie gegen Vorstandsmitglieder, Geschäftsführer und persönlich haftende Gesellschafter einer Wirtschaftsprüfungsgesellschaft, die nicht Wirtschaftsprüfer sind. Nach **§ 323 Abs. 5 HGB** verjähren Schadensersatzansprüche gegen **Abschlussprüfer** in fünf Jahren.

3. Zweck und Einschränkung der alten Verjährungsregelungen

1280 Die alten Verjährungsvorschriften, die vor allem wegen des kenntnisunabhängigen Verjährungsbeginns beraterfreundlich waren (Rn. 1258), sollten die **Rechtsberater davor bewahren**, durch die Folgen berufstypischer Risiken in unübersehbarer Weise auf unangemessen lange Zeit wirtschaftlich bedroht zu werden.[44]

1281 Dieser **gesetzliche Schutzzweck** zielte darauf ab, die hohe **Haftungsgefahr des Anwalts auszugleichen**. Dieser hat, sofern keine wirksame Haftungsbeschränkung vereinbart ist (vgl. Rn. 410 ff.), für jede auch nur leicht fahrlässige Verletzung seiner Vertragspflichten zur umfassenden Beratung und Wahrnehmung der Interessen seines Auftraggebers einzustehen[45] (vgl. Rn. 482, 506 ff.). Dieses Haftungsrisiko steht oft in einem Missverhältnis zur Vergütung. Übersteigt die Ersatzpflicht das vom Berufshaftpflichtversicherer gedeckte Wagnis, so ist die wirtschaftliche Existenz des Anwalts bedroht. Das gilt für den **Steuerberater** entsprechend.

---

[44] BGHZ 94, 380, 387, für die Anwaltshaftung; BGHZ 129, 386, 390, für die Steuerberaterhaftung.

[45] BGH, NJW 1993, 1320, 1322; 1994, 1211, 1212.

Die **beraterfreundlichen Verjährungsregelungen** gingen zwangsläufig **zulasten des geschädigten Auftraggebers.** Dieser ist infolge fehlender Rechtskenntnis häufig außerstande, die Pflichtverletzung seines Anwalts oder Steuerberaters und seinen daraus folgenden („Rechts"-)Schaden so früh zu erkennen, dass er seinen Ersatzanspruch im gesetzlich vorgesehenen Zeitraum rechtzeitig geltend machen kann. **Benachteiligt** ist **vor allem der Mandant,** der das beiderseits erwünschte – **Vertrauensverhältnis** zu seinem Rechtsberater **über lange Zeit aufrechterhält (Dauermandat).** Die **höchstrichterliche Rechtsprechung** war bemüht, den vom Gesetzgeber gewollten Verjährungsschutz den Anwälten und Steuerberatern zugute kommen zu lassen, ohne den geschädigten Mandanten mit einer strengen Anwendung der Verjährungsvorschrift weitgehend rechtlos zu stellen. Diesem muss – auch **aus verfassungsrechtlichen Gründen** (vgl. Rn. 1374 ff.) – **eine faire Chance** verbleiben, seinen Anspruch durchzusetzen. Um dies zu gewährleisten, hat der BGH zwei Wege beschritten. Er hat die vom RG 1938 – zur damals geltenden Verjährungsfrist von fünf Jahren – entwickelte **Sekundärhaftung**[46] 1967 übernommen[47] und seitdem fortgeführt[48] (vgl. Rn. 1365 ff.). Außerdem ist er der Gefahr, die Verjährungsregelungen durch Festlegung eines zu frühen Verjährungsbeginns noch zu verschärfen, entgegengetreten, indem er – ausgehend von seiner Grundsatzentscheidung vom 2. 7. 1992 zum Verjährungsbeginn in der Steuerberaterhaftung[49] – den **Zeitpunkt der Schadensentstehung,** die den Ersatzanspruch und damit den **Verjährungsbeginn** auslöst, durch die sog. „**Risiko-Schaden-Formel**" genauer bestimmt hat (vgl. Rn. 1342 ff.).

Im Ergebnis führte die **richterliche Auslegung** der gesetzlichen Verjährungsregelung dazu, dass der **Schutz der Rechtsanwälte** und **Steuerberater** vor einer unangemessen langen Bedrohung durch das berufliche Haftungsrisiko – gemäß dem Willen des Gesetzgebers – **im Vordergrund** stand, der **geschädigte Mandant** aber dennoch i.d.R. **Gelegenheit** erhielt, **seinen Ersatzanspruch rechtzeitig geltend zu machen.** Dies hat die 1. Kammer des Ersten Senats des **BVerfG** in einem Beschluss vom 16.2.1999 (1 BvR 812/96) im Kern gebilligt (Rn. 1374 ff.).

1282

II. Vertraglicher Schadensersatzanspruch des Auftraggebers

Die Verjährungsregelungen der §§ 51b BRAO, 45b PatAnwO erstrecken sich auf den Anspruch des Auftraggebers auf Schadensersatz aus seinem „**Vertragsverhältnis**" mit dem **Rechtsanwalt.** Darunter fällt – in zulässiger entsprechender Anwendung der Verjährungsvorschrift[50] – auch ein Ersatzanspruch gegen den Anwalt aus **vertragsähnlicher Beziehung** (vgl. Rn. 1315 ff.).

1283

---

46 RGZ 158, 130, 136.
47 BGH, VersR 1967, 979.
48 U.a. BGHZ 94, 380, 385 = NJW 1985, 2250; BGH, WM 2003, 928, 930.
49 BGHZ 119, 69 = NJW 1992, 2766.
50 Vgl. BGHZ 58, 121, 122 = NJW 1972, 630; BGHZ 93, 278, 285 = NJW 1985, 1161.

Dies gilt entsprechend für die vertragliche oder vertragsähnliche Haftung eines **Rechtsbeistandes**, der Mitglied einer Rechtsanwaltskammer ist.[51]

1. Vertragsverhältnis

1284 Ein **Vertragsverhältnis** i.S.d. **§ 51b BRAO** liegt nur dann vor, wenn der **Rechtsanwalt** im Rahmen eines **Geschäftsbesorgungsvertrages** (§ 675 Abs. 1 BGB) oder aufgrund einer **vertragsähnlichen Beziehung** gemäß **3 Abs. 1 BRAO als unabhängiger Berater und Vertreter in einer Rechtsangelegenheit** tätig werden soll.[52] Dazu gehören auch eine **steuerrechtliche Beratung** durch den Rechtsanwalt (vgl. § 3 Nr. 2 StBerG)[53] und dessen Tätigkeit als **Mediator** (Schlichter, Vermittler).[54]

Dagegen richtet sich die Verjährung eines vertraglichen Regressanspruchs dann **nicht** nach § 51b BRAO, wenn der **Rechtsanwalt amtlich oder amtsähnlich tätig** war (dazu Rn. 1285 ff.) oder eine **berufsuntypische Aufgabe** wahrgenommen hat (dazu Rn. 1306 ff.).

a) Amtliche oder amtsähnliche Anwaltstätigkeit und Verjährung

aa) Tätigkeiten gemäß § 1 Abs. 2 RVG

1285 Der Rechtsanwalt wird nicht aufgrund eines Vertrages, sondern in einem **gesetzlichen Schuldverhältnis** tätig, wenn er für eine amtliche oder amtsähnliche Aufgabe „beigeordnet" bzw. „bestellt" wird (vgl. Rn. 155 ff.). In diesen Fällen richtet sich die Verjährung eines Ersatzanspruchs **nicht nach § 51b BRAO**. Dies gilt für die in **§ 1 Abs. 2 RVG** (vgl. früher § 1 Abs. 2 BRAGO) genannten Tätigkeiten als **Vormund, Betreuer, Pfleger, Testamentsvollstrecker, Insolvenzverwalter, Sachwalter, Mitglied des Gläubigerausschusses, Nachlass- oder Zwangsverwalter**.

1286 Dagegen verjährt ein **vertraglicher Schadensersatzanspruch** gegen einen Rechtsanwalt, der als **Treuhänder** auch Rechtsberatung durchzuführen hatte, nach § 51b BRAO[55] (vgl. Rn. 1779 ff.). Dies gilt auch für eine Ersatzforderung gegen einen

---

51 BGH, NJW 2006, 275, 278.
52 BGH, NJW 1994, 1405 = WM 1994, 504 m.w.N.
53 BGHZ 83, 328, 330 = NJW 1982, 1866; BGH, NJW 1994, 1405 = WM 1994, 504; zur Verjährung der Haftung steuerlicher Berater: *Zugehör*, WM 2000, Sonderbeilage Nr. 4, S. 22 ff.
54 OLG Hamm, MDR 1999, 836; *Römermann*, in: *Hartung/Holl*, BRAO, § 51b BRAO Rn. 6; *Vollkommer/Heinemann*, Rn. 22; *Leibner*, NJW 2002, 3521.
55 BGHZ 120, 157, 159 = NJW 1993, 199; BGH, WM 1995, 344, 347 = NJW 1995, 1025.

Rechtsanwalt, der aufgrund eines Vertrages als **Schiedsrichter**[56] oder als **Liquidator**[57] tätig war.

In entsprechender Anwendung des § 852 BGB a.F. **verjährte** ein Schadensersatzanspruch gegen einen Rechtsanwalt, wenn dieser haftete 1287
- als **Konkursverwalter** aus § 82 KO,[58]
- als **Sequester** aus §§ 106, 82 KO,[59]
- als **Vergleichsverwalter** aus § 42 VerglO und als **Sachwalter** aus § 92 Abs. 1, § 42 VerglO,[60]
- als **Mitglied des Gläubigerausschusses** aus § 89 KO[61] oder des **Gläubigerbeirats** aus § 44 Abs. 3 VerglO[62] oder
- als **Zwangsverwalter** aus § 154 ZVG.[63]

Nach Aufhebung des § 852 Abs. 1 BGB a.F. durch das Gesetz zur Modernisierung des Schuldrechts vom 26.11.2001[64] zum 1.1.2002 unterliegt ein Schadensersatzanspruch gegen einen **anwaltlichen Zwangsverwalter** aus § 154 ZVG nunmehr dem **neuen Verjährungsrecht** (§§ 194 ff. BGB, Art. 229 § 6 EGBGB).[65]

Nach § 62 der seit 1999 geltenden **Insolvenzordnung – InsO** – vom 5.10.1994[66] verjährte ein Schadensersatzanspruch gegen einen **Insolvenzverwalter** (§§ 60, 61 InsO),[67] der in einem **gesetzlichen Schuldverhältnis** steht,[68] grundsätzlich in drei Jahren von dem Zeitpunkt an, in dem der Verletzte von dem Schaden und den Umständen, welche die Ersatzpflicht begründen, Kenntnis erlangt; diese Vorschrift gilt entsprechend für einen Schadensersatzanspruch gegen **Mitglieder des Gläubigerausschusses** (§ 71 InsO). **§ 62 Satz 1 InsO** wurde durch das Gesetz zur Anpassung von Verjäh-

---

56 Vgl. RGZ 94, 210, 213; BGHZ 42, 313, 315 = NJW 1965, 298; BGH, NJW 1954, 1763, 1764; 1986, 3077.
57 Vgl. BGH, WM 1998, 2248 = BGHZ 139, 309.
58 BGHZ 93, 278 = NJW 1985, 1161.
59 Vgl. BGH, NJW 1989, 1034.
60 BGH, WM 1992, 2110, 2115 = NJW 1993, 522; BGHZ 126, 138 = NJW 1994, 3102.
61 Vgl. BGH 124, 86 = NJW 1994, 453.
62 BGHZ 126, 138 = NJW 1994, 3102.
63 OLG Hamm, ZIP 1989, 1592.
64 BGBl. I, S. 3138.
65 *Vollkommer/Heinemann*, Rn. 30.
66 BGBl. I, S. 2866.
67 Dazu BGH, WM 2004, 1191 = BGHZ 159, 104; *MünchKomm/Brandes*, InsO, §§ 60, 61 Rn. 1 ff.; *Fischer, G.*, WM 2004, 2185; *Weinbeer*, AnwBl 2004, 48 und 518; *Jungk*, AnwBl 2004, 117, 118.
68 BGHZ 93, 278, 281 = NJW 1985, 1161; BGH, NJW 1994, 323, 324, jeweils für den Konkursverwalter.

rungsvorschriften vom 9.12.2004⁶⁹ mit grundsätzlicher Wirkung vom 15.12.2004 (Art. 229 § 12 EGBGB) dahin **geändert**, dass die Verjährung eines Anspruchs auf Ersatz eines Schadens, der aus einer Pflichtverletzung des Insolvenzverwalters entstanden ist, den Regelungen über die regelmäßige Verjährung nach dem BGB unterliegt; danach gilt insoweit das **neue Verjährungsrecht** (§§ 195 ff. BGB).

Auf die Verjährungsvorschrift des § 62 InsO wird verwiesen für Ersatzansprüche gegen einen **Sachwalter** bei Eigenverwaltung (§ 274 Abs. 1 InsO) und gegen einen **Treuhänder im Verbraucherinsolvenzverfahren** (§ 313 Abs. 1 InsO). Ein Ersatzanspruch gegen einen **Treuhänder im Restschuldbefreiungsverfahren** (§ 292 InsO) unterliegt der **Regelverjährung** (§§ 195 ff. BGB).⁷⁰

1288 Haftet ein Rechtsanwalt als **Vormund**, so unterlag ein Ersatzanspruch des Mündels aus § 1833 BGB nach altem Recht der Regelverjährung (§ 195 BGB a.F.);⁷¹ seit dem 1.1.2002 kann ein solcher Anspruch grundsätzlich nach neuem Recht gemäß § 197 Abs. 1 Nr. 2, §§ 200, 207 Abs. 1 Satz 1, 2 Nr. 3 BGB verjähren⁷² (vgl. Rn. 1446).

Eine entsprechende Verjährung nach altem Recht galt für die – auf § 1833 BGB zurückzuführende – Haftung als **Pfleger** (§ 1915 BGB) oder **Betreuer** (§ 1908i BGB)⁷³ sowie als **Nachlassverwalter** (§ 1985 BGB) – ein Sonderfall der Nachlasspflegschaft⁷⁴ – gegenüber den Erben⁷⁵ und Nachlassgläubigern;⁷⁶ insoweit kann sich die Verjährung gemäß neuem Recht nach § 197 Abs. 1 Nr. 2, §§ 200, 207 Abs. 1 Satz 1, 2 Nr. 4, 5 BGB richten⁷⁷ (vgl. Rn. 1446).

Auch ein Schadensersatzanspruch gegen einen **Testamentsvollstrecker** (§ 2219 BGB) verjährte nach altem Recht gemäß § 195 BGB a.F.;⁷⁸ nach neuem Recht kann ein solcher Anspruch nach § 197 Abs. 1 Nr. 2, § 200 BGB verjähren⁷⁹ (vgl. Rn. 1446).

1289 Soweit **Rechtsanwälte** nach Landesrecht⁸⁰ als „**Gütestelle**" (vgl. § 15a EGZPO mit § 794 Abs. 1 Nr. 1, § 797a ZPO) tätig werden, ist streitig, ob diese Tätigkeit aufgrund eines privaten Amtes im Rahmen eines vertraglichen oder gesetzlichen Schuldver-

---

69 BGBl. I, S. 3214.
70 *MünchKomm/Ehricke*, InsO, § 292 Rn. 74.
71 RG, Das Recht 1907, Nr. 2575; BGHZ 9, 255, 257 = NJW 1953, 1100.
72 *Palandt/Diederichsen*, BGB, 64. Aufl. 2005, § 1833 Rn. 4.
73 *Vollkommer/Heinemann*, Rn. 23.
74 BGH, WM 2005, 237, 239.
75 BGH, NJW 1985, 140.
76 *Vollkommer/Heinemann*, Rn. 26.
77 Vgl. *Palandt/Heinrichs*, BGB, 64. Aufl. 2005, § 197 Rn. 4, 7.
78 BGH, NJW 2002, 3773.
79 *Palandt/Heinrichs*, BGB, 64. Aufl. 2005, § 197 Rn. 8, 10; *Palandt/Edenhofer*, BGB, 64. Aufl. 2005, § 2219 Rn. 1.
80 Dazu die Zusammenstellung von *Zietsch/Roschmann*, NJW 2001, Beil. zu Heft 51.

hältnisses ausgeübt wird[81] oder hoheitlicher Art ist mit einer Haftung aus § 839 BGB, Art. 34 GG.[82]

bb) Tätigkeiten gemäß §§ 48, 49, 49a BRAO

Die **öffentlich-rechtliche Beiordnung** des Rechtsanwalts im Wege der **Prozesskostenhilfe** (vgl. § 121 ZPO und die entsprechenden Bestimmungen in anderen Verfahrensgesetzen) begründet allein **noch kein Vertragsverhältnis** zwischen dem Anwalt und der Partei. Dafür hat diese einen **Auftrag** zu erteilen, den der Anwalt im öffentlichen Interesse annehmen muss (§ 48 Abs. 1 Nr. 1 BRAO).[83]   1290

Ein **Anwaltsvertrag** mit der Partei **kann schon vor der Beiordnung bestehen**, und zwar – je nach Vereinbarung im Einzelfall – unbedingt oder aufschiebend bzw. auflösend bedingt durch die Beiordnung.[84] Wird nicht der Rechtsanwalt, der mit der Partei bereits einen unbedingten Anwaltsvertrag geschlossen hat, sondern ein anderer Rechtsanwalt – etwa ein Angestellter des bereits tätigen Anwalts – beigeordnet, so kann das Mandat des Erstanwalts auf den Zweitanwalt übertragen werden; möglicherweise schließt auch der Zweitanwalt – neben dem ersten Anwaltsvertrag – einen eigenen Vertrag mit der Partei.[85]

Dem **beigeordneten Rechtsanwalt** obliegen, solange kein Vertragsverhältnis besteht, **vorvertragliche Fürsorge-, Belehrungs- und Betreuungspflichten** gegenüber der Partei.[86] Ein Schadensersatzanspruch wegen Verletzung einer solchen anwaltlichen Pflicht **verjährt** nach altem Recht **gemäß § 51b BRAO** (Rn. 1315 ff.).

Die vorstehenden Ausführungen gelten im Kern entsprechend für eine **Beiordnung als Notanwalt** (§ 48 Abs. 1 Nr. 2 BRAO mit §§ 78b, 78c ZPO).   1291

Das gilt ebenfalls für eine anwaltliche Tätigkeit im vor- und außergerichtlichen Bereich nach dem **Beratungshilfegesetz** (vgl. § 49a BRAO).[87] Sobald ein Anwaltsvertrag mit dem Rechtsuchenden geschlossen ist, bestehen für den Rechtsanwalt dieselben Vertragspflichten wie bei jedem anderen Mandat; ein Schadensersatzanspruch aus diesem Vertragsverhältnis **verjährt** nach altem Recht **gemäß § 51b BRAO**.   1292

Ein gesetzliches Schuldverhältnis entsteht auch dann, wenn der Rechtsanwalt dem Antragsgegner in einer Scheidungssache gemäß **§ 625 ZPO** als **Beistand** (§ 90 ZPO) bei-   1293

---

81 So *Vollkommer/Heinemann*, Rn. 21.
82 So *Prütting*, Außergerichtliche Streitschlichtung, Rn. 721.
83 Vgl. RGZ 115, 60, 62; BGHZ 47, 320, 322; 60, 255, 257 f.
84 Vgl. BGH, FamRZ 2005, 261 = BGHReport 2005, 344 = NJW-RR 2005, 494, 495.
85 BGH, FamRZ 2005, 261 = BGHReport 2005, 344 = NJW-RR 2005, 494.
86 RGZ 115, 60, 63; BGHZ 30, 226, 230; 60, 255, 258 f.
87 *Derleder*, MDR 1981, 448, 449; *Greissinger*, NJW 1985, 1671, 1674; *Brinker*, S. 15; *Schneider (Egon)*, MDR 1988, 282; *Vollkommer/Heinemann*, Rn. 62.

geordnet wird (vgl. § 48 Abs. 1 Nr. 3 BRAO).[88] Solange der Beistand unabhängig vom Willen der betreuten Partei geleistet wird, kann dies nicht auf einen Vertrag zurückgeführt werden. Daran ändert es nichts, dass der beigeordnete Anwalt von der Partei die Vergütung eines zum Prozessbevollmächtigten bestellten Rechtsanwalts verlangen kann (§ 39 RVG; früher § 36a Abs. 1 BRAGO). Erst wenn der Antragsgegner den Anwalt tatsächlich zum Prozessbevollmächtigten bestellt, kommt ein Vertrag zustande.

1294 Um ein gesetzliches Schuldverhältnis handelt es sich auch, wenn der Anwalt nach der Strafprozessordnung oder dem Gesetz über Ordnungswidrigkeiten zum **(Pflicht-)Verteidiger** oder nach dem Gesetz über die internationale **Rechtshilfe in Strafsachen** vom 23.12.1982[89] oder nach dem Gesetz über die Zusammenarbeit mit dem Internationalen Strafgerichtshof vom 21.6.2002[90] als **Beistand** bestellt ist (§ 49 BRAO),[91] solange der Anwalt diese Tätigkeit unabhängig vom Willen der zu betreuenden Person ausübt und diese von sich aus kein Mandat erteilt.

1295 Soweit eine anwaltliche Tätigkeit gemäß **§§ 48, 49, 49a BRAO** nicht auf einem vertraglichen oder vorvertraglichen Verhältnis beruht, konnte ein Schadensersatzanspruch der Partei nach altem Recht **nicht** nach § 51b BRAO verjähren. Insoweit wird im Schrifttum eine Haftung in entsprechender Anwendung des § 1833 BGB befürwortet,[92] die nach altem Recht der Regelverjährung unterlag (§ 195 BGB a.F.).

cc) Notar und Anwaltsnotar

1296 Der **Notar** ist unabhängiger Träger eines **öffentlichen Amtes** (§ 1 BNotO). Er hat für eine Amtspflichtverletzung nicht aufgrund eines privatrechtlichen Vertrages einzustehen, sondern unterliegt der **Amtshaftung** (§ 19 BNotO). Ein Schadensersatzanspruch gegen einen Notar **verjährt** nach altem Recht gemäß § 852 BGB a.F., nach neuem Recht gemäß §§ 194 ff. BGB (§ 19 Abs. 1 Satz 3 BNotO).

Kennzeichen der **Anwaltstätigkeit** ist die **einseitige Wahrnehmung der Interessen des Auftraggebers**; dagegen übt ein **Notar** sein Amt als **unparteiischer Betreuer aller Beteiligten** aus (§ 14 Abs. 1 Satz 2 BNotO).[93] **Entscheidend für die Abgrenzung**[94] zwischen anwaltlicher und notarieller Tätigkeit eines Anwaltsnotars sind die **objektiven Umstände des jeweiligen Einzelfalls**, insbesondere Art und Schwerpunkt

---

88 Vgl. *Brinker*, S. 16; *Vollkommer/Heinemann*, Rn. 60.
89 BGBl. I, S. 2071.
90 BGBl. I, S. 2144.
91 Vgl. *Brinker*, S. 17; *Vollkommer/Heinemann*, Rn. 61.
92 Vgl. *Vollkommer*, Rn. 42; *Brinker*, S. 16.
93 BGH, WM 1992, 1533, 1537; 1993, 1889, 1890; 1996, 30, 32; BGHZ 134, 100, 104 = NJW 1997, 661; BGH, NJW 1998, 1864, 1866; WM 2000, 193, 194; 2001, 1204, 1205.
94 Dazu im Einzelnen *Zugehör*, in: *Zugehör/Ganter/Hertel*, Notarhaftung, Rn. 307 ff.

der konkreten Tätigkeit des Anwaltsnotars, sowie die Sicht der Beteiligten.[95] Dementsprechend kann dieselbe Tätigkeit eines Anwaltsnotars – z.b. ein Vertragsentwurf – eine anwaltliche Leistung[96] oder ein notarielles Amtsgeschäft sein.[97]

Wird ein **Schadensersatzanspruch** gegen einen Rechtsanwalt, der zugleich Notar ist, erhoben, so richtet sich die Haftung danach, ob der **Anwaltsnotar** für einen (Anwalts-)Mandanten aufgrund eines privatrechtlichen Geschäftsbesorgungsvertrages (§ 675 Abs. 1 BGB; Rn. 480) – nach altem Recht mit der Verjährungsregelung des § 51b BRAO – oder als Notar in Ausübung eines öffentlichen Amtes – nach altem Recht mit der Verjährungsregelung des § 852 BGB a.F. (§ 19 Abs. 1 Satz 3 BNotO) –[98] tätig geworden ist. 1297

§ 24 Abs. 2 BNotO enthält Hilfsregeln für den Fall, dass es unklar ist, ob ein Anwaltsnotar als Rechtsanwalt oder Notar tätig geworden ist. Diese Regeln werden nicht benötigt, wenn die Zuordnung im Einzelfall aufgrund der Umstände eindeutig oder unter den Beteiligten unstreitig ist.

Besteht **Unklarheit** darüber, ob die Tätigkeit des Anwaltsnotars anwaltlicher oder notarieller Art ist, so ist vorrangig **§ 24 Abs. 2 Satz 1 BNotO** anzuwenden. Danach „ist anzunehmen", dass ein Anwaltsnotar, der Handlungen der in Absatz 1 bezeichneten Art („sonstige Betreuung der Beteiligten auf dem Gebiet vorsorgender Rechtspflege" nebst entsprechender Vertretung vor Gerichten und Verwaltungsbehörden) vornimmt, **als Notar** tätig wird, wenn die Handlung bestimmt ist, Amtsgeschäfte i.S.d. §§ 20 – 23 BNotO (Beurkundungen und Beglaubigungen, sonstige Bescheinigungen, Abnahme von Eiden und Aufnahme eidesstattlicher Versicherungen, Aufbewahrung und Ablieferung von Wertgegenständen) vorzubereiten oder auszuführen. Erledigt ein Anwaltsnotar ein solches Betreuungsgeschäft, so wird – gemäß dem Wortlaut des § 24 Abs. 2 Satz 1 BNotO – **unwiderlegbar eine notarielle Tätigkeit** vermutet.[99] 1298

Nach **§ 24 Abs. 2 Satz 2 BNotO** ist „im Übrigen ... im Zweifel anzunehmen", dass der **Anwaltsnotar als Rechtsanwalt** tätig geworden ist. 1299

Die Anwendung dieser Vorschrift setzt zunächst voraus, dass die **Tätigkeit eines Anwaltsnotars nicht eindeutig** dem anwaltlichen oder notariellen Bereich **zuzuordnen** ist und auch die Voraussetzungen des § 24 Abs. 2 Satz 1 BNotO für die Vermutung einer notariellen Tätigkeit nicht vorliegen, weil ein unmittelbarer sachlicher Zusammenhang mit einem Amtsgeschäft i.S.d. §§ 20 – 23 BNotO fehlt.

---

95 BGHZ 134, 100, 105 = WM 1997, 78 = NJW 1997, 661; BGH, NJW 1998, 1864, 1866; 2000, 734, 735; *Zugehör*, ZNotP 1997, 42 ff.
96 Vgl. BGH, WM 1996, 540 und 1832.
97 BGH, WM 1993, 260, 261.
98 Dazu *Zugehör*, in: *Zugehör/Ganter/Hertel*, Notarhaftung, Rn. 2361 ff.
99 BGH, WM 1977, 1141.

Da § 24 Abs. 2 Satz 2 BNotO eine **Auslegungsregel** ist, die nur eingreift, wenn nicht auf andere Weise Klarheit erreicht werden kann, muss außerdem vor Anwendung dieser Bestimmung versucht werden, die Zweifel durch **Ermittlungen** darüber auszuräumen, ob die Tätigkeit des Anwaltsnotars dem anwaltlichen oder notariellen Bereich zuzuordnen ist.[100] Auch insoweit sind die **gesamten objektiven Umstände** sowie die **Vorstellungen der Beteiligten** zu berücksichtigen.[101] Erst wenn danach **noch Zweifel** verbleiben, ist gemäß § 24 Abs. 2 Satz 2 BNotO eine **anwaltliche Tätigkeit des Anwaltsnotars** anzunehmen.

1300 Schwierig kann die **Abgrenzung** zwischen anwaltlicher und notarieller Tätigkeit eines Anwaltsnotars vor allem **bei Beratung und Treuhandgeschäften** sein.[102]

b) Anwaltsdienst- oder -werkvertrag und Verjährung

1301 Das Vertragsverhältnis zwischen einem Rechtsanwalt und seinem Auftraggeber ist **regelmäßig ein Dienstvertrag**, der eine **Geschäftsbesorgung** zum Gegenstand hat (§§ 611, 675 Abs. 1 BGB). Nur **ausnahmsweise** kann der Anwaltsvertrag ein **Werkvertrag** sein, der eine Geschäftsbesorgung zum Gegenstand hat (§§ 631, 675 Abs. 1 BGB), nämlich dann, wenn der Anwalt in erster Linie nicht rechtlichen Beistand, sondern einen durch fachliche Arbeit herbeizuführenden **Erfolg** schuldet (vgl. § 631 Abs. 2 BGB).[103] Dies kann der Fall sein, wenn der Rechtsanwalt ein **Rechtsgutachten**[104] oder einen **Vertragsentwurf** zu erstellen hat[105] oder einen **Jahresabschluss** anzufertigen und zu prüfen hat (Rn. 6 ff., 480).[106]

Diese **Unterscheidung** ist **erheblich**, weil zwar nicht das Dienstvertragsrecht, wohl aber das Werkvertragsrecht eine eigenständige Regelung der **Mängelhaftung** (§§ 633 ff. BGB; dazu Rn. 1183 ff.) – mit besonderer Verjährungsregelung (§ 634a BGB; dazu Rn. 1497 ff.) – hat.

1302 Ein Schadensersatzanspruch des Mandanten aus einem **Anwaltsdienstvertrag** verjährt nach altem Recht gemäß **§ 51b BRAO**. Der BGH[107] hat **diese Verjährungsregelung** und diejenige des – mit § 51b Fall 1 BRAO übereinstimmenden – **§ 68 StBerG**

---

100 Vgl. WM 1992, 1533, 1537; 1996, 30, 32; NJW 1998, 1864, 1866.
101 BGH, NJW 1998, 1864, 1866.
102 Dazu mit Fällen der Rechtsprechung: *Zugehör*, in: *Zugehör/Ganter/Hertel*, Notarhaftung, Rn. 314 ff.
103 BGHZ 54, 106, 107 f. = NJW 1970, 1596; BGH, NJW 1965, 106; NJW 1967, 719, 720.
104 BGH, NJW 1965, 106; NJW 1967, 719, 720.
105 Vgl. RG, JW 1914, 642; BGH, WM 1996, 540, 541; 1996, 1832, 1833 = NJW 1996, 2929.
106 BGH, NJW 2000, 1107.
107 NJW 1982, 2256, zu § 68 StBerG für einen Werkvertrag des Mandanten mit einem Steuerberater; NJW 1996, 661, 662 = WM 1996, 540, 541, zu dem – vor § 51b BRAO geltenden und mit dieser Vorschrift übereinstimmenden – § 51 BRAO a.F. für einen Anwaltsvertrag.

B. Altes Verjährungsrecht

auch auf **Werkverträge** des Mandanten mit Rechtsanwälten und Steuerberatern angewandt,[108] weil nach Sinn und Zweck dieser Bestimmungen kein sachlicher Grund für eine Unterscheidung zwischen Dienst- und Werkvertrag bestehe. Diese Rechtsprechung ist nicht unbedenklich, soweit es sich um einen Anspruch des Bestellers auf Ersatz eines „**Mangelschadens**" i.S.d. § 635 BGB a.F. handelte, der nach § 638 Abs. 1 BGB a.f. grundsätzlich der kurzen Verjährung von sechs Monaten seit Abnahme des Werks unterlag;[109] die besonderen Verjährungsregelungen in den Anwaltsordnungen verkürzten nämlich nur nach und nach die ursprünglich geltende Frist der Regelverjährung gemäß § 195 BGB a.F., verlängerten aber nicht kürzere Verjährungsfristen zu Lasten der Rechtsanwälte.[110]

Diese höchstrichterliche Rechtsprechung muss folgerichtig auch für einen Schadensersatzanspruch aus einem Werkvertrag gegen einen **Wirtschaftsprüfer oder eine Wirtschaftsprüfungsgesellschaft** aus §§ 51a, 56 Abs. 1 WPO, 323 Abs. 5 HGB a.F. entsprechend gelten.

Ausgehend von dieser Rechtsprechung wurde die **neue Verjährungsregelung des** § **634a BGB** für Mängelansprüche des Bestellers, eingeführt durch Gesetz zur Modernisierung des Schuldrechts vom 26.11.2001[111] mit Wirkung vom 1.1.2002 (Art. 229 § 6 EGBGB; vgl. Rn. 1251 ff., 1261 f.), **durch die spezialrechtlichen Bestimmungen der §§ 51b BRAO, 68 StBerG – bis zu deren Aufhebung** mit Ablauf des 14.12.2004 durch Gesetz vom 9.12.2004 zur Anpassung von Verjährungsvorschriften[112] (Art. 229 § 12 EGBGB; vgl. Rn. 1261 f.) – **verdrängt**.[113]

1303

Dies muss folgerichtig entsprechend gelten für § 634a BGB im Verhältnis zu **§§ 51a, 56 Abs. 1 WPO, 323 Abs. 5 HGB bis zur Aufhebung** dieser Verjährungsvorschriften mit Ablauf des 31.12.2003 durch Gesetz vom 1.12.2003[114] (vgl. Rn. 1260).

---

108 So auch die h.M. im Schrifttum: *Rinsche*, Rn. I 5; *Kleutgens*, S. 121; *Vollkommer*, Rn. 453; *Feuerich/Weyland*, BRAO, § 51b Rn. 7; *Henssler/Prütting*, BRAO, § 51b Rn. 16; *Brinker*, S. 12 ff.; *van Venrooy*, DB 1981, 2364, 2369 f.; *Stoklossa*, S. 38 f.; *Vollkommer/Heinemann*, Rn. 622; *Borgmann*, in: *Borgmann/Jungk/Grams*, § 48 Rn. 6.
109 BGHZ 58, 85, 87 = NJW 1972, 625; BGHZ 58, 332, 338 = NJW 1972, 1280; BGHZ 61, 203, 205 = NJW 1973, 1752; BGHZ 67, 1, 5 f. = NJW 1976, 1502; BGHZ 87, 239, 241 f. = NJW 1983, 2078.
110 RGZ 88, 223, 225 f.; BGH, NJW 1965, 106; *Stoecker*, S. 79 ff.; *Hirte*, S. 28; vgl. *Zugehör*, Vorauflage dieses Handbuchs, Rn. 1193 f.
111 BGBl. I, S. 3138.
112 BGBl. I, S. 3214.
113 *Henssler/Prütting*, BRAO, § 51b Rn. 13; *Vollkommer/Heinemann*, Rn. 622; *Mansel*, NJW 2002, 418, 419.
114 BGBl. I, S. 2446.

c) „Mehrfachberufler" und Verjährung

aa) Rechtsanwalt – Steuerberater – Wirtschaftsprüfer

1304 Die alten Verjährungsvorschriften für einen vertraglichen Haftpflichtanspruch gegen einen **Rechtsanwalt** (§ 51b BRAO, § 45b PatAnwO) überschnitten sich dann nicht mit denjenigen, die für vertragliche Regressforderungen gegen **Steuerberater, Steuerbevollmächtigte** und **-beratungsgesellschaften** (§§ 68, 72 StBerG) sowie gegen **Wirtschaftsprüfer** und **Wirtschaftsprüfungsgesellschaften** (§§ 51a, 56 WPO, §§ 323 Abs. 5 HGB) galten, falls der Anwalt nicht auch dem anderen Beruf angehört.[115] **Kein Mehrfachberufler** ist grundsätzlich der **Rechtsanwalt, der Steuerberatung durchführt**, weil diese zum typischen Berufsbild des Anwalts gehört; deswegen verjährte ein Schadensersatzanspruch gegen den Anwalt wegen fehlerhafter steuerrechtlicher Beratung nach § 51b BRAO, nicht gemäß § 68 StBerG.[116] Dies galt auch dann, wenn es sich um einen **Fachanwalt für Steuerrecht** handelte.[117]

Gehört der Rechtsberater dagegen mehreren Berufen an („Mehrfachberufler"), so war die Verjährungsvorschrift derjenigen Berufsordnung anzuwenden, der die im Einzelfall ausgeübte Tätigkeit zuzuordnen war.[118] Dafür war zunächst **maßgeblich,** welche **Berufsordnung** die Vertragspartner der Beratertätigkeit **erkennbar zugrunde legen wollten; war** dies nicht festzustellen, so konnte vom **Schwerpunkt** der Vertragspflichten des Beraters auf den mutmaßlichen Vertragswillen geschlossen werden.[119]

bb) Steuerberatender Rechtsanwalt, der zugleich Steuerberater und/oder Wirtschaftsprüfer ist

1305 Danach verjährt ein **Ersatzanspruch wegen fehlerhafter Steuerberatung gegen einen Rechtsanwalt, der auch Steuerberater ist,** i.d.R. nach **§ 68 StBerG**[120] (vgl. Rn. 109 ff.). Dies galt **nicht, wenn der Rechtsanwalt zugleich Wirtschaftsprüfer ist**; da die steuerrechtliche Beratung zum Bild beider Berufe gehört,[121] verjährte ein Regressanspruch aus dieser Tätigkeit entweder **nach § 51b BRAO oder gemäß § 51a WPO**, je nachdem, ob die Beratung nach dem Willen der Vertragspartner als Rechtsanwalt oder als Wirtschaftsprüfer erbracht werden sollte.[122]

---

115 BGHZ 78, 335, 343 = NJW 1981, 401.
116 BGHZ 78, 335, 339 = NJW 1981, 401.
117 BGH, WM 1994, 504, 505 = NJW 1994, 1405.
118 BGHZ 78, 335, 343 = NJW 1981, 401.
119 Vgl. BGHZ 83, 328, 332 = NJW 1982, 1866; BGHZ 102, 220, 223 = NJW 1988, 1663.
120 BGHZ 83, 328, 332 = NJW 1982, 1866; BGH, WM 1994, 504, 505 = NJW 1994, 1405.
121 Vgl. BGHZ 78, 335, 344 = NJW 1981, 401.
122 BGH, NJW 1987, 3136, 3137 = WM 1987, 928; WM 1995, 2075, 2079.

d) Anwaltsfremde Tätigkeit und Verjährung

Ein Vertragsverhältnis i.S.d. § 51b BRAO setzt nicht voraus, dass der Rechtsanwalt seinen Auftraggeber ausschließlich in einer Rechtsangelegenheit zu beraten und zu vertreten hat (vgl. § 3 Abs. 1 BRAO; Rn. 108, 133 ff., 478 f.). Die **anwaltstypische Aufgabe, rechtlichen Beistand zu leisten**, muss nicht einmal im Vordergrund des Anwaltsvertrages stehen; die gegenteilige ältere Rechtsprechung des BGH[123] ist überholt. Ein Vertrag i.S.d. genannten Verjährungsvorschrift kann sich auf eine **anwaltsuntypische (-fremde) Tätigkeit** – z.B. als **Makler** – erstrecken, falls diese in einem **engen inneren Zusammenhang mit einer Rechtsberatung** steht und jedenfalls auch Rechtsfragen aufwerfen kann.[124] Danach verjährt auch ein Haftpflichtanspruch gegen einen Rechtsanwalt aus einem Vertrag, der eine **anwaltsfremde Tätigkeit** in den Vordergrund rückt, einheitlich **nach § 51b BRAO**, falls der Anwalt seinem Auftraggeber auch in nennenswertem, nicht ganz unwesentlichem Umfang rechtlichen Beistand zu leisten hat. Dies entspricht der **Auslegungsregel**, dass derjenige, der einen Rechtsanwalt mit einer für diesen untypischen Aufgabe betraut, grundsätzlich erwartet, dieser werde bei seiner gesamten Tätigkeit auch die rechtlichen Interessen des Auftraggebers wahrnehmen.[125] Nur aufgrund der **Umstände des Einzelfalles** kann festgestellt werden, ob es sich noch um einen Anwaltsvertrag i.S.d. § 51b BRAO handelt, wenn der Rechtsanwalt überwiegend mit einer berufsfremden Aufgabe betraut ist. **Im Zweifel** ist dies **anzunehmen**.[126] Diese Verjährungsregelung ist erst recht dann anzuwenden, wenn der Anwalt aufgrund eines einheitlichen Vertrages anwaltstypische und -fremde Aufgaben von annähernd gleichem Gewicht zu erledigen hat.[127]

1306

Ein (echter) **Anwaltsvertrag** ist angenommen worden bei einer Tätigkeit des **Rechtsanwalts**

1307

- als **Makler**, der Grundstücke vor dem Gläubigerzugriff zu sichern hatte;[128]
- als **Vertragsvermittler**;[129]

---

123 BGHZ 46, 268, 270 = NJW 1967, 876; BGHZ 53, 394, 396 = NJW 1970, 1189.
124 BGH, NJW 1994, 1405 = WM 1994, 504; WM 1998, 2243, 2244 = NJW 1998, 3486; WM 1999, 1846, 1848 = NJW 1999, 3040, 3042; WM 2001, 744, 745; NJW 2004, 1169, 1170.
125 BGH, WM 1976, 1135, 1136; WM 1977, 551, 552; NJW 1980, 1855, 1856; NJW 1985, 2642.
126 BGH, WM 1998, 2243, 2244 = NJW 1998, 3486; WM 1999, 1846, 1848 = NJW 1999, 3040, 3042.
127 BGHZ 120, 157, 159 = NJW 1993, 199; BGH, VersR 1968, 792, 795; NJW 1994, 1405 = WM 1994, 504, jeweils zu § 51 BRAO a.F.
128 BGHZ 57, 53, 56 = NJW 1971, 2227.
129 BGHZ 18, 340, 346 = NJW 1955, 1921; BGH, VersR 1968, 792, 793; WM 1976, 1135, 1136.

- als **steuerlicher Berater**, der zugleich eine **Geldanlage** zu empfehlen hatte;[130]
- als **Treuhänder**, der den Kapitalanleger auch in Rechtsfragen zu beraten hatte;[131]
- zur **Änderung eines Flächennutzungsplans**;[132]
- zur **Verhinderung einer Enteignung**;[133]
- als **Vermögensverwalter**, der im Auftrag von Erben einen Nachlass zu verwalten und zugleich Ansprüche gegen den Nachlass abzuwehren hatte.[134]

1308 Dementsprechend ist ein ausreichender Zusammenhang mit einer steuerberatenden Tätigkeit, der die Anwendung der Verjährungsregelung des **§ 68 StBerG** erlaubt – auch zugunsten des **steuerberatenden Rechtsanwalts, der zugleich Steuerberater ist** (Rn. 1305) –, bejaht worden, wenn der **Steuerberater** tätig war als

- **Treuhänder**;[135]
- **Anlageberater**;[136]
- **Anlagevermittler**.[137]

1309 Nur dann, wenn die Rechtsberatung als Vertragsgegenstand völlig in den Hintergrund tritt, liegt eine nicht mehr dem Berufsbild des Rechtsanwalts entsprechende, **rein anwaltsfremde Tätigkeit** vor.[138] Dies ist angenommen worden bei einer Tätigkeit des **Rechtsanwalts**

- als **Grundstücksmakler**;[139]
- als **Anlageberater**;[140]
- als **Vermögensverwalter**;[141]
- betreffend **Buchführung und -prüfung**;[142]
- als **Treuhänder** ohne Rechtsberatung.[143]

---

130 BGH, WM 1994, 504, 505.
131 BGHZ 120, 157, 159 f. = NJW 1993, 199.
132 BGH, WM 1977, 551, 552.
133 BGH, NJW 1985, 2642.
134 BGH, WM 1999, 1846, 1848 = NJW 1999, 3040.
135 BGHZ 97, 21, 25 = NJW 1986, 1171; BGH, NJW 1990, 2464, 2465; WM 1991, 695, 697.
136 BGH, NJW 1982, 1866, 1867.
137 BGH, NJW 1984, 2524; vgl. BGHZ 74, 103, 106 = NJW 1979, 1449.
138 BGH, WM 1977, 551, 552; NJW 1985, 2642; NJW 1992, 681, 682 m.w.N.
139 BGH, NJW 1992, 681, 682 = WM 1992, 279, 280; WM 2001, 744, 745.
140 BGH, NJW 1980, 1855, 1856.
141 BGHZ 46, 268, 271 = NJW 1967, 876.
142 BGHZ 53, 394, 396 = NJW 1970, 1189; BGH, VersR 1972, 1052, 1053.
143 BGH, WM 1995, 344, 347.

B. Altes Verjährungsrecht

In solchen Fällen handelt es sich um einen untypischen (unechten) Anwaltsvertrag und damit **nicht** um ein Vertragsverhältnis i.S.d. **§ 51b BRAO.** Schadensersatzansprüche gegen den Rechtsanwalt aus solchen Verträgen mit rein anwaltsfremder Tätigkeit verjähren daher nicht nach dieser Vorschrift; der Zweck dieser Verjährungsregelung, den Rechtsanwalt weitgehend vor den Folgen berufstypischer Risiken zu schützen, greift nicht ein. Vielmehr **verjähren Schadensersatzansprüche** gegen den Rechtsanwalt aus solchen Verträgen nach den Bestimmungen, die für die **in Betracht kommende Vertragsart** (z.b. Makler-, Dienst-, Werk-, Auskunfts-, Geschäftsbesorgungsvertrag) gelten.

1310

Vermittelt ein **Rechtsanwalt**, der **Sozius eines Anwaltsnotars** ist, aufgrund eines **Maklervertrages** einen Grundstückskaufvertrag, der von diesem Anwaltsnotar beurkundet wird, so nimmt der BGH[144] eine Nichtigkeit des Maklervertrages gemäß § 134 BGB an; dies ergebe sich aus dem Gesamtzusammenhang der BNotO – insbesondere aus § 14 Abs. 4 BNotO – und den Tätigkeitsverboten der BRAO. Diese Ansicht hat das BVerfG[145] – 2. Kammer des Ersten Senats – auf die (im Ergebnis erfolglose) Verfassungsbeschwerde des betroffenen Rechtsanwalts als „sehr zweifelhaft" bezeichnet mit Rücksicht auf die Wirtschaftsprüferentscheidung vom 8.4.1998.[146]

1311

Die **Rechtswirksamkeit eines Anwaltsvertrages** kann **eingeschränkt** sein, wenn der Rechtsanwalt zum **Aufsichtsrat** einer Gesellschaft bestellt wird oder in dieser Funktion tätig ist.[147]

1312

e) Anwaltsvertrag zugunsten eines Dritten oder mit Schutzwirkung für einen Dritten und Verjährung

Das Vertrauensverhältnis zwischen Mandant und Rechtsanwalt prägt Wesen und Inhalt des Anwaltsvertrages so sehr, dass eine **Schadensersatzhaftung des Anwalts grundsätzlich nur gegenüber seinem Auftraggeber** entstehen kann. Nur **ausnahmsweise** kann ein **Dritter** in den Anwaltsvertrag so stark eingebunden sein, dass der Rechtsanwalt wegen einer Pflichtverletzung einen Vermögensschaden des Dritten zu ersetzen hat. Es handelt sich dann um einen **Anwaltsvertrag zugunsten des Dritten** gemäß § 328 BGB (Rn. 1608 ff.) oder **mit Schutzwirkung für den Dritten** (§ 328 BGB analog;[148] vgl. Rn. 1641 ff.). Auch eine solche Schadensersatzforderung des Dritten aus fremdem Anwaltsvertrag **verjährt nach § 51b BRAO.** Zwar handelt es sich nicht um einen vertraglichen „Anspruch des Auftraggebers auf Schadensersatz" i.S.d. Vorschrift.

1313

---

144 BGHZ 147, 39, 41 ff. = WM 2001, 744, 745 f. = NJW 2001, 1569, 1570.
145 Beschl. v. 17.9.2001 – 1 BvR 615/01, n.v.
146 BVerfGE 98, 49.
147 Dazu BGH, NJW 1998, 3486, 3487 = WM 1998, 2243; vgl. BGHZ 114, 127 = NJW 1991, 1830; BGHZ 126, 340 = NJW 1994, 2484; LG Stuttgart, BB 1998, 1549; *Heussen*, NJW 2001, 708.
148 BGH, NJW 1977, 2073, 2074.

Der Haftpflichtanspruch des Dritten gegen den Anwalt ist aber aus dem Vertragsrecht des Mandanten abgeleitet. Da eine Regressforderung des Auftraggebers unter § 51b BRAO fiele, kann der Dritte, der grundsätzlich kein weitergehendes Recht aus fremdem Vertrag haben kann als der Vertragspartner des Schädigers,[149] auch bezüglich der Verjährung nicht besser stehen als der Mandant. Dies gebieten auch Sinn und Zweck dieser Verjährungsregelung.

1314 Von einem Vertrag zugunsten eines Dritten oder mit Schutzwirkung für einen Dritten ist der Fall zu unterscheiden, dass der Mandant als Vertragspartner des Rechtsanwalts – im Wege der **Drittschadensliquidation** – den Schaden aus einem Anwaltsfehler geltend macht, der nicht ihm, sondern einem Dritten entstanden ist[150] (Rn. 1713 ff.).

f) Vor- und nachvertragliches Verhältnis und Verjährung

aa) Verschulden bei Vertragsschluss

1315 Ein Schadensersatzanspruch gegen einen Rechtsanwalt aus einem **Verschulden bei Vertragsschluss (culpa in contrahendo = c.i.c.)** wird von **§ 51b BRAO** umfasst, falls ein **Anwaltsvertrag** angebahnt wurde oder werden sollte, der eine nennenswerte Rechtsberatung zum Gegenstand hat (vgl. Rn. 1306 ff.).

In diesen Fällen ist die nach altem Recht grundsätzlich geltende Verjährungsfrist von dreißig Jahren für einen Ersatzanspruch aus c.i.c. (§ 195 BGB a.F.)[151] zu verkürzen. Die Aufnahme von Vertragsverhandlungen begründet ein **vertragsähnliches Vertrauensverhältnis**, das vom Zustandekommen eines Vertrages und dessen Wirksamkeit weitgehend unabhängig ist und **wechselseitige Aufklärungs-, Schutz- und Obhutspflichten der Beteiligten** auslösen kann.[152] Deswegen ist die Verletzung einer solchen Pflicht bei Anbahnung eines Anwaltsvertrages **wesensgleich** mit der **Schlechterfüllung** eines bereits geschlossenen Vertrages (positive Vertragsverletzung), die der **hauptsächliche Anwendungsfall des § 51b BRAO** ist. Der **Zweck** dieser Verjährungsvorschrift, den Rechtsanwalt nicht zu lange vertraglichen Regressansprüchen auszusetzen, erfordert es, dass eine **Schadensersatzforderung aus anwaltlichem Verschulden vor oder bei Abschluss eines echten Anwaltsvertrages** unter diese Regelung fällt und nicht später verjährt als ein Ersatzanspruch aus einem Anwaltsvertrag.[153] Der BGH hat einen Schadensersatzanspruch gegen einen Rechtsanwalt aus schuldhafter Pflichtverletzung

---

149 Vgl. BGHZ 56, 269, 272 = NJW 1971, 1931.
150 Vgl. BGHZ 40, 91, 100 ff. = NJW 1963, 2071; BGH, NJW 1977, 2073, 2074 m.Anm. *Hohloch*, FamRZ 1977, 530, 531; OLG Düsseldorf, NJW-RR 1986, 730, 731.
151 BGHZ 49, 77, 80 = NJW 1968, 547; BGHZ 83, 222, 223 = NJW 1982, 1514; BGH, NJW 1992, 1615, 1616.
152 RGZ 162, 129, 156; BGHZ 66, 51, 54 = NJW 1976, 712; BGH, NJW 1993, 2107.
153 *Kleutgens*, S. 122 ff.; *Rinsche*, Rn. I 287; *Henssler/Prütting*, BRAO, § 51b Rn. 14; *Feuerich/Weyland*, § 51b Rn. 6; *Hartstang*, S. 669; *Brinker*, S. 23 ff.; *Stoecker*, S. 59 f.; *Vollkommer/Heinemann*, Rn. 621.

B. Altes Verjährungsrecht

bei **Anbahnung eines Treuhandverhältnisses**, das auch Rechtsberatung zum Gegenstand hatte, unter § 51 BRAO a.f. gefasst.[154] Dementsprechend ist eine solche Haftung eines **Wirtschaftsprüfers** der Verjährungsfrist von fünf Jahren nach § 51a WPO unterworfen worden.[155]

Gemäß **§ 51b BRAO** verjährt ein Ersatzanspruch gegen einen Rechtsanwalt aus **§ 44 BRAO** – einem gesetzlich geregelten Fall einer Haftung für vorvertragliches Verschulden[156] –.[157] Nach dieser Vorschrift hat der Rechtsanwalt, der in seinem Beruf in Anspruch genommen wird und den Auftrag nicht annehmen will, den Schaden zu ersetzen, der aus einer schuldhaften Verzögerung der Ablehnung entsteht. 1316

§ 51b BRAO ist auch dann anzuwenden, wenn der **beigeordnete oder mit Beratungshilfe befasste Rechtsanwalt** wegen Verletzung vorvertraglicher Fürsorge-, Belehrungs- und Betreuungspflichten auf Schadensersatz haftet.[158] 1317

Zu der aus c.i.c. abgeleiteten Haftung als **Vertreter, Vermittler oder Sachwalter** und aus **Prospekthaftung** gegenüber **Dritten** – also gegenüber einer Person, die nicht Vertragspartner des Handelnden ist oder werden will – wird verwiesen auf Rn. 1835 ff., 1879. 1318

bb) Verletzung einer nachvertraglichen Pflicht

Auch ein Schadensersatzanspruch gegen einen Rechtsanwalt wegen Verletzung einer **nachvertraglichen Pflicht** aus einem Anwaltsvertrag verjährt nach **§ 51b BRAO** mit Rücksicht auf den Schutzzweck dieser Vorschrift[159] (vgl. Rn. 1280 f.). 1319

Grundsätzlich entbindet das Vertragsende den Anwalt von seinen Pflichten, selbst wenn die übertragene Angelegenheit noch nicht erledigt ist. Entzieht der Mandant den Auftrag zu einem Zeitpunkt, in dem keine Nachteile durch einen unmittelbar bevorstehenden Fristablauf drohen, so braucht der Anwalt keine Ratschläge für die künftige Sachbehandlung zu erteilen.[160]

Andererseits kann jeder Vertrag nach dem Grundsatz von Treu und Glauben im Rechtsverkehr (§ 242 BGB) über das Vertragsende hinaus – auch nach beiderseitiger Vertragserfüllung – Verhaltens- und Schutzpflichten der Vertragspartner auslösen, de-

---

154 BGHZ 120, 157, 160 = NJW 1993, 199.
155 BGHZ 100, 132, 136 = NJW 1987, 3135.
156 BGHZ 47, 320, 323 = NJW 1967, 1567.
157 *Kleutgens*, S. 122 ff.; *Feuerich/Weyland*, BRAO, § 51b Rn. 6; *Henssler/Prütting*, BRAO, § 51b Rn. 14; *Vollkommer*, Rn. 452; *Brinker*, S. 25; *Stoecker*, S. 59.
158 Vgl. BGHZ 60, 255, 258 f. = NJW 1973, 757; *Derleder*, MDR 1981, 448, 450.
159 *Rinsche*, Rn. I 287; *Hartstang*, S. 669; *Kleutgens*, S. 122 ff.; *Henssler/Prütting*, BRAO, § 51b Rn. 14; *Brinker*, S. 23 ff.; *Stoecker*, S. 60.
160 BGH, VersR 1958, 127; WM 1997, 77, 78.

ren schuldhafte Verletzung zum Schadensersatz verpflichtet.[161] Demgemäß kann der Anwalt gegen eine **nachwirkende Vertragspflicht**, seinen Mandanten vor Schaden zu bewahren, verstoßen, wenn er nach Mandatsende seinen früheren Auftraggeber nicht auf die erkennbare Gefahr eines **unmittelbar drohenden Schadens** hinweist, den er infolge der Beendigung seiner anwaltlichen Tätigkeit nicht mehr abwenden kann. Dies kommt z.B. in Betracht bei unterlassener Unterrichtung über die **drohende Verjährung** eines Anspruchs,[162] den unmittelbar bevorstehenden **Ablauf einer Frist**[163] oder die **Rückforderung einer Prozessbürgschaft**.[164]

g) Rechtsberater als Gesamtschuldner und Verjährung

1320 Nach der Vorschrift des **§ 425 BGB** a.F., die mit Wirkung vom 1.1.2002 durch die inhaltsgleiche Bestimmung des § 425 BGB n.F. ersetzt wurde,[165] haben u.a. die **Verjährung** sowie deren **Hemmung** und **Unterbrechung** grundsätzlich nur **Einzelwirkung** bezüglich des jeweiligen Gesamtschuldners. Die Voraussetzungen einer Verjährung eines Schadensersatzanspruchs sind gegenüber Gesamtschuldnern selbständig und unabhängig voneinander zu prüfen; danach kann die Verjährungsfrist hinsichtlich der einzelnen Schuldner, auch wenn diese für denselben Schaden nebeneinander verantwortlich sind, zu verschiedenen Zeitpunkten beginnen und ablaufen.[166]

aa) Mitglieder von Rechtsberatersozietäten

1321 **Abweichend von diesem Grundsatz** hat der – für die Anwalts- und Steuerberaterhaftung zuständige – IX. Zivilsenat des **BGH**[167] für die gesamtschuldnerische Haftung der Mitglieder einer **Steuerberatersozietät** entschieden, dass **verjährungsunterbrechende oder -einschränkende Erklärungen und Handlungen** eines Gesellschafters grundsätzlich auch gegenüber der Gesamthand und den anderen Sozietätsmitgliedern wirken, also **Gesamtwirkung** haben; dies ist mit der „Eigenart" einer solchen Sozietät begründet worden.

1322 Es ist **offen**, ob diese Ansicht **noch gültig** ist (vgl. zum Folgenden Rn. 346 ff.).

Die Rechtsprechung des **IX. Zivilsenats des BGH** zur **Haftung von Mitgliedern einer Anwalts- oder Steuerberatersozietät** – einer Gesellschaft bürgerlichen Rechts

---

161 RGZ 161, 330, 338; BGHZ 16, 4, 10 = NJW 1955, 460; BGHZ 61, 176, 179 = NJW 1973, 1923; BGH, NJW-RR 1990, 141 f. m.w.N.
162 BGH, NJW 1984, 431, 432; WM 1997, 321, 322.
163 BGH, NJW 1980, 999; VersR 1988, 835, 836; WM 1996, 543, 543; 1997, 77, 78; 2001, 739, 740.
164 BGH, NJW 1990, 2128, 2129.
165 SchuModG v. 26.11.2001 (BGBl. I, S. 3138).
166 BGH, NJW 2001, 964 = WM 2001, 1026.
167 WM 1996, 33, 34 f. = NJW-RR 1996, 313; im rechtlichen Ansatz bestätigt für eine Anwaltssozietät durch BGH, WM 2006, 927, 932.

(§§ 705 ff. BGB) – beruhte bisher auf der – über Jahrzehnte entwickelten – höchstrichterlichen Rechtsprechung, dass die Vertragserklärungen eines Auftraggebers und eines Sozietätsmitglieds i.d.R. zu einem **Gesamtmandat** aller Sozien führen, es sei denn, dass **ausnahmsweise ein Einzelmandat** eines Sozietätsmitglieds vorliegt, etwa bei Ausstellung einer Vollmacht nur auf einen Sozius oder Beiordnung eines bestimmten Sozietätsmitglieds im Wege der Prozesskostenhilfe oder als Notanwalt; aus einem solchen Gesamtmandat **haften alle Sozien** dem Mandanten auf Erfüllung des Rechtsberatervertrages und infolgedessen bei einem Fehler des sachbearbeitenden Sozietätsmitglieds **als Gesamtschuldner auf Schadensersatz**.[168]

Diese – von § 425 BGB abweichende – **Gesamtwirkung des Verschuldens** wurde damit gerechtfertigt, dass diese sich in solchen Schadensfällen aus dem Schuldverhältnis ergebe (§ 425 Abs. 1 BGB).[169]

Dieser Rechtsprechung des IX. Zivilsenats des BGH zur Haftung von Mitgliedern einer Rechtsberatersozietät steht die **neue Rechtsprechung** des – für das Gesellschaftsrecht zuständigen – **II. Zivilsenats des BGH zur bürgerlich-rechtlichen Gesellschaft** entgegen (dazu Rn. 346 ff.). Danach **haften die Mitglieder einer solchen Gesellschaft** für die im Namen der Gesellschaft begründeten Verpflichtungen nicht nur mit dem Gesellschaftsvermögen, sondern **kraft Gesetzes** auch **persönlich mit ihrem Privatvermögen**.[170] Die Gesellschaft bürgerlichen Rechts hat nach außen hin **beschränkte Rechtsfähigkeit** insoweit, als sie durch Teilnahme am Rechtsverkehr eigene Rechte und Pflichten begründet, und ist in diesem Rahmen im Zivilprozess **aktiv und passiv parteifähig**; soweit ein Gesellschafter – als Gesamtschuldner neben den anderen Gesellschaftern – für die Verbindlichkeit der Gesellschaft persönlich haftet, entspricht dies der **akzessorischen Gesellschafterhaftung** gemäß §§ 128, 129 HGB.[171]

1323

Danach schließt ein Mandant i.d.R. einen **Vertrag mit einer Anwalts- oder Steuerberatersozietät** als solcher; die Sozien haften kraft Gesetzes als Gesamtschuldner für die ordnungsmäßige Vertragserfüllung. **Offen** gelassen hat der II. Zivilsenat des BGH, **ob Rechtsberatersozien** für Verbindlichkeiten aus beruflichen Haftungsfällen nur

---

168 BGHZ 56, 355, 356 ff. = NJW 1971, 1801; BGHZ 70, 247, 249, 251 f. = NJW 1978, 996: Anschein einer Sozietät; BGHZ 83, 328, 330 = NJW 1982, 1866: gemischte Sozietät; BGHZ 124, 47 = NJW 1994, 257: neuer Sozius; BGH, NJW 1988, 1973: neuer Sozius; NJW 1991, 1225: ausgeschiedener Sozius; NJW 1993, 196, 198: überörtliche Sozietät; WM 1999, 1846, 1847 f. = NJW 1999, 3040: Anschein einer Sozietät; NJW 2000, 1333 und 1560: gemischte Sozietät.
169 BGHZ 56, 355, 361 f. = NJW 1971, 1801.
170 BGHZ 142, 315, 317 ff. = NJW 1999, 3483.
171 BGHZ 146, 341, 343 ff. = WM 2001, 408; vgl. BGHZ 154, 370 = NJW 2003, 1803 und BGH, WM 2006, 187, 188: Haftung des eintretenden Gesellschafters für Altverbindlichkeiten der Gesellschaft als Gesamtschuldner mit den Altgesellschaftern (vgl. § 130 HGB); BGHZ 154, 88 = NJW 2003, 1445: Haftung der Gesellschafter als Gesamtschuldner für gesetzlich begründete Verbindlichkeiten der Gesellschaft.

entsprechend § 8 Abs. 2 PartGG einzustehen haben;[172] nach dieser Vorschrift haften für Verbindlichkeiten einer Partnerschaftsgesellschaft – neben deren Vermögen – nur diejenigen Partner als Gesamtschuldner für berufliche Fehler, die mit der Bearbeitung eines Auftrags befasst waren.[173]

1324 Der IX. Zivilsenat des BGH hat **noch nicht entschieden, welche Folgerungen** für die Regresshaftung von Rechtsberatersozien aus der neuen Rechtsprechung zur Gesellschaft bürgerlichen Rechts zu ziehen sind.[174]

bb) Andere Fälle anwaltlicher Gesamtschuldnerschaft

1325 Auch Rechtsanwälte, die nicht gesellschaftlich miteinander verbunden sind, können demselben Auftraggeber als Gesamtschuldner zum Schadensersatz verpflichtet sein.

1326 **Nebeneinander tätige Rechtsanwälte**, die aufgrund eigenständiger Verträge getrennte Aufgabenbereiche haben, können **bei Pflichtenüberschneidung** ihrem Auftraggeber als **Gesamtschuldner** auf Schadensersatz haften (Rn. 290 ff., 1239 ff.).

Dies ist z.b. der Fall, wenn ein „**Steuerspezialist**", den der Mandant für ein bestimmtes Vorhaben beauftragt hat, seine Vertragspflichten schuldhaft verletzt und der „**allgemeine**" **Steuerberater**, der die übrigen Steuerangelegenheiten desselben Auftraggebers betreut, pflichtwidrig und schuldhaft versäumt, den Mandanten vor einem erkannten Fehler des Konzepts des Spezialisten zu warnen (vgl. Rn. 496 ff.).[175]

Das gilt entsprechend für einen **Haupt- und einen Unterbevollmächtigten** bei vertragswidriger Beteiligung an einem „**Anwaltskartell**".[176]

Ein **Rechtsanwalt** und ein **Notar** können **Gesamtschuldner** sein, wenn nicht ein Fall der Subsidiärhaftung (§ 19 Abs. 1 Satz 2 BNotO) vorliegt.[177]

---

172 BGHZ 154, 370, 377 = NJW 2003, 1803.
173 Gegen eine entsprechende Haftungsprivilegierung von Sozien: LG Frankenthal, NJW 2004, 3190; LG Hamburg, NJW 2004, 3492; *Lux*, NJW 2003, 2806; *Hasenkamp*, DNotZ 2003, 768 ff. (Anm. zu BGHZ 154, 370 = DNotZ 2003, 764).
174 Vgl. BGHZ 157, 361 = NJW 2004, 836: Keine Haftung eines Rechtsanwalts, der sich mit einem Kollegen in einer Sozietät zusammenschließt, entsprechend § 28 Abs. 1 Satz 1 i.V.m. § 128 Satz 1 HGB für Altverbindlichkeiten des Kollegen aus Veruntreuung von Mandantengeldern.
175 BGH, NJW-RR 2001, 201, 202, 204.
176 Vgl. OLG Düsseldorf, NJW 1982, 1888; *Rinsche*, Rn. I 192.
177 BGH, NJW 1990, 2882, 2884.

Prozess- und Verkehrs-(Korrespondenz-)anwalt[178] (vgl. Rn. 206 ff.) haben grundsätzlich verschiedene Aufgaben,[179] können aber ihrem Mandanten bei einer Überschneidung ihrer verletzten Pflichten zum Schadensersatz verpflichtet sein,[180] z.B. bei

- **Verjährenlassen einer Forderung** des Mandanten;[181]
- **Versäumung einer Rechtsmittelfrist**;[182]
- **Nichterfüllung einer gerichtlichen Auflage**;[183]
- Einreichung einer **unzureichenden Rechtsmittelbegründung**, die vom Verkehrsanwalt entworfen und vom Prozessbevollmächtigten übernommen wurde.[184]

Auch **nacheinander** – etwa in verschiedenen Prozessinstanzen – für denselben Auftraggeber **tätige Rechtsanwälte** (vgl. Rn. 290 ff., 1244 ff.), die aufgrund selbständiger Verträge eigene Pflichtenkreise haben, können bei **Pflichtenüberschneidung** als **Gesamtschuldner** haften.[185]

1327

In diesen Fällen einer Haftung als Gesamtschuldner hat die **Verjährung** nur **Einzelwirkung** (§ 425 BGB), weil die Rechtsberater hier – anders als bei einem Gesamtmandat – jeweils einen eigenen Vertrag mit dem Mandanten geschlossen haben.

1328

2. Ersatzanspruch gegen Rechtsanwalt oder Steuerberater

a) Vertragliche Schadensersatzansprüche

§ 51b BRAO umfasst nach seinem Wortlaut und Zweck, den Rechtsanwalt vor langer Bedrohung durch die Folgen berufstypischer Risiken zu schützen (Rn. 1280 ff.), einen **Schadensersatzanspruch des Auftraggebers aus einem** (echten) **Anwaltsvertrag** mit Rechtsbeistandspflicht (vgl. Rn. 1306 ff.). Ist der **Vertrag bis Ende des Jahres 2001** geschlossen worden, so richtet sich ein Regressanspruch **nach altem Recht** (Art. 229 § 5 Satz 1 EGBGB; dazu Rn. 1252 ff.), und zwar wegen Störung der anwaltlichen Vertragsleistung durch **Verzug** (§§ 286, 326 BGB a.F.), durch zu vertretende **Unmöglichkeit** (§§ 280, 325 BGB a.F.) oder – dies ist der Regelfall – durch **Schlechterfüllung (positive Vertragsverletzung**; § 242 BGB bzw. analog §§ 280, 286, 325,

1329

---

178 Zur Beauftragung eines Verkehrsanwalts durch schlüssiges Verhalten: BGH, NJW 1991, 2084, 2085 f.
179 BGH, WM 1988, 382, 387; 1988, 987, 990; VersR 1990, 801; WM 1990, 1917, 1920 ff.; NJW 2002, 1417.
180 BGH, WM 1992, 579, 581.
181 BGH, NJW 1988, 1079, 1080 ff.
182 Vgl. BGH, NJW 1988, 3020; VersR 1991, 896; NJW-RR 2001, 426, 427; NJW 2001, 1576 und 3195, 3196.
183 BGH, WM 1988, 987, 990 = NJW 1988, 3013, 3014 f.
184 OLG Frankfurt/M., NJW-RR 2003, 709, 710 f.
185 BGH, WM 1993, 1376, 1378; NJW 1994, 1211, 1212; 1997, 2168, 2170; NJW-RR 2003, 850, 856; vgl. BGH, NJW 2001, 2169, 2170 = WM 2001, 1675, 1677: Steuerberater.

Teil 1 • Abschnitt 7 • Verjährung vertraglicher Regressansprüche

326 BGB a.F.)[186] (vgl. Rn. 941 ff.). Ein **Schadensersatzanspruch aus einem Anwaltsvertrag**, der **seit dem 1.1.2002** geschlossen wurde oder künftig zustande kommt, ist nach dem **neuen Recht** der §§ 280 ff., 634 Nr. 4 BGB – betreffend die Haftung für eine **schuldhafte Pflichtverletzung** – zu beurteilen; für ein **Dauermandat** eines Rechtsanwalts gilt das neue Recht ab 1.1.2003 in der dann geltenden Fassung (Art. 9 Abs. 1 Satz 2 SchuModG, Art. 229 § 5 Satz 2 EGBGB; dazu Rn. 1098 ff.). Dies gilt für die Verjährung eines **Schadensersatzanspruchs aus einem Steuerberatungsvertrag** nach § 68 StBerG entsprechend.[187]

1330 Weiterhin fallen unter § 51b BRAO, § 68 StBerG **Schadensersatzansprüche aus Sonderregelungen** – etwa aus **§ 628 Abs. 2, § 671 Abs. 2 BGB** –, die gemäß § 675 Abs. 1 BGB auf Rechtsberaterverträge anzuwenden sind.

1331 Bei einem einheitlichen **gemischten Anwaltsvertrag**, der anwaltstypische und anwaltsfremde Aufgaben zum Gegenstand hat, verjährt ein Schadensersatzanspruch auch insoweit nach § 51b BRAO, als er die Verletzung der anwaltsfremden Vertragspflicht betrifft (vgl. Rn. 1306 ff.). Dagegen umfasst diese Verjährungsregelung nicht einen Schadensersatzanspruch des Auftraggebers aus einem Vertrag, der dem Anwalt rein anwaltsuntypische Pflichten auferlegt hat (vgl. Rn. 1306 ff.).

b) Darlegungs- und Beweislast

aa) Mandant

1332 Der **Mandant**, der einen **vertraglichen Anspruch gegen einen Rechtsanwalt oder Steuerberater auf Ersatz eines Vermögensschadens** erhebt, **muss darlegen und gemäß den Anforderungen des § 286 ZPO beweisen**,[188]

- dass **ein Anwalts- oder Steuerberatungsvertrag** oder **ein gleichstehendes vertragsähnliches Verhältnis** zustande gekommen ist, das nach seinem Inhalt und Umfang die Beraterpflicht ausgelöst hat, an deren Verletzung der Ersatzanspruch geknüpft wird,[189]

- und dass der **Anwalt oder Steuerberater die vertragliche oder vorvertragliche Pflicht verletzt hat** (dazu Rn. 952 ff.),[190] wobei die Last des (Negativ-)Beweises für die Unterlassung einer geschuldeten Beratung dadurch gemildert wird, dass der

---

186 Vgl. BGHZ 11, 80, 83 f. = NJW 1954, 229.
187 Zur Haftung steuerlicher Berater nach altem Recht: *Zugehör*, WM 2000, Sonderbeilage Nr. 4; DStR 2001, 1613 und 1663.
188 BGH, NJW 1992, 3298; 1993, 3073, 3076.
189 BGH, NJW 1994, 1472, 1474; WM 1996, 1832, 1834 = NJW 1996, 2929, 2931; WM 1997, 1392, 1394 = NJW 1997, 2168, 2169.
190 U.a. BGHZ 126, 217, 225 = NJW 1994, 3295; 1995, 2551, 2553; 1996, 2571; 1998, 136, 137.

Anwalt oder Steuerberater die behauptete Pflichterfüllung im Einzelnen darzulegen hat.[191]

Weiterhin muss der **Mandant** – gemäß den geringeren Anforderungen des **§ 287 ZPO** – **darlegen und beweisen**, dass **aus dieser Pflichtverletzung** der geltend gemachte, haftungsrechtlich **zurechenbare Schaden** entstanden ist, wobei die **Erleichterungen der §§ 287 ZPO, 252 Satz 2 BGB** und die Regeln über den **Beweis des ersten Anscheins** der Bewältigung dieser Aufgabe dienen (dazu Rn. 990 ff.).[192]

1333

bb) Rechtsanwalt oder Steuerberater

Demgegenüber hat der in Anspruch genommene **Rechtsanwalt oder Steuerberater darzulegen und zu beweisen,**

1334

- dass die objektive Pflichtverletzung **nicht auf einem Verschulden** (§§ 276 – 278 BGB) beruht (nach altem Recht analog §§ 282, 285 BGB; nach neuem Recht § 280 Abs. 1 Satz 2 BGB);[193]

- dass den Mandanten ein schadensursächliches **Mitverschulden** (§ 254 BGB) trifft (Rn. 1228).[194]

Für die **Beweislast bezüglich der Verjährung** eines Schadensersatzanspruchs gegen einen Rechtsanwalt oder Steuerberater wird verwiesen auf Rn. 1432.

1335

c) Andere vertragliche Ansprüche und Verjährung

Andere vertragliche Ansprüche des Mandanten gegen den Rechtsanwalt, die nicht auf Schadensersatz wegen Verletzung der anwaltlichen Hauptpflicht zum rechtlichen Beistand im Rahmen des Mandats gerichtet sind, verjähren **nicht** nach **§ 51b BRAO**. Der Regelverjährung (§ 195 BGB a.F.; §§ 195, 199 Abs. 1 BGB n.F.)[195] unterliegt grundsätzlich ein Anspruch des Mandanten auf **Auskunft** und **Rechenschaft** aus §§ 666, 675 Abs. 1 BGB[196] sowie aus §§ 667, 675 Abs. 1 BGB auf **Herausgabe** desjenigen, was der Rechtsanwalt zur Ausführung des Auftrags erhalten hat – z.B. Handakten (vgl.

1336

---

191 U.a. BGHZ 126, 217, 225 = NJW 1994, 3295; BGH, WM 1996, 1841, 1842 = NJW 1996, 2571; WM 1997, 335, 339 = NJW 1997, 1008.
192 BGHZ 123, 311 = NJW 1993, 3259; BGHZ 126, 217 = NJW 1994, 3295; BGH, NJW 1992, 2694, 2695; 1993, 734 und 1513; BGHZ 129, 386, 399 = NJW 1995, 2108; BGH, WM 1996, 2071, 2072; 1997, 335, 339; NJW 1998, 79, 80 f.; WM 2000, 189, 191 = NJW 2000, 730; WM 2000, 966, 968 = NJW 2000, 1572, 1573.
193 BGH, NJW 1987, 326, 327; 1996, 2929, 2932; 2001, 517, 518.
194 BGHZ 91, 243, 260 = NJW 1984, 2216; BGH, NJW 1986, 2945, 2946; 1991, 166, 167; 1998, 749, 751; BGHR BGB § 254 Abs. 1 – Abwägung 1.
195 BGH, WM 2000, 1596, 1600.
196 Vgl. BGHZ 33, 373, 379 = NJW 1961, 602; BGHZ 108, 393, 399 = NJW 1990, 180; BGHZ 109, 260, 268 = NJW 1990, 510; BGH, NJW 1985, 384.

§ 50 BRAO),[197] zu treuhänderischem Zweck überlassene Gelder des Auftraggebers –, und was er aus der Geschäftsbesorgung erlangt hat – z.b. für den Mandanten bestimmte Gelder,[198] gespeicherte Daten.[199] Nach diesen Vorschriften ist auch eine den Interessen des Auftraggebers widersprechende Provision herauszugeben, die der Rechtsberater von einem Dritten erhalten hat.[200] Solche Ansprüche beziehen sich nicht auf die Folgen berufstypischer Risiken, die § 51b BRAO eindämmen soll.

d) Außervertragliche Ansprüche des Auftraggebers und Verjährung

1337 Diese Verjährungsregelung umfasst nach ihrem Wortlaut und Zweck **nicht außervertragliche Ansprüche** des **Auftraggebers** gegen den Rechtsanwalt (vgl. Rn. 1914 ff., 1924), etwa aus **Geschäftsführung ohne Auftrag** (§§ 677 ff. BGB), **ungerechtfertigter Bereicherung** (§§ 812 ff. BGB) und aus **unerlaubter Handlung** (§§ 823 ff. BGB). Zur Streitfrage, ob die anwaltsfreundliche Vorschrift des § 51b BRAO nach ihrem Schutzzweck die dem Mandanten günstigere Verjährungsregelung des § 852 BGB für einen deliktischen Ersatzanspruch verdrängt, wird verwiesen auf Rn. 1439.

e) Zwangsvollstreckung in Regressforderung

1338 Ein **vertraglicher Regressanspruch eines Mandanten gegen seinen Rechtsanwalt** kann **gepfändet** und zur Einziehung überwiesen werden; die Pfändung erfasst auch einen **Sekundäranspruch** (dazu Rn. 1365 ff.), selbst wenn dessen Voraussetzungen im Zeitpunkt der Pfändung noch nicht vorliegen.[201] Auch im Fall der Pfändung eines Schadensersatzanspruchs gegen einen Rechtsanwalt richten sich dessen Pflichten ausschließlich nach dem Anwaltsvertrag.[202]

III. Erst-(Primär-)verjährung

1. Verjährungsbeginn mit Entstehung des vertraglichen Schadensersatzanspruchs (§ 51b Fall 1, § 59m Abs. 2 BRAO)

1339 Nach § 51b Fall 1 BRAO **verjährt der (ursprüngliche) Schadensersatzanspruch des Auftraggebers (Primäranspruch)** aus einem Anwaltsvertrag, der eine nennenswerte Rechtsberatung zum Gegenstand hat (vgl. Rn. 478 f., 1306 ff.), in drei Jahren von dem Zeitpunkt an, in dem der **Anspruch entstanden ist**; dies gilt allerdings **nur**

---

197 BGHZ 109, 260, 263 = NJW 1990, 510; vgl. BGH, WM 1997, 2087, 2090; 2003, 92, 94.
198 Vgl. RGZ 96, 53, 55; BGH, BGHR BRAO § 51 a.F. – Geltungsbereich 2; Beschl. v. 13.4.2000 – IX ZR 171/98, n.v.
199 BGH, NJW-RR 2004, 1290 = WM 2004, 2216: Steuerberater.
200 **Rechtsanwalt**: BGH, WM 1992, 879, 880; 2000, 1596, 1599; **Steuerberater**: BGHZ 39, 1, 2 f.; 78, 263, 267 f.; 95, 81, 84; BGH, WM 1987, 781, 782; 1997, 181.
201 BGH, WM 1996, 35, 37, 38 f. = NJW 1996, 48; WM 2003, 928, 930 = NJW 2003, 822.
202 BGH, WM 1996, 35, 37 f. = NJW 1996, 48.

dann, wenn **dieser Anspruch** – mit dem **Eintritt eines Schadens** aus der anwaltlichen Pflichtverletzung – **vor Mandatsende entstanden ist**. Ist der Regressanspruch dagegen erst **später entstanden**, so **beginnt die Verjährung** dieses Anspruchs gemäß § 51b Fall 2 BRAO bereits mit der **Beendigung des Auftrags**, so dass die Verjährung dann früher eintritt als nach der Hauptregelung des § 51b Fall 1 BRAO.[203]

Haftet ein **Rechtsanwalt, der zugleich Steuerberater ist**, wegen fehlerhafter steuerlicher Beratung, so verjährt der Ersatzanspruch des Auftraggebers nach der – mit § 51b Fall 1 BRAO übereinstimmenden – Vorschrift des **§ 68 StBerG** (dazu Rn. 1304 f., 1352 ff.);[204] diese Bestimmung enthält keine verjährungsverkürzende Regelung gemäß § 51b Fall 2 BRAO.

Der **Verjährungsbeginn** nach § 51b BRAO knüpft allein an die **objektive Voraussetzung** der Entstehung des Regressanspruchs, hilfsweise des Mandatsendes, an. Die **Verjährungsfrist beginnt** also auch dann zu laufen, wenn der – regelmäßig fachunkundige – Mandant die anwaltliche Pflichtverletzung, seinen daraus folgenden Schaden, dessen Urheber und seinen Ersatzanspruch **nicht kennt**.[205]

a) § 198 BGB a.F.

Die Antwort auf die den **Verjährungsbeginn** bestimmende Frage, wann dem Mandanten ein Schaden aus der Verletzung einer anwaltlichen Vertragspflicht entstanden ist, hat von **§ 198 BGB a.F.** auszugehen.

1340

Danach beginnt die Verjährung, soweit §§ 199, 200 BGB a.F. nicht anderes besagen, mit der Entstehung des Anspruchs. Ein Anspruch entsteht, sobald er fällig wird und notfalls eingeklagt werden kann.[206] Für einen **Schadensersatzanspruch** bedeutet dies, dass er mit dem **Eintritt eines Schadens** aus der Pflichtverletzung **entsteht**; dann kann der Gläubiger auf Erfüllung dieses Anspruchs klagen.[207]

b) Überholte Rechtsprechung zum Schadenseintritt

Die **frühere Rechtsprechung**, die seit der Grundsatzentscheidung des BGH vom 2.7.1992[208] **überholt** ist, hatte den Zeitpunkt des Schadenseintritts festgelegt mit der Formel, die Verjährungsfrist laufe, sobald eine verjährungsunterbrechende **Klage auf Feststellung** der Ersatzpflicht des Vertragsgegners erhoben werden könne.[209] Eine solche Abgrenzung kann den **Verjährungsbeginn** zulasten des geschädigten Mandanten

1341

---

203 BGHZ 94, 380, 390 = NJW 1985, 2250; BGH, WM 1996, 540, 541; 1996, 1832, 1833.
204 BGHZ 83, 328, 332 = NJW 1982, 1866; BGH, WM 1994, 504, 505 = NJW 1994, 1405.
205 BGHZ 119, 69, 71 = NJW 1992, 2766; BGH, WM 1993, 610, 612.
206 BGHZ 55, 340, 341 = NJW 1971, 979; BGHZ 113, 188, 193 = NJW 1991, 836.
207 BGHZ 94, 380, 385 = NJW 1985, 2250; BGH, NJW 1993, 648, 650.
208 BGHZ 119, 69, 71 = NJW 1992, 2766, 2767, zu § 68 StBerG.
209 BGHZ 100, 228, 231 = NJW 1987, 1887 m.w.N.

vorverlegen, also **zu früh ansetzen**, und damit die ohnehin anwaltsfreundliche Verjährungsregelung des § 51b BRAO noch zu seinem Nachteil verschärfen. Eine Klage nach § 256 ZPO auf Feststellung einer Ersatzpflicht kann nämlich schon vor Entstehung eines Schadens i.S.d. § 198 BGB a.f. erhoben werden, da dafür schon die hinreichende Wahrscheinlichkeit eines Schadens – also eine bestimmte Vermögensgefährdung – genügt.[210]

c) Neue Risiko-Schaden-Formel

1342 Seit seiner grundlegenden Entscheidung vom 2.7.1992[211] bestimmt der **BGH** mit einer **neuen Formel den Zeitpunkt der Schadensentstehung** in den Verjährungsregelungen für Regressansprüche gegen **Rechtsanwälte** nach § **51b BRAO**[212] und gegen **Steuerberater** nach § **68 StBerG**.[213] Diese Abgrenzung lässt eine bloße **Vermögensgefährdung** infolge der Pflichtverletzung des Beraters **nicht** für die Annahme eines Schadens ausreichen.[214]

1343 Vielmehr **entsteht ein Schaden** nach dieser Rechtsprechung erst dann, sobald sich die **Vermögenslage** des Betroffenen durch die Pflichtverletzung des Beraters gegenüber seinem früheren Vermögensstand **objektiv verschlechtert** hat. Dafür genügt es, dass der Schaden wenigstens dem Grunde nach erwachsen ist, mag auch seine Höhe noch nicht beziffert werden können. Es muss nicht feststehen, dass eine Vermögenseinbuße bestehen bleibt und damit endgültig wird; es reicht auch aus, dass ein endgültiger Teilschaden entstanden ist und mit weiteren adäquat verursachten Nachteilen gerechnet werden muss.[215] Ein **Schaden** ist dagegen **noch nicht eingetreten**, solange **nur das Risiko eines Vermögensnachteils** infolge der Pflichtverletzung des Beraters besteht, so dass noch offen ist, ob es tatsächlich zu einem Schaden kommt. Solange sich dieses Risiko nicht verwirklicht, laufen die Verjährungsfristen noch nicht, weil bei der **gebotenen wertenden Betrachtung** allenfalls eine Vermögensgefährdung vorliegt, die jedenfalls für das Entstehen eines Regressanspruchs noch nicht einem Schaden gleich-

---

210 BGH, NJW 1993, 648, 650, 653 f.; NJW-RR 1993, 706; NJW 1993, 2181, 2182.
211 BGHZ 119, 69 = NJW 1992, 2766.
212 BGH, NJW 1992, 2828, 2829; 1993, 1320; WM 1993, 1889, 1894; 1996, 540, 541; 1996, 1832, 1833; 2000, 959, 960; NJW 2002, 1414, 1415 f. und 1421, 1424.
213 BGHZ 119, 69 = NJW 1992, 2766; BGHZ 129, 386 = WM 1995, 1450 = NJW 1995, 2108; BGH, WM 1994, 1848; 1996, 1106; 1996, 1108; 1996, 2066; 1998, 786, 788; 2004, 472, 473; MDR 2004, 746, 747.
214 Eingehend zur neuen Rechtsprechung: *Becker-Eberhard*, in: FS (E.) Schumann, S. 1, 5 ff.
215 BGHZ 119, 67, 71 = NJW 1992, 2766, 2767; BGH, NJW-RR 2004, 1358, 1360 = WM 2004, 2034 = MDR 2004, 746, 747; WM 2004, 472, 473 f. = NJW-RR 2004, 1210; 2006, 642.

steht.[216] Ist nach dieser „**Risiko-Schaden-Formel**" ein **Schaden entstanden**, so kann und muss der Betroffene die Verjährung eines Ersatzanspruchs verhindern.

Die Außerachtlassung eines Zeitraums der Vermögensgefährdung aufgrund einer wertenden Betrachtung, die im Schadensersatzrecht unumgänglich ist,[217] hat gegenüber der herkömmlichen, überholten Abgrenzung die **Tendenz**, den **Verjährungsbeginn** in der Beraterhaftung **hinauszuschieben (zurückzuverlegen)**. Dies wirkt sich **zugunsten des geschädigten Mandanten** aus; nach altem Recht gewann er entsprechende Zeit, in der er nähere Kenntnis von der Pflichtverletzung seines Rechtsberaters und deren Folgen erhalten konnte. Anderseits ist diese Wirkung der neuen Abgrenzungsformel auch **für den Berater insoweit vorteilhaft**, als ein solcher Anspruch nicht vorzeitig – vor dem tatsächlichen Schadenseintritt – gegen ihn gerichtet werden muss. Das **Vertragsverhältnis** zum Auftraggeber wird **nicht zu früh gestört**; dieser hat **erst von der tatsächlichen Schadensentstehung an ein schutzwürdiges Interesse an einem Rückgriff** gegen seinen Berater.[218]

Dass die **neue Formel** zur Festlegung des Zeitpunkts des Schadenseintritts den **Verjährungsbeginn deutlich verzögern kann**, zeigen folgende Entscheidungen des BGH: 1344

- Auf Rat seines Anwalts spricht der Mandant eine **unzulässige Teilkündigung eines Vertrages** aus. Dies bedeutet eine Vertragsverletzung, die den Vertragspartner berechtigen kann, seinerseits Rechte gegen den Mandanten geltend zu machen. Dieser – allenfalls vermögensgefährdende – Tatbestand ergibt aber noch keinen Schaden des Mandanten infolge des falschen Ratschlags seitens des Anwalts. Ein solcher **Schaden** tritt vielmehr **frühestens und nur dann** ein, wenn der Vertragspartner wegen der Teilkündigung **Rechte gegen den Mandanten geltend macht**, die er sonst nicht hätte.[219]

- Der Mandant ist noch nicht geschädigt, wenn er einen **Vertrag aufgrund eines mangelhaften Entwurfs** seines Rechtsanwalts schließt, obwohl von diesem Zeitpunkt an dem Mandanten Rechte seines Vertragspartners wegen des fehlerhaften Vertrages drohen. **Erst wenn ein solches Recht tatsächlich gemacht wird** – etwa eine Anfechtung wegen Irrtums oder arglistiger Täuschung –, **entsteht ein Schaden** des Mandanten.[220]

- Aufgrund eines **ungenügenden Vertragsentwurfs** seines Anwalts verpachtet der Mandant eine Gaststätte. Dieser ist noch nicht mit Vertragsschluss geschädigt, ob-

---

216 BGH, WM 1993, 251, 255; 1996, 1832, 1833; NJW-RR 2004, 1358, 1360 = WM 2004, 2034; WM 2004, 472, 473 f. = NJW-RR 2004, 1210; 2006, 642; WM 2006, 927, 931.
217 Vgl. BGHZ 43, 378, 381 = NJW 1965, 1430; BGHZ 50, 304, 306 = NJW 1968, 1823; BGHZ 51, 109, 111 = NJW 1969, 321.
218 BGHZ 119, 69, 74 = NJW 1992, 2766, 2768; BGH, WM 1994, 1848, 1850; 1996, 1832, 1833.
219 BGH, WM 1993, 610, 612.
220 BGH, WM 1996, 540, 541.

wohl der Pächter schon von diesem Zeitpunkt an Minderung des Pachtzinses und Schadensersatz verlangen kann. Vielmehr **entsteht der Schaden** des Mandanten **erst dann, wenn** der Pächter **tatsächlich solche Rechte geltend macht**.[221]

- Macht der Mandant infolge eines Anwaltsfehlers einem anderen ein **ungünstiges Vertragsangebot**, so tritt ein Schaden des Auftraggebers „frühestens" mit der Annahme des Angebots ein.[222]

- Macht ein Rechtsanwalt im Rechtsstreit seiner Auftraggeber nicht geltend, deren **Haftung als Erben sei auf den Nachlass beschränkt** (§ 780 Abs. 1 ZPO), und werden diese deswegen zur Erfüllung von Nachlassverbindlichkeiten auch aus eigenem Vermögen verurteilt, so entsteht der Schaden des Mandanten aus dem Anwaltsfehler insoweit nicht bereits mit Erlass des ersten Gerichtsurteils, als es sich um Forderungen gegen den Nachlass handelt, die erst später durch Klageerweiterung in den Prozess eingeführt wurden.[223]

- Verhandelt ein Rechtsanwalt für seinen Auftraggeber mit einem Vertragsinteressenten, so entsteht bei einem **anwaltlich verschuldetem Einigungsmangel** ein Schaden des Mandanten erst dann, wenn sich das Risiko des vertragslosen Zustands verwirklicht.[224]

1345 Andererseits darf die **Risiko-Schaden-Formel nicht überzogen** werden. Neben der Vermeidung eines zu frühen Verjährungsbeginns, der die für den Mandanten strenge Regelung des § 51b BRAO noch zu dessen Nachteil verschärfen würde, strebt diese Formel auch eine **klare Anknüpfung für den Zeitpunkt der Schadensentstehung** aus Gründen der **Rechtsklarheit**" an.[225] Diesen Gesichtspunkt schätzt der BGH so hoch ein, dass dahinter die **Neigung, den Verjährungsbeginn hinauszuschieben, völlig zurücktreten kann**. Das zeigt sich in folgenden Entscheidungen:

- Lässt der **Rechtsanwalt** einen **Anspruch seines Auftraggebers** gegen einen Dritten **verjähren**, so **entsteht der Schaden** zumindest bei einem streitigen Anspruch mit dem **Ablauf der Verjährungsfrist**, nicht erst mit der Verjährungseinrede.[226] Dies gilt selbst dann, wenn eine verjährungsunterbrechende Rückwirkung gemäß § 270 Abs. 3 ZPO a.F. (vgl. § 167 ZPO n.F.) möglich war.[227]

---

221 BGH, WM 1996, 1832, 1833.
222 BGH, NJW 2002, 1421, 1423 (Anpassung eines Erbbauzinses).
223 BGH, WM 2002, 1078, 1080 = NJW 2002, 1414.
224 BGH, NJW 2004, 1523, 1525 (Apothekenbetriebsraummiete).
225 BGH, WM 1996, 1832, 1833.
226 BGH, NJW 1994, 2822, 2823 f. (Entschädigungsanspruch nach Ordnungsbehördengesetz); WM 1999, 1330, 1335 = NJW 1999, 2183 (Amtshaftungsanspruch gegen Notar); WM 2000, 1812, 1814 und WM 2005, 1812 = MDR 2005, 1139 (Anspruch auf Zugewinnausgleich); NJW 2001, 3543, 3544 (Werklohnanspruch); NJW-RR 2006, 275, 276 (Mietzinsforderung).
227 BGH, BGHR BRAO § 51 a.F. – Verjährungsbeginn 3.

- Dementsprechend ist der Mandant bereits mit dem – vom Anwalt zu vertretenden – **Ablauf einer materiellen oder prozessualen Frist geschädigt**.[228]
- Erhebt der Rechtsanwalt eine **aussichtslose Klage**, so tritt der „**Prozesskostenschaden**" mit **Klageerhebung** ein – wegen der Zweitschuldnerhaftung des Klägers gemäß §§ 49, 58 GKG a.F. –, nicht erst mit Abweisung der Klage.[229]
- Schließt der Anwalt in Vertretung eines Mandanten einen **ungünstigen Vergleich**, so tritt der **Schaden** mit dem wirksamen **Zustandekommen des Vergleichs** ein.[230]
- Wird dem Mandanten im Zusammenhang mit rechtlicher Beratung eine **nachteilige Vermögensanlage** empfohlen, ist dieser regelmäßig schon **mit seiner rechtsgeschäftlichen Bindung** – etwa an ein Anlagemodell, mit der Gewährung eines Darlehens – **geschädigt**, nicht erst dann, wenn die weitere wirtschaftliche Entwicklung des Vertragspartners den Geldverlust augenscheinlich macht.[231]
- Berät ein Rechtsanwalt fehlerhaft bezüglich der **Zwangsversteigerung** eines Erbbaurechts, so entsteht ein Schaden des Mandanten mit der **Verkündung des Zuschlags**, weil dieser – schon vor seiner Zustellung und Rechtskraft – wirksam ist (§§ 89 – 91 Abs. 1 ZVG).[232]
- Eine **zahlungsunfähige und überschuldete Genossenschaft**, die von ihrem Rechtsanwalt nicht auf ihre Pflicht zur Beantragung der Eröffnung des Insolvenzverfahrens hingewiesen wird, wird geschädigt mit dem **Auftrag** an den Rechtsanwalt, einen **außergerichtlichen Vergleich** mit den Gläubigern zu schließen.[233]
- Hat der Rechtsanwalt pflichtwidrig einen – rechtlich umstrittenen – **Vertragsrücktritt** erklärt, der einen **günstigeren Schadensersatzanspruch** ausschließt, so entsteht der Schaden des Mandanten mit der **Ausübung des Gestaltungsrechts**, nicht erst mit der rechtskräftigen Feststellung der Wirksamkeit dieser Erklärung.[234]

---

228 BGH, FamRZ 2005, 261, 263 = NJW-RR 2005, 494 (Frist zur Anfechtung der Vaterschaft gemäß § 1594 Abs. 2 BGB a.f.); NJW 1996, 48, 50 (Frist zum Einspruch gegen ein Versäumnisurteil); OLG Karlsruhe, MDR 1990, 336, 337 (Frist zur Berufungsbegründung); in diesem Sinne BGH, WM 2000, 959, 960 = NJW 2000, 1263 (Frist zur Begründung der Nichtzulassungsbeschwerde); NJW 2000, 1267 = WM 2000, 969 (Frist zur Berufungsbegründung); anders zu § 68 StBerG bei Versäumung einer Ausschlussfrist: BGH, WM 1993, 1511, 1513, jetzt aber BGH, DB 2006, 210 = NJW-RR 2006, 642, 643.
229 BGH, NJW 1995, 2039, 2041; 2001, 3543, 3545.
230 BGH, Beschl. v. 19.11.1992 – IX ZR 221/91, n.v.; OLG Hamm, NJW 1981, 2130; AnwBl 1990, 207; vgl. BGH, NJW 1993, 1325, 1328.
231 BGH, WM 1991, 1303, 1305; BGHZ 119, 69, 72 = NJW 1992, 2766; BGH, WM 1994, 504, 506 = NJW 1994, 1405; anders noch BGHZ 83, 328, 333 f. = NJW 1982, 1866.
232 BGH, Beschl. v. 12.7.2001 – IX ZR 50/99, n.v.
233 BGH, NJW 2001, 517, 519 = WM 2001, 98, 100.
234 BGH, WM 2005, 1869, 1870 f. = NJW-RR 2006, 279, 280.

Teil 1 • Abschnitt 7 • Verjährung vertraglicher Regressansprüche

- Hat ein Rechtsanwalt die **Arrestpfändung** einer Forderung pflichtwidrig vereitelt, so tritt der Schaden des Auftraggebers spätestens in dem Zeitpunkt ein, in dem eine solche Pfändung nicht mehr erfolgreich vorgenommen werden kann.[235]

1346 Bei der **Vielfalt** der verletzten Anwaltspflichten und der sich daraus ergebenden Rückgriffsansprüche fällt es **häufig schwer**, in einem Haftungsfall den **Verjährungsbeginn** nach § 51b BRAO **festzulegen**, der von der Entstehung des Schadensersatzanspruchs aus der anwaltlichen Pflichtverletzung und damit vom **Zeitpunkt des Schadenseintritts** abhängt.[236] Zur Lösung dieser Aufgabe **empfiehlt es sich**, unter Berücksichtigung der besonderen Umstände des Einzelfalles **beide Zielrichtungen** der höchstrichterlichen **Risiko-Schaden-Formel** im Auge zu behalten, nämlich einen zu frühen, den Geschädigten benachteiligenden Verjährungsbeginn durch **Außerachtlassung einer bloßen Vermögensgefährdung** zu vermeiden und im Interesse der Rechtsklarheit einen **eindeutigen, greifbaren Zeitpunkt für den Schadenseintritt** zu bestimmen.

1347 Der BGH[237] hatte für den Fall, dass **fehlerhaftes Prozessverhalten eines Rechtsanwalts** (hier: verspäteter Sachvortrag) zu einem für den Mandanten nachteiligen (hier: erstinstanzlichen) Urteil führt, entschieden, dass ein Schaden regelmäßig nicht eingetreten und damit ein Regressanspruch nicht entstanden sei, solange eine Änderung der Entscheidung in einem zweiten Rechtszug zugunsten des Mandanten nicht auszuschließen sei. Diese Ansicht hat der BGH[238] inzwischen aufgegeben; ein **Schaden** des Auftraggebers entsteht i.d.R. bereits **mit der ersten nachteiligen Gerichtsentscheidung** infolge anwaltlichen Fehlverhaltens.

2. Verjährungsbeginn mit Beendigung des Auftrags (§ 51b Fall 2, § 59m Abs. 2 BRAO)

1348 Die Verjährung eines primären vertraglichen Schadensersatzanspruchs des Auftraggebers gegen den Rechtsanwalt beginnt nach § 51b Fall 2 BRAO „**spätestens**" mit dem **Mandatsende**. Das bedeutet, dass der Verjährungsbeginn sich nach dieser Regelung richtet, wenn sie zu einer **früheren Verjährung** führt als § 51b Fall 1 BRAO (vgl. Rn. 1339); dies ist der Fall, wenn erst **nach Beendigung des anwaltlichen Auftrags** der – den Ersatzanspruch auslösende – **Schaden** des Mandanten aus der Pflichtverletzung des Rechtsanwalts **eintritt**.[239] In einem solchen Fall **beginnt** also **die Verjährung des Schadensersatzanspruchs vor dessen Entstehung**. Ohne die Zusatzregelung des § 51b Fall 2 BRAO würde die Verjährung erst mit der Entstehung des Regressan-

---

235 BGH, BRAK-Mitt. 2006, 24.
236 Vgl. *Zugehör*, NJW 1995, Beil. zu Heft 21, S. 13 f.
237 NJW 1992, 2828, 2829 f. = WM 1992, 2023.
238 WM 1998, 786, 787 f. = NJW-RR 1998, 742; WM 2000, 959, 960; NJW 2000, 1267 = WM 2000, 969; NJW 2002, 1414, 1415 = WM 2002, 1078.
239 BGHZ 94, 380, 390 = NJW 1985, 2250; BGH, WM 1996, 540, 541; 1996, 1832, 1833; 2003, 928, 930.

spruchs nach Mandatsende beginnen; so ist es in der Steuerberaterhaftung nach der Vorschrift des § 68 StBerG, in der eine entsprechende Bestimmung fehlt.

Der **Auftrag des Rechtsanwalts endet** mit der **Erledigung** der Aufgabe, also mit **Erreichen des Vertragszwecks** (dazu Rn. 53 ff.),[240] und zwar im Regelfall eines **Dienstvertrages** (§§ 611, 675 Abs. 1 BGB; dazu Rn. 480, 1301 ff.) **mit der vereinbarten Dienstleistung** (Rechtsberatung und/oder -vertretung),[241] bei einem **Werkvertrag** (§§ 631, 675 Abs. 1 BGB; dazu Rn. 480, 1301 ff.) mit der **Abnahme** des anwaltlichen Werks als in der Hauptsache vertragsgemäße Leistung (§ 640 BGB; dazu Rn. 1185) – etwa mit der Unterzeichnung eines Vertragsentwurfs durch die Vertragspartner –.[242] Die Erledigung zeigt der Rechtsanwalt seinem Auftraggeber meistens durch Erteilung seiner **Honorarrechnung** an. Selbst wenn das Mandat nicht vollständig erledigt ist, so kann doch die Verjährung gemäß § 51b Fall 2 BRAO beginnen, wenn der Rechtsanwalt – etwa durch Übersendung seiner Schlussrechnung – anzeigt, dass er von einer Beendigung des Mandats ausgeht.[243]

1349

Nicht selten wird der **Auftrag** ausdrücklich **einvernehmlich beendet**.[244] Die Bestimmungen des § 8 Abs. 1 Satz 2 RVG (früher § 16 Satz 2 BRAGO) zur Fälligkeit der anwaltlichen Vergütung berühren nicht die Frage, wann ein anwaltliches Mandat im Einzelfall beendet ist.[245]

Außerdem kann das Mandat enden durch **Kündigung**, die sich vorrangig nach den Vereinbarungen im jeweiligen Anwaltsvertrag richtet, soweit nicht §§ 626, 627 BGB anzuwenden sind (vgl. Rn. 62, 879 ff.).[246]

Weiterhin endet ein Geschäftsbesorgungsvertrag mit einem Rechtsberater grundsätzlich durch **Eröffnung des Insolvenzverfahrens** über das Vermögen des Auftraggebers, wenn sich der Vertragsgegenstand auf die Insolvenzmasse bezieht (§§ 115, 116 InsO).[247]

Ferner erlischt der Auftrag im Zweifel durch den **Tod des Anwalts** (§§ 673, 675 Abs. 1 BGB), nicht aber mit dem Tod des Auftraggebers (§§ 672, 675 Abs. 1 BGB).

---

240 Vgl. *Vollkommer/Heinemann*, Rn. 124 ff.; *Borgmann*, in: *Borgmann/Jungk/Grams*, § 15 Rn. 96 ff.
241 Vgl. BGH, WM 2002, 513, 515 = NJW 2002, 1048: Prozessmandat und Prozessvergleich.
242 BGH, WM 1996, 540, 541; 1996, 1832, 1833.
243 BGH, Beschl. v. 12.3.2002 – IX ZR 34/01, BRAK-Mitt. 2002, 117.
244 BGH, NJW 2004, 1523, 1525 (Beratungsmandat).
245 BGH, BGHR BRAO § 51 a.F. – Verjährungsbeginn 4.
246 Vgl. BGH, WM 1993, 515 und 795; 1995, 1288; 1996, 2244, 2246.
247 BGH, NJW 1990, 510, zu § 23 KO; zur Insolvenz des Rechtsanwalts: *Vollkommer/Heinemann*, Rn. 132.

1350 Nach herkömmlicher Rechtsprechung wird die Verpflichtung eines **Mitglieds einer Rechtsberatersozietät** aus einem Gesamtmandat nicht durch Ausscheiden aus der Sozietät beendet; allerdings kann es dem mutmaßlichen Parteiwillen entsprechen, dass ein ausscheidender Sozius die laufenden Verträge gegenüber den Auftraggebern – etwa durch Anzeige des Ausscheidens – kündigen darf und die Mandatsverhältnisse mit den verbleibenden Mitgliedern der Sozietät fortgesetzt werden.[248]

Diese Rechtslage hat sich auf der Grundlage der neuen Rechtsprechung des BGH zur BGB-Gesellschaft (dazu Rn. 346 ff., 1323) geändert;[249] danach haftet ein ausgeschiedenes Sozietätsmitglied gemäß § 736 Abs. 2 BGB, § 160 HGB für die bis zu seinem Ausscheiden begründeten Verbindlichkeiten der Gesellschaft (dazu Rn. 1323).

1351 Ein Verjährungsbeginn nach § 51b Fall 2 BRAO kann dazu führen, dass ein **Regressanspruch vor seiner Entstehung** mit Schadenseintritt **bereits verjährt** ist. Ist dies nicht der Fall, so kann die Verjährung nur noch in der – möglicherweise kurzen – Zeit unterbrochen werden, die an drei Jahren seit dem Mandatsende fehlt. Diese für den Anwalt günstigen und für den geschädigten Auftraggeber harten Folgen zeigen sich **insbesondere bei Kurzmandaten**, bei denen von der Erteilung des Auftrags bis zu dessen Ende nur wenig Zeit vergeht, etwa bei Aufträgen zur Anfertigung eines Gutachtens oder eines Vertragsentwurfs. Bei solchen Mandaten kommt hinzu, dass sich die Verjährungszeit i.d.R. nicht oder nur unwesentlich durch eine Sekundärhaftung des Rechtsanwalts verlängert (vgl. Rn. 1365 ff.).

3. Verjährungsbeginn nach §§ 68, 72 Abs. 1 StBerG

1352 Vertragliche Schadensersatzansprüche gegen **Steuerberater, Steuerbevollmächtigte** und **Steuerberatungsgesellschaften**[250] verjähren nach altem Recht gemäß §§ 68, 72 Abs. 1 StBerG.

Die Verjährungsvorschrift des **§ 68 StBerG**,[251] die **mit § 51b Fall 1 BRAO übereinstimmt**, erstreckt sich **i.d.R.** auf **vertragliche Schadensersatzansprüche gegen einen steuerberatenden Rechtsanwalt, der zugleich Steuerberater ist** (Rn. 1304 f.). In dieser Bestimmung **fehlt** eine **Regelung gemäß § 51b Fall 2 BRAO**, so dass die Verjährung eines vertraglichen Schadensersatzanspruchs des Mandanten gegen den Steuerberater immer mit der Entstehung des Anspruchs – also mit dem Eintritt des Schadens infolge der Pflichtverletzung – beginnt.

Im Rahmen des **§ 68 StBerG** gilt nach der seit Juli 1992 geänderten höchstrichterlichen Rechtsprechung (vgl. Rn. 1342 ff.) folgender **Verjährungsbeginn** für einen vertraglichen Schadensersatzanspruch:

---

248 BGH, NJW 1982, 1866.
249 Vgl. *Vollkommer/Heinemann*, Rn. 70.
250 Dazu *Zugehör*, WM 2000, Sonderbeilage Nr. 4, S. 22 ff. und DStR 2001, 1613 und 1663.
251 Zur geschichtlichen Entwicklung dieser Vorschrift: *Stoklossa*, S. 88.

a) Ersatzanspruch aus steuerlicher Beratung

aa) Pflichtverletzung vor Erlass des belastenden Steuerbescheids

Liegt die Pflichtverletzung **vor** Erlass des belastenden Steuerbescheids, so ist nach der neuen „Risiko-Schaden-Formel" (vgl. Rn. 1342 ff.) die – den Verjährungsbeginn auslösende – **Schadensentstehung** regelmäßig anzunehmen **mit Bekanntgabe des belastenden Steuerbescheids** gemäß § 122 Abs. 1, § 155 Abs. 1 Satz 2 AO,[252] **nicht** erst mit dessen **Bestandskraft** oder **Unanfechtbarkeit**.[253]

1353

Die Verjährung beginnt auch dann frühestens mit der Bekanntgabe des nachteiligen Steuerbescheids, wenn der Steuerberater eine **Ausschlussfrist** versäumt hat.[254] Entstehen infolge schuldhafter Pflichtverletzung eines Steuerberaters Mehrsteuern, deren Begleichung den Mandanten mit Kreditkosten belastet, so beginnt die Verjährung eines Anspruchs auf Ersatz von **Zinsschäden** – für jeden Veranlagungszeitraum und jede Steuerart gesondert – regelmäßig nach dem jeweils belasteten Steuerbescheid – mit Rücksicht auf den Grundsatz der Schadenseinheit (Rn. 1360 f.) – einheitlich in dem Zeitpunkt, in dem die erste Steuerzahlung aus Kreditmitteln erfolgt.[255] Mit Rücksicht darauf, dass die **Jahresumsatzsteueranmeldung** einer Steuerfestsetzung unter dem Vorbehalt der Nachprüfung gleichsteht (§ 168 Satz 1 AO), entsteht ein Schaden des Auftraggebers in Gestalt vermeidbarer Umsatzsteuern infolge fehlerhafter Selbstveranlagung mit der Einreichung der Anmeldung beim Finanzamt.[256]

Entsteht dem Auftraggeber **ausnahmsweise** infolge der Pflichtverletzung des Steuerberaters ein **Schaden vor Zugang des Steuerbescheids**, etwa weil er vorher Sicherheit für das Steuerrisiko zu leisten hat, so ist dieser frühere Zeitpunkt für den Verjährungsbeginn maßgeblich.[257]

Die Verjährung eines Regressanspruchs wird nicht dadurch gehindert, dass der steuerliche Berater für seinen Auftraggeber **Einspruch gegen den Steuerbescheid** einlegt.[258]

---

252 BGHZ 119, 69 = WM 1992, 1738 = NJW 1992, 2766; BGH, WM 1994, 1848; 1996, 1106; 1998, 779, 780; NJW 2000, 2678, 2679; WM 2003, 936, 939; 2004, 472, 473 = NJW-RR 2004, 1210.
253 BGHZ 129, 386 = WM 1995, 1450.
254 BGH, NJW 1993, 2181, 2182 f.; WM 2004, 472, 474; 2006, 590, 591 f. = NJW-RR 2006, 642, 643.
255 BGH, NJW 1991, 2833, 2834 f.
256 BGH, WM 2005, 2106, 2107.
257 BGH, NJW 1993, 1139, 1141.
258 BGH, WM 1996, 1106.

bb) Pflichtverletzung nach Bekanntgabe des belastenden Steuerbescheids

1354 Ereignet sich die Pflichtverletzung erst **nach** Bekanntgabe des belastenden Steuerbescheids, so gilt Folgendes:

Hat der steuerliche Berater pflichtwidrig gegen den Steuerbescheid **keinen Rechtsbehelf eingelegt, so beginnt die Verjährung** des Schadensersatzanspruchs mit **Eintritt der Bestandskraft des Bescheids**. Hat der steuerliche Berater einen **Einspruch** gegen den Bescheid **nicht ordnungsgemäß begründet, so beginnt die Verjährung** des Schadensersatzanspruchs mit **Bekanntgabe des Einspruchsbescheids**.[259]

Begründet ein steuerlicher Berater weder einen Einspruch gegen einen belastenden Steuerbescheid, der nicht auf einer Pflichtverletzung des Beraters beruht, noch eine nachfolgende Anfechtungsklage, so beginnt die Verjährung des Regressanspruchs des Mandanten wegen des Steuernachteils mit der Bekanntgabe der Einspruchsentscheidung.[260]

b) Ersatzanspruch aus sonstiger Betreuung

1355 Wird der Ersatzanspruch mit dem **Verlust einer Subvention** begründet, so ist die **Schadensentstehung** anzunehmen, **sobald feststeht**, dass die Voraussetzungen für die Gewährung der Zulage nicht erfüllt sind und nicht mehr erfüllt werden können, also **nicht erst mit der Entscheidung** des Finanzamtes oder einer anderen Behörde.[261]

Hat ein Steuerberater, der die **Lohnbuchführung** seines Auftraggebers übernommen hat, für dessen Arbeitnehmer keine **Beiträge zur gesetzlichen Krankenversicherung** abgeführt, so tritt der Schaden des Mandanten in dem Zeitpunkt ein, in dem die **geschuldeten Beiträge** als Teil des Gesamtsozialversicherungsbeitrags **durch die Auszahlung ansteigen**.[262]

Die Verjährung eines Schadensersatzanspruchs eines Arbeitgebers gegen den Steuerberater, der im Rahmen von **Lohnabrechnungen** keinen **Arbeitnehmeranteil der Rentenversicherungsbeiträge** abzieht, beginnt in Fällen der unerkannten Beitragspflicht erst **mit Zugang des entsprechenden Nachforderungsbescheides** der zuständigen Behörde.[263]

---

[259] BGH, WM 1996, 2066; OLG Düsseldorf, NJW-RR 2005, 648.
[260] BGH; WM 1998, 786, 788 = NJW-RR 1998, 742.
[261] BGH, WM 1996, 1108, 1109.
[262] BGH, NJW-RR 2004, 1358, 1360 f. = WM 2004, 2034.
[263] BGH, MDR 2005, 89 f. = ZIP 2004, 2192 = NJW-RR 2005, 1223 f.; vgl. BGH, NJW-RR 2004, 1358, 1360 f. = WM 2004, 2034 = MDR 2004, 746, 747.

Hat der Steuerberater seine Vertragspflicht durch pflichtwidrige **Empfehlung einer nachteiligen Vermögensanlage** verletzt, so kann der Schaden schon mit der rechtlichen Bindung des Mandanten an das Beteiligungsobjekt entstehen.[264]

Gibt ein Steuerberater als **Treuhänder** vorzeitig Gelder frei, so entsteht ein Schaden mit dem – neue Kosten auslösenden – Bauauftrag, nicht schon mit der Freigabeerklärung und nicht erst mit der späteren Überschuldung des Projekts.[265]

c) Sekundärhaftung

Auch die Verjährungsregelung des § 68 StBerG wird durch eine **Sekundärhaftung** ausgefüllt.[266] Insoweit gelten die Ausführungen zur Verjährung eines Sekundäranspruchs gemäß § 51b Fall 1 BRAO entsprechend (Rn. 1403 ff.) mit der Maßgabe, dass ein solcher Anspruch nach § 68 StBerG immer ab Eintritt der Primärverjährung verjährt.[267] Eine **Sekundärhaftung des steuerberatenden Rechtsanwalts und Steuerberaters (Mehrfachberuflers)** entfällt nicht, wenn der Mandant einen (anderen) Steuerberater beauftragt,[268] wohl aber bei Einschaltung eines (anderen) Rechtsanwalts[269] (Rn. 1393 ff.).

1356

4. Verjährungsbeginn nach § 323 Abs. 5 HGB

Weist ein **Abschlussprüfer** in der Bilanz einer AG einen nicht bestehenden Gewinn aus, so entsteht ein Schaden der AG, der den Beginn der Verjährung eines Regressanspruchs gemäß § 323 Abs. 5 HGB (= § 168 Abs. 1 AktG a.F.) auslöst, erst mit dem Gewinnverwendungsbeschluss der Hauptversammlung, nicht schon mit der Ablieferung des Prüfberichts.[270]

1357

5. Verjährungsbeginn bei vor- und nachvertraglicher Anwaltshaftung

a) Vorvertraglicher Regressanspruch

Die **Primärverjährung** eines Schadensersatzanspruchs aus einem **anwaltlichen Verschulden vor oder bei Abschluss eines Anwaltsvertrages**, der zumindest auch

1358

---

264 BGHZ 129, 386, 388; BGH, WM 1991, 1303, 1305; 1994, 504, 506 und 1848, 1849; 2004, 472, 474.
265 BGH, NJW 2002, 888, 890.
266 BGHZ 83, 17, 23, 26 f. = NJW 1982, 1285; BGHZ 114, 150, 158; 129, 386, 391; BGH, NJW 2001, 826, 828; MDR 2004, 746, 747 = NJW-RR 2004, 1358 = WM 2004, 2034.
267 BGHZ 129, 386, 395 = WM 1995, 1450.
268 BGHZ 129, 386, 392 = WM 1995, 1450.
269 BGH, WM 1996, 33, 34.
270 BGHZ 124, 27, 29 ff. = WM 1994, 33.

Zugehör 763

eine nennenswerte Rechtsberatung umfassen sollte, richtet sich ebenfalls nach § **51b BRAO** (vgl. Rn. 1315 ff.).

Die Verjährung eines solchen Haftpflichtanspruchs beginnt nach § 51b Fall 1 BRAO **mit seiner Entstehung**, wenn der Schaden eingetreten ist **vor Ende des Anwaltsvertrages**, bei dessen Anbahnung es zur anwaltlichen Pflichtverletzung gekommen ist, und gemäß § 51b Fall 2 BRAO **mit dem Ende des Vertrages**, wenn erst **danach der Ersatzanspruch mit dem Schadenseintritt** entstanden ist. Hat die vorvertragliche Beziehung **nicht zu einem Anwaltsvertrag** geführt, so verjährt ein Schadensersatzanspruch wegen einer vorvertraglichen Pflichtverletzung des Rechtsanwalts – etwa aus § 44 BRAO – nach § 51b Fall 1 BRAO.

b) Nachvertraglicher Regressanspruch

1359 Ein Schadensersatzanspruch wegen Verletzung einer **nachvertraglichen Pflicht** des Rechtsanwalts (vgl. Rn. 1319 ff.) verjährt nach § **51b Fall 2 BRAO** ab Mandatsende.

6. Verjährungsbeginn bei Spätschäden (Grundsatz der Schadenseinheit)

1360 Der **Schaden** aus einem **bestimmten schädigenden Ereignis** – also aus ein und derselben pflichtwidrigen Handlung oder Unterlassung – ist ein **einheitliches Ganzes (Grundsatz der Schadenseinheit)**;[271] deswegen läuft für den einheitlichen Anspruch auf Ersatz des **Gesamtschadens** einschließlich aller voraussehbaren Nachteile eine **einheitliche Verjährungsfrist** (vgl. Rn. 1466 ff.)[272].

Daher hat auch die Verjährung eines Anspruchs des Auftraggebers gegen den Rechtsanwalt auf Ersatz adäquat verursachter, voraussehbarer und zurechenbarer **Spätschäden**, die sich während einer langwierigen Entwicklung des Schadens aus ein und derselben Pflichtverletzung erst nach und nach zeigen, nach § 51b Fall 1 BRAO **bereits mit der Entstehung des ersten Teilschadens begonnen, falls nicht** ein noch früherer **Verjährungsbeginn mit Mandatsende** gemäß § 51b Fall 2 BRAO maßgeblich ist. Das gilt auch dann, soweit eine Wiederholung derselben Pflichtverletzung – nochmals – denselben Schaden auslöst.[273] Eine vollendete Verjährung erstreckt sich auf solche späteren Schadensfolgen.

---

271 Dazu eingehend *Kleutgens*, S. 143 ff.
272 BGHZ 50, 21, 23 f. = NJW 1968, 1324; BGHZ 100, 228, 232 = NJW 1987, 1887; BGHZ 114, 150, 155 = NJW 1991, 2828; BGH, NJW 1993, 1139, 1141 und 1320, 1321; WM 1996, 1106, 1107; 1998, 779, 780 und 786, 788; NJW 2002, 1414, 1415 = WM 2002, 1078, 1080; zum Verjährungsbeginn bei unvorhersehbaren Spätfolgen: BGH, NJW 2000, 861, 862.
273 BGH, WM 2002, 1078, 1080 = NJW 2002, 1414.

B. Altes Verjährungsrecht

Haben dagegen **mehrere selbständige, pflichtwidrige Handlungen und/oder Unterlassungen** des Rechtsanwalts zu Schäden seines Auftraggebers geführt, so **beginnt die Verjährung** eines Ersatzanspruchs aus der **jeweiligen Pflichtverletzung** nach § 51b Fall 1 BRAO mit der **Entstehung des ersten daraus folgenden Nachteils, es sei denn**, dass die Verjährung gemäß § 51b Fall 2 BRAO – früher – mit der **Beendigung des Mandats beginnt**, aus dem das schädigende Ereignis stammt.[274] Eine Schädigung des Auftraggebers durch **mehrere selbständige Pflichtverletzungen** kann z.b. vorliegen, wenn der **Anwalt** zunächst eine Forderung des Mandanten verjähren lässt und sodann den verjährten Anspruch einklagt;[275] Ansprüche des Mandanten auf Ersatz seiner Vermögenseinbußen infolge der Forderungsverjährung und der Kosten des aussichtslosen Rechtsstreits können dann verjährungsrechtlich verschiedene Wege gehen. Reicht ein **Steuerberater falsche Jahresumsatzsteueranmeldungen** seines Auftraggebers ein, so handelt es sich **jeweils um eine selbständige Schädigung**; der zugrunde liegende Rechtsirrtum des Beraters verbindet die jährlich wiederholten Pflichtverletzungen nicht zu einer einheitlichen Schadenshandlung.[276]

1361

Zur **natürlichen Handlungseinheit** und zu **wiederholten Schadenshandlungen** wird verwiesen auf Rn. 1467 ff.

7. Eintritt und Einrede der Primärverjährung

Die **Primärverjährung** des ursprünglichen (primären) vertraglichen Schadensersatz-(Regress-)anspruchs gegen einen **Rechtsanwalt** – oder eine **Rechtsanwaltsgesellschaft** (§ 59m Abs. 2 BRAO) – tritt nach altem Recht ein **mit Ablauf von drei Jahren** nach Beginn der Verjährung gemäß einem der beiden Fälle des **§ 51b BRAO**, es sei denn, dass die Verjährung **gehemmt** (dazu Rn. 1412 ff.) oder **unterbrochen** wurde (dazu Rn. 1419 ff.) oder die Verjährungseinrede wegen **Verzichts** (dazu Rn. 1434 ff.) oder **Rechtsmissbrauchs** (dazu Rn. 1437 f.) nicht geltend gemacht werden kann. Entgegen einem in der Praxis verbreiteten Irrtum wird der Verjährungsbeginn nicht gemäß § 201 BGB a.F. auf den Schluss des Jahres hinausgeschoben, in dem der Regressanspruch des Mandanten entstanden ist.[277]

1362

Die **Primärverjährung** eines vertraglichen Schadensersatzanspruchs gegen einen **Steuerberater, Steuerbevollmächtigten** oder eine **Steuerberatungsgesellschaft** tritt nach altem Recht ein **mit Ablauf von drei Jahren** nach Beginn der Verjährung mit Entstehung des Anspruchs (§§ **68, 72 Abs. 1 StBerG**).

---

274 Vgl. BGH, NJW 1993, 648, 650 = WM 1993, 251; WM 1998, 786, 788; 2002, 1078, 1080.
275 Vgl. BGH, WM 1998, 779 = NJW 1998, 1488, 1491; WM 2001, 1677, 1679 = NJW 2001, 3543, 3545.
276 BGH, WM 2005, 2106, 2107; vgl. für Einkommensteuererklärungen: OLG Düsseldorf, NJW-RR 2005, 648.
277 BAG, NJW 1997, 3461, 3462.

Die **Verjährung** eines vertraglichen Schadensersatzanspruchs gegen einen **Wirtschaftsprüfer** oder eine **Wirtschaftsprüfungsgesellschaft** tritt nach altem Recht ein **mit Ablauf von fünf Jahren** nach Beginn der Verjährung mit Entstehung des Anspruchs (§§ 51a, 56 Abs. 1 WPO, § 323 Abs. 5 HGB).

1363 **Trotz Primärverjährung** kann ein vertraglicher Schadensersatzanspruch gegen einen Rechtsanwalt, Steuerberater oder Steuerbevollmächtigten sowie gegen Gesellschaften dieser Berufskreise nach altem Recht noch durchgesetzt werden, wenn der Mandant einen **sekundären Schadensersatzanspruch** erworben hat, der seinerseits noch nicht verjährt ist (dazu Rn. 1403 ff.).

Wirtschaftsprüfer und ihre Gesellschaften wurden vom BGH **keiner Sekundärhaftung** unterworfen, weil die – bis Ende 2003 geltenden – Verjährungsvorschriften Verjährungsfristen von fünf Jahren festlegten, die erheblich länger waren als diejenige von drei Jahren für die Vertragshaftung von Rechtsanwälten und Steuerberatern.[278]

1364 Im **Haftpflichtprozess** ist die Verjährung nur auf **Einrede** des auf Schadensersatz in Anspruch genommenen Rechtsberaters zu berücksichtigen (§ 222 Abs. 1 BGB a.F./ § 214 Abs. 1 BGB n.F.).

IV. Zweit-(Sekundär-)verjährung

1. Sekundäranspruch des Auftraggebers und Sekundärhaftung des Rechtsberaters

a) Allgemeines

1365 Ist gemäß § 51b BRAO die **Primärverjährung** des ursprünglichen Regress-(Primär-)anspruchs des geschädigten Mandanten gegen einen **Rechtsanwalt** – oder eine **Rechtsanwaltsgesellschaft** (§ 59m Abs. 2 BRAO) – eingetreten, so kann dennoch dieser Anspruch dann noch durchgesetzt werden, wenn der Anwalt einem **zweitrangigen (sekundären) Schadensersatzanspruch (Sekundäranspruch) des Auftraggebers** wegen pflichtwidriger Herbeiführung der Primärverjährung ausgesetzt ist (**Sekundärhaftung**) und ein solcher Sekundäranspruch seinerseits noch nicht verjährt ist (**Sekundärverjährung**).

Die **Verjährung** des Regressanspruchs des Auftraggebers gegen den Rechtsanwalt ist dann endgültig **vollendet**, wenn die Primärverjährung eingetreten ist und entweder kein verjährungsverlängernder Sekundäranspruch besteht oder ein solcher Sekundäranspruch ebenfalls verjährt ist.

---

278 Vgl. BGHZ 78, 335, 345 f. = NJW 1981, 401.

Einer Sekundärhaftung unterliegen auch **Steuerberater, -bevollmächtigte und -beratungsgesellschaften** (Rn. 1356) sowie **Architekten**,[279] nicht aber Wertpapierdienstleistungsunternehmen bei Haftung aus fehlerhafter Anlageberatung.[280]

b) Inhalt

Für den **Rechtsanwalt** kann unter bestimmten Voraussetzungen grundsätzlich bis zum Mandatsende (Rn. 1380 ff.) – ausnahmsweise auch bis zur Beendigung eines neuen Auftrags über denselben Gegenstand (Rn. 1383) – die **nicht einklagbare, vertragliche Neben-(Schutz-)pflicht**[281] entstehen, seinen Auftraggeber rechtzeitig vor Eintritt der Primärverjährung darauf **hinzuweisen**, dass dieser gegen ihn – den Rechtsanwalt – **möglicherweise einen Schadensersatzanspruch** wegen schuldhafter Pflichtverletzung hat und dieser Anspruch **der kurzen Verjährung des § 51b BRAO unterliegt.** Verletzt der Anwalt schuldhaft diese **sekundäre Hinweispflicht**, so löst dies einen **sekundären Schadensersatzanspruch (Sekundäranspruch) des Mandanten** aus, **falls dieser** bei ordnungsgemäßer Aufklärung **die Primärverjährung** seines (primären) Regressanspruchs **verhindert hätte.** Den (sekundären) Schadensersatz hat der Anwalt gemäß § 249 BGB in der Weise zu leisten, dass er den Mandanten so zu stellen hat, wie dieser stünde, wenn er pflichtgemäß belehrt worden wäre (**Sekundärhaftung**); das bedeutet, dass der Anwalt dem Regress-(Primär-)anspruch des Mandanten die **Einrede der Primärverjährung** und das damit verbundene Leistungsverweigerungsrecht (§ 222 Abs. 1 BGB a.F.; § 214 BGB n.F.) **nicht** mit Erfolg entgegenhalten kann.[282]

1366

Danach ist der sekundäre Schadensersatzanspruch nur ein „**Hilfsrecht**" des geschädigten Mandanten zur Abwehr der Verjährungseinrede, das weder selbständig abgetreten noch gepfändet werden kann; vielmehr wird ein solcher Anspruch als „**unselbständiges Nebenrecht**" i.S.d. § 401 BGB von einer Pfändung des (primären) Regressanspruchs erfasst.[283] Das gilt für den Fall der Abtretung des Regressanspruchs entsprechend (§ 401 BGB).[284]

Der Anwalt muss gemäß seiner sekundären Pflicht auf die Möglichkeit seiner Regresshaftung und die drohende Verjährung gemäß § 51b BRAO so **rechtzeitig hinweisen**, dass der geschädigte Mandant noch anderweitigen Rechtsrat einholen und die **Pri-**

1367

---

279 BGHZ 71, 144, 148 f. = NJW 1978, 1311; BGH, WM 1996, 1096.
280 BGHZ 162, 306 = WM 2005, 929, 931 = NJW 2005, 1579 (§ 37a WpHG).
281 *Taupitz*, S. 100 f.; *Vollkommer*, Rn. 465; *Becker-Eberhard*, in: FS (E.) Schumann, S. 18 ff.
282 BGHZ 94, 380, 385 = NJW 1985, 2250; BGH, NJW 1988, 265, 266; für die Steuerberaterhaftung u.a. BGHZ 129, 386, 391; BGH, WM 1996, 2066, 2068; NJW-RR 2004, 1358, 1361.
283 BGH, WM 1996, 35, 37, 38 f. = NJW 1996, 48; WM 2003, 928, 930 = NJW 2003, 822.
284 *Fischer*, NJW 1999, 2993, 2998.

märverjährung eines Schadensersatzanspruchs **verhindern kann**.[285] Zur ordnungsgemäßen Erfüllung dieser Pflicht sind zunächst der **Anwaltsfehler und dessen Folgen** so weit **zu erläutern**, dass der Mandant die Art seines möglichen Schadens und den Inhalt eines Ersatzanspruchs zumindest mit fachlicher Hilfe erkennen kann. Besondere Umstände des Einzelfalles können es notwendig machen, dass der Anwalt sich zur vertragsgerechten Erfüllung seiner sekundären Hinweispflicht nicht – wie i.d.R. – mit einer **Wiedergabe des Wortlauts des § 51b BRAO** begnügen kann, sondern **nähere Angaben** zum Beginn oder Ende der Verjährung eines Regressanspruchs machen muss, etwa dann, wenn der Eintritt der Primärverjährung unmittelbar bevorsteht;[286] der BGH[287] hat allerdings bisher ausdrücklich offen gelassen, ob der Rechtsanwalt zu solchen weitergehenden Angaben verpflichtet ist. Insoweit können an einen Rechtsanwalt höhere Anforderungen gestellt werden als an einen Steuerberater; da dieser außerhalb des Steuerrechts regelmäßig keine ausreichenden Rechtskenntnisse hat und keinen Rechtsrat erteilen darf, braucht er zur Erfüllung seiner sekundären Hinweispflicht seinem Mandanten nur den – mit § 51b Fall 1 BRAO übereinstimmenden – Wortlaut des § 68 StBerG bekannt zu geben.[288] Eine Bitte des Mandanten, auf die Verjährungseinrede zu verzichten, lässt noch nicht den Schluss zu, der Mandant brauche über die kurze Verjährung gemäß § 51b BRAO nicht aufgeklärt zu werden.[289]

Die sekundäre Hinweispflicht des Anwalts darf allerdings **nicht überspannt** werden. Sie **beschränkt sich im Allgemeinen darauf**, dass der regelmäßig rechtsunkundige und deswegen arglose Mandant, der auf eine umfassende Rechtsberatung im Rahmen des Mandats angewiesen ist, rechtzeitig darauf aufmerksam zu machen ist, dass ihm möglicherweise durch einen vom Anwalt zu verantwortenden Fehler ein Schaden droht und ein Regressanspruch der kurzen Verjährung des § 51b BRAO unterliegt. Eine ins Einzelne gehende Beratung ist grundsätzlich nicht erforderlich; es genügt im Allgemeinen, den Mandanten problembewusst zu machen. Es ist dann dessen Sache, die im eigenen Interesse gebotenen Maßnahmen zur Wahrnehmung seiner Belange zu ergreifen.

1368 Nach Erfüllung der sekundären Hinweispflicht wird der Auftraggeber regelmäßig das **Mandat beenden**, weil er das Vertrauen zu seinem Anwalt verloren hat. Geschieht dies nicht, so muss der haftpflichtige Anwalt das Mandat kündigen, wenn er nicht

---

285 BGHZ 94, 380, 384 = NJW 1985, 2250; BGH, WM 1986, 1500, 1501 = NJW 1987, 326; NJW 1992, 836, 837; WM 1996, 2066, 2068; 1999, 1330, 1335; NJW-RR 2004, 1358, 1361.
286 Vgl. BGH, NJW 1987, 326, 327.
287 BGH, WM 2000, 959, 961 und 969, 970 f.
288 BGHZ 114, 150, 159 = NJW 1991, 2828; BGH, NJW 1995, 2106, 2107.
289 BGH, NJW 2000, 1267 f.

B. Altes Verjährungsrecht

den Auftraggeber bei der Durchsetzung eines Regressanspruchs beraten und vertreten will.[290]

Über den Sekundäranspruch selbst und dessen Verjährung braucht der haftpflichtige Anwalt auch bei fortbestehendem Mandat nicht aufzuklären, da ein „**Tertiäranspruch**" nicht besteht.[291] 1369

c) Wirkung

Wird dem haftpflichtigen Rechtsanwalt aufgrund einer Sekundärhaftung die Einrede der Primärverjährung versagt, so **entfällt** in der Sache die eingetretene **Verjährungswirkung** – in Gestalt eines Leistungsverweigerungsrechts (§ 222 Abs. 1 BGB a.F., § 214 Abs. 1 BGB n.F.) – und verlängert sich die frühere, an sich bereits abgelaufene Verjährungsfrist bis zur Verjährung des Sekundäranspruchs des Mandanten (vgl. Rn. 1404 ff.). Der verjährte Primäranspruch lebt gleichsam für eine gewisse Zeit wieder auf.[292] Dadurch gewinnt der geschädigte Auftraggeber eine Zeitspanne, in der er die Grundlagen seines Schadensersatzanspruchs kennen lernen und diesen rechtzeitig geltend machen kann. 1370

Entgegen einem verbreiteten Irrtum **verdoppelt die Sekundärhaftung eines Rechtsanwalts nicht regelmäßig die gesetzliche Verjährungsfrist.** Diese Folge kann sich nur bei einem **Dauermandat** einstellen, bei dem die Verjährungsfristen für Primär- und Sekundäranspruch vor dem Mandatsende ablaufen können (Rn. 1348, 1406). Dies entspricht der besonderen Schutzwürdigkeit des Mandanten, dem durch einen – ihm regelmäßig unbekannten – Fehler seines Rechtsanwalts oder Steuerberaters ein Schaden droht und der das – beiderseits erwünschte – Vertrauensverhältnis zu diesem über lange Zeit aufrechterhält. Bei den zahlreichen **Kurzmandaten**, bei denen zwischen Erteilung und Beendigung nur wenig Zeit vergeht, verjähren Primär- und Sekundäranspruch in unwesentlichem Abstand (vgl. Rn. 1407).

d) Zweck

Die anwaltliche Sekundärhaftung wurde vom RG im Jahre 1938 – zur damals geltenden Verjährungsfrist von fünf Jahren – entwickelt[293] und vom BGH 1967 – ebenfalls in einem Fall mit einer Verjährungsfrist von fünf Jahren – übernommen[294] und seitdem fortgeführt.[295] Die mit dieser Zweithaftung verbundene Verlängerung der Verjährungsfrist, die sich im Allgemeinen nur bei Dauermandaten nennenswert auswirken kann 1371

---

290 Vgl. RGZ 158, 130, 134; *Brinker*, S. 52.
291 BGHZ 94, 380, 391 = NJW 1985, 2250 = WM 1985, 889.
292 *Rinsche*, Rn. I 266.
293 RGZ 158, 130, 136.
294 BGH, VersR 1967, 979, 980.
295 U.a. BGHZ 94, 380, 385 = NJW 1985, 2250.

(vgl. Rn. 1406 f.), soll die **Härten und Unbilligkeiten mildern**, die sich aus einer strengen Anwendung der Verjährungsregelung der §§ 51b BRAO, 68 StBerG für den geschädigten Mandanten ergeben. Dieser kann infolge seiner Rechtsunkenntnis – anders als der fachkundige Berater – regelmäßig gar nicht oder nur schwer erkennen, dass er durch einen Fehler seines Rechtsanwalts oder Steuerberaters geschädigt wurde. Deswegen **wäre die gesetzliche Verjährungsfrist**, deren Beginn von einer solchen Kenntnis unabhängig ist, **häufig** – wahrscheinlich sogar meistens – bereits **vollständig oder überwiegend abgelaufen**, bevor der Geschädigte eine solche Kenntnis erlangt und für eine Verjährungsverhinderung sorgen kann; dies gilt erst recht, wenn der Schaden sich spät zeigt oder nach und nach entwickelt. Dadurch würde der betroffene **Mandant** nach Ansicht des BGH **„teilweise rechtlos"** gestellt und der regresspflichtige Rechtsberater in die Lage versetzt, „materiell begründete Schadensersatzansprüche aus rein formellen Gründen zu Fall bringen" zu können.[296] Dies hat der **Gesetzgeber jedoch nicht beabsichtigt**. Hart und unbillig wäre eine strenge Anwendung der §§ 51b BRAO, 68 StBerG insbesondere für denjenigen Mandanten, der seinen Anwalt oder Steuerberater lange vertraut hat. Deswegen erschließt sich der Gerechtigkeitsgehalt dieser Verjährungsregelungen nur unter Berücksichtigung von **(Minimal-)Interessen des Mandanten**; gemäß dem Willen des Gesetzgebers muss allerdings bei Anwendung dieser Vorschrift der **Schutz der Rechtsanwälte und Steuerberater im Vordergrund stehen.**

e) Rechtsgrund

aa) Beratungspflicht auch „gegen sich selbst"

1372 Die Zweit-(Sekundär-)Haftung beruht auf der **Vertragspflicht des Rechtsanwalts und Steuerberaters**, im Rahmen seines Mandats **den Auftraggeber umfassend zu beraten** und vor voraussehbaren und vermeidbaren **Nachteilen zu bewahren** (vgl. Rn. 556 ff., 582 ff.).[297]

Diese Pflicht des Anwalts gegenüber seinem Mandanten, der i.d.R. rechtsunkundig ist und deswegen fachliche Aufklärung benötigt, **darf vor der möglichen eigenen Regresshaftung nicht haltmachen.**[298] Dies entspricht der offensichtlichen Interessenlage der Partner des Anwaltsvertrages, die durch den **Wissensvorsprung des fachkundigen Rechtsanwalts** gegenüber seinem beratungsbedürftigen Mandanten gekennzeichnet ist. Zur Begründung der anwaltlichen Sekundärhaftung wird die **Strenge der gesetzlichen Verjährungsregelung** gegenüber dem geschädigten Mandanten **ausgeglichen durch strenge Anforderungen an die Beratungspflicht des Rechtsanwalts**. Daneben wird die sekundäre Hinweispflicht des Anwalts damit gerechtfer-

---

296 BGHZ 83, 17, 26 = NJW 1982, 1285; BGH, WM 2003, 928, 930 = NJW 2003, 822; abl. *Bruns*, NJW 2003, 1498 ff.
297 U.a. BGHZ 89, 178, 181 = NJW 1984, 791; BGH, WM 1996, 1832, 1834 m.w.N.
298 BGH, VersR 1967, 979, 980; 1968, 1042, 1043; NJW 1975, 1655, 1656.

B. Altes Verjährungsrecht

tigt, dass er seinem Auftraggeber nach §§ **666, 675 BGB** die erforderlichen Nachrichten geben muss.[299]

Dies gilt für den **Steuerberater** entsprechend.[300]

bb) Keine unzulässige Selbstbezichtigung

Mit der sekundären Pflicht, unter bestimmten – engen – Voraussetzungen den Mandanten auf die Möglichkeit eines Regressanspruchs und dessen kurze Verjährung nach § 51b BRAO hinzuweisen (Rn. 1365 ff., 1380 ff.), wird dem haftpflichtigen Rechtsanwalt **keine verfassungsrechtlich unzulässige Pflicht zur Selbstbezichtigung** auferlegt.[301] Zwar hat der Rechtsanwalt im Falle einer Kollision der eigenen Interessen mit denen des Auftraggebers **von sich aus zu offenbaren**, dass seine Vertragsleistung möglicherweise fehlerhaft war. Die damit verbundene **Selbstbelastung verletzt** aber **weder die Menschenwürde noch das Persönlichkeitsrecht** des Rechtsanwalts, die in Art. 1 Abs. 1, 2 Abs. 1 GG geschützt werden. Das aus diesen Bestimmungen abgeleitete **Schweigerecht** des Betroffenen im Straf- und Zivilprozess beruht auf einer Abwägung schutzwürdiger Interessen des Einzelnen mit öffentlichen Belangen.[302] Dieser **Schutzbereich** erstreckt sich aber **nicht** auf Fälle, in denen diejenigen Handlungen, über die Auskunft erteilt werden soll, zum **freiwillig übernommenen Pflichtenkreis** des Offenbarungspflichtigen gehören, **er allein die erforderliche Information geben kann** und der **Auskunftsberechtigte** ohne diese Mitteilung **erheblich benachteiligt wäre**.[303] Die sekundäre Hinweispflicht des Rechtsanwalts beruht auf einer **Abwägung der Interessen gleichgeordneter Vertragspartner** im Rahmen der gesetzlichen Vorgabe des § 51b BRAO. Diese Nebenpflicht stützt die **freiwillig übernommene anwaltliche Hinweispflicht**, den Auftraggeber im Rahmen des Mandats umfassend zu beraten und vor Schäden zu bewahren (Rn. 552 ff., 582 ff.). Der **regelmäßig rechtsunkundige Mandant** ist auf die uneingeschränkte Erfüllung dieser Vertragspflicht des Rechtsanwalts **angewiesen** und bezahlt eine fehlerfreie Erledigung des Auftrags. Außerdem ist die Fähigkeit des Mandanten, die anwaltliche Vertragsleistung zu prüfen und Fehler zu erkennen, herabgesetzt, weil er „seinem" Rechtsanwalt das vertragstypische und beiderseits erwünschte **Vertrauen** entgegenbringt.[304] Im Falle einer **Interessenkollision** wegen eines möglichen Anwaltsfehlers **darf der schutzbedürftige Mandant erwarten**, dass der Rechtsanwalt seine Fachkunde, die er vertraglich in den

1373

---

299 BGHZ 83, 17, 27 = NJW 1982, 1285; *Taupitz*, S. 40 ff., 49 ff.; *Stoecker*, S. 138 ff., 147, 155, 187.
300 Vgl. *Zugehör*, WM 2000, Sonderbeilage Nr. 4, S. 26 ff., und DStR 2001, 1613, 1663, 1665.
301 *Taupitz*, S. 30 ff., 45 ff., 61 ff., 70 ff. und *Stoecker*, S. 146 ff., 151 ff. im Anschluss an BVerfGE 56, 37, 41 ff., 45 f. = NJW 1981, 1431; a.A. *Hübner*, NJW 1989, 5, 11.
302 BVerfGE 56, 37, 41 ff. = NJW 1981, 1431.
303 B VerfGE 56, 37, 45 f. = NJW 1981, 1431.
304 *Taupitz*, S. 72 f.

Dienst des Auftraggebers – regelmäßig zur Vermögensbetreuung – gestellt hat, nicht ausnutzt, um durch Schweigen einen möglichen Regressanspruch der Verjährung zuzuführen. Die **Darlegungs- und Beweislast** wird durch die sekundäre Hinweispflicht **nicht** zum Nachteil des Rechtsanwalts **geändert** (Rn. 1432).

cc) Verfassungsrechtliches Gebot

1374 Eine **Milderung der außerordentlichen Härte**, die eine wortgetreue Anwendung der **§§ 51b BRAO, § 68 StBerG** unter völliger Außerachtlassung schutzwürdiger Belange des Mandanten für diesen zur Folge hätte, ist **verfassungsrechtlich geboten**.[305]

Nach Wortlaut und Reichweite **bündeln diese Vorschriften Vorteile für den haftpflichtigen Rechtsanwalt oder Steuerberater**, indem die kurze Verjährungsfrist von drei Jahren an kenntnisunabhängige Voraussetzungen geknüpft wird und dieser Verjährungsbeginn auch für alle Spätfolgen gilt (Rn. 1258, 1360). Nach Ansicht des **BGH** lassen sich die Verjährungsregelungen der §§ 51b BRAO, § 68 StBerG nur dann mit rechtsstaatlichen Grundsätzen vereinbaren, wenn über eine Sekundärhaftung des Beraters die Interessen des Auftraggebers berücksichtigt werden.[306] Das **BVerfG** hat in seinen Entscheidungen zur Bürgschaft die aus der grundrechtlichen Garantie der Privatautonomie (Art. 2 Abs. 1 GG) und dem Sozialstaatsprinzip (Art. 20 Abs. 1, 28 Abs. 1 GG) folgende Aufgabe des Richters betont, in typisierbaren Fällen, die eine „strukturelle Unterlegenheit" eines Vertragsteils erkennen lassen, ungewöhnlich belastende Folgen für den schwächeren Vertragspartner zu verhindern.[307] Der damit angesprochene Grundsatz der Vertragsparität verlangt nicht nur ein Gleichgewicht bei Abschluss des Vertrages, sondern auch bei dessen Durchführung.[308]

Unter Bezugnahme auf die genannte Bürgschaftsentscheidung des **BVerfG** hat die 1. Kammer des Ersten Senats dieses Gerichts[309] in einem Fall, in dem der Regressanspruch eines Mandanten an der Primärverjährung gemäß § 51 BRAO a.F. (§ 51b BRAO n.F.) gescheitert war,[310] zu der – nicht zur Entscheidung angenommen – Verfassungsbeschwerde des geschädigten Mandanten ausgeführt: Gegen die genannte Vorschrift bestünde **keine durchgreifenden verfassungsrechtlichen Bedenken**. Eine Verletzung grundrechtlicher Schutzpflichten entfalle bereits deshalb, weil die höchstrichterliche Rechtsprechung dem (primären) Regressanspruch des Mandanten gegen sei-

---

305 Vgl. BGH, WM 2003, 928, 930 = NJW 2003, 822; abl. *Bruns*, NJW 2003, 1498, 1499 f.
306 BGHZ 83, 17, 26 = NJW 1982, 1285; in diesem Sinne *Dehner*, LM StBerG § 68 Nr. 18; *Taupitz*, S. 77 f.; *Stoecker*, S. 146 f.
307 BVerfGE 89, 214 = NJW 1994, 36; BVerfG, ZIP 1994, 1516, 1517 f.
308 *Taupitz*, S. 75.
309 Beschl. v. 16.2.1999 – 1 BvR 812/96, n.v ., zu BGH, Beschl. v. 14.3.1996 – IX ZR 196/95, n.v.
310 Beschl. v. 16.2.1999 – 1 BvR 812/96, n.v ., zu BGH, Beschl. v. 14.3.1996 – IX ZR 196/95, n.v.

nen Anwalt besondere Aufklärungs- und Hinweispflichten des Bevollmächtigten als Nebenpflichten aus dem Anwaltsvertrag zur Seite stelle. Die Rechtsprechung halte den Anwalt insbesondere für verpflichtet, den Mandanten auf mögliche Regressansprüche und deren drohende Verjährung hinzuweisen (**sekundärer Schadensersatzanspruch**). Die Rechtsordnung stelle im Bereich der Anwaltshaftung damit insgesamt ein Instrumentarium zur Verfügung, das geeignet sei, die **strukturelle Abhängigkeit des Mandanten von seinem Prozessbevollmächtigten zu kompensieren**.

Die **Fachkunde des Rechtsanwalts und das Vertrauen seines Auftraggebers** begründen **typischerweise** im Rahmen eines Anwaltsvertrages eine **Überlegenheit des Anwalts gegenüber seinen regelmäßig rechtsunkundigen Mandanten**. Dieses Kompetenzgefälle könnte der Mandant ausgleichen, indem er seinen Anwalt mit Hilfe eines anderen Rechtsanwalts überwachen ließe; davon wird regelmäßig im Einvernehmen der Vertragspartner abgesehen. Das Ungleichgewicht der beiderseitigen Vertragspositionen wirkt sich aus bei einer **Interessenkollision**, die sich einstellt, wenn der Anwalt möglicherweise durch eine Pflichtverletzung einen Schaden seines Mandanten ausgelöst hat. Da der Geschädigte infolge fehlender Fachkunde und des Vertrauens zu „seinem" Rechtsanwalt diesen Vorgang nicht oder nur schwer erkennen kann, kann der sachkundige Schädiger im eigenen Interesse versucht sein, dem Geschädigten unter Ausnutzung seines fortbestehenden Vertrauens die vertragswidrige Schädigung zu verschweigen und dadurch die kenntnisunabhängige Verjährung seines Regressanspruchs herbeizuführen. Bei einem solchen Vorgehen könnte die Verjährung eines Schadensersatzanspruchs zur Regel werden. Dies wäre für den vertragstypischerweise unterlegenen Mandanten eine ungewöhnliche, bei einem **Dauermandat** i.d.R. sogar unerträgliche Belastung. Gerade dann, wenn der Mandant das beiderseits erwünschte Vertrauensverhältnis über lange Zeit aufrechterhalten hat, muss ihm die anwaltliche Sekundärhaftung helfen; bei **Kurzmandaten** wirkt sich diese i.d.R. nicht aus (Rn. 1406 f.).

1375

Zwar kann Verjährung auch dann eintreten, wenn der Gläubiger seinen Anspruch nicht kennt und nicht kennen konnte.[311] Eine **gesetzliche Verjährungsregelung** muss aber dem Gläubiger **typischerweise die faire Chance geben**, seinen Anspruch durchzusetzen.[312] Die Verjährungsvorschrift des § 51b BRAO soll den **schädigenden Rechtsanwalt** gemäß dem Willen des Gesetzgebers im Rahmen des anerkennenswerten Schutzbedürfnisses **auf Kosten des geschädigten Mandanten bevorzugen**, darf diesem aber **nicht** darüber hinaus durch **völlige Vernachlässigung seiner schutzwerten Interessen** die Durchsetzung eines Regressanspruchs regelmäßig verwehren. Dies entspricht **Sinn und Zweck des § 51b BRAO bei verfassungskonformer Auslegung**.

---

311 BGHZ 77, 215, 220 = NJW 1980, 1950; BGHZ 88, 130, 140 = NJW 1983, 2697.
312 Vgl. BGH, WM 2003, 928, 930 = NJW 2003, 822.

dd) Abwägung

1376 Die **anwaltliche Sekundärhaftung ermöglicht** trotz ihrer Bindung an enge Voraussetzungen (Rn. 1380 ff.) und ihrer im Wesentlichen auf Dauermandate beschränkten Wirkung (Rn. 1406 f.) einen **Interessenausgleich** im Rahmen des § 51b BRAO. Bei richtiger Einordnung ergibt sich folgende **Abwägung**:[313]

Nach dem Willen des Gesetzgebers muss der **Schutz der Rechtsanwälte** vor einer unangemessen langen Bedrohung durch Schadensersatzpflichten aus berufstypischer Tätigkeit **im Vordergrund** stehen.[314] Dass dies zu seinen Lasten geht, **muss der geschädigte Mandant grundsätzlich hinnehmen**. Er kann jedoch eine **Beachtung seiner schutzwürdigen Belange** insoweit verlangen, als dies mit dem gesetzgeberischen Anliegen vereinbar ist. Weder aus dem Wortlaut noch aus der Zielsetzung des § 51b BRAO ergibt sich ein Wille des Gesetzgebers, möglichst viele Regressansprüche der Verjährung zuzuführen; ein solches einseitiges Schutzdenken ginge über das anerkennenswerte Schutzbedürfnis der Anwaltschaft hinaus. Die Gefahr, dass der rechtsunkundige Mandant einen vertraglichen Schadensersatzanspruch gegen den Rechtsanwalt häufig – wenn nicht regelmäßig – wegen der kenntnisunabhängigen Verjährung nicht mehr durchsetzen könnte, bestünde jedoch **insbesondere bei Dauermandaten**, wenn der fachkundige Rechtsanwalt nicht wenigstens unter den engen, von der höchstrichterlichen Rechtsprechung verlangten Voraussetzungen einer Sekundärhaftung den von ihm geschädigten Mandanten auf die Möglichkeit eines Regressanspruchs und dessen kurze Verjährung **hinweisen** müsste.

Eine solche Berücksichtigung des vertragstypischen Interesses des Mandanten **mildert das Ungleichgewicht** der Positionen der Partner eines Anwaltsvertrages. Nur der unumgängliche Blick auf schutzwürdige Belange des Auftraggebers erschließt den **Gerechtigkeitsgehalt der gesetzlichen Verjährungsregelung** mit Hilfe anderer Rechtsgrundsätze, nämlich der **Vertragstreue auch bei Interessenkollision** und dem **verfassungsrechtlichen Verbot einer Ausnutzung eines vertragstypischen Ungleichgewichts**. Damit werden zugleich die **Grenzen des § 51b BRAO aufgezeigt**.

ee) Keine Gesetzesumgehung

1377 Nach alledem begründet die **anwaltliche Sekundärhaftung keine Gesetzesumgehung**.[315] Ein solcher Vorwurf beruht auf dem Missverständnis, der Gesetzgeber wolle mit § 51b BRAO die Rechtsanwälte vor berufstypischen Risiken so weitgehend bewah-

---

313 Vgl. BGH, WM 2003, 928, 930 = NJW 2003, 822.
314 Vgl. BGHZ 94, 380, 387 = NJW 1985, 2250.
315 A.A. *Zimmermann*, NJW 1985, 720; *Eckert*, NJW 1989, 2081, 2086 f.; *Henssler/Prütting*, BRAO, § 51b Rn. 66, 82 ff.; *van Venrooy*, DB 1981, 2364, 2367; *Hübner*, NJW 1989, 5, 10 f.; *Windeknecht* lehnt zwar einen Sekundäranspruch ab – S. 84 –, bejaht aber eine „Hinweispflicht des Rechtsanwalts gegen sich selbst" – S. 78 –, deren Verletzung zu einem Arglisteinwand des Mandanten führen soll – S. 90 ff.

ren, dass ohne Rücksicht auf schutzwürdige Interessen des geschädigten Auftraggebers Regressansprüche möglichst zahlreich der Verjährung anheimfallen sollen. Vielmehr ist die anwaltliche Sekundärhaftung aufgrund des Inhalts eines Anwaltsvertrages und aus verfassungsrechtlichen Gründen gerechtfertigt. Dass sie Härten und Unbilligkeiten einer strengen Anwendung des § 51b BRAO in vertretbarer Weise mildern kann, wird von einem Teil des Schrifttums – auch von Rechtsanwälten – anerkannt.[316]

f) Arglisteinwand statt Sekundärhaftung?

Der Vorschlag, anstelle der anwaltlichen Sekundärhaftung dem geschädigten Mandanten einen – von den Umständen des Einzelfalles abhängigen – **Einwand der Arglist (§ 242 BGB) gegenüber der Einrede der Primärverjährung des Regressanspruchs** zuzubilligen,[317] ist **untauglich**.

1378

Das RG hatte zunächst diesen Weg beschritten,[318] bevor es die anwaltliche Sekundärhaftung entwickelte.[319] Der Arglisteinwand hemmt und unterbricht die Verjährung nicht, beseitigt die Verjährungseinrede auch nicht für immer. Vielmehr beginnt, nachdem die den Einwand begründenden Umstände weggefallen sind, eine nach Treu und Glauben **im jeweiligen Einzelfall angemessene Frist**, in der der Gläubiger **die Verjährung seines Anspruchs noch nachträglich verhindern kann**; wird diese Frist versäumt, so entfällt der Arglisteinwand und die Verjährungseinrede gewinnt wieder volle Kraft.[320] In jenem Falle, der der Übernahme der anwaltlichen Sekundärhaftung durch den BGH zugrunde lag, war die durch den Arglisteinwand begründete Frist zur nachträglichen Verjährungsunterbrechung nicht genutzt worden.[321]

Es ist schon **zu bezweifeln**, ob der **Vertrauenstatbestand**, der für einen Arglisteinwand gegenüber der Einrede der Primärverjährung erforderlich ist, vorliegt, wenn der Mandant infolge des Schweigens des Rechtsanwalts seinen Regressanspruch gar nicht kennt.[322] Selbst wenn dies zu bejahen sein sollte, so entspricht ein **Sekundäranspruch** des geschädigten Mandanten den **tragenden Regelungen des § 51b BRAO** eher als ein Arglisteinwand gegenüber der Einrede der Primärverjährung, der allein normbedingte Härten mildern soll. Der Wegfall der Umstände, die den Einwand begründet haben, tritt i.d.R. erst dann ein und eröffnet die nachträgliche Frist zur Verjährungsverhinderung, sobald der Mandant weiß, dass er durch eine anwaltliche Pflichtverletzung geschädigt

---

316 *Brandner*, AnwBl 1969, 384; *Rinsche*, Rn. I 266; *Kleutgens*, S. 160 ff., 171, 225 ff., 236; *Vollkommer*, Rn. 465; *Heinrichs*, S. 5; *Giesen*, JR 1993, 284, 285; *Brinker*, S. 49; *Stoecker*, S. 177 ff., 187; *Hirte*, S. 456; vgl. *Taupitz*, S. 77, 80, 99 ff., 104 f.
317 *Windeknecht*, S. 90 ff.
318 RGZ 143, 250, 253 ff.; 153, 101, 111 ff.
319 RGZ 158, 130, 136.
320 RGZ 143, 250, 253 f.; 153, 101, 111.
321 BGH, VersR 1967, 979.
322 *Taupitz*, S. 24 f.

wurde und sein Ersatzanspruch verjährt ist. Dies ist nicht zu vereinbaren mit der kenntnisunabhängigen Verjährungsvorschrift. Die Sekundärhaftung verlangt dagegen nicht, dass der Anwalt seinem Mandanten eine sichere Kenntnis seines Ersatzanspruchs und des Ersatzpflichtigen vermittelt (Rn. 1367). Außerdem lässt sich in die verschiedenen Verjährungsregelungen der beiden Fälle des § 51b BRAO auch der sekundäre Schadensersatzanspruch des geschädigten Mandanten einordnen, nicht aber der Arglisteinwand.

Im Gegensatz zu diesem Einwand dient der von Billigkeitserwägungen freie Sekundäranspruch der **Rechtsklarheit**. Da der Arglisteinwand von den Umständen des Einzelfalles abhängt, wäre es nahezu in jedem Regressfall zweifelhaft, ob der Einwand überhaupt zur Verfügung steht und wie lang ggf. die Frist zur nachträglichen Verjährungsverhinderung ist. Der Mandant wäre deswegen regelmäßig gezwungen, seinen verjährten Schadensersatzanspruch auf gut Glück einzuklagen in der Hoffnung, das Gericht werde ihm den Arglisteinwand zubilligen und auch die Dauer der Frist gutheißen, die er zur nachträglichen Verjährungsverhinderung durch Klageerhebung in Anspruch genommen hat.

g) Entsprechende Anwendung des § 852 Abs. 1 BGB a.F.?

1379 Der Vorschlag,[323] anstelle der anwaltlichen Sekundärhaftung die Verjährung eines vertraglichen Regressanspruchs des Auftraggebers gegen den Rechtsanwalt entsprechend § 852 Abs. 1 BGB a.F. mit Kenntnis des Schadens und des Ersatzpflichtigen beginnen zu lassen, scheitert an der entgegengesetzten Entscheidung des Gesetzgebers in § 51b BRAO, den Verjährungsbeginn allein an objektive Voraussetzungen zu knüpfen.[324]

2. Voraussetzungen des Sekundäranspruchs

1380 Der Mandant, dessen ursprünglicher (primärer) Schadensersatzanspruch gegen seinen **Rechtsanwalt** wegen schuldhafter Vertragsverletzung gemäß § 51b BRAO verjährt ist (Primärverjährung), hat grundsätzlich einen weiteren (**sekundären**) **Schadensersatzanspruch**, wenn der Anwalt diesen Schaden in Gestalt der Primärverjährung verursacht hat, indem er eine bis zum Ende des Mandats – oder eines neuen Auftrags über denselben Gegenstand – entstandene (sekundäre) Pflicht, den Auftraggeber auf die Möglichkeit einer eigenen Regresshaftung und deren drohende Verjährung hinzuweisen, schuldhaft verletzt hat. Dieser Sekundäranspruch **verwehrt** dem Anwalt **die Einrede der Primärverjährung**; der geschädigte Mandant ist also so zu stellen, als wäre die Verjährung des primären Schadensersatzanspruchs nicht eingetreten.[325]

Dies gilt für einen **Steuerberater** entsprechend.[326]

---

323 *Van Venrooy*, DB 1981, 2364, 2365 ff., 2372.
324 Vgl. *Eckert*, NJW 1989, 2081, 2083 f.; *Stoecker*, S. 184 f.; *Kleutgens*, S. 239 ff.
325 BGH, NJW 1992, 836, 837.
326 U.a. BGH, NJW-RR 2004, 1358, 1361.

a) Entstehung der sekundären Hinweispflicht

aa) Grundsätzlich bis Mandatsende

Die **sekundäre Pflicht des Rechtsanwalts oder Steuerberaters**, den Mandanten vor Eintritt der Primärverjährung rechtzeitig darüber aufzuklären, dass er möglicherweise einen Regressanspruch hat und ein solcher Anspruch gemäß § 51b BRAO bzw. § 68 StBerG verjährt, kann **im Allgemeinen nur entstehen bis zum Ende des Mandats**. Diese Pflicht ist nämlich Teil der umfassenden vertraglichen Beratungspflicht dieser Rechtsberater (vgl. Rn. 478 ff.), die grundsätzlich mit der Beendigung des Auftrags entfällt.[327]

1381

bb) Nachvertragliche sekundäre Hinweispflicht?

Den haftpflichtigen Rechtsanwalt trifft **regelmäßig keine nachvertragliche sekundäre Hinweispflicht** zur Verhinderung der Primärverjährung. Mit dem Mandatsende entfällt grundsätzlich die vom Rechtsanwalt geschuldete Beratungspflicht.[328] Zwar kann dieser ausnahmsweise nachvertragliche Pflichten nach Treu und Glauben (§ 242 BGB) dann haben, wenn seinem Mandanten gerade aus der Beendigung der anwaltlichen Tätigkeit ein unmittelbarer Schaden droht und der Mandant sich mangels Fachkunde dieser Gefahr nicht bewusst ist (vgl. Rn. 486, 1319).[329] Deswegen kann eine nachvertragliche Pflicht bestehen, Fristen zu wahren,[330] eine drohende Anspruchsverjährung zu verhindern[331] oder unnötige Kosten aus einer Prozessbürgschaft zu vermeiden.[332] Eine solche nachvertragliche Pflicht kann sich nach den Umständen des Einzelfalles ergeben, um in Erfüllung der primären anwaltlichen Vertragspflicht aus dem Mandat über dessen Ende hinaus einen unmittelbar drohenden Schaden vom Auftraggeber abzuwenden. Damit kann es aber grundsätzlich nicht gerechtfertigt werden, die sekundäre Hinweispflicht wegen eines Anwaltsfehlers, der sich vor dem Mandatsende ereignet hat oder bei Erfüllung einer nachvertraglichen Pflicht geschieht, nach Vertragsende – ebenfalls als nachvertragliche Pflicht – entstehen zu lassen. Der IX. Zivilsenat des BGH hat eine nachvertragliche sekundäre Hinweispflicht angenommen, wenn bei Beendigung des Mandats bereits ein begründeter Anlass zur Prüfung einer Regresspflicht (Rn. 1384 ff.) eingetreten war.[333] Dagegen hat der VI. Zivilsenat des BGH eine solche Pflicht verneint, weil sonst die gesetzliche Verjährungsregelung ausgehöhlt werde.[334]

1382

---

327 BGHZ 94, 380, 386 = NJW 1985, 2250; BGH, WM 2000, 959, 960 = NJW 2000, 1263; WM 2003, 928, 929; vgl. *Becker-Eberhard*, in: FS (E.) Schumann, S. 1, 18 ff.
328 Vgl. BGH, WM 1997, 77, 78.
329 BGH, WM 1997, 321, 322.
330 BGH, NJW 1980, 999; VersR 1988, 835, 836; NJW 2001, 1644.
331 BGH, NJW 1984, 431, 432; WM 1997, 321, 322.
332 BGH, NJW 1990, 2128, 2129.
333 WM 1996, 2066, 2068 f.; 1999, 1330, 1335; so auch OLG Koblenz, WM 2006, 449, 451.
334 NJW 1979, 264; MDR 1984, 477.

Nach § 51b Fall 2 BRAO beginnt die Verjährung eines Schadensersatzanspruchs des Auftraggebers gegen den Rechtsanwalt „spätestens" mit der Beendigung des Auftrags. Außerhalb eines bestehenden Vertragsverhältnisses besteht demnach grundsätzlich keine Pflicht des Anwalts, auf seine Regresshaftung und die drohende Verjährung hinzuweisen.[335]

cc) Neuer Auftrag über denselben Gegenstand

1383 Nach Beendigung des Mandats, aus dem der Regressanspruch des Mandanten entstanden ist, kann eine anwaltliche Pflicht, den Auftraggeber auf die mögliche Haftung aus diesem Auftrag und die Verjährung hinzuweisen, dann begründet werden, wenn der Rechtsanwalt von diesem Mandanten – vor Eintritt der Primärverjährung – einen **neuen Auftrag über denselben Gegenstand** erhält.[336] Die umfassende Beratungspflicht aus dem früheren Mandat, zu der eine sekundäre Hinweispflicht gehört, lebt damit nicht wieder auf. Vielmehr ist eine Pflicht des Rechtsanwalts, seinen Auftraggeber auf einen Regressanspruch aus dem früheren Mandat und die drohende Verjährung hinzuweisen, Vertragspflicht aus dem neuen Auftrag.[337]

dd) Begründeter Anlass zur Prüfung

1384 Die sekundäre Hinweispflicht entsteht nur, wenn der Rechtsanwalt – nach seinem Fehler und vor Eintritt der Primärverjährung – bei der weiteren Wahrnehmung desselben Mandats oder eines neuen Auftrags mit demselben Gegenstand aufgrund objektiver Umstände **begründeten Anlass** hat **zu prüfen**, ob er durch eine Pflichtverletzung den Mandanten geschädigt hat, und wenn ein sorgfältiger Anwalt dabei seine mögliche Haftpflicht erkennen kann. Sind diese Voraussetzungen gegeben und erfüllt der Anwalt nicht seine damit entstandene Pflicht, den Auftraggeber über einen möglichen Regressanspruch und dessen Verjährung zu unterrichten, so führt dies zu einer **neuen Pflichtverletzung** im Rahmen des Anwaltsvertrages.[338]

Dies gilt für einen **Steuerberater** entsprechend.[339]

---

335 *Rinsche*, Rn. I 288; *Brinker*, S. 55, 66; *Stoecker*, S. 100.
336 BGH, MDR 1984, 477; NJW 1986, 581, 583; WM 1988, 629, 631; 1993, 1889, 1895; 1996, 540, 541 f.; WM 2002, 513, 515 = NJW 2002, 1048.
337 BGH, VersR 1984, 162, 163 f.; WM 1993, 1889, 1895; *Stoecker*, S. 96.
338 BGHZ 94, 380, 386 f. = NJW 1985, 2250; BGH, WM 1986, 1500 f. = NJW 1987, 326; WM 1990, 815, 817 = NJW-RR 1990, 459; FamRZ 2005, 261, 263 f.
339 U.a. BGH, NJW-RR 2004, 1358, 1361.

Begründeter Anlass in diesem Sinne, der die sekundäre Hinweispflicht auslösen kann, liegt z.b. vor, wenn der **vorausgegangene Anwaltsfehler** dazu geführt hat, dass 1385

- der Rechtsanwalt seinen **Prozessantrag umstellen** muss;[340]
- gegen den Mandanten eine **nachteilige gerichtliche Entscheidung** ergangen ist;[341]
- der **Haftpflichtversicherer des Gegners die Verjährungseinrede erhebt**;[342]
- **gegenüber der Verjährungseinrede des Mandanten der Einwand der unzulässigen Rechtsausübung** geltend gemacht wird;[343]
- der Rechtsanwalt, der den Vorstand einer erkennbar dauernd zahlungsunfähigen oder überschuldeten Genossenschaft nicht über die Pflicht belehrt hat, die **Eröffnung des Insolvenzverfahrens** zu beantragen, immer wieder mit der Überschuldung und Zahlungsunfähigkeit der Genossenschaft befasst wird;[344]
- der Rechtsanwalt von seinem Mandanten, für den er in einem früheren Verfahren einen Prozessvergleich geschlossen hat, aufgrund eines **neuen Auftrags** in einem **weiteren Verfahren** durch das Gericht erfährt, dass der Vergleich den Willen seines Auftraggebers nicht eindeutig wiedergibt;[345]
- der Rechtsanwalt vom Gericht auf die **Versäumung einer Frist** hingewiesen wird.[346]

Für einen **Steuerberater** besteht ein **begründeter Anlass**, der die sekundäre Hinweispflicht auslösen kann, etwa dann, wenn der Steuerberater 1386

- im Rahmen eines einheitlichen (Dauer-)Mandats bei der Bearbeitung einer Steuererklärung seines Auftraggebers für die Folgezeit einen **früheren Fehler wiederholt**, auch wenn er diesen nicht erkannt hat;[347]
- einen erfolglosen **Einspruch gegen** einen – seinen Auftraggeber belastenden – **Steuerbescheid** eingelegt hat;[348]
- eine erfolglose **Anfechtungsklage** gegen einen – seinen Mandanten belastenden – Steuerbescheid erhoben hat;[349]

---

340   BGH, NJW 1985, 2941, 2943.
341   BGH, NJW 1986, 581, 583; WM 1986, 199, 203; 1996, 35, 38; 1999, 1330, 1335.
342   BGH, WM 1988, 1856, 1858 = NJW-RR 1989, 215.
343   BGH, VersR 1968, 1042, 1043.
344   BGH, WM 2001, 98, 100 = NJW 2001, 517, 519.
345   BGH, WM 2002, 513, 514 = NJW 2002, 1048.
346   BGH, FamRZ 2005, 261, 263 = NJW-RR 2005, 494.
347   BGH, NJW 1991, 2828, 2830; OLG Düsseldorf, NJW-RR 2005, 648, 650; vgl. aber BGH, WM 2005, 2106, 2107 f.
348   BGH, WM 2001, 736, 739 = NJW 2001, 826; Beschl. v. 28.2.2002 – IX ZR 288/00, n.v.
349   BGH, WM 2001, 736, 739 = NJW 2001, 826.

- im Rahmen der **Lohnbuchführung und -abrechnung** für seinen Auftraggeber keine Beiträge zur Sozialversicherung für dessen Beschäftigte abgeführt hat, obwohl deren Einkommen innerhalb der Pflichtversicherungsgrenzen gelegen hat, die Jahresmeldung an die gesetzliche Einzugsstelle abgibt.[350]

1387 Ein **Anlass** im vorstehenden Sinne muss also den Rechtsanwalt oder Steuerberater unmittelbar **auf einen bestimmten oder zumindest bestimmbaren Fehler hinweisen**; dafür genügt nicht ein beiläufiges Gespräch zwischen Mandant und Rechtsanwalt bei einer zufälligen Begegnung, bei dem beide von einem fehlerfreien anwaltlichen Verhalten ausgehen.[351]

1388 Die Entstehung der sekundären Hinweispflicht ist **unabhängig davon, ob bereits feststeht**, dass der Mandant durch eine schuldhafte Pflichtverletzung seines Anwalts geschädigt wurde. Die entsprechende konkrete Möglichkeit genügt.[352]

1389 Sind die Voraussetzungen einer sekundären Hinweispflicht gegeben, so entsteht diese im Allgemeinen **auch gegenüber einem rechtskundigen Auftraggeber**. Der BGH hat zum Mitverschulden (§ 254 BGB) den Grundsatz entwickelt, dass auch ein solcher Mandant grundsätzlich auf eine einwandfreie Vertragserfüllung durch seinen Rechtsanwalt vertrauen darf und ihm deswegen i.d.R. nicht vorzuwerfen ist, er hätte das, worüber ihn sein Fachberater hätte aufklären müssen, selbst feststellen können und müssen (Rn. 1234).[353] Dementsprechend entfällt die sekundäre Hinweispflicht regelmäßig nicht, wenn der Mandant nach seinen Rechtskenntnissen die Möglichkeit eines Regressanspruchs gegen den Rechtsanwalt und den Zeitpunkt der Verjährung eines solchen Anspruchs selbst hätte erkennen können.[354]

1390 Da die anwaltliche Hinweispflicht eine neue Pflichtverletzung im vorstehenden Sinne voraussetzt, entsteht sie **nicht schon mit der früheren Verletzung der ursprünglichen Vertragspflicht**, die den Regressanspruch des Auftraggebers begründet. Anderenfalls würde mit jedem Anwaltsfehler eine verjährungsverlängernde Sekundärhaftung ausgelöst, so dass entgegen dem Schutzgedanken des § 51b BRAO kaum noch ein primärer Schadensersatzanspruch des Auftraggebers drei Jahre nach Schadenseintritt verjährte; außerdem könnte der Anwalt nicht durch pflichtgemäße Aufklärung des Auftraggebers einem Sekundäranspruch vorbeugen.[355]

1391 **Keinen begründeten Anlass** zur Prüfung einer eigenen Haftpflicht hat der Rechtsanwalt allein wegen der **bevorstehenden Beendigung des Mandats**.[356]

---

350 BGH, NJW-RR 2004, 1358, 1361 = WM 2004, 2034 = MDR 2004, 746.
351 BGH, Beschl. v. 24.2.1999 – IX ZR 309/97, n.v.
352 BGHZ 94, 380, 386 = NJW 1985, 2250; BGH, NJW 1988, 265, 266; 1993, 2747, 2751.
353 BGH, WM 1995, 212, 213 m.w.N.
354 BGH, WM 1999, 1330, 1336.
355 BGHZ 94, 380, 387 = NJW 1985, 2250.
356 BGH, WM 1990, 815, 817 = NJW-RR 1990, 459.

B. Altes Verjährungsrecht

Hat der Anwalt **erst nach Eintritt der Primärverjährung** des ursprünglichen Regressanspruchs seines Auftraggebers **begründeten Anlass**, seine Haftpflicht zu prüfen, so löst dies **keine sekundäre Hinweispflicht** mehr aus, weil deren Erfüllung die Primärverjährung nicht mehr verhindern kann.[357]

1392

b) Keine sekundäre Hinweispflicht bei anderweitiger anwaltlicher Beratung

Eine **sekundäre Hinweispflicht** des Rechtsanwalts oder Steuerberaters **entfällt**, wenn der **Mandant** rechtzeitig vor Ablauf der Primärverjährungsfrist **in der Regressfrage anderweitig anwaltlich beraten** wird **oder auf andere Weise** – etwa durch ein Gerichtsurteil[358] oder durch einen Rechtsschutzversicherer[359] – **von dem möglichen Regressanspruch und dessen Verjährung Kenntnis erhält**.[360]

1393

In diesen Fällen bedarf der Auftraggeber keiner entsprechenden Aufklärung durch den haftpflichtigen Rechtsberater; lässt der – problembewusste – Mandant einen Schadensersatzanspruch gegen diesen Rechtsanwalt oder Steuerberater verjähren, so hat er dies selbst zu verantworten. Das Risiko, dass der neue Rechtsanwalt denselben Auftraggeber bezüglich der Haftung des früheren Anwalts oder des Steuerberaters fehlerhaft berät, hat der neue Rechtsanwalt zu tragen. Insoweit ist der Mandant geschützt, weil die **primäre vertragliche Beratungspflicht des neuen Rechtsanwalts** an die Stelle der sekundären Hinweispflicht des haftpflichtigen Rechtsberaters tritt.[361] Das gilt auch dann, wenn dieser bereits Anlass zur Prüfung der Regressfrage hatte;[362] deswegen ist es in denjenigen Fällen, in denen durch einen Fehler des neuen Rechtsanwalts die Primärverjährung des Regressanspruchs eintritt, rechtlich unerheblich, dass diese durch Verletzung einer – bei Beauftragung des neuen Anwalts bereits entstandenen – sekundären Hinweispflicht des haftpflichtigen Rechtsberaters mitverursacht wird.

Zur Frage, **wann** aus der Sicht eines haftpflichtigen Rechtsanwalts oder Steuerberaters eine so hinreichende **Kenntnis des Mandanten in der Haftungsfrage** anzunehmen ist, dass eine sekundäre Hinweispflicht sich erübrigt, hat sich die höchstrichterliche **Rechtsprechung wie folgt entwickelt**:

1394

---

357 BGHZ 94, 380, 387 ff. = NJW 1985, 2250.
358 Vgl. OLG Celle, VersR 1981, 236, 237.
359 Vgl. OLG Celle, VersR 1978, 1119, 1120.
360 U.a. für die **Anwaltshaftung**: BGH, WM 1999, 1330, 1336; 2000, 959, 961; 2001, 1677, 1679; für die **Steuerberaterhaftung**: BGHZ 129, 386, 392 = NJW 1995, 2108; BGH, WM 2000, 1348, 1350; 2001, 736, 739.
361 Zur **Anwaltshaftung**: BGH, WM 1992, 579, 581 = NJW 1992, 836; WM 2003, 928, 930 = NJW 2003, 822; zur **Steuerberaterhaftung**: BGH, WM 1996, 33, 34; 2001, 736, 739 = NJW 2001, 826.
362 **Rechtsanwalt**: BGH, WM 1996, 35, 38; **Steuerberater**: BGH, WM 1996, 33, 34.

Zugehör

Der BGH[363] hat einen Wegfall der sekundären Hinweispflicht des haftpflichtigen Rechtsanwalts verneint, wenn dieser ohne sichere Kenntnis **lediglich vermutet** hatte, der Auftraggeber, der einen möglichen Regressanspruch kannte, habe auch von der dafür **maßgeblichen Verjährungsregelung erfahren.**

Die sekundäre Hinweispflicht entfällt nur dann, wenn der Rechtsanwalt **aufgrund konkreter Umstände davon ausgehen darf**, der Mandant werde wegen der Haftungsfrage anderweitig anwaltlich beraten oder habe auf andere Weise von dem Regressanspruch und dessen Verjährung Kenntnis erhalten.[364]

Der haftpflichtige Rechtsanwalt oder Steuerberater darf i.d.R. von einer hinreichenden Aufklärung des Auftraggebers in der Haftungsfrage ausgehen, wenn ein (**anderer**) **Rechtsanwalt einen Schadensersatzanspruch des Mandanten rechtzeitig geltend macht**.[365]

Inzwischen hat der BGH[366] im Interesse der Rechtsklarheit und -sicherheit entschieden, dass die **sekundäre Hinweispflicht** eines Rechtsanwalts gemäß ihrem Schutzzweck **immer entfällt, wenn der Mandant in der Haftungsfrage rechtzeitig einen anderen Rechtsanwalt beauftragt**, gleichgültig, ob der regresspflichtige Rechtsanwalt dies weiß oder wissen muss.

1395 Nach den letztgenannten – nunmehr maßgeblichen Entscheidungen (Fn. 366) – wird ein **erstinstanzlicher Rechtsanwalt** von einer sekundären Hinweispflicht nur dann befreit, wenn das Mandat eines **Rechtsmittelanwalts** auch die Aufgabe umfasst, einen Regressanspruch gegen den Erstanwalt zu prüfen.[367]

Die sekundäre Hinweispflicht eines **Steuerberaters** wird grundsätzlich nicht allein deswegen gegenstandslos, weil an seiner Stelle ein anderer steuerlicher Berater, der nicht Rechtsanwalt ist, vom Mandanten beauftragt wird.[368] Das gilt auch dann, wenn ein Rechtsanwalt seinen Auftraggeber lediglich auf Grund einer Warnpflicht aus eingeschränktem Mandat – nicht wegen der Regressfrage – auf einen möglichen Regressanspruch gegen den Steuerberater hinzuweisen hat.[369]

---

363 NJW 1987, 326, 327; in diesem Sinne für die Steuerberaterhaftung: BGHZ 129, 386, 392 = NJW 1995, 2108.
364 BGH, WM 1999, 1330, 1336 = NJW 1999, 2183.
365 Für die **Anwaltshaftung**: BGH, WM 1992, 579, 581 = NJW 1992, 836, 837; NJW 1994, 1405, 1407; NJW 2001, 3543, 3544; für die **Steuerberaterhaftung**: BGH, NJW 2000, 2678, 2680 = WM 2000, 1348.
366 NJW 2003, 822, 823 = WM 2003, 928, 930; 2006, 927, 932.
367 In diesem Sinne schon BGH, WM 1999, 1330, 1336 = NJW 1999, 2183.
368 BGHZ 129, 386, 393 = NJW 1995, 2108; OLG Düsseldorf, NJW-RR 2005, 648, 649.
369 BGH, Urt. v. 13.4.2006 - IX ZR 208/02, z.V.b.

c) Verletzung der sekundären Hinweispflicht

Besteht die Möglichkeit, dass ein Rechtsanwalt seine vertragliche Hauptpflicht zur Beratung und Vertretung seines Auftraggebers verletzt hat, so begeht er eine (**neue**) **Pflichtverletzung**, wenn er **gegen seine sekundäre Hinweispflicht verstößt**; dies kann den sekundären Schadensersatzanspruch des Auftraggebers auslösen (vgl. Rn. 1384).

1396

Diese sekundäre Pflicht wird **objektiv verletzt**, indem der Rechtsanwalt trotz begründeten Anlasses die Prüfung unterlässt, ob er den Mandanten durch einen Fehler geschädigt hat, oder trotz einer solchen Prüfung den Auftraggeber nicht oder zu spät auf einen möglichen Regressanspruch und dessen Verjährung hinweist.[370] Diese Hinweispflicht ist so **rechtzeitig** zu erfüllen, dass der Mandant ohne Zeitdruck anderweitigen Rechtsrat einholen und gegebenenfalls die Verjährung durch geeignete Maßnahmen verhindern kann.[371]

Eine solche (weitere) – **haftungsbegründende** – **Pflichtverletzung** des Rechtsanwalts ist **von dem Mandanten**, der einen sekundären Schadensersatzanspruch zur Abwehr der Einrede der Primärverjährung geltend macht, als anspruchsbegründende Voraussetzung gemäß den allgemeinen Regeln **darzulegen** und – gemäß § 286 ZPO – **zu beweisen** (vgl. Rn. 952 ff.).[372] Da es i.d.R. schwer zu beweisen ist, dass ein geschuldeter Hinweis unterlassen wurde, wird die Darlegungs- und Beweislast für die negative Tatsache dadurch **gemildert**, dass **der Rechtsanwalt** zu einem solchen konkreten Vorwurf substanziiert Stellung zu nehmen und **zunächst im Einzelnen darzulegen hat**, in welcher Weise er die von ihm behauptete Aufklärung vorgenommen haben will.[373] Dafür genügt es, dass der Anwalt die wesentlichen Gesprächspunkte in einer Weise darstellt, die erkennen lässt, dass er seiner Hinweispflicht gerecht geworden ist.[374] Bestreitet er die vom Mandanten behauptete Pflichtverletzung nur unsubstanziiert, so gilt das Vorbringen des Auftraggebers als zugestanden (§ 138 Abs. 3 ZPO).[375]

1397

---

370 BGHZ 94, 380, 386 = NJW 1985, 2250; BGH, NJW 1993, 2747, 2751; WM 2000, 959, 960 = NJW 2000, 1263.
371 BGH, WM 1992, 579, 581 = NJW 1992, 836; NJW 2001, 3543, 3544.
372 BGH, NJW 1987, 1322, 1323; WM 1991, 1427, 1429 = NJW 1991, 2280; 1992, 2694, 2695; 1996, 2571; WM 1997, 335, 339.
373 BGH, NJW 1987, 1322, 1323; 1996, 2571; WM 1997, 335, 339.
374 BGH, NJW 1996, 2571.
375 BGH, NJW 1996, 2571; WM 1997, 335, 339.

d) Verschulden

1398 Ein sekundärer Schadensersatzanspruch des Mandanten setzt weiterhin voraus, dass der haftpflichtige Rechtsanwalt den geschuldeten **Hinweis** auf seine mögliche Regresshaftung und die Verjährung **schuldhaft**, also vorsätzlich oder fahrlässig **unterlassen hat** (§ 276 BGB). Jedes Verschulden genügt,[376] so dass **leichte Fahrlässigkeit ausreicht**; entgegen der Ansicht des OLG Düsseldorf[377] ist nicht mindestens grobe Fahrlässigkeit erforderlich.[378]

Dem Anwalt ist die Verletzung seiner sekundären Hinweispflicht als **Verschulden vorzuwerfen**, wenn er die geschuldete Aufklärung seines Mandanten über die mögliche Regresshaftung und die Verjährung **bewusst nicht erteilt**, nachdem er zumindest die Möglichkeit seiner Haftpflicht erkannt hat, oder wenn er diese **fahrlässig nicht erkennt**, weil er sein eigenes Verhalten trotz begründeten Anlasses nicht auf einen Fehler hin überprüft oder diesen bei einer solchen Prüfung übersieht, obwohl ihn ein sorgfältiger Anwalt erkennen konnte und musste.[379] Im Streitfall braucht der **Mandant nicht zu beweisen**, dass der Anwalt seine sekundäre Hinweispflicht vorsätzlich – also mit Wissen und Wollen – oder fahrlässig – also unter Missachtung der im Rechtsverkehr erforderlichen Sorgfalt – verletzt hat. Auf seiner Seite genügt es, dass sein Vorbringen mindestens den Schluss nahe legt, der Anwalt hätte bei Beachtung der erforderlichen Sorgfalt die Pflichtwidrigkeit seines Vorgehens (Unterlassung der geschuldeten Aufklärung) erkennen und den sich daraus ergebenden Nachteil des Mandanten (Eintritt der Primärverjährung) vermeiden können und müssen; es ist dann **Sache des Anwalts sich zu entlasten** (Rn. 985; vgl. § 280 Abs. 1 Satz 2 BGB).[380]

e) (Sekundär-)Schaden und haftungsausfüllende Kausalität

1399 Der Sekundäranspruch des Mandanten setzt ferner voraus, dass der **Sekundärschaden**, der in der **Primärverjährung** des ursprünglichen vertraglichen Regressanspruchs gegen den Rechtsanwalt besteht, auf der schuldhaften Verletzung der sekundären Hinweispflicht beruht und dem Anwalt haftungsrechtlich zuzuordnen ist. Den **Ursachenzusammenhang** zwischen dem Schaden in Gestalt der Primärverjährung und der Verletzung der sekundären anwaltlichen Hinweispflicht (**haftungsausfüllende**

---

376 BGHZ 94, 380, 387 = NJW 1985, 2250.
377 VersR 1985, 92, 93.
378 Vgl. BGH, NJW 1985, 1151, 1152.
379 Vgl. BGHZ 94, 380, 386 = NJW 1985, 2250; BGH, WM 1988, 1856, 1858 = NJW-RR 1989, 215; vgl. BGHZ 129, 386, 391 = NJW 1995, 2108, für den Steuerberater.
380 BGH, NJW 1987, 326, 327; WM 1996, 1832, 1835; BGHZ 129, 386, 391 f. = NJW 1995, 2108 (Steuerberater); BGH, WM 2000, 959, 961; NJW 2001, 517, 518.

B. Altes Verjährungsrecht

Kausalität) hat der **Mandant darzulegen und zu beweisen** (vgl. Rn. 995 ff.).[381] Der BGH hat es ausdrücklich **abgelehnt, die Darlegungs- und Beweislast** für die haftungsausfüllende Kausalität zum Nachteil des Rechtsanwalts und Steuerberaters **umzukehren**;[382] dies gilt **auch für den Fall einer groben Pflichtverletzung**.[383]

Insoweit ist zwar für einen Schadensersatzanspruch die sich aus § 249 Abs. 1 BGB ergebende Frage zu beantworten, was geschehen wäre, wenn der Vertragspartner sich vertragsgerecht verhalten hätte, und wie die Vermögenslage des Anspruchstellers dann wäre.[384] Danach **erfordert ein Sekundäranspruch des Mandanten grundsätzlich die Feststellung**, dass dieser den Eintritt der Primärverjährung seines Regressanspruchs verhindert hätte, wenn der Anwalt ihn gemäß seiner sekundären Hinweispflicht rechtzeitig über seine mögliche Haftpflicht und die Verjährung nach § 51b BRAO unterrichtet hätte. Dies ist nicht der Fall, wenn der Mandant eine solche Aufklärung rechtzeitig von anderer Seite erhalten hatte, gleichwohl aber den Eintritt der Primärverjährung nicht vermieden hat.[385]

1400

Die **Darlegungs- und Beweislast** des geschädigten Mandanten für den **Ursachenzusammenhang** wird **erleichtert** durch § 287 ZPO und die Regeln über den **Beweis des ersten Anscheins**.[386] Die Vorschrift des § 287 ZPO mindert die Darlegungslast des Geschädigten und ermäßigt das Beweismaß gegenüber § 286 ZPO dahin, dass eine deutlich überwiegende, auf gesicherter Grundlage beruhende Wahrscheinlichkeit für die richterliche Überzeugungsbildung ausreicht.[387] Der **Anscheinsbeweis** begründet nach der Lebenserfahrung die **tatsächliche Vermutung**, dass der geschädigte Ratsuchende sich bei pflichtgemäßem Vorgehen des Rechtsberaters **beratungsgemäß verhalten hätte**, also einem Rat, Hinweis oder einer Warnung gefolgt wäre; es ist dann **Sache des Schädigers**, Tatsachen darzulegen und zu beweisen, die den ihm nach-

1401

---

381 BGHZ 123, 311 = NJW 1993, 3259 = WM 1994, 78; BGHZ 126, 217 = WM 1994, 2113; BGH, NJW 1992, 2694, 2695; WM 1996, 1832, 1835; vgl. BGHZ 129, 386, 392 = NJW 1995, 2108 (sekundäre Steuerberaterhaftung); BGH, WM 1997, 335, 339; 2000, 189, 191 und 966, 968.
382 BGHZ 123, 311 = NJW 1993, 3259 = WM 1994, 78.
383 BGHZ 126, 217 = WM 1994, 2113.
384 BGH, WM 1993, 610, 614; 1996, 1832, 1835; 2000, 959, 962; NJW 2000, 593, 594; WM 2003, 1146, 1149; NJW 2004, 444 und 1521, 1522.
385 BGH, NJW 1985, 1151, 1152; 1988, 2245 = WM 1988, 629, 631; WM 2000, 959, 961 = NJW 2000, 1263.
386 BGHZ 123, 311, 314 ff. = NJW 1993, 3259; BGHZ 126, 217, 222 ff. = WM 1994, 2113; BGH, NJW 1992, 2694, 2695; 1993, 734; BGHZ 129, 386, 392 f. = NJW 1995, 2108 (sekundäre Steuerberaterhaftung); BGH, WM 2000, 959, 962; NJW 2000, 1572, 1573; WM 2003, 1146, 1149; NJW 2004, 444 und 1521, 1522; NJW-RR 2004, 1358, 1361.
387 BGH, WM 1992, 1155, 1156 = NJW-RR 1992, 997; NJW 1992, 2694, 2695; WM 1993, 382 = NJW 1993, 734; WM 2000, 1351, 1352; NJW 2004, 444, 445 und 1521, 1522.

teiligen **Anschein erschüttern.**[388] Kann der Rechtsanwalt dies nicht, so spricht nach der Lebenserfahrung eine **tatsächliche Vermutung dafür**, dass der Mandant einen Hinweis des Rechtsanwalts auf seine mögliche Haftpflicht und die Verjährung beherzigt und den **Eintritt der Primärverjährung eines Regressanspruchs verhindert hätte.**[389] Kann der Anwalt jedoch im Einzelfall der Vermutung die Grundlage entziehen, indem er Umstände vorträgt und notfalls beweist, die darauf hindeuten, dass der Mandant auch bei rechtzeitiger Erfüllung der sekundären Hinweispflicht den Eintritt der Primärverjährung nicht vermieden hätte, so versagt die Beweiserleichterung des Anscheinsbeweises und bleibt es bei der vollen Beweislast des Mandanten für den Ursachenzusammenhang. Wer dem Gegner schuldhaft die Möglichkeit abschneidet, den Anscheinsbeweis zu erschüttern oder zu widerlegen, kann sich nicht auf die Grundsätze des Anscheinsbeweises berufen.[390]

3. Sekundäranspruch und Mitverschulden

1402 Als eigenständiger Schadensersatzanspruch kann der Sekundäranspruch des Mandanten dem – von Amts wegen zu prüfenden[391] – **Einwand des Mitverschuldens (§ 254 BGB)** ausgesetzt sein, so dass es vom Ansatz her denkbar ist, dass der Sekundärschaden in Gestalt der Primärverjährung des Regressanspruchs gar nicht oder nur teilweise zu ersetzen ist.[392] Allerdings dürfte dieser Einwand nur **selten durchgreifen.** Nach ständiger Rechtsprechung kann dem Ratsuchenden grundsätzlich ein schadensursächliches Mitverschulden nicht deswegen angerechnet werden, weil er das, worüber ihn sein Fachberater hätte unterrichten müssen, bei genügender Sorgfalt selbst hätte feststellen können und müssen;[393] dies gilt i.d.R. sogar im Verhältnis eines Rechtsanwalts zu einem rechtskundigen Mandanten (vgl. Rn. 1234).[394] Dementsprechend entfällt der Sekundäranspruch des Mandanten regelmäßig nicht, wenn dieser nach seinen Rechtskenntnissen die Möglichkeit eines Regressanspruches gegen den Rechtsanwalt und den Zeitpunkt der Verjährung eines solchen Anspruchs selbst hätte erkennen können.[395]

Nach dem insoweit maßgeblichen Inhalt des Anwaltsvertrages obliegt die **Verhütung** des entstandenen Schadens, der in **der Primärverjährung** eines Regressanspruchs

---

388 BGHZ 123, 311, 314 ff. = NJW 1993, 3259; BGHZ 126, 217, 222 = WM 1994, 2113; 1993, 610, 614 f.; 1993, 1513, 1516; 1998, 301, 303; NJW-RR 2004, 1358, 1361 = WM 2004, 2034 (Steuerberaterhaftung).
389 BGH, WM 1996, 35 = NJW 1996, 48.
390 BGH, NJW 1998, 79, 80 f.
391 BGH, NJW 1991, 166, 167.
392 Vgl. *Rinsche*, Rn. I 280; Stoecker, S. 106.
393 BGH, WM 1995, 212, 213 m.w.N. = NJW-RR 1995, 252; WM 1996, 1832, 1835.
394 BGH, NJW 1992, 820; 1993, 2045, 2047; 1997, 2168, 2170; WM 1998, 301, 304.
395 BGH, WM 1999, 1330, 1336 = NJW 1999, 2183; WM 2000, 959, 961 = NJW 2000, 1263.

des Mandanten besteht, **grundsätzlich allein dem Rechtsanwalt** aufgrund seiner sekundären Hinweispflicht und befindet sich deswegen regelmäßig außerhalb des Bereichs der Eigenverantwortung des Mandanten.

4. Verjährung des Sekundäranspruchs

a) Einrede der Sekundärverjährung

Eine **Verjährungseinrede** des Rechtsanwalts (§ 51b BRAO, § 222 Abs. 1 BGB a.F. bzw. § 214 Abs. 1 BGB n.F.) gegen den vertraglichen (primären) Regressanspruch im Haftpflichtprozess erstreckt sich **im Zweifel** auf einen **Sekundäranspruch des Mandanten**. Der haftpflichtige Anwalt will mit seinem Leistungsverweigerungsrecht im Allgemeinen geltend machen, die Verjährung des Primäranspruchs sei vollendet, weil die Primärverjährung eingetreten sei und entweder kein verjährungsverlängernder Sekundäranspruch bestehe oder ein solcher Anspruch ebenfalls verjährt sei.

1403

b) Sekundärverjährung gemäß § 51b BRAO

Da der **sekundäre Schadensersatzanspruch** auf einer Verletzung der umfassenden vertraglichen Beratungspflicht des Rechtsanwalts beruht, **verjährt** dieser Anspruch – ebenso wie der Primäranspruch – **gemäß § 51b BRAO**.[396] Ein Sekundäranspruch verjährt also in drei Jahren seit seiner Entstehung, spätestens jedoch in drei Jahren nach Beendigung des Auftrags. Der sekundäre Ersatzanspruch entsteht mit dem Eintritt der Verjährung des ursprünglichen (primären) Regressanspruchs gemäß § 51b BRAO; diese **Primärverjährung** ist der **Schaden**, den der Anwalt durch schuldhafte Verletzung seiner sekundären Pflicht, den Auftraggeber auf die mögliche eigene Haftpflicht und die Verjährung hinzuweisen, herbeigeführt hat, und der mit dem Sekundäranspruch behoben werden soll. Dieser verjährt nach **§ 51b Fall 1 BRAO**, wenn der Schaden des Auftraggebers in Gestalt der **Primärverjährung vor dem Mandatsende** entstanden ist. Ist dagegen die **Primärverjährung erst nach Beendigung des Auftrags** eingetreten, so richtet sich die Verjährung nach **§ 51b Fall 2 BRAO**.[397] Die Ansicht des VI. Zivilsenats des BGH in seinem Urteil vom 5.5.1984,[398] ein Sekundäranspruch verjähre grundsätzlich in drei Jahren nach Mandatsende, hat der – nunmehr für die Anwaltshaftung zuständige – IX. Zivilsenat des BGH zu Recht aufgegeben, weil eine gesetzliche Grundlage dafür, den Verjährungsbeginn für einen solchen Anspruch stets bis zur Beendigung des Auftrags hinauszuschieben, fehlt.[399]

1404

---

396 BGHZ 94, 380, 389 = NJW 1985, 2250; BGH, NJW 1988, 265, 266; 1993, 2747, 2751.
397 BGH, WM 1988, 629, 631; NJW 1993, 2747, 2751; 1996, 661, 662 f.
398 NJW 1984, 2204.
399 BGHZ 94, 380, 389 ff. = NJW 1985, 2250; BGH; NJW 1988, 265, 266.

c) Regelfälle der Sekundärverjährung gemäß § 51b BRAO, § 68 StBerG

1405 Danach sind für den **Regelfall**, dass der haftpflichtige **Rechtsanwalt** kein Anschlussmandat des Auftraggebers über denselben Gegenstand erhalten hat (vgl. Rn. 1409 f.), **folgende Möglichkeiten der Verjährung eines Sekundäranspruchs** zu unterscheiden:[400]

aa) Dauermandat

1406 Ist der vertragliche (primäre) Regressanspruch des Mandanten – mit dem Eintritt seines Schadens – vor Mandatsende entstanden, so tritt die Primärverjährung gemäß § 51b Fall 1 BRAO drei Jahre nach der Entstehung dieses Anspruchs ein; in diesem Falle beginnt die dreijährige Verjährungsfrist für den Sekundäranspruch nach **§ 51b Fall 1 BRAO** mit dem Eintritt der Primärverjährung, falls zu diesem Zeitpunkt das Mandat noch fortbesteht.[401]

Dieser **für den geschädigten Mandanten günstige Verjährungsfall** betrifft das **Dauermandat** (vgl. Rn. 8, 480, 495, 1098). Je später der Auftrag nach Entstehung des Regressanspruchs beendet wird, desto länger dauert es grundsätzlich, bis die Verjährungsfristen für Primär- und Sekundäranspruch verstreichen und die Gesamtverjährung vollendet ist. **Höchstens verdoppelt sich die gesetzliche Verjährungsfrist**, nämlich dann, wenn die Verjährungsfristen für Primär- und Sekundäranspruch vor dem Mandatsende voll ablaufen können.

Dementsprechend **verjährt ein sekundärer Schadensersatzanspruch** gegen einen **Steuerberater, Steuerbevollmächtigten** oder eine **Steuerberatungsgesellschaft** gemäß **§§ 68, 72 Abs. 1 StBerG** – ausnahmslos – ab Eintritt der Primärverjährung, weil in diesen Vorschriften eine § 51b Fall 2 BRAO entsprechende Regelung fehlt.[402]

bb) Kurzmandat

1407 Ist der vertragliche Regress-(Primär-)anspruch des Auftraggebers zwar vor dem Mandatsende entstanden, tritt aber die Primärverjährung gemäß § 51b Fall 1 BRAO erst nach Beendigung des Auftrags ein, so beginnt die Verjährungsfrist für einen Sekundäranspruch nach **§ 51b Fall 2 BRAO mit dem Mandatsende** (Rn. 1348 ff.).[403]

In diesem Falle **beginnt** also die **Verjährung des Sekundäranspruchs vor dessen Entstehung**. Dies entspricht dem in § 51b Fall 2 BRAO zum Ausdruck gebrachten

---

400 *Zugehör*, NJW 1995, Beil. zu Heft 21, S. 19 f.
401 BGH, VersR 1977, 617, 618; BGHZ 94, 380, 390 = NJW 1985, 2250.
402 BGHZ 129, 386, 395 = NJW 1995, 2108.
403 BGH, VersR 1977, 617, 618; BGHZ 94, 380, 390 = NJW 1985, 2250; BGH, WM 1988, 629, 631; NJW 1993, 2747, 2751.

B. Altes Verjährungsrecht

Willen des Gesetzgebers, die Verjährung jedenfalls „spätestens" mit dem Mandatsende beginnen zu lassen, wenn dies für den Anwalt günstiger ist als ein Verjährungsbeginn nach § 51b Fall 1 BRAO.[404] So ist es hier, weil die Verjährungsfrist für den Sekundäranspruch ab Mandatsende früher läuft und verstreicht als bei einem Verjährungsbeginn mit Eintritt der Primärverjährung nach Beendigung des Auftrags.

Dieser **für den haftpflichtigen Rechtsanwalt günstige Verjährungsfall** betrifft vor allem die **Kurzmandate** – beispielsweise betreffend einen Vertragsentwurf oder ein Rechtsgutachten –. Ist in der verhältnismäßig geringen Zeitspanne zwischen Erteilung und Beendigung eines solchen Auftrags ein Regressanspruch des Mandanten entstanden, so tritt die Primärverjährung dieses Anspruchs i.d.R. erst nach Mandatsende ein. Falls in der kurzen Mandatszeit überhaupt eine sekundäre Hinweispflicht des Anwalts entstanden und verletzt worden ist, so verjährt ein Sekundäranspruch – vor seiner vollen Entstehung mit Eintritt der Primärverjährung – bereits vom Mandatsende an. **Primär- und Sekundäranspruch verjähren dann in unwesentlichem Abstand.** Im Ergebnis bleibt es in diesen Fällen nahezu bei der strengen Verjährungsregelung des § 51b BRAO.

d) Grundsätzlich keine Sekundärverjährung bei einem nach Mandatsende entstandenen Primäranspruch

Ist der vertragliche **Regress-(Primär-)anspruch** – mit dem Eintritt des Schadens des Auftraggebers – erst **nach dem Mandatsende entstanden**, so **entfällt grundsätzlich** ein verjährungsverlängernder **Sekundäranspruch**, weil nur bis zu diesem Zeitpunkt die sekundäre Vertragspflicht des Rechtsanwalts besteht, den Auftraggeber auf seine mögliche Haftpflicht und die Verjährung hinzuweisen (vgl. Rn. 1380 ff.). Danach verbleibt es auch in diesem Falle **bei der gesetzlichen Verjährungsregelung; anders** kann dies nur dann sein, wenn der Anwalt ein **Anschlussmandat** über denselben Gegenstand erhalten hat (vgl. Rn. 1409 f.). 1408

e) Sekundärverjährung aus Anschlussmandat

Ausnahmsweise kann ein **Sekundäranspruch** des Mandanten entstanden sein **nach Beendigung des Auftrags**, aus dem der Regressanspruch gegen den Rechtsanwalt hergeleitet wird, und zwar dann, wenn dieser von demselben Auftraggeber **vor Eintritt der Primärverjährung ein neues Mandat über denselben Gegenstand** erhalten hat (vgl. Rn. 1384, 1408). 1409

In diesem Falle sind **folgende Verjährungsmöglichkeiten** gegeben:[405] 1410

Möglichkeit 1:

---

404   Vgl. *Kleutgens*, S. 202.
405   *Zugehör*, NJW 1995, Beil. zu Heft 21, S. 20.

Ist der Regressanspruch aus dem früheren Mandat vor dessen Ende entstanden, so verlängert sich die Primärverjährung gemäß § 51b Fall 1 BRAO durch den aufgrund des neuen Auftrags begründeten Sekundäranspruch ebenfalls gemäß dieser Vorschrift, falls das neue Mandat bei Vollendung der Primärverjährung besteht; in diesem Falle ist Verjährungsbeginn jeweils der Zeitpunkt, in dem diese Ansprüche entstanden sind.

Möglichkeit 2:

Ist der Regressanspruch aus dem früheren Mandat vor dessen Ende entstanden und wird vor Ablauf der gemäß § 51b Fall 1 BRAO laufenden Verjährungsfrist für diesen Anspruch aufgrund des neuen Auftrags ein Sekundäranspruch begründet, besteht dieses neue Mandat aber bei Vollendung der Primärverjährung nicht mehr, so beginnt die Verjährungsfrist für den aufgrund des neuen Mandats entstandenen Sekundäranspruch gemäß § 51b Fall 2 BRAO mit dem Ende des neuen Mandats.[406]

Möglichkeit 3:

Ist der Regressanspruch aus dem früheren Auftrag – mit dem Schadenseintritt beim Auftraggeber – erst nach Beendigung dieses Mandats entstanden, so läuft die Verjährungsfrist für diesen Anspruch gemäß § 51b Fall 2 BRAO ab Ende dieses Auftrags; begründet dann vor Ablauf dieser Frist das neue Mandat einen Sekundäranspruch, so verjährt dieser nach § 51b Fall 1 BRAO, falls das neue Mandat bei Vollendung der Primärverjährung noch besteht.

Möglichkeit 4:

Ist – wie im zuvor erörterten Fall – der Regressanspruch aus dem früheren Auftrag erst nach dessen Ende entstanden und läuft deswegen die Verjährungsfrist gemäß § 51b Fall 2 BRAO, so verjährt ein Sekundäranspruch, der vor Ablauf dieser Frist durch ein neues Mandat begründet wird, ebenfalls nach dieser Vorschrift ab Ende des neuen Mandats, wenn dieses bei Vollendung der Primärverjährung nicht mehr besteht.[407]

f) Sekundärverjährung für Primäranspruch aus vorvertraglicher Pflichtverletzung

1411 Stammt der **Regress-(Primär-)anspruch aus vorvertraglicher Pflichtverletzung** des Rechtsanwalts bei Anbahnung eines echten Anwaltsvertrages (Rn. 1358), so kann ein verjährungsverlängernder **Sekundäranspruch nur dann entstehen**, wenn der **angestrebte Anwaltsvertrag zustande gekommen ist**. Nur im Rahmen einer damit begründeten umfassenden Beratungspflicht kann für den Rechtsanwalt die sekundäre Pflicht entstehen, den Auftraggeber auf einen möglichen Schadensersatzanspruch aus der vorvertraglichen Beziehung und dessen Verjährung nach § 51b BRAO hinzuweisen. Verletzt der haftpflichtige Anwalt schuldhaft diese Pflicht und hätte der Mandant

---

406 BGH, WM 1993, 1889, 1895 = NJW 1993, 2747, 2751.
407 BGH, WM 1993, 1889, 1895 = NJW 1993, 2747, 2751.

bei rechtzeitiger Aufklärung der Primärverjährung seines Regressanspruchs verhindert, so entsteht ein Sekundäranspruch. Dieser **verjährt** gemäß den dargelegten Regeln (Rn. 1403 ff.).

V. Allgemeines zur Verjährung von Primär- und Sekundäranspruch nach altem Recht

1. Hemmung der Verjährung

a) Gründe und Wirkung (§§ 202 ff. BGB a.F.)

Soweit das Gesetz nach altem Recht die **Hemmung der Verjährung** anordnet, weil der Gläubiger seinen Anspruch aus rechtlichen oder tatsächlichen Gründen **vorübergehend nicht verfolgen kann**, wird die **Hemmungszeit nicht in die Verjährungsfrist eingerechnet** (§§ 202 ff., 205 BGB a.F.). Mit Eintritt des Hemmungsgrundes wird die bereits angelaufene Verjährungsfrist angehalten; nach Wegfall des hemmenden Ereignisses läuft die Verjährungsfrist – gemäß § 187 BGB – weiter.[408]

1412

Kann die Verjährung nur durch Hemmung vermieden worden sein, so ist der Anspruch verjährt, sobald der vor der Hemmung abgelaufene Teil der Verjährungsfrist und die nach Wegfall der Hemmung verstrichene Zeit die gesamte Verjährungsfrist ausmachen. Diese kann sowohl **mehrmals** nacheinander **gehemmt** oder **unterbrochen** als auch **gleichzeitig** gehemmt und unterbrochen werden; eine Höchstgrenze für Hemmungszeiten gibt es nicht.[409]

b) Einzel- oder Gesamtwirkung für Gesamtschuldner (§ 425 BGB)?

Haften **mehrere Schädiger als Gesamtschuldner**, so hat die **Hemmung der Verjährung grundsätzlich nur Einzelwirkung** zwischen den Personen, zwischen denen der Hemmungsgrund besteht (§ 425 BGB).[410]

1413

Der BGH[411] hat für die gesamtschuldnerische Haftung der Mitglieder einer **Steuerberatersozietät** entschieden, dass **verjährungsunterbrechende oder -einschränkende Erklärungen und Handlungen** eines Gesellschafters grundsätzlich auch gegenüber der Gesamthand und den anderen Sozietätsmitgliedern wirken, also **Gesamtwirkung** haben. Es ist **offen, ob** diese Entscheidung mit Rücksicht auf die neue Rechtsprechung des BGH zur bürgerlich-rechtlichen Gesellschaft (§§ 705 ff. BGB) – auch bezüglich einer **Hemmung der Verjährung – noch gültig** ist (Rn. 1320 ff.).

---

408 Vgl. RGZ 120, 355, 361 f.; BGHZ 86, 98, 102 ff. = LM BGB § 202 Nr. 19.
409 BGHZ 109, 220, 222 ff. = WM 1990, 527 = NJW 1990, 176.
410 Vgl. BGH, NJW 1977, 1879; 1984, 793, 794; 1994, 1150, 1152.
411 WM 1996, 33, 34 f. = NJW-RR 1996, 313; WM 2006, 927, 932.

c) Hauptanwendungsfälle in der anwaltlichen Berufshaftung

1414 Ein **Hauptanwendungsfall der Verjährungshemmung** in der anwaltlichen Vertragshaftung ist das **Stillhalteabkommen (pactum de non petendo)**, nach dem der Schuldner vorübergehend zur Leistungsverweigerung berechtigt sein soll (§ 202 Abs. 1, § 205 BGB a.F.),[412] sofern nicht darüber hinaus sogar die Klagbarkeit ausgeschlossen wurde.[413] Eine solche Vereinbarung, die auch durch schlüssiges Verhalten zustande kommen kann,[414] kann z.b. vorliegen, wenn im Einvernehmen zwischen Gläubiger (Mandant) und Schuldner (Rechtsanwalt) die Auseinandersetzung über den Schadensersatzanspruch zurückgestellt werden soll bis zur Beendigung eines Rechtsstreits,[415] bis zur Entscheidung einer Verwaltungsbehörde,[416] bis zum Abschluss von Ermittlungen oder eines Versuchs zur Schadensbeseitigung[417] oder bis zur Entschließung des Haftpflichtversicherers.[418] In solchen Fällen ist eine gütliche Einigung noch nicht ausgeschlossen; deswegen soll der Gläubiger nicht gezwungen sein, die Verjährung vorsorglich durch Klageerhebung verhindern zu müssen.

1415 Die Verjährung wird nach altem Recht **gehemmt**, wenn der Mandant, der die Kosten einer Regressklage nicht aufbringen kann (§ 114 ZPO), bis zum Ablauf der Verjährungsfrist einen ordnungsgemäß begründeten und vollständigen Antrag auf Bewilligung der **Prozesskostenhilfe** stellt (§ 203 BGB a.F.; vgl. § 204 Abs. 1 Nr. 14 BGB n.F.).[419] Als ein solches Gesuch ist auch eine Beschwerde gegen die Verweigerung von Prozesskostenhilfe zu werten, solange darüber nicht entschieden ist; die mit der rechtzeitigen Einreichung der Beschwerdeschrift eingetretene Verjährungshemmung dauert grundsätzlich fort, bis die bedürftige Partei nach Entscheidung über das Gesuch um Bewilligung von Prozesskostenhilfe bei angemessener Sachbehandlung eine ordnungsmäßige Klage erheben kann.[420] Nach Zugang des Beschlusses über die Bewilligung von Prozesskostenhilfe hat der Berechtigte – entsprechend § 234 Abs. 1 ZPO – noch eine Frist von „zumindest" zwei Wochen, um bei der gebotenen zügigen Sachbehandlung Klage zu erheben.[421]

---

412 BGH, NJW 1992, 836; WM 1993, 610, 615; NJW 1998, 2274, 2277 = WM 1998, 1493; NJW 1999, 1101, 1103; WM 1999, 922, 924 und 2358, 2359; ZIP 2000, 1990, 1991 = WM 2000, 1812; WM 2001, 736, 737; NJW 2002, 1488, 1489; VersR 2003, 863.
413 BGH, NJW-RR 1989, 1048, 1049.
414 BGH, NJW 1999, 1022, 1023; ZIP 2000, 1990, 1991 = WM 2000, 1812.
415 BGH, WM 1993, 610, 615; NJW 1998, 2274, 2277.
416 BGH, LM BGB § 202 Nr. 3.
417 BGH, LM BGB § 202 Nr. 5.
418 Vgl. BGH, NJW 1973, 316, 317 f.; 1986, 1337, 1338.
419 BGHZ 70, 235, 237 ff. = NJW 1978, 938; BGH, NJW 1981, 1550; 1989, 1148, 1149 und 3149; WM 2001, 1038, 1039.
420 BGH, WM 2001, 1038, 1039.
421 BGH, WM 2001, 1038, 1039.

Bei **postalischen Verzögerungen** im Zugang zu den Gerichten kann die Verjährung durch höhere Gewalt (§ 203 Abs. 2 BGB a.F., § 206 BGB n.F.) gehemmt sein.[422]   1416

d) Nicht analog § 639 Abs. 2, § 852 Abs. 2 BGB a.F.

Die Verjährung eines Schadensersatzanspruchs des Mandanten gegen den Rechtsanwalt wird **nicht** in entsprechender Anwendung des **§ 639 Abs. 2 BGB a.F.** gehemmt, wenn der Anwalt seine Vertragsleistung im Einverständnis mit dem Auftraggeber auf Mängel überprüft und solche zu beseitigen versucht.[423]   1417

Verhandeln der geschädigte Mandant und der haftpflichtige Rechtsanwalt über einen Schadensersatz, so wird die Verjährung des Regressanspruchs nach altem Recht **nicht analog § 852 Abs. 2 BGB a.F.** gehemmt[424] (vgl. aber § 203 BGB n.F.).

e) Darlegungs- und Beweislast

Die **Darlegungs- und Beweislast** für **verjährungshemmende Umstände** trägt der **Anspruchsteller**, der die Verjährungseinrede abwehren will.[425]   1418

2. Unterbrechung der Verjährung

a) Unterbrechungsgründe

aa) Anerkenntnis (§ 208 BGB a.F.)

Die **Verjährung** eines Anspruchs wird insoweit **unterbrochen**, als dieser vom Schuldner gegenüber dem Gläubiger durch Abschlags- oder Zinszahlung, Sicherheitsleistung oder in anderer Weise – zumindest durch rein tatsächliches Verhalten – während der Verjährungsfrist wenigstens dem Grunde nach **anerkannt** wird (§ 208 BGB a.F.).[426]   1419

bb) Klage und gleichstehende Maßnahmen (§§ 209, 210 BGB a.F.)

Soweit ein Anerkenntnis des Schuldners fehlt, muss der **Gläubiger** nach altem Recht die Verjährung während der Verjährungsfrist **unterbrechen** durch **Klage** auf Befriedigung oder Feststellung seines Anspruchs oder durch eine gesetzlich **gleichgestellte Handlung** (§§ 209, 210 BGB a.F.).   1420

---

422   OLG Karlsruhe, NJW 2001, 3557, zu § 203 Abs. 2 BGB a.F.
423   Vgl. BGH, WM 1996, 1106, 1107, für die Steuerberaterhaftung.
424   BGH, WM 1989, 581, 583 = NJW 1990, 326; WM 1996, 1106, 1107; 2000, 959, 960.
425   BGH, WM 1993, 610, 615; 1996, 1832, 1833 = NJW 1996, 2929.
426   Vgl. BGH, WM 1997, 330, 332 = NJW 1997, 516; WM 2000, 1812, 1814; NJW-RR 2002, 1433, 1434; NJW 2002, 2872, 2873 = WM 2003, 930 (Auslegung eines Anerkenntnisses); NJW-RR 2004, 1475 = VersR 2004, 1278 (Anerkenntnis durch Zahlung des Haftpflichtversicherers); vgl. weitere Rechtsprechungsnachweise von *Gottwald*, Rn. 387 ff.

Meistens versucht der Mandant nach altem Recht, die Verjährung eines vertraglichen Regressanspruchs gegen den Rechtsanwalt oder Steuerberater durch **Klageerhebung** zu unterbrechen (§ 209 Abs. 1 BGB a.F.). Dies kann **ausnahmsweise** durch eine **wiederholende Feststellungsklage** geschehen, wenn diese unerlässlich ist, um die Verjährung zu verhindern.[427]

1421   Der **Umfang der Verjährungsunterbrechung** richtet sich nach dem **Streitgegenstand der Klage**;[428] insoweit genügt die Schadenseinheit (dazu Rn. 1360) nicht.[429]

Erstreckt sich der Streitgegenstand der Klage auf die Erstattung von Steuern für einen bestimmten Veranlagungszeitraum, so wird davon nicht zugleich eine Steuererstattung für einen anderen Veranlagungszeitraum umfasst.[430] Betrifft eine Leistungsklage bestimmte Schadensfolgen, so wird dadurch nicht die Verjährung eines Anspruchs auf Ersatz eines voraussehbaren Spätschadens unterbrochen;[431] daher empfiehlt es sich für den Geschädigten, künftige Ansprüche zum Gegenstand einer **Feststellungsklage** zu machen. Stützt ein Mandant seine Klage wegen eines – insoweit unverjährten – Regressanspruchs darauf, sein Steuerberater habe pflichtwidrig verschuldet, dass die Belastung mit Umsatzsteuern nicht nachträglich beseitigt worden sei, so umfasst dieser Streitgegenstand nicht einen – verjährten – Schadensersatzanspruch aufgrund des Vorwurfs, der Steuerberater habe nicht von Anfang an die Belastung mit Umsatzsteuer verhindert.[432]

1422   Eine – der Klageerhebung gleichstehende – **Zustellung eines Mahnbescheids** im Mahnverfahren (§ 209 Abs. 2 Nr. 1 BGB a.F.) unterbricht nach altem Recht die Verjährung auch dann, wenn – mit Ausnahme der Sachbefugnis – noch nicht sämtliche Anspruchsvoraussetzungen vorliegen.[433] Die Zustellung eines Mahnbescheids über mehrere Forderungen hat nach altem Recht nur dann verjährungsunterbrechende Wirkung, wenn die Forderungen hinreichend individualisiert worden sind.[434]

1423   Häufig wird nach altem Recht die Verjährung auch in der Weise unterbrochen, dass der Mandant mit einem Schadensersatzanspruch gegen die eingeklagte Gebührenforderung des Rechtsanwalts **aufrechnet** (§ 209 Abs. 2 Nr. 3 BGB a.F.) oder diesem den **Streit verkündet** in einem Prozess, von dessen Ausgang der Regressanspruch ab-

---

427   BGH, WM 2003, 2245, 2246.
428   BGH, NJW 1993, 2439, 2440; 1996, 117, 118 = WM 1996, 125; WM 2000, 1348, 1349.
429   BGH, WM 2000, 1348, 1349.
430   BGH, WM 1991 1597, 1601.
431   BGH, NJW 1988, 965, 966.
432   BGH, WM 2000, 1348, 1349 f.
433   BGH, NJW-RR 2003, 784 = WM 2003, 1439.
434   BGH, NJW 2001, 305, 306 f.

hängt (§ 209 Abs. 2 Nr. 4 BGB a.F.);[435] insoweit ist § 215 BGB a.F. zu beachten (vgl. Rn. 1427 f.).

cc) Nicht Inanspruchnahme von Primärrechtsschutz

Nach der Rechtsprechung des III. Zivilsenats des BGH[436] unterbricht die **Inanspruchnahme von Primärrechtsschutz** gegen ein amtspflichtwidriges Verwaltungshandeln – durch Einlegung von Rechtsbehelfen oder Klage – grundsätzlich die Verjährung eines Amtshaftungsanspruchs (§ 839 BGB, Art. 34 GG) gemäß § 852 BGB a.F. in entsprechender Anwendung der §§ 209 Abs. 1, 211 BGB a.F. Der – für die Anwalts- und Steuerberaterhaftung zuständige – IX. Zivilsenat des BGH hat es **abgelehnt**, diese Rechtsprechung **auf die Steuerberaterhaftung zu übertragen**.[437] Dies muss **auch für die Anwaltshaftung** gelten. Diese Haftungsbereiche werden nicht wie die Amtshaftung dadurch gekennzeichnet, dass der Gegner im Primärrechtsschutzverfahren und der Schadensersatzpflichtige identisch sind. Außerdem wäre eine solche erleichterte, über die gesetzlichen Unterbrechungsgründe hinausgehende Möglichkeit der Verjährungsunterbrechung unvereinbar mit dem Zweck der §§ 51b BRAO, 68 StBerG, die Haftungsgefahr der Rechtsberater durch eine günstige Verjährungsregelung auszugleichen.[438]

1424

dd) Unterbrechung der Sekundärverjährung durch Regressklage

Wird dem Rechtsanwalt eine Klage oder ein Mahnbescheid des Mandanten wegen eines Regressanspruchs zugestellt, so wird dadurch nach altem Recht auch **die Verjährung eines Sekundäranspruchs unterbrochen** (§ 209 Abs. 1, 2 Nr. 1 BGB a.F.).[439] Hat der Mandant seine Klage nach Eintritt der Primärverjährung während der Verjährungsfrist für den Sekundäranspruch erhoben, so kann ihm also nicht entgegengehalten werden, die Klage betreffe nur den ursprünglichen und verjährten Regressanspruch, nicht aber den unverjährten Sekundäranspruch. Dieser erstreckt sich nicht unmittelbar auf eine Schadensersatzleistung in Geld, sondern ist gleichsam ein **Hilfsrecht des Geschädigten**, das ihm durch die Verlängerung der primären Verjährungsfrist ermöglicht, seinen ursprünglichen Schadensersatzanspruch rechtzeitig durchzusetzen (Rn. 1366). Beide Ansprüche des Mandanten beruhen auf derselben vertraglichen Beratungspflicht des Rechtsanwalts und entstammen daher einem einheitlichen Lebenssachverhalt, sind nach Grund und Rechtsnatur wesensgleich sowie auf denselben wirtschaftlichen Er-

1425

---

435 Dazu BGH, WM 2002, 1078, 1080 = NJW 2002, 1414.
436 BGHZ 95, 238, 242, 244 = WM 1985, 1503; BGHZ 97, 97, 110 ff. = WM 1986, 1447; BGHZ 103, 242, 246 ff. = NJW 1988, 1776; BGHZ 122, 317, 323 ff. = WM 1993, 1689; BGH, WM 1995, 1959, 1960.
437 WM 1996, 1106, 1107.
438 Vgl. inzwischen einschränkend BGH – III. Zivilsenat –, WM 2003, 2242, 2244 f. = VersR 2003, 873, 875; WM 2004, 2026 = NJW-RR 2004, 1069.
439 BGH, WM 1996, 2069, 2070 = NJW 1996, 2797.

folg gerichtet, den Schaden auszugleichen, der durch die ursprüngliche anwaltliche Pflichtverletzung entstanden ist. Der prozessuale Leistungsanspruch,[440] der alle materiell-rechtlichen Ansprüche umfasst, die den Klageantrag begründen können,[441] erstreckt sich auf den Sekundäranspruch, der – im Rahmen seiner Reichweite – den Klageanspruch stützt. Dies überrascht den Rechtsanwalt nicht, der während der Sekundärverjährungsfrist in Anspruch genommen wird; er weiß aufgrund seiner Fachkunde, dass die Primärverjährung des eingeklagten Regressanspruchs des Mandanten eingetreten ist, und kann beurteilen, ob er sich gegen den Klageanspruch, der nur noch mit Hilfe des Sekundäranspruchs durchgesetzt werden kann, wehren soll oder nicht. Nach Rechtskraft eines Titels muss der verklagte Rechtsanwalt nicht befürchten, dass aus diesem Lebenssachverhalt gegen ihn noch weitere – über die eingeklagten und beschiedenen Ansprüche hinausgehende – Forderungen geltend gemacht werden.

b) Wirkung der Unterbrechung (§ 217 BGB a.F.)

1426 Wird die Verjährung unterbrochen, so **fällt** die bis zur Unterbrechung **verstrichene Verjährungsfrist weg**; es beginnt eine **neue Verjährungsfrist**, die erst **nach dem Ende der Unterbrechungszeit** in Lauf gesetzt wird (§ 217 BGB a.F.).

Endet die Unterbrechung während eines Tages, so läuft die neue Verjährungsfrist nach den Auslegungsvorschriften der §§ 186 ff. BGB vom folgenden Tage an (§ 187 Abs. 1 BGB); endet die Unterbrechung mit Beginn eines Tages – etwa mit Eintritt der Rechtskraft eines Urteils (§ 211 Abs. 1 BGB a.F.) – so beginnt die neue Verjährung bereits an diesem Tage (§ 187 Abs. 2 BGB). Wird die Verjährung zugleich mit der Hemmung oder später unterbrochen, so läuft die neue Verjährungsfrist erst vom Ende der Hemmung an.[442] Die neue Verjährungsfrist kann wiederum unterbrochen werden.

aa) Dauer und Ende der Unterbrechungszeit

1427 Wird die Verjährung durch ein Anerkenntnis (§ 208 BGB a.F.) oder durch eine Vollstreckungsmaßnahme (§ 209 Abs. 2 Nr. 5 BGB a.F.) unterbrochen, so läuft sofort wieder eine neue Verjährungsfrist. In den **übrigen Unterbrechungsfällen** des § 209 BGB a.F. löst die Unterbrechung der Verjährung zunächst eine **Unterbrechungszeit** aus **(§§ 211 ff. BGB a.F.); erst nach deren Ablauf** kann die **neue Verjährungsfrist** beginnen (§ 217 Halbs. 2 BGB a.F.). Die **Unterbrechungsdauer** ist geregelt für

- die Klageerhebung in § 211 BGB a.F.;[443]
- den Güteantrag in § 212a BGB a.F.;

---

440 Vgl. dazu BGH, NJW 1993, 2439, 2440; NJW-RR 1994, 514, 515; NJW 1996, 117, 118.
441 BGH, NJW 1983, 2813; 1996, 117, 118.
442 BGHZ 109, 220, 223 = NJW 1990, 826.
443 Vgl. zu § 211 Abs. 2 BGB a.F.: BGH, WM 1995, 1962; 1997, 1338; NJW 1998, 2274, 2276 = WM 1998, 1493; NJW 1999, 1101 f.; NZV 2000, 40, 41; NJW 2000, 132; WM 2000, 2551, 2552; NJW 2004, 3418, 3419; WM 2005, 1277, 1278.

- den Mahnbescheid in § 213 i.V.m. § 212a BGB a.F.;
- die Anmeldung im Konkurs in § 214 Abs. 1, 3 BGB a.F.;
- sowie für Prozessaufrechnung und Streitverkündung in § 215 Abs. 1 BGB a.F.

bb) Rückwirkender Wegfall der Unterbrechung

Weitgehend unbekannt sind die Vorschriften, die die **Unterbrechungswirkung nachträglich und rückwirkend wegfallen** lassen (§§ 212, 212a Satz 3, 213 Satz 1 mit §§ 212a Satz 3, § 213 Satz 2, 214 Abs. 2, 215 Abs. 2, 216 BGB a.F.). Nicht selten werden der Anspruchsteller und sein Anwalt im Nachhinein davon überrascht, dass die Unkenntnis dieser Bestimmungen zur Verjährung des Anspruchs geführt hat, obwohl dieser zunächst rechtzeitig unterbrochen worden war. Im Bereich der anwaltlichen Berufshaftung ist vor allem **§ 215 BGB a.F.** zu beachten. Die Unterbrechung der Verjährung durch **Prozessaufrechnung** (§ 209 Abs. 2 Nr. 3 BGB a.F.) und **Streitverkündung** (§ 209 Abs. 2 Nr. 4 BGB a.F.) dauert fort, bis der Prozess rechtskräftig entschieden oder anderweitig erledigt ist, etwa durch Vergleich oder gemäß § 211 Abs. 2 BGB a.F. (§ 215 Abs. 1 BGB a.F.). Diese **Unterbrechungswirkung fällt aber nachträglich und rückwirkend weg**, wenn nicht innerhalb einer Ausschlussfrist von sechs Monaten nach der Beendigung des Prozesses der Anspruch eingeklagt – oder gemäß § 209 Abs. 2 BGB a.F. geltend gemacht[444] – wird (§ 215 Abs. 2 BGB a.F.).[445]

1428

c) Einzel- oder Gesamtwirkung für Gesamtschuldner (§ 425 BGB)?

Insoweit wird auf Rn. 1320 ff. verwiesen.

1429

d) Darlegungs- und Beweislast

Der Anspruchsteller hat **verjährungsunterbrechende Umstände darzulegen und zu beweisen**, weil er damit die Verjährungseinrede des Schuldners abwehren will.[446]

1430

3. Vollendung der Verjährung, Beweislast und Verjährungseinrede

a) Vollendung der Verjährung

Die **Verjährung** eines Schadensersatzanspruchs des Mandanten gegen den Rechtsanwalt aus einem Vertrag, der in nennenswertem Umfang Rechtsberatung oder -vertretung zum Gegenstand hatte (§ 3 Abs. 1 BRAO), oder aus einer vorvertraglichen Beziehung, die einen solchen Anwaltsvertrag anbahnen sollte, ist nach altem Recht **vollendet**, wenn unter Berücksichtigung gesetzlicher Hemmungs- und Unterbrechungszeiten die (Primär-)Verjährungsfrist gemäß § 51b BRAO abgelaufen ist und entweder kein

1431

---

444 Vgl. BGHZ 53, 270, 273 = NJW 1970, 940.
445 Vgl. BGHZ 65, 127, 135 ff. = NJW 1976, 39; NJW 1980, 2303, 2304.
446 BGH, WM 1997, 330, 332 = NJW 1997, 516.

Teil 1 • Abschnitt 7 • *Verjährung vertraglicher Regressansprüche*

verjährungsverlängernder Sekundäranspruch des Mandanten besteht oder auch dieser Anspruch nach § 51b BRAO verjährt ist.

b) Beweislast

1432 Die tatsächlichen Voraussetzungen der Verjährung, d.h. den **Beginn** und den **Ablauf der gesetzlichen Verjährungsfrist** hat der **Schuldner** – also der haftpflichtige Rechtsanwalt oder Steuerberater – **darzulegen und zu beweisen**.[447]

Verjährungshemmende und -unterbrechende Umstände hat der **Mandant darzulegen und zu beweisen**, weil er damit die Verjährungseinrede abwehren will.[448]

Die Voraussetzungen eines **sekundären Schadensersatzanspruchs** (Rn. 1380 ff.) hat der **Mandant** – mit Ausnahme eines Verschuldens (Rn. 1398) – **darzulegen und zu beweisen**, weil er damit die vom Rechtsanwalt oder Steuerberater erhobene Einrede der Primärverjährung des ursprünglichen Regressanspruchs beseitigen will.[449]

c) Verjährungseinrede

1433 Nach Vollendung der Verjährung ist der Schuldner nach altem Recht berechtigt, die **Leistung zu verweigern** (§ 222 Abs. 1 BGB a.F.). Ob er dies tut, steht in seinem Belieben. Im Rechtsstreit berücksichtigt das Gericht die Verjährung **nicht von Amts wegen**, sondern nur **auf Einrede des Schuldners**, so dass gegen diesen ein Versäumnisurteil ergehen kann. Da der verjährte Anspruch nach wie vor besteht und erfüllbar ist, kann der Schuldner eine Leistung auf den verjährten Anspruch auch dann nicht zurückfordern, wenn sie in Unkenntnis der Verjährung bewirkt worden ist (§ 222 Abs. 2 BGB a.F.); der Gläubiger darf sich aus den ihm eingeräumten Sicherheiten grundsätzlich befriedigen (§ 223 BGB a.F.).

4. Verzicht auf Verjährungseinrede

1434 Die Beantwortung der Frage, ob ein **Verzicht des Schuldners auf die Verjährungseinrede** wirksam ist, hat nach altem Recht von **§ 225 Satz 1 BGB a.F.** auszugehen. Danach kann die Verjährung des Rechtsgeschäfts weder ausgeschlossen noch erschwert werden, soweit das Gesetz nicht ausnahmsweise eine Verlängerung der Verjährungsfrist – höchstens bis zu dreißig Jahren[450] – gestattet. Dieser Grundsatz erklärt sich daraus, dass die Verjährung nicht nur den Schuldner schützen soll, sondern auch

---

447 BGH, WM 1980, 532, 534; 1996, 1832, 1834; 2003, 936, 939.
448 Für die **Verjährungshemmung**: BGH, WM 1993, 610, 615; 1996, 1832, 1833 = NJW 1996, 2929; für die **Verjährungsunterbrechung**: BGH, WM 1997, 330, 332 = NJW 1997, 516.
449 BGH, NJW 1987, 1322, 1323; 1996, 2571; WM 1997, 335, 339.
450 BGH, NJW-RR 1994, 1327, 1328.

dem öffentlichen Interesse an Rechtsfrieden und -sicherheit dient.[451] Wird die Verjährung entgegen § 225 Satz 1 BGB a.f. ausgeschlossen oder erschwert, so verjährt der Anspruch nach Ablauf der gesetzlichen Verjährungsfrist.[452]

Danach kann auf die Einrede der Verjährung nach altem Recht **nicht vor deren Vollendung** endgültig **verzichtet** werden[453] (anders § 202 BGB n.F.).

Verzichtet der Schuldner – möglicherweise mehrmals nacheinander – **während** des Laufs einer **Verjährungsfrist für eine bestimmte Zeit**[454] **auf die Verjährungseinrede**, so darf er sich nach Treu und Glauben (§ 242 BGB) nicht auf den Eintritt der Verjährung in diesem Zeitraum berufen; in einem solchen Falle ist § 270 Abs. 3 ZPO a.F. (vgl. § 167 ZPO) entsprechend anwendbar.[455] Ein solcher befristeter Verzicht auf die Verjährungseinrede kommt **in der Berufshaftung oft** vor, um die Prüfung des Regressanspruchs – auch durch den Haftpflichtversicherer des regresspflichtigen Beraters – nicht mit einem Rechtsstreit zu belasten, der zunächst nur der Verhinderung der Verjährung dient. Ein befristeter Verjährungsverzicht berührt eine Hemmung der Verjährung – etwa wegen schwebender Verhandlungen (§ 852 Abs. 2 BGB a.F.; § 203 BGB n.F.) – grundsätzlich nicht.[456]

Nach Ablauf der **Verjährungsfrist** kann der Schuldner auf die Verjährungseinrede und das damit verbundene Leistungsverweigerungsrecht **verzichten**.[457]

1435

Soll sich nach Ansicht des Gläubigers der – formlos zulässige – **Verzicht schlüssig** aus dem Verhalten des Schuldners ergeben, so kann ein Verzicht – bei strengen Anforderungen – nur dann angenommen werden, wenn der Schuldner wusste oder zumindest für möglich hielt, dass die Verjährung bereits eingetreten war.[458] Dagegen kommt es auf ein solches Bewusstsein des Schuldners bei einem **ausdrücklichen Verzicht** nicht entscheidend an.[459] Eine **Auslegung** hat vielmehr darauf abzustellen, wie der Gläubiger die Erklärung des Schuldners nach Treu und Glauben verstehen musste, so dass der objektive Erklärungswert maßgeblich ist.[460] Danach kann sich aus einer ausdrücklichen Erklärung ein Verzicht auf das Leistungsverweigerungsrecht aus Verjährung auch dann

---

451 RGZ 145, 239, 244; BGHZ 59, 72, 74 = NJW 1972, 1460.
452 BGH, NJW 1988, 1259, 1260.
453 BGH, NJW 1991, 974, 975; 1998, 902, 903.
454 Zum Sonderfall, dass die Verzichtsfrist an einem Feiertag abläuft: BGH, WM 1990, 695, 699 f.
455 BGH, WM 1990, 695, 699; 1994, 1848, 1849 = NJW-RR 1994, 1210; WM 1996, 540, 542 = NJW 1996, 661.
456 BGH, NJW 2004, 1654.
457 BGHZ 83, 382, 389 = WM 1982, 827; BGH, WM 1996, 540, 542 = NJW 1996, 661.
458 Vgl. BGHZ 93, 382, 389 = WM 1982, 827; BGH, NJW 1994, 379, 380; NJW-RR 1996, 237; WM 1997, 330, 332.
459 A.A. BGHZ 83, 382, 389 = WM 1982, 827.
460 BGH, WM 1996, 540, 542.

ergeben, wenn der Schuldner dieses nicht kannte und damit auch nicht rechnete. Trotz fehlenden Erklärungsbewusstseins liegt eine Willenserklärung vor, wenn der Erklärende bei Beachtung der im Rechtsverkehr erforderlichen Sorgfalt hätte erkennen und vermeiden können, dass seine Äußerung nach Treu und Glauben und der Verkehrssitte als Willenserklärung in diesem Sinne aufgefasst werden durfte und der Empfänger sie auch so verstanden hat.[461] Führt die Auslegung zu dem Ergebnis, dass der Schuldner sein Leistungsverweigerungsrecht aus der Verjährung nicht uneingeschränkt aufgeben, sondern nur eine vermeintlich noch laufende Verjährungsfrist für eine bestimmte Zeit verlängern wollte, so ist die Erklärung des Schuldners **wirkungslos, wenn** die **Verjährung** in Wirklichkeit **bereits eingetreten** war.[462]

1436 Einen **Verzicht auf die Verjährungseinrede** und das damit verbundene Leistungsverweigerungsrecht hat der **Gläubiger** (hier der Mandant) **zu beweisen**.

5. Rechtsmissbräuchliche Verjährungseinrede

1437 Die **Verjährungseinrede** des Rechtsanwalts oder Steuerberaters gegenüber einem primären und sekundären Schadensersatzanspruch des Mandanten ist **unbeachtlich**, wenn sie sich gegen das Verbot der **unzulässigen Rechtsausübung** (§ 242 BGB) verstößt.[463] Der Zweck der Verjährungsregelung verlangt, an diesen Einwand **strenge Anforderungen** zu stellen, so dass dieser einen groben Verstoß gegen Treu und Glauben voraussetzt.[464] Dies kann der Fall sein, wenn der Schuldner – oder sein Haftpflichtversicherer[465] –, sei es auch nur unabsichtlich, den Gläubiger **von der rechtzeitigen Einklagung** der Regressforderung **abgehalten** hat, etwa indem er den Gläubiger nach objektiven Maßstäben zur **Annahme veranlasst hat**, der Anspruch werde auch ohne Rechtsstreit erfüllt oder nur mit Einwendungen in der Sache bekämpft.[466] Ein solcher Vertrauenstatbestand kann vorliegen, wenn der haftpflichtige Anwalt den geschädigten Mandanten vor Eintritt der Verjährung bewogen hat, im Hinblick auf den Regressanspruch den Ausgang eines anderen Verfahrens abzuwarten.[467] Die Verjährungseinrede ist aber nicht allein deswegen ein Rechtsmissbrauch, weil der Anwalt zum geltend gemachten Schadensersatzanspruch geschwiegen hat oder der Mandant der Ansicht war, er könne mit der Klageerhebung noch zuwarten.[468]

---

461 BGHZ 109, 171, 177 = NJW 1990, 454 m.w.N.; BGH, WM 1997, 330, 332.
462 BGHZ 83, 382, 390 f. = WM 1982, 827; BGH, WM 1996, 540, 542.
463 U.a. BGHZ 94, 380, 391 = NJW 1985, 2250; BGH, WM 1988, 1855, 1858; 1996, 1106, 1108; NJW 2002, 3110, 3111 f.; BAG, NJW 1997, 3461, 3462.
464 BGH, WM 1988, 1855, 1858; 1996, 1106, 1108.
465 BGH, VersR 1969, 451 f; NJW 1981, 2243 (Ls.).
466 BGH, WM 1996, 1106, 1108; NJW 1998, 902, 903; 2001, 3543, 3545 = WM 2001, 1677; NJW 2002, 3110, 3111; WM 2005, 2106, 2108.
467 BGH, NJW 1985, 1151, 1152 = WM 1985, 1038; 1996, 1106, 1108.
468 BGH, NJW 1988, 265, 266.

B. Altes Verjährungsrecht

Die tatsächlichen Voraussetzungen einer missbräuchlichen Verjährungseinrede hat der Gläubiger – also der Mandant – **darzulegen und zu beweisen**.[469]

1438

Der Arglisteinwand gegenüber der Verjährungseinrede bleibt nur dann erhalten, wenn der Gläubiger **nach Wegfall des Umstands**, aus dem er die unzulässige Rechtsausübung herleitet, **unverzüglich seinen Anspruch gerichtlich geltend macht** (vgl. Rn. 1378).[470] I.d.R. ist dafür eine Frist von einem Monat ausreichend.[471] Dementsprechend konnten Regressklagen, die erst zwei bzw. drei Monate nach Wegfall des treuwidrigen Umstandes erhoben wurden, nicht mehr die Verjährungseinrede abwehren.[472]

6. Verjährungs-(Anspruchs-)konkurrenz (§ 51b BRAO und § 852 BGB a.F.)

Für den Fall, dass eine **Pflichtverletzung** des **Rechtsanwalts** aus einem **Anwaltsvertrag zugleich eine unerlaubte Handlung** (§§ 823 ff. BGB) ist, nimmt ein Teil des Schrifttums[473] an, die Schadensersatzansprüche des Mandanten verjährten nach altem Recht insgesamt nach der kenntnisunabhängigen, anwaltsfreundlichen Regelung des § 51b BRAO, die diejenigen des § 852 Abs. 1 BGB a.F. verdränge; diese Vorschrift ist für den Geschädigten günstiger, weil sie für den Verjährungsbeginn grundsätzlich auf die Kenntnis des Schadens und des Schädigers abstellt. Dieser Ansicht kann **nicht** gefolgt werden für den Fall einer **Vorsatztat**.[474]

1439

Treffen Schadensersatzansprüche aus Vertrag und Delikt zusammen, so unterliegt grundsätzlich jeder Anspruch der für ihn geltenden Verjährungsregelung.[475] Dementsprechend verjährt i.d.r. ein Schadensersatzanspruch aus unerlaubter Handlung nach § 852 BGB a.f., selbst wenn ein zugleich bestehender vertraglicher Ersatzanspruch früher verjährt gemäß § 638 BGB a.F.,[476] nach § 477 BGB a.F.[477] oder gemäß § 43 GmbHG.[478] Dies ist nur dann ausnahmsweise anders, wenn eine Vertragshaftung ge-

---

469 BGH, WM 1996, 1106, 1108.
470 BGH, NJW 1985, 1151, 1152; 1991, 974, 975; 1998, 902, 903; WM 1998, 779, 780; vgl. BGH, WM 1996, 1106, 1108; 2000, 1812, 1814.
471 BGH, NJW 1998, 902, 903; WM 1998, 779, 780 f.
472 BGH, WM 1996, 1106, 1108; 1998, 779, 781.
473 *Borgmann/Haug*, § 48 Rn. 8; *Rinsche*, Rn. I 289; *Vollkommer*, Rn. 454; *Feuerich/Weyland*, BRAO, § 51b Rn. 9; *Kleutgens*, S. 125 f..
474 *Zugehör*, NJW 1995, Beil. zu Heft 21, S. 21; i.d.S. *Hartstang*, S. 678; *Brinker*, S. 27 ff.; *Stoeker*, S. 82 f.; *Windeknecht*, S. 36 f.; generell verneinend *Henssler/Prütting*, BRAO, § 51b Rn. 15.
475 BGHZ 116, 297, 300 = NJW 1992, 1679; BGH; NJW 2004, 3420, 3422.
476 BGHZ 55, 392, 395 ff. = NJW 1971; 1131.
477 BGHZ 66, 315, 319 = NJW 1976, 1505.
478 BGHZ 100, 190, 199 ff. = NJW 1987, 2008.

setzliche Besonderheiten aufweist, die nach ihrem Zweck einen Sachverhalt erschöpfend regeln und sich deswegen auch auf eine konkurrierende Schadensersatzpflicht aus Delikt auswirken.[479] Aus diesem Grunde ist die Verjährungsregelung des § 852 BGB a.f. angeglichen worden an diejenige des § 117 BinnSchG[480] und des § 558 BGB a. F.[481]

1440 Beim **Anwaltsregress, der zugleich auf Vertragsverletzung und unerlaubter Handlung beruht,** fehlen diese Ausnahmevoraussetzungen jedenfalls dann, wenn der Rechtsanwalt seinen Mandanten **vorsätzlich geschädigt hat.** Die Regelungen der Haftung und der Verjährung sind verschieden. § 51b BRAO erstreckt sich nach seinem Wortlaut nur auf Schadensersatzansprüche aus Anwaltsvertrag. Der Zweck dieser Vorschrift, den Rechtsanwalt vor einer langen Bedrohung durch die Folgen **berufstypischer Risiken** zu schützen,[482] umfasst nicht einen Schaden, den der Anwalt seinem Auftraggeber durch eine vorsätzliche unerlaubte Handlung zufügt.[483] Zu den **berufstypischen Risiken** eines Rechtsanwalts, vor denen § 51b BRAO schützen soll, gehören beispielsweise **nicht** die **Unterschlagung und Veruntreuung von Mandantengeldern** (§ 823 Abs. 2 BGB mit §§ 246, 266 StGB)[484] oder eine **sittenwidrige Schädigung des Auftraggebers** (§ 826 BGB). Bei einem solchen berufsuntypischen Verhalten besteht kein Anlass, den Schädiger zulasten des Geschädigten zu bevorzugen und die anwaltsfreundliche Verjährungsregelung des § 51b BRAO auch auf den deliktischen Schadensersatzanspruch an Stelle des § 852 BGB a.f. auszudehnen.

1441 Eine Ersetzung des § 852 BGB a.f. durch § 51b BRAO liegt dagegen nahe, wenn eine **fahrlässige Verletzung eines echten Anwaltsvertrages** durch den Rechtsanwalt **zugleich eine unerlaubte Handlung** zum Nachteil des Auftraggebers ist.[485]

7. Erleichterung der Verjährung

1442 § 225 Satz 2 BGB a.f. gestattet eine **einvernehmliche Erleichterung der Verjährung.** Dies kann geschehen durch eine Festlegung eines vorzeitigen Verjährungsbeginns,[486] eine Einschränkung der Hemmungs- und Unterbrechungsgründe sowie eine Verkürzung der Verjährungsfrist.

---

479 Vgl. BGHZ 100, 190, 201 = NJW 1987, 2008; BGHZ 116, 297, 300 = NJW 1992, 1679.
480 BGHZ 76, 312, 318 = NJW 1981, 2576.
481 BGHZ 98, 235, 237 = NJW 1987, 187; vgl. zur Verjährungskonkurrenz für Ansprüche aus Prospekthaftung und Vertrag mit Schutzwirkung zu Gunsten Dritter: BGH, NJW 2004, 3420, 3421.
482 BGHZ 94, 380, 387 = NJW 1985, 2250.
483 So auch *Becker-Eberhard*, in: FS (E.) Schumann, S. 2; *Vollkommer/Heinemann*, Rn. 623.
484 Vgl. BGHZ 100, 190, 199 ff. = NJW 1987, 2008.
485 OLG Hamm, NJW-RR 2001, 1142, 1143.
486 Vgl. RGZ 66, 412, 414.

Eine entsprechende Vereinbarung zwischen einem Rechtsanwalt und seinem Auftraggeber, die sich auch auf einen Ausschluss oder eine Verringerung der anwaltlichen Sekundärhaftung erstrecken könnte, wäre jedoch nach altem Recht **unwirksam**, und zwar als Einzelabrede nach § 242 BGB und als Allgemeine Mandatsbedingung früher nach § 9 AGBG, nunmehr nach § 307 BGB.[487] Die kenntnisunabhängige Verjährungsvorschrift des § 51b BRAO ist trotz ihrer richterlichen Ausfüllung durch die anwaltliche Sekundärhaftung, die nur bei Dauermandaten die Verjährungsfrist nennenswert verlängern kann, für den regelmäßig rechtsunkundigen Mandanten ungewöhnlich streng und für den Anwalt außerordentlich günstig (vgl. Rn. 1370 f.). Dies gilt entsprechend für die Verjährungsbestimmung des § 68 StBerG, die mit § 51b Fall 1 BRAO übereinstimmt. Der BGH hat **§ 68 StBerG Leitbildfunktion für eine Mindestregelung der Verjährung** zuerkannt, die **nicht durch AGB eingeschränkt** werden könne.[488] Auch § 51b BRAO hat – einschließlich der Ausfüllung durch die anwaltliche Sekundärhaftung – einen entsprechenden **Mindestgehalt**, der nicht zulasten des Mandanten unterschritten werden kann.[489]

C. Rechtsprechungslexikon (altes Verjährungsrecht) 1443

Da das alte Verjährungsrecht für eine Übergangszeit noch auf vertragliche Regressansprüche gegen Rechtsanwälte, Steuerberater und Wirtschaftsprüfer anzuwenden sein kann (Rn. 1262 ff.), folgt dazu eine aktuelle Übersicht der wesentlichen Rechtsprechung.

Unter den folgenden Stichworten werden Entscheidungen zu § 51 BRAO a.F. solchen zum gleichlautenden – inzwischen aufgehobenen – § 51b BRAO gleichgestellt.

Amtliche oder amtähnliche Anwaltstätigkeite

Ein Schadensersatzanspruch gegen einen Konkursverwalter (§ 82 KO) verjährt entsprechend § 852 BGB a.F.
BGH, Urt. v. 17.1.1985 – IX ZR 59/84, BGHZ 93, 278 = NJW 1985, 1161 = WM 1985, 470.

Ein Schadensersatzanspruch gegen einen Vergleichsverwalter (§ 42 VerglO), Sachwalter (§§ 92 Abs. 1, 42 VerglO) und ein Mitglied des Gläubigerbeirats (§ 44 Abs. 3 VerglO) verjährt entsprechend § 852 BGB a.F.
BGH, Urt. v. 24.9.1992 – IX ZR 217/91, NJW 1993, 522 = WM 1992, 2110, 2115;

---

487 Vgl. *Zugehör*, NJW 1995, Beil. zu Heft 21, S. 21 f. m.w.N.; eingehend *Kleutgens*, S. 260 ff.; weiterhin *Feuerich/Braun*, BRAO, § 51b Rn. 43; *Henssler/Prütting*, BRAO, § 51b Rn. 59.
488 BGHZ 97, 21, 24 ff. = NJW 1986, 1171; BGH, NJW 1990, 2464, 2465; NJW-RR 1991, 599; WM 1992, 1738, 1739.
489 *Kleutgens*, S. 273 f.; vgl. *Stoklossa*, S. 17 f.

v. 26.5.1994 – IX ZR 39/93, BGHZ 126, 138, 144 = NJW 1994, 3102 = WM 1994, 1584.

Ein Schadensersatzanspruch gegen einen Zwangsverwalter (§ 154 ZVG) verjährt entsprechend § 852 BGB a.F.
OLG Hamm, Beschl. v. 19.10.1989 – 27 W 13/89, ZIP 1989, 1592.

Ein Schadensersatzanspruch gegen einen Rechtsanwalt als Testamentsvollstrecker (§ 2219 Abs. 1 BGB) verjährt in 30 Jahren seit Entstehung des Anspruchs.
BGH, Urt. v. 18.9.2002 – IV ZR 287/01, NJW 2002, 3773.

Arglisteinwand

Zu den Voraussetzungen eines Arglisteinwands (§ 242 BGB) gegenüber einer Verjährungseinrede. Ein solcher Einwand bleibt nur dann erhalten, wenn der Gläubiger nach Wegfall des Umstandes, der den Einwand begründet hat, unverzüglich seinen Anspruch gerichtlich geltend macht.
BGH, Urt. v. 29.2.1996 – IX ZR 180/95, NJW 1996, 1895 = WM 1996, 1106, 1108; v. 6.7.2000 – IX ZR 134/99, WM 2000, 1812, 1814; v. 21.6.2001 – IX ZR 73/00, NJW 2001, 3543, 3545 = WM 2001, 1677; v. 14.7.2005 – IX ZR 284/01, WM 2005, 2106, 2108.

Beginn (Primärverjährung – Rechtsanwalt – § 51b Fall 1 BRAO)

Die Verjährung nach § 51b BRAO beginnt auch dann, wenn der Auftraggeber den Schaden und seinen Ersatzanspruch nicht kennt.
BGH, Urt. v. 2.7.1992 – IX ZR 268/91, BGHZ 119, 69, 71 = NJW 1992, 2766 = WM 1992, 1738; v. 5.11.1992 – IX ZR 200/91, NJW 1993, 1320, 1321 = WM 1993, 610, 612.

Ein Schadenersatzanspruch i.S.d. § 51b BRAO entsteht mit dem Eintritt des Schadens infolge der anwaltlichen Pflichtverletzung. Dieser Schaden tritt ein, sobald sich die Vermögenslage des Auftraggebers durch die anwaltliche Pflichtverletzung objektiv verschlechtert; dies ist noch nicht der Fall, solange nur das Risiko eines Vermögensnachteils infolge der anwaltlichen Pflichtverletzung besteht, also allenfalls eine Vermögensgefährdung vorliegt („Risiko-Schaden-Formel").
BGH, Urt. v. 9.7.1992 – IX ZR 50/91, NJW 1992, 2828, 2829 = WM 1992, 2023 = AnwBl 1992, 493; v. 24.6.1993 – IX ZR 216/92, NJW 1993, 2747 = WM 1993, 1889, 1894 = AnwBl 1993, 635; v. 16.11.1995 – IX ZR 148/94, NJW 1996, 661 = WM 1996, 540, 541 = AnwBl 1996, 339; v. 20.6.1996 – IX ZR 106/95, NJW 1996, 2929 = WM 1996, 1832, 1833 = AnwBl 1996, 637.

Ein – den Verjährungsbeginn nach § 51b BRAO auslösender – Schaden des Auftraggebers ist noch nicht entstanden, solange dieser infolge einer anwaltlichen Pflichtverletzung Rechten eines Vertragspartners ausgesetzt ist; der Schaden tritt erst dann ein,

sobald der Vertragspartner diese Rechte gegen den Mandanten geltend macht.
BGH, Urt. v. 5.11.1992 – IX ZR 200/91, NJW 1993, 1320 = WM 1993, 610, 612 (unzulässige Teilkündigung eines Vertrages); v. 16.11.1995 – IX ZR 148/94, NJW 1996, 661 = WM 1996, 540, 541 = AnwBl 1996, 339 (mangelhafter Entwurf eines Kaufvertrages); v. 20.6.1996 – IX ZR 106/95, NJW 1996, 2929 = WM 1996, 1832, 1833 = AnwBl 1996, 637(ungenügender Entwurf eines Pachtvertrages).

Lässt der Rechtsanwalt einen Anspruch seines Auftraggebers gegen einen Dritten verjähren, so entsteht der Schaden zumindest bei einem streitigen Anspruch mit dem Ablauf der Verjährungsfrist, nicht erst mit der Verjährungseinrede.
BGH, Urt. v. 14.7.1994 – IX ZR 204/93, NJW 1994, 2822, 2823 f. = WM 1994, 2162; BGH, Beschl. v. 14.3.1996 – IX ZR 196/95, BGHR BRAO § 51 a.F. – Verjährungsbeginn 3: Dies gilt selbst dann, wenn eine verjährungsunterbrechende Rückwirkung der Klagezustellung gemäß § 270 Abs. 3 ZPO a.F. möglich ist; v. 6.7.2000 – IX ZR 134/99, WM 2000, 1812, 1814 (Zugewinnausgleich); v. 21.6.2001 – IX ZR 73/00, NJW 20001, 3543, 3544 = WM 2001, 1677 (Werklohn); v. 17.11.2005 – IX ZR 8/04, NJW-RR 2006, 275, 276 (Mietzinsforderung).

Erhebt der Rechtsanwalt eine aussichtslose Klage, so tritt der „Prozesskostenschaden" des Mandanten mit Klageerhebung ein, nicht erst mit Abweisung der Klage.
BGH, Urt. v. 7.2.1995 – X ZR 32/93, NJW 1995, 2039, 2041.

Schließt der Rechtsanwalt für seinen Auftraggeber einen ungünstigen Vergleich, so tritt der Schaden mit dem wirksamen Zustandekommen des Vergleichs ein.
BGH, Beschl. v. 19.11.1992 – IX ZR 221/91; Urt. v. 14.1.1993 – IX ZR 76/92, NJW 1993, 1325, 1328; OLG Hamm, Urt. v. 30. 4. 1981 – 28 U 175/80, NJW 1981, 2130 (Ls.); OLG Hamm, Urt. v. 16.2.1989 – 28 U 233/88, AnwBl 1990, 207.

Empfiehlt der Rechtsanwalt seinem Auftraggeber eine nachteilige Vermögensanlage, so ist dieser regelmäßig schon mit seiner rechtsgeschäftlichen Bindung geschädigt.
BGH, Urt. v. 27.1.1994 – IX ZR 195/93, NJW 1994, 1405 = WM 1994, 504, 506 = AnwBl 1994, 243.

Versäumt der Rechtsanwalt die Frist zum Einspruch gegen ein Versäumnisurteil, so ist der Mandant mit Fristablauf geschädigt.
BGH, Urt. v. 21.9.1995 – IX ZR 228/94, NJW 1996, 48, 50 = WM 1996, 35 = AnwBl 1996, 640.

Hat der Rechtsanwalt die Frist zur Berufungsbegründung versäumt, so ist der daraus folgende Schaden bereits mit dem Fristablauf (vgl. § 230 ZPO) auch dann entstanden, wenn objektive Gründe für die Wiedereinsetzung in den vorigen Stand gegeben sind (§ 233 ZPO), diese aber wegen Ablaufs der Ausschlussfrist (§ 234 ZPO) nicht mehr möglich ist.
OLG Karlsruhe, Urt. v. 23.6.1989 – 14 U 292/87, MDR 1990, 336, 337.

Ein Schaden des Auftraggebers entsteht i.d.R. bereits mit der ersten nachteiligen Gerichtsentscheidung infolge fehlerhaften Prozessverhaltens seines Rechtsanwalts.
BGH, Urt. v. 12.2.1998 – IX ZR 190/97, WM 1998, 786, 787 f. = NJW-RR 1998, 742 unter Aufgabe seines Urteils v. 9.7.1992 (IX ZR 50/91, NJW 1992, 2828, 2829 f. = WM 1992, 2023), wonach in einem solchen Falle der Schaden regelmäßig noch nicht eingetreten sein soll, solange nicht auszuschließen ist, dass die Entscheidung in einem weiteren Rechtszug zugunsten des Mandanten geändert wird.

Hat der Rechtsanwalt einen – nicht von Amts wegen zu beachtenden – Verfahrensmangel während der Frist zur Revisionsbegründung nicht gerügt, so kann daraus ein Schaden des Mandanten i.d.r. frühestens mit der den Rechtsstreit abschließenden Entscheidung entstehen.
BGH, Urt. v. 30.5.1969 – VI ZR 30/68, VersR 1969, 849, 850.

Klagt ein Rechtsanwalt eine Geldforderung seines Auftraggebers nicht gegen den Schuldner, sondern gegen einen Dritten ein, so wird der Mandant geschädigt, wenn vor rechtskräftigem Abschluss dieses Rechtsstreits der Schuldner – der zu diesem Zeitpunkt unverjährten Forderung – in Vermögensverfall gerät.
BGH, Versäumnisurt. v. 9.7.1992 – IX ZR 152/91, n.v.

Der Schaden einer GmbH, die durch einen anwaltlichen Beratungsfehler bei ihrer Gründung gemäß § 25 HGB für Altschulden haftet, entsteht mit der Eintragung der Gesellschaft im Handelsregister.
BGH, Urt. v. 10. 10. 1985 – IX ZR 153/84, NJW 1986, 571 = WM 1985, 1475, 1477.

Der Schaden eines Mandanten, der von seinem Rechtsanwalt zu einer unnötigen notariellen Beurkundung eines Vertrages veranlasst wird, entsteht mit der Beurkundung i.V.m. der Kostenrechnung des Notars.
BGH, Urt. v. 11.7.1985 – IX ZR 11/85, NJW 1985, 2941, 2943 = WM 1985, 1035.

Erlischt bei einem vereinbarten Bürgschaftsaustausch der Bürgschaftsanspruch eines Gläubigers, weil dieser aufgrund anwaltlicher Fehlberatung die alte Bürgschaftsurkunde zurückgibt, ohne sich Zug um Zug die zugesagte neue Bürgschaftsurkunde aushändigen zu lassen, so ist der Mandant mit dem Erlöschen seines Bürgschaftsanspruchs geschädigt.
BGH, Urt. v. 23.5.1985 – IX ZR 102/84, BGHZ 94, 380, 384 f. = NJW 1985, 2250, 2251 f. = WM 1985, 889.

Kündigt ein Rechtsanwalt, der Interessen von Bauherren wegen mangelhafter Bauarbeiten wahrzunehmen hat, den Vertrag mit einem Bauhandwerker, ohne die Voraussetzungen gemäß § 4 Nr. 7, § 8 Nr. 3 der – zum Vertragsinhalt gemachten – VOB/B einzuhalten, so sind die Auftraggeber mit der Absendung (richtig: mit dem Zugang)

des (voreiligen) Kündigungsschreibens geschädigt, weil dadurch die Vertragsrechte aus § 8 Nr. 3 Abs. 2 VOB/B verloren gehen.
BGH, Urt. v. 26.2.1985 – VI ZR 144/83, VersR 1985, 661 = NJW 1985, 1151 (teilweise abgedruckt) = WM 1985, 1038.

Für den Anspruch des Auftraggebers auf Ersatz eines Gesamtschadens einschließlich aller voraussehbaren weiteren Nachteile aus ein und derselben pflichtwidrigen Handlung oder Unterlassung des Rechtsanwalts läuft eine einheitliche Verjährungsfrist.
BGH, Urt. v. 5.7.1992 – IX ZR 200/91, NJW 1993, 1320, 1321 = WM 1993, 610 = AnwBl 1994, 37; v. 29.2.1996 – IX ZR 180/95, NJW 1996, 1895 = WM 1996, 1106, 1107; zu einem Steuerschaden: BGH, Urt. v. 18.12.1997 – IX ZR 180/96, WM 1998, 779, 780 = NJW 1998, 1488; v. 12.2.1998 – IX ZR 190/97, WM 1998, 786, 788 = NJW-RR 1998, 742.

Haben mehrere selbständige, pflichtwidrige Handlungen und/oder Unterlassungen zu Schäden des Auftraggebers geführt, so beginnt die Verjährung eines Ersatzanspruchs aus dem jeweiligen Schadensereignis mit der Entstehung des ersten daraus folgenden Nachteils.
BGH, Urt. v. 15.10.1992 – IX ZR 43/92, NJW 1993, 648, 650 = WM 1993, 251 (für die Notarhaftung); v. 12.2.1998 – IX ZR 190/97, WM 1998, 786, 788 (Steuerschaden) = NJW-RR 1998, 742; v. 14.7.2005 – IX ZR 284/01, WM 2005, 2106, 2107.

Hat ein Rechtsanwalt den Vorstand einer zahlungsunfähigen und überschuldeten Genossenschaft nicht auf ihre Pflicht zur Beantragung des Insolvenzverfahrens hingewiesen, so beginnt die Verjährung eines Regressanspruchs der Mandantin mit dem Auftrag an den Rechtsanwalt, einen außergerichtlichen Vergleich mit den Gläubigern zu schließen.
BGH, Urt. v. 26.10.2000 – IX ZR 289/99, NJW 2001, 517, 519 = WM 2001, 98, 100.

Die Verjährung eines Regressanspruchs gegen einen Rechtsanwalt wegen einer Pflichtverletzung in einem Zwangsversteigerungsverfahren beginnt mit der Verkündung des Zuschlags.
BGH, Beschl. v. 12.7.2001 – IX ZR 50/99, n.v.

Macht der Mandant infolge eines Anwaltsfehlers einem anderen ein ungünstiges Vertragsangebot, so beginnt die Verjährung „frühestens" mit der Annahme des Angebots.
BGH, Urt. v. 24.1.2002 – IX ZR 228/00, NJW 2002, 1421, 1423.

Hat ein Rechtsanwalt in einem Rechtsstreit, in dem eine Nachlassverbindlichkeit gegen seinen Mandanten als Erben geltend gemacht wird, die Dürftigkeitseinrede unterlassen, so beginnt die Verjährung eines dadurch ausgelösten Schadensersatzanspruchs jedenfalls insoweit nicht mit dem ersten Gerichtsurteil, als der Regressanspruch sich erst aus weiteren Forderungen ergibt, die später durch Klageerweiterung in den Prozess eingeführt wurden.
BGH, Urt. v. 21.2.2002 – IX ZR 127/00, WM 2002, 1078, 1080 = NJW 2002, 1414, 1415.

Verhandelt ein Rechtsanwalt für seinen Auftraggeber mit einem Vertragsinteressenten, so entsteht bei einem anwaltlich verschuldeten Einigungsmangel ein – die Verjährung auslösender – Schaden des Mandanten erst dann, wenn sich das Risiko des vertragslosen Zustandes verwirklicht.
BGH, Urt. v. 27.11.2003 – IX ZR 76/00, NJW 2004, 1523, 1525.

Hat der Rechtsanwalt den Ablauf der Frist des § 1594 Abs. 2 BGB a.F. zur Anfechtung der Vaterschaft zu vertreten, so beginnt die Verjährung eines Regressanspruchs mit dem Fristablauf.
BGH, Urt. v. 23.9.2004 – IX ZR 137/03, FamRZ 2005, 261, 263 = NJW-RR 2005, 494; in diesem Sinne auch BGH, Urt. v. 9.2.1999 – IX ZR 129/99, WM 2000, 959, 960 = NJW 2000, 1263 (Frist zur Begründung der Nichtzulassungsbeschwerde); v. 27.1.2000 – IX ZR 354/98, NJW 2000, 1267 = WM 2000, 969 (Frist zur Berufungsbegründung).

Besteht die Pflichtverletzung eines Rechtsanwalts darin, dass er ein – rechtlich umstrittenes – vertragliches Gestaltungsrecht (hier einen Rücktritt) ausübt und dadurch günstigere Schadensersatzansprüche des Mandanten ausschließt, so entsteht dessen – die Verjährung auslösender – Schaden bereits mit der Ausübung des Gestaltungsrechts, nicht erst mit der rechtskräftigen Feststellung der Wirksamkeit der Erklärung.
BGH, Urt. v. 23.6.2005 – IX ZR 197/01, WM 2005, 1869, 1870 f. = NJW-RR 2006, 279, 280.

Hat ein Rechtsanwalt die Arrestpfändung einer Forderung pflichtwidrig vereitelt, so tritt der Schaden des Auftraggebers spätestens in dem Zeitpunkt ein, in dem eine solche Pfändung nicht mehr erfolgreich vorgenommen werden kann.
BGH, Beschl. v. 20.10.2005 – IX ZR 147/02, BRAK-Mitt. 2006, 24.

Beginn (Primärverjährung – Rechtsanwalt – § 51b Fall 2 BRAO)

Die Verjährung beginnt schon mit der Beendigung des Auftrags, wenn dies – gegenüber der Regelung des § 51b Fall 1 BRAO – zu einer früheren Verjährung führt (§ 51b Fall 2 BRAO).
BGH, Urt. v. 16.11.1995 – IX ZR 148/94, NJW 1996, 661 = WM 1996, 540, 541 = AnwBl 1996, 339; v. 20.6.1996 – IX ZR 106/95, NJW 1996, 2929 = WM 1996, 1832, 1833= AnwBl 1996, 637; v. 12.12.2002 – IX ZR 99/02, WM 2003, 928, 930 = NJW 2003, 822.

Ein – nicht vorzeitig aufgelöster – Auftrag des Rechtsanwalts endet i.S.d. § 51b Fall 2 BRAO bei einem Dienstvertrag mit der Erledigung der Aufgabe, bei einem Werkvertrag mit der Abnahme des anwaltlichen Werks als in der Hauptsache vertragsgemäße Leistung – etwa mit Unterzeichnung eines Vertragsentwurfs durch die Vertragspartner – .
BGH, Urt. v. 16.11.1995 – IX ZR 148/94, NJW 1996, 661 = WM 1996, 540, 541 = AnwBl 1996, 339; v. 20.6.1996 – IX ZR 106/95, NJW 1996, 2929 = WM 1996, 1832, 1833= AnwBl 1996, 637.

Beginn (Primärverjährung – Steuerberater – § 68 StBerG)

Liegt die Pflichtverletzung des Steuerberaters vor Erlass des belastenden Steuerbescheids, so ist die – den Verjährungsbeginn gemäß § 68 StBerG auslösende – Schadensentstehung anzunehmen mit Bekanntgabe des belastenden Steuerbescheids (§§ 122 Abs. 1, 155 Abs. 1 Satz 2 AO).
BGH, Urt. v. 2.7.1992 – IX ZR 268/91, BGHZ 119, 69 = NJW 1992, 2766 = WM 1992, 1738; v. 26.5.1994 – IX ZR 57/93, NJW-RR 1994, 1210 = WM 1994, 1848; v. 29.2.1996 – IX ZR 180/95, NJW 1996, 1895 = WM 1996, 1106; v. 23.1.2003 – IX ZR 180/01, WM 2003, 936, 939 = NJW-RR 2003, 1574, 1576.

Die Bestandskraft oder Unanfechtbarkeit des belastenden Steuerbescheids ist für den Verjährungsbeginn nach § 68 StBerG unerheblich.
BGH, Urt. v. 11.5.1995 – IX ZR 140/94, BGHZ 129, 386 = NJW 1995, 2108 = WM 1995, 1450.

Die Verjährung eines Regressanspruchs gemäß § 68 StBerG wird nicht dadurch gehindert, dass der steuerliche Berater für seinen Auftraggeber Einspruch gegen den Steuerbescheid einlegt.
BGH, Urt. v. 29.2.1996 – IX ZR 180/95, NJW 1996, 1895 = WM 1996, 1106.

Hat ein Steuerberater, dem die Beratung im Gesellschaftsrecht erlaubt ist, durch einen falschen Rat die Verpflichtung seines Mandanten verursacht, einem Dritten Steuerschulden zu erstatten, so entsteht daraus ein Schaden grundsätzlich erst mit Bekanntgabe des Steuerbescheids (§ 68 StBerG). Hat der Mandant jedoch für die Erfüllung dieser Verpflichtung Sicherheit zu leisten und dafür finanzielle Aufwendungen zu erbringen, so tritt der Schaden bereits mit der Verpflichtung zur Sicherheitsleistung ein.
BGH, Urt. v. 3.12.1992 – IX ZR 61/92, NJW 1993, 1139, 1141 = WM 1993, 510, 513 f.

Hat der Steuerberater pflichtwidrig gegen den Steuerbescheid keinen Rechtsbehelf eingelegt, so beginnt die Verjährung eines darauf beruhenden Schadensersatzanspruchs nach § 68 StBerG mit Eintritt der Bestandskraft des Bescheids.
Hat der Steuerberater einen Einspruch nicht ordnungsgemäß begründet, so beginnt die Verjährung eines daraus folgenden Schadensersatzanspruchs mit Bekanntgabe des Einspruchsbescheids (§ 68 StBerG).
BGH, Urt. v. 20.6.1996 – IX ZR 100/95, NJW-RR 1997, 50 = WM 1996, 2066.

Begründet ein steuerlicher Berater weder einen Einspruch gegen einen belastenden Steuerbescheid, der nicht auf einer Pflichtverletzung des Beraters beruht, noch eine nachfolgende Anfechtungsklage, so beginnt die Verjährung eines vertraglichen Schadensersatzanspruchs des Mandanten wegen des Steuernachteils mit der Bekanntgabe der Einspruchsentscheidung (§ 68 StBerG).
BGH, Urt. v. 12.2.1998 – IX ZR 190/97, WM 1998, 786, 788 = NJW-RR 1998, 742.

Teil 1 • Abschnitt 7 • Verjährung vertraglicher Regressansprüche

Garantiert der Mandant aufgrund einer fehlerhaften Auskunft seines steuerlichen Beraters einem Dritten, einen Schaden aus einem möglichen Fehlschlag einer Umsatzsteueroption im Rahmen eines Erwerbermodells zu ersetzen, so beginnt die Verjährung eines Regressanspruchs des Mandanten gemäß § 68 StBerG mit dem Bescheid des Finanzamtes, in dem die Option nicht anerkannt wird.
BGH, Urt. v. 16.2.1995 – IX ZR 15/94, WM 1995, 941, 944 = NJW-RR 1995, 619.

Wird ein Schadensersatzanspruch gegen den Steuerberater mit dem Verlust einer Subvention begründet, so beginnt die Verjährung nach § 68 StBerG, sobald feststeht, dass die Voraussetzungen für die Gewährung der Zulage nicht erfüllt sind und nicht mehr erfüllt werden können, nicht erst mit der Entscheidung des Finanzamtes oder einer anderen Behörde.
BGH, Beschl. v. 28.3.1996 – IX ZR 197/95, WM 1996, 1108, 1109.

Gibt ein Steuerberater als Treuhänder vorzeitig Gelder frei, so entsteht ein – die Verjährung auslösender – Schaden des Auftraggebers mit dem neue Kosten verursachenden Bauauftrag, nicht schon mit der Freigabeerklärung und nicht erst mit der späteren Überschuldung des Projekts.
BGH, Urt. v. 11.10.2001 – III ZR 288/00, NJW 2002, 888, 890.

Hat ein Steuerberater seinen Auftraggeber pflichtwidrig nicht über den so genannten Objektverbrauch bei Inanspruchnahme der erhöhten Abschreibung nach § 7b EStG belehrt, so beginnt die Verjährung eines Schadensersatzanspruchs des Mandanten nicht mit Bestandskraft des letzten, diese Abschreibung gewährenden Steuerbescheides, sondern mit Zugang des Steuerbescheides, der die erhöhte Abschreibung für ein weiteres Objekt versagt.
BGH, Urt. v. 16.10.2003 – IX ZR 167/02, WM 2004, 472, 473 f. = NJW-RR 2004, 1210, 1211.

Hat ein Steuerberater die Lohnbuchhaltung seines Auftraggebers übernommen, aber Beiträge zur gesetzlichen Krankenversicherung nicht abgeführt, so tritt ein – die Verjährung auslösender – Schaden des Mandanten ein, wenn die geschuldeten Beiträge als Teil des Gesamtsozialversicherungsbeitrages (vgl. § 28d Satz 1 SGB IV) durch Auszahlung ansteigen.
BGH, Urt. v. 12.2.2004 – IX ZR 246/02, NJW-RR 2004, 1358, 1360 = WM 2004, 2034.

Hat ein Steuerberater die Lohnabrechnungen für seinen Auftraggeber besorgt und dabei keinen Arbeitnehmeranteil der Rentenversicherungsbeiträge abgezogen, so verjährt ein Schadensersatzanspruch des Mandanten in Fällen der unerkannten Beitragspflicht mit dem Zugang des Nachforderungsbescheides der zuständigen Behörde.
BGH, Urt. v. 23.9.2004 – IX ZR 148/03, MDR 2005, 89 = ZIP 2004, 2192 = NJW-RR 2005, 1223.

Reicht ein Steuerberater für seinen Auftraggeber fehlerhafte Jahresumsatzsteueranmeldungen ein, so handelt es sich um selbständige Schadenshandlungen.

C. Rechtsprechungslexikon (altes Verjährungsrecht)

Besteht der Schaden in vermeidbaren Umsatzsteuern infolge fehlerhafter Selbstveranlagung, so beginnt die Verjährung des Ersatzanspruchs gegen den Steuerberater mit der Einreichung der Umsatzsteueranmeldung beim Finanzamt.
BGH, Urt. v. 14.7.2005 – IX ZR 284/01, WM 2005, 2106, 2107.

Die Verjährungsfrist für einen Schadensersatzanspruch gegen einen Steuerberater beginnt auch dann frühestens mit dem Zugang des dem Mandanten nachteiligen Steuerbescheides, wenn der Steuerberater eine Ausschlussfrist in einer Steuersache versäumt hat.
BGH, Urt. v. 3.11.2005 – IX ZR 208/04, DB 2006, 210.

Beginn (Verjährung – Rechtsanwalt)

Ein sekundärer Schadensersatzanspruch des Auftraggebers gegen den Rechtsanwalt verjährt nach § 51b Fall 1 BRAO ab Eintritt der (Primär-)Verjährung des (primären) Regressanspruchs, falls zu diesem Zeitpunkt das Mandat noch fortbesteht.
Dagegen verjährt ein Sekundäranspruch nach § 51b Fall 2 BRAO vom Mandatsende an, wenn die Primärverjährung erst nach diesem Zeitpunkt eingetreten ist.
BGH, Urt. v. 23.5.1985 – IX ZR 102/84, BGHZ 94, 380, 390 = NJW 1985, 2250 = WM 1985, 889; v. 21.1.1988 – IX ZR 65/87, WM 1988, 629, 631.

Ist ein Regressanspruch des Auftraggebers aus einem früheren Mandat vor dessen Ende entstanden und wird vor Ablauf der Verjährungsfrist nach § 51b Fall 1 BRAO aufgrund eines neuen Auftrags über denselben Gegenstand ein Sekundäranspruch begründet, so beginnt die Verjährung für diesen Anspruch gemäß § 51b Fall 2 BRAO mit dem Ende des neuen Mandats, falls dieses bei Eintritt der Primärverjährung nicht mehr besteht.
Ist der Regressanspruch aus dem früheren Mandat erst nach dessen Ende entstanden und läuft deswegen die Verjährungsfrist gemäß § 51b Fall 2 BRAO, so verjährt ein Sekundäranspruch, der vor Ablauf dieser Frist durch ein neues Mandat über denselben Gegenstand begründet worden ist, ebenfalls nach dieser Vorschrift ab Ende des neuen Mandats, wenn dieses bei Eintritt der Primärverjährung nicht mehr besteht.
BGH, Urt. v. 24.6.1993 – IX ZR 216/92, NJW 1993, 2747, 2751 = WM 1993, 1889, 1895 = AnwBl 1993, 635.

Beginn (Verjährung – Abschlussprüfer)

Hat ein Abschlussprüfer in der Bilanz der AG einen in Wirklichkeit nicht bestehenden Gewinn ausgewiesen, so beginnt die Verjährung des gegen ihn gerichteten Schadensersatzanspruchs (§ 323 Abs. 1, 5 HGB, § 168 Abs. 5 AktG a.F.) erst mit dem Gewinnverwendungsbeschluss der Hauptversammlung (§§ 58 Abs. 3, 174 AktG), nicht schon mit Ablieferung des Prüfungsberichts.
BGH, Urt. v. 28.10.1993 – IX ZR 21/93, BGHZ 124, 27, 29 ff. = NJW 1994, 323 = WM 1994, 33.

Beginn (Verjährung – Notar)

Hat ein Notar einen wegen Minderjährigkeit der Ehefrau unwirksamen Ehevertrag beurkundet, in dem die Eheleute Gütertrennung vereinbart haben, so wird dadurch der Ehemann i.S.d. §§ 19 Abs. 1 Satz 3 BNotO, 852 BGB a.F. mit der Rechtskraft des Scheidungsurteils geschädigt, weil damit der Anspruch der geschiedenen Ehefrau auf Zugewinnausgleich entsteht (§ 1378 Abs. 3 Satz 1 BGB).
BGH, Urt. v. 2.7.1992 – IX ZR 174/91, NJW 1992, 3034 = WM 1992, 1742 = AnwBl 1993, 239.

Hat ein Notar nicht darüber belehrt, dass ein Grundstücksverkauf nach dem Grundstücksverkehrsgesetz genehmigt werden muss, so entsteht daraus dem Verkäufer ein Schaden i.S.d. §§ 19 Abs. 1 Satz 3 BNotO, 852 BGB a.F. frühestens dann, wenn der Käufer zum Ausdruck bringt, er wolle sich vom Vertrag lösen, weil dessen Genehmigung aussichtslos sei.
BGH, Urt. v. 15.10.1992 – IX ZR 43/92, NJW 1993, 648, 650 f. = WM 1993, 251.

Ein Schadensersatzanspruch gegen einen Notar wegen unklarer Vertragsgestaltung verjährt von dem Zeitpunkt an, in dem der Vertragsgegner aus dem für ihn – vermeintlich – günstigen Vertragsinhalt Rechte gegen seinen Vertragspartner herleitet.
BGH, Urt. v. 22.1.2004 – III ZR 99/03, WM 2004, 2096 = NJW-RR 2004, 1069.

Beweislast

Der Schuldner hat darzulegen und zu beweisen, dass die Verjährungsfrist abgelaufen ist.
BGH, Urt. v. 30.1.1980 – VIII ZR 237/78, WM 1980, 532, 534; v. 20.6.1996 – IX ZR 106/95, NJW 1996, 2929 = WM 1996, 1832, 1834 = AnwBl 1996, 637; v. 23.1.2003 – IX ZR 180/01, WM 2003, 936, 939 = NJW-RR 2003, 1574, 1576.

Verjährungshemmende Umstände hat der Gläubiger darzulegen und zu beweisen.
BGH, Urt. v. 20.6.1996 – IX ZR 106/95, NJW 1996, 2929 = WM 1996, 1832, 1833 = AnwBl 1996, 637.

Verjährungsunterbrechende Umstände hat der Gläubiger darzulegen und zu beweisen.
BGH, Urt. v. 21.11.1996 – IX ZR 159/95, NJW 1997, 516 = WM 1997, 330, 332.

Die tatsächlichen Voraussetzungen eines Arglisteinwands (§ 242 BGB) gegenüber der Verjährungseinrede hat der Gläubiger darzulegen und zu beweisen.
BGH, Urt. v. 29.2.1996 – IX ZR 180/95, NJW 1996, 1895 = WM 1996, 1106, 1108.

Dienstvertrag

Der Vertrag zwischen einem Rechtsanwalt und seinem Auftraggeber ist i.d.R. ein Dienstvertrag, der eine Geschäftsbesorgung zum Gegenstand hat (§§ 611, 675 BGB). Ein Schadensersatzanspruch des Mandanten aus einem solchen Vertrag verjährt gemäß § 51b BRAO.

BGH, Urt. v. 16.11.1995 – IX ZR 148/94, NJW 1996, 661 = WM 1996, 540, 541 = AnwBl 1996, 339; v. 20.6.1996 – IX ZR 106/95, NJW 1996, 2929 = WM 1996, 1832, 1833 = AnwBl 1996, 637.

Gesamtschuldner

Verjährungsunterbrechende oder -einschränkende Erklärungen und Handlungen eines Mitglieds einer Steuerberatersozietät wirken grundsätzlich auch gegenüber der Gesamthand und den anderen Sozietätsmitgliedern, es sei denn, dass der gegenüber dem Mandanten auftretende Sozius deutlich macht, dass sein Vorgehen sich auf die eigene Verbindlichkeit beschränkt.
BGH, Urt. v. 28.9.1995 – IX ZR 227/94, NJW-RR 1996, 313 = WM 1996, 33, 34 f. = AnwBl 1996, 345; v. 19.1.2006 – IX ZR 232/01, WM 2006, 927, 932.

Die Voraussetzungen der Verjährung eines Schadensersatzanspruchs gegen mehrere Gesamtschuldner sind auch dann selbständig und unabhängig voneinander zu prüfen, wenn Organe und Mitarbeiter einer juristischen Person und diese selbst in Anspruch genommen werden.
BGH, Urt. v. 12.12.2000 – VI ZR 345/99, NJW 2001, 964 = WM 2001, 1026, zu § 852 BGB a.F.

Hemmung

Die Verjährung wird gemäß § 205 BGB a.F. in der Weise gehemmt, dass mit Eintritt des Hemmungsgrundes die bereits angelaufene Verjährungsfrist angehalten wird und diese nach Wegfall des hemmenden Ereignisses weiterläuft.
BGH, Urt. v. 9.12.1982 – III ZR 182/81, BGHZ 86, 98, 102 ff. = LM BGB § 202 Nr. 19.

Zur Hemmung der Verjährung durch ein Stillhalteabkommen (pactum de non petendo).
BGH, Urt. v. 5.11.1992 – IX ZR 200/91, NJW 1993, 1320 = WM 1993, 610, 615; v. 23.4.1998 – III ZR 7/97, NJW 1998, 2274, 2277 = WM 1998, 1493, 1496; v. 6.7.2000 – IX ZR 134/99, ZIP 2000, 1990 = WM 2000, 1812, 1813; v. 14.12.2000 – IX ZR 332/99, WM 2001, 736, 737.

Zur Hemmung der Verjährung durch einen Antrag auf Bewilligung der Prozesskostenhilfe.
BGH, Urt. v. 19.1.1978 – II ZR 124/76, BGHZ 70, 235, 237 = NJW 1978, 938 = WM 1978, 329; v. 20.12.1988 – IX ZR 88/88, NJW 1989, 1148,1149 = WM 1989, 450; v. 8.3.1989 – IV a ZR 221/87, NJW 1989, 3149 = WM 1989, 970; v. 22.3.2001 – IX ZR 407/98, WM 2001, 1038, 1039 (Beschwerde gegen Versagung der Prozesskostenhilfe).

Die Verjährung eines Regressanspruchs des Mandanten wird nicht in entsprechender Anwendung der §§ 639 Abs. 2, 852 Abs. 2 BGB a.f. gehemmt.
BGH, Urt. v. 29.2.1996 – IX ZR 180/95, NJW 1996, 1895 = WM 1996, 1106, 1107.

Verjährungshemmende Umstände hat der Gläubiger darzulegen und zu beweisen.
BGH, Urt. v. 20.6.1996 – IX ZR 106/95, NJW 1996, 2929 = WM 1996, 1832, 1833 = AnwBl 1996, 637.

Herausgabe

Ein Herausgabeanspruch des Auftraggebers gegen den Rechtsanwalt aus §§ 667, 675 BGB verjährt nicht nach § 51b BRAO, sondern gemäß § 195 BGB a.f.
BGH, Beschl. v. 16.1.1997 – IX ZR 340/95, BGHR BRAO § 51 a.f. – Geltungsbereich 2.

Mehrfachberufler

Ein Regressanspruch wegen fehlerhafter Steuerberatung gegen einen Rechtsanwalt, der nicht zugleich Steuerberater ist, verjährt nicht nach § 68 StBerG, sondern nach § 51b BRAO.

Ein Regressanspruch wegen fehlerhafter Steuerberatung gegen einen Wirtschaftsprüfer, der nicht zugleich Steuerberater ist, verjährt nicht nach § 68 StBerG, sondern nach § 51a WPO.
BGH, Urt. v. 6.11.1980 – VII ZR 237/79, BGHZ 78, 335, 338 ff. = NJW 1981, 401 = WM 1981, 92.

Ein Regressanspruch wegen fehlerhafter Steuerberatung gegen einen Fachanwalt für Steuerrecht, der nicht zugleich Steuerberater oder Wirtschaftsprüfer ist, verjährt gemäß § 51b BRAO.
BGH, Urt. v. 27.1.1994 – IX ZR 195/93, NJW 1994, 1405 = WM 1994, 504, 505 = AnwBl 1994, 243.

Ein Schadensersatzanspruch wegen fehlerhafter Steuerberatung gegen einen Rechtsanwalt, der auch Steuerberater oder Wirtschaftsprüfer ist, verjährt i.d.R. nach § 68 StBerG.
BGH, Urt. v. 21.4.1982 – IV a ZR 291/80, BGHZ 83, 328, 332 = NJW 1982, 1866, 1867 = WM 1982, 743; v. 27.1.1994 – IX ZR 195/93, NJW 1994, 1405 = WM 1994, 504, 505 = AnwBl 1994, 243.

Ein Schadensersatzanspruch wegen fehlerhafter Steuerberatung gegen einen Rechtsanwalt, der auch Wirtschaftsprüfer ist, verjährt entweder nach § 51b BRAO oder gemäß § 51a WPO, je nachdem, ob die Beratung nach dem Willen der Vertragspartner als Rechtsanwalt oder als Wirtschaftsprüfer erbracht werden sollte.
BGH, Urt. v. 28.9.1995 – IX ZR 158/94, NJW 1995, 3248 = WM 1995, 2075, 2079 = AnwBl 1996, 342.

Rechtsbeistand

Ein vertraglicher Schadensersatzanspruch gegen einen Rechtsbeistand, der Mitglied einer Rechtsanwaltskammer ist, verjährt nach § 51b BRAO (= § 51 BRAO a.F.). Dagegen unterliegt ein solcher Anspruch gegen einen Rechtsbeistand, der keiner Rechtsanwaltskammer angehört, der Regelverjährung nach § 195 BGB a.F.
BGH, Urt. v. 17.11.2005 – IX ZR 8/04, NJW-RR 2006, 275, 278.

Schadensersatzanspruch des Auftraggebers

Ein vertraglicher Schadensersatzanspruch des Auftraggebers gegen den Rechtsanwalt kann gepfändet und zur Einziehung überwiesen werden.
BGH, Urt. v. 21.9.1995 – IX ZR 228/94, NJW 1996, 48 = WM 1996, 35, 37 ff. = AnwBl 1996, 640.

Der Sekundäranspruch als Hilfsrecht des Geschädigten kann selbständig weder abgetreten noch gepfändet werden.
Eine wirksame Pfändung eines Schadensersatzanspruchs gegen einen Rechtsanwalt erfasst einen Sekundäranspruch als unselbständiges Nebenrecht i.S.d. § 401 BGB.
BGH, Urt. v. 12.12.2002 – IX ZR 99/02, WM 2003, 928, 930 = NJW 2003, 822.

Sekundärhaftung

Ist für den Rechtsanwalt die (sekundäre) vertragliche Pflicht entstanden, seinen Auftraggeber rechtzeitig vor Eintritt der Primärverjährung darauf hinzuweisen, dass dieser gegen ihn – den Rechtsanwalt – möglicherweise einen Schadensersatzanspruch wegen schuldhafter Pflichtverletzung hat und ein solcher Anspruch der kurzen Verjährung nach § 51b BRAO unterliegt, so verwehrt die schuldhafte Verletzung dieser Hinweispflicht die Einrede der Primärverjährung, falls der Mandant bei ordnungsmäßiger Aufklärung die Primärverjährung seines Regressanspruchs verhindert hätte.
BGH, Urt. v. 23.5.1985 – IX ZR 102/84, BGHZ 94, 380, 385 = NJW 1985, 2250 = WM 1985, 889; v. 14.11.1991 – IX ZR 31/91, NJW 1992, 836, 837 = WM 1992, 579.

Die Sekundärhaftung beruht auf der Vertragspflicht des Rechtsanwalts, im Rahmen seines Mandats den Auftraggeber umfassend zu beraten und vor voraussehbaren und vermeidbaren Nachteilen zu bewahren; diese Pflicht darf vor der möglichen eigenen Regresshaftung nicht haltmachen.
BGH, Urt. v. 11.7.1967 – VI ZR 41/66, VersR 1967, 979, 980; v. 2.7.1968 – VI ZR 39/67, VersR 1968, 1042, 1043; v. 20.5.1975 – VI ZR 138/74, NJW 1975, 1655, 1656 = WM 1975, 828.

Gegen die Verjährungsregelung des § 51 BRAO a.F. (= § 51b BRAO n.F.) bestehen keine durchgreifenden verfassungsrechtlichen Bedenken. Insbesondere mit Rücksicht darauf, dass die Rechtsprechung den Rechtsanwalt für verpflichtet hält, den Mandanten auf mögliche Regressansprüche und deren drohende Verjährung hinzuweisen (sekun-

därer Schadensersatzanspruch), stellt die Rechtsordnung im Bereich der Anwaltshaftung insgesamt ein Instrumentarium zur Verfügung, das geeignet ist, die strukturelle Abhängigkeit des Mandanten von seinem Prozessbevollmächtigten zu kompensieren.
BVerfG – 1. Kammer des Ersten Senats –, Beschl. v. 16.2.1999 – 1 BvR 812/96, n.v.

Die sekundäre Pflicht des Rechtsanwalts, seinen Auftraggeber auf einen möglichen Regressanspruch und dessen Verjährung rechtzeitig vor Eintritt der Primärverjährung hinzuweisen, kann nur bis zum Ende des Mandats entstehen, es sei denn, dass der Rechtsanwalt von diesem Mandanten – vor Eintritt der Primärverjährung – einen neuen Auftrag über denselben Gegenstand erhält.
BGH, Urt. v. 16.11.1975 – IX ZR 148/94, NJW 1996, 661 = WM 1996, 540, 541 f. = AnwBl 1996, 339.

Die sekundäre Hinweispflicht entsteht dann, wenn der Rechtsanwalt – nach einem Fehler und vor Eintritt der Primärverjährung – bei der weiteren Wahrnehmung desselben Mandats oder eines neuen Auftrags über denselben Gegenstand aufgrund objektiver Umstände begründeten Anlass hat zu prüfen, ob er durch eine Pflichtverletzung den Mandanten geschädigt hat, und wenn ein sorgfältiger Anwalt dabei seine mögliche Haftpflicht erkennen kann.
BGH, Urt. v. 23.5.1985 – IX ZR 102/84, BGHZ 94, 380, 386 f. = NJW 1985, 2220 = WM 1985, 889; v. 18.9.1986 – IX ZR 204/85, NJW 1987, 326 = WM 1986, 1500 f.; v. 16.11.1995 – IX ZR 148/94, NJW 1996, 661 = WM 1996, 540, 541 f. = AnwBl 1996, 339.

Über den Sekundäranspruch und dessen Verjährung braucht der haftpflichtige Rechtsanwalt den Auftraggeber auch bei fortbestehendem Mandat nicht aufzuklären, weil ein „Tertiäranspruch" nicht besteht.
BGH, Urt. v. 23.5.1985 – IX ZR 102/84, BGHZ 94, 380, 391 = NJW 1985, 2250 = WM 1985, 889.

Auch der steuerliche Berater unterliegt im Rahmen des § 68 StBerG einer Sekundärhaftung.
BGH, Urt. v. 20.1.1982 – IVa ZR 314/80, BGHZ 83, 17, 23, 26 f. = NJW 1982, 1285 = WM 1982, 367; v. 14.12.2000 – IX ZR 332/99, WM 2001, 736, 739 = NJW 2001, 826, 828; v. 12.2.2004 – IX ZR 246/02, NJW-RR 2004, 1358, 1361 = WM 2004, 2034.

Ein Steuerberater hat im Rahmen seiner sekundären Hinweispflicht dem Mandanten mitzuteilen, dass ein möglicher Regressanspruch nach § 68 StBerG verjährt; dabei genügt die Bekanntgabe des Wortlauts dieser Vorschrift.
Wiederholt ein Steuerberater im Rahmen eines einheitlichen (Dauer-)Mandats bei der Bearbeitung einer (Einkommen-)Steuererklärung seines Auftraggebers für die Folgezeit einen früheren Fehler, so kann jede entsprechende neue Pflichtverletzung ein begründeter Anlass für den Steuerberater sein, sein früheres pflichtwidriges Vorgehen zu

überprüfen. Das gilt auch dann, wenn der Steuerberater seinen Fehler nicht erkennt.
BGH, Urt. v. 4.4.1991 – IX ZR 215/90, BGHZ 114, 150, 159 = NJW 1991, 2828, 2830 = WM 1991, 1088.

Ein Rechtsanwalt braucht seinen Auftraggeber nicht auf die Möglichkeit eines Regressanspruchs und dessen Verjährung hinzuweisen, wenn der Mandant rechtzeitig vor Ablauf der Verjährung wegen der Haftungsfrage anwaltlich beraten wird oder auf anderem Wege von seinem Schadenersatzanspruch und dessen Verjährung Kenntnis erhält.
BGH, Urt. v. 14.11.1991 – IX ZR 31/91, NJW 1992, 836, 837 = WM 1992, 579; v. 28.9.1995 – IX ZR 227/94, WM 1996, 33, 34; v. 15.4.1999 – IX ZR 328/97, WM 1999, 1330, 1335 f.

Eine Sekundärhaftung des steuerlichen Beraters entfällt nicht, wenn der Mandant einen anderen Steuerberater beauftragt, wohl aber bei Einschaltung eines Rechtsanwalts.
BGH, Urt. v. 11.5.1995 – IX ZR 140/94, BGHZ 129, 386, 392 = NJW 1995, 2108 = WM 1995, 1450; v. 28.9.1995 – IX ZR 227/94, NJW-RR 1996, 313 = WM 1996, 33, 34 = AnwBl 1996, 345.

Die Pfändung eines vertraglichen Regressanspruchs des Mandanten gegen den Rechtsanwalt erfasst auch einen Sekundäranspruch.
BGH, Urt. v. 21.9.1995 – IX ZR 228/94, NJW 1996, 48 = WM 1996, 35, 37 ff. = AnwBl 1996, 640; v. 12.12.2002 – IX ZR 99/02, WM 2003, 928, 930 = NJW 2003, 822.

Ein Rechtsanwalt, der seinen Auftraggeber pflichtwidrig nicht auf einen möglichen Regressanspruch und dessen Verjährung hingewiesen hat, muss beweisen, dass der Mandant nicht belehrungsbedürftig war.
BGH, Urt. v. 9.12.1999 – IX ZR 129/99, WM 2000, 959, 961 = NJW 2000, 1263, 1265.

Die sekundäre Hinweispflicht eines Rechtsanwalts hat sich zumindest in allgemeiner Form auf die kurze Verjährung des § 51b BRAO zu erstrecken.
Ob ein Rechtsanwalt nähere Angaben zum Beginn oder Ende der Verjährung zu machen hat, bleibt offen.
Eine Bitte des Mandanten, der Rechtsanwalt möge auf die Einrede der Verjährung verzichten, rechtfertigt nicht den Schluss, der Mandant kenne die Verjährungsregelung des § 51b BRAO.
BGH, Urt. v. 27.1.2000 – IX ZR 354/98, NJW 2000, 1267 f. = WM 2000, 969, 970 f.

Ein Rechtsanwalt, der den Vorstand einer erkennbar dauernd zahlungsunfähigen oder überschuldeten Genossenschaft nicht über die Pflicht belehrt hat, die Eröffnung des Insolvenzverfahrens zu beantragen, hat begründeten Anlass zur Überprüfung seines Vorgehens, wenn er immer wieder mit der Überschuldung und Zahlungsunfähigkeit der Gesellschaft befasst wird.
BGH, Urt. v. 26.10.2000 – IX ZR 289/99, NJW 2001, 517, 519 = WM 2001, 98, 100.

Zugehör

Teil 1 • Abschnitt 7 • Verjährung vertraglicher Regressansprüche

Ein Steuerberater, der für seinen Auftraggeber eine Einkommensteuererklärung einreicht, hat sowohl aufgrund eines für den Mandanten nachteiligen Einspruchsbescheides als auch eines Finanzgerichtsurteils begründeten Anlass, seine Beratung zu überprüfen.
Eine sekundäre Hinweispflicht des Steuerberaters entfällt, wenn der Mandant rechtzeitig vor Ablauf der Primärverjährungsfrist durch einen Rechtsanwalt zwecks Prüfung eines Regressanspruchs beraten wird. Dafür ist es unerheblich, ob zu diesem Zeitpunkt das Mandat des Steuerberaters noch fortbestand oder schon beendet war.
BGH, Urt. v. 14.12.2000 – IX ZR 332/99, WM 2001, 736, 739 = NJW 2001, 826, 828.

Eine sekundäre Hinweispflicht eines Rechtsanwalts entfällt, wenn ein anderer Rechtsanwalt einen Regressanspruch des Mandanten rechtzeitig anmeldet.
BGH, Urt. v. 21.6.2001 – IX ZR 73/00, NJW 2001, 3543, 3544 = WM 2001, 1677.

Ein Rechtsanwalt, der einen unklaren Prozessvergleich zu verantworten hat, hat begründeten Anlass zur Überprüfung seines Verhaltens, wenn er vom Mandanten erneut beauftragt wird, nachdem die Zwangsvollstreckung aus dem Vergleich eingestellt wurde.
Wegen der sekundären Hinweispflicht aufgrund des neuen Mandats beginnt die Verjährung mit Ablauf der Primärverjährungsfrist, spätestens mit Beendigung des neuen Mandats erneut.
BGH, Urt. v. 17.1.2002 – IX ZR 182/00, WM 2002, 513, 515 = NJW 2002, 1048, 1050.

Die sekundäre Hinweispflicht eines regresspflichtigen Rechtsanwalts entfällt, wenn der Mandant rechtzeitig einen anderen Anwalt wegen der Haftungsfrage beauftragt; dafür ist es unerheblich, ob der haftpflichtige Rechtsanwalt dies weiß oder wissen muss.
BGH, Urt. v. 12.12.2002 – IX ZR 99/02, WM 2003, 928, 929 f. = NJW 2003, 822, 823.

Der Steuerberater, der bei der Lohnbuchführung und -abrechnung für seinen Auftraggeber pflichtwidrig keine Beiträge zur Sozialversicherung für dessen Beschäftigte abgeführt hat, hat begründeten Anlass zur Überprüfung seines Vorgehens, wenn er die Jahresmeldung an die gesetzliche Einzugsstelle abgibt.
BGH, Urt. v. 12.2.2004 – IX ZR 246/02, NJW-RR 2004, 1358, 1361 = WM 2004, 2034.

Ein Rechtsanwalt, der den Ablauf einer Frist zu vertreten hat, hat begründeten Anlass zur Überprüfung seines Verhaltens, wenn er vom Gericht auf die Versäumung der Frist hingewiesen wird.
BGH, Urt. v. 23.9.2004 – IX ZR 137/03, FamRZ 2005, 261, 263 = NJW-RR 2005, 494.

C. Rechtsprechungslexikon (altes Verjährungsrecht)

Ein Steuerberater, der für seinen Auftraggeber eine fehlerhafte Einkommensteuererklärung erstellt, hat bei fortbestehendem Auftrag jedes Jahr im Zusammenhang mit der Anfertigung der Einkommensteuererklärung für das Folgejahr begründeten Anlass, sein Vorgehen zu überprüfen.
OLG Düsseldorf, Urt. v. 26.11.2004 – 23 U 101/04, NJW-RR 2005, 648, 650.

Sekundärverjährung

Der sekundäre Schadensersatzanspruch des Mandanten gegen den Rechtsanwalt verjährt nach § 51b BRAO. Dieser Anspruch entsteht mit der (Primär-)Verjährung des ursprünglichen (primären) Regressanspruchs gemäß § 51b BRAO; damit beginnt auch seine Verjährung, falls in diesem Zeitpunkt das Mandat noch andauert, andernfalls nach der Hilfsregel des § 51b Fall 2 BRAO mit dem Mandatsende.
BGH, Urt. v. 23.5.1985 – IX ZR 102/84, BGHZ 94, 380, 389 = NJW 1985, 2250 = WM 1985, 889; v. 21.1.1988 – IX ZR 65/87, WM 1988, 629, 631.

Auf die Sekundärverjährung hat es keinen Einfluss, wenn der Mandant nach seinen Rechtskenntnissen die Möglichkeit eines Regressanspruchs gegen den Rechtsanwalt und den Zeitpunkt der Verjährung eines solchen Anspruchs selbst hätte erkennen können.
BGH, Urt. v. 15. 4. 1999 – IX ZR 328/97, WM 1999, 1330, 1336.

Die Sekundärverjährung wird unterbrochen durch Einklagung eines Regressanspruchs gegen einen Rechtsanwalt.
BGH, Urt. v. 2.7.1996 – IX ZR 19/96, NJW 1996, 2797 = WM 1996, 2069, 2070 = AnwBl 1996, 585.

Die Verjährung eines Sekundäranspruchs gegen einen Steuerberater gemäß § 68 StBerG beginnt mit dem Eintritt der Primärverjährung
BGH, Urt. v. 11.5.1995 – IX ZR 140/94, BGHZ 129, 386, 395 = WM 1995, 1450.

Spätschäden

Die einheitliche Verjährungsfrist für einen Schadensersatzanspruch aus einer bestimmten Pflichtverletzung des Rechtsanwalts oder Steuerberaters erstreckt sich auf alle voraussehbaren Schadensfolgen.
BGH, Urt. v. 5.11.1992 – IX ZR 200/91, NJW 1993, 1320, 1321 = WM 1993, 610 = AnwBl 1994, 37 (Rechtsanwalt); v. 29.2.1996 – IX ZR 180/95, NJW 1996, 1895 = WM 1996, 1106, 1107 (Steuerberater); v. 18.12.1997 – IX ZR 180/96, WM 1998, 779, 780 (Steuerberater); v. 12.2.1998 – IX ZR 190/97, WM 1998, 786, 788 (Steuerberater).

Haben mehrere selbständige Pflichtverletzungen den Auftraggeber geschädigt, so beginnt die Verjährung eines Ersatzanspruchs aus der jeweiligen Pflichtverletzung mit der Entstehung des ersten daraus folgenden Nachteils.

BGH, Urt. v. 15.10.1992 – IX ZR 43/92, NJW 1993, 648, 650 = WM 1993, 251 (für die Notarhaftung); v. 12.2.1998 – IX ZR 190/97, WM 1998, 786, 788 (Steuerschaden).

Reicht ein Steuerberater für seinen Auftraggeber fehlerhafte Jahresumsatzsteueranmeldungen ein, so handelt es sich um selbständige Schadenshandlungen.
BGH, Urt. v. 14.7.2005 – IX ZR 284/01, WM 2005, 2106, 2107.

Treuhandvertrag

Ein vertraglicher Schadensersatzanspruch gegen einen Rechtsanwalt als Treuhänder, der den Kapitalanleger auch in Rechtsfragen zu beraten hatte, verjährt gemäß § 51b BRAO.
BGH, Urt. v. 9.11.1992 – II ZR 141/91, BGHZ 120, 157, 159 f. = NJW 1993, 199 = WM 1992, 2132.

Ein vertraglicher Schadensersatzanspruch gegen einen Rechtsanwalt als Treuhänder, der keine Rechtsberatung zu leisten hatte, verjährt nicht nach § 51b BRAO, sondern in dreißig Jahren (§ 195 BGB a.F.).
BGH, Urt. v. 1.12.1994 – III ZR 93/93, NJW 1995, 1025 = WM 1995, 344, 347.

Ein vertraglicher Schadensersatzanspruch gegen einen Steuerberater, der im Bauherrenmodell als Treuhänder tätig war, verjährt nach § 68 StBerG.
BGH, Urt. v. 5.7.1990 – VII ZR 26/89, NJW 1990, 2464, 2465 = WM 1990, 1623; v. 2.7.1992 – XI ZR 268/91, NJW 1992, 2766, 2767 =WM 1992, 1738 (insoweit nicht abgedruckt in BGHZ 119, 69).

Unterbrechung

Die Verjährung eines Anspruchs wird gemäß § 208 BGB a.F. insoweit unterbrochen, als dieser vom Schuldner gegenüber dem Berechtigten – zumindest durch rein tatsächliches Verhalten – während der Verjährungsfrist wenigstens dem Grunde nach anerkannt wird.
BGH, Urt. v. 21.11.1996 – IX ZR 159/95, NJW 1997, 516 = WM 1997, 330, 332.

Die Klageerhebung gegen einen Rechtsanwalt wegen eines Regressanspruchs unterbricht auch die Verjährung eines Sekundäranspruchs des Mandanten.
BGH, Urt. v. 2.7.1996 – IX ZR 19/96, NJW 1996, 2797 = WM 1996, 2069, 2070 = AnwBl 1996, 585.

§ 201 BGB a.F. ist auf den Fristenlauf nach einer Unterbrechung nicht anzuwenden.
BAG, Urt. v. 18.3.1997 – 9 AZR 130/96, NJW 1997, 3461, 3462.

Verjährungsunterbrechende oder -einschränkende Erklärungen und Handlungen eines Mitglieds einer Steuerberatersozietät wirken grundsätzlich auch gegenüber der Gesamthand und den übrigen Sozietätsmitgliedern, es sei denn, dass der gegenüber dem

Mandanten auftretende Sozius deutlich macht, dass sein Vorgehen sich auf die eigene Verbindlichkeit beschränkt.
BGH, Urt. v. 28.9.1995 – IX ZR 227/94, NJW-RR 1996, 313 = WM 1996, 33, 34 f. = AnwBl 1996, 345; v. 19.1.2006 – IX ZR 232/01, WM 2006, 927, 932.

Wird die Verjährung zugleich mit einer Hemmung oder später unterbrochen, so läuft die neue Verjährungsfrist (§ 217 BGB a.F.) erst vom Ende der Hemmung an.
BGH, Urt. v. 23.11.1989 – VII ZR 313/88, BGHZ 109, 220, 223 = NJW 1990, 826 = WM 1990, 527.

Die Inanspruchnahme von Primärrechtsschutz unterbricht nicht die Verjährung eines Regressanspruchs des Mandanten gegen den Steuerberater.
BGH, Urt. v. 29.2.1996 – IX ZR 180/95, NJW 1996, 1895 = WM 1996, 1106, 1107.

Zur Dauer der Verjährungsunterbrechung durch Klageerhebung nach § 211 Abs. 2 BGB a.F.
BGH, Urt. v. 6.7.1995 – IX ZR 132/94, NJW-RR 1995, 1335 = WM 1995, 1962; v. 20.2.1997 – VII ZR 227/96, NJW 1997, 1777; v. 12.10.1999 – VI ZR 19/99, NJW 2000, 132; v. 6.5.2004 – IX ZR 205/00, NJW 2004, 3418.

Zum nachträglichen Wegfall der Verjährungswirkung gemäß § 215 Abs. 2 BGB a.F.
BGH, Urt. v. 9.10.1975 – VII ZR 130/73, BGHZ 65, 127, 135 ff. = NJW 1976, 39 = WM 1975, 1210; v. 2.7.1980 – VIII ZR 191/79, NJW 1980, 2303, 2304 = WM 1980, 1172.

Verjährungsunterbrechende Umstände hat der Gläubiger darzulegen und zu beweisen.
BGH, Urt. v. 21.11.1996 – IX ZR 159/95, NJW 1997, 516 = WM 1997, 330, 332.

Die Unterbrechung der Klageerhebung erstreckt sich nur auf den Streitgegenstand der erhobenen Klage; eine Schadenseinheit genügt insoweit nicht.
Der Klagevorwurf, der Steuerberater habe ein Steuervergütungsverfahren nachlässig geführt, unterbricht nicht die Verjährung eines Schadensersatzanspruchs, der darauf gestützt wird, dass der Steuerberater die Steuerbelastung nicht von vornherein vermieden hat.
BGH, Urt. v. 21.3.2000 – IX ZR 183/98, WM 2000, 1348, 1349 f.

Die Zustellung eines Mahnbescheides über mehrere Forderungen unterbricht die Verjährung nur dann, wenn die Forderungen hinreichend individualisiert wurden.
BGH, Urt. v. 17.10.2000 – XI ZR 312/99, NJW 2001, 305, 306.

Die Zustellung eines Mahnbescheides unterbricht die Verjährung auch dann, wenn zu diesem Zeitpunkt – abgesehen von der Sachbefugnis – noch nicht sämtliche Anspruchsvoraussetzungen vorliegen
BGH, Urt. v. 27.2.2003 – VII ZR 48/01, NJW-RR 2003, 784 = WM 2003, 1439.

Zur Verjährungsunterbrechung durch Streitverkündung (§ 209 Abs. 2 Nr. 4 BGB a.F.).
BGH, Urt. v. 21.2.2002 – IX ZR 127/00, WM 2002, 1078, 1080 = NJW 2002, 1414, 1416.

Zum Anerkenntnis i.S.d. § 208 BGB a.F. durch Vergleichsverhandlungen.
BGH, Urt. v. 8.5.2002 – I ZR 28/00, WM 2003, 587, 588.

Zur Auslegung eines verjährungsunterbrechenden Anerkenntnisses des Schuldners (§ 208 BGB a.F.).
BGH, Urt. v. 20.6.2002 – IX ZR 444/00, NJW 2002, 2872, 2873 = WM 2003, 930, 931.

Die Zahlung des Haftpflichtversicherers ist grundsätzlich ein verjährungsunterbrechendes Anerkenntnis i.S.d. § 208 BGB a.F. zulasten des Versicherungsnehmers auch für den Teil der Ansprüche, für den der Versicherer nicht einzustehen hat, weil die Deckungssumme überstiegen wird.

Anders ist dies, wenn der Versicherer erkennbar zum Ausdruck bringt, dass er die über die Deckungssumme hinausgehenden Ansprüche nicht anerkennen wolle.
BGH, Urt. v. 22.7.2004 – IX ZR 482/00, NJW-RR 2004, 1475 = VersR 2004, 1278, zu § 852 BGB a.F.

Vereinbarung über Verjährung

Wird die Verjährung entgegen § 225 Satz 1 BGB a.F. ausgeschlossen oder erschwert, so verjährt der Anspruch nach Ablauf der gesetzlichen Verjährungsfrist.
BGH, Urt. v. 3.12.1987 – VII ZR 363/86, NJW 1988, 1259, 1260 = WM 1988, 168.

Verzichtet der Schuldner während des Laufes einer Verjährungsfrist für eine bestimmte Zeit auf die Verjährungseinrede, so darf er sich nach Treu und Glauben (§ 242 BGB) nicht auf den Eintritt der Verjährung in diesem Zeitraum berufen; § 270 Abs. 3 ZPO a.F. ist entsprechend anwendbar.
BGH, Urt. v. 26.5.1994 – IX ZR 57/53, NJW-RR 1994, 1210 = WM 1994, 1848, 1849.

Nach Ablauf der Verjährungsfrist kann der Schuldner auf die Verjährungseinrede und das damit verbundene Leistungsverweigerungsrecht (§ 222 Abs. 1 BGB a. F.) verzichten.
BGH, Urt. v. 16.11.1995 – IX ZR 148/94, NJW 1996, 661 = WM 1996, 540, 542 = AnwBl 1996, 339.

Ein schlüssiger Verzicht auf die Verjährungseinrede setzt voraus, dass der Schuldner wusste oder zumindest für möglich hielt, dass die Verjährung bereits eingetreten war.
BGH, Urt. v. 22.4.1992 – VII ZR 191/81, BGHZ 83, 382, 389 = NJW 1982, 1815 = WM 1982, 827; v. 16.11.1993 – XI ZR 70/93, NJW 1994, 379, 380 = WM 1994, 13; v. 22.6.1995 – VII ZR 118/94, NJW-RR 1996, 237 = WM 1995, 1677.

Wollte der Schuldner nur eine vermeintlich noch laufende Verjährungsfrist für eine bestimmte Zeit verlängern, so ist seine Erklärung wirkungslos, wenn die Verjährung in Wirklichkeit bereits eingetreten war.
BGH, Urt. v. 16.11.1995 – IX ZR 148/94, NJW 1996, 661 = WM 1996, 540, 542 = AnwBl 1996, 339.

§ 68 StBerG hat Leitbildfunktion für eine Mindestregelung der Verjährung, die nicht durch AGB eingeschränkt werden kann.
BGH, Urt. v. 16.1.1986 – VII ZR 61/85, BGHZ 97, 21, 25 = NJW 1986, 1171 = WM 1986, 484; v. 2.7.1992 – IX ZR 268/91, NJW 1992, 2766, 2767 = WM 1992, 1738, 1739 (insoweit nicht abgedruckt in BGHZ 119, 69).

Vertragsverhältnis

Ein Vertragsverhältnis i.S.d. § 51b BRAO liegt nur dann vor, wenn der Rechtsanwalt im Rahmen eines Geschäftsbesorgungsvertrages (§ 675 BGB) gemäß § 3 Abs. 1 BRAO als unabhängiger Berater und Vertreter in einer Rechtsangelegenheit tätig wird.
Ein Vertragsverhältnis in diesem Sinne ist auch eine steuerrechtliche Beratung durch den Rechtsanwalt.
BGH, Urt. v. 21.4.1982 – IV a ZR 291/80, BGHZ 83, 328, 330 = NJW 1982, 1866 = WM 1982, 743; v. 27.1.1994 – IX ZR 195/93, NJW 1994, 1405 = WM 1994, 504 = AnwBl 1994, 243.

Ein Vertragsverhältnis i.S.d. § 51b BRAO liegt auch dann vor, wenn es sich auf eine anwaltsfremde Tätigkeit bezieht, falls diese in einem engeren inneren Zusammenhang mit einer Rechtsberatung steht und jedenfalls auch Rechtsfragen aufwerfen kann.
BGH, Urt. v. 21.4.1994 – IX ZR 195/93, NJW 1994, 1405 = WM 1994, 504 = AnwBl 1994, 243; v. 2. 7. 1998 – IX ZR 63/97, WM 1998, 2243, 2244 = NJW 1998, 3486.

Ein Schadensersatzanspruch gegen einen Rechtsanwalt aus schuldhafter Pflichtverletzung bei Anbahnung eines Treuhandverhältnisses, das auch Rechtsberatung zum Gegenstand hat, verjährt gemäß § 51b BRAO.
BGH, Urt. v. 9.11.1992 – II ZR 141/91, BGHZ 120, 157, 160 = NJW 1993, 199 = WM 1992, 2132.

Werkvertrag

Der Vertrag zwischen einem Rechtsanwalt und seinem Auftraggeber ist abweichend vom Regelfall eines Dienstvertrages (§§ 611, 675 BGB) dann ein Werkvertrag (§§ 631, 675 BGB), wenn der Anwalt in erster Linie nicht rechtlichen Beistand, sondern einen durch fachliche Arbeit herbeizuführenden Erfolg schuldet.
BGH, Urt. v. 16.11.1995 – IX ZR 148/94, NJW 1996, 661 = WM 1996, 540 = AnwBl 1996, 339; v. 20.6.1996 – IX ZR 106/95, NJW 1996, 2929 = WM 1996, 1832 = AnwBl 1996, 637.

Ein Anspruch auf Ersatz eines „Mangelschadens" aus einem Anwaltswerkvertrag (§ 635 BGB a.F.) verjährt in sechs Monaten seit Abnahme des Werks gemäß § 638 Abs. 1 BGB a.F.
Vgl. RGZ 88, 223, 225 f.; BGH, Urt. v. 20.10.1964 – VI ZR 101/63, NJW 1965, 106.

Ein Anspruch aus einem Anwaltswerkvertrag auf Ersatz eines Schadens infolge der Verwertung des mangelhaften Werks („Mangelfolgeschadens") verjährt nach § 51b BRAO.
BGH, Urt. v. 16.11.1995 – IX ZR 148/94, NJW 1996, 661 = WM 1996, 540, 541 = AnwBl 1996, 339.

Zweck

Die Verjährung soll verhindern, dass der Schuldner noch nach längerer Zeit in Anspruch genommen werden kann, obwohl sich seine Beweislage inzwischen verschlechtert haben kann; darüber hinaus dient die Verjährung dem öffentlichen Interesse an Rechtsfrieden und -sicherheit durch möglichst rasche Abwicklung von Rechtsverhältnissen.
RGZ 145, 239, 244; BGH, Urt. v. 16.1.1972 – I ZR 154/70, BGHZ 59, 72, 74 = NJW 1972, 1460.

§ 51b BRAO soll die Rechtsanwälte davor bewahren, durch die Folgen berufstypischer Risiken in unübersehbarer Weise auf unangemessen lange Zeit wirtschaftlich bedroht zu werden.
BGH, Urt. v. 23.5.1985 – IX ZR 102/84, BGHZ 94, 380, 387 = NJW 1985, 2250 = WM 1985, 889; entsprechend für die Steuerberaterhaftung: BGH, Urt. v. 11.5.1995 – IX ZR 140/94, BGHZ 129, 386, 390 = WM 1995, 1450.

D. Neues Verjährungsrecht

I. Einführung

1. Grundzüge

a) Regelverjährung

1444 Im Vordergrund des **neuen Rechts der Verjährung** (§§ 194 ff. BGB; zum Geltungsbereich Rn. 1251 ff.) eines Anspruchs, der sich aus einem materiellen Rechtsgrund ergibt (§ 194 Abs. 1 BGB), steht die **regelmäßige Verjährung** (§§ 195, 199 Abs. 1 BGB). Die **regelmäßige Verjährungsfrist von drei Jahren** (§ 195 BGB) **beginnt** mit dem **Schluss des Jahres**, in dem der **Anspruch entstanden** ist und der **Gläubiger Kenntnis** von den anspruchsbegründenden Umständen und der Person des Schuldners erlangt oder **ohne grobe Fahrlässigkeit** erlangen müsste (§ 199 Abs. 1 BGB). Diese **subjektive Anbindung** des Verjährungsbeginns wird **beschränkt durch Höchstfristen von zehn oder dreißig Jahren**, die **kenntnisunabhängig** mit einem objektiven Umstand **beginnen**, nämlich **taggenau** mit dem maßgeblichen Umstand i.S.d. § 199 Abs. 2 – 5 BGB.

1445 Diese verjährungsrechtliche Neuregelung **erübrigt** die von der Rechtsprechung zum alten Verjährungsrecht entwickelte **verjährungsrechtliche Sekundärhaftung der**

D. Neues Verjährungsrecht

Rechtsanwälte und Steuerberater (dazu Rn. 1365 ff.).[490] Dieses Rechtsinstitut sollte die Härten und Unbilligkeiten mildern, die für den geschädigten Auftraggeber – vor allem für einen Dauermandanten – insbesondere mit dem kenntnisunabhängigen Verjährungsbeginn in den alten Sonderregelungen der Verjährung der Haftung dieser Rechtsberater verbunden waren (Rn. 1365 ff.). Ein solches Schutzbedürfnis des betroffenen Mandanten ist mit der Einführung des kenntnisabhängigen Verjährungsbeginns entfallen.

b) Sonderverjährung

Sonderregelungen der Verjährung[491] gehen der Regelverjährung vor. **Bedeutsam für die Rechtsberaterhaftung** können sein: 1446

- § 197 Abs. 1 Nr. 2, Abs. 2 BGB betreffend **familien- und erbrechtliche Ansprüche** aus **Anwaltstätigkeit als Vormund, Pfleger, Betreuer, Nachlassverwalter** oder **Testamentsvollstrecker** (vgl. Rn. 1285 ff., 1454);[492]
- § 197 Abs. 1 Nr. 3, 4, Abs. 2 BGB betreffend **rechtskräftig festgestellte Ansprüche** sowie **Ansprüche aus vollstreckbaren Vergleichen** oder **Urkunden**;
- § 634a BGB betreffend **Mängelansprüche des Bestellers aus Werkvertrag** (dazu Rn. 1497 ff.).

Insoweit sind der (**objektive**) **Verjährungsbeginn** gemäß §§ 200, 201 BGB[493] und die **Verjährungshemmung** nach § 207 Abs. 1 Nr. 3 – 5 BGB zu beachten.

c) Sonstige Hauptregelungen

Gegenüber §§ 202 ff. BGB a.F. (dazu Rn. 1412 ff.) wurde die **Verjährungshemmung** (§§ 203 ff. BGB) stark **ausgeweitet**, insbesondere durch die – nicht erschöpfenden[494] – Hemmungstatbestände der Rechtsverfolgung in § 204 BGB. 1447

---

490 Begründung zum Entwurf des Gesetzes vom 9.12.2004 zur Anpassung von Verjährungsvorschriften (BGBl. I, S. 3214), BR-Drucks. 436/04, S. 25; *Palandt/Heinrichs*, BGB, 64. Aufl. 2005, Überblick vor § 194 Rn. 21; *Becker-Eberhard*, in: FS (E.) Schumann, S. 24; *Mansel/Budzikiewicz*, NJW 2005, 321, 322 f.; *Borgmann*, in: *Borgmann/Jungk/Grams*, § 49 Rn. 46.
491 Dazu *Palandt/Heinrichs*, BGB, 64. Aufl. 2005, § 195 Rn. 9; *Bereska*, in: *Henssler/Graf von Westphalen*, § 195 Rn. 4 (Überblick).
492 Nach *Staudinger/Peters*, BGB, § 197 Rn. 11, 21 werden insoweit keine Ansprüche i.S.d. Vorschriften begründet. Vgl. *Fahrendorf*, in *Rinsche/Fahrendorf/Terbille*, Rn. 981.
493 Vgl. *Bereska*, in: *Henssler/Graf von Westphalen*, § 200 Rn. 3: Überblick über Vorschriften mit besonderem Verjährungsbeginn i.S.d. § 200 BGB.
494 *Bereska*, in: *Henssler/Graf von Westphalen*, Vorbem. zu §§ 203 – 213 BGB, 64 Aufl. 2005, Rn. 4 (Überblick über weitere wichtige Hemmungsgründe); *Palandt/Heinrichs*, BGB, 64. Aufl. 2005, § 204 Rn. 53 f.

Teil 1 • Abschnitt 7 • Verjährung vertraglicher Regressansprüche

1448 Gegenüber §§ 208 ff. BGB a.F. (dazu Rn. 1419 ff.) wurde die **Verjährungsunterbrechung** gemäß § 212 BGB betreffend den „**Neubeginn der Verjährung**" beschränkt auf ein **Anerkenntnis** des Schuldners (vgl. § 208 BGB a.F.; dazu Rn. 1419, 1528 ff.) und eine gerichtliche oder behördliche **Vollstreckungshandlung** (vgl. § 209 Abs. 2 Nr. 5 BGB a.F.; dazu Rn. 1528 ff.).

1449 Im Gegensatz zu § 225 BGB a.F., der nur eine Erleichterung, nicht aber einen Ausschluss oder eine Erschwerung der Verjährung zuließ (Rn. 1442), kann nach § 202 BGB durch **Vereinbarung** grundsätzlich die **Verjährung** nicht nur **verkürzt**, sondern auch – bis zu einer Verjährungsfrist von dreißig Jahren ab dem gesetzlichen Verjährungsbeginn – **verlängert** werden (dazu Rn. 1544 ff.).

1450 Die **Rechtsfolgen der Verjährung** (§§ 214 ff. BGB; dazu Rn. 1535 ff.) entsprechen im Wesentlichen dem alten Recht (§§ 222 ff., 390 Satz 2 BGB a.F.).

2. Bedeutung für die Praxis

1451 Die **alte Sonderverjährung** (§§ 51b, 59m Abs. 2 BRAO, §§ 45b, 52m Abs. 2 PatAnwO, §§ 68, 72 Abs. 2 StBerG) hatte für die **Vertragshaftung der Rechtsanwälte, Patentanwälte, Steuerberater und die Gesellschaften** dieser Berufskreise wegen des kenntnisunabhängigen Beginns der Verjährungsfrist von drei Jahren, die unter engen Voraussetzungen durch eine Sekundärhaftung höchstens verdoppelt werden konnte, **herausragende Bedeutung** (Rn. 1274). Dagegen wird das **neue gesetzliche Verjährungsrecht für die Rechtsberaterhaftung nur geringe Bedeutung** erlangen. Der kenntnisabhängige Verjährungsbeginn (§ 199 Abs. 1 BGB) i.V.m. den Höchstfristen von zehn oder dreißig Jahren (§ 199 Abs. 2, 3 BGB) werden **im Regelfall die Verjährung** eines vertraglichen, vorvertraglichen oder deliktischen Schadensersatzanspruchs eines Mandanten oder geschützten Dritten gegen einen Rechtsberater (§§ 280 ff., 311, 311a, 823 ff. BGB) **verhindern**, es sei denn, dass eine rechtswirksame **Verkürzung der Verjährung vereinbart** wurde (§ 202 BGB; dazu Rn. 1544 ff.). Das gilt auch für die Sonderregelung des § **634a BGB**, nach der in den Ausnahmefällen, in denen zwischen Auftraggeber und Rechtsberater ein Werkvertrag geschlossen wird (dazu Rn. 6 ff., 480), Mängelansprüche des Mandanten der regelmäßigen Verjährung unterliegen (§ 634a Abs. 1 Nr. 3 BGB; dazu Rn. 1497 ff.).

Danach **verbessert** die verjährungsrechtliche Neuregelung die **Anspruchslage des geschädigten Mandanten** oder geschützten Dritten erheblich **zulasten haftpflichtiger Rechtsberater**. Die entsprechende Verschlechterung der Haftungslage der Rechtsberater wird durch den **Wegfall der** – an enge Voraussetzungen gebundenen – **Sekundärhaftung** (Rn. 1445) nicht ausgeglichen und kann nur durch **Vereinbarungen einer erleichterten Verjährung** aufgefangen werden.

II. Verjährung eines Schadensersatzanspruchs gegen einen Rechtsanwalt oder Steuerberater

1. Beginn der Regelverjährung (§§ 195, 199 Abs. 1 BGB)

Für den **Beginn der regelmäßigen Verjährungsfrist von drei Jahren** (§ 195 BGB) sind nach § 199 Abs. 1 BGB maßgeblich

- die (objektive) **Entstehung des Anspruchs** (§ 199 Abs. 1 Nr. 1 BGB),
- die (subjektive) **Kenntnis oder grob fahrlässige Unkenntnis** i.S.d. § 199 Abs. 1 Nr. 2 BGB,
- der **Schluss des Jahres**, in dem die Zeitpunkte des § 199 Abs. 1 Nr. 1, 2 BGB gleichzeitig vorliegen (§ 199 Abs. 1 Halbs. 1 BGB).

1452

a) Schadensersatzanspruch i.S.d. § 199 BGB

Sofern keine besondere Verjährungsregelung anzuwenden ist (Rn. 1444), unterliegt **jeder Schadensersatzanspruch** (§§ 280 ff. BGB; dazu Rn. 1100 ff.) der Verjährung gemäß § 199 BGB, gleichgültig, ob er auf einem **Vertrag** (§ 311 Abs. 1 BGB), rechtsgeschäftsähnlichen **Schuldverhältnis der Vertragsverhandlungen** (§ 311 Abs. 2, 3 BGB) oder **gesetzlichen** – auch **deliktischen** – **Schuldverhältnis** beruht (vgl. Rn. 1101) und einen **materiellen oder immateriellen Schaden** betrifft.

1453

Für die **Rechtsberaterhaftung** bedeutet dies:

1454

Ein **Schadensersatzanspruch des Mandanten** oder eines geschützten Dritten (vgl. Rn. 1608 ff., 1641 ff.) aus einem **berufstypischen** (echten) **Anwalts- oder Steuerberatervertrag** (dazu Rn. 478 f., 1306 ff.) **verjährt** grundsätzlich **nach § 199 BGB**, gleichgültig, ob es sich gemäß dem Regelfall um einen **Dienstvertrag** (§§ 611, 675 Abs. 1 BGB) oder ausnahmsweise um einen **Werkvertrag** (§§ 631, 675 Abs. 1 BGB; vgl. Rn. 6 ff., 480) handelt (vgl. zum alten Verjährungsrecht Rn. 1301 ff.); für Mängelansprüche des Bestellers aus einem Werkvertrag gilt allerdings die **Sonderverjährung des § 634a BGB** (dazu Rn. 1497 ff.).

Anders als nach altem Recht im Rahmen der §§ 51b BRAO, 45b PatAnwO, 68 StBerG unterliegt ein **Schadensersatzanspruch** grundsätzlich auch dann der **Verjährung nach § 199 BGB**, wenn er sich ergibt aus

- einem (**unechten**) **Rechtsberatervertrag** mit vorwiegend berufsuntypischer Tätigkeit, z.B. aus dem Maklervertrag eines Rechtsanwalts ohne Rechtsbeistandspflicht (vgl. zum alten Recht Rn. 1306 ff.);
- einem **gesetzlichen Schuldverhältnis** wegen amtlicher oder amtsähnlicher Tätigkeit (vgl. zum alten Recht Rn. 1285 ff.), es sei denn, dass eine **Sonderverjährung** in Betracht kommt, z.B. gemäß § 197 Abs. 1 Nr. 2, Abs. 2, §§ 200, 207 Abs. 1 Satz 2 Nr. 3 – 5 BGB für einen Ersatzanspruch gegen einen **anwaltlichen Vormund, Be-

treuer, **Pfleger, Nachlassverwalter** oder **Testamentsvollstrecker** (vgl. Rn. 1446) oder gemäß § 62 InsO für einen **Insolvenzverwalter** (vgl. Rn. 1287).

1455 **Andere Ansprüche eines Mandanten** gegen einen Rechtsanwalt oder Steuerberater, die keine Schadensersatzforderungen sind, verjähren nach neuem Recht grundsätzlich (vgl. aber §§ 196 – 198, 200, 201 BGB) gemäß § 199 Abs. 1, 4, 5 BGB, also etwa ein Anspruch auf **Vertragserfüllung**, auf **Auskunft und Rechenschaft** (§§ 666, 675 Abs. 1 BGB) sowie auf **Herausgabe** aus §§ 667, 675 Abs. 1 BGB (vgl. zum alten Recht Rn. 1336).

b) Entstehung des Anspruchs (§ 199 Abs. 1 Nr. 1 BGB)

aa) Schadensersatzanspruch i.S.d. § 280 Abs. 1 BGB

1456 Ein **Schadensersatzanspruch** i.S.d. neuen einheitlichen Haftungsgrundlage des **§ 280 Abs. 1 BGB** (dazu Rn. 1100 ff.) **wegen** vertraglicher oder vorvertraglicher, **schuldhafter Pflichtverletzung eines Rechtsberaters** (vgl. zum alten Recht Rn. 1339 ff.; zum neuen Recht Rn. 1452 ff.), der einen haftungsrechtlich zurechenbaren Schaden im Rechtssinne ausgleichen soll (dazu Rn. 1047 ff.), **entsteht** i.S.d. § 199 Abs. 1 Nr. 1 BGB mit dem **Eintritt eines Schadens aus der Pflichtverletzung**; dann kann der Gläubiger auf Erfüllung dieses fälligen Anspruchs klagen (vgl. § 198 BGB a.F.; Rn. 1340).[495]

1457 Der **Zeitpunkt der Schadensentstehung** in der Rechtsberaterhaftung ist gemäß der – fortgeltenden – neuen „**Risiko-Schaden-Formel**" des **BGH** dahin zu bestimmen, dass ein Schaden erst dann entsteht, wenn sich die **Vermögenslage** des Betroffenen **durch die Pflichtverletzung** gegenüber seinem früheren Vermögensstand **objektiv verschlechtert**; ein Schaden ist dagegen noch **nicht** eingetreten, solange bei wertender Betrachtung **nur das Risiko eines Vermögensnachteils** infolge der Pflichtverletzung, also eine entsprechende **Vermögensgefährdung** besteht (dazu im Einzelnen Rn. 1342 ff.).

Insoweit gilt der **Grundsatz der Schadenseinheit** (Rn. 1360 f.).

bb) Schadensersatzanspruch i.S.d. § 281 BGB

1458 Im Schrifttum ist **umstritten**, wann die **Verjährung eines Anspruchs aus § 281 BGB** auf **Schadensersatz statt der Leistung** (wegen Nicht- oder Schlechtleistung des Schuldners: dazu Rn. 1122 ff.) beginnt.

---

495 BGHZ 94, 380, 385; 113, 188, 193; BGH, NJW-RR 1988, 1374, 1375 f.; NJW 1993, 648, 650.

D. Neues Verjährungsrecht

Nach herkömmlicher **Rechtsprechung entsteht ein Schadensersatzanspruch** wegen Nichterfüllung aus § 326 BGB a.f. mit Ablauf der Nachfrist mit Ablehnungsandrohung, weil dann der Erfüllungsanspruch ausgeschlossen ist.[496]

Gegen eine entsprechende Anknüpfung des Verjährungsbeginns für einen Schadensersatzanspruch aus **§ 281 BGB** kann **Absatz 4** dieser Vorschrift sprechen; danach ist der Anspruch auf die (primär geschuldete) Leistung (erst dann) ausgeschlossen, sobald der Gläubiger statt der Leistung Schadensersatz verlangt hat (dazu Rn. 1136). Diese neue Bestimmung hat zur Folge, dass – bis zur Ausübung des entsprechenden Gestaltungsrechts des Gläubigers – nach Fristablauf (§ 281 Abs. 1 BGB) bzw. in den gleichstehenden Fällen der Entbehrlichkeit einer Fristsetzung (§ 281 Abs. 2 BGB) der Erfüllungs- und ein Schadensersatzanspruch zunächst nebeneinander bestehen; erbringt der Schuldner die Leistung noch, so erlischt der Schadensersatzanspruch.[497] Erst mit einem Schadensersatzbegehren i.S.d. § 281 Abs. 4 BGB entfällt der Leistungsanspruch. Bis zu diesem Zeitpunkt steht es dem Gläubiger frei, nicht den (sekundären) Schadensersatzanspruch geltend zu machen, sondern auf seinem (primären) Anspruch auf die geschuldete Leistung zu bestehen, die der Schuldner noch unter Behebung seiner Leistungsstörung ordnungsgemäß erbringen kann (vgl. Rn. 1135 f.).

Daraus wird gefolgert, in den Fällen des § 281 BGB **beginne die Verjährung** sowohl eines Erfüllungs- als auch eines Schadensersatzanspruchs erst mit einem **entsprechenden Verlangen des Gläubigers** gegenüber dem Schuldner, weil dieses als Voraussetzung der Entstehung des Anspruchs zu werten oder eine Analogie zu § 604 Abs. 5, § 695 Satz 2, § 696 Satz 3 BGB gerechtfertigt sei.[498] 1459

Vorzuziehen ist jedoch die Gegenansicht, nach der auch die **Verjährung eines Schadensersatzanspruchs aus § 281 BGB schon mit dessen Entstehung** – vor einem Begehren i.S.d. § 281 Abs. 4 BGB – **beginnt**; das gilt sowohl bei fruchtlosem Fristablauf i.S.d. § 281 Abs. 1 BGB als auch in den Fällen des § 281 Abs. 2 BGB, in denen die Entstehung des Schadensersatzanspruchs mit einem dort genannten Umstand zusammenfällt.[499] Diese Meinung steht im Einklang mit der herkömmlichen Rechtsprechung des **BGH**; danach wird auch ein sog. **verhaltener Anspruch**, der – wie in den Fällen des § 281 BGB – erst auf Verlangen des Berechtigten zu erfüllen ist, grundsätzlich sofort mit seiner Entstehung fällig, so dass er mit diesem Zeitpunkt zu verjähren be- 1460

---

496 BGHZ 107, 179, 184; 142, 36, 41.
497 *Palandt/Heinrichs*, BGB, 64. Aufl. 2005, § 281 Rn. 50 f.
498 *Palandt/Heinrichs*, BGB, 64. Aufl. 2005, § 199 Rn. 8; *Mansel*, in: *Dauner-Lieb/Heidel/Lepa/Ring*, Anwaltkommentar Schuldrecht, § 199 Rn. 23 f. und NJW 2002, 89, 91; *Rieble*, NJW 2004, 2270 f., 2273; *Gottwald*, Rn. 98; in diesem Sinne *Staudinger/Peters*, BGB, § 199 Rn. 18, für die Fälle des § 281 Abs. 2 BGB.
499 *MünchKomm/Ernst*, BGB, § 281 Rn. 165 f.; in diesem Sinne *Staudinger/Peters*, BGB, § 199 Rn. 18, für die Fälle eines fruchtlosen Fristablaufs.

ginnt.⁵⁰⁰ Danach kann der Gläubiger die Verjährung eines Schadensersatzanspruchs aus § 281 BGB nicht beliebig hinausschieben; der Schwebezustand bis zu einem Begehren i.S.d. § 281 Abs. 4 BGB kann nicht in Analogie zu Sondervorschriften geregelt werden.⁵⁰¹

cc) Schadensersatzanspruch i.S.d. §§ 282, 283, 311a BGB

1461 Für den **Zeitpunkt der Entstehung eines** – über § 280 Abs. 1 BGB hinausgehenden – **Anspruchs auf Schadensersatz statt der Leistung** aus

- **§ 282 BGB** wegen Verletzung einer „leistungsbegleitenden" Schutzpflicht gemäß § 241 BGB (dazu Rn. 1143),
- **§ 283 BGB** „bei Ausschluss der Leistungspflicht" (nachträgliche Unmöglichkeit; dazu Rn. 1144 f.) oder
- **§ 311a BGB** wegen anfänglicher Unmöglichkeit (dazu Rn. 1146)

gelten grundsätzlich die vorstehenden Ausführungen zu § 280 Abs. 1 BGB entsprechend (Rn. 1456 f.). Insoweit handelt es sich um unbehebbare Leistungsstörungen, die einem Erfüllungsanspruch entgegenstehen; deswegen wird in diesen Vorschriften nicht auf § 281 Abs. 4 BGB Bezug genommen.

Der **Schadensersatzanspruch aus § 283 BGB entsteht** im Zeitpunkt des Ausschlusses der primären Leistungspflicht gemäß § 275 BGB, in den Fällen des § 275 Abs. 2, 3 BGB erst mit der Einrede des Schuldners.⁵⁰²

c) Kenntnis der anspruchsbegründenden Umstände und des Schädigers (§ 199 Abs. 1 Nr. 2 BGB)

1462 Insoweit wird die höchstrichterliche Rechtsprechung zu § 852 Abs. 1 BGB a.F.⁵⁰³ zugrunde gelegt, weil § 199 Abs. 1 BGB dieser Vorschrift unter Übernahme der dazu ergangenen Rechtsprechung nachgebildet wurde.

aa) Grundsätze

1463 Der Gläubiger – dies ist in der Rechtsberaterhaftung der geschädigte Auftraggeber oder ein geschützter Dritter – hat die **Kenntnis i.S.d. § 199 Abs. 1 Nr. 2 BGB**, sobald er von seiner Vermögensbeeinträchtigung, ihrer Ursache (z.B. der Pflichtverletzung des Rechtsberaters) und ihrem Urheber so viel erfährt, dass er eine hinreichend aussichtsreiche – nicht unbedingt risikolose – und daher zumutbare **Klage** auf Schadens-

---

500 BGH, NJW-RR 1988, 1374, 1375 f.; 2000, 647.
501 Dazu *MünchKomm/Ernst*, BGB, § 281 Rn. 166.
502 *Staudinger/Otto*, BGB, § 283 Rn. 94.
503 Dazu *Gill*, Der besondere Verjährungsbeginn für Schadensersatzansprüche in § 852 I BGB, 1983; *Lepa*, VersR 1986, 301.

ersatz oder zumindest auf Feststellung einer Ersatzpflicht erheben kann; **erforderlich ist, dass der Geschädigte aufgrund seines Kenntnisstandes eine solche Klage schlüssig begründen kann**.[504]

Maßgeblich ist die **Kenntnis der Tatsachen**, die bei richtiger Verknüpfung und rechtlicher Einordnung die Feststellung der Ersatzpflicht einer bestimmten Person erlauben; danach hängt der Verjährungsbeginn nicht davon ab, dass der Geschädigte alle Einzelheiten des schädigenden Ereignisses, des weiteren Ursachenverlaufs und des Schadensbildes nach Art und Umfang kennt.[505] Ob der Geschädigte die ihm bekannten Tatsachen zutreffend rechtlich würdigt, ist aus Gründen der Rechtssicherheit für den Verjährungsbeginn unerheblich.[506] Deswegen kommt es insoweit im Regelfall nicht darauf an, ob der Geschädigte die Rechtswidrigkeit des Geschehens, das Verschulden des Schädigers und den Kausalverlauf zutreffend einschätzt; rechtliche Fehlvorstellungen kann der Geschädigte regelmäßig durch Einholung von Rechtsrat vermeiden.[507] Dies kann anders sein bezüglich der Umstände, aus denen sich eine Rechtswidrigkeit des Verhaltens des Schädigers ergibt, wenn insoweit konkrete Zweifel bestehen.[508]

Besteht die Schadensursache im **Unterlassen einer Aufklärung**, so erwirbt der Geschädigte die für den Verjährungsbeginn notwendige Kenntnis erst dann, wenn er von den Umständen erfährt, aus denen sich die Offenbarungspflicht ergibt.[509] Kommt es für den Verjährungsbeginn auf die **Kenntnis innerer Tatsachen** an, so ist der Zeitpunkt maßgebend, in dem der Geschädigte von den äußeren Umständen erfährt, aus denen die inneren Tatsachen herzuleiten sind.[510]

Ist die **Rechtslage unübersichtlich oder zweifelhaft**, so kann Rechtsunkenntnis des Geschädigten den **Verjährungsbeginn hinausschieben**, weil ihm die sofortige Klageerhebung nicht zuzumuten ist.[511] Die **Kenntnisnahme** kann sich auch bei **verwickelten Sachverhalten** verzögern; deswegen hat ein Geschädigter, der als Zeuge in einem

1464

---

504 BGH, NJW 1990, 2808, 2809; 1993, 648, 653 und 2741, 2743; 1994, 3092, 3093; 1996, 117, 118; 1998, 2051, 2052 f.; 1999, 2734, 2735 = WM 1999, 1844; NJW 2000, 1498, 1500 = WM 2000, 1345, 1348; NJW 2001, 885, 886 = BGHZ 145, 358; WM 2003, 2242, 2243; NJW 2004, 510; NJW-RR 2004, 1069, 1070 = WM 2004, 2026; NJW-RR 2005, 69, 70, jeweils zu § 852 Abs. 1 BGB a.F.
505 BGH, NJW 1993, 648, 653 und 2741, 2743; 1996, 117, 118; 2004, 510, jeweils zu § 852 Abs. 1 BGB a.F.
506 BGH, NJW 1993, 648, 653 und 2741, 2743; 1998, 2051, 2052 = BGHZ 138, 247, jeweils zu § 852 Abs. 1 BGB a.F.
507 BGH, WM 1994, 988, 991; 1999, 974, 975.
508 BGH, NJW 1993, 2614, für eine Vorsatztat.
509 BGH, NJW 1990, 2808, 2809; WM 2002, 557, 558; 2003, 975, 976; ZIP 2003, 940, 941 und 1782, 1783, jeweils zu § 852 Abs. 1 BGB a.F.
510 BGH, NJW 1964, 493, 494.
511 BGH, NJW 1994, 3162, 3164; 1993, 648, 653; WM 1999, 974, 975 = NJW 1999, 2041; WM 1999, 1330, 1334 = NJW 1999, 2183.

Strafverfahren wegen betrügerischer Vermittlung von Warenterminoptionen vernommen wird, damit i.d.R. noch keine hinreichende Kenntnis von der Schadenshandlung und dem Schädiger erlangt.[512]

1465 Staatliche **Behörden** und **juristische Personen des öffentlichen Rechts** erlangen eine Kenntnis i.S.d. § 199 Abs. 1 Nr. 2 BGB in dem Zeitpunkt, in dem der zuständige Bedienstete der verfügungsbefugten Behörde, der mit der Vorbereitung und Verfolgung von Schadensersatzansprüchen betraut ist, von dem Schaden und von der Person des Schädigers erfährt.[513]

bb) Einmalige Schadenshandlung (Grundsatz der Schadenseinheit)

1466 Für den Schaden aus einer **einmaligen, einheitlichen, abgeschlossenen Schadensursache** – z.B. aus einer entsprechenden Pflichtverletzung eines Rechtsberaters –, die auch ein **Dauerverhalten** ohne zeitliche Einschnitte sein kann,[514] gilt der **Grundsatz der Schadenseinheit** (dazu Rn. 1360 f.); danach ist der aus einem bestimmten Ereignis erwachsene Schaden als ein einheitliches Ganzes aufzufassen, das auch alle weiteren adäquat verursachten, zurechenbaren und als möglich voraussehbaren **Spätfolgen** umfasst.[515] Das bedeutet, dass die Verjährung beginnen kann, sobald der Geschädigte **irgendeinen** solchen (**Teil-)Schaden kennt**; damit gelten auch die weiteren Schadensfolgen als bekannt.[516]

Der Grundsatz, dass die Nachteile aus einem bestimmten – abgeschlossenen – Schadensereignis eine rechtliche Einheit bilden, beruht letztlich darauf, dass **Rechtsklarheit und -sicherheit** es gebieten, den **Verjährungsbeginn** für alle Schadensfolgen **möglichst auf einen einheitlichen Zeitpunkt festzulegen**.[517] Danach kann bei einem sich nach und nach entwickelten Schaden aus ein und derselben Schadenshandlung der Ersatzanspruch bereits verjährt sein, bevor sich Spätfolgen einstellen. Dies kann der Geschädigte verhindern, indem er die Verjährung vermeidet durch eine Klage auf Feststellung, dass der Schädiger verpflichtet ist, alle weiteren – künftigen – Nachteile aus seinem schadensstiftenden Verhalten zu ersetzen. Nur in **Ausnahmefällen** darf der Grundsatz der Schadenseinheit nach **§ 242 BGB** dann durchbrochen werden, wenn die Berufung auf diesen Grundsatz als Inanspruchnahme einer rein formalen Rechtsposition erscheint, weil der Geschädigte unverhältnismäßig zu Gunsten des Schädigers belastet wird.[518]

---

512 BGH, NJW 1994, 3092, 3093; NJW-RR 2005, 69, 70 f.
513 BGH, NJW 1985, 2583 = VersR 1985, 735; NJW 1997, 1584 f., jeweils zu § 852 Abs. 1 BGB a.F.
514 BGH, NJW 1985, 1023, 1024; vgl. aber BGH, NJW 1973, 2285.
515 Zusammenfassend BGH, WM 1998, 779, 780 und 786, 788.
516 BGH, NJW 1991, 973; WM 1997, 2187, 2188.
517 BGH, NJW 1991, 973, 974; WM 1997, 2187, 2188.
518 BGH, NJW 1991, 973, 974; WM 1997, 2187, 2188; vgl. *Schnaufer*, S. 95 ff.

D. Neues Verjährungsrecht

Die **Fortdauer des Schadenszustandes** allein ist kein neuer Folgeschaden und beruht auch nicht auf Wiederholungen der schadensstiftenden Handlung.[519] Dagegen soll die **pflichtwidrige Unterlassung**, einen Schaden zu beseitigen, Wiederholungen der Schadenshandlung darstellen, so dass die Verjährung für jeden infolge der Nichtbeseitigung eintretenden Schaden gesondert erst mit dem Zeitpunkt beginnen kann, in dem der Geschädigte vom jeweiligen Schaden Kenntnis erlangt.[520] Tatsächlich dürfte in einem solchen Fall regelmäßig eine **einheitliche Dauerschädigung** vorliegen, so dass die Verjährung mit der Kenntnis des ersten (Teil-)Schadens beginnen kann.

1467

Bei einer **natürlichen Handlungseinheit** mit zeitversetzten Teilakten beginnt die Verjährung eines Ersatzanspruchs für Schäden, die in späteren Zeitabschnitten entstehen, nicht schon mit der Kenntnis des Geschädigten vom Eintritt irgendeinen Schadens, sondern frühestens jeweils mit Beendigung des einzelnen Zeitabschnitts oder mit Abschluss des schädigenden Handelns insgesamt.[521] Der aus dem Strafrecht stammende Begriff der **fortgesetzten Handlung** gilt im Zivilrecht im Allgemeinen nicht.[522]

1468

Zu einem einheitlichen Schaden aus einem bestimmten Ereignis gehören keine **unvorhersehbaren Folgeschäden**; der Anspruch auf Ersatz solcher Schäden kann erst von dem Zeitpunkt an verjähren, in dem der Geschädigte von ihnen und ihrem Urheber erfährt.[523]

1469

cc) Mehrere Schadenshandlungen

Stammen Schäden nicht aus ein und derselben Ursache, sondern aus **mehreren selbständigen Schadensereignissen** – z.B. entsprechenden Pflichtverletzungen eines Rechtsberaters –, so kann die Verjährung eines Ersatzanspruchs beginnen, sobald der Betroffene von irgendeinem Schaden aus der jeweiligen schadensstiftenden Handlung und deren Urheber Kenntnis erhält.[524] Die Schäden aus einer jeder dieser selbständigen Handlungen können jeweils zu einer Einheit verbunden sein (vgl. Rn. 1466).

1470

Auch **Wiederholungen der schädigenden Handlung** sind jeweils rechtlich selbständige Schadensereignisse. Jede Wiederholung löst einen neuen Schaden und damit einen neuen Ersatzanspruch aus, dessen Verjährung beginnen kann, sobald der Geschädigte von dem jeweiligen (neuen) Schaden aus der einzelnen Wiederholung und vom Schädiger erfährt; der strafrechtliche Begriff der **fortgesetzten Handlung**[525] ist inso-

1471

---

519 BGH, NJW 1969, 463, für eine ehrverletzende Äußerung.
520 BGHZ 71, 86, 93 f. = NJW 1978, 1377, zu § 852 Abs. 1 BGB a.F.
521 BGH, VersR 1972, 1046, 1047, für das Einleiten von Abwasser in Fischwasser; NJW 1981, 573, für die Vertiefung eines Grundstücks; vgl. BGH, NJW 1973, 2285.
522 BGH, NJW 1978, 262, 263.
523 BGH, VersR 1988, 929, 930; NJW 1991, 973; WM 1997, 2187, 2188; NJW 2000, 861, jeweils zu § 852 Abs. 1 BGB a.F.
524 BGH, NJW 1993, 648, 650; 1997, 1584, 1585; WM 1998, 786, 788.
525 Dazu BGHSt 40, 138, 145 ff.

weit nicht übertragbar.[526] Auch die **pflichtwidrige Nichtbeseitigung eines Schadens** ist ein wiederholtes Schadensverhalten[527] (vgl. Rn. 1467).

dd) Kenntnis der den Anspruch begründenden Umstände

1472 Zu den Umständen, die einen (entstandenen) Anspruch begründen und deren Kenntnis den Verjährungsbeginn auslöst, gehören die **Tatsachen**, aus denen sich die **Voraussetzungen der Anspruchsgrundlage** ergeben.

Dazu gehört bei einem **Schadensersatzanspruch gegen einen Rechtsanwalt** oder anderen Rechtsberater der **Tatsachenkern** bezüglich der **Pflichtverletzung** und der **dadurch verursachten Schädigung** des Mandanten oder eines geschützten Dritten.[528] Eine **Kenntnis** dieser Umstände setzt nicht voraus, dass der Geschädigte alle Einzelheiten der Pflichtverletzung, des weiteren Ursachenverlaufs und des Schadens nach Art, Umfang und Hilfe übersieht (Rn. 1463). Vielmehr genügt es insoweit, dass dem Geschädigten bekannt ist, dass durch eine Pflichtverletzung des Rechtsberaters irgendein Schaden – nicht nur eine Vermögensgefährdung – entstanden ist.[529]

1473 Ein **Feststellungsinteresse** für einen künftigen Schadensersatzanspruch besteht i.d.R. nicht, solange der Eintritt eines Schadens ungewiss ist und deswegen noch keine Verjährungsfrist läuft.[530]

ee) Kenntnis der Person des Schuldners

1474 Bei einem **Schadensersatzanspruch gegen einen Rechtsberater** erlangt der Geschädigte **Kenntnis von der Person des ersatzpflichtigen Schuldners**, sobald er den **Namen** und die **Anschrift des Schädigers** sowie so viele **Umstände des Tathergangs** erfährt, dass er die Verantwortlichkeit des haftpflichtigen Rechtsberaters im Klagewege begründen kann (dazu Rn. 1463).[531] Einem Geschädigten, der nur die Geschäftsanschrift des Schädigers im Ausland kennt, ist eine **Klage** vor einem deutschen Gericht, deren Zustellung im Ausland ungewiss ist, **nicht zuzumuten**.[532]

1475 Für die **Kenntnis von der Person des Schädigers** kann genügen

---

526 RGZ 134, 335, 338 ff.; BGHZ 71, 86, 94; 97, 97, 109 f.; BGH, VersR 1972, 1046, 1047; WM 1977, 788; NJW 1978, 262, 263; 1981, 573; 1985, 1023, 1024.

527 BGHZ 71, 86, 93 ff. = NJW 1978, 1377, für den pflichtwidrig unterlassenen Widerruf einer unberechtigten Schutzrechtsverwarnung.

528 Vgl. BGH, NJW 1996, 117, 118; 2004, 510; *Palandt/Heinrichs*, BGB, 64. Aufl. 2005, § 199 Rn. 27.

529 BGH, VersR 1990, 277, 278; NJW 1993, 648, 650, 653; WM 1997, 2187, 2188.

530 BGH, NJW 1993, 648, 653 f.

531 BGH, NJW-RR 1990, 222, 223; NJW 1998, 988, 989 = WM 1998, 543; NJW 2001, 1721, 1722; WM 2003, 975, 976, jeweils zu § 852 Abs. 1 BGB a.F.; vgl. dazu im Einzelnen *Schnaufer*, S. 124 ff.

532 BGH, NJW 1998, 988, 989 = WM 1998, 543.

- die Übermittlung der Anklage gegen den Schädiger an den Geschädigten;[533]
- die Vernehmung des Geschädigten als Zeuge in einem Strafverfahren bei einfach gelagertem Sachverhalt;[534]
- die Einsicht in die Akte des Strafverfahrens gegen den Schädiger.[535]

Andererseits kann es bei **außergewöhnlich schwierigem Sachverhalt** für eine Kenntnis i.S.d. § 199 Abs. 1 Nr. 2 BGB nach den maßgeblichen Umständen des Einzelfalls nicht ausreichen, dass der Geschädigte bzw. sein gesetzlicher Vertreter die Anklageschrift sowie Ermittlungsakten einsieht und von der Eröffnung des Hauptverfahrens erfährt.[536]

Verstirbt der ersatzpflichtige Schädiger, so erstreckt sich die Kenntnis i.S.d. § 199 Abs. 1 Nr. 2 BGB nicht auf die Person des – gemäß §§ 1967, 2058 BGB haftenden – Erben.[537]

Haften **mehrere Schädiger**, so kann die Verjährung der Ersatzansprüche gegen jeden einzelnen Schädiger beginnen, sobald der Geschädigte jeweils weiß, dass es sich um einen ersatzpflichtigen Schuldner, also um eine für den Schaden verantwortliche Person handelt;[538] insoweit dürfen keine begründeten Zweifel mehr bestehen.[539]

1476

ff) Zurechnung der Kenntnis Dritter

Die Verjährung nach § 199 Abs. 1 BGB kann beginnen, wenn der **Geschädigte** sich eine **Kenntnis Dritter** im Rahmen dieser Vorschrift **zurechnen** lassen muss.[540]

1477

(1) Gesetzlicher Vertreter

Derjenige Geschädigte, der geschäftsunfähig (§ 104 BGB) oder in seiner Geschäftsfähigkeit beschränkt ist (§ 106 BGB), muss die **Kenntnis seines gesetzlichen Vertreters** (§§ 1626, 1629, 1902 BGB) gegen sich gelten lassen.[541]

1478

533　BGH, VersR 1983, 273.
534　BGH, NJW 1994, 3092, 3093.
535　BGH, NJW-RR 1990, 222, 223.
536　BGH, NJW-RR 2005, 69, 70, zu § 852 Abs. 1 BGB a.F.
537　OLG Neustadt, MDR 1963, 413, zu § 852 Abs. 1 BGB a.F.
538　BGH, VersR 1963, 285, 286; NJW-RR 1990, 222, 223; NJW 2001, 964 f. = WM 2001, 1026.
539　BGH, NJW 1999, 2734, 2735 = WM 1999, 1844.
540　Vgl. dazu im Einzelnen *Schnaufer*, S. 58 ff.
541　Vgl. BGH, NJW 1976, 2344; NJW-RR 2005, 69, 70.

(2) Wissensvertreter

1479 In Anlehnung an den Rechtsgedanken des **§ 166 Abs. 1 BGB** muss sich der Geschädigte die **Kenntnis eines sog. „Wissensvertreters"** im Rahmen des § 199 Abs. 1 BGB zurechnen lassen.[542]

Nach § 166 BGB kommt es **im rechtsgeschäftlichen Verkehr** grundsätzlich auf die Person des Bevollmächtigten an, soweit die Kenntnis oder das Kennenmüssen gewisser Umstände die rechtlichen Folgen einer Willenserklärung beeinflussen; dies gilt auch für gesetzliche Vertreter[543] und die Organe juristischer Personen.[544] Diese Vorschrift ist **grundsätzlich nicht** auf die Kenntnis i.S.d. **§ 199 Abs. 1 BGB übertragbar**; für den Verjährungsbeginn nach dieser Bestimmung kommt es i.d.R. allein auf die Kenntnis des Verletzten, nicht auf diejenige seines Vertreters an.[545]

§ 166 Abs. 1 BGB ist allerdings der **allgemeine Rechtsgedanke** entnommen worden, dass derjenige, der – unabhängig von einem Vertretungsverhältnis – einen anderen mit der Erledigung einer bestimmten Angelegenheit in eigener Verantwortung betraut, sich das in diesem Rahmen erlangte Wissen des anderen zurechnen lassen muss („**Wissensvertretung**").[546]„Wissensvertreter" ist jeder, der nach der Arbeitsorganisation des Geschäftsherrn dazu berufen ist, als dessen Repräsentant im Rechtsverkehr bestimmte Aufgaben in eigener Verantwortung zu erledigen und die dabei anfallenden Informationen zur Kenntnis zu nehmen und weiterzuleiten; eine Bestellung zum rechtsgeschäftlichen Vertreter oder zum Wissensvertreter ist nicht erforderlich, jedoch muss sich der Geschäftsherr seines Repräsentanten im rechtsgeschäftlichen Verkehr wie eines Vertreters bedienen.[547]

1480 Diese „Wissensvertretung" hat die Rechtsprechung **auf § 852 Abs. 1 BGB a.F.** übertragen;[548] dies muss auch für **§ 199 Abs. 1 BGB** gelten. Der **Geschädigte** muss sich

---

542 BGH, NJW 1968, 988; VersR 1985, 735; NJW 1989, 2323; NJW-RR 1990, 222, 223; NJW 1993, 648, 652, zu § 852 Abs. 1 BGB a.F.
543 BGHZ 38, 65, 66 = NJW 1963, 2251.
544 BGH, NJW 1994, 1150, 1151; 2000, 1411, 1412 = WM 2000, 1205; NJW 2001, 359, 360, jeweils zu § 852 Abs. 1 BGB a.F.
545 BGH, NJW 1968, 988; 1993, 648, 652, zu § 852 Abs. 1 BGB a.F.
546 BGH, NJW 1968, 988; BGHZ 83, 293, 296 = NJW 1982, 1585; BGH, NJW 1989, 2323; BGHZ 117, 104, 106 f. = NJW 1992, 1099; BGH, WM 1992, 1742, 1743; 1993, 251, 258 = NJW 1993, 648, 652; NJW 1997, 1584, 1585; ZNotP 2004, 355; für den Wissensvertreter einer juristischen Person des öffentlichen Rechts: BGH, NJW 1994, 1150, 1151; 2000, 1411, 1412 = WM 2000, 1205; für den Wissensvertreter einer juristischen Person des privaten Rechts und einer nicht rechtsfähigen Gesellschaft: NJW 2001, 359, 360.
547 BGHZ 117, 104, 106 f., m.w.N. = NJW 1992, 1099; WM 1992, 1742, 1743; 1993, 251, 258 = NJW 1993, 648, 652; 1997, 1584, 1585; ZNotP 2004, 355; vgl. BGH, NJW 1994, 1150, 1151, für den Wissensvertreter einer juristischen Person des öffentlichen Rechts.
548 BGH, NJW 1968, 988; VersR 1985, 735; NJW 1989, 2323; NJW-RR 1990, 222, 223; NJW 1993, 648, 652.

die **Kenntnis eines Dritten** dann im Rahmen dieser Vorschrift **zurechnen** lassen, wenn er diesen Dritten – unabhängig von einem Vertretungsverhältnis – beauftragt hat, in eigener Verantwortung seine Interessen bezüglich des Schadensersatzanspruchs zu wahren, also insbesondere diesen Anspruch durchzusetzen; dann hat der Geschädigte diesen Dritten insoweit zu seinem „**Wissensvertreter**" bestellt.[549] Dies gilt insbesondere für die Beauftragung eines **Rechtsanwalts** zur Aufklärung des Sachverhalts eines Schadensvorgangs und/oder zur Geltendmachung eines daraus folgenden Schadensersatzanspruchs.[550] Bei juristischen Personen ist insoweit auf das Wissen des Bediensteten abzustellen, der mit der Betreuung und Verfolgung der Ersatzforderung in eigener Verantwortung betraut worden ist;[551] das gilt entsprechend für den zuständigen Bediensteten der verfügungsbefugten Behörde.[552] Eine Wissensvertretung durch Behörden entfällt.[553] Der Geschädigte muss sich nicht nur eine **positive Kenntnis des Wissensvertreters**, sondern auch ein **missbräuchliches Sichverschließen vor der Kenntnis** entgegenhalten lassen.[554]

(3) Drittschadensliquidation

Ist der Schaden nicht bei demjenigen, der durch die Pflichtverletzung unmittelbar betroffen wurde, sondern bei einem Dritten eingetreten, so kommt es bei der **Schadensliquidation im Drittinteresse** (vgl. Rn. 1713 ff.) für die **Kenntnis** i.S.d. § 199 Abs. 1 BGB auf den **Anspruchsteller**, nicht auf den geschädigten Dritten an.[555]

1481

(4) Erbfall

Verstirbt der Geschädigte, so geht der in seiner Person entstandene Schadensersatzanspruch[556] auf den oder die Erben über (§ 1922 BGB). Der Eintritt in die Rechtsstellung des Erblassers hat zur Folge, dass sich der Erbe eine **Kenntnis des Erblassers** i.S.d. § 199 Abs. 1 BGB zurechnen lassen muss.

1482

Hatte der Erblasser eine solche Kenntnis noch nicht erlangt, so kommt es für den Verjährungsbeginn auf die Kenntnis der Erben an. Dafür ist, wenn eine Erbengemeinschaft

---

549 BGH, NJW 1968, 988; VersR 1985, 735; NJW 1989, 2323; 1993, 648, 652.
550 BGH, NJW 1989, 2323; BGHZ 117, 104, 106 f. = NJW 1992, 1099; WM 1992, 1742, 1743; 1993, 251, 258 = NJW 1993, 648, 652; 1997, 1584, 1585; 2001, 885, 886; WM 2003, 975, 976; ZNotP 2004, 355.
551 BGH, NJW 1994, 1150, 1151; 2000, 1411, 1412 = WM 2000, 1205; NJW 2001, 359, 360.
552 BGH, NJW 1985, 2583; BGHZ 134, 343, 347 = WM 1997, 1123.
553 BGH, NJW 1997, 1584, 1585.
554 BGH, NJW 1989, 2323 f.
555 BGH, NJW 1967, 930, 931, zu § 852 Abs. 1 BGB a.F.
556 Vgl. dazu BGH, BB 1968, 566.

den geerbten Schadensersatzanspruch geltend macht, erforderlich, dass alle **Miterben** diese **Kenntnis** haben (vgl. §§ 2038, 2040 BGB).[557]

(5) Forderungsübergang

1483 Ist die Schadensersatzforderung **abgetreten** worden, so muss sich der Zessionar die bis zum Forderungsübergang erworbene **Kenntnis des Zedenten** i.S.d. § 199 Abs. 1 BGB zurechnen lassen (§ 404 BGB).[558] Dies gilt grundsätzlich entsprechend bei **gesetzlichem Forderungsübergang** (§§ 404, 412 BGB).[559]

d) Grob fahrlässige Unkenntnis (§ 199 Abs. 1 Nr. 2 BGB)

1484 **Für den Beginn der regelmäßigen Verjährungsfrist** steht die **grob fahrlässige Unkenntnis** der anspruchsbegründenden Umstände und der Person des Schuldners **der entsprechenden Kenntnis gleich** (§ 199 Abs. 1 Nr. 2 BGB). Grob fahrlässig ist diejenige Unkenntnis, die auf einer besonders schweren Vernachlässigung der im Rechtsverkehr erforderlichen Sorgfalt beruht (vgl. § 276 Abs. 2 BGB). Diese liegt vor, wenn die im Verkehr erforderliche Sorgfalt in ungewöhnlich hohem Maße verletzt wurde, wenn ganz nahe liegende Überlegungen nicht angestellt oder beiseite geschoben wurden und dasjenige unbeachtet geblieben ist, was sich im gegebenen Fall jedem aufgedrängt hätte; grobe Fahrlässigkeit ist also eine subjektiv schlechthin unentschuldbare Pflichtverletzung, die das gewöhnliche Maß der Fahrlässigkeit erheblich übersteigt.[560]

1485 Eine **grob fahrlässige Unkenntnis** liegt i.d.R. in denjenigen Fällen vor, in denen die **Rechtsprechung** im Rahmen des **§ 852 Abs. 1 BGB a.F.** eine Unkenntnis der positiven Kenntnis des Schadens und des Schädigers gleichgestellt hat.[561]

Danach steht eine **Unkenntnis dann einer Kenntnis gleich,** wenn es dem Geschädigten oder seinem gesetzlichen Vertreter möglich war, sich die erforderliche Kenntnis in zumutbarer Weise ohne nennenswerte Mühe und ohne besondere Kosten zu beschaffen, dieser jedoch eine gleichsam auf der Hand liegende Erkenntnismöglichkeit versäumt hat und deswegen letztlich das Berufen auf Unkenntnis als Förmelei erscheint, weil jeder andere in der Lage des Geschädigten unter denselben Umständen die Kenntnis gehabt hätte.[562]

---

557 OLG Celle, NJW 1964, 869 f.
558 BGH, NJW 1991, 1172, 1173; WM 1996, 125, 126.
559 Vgl. BGHZ 48, 181, 183 ff. = NJW 1967, 2199; BGH, NJW 1983, 1912; BGHZ 133, 192, 197 = NJW 1996, 2933; BGH, NJW 1998, 902 f.; ZIP 1998, 111; vgl. *Lepa*, VersR 1986, 301, 302 f.; *Schnaufer*, S. 72 ff.
560 BGH, NJW 1992, 3235, 3236.
561 *Palandt/Heinrichs*, BGB, 64. Aufl. 2005, § 199 Rn. 37.
562 BGH, NJW 1990, 2808, 2810; WM 1993, 251, 259 = NJW 1993, 648; 1994, 3092, 3093; BGHZ 133, 192, 198 = NJW 1996, 2933; BGH, NJW 2000, 953; 2001, 964, 965 = WM 2001, 1026; NJW 2001, 1721, 1722; WM 2003, 975, 976, jeweils zu § 852 Abs. 1 BGB a.F.

Das kann z.B. der Fall sein, wenn

- es sich um eine **einfache Anfrage** oder ein **Telefongespräch** handelt, um das Wissen um eine bestimmte Einzelheit – etwa die Anschrift des Schädigers – zu vervollständigen;[563]
- **bei einfachen Sachverhalten ein Zeuge** zum Schadenshergang vernommen wird, i.d.R. aber nicht bei schwer durchschaubaren wirtschaftlichen Abläufen und Zusammenhängen (Warenterminoption).[564]

Ein **missbräuchliches Sichverschließen** gegenüber einer nahe liegenden Erkenntnismöglichkeit liegt i.d.R. dagegen **nicht** vor, wenn 1486

- eine Wissenslücke nur durch **lange und zeitraubende Telefonate** geschlossen werden kann;[565]
- die **Beauftragung eines Rechtsanwalts** zur weiteren Aufklärung oder Bearbeitung des Falles notwendig ist;[566]
- der Geschädigte ein **Strafverfahren gegen den Schädiger** nicht verfolgt;[567]
- der Geschädigte nur die Geschäftsanschrift des Schädigers im **Ausland** kennt und Nachforschungen über den Wohnsitz notwendig wären;[568]
- eine Wissenslücke nur durch **Einsicht in Ermittlungsakten** und deren wertende Überprüfung zu schließen ist;[569]
- umfangreiche Erkundigungen, etwa durch Einholung eines **Sachverständigengutachtens**, notwendig sind.[570]

Eine Pflicht des Geschädigten, im Interesse des Schädigers an einem möglichst frühen Verjährungsbeginn eine **Aufklärungsinitiative** zu ergreifen, besteht grundsätzlich nicht.[571] 1487

Der Geschädigte muss sich nicht nur die Kenntnis, sondern auch eine grob fahrlässige **Unkenntnis seines gesetzlichen Vertreters oder Wissensvertreters** zurechnen 1488

---

563 BGH, NJW 2000, 953, 954; WM 2003, 975, 976.
564 BGH, NJW 1994, 3092, 3093.
565 BGHZ 133, 192, 199 f. = NJW 1996, 2933; BGH, NJW 2000, 953, 954; WM 2003, 975, 976.
566 BGH, NJW 1994, 3092, 3093 f.; 1995, 776, 778; WM 2003, 975, 976.
567 BGH, WM 1990, 642, 644; vgl. BGH, NJW 2004, 510, 511.
568 BGH, NJW 1998, 988, 989 = WM 1998, 543.
569 BGHZ 133, 192, 200 = NJW 1996, 2933.
570 BGH, NJW 2000, 953, 954.
571 BGH, NJW 1994, 3092, 3094; 1995, 776, 778; 2000, 953, 954; 2001, 1721, 1722; 2003, 288, 289.

lassen;[572] das gilt auch für eine Wissenszurechnung bei arbeitsteiligen **Unternehmen, Behörden** und **juristischen Personen des öffentlichen Rechts**.[573]

e) Ultimo-Regelung

1489 Nach § 199 Abs. 1 Halbs. 1 BGB wird – entsprechend § 201 BGB a.F. – die **regelmäßige Verjährungsfrist erst mit dem Schluss des Jahres** in Lauf gesetzt, in dem die objektiven und subjektiven Voraussetzungen des Verjährungsbeginns (§ 199 Abs. 1 Nr. 1, 2 BGB) erfüllt sind (sog. **Ultimo- oder Silvester-Verjährung**). War dies z.B. im Laufe des Jahres 2005 der Fall, so beginnt die Regelverjährung am 31.12.2005, 24.00 Uhr, und ist am 31.12.2008, 24.00 Uhr, vollendet (vgl. § 188 Abs. 2 BGB).

Diese Jahresschlussverjährung gilt **nur im Rahmen des § 199 Abs. 1 BGB**, nicht für andere Verjährungsfristen, insbesondere nicht für solche der §§ 196, 197, 199 Abs. 2 – 4, §§ 200, 201, 634a BGB.[574]

1490 Endet vor Schluss des Jahres, in dem die Voraussetzungen des § 199 Abs. 1 BGB für den Verjährungsbeginn erfüllt worden sind, eine Hemmung der Verjährung (§§ 203 ff. BGB), so beginnt die Verjährung zum Jahresende; das gilt für einen Neubeginn der Verjährung entsprechend.[575]

Wird die Verjährung später gehemmt (§§ 203 ff. BGB), so läuft die Verjährungsfrist nach dem Ende der Hemmung sogleich weiter (vgl. § 209 BGB), nicht erst ab nächstem Jahresschluss.[576]

2. Verjährungshöchstfristen (§ 199 Abs. 2 – 4 BGB)

1491 Für alle unter die Regelverjährung fallenden Ansprüche gelten die in § 199 Abs. 2 – 4 BGB genannten **Verjährungsfristen von zehn bzw. 30 Jahren** als absolute **Höchstfristen** mit objektiv bestimmtem, **kenntnisunabhängigem Beginn**, die als Ausgleich der subjektiven Voraussetzung für den Verjährungsbeginn (§ 199 Abs. 1 Nr. 2 BGB) die Verjährungszeit begrenzen. Neben einer Jahresschlussverjährung gemäß §§ 195, 199 Abs. 1 BGB läuft also eine zweite (objektive) Verjährungsfrist gemäß § 199 Abs. 2 – 4 BGB. **Nach Ablauf dieser Höchstfristen tritt spätestens die Verjährung ein**, auch wenn der Anspruch auf Vorsatz oder Arglist des Schuldners beruht. Diese Maximalfristen **beginnen taggenau mit dem festgelegten Zeitpunkt**, also nicht gemäß § 199 Abs. 1 BGB mit Jahresschluss. Für diese gesetzlichen Fristen gelten die §§ 187

---

572 BGH, NJW 1989, 2323 f., zu § 852 Abs. 1 BGB a.F.
573 *Mansel*, in: *Dauner-Lieb/Heidel/Lepa/Ring*, Anwaltkommentar Schuldrecht, § 199 Rn. 61.
574 *Mansel*, in: *Dauner-Lieb/Heidel/Lepa/Ring*, Anwaltkommentar Schuldrecht, § 199 Rn. 66; *Leenen*, DStR 2002, 34, 35.
575 Vgl. BGH, NJW 1995, 3380, zu § 201 BGB a.F.
576 BGHZ 86, 98, 104; 93, 287, 294; BGH, NJW-RR 1990, 664, 665; BAG, NJW 1997, 3461, 3462, jeweils zu § 201 BGB a.F.

– 193 BGB als Auslegungsvorschriften (§ 186 BGB). Entsteht z.b. ein Schadensersatzanspruch gegen einen Steuerberater mit Bekanntgabe des belastenden Steuerbescheids (vgl. Rn. 1352 ff.), so beginnt gemäß § 187 Abs. 1 BGB die Höchstfrist des § 199 Abs. 3 Satz 1 Nr. 1 BGB am folgenden Tag um 0.00 Uhr, diejenige des § 199 Abs. 3 Satz 1 Nr. 2 BGB mit dem Tag nach der Pflichtverletzung; das Ende dieser Fristen bestimmt sich nach § 188 Abs. 2 Fall 1 BGB.[577]

Da die **Maximalfristen** echte Verjährungsfristen sind, können diese auch nach §§ 203 ff. **BGB gehemmt** werden oder gemäß § 212 BGB **neu beginnen**. Deswegen kann die Verjährungszeit die „Höchstfristen" überschreiten.

Diese Maximalfristen können auseinander fallen, wenn höchstpersönliche Rechtsgüter i.S.d. § 199 Abs. 2 BGB und andere Rechtsgüter i.S.d. § 199 Abs. 3 BGB verletzt werden.[578]

Die Höchstfrist des § 199 Abs. 4 BGB betrifft „andere Ansprüche als Schadensersatzansprüche" und hat deswegen für einen Regressanspruch gegen einen Rechtsberater keine Bedeutung.

a) Schadensersatzanspruch wegen Verletzung höchstpersönlicher Rechtsgüter (§ 199 Abs. 2 BGB)

Nach § 199 Abs. 2 BGB **verjähren Schadensersatzansprüche**, die auf der Verletzung des Lebens, des Körpers, der Gesundheit oder der Freiheit beruhen, ohne Rücksicht auf ihre Entstehung und die Kenntnis oder grob fahrlässige Unkenntnis in 30 Jahren von der Begehung der Handlung, der Pflichtverletzung oder dem sonstigen, den Schaden auslösenden Ereignis an.

1492

Diese Regelung gilt auch insoweit, als ein Schadensersatzanspruch gegen einen **Rechtsberater** solche Rechtsgutsverletzungen betrifft. Ein entsprechender Ersatzanspruch erstreckt sich auf daraus folgende **materielle und immaterielle Schäden** (§ 253 BGB).

Die **Verjährung des § 199 Abs. 2 BGB beginnt** für einen vertraglichen oder vorvertraglichen Schadensersatzanspruch mit der Pflichtverletzung, für eine deliktische Schadensersatzforderung mit Begehung der unerlaubten Handlung; insoweit kommt es nur auf den Zeitpunkt an, in dem sich die Schadensursache ereignet, nicht auf denjenigen des Schadenseintritts[579] (vgl. § 187 Abs. 1 BGB).

---

577 Vgl. BGH, NJW-RR 1989, 629; zur Fristberechnung *Gottwald*, Rn. 506 ff.
578 *Mansel*, in: *Dauner-Lieb/Heidel/Lepa/Ring*, Anwaltkommentar Schuldrecht, § 199 Rn. 103.
579 BGHZ 98, 77, 82 = NJW 1986, 2827; BGHZ 117, 287, 292 = NJW 1992, 1884, zu § 852 Abs. 1 BGB a.F.

b) Sonstige Schadensersatzansprüche (§ 199 Abs. 3 BGB)

1493 Ein **Schadensersatzanspruch**, der nicht unter § 199 Abs. 2 BGB fällt, sondern – wie regelmäßig bei der Rechtsberaterhaftung – auf den **Ausgleich eines Vermögensverlustes** gerichtet ist, **verjährt**

- falls der Anspruch – i.S.d. § 199 Abs. 1 Nr. 1 BGB – entstanden ist, ohne Rücksicht auf die Kenntnis oder grob fahrlässige Unkenntnis **in zehn Jahren von seiner Entstehung an** (§ 199 Abs. 3 Satz 1 Nr. 1 BGB), und

- ohne Rücksicht auf die Entstehung des Anspruchs und die Kenntnis oder grob fahrlässige Unkenntnis – i.S.d. § 199 Abs. 1 BGB – **in 30 Jahren von der** Begehung der Handlung, der **Pflichtverletzung** oder dem sonstigen, den Schaden auslösenden Ereignis **an** (§ 199 Abs. 3 Satz 1 Nr. 2 BGB),

wobei die **früher endende Frist maßgeblich** ist (§ 199 Abs. 3 Satz 2 BGB).

Die **zehnjährige Verjährungsfrist** des § 199 Abs. 3 Satz 1 Nr. 1 BGB **beginnt** mit der Entstehung des Schadensersatzanspruchs, also mit Eintritt des Schadens aus einer vertraglichen oder vorvertraglichen Pflichtverletzung oder aus einer unerlaubten Handlung. Die **Verjährungsfrist von 30 Jahren** (§ 199 Abs. 3 Satz 1 Nr. 2 BGB) **beginnt** mit der Handlung, die dem Schadensersatzanspruch zugrunde liegt, also – ohne Rücksicht auf den Zeitpunkt des Schadenseintritts – bei einer vertraglichen oder vorvertraglichen Schadensersatzforderung mit der Pflichtverletzung, beim Schadensersatzanspruch aus unerlaubter Handlung mit deren Begehung (vgl. Rn. 1492).

1494 Erstreckt sich ein Schadensersatzanspruch auf Rechtsgüter sowohl i.S.d. § 199 Abs. 2 BGB als auch des § 199 Abs. 3 BGB, so gelten die entsprechenden Verjährungsfristen jeweils im Rahmen ihres Anwendungsbereichs.[580]

3. Vollendung der Verjährung

1495 Zur Beantwortung der Frage, ob ein **Anspruch gegen einen Rechtsanwalt oder anderen Rechtsberater auf Ersatz eines Vermögensschadens nach § 199 BGB verjährt** ist, ist zu prüfen, ob Verjährung nach § 199 Abs. 1 BGB oder nach den Höchstfristen des § 199 Abs. 2, 3 BGB eingetreten ist.

Danach **verjährt ein solcher Schadensersatzanspruch** – abgesehen vom Sonderfall des § 199 Abs. 2 BGB –

- gemäß §§ 195, 199 Abs. 1 BGB, falls der Anspruch entstanden ist (dazu Rn. 1456 ff.) und die subjektive Voraussetzung dieser Vorschrift gegeben ist (dazu Rn. 1462 ff., 1484 ff.);

---

[580] *Palandt/Heinrichs*, BGB, 64. Aufl. 2005, § 199 Rn. 45.

- gemäß § 199 Abs. 3 Satz 1 Nr. 1 BGB, wenn der Anspruch i.S.d. § 199 Abs. 1 Nr. 1 entstanden ist, aber Kenntnis oder grob fahrlässige Unkenntnis i.S.d. § 199 Abs. 1 Nr. 2 BGB fehlt;
- gemäß § 199 Abs. 3 Satz 1 Nr. 2 BGB, wenn beide Voraussetzungen für einen Verjährungsbeginn nach § 199 Abs. 1 BGB fehlen.

In den beiden letztgenannten Fällen ist die früher ablaufende Verjährungsfrist maßgeblich (§ 199 Abs. 3 Satz 2 BGB).

4. Beweislast

Die tatsächlichen Voraussetzungen der Verjährung, also den **Beginn und Ablauf der gesetzlichen Verjährungsfrist**, hat der **Schuldner** – hier also der haftpflichtige Rechtsberater – **darzulegen und zu beweisen**.[581]   1496

Im Rahmen der Regelverjährung hat der Schuldner daher für den Verjährungsbeginn die Entstehung des Anspruchs sowie die subjektiven Voraussetzungen des § 199 Abs. 1 BGB darzulegen und zu beweisen. Soweit es sich dabei um Umstände aus der Sphäre des Gläubigers handelt, hat dieser an der Aufklärung des Sachverhalts mitzuwirken.[582]

III. Werkvertragliche Verjährung gemäß § 634a BGB

Ist der **Anwalts- oder Steuerberatervertrag ausnahmsweise ein Werkvertrag** (§§ 631, 675 Abs. 1 BGB; dazu Rn. 6 ff., 480), so **verjähren Mängelansprüche** des Bestellers (Mandanten) aus § 634 BGB nach § 634a BGB (zum Geltungsbereich dieser Vorschrift Rn. 1260 ff.).   1497

Ansprüche des Bestellers (Mandanten) auf **Nacherfüllung** (§ 634 Nr. 1, § 635 BGB), Ersatz der erforderlichen **Aufwendungen** – einschließlich des Anspruchs auf einen **Vorschuss** – bei berechtigter **Selbstvornahme** (§ 634 Nr. 2, § 637 BGB) und auf **Schadensersatz** oder Ersatz vergeblicher Aufwendungen (§ 634 Nr. 4 mit den dort genannten Vorschriften) **verjähren** gemäß **§ 634a Abs. 1 Nr. 3 BGB** in der **regelmäßigen Verjährungsfrist** des § 195 BGB **nach § 199 BGB**, nicht in den Verjährungsfristen für Leistungen i.S.d. § 634a Abs. 1 Nr. 1, 2 BGB.[583]   1498

---

581 BGH, WM 1980, 532, 534; 1996, 1832, 1834; 2000, 1808, 1811; 2003, 936, 939.
582 *Palandt/Heinrichs*, BGB, 64. Aufl. 2005, § 199 Rn. 46, unter Hinweis auf BGHZ 91, 243, 260, zu § 254 BGB; vgl. zur „**sekundären Behauptungs-(Darlegungs-)last**" bzw. zum „**substanziiertem Bestreiten**" u.a. BGHZ 86, 23, 29; 140, 156, 158; BGH, NJW 1990, 3151 f.; NJW-RR 1999, 1152; WM 2005, 571, 573.
583 *Palandt/Sprau*, BGB, 64 Aufl. 2005, § 634a Rn. 5, 12; *Raab*, in: *Dauner-Lieb/Heidel/Lepa/Ring*, Anwaltkommentar Schuldrecht, § 634a Rn. 12; *Wagner*, in: *Henssler/Graf von Westphalen*, § 634a Rn. 14; *Fahrendorf*, in: *Rinsche/Fahrendorff/Terbille*, Rn. 975.

Damit wird die Verjährung der werkvertraglichen Haftung eines Rechtsberaters derjenigen aus Dienstvertrag (Rn. 1452 ff.) gleichgestellt; das ist gerechtfertigt, weil die Einordnung als Werk- oder Dienstvertrag häufig schwierig ist und Mängel der Arbeitsergebnisse eines Rechtsberaters i.d.r. schwerer festzustellen sind als Mängel bei Arbeiten an einer Sache und hierfür erbrachten Planungs- oder Überwachungsleistungen i.S.d. § 634 Abs. 1 Nr. 1 BGB.[584]

1499 **Hemmung, Ablaufhemmung** und **Neubeginn der Verjährung** eines **werkvertraglichen Mängelanspruchs**, der der Verjährung gemäß § 634a Abs. 1 Nr. 3 BGB unterliegt, richten sich nach §§ 203 ff. BGB (dazu Rn. 1501 ff., 1528 ff.) und **erfassen alle Ansprüche**, die aus demselben Rechtsgrund – z.B. i.S.d. § 634 BGB – wahlweise neben dem geltend gemachten Anspruch oder an dessen Stelle bestehen (§ 213 BGB).[585]

1500 Im Rahmen eines Werkvertrages ist in bestimmten **Verjährungsfällen** ein **Rücktritt** oder eine **Minderung unwirksam** (§ 634a Abs. 4, 5 mit § 218 BGB; vgl. Rn. 1542).

IV. Hemmung der Verjährung (§§ 203 ff. BGB)

1501 Das **neue Recht der Verjährungshemmung** (§§ 203 ff. BGB) übernimmt aus dem alten Recht (§§ 202 ff. BGB a.F.; dazu Rn. 1412 ff.) die Gliederung in **tatsächliche, rechtliche und familiäre Hemmungsgründe** sowie deren **Wirkung**.[586] Gegenüber dem alten Recht werden die **Tatbestände der Verjährungshemmung** erheblich **erweitert**, insbesondere – unter entsprechender Einschränkung der alten Unterbrechungsgründe (§§ 208 ff. BGB a.F.) – durch die für die Praxis bedeutsamen Maßnahmen der **Rechtsverfolgung** (§ 204 BGB).

1. Verhandlungen (§ 203 BGB)

1502 Der Rechtsgedanke des **§ 852 Abs. 2 BGB a.F.** führt in **§ 203 BGB** zu einer **allgemeinen Regelung der Verjährungshemmung durch Verhandlungen**, um deren Zweck, Rechtsstreitigkeiten zu vermeiden, nicht unter den Zeitdruck einer ablaufenden Verjährungsfrist zu setzen.[587] Nach § 203 Satz 1 BGB ist die Verjährung gehemmt, wenn zwischen dem Schuldner und dem Gläubiger Verhandlungen über den Anspruch oder die den Anspruch begründenden Umstände schweben, bis der eine oder der andere Teil die Fortsetzung der Verhandlungen verweigert. Darunter fallen **alle Ansprüche**,

---

584 Vgl. Entwurfsbegründung vom 11.5.2001 eines Gesetzes zur Modernisierung des Schuldrechts (SchuModG), BR-Drucks. 338/01, S. 623 f.; *Palandt/Sprau*, BGB, 64. Aufl. 2005, § 634a Rn. 12; *Mansel*, NJW 2002, 89, 96.

585 *Palandt/Heinrichs*, BGB, 64. Aufl. 2005, § 213 Rn. 1 f.; *Palandt/Sprau*, BGB, 64. Aufl. 2005, § 634a Rn. 9.

586 Zu weiteren Hemmungsvorschriften: *Bereska*, in: *Henssler/Graf von Westphalen*, Vorbem. zu §§ 203 – 213 BGB, Rn. 4; *Mansel*, in: *Dauner-Lieb/Heidel/Lepa/Ring*, Anwaltkommentar Schuldrecht, Vorbem. zu §§ 203 – 213 BGB, Rn. 4.

587 Entwurfsbegründung SchuModG, BR-Drucks. 338/01, S. 248.

die nach BGB verjähren, gleichgültig, ob sie der Regel- oder einer Sonderverjährung unterliegen.[588]

Verzichtet der Schuldner während des Laufs der Verjährungsfrist für eine bestimmte Zeit **auf die Verjährungseinrede** (dazu Rn. 1434), so wird dadurch eine Verjährungshemmung gemäß § 203 BGB grundsätzlich nicht berührt.[589]

1503

a) Begriff der Verhandlung

Verhandlungen i.S.d. § 203 Satz 1 BGB sind **in weitem Sinne** zu verstehen.[590] In Fortführung der Rechtsprechung zu § 852 Abs. 2 BGB a.F.[591] genügt **jeder Meinungsaustausch** über den Anspruch oder die anspruchsbegründenden Umstände, sofern nicht eine entsprechende Erörterung oder jede Leistung sofort und eindeutig abgelehnt wird; Verhandlungen schweben schon dann, wenn der Schuldner **Erklärungen** abgibt, die dem Gläubiger die Annahme gestatten, der Schuldner lasse sich auf eine Erörterung der Berechtigung des Anspruchs ein, ohne dass eine Vergleichsbereitschaft oder ein Entgegenkommen angezeigt werden muss.

1504

b) Gegenstand der Verhandlung

Verhandlungen i.S.d. § 203 BGB müssen nicht einen **Anspruch** aus einer bestimmten Rechtsgrundlage betreffen.[592] Da Gegenstand der Verhandlungen auch „**die den Anspruch begründenden Umstände**" (dazu Rn. 1462 ff.) sein können, genügt es, wenn der Gläubiger die Befriedigung eines Interesses aus einem bestimmten Sachverhalt begehrt. Verhandlungen erstrecken sich i.d.R. auch auf **Ansprüche i.S.d. § 213 BGB**.

1505

Die Verjährungshemmung erfasst einen **abtrennbaren Teil eines Anspruchs** ausnahmsweise dann nicht, wenn die Parteien nur über den anderen Teil verhandeln.[593]

Die Fälle des § 639 Abs. 2 BGB a.F. fallen nunmehr unter § 203 BGB.[594]

Durch einen **Widerrufsvergleich**, der in einer gerichtlichen Güteverhandlung geschlossen wird, wird die Verjährung eines vom Vergleich umfassten Anspruchs gemäß § 203 Satz 1 BGB bis zur Erklärung des Widerrufs gehemmt.[595]

---

588 *Palandt/Heinrichs*, BGB, 64. Aufl. 2005, § 203 Rn. 1.
589 BGH, NJW 2004, 1654, zu § 852 Abs. 2 BGB a.F.
590 BGH, NJW 1983, 2075, 2076; 2001, 1723, jeweils zu § 852 Abs. 2 BGB a.F.
591 BGHZ 93, 64, 66 f. = NJW 1985, 798; BGH, DB 1991, 2183; NJW 2001, 885, 886 und 1723; MDR 2001, 936; NJW 2004, 1654, jeweils zu § 852 Abs. 2 BGB a.F.
592 Dazu und zum Folgenden: Entwurfsbegründung SchuModG, BR-Drucks. 338/01, S. 250.
593 BGH, WM 1998, 871, 872 = NJW 1998, 1142, zu § 852 Abs. 2 BGB a.F.
594 *Bereska*, in: *Henssler/Graf von Westphalen*, § 203 Rn. 10.
595 BGH, NJW 2005, 2004, 2006.

c) Verweigerung der Fortsetzung der Verhandlungen

1506 Die **Hemmungszeit endet** nach § 203 Satz 1 BGB, wenn eine Partei die **Fortsetzung der Verhandlungen verweigert**. Ein solcher Abbruch von Verhandlungen muss wegen seiner Bedeutung für die Durchsetzbarkeit des geltend gemachten Anspruchs durch **klares und eindeutiges Verhalten** zum Ausdruck gebracht werden.[596] Werden Verhandlungen durch „**Einschlafenlassen**" seitens des Gläubigers abgebrochen, so endet die Hemmung in dem Zeitpunkt, in dem der nächste Schritt des Schuldners – oder seines Haftpflichtversicherers – nach Treu und Glauben (§ 242 BGB) zu erwarten gewesen wäre.[597] Verjährungshemmende Verhandlungen können auch durch eine **Abfindungsvereinbarung** und Zahlung des Abfindungsbetrages beendet werden.[598]

Die **Wiederaufnahme abgebrochener Verhandlungen** kann die Verjährung erneut hemmen.

d) Ablaufhemmung

1507 Nach § 203 Satz 2 BGB tritt die Verjährung, die durch Verhandlungen i.S.d. § 203 Satz 1 BGB gehemmt war, frühestens drei Monate nach dem Ende der Hemmung ein. Diese **Ablaufhemmung** soll dem Gläubiger, den das Ende der Verhandlungen überraschen kann, ausreichende Zeit zur Durchsetzung des Anspruchs gewähren.[599]

2. Rechtsverfolgung (§ 204 BGB)

1508 Nach § 204 Abs. 1 BGB wird durch 14 Maßnahmen der **Rechtsverfolgung die Verjährung eines Anspruchs gehemmt**.

Im Folgenden werden die für die Rechtsberaterhaftung wichtigsten Hemmungsgründe der Rechtsverfolgung erörtert.

a) Klage (§ 204 Abs. 1 Nr. 1 BGB)

1509 Die **Erhebung der Klage** auf Leistung oder Feststellung des Anspruchs, auf Erteilung der Vollstreckungsklausel oder auf Erlass des Vollstreckungsurteils **hemmt die Verjährung** (§ 204 Abs. 1 Nr. 1 BGB). Insoweit wird zum alten Recht (§ 209 Abs. 1 BGB a.F.) auf Rn. 1420 ff. verwiesen mit der Maßgabe, dass nach neuem Recht die Klageerhebung die Verjährung nicht mehr unterbricht.

---

596 BGH, NJW 1998, 2819, 2820; 2004, 1654, 1655, jeweils zu § 852 Abs. 2 BGB a.F.
597 BGH, NJW 1986, 1337, 1338 f.; VersR 1990, 755, 756, jeweils zu § 852 Abs. 2 BGB a.F.
598 BGH, NJW-RR 1997, 1318, zu § 852 Abs. 2 BGB a.F., § 3 Nr. 3 Satz 3 des Pflichtversicherungsgesetzes; vgl. dazu auch OLG Hamm, MDR 1999, 38.
599 Entwurfsbegründung SchuModG, BR-Drucks. 338/01, S. 251.

Eine **wirksame Klage des Berechtigten**⁶⁰⁰ wird erhoben durch **Zustellung der Klageschrift an den Schuldner** (§ 253 ZPO); diese hat **für die Verjährung Rückwirkung** auf den Zeitpunkt der Einreichung der Klage bei Gericht, wenn die Zustellung demnächst erfolgt (§ 167 ZPO). Daran ändert eine Verzögerung der Zustellung nichts, wenn der Kläger und sein Prozessbevollmächtigter nach den Gesamtumständen das Zumutbare für eine alsbaldige Zustellung getan haben.⁶⁰¹ 1510

Die **Klageerhebung hemmt die Verjährung** auch dann, wenn die **Anspruchsvoraussetzungen** in der Klageschrift **nicht schlüssig und substanziiert dargelegt** werden.⁶⁰² Auch eine – z.b. wegen fehlenden Rechtsschutzinteresses – **unzulässige Klage hemmt die Verjährung** (vgl. § 212 Abs. 1 BGB a.F.).⁶⁰³

Eine **Stufenklage** (§ 254 ZPO) mit einem unbezifferten Leistungsantrag hemmt die Verjährung des Anspruchs in jeder Höhe; wird der Zahlungsanspruch nach Erfüllung der Hilfsansprüche in einer bestimmten Höhe beziffert, so beschränken sich Rechtshängigkeit und Verjährungshemmung auf diese Anspruchshöhe.⁶⁰⁴ 1511

Der **Umfang der Verjährungshemmung** richtet sich nach dem **Streitgegenstand der Klage**, der durch den Klageantrag und den zu seiner Begründung vorgetragenen Lebenssachverhalt bestimmt wird (vgl. Rn. 1421).⁶⁰⁵ Der den Streitgegenstand bildende **prozessuale Leistungsanspruch** umfasst **alle materiell-rechtlichen Ansprüche**, die den Klageantrag begründen können; kann die vom Kläger behauptete Rechtsfolge aus mehreren Anspruchsgrundlagen hergeleitet werden, so wird auch die Verjährung der nicht ausdrücklich genannten Ansprüche gehemmt (vgl. auch § 213 BGB).⁶⁰⁶ 1512

Wird ein **Anspruch auf Schadensersatz** eingeklagt, so erstreckt sich der Streitgegenstand auf die **Pflicht zum Schadensersatz schlechthin**, nicht auf einzelne Formen des Ersatzbegehrens je nach Stand der Schadensentwicklung (z.B. Zahlungsklage und Anspruch auf Freistellung von einer Verbindlichkeit).⁶⁰⁷ Die **Klageerhebung hemmt** allerdings nur die Verjährung der Ansprüche **in der Gestalt und im Umfang des Streitgegenstandes** (vgl. Rn. 1421);⁶⁰⁸ daran ändert der Grundsatz, dass der aus 1513

---

600 Dazu BGH, NJW 1999, 2110, 2111: Sicherungsabtretung.
601 BGHZ 103, 20, 28 f.; BGH, NJW 2003, 2830, 2831 m. w. N., zu § 270 Abs. 3 ZPO a.F.
602 BGH, NJW 1983, 2813; 1998, 3486, 3488; NJW-RR 1996, 1409, 1410; 2003, 784; ZIP 1999, 1001, 1002, jeweils zu § 209 Abs. 1 BGB a.F.
603 BGHZ 39, 287, 291; 78, 1, 8; 103, 298, 302; BGH, NJW 1998, 3486, 3488, jeweils zu § 209 Abs. 1, § 212 BGB a.F.
604 BGH, NJW 1992, 2563; 1999, 1101, jeweils zu § 209 BGB a.F.
605 BGHZ 132, 240, 243; BGH, NJW-RR 1994, 514, 515; 1996, 1409, jeweils zu § 209 BGB a.F.
606 BGH, NJW 1983, 2813; NJW-RR 1996, 1409 f., zu § 209 BGB a.F.
607 BGH, NJW 1985, 1152, 1154; NJW-RR 1994, 514, 515, jeweils zu § 209 BGB a.F.
608 BGH, WM 1996, 125, 127; 2000, 1348, 1349, jeweils zu § 209 BGB a.F.

einem bestimmten Ereignis entstandene Schaden verjährungsrechtlich grundsätzlich eine Einheit ist (dazu Rn. 1360 f.), nichts.[609]

1514 Wird mit einer Klage von Anfang an ein bestimmter Anspruch in vollem Umfang geltend gemacht, so erstreckt sich die Verjährungshemmung auf eine **Änderung des Umfangs und der Auslegung des Klageanspruchs**, wenn der **Anspruchsgrund unverändert** bleibt. Das gilt auch für einen Mehrschadensbetrag, der erst im Laufe des Rechtsstreits infolge Änderung der allgemeinen wirtschaftlichen Verhältnisse entsteht und geltend gemacht wird. In einem solchen Fall bleibt der Anspruch seinem Grund und seiner Rechtsnatur nach wesensgleich.[610]

Bei einer „**verdeckten Teilklage**", bei der weder für den Beklagten noch für das Gericht erkennbar ist, dass die bezifferte Forderung nicht dem Gesamtschaden entspricht, wird die Verjährung des Anspruchs nur im beantragten Umfang gehemmt; der Kläger darf zwar nachträglich Mehrforderungen geltend machen, jedoch ist die Verjährung des nachgeschobenen Anspruchsteils selbständig zu beurteilen.[611]

1515 Die **Hemmungswirkung der Klage** bleibt auch nach deren **Rücknahme** oder **Abweisung durch Prozessurteil** erhalten, wie sich aus dem Wegfall des § 212 BGB a.F. ergibt.[612]

b) Weitere wichtige Hemmungsgründe der Rechtsverfolgung

1516 In der Praxis der **Rechtsberaterhaftung** sind weitere wichtige Gründe der **Verjährungshemmung durch Rechtsverfolgung**[613]

- die **Zustellung eines Mahnbescheids** im Mahnverfahren (§ 204 Abs. 1 Nr. 3 BGB i.V.m. § 691 Abs. 2, §§ 693, 696 Abs. 3 ZPO; vgl. Rn. 1422);[614]
- die **Aufrechnung** des Anspruchs im Prozess (§ 204 Abs. 1 Nr. 5 BGB; vgl. Rn. 1423);
- die Zustellung der **Streitverkündung** (§ 204 Abs. 1 Nr. 6 BGB; vgl. Rn. 1423);

---

609 BGH, NJW 1988, 965 f.; WM 1991, 1597, 1600; NJW 1998, 1303, 1304; WM 2000, 1348, 1349, jeweils zu § 209 BGB a.F.
610 BGHZ 151, 1, 4 = NJW 2002, 2167, 2168 = WM 2002, 2116, 2117, zu § 209 BGB a.F.
611 BGHZ 151, 1, 3 = NJW 2002, 2167 = WM 2002, 2116, zu § 209 BGB a.F.; dazu *Meyer*, NJW 2002, 3067.
612 Entwurfsbegründung SchuModG, BR-Drucks. 338/01, S. 265; *Bereska*, in: *Hensseler/Graf von Westphalen*, § 204 Rn. 5 ff.
613 Vgl. ferner zur Verjährungshemmung: **Güteantrag** (§ 204 Abs. 1 Nr. 4 BGB): *Friedrich*, NJW 2003, 1781; *Staudinger/Eidenmüller*, NJW 2004, 23; **selbständiges Beweisverfahren** (§ 204 Abs. 1 Nr. 7 BGB): BGH, WM 2001, 820; *Nierwetberg*, NJW 2005, Heft 28, S. I; **Zuständigkeitsbestimmung** (§ 204 Abs. 1 Nr. 13 BGB): BGH, NJW 2004, 3772.
614 Dazu *Ebert*, NJW 2003, 732.

D. Neues Verjährungsrecht

- der erstmalige **Antrag auf Prozesskostenhilfe** (§ 204 Abs. 1 Nr. 14 BGB; vgl. Rn. 1415), ohne dass – gemäß der herkömmlichen Rechtsprechung – der Antrag ordnungsgemäß begründet und vollständig sein muss und der Antragsteller von seiner Bedürftigkeit i.S.d. Gesetzes ausgehen muss.[615]

c) **Ende der Hemmung (§ 204 Abs. 2 BGB)**

Die **Verjährungshemmung nach § 204 Abs. 1 BGB endet** sechs Monate nach der rechtskräftigen Entscheidung oder anderweitigen Beendigung des eingeleiteten Verfahrens (§ 204 Abs. 2 Satz 1 BGB; vgl. § 211 Abs. 1, §§ 212a – 215, 220 BGB a.F., dazu Rn. 1427 f.).

1517

Danach dauert die **Hemmung noch weitere sechs Monate** über die Beendigung des jeweiligen Verfahrens[616] hinaus an, um dem Gläubiger eine Nachfrist für eine spätere Rechtsverfolgung zu geben.[617] Einen **rückwirkenden Wegfall der Verjährungshemmung** (vgl. zum alten Recht Rn. 1428) enthält das neue Recht **nicht**.[618]

Gerät das **Verfahren in Stillstand**, weil die Parteien es nicht betreiben, so tritt **an die Stelle der Beendigung des Verfahrens** die letzte Verfahrenshandlung der Parteien, des Gerichts oder der sonst mit dem Verfahren befassten Stelle (§ 204 Abs. 2 Satz 2 BGB); die **Hemmung beginnt erneut**, wenn eine Partei das Verfahren weiter betreibt (§ 204 Abs. 2 Satz 3 BGB; vgl. § 211 Abs. 2, §§ 212a – 215, 220 BGB a.F.). Die **letzte Verfahrenshandlung** im vorstehenden Sinne, die der Förderung oder Erledigung des Verfahrens dienen muss,[619] löst die **weitere Hemmungsfrist** des § 204 Abs. 2 Satz 1 BGB aus; handelt es sich um eine Verfügung des Gerichts, so wird diese erst wirksam, wenn sie dem Empfänger zugeht.[620]

1518

Entsprechend der herkömmlichen Rechtsprechung ist **§ 204 Abs. 2 Satz 2 BGB nicht anzuwenden**, wenn ein triftiger, für den Gegner erkennbarer Grund für die Untätigkeit des Berechtigten besteht[621] oder das Gericht von Amts wegen das Verfahren fördern muss, aber nicht für den Fortgang des Verfahrens gesorgt hat.[622]

---

615 Entwurfsbegründung SchuModG, BR-Drucks. 338/01, S. 261.
616 Dazu im Einzelnen Entwurfsbegründung SchuModG, BR-Drucks. 338/01, S. 263 f.; *Palandt/Heinrichs*, BGB, 64. Aufl. 2005, § 204 Rn. 34 ff.; *Gottwald*, Rn. 321 ff.
617 Entwurfsbegründung SchuModG, BR-Drucks. 338/01, S. 262 f.
618 Vgl. Entwurfsbegründung SchuModG, BR-Drucks. 338/01, S. 265.
619 BGH, NJW-RR 1995, 1335, 1336, zu § 211 Abs. 2 BGB a.F.
620 BGHZ 134, 387, 390.
621 BGHZ 106, 295, 299; BGH, NJW-RR 1988, 279; NJW 1999, 1101, 1102; 2000, 132; WM 2000, 2551, 2552; NJW 2001, 218, 219, jeweils zu § 211 Abs. 2 BGB a.F.
622 BGHZ 134, 387, 391; BGH, NJW 1983, 2496, 2497; NJW-RR 1994, 889; NJW 2000, 132, 133, jeweils zu § 211 Abs. 2 BGB a.F.

Teil 1 • Abschnitt 7 • Verjährung vertraglicher Regressansprüche

1519 Zum **Weiterbetreiben** eines Verfahrens i.S.d. § 204 Abs. 2 Satz 3 BGB genügt jede Handlung, die bestimmt und geeignet ist, das Verfahren fortzusetzen und der Erledigung zuzuführen.[623]

3. Leistungsverweigerungsrecht (§ 205 BGB)

1520 § 205 BGB greift den Rechtsgedanken des § 202 Abs. 1 BGB a.F. auf. **Hauptanwendungsfall** in der Rechtsberaterhaftung ist das **Stillhalteabkommen (pactum de non petendo)**; insoweit wird auf Rn. 1414 verwiesen.

4. Weitere Hemmungsgründe

1521 Die **Verjährung** wird weiterhin **gehemmt**
- **bei höherer Gewalt** (§ 206 BGB; vgl. § 203 BGB a.F.), wobei ein Verschulden des Gläubigers höhere Gewalt ausschließt;[624]
- **aus familiären und ähnlichen Gründen** (§ 207 BGB; vgl. § 204 BGB a.F.), wobei diese Vorschrift für einen **Rechtsberater** bedeutsam sein kann, der als **Vormund, Betreuer** oder **Pfleger** tätig ist (vgl. Rn. 1446);
- wegen **Verletzung der sexuellen Selbstbestimmung** (§ 208 BGB).

5. Ablaufhemmung

1522 Eine **Nachfrist der Verjährungshemmung** ist vorgesehen in
- **§ 203 Satz 2 BGB** nach Verhandlungen i.S.d. § 203 Satz 1 BGB (dazu Rn. 1507);
- **§ 210 BGB** (vgl. § 206 BGB a.F., § 57 ZPO), wenn eine Verjährung für oder gegen Personen läuft, die geschäftsunfähig oder in der Geschäftsfähigkeit beschränkt sind;
- **§ 211 BGB** (vgl. § 207 BGB a.F.) für einen Anspruch, der zu einem Nachlass gehört oder sich gegen einen Nachlass richtet.

6. Verjährungshemmung bei anderen Ansprüchen (§ 213 BGB)

1523 § 213 BGB sieht – über § 477 Abs. 3, § 639 Abs. 1 BGB a.F. hinaus – vor, dass – neben dem Neubeginn der Verjährung (§ 212 BGB; dazu Rn. 1528 ff.) – die **Hemmung und Ablaufhemmung der Verjährung** nicht nur für den erhobenen Anspruch gelten, sondern auch **für alle diejenigen Ansprüche**, die aus demselben Rechtsgrund wahlweise neben dem bereits geltend gemachten Anspruch oder an seiner Stelle gegeben

---

623 BGH, NJW-RR 1988, 279 ff.; 1994, 514, 515; NJW 2001, 218, 219, jeweils zu § 211 Abs. 2 BGB a.F.
624 BGH, NJW 1997, 3164; vgl. im Einzelnen *Gottwald*, Rn. 353 ff.

D. Neues Verjährungsrecht

sind. Der Gläubiger soll nicht gezwungen sein, auch die Verjährung solcher Ansprüche verhindern zu müssen.[625]

Eine solche **Ausdehnung der Verjährungshemmung** setzt also voraus, dass 1524
- es sich um einen anderen Anspruch aus demselben Rechtsgrund gegen denselben Schuldner handelt,
- dieser Anspruch auf dasselbe Interesse gerichtet ist wie der geltend gemachte Anspruch und
- das Gesetz dem Gläubiger von vornherein mehrere Ansprüche zur Wahl stellt oder gestattet, in Verfolgung desselben wirtschaftlichen Interesses vom erhobenen Anspruch zu einem anderen Anspruch überzugehen.[626]

Danach fallen unter § 213 BGB keine Ansprüche auf Nebenleistungen, die neben dem Hauptanspruch bestehen (vgl. § 217 BGB; dazu Rn. 1540 f.).

Ein Grund der **Hemmung oder Ablaufhemmung** erstreckt sich i.S.d. § 213 BGB nur auf diejenigen materiell-rechtlichen **Ansprüche**, die er **tatbestandlich umfasst**; deswegen wirkt eine Hemmung i.S.d. Vorschrift z.b. bei
- **Klageerhebung** (§ 204 Abs. 1 Nr. 1 BGB) nur im Rahmen des Streitgegenstandes (vgl. Rn. 1420 f., 1512 ff.);[627]
- **Verhandlungen** nur bezüglich der Ansprüche, die Gegenstand der Verhandlung waren (vgl. Rn. 1505).[628]

Ein Verhältnis i.S.d. § 213 BGB besteht **nicht zwischen einem Erfüllungsan-** 1525
spruch und dem **Anspruch auf Ersatz eines Verzögerungsschadens** (§ 280 Abs. 2, § 286 BGB), weil beide Ansprüche von vornherein nebeneinander und nicht wahlweise gegeben sind.[629]

Dagegen ist ein Verhältnis i.S.d. § 213 BGB gegeben bei einem **Erfüllungsanspruch** und einem **Anspruch auf Schadensersatz statt der Leistung** (§ 280 Abs. 3, §§ 281 – 283 BGB).[630] Dies gilt auch für die einzelnen **Ansprüche aus § 634 BGB**, soweit solche bestehen.[631]

---

625 Dazu und zum Folgenden Entwurfsbegründung SchuModG, BR-Drucks. 338/01, S. 274.
626 Dazu im Einzelnen *Mansel*, in: *Dauner-Lieb/Heidel/Lepa/Ring*, Anwaltkommentar Schuldrecht, § 213 Rn. 6 ff.
627 Vgl. für eine Teilklage BGHZ 66, 142, 147, zu § 477 Abs. 3, § 639 Abs. 1 BGB a.F.
628 *Mansel*, in: *Dauner-Lieb/Heidel/Lepa/Ring*, Anwaltkommentar Schuldrecht, § 213 Rn. 3.
629 Entwurfsbegründung SchuModG, BR-Drucks. 338/01, S. 274.
630 *Palandt/Heinrichs*, BGB, 64. Aufl. 2005, § 213 Rn. 3; *Bereska*, in: *Henssler/Graf von Westphalen*, § 213 Rn. 6; vgl. aber BGHZ 104, 6, 11 ff., zu § 326 BGB a.F.
631 *Mansel*, in: *Dauner-Lieb/Heidel/Lepa/Ring*, Anwaltkommentar Schuldrecht, § 213 Rn. 7.

Die Klage auf Zahlung des Werklohns hemmt auch die Verjährung eines Bereicherungsanspruchs, der bei Unwirksamkeit des Werkvertrages gegeben ist.[632]

7. Wirkung der Verjährungshemmung (§ 209 BGB)

1526 Nach der Vorschrift des § 209 BGB, die § 205 BGB a.F. übernimmt, wird der Zeitraum, während dessen die Verjährung gehemmt ist, in die Verjährungszeit nicht eingerechnet (vgl. Rn. 1412). Die Zeit der Verjährungshemmung, die keine Frist i.S.d. § 187 Abs. 1 BGB ist,[633] beginnt mit dem Tage, an dem der Hemmungsgrund entsteht, und endet mit dem Tage, an dem der Hemmungsgrund wegfällt; diese beiden Tage werden nicht auf die Verjährungsfrist angerechnet, die um 0.00 Uhr des Tages, der demjenigen des Wegfalls des Hemmungsgrundes folgt, weiterläuft.[634]

8. Beweislast

1527 Der **Anspruchsteller**, der die Verjährungseinrede abwehren will (z.b. ein geschädigter Mandant), hat **verjährungshemmende Umstände** darzulegen und zu **beweisen**.[635]

Diejenige Partei, die aus der Beendigung der Hemmung Rechte herleitet, trägt insoweit die Beweislast.[636]

V. Neubeginn der Verjährung (§ 212 BGB)

1. Anerkenntnis und Vollstreckungshandlung als Unterbrechungstatbestände

1528 § 212 BGB enthält die **beiden einzigen Tatbestände**, die i.S.d. früheren Verjährungsrechts die **Verjährung unterbrechen** mit der Folge, dass am nächsten Tag (§ 187 Abs. 1 BGB) eine volle neue Verjährungsfrist in Lauf gesetzt wird (vgl. § 217 BGB a.F.).[637]

Nach dieser Vorschrift **beginnt die Verjährung erneut**, wenn

- der **Schuldner** dem Gläubiger gegenüber **den Anspruch** durch Abschlagszahlung, Zinszahlung, Sicherheitsleistung oder in anderer Weise **anerkennt** (§ 212 Abs. 1 Nr. 1 BGB; vgl. § 208 BGB a.F.) oder

---

632 BGH, NJW 2000, 3492, 3494.
633 RGZ 161, 125, 127.
634 RGZ 161, 125, 126 f.; BGH, NJW 1998, 1303; zur Berechnung der Hemmungsdauer im Einzelnen *Gottwald*, Rn. 529 ff.
635 BGH, WM 1993, 610, 615; 1996, 1832, 1833 = NJW 1996, 2929, jeweils zum alten Recht.
636 *Palandt/Heinrichs*, BGB, 64. Aufl. 2005, § 199 Rn. 55.
637 BGH, NJW 1998, 2972, 2973, für ein Anerkenntnis.

- eine gerichtliche oder behördliche **Vollstreckungshandlung vorgenommen oder beantragt** wird (§ 212 Abs. 1 Nr. 2 BGB; vgl. § 209 Abs. 2 Nr. 5 BGB a.F.).

Bezüglich eines **Anerkenntnisses** wird auf Rn. 1419 verwiesen. 1529

Für eine **Vollstreckungshandlung** i.S.d. § 212 Abs. 1 Nr. 2 BGB ist es erforderlich, dass der Gläubiger durch Betreiben seines Anspruchs seinen Willen zur Rechtsverfolgung so deutlich macht, dass der Schuldner gewarnt wird und sich auf eine Inanspruchnahme noch nach Ablauf der ursprünglichen Verjährungsfrist einstellen muss; deshalb ist ein aktives Tun des Gläubigers oder – auf dessen Antrag – eines Vollstreckungsorgans notwendig.[638] Eine Zahlung durch den Drittschuldner steht einer Vollstreckungshandlung gleich.[639] 1530

Die Unterbrechung der Verjährung durch ein Vorgehen i.S.d. § 212 Abs. 1 Nr. 2 BGB hat **keine Dauerwirkung**; vielmehr setzt dieses sofort wieder eine neue Verjährungsfrist in Lauf, gleichgültig, ob und in welchem Umfang die Vollstreckung noch andauert.[640]

Der **Neubeginn der Verjährung** infolge Vornahme oder Beantragung einer Vollstreckungshandlung (§ 212 Abs. 1 Nr. 2 BGB) **gilt als nicht eingetreten**, wenn diese aufgehoben oder der entsprechende Antrag zurückgewiesen oder -genommen wird (§ 212 Abs. 2, 3 BGB; vgl. § 216 BGB a.F.). 1531

2. Neubeginn der Verjährung bei anderen Ansprüchen (§ 213 BGB)

Nach **§ 213 BGB** gilt der erneute Beginn der Verjährung auch für Ansprüche, die aus demselben Grunde wahlweise neben dem (erhobenen) Anspruch oder an seiner Stelle gegeben sind; insoweit wird auf Rn. 1523 ff. verwiesen. Diese Vorschrift erstreckt sich nur auf diejenigen Ansprüche, die vom jeweiligen Unterbrechungstatbestand umfasst werden; deswegen gilt z.B. ein Neubeginn der Verjährung infolge eines Anerkenntnisses (§ 212 Abs. 1 Nr. 1 BGB) i.S.d. § 213 BGB lediglich für diejenigen Ansprüche, die unter das Anerkenntnis fallen.[641] 1532

3. Beweislast

Die **Voraussetzungen** für einen **Neubeginn der Verjährung** gemäß § 212 Abs. 1 BGB hat der **Anspruchsteller** (z.B. ein geschädigter Mandant) darzulegen und zu **beweisen**, weil er damit die Verjährungseinrede abwehren will.[642] 1533

---

638 BGHZ 122, 287, 294 f.; 137, 193, 198, jeweils zu § 209 Abs. 2 Nr. 5 BGB a.F.
639 BGHZ 137, 193, 199, zu § 209 Abs. 2 Nr. 5 BGB a.F.
640 BGHZ 93, 287, 295; 122, 287, 293; 137, 193, 198, jeweils zu § 209 Abs. 2 Nr. 5 BGB a.F.
641 *Mansel*, in: *Dauner-Lieb/Heidel/Lepa/Ring*, Anwaltkommentar Schuldrecht, § 213 Rn. 3.
642 BGH, WM 1997, 330, 332 = NJW 1997, 516.

VI. Verjährungs-(Anspruchs-)konkurrenz

1534 Die im alten Recht für die Rechtsberaterhaftung bedeutsame Frage, welche der verschiedenen Verjährungsregelungen gilt, wenn die **Pflichtverletzung** eines Rechtsanwalts oder Steuerberaters **aus Vertrag zugleich eine unerlaubte Handlung** (§§ 823 ff. BGB) ist (dazu Rn. 1439 ff.), stellt sich nach neuem Recht nicht mehr, weil **Schadensersatzansprüche aus beiden Rechtsgrundlagen** nunmehr **gemäß §§ 195, 199 BGB verjähren**. Das gilt für einen **werkvertraglichen Schadensersatzanspruch** (§ 634 Nr. 4 BGB) nach § 634a Abs. 1 Nr. 3 BGB entsprechend (dazu Rn. 1497 ff.).[643]

Konkurriert die Regelverjährung (§§ 195, 199 BGB) mit einer längeren oder kürzeren Sonderverjährungsfrist, so ist die kurze Verjährung nur dann vorrangig, wenn sie nach ihrem Schutzzweck auch die längere Verjährung für den konkurrierenden Anspruch einschließen will.[644]

VII. Rechtsfolgen der Verjährung (§§ 214 ff. BGB)

1. Wirkung der Verjährung

1535 Nach § 214 Abs. 1 BGB hat die **Verjährung eines Anspruchs** – wie im alten Recht (§ 222 Abs. 1 BGB a.F.) – die Wirkung, dass der Schuldner (z.B. ein haftpflichtiger Rechtsberater) berechtigt ist, die **geschuldete Leistung zu verweigern**. Die Verjährung ist **eingetreten**, wenn die Verjährungsfrist unter Berücksichtigung von Hemmungs- und/oder Unterbrechungszeiten abgelaufen ist.

1536 Im Rechtsstreit ist die Verjährung nicht von Amts wegen, sondern nur auf **Einrede des Schuldners** zu beachten, so dass gegen diesen ein Versäumnisurteil ergehen kann (§ 331 ZPO). Die Einrede kann bis zum Schluss der mündlichen Verhandlung in den Tatsacheninstanzen erhoben werden; eine im ersten Rechtszug erhobene Einrede ist – ohne Wiederholung – auch im Berufungsverfahren zu berücksichtigen.[645] In der Revisionsinstanz kann die – auf tatsächlichem Gebiet liegende – Verjährungseinrede nicht mehr nachgeholt werden;[646] dagegen kann die Einrede aber im Revisionsverfahren erhoben und berücksichtigt werden, wenn die Verjährung erst während dieses Verfahrens unstreitig eingetreten ist und schutzwürdige Belange des Gläubigers nicht entgegenstehen.[647]

---

643 Vgl. dazu *Bereska*, in: *Henssler/Graf von Westphalen*, § 195 Rn. 10; *Wagner*, ebenda, § 634a Rn. 30.
644 Dazu im Einzelnen *Palandt/Heinrichs*, BGB, 64. Aufl. 2005, § 195 Rn. 17 f.; *Gottwald*, Rn. 41 ff., jeweils mit Rechtsprechungsnachweisen.
645 BGH, NJW 1990, 326, 327.
646 BGHZ 1, 234, 239; BGH, NJW-RR 2004, 275, 276.
647 BGH, NJW 1990, 2754, 2755.

D. Neues Verjährungsrecht

Da der **verjährte Anspruch** nach wie vor besteht und **erfüllbar** ist, kann der Schuldner eine – **freiwillig erbrachte** – **Leistung** auf den verjährten Anspruch auch dann nicht zurückfordern, wenn diese in Unkenntnis der Verjährung bewirkt worden ist; ein vertragsmäßiges Anerkenntnis und eine Sicherheitsleistung des Schuldners stehen insoweit einer Leistung gleich (§ 214 Abs. 2 BGB; vgl. § 222 Abs. 2 BGB a.F.). Dagegen steht dem Schuldner ein Rückforderungsanspruch zu, wenn wegen einer verjährten Forderung vollstreckt worden ist.[648]

1537

Da der **verjährte Anspruch** weiter besteht, kann der Gläubiger damit noch **aufrechnen**, soweit die Aufrechnungslage noch in unverjährter Zeit gegeben war (§ 215 BGB; vgl. § 390 Satz 2 BGB a.F.). Das gilt entsprechend für ein **Zurückbehaltungsrecht**, das auf einen verjährten Anspruch gestützt wird, wenn die Verjährung noch nicht vollendet war, als der Anspruch des Gläubigers entstanden ist und erstmals die Leistung verweigert werden konnte (§ 215 BGB).[649]

1538

Der Gläubiger darf sich grundsätzlich aus **Sicherheiten** für die verjährte, aber fortbestehende und erfüllbare Forderung befriedigen (§ 216 BGB; vgl. § 223 BGB a.F.).[650]

1539

2. Verjährung von Nebenleistungen (§ 217 BGB)

Mit dem Hauptanspruch **verjährt ein Anspruch** auf die von ihm abhängenden **Nebenleistungen**, auch wenn die für diesen Anspruch geltende besondere Verjährung noch nicht eingetreten ist (§ 217 BGB; vgl. § 224 BGB a.F.). Ansprüche auf Nebenleistungen verjähren danach **spätestens mit dem Hauptanspruch**; verjährt ein Anspruch auf eine unselbständige Nebenleistung früher als der Hauptanspruch, so bleibt es bei dieser Verjährung.[651] § **217 BGB** ist allerdings **nicht anzuwenden**, soweit der Anspruch auf die abhängige Nebenleistung vor der Verjährung des Hauptanspruchs eingeklagt worden ist.[652]

1540

Nebenleistungen in diesem Sinne sind vor allem **Zinsen**,[653] **Kosten**,[654] **Früchte**, **Nutzungen** und **Provisionen**.[655]

1541

Ein vom Hauptanspruch **abhängiger Anspruch** auf eine Nebenleistung ist – zumindest in entsprechender Anwendung des § 217 BGB – der Anspruch auf **Ersatz eines**

---

648 BGH, NJW 1993, 3318, 3319.
649 Entwurfsbegründung SchuModG, BR-Drucks. 338/01 S. 276.
650 Dazu im Einzelnen *Palandt/Heinrichs*, BGB, 64. Aufl. 2005, § 216 Rn. 2 ff.; *Gottwald*, Rn. 421 ff.
651 Entwurfsbegründung SchuModG, BR-Drucks. 338/01, S. 280.
652 BGHZ 128, 74, 82 ff., zu § 224 BGB a.F.
653 OLG Koblenz, NJW-RR 1999, 638: Verzugszinsen.
654 RGZ 61, 390, 392: Kosten früherer Prozesse; vgl. *Cahn/Farrenkopf*, ZIP 1986, 416 ff.: differenzierend zu Kosten der Anbahnung von Kreditgeschäften.
655 *Palandt/Heinrichs*, BGB, 64. Aufl. 2005, § 217 Rn. 1.

Verzugsschadens (§ 280 Abs. 2, § 286 BGB),[656] **nicht** aber ein Anspruch auf **Ersatz eines** – infolge Inanspruchnahme von Kredit entstandenen – **Zinsschadens** als selbständiger Teil des hauptsächlichen Schadensersatzanspruchs.[657]

Ein vom Hauptanspruch **abhängiger Anspruch** i.S.d. § 217 BGB ist auch derjenige auf **Herausgabe eines Surrogats** (§ 285 BGB),[658] nicht aber ein **Auskunftsanspruch** aus § 2314 BGB im Verhältnis zum Pflichtteils- oder Pflichtteilsergänzungsanspruch;[659] ein Auskunftsanspruch, der grundsätzlich der Regelverjährung unterliegt,[660] kann im Allgemeinen nach Verjährung des Hauptanspruchs nicht mehr geltend gemacht werden, wenn ein entsprechendes Informationsbedürfnis objektiv fehlt.[661]

3. Unwirksamkeit eines Rücktritts (§ 218 BGB)

1542 Ein **Rücktritt** des Gläubigers wegen nicht oder nicht vertragsgemäß erbrachter Leistung (z.B. § 323 BGB; dazu Rn. 1155 ff.) ist unwirksam, wenn der Anspruch auf die Leistung oder auf Nacherfüllung verjährt ist und sich der Schuldner darauf beruft (§ 218 Abs. 1 Satz 1 BGB); dies gilt auch in bestimmten Fällen, in denen der Schuldner nicht zu leisten braucht (§ 218 Abs. 1 Satz 2 BGB). § 218 BGB ist auf ein **werkvertragliches Rücktritts- und Minderungsrecht** entsprechend anzuwenden (§ 634a Abs. 4, 5 BGB). Damit wirkt sich die **Verjährung eines Anspruchs** auf diese **Gestaltungsrechte** aus, damit die Verjährung von Ansprüchen wegen Leistungsstörungen nicht unterlaufen wird.[662]

VIII. Rechtsmissbräuchliche Verjährungseinrede

1543 Die von der Rechtsprechung entwickelten Grundsätze, nach denen der Gläubiger (z.B. ein geschädigter Mandant) der **Verjährungseinrede** des Schuldners (z.B. eines haftpflichtigen Rechtsberaters) den **Arglisteinwand** (§ 242 BGB) entgegenhalten kann (Rn. 1437 f.), gelten auch unter dem neuen Verjährungsrecht fort. Allerdings wird der **Anwendungsbereich** dieses Einwands **nunmehr eingeschränkt** durch den Hemmungstatbestand der Verhandlungen (§ 203 BGB) und durch Vereinbarungen über die Verjährung (§ 202 BGB; dazu Rn. 1544 ff.).

---

656 BGHZ 128, 74, 77 f., zu § 224 BGB a.F.
657 BGH, NJW 1987, 3136, 3138, zu § 224 BGB a.F.
658 *Palandt/Heinrichs*, BGB, 64. Aufl. 2005, § 217 Rn. 1.
659 BGH, NJW 1985, 384, zu § 224 BGB a.F.
660 BGHZ 33, 373, 379, zu § 195 BGB a.F.
661 BGH, NJW 1985, 384, 385, zu § 2314 BGB.
662 Dazu im Einzelnen *Büdenbender*, in: *Dauner-Lieb/Heidel/Lepa/Ring*, Anwaltkommentar Schuldrecht, § 218 Rn. 3 ff.; *Gottwald*, Rn. 440 ff.

IX. Vereinbarungen über die Verjährung (§ 202 BGB)

1. Grundsätze

a) Allgemeines

Im Gegensatz zur Vorschrift des § 225 BGB a.F., die nur eine **Erleichterung**, nicht aber einen **Ausschluss** oder eine **Erschwerung der Verjährung** zuließ (dazu Rn. 1434 ff.), ist das **neue Recht der Verjährung** von (verjährbaren) Ansprüchen (§§ 194 ff. BGB) **grundsätzlich insgesamt nachgiebig**, so dass es der allgemeinen Vertragsfreiheit der beteiligten Parteien unterliegt.[663]

Nach § 202 Abs. 1 BGB ist eine **rechtsgeschäftliche Verjährungserleichterung** unwirksam, wenn sie im Voraus eine Haftung wegen Vorsatzes betrifft (vgl. § 276 Abs. 3 BGB); eine nachträgliche, nach Entstehung des Anspruchs vereinbarte Verjährungserleichterung bei Haftung wegen Vorsatzes ist dagegen grundsätzlich zulässig.[664] Gemäß **§ 202 Abs. 2 BGB** kann eine **Erschwerung der Verjährung** – bis zu einer Verjährungsfrist von 30 Jahren ab dem gesetzlichen Verjährungsbeginn – **vereinbart** werden.

Eine Abrede, die diese Grenzen der Vertragsfreiheit überschreitet, ist nach § 134 BGB **nichtig**; in diesem Fall gilt das gesetzliche Verjährungsrecht.[665]

b) Inhalt einer Verjährungsvereinbarung

Gegenstand einer Verjährungsabrede[666] können sein

- eine **Verkürzung oder Verlängerung der gesetzlichen Verjährungsfrist**,[667] wobei auch eine bereits abgelaufene Verjährungsfrist noch wirksam verlängert werden kann;
- die **Festlegung eines früheren oder späteren Verjährungsbeginns**,[668] wobei anstelle des § 199 Abs. 1 BGB grundsätzlich ein kenntnisunabhängiger Verjährungsbeginn vereinbart werden kann;
- eine **Einschränkung oder Erweiterung** von gesetzlichen Gründen der **Verjährungshemmung** oder des **Neubeginns der Verjährung**;[669]
- die Vereinbarung einer **Ausschlussfrist**.[670]

---

663 Dazu Entwurfsbegründung SchuModG, BR-Drucks. 338/01, S. 245 ff.
664 *Mansel*, in: *Dauner-Lieb/Heidel/Lepa/Ring*, Anwaltkommentar Schuldrecht, § 202 Rn. 14.
665 BGH, NJW 1988, 1259, 1260; *Mansel*, in: *Dauner-Lieb/Heidel/Lepa/Ring*, Anwaltkommentar Schuldrecht, § 202 Rn. 7, 12, 34 f.
666 Dazu *Palandt/Heinrichs*, BGB, 64. Aufl. 2005, § 202 Rn. 2, 8, 11.
667 BGH, NJW-RR 1987, 144, 145; NJW 1992, 1236, 1237, jeweils eine Verkürzung betreffend.
668 BGH, NJW-RR 1987, 144, 146: Vorverlegung des gesetzlichen Verjährungsbeginns.
669 BGH, NJW-RR 1987, 144, 146: Ausschluss gesetzlicher Verjährungshemmung.
670 *Gottwald*, Rn. 162.

Teil 1 • Abschnitt 7 • Verjährung vertraglicher Regressansprüche

1546 Darüber hinaus ist im Rahmen des § 202 BGB – anders als nach § 225 Satz 1 BGB a.f. – ein **Verzicht auf die Einrede der Verjährung** vor deren Vollendung zulässig; dementsprechend kann – wie bisher – auch während des Laufs einer Verjährungsfrist für eine bestimmte Zeit sowie nach Eintritt der Verjährung auf die Verjährungseinrede verzichtet werden (dazu Rn. 1434 ff.).

1547 I.d.R. wird sich eine Abrede über die Verjährung eines bestimmten Anspruchs auf **konkurrierende oder alternative Ansprüche** erstrecken; letztlich ist dies eine Frage der **Auslegung** einer unklaren Vereinbarung (für AGB-Klausel: § 305c Abs. 2, § 307 Abs. 1 Satz 2 BGB).[671]

c) Zeitpunkt und Form einer Verjährungsvereinbarung

1548 **Verjährungsvereinbarungen** sind nach Sinn und Zweck des § 202 BGB **nicht an einem bestimmten Zeitpunkt** gebunden, so dass sie sowohl vor Entstehung des Anspruchs eine noch nicht laufende Verjährungsfrist als auch nachträglich eine bereits laufende Verjährungsfrist betreffen können,[672] also vor oder nach Beginn der Verjährung geschlossen werden können.[673]

Eine Verjährungsabrede bedarf **keiner Form**.

d) Leitlinie für Verjährungsvereinbarung

1549 **Verjährungsvereinbarungen** i.S.d. § 202 BGB – im Einzelfall oder in Allgemeinen Geschäftsbedingungen (**AGB**) – haben die **Grenzen der Vertragsfreiheit** zu beachten (§§ 134, 138, 242, 305 ff. BGB; dazu Rn. 1556 ff.).

Leitlinie für eine wirksame Verjährungsabrede muss die in §§ 194 ff. BGB zum Ausdruck kommende „**Grundentscheidung**"des Gesetzgebers sein.[674] Dieser hat unter Abwägung der Interessen des Gläubigers und des Schuldners sowie unter Berücksichtigung des öffentlichen Interesses an Rechtsfrieden und -sicherheit[675] grundsätzlich dahin entschieden, dass

- einerseits der Gläubiger im Rahmen der Regelverjährung mit dem kenntnisabhängigen Beginn der regelmäßigen Verjährungsfrist von drei Jahren (§§ 195, 199 Abs. 1 BGB) typischerweise die faire Chance erhalten soll, seinen Anspruch durchzusetzen,[676]

---

671 Vgl. *Mansel*, in: *Dauner-Lieb/Heidel/Lepa/Ring*, Anwaltkommentar Schuldrecht, § 202 Rn. 65.
672 Entwurfsbegründung SchuModG, BR-Drucks. 338/01, S. 247.
673 *Palandt/Heinrichs*, BGB, 64. Aufl. 2005, § 202 Rn. 2a.
674 *Palandt/Heinrichs*, BGB, 64. Aufl. 2005, § 202 Rn. 8.
675 Vgl. RGZ 145, 239, 244; BGHZ 59, 72, 74 = NJW 1972, 1460.
676 Vgl. BGH, WM 2003, 928, 930 = NJW 2003, 822.

D. Neues Verjährungsrecht

- andererseits zugunsten des Schuldners kenntnisunabhängige Verjährungshöchstfristen von zehn oder 30 Jahren gelten sollen (Rn. 1491 ff.).

Allerdings hat der Gesetzgeber auch die Vertragsfreiheit im Rahmen des Verjährungsrechts erweitert.

2. Verjährungsvereinbarung und Haftung von Rechtsberatern

a) Interesse der Rechtsberater an Erleichterung der Verjährung

Rechtsanwälte, Patentanwälte, Steuerberater, Wirtschaftsprüfer und ihre **Gesellschaften** werden anstreben, ihre Haftungslage, die durch das neue Verjährungsrecht erheblich verschlechtert wurde (Rn. 1451), zu verbessern, indem sie ihren Auftraggebern eine **Vereinbarung** – entweder **im Einzelfall** oder **durch AGB** – **zur Erleichterung der Verjährung von Regressansprüchen** anbieten (§ 202 BGB). Auf diesem Wege können sie ihre **Haftung mittelbar beschränken**.[677]   1550

Zu diesem Bestreben dürfte beitragen, dass eine – formlos gültige – Verjährungsabrede auf den ersten Blick einfacher, leichter erreichbar und erfolgversprechender erscheint als eine formbedürftige, an enge Voraussetzungen gebundene **vertragliche Begrenzung von Ersatzansprüchen** gemäß §§ 51a Abs. 1, 59m Abs. 2 BRAO, §§ 45a, 52m Abs. 2 PatAnwO, §§ 67a Abs. 1, 72 Abs. 1 StBerG, §§ 54a Abs. 1, 56 Abs. 1 WPO. Diese Vorschriften sind aus Sicht vieler Rechtsberater wenig praktikabel, weil der Wunsch nach einer **unmittelbaren Haftungsbeschränkung** auf den Auftraggeber abschreckend wirken und ein zeitaufwendiges, schwerfälliges und umständliches Aushandeln erfordern kann sowie eine entsprechende Vereinbarung im Einzelfall oder durch AGB rechtlich unsicher ist; deswegen hat zumindest § 51a Abs. 1 BRAO bisher nur geringe Bedeutung in der Praxis erlangt.[678] Erstrebenswert kann für Rechtsberater auch eine **Verbindung einer vertraglichen Haftungsbegrenzung** gemäß den genannten Bestimmungen **mit einer Verjährungsvereinbarung** i.S.d. § 202 BGB sein.   1551

Tatsächlich entsprechen aber die Anforderungen an eine wirksame vertragliche Haftungsbegrenzung gemäß den genannten Bestimmungen – nebst den dadurch aufgeworfenen Rechtsfragen und Unsicherheiten – weitgehend den Voraussetzungen einer wirksamen Verjährungsvereinbarung (dazu Rn. 1556 ff.).[679]

---

677 Vgl. BGH, NJW-RR 1987, 1252, 1254; LG Düsseldorf, NJW-RR 1995, 440, 441.
678 Dazu *Zugehör*, in: FS Kreft, S. 117, 124 = ZAP (2005), Fach 23, S. 651, 655 ff.; Chab, AnwBl 2006, 205.
679 Zu § 51a Abs. 1 Nr. 1 BRAO eingehend *Zugehör*, in: FS Kreft, S. 117, 124 ff. = ZAP (2005), Fach 23, S. 651, 655 ff.

1552 Mandanten werden nur **selten** an ihre Rechtsberater mit dem Wunsch herantreten, die **Verjährung von Regressansprüchen** gemäß § 202 BGB **zu erschweren**.[680] Das neue Verjährungsrecht hat die Chancen geschädigter Auftraggeber und geschützter Dritter, einen vertraglichen oder vorvertraglichen Schadensersatzanspruch gegen einen Rechtsberater durchzusetzen, so sehr verbessert, dass eine weitere Erschwerung der Verjährung von Schadensersatzansprüchen – auch aus Deliktsrecht – als überflüssig erscheint.

b) Berechtigtes Anliegen

1553 Das **Anliegen der Rechtsberater**, ihre Berufshaftung durch eine **Verjährungsvereinbarung** mittelbar zu beschränken, ist **in angemessenem Rahmen berechtigt**.

Das **Haftungsrisiko des** – allerdings durch eine Berufshaftpflichtversicherung geschützten – **Rechtsberaters** aus seiner beruflichen Tätigkeit in einer verrechtlichten, international verflochtenen Gesellschaft ist **hoch**.[681] Die Haftung eines **Rechtsanwalts** schon wegen leichter Fahrlässigkeit kann sich auf einen Schaden erstrecken, der weit über den Gegenstand der anwaltlichen Tätigkeit hinausgehen und deswegen für den Rechtsanwalt unkalkulierbar und damit leicht unversicherbar sein kann. In den letzten zehn Jahren ist die Anzahl der anwaltlichen Regressfälle und die sich daraus ergebende Schadenshöhe stark gestiegen; durchschnittlich meldet jeder Rechtsanwalt oder Steuerberater etwa alle vier bis sechs Jahre seinem Haftpflichtversicherer einen Schadensfall.[682] Das hohe Haftungsrisiko können Rechtsanwälte „nicht über den Preis für ihre Dienstleistung wirtschaftlich auf die Kunden abwälzen";[683] trotz der Möglichkeiten einer Honorarvereinbarung (§ 4 RVG) ist die Bindung der Rechtsanwälte an die gesetzlichen Vergütungsvorschriften stark. Die Risikodeckung durch eine Haftpflichtversicherung ist begrenzt, weil Versicherungsprämien von einer bestimmten Höhe an in keinem angemessenen Verhältnis zum verdienten Honorar stehen. Die Vereinbarung von Haftungsbeschränkungen entspricht auch der fortschreitenden Entwicklung des Rechtsanwalts zum Unternehmer auf dem Dienstleistungsmarkt (vgl. § 14 Abs. 1 BGB) unter „Entpersonalisierung des Mandats".[684] Dies gilt für **Steuerberater** und **Wirtschaftsprüfer** entsprechend.

1554 Andererseits übernimmt der **Mandant** auch mit einer mittelbaren Beschränkung der Haftung seines Rechtsberaters durch eine **Verjährungsvereinbarung** ein **hohes**

---

680 Vgl. BGH, NJW 1996, 2155: Verlängerung der Verjährungsfrist durch AGB; *Palandt/ Heinrichs*, BGB, 64. Aufl. 2005, § 202 Rn. 9; *Bereska*, in: *Henssler/Graf von Westphalen*, § 202 Rn. 28 ff.; *Gottwald*, Rn. 177 ff.
681 *Würfele*, S. 291.
682 *Schlee*, Aktuelle Rechtsprechung zur Haftung der Rechtsanwälte und steuerlichen Berater, WM-Seminar Karlsruhe am 27./28.11.2003.
683 *Reiff*, AnwBl 1997, 3, 6.
684 *Stobbe*, in: *Henssler/Prütting*, BRAO, § 51a Rn. 7.

– möglicherweise seine Existenz bedrohendes –, weitgehend unkalkulierbares und dementsprechend unversicherbares **Risiko** für den Fall, dass der Rechtsberater trotz schuldhafter Pflichtverletzung aufgrund einer einvernehmlichen Verjährungserleichterung nicht haftet und er – der Auftraggeber – deswegen seinen Schaden selbst – möglicherweise ohne Versicherungsschutz – zu tragen hat.

c) Ziel einer Verjährungserleichterung

Eine **Erleichterung der Verjährung** gemäß § 202 BGB ist nur dann **wirksam**, wenn sie zu einer **angemessenen Verteilung der Risiken des Rechtsberaters und seines Mandanten** führt. Dabei ist als **Leitlinie** die Grundentscheidung des Gesetzgebers zu beachten, mit dem neuen Verjährungsrecht die Chance des Gläubigers – hier des geschädigten Mandanten oder geschützten Dritten –, einen vertraglichen oder vorvertraglichen Schadensersatzanspruch gegen den Schuldner – hier den haftpflichtigen Rechtsberater – durchzusetzen, erheblich zu verbessern (Rn. 1549).

1555

d) Erleichterte Verjährung von Regressansprüchen gegen Rechtsberater

Schadensersatzansprüche gegen einen Rechtsanwalt oder einen anderen Rechtsberater aus einem (echten) Vertrag mit Rechtsbeistandspflicht (dazu Rn. 478 f., 1306 ff.) können sich ergeben aus

1556

- dem (regelmäßig vorliegenden) Dienstvertrag (§§ 611, 675 Abs. 1 BGB) oder einem (ausnahmsweise geschlossenen) Werkvertrag (§§ 631, 675 Abs. 1 BGB; dazu Rn. 6 ff., 480) – bei einem solchen Vertrag grundsätzlich bis zur Abnahme des Werks (Rn. 1184) – i.V.m. §§ 280 ff. BGB (dazu Rn. 1100 ff.),
- einem Werkvertrag nach Abnahme des Werks gemäß § 634 Nr. 4 BGB (dazu Rn. 1184) und
- Deliktsrecht (§§ 823 ff. BGB).

Die **Erleichterung der Verjährung** solcher Schadensersatzansprüche aus rechtswidrigem, schuldhaften Verhalten gemäß §§ 195, 199 BGB (dazu Rn. 1557 ff.) bzw. § 634a Abs. 1 Nr. 3 BGB (dazu Rn. 1497 ff.) kann angestrebt werden

- entweder durch Allgemeine Geschäftsbedingungen (**AGB**), die **Breitenwirkung** im alltäglichen „Massengeschäft" erzielen sollen,[685] oder
- durch **Vereinbarung im Einzelfall**, vor allem bei **erkennbar schadensgeneigten Mandaten**.

---

685 *Reiff*, AnwBl 1997, 3, 4, zu § 51a Abs. 1 BRAO.

aa) Verjährungserleichterung durch AGB

1557 **AGB** sind alle für eine Vielzahl von Verträgen vorformulierten Vertragsbedingungen, die eine Vertragspartei (Verwender) der anderen Vertragspartei bei Abschluss eines Vertrages stellt (§ 305 Abs. 1 Satz 1 BGB).[686] Bei **Verbraucherverträgen** – also bei Verträgen zwischen einem Verbraucher i.S.d. § 13 BGB und dem Rechtsberater als Unternehmer i.S.d. § 14 BGB – sind bestimmte Schutzvorschriften des AGB-Rechts auf vorformulierte Vertragsbedingungen auch dann anzuwenden, wenn diese nur zur einmaligen Verwendung bestimmt sind und soweit der Verbraucher aufgrund der Vorformulierung auf ihren Inhalt keinen Einfluss nehmen konnte (§ 310 Abs. 3 Nr. 2 BGB); insoweit gelten AGB grundsätzlich als vom Unternehmer – hier vom Rechtsberater – gestellt (§ 310 Abs. 3 Nr. 1 BGB). AGB bedürfen der **Einbeziehung** in den Vertrag gemäß § 305 Abs. 2, 3 BGB;[687] bei Verwendung von AGB gegenüber einem Unternehmer (§ 14 BGB) genügt jede – auch stillschweigend erklärte – Willensübereinstimmung (§ 310 Abs. 1 Satz 1 BGB).[688]

1558 Für die Ausfüllung des § 202 BGB durch eine vorformulierte Verjährungsvereinbarung gelten die **Schranken der § 307 Abs. 1, 2, §§ 308, 309 BGB**.

Insoweit fehlt nicht die **Kontrollfähigkeit** gemäß § 307 Abs. 3 Satz 1 BGB. § 202 BGB ist **keine kontrollfreie Erlaubnisnorm**, die eine entsprechende AGB-Klausel von den genannten Schutzvorschriften des AGB-Rechts ausnimmt; solche kontrollfreien Erlaubnisnormen sind § 51a BRAO, § 67a StBerG, § 54a WPO, soweit sie eine Haftungsbegrenzung durch Einzelvereinbarung oder AGB eröffnen und als Spezialvorschriften den zulässigen Inhalt unabhängig vom AGB-Recht regeln.[689] Gesetzliche Vorschriften, die Vereinbarungen durch Einzelabrede oder AGB im Rahmen tatbestandlich festgelegter Voraussetzungen zulassen, ohne zugleich das Schutzbedürfnis bei Verwendung von AGB zu berücksichtigen, sind im Allgemeinen keine kontrollfreien Erlaubnisnormen im vorstehenden Sinne.[690] Eine AGB-Klausel, die einen vom Gesetz ausdrücklich eröffneten Gestaltungsspielraum nutzt, ergänzt i.S.d. § 307 Abs. 3 Satz 1 BGB die gesetzliche Regelung; eine einseitige Ausübung vertraglicher Gestaltungsfreiheit durch AGB unterliegt jedoch den Schranken der §§ 307 – 309 BGB.[691] Dies gilt auch für eine vorformulierte Verjährungsklausel in Ausfüllung des § 202 BGB.

---

686 Vgl. BGH, WM 1997, 126, 127 und WM 2004, 794, zur Frage, wann Vertragsbedingungen „für eine Vielzahl von Verträgen" vorformuliert sind.
687 Dazu BGH, NJW-RR 1987, 112 ff., zu § 2 AGBG.
688 *Palandt/Heinrichs*, BGB, 64. Aufl. 2005, § 310 Rn. 4.
689 *Wolf*, in: *Wolf/Horn/Lindacher*, AGBG, § 8 Rn. 27; *Brandner*, in: *Ulmer/Brandner/Hensen*, AGBG, § 8 Rn. 34; *Palandt/Heinrichs*, BGB, 64. Aufl. 2005, § 307 Rn. 67, 168.
690 *Wolf*, in: *Wolf/Horn/Lindacher*, AGBG, § 8 Rn. 27; *Brandner*, in: *Ulmer/Brandner/Hensen*, AGBG, § 8 Rn. 34.
691 BGHZ 106, 42, 45 f. = NJW 1989, 222; BGH, NJW 2000, 2677; 2001, 2012, 2013, jeweils zu §§ 8 – 11 AGBG; vgl. BGHZ 100, 157, 173 f.; 127, 35, 41 f.

D. Neues Verjährungsrecht

Die **Möglichkeiten**, die **Verjährung von Regressansprüchen** gegen Rechtsberater durch AGB **zu erleichtern**, sind **begrenzt**. 1559

(1) Klauselverbote gemäß § 309 BGB

Insoweit bestehen nach **§ 309 BGB Klauselverbote**, die unabhängig von einer richterlichen Wertung zur **Unwirksamkeit** entgegenstehender AGB führen, betreffend einen 1560

- Ausschluss oder eine Begrenzung der Haftung **bei grobem Verschulden** (§ 309 Nr. 7a, b BGB), insbesondere der Haftung für Vermögensschäden wegen grob fahrlässiger Pflichtverletzung – z.B. wegen Versäumung einer materiellen oder prozessualen Frist durch einen Rechtsberater – (§ 309 Nr. 7b BGB);[692]
- Ausschluss oder eine unzulässige Beschränkung **werkvertraglicher Rechte** aus § 634 BGB (§ 309 Nr. 8b BGB), insbesondere eine **Verkürzung der Verjährung** eines Schadensersatzanspruchs gegen einen Rechtsberater gemäß § 634a Abs. 1 Nr. 3 BGB (dazu Rn. 1497 ff.) auf weniger als ein Jahr ab gesetzlichem Verjährungsbeginn (§ 309 Nr. 8b Doppelbuchst. ff BGB).[693]

Bei Verwendung von AGB **gegenüber einem Unternehmer** (§ 14 BGB) ist **§ 309 BGB nicht** anzuwenden (§ 310 Abs. 1 Satz 1 BGB; vgl. aber § 310 Abs. 1 Satz 2 BGB). Bei Verträgen des Rechtsberaters mit einem **Verbraucher** (§ 13 BGB) gilt die Schutzvorschrift des § 309 BGB grundsätzlich auch dann, wenn die vorformulierte Vertragsbedingung nur zur einmaligen Verwendung bestimmt ist (§ 310 Abs. 3 Nr. 2 BGB).

(2) Inhaltskontrolle (§ 307 BGB)

Die **richterliche Inhaltskontrolle** (§ 307 Abs. 1, 2 BGB), die bezüglich einer Verjährungsvereinbarung gemäß § 202 BGB nicht durch § 307 Abs. 3 Satz 1 BGB ausgeschlossen wird (Rn. 1558), kann ergeben, dass eine **formularmäßige Erleichterung der Verjährung den Vertragspartner** (z.B. einen Mandanten) des Verwenders (z.B. eines Rechtsberaters) entgegen den Geboten von Treu und Glauben **unangemessen benachteiligt**[694] und deswegen **unwirksam** ist. Eine solche Prüfung betrifft – nach Maßgabe des § 310 Abs. 1 Satz 2 BGB – auch AGB, die gegenüber einem **Unternehmer** (§ 14 BGB) verwendet werden.[695] Bei Verträgen des Rechtsberaters mit einem **Verbraucher** (§ 13 BGB) umfasst die Inhaltskontrolle auch sog. „Einmalbedingungen" (§ 310 Abs. 3 Nr. 2 BGB). 1561

---

692 Vgl. *Palandt/Heinrichs*, BGB, 64. Aufl. 2005, § 309 Rn. 44; *Mansel*, in: *Dauner-Lieb/Heidel/Lepa/Ring*, Anwaltkommentar Schuldrecht, § 202 Rn. 45 ff.

693 Dazu *Mansel*, in: *Dauner-Lieb/Heidel/Lepa/Ring*, Anwaltkommentar Schuldrecht, § 202 Rn. 40 ff.

694 Dazu u.a. BGH, NJW 1993, 1133, 1134; *Mansel*, in: *Dauner-Lieb/Heidel/Lepa/Ring*, Anwaltkommentar Schuldrecht, § 202 Rn. 49 ff.

695 Zur Inhaltskontrolle im kaufmännischen Geschäftsverkehr: BGH, NJW 1998, 3708, 3709, zu § 9 AGBG.

(a) Richterliche Prüfung

1562 Die **richterliche Prüfung** gemäß § 307 BGB hat grundsätzlich auf die **Verhältnisse im Zeitpunkt des Vertragsschlusses** abzustellen[696] und den **gesamten Vertragsinhalt** einschließlich der Individualvereinbarungen zu berücksichtigen.[697]

1563 **Prüfungsmaßstab** ist eine generalisierende, überindividuelle, typisierende Betrachtung, bei der die Interessen des Verwenders (z.b. eines Rechtsberaters) gegen die Belange der typischerweise beteiligten Vertragspartner (z.b. der Mandanten) abzuwägen sind;[698] dabei sind Art, Gegenstand, Zweck und besondere Eigenart des jeweiligen Geschäfts zu berücksichtigen.[699] Werden AGB für verschiedene Arten von Geschäften oder gegenüber verschiedenen Verkehrskreisen verwendet, so ist die Abwägung in den **Vertrags- oder Fallgruppen** vorzunehmen, die sich nach der am Sachgegenstand ausgerichteten typischen Interessenlage bilden, so dass **gruppentypisch unterschiedliche Ergebnisse** möglich sind.[700] Bei **Verbraucherverträgen** sind darüber hinaus auch die den Vertragsschluss begleitenden – also konkret individuelle – Umstände zu berücksichtigen (§ 310 Abs. 3 Nr. 3 BGB).

1564 Eine **AGB-Klausel** enthält eine **unangemessene Benachteiligung** i.S.d. § 307 Abs. 1 BGB, wenn der Verwender durch einseitige Vertragsgestaltung missbräuchlich eigene Interessen auf Kosten seines Vertragspartners durchzusetzen versucht, ohne von vornherein auch dessen Belange hinreichend zu berücksichtigen und ihm einen angemessenen Ausgleich zuzugestehen.[701]

Bei der Prüfung einer **vorformulierten Klausel**, mit der ein **Rechtsanwalt oder ein anderer Rechtsberater die Verjährung eines Regressanspruchs erleichtern** will, ist zu beachten, dass die Fachkunde des Rechtsberaters und das Vertrauen des regelmäßig fachunkundigen Mandanten typischerweise eine Überlegenheit des Rechtsberaters im Verhältnis zu seinem Auftraggeber begründen (dazu Rn. 1375).

Als **Richtschnur** kann gelten, dass eine verjährungserleichternde AGB-Klausel dann angemessen i.S.d. § 307 BGB ist, wenn ein besonderes Interesse des Verwenders (z.B. eines Rechtsberaters) – also ein sachlicher Grund – das Interesse des Vertragspartners (z.B. eines Mandanten) an der Geltung des gesetzlichen Verjährungsrechts übersteigt.[702]

---

696 Vgl. BGHZ 106, 259, 264; 143, 103, 117 = NJW 2000, 1110, jeweils zu § 9 AGBG; zur Rückwirkung einer Änderung der Rechtsprechung: BGHZ 132, 6, 11.
697 BGH, NJW 1993, 532, zu § 9 AGBG.
698 Vgl. BGHZ 105, 24, 31; 110, 241, 244; BGH, ZIP 2000, 78, jeweils zu § 9 AGBG.
699 BGHZ 110, 241, 244, zu § 9 AGBG.
700 BGHZ 110, 241, 244, zu § 9 AGBG.
701 BGHZ 143, 103, 113 = NJW 2000, 1110.
702 Vgl. *Mansel*, in: *Dauner-Lieb/Heidel/Lepa/Ring*, Anwaltkommentar Schuldrecht, § 202 Rn. 50.

(b) § 307 Abs. 2 Nr. 1 BGB

Nach dieser Vorschrift wird eine **widerlegbare Vermutung einer unangemessenen Benachteiligung** dann begründet, wenn eine AGB-Klausel mit wesentlichen Grundgedanken der gesetzlichen Regelung, von der abgewichen wird, **nicht zu vereinbaren** ist. Diese Bestimmung wird der **Schwerpunkt der Inhaltskontrolle formularmäßiger Verjährungserleichterungen** sein, weil sie an den Rechtsgrundsatz anknüpft, dass die **Vorschriften des dispositiven Rechts Leitbildfunktion** haben.[703]

1565

Daraus ergibt sich als **Mindestregelung** für die **Erleichterung der Verjährung** vertraglicher Regressansprüche gegen **Rechtsanwälte** und andere Rechtsberater **durch AGB**, dass solche Vereinbarungen den Schutz des geschädigten Auftraggebers oder des geschützten Dritten durch die früheren Verjährungsregelungen (§§ 51b, 59m Abs. 2 BRAO; §§ 45b, 52m Abs. 2 PatAnwO; §§ 68, 72 Abs. 1 StBerG; §§ 51a, 56 Abs. 1 WPO, 323 Abs. 5 HGB) unter Einschluss einer Sekundärhaftung von Rechtsanwälten oder Steuerberatern (Rn. 1365 ff.) nicht unterschreiten dürfen.

1566

Der **BGH** hat schon unter der Geltung des alten Rechts wiederholt entschieden, dass § **68 StBerG Leitbildfunktion für eine Mindestregelung der Verjährung** habe, die nicht durch AGB eingeschränkt werden könne;[704] dies gilt für § 51b BRAO entsprechend. Der **Gesetzgeber des neuen Verjährungsrechts** wollte mit dem kenntnisabhängigen Verjährungsbeginn (§ 199 Abs. 1 BGB) – anstelle des kenntnisunabhängigen Verjährungsbeginns nach altem Recht – i.V.m. langen Höchstfristen von zehn bzw. 30 Jahren (§ 199 Abs. 2, 3 BGB) auch die Chancen geschädigter Mandanten oder geschützter Dritter verbessern, Schadensersatzansprüche gegen Rechtsberater durchzusetzen (vgl. Rn. 1549).

Danach darf eine **AGB-Klausel**, die ein Rechtsanwalt oder anderer Rechtsberater seinem Auftraggeber stellt, die Verjährung eines Schadensersatzanspruchs des Mandanten aus dem Vertragsverhältnis der Beteiligten im Ergebnis höchstens dahin erleichtern, dass ein **kenntnisunabhängiger**, durch Entstehung des Anspruchs ausgelöster **Verjährungsbeginn mit einer Höchstfrist von sechs Jahren** ab Entstehung des Anspruchs gelten soll;[705] damit würde eine Verjährungsregelung erreicht, die in England für vertragliche und deliktische Ansprüche gegen Rechtsanwälte auf Ersatz von Vermögensschäden gilt.[706]

1567

Im Schrifttum wird die Ansicht vertreten, eine Vereinbarung, nach der die Verjährung eines Schadensersatzanspruchs kenntnisunabhängig beginnen solle, dürfe die Zehn-

---

703 BGHZ 89, 206, 211; BGH, NJW 1993, 1133, 1134, jeweils m.w.N.
704 BGHZ 97, 21, 24 ff. = NJW 1986, 1171; BGH, NJW 1990, 2464, 2465; NJW-RR 1991, 599; WM 1992, 1738, 1739.
705 Vgl. *Henssler/Prütting*, BRAO, § 51b Rn. 59.
706 Nach *Hirte*, S. 280.

Jahres-Frist des § 199 BGB „wohl höchstens halbieren;[707] nach anderer Meinung darf bei ausschließlich objektivem Verjährungsbeginn die Verjährungsfrist des § 199 Abs. 3 Nr. 1 BGB nur auf sieben bis acht Jahre verkürzt werden.[708] Weiterhin wird angenommen, bei **Vereinbarung eines subjektiven Verjährungsbeginns** (§ 199 Abs. 1 BGB) dürfe die regelmäßige Verjährungsfrist von drei Jahren (§ 195 BGB) nicht unterschritten werden.[709]

1568 Eine Mindestregelung im vorstehenden Sinne muss – über § 309 Nr. 8 Doppelbuchst. ff BGB hinaus – auch für eine formularmäßige **Erleichterung der Verjährung eines werkvertraglichen Schadensersatzanspruchs** eines Mandanten gegen einen Rechtsberater gemäß § 634 Nr. 4, § 634a Abs. 1 Nr. 3 BGB gelten, weil auch ein solcher Anspruch bisher den besonderen Verjährungsvorschriften für die Rechtsberaterhaftung unterlag (Rn. 1302).

1569 Die dargelegte **Höchstgrenze für die Erleichterung der Verjährung** eines Schadensersatzanspruchs eines Mandanten durch AGB gilt auch dann, wenn die Pflichtverletzung des Rechtsberaters zugleich eine **unerlaubte Handlung** (§§ 823 ff. BGB) ist; in diesem Fall besteht kein Grund für eine Privilegierung des Schädigers.

(c) § 307 Abs. 2 Nr. 2 BGB

1570 Nach dieser Vorschrift ist eine unangemessene Benachteiligung der anderen Vertragspartei im Zweifel anzunehmen, wenn die AGB **wesentliche Rechte oder Pflichten**, die sich aus der **Natur des Vertrages** ergeben, so einschränkt, dass die Erreichung des Vertragszwecks gefährdet ist.

Diese Bestimmung knüpft an die Rechtsprechung an, die eine **Aushöhlung vertraglicher Haupt-(„Kardinal-")pflichten** durch AGB nicht zulässt.[710] Dementsprechend hat der BGH eine formularmäßige Begrenzung der Haftung für die schuldhafte Verletzung vertraglicher Grundpflichten für unwirksam erklärt.[711] Diese Rechtsprechung kann auf eine mittelbare Haftungsbeschränkung durch eine verjährungserleichternde AGB übertragen werden, falls diese einen Schadensersatzanspruch des Mandanten gegen einen Rechtsanwalt oder anderen Rechtsberater wegen schuldhafter Verletzung der vertraglichen Grundpflichten zur Klärung des Sachverhalts, zur Rechtsprüfung, Rechtsberatung und Schadensverhütung (dazu Rn. 506 ff.) umfasst.

---

707 *Palandt/Heinrichs*, BGB, 64. Aufl. 2005, § 202 Rn. 11.
708 *Abram*, VersR 2002, 1331, 1335 f.
709 *Abram*, VersR 2002, 1331, 1335.
710 BGHZ 72, 206, 208, m.w.N.; *Palandt/Heinrichs*, BGB, 64. Aufl. 2005, § 307 Rn. 31.
711 BGHZ 89, 363, 367; 93, 29, 48; BGH, NJW 1993, 335; NJW-RR 1993, 560, 561.

(3) § 242 BGB

Die Berufung des Verwenders von AGB auf eine an sich wirksame Klausel kann unter besonderen Umständen des Einzelfalls gegen Treu und Glauben (§ 242 BGB) verstoßen.[712]

1571

(4) Ausblick

Nach alledem wird erst die künftige Rechtsprechung zeigen, ob und in welchem Umfang im Bereich der Rechtsberaterhaftung eine Erleichterung der Verjährung von Regressansprüchen durch AGB eine rechtswirksame Breitenwirkung erzielen kann, die auch Verbraucherverträge einschließen müsste.

1572

bb) Verjährungserleichterung durch Einzelvereinbarung

Eine **verjährungserleichternde Vereinbarung im Einzelfall** für Regressansprüche wegen fahrlässiger Pflichtverletzung eignet sich zum Schutz der Rechtsanwälte und anderer Rechtsberater **bei erkennbar schadensgeneigten Mandaten**, die z.B.

1573

- mit einem außergewöhnlichen Missverhältnis zwischen Haftungsrisiko und Honorar verbunden sind;
- eine Beratung über eine ungeklärte Rechtslage oder ausländisches Recht verlangen;
- spät („in letzter Minute") – etwa unmittelbar vor einem Fristablauf – erteilt werden.[713]

Insbesondere in solchen Ausnahmefällen kann eine **angemessene Risikoverteilung** durch eine Abrede i.S.d. § 202 BGB, möglicherweise verbunden mit einer haftungsbeschränkenden Individualvereinbarung gemäß § 51a BRAO, § 67a StBerG, § 54a WPO,[714] angestrebt werden.

(1) Vertragspartner und geschützte Dritte

Partner einer **Verjährungsvereinbarung** i.S.d. § 202 BGB sind der **Rechtsberater und sein Auftraggeber**.

1574

Besteht ein **Anwaltsvertrag zugunsten eines Dritten** (§§ 328 ff. BGB; dazu Rn. 1608 ff.) oder mit **Schutzwirkung zugunsten eines Dritten** (analog §§ 328 ff. BGB; dazu Rn. 1641 ff.), so ist der Dritte regelmäßig am Vertragsschluss nicht beteiligt. Nach der insoweit anwendbaren Vorschrift des **§ 334 BGB** stehen allerdings

---

712 BGHZ 105, 71, 88.
713 Vgl. *Henssler*, JZ 1994, 178, 186; *Junge-Ilges*, S. 165; *Hirte*, S. 25, jeweils zu Freizeichnungsabreden.
714 Zu § 51a Abs. 1 Nr. 1 BRAO: *Zugehör*, in: FS Kreft, S. 117 ff. = ZAP (2005), Fach 23, S. 651.

dem Schuldner – hier dem Rechtsanwalt – Einwendungen aus seinem Vertrag mit dem Auftraggeber auch gegenüber Dritten zu. Danach kann der Rechtsanwalt eine Verjährungsabrede i.S.d. § 202 BGB auch dem Dritten entgegenhalten; der Dritte darf insoweit grundsätzlich nicht besser stehen als der Auftraggeber, von dem er sein Recht herleitet.[715] Eine richterliche Auslegung des Anwaltsvertrages kann jedoch mit Rücksicht auf den Vertragszweck (vgl. § 328 Abs. 2 BGB) ergeben, dass die – dispositive – Bestimmung des § 334 BGB „stillschweigend" abbedungen wurde.[716] Einer solchen Auslegung können die Vertragspartner vorbeugen, indem sie ausdrücklich festlegen, dass § 334 BGB nicht abbedungen wird.

1575 Ein Rechtsanwalt kann einem „Nichtmandanten" aus einem **Auskunftsvertrag** (§ 675 Abs. 2 BGB = § 676 BGB a.F.) haften, der regelmäßig durch schlüssiges Verhalten zustande kommt (dazu Rn. 1722 ff.). In die Gefahr einer solchen Haftung geraten Rechtsanwälte vor allem dann, wenn sie in Wahrnehmung der Interessen ihres Mandanten mit Dritten – etwa mit einem Vertragsgegner oder Gläubiger ihres Auftraggebers – in Verbindung treten. In solchen Fällen wird so gut wie nie eine Beschränkung der Auskunftshaftung zwischen dem Rechtsanwalt und dem „Nichtmandanten", der als Empfänger der Auskunft Partner des Auskunftsvertrages ist, vereinbart werden. Dann reicht aber der Umstand, dass der Rechtsanwalt aufgrund eines Anwaltsvertrages mit seinem Mandanten tätig geworden ist, nicht aus, eine Verjährungsvereinbarung dieser Vertragspartner über § 334 BGB einem Schadensersatzanspruch des Dritten aus dessen Auskunftsvertrag mit dem Rechtsanwalt entgegenzuhalten.[717]

1576 Führt ein Rechtsanwalt aufgrund eines Anwaltsvertrages mit seinem Auftraggeber als dessen Vertreter, Vermittler oder sonstiger Sachwalter Vertragsverhandlungen mit einem Dritten und beeinflusst er diese Verhandlungen oder den Vertragsschluss erheblich dadurch, dass er besonderes persönliches Vertrauen seines Verhandlungspartners in Anspruch nimmt und/oder ein unmittelbares, eigenes wirtschaftliches Interesse an dem angestrebten Geschäft verfolgt, so kann er einer **Eigenhaftung als Verhandlungsgehilfe** aus Verschulden bei Vertragsschluss (§ 311 Abs. 2 BGB) unterliegen, wenn er vorvertragliche Pflichten – etwa zur Aufklärung oder zum Schutz des Verhandlungspartners oder einer hinter diesem stehenden Person (§ 241 Abs. 2 BGB) – schuldhaft verletzt (§ 311 Abs. 3 BGB; dazu Rn. 1835 ff.). In einem solchen Fall kann der Rechtsanwalt eine Verjährungsvereinbarung mit seinem Mandanten nicht einem Schadensersatzanspruch des Dritten entgegenhalten. Dieser leitet sein Recht nicht vom Auftraggeber des Rechtsanwalts ab, sondern stützt seinen Ersatzanspruch

---

715 BGHZ 56, 269, 272; 127, 378, 384 f.
716 Vgl. BGHZ 127, 378, 385 ff. und BGH, WM 1998, 440, 442, für den Einwand eines Mitverschuldens des Auftraggebers aus einem Gutachtenvertrag mit Schutzwirkung für einen Dritten.
717 A.A. *Würfele*, S. 214; *Stobbe*, in: *Henssler/Prütting*, BRAO, § 51a Rn. 35, jeweils zu einer Freizeichnungsabrede.

auf das Schuldverhältnis der Vertragsverhandlungen mit dem Rechtsanwalt (§ 311 Abs. 2, 3 BGB).

Diese Ausführungen gelten entsprechend, wenn ein Rechtsanwalt einem „Nichtmandanten" Schadensersatz aus bürgerlichrechtlicher **Prospekthaftung** schuldet, die von der Rechtsprechung aus der Vertrauenshaftung für Verschulden vor oder bei Vertragsschluss zum Schutz eines Kapitalanlegers entwickelt wurde (dazu Rn. 1879 ff.).

(2) Grobe Fahrlässigkeit

Eine **verjährungserleichternde Einzelvereinbarung** kann sich nicht nur auf Schadensersatzansprüche wegen **leichter**, sondern auch wegen **grober Fahrlässigkeit** (§ 276 Abs. 2 BGB) – etwa wegen pflichtwidriger Versäumung einer materiellen oder prozessualen Frist – erstrecken;[718] § 202 Abs. 1 BGB verbietet nur eine Vorausabrede bei Haftung wegen Vorsatzes (vgl. § 276 Abs. 3 BGB). Eine einzelvertragliche Verjährungserleichterung, die Schadensersatzansprüche im gesamten Umfang der Fahrlässigkeit betrifft, kann im Regressfall einem Streit vorbeugen, ob eine Pflichtverletzung des Rechtsberaters als leicht oder grob fahrlässig zu bewerten ist. Eine solche Vereinbarung kann auch ein **Verschulden von Erfüllungsgehilfen** einschließen, das dem Rechtsberater zuzurechnen ist (§ 278 BGB).

1577

(3) Aushandeln

Eine **Verjährungsvereinbarung im Einzelfall** kann nur eine zwischen den Vertragsparteien im Einzelnen ausgehandelte Abrede sein (vgl. § 305 Abs. 1 Satz 3 BGB).

1578

Mehrere Anwaltsverträge zwischen denselben Parteien erfordern grundsätzlich jeweils **gesonderte Verjährungsabreden** i.S.d. § 202 BGB. Eine Individualvereinbarung kann nur vorliegen, „soweit" die Vertragsbedingungen zwischen den Parteien im Einzelnen ausgehandelt wurden (§ 305 Abs. 1 Satz 3 BGB). Diese Voraussetzung muss jeweils im konkreten Mandatsfall erfüllt werden. Danach kann die Haftung nicht im Voraus für alle künftigen Einzelmandate im Rahmen eines Dauermandats beschränkt werden.[719]

Es ist zu erwarten, dass die Prüfung, ob eine Verjährungsvereinbarung eine Abrede im Einzelfall oder AGB sind, an die **Rechtsprechung** zu § 305 Abs. 1 Satz 3 BGB (früher § 1 Abs. 2 AGBG) anknüpfen wird. Diese stellt **strenge Anforderungen an eine Individualabrede**, um die Einhaltung der Schutzvorschriften des AGB-Rechts zu gewährleisten.[720] Danach ist es im Ergebnis erforderlich, dass die Zustimmung des Auftraggebers zu der vom Rechtsanwalt vorgeschlagenen Verjährungsvereinbarung als Ausdruck rechtsgeschäftlicher Selbstbestimmung und -verantwortung gewertet wer-

1579

---

718 So BGH, NJW 1998, 1864, 1866, zu § 51a Abs. 1 Nr. 1 BRAO.
719 Vgl. *Grams*, AnwBl 2001, 233, 235.
720 BGHZ 102, 152, 158.

den kann.[721] Das setzt ein **Aushandeln in der Weise** voraus, dass der Rechtsanwalt seinen Vorschlag – den „gesetzesfremden Kerngehalt" der angestrebten Verjährungsvereinbarung – inhaltlich ernsthaft zur Disposition stellt und dem Mandanten Gestaltungsfreiheit zur Wahrung eigener Interessen einräumt mit der realen Möglichkeit, den Inhalt der Vereinbarung zu beeinflussen.[722] Danach sind **Verhandlungsbereitschaft des Rechtsanwalts** und **tatsächliche Änderungsmöglichkeit des Mandanten** die maßgeblichen **Merkmale des Aushandelns** einer individuellen Vereinbarung über eine Verjährungserleichterung.

1580 Notwendiger Bestandteil des Aushandelns ist es, dass der **Rechtsanwalt** oder ein anderer Rechtsberater **seinen Auftraggeber über Bedeutung und Tragweite** einer angestrebten verjährungserleichternden Einzelvereinbarung **aufklärt**.[723]

Das ergibt sich schon aus den Verhaltenspflichten jeder Partei aus dem **Schuldverhältnis der Vertragsverhandlungen** (§ 311 Abs. 2 i.V.m. § 241 Abs. 2 BGB). Bei der Anbahnung eines Vertrages hat eine Partei dem anderen Teil diejenigen entscheidungserheblichen Umstände mitzuteilen, über die dieser eine Aufklärung nach dem Grundsatz von Treu und Glauben im Rechtsverkehr (§ 242 BGB) redlicherweise erwarten darf; danach besteht eine Aufklärungs- und Warnpflicht dann, wenn wegen besonderer Umstände des Einzelfalls davon auszugehen ist, dass der künftige Vertragspartner nicht hinreichend unterrichtet ist und die Verhältnisse nicht durchschaut.[724] Daher muss ein Rechtsanwalt oder ein anderer Rechtsberater den regelmäßig rechtsunkundigen Auftraggeber darüber aufklären, welches Risiko er mit der Vereinbarung einer Haftungsbeschränkung eingeht.

Auch die Rechtsprechung verlangt unter dem Begriff „Aushandeln" i.S.d. § 305 Abs. 1 Satz 3 BGB (früher § 1 Abs. 2 AGBG) eine gewisse **Aufklärung des Verhandlungspartners**. Dafür genügen ein Verlesen des Vertragstextes und eine allgemeine Belehrung nicht.[725] Der ausdrückliche Hinweis auf die Bedeutung einer Erklärung macht diese noch nicht zur Individualabrede.[726] Für ein Aushandeln reicht es nicht aus, dass der Inhalt einer Klausel dem Verhandlungspartner lediglich erläutert und mit diesem erörtert wird und dies dessen Vorstellung entspricht.[727]

---

721 Vgl. BGH, NJW 1991, 1678, 1679, zu einer Freizeichnungsabrede.
722 Vgl. u.a. BGHZ 85, 305, 308; 153, 311, 321; BGH, NJW-RR 1987, 144, 145; WM 1995, 1455, 1456; NJW-RR 1996, 783, 787; NJW 2000, 1110, 1111 = BGHZ 143, 103, 111; NJW 2005, 2543, 2544.
723 Vgl. BGH, NJW 2005, 2543, 2544; dazu im Rahmen des § 51a Abs. 1 Nr. 1 BRAO eingehend *Zugehör*, in: FS Kreft, S. 117, 136 ff. = ZAP (2005), Fach 23, S. 651, 663.
724 BGH, NJW 1997, 3230, 3231, m.w.N.
725 BGHZ 102, 152, 158.
726 BGHZ 104, 232, 236.
727 BGH, NJW 1992, 2759, 2760.

Schließlich ergibt sich eine im eigenen Interesse gebotene **Aufklärungsobliegenheit** des Rechtsberaters aus §§ **138, 242 BGB** (dazu Rn. 1584 ff.).

1581

(4) Inhalt und Umfang der gebotenen Aufklärung

Inhalt und Umfang der gebotenen Aufklärung ergeben sich aus deren Zweck, den regelmäßig rechtsunkundigen Auftraggeber in die Lage zu versetzen, in Kenntnis und nach Abwägung aller wesentlichen Umstände eigenverantwortlich zu entscheiden, ob er unter Wahrung seiner Interessen zu einer **angemessenen Risikoverteilung** beitragen soll, indem er einen etwaigen künftigen Schadensersatzanspruch gegen den Rechtsberater mit der Vereinbarung einer erleichterten Verjährung möglicherweise aufgibt. Die Anforderungen an eine solche Aufklärung hängen entscheidend davon ab, welche **Kenntnisse und Erfahrung der Auftraggeber** hat und ob ein intellektuelles und/oder wirtschaftliches „Machtgefälle" zwischen ihm und dem Rechtsberater besteht.[728] Die Anforderungen an die Aufklärung werden regelmäßig gegenüber einem **Verbraucher** (§ 13 BGB), dessen Anwaltsvertrag **ein Verbrauchervertrag** ist (§ 310 Abs. 3 BGB), höher sein als gegenüber einem **Unternehmer** i.S.d. § 14 BGB, der den Anwaltsvertrag im Rahmen seiner gewerblichen oder selbständigen Berufstätigkeit abschließt.[729] Ein solcher Mandant verfügt im Regelfall über **Geschäftskenntnisse und -erfahrungen** sowie über **Verhandlungsmacht**, vor allem wenn er „Stamm- und/oder Großkunde" des Rechtsberaters ist und über anderweitigen Rechtsbeistand, etwa über eine eigene Rechtsabteilung, verfügt.

1582

Die Aufklärung des Auftraggebers muss sich – im eigenen Interesse des Rechtsberaters – auf die **Risiken des Mandats** und die damit verbundenen **typischen Schadensgefahren** erstrecken; daraus wird die wechselseitige Risiko- und Interessenlage deutlich. Dazu gehört die Mitteilung, ob die verjährungserleichternde Vereinbarung Schadensersatzansprüche nur wegen **leichter** oder auch wegen **grober Fahrlässigkeit** umfassen soll.

1583

Für einen angemessenen Risikoausgleich wird regelmäßig die Aufklärung des Auftraggebers auch darüber notwendig sein, wie dieser sein erkennbares **Schadensrisiko** aus einer verjährungserleichternden Vereinbarung **anderweitig decken** kann.[730] Das gilt insbesondere dann, wenn sich diese Abrede auch auf Schadensersatzansprüche wegen grober Fahrlässigkeit erstrecken soll. Dieses Risiko kann – wie bei einer unmittelbaren Haftungsbeschränkung – in der Weise gedeckt werden, dass der **Auftraggeber eine mandatsbezogene Einzelobjektversicherung** auf eigene Kosten abschließt.[731]

---

728 Vgl. *Rabe*, NJW 1987, 1978, 1980.
729 *Berger*, NJW 2001, 2152, 2154 f.
730 Vgl. BGH, NJW 1980, 1953 ff.
731 Vgl. *Stobbe*, in: *Henssler/Prütting*, BRAO, § 51a Rn. 5, 48.

(5) Inhaltskontrolle gemäß §§ 138, 242 BGB

1584 Die Generalklauseln des § 138 BGB über die **Sittenwidrigkeit eines Rechtsgeschäfts** und des § 242 BGB über den **Grundsatz von Treu und Glauben im Rechtsverkehr** begrenzen die Vertragsfreiheit und gebieten eine **richterliche Kontrolle** auch des Inhalts verjährungserleichternder Einzelvereinbarungen.[732]

Das **BVerfG** betont die Aufgabe des Richters, **in typisierbaren Fällen**, die eine „**strukturelle Unterlegenheit**" eines Vertragsteils erkennen lassen, ungewöhnlich belastende Folgen für den schwächeren Vertragspartner unter Anwendung der genannten Generalklauseln zu verhindern.[733] Der **Anwaltsvertrag ist ein solcher Fall**, weil die Fachkunde des Rechtsanwalts und das Vertrauen seines Auftraggebers typischerweise eine Überlegenheit des Anwalts gegenüber seinem regelmäßig rechtsunkundigen Mandanten begründen.

1585 Eine **verjährungserleichternde Einzelvereinbarung** ist dann **sittenwidrig** und deswegen als Missbrauch der Vertragsfreiheit **nichtig** (§ 138 Abs. 1 BGB), wenn sie aufgrund einer Gesamtwürdigung aller Abreden mit Rücksicht auf den Inhalt, den Beweggrund und Zweck der Regelung sowie alle Umstände des Einzelfalls ein objektiv **auffälliges Missverhältnis von Leistung und Gegenleistung** aufweist und eine **sittlich verwerfliche Gesinnung** des begünstigten Vertragspartners erkennen lässt.[734] In die entsprechende Prüfung sind Klauseln einzubeziehen, die nach § 305c Abs. 1, §§ 307 – 309 BGB unwirksam sind[735] oder sein können.[736]

Die Verwendung unangemessener AGB hat allenfalls dann die Sittenwidrigkeit des gesamten Vertrages zur Folge, wenn dieser aus sittlich verwerflicher Gesinnung so einseitig abgefasst wurde, dass nur der eine Vertragspartner seine Rechte durchsetzt, wesentliche berechtigte Belange des anderen Vertragsteils aber missachtet werden.[737]

1586 Ausnahmsweise kann die Berufung auf eine Nichtigkeit nach § 138 BGB unter besonderen Umständen des Einzelfalls gegen Treu und Glauben (§ 242 BGB) verstoßen und deswegen ein Rechtsmissbrauch sein.[738]

1587 Die Ausübung eines **Leistungsverweigerungsrechts**, das sich aus einer **verjährungserleichternden Einzelvereinbarung** ergibt, kann im Einzelfall gegen Treu und Glauben (§ 242 BGB) verstoßen und deswegen eine **unzulässige Rechtsausübung** sein.

---

732 Dazu *Mansel*, in: *Dauner-Lieb/Heidel/Lepa/Ring*, Anwaltkommentar Schuldrecht, § 202 Rn. 2, 15, 18, 29, 54.
733 BVerfGE 89, 214, 229 ff.; ZIP 1994, 1516, 1517 f., jeweils zur Bürgschaft.
734 BGHZ 136, 347, 355; BGH, NJW 1981, 1206.
735 BGHZ 136, 347, 355 f., zu §§ 3, 9 – 11 AGBG.
736 Vgl. BGHZ 80, 153, 172.
737 BGH, WM 2001, 1330 = NJW 2001, 2466.
738 BGH, NJW 1981, 1439 f.

Eine **Prüfung nach §§ 138, 242 BGB** wird sich dann aufdrängen, wenn ein **Rechtsanwalt** oder anderer Rechtsberater im Rahmen eines berufstypischen Vertrages über Rechtsberatung und/oder -vertretung für sich vorteilhafte Vereinbarungen mit seinem **Auftraggeber** trifft, die diesen **ungewöhnlich belasten**, weil wesentliche Rechte des Mandanten ausgeschlossen oder übermäßig beschränkt werden. Dann kann eine sitten- oder treuwidrige **Ausnutzung der „strukturellen Unterlegenheit" eines rechtsunkundigen Mandanten** vorliegen, der „seinem" Rechtsberater vertraut und infolge fehlender Fachkunde vertrauen muss. Dies kann – nicht muss – der Fall sein, wenn ein rechtsunkundiger Auftraggeber der leichteren Verjährung eines möglichen Schadensersatzanspruchs gegen seinen Rechtsanwalt oder sonstigen Rechtsberater zustimmt, ohne dass er über sein damit verbundenes Risiko ausreichend aufgeklärt wurde, und außerdem durch weitere Umstände – etwa durch eine Beschränkung der unmittelbaren Haftung des Rechtsberaters (§ 51a BRAO, § 67a StBerG, § 54a WPO) – benachteiligt wird.

1588

e) Beweislast

Im Streitfall hat der **Rechtsanwalt** – oder ein anderer Rechtsberater – **eine ihm günstige Verjährungsvereinbarung** darzulegen und zu **beweisen**[739] (vgl. das Klauselverbot des § 309 Nr. 12 BGB für eine Änderung der Beweislast).

1589

Behauptet der Auftraggeber in einem Regressprozess gegen den Rechtsanwalt, die vereinbarte Verjährungserleichterung beruhe auf AGB des Rechtsanwalts, so muss der **Mandant grundsätzlich das Vorliegen von AGB** darlegen und **beweisen**, um sich auf den Schutz der §§ 305 ff. BGB berufen zu können; für AGB kann der erste Anschein sprechen, wenn vom Rechtsanwalt ein formelhaftes Klauselwerk gestellt wurde, das mit Rücksicht auf seine inhaltliche Gestaltung aller Lebenserfahrung nach für eine mehrfache Verwendung entworfen wurde.[740] In diesem Fall hat der **Rechtsanwalt** darzulegen und zu **beweisen**, dass die Verjährungsvereinbarung auf einer im Einzelnen **ausgehandelten Individualabrede** beruht.[741] Diese Darlegungs- und Beweislast des Rechtsanwalts erstreckt sich darauf, dass dieser seine **Pflicht zur Aufklärung des Auftraggebers** über die Bedeutung und Tragweite der Verjährungsvereinbarung erfüllt hat.

f) Folgen einer unwirksamen Verjährungserleichterung

aa) Unwirksame Einzelvereinbarung

Ist eine **verjährungserleichternde Einzelabrede unwirksam**, so ist die Frage, ob der Rechtsberatervertrag trotz der – abtrennbaren – unwirksamen Verjährungsvereinbarung

1590

---

739 Vgl. BGHZ 83, 56, 58.
740 Vgl. BGHZ 118, 229, 238 f.
741 Vgl. BGH, NJW 1998, 2600, 2601, zu einer Freizeichnungsabrede.

bestehen bleibt, nach § 139 BGB zu beantworten (vgl. auch § 140 BGB). Nach dieser Vorschrift ist in einem solchen Fall der Teilnichtigkeit das ganze Rechtsgeschäft nichtig, wenn nicht anzunehmen ist, dass es auch ohne den nichtigen Teil vorgenommen sein würde. Für eine solche Annahme ist der mutmaßliche Wille der Vertragspartner zum Zeitpunkt des Vertragsschlusses maßgeblich.[742] Daher kommt es in erster Linie darauf an, welche Entscheidung die Parteien bei Kenntnis der Sachlage nach Treu und Glauben und bei vernünftiger Abwägung getroffen hätten.[743] Insoweit ist im Einzelfall zu prüfen, welche Bedeutung die nichtige Abrede für den Gesamtvertrag hat.[744]

Danach wird es **im Regelfall** dem hypothetischen Willen der Vertragspartner entsprechen, dass der **Anwaltsvertrag im Übrigen** trotz der unwirksamen Verjährungsabrede **bestehen bleibt**. Das kann in Ausnahmefällen dann anders sein, wenn der Rechtsanwalt das Mandat wegen eines erkennbar unzumutbaren Haftungsrisikos ohne Vereinbarung einer angemessenen Verjährungserleichterung abgelehnt hätte. Will sich der Mandant unter Berufung auf § 139 BGB vom Anwaltsvertrag befreien, so kann dies gegen Treu und Glauben (§ 242 BGB) verstoßen, wenn die unwirksame Verjährungsabrede ausschließlich den Rechtsanwalt begünstigt hat und dieser dennoch am Vertrag festhalten will.[745]

Diejenige Partei, die sich auf die **Rechtswirksamkeit des restlichen Anwaltsvertrages** beruft, hat die Tatsachen zu **beweisen**, aus denen sich ergeben soll, dass dieser Vertragsteil auch ohne die unwirksame Abrede vorgenommen worden wäre.[746] Eine **salvatorische Klausel**, nach der die Unwirksamkeit einzelner Vertragsbestimmungen die Gültigkeit des Gesamtvertrages nicht berühren soll, verkehrt die Vermutung des § 139 BGB in ihr Gegenteil.[747]

bb) Unwirksame AGB

1591 Ist eine **verjährungserleichternde AGB-Klausel unwirksam**, so darf diese nicht auf einen zulässigen Inhalt zurückgeführt werden (**Verbot der geltungserhaltenden Reduktion**).[748] Ein Schadensersatzanspruch aus dem **im Übrigen wirksamen Rechtsberatervertrag** richtet sich dann grundsätzlich nach dem **gesetzlichen Verjährungsrecht** (§ 306 Abs. 2 BGB);[749] wäre mit Rücksicht darauf das Festhalten am Vertrag

---

742 BGH, NJW-RR 1989, 800, 801.
743 BGH, WM 1997, 625, 627, m.w.N.
744 BGH, NJW 1992, 2696, 2697.
745 Vgl. BGH, NJW-RR 1989, 800, 802; NJW 1993, 1587, 1588; WM 1997, 625, 627.
746 BGHZ 54, 71, 72; OLG München, NJW-RR 1987, 1042.
747 BGH, WM 1997, 625, 627; NJW 1999, 1404, 1406.
748 BGHZ 84, 109, 115 f.; 86, 284, 297; 106, 259, 267; 114, 338, 342 f.; 143, 103, 118 f.; zur **ergänzenden Vertragsauslegung** in einem solchen Fall: BGHZ 143, 103, 120.
749 Vgl. BGHZ 120, 108, 122; BGH, NJW 2001, 2466.

jedoch für eine Vertragspartei eine **unzumutbare Härte**, so ist der **Gesamtvertrag unwirksam** (§ 306 Abs. 3 BGB).

g) Ergebnis

Die **Rechtswirksamkeit von AGB**, die die Verjährung von Schadensersatzansprüchen des Mandanten gegen einen Rechtsanwalt oder anderen Rechtsberater wegen leicht oder grob fahrlässiger Verletzung von Vertragspflichten erleichtern, ist insbesondere dann **unsicher**, wenn auf einen „**Verbrauchervertrag**" (§ 310 Abs. 3 BGB) die strengen Schutzvorschriften der §§ 305 ff. BGB anzuwenden sind. Diese Unsicherheit steigt, je mehr sich die AGB-Regelung der Höchstgrenze einer Aushöhlung des gesetzlichen Verjährungsrechts nähert (dazu Rn. 1565 ff.).

1592

Ein **verhältnismäßig sicherer Anwendungsbereich** für **einvernehmliche Verjährungserleichterungen** bleibt dagegen in denjenigen Fällen, in denen **Auftraggeber ein Unternehmer** i.S.d. § 14 BGB ist und der angemessene Mindestschutz für diesen nicht berührt wird (vgl. Rn. 1573, 1582 f.). Allerdings ist dafür ein **Aushandeln der Verjährungsabrede** notwendig (Rn. 1578 ff.), das regelmäßig zeitaufwendig, schwerfällig und umständlich sein dürfte. Insoweit ist eine **beweiskräftige Dokumentation** empfehlenswert.

1593

E. Leitfaden zur Verjährung

I. Altes Recht

Prüfungsschritt 1:

1594

Zunächst ist zu **ermitteln**, ob die – inzwischen aufgehobenen -beraterfreundlichen **früheren Verjährungsvorschriften für vertragliche Schadensersatzansprüche gegen Rechtsberater** (Rn. 1251) **nach dem Übergangsrecht zur Verjährung** (dazu Rn. 1252 ff., 1262 ff.) **anzuwenden** sind.

Für solche Ansprüche gegen **Rechtsanwälte, Patentanwälte** sowie **Steuerberater** und **Steuerbevollmächtigte** und die **Gesellschaften** dieser Berufskreise gilt zwar **grundsätzlich seit dem 15.12.2004 das neue Verjährungsrecht** (§§ 194 ff., 634a BGB). Nach der **Übergangsregelung** (Art. 229 §§ 6, 12 EGBGB) können aber die **alten Verjährungsvorschriften** (§§ 51b, 59m Abs. 2 BRAO – §§ 45b, 52m Abs. 2 PatAnwO – §§ 68, 72 Abs. 1 StBerG) **über diesen Zeitpunkt hinaus** anzuwenden sein (dazu Rn. 1262 ff.).

Vertragliche Schadensersatzansprüche gegen **Wirtschaftsprüfer** und **Wirtschaftsprüfungsgesellschaften** unterliegen **grundsätzlich seit dem 1.1.2004 dem neuen Verjährungsrecht** (§§ 194 ff., 634a BGB). Nach den **Übergangsregelungen** (§ 139b WPO, Art. 55 EGHGB) können aber die **alten Verjährungsvorschriften** (§§ 51a, 56

Abs. 1 WPO, § 323 Abs. 5 HGB) über diesen Zeitpunkt hinaus anzuwenden sein (Rn. 1260).

Prüfungsschritt 2:

Ist **altes Verjährungsrecht** auf einen Schadensersatzanspruch des Auftraggebers oder eines geschützten Dritten anzuwenden, so hat eine erfolgreiche **Einrede der Verjährung** (§ 222 Abs. 1 BGB a.F.) **folgende Voraussetzungen:**

1. a) Ein **Schadensersatzanspruch des Mandanten** gegen einen **Rechtsanwalt** oder eine **Rechtsanwaltsgesellschaft** unterliegt nur dann der **Verjährung gemäß §§ 51b, 59m Abs.** 2 BRAO, wenn dieser Anspruch **aus einem echten Anwaltsvertrag** mit zumindest nennenswerter, berufstypischer Rechtsbeistandspflicht (dazu Rn. 108, 133 ff., 478 f.) stammt (Rn. 1306 ff.).

Diese Voraussetzung ist auch dann erfüllt, wenn

- ein **Dritter** einen **Schadensersatzanspruch** aus einem solchen Vertrag herleitet (Rn. 1313 f.) oder

- der **Ersatzanspruch** in einer **vorvertraglichen Beziehung** wurzelt, die auf den Abschluss eines echten Anwaltsvertrages gerichtet war (Rn. 1315 ff.), oder

- der **Ersatzanspruch** auf die **Verletzung einer nachvertraglichen Pflicht** eines solchen Vertrages gestützt wird (Rn. 1319).

Das gilt für **Dienst-** und **Werkverträge** i.S.d. § 675 Abs. 1 BGB (Rn. 6 ff., 480).

Diese **Voraussetzung** einer Verjährungseinrede aus §§ 51b, 59m Abs. 2 BRAO liegt **nicht** vor,

- bei amtlicher oder amtsähnlicher Anwaltstätigkeit (Rn. 1285 ff.),
- bei einem sonstigen gesetzlichen Schuldverhältnis (Rn. 1290 ff.),
- bei ausschließlich anwaltsfremder Tätigkeit (Rn. 1306 ff.),
- bei einem Anspruch, der keinen Schadensersatz betrifft (Rn. 1336).

Wichtig:

Bei einem **Mehrfachberufler** (Rechtsanwalt, der zugleich Steuerberater und/oder Wirtschaftsprüfer ist) ist zu prüfen, ob die Verjährungsregelung des **§ 51b BRAO**, des **§ 68 StBerG** oder des **§ 51a WPO** anzuwenden ist (Rn. 1304 f.).

---

b) Diese Voraussetzung zu a) gilt entsprechend für die **Verjährungseinrede eines Patentanwalts** oder einer **Patentanwaltsgesellschaft** aus §§ 45b, 52m Abs. 2 PatAnwO sowie eines **Steuerberaters, Steuerbevollmächtigten** oder einer **Steuerberatungsgesellschaft** aus §§ 68, 72 Abs. 1 StBerG und eines **Wirt-**

schaftsprüfers oder einer **Wirtschaftsprüfungsgesellschaft** aus §§ 51a, 56 Abs. 1 WPO, 323 Abs. 5 HGB.

2. a) Die Verjährung eines **Schadensersatzanspruchs gegen einen Rechtsanwalt** oder eine **Rechtsanwaltsgesellschaft** setzt weiterhin voraus, dass die **Erst-(Primär-)verjährung** nach § 51b Fall 1, § 59m Abs. 2 BRAO (dazu Rn. 1339 ff.) oder, falls der (erste) Schaden des Mandanten erst nach Mandatsende entstanden ist, gemäß § 51b Fall 2, § 59m Abs. 2 BRAO eingetreten ist (dazu Rn. 1348 ff.).

Wichtig:

Für den **Verjährungsbeginn** nach § 51b Fall 1 BRAO ist ausschlaggebend, ob und ggf. wann der (erste) Schaden entstanden ist. Dies richtet sich nach der „**Risiko-Schaden-Formel**" (Rn. 1342 ff.): Solange bei wertender Betrachtung nur das Risiko eines Vermögensnachteils und deswegen allenfalls eine Vermögensgefährdung besteht, ist ein Schaden infolge einer anwaltlichen Pflichtverletzung noch nicht eingetreten.

Vor allem bei **Spätschäden** ist der **Grundsatz der Schadenseinheit** zu beachten (Rn. 1360 f.).

Haben **mehrere selbständige Pflichtverletzungen** des Rechtsanwalts den Mandanten geschädigt, so beginnt die Verjährung der jeweiligen Schadensersatzansprüche nach § 51b Fall 1 BRAO mit der Entstehung des (ersten) Nachteils aus der jeweiligen Pflichtverletzung, es sei denn, dass die Verjährung gemäß § 51b Fall 2 BRAO – früher – mit der Beendigung des Mandats beginnt, aus dem die Pflichtverletzung stammt (Rn. 1361, 1348 ff.).

Die Verjährungseinrede kann nicht erhoben werden, wenn die **Verjährung** aufgrund einer wirksamen **Vereinbarung** nicht geltend gemacht werden kann (Rn. 1434 ff.).

Der Eintritt der Verjährung kann durch deren **Hemmung, Ablaufhemmung** oder **Unterbrechung** (jetzt **Neubeginn der Verjährung**) verhindert worden sein. Insoweit ist zu berücksichtigen, dass schon **ab 1.1.2002** grundsätzlich **die neuen Vorschriften** (§§ 203 – 213 BGB) anzuwenden sind; die entsprechenden **alten Bestimmungen** (§§ 202 ff., 208 ff. BGB a.F.; dazu Rn. 1412 ff., 1419 ff.) können aber gemäß der **Überleitungsvorschrift** des Art. 229 § 6 Abs. 1 Satz 2, 3, Abs. 2 EGBGB **bedeutsam** sein (Rn. 1252 ff.). Die Wirkung einer **Verjährungsunterbrechung** kann nach altem Recht (insbesondere nach § 215 Abs. 2 BGB a.F.) **nachträglich weggefallen** sein (Rn. 1428); für diesen Fall ist Art. 229 § 6 Abs. 1 Satz 3 EGBGB zu beachten.

Bei Verjährungshemmung und -unterbrechung ist zu berücksichtigen, dass diese, falls mehrere Rechtsanwälte als Gesamtschuldner haften, **Gesamtwirkung** gegenüber allen Gesamtschuldnern haben können (Rn. 1320 ff.).

Zugehör

b) Die vorstehenden Ausführungen betreffen auch die Verjährung eines vertraglichen **Schadensersatzanspruchs** gegen einen **Patentanwalt** oder eine **Patentanwaltsgesellschaft** nach §§ 45b, 52m Abs. 2 PatAnwO. Sie gelten weiterhin entsprechend für einen solchen Anspruch gegen einen **Steuerberater, Steuerbevollmächtigten** oder eine **Steuerberatungsgesellschaft** gemäß §§ 68, 72 Abs. 1 StBerG, gegen einen **Wirtschaftsprüfer** oder eine **Wirtschaftsprüfungsgesellschaft** nach §§ 51a, 56 Abs. 1 WPO, § 323 Abs. 5 HGB, insoweit allerdings mit der Abweichung, dass in diesen letztgenannten Vorschriften eine § 51b Fall 2 BRAO entsprechende Bestimmung fehlt (Rn. 1352 ff.).

3. a) Falls die **Primärverjährung eines Regressanspruchs** gegen einen **Rechtsanwalt** oder eine **Rechtsanwaltsgesellschaft** eingetreten ist, so hängt die Verjährungseinrede nach §§ 51b, 59m Abs. 2 BRAO ferner davon ab, dass der Mandant entweder keinen **sekundären Schadensersatzanspruch** hat (Rn. 1380 ff.) oder ein solcher Anspruch nach den genannten Vorschriften verjährt ist (Rn. 1403 ff.).

Auch insoweit ist zu prüfen, ob die Verjährung durch **Hemmung, Ablaufhemmung** oder **Unterbrechung (Neubeginn der Verjährung)** gehindert wurde oder ob die Verjährung wegen einer wirksamen **Vereinbarung** nicht geltend gemacht werden kann (vgl. die vorstehenden Ausführungen zu Ziff. 2. a).

b) Diese Vorschriften gelten entsprechend für die **Verjährung eines Schadensersatzanspruchs gegen einen Patentanwalt** oder eine **Patentanwaltsgesellschaft** gemäß §§ 45b, 52m Abs. 2 PatAnwO sowie gegen einen **Steuerberater, Steuerbevollmächtigten** oder eine **Steuerberatungsgesellschaft** nach §§ 68, 72 Abs. 1 StBerG (Rn. 1274 ff., 1352 ff.).

Ein Schadensersatzanspruch gegen einen **Wirtschaftsprüfer** oder eine **Wirtschaftsprüfungsgesellschaft** unterlag nur einer einheitlichen, **nicht** durch eine **Sekundärhaftung** verlängerten Verjährung gemäß §§ 51a, 56 Abs. 1 WPO, § 323 Abs. 5 HGB.

Prüfungsschritt 3:

Sind die Voraussetzungen einer **Verjährungseinrede des Rechtsberaters** erfüllt, so ist noch zu prüfen, ob dieser der **Arglisteinwand** (§ 242 BGB) entgegensteht (Rn. 1437 f.).

Prüfungsschritt 4:

Abschließend ist zu untersuchen, ob die Anforderungen der **Darlegungs- und Beweislast** erfüllt werden können, die dem Anspruchsteller und dem Rechtsberater im Rahmen der alten Verjährungsregelungen obliegen (Rn. 1432).

II. Neues Recht

Nach neuem Recht (§§ 194 ff., 634a BGB) **verjähren** vertragliche, vorvertragliche und gesetzliche – auch deliktische – **Schadensersatzansprüche** des Auftraggebers oder eines Dritten gegen

- **Wirtschaftsprüfer** und **Wirtschaftsprüfungsgesellschaften** grundsätzlich **seit dem 1.1.2004** (Rn. 1260);
- **Rechtsanwälte, Patentanwälte, Steuerberater** und **Steuerbevollmächtigte** sowie gegen **Gesellschaften** dieser Berufskreise **grundsätzlich seit dem 15.12.2004** (Rn. 1261).

1595

Prüfungsschritt 1:

Zunächst ist zu prüfen, ob **Übergangsrecht** der Anwendung des neuen Verjährungsrechts entgegensteht (Art. 229 §§ 6, 12 EGBGB – Rn. 1262 ff., für Wirtschaftsprüfer und ihre Gesellschaften: § 139b WPO, Art. 55 EGHGB – Rn. 1260).

Prüfungsschritt 2:

Ist **neues Verjährungsrecht** auf einen Schadensersatzanspruch anzuwenden, so sind für eine erfolgreiche **Einrede der Verjährung** (§ 214 Abs. 1 BGB) folgende **Grundsätze** zu beachten:

Ein **Schadensersatzanspruch** des Auftraggebers oder eines Dritten (Rn. 1453 f.) **gegen einen Rechtsanwalt, Patentanwalt, Steuerberater** oder **Steuerbevollmächtigten, Wirtschaftsprüfer** oder die **Gesellschaften** dieser Berufskreise **verjährt**, soweit keine Sonderregelung gilt (Rn. 1446), **grundsätzlich gemäß §§ 195, 199 Abs. 1 BGB – Regelverjährung –** (dazu Rn. 1452 ff.), spätestens in den – taggenau beginnenden – **Höchstfristen des § 199 Abs. 2, 3 BGB** (dazu Rn. 1491 ff.).

Stammt der Schadensersatzanspruch aus einem **Werkvertrag** (§§ 631, 675 Abs. 1 BGB), so ist die **Sonderregelung des § 634a BGB** zu berücksichtigen. Gemäß **§ 634a Abs. 1 Nr. 3 BGB** unterliegt ein **Schadensersatzanspruch des Bestellers gegen einen Rechtsberater** – ein Mängelanspruch i.S.d. § 634 Nr. 4 BGB (Rn. 1186 ff.) – der **Regelverjährung** (Rn. 1497 ff.).

Eine **verjährungsrechtliche Sekundärhaftung** von Rechtsanwälten und Steuerberatern entfällt (Rn. 1445).

Eine wirksame **Verjährungsvereinbarung** (§ 202 BGB) kann – durch **AGB** (Rn. 1557 ff.) oder **Vereinbarung im Einzelfall** (Rn. 1573 ff.) – **die gesetzliche Verjährung verkürzen oder verlängern** (Rn. 1544 ff.).

Die **Verjährung des Hauptanspruchs** erfasst auch Ansprüche auf die von ihm abhängenden **Nebenleistungen** i.S.d. **§ 217 BGB** (z.B. Zinsen und Kosten; Rn. 1540 f.).

Teil 1 • Abschnitt 7 • Verjährung vertraglicher Regressansprüche

Daraus ergeben sich **folgende Prüfungsfragen**:
1. Besteht eine wirksame **Verjährungsvereinbarung** (Rn. 1544 ff.)? Ggf. richtet sich eine Verjährung ausschließlich nach dieser Abrede.
2. Falls keine wirksame Verjährungsvereinbarung geschlossen wurde:
   a) aa) Ist, falls keine Sonderregelung gilt (Rn. 1446), die **Regelverjährungsfrist** gemäß §§ 195, 199 Abs. 1 BGB – auf diese Vorschriften verweist auch § 634a Abs. 1 Nr. 3 BGB (dazu Rn. 1497 ff.) – für den Schadensersatzanspruch **verstrichen** (dazu Rn. 1452 ff.)?
   bb) Wenn das nicht der Fall ist: Ist die absolute **Höchstfrist** nach § 199 Abs. 2, 3 BGB für den Schadensersatzanspruch **abgelaufen** (dazu Rn. 1491 ff.)?
   b) Falls eine dieser Fristen verstrichen ist: Wurde die **Verjährung gehemmt** (§§ 203 ff. BGB; dazu Rn. 1501 ff.) oder ist ein **Neubeginn der Verjährung** (§ 212 BGB; dazu Rn. 1528 ff.) eingetreten mit der Folge, dass der Schadensersatzanspruch noch nicht verjährt ist?

Wichtig:

Die **neuen Vorschriften** über die **Hemmung** einschließlich der **Ablaufhemmung** und den **Neubeginn der Verjährung gelten grundsätzlich schon seit dem 1.1.2002** (Art. 229 § 6 Abs. 1, 2 EGBGB; Rn. 1252 ff., 1273).

Diese Bestimmungen sind **auch auf die Höchstfristen des § 199 Abs. 2, 3 BGB** anzuwenden (Rn. 1491 ff.) und gelten auch für **Ansprüche i.S.d. § 213 BGB**.

   c) Ist die vorstehende Frage zu Ziff. 2. a) zu bejahen und die vorstehende Frage zu Ziff. 2. b) zu verneinen, so ist die **Verjährung vollendet** mit den Rechtsfolgen der §§ 214 ff. BGB (Rn. 1495, 1535 ff.).

Prüfungsschritt 3:

Abschließend bleibt zu prüfen, ob der Verjährungseinrede (§ 214 Abs. 1 BGB) der **Arglisteinwand** (§ 242 BGB) entgegensteht (Rn. 1437 f., 1543).

Teil 2: Vertragliche Haftung gegenüber „Nichtmandanten" („Dritthaftung")

Spezialliteratur:

Adolff, Die zivilrechtliche Verantwortlichkeit deutscher Anwälte bei der Abgabe von Third Party Legal Opinions, 1997;
Arendts, Die Haftung für fehlerhafte Anlageberatung, 1998;
Assmann/Wagner, Die Verjährung so genannter Altansprüche der Erwerber von Anlagen des freien Kapitalanlagemarkts, NJW 2005, 3169;
Bell, Anwaltshaftung gegenüber Dritten, 1996;
Berg, Verträge mit Drittschutzwirkung und Drittschadensliquidation, JuS 1977, 363;
ders., Zur Abgrenzung von vertraglicher Drittschutzwirkung und Drittschadensliquidation, NJW 1978, 2018;
Bohlken/Langer, Die Prospekthaftung im Bereich geschlossener Fonds nach §§ 13 Abs. 1 Nr. 3, 13a Verkaufsprospektgesetz n.F., DB 2005, 1259;
Bosch, Expertenhaftung gegenüber Dritten – Überlegungen aus der Sicht der Bankpraxis, ZHR 1999, 274;
Brinkmann, Drittschadensliquidation und Insolvenz, KTS 2004, 357;
v. Caemmerer, Bereicherungsansprüche und Drittbeziehungen, JZ 1962, 385;
ders., Verträge zugunsten Dritter, in: FS Wieacker, 1978, S. 311;
Canaris, Die Haftung des Sachverständigen zwischen Schutzwirkungen für Dritte und Dritthaftung aus culpa in contrahendo, JZ 1998, 603;
ders., Die Reichweite der Expertenhaftung gegenüber Dritten, ZHR 1999, 206;
ders., Schutzwirkung zugunsten Dritter bei „Gegenläufigkeit" der Interessen, JZ 1995, 441;
Chab, Ansprüche gegen Anwälte aus Treuhand, AnwBl 2004, 440;
Damm, Entwicklungstendenzen der Expertenhaftung, JZ 1991, 373;
Decku, Zwischen Vertrag und Delikt (Berufs- und Expertenhaftung zum Schutze des Vermögens Dritter), 1997;
Dingfelder/Friedrich, Parteiverrat und Standesrecht, 1987;
Ebke, Abschlussprüfer, Bestätigungsvermerk und Drittschutz, JZ 1998, 991;
Eggert, Für eine Regelung der Dritthaftung im Gefolge der Modernisierung des Schuldrechts, Kritische Vierteljahresschrift für Gesetzgebung und Rechtswissenschaft, 2002, 98;
Ellenberger, Die neuere Rechtsprechung des Bundesgerichtshofes zu Aufklärungs- und Beratungspflichten bei der Anlageberatung, WM 2001, Sonderbeilage Nr. 1 (zu Heft Nr. 15);
ders., Prospekthaftung im Wertpapierhandel, 2001;
Feddersen, Die Dritthaftung des Wirtschaftsprüfers nach § 323 HGB, WM 1999, 105;
Finn, Zur Haftung des Sachverständigen für fehlerhafte Wertgutachten gegenüber Dritten, NJW 2004, 3752;
Fleischer, Prospektpflicht und Prospekthaftung für Vermögensanlagen des Grauen Kapitalmarkts nach dem Anlegerschutzverbesserungsgesetz, BKR 2004, 339;
Ganter, Die Rechtsprechung des Bundesgerichtshofes zu Treuhandkonten in der Insolvenz des Treuhänders, in: FS Kreft, 2004, S. 251;
Gehrlein, Haftung nach Abbruch von Verhandlungen über formgebundene Verträge, MDR 1988, 445;
Gernhuber, Das Schuldverhältnis, 1989;
ders., Die fiduziarische Treuhand, JuS 1988, 355;

ders., Drittwirkungen im Schuldverhältnis kraft Leistungsnähe, in: FS Nikisch, 1958, S. 249 ff.;
ders., Gläubiger, Schuldner und Dritte, JZ 1962, 553;
v. Gierke, Die Dritthaftung des Rechtsanwalts, 1984;
Giesler, Die Prospekthaftung des Franchisegebers, ZIP 1999, 2131;
Grundmann, Der Treuhandvertrag (insbesondere die werbende Treuhand), 1997;
Hadding, Der Bereicherungsausgleich beim Vertrag zu Rechten Dritter, 1970;
Haferkamp, Der Vertrag mit Schutzwirkung für Dritte nach der Schuldrechtsreform – ein Auslaufmodell?, in: Dauner-Lieb/Konzen/K. Schmidt, Das neue Schuldrecht in der Praxis, 2003, S. 171 ff.;
Hagen, Die Drittschadensliquidation im Wandel der Rechtsdogmatik, 1971;
Heiseke, Zur Schutzwirkung eines Schuldvertrages gegenüber dritten Personen, NJW 1960, 77;
Hellgardt/Majer, Die Auswirkungen nichtiger Grundverhältnisse auf die Vollmacht, WM 2004, 2380;
Henssler, Treuhandgeschäft – Dogmatik und Wirklichkeit –, AcP, Bd. 196 (1996), S. 37;
Heppe, Nach dem Vertrauensverlust – Ist es an der Zeit, die Dritthaftung deutscher Abschlussprüfer zu verschärfen?, WM 2003, 714 und 753;
Hermanns, Rechtsberatung durch Geschäftsbesorger – Sorgen für die Rechtsberater?, DNotZ 2001, 6;
v. Heymann, Bankenhaftung bei Immobilienanlagen, 15. Aufl. 2001;
Hohloch, Ersatz von Vermögensschäden Dritter aus Vertrag – „Drittschadensliquidation" oder „Vertrag mit Schutzwirkung zugunsten Dritter"? – FamRZ 1977, 530;
Holzborn/Foelsch, Schadensersatzpflichten von Aktiengesellschaften und deren Management bei Anlegerverlusten – Ein Überblick, NJW 2003, 932;
Honsell, Die Haftung für Gutachten und Auskunft unter besonderer Berücksichtigung von Drittinteressen, in: FS Medicus, 1999, S. 211;
Hopt, Dritthaftung für Testate, NJW 1987, 1745;
ders., Nichtvertragliche Haftung außerhalb von Schadens- und Bereicherungsausgleich, AcP, Bd. 183 (1983), S. 608;
ders., Kapitalmarktrecht (mit Prospekthaftung) in der Rechtsprechung des Bundesgerichtshofes, Festgabe 50 Jahre Bundesgerichtshof, S. 497;
Hübner, Die Berufshaftung – ein zumutbares Berufsrisiko?, NJW 1989, 5;
Janert/Schuster, Dritthaftung des Wirtschaftsprüfers am Beispiel der Haftung für Prospektgutachten, BB 2005, 987;
Jansen/von der Lely, Haftung für Auskünfte; ein Vergleich zwischen englischem, deutschem und niederländischem Recht, ZEuP 1999, 229;
Jost, Vertragslose Auskunfts- und Beratungshaftung, 1991;
Junker, Die Vertretung im Vertrauen im Schadensrecht, 1991;
Kaiser, Schadensersatz aus culpa in contrahendo bei Abbruch von Verhandlungen über formbedürftige Verträge, JZ 1997, 448;
Kesseler, Insolvenzfestigkeit schuldrechtlicher Treuhandvereinbarungen, ZNotP 2003, 368;
Kirchhof (Hans-Peter), Die mehrseitige Treuhand in der Insolvenz, in: FS Kreft, 2004, S. 359;
Kiss, Die Haftung berufsmäßiger Sachkenner gegenüber Dritten, WM 1999, 117;
Knebel, Probleme bei der Zusammenarbeit eines Rechtsanwalts mit Unfallhelfern, VersR 1972, 409;
Koch (Jens), § 311 Abs. 3 BGB als Grundlage einer vertrauensrechtlichen Auskunftshaftung, AcP, Bd. 204 (2004), S. 59;
ders., Haftungsbeschränkungen bei der Abgabe von Third Party Legal Opinions, WM 2005, 1208;

Teil 2 • Vertragliche Haftung gegenüber „Nichtmandanten" („Dritthaftung")

Küffner, Abschlussvermerke und Prüfungsvermerke von Steuerberatern und Steuerbevollmächtigten, DStR 1994, 74;
Kullmann, Schadensersatz und Steuern, VersR 1993, 385;
Lammel, Zur Auskunftshaftung, AcP, Bd. 179 (1979), S. 336;
Lang, Die Rechtsprechung des Bundesgerichtshofes zur Dritthaftung der Wirtschaftsprüfer und anderer Sachverständiger, WM 1988, 1001;
Lange (Heinrich), Die Auswirkung von Leistungsstörungen beim echten Vertrag zugunsten Dritter im Rechtsbereich des Dritten, NJW 1965, 657;
Larenz, Zur Schutzwirkung eines Schuldvertrages gegenüber dritten Personen, NJW 1960, 78;
Lindenberg, Wahrheitspflicht und Dritthaftung des Rechtsanwalts im Zivilverfahren, 2001;
Littbarski, Die Berufshaftung – eine unerschöpfliche Quelle richterlicher Rechtsfortbildung, NJW 1984, 1667;
Lorenz (Stephan), Vertragsaufhebung wegen culpa in contrahendo: Schutz der Entscheidungsfreiheit oder des Vermögens?, ZIP 1998, 1053;
Lorenz (Werner), Anwaltshaftung wegen Untätigkeit bei der Errichtung letztwilliger Verfügungen, JZ 1995, 317;
Lux, Verjährung von Prospekthaftungsansprüchen, NJW 2003, 2966;
Maaß, Sorgfaltspflichten und Haftungsrisiken des Notars bei widersprechenden Treuhandauflagen des finanzierenden Kreditinstituts, ZNotP 1998, 58;
Meyer (Andreas), Aspekte einer Reform der Prospekthaftung, WM 2003, 1301 und 1349;
Motive zu dem Entwurfe eines Bürgerlichen Gesetzbuches – Bd. II –, 1888;
Mülbert/Steup, Emittentenhaftung für fehlerhafte Kapitalmarktinformation am Beispiel der fehlerhaften Regelpublizität, WM 2005, 1633;
Müssig, Falsche Auskunftserteilung und Haftung, NJW 1989, 1697;
Musielak, Haftung für Rat, Auskunft und Gutachten, 1974;
ders., Die „gefestigte Rechtsprechung" des Bundesgerichtshofs zum Zustandekommen eines Auskunftsvertrages mit einer Bank, WM 1999, 1593;
Neuner, Der Schutz und die Haftung Dritter nach vertraglichen Grundsätzen, JZ 1999, 126;
Otto/Mittag, Die Haftung des Jahresabschlussprüfers gegenüber Kreditinstituten, WM 1996, 325 und 377;
Peters, Zu den bereicherungsrechtlichen Fragen eines mangelhaften Vertrages zu Rechten Dritter, AcP, Bd. 173 (1973), S. 71;
Pleyer/Hegel, Die Prospekthaftung bei der Publikums-KG, ZIP 1985, 1370;
Poll, Die Haftung der freien Berufe am Beispiel des Rechtsanwalts, 1992;
ders., Die Haftung der Freien Berufe zwischen standesrechtlicher Privilegierung und europäischer Orientierung, 1994;
Puhle, Vertrag mit Schutzwirkung und Drittschadensliquidation, 1982;
Reithmann/Meichssner/von Heymann, Kauf vom Bauträger, 7. Aufl. 1995;
Riedel, Der Rechtsanwalt als Treuhänder im Bauherrenmodell, NJW 1984, 1021;
Rothenhöfer, Mitverschulden des unrichtig informierten Anlegers?, WM 2003, 2032;
Sack, Der subjektive Tatbestand des § 826 BGB, NJW 2006, 945;
Sassenbach, Haftung für fehlerhafte legal due diligence, AnwBl 2004, 651;
Schaub, Gutachterhaftung in Zwei- und Mehrpersonenverhältnissen, Jura 2001, 8;
Schlee, Haftung des Rechtsanwalts gegenüber Nichtmandanten, AnwBl 1993, 118;
Schmidt/Weidert, Zur Verjährung von Prospekthaftungsansprüchen bei geschlossenen Immobilienfonds, DB 1998, 2309;
Schmitz (Bernhard), Die Vertragshaftung des Wirtschaftsprüfers und Steuerberaters gegenüber Dritten, DB 1989, 1909;
Schneider (Hannes), Reichweite der Expertenhaftung gegenüber Dritten, ZHR 1999, 246;

Teil 2 • Vertragliche Haftung gegenüber „Nichtmandanten" („Dritthaftung")

Schwichtenberg, Anwaltshaftung im Niemandsland zwischen Vertrag und Delikt, ZVglRWiss 91 (1992), 290;
Seibel/von Westphalen, Prospekthaftung beim Immobilien-Leasing, BB 1998, 169;
Siol, Die bürgerlich-rechtliche Prospekthaftung im engeren Sinn, DRiZ 2003, 204;
Söllner, Mietvertragliche Sachmängelhaftung des Grundstückserwerbers gegenüber Dritten, JuS 1970, 159;
Stodolkowitz, Beweislast und Beweiserleichterungen bei der Schadensursächlichkeit von Aufklärungspflichtverletzung, VersR 1994, 11;
Strauch, Verträge mit Drittschutzwirkung, JuS 1982, 823;
Strohn, Anlegerschutz bei geschlossenen Immobilienfonds nach der Rechtsprechung des Bundesgerichtshofs, WM 2005, 1441;
Sutschet, Der Schutzanspruch zugunsten Dritter, 1999;
Traugott, Das Verhältnis von Drittschadensliquidation und vertraglichem Drittschutz, 1997;
Ulmer, Zur Anlegerhaftung in geschlossenen (Alt-)Immobilienfonds, ZIP 2005, 1341;
Urban, „Vertrag" mit Schutzwirkung zugunsten Dritter und Drittschadensliquidation, 1989;
Westermann, Vertragliche Dritthaftung im neuen Schuldrecht, in: FS Honsell, 2002, S. 137;
Westerwelle, Die Interessenkollision nach der neuen Berufsordnung, NJW 1997, 2781;
Zimmer, Prospekthaftung von Experten? Kritik eines Gesetzentwurfs, WM 2005, 577;
Zugehör, Die Haftung des Anwaltsnotars als Treuhänder, ZNotP 1997, 42;
ders., Berufliche „Dritthaftung" – inbesondere der Rechtsanwälte, Steuerberater, Wirtschaftsprüfer und Notare – in der deutschen Rechtsprechung, NJW 2000, 1601;
ders., Die neuere Rechtsprechung des Bundesgerichtshofs zur zivilrechtlichen Haftung der steuerlichen Berater, WM 2000, Sonderbeilage Nr. 4, S. 32 ff.;
ders., Schwerpunkte der zivilrechtlichen Steuerberaterhaftung, DStR 2001, 1613 und 1663, 1665 ff.;
ders., Beraterhaftung nach der Schuldrechtsreform (Rechtsanwälte, Steuerberater, Wirtschaftsprüfer), 2002, Rn. 329 ff.;
Zumbansen, Drittschützende Wirkung eines Anwaltsvertrages und verdeckte Sacheinlage, JZ 2000, 442.

Einführung

1596 **Rechtsberater (Rechtsanwälte, Steuerberater, Wirtschaftsprüfer und ihre Gesellschaften)** – und andere berufliche Fachleute – haften ihren **Auftraggebern** für eine schuldhafte Pflichtverletzung aus dem **Vertrag** und/oder aus **Deliktsrecht**. Insoweit steht die „**Berufs-(Experten-)haftung**" auf den sicheren rechtlichen Fundamenten eines – regelmäßig vorliegenden – Dienstvertrages oder – ausnahmsweise – eines Werkvertrages, der eine Geschäftsbesorgung zum Gegenstand hat (§ 675 Abs. 1 BGB; vgl. Rn. 6 ff., 480) bzw. der Vorschriften über unerlaubte Handlungen (§§ 823 ff. BGB; vgl. Rn. 1924 ff.).

1597 Anders ist es mit einer beruflichen **Haftung der Rechtsberater** – und anderer Sachkenner – wegen mangelhafter Beratung sowie fehlerhafter Auskünfte und Erklärungen **gegenüber Dritten** („**Dritthaftung gegenüber Nichtmandanten**"), die nicht durch ein Mandatsverhältnis mit dem Fachmann verbunden sind. Erstellt z.B. ein Rechtsberater im Auftrag seines Mandanten eine falsche Expertise, die ein Dritter zur Grundlage einer ihm nachteiligen Vermögensentscheidung macht, so entstehen Probleme „im Niemandsland zwischen Vertrag und Delikt".[1]

Zur Lösung dieses Problems hat die Rechtswissenschaft zahlreiche Wege vorgeschlagen.[2] Die **Rechtsprechung** hat – begleitet von Zustimmung und Kritik – insoweit ihren eigenen Weg eingeschlagen. Sie geht davon aus, dass einerseits **das Deliktsrecht das Vermögen nur unzulänglich schützt** (dazu Rn. 1643), es andererseits **Schädigungen Dritter** durch berufliche Fachleute gibt, die nach dem Gerechtigkeitsempfinden eine **Haftung als unumgänglich** erscheinen lassen. Für solche Fälle hat die Rechtsprechung **Haftungsgrundlagen auf vertraglicher und vorvertraglicher Ebene** entwickelt, die dem geschädigten Dritten mehr Vorteile bieten als das Deliktsrecht (Rn. 1643), insbesondere einen besseren Schutz bei fahrlässiger Schädigung und bei Schadenszufügung durch Gehilfen des Schädigers sowie einen erleichterten Verschuldensnachweis.

1598

Danach kann ein Rechtsberater, der für seinen Auftraggeber (Mandanten) tätig wird, **einem Dritten haften**, wenn dieser auf die **Richtigkeit und Vollständigkeit eines Gutachtens**, einer **Auskunft**, eines **Jahresabschlusses** oder einer sonstigen (z.b. Bonitäts-)**Erklärung** des Rechtsberaters **vertraut** und deswegen eine **Vermögensverfügung** (z.b. Kreditgewährung, Kauf, Vermögensanlage) vornimmt, die für ihn zu einem **Schaden** führt, weil die **Expertise** des Rechtsberaters falsch oder unvollständig ist.

Im Ergebnis hat diese Rechtsprechung – grob gesagt – zu einer **Vertrauenshaftung** der beruflichen Sachkenner gegenüber Dritten **auf überwiegend vertraglicher und vorvertraglicher Grundlage** mit intensiver – zuweilen extensiver – **Auslegung von Vertragserklärungen** geführt; dabei behält die Rechtsprechung eine **Haftung aus unerlaubter Handlung** – insbesondere aus § 826 BGB – im Auge (Rn. 1924 ff., 2032 ff.). Ihren Weg hält die Rechtsprechung für denjenigen, der, solange der Gesetzgeber die berufliche Dritthaftung keiner geschlossenen Regelung zuführt, dem geltenden Recht am besten entspricht.

1599

Das Gesetz bietet mit den Vorschriften über den **Vertrag zugunsten Dritter** (§§ 328 ff. BGB) eine Regelung, Belange eines Dritten bei Abschluss und Abwicklung eines Vertrages zu berücksichtigen (Rn. 1608 ff.). Im Bereich der Rechtsbetreuung können vor allem **Treuhandverträge** zugunsten eines oder mehrerer Nichtmandanten geschlossen sein (vgl. Rn. 1615 f., 1779 ff.).

1600

Zu einem Schwerpunkt der beruflichen Dritthaftung hat sich – in entsprechender Anwendung der §§ 328 ff. BGB – der **Vertrag mit Schutzwirkung zugunsten Dritter** entwickelt (Rn. 1641 ff.). Ergibt eine Auslegung – notfalls eine ergänzende Auslegung – des Vertragsinhalts den Willen der Vertragspartner, einen **Dritten in den Schutzbereich ihres Vertrages einzubeziehen**, so kann der Dritte aus dem fremden Vertrag einen eigenen Schadensersatzanspruch wegen einer ihn beeinträchtigenden vertrag-

1601

---

1 *Schwichtenberg*, ZVglRWiss 91 (1992), 290; vgl. *Zugehör*, Beraterhaftung, Rn. 330 ff.
2 Zusammenfassend *Hirte*, S. 386 ff.

lichen Leistungsstörung erwerben. Dies erfordert eine Abgrenzung vom anerkannten Institut der **Drittschadensliquidation** (Rn. 1713 ff.).

Die **Grenzen des Ausnahmeinstituts** eines Vertrages mit Schutzwirkung zugunsten Dritter müssen eng gezogen werden, um der Gefahr vorzubeugen, dass ein fiktiver Wille der Vertragspartner zum Schutz eines Dritten angenommen und damit dem Vertragsschuldner ein unberechenbares – und damit i.d.R. unversichertes – unerträgliches Haftungsrisiko auferlegt wird (Rn. 1702 ff.). Bedenklich ist es, bei Gutachtenverträgen mit Schutzwirkung zugunsten Dritter – im Allgemeinen Käufer, Kreditgeber oder Kapitalanleger – die entsprechend anwendbare Vorschrift des § 334 BGB, über die ein Schadensbeitrag des Auftraggebers berücksichtigt werden könnte, insoweit regelmäßig als „stillschweigend" abbedungen anzusehen (Rn. 1682 f.), um auf diese Weise grundsätzlich eine volle Haftung des Sachverständigen zu erreichen.

Die **Eigenart des jeweiligen Vertragsrahmens**, in dem der Fachmann tätig wird, muss auch bei der Prüfung einer Dritthaftung beachtet werden. Deswegen muss bei der Auslegung eines Anwaltsvertrages im Gegensatz zur Rechtsprechung bezüglich anderer Verträge (Rn. 1702 ff.) berücksichtigt werden, dass ein Rechtsanwalt im Rahmen eines Anwaltsvertrages mit Rechtsbeistandspflicht grundsätzlich **keine widerstreitenden Interessen** wahrnehmen darf (§ 43a Abs. 4 BRAO); anders kann dies sein, wenn der Rechtsberater auftragsgemäß eine **unparteiische Expertise** – etwa ein Gutachten oder einen Jahresabschluss – anfertigen soll. Spezifische, dem betroffenen Berufsangehörigen günstige Gesetzesregelungen (z.B. die Haftungsbeschränkung des § 323 Abs. 2 HGB;[3] die den Rechtsberatern günstigen alten, inzwischen aufgehobenen Verjährungsregelungen der §§ 51b, 59m Abs. 2 BRAO, §§ 45b, 52m Abs. 2 PatAnwO, §§ 68, 72 Abs. 1 StBerG, §§ 51a, 56 Abs. 1 WPO, § 323 Abs. 5 HGB (dazu Rn. 1260 ff.) müssen auch für Schadensersatzansprüche Dritter aus Verträgen mit Schutzwirkung gelten (Rn. 1697, 1704).

1602 Ein weiterer Schwerpunkt der beruflichen Dritthaftung ist – in Ausfüllung des § 675 Abs. 2 BGB (§ 676 BGB a.F.) – die **selbständige vertragliche Haftung für eine Auskunft** (Rn. 1722 ff.), die nicht innerhalb eines umfassenden Beratungsvertrages – möglicherweise neben einem solchen – erteilt wird. Eine solche Haftung des Auftraggebers kann bestehen **gegenüber dem Empfänger der Auskunft** (Rn. 1726 ff.), wobei ein **Auskunftsvertrag** auch **Schutzwirkung zugunsten Dritter** haben kann (Rn. 1724, 1742), oder **gegenüber Dritten**, die auf eine Auskunft vertrauen, die einem anderen erteilt worden ist (Rn. 1741). Danach besteht ein **weiter Haftungsbereich**, dessen Grenzen der Handelnde im Einzelfall oft nur schwer oder gar nicht erkennen kann. Die Haftungsgefahr wird dadurch gesteigert, dass die Rechtsprechung den „**stillschweigenden**" Abschluss eines Auskunftsvertrages als Regelfall ansieht (Rn. 1730).

---

3 Vgl. BGHZ 138, 257, 262, 266 = WM 1998, 1032 = NJW 1998, 1948, zur Schutzwirkung des Abschlussprüfvertrages eines Wirtschaftsprüfers; vgl. BGH, WM 2006, 1052.

Einführung

Rechtsberater geraten in die Gefahr einer solchen Haftung vor allem dann, wenn sie in Wahrnehmung der Interessen ihres Auftraggebers mit einem Dritten in Verbindung treten (Rn. 1731) sowie bei Anlageberatung und -vermittlung (Rn. 1743 ff.). Gegenläufige Interessen des Auftraggebers und eines Dritten sprechen i.d.R. gegen einen anwaltlichen Auskunftsvertrag gegenüber dem Nichtmandanten (Rn. 1753).

Eine **Eigenhaftung beruflicher Verhandlungsgehilfen** (Vertreter, Vermittler, Sachwalter) kann sich aus **Verschulden bei Vertragsverhandlungen oder bei Vertragsschluss** (culpa in contrahendo – c.i.c.) wegen Verletzung vorvertraglicher Aufklärungs- und anderer Schutzpflichten gegenüber dem Verhandlungspartner ergeben (vgl. § 311 Abs. 3 BGB; Rn. 1835 ff.). Voraussetzung ist, dass der **Gehilfe** – über das gewöhnliche Auftreten eines Verhandlungs- oder Abschlussgehilfen hinaus – **gleichsam in eigener Sache tätig wird**, weil er den Vertragsentschluss des anderen Teils durch **Inanspruchnahme persönlichen Vertrauens** beeinflusst oder ein **unmittelbares eigenes wirtschaftliches Interesse** an dem beabsichtigten Geschäft verfolgt (Rn. 1840 ff.). 1603

Rechtsberatern droht eine solche Haftungsgefahr vor allem dann, wenn sie für ihren Auftraggeber Vertragsverhandlungen mit einem Dritten führen oder daran mitwirken (Rn. 1848 ff.). Der Einsatz der Rechtskunde allein begründet noch kein persönliches Vertrauen (Rn. 1842, 1849). Da ein Rechtsanwalt bekanntermaßen regelmäßig nur die Interessen seines Auftraggebers wahrnimmt, darf der Verhandlungsgegner grundsätzlich nicht annehmen, der Rechtsanwalt werde ihm gegenüber auch in eigener Sache tätig (Rn. 1849).

Ein Sonderfall der Haftung aus Verschulden vor oder bei Vertragsschluss ist die **bürgerlich-rechtliche Prospekthaftung** zum Schutz des Kapitalanlegers, der seine Anlageentscheidung aufgrund eines Werbeprospektes trifft (Rn. 1879 ff.). 1604

Der **Prospekthaftung im engeren Sinne** unterliegen die Prospektverantwortlichen, die das typisierte Vertrauen des Anlegers auf die Richtigkeit und Vollständigkeit des Prospekts enttäuschen (Rn. 1883 ff.). Dazu können auch **Rechtsberater** gehören, wenn sie wegen ihres Berufes eine „**Garantenstellung**" einnehmen und an dem Prospekt mitwirken (Rn. 1886 f.). Ihre Haftung erstreckt sich auf die Richtigkeit und Vollständigkeit ihrer Prospektangaben (Rn. 1887).

Einer **Prospekthaftung im weiteren Sinne** unterliegen Vertreter, Vermittler und Sachwalter, die wegen Verletzung vorvertraglicher Pflichten unter Verwendung eines fehlerhaften Prospekts aus Verschulden bei Vertragsschluss haften (Rn. 1910 ff.). Eine solche Haftung kann vor allem Anlagevermittler und -berater, Treuhänder und Kreditinstitute treffen (Rn. 1910).

Für die „**Berufs- und Expertenhaftung**" greift die Rechtsprechung über die – überwiegend von ihr selbst entwickelten – Grundsätze vertraglicher und vorvertraglicher Rechtsgrundlagen hinaus auch auf den deliktischen Haftungstatbestand des **§ 826 BGB** 1605

Zugehör 887

Teil 2 • Vertragliche Haftung gegenüber „Nichtmandanten" („Dritthaftung")

zurück (Rn. 2032 ff.). Danach ist derjenige zum Schadensersatz verpflichtet, der einen anderen in sittenwidriger Weise vorsätzlich schädigt.

Nach dieser Vorschrift kann ein beruflicher Sachkenner – auch ein **Rechtsberater – einem Dritten, der nicht sein Auftraggeber ist, haften**, wenn dieser Dritte auf eine falsche Expertise des Fachmanns vertraut und dadurch einen Vermögensschaden erleidet (Rn. 2047 ff.). Die Hürden des § 826 BGB hat die Rechtsprechung herabgesetzt. Nicht nur ein bewusstes, sondern auch ein leichtfertiges – vor allem grob fahrlässiges – und gewissenloses Verhalten kann einen Sittenverstoß begründen; dies liegt dann nahe, wenn der Sachkundige mit Rücksicht auf sein Ansehen und seinen Beruf eine Vertrauensstellung einnimmt und die Grundlage für weittragende Vermögensverfügungen Dritter zu ermitteln hat (Rn. 2048 f.). Der – für die Haftung ausreichende – bedingte Vorsatz kann mit der Art und Weise des Sittenverstoßes bewiesen werden (Rn. 2037).

1606 Die Rechtsprechung muss ihre Aufgabe bewältigen, ihre Grundsätze zur **beruflichen Dritthaftung** auf vertraglicher und vorvertraglicher Grundlage in den **engen Grenzen von Ausnahmeinstituten** zu halten und die gesetzlichen **Haftungsvoraussetzungen des § 826 BGB nicht aushöhlen**. Die Tatbestände der Berufs- und Expertenhaftung gegenüber Dritten (Nichtmandanten) dürfen nicht beliebig austauschbar und im Ergebnis zu einer uferlosen deliktischen Generalklausel mit Erfolgshaftung werden. Der Schuldner kraft seiner beruflichen Sachkunde muss sein Haftungsrisiko gegenüber Nichtmandanten, die ihm regelmäßig keine Vergütung schulden, berechnen und versichern können. Die Unzulänglichkeit des deliktischen Vermögensschutzes (Rn. 1643) darf im gesetzlichen Rahmen nur insoweit ausgeglichen werden als dies unabweisbar ist zur Vermeidung von Ergebnissen, die mit dem Gerechtigkeitsempfinden schlechthin unvereinbar wären.

1607 **Wahrheitswidriger Vortrag eines Rechtsanwalts im Prozess seines Mandanten** führt zu **keiner (Dritt-)haftung** des Anwalts gegenüber dem Verfahrensgegner aus den genannten vertraglichen und vorvertraglichen Dritthaftungsgrundlagen.[4]

Eine **gesetzliche Regelung** der beruflichen Dritthaftung auf vertraglicher oder vorvertraglicher Grundlage wäre **wünschenswert**.[5]

Insoweit wurde durch das Gesetz zur Modernisierung des Schuldrechts vom 26.11.2001[6] lediglich in **§ 311 Abs. 2, 3 BGB** das **Schuldverhältnis der Vertragsverhandlungen** aufgenommen (vgl. Art. 229 § 5 EGBGB); die letztgenannte Vorschrift, die die **Eigenhaftung eines Verhandlungsgehilfen gegenüber Dritten** betrifft, ist noch kein Einstieg in eine gesetzliche Regelung der Dritthaftung (Rn. 1839).

---

4   *Lindenberg*, S. 92 ff.
5   *Eggert*, S. 98.
6   BGBl. I, S. 3138.

Einführung

Eine neue Vorschrift einer gesetzlichen Dritthaftung wurde mit § **839a BGB** eingeführt.[7] Danach haftet ein **gerichtlicher Sachverständiger**, der vorsätzlich oder grob fahrlässig ein unrichtiges Gutachten erstattet, für einen Schaden, der einem Verfahrensbeteiligten durch eine gerichtliche Entscheidung entsteht, die auf diesem Gutachten beruht. Daraus ist gefolgert worden, eine **Haftungsfreistellung für leichte Fahrlässigkeit** sei auch in der übrigen Dritthaftung von Sachkennern – dies sind auch Rechtsberater – vorzunehmen.[8]

---

7   Zweites Gesetz zur Änderung schadensersatzrechtlicher Vorschriften vom 19.7.2002 (BGBl. I, S. 2674); vgl. BGH, WM 2006, 867 (Haftung eines Wertgutachters im Zwangsversteigerungsverfahren).

8   *Heppe*, WM 2003, 753, 757 f.

Abschnitt 1: Anwaltsvertrag zugunsten Dritter

Inhaltsverzeichnis

	Rn.
A. Allgemeines	1608
B. Anwaltliche Rechtsbeistandspflicht zugunsten Dritter	1612
I. Anwendungsfälle	1613
II. Deckungsverhältnis zwischen Rechtsanwalt und Auftraggeber	1617
1. Rechtsstellung des begünstigten Dritten	1618
2. Rechtsstellung des Auftraggebers (Versprechensempfängers)	1621
3. Rechtsstellung des Rechtsanwalts (Versprechenden und Schuldners)	1624
4. Ausgleich bei unwirksamem oder fehlerhaftem Deckungsverhältnis	1631
III. Valutaverhältnis zwischen Auftraggeber und begünstigtem Dritten	1636
IV. Vollzugsverhältnis zwischen Rechtsanwalt und begünstigtem Dritten	1638
C. Andere anwaltliche Verpflichtungen zugunsten Dritter	1639
D. Anhang: Rechtsprechungslexikon	1640

A. Allgemeines

1608 Ein **Vertrag zwischen einem Rechtsanwalt und einem Auftraggeber** kann – wie jede schuldrechtliche Verpflichtung[9] – von den Vertragspartnern dahin ausgestaltet werden, dass der **Schuldner (Rechtsanwalt) seine vertragliche Hauptleistung – ganz oder teilweise – nicht an seinen Mandanten** zu erbringen hat, sondern an eine andere natürliche oder juristische Person, die zumindest bestimmbar sein muss,[10] und dass **dieser Dritte unmittelbar das Recht erwirbt, die Leistung zu fordern** (§ 328 Abs. 1 BGB).[11] In diesem Fall verspricht der **Anwalt (Versprechender)** seinem **Auftraggeber (Versprechensempfänger)**, an den **Dritten** zu leisten. Fehlt eine entsprechende eindeutige Abrede über die Rechtsstellung des Dritten, der durch den Vertrag begünstigt wird, aber an dessen Abschluss nicht beteiligt ist, so ist gemäß § 328 Abs. 2 BGB im Wege der **Vertragsauslegung** aus den Umständen, insbesondere aus dem Zweck des Vertrages zu entnehmen, ob ein solcher Vertrag zugunsten eines Dritten vorliegt.[12] Dies gilt auch dann, wenn unklar ist, ob ein Forderungsrecht für den Dritten sofort voll oder nur unter gewissen Voraussetzungen – bedingt oder befristet

---

9 RGZ 150, 129, 133; vgl. im Einzelnen *Sutschet*, S. 80 ff.
10 RGZ 106, 120, 126; BGHZ 93, 271, 273 f. = NJW 1985, 1457; BGHZ 129, 297, 305 = NJW 1995, 2028.
11 Vgl. *Zugehör*, Beraterhaftung, Rn. 331 ff.
12 Vgl. RGZ 127, 218, 222; BGH, NJW 1991, 2209.

– entstehen soll[13] und ob die Vertragspartner sich die Befugnis vorbehalten haben, das Recht des Dritten ohne dessen Zustimmung aufzuheben oder zu ändern.[14]

In den **Ausnahmefällen**, in denen insoweit eine Vertragslücke vorliegt,[15] kommt eine **ergänzende Vertragsauslegung** in Betracht.[16]

Die **Auslegung** kann folgende **Fallgestaltungen** ergeben:

- Es handelt sich um einen **echten Vertrag zugunsten Dritter** (§ 328 Abs. 1 BGB). Der **Dritte erwirbt** – ohne seine Mitwirkung – zu dem Zeitpunkt, der in dem (fremden) Vertrag zwischen dem **Schuldner** („**Versprechendem**") und dessen **Vertragspartner** („**Versprechensempfänger**") festgelegt ist – i.d.R. mit Abschluss des Vertrages – unmittelbar („originär") in seiner Person – ohne Durchgangserwerb des Versprechensempfängers (also bei einem Anwaltsvertrag des Mandanten) – einen **eigenen, selbständigen Anspruch auf die** (primär) **geschuldete Vertragsleistung** (also bei einem Anwaltsvertrag auf die Rechtsbetreuung), soweit diese nach dem Vertrag – vollständig oder teilweise – an den Begünstigten erbracht werden soll.[17]
Bei einer **Leistungsstörung** können dem Dritten, soweit nicht die Rechtsstellung des Versprechensempfängers entgegensteht, **sekundäre Ansprüche** – etwa auf **Schadensersatz**[18] oder auf **Herausgabe**[19] – zustehen (dazu Rn. 1619).

- Bei einer solchen Vertragsgestaltung kann **auch der Versprechensempfänger** – also bei einem Anwaltsvertrag der Mandant – **regelmäßig die vertragliche Leistung** – bei einer **Leistungsstörung** auch die Erfüllung sekundärer Ansprüche[20] – an den Dritten verlangen (§ 335 BGB; dazu Rn. 1621). Ausnahmsweise kann jedoch der Wille der Vertragspartner dahin gehen, dass die Vertragsrechte des Gläubigers allein dem Dritten zustehen sollen (vgl. die in § 335 BGB enthaltene Einschränkung).

- Andererseits kann ein **unechter Vertrag zugunsten eines Dritten** vorliegen.[21] Nach dem Willen der Vertragsschließenden hat dann zwar der Schuldner seine Leistung an einen oder zugunsten eines Dritten zu erbringen, **allein der Vertragspartner als Gläubiger darf aber die geschuldete Leistung an den Dritten verlangen**. In

---

13   Vgl. BGH, NJW-RR 1987, 114.
14   BGH, NJW 1986, 1165, 1166; OLG Celle, WM 1985, 1455, 1456; OLG Frankfurt, NJW-RR 1986, 1176, 1177; LG Mosbach, MDR 1971, 222.
15   Vgl. BGHZ 40, 91, 103 f. = NJW 1963, 2071; BGHZ 77, 301, 304 = NJW 1980, 2347; BGH, NJW 1985, 1835, 1836; NJW-RR 1989, 1490, 1491; WM 1995, 743, 744 und 2000.
16   RGZ 98, 210, 213; 127, 218, 222; dazu BGH, WM 2002, 825, 827.
17   Vgl. BGHZ 91, 288, 290 = NJW 1984, 2156; BGH, NJW 1974, 502.
18   BGHZ 93, 271, 277 = NJW 1985, 1457.
19   BGH, WM 2003, 2382 f. = NJW-RR 2004, 121: Herausgabe von Anlegerbeiträgen aus §§ 667, 675 Abs. 1 BGB.
20   BGH, NJW 1974, 502: Schadensersatz.
21   *Vollkommer/Heinemann*, Rn. 96, 100: „Faktische Begünstigung" des Dritten.

einem solchen Fall erfüllt der Schuldner seine Vertragspflicht durch Leistung gegenüber dem Dritten (§§ 182, 185 Abs. 1, 362 Abs. 2 BGB).

B. Anwaltliche Rechtsbeistandspflicht zugunsten Dritter

1612 Anwaltsverträge, deren Gegenstand zumindest in nennenswertem, nicht ganz unwesentlichem Umfang in der anwaltstypischen **Aufgabe des rechtlichen Beistandes** besteht (vgl. § 3 Abs. 1 BRAO; Rn. 108, 133 ff., 478 f.),[22] können gemäß § 328 Abs. 1 BGB **zugunsten eines Dritten** oder mehrerer anderer Personen geschlossen werden. Wesen und Inhalt eines Anwaltsvertrages werden zwar durch das Vertrauensverhältnis zwischen Mandant und Rechtsanwalt so sehr geprägt, dass die Anwaltsleistung grundsätzlich nur gegenüber dem Auftraggeber zu erbringen ist.[23] Insbesondere der – in § 328 Abs. 2 BGB hervorgehobene – **Vertragszweck** kann jedoch etwas anderes ergeben.

I. Anwendungsfälle

1613 Mit Rücksicht auf den Vertragszweck liegt ein **Anwaltsvertrag zugunsten eines Dritten** auf der Hand, wenn ein **Rechtsschutz- oder Haftpflichtversicherer im eigenen Namen** – anders als im Regelfall namens des Versicherungsnehmers[24] – **einen Rechtsanwalt mit der Betreuung des Versicherungsnehmers beauftragt**.[25]

Übernimmt ein Rechtsanwalt – etwa im Zusammenhang mit einem Unternehmenskauf – eine Rechtsberatung gemäß „**legal due diligence**", so kann – je nach Vertragsgestaltung und -zweck – ein **Vertrag zugunsten eines Dritten** vorliegen[26] (vgl. aber Rn. 1665).

1614 Ein **Auskunftsvertrag eines Rechtsberaters** (dazu Rn. 1724 ff.) **zugunsten Dritter** setzt voraus, dass die Auskunft unmittelbar im Auftrag des Mandanten erteilt wird und die Begünstigung eines Dritten i.S.d. § 328 Abs. 1 BGB dem Willen der Vertragspartner (des Mandanten und des Rechtsberaters) entspricht.[27]

1615 Vor allem der – gesetzlich nicht geregelte – **Treuhandvertrag** bietet einem **Treuhänder** die Möglichkeit, **Vermögensinteressen des Auftraggebers** und/oder eines **Dritten** im Rahmen und nach Maßgabe der **Treuhandabrede** zu wahren[28] (dazu Rn. 1779 ff.).

---

22 BGH, NJW 1994, 1405 = WM 1994, 504; WM 1998, 2243, 2244 = NJW 1998, 3486.
23 Vgl. BGH, NJW 1977, 2073, 2074.
24 Vgl. BGH, NJW 1978, 1003, 1004.
25 BGH, VersR 1967, 76, 77; OLG Köln, NJW 1978, 896, 897; vgl. *Vollkommer/Heinemann*, Rn. 98, 99.
26 *Sassenbach*, AnwBl 2004, 651 f.
27 Zutreffend *Vollkommer/Heinemann*, Rn. 101.
28 BGHZ 32, 67, 70 f.; BGH, NJW 1966, 1116; WM 1969, 935.

Hat ein **Rechtsanwalt oder Steuerberater als Treuhänder** nach dem Treuhandvertrag nicht nur einseitig die Belange seines Auftraggebers, sondern auch als Sachwalter **Vermögensinteressen anderer Beteiligter** zu wahren, so kann es sich um eine **Treuhandvereinbarung** – einen Geschäftsbesorgungsvertrag – **zugunsten Dritter** i.S.d. § 328 Abs. 1 BGB handeln. Das kann z.b. der Fall sein

- **zugunsten der Gläubiger** eines Schuldners, der einem Rechtsberater als Treuhänder sein Vermögen ganz oder teilweise zur Verwertung im Wege eines **Liquidationsvergleichs** überträgt (§ 7 Abs. 4 VerglO);[29]

- **zugunsten der Gläubiger** eines Schuldners in anderen Fällen, in denen dieser einem Treuhänder **Vermögen zur Befriedigung von Gläubigern überträgt**;[30]

- **zugunsten eines Kapitalanlegers**, soweit ein Rechtsberater als Treuhänder eines kapitalsuchenden Anlageunternehmens die **Mittelverwendung zu überwachen** hat[31] oder **Sicherheiten prüfen** muss.[32]

II. Deckungsverhältnis zwischen Rechtsanwalt und Auftraggeber

Die Verpflichtung des Rechtsanwalts (Versprechender) gegenüber seinem Mandanten (Versprechensempfänger), im Rahmen eines echten Anwaltsvertrages – also i.d.R. eines Dienstvertrages (§§ 611, 675 Abs. 1 BGB), ausnahmsweise eines Werkvertrages (§§ 631, 675 Abs. 1 BGB; vgl. Rn. 480) – die geschuldete Rechtsbetreuung zugunsten eines Dritten zu leisten, ist das rechtliche Grundverhältnis, aus dem der Anwalt Deckung in Gestalt einer Vergütung erhält (**Deckungs- oder Außenverhältnis**). I.d.R. ist ein solcher Vertrag **formlos gültig**; die allgemeinen Formvorschriften für Sonderfälle (z.B. §§ 311b, 518 BGB) sind zu berücksichtigen.[33]

Ist die **Geschäftsgrundlage dieses Vertrages gestört** (§ 313 BGB; dazu Rn. 1212), so kann der Anspruch auf die angepasste Leistung dem Dritten zustehen.[34]

---

29 BGHZ 55, 307, 309; 62, 1, 2 f.; 118, 70, 75; 126, 138, 141; BGH, NJW 1966, 1116.
30 BGHZ 55, 307, 308 f.: Fiduziarische Abtretung einer Forderung an **Rechtsanwalt als Treuhänder**; BGHZ 109, 47, 51 f.: Zahlungen auf ein **anwaltliches Anderkonto** zur Befriedigung bestimmter Gläubiger.
31 BGH, WM 1986, 904, 905 = NJW-RR 1986, 1158: **Rechtsanwalt**; WM 1995, 344, 345: **Rechtsanwalt**; WM 2003, 2382, 2383 = NJW-RR 2004, 121 (Herausgabe der Anlegerbeiträge aus §§ 667, 675 Abs. 1 BGB); WM 2004, 1287, 1289 = NJW-RR 2004, 1356: **Rechtsanwalt**; OLG Hamburg, WM 2001, 299, 302: **Patentanwalt**.
32 OLG Karlsruhe, WM 1997, 1476, 1477: **Rechtsanwalt**.
33 Vgl. RGZ 106, 1, 2; BGHZ 54, 145, 147 = NJW 1970, 2157; BGH, NJW 1965, 1913 f.; JZ 1967, 26, 27.
34 BGH, NJW 1972, 152, 153 f. mit abl. Anm. *Stötter*, NJW 1972, 1191.

1. Rechtsstellung des begünstigten Dritten

1618 Begründet ein **Anwaltsvertrag den Anspruch eines Dritten** auf die anwaltliche Rechtsbetreuung (§ 328 Abs. 1 BGB), so darf dieser das **Forderungsrecht grundsätzlich zurückweisen**;[35] dieses gilt dann als nicht erworben (§ 333 BGB).[36] Eine Zurückweisung entfällt, sobald der Dritte das Forderungsrecht angenommen hat.[37] Dies gilt auch dann, wenn sich der Dritte gegenüber dem Gläubiger verpflichtet hat, das Forderungsrecht anzunehmen; eine Zurückweisung wäre dann ein unzulässiges widersprüchliches Verhalten des Dritten.[38]

1619 Für die Frage, welche **Rechte des Dritten bei Leistungsstörungen des Schuldners (Rechtsanwalts)** bestehen, ist im Regelfall zu berücksichtigen, dass der Dritte nur ein abgespaltenes, einseitiges Forderungsrecht, nicht aber die Rechtsstellung einer Vertragspartei aus dem Vertrag zu seinen Gunsten erlangt hat.[39]

Wegen der **regelmäßigen Mitberechtigung des anderen Vertragspartners** (Versprechensempfängers/Mandanten), dem grundsätzlich die vertragliche Gläubigerstellung mit Ausnahme des abgespaltenen Forderungsrechts des Dritten verbleibt (§ 335 BGB), kann der **Dritte i.d.R.** nicht allein, sondern **nur zusammen mit dem Versprechensempfänger (Mandanten)**, dessen Zustimmung er möglicherweise aufgrund eines rechtlichen Innenverhältnisses verlangen kann, **vertragsgestaltende Erklärungen** (Anfechtung, Widerruf, Rücktritt, Kündigung, Wandlung, Minderung, Aufrechnung) abgeben, die das Deckungsverhältnis umgestalten oder lösen.[40] Nach altem Recht galt dies nach h.M. zwar nicht für einen Schadensersatzanspruch aus §§ 280, 286 BGB a.F.,[41] wohl aber für ein **Rücktrittsrecht** oder einen **Schadensersatzanspruch wegen Nichterfüllung** aus einem gegenseitigen Vertrag – dies ist ein Anwalts- oder Steuerberatervertrag[42] – aus §§ 325, 326 BGB a.F.;[43] abweichend davon hat der BGH[44] – ohne nähere Erläuterung – dem Dritten einen Schadensersatzanspruch gegen den Schuldner

---

35 BGH, NJW 1999, 1110, 1112: einseitige, empfangsbedürftige Willenserklärung.
36 Zu den Rechtsfolgen: *Palandt/Heinrichs*, BGB, 64. Aufl. 2005, § 333 Rn. 3, 4; *Janoschek*, in: *Bamberger/Roth*, BGB, § 333 Rn. 4.
37 RGZ 119, 1, 3.
38 Vgl. RGZ 119, 1, 4.
39 BGHZ 54, 145, 147 = NJW 1970, 2157; BGH, NJW-RR 1993, 770, 771.
40 Vgl. BGH, NJW-RR 1993, 770, 771; *Staudinger/Jagmann*, BGB, § 328 Rn. 81, § 335 Rn. 8 ff., 22; *Palandt/Heinrichs*, 64. Aufl. 2005, BGB, § 328 Rn. 6; *Janoschek*, in: *Bamberger/Roth*, BGB, § 328 Rn. 20 f.; *Lange*, NJW 1965, 658 f., 661 ff.
41 OLG München, Rpfleger 1972, 31, 32.
42 *Palandt/Heinrichs*, BGB, 64. Aufl. 2005, Einf. vor § 320 Rn. 9.
43 RGZ 101, 275, 276, für ein Rücktrittsrecht aus § 326 BGB a.F.; OLG München, Rpfleger 1972, 31, 32; *Staudinger/Jagmann*, BGB, § 328 Rn. 30, § 335 Rn. 10 ff., jeweils m.w.N.; *Gottwald*, JZ 1985, 575, 576; a.A. *MünchKomm/Gottwald*, BGB, § 335 Rn. 8 ff., 18 ff.
44 BGHZ 93, 271, 277 = NJW 1985, 1457; abl. *Gottwald*, JZ 1985, 575, 576.

aus § 325 BGB a.F. zugebilligt. Bei Fortgeltung der h.M. für das neue Recht kann der Dritte wegen Leistungsstörungen des Schuldners (Rechtsanwalts) Schadensersatzansprüche aus § 280 Abs. 1 BGB (dazu Rn. 1100 ff.) und aus § 280 Abs. 2 i.V.m. § 286 BGB (dazu Rn. 1121) allein geltend machen, nicht aber einen **Schadensersatzanspruch statt der Leistung** (§ 280 Abs. 3, §§ 281 ff. BGB; dazu Rn. 1122 ff.) und ein **Rücktrittsrecht** aus § 323 BGB (dazu Rn. 1155 ff.), die zu einer Umgestaltung und Rückabwicklung des Vertrages führen.[45] Umgekehrt kann dann auch der **Versprechensempfänger (Mandant) vertragsgestaltende Erklärungen** – einschließlich eines Schadensersatzanspruchs statt der Leistung (§ 280 Abs. 3, §§ 281 ff. BGB) oder eines Rücktrittsrechts aus § 323 BGB – **nur mit Zustimmung des Dritten** abgeben, weil sonst dessen Leistungsanspruch entzogen oder verändert würde.[46]

Weitergehende Rechte aus der Vertragsstellung des Versprechensempfängers (Mandanten) können dem Dritten gegenüber dem Schuldner (Rechtsanwalt) grundsätzlich nur in dem **Ausnahmefall** zustehen, dass nach dem Willen der Vertragspartner der Dritte nicht nur den vom Gläubigerrecht abgespaltenen Anspruch auf die Vertragsleistung des Schuldners, sondern sämtliche Vertragsrechte des Gläubigers erhalten sollte (vgl. § 335 BGB; Rn. 1610).[47] Ansonsten hat der Dritte nicht die Rechtsstellung des Versprechensempfängers als Vertragspartei.[48] Zulässig ist es, dass der Versprechensempfänger (Mandant) seine vertraglichen Ansprüche gegen den Schuldner (Rechtsanwalt) an den begünstigten Dritten abtritt (§ 398 BGB).[49]

2. Rechtsstellung des Auftraggebers (Versprechensempfängers)

Abgesehen von dem Ausnahmefall, dass der Dritte nach dem Willen der Vertragspartner sämtliche Gläubigerrechte erwirbt (Rn. 1610), hat der **Mandant (Versprechensempfänger) als Vertragspartei** die **vertragliche Gläubigerstellung mit Ausnahme des abgespaltenen Forderungsrechts des Dritten**. Dies spiegelt sich in § 335 BGB; danach kann auch der Versprechensempfänger im Regelfall die **Leistung an den begünstigten Dritten fordern**. Dieses Recht umfasst nicht nur die geschuldete Vertragsleistung (Rechtsbetreuung), sondern **auch Schadensersatzansprüche wegen Nicht-

---

45 *Staudinger/Jagmann*, BGB, § 328 Rn. 30; einschränkend § 335 Rn. 22; *Palandt/Heinrichs*, BGB, 64. Aufl. 2005, § 328 Rn. 5; vgl. *Januschek*, in: *Bamberger/Roth*, BGB, § 323 Rn. 20; a.A. *MünchKomm/Gottwald*, BGB, § 335 Rn. 10, 18 f., der dem Dritten alle Sekundäransprüche zubilligt.
46 *Staudinger/Jagmann*, BGB, § 328 Rn. 30; *Palandt/Heinrichs*, BGB, 64. Aufl. 2005, § 328 Rn. 6.
47 *Staudinger/Jagmann*, BGB, § 328 Rn. 78 f., § 335 Rn. 23 ff.
48 Vgl. BGH, NJW-RR 1993, 770, 771.
49 RGZ 150, 129, 133; vgl. RGZ 153, 220, 225 f.

und **Schlechterfüllung** (§§ 280 ff. BGB).[50] Der Versprechensempfänger (Mandant) kann sein Forderungsrecht aus § 335 BGB **an den begünstigten Dritten abtreten** (§ 398 BGB).[51]

1622 Als Vertragspartner kann der **Mandant** vom Rechtsanwalt (Schuldner und Versprechenden) **Ersatz eines eigenen Schadens** verlangen, der durch eine anwaltliche Vertragsverletzung entstanden ist.[52] Dementsprechend kann der Versprechensempfänger vom Schuldner **Freistellung** von einer Ersatzpflicht gegenüber dem Dritten fordern, wenn der Schuldner für den Schaden verantwortlich ist. Gegen den Vergütungsanspruch des Rechtsanwalts kann der Mandant als Versprechensempfänger mit einer eigenen Geldforderung – etwa auf Schadensersatz – **aufrechnen**.[53]

1623 **Vertragsgestaltende Erklärungen**, die durch Änderung oder Lösung des Deckungsverhältnisses mit dem Schuldner die Rechtsstellung des Dritten beeinträchtigen, **kann der Versprechensempfänger i.d.R. nur mit Zustimmung des Dritten** abgeben, weil sonst dessen Leistungsanspruch entzogen oder verändert würde (Rn. 1619); dies ist **ausnahmsweise dann anders**, wenn sich die Vertragspartner bei Vertragsschluss die Befugnis vorbehalten haben, das Recht des Dritten ohne dessen Zustimmung aufzuheben oder zu ändern (§ 328 Abs. 2 BGB).

3. Rechtsstellung des Rechtsanwalts (Versprechenden und Schuldners)

1624 Der **Rechtsanwalt** kann gemäß § 334 BGB, soweit diese Vorschrift nicht – dies ist auch „stillschweigend" durch schlüssiges Verhalten möglich – abbedungen worden ist,[54] **alle Einwendungen und Einreden aus dem Dienst- oder Werkvertrag (Deckungsverhältnis)** nicht nur **seinem Auftraggeber (Versprechensempfänger)**, sondern auch dem **begünstigten Dritten entgegenhalten**. Diesem steht aus dem fremden Vertrag grundsätzlich kein weitergehendes Recht zu als dem Versprechensempfänger als Vertragspartner, von dem er seinen Anspruch herleitet;[55] der Schuldner darf nicht deswegen schlechter stehen, weil er nicht an seinen Vertragspartner, sondern an einen Dritten leisten soll. Immer muss die Einwendung oder Einrede des Rechtsanwalts

---

50 *Staudinger/Jagmann*, BGB, § 335 Rn. 5; *Palandt/Heinrichs*, BGB, 64. Aufl. 2005, § 335 Rn. 2; *Janoschek*, in: *Bamberger/Roth*, BGB, § 335 Rn. 3; vgl. zum alten Recht: RG, HRR 1935 Nr. 342; BGH, NJW 1967, 2260, 2261; 1974, 502; a.A. *Lange*, NJW 1965, 657, 663.
51 RGZ 150, 129, 133; vgl. 153, 220, 225 f.
52 Vgl. RG, HRR 1935, Nr. 342; BGH, NJW 1967, 2260, 2262; WM 1972, 486, 488; *Lange*, NJW 1965, 657, 663.
53 Vgl. *Lange*, NJW 1965, 657, 660.
54 BGHZ 93, 271, 275 f. = NJW 1985, 1457; BGHZ 127, 378, 385 = NJW 1995, 392; BGH, WM 1998, 440, 442 = NJW 1998, 1059.
55 BGHZ 56, 269, 272 = NJW 1971, 1931.

B. Anwaltliche Rechtsbeistandspflicht zugunsten Dritter

in seinem Deckungsverhältnis mit dem Auftraggeber vor dem Forderungserwerb des Dritten angelegt gewesen sein; nachträgliche Vereinbarungen zulasten des Dritten sind unwirksam,[56] es sei denn, dass sich die Vertragspartner bei Vertragsschluss die Befugnis vorbehalten haben, das Recht des Dritten ohne dessen Zustimmung aufzuheben oder zu ändern (§ 328 Abs. 2 BGB).

Der Anwalt kann sowohl gegenüber seinem Auftraggeber als auch gegenüber dem Dritten auf der Grundlage des jeweiligen Dienst- oder Werkvertrages (§ 675 Abs. 1 BGB) insbesondere geltend machen,[57] 1625

- der **Vertrag** sei **nichtig, angefochten** oder in sonstiger Weise rückgängig gemacht;[58]
- die anwaltliche **Haftung** sei gemäß § 51a BRAO **beschränkt** worden;[59]
- ein Anspruch auf Ersatz eines bestimmten Schadens – des Dritten oder des Mandanten – sei **verjährt**;[60]
- er – der Anwalt – habe ein **Zurückbehaltungsrecht** aus §§ 273, 274 BGB,[61] aus §§ 320 – 322 BGB[62] oder aus § 50 BRAO.[63]

Wichtige Einwendungen ergeben sich aus **Leistungsstörungen des Mandanten als Versprechensempfänger**.[64] Kommt er als Auftraggeber des Rechtsanwalts mit seiner Vertragspflicht zur Zahlung der fälligen Vergütung in Verzug, so kann der Anwalt **Ersatz eines Verzögerungsschadens** (§ 280 Abs. 1, 2, § 286 BGB; Rn. 1121) und unter den Voraussetzungen des § 280 Abs. 1, 3, § 281 BGB **Schadensersatz statt der Leistung** verlangen (Rn. 1122); in diesem Falle kommt auch ein **Recht zum Rücktritt** vom Vertrag neben einem Schadensersatzanspruch (§§ 323, 325 BGB; Rn. 1155 ff.) oder zur **Kündigung des Vertrages** in Betracht (§§ 626 – 628 BGB; Rn. 879 ff.). Hat 1626

---

56 Vgl. BGHZ 61, 359, 361 = NJW 1974, 96.
57 Vgl. die Zusammenfassungen von *Staudinger/Jagmann*, BGB, § 328 Rn. 40 ff., 334 Rn. 5 ff.; *MünchKomm/Gottwald*, BGB, § 334 Rn. 3 ff.; *Erman/Westermann*, BGB, § 334 Rn. 4; *Palandt/Heinrichs*, BGB, 64. Aufl. 2005, § 334 Rn. 3; *Janoschek*, in: *Bamberger/Roth*, BGB, § 334 Rn. 2.
58 OLG Frankfurt, NJW-RR 1986, 1176, 1177: Anfechtung wegen arglistiger Täuschung und Rücktritt; *Staudinger/Jagmann*, BGB, § 328 Rn. 40, § 334 Rn. 6 ff., 14.
59 Vgl. BGHZ 56, 269, 272 ff. = NJW 1971, 1931; BGH, NJW 1987, 1758, 1760, BGHZ 127, 378, 385 = NJW 1995, 392, jeweils für einen Vertrag mit Schutzwirkung zugunsten Dritter.
60 OLG Oldenburg, NJW-RR 1998, 1746.
61 Vgl. RGZ 66, 97, 100 f.; BGH, NJW 1980, 450, betreffend einen Anspruch auf Schadensersatz wegen Verzuges des Versprechensempfängers.
62 *Staudinger/Jagmann*, BGB, § 328 Rn. 40, § 334 Rn. 14.
63 Vgl. BGH, WM 1997, 2087.
64 Dazu im Einzelnen *Staudinger/Jagmann*, BGB, § 334 Rn. 9 f.; *MünchKomm/Gottwald*, BGB, § 334 Rn. 4.

der **Mandant die anwaltliche Vertragsleistung** allein oder weit überwiegend schuldhaft **unmöglich gemacht** (§ 275 Abs. 1 – 3 BGB; dazu Rn. 1175) oder tritt die Unmöglichkeit infolge eines vom Anwalt nicht zu vertretenden Umstandes zu einer Zeit ein, in welcher der **Mandant im Annahmeverzug** ist, so wird der Anwalt von seiner Leistungspflicht frei (§ 275 BGB; Rn. 1175), behält aber grundsätzlich seinen Vergütungsanspruch (§ 326 Abs. 2 BGB; Rn. 1175). Weitere Rechte des Anwalts gegen den Auftraggeber als Versprechensempfänger können sich aus **Sonderregelungen des Dienst- oder Werkvertragsrechts** – jeweils i.V.m. § 675 Abs. 1 BGB – ergeben (z.B. §§ 615, 616, 627, 628 BGB – §§ 644, 645 BGB; vgl. Rn. 879 ff., 906).

1627 Hat der **Dritte** das ihm zugewandte Recht nicht gemäß § 333 BGB zurückgewiesen (Rn. 1618), so hat er wegen seiner abgespaltenen Gläubigerstellung ebenfalls für **Leistungsstörungen gegenüber dem Rechtsanwalt (Schuldner)** einzustehen.[65] Bei Annahmeverzug hat der Dritte dem Schuldner die Mehraufwendungen zu ersetzen (§ 304 BGB). Bei einer Verpflichtung zur Abnahme der Leistung kann auch ein Schuldnerverzug des Dritten mit der Verpflichtung zum Ersatz des Verzögerungsschadens in Betracht kommt (§ 280 Abs. 1, 2, § 286 BGB). Ist eine Unmöglichkeit der Leistung des Schuldners vom Dritten zu vertreten oder wird diese während seines Annahmeverzuges unmöglich, so wird der Schuldner von seiner Verpflichtung frei (§ 275 BGB) und kann vom Versprechensempfänger (Mandanten) die Gegenleistung verlangen (§ 326 Abs. 2 BGB; vgl. Rn. 1175). Auch für die Verletzung von Schutzpflichten haftet der Dritte dem Schuldner (Rn. 1143).

1628 Einem Schadensersatzanspruch des Mandanten (Versprechensempfängers) oder des Dritten kann der Rechtsanwalt (Schuldner und Versprechender) ein **Mitverschulden des Geschädigten** entgegenhalten (§ 254 BGB). Der Auftraggeber muss sich ein Verschulden seines gesetzlichen Vertreters und seiner Erfüllungsgehilfen wie eigenes Verschulden zurechnen lassen (§§ 254, 278 BGB); dies gilt auch gegenüber dem – gegen den Schuldner gerichteten – Schadensersatzanspruch einer Person, zu deren Gunsten ein fremder Vertrag geschlossen worden ist.[66] Da der Dritte bei einem solchen Vertrag einen Teil der Gläubigerstellung einnimmt (§ 328 Abs. 1 BGB), darf ihm der Schuldner (Rechtsanwalt) nach dem Rechtsgedanken des – abdingbaren – § 334 BGB ein **Mitverschulden des Versprechensempfängers (Mandanten)**, der die übrige Gläubigerstellung hat (§ 335 BGB), auch dann entgegensetzen, wenn dieser nicht gesetzlicher Vertreter oder Erfüllungsgehilfe des geschädigten Dritten ist.[67] Andererseits ist auch dem Versprechensempfänger (Mandanten), der sich die Gläubigerstellung mit

---

65 Dazu im Einzelnen *Staudinger/Jagmann*, BGB, § 334 Rn. 19 ff.; *MünchKomm/Gottwald*, BGB, § 334 Rn. 7 ff.
66 BGHZ 9, 316, 318 = NJW 1953, 977; BGHZ 24, 325, 327 f. = NJW 1957, 1187.
67 Vgl. BGHZ 33, 247, 250 = NJW 1961, 211; BGH, NJW 2965, 1757, 1759; BGHZ 127, 378, 384 f. = NJW 1995, 392.

dem Dritten teilt, nach dem Zweck des § 334 BGB ein Mitverschulden des Dritten anzulasten.[68]

Nach dem BGH[69] kann der Schuldner (Versprechender) **mit einer Forderung gegenüber seinem Vertragspartner (Versprechensempfänger)** weder gegen Anspruch auf Leistung an den Dritten (§ 335 BGB) noch gegen den Anspruch des Dritten **aufrechnen**; insoweit handelt es sich nicht um eine Einwendung aus dem Vertrag i.S.d. § 334 BGB. Danach könnte ein haftpflichtiger Rechtsanwalt weder gegenüber dem Anspruch des Gläubigers, der gemäß § 335 BGB Schadensersatz an den Dritten fordert, noch gegenüber dem Ersatzanspruch des Dritten mit einer Forderung gegen den Mandanten – etwa auf Zahlung des Honorars – aufrechnen. In einem solchen Fall wäre jedoch ein allgemeiner Ausschluss der Aufrechnung zweifelhaft. Die Berufung auf mangelnde Gegenseitigkeit der Forderungen (§ 387 BGB) kann gegen Treu und Glauben (§ 242 BGB) verstoßen.[70] Mit Rücksicht darauf ist eine Aufrechnung nur dann ausgeschlossen, wenn der Zweck des Vertrages zugunsten des Dritten eine tatsächliche Leistung an diesen verlangt.[71] Dies ist i.d.R. nicht der Fall, wenn sich eine auf Geld gerichtete Schadensersatzforderung und ein Gegenanspruch auf Honorarzahlung gegenüberstehen.

Mit einer Forderung gegen den Dritten kann der Schuldner gegenüber diesem **aufrechnen**.[72] Gegenüber dem Dritten kann der Schuldner eine Forderung gegen seinen Vertragspartner im Wege der Einrede eines Zurückbehaltungsrechts geltend machen (Rn. 1625); eine Aufrechnungserklärung kann i.d.S. umgedeutet werden.[73]

1629

Vertragsgestaltende Erklärungen (z.B. Anfechtung, Rücktritt, Kündigung, Anspruch auf Schadensersatz wegen Nichterfüllung) **muss der Rechtsanwalt (Schuldner) gegenüber seinem Auftraggeber**, nicht gegenüber dem Dritten abgeben.[74]

1630

4. Ausgleich bei unwirksamem oder fehlerhaftem Deckungsverhältnis

Ist ein **Anwaltsvertrag zugunsten eines Dritten (Deckungsverhältnis) unwirksam oder fehlerhaft**, so fragt es sich, zwischen welchen Beteiligten die **Rückabwicklung von Leistungen** zu erfolgen hat.

1631

---

68 *MünchKomm/Gottwald*, BGB, § 334 Rn. 5; *Lange*, NJW 1965, 657, 663 f.
69 MDR 1961, 481; zust. *Staudinger/Jagmann*, BGB, § 334 Rn. 25.
70 BGHZ 26, 31, 33 = NJW 1958, 98.
71 Vgl. *Lange*, NJW 1965, 657, 662.
72 Vgl. RGZ 119, 1, 4; *Staudinger/Jagmann*, BGB, § 334 Rn. 18; *Palandt/Heinrichs*, BGB, 64. Aufl. 2005, § 334 Rn. 4.
73 Vgl. BGH, WM 1959, 696, 698, insoweit nicht abgedruckt in BGHZ 29, 337.
74 Vgl. *RGRK/Ballhaus*, BGB, § 334 Rn. 2; *Staudinger/Jagmann*, BGB, § 334 Rn. 7; *Palandt/Heinrichs*, BGB, 64. Aufl. 2005, § 334 Rn. 3; *Soergel/Hadding*, BGB, § 334 Rn. 12; *Lange*, NJW 1965, 657, 659.

1632 Ob der Versprechende (Rechtsanwalt) einen **vertraglichen Anspruch auf Rückgewähr seiner Leistung** aus § 346 BGB (i.V.m. § 281 Abs. 5, §§ 282, 283 Satz 2 oder §§ 323, 324, 326 Abs. 4, 5 BGB) gegen den Versprechensempfänger (Mandanten) und/oder gegen den Dritten zu richten hat, ist streitig; die Lösung sollte der **bereicherungsrechtlichen Rückabwicklung** (§§ 812 ff. BGB) entsprechen, weil dieselbe Interessenslage zugrunde liegt.[75] Bei einem unwirksamen Anwaltsvertrag zugunsten eines Dritten wird im Mittelpunkt die Frage stehen, von wem der Rechtsanwalt (Schuldner und Versprechender), der seine Vertragsleistung erbracht hat, **Wertersatz** i.S.d. § 818 Abs. 2 BGB – **durch Zahlung einer Vergütung** – verlangen kann.[76]

1633 Auch die Frage, gegen wen sich ein **Bereicherungsanspruch des Versprechenden (Rechtsanwalts)** richtet, wenn sein Deckungsverhältnis zum Versprechensempfänger (Mandanten) unwirksam oder fehlerhaft ist, ist umstritten.[77] Der BGH[78] hat hierzu betont, dass auch bei Verträgen zugunsten Dritter die Besonderheiten des einzelnen Falles für die sachgerechte bereicherungsrechtliche Abwicklung von Leistungen in Dreipersonenverhältnissen zu beachten seien; maßgeblich sei, welchen Zweck die Beteiligten nach ihrem zum Ausdruck gekommenen Willen verfolgt haben. Dieser Ansatz weist – anders als begriffliche Überlegungen – den Weg zu interessengerechten Lösungen; wirtschaftlicher Hintergrund ist die Frage, wer das Risiko der Insolvenz eines anderen Beteiligten zu tragen hat.

1634 In dem **Hauptfall**, dass das Deckungsverhältnis zwischen dem Schuldner (Versprechenden) und seinem Vertragspartner (Versprechensempfänger) mangelhaft ist und nach dem Valutaverhältnis zwischen dem Dritten und dem Versprechensempfänger ein **entgeltlicher Erwerb** vorliegt, dient der Vertrag zugunsten des Dritten i.d.R. einer „**abgekürzten Leistung**"; dann ist der **Bereicherungsausgleich zwischen dem Versprechenden (Rechtsanwalt) und dem Versprechensempfänger (Mandanten)** vorzunehmen, so dass diese Personen das Risiko der Insolvenz ihres Vertragspartners zu tragen haben.[79] In diesen Fällen eines entgeltlichen Erwerbs ist ein Bereicherungs-

---

75 Vgl. im Einzelnen *Staudinger/Jagmann*, BGB, § 334 Rn. 30 ff.; *MünchKomm/Gottwald*, BGB, § 334 Rn. 11 ff.
76 Vgl. BGHZ 36, 321, 323 = NJW 1962, 807; BGHZ 37, 258, 264 = NJW 1962, 2010; BGHZ 55, 128, 131, 137 = NJW 1971, 609; BGHZ 111, 308, 314 = NJW 1990, 2542; BGH, WM 1982, 97.
77 Vgl. zum Meinungsstand *Staudinger/Jagmann*, BGB, § 334 Rn. 31 ff.; *MünchKomm/Gottwald*, BGB, § 334 Rn. 14 ff.; *Soergel/Hadding*, BGB, § 334 Rn. 15 ff.; *Hadding*, Bereicherungsausgleich, S. 27 ff.; *Peters*, S. 73 ff.
78 BGHZ 58, 184, 187 f. = NJW 1972, 864, mit Anm. *Canaris*, NJW 1972, 1196; vgl. BGHZ 72, 246, 250 f.; 122, 46, 52.
79 Vgl. BGHZ 5, 281, 284; BGHZ 58, 184, 188 = NJW 1972, 864; BGHZ 72, 246, 250 f. = NJW 1979, 157; *RGRK/Ballhaus*, BGB, § 334 Rn. 9; *Staudinger/Jagmann*, BGB, § 334 Rn. 33; *MünchKomm/Gottwald*, BGB, § 334 Rn. 15; *Soergel/Hadding*, BGB, § 334 Rn. 17.

anspruch des Versprechenden gegen den Dritten selbst dann nicht gerechtfertigt, wenn auch das Valutaverhältnis fehlerhaft ist – Fall des Doppelmangels –.[80]

Dagegen kann bei zwei weiteren Fallgestaltungen, die für Anwaltsverträge zugunsten Dritter mit fehlerhaftem Deckungsverhältnis bedeutsam sind, die **Bereicherung zwischen dem Versprechenden (Rechtsanwalt) und dem Dritten auszugleichen** sein. Dies betrifft einmal die Fälle, in denen der Dritte nach seinem Valutaverhältnis mit dem Versprechensempfänger (Mandanten) die Leistung, die der Versprechende (Rechtsanwalt) aufgrund des mangelhaften Deckungsverhältnisses erbracht hat, als **unentgeltliche Zuwendung** erhalten hat; ist diese wegen ihres „Versorgungscharakters" in ihrer Zweckrichtung auf den Dritten bezogen und deswegen allein vom Bestand des Deckungsverhältnisses abhängig, so kann ein unmittelbarer Bereicherungsanspruch des Versprechenden (Rechtsanwalts) gegen den Dritten bestehen.[81] Das gilt auch dann, wenn entgegen der abdingbaren Vorschrift des § 335 BGB **die Gläubigerstellung ausschließlich dem Dritten** zustehen soll; in solchen Fällen ist der Rechtsgrund für den Bestand des Drittrechts ebenfalls nur in dem – mangelhaften – Deckungsverhältnis enthalten und vom Valutaverhältnis unabhängig.[82]

1635

III. Valutaverhältnis zwischen Auftraggeber und begünstigtem Dritten

Das rechtliche **Zuwendungs-(Valuta-)verhältnis** in der inneren Beziehung **zwischen dem Auftraggeber des Rechtsanwalts und dem Dritten**, der durch den Anwaltsvertrag (Außen- oder Deckungsverhältnis) begünstigt wird, bildet den Rechtsgrund dafür, dass der Mandant (Versprechensempfänger) den vertraglichen Anspruch auf die Vertragsleistung des Rechtsanwalts (Versprechenden) dem Dritten überlässt, und entscheidet darüber, ob dieser die Zuwendung behalten darf.[83] Mängel dieses Rechtsverhältnisses führen **i.d.R.** zu einem **Bereicherungsausgleich zwischen** den daran beteiligten Personen, also zwischen dem **Versprechensempfänger (Mandanten) und dem Dritten**.[84] Fordert der Dritte die Leistung, obwohl ihm diese wegen der Unwirksamkeit oder eines anderen Fehlers des Valutaverhältnisses nicht zusteht, so kann ihm der Versprechensempfänger (Mandant) den Einwand der unzulässigen Rechtsausübung

1636

---

80 *MünchKomm/Gottwald*, BGB, § 334 Rn. 15; *Staudinger/Jagmann*, BGB, § 334 Rn. 33, jeweils m. w. N.
81 Vgl. BGHZ 58, 184, 188 f. = NJW 1972, 864; *RGRK/Ballhaus*, BGB, § 334 Rn. 10; *MünchKomm/Gottwald*, BGB, § 334 Rn. 16; *Soergel/Hadding*, BGB, § 334 Rn. 17; *Staudinger/Jagmann*, BGB, § 334 Rn. 34.
82 Vgl. BGHZ 58, 184, 189 = NJW 1972, 864; *RGRK/Ballhaus*, BGB, § 334 Rn. 10; *MünchKomm/Gottwald*, BGB, § 334 Rn. 16; *Staudinger/Jagmann*, BGB, § 334 Rn. 35.
83 BGH, NJW 1975, 382, 383; BGHZ 91, 288, 290 = NJW 1984, 2156.
84 Vgl. BGHZ 111, 382, 385 = NJW 1990, 3194; BGH, NJW 1995, 3315, 3316; *Staudinger/Jagmann*, BGB, § 334 Rn. 32 m. w. N.

(§ 242 BGB) entgegenhalten, weil das Erlangte sogleich nach Bereicherungsrecht wieder herauszugeben wäre.[85]

1637 **Einwendungen aus dem Valutaverhältnis** zwischen dem Auftraggeber (Versprechensempfänger) und dem Dritten **kann der Rechtsanwalt** (Versprechender und Schuldner) **gegenüber dem Dritten i.d.R. nicht erheben**; § 334 BGB bezieht sich nur auf den zwischen Anwalt und Auftraggeber geschlossenen Vertrag zugunsten des Dritten, nicht auf dessen Rechtsverhältnis mit dem Mandanten. Der Anwalt hat also grundsätzlich an den Dritten zu leisten, selbst wenn das Valutaverhältnis unwirksam ist; der Dritte ist dann auf Kosten des Mandanten ungerechtfertigt bereichert.[86] Ausnahmsweise kann sich aus der Unwirksamkeit des Valutaverhältnisses eine Einwendung des Schuldners (Rechtsanwalts) ergeben, wenn der Bestand dieser Beziehung Geschäftsgrundlage des Anwaltsvertrages war, so dass es sich dann um einen Einwand aus dem Deckungsverhältnis handelt (§ 334 BGB).[87]

IV. Vollzugsverhältnis zwischen Rechtsanwalt und begünstigtem Dritten

1638 Der Dritte, zu dessen Gunsten ein Vertrag zwischen dem Rechtsanwalt und seinem Auftraggeber geschlossen wird, tritt in keine vertragliche Beziehung zu dem Rechtsanwalt.[88]

Allerdings wird zwischen Anwalt und Drittem ein **vertragsähnliches (Vollzugs-, Leistungs-, Dritt-)Verhältnis** begründet.[89] Deswegen obliegen dem Dritten gegenüber dem Anwalt Nebenpflichten (Mitwirkungs-, Aufklärungs-, Schutz- und sonstige Verhaltenspflichten), deren schuldhafte Verletzung einen Schadensersatzanspruch des Anwalts gegen den Dritten auslöst (§ 280 Abs. 1, 3, § 282 BGB).[90] Streitig ist, ob in diesem Falle auch der Mandant (Versprechensempfänger) gemäß § 278 BGB dem Anwalt haftet.[91]

Ein **Mitverschulden** (§§ 254, 278 BGB) kann der Schuldner (Rechtsanwalt) einem Schadensersatzanspruch des Dritten entgegenhalten (Rn. 1628).

85　BGH, NJW 1975, 382, 383.
86　*Staudinger/Jagmann*, BGB, § 334 Rn. 88; *MünchKomm/Gottwald*, BGB, § 334 Rn. 18.
87　Vgl. BGHZ 54, 145, 155 f. = NJW 1970, 2157.
88　Vgl. BGHZ 54, 145, 147 = NJW 1970, 2157; BGH, NJW-RR 1993, 770, 771.
89　Vgl. BGHZ 9, 316, 318 = NJW 1953, 977.
90　Vgl. RG, JW 1913, 426, 427; *RGRK/Ballhaus*, BGB, § 328 Rn. 27; *MünchKomm/Gottwald*, BGB, § 334 Rn. 10; *Staudinger/Jagmann*, BGB, § 334 Rn. 23; *Palandt/Heinrichs*, BGB, 64. Aufl. 2005, § 328 Rn. 7; *Lange*, NJW 1965, 657, 660.
91　Bejahend *Palandt/Heinrichs*, BGB, 64. Aufl. 2005, § 328 Rn. 7; a.A. *Lange*, NJW 1965, 657, 660.

Mit einer Forderung gegen den Dritten kann der Schuldner diesem gegenüber grundsätzlich **aufrechnen** (Rn. 1629).[92]

C. Andere anwaltliche Verpflichtungen zugunsten Dritter

Zugunsten eines Dritten kann sich der Rechtsanwalt gegenüber seinem Auftraggeber auch verpflichten, eine **anwaltsuntypische(-fremde) Leistung** ohne nennenswertem Rechtsbeistand zu erbringen, je nach Vertragsgestaltung etwa als Makler, Anlageberater oder -vermittler, Vermögensverwalter oder Treuhänder (vgl. Rn. 133 ff., 478 f.). Für solche Verträge gelten die vorstehenden Ausführungen im Wesentlichen entsprechend nach Maßgabe der jeweiligen Vertragsregeln. Ein Schadensersatzanspruch gegen den Rechtsanwalt aus einem solchen Vertrag verjährt allerdings nach altem Recht (vgl. Art. 229 §§ 6, 12 EGBGB; dazu Rn. 1262 ff.) nicht nach § 51b BRAO, sondern unterliegt der Verjährungsregelung für die jeweilige Vertragsart (vgl. Rn. 1306). 1639

D. Anhang: Rechtsprechungslexikon 1640

Durch den Vertrag zugunsten Dritter wird zwischen dem Schuldner und dem Dritten kein besonderes Vertrauensverhältnis begründet. Für den Dritten entsteht nur ein aus dem Vertragsverhältnis zwischen dem Schuldner und dem Versprechensempfänger abgespaltenes Forderungsrecht. Der Rechtsgrund für die Leistung des Schuldners an den Dritten ergibt sich aus dem Vertrag zwischen dem Schuldner und dem Versprechensempfänger. Deswegen kommt es für ein Schriftformerfordernis allein auf dieses Verhältnis an.
BGH, Urt. v. 9.4.1970 – KZR 7/69, BGHZ 54, 145, 147 = NJW 1970, 2157.

Von dem Vertrag zugunsten des Dritten (Deckungsverhältnis) ist die Rechtsbeziehung zwischen dem Versprechensempfänger und dem Dritten (Valutaverhältnis) zu unterscheiden. Diese bildet den Rechtsgrund für die Leistung des Versprechensempfängers an den Dritten (Drittleistung) und entscheidet darüber, ob der Dritte sie behalten darf.
BGH, Urt. v. 29.5.1984 – IX ZR 86/82, BGHZ 91, 288, 290 = NJW 1984, 2156

Fehlt ein wirksames Valutaverhältnis, so kann der Versprechensempfänger dem Dritten den Einwand der unzulässigen Rechtsausübung entgegenhalten.
BGH, Urt. v. 30.10.1974 – IV ZR 172/73, NJW 1975, 382, 383

Beauftragt ein Rechtsschutzversicherer im eigenen Namen einen Rechtsanwalt mit der Betreuung eines Versicherungsnehmers, so wird der Anwaltsvertrag zugunsten des Versicherungsnehmers geschlossen.
BGH, Urt. v. 8.11.1966 – VI ZR 30/65, VersR 1967, 76, 77

---

92 Vgl. RGZ 119, 1, 4; *Staudinger/Jagmann*, BGB, § 334 Rn. 18; *Palandt/Heinrichs*, BGB, 64. Aufl. 2005, § 334 Rn. 4.

Beauftragt ein Haftpflichtversicherer im eigenen Namen einen Rechtsanwalt mit der Betreuung eines Versicherungsnehmers, so wird der Anwaltsvertrag zugunsten des Versicherungsnehmers geschlossen.
OLG Köln, Beschl. v. 7.9.1977 – 17 W 203/77, NJW 1978, 896

Beauftragt ein Rechtsschutzversicherer einen Rechtsanwalt im Namen und Auftrag des Versicherungsnehmers, so kommt der Anwaltsvertrag mit dem Versicherungsnehmer zustande.
BGH, Urt. v. 24.1.1978 – VI ZR 220/76, NJW 1978, 1003, 1004

Ein Liquidationsvergleich (§ 7 Abs. 4 VerglO), in dem ein Schuldner sein Vermögen einem Treuhänder überlässt, damit dieser es zugunsten der Gläubiger verwendet, ist ein Vertrag zugunsten der Gläubiger.
BGH, Urt. v. 14.3.1966 – VII ZR 7/64, NJW 1966, 1116; v. 10.2.1971 – VIII ZR 182/69, BGHZ 55, 307, 309 = NJW 1971, 1702; v. 29.11.1973 – VII ZR 2/73, BGHZ 62, 1, 3 = NJW 1974, 238; v. 9.4.1992 – IX ZR 304/90, BGHZ 118, 70, 75 = NJW 1992, 1834; v. 26.5.1994 – IX ZR 39/93, BGHZ 126, 138, 141 = NJW 1994, 3102

Ein Treuhandvertrag ist zugunsten der Kapitalanleger geschlossen, soweit der Rechtsanwalt als Treuhänder die Mittelverwendung zu überwachen hat.
BGH, Urt. v. 14.4.1986 – II ZR 123/85, WM 1986, 904, 905; v. 1.12.1994 – III ZR 93/93, WM 1995, 344, 345 = NJW 1995, 1025; v. 13.5.2004 – III ZR 368/03, WM 2004, 1287, 1289 = NJW-RR 2004, 1356; vgl. BGH, Urt. v. 30.10.2003 – III ZR 344/02, WM 2003, 2382, 2383 = NJW-RR 2004, 121 (Herausgabe der Anlegerbeiträge aus §§ 667, 675 Abs. 1 BGB); OLG Hamburg, Urt. v. 28.4.2000 – 11 U 65/99, WM 2001, 299, 302

Ein Treuhandvertrag ist zugunsten der Kapitalanleger geschlossen, soweit der Rechtsanwalt als Treuhänder Sicherheiten zu prüfen hat.
OLG Karlsruhe, Urt. v. 5.3.1997 – 13 U 167/95, WM 1997, 1476, 1477

Die Vorschrift des § 334 BGB, wonach dem Versprechenden (Schuldner) Einwendungen aus dem Deckungsverhältnis auch gegenüber dem Dritten zustehen, kann – auch stillschweigend – abbedungen werden. Insbesondere kann sich aus der Natur des Deckungsverhältnisses ergeben, dass der Schuldner nicht alle Einwendungen aus diesem Verhältnis dem Dritten entgegenhalten kann.
BGH, Urt. v. 17.1.1985 – VII ZR 63/84, BGHZ 93, 271, 275 f. = JZ 1985, 574, 575; v. 10.11.1994 – III ZR 50/94, BGHZ 127, 378, 385 = NJW 1995, 392; v. 13.11.1997 – X ZR 144/94, WM 1998, 440, 442 = NJW 1998, 1059

Die Aufrechnung des Versprechenden mit einer gegen den Versprechensempfänger gerichteten Forderung ist keine Einwendung i.S.d. § 334 BGB.

Der Grundsatz, dass die Aufrechnung gegenseitige Forderungen voraussetzt, kann ausnahmsweise durchbrochen sein, wenn die Berufung auf die mangelnde Gegenseitigkeit der Forderungen gegen Treu und Glauben verstößt.
BGH, Urt. v. 27.2.1961 – II ZR 60/59, MDR 1961, 481

Eine Einwendung i.S.d. § 334 BGB ist auch ein Zurückbehaltungsrecht nach § 273 BGB, das dem Versprechenden aufgrund eines Schadensersatzanspruchs wegen Verzuges gegen den Versprechensempfänger zusteht.
BGH, Urt. v. 9.11.1979 – V ZR 226/77, NJW 1980, 450

Zum Bereicherungsausgleich beim Vertrag zugunsten Dritter.
BGH, Urt. v. 24.2.1972 – VII ZR 207/70, BGHZ 58, 184, 187 = NJW 1972, 864; v. 26.10.1978 – VII ZR 71/76, BGHZ 72, 246, 251 = NJW 1979, 157

Abschnitt 2: Anwalts-, Steuerberater- und Wirtschaftsprüfervertrag mit Schutzwirkung zugunsten Dritter

Inhaltsverzeichnis

	Rn.
A. Allgemeines	1641
B. Rechtsgrundlage und Zweck des Vertrages mit Schutzwirkung zugunsten Dritter	1642
I. Schutzwirkung kraft Vertragsauslegung	1642
II. Vertragliche Schutzwirkung statt Deliktsschutz	1643
C. Voraussetzungen des Vertrages mit Schutzwirkung zugunsten Dritter	1644
I. Objektive Voraussetzungen	1644
1. Einbeziehung in den Schutzbereich von Nebenpflichten	1645
2. Einbeziehung in den Schutzbereich der Leistungspflicht	1648
3. Schutzbedürfnis des Dritten	1649
II. Subjektive Voraussetzungen	1650
III. Interessenabwägung	1651
IV. Vorvertragliches Verhältnis mit Schutzwirkung	1652
D. Rechtsberaterverträge mit Schutzwirkung zugunsten Dritter	1653
I. Schutzwirkung für Angehörige des Auftraggebers	1654
II. Schutzwirkung für andere Personen	1659
III. Auskunft, Gutachten, Bilanz/Jahresabschluss, Testat und Schutzwirkung für Dritte (Berufs-/Expertenhaftung)	1661
1. Grundlagen	1661
2. Auskunftshaftung gegenüber Dritten	1664
a) Selbständiger Auskunftsvertrag	1664
b) Auskunftspflicht aus Vertrag mit Schutzwirkung	1666
3. Haftung aus Gutachtenvertrag gegenüber Dritten	1669
a) Werkvertrag mit Schutzwirkung für Dritte	1669
b) Einbeziehung eines Dritten in den vertraglichen Schutzbereich	1671
c) Pflichten des Gutachters	1676
d) Sorgfaltsmaßstab	1677
e) Schadensersatzpflicht des Gutachters	1678
aa) Mangelhaftes Werk	1678
bb) Voraussetzungen eines Schadensersatzanspruchs des geschützten Dritten	1679
f) Mitverschulden	1682
g) Verjährung	1684
4. Haftung aus Prüfvertrag für Bilanz, Jahresabschluss, Testat	1685

	Rn.
a) Allgemeines	1685
b) Werkvertrag mit Schutzwirkung für Dritte	1686
c) Schadensersatzpflicht des Prüfers	1691
5. Haftungsbeschränkung	1696
IV. Bewertung	1699
1. Grenzen des Vertrages mit Schutzwirkung zugunsten Dritter	1699
2. Folgerungen für den echten Anwaltsvertrag	1702
E. Sonstige anwaltliche Verpflichtung mit Schutzwirkung zugunsten Dritter	1705
F. Rechtsfolgen eines Vertrages mit Schutzwirkung zugunsten Dritter	1706
G. Vertrag mit Schutzwirkung zugunsten Dritter und Drittschadensliquidation	1713
I. Meinungsstreit	1714
II. Drittschadensliquidation	1715
III. Unterschiede	1716
IV. Folgerungen	1717
V. Ergebnis	1719
VI. Entsprechende Anwendung des § 335 BGB?	1720
H. Anhang: Rechtsprechungslexikon	1721

A. Allgemeines

Neben einem Vertrag i.S.d. § 328 Abs. 1 BGB, der den Anspruch eines Dritten auf die von den Vertragspartnern vereinbarte und vom Schuldner zu erbringende hauptsächliche Vertragsleistung begründet, ist ein **Vertrag mit Schutzwirkung zugunsten eines Dritten** – in entsprechender Anwendung der §§ 328 ff. BGB (vgl. Rn. 1608 ff.) – als selbständiger Vertragstyp anerkannt. Ein solcher Vertrag bezieht eine Person, die nicht am Vertragsschluss beteiligt ist, so stark in seinen **Schutzbereich** ein, dass sie daraus zwar keinen – primären – Anspruch auf die vertragliche Hauptleistung, wohl aber einen **eigenen – sekundären – Schadensersatzanspruch gegen den Schuldner** wegen Verletzung von Vertragspflichten erwerben kann.[1]

1641

---

[1] U.a. BGHZ 56, 269, 273 = NJW 1971, 1931; BGHZ 69, 82, 85 ff. = NJW 1977, 1916; BGHZ 70, 327, 328 ff. = NJW 1978, 883; BGHZ 89, 95, 98, 104 = NJW 1984, 658; BGH, NJW 1984, 355, 356; WM 1986, 711; NJW 1995, 392; zusammenfassend BGHZ 133, 168, 170 ff. = JZ 1997, 358, 359 f. = NJW 1996, 2927 = WM 1996, 1739; vgl. *Zugehör*, Beraterhaftung, Rn. 335 ff.

B. Rechtsgrundlage und Zweck des Vertrages mit Schutzwirkung zugunsten Dritter

I. Schutzwirkung kraft Vertragsauslegung

1642 Schon das **RG** gewährte in Anwendung des § 328 BGB einer Person, die bei der Erfüllung eines fremden Vertrages geschädigt worden war, durch **Auslegung, notfalls durch ergänzende Vertragsauslegung**,[2] einen eigenen, aus diesem Vertrag abgeleiteten Anspruch gegen den Schuldner auf Ersatz ihres Schadens.[3] Die Rechtsprechung des **BGH** hat den **Vertrag mit Schutzwirkung zugunsten eines Dritten** zu einer selbständigen Vertragsart entwickelt.[4] Sie rechtfertigt den Schadensersatzanspruch des Dritten aus dem fremden Vertrag mit dem **Willen der Vertragspartner**, der durch **Auslegung** gemäß § 157 BGB[5] und für den Fall, dass die Parteien an den Schutz Dritter bei Abwicklung ihres Vertrages nicht gedacht haben, durch **ergänzende Auslegung** ermittelt wird.[6] Entscheidend ist also, ob sich eine Schutzwirkung des Vertrages für einen Dritten auf einen entsprechenden **Vertragswillen der Vertragspartner** zurückführen lässt.

Im Schrifttum wird dagegen befürchtet, dass eine ergänzende Auslegung häufig zur Annahme eines fiktiven Willens der Vertragspartner führe, und stützt die Schutzwirkung des fremden Vertrages zugunsten des Dritten auf den gesetzlichen **Grundsatz von Treu und Glauben im Rechtsverkehr (§ 242 BGB)**.[7] Diese Rechtsgrundlage führt i.d.R. zu demselben Ergebnis wie eine Vertragsauslegung.[8]

II. Vertragliche Schutzwirkung statt Deliktsschutz

1643 Die Entwicklung des Vertrages mit Schutzwirkung zugunsten Dritter erklärt sich aus dem **Bestreben der Rechtsprechung**, unter bestimmten Voraussetzungen denjenigen, der bei der Abwicklung eines fremden Vertrages geschädigt wird, **nicht** auf einen Schadensersatzanspruch aus dem – insoweit als unzureichend erachteten – **Deliktsrecht** zu

---

2   RGZ 127, 218, 221 f.
3   RGZ 87, 64, 65 u. 289, 292: Personenbeförderungsvertrag; RGZ 91, 21, 24; 102, 231, 232: Mietvertrag; RGZ 127, 218, 221 ff.: Werkvertrag; RGZ 152, 175, 176 f.: ärztlicher Behandlungsvertrag; Übersicht zur Rechtsprechung des RG: BGHZ 133, 168, 170 ff. = WM 1996, 1739 = JZ 1997, 358, 359 = NJW 1996, 2927.
4   Zur Entwicklung der Rechtsprechung des BGH: BGHZ 133, 168, 170 ff. = WM 1996, 1739 = JZ 1997, 358, 359 = NJW 1996, 2929; *Sutschet*, S. 21 ff.
5   BGH, NJW 1984, 355, 356; WM 1986, 711 = NJW-RR 1986, 1307.
6   BGHZ 56, 269, 273 = NJW 1971, 1931; NJW-RR 2004, 1464, 1465; NJW 2004, 3035, 3037; vgl. BGH, WM 2002, 825, 827; vgl. *Sutschet*, S. 96 ff., 144 ff.
7   Vgl. *Staudinger/Jagmann*, BGB, § 328 Rn. 91; *MünchKomm/Gottwald*, BGB, § 328 Rn. 101; *Bell*, S. 90 ff., jeweils m.w.N.
8   BGHZ 56, 269, 273 = NJW 1971, 1931.

verweisen, sondern ihm eine **aus dem Vertrag abgeleitete Schadensersatzforderung** mit allen damit verbundenen **Vorteilen** zu verschaffen. Das Vermögen ist kein sonstiges Recht i.S.d. § 823 Abs. 1 BGB, dessen fahrlässige Verletzung zum Schadensersatzrecht verpflichtet. Vielmehr setzt ein Anspruch auf Ersatz eines Vermögensschadens nach §§ 823 Abs. 2, 826 BGB den schwierigen Nachweis des Vorsatzes voraus. Die Gehilfenhaftung gemäß § 831 BGB entfällt, wenn der Geschäftsherr darlegt und beweist, dass er bei der Auswahl und Leitung der bestellten Person die erforderliche Sorgfalt beobachtet hat oder wenn der Schaden auch bei Anwendung dieser Sorgfalt entstanden sein würde. Demgegenüber wird der **Dritte bessergestellt**, wenn er in den **Schutzbereich des fremden Vertrages** einbezogen wird. Verletzt der Vertragsschuldner fahrlässig oder vorsätzlich eine Vertragspflicht, die auch dem Schutz des Dritten dient, so erwirbt dieser einen Anspruch auf Ersatz seines daraus entstandenen Schadens gegen den Schädiger. Dabei kommt dem Dritten zugute, dass der Schuldner sich nach § 280 Abs. 1 Satz 2 BGB (früher §§ 282, 285 BGB) zu entlasten und gemäß § 278 BGB ein Verschulden seiner Erfüllungsgehilfen zu vertreten hat.

C. Voraussetzungen des Vertrages mit Schutzwirkung zugunsten Dritter

I. Objektive Voraussetzungen

Objektiv setzt ein solcher Vertrag voraus, dass der **Dritte** 1644

- entweder in den **Schutzbereich von Nebenpflichten** des fremden Vertrages (§ 242 BGB) einbezogen ist
- oder **ihm** eine **Schutzwirkung** der vom Schuldner zu erbringenden **Hauptleistung** – ohne eigenes Forderungsrecht i.S.d. § 328 Abs. 1 BGB – **zugute kommen soll**
- und ein **Schutzbedürfnis des Dritten** besteht.

Diese Voraussetzungen des Erwerbs eines eigenen Anspruchs aus fremden Vertrag mit Schutzwirkung hat der **Dritte zu beweisen**.

1. Einbeziehung in den Schutzbereich von Nebenpflichten

Die **sekundären Schutzpflichten** aus einem fremden Vertrag **erstrecken sich dann** 1645 **auf einen Dritten**, wenn dieser **bestimmungsgemäß mit der vertraglichen Hauptleistung in Berührung kommt** und deswegen den damit verbundenen Gefahren ebenso ausgesetzt ist wie der Gläubiger, dem der Schuldner zur Abwendung dieser Gefahren verpflichtet ist, und wenn die Vertragspartner **den Dritten schützen wollen**.[9]

---

9 U.a. BGHZ 70, 327, 329 = NJW 1978, 883; BGHZ 96, 9, 17 = NJW 1986, 249; BGH, NJW 1984, 355, 356; 1985, 489; 1994, 2231; BGHZ 133, 168, 173 = JZ 1997, 358, 359 f. = NJW 1996, 2927.

Teil 2 • Abschnitt 2 • Vertrag mit Schutzwirkung zugunsten Dritter

Ursprünglich hatte sich die entsprechende Rechtsprechung des BGH auf die Fortführung derjenigen des RG beschränkt (Rn. 1642).[10]

1646 Schon damals stand die Rechtsprechung vor der Aufgabe, den **geschützten Personenkreis eng zu ziehen**, um dem Vertragsschuldner mit einer Schadensersatzpflicht gegenüber einem Dritten kein unberechenbares – und damit regelmäßig unversichertes –, unerträgliches Haftungsrisiko aufzuerlegen. Ist die Wahrung eines Drittinteresses von den Vertragspartnern nicht zum Gegenstand des Vertrages gemacht worden, so sind Nachteile eines Dritten, die durch den Vertragsschuldner im Zusammenhang mit seiner Vertragsleistung ausgelöst werden, grundsätzlich „reine Reflexwirkungen", die keinen vertraglichen Schadensersatzanspruch begründen.[11] Der Vertrag mit Schutzwirkung für Dritte darf nicht die Grenzen zwischen Vertrags- und Delikthaftung aufheben[12] und zu einer uferlosen deliktischen Generalklausel werden.[13] Zur Eingrenzung des geschützten Personenkreises hatte der **BGH**, falls die Vertragserklärungen und das Verhalten der Vertragspartner insoweit keine Anhaltspunkte enthielten, **zunächst verlangt**, dass der **Vertragsgläubiger** eine (familien- oder arbeitsrechtliche, mietvertragliche) **Fürsorgepflicht gegenüber dem Dritten habe** und deswegen für dessen „**Wohl und Wehe**" **verantwortlich sei**,[14] so dass Angehörige, Arbeitnehmer und Mieter des Gläubigers geschützt wurden; in solchen Fällen spricht die **objektive Interessenlage** dafür, dass die Vertragspartner solche Dritte schützen wollen. Diese Voraussetzungen hat der **BGH aufgegeben**.[15]

1647 **Voraussetzung** dafür, dass die dem Schuldner – grundsätzlich nur gegenüber dem Gläubiger – obliegenden vertraglichen Schutzpflichten auch den Dritten umfassen, ist vielmehr, dass dessen Rechtsgüter nach der objektiven **Interessenlage** im Einzelfall durch die Vertragsleistung des Schuldners mit Rücksicht auf den **Vertragszweck** („bestimmungsgemäß, typischerweise") beeinträchtigt werden können („**Leistungsnähe, Drittbezogenheit der Leistung**") und der **Gläubiger ein berechtigtes Interesse am Schutz des Dritten** hat.[16] Die allgemeine Pflicht, Rechte eines Dritten nicht zu verletzen, genügt nicht für dessen Einbeziehung in einen vertraglichen Schutzbereich.[17]

---

10 Vgl. BGH, NJW 1954, 874; VersR 1955, 740, 742; NJW 1956, 1193, 1194.
11 Vgl. BGH, NJW 1977, 2073, 2074.
12 BGH, NJW 1977, 2073, 2074.
13 Vgl. BGH, NJW 2004, 3630, 3632.
14 BGHZ 51, 91, 96 = NJW 1969, 269; BGHZ 56, 269, 273 = NJW 1971, 1931; BGHZ 66, 51, 57 = NJW 1976, 712; BGH, NJW 1977, 2208, 2209.
15 BGH, NJW 1984, 355, 356; 1987, 1758, 1759.
16 BGHZ 49, 350, 354 = NJW 1968, 885; BGHZ 69, 82, 86 = NJW 1977, 1916; BGHZ 70, 327, 329 = NJW 1978, 883; BGHZ 96, 9, 17 = NJW 1986, 249; BGHZ 133, 168, 173 = JZ 1997, 358, 359 f. = NJW 1996, 2927.
17 OLG Köln, VersR 1984, 340.

2. Einbeziehung in den Schutzbereich der Leistungspflicht

Aufgrund eines Falles, in dem ein **Rechtsanwalt** seine vertragliche Verpflichtung gegenüber seinem Mandanten, an der testamentarischen Erbeinsetzung der Tochter mitzuwirken, schuldhaft versäumt hatte, hat der **BGH**[18] die **Schutzwirkung eines Vertrages** zugunsten Dritter **auf die geschuldete Hauptleistungspflicht erstreckt** (vgl. Rn. 1654). Soll die hauptsächliche Vertragsleistung zwar nicht vom Dritten nach § 328 Abs. 1 BGB beansprucht werden können, aber nach dem Vertragsinhalt erkennbar zumindest auch dem Interesse des Dritten dienen und deswegen diesem unmittelbar zugute kommen, so entspricht es nach Sinn und Zweck des Vertrages dem Willen der Vertragspartner, dem Dritten selbst Schutz bei Leistungsstörungen zu gewähren (vgl. Rn. 1642).[19] Dies gilt insbesondere bei einer Schlechterfüllung des Vertrages; sie ist der **Hauptanwendungsfall eines Anwaltsvertrages mit Schutzwirkung zugunsten Dritter**.

1648

3. Schutzbedürfnis des Dritten

Der Dritte muss ein **schutzwürdiges Interesse** daran haben, aus dem Ausnahmecharakter der Schutzwirkung eines fremden Vertrages einen Schadensersatzanspruch abzuleiten. Dies ist **nicht** der Fall, wenn der **Dritte aus eigenem Vertrag Ansprüche** – etwa gegen einen der Partner des fremden Vertrages – hat, die denselben oder zumindest einen gleichwertigen Inhalt haben.[20] Das gilt auch dann, wenn solche Ansprüche wegen Leistungsunfähigkeit des Schuldners nicht durchsetzbar sind; das Rechtsinstitut des Vertrages mit Schutzwirkung für Dritte soll nicht das Risiko absichern, dass der Vertragsgegner zum Schadensersatz außerstande ist.[21]

1649

Einem Kapitalanleger kann gegen einen **Wirtschaftsprüfer** neben einem (hier verjährten) Schadensersatzanspruch aus **Prospekthaftung** auch ein solcher Anspruch aus einem **Gutachtenvertrag** zustehen, den die Anlagegesellschaft mit dem Wirtschaftsprüfer über die Prüfung und Bestätigung von Prospektangaben geschlossen hat und der **Schutzwirkung zugunsten des Anlegers hat** (Konkurrenz der Ansprüche aus Prospekt- und Expertenhaftung; vgl. Rn. 1879 ff.); einem solchen Anspruch ist ein Anspruch aus Prospekthaftung nicht gleichwertig, so dass der Dritte schutzbedürftig ist.[22]

---

18 NJW 1965, 1955.
19 BGH, NJW 1977, 2073, 2074; NJW 1984, 355, 356; 1987, 1758, 1759; 1988, 200; NJW-RR 1990, 1172, 1173; NJW 1995, 51, 52.
20 BGHZ 70, 327, 329 f. = NJW 1978, 833; BGH, NJW 1987, 2510, 2511; 1993, 655, 656; BGHZ 133, 168, 173 = JZ 1997, 358, 360 = NJW 1996, 2927 = WM 1996, 1739.
21 BGH, NJW 2004, 3630, 3632.
22 BGH, WM 2004, 1869, 1870 f. = NJW 2004, 3420.

II. Subjektive Voraussetzungen

1650 Ein Vertrag mit Schutzwirkung setzt voraus, dass dem **Vertragsschuldner bei Vertragsschluss bekannt oder zumindest erkennbar** ist, dass ein Dritter objektiv – gemäß den vorstehenden Ausführungen (Rn. 1644 ff.) – in den Bereich einer Schutz-(Neben-)pflicht oder der vertraglichen (Haupt-)Leistungspflicht einbezogen wird.[23] Der **begünstigte Personenkreis** muss bei Vertragsschluss **objektiv abgrenzbar** sein; nicht erforderlich ist, dass der Schuldner die geschützten Dritten dem Namen oder der Anzahl nach kennt.[24] In dem Zeitpunkt, in dem sich der Schuldner vertraglich bindet, muss er das Haftungsrisiko übersehen, berechnen und versichern können.[25] Nur unter dieser Voraussetzung kann der vertragliche Schutz eines Dritten auch auf den Vertragswillen des Schuldners zurückgeführt werden.

III. Interessenabwägung

1651 Bieten die Vertragserklärungen und das Verhalten der Vertragspartner keine Anhaltspunkte für einen Drittschutz, so kann sich eine Schutzwirkung des Vertrages zugunsten Dritter im Wege einer – notfalls ergänzenden – **Vertragsauslegung gemäß § 157 BGB** nur dann ergeben, wenn die gebotene **Abwägung der sich aus dem Vertragszweck ergebenden Interessen** der Vertragspartner und des dadurch betroffenen Dritten dies mit Rücksicht auf Treu und Glauben nahe legt.[26] An die Feststellung einer vertraglichen Schutzwirkung für Dritte sollten **strenge Anforderungen** gestellt werden.[27] Das von der Rechtsprechung entwickelte Institut des Vertrages mit Schutzwirkung zugunsten Dritter darf nur in Ausnahmefällen dazu dienen, Unzulänglichkeiten des deliktischen Vermögensschutzes zu beheben (vgl. Rn. 1643).

IV. Vorvertragliches Verhältnis mit Schutzwirkung

1652 Unter den dargelegten Voraussetzungen kann schon ein **vorvertragliches Verhältnis Schutzwirkung für einen Dritten** haben.[28]

---

[23] BGHZ 49, 350, 354 = NJW 1968, 885; BGH, WM 1984, 1233, 1234; NJW 1985, 489; BGHZ 133, 168, 173 = WM 1996, 1739 = NJW 1996, 2927.

[24] BGH, NJW 1987, 1758, 1760; 1995, 392; NJW-RR 2004, 1464, 1466; NJW 2004, 3035, 3038.

[25] Vgl. BGHZ 51, 91, 96 = NJW 1969, 269; BGHZ 159, 1, 9 = NJW 2004, 3035.

[26] BGHZ 66, 51, 57 = NJW 1976, 712; BGHZ 69, 82, 86 = NJW 1977, 1916; BGHZ 96, 9, 17 = NJW 1986, 249; BGHZ 133, 168, 174 = JZ 1997, 358, 360 = NJW 1996, 2927 = WM 1996, 1739.

[27] Vorbildlich BGHZ 133, 168, 174 = JZ 1997, 358, 360 f. = NJW 1996, 2927, betreffend einen Werkvertrag („Nitrierofen"); BGH, NJW 2004, 3630, 3632, betreffend einen Anwaltsvertrag („Barkaution").

[28] BGHZ 66, 51, 56 = NJW 1976, 712; BGH, NJW-RR 2003, 1035, 1036 f. = WM 2003, 1621.

D. Rechtsberaterverträge mit Schutzwirkung zugunsten Dritter

Ein **echter Anwaltsvertrag**, aufgrund dessen der Rechtsanwalt seinem Auftraggeber Rechtsbeistand schuldet (§ 3 BRAO), kann zum Inhalt haben, dass der **Anwalt mit seiner Leistungspflicht** zumindest auch die **Vermögensinteressen eines Dritten wahrzunehmen** hat. Dann kann die – notfalls ergänzende – **Auslegung** des Vertrages ergeben, dass der **Dritte in den Schutzbereich der anwaltlichen Vertragsleistung einbezogen** ist und bei einer Leistungsstörung einen eigenen Schadensersatzanspruch gegen den Rechtsanwalt haben kann (vgl. Rn. 1641 ff.).

1653

I. Schutzwirkung für Angehörige des Auftraggebers

In den beiden ersten Urteilen, in denen der BGH[29] echten Anwaltsverträgen im Ergebnis Schutzwirkung für Dritte zugebilligt hat, hat er seine Bedenken betont, Dritte in den Schutzbereich der vertraglichen Hauptpflicht des Rechtsanwalts, seinem Auftraggeber rechtlichen Beistand zu leisten, einzubeziehen; späteren Entscheidungen des BGH sind solche Bedenken nicht mehr zu entnehmen.

1654

Im ersten Falle hatte ein Rechtsanwalt seine vertragliche Verpflichtung gegenüber seinem Mandanten, an der testamentarischen **Erbeinsetzung** der Tochter mitzuwirken, schuldhaft verletzt.[30] Der BGH hat ausgeführt, die anwaltliche Leistungspflicht habe zwar nur gegenüber dem Auftraggeber bestanden, nach Sinn und Zweck des Vertrages habe aber der Rechtsanwalt eine **vertragliche Sorgfaltspflicht auch gegenüber der Tochter** gehabt, so dass dieser ein eigener Anspruch aus dem Anwaltsvertrag auf Ersatz ihres Schadens infolge des unterbliebenen Testaments zustehe.

Im nächsten Falle hatte ein Rechtsanwalt, der den Ehemann in einem Ehescheidungsverfahren vertrat, schuldhaft versäumt, eine von ihm entworfene **Scheidungsvereinbarung**, in der sich die Ehefrau zur Übertragung eines Grundstücksanteils an die Kinder verpflichtete, beurkunden zu lassen.[31] Der BGH hat einem Kind des Mandanten gegen den Rechtsanwalt einen Schadensersatzanspruch zugebilligt, der sich entweder aus einer **Schutzwirkung des Anwaltsvertrages zugunsten der Kinder** oder aufgrund einer Abtretung eines Schadensersatzanspruchs des Auftraggebers ergebe. Dabei hat der BGH eine Schutzwirkung des Anwaltsvertrages in den Vordergrund gerückt; nach dem Schlusssatz seines Urteils wäre eine andere Entscheidung mit dem Sinn und Zweck dieses Vertrages nicht zu vereinbaren.

---

29   NJW 1965, 1955; 1977, 2073.
30   BGH, NJW 1965, 1955.
31   BGH, NJW 1977, 2073.

1655 Weitere **Anwaltsverträge mit Schutzwirkung für Angehörige des Mandanten** sind in folgenden Fällen angenommen worden:

- Hat ein Rechtsanwalt, der seinen Auftraggeber bei der vorzeitigen Beendigung seines Arbeitsverhältnisses vertritt, auch eine **Vereinbarung über Ruhegeld** herbeizuführen, so hat der **Anwaltsvertrag Schutzwirkung zugunsten der Ehefrau des Mandanten**, weil die Ruhegehaltsregelung auch die Anwartschaft auf die Witwenrente bestimmt. Die Ehefrau hat gegen den Rechtsanwalt einen eigenen Anspruch auf Ersatz des Schadens, der sich daraus ergibt, dass ihr Rentenanspruch infolge einer unklaren Formulierung der Ruhegeldabrede durch den Anwalt zu niedrig ausfällt.[32]

- Hat ein Rechtsanwalt im Auftrag seines Mandanten, der anstelle seiner Ehefrau seine Töchter als **Erben** einsetzen will, einen Ehescheidungsantrag (wegen der Wirkung gemäß §§ 1933, 2077, 2279 BGB) zuzustellen und die Ausübung eines vorbehaltenen Rücktritts von einem Erbvertrag zugunsten der Ehefrau (vgl. §§ 2293, 2296, 2298 Abs. 2 BGB) vor einem Notar herbeizuführen, so sind die **Töchter des Auftraggebers in den Schutzbereich des Anwaltsvertrages einbezogen**. Diese können den Unterschiedsbetrag zwischen dem Wert des Nachlasses und demjenigen ihrer Pflichtteile als Schadensersatz geltend machen, wenn der Anwalt seine Vertragspflicht schuldhaft verletzt hat.[33]

- Prüft ein Rechtsanwalt den **Entwurf eines Testaments** seines Auftraggebers, so hat der **Anwaltsvertrag Schutzwirkung für die bedachten Angehörigen**. Ihrer Erbengemeinschaft steht ein Schadensersatzanspruch gegen den Anwalt zu, wenn dieser dem Auftraggeber nicht eine gebotene Regelung vorgeschlagen hat, die eine Einziehung seiner Kommanditanteile durch die übrigen Gesellschafter ausgeschlossen hätte.[34]

- Verletzt der Rechtsanwalt schuldhaft seine Vertragspflicht, die **Ehelichkeit eines scheinehelichen Kindes anzufechten**, so ergibt die Auslegung des Anwaltsvertrages, dass ein **leibliches Kind des Mandanten**, das bei einem Erfolg der Anfechtungsklage erbrechtlich begünstigt worden wäre, **in den Schutzbereich des Anwaltsvertrages einbezogen** ist und deswegen einen eigenen Schadensersatzanspruch gegen den Anwalt hat, weil dessen Tätigkeit auch und gerade diesem Kind zu dienen bestimmt war und der Anwalt eine solche Erwartung seines Mandanten kannte.[35]

- Hat ein Rechtsanwalt im Auftrag seiner Mandantin, die ihr vermietetes Haus ihrer Tochter und deren Familie überlassen will, den **Mietvertrag zu kündigen**, so sind diese **Angehörigen in den Schutzbereich des Anwaltsvertrages einbezogen**.

---

32 BGH, NJW 1988, 200, 201 = WM 1987, 1520, 1521.
33 BGH, NJW 1995, 51, 52.
34 BGH, NJW 1995, 2551, 2552.
35 OLG Hamm, MDR 1986, 1026.

Diese haben einen Anspruch auf Ersatz ihres Schadens, wenn zu spät gekündigt wird.[36]

- Soll ein Rechtsanwalt im Auftrag seines Mandanten einen **Erbvertrag anfechten**, so sind die **gesetzlichen Erben des Auftraggebers in den Schutzbereich des Anwaltsvertrages einbezogen**. Diese können von dem Rechtsanwalt Schadensersatz verlagen, wenn die Anfechtung infolge einer schuldhaften Pflichtverletzung des Rechtsanwalts fehlschlägt.[37]

Ein **Anwaltsvertrag mit Schutzwirkung für Angehörige des Mandanten** ist dagegen abgelehnt worden in folgenden Fällen: 1656

- **Kinder eines hochbetagten Mandanten**, den der Rechtsanwalt nicht über die Möglichkeit belehrt hat, zur Vermeidung der **Erbschaftsteuer** die wertvolle Erbschaft auszuschlagen, sind **nicht in den Schutzbereich des Anwaltsvertrages** insoweit einbezogen, als sie selbst als Erben des Auftraggebers Erbschaftsteuer zu entrichten haben werden.[38]

- Hat der Rechtsanwalt eine Ehefrau bei einer Scheidungsfolgenvereinbarung beraten, so hat der **Anwaltsvertrag keine Schutzwirkung zugunsten des früheren Ehemannes der Mandantin**, selbst wenn dieser einen Schuldbeitritt wegen des Anwaltshonorars erklärt hat.[39]

Der **steuerberatende Rechtsanwalt** muss berücksichtigen, dass auch **Steuerberatungsverträge Schutzwirkung für Angehörige des Mandanten** haben können. Dies ist der Fall, wenn der steuerliche Berater 1657

- von seinem Mandanten, der mit seiner **Ehefrau gemeinsam steuerlich veranlagt** wird, beauftragt wird, eine **Einkommensteuererklärung** anzufertigen;[40]
- eine **Steuererklärung** zur gesonderten und einheitlichen Feststellung der Einkünfte einer **Grundstücksgemeinschaft** zu entwerfen hat, an der neben dem Auftraggeber dessen Angehörige beteiligt sind;[41]
- ein **Gutachten** zu erstatten hat über die Steuerfolgen einer geplanten **Übertragung von Gesellschafteranteilen** durch den Mandanten an seinen Sohn.[42]

Veranlasst ein **Wirtschaftsprüfer** durch eine **falsche Bilanz** die **Ehefrau seines Auftraggebers** zu **Darlehen** und **Sicherheiten** für Kredite an das Unternehmen ihres 1658

---

36 LG München I, NJW 1983, 1621 f.
37 OLG Hamm, NJWE-VHR 1998, 130.
38 LG Köln, NJW 1981, 351.
39 OLG Düsseldorf, NJW-RR 1986, 730.
40 BGH, WM 1985, 1274, 1275 = NJW 1986, 1050; OLG Düsseldorf, NJW-RR 2005, 648: Steuerberatervertrag mit beiden Ehegatten gemäß § 1357 Abs. 1 BGB.
41 OLG Celle, NJW-RR 1986, 1315.
42 OLG München, NJW-RR 1991, 1127, 1128.

Ehemannes, so kann die Ehefrau in den Schutzbereich des Wirtschaftsprüfervertrages einbezogen sein.[43]

II. Schutzwirkung für andere Personen

1659 Anwaltsverträge können **Schutzwirkung auch zugunsten anderer Personen** haben, die in **enger Beziehung zum Mandanten** stehen.

Eine **GmbH** ist in den **Schutzbereich eines Anwaltsvertrages mit ihren Gründungsgesellschaftern** einbezogen und hat einen eigenen Anspruch gegen den Rechtsanwalt auf Ersatz ihres Schadens, der sich daraus ergibt, dass die Gesellschafter nicht über § 25 HGB belehrt wurden und infolgedessen die GmbH für Altschulden haftet.[44]

Schädigt ein Rechtsanwalt durch schuldhafte Verletzung seiner Vertragspflicht eine **GmbH**, deren **Alleingesellschafter der Mandant** ist, so kann die Gesellschaft in die **Schutzwirkung des Anwaltsvertrages** einbezogen sein; in diesem Fall kann jedoch der Schaden der Gesellschaft einem Schaden des Gesellschafters gleichstehen.[45]

1660 Beauftragt umgekehrt eine GmbH einen Rechtsanwalt, die für eine **Kapitalerhöhung** erforderlichen Erklärungen und Beurkundungen vorzubereiten, so können die beteiligten (Alt-)**Gesellschafter in den Schutzbereich des Anwaltvertrages** insoweit einbezogen sein, als es um das mit einer verdeckten Sacheinlage verbundene Risiko eines „Doppelzahlungsschadens" geht.[46]

Beauftragt ein **Kapitalanleger** einen Vermittler von Börsenspekulationsgeschäften, für den ein Rechtsanwalt als Treuhänder tätig ist und auf dessen Anderkonto die Einzahlungen des Anlegers zu leisten sind, so kann der **Treuhandvertrag zwischen Rechtsanwalt und Vermittler**, falls der Vertrag nicht zugunsten des Anlegers geschlossen wurde (vgl. Rn. 1616), für diesen **Schutzwirkung** haben.[47]

Wird nach Verhandlungen eines **Rechtsanwalts (Strafverteidigers)** mit der Lebensgefährtin des Mandanten (Beschuldigten) und deren Tochter von diesen eine **Barkaution** gestellt, um einen Haftbefehl gegen den Mandanten außer Vollzug zu setzen, so **entfällt ein Anwaltsvertrag mit Schutzwirkung für die Geldgeber** schon deswegen, weil diese eigene vertragliche Ansprüche gegen den Beschuldigten haben; dass gilt auch dann, wenn solche Ansprüche wegen Leistungsunfähigkeit des Beschuldigten nicht durchsetzbar sind (vgl. Rn. 1649).[48]

---

43 BGH, WM 1993, 897.
44 BGH, NJW 1986, 581, 582 = WM 1985, 1475, 1476.
45 BGHZ 61, 380, 382 ff. = NJW 1974, 134.
46 BGH, WM 2000, 199, 201 = NJW 2000, 725; dazu krit. *Zumbansen*, JZ 2000, 442.
47 BGH, WM 2004, 1287, 1289 = NJW-RR 2004, 1356.
48 BGH, NJW 2004, 3630, 3632.

D. Rechtsberaterverträge mit Schutzwirkung zugunsten Dritter

Ein **Anwalts- oder Steuerberatervertrag** hat i.d.R. **keine Schutzwirkung zugunsten eines Vertragsgegners (Insolvenzgläubigers) des Mandanten**, weil ein Rechtsberater grundsätzlich nur einseitig die Interessen seines Auftraggebers wahrnimmt;[49] **anders** kann dies sein, wenn der **Rechtsberater** bei seiner Tätigkeit für den Auftraggeber auftragsgemäß auch die **Interessen eines Dritten wahren** und deswegen eine **unparteiische Stellung** einnehmen soll (Rn. 1703).

In den Schutzbereich eines Vertrages zwischen einer GmbH, die verbriefte Genussrechte an der eigenen Gesellschaft vertreibt, und einem **Wirtschaftsprüfer** über die **freiwillige Prüfung des Jahresabschlusses** sind künftige Erwerber solcher Rechte nicht einbezogen.[50]

Ein **Darlehensvertrag** zwischen einer Bank und einer GmbH hat **grundsätzlich keine Schutzwirkung zugunsten des Alleingesellschafters**; im Konzern steht einer solchen Wirkung das **konzernrechtliche Trennungsprinzip** auch dann entgegen, wenn die Konzernobergesellschaft Sicherheiten stellt.[51]

III. Auskunft, Gutachten, Bilanz/Jahresabschluss, Testat und Schutzwirkung für Dritte (Berufs-/Expertenhaftung)

1. Grundlagen

Im **häufigsten Drittschaftungsfall** soll ein beruflicher Sachkenner – etwa ein **Rechtsberater (Rechtsanwalt, Steuerberater, Wirtschaftsprüfer) – im Auftrag seines Mandanten** aufgrund seiner Fachkunde

- eine **Auskunft** erteilen (zum Auskunftsvertrag Rn. 1722),[52]
- ein **Gutachten** anfertigen[53]

1661

---

[49] Für einen **Anwaltsvertrag**: BGH, NJW 1991, 32, 33; OLG Düsseldorf, NJW-RR 1986, 730; für einen **Steuerberatervertrag**: BGH, VersR 1988, 178, 179, betreffend Insolvenzgläubiger des Mandanten; jeweils für einen **Steuerberater- und Wirtschaftsprüfervertrag**: OLG Köln, NJW-RR 1992, 1194; OLG Hamm, Stbg 1995, 315, 318.

[50] BGH, WM 2006, 423, 425.

[51] BGH, NJW 2006, 830, z.V.b. in BGHZ.

[52] BGH, NJW-RR 1986, 1307 = WM 1986, 711, betreffend die Bonitätsauskunft eines **Wirtschaftsprüfers**; WM 1998, 1032 = NJW 1998, 1948, betreffend die Auskunft eines **Abschlussprüfers**; vgl. *Bell*, S. 116 ff.; *Vollkommer/Heinemann*, Rn. 91 ff.

[53] Steuerliches Gutachten eines **Wirtschaftsprüfers**: BGH, NJW 1983, 1053; Wertgutachten: BGHZ 127, 378 = NJW 1995, 392; BGH, NJW 1998, 1059 = WM 1998, 440; NJW 2001, 512, 514; 2004, 3035 = BGHZ 159, 1; NJW-RR 2004, 1464; Gutachten eines **Wirtschaftsprüfers** betreffend Prüfung und Bestätigung von Prospektangaben: BGH, WM 2004, 1869 = NJW 2004, 3420.

Zugehör

- oder einen **Zwischen- oder Jahresabschluss** erstellen,[54] wobei möglicherweise ein **Testat** über die Einhaltung handelsrechtlicher Vorschriften und/oder die Ordnungsmäßigkeit der zugrunde liegenden Buchführung erteilt wird,[55]

und **dabei erkennbar auch die Interessen eines Dritten wahren**, der – i.d.R. als Kreditgeber, Käufer oder Kapitalanleger – die **Expertise zur Grundlage einer Vermögensentscheidung** machen will. Dann kann dieser **Dritte in den Schutzbereich des fremden Vertrages** einbezogen sein und **gegen den Vertragsschuldner**, der seine Vertragspflicht verletzt, einen **eigenen Schadensersatzanspruch** erwerben.[56]

1662 Eine solche „**Berufshaftung der Experten gegenüber Dritten**" („**Expertenhaftung**") soll Personen schützen, die durch die Leistung des Schuldners gefährdet werden und deswegen von den Vertragspartnern in den Schutzbereich der vertraglichen Neben- oder Hauptpflichten einbezogen werden; damit erweitern die Vertragsparteien einvernehmlich die vertraglichen Schutzpflichten – über ihr Rechtsverhältnis hinaus – auf einen Dritten.[57] Diese Haftung knüpft daran an, dass **bestimmte Berufsgruppen** – öffentlich bestellte **Sachverständige, Rechtsanwälte, Steuerberater** und **Wirtschaftsprüfer** – über eine besondere, vom Staat anerkannte **Sachkunde** verfügen und deren **Vertragsleistungen** von vornherein **erkennbar zur Verwendung gegenüber Dritten** bestimmt sind und nach dem Willen des Auftraggebers eine entsprechende **Beweiskraft** haben sollen.[58] Auch ein nicht öffentlich bestellter Gutachter, dem die Öffentlichkeit nicht in gleicher Weise wie einem öffentlich bestellten Sachverständigen besonders hervorgehobene Fachkunde, Erfahrung und Zuverlässigkeit zutrauen kann, kann einer solchen Haftung unterliegen.[59]

1663 Im Schrifttum sind **andere Rechtsgrundlagen für eine Expertenhaftung** entwickelt worden.[60] Nach Einführung des **§ 311 Abs. 3 BGB** wäre eine **Dritthaftung aus Verschulden bei Vertragsschluss (culpa in contrahendo)** – parallel zur Eigenhaftung eines Verhandlungsgehilfen (Vertreters, Vermittlers, Sachwalters) einer Vertragspartei (dazu Rn. 1835 ff.) – eine Alternative oder Ergänzung zum Vertrag mit Schutzwirkung

---

54 **Steuerberater**: BGH, NJW 1987, 1758, 1759 = WM 1987, 257; NJW-RR 1989, 696 = WM 1989, 375; WM 1993, 897 = NJW-RR 1993, 944; WM 1997, 359, 360 = NJW 1997, 1235; OLG Hamm, GI 1994, 384, 385; OLG München, WM 1997, 613; OLG Bremen, VersR 1999, 499; **Wirtschaftsprüfer**: BGH, WM 1986, 711; BGHZ 138, 257 = WM 1998, 1032 = NJW 1998, 1948, eine **Pflichtprüfung** nach §§ 316 ff. HGB betreffend; BGH, WM 2006, 423, eine freiwillige Prüfung betreffend; WM 2006, 1052, z.V.b. in BGHZ; OLG Düsseldorf, NJW-RR 1986, 522.
55 Vgl. BGH, NJW-RR 1989, 696, 697; WM 1997, 359, 360 = NJW 1997, 1235.
56 BGHZ 127, 378, 380 = NJW 1995, 392; BGH, WM 1998, 440, 441 = NJW 1998, 1059.
57 BGH, WM 2004, 1869, 1871 = NJW 2004, 3420.
58 U. a. BGHZ 133, 168, 172 = WM 1996, 1739 = NJW 1996, 2927; BGHZ 159, 1, 4 f. = NJW 2004, 3035.
59 BGH, NJW 2001, 514, 516 = WM 2001, 529.
60 Dazu zusammenfassend *Hirte*, S. 386 ff.; *MünchKomm/Ebke*, HGB, § 323 Rn. 142 ff.

zugunsten Dritter.⁶¹ Dieser rechtliche Ansatz knüpft nicht an den Vertrag des Sachkenners – etwa eines Rechtsberaters – mit seinem Auftraggeber an, sondern an dessen Vertrag mit seinem Vertragsgegner; Entscheidungsgrundlage für den Abschluss dieses Vertrages ist die Expertise des Fachmanns. Da dann dieser – nicht der Vertragspartner des Auftraggebers – Dritter ist, geht es dann nicht – wie bei einem Vertrag mit Schutzwirkung – um den Schutz eines Dritten, sondern um die Haftung des Experten als Drittem gegenüber dem Geschäftspartner seines Auftraggebers aus Verschulden bei Abschluss des Vertrages dieser Personen; diese Haftung hat dann ihre Grundlage in der Inanspruchnahme und Gewährung von Vertrauen und führt zu einem originären – nicht aus fremdem Vertrag abgeleiteten – Schadensersatzanspruch des Geschädigten.

2. Auskunftshaftung gegenüber Dritten

a) Selbständiger Auskunftsvertrag

Die Auskunft eines Experten – z.b. die **Bonitätsauskunft eines Wirtschaftsprüfers** – kann einen eigenständigen **Auskunftsvertrag** (§ 675 Abs. 2 BGB) zwischen dem Fachmann und dem Dritten begründen, aus dem der Auskunftgeber für die Richtigkeit und Vollständigkeit einer Auskunft haften kann (dazu Rn. 1722 ff.).⁶²

1664

Übernimmt ein Rechtsanwalt – z. B. im Zusammenhang mit einem Unternehmenskauf – eine Rechtsberatung, die einen potentiellen Geschäftspartner des Mandanten – etwa bei Abgabe einer **Third Party Legal Opinion**⁶³ bzw. „**legal due diligence**"⁶⁴ über einzelne Rechtsfragen eines geplanten Geschäfts unterrichten soll, so wird i.d.R. entweder ein **Auskunftsvertrag** zwischen dem Rechtsanwalt und dem Dritten vorliegen, falls zwischen diesen Personen eine unmittelbare Verbindung besteht (vgl. Rn. 1665), oder ein **Anwalts-(Gutachten-)vertrag** mit dem Mandanten **mit Schutzwirkung für den Dritten** geschlossen sein.⁶⁵

1665

b) Auskunftspflicht aus Vertrag mit Schutzwirkung

Die Pflicht zu einer richtigen und vollständigen **Auskunft gegenüber einem Dritten** kann auch **Nebenpflicht** eines – auf eine andere Hauptleistung gerichteten – Rechtsberatervertrages sein, der insoweit **Schutzwirkung für einen Dritten** hat (vgl. Rn. 1645 ff.).

1666

---

61   *Canaris*, JZ 1995, 441, 444 ff.; 1998, 603, 605; ZHR 163 (1999), S. 206, 220 ff.; zust. *Haferkamp*, S. 171, 177 ff.; *Finn*, NJW 2004, 3752 ff.; krit. *Kiss*, WM 1999, 117, 119 ff.; vgl. für eine künftige Gesetzgebung: *Westermann*, in: FS Honsell, S. 137, 148 ff.
62   BGH, WM 1986, 711, 712 = NJW-RR 1986, 1307.
63   *Adolff*, S. 85 ff.; *Koch*, WM 2005, 1208.
64   Dazu *Sassenbach*, AnwBl 2004, 651.
65   *Koch*, WM 2005, 1208, 1209, mit Nachweisen der Rechtsprechung; *Sassenbach*, AnwBl 2004, 651, 652; vgl. *Adolff*, S. 83 ff., 118 ff., 136 ff., 207 ff., der eine Dritthaftung aus c.i.c. herleitet.

1667 Dies kann im Rahmen eines **Abschlussprüfer-(Wirtschaftsprüfer-)vertrages** der Fall sein.[66] Gibt ein Wirtschaftsprüfer, der mit der Pflichtprüfung des Jahresabschlusses einer GmbH befasst ist, demjenigen, der alle Geschäftsanteile der Gesellschaft erwerben will, die Auskunft, der – zu Unrecht einen erheblichen Jahresüberschuss ausweisende – Jahresabschluss werde von ihm nicht mehr geändert und könne von ihm bestätigt werden, so haftet der Wirtschaftsprüfer dem Auskunftsempfänger, der aufgrund der Auskunft die Geschäftsanteile der GmbH erwirbt, wegen der **Ankündigung eines unrichtigen Testats**; insoweit hat der **Prüfvertrag**, falls kein Auskunftsvertrag vorliegt, **Schutzwirkung zugunsten des Dritten**, wobei allerdings die gesetzliche Haftungsbegrenzung (§ 323 Abs. 2 HGB) zu berücksichtigen ist.[67] **§ 323 Abs. 1 Satz 3 HGB**, der eine gesetzliche Haftung des Abschlussprüfers nur gegenüber der Kapitalgesellschaft und einem verbundenen Unternehmen begründet, **hindert** die Partner des Prüfvertrages **nicht**, einen Dritten in den Schutzbereich des Vertrages einzubeziehen. Die gegenteilige Ansicht des Rechtsausschusses des Deutschen Bundestages[68] bindet die Gerichte nicht. Es ist **allein Sache der Parteien des Prüfvertrages** zu bestimmen, ob und ggf. welche Personen sie – über eine gesetzliche Haftung gemäß § 323 Abs. 1 Satz 3 HGB hinaus – in den vertraglichen Schutzbereich einbeziehen wollen;[69] insoweit sind allerdings strenge Anforderungen zu stellen.[70]

1668 Dies gilt nicht nur für eine falsche Auskunft im Vorfeld der Testaterteilung, sondern folgerichtig auch für die **Erteilung eines fehlerhaften Bestätigungsvermerks** (§ 322 HGB) selbst (vgl. Rn. 1685 ff.);[71] damit wird ein Haftungsprivileg von Prüfern bei gesetzlich vorgeschriebenen Jahresabschlussprüfungen (**Pflichtprüfungen** – §§ 316 ff., 264a HGB) gegenüber den Prüfern bei **freiwilligen Abschlussprüfungen**, deren Verträge Schutzwirkung für Dritte haben können, vermieden. Allerdings betont

---

66 BGHZ 138, 257 = WM 1998, 1032 = NJW 1998, 1948.
67 BGHZ 138, 257, 260 ff. = WM 1998, 1032 = NJW 1998, 1948 (**Pflichtprüfung**); BGH, WM 2006, 423, 425 (**freiwillige Prüfung**) und 1052, 1054 (**Pflichtprüfung**); krit. bezüglich einer solchen Haftungsbeschränkung: *Otto/Mittag*, WM 1996, 377, 382; *Schaub*, Jura 2001, 8, 16.
68 Im Rahmen der Beratungen des Gesetzes zur Kontrolle und Transparenz im Unternehmensbereich vom 27.4.1998 – KonTraG (BGBl. I, S. 786); dazu *MünchKomm/Ebke*, HGB, § 323 Rn. 128 ff.
69 BGHZ 138, 257, 259 ff. = WM 1998, 1032 = NJW 1998, 1948; BGH, WM 2006, 423, 425 und 1052, 1054.
70 BGH, WM 2006, 1052, 1054.
71 I.d.S. BGH, WM 2006, 423, 425 und 1052, 1054; OLG Stuttgart, GI 1996, 71, 74; OLG Hamm, BB 1996, 2295, 2296 f.; LG Passau, BB 1998, 2052, 2053; *MünchKomm/Gottwald*, BGB, § 328 Rn. 165; *Otto/Mittag*, WM 1996, 325, 331 f.; *Heppe*, WM 2003, 753, 757; a. A. *MünchKomm/Ebke*, HGB, § 323 Rn. 113 ff.; *Claussen*, WuB 1999, 873, 874 ff. (WuB IV E. § 323 HGB 2.99); *Honsell*, in: FS Medicus, S. 211, 230.

der BGH[72] zu Recht, dass der Gesetzgeber das **Haftungsrisiko des Abschlussprüfers angemessen begrenzen** will, wie sich aus § 323 Abs. 1 Satz 3, Abs. 2 HGB ergibt, und dass es „dieser Tendenz" zuwider laufen würde, eine unbekannte Vielzahl von Gläubigern, Gesellschaftern, Anteilserwerbern und Anlegern in den Schutzbereich des Prüfvertrages einzubeziehen. Das entspricht dem allgemeinen Anliegen, den Kreis derjenigen, die durch das Ausnahmeinstitut des Vertrages mit Schutzwirkung für Dritte begünstigt werden, klein zu halten. Deswegen müssen **besondere Umstände** – wie in dem vom BGH entschiedenen Fall – vorliegen, um auf einen Vertragswillen des Abschlussprüfers schließen zu können, in den Schutzbereich seines Prüfvertrages – über die gesetzliche Haftung nach § 323 Abs. 1 Satz 3 HGB hinaus – auch Dritte **aufzunehmen**. Dies kann z.B. der Fall sein, wenn – für den Abschlussprüfer erkennbar – der testierte Jahresabschluss für ein bestimmtes Vorhaben der Kapitalgesellschaft benötigt wird, etwa zur **Aufnahme eines Kredits**, den das Kreditinstitut gem. § 18 KWG grundsätzlich nur nach Vorlage eines Jahresabschlusses gewähren darf (vgl. Rn. 1685 ff.).

3. Haftung aus Gutachtenvertrag gegenüber Dritten

a) Werkvertrag mit Schutzwirkung für Dritte

Ein **Gutachtenvertrag** zwischen einem beruflichen Sachkenner – etwa einem Rechtsberater – und seinem Auftraggeber ist regelmäßig ein **Werkvertrag** (§§ 631, 675 Abs. 1 BGB).[73] Aus einem solchen Vertrag kann der Sachkundige – auch ein **Rechtsberater** – wegen eines fehlerhaften Gutachtens **einem in den Schutzbereich des Gutachtenvertrages einbezogenen Dritten haften**, der aufgrund des Gutachtens sowie im Vertrauen auf dessen Richtigkeit und Vollständigkeit eine nachteilige Vermögensverfügung vorgenommen hat (vgl. Rn. 1661 ff.). 1669

Eine **gesetzliche Gutachterhaftung** ergibt sich aus der neuen, seit dem 1.8.2002 geltenden Vorschrift des § 839a BGB.[74] Nach Absatz 1 dieser Bestimmung ist ein vom Gericht ernannter Sachverständiger, der vorsätzlich oder grob fahrlässig ein unrichtiges Gutachten erstattet, zum Ersatz des Schadens verpflichtet, der einem Verfahrensbeteiligten durch eine gerichtliche Entscheidung entsteht, die auf diesem Gutachten beruht (vgl. Rn. 1607). 1670

---

72 BGHZ 138, 257, 262 = WM 1998, 1032 = NJW 1998, 1948; BGH, WM 2006, 423, 425 und 1052, 1054.
73 BGH, NJW 1965, 106; 1967, 719, 720; BGHZ 127, 378, 384 = NJW 1995, 392.
74 Eingeführt durch Zweites Gesetz zur Änderung schadensersatzrechtlicher Vorschriften vom 19.7.2002 (BGBl. I, S. 2674); vgl. Art. 229 § 8 EGBGB. Dazu *Jaeger/Luckey*, Rn. 416 ff.

b) Einbeziehung eines Dritten in den vertraglichen Schutzbereich

1671 Ein **Wille der Partner eines Gutachtenvertrages**, einen Dritten – i.d.R. einen Kreditgeber, Käufer oder Kapitalanleger – **in den vertraglichen Schutzbereich aufzunehmen**, ist nach der Rechtsprechung anzunehmen, wenn eine Person, die über besondere, vom Staat anerkannte **Sachkunde** verfügt, auftragsgemäß ein **Gutachten** erstattet, dass **erkennbar zum Gebrauch gegenüber Dritten bestimmt** ist und deswegen i.d.R. nach dem Willen des Auftraggebers („Bestellers") mit einer entsprechenden **Beweiskraft** ausgestattet sein soll; dabei ist **entscheidend**, dass der Gutachter nach dem Inhalt des Auftrags damit rechnen musste, sein Gutachten werde gegenüber Dritten verwendet und von diesen zur Grundlage einer Vermögensverfügung gemacht. Ist das der Fall, so umfasst der Gutachtenvertrag auch den Schutz dieser Dritten; ein entgegenstehender Wille der Vertragspartner, der auf eine Täuschung des Dritten zielt, ist treuwidrig und daher unbeachtlich.[75] Entsprechend dem Zweck des Gutachtens, gegenüber dem Dritten Vertrauen zu erwecken und Beweiskraft zu vermitteln, hindert eine **Gegenläufigkeit der Interessen** des Auftraggebers und des Dritten nicht dessen Einbeziehung in den Schutzbereich des Gutachtenvertrages (vgl. aber Rn. 1703).[76]

1672 Die Prüfung, ob im Einzelfall ein bestimmter Dritter von den Partnern eines Gutachtenvertrages in dessen Schutzbereich aufgenommen wurde, ist im Wege der **Auslegung** – auch einer **ergänzenden Auslegung** – vorzunehmen und im Rechtsstreit Aufgabe des Tatrichters. Wesentlicher Auslegungsstoff sind Mitteilungen des Gutachters zu Inhalt und Umständen der Auftragserteilung sowie der Inhalt des Gutachtens, insbesondere Angaben zu dessen Zweck.[77]

1673 Die Rechtsprechung betont zwar das Anliegen, dass der Kreis derjenigen Dritten, die von den Schutzpflichten eines Gutachtenvertrages erfasst werden, „nicht uferlos ausgeweitet werden darf".[78] Das hat den BGH aber nicht gehindert, in den Schutzbereich eines fremden Gutachtenvertrages „auch eine namentlich nicht bekannte Vielzahl" anderer Personen einzubeziehen.[79]

Zum **Kreis der geschützten Dritten** gehören diejenigen Personen, in deren Interesse die Vertragsleistung des Schuldners – etwa eines Gutachters – nach der ausdrücklichen oder stillschweigenden Vereinbarung der Vertragspartner zumindest auch erbracht werden soll.[80] Der Schuldner soll für Schäden Dritter dann nicht einstehen müssen, wenn ihm nach Treu und Glauben sowie mit Rücksicht auf den Vertragszweck nicht

---

75 BGHZ 159, 1, 4 f., m.w.N. = NJW 2004, 3035.
76 BGHZ 127, 378, 380 = NJW 1995, 392; BGH, WM 1998, 440, 441 = NJW 1998, 1059.
77 BGHZ 159, 1, 6 ff. = NJW 2004, 3035.
78 BGHZ 159, 1, 8 m.w.N = NJW 2004, 3035.
79 Z.B. BGHZ 159, 1, 10 = NJW 2004, 3035; BGH, NJW-RR 2004, 1464, 1466.
80 BGHZ 138, 257, 262; 159, 1, 9.

zugemutet werden kann, sich ohne zusätzliche Vergütung auf das Risiko einer erweiterten Haftung einzulassen.[81]

Eine entsprechende – unzulässige – **Ausweitung des Haftungsrisikos verneint der BGH**, wenn das **Gutachten** – für den Gutachter erkennbar – **vereinbarungsgemäß Finanzierungszwecken dient**; dann können auch **mehrere Kreditgeber**, bei komplexen Finanzierungen auch eine **namentlich nicht bekannte Vielzahl privater Kreditgeber in den Schutzbereich eines Gutachtenvertrages** einbezogen sein.[82] Dementsprechend hat der BGH auch einem **Kreditinstitut**, das dem Kreditgeber für ein Teildarlehen **gebürgt** hat, die Schutzwirkung eines Gutachtenvertrages zugebilligt.[83] Für die Aufnahme eines Dritten in den Schutzbereich eines Gutachtenvertrages kommt es **nicht** darauf an, ob die Vertragspartner diejenigen **Personen kennen**, die von dem Gutachten betroffen werden können; es genügt, dass dieses erkennbar für Dritte bestimmt ist, wobei allerdings die vertragliche Schutzpflicht auf eine **überschaubare, klar abgrenzbare Personengruppe** beschränkt ist.[84] Der **Gutachter haftet nicht**, wenn der Auftraggeber das Gutachten in einer Weise verwendet, mit der ein redlicher Gutachter nicht mehr rechnen muss; dies kann der Fall sein, wenn der **Auftraggeber das Gutachten rechtswidrig benutzt**, etwa zu einem Kreditbetrug.[85]

Die vorstehenden Grundsätze der Rechtsprechung für eine **Einbeziehung Dritter in den Schutzbereich eines Gutachtenvertrages** gelten entsprechend, wenn

- es sich dabei um eine – hinter dem Auftraggeber stehende – „**Käufergruppe**" handelt, falls diese objektiv abgrenzbar ist; Zahl oder Namen der zu schützenden Personen braucht der Gutachter nicht zu kennen;[86]
- der Auftraggeber das Gutachten zur Auflegung einer **Anleihe** verwendet, um sich Kapital von Investoren zu beschaffen.[87]

1674

Keine Schutzwirkung eines Gutachtenvertrages für Dritte ist in folgenden Fällen angenommen worden:[88]

1675

- Nachdem ein Unternehmen eine Vollbankerlaubnis beantragt hatte, beauftragte das Bundesaufsichtsamt für das Kreditwesen eine **Wirtschaftsprüfungsgesellschaft mit einer Sonderprüfung**. Das Unternehmen verlangte von dieser Gesellschaft Schadensersatz, weil ihr Prüfbericht fehlerhaft sei. Die Klage war erfolglos, weil

---

81 BGHZ 159, 1, 9 = NJW 2004, 3035.
82 BGHZ 159, 1, 9 f.; BGH, NJW-RR 1993, 944; NJW 1998, 1059, 1062; NJW-RR 2004, 1464, 1466.
83 BGH, NJW 1998, 1059, 1062 = WM 1998, 440.
84 BGH, NJW 1998, 1059, 1062 = WM 1998, 440; BGHZ 159, 1, 10 = NJW 2004, 3035.
85 BGHZ 159, 1, 11 = NJW 2004, 3035.
86 BGH, NJW 1984, 355.
87 BGHZ 159, 1, 10 = NJW 2004, 3035.
88 Vgl. BGHZ 133, 168, 175 f. = WM 1996, 1739 = NJW 1996, 2927: Nitrierofen.

das **von der Behörde eingeholte Gutachten** nicht Entscheidungsgrundlage für Vermögensdispositionen, sondern allein für das weitere behördliche Vorgehen sein sollte.[89]

- Nachdem der Ehemann der Klägerin nach einem Verkehrsunfall verstorben war, holte ein Unfallversicherer einen **ärztlichen „Todesfallbericht"** ein. Nachdem der Bericht für die Witwe nachteilig ausgefallen war, verlangte diese von dem beklagten Arzt Ersatz entgangener Versicherungsleistungen. Der BGH[90] hat die Klage abgewiesen, weil ein Gutachten – oder Auskunftsvertrag des Arztes mit dem Versicherer keine Schutzwirkung zugunsten der Klägerin gehabt habe; bei Einholung von Gutachten zur Vorbereitung einer Regulierungsentscheidung bestehe keine allgemeine Pflicht zur Wahrnehmung der Interessen des Versicherten. Eine vertragliche Schutzwirkung zugunsten Dritter im Rahmen von Versicherungsverhältnissen erscheine etwa dann denkbar, wenn diese – wie möglicherweise bei einer **Krankenversicherung** – wesentliche Grundlagen des Versicherten berührten, weil dessen Leben und Gesundheit von der Eintrittsbereitschaft des Versicherers für eine Behandlung abhängen könnten. Dagegen komme in **Versicherungsfällen**, die lediglich eine **Geldzahlung** betreffen, eine vertragliche Schutzwirkung für einen Dritten allenfalls dann in Betracht, wenn die Stellungnahme des Gutachters auch aus dessen Sicht als Grundlage für Dispositionen auch des Dritten mit insbesondere vermögensrechtlichen Folgen diene und dieser im Vertrauen auf das Gutachten solche Dispositionen getroffen habe.

c) Pflichten des Gutachters

1676 Der BGH[91] hat einen **Katalog der Gutachterpflichten** aufgestellt. Danach hat das Gutachten den vereinbarten Anforderungen zu genügen. Ein geschützter Dritter muss – im Rahmen des erkennbaren Verwendungszwecks – seine Entscheidung allein auf das Gutachten stützen können, ohne dass er weitere eigene Ermittlungen anstellen muss. Das Gutachten muss auf Tatsachen beruhen, nicht auf Mutmaßungen und Unterstellungen. Falls der Gutachter Tatsachen, die für das Ergebnis wesentlich sind, nicht selbst erhoben oder überprüft hat, so ist dies im Gutachten anzugeben. Sind dem Gutachter die für die Beurteilung maßgeblichen Umstände unbekannt, so hat ihm der Auftraggeber das erforderliche Material zur Verfügung zu stellen (vgl. zur Informationspflicht eines Mandanten gegenüber seinem Rechtsberater Rn. 511 ff.). Angaben des Auftraggebers darf der Gutachter aber nicht ungeprüft in sein Gutachten übernehmen. Vielmehr hat er sich davon zu überzeugen, ob die Angaben des Auftraggebers zutreffen und das zur Verfügung gestellte Material zur Herstellung des Gutachtens tauglich und glaubhaft ist. Verwendet der Gutachter Tatsachenstoff, den er nicht oder nur teilweise selbst ermittelt bzw. nicht oder nur teilweise geprüft hat, so muss er dies mit Angabe

---

89 BGH, NJW 2001, 3115, 3116 f. = WM 2001, 1428.
90 NJW 2002, 3625 = WM 2003, 546.
91 WM 1998, 440, 441 f., m. w. N. = NJW 1998, 1059.

der Quelle im Gutachten jedenfalls dann eindeutig vermerken, wenn er weiß oder wissen muss, dass dieses auch als Entscheidungshilfe für Dritte dienen soll.

Kennzeichen der Gutachterpflicht ist die **unparteiische Erstattung des Gutachtens**.[92]

d) Sorgfaltsmaßstab

Maßstab für die Erstattung eines Gutachtens ist grundsätzlich die **im Verkehr erforderliche Sorgfalt** (§ 276 Abs. 2 BGB), die jedenfalls auf diejenigen Verkehrskreise auszurichten ist, in denen der Gutachter mit einer Verwendung seines Gutachtens, das er **nach bestem Wissen und Gewissen** zu erstellen hat, rechnen muss.[93] Ein verhältnismäßig geringes Gutachterhonorar rechtfertigt keinen geringeren Sorgfaltsmaßstab.[94]

1677

e) Schadensersatzpflicht des Gutachters

aa) Mangelhaftes Werk

Ist ein **Gutachten** als geschuldetes Werk i.S.d. §§ 631 ff. BGB **mangelhaft** (§ 633 BGB), weil der Gutachter gegen seine Vertragspflichten (Rn. 1183 ff.) verstoßen hat, so können dem Auftraggeber („Besteller") die Rechte gemäß **§ 634 BGB** – darunter ein **Schadensersatzanspruch** nach § 634 Nr. 4 BGB – zustehen (dazu Rn. 1186 ff.).

1678

Ist ein Dritter bei einem Gutachtenvertrag mit Schutzwirkung zu seinen Gunsten geschädigt worden, so kann dieser **Dritte** einen solchen Schadensersatzanspruch gegen den Gutachter haben.[95]

bb) Voraussetzungen eines Schadensersatzanspruchs des geschützten Dritten

Leitet ein Dritter aus einem Gutachtenvertrag mit Schutzwirkung zu seinen Gunsten einen Schadensersatzanspruch gegen den Gutachter ab (§ 634 Nr. 4 i.V.m. §§ 280, 281, 283, 636 BGB; dazu Rn. 1198 ff.), so setzt ein solcher Anspruch voraus, dass der Gutachter die **Verletzung seiner Vertragspflicht zur Herstellung eines mangelfreien Gutachtens** (§§ 631, 633 BGB; vgl. Rn. 1183 ff.) **zu vertreten** (§§ 276 – 278 BGB)

1679

---

92   BGHZ 145, 187, 198 = WM 2000, 2447 = NJW 2001, 360.
93   BGH, WM 1998, 440, 441 = NJW 1998, 1059.
94   BGH, WM 1998, 440, 441 = NJW 1998, 1059.
95   Dazu *Schaub*, Jura 2001, 8, 10 ff.

und dadurch den geltend gemachten **Schaden** in adäquater Weise **verursacht** hat (§ 280 Abs. 1 BGB; vgl. Rn. 990 ff., 1198 ff.).[96]

1680 Die **haftungsrechtliche Zurechnung eines Schadens** (dazu Rn. 1013 ff.) infolge eines mangelhaften Gutachtens entfällt, wenn der durch den Gutachtenvertrag geschützte Dritte die Unrichtigkeit des Gutachtens erkennt oder ernsthafte Zweifel an der Richtigkeit des Gutachtens hat und seine Dispositionen unabhängig vom Inhalt und Ergebnis des Gutachtens trifft.[97]

1681 Für die **Ermittlung des Schadens** des geschützten Dritten gemäß §§ 249 ff. BGB ist es unerheblich, ob bei diesem ein Vertrauenstatbestand vorgelegen hat und Vertrauen enttäuscht wurde.[98] Sind mehrere geschützte Dritte – etwa eine hinter dem Auftraggeber stehende „Käufergruppe" – gemeinsam durch ein mangelhaftes Gutachten geschädigt worden, so kann sich der **ersatzfähige Schaden** auf den Vermögensverlust beschränken, der einer Einzelperson in der gleichen Lage erwachsen wäre.[99] Eine gesetzliche **Begrenzung der Haftungssumme**, die gegenüber dem Auftraggeber gilt, wirkt auch gegenüber dem Dritten (vgl. Rn. 1668).[100]

f) Mitverschulden

1682 Da der **Dritte** aus dem fremden Gutachtenvertrag mit Schutzwirkung zu seinen Gunsten grundsätzlich kein weitergehendes Recht hat als der Vertragspartner des Gutachters, muss sich der Dritte – neben einem **eigenen Mitverschulden** – auch ein **Mitverschulden des Auftraggebers** nach § 254 BGB auch dann entgegenhalten lassen, wenn dieser nicht sein gesetzlicher Vertreter oder Erfüllungsgehilfe i.S.d. § 278 BGB ist (§ 334 BGB analog; die Rechtsprechung verweist zusätzlich auf § 242 BGB).[101]

1683 Die **Auslegung des Gutachtenvertrages** kann jedoch ergeben, dass mit Rücksicht auf den Vertragszweck die Vertragspartner die entsprechende Anwendung des **§ 334 BGB** insoweit „stillschweigend" **abgedungen** haben, als der Auftraggeber – etwa durch falsche Angaben oder sogar durch unredliches Verhalten – zum Schaden des geschützten Dritten beiträgt. Dies ist nach dem Bestimmungszweck des Gutachtens i.d.R. anzunehmen, weil das Vertrauen des Dritten in die Richtigkeit des Gutachtens auch dann geschützt werden soll, wenn dessen Unrichtigkeit durch den Auftraggeber

---

96 Zur Kausalität eines fehlerhaften Gutachtens eines Wirtschaftsprüfers für eine Steuernachforderung: BGH, NJW 1983, 1053; zur Verursachung eines Kreditschadens durch einen mangelhaften Jahresabschluss: BGH, WM 1997, 359, 360 f. mit Anm. *Laule*, WuB 1997, 671 ff. (WuB IV A. § 328 BGB 1.97).
97 BGH, NJW 2001, 512, 513 = WM 2001, 527; NJW 2002, 3625, 3626 = WM 2003, 546.
98 BGH, NJW 2001, 514, 515 = WM 2001, 529.
99 BGH, NJW 1984, 355, 356.
100 BGHZ 138, 257, 266 = WM 1998, 1032 = NJW 1998, 1948, zu § 323 Abs. 2 HGB.
101 BGHZ 127, 378, 384 f. = NJW 1995, 392; BGH, WM 1998, 440, 442 = NJW 1998, 1059; krit. *Honsell*, in: FS Medicus, S. 211, 229 f.

mitveranlasst wurde. Dem Gutachter ist dann der **Einwand des Mitverschuldens des Auftraggebers abgeschnitten**, so dass er für den Schaden des geschützten Dritten voll einzustehen hat. Dadurch wird das Haftungsrisiko des Gutachters nicht unzumutbar erweitert, weil dieser das Risiko beschränken kann (dazu. Rn. 1696 ff.).[102]

g) Verjährung

Da ein Dritter bei einem fremden Vertrag mit Schutzwirkung zu seinen Gunsten grundsätzlich nicht besser stehen darf als der Auftraggeber, **verjährt ein Schadensersatzanspruch des Dritten** aus einem solchen Rechtsberatervertrag nach den Vorschriften, die für die **vertragliche Haftung des ersatzpflichtigen Rechtsberaters** gelten (zur Verjährung nach altem Recht Rn. 1313 f., nach neuem Recht Rn. 1444 ff.); dies gilt auch dann, wenn diese Verjährung mit einer kürzeren Verjährung aus Prospekthaftung zusammentrifft.[103]

1684

Nach neuem Recht verjährt ein solcher Schadensersatzanspruch aus Werkvertrag (§ 634 Nr. 4 BGB) nach **§ 634a Abs. 1 Nr. 3 BGB** in der regelmäßigen Verjährungsfrist des § 195 BGB (dazu Rn. 1497 ff.).

4. Haftung aus Prüfvertrag für Bilanz, Jahresabschluss, Testat

a) Allgemeines

Das Ergebnis der Prüfung einer **Bilanz** (§ 242 Abs. 1 HGB) oder eines **Jahresabschlusses** (§ 242 Abs. 3 HBG) durch einen Rechtsberater (Rechtsanwalt, Steuerberater, Wirtschaftsprüfer oder deren Gesellschaften) wird i.d.R. in einem „**Testat**" zusammengefasst. Ein solches Testat ist als „**Bestätigungsvermerk**" (§ 322 HGB) erforderlich bei **Pflichtprüfungen** durch einen **Abschlussprüfer** (§§ 316 ff. HGB);[104] ein solcher Vermerk kann **uneingeschränkt** sein oder wegen Einwendungen des Prüfers **eingeschränkt** oder **versagt** werden (§ 322 Abs. 2 – 5 HGB). Auch bei **freiwilligen Prüfungen** sind „**Abschluss-/Prüfungsvermerke**" oder „**Bescheinigungen**" üblich.[105]

1685

---

102 BGHZ 127, 378, 385 ff. = NJW 1995, 392; BGH, WM 1998, 440, 442 = NJW 1998, 1059.
103 BGH, WM 2004, 1869, 1872 = NJW 2004, 3420, für den **Prüfbericht einer Wirtschaftsprüfungsgesellschaft** betreffend die Prüfung und Bestätigung von Prospektangaben.
104 Vgl. BGH, WM 2006, 1052, 1054.
105 BGH, WM 2006, 423, 425 (freiwillige Prüfung mit uneingeschränktem Bestätigungsvermerk); zu **Vermerken von Steuerberatern und Steuerbevollmächtigten**: Bundessteuerberaterkammer, DStR 1992, 683 = StB 1993, 52; *Küffner*, DStR 1994, 74.

b) Werkvertrag mit Schutzwirkung für Dritte

1686 Ein Vertrag über die Erstellung und/oder Prüfung eines Jahresabschlusses ist regelmäßig ein Werkvertrag (§§ 631, 675 Abs. 1 BGB).[106]

1687 Ob ein solcher **Prüfvertrag Schutzwirkung für Dritte** hat, richtet sich nach denselben Voraussetzungen wie die Einbeziehung von Dritten in den Schutzbereich eines Gutachtenvertrages (dazu Rn. 1671 ff.).[107]

1688 Einschlägige **gerichtliche Entscheidungen** betreffen **fehlerhafte**, von Rechtsberatern erstellte **Testate, die gegenüber Kreditgebern, Käufern** oder **Kapitalanlegern** verwendet wurden, nämlich

- eine unrichtige **Vermögensaufstellung mit „Bemerkung"**, erstellt durch eine **Wirtschaftsprüfungsgesellschaft** i.V.m. „vorläufigen Jahresabschlüssen";[108]
- einen falschen **Zwischenabschluss** eines Steuerberaters mit „**Schlussbemerkung**";[109]
- einen vom Auftraggeber verfälschten **Jahresabschluss eines Steuerberaters** mit „**Vermerk**";[110]
- eine fehlerhafte **Unternehmensbilanz eines Steuerberaters**;[111]
- einen **Jahresabschluss eines Steuerberaters** mit unrichtigem „**Bescheinigungsvermerk**" bezüglich der Ordnungsmäßigkeit der zugrunde liegenden Buchführung;[112]
- die **Ankündigung eines falschen Testats** durch **Wirtschaftsprüfer** im Rahmen einer **Pflichtprüfung** (vgl. Rn. 1667);[113]
- **Prüfberichte eines Wirtschaftsprüfers** mit unrichtigem „**Bestätigungsvermerk**" bezüglich **Prospektangaben** über Mittelzufluss und -verwendung im Rahmen eines Kapitalanlagemodells;[114]
- einen **Jahresabschluss eines Wirtschaftsprüfers** mit falschem **uneingeschränktem** „**Bestätigungsvermerk**";[115]

---

106 BGH, NJW 2000, 1107; vgl. BGH, NJW 2002, 1196 = WM 2002, 1406.
107 U.a. BGHZ 159, 1, 4 = NJW 2004, 3035; BGH, NJW 2002, 3625, 3626.
108 BGH, WM 1986, 711.
109 BGH, NJW 1987, 1758, 1759 = WM 1987, 257.
110 BGH, NJW-RR 1989, 696 = WM 1989, 375.
111 BGH, WM 1993, 897 = NJW-RR 1993, 944.
112 BGH, WM 1997, 359, 360 = NJW 1997, 1235.
113 BGHZ 138, 257, 259 ff. = WM 1998, 1032 = NJW 1998, 1948.
114 BGHZ 145, 187, 197 = WM 2000, 2447 = NJW 2001, 360: Haftung aus Verschulden bei Vertragsschluss; vgl. Rn. 1835 ff.
115 BGH, WM 2006, 423 und 1052; OLG Düsseldorf, NJW-RR 1986, 522.

- einen **Jahresabschluss eines Steuerberaters** mit eingeschränktem „**Bestätigungsvermerk**"; [116]
- einen auf falschen Angaben des Auftraggebers beruhenden **Jahresabschluss eines Steuerberaters**; [117]
- einen **Jahresabschluss eines Steuerberaters** mit eingeschränktem Abschlussvermerk.[118]

Außerhalb der Rechtsberaterhaftung hat der BGH[119] entschieden, dass ein **Architekt**, der falsche **Prüfvermerke auf Abschlagsrechnungen (Bautenstandsbestätigungen)** anbringt, dem Bauherrn haftet, weil der **Architektenvertrag mit dem Baubetreuer** insoweit **Schutzwirkung für den Bauherrn** hat. 1689

Keine Schutzwirkung für Insolvenzgläubiger des Auftraggebers hat dessen Vertrag mit einem **Steuerberater** über die Erstellung von **Bilanzen**.[120] 1690

In den Schutzbereich eines **Prüfvertrages eines Wirtschaftsprüfers mit einer KG** ist deren Kommanditist nicht einbezogen.[121]

c) Schadensersatzpflicht des Prüfers

Aus einem **Testat** können Auftraggeber und Dritte den **Inhalt und Umfang des Prüfauftrags** und der **Prüfung** entnehmen; der Prüfer haftet für die **Richtigkeit und Vollständigkeit des Prüfergebnisses** nur insoweit, als er dafür nach dem **Wortlaut seines Testats** die Verantwortung übernommen hat.[122] Der **Prüfbericht** ist **unparteiisch** zu erstatten.[123] Im Übrigen entsprechen die **Prüferpflichten** im Wesentlichen denen eines Gutachters (dazu Rn. 1676). Das gilt auch für den zu beachtenden **Sorgfaltsmaßstab** (dazu Rn. 1677). 1691

Ist das (Prüf-)Werk – etwa die Erstellung und/oder Prüfung einer **Bilanz** oder eines **Jahresabschlusses** – **mangelhaft** (§ 633 BGB), weil der Prüfer schuldhaft gegen seine Vertragspflichten verstoßen hat, so können dem Auftraggeber die **Rechte gemäß § 634 BGB** – darunter ein **Schadensersatzanspruch** nach § 634 Nr. 4 BGB – zustehen (dazu Rn. 1198 ff.). Wurde ein Dritter bei einem Prüfvertrag nit Schutzwirkung zu 1692

---

116 OLG Köln, GI 1994, 384, 385 f.
117 OLG München, WM 1997, 613, 615 ff.
118 OLG Bremen, VersR 1999, 499.
119 NJW 2002, 1196 = WM 2002, 1406, 1407 f.
120 BGH, VersR 1988, 178, 179.
121 OLG Düsseldorf, NJW-RR 1986, 522.
122 BGH, NJW-RR 1989, 696, 697 = WM 1989, 375; WM 1997, 359, 360 = NJW 1997, 1235; BGHZ 145, 187, 198 = WM 2000, 2447 = NJW 2001, 360; OLG Köln, GI 1994, 384, 385; OLG München, WM 1997, 613, 617.
123 BGHZ 145, 187, 198 = WM 2000, 2447 = NJW 2001, 360.

Teil 2 • Abschnitt 2 • Vertrag mit Schutzwirkung zugunsten Dritter

seinen Gunsten geschädigt, so kann dieser **Dritte** einen solchen **Schadensersatzanspruch gegen den Prüfer** haben.[124]

1693 Ein Schadensersatzanspruch des Dritten gegen den Prüfer setzt voraus, dass die **mangelhafte Bilanz** oder der **fehlerhafte Jahresabschluss** einen haftungsrechtlich zurechenbaren Schaden des Dritten adäquat verursacht hat (dazu Rn. 990 ff., 1014 ff., 1047 ff.).[125]

Eine **gesetzliche Begrenzung der Haftungssumme**, die gegenüber dem Auftraggeber gilt, wirkt auch gegenüber dem Dritten (vgl. Rn. 1668, 1681).[126]

1694 Der Dritte, der in den Schutzbereich eines Prüfvertrages einbezogen wurde, muss sich auf einen Schadensersatzanspruch gegen den Prüfer ein eigenes **Mitverschulden** und dasjenige des Auftraggebers anrechnen lassen (§ 334 BGB analog; vgl. Rn. 1621). Wie bei einem Gutachtenvertrag (Rn. 1682 f.) kann jedoch die Auslegung des Prüfvertrages ergeben, dass die entsprechende Anwendung des **§ 334 BGB „stillschweigend" abbedungen** wurde mit der Folge, dass der **Einwand eines Mitverschuldens des Auftraggebers abgeschnitten** ist.[127]

1695 Ein Schadensersatzanspruch eines Dritten aus einem Prüfvertrag mit Schutzwirkung zu seinen Gunsten **verjährt** nach altem Recht nach den Vorschriften, die für die vertragliche Haftung des ersatzpflichtigen Rechtsberaters gelten (vgl. Rn. 1684).[128]

Nach neuem Recht verjährt ein solcher Schadensersatzanspruch aus Werkvertrag (§ 634 Nr. 4 BGB) nach **§ 634a Abs. 1 Nr. 3 BGB** (dazu Rn. 1497 ff.).

5. Haftungsbeschränkung

1696 Der Experte kann seine **Dritthaftung aus einem Gutachten- oder Prüfvertrag beschränken**, indem er in seinem Gutachten oder in der Bilanz bzw. im Jahresabschluss klarstellt, dass dieses Werk nur dem internen Gebrauch des Auftraggebers dienen soll und/oder in bestimmten Punkten auf dessen ungeprüften Angaben beruht.[129]

---

124 Zur **Vertragshaftung eines Abschlussprüfers** gegenüber Dritten: *MünchKomm/Ebke*, HGB, § 323 Rn. 70 ff., 97 ff.; *Otto/Mittag*, WM 1996, 325 ff. und 377 ff.; *Heppe*, WM 2003, 714 ff. und 753 ff.; zur **Prüferhaftung eines Steuerberaters**: *Gräfe*, in: *Gräfe/Lenzen/Schmeer*, Rn. 285, 292, 427, 453, 456, 522.
125 Dazu BGH, WM 1993, 897 f. = NJW-RR 1993, 944; WM 1997, 359, 360 f.
126 BGHZ 138, 257, 266 = WM 1998, 1032 = NJW 1998, 1948, zu § 323 Abs. 2 HGB.
127 Dafür *Otto/Mittag*, WM 1996, 377, 382; a.A. *MünchKomm/Ebke*, HGB, § 323 Rn. 137.
128 Vgl. BGH, WM 2004, 1869, 1872 = NJW 2004, 3420.
129 BGH, WM 1998, 440, 442 = NJW 1998, 1059, für ein Gutachten; NJW-RR 1989, 696 = WM 1989, 375, für Jahresabschlüsse eines Steuerberaters.

D. Rechtsberaterverträge mit Schutzwirkung zugunsten Dritter

Gesetzliche Beschränkungen der Haftung gegenüber dem Auftraggeber wirken auch gegenüber einem Dritten, der einen Schadensersatzanspruch aus einem fremden Gutachten- oder Prüfvertrag hat.[130] 1697

Im Schrifttum ist die Frage aufgeworfen worden, ob aus der neuen Haftungsvorschrift des § 839a BGB zu entnehmen ist, dass einfache Fahrlässigkeit für die Expertenhaftung – wegen der für alle beruflichen Fachleute geltenden Drucksituation – nicht ausreichen soll.[131]

Eine **Haftungsbeschränkung**, die der Rechtsberater mit seinem Auftraggeber **vereinbart** hat (§§ 51a, 59m Abs. 2 BRAO; §§ 67a Abs. 1, 72 Abs. 1 StBerG; §§ 54a Abs. 1, 56 Abs. 1 WPO), kann einem Dritten, der einen Schadensersatzanspruch gegen den Rechtsberater aus einem Vertrag mit Schutzwirkung zu seinen Gunsten geltend macht, entsprechend § 334 BGB entgegengehalten werden,[132] es sei denn, dass diese Vorschrift abbedungen wurde (dazu Rn. 1625 ff.). 1698

IV. Bewertung

1. Grenzen des Vertrages mit Schutzwirkung zugunsten Dritter

Eine **Gesamtbetrachtung** vermittelt den Eindruck, dass die **Rechtsprechung** in ihrem Bestreben, mit einem Schutz Dritter aus fremden Vertrag den unzureichenden deliktsrechtlichen Vermögensschutz zu verbessern, **an ihre Grenzen stößt** (vgl. Rn. 1601, 1605 f.). Das ursprüngliche Ausnahmeinstitut ist zu einer selbständigen Vertragsart und zum Schwerpunkt der vertraglichen Dritthaftung ausgeweitet worden. Nach dem **BGH**[133] hat sich „auf dieser Entwicklungslinie ... eine **Berufshaftung** für Rechtsanwälte, Sachverständige, Steuerberater und Wirtschaftsprüfer herausgebildet"; es ist wünschenswert, dass der Gesetzgeber eine entsprechende Sonderhaftung für diese Berufskreise regelt.[134] 1699

Die verbreitete **Unsicherheit** in diesem Bereich, die vor allem die **Reichweite einer Schutzwirkung von Rechtsberaterverträgen für Dritte** betrifft, wird dadurch gefördert, dass mehrere Senate des **BGH** mit **unterschiedlichen Tendenzen** an der **Rechtsprechung zur vertraglichen Dritthaftung** mitwirken: 1700

---

130 BGHZ 138, 257, 266 = WM 1998, 1032 = NJW 1998, 1948, zur Begrenzung der Haftungssumme gemäß § 323 Abs. 2 HGB.
131 *Heppe*, WM 2003, 753, 757 f.
132 Vgl. BGHZ 56, 269, 272 = NJW 1971, 1931; BGH, NJW 1987, 1758, 1760; BGHZ 127, 378, 385 = NJW 1995, 392.
133 BGHZ 133, 168, 172 = WM 1996, 1739 = NJW 1996, 2927.
134 *Eggert*, S. 98.

- Die Rechtsprechung des IX. Zivilsenats des BGB, der für die Anwalts- und Steuerberaterhaftung zuständig ist, ist insoweit eher restriktiv.[135]
- Dieser Tendenz entspricht in etwa die Rechtsprechung des III. Zivilsenats des BGH[136] mit Ausnahme der Entscheidung zur Haftung eines Wirtschaftsprüfers wegen Ankündigung eines falschen Testats.[137]
- Dagegen ist die entsprechende Rechtsprechung des X. Zivilsenats, der für einen besonderen Werkvertragsbereich zuständig ist,[138] uneinheitlich. Einerseits stammen von diesem Senat Entscheidungen, in denen – jeweils unter Rückgriff auf die ursprüngliche „Wohl und Wehe"-Rechtsprechung (Rn. 1646) – eine vertragliche Schutzwirkung für Dritte verneint wurde.[139] Andererseits hat dieser Senat den Kreis der durch einen Gutachtenvertrag geschützten Dritten auf einen Kreditbürgen[140] sowie auf „eine nicht bekannte Vielzahl" von Kreditgebern und Kapitalanlegern ausgeweitet.[141]

1701 Die Suche nach dem „richtigen" Ergebnis im Einzelfall muss an engen Grenzen des Instituts halt machen. Der **Berater** darf **nicht einer vertraglichen Risikohaftung** ausgeliefert werden, deren Grenzen er bei Vertragsschluss nicht sicher erkennen kann. Die Übernahme eines Mandats darf nicht zu einem unberechenbaren Wagnis – mit der Gefahr einer Existenzbedrohung – werden, das infolge Unkenntnis nicht versichert ist.

2. Folgerungen für den echten Anwaltsvertrag

1702 **Grundsätzlich** führt das **Vertrauensverhältnis** zwischen Auftraggeber und Rechtsanwalt dazu, dass ein **Anwaltsvertrag** nach seinem Wesen und Inhalt **Pflichten allein zwischen den Vertragspartnern** auslöst; nur **ausnahmsweise können Dritte in den Vertrag einbezogen** sein.[142] Dies kann im Wege der **Vertragsauslegung** dann angenommen werden, wenn die Vertragserklärungen und das Verhalten der Vertragspartner

---

135 Vgl. BGH, NJW 1991, 32 ff.; WM 1997, 359, 360 f.; NJW 2004, 3630, 3632.
136 Vgl. BGH, WM 2004, 1287, 1289 = NJW-RR 2004, 1356; NJW 2002, 1196 = WM 2002, 1406.
137 BGHZ 138, 257, 259 ff. = WM 1998, 1032 = NJW 1998, 1948; diese Entscheidung wird deutlich eingeschränkt durch die Urteile des III. Zivilsenats BGH, WM 2006, 423, 425 (freiwillige Prüfung) und 1052, 1054 („... restriktiv verstandene Anwendung von Grundsätzen der vertraglichen Dritthaftung im Bereich der Pflichtprüfung").
138 Seit 2003 ist der III. Zivilsenat des BGH für Schadensersatzansprüche wegen fehlerhafter Gutachten zuständig.
139 BGHZ 133, 168, 175 f. = WM 1996, 1739 = NJW 1996, 2927 (Nitrierofen), mit zust. Anm. Lorenz, JZ 1997, 361; BGH, NJW 2001, 3115, 3116 f. = WM 2001, 1428 (von Behörde eingeholtes Gutachten); NJW 2002, 3625, 3626 = WM 2003, 546 (ärztlicher Todesfallbericht).
140 BGH, NJW 1998, 1059, 1062 = WM 1998, 440.
141 BGHZ 159, 1, 10 = NJW 2004, 3035; BGH, NJW-RR 2004, 1464, 1466.
142 BGH, NJW 1977, 2073, 2074.

eindeutige Anhaltspunkte bieten. Die gebotenen **strengen Anforderungen** sind vor allem dann zu beachten, wenn eine – möglicherweise wegen abschließender Regelung gar nicht vorhandene – Vertragslücke durch **ergänzende Vertragsauslegung** geschlossen werden soll.[143]

Die Rechtsprechung,[144] die **Gegenläufigkeit der Interessen** des Auftraggebers und eines Dritten spreche nicht gegen dessen Einbeziehung in den Schutzbereich eines Vertrages mit einem Sachkundigen, ist **für den echten Anwaltsvertrag** mit Rechtsbeistandspflicht (§ 3 BRAO) **einzuschränken** (vgl. Rn. 1671). Es ist allseits bekannt, dass ein Rechtsanwalt nicht in derselben Rechtssache mehrere Personen mit widerstreitenden Interessen beraten und vertreten darf (§ 356 StGB; §§ 43a Abs. 4, 59b Abs. 2 Nr. 1e BRAO mit § 3 der – am 11.3.1997 in Kraft getretenen – Berufsordnung und Nr. 3.2 der Berufsregeln der Rechtsanwälte der Europäischen Union – Anlage zu § 29 Abs. 1 der Berufsordnung –).[145] Schließen die entgegengesetzten Belange des Mandanten und des Dritten es aus, dass dem Rechtsanwalt ein übergeordnetes gemeinschaftliches Interesse dieser Person – dieses ist z.b. bei der anwaltlichen Mitwirkung an der Erbeinsetzung von Angehörigen des Mandanten gegeben – anvertraut wird,[146] so darf dem Rechtsanwalt grundsätzlich nicht im Wege richterlicher Vertragsauslegung zugemutet werden, in unzulässiger Weise gleichsam mehreren Auftraggebern mit widerstreitenden Interessen dienen zu müssen.[147] Dementsprechend ist dem Anwaltsvertrag eine Schutzwirkung für den Vertragsgegner des Mandanten abgesprochen worden (vgl. Rn. 1660).[148]

1703

Anders kann dies nur dann sein, wenn der **Rechtsanwalt – oder ein anderer Rechtsberater** – bei seiner Tätigkeit für den Auftraggeber – etwa als **Gutachter** oder **Prüfer** – **auftragsgemäß auch Interessen eines Dritten wahren** soll und sich deswegen **unparteiisch** zu verhalten hat.[149]

Soweit die – inzwischen aufgehobenen – beraterfreundlichen **Verjährungsvorschriften des alten Rechts** (§§ 51b, 59m Abs. 2 BRAO, §§ 68, 72 Abs. 1 StBerG, §§ 51a, 56 WPO, 323 Abs. 5 HGB) noch anzuwenden sind (dazu Rn. 1251 ff.), umfassen diese auch einen Schadensersatzanspruch eines Dritten aus einem echten Rechts-

1704

---

143 Vgl. dazu BGHZ 77, 301, 304 = NJW 1980, 2347; BGHZ 84, 1, 7 = NJW 1982, 2184; BGHZ 90, 69, 77 = NJW 1984, 1177; *Bell*, S. 8 ff.
144 BGHZ 127, 378, 380 m. w. N. = NJW 1995, 392; BGH, WM 1998, 440, 441.
145 Vgl. BGH, WM 1999, 970, 972 f. (Syndikusanwalt – § 46 Abs. 2 Nr. 1 BRAO); *Westerwelle*, NJW 1997, 2781.
146 Vgl. BGH, WM 1996, 1832, 1834; OLG München, NJW 1997, 1313.
147 Vgl. *Bell*, S. 113, 125; *Rinsche*, Rn. I 42; *Honsell*, in: FS Medicus, S. 211, 217 ff.
148 BGH, NJW 1991, 32, 33; OLG Düsseldorf, NJW-RR 1986, 730; Steuerberatervertrag: BGH, VersR 1988, 178, 179.
149 BGHZ 145, 187, 198 = WM 2000, 2447 = NJW 2001, 360, für Prüfberichte und Gutachten eines Wirtschaftsprüfers.

beratervertrag mit Schutzwirkung zu seinen Gunsten.[150] Insoweit darf der Dritte nicht besser stehen als der Auftraggeber, von dem er sein Recht ableitet.

E. Sonstige anwaltliche Verpflichtung mit Schutzwirkung zugunsten Dritter

1705 Ein Vertrag, in dem sich ein Rechtsanwalt gegenüber seinem Auftraggeber zu einer **anwaltsuntypischen Leistung** ohne nennenswerten Rechtsbeistand verpflichtet (Rn. 133 ff., 478 f.), kann ebenfalls unter den dargelegten objektiven und subjektiven Voraussetzungen (Rn. 1644 ff.) **Schutzwirkung zugunsten eines Dritten** haben. Dies kommt beispielsweise in Betracht für einen „stillschweigend" abgeschlossenen Vertrag über eine tatsächliche Auskunft.[151]

Insoweit gelten nicht die vorstehenden Bedenken, die gegen eine ausdehnende Annahme eines Vertrages mit Schutzwirkung zugunsten Dritter sprechen (Rn. 1703).

F. Rechtsfolgen eines Vertrages mit Schutzwirkung zugunsten Dritter

1706 Haben die Vertragspartner einen Dritten in den Schutzbereich ihres Vertrages einbezogen, ohne ein unmittelbares Forderungsrecht des Dritten gemäß § 328 Abs. 1 BGB zu begründen, so hat **der Dritte** grundsätzlich einen aus dem Vertrag abgeleiteten **Anspruch auf Eratz seines Schadens** infolge schuldhafter Verletzung einer drittbezogenen Schutz-(Neben-)pflicht oder (Haupt-)Leistungspflicht. Dieser Anspruch kann auf **Ersatz eines Körper-, Sach- oder Vermögensschadens** gerichtet sein.[152]

1707 Hat ein **Anwaltsvertrag Schutzwirkung für einen Dritten**, so geht es i.d.R. darum, dass dieser vom Rechtsanwalt als Vertragsschuldner Ersatz seines Schadens aus einer **Schlechterfüllung der anwaltlichen Vertragsleistung** verlangt. **Daneben** kann der **Auftraggeber (Mandant)** den **Ersatz eines eigenen Schadens** aus der anwaltlichen Leistungsstörung fordern; dieser Anspruch kann auch auf die Freistellung von einer eigenen Ersatzpflicht gegenüber dem geschützten Dritten gerichtet sein.

1708 Die Rechtsstellung des Dritten ist zwar bei einem Vertrag mit Schutzwirkung schwächer als bei einem Vertrag zu seinen Gunsten; da beide Vertragsarten aber den Dritten begünstigen und ihm Ansprüche aus einer fremden Vereinbarung verleihen, sind sie miteinander rechtlich verwandt. Deswegen können die **§§ 328 ff.** **BGB** auf einen Vertrag mit Schutzwirkung insoweit **entsprechend** angewendet werden, als diese Ver-

---

150 BGH, WM 2004, 1869, 1871 = NJW 2004, 3420, für einen Schadensersatzanspruch gegen einen Wirtschaftsprüfer.
151 Vgl. BGH, NJW 1991, 352 betreffend eine Bankauskunft.
152 BGHZ 49, 350, 355 = NJW 1968, 885; BGH, NJW 1977, 2073, 2074.

wandtschaft reicht.¹⁵³ Dies gilt insbesondere für eine **entsprechende Anwendung des § 334 BGB**, soweit die Vertragspartner dies nicht ausnahmsweise ausgeschlossen haben.¹⁵⁴ Danach kann der Vertragsschuldner (Rechtsanwalt) **dem geschützten Dritten alle Einwendungen und Einreden entgegenhalten**, die ihm aus dem Vertrag mit dem Mandanten zustehen. Der Dritte hat aus dem fremden Vertrag mit Schutzwirkung zu seinen Gunsten grundsätzlich kein weitergehendes Recht als der Vertragspartner des Schädigers.¹⁵⁵ Insoweit kann im wesentlichen auf die Ausführungen zum Vertrag zugunsten Dritter verwiesen werden (Rn. 1618 ff.). In dem wichtigen Fall des **Gutachtenvertrages mit Schutzwirkung für Dritte** (Rn. 1669 ff.) kann die Vertragsauslegung ergeben, dass die entsprechende Anwendung des § 334 BGB mit Rücksicht auf den Vertragszweck „**stillschweigend**" insoweit **abbedungen** worden ist, als falsche Angaben des Auftraggebers zu dem unrichtigen Gutachten beigetragen haben; dann kann der Sachverständige dem geschützten Dritten nicht den Einwand des Mitverschuldens (§ 254 BGB) seines Auftraggebers entgegenhalten (vgl. Rn. 1682 f.; zum Prüfvertrag Rn. 1694). In diesem Falle **haftet der Berater dem geschützten Dritten** selbst dann – voll – für ein falsches Gutachten, wenn der **Auftraggeber die Unrichtigkeit des Gutachtens in unredlicher Weise herbeigeführt hat**; einem Schadensersatzanspruch des Auftraggebers selbst steht dann der Einwand der unzulässigen Rechtsausübung entgegen.¹⁵⁶

Soweit eine entsprechende Anwendung des § 334 BGB nicht abbedungen wurde, kann der **Rechtsanwalt** als Vertragsschuldner **sowohl seinem Auftraggeber als auch dem geschützten Dritten** alle **Einwendungen aus dem Anwaltsvertrag** entgegenhalten (dazu im Einzelnen Rn. 1624 ff.); dies gilt für einen **Steuerberater** oder **Wirtschaftsprüfer** entsprechend. In diesem Fall kann der Vertragsschuldner (Rechtsberater) dem Ersatzanspruch des Dritten ein Verschulden seines Vertragspartners (Auftraggebers) – und dessen Erfüllungsgehilfen – auch dann entgegenhalten, wenn dieser nicht gesetzlicher Vertreter oder Erfüllungsgehilfe des geschädigten Dritten ist (vgl. Rn. 1628).¹⁵⁷ Da der geschützte Dritte in die Gläubigerstellung eingebunden ist, muss sich nach dem Rechtsgedanken des § 334 BGB der Auftraggeber auf einen Anspruch gegen den

1709

---

153 Für § 334 BGB: BGHZ 127, 378, 383 = NJW 1995, 392; OLG Köln, OLG-Report 1994, 78 (Ls.); *Staudinger/Jagmann*, BGB, § 334 Rn. 16; *Larenz*, NJW 1960, 80; *MünchKomm/ Gottwald*, BGB, § 328 Rn. 126 f., § 334 Rn. 5.
154 Vgl. BGHZ 93, 271, 275 f. = NJW 1985, 1457; BGHZ 127, 378, 383, 385 = NJW 1995, 392; BGH, WM 1998, 440, 442 = NJW 1998, 1059.
155 BGHZ 56, 269, 272 = NJW 1971, 1931; BGHZ 127, 378, 384 = NJW 1995, 392.
156 BGHZ 127, 378, 384 ff. = NJW 1995, 392; BGH, WM 1998, 440, 442 = NJW 1998, 1059.
157 BGHZ 24, 325, 327 f. = NJW 1957, 1187; BGHZ 127, 378, 384 f. = NJW 1995, 392; BGH, WM 1998, 440, 442 = NJW 1998, 1059, wobei die beiden letztgenannten Entscheidungen auch auf den Grundsatz von Treu und Glauben (§ 242 BGB) abstellen.

Vertragsschuldner (Rechtsanwalt) auf Ersatz eines eigenen Schadens ein schadensursächliches Mitverschulden des Dritten zurechnen lassen.[158]

1710 Gegen eine Schadensersatzforderung des Dritten kann der haftpflichtige Vertragsschuldner (Rechtsanwalt) mit einem gleichartigen Anspruch **aufrechnen**.[159] Mit einem Honoraranspruch gegen den Auftraggeber kann der Rechtsanwalt – entgegen der Ansicht des BGH[160] – i.d.R. gegen eine Schadensersatzforderung des Mandanten und nach Treu und Glauben trotz der fehlenden Gegenseitigkeit der Forderungen auch gegen einen Schadensersatzanspruch des Dritten aufrechnen (vgl. Rn. 1629). Umgekehrt kann mit einem Schadensersatzanspruch gegen eine Honorarforderung des Rechtsanwalts aufgerechnet werden.

1711 **Vertragsgestaltende Erklärungen** sind allein zwischen den Vertragspartnern abzugeben. Anders als bei einem Vertrag zugunsten Dritter (vgl. Rn. 1619, 1623, 1630) kann der Vertragsgläubiger (Mandant) **ohne Zustimmung des geschützten Dritten den Vertrag** mit dem Schuldner (Rechtsanwalt) **ändern oder auflösen**, weil der Dritte keinen Anspruch auf die Vertragsleistung hat, sondern nur in den Schutzbereich des Vertrages einbezogen ist.

1712 Da bei einem Vertrag mit Schutzwirkung für einen Dritten – anders als bei einem Vertrag zugunsten Dritter (§ 328 BGB; vgl. Rn. 1631 ff.) – nach dem Vertragswillen der Vertragspartner allein diese Leistender und Leistungsempfänger sind, bestehen **bei Unwirksamkeit oder Fehlerhaftigkeit des Vertrages Ansprüche** auf Rückgewähr einer Leistung (§§ 346, 323 ff. BGB) oder auf einen Bereicherungsausgleich (§§ 812 ff. BGB) grundsätzlich **nur zwischen den Vertragspartnern**.[161]

G. Vertrag mit Schutzwirkung zugunsten Dritter und Drittschadensliquidation

1713 Die Abgrenzung dieser beiden Institute ist umstritten.[162]

Die Bedeutung dieser Streitfrage soll folgender **Fall**[163] verdeutlichen: Ein Rechtsanwalt versäumt schuldhaft seine Vertragspflicht, einen Erbvertrag, den der Auftraggeber vor seiner Eheschließung und der Geburt seiner Kinder zugunsten seiner Schwester geschlossen hat, anzufechten (§§ 2079, 2281 ff. BGB). Ehefrau und Kinder lassen ihre Schadensersatzansprüche gegen den Rechtsanwalt aus dem Anwaltsvertrag mit

---

158 Vgl. *MünchKomm/Gottwald*, BGB, § 334 Rn. 5.
159 Vgl. RGZ 119, 1, 4; *Palandt/Heinrichs*, BGB, 64. Aufl. 2005, § 334 Rn. 4.
160 MDR 1961, 481.
161 Vgl. BGHZ 58, 184, 188 = NJW 1972, 864; vgl. im Einzelnen *Staudinger/Jagmann*, BGB, § 334 Rn. 29 ff.; *Palandt/Heinrichs*, BGB, 64. Aufl. 2005, § 334 Rn. 3 f.
162 Vgl. die Übersichten bei *Staudinger/Jagmann*, BGB, § 328 Rn. 114; *MünchKomm/Gottwald*, BGB, § 328 Rn. 119; *Sutschet*, S. 30 ff.
163 Dazu OLG Hamm, NJWE-VHR 1998, 130.

G. Vertrag mit Schutzwirkung zugunsten Dritter und Drittschadensliquidation

Schutzwirkung zu ihren Gunsten verjähren. Der Auftraggeber, der die Verjährung eines eigenen Schadensersatzanspruchs rechtzeitig verhindert hat, klagt – mit Zustimmung seiner Ehefrau und Kinder – gegen den Rechtsanwalt auf Feststellung, dass dieser verpflichtet ist, den infolge seiner Pflichtverletzung entstandenen Schaden der Ehefrau und Kinder des Auftraggebers zu ersetzen. Kann der Mandant (Vertragsgläubiger) aufgrund seines Vertrages mit dem Rechtsanwalt (Vertragsschuldner) einen Schaden der geschützten Dritten nach den Regeln der **Drittschadensliquidation** oder in entsprechender Anwendung des § 335 BGB geltend machen, obwohl eigene Ansprüche der Dritten gegen den Rechtsanwalt aus diesem Vertrag mit Schutzwirkung zu ihren Gunsten, diesen Schaden zu ersetzen, verjährt sind?

I. Meinungsstreit

Zum Verhältnis des Vertrages mit Schutzwirkung zugunsten Dritter und der Drittschadensliquidation werden **folgende Ansichten** vertreten:

- Beide Institute können **nebeneinander** angewendet werden.[164] Dann könnte der Vertragsgläubiger im Ausgangsfall den Schaden der vertraglich geschützten Dritten gegen den Vertragsschuldner geltend machen.

- Die **Drittschadensliquidation** hat **Vorrang** vor den Regeln des Vertrages mit Schutzwirkung zugunsten Dritter.[165] Dann könnte der Vertragsgläubiger im Ausgangsfall den Schaden der vertraglich geschützten Dritten gegen den Vertragsschuldner einklagen, wenn die Voraussetzungen einer Drittschadensliquidation vorliegen.

- Ein Anspruch aus **Vertrag mit Schutzwirkung zugunsten Dritter** schließt eine **Liquidation des Drittschadens** durch den Vertragsgläubiger **aus**.[166] Dann wäre die Klage im Ausgangsfall unbegründet.

1714

II. Drittschadensliquidation

Grundsätzlich kann nur derjenige aus einem Vertrag Schadensersatz beanspruchen, der selbst einen Schaden erlitten hat;[167] tritt bei der Vertragsabwicklung ein Schaden eines

1715

---

164 BGH, NJW 1977, 2073, 2074; OLG Hamm, NJWE-VHR 1998, 130; *Söllner*, JuS 1970, 159, 164; *Staudinger/Jagmann*, BGB, § 328 Rn. 114; *Lorenz*, JZ 1995, 317, 322; wohl auch *Hagen*, S. 15 ff., 24.
165 *Berg*, JuS 1977, 363, 366 und NJW 1978, 2018, 2019; *Hohloch*, FamRZ 1977, 530, 533; *v. Caemmerer*, S. 311, 319 f.; *Soergel/Hadding*, BGB, Anh. § 328 Rn. 12.
166 BGHZ 40, 91, 106 = NJW 1963, 2071; BGHZ 51, 91, 95 f. = NJW 1969, 269; *Strauch*, JuS 1982, 823, 825; *Gernhuber*, Das Schuldverhältnis, § 21 I 5 – S. 515 f.; *H. Lange*, § 8 IV – S. 479 ff., 482; *MünchKomm/Gottwald*, BGB, § 328 Rn. 119; *Puhle*, S. 105 ff., 137 f., 154; *Urban*, S. 167, 170 ff.; *Vollkommer/Heinemann*, Rn. 111.
167 Vgl. zum Folgenden BGHZ 40, 91, 100 ff. = NJW 1963, 2071; BGHZ 51, 91, 93 ff. = NJW 1969, 269.

Dritten ein, so haftet der Schädiger ihm i.d.R. nur nach Deliktsrecht.[168] Ausnahmsweise kann einer Vertragspartei das Recht zustehen, **den Schaden eines Dritten geltend zu machen**, falls die Interessen der Personen so eng verknüpft sind, dass der Vertragsgläubiger die Drittinteressen wahrzunehmen hat und der Vertragsschuldner nach den gegebenen Umständen damit rechnen muss.[169]

Anerkannte Fälle einer solchen „Interessen-/Schadensverlagerung" sind der **Vertragsschluss in mittelbarer Stellvertretung** für Rechnung eines Dritten,[170] die sog. **Gefahrentlastung**[171] (vgl. u.a. §§ 447, 644 Abs. 2 BGB), die **Obhutpflicht für eine fremde Sache**[172] und **treuhänderische Sicherungsgeschäfte**.[173] In diesen Fällen darf der Schädiger aus der Verschiedenheit von Gläubiger und Geschädigtem keinen Vorteil ziehen.[174]

Liegen die Voraussetzungen einer **Drittschadensliquidation** vor, so kann **der Vertragsgläubiger die Ersatzleistung an sich oder an den Dritten verlangen**.[175] Der **geschädigte Dritte** hat keinen eigenen vertraglichen Schadensersatzanspruch, kann jedoch i.d.R. aus vertraglicher Nebenpflicht oder entsprechend § 281 BGB a.F./§ 285 BGB n.F. **Abtretung** des vertraglichen Schadensersatzanspruchs von dem – nicht geschädigten – Vertragspartner verlangen.[176] **Gegen den Willen des Dritten** ist die Liquidation seines Schadens **unzulässig**;[177] im Streitfall hat der Schädiger den entsprechenden Nachweis zu führen.[178]

Der Ausgangsfall lässt sich nicht unter die anerkannten Fälle einer Drittschadensliquidation einordnen.

---

168 BGH, NJW 1985, 2411, 2412; WM 1987, 581, 582.
169 BGH, NJW 1974, 502; 1998, 1864, 1865 = WM 1998, 335; die erforderliche Interessenverknüpfung ist verneint worden im Verhältnis zwischen einem Käufer und seinem Abnehmer: BGHZ 40, 91, 102 = NJW 1963, 2071.
170 BGHZ 25, 250, 268 = NJW 1957, 1839; BGHZ 40, 91, 100 = NJW 1963, 2071; BGH, WM 1987, 581, 582.
171 BGHZ 40, 91, 100 = NJW 1963, 2071; BGH, NJW 1970, 38, 41; VersR 1972, 1138, 1139; MDR 1980, 123; OLG Düsseldorf, NJW-RR 1996, 591.
172 BGHZ 40, 91, 101 = NJW 1963, 2071; BGH, NJW 1969, 789, 790; WM 1984, 1233, 1234.
173 BGHZ 128, 371, 377; BGH, NJW-RR 1997, 663, 664; vgl. *Brinkmann*, KTS 2004, 357, 359 f.
174 BGHZ 40, 91, 100 = NJW 1963, 2071; BGHZ 51, 91, 93 = NJW 1969, 269.
175 BGH, WM 1987, 581, 582.
176 BGH, NJW 1970, 38, 41; 1987, 2510, 2511.
177 Vgl. BGHZ 25, 250, 260 = NJW 1957, 1839; BGH, LM BGB § 249-D-Nr. 17 = MDR 1985, 117; WM 1998, 335, 336 = NJW 1998, 1864.
178 BGH, WM 1998, 335, 336 = NJW 1998, 1864.

III. Unterschiede

Der Vertrag mit Schutzwirkung zugunsten Dritter und die Drittschadensliquidation **stimmen darin überein**, dass ein Dritter bei der Abwicklung eines Vertrages anderer Personen einen Schaden erleidet. Sie **unterscheiden sich** aber in Folgendem: In den Fällen der **Drittschadensliquidation** hat der Vertragsgläubiger einen Anspruch, aber keinen Schaden, und der geschädigte Dritte hat keinen vertraglichen Anspruch; Schaden und Ersatzanspruch werden zusammengeführt, indem der Vertragsgläubiger den Schaden des Dritten geltend macht („liquidiert") oder seinen Ersatzanspruch an den Dritten abtritt. Dagegen gewährt der **Vertrag mit Schutzwirkung** dem Dritten einen eigenen Anspruch auf Ersatz seines Schadens; Schaden und Ersatzanspruch sind also von vornherein in der geschädigten Person vereinigt.

1716

IV. Folgerungen

Die **Liquidation des Drittschadens** betrifft einen bestimmten einheitlichen Schaden, der sich bei dem Vertragsgläubiger ausgewirkt hätte, wenn nicht – aus der Sicht des Schädigers zufällig – **ein Dritter Träger des geschützten Rechtsguts** wäre. Beim **Vertrag mit Schutzwirkung** kann i.d.R. eine Pflichtverletzung des Vertragsschuldners einen **Schaden sowohl des Vertragsgläubigers**[179] **als auch eines Dritten**, der in den vertraglichen Schutzbereich einbezogen ist, auslösen.

1717

Anders ist dies in den **Ausnahmefällen** – etwa beim Anwaltsvertrag des Ausgangsfalles (Rn. 1713) –, in denen die Vertragspartner die drittbezogene **Schutzwirkung** ihres Vertrages auf die **Hauptleistungspflicht des Vertragsschuldners** in einer Weise erstrecken, dass zwar allein der Vertragsgläubiger die Erfüllung dieser Pflicht verlangen darf, deren Verletzung aber **nur den geschützten Dritten schädigen kann**.

Die **Drittschadensliquidation erweitert das Haftungsrisiko des Vertragsschuldners nicht**; dieser ist nur einem einzigen Schadensersatzanspruch ausgesetzt. Dagegen muss der Vertragsschuldner bei einem **Vertrag mit Schutzwirkung im Regelfall** damit rechnen, dass seine Pflichtverletzung zu einem eigenen Schadensersatzanspruch sowohl seines Vertragspartners als auch des geschützten Dritten führt; dementsprechend **größer ist die Haftungsgefahr des Vertragsschuldners. Dessen Haftungsrisiko stiege nochmals**, wenn in solchen Fällen der Vertragsgläubiger nicht nur Ersatz eines eigenen Schadens, sondern auch – neben dem Dritten selbst – eines Drittschadens selbst dann verlangen dürfte, wenn der Dritte seinen eigenen Schadensersatzanspruch nicht geltend macht oder – etwa wegen Verjährung – nicht durchsetzen kann.[180] **Damit rechnet ein Vertragspartner bei Vertragsschluss im Allgemeinen nicht**, so

1718

---

179   BGH, WM 1972, 486, 488, für einen Vertrag zugunsten Dritter; *Staudinger/Jagmann*, BGB, § 335 Rn. 6; vgl. zu einer Beschränkung der Schadensersatzpflicht auf den Dritten: BGHZ 89, 263, 266 f. = NJW 1984, 1400 (Arztvertrag).
180   Vgl. BGH, NJW 1998, 1864, 1865 = WM 1998, 335.

dass dann auch nicht im Wege der – notfalls ergänzenden – Vertragsauslegung auf sein Einverständnis geschlossen werden darf. **Keine Haftungskumulation** tritt grundsätzlich in dem **Ausnahmefall** ein, dass eine Pflichtverletzung des Schuldners bei einem Vertrag mit Schutzwirkung nur den geschützten Dritten schädigen kann; **anders** wäre dies allerdings im Ergebnis dann, wenn dem Vertragsgläubiger gestattet würde, einen Schadensersatzanspruch des Dritten einzuklagen, den dieser selbst nicht geltend macht oder – etwa wegen Verjährung – nicht durchsetzen kann.

Da der durch einen fremden Vertrag **geschützte Dritte** einen eigenen unmittelbaren Schadensersatzanspruch gegen den Vertragsschuldner als Schädiger hat, ist er **auf eine mittelbare Beteiligung an einem Ersatzanspruch des Vertragsgläubigers** und damit auf dessen Unterstützung **nicht angewiesen**.[181]

V. Ergebnis

1719 Danach **schließen sich Vertrag mit Schutzwirkung zugunsten Dritter und Drittschadensliquidation im Regelfall aus,** weil ihre Zielrichtung und infolgedessen auch ihre Voraussetzungen und Wirkungen verschieden sind.

Eine **Ausnahme** kann nur dann in Betracht kommen, wenn – wie im Ausgangsfall eines Anwaltsvertrages (Rn. 1713) – die Vertragspartner die **drittbezogene Schutzwirkung** ihres Vertrages auf die **Hauptleistungspflicht des Vertragsschuldners** in einer Weise erstrecken, dass die Verletzung dieser Pflicht **nur den Dritten schädigen kann**; dann begründet der Vertrag mit Schutzwirkung nur einen einzigen Schadensersatzanspruch, nämlich des Dritten. Aber auch in einem solchen Ausnahmefall würde – anders als in den anerkannten Fällen der Drittschadensliquidation – das **Haftungsrisiko des Vertragsschuldners erweitert,** falls dem Vertragsgläubiger gestattet wird, einen Schaden des Dritten auch dann einzuklagen, wenn dieser seinen Anspruch nicht geltend machen will oder – etwa wegen Verjährung – nicht durchsetzen kann. Für eine solche Verbindung des Ausnahmeinstituts des Vertrages mit Schutzwirkung zugunsten Dritter und der Drittschadensliquidation auf Kosten des Vertragsschuldners besteht im Allgemeinen kein zwingender Grund, insbesondere **kein schutzwürdiges Interesse des Dritten**.

Ob im Ausgangsfall etwas anderes gilt, weil der Vertragsgläubiger auch den Verlust seiner Testierfreiheit ausgleichen will, mag dahinstehen; nimmt man dies an, so wäre zu prüfen, ob auf diese Weise die Verjährung eines Anspruchs des Geschädigten umgangen werden darf.

---

181 *Gernhuber*, Das Schuldverhältnis, § 21 I 5 – S. 515 f.

VI. Entsprechende Anwendung des § 335 BGB?

Eine Drittschadensliquidation darf in den Bereich eines Vertrages mit Schutzwirkung zugunsten Dritter **grundsätzlich** auch **nicht** auf dem Umweg einer **entsprechenden Anwendung des § 335 BGB** eingeführt werden, weil sonst eine übermäßige Haftungssteigerung beim Vertragsschuldner einträte.[182]

Nach dieser Vorschrift kann bei einem **Vertrag zugunsten Dritter**, bei dem der Dritte unmittelbar den Anspruch auf die Leistung aus einem fremden Vertrag erworben hat (§ 328 Abs. 1 BGB), auch der Versprechensempfänger grundsätzlich vom Versprechenden (Vertragsschuldner) die Leistung an den Dritten fordern. Dies gilt auch dann, wenn der Dritte wegen der Vertragsverletzung des Schuldners einen – sekundären – eigenen Schadensersatzanspruch erlangt hat.[183] Insoweit handelt es sich um mehrere Forderungsberechtigte, die unabhängig voneinander vom Schuldner dieselbe Leistung verlangen können; ein vom Versprechensempfänger gegen den Versprechenden (Schuldner) erstrittenes Urteil wirkt – analog §§ 425, 429 Abs. 3 BGB – nicht zugunsten des Dritten.[184]

Hat der Versprechensempfänger den an sich ihm zustehenden Anspruch auf die vertragliche Hauptleistung einem Dritten zugewandt, so hat die in § 335 BGB vorgesehene Unterstützung des Dritten ihren Sinn. Bei einem **Vertrag mit Schutzwirkung zugunsten Dritter** ist die Rechtsstellung des Dritten jedoch schwächer. Er erwirbt nicht den Anspruch auf die – primäre – vertragliche Hauptleistung, sondern wird nur vor Schäden bei der Abwicklung des Vertrages zwischen den Vertragspartnern geschützt; nur wenn ein solcher Schaden bei dem Dritten eintritt, erhält dieser einen – sekundären – **eigenen Schadensersatzanspruch gegen den Vertragsschuldner**. Das **genügt für das Schutzbedürfnis des Dritten**; zur Durchsetzung seines Anspruchs benötigt er die Unterstützung des Vertragsgläubigers nicht.

H. Anhang: Rechtsprechungslexikon

Anwaltsvertrag mit Schutzwirkung zugunsten Dritter

Verpflichtet sich ein Rechtsanwalt gegenüber seinem Mandanten, an der testamentarischen Erbeinsetzung der Tochter des Mandanten mitzuwirken, so können dieser unmittelbare Schadensersatzansprüche gegen den Anwalt wegen schuldhafter Säumnis erwachsen.
BGH, Urt. v. 6.7.1965 – VI ZR 47/64, NJW 1965, 1955, 1956 f.

---

182 *MünchKomm/Gottwald*, BGB, § 335 Rn. 6; *Staudinger/Jagmann*, BGB, § 335 Rn. 4; a.A. OLG Hamm, NJWE-VHR 1998, 130.
183 BGH, NJW 1974, 502.
184 BGHZ 3, 385, 388 f. = NJW 1952, 178.

Zugehör

Schädigt der Rechtsanwalt durch schuldhafte Verletzung seiner Vertragspflicht eine GmbH, deren Alleingesellschafter der Mandant ist, so kann die Gesellschaft in den Schutzbereich des Anwaltsvertrages einbezogen sein. In diesem Fall kann jedoch der Schaden der GmbH einem Schaden des Gesellschafters gleichstehen.
BGH, Urt. v. 13.11.1973 – VI ZR 53/72, BGHZ 61, 380, 382 ff. = NJW 1974, 134.

Versäumt ein Rechtsanwalt, der den Ehemann in einem Ehescheidungsverfahren vertritt, die Beurkundung einer von ihm entworfenen Scheidungsvereinbarung, in der sich die Ehefrau zur Übertragung eines Grundstücksanteils an die Kinder verpflichtet, so können diesen unmittelbar Schadensersatzansprüche gegen den Anwalt zustehen.
BGH, Urt. v. 11.1.1977 – VI ZR 261/75, NJW 1977, 2073.

Verletzt der Rechtsanwalt schuldhaft seine Vertragspflicht, die Ehelichkeit eines scheinehelichen Kindes anzufechten, so haftet er aufgrund einer Schutzwirkung des Anwaltsvertrages einem leiblichen Kind des Mandanten, das bei einem Erfolg der Anfechtungsklage erbrechtlich begünstigt worden wäre.
OLG Hamm, Urt. v. 19.9.1985 – 28 U 228/84, MDR 1986, 1026.

Eine GmbH ist in den Schutzbereich eines Anwaltsvertrages mit ihren Gründungsgesellschaftern einbezogen, wenn ihre Errichtung Gegenstand dieses Vertrages ist. Der Rechtsanwalt haftet der GmbH, wenn diese für Altschulden einzustehen hat, weil der Anwalt die Gesellschafter nicht über § 25 HGB belehrt hat.
BGH, Urt. v. 10.10.1985 – IX ZR 153/84, NJW 1986, 581, 582 = WM 1985, 1475, 1476.

Ein Anwaltsvertrag, der auf die Beratung eines Ehegatten im Rahmen einer Scheidungsfolgenvereinbarung gerichtet ist, hat i.d.R. auch dann keine Schutzwirkung zugunsten des anderen Ehegatten, wenn dieser wegen des Anwaltshonorars einen Schuldbeitritt erklärt hat.
OLG Düsseldorf, Urt. v. 5.12.1985 – 8 U 104/84, NJW-RR 1986, 730.

Hat ein Rechtsanwalt, der seinen Auftraggeber bei der vorzeitigen Beendigung seines Arbeitsverhältnisses vertritt, auch eine Vereinbarung über Ruhegeld herbeizuführen, so haftet er aufgrund einer Schutzwirkung des Anwaltsvertrages der Ehefrau des Mandanten, wenn deren Rentenanspruch infolge unklarer Formulierung der Ruhegeldabrede durch den Rechtsanwalt zu niedrig ausfällt.
BGH, Urt. v. 1.10.1987 – IX ZR 117/86, NJW 1988, 200, 201 = WM 1987, 1520, 1521.

Ein Rechtsanwalt haftet für Erklärungen gegenüber dem Vertragsgegner seines Mandanten dann nicht aufgrund eines Vertrages mit Schutzwirkung zugunsten Dritter, wenn die vertraglichen Interessen des Mandanten und des Dritten gegenläufig sind und die anwaltliche Tätigkeit erkennbar nur dem Mandanten bestimmungsgemäß zugute kommen soll.
BGH, Urt. v. 17.5.1990 – IX ZR 85/89, NJW 1991, 32, 33.

Verpflichtet sich ein Rechtsanwalt, an der Erbeinsetzung der Kinder seines Mandanten anstelle der Ehefrau mitzuwirken, so sind die Kinder in den Schutzbereich des Anwaltsvertrages einbezogen.
BGH, Urt. v. 13.7.1994 – IV ZR 294/93, NJW 1995, 51, 52.

Hat ein Rechtsanwalt den Entwurf eines Testaments seines Auftraggebers zu prüfen, so hat der Anwaltsvertrag Schutzwirkung zugunsten der bedachten Angehörigen seines Mandanten.
BGH, Urt. v. 13.6.1995 – IX ZR 121/94, NJW 1995, 2551, 2552 = WM 1995, 1504.

Beauftragt eine GmbH einen Rechtsanwalt, die für eine Kapitalerhöhung erforderlichen Erklärungen und Beurkundungen vorzubereiten, so kann der Anwaltsvertrag Schutzwirkung zugunsten der an der Kapitalerhöhung teilnehmenden Altgesellschafter insoweit haben, als es sich um das mit einer verdeckten Sacheinlage verbundene Risiko handelt, die Einlage bei Vermögensverfall der Gesellschaft doppelt aufbringen zu müssen.
BGH, Urt. v. 2.12.1999 – IX ZR 415/98, WM 2000, 199 = NJW 2000, 725 = ZIP 2000, 72.

Sollen Kapitalanleger ihre Einzahlungen zu ihrer „Sicherheit" über ein Treuhandkonto eines Rechtsanwalts leiten, den ein Vermittler von Börsentermingeschäften beauftragt hat, so kann der Treuhandvertrag, falls kein Vertrag zugunsten der Anleger vorliegt, jedenfalls Schutzwirkung zu deren Gunsten haben, soweit es sich um die Abwicklung der Anlegerzahlungen handelt.
BGH, Urt. v. 13.5.2004 – III ZR 368/03, WM 2004, 1287 = NJW-RR 2004, 1356.

Derjenige, der auf ein Anderkonto eines Rechtsanwalts eine Barkaution einzahlt, damit ein Haftbefehl gegen den Mandanten des Rechtsanwalts (Strafverteidigers) außer Vollzug gesetzt werden kann, wird nicht in die Schutzwirkung des Anwaltsvertrages einbezogen, weil dem Geldgeber ein Anspruch gegen den Mandanten des Rechtsanwalts auf Rückzahlung zusteht. Es ist rechtlich unerheblich, wenn ein solcher Anspruch wegen Leistungsunfähigkeit des Schuldners nicht durchsetzbar ist; das Rechtsinstitut eines Vertrages mit Schutzwirkung zugunsten Dritter dient nicht der Absicherung eines solchen Risikos.
BGH, Urt. v. 22.7.2004 – IX ZR 132/03, NJW 2004, 3630.

Drittschadensliquidation

Grundsätzlich kann aufgrund eines Vertrages nur derjenige Schadensersatz verlangen, bei dem der Schaden tatsächlich eingetreten ist und dem er rechtlich zur Last fällt. Entsteht der Schaden einem Dritten, so haftet ihm der Schädiger i.d.R. nur nach Deliktsrecht. Nur in besonders gelagerten Fällen kann der anspruchsberechtigte Vertragspartner den Ersatz des einem Dritten entstandenen Schadens dann verlangen, wenn sein – durch den Vertrag geschütztes – Interesse mit demjenigen des Dritten so verknüpft

ist, dass er das Drittinteresse wahrzunehmen hat und der andere Vertragsteil damit rechnen muss.
BGH, Urt. v. 15.1.1974 – X ZR 36/71, NJW 1974, 502; v. 21.5.1996 – XI ZR 199/95, NJW 1996, 2734, 2735.

Der Schaden eines Dritten kann durch den anspruchsberechtigten Vertragspartner geltend gemacht werden in den Fällen der mittelbaren Stellvertretung, der sog. Gefahrenentlastung (z.b. § 447 BGB) und der Obhutspflicht für eine fremde Sache. In diesen Fällen handelt es sich um eine Interessen- oder Schadensverlagerung, aus der der Schädiger keinen Vorteil ziehen darf.
BGH, Urt. v. 10.7.1963 – VIII ZR 204/61, BGHZ 40, 91, 100 ff. = NJW 1963, 2071; v. 26.11.1968 – VI ZR 212/66, BGHZ 51, 91, 93 = NJW 1969, 269.

Bei der Drittschadensliquidation geht der Anspruch auf Leistung an den Gläubiger oder stattdessen an den Dritten.
BGH, Urt. v. 8.12.1986 – II ZR 2/86, NJW-RR 1987, 880, 882 = WM 1987, 581, 582.

Der geschädigte Dritte kann i.d.R. aus vertraglicher Nebenpflicht oder entsprechend § 281 BGB a.F. (= § 285 BGB n.F.) Abtretung des vertraglichen Schadensersatzanspruchs von dem – nicht geschädigten – Vertragspartner verlangen.
BGH, Urt. v. 30.9.1969 – VI ZR 254/67, NJW 1970, 38, 41.

Eine Drittschadensliquidation entfällt, wenn sie nicht dem Willen des Geschädigten entspricht. Dies hat im Streitfall der Schädiger zu beweisen.
BGH, Urt. v. 4.12.1997 – IX ZR 41/97, WM 1998, 335, 336 = NJW 1998, 1864.

Bei Verletzung der Hauptleistungspflicht aus einem Anwaltsvertrag sind die Rechtsinstitute der Drittschadensliquidation und des Vertrages mit Schutzwirkung zugunsten Dritter nebeneinander anzuwenden; in seinem solchen Fall darf der Auftraggeber den Drittschaden in entsprechender Anwendung des § 335 BGB geltend machen.
OLG Hamm, Urt. v. 20.6.1996 – 28 U 26/96, NJWE-VHR 1998, 130.

Sachverständiger

Sollte das Gutachten eines Sachverständigen einem Dritten als Entscheidungsgrundlage dienen, so ist im Wege der Vertragsauslegung zu prüfen, ob die Vertragspartner den Willen hatten, zugunsten des Dritten eine Schutzpflicht des Sachverständigen zu begründen. Dabei sind auch die Interessen des Sachverständigen zu berücksichtigen, der nicht in unzumutbarer Weise mit Schadensersatzpflichten gegenüber Dritten belastet werden darf.
BGH, Urt. v. 2.11.1983 – IVa ZR 20/82, NJW 1984, 355, 356.

Zur Haftung eines Sachverständigen aus einem Auskunftsvertrag mit Schutzwirkung für Dritte.
BGH, Urt. v. 23.1.1985 – IVa ZR 66/83, DB 1985, 1464.

Ein Grundstückskäufer kann in den Schutzbereich eines Gutachtenvertrages einbezogen sein, aufgrund dessen ein Bausachverständiger für den Verkäufer ein Gutachten über den Wert des Grundstücks erstattet; die Gegenläufigkeit der Interessen des Auftraggebers und des Dritten sprechen nicht gegen dessen Einbeziehung in den Schutzbereich des Vertrages.
Ist ein Gutachtenvertrag i.d.S. auszulegen, so liegt die Annahme nahe, dass das Vertrauen des Dritten auf die Richtigkeit des Gutachtens auch dann geschützt werden soll, wenn dessen Unrichtigkeit durch den Auftraggeber (hier: arglistig) mitveranlasst worden ist; dann kann § 334 BGB stillschweigend abbedungen sein.
BGH, Urt. v. 10.11.1994 – III ZR 50/94, BGHZ 127, 378, 380, 384 = NJW 1995, 392, 393.

In die Schutzwirkungen eines Vertrages über die Erstattung eines Gutachtens durch einen öffentlich bestellten Sachverständigen zum Wert eines Grundstücks sind diejenigen Personen einbezogen, denen das Gutachten nach seinem erkennbaren Zweck für Vermögensentscheidungen vorgelegt werden soll. Dazu gehört ein potentieller Kreditgeber. Entsprechend dem Zweck des Gutachtens, gegenüber dem Dritten Vertrauen zu erwecken und Beweiskraft zu besitzen, steht eine Gegenläufigkeit der Interessen des Auftraggebers und des Dritten dessen Einbeziehung in den vertraglichen Schutzbereich nicht entgegen.
In solchen Fällen enthält der Gutachtenvertrag i.d.R. zugleich eine konkludente Abbedingung des § 334 BGB, so dass sich der geschädigte Dritte nicht ein Mitverschulden des Auftraggebers anrechnen lassen muss. Der Sachverständige kann in seinem Gutachten klarstellen, dass dieses nur für den internen Gebrauch des Auftraggebers diene oder dass es in einzelnen, näher bezeichneten Punkten auf ungeprüften Angaben des Auftraggebers beruhe, für die keine Gewähr übernommen werde.
In den Schutzbereich des Gutachtenvertrages kann neben dem Kreditgeber auch ein mit diesem zusammenarbeitender, den Kredit sichernder Bürge einbezogen sein. Dies ist der Fall, wenn es sich um eine komplexe Umschuldung handelt, bei der im Rahmen einer einheitlichen Finanzierungsmaßnahme ein Teil des Darlehens nur gegen weitere Sicherheiten gewährt wird. Insoweit ist es nicht entscheidend, ob dem Sachverständigen die Einschaltung des Bürgen bekannt ist.
BGH, Urt. v. 13.11.1997 – X ZR 144/94, WM 1998, 440, 441 ff. = NJW 1998, 1059.

Hat der Käufer eines Grundstücks aufgrund eines Zweitgutachtens erkannt, dass ein vom Verkäufer eingeholtes erstes Verkehrswertgutachten möglicherweise unrichtig ist, so entfällt ein Schadensersatzanspruch des Käufers gegen den Erstgutachter, weil diesem ein Schaden des Käufers haftungsrechtlich nicht zuzurechnen ist.
BGH, Urt. v. 17.10.2000 – X ZR 169/99, NJW 2001, 512, 513 = WM 2001, 527.

Ist ein Dritter in den Schutzbereich eines Vertrages einbezogen, so kommt es für die Ermittlung des – durch die Pflichtverletzung entstandenen – Schadens nicht darauf an, ob und inwieweit für den Geschädigten ein Vertrauenstatbestand gegeben war und sein

Vertrauen enttäuscht wurde.

Für ein fehlerhaftes Gutachten kann auch derjenige Gutachter einem Dritten haften, dem die Öffentlichkeit nicht – wie etwa einem öffentlich bestellten Sachverständigen – besonders hervorgehobene Kompetenz, Erfahrung und Zuverlässigkeit zutrauen kann.
BGH, Urt. v. 14.11.2000 – IX ZR 203/98, NJW 2001, 514, 515 f. = WM 2001, 529 = ZIP 2001, 574.

Ein Architekt kann aus seinem Vertrag mit dem Baubetreuer dem Bauherrn haften, wenn er Abschlagsrechnungen mit falschen Bautenstandsbestätigungen versieht.
BGH, Urt. v. 7.2.2002 – III ZR 1/01, WM 2002, 1406 = NJW 2002, 1196.

Hat ein Versicherer einen ärztlichen Todesfallbericht eingeholt, so kann der Gutachtenvertrag zwischen Versicherer und Arzt Schutzwirkung für den Versicherungsnehmer oder andere vom Versicherungsvertrag Begünstigte nur dann haben, wenn – etwa bei einer Krankenversicherung – Versicherungsvertrag und Gutachten Rechtsgüter des Versicherten berühren, deren Wahrung und Schutz dieser von seinem Vertragspartner in besonderem Maß erwarten darf; für Versicherungen, die lediglich eine Geldzahlung betreffen, gilt dies nicht.
BGH, Urt. v. 17.9.2002 – X ZR 237/01, NJW 2002, 3625, 3626 = WM 2003, 546, 547.

Ob im Einzelfall ein bestimmter Dritter in den Schutzbereich eines Vertrages einbezogen ist, ist im Wege der Auslegung vom Tatrichter zu ermitteln. Zum wesentlichen Auslegungsstoff gehören bei einem Gutachtenvertrag die Angaben des Gutachters zu Inhalt und Umständen des Auftrags sowie die Angaben im Gutachten zu dessen Zweck und der sonstige Inhalt des Gutachtens.
In den Drittschutzbereich eines Gutachtenvertrages zur Ermittlung eines Grundstückswertes kann eine namentlich nicht bekannte Vielzahl privater Kreditgeber und Kapitalanleger einbezogen sein.
BGH, Urt. v. 20.4.2004 – X ZR 250/02, BGHZ 159, 1, 6 ff. = NJW 2004, 3035 = ZIP 2004, 1814; v. 20.4.2004 – X ZR 255/02, NJW-RR 2004, 1464, 1465 ff.

Steuerlicher Berater

Eine Ehefrau, die gemeinsam mit ihrem Ehemann steuerlich veranlagt wird, ist in den Schutzbereich eines Vertrages ihres Ehemannes mit dem steuerlichen Berater einbezogen, der eine Einkommensteuererklärung anzufertigen hat.
BGH, Urt. v. 5.6.1985 – IVa ZR 55/83, WM 1985, 1274, 1275.

Der Auftrag eines Mitglieds einer Grundstücksgemeinschaft an einen Steuerberater, die Steuererklärung zur gesonderten Feststellung der Einkünfte der Gemeinschaft zu entwerfen, ist ein Vertrag mit Schutzwirkung zugunsten der anderen Mitglieder der Gemeinschaft.
OLG Celle, Urt. v. 16.7.1986 – 3 U 285/85, NJW-RR 1986, 1315.

Erweckt ein Steuerberater mit einem testierten Zwischenabschluss den Eindruck, er habe die Ordnungsmäßigkeit der – tatsächlich mangelhaften – Buchhaltung festgestellt, so kann er einem Käufer oder Kreditgeber aus einer Schutzwirkung des Steuerberatervertrages haften, wenn für ihn erkennbar war, dass die Ausarbeitung für einen solchen Dritten bestimmt war.
BGH, Urt. v. 26.11.1986 – IVa ZR 86/85, NJW 1987, 1758, 1759 f. = WM 1987, 257.

Wird ein Steuerberater mit der Aufstellung von Bilanzen beauftragt, so hat der Steuerberatervertrag keine Schutzwirkung zugunsten der Insolvenzgläubiger des Auftraggebers.
BGH, Urt. v. 18.2.1987 – IVa ZR 232/85, VersR 1988, 178, 179.

Ein Steuerberater, der von seinem Auftraggeber verfälschte Jahresabschlüsse unterzeichnet, kann aus Vertrag mit Schutzwirkung einem Darlehensgeber des Auftraggebers haften.
Die Haftung reicht nur soweit, wie der Steuerberater nach dem Wortlaut des Testats die Verantwortung für die Richtigkeit der testierten Aufstellung übernimmt.
BGH, Urt. v. 18.10.1988 – XI ZR 12/88, NJW-RR 1989, 696, 697 = WM 1989, 375; vgl. OLG Köln, GI 1994, 384, 385.

Wird ein Steuerberater mit der Erstellung einer Unternehmensbilanz beauftragt, weil die Hausbank des Auftraggebers ihre Kreditentscheidung von der Vorlage und dem Inhalt der Bilanz abhängig gemacht hat, so sind in den Schutzbereich des Gutachtenvertrages die vorgesehenen Kreditgeber (hier auch die Ehefrau des Auftraggebers) einbezogen.
BGH, Urt. v. 21.1.1993 – III ZR 15/92, NJW-RR 1993, 944.

Beauftragt ein Betriebsinhaber einen Steuerberater mit einem steuerlichen Gutachten, weil er Gesellschafteranteile an seinen Sohn übertragen will, so ist dieser in den Schutzbereich des Vertrages einbezogen.
OLG München, Urt. v. 1.6.1990 – 14 U 843/89, NJW-RR 1991, 1127, 1128.

Ein Steuerberater, der einen Jahresabschluss erstellt und dabei zu Unrecht die Ordnungsmäßigkeit der Buchführung bescheinigt, haftet aus Vertrag mit Schutzwirkung zugunsten der Bank, der – für den Steuerberater erkennbar – der Jahresabschluss als Kreditunterlage dienen soll.
BGH, Urt. v. 19.12.1996 – IX ZR 327/95, WM 1997, 359, 360 = NJW 1997, 1235.

Ein Steuerberater kann einem Kreditgeber des Mandanten aus Vertrag mit Schutzwirkung haften, wenn der Mandant vom Steuerberater erstellte Jahresabschlüsse und Zwischenberichte mit dessen Wissen dem Kreditgeber überreicht, selbst wenn der Mandant gegenüber dem Steuerberater bewusst falsche Wertangaben gemacht hat.
OLG München, Urt. v. 13.4.1995 – 24 U 86/93, WM 1997, 613, 615 ff.

In den Schutzbereich vorvertraglicher Pflichten eines Steuerberatungsvertrages können nachträglich auch Dritte einbezogen werden, die sich an einem Anlagevorhaben beteiligen.
BGH, Urt. v. 13.2.2003 – IX ZR 62/02, NJW-RR 2003, 1035, 1036 = WM 2003, 1621 = ZIP 2003, 806.

Voraussetzungen einer vertraglichen Schutzwirkung zugunsten Dritter

Zur Entwicklung der Rechtsprechung zum Vertrag mit Schutzwirkung zugunsten Dritter.
Aufgrund dieser Entwicklungslinie hat sich eine Berufshaftung für Rechtsanwälte, Sachverständige, Steuerberater und Wirtschaftsprüfer herausgebildet. Dabei handelt es sich um Berufsgruppen, die über eine besondere, vom Staat anerkannte Sachkunde verfügen und deren Vertragsleistungen von vornherein erkennbar zum Gebrauch gegenüber einem Dritten bestimmt sind und nach dem Willen des Auftragebers mit einer entsprechenden Beweiskraft ausgestattet sein sollen.
Der Kreis der in den Schutz eines Vertrages einbezogenen Dritten ist unter sachgerechter Abwägung der Interessen der Beteiligten dahin zu begrenzen, dass der Dritte bestimmungsgemäß mit der Hauptleistung in Berührung kommt. Über die danach erforderliche Leistungsnähe des Dritten hinaus muss der Gläubiger ein schutzwürdiges Interesse an der Einbeziehung des Dritten in den vertraglichen Schutzbereich haben. Diese entfällt, wenn ein Schutzbedürfnis des Dritten fehlt; das ist im Allgemeinen dann der Fall, wenn dem Dritten eigene vertragliche Ansprüche – gleich gegen wen – zustehen, die denselben oder zumindest einen gleichwertigen Inhalt haben wie diejenigen Ansprüche, die ihm über eine Einbeziehung in den vertraglichen Schutzbereich zukämen.
Danach entfällt i.d.R. ein Vertrag mit Schutzwirkung zugunsten Dritter, wenn mehrere Auftraggeber mit einem Werkunternehmer selbständige, voneinander unabhängige Werkverträge schließen, die in gleicher Weise abzuwickeln sind (hier: Einbringen von Nitriergut verschiedener Auftraggeber in denselben Ofen).
BGH, Urt. v. 2.7.1996 – X ZR 104/94, BGHZ 133, 168, 170 ff. = WM 1996, 1739 = JZ 1997, 358, 359 ff. = NJW 1996, 2927 mit zust. Anm. Lorenz, JZ 1997, 361.

Ob ein bestimmter Dritter im Einzelfall in den Schutzbereich eines fremden Vertrages einbezogen ist, ist im Wege der Auslegung vom Tatrichter zu entscheiden.
Der Kreis derjenigen Personen, die von den Schutzpflichten eines Gutachtenvertrages umfasst werden, darf nicht uferlos ausgeweitet werden. Dieser Kreis beschränkt sich auf solche Dritte, in deren Interesse der Vertragsschuldner seine Leistung nach der ausdrücklichen oder stillschweigenden Vereinbarung der Vertragspartner zumindest auch erbringen soll; der Schuldner muss sein Risiko bei Vertragsschluss kalkulieren und versichern können.
Einer solchen Beschränkung des Kreises der geschützten Dritten bedarf es nicht, wenn durch deren Einbeziehung das Haftungsrisiko nicht ausgeweitet wird. Das ist der Fall,

wenn ein Gutachten vereinbarungsgemäß Finanzierungszwecken dient und für den Gutachter damit erkennbar ist, dass sein Gutachten zu diesem Zweck auch Dritten vorgelegt wird. Danach kann auch eine namentlich nicht bekannte Vielzahl privater Kreditgeber oder Kapitalanleger in den Schutzbereich eines Gutachtenvertrages einbezogen sein.
BGH, Urt. v. 20.4.2004 – X ZR 250/02, BGHZ 159, 1, 6 ff. = NJW 2004, 3035; v. 20.4.2004 – X ZR 255/02, NJW-RR 2004, 1464, 1465 ff.

Wirtschaftsprüfer

Beauftragt eine Gesellschaft einen Wirtschaftsprüfer mit einem steuerrechtlichen Gutachten, um ihre Gesellschafter vor Steuernachteilen infolge einer verdeckten Gewinnausschüttung zu bewahren, so sind die Gesellschafter in den Schutzbereich des Vertrages einbezogen.
BGH, Urt. v. 29.9.1982 – IVa ZR 309/80, NJW 1983, 1053, 1054.

Beauftragt der Mandant einen Wirtschaftsprüfer, eine als Kreditunterlage dienende Auskunft über seine Bonität zu erstellen, so kann ein Vertrag mit Schutzwirkung zugunsten des Kreditgebers vorliegen.
BGH, Urt. v. 19.3.1986 – IVa ZR 127/84, NJW-RR 1986, 1307 = WM 1986, 711.

Ein Prüfvertrag zwischen einer Kapitalgesellschaft und einem Wirtschaftsprüfer über eine Pflichtprüfung nach §§ 316 ff. HGB hat Schutzwirkung zugunsten eines Dritten, der im Vertrauen auf ein vom Abschlussprüfer angekündigtes unrichtiges Testat Gesellschaftsanteile erwirbt. § 323 Abs. 1 Satz 3 HGB schließt eine solche Dritthaftung nicht aus; allerdings erfordert der in § 323 HGB zum Ausdruck kommende Wille des Gesetzgebers eine angemessene Begrenzung einer Dritthaftung des Abschlussprüfers. Die Haftungsbeschränkung des § 323 Abs. 2 HGB ist zu berücksichtigen.
BGH, Urt. v. 2.4.1998 – III ZR 245/96, BGHZ 138, 257, 259 ff. = WM 1998, 1032, 1033 = JZ 1998, 1013 = NJW 1998, 1948.

Beauftragt eine Behörde einen Wirtschaftsprüfer mit einem Prüfbericht, so hat der Prüfvertrag keine Schutzwirkung für einen Dritten, der durch die Verwaltungsentscheidung, die durch den Prüfbericht vorbereitet wird, möglicherweise betroffen wird. Der Prüfbericht dient dann nicht als Entscheidungsgrundlage für eine Vermögensdisposition, sondern ist allein Grundlage für das weitere behördliche Vorgehen.
BGH, Urt. v. 26.6.2001 – X ZR 231/99, WM 2001, 1428, 1430 = NJW 2001, 3115, 3116.

Einem Kapitalanleger kann gegen einen Wirtschaftsprüfer neben einem (hier verjährten) Schadensersatzanspruch aus Prospekthaftung auch ein solcher Anspruch aus dem Gutachtenvertrag zustehen, den die Anlagegesellschaft mit dem Wirtschaftsprüfer über die Prüfung und Bestätigung von Prospektangaben geschlossen hat und der Schutzwirkung zugunsten des Anlegers hat (Konkurrenz der Ansprüche aus Prospekt- und Expertenhaftung).

Ein solcher Schadensersatzanspruch unterliegt den Verjährungsvorschriften für die vertragliche Haftung des Wirtschaftsprüfers.
BGH, Urt. v. 8.6.2004 – X ZR 283/02, WM 2004, 1869, 1870 ff. = NJW 2004, 3420 = ZIP 2004, 1810.

In den Schutzbereich eines Vertrages zwischen einer GmbH, die verbriefte Genussrechte an der eigenen Gesellschaft vertreibt, und einem Wirtschaftsprüfer über die freiwillige Prüfung des Jahresabschlusses sind künftige Erwerber solcher Rechte nicht einbezogen.
BGH, Urt. v. 15.12.2005 – III ZR 424/04, WM 2006, 423, 425.

An die Einbeziehung eines Dritten in den Schutzbereich eines Prüfvertrages über eine Pflichtprüfung sind strenge Anforderungen zu stellen.
BGH, Urt. v. 6.4.2006 – III ZR 256/04, WM 2006, 1052, 1054, z.V.b. in BGHZ.

Abschnitt 3: Anwaltshaftung gegenüber Dritten aus Auskunftsvertrag

Inhaltsverzeichnis

	Rn.
A. Allgemeines	1722
B. Auskunft im Rahmen eines Rechtsberatervertrages	1724
C. Vertragliche Auskunft gegenüber Dritten („Nichtmandanten")	1725
I. Auskunftsvertrag als Rechtsgrundlage	1726
II. „Stillschweigend" geschlossener Auskunftsvertrag	1730
III. Auskunftsvertrag mit Dritten in Wahrnehmung der Interessen des Mandanten	1731
1. Rechtsanwalt	1732
2. Steuerberater	1736
3. Wirtschaftsprüfer	1740
IV. Auskunftsvertrag mit „demjenigen, den es angeht"?	1741
V. Auskunftsvertrag mit Schutzwirkung zugunsten Dritter	1742
D. Auskunft bei vertraglicher Anlageberatung oder -vermittlung	1743
I. Auskunft und Anlageberatung	1744
II. Auskunft und Anlagevermittlung	1747
III. Abgrenzung zwischen Anlageberatung und -vermittlung	1751
E. Andere Modelle einer Auskunftshaftung	1752
F. Grenzen des anwaltlichen Auskunftsvertrages	1753
G. Schadensersatzpflicht aus anwaltlichem Auskunftsvertrag	1754
I. Verletzung einer Auskunftspflicht	1754
II. Verschulden	1755
III. Haftungsausfüllende Kausalität	1756
IV. Haftungsrechtliche Zurechnung	1759
V. Schadensersatz	1760
1. Grundsätzlich Ersatz aller Schäden	1760
2. Begrenzung der Ersatzpflicht durch Schutzbereich der verletzten Auskunftspflicht	1764
3. Darlegungs- und Beweislast	1769
VI. Mitverschulden	1770
VII. Verjährung	1774
H. Anhang: Rechtsprechungslexikon	1178

Teil 2 • Abschnitt 3 • Anwaltshaftung gegenüber Dritten aus Auskunftsvertrag

A. Allgemeines

1722 Nach der Vorschrift des § 675 Abs. 2 BGB, die im Wesentlichen § 676 BGB a.F. entspricht, **haftet** derjenige, der einem anderen einen **Rat** oder eine **Empfehlung** erteilt, **grundsätzlich nicht** für einen Schaden, der aus der Befolgung seiner Erklärung entsteht, es sei denn, dass er **für eine Unrichtigkeit oder Unvollständigkeit** aufgrund eines **Vertragsverhältnisses** – einem solchen steht das **Schuldverhältnis der Vertragsverhandlungen** i.S.d. § 311 Abs. 2 BGB gleich[1] –, einer **unerlaubten Handlung** (§§ 823 ff. BGB; dazu Rn. 1924, 2047 ff.) oder einer **sonstigen Gesetzesbestimmung** (z.B. § 44 BörsG, §§ 15 Abs. 6, 37b, c WpHG) verantwortlich ist.

Unter diese Vorschrift fällt – als „Minus" gegenüber Rat und Empfehlung – auch eine **Auskunft;**[2] diese betrifft die Mitteilung eines Umstandes, der einem anderen als Entscheidungsgrundlage dient (vgl. Rn. 1724).

1723 Eine **vertragliche Auskunftspflicht** kann **unselbständiger Teil** des Pflichtenkreises eines Vertrages sein, der entweder eine andere Hauptleistung – z.b. einen Kaufvertrag[3] – betrifft oder auf eine Hauptleistung gerichtet ist, die über eine bloße Auskunftspflicht hinaus geht, wie etwa bei einem **selbständigen Beratungsvertrag**[4] mit einem Rechtsberater oder Anlageberater (Rn. 1743 ff.).

Andererseits kann eine Auskunftspflicht auf einem **selbständigen Auskunftsvertrag** – möglicherweise neben einem anderen Vertrag derselben Personen – beruhen, dessen Gegenstand die **Erteilung einer richtigen und vollständigen Auskunft** ist (Rn. 1726 ff.).

B. Auskunft im Rahmen eines Rechtsberatervertrages

1724 Hat sich ein **Rechtsberater (Rechtsanwalt, Steuerberater, Wirtschaftsprüfer** oder eine **Gesellschaft dieser Berufskreise**) gegenüber dem **Auftraggeber** verpflichtet, aufgrund eines **Dienstvertrages** (§§ 611, 675 Abs. 2 BGB) die Interessen seines Mandanten wahrzunehmen oder gemäß einem **Werkvertrag** (§§ 631, 675 Abs. 2 BGB) durch fachliche Arbeit den vereinbarten Erfolg herbeizuführen (vgl. Rn. 478 f.), so erstreckt sich eine **Ersatzpflicht wegen Schlechterfüllung** eines solchen Vertrages auf **Schäden des Mandanten infolge einer falschen oder unvollständigen Auskunft**, die der Rechtsberater im Rahmen der Vertragserfüllung abgegeben hat (dazu Rn. 1754 ff.; vgl. auch §§ 666, 675 Abs. 2 BGB).

---

1   Vgl. BGHZ 74, 103, 106, 108 = NJW 1979, 1449.
2   Motive zum BGB – Bd. II – S. 554; RGZ 126, 50, 52; *Musielak*, S. 6.
3   Vgl. zur Abgrenzung zwischen einer unselbständigen nebenvertraglichen Beratungspflicht des Verkäufers und einem selbständigen Beratungsvertrag der Kaufvertragspartner: BGHZ 140, 111, 115; BGH, WM 1999, 1898 = NJW 1999, 3192.
4   Dazu BGH, WM 1999, 1170 = NJW 1999, 1540, m.w.N.; WM 2006, 851, 852 (Bank).

C. Vertragliche Auskunft gegenüber Dritten („Nichtmandanten")

Ein solcher Vertrag kann **Schutzwirkung zugunsten eines Dritten** haben, der auf die **Richtigkeit und Vollständigkeit der anwaltlichen Auskunft vertraut**; wird der Dritte durch die fehlerhafte Auskunft geschädigt, so kann ihm ein eigener Schadensersatzanspruch gegen den Rechtsberater zustehen (vgl. Rn. 1742), z.B. bei einem **Abschlussprüfer-(Wirtschaftsprüfer-)vertrag** oder **Gutachtenvertrag** (dazu Rn. 1666 ff., 1686 ff.).[5]

C. Vertragliche Auskunft gegenüber Dritten („Nichtmandanten")

Rechtsanwälte, Steuerberater, Wirtschaftsprüfer oder deren **Gesellschaften** können **Dritten**, die keine Mandanten des Rechtsberaters sind und aus dessen Vertrag mit dem Auftraggeber kein Recht herleiten können, **auf vertraglicher Grundlage haften**, wenn solche Dritte im **Vertrauen auf die Richtigkeit und Vollständigkeit** einer tatsächlich fehlerhaften **Auskunft** geschädigt werden. 1725

I. Auskunftsvertrag als Rechtsgrundlage

Die Rechtsprechung stützt die Auskunftshaftung – in Ausfüllung des Vorbehalts des § 675 Abs. 2 BGB – i.d.R. auf ein **„Vertragsverhältnis" zwischen Geber und Empfänger der Auskunft**. 1726

Das **RG** hatte zuletzt für die Auskunftshaftung nicht mehr darauf abgestellt, ob Geber und Empfänger der Auskunft Vertragsbeziehungen herstellen wollten, sondern hatte es genügen lassen, dass sie miteinander Verbindung aufgenommen hatten und dies nach der bürgerlichen Rechtsordnung als vertraglich anzusehen war.[6] Diese Rechtsprechung unterstellte bei „sozialtypischem Verhalten" einen Auskunftsvertrag auch dann, wenn ein Vertragswille fehlte. 1727

Der **BGH**, der sich ursprünglich dieser Rechtsprechung angeschlossen hatte,[7] stützt die Auskunftshaftung inzwischen auf einen übereinstimmenden **Vertragswillen der Beteiligten**. Danach kommt ein **Auskunftsvertrag** zustande, wenn der Geber einer Auskunft gegenüber deren Empfänger – außerhalb einer anderen Vertragsbeziehung – **ausdrücklich** oder – dies ist der Hauptfall – **durch schlüssiges Verhalten** („stillschweigend, konkludent") die Vertragspflicht übernimmt, eine bestimmte Auskunft zu erteilen.[8] Ein solcher Auskunftsvertrag kann ein **unentgeltlicher Auftragsvertrag** (§ 662 BGB) oder ein **entgeltlicher Geschäftsbesorgungsvertrag** (§ 675 Abs. 1 BGB) 1728

---

5   Vgl. *Zugehör*, Beraterhaftung, Rn. 350 ff.
6   RG, JW 1928, 1134, 1135; 1933, 510 und 2701, jeweils Rechtsanwälte betreffend.
7   Vgl. BGHZ 7, 371, 375 = NJW 1953, 60.
8   BGH, NJW 1972, 678, 680; 1973, 321, 323; 1992, 2080, 2082; 2004, 3630, 3632; WM 2003, 669, 672.

sein. Die Vereinbarung einer Vergütung ist also keine notwendige Voraussetzung eines Auskunftsvertrages.[9]

1729 Ein **Garantievertrag** kommt **bei Rat und Auskunft** selten in Betracht.[10] Er setzt die Verpflichtung voraus, über die allgemeine Vertragshaftung hinaus uneingeschränkt – auch ohne eigenes Verschulden – für die Richtigkeit der Erklärungen zu haften.[11] Dafür müssen eindeutige Anhaltspunkte vorliegen.

II. „Stillschweigend" geschlossener Auskunftsvertrag

1730 Schließt jemand einen Auskunftsvertrag bewusst, so kennt er das Haftungsrisiko. Diese Kenntnis fehlt dem Auskunftgeber i.d.R., wenn er aus der maßgeblichen Sicht des Auskunftempfängers durch schlüssiges Verhalten einen solchen Vertrag eingeht.

Nach der Rechtsprechung des BGH kann der **„stillschweigende" Abschluss eines Auskunftsvertrages** zwischen Geber und Empfänger der Auskunft anzunehmen sein, wenn diese **für den Empfänger erkennbar von erheblicher Bedeutung** ist und dieser sie zur **Grundlage wesentlicher Entschlüsse** machen will. Dies gilt **insbesondere** in Fällen, in denen der **Auskunftgeber** für die Erteilung der Auskunft besonders **sachkundig** ist oder ein **eigenes wirtschaftliches Interesse** verfolgt; solche Umstände sind jedoch **nur Indizien**, die in die Würdigung der gesamten Gegebenheiten des Einzelfalles einzubeziehen sind. **Entscheidend** für den Abschluss eines Auskunftsvertrages durch schlüssiges Verhalten ist es, **ob die Gesamtumstände** des konkreten Falles mit Rücksicht auf Verkehrsanschauung und -bedürfnis **den Rückschluss zulassen**, dass beide Teile nach dem objektiven Inhalt ihrer Erklärungen – jeweils aus der Sicht des anderen – **die Auskunft zum Gegenstand vertraglicher Rechte und Pflichten gemacht haben.**[12]

Weitere Anhaltspunkte für einen solchen Vertragsschluss können – **außer der Sachkunde und/oder einem eigenen wirtschaftlichen Interesse des Auskunftgebers** – sein:

- **Zusicherungen** nach Art einer Garantieübernahme,[13]

---

9   BGHZ 100, 117, 119 = NJW 1987, 1815.
10 *Musielak*, S. 15 f.
11 BGH, WM 1960, 879, 881; vgl. BGHZ 116, 209, 214 = WM 1992, 133 = NJW 1992, 555; BGH, WM 1995, 941, 942 = NJW-RR 1995, 619.
12 BGH, NJW 1972, 678, 680 **(Rechtsanwalt)**; 1973, 321, 323 **(Wirtschaftsprüfer)**; NJW 1986, 180 **(Steuerberater)**; NJW-RR 1986, 1307 f. **(Wirtschaftsprüfungsgesellschaft)**; WM 1988, 1828, 1829; NJW 1992, 2080, 2082 **(Steuerberater)**; NJW 1993, 3073, 3075; WM 1995, 941, 943 **(Steuerberater)**; WM 1998, 1771, 1772 = NJW-RR 1998, 1343 (Bank); ZIP 1999, 275 (Bank); WM 2000, 426, 427 (Anlagevermittler); ZIP 2003, 1928, 1929 (Anlagevermittler); krit. *Honsell*, in: FS Medicus, S. 211, 214, 219 ff.
13 BGH, NJW 1962, 1500.

C. Vertragliche Auskunft gegenüber Dritten ("Nichtmandanten")

- das **Versprechen, Angaben des Geschäftspartners** des Auskunftempfängers zu prüfen,[14]
- die **Einschaltung des Auskunftgebers in Vertragsverhandlungen** auf Verlangen des Auskunftempfängers[15] oder **als unabhängige neutrale Person**[16]
- sowie eine bereits bestehende **andere Vertragsbeziehung** zwischen Auskunftgeber und -empfänger.[17]

III. Auskunftsvertrag mit Dritten in Wahrnehmung der Interessen des Mandanten

In die **Gefahr**, unbewusst durch schlüssiges Verhalten eine vertragliche Auskunftshaftung zu übernehmen, gerät ein **Rechtsberater** – etwa ein **Rechtsanwalt** – vor allem dann, wenn er in **Wahrnehmung der Interessen seines Mandanten** mit Dritten – insbesondere mit einem **Gegner des Mandanten** – **Verbindung aufnimmt**.[18]

1731

1. Rechtsanwalt

Ein **Auskunftsvertrag** wurde verneint in einem Fall, in dem ein **Rechtsanwalt gegenüber einem Gläubiger seines Mandanten** leichtfertig **dessen Bonität zugesichert** hatte.[19] Der Rechtsanwalt hatte erklärt, der Mandant sei glaub- und kreditwürdig, zahlungsfähig und zahlungsbereit; der Gläubiger hatte im Vertrauen auf diese Erklärung von Sicherungsmaßnahmen abgesehen. In dieser Entscheidung hat der BGH ausgeführt, ein Rechtsanwalt könne ausnahmsweise mit Zustimmung seines Mandanten Auskunftsperson gegenüber dessen Gegner werden, wenn die Umstände deutlich für einen Verpflichtungswillen des Anwalts sprächen; dies komme insbesondere dann in Betracht, wenn er von dem Mandanten zu einer Unterredung wegen dessen Kreditwürdigkeit hinzugezogen werde. Im entschiedenen Falle ergebe die erforderliche Gesamtwürdigung der Umstände aber keinen anwaltlichen Verpflichtungswillen zum stillschweigenden Abschluss eines Auskunftsvertrages. Für den Gläubiger sei vor allem mit Rücksicht auf die allgemein gehaltenen Äußerungen des Rechtsanwalts klar

1732

---

14 BGH, WM 1965, 287, 288.
15 BGH, VersR 1967, 65, 66.
16 BGH, NJW 1972, 678, 680.
17 BGH, WM 1969, 36, 37.
18 **Rechtsanwalt**: BGH, WM 1978, 546; NJW 1991, 32, jeweils zu einer Bonitätsauskunft; NJW 2004, 3630: Auskunft über Risiken einer Kaution; **Steuerberater**: BGH, WM 1992, 1031, 1035 = NJW 1992, 2080, 2083: Bonitätsauskunft; BGH, WM 1995, 941, 943: Anerkennung einer Umsatzsteueroption; BGH, WM 1998, 142: Auskunft über Vorsteuererstattung bezüglich eines Bauvorhabens; NJW-RR 2003, 1035: Aufklärung über künftige steuerliche Verluste bei Anlageberatung; **Wirtschaftsprüfer**: BGH, WM 1986, 711, 712 = NJW-RR 1986, 1307: Bonitätsauskunft.
19 BGH, WM 1978, 576.

1733 Ein stillschweigender Abschluss eines **Auskunftsvertrages** zwischen einem **Rechtsanwalt und einem Vertragsgegner des Mandanten** wurde in folgendem Fall **nicht** angenommen:[20] Der **Rechtsanwalt**, der als **Treuhänder** einen Kaufvertrag abzuwickeln hatte, hatte mit **Erklärungen** über den Warenwert und die Erfolgsaussicht der Vertragsdurchführung einen Dritten bewogen, dem Mandanten einen Kredit zu gewähren, der aus dem Kaufpreis zurückgezahlt werden sollte. Nach Ansicht des BGH hat sich der Rechtsanwalt nicht im Sinne eines Auskunftsvertrages gegenüber dem Kreditgeber verpflichtet. Dieser habe nach geschäftsgefährdenden Umständen nicht ausdrücklich gefragt und deswegen keine entsprechende Auskunft erwarten dürfen; außerdem hätte sich ihm wegen des spekulativen Charakters des Geschäfts aufdrängen müssen, dass die beabsichtigte Darlehensgewährung hohe Risiken berge.

gewesen, dass dieser sich in erster Linie vor seinen Mandanten gestellt und ihn in der Abwehr der angedrohten Maßnahmen unterstützt habe.

1734 Dagegen **haftet** ein **Rechtsanwalt (Strafverteidiger)** einem **Dritten**, der eine **Barkaution** stellt, um einen Haftbefehl gegen den Mandanten außer Vollzug setzen zu lassen, aus **Auskunftsvertrag**, wenn der Rechtsanwalt die Frage des Geldgebers nach den Risiken der Kaution unvollständig beantwortet.[21]

1735 Ein **Auskunftsvertrag** kommt in Betracht bei Abgabe einer **Third Party Legal Opinion** bzw. „**legal due diligence**" (Rn. 1613, 1665).

2. Steuerberater

1736 Ein **Steuerberater haftete einem Dritten**, der sich an dem von diesem Berater betreuten Unternehmen beteiligte, **nicht aus einem Auskunftsvertrag** für eine **unzutreffende Bonitätsauskunft** bezüglich seiner Mandantin; ein solcher Vertrag wurde verneint, weil allein die Einschaltung eines sachkundigen Beraters bei Vertragsverhandlungen nicht dessen persönliche Haftung für Erklärungen begründe, die vorrangig dem vertretenen Auftraggeber zuzurechnen seien, insbesondere wenn auch der Dritte sachkundigen Beistand habe.[22]

1737 Dagegen haftete eine **Steuerberatungsgesellschaft**, die eine **unvollständige Auskunft über die voraussichtliche Anerkennung einer Umsatzsteueroption** im Rahmen eines Erwerbermodells abgegeben hatte, aus einem stillschweigend geschlossenen Auskunftsvertrag, weil die Gesellschaft Treuhänderin der Erwerber habe werden wollen und deswegen ein **erhebliches wirtschaftliches Eigeninteresse** an der Verwertung des Objekts gehabt habe.[23]

---

20 BGH, NJW 1991, 32.
21 BGH, NJW 2004, 3630, 3632.
22 BGH, WM 1992, 1031, 1035 = NJW 1992, 2080, 2083.
23 BGH, WM 1995, 941, 943 = NJW-RR 1995, 619.

C. Vertragliche Auskunft gegenüber Dritten („Nichtmandanten")

Ein **Steuerberater** haftete seinem Auftraggeber wegen einer **falschen Auskunft über die Vorsteuererstattung** bezüglich eines Bauvorhabens.[24] 1738

Eine **Steuerberatungsgesellschaft** haftete aus einem **Auskunftsvertrag oder** vorvertraglichen Schuldverhältnis wegen einer **unzutreffenden Aufklärung über Steuervorteile** bei Anlageberatung.[25] 1739

3. Wirtschaftsprüfer

Eine **Wirtschaftsprüfungsgesellschaft** konnte einer Bank wegen einer **unrichtigen Bonitätsauskunft** aus **Auskunftsvertrag** haften.[26] 1740

IV. Auskunftsvertrag mit „demjenigen, den es angeht"?

Zu weit ginge im Regelfall die Annahme, ein **Rechtsberater** mache über den Empfänger seiner Auskunft einem Dritten – „**demjenigen, den es angeht**", – ein – möglicherweise „stillschweigendes" – **Angebot zum Abschluss eines Auskunftsvertrages**.[27] 1741

Zwar hat dies der XI. Zivilsenat des BGH anerkannt für **Bankauskünfte** unter der Voraussetzung, dass die Auskunft für denjenigen, der sie vom Empfänger erhalten hat und auf ihre Richtigkeit und Vollständigkeit vertraut, bestimmt war, und dass die Bank gewusst hat, ihre Auskunft werde für den Vertrauenden von erheblicher Bedeutung und Grundlage wesentlicher Vermögensverfügungen sein.[28] Die Besonderheiten einer Bankauskunft lassen sich aber **nicht** ohne weiteres auf den **Bereich der Rechtsberatung** übertragen.

Ein Vertragswille eines Rechtsberaters zum Abschluss eines Auskunftsvertrages mit einer Person, zu der er keine unmittelbare Verbindung hat und die hinter dem Empfänger der Auskunft steht, lässt sich regelmäßig nicht feststellen.[29] Vielmehr setzt der Abschluss eines Auskunftsvertrages grundsätzlich einen Anfragenden voraus. Besteht kein **unmittelbarer Kontakt** zwischen Geber und demjenigen Empfänger der Auskunft, der auf ihre Richtigkeit und Vollständigkeit vertraut, so kann die Annahme eines

---

24 BGH, WM 1998, 142 f.
25 BGH, NJW-RR 2003, 1035, 1036.
26 BGH, NJW-RR 1986, 1307 f. = WM 1986, 711, 712.
27 Vgl. BGHZ 12, 105, 109 = NJW 1954, 793; BGH, NJW 1973, 321, 323; *Bell*, S. 52 ff.
28 BGH, WM 1970, 1021, 1022; 1979, 548, 549 f.; NJW 1991, 352; BGHZ 133, 36, 42 = WM 1996, 1618 = NJW 1996, 2734; BGH, WM 1998, 1771 f.; EWiR 2001, 134, 135 = ZIP 2001, 108, 109, mit Anm. *Kessal-Wulf*, EWiR § 676 BGB 1/01 (= EWiR 2001, 221 f.); vgl. BGH, VersR 1986, 35 = WM 1985, 1520, betreffend einen Vertreiber ausländischer Aktien; BGH, NJW 2002, 1196 = WM 2002, 1406; OLG Hamm, NJW-RR 1987, 209 und OLG Köln, NJW-RR 1988, 335, jeweils betreffend Architekten, auf deren falsche Baufortschrittsanzeigen Bauherrn bzw. Kreditgeber vertraut haben; zur Haftung aus Bankauskunft: *Bruchner*, in: Schimansky/Bunte/Lwowski, § 40 Rn. 47 ff.; *Musielak*, WM 1999, 1593 ff.
29 *Bell*, S. 54.

Auskunftsvertrages im Bereich der Rechtsberaterhaftung zu unübersehbaren, aus der Interessenlage nicht mehr zu rechtfertigenden Haftungsrisiken führen.[30]

V. Auskunftsvertrag mit Schutzwirkung zugunsten Dritter

1742 Die Rechtsprechung hat auch einem **Auskunftsvertrag**, den ein mit besonderer Sachkunde ausgestatteter Geber einer Auskunft – etwa ein **Rechtsanwalt, Steuerberater oder Wirtschaftsprüfer** – mit deren Empfänger schließt, **Schutzwirkung zugunsten eines Dritten** beigemessen, wenn der Auskunftsgeber erkennbar auch die Interessen eines Dritten – beispielsweise eines Kreditgebers, Anlegers oder Käufers – wahren soll, der die Auskunft zur Grundlage einer Vermögensentscheidung machen will (vgl. Rn. 1664 f.). Dies ist angenommen worden bei

- einer **Bonitätsauskunft**;[31]
- einer **Auskunft über einen Grundstückswert**;[32]
- einer **Ankündigung eines unrichtigen Testats** durch einen Abschluss-(Wirtschafts-)prüfer (dazu Rn. 1667).[33]

Ein Auskunftsvertrag mit Schutzwirkung zugunsten eines Dritten kommt in Betracht bei Abgabe einer **Third Party Legal Opinion** bzw. „**legal due diligence**" (dazu Rn. 1613, 1665).

D. Auskunft bei vertraglicher Anlageberatung oder -vermittlung

1743 Eine hohe Gefahr, aus einem stillschweigend abgeschlossenen Vertrag wegen fehlerhafter Auskunft in Anspruch genommen zu werden, droht einem **Rechtsanwalt**, **Steuerberater** oder **Wirtschaftsprüfer** dann, wenn er – häufig im Zusammenhang mit Steuerberatung – **als Anlageberater oder -vermittler** tätig wird. Es kann sich dann um einen – auch „stillschweigend" geschlossenen – selbständigen **Anlageberatungs- oder Anlagevermittlungsvertrag mit unselbständiger Auskunftspflicht**

---

30 Vgl. BGHZ 12, 105, 109 = NJW 1954, 793; BGH, NJW 1973, 321, 323; LG Mönchengladbach, NJW-RR 1991, 415; *MünchKomm/Ebke*, HGB, § 323 Rn. 104 ff.; *Sutschet*, S. 139; *Honsell*, in: FS Medicus, S. 211, 222 f.; a.A. *Otto/Mittag*, WM 1996, 325, 329.
31 BGH, NJW-RR 1986, 1307 = WM 1986, 711: **Wirtschaftsprüfungsgesellschaft**.
32 BGH, NJW-RR 1986, 484 f. = WM 1985, 450, 451 f.
33 BGHZ 138, 257 = WM 1998, 1032 = NJW 1998, 1948.

und/oder um einen **eigenständigen Auskunftsvertrag** handeln.[34] Ein **Wertpapierdienstleistungsunternehmen** i.S.d. § 2 Abs. 4 WpHG haftet für die Verletzung seiner **gesetzlichen Aufklärungs- und Beratungspflichten** gemäß § 15 Abs. 6, §§ 37a – c WpHG.[35]

I. Auskunft und Anlageberatung

Einen **eigenständigen Vertrag, einen Anlageninteressenten** bezüglich einer Vermögensanlage **zu beraten**, kann ein Rechtsanwalt als **echten Anwaltsvertrag** mit Verpflichtung zum Rechtsbeistand[36] oder als **unechten Anwaltsvertrag** ohne eine solche anwaltstypische Verbindlichkeit[37] schließen (vgl. Rn 133 ff., 478 f.). In jedem Falle hat der **Anwalt als Anlageberater** dem Anlageinteressenten die für die Anlageentscheidung bedeutsamen **Tatsachen mitzuteilen** und diese **fachkundig zu bewerten**, regelmäßig unter Darlegung der Vor- und Nachteile sowie der Risiken;[38] häufig schuldet der Berater, dem weitreichendes persönliches Vertrauen entgegengebracht wird, **eine auf die Verhältnisse des Interessenten zugeschnittene Betreuung**.[39]

1744

Dieser regelmäßig weite Pflichtenkreis eines Anlageberatungsvertrages erstreckt sich darauf, richtige und vollständige **Auskunft über das Anlageobjekt und den Kapitalsuchenden** zu geben.[40] Der **regelmäßig sachunkundige Anlageinteressent**, der die Anlageberatung meistens zu vergüten hat, soll durch die Beratung einschließlich

1745

---

34 BGHZ 74, 103, 106 ff. = NJW 1979, 1449; BGHZ 100, 117, 118 ff. = NJW 1987, 1815; BGHZ 116, 209, 211 ff. = NJW 1992, 555; BGHZ 123, 126, 128 = NJW 1993, 2433; BGH, WM 1993, 1238, 1239 = NJW-RR 1993, 1114; NJW 1994, 1405 = WM 1994, 504 (**Rechtsanwalt** – Fachanwalt für Steuerrecht); WM 2000, 426, 427 = NJW-RR 2000, 989; NJW 2000, 3275; ZIP 2003, 1928, 1929; WM 2004, 631, 633 = BGHZ 158, 110; BGH, WM 2004, 278, 279; 2005, 833 und 1219 f.; OLG Hamburg, WM 2001, 299, 304; OLG Koblenz, WM 2003, 189; OLG Köln, VersR 2003, 744 (**Wirtschaftsprüfer und Steuerberater**).

35 Dazu *Eyles*, in: *Vortmann*, § 2 Rn. 25 ff.; *Arendts*, S. 12 ff.; zur Haftung aus §§ 37b, c WpHG: *Sethe*, in: *Assmann/Schneider*, S. 1142 ff.; *Mülbert/Steup*, WM 2005, 1633, 1637, 1651.

36 BGH, WM 1994, 504, 505 = NJW 1994, 1405; vgl. BGH, NJW 1982, 1866, 1867 (Steuerberater).

37 Vgl. BGH, NJW 1980, 1855, 1856.

38 Vgl. BGH, NJW-RR 1987, 1375, 1376, für eine Anlageberatung innerhalb eines Steuerberatervertrages.

39 Vgl. BGH, WM 1993, 1238, 1239 = NJW-RR 1993, 1114; BGHZ 123, 126, 129 = NJW 1993, 2433.

40 Vgl. zur **Anlageberatung**: *Siol*, in: *Schimansky/Bunte/Lwowski*, § 43 Rn. 6 ff., § 45 Rn. 2 ff.; *Kienle*, in: *Schimansky/Bunte/Lwowski*, § 110 Rn. 1 ff.; *von Heymann*, in: *Assmann/Schütze*, § 5 Rn. 3, 6 ff., 18 ff., 51 ff., 102 ff., Ergänzungsband § 5 Rn. 1 ff.; *Schäfer/Müller*, Rn. 119 ff.; *Vortmann*, S. 247 ff. (§ 5); *Ellenberger*, WM 2001, Sonderbeilage Nr. 1, S. 3 ff.

der gebotenen Auskünfte in die Lage versetzt werden, **eigenverantwortlich** Vor- und Nachteile sowie Risiken einer Anlage abzuwägen und sich zu entscheiden.[41]

1746 Der Rechtsanwalt kann eine **Anlageberatung auch als unselbständige Verpflichtung** im Rahmen eines Vertrages übernehmen, der überwiegend einen anderen Gegenstand hat; der Inhalt der Pflicht zur Anlageberatung ändert sich dadurch nicht.[42] Andererseits kann ein **gesonderter Auskunfts- und/oder Anlageberatungsvertrag** zusätzlich zu einem bereits bestehenden Anwalts- oder Steuerberatungsvertrag geschlossen werden.[43]

II. Auskunft und Anlagevermittlung

1747 Ein Vertrag eines **Rechtsberaters (Rechtsanwalts, Steuerberaters, Wirtschaftsprüfers), einem Anlageinteressenten eine bestimmte Kapitalanlage zu vermitteln**, kann ein **echter Rechtsberatervertrag** (§ 675 Abs. 1 BGB)[44] oder ein **Maklervertrag** (§ 652 BGB) ohne Pflicht zum rechtlichen Beistand sein (vgl. Rn. 133 ff., 478 f.).

1748 Die Pflichten aus einem solchen Vertrag mit dem Anlageinteressenten gehen nicht so weit wie diejenigen aus einem Anlageberatungsvertrag. Regelmäßig weiß der Interessent, dass der Anlagevermittler für die von ihm vertriebene Kapitalanlage eines Kapitalsuchenden wirbt, und vertraut diesem deswegen nicht wie einem unabhängigen individuellen Anlageberater. Grundsätzlich hat der **Anlagevermittler dem Anlageinteressenten** – sei es aufgrund eines **Vermittlungs-** oder **Auskunftsvertrages** – nur **richtige und vollständige Auskunft** zu erteilen über die Umstände, die für den Anlageentschluss besonders bedeutsam sind, insbesondere über die **Wirtschaftlichkeit der Kapitalanlage** und die **Bonität des Kapitalsuchenden**.[45] Der Anlageinteressent soll auf diese Weise die Risiken der in Aussicht genommenen Anlage erkennen können.[46]

---

41   Vgl. BGHZ 129, 386, 396 = NJW 1995, 2108.
42   Vgl. BGH, NJW-RR 1987, 1375, 1376 f., zur Anlageberatung im Rahmen eines Steuerberatungsvertrages.
43   Vgl. BGH, WM 1969, 36, 37; BGHZ 100, 117, 119 f. = NJW 1987, 1815.
44   Vgl. BGHZ 18, 340, 346 = NJW 1955, 1921; BGH, VersR 1968, 792, 793; WM 1976, 1135, 1136; VersR 1982, 245; NJW 1984, 2524.
45   BGHZ 74, 103, 106 f. = NJW 1979, 1449; BGHZ 100, 117, 118 ff. = NJW 1987, 1815; BGH, WM 1993, 1238, 1239 = NJW-RR 1993, 1114 f.; WM 2000, 426, 427 = NJW-RR 2000, 998; ZIP 2003, 1928, 1929 = WM 2003, 2064; WM 2004, 631, 633 = BGHZ 158, 110 und NJW 2005, 3208 (Offenlegung einer „**Innenprovision**"?; vgl. dazu für eine kreditgebende Bank: BGH, WM 2004, 1221 = NJW 2004, 2378; NJW-RR 2004, 632 und 1126, 1128); WM 2005, 833 und 1219, 1220; OLG Hamburg, WM 2001, 299, 304; OLG Koblenz, WM 2003, 189; OLG Köln, VersR 2003, 744 (Wirtschaftsprüfer und Steuerberater); vgl. BGH, WM 2005, 2228 ff.
46   Vgl. zur **Anlagevermittlung**: *Siol*, in: *Schimansky/Bunte/Lwowski*, § 45 Rn. 2 ff.; *von Heymann*, in: *Assmann/Schütze*, § 5 Rn. 4, 6 ff., 22 ff., 75 ff., 102 ff., Ergänzungsband § 5 Rn. 11 ff.; *Schäfer/Müller*, Rn. 184 ff.

Fehlen objektive Daten bezüglich der Wirtschaftlichkeit der Kapitalanlage und/oder der Bonität des Kapitalsuchenden oder hat der Anlagevermittler keine entsprechenden Informationen eingeholt, so hat der Vermittler dies – und mangelnde Sachkunde – dem Anlageinteressenten **offen zu legen**; wird die Anlage anhand eines **Prospekts** vertrieben, so hat der Vermittler das Anlagekonzept wenigstens im Wege einer „**Plausibilitätsprüfung**" darauf zu untersuchen, ob der Prospekt ein in sich schlüssiges Gesamtbild über das Beteiligungsobjekt bietet und ob die darin enthaltenen Angaben, soweit er das mit zumutbarem Aufwand prüfen kann, sachlich vollständig und richtig sind.[47] Verweist ein **Anlagevermittler** zur **Sicherheit der Kapitalanlage** ohne Einschränkung auf die Angaben des Kapitalsuchenden, so macht er sich diese zu Eigen; hat der Vermittler in einem solchen Fall die Sicherheit der Kapitalanlage nicht geprüft, so muss er dies gegenüber dem Kunden auch ungefragt deutlich machen.[48]   1749

Die Pflicht zur **Auskunft und Anlagevermittlung** kann **unselbständige Nebenpflicht** innerhalb eines Vertrages mit anderem Gegenstand oder **selbständige Hauptpflicht eines selbständigen Vertrages** sein, der möglicherweise zusätzlich zu einem bereits bestehenden Anwalts- oder Steuerberatungsvertrag geschlossen wird.   1750

III.   Abgrenzung zwischen Anlageberatung und -vermittlung

Ob eine vertragliche Verpflichtung eine **Anlageberatung oder -vermittlung** betrifft, **hängt davon ab**, ob bei Vertragsschluss nach den Umständen des Einzelfalles eine fachkundige, an den Verhältnissen des Interessenten ausgerichtete Beurteilung der für eine Anlageentscheidung bedeutsamen Umstände im Vordergrund stand – **dann Anlageberatung** – oder ob der Interessent lediglich Auskünfte über das Anlageobjekt und den Kapitalsuchenden ohne individuelle Beratung gewünscht hat – **dann Anlagevermittlungs- oder Auskunftsvertrag**.[49]   1751

E.   Andere Modelle einer Auskunftshaftung

Der **Rechtsprechung**, eine **Auskunftshaftung** – in Ausfüllung des Vorbehalts des § 675 Abs. 2 BGB – regelmäßig mit einem **Vertrag** zu begründen, werden im **Schrifttum andere Modelle für eine solche Haftung** gegenübergestellt; diese reichen von einer modifizierten vertraglichen Auskunftshaftung kraft beruflicher Stellung über eine vertragslose Selbstbindung und eine berufliche Vertrauenshaftung unabhängig vom Bestand eines Vertrages bis zu einer verstärkten deliktsrechtlichen Auskunftshaftung.[50]   1752

---

47 BGH, WM 2000, 426, 427 = NJW-RR 2000, 998; WM 2004, 631, 633 = BGHZ 158, 110; WM 2005, 1219, 1220.
48 BGH, WM 2003, 2064 = NJW-RR 2003, 1690 = ZIP 2003, 1928.
49 Vgl. BGH, WM 1993, 1238, 1239 = NJW-RR 1993, 1114 f.
50 Zusammenfassend *Hirte*, S. 386 ff.; *MünchKomm/Ebke*, HGB, § 323 Rn. 142 ff.; *Honsell*, in: FS Medicus, S. 211, 221 f.; vgl. *Vollkommer/Heinemann*, Rn. 348 f.; *Jungk*, in: *Borgmann/Jungk/Grams*, § 32 Rn. 14 ff.

Inzwischen wird die neue Vorschrift des § 311 Abs. 3 BGB als Rechtsgrundlage für eine vertrauensrechtliche Auskunftshaftung empfohlen (vgl. Rn. 1663, 1839).[51]

F. Grenzen des anwaltlichen Auskunftsvertrages

1753 Die von der Rechtsprechung entwickelten Grundsätze über den – i.d.R. stillschweigenden – Abschluss eines Auskunftsvertrages können auf das **Verhältnis eines Rechtsanwalts zu einem Nichtmandanten** nur mit der gebotenen **Vorsicht und Zurückhaltung** angewendet werden.[52] Das Bestreben, Unzulänglichkeiten des deliktischen Vermögensschutzes durch eine Vertragshaftung auszugleichen (vgl. Rn. 1643), darf nicht übertrieben werden.[53] Soweit sich die Gefahr einer Dritthaftung wegen fehlerhafter Auskunft im Zusammenhang mit der Wahrnehmung der Interessen eines Mandanten einstellt, verdoppelt sie das anwaltliche Berufsrisiko. Gegen den Willen eines Rechtsanwalts zur Eingehung eines Auskunftsvertrages spricht, dass er i.d.R. für eine Auskunft kein Honorar verlangt und erhält. Bei **gegenläufigen Interessen eines Mandanten und eines Dritten**, der auf eine anwaltliche Auskunft vertraut, ist – ebenso wie beim Vertrag mit Schutzwirkung zugunsten Dritter (Rn. 1702 ff.)[54] – das allseits bekannte **Kontrahierungsverbot** des § 43a Abs. 4 BRAO zu beachten.[55]

G. Schadensersatzpflicht aus anwaltlichem Auskunftsvertrag

I. Verletzung einer Auskunftspflicht

1754 Derjenige, der behauptet, der Rechtsanwalt habe ihn durch eine fehlerhafte Auskunft geschädigt, hat für einen Schadensersatzanspruch zunächst **darzulegen** und – gemäß § 286 ZPO – **zu beweisen**, dass der **Anwalt ihm gegenüber eine vertragliche Auskunftspflicht** – gemäß den vorstehenden Ausführungen (Rn. 1724 ff.) – **übernommen** und **diese Pflicht verletzt hat**, indem er eine falsche oder unvollständige Auskunft erteilt hat. Unter besonderen Umständen kann auch gegen eine Pflicht, eine nachträglich falsch gewordene **Auskunft zu berichtigen**, verstoßen worden sein.[56]

Die **Darlegungs- und Beweislast** für diese anspruchsbegründenden Voraussetzungen richten sich nach den **allgemeinen Regeln** (Rn. 952 ff.).[57] Soweit geltend gemacht wird, der Rechtsanwalt habe eine gebotene Mitteilung unterlassen, wird die Darlegungs- und Beweislast des Geschädigten für eine solche negative Tatsache dadurch

---

51 *Koch*, AcP 204 (2004), S. 59 ff., 69 ff.
52 *Bell*, S. 64 ff.
53 BGH, NJW 1992, 2080, 2082.
54 Vgl. BGH, NJW 1991, 32, 33.
55 Vgl. BGH, NJW 1972, 678, 680.
56 Vgl. BGHZ 61, 176, 179 = NJW 1973, 1923; BGH, NJW 1993, 3073.
57 BGH, NJW 1987, 1322, 1323; 1996, 2571; WM 1997, 335, 339.

gemildert, dass zunächst der Anwalt im Einzelnen darzulegen hat, in welcher Weise er die behauptete Mitteilung vorgenommen haben will[58] (vgl. Rn. 957 ff.).

II. Verschulden

Steht die Verletzung einer anwaltlichen Auskunftspflicht fest, so ist von einem **Verschulden** (§ 276 BGB) **des Rechtsanwalts** auszugehen, so dass dieser sich zu entlasten hat (§ 280 Abs. 1 Satz 2 BGB).[59]

1755

Eine formularmäßige **Haftungsfreistellung**, die sich auf die vertragliche Hauptpflicht zur richtigen und vollständigen Auskunft erstreckt, benachteiligt den anderen Partner des Auskunftsvertrages unangemessen und ist gemäß § 307 BGB unwirksam.[60]

III. Haftungsausfüllende Kausalität

Die **Darlegungs- und Beweislast** für den anspruchsbegründenden **Ursachenzusammenhang** zwischen dem Schaden und der schuldhaften Verletzung einer vertraglichen Beratungs-, Aufklärungs- oder Auskunftspflicht (**haftungsausfüllende Kausalität**) wird in der höchstrichterlichen Rechtsprechung nicht einheitlich festgelegt.

1756

Insoweit ist für einen Schadensersatzanspruch die sich aus § 249 Abs. 1 BGB ergebende Frage zu beantworten, was geschehen wäre, wenn der Vertragspartner sich vertragsgerecht verhalten hätte, und wie die Vermögenslage des Anspruchstellers dann wäre.[61]

Grundsätzlich hat nach der Rechtsprechung des BGH **der Schädiger zu beweisen**, dass der Schaden auch bei pflichtgemäßer Beratung, Aufklärung und Auskunft entstanden wäre, weil **der Geschädigte sich nicht „beratungs-, aufklärungs-, auskunftsgerecht" verhalten hätte**.[62]

1757

Abweichend von dieser Rechtsprechung legt der – für Rechtsanwalts- und Steuerberaterhaftung zuständige – IX. Zivilsenat des BGH die **Darlegungs- und Beweislast** dafür, dass eine schuldhafte Verletzung einer Beratungs-, Aufklärungs- oder

1758

---

58 BGH, NJW 1987, 1322, 1323; 1995, 2842, 2843; 1996, 2571; WM 1997, 335, 339.
59 Zum alten Recht entsprechend § 282 BGB a.F.: BGH, WM 1972, 583, 584; NJW 1987, 326, 327; WM 1996, 1832, 1835; 2001, 517, 518; vgl. BGHZ 129, 386, 391 f. = NJW 1995, 2108, für den Steuerberater.
60 BGH, WM 2000, 426, 429 = NJW-RR 2000, 998, 999; WM 2001, 134, 135 = NJW-RR 2001, 768, jeweils zu § 9 AGBG.
61 BGH, WM 1993, 610, 614; 1996, 1832, 1835; 2000, 959, 962; NJW 2000, 1572, 1573; 2002, 593, 594; WM 2003, 1146, 1149; NJW 2004, 444 und 1521, 1522 und 1523; vgl. WM 2006, 668, 670 (Anlagevermittler).
62 BGHZ 124, 151, 159 m w.N. = NJW 1994, 512; BGH, Beschl. v. 1.4.1993 – III ZR 193/91, BGHR BGB § 676 – Auskunftsvertrag 15; WM 2000, 426, 429 = NJW-RR 2000, 998, 999; WM 2001, 1158, 1160.

Auskunftspflicht eines **Rechtsanwalts- oder Steuerberaters** aus einem Vertrag mit Rechtsbeistandsverpflichtung den geltend gemachten Schaden verursacht hat, dem **Geschädigten** – auch im Falle einer groben Pflichtverletzung – auf;[63] diese Last wird durch Anwendung des **§ 287 ZPO**[64] und der Regeln über den **Beweis des ersten Anscheins**[65] erleichtert (vgl. Rn. 995 ff.).

IV. Haftungsrechtliche Zurechnung

1759 Der vom Rechtsberater angerichtete **Schaden** muss dem Schädiger **haftungsrechtlich zuzurechnen** sein (Rn. 1014 ff.).[66] Der Schaden ist nur dann zu ersetzen, wenn er im **Schutzbereich der verletzten vertraglichen – oder vorvertraglichen**[67] – **Pflicht**, d.h. im Kreis der Gefahren liegt, zu deren Abwendung die verletzte Pflicht übernommen wurde;[68] dieser **Schutzzweck** bestimmt sich nach dem Ziel, dass der Mandant mit der Beauftragung aus der Sicht des Rechtsanwalts oder Steuerberaters verfolgt hat.[69]

Der **haftungsrechtliche Zurechnungszusammenhang** beschränkt die Schadensersatzpflicht (dazu Rn. 1014).

V. Schadensersatz

1. Grundsätzlich Ersatz aller Schäden

1760 Sofern der Schädiger die Vermeidung des Schadens nicht garantiert hat, haftet er für den **Nachteil, der durch das Vertrauen auf die Richtigkeit und Vollständigkeit** der – tatsächlich fehlerhaften – **Auskunft** entstanden ist (**negatives Interesse**); insoweit

---

[63] BGHZ 123, 311, 313 = WM 1994, 78; BGHZ 126, 217, 223 = WM 1994, 2113; BGHZ 129, 386, 399 = WM 1995, 1450; BGH, WM 1997, 335, 339; 2000, 189, 191 = NJW 2000, 730; WM 2000, 966, 968 = NJW 2000, 1572, 1573.

[64] Dazu BGH, WM 1992, 1155, 1156 = NJW-RR 1992, 997; NJW 1992, 2694, 2695; WM 1993, 382 = NJW 1993, 734; WM 1993, 610, 614; 1996, 1832, 1835; NJW 2000, 1572, 1573.

[65] Dazu BGHZ 123, 311, 314 ff. = NJW 1993, 3259; BGHZ 126, 217, 222 = WM 1994, 2113; BGH, WM 1993, 610, 614 f. und 1513, 1516; 1998, 301, 303; 2000, 197, 198 und 1351, 1352; NJW 2002, 593, 594; WM 2003, 1146, 1149; 2004, 472, 473 und 481, 483; NJW-RR 2005, 494, 496 und 784, 785; zum Auskunftsvertrag: BGH, WM 2000, 426, 429 = NJW-RR 2000, 998, 999.

[66] Vgl. zum Zurechnungszusammenhang im Einzelnen BGH, WM 1995, 398, 401 f. = NJW 1995, 449; WM 1997, 2095, 2086 m.w.N.; zum Zurechnungszusammenhang bei unrichtiger Auskunft: BGH, Beschl. v. 18.6.1991 – XI ZR 282/90, BGHR BGB § 676 – Auskunftsvertrag 10.

[67] BGHZ 116, 209, 211 ff. = WM 1992, 133 = NJW 1992, 555; BGH, NJW-RR 2003, 1035, 1036.

[68] BGH, NJW 1993, 1779, 1781 und 2797, 2799; 1995, 449, 451 = WM 1995, 398, 401 f.; NJW 1997, 2946; WM 1999, 2360, 2362; 2001, 297, 298; NJW-RR 2003, 1035, 1036.

[69] BGH, WM 1997, 2085, 2086.

hat der Schädiger den Geschädigten so zu stellen, wie dieser bei pflichtgemäßem Verhalten stünde.[70] Ein solcher Anspruch auf Ersatz des **Vertrauensschadens** infolge Verletzung von Beratungs- und Auskunftspflichten wird durch das Interesse an der Richtigkeit und Vollständigkeit der Auskunft begrenzt.[71] Eine solche Haftung des Auskunftgebers setzt voraus, dass dessen Vertragspartner im Endergebnis überhaupt einen Schaden erlitten hat.[72]

Hat der Schädiger seine **fehlerhafte Auskunft im Rahmen eines umfassenden Beratungsvertrages** erteilt, so haftet er **grundsätzlich für alle Schäden**, die sein Vertragspartner aus einer Vermögensentscheidung aufgrund der Auskunft erlitten hat, und zwar auch dann, wenn diese nur einen Einzelpunkt betroffen hat.[73]	1761
Hat sich jemand infolge **Verletzung der Auskunftspflicht eines Anlagevermittlers** an einem Anlagemodell beteiligt, so ist er so zu stellen, als wäre es nicht zu einer solchen Kapitalanlage gekommen.[74]	1762
Derjenige, der als verdeckter Stellvertreter eine Auskunft für einen Dritten eingeholt hat, kann grundsätzlich nicht den Schaden geltend machen, den der Dritte im Vertrauen auf die fehlerhafte Auskunft erlitten hat (**keine Drittschadensliquidation**).[75]	1763

2. Begrenzung der Ersatzpflicht durch Schutzbereich der verletzten Auskunftspflicht

Die **Haftung des Auskunftgebers** wird **durch den Schutzbereich(-zweck)** der verletzten vertraglichen oder vorvertraglichen Auskunftspflicht **begrenzt** (dazu Rn. 1014 ff.).[76]	1764
Derjenige, der einem Anlageinteressenten **Beratung, Aufklärung oder Auskunft** nur **hinsichtlich eines bestimmten Einzelpunktes eines Vorhabens** schuldet, ohne Partner des Anlagegeschäfts zu sein, haftet wegen einer fehlerhaften Auskunft nur für die Schäden, die nach dem **Schutzzweck** der verletzten Vertragspflicht in diesem Einzelpunkt verhindert werden sollten. Der Schädiger braucht also dann im Allgemeinen	1765

---

70 BGH, WM 1995, 941, 942 = NJW-RR 1995, 619, 620 (**Steuerberater**); WM 1996, 1101, 1105 = NJW-RR 1996, 826 (**Steuerberater**); WM 2003, 669, 672, insoweit nicht in BGHZ 153, 293.
71 BGH, WM 1998, 142, 143 (**Steuerberater**).
72 BGHZ 116, 209, 214 = WM 1992, 133 = NJW 1992, 555; BGH, WM 1998, 142, 143.
73 BGHZ 116, 209, 212 = WM 1992, 133 = NJW 1992, 555; vgl. BGHZ 140, 235, 250 = WM 2001, 297 = NJW 2001, 962, für den Partner eines Anlagegeschäfts.
74 BGH, WM 2000, 426, 429 = NJW-RR 2000, 998, 999; vgl. BGHZ 140, 111, 117, für einen besonderen **Beratungsvertrag** von Kaufvertragspartnern; zur Anrechnung steuerlicher Vorteile: BGH, NJW 2006, 499 = WM 2006, 174.
75 BGHZ 133, 36, 41 = NJW 1996, 2734 = WM 1996, 1618.
76 BGHZ 116, 109, 211 ff. = WM 1992, 133 = NJW 1992, 555; BGHZ 146, 235, 239 f. = WM 2001, 297 = NJW 2001, 962; BGH, WM 1998, 142, 143.

nicht den gesamten Schaden aus dem fehlgeschlagenen Vorhaben zu tragen, für das die Auskunft bestimmt war. Zwar mag die fehlerhafte Auskunft einen weitergehenden Schaden des Vertragspartners adäquat verursacht haben. Es ginge aber „jedenfalls dann, wenn bei wertender Betrachtung der aus der Auskunftspflichtverletzung herrührende Schaden ... isoliert und durch Ausgleich in Geld neutralisiert werden kann", über den Schutzbereich der verletzten Vertragspflicht hinaus, das Entscheidungsrisiko des Vertragspartners – wie bei einem umfassenden Beratungsvertrag – voll auf den Auskunftgeber abzuwälzen; dieser konnte die übrigen Umstände, die zur tatsächlichen Entscheidung des Geschädigten beigetragen haben, i.d.R. weder überblicken noch beeinflussen.[77] Der Geschädigte ist dann so zu stellen wie er stünde, wenn er nicht auf die Richtigkeit und Vollständigkeit der Auskunft vertraut hätte; er darf jedoch nicht besser gestellt werden als er stünde, wenn die Auskunft fehlerfrei gewesen wäre.[78]

1766 Danach haftet ein **Kreditinstitut**, das den Kauf eines Wohnhauses finanziert und eine **unzutreffende Auskunft** über dessen Sozialbindung erteilt, nur für den dadurch verursachten Schaden (Fehlbelegungsabgabe), nicht aber für bergschadensbedingte Risse und Feuchtigkeitseinwirkungen des Hauses.[79]

1767 Dementsprechend braucht bei **Kapitalanlagen** derjenige, der nicht Partner eines Anlagegeschäfts ist und einem Anlageinteressenten **Aufklärung** nur über einem bestimmten, für das Vorhaben bedeutsamen **Einzelpunkt** schuldet, nur für die Risiken einzustehen, für deren Einschätzung die geschuldete Aufklärung maßgeblich ist; dies gilt auch im Rahmen eines **Auskunftsvertrages** oder einer **vorvertraglichen Hinweispflicht**.[80]

Danach haftet ein **Steuerberater**, der eine **falsche Auskunft** über die Vorsteuererstattung bezüglich eines Bauvorhabens erteilt hat, nur für den entsprechenden ausgebliebenen Steuervorteil, nicht aber für einen Baukredit.[81]

Eine **Steuerberatungsgesellschaft** haftet denjenigen, die aufgrund einer **fehlerhaften Auskunft** dieser Gesellschaft mit Beteiligungen an einer GmbH Steuervorteile erlangen wollen, nur für die entgangene Steuervergünstigung, nicht aber für den Verlust des Anlagekapitals infolge des Zusammenbruchs der GmbH.[82]

1768 Holt eine **Bank** im Interesse ihrer Kunden **Bonitätsauskünfte** von einer anderen Bank ein, so haftet diese bei Unrichtigkeit ihrer Auskünfte mit Rücksicht auf den Schutzzweck der verletzten Auskunftspflicht nur für denjenigen Schaden, den Kunden der

---

77 BGHZ 116, 209, 213 f. = WM 1992, 133 = NJW 1992, 555.
78 BGHZ 116, 209, 213 = WM 1992, 133 = NJW 1992, 555.
79 BGHZ 116, 209, 211 ff. = WM 1992, 133 = NJW 1992, 555.
80 BGHZ 140, 235, 240 = WM 2001, 297 = NJW 2001, 962; BGH, NJW-RR 2003, 1035, 1036.
81 BGH, WM 1998, 142, 143.
82 BGH, NJW-RR 2003, 1035, 1036 f.

einholenden Bank durch Geschäfte mit Kunden der anderen Bank erlitten haben, nicht aber für eigene Schäden der einholenden Bank aus Verwendung der Auskünfte für eigene Geschäfte.[83]

3. Darlegungs- und Beweislast

Entstehung, Art und Umfang des Schadens hat der **Geschädigte** nach allgemeinen Regeln **darzulegen** und gemäß § 287 ZPO zu **beweisen** (dazu Rn. 1087).[84] 1769

Auszugleichende Vorteile des Schadensereignisses[85] – auch **steuerliche Vorteile**[86] – hat der Schädiger darzulegen und zu beweisen.[87]

VI. Mitverschulden

Die Voraussetzungen des – von Amts wegen zu prüfenden[88] – **Einwands des schadensursächlichen Mitverschuldens** (§ 254 BGB) sind vom **Schädiger zu beweisen**[89] (vgl. Rn. 1228). 1770

Dieser **Einwand eines Rechtsanwalts, Steuerberaters** oder **Wirtschaftsprüfers** ist **gegenüber einem Mandanten regelmäßig** dann **unbegründet**, wenn die Verhütung des entstandenen Schadens nach dem Vertragsinhalt dem in Anspruch genommenen Rechtsberater allein oblag. Deswegen kann grundsätzlich dem geschädigten Auftraggeber kein Mitverschulden angerechnet werden, weil er eine Gefahr, zu deren Vermeidung er einen Fachmann hinzugezogen hat, bei genügender Sorgfalt selbst hätte erkennen und abwenden können.[90] Dies gilt i.d.R. **auch im Verhältnis eines Rechtsanwalts zu einem rechtskundigen Mandanten.**[91] Ein anrechenbares **Mitverschulden** kommt allerdings in Betracht, wenn eine Schadensursache im Bereich der **Eigenverantwortung des Geschädigten** entstanden ist und dieser diejenige Sorgfalt außer Acht gelas- 1771

---

83   BGH, Beschl. v. 18.6.1991 – XI ZR 282/90, BGHR BGB § 676 – Auskunftsvertrag 10.
84   Zur Berechnung des **Vertrauensschadens**: BGH, WM 1995, 941 = NJW-RR 1995, 619; WM 1998, 142, 143; vgl. zur Feststellung eines Anlageschadens: BGH, NJW 1995, 2106, 2107.
85   Vgl. BGHZ 91, 206, 209 f. = NJW 1984, 2457; BGH, WM 1991, 814 f.; 2001, 2251, 2252; 2002, 813, 815; ZIP 2004, 2192; zum Vorteilsausgleich bei Auskunftshaftung: BGH, NJW-RR 1992, 1397; WM 1998, 142, 143.
86   Vgl. BGHZ 53, 132, 134 = NJW 1970, 461; BGHZ 74, 103, 113 ff. = NJW 1979, 1449; BGHZ 127, 391, 397; BGH, NJW 1986, 245; NJW-RR 1989, 1102, 1103; NJW 1995, 2106, 2107; *Kullmann*, VersR 1993, 385.
87   BGHZ 94, 195, 217 = NJW 1985, 1539; BGH, NJW 1995, 2106, 2107.
88   BGH, NJW 1991, 166, 167.
89   BGHZ 91, 243, 260 = NJW 1984, 2216.
90   BGH, WM 1995, 212, 213; 1996, 1832, 1835; 2001, 739, 740.
91   BGH, NJW 1992, 820; 1993, 2045, 2047; 1997, 2168, 2170; WM 1998, 301, 304.

Teil 2 • Abschnitt 3 • Anwaltshaftung gegenüber Dritten aus Auskunftsvertrag

sen hat, die nach der Sachlage erforderlich erschien, um sich selbst vor Schaden zu bewahren[92] (vgl. Rn. 1233 ff.).

1772 Diese Grundsätze gelten auch im Verhältnis zwischen einem **Rechtsberater**, der eine fehlerhafte Auskunft erteilt hat, und demjenigen **Partner eines Auskunftsvertrages**, der im Vertrauen auf die Richtigkeit und Vollständigkeit der Auskunft geschädigt worden ist. Nach dem Inhalt des Auskunftsvertrages ist es im Allgemeinen Sache des Rechtsberaters, den Vertragspartner vor den Schäden zu warnen, die im Schutzbereich der übernommenen Auskunftspflicht liegen. Deswegen kann **dem Geschädigten i.d.R. kein Mitverschulden** vorgeworfen werden mit der Begründung, er habe der Auskunft vertraut und dadurch einen Mangel an Sorgfalt gezeigt.[93] Das gilt insbesondere dann, wenn der Geschädigte die Auskunft des Rechtsberaters wegen dessen Sachkunde eingeholt hat.[94]

1773 Bei **Verletzung einer Auskunftspflicht** wird ein **Mitverschulden des Geschädigten** regelmäßig nur dann in Betracht kommen, wenn er dieselbe Sachkunde und Erkenntnismöglichkeit hat wie der Auskunftspflichtige.[95]

Ausnahmsweise kann dem Geschädigten ein **Mitverschulden** vorgeworfen werden, wenn er

- der Auskunft blindlings vertraut hat, ohne gebotene weitere Ermittlungen anzustellen;[96]
- sich mit einer erkennbar unvollständigen Auskunft begnügt hat;[97]
- Warnungen von dritter Seite oder differenzierende Hinweise des anderen Teils nicht genügend beachtet hat oder wenn im Hinblick auf die Interessenlage, in der die Partner in vertragliche Beziehungen zueinander getreten sind, besondere Umstände vorgelegt haben;[98]
- dem Versprechen einer auch für Unkundige auffällig hohen Rendite vertraut hat.[99]

---

92 BGH, WM 1996, 1832, 1835 f.; NJW 1996, 2929, 2932; WM 1998, 301, 304; 2001, 739, 740.
93 BGH, WM 1965, 287, 288.
94 BGHZ 100, 117, 125 = NJW 1987, 1815; BGH, WM 1993, 1238, 1240.
95 Vgl. BGHZ 100, 117, 125 = NJW 1987, 1815 (Kreditinstitut).
96 BGH, WM 1973, 164, 166; OLG Frankfurt, ZIP 1984, 976, 978.
97 BGH, NJW 1989, 2882, 2884.
98 BGH, NJW 1982, 1095, 1096; WM 1993, 1238, 1240; jeweils auskunftspflichtige Anlagevermittler betreffend.
99 BGH, WM 2000, 426, 429 = NJW-RR 2000, 998, 1000; OLG Oldenburg, WM 2001, 1685, 1686.

VII. Verjährung

Nach früherem Verjährungsrecht (dazu Rn. 1274 ff.) unterlag ein **Schadensersatzanspruch wegen fehlerhafter Auskunft** grundsätzlich gemäß § 195 BGB a.F. einer **Verjährung von dreißig Jahren**.[100]   1774

Ausgenommen waren folgende Fälle, in denen die – inzwischen aufgehobenen (dazu Rn. 1260 ff.) – **beraterfreundlichen Verjährungsregelungen** (dazu Rn. 1251) der §§ 51b, 59m Abs. 2 BRAO für **Rechtsanwälte**[101] und der §§ 68, 72 Abs. 1 StBerG für **Steuerberater**[102] anzuwenden waren: 1775

- Die verletzte **Auskunftspflicht** war Teil eines **umfassenden Beratungsvertrages**, der auch in nennenswertem Umfang rechtlichen Bestand erforderte (vgl. Rn. 108, 133 ff., 478 f.).

- Die verletzte Auskunftspflicht war Gegenstand eines **gesonderten Auskunftsvertrages**, hatte aber eine so **enge inhaltliche Verbindung mit Rechts- oder Steuerberatung**, dass sie bei lebensnaher Betrachtung aus der Sicht der Parteien zu dieser Beratung gehörte.[103] Das hatte zur Folge, dass bei einer solchen einmaligen (Auskunfts-)Leistung eines Rechtsanwalts, bei der im Allgemeinen Primär- und Sekundäranspruch in unwesentlichem Abstand nach § 51b Fall 2 BRAO verjähren (Rn. 1407), sich ausnahmsweise eine Sekundärhaftung erheblich auswirken konnte.[104]

War demgegenüber die verletzte **Auskunftspflicht des Rechtsanwalts** oder **Steuerberaters Teil eines Vertrages ohne nennenswerten rechtlichen Beistand** (vgl. Rn. 133 ff., 478 f.) oder hatte diese Pflicht **keine enge inhaltliche Verbindung mit Rechts- oder Steuerberatung**,[105] so **verjährte** nach altem Recht ein **Schadensersatzanspruch wegen fehlerhafter Auskunft in dreißig Jahren** (§ 195 BGB a.F.).[106]   1776

---

100 BGH, NJW 1984, 2524; zur Verletzung einer vertraglichen Beratungspflicht: BGHZ 70, 356, 361 = NJW 1978, 997; BGH, WM 1992, 1246, 1248 = NJW-RR 1992, 1011, 1012; WM 1997, 2315, 2318; NJW 1999, 1540, 1541 = WM 1999, 1170; 2006, 851, 852; zur Abkürzung einer solchen Frist: BGH, WM 2004, 278, 279; zur Verjährung von Altansprüchen aus Auskunfts-, Anlageberatungs- und Anlagevermittlungsvertrag mit Rücksicht auf Art. 229 § 6 EGBGB (dazu Rn. 1252 ff., 1262 ff.): *Assmann/Wagner*, NJW 2005, 3169, 3170 ff.
101 Vgl. BGHZ 120, 157, 159 = NJW 1993, 199, für einen als Treuhänder tätigen Rechtsanwalt.
102 BGH, NJW 1984, 2524; WM 1995, 941, 944 = NJW-RR 1995, 619, 621.
103 BGHZ 115, 213, 226 = NJW 1992, 228; BGH, NJW 1994, 1405, 1407.
104 BGH, Beschl. v. 9.9.1997 – IX ZR 238/96, n.v.
105 Vgl. BGH, NJW 1994, 1405, 1407.
106 BGH, WM 1995, 344, 347, für einen als Treuhänder tätigen Rechtsanwalt.

Teil 2 • Abschnitt 3 • Anwaltshaftung gegenüber Dritten aus Auskunftsvertrag

1777 Nach neuem Recht verjährt ein **Schadensersatzanspruch wegen Verletzung einer Auskunfts- oder Beratungspflicht**, soweit keine Sonderregelung gilt (z.B. § 37a WpHG), grundsätzlich nach §§ 195, 199 BGB (dazu Rn. 1444 ff.).[107]

1778 ## H. Anhang: Rechtsprechungslexikon

Anlageberatung und -vermittlung

Stellung und Aufgaben eines Anlageberaters und eines Anlagevermittlers sind unterschiedlich.

Einen Anlageberater wird der Anleger im Allgemeinen hinzuziehen, wenn er selbst keine ausreichenden wirtschaftlichen Kenntnisse und keinen genügenden Überblick über wirtschaftliche Zusammenhänge hat. Er erwartet dann nicht nur die Mitteilung von Tatsachen, sondern insbesondere deren fachkundige Bewertung und Beurteilung. Häufig wünscht er eine auf seine persönlichen Verhältnisse zugeschnittene Beratung, die er auch besonders vergütet. Ein solcher unabhängiger individueller Berater, dem weitreichendes persönliches Vertrauen entgegengebracht wird, hat regelmäßig weitgehende Pflichten gegenüber dem betreuten Anleger und muss diesen differenziert und fundiert beraten.

Dagegen tritt der Anlageinteressent einem Anlagevermittler, der den Vertrieb einer bestimmten Kapitalanlage im Interesse des Kapitalsuchenden und auch mit Rücksicht auf die von diesem versprochene Provision übernommen hat, selbständiger gegenüber. An den Vermittler wendet sich der Interessent i.d.R. in dem Bewusstsein, dass der werbende und anpreisende Charakter der Angaben im Vordergrund steht. Der Vertrag zwischen dem Anlageinteressenten und dem Anlagevermittler zielt lediglich auf Auskunftserteilung. Er verpflichtet den Vermittler zu richtiger und vollständiger Information über diejenigen tatsächlichen Umstände, die für den Anlageentschluss des Interessenten von besonderer Bedeutung sind.
BGH, Urt. v. 13.5.1993 – III ZR 25/92, WM 1993, 1238, 1239.

Ein Steuerberater, der von einem Anlageinteressenten zur Aufklärung über die steuerlichen Risiken einer Anlage hinzugezogen wird, ist zu besonders weitgehender Beratung verpflichtet. Er muss auch ungefragt steuerliche bedeutsame Umstände darlegen und über ihre Folgen belehren.
BGH, Urt. v. 9.12.1981 – IVa ZR 42/81, VersR 1982, 245 f.; vgl. Urt. v. 21.3.2005 – II ZR 140/03, WM 2005, 833.

Zwischen dem Anlagevermittler und dem Anlageinteressenten besteht i.d.R. ein Auskunftsvertrag, der den Vermittler auch dann noch zur Richtigstellung fehlerhafter Prospektangaben verpflichtet, wenn inzwischen ein Dritter die Beratung des Interessenten übernommen hat.
BGH, Urt. v. 12.6.1997 – III ZR 278/95, NJW 1998, 448.

---

[107] *Palandt/Heinrichs*, BGB, 64. Aufl. 2005, § 280 Rn. 50b.

Zwischen einem Anlageinteressenten und einem Anlagevermittler kommt ein Auskunftsvertrag mit Haftungsfolgen zumindest stillschweigend zustande, wenn der Interessent deutlich macht, dass er bezüglich einer bestimmten Anlageentscheidung die besonderen Kenntnisse und Verbindungen des Vermittlers in Anspruch nehmen will und der Anlagevermittler die gewünschte Tätigkeit beginnt.

Ein solcher Vertrag verpflichtet den Vermittler zu richtiger und vollständiger Unterrichtung über diejenigen tatsächlichen Umstände, die für den Anlageentschluss des Interessenten besonders bedeutsam sind.

BGH, Urt. v. 11.9.2003 – III ZR 381/02, ZIP 2003, 1928, 1929 = WM 2003, 2064 = NJW-RR 2003, 1690; v. 12.5.2005 – III ZR 413/04, WM 2005, 1219, 1220.

Vertreibt ein Anlagevermittler eine Kapitalanlage anhand eines Prospekts, so muss er im Rahmen seiner Auskunftspflicht den Prospekt im Wege einer „Plausibilitätsprüfung" jedenfalls darauf prüfen, ob dieser ein in sich schlüssiges Gesamtbild des Beteiligungsobjekts bietet und ob die darin enthaltenen Informationen, soweit der Vermittler dies mit zumutbarem Aufwand untersuchen kann, sachlich vollständig und richtig sind.

Der Anlagevermittler einer prospektierten Kapitalanlage kann verpflichtet sein, eine Vertriebs-(„Innen-")provision offen zu legen.

BGH, Urt. v. 12.2.2004 – III ZR 359/02, BGHZ 158, 110, 116, 118 ff. = WM 2004, 631, 633 ff.; vgl. Urt. v. 12.5.2005 – III ZR 413/04, WM 2005, 1219, 1220.

Anders als ein Anlagevermittler ist eine kreditgebende Bank grundsätzlich nicht verpflichtet, den Anleger und Darlehensnehmer ungefragt darüber zu unterrichten, dass im finanzierten Kaufpreis einer Eigentumswohnung eine Vertriebs-(„Innen-")provision von mehr als 15 % enthalten ist.

BGH, Urt. v. 23.3.2004 – XI ZR 194/02, WM 2004, 1221, 1225 = NJW 2004, 2378.

Auskunftsvertrag mit dem Empfänger der Auskunft

Ungeachtet der Vorschrift des § 676 BGB a.F. (= § 675 Abs. 2 BGB n.F.) kann zwischen dem Geber und Empfänger einer Auskunft stillschweigend ein Auskunftsvertrag geschlossen werden, wenn die Auskunft für den Empfänger erkennbar von erheblicher Bedeutung ist und dieser sie zur Grundlage wesentlicher Entschlüsse machen will. Sachkunde und ein eigenes wirtschaftliches Interesse des Auskunftgebers sind insoweit Indizien. Entscheidend ist es, ob die Gesamtumstände unter Berücksichtigung der Verkehrsauffassung und des Verkehrsbedürfnisses den Rückschluss zulassen, dass beide Teile nach dem objektiven Inhalt ihrer Erklärungen die Auskunft zum Gegenstand vertraglicher Rechte und Pflichten gemacht haben.

BGH, Urt. v. 17.9.1985 – VI ZR 73/84, NJW 1986, 180 f.; v. 11.10.1988 – XI ZR 1/88, WM 1988, 1828, 1829; v. 13.2.1992 – III ZR 28/90, NJW 1992, 2080, 2082; v. 15.6.1993 – XI ZR 111/92, NJW 1993, 3073, 3075; v. 16.2.1995 – IX ZR 15/94, WM 1995, 941, 943; v. 8.12.1998 – XI ZR 50/98, ZIP 1999, 275.

Außer der Sachkunde und einem eigenen wirtschaftlichen Interesse des Auskunftgebers an dem Geschäftsabschluss können für den stillschweigenden Abschluss eines Auskunftsvertrages sprechen ein persönliches Engagement in der Form von Zusicherungen nach Art einer Garantieübernahme, das Versprechen eigener Nachprüfung der Angaben des Geschäftspartners des Auskunftempfängers, die Hinzuziehung des Auskunftgebers zu Vertragsverhandlungen auf Verlangen des Auskunftempfängers oder die Einbeziehung in solche Verhandlungen als unabhängige neutrale Person sowie eine bereits anderweitig bestehende Vertragsbeziehung zwischen Geber und Empfänger der Auskunft.
BGH, Urt. v. 13.2.1992 – III ZR 28/90, NJW 1992, 2080, 2082.

Tritt ein Anlageinteressent an einen Anlagevermittler nach dessen Angebot oder von sich aus heran, und macht er deutlich, dass er für eine bestimmte Anlageentscheidung die besonderen Kenntnisse und Verbindungen des Vermittlers in Anspruch nehmen will, so liegt darin sein Angebot auf Abschluss eines Auskunfts- oder Beratungsvertrages. Dieses Angebot nimmt der Vermittler stillschweigend jedenfalls dadurch an, dass er die gewünschte Tätigkeit beginnt. Die Vereinbarung eines Entgelts ist keine notwendige Voraussetzung für einen verbindlichen Vertrag.

Ein gesonderter Auskunfts- oder Beratungsvertrag kann neben anderen vertraglichen Beziehungen der Vertragspartner bestehen.
BGH, Urt. v. 4.3.1987 – IVa ZR 122/85, BGHZ 100, 117, 118 ff. = NJW 1987, 1815; v. 13.5.1993 – III ZR 25/92, WM 1993, 1238, 1239.

Anlagevermittler können für ihre Angaben aus einem stillschweigend geschlossenen Beratungsvertrag und daneben aus einem Verschulden bei Vertragsverhandlungen haften.
BGH, Urt. v. 22.3.1979 – VII ZR 259/77, BGHZ 74, 103, 106, 108 = NJW 1979, 1449.

Gibt ein Rechtsanwalt gegenüber einem Gläubiger seines Mandanten Erklärungen über dessen Kreditwürdigkeit ab, so kann ein Auskunftsvertrag nur ausnahmsweise dann bejaht werden, wenn die im einzelnen festgestellten Umstände deutlich für den Verpflichtungswillen des Rechtsanwalts sprechen.
BGH, Urt. v. 24.1.1978 – VI ZR 105/76, WM 1978, 576, 577.

Zur Frage, wann ein Rechtsanwalt für Erklärungen gegenüber dem Vertragsgegner seines Mandanten aus einem Auskunftsvertrag haften kann.
BGH, Urt. v. 17.5.1990 – IX ZR 85/89, NJW 1991, 32.

Wird ein Rechtsanwalt (Strafverteidiger) von demjenigen, der eine Barkaution stellt, um einen Haftbefehl gegen den Mandanten des Rechtsanwalts außer Vollzug zu setzen, nach Risiken der Kaution gefragt und beantwortet der Rechtsanwalt diese Frage unzureichend, so kann dieser dem Geldgeber aus einem Auskunftsvertrag haften.
BGH, Urt. v. 22.7.2004 – IX ZR 132/03, NJW 2004, 3630, 3632.

Auskunftsvertrag mit einem Nichtempfänger der Auskunft

Bei einer Bankauskunft können vertragliche oder vertragsähnliche Beziehungen auch mit demjenigen zustande kommen, „den es angeht". Für die rechtliche Beurteilung kann es keinen Unterschied machen, ob die Bank die Anfrage des Interessenten abwartet oder ob sie ohne Anfrage dem Kunden eine Auskunft gibt und ihm damit die Möglichkeit eröffnet, mit dieser an eine Vielzahl von Interessenten heranzutreten und diesen die Anfrage zu ersparen. Jedoch ist die Übernahme einer Haftung durch die Bank gegenüber beliebigen, noch unbekannten Dritten ungewöhnlich und ein Angebot „an wen es angeht" regelmäßig zu verneinen.
BGH, Urt. v. 6.7.1970 – II ZR 85/68, WM 1970, 1021, 1022.

Wendet sich eine Bank mit einer unrichtigen Kreditauskunft über einen Kunden an unbekannte Personen, die als Darlehensgeber des Kunden in Betracht kommen, so kann die Bank diesen aus Auskunftsvertrag haften.
BGHZ, Urt. v. 12.2.1979 – II ZR 177/77, WM 1979, 548, 549 f.

Ein Auskunftgeber kann ausnahmsweise auch demjenigen haften, der auf die einem anderen erteilte Auskunft vertraut hat.
BGH, Urt. v. 16.10.1990 – XI ZR 165/88, NJW 1991, 352.

Eine Bank kann wegen falscher Auskunft nicht nur dem anfragenden Kunden, sondern auch demjenigen haften, der auf die einem anderen erteilte Auskunft vertraut hat. Dafür ist jedoch erforderlich, dass die Auskunft für diesen bestimmt und die Bank sich bewusst war, dass ihre Auskunft für diesen von erheblicher Bedeutung sein und als Grundlage entscheidender Vermögensverfügungen dienen werde.

Wer in verdeckter Stellvertretung eine Auskunft für einen Dritten einholt, kann den Schaden, den der Dritte im Vertrauen auf die Auskunft erleidet, grundsätzlich nicht zum Gegenstand eines eigenen Ersatzanspruchs machen.
BGH, Urt. v. 21.5.1996 – XI ZR 199/95, NJW 1996, 2734, 2735 f.

Zwischen einem Kreditinstitut und einem Dritten kommt mit der Vorlage einer Bankbescheinigung ein Auskunftsvertrag zustande, wenn die dem Bankkunden zur Verfügung gestellte Bescheinigung auch für den Dritten bestimmt und dem Kreditinstitut bewusst ist, dass sie für ihn von erheblicher Bedeutung sein und er sie unter Umständen zur Grundlage wesentlicher Vermögensverfügungen machen werde.
BGH, Urt. v. 7.7.1998 – XI ZR 375/97, WM 1998, 1771; v. 5.12.2000 – XI ZR 340/99, WM 2001, 134, 135 = NJW-RR 2001, 768.

Auskunftsvertrag mit Schutzwirkung zugunsten Dritter

Wird ein öffentlich bestellter und vereidigter Sachverständiger mit einem Gutachten über einen Grundstückswert beauftragt, das als Kreditunterlage dienen soll, so kann ein Auskunftsvertrag mit Schutzwirkung für Dritte vorliegen.

BGH, Urt. v. 23.1.1985 – IVa ZR 66/83, DB 1985, 1464 = NJW-RR 1986, 484 = WM 1985, 450.

Beauftragt ein Bankkunde einen Wirtschaftsprüfer, eine als Kreditunterlage dienende Auskunft über seine Bonität zu erstellen, so kann darin ein Vertrag mit Schutzwirkung zugunsten der Bank gesehen werden.
BGH, Urt. v. 19.3.1986 – IVa ZR 127/84, NJW-RR 1986, 1307 = WM 1986, 711.

Mitverschulden

Bei einer Anlageberatung kann den Kunden ein Mitverschulden treffen, wenn er den Angaben des Beraters blindlings vertraut.
BGH, Urt. v. 18.1.1973 – II ZR 82/71, WM 1973, 164, 166.

Den Empfänger einer Auskunft trifft ein erhebliches Mitverschulden, wenn er Verträge ohne weitere Nachforschungen allein aufgrund der Auskunft abschließt, obwohl diese zur Kreditwürdigkeit seines Vertragspartners nicht ausdrücklich Stellung nimmt.
OLG Frankfurt, Urt. v. 19.6.1984 – 5 U 187/83, ZIP 1984, 976, 978.

Den Anlageinteressenten trifft an seinem Schaden infolge einer Falschauskunft kein Mitverschulden, wenn er nicht dieselbe Sachkunde und Erkenntnismöglichkeit wie der Auskunftspflichtige hat und keine auffälligen Unklarheiten erkennen kann.
BGH, Urt. v. 4.3.1987 – IVa ZR 122/85, BGHZ 100, 117, 125 = NJW 1987, 1815.

Wer seine Entscheidung auf eine erkennbar unvollständige Kreditauskunft stützt, ohne von dem Angebot weiterer Unterrichtung Gebrauch zu machen, hat keinen Schadensersatzanspruch aus einem Auskunftsvertrag.
BGH, Urt. v. 27.6.1989 – XI ZR 52/88, NJW 1989, 2882, 2884.

Zwar gibt derjenige, der einen Sachkundigen hinzuzieht, damit zu erkennen, dass er auf dem betreffenden Fachgebiet nicht die erforderlichen Kenntnisse hat und auf fremde Hilfe angewiesen ist, so dass sein Vertrauen besonderen Schutz verdient. Dennoch kann der Anlagevermittler aber dem Geschädigten unter besonderen Umständen ein Mitverschulden entgegenhalten, wenn dieser Warnungen von dritter Seite oder differenzierende Hinweise des anderen Teils nicht genügend beachtet hat oder wenn hinsichtlich der Interessenlage bei Vertragsschluss solche besonderen Umstände vorgelegen haben.
BGH, Urt. v. 13.5.1993 – III ZR 25/92, WM 1993, 1238, 1240.

Demjenigen, der eine – vermittelte – nachteilige Kapitalanlage vorgenommen hat, kann ein Mitverschulden vorzuwerfen sein, wenn er auf das Versprechen einer auch für Unkundige auffällig hohe Rendite vertraut hat.
BGH, Urt. v. 13.1.2000 – III ZR 62/99, WM 2000, 426, 429 = NJW-RR 2000, 998, 1000.

Schaden

Im Wege des Vorteilsausgleichs sind auch ersparte Steuern zu berücksichtigen.
BGH, Urt. v. 22.3.1979 – VII ZR 259/77, BGHZ 74, 103 f., 113 = NJW 1979, 1449.

Wer einem Anlageinteressenten eine umfassende Beratung oder Aufklärung schuldet, haftet grundsätzlich für alle Schäden infolge einer nachteiligen Anlageentscheidung, auch wenn er seine Pflicht nur hinsichtlich eines Einzelpunktes verletzt hat.

Wer dagegen, ohne Partner des Anlagegeschäfts zu sein, einem Anlageinteressenten Beratung oder Aufklärung nur hinsichtlich eines bestimmten, für das Vorhaben bedeutsamen Einzelpunkts schuldet, dessen Haftung aus Auskunftsvertrag oder vorvertraglichem Schuldverhältnis beschränkt sich – gemäß dem Schutzzweck der verletzten Pflicht – auf die Schäden, die in diesem Punkt eintreten könnten.
BGH, Urt. v. 3.12.1991 – XI ZR 300/90, BGHZ 116, 209, 211 ff. = NJW 1992, 555 = WM 1992, 133.

Ein steuerlicher Berater haftet wegen einer Falschauskunft grundsätzlich nur für den Schaden, der dem Auftrageber durch sein Vertrauen auf die Richtigkeit und Vollständigkeit der Auskunft entstanden ist.
BGH, Urt. v. 16.2.1995 – IX ZR 15/94, WM 1995, 941, 942.

Der Tatrichter braucht die Feststellung der Schadenshöhe nicht hinauszuschieben, bis Finanzbehörden und -gerichte abschließend über steuerrechtliche Fragen entschieden haben, die für die Schadensermittlung bedeutsam sein können. Er hat über den Schadensumfang und die damit verbundene Ausgleichung von Steuerersparnissen gemäß § 287 ZPO zu entscheiden; diese Aufgabe verlangt nicht, anrechenbare Vorteile unter Gegenüberstellung der tatsächlichen und einer hypothetischen Vermögenslage des Geschädigten bis ins Letzte genau zu berechnen.

Die tatsächlichen Voraussetzungen der Vorteilsausgleichung hat der Schädiger darzulegen und zu beweisen. Der Geschädigte muss bei konkretem Sachvortrag des Gegners seinerseits ihm bekannte, steuerlich bedeutsame Tatsachen darlegen und darf sich nicht auf ein Bestreiten oder eine unklare Darstellung beschränken.
BGH, Urt. v. 8.12.1994 – IX ZR 254/93, NJW 1995, 2106, 2107.

Wird keine umfassende Beratung bezüglich eines Gesamtvorhabens, sondern nur eine Auskunft über einen bestimmten Einzelpunkt geschuldet, so beschränkt sich ein Anspruch auf Ersatz des Vertrauensschadens wegen schuldhafter Verletzung der Auskunftspflicht auf das Interesse an der Richtigkeit der Auskunft.
BGH, Urt. v. 20.11.1997 – IX ZR 286/96, WM 1998, 142, 143 = NJW 1998, 982.

Bei Kapitalanlagen hat derjenige, der nicht Partner des Anlagegeschäfts ist und dem Anlageinteressenten Aufklärung nur hinsichtlich eines bestimmten, für das Vorhaben bedeutsamen Einzelpunktes Aufklärung schuldet, im Falle einer Pflichtverletzung nur für die Risiken einzustehen, für deren Einschätzung die geschuldete Aufklärung maßgeblich war.

Dies gilt auch im Rahmen eines Auskunftsvertrages oder einer vorvertraglichen Hinweispflicht.
BGH, Urt. v. 19.12.2000 – XI ZR 349/99, BGHZ 146, 235, 240 = WM 2001, 297 = NJW 2001, 962; v. 13.2.2003 – IX ZR 62/02, NJW-RR 2003, 1035, 1036.

Ein Schadensersatzanspruch aus der Verletzung eines Auskunftsvertrages richtet sich auf das negative Interesse.
BGH, Urt. v. 16.1.2003 – IX ZR 171/00, WM 2003, 669, 672, insoweit nicht in BGHZ 153, 293.

Nach der Lebenserfahrung ist davon auszugehen, dass eine in einem wesentlichen Punkt unvollständige Auskunft eines Anlagevermittlers ursächlich für eine Beteiligungsentscheidung eines Anlegers war.

Dieser kann verlangen, so gestellt zu werden, als hätte er sich an dem Anlagemodell nicht beteiligt.
BGH, Urt. v. 13.1.2000 – III ZR 62/99, WM 2000, 426, 429 = NJW-RR 2000, 998, 999.

Verjährung

Ein Schadensersatzanspruch gegen einen Anlagevermittler, der nicht Rechtsanwalt oder Steuerberater ist, verjährt in dreißig Jahren (§ 195 BGB a.F.).
BGH, Urt. v. 27.6.1984 – IVa ZR 231/82, NJW 1984, 2524; vgl. Urt. v. 11.3.1999 – III ZR 292/97, NJW 1999, 1540, 1541 = WM 1999, 1170.

Empfiehlt ein Rechtsanwalt in engem innerem Zusammenhang mit einer Rechtsberatung pflichtwidrig eine nachteilige Vermögensanlage, so verjährt (nach altem Recht) ein Schadensersatzanspruch des Mandanten nach § 51 BRAO a.F. (= § 51b BRAO n.F.). Dafür kommt es nicht entscheidend darauf an, ob die Anlageberatung rechtlich Bestandteil eines umfassenden Anwaltsvertrages oder Gegenstand eines gesonderten Vertrages ist.
BGH, Urt. v. 27.1.1994 – IX ZR 195/93, NJW 1994, 1405, 1407.

Ein Schadensersatzanspruch gegen einen steuerlichen Berater wegen falscher Auskunft verjährt (nach altem Recht) nach §§ 68, 72 Abs. 1 StBerG.
BGH, Urt. v. 16.2.1995 – IX ZR 15/94, WM 1995, 941, 944 = NJW-RR 1995, 619, 621.

Abschnitt 4: Anwaltshaftung aus Treuhandvertrag

Inhaltsverzeichnis

	Rn.
A. Allgemeines	1779
I. Treuhandverhältnis	1780
II. Treuhandschaften	1784
1. Echte („fiduziarische") Treuhand	1785
2. Unechte Treuhand („Ermächtigungs-, Vollmachtstreuhand")	1788
III. Eigen- und fremdnützige Treuhand	1790
1. Sicherungstreuhand	1790
2. Verwaltungstreuhand	1791
IV. Treugut in Zwangsvollstreckung und Insolvenz	1792
1. Zwangsvollstreckung bei fremd-(uneigen-)nütziger Treuhand	1792
2. Zwangsvollstreckung bei eigennütziger Treuhand	1795
3. Insolvenz	1796
B. Rechtsberater als Treuhänder	1798
I. Beispiele	1798
II. Anwaltlicher Treuhandvertrag	1799
1. Rechtsnatur	1799
2. Wechselseitige Pflichten	1803
3. Beendigung	1807
III. Verbot der Vertretung widerstreitender Interessen	1815
IV. Treuhand eines Anwaltsnotars	1817
C. Schadensersatzpflicht aus Treuhandvertrag	1819
I. Verletzung der Treuhandpflicht	1819
1. Inhalt und Umfang der Pflicht	1819
2. Abweichung von Weisungen	1821
3. Darlegungs- und Beweislast	1823
II. Verschulden	1824
III. Haftungsausfüllende Kausalität	1825
IV. Haftungsrechtliche Zurechnung	1826
V. Art und Umfang des Schadensersatzes	1827
VI. Mitverschulden	1831
VII. Verjährung	1832
D. Aufrechnung und Zurückbehaltungsrecht	1833
E. Anhang: Rechtsprechungslexikon	1834

Teil 2 • Abschnitt 4 • Anwaltshaftung aus Treuhandvertrag

1779 ## A. Allgemeines

Aufgrund eines – gesetzlich nicht geregelten – **Treuhandvertrages** hat ein **Treuhänder** – etwa ein **Rechtsanwalt, Steuerberater** oder **Wirtschaftsprüfer** (dazu Rn. 1615 f.) – **Vermögensinteressen seines Auftrag-(Treu-)gebers und/oder eines Dritten** im Rahmen und nach Maßgabe der Treuhandabrede zu wahren.[1] Aus einer solchen Tätigkeit kann der **Treuhänder seinem Auftrag-(Treu-)geber oder einem Dritten haften** (dazu Rn. 1819 ff.).

I. Treuhandverhältnis

1780 Ein **rechtsgeschäftliches Treuhandverhältnis** ist dadurch gekennzeichnet, dass ein **Treugeber** dem **Treuhänder** einen Gegenstand **(Treugut)** überträgt oder über eine Bevollmächtigung oder Ermächtigung Rechtsmacht über sein Vermögen einräumt und die sich daraus nach außen gegenüber Dritten ergebende Rechtsstellung des Treuhänders gemäß der schuldrechtlichen **Treuhandabrede** – im Innenverhältnis zwischen Treugeber und Treuhänder – nach § 137 Satz 2 BGB beschränkt.[2] Diese Treuhandvereinbarung ist das Rechtsgeschäft, das einer solchen Einräumung von Rechtsmacht über fremdes Vermögen zugrunde liegt; sie verknüpft das **Vertrauen des Treugebers** mit der **Treuepflicht des Treuhänders**. Die Treuhandabrede kann **offen**[3] oder **verdeckt**[4] sein.

1781 Ein **Treuhandvertrag** ist, falls der Treuhänder unentgeltlich tätig werden soll, ein **Auftrag** (§§ 662 ff. BGB),[5] bei Vereinbarung eines Entgelts ein **Geschäftsbesorgungsvertrag** (§ 675 Abs. 1 BGB).[6]

1782 Ein solcher Vertrag ist **grundsätzlich formlos** wirksam, es sei denn, dass ausnahmsweise ein Formzwang gelten kann, etwa wenn – außerhalb des Anwendungsbereichs der §§ 667, 675 Abs. 1 BGB – eine Pflicht zum Erwerb eines Grundstücks (§ 311b Abs. 1 BGB)[7] oder zur Abtretung eines GmbH-Geschäftsanteils (§ 15 Abs. 4 GmbHG)

---

1 BGHZ 32, 67, 70 f.; BGH, NJW 1966, 1116; WM 1969, 935.
2 Vgl. zur Treuhand eingehend *Coing*, S. 91 ff.; *Liebich/Mathews*, S. 59 ff.; *Gernhuber*, JuS 1998, 355; *Henssler*, AcP 196 (1996), S. 37; *Grundmann*, S. 11 ff.; Überblick bei *Palandt/Bassenge*, BGB, 64. Aufl. 2005, § 903 Rn. 33 ff.
3 Vgl. BGH, WM 1990, 1954, 1955.
4 Vgl. BGH, WM 1997, 2036, 2037 m.w.N.; BGHZ 134, 212, 215 = WM 1997, 335.
5 BGH, WM 2002, 1440, 1441 = NJW 2002, 2459.
6 BGH, WM 1969, 935; BGHZ 134, 212, 215 = WM 1997, 335.
7 BGHZ 85, 245, 248 ff. = NJW 1983, 566; BGHZ 127, 168, 170 ff. = NJW 1994, 3346, m.w.N., zu § 313 BGB a.F.

begründet wird.[8] Die Berufung des Beauftragten auf einen Formmangel kann gegen Treu und Glauben (§ 242 BGB) verstoßen und deswegen unbeachtlich sein.[9]

Ein **Treuhandverhältnis** kann untypisch sein, wenn es von **gesellschaftsrechtlichen Bindungen** überlagert wird.[10]

Ein Treuhandvertrag kann ein **widerrufliches Haustürgeschäft** sein (§§ 312, 312a BGB).[11]

II. Treuhandschaften

Die Rechtsstellung des Treuhänders kann gemäß dem Treuhandzweck verschieden gestaltet werden.[12]

1. Echte („fiduziarische") Treuhand

Bei der **echten („fiduziarischen") Treuhand** wird der anvertraute Vermögenswert – das **Treugut – dem Treuhänder zu vollem Recht übertragen**; dieser darf seine im Außenverhältnis unbeschränkte Rechtsmacht jedoch nur im Rahmen der zugrunde liegenden Treuhandvereinbarung ausüben.[13] Dann scheidet das **Treugut aus dem Vermögen des Treugebers** zwar rechtlich, aber nicht wirtschaftlich aus.[14] Eine **Verfügung des Treuhänders** ist grundsätzlich auch dann **wirksam**, wenn sie der **treuhänderischen Bindung widerspricht**.[15]

Zur Beendigung der Treuhand (vgl. auch Rn. 51 ff., 1807 ff.) können die Vertragspartner eine **auflösende Bedingung** (§ 158 Abs. 2 BGB)[16] oder eine **Befristung** (§ 163 BGB) vereinbaren. Ist dies nicht geschehen, so hat der Treuhänder nach Beendigung des Treuhandverhältnisses das Treugut gemäß §§ 667, 675 BGB an den Treugeber **zurückzuübertragen**.[17]

---

8 BGHZ 141, 207, 210 ff.; BGH, WM 2004, 2441.
9 BGH, NJW 1996, 1960.
10 BGH, WM 2003, 1614.
11 BGHZ 148, 201, 203 = WM 2001, 1464, zum Haustürwiderrufsgesetz, das durch Art. 6 des Gesetzes vom 26.11.2001 (BGBl. I, S. 3138) mit Wirkung vom 1.1.2002 aufgehoben wurde.
12 RGZ 127, 341, 345.
13 BGHZ 11, 37, 43 = NJW 1954, 190; BGH, WM 1996, 1190, 1191; BGHZ 155, 227, 232 = NJW 2003, 3414.
14 RGZ 127, 341, 344; BGH, NJW 2004, 1382, 1383.
15 BGH, NJW 1968, 1471 mit abl. Anm. *Kötz*.
16 Vgl. BGH, NJW 1962, 1200, 1201.
17 BGHZ 11, 37, 43 = NJW 1954, 190; BGH, NJW 1994, 726, 727; vgl. BGHZ 134, 212, 215 = WM 1997, 335.

Teil 2 • Abschnitt 4 • Anwaltshaftung aus Treuhandvertrag

1787 Infolge einer treuhänderischen Vermögensübertragung kann der **Treuhänder Gläubigern des Treugebers haften** gemäß der – inzwischen aufgehobenen –[18] Vorschrift des § 419 BGB,[19] nach dem Anfechtungsgesetz[20] (§§ 11, 15) vom 5.10.1994[21] oder wegen **Beihilfe zur Vollstreckungsvereitelung** (§ 823 Abs. 2 BGB i.V.m. §§ 27, 288 StGB; § 826 BGB).[22]

2. Unechte Treuhand („Ermächtigungs-, Vollmachtstreuhand")

1788 Die Vertragspartner können eine Treuhandschaft in der Weise vereinbaren, dass der **Treugeber Rechtsinhaber bleibt** und den **Treuhänder** entweder zu Verfügungen über sein Vermögen (Treugut) im eigenen Namen **ermächtigt** (§ 185 BGB)[23] – **Ermächtigungstreuhand** – oder zu solchen Rechtsgeschäften im Namen des Treugebers **bevollmächtigt** (§§ 164 ff. BGB)[24] – **Vollmachtstreuhand**.

1789 Eine **umfassende Treuhändervollmacht** ist – häufig im Rahmen von **Anlage- und Erwerbermodellen – unwirksam**, wenn der zugrunde liegende Geschäftsbesorgungsvertrag wegen Verstoßes gegen das Rechtsberatungsgesetz nichtig ist (§ 134 BGB);[25] dies gilt auch für eine **Prozessvollmacht des Treuhänders**.[26] In einem solchen Fall können die Vorschriften der §§ 171, 172 BGB sowie die Grundsätze der Duldungs- und Anscheinsvollmacht anzuwenden sein.[27]

---

18 Aufgehoben mit Ablauf des 31.12.1998 durch Art. 33 Nr. 16 EGInsO vom 5.10.1994 (BGBl. I, S. 2911); vgl. Art. 223a EGBGB.
19 BGH, NJW 1993, 1851, 1852 (Liquidationstreuhand).
20 BGH, NJW 1993, 2041, 2042; 1994, 726, 727 f., zu § 7 AnfG a.F.
21 Vgl. Art. 1 EGInsO (BGBl. I, S. 2911), in Kraft getreten am 1.1.1999 (Art. 110 Abs. 1 EGInsO).
22 BGH, NJW 1994, 726, 727 f.
23 Vgl. BGH, NJW 1954, 190, 191; 1966, 1116.
24 Vgl. BGH, WM 1964, 318.
25 BGH, WM 2000, 2443 = NJW 2001, 70 = BGHZ 145, 265; WM 2001, 2113 = NJW 2001, 3774; WM 2001, 2260; NJW 2002, 2325; BGHZ 153, 214 (= NJW 2003, 1252) und 154, 283 (= NJW 2003, 1594); BGH, NJW 2003, 2088 und 2091 = WM 2003, 1064; NJW 2004, 59 und 62 und 841 und 844; ZNotP 2004, 114 und 192; WM 2004, 1127; BGHZ 159, 294 = WM 2004, 1529 = NJW 2004, 2736; BGH, WM 2005, 1520; NJW 2005, 2983; WM 2005, 1998; 2006, 853, 854; dazu *Hermanns*, DNotZ 2001, 6; *Hellgardt/Majer*, WM 2004, 2380.
26 BGHZ 154, 283, 286 ff. = NJW 2003, 1594; BGH, WM 2005, 1520, 1521; 2006, 853, 854.
27 BGH, NJW 2002, 2325, 2326 f.; WM 2003, 1064, 1065 f. = NJW 2003, 2091 ff.; 2005, 2983 ff.; WM 2005, 1520, 1522; vgl. aber BGHZ 159, 294, 300 f. = WM 2004, 1529 = NJW 2004, 2736.

Eine Treuhandvereinbarung kann wegen **Missbrauchs der Vollmacht** infolge eines Insichgeschäfts (§ 181 BGB) nichtig sein.[28]

III. Eigen- und fremdnützige Treuhand

1. Sicherungstreuhand

Die rechtsgeschäftliche **Treuhand** kann **eigenem oder fremdem Nutzen** dienen. Sie verfolgt das **eigene Interesse des Treuhänders**, wenn der **Treugeber den Treuhänder(-nehmer) sichern** will – eigennützige **Sicherungstreuhand**.[29]

1790

Ein Mandant kann den **Rechtsanwalt** wegen seines Vergütungsanspruchs sichern, etwa durch treuhänderische Abtretung einer vom Rechtsanwalt beizutreibenden Forderung oder durch Übereignung einer Sache; ein solches **Sicherungsgeschäft** ist nach den **allgemeinen Regeln** zu beurteilen.[30] Es kann der **Insolvenzanfechtung** unterliegen.[31]

2. Verwaltungstreuhand

Eine **fremdnützige Verwaltungstreuhand** wird **im Interesse eines Treugebers (einseitige Treuhand)** oder **mehrerer Treugeber (doppelte oder mehrseitige Treuhand)** begründet.[32] Insbesondere bei Rechtsgeschäften, an denen Personen mit verschiedenen, häufig gegensätzlichen Interessen beteiligt sind, soll ein **Treuhänder die vereinbarte Abwicklung überwachen und sichern.**

1791

IV. Treugut in Zwangsvollstreckung und Insolvenz

1. Zwangsvollstreckung bei fremd-(uneigen-)nütziger Treuhand

Vollstrecken **Gläubiger des fremdnützigen Treuhänders** in das Treugut, so kann der **Treugeber** der Zwangsvollstreckung gemäß **§ 771 ZPO** widersprechen, weil ihm an dem Gegenstand der Vollstreckung ein die Veräußerung hinderndes Recht[33] zusteht; das Treugut gehört zwar nicht rechtlich, wohl aber wirtschaftlich zum Vermögen des Treugebers.[34] Dafür ist es gleichgültig, ob die treuhänderische Bindung offen oder ver-

1792

---

28 BGH, WM 2002, 756.
29 Vgl. BGH, WM 1969, 935.
30 Dazu *Ganter*, in: *Schimansky/Bunte/Lwowski*, § 95 – Sicherungsübereignung – und § 96 – Sicherungsabtretung –; *Lwowski*, ebenda, Anhang zu § 95; vgl. BGH – GSZ –, WM 1998, 227; BGHZ 137, 212.
31 BGH, NJW 2000, 957, 958.
32 Vgl. BGH, NJW 1966, 1116; WM 1969, 935; 1989, 1779, 1780; DB 1972, 2010; NJW-RR 1993, 367, 368; NJW 1993, 2041; NJW-RR 2002, 775, 777.
33 Vgl. dazu BGHZ 55, 20, 26 = NJW 1971, 799.
34 BGHZ, 11, 37, 41 = NJW 1954, 190; BGH, NJW 1993, 2622; 1996, 1543; WM 2004, 583, 585 = NJW-RR 2004, 1220.

deckt war.³⁵ Notwendig ist dagegen grundsätzlich, dass der Treuhänder das Treugut aus dem Vermögen des Treugebers erhalten hat.³⁶

Der Treuhänder hat als Eigentümer des Treuguts ein Widerspruchsrecht aus § 771 ZPO gegenüber einem Vollstreckungsgläubiger, der keinen Titel gegen den Treugeber hat.³⁷

1793 Von diesem **Grundsatz der Unmittelbarkeit** hat der BGH **Ausnahmen** zugelassen für ein **Anderkonto**³⁸ und für ein anderes **Sonderkonto** dann, wenn die den Zahlungen auf dieses Konto zugrunde liegenden Forderungen unmittelbar in der Person des Treugebers entstanden waren.³⁹ In solchen Ausnahmefällen ist i.d.R. hinreichend klar, dass es sich bei den Geldbeträgen auf den Konten um Treugut handelt, das dem Treuhänder anvertraut wurde, aber wirtschaftlich zum Vermögen des Treugebers gehört. Ein Guthaben auf einem **Sonderkonto** kann grundsätzlich nur dann nicht dem Vermögen des Kontoinhabers, sondern demjenigen eines Dritten aufgrund eines Treuhandverhältnisses zugerechnet werden, wenn das Konto ausschließlich zur Verwaltung von Fremdgeldern eingerichtet und benutzt worden ist.⁴⁰ Hat der **Rechtsanwalt** Forderungen seines Auftraggebers über ein eigenes **Geschäfts- oder Privatkonto** eingezogen, so kann der **Mandant** der Pfändung des Kontoguthabens durch Gläubiger des Anwalts **nicht gemäß § 771 ZPO widersprechen**.⁴¹

1794 Vollstrecken **Gläubiger des Treugebers** in das Treugut, so sind folgende Fälle zu unterscheiden:⁴²

- Wird die Zwangsvollstreckung in **bewegliche Sachen** des Treuhandvermögens betrieben, die sich **im Besitz des Treugebers** befinden, so hat der **fremdnützige Treuhänder** grundsätzlich **kein Widerspruchsrecht nach § 771 ZPO**.

- **Besitzt** dagegen **der Treuhänder die beweglichen Sachen** des Treuguts, in die vollstreckt wird, so kann er der Vollstreckung mit der Erinnerung nach **§ 766 ZPO** entgegentreten.

- Zum Treugut gehörende und **dem Treuhänder übertragene Forderungen** können aufgrund eines Vollstreckungstitels gegen den Treugeber **nicht gepfändet** werden;

---

35 BGH, NJW 1993, 2622; 1996, 1543.
36 BGH, WM 1993, 83, 84; NJW 1993, 2622.
37 BGH, WM 2004, 583 = NJW-RR 2004, 1220.
38 BGH, NJW 1954, 190, 191 f. = BGHZ 11, 37; BGH, NJW 1971, 559, 560; 1993, 2622; 1996, 1543.
39 BGH, NJW 1959, 1223, 1225.
40 BGH, NJW 1996, 1543; zum „Treuhandkonto" in Zwangsvollstreckung und Insolvenz: *Hadding/Häuser*, in: *Schimansky/Bunte/Lwowski*, § 37 Rn. 61 ff.; zu „**Treuhandkonten**" in der Insolvenz: *MünchKomm/Ganter*, InsO, § 47 Rn. 392 ff. und in: FS Kreft, S. 251 ff.; *Kirchhof*, in: FS Kreft, S. 359, 363 ff.
41 BGH, NJW 1971, 559, 560; 1996, 1543.
42 BGHZ 11, 37, 41 ff. = NJW 1954, 190.

Gläubiger des Treugebers können nur auf dessen **Anspruch gegen den Treuhänder auf Rückübertragung der Forderung** zugreifen.

2. Zwangsvollstreckung bei eigennütziger Treuhand

Bei einer **Sicherungsübereignung** hat der **Sicherungseigentümer (Sicherungsnehmer)** gegenüber Gläubigern des Sicherungs-(Treu-)gebers ein **Widerspruchsrecht aus § 771 ZPO**, so lange noch Forderungen zu sichern sind und deswegen der Zweck der Sicherungsübereignung noch besteht.[43] Das gilt entsprechend bei einer **Sicherungsabtretung**.[44]

1795

Der **Sicherungsgeber** ist bei einer **Sicherungsübereignung** gegenüber Gläubigern des Sicherungsnehmers zum Widerspruch aus § 771 ZPO berechtigt bis zur Verwertungsreife des Sicherungsguts.[45]

3. Insolvenz

Im **Insolvenzverfahren** über das Vermögen des **fremdnützigen Treuhänders** hat der **Treugeber ein Aussonderungsrecht** (§ 47 InsO), da das Treugut wirtschaftlich zu seinem Vermögen gehört.[46] Ein Recht zur Aussonderung oder Ersatzaussonderung (§§ 47, 48 InsO) bezüglich eines **Sonderkontos** entfällt, wenn dieses vom Treuhänder auch als Eigenkonto genutzt wurde.[47] Eine **schuldrechtliche Vereinbarung**, dass der bisherige Volleigentümer sein Eigentum nunmehr im Interesse eines anderen („Treugebers") verwaltet, begründet **kein Aussonderungsrecht** in der Insolvenz des Eigentümers („Treuhänders").[48]

1796

Unter welchen Voraussetzungen ein **Sicherungs-(Treu-)geber** in der **Insolvenz des (eigennützigen) Treuhänders** ein **Aussonderungsrecht** geltend machen kann, ist umstritten.[49]

---

43   BGH, NJW 1987, 1880, 1882; vgl. BGH, NJW 1992, 2014, 2015; *Stein/Jonas/Münzberg*, ZPO, § 771 Rn. 31; *Zöller/Herget*, ZPO, § 771 Rn. 15 – Sicherungsübereignung; *Palandt/Bassenge*, BGB, § 930 Rn. 35; a.A. *Hartmann*, in: *Baumbach/Lauterbach/Albers/Hartmann*, ZPO, § 771 Rn. 26.
44   *Stein/Jonas/Münzberg*, ZPO, § 771 Rn. 32.
45   BGHZ 72, 141, 143; *Zöller/Herget*, ZPO, § 771 Rn. 15 – Sicherungsübereignung; *Palandt/Bassenge*, BGB, § 930 Rn. 34.
46   BGH, WM 1993, 83, 84; NJW 1993, 2622, zur KO; eingehend zur uneigennützigen Treuhand in der Insolvenz: *MünchKomm/Ganter*, InsO, § 47 Rn. 359 ff.; *Kirchhof*, in: FS Kreft, S. 359 ff.; *Palandt/Bassenge*, BGB, § 930 Rn. 36; *Braun/Bäuerle*, InsO, § 47 Rn. 62 ff., § 51 Rn. 5.
47   BGH, WM 2003, 1641 = NJW-RR 2003, 1375, 1376.
48   BGHZ 155, 227, 231 ff. = NJW 2003, 3414; dazu *Kesseler*, ZNotP 2003, 368.
49   Dazu eingehend *MünchKomm/Ganter*, InsO, § 47 Rn. 375 ff.

1797 Im **Insolvenzverfahren** über das Vermögen des **Treugebers** hat der **fremdnützige Treuhänder kein Aus- oder Absonderungsrecht** (§§ 47 ff. InsO); der Insolvenzverwalter kann Herausgabe des Treugutes verlangen, weil es wirtschaftlich nicht zum Vermögen des Treuhänders gehört und der Treuhandvertrag mit der Verfahrenseröffnung gemäß §§ 115 Abs. 1, 116 InsO beendet wurde.[50] Insoweit kann auch ein **Vermögensrückfall** gemäß den genannten Vorschriften i.V.m. § 667 BGB in Betracht kommen.[51]

Bei einer **Sicherungsübertragung** hat der (eigennützige) **Sicherungsnehmer ein Absonderungsrecht** bezüglich der gesicherten Forderung (§ 51 Nr. 1 InsO).[52]

B. Rechtsberater als Treuhänder

I. Beispiele

1798 **Rechtsanwälte, Steuerberater** und **Wirtschaftsprüfer** werden häufig als **Treuhänder**[53] tätig, etwa bei

- Kapitalanlagen,[54]
- Abwicklung von – insbesondere fremdfinanzierten – Verträgen,[55]
- Geldverwahrung auf Anderkonto,[56]
- Sanierungsvorhaben,[57]
- Ausführung eines Liquidationsvergleichs.[58]

---

50   BGH, NJW 1962, 1200, 1201, zur KO.
51   Vgl. BGH, NJW 2004, 1382, 1383; *Braun/Kroth*, InsO, § 115 Rn. 6.
52   *MünchKomm/Ganter*, InsO, § 47 Rn. 381; *Braun/Bäuerle*, InsO, § 51 Rn. 4.
53   Vgl. zur Treuhand eines Rechtsberaters: *Vollkommer/Heinemann*, Rn. 112 ff.; *Jungk*, in: *Borgmann/Jungk/Grams*, § 34 Rn. 29 ff.; *Chab*, AnwBl 2004, 440 (auch versicherungsrechtliche Sicht).
54   **Rechtsanwalt:** BGH, NJW-RR 1989, 1102; BGHZ 120, 157, 159 = NJW 1993, 199; BGH, NJW 1995, 1025; OLG Hamm, ZIP 1990, 1331; KG, NJW-RR 1992, 795; OLG Karlsruhe, WM 1997, 1476, 1477; **Steuerberater:** BGH, NJW-RR 1987, 20, 21 und 273, 274; NJW 1990, 2464; NJW-RR 1991, 660, 661; vgl. *Grundmann*, S. 482 ff.
55   Vgl. BGH, WM 1988, 986, 987; 1992, 1533, 1537 = NJW-RR 1992, 1178.
56   BGH, NJW 1971, 559, 560; WM 1988, 986 f. = NJW-RR 1988, 1299; BGHZ 109, 47, 51 = WM 1989, 1779; zum **Anderkonto** im Einzelnen: *Hadding*, in: *Schimansky/Bunte/Lwowski*, § 38.
57   Vgl. BGH, WM 1969, 935; BGHZ 109, 47, 51 ff. = WM 1989, 1779.
58   Vgl. BGHZ 118, 70, 74 ff. = NJW 1992, 1834; BGH, NJW 1993, 1851, 1852 f.; 1994, 3102, 3103, 3105, insoweit nicht abgedruckt in BGHZ 126, 138.

II. Anwaltlicher Treuhandvertrag

1. Rechtsnatur

Ein **Rechtsanwalt** kann als **Treuhänder** für einen oder mehrere Treugeber tätig werden im Rahmen eines **echten Anwaltsvertrages**, der die anwaltstypische Aufgabe des rechtlichen Beistandes umfasst (vgl. § 3 Abs. 1 BRAO)[59] oder ohne eine solche Verpflichtung aufgrund eines **unechten Anwaltsvertrages** (vgl. Rn. 108, 133 ff., 478 f.).[60] Dabei handelt es sich um einen **Geschäftsbesorgungsvertrag**,[61] der ein **Dienst- oder Werkvertrag** sein kann (§ 675 Abs. 1 BGB; vgl. Rn. 6 ff., 480).

1799

Nicht jeder Anwaltsvertrag ist ein Treuhandverhältnis; z.b. begründet ein Mandat zur Einziehung einer Forderung i.d.R. keine Treuhandpflichten des Rechtsanwalts.[62] Der Mandant muss bei Vertragsschluss deutlich machen, dass er über den normalen Anwaltsvertrag hinaus eine treuhänderische Bindung seines Anwalts – etwa eine Verwaltung eingehender Gelder – wünscht.[63]

Bei Verletzung seiner Pflichten aus einem **Treuhandvertrag** kann ein **Rechtsberater** zunächst **seinem Auftraggeber haften**.[64]

1800

Hat ein **Rechtsanwalt**, **Steuerberater** oder **Wirtschaftsprüfer** als **Treuhänder** nach dem Treuhandvertrag nicht nur einseitig die Belange seines Auftraggebers, sondern auch als Sachwalter **Vermögensinteressen anderer Beteiligter** zu wahren, so kann es sich um eine **Treuhandvereinbarung** – einen Geschäftsbesorgungsvertrag – **zugunsten Dritter** i.S.d. § 328 Abs. 1 BGB handeln (vgl. Rn. 1616). Das kann z.B. der Fall sein

---

59 BGHZ 120, 157, 159 f. = NJW 1993, 199.
60 BGH, WM 1995, 344, 347.
61 BGH, WM 1969, 935; BGHZ 134, 212, 215 = WM 1997, 335.
62 BGH, NJW 1971, 559, 560; vgl. BGHZ 71, 380, 383 = NJW 1978, 1807, 1808; WM 2003, 92 = NJW 2003, 140.
63 Vgl. BGHZ 71, 380, 383 = NJW 1978, 1807.
64 BGHZ 102, 220, 225 = NJW 1988, 1663 = WM 1988, 54: **Steuerberater und Wirtschaftsprüfer** als Treuhänder einer Bauherrengemeinschaft; BGH, WM 1988, 986, 987: **Rechtsanwälte**, die als Treuhänder ein anvertrautes Darlehen nur gegen Sicherung durch ein Grundpfandrecht auszahlen dürfen; NJW-RR 1989, 1102: **Rechtsanwalt** als „Mittelverwendungstreuhänder" innerhalb eines Bauherrenmodells; NJW-RR 1991, 599: **Steuerberater und Rechtsbeistand** als Treuhänder eines Bauherrenmodells; NJW 1993, 199: **Rechtsanwalt** als Treuhandgesellschafter einer Publikumsgesellschaft; NJW 1995, 1025: **Rechtsanwalt** als Treuhänder bei Anlagegeschäften; WM 2001, 2262 = NJW 2002, 888: **Steuerberater** als Treuhänder der Anleger eines geschlossenen Immobilienfonds; NJW 2002, 2459 = WM 2002, 1440: vorzeitige Weitergabe von Bürgschaften durch **Rechtsanwalt** als Treuhänder.

- **zugunsten der Gläubiger** eines Schuldners, der einem Rechtsberater als Treuhänder sein Vermögen ganz oder teilweise zur Verwertung im Wege eines **Liquidationsvergleichs** überträgt (§ 7 Abs. 4 VerglO);[65]
- **zugunsten der Gläubiger** eines Schuldners in anderen Fällen, in denen dieser einem Treuhänder **Vermögen zur Befriedigung von Gläubigern überträgt**;[66]
- **zugunsten eines Kapitalanlegers**, soweit ein Rechtsberater als Treuhänder eines kapitalsuchenden Anlageunternehmens die **Mittelverwendung zu überwachen** hat[67] oder **Sicherheiten prüfen muss**[68].

1801 Ein **Treuhandvertrag** kann, falls kein Vertrag zugunsten Dritter i..d. § 328 Abs. 1 BGB vorliegt, **Schutzwirkung zugunsten Dritter** (dazu Rn. 1660) haben. So kann ein **Treuhandvertrag zwischen einem Vermittler** von Börsenspekulationsgeschäften **und einem Rechtsanwalt**, auf dessen Anderkonto die Einzahlungen der Anleger zu leisten sind, **Schutzwirkung zugunsten der Anleger** haben.[69]

1802 Ein **Dritter**, dessen Interessen durch eine **anwaltliche Treuhand** im Auftrag des Mandanten berührt werden, kann sich dem Mandat – als **Mit-Auftraggeber** – anschließen oder einen **eigenen Betreuungsvertrag** mit dem Rechtsanwalt eingehen.

2. Wechselseitige Pflichten

1803 Ein **Rechtsberater (Rechtsanwalt, Steuerberater, Wirtschaftsprüfer) als Treuhänder** hat – dies ist seine **Hauptleistungspflicht** – das ihm vom Treu-(Auftrag-)geber übertragene **Geschäft zu besorgen**; dabei kann es sich um einen Dienst- oder Werkvertrag handeln (§ 675 Abs. 1 BGB; Rn. 1799). Der Treuhänder hat dem Treugeber die erforderlichen **Nachrichten** zu übermitteln, auf dessen Verlangen **Auskunft** über den Stand des Geschäfts zu erteilen und nach der Geschäftsbesorgung **Rechenschaft** abzulegen (§§ 666, 675 Abs. 1 BGB).[70]

---

65 BGHZ 55, 307, 309; 62, 1, 2 f.; 118, 70, 75; 126, 138, 141; BGH, NJW 1966, 1116.
66 BGHZ 55, 307, 308 f.: Fiduziarische Abtretung einer Forderung an **Rechtsanwalt als Treuhänder**; BGHZ 109, 47, 51 f.: Zahlungen auf ein **anwaltliches Anderkonto** zur Befriedigung bestimmter Gläubiger.
67 BGH, WM 1986, 904, 905 = NJW-RR 1986, 1158: **Rechtsanwalt**; WM 1995, 344, 345: **Rechtsanwalt**; WM 2003, 2382, 2383 = NJW-RR 2004, 121 (Herausgabe der Anlegerbeiträge aus §§ 667, 675 Abs. 1 BGB); WM 2004, 1287, 1289 = NJW-RR 2004, 1356: **Rechtsanwalt**; OLG Hamburg, WM 2001, 299, 302: **Patentanwalt**.
68 OLG Karlsruhe, WM 1997, 1476, 1477: **Rechtsanwalt**.
69 BGH, WM 2004, 1287, 1289 = NJW-RR 2004, 1356, 1357.
70 Vgl. BGHZ 93, 327, 329 f. = NJW 1985, 1693; BGHZ 109, 260, 266 = NJW 1990, 510; OLG München, DB 1986, 1970; OLG Köln, DB 1989, 773.

B. Rechtsberater als Treuhänder

Weiterhin hat der Treuhänder dem Treugeber gemäß §§ 667, 675 Abs. 1 BGB dasjenige **herauszugeben**, was er zur Ausführung der Geschäftsbesorgung **erhalten**[71] und aus dieser **erlangt hat**.[72] Zu demjenigen, was der Treuhänder aus der Geschäftsbesorgung erlangt hat, gehören auch **Sondervorteile** (Provision, Schmiergeld, sonstige Vergütung), die dem Treuhänder oder einem „Strohmann" in unmittelbarem innerem Zusammenhang mit der Geschäftsbesorgung zugewendet wurden und eine Willensbeeinflussung zum Nachteil des Auftraggebers befürchten lassen.[73] Wann die Herausgabepflicht nach §§ 667, 675 Abs. 1 BGB zu erfüllen ist, richtet sich nach der Treuhandabrede; i.d.R. ist dieser Zeitpunkt die Beendigung des Treuhandverhältnisses.

1804

Ist der Treuhänder zur Herausgabe außerstande, so haftet er auf **Schadensersatz**, falls er sich nicht entlasten kann.[74] Dagegen haftet ein Beauftragter bei einem Verlust angelegter Gelder infolge Insolvenz der Anlagebank oder infolge Diebstahls des empfangenen Geldes **nicht verschuldensunabhängig auf Herausgabe** nach § 667 BGB, sondern allein wegen einer von ihm zu vertretenden Pflichtverletzung nach §§ 280 ff. BGB.[75]

1805

Der **Treu-(Auftrag-)geber** hat dem **Rechtsanwalt als Treuhänder** die **Vergütung zu zahlen**, die vereinbart wurde oder – nach §§ 612, 632, 675 BGB – als vereinbart gilt (vgl. Rn. 801 ff.). Außerdem hat der Auftraggeber dem Treuhänder einen verlangten **Vorschuss** zu leisten (§§ 669, 675 Abs. 1 BGB) und ihm diejenigen **Aufwendungen** zu ersetzen, die zur Geschäftsbesorgung dienten und die der Treuhänder den Umständen nach für erforderlich halten durfte (§§ 670, 675 Abs. 1 BGB).[76]

1806

3. Beendigung

Das **Treuhandverhältnis endet**[77] spätestens mit der **Erfüllung** der wechselseitigen Vertragspflichten (§ 362 Abs. 1 BGB), also nach Erreichung des Treuhandzwecks.

1807

71　Vgl. BGH, WM 1988, 763, 764; BGHZ 109, 260, 264 = NJW 1990, 510; BGH, NJW 1997, 47, 48; WM 2002, 1440, 1441 = NJW 2002, 2459; NJW-RR 2004, 121 = WM 2003, 2382, 2383.

72　Vgl. BGHZ 85, 245, 249 = NJW 1983, 566; BGHZ 109, 260, 265 = NJW 1990, 510; BGH, NJW 1994, 3346 f.

73　**Rechtsanwalt**: BGH, WM 1992, 879; 2000, 1596; **Steuerberater**: BGHZ 39, 1, 2 f.; 78, 263, 267 f.; 95, 81, 84; BGH, NJW 1987, 181 = NJW-RR 1987, 1380; NJW 1991, 1224; zum Anspruch gegen einen **Steuerberater** auf Herausgabe von Unterlagen: BGH, NJW-RR 2004, 1290 = WM 2004, 2216; OLG Düsseldorf, NJW-RR 2005, 364.

74　BGH, WM 2002, 1440, 1441 = NJW 2002, 2459; vgl. zur Herausgabepflicht aus §§ 667, 681 Satz 2 BGB bei nichtigem Geschäftsbesorgungsvertrag: BGH, NJW 1997, 47, 48.

75　BGH, NJW 2006, 986 = BGHZ 165, 298.

76　Vgl. BGHZ 8, 222, 225, 229, 235 = NJW 1953, 377; BGHZ 95, 375, 388 = NJW 1986, 310; BGH, NJW 1983, 1729; NJW-RR 1994, 87.

77　Vgl. dazu im Einzelnen: *Liebich/Mathews*, S. 120 ff.

Ein Treuhandverhältnis, das für eine **bestimmte Zeit** geschlossen wurde, endet mit deren Ablauf (§ 163 mit § 158 Abs. 2 BGB; § 675 Abs. 1 i.V.m. § 620 Abs. 1 BGB für einen Dienstvertrag, der eine Geschäftsbesorgung des Treuhänders zum Gegenstand hat).

1808 Die Vertragspartner können einen Treuhandvertrag **jederzeit einvernehmlich aufheben** (§ 311 Abs. 1 BGB). Dies kann unter Umständen selbst dann formlos geschehen, wenn das aufgehobene Rechtsgeschäft formbedürftig war.[78]

1809 Die wichtigste Maßnahme zur Beendigung eines Treuhandvertrages ist die **Kündigung** (vgl. Rn. 62 ff., 879 ff.). Sie löst ein für unbestimmte Zeit eingegangenes Dauerschuldverhältnis auf; sie beendet aus wichtigem Grund eine auf bestimmte Zeit vereinbarte Treuhandbindung. Ein **unentgeltlicher Treuhandvertrag** (§ 662 BGB) kann von beiden Vertragspartnern grundsätzlich jederzeit einseitig beendet werden (§ 671 BGB). Für einen **entgeltlichen Treuhandvertrag** gilt dies nicht; insoweit ist lediglich § 671 Abs. 2 BGB entsprechend anzuwenden, wenn der Treuhänder zur fristlosen Kündigung des Vertrages berechtigt ist (§ 675 Abs. 1 BGB).

1810 Für die **Kündigung eines entgeltlichen Treuhandvertrages** ist danach zu unterscheiden, ob es sich – wie i.d.R. – um einen Dienstvertrag (§§ 611, 675 BGB) oder – ausnahmsweise – um einen Werkvertrag (§§ 631, 675 BGB) handelt (vgl. Rn. 6 ff., 480).

Für die **Kündigung** eines **Dienstvertrages**, der eine treuhänderische Geschäftsbesorgung zum Gegenstand hat, gilt Folgendes: Eine **ordentliche Kündigung** des Treuhandverhältnisses kann gemäß §§ 620 Abs. 2, 621 – 623 BGB erklärt werden. Eine **fristlose Kündigung** des Treuhandvertrages kann aus **wichtigem Grund** (§ 626 BGB) oder nach § 627 BGB bei einer **besonderen Vertrauensstellung des Treuhänders** ausgesprochen werden (dazu Rn. 883 ff.). Anwaltliche Dienste sind „höherer Art" i.S.d. § 627 BGB, die aufgrund besonderen Vertrauens übertragen zu werden pflegen.[79] Nach fristloser Kündigung des Treuhandvertrages richtet sich der **Vergütungsanspruch des Treuhänders** nach § 628 Abs. 1 BGB[80] (Rn. 880 ff.). Ist die fristlose Kündigung durch vertragswidriges Verhalten des anderen Vertragspartners veranlasst worden, so ist dieser zum **Ersatz des Schadens** verpflichtet, der durch die Vertragsaufhebung entsteht (§ 628 Abs. 2 BGB; Rn. 902 ff.).

1811 Für die **Kündigung** eines **Werkvertrages**, der eine treuhänderische Geschäftsbesorgung zum Gegenstand hat (§§ 631, 675 Abs. 1 BGB), gilt Folgendes (dazu Rn. 903 ff.): Der **Treugeber** kann den Vertrag bis zur Vollendung des Werkes jederzeit **fristlos kündigen** (§ 649 Satz 1 BGB). Der **Vergütungsanspruch des Treuhänders** bestimmt sich dann grundsätzlich nach § 649 Satz 2 BGB. Hat der Treugeber allerdings einen

---

78 Vgl. BGHZ 83, 395, 397 ff. = NJW 1982, 1639.
79 Vgl. BGH, WM 1993, 515; NJW 1995, 1954; OLG Karlsruhe, NJW-RR 1994, 1084.
80 Vgl. dazu BGH, NJW 1985, 41; 1995, 1954 f.; WM 1996, 2244, 2246; OLG Karlsruhe, NJW-RR 1994, 1084 f.

wichtigen Kündigungsgrund, so kann dies den Vergütungsanspruch des Treuhänders einschränken.[81] Der **Treuhänder** kann ein werkvertragliches Geschäftsbesorgungsverhältnis aus wichtigem Grund wegen Vertragsverletzung[82] oder gemäß §§ 642, 643 BGB **kündigen**; dabei ist die Vorschrift des § 671 Abs. 2 BGB zu beachten, die entsprechend anzuwenden ist (§ 675 Abs. 1 BGB). Eine **Vergütungs- und Schadensersatzpflicht des Treugebers** kann sich aus Vertragsverletzung und/oder aus §§ 642, 643, 645 BGB ergeben.

Andere gesetzliche Rechte zur Lösung eines Treuhandvertrages – etwa im Wege der Anfechtung oder des Rücktritts – haben in der Praxis nur geringe Bedeutung.[83]   1812

Infolge der Eröffnung des **Insolvenzverfahrens** über das Vermögen des **Treugebers erlischt ein Treuhandvertrag**, soweit er sich auf die Insolvenzmasse bezieht (§§ 115, 116 InsO).[84] Im Insolvenzverfahren über das Vermögen des **Treuhänders** kann der Treugeber den Treuhandvertrag nach den vorstehenden Ausführungen **kündigen**.[85]   1813

Der Treuhandvertrag erlischt im Zweifel durch den **Tod des Treuhänders** (§§ 673, 675 Abs. 1 BGB), **nicht** aber durch den **Tod des Treugebers** (§§ 672, 675 Abs. 1 BGB). Im letztgenannten Falle gilt der Vertrag zugunsten des Treuhänders als fortbestehend, bis dieser das Erlöschen kennt oder kennen muss (§§ 674, 675 Abs. 1 BGB).   1814

III. Verbot der Vertretung widerstreitender Interessen

Zwar gehört die **Treuhandtätigkeit zum Berufsbild des Rechtsanwalts**; daran ändert es nichts, dass die Gebührenordnung für Rechtsanwälte für eine solche Tätigkeit nicht gilt (§ 1 Abs. 2 RVG; früher § 1 Abs. 2 BRAGO).[86] Bei der Wahrnehmung einer Treuhandaufgabe rückt aber – mehr noch als bei einem Vertrag mit Schutzwirkung (Rn. 1702 ff.) und einem Auskunftsvertrag (Rn. 1753) – das **Verbot der Vertretung widerstreitender Interessen** in den Vordergrund (§§ 43a Abs. 4, 59b Abs. 2 Nr. 1e BRAO mit § 3 BORA und Nr. 3.2 der Berufsregeln der Rechtsanwälte der Europäischen Union; § 356 StGB).[87] Dieses Verbot soll den Rechtsanwalt **vor Interessenkonflikten schützen** und damit seine **Unabhängigkeit** wahren; letztlich dient das Verbot   1815

---

81 Vgl. BGHZ 31, 224, 229 = NJW 1960, 431; BGHZ 45, 372, 375 = NJW 1966, 1713; BGHZ 65, 391, 393 = NJW 1976, 518; BGH, WM 1990, 1756, 1757; NJW 1993, 1972, 1973; NJW-RR 1996, 1108; OLG Düsseldorf, NJW-RR 1996, 1170, 1171.
82 Vgl. BGH, NJW 1995, 1954, 1955.
83 Vgl. dazu *Liebich/Mathews*, S. 127 ff.
84 Vgl. BGH, WM 1975, 79; NJW 1990, 510, jeweils zu § 23 KO.
85 Vgl. *Liebich/Mathews*, S. 135 f.
86 BGHZ 120, 157, 159 f. = NJW 1993, 199, zur BRAGO.
87 Dazu *Feuerich/Weyland*, BRAO, § 43a Rn. 54 ff.; *Eylmann*, in: *Henssler/Prütting*, BRAO, § 43a Rn. 126 ff.

der **Funktionsfähigkeit der Rechtspflege**. Da § 43a Abs. 4 BRAO über § 356 StGB hinausgeht, ist auch ein **fahrlässiger Verstoß pflichtwidrig**.[88]

1816 Abweichend von dem Grundsatz, dass der Rechtsanwalt nur die Interessen seines Auftraggebers wahrzunehmen und zu vertreten hat, verlangt ein Treuhandvertrag häufig, dass der **Rechtsanwalt als Treuhänder neben den Belangen seines Mandanten ein fremdes Interesse** – eines Dritten oder mehrerer Personen – **wahren** muss (mehrseitige Treuhand).[89] Da die **Interessen der Beteiligten meistens gegenläufig** sind, kann der Rechtsanwalt als Treuhänder leicht gegen das Verbot verstoßen, mehrere Parteien mit entgegengesetzten Interessen in derselben Rechtssache zu beraten und zu vertreten. Die Grenzen dieses Verbotes sind noch **weitgehend ungeklärt**.[90] Eine **anwaltliche Tätigkeit** dürfte dann **unzulässig** sein, wenn gegensätzliche Belange des Auftraggebers und weiterer Beteiligter es auszuschließen, dass dem Rechtsanwalt ein übergeordnetes gemeinschaftliches Interesse dieser Personen anvertraut ist.[91]

IV. Treuhand eines Anwaltsnotars

1817 Ein **Anwaltsnotar** kann eine **Treuhandtätigkeit** übernehmen und ausführen entweder als **Rechtsanwalt** im Rahmen eines privatrechtlichen Geschäftsbesorgungsvertrages (§ 675 Abs. 1 BGB) oder **als Notar**, der eine selbständige, öffentlichrechtliche „Betreuung der Beteiligten auf dem Gebiete vorsorgender Rechtspflege" ausübt (§§ 23, 24 Abs. 1, 2 BNotO). Die Berechnung und Beitreibung der **Gebühren** für eine Anwalts- und eine Notartreuhand sind verschieden, ebenso die **Voraussetzungen und Folgen einer Haftung**.[92] Die **Zuordnung** einer treuhänderischen Tätigkeit eines Anwaltsnotars ist – trotz der **Vermutungstatbestände des § 24 Abs. 2 BNotO** – regelmäßig **schwierig**, wenn – dies ist meistens der Fall – neben den Belangen des Auftraggebers auch ein gegenläufiges fremdes Interesse zu wahren ist.[93]

Die Hilfsregeln des § 24 Abs. 2 BNotO werden nicht benötigt, wenn im Einzelfall unstreitig oder aufgrund der Umstände klar ist, dass es sich um eine anwaltliche oder eine notarielle Treuhand des Anwaltsnotars handelt.[94]

---

88 *Feuerich/Braun*, BRAO, § 43a Rn. 54; *Eylmann*, in: *Henssler/Prütting*, BRAO, § 43a Rn. 127.
89 Vgl. OLG Hamm, AnwBl 1987, 42, 43 für den Fall, dass ein Prozessanwalt eine Sicherheit zur Abwendung der Zwangsvollstreckung entgegennimmt; vgl. *Grundmann*, S. 237 ff.
90 Vgl. *Dingfelder/Friedrich*, S. 66 ff., 215, 217 ff.; *Westerwelle*, NJW 1997, 2781.
91 Vgl. BGH, WM 1996, 1832, 1834; OLG München, NJW 1997, 1313, 1314.
92 Dazu im Einzelnen *Zugehör*, ZNotP 1997, 42; *ders.*, in: *Zugehör/Ganter/Hertel*, Notarhaftung, Rn. 308.
93 Zur Abgrenzung im Einzelnen *Zugehör*, ZNotP 1997, 42, 43 ff.; *ders.*, in: *Zugehör/Ganter/Hertel*, Notarhaftung, Rn. 309 ff.
94 Vgl. BGH, WM 1977, 1141; 1993, 260, 261; 1997, 78, 80.

B. Rechtsberater als Treuhänder

In unklaren Fällen begründet **§ 24 Abs. 2 Satz 1 BNotO** die **unwiderlegbare Vermutung einer notariellen Tätigkeit**, wenn die Handlung bestimmt ist, Amtsgeschäfte gemäß §§ 20 – 23 BNotO vorzubereiten oder auszuführen. Damit wird gewährleistet, dass Vorbereitungs- und Vollzugstätigkeiten eines Anwaltsnotars in sachlichem Zusammenhang mit Urkundsgeschäften dem Notarrecht unterliegen.[95] Ob eine Zweckbestimmung i.S.d. Vorschrift vorliegt, richtet sich nach den objektiven Umständen, insbesondere nach Art und Schwerpunkt der Tätigkeit des Anwaltsnotars und der Sicht der Beteiligten.[96]

Falls eine Tätigkeit des Anwaltsnotars nicht eindeutig dem anwaltlichen oder notariellen Bereich zuzuordnen ist und die Voraussetzungen des § 24 Abs. 2 Satz 1 BNotO für die Vermutung eines notariellen Geschäfts nicht vorliegen, weil ein unmittelbarer sachlicher Zusammenhang mit einem Urkunds- oder Verwahrungsgeschäft (§§ 20 – 23 BNotO)[97] fehlt, enthält **§ 24 Abs. 2 Satz 2 BNotO** die **Auslegungsregel**, dass „im Übrigen ... im Zweifel anzunehmen" ist, der Anwaltsnotar sei **als Rechtsanwalt** tätig geworden. Da diese Regel nur „im Zweifel" gilt, muss zunächst versucht werden, diese Zweifel durch **tatsächliche Feststellungen im Einzelfall** auszuräumen.[98] Auch insoweit sind die gesamten objektiven Umstände sowie die Vorstellungen der Beteiligten zu berücksichtigen.[99] Die **Rechtsprechung**[100] verwendet folgende **Abgrenzungsformel**: Ist der Anwaltsnotar einseitig als Vertreter seines Auftraggebers zur Wahrung streitiger Interessen tätig geworden, so hat er als Rechtsanwalt gehandelt; ist der Anwaltsnotar dagegen als unparteiischer Betreuer aller Beteiligten im Rahmen vorsorgender Rechtspflege aufgetreten, so hat er ein notarielles Amtsgeschäft vorgenommen.

Dieses Abgrenzungsmerkmal wird **unscharf**, wenn zu klären ist, ob eine **mehrseitige Treuhandschaft** dem anwaltlichen oder dem notariellen Bereich des Anwaltsnotars zuzuordnen ist.[101] Dieser ist bei einer solchen Tätigkeit in jedem Falle zu einem **Mindestmaß an Neutralität** verpflichtet, weil er neben den Belangen des Auftraggebers auch Interessen anderer Beteiligter zu wahren hat. Insbesondere bei einer solchen Drittbegünstigung erfordert die Abgrenzung zwischen der anwaltlichen und notariellen Tätigkeit des Anwaltsnotars eine sorgfältige **Gesamtwürdigung aller Umstände des Einzelfalls**, die vor allem auf **Art, Inhalt und Umfang der mit dem „Treuhandauftrag" verbundenen Pflichten** abzustellen hat. Danach wird i.d.R. festgestellt wer-

1818

---

95 Mitteilung der Bundesnotarkammer, DNotZ 1969, 201, 202.
96 BGHZ 134, 100, 105 = WM 1997, 78 = NJW 1997, 661; BGH, NJW 2000, 734, 735.
97 Vgl. zum Begriff des Verwahrungsgeschäfts i.S.d. § 23 BNotO; BGH, WM 1998, 335, 337.
98 Vgl. BGH, WM 1992, 1533, 1537; 1996, 30, 32; NJW 1998, 1864, 1866.
99 BGH, NJW 1998, 1864, 1866.
100 BGH, WM 1992, 1533, 1537; 1993, 1889, 1890; 1996, 30, 32; 1997, 78, 80; NJW 1998, 1864, 1866; WM 2000, 193, 194; 2001, 1204, 1205.
101 Dazu eingehend *Zugehör*, in: *Zugehör/Ganter/Hertel*, Notarhaftung, Rn. 316 ff.

den können, ob eine **Anwaltstreuhand**[102] – etwa als Vertrag zugunsten Dritter oder mit Schutzwirkung für Dritte (Rn. 1616, 1660) – oder eine **Notartreuhand**[103] vorliegt, so dass dann nicht auf § 24 Abs. 2 Satz 2 BNotO zurückgegriffen werden muss.

C. Schadensersatzpflicht aus Treuhandvertrag

I. Verletzung der Treuhandpflicht

1. Inhalt und Umfang der Pflicht

1819 Inhalt und Umfang der **hauptsächlichen Pflicht des Treuhänders**, das ihm vom Treu-(Auftrag-)geber **übertragene Geschäft zu besorgen** (§§ 662, 675 Abs. 1 BGB), richten sich nach der im Einzelfall getroffenen **Treuhandvereinbarung**; ein typischer Treuhandvertrag ist im Gesetz nicht geregelt. Im Allgemeinen hat der Treuhänder **Vermögensinteressen des Treugebers** und/oder eines nach dem Vertragszweck einbezogenen **Dritten** im Rahmen und nach Maßgabe der Treuhandabrede **zu wahren**.[104]

Daraus können sich vertragliche Pflichten zur **Beratung**, zum **Beistand**, zur **Mitwirkung, Prüfung, Aufklärung** und **Überwachung** ergeben.[105]

1820 Ein **Rechtsanwalt, Steuerberater oder Wirtschaftsprüfer** kann **als Treuhänder** insbesondere **verpflichtet** sein,

- die **vereinbarte Verwendung des Treuguts zu sichern**, etwa durch **Überwachung** des vertragsgerechten Einsatzes von Anlegermitteln,[106] durch Einzahlung fremder

---

102 Vgl. BGH, WM 1998, 335, 337.
103 BGHZ 134, 100, 104 f., 112 f. = WM 1997, 78 = NJW 1997, 661; BGH, NJW 2000, 734, 735 (vgl. dazu aber inzwischen BGHZ 146, 341); BGH, WM 2001, 1204, 1205.
104 BGHZ 102, 220, 225 = NJW 1988, 1663 = WM 1988, 54: **Steuerberater und Wirtschaftsprüfer** als Treuhänder einer Bauherrengemeinschaft; BGH, WM 1986, 1320 = NJW-RR 1987, 20: Treuhänder einer Bauherrengemeinschaft; WM 1988, 986, 987: **Rechtsanwälte**, die als Treuhänder ein anvertrautes Darlehen nur gegen Sicherung durch Grundpfandrecht auszahlen sollen; NJW-RR 1989, 1102: **Rechtsanwalt** als „Mittelverwendungstreuhänder" innerhalb eines Bauherrenmodells; NJW-RR 1991, 660, 661: u.a. **Steuerberater** als Treuhänder eines Bauherrenmodells; WM 1994, 1720, 1722 = NJW 1994, 2228: Treuhänder einer Bauherrengemeinschaft; NJW 1995, 1025: **Rechtsanwalt** als Treuhänder bei Anlagegeschäften; WM 2001, 2262 = NJW 2002, 888: **Steuerberater** als Treuhänder der Anleger eines geschlossenen Immobilienfonds; WM 2002, 1440 = NJW 2002, 2459: Bürgschaftsurkunden einer Bank bei **Rechtsanwalt** als Treuhänder.
105 BGHZ 84, 141, 143 f. = NJW 1982, 2493 = WM 1982, 758; BGH, WM 1988, 632, 633; 1991, 10, 12; NJW-RR 2003, 1342, 1343.
106 BGH, WM 1986, 1320, 1321 = NJW-RR 1987, 20, 21; WM 1988, 986, 987; NJW-RR 1989, 1102; NJW 1995, 1025 f.; NJW-RR 2003, 1342, 1343; OLG Hamm, ZIP 1990, 1331 f.; KG, NJW-RR 1992, 795, 796.

Gelder auf ein **Anderkonto**[107] oder durch ausreichende **Einlagensicherung** größerer Beträge gegen eine Insolvenz der Bank;[108]
- über Gefahren – auch schon vorvertraglich – **aufzuklären**, die ihm bekannt sind oder die er bei gehöriger Sorgfalt hätte kennen können und müssen;[109]
- im Interesse des Treugebers **Prüfungen** vorzunehmen;[110]
- **besondere Belange des Treugebers zu wahren**, die sich im Einzelfall aus der Vertragsgestaltung ergeben, etwa die Wahrnehmung der **steuerlichen Interessen** von Anlegern, die Steuervorteile erstreben[111] oder anvertraute **Bürgschaftsurkunden** nur nach voller Erfüllung der Bedingungen der Treuhandauflage weiterzugeben.[112]

2. Abweichung von Weisungen

Da der Treuhänder Interessen des Treugebers wahrzunehmen hat, sind dessen **Weisungen grundsätzlich bindend** (dazu Rn. 932 ff.); dies gilt auch für geänderte Weisungen (§§ 665, 675 Abs. 1 BGB).[113] Der Treuhänder darf Weisungen aber nicht blindlings folgen. Bergen sie eine Gefahr für den Treugeber, etwa weil sie unklar oder sachwidrig sind oder veränderten Verhältnissen nicht entsprechen, so hat der Treuhänder den Treugeber zu **warnen**.[114] Der Treuhänder ist zur **Abweichung** von einer Weisung **berechtigt**, wenn er den Umständen nach annehmen darf, dass der Treu-(Auftrag-)geber dies bei Kenntnis der Sachlage billigen würde (§§ 665 Satz 1, 675 Abs. 1 BGB).

1821

Da jede weisungswidrige Verwendung des Treuguts zu einer Schadensersatzpflicht des Treuhänders führen kann,[115] sollte der Treuhänder vor einer Abweichung **dem Treugeber Anzeige machen** und dessen **Entschließung abwarten**, falls mit einer solchen Verzögerung keine Gefahr verbunden ist (§§ 665 Satz 2, 675 Abs. 1 BGB). Bleibt dem Treuhänder keine Zeit für eine Rückfrage beim Treugeber, so muss er den **Treuhandzweck im wohlverstandenen Interesse des Treugebers verfolgen**. In jedem Falle

---

107 BGH, NJW 1971, 559, 560.
108 BGH, NJW 2006, 986 = BGHZ, 165, 298.
109 BGHZ 84, 141, 143 f. = NJW 1982, 2493 = WM 1982, 758; BGH, NJW 1995, 1025, 1026 f.; NJW-RR 2003, 1342, 1343; OLG Karlsruhe, WM 1997, 1476, 1478.
110 BGH, WM 1990, 1623, 1624; 1991, 10, 12; NJW-RR 2003, 1342, 1343.
111 BGH, WM 1984, 240, 242; 1987, 212, 213 = NJW-RR 1987, 273; BGHZ 102, 220, 225 = NJW 1988, 1663 = WM 1988, 54; BGH, WM 1988, 632, 633 = NJW-RR 1988, 618; NJW-RR 1991, 660, 661 = WM 1991, 765.
112 BGH, WM 2002, 1440 ff. = NJW 2002, 2459.
113 BGH, WM 1988, 986, 987.
114 Vgl. BGH, WM 1997, 1392, 1393 f.
115 BGH, WM 1988, 986, 987; 2002, 1440, 1442 = NJW 2002, 2459.

hat der Treuhänder den Treugeber zu **benachrichtigen**, wenn er von einer Weisung abgewichen ist (§§ 666, 675 Abs. 1 BGB).[116]

1822 Schwierig kann die Aufgabe des Treuhänders werden, wenn er gegenläufige Belange mehrerer Personen wahrzunehmen hat (**mehrseitige Treuhand**) und diese **einander widersprechende Weisungen** erteilen. Dies kann der Fall sein nach dem Nichteintritt von Vertragsbedingungen, nach Leistungsstörungen oder wegen einer Änderung der Umstände nach Vertragsschluss (z.b. Abtretung, Verpfändung oder Pfändung des Anspruchs; Insolvenz eines Beteiligten); infolgedessen kann ein Beteiligter im Gegensatz zu anderen den Vertrag für unwirksam halten, sich vom Vertrag lossagen oder dessen Abwicklung mit Einwendungen und Einreden behindern. Daraus ergeben sich bei der – privatrechtlichen – Anwaltstreuhand ähnliche Probleme wie bei der – öffentlichrechtlichen – Notartreuhand.[117] In einer solchen Lage sollte der Rechtsanwalt als Treuhänder im eigenen Interesse **Vorsicht** walten lassen. Häufig werden die tatsächlichen und/oder rechtlichen Fragen, die sich wegen gegensätzlicher Weisungen stellen, nicht eindeutig zu beantworten sein. Verbleiben Zweifel, so sollte sich der Treuhänder vor jeder **Eigenmächtigkeit** hüten; er darf nicht nach eigenem Gutdünken voneinander abweichende Weisungen in Einklang bringen, weil dies i.d.R. zulasten eines Beteiligten geht.[118] Der Treuhänder sollte die **Beteiligten**, die er von den gegensätzlichen Weisungen zu **benachrichtigen** hat (§§ 666, 675 Abs. 2 BGB), zu einer **einvernehmlichen Lösung** auffordern. Die Beteiligten können die verschiedenen **Weisungen einander anpassen**[119] oder eine **Vertragsänderung vereinbaren**; dazu kann eine Verpflichtung nach Treu und Glauben (§ 242 BGB) bestehen.[120] Einigen sich die Beteiligten nicht, so kann der Treuhänder sie auf einen **Rechtsstreit** verweisen. Die Möglichkeiten einer **Hinterlegung** (§§ 372 ff. BGB) können bei einer Anwaltstreuhand genutzt werden. Notfalls muss der Anwaltstreuhänder den **Geschäftsbesorgungsvertrag kündigen**.

3. Darlegungs- und Beweislast

1823 Derjenige, der eine anwaltliche Pflichtverletzung aus einem Treuhandvertrag behauptet, hat als Voraussetzungen eines Schadensersatzanspruchs **darzulegen und zu beweisen**, dass

- ein Treuhandvertrag geschlossen wurde,

---

116 Vgl. BGH, WM 1993, 1518, 1520.
117 Vgl. BGH, WM 1978, 190, 191; 1986, 583, 584; NJW 1996, 3343, 3344; OLG Hamm, DNotZ 1983, 702, 703; KG, WM 1998, 340; *Reithmann*, in: *Schippel*, BNotO, § 23 Rn. 30 ff.; *Sandkühler*, in: *Arndt/Lerch/Sandkühler*, BNotO, § 23 Rn. 68, 116 ff., 156 ff.; *Haug*, Rn. 622 ff., 635 ff.; *Hertel*, in: *Zugehör/Ganter/Hertel*, Notarhaftung, Rn. 1900 ff., 1956 ff., 1976 ff., 1985 ff.; *Maaß*, ZNotP 1998, 58.
118 BGH, NJW 1996, 3343, 3344, für eine Notartreuhand.
119 Vgl. BGH, NJW 1996, 3343, 3344.
120 Vgl. BGH, NJW 1983, 1605, 1607.

C. Schadensersatzpflicht aus Treuhandvertrag

- das daraus folgende Mandat des Rechtsanwalts die angeblich verletzte Pflicht umfasst
- und der Rechtsanwalt gegen diese Pflicht verstoßen hat (vgl. Rn. 952 ff.).[121]

Wird dem Anwalt eine pflichtwidrige Unterlassung vorgeworfen, so hat dieser zunächst substanziiert darzulegen, in welcher Weise er die gebotene Handlung vorgenommen haben will (Rn. 957 ff.).[122]

II. Verschulden

Hat der Rechtsanwalt eine Treuhandpflicht verletzt, so ist von seinem Verschulden (§ 276 BGB) auszugehen; er hat sich zu entlasten (§ 280 Abs. 1 Satz 2 BGB).[123]

1824

III. Haftungsausfüllende Kausalität

Ist streitig, ob der behauptete Schaden auf der Verletzung einer Treuhandpflicht zur Aufklärung und Beratung beruht, so stehen **Rechtsanwälte** und **Steuerberater**, die aufgrund eines **Treuhandvertrages mit Rechtsbeistandspflicht** tätig waren, hinsichtlich der **Darlegungs- und Beweislast für den Ursachenzusammenhang** günstiger als andere Treuhänder in gleicher Lage. **Grundsätzlich** hat der **Schädiger** diese Last zu tragen.[124] Dementsprechend hat der VII. Zivilsenat des BGH einem Rechtsanwalt, der als „Mittelverwendungstreuhänder" eine Aufklärungspflicht verletzt hatte, den Nachteil der Beweislosigkeit dafür auferlegt, dass unklar blieb, ob der Geschädigte sich gemäß einer vertragsgerechten Unterrichtung verhalten hätte. Nach der Rechtsprechung des – für die Anwalts- und Steuerberaterhaftung zuständigen – IX. Zivilsenats des BGH hat der **Geschädigte**, der einen Schadensersatzanspruch gegen einen **Rechtsanwalt** oder **Steuerberater** aus einem **Vertrag mit Rechtsbeistandspflicht** erhebt, **darzulegen und zu beweisen**, dass er sich entsprechend einer pflichtgemäßen Beratung und Aufklärung verhalten hätte und sein Schaden deswegen auf der Pflichtverletzung beruht; diese Last wird durch Anwendung des § 287 ZPO und des **Anscheinsbeweises** erleichtert (Rn. 995 ff.).[125]

1825

---

121 BGH, NJW 1987, 1322, 1323; 1996, 2571; WM 1997, 335, 339.
122 BGH, NJW 1987, 1322, 1323; 1995, 2842, 2843; 1996, 2571; WM 1997, 335, 339.
123 Zur entsprechenden früheren Rechtsprechung analog § 282 BGB: BGH, NJW 1987, 326, 327; WM 1996, 1832, 1835; NJW 2001, 517, 518; vgl. BGH, NJW 1995, 2106, 2107 und BGHZ 129, 386, 391 f. = NJW 1995, 2108 für den Steuerberater.
124 BGHZ 124, 151, 159 m.w.N. = NJW 1994, 512.
125 BGHZ 123, 311 = NJW 1993, 3259 = WM 1994, 78; BGHZ 126, 217 = WM 1994, 2113; BGH, WM 1995, 941, 942; BGHZ 129, 386, 399 = NJW 1995, 2108; BGH, WM 1996, 1832, 1835; BGHZ 134, 212, 214 = WM 1997, 335, 339; BGH, NJW 2000, 730 und 1572, 1573; 2004, 444, 445 und 1521, 1522.

Teil 2 • Abschnitt 4 • Anwaltshaftung aus Treuhandvertrag

IV. Haftungsrechtliche Zurechnung

1826 Der Schaden infolge Verletzung einer Treuhandpflicht ist – gemäß den allgemeinen Regeln (Rn. 1014 ff.) – nur dann zu ersetzen, wenn er aus dem Kreis der Gefahren entstanden ist, zu deren Abwendung die verletzte Pflicht nach dem Vertragszweck übernommen wurde.[126]

V. Art und Umfang des Schadensersatzes

1827 Der **Treuhänder**, der seine Pflichten aus dem Treuhandvertrag schuldhaft verletzt hat, hat den **Treugeber so zu stellen**, als hätte er sich pflichtgemäß verhalten.[127]

Hat ein **Rechtsanwalt** anvertraute **Bürgschaftsurkunden** entgegen dem Treuhandvertrag vorzeitig weitergegeben, so muss er die Bank im Wege des Schadensersatzes so stellen, als hätte diese keine Bürgschaft übernommen.[128]

1828 Verletzt der Treuhänder eine Aufklärungspflicht, so kann der **Treugeber**, dessen Vertrauen enttäuscht wurde, verlangen, dass

- entweder der **Treuhandvertrag** und eine darauf beruhende Vermögensanlage **rückgängig gemacht** und seine **Aufwendungen erstattet** werden
- oder, falls der Treugeber **an diesen Verträgen festhält**, diejenigen **Aufwendungen ersetzt** werden, die er infolge des pflichtwidrigen Verhaltens des Treuhänders zu viel erbracht hat.[129]

Im Falle einer solchen Pflichtverletzung kann der Anleger auch dann die **Rückabwicklung seiner Beteiligung** fordern, wenn sich seine Anlageentscheidung später aus anderen, vom Aufklärungsmangel unabhängigen Gründen als nachteilig erwiesen hat.[130]

1829 Hat sich der Rechtsberater pflichtwidrig eine **Provision** dafür gewähren lassen, dass er seinen Mandanten zu einer Vermögensanlage veranlasst, so führt schon diese Pflichtverletzung zu einer Schadensersatzpflicht; eine falsche Beratung ist dafür nicht erforderlich.[131]

---

126 BGH, WM 1995, 398, 401 f. = NJW 1995, 449; WM 1997, 2085, 2086; 2002, 1440, 1441 f. = NJW 2002, 2459.
127 BGH, WM 2002, 1440, 1442 = NJW 2002, 2459.
128 BGH, WM 2002, 1440, 1442 = NJW 2002, 2459.
129 BGH, NJW-RR 1991, 599, 600 = WM 1991, 695.
130 BGH, NJW 1995, 1025, 1026 m.w.N.
131 BGH, NJW-RR 1987, 1381, 1382.

Der **Geschädigte** hat **Art und Höhe seines Schadens darzulegen** und gemäß § 287 ZPO zu **beweisen** (Rn. 1093 ff.).[132] Dem **Schädiger** obliegt diese Last für **auszugleichende Vorteile** des Schadensereignisses (Rn. 1087).[133] 1830

VI. Mitverschulden

Insoweit wird auf Rn. 1217 ff. verwiesen. 1831

VII. Verjährung

Nach altem Recht unterlag ein Schadensersatzanspruch gegen einen Rechtsanwalt aus einem Treuhandvertrag der **kurzen Verjährung des § 51b BRAO** (= § 51 BRAO a.F.), wenn es sich im Einzelfall um einen **echten Anwaltsvertrag mit Rechtsbeistandspflicht** handelt (Rn. 478 f.).[134] Ein Schadensersatzanspruch aus einem Treuhandvertrag ohne eine solche Verpflichtung verjährte dagegen gemäß **§ 195 BGB a.F.** in dreißig Jahren.[135] 1832

Nach neuem Recht verjähren solche Ansprüche nach **§§ 195, 199 BGB** (dazu Rn. 1444 ff.).

D. Aufrechnung und Zurückbehaltungsrecht

Insoweit wird auf Rn. 918 ff. verwiesen. 1833

E. Anhang: Rechtsprechungslexikon 1834

Treugut

Gläubiger des Treugebers können eine zum Treugut gehörende, auf den Treuhänder zu vollem Recht übertragene Forderung aufgrund eines Titels gegen den Treugeber nicht pfänden. Ihrem Zugriff unterliegt nur der Anspruch des Treugebers gegen den Treuhänder auf Rückübertragung der Forderung.
BGH, Urt. v. 5.11.1953 – IV ZR 95/53, BGHZ 11, 37, 41 ff. = NJW 1954, 190.

Erlischt ein Treuhandvertrag gemäß § 23 KO und ist das Treugut nicht unter den auflösenden Bedingungen der Konkurseröffnung übertragen worden, so fällt das Treugut

---

[132] BGHZ 129, 386, 400 = NJW 1995, 2108; BGH, WM 1993, 1513, 1516; NJW 1995, 2106, 2107; 2004, 444, 445 f. und 1521, 1522; WM 2004, 2217, 2219; DStR 2005, 548.
[133] BGHZ 94, 195, 217 = NJW 1985, 1539; BGH, WM 1991, 814, 815; NJW 1995, 2106, 2107.
[134] BGHZ 120, 157, 159 = NJW 1993, 199; vgl. zu § 68 StBerG bei Steuerberatertreuhand: BGH, NJW 1990, 2464, 2465; NJW-RR 1991, 599; BGHZ 115, 213, 226 = NJW 1992, 228.
[135] BGH, NJW 1995, 1025, 1027.

nicht von selbst an den Treugeber zurück. Der Treuhänder hat jedoch das Treugut an den Konkursverwalter zu übertragen, sofern es nicht bereits endgültig aus dem Vermögen des Treugebers ausgeschieden war.
BGH, Urt. v. 25.4.1961 – VIII ZR 43/61, NJW 1962, 1200, 1201.

Beim Treuhandverhältnis handelt der Treuhänder im eigenen Namen und verfügt über ein eigenes Recht. Ein im Innenverhältnis zum Treugeber bestehendes Verfügungsverbot hat keine dingliche Wirkung (§ 137 BGB). Die Verfügungen des Treuhänders sind deshalb auch bei Verstoß gegen das Verfügungsverbot grundsätzlich wirksam. Der Grundsatz, dass aus einem Rechtsgeschäft keine Rechte hergeleitet werden können, das ein Vertreter erkennbar unter Missbrauch seiner Vollmacht vorgenommen hat, kann auf dieses Treuhandverhältnis nicht übertragen werden. Der Treugeber kann – abgesehen von einem Schadensersatzanspruch gegen den Treuhänder – nur im Rahmen der §§ 138, 823 Abs. 2 BGB i.V.m. § 266 StGB oder des § 826 BGB geschützt werden.
BGH, Urt. v. 4.4.1968 – II ZR 26/67, NJW 1968, 1471.

Der Treugeber kann jederzeit, spätestens bei Fälligkeit, vom Treuhänder gemäß § 667 BGB die Herausgabe des aufgrund des Treuhandauftrages Erlangten fordern.
BGH, Urt. v. 9.7.1992 – XII ZR 156/90, NJW-RR 1993, 367, 368.

Hat ein Rechtsanwalt aufgrund seines Vertragsverhältnisses mit seinem Auftraggeber empfangenes Geld als Treugut anzulegen, so soll er fremde Gelder auf ein Anderkonto einzahlen, soweit nichts anderes vereinbart ist.

Leistet ein Dritter auf ein solches Treuhandkonto, so ist derjenige, zu dessen Gunsten das Konto angelegt ist, zum Widerspruch berechtigt, wenn Gläubiger des Treuhänders die Zwangsvollstreckung in das Konto betreiben.

Der Treugeber hat ein Widerspruchsrecht auch dann, wenn es sich um Treugut auf einem nur zur Anlegung von Fremdgeldern eingerichteten und benutzten Sonderkonto handelt. Dieser Fall liegt nicht vor, wenn der Rechtsanwalt eine Mandantenforderung auf sein Geschäfts- oder Privatkonto einzieht.
BGH, Urt. v. 16.12.1970 – VIII ZR 36/96, NJW 1971, 559, 560.

Bei einer uneigennützigen Verwaltungstreuhand kann der Treugeber im Konkurs des Treuhänders das Treugut grundsätzlich aussondern.

Der Treugeber hat kein Aussonderungsrecht hinsichtlich der Beträge, die Dritte auf ein nicht offenkundiges Treuhandkonto des Verwaltungstreuhänders gezahlt haben (hier: Mietkonto). Insoweit fehlt die notwendige „Verdinglichung" der Rechtsstellung des Treugebers.
BGH, Urt. v. 19.11.1992 – IX ZR 45/92, ZIP 1993, 213, 214 = WM 1993, 83

Für das Widerspruchsrecht des Treugebers nach § 771 ZPO ist die Publizität des Treuhandkontos nicht zwingend erforderlich.
BGH, Urt. v. 1.7.1993 – IX ZR 251/92, NJW 1993, 2622.

Eine schuldrechtliche Vereinbarung, dass der bisherige Volleigentümer sein Eigentum nunmehr im Interesse eines anderen („Treugebers") verwaltet, begründet für diesen kein Aussonderungsrecht in der Insolvenz des Eigentümers („Treuhänders").
BGH, Urt. v. 24.6.2003 – IX ZR 75/01, BGHZ 155, 227, 231 ff. = NJW 2003, 3414.

Treuhand

Der Treuhandvertrag beruht auf einem Auftragsverhältnis oder, wenn ein Entgelt vereinbart worden ist, auf einem Geschäftsbesorgungsvertrag (§ 675 BGB).
Die Sorgfaltspflichten des Treuhänders ergeben sich grundsätzlich aus der Natur des Rechtsverhältnisses.

Die Pflicht des Treuhänders, die Interessen des Treugebers wahrzunehmen, gründet sich darauf, dass einerseits der Treuhänder über den ihm anvertrauten Gegenstand allein verfügen darf, andererseits dem Treugeber nach wie vor an der Erhaltung und möglichst hohen Verwertung des Treuguts gelegen ist. Nach dieser Interessenlage richten sich die Aufgaben des Treuhänders. Er hat insoweit einzugreifen, als es der Treugeber infolge der Übertragung nicht mehr kann. Dagegen braucht er keine Maßnahmen zu ergreifen, die dem Treugeber selbst offen stehen.
BGH, Urt. v. 11.2.1960 – VII ZR 206/58, BGHZ 32, 67, 70 = NJW 1960, 958.

Wird einem Treuhänder nicht das dingliche Recht am Treugut übertragen, sondern nur die Vollmacht erteilt, das Treugut im Rahmen eines Vergleichs zur Abwendung des Konkursverfahrens zu verwerten, so ist der Treuhänder zwar im Innenverhältnis nur zu Verfügungen nach Maßgabe des Vergleichs befugt; nach außen geht aber seine Verfügungsmacht darüber hinaus, da er zu Verwertungshandlungen schlechthin bevollmächtigt ist.
BGH, Urt. v. 29.1.1964 – Ib ZR 197/62, WM 1964, 318.

Bei einem Liquidationsvergleich pflegt der Schuldner sein Vermögen auf einen von ihm und den Gläubigern unabhängigen Treuhänder zu übertragen oder diesem mindestens das Verfügungsrecht darüber einzuräumen. Dann besteht zwischen Schuldner und Treuhänder zunächst ein uneigennütziger – einseitiger – Treuhandvertrag. Dieser ist zugleich ein Vertrag zugunsten der Gläubiger, aus dem diese unmittelbare Ansprüche herleiten dürfen (§ 328 Abs. 1 BGB). Erklären sich die Gläubiger mit dem Abkommen einverstanden, so wird die Treuhandschaft doppelseitig, weil der Treuhänder dann Rechten und Pflichten gegenüber beiden Teilen hat.

Überträgt der Schuldner sein Vermögen im Rahmen eines Liquidationsvergleichs nicht auf einen unbeteiligten Treuhänder, sondern an seine Gläubiger, so sind diese eigennützige Treuhänder.
BGH, Urt. v. 14.3.1966 – VII ZR 7/64, NJW 1966, 1116.

Einen typischen Treuhandvertrag, der sich nach bestimmten Regeln richtet, gibt es nicht. Die Rechtsbeziehungen müssen vielmehr nach den jeweiligen Umständen des

Einzelfalls, insbesondere nach dem zugrunde liegenden Auftrag, oder, wenn ein Entgelt vereinbart worden ist, nach dem Geschäftsbesorgungsvertrag (§ 675 BGB) bestimmt werden.

Ein Anwaltsvertrag begründet nicht schon ein Treuhandverhältnis an allem, was der Rechtsanwalt bei Ausführung des Mandats erlangt.
BGH, Urt. v. 16.12.1970 – VIII ZR 36/69, NJW 1971, 559, 560.

Eine eigennützige Treuhandschaft setzt voraus, dass sie im Interesse des Treunehmers begründet worden ist.

Eine Verwaltungstreuhand ist grundsätzlich auch dann uneigennützig, wenn der Treuhänder eine Vergütung erhält.
BGH, Urt. v. 5.5.1969 – VII ZR 79/67, WM 1969, 935.

Eigentum an Wertpapieren kann in der Art treuhänderisch übertragen werden, dass dem bisherigen Eigentümer das Verfügungs- und Nutznießungsrecht verbleibt und der neue Eigentümer sich jeder Verfügung oder sonstigen Tätigkeit enthält.

Verwaltung und Nutznießung sind durch eine Vollmacht zu ermöglichen, die so lange als unwiderruflich erteilt werden muss, wie das Treuhandverhältnis besteht.
BGH, Urt. v. 20.3.1972 – II ZR 52/71, DB 1972, 2010.

Soll ein Rechtsanwalt als Treuhänder die Sicherungsinteressen seiner Auftraggeber wahren (hier: Auszahlung eines Darlehens nur gegen erstrangige Sicherung durch ein Grundpfandrecht), so ist er bei Verfügungen über das treuhänderisch verwaltete Geld an die Weisungen seines Auftraggebers gebunden.
BGH, Urt. 10.3.1988 – III ZR 195/86, WM 1988, 986 f.

Zum Wesen der uneigennützigen Treuhand gehört es, dass der treuhänderisch zu verwaltende Gegenstand formell aus dem Vermögen des Treugebers ausscheidet, der Treuhänder nach außen Vollrechtsinhaber wird und dieser nach Maßgabe der Treuhandabrede verpflichtet ist, das nach wie vor wirtschaftlich zum Vermögen des Treugebers gehörende Recht in dessen Interesse zu handhaben.
BGH, Urt. v. 9.7.1992 – XII ZR 156/90, NJW-RR 1993, 367, 368.

Ein Treuhandvertrag eines bei Anlagegeschäften eingeschalteten Rechtsanwalts kann zugunsten künftiger Anleger geschlossen sein.
BGH, Urt. v. 1.12.1994 – III ZR 93/93, NJW 1995, 1025.

Für die „fiduziarische" Treuhand ist im Gegensatz zu einer bloßen Ermächtigungs- oder Verwaltungstreuhand kennzeichnend, dass das Treugut dem Treuhänder zu vollem Recht, also mit ungeschmälerter Außenzuständigkeit übertragen wird. Dabei besteht die treuhänderische Bindung in der Verpflichtung des Treuhänders gegenüber dem Treugeber, die unbeschränkte Rechtsmacht nur in den vereinbarten Grenzen zu gebrauchen.

BGH, Urt. v. 26.1.1996 – V ZR 212/94, WM 1996, 1190, 1191; v. 20.6.1997 – V ZR 392/95, WM 1997, 2036.

Nimmt ein Rechtsanwalt Spekulationsgeld entgegen mit der Auflage, für eine Rückzahlungssicherheit zu sorgen, so kommt ein Treuhandverhältnis auch mit dem Anleger zustande. Diesem hat der Rechtsanwalt bei auflagewidriger Weiterleitung des Geldes Schadensersatz zu leisten.
KG, Urt. v. 3.2.1992 – 24 U 4762/91, NJW-RR 1992, 795.

Übernimmt ein Rechtsanwalt vertraglich gegenüber einer Kapitalanlagegesellschaft Treuhandaufgaben, so handelt es sich um einen Treuhandvertrag zugunsten der Anleger.
OLG Karlsruhe, Urt. v. 5.3.1997 – 13 U 167/95, WM 1997, 1476, 1477.

Ein Treuhandverhältnis zwischen einem Treugeber, der nicht selbst Gesellschafter einer bürgerlichrechtlichen Gesellschaft ist, und einem Gesellschafter, der treuhänderisch Anteile für den Treugeber hält, kann von gesellschaftsrechtlichen Bindungen überlagert sein.
BGH, Urt. v. 23.6.2003 – II ZR 46/02, WM 2003, 1614.

Ein Treuhandvertrag, aufgrund dessen ein Treuhänder im Rahmen eines Anlagemodells die Mittelverwendung zu prüfen hat, kann ein Vertrag zugunsten der Anleger (§ 328 Abs. 1 BGB) sein.
BGH, Urt. v. 30.10.2003 – III ZR 344/02, NJW-RR 2004, 121 = WM 2003, 2382, 2383.

Sollen über ein Treuhandkonto eines Rechtsanwalts, der von einem Vermittler von Börsentermingeschäften beauftragt ist, Einzahlungen der Anleger zu deren „Sicherheit" weitergeleitet werden, so handelt es sich um einen Vertrag zugunsten der Anleger (§ 328 BGB) oder jedenfalls um einen Vertrag mit Schutzwirkung zugunsten der Anleger.
BGH, Urt. v. 13.5.2004 – III ZR 368/03, WM 2004, 1287, 1289 = NJW-RR 2004, 1356, 1357.

Eine Treuhandvereinbarung kann wegen Missbrauchs der Vollmacht infolge eines Insichgeschäfts (§ 181 BGB) nichtig sein.
BGH, Urt. v. 25.2.2002 – II ZR 374/00, WM 2002, 756 f.

Ein Treuhandvertrag, der eine Rechtsbesorgung durch den Treuhänder vorsieht, kann wegen Verstoßes gegen das Rechtsberatungsgesetz nichtig sein (§ 134 BGB i.V.m. Art. 1 § 1 RBerG); in einem solchen Fall ist auch die Vollmacht des Treuhänders unwirksam.
BGH, Urt. v. 16.12.2002 – II ZR 109/01, BGHZ 153, 214, 218 ff. = NJW 2003, 1252; v. 14.6.2004 – II ZR 393/02, BGHZ 159, 294, 299 = WM 2004, 1529 = NJW 2004, 2736; v. 17.6.2005 – V ZR 78/04, NJW 2005, 2983, jeweils m.w. N.

Die Nichtigkeit eines Treuhandvertrages wegen Verstoßes gegen das Rechtsberatungsgesetz erfasst auch eine Prozessvollmacht des Treuhänders.
BGH, Urt. v. 26.3.2003 – IV ZR 222/02, BGHZ 154, 283, 286 ff. = NJW 2003, 1594, 1595.

Ist eine Vollmacht unwirksam, weil der Geschäftsbesorgungsvertrag wegen Verstoßes gegen das Rechtsberatungsgesetz nichtig ist, so können die Vorschriften der §§ 171, 172 BGB sowie die Grundsätze der Duldungs- und Anscheinsvollmacht anzuwenden sein.
BGH, Urt. v. 14.5.2002 – XI ZR 155/01, NJW 2002, 2325, 2326 f.; v. 25.3.2003 – XI ZR 227/02, WM 2003, 1064, 1065 f. = NJW 2003, 2091, 2092; v. 17.6.2005 – V ZR 78/04, NJW 2005, 2983 ff.; v. 21.6.2005 – XI ZR 88/04, WM 2005, 1520, 1522; vgl. aber BGH, Urt. v. 14.6.2004 – II ZR 393/02, BGHZ 159, 294, 300 f. = WM 2004, 1529 = NJW 2004, 2736.

Treuhandpflichten

Ein Rechtsanwalt als sog. Mittelverwendungstreuhänder hat die Vermögensinteressen seiner Treugeber dadurch zu wahren, dass er die Verwendung der anvertrauten Mittel überwacht.
BGH, Urt. v. 11.5.1989 – VII ZR 12/88, NJW-RR 1989, 1102.

Ein Treuhänder, der im Rahmen eines Bauherrenmodells Erklärungen zur Bildung und zum Erwerb von Eigentumswohnungen als Vertreter des Bauherrn abgibt, muss prüfen, ob die Wohnung vom Veräußerungsvertrag abweichende öffentlich-rechtliche Nutzungsbeschränkungen aufweist.
BGH, Urt. v. 5.7.1990 – VII ZR 26/89, WM 1990, 1623, 1624 = NJW 1990, 2464.

Von einem umfassend beauftragten Treuhänder können die einzelnen Anleger erwarten, dass er ausschließlich ihre Interessen wahrnimmt. Deshalb ist der Treuhänder verpflichtet, die Anleger schon im Vorfeld ihrer Anlageentscheidung über Verflechtungen mit anderen am Bauherrenmodell Beteiligten aufzuklären.
BGH, Urt. v. 16.1.1991 – VIII ZR 14/90, WM 1991, 695, 696 = NJW-RR 1991, 599.

Der Treuhänder eines Bauherrenmodells muss überwachen, dass die Abwicklung des Bauvorhabens der Anerkennung der Anleger als Bauherren und der Gewährung der damit verbundenen Steuervorteile nicht entgegensteht.
BGH, Urt. v. 6.2.1991 – VIII ZR 26/90, NJW-RR 1991, 660, 661.

Ein als Treuhänder bei Anlagegeschäften eingeschalteter Rechtsanwalt kann verpflichtet sein, die vertragsmäßige Verwendung der von den Anlegern eingezahlten Beträge zu überwachen und die Anleger über Umstände aufzuklären, die erkennbar den Verwendungszweck gefährden.
BGH, Urt. v. 1.12.1994 – III ZR 93/93, NJW 1995, 1025, 1026.

Der Treuhänder hat dem Treugeber eine umfassende Auskunft und Rechnungslegung zu erteilen.
OLG München, Urt. v. 17.4.1986 – 1 U 6053/85, DB 1986, 1970.

Bei der schuldrechtlichen Begründung eines Treuhandverhältnisses empfiehlt es sich dringend, Vereinbarungen darüber zu treffen, welche genau umrissenen Rechte und Pflichten der Treuhänder haben soll, und was insbesondere dann geschehen soll, wenn der Treuhänder widerstrebende Interessen mehrerer Personen zu berücksichtigen hat oder wenn bei Nichterfüllung der Bedingungen oder bei einer Zweckstörung Streitigkeiten auftreten.

Bei der Entscheidung über die Auskehrung eines hinterlegten Betrages können tatsächlich und rechtlich zweifelhafte Fragen auftreten. In solchen Fällen kann der als Treuhänder beauftragte Rechtsanwalt in erhebliche Konflikte zwischen der Treuepflicht gegenüber seinem Mandanten und seiner treuhänderischen Pflicht zu strikter Objektivität geraten.

Hinterlegt eine Prozesspartei beim Gegenanwalt Geld als Sicherheitsleistung zur Abwendung der Zwangsvollstreckung, so hat dieser, soweit die Parteien nicht ausdrücklich etwas anderes vereinbart haben, das Geld zu verwahren und darüber nur im Einverständnis beider Parteien zu verfügen, nicht aber eigenverantwortlich über die Auskehrung des Geldes zu entscheiden.
OLG Hamm, Urt. v. 9.5.1986 – 28 U 182/84, AnwBl 1987, 42, 43 f.

Ein Treuhänder verletzt seine vorvertragliche Pflicht, wenn er einen Kapitalanleger nicht darauf hinweist, dass er zur Wahrnehmung der im Treuhandvertrag übernommenen Pflichten nach den tatsächlichen Gegebenheiten außerstande ist.
OLG Karlsruhe, Urt. v. 5.3.1997 – 13 U 167/95, WM 1997, 1476, 1478.

Ein Rechtsanwalt darf Bürgschaftsurkunden, die ihm eine Bank im Rahmen eines Treuhandauftrages übergibt, nur dann weitergeben, wenn die Bedingungen der Treuhandauflage erfüllt sind.
BGH, Urt. v. 6.6.2002 – III ZR 206/01, WM 2002, 1440 = NJW 2002, 2459.

Kann ein Mittelverwendungstreuhänder im Rahmen eines Anlagemodells seine Mitwirkungs- und Überwachungsrechte nicht ausüben, so muss er die Übernahme der Treuhänderstellung ablehnen oder Beitrittsinteressenten darüber unterrichten, dass die an sich gebotene Prüfung des Treuguts nicht erfolgt ist.

Ein solcher Treuhänder ist gegenüber künftigen Anlegern schon vor dem Abschluss eines Treuhandvertrages verpflichtet sicherzustellen, dass von Anfang an sämtliche Anlagegelder seiner Kontrolle unterliegen. Dazu hat der Treuhänder das Anlagemodell darauf zu untersuchen, ob ihm Anlagegelder vorenthalten und damit seiner Überwachung entzogen werden können.
BGH, Urt. v. 24.7.2003 – III ZR 390/02, NJW-RR 2003, 1342, 1343.

Ein Rechtsanwalt, der von einem Vermittler von Börsentermingeschäften beauftragt ist und über dessen Treuhandkonto die Einzahlungen von Anlegern zu deren „Sicherheit" weiterzuleiten sind, hat dafür zu sorgen, dass rücklaufende Gelder auf dieses Konto überwiesen werden. Wird dieses „Sicherungssystem" geändert, so hat der Rechtsanwalt die Anleger darüber zu unterrichten.
BGH, Urt. v. 13.5.2004 – III ZR 368/03, WM 2004, 1287, 1289 f. = NJW-RR 2004, 1356, 1358.

Ein gewerblicher Treuhänder darf ihm anvertraute größere Beträge i.d.R. nicht bei einer Bank anlegen, bei der nur eine Sicherung im gesetzlichen Mindestumfang für Einlagen in Höhe von 20.000 € besteht.
BGH, Urt. v. 21.12.2005 – IX ZR 9/05, NJW 2006, 986 = BGHZ 165, 298.

Treuhandschaden

Verlangt der Vertragspartner von einem Treuhänder Ersatz von Aufwendungen, die er als Werbungskosten geltend gemacht hat, so braucht er sich die damit verbundenen Steuervorteile nicht anrechnen zu lassen, wenn er die Schadensersatzleistung wieder zu versteuern hat.
BGH, Urt. v. 25.2.1988 – VII ZR 152/87, WM 1988, 586, 587.

Ersparte Steuern sind im Wege des Vorteilsausgleichs zu berücksichtigen. Dies gilt nicht, wenn der Geschädigte die Schadensersatzleistung versteuern muss.
BGH, Urt. v. 11.5.1989 – VII ZR 12/88, NJW-RR 1989, 1102, 1103.

Derjenige, dessen Vertrauen auf die Richtigkeit oder Vollständigkeit der Angaben des Treuhänders (hier: Steuerberater und Rechtsbeistand) enttäuscht worden ist, kann entweder im Wege des Schadensersatzes Rückgängigmachung des Vertrages verlangen oder am Vertrag festhalten und lediglich zusätzlich Schadensersatz beanspruchen.
BGH, Urt. v. 16.1.1991 – VIII ZR 14/90, WM 1991, 695, 698.

Ein Treuhänder haftet im Rahmen eines Bauherrenmodells nicht für entgangene Steuervorteile, wenn die tatsächliche Abwicklung des Bauvorhabens der Finanzbehörde bei Zugrundelegung der seinerzeit maßgeblichen Verwaltungspraxis keinen Anlass zur Versagung der Steuervorteile hätte geben dürfen.
BGH, Urt. v. 6.2.1991 – VIII ZR 26/90, NJW-RR 1991, 660, 662.

Die formelle Rechtsstellung des Treuhänders ist auch bei der fremdnützigen Treuhand ein Vermögenswert, dessen Rückgewähr nach § 7 Abs. 1 AnfG a.F. gefordert werden kann.

Wertersatz schuldet nur der Treuhänder, der das anfechtbar erlangte Treugut zum eigenen Vorteil veräußert, verbraucht oder den Wert sich sonst zugeführt hat.

Der Treuhänder, der keinen Wertersatz schuldet, kann dem anfechtenden Gläubiger auf Schadensersatz gemäß § 823 Abs. 2 BGB i.V.m. §§ 288, 27 StGB oder nach

§ 826 BGB haften.
BGH, Urt. v. 9.12.1993 – IX ZR 100/93, NJW 1994, 726, 727 f.

Der Treuhänder hat bei einer schuldhaften Pflichtverletzung den Treugeber so zu stellen, als hätte er sich pflichtgemäß nach dem Treuhandvertrag verhalten.
BGH, Urt. v. 6.6.2002 – III ZR 206/01, WM 2002, 1440, 1442 = NJW 2002, 2459.

Verjährung (altes Recht)

Ein Schadensersatzanspruch gegen einen Steuerberater, der Treuhandpflichten in einem Bauherrenmodell verletzt hat, verjährt nach § 68 StBerG.
BGH, Urt. v. 5.7.1990 – VII ZR 26/89, WM 1990, 1623, 1624 = NJW 1990, 2464.

Die Verjährung von Ansprüchen gegen einen Steuerberater, der bei einem Bauherrenmodell als (Basis-)Treuhänder tätig ist, richtet sich nach § 68 StBerG, weil ein für die Anwendung dieser Vorschrift ausreichender Zusammenhang mit einer steuerberatenden Tätigkeit besteht.
BGH, Urt. v. 16.1.1991 – VIII ZR 14/90, WM 1991, 695, 697 = NJW-RR 1991, 599.

Ein Schadensersatzanspruch gegen einen Treuhänder, der nicht Rechtsanwalt, Steuerberater oder Wirtschaftsprüfer ist, verjährt gemäß § 195 BGB a.F. in dreißig Jahren.
BGH, Urt. v. 15.5.1991 – VIII ZR 123/90, NJW-RR 1991, 1120, 1123.

Ein Schadensersatzanspruch gegen einen Rechtsanwalt wegen Verletzung von Treuhandpflichten verjährt nach § 51 BRAO a.F. (= § 51b BRAO n.F.), wenn die treuhänderische Verwaltung von Anlagebeteiligungen auch eine Rechtsberatung zum Gegenstand hatte.
BGH, Urt. v. 9.11.1992 – II ZR 141/91, BGHZ 120, 157, 159 f. = NJW 1993, 199.

Ein Schadensersatzanspruch gegen einen Rechtsanwalt wegen Verletzung von Treuhandpflichten verjährt gemäß § 195 BGB a.F. in dreißig Jahren, wenn der Rechtsanwalt die betreuten Anleger nicht in Rechtsfragen zu beraten, sondern nur Überwachungs- und Aufklärungspflichten wahrzunehmen hatte.
BGH, Urt. v. 1.12.1994 – III ZR 93/93, NJW 1995, 1025, 1027.

Abschnitt 5: Anwaltshaftung aus Verschulden bei Vertragsschluss

Inhaltsverzeichnis

	Rn.
A. Allgemeines	1835
I. Haftung für Verhandlungsgehilfen (§ 278 BGB)	1835
II. Eigenhaftung der Verhandlungsgehilfen	1838
III. Voraussetzungen der Gehilfenhaftung aus c.i.c.	1840
1. Inanspruchnahme persönlichen Vertrauens	1840
2. Eigenes wirtschaftliches Interesse	1844
3. Gehilfenhaftung für Gehilfen	1846
B. Rechtsanwalt und c.i.c.	1847
I. § 44 BRAO	1847
II. Beteiligung an Vertragsverhandlungen des Mandanten	1848
III. Amtliche und amtsähnliche Tätigkeit	1851
C. Schadensersatzpflicht aus c.i.c.	1855
I. Verletzung einer vorvertraglichen Pflicht	1856
II. Verschulden	1860
III. Haftungsausfüllende Kausalität	1861
IV. Haftungsrechtliche Zurechnung	1863
V. Art und Umfang des Schadensersatzes	1864
1. Vertrauensschaden	1864
2. Zustandekommen des Vertrages	1865
3. Scheitern des Vertrages	1867
4. Vorteilsausgleich	1869
VI. Mitverschulden	1870
VII. Verjährung	1871
1. Altes Recht	1871
a) Allgemeines	1871
b) Schadensersatzanspruch gegen einen Rechtsanwalt, Steuerberater oder Wirtschaftsprüfer	1875
2. Neues Recht	1877
D. Anhang: Rechtsprechungslexikon	1878

A. Allgemeines

I. Haftung für Verhandlungsgehilfen (§ 278 BGB)

Diejenigen Personen, die gemäß **§ 311 Abs. 2 BGB** Vertragsverhandlungen aufnehmen, einen Vertrag anbahnen oder ähnliche geschäftliche Kontakte knüpfen, auch wenn diese nicht auf den Abschluss eines Vertrages gerichtet sind,[1] haben **schuldhafte Pflichtverletzungen** der von ihnen eingeschalteten **Verhandlungsführer und -gehilfen** in dem gesetzlichen Schuldverhältnis der **Vertragsverhandlungen** („**culpa in contrahendo**" – „**c.i.c.**") gemäß **§ 278 BGB** wie eigenes Verschulden zu vertreten.[2] Dies setzt voraus, dass aus der Sicht eines Außenstehenden das Verschulden des Verhandelnden ein Verhalten betrifft, das in einem **unmittelbaren inneren Sachzusammenhang** mit dem ihm zugewiesenen **Aufgabenkreis** steht.[3] 1835

Grundsätzlich richten sich Pflichten und Sorgfaltsmaßstab eines solchen „**Erfüllungsgehilfen**" nach der Stellung des hinter ihm stehenden Geschäftsherrn; dessen Sorgfaltspflichten können jedoch nach dem Schutzzweck des § 278 BGB verstärkt werden durch einen Verhandlungsgehilfen, der mit besonderer Fachkunde, die der Geschäftsherr selbst nicht hat, um persönliches Vertrauen wirbt.[4] 1836

Ob der Geschäftsherr für das Verhalten des Gehilfen einstehen muss, entscheidet letztlich eine **wertende Beurteilung der tatsächlichen Umstände im Einzelfall**; dafür kommt es nicht darauf an, ob der Hilfsperson Vertretungsmacht eingeräumt wurde.[5] Eigenmächtiges oder strafbares Handeln schließt eine Haftung des Geschäftsherrn grundsätzlich nicht aus.[6] 1837

II. Eigenhaftung der Verhandlungsgehilfen

Die **Verhandlungsgehilfen selbst** haften i.d.R. nur dann, wenn ihre Pflichtverletzung den Tatbestand einer **unerlaubten Handlung** (§§ 823 ff. BGB) erfüllt. 1838

Die Unzulänglichkeiten des deliktischen Vermögensschutzes (dazu Rn. 1598, 1643) will die Rechtsprechung auch dadurch mildern, dass **Vertreter, Vermittler und sonstige Sachwalter**, die an Vertragsverhandlungen anderer Personen beteiligt sind, unter bestimmten Voraussetzungen wegen **Verletzung von Pflichten vor oder bei Vertrags-**

---

1 *Palandt/Heinrichs*, BGB, § 311 Rn. 18.
2 BGH, ZIP 2000, 2291, 2293; WM 2000, 1840 f. (für juristische Personen des öffentlichen Rechts); BGHZ 159, 94, 102 = WM 2004, 1404 = NJW 2004, 2523.
3 BGHZ 114, 263, 270 = NJW 1991, 2556; BGH, NJW 1997, 1233, 1234.
4 BGHZ 114, 263, 272 = NJW 1991, 2556.
5 BGH, NJW 1995, 2550, 2551; 1996, 451, 452, betreffend Makler.
6 BGH, NJW 1997, 1233, 1235.

schluss (§ 241 Abs. 2 BGB) selbst auf Schadensersatz haften.[7] Im Kern handelt es sich um eine **Haftung für enttäuschtes Vertrauen**.[8] Da sie **Ausnahmecharakter** hat, sind an die Prüfung, ob die Haftungsvoraussetzungen erfüllt sind, **strenge Anforderungen** zu stellen.[9]

Die **eigene Haftung des Gehilfen** wegen Verletzung vorvertraglicher Pflichten ist dadurch **gekennzeichnet**, dass dieser – über das gewöhnliche Auftreten eines Verhandlungs- oder Abschlussgehilfen hinaus – **gleichsam in eigener Sache** tätig geworden ist.[10]

Eine Haftung des Verhandelnden aus Verschulden vor oder bei Vertragsschluss kann **neben einer Vertragshaftung** bestehen.[11]

1839 Die neue Vorschrift des § 311 Abs. 3 BGB[12] betrifft die **Eigenhaftung eines Verhandlungsgehilfen gegenüber Dritten** aus Verschulden bei Vertragsschluss. In der Gesetzesbegründung[13] heißt es, damit werde eine solche Eigenhaftung eines Verhandlungsgehilfen in einer Weise angesprochen, die eine Weiterentwicklung dieses Rechtsinstituts durch Praxis und Wissenschaft erlaube. Mit Rücksicht darauf ist die Vorschrift noch kein Einstieg in eine gesetzliche Regelung der Dritthaftung auf vertraglicher und vorvertraglicher Grundlage zur Verbesserung des Vermögensschutzes. Vielmehr wird in dieser neuen Bestimmung nur anerkannt, dass – gemäß der überkommenen Rechtsprechung (dazu Rn. 1840 f.) – Vertragsverhandlungen und ähnliche Kontakte ein Schuldverhältnis zwischen einem Verhandlungsgehilfen (= Dritter i.S.d. § 311 Abs. 3 Satz 2 BGB), der als Vertreter, Vermittler oder sonstiger Sachwalter einer Partei Verbindung mit einer anderen Person aufnimmt, und dieser begründen können.[14]

---

7 BGHZ 56, 81, 83, 86 = NJW 1971, 1309; BGHZ 74, 103, 108 = NJW 1979, 1449; BGHZ 88, 67, 68 = NJW 1983, 2696; BGHZ 126, 181, 183 ff. = NJW 1994, 2220; BGH, NJW 1989, 389; 1990, 1907, 1908; 1991, 32, 33, NJW-RR 1992, 605; NJW 1997, 1233; WM 1997, 1431, 1432; BGHZ 159, 94, 102 = WM 2004, 1404 = NJW 2004, 2523; Einzelfälle: BGHR BGB vor § 1/Verschulden bei Vertragsschluss – Sachwalter-, Vermittler- und Vertreterhaftung.
8 BGHZ 60, 221, 226 = NJW 1973, 752.
9 Vgl. BGH, NJW-RR 1991, 1241, 1242; 1992, 605; NJW 1997, 1233, 1234.
10 BGH, NJW-RR 1990, 459, 461; NJW 1991, 32, 33; NJW-RR 1991, 1241, 1242.
11 BGHZ 74, 103, 106, 108 = NJW 1979, 1449; BGHZ 108, 200, 209 = NJW 1989, 3095.
12 Eingeführt durch Gesetz zur Modernisierung des Schuldrechts vom 26.11.2001 (BGBl. I, S. 3138), in Kraft getreten am 1.1.2002.
13 Begründung des Entwurfs eines Gesetzes zur Modernisierung des Schuldrechts vom 11.5.2001= BR-Drucks. 338/01, S. 375 f.
14 In diesem Sinne auch *Palandt/Heinrichs*, BGB, § 311 Rn. 60.

III. Voraussetzungen der Gehilfenhaftung aus c.i.c.

1. Inanspruchnahme persönlichen Vertrauens

Der Verhandelnde (**Vertreter, Vermittler, Sachwalter**) kann selbst für eine vorvertragliche Pflichtverletzung haften, wenn er – über das normale Verhandlungsvertrauen hinaus – **in besonderem Maße persönliches Vertrauen** in Anspruch genommen und der Verhandlungsgegner ihm dieses entgegengebracht hat.[15] Dadurch muss der Gehilfe eine **zusätzliche, von ihm persönlich ausgehende Gewähr** für die Vollständigkeit und Richtigkeit seiner Erklärungen und damit für das Gelingen des angebahnten Geschäfts geboten haben, die den Willensentschluss des anderen Teils beeinflusst hat.[16]

1840

Die Inanspruchnahme besonderen persönlichen Vertrauens durch einen **Sachwalter** setzt voraus, dass dieser entweder an den Vertragsverhandlungen selbst beteiligt ist oder in deren Rahmen mit einem Anspruch auf Vertrauen hervortritt; dafür genügt es, dass der Sachwalter die Verhandlungen durch einen anderen für sich führen lässt und gegenüber dem Verhandlungspartner als diejenige Person erscheint, von deren Entscheidung der Vertragsschluss abhängt.[17]

1841

Ein solches **Vertrauen**, das von der Person des Verhandelnden ausgeht, kann – nach den maßgeblichen Umständen des Einzelfalls – begründet werden durch

1842

- **außergewöhnliche** Sachkunde für den Gegenstand des angestrebten Vertrages,
- **besondere persönliche** Zuverlässigkeit,
- **eigenen Einfluss** – etwa als finanzieller Sachwalter – auf die Abwicklung des künftigen Vertrages.[18]

Dementsprechend haftet ein **Wirtschaftsprüfer**, der im Rahmen eines Kapitalanlagemodells pflichtwidrig in seinen **Prüftestaten** die Ordnungsmäßigkeit des Geldflusses und der Mittelverwendung bestätigt, späteren Anlegern wegen Verletzung einer vorvertraglichen Aufklärungspflicht aus Verschulden bei Vertragsschluss, wenn diese im

---

15 BGHZ 56, 81, 83 ff. = NJW 1971, 1309; BGHZ 74, 103, 108 = NJW 1979, 1449; BGHZ 88, 67, 68 f. = NJW 1983, 2696; BGH, WM 1985, 1520, 1521; NJW 1986, 180, 181 (**Steuerberater**); NJW 1990, 1907, 1908; NJW-RR 1991, 1241, 1242; 1992, 605; BGHZ 126, 181, 189 = NJW 1994, 2220; BGH, NJW 1997, 1233; WM 2003, 34, 35 = NJW-RR 2002, 1309; BGHZ 159, 94, 102 = WM 2004, 1404 = NJW 2004, 2523.

16 BGHZ 56, 81, 86 f. = NJW 1971, 1309; BGHZ 74, 103, 108 = NJW 1979, 1449; BGHZ 88, 67, 69 = NJW 1983, 2696; BGHZ 126, 181, 189 = NJW 1994, 2220; BGH, NJW 1990, 1907, 1908; NJW-RR 1992, 605 f.; BGHZ 126, 181, 189 = NJW 1994, 2220; NJW 1997, 1233; BGH, WM 2003, 34, 35 = NJW-RR 2002, 1309.

17 BGHZ 159, 94, 102, m.w.N. = WM 2004, 1404 = NJW 2004, 2523.

18 BGHZ 56, 81, 84 f. = NJW 1971, 1309; BGHZ 74, 103, 108 = NJW 1979, 1449.

Vertrauen auf die Richtigkeit früherer Testate Geldanlagen vorgenommen haben und der Wirtschaftsprüfer damit rechnen musste.[19] Ein allgemeiner Hinweis des Verhandlungsgehilfen auf seine Sachkunde reicht i.d.R. für eine Eigenhaftung nicht aus.[20] Dies gilt auch dann, wenn ein **Angestellter** die genannten Eigenschaften aufweist.[21]

1843 **Sonderfälle** der Vertrauenshaftung unterliegen der **Prospekthaftung** im engeren und weiteren Sinne (Rn. 1879 ff.).

2. Eigenes wirtschaftliches Interesse

1844 Ein Verhandlungsgehilfe (Vertreter, Vermittler, Sachwalter) kann wegen Verletzung vorvertraglicher Pflichten auch dann selbst haften, wenn er an dem angestrebten Geschäft ein **unmittelbares eigenes wirtschaftliches Interesse** hat, das so stark ist, dass es demjenigen des Geschäftsherrn vergleichbar ist, so dass der Gehilfe aus wirtschaftlicher Sicht gleichsam in eigener Sache verhandelt hat.[22]

1845 Dafür reicht das normale Geschäfts-, Entgelt- oder Provisionsinteresse eines **Angestellten, Prokuristen, Handelsvertreters, Geschäftsführers** oder **Gesellschafters** einer GmbH oder eines **Versicherungsagenten**, das nur ein mittelbares Interesse am Verhandlungserfolg begründet, nicht aus.[23]

Sagt dagegen der Verhandlungsgegner dem Verhandlungsführer des anderen Teils eine „**Provision**" („**Schmiergeld**") zu für den Fall, dass es zum Vertragsschluss kommt, so darf der Vertreter ohne Aufklärung des Vertretenen im Zweifel keinen Vertrag mit dem bestechenden Verhandlungspartner schließen; wird der vom bestochenen Verhandlungsvertreter ausgehandelte Vertrag nicht von diesem, sondern vom vertretenen Geschäftsherrn selbst abgeschlossen, so liegt zumindest ein **Verschulden bei Vertragsschluss** gegenüber dem Geschäftsherrn vor, dem die Schmiergeldzahlung verheimlicht wird.[24] Einer solchen Haftung kann auch ein Auftragnehmer unterliegen, der seinen

---

19 BGHZ 145, 187, 197 ff. = WM 2000, 2447 = NJW 2001, 360.
20 BGH, NJW 1990, 506 f.; NJW-RR 1991, 1241, 1242.
21 BGHZ 88, 67, 69 = NJW 1983, 2696.
22 BGHZ 56, 81, 83 f. = NJW 1971, 1309; BGH, NJW 1986, 180, 181 (**Steuerberater**); NJW 1991, 32, 33 (**Rechtsanwalt**); NJW-RR 1991, 1241, 1242; BGHZ 126, 181, 183 ff. = NJW 1994, 2220; BGH, NJW 1997, 1233, 1234; WM 2003, 34, 35 = NJW-RR 2002, 1309; BGHZ 159, 94, 102 = WM 2004, 1404 = NJW 2004, 2523.
23 BGHZ 56, 81, 84 = NJW 1971, 1309; BGHZ 88, 67, 70 = NJW 1983, 2696; BGHZ 126, 181, 183 ff. = NJW 1994, 2220; BGH, NJW 1986, 586, 587 f.; 1990, 506; NJW-RR 1991, 1241, 1242; NJW 1997, 1233 = WM 1997, 1431, 1432; BGHZ 126, 181, 183 ff. = NJW 1994, 2220; BGH, WM 2003, 34, 35 = NJW-RR 2002, 1309; OLG Koblenz, NJW-RR 2003, 1198; zur Haftung eines Gesellschafter-Geschäftsführers einer GmbH aus einem selbständigen **Garantieversprechen**: BGH, WM 2001, 1565 = NJW-RR 2001, 1611.
24 BGH, NJW 2001, 1065, 1066 f. = WM 2001, 457, 458 f.

Auftraggeber im Rahmen vorvertraglicher Verhandlungen nicht darüber aufklärt, dass er dem künftigen Baubetreuer des Auftraggebers eine **Provision** zugesagt hat.[25]

3. Gehilfenhaftung für Gehilfen

Eine **Eigenhaftung** des Vertreters, Vermittlers oder Sachwalters setzt nicht voraus, dass dieser selbst die Vertragsverhandlungen führt; schaltet er dafür einen Gehilfen ein, so hat er für dessen vorvertragliche Pflichtverletzung nach **§ 278 BGB** einzustehen.[26] Dies gilt insbesondere für den **Sachwalter** einer Partei, der die Verhandlungen nur aus dem Hintergrund beeinflusst.[27]

1846

B. Rechtsanwalt und c.i.c.

I. § 44 BRAO

Ein gesetzlich geregelter Fall einer Anwaltshaftung für vorvertragliches Verschulden ist **§ 44 BRAO**.[28] Nach dieser Vorschrift hat der Rechtsanwalt, der in seinem Beruf in Anspruch genommen wird und den Auftrag nicht annehmen will, den Schaden zu ersetzen, der aus einer schuldhaften Verzögerung der Ablehnung entsteht.

1847

II. Beteiligung an Vertragsverhandlungen des Mandanten

In die **Gefahr**, wegen Verletzung vorvertraglicher Pflichten **aus Verschulden bei Vertragsschluss einem Nichtmandanten selbst zu haften**, geraten **Rechtsanwälte, Steuerberater und Wirtschaftsprüfer** i.d.R. dann, wenn sie für ihren Auftraggeber **Vertragsverhandlungen mit einem Dritten führen oder daran mitwirken**. Dabei kann ein **persönliches Vertrauen** des Verhandlungsgegners oder der hinter diesem stehenden Partei vor allem durch **hohe Sachkunde** des Rechtsberaters bezüglich des Verhandlungsgegenstandes oder durch **persönliche Zuverlässigkeit** des Rechtsberaters begründet werden.[29]

1848

Grundsätzlich kann auch den **Rechtsanwalt** eine solche **Eigenhaftung** treffen, wenn die dargelegten Voraussetzungen (Rn. 1840 ff.) erfüllt sind,[30] gleichgültig, ob er auf-

1849

---

25 BGHZ 114, 87, 90 ff. = NJW 1991, 1818.
26 BGHZ 56, 81, 85 f. = NJW 1971, 1309; BGH, NJW 1997, 1233; WM 2001, 1158, 1159.
27 BGHZ 56, 81, 86 f. = NJW 1971, 1309; BGHZ 159, 94, 102 = WM 2004, 1404 = NJW 2004, 2523.
28 BGHZ 47, 320, 323 = NJW 1967, 1567.
29 **Rechtsanwalt**: Vgl. BGH, WM 1990, 1554, 1555 = NJW 1991, 31, 32; BGHZ 120, 157, 159 = NJW 1993, 199; BGH, WM 1995, 344, 345; **Wirtschaftsprüfer**: BGHZ 145, 187, 197 ff. = WM 2000, 2447 = NJW 2001, 360.
30 BGH, NJW 1989, 293, 294; NJW-RR 1990, 459, 460 f.; NJW 1991, 32, 33; vgl. *Bell*, S. 127 ff., 133 ff., 167 ff.

grund eines echten Anwaltsvertrages mit Rechtsbeistandspflicht oder eines unechten Anwaltsvertrages ohne eine solche Verpflichtung tätig wird (vgl. Rn. 478 f.).

Der **BGH**[31] hat jedoch **hohe Hürden** für eine Inanspruchnahme des Rechtsanwalts wegen Verletzung vorvertraglicher Pflichten errichtet, falls dieser sich aufgrund eines **echten Anwaltsvertrages** mit seinem Auftraggeber an dessen Vertragsverhandlungen mit einem Dritten beteiligt. Es ist allgemein bekannt, dass der Rechtsanwalt als berufener Berater und Vertreter in allen Rechtsangelegenheiten (§ 3 Abs. 1 BRAO) einseitig die Interessen seines Mandanten wahrnimmt. Dieses Wissen steht grundsätzlich einem Eindruck des Verhandlungsgegners entgegen, der Rechtsanwalt werde bei den Vertragsverhandlungen gleichsam in eigener Sache tätig; dies gilt insbesondere dann, wenn der Verhandlungsgegner selbst anwaltlichen Beistand hat. Allein mit dem Einsatz seiner **Sachkunde**, die für die Betreuung des Mandanten erforderlich ist, begründet der Rechtsanwalt noch kein besonderes persönliches Vertrauen über das normale Verhandlungsvertrauen hinaus.[32] Ist der Rechtsanwalt aufgrund eines **echten Anwaltsvertrages** mit Rechtsbeistandspflicht an **Vertragsverhandlungen seines Mandanten** mit einem Dritten beteiligt, so erfordert eine **anwaltliche Eigenhaftung** wegen Verletzung vorvertraglicher Pflichten **zusätzliche besondere Umstände**, die die Voraussetzungen der Haftung als Vertreter, Vermittler oder Sachwalter (Rn. 1840 ff.) erfüllen.[33] Dafür genügt es nicht, dass der Rechtsanwalt an der abschließenden Feststellung des Verhandlungsergebnisses mitwirkt.[34] Es reicht auch nicht aus, dass der Verhandlungsgehilfe bei den Vertragsverhandlungen als Wortführer aufgetreten ist.[35]

1850 Dagegen ist die Gefahr einer **Eigenhaftung als Verhandlungsgehilfe** hoch, wenn der **Rechtsberater für ein Anlageunternehmen gegenüber Kapitalanlegern** tätig wird.[36]

III. Amtliche und amtsähnliche Tätigkeit

1851 Eine **Eigenhaftung aus Verschulden bei Vertragsschluss** kann einen **Rechtsanwalt** treffen, wenn er in Ausübung **amtlicher oder amtsähnlicher Tätigkeit Vertragsverhandlungen** in Vertretung fremder Interessen führt.

1852 Ist ein **Rechtsanwalt** als – vorläufiger oder endgültiger – **Insolvenzverwalter** tätig, so **haftet** er i.d.R. „**Beteiligten**" aus gesetzlichem Schuldverhältnis (§ 21 Abs. 2 Nr. 1,

---

31 NJW 1989, 293, 294; NJW-RR 1990, 459, 460 f.; NJW 1991, 32, 33.
32 BGH, NJW-RR 1990, 459, 461; NJW 1991, 32, 33.
33 Vgl. BGH, NJW 1989, 293, 294.
34 BGH, NJW 1989, 293, 294; WM 1990, 1554, 1555.
35 BGH, NJW-RR 1993, 342, 344.
36 **Rechtsanwalt**: BGHZ 120, 157, 159 = NJW 1993, 199; **Wirtschaftsprüfer**: BGHZ 145, 187 = WM 2000, 2447 = NJW 2001, 360.

§§ 60 – 62 InsO), das eine „rechtsgeschäftsähnliche Beziehung" ist;[37] ausnahmsweise kann ein Insolvenzverwalter aus einem **Vertrag**[38] oder aus **unerlaubter Handlung** (§§ 823 ff. BGB)[39] ersatzpflichtig sein. Ein anwaltlicher Insolvenzverwalter schuldet den Beteiligten bei der gerichtlichen Durchsetzung von Rechten **dieselbe Sorgfalt wie ein Rechtsanwalt seinem Mandanten**.[40]

Eine **Eigenhaftung eines Insolvenzverwalters** wegen **Verletzung vorvertraglicher Pflichten** kommt in Betracht, wenn er einen Vertrauenstatbestand geschaffen hat, an dem er sich festhalten lassen muss, oder wenn er ein unmittelbares eigenes wirtschaftliches Interesse an dem angestrebten Geschäft hat.[41] Diese Voraussetzungen sind aber noch nicht erfüllt, wenn der Insolvenzverwalter gegen Pflichten – etwa zur Aufklärung des Verhandlungsgegners – verstößt, die jedem Verhandlungspartner nach den allgemeinen Vorschriften obliegen; in diesem Falle **haftet i.d.R. nur die Masse**, nicht der Insolvenzverwalter als ihr Repräsentant.[42] Dies gilt auch dann, wenn er mit Sicherungsnehmern Vereinbarungen über die Verwertung des Sicherungsgutes trifft und dabei einen Massekredit erhält.[43] Es müssen also **zusätzliche Umstände** vorliegen, um **ausnahmsweise eine persönliche Haftung** des Insolvenzverwalters wegen Verletzung vorvertraglicher Pflichten begründen zu können. Dafür reicht es nicht aus, dass ein Sicherungseigentümer in den Insolvenzverwalter – ohne dessen Zutun – ein besonderes Vertrauen setzt.[44]

Dies galt entsprechend für den **Sequester** (§ 106 Abs. 1 Satz 2 KO)[45] und den **Sachwalter i.S.d. Vergleichsordnung** (§§ 91, 92 VerglO).[46]

Ein **Unternehmensberater**, der ein Unternehmen sanieren soll, nimmt als **Geschäftsführer eines sanierungsbedürftigen Unternehmens** typischerweise **persönliches Vertrauen in Anspruch**; nimmt ein solcher **Unternehmenssanierer** bei Kreditverhandlungen in besonderem Maße persönliches Vertrauen für sich in Anspruch, indem

1853

---

37   BGH, NJW 1994, 323, 324, zur KO.
38   BGH, NJW 1988, 209, 210: Verwertungsvereinbarung mit Grundpfandgläubigern; vgl. zu einem **Garantievertrag**: BGHZ 159, 104, 121 = WM 2004, 1191, 1196 = NJW 2004, 3334; OLG Celle, MDR 2004, 1080.
39   BGH, NJW-RR 1988, 89; BGHZ 108, 134 = WM 1989, 1568; BGH, NJW 1996, 2233; 1998, 992; BGHZ 148, 175, 181 ff.; 154, 269, 271 ff.
40   BGH, NJW 1994, 323, 324, zur KO.
41   BGHZ 100, 346, 351 f. = NJW 1987, 3133, zur KO; BGH, NJW-RR 1990, 94, 96, zur KO; BGHZ 159, 104, 121 = WM 2004, 1191, 1196 = NJW 2004, 3334, zu §§ 60, 61 InsO; OLG Koblenz, ZIP 1992, 420, zur KO.
42   BGHZ 100, 346, 352 = NJW 1987, 3133; BGH, NJW-RR 1990, 94, 96, jeweils zur KO.
43   BGH, NJW-RR 1990, 94, 96, zur KO.
44   OLG Koblenz, ZIP 1992, 420, 423.
45   BGHZ 105, 230, 234 = NJW 1989, 1034.
46   BGHZ 103, 310, 312 ff. = NJW-RR 1988, 1488.

er auf frühere Sanierungserfolge verweist, so kann er aus Verschulden bei Vertragsschluss selbst haften, wenn er den Verhandlungspartner nicht auf Umstände hinweist, die seine Eignung für die Sanierungsaufgabe infrage stellen.[47]

1854 Wird ein **Rechtsanwalt** als **Betreuer** tätig, so gelten die Voraussetzungen für eine **Sachwalterhaftung** wegen eines Verschuldens bei Vertragsschluss (Rn. 1840 ff.) uneingeschränkt; insoweit kommt weder der Funktion als Pfleger/Betreuer noch der beruflichen Stellung als Rechtsanwalt besondere Bedeutung zu.[48]

C. Schadensersatzpflicht aus c.i.c.

1855 Eine **Haftung aus Verschulden vor oder bei Vertragsschluss** setzt voraus, dass eine schuldhafte Verletzung einer vorvertraglichen Pflicht (§ 241 Abs. 2 BGB) zu einem haftungsrechtlich zurechenbaren Schaden geführt hat (§ 280 Abs. 1 i.V.m. § 311 Abs. 2 BGB).

I. Verletzung einer vorvertraglichen Pflicht

1856 Aus dem gesetzlichen Schuldverhältnis der Vertragsverhandlungen, das eine vertragsähnliche, vom Zustandekommen eines Vertrages weitgehend unabhängige Rechtsbeziehung begründet,[49] ergeben sich zwar keine primären Leistungspflichten (§ 241 Abs. 1 BGB), wohl aber **Schutzpflichten gegenüber dem Verhandlungspartner**. Nach § 241 Abs. 2, § 311 Abs. 2 BGB ist insoweit jeder Teil zur Rücksicht auf die Rechte, Rechtsgüter und Interessen des anderen Teils verpflichtet. Daraus kann eine Pflicht zu einer **Aufklärung**, einem **Hinweis**, einer **Auskunft**, einer **Beratung** oder zur **Obhut** und **Fürsorge** entstehen.[50]

Eine Haftung wegen Verschuldens bei Vertragsschluss steht einem **Anfechtungsrecht** wegen arglistiger Täuschung oder Drohung (§ 123 BGB) **nicht entgegen**; für einen auf Täuschung oder Drohung beruhenden Schadensersatzanspruch gilt **nicht** – auch nicht analog – die Jahresfrist des **§ 124 BGB**.[51]

1857 Eine Schutzpflicht im vorstehenden Sinne obliegt einer Partei bei der Anbahnung eines Vertrages nur insoweit, als der Verhandlungs- und künftige Vertragspartner über diejenigen **entscheidungserheblichen Umstände zu unterrichten** ist, über die er eine Auf-

---

47 BGH, NJW 1990, 1907, 1908 f.
48 BGH, WM 1995, 298 = NJW 1995, 1213.
49 RGZ 162, 129, 156; BGHZ 6, 330, 333 = NJW 1952, 1130; BGHZ 49, 77, 79, 82 = NJW 1968, 547; BGHZ 66, 51, 54 = NJW 1976, 712.
50 BGH, WM 1986, 1047; NJW 1990, 1907, 1909; BGHZ 126, 181, 183 = NJW 1994, 2220; BGH, NJW-RR 2002, 308 ff.; zu Einzelfällen der Haftung aus Verschulden bei Vertragsschluss, insbesondere wegen Verletzung einer vorvertraglichen Aufklärungspflicht: BGHR BGB vor § 1/Verschulden bei Vertragsschluss.
51 BGH, NJW 1997, 254 = WM 1997, 77; NJW-RR 2002, 308 ff.

klärung nach dem Grundsatz von Treu und Glauben im Rechtsverkehr (§ 242 BGB) **redlicherweise erwarten darf**.[52] Deswegen besteht **keine regelmäßige Pflicht** einer Partei, von sich aus – ungefragt – einen anderen vor oder bei Vertragsschluss über das damit verbundene Risiko zu unterrichten. Nur **ausnahmsweise** kann eine **Aufklärungs- und Warnpflicht** mit Rücksicht auf den Zweck des angestrebten Vertrages und nach Treu und Glauben (§ 242 BGB) dann bestehen, wenn wegen besonderer Umstände des Einzelfalls davon auszugehen ist, dass der Verhandlungs- und künftige Vertragspartner nicht hinreichend unterrichtet ist und die Verhältnisse nicht durchschaut.[53]

Dementsprechend entfällt eine solche Schutzpflicht, wenn beide Verhandlungspartner über dieselben Erkenntnismöglichkeiten verfügen und infolgedessen nicht darauf angewiesen sind, dem anderen Teil besonderes Vertrauen entgegenzubringen.[54]

Danach besteht z.b. eine **vorvertragliche Aufklärungspflicht** in folgenden Fällen: 1858

- Ein **Wirtschaftsprüfer**, der im Rahmen eines Kapitalanlagesystems durch falsche **Prüftestate** bei Anlegern einen Vertrauenstatbestand begründet hat, muss geeignete Maßnahmen ergreifen, um diesen zu beseitigen; wirbt der Auftraggeber mit den Prüfberichten um Anleger, so hat der Wirtschaftsprüfer die **Anleger zu warnen**.[55]
- Bei Verhandlungen über den **Kauf eines Unternehmens** oder **von GmbH-Geschäftsanteilen** obliegt dem **Verkäufer eine gesteigerte Aufklärungs- und Sorgfaltspflicht**, vor allem zur Umsatz- und Ertragslage des Unternehmens; diese Pflicht erstreckt sich auch auf alle Umstände, die die Überlebensfähigkeit des Unternehmens ernsthaft gefährden.[56]
- Bei Verhandlungen über den **Verkauf einer Eigentumswohnung** als Kapitalanlage hat der Verkäufer den Käufer in einem **Prospekt** wahrheitsgemäß und vollständig über diejenigen Umstände zu unterrichten, die für die Kaufentscheidung erheblich sind; dazu kann auch eine erkennbar drohende finanzielle Überforderung gehören.[57]
- Bei Verhandlungen über einen **Bauvertrag** muss der Verhandlungsführer den Auftragnehmer darüber **aufklären**, dass Auftraggeberin eine **Gesellschaft ungarischen Rechts** mit ausschließlichem Sitz in Ungarn ist.[58]

---

52 BGH, WM 1997, 1045, 1047; 2001, 1158.
53 BGH, WM 1997, 1045, 1047; 2001, 1158.
54 BGH, WM 1986, 1047, 1048; 1988, 41, 43; BGHZ 116, 251, 257 f. = NJW 1992, 1037; vgl. BGHR BGB vor § 1/Verschulden bei Vertragsschluss – „Beweislast" und „Vertrauensschutz".
55 BGHZ 145, 187, 200 = WM 2002, 2447 = NJW 2001, 360.
56 BGH, WM 2001, 1118, 1119 (u.a. **Steuerberater**).
57 BGH, WM 2001, 1158 f., auch zu einem besonderen **Beratungsvertrag** der Kaufvertragspartner in einem solchen Fall.
58 BGH, WM 2003, 34, 35 = NJW-RR 2002, 1309.

- Bei der Beurkundung eines **Kaufvertrages** hat der **Makler**, der im Wege des Vertrags zugunsten Dritter einen Provisionsanspruch gegen den Käufer erhält, diesen darüber **aufzuklären, dass der Verkäufer falsche Angaben** über den Zustand des Kaufgrundstücks macht.[59]

1859 Derjenige, der den Verhandlungsgehilfen seines Verhandlungsgegners wegen Verletzung vorvertraglicher Pflichten in Anspruch nimmt, hat – gemäß den allgemeinen Regeln (Rn. 952 ff.) – **darzulegen** und – gemäß § 286 ZPO – **zu beweisen**, dass

- eine **Schutz- und Aufklärungspflicht** bestanden hat,
- der Verhandlungsgehilfe diese **Pflicht verletzt hat**
- und die **besonderen Voraussetzungen für eine** Eigenhaftung vorliegen (Rn. 1840 ff.).

II. Verschulden

1860 Es ist davon auszugehen, dass der **Schädiger** eine vorvertragliche Pflichtverletzung zu vertreten (§§ 276 – 278 BGB) hat, so dass er sich **entlasten muss** (§ 280 Abs. 1 Satz 2 BGB).[60]

III. Haftungsausfüllende Kausalität

1861 Grundsätzlich hat der **Schädiger darzulegen und zu beweisen**, dass der Schaden auch bei pflichtgemäßer vorvertraglicher Aufklärung, Auskunft und Beratung entstanden wäre, weil der Geschädigte sich nicht „beratungs-, aufklärungs- und auskunftsgerecht" verhalten hätte[61] (vgl. Rn. 1756 ff.).

1862 **Anders** ist dies bei folgerichtiger Erweiterung der Rechtsprechung des IX. Zivilsenats des BGH, soweit **Rechtsanwälte** und **Steuerberater** persönlich **als Vertreter, Vermittler oder Sachwalter** aufgrund eines **Vertrags mit Rechtsbeistandspflicht** tätig geworden sind und auf Schadensersatz in Anspruch genommen werden. Dieser – für die Anwalts- und Steuerberaterhaftung zuständige – Senat legt die **Darlegungs- und Beweislast** dafür, dass die Verletzung einer Beratungs-, Aufklärung- oder Auskunftspflicht eines Rechtsanwalts oder Steuerberaters aus einem solchen Vertrag den geltend

---

59 BGH, ZNotP 2006, 27.
60 Zum früheren Recht entsprechend § 282 BGB a.F.: BGHZ 66, 51, 54 = NJW 1976, 712; BGHZ 67, 383, 387 = NJW 1977, 501; BGHZ 99, 101, 107 f. = NJW 1987, 639, 640 = WM 1987, 136; BGH, NJW 1992, 3296 = WM 1992, 1892; vgl. BGH, WM 1972, 583, 584, für einen Auskunftsvertrag; BGHZ 28, 251, 254 = NJW 1959, 34, für die positive Verletzung von Dienst- und Werkverträgen.
61 BGH, NJW 1990, 1907, 1909; BGHZ 114, 87, 94 = NJW 1991, 1818; BGHZ 124, 151, 159 = NJW 1994, 512 = WM 1994, 149; BGH WM 1997, 2309, 2310; WM 2001, 1158, 1160; NJW-RR 2004, 203 ff.; BGHR, BGB vor § 1/Verschulden bei Vertragsschluss – „Beweislast" und „Kausalität".

gemachten Schaden verursacht hat, dem geschädigten Auftraggeber auf;[62] diese Last wird durch Anwendung des § 287 ZPO[63] und die Regeln über den Beweis des ersten Anscheins erleichtert[64] (Rn. 995 ff.). Diese Regelung hält der IX. Zivilsenat des BGH für berechtigt, weil es in solchen Fällen nicht dem Schutzzweck der verletzten Beraterpflicht entspreche, einer durch das vertragswidrige Verhalten entstandenen Beweisnot des geschädigten Mandanten abzuhelfen.[65] Diese Zuordnung der Darlegungs- und Beweislast muss folgerichtig auch dann gelten, wenn **Rechtsanwälte und Steuerberater**, die aufgrund eines **Vertrages mit Rechtsbeistandspflicht** (vgl. Rn. 108, 133 ff., 478 f.) für ihre Mandanten **als Vertreter, Vermittler oder Sachwalter** tätig geworden sind, von den Verhandlungspartnern wegen Verletzung vorvertraglicher Pflichten persönlich in Anspruch genommen werden. Danach haben die **Verhandlungspartner**, die eine solche **Eigenhaftung eines Rechtsanwalts oder Steuerberaters** geltend machen, **den Ursachenzusammenhang** zwischen der schuldhaften Verletzung einer vorvertraglichen Pflicht und ihrem Schaden **darzulegen und zu beweisen**.

Diese Ausnahme gilt **nicht** zugunsten eines **Rechtsanwalts**, der aufgrund eines **Vertrages ohne Rechtsbeistandspflicht** als Vertreter, Vermittler oder Sachwalter seines Auftraggebers tätig geworden ist und bei Vertragsverhandlungen mit einem Dritten vorvertragliche Pflichten verletzt hat.[66]

IV. Haftungsrechtliche Zurechnung

Dem Schädiger ist ein **Schaden** nur dann **haftungsrechtlich zuzurechnen**, wenn dieser aus dem Kreis der Gefahren stammt, zu deren Abwendung die verletzte Pflicht diente (vgl. Rn. 1014 ff.);[67] bei der Verletzung einer vorvertraglichen Pflicht ist Grundlage des Schutzzwecks **enttäuschtes Vertrauen**.[68] Dieser **Schutzzweck** bestimmt sich, falls ein **Rechtsberater** seinen Mandanten geschädigt hat, nach dem Ziel, das dieser mit Beauftragung des Rechtsanwalts oder Steuerberaters aus dessen Sicht verfolgt hat.[69]

1863

---

62 BGHZ 123, 311, 313 ff., 317 = NJW 1993, 3259; BGHZ 126, 217, 221 ff. = WM 1994, 2113.
63 Dazu BGH, WM 1992, 1155, 1156 = NJW-RR 1992, 997; NJW 1992, 2694, 2695; 1993, 734 = WM 1993, 382.
64 BGHZ 123, 311, 314 ff. = NJW 1993, 3259; BGH, WM 1993, 610, 614 f. und 1513, 1516; BGHZ 126, 217, 222 = WM 1994, 2113; BGH, WM 1995, 941, 942; NJW 1996, 1828; 1998, 79, 81.
65 BGHZ 123, 311, 314 = NJW 1993, 3259; BGHZ 126, 217, 223 = WM 1994, 2113.
66 Vgl. BGH, WM 1995, 344: **Rechtsanwalt als Treuhänder**.
67 BGH, WM 1990, 808, 809 = NJW 1990, 2057; WM 1995, 398, 401 f. = NJW 1995, 449; WM 1997, 2085, 2086; 2003, 1621 = NJW-RR 2003, 1035 **(Steuerberater)**.
68 BGH, WM 2001, 1302, 1305 = NJW 2001, 2875.
69 BGH, WM 1997, 2085, 2086.

Hat der **Rechtsanwalt als Vertreter, Vermittler oder Sachwalter** seines Mandanten **einen Dritten geschädigt**, so ist der Schaden, der durch Verletzung vorvertraglicher Pflichten entstanden ist, dem Anwalt haftungsrechtlich zuzurechnen, wenn die verletzte Pflicht mit Rücksicht auf den Zweck des angestrebten Vertrages auch der Abwendung eines solchen Schadens diente.

V. Art und Umfang des Schadensersatzes

1. Vertrauensschaden

1864 Derjenige, der durch Verschulden bei Vertragsverhandlungen geschädigt wurde, kann verlangen, so gestellt zu werden, wie er ohne die vorvertragliche Pflichtverletzung des anderen Teils stünde (§ 249 BGB). Er hat deswegen Anspruch auf **Ersatz des Vertrauensschadens**, der der Höhe nach **nicht durch das Erfüllungsinteresse begrenzt** wird;[70] insoweit ist entscheidend, dass der Anspruch jeweils auf dem enttäuschten Vertrauen des Verhandlungspartners beruht und seinem Wesen nach nicht einem Anspruch auf Schadensersatz wegen Nichterfüllung entspricht.[71] Der Schadensersatz ist **in Geld** zu leisten; ein Naturalersatz kann nicht nach § 249 BGB in dem Sinne verlangt werden, den Vertrauensschaden durch Abschluss oder Erfüllung des angestrebten Vertrages zu ersetzen.[72]

Ein Verhandlungspartner, der infolge einer vorvertraglichen Pflichtverletzung des anderen Teils bei einer Auftragsvergabe nicht berücksichtigt worden ist, kann Schadensersatz in Höhe des **positiven Interesses** verlangen, wenn er bei ordnungsgemäßem **Vergabeverfahren** den Auftrag erhalten hätte.[73] Das gilt auch dann, wenn ohne die vorvertragliche Pflichtverletzung der Geschädigte einen Vertrag mit günstigeren Bedingungen mit einem Dritten oder mit demselben Vertragspartner geschlossen hätte.[74]

Hätte der Geschädigte ohne die vorvertragliche Pflichtverletzung des anderen Teils einen **Vertrag mit einem anderen Partner** geschlossen, so gehört zum Vertrauens-

---

70 BGHZ 49, 77, 82 = NJW 1968, 457; BGHZ 57, 191, 193 = NJW 1972, 95; BGHZ 69, 53, 56 = NJW 1977, 1536, BGHZ 114, 87, 94 = NJW 1991, 1818; BGH, WM 1988, 781, 785 = NJW 1988, 2234; WM 1990, 145, 148; BGHZ 139, 259, 261; BGH, WM 2000, 1840, 1841; 2001, 1302, 1303 f. = NJW 2001, 2875; Einzelfälle: BGHR BGB vor § 1/Verschulden bei Vertragsschluss – „Schaden" und „Vertrauensschaden".
71 BGH, WM 2000, 1840, 1841.
72 BGH, NJW 1965, 812, 814; WM 1966, 89, 91; 1968, 1402, 1403.
73 BGHZ 120, 281, 284 = NJW 1993, 520.
74 BGH, WM 1998, 2210, 2211 = NJW 1998, 2900; WM 2001, 1302, 1303 = NJW 2001, 2875.

schaden (**negativen Interesse**) auch der aus einem solchen Vertrag **entgangene Gewinn.**[75]

2. Zustandekommen des Vertrages

Ist aufgrund schuldhafter vorvertraglicher Pflichtverletzung ein **Vertrag zustande gekommen**, so kann der Geschädigte verlangen, einen **nachteiligen Vertrag rückgängig zu machen** und dadurch **nutzlos gewordene Aufwendungen zu erstatten.**[76] Ein Anspruch auf Aufhebung des Vertrages setzt allerdings einen Vermögensschaden voraus, der sich nicht ohne weiteres aus dem Abschluss des Vertrages ergibt, sondern erst dann vorliegt, wenn es sich um ein insgesamt nachteiliges Geschäft handelt.[77]

1865

Will der Geschädigte an einem solchen **Vertrag festhalten** unter Änderung der ungünstigen Bedingungen, die auf die vorvertragliche Pflichtverletzung des anderen Teils zurückzuführen sind, so kann der Geschädigte eine **Anpassung des Vertrages** fordern (§ 313 BGB); in diesen Fällen entspricht der **Schaden** dem Betrag, den der Geschädigte **zu viel aufgewandt** hat.[78] Dabei ist der **Geschädigte so zu stellen**, als wäre es ihm bei Kenntnis der wahren Sachlage gelungen, den Vertrag zu einem günstigeren Preis abzuschließen.[79]

1866

3. Scheitern des Vertrages

Schließt jemand einen **unwirksamen Vertrag**, so kann er dem Verhandlungspartner wegen Verschuldens vor oder bei Vertragsschluss zum Schadensersatz verpflichtet sein, wenn er den **Grund der Unwirksamkeit zu vertreten hat**; zu ersetzen sind dann diejenigen Aufwendungen, die dem Verhandlungspartner im Vertrauen auf die Wirksamkeit des Vertrages entstanden sind.[80] Allerdings wird eine solche Haftung noch nicht allein dadurch begründet, dass ein Verhandlungspartner – sei es auch nach längeren,

1867

---

75 BGH, NJW 1962, 1196, 1198; WM 1988, 781, 785 = NJW 1988, 2234; BGHZ 139, 259, 261; vgl. BGH, WM 2001, 2015 = NJW 2001, 3698: fehlerhafte Vergabe öffentlicher Aufträge; WM 2004, 1938 ff. = NJW 2004, 2165: Aufhebung einer Ausschreibung.

76 BGHZ 69, 53, 57 = NJW 1977, 1536; BGH, NJW 1981, 1035, 1036; BGHZ 111, 75, 82 = NJW 1990, 1659; BGH, WM 1992, 143 f.; 1993, 1277, 1279 = NJW 1993, 2107; WM 1997, 2309, 2311; 1999, 678, 681; 2001, 1118, 1120 f.

77 BGH, NJW-RR 2002, 308 ff.

78 BGHZ 69, 53, 57 f. = NJW 1977, 1536; BGH, NJW 1981, 1035, 1036; BGHZ 111, 75, 82 f. = NJW 1990, 1659; BGHZ 114, 87, 94 f. = NJW 1991, 1818; BGH, WM 1988, 1700, 1702; 1992, 143; 1994, 758, 760; NJW 1993, 1323, 1324 f.; WM 1999, 678, 681; 2001, 1302, 1304 f.

79 BGH, WM 1999, 678, 681 = NJW 1999, 2032; WM 2001, 1302, 1304 f. = NJW 2001, 2875.

80 BGHZ 92, 164, 175 f. = NJW 1985, 1778; BGHZ 99, 101, 106 f., m.w.N. = NJW 1987, 639; BGHZ 142, 51, 60 ff.; BGH, NJW-RR 2005, 1290, 1291; WM 2005, 1998, 1999; OLG Hamm, NJW-RR 2002, 128, 129.

ernsthaften Verhandlungen – im Rahmen seiner Vertragsfreiheit vom Vertragsschluss Abstand nimmt; deswegen werden Aufwendungen in Erwartung des Vertragsschlusses grundsätzlich auf eigene Gefahr vorgenommen.[81]

1868 Ein **Abbruch der Vertragsverhandlungen** ohne triftigen Grund kann zu einer Schadensersatzpflicht aus c.i.c. führen, wenn der Abbrechende zuvor in seinem Vertragspartner das Vertrauen erweckt hatte, der **Vertrag werde mit Sicherheit zustande kommen**; dies gilt jedenfalls dann, wenn der angebahnte, aber gescheiterte **Vertrag formfrei** geschlossen werden konnte.[82]

Eine solche Haftung aus c.i.c. kommt grundsätzlich auch beim **Abbruch von Verhandlungen über formbedürftige Verträge** in Betracht.[83] Insoweit hat die höchstrichterliche Rechtsprechung jedoch schwerwiegende **Einschränkungen** vorgenommen für das Scheitern eines notariell zu beurkundenden Vertrages, durch den sich eine Partei zur Übereignung oder zum Erwerb eines Grundstücks verpflichten sollte; diese Einschränkungen müssen entsprechend gelten für **andere Verträge**, die einem gesetzlichen Formzwang unterliegen. Bricht eine Partei, der bis dahin keine Verletzung einer vorvertraglichen Pflicht vorzuwerfen ist, die Verhandlungen über den Abschluss eines formbedürftigen Grundstücksvertrages ab, so haftet sie nicht allein deswegen dem Vertragspartner aus c.i.c.; eine solche Haftung auf Ersatz eines Vertrauensschadens würde einen mittelbaren Zwang zum Abschluss des formbedürftigen Vertrages ausüben und verstieße damit gegen den Zweck der Formvorschrift, vor einer übereilten Verpflichtung zu schützen.[84] Bricht die Partei Verhandlungen zum Abschluss eines solchen zu beurkundenden Vertrages dagegen ab, nachdem sie zuvor pflichtwidrig den Vertragsschluss trotz fehlender Abschlussbereitschaft als sicher hingestellt hatte, so kann der Abbrechende wegen Verschuldens vor Vertragsschluss haften, falls ihm ein schwerer Verstoß gegen die Pflicht zu redlichem Verhalten bei Vertragsverhandlungen vorzuwerfen ist; dies erfordert i.d.R. die Feststellung einer vorsätzlichen Pflichtverletzung.[85]

---

81 BGH, WM 1989, 685, 686; 1996, 1728, 1729; 2001, 684, 685 = NJW-RR 2001, 381.
82 BGHZ 71, 386, 395 = WM 1978, 1082; BGHZ 76, 343, 349 = NJW 1980, 1683; BGH, WM 1989, 685, 687, 688; 1966, 738, 740 und 1728, 1729; 2001, 684, 685 = NJW-RR 2001, 381; OLG Dresden, WM 2001, 1147 f.; *Kaiser*, JZ 1997, 448, 449, 450.
83 BGH, NJW 1975, 43 f.; WM 1979, 458, 462; 1982, 1436; BGHZ 92, 164, 175 = NJW 1985, 1778.
84 BGH, NJW 1975, 43, 44; WM 1979, 458, 462; 1982, 1436 f.; BGHZ 92, 164, 175 = NJW 1985, 1778; BGHZ 116, 251, 258 = NJW 1992, 1037; BGH, WM 1996, 1728, 1729.
85 BGH, WM 1996, 1728, 1729 f.; dazu krit. *Kaiser*, JZ 1997, 448 ff.

4. Vorteilsausgleich

Zu den **auszugleichenden Vorteilen** aus dem Schadensereignis gehören grundsätzlich auch die **Steuervergünstigungen**, die der geschädigte Anleger aufgrund seiner Vermögensanlage erlangt hat[86] (vgl. Rn. 1802). 1869

VI. Mitverschulden

Eine Haftung wegen **Verletzung vorvertraglicher Pflichten** kann durch ein schadensursächliches **Mitverschulden des Geschädigten** bei der Entstehung des Schadens oder wegen Verletzung der Schadensminderungspflicht (§ 254 BGB) ausgeschlossen oder verringert sein (dazu Rn. 1217 ff.); die Regelungen der §§ 122 Abs. 2, 179 Abs. 3 Satz 1 BGB (vgl. auch § 307 Abs. 1 Satz 2 BGB a.F.), die eine Abwägung gemäß § 254 BGB i.d.R. ausschließen, gelten hier nicht.[87] 1870

Ein schadensursächliches Mitverschulden eines Kapitalanlegers kann vorliegen, wenn er eine zumutbare und gebotene Überprüfung der empfohlenen Anlage unterlassen hat (vgl. Rn. 1773).[88] Ein Mitverschulden kann entfallen, wenn der Geschädigte in besonderem Maße auf das Wort des ihm freundschaftlich verbundenen Schädigers vertraut hat.[89]

VII. Verjährung

1. Altes Recht

a) Allgemeines

Nach altem Recht (dazu Rn. 1251 ff.; zum Übergangsrecht des Art. 229 § 6 EGBGB: Rn. 1252 ff., 1262 ff.) **verjährte** ein Schadensersatzanspruch aus Verschulden bei Vertragsschluss **regelmäßig in dreißig Jahren** (§ 195 BGB a.F.); **Ausnahmen** bestanden dann, wenn vergleichbare Erfüllungs- oder Ersatzansprüche in kürzerer Frist verjährten und der Zweck einer solchen Verjährungsregelung auch für die Haftung wegen Verletzung vorvertraglicher Pflichten Geltung verlangte.[90] 1871

Deswegen konnte ein **Schadensersatzanspruch aus c.i.c.** einer **kürzeren Verjährungsregelung** unterliegen, z.B. 1872

- beim **Scheitern des angestrebten Vertrages** infolge der vorvertraglichen Pflichtverletzung, wenn der Geschädigte das positive oder negative Interesse geltend

---

86 BGHZ 74, 103, 113 f. = NJW 1979, 1449 = WM 1979, 530; BGH, WM 1989, 1925.
87 RGZ 151, 357, 358 ff.; BGH, DB 1967, 1085; BGHZ 99, 101, 108 f. = NJW 1987, 639 = WM 1987, 136.
88 BGHZ 74, 103, 112 = NJW 1979, 1449 = WM 1979, 530; vgl. BGHZ 142, 51, 65.
89 BGH, WM 2002, 968, 969.
90 BGHZ 83, 222, 223 = NJW 1982, 1514; BGH, NJW-RR 2004, 203 ff.

machte und beim Zustandekommen des Vertrages eine kurze Verjährungsfrist – etwa §§ 196, 197 BGB a.F. – für den **Erfüllungsanspruch** gegolten hätte;[91]

- beim **Zustandekommen des angestrebten Vertrages** trotz vorvertraglicher Pflichtverletzung eines Vertreters, wenn der **Erfüllungsanspruch** gegen den Vertragspartner nach § 196 BGB a.F. verjährte;[92]
- wenn der Anspruch unmittelbar **Mängel einer Kaufsache** betraf und ein Gewährleistungsanspruch des Käufers nach § 477 BGB a.F. verjährte;[93]
- wenn der Anspruch sich mit demjenigen aus § 635 BGB a.F. **deckte und deswegen nach § 638 BGB a.F. verjährte.**[94]

1873 Ein Schadensersatzanspruch wegen Verletzung vorvertraglicher Pflichten gegen einen **Vertreter, Vermittler oder Sachwalter**, der persönliches Vertrauen des Verhandlungsgegners in Anspruch genommen hat, **verjährte** dann i.d.R. **in dreißig Jahren**, wenn **bei den Vertragsverhandlungen Prospekte** verwendet wurden; die kürzeren Verjährungsfristen aus Prospekthaftung (dazu Rn. 1905 ff.), galten dann nicht.[95]

1874 Umstritten war in der höchstrichterlichen Rechtsprechung, wann eine **kürzere Verjährung** für einen Schadensersatzanspruch aus Verschulden vor oder bei Vertragsschluss **begann**.

Der VIII. Zivilsenat des BGH[96] hat – für eine Verjährungsfrist gemäß § 196 Abs. 2 BGB a.F. – entschieden, dass die Verjährung erst dann begann, wenn der Geschädigte die vorvertragliche Pflichtverletzung und die Person des dafür Verantwortlichen kannte. Dagegen begann nach Ansicht des III. Zivilsenats des BGH[97] die Verjährung gemäß § 197 BGB a.F. nach § 201 BGB a.F. unabhängig von einer solchen Kenntnis.

b) Schadensersatzanspruch gegen einen Rechtsanwalt, Steuerberater oder Wirtschaftsprüfer

1875 Verletzte ein **Rechtsanwalt** oder eine **Rechtsanwaltsgesellschaft** schuldhaft eine vorvertragliche Pflicht bei der **Anbahnung eines echten Anwaltsvertrages** mit Rechtsbeistandspflicht (vgl. Rn. 108, 133 ff., 478 f.), so unterlag **nach altem Recht** ein darauf beruhender Schadensersatzanspruch desjenigen, der **Auftraggeber (Mandant)** werden sollte oder geworden ist, den – inzwischen aufgehobenen (dazu und

---

91 BGHZ 49, 77, 81 ff. = NJW 1968, 547; BGHZ 57, 191, 194 ff. = NJW 1972, 95; BGH, NJW 1986, 2564, 2567 = BGHZ 98, 174, 186 f.; NJW 1989, 1667, 1669.
92 BGHZ 87, 27, 36 f. = NJW 1983, 1607.
93 RGZ 129, 280, 281 f.; BGHZ 111, 75, 82 = NJW 1990, 1659.
94 BGH, NJW 1969, 1710 f.; NJW-RR 1991, 217, 218; NJW 1997, 50, 51.
95 BGH, WM 1984, 1529, 1531 = NJW 1985, 380, 381; WM 1985, 533, 534; NJW 1995, 130.
96 BGHZ 87, 27 = NJW 1983, 1607.
97 NJW 1986, 2564, 2568 = BGHZ 98, 174, 187 f.

zum Übergangsrecht des Art. 229 §§ 6, 12 EGBGB: Rn. 1260) – anwaltsfreundlichen **Verjährungsregelungen der §§ 51b, 59m Abs. 2 BRAO** (Rn. 1283 ff.). Dagegen verjährte ein solcher Ersatzanspruch des in Aussicht genommenen oder tatsächlichen **Auftraggebers** aus c.i.c. gegen einen **Rechtsanwalt** nach den vorstehenden **allgemeinen Regeln** (Rn. 1871 ff.), wenn dieser seine Pflichten bei Verhandlungen über den Abschluss eines **Vertrages ohne Rechtsbeistandspflicht** (Rn. 133 ff., 478 f.) verletzt hatte (Rn. 1306 ff.).

Dies galt in solchen Fällen entsprechend bezüglich der – inzwischen ebenfalls aufgehobenen (Rn. 1260 ff.) – Verjährungsregelungen für **Patentanwälte** und **Patentanwaltsgesellschaften** (§§ 45b, 52m Abs. 2 PatAnwO), **Steuerberater, Steuerbevollmächtigte** und **Steuerberatungsgesellschaften** (§§ 68, 72 Abs. 1 StBerG) sowie für **Wirtschaftsprüfer** und **Wirtschaftsprüfungsgesellschaften** (§§ 51a, 56 Abs. 1 WPO, § 323 Abs. 5 HGB; vgl. die Übergangsvorschriften des § 139b WPO, Art. 55 EGHGB).

Folgerichtig musste ein **Schadensersatzanspruch eines Dritten (Nichtmandanten)** gegen einen **Rechtsanwalt**, der als **Vertreter, Vermittler oder Sachwalter** seines Auftraggebers vorvertragliche Pflichten gegenüber dem Verhandlungsgegner schuldhaft verletzt hat, nach **§ 51b BRAO** verjähren, wenn der Rechtsanwalt aufgrund eines **echten Anwaltsvertrages** mit Rechtsbeistandspflicht tätig geworden war. In diesem Falle hatte sich ein **berufstypisches Risiko** des Rechtsanwalts verwirklicht; die entsprechende Haftung sollte nach dem Willen des Gesetzgebers der anwaltsfreundlichen Verjährungsregelung des § 51b BRAO unterliegen (vgl. Rn. 1280 ff.).[98] Dies galt in solchen Fällen entsprechend bezüglich der genannten Verjährungsregelungen für andere Rechtsberater.[99] Dementsprechend hat der BGH angenommen, dass ein Schadensersatzanspruch aus einer Pflichtverletzung bei Anbahnung eines Treuhandvertrages gegen einen **Wirtschaftsprüfer** nach § 51a WPO[100] und gegen einen **Rechtsanwalt** gemäß § 51 BRAO (= später § 51b BRAO)[101] verjähre.

1876

Dagegen galten die **allgemeinen Verjährungsregelungen** für einen Schadensersatzanspruch eines **Dritten** aus c.i.c., wenn der **Rechtsanwalt** aufgrund eines **Vertrages ohne Rechtsbeistandspflicht** für seinen Vertragspartner als **Vertreter, Vermittler** oder **Sachwalter** tätig geworden war und dabei vorvertragliche Pflichten gegenüber dem Verhandlungsgegner schuldhaft verletzt hatte;[102] in einem solchen Fall fehlte der Privilegierungsgrund der früheren beraterfreundlichen Verjährungsregelung.

---

98 BGHZ 94, 380, 387 = NJW 1985, 2250.
99 Vgl. BGH, WM 2001, 1118, 1121, zu § 68 StBerG.
100 BGHZ 100, 132, 136.
101 BGHZ 120, 157, 160 = NJW 1993, 199; vgl. aber BGH, WM 2006, 860, 861: Steuerberater als Treuhandkommanditist.
102 Vgl. BGH, WM 1995, 344, 347: **Rechtsanwalt als Treuhänder**.

2. Neues Recht

1877 **Nach neuem Recht verjährt** ein Schadensersatzanspruch aus Verschulden bei Vertragsschluss gemäß § 199 BGB, und zwar grundsätzlich in der **regelmäßigen Verjährungsfrist von drei Jahren** (§§ 195, 199 Abs. 1 BGB), ausnahmsweise gemäß § 199 Abs. 2, 3 BGB (Rn. 1452 ff.).[103]

1878 ## D. Anhang: Rechtsprechungslexikon

Allgemeines

Eine Haftung aus Verschulden bei Vertragsverhandlungen setzt nicht voraus, dass es zu einem Vertragsschluss kommt.
BGH, Urt. v. 16.11.1967 – III ZR 12/67, BGHZ 49, 77, 82 = NJW 1968, 547.

Eine Haftung aus Verschulden bei Vertragsverhandlungen kann neben derjenigen aus Auskunftsvertrag bestehen.
BGH, Urt. v. 22.3.1979 – VII ZR 259/77, BGHZ 74, 103, 106, 108 = NJW 1979, 1449.

Haftung des Geschäftsherrn

Der Geschäftsherr haftet nach § 278 BGB für die Pflichtverletzung desjenigen, der bei der Anbahnung eines Vertrages als beauftragter Verhandlungsführer oder -gehilfe tätig geworden ist, wenn dieser wegen seiner engen Beziehung zum Geschäftsherrn als dessen Vertrauensperson erscheint. Dafür ist es nicht entscheidend, ob dem Verhandlungsführer oder -gehilfen für die Verhandlungen Vertretungsmacht eingeräumt worden ist. Vielmehr kommt es darauf an, ob bei wertender Beurteilung der tatsächlichen Umstände sein Verhalten dem Geschäftsherrn zuzurechnen ist.
BGH, Urt. v. 2.6.1995 – V ZR 52/94, NJW 1995, 2550, 2551; v. 24.11.1995 – V ZR 40/94, NJW 1996, 451, 452; vgl. BGH, Urt. v. 14.11.2000 – XI ZR 336/99, ZIP 2000, 2291, 2293.

Haftung des Verhandlungsgehilfen

Die Verpflichtungen aus dem gesetzlichen Schuldverhältnis, das durch die Anbahnung von Vertragsverhandlungen eines Vertreters begründet wird, treffen zwar grundsätzlich den Vertretenen. Hat aber der Vertreter – über das normale Verhandlungsvertrauen hinaus – in besonderem Maße persönliches Vertrauen in Anspruch genommen und hat der Verhandlungsgegner ihm dieses auch entgegengebracht, dann muss der Vertreter selbst für die Verletzung vorvertraglicher Pflichten – etwa zur Aufklärung – einstehen, weil er dem Verhandlungspartner eine zusätzliche, von ihm persönlich ausgehende Gewähr für das Gelingen des beabsichtigten Rechtsgeschäfts geboten hat, die für den

---

103 Vgl. *Assmann/Wagner*, NJW 2005, 3169, 3172.

Willensentschluss des anderen Teils bedeutsam war. Ein dem Vertreter persönlich entgegengebrachtes besonderes Vertrauen kann in seiner außergewöhnlichen Sachkunde für den Vertragsgegenstand oder in besonderer persönlicher Zuverlässigkeit begründet sein.
BGH, Urt. v. 22.3.1979 – VII ZR 259/77, BGHZ 74, 103, 106, 108 = NJW 1979, 1449.

Ein Vertreter kann für ein Verschulden bei Vertragsverhandlungen haften, wenn er wirtschaftlich selbst stark an dem Vertragsschluss interessiert ist und aus dem Geschäft eigenen Nutzen erstrebt oder in besonderem Maße persönliches Vertrauen in Anspruch nimmt.
BGH, Urt. v. 23.2.1983 – VIII ZR 325/81, BGHZ 87, 27, 32 = NJW 1983, 1607.

Eine Haftung aus einem Verschulden bei Vertragsverhandlungen kann den Vertreter u.a. bei einem besonderen wirtschaftlichen Interesse am Abschluss des Vertrages treffen. Dafür reicht ein mittelbares wirtschaftliches Interesse, insbesondere das Provisionsinteresse eines Handelsvertreters, Prokuristen oder sonstigen Angestellten, nicht aus. Es muss vielmehr eine so enge Beziehung zum Gegenstand der Vertragsverhandlungen gegeben sein, dass der Vertreter wirtschaftlich gleichsam in eigener Sache beteiligt ist.
Eine Eigenhaftung des Vertreters kommt auch dann in Betracht, wenn er in besonderem Maße persönliches Vertrauen in Anspruch genommen hat. Dies kann dann der Fall sein, wenn der Vertreter mit Hinweis auf seine außergewöhnliche Sachkunde oder seine besondere persönliche Zuverlässigkeit dem Verhandlungspartner eine zusätzliche, von ihm persönlich ausgehende Gewähr für das Gelingen des beabsichtigten Geschäfts bietet. Dafür reicht es nicht aus, dass der Vertreter über die für seine Tätigkeit erforderliche Sachkunde verfügt und auf diese hinweist.
BGH, Urt. v. 17.10.1989 – XI RZ 173/88, NJW 1990, 506; v. 17.6.1991 – II ZR 171/90, NJW-RR 1991, 1241, 1242.

Schadensersatzansprüche gegen einen Vertreter wegen Verschuldens bei Vertragsverhandlungen richten sich grundsätzlich nach § 278 BGB gegen den Vertretenen. Ausnahmsweise kann jedoch auch der Vertreter selbst haften, wenn er entweder dem Vertragsgegenstand besonders nahe steht und bei wirtschaftlicher Betrachtung gleichsam in eigener Sache handelt oder wenn er gegenüber dem Verhandlungspartner in besonderem Maße persönliches Vertrauen in Anspruch genommen und dadurch die Vertragsverhandlungen beeinflusst hat. Dafür reicht es nicht schon aus, dass der Vertreter über die für seine Tätigkeit erforderliche Sachkunde verfügt und darauf hinweist. Notwendig ist vielmehr, dass er dem Verhandlungspartner zusätzlich in zurechenbarer Weise den Eindruck vermittelt, er werde persönlich mit seiner Sachkunde die ordnungsmäßige Abwicklung des Geschäfts selbst dann gewährleisten, wenn der Verhandlungspartner dem Geschäftsherrn nicht oder nur wenig vertraut.
BGH, Urt. v. 3.4.1990 – IX ZR 206/88, NJW 1990, 1907, 1908.

Teil 2 • Abschnitt 5 • Anwaltshaftung aus Verschulden bei Vertragsschluss

Eine Haftung wegen Verschuldens bei Vertragsverhandlungen kann ausnahmsweise denjenigen treffen, der selbst nicht Vertragspartei werden soll, an den Vertragsverhandlungen aber als Vertreter, Vermittler oder Sachwalter einer Partei beteiligt ist, wenn er – über das normale Verhandlungsvertrauen hinaus – in besonderem Maße Vertrauen für sich persönlich in Anspruch nimmt und damit dem anderen Vertragspartner eine zusätzliche, gerade von ihm persönlich ausgehende Gewähr für Bestand und Erfüllung des beabsichtigten Rechtsgeschäftes bietet oder wenn er wegen eines eigenen unmittelbaren Interesses dem Verhandlungsgegenstand besonders nahe steht, also bei wirtschaftlicher Betrachtung gleichsam in eigener Sache verhandelt.

Beteiligt sich der Vertreter, Vermittler oder Sachwalter an den Vertragsverhandlungen nicht selbst, lässt er sich vielmehr seinerseits durch einen (Unter-)Vertreter vertreten, so kann dieser sein Erfüllungsgehilfe i.S.d. § 278 BGB bezüglich der vorvertraglichen Verpflichtungen sein.
BGH, Urt. v. 29.1.1997 – VIII ZR 356/95, WM 1997, 1431, 1432 = NJW 1997, 1233 = ZIP 1997, 548; vgl. BGH, Urt. v. 13.6.2002 – VII ZR 30/01, WM 2003, 34, 35 = NJW-RR 2002, 1309.

Die Eigenhaftung eines Vertreters wegen Inanspruchnahme persönlichen Vertrauens setzt nicht voraus, dass der Vertreter selbst die Verhandlungen führt. Er kann auch durch einen Untervertreter tätig werden, der dann für eigene vorvertragliche Verpflichtungen als sein Erfüllungsgehilfe i.S.d. § 278 BGB anzusehen ist.

Dieser Grundsatz ist entsprechend anzuwenden auf den Sachwalter einer Vertragspartei, der sich selbst bei den Verhandlungen im Hintergrund hält und eigene Beziehungen zu dem Verhandlungsgegner nur mittelbar über den von ihm betreuten Verhandlungspartner in der Weise herstellt, dass er zu dem beabsichtigten Vertragsschluss seine Zustimmung erteilt, die dem anderen Teil zur Kenntnis gebracht wird und diesen zum Abschluss des Vertrages bestimmt.
BGH, Urt. v. 5.4.1971 – VII ZR 163/69, BGHZ 56, 81, 85 ff. = NJW 1971, 1309.

Zieht eine Partei bei Vertragsverhandlungen zu ihrer Beratung einen Rechtsanwalt ihres Vertrauens hinzu, so haftet dieser ohne besondere zusätzliche Umstände auch dann nicht persönlich aus Verschulden bei Vertragsabschluss für die Richtigkeit der bei dieser Gelegenheit abgegebenen Parteierklärungen, wenn er bei der abschließenden Fixierung des Verhandlungsergebnisses mitwirkt.
BGH, Urt. v. 11.7.1988 – II ZR 232/87, NJW 1989, 293, 294; vgl. BGH, Urt. v. 1.2.1990 – IX ZR 82/89, NJW-RR 1990, 459, 460 f.

Ein Rechtsanwalt, der Erklärungen gegenüber dem Vertragsgegner seines Mandanten abgibt, kann aus einem Verhandlungsverschulden nur dann persönlich haften, wenn er gleichsam in eigener Sache tätig wird, indem er in besonderem Maße Vertrauen für seine Person in Anspruch nimmt oder wirtschaftlich selbst stark am Vertragsschluss

interessiert ist und aus dem Geschäft eigenen Nutzen erstrebt.
BGH, Urt. v. 17.5.1990 – IX ZR 85/89, NJW 1991, 32, 33.

Ein Vertreter nimmt nicht schon dann besonderes persönliches Vertrauen in Anspruch, wenn er bei Vertragsverhandlungen als Wortführer auftritt.
BGH, Urt. v. 7.12.1992 – II ZR 179/91, NJW-RR 1993, 342, 344.

Ist ein Rechtsanwalt als Betreuer tätig, so haben für eine Haftung als Sachwalter weder die Betreuungsfunktion noch die berufliche Stellung als Rechtsanwalt besondere Bedeutung.
BGH, Urt. v. 8.12.1994 – III ZR 175/93, WM 1995, 298 ff. = NJW 1995, 1213.

Eine persönliche Haftung des Insolvenzverwalters kann nicht aus einem Verstoß gegen Aufklärungs- und Hinweispflichten hergeleitet werden, die jeden Vertragschließenden während der Verhandlungen und beim Abschluss treffen.

Verletzt der Insolvenzverwalter solche allgemeinen Pflichten, so haftet i.d.R. nur die Masse. In diesen Fällen kann der Insolvenzverwalter persönlich nur unter besonderen Voraussetzungen haften, nämlich wenn er eigene Pflichten ausdrücklich übernommen oder insoweit einen Vertrauenstatbestand geschaffen oder eine unerlaubte Handlung begangen hat.
BGH, Urt. v. 14.4.1987 – IX ZR 260/86, BGHZ 100, 346, 352 = NJW 1987, 3133; vgl. BGH, Urt. v. 12.10.1989 – IX ZR 245/88, NJW-RR 1990, 94, 96 (Rechtsanwalt), jeweils zur KO.

Die persönliche Haftung eines Sachwalters i.S.d. §§ 91, 92 VerglO kommt nur dann in Betracht, wenn er eigene Pflichten ausdrücklich übernommen oder einen Vertrauenstatbestand geschaffen oder eine unerlaubte Handlung begangen hat.
BGH, Urt. v. 25.2.1988 – IX ZR 139/87, BGHZ 103, 310, 315 = NJW-RR 1988, 1488.

Die Rechtsfolgen der Pflichtverletzung eines Sequesters (§ 106 Abs. 1 Satz 2 KO) treffen regelmäßig den Schuldner. Eine persönliche Haftung des Sequesters kommt nur ausnahmsweise nach den Grundsätzen der Sachwalterhaftung in Betracht.
BGH, Urt. 29.9.1988 – IX ZR 39/88, BGHZ 105, 230, 234 = NJW 1989, 1034.

Der Angestellte eines Handelsgeschäfts kann wegen Verletzung vorvertraglicher Pflichten regelmäßig nicht persönlich in Anspruch genommen werden.
BGH, Urt. v. 4.7.1983 – II ZR 220/82, BGHZ 88, 67, 70 = NJW 1983, 2696.

Der Geschäftsführer und Gesellschafter einer GmbH nimmt bei Vertragsverhandlungen grundsätzlich nur das normale Vertragsvertrauen in Anspruch, so dass regelmäßig eine Eigenhaftung aus Verhandlungsverschulden wegen eines unmittelbaren wirtschaftlichen Eigeninteresses entfällt.
BGH, Urt. v. 23.10.1985 – VIII ZR 210/84, NJW 1986, 586, 587; v. 6.6.1994 – II ZR 292/91, BGHZ 126, 181, 186, 189 = NJW 1994, 2220; v. 13.6.2002 – VII ZR 30/01, WM 2003, 34, 35 = NJW-RR 2002, 1309.

Ein Wirtschaftsprüfer, der im Rahmen eines Kapitalanlagemodells pflichtwidrig in Prüftestaten bestätigt, dass die finanzielle Abwicklung (Mittelzufluss und -verwendung) ordnungsgemäß vorgenommen wurde, haftet späteren Anlegern aus Verschulden bei Vertragsschluss, wenn diese im Vertrauen auf die Richtigkeit früherer Testate Geld angelegt haben und der Wirtschaftsprüfer damit rechnen musste.
BGH, Urt. v. 26.9.2000 – X ZR 94/98, BGHZ 145, 187, 197 ff. = WM 2000, 2447 = NJW 2001, 360.

Die Inanspruchnahme besonderen persönlichen Vertrauens durch einen Sachwalter setzt voraus, dass dieser entweder an den Vertragsverhandlungen selbst beteiligt ist oder in deren Rahmen Vertrauen beansprucht; dafür genügt es, dass der Sachwalter die Verhandlungen von einem anderen für sich führen lässt und gegenüber dem Vertragspartner als diejenige Person erscheint, von deren Entscheidung der Vertragsschluss abhängt.
BGH, Urt. v. 4.5.2004 – XI ZR 40/03, BGHZ 159, 94, 102 = WM 2004, 1404 = NJW 2004, 2523.

Mitverschulden

Ein Mitverschulden des Geschädigten schließt einen Schadensersatzanspruch aus Verschulden bei Vertragsverhandlungen nicht von vornherein aus.
BGH, Urt. v. 12.11.1986 – VIII ZR 280/85, BGHZ 99, 101, 109 = NJW 1987, 639 = WM 1987, 136.

Gewährt ein Mitarbeiter einer KG der Alleinkommanditistin und -gesellschafterin der Komplementärin in einer wirtschaftlichen Krise der Gesellschaft einen Kredit ohne Sicherheit, so kann ein Mitverschulden entfallen, wenn der Kreditgeber auf das Wort der Gesellschafterin, mit der und deren Familie er freundschaftlich verbunden war, in besonderem Maße vertraut hat.
BGH, Urt. v. 14.1.2002 – II ZR 184/99, WM 2002, 968, 969.

Pflichten des Verhandlungsgehilfen

Bei der Anbahnung eines Vertrages hat eine Partei dem anderen Teil nur diejenigen entscheidungserheblichen Umstände mitzuteilen, über die dieser eine Aufklärung nach dem Grundsatz von Treu und Glauben im Rechtsverkehr (§ 242 BGB) erwarten darf. Danach besteht keine regelmäßige Pflicht einer Partei, von sich aus – ungefragt – einen anderen vor oder bei Vertragsschluss über das damit verbundene Risiko zu unterrichten. Nur ausnahmsweise kann eine Aufklärungs- und Warnpflicht dann bestehen, wenn wegen besonderer Umstände des Einzelfalls davon auszugehen ist, dass der künftige Vertragspartner nicht hinreichend unterrichtet ist und die Verhältnisse nicht durchschaut.
BGH, Urt. v. 15.4.1997 – IX ZR 112/96, WM 1997, 1045, 1047; v. 6.4.2001 – V ZR 402/99, WM 2001, 1158.

Ein Vertreter, Sachwalter oder Verhandlungsgehilfe kann seinem Verhandlungspartner haften, wenn er dessen Vertrauen für seine Person in Anspruch genommen und dessen Vertragsentschluss durch falsche Auskünfte maßgeblich beeinflusst hat. Eine Aufklärungspflicht bei Vertragsverhandlungen kann entfallen, wenn beide Verhandlungspartner über dieselben Erkenntnismöglichkeiten verfügen.
BGH, Urt. v. 12.5.1986 – II ZR 84/85, WM 1986, 1047 f.

Ein Sachwalter, der aufgrund eines Treueverhältnisses fremde Vermögensinteressen wahrzunehmen hat, hat die vorvertragliche Pflicht, den Geschäftsherrn über die Provisionszusage eines interessierten Dritten aufzuklären.
BGH, Urt. v. 14.3.1991 – VII ZR 342 /89, BGHZ 114, 87, 90 ff. = NJW 1991, 1819, 1820; v. 16.1.2001 – XI ZR 113/00, WM 2001, 457, 458 = NJW 2001, 1065, 1066 f.

Wie bei anderen Erfüllungsgehilfen richtet sich der Pflichtenkreis und Sorgfaltsmaßstab eines Verhandlungsgehilfen nach der Stellung des Schuldners i.S.d. § 278 BGB. Bei persönlicher Vertrauenswerbung mit besonderer Fachkunde kann jedoch der Verhandlungsgehilfe die Sorgfaltspflichten des hinter ihm stehenden Geschäftsherrn entsprechend verstärken.
BGH, Urt. v. 26.4.1991 – V ZR 165/89, BGHZ 114, 263, 272 = NJW 1991, 2556.

Wegen Verschuldens bei Vertragsschluss kann auch derjenige haften, der die Unwirksamkeit eines Vertrages zu vertreten hat.
BGH, Urt. v. 12.11.1986 – VIII ZR 280/85, BGHZ 99, 101, 106 = NJW 1987, 639; v. 14.4.2005 – IX ZR 109/04, NJW-RR 2005, 1290, 1291.

Trotz längerer und ernsthafter Vertragsverhandlungen kann jede Seite vom Vertragsschluss Abstand nehmen, ohne allein deshalb bereits wegen Verschuldens bei Vertragsverhandlungen zu haften.

Eine Schadensersatzpflicht besteht dann, wenn ein Verhandlungspartner zurechenbar bei der Gegenseite das aus deren Sicht berechtigte Vertrauen erweckt, der Vertrag werde mit Sicherheit zustande kommen, sodann aber die Vertragsverhandlungen ohne triftigen Grund abbricht.
BGH, Urt. v. 22.2.1989 – VIII ZR 4/88, WM 1989, 685, 686 f.; v. 10.1.1996 – VIII ZR 327/94, WM 1996, 738, 740; v. 7.12.2000 – VII ZR 360/98, WM 2001, 684, 685 = NJW-RR 2001, 381.

Wird der Abschluss eines formbedürftigen Vertrages als sicher dargestellt, kann der Abbruch der Verhandlungen durch den Partner grundsätzlich nur dann einen Schadensersatzanspruch des anderen begründen, wenn das Verhalten des Abbrechenden einen schweren Verstoß gegen die Verpflichtung zu redlichem Verhalten bei Vertragsverhandlungen bedeutet. Dies erfordert regelmäßig eine vorsätzliche Treupflichtverletzung.
BGH, Urt. v. 29.3.1986 – V ZR 332/94, WM 1996, 1728, 1729.

Teil 2 • Abschnitt 5 • Anwaltshaftung aus Verschulden bei Vertragsschluss

Ein Wirtschaftsprüfer, der im Rahmen eines Kapitalanlagemodells falsche Testate über die Prüfung der finanziellen Abwicklung (Mittelzufluss und -verwendung) erteilt hat, muss geeignete Maßnahmen ergreifen, um den von ihm (mit-)geschaffenen Vertrauenstatbestand zu beseitigen. Ist seine Tätigkeit noch nicht nach außen getreten, so wird die Kündigung des Prüfauftrages genügen. Ist der Wirtschaftsprüfer jedoch bereits tätig geworden und wirbt der Auftraggeber mit den Prüfberichten um Anleger, so hat der Wirtschaftsprüfer die Anleger zu warnen.
BGH, Urt. v. 26.9.2000 – X ZR 94/98, BGHZ 145, 187, 200 = WM 2000, 2447 = NJW 2001, 360.

Bei Verhandlungen über den Kauf eines Unternehmens oder von GmbH-Geschäftsanteilen besteht eine gesteigerte Aufklärungspflicht des Verkäufers; diese erstreckt sich auch auf alle Umstände, die die Überlebensfähigkeit des Unternehmens ernsthaft gefährden, insbesondere auf eine drohende oder bereits eingetretene Zahlungsunfähigkeit oder Überschuldung.
BGH, Urt. v. 4.4.2001 – VIII ZR 32/00, WM 2001, 1118, 1119.

Verwendet der Verkäufer bei Verhandlungen über den Kauf einer Eigentumswohnung einen Prospekt, so hat der Verkäufer darin den Käufer wahrheitsgemäß und vollständig über diejenigen Umstände zu unterrichten, die für dessen Entscheidung erheblich sind.
BGH, Urt. v. 6.4.2001 – V ZR 402/99, WM 2001, 1158.

Ein Verhandlungsführer hat bei Verhandlungen über einen Bauvertrag den Auftragnehmer darüber aufzuklären, dass Auftraggeber eine Gesellschaft ungarischen Rechts mit ausschließlichem Sitz in Ungarn ist.
BGH, Urt. v. 13.6.2002 – VII ZR 30/01, WM 2003, 34, 35 f. = NJW-RR 2002, 1309.

Schadensersatz

Derjenige, der bei Vertragsverhandlungen schuldhaft falsche Angaben macht, kann dem Verhandlungspartner zum Ersatz von Aufwendungen oder des Gewinns aus einem entgangenen Geschäft verpflichtet sein.
BGH, Urt. v. 31.1.1962 – VIII ZR 120/60, NJW 1962, 1196, 1198; v. 12.6.2001 – X ZR 150/99, WM 2001, 2015 = NJW 2001, 3698; v. 16.12.2003 – X ZR 282/02, WM 2004, 1938 = NJW 2004, 2165.

Ist ein Grundstückskaufvertrag wegen eines vom Verkäufer verschuldeten Formfehlers nichtig, wäre er aber ohne dieses Verschulden formgültig abgeschlossen worden, so hat der Verkäufer wegen Verschuldens bei Vertragsschluss den Käufer in Geld so zu entschädigen, dass dieser sich ein gleichwertiges anderes Grundstück beschaffen kann; die Übereignung des verkauften Grundstücks kann nicht verlangt werden.
BGH, Urt. v. 29.1.1965 – V ZR 53/64, NJW 1965, 812, 814.

Wegen Verschuldens bei Vertragsschluss kann grundsätzlich nur Ersatz des Schadens gefordert werden, der dem Geschädigten durch das Vertrauen auf die Gültigkeit des Vertrages entstanden ist. Ausnahmsweise kann der Schaden das Erfüllungsinteresse ausmachen und sogar darüber hinausgehen.
BGH, Urt. v. 29.10.1965 – V ZR 96/93, WM 1966, 89, 91; v. 16.11.1967 – III ZR 12/67, BGHZ 49, 77, 82 = NJW 1968, 547; v. 8.9.1998 – X ZR 48/97, BGHZ 139, 259, 261; v. 6.6.2000 – XI ZR 235/99, WM 2000, 1840, 1841.

Der Anspruch wegen Verschuldens bei Vorvertragsverhandlungen geht nicht auf Naturalersatz im Sinne einer Erfüllung des erstrebten Vorvertrages, sondern nur auf Ersatz des Vertrauensschadens in Geld.
BGH, Urt. v. 27.9.1968 – V ZR 53/65, WM 1968, 1402, 1403.

Enttäuscht ein Verhandlungspartner das berechtigte Vertrauen der Gegenseite auf das Zustandekommen eines Rechtsgeschäfts, kann er zum Ersatz des Vertrauensschadens auch dann verpflichtet sein, wenn es um den Abschluss eines formbedürftigen Vertrages geht und der Verweigerung des Vertragsschlusses ein Verschulden vorangegangen ist.
BGH, Urt. v. 18.10.1974 – V ZR 17/73, NJW 1975, 43 f.; v. 19.1.1979 – I ZR 172/76, WM 1979, 458, 462; v. 8.10.1982 – V ZR 216/81, WM 1982, 1436 f.; v. 20.9.1984 – III ZR 47/83, BGHZ 92, 164, 175 f. = NJW 1985, 1778.

Derjenige, der aus Verhandlungsverschulden wegen Verletzung einer Aufklärungspflicht haftet, hat dem anderen Teil dasjenige zu ersetzen, was diesem aus einem Geschäft zugeflossen wäre, das dieser bei gehöriger Aufklärung mit einem Dritten oder demselben Vertragspartner geschlossen hätte.
BGH, Urt. v. 2.3.1988 – VIII ZR 380/86, WM 1988, 781, 785; v. 24.6.1998 – XII ZR 126/96, WM 1998, 2210, 2211 = NJW 1998, 2900; v. 6.4.2001 – V ZR 394/99, WM 2001, 1302, 1303.

Bei einer vorschriftswidrigen Auftragsvergabe durch einen öffentlichen Auftraggeber kann der benachteiligte Bieter wegen vorvertraglichen Verschuldens Ersatz des positiven Interesses verlangen, wenn er bei ordnungsgemäßem Vergabeverfahren den Zuschlag hätte erhalten müssen.
BGH, Urt. v. 25.11.1992 – VIII ZR 170/91, BGHZ 120, 281, 283 = NJW 1993, 520.

Der Schadensersatzanspruch aus Verschulden bei Vertragsschluss ist grundsätzlich auf Ersatz des Vertrauensschadens gerichtet. Der Geschädigte, der aufgrund des schadensstiftenden Verhaltens einen Vertrag geschlossen hat, ist daher so zu stellen, wie er ohne den Vertrag stünde. Er hat deswegen einen Anspruch auf Befreiung von dem Vertrag und auf Ersatz seiner nutzlosen Aufwendungen. Will der Geschädigte an dem Vertrag

festhalten, so ist er so zu stellen, als wäre es ihm bei Kenntnis der wahren Sachlage gelungen, den Vertrag zu einem günstigeren Preis abzuschließen.
BGH, Urt. v. 14.1.1993 – IX ZR 206/91, NJW 1993, 1323, 1324 f.; v. 11.2.1999 – IX ZR 352/97, WM 1999, 678 = NJW 1999, 2032.

Eine Schadensersatzpflicht wegen Verschuldens bei Vertragsverhandlungen besteht dann, wenn ein Verhandlungspartner zurechenbar bei der Gegenseite das aus deren Sicht berechtigte Vertrauen erweckt, der Vertrag werde mit Sicherheit zustande kommen, sodann aber die Vertragsverhandlungen ohne triftigen Grund abbricht.
BGH, Urt. v. 22.2.1989 – VIII ZR 4/88, WM 1989, 685, 686 f.; v. 10.1.1996 – VIII ZR 327/94, WM 1996, 738, 740.

Wird der Abschluss eines formbedürftigen Vertrages als sicher dargestellt, kann der Abbruch der Verhandlungen durch einen Partner grundsätzlich nur dann einen Schadensersatzanspruch des anderen begründen, wenn das Verhalten des Abbrechenden einen schweren Verstoß gegen die Verpflichtung zu redlichem Verhalten bei Vertragsverhandlungen bedeutet. Dies erfordert i.d.R. eine vorsätzliche Treupflichtverletzung.
BGH, Urt. 29.3.1996 – V ZR 332/94, WM 1996, 1728, 1729.

Derjenige, der durch Irreführung oder mangelnde Aufklärung zum Abschluss eines Vertrages bestimmt worden ist, kann neben einer möglichen Anfechtung wegen arglistiger Täuschung den Vertrag auch wegen Verschuldens bei Vertragsschluss, falls ein Vermögensschaden entstanden ist, oder aus unerlaubter Handlung rückgängig machen.
BGH, Urt. v. 26.9.1997 – V ZR 29/96, WM 1997, 2309, 2311 = ZIP 1998, 154; vgl. BGH, Urt. v. 24.10.1996 – IX ZR 4/96, WM 1997, 77 = NJW 1997, 254; v. 18.9.2001 – X ZR 107/00, NJW-RR 2002, 308.

Steuerliche Vorteile muss sich der Geschädigte nach den Grundsätzen des Vorteilsausgleichs anrechen lassen. Dazu gehören auch Steuern, die infolge der Schädigung erspart wurden.
BGH, Urt. v. 22.3.1979 – VII ZR 259/77, BGHZ 74, 103, 113 f. = NJW 1979, 1449.

Wer eine vertragliche oder vorvertragliche Aufklärungspflicht verletzt, hat darzulegen und zu beweisen, dass der Schaden auch bei pflichtgemäßem Verhalten entstanden wäre.
BGH, Urt. v. 6.4.2001 – V ZR 402/99, WM 2001, 1158, 1160; vgl. BGH, Urt. v. 14.3.1991 – VII ZR 342/89, BGHZ 114, 87, 94 = NJW 1991, 1819.

Bei einem vertraglichen oder vorvertraglichen Schuldverhältnis kann eine Pflichtverletzung nur zum Ersatz des Schadens führen, dessen Vermeidung die verletzte Pflicht bezweckt.

Bei Kapitalanlagen braucht derjenige, der nicht Partner des Anlagegeschäftes ist und den Anlageinteressenten über einen bestimmten, für das Vorhaben bedeutsamen Einzelpunkt aufzuklären hat, bei einem Fehler lediglich für diejenigen Risiken einzustehen, für deren Einschätzung die geschuldete Aufklärung maßgeblich war.
BGH, Urt. v. 13.2.2003 – IX ZR 62/02, WM 2003, 1621 = NJW-RR 2003, 1035 (Steuerberatungsgesellschaft).

Verjährung

Ein Schadensersatzanspruch aus Verschulden bei Vertragsschluss verjährte nach altem Recht grundsätzlich in dreißig Jahren (§ 195 BGB a.F.).

Ausnahmen bestanden insoweit, als vergleichbare Erfüllungs- oder Ersatzansprüche in kürzerer Frist verjährten und der Zweck solcher Verjährungsregelungen auch für die Haftung aus Verschulden bei Vertragsschluss Geltung beanspruchte.
BGH, Urt. v. 16.11.1967 – III ZR 12/67, BGHZ 49, 77, 80 ff. = NJW 1968, 547; v. 28.10.1971 – VII ZR 15/70, BGHZ 57, 191, 194 ff. = NJW 1972, 95 = WM 1971, 1543; v. 22.3.1982 – II ZR 114/81, BGHZ 83, 222, 223 = NJW 1982, 1514; v. 23.2.1983 – VIII ZR 325/91, BGHZ 87, 27, 35 ff. = NJW 1983, 1607; v. 10.7.1986 – III ZR 133/85, NJW 1986, 2564, 2567 f.; vgl. BGH, Urt. v. 21.10.2003 – XI ZR 453/02, NJW-RR 2004, 203.

Ein Anspruch aus Verschulden bei Vertragsverhandlungen verjährte nach altem Recht gemäß § 638 BGB a.F. jedenfalls insoweit, als sich dieser mit dem Anspruch aus § 635 BGB a.F. deckt.
BGH, Urt. v. 3.7.1969 – VII ZR 132/67, NJW 1969, 1710, 1711.

Ein Schadensersatzanspruch gegen einen Wirtschaftsprüfer wegen Verschuldens bei Anbahnung eines Treuhandvertrages verjährte nach altem Recht nach § 51a WPO.
BGH, Urt. v. 11.3.1987 – IVa ZR 290/85, BGHZ 100, 132, 136 = NJW 1987, 3135.

Ein Schadensersatzanspruch gegen einen Rechtsanwalt wegen Verschuldens bei Anbahnung eines Treuhandvertrages verjährte nach altem Recht nach § 51b BRAO (= § 51 BRAO a.F.).
BGH, Urt. v. 9.1.1992 – II ZR 141/91, BGHZ 120, 157, 160 = NJW 1993, 199; vgl. aber BGH, Urt. v. 20.3.2006 – II ZR 326/04, WM 2006, 860, 861 (Steuerberater als Treuhandkommanditist).

Abschnitt 6: Bürgerlich-rechtliche Prospekthaftung von Rechtsanwälten, Steuerberatern und Wirtschaftsprüfern

Inhaltsverzeichnis

	Rn.
A. Allgemeines	1879
B. Prospekthaftung im engeren Sinne	1883
I. Abgrenzungen	1883
II. Prospektverantwortliche	1886
III. Pflichtverletzung	1888
IV. Verschulden	1892
V. Haftungsausfüllende Kausalität	1893
VI. Haftungsrechtliche Zurechnung	1897
VII. Art und Umfang des Schadensersatzes	1900
VIII. Mitverschulden	1904
IX. Verjährung	1905
1. Altes Recht	1905
2. Neues Recht	1908
C. Prospekthaftung im weiteren Sinne	1910
I. Voraussetzungen	1910
II. Anwendungsbereich	1911
III. Verjährung	1912
D. Anhang: Rechtsprechungslexikon	1913

A. Allgemeines

Eine **gesetzliche Prospekthaftung** ergibt sich aus §§ 44 – 47 des Börsengesetzes (BörsG),[1] §§ 13, 13a des Wertpapier-Verkaufsprospektgesetzes (Verkaufsprospektgesetz)[2] und § 127 des Investmentgesetzes (InvG)[3].

Die Haftungsvorschriften im Gesetz über Kapitalanlagegesellschaften – KAGG –[4] (§ 20) und im Auslandinvestment-Gesetz – AuslInvestmG –[5] (§ 12) sind mit der Aufhebung dieser Gesetze zum 1.1.2004[6] entfallen.

1879

Neben diesen spezialgesetzlichen Haftungsregelungen hat die höchstrichterliche Rechtsprechung die **bürgerlich-rechtliche** (allgemein zivilrechtliche) **Prospekthaftung** aus der Vertrauenshaftung für Verschulden vor und bei Vertragsschluss (dazu Rn. 1835 ff.) und in Anlehnung an gesetzliche Prospekthaftungsregeln entwickelt.[7] Diese Haftung betrifft **Anlageformen ohne spezialgesetzliche Regelung**; sie soll den **Kapitalanleger schützen**, der in diesem Anlagebereich seine **Anlageentscheidung auf einen Werbeprospekt stützt**.

1880

In den **Rahmen der bürgerlich-rechtlichen Prospekthaftung** wurden einbezogen

1881

---

1   In der Fassung der Bekanntmachung vom 21.6.2002 (BGBl. I, S. 2010), zuletzt geändert durch Art. 8 des Gesetzes vom 16.8.2005 (BGBl. I, S. 2437); zur Prospekthaftung aus dem Börsengesetz: *Hauptmann*, in: *Vortmann*, § 3 Rn. 143 ff.; *Ellenberger*, Prospekthaftung, S. 86 ff., jeweils zu den damals geltenden Bestimmungen; *Holzborn/Foelsch*, NJW 2003, 932, 933 f.

2   In der Fassung der Bekanntmachung vom 9.9.1998 (BGBl. I, S. 2701), zuletzt geändert durch Art. 2 des Gesetzes vom 22.6.2005 (BGBl. I, S. 1698); zur Haftung aus §§ 13, 13a Verkaufsprospektgesetz: *Hauptmann*, in: *Vortmann*, § 3 Rn. 178 ff.; *Assmann*, in: *Assmann/Lenz/Ritz*, § 13 Rn. 1 ff.; *Ellenberger*, Prospekthaftung, S. 95 ff., jeweils zu den damals geltenden Vorschriften; *Fleischer*, BKR 2004, 339, 343 ff.; *Bohlken/Lange*, DB 2005, 1259 ff.

3   In der Fassung des Art. 1 des Investmentmodernisierungsgesetzes vom 15.12.2003 (BGBl. I, S. 2676), zuletzt geändert durch Art. 5 des Gesetzes vom 22.6.2005 (BGBl. I, S. 1698, 1717).

4   In der Fassung der Bekanntmachung vom 9.9.1998 (BGBl. I, S. 2726), zuletzt geändert durch Art. 3 des Gesetzes vom 21.6.2002 (BGBl. I, S. 2010).

5   In der Fassung der Bekanntmachung vom 9.9.1998 (BGBl. I, S. 2820), zuletzt geändert durch Art. 32 des Gesetzes vom 21.8.2002 (BGBl. I, S. 3322).

6   Art. 17 des Investmentmodernisierungsgesetzes vom 15.12.2003 (BGBl. I, S. 2676, 2734).

7   *Eyles*, in: *Vortmann*, § 2 Rn. 1 f.; *Assmann*, in: *Assmann/Schütze*, Ergänzungsband § 7; *Siol*, in: *Schimansky/Bunte/Lwowski*, § 45 Rn. 25 ff.; *ders.*, DRiZ 2003, 204; *Seibel/von Westphalen*, BB 1998, 169 (Immobilien-Leasing); *Ellenberger*, Prospekthaftung, S. 95 ff.; Einzelfälle: BGHR BGB vor § 1/Verschulden bei Vertragsschluss – Prospekthaftung.

- die Beteiligung an **Publikums-Kommanditgesellschaften**,[8]
- die Beteiligung an **Bauherren-**[9] und **Bauträgermodellen**,[10]
- die Beteiligung an **Anlagemodellen mit einer Mischung aus reiner Kapitalanlage und Elementen des Bauherrenmodells**,[11]
- die Beteiligung an **geschlossenen Immobilienfonds**,[12]
- die Beteiligung an **sonstigen Erwerbermodellen**,[13]
- der **Beitritt als stiller Gesellschafter** zu einer vom Initiator des Anlageprojekts gegründeten Aktiengesellschaft,[14]
- der **Erwerb von Aktien außerhalb der geregelten Aktienmärkte**.[15]

Im Schrifttum wird eine Ausdehnung dieser Prospekthaftung auf das **Franchiserecht** befürwortet, um Franchisenehmer und Investoren vor falschen Prospektangaben des Franchisegebers zu schützen.[16] Auf **fehlerhafte Ad-hoc-Mitteilungen** dürften die Grundsätze der bürgerlichrechtlichen Prospekthaftung nicht angewendet werden können.[17]

1882 Ferner besteht eine **deliktsrechtliche Prospekthaftung** wegen Verwendung fehlerhafter Prospekte (insbesondere § 823 Abs. 2 BGB i.V.m. §§ 263, 264a, 266 StGB, §§ 3 ff. UWG; § 826 BGB; vgl. Rn. 2008 ff., 2032 ff.).[18]

---

8   BGHZ 71, 284 = NJW 1978, 1625 = WM 1978, 705; BGHZ 74, 103 = NJW 1979, 1449 = WM 1979, 530; BGHZ 77, 172 = NJW 1980, 1840 = WM 1980, 794; BGHZ 79, 337 = NJW 1981, 1449 = WM 1981, 483; BGHZ 83, 222 = NJW 1982, 1514 = WM 1982, 554; BGH, NJW 1984, 865 und 2523; 1992, 3296.
9   BGHZ 111, 314 = NJW 1990, 2461= WM 1990, 1276; BGHZ 126, 166 = NJW 1994, 2226.
10 BGH, WM 2001, 25, 27 = NJW 2001, 436; WM 2004, 289 = NJW 2004, 288.
11 BGHZ 115, 213, 218 = NJW 1992, 228 = WM 1991, 2092; BGH, WM 2001, 25, 26 = NJW 2001, 436.
12 BGH, NJW 2001, 1203, 1204 = WM 2001, 464; NJW 2002, 1711; vgl. BGHZ 150, 1 = WM 2002, 958; *Ulmer*, ZIP 2005, 1341; *Strohn*, WM 2005, 1441; ab 1.7.2005 besteht grundsätzlich eine Prospektpflicht für öffentlich angebotene Anteile an **geschlossenen Immobilienfonds** und anderen Anlageformen (§ 8f des Verkaufsprospektgesetzes i.V.m. Art. 6 des Gesetzes zur Verbesserung des Anlegerschutzes vom 28.10.2004 – BGBl. I, S. 2630).
13 BGH, NJW-RR 1992, 879, 883.
14 BGH, WM 2004, 1823 f.
15 BGHZ 123, 106 = NJW 1993, 2865 = WM 1993, 1787.
16 *Giesler*, ZIP 1999, 2131.
17 BGHZ 160, 134, 137 = NJW 2004, 2664.
18 Dazu *Ellenberger*, Prospekthaftung, S. 103, 128 f.; *Janert/Schuster*, BB 2005, 987, 992; *Mülbert/Steup*, WM 2005, 1633, 1645.

B. Prospekthaftung im engeren Sinne

I. Abgrenzungen

Die **bürgerlich-rechtliche Prospekthaftung** im engeren Sinne ist von der **Haftung wegen fehlerhafter Beratung und Aufklärung** zu unterscheiden, weil sie **nicht** an **persönliches Vertrauen** eines Kapitalanlegers aus einem bestimmten Rechtsverhältnis anknüpft, sondern an **typisiertes Vertrauen** von Anlegern auf die **Richtigkeit und Vollständigkeit des Prospekts**.[19]

1883

Da die **Voraussetzungen einer Haftung** nach spezialgesetzlichen Tatbeständen einer Prospekthaftung von denen der bürgerlich-rechtlichen Prospekthaftung als „Anlegerschutzinstrument mit Auffangcharakter"[20] **abweichen**, bedarf es einer **Abgrenzung**.[21]

1884

Im Hinblick auf die **börsenrechtliche Prospekthaftung** (§§ 44 – 47 BörsG) ergibt sich aus § 47 Abs. 2 BörsG, dass diese grundsätzlich **Vorrang** vor der bürgerlich-rechtlichen Prospekthaftung im engeren Sinne hat, diese ihrerseits aber wegen weitergehender Ansprüche nicht ausgeschlossen wird.[22] Dies dürfte auch im Verhältnis der bürgerlich-rechtlichen Prospekthaftung zur **wertpapierrechtlichen Prospekthaftung** (§§ 13, 13a Verkaufsprospektgesetz) gelten, die auf §§ 44 – 47 BörsG verweist (§ 13 Verkaufsprospektgesetz).[23] Das bedeutet, dass im Anwendungsbereich dieser Gesetze im Allgemeinen eine bürgerlich-rechtliche Prospekthaftung entfällt.[24] Mit Rücksicht auf die am 1.7.2005 in Kraft getretene Verbesserung des Anlegerschutzes[25] – insbesondere durch §§ 8f, 13 Abs. 1 Nr. 3, 13a Verkaufsprospektgesetz – **beschränkt sich der Anwendungsbereich der bürgerlich-rechtlichen Prospekthaftung** im engeren Sinne nunmehr auf Altfälle, die Prospektverantwortlichen kraft Garantstellung

---

19 Vgl. BGHZ 145, 187, 196 = WM 2000, 2447 = NJW 2001, 360; BGH, WM 2004, 928, 929 f.; 2004, 1869 = NJW 2004, 3420, 3421; *Eyles*, in: *Vortmann*, § 2 Rn. 28, 30; *Siol*, DRiZ 2003, 204.
20 *Eyles*, in: *Vortmann*, § 2 Rn. 7.
21 Dazu eingehend *Eyles*, in: *Vortmann*, § 2 Rn. 7 ff.; *Ellenberger*, Prospekthaftung, S. 105 ff., jeweils mit Rücksicht auf die damals geltenden Bestimmungen des Börsengesetzes; *Meyer*, WM 2003, 1301, 1302 ff.; *Holzborn/Foelsch*, NJW 2003, 932, 935.
22 *Eyles*, in: *Vortmann*, § 2 Rn. 13, zu § 48 Abs. 2 BörsG a.F.; *Ellenberger*, Prospekthaftung, S. 106 ff.; *Zimmer*, WM 2005, 577, 579.
23 *Eyles*, in: *Vortmann*, § 2 Rn. 21 ff., mit Rücksicht auf § 48 Abs. 2 BörsG a.F.
24 *Mülbert/Steup*, WM 2005, 1633, 1648 f.
25 Art. 2, 6 des Gesetzes zur Verbesserung des Anlegerschutzes vom 28.10.2004 (BGBl. I, S. 2630).

(Rn. 1886) und auf Vermögensanlagen, die nicht unter § 8f Verkaufsprospektgesetz fallen.[26]

Das **Verhältnis der investmentrechtlichen Prospekthaftung zur bürgerlich-rechtlichen Prospekthaftung** ist umstritten; eine solche Haftung im engeren Sinne dürfte im Anwendungsbereich investmentrechtlicher Prospekthaftung ausgeschlossen sein.[27]

1885 Die bürgerlich-rechtliche Prospekthaftung kann in **Anspruchskonkurrenz** stehen mit einem **Vertrag mit Schutzwirkung zugunsten Dritter** (dazu Rn. 1649).[28]

II. Prospektverantwortliche

1886 Der bürgerlich-rechtlichen Prospekthaftung unterliegen die **Prospektverantwortlichen**, die das ihnen **typischerweise entgegengebrachte** („standardisierte") **Vertrauen der Kapitalanleger auf die Richtigkeit und Vollständigkeit des Prospekts enttäuschen**.[29]

Verantwortlich für den Prospekt sind

- die **Initiatoren, Gestalter** und **Gründer** der Anlagegesellschaft, die das Management bilden oder beherrschen;[30]

- diejenigen **Personen**, die **hinter der Anlagegesellschaft** oder dem Projekt stehen und – neben der Geschäftsleitung – besonderen Einfluss in der Gesellschaft ausüben und Mitverantwortung tragen, z.b. als Mitglieder des Vorstandes, des Aufsichts- oder Beirats;[31]

- diejenigen Personen – etwa **Rechtsanwälte, Steuerberater** und **Wirtschaftsprüfer** –, die wegen ihrer herausgehobenen beruflichen und wirtschaftlichen Stellung oder als berufsmäßige Sachkenner eine „**Garantenstellung**" einnehmen und mit ihrer Zustimmung als Fachkundige im Prospekt angeführt werden und darin Erklä-

---

26 *Palandt/Heinrichs*, BGB, § 280 Rn. 54; *Janert/Schuster*, BB 2005, 987, 991; *Bohlken/Lange*, DB 2005, 1259, 1263; *Mülbert/Steup*, WM 2005, 1633, 1648.
27 Dazu *Eyles*, in: *Vortmann*, § 2 Rn. 15 ff., 19.
28 BGH, NJW 2004, 3420 = WM 2004, 1869 = ZIP 2004, 1810.
29 Vgl. BGHZ 145, 187, 196 = WM 2000, 2447 = NJW 2001, 360; WM 2004, 928, 929 f.; NJW 2004, 3420, 3421 = WM 2004, 1869.
30 BGHZ 71, 284, 287 f. = NJW 1978, 1625; BGHZ 115, 213, 217 f. = NJW 1992, 228; BGHZ 126, 166, 169 = NJW 1994, 2226; BGH, NJW 1995, 1025; WM 1996, 1101 = NJW-RR 1996, 826 (**Steuerberater**); WM 2000, 1503, 1504; BGHZ 145, 187, 196 = WM 2000, 2447 = NJW 2001, 360; BGH, NJW 2001, 436, 437; WM 2003, 1086, 1087 f.; BGHZ 158, 110, 115 = WM 2004, 631, 633 = NJW 2004, 1732 f.; BGH, NJW 2004, 2228, 2229 = WM 2004, 928.
31 BGHZ 77, 172, 175 = NJW 1980, 1840; BGHZ 79, 337, 340 = NJW 1981, 1449; BGHZ 115, 213, 218 = NJW 1992, 228; BGH, NJW 1995, 1025; BGHZ 145, 121, 125 = WM 2001, 25, 27 = NJW 2001, 436 (**Steuerberater**); BGHZ 145, 187, 196 = WM 2000, 2447 = NJW 2001, 360; BGHZ 158, 110, 115 = WM 2004, 631, 633 = NJW 2004, 1732.

B. Prospekthaftung im engeren Sinne

rungen abgeben, also durch ihre erkennbare Mitwirkung an der Prospektgestaltung nach außen hin einen besonderen – zusätzlichen – Vertrauenstatbestand schaffen.[32]

Eine **Prospekthaftung eines Rechtsanwalts** ist angenommen worden, weil ein Prospekt ein Kurzgutachten des Anwalts wiedergab.[33] In einem weiteren Fall ist ein Rechtsanwalt als Prospektverantwortlicher angesehen worden, weil er im Prospekt als Inhaber des Anderkontos aufgeführt wurde, durch das Anlegerzahlungen gesichert werden sollten.[34] In solchen Fällen der Prospekthaftung aufgrund einer Garantenstellung **haftet ein Rechtsanwalt, Steuerberater** oder **Wirtschaftsprüfer** für die Richtigkeit und Vollständigkeit der Prospektangaben **nur insoweit**, als diese sich auf den in Anspruch genommenen Verantwortlichen beziehen und ihm zuzurechnen sind;[35] anders als andere Prospektverantwortliche tragen Rechtsberater regelmäßig keine allgemeine Verantwortung für den Prospektinhalt.[36]

1887

Dagegen wurde keine Prospekthaftung eines **Wirtschaftsprüfers** angenommen, der im Rahmen eines Kapitalanlagemodells Einzahlungen der Anleger und die Mittelverwendung pflichtwidrig nicht geprüft hatte; jedoch wurde eine Haftung aus Verschulden bei Vertragsschluss in Betracht gezogen (vgl. Rn. 1842, 1858).[37] Allein daraus, dass im Verkaufsprospekt im Einverständnis mit dem **Wirtschaftsprüfer** dessen Betätigungsvermerk zum letzten Jahresabschluss mit der Erklärung enthalten ist, im Rahmen der Vorprüfung des nächsten Jahresabschlusses seien keine Anhaltspunkte für eine vom Vorjahr abweichende Beurteilung bekannt geworden, ergibt sich keine prospekthaftungsrechtliche Verantwortlichkeit des Wirtschaftsprüfers für die zukünftige wirtschaftliche Entwicklung des Unternehmens; dieser ist selbst dann nicht zur **Prospektaktualisierung** verpflichtet, wenn ihm eine nachträgliche Verschlechterung des Unternehmens bekannt wird, die die Vermögensinteressen potentieller Anleger gefährdet.[38]

---

32 **Rechtsanwalt**: BGHZ 77, 172, 176 f. = NJW 1980, 1840; BGH, NJW 1984, 865, 866; 1995, 1025 = WM 1995, 344, 345; **Steuerberater und Wirtschaftsprüfer**: BGHZ 111, 314, 317 ff. = WM 1990, 1276 = NJW 1990, 2461; BGHZ 126, 166, 169 = WM 1994, 1371; BGHZ 145, 187, 196 ff. = WM 2000, 2447 = NJW 2001, 360; BGH, NJW 2004, 3420, 3421 = WM 2004, 1869; vgl. BGHZ 158, 110, 115 = WM 2004, 631, 633.
33 BGHZ 77, 172, 177 = NJW 1980, 1840.
34 BGH, NJW 1984, 865, 866.
35 BGHZ 79, 337, 348 = NJW 1981, 1449; BGH, NJW 1984, 865, 866.
36 *Siol*, DRiZ 2003, 204, 208.
37 BGHZ 145, 187, 196 ff. = WM 2000, 2447 = NJW 2001, 360.
38 BGH, WM 2006, 423, 425 ff.

Die bloße Benennung eines **Rechtsberaters als Treuhänder in einem Prospekt** reicht nicht aus, eine Prospektverantwortlichkeit aufgrund einer Garantenstellung zu begründen.[39]

III. Pflichtverletzung

1888 Die **Pflichtverletzung der Prospektverantwortlichen** liegt darin, dass sie mit einem unrichtigen, unvollständigen oder unklaren Prospekt zu der Anlageentscheidung eines Interessenten zumindest beitragen.

Da der Prospekt i.d.R. die einzige Informationsquelle des Anlageinteressenten ist, muss dieser sich auf die **sachliche Richtigkeit und Vollständigkeit der Angaben im Prospekt** verlassen können, auf die er seinen wirtschaftlich bedeutsamen und riskanten Anlageentschluss stützt. Deswegen hat der Prospekt den Interessenten über alle Umstände, die für seine Entscheidung wesentlich sind oder sein können, sachlich richtig, vollständig und unmissverständlich zu **unterrichten**.[40] Dazu hat der Prospekt über bestimmte Tatsachen **aufzuklären**, die den Vertragszweck vereiteln können oder die Gefahr von Interessenkollisionen zum Nachteil des Anlegers begründen, etwa über

- wesentliche **kapitalmäßige und personelle Verflechtungen** der Anbieterseite, insbesondere über **Sondervorteile** für einen Initiator[41] oder Gründer;[42]
- die **Wohnflächen** und deren Berechnungsgrundlage bei **Beteiligung an einem Bauherrenmodell**;[43]
- eine **Mietgarantie**;[44]
- die **steuerliche Anerkennungsfähigkeit** der Kapitalanlage.[45]

1889 Ändern sich maßgebliche Umstände nach Herausgabe des Prospekts, so haben die Verantwortlichen dies durch **Prospektberichtung** oder entsprechende Hinweise bei Vertragsschluss mitzuteilen.[46]

---

39 BGH, NJW 1995, 1025 = WM 1995, 344, 345 (**Rechtsanwalt**); OLG München, WM 2002, 689, 690 (**Steuerberatungsgesellschaft**).
40 BGHZ 79, 337, 344 f. = NJW 1981, 1449; BGHZ 111, 314, 317 f. = NJW 1990, 2461; BGHZ 123, 106, 109 f. = NJW 1993, 2865; BGH, NJW 1992, 228, 230, insoweit nicht abgedruckt in BGHZ 115, 213; NJW 1995, 130; WM 2000, 1503, 1504 = NJW 2000, 3346; WM 2001, 25, 28 = NJW 2001, 436; WM 2002, 813, 814 = NJW 2002, 1711; WM 2004, 379, 381 und 928, 929 f. und 1823; NJW 2004, 2228, 2229; WM 2006, 905, 906; OLG Karlsruhe, NJW-RR 2001, 465; OLG München, WM 2002, 689.
41 BGH, WM 2000, 1503, 1504 f. = NJW 2000, 3346.
42 BGH, WM 2003, 1086, 1088; WM 2006, 905, 906.
43 BGH, NJW 2001, 436, 437 = WM 2001, 25 = BGHZ 145, 121.
44 BGH, NJW-RR 2003, 1351 = WM 2003, 1718.
45 BGH, NJW-RR 2003, 1393, 1394 = WM 2003, 1818, 1819.
46 BGHZ 123, 106, 110 = NJW 1993, 2865; WM 2002, 813, 814 = NJW 2002, 1711; WM 2004, 379, 381.

B. Prospekthaftung im engeren Sinne

Diese Pflichten der Prospektverantwortlichen befreien den Anleger nicht vom Risiko seiner **eigenverantwortlichen Anlageentscheidung**, sondern sollen nur gewährleisten, dass der Anleger die Chancen und Risiken einer Anlage erkennen und berechnen kann.[47]   1890

Der **geschädigte Anleger** hat nach allgemeinen Regeln (Rn. 952 ff.) **darzulegen** und nach § 286 ZPO zu **beweisen**, dass ein unrichtiger, unvollständiger oder irreführender Prospekt seine Anlageentscheidung zumindest mitbestimmt hat (**haftungsbegründende Kausalität**). Da ausschlaggebend ist, ob die Anlageentscheidung auf dem Prospektmangel beruht, sind nachfolgende Glieder in der Ursachenkette – etwa eine Entwertung der Anlage durch Gesetzesänderungen oder konjunkturelle Verschlechterungen – insoweit unerheblich.[48]   1891

IV. Verschulden

Das für eine Prospekthaftung erforderliche **Verschulden** (§§ 276 – 278 BGB) wird durch die Pflichtverletzung des **Prospektverantwortlichen** indiziert.[49] Dieser hat sich **zu entlasten** (§ 280 Abs. 1 Satz 2 BGB).[50] Welche Anforderungen an die Sorgfaltspflicht des Prospektverantwortlichen zu stellen sind, hängt von den Umständen des Einzelfalles ab.[51] Für den Verantwortlichen muss bei Beachtung der im Verkehr erforderlichen Sorgfalt zumindest erkennbar gewesen sein, dass der mangelhafte Prospektinhalt für Anlageentscheidungen der Interessenten von wesentlicher Bedeutung war.[52] Ob und inwieweit der Prospektverantwortliche **Nachforschungen** über die Verlässlichkeit der Prospektangaben vornehmen muss, hängt davon ab, welche Mitteilungen der Anlageinteressent im Einzelfall redlicherweise erwarten darf.[53]   1892

Eine formularmäßige **Beschränkung der Haftung im Prospekt** auf Vorsatz und grobe Fahrlässigkeit ist unwirksam (§ 307 BGB).[54]

---

[47] BGHZ 79, 337, 344 f. = NJW 1981, 1449; BGHZ 111, 314, 317 = NJW 1990, 2461.
[48] BGHZ 123, 106, 111 = NJW 1993, 2865.
[49] BGHZ 84, 141, 148 = NJW 1982, 2493; BGH, NJW 1992, 3296.
[50] Vgl. zum Rechtsirrtum: BGH, NJW 1992, 3296.
[51] BGHZ 74, 103, 111 = NJW 1979, 1449.
[52] BGHZ 71, 284, 291 = NJW 1978, 1625; BGHZ 72, 382, 388 = NJW 1979, 718; BGHZ 79, 337, 345 = NJW 1981, 1449.
[53] BGHZ 74, 103, 111 = NJW 1979, 1449.
[54] BGH, WM 2002, 813, 815 = NJW 2002, 1711, 1712, zu § 9 AGBG; zur Beschränkung der Haftung durch Anlagegesellschafter **geschlossener Immobilienfonds** als Gesellschaften bürgerlichen Rechts: BGHZ 150, 1, 3 ff. = WM 2002, 958.

V. Haftungsausfüllende Kausalität

1893 Die Prospekthaftung setzt voraus, dass ein **Ursachenzusammenhang** zwischen der Pflichtverletzung des Prospektverantwortlichen und dem behaupteten Schaden des Anlegers besteht (**haftungsausfüllende Kausalität**; vgl. Rn. 990 ff.). Die **Rechtsprechung des BGH** zur Frage, wer diesen Ursachenzusammenhang zu beweisen hat, ist **nicht einhellig**.[55]

1894 An sich hat der **Anleger** als Voraussetzung seines Schadensersatzanspruchs darzulegen und zu **beweisen**, dass er seine Anlageentscheidung dann nicht getroffen hätte, wenn der Prospekt richtig, vollständig und klar gewesen wäre. Davon geht der II. Zivilsenat des BGH – zu Recht – in ständiger Rechtsprechung aus; zugleich erleichtert er diese Beweislast des Geschädigten, indem er diesem die widerlegbare Vermutung zubilligt, die Lebenserfahrung spreche dafür, dass ein in wesentlichen Punkten unrichtiger Prospekt die nachteilige Anlage verursacht habe[56] (vgl. zum Anscheinsbeweis: Rn. 1004 ff.). Entscheidend ist insoweit nicht, dass gerade der behauptete Prospektfehler zum Scheitern des Projekts geführt hat, sondern dass durch den mangelhaften Prospekt in das Recht des Anlegers eingegriffen wurde, nach eigener Abwägung aller maßgeblichen Umstände über eine Kapitalanlage zu entscheiden.[57] Entgegen der Ansicht des II. Zivilsenats des BGH[58] hat der Tatrichter insoweit nicht nach § 286 ZPO, sondern gemäß **§ 287 ZPO** zu entscheiden (Rn. 992 ff.).

1895 Dagegen hat der VII. Zivilsenat des BGH die **Beweislast für den haftungsausfüllenden Kausalzusammenhang** – wie bei Verletzung vertraglicher oder vorvertraglicher Aufklärungs- und Beratungspflichten –[59] im Bereich der Prospekthaftung **umgekehrt und dem Schädiger aufgelegt**.[60] Danach hat der **Prospektverantwortliche** darzulegen und zu **beweisen**, dass der Schaden des Anlegers auch bei pflichtgemäßer Aufklä-

---

55 Dazu *Siol*, in: *Schimansky/Bunte/Lwowski*, § 45 Rn. 61; *ders.*, DRiZ 2003, 204, 208.
56 BGH, NJW-RR 1991, 1246, 1248; NJW 1992, 3296, 3297; BGHZ 123, 106, 114 = NJW 1993, 2865; BGH, WM 2000, 1503, 1505 = NJW 2000, 3346; WM 2002, 813, 815 = NJW 2002, 1711; WM 2004, 379, 381; 2004, 928, 930 = NJW 2004, 2228; WM 2004, 1823; vgl. BGH – III. Zivilsenat –, WM 2003, 1818, 1819 = NJW-RR 2003, 1393, 1395.
57 BGH, WM 2000, 1503, 1505 = NJW 2000, 3346; WM 2004, 379, 381; 2004, 928, 930 = NJW 2004, 2228.
58 NJW-RR 1991, 1246, 1248; NJW 1992, 3296, 3297; BGHZ 123, 106, 114 = NJW 1993, 2865.
59 BGH – VIII. Zivilsenat –, 1994, 1864, 1865 = WM 1994, 1076; BGHZ – XI. Zivilsenat – 124, 151, 159 f. = NJW 1994, 512 = WM 1994, 149, jeweils m.w.N.; davon abweichend der IX. Zivilsenat des BGH für Anwalts- und Steuerberaterhaftung: BGHZ 123, 311 = NJW 1993, 3259; BGHZ 126, 217 = WM 1994, 2113 (vgl. Rn. 995 ff.).
60 BGH, NJW 1990, 2461, 2463; BGHZ 115, 213, 223 = NJW 1992, 228; kritisch zur Beweislastumkehr: *Stodolkowitz*, VersR 1994, 11, 12 ff.

rung und Information entstanden wäre,[61] also auch bei Verwendung eines richtigen, vollständigen und klaren Prospektes eingetreten wäre, weil der Anleger sich nicht „aufklärungsgerecht" verhalten hätte.

Soweit die höchstrichterliche Rechtsprechung nach den vorstehenden Ausführungen die Darlegungs- und Beweislast bezüglich der haftungsausfüllenden Kausalität dem Schädiger zuweist, ändert sich daran nichts, wenn ein **Rechtsanwalt, Steuerberater oder Wirtschaftsprüfer als Prospektverantwortlicher** in Anspruch genommen wird. Insoweit können sich diese Berufsgruppen nicht auf die ihnen günstige Rechtsprechung des – für Anwalts- und Steuerberaterhaftung zuständigen – IX. Zivilsenat des BGH (Rn. 995 ff.) berufen, wonach derjenige, der Schadensersatz von einem Rechtsanwalt oder Steuerberater aus einem Vertrag mit Rechtsbeistandspflicht verlangt, den Ursachenzusammenhang zwischen Pflichtverletzung und Schaden darzulegen und zu beweisen hat. Zwischen den Prospektverantwortlichen und den Anlegern kommen nämlich keine vertraglichen oder vorvertraglichen, der Anbahnung eines Vertrages dienenden Rechtsbeziehungen zustande; die Prospekthaftung gründet sich vielmehr auf das – enttäuschte – Vertrauen, das den Prospektverantwortlichen von Anlegern typischerweise entgegengebracht wird.[62]

1896

VI. Haftungsrechtliche Zurechnung

Auch der Prospektverantwortlichen hat nur den **Schaden** zu ersetzen, der ihm nach dem **Schutzzweck** der verletzten Informationspflicht **haftungsrechtlich zuzurechnen** ist (vgl. Rn. 1032 ff.).[63] Dieser Grundsatz begrenzt die Haftung auf diejenigen Schäden, die aus dem Kreis der Gefahren stammen, deren Abwendung die verletzte Pflicht diente.[64]

1897

Der II. Zivilsenat des **BGH**[65] hat dazu allgemein ausgesprochen, der **Schutzzweck** der Verpflichtung des Prospektverantwortlichen beschränke sich nicht darauf, den Anlageinteressenten gerade vor denjenigen Risiken zu warnen, die sich tatsächlich später verwirklicht haben. Vielmehr solle die umfassende Aufklärungspflicht das Recht des mit dem Prospekt geworbenen Anlageinteressenten sichern, selbst über die Verwendung seines Vermögens eigenverantwortlich zu bestimmen. Deswegen falle ein Schaden infolge einer Vermögensanlage, die der Anleger bei ordnungsmäßiger Prospektaufklärung unterlassen hätte, in den Schutzbereich der verletzten Aufklärungspflicht; es komme nicht ausschlaggebend darauf an, ob sich später gerade die im Prospekt verschwiegene Gefahr als solche verwirklicht habe.

1898

---

61 BGH, NJW 1990, 2461, 2463; BGHZ 115, 213, 223 = NJW 1992, 228.
62 Vgl. BGHZ 115, 213, 227 = NJW 1992, 228; BGHZ 126, 166, 174 = NJW 1994, 2226.
63 BGHZ 123, 106, 112 f. = NJW 1993, 2865.
64 BGH, WM 1990, 808, 809 = NJW 1990, 2057; WM 1995, 398, 401 f. = NJW 1995, 449; WM 1997, 2085, 2086.
65 BGHZ 123, 106, 112 ff. = NJW 1993, 2865.

1899 Dies bedeutet aber nicht, dass diese umfassende Ausfüllung des Schutzzwecks der Prospektpflichten für alle Prospektverantwortlichen gilt. Der II. Zivilsenat des **BGH**[66] hat klargestellt, dass die **Prospektverantwortlichen kraft „Garantenstellung"** (Rn. 1886) – also etwa **Rechtsanwälte, Steuerberater** und **Wirtschaftsprüfer** – nur für die Richtigkeit und Vollständigkeit ihrer Prospektangaben haften. Danach umfasst der Schutzzweck der verletzten Garantenpflicht nur die Schäden des Anlegers, die nach Art und Entstehungsweise in dem Bereich der Gefahren wurzeln, zu deren Abwendung die „Garantie" erklärt wurde.[67]

VII. Art und Umfang des Schadensersatzes

1900 Der haftpflichtige Prospektverantwortliche hat den **Schaden zu ersetzen**, den der Anleger **im Vertrauen auf die Richtigkeit und Vollständigkeit der Prospektangaben** erlitten hat; dieser ist so zu stellen, wie er stünde, wenn er die nachteilige Anlageentscheidung nicht getroffen hätte (**Vertrauensschaden = negatives Interesse**).[68]

Der geschädigte Anleger kann **Befreiung von dem nachteiligen Vertrag** und **Ersatz seiner Aufwendungen** verlangen; ein Restwert der Anlage ist dem Schädiger im Rahmen des Schadensersatzes „Zug um Zug" zu übertragen.[69] Der Geschädigte kann auch an seiner **Anlage festhalten** und **Ersatz eines Minderwerts** fordern (vgl. Rn. 1865 f.).[70] Auch ein Anspruch auf **Ersatz entgangenen Gewinns** (§ 252 BGB), den der Anleger bei anderweitiger Anlage seines Geldes erzielt hätte, kann bestehen.[71]

1901 Zwar kann ein **Vertrauensschaden** fehlen, wenn der Vertragsschluss trotz einer Abweichung vom Prospekt nicht nachteilig ist, weil der Wert der Gegenleistung die eigene Leistung des Anlegers erreicht; regelmäßig liegt jedoch ein Schaden mit Rücksicht auf die Eigenart des jeweiligen Anlagemodells vor.[72] Ein Schaden des Anlegers ergibt sich daraus, dass dieser eine wegen ihrer Risiken und Nachteile ungünstige Kapitalanlage – unabhängig von deren gegenwärtigem Vermögensstand – gewählt hat.[73]

1902 Der Anleger kann **nicht das positive Interesse** geltend machen und verlangen, so gestellt zu werden, als wären die mangelhaften Prospektangaben richtig und vollständig.

---

66 BGHZ 79, 337, 348 = NJW 1981, 1449; NJW 1984, 865, 866 = WM 1984, 19; ebenso der IVa-Zivilsenat des BGH, NJW-RR 1986, 1102.
67 Vgl. *Siol*, in: *Schimansky/Bunte/Lwowski*, § 45 Rn. 60; *ders.*, DRiZ 2003, 204, 209.
68 BGHZ 79, 337, 346 = NJW 1981, 1449; BGHZ 115, 213, 220 f. = NJW 1992, 228; BGHZ 123, 106, 111 f. = NJW 1993, 2865; BGH, WM 2004, 1823.
69 BGHZ 79, 337, 346 = NJW 1981, 1449; BGHZ 115, 213, 221 = NJW 1992, 228; BGH, WM 2003, 1818, 1820 = NJW-RR 2003, 1393, 1395; WM 2006, 905, 906.
70 BGH, WM 1988, 1685, 1688.
71 Vgl. BGH, WM 2002, 909; *Siol*, DRiZ 2003, 204, 209.
72 BGH, NJW 2001, 436, 438; BGHZ 115, 213, 221 = NJW 1992, 228 = WM 1991, 2092.
73 BGH, WM 2004, 1823 f.

Deswegen hat er keinen Anspruch auf die volle, im Prospekt in Aussicht gestellte **Steuervergünstigung**.[74]

Steuervorteile des Anlegers aus dem Schadensereignis sind **grundsätzlich auszugleichen**.[75] Die tatsächlichen Voraussetzungen hat der **Schädiger darzulegen** und zu **beweisen**.[76] Der Tatrichter hat insoweit gemäß **§ 287 ZPO** zu entscheiden; dabei ist es nicht erforderlich, anrechenbare Vorteile unter Gegenüberstellung der tatsächlichen und einer hypothetischen Vermögenslage des Geschädigten bis ins Letzte genau zu berechnen.[77]

1903

VIII. Mitverschulden

Ein schadensursächliches **Mitverschulden** (§ 254 BGB) kann dem Anleger i.d.R. nur dann vorgeworfen werden, wenn er bei Beachtung der zumutbaren Sorgfalt den Prospektmangel hätte erkennen können und müssen.[78] Dies wird häufig nicht der Fall sein, weil der Anleger i.d.R. nicht dieselbe Sachkunde und Erkenntnismöglichkeit hat wie der Prospektverantwortliche.[79] Andererseits drängen sich in diesem Haftungsbereich oft Bedenken gegen die Richtigkeit spekulativer Prospektangaben – etwa zur Rendite der Anlage – geradezu auf.

1904

IX. Verjährung

1. Altes Recht

Da Grundlage der **Prospekthaftung im engeren Sinne** das – enttäuschte – **typisierte Vertrauen** auf die Richtigkeit und Vollständigkeit der Prospektangaben ist, nicht aber persönliches, einem bestimmten Verhandlungspartner entgegengebrachtes Vertrauen, **verjährten nach altem Recht Schadensersatzansprüche** aus dieser Prospekthaftung gemäß der höchstrichterlichen Rechtsprechung – entsprechend § 20 Abs. 5 KAGG a.F., § 12 Abs. 5 AuslInvestmG a.F. – **in sechs Monaten seit Kenntnis** des Prospektmangels (diese Frist wurde durch Änderung dieser Vorschriften[80] ab 1.7.2002 **auf ein**

1905

---

74 OLG Köln, WM 1987, 1292, 1293; vgl. BGH, WM 1996, 1101 = NJW-RR 1996, 826.
75 BGHZ 79, 337, 347 = NJW 1981, 1449; BGH, WM 1988, 220; 1989, 1925; 2002, 813, 815 = NJW 2002, 1711; einschränkend BGH, WM 2003, 1818, 1820 = NJW-RR 2003, 1393, 1395; WM 2006, 905, 907.
76 BGHZ 94, 195, 217 = NJW 1985, 1539.
77 BGH, WM 1989, 1925; NJW 1995, 2106, 2107.
78 BGHZ 71, 284, 292; BGH, WM 1987, 1546, 1547; vgl. BGH, WM 2002, 909, 911; *Pleyer/Hegel*, ZIP 1985, 1370, 1378 f.; *Assmann*, in: *Assmann/Schütze*, § 7 Rn. 152 ff.; *Siol*, in: *Schimansky/Bunte/Lwowski*, § 45 Rn. 63; *ders.*, DRiZ 2003, 204, 208; *Rothenhöfer*, WM 2003, 2032.
79 Vgl. BGH, WM 1987, 495, 498.
80 Durch Gesetz vom 21.6.2002 (BGBl. I, S. 2010).

Jahr verlängert), spätestens jedoch in drei Jahren seit der Vermögensanlage, soweit diese den **Erwerb von Kapitalanteilen** betrifft.[81] Das galt auch für Prospekthaftungsansprüche, die sich aus dem Beitritt zu einem **geschlossenen Immobilienfonds** ergeben.[82] Diese kurze Verjährungsfrist sollte verhindern, dass der Anleger, der Kenntnis vom Prospektmangel erlangt hat, spekulativ abwartet, ob seine Anlage nicht doch ein Erfolg wird.[83]

1906 Diese auf das Recht des Kaufvertrages zugeschnittene Verjährungsregelung erstreckte sich **nicht** auf die Prospekthaftung im engeren Sinne, die eine werkvertraglich geprägte **Beteiligung an einem Bauherrenmodell** oder einer ähnlichen Immobilienanlage betrifft.[84] Schadensersatzansprüche aus einer solchen Haftung **verjährten** gemäß § 195 BGB a.F. **in dreißig Jahren**; die Verjährungsvorschrift des § 638 BGB a.F. für werkvertragliche Gewährleistungsansprüche war nicht anzuwenden.[85]

1907 Haften **Rechtsanwälte, Steuerberater** oder **Wirtschaftsprüfer als Prospektverantwortliche** wegen Enttäuschung typisierten Vertrauens (Prospekthaftung im engeren Sinne), so galten nach altem Recht die für diese Berufsgruppen **günstigen Verjährungsregelungen der** § **51b BRAO (=** § **51 BRAO a.F.),** §§ **68, 72 StBerG,** §§ **51a, 56 WPO nicht**, weil die Haftpflichtigen in keine vertragliche oder vorvertragliche Beziehung zu den geschädigten Anlegern getreten sind.[86]

2. Neues Recht

1908 Soweit Ansprüche aus Prospekthaftung nach den vorstehenden Ausführungen der Regelverjährung von dreißig Jahren gemäß § **195 BGB a.F.** unterlagen, gilt seit dem 1.1.2002 grundsätzlich die **neue**, im Allgemeinen erheblich kürzere **Verjährung gemäß** §§ **195, 199 BGB n.F.** (Art. 229 § 6 EGBGB; vgl. Rn. 1252 ff., 1262 ff., 1444 ff.).[87] Eine Anwendung der §§ 196, 634 Abs. 1 Nr. 2 BGB ist nicht sachgerecht.[88]

---

81 BGHZ 83, 222, 226 f. = NJW 1982, 1514; BGHZ 111, 314, 321 f. = NJW 1990, 2461; BGHZ 123, 106, 117 f. = NJW 1993, 2865; WM 2001, 464 = NJW 2001, 1203.
82 BGH, WM 2001, 464 = NJW 2001, 1203; WM 2002, 813, 814 = NJW 2002, 1711; NJW 2004, 3420, 3421 = WM 2004, 1869.
83 BGHZ 123, 106, 118 = NJW 1993, 2865.
84 BGHZ 111, 314, 322 f. = NJW 1990, 2461; BGHZ 115, 213, 224 f. = NJW 1992, 228; BGH, WM 2004, 289, 290 = NJW 2004, 288, 289.
85 BGHZ 126, 166, 171 ff. = NJW 1994, 2226 = WM 1994, 1371; 2004, 289, 290 = NJW 2004, 288, 289.
86 BGHZ 115, 213, 226 f. zu § 68 StBerG = NJW 1992, 228; BGHZ 126, 166, 173 f. zu § 51a WPO = NJW 1994, 2226; vgl. zur Verjährung bei Anspruchskonkurrenz zwischen Prospekthaftung und Vertrag mit Schutzwirkung zugunsten Dritter: BGH, WM 2004, 1869 = NJW 2004, 3420.
87 *Palandt/Heinrichs*, BGB, § 280 Rn. 55a; *Assmann/Wagner*, NJW 2005, 3169, 3173.
88 *Siol*, DRiZ 2003, 204, 209.

Streitig ist, welche Verjährung seit dem 1.1.2002 für diejenigen Prospektansprüche gilt, die **nach altem Recht** einer **kurzen Verjährung** in Anlehnung an gesetzliche Regelungen unterlagen (Rn. 1905).

Dazu wird die Ansicht vertreten, solche Ansprüche verjährten nunmehr mit Rücksicht auf § 311 Abs. 3 BGB ebenfalls gemäß **§§ 195, 199 BGB** (i.V.m. Art. 229 § 6 EGBGB), weil die Neuregelung des Verjährungsrechts dessen Vereinheitlichung bezwecke.[89] Dagegen steht die Meinung,[90] dass sich die Verjährung solcher Ansprüche weiterhin an die **entsprechenden Regelungen der gesetzlichen Prospekthaftung** in § 46 BörsG, § 13 Abs. 1 Verkaufsprospektgesetz i.V.m. § 46 BörsG, § 13a Abs. 5 Verkaufsprospektgesetz, § 127 Abs. 5 InvG anlehnen müsse. Danach beträgt die Verjährungsfrist ein Jahr seit dem Zeitpunkt, in dem der Anleger Kenntnis vom Prospektmangel erlangt hat, längstens drei Jahre seit Veröffentlichung des Prospekts bzw. seit der Vermögensanlage. Eine **Analogie zu diesen gesetzlichen Prospekthaftungsregelungen**, die gegenüber §§ 195, 199 BGB regelmäßig zu einer kürzeren Verjährung führt, ist vor allem gerechtfertigt, weil eine möglichst kurze Verjährungsfrist verhindern soll, dass der Anleger, der Kenntnis vom Prospektmangel erlangt hat, spekulativ abwartet, ob seine Anlage nicht doch ein Erfolg wird.[91]

1909

C. Prospekthaftung im weiteren Sinne

I. Voraussetzungen

Der **Prospekthaftung im weiteren Sinne** unterliegen **Vertreter, Vermittler und sonstige Sachwalter**, die wegen **Verletzung vorvertraglicher Pflichten unter Verwendung eines mangelhaften Prospekts** selbst aus c.i.c. haften (Rn. 1855 ff.), weil sie in besonderem Maße **persönliches Vertrauen** des Verhandlungspartners – über das typisierte Vertrauen auf die Prospektangaben hinaus – in Anspruch genommen (Rn. 1840 ff.) oder aus eigenem unmittelbarem wirtschaftlichem Interesse an dem angestrebten Geschäft verhandelt haben (Rn. 1844 ff.).[92] Dies gilt **entsprechend für Prospektverantwortliche**, die kraft Amtes, Berufes, Fachkunde oder wirtschaftlicher Stellung eine „**Garantenstellung**" (Rn. 1886) einnehmen.[93]

1910

Eine solche Haftung betrifft i.d.R. **Anlagevermittler** und **-berater, Treuhänder** und **Kreditinstitute**.

---

89 *Lux*, NJW 2003, 2966, 2967.
90 *Palandt/Heinrichs*, BGB, § 280 Rn. 55a; *Assmann/Wagner*, NJW 2005, 3169, 3173 f., m.w.N.
91 Vgl. BGHZ 83, 222, 226 f. = NJW 1982, 1514; BGHZ 123, 106, 118 = NJW 1993, 2865.
92 BGHZ 74, 103, 109 = NJW 1979, 1449 (Anlagevermittler); BGH, NJW 1995, 130 = WM 1994, 2192 (Bank); BGHZ 158, 110, 115 = WM 2004, 631, 633 = NJW 2004, 1732, 1733 (Anlageberater oder -vermittler); BGH, NJW-RR 2003, 1351 (Treuhandgesellschafter).
93 *Bohlken/Lange*, DB 2005, 1259, 1262 f.

II. Anwendungsbereich

1911 Die Prospekthaftung im weiteren Sinne wird **nicht ausgeschlossen** durch eine Börsenprospekthaftung[94] und durch die neuen gesetzlichen Prospekthaftungsregelungen zur Verbesserung des Anlegerschutzes (Rn. 1879 ff.).[95]

III. Verjährung

1912 Ein **Schadensersatzanspruch aus einer Prospekthaftung im weiteren Sinne**, die nach den Grundsätzen der Haftung aus Verschulden vor oder bei Vertragsschluss zu beurteilen ist, **verjährte nach altem Recht** – wie ein Ersatzanspruch aus einer solchen Haftung (Rn. 1871 ff.) – **grundsätzlich gemäß § 195 BGB a.F. in dreißig Jahren.**[96] Haftet ein **Rechtsanwalt** i.d.S., so ist die ihm günstige Verjährungsregelung des **§ 51b BRAO** nur dann anzuwenden, wenn er aufgrund eines **echten Anwaltsvertrages** mit Rechtsbeistandspflicht tätig geworden ist (Rn. 1875 ff.).

Nach neuem Recht verjährt ein solcher Anspruch gemäß **§ 199 BGB**, und zwar grundsätzlich in der regelmäßigen Verjährungsfrist von **drei Jahren** (§§ 195, 199 Abs. 1 BGB; vgl. Rn. 1877).

1913 ## D. Anhang: Rechtsprechungslexikon

Aufklärung

Der Prospekt muss alle Angaben enthalten, die für die Anlageentscheidung von wesentlicher Bedeutung sind. Nur wenn diese Angaben vollständig und richtig sind, hat der Anlageinteressent die Möglichkeit, seine Entscheidung frei von Fehlvorstellungen zu treffen, die auf mangelhafte Sachinformation zurückzuführen sind. Andere Informationsquellen sind dem Interessenten regelmäßig nicht zugänglich, gleichgültig, ob es sich bei der beabsichtigten Kapitalanlage um eine gesellschaftsrechtliche Beteiligung oder um den Erwerb einer Immobilie handelt. Die Interessen des Anlegers verlangen, dass der Prospekt tauglich ist, die für den Anlageentschluss erforderlichen Informationen umfassend und objektiv zu vermitteln. Für die Vollständigkeit und Richtigkeit der in Verkehr gebrachten Prospekte muss deswegen jeder einstehen, der durch den Prospekt den Entschluss eines Kapitalanlegers beeinflusst hat.
BGH, Urt. v. 31.5.1990 – VII ZR 340/88, BGHZ 111, 314, 317 f. = NJW 1990, 2461.

Die Grundsätze der Prospekthaftung gehen von einem typisierten Vertrauen des Anlegers auf die Richtigkeit und Vollständigkeit der Prospektangaben aus.

---

94 *Ellenberger*, Prospekthaftung, S. 108.
95 *Bohlen/Lange*, DB 2005, 1259, 1262 f.; *Janert/Schuster*, BB 2005, 987, 991 f.
96 BGHZ 83, 222, 227 = NJW 1982, 1514; BGH, NJW 1985, 380, 381; WM 1985, 533, 534; NJW 1995, 130 = WM 1994, 2192; NJW-RR 2003, 1351.

Der Prospekt hat ein zutreffendes Bild der angebotenen Kapitalbeteiligung zu vermitteln. Sämtliche Umstände, die für die Entschließung des Anlageinteressenten bedeutsam sind oder sein können, müssen richtig und vollständig dargestellt werden.

Ändern sich diese Umstände nach der Herausgabe des Prospekts, so haben die Verantwortlichen davon durch Berichtigung des Prospekts oder durch entsprechende Hinweise bei Vertragsschluss Mitteilung zu machen.
BGH, Urt. v. 5.7.1993 – II ZR 194/92, BGHZ 123, 106, 109 f. = NJW 1993, 2865; v. 14.1.2002 – II ZR 40/00, WM 2002, 813, 814 = NJW 2002, 1711; v. 15.12.2003 – II ZR 244/01, WM 2004, 379, 381; v. 1.3.2004 – II ZR 88/02, WM 2004, 928, 929 f. = NJW 2004, 2228; v. 19.7.2004 – II ZR 354/02, WM 2004, 1823; v. 6.2.2006 – II ZR 329/04, WM 2006, 905, 906.

Zu den offenbarungspflichtigen Tatsachen gehören auch wesentliche kapitalmäßige und personelle Verpflichtungen zwischen den Gesellschaftern und den Unternehmen, in deren Hand die Gesellschaft die nach dem Prospekt durchzuführenden Vorhaben ganz oder wesentlich gelegt hat.
BGH, Urt. v. 10.10.1994 – II ZR 95/93, NJW 1995, 130; v. 7.4.2003 – II ZR 160/02, WM 2003, 1086, 1088.

Zu den notwendigen Informationen in einem Prospekt einer Immobilienanlage zählen richtige und klare Angaben über Wohnflächen und deren Berechnungsgrundlage.
BGH, Urt. v. 7.9.2000 – VII ZR 443/99, BGHZ 145, 121 = WM 2001, 25 = NJW 2001, 436.

Ein Treuhandgesellschafter hat künftige Anleger über eine Mietgarantie aufzuklären.
BGH, Urt. v. 7.7.2003 – II ZR 18/01, NJW-RR 2003, 1351 = WM 2003, 1718.

Gründungskommanditisten haben neu beitretende Anleger über Risiken der steuerlichen Anerkennungsfähigkeit der Kapitalanlage aufzuklären.
BGH, Urt. v. 14.7.2003 – II ZR 202/02, NJW-RR 2003, 1393, 1394 = WM 2003, 1818, 1819.

Prospektverantwortung

Verantwortlich für die Richtigkeit und Vollständigkeit des Prospektinhalts sind die Initiatoren und Gestalter des Vorhabens, die Gründer der Anlagegesellschaft und diejenigen Personen, die hinter dieser Gesellschaft stehen und darin Einfluss ausüben und Mitverantwortung tragen, sowie alle Personen, die durch ihre erkennbare Mitwirkung an der Prospektgestaltung einen besonderen Vertrauenstatbestand schaffen. Hierzu zählen insbesondere Personen, die mit Rücksicht auf ihre herausgehobene berufliche und wirtschaftliche Stellung oder wegen ihrer Eigenschaft als berufsmäßige Sachkenner dem Anlageinteressenten als besonders vertrauenswürdig erscheinen.

Namentlich Rechtsanwälte, Wirtschaftsprüfer und Steuerberater genießen solches Ansehen und nehmen deshalb eine besondere Vertrauensstellung („Garantenstellung") ein, wenn sie mit ihrer Zustimmung im Prospekt als Sachverständige aufgeführt werden und in dieser Eigenschaft Erklärungen abgeben.
BGH, Urt. v. 22.5.1980 – II ZR 209/79, BGHZ 77, 172, 175 ff. = NJW 1980, 1840 = WM 1980, 794; v. 6.10.1980 – II ZR 60/80, BGHZ 79, 337, 340 ff. = NJW 1981, 1449 = WM 1981, 483; v. 22.3.1982 – II ZR 114/81, BGHZ 83, 222, 223 ff. = NJW 1982, 1514 = WM 1982, 554; v. 22.11.1984 – II ZR 27/83, NJW 1984, 865, 866; v. 14.4.1986 – II ZR 123/85, WM 1986, 904, 905 f.; v. 31.5.1990 – VII ZR 340/88, BGHZ 111, 314, 319 f. = NJW 1990, 2461, 2462; v. 31.3.1992 – XI ZR 70/91, NJW-RR 1992, 879, 883; v. 1.12.1994 – III ZR 93/93, NJW 1995, 1025; v. 26.9.2000 – X ZR 94/98, BGHZ 145, 187, 196 = WM 2000, 2447 = NJW 2001, 360; v. 12.2.2004 – III ZR 359/02, BGHZ 158, 110, 115 = WM 2004, 631 = NJW 2004, 1732; v. 15.12.2005 – III ZR 424/04, WM 2006, 423 = NJW-RR 2006, 611.

Ein Prospektverantwortlicher haftet für solche Fehler, Ungenauigkeiten und irreführenden Darstellungen, deren Richtigstellung oder Fehlen gerade aufgrund seiner besonderen Vertrauensstellung erwartet werden durfte.
BGH, Urt. v. 12.2.1986 – IV a ZR 76/84, NJW-RR 1986, 1102.

Ein Rechtsanwalt haftet als Prospektverantwortlicher für die Richtigkeit der Prospektangaben insoweit, als sie sich auf ihn beziehen und ihm demgemäß zuzurechnen sind.
BGH, Urt. v. 21.11.1983 – II ZR 27/83, NJW 1984, 865, 866.

Ein Anlagevermittler, der nur den Vertrieb einer prospektierten Kapitalanlage betreibt, kann einer Prospekthaftung im weiteren Sinne unterliegen.
BGH, Urt. v. 12.2.2004 – III ZR 359/02, BGHZ 158, 110, 115 = WM 2004, 631 = NJW 2004, 1732.

Schaden

Der Prospektverantwortliche hat grundsätzlich dem Anleger den Schaden zu ersetzen, den dieser durch sein Vertrauen auf die Richtigkeit und Vollständigkeit der Prospektangaben erlitten hat.

Der Anleger ist so zu stellen, als hätte er die Anlageentscheidung nicht getroffen. Er kann deshalb Befreiung von dem Vertrag und Ersatz seiner Aufwendungen verlangen. Ist die Benachteiligung noch werthaltig, so kann der Schadensersatz Zug um Zug gegen deren Übertragung erfolgen.
BGH, Urt. v. 26.9.1991 – VII ZR 376/89, BGHZ 115, 213, 220 f. = NJW 1992, 228 = WM 1991, 2092; BGH, Urt. v. 6.2.2006 – II ZR 329/04, WM 2006, 905, 906.

Der durch einen Prospekt geschädigte Anleger, der an seiner Anlage festhält, kann Ersatz derjenigen Beträge verlangen, die er für seine Beteiligung im enttäuschten Vertrauen auf die Prospektangaben zu viel aufgewendet hat. Dieser Schadensersatzan-

spruch entspricht dem Minderwert, den die Gegenleistung des Vertragspartners insofern hat, als sie von derjenigen abweicht, die der Anleger erwarten durfte.
BGH, Urt. v. 27.9.1988 – XI ZR 4/88, WM 1988, 1685, 1687 f.

Hat ein Aufklärungsmangel den Anlageentschluss beeinflusst, so kann der Anleger auch dann die Rückgängigmachung seiner Beteiligung verlangen, wenn sich seine Entscheidung später aus anderen Gründen, die mit diesem Mangel nichts zu tun haben, als nachteilig erweist.
BGH, Urt. v. 1.12.1994 – III ZR 93/93, NJW 1995, 1025, 1026; v. 5.7.1993 – II ZR 194/92, BGHZ 123, 106, 111 f. = NJW 1993, 2865 = WM 1993, 1787.

Der durch einen Prospekt geschädigte Anleger hat sich auf seinen Schadensersatzanspruch auch ersparte Steuern anrechnen zu lassen. Dies gilt jedoch nicht, wenn dem Steuervorteil ein Nachzahlungsanspruch des Finanzamtes gegenübersteht.
BGH, Urt. v. 6.10.1980 – II ZR 60/80, BGHZ 79, 337, 347 = NJW 1981, 1449 = WM 1981, 483.

Der durch einen Prospekt geschädigte Anleger braucht sich Steuervorteile regelmäßig dann nicht anrechnen zu lassen, wenn er die Ersatzleistung versteuern muss und der sich daraus ergebende Nachteil den Vorteil in etwa ausgleicht; eine genaue Berechnung der Vor- und Nachteile erübrigt sich wegen der Regelung des § 287 ZPO.
BGH, Urt. v. 6.11.1989 – II ZR 235/88, WM 1989, 1925; v. 14.1.2002 – II ZR 40/00, WM 2002, 813, 815 = NJW 2002, 1711; einschränkend BGH, Urt. v. 14.7.2003 – II ZR 202/02, WM 2003, 1818, 1820 = NJW-RR 2003, 1393, 1395; v. 6.2.2006 – II ZR 329/04, WM 2006, 905, 907.

Die Prospekthaftung im engeren Sinne soll den Anleger vor dem Verlust seines Anlagevermögens schützen; sie verleiht aber keinen Anspruch auf den vollen, in dem Prospekt angegebenen Steuervorteil, den der Anleger aus seiner Beteiligung erwartet.
OLG Köln, Urt. v. 10.12.1985 – 9 U 99/85, WM 1987, 1292, 1293.

Auch ein entgangener Gewinn aus Spekulationsgeschäften in Aktien kann zu ersetzen sein (§ 252 BGB).
BGH, Urt. v. 18.2.2002 – II ZR 355/00, WM 2002, 909, 910.

Bei einer voll werthaltigen Kapitalanlage kann ein Schaden des Anlegers fehlen. Ein Schaden kann sich aber daraus ergeben, dass der Anleger überhaupt eine mit Nachteilen und Risiken behaftete Kapitalanlage – unabhängig von deren gegenwärtigem Vermögensstand – gewählt hat.
BGH, Urt. v. 19.7.2004 – II ZR 354/02, WM 2004, 1823 f.

Schutzzweck

Der Schutzzweck der Pflicht des Prospektverantwortlichen zur möglichst vollständigen Aufklärung über sämtliche Umstände, die für die Entscheidung des Anlegers für

oder gegen den Erwerb der angebotenen Anlage bedeutsam sind, beschränkt sich nicht darauf, den Anleger nur vor einigen mit der Anlage verbundenen Risiken, nämlich gerade denjenigen, die sich später verwirklichen, zu warnen. Vielmehr soll durch eine umfassende Aufklärungspflicht das Recht der Interessenten zur Selbstbestimmung über die Verwendung ihres Vermögens sichergestellt werden.
BGH, Urt. v. 5.7.1993 – II ZR 194/92, BGHZ 123, 106, 112 = NJW 1993, 2865 = WM 1993, 1787.

Ursachenzusammenhang

Der Ursachenzusammenhang zwischen Prospektmängeln und der Entscheidung des Anlegers liegt vor, wenn diese zumindest auch von den unrichtigen oder unvollständigen Prospektangaben mitbestimmt worden ist und wenn sich der Anleger in Kenntnis der wahren Sachlage nicht an dem Anlageobjekt beteiligt hätte.

Der Prospektverantwortliche hat darzulegen und zu beweisen, dass der Schaden auch bei pflichtgemäßer Aufklärung und Unterrichtung eingetreten wäre.
BGH, Urt. v. 26.9.1991 – VII ZR 376/89, BGHZ 115, 213, 223 = NJW 1992, 228 = WM 1991, 2092.

Bei der Prüfung des ursächlichen Zusammenhangs zwischen der Schlechterfüllung der Prospektpflicht und dem Schaden des Anlegers ist nicht maßgeblich auf das letzte mögliche Glied der Kausalkette in Gestalt der Entwertung oder des Verlustes der Beteiligung abzustellen. Entscheidend ist vielmehr die Ursächlichkeit des Aufklärungsmangels für den Anlageentschluss.
BGH, Urt. v. 5.7.1993 – II ZR 194/92, BGHZ 123, 106, 111 = NJW 1993, 2865 = WM 1993, 1787.

Es entspricht der Lebenserfahrung, dass ein Prospektfehler für die Anlageentscheidung ursächlich geworden ist.

Es ist nicht erforderlich, dass gerade der geltend gemachte Prospektfehler zum Scheitern des Projekts geführt hat. Vielmehr ist entscheidend, dass durch unzutreffende oder unvollständige Prospektinformation in das Recht des Anlegers eingegriffen wurde, unter Abwägung des Für und Wider selbst über eine Kapitalanlage zu entscheiden.
BGH, Urt. v. 29.5.2000 – II ZR 280/98, WM 2000, 1503, 1505 = NJW 2000, 3346, 3347 f.; v. 14.1.2002 – II ZR 40/00, WM 2002, 813, 815 = NJW 2002, 1711, 1712; v. 15.12.2003 – II ZR 244/01, WM 2004, 379, 381; v. 1.3.2004 – II ZR 88/02, WM 2004, 928, 930 = NJW 2004, 2228, 2230; v. 19.7.2004 – II ZR 354/00, WM 2004, 1823.

Verjährung (altes Recht)

Prospekthaftungsansprüche im engeren Sinne, deren Grundlage nicht persönliches, einem bestimmten Verhandlungspartner entgegengebrachtes Vertrauen ist, sondern das typisierte Vertrauen auf die Richtigkeit und Vollständigkeit von Prospektanga-

ben, das u.a. aus einer „Garantenstellung" von Rechtsanwälten, Steuerberatern und Wirtschaftsprüfern hergeleitet wird, verjähren in sechs Monaten seit Kenntnis des Prospektmangels, spätestens jedoch in drei Jahren seit der Vermögensanlage, soweit diese sich auf den Erwerb von Kapitalanteilen bezieht (entsprechend § 20 Abs. 5 des Gesetzes über Kapitalanlagen – KAGG –, § 12 Abs. 5 des Auslandinvestmentgesetzes – AuslInvestmG –; beide Vorschriften wurden inzwischen aufgehoben).
BGH, Urt. v. 22.3.1982 – II ZR 114/81, BGHZ 83, 222 = NJW 1982, 1514 = WM 1982, 554; v. 31.5.1990 – VII ZR 340/88, BGHZ 111, 314 = NJW 1990, 2461 = WM 1990, 1276; v. 5.7.1993 – II ZR 194/92, BGHZ 123, 106 = NJW 1993, 2865 = WM 1993, 1787.

Prospekthaftungsansprüche beim Bauherrenmodell verjähren nach § 195 BGB a.F. in dreißig Jahren; wird ein Wirtschaftsprüfer als Prospektverantwortlicher aufgrund typisierten Vertrauens in Anspruch genommen, so ist die (inzwischen aufgehobene) Verjährungsregelung des § 51a WPO nicht anzuwenden, weil der Wirtschaftsprüfer in keine vertragliche oder vorvertragliche Beziehung zu den Anlegern getreten ist.
BGH, Urt. v. 1.6.1994 – VIII ZR 36/93, BGHZ 125, 166 = NJW 1994, 2226 = WM 1994, 1371.

Wird ein Steuerberater als Prospektverantwortlicher aufgrund typisierten Vertrauens in Anspruch genommen, so ist die (inzwischen aufgehobene) Verjährungsregelung des § 68 StBerG nicht anzuwenden, weil der Steuerberater in keine vertragliche oder vorvertragliche Beziehung zu den Anlegern getreten ist.
BGH, Urt. v. 26.9.1991 – VII ZR 376/89, BGHZ 115, 213, 226 f. = NJW 1992, 228 = WM 1991, 2092.

Prospekthaftungsansprüche im weiteren Sinne betreffen eine vorvertragliche Haftung von Vertretern, Beauftragten (Sachwaltern) oder Garanten kraft Amtes, Berufes, Fachkunde oder wirtschaftlicher Stellung, die aufgrund des Prospektes mit Anlegern unter Inanspruchnahme persönlichen Vertrauens oder aus eigenem wirtschaftlichen Interesse verhandelt haben; solche Ansprüche verjähren grundsätzlich in dreißig Jahren (§ 195 BGB a.F.).
BGH, Urt. v. 22.3.1982 – II ZR 114/81, BGHZ 83, 222, 227 = NJW 1982, 1514 = WM 1982, 554; v. 14.1.1985 – II ZR 124/82, WM 1985, 534; v. 10.10.1994 – II ZR 95/93, NJW 1995, 130 = WM 1994, 2192.

In Analogie zu gesetzlichen Prospekthaftungsregelungen verjähren auch (bürgerlichrechtliche) Prospekthaftungsansprüche, die sich aus dem Beitritt zu einem geschlossenem Immobilienfonds ergeben, in sechs Monaten ab Kenntnis des Prospektfehlers, spätestens drei Jahre nach dem Erwerb des Anteils.
BGH, Urt. v. 18.12.2000 – II ZR 84/99, WM 2001, 464 = NJW 2001, 1203.

Teil 2 • Abschnitt 6 • Bürgerlich-rechtliche Prospekthaftung

Prospekthaftungsansprüche beim Bauträgermodell verjähren wie beim Bauherrenmodell nach § 195 BGB a.f., nicht nach § 638 BGB a.F.
BGH, Urt. v. 13.11.2003 – VII ZR 26/03, WM 2004, 289, 290 = NJW 2004, 288, 289.

Haftet ein Wirtschaftsprüfer einem Kapitalanleger sowohl aus (hier verjährter) Prospekthaftung als auch aus Vertrag mit Schutzwirkung zugunsten Dritter, so verjährt der letztgenannte Schadensersatzanspruch nach den Regeln, die für die vertragliche Haftung des Wirtschaftsprüfers gelten.
BGH, Urt. v. 8.6.2004 – X ZR 283/02, NJW 2004, 3420 ff. = WM 2004, 1869.

Verschulden und Haftungsbeschränkung

Enthält ein Prospekt unrichtige Angaben und wird dieser bei der Anwerbung von Anlegern in Kenntnis der wahren Verhältnisse verwendet, dann ergibt sich hieraus im Regelfall nicht nur die Verletzung der Aufklärungspflicht, sondern auch das Verschulden der handelnden Personen.
BGH, Urt. v. 28.9.1992 – II ZR 224/91, NJW 1992, 3296.

Eine formularmäßige Beschränkung der Haftung in einem Prospekt auf Vorsatz und grobe Fahrlässigkeit ist unwirksam.
BGH, Urt. v. 14.1.2002 – II ZR 40/00, WM 2002, 813, 815 = NJW 2002, 1711, 1712, zu § 9 AGBG.

Zur Haftungsbeschränkung der Anlagegesellschafter geschlossener Immobilienfonds, die als Gesellschaften bürgerlichen Rechts ausgestaltet sind.
BGH, Urt. v. 21.1.2002 – II ZR 2/00, BGHZ 150, 1 = WM 2002, 958.

Teil 3: Außervertragliche Haftung des Rechtsanwalts

Abschnitt 1: Geschäftsführung ohne Auftrag und ungerechtfertigte Bereicherung

Inhaltsverzeichnis

	Rn.
A. Geschäftsführung ohne Auftrag	1914
B. Ungerechtfertigte Bereicherung	1919
C. Verjährung	1922
D. Anhang: Rechtsprechungslexikon	1923

A. Geschäftsführung ohne Auftrag

Wenn ein Rechtsanwalt für eine Partei tätig wird, mit dieser aber **keinen Anwaltsvertrag** geschlossen hat, kommt eine außervertragliche Haftung – etwa wegen **auftragloser Prozessführung** – gemäß den Grundsätzen der **Geschäftsführung ohne Auftrag** (§§ 677 ff. BGB) in Betracht.[1] Dies ist etwa der Fall, wenn ein Rechtsanwalt einem Rechtsuchenden im Nachgang zu einem Antrag auf Gewährung von Prozesskostenhilfe beigeordnet worden ist, die Parteien aber noch keinen Anwaltsvertrag geschlossen haben (vgl. Rn. 164).

1914

Die Regeln über die Geschäftsführung ohne Auftrag können nach der im Schrifttum umstrittenen Rechtsprechung des BGH auch anwendbar sein, wenn ein **Anwaltsvertrag** zwar geschlossen, dieser jedoch **nicht wirksam** ist. Dessen Nichtigkeit kann sich insbesondere aus einem Verstoß gegen die guten Sitten (§ 138 Abs. 1 BGB) oder gegen ein gesetzliches Verbot (§ 134 BGB) ergeben. Der Umstand, dass der Geschäftsführer sich zu einer Leistung verpflichtet hat oder für verpflichtet hält, steht dem nicht entgegen.[2]

1915

---

1 Vollkommer/Heinemann, Rn. 350 – 352.
2 BGHZ 37, 258, 263 = BGH, NJW 1962, 2010, 2011 – Nichtigkeit eines Beratungsvertrages mit einem Betriebsberater wegen Verstoßes gegen das Rechtsberatungsgesetz; BGH, NJW 1992, 2021 – Nichtigkeit eines einem Abschlussprüfer erteilten Prüfungsauftrags gemäß § 134 BGB i. V. m. § 319 Abs. 2 Nr. 4 HGB; BGH, NJW 1997, 47, 48 – Sittenwidrigkeit eines Vertrages mit einem Rechtsanwalt zur Vermittlung eines Adelstitels im Wege der Erwachsenenadoption; BGH, WM 2000, 973 (Rechtsanwalt); NJW 2000, 1560, 1562 = WM 2000, 1342 (Steuerberater); a.A. Jauernig/Vollkommer, BGB, § 677 Rn. 6 m.w.N. – Rückabwicklung ausschließlich über Bereicherungsrecht.

1916 Grundsätzlich ist zwischen berechtigter und unberechtigter Geschäftsführung ohne Auftrag zu unterscheiden. **Berechtigte Geschäftsführung ohne Auftrag** setzt voraus, dass die Übernahme der Geschäftsführung (durch den Rechtsanwalt) dem Interesse und dem wirklichen oder mutmaßlichen Willen des Geschäftsherrn (des Quasi-Mandanten) entspricht (§ 683 Satz 1 BGB). Dann entsteht ein auftragsähnliches gesetzliches Schuldverhältnis. Wenn **die Ausführung dem Interesse oder Willen des Geschäftsherrn widerspricht** (§ 677 BGB), ist ihm der Geschäftsführer nach den allgemeinen Regeln zum **Schadensersatz** verpflichtet.[3] Er haftet dann entsprechend den Regeln der Verletzung eines Anwaltsvertrages. Eine Haftung wegen der **Übernahme** der Geschäftsführung kommt jedoch nicht in Betracht.

Bei einer berechtigten Geschäftsführung ohne Auftrag kann der Geschäftsführer gemäß § 683 Satz 1 BGB sowie in den Fällen der §§ 683 Satz 2, 679 BGB oder des § 684 Satz 2 BGB wie ein Beauftragter **Ersatz seiner Aufwendungen** verlangen, soweit er sie den Umständen nach für erforderlich halten darf (§ 670 BGB). An dieser Voraussetzung fehlt es, wenn ein Rechtsanwalt ein von der Rechtsordnung missbilligtes Geschäft besorgt.[4]

1917 Der BGH hatte einen Fall zu entscheiden, in dem ein Rechtsanwalt sich zur – sittenwidrigen und daher gemäß § 138 Abs. 1 BGB nichtigen – entgeltlichen Vermittlung einer Adoption durch eine adlige Person und zur Vertretung vor dem Vormundschaftsgericht verpflichtet hatte. Die **Rückgabe der treuhänderisch überlassenen Gelder** hängt dann gemäß §§ 681 Satz 2, 667 1. Alt. BGB davon ab, ob sie zweckentsprechend verwendet worden sind. Hierzu ist der Inhalt der – wenn auch nichtigen – Treuhandabrede zu ermitteln.

Der BGH hat hervorgehoben, dies bedeute nicht, dass die Rechtsordnung den von ihr missbilligten Verträgen doch wieder Geltung verschaffe. Ein Anspruch auf Durchführung des Geschäfts bestehe keinesfalls. Die Anwendung der §§ 681 Satz 2, 667 1. Alt. BGB führe nur zu einer angemessenen Risikoverteilung unter den Parteien des nichtigen Auftrags bzw. Geschäftsbesorgungsvertrages bei der internen „Abwicklung" des Geschäfts.[5]

1918 Im Fall der **unberechtigten Geschäftsführung ohne Auftrag**, d.h. wenn die Übernahme der Geschäftsführung dem wirklichen oder mutmaßlichen Willen des Geschäftsherrn widerspricht und der Geschäftsführer dies erkennen musste, ist dieser dem Geschäftsherrn zum **Ersatz des aus der Geschäftsführung entstehenden Schadens** verpflichtet. Dies gilt auch, wenn dem Geschäftsführer außer dem Übernahmeverschulden (vgl. §§ 276, 679, 680 BGB) kein sonstiges Verschulden zur Last fällt

---

3 *Palandt/Sprau*, BGB, § 677 Rn. 15; *Vollkommer/Heinemann*, Rn. 351.
4 BGH, NJW 1962, 2010, 2011; 1992, 2021, 2022; 1997, 47, 49; 2000, 1560, 1562.
5 BGH, NJW 1997, 47, 48 f.

(§ 678 BGB). Gemäß § 684 Satz 1 BGB besteht dann ein **Herausgabeanspruch** nach den Vorschriften über die ungerechtfertigte Bereicherung.

B. Ungerechtfertigte Bereicherung

Wenn ein Anwaltsvertrag nichtig ist, kommen neben Ansprüchen aus Geschäftsführung ohne Auftrag auch **Bereicherungsansprüche**, insbesondere aus Leistungskondiktion gemäß § 812 Abs. 1 Satz 1 1. Alt. BGB in Betracht.[6] Der Bereicherungsschuldner hat dann i.d.R. die von dem Rechtsanwalt geleisteten Dienste „erlangt". Deren Wert (§ 818 Abs. 2 BGB) richtet sich nach der Höhe der üblichen oder (mangels einer solchen) nach der angemessenen Vergütung.[7]

Bereicherungsansprüchen auf Rückzahlung des auf einen nichtigen Anwaltsvertrag Geleisteten steht aber i.d.R. **§ 817 Satz 2 BGB** entgegen. Danach ist die Rückforderung einer Leistung ausgeschlossen, wenn sowohl der Leistende als auch der Leistungsempfänger **gegen** ein **gesetzliches Verbot** oder gegen die **guten Sitten** verstoßen haben. Ist ein Anwaltsvertrag gemäß § 134 oder § 138 Abs. 1 BGB nichtig, liegt diese Voraussetzung regelmäßig vor. Eine **Ausnahme** von dieser Regel macht das Gesetz lediglich dann, wenn die Leistung in der Erfüllung einer Verbindlichkeit bestand; das zur Erfüllung einer solchen Verbindlichkeit Geleistete kann nicht zurückgefordert werden.[8] § 817 Satz 2 BGB setzt voraus, dass die Betroffenen sich des Verstoßes gegen ein gesetzliches Verbot oder gegen die guten Sitten bewusst sind. Hierzu reicht es allerdings aus, dass die Parteien die Umstände, aus denen sich der Gesetzesverstoß oder die Sittenwidrigkeit ergibt, kennen.[9] § 817 Satz 2 BGB ist nicht abdingbar und kann nicht umgangen werden, indem der ausgeschlossene Bereicherungsanspruch durch eine andere Forderung ersetzt wird.[10] Die Anwendung des § 817 Satz 2 BGB ist bei nichtigen Anwaltsverträgen grundsätzlich auch nicht nach Treu und Glauben (§ 242 BGB) ausgeschlossen.[11] Auf Ansprüche aus Geschäftsführung ohne Auftrag ist § 817 Satz 2 BGB nicht entsprechend anwendbar.[12]

Der Mandant hat auch dann einen Anspruch aus ungerechtfertigter Bereicherung, wenn er an den Rechtsanwalt ein Erfolgshonorar gezahlt hat. Die ungerechtfertigte

1919

1920

1921

---

6 BGH, NJW 2000, 1560.
7 BGH, NJW 1962, 2010, 2011; 2000, 1560, 1562; vgl. auch LG Stuttgart, ZIP 1998, 1275, 1277, 1281.
8 Vgl. etwa BGH, NJW 1994, 187 – ohne Rechtsgrund begebenes Wechselakzept; NJW 2000, 1560,1562.
9 BGH, NJW 1994, 187, 188; vgl. auch BGH, NJW 1999, 1715, 1717.
10 BGHZ 28, 164, 170; BGH, NJW 1994, 187.
11 BGH, NJW 1992, 2021, 2023 – Nichtigkeit des einem Abschlussprüfer erteilten Prüfungsauftrages; in Abgrenzung zu BGH, NJW 1990, 2524 – Schwarzarbeit.
12 BGH, NJW 1963, 950, 951; OLG Stuttgart, NJW 1996, 665, 666.

Teil 3 • Abschnitt 1 • Geschäftsführung ohne Auftrag und ungerechtf. Bereicherung

Bereicherung bezieht sich allerdings nur auf den Teil des Honorars, der die gesetzlichen Gebühren übersteigt.[13]

1922 ## C. Verjährung

Die **Verjährung** von Ansprüchen aus Geschäftsführung ohne Auftrag oder wegen ungerechtfertigter Bereicherung richtet sich nach den allgemeinen Regeln, so dass grundsätzlich die Regelfrist der §§ 195, 199 BGB (drei Jahre) gilt.[14]

1923 ## D. Anhang: Rechtsprechungslexikon

Ist ein Prüfungsauftrag gemäß § 134 BGB i. V. m. § 319 Abs. 2 Nr. 4 HGB nichtig, steht dem Abschlussprüfer auch unter dem Gesichtspunkt der Geschäftsführung ohne Auftrag oder der ungerechtfertigten Bereicherung kein Vergütungsanspruch zu.
BGH, Urt. v. 30.4.1992 – III ZR 151/91, BGHZ 118, 142 = NJW 1992, 2021.

1. Wenn ein Rechtsgeschäft gegen ein gesetzliches Verbot oder gegen die guten Sitten verstößt und deshalb richtig ist, kann auf die Vorschriften über die Geschäftsführung ohne Auftrag zurückgegriffen werden. Dem steht nicht entgegen, dass sich der Geschäftsführer zur Leistung verpflichtet hat oder für verpflichtet hält.
2. Verlangt der Auftraggeber eines mit einem Rechtsanwalt geschlossenen nichtigen Geschäftsbesorgungsvertrages unter Anwendung der Grundsätze der Geschäftsführung ohne Auftrag nach §§ 681 Satz 2, 667 1. Alt BGB die zur Durchführung des Geschäfts treuhänderisch überlassenen Gelder heraus, beantwortet sich die Frage, ob die übergebenen Gelder zweckentsprechend verwendet worden sind, nach den – wenn auch nichtigen – getroffenen Treuhandabreden.
3. Wenn der Geschäftsführer zur Besorgung eines von der Rechtsordnung missbilligten Geschäfts tätig geworden ist, darf er seine Aufwendungen nicht i.S.d. §§ 683 Satz 1, 670 BGB den Umständen nach für erforderlich halten.
BGH, Urt. v. 10.10.1996 – III ZR 205/95, NJW 1997, 47.

Hat der Mandant aufgrund eines unwirksamen Vertrages Dienste eines Steuerberaters erlangt, so kann diesem ein Anspruch auf Wertersatz aus ungerechtfertigter Bereicherung zustehen, der sich nach der Höhe der üblichen oder hilfsweise nach der angemessenen Vergütung richtet. Das gilt nach § 817 Satz 2 BGB nicht, wenn sich der Steuerberater bewusst war, dass er gegen ein gesetzliches Verbot oder gegen die guten Sitten verstößt.
BGH, Urt. v. 17.2.2000 – IX ZR 50/98, NJW 2000, 1560, 1562 = WM 2000, 1342.

---

13 BGH, NJW 2004, 1169, 1171; *Terbille*, in: *Rinsche/Fahrendorf/Terbille*, Rn. 258.
14 *Palandt/Heinrichs*, BGB, § 195 Rn. 5.

D. Anhang: Rechtsprechungslexikon

1. Lässt sich ein Rechtsanwalt, der im Auftrag der Kaufvertragsparteien mit den Gläubigern des Verkäufers über die Ablösung von Grundpfandrechten aus dem Erlös des verkauften Grundstücks verhandeln soll, versprechen, dass ein nach der Ablösung der Gläubiger etwa übriger Kaufpreisrest ihm als Honorar zustehen soll, handelt es sich um ein unzulässiges Erfolgshonorar.

2. Hat der Mandant eines Rechtsanwalts ein unwirksam vereinbartes Erfolgshonorar bezahlt, ist dieser ungerechtfertigt bereichert nur insoweit, als dass das an ihn ausgezahlte Honorar die gesetzlichen Gebühren übersteigt.

BGH, Urt. v. 23.10.2003 − IX ZR 270/02, NJW 2004, 1169.

Abschnitt 2: Unerlaubte Handlungen

Inhaltsverzeichnis

	Rn.
A. Haftung aus § 823 Abs. 1 BGB	1924
I. Allgemeines	1924
II. § 823 Abs. 1 BGB	1929
1. Geschützte Rechtsgüter	1930
2. Widerrechtliche Verletzung	1931
3. Verschulden	1937
4. Beweis des Haftungsgrundes	1940
5. Haftungsausfüllende Kausalität	1946
6. Haftungsrechtliche Zurechnung	1948
7. Schadensersatz	1951
a) Ersatzpflichtige	1951
b) Ersatzberechtigte	1955
c) Inhalt und Umfang des Schadensersatzes	1959
d) Beweis	1965
e) Vorteilsausgleich	1970
8. Mitverschulden	1971
B. Abwehransprüche auf Beseitigung und Unterlassung	1984
I. Allgemeines	1984
II. Beseitigung und Widerruf	1989
III. Unterlassung	2002
IV. Gegendarstellung	2007
C. Haftung aus § 823 Abs. 2 BGB	2008
I. Schutzgesetz	2009
II. Weitere Haftungsvoraussetzungen	2016
1. Rechtswidrigkeit	2016
2. Verschulden	2017
3. Kausalität und Zurechnung	2019
III. Mitverschulden	2020
IV. Beweis	2021
D. Haftung aus § 824 BGB	2024
I. Geschütztes Rechtsgut	2025
II. Verletzung	2026
III. Verschulden	2027
IV. Schutzbereich	2028
V. Berechtigtes Interesse	2029
VI. Schadensersatz	2030
VII. Beweislast	2031

	Rn.
E. Haftung aus § 826 BGB	2032
I. Verstoß gegen die guten Sitten	2033
II. Vorsätzliche Schädigung	2037
III. Schadensersatz	2040
IV. Beweis	2045
V. Berufs- und Expertenhaftung	2047
F. Haftung aus § 831 BGB	2052
I. Haftungsgrundlage	2053
II. Verrichtungsgehilfe	2055
III. Verrichtung	2058
IV. Schutzbereich	2059
V. Entlastung	2060
1. Widerlegung der Verschuldensvermutung	2060
2. Widerlegung der Ursächlichkeitsvermutung	2064
VI. Verantwortlichkeit eines Vertragsgehilfen (§ 831 Abs. 2 BGB)	2065
VII. Beweislast	2066
G. Verjährung	2067
I. Altes Recht (§ 852 Abs. 1, 2 BGB a.F.)	2067
II. Neues Recht	2070
1. §§ 194 ff. BGB	2070
2. Bereicherung aus unerlaubter Handlung (§ 852 BGB)	2071
III. Arglisteinrede gemäß § 853 BGB	2074
H. Anhang: Rechtsprechungslexikon	2075

Spezialliteratur:

Baston-Vogt, Der sachliche Schutzbereich des zivilrechtlichen allgemeinen Persönlichkeitsrechts, 1997;
Baur, Der Beseitigungsanspruch nach § 1004 BGB, AcP 160 (1961), 465;
Bell, Anwaltshaftung gegenüber Dritten, 1996;
Bräuer, Steuerrechtliche Fehlerquellen im allgemeinen zivilrechtlichen Mandat, AnwBl 2003, 361;
Decku, Zwischen Vertrag und Delikt (Berufs- und Expertenhaftung im deutschen und englischen Recht), 1997;
Ebert, Der deliktische „Rest-Schadensersatzanspruch" nach der Schuldrechtsreform, NJW 2003, 3035;
Ellenberger, Prospekthaftung im Wertpapierhandel, 2001;
Frank, Ist die Bestimmung über den Parteiverrat (§ 356 StGB) ein Schutzgesetz i.S.d. § 823 Abs. 2 BGB?, MDR 1962, 945;
Graef, Die Haftung des deutschen und englischen Anwalts für fehlerhafte Prozessführung, 1995;
Gursky, Zur neueren Diskussion um § 1004 BGB, JR 1989, 397;

Hartmann (Tanja), Die Problematik des Parteiverrates im Zusammenhang mit überörtlichen Anwaltssozietäten unter besonderer Betrachtung von Strafverfahren, JR 2000, 51;
Heldrich, Persönlichkeitsschutz und Pressefreiheit nach der Europäischen Menschenrechtskonvention, NJW 2004, 2634;
Helle, Die Rechtswidrigkeit der ehrenrührigen Behauptung, NJW 1961, 1896;
Hellmer, Beleidigung und Intimsphäre, Goltdammer's Archiv für Strafrecht 1963, 129;
Henckel, Vorbeugender Rechtsschutz im Zivilrecht, AcP 174 (1974), 97;
Henssler, Das Verbot der Vertretung widerstreitender Interessen, NJW 2001, 1521;
ders., Haftungsrisiken anwaltlicher Tätigkeit, JZ 1994, 178;
Heppe, Nach dem Vertrauensverlust – Ist es an der Zeit, die Dritthaftung deutscher Abschlussprüfer zu verschärfen?, WM 2003, 714 und 753;
Herrmann, Der Störer nach § 1004 BGB, 1987;
Hildenbrand, Rechtsanwaltskosten als Schadensersatz?, NJW 1995, 1944;
Hohloch, Die negatorischen Ansprüche und ihre Beziehungen zum Schadensersatzrecht, 1976;
Holzborn/Foelsch, Schadensersatzpflichten von Aktiengesellschaften und deren Management bei Anlegerverlusten – Ein Überblick, NJW 2003, 932;
Honsell, Die Haftung für Gutachten und Auskunft unter besonderer Berücksichtigung von Drittinteressen, in: FS Medicus, 1999, S. 211;
Hopt, Schadensersatz aus unberechtigter Verfahrenseinleitung, 1968;
ders., Dritthaftung für Testate, NJW 1987, 1745;
Janert/Schuster, Dritthaftung des Wirtschaftsprüfers am Beispiel der Haftung für Prospektgutachten, BB 2005, 987;
Koller, Sittenwidrigkeit der Gläubigergefährdung und Gläubigerbenachteiligung, JZ 1985, 1013;
Kort, Abkauf von Anfechtungsrechten und Rechtsanwaltshaftung, DB 1992, 1765;
Lang, Die Rechtsprechung des Bundesgerichtshofes zur Dritthaftung der Wirtschaftsprüfer und anderer Sachverständiger, WM 1988, 1001;
Lepa, Beweislast und Beweiswürdigung im Haftpflichtprozess, 1988;
Lindenberg, Wahrheitspflicht und Dritthaftung des Rechtsanwalts im Zivilverfahren, 2002;
Mann, Auswirkungen der Caroline-Entscheidung des EGMR auf die forensische Praxis, NJW 2004, 3220;
Möllers, Die unterlassene Ad-hoc-Mitteilung als sittenwidrige Schädigung gemäß § 826 BGB, WM 2003, 2393;
Mülbert/Steup, Emittentenhaftung für fehlerhafte Kapitalmarktinformation am Beispiel der fehlerhaften Regelpublizität, WM 2005, 1633;
Müssig, Falsche Auskunftserteilung und Haftung, NJW 1989, 1697;
Otto/Mittag, Die Haftung des Jahresabschlussprüfers gegenüber Kreditinstituten, WM 1996, 325 und 377;
Picker, Der negatorische Beseitigungsanspruch, Bonner Rechtswissenschaftliche Abhandlungen 92, 1972;
Reck, Der Berater und die Insolvenzverschleppung, ZInsO 2000, 121;
Ritter, Zum Widerruf einer Tatsachenbehauptung, ZZP 84 (1971), 163;
Schlee, Haftung des Rechtsanwalts gegenüber Nichtmandanten, AnwBl 1993, 118;
Schultz-Süchting, Dogmatische Untersuchungen zur Frage eines Schadensersatzanspruchs bei ungerechtfertigter Inanspruchnahme eines gerichtlichen Verfahrens, 1971;
Seyfarth, Der Einfluss des Verfassungsrechts auf zivilrechtliche Ehrschutzklagen, NJW 1999, 1287;
Sundermeier/Gruber, Die Haftung des Steuerberaters in der wirtschaftlichen Krise des Mandanten, DStR 2000, 929;

Tilmann, Haftungsbegrenzung im Äußerungsdeliktsrecht, NJW 1975, 758;
Volk, Zum Strafbarkeitsrisiko des Rechtsanwalts bei Rechtsrat und Vertragsgestaltung, BB 1987, 139;
Wessing, Strafbarkeitsgefährdungen für Berater, NJW 2003, 2265;
Wohlers, Die Zurückweisung eines Adhäsionsantrages wegen Nichteignung des geltend gemachten Anspruches, MDR 1990, 763.

A. Haftung aus § 823 Abs. 1 BGB

I. Allgemeines

Ein **Rechtsanwalt, Steuerberater** oder **Wirtschaftsprüfer** kann seinem **Auftraggeber (Mandanten)** und/oder einem **Dritten (Nichtmandanten)** aus **unerlaubter Handlung** (§§ 823 ff. BGB) haften. 1924

Aufgrund desselben Sachverhalts können **Schadensersatzansprüche aus Vertrag** und **aus unerlaubter Handlung** zusammentreffen, wenn ein Verhalten sowohl gegen eine vertragliche Pflicht als auch gegen eine allgemeine Rechtspflicht verstößt. Es handelt sich dann um eine **echte Anspruchskonkurrenz**, weil Vertrags- und Deliktsrecht gleichen Rang haben.[1] 1925

Die Voraussetzungen, der Inhalt, der Umfang und die Durchsetzbarkeit solcher Schadensersatzansprüche richten sich **grundsätzlich nach ihrem jeweiligen Rechtsbereich**.[2]

In **Ausnahmefällen können sich** Wechselwirkungen ergeben; insbesondere können Einschränkungen der vertraglichen Haftung auch diejenige aus unerlaubter Handlung aufgrund desselben Sachverhalts begrenzen,[3] etwa bezüglich des **Verschuldens**[4] oder der **Verjährung**.[5] 1926

Im Bereich unerlaubter Handlungen kann ein **Rechtsanwalt** anlässlich seiner beruflichen Tätigkeit insbesondere eine Schadensersatzpflicht aus **§ 823 Abs. 1 BGB** wegen Verletzung eines absoluten Rechts eines anderen (Rn. 1930), aus **§ 823 Abs. 2 BGB** wegen Verstoßes gegen ein Schutzgesetz (Rn. 2009 ff.), aus **§ 824 BGB** wegen Kreditgefährdung (Rn. 2024), aus **§ 826 BGB** wegen sittenwidriger vorsätzlicher Schädigung (Rn. 2032 ff.) und aus **§ 831 BGB** wegen Haftung für einen Verrichtungsgehilfen (Rn. 2052 ff.) auslösen. 1927

---

1 BGHZ 55, 392, 395 = NJW 1971, 1131; BGHZ 116, 297, 300 = NJW 1992, 1679; BGH, NJW-RR 1996, 1121, 1122; BGH, NJW-RR 2005, 172.
2 BGHZ 55, 392, 395 = NJW 1971, 1131; BGHZ 96, 221, 229; BGH, NJW-RR 2005, 172.
3 BGHZ 55, 392, 396 = NJW 1971, 1131; BGHZ 61, 203, 204 = NJW 1973, 1752; BGH, NJW-RR 2005, 172.
4 BGHZ 46, 140, 141 = NJW 1967, 42; BGHZ 46, 313, 316 = NJW 1967, 558.
5 BGHZ 55, 392, 395 ff. = NJW 1971, 1131.

1928 Eine **Beteiligung** an einer fremden unerlaubten Handlung, insbesondere als **Mittäter, Anstifter** oder **Gehilfe**, führt dazu, dass jeder Beteiligte den gesamten Schaden zu ersetzen hat (§ 830 BGB). Mehrere Verantwortliche haften dem Geschädigten als **Gesamtschuldner** (§ 840 Abs. 1 BGB); für den Ausgleich in deren Innenverhältnis sind neben §§ 426, 254 BGB die besonderen Regelungen des § 840 Abs. 2, 3 BGB zu berücksichtigen.[6]

II. § 823 Abs. 1 BGB

1929 Nach dieser Vorschrift ist derjenige, der vorsätzlich oder fahrlässig das **Leben**, den **Körper**, die **Gesundheit**, die **Freiheit**, das **Eigentum** oder ein **sonstiges Recht** eines anderen widerrechtlich verletzt, diesem zum Schadensersatz verpflichtet.

1. Geschützte Rechtsgüter

1930 Neben den **erwähnten Rechtsgütern** sind als **sonstige Rechte** i.S.d. § 823 Abs. 1 BGB, die eine ausschließliche Rechtsnatur mit dem Rang der ausdrücklich genannten Rechtsgüter haben, anerkannt

- **dingliche Rechte** – etwa vertragliche und gesetzliche Pfandrechte sowie das Pfändungspfandrecht –[7] und **Anwartschaftsrechte**;[8]
- der **unmittelbare Besitz** (§§ 854, 865, 866 BGB);[9]
- das **allgemeine Persönlichkeitsrecht** (Art. 2 Abs. 1 i.V.m. Art. 1 Abs. 1 GG)

einschließlich der **persönlichen Ehre**,[10] des **Rechts am eigenen Bild** und des **Namensrechts**,[11] des **Rechts am gesprochenen Wort**,[12] des **Rechts auf informationelle Selbstbestimmung**[13] sowie des **Rechts auf Achtung der Privatsphäre**;[14]

---

6   Vgl. BGH, NJW 1990, 1361, zu einem gestörten Gesamtschuldverhältnis.
7   BGHZ 65, 211, 212 = NJW 1976, 189; BGH, NJW 1991, 695, 696.
8   BGH, VersR 1957, 297; BGHZ 55, 20, 25 f. = NJW 1971, 799; BGHZ 114, 161, 164 = NJW 1991, 2019.
9   BGHZ 62, 243, 248 = NJW 1974, 1189; BGH; BGH, VersR 1981, 161, 162; OLG Hamburg, MDR 1974, 668.
10 BVerfG, NJW 1991, 1475, 1476; 1999, 1322, 1323; NJW 2004, 590 f.; 2006, 207, 208 (Aufhebung von BGHZ 139, 95),BGHZ 24, 72, 76 = NJW 1957, 1146; BGHZ 30, 7, 10 ff. = NJW 1959, 1269; BGH, NJW 1963, 904; BGHZ 66, 182 = NJW 1976, 1178; BGH, WM 1994, 641, 643 (allgemeines Persönlichkeitsrecht einer juristischen Person); BGHZ 143, 214, 217 f. = WM 2000, 1449; *Damm/Rehbock*, Rn. 13 f.; *Wenzel/Burkhardt*, S. 91 f., 135 f.; *Löffler/Ricker*, S. 311 f.; *Baston- Vogt*, S. 11 f., 73 f., 151 f., 411 f.
11 BGHZ 143, 214, 217 f. = WM 2000, 1449.
12 BVerfG, WM 2002, 2290, 2292; NJW 2003, 1727, 1728.
13 BVerfG, WM 2003, 1023.
14 Vgl. zu demselben Fall: BGHZ 131, 132 = NJW 1996, 1128; BVerfGE 101, 361 = NJW 2000, 1021; EGMR, NJW 2004, 2647; dazu *Heldrich*, NJW 2004, 2634; *Mann*, NJW 2004, 3220.

- das **elterliche Sorgerecht** (§ 1626 BGB);[15]
- das **Namensrecht** (§ 12 BGB);[16]
- das **Urheberrecht**;[17]
- der eingerichtete und ausgeübte **Gewerbebetrieb**;[18]
- das **Mitgliedschaftsrecht**.[19]

Keine sonstigen Rechte i.S.d. § 823 Abs. 1 BGB sind **Forderungen** und das **Vermögen**.

2. Widerrechtliche Verletzung

Ein unerlaubtes **Tun** oder pflichtwidriges **Unterlassen**, das ein Rechtsgut i.S.d. § 823 Abs. 1 BGB verletzt, „**indiziert**" im Regelfall das Unwerturteil der **Rechtswidrigkeit**.[20] Der tatbestandsmäßige **Erfolg** der Verletzungshandlung deutet dann auf deren Rechtswidrigkeit hin. Diese liegt nicht vor, wenn der **Schädiger** einen **Rechtfertigungsgrund** (§§ 227 ff. BGB[21], §§ 859, 904 BGB, § 127 StPO[22], § 193 StGB[23]) **darlegt** und **beweist**.[24]

1931

Bei sog. „**offenen Verletzungstatbeständen**", zu denen der Eingriff in den eingerichteten und ausgeübten **Gewerbebetrieb** und die Beeinträchtigung des **Persönlichkeitsrechts** gehören, ist die Rechtsgutsverletzung **kein Indiz** für deren **Rechtswidrigkeit**; diese haftet dem schadensursächlichen Verhalten nur dann an, wenn die erforderliche **Güter- und Interessenabwägung** im konkreten Einzelfall ergibt, dass die Rechts-

1932

---

15 BGHZ 111, 168, 172 = NJW 1990, 2060.
16 Vgl. BGHZ 8, 318, 319, 321 = NJW 1953, 577; BGHZ 30, 7, 9 = NJW 1959, 1269; OLG Karlsruhe, NJW 1972, 1810, 1811; vgl. BVerfG, JZ 1998, 1114.
17 Vgl. BVerfG, JZ 1971, 773, 774.
18 BGHZ 29, 65, 67 = NJW 1959, 479; BGHZ 62, 29, 32 = NJW 1974, 315 (unberechtigte Schutzrechtsverwarnung); BGHZ 74, 9, 18 = NJW 1979, 1351; BGH, WM 1998, 2534, 2536; WM 2006, 380, z.V.b. in BGHZ.
19 BGHZ 110, 323, 327 = BGH, NJW 1990, 2877, 2878; OLG München, ZIP 1990, 1552.
20 BGHZ – GSZ – 24, 21, 24, 27 f. = NJW 1957, 785; BGHZ 57, 245, 253 = NJW 1972, 195; BGHZ 118, 201, 207 = NJW 1992, 2014.
21 Vgl. BGH, NJW 1976, 41, 42 (Notwehr und Putativnotwehr); NJW 1981, 745 (irrige Annahme einer Notwehrlage); NJW 1999, 2895; OLG Frankfurt, NJW 1994, 946 (Notwehr, Selbsthilfe und Notstand – § 34 StGB).
22 Vgl. BGH, NJW 1981, 745.
23 Vgl. BVerfG, NJW 1991, 29; 2000, 199 f. (**Rechtsanwalt**) und 3196 f.; BGHZ 3, 270, 280 = NJW 1952, 660; BGHZ 31, 308, 312 f. = NJW 1960, 476; BGHZ 45, 296, 306 = NJW 1966, 1617; BGH, NJW 1991, 2074, 2075 (**Rechtsanwalt**); 2005, 279, 280 f.
24 BGHZ – GSZ – 24, 21, 25, 28 = NJW 1957, 785; BGHZ 39, 103, 108 = NJW 1963, 953; BGH, NJW-RR 2005, 172.

position des Geschädigten dem vom Schädiger geltend gemachten Recht – etwa der Freiheit der Meinungsäußerung (Art. 5 Abs. 1 GG) – vorgeht.[25]

1933 Die **Indizwirkung** einer unerlaubten Verletzungshandlung ist **eingeschränkt** in den für **Rechtsanwälte** wichtigen Bereichen der **Vollstreckungsmaßnahmen** und der **Einleitung von Verfahren**, etwa bei **Zwangsvollstreckung in schuldnerfremde Gegenstände**[26] oder bei einem **unbegründeten Konkursantrag**.[27]

Eine sachlich unberechtigte, aber – trotz fahrlässiger Verkennung der Rechtslage – **subjektiv redliche Einleitung und Durchführung eines gesetzlich geregelten Verfahrens indiziert nicht die Rechtswidrigkeit** einer damit verbundenen Rechtsgutsverletzung; vielmehr hat ein solches schadensursächliches Verhalten wegen seiner verfahrensrechtlichen Zulässigkeit die **Vermutung der Rechtsmäßigkeit** für sich.

Dies ist auch verfassungsrechtlich geboten.[28] Der Betroffene muss in diesen Fällen die Verletzung seines Rechtsguts ohne deliktsrechtliche Sanktion hinnehmen, weil er sich gegen die ungerechtfertigte Inanspruchnahme in dem jeweiligen Verfahren wehren kann;[29] ein solcher Freiraum besteht auch für beauftragte **Rechtsanwälte**.[30] Diese Grundsätze gelten entsprechend für **ehrverletzende Äußerungen** in einem gerichtlichen oder behördlichen Verfahren (Art. 5 Abs. 1 GG; § 193 StGB; dazu Rn. 1998 ff.).

1934 Ist der **Geschädigte nicht an dem Verfahren förmlich beteiligt**, so verbleibt ihm der **deliktsrechtliche Schutz**.[31]

1935 Eine **vorsätzliche Einleitung** und **Durchführung** eines unberechtigten Verfahrens **indiziert** uneingeschränkt die **Rechtswidrigkeit** einer damit verbundenen Rechtsgutsverletzung; in einem solchen Fall richtet sich die **Haftung nach § 826 BGB**.[32]

---

25   BGHZ 45, 296, 307 = NJW 1966, 1617; BGHZ 59, 30, 34 = NJW 1972, 1366; BGHZ 74, 9, 14 = NJW 1979, 1351; BGH, ZIP 1998, 1033, 1034, 1036 = NJW 1998, 2141, 2143; BGH, WM 2006, 380, z.V.b. in BGHZ.
26   BGHZ 58, 207, 213 f. = NJW 1972, 1048; BGHZ 74, 9, 14 f. = NJW 1979, 1351; BGHZ 95, 10, 18 f. = NJW 1985, 1959; BGHZ 118, 201, 206 = NJW 1992, 2014.
27   BGHZ 36, 18, 20 f. = NJW 1961, 2254.
28   BVerfG, NJW 1987, 1929.
29   BGHZ 36, 18, 20 f. = NJW 1961, 2254; BGHZ 74, 9, 14 ff. = NJW 1979, 1351; BGHZ 95, 10, 18 f. = NJW 1985, 1959; BGHZ 118, 201, 206 = NJW 1992, 2014; BGHZ 154, 269, 271 ff. = WM 2003, 967 = NJW 2003, 1934; BGH, NJW 2004, 446, 447 = WM 2004, 34; NJW 2005, 279, 280 f.; NJW-RR 2005, 315; vgl. BVerfG, NJW 1987, 1929; 1991, 2074, 2075; NJW 2000, 199 f. und 3196 ff.; OLG Köln, MDR 1999, 1351.
30   BVerfG, NJW 2000, 199, 200; BGHZ 74, 9, 15 f. = NJW 1979, 1351.
31   BGHZ 118, 201, 206 = NJW 1992, 2014 (Verletzung von Sicherungseigentum durch eine **Rechtsanwältin**); bestätigend BGHZ 154, 269, 272 = WM 2003, 967 = NJW 2003, 1934.
32   BGHZ 36, 18, 21 = NJW 1961, 2254; BGHZ 95, 10, 19 = NJW 1985, 1959; BGHZ 154, 269, 271 f. = WM 2003, 967 = NJW 2003, 1934; BGH, NJW 2004, 446 = WM 2004, 34.

Verzögert ein mit der Zwangsvollstreckung beauftragter Rechtsanwalt schuldhaft die **Freigabe einer Pfandsache**, nachdem ein die Veräußerung hinderndes Recht glaubhaft gemacht worden ist, so **haftet** nicht der weisungsgebundene Anwalt, sondern der **Gläubiger (Mandant)** gemäß § 278 BGB für einen Verzugsschaden des Dritten.[33] Dagegen haftet ein **Testamentsvollstrecker**, der bei der Verwaltung des Nachlasses ein fremdes Sicherungseigentum oder dingliches Anwartschaftsrecht schuldhaft verletzt, selbst aus § 823 BGB.[34]

1936

3. Verschulden

Eine Schadensersatzpflicht aus § 823 Abs. 1 BGB setzt voraus, dass die Verletzungshandlung vorsätzlich oder fahrlässig war (vgl. für eine schuldhafte Vertragsverletzung: Rn. 966 ff.).

1937

Vorsätzlich handelt, wer einen rechtswidrigen Erfolg mit **Wissen und Wollen** verwirklicht, obwohl ihm ein rechtmäßiges Verhalten zugemutet werden kann; deswegen ist auch das **Bewusstsein der Rechtswidrigkeit** erforderlich.[35] Es genügt **bedingter Vorsatz** in dem Sinne, dass der Täter den rechtswidrigen Erfolg nur für möglich hält, diesen aber im Eintrittsfall billigend in Kauf nimmt.[36] Davon zu unterscheiden ist **bewusste Fahrlässigkeit**; mit dieser handelt derjenige, der zwar auch den Eintritt des widerrechtlichen (Schadens-)Erfolges für möglich hält, aber fahrlässig darauf vertraut, dass dies doch nicht der Fall sein werde. Ein **Irrtum über tatsächliche Umstände** des Tatbestandes und ein **Rechtsirrtum** schließen den Vorsatz aus; allerdings kann der Irrtum auf Fahrlässigkeit beruhen und deswegen zu einer Haftung führen.[37] Auf den eingetretenen Schaden braucht sich der Vorsatz grundsätzlich – von gesetzlichen Ausnahmen wie § 826 BGB abgesehen – nicht zu erstrecken;[38] anders ist dies bei einem Anspruch auf Schmerzensgeld.[39]

1938

Fahrlässig handelt, wer die im Rechtsverkehr erforderliche Sorgfalt außer Acht lässt (§ 276 Abs. 2 BGB). Danach ist maßgeblich ein an den Verkehrsbedürfnissen ausgerichteter **objektiver**, kein individueller **Sorgfaltsmaßstab**.[40] Fahrlässigkeit ist demjenigen vorzuwerfen, der in seiner konkreten Lage nach einem objektiven Beurteilungs-

1939

---

33 BGHZ 58, 207 = NJW 1972, 1048.
34 BGH, VersR 1957, 297.
35 BGH, NJW 1965, 962, 963; BGHZ 69, 128, 143 = NJW 1977, 1875; BGHZ 118, 201, 208 = NJW 1992, 2014.
36 BGHZ 7, 311, 313 = NJW 1952, 1291; BGH, NJW 1965, 962, 963; 1986, 180, 182.
37 RGZ 119, 265 f, 267; BGHZ 69, 128, 143 = NJW 1977, 1875; BGH, VersR 1987, 1133, 1134; BGHZ 118, 201, 208 = NJW 1992, 2014.
38 BGHZ 59, 30, 39 = NJW 1972, 1366; BGHZ 75, 328, 329 f. = NJW 1980, 996.
39 RGZ 142, 116, 122 f.
40 BGHZ 39, 281, 283 = NJW 1963, 1609; BGHZ 80, 186, 193 = NJW 1981, 1603; BGH, NJW 1988, 909; NJW-RR 1996, 981.

maßstab den drohenden rechtswidrigen Erfolg seines Verhaltens **voraussehen und vermeiden konnte und musste**.[41]

4. Beweis des Haftungsgrundes

1940 Der **Geschädigte** hat für seinen Schadensersatzanspruch aus unerlaubter Handlung zunächst die objektiven und subjektiven **Voraussetzungen des Haftungsgrundes darzulegen** und gemäß den strengen Anforderungen des § **286 ZPO**[42] zu **beweisen**[43] (vgl. zum vertraglichen Ersatzanspruch: Rn. 952 ff.).

1941 Diese Darlegungs- und Beweislast erstreckt sich **grundsätzlich** darauf, dass

- eine – vom Willen beherrschte – **Verletzungshandlung** (vgl. aber §§ 827, 828 BGB: Rn. 1944) des in Anspruch genommenen Schädigers vorliegt und diese – vorbehaltlich eines vom Schädiger zu beweisenden Rechtfertigungsgrundes – **widerrechtlich** ist, soweit ausnahmsweise die Rechtswidrigkeit der schädigenden Handlung nicht indiziert ist (Rn. 1932 f.).[44]

- dem Schädiger ein **Verschulden** vorzuwerfen ist[45] – die Beweisregel des § 280 Abs. 1 Satz 2 BGB ist auf Ansprüche aus §§ 823 ff. BGB grundsätzlich nicht anzuwenden[46] – und

- ein adäquater **Ursachenzusammenhang** zwischen dem schädigenden Handeln und der ersten Rechtsgutverletzung (**haftungsbegründende Kausalität**) besteht.[47]

1942 Soweit die höchstrichterliche Rechtsprechung bei der **Arzthaftung**,[48] **Produzentenhaftung**[49] und der **Haftung für Immissionsschäden**[50] **Beweiserleichterungen** bis zur **Beweislastumkehr** entwickelt hat, sind diese auf die Besonderheiten dieser Haftungs-

---

41 BGHZ 57, 25, 32 f. = NJW 1971, 1980; BGH, LM BGB § 828 Nr. 1; NJW-RR 1993, 345, 346; 1996, 981.
42 Dazu BGHZ 53, 245, 255 f. = NJW 1970, 946; BGH, NJW 1993, 935, 937; 1998, 2969, 2971.
43 BGHZ 4, 192, 196 f. = NJW 1952, 301, BGHZ 29, 393, 398 = NJW 1959, 1079; BGHZ 51, 91, 104 = NJW 1969, 269; BGH, NJW 1968, 2291, 2293; 1983, 998; 1987, 705 f.; 1992, 3298; 1993, 3073, 3076; 1997, 2748.
44 BGHZ – GSZ – 24, 21, 28 = NJW 1957, 785; BGHZ 39, 103, 106 f., 108 = NJW 1963, 953.
45 BGHZ – GSZ – 24, 21, 28 = NJW 1957, 785; BGHZ 39, 103, 108 f. = NJW 1963, 953; BGH, VersR 1986, 765, 766.
46 BGH, VersR 1986, 765, 766, zu § 282 BGB a.F.
47 BGHZ 4, 192, 196 f. = NJW 1952, 301; BGH, NJW 1968, 2291, 2293; 1983, 998; 1987, 705 f.; 1992, 3298; 1993, 3073, 3076; 1997, 2748.
48 BGH, NJW 1989, 2945, 2946; 1995, 1611, 1612; 1996, 779, 780 f.; 2005, 427, 428.
49 BGHZ 104, 323, 332 ff. = NJW 1988, 2611; BGH, NJW 1993, 528, 529; 1999, 1028, 1029.
50 BGHZ 92, 143, 148 ff. = NJW 1985, 47.

bereiche zugeschnitten[51] und deswegen auf andersgelagerte Haftungstatbestände aus unerlaubter Handlung nicht übertragbar.[52]

Der **Beweis des Verschuldens** kann dadurch erleichtert sein, dass eine feststehende objektive Pflichtverletzung ein Verschulden indiziert.[53]

Im Rahmen der **§§ 827, 828 BGB** (vgl. § 829 BGB) hat der Schädiger darzulegen und zu beweisen, dass seine Schadenshandlung im Zustand der Bewusstlosigkeit vorgenommen worden ist oder ihm die Zurechnungs- und Schuldfähigkeit gefehlt hat.[54] Einen Haftungsgrund aus § 827 Abs. 1 Satz 2 BGB hat der Geschädigte darzulegen und zu beweisen.

Die Darlegungs- und Beweislast des Geschädigten für den konkreten Haftungsgrund kann durch den **Beweis des ersten Anscheins** erleichtert, aber nicht umgekehrt werden (vgl. zur Vertragshaftung Rn. 1004 ff.). Danach kann bei einem typischen Geschehensablauf nach der Lebenserfahrung von einer bestimmten – typischen – Ursache auf einen bestimmten – typischen – Erfolg und umgekehrt geschlossen werden.[55] Der **Schädiger** kann **dem Anscheinsbeweis die Grundlage entziehen**, indem er Umstände aufzeigt und diese notfalls beweist, aus denen sich die ernsthafte Möglichkeit eines anderen – atypischen – Geschehensablaufs ergibt, der vom erfahrungsgemäß normalen Lauf der Dinge abweicht; gelingt dies, so verbleibt dem **Geschädigten die uneingeschränkte Beweislast** für die Voraussetzungen seines Anspruchs.[56]

Wer der in Anspruch genommenen Partei schuldhaft die Möglichkeit beschneidet, den Anscheinsbeweis zu erschüttern, kann sich nicht auf dessen Beweiserleichterung berufen.[57]

5. Haftungsausfüllende Kausalität

Für seinen Schadensersatzanspruch aus unerlaubter Handlung hat der **Geschädigte** weiterhin **darzulegen** und gemäß den – gegenüber § 286 ZPO ermäßigten – Anforderungen des **§ 287 ZPO zu beweisen**, dass zwischen dem konkreten Haftungsgrund

---

51 BGH, NJW 1992, 3298, 3299, für die Arzthaftung.
52 Vgl. für die vertragliche Anwaltshaftung: BGHZ 126, 217, 223 = WM 1994, 2113.
53 BGH, VersR 1986, 765, 766.
54 Zu § 827 BGB: BGHZ 39, 103, 108 = NJW 1963, 953; BGHZ 98, 135, 137 ff. = NJW 1987, 121; BGHZ 102, 227, 229 f. = NJW 1988, 822; BGHZ 111, 372, 374 = NJW 1990, 2387; zu § 828 BGB: BGHZ 39, 103, 108 = NJW 1963, 953; BGH, VersR 1970, 467, 468.
55 BGHZ 39, 103, 107 = NJW 1963, 953; BGHZ 100, 214, 216 = NJW 1987, 1944; BGHZ 123, 311, 315 ff. = NJW 1993, 3259; BGH, WM 1993, 1513, 1516; NJW 1998, 79, 81; 2001, 1140, 1141; 2004, 3623.
56 BGHZ 2, 1, 5 = NJW 1951, 653; BGHZ 39, 103, 107 f. = NJW 1963, 953; BGH, WM 1993, 1513, 1516; VersR 1995, 723, 724; WM 1998, 301, 303.
57 BGH, NJW 1998, 79, 81.

– also der rechtswidrigen, schuldhaften Verletzung des Rechtsguts – und seinem geltend gemachten weiteren Schaden ein adäquater Ursachenzusammenhang besteht (**haftungsausfüllende Kausalität**;[58] vgl. bezüglich einer Vertragsverletzung Rn. 995 ff.).

1947 Die Frage nach der haftungsausfüllenden Kausalität geht gemäß § 249 BGB dahin, wie der Geschädigte ohne das haftungsbegründende Verhalten des Schädigers stünde.[59] Die richterliche Beantwortung dieser Frage gemäß **§ 287 ZPO erleichtert** dem Geschädigten **die Darlegungs- und Beweislast**. Diese Vorschrift stellt den Richter gegenüber § 286 ZPO freier. Eine Beweisaufnahme steht in seinem pflichtgemäßen Ermessen (§ 287 Abs. 1 Satz 2 ZPO). Gegenüber der Bestimmung des § 286 ZPO, die für die richterliche Überzeugung eine an Sicherheit grenzende Wahrscheinlichkeit verlangt,[60] verringert § 287 ZPO das Beweismaß, weil danach eine deutliche überwiegende, auf gesicherter Grundlage beruhende Wahrscheinlichkeit für die richterliche Überzeugung genügt.[61] Weiterhin kann die Beweislast für die haftungsausfüllende Kausalität bei typischen Geschehensabläufen erleichtert werden durch den **Beweis des ersten Anscheins** (Rn. 1004 ff.).

6. Haftungsrechtliche Zurechnung

1948 Der adäquate Ursachenzusammenhang allein führt nicht immer zu einer gerechten Haftungsbegrenzung. Das Korrektiv ergibt sich daraus, dass nur derjenige **Schaden** zu ersetzen ist, der bei wertender Betrachtung im Rahmen der durch das verletzte Gesetz geschützten Interessen liegt und deswegen **dem Schädiger haftungsrechtlich zuzurechnen** ist (vgl. zur Vertragsverletzung Rn. 1014 ff.); der Schaden muss also aus der Verletzung eines Rechtsguts entstanden sein, zu dessen Schutz die **verletzte Rechtsnorm** nach ihrem **Zweck** und ihrer **Tragweite** erlassen wurde.[62] Notwendig ist ein Zusammenhang mit der durch den Schädiger geschaffenen Gefahrenlage; eine bloß zufällige äußere Verbindung genügt nicht.[63]

1949 Zum **Schutzbereich des § 823 Abs. 1 BGB** gehören grundsätzlich **Rechtsanwaltskosten** des Geschädigten;[64] dies gilt entsprechend, wenn der Geschädigte Rechtsan-

---

58 BGHZ 4, 192, 196 f. = NJW 1952, 301; BGHZ 29, 393, 398 = NJW 1959, 1079; BGH, NJW 1968, 2291, 2293; 1983, 998 f.; 1987, 705, 706; 1992, 3298 f.; 2000, 509.
59 BGH, NJW 1983, 998 f.
60 Zu den Anforderungen des § 286 ZPO im Einzelnen: BGHZ 53, 245, 255 f. = NJW 1970, 946; BGH, NJW 1993, 935, 937; 1998, 2969, 2971.
61 BGH, WM 1992, 1155, 1156 = NJW-RR 1992, 997; NJW 1992, 2694, 2695 und 3298, 3299; 1993, 734 = WM 1993, 382; BGHZ 133, 110, 113 = NJW 1996, 2501.
62 BGHZ 27, 137, 140 = NJW 1958, 1041; BGHZ 30, 154, 156 f. = NJW 1959, 1631; BGH, NJW 1968, 2287, 2288; 1990, 2057, 2058.
63 BGH, NJW 1990, 2057, 2058.
64 BGHZ 30, 154, 156 ff. = NJW 1959, 1631; BGH, NJW 1986, 2243, 2244; OLG Oldenburg, NJW 1961, 613.

walt ist und sich selbst vertritt.⁶⁵ Auch **Detektivkosten**, die der sorgeberechtigte Elternteil aufgewendet hat, um den Aufenthaltsort eines entzogenen Kindes zu erfahren, fallen in den Schutzbereich des Rechts der elterlichen Sorge.⁶⁶

Außerhalb des Schutzbereichs des § 823 Abs. 1 BGB liegen z.b. **Strafverteidigerkosten**⁶⁷ und **Auslagen des Nebenklägers**,⁶⁸ grundsätzlich die Kosten einer **außergerichtlichen Mehrarbeit des Geschädigten** zur Wahrung seines Schadensersatzanspruchs⁶⁹ – **anders** als eine vor dem Diebstahl ausgesetzte angemessene **Fangprämie**⁷⁰ – und die **Entdeckung einer verborgenen**, zum vorzeitigen Ruhestand führenden **Krankheit** eines Unfallverletzten.⁷¹

1950

7. Schadensersatz

a) Ersatzpflichtige

Ersatzpflichtig aus unerlaubter Handlung sind der **Täter** (Schädiger), **Mittäter, Anstifter** und **Gehilfe**⁷² sowie **andere Beteiligte** (§ 830 BGB; vgl. Rn. 1928).⁷³ Eine **Haftung Unzurechnungsfähiger** und **Minderjähriger** kommt gemäß §§ 827 – 829 BGB in Betracht. **Dritte** können für die unerlaubte Handlung eines anderen nach §§ 831, 832 BGB haften (vgl. Rn. 2052 ff.).

1951

Nach **§ 31 BGB** haften ein **Verein** und – in entsprechender Anwendung dieser Vorschrift – jede **andere juristische Person des Privatrechts** sowie eine **Gesellschaft bürgerlichen Rechts** (§ 705 BGB)⁷⁴ – etwa eine Anwaltssozietät – für einen **Schaden aus unerlaubter Handlung**, den ein verfassungsmäßig berufener **Vertreter** in Ausführung der ihm zustehenden Verrichtungen herbeiführt; daneben ist grundsätzlich der **Vertreter selbst** zum Schadensersatz aus seiner unerlaubten Handlung verpflichtet.⁷⁵ § 31 BGB ist auf den **Fiskus** und die **juristischen Personen des öffentlichen Rechts** bei Handeln eines solchen Bediensteten im **privaten Rechtsverkehr** entsprechend anzuwenden (§ 89 Abs. 1 BGB).

1952

---

65 Vgl. BAG, ZIP 1995, 499, 502, für jeden Schadensersatzanspruch.
66 BGHZ 111, 168, 174 ff. = NJW 1990, 2060.
67 BGHZ 27, 137, 140 ff. = NJW 1958, 1041; BGHZ 75, 230, 235 = NJW 1980, 119.
68 BGHZ 24, 263, 266 ff. = NJW 1957, 1593.
69 BGH, NJW 1976, 1256, 1257; 1977, 35; BGHZ 75, 230, 231 f. = NJW 1980, 119.
70 BGHZ 75, 230, 235 f. = NJW 1980, 119.
71 BGH, NJW 1968, 2287, 2288.
72 Zur Beihilfe BGH, WM 2005, 28 = NJW-RR 2005, 556.
73 Zur Haftung mehrerer Schädiger für einen Dauerschaden des Verletzten: BGH, NJW 2002, 504.
74 BGHZ 154, 88, 93 f. = NJW 2003, 1445 (Abweichung von BGHZ 45, 311, 312 = NJW 1966, 1807); BGH, NJW 2003, 2984, 2985.
75 BGHZ 49, 19, 21, 23 = NJW 1968, 391; BGHZ 109, 297, 302 = NJW 1990, 976; BGH, NJW 1996, 1535, 1536.

1953 Für die **Amtspflichtverletzung** eines **Beamten** haftet grundsätzlich der Staat gemäß § 839 BGB, Art. 34 GG;[76] für die Haftung aus § 839 BGB ist es gleichgültig, ob das schädigende Verhalten im hoheitlichen oder fiskalischen Bereich des Dienstherrn liegt und der Tatbestand einer unerlaubten Handlung nach §§ 823 ff. BGB erfüllt ist.[77] Eine **Eigenhaftung** gegenüber dem Geschädigten **entfällt**, wenn ein Beamter im haftungsrechtlichen Sinne – also auch ein mit hoheitlichen Aufgaben betrauter Nichtbeamter im staats-(beamten-)rechtlichen Sinne[78] – in **Ausübung öffentlicher Gewalt** gehandelt hat.[79]

Stammt eine unerlaubte Handlung eines **Beamten im staatsrechtlichen Sinne** aus dem **privatrechtlichen Bereich**, so richtet sich die deliktische Eigenhaftung grundsätzlich nach § 839 BGB;[80] zwar entfällt dann eine Staatshaftung nach Art. 34 GG, der beamtete Schädiger darf aber, sofern ihm nur Fahrlässigkeit vorzuwerfen ist, den Geschädigten gemäß § 839 Abs. 1 Satz 2 BGB auf eine anderweitige Ersatzmöglichkeit verweisen.[81]

1954 Die neue Vorschrift des **§ 839a BGB**[82] begründet eine **Haftung gerichtlicher Sachverständiger**. Diese Spezialregelung schließt in ihrem Anwendungsbereich § 823 BGB aus.[83]

b) Ersatzberechtigte

1955 Grundsätzlich hat einen Schadensersatzanspruch aus unerlaubter Handlung nur der **unmittelbar Geschädigte**, also derjenige, dessen Rechtsgut verletzt worden ist. Der nur **mittelbar Geschädigte**, der infolge der unerlaubten Handlung, durch die ein anderer unmittelbar geschädigt worden ist, einen Vermögensschaden erlitten hat, hat einen

---

76 Dazu im Einzelnen BGH, NJW 2002, 3172; *Geigel/Kunschert*, S. 638 ff.; *Wussow/Schwerdt*, S. 371 f.
77 BGHZ 13, 25, 28 = NJW 1954, 917; BGHZ – GSZ – 34, 99, 104 = NJW 1961, 658; BGH, LM BGB § 839 – Fa-Nr. 3.
78 Verneinend für den beigeordneten Rechtsreferendar: BGHZ 60, 255, 257 ff. = NJW 1973, 757.
79 BGHZ 121, 161, 163 ff. = NJW 1993, 1258; BGHZ 131, 200, 202 f. = WM 1996, 81 = NJW 1996, 464; 2005, 429, 432.
80 Aber Delikthaftung des beamteten Arztes für Schädigung bei ambulanter Behandlung von Privatpatienten nur nach § 823 BGB: BGHZ 120, 376, 380 f., 385 = NJW 1993, 784.
81 BGHZ 85, 393, 395 = NJW 1983, 1374; BGH, NJW 1986, 2883.
82 Eingeführt mit Wirkung vom 1.8.2002 durch Art. 2 des Gesetzes vom 19.7.2002 (BGBl. I, S. 2674); vgl. Art. 229 § 8 EGBGB.
83 *Palandt/Sprau*, BGB, § 839a Rn. 1, 1a.

A. Haftung aus § 823 Abs. 1 BGB

Schadensersatzanspruch nur nach den **Ausnahmeregelungen** der **§§ 844, 845 BGB**[84] und in **Sondergesetzen**.[85]

Mehrere Geschädigte können grundsätzlich jeweils nur den eigenen Schaden geltend machen. Die Grundsätze der **Drittschadensliquidation** (Rn. 1715 ff.) können allerdings auch bei Ansprüchen aus unerlaubter Handlung anzuwenden sein.[86]

1956

Ein **Anspruch auf Ersatz eines Vermögensschadens** aus unerlaubter Handlung ist, soweit er nicht kraft Gesetzes auf einen **Versicherer** (§ 67 VVG),[87] einen **Sozialversicherungs-** oder **Sozialhilfeträger** (§§ 116, 117 SGB X)[88] oder auf den **Dienstherrn** (§§ 87a BBG, 52 BRRG)[89] übergegangen ist, **übertragbar** und **vererblich**. Dies gilt auch für einen Anspruch auf **Schmerzensgeld** (§ 253 Abs. 2 BGB).[90]

1957

Nach gesetzlichem Übergang eines Schadensersatzanspruchs auf den ersatzleistenden Versicherer, Sozialversicherungs- oder Sozialhilfeträger oder Dienstherrn kann, wenn der Schädiger wegen einer Haftungsbegrenzung oder Mitverantwortung des Geschädigten nur teilweise haftet, ein sog. **Quotenvorrecht** des Geschädigten oder seiner Hinterbliebenen bestehen.[91]

1958

c) Inhalt und Umfang des Schadensersatzes

Der Geschädigte hat einen **Anspruch auf Ersatz** seines aus der unerlaubten Handlung entstandenen **Schadens** (§§ 823 ff. BGB). **Inhalt und Umfang** dieses Anspruchs richten sich nach §§ 249 ff. i.V.m. §§ 842, 843, 848 – 851 BGB.

1959

Der deliktische Schadensersatzanspruch umfasst das **negative Interesse** einschließlich der bei wertender Betrachtung erstattungsfähigen **entgangenen Vermögensvorteile** (§§ 252, 842 BGB)[92] und solcher **Folgeschäden**, die mit der Schadenshandlung in adäquatem Ursachenzusammenhang stehen und in den Schutzbereich der verletzten

---

84 BGHZ 7, 30, 33 f. = NJW 1952, 1249; BGH, NJW 2004, 2894; zur Abgrenzung des ersatzfähigen Schadens des Verletzten von nicht ersatzfähigen mittelbaren Schäden und Drittschäden: BGH, NJW 2001, 971, 972 f.
85 Vgl. dazu *Wussow/Dressler*, S. 1074.
86 BGH, NJW 1967, 930; 1991, 2696, 2697; ZIP 1996, 53, 55 f.; NJW-RR 1998, 688 f.
87 Vgl. *Palandt/Heinrichs*, BGB, Vorbem. 132, 133 vor § 249.
88 Vgl. *Palandt/Heinrichs*, BGB, Vorbem. 134, 148 f. vor § 249.
89 Vgl. *Palandt/Heinrichs*, BGB, Vorbem. 135 vor § 249.
90 BGH, NJW 1995, 783, zu der – durch Art. 2 des Gesetzes vom 19.7.2002 (BGBl. I, S. 2674) mit Wirkung vom 1.8.2002 aufgehobenen (vgl. Art. 229 § 8 EGBGB) – Vorschrift des § 847 BGB.
91 Dazu *Geigel/Schlegelmilch*, S. 397 f.; *Wussow/Dressler*, S. 947, 997, 1089, 1093, 1106; *Wussow/Schneider (Günther)*, S. 1409, 1466 f., 1516, 1622 f.
92 BGHZ – GSZ – 98, 212, 217 ff. = NJW 1987, 50; BGH, WM 1998, 294 f.; 2000, 1596, 1597 f.

Norm fallen (Rn. 990 ff.). Der Geschädigte ist so zu stellen, wie er ohne die unerlaubte Handlung stünde.

1960 Nach § 249 Abs. 1 BGB hat der Schädiger grundsätzlich den Schaden durch **Naturalrestitution** zu beheben; dafür hat er den gleichen wirtschaftlichen Zustand herzustellen, der ohne das schädigende Verhalten bestünde.[93] Wäre nach der unerlaubten Handlung derselbe Schaden, den der Verantwortliche herbeigeführt hat, nachträglich durch ein anderes Ereignis verursacht worden, so kann diese **hypothetische Schadensursache** bei der Ermittlung des Schadensersatzes zu berücksichtigen sein[94] (Rn. 1036 ff.). Besteht der Schaden in der **Belastung mit einer Verbindlichkeit**, so kann der Geschädigte **Befreiung** fordern; dieser Anspruch kann nach § 250 BGB in einen Geldanspruch übergehen.[95] Wird wegen **Verletzung einer Person** oder **Sachbeschädigung** gehaftet, so kann der Geschädigte statt der Naturalrestitution **Geldersatz** verlangen (§ 249 Abs. 2 BGB). Schadensersatz in Geld kann der Geschädigte beanspruchen, wenn er dem Schädiger vergeblich eine angemessene **Frist zur Naturalrestitution** gesetzt hat mit der Erklärung, dass er diese Ersatzart nach Fristablauf ablehne (§ 250 BGB); eine solche Fristsetzung erübrigt sich, wenn der Schädiger eine Ersatzleistung ernsthaft und endgültig verweigert hat.[96] Geldersatz wird insoweit geschuldet, als die **Naturalrestitution nicht** oder nur mit **unverhältnismäßigen Aufwendungen** möglich oder zur **Schadloshaltung nicht genügend** ist (§ 251 BGB). Hat die unerlaubte Handlung zu einem Vertragsschluss geführt, so kann der Ausgleich des Vertrauensschadens das **positive Interesse** erreichen.[97] Zur Ersatzfähigkeit von **Anwaltskosten** und ähnlichen **Aufwendungen** wird auf Rn. 1949 f. verwiesen.

1961 Besteht der Schaden in der gegenwärtigen Beeinträchtigung eines geschützten Rechtsguts, so kann der – verschuldensabhängige – deliktische Schadensersatzanspruch auf die **Beseitigung der andauernden Störung** – insbesondere auf den **Widerruf** einer ehrenrührigen Tatsachenbehauptung – und auf **Unterlassung einer künftigen Störung** gerichtet sein; dies hat aber in der Praxis nur geringe Bedeutung, da dieselben Rechtsfolgen auch mit den – verschuldensunabhängigen – **negatorischen (Abwehr-) Ansprüchen** erreicht werden können (Rn. 1984 ff.).

1962 Nach 253 Abs. 2 BGB kann derjenige, der durch eine Verletzung des Körpers, der Gesundheit, der Freiheit oder der sexuellen Selbstbestimmung betroffen ist, auch wegen des Nichtvermögensschadens eine billige Entschädigung in Geld fordern („**Schmerzensgeld**"). Ein solcher Anspruch kann einem **Mandanten** zustehen, der infolge einer

---

93 BGH, NJW 1985, 793.
94 BGHZ 10, 6, 9, 12 = NJW 1953, 977.
95 BGH, NJW 1992, 2221, 2222.
96 BGH, NJW 1992, 2221, 2222; NJW-RR 1996, 700.
97 BGH, WM 1976, 1307, 1308; 1998, 294 f. = NJW 1998, 983.

schuldhaften Pflichtverletzung seines **Strafverteidigers** in Untersuchungshaft genommen wird.[98]

Ein **Anspruch auf Schmerzensgeld** besteht auch bei **schwerer Verletzung des allgemeinen Persönlichkeitsrechts** (§ 823 Abs. 1 BGB i.V.m. Art. 1, 2 GG).[99] Dieser Anspruch soll einen angemessenen **Ausgleich des immateriellen Schadens** herbeiführen und vor allem der **Genugtuung**, aber auch der **Prävention** dienen.[100] Das Schmerzensgeld kann – das ist die Regel – als **Kapitalbetrag** oder – das kommt bei dauernden Nachteilen in Betracht – als **Rentenanspruch** festgesetzt werden.[101] Waren **mehrere Schädiger** beteiligt, so ist die Entschädigung im Verhältnis zu jedem einzelnen Verantwortlichen gesondert zu bestimmen.[102]

1963

Der Anspruch gegen den Schädiger auf Ersatz des vollen Schadens wird **nicht** dadurch **ausgeschlossen**, dass dem Geschädigten zugleich ein **Anspruch gegen einen Dritten** zusteht; ein solcher Anspruch ist dem Schädiger Zug um Zug gegen Ersatzleistung abzutreten (§ 255 BGB).[103] Hat er den Schaden bereits ersetzt, so kann er die Abtretung nachträglich verlangen.[104]

1964

d) Beweis

Der **Geschädigte** hat Art und Umfang seines Schadens **darzulegen** und **gemäß § 287 ZPO zu beweisen** (vgl. Rn. 1047 ff.).[105] In einem Rechtsstreit ist der dafür maßgebliche Zeitpunkt die **letzte mündliche Verhandlung** vor dem Tatrichter;[106] die künftige Schadensentwicklung ist nur zu berücksichtigen, wenn sie aufgrund der vorgetragenen Tatsachen mit einer für § 287 ZPO ausreichenden Wahrscheinlichkeit beurteilt

1965

---

98 KG, NJW 2005, 1284, zu der – inzwischen aufgehobenen – Vorschrift des § 847 BGB.
99 BGHZ 26, 349, 354 ff. = NJW 1958, 827; BGH, NJW 1963, 904 f.; BGHZ 128, 1, 12 = NJW 1995, 861; BGHZ 132, 13, 27 = NJW 1996, 1131; BGHZ 160, 298, 302 = NJW 2005, 215; vgl. BVerfG, NJW 2004, 591.
100 Dazu im Einzelnen BGHZ – GSZ – 18, 149, 154 ff. = NJW 1955, 1675; BGHZ 128, 117, 119 f. = NJW 1995, 781; BGHZ 138, 388 = NJW 1998, 2741, 2743 (Schmerzensgeld für einen alsbald verstorbenen Verletzten); BGHZ 160, 298, 302 = NJW 2005, 215.
101 BGHZ – GSZ – 18, 149, 167 = NJW 1955, 1675; BGH, VersR 1966, 144, 145; 1968, 475, 476.
102 BGHZ – GSZ – 18, 149, 164 ff. = NJW 1955, 1675.
103 Vgl. BGH, NJW 1993, 593, 594; 1997, 1008, 1012 = BGHZ 134, 212; BGH, NJW 2002, 1344, 1346 = WM 2002, 516, 518.
104 BGHZ 52, 39, 42 = NJW 1969, 1165.
105 BGH, NJW 1990, 1358; vgl. BGHZ 10, 6, 11 = NJW 1953, 977; BGH, NJW 1968, 985; BGHZ 111, 168, 181 = NJW 1990, 2060; BGHZ 129, 386, 400 = WM 1995, 1450; BGH, WM 1998, 142, 143; NJW 2004, 444, 445 f.; WM 2005, 999, 1000.
106 BGH, NJW 1996, 2652, 2654; WM 2001, 2251, 2252; NJW 2004, 444, 445.

werden kann.[107] Zur Vorbereitung einer Schadensersatzklage kann dem Geschädigten ein **Anspruch auf Auskunft** gegen den Schädiger zustehen.[108]

1966 Die Darlegung des Schadens erfordert einen **Gesamtvermögensvergleich**, der alle Vermögenspositionen umfasst, die von dem haftungsbegründenden Ereignis betroffen sind; die Differenzrechnung darf sich also nicht auf einzelne Rechnungsposten beschränken.[109]

1967 Im Rahmen des § **287 ZPO** hat der Richter notfalls den **Schaden zu schätzen**, wenn und soweit ausreichende Umstände vorliegen; eine solche Schätzung – wenigstens eines „**Mindestschadens**" – entfällt nur dann, wenn greifbare Anhaltspunkte fehlen und deswegen das richterliche Ermessen völlig in der Luft hinge.[110] Da § 287 ZPO auch die Darlegungslast des Geschädigten mindert, darf die Klage also trotz lückenhaften Vorbringens nicht abgewiesen werden, soweit eine Grundlage für eine Schadensschätzung vorhanden ist. Diese Vorschrift ändert allerdings nichts daran, dass demjenigen, der Schadensersatz fordert, grundsätzlich die **Darlegungs- und Beweislast** für die Entstehung und Höhe des geltend gemachten Schadens verbleibt.[111]

1968 Verlangt der Geschädigte **Ersatz entgangenen Gewinns** (§ 249 Abs. 1, § 252 Satz 1 BGB), so hat der Richter bei seiner Entscheidung nach § 287 ZPO auch die **Darlegungs- und Beweiserleichterung** des § **252 Satz 2 BGB** zu berücksichtigen.[112]

1969 Einen vermögensrechtlichen Anspruch aus einer Straftat kann der Verletzte auch im **Adhäsionsverfahren** eines Strafprozesses geltend machen (§§ 403 ff. StPO).[113]

e) Vorteilsausgleich

1970 Auf den Schadensersatzanspruch sind grundsätzlich diejenigen **Vorteile anzurechnen**, die dem Geschädigten in **adäquatem Zusammenhang mit dem Schadensereignis** zufließen. Dies betrifft nur Vorteile, deren Ausgleich mit dem **jeweiligen Zweck des Ersatzanspruchs** übereinstimmt, die Anrechnung also dem Geschädigten zuzumuten ist und den Schädiger nicht unangemessen entlastet; Vor- und Nachteile müssen bei be-

---

107 BGH, NJW 2004, 444, 445.
108 BGH, NJW 1962, 731; 1990, 1358.
109 BGH, WM 1983, 418; NJW 1988, 1837, 1838; WM 1990, 695, 699; 2004, 472, 474; ZIP 2004, 2192; WM 2005, 999, 1000.
110 BGHZ 54, 45, 55 = NJW 1970, 1411; BGH, WM 1992, 1155, 1156; NJW 1992, 2694, 2695; 1993, 734 = WM 1993, 382.
111 BGH, WM 1992, 1155, 1156.
112 BGHZ 54, 45, 55 = NJW 1970, 1411; BGH, WM 1992, 1155, 1156.
113 Vgl. BGHZ, NStZ 1988, 237 f.; NJW 1991, 1244; *Wohlers*, MDR 1990, 763.

wertender Betrachtung gleichsam zu einer **Rechnungseinheit** verbunden sein.[114] Der Vorteilsausgleich wird **nicht** bei der **Endsaldierung** aller Aktiv- und Passivposten mit dem Gesamtbetrag des Schadens vorgenommen; vielmehr wird der **Vorteil bei dem Schadensposten abgezogen, dem er seiner Art nach entspricht.**[115]

Insbesondere sind regelmäßig **Steuervorteile** infolge des Schadensereignisses anzurechnen,[116] soweit nicht die Schadensersatzleistung ihrerseits zu versteuern ist.[117]

Anrechenbare Vorteile sind vom **Schädiger darzulegen** und **zu beweisen.**[118]

8. Mitverschulden

Nach **§ 254 BGB** hat der Geschädigte ein **Mitverschulden** bei der Entstehung oder der Entwicklung seines Schadens zu verantworten (vgl. Rn. 1217 ff. zum Einwand des Mitverschuldens gegenüber einem Schadensersatzanspruch wegen Vertragsverletzung). 1971

Der **Einwand des Mitverschuldens**, der in einem Rechtsstreit **von Amts wegen zu beachten** ist,[119] betrifft auch einen **Schadenersatzanspruch** des unmittelbar Geschädigten **aus unerlaubter Handlung**[120] einschließlich des Anspruchs auf **Schmerzensgeld** (§ 253 Abs. 2 BGB)[121] – hier ist das Mitverschulden als Bewertungsfaktor, nicht quotenmäßig zu berücksichtigen.[122] Die nach §§ 844, 845 BGB ersatzberechtigten **mittelbar Geschädigten** müssen sich ein Mitverschulden des unmittelbar Geschädigten bei der Entstehung des Schadens gemäß § 254 BGB zurechnen lassen (§ 846 BGB); außerdem sind sie für ein eigenes schadensursächliches Mitverschulden verantwortlich.[123] 1972

Mitverschulden i.S.d. § 254 BGB ist ein vorwerfbarer Verstoß gegen die im eigenen Interesse gebotene **Obliegenheit**, eine Selbstschädigung zu vermeiden, also ein „**Ver-** 1973

---

114 BGHZ 91, 206, 209 f. = NJW 1984, 2457; BGHZ 109, 380, 392 = WM 1990, 401; BGH, WM 1991, 814 f.; NJW-RR 1992, 1397; BGHZ 136, 52, 54 f. = WM 1997, 1671; BGH, NJW 2000, 734, 736; WM 2001, 2251, 2252; 2002, 813, 815; ZIP 2004, 2192 = MDR 2005, 89.
115 BGHZ 136, 52, 54 f. = WM 1997, 1671; BGH, WM 2001, 2251, 2252.
116 BGHZ 127, 391, 397; BGH, NJW 1995, 2106, 2107.
117 BGH, WM 1988, 586, 587; 1995, 721, 723 f.; dazu *Bräuer*, AnwBl 2003, 361.
118 BGHZ 94, 195, 217 = NJW 1985, 1539; BGH, WM 1991, 814, 815; NJW 1995, 2106, 2107.
119 BGH, NJW 1991, 166, 167.
120 BGH, VersR 1961, 907; NJW 1965, 962, 964.
121 BGHZ 20, 259, 264 = NJW 1956, 1067, zum – inzwischen aufgehobenen – § 847 BGB.
122 OLG Karlsruhe, VersR 1988, 59, 60.
123 RGZ 170, 313, 315; BGHZ 56, 163, 168 f. = NJW 1971, 1883; OLG Köln, VersR 1992, 894.

schulden gegen sich selbst"[124] und „in eigener Angelegenheit".[125] Ein Mitverschulden ist dem Geschädigten vorzuwerfen, der bei der Entstehung oder Entwicklung seines Schadens diejenige **Aufmerksamkeit und Sorgfalt außer Acht lässt**, die nach der Sachlage jedem verständigen Menschen erforderlich erscheint, um sich selbst vor Schaden zu bewahren.[126] Eine solche Missachtung der Sorgfalt in eigener Angelegenheit muss nicht eine selbständige Haftung des Geschädigten begründen. Ein – vorsätzliches oder fahrlässiges – Mitverschulden setzt **Zurechnungsfähigkeit** voraus; insoweit gelten §§ 827, 828 BGB entsprechend,[127] so dass auch § 829 BGB analog anzuwenden ist.[128]

1974 Ein Mitverschulden des Geschädigten kann nur dann auf den Schadensersatzanspruch angerechnet werden, wenn es als **adäquate Mitursache** zum Schaden beigetragen hat;[129] zeitlich kann es grundsätzlich der unerlaubten Handlung vorausgehen oder nachfolgen.[130]

1975 Weiterhin setzt die Zurechnung eines Mitverschuldens voraus, dass der Schadensbeitrag des Geschädigten nach Art und Entstehungsweise bei wertender Betrachtung in den **Schutzbereich der verletzten Norm (§ 254 BGB)** fällt; der infolge des Mitverschuldens entstandene Nachteil muss also aus dem Bereich der Gefahren stammen, zu deren Abwendung die verletzte Vorschrift dient (vgl. Rn. 1223).[131] Der Zweck des § 254 BGB, eine voraussehbare und vermeidbare Selbstschädigung zu verhindern, muss die vom Geschädigten verletzte Obliegenheit und den damit verbundenen Nachteil umfassen.

1976 Das schadensursächliche Mitverschulden des Geschädigten kann sich auf die **Entstehung des Schadens** beziehen (§ 254 Abs. 1 BGB). Eine vom Geschädigten zu verantwortende **Sach- oder Betriebsgefahr** ist zu berücksichtigen.[132] Auch eine **schuldlose Mitverursachung**, die sich nicht aus einer Sach- oder Betriebsgefahr ergibt, kann anzurechnen sein, wenn der Schadensersatzanspruch weder auf einer Gefährdungs- noch auf einer Verschuldenshaftung beruht.[133]

---

124 BGHZ 57, 137, 145 = NJW 1972, 36; vgl. BGH, NJW 1997, 2234, 2235.
125 BGH, VersR 1961, 907; NJW 1965, 962, 963.
126 BGHZ 9, 316, 318 = NJW 1953, 977; BGH, VersR 1961, 907; NJW 1965, 962, 963; WM 1995, 212, 214.
127 RGZ 108, 86, 89 f.; BGHZ 24, 325, 327 = NJW 1957, 1187.
128 BGHZ 37, 102, 105 = NJW 1962, 1199; BGH, NJW 1969, 1762; 1973, 1795.
129 BGH, NJW 1957, 217; WM 1959, 1112, 1113; BGHZ 61, 144, 147 = NJW 1973, 1698.
130 BGH, NJW 1957, 217; VersR 1988, 570 und 1238, 1239.
131 BGH, VersR 1970, 812, 813; 1972, 1016, 1017; 1978, 1070, 1071.
132 BGHZ 20, 259, 263 = NJW 1956, 1067, BGH, NJW 1976, 2130, 2131, insoweit nicht abgedruckt in BGHZ 67, 129; VersR 1981, 354, 355.
133 BGH, NJW 1969, 1380, zu § 122 BGB; NJW 1995, 395, 396, zu § 1004 BGB.

A. Haftung aus § 823 Abs. 1 BGB

Ein Mitverschulden kann die **Entwicklung des Schadens** betreffen, weil der Geschädigte es zu unterlassen hat, den Schädiger auf die – diesem unbekannte und nicht erkennbare – Gefahr eines ungewöhnlich hohen Schadens aufmerksam zu machen oder den **Schaden abzuwenden** oder **zu mindern** (§ 254 Abs. 2 Satz 1 BGB). Erfüllt der Geschädigte seine Obliegenheit gemäß § 254 Abs. 2 BGB, so sind seine dabei entstandenen **Aufwendungen ein adäquater Folgeschaden**.[134] Der **Nichtgebrauch aussichtsreicher Rechtsbehelfe** kann ein Mitverschulden des Geschädigten begründen (vgl. Rn. 1236).[135]

1977

Einen **Beitrag** seines **gesetzlichen Vertreters** oder eines **Gehilfen** zur **Entstehung des Schadens** braucht sich der Geschädigte dann nicht gemäß §§ 254 Abs. 1, 278 BGB anrechnen zu lassen, wenn – wie im Regelfall – vor dem haftungsbegründenden Ereignis (der unerlaubten Handlung) zwischen Schädiger und Geschädigtem keine schuldrechtliche (vertragliche oder vertragsähnliche) Beziehung oder sonstige rechtliche Sonderverbindung bestanden hat.[136] Anders ist dies bezüglich der **Pflicht zur Schadensminderung** aus §§ 254 Abs. 2, 278 BGB nach dem schadensstiftenden Ereignis, weil dieses dann eine Rechtsbeziehung zwischen Schädiger und Geschädigtem geschaffen hat, die der Geschädigte durch gesetzliche Vertreter oder Hilfspersonen i.S.d. § 278 BGB erfüllen kann.[137]

1978

Bestand dagegen schon vor der unerlaubten Handlung eine schuldrechtliche Verbindung zwischen Schädiger und Geschädigten, so muss sich dieser nach § 254 Abs. 1 BGB auch einen Beitrag seines gesetzlichen Vertreters oder seines Erfüllungsgehilfen zur Entstehung des Schadens unter den Voraussetzungen des § 278 BGB – also falls der gesetzliche Vertreter im Rahmen seiner Vertretungsmacht[138] oder der Erfüllungsgehilfe innerhalb seines Aufgabenbereiches tätig geworden ist[139] – anrechnen lassen, auch soweit der Ersatzanspruch auf unerlaubte Handlung gestützt wird.[140] Das gilt ebenfalls regelmäßig im Verhältnis des Geschädigten zu weiteren Gesamtschuldnern, auch wenn diese allein aus unerlaubter Handlung haften.[141]

1979

---

134 BGH, NJW-RR 1991, 1458, 1459; BGHZ 122, 172, 179 = NJW 1993, 2685.
135 BGHZ 90, 17, 32 = NJW 1984, 1169; VersR 1985, 358, 359; BGHZ 110, 323, 330 = NJW 1990, 2877; BGH, NJW-RR 1991, 1458; WM 1992, 2110, 2113 f.; 1994, 948, 949; 1998, 301, 304; 2003, 1138, 1141 und 1623.
136 BGH, NJW 1951, 477; 1988, 2667, 2668.
137 BGHZ 1, 248, 249, 253 = NJW 1951, 477; BGHZ 5, 378, 384 f. = NJW 1952, 1050; BGHZ 9, 316, 319 f. = NJW 1953, 977; BGHZ 33, 247 = NJW 1961, 211; BGH, NJW 1988, 2667, 2668.
138 BGHZ 33, 136, 144 = NJW 1961, 20.
139 BGH, NJW 1965, 1709, 1710.
140 BGHZ 9, 316, 320 = NJW 1953, 977; BGH 24, 325, 327 = NJW 1957, 1187; BGHZ 33, 247 = NJW 1961, 211; BGH, NJW 1964, 1670, 1671; 1984, 2087.
141 BGH, NJW 1984, 2087 f.

Zugehör

1980 Nach Feststellung sämtlicher tatsächlichen Umstände, die Schadensanteile des Schädigers und des Geschädigten begründet haben,[142] sind die beiderseitigen Schadensbeiträge gegeneinander **abzuwägen** (§ 254 Abs. 1, 2 BGB). Dafür ist abzustellen **in erster Linie** auf das Maß der **wechselseitigen Verursachung**, erst **in zweiter Linie** auf den Umfang des **beiderseitigen Verschuldens**.[143] Entscheidend für die Haftungsverteilung nach § 254 BGB ist, ob das Verhalten des Schädigers oder des Geschädigten den Schadenseintritt in wesentlich höherem Maße wahrscheinlich gemacht hat.[144] Im Ergebnis kann die Abwägung dazu führen, dass der Schadensersatzanspruch des Geschädigten voll erhalten bleibt, weil dessen Mitverschulden gegenüber dem Schadensbeitrag des Schädigers unerheblich ist, oder dass der Geschädigte seinen Schadensersatzanspruch wegen seines Mitverschuldens teilweise oder vollständig verliert, je nachdem, welches Gewicht das Mitverschulden gegenüber dem Schadensanteil des Schädigers hat. Ein vorsätzlich Handelnder wird bei nur fahrlässigem Verhalten des anderen den Schaden meistens allein zu tragen haben,[145] es sei denn, dass besondere Umstände des Einzelfalls Anlass zu einer abweichenden Wertung geben und eine Schadensteilung rechtfertigen.[146] Dieser Grundsatz gilt nicht bei Vorsatz eines Erfüllungsgehilfen[147] und bei Verletzung einer Schadensminderungspflicht.[148]

1981 Ist ein Schaden von **mehreren Schädigern**, die als **Mittäter, Anstifter** oder **Gehilfen** haften (§ 830 BGB), und vom Geschädigten herbeigeführt worden, so ist jeder Schädiger für den Beitrag der Übrigen gegenüber dem Geschädigten mitverantwortlich; deswegen ist bei der Abwägung nach § 254 BGB die „gemeinsame Verantwortungssphäre" sämtlicher Schädiger dem schadensursächlichen Mitverschulden des Geschädigten gegenüberzustellen.[149] Haben dagegen **mehrere Nebentäter** nicht durch gemeinschaftliches Handeln, sondern durch selbständige Einzelhandlungen den Schaden verursacht und hat der Geschädigte dazu beigetragen, so ist dessen Mitverantwortung gegenüber jedem Schädiger nach § 254 BGB abzuwägen (**Einzelabwägung**); zusammen haben die Schädiger nur den Schadensersatz zu leisten, der bei einer Gesamtschau des Schadensvorgangs dem Anteil der Verantwortung entspricht, die sie im Verhältnis zur Mitverantwortung des Geschädigten insgesamt tragen (**Gesamtabwägung**).[150] Eine solche Gesamtabwägung („Gesamtschau") scheidet aus, wenn mehrere Schädiger

---

142 BGH, NJW 1963, 1447, 1449; VersR 1967, 1187, 1188.
143 BGHZ 33, 293, 302 = NJW 1961, 166; BGH, NJW 1969, 789, 790; 1998, 1137, 1138; 2003, 1929, 1931.
144 BGH, NJW 1969, 789, 790; WM 1994, 217, 218; 1995, 212, 214.
145 BGHZ 57, 137, 145 f. = NJW 1972, 36; BGH, NJW 1984, 2087, 2088.
146 BGH, NJW 2002, 1643, 1646, m.w.N.
147 BGH, WM 1966, 64, 65; NJW 1984, 2087, 2088.
148 OLG Hamburg, NJW 1977, 1347, 1349.
149 BGHZ 30, 203, 205 f. = NJW 1959, 1772; OLG Saarbrücken, OLGZ 1970, 9, 10 f.
150 BGHZ 30, 203, 205 ff. = NJW 1959, 1772; BGHZ 61, 351, 354 = NJW 1974, 360; BGH, NJW 2006, 896; OLG Düsseldorf, NJW-RR 1995, 281 f.

eine sog. **Haftungseinheit** bilden, so dass auf diese eine gemeinsame Quote entfällt,[151] oder wenn sich das Verhalten mehrerer Schädiger **nur in ein und derselben Schadensursache** ausgewirkt hat, bevor der Schadensbeitrag des Geschädigten hinzugekommen ist und zum Schadenseintritt geführt hat;[152] dies gilt auch für die Höhe des Ersatzes eines **Nichtvermögensschadens**.[153]

Der **Schädiger** muss die Umstände **beweisen**, die ein anspruchsminderndes **Mitverschulden** begründen.[154] Der Geschädigte muss aber, soweit es sich um Umstände aus seinem Verantwortungsbereich handelt, an der Aufklärung mitwirken und darlegen, was er zur Schadensminderung unternommen hat.[155] Im Rahmen der Abwägung nach § 254 BGB ist die Beweislastregel des § 280 Abs. 1 Satz 2 BGB nicht anzuwenden.[156]

Der **Beweis** für die **Umstände**, die dem Geschädigten **als Mitverschulden vorzuwerfen** wären („konkreter Haftungsgrund" des Geschädigten oder „haftungsbegründende Kausalität" seines möglichen Schadensbeitrags), ist nach der strengen Vorschrift des **§ 286 ZPO** – bei typischen Geschehensabläufen mit der Erleichterung des **Beweises des ersten Anscheins** – zu führen[157] (Rn. 1228).

Die weitere Frage, **ob und inwieweit** ein so festgestelltes Verhalten des Geschädigten zum Entstehen und Umfang des Schadens **beigetragen** hat (haftungsausfüllende Kausalität eines Mitverschuldens), ist nach dem verringerten Beweismaß des **§ 287 ZPO** (vgl. Rn. 1228) zu beantworten.[158]

B. Abwehransprüche auf Beseitigung und Unterlassung

I. Allgemeines

Neben dem **deliktischen Schadensersatzanspruch** (§§ 823 ff. mit § 249 BGB), der den Beweis des **Verschuldens des Schädigers** voraussetzt und auf Herstellung des Zustandes gerichtet ist, der ohne das schädigende Ereignis bestünde, oder anstelle eines solchen Anspruchs kann derjenige, der in seinen durch §§ 823 ff. BGB geschützten Rechtsgütern verletzt wird, in **entsprechender Anwendung der §§ 12, 862, 1004 BGB** – die letztgenannte Vorschrift wird in diesem Zusammenhang häufig allein

---

151 BGHZ 54, 283, 285 = NJW 1971, 33; BGHZ 61, 213, 218 = NJW 1973, 2022.
152 BGHZ 54, 283, 284 f. = NJW 1971, 33.
153 BGHZ 54, 283, 287 = NJW 1971, 33.
154 BGHZ 91, 243, 260 = NJW 1984, 2216; 1986, 2945, 2946; 1991, 166, 167 und 1412, 1413; 1994, 3102, 3105; WM 2000, 35, 38 = NJW 2000, 664.
155 BGHZ 91, 243, 260 = NJW 1984, 2216.
156 BGHZ 46, 260, 268 = NJW 1967, 622, zu § 282 BGB a.F.
157 BGH, NJW 1986, 2945, 2946; 1991, 166, 167.
158 BGH, NJW 1968, 985; VersR 1970, 812, 813; NJW 1986, 2945, 2946; BGHR BGB § 254 Abs. 1 – Abwägung 1.

verwendet – von dem **Störer** die **Beseitigung** einer fortdauernden widerrechtlichen Beeinträchtigung für die Zukunft und, falls weitere Störungen zu besorgen sind, **Unterlassung** künftiger rechtswidriger Störungen verlangen, **ohne** dass den Störer ein **Verschulden** treffen muss.[159]

Solche „quasi-negatorischen" Ansprüche können in ihrer Wirkung derjenigen eines deliktischen Schadensersatzanspruchs, der grundsätzlich auf Naturalrestitution gerichtet ist (§ 249 BGB), weitgehend gleichkommen.[160] Die Abwehransprüche richten sich gegen jeden, der unmittelbar oder mittelbar an der Beeinträchtigung des fremden Rechtsguts mitwirkt.[161] Dem Betroffenen kann ein Anspruch auf **Auskunft** darüber zustehen, wem gegenüber die zu widerrufende Behauptung aufgestellt worden ist.[162]

1985 Auf den schuldunabhängigen Abwehranspruch kann sich ein – auch schuldloser – **Störungsbeitrag des Betroffenen** in Anwendung des Rechtsgedanken des § 254 BGB auswirken.[163] Ob dies auch für einen (quasi-)negatorischen Anspruch auf Widerruf und Unterlassung gilt,[164] hat der BGH noch nicht entschieden; zum Ehrenschutz wegen eines mehrdeutigen – fremdsprachigen – Zitats hat er dies – aus der Sache heraus für den beurteilten Einzelfall – abgelehnt, weil der Betroffene wegen der Mehrdeutigkeit vom Störer einen „Interpretationsvorbehalt" verlangen könne.[165]

1986 **Grundsätzlich** hat der **Betroffene** alle Voraussetzungen eines Abwehranspruchs zu **beweisen**. Wird das – auch in § 823 Abs. 2 BGB geschützte – allgemeine Persönlichkeitsrecht einschließlich der persönlichen Ehre durch eine **übliche Nachrede** i.S.d. § 186 StGB beeinträchtigt, so hat der Störer wegen der in dieser Vorschrift enthaltenen Beweisregel die Wahrheit der behaupteten oder verbreiteten Tatsache zu beweisen (vgl. auch die Beweisregel des § 190 StGB); hat der Störer jedoch in **Wahrnehmung berechtigter Interessen** (Art. 5 GG, § 193 StGB)[166] gehandelt, so hat der Betroffene die Unwahrheit der Tatsache zu beweisen.[167] Ein Widerruf einer ehrkränkenden Be-

---

159 BGHZ 28, 110, 113 = NJW 1958, 1580; BGH, LM BGB § 1004 Nr. 132; vgl. im Einzelnen: *Picker*, S. 18 ff., 25 ff.; *Gursky*, JR 1989, 379.
160 BGHZ 99, 133, 136, 140 = NJW 1987, 1400; BGH, NJW 1996, 845, 846.
161 BGHZ 14, 163, 174 = NJW 1954, 1682; BGHZ 49, 340, 347 = NJW 1968, 1281; BGH, NJW1976, 799, 800; WM 2000, 1957, 1958.
162 BGH, NJW 1962, 731.
163 BGHZ 110, 313, 317 = NJW 1990, 2058 und BGHZ 135, 235, 239 ff. = JZ 1998, 92 (Beseitigungsanspruch des Eigentümers).
164 Für einen negatorischen Unterlassungsanspruch LG Frankenthal, NJW 1955, 263 mit abl. Anm. *Larenz*, ebenda.
165 BGH, NJW 1998, 1391, 1392.
166 Dazu im Einzelnen BGHZ 132, 13, 23 = NJW 1996, 1131; vgl. BVerfG, NJW 2006, 207, 208; *Damm/Rehbock*, Rn. 496 ff.; *Wenzel/Burkhardt*, S. 366 f.; *Löffler/Ricker*, S. 313 f.
167 BGH, NJW 1959, 2011, 2012, 2013; NJW 1985, 1621, 1622; BGHZ 95, 212, 214 ff. = NJW 1985, 2644; BGH, NJW 1987, 2225, 2226, 1993, 525, 527; vgl. BVerfG, NJW 2006, 207, 209.

B. Abwehransprüche auf Beseitigung und Unterlassung

hauptung kann weder im Wege eines deliktischen Schadensersatzanspruchs noch eines Abwehranspruchs verlangt werden, wenn sich nicht klären lässt, ob die Behauptung richtig oder falsch ist;[168] insoweit trägt also der Betroffene immer die Beweislast.[169] Die Unwahrheit kann als erwiesen angesehen werden, wenn der Störer einem konkreten Vorbringen des Betroffenen keinen substanziierten Vortrag entgegensetzt oder eine mögliche **Substanziierung** für die Richtigkeit der Behauptung verweigert.[170]

Abwehransprüche, die sich unmittelbar aus § 1004 BGB ergeben, **verjährten nach altem Recht** grundsätzlich in dreißig Jahren ab ihrer Entstehung (§ 195 BGB a.F.);[171] ausnahmsweise galt eine kürzere Verjährungsfrist, wenn eine solche für einen Ersatzanspruch aus demselben Sachverhalt maßgeblich war.[172] Dagegen verjährten **quasinegatorische** – schuldunabhängige – **Abwehransprüche**, die sich in entsprechender Anwendung des § 1004 BGB ergaben, nach § 852 BGB a.F., weil dies auch für – schuldabhängige – deliktische Beseitigungs- und Unterlassungsansprüche galt.[173]

1987

Nach neuem Recht (dazu Rn. 1444 ff.) **verjähren** Abwehransprüche aus unmittelbarer und entsprechender Anwendung des § 1004 BGB grundsätzlich nach §§ 195, 199 BGB.[174]

Die begehrte Abwehrmaßnahme muss **verhältnismäßig** und **zumutbar**[175] sowie **geeignet**[176] sein. Dies müssen **der Antrag der Klage**, die im **Zivilrechtsweg** zu verfolgen ist,[177] und das **Urteil** berücksichtigen.[178] Ein Unterlassungsanspruch wird regelmäßig im Wege einer **einstweiligen Verfügung** geltend gemacht. Für den Widerrufsanspruch ist dieses vorläufige Verfahren ungeeignet;[179] ein Widerruf in diesem Verfahren würde sich als endgültig darstellen.

1988

---

168 BGHZ 37, 187, 189 = NJW 1962, 1438.
169 *Lepa*, Beweislast und Beweiswürdigung S. 22 f.
170 BGH, NJW 1959, 2011, 2012; DB 1974, 1429, 1430; GRUR 1987, 397, 399.
171 BGHZ 60, 235, 239 f. = NJW 1973, 703; BGH, NJW 1990, 2555, 2556; BGHZ 125, 56, 63 = NJW 1994, 999; 2004, 1035.
172 BGHZ 98, 235, 241 = NJW 1987, 187 und BGH, NJW 1997, 1983, 1984, zu § 558 BGB a.F.
173 BGH, NJW 1969, 463; dazu im Einzelnen *Hohloch*, S. 198 ff.
174 *Palandt/Heinrichs*, BGB, § 195 Rn. 4, 8 f.; *Palandt/Bassenge*, BGB, § 1004 Rn. 45.
175 BGHZ 10, 104, 105 f. = NJW 1953, 1386; BGHZ 31, 308, 320 f. = NJW 1990, 476; BGH, LM BGB § 1004 Nr. 70; NJW 1998, 1391, 1392.
176 BGHZ 10, 104, 105 f. = NJW 1953, 1386; BGHZ 89, 198, 201 ff. = NJW 1984, 1104 (Widerruf einer unwahren Behauptung); BGHZ 128, 1, 9 = NJW 1995, 861; BGH, NJW 1996, 845, 847; NJW-RR 1996, 659.
177 BGHZ 66, 182, 185 = NJW 1976, 1198.
178 BGHZ 120, 239, 245 ff. = NJW 1993, 925; BGH, NJW-RR 1996, 659.
179 OLG Celle, BB 1964, 910; OLG Bremen, AfP 1979, 355; OLG Köln, AfP 1981, 358.

Die **Kosten** der Beseitigung hat grundsätzlich der Störer zu tragen.[180] Die **Vollstreckung** eines titulierten Anspruchs auf eine **Beseitigungsmaßnahme**, die auch ein Dritter vornehmen kann, richtet sich nach § 887 ZPO. Ein Anspruch auf **Widerruf** einer unwahren Behauptung wird nach § 888 ZPO – nicht nach § 894 ZPO – vollstreckt.[181] Wer zu einem uneingeschränkten Widerruf verurteilt wurde, kann diesen nicht mit abschwächenden Zusätzen oder Einschränkungen erklären.[182] Die Vollstreckung eines **Unterlassungsgebots** bestimmt sich nach § 890 ZPO.[183]

II. Beseitigung und Widerruf

1989   Der Inhaber eines nach §§ 823 ff. BGB geschützten Rechtsguts kann analog §§ 12 Satz 1, 862 Abs. 1 Satz 1, Abs. 2, 1004 Abs. 1 Satz 1, Abs. 2 BGB die **Beseitigung einer gegenwärtigen, rechtswidrigen Beeinträchtigung** des Rechtsguts **für die Zukunft** von dem Störer verlangen; auf dessen **Verschulden** kommt es dafür **nicht** an. Ein wichtiger Anwendungsfall ist der Anspruch auf **Widerruf unwahrer Behauptungen**.

1990   Ein Anspruch auf **Widerruf** und/oder **Unterlassung ehrenrühriger Äußerungen**[184] kann sich ergeben in entsprechender Anwendung der Vorschrift(en) des (der) § (§§ 12, 862) 1004 BGB wegen fortdauernder oder künftiger rechtswidriger Beeinträchtigung

- des in § 823 Abs. 1 BGB geschützten allgemeinen, den Schutz der persönlichen Ehre umfassenden **Persönlichkeitsrechts** (Art. 1 Abs. 1, 2 Abs. 1 GG),[185]

---

180   Vgl. BGHZ 66, 182, 191 ff. = NJW 1976, 1198; BGHZ 97, 231, 234 = NJW 1986, 2640; BGH, NJW 1991, 2826, 2827 f.
181   BGHZ 37, 187, 190 = NJW 1962, 1438; OLG Zweibrücken, NJW 1991, 304; OLG Köln, MDR 1992, 184.
182   OLG Hamm, MDR 1983, 850, 851.
183   BGHZ 120, 239, 242, 248 = NJW 1993, 925; vgl. BGH, WM 1998, 870 = BGHZ 138, 67, 68, zum Verhältnis zwischen Vertragsstrafe und gerichtlichem Ordnungsmittel nach § 890 ZPO.
184   Dazu *Wenzel/Burkhardt*, S. 824 f. (Unterlassung); *Wenzel/Gamer*, S. 882 f. („Berichtigung"); *Damm/Rehbock*, Rn. 560 f. (Unterlassung), 607 f. (Widerruf); *Löffler/Ricker*, S. 374 f. (Unterlassung), 382 f. („Berichtigung").
185   Vgl. BVerfG, NJW 1991, 1475, 1476 und NJW 1997, 2589: Rundfunk- oder Fernsehsendung; BGHZ 66, 182 = NJW 1976, 1198; BGH, WM 1998, 2164 = BGHZ 139, 95; Presse: BVerfG, NJW 1997, 2589; BGHZ 31, 308, 311 ff. = NJW 1960, 476; BGH, NJW 1963, 904; BGHZ 57, 325, 327 ff. = NJW 1972, 431; BGH, NJW 1977, 653; BGHZ 99, 133 = NJW 1987, 1400; BGHZ 128, 1 = NJW 1995, 861; BGHZ 132, 13 = NJW 1996, 1131; Flugblatt gegen **Rechtsanwalt**: BGH, NJW 1997, 2513; vgl. BVerfG, NW 1999, 2262: Ehrenschutz bei Äußerungen zwischen **Rechtsanwalt** und Notar; WM 2002, 2290, 2292 u. NJW 2003, 1727, 1728 (Mithören eines Telefonats); NJW 2004, 3619 f. (**Rechtsanwalt** im Prozessbericht einer Zeitung).

- der in § 823 Abs. 2 BGB i.V.m. §§ 185 ff. StGB geschützten persönlichen **Ehre**,[186]
- der in § 824 BGB geschützten **wirtschaftlichen Wertschätzung** („Geschäftsehre").[187]

Widerrufbar ist nur eine – beweisbare – **Tatsachenbehauptung**, **kein** (subjektives) **Werturteil**.[188] Aus der Sicht eines verständigen Dritten ist zu prüfen, ob die beanstandete Äußerung nach ihrem **Gesamtzusammenhang** als Behauptung einer Tatsache oder als Bewertung anzusehen ist.[189] Enthält eine Aussage die Behauptung von Tatsachen und eine Meinungsäußerung, so kann diese die ganze Aussage so sehr prägen, dass es sich insgesamt um ein Werturteil handelt; deswegen dürfen tatsächliche Teile der Erklärung nicht aus dem Gesamtzusammenhang gelöst und isoliert betrachtet werden.[190] Umgekehrt können Meinungsäußerungen **verdeckte Tatsachenbehauptungen** sein, wenn und soweit beim Adressaten die Vorstellung tatsächlicher, in Wertungen gekleideter Vorgänge erweckt wird; entscheidend ist insoweit der Zusammenhang des Vorwurfs.[191] Eine **unwahre Tatsachenbehauptung** genießt **nicht** den Schutz der Meinungsfreiheit i.S.d. **Art. 5 Abs. 1 Satz 1 GG**;[192] ein bewusst unvollständiger (Presse-)Bericht kann rechtlich wie eine unwahre Tatsachenbehauptung zu behandeln sein.[193] Ein **wahrer** (Presse-)**Bericht** kann das Persönlichkeitsrecht des Betroffenen verletzen, wenn die Folgen der Darstellung für die Entfaltung der Persönlichkeit schwerwiegend sind und das Schutzbedürfnis das Interesse an der Äußerung überwiegt.[194] Die **Ankündigung** eines künftigen Verhaltens stellt i.d.R. noch keine beweisbare Tatsache dar.[195]

1991

Werturteile fallen unter das **Grundrecht der freien Meinungsäußerung** (Art. 5 GG); deswegen gehören zu diesem Schutzbereich **auch Tatsachenbehauptungen**, wenn und soweit Tatsachen zur Meinungsbildung erforderlich sind oder es um eine Äußerung geht, die durch subjektives Stellungnehmen, Dafürhalten und Meinen geprägt ist.[196]

1992

---

186 BGH, NJW 1987, 2225, 2226; BGHZ 95, 212, 214 = NJW 1985, 2644; BGHZ 132, 13, 23 = NJW 1996, 1131; vgl. BVerfG, NJW 2006, 207, 208.
187 BGH, WM 1977, 653; NJW 1983, 1183.
188 BGHZ 3, 270, 273 f. = NJW 1952, 660 und BGHZ 99, 133, 138 f. = NJW 1987, 1400 (Pressemitteilungen); BGH, NJW 1989, 774 (ärztliche Diagnose); BGH, NJW 1997, 1148, 1149 (Fernsehsendung); BGH, NJW 1999, 2736; BGHZ 154, 54, 60 = MDR 2003, 809.
189 BGHZ 3, 270, 273 f. = NJW 1952, 660; BGH, DB 1974, 1429 f.; NJW 1987, 2225, 2226; 1997, 2513; BGHZ 132, 13, 20 = NJW 1996, 1131; 1999, 2736 f.; 2005, 279, 282; vgl. BVerfG, NJW 2003, 277 f.
190 BGHZ 132, 13, 20 f. = NJW 1996, 1131; BGH, NJW 1997, 2513 f.
191 BGH, NJW 1992, 1314, 1316; BGHZ 132, 13, 21 = NJW 1996, 1131; BGHZ 154, 54, 60 = MDR 2003, 809; NJW 2006, 601; vgl. BVerfG, NJW 2004, 1942 f.
192 BVerfG, NJW 1991, 1475, 1476; BGH, NJW 1997, 1148, 1149, m.w.N.
193 BGH, MDR 2000, 273 f.; NJW 2006, 601.
194 BVerfG, NJW 2004, 3619, 3620, m.w.N.
195 BGH, NJW 1998, 1223, 1224.
196 BVerfG, NJW 1996, 1529; 2003, 277; BGH, NJW 1997, 1148, 1149.

Verlangt der Betroffene die **Unterlassung** von Bewertungen, weil dadurch sein durch Art. 1 Abs. 1, 2 Abs. 1 GG geschütztes allgemeines Persönlichkeitsrecht beeinträchtigt werde, so ist eine **Abwägung dieser Grundrechtspositionen** im Einzelfall erforderlich.[197] Auch starke, überspitzte oder polemisierende Ausdrücke machen eine Äußerung noch nicht unzulässig; erst bei einer reinen **Formalbeleidigung** oder **Schmähkritik**, die in erster Linie die Person herabsetzen soll, oder bei **Beeinträchtigung der Menschenwürde** (Art. 1 GG) tritt die Freiheit der Meinungsäußerung i.d.r. hinter das Persönlichkeitsrecht zurück.[198] Jedenfalls bei erheblicher Unangemessenheit kann ein negatives Werturteil ein **ehrverletzender Wertungsexzess** und deswegen eine Beleidigung i.S.d. § 185 StGB sein.[199]

1993 Die Verurteilung zum **Widerruf** einer ehrenrührigen Behauptung – auch im Wege des Schadensersatzes nach § 823 mit § 249 BGB – setzt voraus, dass die **Unwahrheit dieser Behauptung feststeht.**[200] Der Betroffene kann den Widerruf ehrverletzender unwahrer Behauptungen grundsätzlich auch dann verlangen, wenn diese „**im kleinen Kreis**" aufgestellt worden sind; davon sind nur auszunehmen Äußerungen im engsten Familienkreis und grundsätzlich in einem besonderen Vertrauensverhältnis – etwa zwischen **Mandant und Rechtsanwalt**.[201] Ehrverletzer kann neben dem Erklärenden auch derjenige sein, der die fremde ehrenrührige Äußerung **verbreitet**, indem er sich deren Inhalt erkennbar zu Eigen macht oder davon nicht ernsthaft Abstand nimmt.[202]

1994 Ein **eingeschränkter Widerruf** mit der Erklärung, die behauptete Tatsache könne nicht aufrechterhalten werden, weil sie nicht bewiesen werden könne, kann in Betracht kommen, wenn die Unwahrheit nicht feststeht, aber eine Beweisaufnahme keine ernstlichen Anhaltspunkte für die Richtigkeit ergeben hat.[203] Ein solcher abgeschwächter Widerruf entfällt aber, wenn sich die umstrittene Tatsache nur zwischen den Streitpar-

---

197 BVerfG, NJW 1991, 1475, 1476 f.; 2004, 589; BGH, WM 1977, 653, 654 f.; NJW 1997, 2513, 2514; WM 1998, 2164, 2165 f. = BGHZ 139, 95 (aufgehoben durch BVerfG, NJW 2006, 207); NJW 1999, 2893, 2894; BGHZ 156, 206, 209 = NJW 2004, 596; BGH, NJW 2005, 592.
198 BVerfG, NJW 1991, 1475, 1477; 2003, 961, 962; BGH, NJW 1987, 2225, 2227; BGHZ 143, 199, 208 f. = WM 2000, 788 = NJW 2000, 1036 (Verdachtsberichterstattung: Satire oder Schmähkritik); BGH, WM 2000, 2393, 2395 (Ehrenschutz einer juristischen Person des öffentlichen Rechts); WM 2002, 937, 938; OLG Saarbrücken, NJW-RR 2003, 176, 177 (Schmähkritik an **Rechtsanwalt**).
199 BayObLG, NJW 2001, 1511, 1512.
200 BGHZ 37, 187, 189, 191 = NJW 1962, 1438; BGHZ 69, 181, 182 = NJW 1977, 1681; BGHZ 99, 133, 138 = NJW 1987, 1400.
201 BGHZ 89, 198, 203 f. = NJW 1984, 1104 (Behauptungen über **Rechtsanwälte**).
202 BVerfG, NJW 2004, 590, 591; BGHZ 132, 13, 18 = NJW 1996, 1131.
203 BGH, NJW 1960, 672 (Ls.); BGHZ 37, 187, 190 = NJW 1962, 1438; BGHZ 69, 181, 182 = NJW 1977, 1681.

teien ereignet hat[204] oder ernsthafte Anhaltspunkte für die Wahrheit der Behauptung verbleiben, so dass deren Richtigkeit möglich ist; die Beweisregel des § 186 StGB ändert daran nichts.[205]

Ein eingeschränkter Widerruf kann auch dann gerechtfertigt sein, wenn eine ehrverletzende Äußerung zwar ursprünglich durch die Wahrnehmung berechtigter Interessen gedeckt war, nachträglich aber nach Wegfall dieses Interesses und Feststellung der Unwahrheit weitere ehrenrührige Wirkungen zu befürchten sind.[206]

Der **Widerruf** ist nur dann zur Beseitigung einer fortbestehenden Ansehensminderung **geeignet**, wenn die beanstandete Behauptung Dritten oder der Öffentlichkeit zur Kenntnis gelangt ist oder gelangen kann. Ist eine solche „Außenwirkung" nicht zu befürchten, so ist ein Widerruf nicht gerechtfertigt, weil er dann darauf hinauslaufen würde, dem Betroffenen Genugtuung zu verschaffen, den anderen Teil zu demütigen oder die eigene Rechtsstellung in einem künftigen Verfahren zu verbessern.[207] Ein Anspruch auf Widerruf einer **Formalbeleidigung** besteht nicht.[208] 1995

Ist eine Behauptung nur teilweise unwahr, unvollständig, übertrieben, missverständlich oder entstellt, so kann der Betroffene eine **Richtigstellung** – als mindere Form eines Widerrufs – verlangen.[209] Ausnahmsweise kommt ein Anspruch auf **Ergänzung** einer Äußerung in Betracht, wenn die behauptete ehrenrührige Tatsache sich nachträglich zugunsten des Betroffenen verändert hat; so hat ein Presseorgan, das über eine nicht rechtskräftige strafgerichtliche Verurteilung unter Namensnennung berichtet hat, auf Verlangen des Betroffenen den das Strafverfahren abschließenden Freispruch mitzuteilen.[210] 1996

Führt eine unwahre Tatsachenbehauptung in der Presse zu einer fortdauernden Verletzung des Persönlichkeitsrechts des Betroffenen, so kann diesem ein Anspruch auf **Veröffentlichung des Widerrufs** zustehen.[211] Bei einer rufschädigenden Meinungsäußerung in der Presse kann der Betroffene den deliktsrechtlichen Schadensersatzanspruch (§ 823 mit § 249 BGB) und/oder den (quasi-)negatorischen Anspruch (§ 1004 BGB analog) haben, eine **Verurteilung oder freiwillige Verpflichtung zur Unterlassung** 1997

---

204 BGHZ 37, 187, 190 = NJW 1962, 1438.
205 BGHZ 69, 181, 183 = NJW 1977, 1681.
206 BVerfG, NJW 2004, 354, 355.
207 BGH, NJW 1977, 1681, 1682, insoweit nicht abgedruckt in BGHZ 69, 181; BGHZ 89, 198, 201 f. = NJW 1984, 1104; BGH, NJW 1989, 774.
208 BGHZ 10, 104, 105 f. = NJW 1953, 1386; OLG Hamburg, MDR 1979, 140.
209 BGHZ 31, 308, 316, 319 f. = NJW 1960, 476; BGH, WM 1987, 634, 636; BGHZ 128, 1, 10 = NJW 1995, 861; vgl. BVerfG, NJW 1998, 1381.
210 BGHZ 57, 325, 326, 328, 330 ff. = NJW 1972, 431; vgl. BVerfG, NJW 1997, 2589.
211 BGHZ 128, 1, 8 f. = NJW 1995, 861.

zu veröffentlichen.[212] Für eine **Klage auf Feststellung** der Unwahrheit einer Tatsachenbehauptung oder der Rechtswidrigkeit einer Verletzung des Persönlichkeitsrechts zum Zwecke des zivilrechtlichen Ehrenschutzes fehlt eine Rechtsgrundlage.[213]

1998 **Ehrverletzende Äußerungen**, die der Rechtsverfolgung oder -verteidigung **in einem gerichtlichen oder behördlichen Verfahren** dienen, können grundsätzlich nicht mit Ehrenschutzklagen abgewehrt werden; die Äußerungsfreiheit der Verfahrensbeteiligten darf – auch aus rechtsstaatlichen Gründen[214] – grundsätzlich nicht dadurch beschnitten werden, dass der Rechtsuchende oder sein Bevollmächtigter wegen Äußerungen in einem solchen Verfahren Nachteile außerhalb dieser Verfahren befürchten muss (Art. 5 Abs. 1 GG, § 193 StGB; vgl. Rn. 1933 ff.).[215] Ein **Verfahrensbeteiligter** darf im Rahmen der Rechtsverfolgung oder -verteidigung auch starke, eindringliche Ausdrücke und sinnfällige Schlagworte benutzen;[216] dies gilt auch für einen **Rechtsanwalt** im Rahmen seiner Berufsausübung, der sogar „ad personam" argumentieren darf.[217] Nach dem **Grundsatz der Verhältnismäßigkeit** sind ehrverletzende Äußerungen in einem Verfahren aber dann missbräuchlich und unzulässig, wenn es sich um bewusst oder erwiesen unwahre Tatsachenbehauptungen oder um Äußerungen handelt, die in keinem inneren Zusammenhang mit der Rechtsverfolgung oder -verteidigung stehen oder deren Unhaltbarkeit auf der Hand liegt.[218]

1999 Der **Ausschluss der Ehrenschutzklage** ist angenommen worden für Äußerungen
- der **Parteien** und ihrer **Rechtsanwälte** in einem **Zivilprozess**[219] oder **Strafverfahren**,[220] auch einer Partei gegenüber ihrem Rechtsanwalt **vor Prozessbeginn**;[221]
- als **Zeuge** in einem **Strafverfahren**;[222]
- als **Sachverständiger** in einem **Verwaltungsverfahren**;[223]

---

212 BGHZ 99, 133, 136 ff. = NJW 1987, 1400; vgl. *Löffler/Ricker*, S. 382.
213 BGHZ 68, 331, 334 = NJW 1977, 1288.
214 BVerfG, NJW 1987, 1929 (gutgläubige Strafanzeige); NJW 1991, 29 (Vorbringen in einem Zivilprozeß zur Glaubwürdigkeit eines Zeugen).
215 BVerfG, NJW 1991, 2074, 2075 (**Rechtsanwalt**); 2000, 199, 200 (**Rechtsanwalt**); 2000, 3196 f.; BGH, NJW 1986, 2502 f. (Zeuge im Strafverfahren); 1999, 2736 (Sachverständiger im Verwaltungsverfahren); 2005, 279, 280 f. (**Rechtsanwalt**).
216 BVerfG, NJW 1991, 2074, 2075.
217 BVerfG, NJW 2000, 199, 200.
218 BVerfG, NJW 1991, 2074, 2075; 2000, 199, 200.
219 BVerfG, NJW 2000, 3196, 3197; BGH, NJW 1962, 243; 1971, 284; 1991, 2074; WM 2002, 937, 938; NJW 2005, 279, 280 f.; OLG Hamm, VersR 1991, 435, 436 und NJW 1992, 1329, 1330.
220 BVerfG, NJW 2000, 199, 200 und 3196 f.
221 OLG Köln, MDR 1999, 1351, 1352.
222 BGH, NJW 1986, 2502; 1999, 2736.
223 BGH, NJW 1999, 2736; 2005, 279, 280.

- als Erstatter einer nicht wissentlich unwahren oder leichtfertigen **Strafanzeige**;[224]
- gegenüber einer **Rechtsanwaltskammer**,[225] **Kassenärztlichen Vereinigung**[226] oder **Landesärztekammer**.[227]

In derartigen Fällen **fehlt regelmäßig das Rechtsschutzbedürfnis** für eine Ehrenschutzklage auf Widerruf oder Unterlassung.[228] **Anders** kann es sein, wenn

2000

- die Partei oder ihr Rechtsanwalt in einem Verfahren **leichtfertig** oder **bewusst unwahre Tatsachen** behauptet hat;[229]
- eine **Schmähung** des Verfahrensgegners vorliegt;[230]
- es sich um **widerrechtlich erlangte Beweismittel** handelt;[231]
- die ehrverletzende Äußerung einen **nicht** am Ausgangsverfahren **beteiligten Dritten** betrifft,[232]
- die ehrenkränkende Äußerung **außerhalb der prozessualen Rechtsverfolgung** in Rundschreiben oder ähnlichen an die Öffentlichkeit gerichteten Aktionen aufgestellt wurde.[233]

Ein Abwehranspruch gegen eine **anwaltliche Presseerklärung**, die im Namen des Mandanten außerhalb eines gerichtlichen Verfahrens abgegeben wird, richtet sich i.d.R. nicht gegen den Rechtsanwalt, sondern gegen dessen Mandanten, soweit der Anwalt „lediglich gleichsam als Sprachrohr seines Mandanten" tätig geworden ist.[234] Enthält eine solche anwaltliche Erklärung unwahre Tatsachen, die das Persönlichkeitsrecht eines Dritten widerrechtlich beeinträchtigen, so ist der Mandant allein der verantwortliche Störer, falls er dem Rechtsanwalt die zugrunde liegende Information erteilt hat und die Veröffentlichung vom Mandat gedeckt ist. Liegen dagegen diese Voraussetzungen nicht vor, so kann der Rechtsanwalt der Störer sein, weil er von sich aus

2001

---

224 BVerfG, NJW 1987, 1929; BGH, NJW 1963, 243, 245.
225 BGH, NJW 1962, 243, 245; OLG Köln, MDR 1999, 1351, 1352.
226 OLG Frankfurt, NJW-RR 1994, 416.
227 BVerfG, NJW 2004, 354, 355.
228 BGH, NJW 1992, 1314, 1315.
229 BGH, NJW 1962, 243, 244; 1971, 284, 285; 1987, 1929; 1991, 2074, 2075; vgl. BVerfG, NJW 2000, 199, 200.
230 BVerfG, NJW 2003, 961, 962; 2004, 590, 591; BGHZ 143, 199, 208 f. = WM 2000, 788 = NJW 2000, 1036; BGH, WM 2000, 2393, 2395; 2002, 937, 938; OLG Köln, NJW-RR 1992, 1247; OLG Saarbrücken, NJW-RR 2003, 176, 177.
231 BVerfG, WM 2002, 2290, 2295 und NJW 2003, 1727, 1728 f. (Mithören eines Telefonats); BGH, NJW 1988, 1016 (Löschung einer heimlichen Tonbandaufnahme eines Telefongesprächs); WM 1991, 566, 567 (Belauschen eines Gesprächs durch Dritten).
232 BGH, NJW 1986, 2502, 2503.
233 BGH, NJW 1992, 1314, 1315; 2005, 279, 280.
234 KG, NJW 1997, 2390.

unwahre ehrenrührige Tatsachen zum Nachteil des Dritten behauptet oder verbreitet hat. Für ein solches eigenmächtiges Vorgehen seines Anwalts kann der Mandant nach der Rechtsprechung des BGH[235] gemäß § 831 BGB haften (Rn. 2056).

III. Unterlassung

2002 Zur **Abwehr künftiger widerrechtlicher Beeinträchtigungen** eines nach §§ 823 ff. BGB geschützten Rechtsguts kann dessen Inhaber entsprechend §§ 12 Satz 2, 862 Abs. 1 Satz 2, 1004 Abs. 1 Satz 2 BGB von dem Störer **Unterlassung** verlangen (vgl. Rn. 1984 ff.); auf dessen **Verschulden** kommt es dafür **nicht an**.[236] Von diesem **vorbeugenden Anspruch auf Unterlassung** künftiger Störungen ist zu unterscheiden der – „wiederherstellende" – deliktische Anspruch, fortwirkende rechtswidrige Beeinträchtigungen des Rechtsguts zu unterlassen.

2003 Ein wichtiger Anwendungsfall ist der (quasi-)negatorische Anspruch auf **Unterlassung ehrverletzender Äußerungen** (vgl. Rn. 1990 ff., 1998).[237] Der Betroffene hat einen Anspruch auf Unterlassung einer **Tatsachenbehauptung**, deren Unwahrheit feststeht, weil an der Wiederholung einer unwahren Behauptung kein berechtigtes Interesse besteht.[238] Ist weder die Unwahrheit noch die Wahrheit der ehrenrührigen Behauptung erwiesen, so setzt ein Unterlassungsanspruch voraus, dass sich der andere Teil nicht auf ein Recht zu seiner Äußerung – etwa gemäß Art. 5 Abs. 1 GG oder § 193 StGB – berufen kann.[239] Fehlt ein solches Recht für ehrenkränkende **Werturteile** – etwa bei einer diffamierenden **Schmähkritik** (Rn. 1992, 2000) –, so kann deren Unterlassung verlangt werden.[240]

2004 Bei Verwendung eines mehrdeutigen fremdsprachigen Zitats kann der Betroffene einen **beschränkten Unterlassungsanspruch** dahin haben, dass künftig Verwendungen des Zitats ein „**Interpretationsvorbehalt**" beigefügt wird.[241]

2005 Voraussetzung eines Unterlassungsanspruchs ist grundsätzlich eine **Wiederholungsgefahr**, also die objektiv ernstliche Besorgnis weiterer Beeinträchtigungen des Rechtsguts, die vom Betroffenen zu beweisen ist. Zu seinen Gunsten begründet eine vorausgegangene Störung des Rechtsguts die **tatsächliche Vermutung** der Wiederholungsgefahr; an die Widerlegung dieser Vermutung sind strenge Anforderungen zu

---

235 LM, BGB § 823 – Hb-Nr. 5.
236 BGHZ 3, 270, 275, 278 = NJW 1952, 660; BGHZ 14, 163, 170, 173 = NJW 1954, 1682; BGHZ 30, 7, 14 = NJW 1959, 1269; BGH, NJW 1993, 1580, 1582; ZIP 1998, 1033, 1034 = NJW 1998, 2141.
237 BGHZ 30, 7, 14 = NJW 1959, 1269; BGH, NJW 1987, 2225, 2226; 2003, 1193, 1194; vgl. *Wenzel/Burkhardt*, S. 824 f.; *Damm/Rehbock*, Rn. 560 f.; *Löffler/Ricker*, S. 374 f.
238 BVerfG, NJW 1996, 1529; BGH, NJW 1979, 266, 267; 1992, 1314, 1316.
239 BGH, NJW 1979, 266, 267; 1987, 2225, 2226.
240 BVerfG, NJW 1991, 1475, 1477; BGH, NJW 1977, 653, 655; 1987, 2225, 2227, m.w.N.
241 BGH, NJW 1998, 1391, 1392, mit krit. Anm. *Helle*, EWiR 1998, 351, 352.

stellen.²⁴² Ob diese durch eine strafbewehrte Unterlassungsverpflichtung erfüllt werden, ist stets eine Frage des Einzelfalls.²⁴³

Ein Unterlassungsanspruch zur Abwehr einer künftigen Rechtsgutsverletzung kann auch dann bestehen, wenn noch kein widerrechtlicher Eingriff stattgefunden hat, aber eine – erste – rechtswidrige Rechtsgutsverletzung unmittelbar droht („**Erstbegehungsgefahr**"); der Betroffene muss dafür konkrete Tatsachen darlegen und beweisen, die darauf schließen lassen, dass eine solche Beeinträchtigung vorbereitet und beabsichtigt ist.²⁴⁴ 2006

IV. Gegendarstellung

Die Landespressegesetze gewähren demjenigen, der sich durch eine **Mitteilung** in der **Presse**, im **Rundfunk** oder **Fernsehen** in seinem allgemeinen Persönlichkeitsrecht (Art. 1, 2 GG) betroffen fühlt, als Gegengewicht zur verfassungsrechtlich gewährleisteten Freiheit der Presse und der Berichterstattung durch Rundfunk und Film (Art. 5 Abs. 1 Satz 2 GG) – im Rahmen des Art. 5 Abs. 2 GG – einen **Anspruch auf Gegendarstellung** des einschlägigen Sachverhalts.²⁴⁵ Dieser Anspruch eigener Art steht dem Betroffenen neben deliktischen oder (quasi-)negatorischen Ansprüchen zu und setzt weder eine Ehrverletzung noch den Nachweis der Unwahrheit voraus. Im Regelfall kann der Anspruch mit einer einstweiligen Verfügung im Zivilrechtsweg durchgesetzt werden. 2007

C. Haftung aus § 823 Abs. 2 BGB

Nach dieser Vorschrift ist derjenige zum Schadensersatz verpflichtet, der gegen ein Gesetz verstößt, das den Schutz eines anderen bezweckt (Satz 1). Ist ein Verstoß gegen dieses Gesetz nach dessen Inhalt auch ohne Verschulden möglich, so tritt die Ersatzpflicht nur im Falle des Verschuldens ein (Satz 2). 2008

Auf die Ausführungen zu § 823 Abs. 1 BGB wird verwiesen (Rn. 1924 ff.).

Durch § 823 Abs. 2 BGB wird der **Schutz der Rechtsgüter** vorverlegt in den **Bereich ihrer Gefährdung** und ausgedehnt auf das **Vermögen**.

---

242 BGH, DB 1974, 1429, 1430; NJW 1987, 2225, 2227; WM 1994, 641, 644; NJW 1995, 132, 134; 2005, 594.
243 BGH, NJW 1983, 1060, 1061.
244 RGZ 101, 135, 138; 151, 239, 245; BGHZ 2, 394, 395 = NJW 1951, 843; BGH, LM BGB § 1004 Nr. 27; NJW 1990, 2469, 2470; BGHZ 117, 264, 272 = NJW 1992, 2292; 1997, 2593 f.; 2001, 157, 159; NJW-RR 2001, 1483, 1484; OLG Hamm, NJW-RR 1995, 1399, 1400.
245 BVerfG, NJW 1998, 1381; BGHZ 66, 182, 193 f. = NJW 1976, 1198; OLG Karlsruhe, NJW-RR 2003, 109, 110; vgl. im Einzelnen *Seitz/Schmidt/Schoener*, Rn. 1 f.; *Löffler/Ricker*, S. 161 f.; *Wenzel/Burkhardt*, S. 665 ff.

I. Schutzgesetz

2009 **Gesetz i.S.d.** Bestimmung kann jede Rechtsvorschrift sein, also nicht nur ein Gesetz im staatsrechtlichen Sinne, sondern auch eine Rechtsverordnung[246] oder ein Verwaltungsakt i.V.m. der zugrunde liegenden Ermächtigungsnorm.[247]

Eine solche Rechtsvorschrift dient dem **Schutz eines anderen**, wenn sie nach ihrem Inhalt und Zweck – zumindest auch – gerade dazu bestimmt ist, den Einzelnen oder einzelne Personenkreise gegen die Verletzung eines Rechtsguts zu schützen; daran ändert es nichts, wenn die Norm – sogar in erster Linie – die Allgemeinheit schützen soll.[248]

2010 Für den **Rechtsanwalt, Steuerberater** und **Wirtschaftsprüfer** hat die Frage, ob die folgenden Vorschriften **Schutzgesetze** i.S.d. § 823 Abs. 2 BGB sind, in der Praxis besondere Bedeutung.

Diese Vorschrift schützt – neben § 823 Abs. 1 BGB – i.V.m. §§ 185 ff. StGB das **allgemeine Persönlichkeitsrecht** einschließlich der persönlichen **Ehre** (vgl. Rn. 1930 ff.).[249]

Im Schrifttum wird überwiegend angenommen, dass **§ 138 Abs. 1 ZPO** über die **Wahrheitspflicht im Zivilprozess** ein Schutzgesetz i.S.d. § 823 Abs. 2 BGB sei, weil diese Vorschrift nicht nur die Rechtsgemeinschaft, sondern auch den Prozessgegner vor unredlicher Prozessführung schützen solle.[250]

Ein Rechtsberater kann aus § 823 Abs. 2 BGB i.V.m. § 64 Abs. 1 GmbHG wegen **Beteiligung** (§ 830 BGB) an einer **Insolvenzverschleppung** haften.[251]

§ 5 StBerG betreffend das Verbot der **unbefugten Hilfeleistung in Steuersachen** ist ein Schutzgesetz i.S.d. § 823 BGB.[252] Zur Haftung für fehlerhafte **Ad-hoc-Mitteilungen** (vgl. Rn. 2034, 2043) hat der BGH entschieden, dass zwar § 400 Abs. 1 Nr. 1 AktG a.F., nicht aber § 15 WpHG a.F., § 88 BörsG a.F. Schutzgesetze i.S.d. § 823 Abs. 2 BGB sind; insoweit liegen auch regelmäßig die Voraussetzungen der §§ 263,

---

246 BGHZ 27, 137, 143 = NJW 1958, 1041; BGHZ 46, 17, 23 = NJW 1966, 2014.
247 BGHZ 122, 1, 3 = NJW 1993, 1580; BGH, NJW 1997, 55.
248 BGH, DB 1976, 1665; BGHZ 116, 7, 13 m.w.N. = WM 1991, 2090 = NJW 1992, 241; BGHZ 122, 1, 3 = NJW 1993, 1580; 2004, 356, 357; vgl. die Zusammenstellungen von *Staudinger/Hager*, BGB § 823 Rn. G 41 f.; *Palandt/Sprau*, BGB, § 823 Rn. 61 f.
249 BVerfG, NJW 2006, 207, 208; BGH, NJW 1983, 1183; BGHZ 95, 212, 214 = NJW 1985, 2644; BGHZ 132, 13, 23 = NJW 1996, 1131.
250 Dazu *Lindenberg*, S. 114, 116 f., m.w.N.
251 Vgl. BGHZ 126, 181, 190 = NJW 1994, 2220; BGHZ 138, 211, 214 = WM 1998, 944; BGH, WM 2003, 1824; ZIP 2005, 1734, 1737 = WM 2005, 1843 = NJW 2005, 3137; *Sundermeier/Gruber*, DStR 2000, 929, 933 f.; *Reck*, ZInsO 2000, 121 f.
252 BGH, WM 2005, 1334 = NJW-RR 2005, 1290.

264a StGB als Schutzgesetze nicht vor, so dass grundsätzlich nur eine Haftung aus § 826 BGB in Betracht kommt (vgl. Rn. 2034).²⁵³

Für die Haftung eines **Wirtschaftsprüfers** ist es wichtig, dass folgende Bestimmungen **keine Schutzgesetze** i.S.d. § 823 Abs. 2 BGB sind:²⁵⁴

- **§ 323 Abs. 1 Satz 1 HGB**;²⁵⁵
- **§ 18 KWG**²⁵⁶ – anders als § 32 Abs. 1 Satz 1 KWG – ;²⁵⁷
- **§§ 2, 43, 48 WPO**.²⁵⁸

Nach § 823 Abs. 2 BGB kann dem Geschädigten derjenige haften, der an einer – vollendeten oder versuchten – **Straftat mitwirkt** (§§ 25 – 27 StGB).²⁵⁹

Bei der **Durchsetzung einer Forderung** kann es zu einer **Nötigung** (§ 240 StGB) oder **Erpressung** (§ 253 StGB) kommen.²⁶⁰ Der Rechtsanwalt, der **Mandantengelder** oder andere fremde **Sachen**, die er im Besitz oder Gewahrsam hat oder die ihm – etwa als **Treuhänder** – **anvertraut** wurden, nicht vertragsgerecht verwendet, kann wegen **Unterschlagung** (§ 246 StGB) und **Untreue** (§ 266 StGB) haften.²⁶¹

Nimmt ein **Strafverteidiger** Honorar entgegen, von dem er weiß, dass es aus einer Katalogtat i.S.d. § 261 Abs. 1 Satz 2 StGB stammt, kann er sich – neben einer Strafbarkeit wegen **Geldwäsche** – auch wegen **Begünstigung** (§ 257 StGB) oder **Hehlerei** (§ 259 StGB) strafbar machen;²⁶² die beiden letztgenannten Vorschriften sind Schutzgesetze i.S.d. § 823 Abs. 2 BGB.²⁶³

---

253   BGHZ 160, 134, 138 f., 142 f. = NJW 2004, 2664 = WM 2004, 1731; BGHZ 160, 149, 151 f.; vgl. *Holzborn/Foelsch*, NJW 2003, 932, 938; zur Emittentenhaftung für fehlerhafte Kapitalmarktinformation: *Mülbert/Steup*, WM 2005, 1633, 1645 f.; zur deliktsrechtlichen Prospekthaftung: *Eyles*, in: *Vortmann*, § 2 Rn. 52 f.; *Ellenberger*, Prospekthaftung, S. 128 f.
254   Vgl. *MünchKomm/Ebke*, HGB, § 323 Rn. 77 f.; *Otto/Mittag*, WM 1996, 325, 332.
255   Vgl. OLG Karlsruhe, ZIP 1985, 409, 414, zu dem – inzwischen aufgehobenen – § 168 AktG.
256   BGH, WM 1973, 141; 1984, 134.
257   BGH, WM 2005, 1217, 1218; vgl. BGH, WM 2006, 479, z.V.b. in BGHZ.
258   OLG Saarbrücken, BB 1978, 1434, 1436; LG Mönchengladbach, NJW-RR 1991, 415, 417.
259   Vgl. dazu *Volk*, BB 1987 139; *Wessing*, NJW 2003, 2265.
260   Vgl. BGH, NJW 1957, 596; 1962, 910; 1992, 2821, 2822.
261   Vgl. BGHZ 100, 190, 192 = NJW 1987, 2008; BGH, NJW-RR 1995, 1369, 1370; WM 2005, 1606; OLG Bremen, WM 1998, 520, 522 (Treuhänder).
262   BGH, WM 2001, 1579, 1583 f.
263   BGH, LM BGB § 823 (Be) Nr. 15a, für § 257 StGB; *Palandt/Sprau*, BGB, § 823 Rn. 69.

Teil 3 • Abschnitt 2 • Unerlaubte Handlungen

2013 Zur Ersatzpflicht führt der – vollendete oder versuchte – **Betrug** gemäß § 263 StGB – diese Vorschrift ist ein Schutzgesetz i.S.d. § 823 Abs. 2 BGB[264] – eines **Rechtsanwalts zum Nachteil seines Auftraggebers** oder die Beteiligung an einer solchen Straftat – in Ausübung eines Mandats – **zum Nachteil eines Verhandlungs- oder Vertragspartners des Auftraggebers**.[265] Ein Rechtsanwalt kann an einem **Betrug zum Schaden eines Verfahrensgegners des Auftraggebers** mitwirken, etwa im **Zivilprozess**[266] und im **Mahnverfahren**[267] – sog. **Prozessbetrug** –[268], bei der Erwirkung eines **Arrestes**,[269] durch Erschleichung einer **falschen Grundbucheintragung**,[270] eines **unrichtigen Erbscheins**[271] oder eines **unzutreffenden Rentenbescheids**.[272] Auch die **Mitwirkung an einem Kreditbetrug** (§ 265b StGB) führt zu einer Haftung.[273]

2014 Insbesondere bei **Anlagevermittlung und -vertrieb** kann eine Schadensersatzpflicht nach § 823 Abs. 2 BGB in Betracht kommen wegen Mitwirkung an einem **Betrug** (§ 263 StGB),[274] an einem **Kapitalanlagebetrug** (§ 264a StGB)[275] oder an einer **Untreue** (§ 266 StGB).[276]

---

264 BGH, WM 2002, 2473, 2474 f. = NJW 2002, 1643, 1644, auch zu den Voraussetzungen des Betrugstatbestandes.
265 Vgl. BGH, NJW 1972, 678, 679; WM 1978, 576, 577; 1991, 32, 33, jeweils wegen anwaltlicher Erklärungen gegenüber einem Gläubiger/Vertragsgegner des Mandanten.
266 Vgl. BGH, NJW 1952, 1148; 1998, 1001.
267 BGHSt 24, 257, 260 f.; OLG Düsseldorf, NStZ 1991, 586.
268 Dazu im Einzelnen: *Lackner*, in: Leipziger Kommentar zum StGB, § 263 StGB Rn. 304 ff.; *Tröndle/Fischer*, StGB, § 263 Rn. 24.
269 RGSt 2, 91.
270 RGSt 66, 371, 372 ff.
271 RGSt 53, 260, 261 f.
272 RGSt 62, 418, 419.
273 OLG Hamm, NZG 2004, 289; LG Oldenburg, WM 2001, 2115, 2116 (**Steuerberater**), mit Anm. *Zugehör*, WuB 2002, 63, 65 (= WuB IV A. § 675 1.02); *Müssig*, NJW 1989, 1697, 1702, zu falschen Testaten.
274 Vgl. BGH, WM 2000, 2357, 2358 (**Rechtsanwalt und Notar** als Mittelverwendungstreuhänder); BGHZ 145, 187, 201 = WM 2000, 2447 = NJW 2001, 360 (**Wirtschaftsprüfer**); BGH, WM 2005, 736 = NJW-RR 2005, 751 (u.a. **Rechtsanwalt** als Treuhandkommanditist); vgl. *Worms*, in: *Assmann/Schütze*, § 8 Rn. 8 ff.
275 BGHZ 116, 7, 12 ff. = WM 1991, 2090 = NJW 1992, 241 (u.a. **Notar**); BGH, NJW 2000, 3346; OLG Bremen, WM 1998, 520 („Mittelverwendungstreuhänder"); vgl. BGH, WM 2000, 2357, 2358 f. (**Rechtsanwalt und Notar** als Mittelverwendungstreuhänder); BGHZ 145, 187, 201 = WM 2000, 2447 = NJW 2001, 360 (**Wirtschaftsprüfer**); vgl. *Worms*, in: *Assmann/Schütze*, § 8 Rn. 42 ff., Ergänzungsband § 8 Rn. 1 ff.
276 BGHZ 100, 191, 192; BGHZ 145, 187, 201 = WM 2000, 2447 = NJW 2001, 360 (**Wirtschaftsprüfer**); OLG Frankfurt, NJW-RR 2003, 1532; vgl. *Worms*, in: *Assmann/Schütze*, § 8 Rn. 26 ff.

Schutzgesetze i.S.d. § 823 Abs. 2 BGB sind weiterhin die Vorschriften des § 266a StGB (Vorenthalten oder Veruntreuen von Arbeitsentgelt),[277] der §§ 283 ff. StGB (Insolvenzstraftaten),[278] des § 288 StGB (Vollstreckungsvereitelung),[279] des § 203 Abs. 1 Nr. 3 StGB (Verletzung von Privatgeheimnissen durch Rechtsberater)[280] und des § 356 StGB (Parteiverrat).[281]

2015

II. Weitere Haftungsvoraussetzungen

1. Rechtswidrigkeit

Die Verletzung eines Schutzgesetzes „indiziert" i.d.R. die **Rechtswidrigkeit** des schädigenden Verhaltens.[282] Dies ist jedoch nicht der Fall bei einer subjektiv redlichen, aber unbegründeten Einleitung oder Durchführung eines gesetzlichen Verfahrens (Rn. 1933 ff.) und bei ehrverletzenden Äußerungen in solchen Verfahren (Rn. 1998 ff.).

2016

2. Verschulden

Eine Schadensersatzpflicht aus § 823 Abs. 2 BGB setzt immer ein **Verschulden** voraus (§ 823 Abs. 2 Satz 2 BGB). Kann gegen ein Schutzgesetz nach seinem Inhalt ohne Verschulden verstoßen werden, so ist für einen Schadensersatzanspruch aus § 823 Abs. 2 BGB eine fahrlässige oder vorsätzliche Verletzung des Schutzgesetzes erforderlich. Sieht dieses eine bestimmte Schuldform vor, so ist diese für § 823 Abs. 2 BGB maßgeblich.[283] Genügt zum Verstoß gegen das Schutzgesetz Fahrlässigkeit, so gilt dies auch für die Anwendung des § 823 Abs. 2 BGB; verlangt die Verletzung des Schutzgesetzes Vorsatz, so ist dieser auch für die Haftung aus § 823 Abs. 2 BGB notwendig.[284]

2017

Ein **Anscheinsbeweis für Vorsatz entfällt**.[285]

Es braucht nur der **Vorsatz** vorzuliegen, den das Schutzgesetz für einen Verstoß voraussetzt.[286] Dies ist insbesondere bedeutsam für die Verletzung von **Schutzgesetzen**

2018

---

277 BGH, NJW 2000, 2993; 2002, 1123; 2005, 2546, 2547 = WM 2005, 1180.
278 Vgl. BGHZ 125, 366, 378; BGH, WM 2003, 1178, 1179.
279 BGHZ 114, 305, 308; 130, 314, 330 f.
280 *Staudinger/Hager*, BGB, § 823 Rn. G 42; vgl. OLG Hamm, MedR 1995, 328.
281 Vgl. BVerfG, NJW 2003, 2520 (Sozietätswechsel von Rechtsanwälten); BGH, VersR 1997, 187, 189; *Staudinger/Hager*, BGB, § 823 Rn. G 42; a.A. *Frank*, MDR 1962, 945, 947; vgl. BGHSt 5, 301, 306; WM 1999, 2182; BAG, AnwBl 2005, 362; OLG Karlsruhe, NJW 2002, 3561; AnwGH München, NJW-RR 2005, 1225; *Hartmann*, JR 2000, 51; *Henssler*, NJW 2001, 1521.
282 BGHZ 122, 1, 6 = NJW 1993, 1580.
283 BGHZ 46, 17, 21 = NJW 1966, 2014.
284 BGH, NJW 1962, 910, 911.
285 BGH, WM 2002, 2473, 2475 f. = NJW 2002, 1643, 1645.
286 BGH, NJW 1962, 910, 911.

des Straf- oder Ordnungswidrigkeitenrechts.[287] Im Zivilrecht gilt grundsätzlich die sog. **Vorsatztheorie**, die für den Vorsatz auch das Bewusstsein der Rechtswidrigkeit verlangt, so dass bei einem **Verbotsirrtum** eine Haftung wegen Vorsatzes entfällt.[288] Im Straf- und Ordnungswidrigkeitenrecht reicht es dagegen nach der sog. **Schuldtheorie** für den Vorsatz aus, dass der Täter – neben der Kenntnis der Tatbestandsmerkmale und dem Erfolgswillen – das Bewusstsein der Rechtswidrigkeit der tatbestandsmäßigen Handlung zwar nicht gehabt hat (Verbotsirrtum), aber bei gehöriger Anspannung seines Gewissens hätte haben können (vgl. § 17 StGB, § 11 Abs. 2 OWiG).[289] Ist gegen ein Schutzgesetz des Straf- oder Ordnungswidrigkeitenrechts verstoßen worden, so genügt für eine (Vorsatz-)Haftung aus § 823 Abs. 2 BGB Vorsatz i.S.d. strafrechtlichen Schuldtheorie. Deswegen steht in einem solchen Falle ein Verbotsirrtum einer Sanktion als Vorsatztat nach § 823 Abs. 2 BGB nicht entgegen, wenn er auf Fahrlässigkeit beruht; anders ist dies nur bei einem unvermeidbaren Verbotsirrtum (§ 17 StGB, § 11 Abs. 2 OWiG).[290]

3. Kausalität und Zurechnung

2019 Für einen Schadensersatzanspruch aus unerlaubter Handlung ist ein **adäquater Ursachenzusammenhang** im Rahmen des konkreten Haftungsgrundes und bezüglich eines weiteren Schadens erforderlich (Rn. 1940 ff., 1946 f.).[291] Für einen Schadensersatzanspruch wegen Betruges (§ 823 Abs. 2 BGB i.V.m. § 263 StGB) hat der BGH[292] allerdings im Rahmen der haftungsbegründenden Kausalität die strafrechtliche Bedingungslehre für maßgeblich gehalten.

Die haftungsrechtliche Zurechnung (vgl. Rn. 1948 ff.) eines Schadens, dessen Ersatz nach § 823 Abs. 2 BGB begehrt wird, beschränkt sich auf die Beeinträchtigung des Rechtsguts, die das verletzte Schutzgesetz verhindern soll.[293]

III. Mitverschulden

2020 Der Rechtsgrundsatz, das **fahrlässiges Mitverschulden des Geschädigten gegenüber vorsätzlichem Verhalten des Schädigers** bei der Abwägung nach § 254 BGB unbeachtlich ist (Rn. 1971 ff.), gilt ausnahmsweise dann nicht, wenn besondere Umstände des Einzelfalls Anlass zu einer abweichenden Wertung geben und eine Schadenstei-

---

287 BGH, NJW 1962, 910, 911; 1985, 134, 135.
288 BGHZ 69, 128, 142 f. = NJW 1977, 1875, m.w.N.
289 BGHSt 2, 194, 201 f. = NJW 1952, 593.
290 BGH, NJW 1962, 910, 911, 1985, 134, 135.
291 BGH, NJW 1953, 700, 701; 1955, 1876; VersR 1961, 465, 466; MDR 1964, 670; NJW 1998, 138, 140.
292 WM 2002, 2473, 2475 = NJW 2002, 1643, 1644 f.
293 BGHZ 46, 17, 23 = NJW 1966, 2014; BGH, WM 2002, 2473, 2475 = NJW 2002, 1643, 1645.

lung rechtfertigen.[294] Solche Umstände hat der BGH[295] im Rahmen eines Schadensersatzanspruchs wegen Betruges (§ 823 Abs. 2 BGB i.V.m. § 263 StGB) angenommen, weil der Geschädigte zu seinem Schaden beigetragen hatte, indem er auf vertraglich vereinbarte Sicherungen verzichtet und vor Fälligkeit nicht an den Vertragspartner, sondern an einen Dritten gezahlt hatte.

IV. Beweis

Grundsätzlich hat derjenige, der Schadensersatz aus § 823 Abs. 2 BGB verlangt, alle anspruchsbegründenden Voraussetzungen **darzulegen** und zu **beweisen**[296] (vgl. Rn. 1965 ff.).

Dies gilt auch für die **objektive Rechtswidrigkeit** des Verstoßes gegen ein Schutzgesetz.[297]

Steht die objektive Verletzung eines Schutzgesetzes fest, so hat der Schädiger i.d.R. Umstände darzulegen und zu beweisen, die sein **Verschulden** ausräumen können; dies gilt aber nur, wenn das Schutzgesetz das geforderte Verhalten bereits so konkret umschreibt, dass die Verwirklichung des objektiven Tatbestandes einen subjektiven Schuldvorwurf nahelegt.[298] Ein Verschulden wird dagegen durch den Verstoß gegen das Schutzgesetz nicht indiziert, wenn dieses sich darauf beschränkt, einen bestimmten Verletzungserfolg zu verbieten; in diesem Falle muss der Anspruchsteller ein Verschulden des anderen voll beweisen.[299]

Die **Beweislast** für den **Ursachenzusammenhang** zwischen der festgestellten Verletzung des Schutzgesetzes und dem eingetretenen Schaden wird häufig durch den **Beweis des ersten Anscheins** (Rn. 1004 ff.) erleichtert. Ist gegen ein Schutzgesetz verstoßen worden, das typischen Gefährdungsmöglichkeiten entgegenwirken soll, und ist im Zusammenhang mit dem Verstoß gerade derjenige Schaden eingetreten, den das Schutzgesetz verhindern sollte, so spricht grundsätzlich der Anscheinsbeweis dafür, dass der Verstoß für den Schadenseintritt ursächlich gewesen ist.[300] Nur ausnahmsweise darf die Beweislast für die Ursächlichkeit umgekehrt werden.[301]

---

294 BGH, WM 2002, 2473, 2476 = NJW 2002, 1643, 1646, m.w.N.
295 WM 2002, 2473, 2476 = NJW 2002, 1643, 1646.
296 BGH, VersR 1959, 277, 278; 1985, 452, 453; BGHZ 100, 190, 195 = NJW 1987, 2008; BGH, MDR 2002, 515, 516.
297 BGH, VersR 1985, 452, 453.
298 BGHZ 116, 104, 114 f. = NJW 1992, 1039.
299 BGHZ 116, 104, 115 = NJW 1992, 1039.
300 BGH, NJW 1984, 432, 433; 1994, 945, 946.
301 Vgl. dazu BGH, NJW 1984, 432, 433; VersR 1985, 452, 453.

D. Haftung aus § 824 BGB

2024 Nach § 824 BGB hat derjenige, der eine unwahre Tatsache behauptet oder verbreitet, die geeignet ist, den Kredit eines anderen zu gefährden oder sonstige Nachteile für dessen Erwerb oder Fortkommen herbeizuführen, dem anderen den daraus entstehenden Schaden auch dann zu ersetzen, wenn er die Unwahrheit zwar nicht kennt, aber kennen muss (Abs. 1); eine Mitteilung, deren Unwahrheit dem Mitteilenden unbekannt ist, verpflichtet diesen nicht zum Schadensersatz, wenn er oder der Empfänger der Mitteilung an ihr ein berechtigtes Interesse hat (Abs. 2).

I. Geschütztes Rechtsgut

2025 Die Bestimmung soll die **wirtschaftliche Wertschätzung** („**Geschäftsehre**") von Personen und Unternehmen schützen.[302] Die behauptete oder verbreitete Tatsache muss sich nach dem Verständnis des Verkehrs mit dem Betroffenen befassen oder zumindest in enger Beziehung zu seinen Verhältnissen, seiner Betätigung oder seiner gewerblichen Leistung stehen.[303] Neben einem Schadensersatzanspruch aus § 824 BGB kommen ein deliktischer Ehrenschutz nach § 823 Abs. 1 BGB (Rn. 1930 ff.) oder § 823 Abs. 2 BGB (Rn. 2009 ff.) und Abwehransprüche entsprechend § 1004 BGB – i.V.m. §§ 823, 824 BGB – in Betracht[304] (Rn. 1984 ff.). Die Schutzbereiche des § 823 Abs. 2 BGB i.V.m. §§ 185 ff. StGB einerseits und des § 824 BGB andererseits ergänzen sich; diese Bestimmung ist insoweit keine vorrangige Sondervorschrift.[305]

II. Verletzung

2026 **Tathandlung** ist die Behauptung oder Verbreitung unwahrer – nicht unbedingt ehrkränkender[306] – Tatsachen, die der Geschäftsehre abträglich sein können. Werturteile sind keine beweisbaren Tatsachen;[307] allerdings kann eine als Meinungsäußerung dargestellte Erklärung – etwa eine „Verdachtsäußerung" – eine versteckte Tatsachenbehauptung sein (vgl. Rn. 1991).[308]

III. Verschulden

2027 Für das **Verschulden** reicht es aus, dass der Täter die Unwahrheit der Tatsache fahrlässig nicht kennt. Bei der Veröffentlichung von Mitteilungen, die – wie etwa Preisver-

---

302 BGH, NJW 1978, 2151, 2152; BGHZ 90, 113, 119 = NJW 1984, 1607.
303 BGH, NJW 1963, 1871, 1872.
304 BGHZ 42, 210, 220 = NJW 1965, 29.
305 BGH, NJW 1983, 1183.
306 BGH, NJW 1963, 1871, 1872.
307 BGHZ 45, 296, 302 ff. = NJW 1966, 1617.
308 BGH, NJW 1978, 2151 f.; OLG Frankfurt, NJW 1996, 1146.

gleiche – einschneidende Folgen für die Betroffenen haben können, sind hohe Anforderungen an die Sorgfaltspflicht zu stellen.³⁰⁹

IV. Schutzbereich

Die weite Fassung des § 824 BGB erfordert mit Rücksicht auf die Entstehungsgeschichte und Stellung dieser Vorschrift innerhalb des Deliktsrechts eine **Begrenzung ihres Schutzbereichs**. Sie schützt die Geschäftsehre des Betroffenen gegen die – gerade gegen seine Erwerbstätigkeit gerichtete – Behauptung oder Verbreitung unwahrer Tatsachen nur insoweit, als diese die geschäftlichen Entschließungen gegenwärtiger und künftiger Geschäftspartner unmittelbar beeinflussen können.³¹⁰ „Außergeschäftliche" Störungen durch Personen, die nicht als Geschäftspartner, sondern als „Außenstehende" den Kredit gefährden und Erwerb oder Fortkommen beeinträchtigen können (Aufrufe zu Streiks, zu Blockaden oder zu Maßnahmen Dritter), werden vom Schutzbereich des § 824 BGB grundsätzlich nicht umfasst; allerdings können solche Vorgänge den durch § 823 Abs. 1 BGB geschützten Gewerbebetrieb beeinträchtigen (Rn. 1930).³¹¹

2028

V. Berechtigtes Interesse

Die Mitteilung einer unwahren Tatsache, deren Unrichtigkeit der Mitteilende nicht kennt, verpflichtet selbst bei fahrlässiger Unkenntnis nicht zum Schadensersatz, wenn der Mitteilende oder der Empfänger an der Mitteilung ein **berechtigtes Interesse** hat (§ 824 Abs. 2 BGB). Diese Vorschrift ist besonders für Medien, Auskunfteien und Warentestinstitute³¹² bedeutsam. Die Annahme eines rechtfertigenden Interesses i.S.d. Bestimmung setzt i.d.R. eine **Abwägung** der schutzwürdigen wirtschaftlichen Belange des Betroffenen und des Informationsinteresses des Adressaten – insbesondere der Öffentlichkeit – voraus. Da sich dieses Interesse nur auf zuverlässige, auf ihre Richtigkeit ausreichend geprüfte Mitteilungen erstreckt, kann es nur dann eine Beeinträchtigung des in § 824 BGB geschützten Rechtsguts der Geschäftsehre rechtfertigen, wenn der Mitteilende die erforderliche Sorgfalt bei seinen Ermittlungen beachtet hat.³¹³ Ist dies nicht der Fall, so wird die falsche Information weder durch § 824 Abs. 2 BGB noch durch Art. 5 GG gedeckt.³¹⁴ Entfällt eine Schadensersatzpflicht aus § 824 Abs. 1 BGB wegen eines berechtigten Interesses i.S.d. Abs. 2 dieser Vorschrift, so kann doch der

2029

---

309 BGH, NJW 1986, 981.
310 BGH, NJW 1978, 2151, 2152; BGHZ 90, 113, 119 ff. = NJW 1984, 1607; BGH, DB 1989, 921.
311 BGHZ 90, 113, 120 ff. = NJW 1984, 1607; BGH, WM 1998, 2534, 2536; vgl. BGH, NJW 2006, 830, z.V.b. in BGHZ.
312 Vgl. *Tilmann*, NJW 1975, 758, 763 ff.
313 BGH, NJW 1986, 981, 982; DB 1989, 921, 922; OLG Düsseldorf, VersR 1985, 247 f.
314 BGH, DB 1989, 921, 922.

Betroffene einen Anspruch auf **Unterlassung** einer künftigen Verbreitung der unwahren Mitteilung haben, weil für ein solches Verhalten kein rechtfertigender Grund besteht[315] (Rn. 2002 ff.).

Eine subjektiv redliche, aber unbegründete **Einleitung oder Durchführung eines gerichtlichen Verfahrens** – etwa ein unberechtigter Vollstreckungs- oder Konkursantrag – löst keinen Schadensersatzanspruch aus § 824 BGB aus, selbst wenn damit die fahrlässige Mitteilung einer unwahren Tatsache gegenüber Dritten verbunden ist[316] (vgl. Rn. 1933 ff.).

VI. Schadensersatz

2030 Soweit der Betroffene einer Beeinträchtigung seines wirtschaftlichen Rufes durch eine presserechtliche **Gegendarstellung** begegnen kann, kann er i.d.R. keinen **Schadensersatz** in der Weise verlangen, dass er auf Kosten des Schädigers berichtigende Anzeigen verbreitet; ein solcher Schadensersatzanspruch kommt nur in schwerwiegenden Ausnahmefällen in Betracht.[317]

VII. Beweislast

2031 Der **Betroffene** hat **zu beweisen**, dass der Täter eine unwahre, der Geschäftsehre abträgliche Tatsache behauptet oder verbreitet hat und die Unwahrheit gekannt hat oder kennen musste. Der **Täter** hat ein **berechtigtes Interesse** i.S.d. § 824 Abs. 2 BGB **zu beweisen**. Macht er in einem Rechtsstreit die Wahrheit der Tatsache oder die Rechtmäßigkeit seines Vorgehens geltend, so hat er bezüglich dieser Streitpunkte eine **substanziierte Stellungnahme** abzugeben.[318]

E. Haftung aus § 826 BGB

2032 Nach § 826 BGB ist derjenige, der **einen anderen in sittenwidriger Weise vorsätzlich schädigt**, diesem zum Ersatz des Schadens verpflichtet. Zur Haftung genügt **Beteiligung i.S.d. § 830 BGB an einer solchen unerlaubten Handlung**.[319]

---

315 BGH, DB 1974, 1429.
316 Vgl. BGHZ 36, 18, 23 = NJW 1961, 2254 (unbegründeter Konkursantrag); BGHZ 74, 9, 18 = NJW 1979, 1351 (unberechtigter Vollstreckungsantrag).
317 NJW 1986, 981, 982, m.w.N.
318 BGH, NJW 1974, 1710, 1711.
319 Zur Beihilfe: BGH, WM 2005, 28, 29.

I. Verstoß gegen die guten Sitten

Gegen die guten Sitten verstößt derjenige, dessen Verhalten dem Anstandsgefühl aller billig und gerecht Denkenden widerspricht.[320] Der Verstoß kann bestehen in einem **Unterlassen**, wenn die Vornahme der unterbliebenen Handlung sittlich geboten ist,[321] oder in einem **positiven Tun**. Auch **leichtfertiges oder gewissenloses Verhalten** kann gegen die guten Sitten verstoßen, insbesondere dann, wenn der andere Teil auf das Ansehen oder den Ruf des Handelnden vertraut (vgl. Rn. 2048 f.).[322]

2033

Ein **Unterlassen** verletzt die guten Sitten nur dann, wenn das **geforderte Tun einem sittlichen Gebot entspricht**. Dafür reicht es nicht aus, dass eine allgemeine Rechtspflicht oder eine vertragliche Pflicht nicht erfüllt wird. Vielmehr müssen besondere Umstände hinzutreten, die das schädigende Verhalten wegen seines Zwecks oder des angewandten Mittels oder mit Rücksicht auf die dabei gezeigte Gesinnung verwerflich machen.[323]

Sittenwidrig kann ein Verhalten sein wegen des eingesetzten **Mittels**, z.B.

2034

- **Arglist** bei Vertragsschluss,[324] während eines Vertrages[325] oder bei Beantragung öffentlicher Mittel;[326]
- **arglistige Täuschung** eines Anlegers durch falsche Prospektangaben[327] oder unzureichende Risikoaufklärung;[328]
- Mitwirkung an einem besonders **rücksichtslosen Vertragsbruch**,[329] auch **Missbrauch eines Mandatsverhältnisses**, um zum Nachteil des Auftraggebers eine **Provision** von einem Dritten zu erlangen;[330]
- **Missbrauch einer Vollmacht**;[331]

---

320 BGHZ 129, 136, 172 = NJW 1995, 1739 = WM 1995, 882, 894.
321 BGH, NJW 1963, 148, 149.
322 BGH, WM 1975, 559, 560; NJW 1986, 180, 181; 1987, 1758; WM 1990, 1554, 1556; 1991, 2034, 2035; 1992, 1031, 1036.
323 BGH, WM 2001, 2068, 2069 = NJW 2001, 3702.
324 BGH, WM 1985, 866, 868; vgl. BGH, WM 1975, 325, 327 f. (**Beteiligung eines Rechtsanwalts**); WM 1999, 540, 541.
325 BGH, WM 1998, 779, 782 (Regressvereitelung durch **Steuerberater**); NJW 1972, 678, 679 (Täuschung eines Gläubigers des Mandanten durch **Rechtsanwalt**).
326 BGH, NJW-RR 2005, 611, 612.
327 BGH, WM 2005, 736 = NJW-RR 2005, 751 (u.a. **Rechtsanwalt**).
328 BGH, WM 2005, 28, 29.
329 BGH, NJW 1994, 128, 129; NJW-RR 1999, 1186 f. (Verleitung zum Vertragsbruch durch Versprechen einer überhöhten Gegenleistung); NJW 2004, 3423 (Provisionsschinden eines Anlageberaters und -vermittlers).
330 BGH, WM 2000, 1596, 1597 (**Rechtsanwalt**).
331 OLG Frankfurt, NJW-RR 2001, 909, 910 (Vollmacht eines getrennt lebenden Ehegatten).

- **falsche Ad-hoc-Mitteilungen** zur Beeinflussung des Börsenkurses;[332]
- Ausübung **wirtschaftlichen Drucks**,[333]
- Zahlung von **Schmiergeld**;[334]
- Verschweigen einer strafbaren Handlung und der darauf gestützten fristlosen Entlassung in einem **Zeugnis**;[335]
- **Erschleichung eines Rechts**[336] oder eines **Vollstreckungstitels**.[337]

2035 **Sittenwidrig** kann ein Verhalten wegen seines **Zwecks** sein, etwa
- **schikanöses Vorgehen** (§ 226 BGB);[338]
- **planmäßiges (kollusives) Zusammenwirken** mehrerer Täter zur Schädigung eines anderen;[339]
- Erteilung einer **fingierten Rechnung**, um unerlaubte Zuwendungen an Mitarbeiter des Vertragspartners zu verdecken;[340]
- Schädigung von Gläubigern durch **planmäßigen Entzug des Vermögens einer GmbH**;[341]
- eine sonstige **unlautere Gläubigerbenachteiligung**.[342]

2036 Weiterhin kann ein Verhalten **sittenwidrig** sein, weil das eingesetzte – an sich nicht zu beanstandende – **Mittel** zu dem angestrebten – für sich genommen billigenswerten – **Zweck** mit Rücksicht auf alle Umstände des Einzelfalls **außer Verhältnis steht**, etwa

---

332 BGHZ 160, 134, 142 ff. = WM 2004, 1731; BGHZ 160, 149, 151 ff. = WM 2004, 1721; BGH, WM 2005, 1358 = NJW 2005, 2450; OLG München, WM 2005, 1311; vgl. BGH, NJW 2005, 445; *Möllers*, WM 2003, 2393.
333 BGH, WM 1985, 866, 868; 2001, 1458, 1459 (Bank).
334 BGH, NJW 1962, 1099; vgl. BGH, WM 2000, 1596, 1597 (**Rechtsanwalt**).
335 BGH, VersR 1964, 314, 315; 1970, 1152, 1153.
336 BGHZ 57, 108 = NJW 1971, 2226; BGH, WM 1965, 203, 204 (Bietabkommen unter **Mitwirkung eines Rechtsanwalts**).
337 BGH, NJW 1956, 505, 506; LM BGB § 826-Fa-Nr. 7; NJW 1979, 162, 163.
338 BGH, WM 1994, 623, 625 (Prozessbürgschaft); OLG Düsseldorf, NJW-RR 2001, 162 (Ausschluss von Wegerecht).
339 BGH, NJW 1988, 700, 702 = DB 1988, 226, 228; NJW 1994, 128, 129; 2004, 3423 (Provisionsschinden – „Churning"); OLG Frankfurt, ZIP 2003, 1192.
340 BGH, NJW 2000, 2896, 2897 = WM 2000, 2313, 2314.
341 BGHZ 151, 181, 183 f. = WM 2002, 1804; BGH, WM 2004, 2254 = NJW 2005, 105; 2005, 145, 146.
342 BGH, NJW 1984, 1893, 1900; NJW-RR 1986, 579, 581; NJW 1988, 701, 703; BGHZ 108, 134, 142 = NJW 1989, 3277; BGH, NJW 1996, 1283; BGHZ 130, 314, 330 f. = WM 1995, 1735; BGH, WM 2000, 1855, 1856 f.; NJW 2005, 1121, 1124; OLG Köln, WM 1981, 1238, 1240.

weil der angerichtete Schaden den begehrten Nutzen weit übersteigt oder nicht durch ein berechtigtes Interesse gedeckt wird.[343] Dies kann z.b. der Fall sein

- bei einem **Missbrauch einer formalen Rechtsstellung**, etwa weil
  - eine **Prozesspartei** ein Verhalten des Prozessgegners veranlasst, fördert oder ausnutzt, das auf eine Benachteiligung Dritter hinausläuft;[344]
  - dem **Kreditgeber** eines Dritten ungünstige wahre Tatsachen mitgeteilt werden und dadurch dessen Existenz gefährdet wird, um auf bequeme Weise eine Auskunft zu erhalten, die sich unschwer auch auf andere Weise beschaffen ließ;[345]
  - eine **Bank** einen Überweisungsauftrag durch Gutschrift auf dem Konto der Bank des Empfängers ausführt, obwohl mit dem Zusammenbruch der Bank zu rechnen ist;[346]
  - ein **Rechtsanwalt** daran mitwirkt, dass sich „**räuberische Aktionäre**" ihr Anfechtungsrecht abkaufen lassen;[347]
  - ein **Gesellschafter** aus eigennützigen Gründen eine sinnvolle Sanierung der Gesellschaft verhindert;[348]
  - von einem nicht erschlichenen **unrichtigen Vollstreckungstitel**, der der wirklichen Sach- und Rechtslage nicht entspricht, in Kenntnis der Unrichtigkeit Gebrauch gemacht wird und besondere Umstände hinzutreten, die die Ausnutzung als sittenwidrig erscheinen lassen;[349]
- bei einer **unlauteren Verfahrenseinleitung**,[350] etwa
  - wegen einer mit unwahren Angaben erschlichenen **Eröffnung eines Insolvenzverfahrens**[351] oder der Einleitung eines Insolvenzverfahrens zu einem **insolvenzfremden Zweck**;[352]

---

343 BGHZ 129, 136, 172, m.w.N. = NJW 1995, 1739; BGH, NJW 1992, 2821, 2822.
344 BGH, WM 1962, 906, 909.
345 BGH, LM BGB § 826 – Gc-Nr. 2.
346 BGH, NJW 1963, 1872, 1873.
347 BGH, NJW 1992, 2821, 2822 = WM 1992, 1184 = DB 1992, 1673; vgl. dazu *Kort*, DB 1992, 1765; *Schlee*, AnwBl 1993, 118, 119.
348 BGHZ 129, 136, 172 ff. = NJW 1995, 1739.
349 BGHZ 13, 71, 72 f. = NJW 1954, 880 (Versäumnisurteil); BGHZ 26, 391, 396 f. = NJW 1958, 826 (Scheidungsurteil); BGH, NJW 1963, 1606, 1607 f. (Verwerfung eines Rechtsmittels); BGHZ 53, 47, 50 = NJW 1970, 565 (Zuschlagsbeschluss); BGH, NJW 1986, 2047, 2049 (Unterhaltsurteil); BGHZ 103, 44, 46 (Vollstreckungsbescheid); BGHZ 112, 54, 56 = NJW 1991, 30; BGH, NJW 1998, 2818; 1999, 1275, 1258 (Vollstreckungsbescheid); BGHZ 151, 316, 327 = NJW 2002, 2940 (Bürgschaftsurteil, aufgehoben durch BVerfG, Beschl. v. 6.12.2005 – 1 BvR 1905/02).
350 BGHZ 95, 10, 19 = NJW 1985, 1959.
351 BGHZ 36, 18, 21 = NJW 1961, 2254, zur KO.
352 BGH, WM 1962, 929, 930, zur KO.

– wegen **unlauterer, aussichtsloser Prozessführung einer mittellosen Partei**, die einen **Kostenschaden** des Prozessgegners[353] oder einen **Forderungsausfall** der anderen Partei **infolge Prozessverschleppung** herbeiführt.[354]

II. Vorsätzliche Schädigung

2037 Ein Schadensersatzanspruch aus § 826 BGB setzt **Vorsatz** des Schädigers voraus. Mit – direktem – Vorsatz handelt derjenige, der einen anderen **mit Wissen und Wollen schädigt**; das **Bewusstsein der Rechtswidrigkeit** ist erforderlich (vgl. Rn. 1938).[355] **Bedingter Vorsatz** genügt und liegt vor, wenn der Täter mit der Möglichkeit rechnet, dass durch sein Verhalten der andere geschädigt werden könnte, und er diese Schädigung billigend in Kauf nimmt (vgl. Rn. 1938);[356] darauf können die Art und Weise des Sittenverstoßes, insbesondere ein leichtfertiges und gewissenloses Verhalten, hindeuten.[357] Nur unter dieser Voraussetzung kann ein **Rechtsanwalt** aus §§ 826, 830 BGB für **falsche Erklärungen** haften, die er in Ausübung eines Mandats gegenüber einem Gläubiger seines Auftraggebers[358] oder gegenüber dessen Vertragsgegner abgibt.[359]

2038 Der **Vorsatz** erfordert nicht, dass der Täter sich den genauen Schadenshergang (Kausalverlauf) vorgestellt und den Schadensumfang vorausgesehen hat; der Vorsatz i.S.d. § 826 BGB muss aber die gesamten **Schadensfolgen** umfassen.[360] Eine **Schädigungsabsicht** ist **nicht** notwendig.[361] Der Vorsatz muss sich auch **nicht gegen eine bestimmte Person** richten; es genügt, dass der Täter wenigstens die Richtung, in der sich sein Verhalten zum Nachteil anderer auswirken kann, und die Art des möglicherweise eintretenden Schadens vorausgesehen und in seinen Willen aufgenommen oder zumindest gebilligt hat.[362]

2039 Der Schädiger muss die **Tatumstände**, die den Verstoß gegen die guten Sitten begründen, **gekannt** oder mit der Möglichkeit **gerechnet haben**, dass solche Umstände vorliegen könnten; das **Bewusstsein der Sittenwidrigkeit** selbst braucht der Täter

---

353 BGH, NJW 2001, 3187, 3189; BGHZ 154, 269, 271 f. = WM 2003, 967, 968 = NJW 2003, 1934, 1935, jeweils Konkurs-/Insolvenzverwalter.
354 BGH, WM 2004, 34, 35 = NJW 2004, 446, 447 (u.a. **Rechtsanwalt**).
355 BGHZ 118, 201, 208 = WM 1992, 1379; BGH, NJW 2000, 2896, 2897 = WM 2000, 2313, 2314; NJW 2004, 446, 448 = WM 2004, 34, 36; vgl. *Sack*, NJW 2006, 945 ff.
356 BGH, WM 1975, 559, 560; ZIP 1985, 1506, 1508; BGHZ 160, 149, 156; BGH, NJW 2004, 446, 448 = WM 2004, 34, 36.
357 BGH, WM 1975, 559, 560; NJW 1986, 180, 182; WM 1991, 2034, 2035.
358 BGH, WM 1978, 576, 577.
359 BGH, NJW 1962, 1766; WM 1986, 904, 906; NJW 1991, 32, 33.
360 BGH, NJW 1963, 148, 150; 2000, 2896, 2897; 2004, 446, 448.
361 BGHZ 8, 387, 393 = NJW 1953, 900; 2000, 2896, 2897.
362 BGH, NJW 1963, 579, 580; WM 1966, 1150, 1152; NJW-RR 1986, 1150, 1151; ZIP 1999, 2158, 2159; NJW 2000, 2896, 2897; 2004, 446, 448.

nicht zu haben.[363] Kennt er diese Umstände, so entlastet es ihn nicht, dass er bei seinem Vorgehen dem **Rat seines Rechtsanwalts** gefolgt ist.[364] Der Kenntnis dieser Tatumstände kann es gleichstehen, dass der Täter sich einer solchen **Kenntnis bewusst verschlossen** hat.[365]

Ein **Irrtum** des Täters über ein Tatbestandsmerkmal schließt Vorsatz aus, auch wenn der Irrtum auf Fahrlässigkeit beruht; dies gilt auch für einen Rechtsirrtum.[366]

III. Schadensersatz

Ersatzberechtigt aus § 826 BGB ist derjenige Geschädigte, der nach der „Reichweite des Schädigungsvorsatzes" als mögliches Tatopfer in die Tatvorstellung des Schädigers billigend einbezogen wurde, selbst wenn sich die sittenwidrige Handlung gegen einen anderen gerichtet hat, und dessen Schaden im Verhältnis zum Schädiger auf einem Verstoß gegen die guten Sitten beruht.[367]   2040

Der Schädiger hat den Schaden nach **§§ 249 ff. BGB** zu ersetzen (dazu Rn. 1955 ff.). Dazu kann auch die Entrichtung eines **Schmerzensgeldes** nach § 253 Abs. 2 BGB gehören (dazu Rn. 1962 f.). **§ 817 Satz 2 BGB** ist im Deliktsrecht nicht entsprechend anwendbar.[368]   2041

Der **deliktische Anspruch auf Schadensersatz** erstreckt sich grundsätzlich auf das **negative Interesse**; das gilt i.d.R. auch dann, wenn zwischen dem Geschädigten und dem Schädiger vertragliche Beziehungen bestanden haben. Der Geschädigte kann verlangen, so gestellt zu werden, wie er stünde, wenn das haftungsbegründende Verhalten entfiele; auch der Verlust einer hinreichend konkreten tatsächlichen Erwerbsaussicht kann als **entgangener Gewinn** zu ersetzen sein.[369]

Ist der Geschädigte durch **arglistige Täuschung** zu einem Vertragsschluss bestimmt worden und hat er dennoch seine Vertragserklärung nicht gemäß §§ 123, 124 BB angefochten, so kann ihm ein Schadensersatzanspruch aus § 826 BGB – und aus § 823 Abs. 2 BGB i.V.m. § 263 StGB – zustehen; in einem solchen Fall ist grundsätzlich das   2042

---

363   BGHZ 8, 387, 393 = NJW 1953, 900; BGH, WM 1962, 578, 579; NJW-RR 1986, 1150, 1151; vgl. BGHZ 133, 246, 250 = NJW 1996, 2652, zu § 819 Abs. 1 BGB; vgl. *Sack*, NJW 2006, 945 ff.
364   BGHZ 74, 281, 284 = NJW 1979, 1882.
365   BGH, NJW 1994, 2289, 2291 (Mittäter); BGHZ 133, 246, 251 = NJW 1996, 2652, zu § 819 Abs. 1 BGB.
366   RGZ 159, 211, 227; BGH, ZIP 1999, 2158, 2160; BGHZ 145, 187, 202 = WM 2000, 2447 = NJW 2001, 360 (**Wirtschaftsprüfer**).
367   BGH, NJW 1979, 1599, 1600; vgl. BGH, NJW 1986, 1174, 1175 (Geltendmachung von Ansprüchen aus § 826 BGB durch Konkursverwalter).
368   BGH, NJW 1992, 310, 311.
369   BGHZ-GSZ-98, 212, 217 f. = NJW 1987, 50; BGH, WM 1998, 294 f.; 2000, 1596, 1597.

Teil 3 • Abschnitt 2 • Unerlaubte Handlungen

2043 negative Interesse zu ersetzen, also der Schaden, der dadurch entstanden ist, dass der Betroffene auf die täuschenden Angaben vertraut hat.[370]
Bei einem Schadensersatzanspruch aus § 826 BGB wegen **fehlerhafter Ad-hoc-Mitteilung** besteht **kein Anscheinsbeweis** aufgrund eines typischen Geschehensablaufs für den Ursachenzusammenhang zwischen einer solchen Mitteilung und dem Kaufentschluss des Anlegers;[371] der geschädigte Anleger kann **Geldersatz** in Höhe des gezahlten Kaufpreises gegen Übertragung der erworbenen Rechtsposition an den Schädiger verlangen, ohne dass Art und Umfang dieses Schadensersatzes durch den Schutzzweck des § 826 BGB beschränkt werden.[372]

2044 Gegenüber einer vorsätzlichen Schädigung gemäß § 826 BGB ist ein fahrlässiges **Mitverschulden** des Geschädigten bei der **Schadensentstehung** (§ 254 Abs. 1 BGB) grundsätzlich nicht zu berücksichtigen; besondere Umstände des Einzelfalls – etwa eine grob fahrlässige Mitverursachung – können eine Ausnahme rechtfertigen, wenn dies dem § 254 BGB zugrunde liegenden Gesichtspunkt von Treu und Glauben entspricht.[373] Dieser Grundsatz gilt auch dann, wenn es sich nicht um eigenen Vorsatz des Schädigers, sondern um denjenigen eines Vertreters i.S.d. § 31 BGB handelt.[374] Dagegen kann jeder Schadensbeitrag des Geschädigten wegen **Verletzung der Schadensminderungspflicht** (§ 254 Abs. 2 BGB) zu einer Schadensverteilung führen (vgl. zum Mitverschulden Rn. 1971 ff.).

IV. Beweis

2045 Derjenige, der **Schadensersatz** aus § 826 BGB **verlangt**, hat die haftungsbegründenden und -ausfüllenden Voraussetzungen des Anspruchs **darzulegen** und **zu beweisen** (dazu Rn. 1965 ff.).

2046 Die größte Schwierigkeit bereitet der **Beweis des Vorsatzes**. Davon ist zwar grundsätzlich die Feststellung der Sittenwidrigkeit zu trennen; die **Art und Weise des sittenwidrigen Verhaltens** deuten jedoch häufig darauf hin, dass der Täter eine Schädigung des anderen zumindest billigend in Kauf genommen, also **mit bedingtem Vorsatz** gehandelt hat.[375]

---

370 BGH, BB 1960, 696, 697; vgl. BGH, NJW 1962, 1197, 1198; NJW-RR 2005, 611, 612.
371 BGHZ 160, 134, 144 = WM 2004, 1731.
372 BGHZ 160, 149, 153 f. = WM 2004, 1721; BGH, WM 2005, 1358 = NJW 2005, 2450.
373 BGH, NJW 1984, 921, 922; 1992, 310, 311; 2002, 1643, 1646 = WM 2002, 2473, 2476.
374 BGH, NJW 1984, 921, 922.
375 BGH, WM 1975, 559, 560; NJW 1986, 180, 182; WM 1991, 2034, 2035.

V. Berufs- und Expertenhaftung

Die höchstrichterliche Rechtsprechung hat die **berufsmäßige Haftung gegenüber Nichtmandanten** („**Berufs-, Dritthaftung**") – u.a. von **Rechtsanwälten, Steuerberatern** und **Wirtschaftsprüfern** – für fehlerhafte **Gutachten, Auskünfte, Berichte, Bilanzen, Testate, Prospekte** und **Zeugnisse** beträchtlich ausgedehnt über den Vertrag mit Schutzwirkung für Dritte (Rn. 1641 ff.), den – insbesondere stillschweigend geschlossenen – Auskunftsvertrag (Rn. 1722 ff.), das Verschulden bei Vertragsschluss (Rn. 1835 ff.) und die Prospekthaftung (Rn. 1879 ff.). Daneben wird **§ 826 BGB** als Grundlage einer solchen Haftung herangezogen.[376]

2047

Ein **Dritter**, der nicht Auftraggeber eines Fachmanns ist, kann **geschädigt** werden, weil er auf eine **falsche Äußerung dieses Sachkundigen vertraut**. Eine Haftung des Fachmanns aus § 826 BGB setzt voraus, dass sein Verhalten gegen die guten Sitten verstoßen hat. Dafür reicht es nicht aus, dass er eine fehlerhafte Erklärung abgegeben hat.[377] Nach der Rechtsprechung des BGH kann ein **bewusstes Vorgehen** – etwa die Täuschung eines Gläubigers des Mandanten durch einen Rechtsanwalt[378] – sowie auch ein (nur) **leichtfertiges** – vor allem grob fahrlässiges – **und gewissenloses Verhalten** einen solchen **Sittenverstoß** begründen; dies liegt insbesondere dann **nahe**, wenn der Schädiger mit Rücksicht auf sein **Ansehen** oder seinen **Beruf** eine Vertrauensstellung einnimmt, oder wenn der Sachkundige wichtige Fragen zu untersuchen hat, von deren Beantwortung **weittragende wirtschaftliche Folgen** für die Beteiligten abhängen.[379]

2048

---

376 Dazu *Hopt*, NJW 1987, 1745; *Lang*, WM 1988, 1001, 1003, 1004; *Müssig*, NJW 1989, 1703; *Hensseler*, JZ 1994, 178, 184; *Bell*, S. 33 ff.; *Decku*, S. 56 ff.; *Otto/Mittag*, WM 1996, 325, 332; *Honsell*, in: FS Medicus, S. 211, 215 f.; *Sundermeier/Gruber*, DStR 2000, 929, 931; *Heppe*, WM 2003, 714, 753, 761; *Holzborn/Foelsch*, NJW 2003, 932, 938; *Janert/Schuster*, BB 2005, 987, 992; *MünchKomm*/Ebke, HGB, § 323 Rn. 87 f.; *Gräfe*, in: *Gräfe/Lenzen/Schmeer*, Rn. 514 f.
377 BGH, NJW 1991, 3282, 3283; BGHZ 159, 1, 11 = NJW 2004, 3035, 3038; BGH, NJW-RR 2004, 1464, 1467.
378 BGH, NJW 1972, 678, 679.
379 BGH, WM 1956, 1229; Gutachten eines **Wirtschaftsprüfers**; WM 1962, 579, 581: Bilanz einer Treuhandgesellschaft; WM 1966, 1150, 1151: Wertgutachten eines Ingenieurs; ZIP 1985, 1506, 1508 = NJW 1986, 180, 181: Bilanz eines **Steuerbevollmächtigten**; NJW-RR 1986, 1150, 1151: Gutachten eines Tierarztes; NJW 1987, 1758 f. = WM 1987, 257, 258: Zwischenabschluss eines **Steuerberaters**; NJW 1991, 3282, 3283: Wertgutachten eines öffentlich bestellten und vereidigten Sachverständigen; NJW 1992, 2080, 2083 f. = WM 1992, 1031, 1036: Auskünfte eines **Steuerberaters**; BGHZ 145, 187, 202 = WM 2000, 2447 = NJW 2001, 360: falsche Prüftestate eines **Wirtschaftsprüfers** im Rahmen eines Anlagemodells; BGHZ 159, 1, 11 f. = NJW 2004, 3035, 3038: Wertgutachten eines Sachverständigen; BGH, NJW-RR 2004, 1464, 1467: Wertgutachten eines Sachverständigen; OLG Brandenburg, WM 2001, 1920, 1922 f.: Wertgutachten eines Sachverständigen; LG Oldenburg, WM 2001, 2115, 2117, mit Anm. *Zugehör*, WuB 2002, 63 (= WuB IV A. § 675 BGB 1.02): betriebswirtschaftliche Auswertungen eines **Steuerberaters**.

2049 Ein **leichtfertiges oder gewissenloses Verhalten** des Experten kann **sittenwidrig** sein, wenn er

- seinem Gutachten, seiner Auskunft, seiner Bilanz oder Bestätigung **nachlässige Ermittlungen** oder
- gar **Angaben „ins Blaue hinein"** zugrunde legt
- oder den **unzutreffenden Anschein** erweckt, er habe die Grundlagen seiner Expertise **überprüft**,
- oder mit seiner fehlerhaften Äußerung den **eigenen Vorteil** ohne Rücksicht auf die Belange Dritter sucht
- oder aus sonstigen Gründen **gleichgültig gegenüber den Folgen** seines Verhaltens ist

und damit eine **Rücksichtslosigkeit** gegenüber dem Adressaten seiner Expertise und den in seinem Informationsbereich stehenden Dritten zeigt, die wegen der **Bedeutung seiner Äußerung** für deren Entschließungen und wegen der von ihm in Anspruch genommenen **Fachkunde** als gewissenlos bezeichnet werden muss.[380]

2050 Es genügt für die Haftung des Sachkundigen, der in sittenwidriger Weise einen anderen durch eine fehlerhafte Äußerung geschädigt hat, dass er mit **bedingtem Vorsatz** (Rn. 2037) gehandelt hat; dieser kann durch die **Art und Weise des Sittenverstoßes bewiesen** werden (Rn. 2037, 2046). Insbesondere bei **testierten Unternehmensabschlüssen** muss der Experte damit rechnen, dass der Abschluss bei Kreditverhandlungen verwendet wird und den Kreditgeber zu nachteiligen Vermögenspositionen veranlasst.[381] Die **Person des Geschädigten** braucht der Schädiger nicht zu kennen (Rn. 2038).

2051 Die **Rechtsprechung** muss sich bewusst sein, dass sie im Rahmen des § 826 BGB die **Anforderungen** an den **Sittenverstoß** sowie an den **Vorsatz** und dessen **Beweis** nach und nach **gesenkt** hat.[382] Sie muss sich davor hüten, durch **Aushöhlung gesetzlicher Haftungsvoraussetzungen** und **Kumulation vertraglicher, vorvertraglicher und deliktischer Haftungstatbestände** die **Berufs- und Expertenhaftung** gegenüber Dritten (Nichtmandanten) zur Erfolgshaftung **ausufern** zu lassen[383] (vgl. Rn. 1606). Die Unzulänglichkeit des deliktischen Vermögensschutzes (Rn. 1643) muss im gesetzlichen Rahmen insoweit ausgeglichen werden, als dies unabweisbar ist zur Vermeidung von Ergebnissen, die mit dem Gerechtigkeitsempfinden schlechthin unvereinbar

---

380 BGH, NJW 1991, 3282, 3283; 1992, 2080, 2083 = WM 1992, 1031; BGHZ 159, 1, 11 f. = NJW 2004, 3035, 3038; BGH, NJW-RR 2004, 1464, 1467.
381 BGH, NJW 1987, 1758, 1759.
382 Vgl. BGHZ 74, 281, 289 = NJW 1979, 1882: Der Tatbestand des § 826 BGB sei „bisher von der Rechtsprechung in diesem Bereich vielleicht schon allzusehr strapaziert" worden.
383 Vgl. *Henssler*, JZ 1994, 178, 184; *Bell*, S. 33 ff., 37 ff.; *Decku*, S. 56 ff.; *Hirte*, S. 386 ff., 406 ff.

wären. Dies darf aber nicht dazu führen, dass vertragliche und vorvertragliche Ausnahmeinstitute der beruflichen Dritthaftung überdehnt und gesetzliche Haftungsvoraussetzungen gesenkt werden.[384]

F. Haftung aus § 831 BGB

Nach § 831 BGB ist derjenige, der einen anderen zu einer Verrichtung bestellt, zum Ersatz des Schadens verpflichtet, den der andere in Ausführung der Verrichtung einem Dritten widerrechtlich zufügt (Abs. 1 Satz 1). Diese Haftung des Geschäftsherrn tritt nicht ein, wenn er bei der Auswahl der bestellten Hilfsperson und, falls er Vorrichtungen oder Gerätschaften zu beschaffen oder die Verrichtung zu leiten hat, bei der Beschaffung oder Leitung die im Verkehr erforderliche Sorgfalt beobachtet hat oder wenn der Schaden auch bei Anwendung dieser Sorgfalt entstanden wäre (Abs. 1 Satz 2). In gleicher Weise ist derjenige verantwortlich, der für den Geschäftsherrn die Besorgung eines Geschäfts i.S.d. Abs. 1 Satz 2 vertraglich übernimmt (Abs. 2). 2052

I. Haftungsgrundlage

Die **Haftung des Geschäftsherrn** für eine tatbestandsmäßige und rechtswidrige – mit Ausnahme des § 826 BGB[385] nicht unbedingt schuldhafte – **unerlaubte Handlung des Gehilfen** beruht auf der **Vermutung eines eigenen Verschuldens** bei der Auswahl oder Leitung und Überwachung des Gehilfen (vgl. § 831 Abs. 1 Satz 2 Halbs. 1 BGB) sowie auf der **weiteren Vermutung** (vgl. § 831 Abs. 1 Satz 2 letzter Halbs. BGB), dass ein **Ursachenzusammenhang** zwischen einem solchen Verschulden des Geschäftsherrn und der Schädigung des Dritten durch die Hilfsperson besteht.[386] Danach setzt eine Haftung des Geschäftsherrn dessen **Schuldfähigkeit** voraus. 2053

Dagegen hat nach **§ 278 BGB** derjenige für das Verschulden anderer Personen einzustehen, deren er sich zur Erfüllung seiner – im Zeitpunkt der Schädigung bereits bestehenden – Verbindlichkeit bedient, ohne dass er sich durch einen Entlastungsbeweis von seiner Haftung befreien kann. Diese Möglichkeit entfällt auch bei der Organhaftung nach **§§ 31, 89 Abs. 1 BGB** (Rn. 1952); die nach diesen Vorschriften Verantwortlichen können einer Haftung nach **§ 831 BGB** für andere Bedienstete durch den Entlastungsbeweis entgehen (Rn. 2060 ff.).

Für eine unerlaubte Handlung nach §§ 823 ff. BGB **haftet der Gehilfe** selbst. Auch der **Geschäftsherr** kann nach diesen Vorschriften – über § 831 BGB hinaus – haften, wenn ihm selbst – etwa infolge schuldhafter Verletzung einer Aufsichts- und Überwa- 2054

---

384 Vgl. *Henssler*, JZ 1994, 178, 184; *Kort*, DB 1992, 1765, 1767; *Schlee*, AnwBl 1993, 118, 119; *MünchKomm/Ebke*, HGB, § 323 Rn. 87, 90; *Honsell*, in: FS Medicus, S. 211, 215 f.
385 BGH, NJW 1956, 1715.
386 Vgl. BGH, LM BGB § 831 – Fc-Nr. 1.

chungspflicht – eine **eigene unerlaubte Handlung** vorzuwerfen ist.[387] Sind sowohl der Geschäftsherr als auch der Gehilfe für einen Schaden aus unerlaubter Handlung verantwortlich, so haften sie dafür als **Gesamtschuldner** (§ 840 Abs. 1 BGB). Der **Ausgleich in ihrem Innenverhältnis** richtet sich nach § 426 BGB, falls beide jeweils eine eigenständige schuldhafte unerlaubte Handlung (§§ 823 ff. BGB) begangen haben; haftet der Geschäftsherr nur aus vermutetem Verschulden nach § 831 BGB, so hat der Gehilfe bei erwiesenem Verschulden den vollen Innenausgleich zu erbringen (§ 840 Abs. 2 BGB).

Dem Schadensersatzanspruch aus § 831 BGB kann der haftende Geschäftsherr ein **Mitverschulden des Geschädigten** (§ 254 BGB) entgegenhalten (dazu Rn. 1971 ff.). Der Grundsatz, dass der vorsätzlich Handelnde i.d.R. den Schaden nicht auf einen Geschädigten abwälzen kann, der nur fahrlässig zur Entstehung des Schadens beigetragen hat, gilt nicht, wenn lediglich der Gehilfe vorsätzlich gehandelt hat und der Geschäftsherr dafür nach § 831 BGB einstehen muss.[388] Hat der Geschädigte seinerseits für einen Beitrag eines Gehilfen zur Entstehung des Schadens (nur) nach § 831 einzustehen, so kann dies, sofern der Entlastungsbeweis nicht geführt wird, den Ersatzanspruch verringern oder ausschließen.[389]

II. Verrichtungsgehilfe

2055 Zu einer **Verrichtung** i.S.d. § 831 BGB ist derjenige **bestellt**, dem der Geschäftsherr im Rahmen eines dauernden oder wenigstens im konkreten Einzelfall bestehenden **Abhängigkeitsverhältnisses** eine bestimmte Tätigkeit übertragen hat; dafür genügt es, dass der Geschäftsherr aufgrund eines **Weisungsrechts** die Tätigkeit des Gehilfen beschränken, untersagen oder nach Art, Zeit und Umfang bestimmen kann.[390] Auch eine Hilfsperson, die gegenüber ihrem Geschäftsherrn eine weitgehend selbständige Stellung hat, kann Verrichtungsgehilfe im vorstehenden Sinne sein.[391] Dies gilt unter besonderen Umständen sogar für eine juristische Person.[392] Dagegen sind diejenigen Personen, die – wie selbständige **Handwerker** und **Unternehmer** – über Zeit und Umfang ihrer Tätigkeit selbst bestimmen können, i.d.R. keine Verrichtungsgehilfen.[393]

Ein Weisungsrecht im vorstehenden Sinne steht regelmäßig einer **Gesellschaft bürgerlichen Rechts** – also etwa einer **Rechtsberatersozietät** – nicht gegenüber ihren Gesellschaftern zu, so dass eine solche Gesellschaft grundsätzlich **nicht aus § 831 BGB**

---

387 Vgl. BGHZ 11, 151, 155 f. = NJW 1954, 505.
388 RGZ 157, 228, 233.
389 Vgl. BGHZ 1, 248, 249 = NJW 1951, 477; BGH, NJW 1984, 2087.
390 BGH, LM BGB § 823 – Hb-Nr. 5; BGHZ 45, 311, 313 = NJW 1966, 1807; BGH, WM 1989, 1047, 1050; 1998, 257, 259.
391 BGH, LM BGB § 823 – Hb-Nr. 5; NJW 1956, 1715.
392 BGH, WM 1989, 1047, 1050.
393 BGH, BB 1994, 1741.

für eine unerlaubte Handlung eines Gesellschafters haftet.[394] Abweichend von früherer Rechtsprechung[395] muss sich aber eine bürgerlichrechtliche Gesellschaft ein zu Schadensersatz verpflichtendes Handeln ihrer geschäftsführenden Gesellschafter entsprechend § 31 BGB zurechnen lassen; die Gesellschafter einer solchen Gesellschaft haften grundsätzlich auch für deren gesetzlich begründete Verbindlichkeiten persönlich und als Gesamtschuldner.[396]

Der BGH[397] hat einen **Rechtsanwalt**, der aufgrund einer Namensverwechslung die Zwangsvollstreckung gegen einen Nichtschuldner betrieben hat, als **Verrichtungsgehilfen seines Auftraggebers** angesehen, so dass dieser für eine unerlaubte Handlung seines Anwalts in Ausführung seines Auftrags nach § 831 BGB haften soll. Auch das OLG Koblenz[398] hat einen Rechtsanwalt, der einer Abmahnung eine gerichtliche Entscheidung beigefügt hatte, in der Name und Anschrift eines Mitbewerbers angegeben waren, als Verrichtungsgehilfen des Auftraggebers bezeichnet, aber dessen Haftung nach § 831 BGB verneint, weil der Mandant die Eignung des beauftragten Anwalts nicht zu prüfen und diesen auch nicht zu beaufsichtigen brauche.

Der Rechtsanwalt ist jedoch kein Verrichtungsgehilfe seines Auftraggebers i.S.d. Vorschrift.[399] Einer Haftung für vermutetes eigenes Verschulden bei der Auswahl, Leitung und Überwachung einer Hilfsperson fehlt die Grundlage, wenn ein regelmäßig fachunkundiger Mandant – trotz seines vertraglichen Weisungsrechts (§§ 665, 675 Abs. 1 BGB; Rn. 932 ff.) – einen gemäß § 8 BRAO zugelassenen Rechtsanwalt beauftragt, der ein unabhängiges Organ der Rechtspflege ist (§ 1 BRAO), einen freien Beruf ausübt (§ 2 BRAO) und der berufene unabhängige Berater und Vertreter in allen Rechtsangelegenheiten ist (§ 3 Abs. 1 BRAO).

Verrichtungsgehilfen des Rechtsanwalts sind seine **angestellten Mitarbeiter**.

III. Verrichtung

Der Geschäftsherr kann nach § 831 BGB nur für denjenigen Drittschaden haften, den der Gehilfe widerrechtlich – also mit Ausnahme des § 826 BGB[400] durch eine tatbestandsmäßige, rechtswidrige unerlaubte Handlung – „**in Ausführung der Verrichtung**" herbeigeführt hat. Der Gehilfe muss in **unmittelbarem innerem Zusammenhang** mit der ihm zugewiesenen Aufgabe, der sich aus Art und Zweck dieser Aufgabe ergibt, den Dritten geschädigt haben, nicht nur bei Gelegenheit der aufgetragenen Verrichtung;

---

394 BGHZ 45, 311, 313 = NJW 1966, 1807; BGHZ 155, 205, 209 f. = NJW 2003, 2984.
395 BGHZ 45, 311, 312 = NJW 1966, 1807; BGH, VersR 1975, 329, 331.
396 BGHZ 154, 88, 93 f. = NJW 2003, 1445; BGHZ 155, 205, 210 = NJW 2003, 2984.
397 LM BGB § 823 – Hb-Nr. 5.
398 NJW-RR 1989, 363.
399 *Schultz-Süchting*, S. 169 ff.
400 BGH, NJW 1956, 1715.

nur dann ist es gerechtfertigt, den Geschäftsherrn das entsprechende „Personalrisiko tragen zu lassen".[401] Auch **rechtsgeschäftliches Handeln** – etwa die Anbahnung, Vermittlung oder der Abschluss eines Vertrages – kann eine solche Verrichtung sein.[402] Ein **eigenmächtiges Verhalten** des Gehilfen kann sich so weit von dem ihm übertragenen Aufgabenbereich entfernen, dass es damit aus der Sicht eines Außenstehenden keinen inneren Zusammenhang mehr hat.[403]

IV. Schutzbereich

2059 Hat der Gehilfe zwar den Tatbestand einer unerlaubten Handlung erfüllt und ist diese wegen ihres Erfolgs rechtswidrig (Rn. 1931 ff.), so entfällt dennoch eine Haftung des Geschäftsherrn wegen des **beschränkten Schutzzwecks** des § 831 BGB, wenn der Gehilfe sich so verhalten hat, wie jede sorgfältig ausgewählte und beaufsichtigte Person sachgerecht gehandelt hätte; bei objektiv fehlerfreiem Verhalten bestünde auch kein Anspruch gegen den Geschäftsherrn, wenn dieser selbst gehandelt hätte. Deswegen haftet er in diesem Falle nicht aus § 831 BGB, ohne dass er den Entlastungsbeweis führen müsste.[404]

V. Entlastung

1. Widerlegung der Verschuldensvermutung

2060 Der Geschäftsherr kann sich von seiner Haftung für den Verrichtungsgehilfen nach § 831 Abs. 1 Satz 1 BGB befreien, indem er die **Vermutung seines eigenen Verschuldens widerlegt** (§ 831 Abs. 1 Satz 2 Halbs. 1 BGB).

2061 Die Anforderungen an seine Pflicht, den **Verrichtungsgehilfen sorgfältig auszuwählen, zu überwachen** und bei der Ausführung der Verrichtung **zu leiten**, richten sich nicht nach starren Regeln, sondern nach der **Verkehrsanschauung** und den **besonderen Umständen des Einzelfalles**.[405] Die Anforderungen steigen mit dem Grad der Verantwortung des Gehilfen und der Schwierigkeit seiner Tätigkeit.[406]

---

401 BGH, NJW 1971, 31, 32; WM 1977, 1169, 1170; vgl. BGH, NJW-RR 1989, 723, 725.
402 BGH, WM 1977, 1169, 1170.
403 BGH, NJW-RR 1989, 723, 725.
404 BGHZ 12, 94, 96 = NJW 1954, 913; BGH, VersR 1975, 447, 449; NJW 1996, 3205, 3207.
405 BGH, NJW-RR 1996, 867, 868 = VersR 1996, 469; WM 1998, 257, 259; NJW 2003, 288, 289 f.
406 Vgl. BGH, NJW-RR 1987, 1469, 1470; NJW 2003, 288, 289 f.; OLG Köln, NJW-RR 1997, 471.

F. Haftung aus § 831 BGB

Im Schadensfall hängt die Haftung des Geschäftsherrn nicht davon ab, dass sich gerade der Eignungsmangel des Gehilfen ausgewirkt hat, den der Geschäftsführer bei der Auswahl oder Überwachung schuldhaft nicht erkannt hat.[407]

Lässt sich nicht feststellen, **welcher Verrichtungsgehilfe** den Schaden verursacht hat, so muss sich der Geschäftsherr in der Weise entlasten, dass er die sorgfältige Auswahl und Leitung aller Verrichtungsgehilfen nachweist, die als Schädiger in Betracht kommen.[408]

2062

Für den Inhaber eines Großbetriebs kommt ein „**dezentralisierter Entlastungsbeweis**" in der Weise in Betracht, dass die Auswahl und Beaufsichtigung des Personals einem sorgfältig ausgewählten und überwachten Gehilfen überlassen wird; insoweit verbleibt dem Unternehmer jedoch die Pflicht, im Rahmen seiner Oberaufsicht allgemeine Anweisungen zu erteilen.[409]

2063

2. Widerlegung der Ursächlichkeitsvermutung

Selbst wenn die vermutete Verletzung der Sorgfaltspflicht bei der Auswahl, Leitung und Überwachung des Gehilfen durch den Geschäftsherrn nicht ausgeräumt werden kann oder sogar feststeht, so kann dieser sich doch von der Haftung für die unerlaubte Handlung seines Gehilfen befreien, indem er die **gesetzliche (Ursächlichkeits-) Vermutung** (§ 831 Abs. 1 Satz 2 letzter Halbs. BGB), dass die Vernachlässigung der Sorgfalt zu dem vom Gehilfen angerichteten Schaden beigetragen hat, **widerlegt**. Dies ist der Fall beim Nachweis, dass der Schaden auch dann entstanden wäre, wenn der Gehilfe sorgfältig ausgewählt und beaufsichtigt worden wäre.[410]

2064

VI. Verantwortlichkeit eines Vertragsgehilfen (§ 831 Abs. 2 BGB)

Derjenige, der es durch **Vertrag mit dem Geschäftsherrn** übernommen hat, dessen Geschäfte i.S.d. § 831 Abs. 1 Satz 2 BGB – also die Auswahl, Überwachung, und Leitung von Verrichtungsgehilfen – zu besorgen, haftet selbst nach § 831 Abs. 1 BGB für einen Schaden, den eine solche Hilfsperson einem Dritten widerrechtlich zufügt (§ 831 Abs. 2 BGB). Daneben hat der Geschäftsherr für diesen Schaden nach § 831 Abs. 1 BGB einzustehen, wenn er sich seinerseits nicht bezüglich des Vertragspartners – i.S.d. § 831 Abs. 2 BGB – entlasten kann.

2065

Der Anstellungsvertrag zwischen dem **Geschäftsführer einer GmbH** und der Gesellschaft betrifft die Organstellung des Geschäftsführers und ist deswegen i.d.R. kein

---

407 BGH, NJW 1978, 1681, 1682.
408 BGH, VersR 1971, 1020, 1021; NJW 1973, 1602, 1603.
409 BGHZ 4, 1, 2 f.; BGH, MDR 1968, 139, 140.
410 Vgl. BGHZ-GSZ-24, 21, 29 = NJW 1957, 785; OLG Oldenburg, NJW-RR 1988, 38.

Vertrag i.S.d. § 831 Abs. 2 BGB, so dass der Geschäftsführer nicht für Schäden haftet, die die von ihm bestellten Verrichtungsgehilfen verursachen.[411]

VII. Beweislast

2066 Der **Geschädigte**, der einen Geschäftsherrn – oder einen Vertragsgehilfen i.S.d. § 831 Abs. 2 BGB – aus § 831 Abs. 1 BGB in Anspruch nimmt, hat zu **beweisen**, dass der geltend gemachte Schaden von einem Verrichtungsgehilfen des Geschäftsherrn herbeigeführt wurde. Der **Geschäftsherr** hat zu **beweisen**, dass das schadensursächliche Verhalten seines Verrichtungsgehilfen rechtmäßig war, hilfsweise, dass die Entlastungsvoraussetzungen des § 831 Abs. 1 Satz 2 BGB vorliegen.[412]

G. Verjährung

I. Altes Recht (§ 852 Abs. 1, 2 BGB a.F.)

2067 Nach § 852 Abs. 1 BGB a.F. verjährte ein Schadensersatzanspruch aus unerlaubter Handlung in drei Jahren von dem Zeitpunkt an, in dem der Verletzte von dem Schaden und der Person des Ersatzpflichtigen Kenntnis erlangt hatte, ohne Rücksicht auf diese Kenntnis in dreißig Jahren von der Begehung der Handlung an. Gemäß **§ 852 Abs. 2 BGB a.F.** wurde die Verjährung, wenn zwischen Schädiger und Geschädigtem Verhandlungen über den zu leistenden Schadensersatz schwebten, gehemmt, bis der eine oder andere Teil die Fortsetzung der Verhandlungen verweigerte.

2068 **Diese Verjährungsvorschriften** wurden **aufgehoben** durch das Gesetz zur Modernisierung des Schuldrechts vom 26.11.2001,[413] das bezüglich der Neuregelung des BGB am **1.1.2002** in Kraft getreten ist.[414] Nach dem **Übergangsrecht** ist das **neue Verjährungsrecht der §§ 194 ff. BGB grundsätzlich ab 1.1.2002** anzuwenden, auch auf die an diesem Tag bestehenden und noch nicht verjährten Ansprüche (Art. 229 § 6 Abs. 1 Satz 1 EGBGB i.V.m. Art. 2 Nr. 2 des Modernisierungsgesetzes). Der **Beginn**, die **Hemmung** einschließlich der **Ablaufhemmung** und der **Neubeginn der Verjährung** (infolge ihrer Unterbrechung) bestimmen sich jedoch **für den Zeitraum vor dem 1.1.2002 nach den bis dahin geltenden Vorschriften** (Art. 229 § 6 Abs. 1 Satz 2 EGBGB). Mit Rücksicht darauf und die weiteren Übergangsregelungen des Art. 229 § 6 EGBGB hat § 852 Abs. 1, 2 BGB a.F. für eine Übergangszeit seine Bedeutung behalten.

---

411 BGH, NJW 1974, 1371, 1372.
412 BGHZ-GSZ-24, 21, 29 f. = NJW 1957, 785; BGH, VersR 1971, 1020, 1021; BB 1994, 1741; vgl. BGH, DB 1973, 1645, 1646, für den Sonderfall der Produzentenhaftung.
413 BGBl. I, S. 3138.
414 Art. 9 des Modernisierungsgesetzes.

Da diese Übergangszeit inzwischen verstrichen ist, wird bezüglich der **Voraussetzungen des § 852 Abs. 1, 2 BGB a.F.** auf frühere Ausführungen verwiesen[415] (vgl. Rn. 1462 ff., 1502). 2069

II. Neues Recht

1. §§ 194 ff. BGB

Seit dem 1.1.2002 verjährt ein Schadensersatzanspruch aus unerlaubter Handlung – auch eines Rechtsanwalts, Steuerberaters oder Wirtschaftsprüfers – **grundsätzlich nach §§ 194 ff. BGB** (Art. § 229 § 6 EGBGB; dazu Rn. 1444 ff.), soweit keine Sonderregelung gilt.[416] 2070

§ 852 BGB besteht nur noch aus dem früheren § 852 Abs. 3 BGB a.F., verbunden mit einer neuen Sonderverjährungsregelung. Der Hemmungstatbestand des § 852 Abs. 2 BGB a.F. ist in § 203 BGB aufgegangen.

2. Bereicherung aus unerlaubter Handlung (§ 852 BGB)

Der frühere § 852 Abs. 3 BGB a.F. ist nunmehr **§ 852 Satz 1 BGB**. Danach ist der Schädiger, der durch eine unerlaubte Handlung etwas auf Kosten des Geschädigten erlangt hat, zur **Herausgabe nach den Bereicherungsvorschriften** (§§ 812 ff. BGB) auch dann verpflichtet, nachdem der deliktische Schadensersatzanspruch verjährt ist. 2071

Nach herkömmlicher Rechtsprechung ergibt sich der Herausgabeanspruch seiner Rechtsnatur nach aus dem verjährten deliktischen Schadensersatzanspruch, so dass dessen Voraussetzungen erfüllt sein müssen; nur wegen des Umfangs des Herausgabeanspruchs wird auf §§ 812 ff. BGB verwiesen, so dass keine Prüfung erforderlich ist, ob die zusätzlichen Voraussetzungen eines Bereicherungsanspruchs vorliegen.[417] Im Schrifttum wird nunmehr mit Rücksicht auf die neue Verjährungsregelung in § 852 Satz 2 BGB angenommen, § 852 Satz 1 BGB erstrecke sich auf den gesamten Bereich der Eingriffskondiktion.[418]

Nach **§ 852 Satz 2 BGB** unterliegt ein Anspruch aus Satz 1 dieser Vorschrift einer **eigenständigen Sonderverjährung** von zehn Jahren seit Entstehung des Anspruchs, ohne Rücksicht auf die Entstehung in dreißig Jahren von der Begehung der Verletzungshandlung oder dem sonstigen Schadensereignis an. 2072

---

415 *Zugehör*, Anwaltshaftung, 1. Aufl., Rn. 1334 ff., 1617, 1757 ff., 1802 – Stichwort: Verjährung (§ 852 BGB); *ders.*, Beraterhaftung, Rn. 420 ff.; *ders.*, in: *Zugehör/Ganter/Hertel*, Notarhaftung, Rn. 2360 ff., 2429.
416 Dazu *Palandt/Heinrichs*, BGB, § 195 Rn. 7 ff., 17 ff.
417 BGHZ 71, 86, 98 f. = NJW 1978, 1377; BGH, DB 1986, 2017, 2018; BGHZ 130, 280, 297 = NJW 1995, 2788; BAG, NJW 2002, 1066, 1068, sämtlich zu § 852 Abs. 3 BGB a.F.
418 *Ebert*, NJW 2003, 3035, 3036 f.

2073 Soweit eine Forderung aus vorsätzlicher unerlaubter Handlung vorliegt, wenn der Geschädigte den Herausgabeanspruch aus § 852 Satz 1 BGB geltend macht, kann dagegen **nicht aufgerechnet** werden (§ 393 BGB).[419]

III. Arglisteinrede gemäß § 853 BGB

2074 Nach dieser – unverändert geltenden – Vorschrift kann der Geschädigte, wenn jemand durch eine unerlaubte Handlung eine Forderung gegen ihn erlangt hat, die Erfüllung dieser Forderung auch dann verweigern, wenn sein Schadensersatzanspruch, mit dem die Aufhebung der Forderung hätte begehrt werden können (§ 249 Abs. 1 BGB), verjährt ist.[420]

2075 ## H. Anhang: Rechtsprechungslexikon

Abwehranspruch

Zur Abgrenzung zwischen Tatsachenbehauptung und Werturteil.
BVerfG, Beschl. v. 7.11.2002 – 1 BvR 580/02, NJW 2003, 277; v. 19.2.2004 – 1 BvR 417/98, NJW 2004, 1942; BGH, Urt. v. 12.5.1987 – VI ZR 195/86, NJW 1987, 2225, 2226 f.; v. 25.3.1997 – VI ZR 102/96, NJW 1997, 2513; v. 20.2.2003 – III ZR 224/01, BGHZ 154, 54, 60 = MDR 2003, 809.

Zur Verletzung des Persönlichkeitsrechts.
BVerfG, Beschl. v. 14.12.2001 – 2 BvR 152/01, WM 2003, 1023; BGH, Urt. v. 27.1.1998 – VI ZR 72/97, NJW 1998, 1391; v. 1.12.1999 – I ZR 49/97, BGHZ 143, 214, 217 = WM 2000, 1449.

Zur Abwägung der Meinungsäußerungsfreiheit gegen das allgemeine Persönlichkeitsrecht.
BGH, Urt. v. 16.6.1998 – VI ZR 205/97, BGHZ 139, 95 = WM 1998, 2164, 2165 f.; v. 29.6.1999 – VI ZR 264/98, NJW 1999, 2893, 2894; v. 30.5.2000 – VI ZR 276/99, WM 2000, 2393, 2395; v. 29.1.2002 – VI ZR 20/01, WM 2002, 937, 938 f.; v. 30.9.2003 – VI ZR 89/02, BGHZ 156, 206 = NJW 2004, 596; v. 7.12.2004 – VI ZR 308/03, NJW 2005, 592; vgl. BVerfG, Beschl. v. 13.2.1996 – 1 BvR 262/91, NJW 1996, 1529 f.

Eine diffamierende Schmähkritik überschreitet die Grenzen einer zulässigen Meinungsäußerung.
BVerfG, Beschl. v. 18.12.2002 – 1 BvR 244/98, NJW 2003, 961, 962; v. 30.9.2003 – 1 BvR 865/00, NJW 2004, 590, 591; BGH, Urt. v. 1.2.1977 – VI ZR 204/74, WM 1977, 653, 655; v. 12.5.1987 – VI ZR 195/86, NJW 1987, 2225, 2227; v. 7.12.1999 – VI ZR 51/99, BGHZ 143, 199, 208 = WM 2000, 788 = NJW 2000, 1036 (Verdachts-

---

419 BGH, NJW 1977, 529, 530, zu § 852 Abs. 3 BGB a.F.
420 Vgl. BGH, NJW 1969, 604, 605 (Versäumung der Anfechtungsfrist wegen arglistiger Täuschung).

berichterstattung); v. 30.5.2000 – VI ZR 276/99, WM 2000, 2393, 2395; v. 29.1.2002 – VI ZR 20/01, WM 2002, 937, 938; OLG Saarbrücken, Urt. v. 4.12.2002 – 1 U 501/02 – 121, NJW-RR 2003, 176.

Ein Anspruch auf Widerruf beleidigender Äußerungen, die nur gegenüber dem Verletzten gemacht worden sind, besteht nicht.
BGH, Urt. v. 17.6.1953 – VI ZR 51/52, BGHZ 10, 104, 105 f. = NJW 1953, 1386.

I.d.R. kann der Betroffene nicht Widerruf oder Unterlassung eines ehrenkränkenden Vorbringens einer Partei oder eines Zeugen verlangen, das der Rechtsverfolgung oder -verteidigung in einem schwebenden Verfahren dient.
*BVerfG, Beschl. v. 25.2.1987 – 1 BvR 1086/85, NJW 1987, 1929 (Strafanzeige); v. 23.6.1990 – 2 BvR 674/88, NJW 1991, 29 (Zivilprozess); v. 11.4.1991 – 2 BvR 963/90, NJW 1991, 2074 (Zivilprozess); v. 16.3.1999 – 1 BvR 734/98, NJW 2000, 199, 200 (**Rechtsanwalt** im Strafverfahren); v. 28.3.2000 – 2 BvR 1392/96, NJW 2000, 3196 (Strafverfahren); BGH, Urt. v. 3.10.1961 – VI ZR 242/60, BGHZ 36, 18, 20 f. = NJW 1961, 2254 (Konkursantrag); v. 14.11.1961 – VI ZR 89/59, NJW 1962, 243 (Zivilprozess, Strafanzeige, Beschwerde an **Rechtsanwaltskammer**); v. 24.11.1970 – VI ZR 70/69, NJW 1971, 284 f. (Zivilprozess); v. 13.3. 1979 – VI ZR 117/77, BGHZ 74, 9, 14 f. = NJW 1979, 1351 (**Rechtsanwalt** im Verfahren gemäß § 807 ZPO); v. 23.5.1985 – IX ZR 132/84, BGHZ 95, 10, 18 f. = NJW 1985, 1959 (Zwangsvollstreckung); v. 10.6.1986 – VI ZR 154/85, NJW 1986, 2502, 2503 (Zeuge im Strafverfahren); v. 12.5.1992 – VI ZR 257/91, BGHZ 118, 201, 206 = NJW 1992, 2014 (Zwangsvollstreckung); v. 23.2.1999 – VI ZR 140/98, NJW 1999, 2736 (Verwaltungsverfahren); v. 25.3.2003 – VI ZR 175/02, BGHZ 154, 269, 271 f. = WM 2003, 967 = NJW 2003, 1934 (Zivilprozess eines Konkursverwalters); v. 11.11.2003 – VI ZR 371/02, NJW 2004, 446, 447 = WM 2004, 34 (Zivilprozess); v. 12.11.2004 – V ZR 322/03, NJW-RR 2005, 315 (Grundbuchverfahren); v. 16.11.2004 – VI ZR 298/03, NJW 2005, 279, 280 f. (**Rechtsanwalt** in Zivilprozess); OLG Köln, Urt. v. 28.5.1999 – 11 U 265/98, MDR 1999, 1351 (vorprozessuales Verhalten).*

Für eine Ehrenschutzklage besteht dann ein Rechtsschutzbedürfnis, wenn die ehrenkränkende Äußerung außerhalb der prozessualen Rechtsverfolgung in Rundschreiben oder ähnlichen an die Öffentlichkeit gerichteten Aktionen aufgestellt worden ist.
BGH, Urt. v. 17.12.1991 – VI ZR 169/71, NJW 1992, 1314, 1315 f.

Die Verurteilung zum Widerruf einer ehrkränkenden Behauptung setzt voraus, dass die Unwahrheit der zu widerrufenden Behauptung feststeht.
BGH, Urt. v. 5.6.1962 – VI ZR 236/61, BGHZ 37, 187, 189 ff. = NJW 1962, 1438.

Solange der Kläger ernsthafte Anhaltspunkte für die Wahrheit einer ehrenrührigen Behauptung nicht ausgeräumt hat, kann er nicht deren Widerruf verlangen, auch nicht in der eingeschränkten Form, der Beklagte „könne sie nicht aufrechterhalten, weil er sie nicht beweisen könne".
BGH, Urt. v. 14.6.1977 – VI ZR 111/75, BGHZ 69, 181, 182 f. = NJW 1977, 1681.

Der Betroffene kann den Widerruf der ehrverletzenden unwahren Behauptungen grundsätzlich auch dann verlangen, wenn sie im „kleinen Kreis" aufgestellt worden sind.
BGH, Urt. v. 20.12.1983 – VI ZR 94/82, BGHZ 89, 198, 203 = NJW 1984, 1104, 1105.

Führt eine unwahre Tatsachenbehauptung auf der Titelseite einer Illustrierten zu einer fortdauernden Persönlichkeitsverletzung des Betroffenen, so kann dieser vom Verleger einen Widerruf gleichfalls auf der Titelseite der Illustrierten verlangen.

Zur Geldentschädigung bei vorsätzlicher Verletzung des Persönlichkeitsrechts zwecks Gewinnerzielung.
BGH, Urt. v. 15.11.1994 – VI ZR 56/94, BGHZ 128, 1, 6 ff. = NJW 1995, 861.

Bei einer Verletzung des allgemeinen Persönlichkeitsrechts kann Unterlassung künftiger Beeinträchtigungen verlangt werden, wenn weitere Verletzungen zu besorgen sind.
BGH, Urt. v. 18.3.1959 – IV ZR 182/58, BGHZ 30, 7, 14 = NJW 1959, 1269.

Ein vorbeugender Unterlassungsanspruch kann dann bestehen, wenn es bisher noch zu keiner Beeinträchtigung gekommen ist, ein künftiger Eingriff aber aufgrund greifbarer Anhaltspunkte zu besorgen ist (Erstbegehungsgefahr).
BGH, Urt. v. 10.4.1956 – I ZR 165/54, LM BGB § 1004 Nr. 27; v. 10.3.1987 – VI ZR 144/86, NJW 1987, 2222; v. 26.4.1990 – I ZR 99/88, NJW 1990, 2469, 2470; v. 17.6.1997 – VI ZR 114/96, NJW 1997, 2593; v. 26.9.2000 – VI ZR 279/99, NJW 2001, 157; v. 31.5.2001 – I ZR 106/99, NJW-RR 2001, 1483.

Ein rechtswidriger Eingriff in das allgemeine Persönlichkeitsrecht begründet die tatsächliche Vermutung einer Wiederholungsgefahr.
BGH, Urt. v. 8.2.1994 – VI ZR 286/93, WM 1994, 641, 644; v. 19.10.2004 – VI ZR 292/03, NJW 2005, 594.

Zur Gegendarstellung und Richtigstellung auf der Titelseite einer Zeitschrift wegen Verletzung des Persönlichkeitsrechts.
BVerfG, Beschl. v. 14.1.1998 – 1 BvR 1861/93, NJW 1998, 1381, 1382 ff.

Bei rufschädigenden Meinungsäußerungen kann dem Verletzten auf negatorischer und deliktischer Grundlage ein Anspruch auf Veröffentlichung einer strafbewehrten Unterlassungsverpflichtung des Schädigers zustehen.
BGH, Urt. v. 25.11.1986 – VI ZR 57/86, BGHZ 99, 133, 135 ff. = NJW 1987, 1400.

Nach geltendem Recht kann nicht zum Zwecke des zivilrechtlichen Ehrenschutzes auf Feststellung der Unwahrheit einer Tatsachenbehauptung oder der Rechtswidrigkeit einer Persönlichkeitsverletzung geklagt werden.
BGH, Urt. v. 3.5.1977 – VI ZR 36/74, BGHZ 68, 331, 335 = NJW 1977, 1288.

§ 254 BGB ist auch im Rahmen des Beseitigungsanspruchs nach § 1004 Abs. 1 Satz 1 BGB entsprechend anwendbar.
BGH, Urt. v. 18.4.1997 – VI ZR 28/96, BGHZ 135, 235, 239 = JZ 1998, 92.

Anscheinsbeweis

Kann zugunsten des Klägers im Wege des Anscheinsbeweises bei typischen Geschehensabläufen nach der Lebenserfahrung von einem bestimmten Ereignis auf einen bestimmten Erfolg geschlossen werden, so kann der Beklagte dem Anscheinsbeweis dadurch die Grundlage entziehen, dass er Umstände aufzeigt und notfalls beweist, aus denen sich die ernsthafte Möglichkeit eines anderen als des erfahrungsgemäß normalen Verlaufs der Dinge ergibt. Gelingt ihm dies, so hat der Kläger den vollen Beweis für die Voraussetzungen seines Anspruchs zu erbringen.
BGH, Urt. v. 12.2.1963 – VI ZR 70/62, BGHZ 39, 103, 107 f. = NJW 1963, 953; v. 17.1.1995 – X ZR 82/93, VersR 1995, 723, 724.

Beweis

Bei Personen- und Sachschäden – i.d.R. also bei Schadensersatzansprüchen aus § 823 Abs. 1 BGB – gehört der Zusammenhang zwischen dem Verhalten des Schädigers und der Rechtsgutverletzung im Allgemeinen zum konkreten Haftungsgrund (haftungsbegründende Kausalität), der nach den strengen Anforderungen des § 286 ZPO zu beweisen ist.

Bei einem vertraglichen Anspruch auf Ersatz eines Vermögensschadens erstreckt sich der Bereich des nach § 286 ZPO zu beweisenden Haftungsgrundes nur bis zu der Feststellung, der Vertragspartner sei durch die Vertragsverletzung so betroffen worden, dass nachteilige Folgen für ihn eintreten konnten.

Den Ursachenzusammenhang zwischen dem Haftungsgrund und dem eingetretenen Schaden (haftungsausfüllende Kausalität) hat der Tatrichter nach § 287 ZPO festzustellen; insoweit genügt für die Überzeugungsbildung je nach Lage des Einzelfalls eine höhere oder deutlich höhere Wahrscheinlichkeit.
BGH, Urt. v. 24.6.1986 – VI ZR 21/85, NJW 1987, 705 f.; v. 22.9.1992 – VI ZR 293/91, NJW 1992, 3298 f.; v. 15.6.1993 – XI ZR 111/92, NJW 1993, 3073, 3076.

Zur Beweislast für Rechtfertigungs- und Entschuldigungsgründe im Deliktsrecht.
BGH, Urt. v. 22.3.1999 – VI ZR 53/98, NJW 1999, 2895; v. 19.10.2004 – X ZR 142/03, NJW-RR 2005, 172.

Gehilfenhaftung (§ 831 BGB)

§ 831 BGB bedarf mit Rücksicht auf seinen Schutzzweck einer Einschränkung. Der Geschäftsherr haftet nicht, wenn der Gehilfe sich so verhalten hat, wie jede mit Sorgfalt ausgewählte und überwachte Person sich sachgerecht verhalten hätte; bei objektiv

fehlerfreiem Verhalten bestünde nämlich gegen den Geschäftsherrn auch bei eigenem Handeln kein Schadensersatzanspruch. In diesem Falle ist kein Entlastungsbeweis i.S.d. § 831 Abs. 1 Satz 2 BGB erforderlich.
BGH-GSZ-, Beschl. v. 4.3.1957 – GSZ 1/56 –, BGHZ 24, 21, 29 = NJW 1957, 785; Urt. v. 22.11.1974 – I ZR 32/74, VersR 1975, 447, 449; v. 12.7.1996 – V ZR 280/94, NJW 1996, 3205, 3207; OLG Oldenburg, Urt. v. 8.5.1987 – 6 U 151/85, NJW-RR 1988, 38.

Verrichtungsgehilfe i.S.d. § 831 BGB ist derjenige, der von Weisungen seines Geschäftsherrn abhängig ist. Dafür genügt es, dass der Geschäftsherr die Tätigkeit des Gehilfen jederzeit beschränken oder entziehen oder nach Zeit und Umfang bestimmen kann.
BGH, Urt. v. 12.6.1997 – I ZR 36/95, WM 1998, 257, 259.

Selbständige Handwerker und Unternehmer – auch Subunternehmer – sind i.d.R. keine Verrichtungsgehilfen des Bauherrn.

Der geschädigte Kläger hat zu beweisen, dass der Schaden von einem Verrichtungsgehilfen des Beklagten zugefügt worden ist.
BGH, Urt. v. 21.6.1994 – VI ZR 215/93, BB 1994, 1741.

Der Gehilfe schädigt einen anderen „in Ausführung der Verrichtung", wenn sein schadensstiftendes Handeln innerhalb des übernommenen Pflichtenkreises liegt, also ein unmittelbarer innerer Zusammenhang zwischen seiner zugewiesenen Aufgabe nach deren Art und Zweck einerseits und der schädigenden Handlung andererseits besteht.

Daran fehlt es, wenn aus der Sicht eines Außenstehenden das Verhalten des Gehilfen aus dem Kreis oder dem allgemeinen Rahmen der ihm anvertrauten Aufgabe herausfällt. Dies ist der Fall, wenn der Gehilfe nur bei Gelegenheit der Erledigung seiner Aufgaben den Schaden verursacht, also etwa dann, wenn der Gehilfe rein zufällig mit den Rechtsgütern des Geschädigten in einer Weise in Berührung kommt, die ihm lediglich die Gelegenheit bietet, eine von den ihm übertragenen Aufgaben völlig losgelöste unerlaubte Handlung zu begehen.
BGH, Urt. v. 6.10.1970 – VI ZR 56/79, NJW 1971, 31, 32; v. 13.7.1977 – VIII ZR 243/75, WM 1977, 1169, 1170; v. 14.2.1989 – VI ZR 121/88, NJW-RR 1989, 723, 725.

Hat der Geschädigte die Schädigung durch den Verrichtungsgehilfen bewiesen, so hat der Geschäftsherr einen Sachverhalt zu behaupten und zu beweisen, der die an sich gegebene Rechtswidrigkeit der Rechtsgutverletzung aus besonderen Gründen entfallen lässt.
BGH, Urt. v. 29.6.1971 – VI ZR 274/69, VersR 1971, 1020, 1021.

Hat ein bei der Herstellung der Ware entstandener Mangel einen Schaden verursacht, so muss der auf Schadensersatz in Anspruch genommene Hersteller darlegen und beweisen, dass Verrichtungsgehilfen, bezüglich derer er sich nicht nach § 831 Abs. 1 Satz 2 BGB entlastet hat, den Mangel nicht herbeigeführt haben können.
BGH, Urt. v. 19.6.1973 – VI ZR 178/71, DB 1973, 1645, 1646.

Im Schadensfall braucht sich nicht derjenige Mangel des Gehilfen ausgewirkt zu haben, den der Geschäftsherr bei der Auswahl oder Überwachung erkennen musste, aber schuldhaft nicht beachtet hat.
BGH, Urt. v. 14.3.1978 – VI ZR 213/76, NJW 1978, 1681, 1682.

Für ein deliktisches Verhalten ihres Prozessbevollmächtigten haftet die Partei auch bei unbeschränkter Vollmachtserteilung nur nach § 831 BGB.

Das Mandat begründet ein Abhängigkeitsverhältnis i.S.d. Vorschrift, weil der Auftraggeber den Auftrag jederzeit beschränken oder entziehen kann und dem Rechtsanwalt Weisungen erteilen darf.
BGH, Urt. 15.2.1957, – VI ZR 335/55, VersR 1957, 301 = LM BGB § 823 – Hb – Nr. 5 (irrtümliche Zwangsvollstreckung infolge Namensverwechslung).

Maß und Umfang der Pflicht des Geschäftsherrn, den Verrichtungsgehilfen auszuwählen, zu überwachen und zu leiten, lassen sich nicht nach starren Regeln, sondern nur nach der Verkehrsanschauung und den Besonderheiten des Einzelfalles beurteilen.
BGH, Urt. v. 30.1.1996 – VI ZR 408/94, NJW-RR 1996, 867, 868 = VersR 1996, 469; OLG Köln, Urt. v. 21.6.1996 – 19 U 2/96, NJW-RR 1997, 471.

Schädigt ein Rechtsanwalt im Rahmen eines Mandats einen Dritten, so kann sich der Auftraggeber i.S.d. § 831 Abs. 1 Satz 2 BGB dahin entlasten, dass er bei der Auswahl seines Rechtsanwalts die erforderliche Sorgfalt beachtet hat. Er braucht nicht die Eignung des Rechtsanwalts zu prüfen, sondern darf sich darauf verlassen, dass dieser aufgrund seiner akademischen Ausbildung und wegen der staatlichen Zulassung über eine hinreichende Qualifikation verfügt und der übertragenen Aufgabe gerecht werden kann. Dementsprechend braucht der Mandant den Rechtsanwalt auch nicht bei der Ausübung seiner Tätigkeit zu beaufsichtigen.
OLG Koblenz, Beschl. v. 8.11.1988 – 6 W 681/88, NJW-RR 1989, 363.

Zum dezentralisierten Entlastungsbeweis bei einem Großbetrieb.
BGH, Urt. v. 25.10.1951 – III ZR 95/50, BGHZ 4, 1, 2 ff.; v. 17.10.1967 – VI ZR 70/66, MDR 1968, 139, 140; v. 30.1.1996 – VI ZR 408/94, VersR 1996, 469, 470.

§ 831 BGB stellt die Vermutung eines eigenen Verschuldens des Geschäftsherrn auf; dadurch wird aber die Schadenshandlung des Verrichtungsgehilfen nicht zu seiner eigenen Tat.

Deswegen kann der aus § 831 BGB haftende Geschäftsherr dem Geschädigten dessen Mitverschulden bei der Entstehung des Schadens entgegenhalten.
RG, Urt. v. 9.3.1938 – VI 212/37, RGZ 157, 228, 233.

Der Geschäftsführer einer GmbH haftet nicht aus § 831 Abs. 2 BGB für den Schaden, den ein von ihm bestellter Verrichtungsgehilfe verursacht hat. Zwar besteht zwischen einer GmbH und ihrem Geschäftsführer i.d.R. ein vertragliches Anstellungsverhältnis;

jedenfalls im Haftpflichtrecht wird jedoch die Rechtsstellung des Geschäftsführers durch seine Organstellung geprägt.
BGH, Urt. v. 14.5.1974 – VI ZR 8/73, NJW 1974, 1371, 1372.

Der Geschäftsherr darf Verrichtungsgehilfen nur solche Tätigkeiten übertragen, deren gefahrlose Durchführung er von ihnen erwarten kann und die dafür die gesetzlichen Anforderungen erfüllen. Er muss sich insoweit von ihren Fähigkeiten, ihrer Eignung und ihrer Zuverlässigkeit überzeugen. Besonders scharfe Maßstäbe sind in dieser Hinsicht anzulegen, wenn die dem Gehilfen übertragene Tätigkeit mit Gefahren für die öffentliche Sicherheit oder mit schwerwiegenden Risiken für Leben, Gesundheit oder Eigentum Dritter verbunden ist.
BGH, Urt. v. 8.10.2002 – VI ZR 182/01, NJW 2003, 288, 289 f.

Einer Gesellschaft bürgerlichen Rechts steht regelmäßig kein Weisungsrecht gegenüber ihren Gesellschaftern zu, so dass eine Haftung aus § 831 BGB für eine unerlaubte Handlung eines Gesellschafters grundsätzlich entfällt.
BGH, Urt. v. 30.6.1966 – VII ZR 23/65, BGHZ 45, 311, 313 = NJW 1966, 1807; v. 24.6.2003 – VI ZR 434/01, BGHZ 155, 205, 209 f. = NJW 2003, 2984.

Eine Gesellschaft bürgerlichen Rechts muss sich ein zu Schadensersatz verpflichtendes Verhalten ihrer geschäftsführenden Gesellschafter entsprechend § 31 BGB zurechnen lassen; die Gesellschafter einer solchen Gesellschaft haften grundsätzlich auch für deren gesetzlich begründete Verbindlichkeiten persönlich und als Gesamtschuldner.
BGH, Urt. v. 24.2.2003 – II ZR 385/99, BGHZ 154, 88, 93 f. = NJW 2003, 1445; v. 24.6.2003 – VI ZR 434/01, BGHZ 155, 205, 209 f. = NJW 2003, 2984.

Kreditgefährung (§ 824 BGB)

§ 824 BGB schützt das Interesse an ungestörter wirtschaftlicher Betätigung nicht umfassend gegen jede Bedrohung, die auf eine falsche Information zurückgeführt werden kann. Geschützt sind nur diejenigen Interessen, die der Betroffene an ungestörten wirtschaftlichen Beziehungen zu denjenigen Personen hat, die ihm als Geschäftspartner im weiten Sinne – etwa als Kreditgeber, Abnehmer, Lieferant, Auftrag- und Arbeitgeber – Existenz und Fortkommen im Wirtschaftsleben ermöglichen.

Der Schutzbereich der Vorschrift erstreckt sich nicht auf außergeschäftliche Beziehungen des Betroffenen zu seiner Umwelt. Deshalb greift § 824 BGB nicht ein, soweit es um Aufforderungen zu Streiks, Blockaden und Aktionen von Personen geht, die als Außenstehende dem Erwerb oder dem Fortkommen des Betroffenen Hindernisse bereiten können.
BGH, Urt. v. 7.2.1984 – VI ZR 193/82, BGHZ 90, 113, 119 ff. = NJW 1984, 1607.

§ 824 BGB soll allein vor unmittelbaren Beeinträchtigungen wirtschaftlicher Interessen durch Behauptung oder Verbreitung unwahrer Tatsachen schützen. Die Vorschrift begründet nur für denjenigen einen Ersatzanspruch, der von der Stoßrichtung einer

unrichtigen – nicht notwendigerweise ehrenrührigen – Aussage nach dem Verkehrsverständnis betroffen ist, weil diese sich mit seiner Person, seinem Unternehmen oder seiner Tätigkeit unmittelbar befasst. Diese Beschränkung des Schutzumfangs ergibt sich aus der Entstehungsgeschichte und der Stellung der Vorschrift im Haftungssystem.
BGH, Urt. v. 20.12.1988 – VI ZR 95/88, DB 1989, 921.

Zur Frage, ob eine den wirtschaftlichen Ruf beeinträchtigende Erklärung eine Tatsachenbehauptung oder Meinungsäußerung ist.

Zum Wahrheitsbeweis beim Unterlassungsbegehren.
BGH, Urt. v. 30.5.1974 – VI ZR 174/72, DB 1974, 1429 f.

Zur Wahrnehmung berechtigter Interessen i.S.d. § 824 Abs. 2 BGB.
BGH, Urt. v. 13.3.1979 – VI ZR 117/77, BGHZ 74, 9, 18 = NJW 1979, 1351 (unberechtigte Vollstreckungsmaßnahme eines Rechtsanwalts); v. 3.12.1985 – VI ZR 160/84, NJW 1986, 981, 982 (Veröffentlichung von Preisvergleichen); v. 20.12.1988 – VI ZR 95/88, DB 1989, 921, 922 (Filmbesprechung); OLG Düsseldorf, Urt. v. 11.1.1984 – 3 U 82/83, VersR 1985, 247 (Pressemitteilung).

Wer unwahre kreditschädigende Tatsachen behauptet hat, kann dem Betroffenen zur Auskunft verpflichtet sein, wem gegenüber er die Vorwürfe verbreitet hat.
BGH, Urt. v. 6.2.1962 – VI ZR 193/61, NJW 1962, 731.

Die Regelung des § 824 BGB, die Schadensersatzansprüche wegen Gefährdung der „Geschäftsehre" durch unwahre Behauptungen begründet, verdrängt nicht eine Haftung aus § 823 Abs. 2 BGB i.V.m. §§ 185 ff. StGB.
BGH, Urt. v. 16.11.1982 – VI ZR 122/80, NJW 1983, 1183.

Mitverschulden

Ein mitwirkendes Verschulden ist ein Verschulden in eigener Angelegenheit, nämlich ein Außerachtlassen derjenigen Aufmerksamkeit und Sorgfalt, die nach Lage der Sache jeder verständige Mensch zur Wahrnehmung seiner Angelegenheiten beachtet, um Schäden zu vermeiden.
BGH, Urt. v. 3.7.1961 – III ZR 101/60, VersR 1961, 907.

Trifft den Geschädigten ein Mitverschulden (§ 254 BGB), so richtet sich die Abwägung der wechselseitigen Schadensbeiträge in erster Linie danach, inwieweit der Schaden vorwiegend von dem einen oder dem anderen Teil verursacht worden ist; hierfür ist maßgeblich, wer den Schaden in wesentlich höherem Maße wahrscheinlich gemacht hat. Erst wenn sich ergibt, dass kein Teil den Schaden überwiegend verursacht hat, ist der beiderseitige Verschuldensgrad zu prüfen.
BGH, Urt. v. 29.1.1969 – I ZR 18/67, NJW 1969, 789, 790.

Gegenüber einer vorsätzlichen Schädigung ist ein fahrlässiger Beitrag des Geschädigten an der Schadensentstehung grundsätzlich nicht anzurechnen.
BGH, Urt. v. 6.12.1983 – VI ZR 60/82, NJW 1984, 921, 922; v. 9.10.1991 – VIII ZR 19/91, NJW 1992, 310, 311; v. 5.3.2002 – VI ZR 398/00, NJW 2002, 1643, 1643, 1646.

Der aus § 831 BGB haftende Geschäftsherr kann dem Geschädigten dessen Mitverschulden bei der Entstehung des Schadens entgegenhalten.
RG, Urt. v. 9.3.1938 – VI 212/37, RGZ 157, 228, 233.

§ 254 BGB ist auch im Rahmen eines Beseitigungsanspruchs nach § 1004 Abs. 1 Satz 1 BGB entsprechend anwendbar.
BGH, Urt. v. 18.4.1997 – V ZR 28/96, BGHZ 135, 235, 239 = JZ 1998, 92.

Rechtsanwalt

Für ein deliktisches Verschulden ihres Prozessbevollmächtigten haftet die Partei auch bei unbeschränkter Vollmachtserteilung nur nach § 831 BGB.
BGH, Urt. v. 15.2.1957 – VI ZR 335/55, VersR 1957, 301.

Schädigt ein Rechtsanwalt im Rahmen eines Mandats einen Dritten, so kann sich der Auftraggeber i.S.d. § 831 Abs. 1 Satz 2 BGB dahin entlasten, dass er bei der Auswahl seines Rechtsanwalts die erforderliche Sorgfalt beachtet hat. Er braucht nicht die Eignung des Rechtsanwalts zu prüfen, sondern darf sich darauf verlassen, dass dieser aufgrund seiner akademischen Ausbildung und wegen der staatlichen Zulassung über eine hinreichende Qualifikation verfügt und der übertragenen Aufgabe gerecht werden kann. Dementsprechend braucht der Mandant den Rechtsanwalt auch nicht bei der Ausübung seiner Tätigkeit zu beaufsichtigen.
OLG Koblenz, Beschl. v. 8.11.1988 – 6 W 681/88, NJW-RR 1989, 363.

Verzögert der mit der Zwangsvollstreckung beauftragte Rechtsanwalt die Freigabe des Pfandgegenstandes, nachdem ein die Veräußerung hinderndes Recht glaubhaft gemacht ist, so haftet der Gläubiger aufgrund der durch den Vollstreckungseingriff begründeten privatrechtlichen Sonderbeziehung i.V.m. § 278 BGB für den Verzugsschaden des Dritten.
BGH, Urt. v. 7.3.1972 – VI ZR 158/70, BGHZ 58, 207, 214 ff. = NJW 1972, 1048.

Zur Haftung eines Rechtsanwalts, der die im Auftrag des Gläubigers eingeleitete Zwangsvollstreckung versehentlich nach Tilgung der Schuld weiterbetreibt.
BGH, Urt. v. 13.3.1979 – VI ZR 117/77, BGHZ 74, 9, 11 ff. = NJW 1979, 1351.

Die Zwangsvollstreckung in schuldnerfremde Gegenstände ist grundsätzlich eine Eigentumsverletzung i.S.d. § 823 Abs. 1 BGB und kann eine deliktische Haftung des Betreibers begründen. Dies gilt auch, wenn das beeinträchtigte Recht des Dritten in einem Sicherungseigentum besteht.

H. Anhang: Rechtsprechungslexikon

Die Haftung kann neben dem Gläubiger des Vollstreckungsverfahrens auch dessen Rechtsanwalt betreffen, der namens des Gläubigers die Zwangsvollstreckung betreibt, es sei denn, dass eine verbindliche Weisung im Mandatsverhältnis vorliegt.
BGH, Urt. v. 12.5.1992 – VI ZR 257/91, BGHZ 118, 201, 205 = NJW 1992, 2014.

Ein Rechtsanwalt, der an einem Vertrag zur Zahlung einer Abfindung gegen Rücknahme einer aktienrechtlichen Anfechtungsklage mitwirkt, kann aus § 826 BGB und § 823 Abs. 2 BGB i.V.m. §§ 253, 25, 27 StGB haften.
BGH, Urt. v. 14.5.1992 – II ZR 299/90, NJW 1992, 2821 f. = WM 1992, 1184.

Gibt ein Rechtsanwalt gegenüber einem Gläubiger seines Mandanten unwahre Erklärungen über dessen Kreditwürdigkeit ab, so kann er wegen Beihilfe zum Betrug (§ 823 Abs. 2 BGB i.V.m. §§ 263, 27 StGB) oder aus § 826 BGB haften.
BGH, Urt. v. 24.1.1978 – VI ZR 105/76, WM 1978, 576, 577.

Zum Anspruch eines Rechtsanwalts, ein gegen ihn gerichtetes Flugblatt eines früheren Mandanten nicht zu verbreiten.
BGH, Urt. v. 25.3.1997 – VI ZR 102/96, NJW 1997, 2513.

Ein Rechtsanwalt kann den Widerruf ehrverletzender unwahrer Behauptungen auch dann verlangen, wenn sie im „kleinen Kreis" aufgestellt worden sind.
BGH, Urt. v. 20.12.1983 – VI ZR 94/82, BGHZ 89, 198, 203 = NJW 1984, 1104.

Die Pflicht des Rechtsanwalts, den Sachverhalt wahrheitsgemäß und vollständig mitzuteilen (§ 138 Abs. 1 ZPO), entfällt, wenn er sich mit der Offenbarung des wahren Sachverhalts in Widerspruch zu früheren Behauptungen seines Mandanten setzen und diesen dadurch der Unwahrhaftigkeit und damit eines versuchten Prozessbetruges bezichtigen müsste.
BGH, Urt. v. 8.8.1952 – 4 StR 416/51, NJW 1952, 1148.

Zum Prozessbetrug im Mahnverfahren.
OLG Düsseldorf, Beschl. v. 30.8.1991 – 2 Ws 317/91, NStZ 1991, 586.

Zum Unterlassungsanspruch bei anwaltlicher Presseerklärung.
KG, Urt. v. 27.5.1997 – 9 U 901/97, NJW 1997, 2390.

Zur straf- und verfassungsrechtlichen Bewertung einer ehrverletzenden Äußerung eines Mandanten in einem Gebührenprozess gegenüber seinem früheren Rechtsanwalt.
BVerfG, Beschl. v. 11.4.1991 – 2 BvR 963/90, NJW 1991, 2074, 2075.

Ein Rechtsanwalt darf im Rahmen seiner Berufsausübung auch starke, eindringliche Ausdrücke und sinnfällige Schlagworte benutzen und sogar „ad personam" argumentieren.
BVerfG, Beschl. v. 16.3.1999 – 1 BvR 734/98, NJW 2000, 199, 200.

Zugehör

Anwalts-Ranglisten in Handbüchern, die auf Interviews beruhen, enthalten im Schwerpunkt wertende Äußerungen, keine Tatsachenbehauptungen.
BVerfG, Beschl. v. 7.11.2002 – 1 BvR 580/02, NJW 2003, 277.

Zur Verletzung des allgemeinen Persönlichkeitsrechts eines Rechtsanwalts durch einen Prozessbericht in einer Zeitung.
BVerfG, Beschl. v. 14.7.2004 – 1 BvR 263/03, NJW 2004, 3619.

Die Grundsätze für den Ausschluss von Ehrenschutzklagen in einem Rechtspflegeverfahren gelten nicht, wenn ehrverletzende Äußerungen (hier eines Rechtsanwalts) in einem Rundschreiben oder Artikel außerhalb einer prozessualen Rechtsverfolgung aufgestellt werden.
BGH, Urt. v. 16.11.2004 – VI ZR 298/03, NJW 2005, 279, 281.

Ein Rechtsanwalt kann grundsätzlich nicht die Unterlassung von Äußerungen verlangen, die ein Dritter in einer Beschwerde an die Rechtsanwaltskammer über angebliche anwaltliche Fehler bei der Betreuung eines Mandanten macht und zu seiner Rechtsverteidigung gegenüber seinem Rechtsanwalt vorprozessual und in einem Gerichtsverfahren vorbringt.
OLG Köln, Urt. v. 28.5.1999 – 11 U 265/98, MDR 1999, 1351 f.

Eine Schmähkritik eines Mandanten in einem Gebührenprozess an seinem früheren Rechtsanwalt verletzt dessen allgemeines Persönlichkeitsrecht.
OLG Saarbrücken, Urt. v. 4.12.2002 – 1 U 501/02 – 121, NJW-RR 2003, 176, 177.

Zum Anspruch eines Mandanten auf ein angemessenes Schmerzensgeld, wenn dieser infolge eines Verschuldens seines Rechtsanwalts (Strafverteidigers) in Untersuchungshaft genommen wurde.
KG, Urt. v. 17.1.2005 – 12 U 302/03, NJW 2005, 1284, 1285.

Rechtspflegeverfahren

→ *„Abwehranspruch"*

Grundsätzlich indiziert die subjektiv redliche Einleitung und Durchführung eines gesetzlich geregelten Rechtspflegeverfahrens nicht schon die Rechtswidrigkeit der Beeinträchtigung eines in § 823 BGB geschützten Rechtsguts, weil das schadensursächliche Verhalten wegen seiner verfahrensrechtlichen Legalität die Vermutung der Rechtmäßigkeit für sich hat. Daher haftet derjenige, der Rechtsschutz begehrt, seinem Gegner außerhalb der schon im Verfahrensrecht vorgesehenen Sanktionen nicht nach dem sachlichen Recht der unerlaubten Handlungen für die Folgen einer nur fahrlässigen Fehleinschätzung der Rechtslage.

Diese Grundsätze sind nur dann anzuwenden, wenn derjenige, dessen durch § 823 BGB geschütztes Rechtsgut beeinträchtigt wird, sich gegen eine ungerechtfertigte Inanspruchnahme in dem Verfahren selbst hinreichend wehren kann. Ist dies nicht der Fall,

so muss es beim uneingeschränkten deliktischen Rechtsgüterschutz verbleiben.
BVerfG, Beschl. v. 25.2.1987 – 1 BvR 1086/85, NJW 1987, 1929 (Strafanzeige); v. 11.4.1991 – 2 BvR 963/90, NJW 1991, 2074, 2075 (Zivilprozess); v. 16.3.1999 – 1 BvR 734/98, NJW 2000, 199, 200 (Strafverfahren); v. 28.3.2000 – 2 BvR 1392/96, NJW 2000, 3196 (Strafverfahren); BGH, Urt. v. 3.10.1961 – VI ZR 242/60, BGHZ 36, 18, 20 f. (unbegründeter Konkursantrag); v. 13.3.1979 – VI ZR 117/77, BGHZ 74, 9, 14 ff. (unbegründete Einleitung eines Offenbarungsverfahrens gemäß § 807 ZPO a.F.); v. 23.5.1985 – IX ZR 132/84, BGHZ 95, 10, 18 f. (ungerechtfertigte einstweilige Einstellung der Zwangsvollstreckung); v. 12.5.1992 – VI ZR 257/91, BGHZ 118, 201, 206 (Zwangsvollstreckung in schuldnerfremden Gegenstand); v. 25.3.2003 – VI ZR 175/02, BGHZ 154, 269, 271 f. (Kosten des Prozessgegners); v. 11.11.2003 – VI ZR 371/02, NJW 2004, 446, 447 = WM 2004, 34 (Kosten des Prozessgegners); v. 12.11.2004 – V ZR 322/03, NJW-RR 2005, 315 (unbegründete Löschung eines Rechts im Grundbuch); OLG Köln, Urt. v. 28.5.1999 – 11 U 265/98, MDR 1999, 1351 f. (vorprozessuale Rechtsverteidigung).

Der Freiraum, der sich aus den Grundsätzen zur subjektiv redlichen Einleitung und Durchführung eines gesetzlich geregelten Verfahrens ergibt, gilt nicht nur für eine Partei, sondern auch für den sie vertretenden Rechtsanwalt.
BGH, Urt. v. 13.3.1979 – VI ZR 117/77, BGHZ 74, 9, 15 f. = NJW 1979, 1351; vgl. BVerfG, Beschl. v. 16.3.1999 – 1 BvR 734/98, NJW 2000, 199, 200.

Ehrverletzende Äußerungen, die der Rechtsverfolgung oder -verteidigung in einem gerichtlichen oder behördlichen Verfahren dienen, können grundsätzlich nicht mit Ehrenschutzklagen abgewehrt werden (Art. 5 Abs. 1 GG, § 193 StGB).
BVerfG, Beschl. v. 11.4.1991 – 2 BvR 963/90, NJW 1991, 2074, 2075 (Rechtsanwalt); v. 16.3.1999 – 1 BvR 734/98, NJW 2000, 199, 200 (Rechtsanwalt); v. 28.3.2000 – 2 BvR 1392/96, NJW 2000, 3196 f.; BGH, Urt. v. 10.6.1986 – VI ZR 154/85, NJW 1986, 2502 f. (Zeuge im Strafverfahren); v. 23.2.1999 – VI ZR 140/98, NJW 1999, 2736 (Sachverständiger im Verwaltungsverfahren); v. 16.11.2004 – VI ZR 298/03, NJW 2005, 279, 280 f. (Rechtsanwalt).

Einer Handhabung des Schadensersatzrechts, die den gutgläubigen Erstatter einer Strafanzeige mit dem Risiko des Schadensersatzes belastet für den Fall, dass die Anzeige nicht zum Beweis des behaupteten Vorwurfs führt, verstößt gegen Art. 2 Abs. 1 GG i.V.m. mit dem Rechtsstaatsprinzip.
BVerfG, Beschl. v. 25.2.1987 – 1 BvR 1086/85, NJW 1987, 1929.

Herabsetzende Äußerungen, die im Rahmen einer Auseinandersetzung von Parteien vor einer Verwaltungsbehörde abgegeben werden, sind dem zivilrechtlichen Ehrenschutz in gleicher Weise entzogen wie Äußerungen in einem gerichtlichen Verfahren.
OLG Düsseldorf, Urt. v. 29.10.1997 – 13 U 226/96, NVwZ 1998, 435.

Schaden

Der deliktische Schadensersatzanspruch eines getäuschten Käufers erstreckt sich grundsätzlich auf das negative Interesse. Den Ersatz seines positiven Interesses kann der Käufer auf deliktischer Grundlage nur dann verlangen, wenn die unerlaubte Handlung zugleich die Voraussetzungen für einen vertraglichen Gewährleistungsanspruch nach §§ 463, 480 Abs. 2 BGB a.F. erfüllt.
BGH, Urt. v. 25.11.1997 – VI ZR 402/96, NJW 1998, 983, 984 = WM 1998, 294.

Im Bereich der unerlaubten Handlungen sind dem Geschädigten grundsätzlich auch die bei der Verfolgung des Schadensersatzanspruchs entstehenden Rechtsanwaltskosten als adäquater und dem Schädiger zurechenbarer Folgeschaden zu ersetzen.

Mit Rücksicht auf § 254 BGB sind nur solche Aufwendungen zu ersetzen, die aus der Sicht des Geschädigten zur Wahrnehmung und Durchsetzung seiner Rechte erforderlich und zweckmäßig waren.
BGH, Urt. v. 30.4.1986 – VIII ZR 112/85, NJW 1986, 2243, 2244 f.

Die Rechtsanwaltskosten für die Durchsetzung des Honoraranspruchs können auch dann zu ersetzen sein, wenn ein Rechtsanwalt sich im Verfahren selbst vertritt.
BAG, Beschl. v. 27.7.1994 – 7 ABR 10/93, ZIP 1995, 499, 502 f.

Ist in einem einfach gelagerten Schadensfall die Haftung nach Grund und Höhe so klar, dass aus der Sicht des Geschädigten kein Anlass zu Zweifeln an der Ersatzpflicht des Schädigers besteht, so ist für die erstmalige Geltendmachung des Anspruchs gegenüber dem Schädiger oder seiner Versicherung die Einschaltung eines Rechtsanwalts nur dann erforderlich, wenn der Geschädigte selbst hierzu aus besonderen Gründen – z.B. wegen fehlender geschäftlicher Gewandtheit – nicht in der Lage ist.

Jedoch kann der Geschädigte – auch eine Behörde – die weitere Bearbeitung des Schadensfalls auf Kosten des Schädigers einem Rechtsanwalt übertragen, wenn die erste Anmeldung nicht zur unverzüglichen Regulierung des Schadens führt.
BGH, Urt. v. 8.11.1994 – VI ZR 3/94, NJW 1995, 446, 447.

Der Geschädigte hat grundsätzlich gegen den Schädiger keinen Anspruch auf Ersatz der Aufwendungen, die durch die Anschließung als Nebenkläger im Strafprozess entstanden sind, wenn der Schädiger im Strafverfahren freigesprochen wird.
BGH, Urt. v. 17.5.1957 – VI ZR 63/56, BGHZ 24, 263, 266 ff. = NJW 1957, 1593.

Der Anspruch auf Schmerzensgeld soll dem Geschädigten einen Ausgleich für diejenigen Schäden bieten, die nicht vermögensrechtlicher Art sind, und dem Genugtuungsbedürfnis Rechnung tragen.

Bei der Festsetzung dieser billigen Entschädigung dürfen grundsätzlich alle Umstände des Falles berücksichtigt werden, darunter auch der Grad des Verschuldens des Schädigers, die wirtschaftlichen Verhältnisse der Beteiligten und eine Haftpflichtversicherung

des Schädigers. Dabei hat das Ausmaß der Lebensbeeinträchtigung im Vordergrund zu stehen.
BGH – GSZ –, Beschl. v. 6.7.1955 – GSZ 1/55, BGHZ 18, 149, 154 ff. = NJW 1955, 1675, zu dem – inzwischen aufgehobenen – § 847 BGB.

Im Rahmen des Anspruchs auf Schmerzensgeld kann jedenfalls bei vorsätzlicher Rechtsgutsverletzung auch ein Genugtuungsbedürfnis des Geschädigten berücksichtigt werden.

Dieses ist von einem staatlichen Strafanspruch zu unterscheiden und fällt deshalb nicht weg, wenn der Schädiger wegen der Tat zu einer Freiheitsstrafe verurteilt wird.
BGH, Urt. v. 29.11.1994 – VI ZR 93/94, BGHZ 128, 117, 120 ff. = NJW 1995, 781, zu dem – inzwischen aufgehobenen – § 847 BGB.

Zur Bemessung des Schmerzensgelds bei einer Körperverletzung, an deren Folgen der Verletzte alsbald verstirbt.
BGH, Urt. v. 12.5.1998 – VI ZR 182/97, NJW 1998, 2741, 2743 = BGHZ 138, 388.

Die Zubilligung einer Geldentschädigung wegen einer schweren Verletzung des Persönlichkeitsrechts wurzelt im Verfassungs- und Zivilrecht (§ 823 Abs. 1 BGB i.V.m. Art. 1 und Art. 2 GG) und ist keine strafrechtliche Sanktion.

Bemessungsfaktoren, die sich je nach Lage des Falles unterschiedlich auswirken können, sind die Genugtuung des Opfers, der Präventionsgedanke und die Intensität der Rechtsverletzung.
BGH, Urt. v. 5.10.2004 – VI ZR 255/03, BGHZ 160, 298, 302 f., 307 = NJW 2005, 215.

Zur Abgrenzung des Schadens des Verletzten aus unerlaubter Handlung von nicht ersatzfähigen mittelbaren Schäden und Drittschäden.
BGH, Urt. v. 21.11.2000 – VI ZR 231/99, NJW 2001, 971.

Die im Bereich des Schadensersatzrechts entwickelten Grundsätze der Vorteilsausgleichung beruhen auf dem Gedanken, dass dem Geschädigten in gewissem Umfang diejenigen Vorteile zuzurechnen sind, die ihm in adäquatem Zusammenhang mit dem Schadensereignis zufließen. Der Geschädigte darf nicht besser gestellt werden, als er ohne das schädigende Ereignis stünde. Andererseits sind nicht alle durch das Schadensereignis bedingten Vorteile auf den Schadensersatzanspruch anzurechnen, sondern nur solche, deren Anrechnung dem Geschädigten zumutbar ist und den Schädiger nicht unangemessen entlastet. Vor- und Nachteile müssen bei wertender Betrachtung gleichsam zu einer Rechnungseinheit verbunden sein. Letztlich folgt der Rechtsgedanke des Vorteilsausgleichs aus dem Grundsatz von Treu und Glauben (§ 242 BGB).
BGH, Urt. v. 17.5.1984 – VII ZR 169/82, BGHZ 91, 206, 209 f. = NJW 1984, 2457.

Der Vorteilsausgleich wird nicht bei der Endsaldierung der Aktiv- und Passivposten mit dem Gesamtbetrag des Schadens vorgenommen; vielmehr wird der Vorteil bei dem Schadensposten abgezogen, dem er seiner Art nach entspricht.
BGH, Urt. v. 6.6.1997 – V ZR 115/96, BGHZ 136, 52, 54 f. = WM 1997, 1671; v. 2.4.2001 – II ZR 331/99, WM 2001, 2251, 2252.

Die tatsächlichen Voraussetzungen der Vorteilsausgleichung hat der Ersatzpflichtige darzulegen und zu beweisen.
BGH, Urt. v. 24.4.1985 – VIII ZR 95/84, BGHZ 94, 195, 217 = NJW 1985, 1539; v. 31.1.1991 – IX ZR 124/90, WM 1991, 814, 815; v. 8.12.1994 – IX ZR 254/93, NJW 1995, 2106, 2107.

Schutzbereich

Der adäquate Ursachenzusammenhang ist nicht immer geeignet, die Haftung in befriedigender Weise zu begrenzen. Deshalb bedarf es eines Korrektivs, um den Schadensersatz bei wertender Betrachtung auf die zurechenbaren Folgen zu beschränken, die dem Schädiger haftungsrechtlich billigerweise zugemutet werden können. Der Schaden muss aus der Verletzung eines Rechtsguts entstanden sein, zu dessen Schutz die verletzte Rechtsnorm erlassen wurde.
BGH, Urt. v. 1.6.1959 – III ZR 49/58, BGHZ 30, 154, 156 f. = NJW 1959, 1631 (Anwaltskosten eines Unfallgeschädigten); v. 30.1.1990 – XI ZR 63/89, NJW 1990, 2057, 2058.

Für eine gerechte Begrenzung der Haftung ist zu prüfen, ob die Tatfolge, für die Ersatz begehrt wird, innerhalb des Schutzbereichs der verletzten Norm liegt. Dafür sind deren Sinn und Zweck zu untersuchen.
BGH, Urt. v. 7.6.1968 – VI ZR 1/67, NJW 1968, 2287, 2288.

Der Zeitaufwand des Geschädigten infolge außergerichtlicher Tätigkeit zur Wahrung seiner Ansprüche liegt außerhalb des Schutzzwecks der Haftung des Schädigers.

Die Auslagen für die Einleitung eines Strafverfahrens gegen einen Warendieb werden nicht vom Zweck des Eigentumsschutzes gedeckt.

Zu den als Folgeschäden erstattungsfähigen Kosten der Rechtsverfolgung gehören angemessene Belohnungen, um gestohlene Gegenstände wiederzuerlangen.
BGH, Urt. v. 6.11.1979 – VI ZR 254/77, BGHZ 75, 230, 231 ff. = NJW 1980, 119.

Sittenwidrige Schädigung

Ein Verstoß gegen die guten Sitten kann durch Unterlassen begangen werden, wenn die Vornahme der unterbliebenen Handlung – etwa der Aufklärung über die Kreditunwürdigkeit eines Vertragspartners – sittlich geboten ist.
BGH, Urt. v. 5.11.1962 – II ZR 161/61, NJW 1963, 148, 149; v. 7.3.1985 – III ZR

90/93, WM 1985, 866, 868; v. 10.7.2001 – VI ZR 160/00, WM 2001, 2068, 2069 = NJW 2001, 1702.

Ein Verhalten, das sich gegen das Anstandsgefühl aller billig und gerecht Denkenden richtet, verstößt gegen die guten Sitten.

Diese Voraussetzung kann gegeben sein, wenn das angewandte, unter anderen Umständen nicht zu beanstandende Mittel zu dem angestrebten, für sich genommen billigenswerten Zweck mit Rücksicht auf alle Umstände des Einzelfalls außer Verhältnis steht. Das ist der Fall, wenn der angerichtete Schaden außer Verhältnis zu dem erstrebten Nutzen steht oder wenn der durch das Verhalten entstandene Schaden unausweichlich war, ohne dass dieser durch ein berechtigtes Interesse gedeckt würde.
BGH, Urt. v. 20.3.1995 – II ZR 205/94, BGHZ 129, 136, 172 = WM 1995, 882, 884.

Die Verfolgung eigener Interessen bei der Ausübung von Rechten ist grundsätzlich auch dann gerechtfertigt, wenn damit eine Schädigung Dritter verbunden ist.

Bedient sich allerdings ein Gläubiger zur Befriedigung eigener Forderungen unlauterer Mittel – etwa durch Ausnutzung einer tatsächlichen oder rechtlichen Machtstellung oder durch Ausübung wirtschaftlichen Drucks –, durch die Ansprüche anderer Gläubiger vereitelt werden, so ist sein Vorgehen sittenwidrig.
BGH, Urt. v. 7.3.1985 – III ZR 90/93, WM 1985, 866, 868 f.; v. 19.10.1987 – II ZR 9/87, DB 1988, 226, 228 = NJW 1988, 700, 703; v. 29.5.2001 – VI ZR 114/00, WM 2001, 1458, 1459.

Sittenwidrig i.S.d. § 826 BGB handelt nicht nur derjenige, der die haftungsbegründenden Umstände kennt, sondern auch ein Mittäter, der sich einer solchen Kenntnis bewusst verschließt.
BGH, Urt. v. 27.1.1994 – I ZR 326/90, NJW 1994, 2289, 2291.

Auch leichtfertiges und gewissenloses Handeln kann ein Sittenverstoß sein. Dies gilt insbesondere dann, wenn der andere Teil auf das Ansehen oder den Ruf des grob leichtfertig Handelnden vertraut.

Für § 826 BGB reicht bedingter Vorsatz aus. Dieser liegt vor, wenn der Schädiger mit der Möglichkeit rechnet, dass der andere durch sein Verhalten geschädigt werden kann, und er dieses Ergebnis billigend in Kauf nimmt. Anhaltspunkte für vorsätzliches Handeln können die Art und Weise des Sittenverstoßes bieten.
BGH, Urt. v. 5.3.1975 – VIII ZR 230/73, WM 1975, 559, 560; v. 17.9.1985 – VI ZR 73/84, NJW 1986, 180, 181 = ZIP 1985, 1506, 1508.

Vorsatz i.S.d. § 826 BGB verlangt nicht, dass der Täter sich den genauen Kausalverlauf vorstellt oder weiß, wer geschädigt werden wird. Es genügt, dass der Täter wenigstens die Richtung voraussieht, in die sich sein Handeln zum Schaden anderer auswirken kann; eine nur allgemeine Vorstellung genügt insoweit nicht.
OLG Hamm, Urt. v. 27.3.1974 – 20 U 281/73, NJW 1974, 2091, 2092.

Derjenige, der Schmiergelder an einen Vertreter des anderen Vertragsteils zahlt, um bei der Vergebung von Aufträgen bevorzugt zu werden, verstößt gegen die guten Sitten.
BGH, Urt. v. 26.3.1962 – II ZR 151/60, NJW 1962, 1099.

Zu einem Schadensersatzanspruch aus § 826 BGB wegen Erschleichung eines Urteils.
BGH, Urt. v. 17.12.1955 – IV ZR 219/55, NJW 1956, 505 f.; v. 20.3.1957 – IV ZR 235/56, LM BGB § 826 – Fa-Nr. 7.

Ein Anspruch aus § 826 BGB auf Unterlassung der Zwangsvollstreckung aus einem nicht erschlichenen, materiell falschen Vollstreckungstitel und auf Herausgabe des Titels setzt voraus, dass derjenige, der die Vollstreckung betreibt, die Unrichtigkeit kennt und dass weitere besondere Umstände hinzutreten, die die Ausnutzung des Titels als sittenwidrig erscheinen lassen.
Urteil: BGH, Urt. v. 1.4.1954 – IV ZR 177/53, BGHZ 13, 71, 72 = NJW 1954, 880; v. 5.3.1958 – IV ZR 307/57, BGHZ 26, 391, 396 ff. = NJW 1958, 826; v. 23.4.1986 – IV b ZR 29/85, NJW 1986, 2047, 2049; **Beschluss:** *BGH, Urt. v. 27.5.1963 – III ZR 165/62, NJW 1963, 1606, 1607 f. (Verwerfung eines Rechtsmittels); v. 7.11.1969 – V ZR 85/66, BGHZ 53, 47, 50 = NJW 1970, 565 (Zuschlag);* **Vollstreckungsbescheid:** *BGH, Urt. v. 3.7.1990 – XI ZR 302/89, BGHZ 112, 54, 57 f. = NJW 1991, 30; v. 30.6.1998 – VI ZR 160/97, NJW 1998, 2818 = WM 1998, 1950; v. 9.2.1999 – VI ZR 9/98, NJW 1999, 1257, 1258 = WM 1999, 919.*

Ein Dritter haftet nicht nach § 826 BGB, wenn er nur daran mitwirkt, dass der Vertragsschuldner Ansprüche des Gläubigers verletzt.

Eine sittenwidrige Mitwirkung des Dritten am Vertragsbruch liegt nur dann vor, wenn sein Eindringen in die Vertragsbeziehung ein besonderes Maß an Rücksichtslosigkeit gegenüber dem Betroffenen zeigt. Dies kann der Fall sein bei einem kollusiven Zusammenwirken mit dem Vertragsschuldner gerade zur Vereitelung der Ansprüche des Vertragsgläubigers.
BGH, Urt. v. 19.10.1993 – XI ZR 184/92, NJW 1994, 128, 129.

Zur Haftung aus § 826 BGB wegen Vollstreckungsvereitelung bei einem anfechtbaren Rechtsgeschäft.
BGH, Urt. v. 13.7.1995 – IX ZR 81/94, BGHZ 130, 314, 330 f. = WM 1995, 1735; v. 4.7.2000 – VI ZR 192/99, WM 2000, 1855, 1856 f.

Ein Rechtsanwalt kann seinem Auftraggeber aus § 826 BGB haften, wenn er unter Missbrauch des Mandantenverhältnisses eine Provision von einem Dritten erlangt.
BGH, Urt. v. 30.5.2000 – IX ZR 121/99, WM 2000, 1596, 1597.

Wer eine fingierte Rechnung erteilt, um unerlaubte Zuwendungen an Mitarbeiter des Vertragspartners zu verdecken, kann aus § 826 BGB haften.
BGH, Urt. v. 14.6.2000 – VIII ZR 218/99, NJW 2000, 2896, 2897 = WM 2000, 2313, 2314.

Zur sittenwidrigen Schädigung von Gläubigern durch planmäßigen Entzug des Vermögens einer GmbH.
BGH, Urt. v. 24.6.2002 – II ZR 300/00, BGHZ 151, 181, 183 f. = WM 2002, 1804; v. 20.9.2004 – II ZR 302/02, WM 2004, 2254 = NJW 2005, 105.

Zur Haftung aus § 826 BGB, wenn die unlautere, aussichtslose Prozessführung einer mittellosen Partei einen Kostenschaden des Prozessgegners auslöst.
BGH, Urt. v. 25.3.2003 – VI ZR 175/02, BGHZ 154, 269, 271 f. = WM 2003, 967, 968 = NJW 2003, 1934, 1935 (Insolvenzverwalter).

Zur Haftung aus § 826 BGB, wenn eine Partei durch Prozessverschleppung des Gegners einen Forderungsausfall erleidet.
BGH, Urt. v. 11.11.2003 – VI ZR 371/02, NJW 2004, 446, 447 f. = WM 2004, 34, 35 f. (Beihilfe eines Rechtsanwalts).

Zur Haftung aus § 826 BGB wegen falscher Ad-hoc-Mitteilungen zur Beeinflussung des Börsenkurses.
BGH, Urt. v. 19.7.2004 – II ZR 218/03, BGHZ 160, 134, 142 f. = WM 2004, 1731; v. 19.7.2004 – II ZR 402/02, BGHZ 160, 149, 151 f. = WM 2004, 1721; v. 9.5.2005 – II ZR 287/02, WM 2005, 1358 = NJW 2005, 2450.

Zur arglistigen Täuschung eines Kapitalanlegers durch falsche Prospektangaben.
BGH, Urt. v. 28.2.2005 – II ZR 13/03, WM 2005, 736 = NJW-RR 2005, 751.

Zur sittenwidrigen Schädigung eines Dritten durch einen berufsmäßigen Fachmann, der für seinen Auftraggeber bewusst oder leichtfertig eine fehlerhafte Expertise erstellt und weiß, dass ein Dritter diese einer Vermögensentscheidung zugrunde legen kann.
BGH, Urt. v. 13.7 1956 – VI ZR 132/55, WM 1856, 1229 (Prüfbericht eines Wirtschaftsprüfers); v. 27.2.1962 – VI ZR 194/61, WM 1962, 579, 581 (Bilanz einer Treuhandgesellschaft); v. 28.6.1966 – VI ZR 287/64, WM 1966, 1150, 1151 (Wertgutachten eines Ingenieurs); v. 18.1.1972 – VI ZR 184/70, NJW 1972, 678, 679 und v. 24.1.1978 – VI ZR 105/76, WM 1978, 576, 577 (Erklärungen eines Rechtsanwalts gegenüber einem Gläubiger seines Mandanten über dessen Bonität); v. 20.2.1979 – VI ZR 189/78, NJW 1979, 1599 f. (Kreditauskunft einer Bank); v. 17.9.1985 – VI ZR 73/84, NJW 1986, 180, 181 f. (Bilanz eines Steuerbevollmächtigten); v. 18.2.1986 – X ZR 95/85, NJW-RR 1986, 1150, 1151 (Gutachten eines Tierarztes); v. 26.11.1986 – IV a ZR 86/85, NJW 1987, 1758 = WM 1987, 257 (Zwischenabschluss eines Steuerberaters); v. 17.5.1990 – IX ZR 85/89, NJW 1991, 32, 33 (Erklärung eines Rechtsanwalts gegenüber dem Vertragsgegner des Mandanten); v. 24.9.1991 – VI ZR 293/90, NJW 1991, 3282, 3283 (Gutachten eines Sachverständigen); v. 13.2.1992 – III ZR 28/90, NJW 1992, 2080, 2083 = WM 1992, 1031 (Auskunft eines Steuerberaters); v. 26.9.2000 – X ZR 94/98, BGHZ 145, 187, 201 f. = WM 2000, 2447 = NJW 2001, 360 (Prüftestate eines Wirtschaftsprüfers im Rahmen eines Anlagemodells); v. 20.4.2004 – X ZR 250/02, BGHZ 159, 1, 11 f. = NJW 2004, 3035, 3038 (Wertgutachten eines Sachverständigen); v.

Zugehör

20.4.2004 – X ZR 255/02, NJW-RR 2004, 1464, 1467 (Wertgutachten eines Sachverständigen); LG Oldenburg, Urt. v. 13.4.2000 – 8 O 440/97, WM 2001, 2115, 2117 (betriebswirtschaftliche Auswertungen eines Steuerberaters).

Verstoß gegen Schutzgesetz (§ 823 Abs. 2 BGB)

Schutzgesetz i.S.d. § 823 Abs. 2 BGB ist eine Rechtsnorm dann, wenn sie nach ihrem Inhalt und Zweck – sei es auch neben dem Schutz der Allgemeinheit – gerade dazu dienen soll, den einzelnen oder einzelne Personenkreise gegen die Verletzung eines Rechtsguts zu schützen.
BGH, Urt. v. 21.10.1991 – II ZR 204/90, BGHZ 116, 7, 13 = NJW 1992, 241 = WM 1991, 2090.

Ein Schadenersatzanspruch wegen Verletzung des allgemeinen Persönlichkeitsrechts kann – außer auf § 823 Abs. 1 BGB – auch auf §§ 823 Abs. 2 BGB, 186 StGB gestützt werden.
BGH, Urt. v. 9.7.1985 – VI ZR 214/83, BGHZ 95, 212, 214 = NJW 1985, 2644.

Der Geschädigte, der Schadensersatz wegen Verletzung eines Schutzgesetzes verlangt, hat grundsätzlich die Umstände zu beweisen, aus denen sich objektiv der Verstoß gegen das Schutzgesetz, dessen Ursächlichkeit für den eingetretenen Schaden und das Verschulden des angeblichen Schädigers ergeben.

Dabei können dem Geschädigten Beweiserleichterungen zugute kommen bezüglich des Verschuldens und je nach Lage des Einzelfalls hinsichtlich der Ursächlichkeit der Schutzgesetzverletzung für den Schaden.
BGH, Urt. v. 13.12.1984 – III ZR 20/83, VersR 1985, 452, 453.

Hat der Schädiger gegen ein Schutzgesetz verstoßen, das typischen Gefährdungsmöglichkeiten entgegenwirken soll, und ist im Zusammenhang mit dem Verstoß gerade derjenige Schaden eingetreten, der mit Hilfe des Schutzgesetzes verhindert werden sollte, so spricht grundsätzlich der Beweis des ersten Anscheins dafür, dass der Verstoß für den Schadenseintritt ursächlich gewesen ist.
BGH, Urt. v. 14.12.1993 – VI ZR 271/92, NJW 1994, 945, 946.

Zwar gilt im Zivilrecht grundsätzlich die sog. Vorsatztheorie, nach der zum Vorsatz auch das Bewusstsein der Rechtswidrigkeit gehört, so dass bei einem Verbotsirrtum eine Haftung entfällt. Handelt es sich aber um ein Schutzgesetz aus dem Straf- oder Ordnungswidrigkeitenrecht, wonach nur der unvermeidbare Verbotsirrtum entlastet (§§ 17 StGB, 11 Abs. 2 OWiG – sog. Schuldtheorie), so gilt dasselbe auch im Anwendungsbereich des § 823 Abs. 2 BGB; bei fahrlässigem Verbotsirrtum wird also die Sanktion als Vorsatztat nicht ausgeschlossen.

Zum Tatsachen- und Rechtsirrtum.
BGH, Urt. v. 10.7.1984 – VI ZR 222/82, NJW 1985, 134, 135.

Zur Haftung aus § 823 Abs. 2 BGB i.V.m. § 64 Abs. 1 GmbHG wegen Insolvenzverschleppung.
BGH, Urt. v. 6.6.1994 – II ZR 292/91, BGHZ 126, 181, 190 = NJW 1994, 2220; v. 30.3.1998 – II ZR 146/96, BGHZ 138, 211, 214 = WM 1998, 944; v. 7.7.2003 – II ZR 241/02, WM 2003, 1824; v. 25.7.2005 – II ZR 390/03, ZIP 2005, 1734, 1737 = WM 2005, 1843 = NJW 2005, 3137.

Zur Haftung aus § 823 Abs. 2 BGB wegen fehlerhafter Ad-hoc-Mitteilungen.
BGH, Urt. v. 19.7.2004 – II ZR 218/03, BGHZ 160, 134, 138 = WM 2004, 1731 = NJW 2004, 2664; v. 19.7.2004 – II ZR 402/02, BGHZ 160, 149, 151 f. = WM 2004, 1721; v. 9.5.2005 – II ZR 287/02, WM 2005, 1358 = NJW 2005, 2450.

Zur Haftung aus § 823 Abs. 2 BGB i.V.m. § 263 StGB wegen Betruges.
BGH, Urt. v. 5.3.2002 – VI ZR 398/00, WM 2002, 2473, 2474 = NJW 2002, 1643, 1644.

Zur Haftung eines Wirtschaftsprüfers, der im Rahmen eines Kapitalanlagemodells falsche Prüftestate über die angeblich ordnungsgemäße finanzielle Abwicklung (Mittelzufluss und -verwendung) erteilt hat, aus §§ 823 Abs. 2, 830 BGB i.V.m. §§ 263, 264a Abs. 1 Nr. 1 Fall 3, 266 StGB wegen Beihilfe zu Betrug, Kapitalanlagebetrug und Untreue.
BGH, Urt. v. 26.9.2000 – X ZR 94/98, BGHZ 145, 187, 201 = WM 2000, 2447 = NJW 2001, 360.

Zur Haftung aus § 823 Abs. 2 BGB i.V.m. § 288 StGB wegen Vollstreckungsvereitelung.
BGH, Urt. v. 7.5.1991 – VI ZR 259/90, BGHZ 114, 305, 308 = WM 1991, 1353; v. 13.7.1995 – IX ZR 81/94, BGHZ 130, 314, 330 = WM 1995, 1735.

Teil 4: Checklisten für die Haftungsprüfung

Checkliste 1: Vertragliche Haftung des Rechtsanwalts gegenüber dem Auftraggeber (Mandanten)   2076

Prüfungsschritte	Erläuterungen unter Rn.
☑ Ist ein echter Anwaltsvertrag mit Rechtsbeistandspflicht zustande gekommen?	108, 133 ff., 478 f.
Dies ist i.d.R. auch dann der Fall, wenn der Vertrag eine anwaltsuntypische Tätigkeit umfasst, die in engem innerem Zusammenhang mit einer Rechtsberatung steht und jedenfalls auch Rechtsfragen aufwerfen kann (zusammenfassend BGH, WM 1998, 2243, 2244 = NJW 1998, 3486).	
• Bei Beteiligung verbundener Rechtsanwälte: Wer ist Vertragspartner auf der Anwaltsseite?	205 ff.
• Umfassendes oder beschränktes Mandat? Wichtig vor allem dann, wenn für den Mandanten mehrere Rechtsanwälte neben- oder nacheinander tätig sind.	42 ff., 493 ff.
• Inhalt des Mandats? Wichtig vor allem dann, wenn für den Mandanten mehrere Rechtsanwälte neben- oder nacheinander tätig sind.	42 ff., 492
• Rechtsnatur des Vertrages? Regelmäßig Dienstvertrag, der eine Geschäftsbesorgung zum Gegenstand hat (§§ 611, 675 Abs. 1 BGB); ausnahmsweise Werkvertrag, der eine Geschäftsbesorgung zum Gegenstand hat – etwa bei Rechtsauskunft zu bestimmter Frage, Rechtsgutachten oder Vertragsentwurf – (§§ 631, 675 Abs. 1 BGB). Unterschied kann bedeutsam sein wegen des werkvertraglichen Mängelrechts (§§ 634 ff. BGB).	6 ff., 480, 1301
• Mehrfachberufler? (Rechtsanwalt/Notar/Steuerberater/Wirtschaftsprüfer)	109 ff., 1304 f.
• Beweislast des Anspruchstellers – also des Mandanten bei Regressforderung – für Inhalt und Umfang des Anwaltsauftrags (§ 286 ZPO).	505, 1332

Zugehör

• **Sonderfragen:**	
– Verletzung einer vor- oder nachvertraglichen Pflicht?	173 ff., 486 f., 1315, 1319
– Mandat mit Auslandsbezug?	171 f., 308 ff., 535 ff.
• **Sonderprüfung bei:**	
– Vertrag über anwaltsfremde Tätigkeit	133 ff., 478 f., 1306 ff.
– amtlicher oder amtsähnlicher Tätigkeit	155 ff., 1285 ff.
– gerichtlicher Beiordnung	161 ff., 1290 ff.
– Tätigkeit als allgemein und amtlich bestellter Vertreter, § 53 BRAO, oder als Abwickler, § 55 BRAO	263 ff., 282 ff.
☑ **Anwaltliche Pflichtverletzung?**	478 ff., 941 ff.
1. **Feststellung der Pflicht**	
• Um **welche anwaltliche Grundpflicht** geht es?	506 ff.
– Klärung des Sachverhalts?	507 ff.
– Rechtsprüfung?	522 ff.
– Rechtsberatung mit Empfehlung des sichersten Weges?	556 ff.
– Schadensverhütung mit Gebot des sichersten Weges?	582 ff.
• **Welche anwaltliche Einzelpflicht** ergibt sich daraus? Insbesondere bei	603 ff.
– prozessualer Tätigkeit	604 ff.
– außergerichtlicher Beratung	730 ff.
– rechtsgestaltender Tätigkeit?	743 ff.
• Liegt die Pflichtverletzung innerhalb der **Grenzen des Mandats?**	484
– Warnpflicht bei beschränktem Mandat	496 ff.
• Falls es nicht um eine anwaltliche Hauptpflicht während des Mandats geht: Verletzung einer vor- oder nachvertraglichen Nebenpflicht?	173 ff., 486 f.
2. **Objektive Verletzung der Vertragspflicht?**	941 ff., 1099 ff.
Vorfrage: Gilt das **alte Leistungsstörungsrecht** (Hauptfall: positive Verletzung des Anwaltsvertrages)	941 ff.

oder das nach der **Übergangsregelung** (Art. 229 § 5 EGBGB) grundsätzlich seit dem 1.1.2002 geltende **neue Leistungsstörungsrecht** (§§ 280 ff., 323 ff., 634 ff. BGB; Hauptfall: Schlechterfüllung des Anwaltsvertrages)?	1098 ff.
Wichtig für ein **Dauerschuldverhältnis (Dauermandat) eines Rechtsberaters:** Übergangsvorschrift des Art. 229 § 5 Satz 2 EGBGB!	480, 1098
Gemeinsame Merkmale:	
• **Objektiver Sorgfaltsmaßstab** Was durfte der Auftraggeber bezüglich der Erfüllung der vertraglichen Pflicht allgemein von einem gewissenhaften und sorgfältigen Anwalt erwarten?	947 ff.
• **Pflichtverletzung indiziert Vertragwidrigkeit**	950 f.
– Rechtfertigungsgrund ist vom Anwalt zu beweisen.	961
– I.d.R. keine Pflichtverletzung, wenn der Anwalt eine Weisung des Mandanten ausführt, den er zuvor über voraussehbare und vermeidbare Nachteile bei Befolgung der Weisung belehrt hat.	932 ff., 951, 960
3. Beweislast	
• Der Mandant muss die anwaltliche Pflichtverletzung gemäß § 286 ZPO beweisen.	952 ff., 1332
• Behauptet der Mandant eine pflichtwidrige Unterlassung, so hat der Rechtsanwalt zunächst konkret darzulegen, welche Belehrungen und Maßnahmen er vorgenommen und wie der Auftraggeber darauf reagiert hat.	957 ff.
• Der Anwalt hat zu beweisen, dass der Mandant ausnahmsweise nicht belehrungsbedürftig war.	962
• Zur Beweislast bei streitiger Weisung	963
☑ **Verschulden (§§ 276 – 278 BGB)?**	966 ff., 1103
• **Vorsatz**	1938
– **Fahrlässigkeit** Grundfrage im Regelfall der fahrlässigen Pflichtverletzung (§ 276 Abs. 2 BGB): Hätte der Rechtsanwalt in der konkreten Lage des jeweiligen Falles nach objektivem Beurteilungsmaßstab erkennen können, dass	967 ff., 1938 f.

er sich pflichtwidrig verhält und dem Auftraggeber daraus ein Schaden entstehen kann, und hätte er dies vermeiden können?	
• Haftung für **Verschulden gesetzlicher Vertreter** und der **Erfüllungsgehilfen** (§ 278 BGB)?	794 ff.; vgl. 1224 ff.
• Wirksame vertragliche Haftungsbeschränkung (§§ 51a, 59m Abs. 2 BRAO)?	410 ff.
• Der Rechtsanwalt hat zu **beweisen**, dass er seine Pflichtverletzung nicht zu vertreten hat,	
– nach altem Recht analog § 282 BGB a.F.,	985
– nach neuem Recht gemäß § 280 Abs. 1 Satz 2 BGB.	1103, 1107
☑ **Kausalität und Zurechenbarkeit?**	990 ff., 1014 ff.
1. Zum Haftungsgrund gehörende **haftungsbegründende Kausalität?** Adäquater Ursachenzusammenhang zwischen der Verletzung der anwaltlichen Vertragspflicht und dem durch diese geschützten Vermögensinteressen des Mandanten in dem Sinne, dass für diesen durch das pflichtwidrige Tun oder Unterlassen Nachteile eintreten können; vom Mandanten nach § 286 ZPO zu beweisen.	992
2. **Haftungsausfüllende Kausalität und haftungsrechtliche Zurechnung**	992 ff., 1014 ff.
Adäquater Ursachenzusammenhang zwischen der anwaltlichen Pflichtverletzung und dem geltend gemachten Schaden: Insoweit ist die nach §§ 249 ff. BGB für die Schadensersatzpflicht bedeutsame Frage zu beantworten, was geschehen wäre – insbesondere wie sich der Mandant verhalten hätte –, wenn der Anwalt seine Pflicht vertragsgerecht erfüllt hätte und wie die Vermögenslage des Mandanten dann wäre.	992 ff; vgl. 1399 ff.
a) **Fehlen („Unterbrechung") des Ursachen-(Zurechnungs-)Zusammenhangs**, weil der Mandant selbst oder ein Dritter – insbesondere ein Gericht – in den Geschehensablauf eingegriffen und zu dem Schaden beigetragen hat?	1015 ff.

Checkliste 1: Vertragliche Haftung des Rechtsanwalts gegenüber dem Auftraggeber

• Keine **Unterbrechung durch Mandanten**, wenn sein Vorgehen durch die anwaltliche Pflichtverletzung herausgefordert wurde oder dafür ein rechtfertigender Anlass bestand und eine nicht ungewöhnliche Reaktion darstellt.	1018 ff.
• **Unterbrechung durch Dritten** nur dann, wenn die anwaltliche Pflichtverletzung lediglich den äußeren Anlass für ein völlig ungewöhnliches und sachwidriges Eingreifen eines Dritten bildet, das dann den Schaden erst endgültig herbeiführt; dabei kommt es – anders als bei Maßnahmen des Geschädigten selbst – nicht darauf an, ob sich der Dritte zu seinem Verhalten durch die vorangegangene anwaltliche Pflichtverletzung herausgefordert fühlen durfte.	1021 ff.
• Insbesondere **grundsätzlich keine Unterbrechung durch einen gerichtlichen Fehler**, wenn dieser auf Umständen oder Problemen beruht, die der Rechtsanwalt durch ordnungsmäßige Erfüllung seiner Vertragspflichten gerade hätte vermeiden müssen.	1024 ff.

b) **Sonderprobleme** der haftungsausfüllenden Kausalität:

• **Gesamt- und Doppelkausalität**	1013
• **hypothetische Kausalität** – „Reserveursache" –	1036 ff.
• **rechtmäßiges Alternativverhalten**	1043 ff.

c) **Beweislast**

• Die haftungsausfüllende Kausalität ist – auch bei grober Pflichtverletzung – vom Mandanten nach § 287 ZPO zu beweisen.	992 ff.
• Erleichterung durch Anscheinsbeweis und die – gegenüber § 286 ZPO geringeren Anforderungen des § 287 ZPO an die Darlegungslast und das Beweismaß.	992 ff., 1004 ff.

3. **Haftungsrechtliche Zurechnung** nach dem **Schutzzweck der verletzten Vertragspflicht?** Der Rechtsanwalt haftet nur für solche Nachteile des Auftraggebers, zu deren Abwendung er die Mandatspflichten übernommen hat, also nur für Schäden, die innerhalb des Schutzbereichs der verletzten Vertragspflicht eingetreten sind.	1014 ff., 1032 ff.

☑ **Schaden?**	1047 ff.
1. Hat der Anspruchsteller einen **Schaden im Rechtssinne infolge der anwaltlichen Pflichtverletzung** erlitten, ggf. in welcher Art und Höhe?	1047 ff.
Die Darlegung des Schadens darf sich nicht auf einzelne Rechnungsposten beschränken, sondern erfordert einen **Gesamtvermögensvergleich**, der alle von der anwaltlichen Pflichtverletzung betroffenen Vermögenspositionen umfasst.	1048
Ein Schadensersatzanspruch des Mandanten gegen den Rechtsanwalt entfällt grundsätzlich nicht schon deswegen, weil ihm auch ein Dritter haftet (vgl. § 255 BGB).	1056, 1086
2. Ist dem Mandanten ein **Schaden** entstanden, weil er einen **früheren Prozess** oder ein sonstiges gerichtliches Verfahren, in dem der Rechtsanwalt seine Vertragspflicht schuldhaft verletzt hat, verloren hat, oder weil er infolge eines Anwaltsfehlers einen Prozess oder ein sonstiges gerichtliches Verfahren nicht geführt hat?	1062 ff.
Grundsatz: Der Geschädigte darf im Wege des Schadensersatzes nicht mehr erhalten als dasjenige, was er nach der materiellen Rechtslage verlangen kann.	1057 ff.
• Das Regressgericht hat gemäß § 287 ZPO zu entscheiden, wie nach seiner Ansicht das gerichtliche Vorverfahren bei pflichtgerechtem Verhalten des Rechtsanwalts richtigerweise hätte entschieden werden müssen; unerheblich ist, wie das Vorverfahren tatsächlich ausgegangen wäre.	1063 ff.
• Dieser Beurteilung ist der Sachverhalt zugrunde zu legen, dem dem Gericht des Vorverfahrens bei pflichtgemäßem Verhalten des Rechtsanwalt unterbreitet worden wäre; grundsätzlich sind maßgeblich die Rechtslage und höchstrichterliche Rechtsprechung zu dem Zeitpunkt, in dem die Entscheidung im Vorverfahren ergangen wäre oder hätte ergehen müssen.	1065 f.
• Die Regeln der Darlegungs- und Beweislast im Vorverfahren gelten grundsätzlich auch im Regressprozess.	1072 ff.

Checkliste 1: Vertragliche Haftung des Rechtsanwalts gegenüber dem Auftraggeber

• Neue Beweismittel, die im Vorverfahren noch nicht zur Verfügung standen, sind zu berücksichtigen.	1075 ff.
3. Hat der Mandant einen **Schaden** erlitten, weil ein **Verwaltungsverfahren**, in dem der Rechtsanwalt seine Vertragspflicht schuldhaft verletzt hat, nachteilig ausgegangen ist, oder weil der Mandant infolge eines Anwaltsfehlers ein solches Verfahren nicht eingeleitet hat?	1067 ff.
• Die vorstehenden Ausführungen zum hypothetischen Ausgang eines gerichtlichen Verfahrens sind nur insoweit entsprechend anzuwenden, als die Behörde rechtlich gebunden und deswegen nur eine einzige rechtmäßige Entscheidung möglich war.	1067 ff.
• Hatte die Behörde dagegen eine Ermessensentscheidung zu treffen, so hat das Regressgericht festzustellen, wie die Behörde tatsächlich entschieden hätte. Ein erstattungsfähiger Schaden ist daraus grundsätzlich nur dann entstanden, wenn die Entscheidung der Behörde rechtmäßig gewesen wäre.	1067 ff.
4. **Vorteilsausgleich?** Insoweit Beweislast des Schädigers.	1079 ff., 1970
5. **Beweislast des Geschädigten** Der Mandant hat die Entstehung und Höhe eines Schadens infolge der anwaltlichen Pflichtverletzung gemäß § 287 ZPO zu beweisen; dies wird erleichtert durch die Milderung der Darlegungslast und des Beweismaßes in § 287 ZPO sowie durch § 252 Satz 2 BGB.	1049 ff., 1965 ff.
☑ **Mitverschulden?**	1217 ff.
1. Ist auf den Ersatzanspruch des Mandanten, der durch eine schuldhafte Pflichtverletzung seines Rechtsanwalts geschädigt wurde, ein schadensursächliches Mitverschulden (§ 254 BGB) anzurechnen?	1217 ff.
• Verstoß gegen die im eigenen Interesse gebotene Obliegenheit, eine Selbstschädigung zu vermeiden. Im Rechtsstreit von Amts wegen zu berücksichtigen.	1217 ff., 1229
• Erforderlich sind grundsätzlich Schuldfähigkeit und eine adäquate Mitursache im Schutzbereich des § 254 BGB.	1221 f.

Mitverschulden kann ein Schadensbeitrag des Geschädigten selbst oder seiner gesetzlichen Vertreter und Erfüllungsgehilfen (§ 278 BGB) bei der Entstehung des Schadens (§ 254 Abs. 1 BGB) oder bei dessen Entwicklung (§ 254 Abs. 2 BGB) sein.	1224 ff.
2. **Kein Mitverschulden des Mandanten** insoweit, als allein der Rechtsanwalt den entstandenen Schaden nach dem Vertragsinhalt – also bezüglich der anwaltlichen Grundpflichten – zu verhüten hatte. Dies gilt auch dann, wenn der Mandant selbst rechtskundig ist.	1234 ff.
3. **Mitverschulden des Mandanten**, wenn sein Schadensbeitrag aus dem Bereich seiner Eigenverantwortung stammt. Dies kann z.B. der Fall sein, wenn seitens des Mandanten die Informationspflicht verletzt, ein Gerichtskostenvorschuss nicht gezahlt oder aussichtsreiche, zumutbare Rechtsbehelfe und -mittel nicht eingelegt wurden.	1234 ff.
4. Haben **mehrere Rechtsanwälte neben- oder nacheinander** zum Schaden desselben Mandanten beigetragen, so braucht sich dieser auf einen Schadensersatzanspruch gegen einen haftpflichtigen Rechtsanwalt den Schadensbeitrag eines anderen Anwalts nur ausnahmsweise als Mitverschulden – § 254 BGB i.V.m. § 278 BGB – anrechnen zu lassen.	1239 ff.
a) Hinsichtlich der Entstehung des Schadens (§ 254 Abs. 1 BGB) ist dies z. B. der Fall, wenn ein für den Mandanten tätiger Rechtsanwalt den – in Anspruch genommenen – haftpflichtigen Prozessbevollmächtigten falsch informiert hat.	1241
b) Bei Verletzung der Schadensminderungspflicht (§ 254 Abs. 2 BGB) Anrechnung dann, wenn der Mandant einen (Zweit-)Anwalt beauftragt hat, um einen erkannten oder für möglich gehaltenen Fehler eines früheren, auf Schadensersatz in Anspruch genommenen (Erst-)Anwalts zu beheben, und auch der Zweitanwalt durch eine schuldhafte Pflichtverletzung zu dem Schaden beigetragen hat.	1239 ff.

Checkliste 1: Vertragliche Haftung des Rechtsanwalts gegenüber dem Auftraggeber

5. **Abwägung** der wechselseitigen Schadensbeiträge	1227, 1249
• Abzustellen ist in erster Linie auf die beiderseitige Verursachung, erst in zweiter Linie auf das wechselseitige Verschulden.	1227
• Maßgeblich für die Haftungsverteilung ist, ob das Verhalten des schädigenden Rechtsanwalts oder des geschädigten Mandanten den Schadenseintritt im wesentlich höheren Maße wahrscheinlich gemacht hat.	1227, 1249
6. **Beweislast** Der haftpflichtige Rechtsanwalt muss die Umstände, die dem Mandanten als Mitverschulden vorzuwerfen wären, gemäß § 286 ZPO und den Anrechnungsbeitrag nach § 287 ZPO beweisen.	1228
7. **Verfahrensfragen** (Mitverschulden im Rechtsstreit)	1229 ff.
☑ **Verjährung**	1251 ff.
Leitfaden	1594 f.
1. Gilt **altes Verjährungsrecht** (§§ 51b, 59m Abs. 2 BRAO, §§ 45b, 52m Abs. 2 PatAnwO; §§ 68, 72 Abs. 1 StBerG; §§ 51a, 56 Abs. 1 WPO, § 323 Abs. 5 HGB) **oder** **neues Verjährungsrecht** (§§ 194 ff., 634a BGB) nach den **Übergangsregelungen** (Art. 229 §§ 6, 12 EGBGB – § 139b WPO, Art. 55 EGHGB)?	1251 ff.
2. **Zum alten Verjährungsrecht**:	1274 ff.
3. **Zum neuen Verjährungsrecht**:	1444 ff.
☑ **Aufrechnung und Zurückbehaltung?**	801 ff., 918 ff.
1. Kann der Rechtsanwalt gegen einen Schadensersatzanspruch des Mandanten mit einem Gegenanspruch – etwa auf Zahlung der Vergütung – aufrechnen (§§ 387 ff. BGB)?	801 ff., 918 ff.
2. Kann der Rechtsanwalt ein Zurückbehaltungsrecht an der Handakte ausüben (§§ 273, 274, 320 ff. BGB mit § 50 Abs. 3 – 5 BRAO)?	782 ff., 926

Zugehör

2077 **Checkliste 2: Vertragliche Haftung des Rechtsanwalts gegenüber einem „Nichtmandanten" („Dritthaftung")**

> **Hinweis:**
> Im Folgenden werden die besonderen Prüfungsschritte dargestellt, im Übrigen gilt die Checkliste 1 (Rn. 2076) entsprechend, soweit im Folgenden nichts anderes angegeben wird.

Prüfungsschritte	Erläuterungen unter Rn.
☑ **Haftung aus Vertrag zugunsten Dritter**	1608 ff.
1. Haftung aus **(echtem) Anwaltsvertrag** (mit Rechtsbeistandspflicht) zugunsten des Dritten – §§ 328 ff. BGB – ?	1608 ff.
Insbesondere aus einem **anwaltlichen Treuhandvertrag?**	1616, 1798 ff.
a) Ergibt die Auslegung des Vertrages die Einbeziehung des Dritten?	1608 ff., 1612 ff.
b) Falls ja:	
• Rechtsverhältnis zwischen Rechtsanwalt und Auftraggeber	1617 ff.
• Rechtsverhältnis zwischen Auftraggeber und Dritten	1636 f.
• Rechtverhältnis zwischen Rechtsanwalt und Dritten	1638
c) Insbesondere zur Schadensersatzpflicht aus anwaltlichem Treuhandvertrag	1819 ff.
2. Haftung aus **anwaltsuntypischer Verpflichtung** zugunsten des Dritten?	1639
☑ **Haftung aus Vertrag mit Schutzwirkung zugunsten Dritter**	1641 ff.
1. Haftung aus **(echtem) Anwaltsvertrag** (mit Rechtsbeistandspflicht und) mit Schutzwirkung zugunsten des Dritten – analog §§ 328 ff. BGB – ?	1641 ff.
a) Ergibt die Auslegung des Vertrages dessen Schutzwirkung für den Dritten?	1642, 1651
b) Sind die Voraussetzungen eines Vertrages mit Schutzwirkung zugunsten Dritter erfüllt?	1644 ff.

Checkliste 2: Vertragliche Haftung des Rechtsanwalts gegenüber „Nichtmandanten"

c) Ist der Dritte einbezogen in den Schutzbereich von Nebenpflichten und/oder der hauptsächlichen Leistungspflicht des Rechtsanwalts?	1645 ff.
d) Besteht ein Schadensersatzanspruch des Dritten?	1661 ff., 1669 ff., 1685 ff.
e) Ist der Anspruch ausgeschlossen wegen Drittschadensliquidation?	1713 ff.
2. Haftung aus **anwaltsuntypischer Verpflichtung** mit Schutzwirkung zugunsten des Dritten?	1705
☑ **Haftung des Rechtsanwalts gegenüber Drittem aus Auskunftsvertrag (§ 675 Abs. 2 BGB)**	1722 ff.
1. (Regelmäßig „stillschweigender") Abschluss eines Auskunftsvertrages zwischen Rechtsanwalt und Drittem?	1722 ff., 1725 ff.
2. Auskunftsvertrag des Rechtsanwalts mit Schutzwirkung zugunsten eines Dritten?	1742
3. Schadensersatzanspruch des Dritten aus Auskunftsvertrag?	1754 ff.
4. Verjährung?	1774 ff.
☑ **Haftung des Rechtsanwalts als Verhandlungsgehilfe (Vertreter, Vermittler, Sachwalter) gegenüber Drittem aus Verschulden bei Vertragsschluss – c.i.c – (§ 311 Abs. 2, 3 BGB)**	1835 ff.
1. § 44 BRAO?	1847
2. a) Inanspruchnahme persönlichen Vertrauens?	1840 ff.
b) Verfolgung eines unmittelbaren eigenen wirtschaftlichen Interesses?	1844 f.
c) Begrenzte Haftung bei Beteiligung an Vertragsverhandlungen des Mandanten.	1848 ff.
3. Eigenhaftung wegen Verletzung vorvertraglicher Pflichten bei amtlicher und amtsähnlicher Tätigkeit?	1851 ff.
4. Schadensersatzanspruch des Dritten aus Verschulden bei Vertragsschluss?	1855 ff.
5. Verjährung?	1871 ff.
☑ **Bürgerlich-rechtliche Prospekthaftung des Rechtsanwalts gegenüber Kapitalanleger**	1879 ff.

1. **Prospekthaftung im engeren Sinne** für die Richtigkeit und Vollständigkeit des Werbeprospekts?	1883 ff.
• Ist der Rechtsanwalt Prospektverantwortlicher, insbesondere wegen einer „Garantenstellung" als berufsmäßiger Sachkenner?	1886 f.
• Schadensersatzanspruch des Anlegers wegen Pflichtverletzung des Prospektverantwortlichen?	1888 ff.
• Verjährung?	1905 ff.
2. **Prospekthaftung im weiteren Sinne** wegen Verletzung vorvertraglicher Pflichten unter Verwendung eines mangelhaften Prospekts?	1910 f.
Verjährung?	1912

2078 **Checkliste 3: Außervertragliche Haftung des Rechtsanwalts gegenüber Mandanten und Dritten**

Prüfungsschritte	Erläuterungen unter Rn.
I. **Geschäftsführung ohne Auftrag (§§ 677 ff. BGB) und ungerechtfertigte Bereicherung (§§ 812 ff. BGB)**	1914 ff.
II. **Haftung wegen unerlaubter Handlung (§§ 823 ff. BGB)**	1924 ff.
Neben einem Schadensersatzanspruch aus Anwaltsvertrag.	
1. **Schadensersatzanspruch gegen Rechtsanwalt wegen Verletzung eines ausschließlichen Rechts (§ 823 Abs. 1 BGB)?**	1929 ff.
a) Wichtig für die Anwaltshaftung:	
• Unberechtigte Vollstreckungsmaßnahmen und ehrenrührige Äußerungen.	1933 ff., 1990 ff.
• Die subjektiv redliche Einleitung und Durchführung eines gesetzlich geregelten Verfahrens indiziert grundsätzlich nicht die Rechtswidrigkeit einer damit verbundenen Rechtsgutsverletzung.	1933

Checkliste 3: Außervertragliche Haftung gegenüber Mandanten und Dritten

• Ehrverletzende Äußerungen, die der Rechtsverfolgung oder -verteidigung in einem gerichtlichen oder behördlichen Verfahren dienen sollen, können i.d.R. nicht Gegenstand einer Ehrenschutzklage sein.	1998 ff.
b) Beweis	1965 ff.
c) Verjährung	
Nach Übergangsregelung (Art. 229 § 6 EGBGB)	1251 ff.
altes Verjährungsrecht (§ 852 Abs. 1, 2 BGB a.F.) oder	2067 ff.
neues Verjährungsrecht (§§ 194 ff. BGB)?	1444 ff., 2070 ff.
2. Abwehransprüche gegen Rechtsanwalt aus §§ 823 ff. mit § 249 BGB und in entsprechender Anwendung der §§ 12, 862, 1004 BGB?	1984 ff.
a) Beseitigung und Widerruf	1989 ff.
Zu ehrverletzenden Äußerungen in einem gerichtlichen oder behördlichen Verfahren	1998 ff.
Zum Abwehranspruch gegen eine anwaltliche Presseerklärung	2001
b) Unterlassung	2002 ff.
c) Gegendarstellung	2007
d) Beweis	1965 ff.
e) Verjährung	
Nach Übergangsregelung (Art. 229 § 6 EGBGB)	1251 ff.
altes Verjährungsrecht (§§ 195, 852 BGB a.F.) oder	1987, 2067 ff.
neues Verjährungsrecht (§§ 194 ff. BGB)?	1987, 1444 ff., 2070 ff.
3. Schadensersatzanspruch gegen Rechtsanwalt wegen Verletzung eines Schutzgesetzes – (§ 823 Abs. 2 BGB)?	2008 ff.
a) Wichtig: Strafrechtliche Tatbestände	2012 ff.
b) Beweis	2021 ff.
c) Verjährung	
Nach Übergangsregelung (Art. 229 § 6 EGBGB)	1251 ff.
altes Verjährungsrecht (§ 852 Abs. 1, 2 BGB a.F.) oder	2067 ff.

neues Verjährungsrecht (§§ 194 ff. BGB)?	1444 ff., 2070 ff.
4. **Schadensersatzanspruch gegen Rechtsanwalt wegen Kreditgefährdung (§ 824 BGB)?**	2024 ff.
a) Beweis	2031
b) Verjährung	
Nach Übergangsregelung (Art. 229 § 6 EGBGB)	1251 ff.
altes Verjährungsrecht (§ 852 Abs. 1, 2 BGB a.F.) oder	2067 ff.
neues Verjährungsrecht (§§ 194 ff. BGB)?	1444 ff.
5. **Schadensersatzanspruch gegen Rechtsanwalt wegen sittenwidriger vorsätzlicher Schädigung (§ 826 BGB)?**	2032 ff., 2047 ff.
Wichtigster Deliktstatbestand für die Anwaltshaftung wegen unerlaubter Handlungen bei der Rechtsbetreuung und wegen der außervertraglichen „Berufs- und Expertenhaftung" gegenüber Dritten, die im Vertrauen auf fehlerhafte Gutachten, Auskünfte, Berichte, Bilanzen, Testate, Prospekte und Zeugnisse geschädigt werden.	
a) Verstoß gegen die guten Sitten	2033
b) Vorsätzliche Schädigung	2037 ff.
c) Schadensersatz	2040 ff.
d) Beweis	2045 f., 2050
Der Vorsatz kann durch die Art und Weise des sittenwidrigen Verhaltens bewiesen werden.	
e) Verjährung	
Nach Übergangsregelung (Art. 229 § 6 EGBGB)	1251 ff.
altes Verjährungsrecht (§ 852 Abs. 1, 2 BGB a.F.) oder	2067 ff.
neues Verjährungsrecht (§§ 194 ff. BGB)?	1444 ff., 2070 ff.
6. **Ersatzanspruch gegen Rechtsanwalt wegen Schädigung durch Verrichtungsgehilfen (§ 831 BGB)?**	2052 ff.
a) Haftung für angestellte Mitarbeiter	2057
b) Beweis	2066

Checkliste 3: Außervertragliche Haftung gegenüber Mandanten und Dritten

c) Verjährung	
Nach Übergangsregelung (Art. 229 § 6 EGBGB)	1251 ff.
altes Verjährungsrecht (§ 852 Abs. 1, 2 BGB a.F.) oder	2067 ff.
neues Verjährungsrecht (§§ 194 ff. BGB)?	1444 ff., 2070 ff.
d) Sonderproblem: Ist der Rechtsanwalt Verrichtungsgehilfe seines Mandanten?	2056

Teil 5: Berufshaftpflichtversicherung für Rechtsanwälte

Inhaltsverzeichnis

	Rn.
Abschnitt 1: Grundlagen	2079
A. Rechtsgrundlagen	2079
B. Die Allgemeinen Versicherungsbedingungen (AVB)	2080
I. Kein Genehmigungserfordernis	2080
II. Verhandelbarkeit der AVB	2081
III. Auslegung der AVB	2082
C. Versicherungsverträge mit ausländischen Versicherern	2083
Abschnitt 2: Die Berufshaftpflichtversicherung	2084
A. Versicherungspflicht	2084
B. Versicherte Personen	2087
I. Adressaten des § 51 BRAO	2087
II. Regelungen der AVB	2090
C. Versicherter Gegenstand	2099
I. Überblick	2099
II. Deckungsumfang im Grundsatz	2100
1. „Verstoß" als Versicherungsfall	2101
2. Ausübung beruflicher Tätigkeit	2102
3. Gesetzliche Haftpflichtbestimmungen privatrechtlichen Inhalts	2108
4. Vermögensschaden	2109
5. Abwehr- und Befreiungsanspruch	2111
III. Ausschlüsse vom Deckungsumfang	2113
1. Auslandsschäden	2115
2. Aufgrund Vertrags oder Zusage	2119
3. Sozien- und Angehörigenklausel	2121
4. Organ- und Leitungsklausel	2123
5. Wissentliche Pflichtverletzung	2128
IV. Einschlüsse in die Berufshaftpflichtversicherung	2139
1. Sachschäden	2140
2. Auszahlungsfehler bei Anderkonten	2141
V. Versicherungssumme, Selbstbehalt	2142
1. Versicherungssumme	2142
2. Selbstbehalt und andere Belastungen	2149
D. Beginn und Ende der Versicherung	2153
I. Beginn der Versicherung	2153

	Rn.
1. Mit Vertragsschluss	2153
2. Vorwärtsversicherung	2154
3. Rückwärtsversicherung	2156
4. Verstoß durch Unterlassen	2160
II. Ende der Versicherung	2161
E. Prämienzahlung	**2163**
F. Der Versicherungsfall	**2169**
I. Definition	2169
II. Zeitliche Komponente	2170
III. Mehrfaches Handeln oder Unterlassen	2171
G. Obliegenheiten	**2172**
I. Mitteilungen an den Versicherer	2172
II. Vor Vertragsschluss, bei Antragstellung	2173
III. Vor dem Versicherungsfall	2174
IV. Nach dem Versicherungsfall	2175
1. Allgemeines	2175
2. Einzelheiten	2178
H. Fälligkeit, Verlust des Anspruchs, Regress	**2190**
I. Fälligkeit	2190
1. Deckungsanspruch	2190
2. Leistung an den Geschädigten	2191
II. Verlust	2192
1. Verjährung	2192
2. Obliegenheitsverletzungen	2193
3. Versäumung der Klagefrist	2194
III. Regress des Versicherers	2195
I. Besonderheiten vor und im Prozess mit dem Versicherer	**2196**
I. Gerichtsstand	2197
II. Klageantrag	2198
III. Erstmaliges Berufen auf Obliegenheitsverletzungen im Prozess	2199
Abschnitt 3: Ansprüche des geschädigten Mandanten gegen den Versicherer	**2200**
Abschnitt 4: Geplante Reform des Versicherungsvertragsgesetzes	**2206**

Spezialliteratur:

Braun, Berufshaftpflichtversicherungen, BRAK-Mitt. 1994, 202;
Brieske, Die Berufshaftpflichtversicherung, AnwBl 1995, 225;
Burger, Interprofessionelle Zusammenarbeit von Rechtsanwälten in gemischten Sozietäten – Versicherungsrechtliche Anmerkungen, AnwBl 2004, 304;
Chab, Neue Regressprobleme im strafrechtlichen Mandat, AnwBl 2005, 497;

Dobmaier, Wissentliche Pflichtverletzung in der Berufshaftpflichtversicherung, AnwBl 2003, 446;
Flesch, Von den Vorzügen der individuellen Altersvorsorge, Versicherungswirtschaft 1998, 49;
Grams, Verstoß- und Claims-made-Prinzip in der Berufshaftpflichtversicherung der rechts- und wirtschaftsberatenden Berufe, AnwBl 2003, 299;
Gräfe, Die Serienschadenklausel in der Vermögensschaden-Haftpflichtversicherung, NJW 2003, 3673;
Jungk, Der Anwalt im Grenzbereich anwaltlicher Tätigkeit, AnwBl 2004, 117;
Kempter/Kopp, Die Rechtsanwalts-Aktiengesellschaft – Vertretungsbefugnis kraft Verfassungsrechts?, NJW 2004, 3605;
Meßmer, Die Berufshaftpflichtversicherung des deutschen Rechtsanwalts, Versicherungswirtschaft 1998, 294;
Neuhofer, Honoraranspruch im Regressfall, AnwBl 2004, 583;
Prölss, Die Berücksichtigung des versicherungswirtschaftlichen Zweckes einer risikobegrenzenden AVB-Klausel nach den Methoden der teleologischen Gesetzesanwendung. Zugleich Anm. zu BGH, Urt. v. 29.4.1998 – IV ZR 21/97, NVersZ 1998, 17;
Römer, Zu den Informationspflichten der Versicherer und ihrer Vermittler, VersR 1998, 1313;
ders., Prozessuale Besonderheiten im Versicherungsrecht, in: Homburger Tage 1995, Schriftenreihe der AG Verkehrsrecht im DAV, 1996, S. 79;
Stöhr, Die Vermögensschadenhaftpflichtversicherung als Pflichtversicherung für Rechtsanwälte und Notare, AnwBl 1995, 234;
Terbille, Haftpflichtversicherung und Haftung von Anwälten und Notaren, MDR 1999, 1426.

Abschnitt 1: Grundlagen

A. Rechtsgrundlagen

Rechtsgrundlagen für die Haftpflichtversicherung für Anwälte[1] sind §§ 51, 59j BRAO, Versicherungsvertragsgesetz (VVG), Allgemeine Versicherungsbedingungen für die Vermögensschaden-Haftpflichtversicherung von Rechtsanwälten und Patentanwälten, Steuerberatern, Wirtschaftsprüfern und vereidigten Buchprüfern (im Folgenden: **AVB**[2]). Die Allgemeinen Versicherungsbedingungen für die Haftpflichtversicherung (**AHB**) sind als Rechtsgrundlage für die AVB auch nicht subsidiär anzuwenden. Die Allgemeine Haftpflichtversicherung ist eine Versicherung eigener Art.[3] Dies schließt indessen nicht aus, bei der Rechtsanwendung Rechtsprechung und Kommentierung zu den AHB mit heranzuziehen, soweit Wort- oder jedenfalls Inhaltsgleichheit der Bestimmungen besteht. Die nachfolgende Kommentierung gibt ausschließlich die persönliche Meinung des Autors wieder.

2079

---

1 Zur geschichtlichen Entwicklung s. *Sassenbach*, in: Münchener Anwaltshandbuch Versicherungsrecht, § 17 Rn. 1 f.
2 S. dazu Rn. 2080.
3 BGH, VersR 1964, 230.

B. Die Allgemeinen Versicherungsbedingungen (AVB)

I. Kein Genehmigungserfordernis

2080   Nach der Deregulierung[4] im Versicherungswesen kann jedes Versicherungsunternehmen eigene AVB formulieren und auf den Markt bringen. Die AVB unterliegen nicht mehr der Vorabgenehmigung durch das Bundesaufsichtsamt für das Versicherungswesen. Zwar müssen nach § 5 Abs. 5 Nr. 1 VAG die **AVB** für die Pflichtversicherungen dem Aufsichtsamt eingereicht werden. Das macht sie aber nicht zum Bestandteil des Geschäftsplans und sie unterliegen deshalb **auch nicht dem Genehmigungserfordernis**.[5] Dies hat den Wettbewerb in allen Versicherungszweigen weiter intensiviert, so auch in der Versicherung für Anwälte und Notare, wobei sich der Wettbewerb im Bereich der Pflichtversicherung mehr auf die Prämienseite und nicht so sehr auf die Bedingungsseite fokussiert. Hier sind die AVB der einzelnen Versicherungsunternehmen inhaltlich sehr ähnlich, was im Wesentlichen daran liegen dürfte, dass die gesetzgeberische Ausgestaltung der anwaltlichen Berufshaftpflichtversicherung als Pflichtversicherung (s. Rn. 2084) nahezu die gesamte berufliche Tätigkeit des Rechtsanwalts einschließt, so dass die Versicherer auf der Bedingungsseite nur sehr wenig Spielraum für unterschiedliche Deckungskonzepte haben.

Nachfolgend werden **exemplarisch einzelne Regelungen** wiedergegeben, wie sie im Rahmen von AVB z.T. im Markt verwandt werden und öffentlich verfügbar sind (AVB). Vorgeschaltet ist[6] Teil 1 mit den Allgemeinen Bedingungen, der für alle genannten Berufsträger gilt. Im Teil 2 folgen dann die für die Rechts- und Patentanwälte maßgeblichen Sonderbestimmungen; Teil 3 beinhaltet die Spezialregelungen für die Steuerberater, Teil 4 die der Wirtschaftsprüfer und der vereidigten Buchprüfer. Textangaben aus Teil 1 werden nicht als solche kenntlich gemacht, wohl aber aus Teil 2.

Für jeden einzelnen Versicherungsfall ist jedenfalls die genaue Vorprüfung unabdingbar, welche **Versicherungsbedingungen** für den jeweiligen, für den maßgeblichen Verstoßzeitpunkt (s. Rn. 2154) geltenden Versicherungsvertrag maßgeblich sind.[7]

II. Verhandelbarkeit der AVB

2081   Die AVB sind im Wesentlichen **nicht verhandelbar**, sofern sie den gesetzlichen Vorgaben für die Pflichtversicherung folgen müssen. Das schließt aber nicht aus, dass im einen oder anderen Fall doch einzelne Regelungen innerhalb der von § 51 BRAO vorgegebenen Grenzen zugunsten des Versicherungsnehmers anders vereinbart werden

---

[4]   Durchführungsgesetz/EWG zum VAG vom 21.7.1994, BGBl. I, S. 1630.
[5]   Vgl. (Reimer) *Schmidt*, in: *Prölss*, VAG, § 5 Rn. 25.
[6]   So in den Bedingungen HV 60/02 der Allianz Versicherungs-AG.
[7]   *Terbille*, in: *Rinschel Fahrendorf/Terbille*, Rn. 1880.

können. Welche Änderungen in Betracht kommen, hängt vom Bedürfnis des einzelnen Anwalts ab, das er vor Abschluss des Vertrages prüfen sollte.

III. Auslegung der AVB

Die Auslegung Allgemeiner Versicherungsbedingungen geschieht nach heute h.M. nicht mehr nach den Regeln der Gesetzesauslegung. AVB sind so auszulegen, wie sie ein **durchschnittlicher Versicherungsnehmer** bei verständiger Würdigung, aufmerksamer Durchsicht und Berücksichtigung des erkennbaren Sinnzusammenhangs verstehen muss. Dabei kommt es auf die Verständnismöglichkeiten eines Versicherungsnehmers ohne versicherungsrechtliche Spezialkenntnisse an.[8] Ist **Adressat der AVB** eine bestimmte Gruppe von Versicherungsnehmern, kommt es auf das Verständnis eines durchschnittlichen Versicherungsnehmers dieser Gruppe an. Das bedeutet bei den AVB für Anwälte, dass auch Rechtskenntnisse vorausgesetzt werden können, in deren Licht die AVB auszulegen sind. Indessen sind die Kenntnisse und Verständnismöglichkeiten des einzelnen Vertragspartners irrelevant.

2082

C. Versicherungsverträge mit ausländischen Versicherern

Ausländische Versicherer können in der Bundesrepublik tätig sein. Das gilt insbesondere für Versicherer aus der EU oder einem EWR-Staat. Diesen ist die Tätigkeit hier erleichtert.[9] Bei einem Vertragsabschluss mit im Ausland ansässigen Versicherungsunternehmen ist stets zu prüfen, inwieweit die Bedingungen u.U. **anderen Prinzipien**, z.B. in der Haftpflichtversicherung dem **„claims-made"-Prinzip** der englischen Versicherer,[10] folgen, bei dem es zur Beurteilung des Versicherungsfalls auf den Zeitpunkt der Anspruchserhebung ankommt. Hierdurch kann es zu **gravierenden Unterschieden zur deutschen Berufshaftpflichtversicherung** kommen, die nach dem Versicherungsbedarf im Einzelnen zu prüfen sind.[11] Zu bedenken ist auch, ob die Nähe zum Versicherer bei der Schadensabwicklung eine Rolle spielen kann, insbesondere die fachliche Leistungsfähigkeit des Versicherers bei der Abwehr unbegründeter Regressansprüche.

2083

---

8   BGHZ 123, 83, 85; s. näher *Römer/Langheid*, VVG, vor § 1 Rn. 16 ff. m.w.N. zur Rechtsprechung, z.B. BGH, NJW-RR 2000, 1341; BGH, VersR 2001, 1502.
9   Vgl. § 110a VAG.
10 Vgl. dazu *Flesch*, Versicherungswirtschaft 1998, 49 ff.; *Grams*, AnwBl 2003, 299 ff.
11 Vgl. auch *Meßmer*, Versicherungswirtschaft 1998, 294.

Abschnitt 2: Die Berufshaftpflichtversicherung

A. Versicherungspflicht

2084 § 51 BRAO normiert die **gesetzliche Versicherungspflicht des Anwalts**. Die Versicherungspflicht betrifft jeden Rechtsanwalt.[1]

2085 Nach § 51 Abs. 1 Satz 1 BRAO ist der Rechtsanwalt verpflichtet, eine Berufshaftpflichtversicherung zur Deckung der sich aus seiner Berufstätigkeit ergebenden Haftpflichtgefahren für Vermögensschäden abzuschließen und diese während seiner Zulassung aufrechtzuerhalten. Beendigung und Kündigung sowie jede den Versicherungsschutz beeinträchtigende Änderung des Versicherungsvertrages hatte der Versicherer nach § 51 Nr. 6 BRAO ursprünglich der zuständigen Landesjustizverwaltung und der zuständigen Rechtsanwaltskammer unverzüglich mitzuteilen; durch nach § 224a BRAO ermöglichte Rechtsverordnung haben zwischenzeitlich alle Bundesländer das Zulassungs- und auch das Rücknahmeverfahren den **Rechtsanwaltskammern**[2] übertragen. Diese Pflichtversicherung, § 158b Abs. 1 VVG, soll vorrangig dem **Schutz des rechtsuchenden Publikums** dienen.[3] Gleichzeitig bewirkt sie aber auch den **Schutz des Rechtsanwalts** vor Vermögensverlusten, die bei entsprechender Höhe auch seine wirtschaftliche Existenz gefährden können. Dieser Umstand kann Anlass zu Überlegungen sein, ob die Haftpflichtversicherung nicht über die gesetzliche Mindestversicherungssumme von 250.000 € (§ 51 Abs. 4 BRAO)[4] hinaus abgeschlossen werden sollte, wozu ein Versicherer gegen entsprechende Prämie i.d.R. bereit sein dürfte.[5]

2086 § 51 Abs. 3 BRAO lässt **Ausschlüsse von der Pflichtversicherung** zu, wovon in den AVB i.d.R. auch Gebrauch gemacht wird.[6] Danach bleibt der Mandant z.B. i.d.R. allein auf die Leistungsfähigkeit des Anwalts verwiesen, wenn dieser einen Schaden durch eine wissentliche Pflichtverletzung verursacht, § 51 Abs. 3 Nr. 1 BRAO, § 4 Nr. 5 AVB.[7] Ebenso wenig ist der Mandant durch eine Haftpflichtversicherung regelmäßig vor Veruntreuung des Anwalts, seines Personals oder seiner Angehörigen geschützt, § 4 Nr. 3 AVB.

---

1 S. näher Rn. 2087.
2 Adressen s. aktuell auf der Homepage der Bundesrechtsanwaltskammer unter www.brak.de/seiten/01_03.php.
3 BT-Drucks. 12/4993, S. 31 zu Nr. 22; *Terbille*, in: *Rinsche/Fahrendorf/Terbille*, Rn. 1879.
4 *Terbille* plädiert schon in MDR 1999, 1496 für eine Heraufsetzung der Mindestversicherungssumme; s. auch *Sassenbach*, in: Münchener Anwaltshandbuch Versicherungsrecht, § 17 Rn. 37 f.
5 S. Rn. 2142.
6 S. Rn. 2113.
7 Dazu Rn. 2128.

B. Versicherte Personen

I. Adressaten des § 51 BRAO

Die Versicherungspflicht des § 51 BRAO betrifft **sämtliche Rechtsanwälte**. Es kommt nicht darauf an, ob er **Einzelanwalt** ist oder mit anderen eine **Sozietät** oder **Bürogemeinschaft** bildet. Ebenso sind der Anwalt einer **Partnerschaftsgesellschaft**, der angestellte Anwalt oder freie Mitarbeiter wie auch der **Syndikus** verpflichtet, eine Berufshaftpflichtversicherung abzuschließen. Entscheidend ist, ob der Anwalt eine Zulassung anstrebt oder sie bereits hat. Deshalb bleibt auch der Anwalt, der sich faktisch zur Ruhe gesetzt, aber seine Zulassung noch nicht zurückgegeben hat, versicherungspflichtig. Die **Mindestversicherungssumme** bleibt von solchen Sonderfällen unberührt, auch wenn feststeht, dass ein etwaiger Schaden diese Summe bei weitem nicht erreichen kann.

2087

Auch der **ausländische Rechtsanwalt**, der im Inland tätig ist (vgl. § 206 BRAO und § 7 EuRAG), muss eine Berufshaftpflichtversicherung abschließen, obwohl er keine Zulassung braucht. Insoweit ist die Aufnahme in die Rechtsanwaltskammer der Zulassung gleichzustellen.[8] Der Schutz des Mandanten nötigt zu einer entsprechenden Anwendung des § 51 BRAO.

2088

§ 51 Abs. 1 Satz 2 BRAO verlangt, dass sich die Pflichtversicherung auch auf solche Vermögensschäden erstreckt, für die der Rechtsanwalt nach § 278 BGB oder § 831 BGB einzustehen hat. Vor diesem Hintergrund wird bei Antragstellung üblicherweise abgefragt, wie viele **Mitarbeiter** (unterschieden nach ihrer Vorbildung) bei dem Anwalt tätig sind. Für sie schließt der Anwalt eine **Fremdversicherung** ab, § 7 AVB. Insbesondere für freie Mitarbeiter mit juristischer Vorbildung kann diese Versicherung wegen des gegenüber angestellten Mitarbeitern schärferen Haftungsmaßstabs im Regresswege von existentieller Bedeutung sein.[9]

Mit § 59j BRAO[10] hat der Gesetzgeber die Haftpflichtversicherung der neuen **Anwalts-GmbH** geregelt. Danach muss die GmbH neben dem Anwalt eine eigene Haftpflichtversicherung abschließen. Von ihr hängt die Zulassung ab. Die **Mindestversicherungssumme** beträgt für jeden Schadensfall 2.500.000 €. Bei kleineren Gesellschaften führt diese Versicherungssumme zu deutlich höheren Prämien als bei einer Sozietät. Diese Form des beruflichen Zusammenschlusses ist bislang in nur bescheidenem Umfang von der Anwaltschaft akzeptiert worden.[11]

2089

---

8   Vgl. *Stobbe*, in: *Henssler/Prütting*, BRAO, § 51 Rn. 27.
9   *Grams*, BRAK-Mitt. 2003,12; *Sassenbach*, in: Münchener Anwaltshandbuch Versicherungsrecht, § 17 Rn. 21.
10 Die Regelung ist mit Art. 3 Abs. 1, 12 Abs. 1 GG vereinbar, BVerfG, NJW 2001, 1560.
11 Laut Pressemitteilung der BRAK Nr. 6 vom 21.2.2006 waren zum 1.1.2006 in Deutschland 138.131 Rechtsanwälte und nur 216 Rechtsanwalts-GmbH registriert.

Die **Rechtsanwalts-Aktiengesellschaft**[12] wird ähnlich wie die **Partnerschaftsgesellschaft** behandelt, d.h., dass trotz möglicherweise (eine gesetzliche Regelung fehlt bisher!) nicht bestehender Versicherungspflicht durch Zusatzvereinbarung Ansprüche, die gegen die Partnerschaftsgesellschaft (vgl. auch Rn. 77) geltend gemacht werden, in den Versicherungsschutz der einzelnen Partner mit einbezogen werden.[13]

II. Regelungen der AVB

2090 Mit den im Folgenden exemplarisch abgedruckten AVB wird **Deckungsschutz für alle Sozien** zusammen mit einer einheitlichen Durchschnittsleistung vereinbart. Allerdings kann der Vertrag für die einzelnen Sozien mit **unterschiedlich hohen Deckungssummen** abgeschlossen werden. Das kann sich in solchen Fällen ungünstig auswirken, bei denen die Höhe des Schadens über der Summe der niedrigsten Deckung liegt.

2091 Die einschlägigen Klauseln[14] lauten:

2092
> **§ 1 Gegenstand der Versicherung**
>
> III. Als **Sozien** im Sinne dieser Bedingungen gelten Berufsangehörige, die ihren Beruf nach außen hin gemeinschaftlich ausüben, ohne Rücksicht darauf, wie ihre vertraglichen Beziehungen untereinander (Innenverhältnis) geregelt sind. Die vertraglichen Beziehungen des Innenverhältnisses können sein:
>
> Anstellungsverhältnis, freie Mitarbeit, Bürogemeinschaft, Kooperation, Gesellschaft bürgerlichen Rechts, nicht als Berufsträgergesellschaft anerkannte Partnerschaft, Partnerschaftsgesellschaft und ähnliches.
>
> In der Person eines Sozius gegebene Umstände, die den Versicherungsschutz beeinflussen, gehen zu Lasten aller Sozien.
>
> **§ 12 Sozien**
>
> I. Der Versicherungsfall auch nur eines Sozius (§ 1 III) gilt als Versicherungsfall aller Sozien. Dies gilt nicht für Tätigkeiten außerhalb der gemeinschaftlichen Berufsausübung.
>
> II. Der Versicherer tritt für die Sozien zusammen mit einer einheitlichen Durchschnittsleistung ein. Für diese Durchschnittsleistung gilt Folgendes:
>
> 1. Die Leistung auf die Haftpflichtsumme ist in der Weise zu berechnen, dass zunächst bei jedem einzelnen Sozius festgestellt wird, wie viel er vom Versicherer zu erhalten hätte, wenn er, ohne Sozius zu sein, allein einzutreten hätte (fiktive

---

12 Seit BayObLG, NJW 2000, 1647 grundsätzlich möglich. S. auch BFH, NJW 2004, 1974 (krit. *Kempter/Kopp*, NJW 2004, 3605); BGH, NJW 2005, 1568, z.V.b. in BGHZ
13 *Sassenbach*, in: Münchener Anwaltshandbuch Versicherungsrecht, § 17 Rn. 24.
14 S. Rn. 2080.

Leistung), und sodann die Summe dieser fiktiven Leistungen durch die Zahl aller Sozien geteilt wird.

2. Bezüglich der Kosten sind die Bestimmungen in § 3 II 6 in sinngemäßer Verbindung mit den vorstehenden Bestimmungen anzuwenden.

3. Dieser Durchschnittsversicherungsschutz besteht nach Maßgabe des § 7 I 1 auch zugunsten eines Sozius, der Nichtversicherungsnehmer ist.

Beispiel:

Hat in einer aus drei Rechtsanwälten bestehenden Sozietät Sozius A eine Höchstversicherungssumme von 250.000 €, Sozius B eine solche von 500.000 € und Sozius C eine von 1.000.000 €, und unterläuft nun einem Sozius ein Berufsversehen, das einen Schaden von 700.000 € zur Folge hat, ergibt sich folgende Berechnung der Versicherungsleistung:[15]

Für Sozius A hätte der Versicherer die vereinbarte Höchstversicherungssumme von 250.000 € zur Verfügung zu stellen, wenn er nicht Sozius wäre; für Sozius B wäre dementsprechend der Betrag von 500.000 € aufzuwenden. Bei Sozius C wären 700.000 € zu bezahlen, abzüglich des vereinbarten Mindestselbstbehalts (vgl. Rn. 2149), der im Beispielsfall entsprechend § 51 Abs. 5 BRAO 2.500 € betragen soll. Somit würde für C, wäre er kein Sozius, eine Versicherungsleistung von 697.500 € zu erbringen sein.

Nach § 12 Abs. 2 Nr. 1 AVB ist nun eine „fiktive Gesamtleistung" zu ermitteln durch Addition der soeben für A, B und C ermittelten Summen, also 250.000 € + 500.000 € + 697.500 € = 1.447.500 €. Dieser Betrag ist durch die Zahl der Sozien, also 3, zu teilen, so dass sich eine Durchschnittsleistung von 482.500 € ergibt. Die Sozietät müsste den auf die Schadensumme von 700.000 € fehlenden Betrag von 217.500 € aus eigenen Mitteln aufbringen.

Vor diesem Hintergrund wird deutlich, dass alle Mitglieder einer Sozietät zweckmäßigerweise Verträge mit ausreichend hohem und identischem Deckungsumfang abschließen sollten.[16]

§ 1 Abs. 3 AVB, der einen **Ausschlussgrund** in der Person eines Sozius auf alle Sozien erstreckt, ist im Zusammenhang mit § 12 Abs. 1 Satz 1 AVB zu sehen. Ohne die Bestimmung des § 1 Abs. 3 AVB wäre der Versicherer immer leistungspflichtig. Denn für den Sozius, bei dem kein Ausschluss nach § 4 AVB eingreift, ist der Verstoß des anderen gemäß § 12 Abs. 1 AVB auch ein Versicherungsfall, den er gegenüber dem Versicherer geltend machen könnte. § 1 Abs. 3 AVB will deshalb nur verhindern, dass

2093

---

15 Vgl. auch die Rechenbeispiele von *Brieske*, AnwBl 1995, 225, 230; *Burger*, AnwBl 2004, 304, 306; *Sassenbach*, in: Münchener Anwaltshandbuch Versicherungsrecht, § 17 Rn. 43; *Veith/Gräfe*, Der Versicherungsprozess, § 12 Rn. 320 f. und *Terbille*, in: Rinsche/Fahrendorff/Terbille, Rn. 2059.
16 *Brieske*, AnwBl 1995, 225, 230; *Sassenbach*, in: Münchener Anwaltshandbuch Versicherungsrecht, § 17 Rn. 43; *Veith/Gräfe*, Der Versicherungsprozess, § 12 Rn. 327.

trotz eines Ausschlussgrundes in der Person eines Sozius der andere Sozius gleichwohl Versicherungsschutz beanspruchen kann.[17]

§ 1 Abs. 3 AVB ist dann nicht anwendbar, wenn ein Sozius der Mandant des anderen Sozius ist. In einem solchen Fall treten beide nicht einem Dritten gegenüber als Sozien auf.[18]

Der inhaltlich **weit gefasste Begriff der „Sozien"** in § 1 Abs. 3 AVB deckt sich mit den Tendenzen in der Rechtsprechung, die Rechtsscheinhaftung im Sinne des Verbraucherschutzes auszuweiten, also z.b. gesamtschuldnerische Haftung anzunehmen, wenn der Briefbogenzusatz „in Kanzleigemeinschaft" gewählt wurde.[19] Dies gilt auch für den Zusatz „in Bürogemeinschaft", weil der Rechtsverkehr davon ausgeht, dass an prominenter Stelle auf dem Briefkopf genannte Verbindungen auf berufliche Zusammenarbeit hindeuten.[20]

Bei interprofessioneller Zusammenarbeit von Rechtsanwälten in **gemischten Sozietäten** oder auch bei **Mehrfachberuflern** empfiehlt es sich zur Vermeidung von Abgrenzungsproblemen bei der Zuordnung der schadenstiftenden Tätigkeit (Anwaltsrisiko? Steuerberater- oder Wirtschaftsprüfertätigkeit?) und einer etwaigen Unterdeckung, alle Tätigkeiten mit gleich hohen und ausreichenden Versicherungssummen abzusichern.[21]

2094 Für **mitversicherte Personen** gilt Folgendes:

> **§ 13 Mitarbeiter**
>
> I. Die Beschäftigung eines zuschlagspflichtigen Mitarbeiters, der nicht Sozius im Sinne des § 1 III ist, gilt als Erweiterung des versicherten Risikos nach 8 II.
>
> II. Wird trotz Aufforderung die Beschäftigung eines Mitarbeiters nicht angezeigt, so verringert sich dem Versicherungsnehmer gegenüber die Leistung (§ 12) des Versicherers, wie wenn der Mitarbeiter Sozius im Sinne von § 1 III wäre.
>
> III. In Ansehung solcher Verstöße, die vor Ablauf der Frist des § 8 II 1 oder nach Bezahlung des Mitarbeiterzuschlags erfolgt sind, deckt die Versicherung im Rahmen des Versicherungsvertrages auch Haftpflichtansprüche, die unmittelbar gegen die Mitarbeiter erhoben werden (§ 7 I).
>
> **§ 7 Versicherung für fremde Rechnung**

---

17   S. den Fall OLG Hamm, VersR 1996, 1006 = r + s 1996, 96 m. Anm. *Schimikowski* = zfs 1996, 346.
18   OLG Hamm, a.a.O., wenn auch dort offen gelassen.
19   OLG Köln, MDR 2003, 900.
20   OLG Köln, a.a.O.; *Burger*, AnwBl 2004, 304.
21   *Burger*, AnwBl 2004, 304, 306.

> I.1. Soweit sich die Versicherung auf Haftpflichtansprüche, die gegen andere Personen als den Versicherungsnehmer selbst gerichtet sind (mitversicherte Personen), erstreckt, finden alle in dem Versicherungsvertrag bezüglich des Versicherungsnehmers getroffenen Bestimmungen auch auf diese Personen sinngemäße Anwendung. Der Versicherungsnehmer bleibt neben der mitversicherten Person für die Erfüllung der Obliegenheiten verantwortlich.

Der Mitversicherte ist **nicht Vertragspartei**. Er muss den Inhalt des Vertrages so hinnehmen, wie ihn die Parteien gestaltet haben. Auf den Mitversicherten sind nach § 7 Abs. 1 Nr. 1 AVB alle Bestimmungen des Vertrages sinngemäß anzuwenden. Bei **Ausschlusstatbeständen** gilt dies jedoch nur soweit, als der Ausschluss in der jeweiligen Person verwirklicht ist. Hat der Mitversicherte den Schaden verursacht, ohne dass in seiner Person ein Ausschlusstatbestand vorliegt, ist die Leistung des Versicherers nicht ausgeschlossen, auch wenn auf den Versicherungsnehmer der Ausschlusstatbestand zutrifft.[22]

Aus § 7 Abs. 1 Nr. 2 AVB ist zu entnehmen, dass der Mitversicherte auch selbst zur Erfüllung der Obliegenheiten verpflichtet sein soll. Das ist nicht selbstverständlich und bedarf ausdrücklicher Regelung.[23]

> § 7 I. 2. Mitversicherte Personen können ihre Versicherungsansprüche selbständig geltend machen. Dasselbe gilt für Sozien, die im Versicherungsschein oder in einem Nachtrag zum Versicherungsschein namentlich genannt sind.

§ 7 Abs. 1 Nr. 2 AVB ist eine Abweichung von der gesetzlichen Regelung in der Fremdversicherung, nach der der Mitversicherte zwar Inhaber des Anspruchs ist, ihn grundsätzlich aber nicht selbst geltend machen kann, § 75 VVG. Durch die Regelung in den AVB sind eine Menge Probleme der Fremdversicherung gelöst.

> § 7 II. Ansprüche des Versicherungsnehmers gegen die mitversicherte Person sind, soweit nichts anderes vereinbart ist, von der Versicherung ausgeschlossen.

§ 7 Abs. 2 AVB schließt den **Eigenschaden**[24] **des Versicherten** vom Deckungsschutz aus. Der Eigenschaden ist Gegenstand der Vertrauensschaden- und nicht der Vermögenshaftpflichtversicherung. Der Ausschluss erfasst auch Ansprüche der Angehörigen des Versicherten. Hat der Angestellte oder freie Mitarbeiter für die Bearbeitung eigener Mandate eine Berufshaftpflichtversicherung abgeschlossen, kann der Dienstherr seinen Selbstbehalt nicht über diese „**Nebentätigkeitspolice**" erstattet bekommen, weil zwischen Prinzipal und Mitarbeiter ein Mandatsverhältnis fehlt.[25]

---

22 OLG Hamm, NJW-RR 1993, 160 = r + s 1993, 9.
23 Vgl. BGHZ 49, 130, 134.
24 S. zum „unechten" Eigenschaden *Späte*, AHB-Kommentar, § 1 Rn. 219.
25 *Veith/Gräfe*, Der Versicherungsprozess, § 12 Rn. 356.

C. Versicherter Gegenstand

I. Überblick

2099 Gegenstand und Umfang der Versicherung ergeben sich aus den §§ 1 und 3 Abs. 2 AVB. Sie legen die **Leistung des Versicherers** im Grundsatz fest. Die Ausschlüsse ergeben sich aus § 4. Daneben kann die Leistungspflicht des Versicherers entfallen, wenn der Versicherungsnehmer Obliegenheiten verletzt hat, vgl. z.B. §§ 5, 6, dazu unter Rn. 2172 und 2193. Auch Pflichtverletzungen des Versicherungsnehmers, wie etwa die nicht rechtzeitige Prämienzahlung, können zum Verlust des Anspruchs führen, § 8 AVB, dazu unter Rn. 2163

II. Deckungsumfang im Grundsatz

2100
> **§ 1 Gegenstand der Versicherung**
>
> I. Der Versicherer bietet dem Versicherungsnehmer Versicherungsschutz (Deckung) für den Fall, dass er wegen eines bei der Ausübung beruflicher Tätigkeit von ihm selbst oder einer Person, für die er nach § 278 oder § 831 BGB einzutreten hat, begangenen Verstoßes von einem anderen aufgrund gesetzlicher Haftpflichtbestimmungen privatrechtlichen Inhalts für einen Vermögensschaden verantwortlich gemacht wird.
>
> Vermögensschäden sind solche Schäden, die weder Personenschäden (Tötung, Verletzung des Körpers oder Schädigung der Gesundheit von Menschen) noch Sachschäden (Beschädigung, Verderben, Vernichtung oder Abhandenkommen von Sachen, insbesondere auch von Geld und geldwerten Zeichen) sind, noch sich aus solchen von dem Versicherungsnehmer oder einer Person, für die er einzutreten hat, verursachten Schäden herleiten.

1. „Verstoß" als Versicherungsfall

2101 **Gegenstand der Versicherung** ist das Risiko des Anwalts und der Mitversicherten, wegen eines Verstoßes, der bei einem Dritten zu einem Vermögensschaden geführt hat, in Anspruch genommen zu werden. Mit der Anknüpfung des Versicherungsschutzes an einen **„Verstoß" des Versicherungsnehmers**, wird der **Versicherungsfall** bezeichnet. Dieser ist unten unter Rn. 2169; näher behandelt.

2. Ausübung beruflicher Tätigkeit

2102 Der Versicherungsschutz bezieht sich auf die **Ausübung beruflicher Tätigkeit** eines Rechtsanwalts. Damit sind Ansprüche Dritter aus dem privaten Bereich des Anwalts ausgeschlossen. Diese Abgrenzung ist i.d.R. unproblematisch.

Schwierig ist die **Abgrenzung** zwischen beruflicher Tätigkeit eines Rechtsanwalts und den häufig von ihm ausgeübten **Nebentätigkeiten**.[26] Im Ausgangspunkt ist entscheidend, welche Tätigkeit **typischerweise zum Berufsbild des Anwalts** gehört (vgl. § 3 BRAO). Soweit § 1 Abs. 2 RVG bestimmte Tätigkeiten vom Geltungsbereich des Rechtsanwaltsvergütungsgesetzes ausnimmt, folgt daraus noch nicht, dass es sich bei diesen Tätigkeiten zwangsläufig nicht um anwaltliche Tätigkeiten i.S.d. § 1 Abs. 1 AVB (s. dazu Rn. 2105) handelt.[27] So ist z.B. die **treuhänderische Verwaltung von Anlagebeteiligungen** anwaltliche Tätigkeit, wenn sie auch die Beratung der Anleger in den mit der Beteiligung und deren Verwaltung auftretenden Rechtsfragen umfasst.[28] Dagegen ist die reine **Vermögensverwaltung** keine Ausübung beruflicher Tätigkeit des Anwalts i.S.d. § 1 Abs. 1 AVB,[29] es sei denn, dass Mandant und Rechtsanwalt im Einzelfall einen Vertrag über Vermögensverwaltung und/oder Treuhandtätigkeit mit einer Pflicht zur Rechtsbetreuung abschließen.[30]

2103

Die Rechtsprechung unterscheidet bei Treuhandtätigkeit des Rechtsanwalts danach, ob diese in einem engen, inneren Zusammenhang mit der rechtlichen Beistandspflicht steht (dann gilt Anwaltsvertragsrecht und es besteht Versicherungsschutz über die Berufshaftpflichtversicherung), oder ob die Rechtsbetreuung völlig in den Hintergrund tritt.[31] Im Zweifel wird allerdings bei Beauftragung eines Rechtsanwalts die Wahrnehmung auch der rechtlichen Interessen erwartet werden.[32] Dies ist aber nicht der Fall bei der **Tätigkeit als Strohmann**, bei der der Anwalt etwa Geschäftsanteile für einen Dritten hält. Eine solche Tätigkeit kann auch jeder andere, der nicht Anwalt ist, ausüben.[33] War aber neben der Aufgabe als Strohmann dem Anwalt auch der Auftrag erteilt, die dazu erforderliche rechtliche Konstruktion zu entwerfen, so liegt in der Erfüllung dieses Auftrags eine anwaltliche, rechtsberatende Tätigkeit, die vom Versicherungsschutz gedeckt ist.[34] Nicht versicherte wirtschaftliche Tätigkeit des Anwalts liegt vor, wenn die Betätigung ihren Schwerpunkt im Finanzdienstleistungsbereich hat; dies

2104

---

26 S. dazu *Jungk*, AnwBl 2004, 117 ff.
27 BGHZ 120, 157, 159 f. = NJW 1993, 199; OLG Düsseldorf, NVersZ 1998, 132 = r + s 1998, 496 = zfs 1998, 389, alle noch zur BRAGO.
28 BGHZ 120, 157, 159 f. = NJW 1993, 199.
29 Vgl. BGHZ 46, 268, 271 = NJW 1967, 876.
30 BGH, NJW 1999, 3040, 3042 = WM 1999, 1846, 1848.
31 Näher dazu *Veith/Gräfe*, Der Versicherungsprozess, § 12 Rn. 522 f.
32 BGH, NJW 1999, 3040
33 OLG Düsseldorf, NVersZ 1998, 132 = r + s 1998, 496 = zfs 1998, 389. Vgl. auch *Veith/Gräfe*, Der Versicherungsprozess, § 12 Rn. 502 ff.
34 Ebenso im Falle OLG Düsseldorf, a.a.O., woraus aber kein Schaden entstanden war.

wäre auch keine mitversicherte (s. Rn. 2106) „Sachwaltertätigkeit".[35] Dies gilt auch für die ausschließlich wirtschaftliche Mitwirkung beim Kauf eines Vollstreckungstitels.[36]

2105 Der BGH[37] hat in einem Streit um die Höhe der Gebühren zur Frage der anwaltlichen Tätigkeit ausgeführt, dass maßgebend sei, ob die dem Rechtsanwalt eigene Aufgabe im Vordergrund stehe, rechtlichen Beistand zu leisten. Das OLG Düsseldorf[38] hat diesen Gedanken aufgenommen in einem Fall, bei dem über den Deckungsschutz aus der Berufshaftpflichtversicherung für Anwälte zu entscheiden war. Es hat ausgeführt, auch eine typischerweise berufsfremde Tätigkeit könne unter den Versicherungsschutz fallen, wenn der Anwalt neben der wirtschaftlichen Tätigkeit auch die ihm als Anwalt obliegende rechtsberatende Funktion wahrnehme. Voraussetzung sei, dass die anwaltliche Beratung gegenüber der eigentlichen berufsfremden Tätigkeit den „Schwerpunkt des Mandats" bilde. Dem kann nicht zugestimmt werden.[39]

2106 Der **Schwerpunkt der Tätigkeit**, die also im Vordergrund steht, ist als Kriterium zur Anwendung des RVG im Gebührenstreit sicher gerechtfertigt. Dieses Kriterium kann aber nicht auf Fragen nach dem Deckungsschutz übertragen werden. Der Versicherer verspricht Versicherungsschutz bei Vermögensschäden aus einem Verstoß bei der Ausübung beruflicher Tätigkeit des Rechtsanwalts. Er hat das Versprechen nicht eingeschränkt (vgl. aber § 4 Nr. 4 AVB). Folglich hat er auch dann Versicherungsschutz zu gewähren, wenn der Verstoß bei einer anwaltlichen Tätigkeit eintrat, die untergeordnet neben einer wirtschaftlichen Tätigkeit ausgeübt wurde. **Entscheidend** muss vielmehr sein, ob der **schadenstiftende Verstoß der Rechtsberatung** oder der wirtschaftlichen, anderen Tätigkeit zuzuordnen ist.[40] Ob die Rechtsberatung den Schwerpunkt des Mandats bildete, ob sie im Vordergrund stand oder nicht, ist gleichgültig.[41] Die Vermittlung von Investoren gegen Provision an eine Anlagegesellschaft ist berufsfremde gewerbliche Tätigkeit und somit keine anwaltliche Tätigkeit.[42]

Für eine Reihe von Fällen ist die Frage nach dem Deckungsschutz durch besondere Regelungen konkret beantwortet. So bestimmt § 4 Nr. 4 AVB, dass Haftpflichtansprüche aus der Tätigkeit als Leiter, Vorstands- oder Aufsichtsratsmitglied privater Unternehmen, Vereine, Verbände und als Angestellter nicht gedeckt sind.

---

35 OLG Düsseldorf, NJW-RR 2004, 756: dem Investor wurde ein Gewinn von 400% binnen sechs Wochen versprochen.
36 OLG Stuttgart, Urt. v. 21.10.2004 – 7 U 109/04, n.v.
37 BGHZ 46, 268, 270 = NJW 1967, 876.
38 NVersZ 1998, 132 = r + s 1998, 496 = zfs 1998, 389; das Urteil ist im Ergebnis aber zutreffend, so dass der BGH die Revision mit Beschl. v. 25. 2. 1998 – IV ZR 342/96 – nicht angenommen hat.
39 So schon *Römer*, in: *Zugehör*, Handbuch der Anwaltshaftung, 1. Aufl., Rn. 1832.
40 Zustimmend *Jungk*, AnwBl 2004, 117 ff.
41 Vgl. auch den Fall OGH, VersR 1998, 84.
42 *Veith/Gräfe/Brügge*, Der Versicherungsprozess, § 12 Rn. 122.

C. Versicherter Gegenstand

Die „Risikobeschreibung für Vermögensschaden-Haftpflichtversicherung von Rechtsanwälten (einschließlich des **Rechtsanwalts-Risikos von Anwaltsnotaren**)"[43] definiert folgende Tätigkeiten des Rechtsanwalts als **mitversichert:**

- Insolvenzverwalter (auch vorläufiger),
- Vergleichsverwalter,
- Verwalter nach der Gesamtvollstreckung,
- gerichtlich bestellter Liquidator,
- Sequester,
- Sachwalter,
- Gläubigerausschussmitglied,
- Gläubigerbeiratsmitglied,
- Treuhänder gemäß InsO,
- Testamentsvollstrecker,
- Nachlasspfleger,
- Nachlassverwalter,
- Vormund,
- Betreuer,
- Pfleger und Beistand,
- Schiedsrichter, Schlichter, Mediator,
- Abwickler einer Praxis gemäß § 55 BRAO und
- Zustellungsbevollmächtigter gemäß § 30 BRAO.

2107

Die **Tätigkeit** als **Notarvertreter** ist mitversichert, wenn die Dauer von 60 Tagen innerhalb eines Versicherungsjahres nicht überschritten wird. Für **Zwangsverwalter** besteht seit 1.1.2004 gemäß § 1 Abs. 4 ZwVwV die gesetzliche Verpflichtung zum Abschluss einer Vermögensschaden-Haftpflichtversicherung über 500.000 €; es muss also darauf geachtet werden, dass zusätzlich zur Mindestversicherungssumme von 250.000 € noch eine separate bzw. summenerhöhende Versicherung abgeschlossen wird.

3. Gesetzliche Haftpflichtbestimmungen privatrechtlichen Inhalts

Gesetzliche Haftpflichtbestimmungen privatrechtlichen Inhalts sind Rechtsnormen, die unabhängig von dem Willen der beteiligten Parteien an die Verwirklichung des Tatbestandes eines unter § 1 AVB fallenden Schadensereignisses Rechtsfolgen knüpfen, wobei an die Stelle des Schadensereignisses in der Vermögensschadenhaftpflichtversicherung der Verstoß tritt.[44] Unter die gesetzlichen Haftpflichtbestimmungen fallen

2108

---

43 Teil 2 B der AVB.
44 BGH, NJW 1971, 429 unter 4 = VersR 1971, 144.

auch **vertragliche und vertragsähnliche Schadensersatzansprüche** (also nicht Erfüllungs- und Gewährleistungsansprüche[45]), wenn sie gesetzlich begründet sind, mithin nach Grund und Höhe nicht auf dem Willen der Vertragsparteien beruhen.[46] Vor allem aber zählen zu den gesetzlichen Haftpflichtbestimmungen auch die für Ersatzansprüche gegen den Anwalt so wichtigen Regeln über die Pflichtverletzung gemäß § 280 BGB.[47] Wird ein Rechtsanwalt nach dem Veranlasserprinzip gemäß § 49 GKG für Gerichtskosten haftbar gemacht, die durch Einleitung eines Mahnverfahrens für einen Mandanten entstanden sind, hinsichtlich dessen er keine Vollmacht nachweisen kann, ist der Berufshaftpflichtversicherer nicht eintrittspflichtig, weil die Kostenschuldnerschaft aus einem Verhältnis öffentlich-rechtlicher Art herrührt.[48]

4. Vermögensschaden

2109 Versichert ist nur das Risiko der Inanspruchnahme durch einen Dritten, weil dieser einen Vermögensschaden erlitten hat. § 1 Abs. 1 Satz 2 AVB definiert den Vermögensschaden näher: Vermögensschäden sind danach solche Schäden, die weder Personenschäden (Tötung, Verletzung des Körpers oder Schädigung der Gesundheit von Menschen) noch Sachschäden (Beschädigung, Verderben, Vernichtung oder Abhandenkommen von Sachen, insbesondere auch von Geld und geldwerten Zeichen) sind, noch sich aus solchen von dem Versicherungsnehmer oder einer Person, für die er einzutreten hat, verursachten Schäden herleiten. Im Einzelfall kann zweifelhaft sein, ob der sich aus einem Sachschaden entwickelte Folgeschaden ein Vermögensschaden i.S.d. Regelung ist. Kommt dem Anwalt etwa aus seinem Verschulden eine Sache abhanden, die als **Beweismittel** unersetzbar war, erscheint fraglich, ob der Schaden aus dem deshalb verlorenen Prozess versichert ist.[49] Dieser Fall ist im Interesse aller Beteiligter als in die Berufshaftpflichtversicherung eingeschlossen anzusehen.[50] **Sach- und Personenschäden**, die Mandanten infolge von Verkehrssicherungspflichten des Rechtanwalts bezüglich seiner Büros erleiden, sind nicht Bestandteil der Pflichtversicherung, können aber aufgrund besonderer Vereinbarung mit dem Berufshaftpflichtversicherer gesondert mitversichert werden.[51] Dies hat z.B. auch Bedeutung für – von der Berufshaftpflichtversicherung grundsätzlich nicht gedeckte –[52] Schmerzensgeldansprüche, die gemäß

---

45 *Sassenbach*, in: Münchener Anwaltshandbuch Versicherungsrecht, § 17 Rn. 13; *Veith/Gräfe/Brügge*, Der Versicherungsprozess, § 12 Rn. 23 ff.
46 *Späte*, AHB-Kommentar, § 1 Rn. 128.
47 S. näher dazu *Zugehör*, Beraterhaftung, Rn. 134 ff.
48 OLG Köln, NJW-RR 2003, 66
49 Offen gelassen bei *Römer*, in: *Zugehör*, Handbuch der Anwaltshaftung, 1. Aufl., Rn. 1838.
50 So auch *Sassenbach*, in: Münchener Anwaltshandbuch Versicherungsrecht, § 17 Rn. 16.
51 *Sassenbach*, in: Münchener Anwaltshandbuch Versicherungsrecht, § 17 Rn. 17.
52 *Terbille*, in: *Rinsche/Fahrendorf/Terbille*, Rn. 1934 ff.

§ 253 BGB auch aus einem Anwaltsmandat entstehen können.[53] Nach der Risikobeschreibung fallen unter die Vermögensschäden auch solche, die durch **Freiheitsentzug** verursacht worden sind (Straf- oder Untersuchungshaft, Unterbringung).

Nicht versichert ist der **Eigenschaden des Versicherten**.[54] Die Versicherung von Eigenschäden ist Gegenstand der Vertrauensschadenversicherung.

2110

5. Abwehr- und Befreiungsanspruch

> **§ 3 II 1.**
>
> Der **Versicherungsschutz** umfasst die Befriedigung begründeter und die Abwehr unbegründeter Schadenersatzansprüche (obliegende Leistung).

2111

Der Anspruch des Anwalts gegen den Versicherer hat einen für die Haftpflichtversicherung typischen **Doppelcharakter**.[55] Er geht einmal darauf, dass der Versicherer dem Anwalt Rechtsschutz bietet, einschließlich der erforderlichen Kosten. Zum anderen ist der Versicherer verpflichtet, diesen von berechtigten Forderungen des Geschädigten zu befreien. Welche der beiden Seiten der „obliegenden Leistung" (§ 3 Abs. 2 Nr. 1 AVB) in Betracht kommt, steht in der Entscheidungshoheit des Versicherers.[56] Dieser hat die Sach- und Rechtslage sorgfältig zu prüfen. Ergibt die Prüfung, dass der Anspruch des Dritten berechtigt ist, kann der Versicherer sofort anerkennen oder befriedigen. Allerdings ist § 3 Abs. 2 Nr. 8 AVB zu entnehmen, dass der Versicherungsnehmer widersprechen kann (s. Rn. 2152). Grundsätzlich steht es aber im Ermessen des Versicherers, wie er zur Erfüllung seiner Vertragspflicht die Ansprüche des Dritten abwenden will.[57]

2112

III. Ausschlüsse vom Deckungsumfang

§ 4 AVB bestimmt, was als Ausnahme von dem Grundsatz der Leistungspflicht des Versicherers nach § 3 Abs. 2 Nr. 1 AVB nicht vom Versicherungsschutz umfasst sein soll. Es handelt sich um **echte Risikoausschlüsse** und nicht um verhüllte Obliegenheiten.[58] Der Unterschied ist für die Rechtsanwendung bedeutsam.[59] Ist der objektive

2113

---

53 *Chab*, AnwBl 2005, 497 unter Hinweis auf KG, NJW 2005, 1284, wo eine Strafverteidigerin wegen erlittener Untersuchungshaft zu Schmerzensgeld (noch nach § 847 BGB a.F.) verurteilt wurde.
54 Vgl. den Fall OLG Düsseldorf, NVersZ 1998, 132 = r + s 1998, 496 = zfs 1998, 389, bei dem die erste Instanz die Klage mit der Begründung abgewiesen hatte, es handele sich um einen Eigenschaden.
55 *Terbille*, in: *Rinschel/Fahrendorf/Terbille*, Rn. 1912.
56 OLG Frankfurt/M., NJW-RR 2003, 394 zu §§ 149,150 VVG, 3 II Nr.1 AHB.
57 BGH, NJW 1956, 826 unter 2 = VersR 1956, 186.
58 *Terbille*, in: *Rinschel/Fahrenhorst/Terbille*, Rn. 1983.
59 S. näher *Römer/Langheid*, VVG, § 6 Rn. 2 ff.

Tatbestand eines Risikoausschlusses erfüllt, kommt es auf weiteres, insbesondere auf ein Verschulden des Versicherungsnehmers nicht mehr an. Demgegenüber sind auf **verhüllte Obliegenheiten** die Regeln des § 6 VVG anwendbar einschließlich der **Relevanzrechtsprechung**,[60] die in einigen Fällen doch noch zum Versicherungsschutz führt. Bei vor Eintritt des Versicherungsfalls zu erfüllenden Obliegenheiten müsste der Versicherer gekündigt haben, wenn er sich auf Leistungsfreiheit berufen will, § 6 Abs. 1 Satz 3 VVG. Als Risikoausschluss und nicht als verhüllte Obliegenheit ist insbesondere auch der Leistungsausschluss wegen wissentlicher Pflichtverletzung, § 4 Nr. 5 AVB, anzusehen (s. unter Rn. 2128 ff.). Wegen ihres Ausnahmecharakters sind **Ausschlussklauseln** nach ständiger Rechtsprechung eng auszulegen unter Beachtung ihres angestrebten wirtschaftlichen Zwecks und Sinngehalts.[61] Die **Beweislast** für das Vorliegen eines Ausschlusstatbestandes trifft nach den allgemeinen Regeln grundsätzlich den Versicherer.[62]

2114
§ 4 Ausschlüsse

Der Versicherungsschutz bezieht sich nicht auf Haftpflichtansprüche.

1. Auslandsschäden

2115
1. mit Auslandsbezug, entsprechend den Regelungen in den Besonderen Bedingungen (Teil 2 BBR-RA, Teil 3 BBR-S und Teil 4 BBR-W);

Diese Besonderen Bedingungen lauten für Rechtsanwälten:

2. Ausschlüsse

2.1 Haftpflichtansprüche mit Auslandsbezug

Der Versicherungsschutz bezieht sich nicht auf Haftpflichtansprüche aus Tätigkeiten

a) über in anderen Staaten eingerichtete oder unterhaltene Kanzleien oder Büros,

b) im Zusammenhang mit der Beratung und Beschäftigung mit außereuropäischem Recht,

c) des Rechtsanwalts vor außereuropäischen Gerichten.

2116
Die Ausschlussklausel des § 4 Nr. 1 AVB erfasst nicht:

- Haftpflichtansprüche des Mandanten aus Fehlern bei der Beratung zum deutschen Recht, auch wenn der Pflichtverstoß im Ausland begangen worden ist,

---

60 Darstellung bei *Römer/Langheid*, VVG, § 6 Rn. 51 bis 59.
61 BGH, VersR 1980, 353; *Veith/Gräfe*, Der Versicherungsprozess, § 12 Rn. 421 m. w. Rechtsprechungsnachweisen.
62 *Veith/Gräfe*, Der Versicherungsprozess, § 12 Rn. 429 ff.

- Haftpflichtansprüche, die aus der Verletzung europäischen Rechts herrühren, auch soweit es vor ausländischen Gerichten geltend gemacht wurde.

§ 4 Nr. 1 AVB greift auch nicht schon deshalb ein, weil etwa Vermögensschäden im Ausland entstanden sind, sondern nur, wenn ein Büro oder eine Kanzlei im Ausland unterhalten wird.

Die Ausschlussklausel des § 4 Nr. 1 AVB erfasst solche Schäden, die auf einer Tätigkeit des Anwalts im Ausland beruhen, soweit diese Tätigkeit über in anderen Staaten eingerichtete oder unterhaltene Kanzleien oder Büros ausgeübt wird; die bloße Tätigkeit im Ausland ist dagegen in den Versicherungsschutz einbezogen.[63] Ferner sind Schäden ausgeschlossen, die durch eine Tätigkeit im Zusammenhang mit der Beratung und Beschäftigung mit außereuropäischem Recht entstanden sind. Der Zusammenhang ist aber nur hergestellt, wenn die Beschäftigung mit dem außereuropäischen Recht in irgendeinem Kausalzusammenhang zu dem Schaden steht. Ausgeschlossen sind Schäden, die durch eine Tätigkeit vor außereuropäischen Gerichten entstanden sind, unabhängig davon, welches Recht bei dieser Tätigkeit angewandt wurde.[64]

2117

Durch **besondere Vereinbarung** können Auslandsschäden in den Deckungsschutz einbezogen werden. Das wird insbesondere bei Sozietäten mit Partnern im Ausland in Betracht kommen.

2118

2. Aufgrund Vertrags oder Zusage

2. soweit sie aufgrund Vertrages oder besonderer Zusage über den Umfang der gesetzlichen Haftpflicht hinausgehen;

2119

§ 4 Nr. 2 AVB dient nur der Klarstellung, denn andere als gesetzliche Haftpflichtansprüche sind von vornherein nicht gedeckt, § 1 Satz 1 AVB. Umstritten ist, ob der Ausschluss auch auf die vertraglich vereinbarte **Verlängerung von Verjährungsfristen** zutrifft.[65] Die Frage ist für Anwälte dann von Bedeutung, wenn sie mit einem Mandanten über den Ersatz etwaiger Schäden in Verhandlung stehen und den Mandanten behalten möchten. Die drohende Verjährung kann die Verhandlungen empfindlich stören und damit das Mandatsverhältnis in Frage stellen. Die Neigung zu einer Vereinbarung, die Verjährungseinrede zunächst nicht zu erheben, wird groß sein. Das OLG Düsseldorf[66] hat zwischen Zusagen differenziert, die von vornherein gegeben sind und solchen, die erst nach eingetretenem Versicherungsfall erteilt werden. Es hat offen ge-

2120

---

63 Einschränkend noch *Römer*, Handbuch der Anwaltshaftung, 1. Aufl., Rn. 1847; wie hier *Sassenbach*, in: Münchener Anwaltshandbuch Versicherungsrecht, § 17 Rn. 56.
64 *Terbille*, in: *Rinsche/Fahrendorf/Terbille*, Rn. 1959.
65 Vgl. *Voit/Knappmann*, in: *Prölss/Martin*, VVG § 4 AHB Rn. 5 m.w.N.; *Terbille*, in: *Rinsche/Fahrendorf/Terbille*, Rn. 1963 sieht zumindest seit der Schuldrechtsreform ab 1.1.2002 keinen Ausschlussgrund mehr bei einem Verjährungsverzicht.
66 NVersZ 1999, 82 = VersR 1999, 480 = r + s 1999, 18.

lassen, ob bei einer von vornherein erteilten Verlängerung der Verjährungsfristen ein Deckungsausschluss in Betracht kommt. Bei einem Verzicht auf die Verjährungseinrede, der bei Vergleichsverhandlungen, also nach Eintritt des Versicherungsfalls, erklärt wird, greife der Ausschluss jedenfalls nicht.[67]

3. Sozien- und Angehörigenklausel

2121
> 3. wegen Schäden durch Veruntreuung entsprechend den Regelungen in den Besonderen Bedingungen (Teil 2 BBR-RA, Teil 3 BBR-S und Teil 4 BBR-W);
>
> Diese Besonderen Bedingungen lauten für Rechtsanwälte:
>
> 2.2 Veruntreuungsschäden
>
> Der Versicherungsschutz bezieht sich nicht auf Haftpflichtansprüche wegen Schäden durch Veruntreuung durch Personal, Sozien oder Angehörige des Versicherungsnehmers; als Angehörige gelten:
>
> a) der Ehegatte des Versicherungsnehmers, der Lebenspartner im Sinne des Lebenspartnerschaftsgesetzes oder einer vergleichbaren Partnerschaft nach dem Recht anderer Staaten;
> b) wer mit dem Versicherungsnehmer in gerader Linie verwandt oder verschwägert oder im zweiten Grad der Seitenlinie verwandt ist;

2122 § 51 Abs. 3 Nr. 5 BRAO erlaubt den **Ausschluss von Ansprüchen wegen Veruntreuungen** durch Personal, Angehörige oder Sozien. Zweck der Klausel soll u.a. sein, der Kollusionsgefahr zu begegnen, die als hoch eingeschätzt wird.[68] Häufig dürfte es sich im wirtschaftlichen Sinne um Eigenschäden des Versicherungsnehmers handeln, die vom Versicherungsschutz ohnehin ausgenommen sind. Der Ausschluss greift nicht ein, wenn der Schädiger im Zeitpunkt der Veruntreuung nicht Sozius oder Verwandter war.[69]

4. Organ- und Leitungsklausel

2123
> 4. aus der Tätigkeit des Versicherungsnehmers oder seines Personals als Leiter, Geschäftsführer, Vorstands-, Aufsichtsrats-, Beiratsmitglied von Firmen, Unternehmungen, Vereinen, Verbänden. Ist der Versicherungsnehmer als Berufsträgergesellschaft anerkannt, gilt dies entsprechend für die Berufsgesellschaft und die dort tätigen mitversicherten Personen gemäß § 7 I 1;

2124 Sinn des Risikoausschlusses nach § 4 Nr. 4 AVB ist es, den Versicherungsschutz auf die **Haftung aus eigentlich beruflicher Tätigkeit** zu beschränken und **Haftungs-**

---

67 So auch *Sassenbach*, in: Münchener Anwaltshandbuch Versicherungsrecht, § 17 Rn. 57.
68 *Bruck/Möller/Johannsen*, VVG, Anm. G 235.
69 *Voit/Knappmann*, in: *Prölss/Martin*, VVG, § 4 AVB Vermögen/WB Rn. 9.

ansprüche aus berufsfremder Tätigkeit vom Versicherungsschutz auszunehmen (s. auch oben Rn. 2102). Die Leitung eines Unternehmens entspricht nicht dem typischen Berufsbild eines Anwalts. Es ist deshalb gerechtfertigt, die aus dieser Tätigkeit entstehenden Haftungsansprüche aus der Anwaltshaftpflichtversicherung herauszunehmen. Fehler unternehmerischer Entscheidungen gehören nicht zum Haftungsrisiko des Anwalts.[70]

Der **Risikoausschluss** erfasst allerdings nur solche Tätigkeiten, die der Anwalt als „**Leiter, Geschäftsführer, Vorstands- oder Aufsichtsratsmitglied**" ausübt. Da Regeln über Risikoausschlüsse grundsätzlich eng und nicht über ihren Wortsinn hinaus auszulegen sind,[71] sind die Begriffe des Leiters usw. nicht analogiefähig. Damit werden vom Risikoausschluss grundsätzlich andere Tätigkeiten nicht erfasst, soweit sie zur „Ausübung beruflicher Tätigkeit" eines Anwalts gehören (§ 1 Abs. 1 AVB). 2125

War der Anwalt als Leiter usw. tätig und hat er für denselben Mandanten daneben gleichzeitig eine anwaltliche Tätigkeit ausgeübt, so entfällt der Deckungsanspruch nicht schon deshalb, weil die Tätigkeit auch die eines Leiters usw. umfasste. Ist der Anwalt z.B. **Vorstandsmitglied einer AG**, hat aber **als Anwalt** für die AG Verträge entworfen oder als Anwaltsnotar Urkunden errichtet, so ist für diese Tätigkeit der Deckungsschutz nicht ausgeschlossen, wenn dem Anwalt dabei Fehler unterlaufen sind. Er ist insoweit nicht wirtschaftlich, sondern anwaltlich tätig geworden.[72] 2126

Ist der Versicherungsschutz vertraglich auch auf die **Tätigkeit eines Insolvenzverwalters** erweitert, so besteht zu dem Ausschluss nach § 4 Nr. 4 AVB kein Widerspruch. Der Deckungsausschluss für Haftpflichtansprüche aus der Leitung privater Unternehmen betrifft nicht die Haftung des als Insolvenzverwalter tätigen Rechtsanwalts aus der Fortführung des in Insolvenz gefallenen Unternehmens.[73] 2127

5. Wissentliche Pflichtverletzung

5. wegen Schadenverursachung durch wissentliches Abweichen von Gesetz, Vorschrift, Anweisung oder Bedingung des Auftraggebers oder durch sonstige wissentliche Pflichtverletzung. Der Versicherungsnehmer behält, wenn dieser Ausschlussgrund nicht in seiner Person und auch nicht in der Person eines So- 2128

---

70 BGH, VersR 1980, 353 unter III 2; *Bruck/Möller/Johannsen*, VVG, Anm. G 276; *Veith/Gräfe/Brügge*, Der Versicherungsprozess, § 12 Rn. 139; *Terbille*, in: *Rinsche/Fahrendorf/Terbille*, Rn. 1969.
71 St. Rspr. des BGH, z.B. BGH, VersR 1986, 132, VersR 1994, 1058; vgl. *Römer/Langheid*, VVG, vor § 1 Rn. 23 m.w.N. zur Rechtsprechung, z.B. BGH NJW-RR 1995, 276; zust. *Terbille*, in: *Rinsche/Fahrendorf/Terbille*, Rn. 1969; a.A. zum Teil *Prölss*, NVersZ 1998, 17.
72 Vgl. den Fall OGH, VersR 1998, 84.
73 BGH, VersR 1980, 353.

zius vorliegt – unbeschadet der Bestimmungen des § 7 IV 2 – den Anspruch auf Versicherungsschutz. § 1 II bleibt unberührt.

2129 Nach § 152 VVG haftet der Versicherer nicht, wenn der Versicherungsnehmer vorsätzlich den Eintritt der Tatsache herbeigeführt hat, für die er dem Dritten verantwortlich ist. Nach h.M.[74] muss der Versicherungsnehmer in seinen **Vorsatz** nicht nur die schädigende Handlung, sondern auch den Erfolg, d.h. den Schaden aufgenommen haben, wenn der Versicherer nach § 152 VVG leistungsfrei sein soll. Die volle **Beweislast** für diesen Vorsatz liegt beim Versicherer.[75] Er trägt an dieser Last schwer, denn häufig wird er die innere Tatsache, dass sich der Versicherungsnehmer auch den Schaden vorgestellt und diesen gewollt hat, nicht beweisen können.

2130 Von der **dispositiven** gesetzlichen **Regelung des § 152 VVG** weicht § 4 Nr. 5 AVB ab, wie es in § 51 Abs. 3 Satz 1 BRAO vorgesehen ist.[76] **Der Eintritt des Schadens** braucht **nicht vom Vorsatz erfasst** zu sein. Zu den Tatbestandsmerkmalen des Risikoausschlusses gehört nicht, dass der Versicherte den schädigenden Erfolg des Pflichtenverstoßes als mögliche Folge vorausgesehen und billigend in Kauf genommen hat. Es genügt, dass der eingetretene Schaden auf der Pflichtverletzung beruht. Der Anwalt hat also schon dann keinen Versicherungsschutz, wenn er überzeugt war oder hoffte, durch sein Handeln – oder Unterlassen – werde kein Schaden entstehen.[77]

2131 Die schädigende Handlung, also die **Pflichtverletzung, erfordert Vorsatz**. Allerdings reicht – im Vergleich zu § 152 VVG zugunsten des Versicherungsnehmers – bedingter Vorsatz als Verschuldensform nicht aus. Die Ausschlussklausel fordert mit der Formulierung „wissentliche" Pflichtverletzung **dolus directus**. Eine wissentliche Pflichtverletzung kann nur begehen, wer die verletzte Pflicht positiv kennt. Hält der Anwalt es nur für möglich, dass eine Pflicht bestimmten Inhalts besteht und handelt er dieser nur für möglich gehaltenen Pflicht zuwider, hat er die Voraussetzung einer wissentlichen Pflichtverletzung nicht erfüllt. Auch wer sich über das Bestehen einer Rechtspflicht oder deren Inhalt irrt, handelt nicht bewusst pflichtwidrig. In solchen Fällen ist der Versicherungsnehmer für den Rechtsirrtum auch nicht beweisbelastet.[78]

2132 Die **Darlegungs- und Beweislast** für die Tatbestandsvoraussetzungen des Risikoausschlusses trägt der **Versicherer**.[79] Er muss also darlegen, dass es für den Anwalt eine

---

74 Römer/Langheid, VVG, § 152 Rn. 5 f.; Voit/Knappmann, in: Prölss/Martin, VVG § 152 Rn. 2, unter Hinweis auf z.B. BGH, VersR 1964, 916; OLG Hamburg, NJW-RR 1992, 1188.
75 BGH, NJW-RR 1999, 1184; BGH, NJW-RR 2005, 1051,1052.
76 Vgl. zu den nachfolgenden Ausführungen vor allem BGH, VersR 1991, 176 = NJW-RR 1991, 145; aber auch BGH, VersR 1986, 647; VersR 1987, 174, je zu vergleichbaren Ausschlussklauseln.
77 BGH VersR 1991, 177; s. auch Veith/Gräfe, Der Versicherungsprozess, § 12 Rn. 566.
78 BGH, VersR 1986, 647 unter 2 d.
79 OLG Köln, r + s 2001, 59.

bindende Anweisung oder Bedingung des Auftraggebers gegeben hat. Er muss darlegen, dass und inwiefern der Anwalt eine konkrete Pflicht hatte, die er verletzt hat. Ein derartiger Pflichtverstoß lässt sich nur dadurch geltend machen, dass der Versicherer aufzeigt, wie sich der Versicherte hätte verhalten müssen. Für einen bewussten Pflichtverstoß muss darüber hinaus dargelegt werden, der Versicherte habe gewusst, wie er sich hätte verhalten müssen. Wusste der Versicherte gar nicht, was er hätte tun oder unterlassen müssen, um dem Vorwurf pflichtwidrigen Verhaltens zu entgehen, so kommt ein bewusster Pflichtverstoß nicht in Betracht. Der **Anscheinsbeweis** bleibt in diesem Bereich unanwendbar.[80] I.d.R. ist aber davon auszugehen – will man nicht lebensfremd werden –, dass der Versicherte die allgemeinen Vorschriften kennt, die seinen Beruf betreffen.[81]

Bei der Frage, ob der Versicherungsnehmer vorsätzlich gegen Pflichten verstoßen hat, ist eine **Kollision der Interessen** des Versicherers mit denen des Anwalts nicht auszuschließen. Denn hat der Anwalt vorsätzlich gehandelt, braucht der Versicherer nicht einzutreten, während dem Anwalt bei Vorsatz die Haftung gegenüber dem (angeblich) Geschädigten droht. In solchen Fällen hat der Versicherer seine Interessen zurückzustellen und sich im Haftpflichtprozess so zu verhalten, wie es ein den Versicherungsnehmer vertretender Rechtsanwalt tun müsste.[82]

2133

Im **Deckungsprozess** ist von dem auszugehen, was im **Haftpflichtprozess** rechtskräftig festgestellt ist. Das ergibt sich aus der **Bindungswirkung** und dem **Trennungsprinzip** in der Haftpflichtversicherung.[83] Die Bindungswirkung besteht unabhängig davon, ob der Versicherer am Haftpflichtprozess beteiligt war.[84] Steht aufgrund des Haftpflichtprozesses fest, dass der Versicherungsnehmer gegen Berufspflichten verstoßen hat, kann dieser im Deckungsprozess nicht einwenden, das Urteil aus dem Haftpflichtprozess sei unrichtig. Falls sich das Urteil aus dem Haftpflichtprozess nicht differenziert zum Verschulden des Versicherungsnehmers äußert, kann im Deckungsverfahren allerdings darüber gestritten werden, ob der Verstoß wissentlich in dem oben erläuterten Sinne erfolgte.[85] Im Übrigen gilt auch umgekehrt: Sollte sich aus den Feststellungen des Haftpflicht-Urteils ergeben, dass kein Verstoß oder jedenfalls kein schuldhafter Verstoß gegen Berufspflichten vorliegt, kann auch der Versicherer im Deckungsprozess nicht mehr einwenden, leistungsfrei zu sein, weil der Versi-

2134

---

80 OLG Saarbrücken, VersR 1992, 994.
81 Vgl. OLG Köln, VersR 1990, 193; r + s 1997, 496; *Veith/Gräfe*, Der Versicherungsprozess, § 12 Rn. 570; *Terbille*, in: *Rinschel/Fahrendorf/Terbille*, Rn. 1975.
82 S. Rn. 2180.
83 BGH, NJW 2006, 289, 290 f.; s. näher *Voit/Knappmann*, in: *Prölss/Martin*, VVG, § 149 Rn. 24 ff.; *Römer/Langheid*, VVG, § 149 Rn. 12 ff.; *Römer*, Homburger Tage 1995, S. 79 ff.
84 BGH, NJW 1963, 441, 443 = VersR 1963, 158 unter VI. 2; OLG Düsseldorf, VersR 1990, 411, 412.
85 OLG Köln, NJW-RR 2002, 1646.

cherungsnehmer wissentlich gegen seine Pflichten verstoßen habe. Wegen der Bindungswirkung des Haftpflichturteils ist es dem Haftpflichtversicherer verwehrt, sich im Deckungsprozess auf eine andere schadenverursachende Pflichtverletzung als im Haftpflichtprozess angelastet zu berufen.[86]

2135 Die Bindungswirkung der im vorausgegangenen Haftpflichtprozess zwischen dem Geschädigten und dem Versicherungsnehmer oder dem Versicherten ergangenen Entscheidung besteht im nachfolgenden Deckungsprozess aber nur insoweit, als **Voraussetzungsidentität** besteht. Dies ist der Fall, wenn eine für den Deckungsprozess entscheidungserhebliche Frage sich auch im Haftpflichtprozess nach dem vom Haftpflichtgericht gewählten rechtlichen Begründungsansatz bei objektiv zutreffender rechtlicher Würdigung als entscheidungserheblich erweist.[87] Diese Begrenzung der Bindungswirkung ist deshalb geboten, weil Versicherungsnehmer und Versicherer keinen Einfluss darauf haben, dass der Haftpflichtrichter „überschießende", nicht entscheidungserhebliche Feststellungen trifft oder nicht entscheidungserhebliche Rechtsausführungen macht.[88]

2136 Ist ein Haftpflichtprozess noch nicht rechtskräftig abgeschlossen oder noch gar nicht angestrengt und macht der angeblich geschädigte Dritte Ansprüche aus einem behaupteten Sachverhalt geltend, der **sowohl eine wissentliche Pflichtverletzung** als auch einen **Risikoausschluss** oder auch einen **Grund außerhalb des versicherten Risikos** beinhalten könnte, ist der Versicherer zunächst zur Deckung verpflichtet. Das ergibt sich daraus, dass der Versicherer, solange die Haftpflicht des Versicherungsnehmers noch nicht feststeht, unbegründete Ansprüche abzuwehren hat.[89]

2137 § 4 Nr. 5 AVB ist nach überwiegender Meinung ein **subjektiver Risikoausschluss** und keine verhüllte Obliegenheit.[90] § 6 VVG ist also nicht anwendbar (s.o. Rn. 2113). Die Regelung des § 4 Nr. 5 AVB benachteiligt den Versicherungsnehmer nicht unangemessen und ist deshalb mit § 307 BGB vereinbar.[91]

---

86 BGH, NJW-RR 2001, 1311 und 2002, 1539; s. auch BGH, NJW-RR 2003, 1572, zu einem Notarhaftungsfall.
87 BGH, NJW-RR 2004, 676.
88 BGH, a.a.O.; vgl. zur fehlenden Interventionswirkung nach § 68 ZPO bei sog. überschießenden Feststellungen BGHZ 157, 97 ff.
89 OLG Koblenz, VersR 1979, 830 m.w.N.
90 Vgl. BGH, VersR 1987, 174 zum inhaltsgleichen § 5 Nr. 1 AVB einer Berufshaftpflichtversicherung; OLG Hamm, VersR 1996, 1006; OLG Koblenz, VersR 1990, 41; OLG Düsseldorf, VersR 1981, 769; OLG Köln, r + s 1997, 496; ebenso *Voit/Knappmann*, in: *Prölss/Martin*, VVG, § 4 AVB Vermögen/WB, Rn. 5; a.A. *Schimikowski*, r + s 1996, 97; ders., r + s 1997, 497.
91 BGH, NJW 2001, 1311, 1312; s. auch OLG Köln, NJW-RR 2002, 1646, zu AVB der Steuerberater und Wirtschaftsprüfer, beide Entscheidungen noch zu § 9 AGBG; *Veith/Gräfe*, Der Versicherungsprozess, § 12 Rn. 555 f.

Beispiele aus der Praxis:[92] 2138
- *Das unordentliche Führen von Akten und Handakten reicht allein zur Feststellung einer wissentlichen Pflichtverletzung nicht aus. Eine unordentliche Büroorganisation muss nicht auf vorsätzlicher Missachtung von Vorschriften beruhen. Sie kann ebenso auf Nachlässigkeit und damit auf Fahrlässigkeit zurückzuführen sein.*[93]
- *Unterlässt es ein Versicherungsnehmer, einen Vermögensschaden bei dem eintrittspflichtigen Vorversicherer zu melden, so liegt in diesem Unterlassen noch kein selbständiger Pflichtenverstoß, für den der spätere Versicherer eintrittspflichtig wäre.*[94]
- *Ein Anwalt, der eine Sache längere Zeit unbearbeitet lässt, weil er die Rechtslage als schwierig ansieht, verstößt wissentlich gegen seine Berufspflicht.*[95]
- *Wird ein Anwalt für unredliche Zwecke als Werkzeug benutzt, genügt es für die Feststellung eines wissentlichen Pflichtenverstoßes nicht, dass er bei genügendem Nachdenken die Zwecke des Dritten hätte erkennen können.*[96]
- *Beim Anwalt wird als wissentlicher Verstoß gegen Berufspflichten schon einmal die Versäumung von Fristen eine Rolle spielen. Hat der Anwalt die Frist „einfach vergessen", liegt kein wissentlicher Verstoß vor. Er kannte zwar die Pflicht, Fristen einhalten zu müssen. Die Unterlassung, die die Fristversäumung bewirkte, war bei einem Vergessen aber nicht von Vorsatz getragen. Kritischer liegt der Fall, in dem der Anwalt die Frist wegen allgemeiner Arbeitsüberlastung versäumt hat. Das OLG Düsseldorf*[97] *hat bei einem arbeitsüberlasteten Steuerberater einen wissentlichen Pflichtenverstoß angenommen. Die Einlassung der Arbeitsüberlastung lasse nur den Schluss zu, dass er die Aufgaben (Abgabe der Steuererklärungen) immer wieder über die Fristen hinaus verschoben habe, und zwar in Kenntnis der Fristen. Damit habe er die Fristen bewusst verstreichen lassen. Diese Argumentation spricht aber eher dafür, dass der Versicherungsnehmer wegen der Arbeitsüberlastung die Versäumung der Fristen nur billigend in Kauf nahm, was nicht reichen würde. Von dem erforderlichen dolus directus dürfte erst auszugehen sein, wenn die Arbeitsüberlastung dazu führt, dass der Versicherungsnehmer ständig die Fristen versäumt, ohne die Überlastung abzustellen. Ein wissentlicher Verstoß wird auch dann anzunehmen sein, wenn der Versicherte von dritter Seite mehrfach aufgefordert worden ist, tätig zu werden, dem nicht folgte und so die Fristen mehrfach versäumte.*[98]
- *Der Hinweis eines Dritten, etwa des Mandanten, auf eine bestimmte Rechtslage lässt den Schluss auf einen bewussten Verstoß so lange nicht zu, wie nicht feststeht, dass sich der Anwalt die Auffassung seines Mandanten zu eigen gemacht hat. Das gilt jedenfalls für Rechtsfragen, die nicht zum juristischen Alltag eines Anwalts gehören, wie z.B. Klagefristen*

---

92 S. auch die von *Dobmaier*, AnwBl 2003, 446, erwähnten Fallkonstellationen aus der Versichererpraxis sowie bei *Veith/Gräfe*, Der Versicherungsprozess, § 12 Rn. 573 ff.
93 OLG Hamm, VersR 1987, 802, 804 bei einem Notar; s. auch *Terbille*, in: *Rinsche/Fahrendorf/Terbille*, Rn. 1976.
94 Vgl. OLG München, VersR 1996, 1008.
95 LG Düsseldorf, VersR 1980, 81; a.A. *Terbille*, in: *Rinsche/Fahrendorf/Terbille*, Rn. 1976.
96 OLG Hamm, NJW-RR 1995, 1431 = r + s 1996, 16, für einen Notar.
97 VersR 1981, 621 und, in: einem weiteren Fall S. 767.
98 Vgl. OLG Koblenz, VersR 1990, 41 bei einem Steuerberater.

aus einem Manteltarifvertrag und dessen Anwendung auf das Arbeitsverhältnis des Mandanten.[99]

- *Prozesskosten zu verursachen gegen den ausdrücklichen Wunsch des Mandanten, ohne vorher die Zusage der Kostendeckung bei der Rechtsschutzversicherung einzuholen, kann wissentliche Pflichtverletzung sein.*[100]

IV. Einschlüsse in die Berufshaftpflichtversicherung

2139 Die AVB sehen über den eigentlichen Kernbereich der Pflichtversicherung hinaus einige zusätzliche Einschlüsse vor.

1. Sachschäden

2140 Grundsätzlich deckt die Haftpflichtversicherung nur Vermögensschäden eines Dritten ab, vgl. § 1 AVB. Mit Rücksicht auf die besonderen Belange eines Rechtsanwalts sind nach den folgenden AVB auch genauer definierte Sachschäden mit gedeckt:

> **§ 15 Sachschäden**
>
> I. Im bedingungsgemäßen Umfang mitversichert sind Ansprüche wegen Sachschäden
>
> 1. an Akten und anderen für die Sachbehandlung in Betracht kommenden Schriftstücken,
>
> 2. an sonstigen beweglichen Sachen, die das Objekt der versicherten Betätigung des Versicherungsnehmers bilden, sofern es sich nicht um Sachschäden aus Anlass der Ausübung technischer Berufstätigkeit oder der Verwaltung von Grundstücken handelt.
>
> II. Nicht versichert sind Ansprüche wegen Sachschäden, die entstehen durch Abhandenkommen von Geld, geldwerten Zeichen, Wertsachen, Inhaberpapieren und in blanko indossierten Orderpapieren; das Abhandenkommen von Wechseln sowie von zu Protest gegangenen Schecks fällt nicht unter diese Bestimmung.

2. Auszahlungsfehler bei Anderkonten

2141 Grundsätzlich sind in der Haftpflichtversicherung Ansprüche auf Erfüllung ausgeschlossen. Davon macht Teil 2 BBR-RA, Ziff. 4.3 der AVB eine Ausnahme. Durch diese Regelung sind auch Ansprüche des Mandanten eingeschlossen, die aus einer fahrlässig fehlerhaften **Verfügung über Beträge auf dem Anderkonto** entstanden sind, soweit die Einzahlung in unmittelbarem Zusammenhang mit einer Rechtsanwaltstätigkeit erfolgt ist (also nicht bei z.B. bloßer Vermögensverwaltung[101]). Ebenso ist

---

99 OLG Saarbrücken, VersR 1992, 994.
100 OLG Karlsruhe, VersR 1978, 33.
101 S. dazu auch *Veith/Gräfe/Brügge*, Der Versicherungsprozess, § 12 Rn. 122.

das Risiko versichert, dass dem Mandanten ein Schaden durch fahrlässige **Verfügung über fremde Gelder** entstanden ist, die zur Anlage auf ein Anderkonto vorgesehen und in Verwahrung genommen waren. Bei einer **Fehlüberweisung des Anwalts** behält der Mandant seinen Anspruch auf die Zahlung, d.h. er hat Anspruch auf Erfüllung. Ohne diese Sonderregelung wäre die Haftpflicht solcher Ansprüche ausgeschlossen. Die Regelung der AVB lautet:

> **Teil 2 BBR-RA**
>
> **A. Besondere Bedingungen**
>
> **4.3 Deckung für Auszahlungsfehler bei Anderkonten**
>
> Versicherungsschutz wird auch für den Fall geboten, dass der Versicherungsnehmer wegen einer fahrlässigen Verfügung über Beträge, die in unmittelbarem Zusammenhang mit einer Rechtsanwaltstätigkeit auf ein Anderkonto eingezahlt sind, von dem Berechtigten in Anspruch genommen wird. Das gleiche gilt für Inanspruchnahme des Versicherungsnehmers aus fahrlässigen Verfügungen über fremde Gelder, die zur alsbaldigen Anlage auf ein Anderkonto in Verwahrung genommen und ordnungsgemäß verbucht sind.

V. Versicherungssumme, Selbstbehalt

1. Versicherungssumme

Nach § 51 Abs. 4 BRAO beträgt die **Mindestversicherungssumme 250.000 €**. Sie muss **für jeden einzelnen Versicherungsfall** zur Verfügung stehen. § 51 Abs. 4 Satz 2 BRAO gestattet aber, die Leistungen des Versicherers für alle **innerhalb eines Versicherungsjahres** verursachten Schäden auf den vierfachen Betrag der Mindestversicherungssumme zu begrenzen. In den meisten Fällen wird es zweckmäßig sein, eine höhere als die Mindestversicherungssumme zu vereinbaren. Davon geht § 3 Abs. 2 Nr. 3 AVB aus. Da die **Versicherungssumme den Risiken** entsprechen soll, die sich im Laufe der Zeit ändern können, ist die Überprüfung einer ausreichenden Deckung von Zeit zu Zeit – nicht nur wegen der berufsrechtlich nach §§ 113, 43 BRAO drohenden Ahndung, wenn das Risiko für Schäden regelmäßig höher liegt als die Versicherungssumme –[102] dringend anzuraten.[103] Übernimmt der Rechtsanwalt ein Mandat, bei dem die Vereinbarung einer Haftungsbegrenzung als untunlich oder in ihrer Wirksamkeit fraglich erscheint, das aber dennoch die Gefahr eines besonders hohen Schadens mit sich bringen kann, empfiehlt es sich, für dieses Mandat gesondert

2142

---

[102] Braun, BRAK-Mitt. 2002, 150, 151; *Sassenbach*, in: Münchener Anwaltshandbuch Versicherungsrecht, § 17 Rn. 37.

[103] Vgl. *Brieske*, AnwBl 1995, 225, 230; DAV-Ratgeber für junge Rechtsanwältinnen und Rechtsanwälte, 10. Aufl. 2004, III Ziff. 7; *Sassenbach*, in: Münchener Anwaltshandbuch Versicherungsrecht, § 17 Rn. 38.

eine höhere Versicherungssumme zu vereinbaren (**Einzelobjektsversicherung**); etwa bei der Erstellung eines Gutachtens oder dem Entwurf eines umfangreichen Gesellschaftsvertrages.[104] In der Praxis sind die Versicherer zum Abschluss zeitlich begrenzter höherer Versicherungssummen bereit. In der Versicherungspraxis kommen auch **Einzelmandatsversicherungen** vor, entweder als Anschlussdeckung an eine bereits bestehende Versicherung oder unabhängig von einer solchen als zusätzliche Versicherung. Diese Einzelmandatsdeckung hat für den Mandanten den Vorteil, dass die Versicherungssumme ungeschmälert zur Verfügung steht, auch wenn für den maßgeblichen Verstoßzeitpunkt die Pflichtversicherungssumme schon (teilweise) ausgeschöpft sein sollte. Deshalb übernehmen gelegentlich auch die Mandanten die Prämie für eine solche **Einzelobjektsversicherung**.[105] Zur Auswirkung der Versicherungssumme bei mehreren Sozien s. Rn. 2092.

2143 **§ 3 II.**
2. Die **Versicherungssumme** stellt den Höchstbetrag der dem Versicherer – abgesehen vom Kostenpunkte (s. Ziff. 6) – in jedem einzelnen Schadenfalle obliegenden Leistung dar und zwar mit der Maßgabe, dass nur eine einmalige Leistung der Versicherungssumme in Frage kommt:

a) gegenüber mehreren entschädigungspflichtigen Personen, auf welche sich der Versicherungsschutz erstreckt,
b) bezüglich eines aus mehreren Verstößen stammenden einheitlichen Schadens,
c) bezüglich sämtlicher Pflichtverletzungen bei der Erledigung eines einheitlichen Auftrags, mögen diese auf dem Verschulden des Versicherungsnehmers oder einer von ihm herangezogenen Hilfsperson beruhen.
Weitere Bestimmungen zum Höchstbetrag der Versicherungsleistung regeln die Besonderen Bedingungen (Teil 3 BBR-S bzw. Teil 4 BBR-W).

3. Die Leistungen des Versicherers können im Rahmen der gesetzlichen Bestimmungen begrenzt werden. Weitere Bestimmungen zur Jahreshöchstleistung regeln die Besonderen Bedingungen (Teil 2 BBR-RA, Teil 3 BBR-S bzw. Teil 4 BBR-W).

Teil 2 BBR-RA

A. Besondere Bedingungen

1. Jahreshöchstleistung

Ist eine höhere als die gesetzliche Mindestversicherungssumme vereinbart, beträgt die Höchstleistung des Versicherers für alle Versicherungsfälle eines Versicherungsjahres (Jahreshöchstleistung) vorbehaltlich abweichender Vereinbarung

---

104 Vgl. *Stöhr*, AnwBl 1995, 234, 235.
105 S. dazu auch *Sassenbach*, in: Münchener Anwaltshandbuch Versicherungsrecht, § 17 Rn. 42.

das Zweifache der vereinbarten Versicherungssumme; die Jahreshöchstleistung beträgt jedoch mindestens das Vierfache der Mindestversicherungssumme.

4. Abweichungen von der Pflichtversicherung

Soweit die vereinbarte Versicherungssumme den Betrag von 250.000 € und die vereinbarte Jahreshöchstleistung den Betrag von 1.000.000 € übersteigt oder soweit der Umfang des vereinbarten Versicherungsschutzes über den Umfang des gesetzlich vorgeschriebenen Versicherungsschutzes hinausgeht, gelten die Bedingungen des Teil 1 entsprechend, soweit nichts Abweichendes, z.B. durch zusätzliche Vereinbarungen, bestimmt ist.

Erweiterungen des Versicherungsschutzes lassen den Umfang des gesetzlich vorgeschriebenen Versicherungsschutzes unberührt.

Die **Versicherungssumme begrenzt die Leistungspflicht** des Versicherers. Eine Ausnahme bilden die in § 3 Abs. 2 Nr. 6 (s. Rn. 2151;) gesondert geregelten **Kosten** eines gegen den Versicherungsnehmer anhängig gewordenen Haftpflichtprozesses. Mit § 3 Abs. 2 Nr. 2 AVB ist indessen die gesetzliche Regelung des § 150 Abs. 2 Satz 2 VVG nicht abbedungen.[106] Danach hat der Versicherer auch die die Versicherungssumme übersteigenden **Zinsen** zu tragen, die der Versicherungsnehmer infolge einer vom Versicherer veranlassten Verzögerung der Befriedigung des Dritten diesem zu entrichten hat. Veranlasst sind die Zinsen, wenn der Versicherer nicht rechtzeitig seiner Freistellungsverpflichtung nachkommt und mit dem Unterliegen des Versicherungsnehmers im Haftpflichtprozess rechnen muss. Hat sich der Versicherer über den Umfang des Prozessrisikos geirrt, braucht dies nicht den Verzug zu hindern.[107] Ein Verschulden des Versicherers setzt § 150 Abs. 2 Satz 2 VVG nicht voraus.[108]

2144

Die **Zahlung des Haftpflichtversicherers** stellt grundsätzlich ein **die Verjährung unterbrechendes Anerkenntnis** zu Lasten des Versicherungsnehmers auch für den Teil der Ansprüche dar, für den der Versicherer nicht einzustehen hat, weil er die Deckungssumme übersteigt. Anders liegt es, wenn der Versicherer objektiv erkennbar zum Ausdruck bringt, dass er über die Deckungssumme hinausgehende Ansprüche nicht anerkennen wolle.[109] Da es auf die objektive Auslegung der Erklärung des Versicherers ankommt, schadet es nicht, dass der Geschädigte der umfassenden Unterbrechungswirkung misstraut, ohne dass dies in einer Erklärung des Versicherers einen Anhalt findet.[110]

---

106 BGH, VersR 1992, 1257 = r + s 1992, 193; krit. *Johannsen*, ZVersWiss 1993, 281; BGH, VersR 1990, 191 unter II = r + s 1990, 82.
107 BGH, VersR 1990, 153.
108 *Bruck/Möller/Johannsen*, VVG, Anm. G 47; *Voit/Knappmann*, in: *Prölss/Martin*, VVG, § 3 AHB Rn. 4.
109 BGH, NJW-RR 2004, 1475 = zfs 2005, 10 m. Anm. *Diehl*.
110 BGH, NJW-RR 2004, 1475 im Anschluss an BGH, NJW 1979, 866, 867.

2145 Auch bei **mehreren Versicherten** stellt die Versicherungssumme ihnen gegenüber insgesamt die **Höchstsumme** dar, § 3 Abs. 2 Nr. 2a AVB. Bei mehreren Geschädigten, d.h. bei mehreren Schadenfällen, steht jedem die volle Versicherungssumme zur Verfügung, soweit nicht die gemäß § 51 Abs. 4 Satz 2 BRAO gesetzte Begrenzung auf den vierfachen Betrag der Mindestversicherungssumme für das Versicherungsjahr überschritten wird. In letzterem Falle käme das quotale Verteilungsverfahren gemäß § 156 Abs. 3 VVG zur Anwendung.[111]

2146 § 3 Abs. 2 Nr. 2b AVB stellt klar, dass bei einem **einheitlichen Schaden** auch die Versicherungssumme nur einmal zur Verfügung steht, selbst wenn der Schaden das Ergebnis mehrerer Verstöße ist.[112] Liegen dagegen mehrere Verstöße vor, von denen jeder für sich zu einem zeitlich und sachlich unterscheidbaren Schaden geführt hat, ist ein daraus erwachsender Gesamtschaden nicht durch die Versicherungssumme begrenzt.[113]

2147 Die Begrenzung des § 3 Abs. 2 Nr. 2c AVB ist nicht selbstverständlich. Auch bei der Erledigung eines einheitlichen Auftrags können dem Anwalt mehrere Fehler unterlaufen, die je unterschiedliche Schäden zur Folge haben können. Das sind jeweils getrennte Versicherungsfälle. Dennoch bestimmt die Regelung, dass die Versicherungssumme nur einmal zur Verfügung steht. Was zu einem einheitlichen Auftrag gehört, ergibt sich aus dem Mandat. Bei Abgrenzungsschwierigkeiten kann auf den für die Gebührenberechnung maßgebenden Auftragsgegenstand abgestellt werden.[114]

2148 § 3 Abs. 3 AVB berücksichtigt den Fall, dass die Parteien eine höhere als die Mindestversicherungssumme vereinbaren können. Ist dies geschehen, so ist die Leistung des Versicherers auf das Zweifache der vereinbarten Summe begrenzt. Ausgehend von der Mindestversicherungssumme ist die **Jahreshöchstleistung** mindestens ihr Vierfaches.

2. Selbstbehalt und andere Belastungen

2149 Nach § 51 Abs. 5 BRAO ist im Rahmen der Pflichtversicherung die Vereinbarung eines **Selbstbehalts bis zu 1% der Mindestversicherungssumme**, maximal also 2.500 €, zulässig. Davon machen die im Markt verfügbaren AVB flexibel Gebrauch. Viele Selbstbehaltsregelungen sehen Staffelungen in den Beträgen und der prozentualen Höhe des jeweils auf den konkreten Betrag anwendbaren Selbstbehalts vor. Andere weisen einen einheitlichen, in der Höhe variierenden Selbstbehalt aus.

Historisch gründet sich die Selbstbehaltsregelung auf eine Anordnung des damaligen Kaiserlichen Aufsichtsamts für Privatversicherung, das eine ausreichende Beteiligung

---

[111] Vgl. *Römer/Langheid*, VVG, § 156 Rn. 16; *Veith/Gräfe*, Der Versicherungsprozess, § 12 Rn. 291 ff.
[112] *Bruck/Möller/Johannsen*, VVG, Anm. G 45.
[113] Vgl. BGH, VersR 1991, 873 unter 2; *Voit/Knappmann*, in: *Prölss/Martin*, VVG, je zu § 3 Abs. 2 Nr. 2b AVB-WB.
[114] *Stobbe*, in: *Henssler/Prütting*, BRAO § 51 Rn. 54.

der Berufsträger verlangte, um zu verhindern, dass fahrlässigem Verhalten Vorschub geleistet und das Verantwortungsgefühl gemindert werde.[115]

Der Versicherer wird im eigenen Interesse die Schadenbearbeitung und die Abwehr unbegründeter Regressforderungen übernehmen, auch wenn die geltend gemachte Anspruchshöhe den Selbstbehalt nicht übersteigt.[116] Die Praxis zeigt, dass sich ein geltend gemachter Schaden im Laufe der Abwicklung als deutlich schwerwiegender erweist als zunächst angenommen. Deshalb ist der versicherte Rechtsanwalt seinerseits gut beraten, wenn er davon Abstand nimmt, zu Lasten des Versicherers ein Präjudiz durch eine vorzeitige, nicht mit dem Berufshaftpflichtversicherer abgestimmte **Eigenzahlung** zu schaffen.[117]

§ 3 II.
5. Ein Anspruch auf **Rückforderung von Gebühren** oder Honoraren fällt nicht unter den Versicherungsschutz.
Ebenso fallen**Erfüllungsansprüche** und Erfüllungssurrogate gemäß § 281 i.V.m. § 280 BGB nicht unter den Versicherungsschutz.

6. Die **Kosten** eines gegen den Versicherungsnehmer anhängig gewordenen, einen gedeckten Haftpflichtanspruch betreffenden Haftpflichtprozesses sowie einer wegen eines solchen Anspruchs mit Zustimmung des Versicherers vom Versicherungsnehmer betriebenen negativen Feststellungsklage oder Nebenintervention gehen zu Lasten des Versicherers. Es gilt dabei aber folgendes:

a) Übersteigt der geltend gemachte Haftpflichtanspruch die Versicherungssumme, trägt der Versicherer die Gebühren und Pauschsätze nur nach der der Versicherungssumme entsprechenden Wertklasse. Bei den nicht durch Pauschsätze abzugeltenden Auslagen tritt eine verhältnismäßige Verteilung auf Versicherer und Versicherungsnehmer ein.

b) Übersteigt der Haftpflichtanspruch nicht den Betrag des Mindest- oder eines vereinbarten festen Selbstbehalts, treffen den Versicherer keine Kosten.

c) Sofern ein Versicherungsnehmer sich selbst vertritt oder durch einen Sozius oder Mitarbeiter vertreten lässt, werden eigene Gebühren nicht erstattet. Ist der Versicherungsnehmer als Berufsträgergesellschaft anerkannt, werden keine Gebühren erstattet, sofern der Versicherungsnehmer sich von für die Gesellschaft tätigen Personen vertreten lässt.

d) Bei der Inanspruchnahme vor ausländischen Gerichten ersetzt der Versicherer begrenzt auf seine Leistungspflicht Kosten höchstens nach der der Versicherungssumme entsprechenden Wertklasse nach den Maßgaben des Rechtsanwalts-

---

115 *Sassenbach*, in: Münchener Anwaltshandbuch Versicherungsrecht, § 17 Rn. 66.
116 *Terbille*, in: *Rinschel/Fahrendorf/Terbille*, Rn. 2041.
117 So auch *Sassenbach*, in: Münchener Anwaltshandbuch Versicherungsrecht, § 17 Rn. 67.

vergütungsgesetzes (RVG), sofern nicht im Einzelfall mit dem Versicherer etwas anders vereinbart ist.

7. An der Sicherheitsleistung oder Hinterlegung, die zur Abwendung der zwangsweisen Beitreibung der Haftpflichtsumme zu leisten ist, beteiligt sich der Versicherer in demselben Umfange wie an der Ersatzleistung, höchstens jedoch bis zur Höhe der Versicherungssumme.

2150 Ob der Anwalt einen **Honoraranspruch** hat, obwohl er einen Fehler gemacht hat, richtet sich nach § 628 BGB. Verlangt der Mandant das Honorar oder den Honorarvorschuss zurück, unterfällt dies nach § 3 Abs. 2 Nr. 5 AVB nicht dem Versicherungsschutz.[118] Gleichwohl ist der Haftpflichtversicherer zu informieren, soweit über die Honorarrückforderung hinaus Schadenersatzansprüche geltend gemacht werden.[119]

2151 § 3 Abs. 2 Nr. 6a AVB beschränkt den Anspruch des Versicherungsnehmers gegen den Versicherer auf Erstattung der **Kosten** eines gegen den Versicherungsnehmer gerichteten Haftpflichtprozesses nur dann auf die **Gebühren und Pauschsätze** der der Versicherungssumme entsprechenden Wertklasse, wenn der geltend gemachte Haftpflichtanspruch die Versicherungssumme übersteigt. Nicht maßgebend ist die materiell-rechtliche Begründetheit der geltend gemachten Ansprüche.[120] Soweit in älteren, für den Versicherungsfall aber wegen des Verstoßprinzips (s. Rn. 2154;) anzuwendenden AVB noch die BRAGO genannt ist, muss natürlich das RVG berücksichtigt werden, soweit es zeitlich bereits anwendbar ist.

2152 **§ 3 II.**
8. Falls die vom Versicherer verlangte **Erledigung eines Haftpflichtanspruchs** durch Anerkenntnis, Befriedigung oder Vergleich am Verhalten des Versicherungsnehmers scheitert oder falls der Versicherer seinen vertragsmäßigen Anteil zur Befriedigung des Geschädigten zur Verfügung stellt, hat der Versicherer für den von der Weigerung bzw. der Verfügungsstellung an entstehenden Mehraufwand an Hauptsache, Zinsen und Kosten ihm gegenüber nicht aufzukommen.

§ 3 Abs. 2 Nr. 8 AVB (das sog. „**Abandon**") ist dann für den Rechtsanwalt problematisch, wenn der Gesamtschaden die Leistung des Versicherers übersteigt und ein Teil des Schadens deshalb notwendigerweise zu Lasten des Anwalts geht. grundsätzlich kann der Versicherer, soweit seine Leistung betroffen ist, gemäß § 5 Abs. 3 Nr. 4 AVB alle zur Beilegung des Streits ihm zweckmäßig erscheinenden Erklärungen abgeben. § 3 Abs. 2 Nr. 8 AVB ist aber zu entnehmen, dass der **Versicherungsnehmer** widersprechen kann und der Versicherer diesen **Widerspruch** auch berücksichtigen muss. Bei einem Streit, der eine die Leistung des Versicherers übersteigende Summe zum

---

118 Terbille, in: Rinsche/Fahrendorf/Terbille, Rn. 2050.
119 Vgl. allgemein zum Honoraranspruch im Regressfall *Neuhofer*, AnwBl 2004, 583 ff.
120 OLG Düsseldorf, VersR 1991, 94; *Sassenbach*, in: Münchener Anwaltshandbuch Versicherungsrecht, § 17 Rn. 62; *Terbille*, in: *Rinsche/Fahrendorf/Terbille*, Rn. 1917.

Inhalt hat, kann es nützlich sein, nicht einen Teil vorab durch Vergleich zu erledigen, sondern ein „Gesamtpaket" zu schnüren. Dazu hat der Anwalt aber nur die Möglichkeit, wenn der Versicherer seinen Widerspruch beachtet. Freilich kann der Versicherer dann nicht mit den daraus entstandenen Kosten belastet werden.

D. Beginn und Ende der Versicherung

I. Beginn der Versicherung

1. Mit Vertragsschluss

Der **Versicherungsschutz** beginnt nach VVG grundsätzlich **mit Abschluss des Versicherungsvertrages**. Die Annahme des Antrags auf Abschluss des Vertrages liegt i.d.R. in der **Zusendung der Versicherungspolice**. Ist in dem Antrag ein früheres Datum als Beginn der Versicherung genannt, beginnt der Versicherungsschutz mit diesem Datum, vorausgesetzt, der Versicherer hat den Antrag – wenn auch zu einem späteren Zeitpunkt – überhaupt wirksam angenommen. Die in anderen Versicherungszweigen teilweise wichtige Unterscheidung zwischen technischem, formellem und materiellem Versicherungsbeginn[121] spielt in der Anwaltshaftpflichtversicherung keine Rolle, weil sie ohnehin die Folgen unbekannter Verstöße aus der Vergangenheit mit einbeziehen kann, § 2 II AVB.

2153

> **§ 3 Beginn und Umfang des Versicherungsschutzes**
>
> I.1. Der Versicherungsschutz beginnt vorbehaltlich einer anderen Vereinbarung mit der Einlösung des Versicherungsscheines durch Zahlung der Prämie, der im Antrag angegebenen Kosten und etwaiger öffentlicher Abgaben. Die erste oder einmalige Prämie wird mit Abschluss des Versicherungsvertrages fällig.

Von dem Grundsatz, dass der Versicherungsschutz mit dem Abschluss des Vertrages beginnt, macht die vorstehende sog. **Einlösungsklausel** eine Ausnahme. (S. näher, auch zur erweiterten Einlösungsklausel des § 3 Abs. 1 Nr. 4 AVB, unten unter Rn. 2164).

2. Vorwärtsversicherung

> **§ 2 Vorwärts- und Rückwärtsversicherung**
>
> I. Die Vorwärtsversicherung umfasst die Folgen aller vom Beginn des Versicherungsschutzes an (§ 3) bis zum Ablauf des Vertrages vorkommenden Verstöße.

2154

Vom **Beginn und Ende des zeitlichen Geltungsbereichs** hängt die Frage der Leistungspflicht des Versicherers ab. Da der **Verstoß (Kausalereignis)** der Versicherungsfall ist (§ 5 Abs. 1 AVB), ist der Versicherer leistungspflichtig, wenn der Anwalt

---

121 Vgl. dazu *Römer/Langheid*, VVG, § 2 Rn 2.

während der versicherten Zeit gegen seine Rechtspflichten verstößt. Sein Versicherungsschutz liegt kongruent zu seiner Berufsausübungszeit.[122] Es kommt also nicht darauf an, wann die Folgen des Verstoßes (Folgeereignis) eintreten, wann etwa ein Dritter Schadensersatzansprüche erhebt oder jedenfalls für möglich hält. grundsätzlich sind also solche Verstöße nicht gedeckt, die vor Beginn des Versicherungsschutzes begangen wurden, auch wenn sich die Folgen dieses Verstoßes erst in versicherter Zeit zeigen (Ausnahme Rückwärtsversicherung, s. u. Rn. 2156). Dies könnte problematisch sein für Rechtsanwälte, die neu als **Sozien** in eine BGB-Gesellschaft eintreten, in der sich Angehörige freier Berufe zu gemeinsamer Berufsausübung zusammengeschlossen haben, da der BGH es ausdrücklich offen gelassen hat, ob diese Neu-Sozien für Verbindlichkeiten aus beruflichen Haftungsfällen haften, die vor ihrem Eintritt begründet worden sind.[123] Geklärt ist bisher, dass keine Haftung entsprechend § 28 Abs.1 Satz 1 i.V.m. § 128 Satz 1 HGB für die im Betrieb des bisherigen Einzelanwalts begründeten Verbindlichkeiten besteht, soweit ein Anwalt sich mit einem bisher als Einzelanwalt tätigen anderen Rechtsanwalt zur gemeinsamen Berufsausübung in einer Sozietät in der Form einer Gesellschaft bürgerlichen Rechts zusammenschließt.[124] Wegen des Risikos, dass der BGH die **Eintretenden-Haftung** von Rechtsanwälten der generell geltenden[125] Gesellschafterhaftung gleichstellen könnte,[126] empfiehlt es sich für neu eintretende Sozien, eine ausreichende **Rückwärtsdeckung** (s. dazu Rn. 2156) zusätzlich zu ihrem Versicherungsvertrag abzuschließen, bis hier gänzliche Rechtssicherheit herrscht.[127] *Karsten Schmidt*[128] geht davon aus, dass für eintretende Jungsozien keine unerträglichen Haftungsrisiken bestünden, auch nicht im Falle des § 8 Abs. 2 PartGG. Beruht aber z.B. die Altverbindlichkeit auf einer Vorsatztat des handelnden Anwalts (z.B. Veruntreuung von Mandantengeldern), besteht für den Neusozius kein Versicherungsschutz, weil der Ausschlussgrund der wissentlichen Pflichtverletzung bzw. des § 152 VVG auch den Sozius erfasst (Sozienklausel, vgl. Rn. 2121). Mangels Versicherbarkeit würde der Neusozius in die Gefahr einer existenzbedrohenden Haftungssituation gebracht. Somit ist wegen unzutreffender Prämisse die Ansicht von *Karsten*

---

122 *Sassenbach*, in: Münchener Anwaltshandbuch Versicherungsrecht, § 17 Rn. 34.
123 BGHZ 154, 370 = NJW 2003, 1803; dazu *Grams*, BRAK-Mitt. 2003, 164.
124 BGH, NJW 2004, 836 ff.
125 LG Frankenthal, NJW 2004, 3190, gibt Vertrauensschutz für vor dem 7.4.2003 eintretende Neu-Sozien, weil erst an diesem Tag die Entscheidung BGHZ 154, 370 verkündet worden ist, die die Gesellschafterhaftung grundsätzlich neu geordnet hat; vgl. aber BGH, WM 2006, 187.
126 LG Hamburg, NJW 2004, 3492, z.B. bejaht Haftung analog § 130 HGB des Neueintretenden für Altverbindlichkeiten der GbR.
127 Vgl. zu den versicherungsrechtlichen Fragestellungen bei der akzessorischen Haftung des eintretenden Sozius für Altverbindlichkeiten der Sozietät *Burger/Chab/Jungk*, BRAK-Mitt. 2003, 262 ff. sowie *Terbille*, in: *Rinschel/Fahrendorf/Terbille*, Rn. 1947 ff., insbes. Rn. 1950.
128 NJW 2005, 2801, 2808, 2809.

Schmidt abzulehnen. Auf dem Versicherungsmarkt wird in der derzeitigen Phase der Rechtsunsicherheit Versicherungsschutz auf **claims-made-Basis** für den neu eintretenden Sozius angeboten.[129]

Andererseits haftet der Versicherer auch für Verstöße, soweit sie in versicherter Zeit begangen wurden, bei denen die **Folgen erst nach Beendigung des Vertrages** eintreten. Dies ist der **entscheidende Unterschied zum Claims-made-Prinzip** der angelsächsischen Länder, wo es auf die **Anspruchserhebung** noch **während der Laufzeit des Versicherungsvertrages** ankommt;[130] erfolgt die Geltendmachung der Schadenersatzforderung erst nach Ablauf der Versicherungsvertragszeit, ist der Versicherer leistungsfrei, es sei denn, es ist individualvertraglich eine Nachhaftungszeit vereinbart worden, in der durch die Anspruchserhebung noch die Leistungspflicht des Versicherers ausgelöst werden kann. Mit dem Geschädigten-Schutzgedanken der Pflichtversicherung (vgl. Rn. 2085) ist das Claims-made-Prinzip daher nicht vereinbar. Da § 51 BRAO keine Nachhaftung zulässt, ist im Interesse des Geschädigtenschutzes davon auszugehen, dass im Bereich der Pflichtversicherung eine solche auch nicht zulässig ist. Erhebt daher ein Dritter nach Ablauf der Versicherungszeit wegen eines Verstoßes, begangen während der versicherten Zeit, Ansprüche, sind diese nach dem in Deutschland maßgeblichen Verstoßprinzip gedeckt. Diese Regelung kann zur Folge haben, dass der Versicherer auch 25 Jahre nach Vertragsende noch leisten muss. Hat z.B. der Anwalt einen späteren Erblasser bei der Abfassung des Testaments falsch beraten, kann sich der Fehler erst sehr spät im Erbfall herausstellen. Die Versicherer der Anwaltshaftpflichtversicherung müssen deshalb erhebliche **Reserven** für **Spätschäden** bilden. Gelegentlich werden deshalb sog. „**Nachhaftungsvereinbarungen**" ausgehandelt, wonach z.B. Versicherungsschutz nur für Verstöße besteht, die binnen einer bestimmten Frist nach Vertragsbeendigung dem Versicherer gemeldet werden. Solche Nachhaftungsvereinbarungen sind allerdings nur im Bereich der freiwillig abgeschlossenen Versicherungsverträge zulässig, also bei Zusatzdeckungen „oberhalb" der Pflichtversicherung.[131]

2155

3. Rückwärtsversicherung

> § 2
> II. Die Rückwärtsversicherung bietet Deckung gegen in der Vergangenheit vorgekommene Verstöße, welche dem Versicherungsnehmer oder versicherten Personen bis zum Abschluss der Rückwärtsversicherung nicht bekannt geworden sind. Bei Antragstellung ist die zu versichernde Zeit nach Anfangs- und Endpunkt zu bezeichnen. Ein Verstoß gilt als bekannt, wenn ein Vorkommnis vom

2156

---

129 *Sassenbach*, in: Münchener Anwaltshandbuch Versicherungsrecht, § 17 Rn. 45.; vgl. auch *Veith/Gräfe*, Der Versicherungsprozess, § 12 Rn. 332.
130 *Grams*, AnwBl 2003, 299 ff.
131 *Veith/Gräfe/Brügge*, Der Versicherungsprozess, § 12 Rn. 85 ff.

> Versicherungsnehmer oder von mitversicherten Personen als – wenn auch nur möglicherweise – objektiv fehlsam erkannt oder ihnen, wenn auch nur bedingt, als fehlsam bezeichnet worden ist, auch wenn Schadenersatzansprüche weder erhoben noch angedroht noch befürchtet worden sind.

§ 2 Abs. 2 AVB macht eine Ausnahme von dem Grundsatz, dass Vermögensschäden aus Verstößen nicht gedeckt sind, die vor Beginn des Versicherungsverhältnisses begangen wurden. Der Anwalt kann sich auch gegen die Folgen solcher **Verstöße versichern** lassen, die **vor der versicherten Zeit** liegen, wenn danach ein Bedürfnis besteht. Ein solches Bedürfnis wird der Anwalt zu prüfen haben, der in eine Gesellschaft eintritt. Bei einer **Partnerschaftsgesellschaft** haftet er auch für die Altschulden anderer, es sei denn, dass entsprechend § 8 Abs. 2 PartGG nur einzelne Partner mit der Mandatsbearbeitung beauftragt waren.[132] Bei einer **Sozietät** kann sich ein „Altfall" auf die Berechnung der Durchschnittsversicherungssumme auswirken.[133] Bei Antragstellung ist anzugeben, für wie lange vor Vertragsbeginn die Deckung für bereits begangene Verstöße gewünscht wird. Der Endpunkt ist, ohne dass dies ausdrücklich angegeben zu werden braucht, der Beginn des **Deckungsschutzes für künftige Verstöße (Vorwärtsversicherung**, Rn. 2154).

2157 **Voraussetzung einer** solchen **Rückwärtsversicherung** ist, dass der in der Vergangenheit liegende Verstoß dem Versicherungsnehmer oder dem Mitversicherten „bis zum Abschluss der Rückwärtsversicherung" nicht bekannt ist. Damit stellt sich die Frage, ob der entscheidende Zeitpunkt der des Vertragsschlusses oder der der Antragsabgabe ist. Der Wortlaut des § 2 Abs. 2 Satz 1 AVB spricht für den Zeitpunkt des Vertragsschlusses, also der Einlösung des Versicherungsscheins durch Zahlung der Prämie nach § 3 Abs. 1 Nr. 1 AVB (vgl. Rn. 2164). Dem entspricht auch die Auslegung, die der BGH § 2 Abs. 2 Satz 2 VVG gegeben hat, wonach der Versicherer leistungsfrei ist, wenn der Versicherungsnehmer „bei der Schließung des Vertrages" weiß, dass der Versicherungsfall bereits eingetreten ist. Allerdings hat der BGH bei der Rückwärtsversicherung diese gesetzliche Regelung als stillschweigend abbedungen angesehen, weil anderenfalls der Abschluss einer Rückwärtsversicherung keinen Sinn hätte.[134] Da die Regelung des § 2 Abs. 2 Satz 1 AVB ausdrücklich bei der Rückwärtsversicherung auf den „Abschluss" des Vertrages abstellt, wird man diese Regelung nicht als stillschweigend abbedungen ansehen können.

2158 Anders als § 21 Satz 2 VVG fordert § 2 Abs. 2 Satz 3 AVB nicht Kenntnis vom Versicherungsfall (i.S.d. § 5 Abs. 1 AVB). Vielmehr schadet dem Versicherungsnehmer schon, wenn er oder ein Mitversicherer von einem Vorkommnis wusste, dass er als

---

132 *Burger*, AnwBl 2004, 304, 305.
133 Vgl. *Brieske*, AnwBl 1995, 225, 227.
134 BGHZ 111, 29; BGH, VersR 1992, 484; s. dazu auch *Römer/Langheid*, VVG, § 2 Rn. 6 m.w.N. zur Rechtsprechung, z.B. OLG Köln, VersR 1997, 51; OLG Hamm, VersR 1989, 946.

möglicherweise fehlsam erkannt oder dass ihnen gegenüber ein Dritter als – eventuell nur bedingt – fehlsam bezeichnet hat. Von Schadensersatzansprüchen braucht keine Rede gewesen zu sein. Diese Regelung ist sicherlich **für den Anwalt nachteilig**; sie stellt aber keine unangemessene Benachteiligung i.S.d. § 307 BGB dar, weil auch das Interesse des Versicherers berücksichtigt werden muss, vor Vertragsschluss das Risiko einschätzen zu können, wenn er schon bereit ist, auch das Risiko vergangener Verstöße zu übernehmen.[135]

Als Dritte kommen nur Beteiligte in Betracht, etwa der Geschädigte und derjenige, der die berufliche Tätigkeit des Anwalts überwacht. Ein unbeteiligter Außenstehender kann nicht Dritter sein. Seine Äußerungen können aber dazu führen, dass der Versicherungsnehmer oder der Mitversicherte das Vorkommnis als möglicherweise fehlsam erkennt.[136]

2159

4. Verstoß durch Unterlassen

> **§ 2**
> III. Wird ein Schaden durch fahrlässige Unterlassung verursacht, gilt im Zweifel der Verstoß als an dem Tag begangen, an welchem die versäumte Handlung spätestens hätte vorgenommen werden müssen, um den Eintritt des Schadens abzuwenden.

2160

Die Frage, ob der Verstoß noch in die ggf. durch Rückwärtsversicherung erweiterte Versicherungszeit fällt, ist dann schwer zu beantworten, wenn der **Verstoß in einem Unterlassen** liegt. Die Unterlassung bewirkt meist keinen sofort eintretenden Schaden. Dem trägt die Regelung des § 2 Abs. 3 AVB Rechnung, indem sie bei einer fahrlässigen Unterlassung auf den Zeitpunkt abstellt, zu dem der Schaden noch hätte vermieden werden können.[137] Das ist hypothetisch festzustellen. Dabei ist als Vergleich der Zeitpunkt zugrunde zu legen, in dem der Schaden tatsächlich eingetreten ist.[138] Ob der Schaden auch schon früher hätte eintreten können, ist nicht von Belang.[139]

---

135 So auch schon *Römer*, in: *Zugehör*, Handbuch der Anwaltshaftung, 1. Aufl., Rn. 1887, zu § 9 AGBG.
136 *Voit/Knappmann*, in: *Prölss/Martin*, VVG, § 2 AVB Vermögen/WB Rn. 2.
137 Vgl. die Fälle zur allg. Vermögensschaden-Haftpflichtversicherung LG Berlin, VersR 1995, 330; BGH, VersR 1995, 75.
138 LG Berlin, VersR 1995, 330; *Sassenbach*, in: Münchener Anwaltshandbuch Versicherungsrecht, § 17 Rn.35.
139 BGH, VersR 1995, 75.

II. Ende der Versicherung

2161

> **§ 9 Vertragsdauer, Kündigung**
>
> I. Der Vertrag ist zunächst für die in dem Versicherungsschein festgesetzte Zeit abgeschlossen. Beträgt diese mindestens ein Jahr, bewirkt die Unterlassung rechtswirksamer Kündigung eine Verlängerung des Vertrages jeweils um ein Jahr. Die Kündigung ist rechtswirksam, sofern sie spätestens drei Monate vor dem jeweiligen Ablauf des Vertrages in Textform erklärt wird.
>
> II.1. Das Versicherungsverhältnis kann nach Eintritt eines Versicherungsfalles gekündigt werden, wenn eine Zahlung aufgrund eines Versicherungsfalles geleistet oder der Haftpflichtanspruch rechtshängig geworden ist oder der Versicherungsnehmer mit einem von ihm geltend gemachten Versicherungsanspruch rechtskräftig abgewiesen ist. Der Versicherer hat eine Kündigungsfrist von einem Monat einzuhalten. Der Versicherungsnehmer kann mit sofortiger Wirkung oder zum Schluss der laufenden Versicherungsperiode kündigen.
>
> 2. Das Recht zur Kündigung erlischt, wenn es nicht spätestens einen Monat, nachdem die Zahlung geleistet, der Rechtsstreit durch Klagerücknahme, Anerkenntnis oder Vergleich beigelegt oder das Urteil rechtskräftig geworden ist, ausgeübt wird.
>
> III. Die Kündigung ist nur dann rechtzeitig erklärt, wenn sie dem Vertragspartner innerhalb der jeweils vorgeschriebenen Frist zugegangen ist.

§ 9 Abs. 1 AVB entspricht den Anforderungen, die § 8 VVG seit dem 1.1.1991 stellt. Sollten noch Verträge mit einer Laufzeit von zehn Jahren und länger in Gebrauch sein, so kann sich nach der Rechtsprechung des BGH der Versicherer nicht auf diese Vertragsdauer berufen.[140]

2162

> IV. Bei **Wegfall des versicherten Interesses (Wegfall der Zulassung)** erlischt der Versicherungsschutz.

Das Interesse ist noch nicht vollständig weggefallen, wenn dem Anwalt die Tätigkeit nur vorübergehend untersagt ist. Erst wenn er seine Tätigkeit als Anwalt endgültig beendet und die Zulassung zurückgegeben hat, ist auch das Versicherungsverhältnis beendet. Das Ende des Vertragsverhältnisses schließt eine **Nachhaftung** in diesem Sinne nicht aus, dass der Versicherer noch für Schäden einzustehen hat, die zwar nach Beendigung des Vertrages entstanden sind oder erkennbar werden, die aber auf einem Verstoß während versicherter Zeit beruhen (s. auch Rn. 2155). Beim **Tod des Versicherten** erlischt das Versicherungsverhältnis; es geht nicht auf die Erben über.

---

140 BGH, BB 1994, 1739 = LM § 9 (Bk) AGBG Nr. 25; näher bei *Römer/Langheid*, VVG, § 8 Rn. 31 ff.

E. Prämienzahlung

Die Bedeutung der Prämienzahlung für den Versicherungsvertrag ist in § 3 AVB geregelt. Von der Zahlung hängt der **Beginn des Versicherungsverhältnisses** ab, wenn nicht eine **vorläufige Deckung** vereinbart worden ist. **Zahlungsverzögerungen** können Leistungsfreiheit gegenüber dem Versicherungsnehmer bedeuten und die Möglichkeit der Kündigung durch den Versicherer eröffnen. Nach der Rechtsprechung wird es dem Versicherer nicht leichtgemacht, Leistungsfreiheit für sich in Anspruch zu nehmen. Sollte der Rechtsanwalt die Prämie nicht rechtzeitig gezahlt und vom Versicherer mit Androhungen von Rechtsfolgen gemahnt worden sein, empfiehlt es sich unter Berücksichtigung der seinen Fall charakterisierenden Einzelheiten, sich der versicherungsrechtlichen Kommentarliteratur[141] zu bedienen. Sie gibt eine Fülle von Hinweisen, deren Beachtung – wenn auch nicht in jedem Fall – zu Gunsten des Anwalts ausschlagen kann.

2163

> **§ 3 Beginn und Umfang des Versicherungsschutzes**
>
> I.1. Der Versicherungsschutz beginnt vorbehaltlich einer anderen Vereinbarung mit der Einlösung des Versicherungsscheines durch Zahlung der Prämie, der im Antrag angegebenen Kosten und etwaiger öffentlicher Abgaben. Die erste oder einmalige Prämie wird mit Abschluss des Versicherungsvertrages fällig.
>
> 2. Wird die erste oder einmalige Prämie nicht rechtzeitig bezahlt, ist der Versicherer, solange die Zahlung nicht bewirkt ist, berechtigt, vom Vertrag zurückzutreten. Es gilt als Rücktritt, wenn der Anspruch auf die Prämie nicht innerhalb von drei Monaten vom Fälligkeitstage an gerichtlich geltend gemacht wird.
>
> 3. Ist die Prämie zur Zeit des Eintritts des Versicherungsfalles noch nicht bezahlt, ist der Versicherer dem Versicherungsnehmer gegenüber von der Verpflichtung zur Leistung frei.
>
> 4. Wird die erste Prämie erst nach dem als Beginn der Versicherung festgesetzten Zeitpunkt eingefordert, alsdann aber ohne Verzug bezahlt, beginnt der Versicherungsschutz mit dem vereinbarten Zeitpunkt.

2164

Die **einfache Einlösungsklausel** des § 3 Abs. 1 Nr. 1 AVB greift ein, wenn für den Beginn der Versicherung kein bestimmtes Datum im Vertrag genannt ist. Haben die Parteien dagegen ein Datum für den Beginn festgelegt, ist die **erweiterte Einlösungsklausel** des § 3 Abs. 1 Nr. 4 AVB anzuwenden.

---

141 Z.B. *Prölss/Martin* und *Römer/Langheid* zur Fälligkeit der Prämie allg. bei § 35, zur Erst- und Einmalprämie (etwa bei Rückwärtsversicherung) bei § 38 und zu den Folgeprämien bei § 39 VVG.

§ 8 Prämienzahlung, Prämienregulierung, Prämienrückerstattung

I. Die nach Beginn des Versicherungsschutzes (§ 3 I) zahlbaren regelmäßigen Folgeprämien sind an den im Versicherungsschein festgesetzten Zahlungsterminen und sonstige Prämien bei Bekanntgabe an den Versicherungsnehmer zuzüglich etwaiger öffentlicher Abgaben zu entrichten.

Unterbleibt die Zahlung, ist der Versicherungsnehmer auf seine Kosten unter Hinweis auf die Folgen fortdauernden Verzugs in Textform an seine letztbekannte Adresse zur Zahlung innerhalb einer Frist von zwei Wochen aufzufordern.

Tritt der Verstoß nach dem Ablauf dieser Frist ein und ist der Versicherungsnehmer zur Zeit des Eintritts mit der Zahlung der Prämie oder der Kosten im Verzug, ist der Versicherer dem Versicherungsnehmer gegenüber von der Verpflichtung zur Leistung frei. Nach dem Ablauf der Frist ist der Versicherer, wenn der Versicherungsnehmer mit der Zahlung im Verzug ist, berechtigt, das Versicherungsverhältnis ohne Einhaltung einer Kündigungsfrist zu kündigen und, solange noch nicht sechs Monate seit Ablauf der zweiwöchigen Frist verstrichen sind, die rückständige Prämie nebst Kosten gerichtlich einzuziehen. Bei Teilzahlung der Jahresprämie werden die noch ausstehenden Raten der Jahresprämie sofort fällig, wenn der Versicherungsnehmer mit der Zahlung einer Rate in Verzug gerät. Ist vereinbart, dass der Versicherer die jeweils fälligen Prämien von einem Konto einzieht und kann eine Prämie aus Gründen, die der Versicherungsnehmer zu vertreten hat, nicht fristgerecht eingezogen werden oder widerspricht der Versicherungsnehmer einer berechtigten Einziehung von seinem Konto, gerät er in Verzug und es können ihm auch die daraus entstehenden Kosten in Rechnung gestellt werden. Der Versicherer ist zu weiteren Abbuchungsversuchen berechtigt aber nicht verpflichtet. Ist die Einziehung einer Prämie aus Gründen, die der Versicherungsnehmer nicht zu vertreten hat, nicht möglich, so kommt er erst in Verzug, wenn er nach schriftlicher Zahlungsaufforderung nicht fristgerecht zahlt. Kann aufgrund eines Widerspruchs oder aus anderen Gründen eine Prämie nicht eingezogen werden, so kann der Versicherer von weiteren Einzugsversuchen absehen und den Versicherungsnehmer in Textform zur Zahlung durch Überweisung auffordern.

II 1. Der Versicherungsnehmer ist verpflichtet, nach Erhalt einer Aufforderung des Versicherers, welche auch durch einen der Prämienrechnung beigefügten Hinweis erfolgen kann, Mitteilung darüber zu machen, ob und welche Änderungen in dem versicherten Risiko gegenüber den zum Zwecke der Prämienbemessung gemachten Angaben eingetreten sind, zum Beispiel zuschlagspflichtige Personen, der bei einem anderen Versicherer bestehende Versicherungsschutz für eine höhere Versicherungssumme oder der erstmalige Abschluss eines solchen Versicherungsvertrages, Änderungen einer Nebentätigkeit. Diese Anzeige ist innerhalb eines Monats nach Erhalt der Aufforderung zu machen. Auf Verlangen

> des Versicherers sind die Angaben durch die Geschäftsbücher oder sonstige Belege nachzuweisen.
>
> 2. Aufgrund der Änderungsanzeige oder sonstiger Feststellungen wird die Prämie entsprechend dem Zeitpunkt der Veränderung richtiggestellt.
>
> **§ 13 Mitarbeiter**
>
> I. Die Beschäftigung eines zuschlagspflichtigen Mitarbeiters, der nicht Sozius im Sinne des § 1 III ist, gilt als Erweiterung des versicherten Risikos nach § 8 II.
>
> II. Wird trotz Aufforderung die Beschäftigung eines Mitarbeiters nicht angezeigt, so verringert sich dem Versicherungsnehmer gegenüber die Leistung (§ 12) des Versicherers, wie wenn der Mitarbeiter Sozius i.S.v. § 1 III wäre.
>
> III. In Ansehung solcher Verstöße, die vor Ablauf der Frist des § 8 II 1 oder nach Bezahlung des Mitarbeiterzuschlags erfolgt sind, deckt die Versicherung im Rahmen des Versicherungsvertrages auch Haftpflichtansprüche, die unmittelbar gegen die Mitarbeiter erhoben werden (§ 7 I 1).

Das **Unterlassen einer gebotenen Anzeige** kann für den Versicherungsnehmer nachteilig sein, da er u.U. Gefahr läuft, **Schadensersatz wegen Pflichtverletzung** (§ 280 BGB) leisten zu müssen. Ausdrücklich vorgesehen ist in §§ 8 Abs. 2, 13 Abs. 2, 12 AVB eine Kürzung der Versicherungsleistung in dem Maße, wie wenn der Mitarbeiter Sozius wäre.

2165

> **§ 8**
> III.1. Endet das Versicherungsverhältnis vor Ablauf der Vertragszeit oder wird es nach Beginn der Versicherung rückwirkend aufgehoben oder ist es von Anfang an nichtig, so gebührt dem Versicherer nach Maßgabe der gesetzlichen Bestimmungen (z.B. §§ 40 und 68 VVG) Prämie oder Geschäftsgebühr.
>
> 2. Endet das Versicherungsverhältnis infolge Kündigung im Schadenfalle (§ 9 II 1), so gebührt dem Versicherer der Teil der Prämie, welcher der abgelaufenen Versicherungszeit entspricht.
>
> IV. War die Prämie auf mehrere Jahre vorausbezahlt, ist der Berechnung des dem Versicherer zustehenden Betrages die Prämie zugrunde zu legen, die bei Vorauszahlung auf die Zeit, für welche dem Versicherer nach Ziffer III. die Prämie gebührt, zu zahlen gewesen wäre.

2166

§ 8 Abs. 3 Nr. 1 AVB verweist auf § 40 VVG. Danach hat der Versicherer Anspruch auf die **Prämie bis zum Ende der Versicherungsperiode**, auch wenn bis dahin kein Vertragsverhältnis mehr besteht und der Versicherer folglich kein Risiko mehr zu tragen hat. Dies wird mit dem Grundsatz von der Unteilbarkeit der Prämie begründet, dessen Berechtigung aber nicht mehr überzeugt. Die Vorschrift des § 40 VVG wird

2167

z.T. als unbillig empfunden. Ihre Benachteiligung geht aber nicht so weit, dass sie als verfassungswidrig angesehen werden kann.[142]

2168
> **Teil 2 BBR-RA**
>
> **A. Besondere Bedingungen**
>
> **3. Meldepflichten des Versicherers**
>
> Der Versicherer ist verpflichtet, der Rechtsanwaltskammer den Beginn und die Beendigung oder Kündigung des Versicherungsvertrages sowie jede Änderung des Versicherungsvertrages, die den vorgeschriebenen Versicherungsschutz beeinträchtigt, unverzüglich mitzuteilen.

Diese Regelung beruht auf § 51 Abs. 6 und 7 BRAO, § 158c Abs. 2 VVG. Sie ist in der Praxis gerade dann von Bedeutung, wenn der Rechtsanwalt die Prämie für die Pflichtversicherung nicht gezahlt hat. Nach § 51 Abs. 1 Satz 1 BRAO hat der Anwalt die Pflichtversicherung abzuschließen und sie während der Dauer seiner Zulassung aufrechtzuerhalten. Nach § 14 Abs. 2 Nr. 10 BRAO ist die **Zulassung zur Rechtsanwaltschaft zu widerrufen**, wenn der Anwalt nicht die vorgeschriebene Berufshaftpflichtversicherung unterhält. § 12 Abs. 2 Satz 2 BRAO schreibt vor, dass die **Zulassungsurkunde** erst ausgehändigt werden darf, wenn der Abschluss der Berufshaftpflichtversicherung oder eine vorläufige Deckung nachgewiesen ist. Die Erlangung der Zulassung und noch mehr ihre Aufrechterhaltung hängen also davon ab, dass das Versicherungsverhältnis in seinem Bestand nicht durch mangelnde Prämienzahlung gefährdet wird. Der zögernd zahlende Anwalt muss sich darüber bewusst sein, dass sein Verzug eine **Mitteilung des Versicherers an die Rechtsanwaltskammer** (s. Rn. 2085) zur Folge haben kann, die seine Zulassung gefährdet und im Übrigen zusätzliche Arbeit bedeutet.

F. Der Versicherungsfall

I. Definition

2169
Das VVG sagt nicht, was unter dem **Versicherungsfall in der Haftpflichtversicherung** genau verstanden werden soll, vgl. § 149 VVG. Deshalb bestimmen die AVB den Begriff des Versicherungsfalls in der Haftpflichtversicherung.

> **§ 5 Versicherungsfall, Schadenanzeige, weitere Behandlung des Schadenfalles, Obliegenheiten, Zahlung des Versicherers**
>
> I. Versicherungsfall im Sinne dieses Vertrages ist der Verstoß, der Haftpflichtansprüche gegen den Versicherungsnehmer zur Folge haben könnte.

---

142 BGHZ 115, 347 = VersR 1991, 1277 = NJW 1992, 107.

§ 1 AVB knüpft den Versicherungsschutz an einen „**Verstoß**" des **Versicherungsnehmers**. Damit ist der Versicherungsfall im Kern beschrieben. In § 5 Abs. 1 AVB wird die Definition präzisiert: Versicherungsfall ist der Verstoß, der Haftpflichtansprüche gegen den Versicherungsnehmer zur Folge haben könnte. Diese Definition des Versicherungsfalls in den Vermögenshaftpflichtversicherungen weicht von der Allgemeinen Haftpflichtversicherung ab. Diese bestimmt den Versicherungsfall als Schadensereignis. Der Unterschied besteht darin, dass die Allgemeine Haftpflichtversicherung an die Folge des schädigenden Ereignisses anknüpft und dieses zum Versicherungsfall erklärt. Demgegenüber sieht die Vermögenshaftpflichtversicherung in dem Kausalereignis, in der eigentlichen Ursache des Schadens, den Versicherungsfall. Man spricht deshalb von der **Kausalereignistheorie** im Gegensatz zur Folgeereignistheorie.

II. Zeitliche Komponente

Der Unterschied hat erhebliche praktische Auswirkungen, weil Ursache und Schadensfolge zeitlich weit auseinander liegen können.[143] Mit der Definition des § 5 AVB als „**Verstoß**" – des **Rechtsanwalts gegen seine Berufspflichten** – knüpft die Vermögenshaftpflichtversicherung an den frühestmöglichen Zeitpunkt an. Der Anwalt, der falsch berät, hat im Zeitpunkt der Falschberatung schon alles getan, damit der Versicherungsfall als gegeben angesehen werden kann, soweit die Falschberatung einen Schaden zur Folge haben könnte. Der Versicherungsfall ist also nicht erst in dem Zeitpunkt eingetreten, in dem die Folgen der Falschberatung zutage treten.[144] Das bedeutet aber auch, dass derjenige **Versicherer deckungspflichtig** ist, der im Zeitpunkt der Falschberatung Vertragspartner des Anwalts war. Der Umfang der Deckung richtet sich demnach auch nach dem seinerzeit bestehenden Inhalt des Versicherungsvertrages. Hat der Anwalt den Versicherer gewechselt, ist der **Nachfolgeversicherer** nicht eintrittspflichtig, auch wenn sich der Schaden erst während des Versicherungsverhältnisses mit diesem Versicherer zeigt.[145]

2170

III. Mehrfaches Handeln oder Unterlassen

Bei der Beurteilung, wann ein Versicherungsfall stattgefunden hat, ist bei zeitlich mehreren Möglichkeiten grundsätzlich auf den **ersten Verstoß gegen Berufspflichten** abzustellen, der die **Kausalkette zum Schaden** in Gang gesetzt hat.[146]

2171

Der erste Verstoß ist auch dann der zeitlich entscheidende, wenn der Versicherungsnehmer im weiteren Verlauf die Möglichkeit hatte, durch eine korrigierende Handlung

---

143 S. dazu auch *Veith/Gräfe/Brügge*, Der Versicherungsprozess, § 12 Rn. 48 ff.
144 *Terbille*, in: *Rinsche/Fahrendorf/Terbille*, Rn. 1909, betont die Vorteile des Verstoßprinzips für die Anwaltschaft.
145 S. auch zur Vorwärts- und Rückwärtsversicherung sowie der Nachhaftung Rn. 2154 ff.
146 H.M. vgl. *Späte*, AHB-Kommentar, § 1 Rn. 28; *Voit*, in: *Prölss/Martin*, VVG, Arch.-Haftpfl. Rn. 10.

die Kausalkette zu unterbrechen und den Schaden zu vermeiden, dies aber unterlassen hat.[147] Anders ist der Fall zu beurteilen, wenn im weiteren Verlauf eine **besondere Pflicht zum Handeln** bestand, etwa eine erneute Prüfung und Entscheidung veranlasst war und durch ordnungsgemäße Erfüllung der Pflicht der Schaden vermieden worden wäre.[148] **Mehrere Versicherungsfälle** liegen vor, wenn ein von dem ersten Verstoß unabhängiges Unterlassen oder Handeln, das auf einem erneuten Entschluss beruht, eine neue Kausalkette in Gang gesetzt und einen selbständigen Schaden herbeigeführt hat. Das gilt auch, wenn die weiteren Verstöße auf derselben Art von Fehlern oder Vorstellungen beruhen wie der erste.[149] Nach § 51 Abs. 2 BRAO ist allerdings eine Vereinbarung zulässig, wonach sämtliche Pflichtverletzungen bei Erledigung eines einheitlichen Auftrags, mögen diese auf dem Verhalten des Rechtsanwalts oder einer von ihm herangezogenen Hilfsperson beruhen, als ein Versicherungsfall gelten (sog. **Serienschadenklausel**[150]).

G. Obliegenheiten

I. Mitteilungen an den Versicherer

2172

> **§ 11 Anzeigen und Willenserklärungen**
>
> Alle für den Versicherer bestimmten Anzeigen und Erklärungen sind in Textform abzugeben und sollen an die Hauptverwaltung des Versicherers oder an die im Versicherungsschein oder in dessen Nachträgen als zuständig bezeichnete Geschäftsstelle gerichtet werden.

Soweit andere AVB noch die Klausel enthalten, dass die Vertreter des Versicherers zu der Entgegennahme von Anzeigen und Willenserklärungen nicht bevollmächtigt sind, wäre diese Klausel wirksam. Der BGH[151] hat sie in AVB der Lebensversicherung für wirksam erklärt. Die Klausel in diesen AVB ist nicht anders zu beurteilen.

---

147 Vgl. OLG Nürnberg, VersR 1994, 1462.
148 Vgl. BGH, VersR 1970, 247.
149 Vgl. OLG Saarbrücken, VersR 1991, 457, für die Berufshaftpflicht eines Steuerberaters.
150 Vgl. z.B. § 3 Abs. 2 Nr. 2 AVB in Rn. 2143, dazu BGH, VersR 1991, 873 = NVersZ 1999, 261. Zur Serienschadenklausel bei Vermittlung von Beteiligungen an Immobilienfonds s. BGH, NJW 2003, 3705; dazu und allgemein zur Serienschadenklausel in der Vermögensschaden-Haftpflichtversicherung *Gräfe*, NJW 2003, 3673 ff. sowie *Veith/Gräfe*, Der Versicherungsprozess, § 12 Rn. 380 ff.
151 VersR 1999, 565 = NVersZ 1999, 261 = MDR 1999, 740 = zfs 1999, 298.

II. Vor Vertragsschluss, bei Antragstellung

§ 11 Anzeigen und Willenserklärungen　　2173

I. Vorvertragliche Anzeigepflichten des Versicherungsnehmers

1. Der Versicherungsnehmer hat bei Abschluss des Vertrages alle ihm bekannten Umstände, die für die Übernahme der Gefahr erheblich sind (z.B. § 8 II 1), dem Versicherer anzuzeigen. Soll eine andere Person versichert werden, so ist auch diese neben dem Versicherungsnehmer für die wahrheitsgemäße und vollständige Anzeige risikoerheblicher Umstände und die Beantwortung der Fragen verantwortlich. Erheblich sind die Gefahrumstände, die geeignet sind, auf den Entschluss des Versicherers, den Vertrag überhaupt oder zu dem vereinbarten Inhalt abzuschließen, einen Einfluss auszuüben. Ein Umstand, nach welchem der Versicherer ausdrücklich und schriftlich gefragt hat, gilt im Zweifel als erheblich.

a) Ist die Anzeige eines erheblichen Umstandes unterblieben, so kann der Versicherer von dem Vertrag zurücktreten. Das gleiche gilt, wenn die Anzeige eines erheblichen Umstandes deshalb unterblieben ist, weil sich der Versicherungsnehmer der Kenntnis des Umstandes arglistig entzogen hat.

b) Der Rücktritt ist ausgeschlossen, wenn der Versicherer den nicht angezeigten Umstand kannte, oder wenn die Anzeige ohne Verschulden des Versicherungsnehmers unterblieben ist.

2. Der Versicherer kann von dem Vertrag auch dann zurücktreten, wenn über einen erheblichen Umstand eine unrichtige Anzeige gemacht worden ist. Der Rücktritt ist ausgeschlossen, wenn die Unrichtigkeit dem Versicherer bekannt war oder die Anzeige ohne Verschulden des Versicherungsnehmers unrichtig gemacht worden ist.

3. Hatte der Versicherungsnehmer die Gefahrumstände anhand von dem Versicherer in Textform gestellter Fragen anzuzeigen, kann der Versicherer wegen unterbliebener Anzeige eines Umstandes, nach welchem nicht ausdrücklich gefragt worden ist, nur zurücktreten, wenn dieser arglistig verschwiegen wurde.

4. Wird der Vertrag von einem Bevollmächtigten oder von einem Vertreter ohne Vertretungsmacht geschlossen, so kommt für das Rücktrittsrecht des Versicherers nicht nur die Kenntnis und die Arglist des Vertreters, sondern auch die Kenntnis und die Arglist des Versicherungsnehmers in Betracht. Der Versicherungsnehmer kann sich darauf, dass die Anzeige eines erheblichen Umstandes ohne Verschulden unterblieben oder unrichtig gemacht ist, nur berufen, wenn weder dem Vertreter noch ihm selbst ein Verschulden zur Last fällt.

5. Der Rücktritt kann nur innerhalb eines Monats erfolgen. Die Frist beginnt mit dem Zeitpunkt, in welchem der Versicherer von der Verletzung der Anzeigepflicht Kenntnis erlangt.

a) Der Rücktritt erfolgt durch Erklärung gegenüber dem Versicherungsnehmer. Im Fall des Rücktritts sind, soweit das Versicherungsvertragsgesetz nicht in Ansehung der Prämie ein anderes bestimmt, beide Teile verpflichtet, einander die empfangenen Leistungen zurückzugewähren; eine Geldsumme ist von dem Zeitpunkt des Empfangs an zu verzinsen.

b) Tritt der Versicherer zurück, nachdem der Versicherungsfall eingetreten ist, so bleibt die Verpflichtung zur Leistung gleichwohl bestehen, wenn der Umstand, in Ansehung dessen die Anzeigepflicht verletzt ist, keinen Einfluss auf den Eintritt des Versicherungsfalls und auf die Leistung des Versicherers gehabt hat.

6. Das Recht des Versicherers, den Vertrag wegen arglistiger Täuschung über Gefahrumstände anzufechten, bleibt unberührt.

Die Regelung des § 11 Abs. 1 AVB hat als AVB-Klausel nur sehr begrenzte Bedeutung. Die AVB werden erst Bestandteil des Vertrages, wenn der Vertrag geschlossen ist. Vorher können sie keine rechtlichen Wirkungen entfalten. Die Klausel zielt aber gerade auf ein **Verhalten des Antragstellers vor Abschluss des Vertrages** ab. Dennoch trifft die Klausel die ohnehin bestehende Rechtslage gemäß §§ 16 ff. VVG.

III. Vor dem Versicherungsfall

2174   Die Bestimmung des § 11 Abs. 2 AVB beruht auf den §§ 23 ff. VVG.

> **§ 11 II. Anzeigepflichten des Versicherungsnehmers während der Vertragslaufzeit**
>
> ... Der Versicherungsnehmer ist verpflichtet, dem Versicherer auf Befragen unverzüglich alle nach Vertragsabschluss eintretenden, die übernommene Gefahr erhöhenden Umstände mitzuteilen. Dies gilt sowohl für die vom Versicherungsnehmer als auch von Dritten mit Duldung des Versicherungsnehmers verursachten Gefahrerhöhungen.
>
> Zur Vermeidung von Nachteilen ist der Versicherungsnehmer verpflichtet, Änderungen seiner Anschrift unverzüglich mitzuteilen. Ansonsten gelten an die letzte, dem Versicherer bekannte Anschrift gesandte Mitteilungen als rechtsverbindlich. Entsprechendes gilt für eine Namensänderung. ...

Vgl. hierzu § 10 VVG.

IV. Nach dem Versicherungsfall

1. Allgemeines

2175   Nach Eintritt des Versicherungsfalls hat der Versicherungsnehmer die Obliegenheiten, dem Versicherer den Fall anzuzeigen und daran mitzuwirken, dass der Sachverhalt richtig aufgeklärt wird.[152] Darauf ist der Versicherer angewiesen. Bei vorsätzlicher oder grob fahrlässiger **Verletzung der Obliegenheiten** sehen die meisten AVB, ebenso wie § 6 AVB, vor, dass der Versicherer schon wegen der Obliegenheitsverletzung nicht zu leisten braucht. Das ist eine harte Sanktion. Ob das darin liegende **Alles-oder-Nichts-Prinzip** auf Dauer gehalten werden kann, erscheint fraglich. Derzeit bestimmt es aber noch die Rechtslage. Mit § 6 VVG sind die Regeln über die Obliegenheitsverletzungen, soweit sie in den AVB Leistungsfreiheit des Versicherers zur Folge haben, näher ausgestaltet. Es sollen die wichtigsten von der Rechtsprechung entwickelten Punkte hier kurz aufgezeigt werden.[153]

Steht fest, dass der Versicherungsnehmer den objektiven Tatbestand einer nach dem Versicherungsfall zu erfüllenden Obliegenheit verletzt hat, was der Versicherer zu beweisen hat, wird grundsätzlich **Vorsatz vermutet**. Die Vermutung wird für die Anzeige des Versicherungsfalls, insbesondere deren Rechtzeitigkeit, allerdings durch den Erfahrungssatz abgeschwächt, dass im Allgemeinen kein Versicherungsnehmer vorsätzlich seinen Versicherungsschutz gefährden will. Davon abgesehen muss der Versicherungsnehmer darlegen und beweisen, inwiefern er nicht vorsätzlich gehandelt hat. Auf Fragen der Kausalität, also darauf, ob die vorsätzliche Obliegenheitsverletzung irgendetwas zum Nachteil des Versicherers bewirkt hat, kommt es bei Vorsatz grundsätzlich nicht an. Um die damit verbundene Härte zu mildern, hat der BGH die sog. **Relevanzrechtsprechung** entwickelt, die heute h.M. ist. Nach ihr kann der Versicherer aus einer vorsätzlichen Obliegenheit dann keine Leistungsfreiheit herleiten, wenn die Verletzung für ihn tatsächlich „ohne Relevanz", d.h. ohne Folgen in diesem Sinne geblieben ist, dass sie generell nicht geeignet war, die Interessen des Versicherers ernsthaft zu gefährden. Die Folgenlosigkeit ist vom Versicherungsnehmer darzulegen und zu beweisen.[154]

Das Verschulden des Versicherungsnehmers darf allerdings nur gering sein. Ferner verlangt die Rechtsprechung, dass der Versicherungsnehmer bei Auskunftsobliegenheiten über die Folgen falscher Angaben belehrt worden ist. An die **Belehrung** werden strenge Anforderungen gestellt.[155]

Hat der Versicherungsnehmer **grob fahrlässig gehandelt**, wird der Versicherer leistungsfrei, wenn die Obliegenheitsverletzung Einfluss auf die Feststellung des Versicherungsfalls oder auf den Umfang der Leistungspflicht hatte. In diesen Fällen kommt es also auf Kausalitätserwägungen an, also darauf, ob sich die Obliegenheitsverletzung

2176

---

152 S. allgemein zu Obliegenheiten im Rechtsanwalts-Haftpflichtversicherungsfall *Dobmaier*, AnwBl 2000, 745 ff.
153 Vgl. näher insbes. die Kommentierungen zu § 6 VVG bei *Prölss*, in: *Prölss/Martin*, und *Römer/Langheid*.
154 BGH, NJW-RR 2004, 1395, 1396; zum Kausalitätsgegenbeweis BGH, VersR 2001, 756.
155 Zur Relevanzrechtsprechung BGHZ 53, 160; BGH, VersR 1972, 363 sowie weitere Nachweise bei *Römer/Langheid*, VVG, § 6 Rn. 51 bis 59.

zum Nachteil des Versicherers ausgewirkt hat. Es ist dann Sache des Versicherungsnehmers, den **Kausalitätsgegenbeweis** zu führen. Das ist oft schwierig. Bei schuldloser oder leicht fahrlässiger Obliegenheitsverletzung kann der Versicherer nach § 6 Abs. 3 VVG keine Leistungsfreiheit für sich in Anspruch nehmen.

2177 Die nach dem Versicherungsfall zu erfüllenden Obliegenheiten des Versicherungsnehmers bestehen dann nicht mehr, wenn der Versicherer die **Deckung abgelehnt** hat.[156] Der Versicherungsnehmer braucht also weder weitere Auskünfte zu erteilen, noch dem Versicherer irgendwie beizustehen. Er kann den Anspruch anerkennen oder erfüllen und damit auch die Fälligkeit i.S.d. § 154 VVG, § 5 Abs. 4 AVB herbeiführen.[157] Erklärt sich aber der Versicherer nach anfänglicher Weigerung bindend bereit, erneut in die Prüfung seiner Leistungspflicht einzutreten, leben das **Anerkenntnis- und Befriedigungsverbot** wieder auf.[158]

2. Einzelheiten

2178
> § 5 II.
> 1. Jeder Versicherungsfall ist dem Versicherer (vgl. § 11) unverzüglich, spätestens innerhalb einer Woche, in Textform anzuzeigen.

Der **Versicherungsfall** ist in § 5 Abs. 1 AVB definiert. Demnach entsteht die **Anzeigeobliegenheit des Versicherungsnehmers** schon dann, wenn er von Umständen erfährt, die Haftpflichtansprüche gegen ihn auslösen „könnten". Der Anwalt, der sich der Möglichkeit seiner Inanspruchnahme durch den Mandanten ausgesetzt sieht, sollte dies ernst nehmen und die Meldung gegenüber dem Versicherer nicht hinauszögern. Es kommt nicht darauf an, ob der Anwalt meint, im Ergebnis werde kein Anspruch des Mandanten bestehen.[159] Verzögert er die Anzeige an den Versicherer, gefährdet er wegen einer Obliegenheitsverletzung seinen Versicherungsschutz und nimmt die Möglichkeit in Kauf, dass bei anderen Versicherungsfällen seiner Sozien die dann zu berechnende Durchschnittsversicherungssumme sinkt. Es ist auch nicht sinnvoll, den Sachverhalt in seiner Darstellung „zu schönen". Damit tut der Anwalt weder sich noch seinem Mandanten einen Gefallen. Vielmehr nimmt er die Gefahr in Kauf, dass sein Mandant die Versicherungsleistung, die ihm gebührt, nicht erhält oder dass er selbst leisten muss, ohne vom Versicherer Deckung zu erhalten. Die bloße Mitteilung des Rechtsanwalts an seinen Mandanten, der gegen ihn Schadenersatz geltend macht, er

---

156 BGHZ 107, 368 = VersR 1989, 842 = NJW 1989, 2472; näher *Römer/Langheid*, VVG, § 6 Rn. 29.
157 OLG Hamm, VersR 1987, 802, 804; BGH, NJW 2001, 1311, 1312; s. auch OLG Köln, NJW-RR 2002, 1646, zu den AVB der Steuerberater und Wirtschaftsprüfer.
158 OLG Hamm, VersR 1999, 1405.
159 OLG Köln, VersR 2004, 1549, nimmt bedingt vorsätzliche Obliegenheitsverletzung an, wenn der Haftpflichtfall nur deswegen nicht angezeigt wird, weil der Versicherungsnehmer die Berechtigung des Haftpflichtanspruchs in Zweifel zieht.

werde seine Haftpflichtversicherung einschalten, ist i.d.R. kein Anerkenntnis, das die Verjährung nach § 212 BGB neu beginnen ließe oder zum Verlust des Deckungsanspruchs führen würde (vgl. § 153 VVG).[160]

Soweit es für die Abwehr von Ansprüchen aus dem Mandat erforderlich ist, entfällt gemäß § 2 Abs. 3 BORA die anwaltliche Verschwiegenheitspflicht gegenüber dem Mandanten, nicht aber gegenüber dem Versicherungsmakler, da dessen Einschaltung für die Prüfung des Haftpflichtanspruchs nicht erforderlich ist.[161]

> § 5 II.
> 2. Wird ein Ermittlungsverfahren eingeleitet oder ein Strafbefehl oder ein Mahnbescheid erlassen, hat der Versicherungsnehmer dem Versicherer unverzüglich Anzeige zu erstatten, auch wenn er den Versicherungsfall selbst bereits angezeigt hat.
>
> Gegen Mahnbescheide oder Verfügungen von Verwaltungsbehörden auf Schadenersatz hat er, ohne die Weisung des Versicherers abzuwarten, fristgemäß Widerspruch zu erheben und die erforderlichen Rechtsbehelfe zu ergreifen.
>
> 3. Macht der Geschädigte seinen Anspruch gegenüber dem Versicherungsnehmer geltend, ist dieser zur Anzeige innerhalb einer Woche nach der Erhebung des Anspruchs verpflichtet.
>
> 4. Wird gegen den Versicherungsnehmer ein Anspruch gerichtlich geltend gemacht, Prozesskostenhilfe beantragt oder wird ihm gerichtlich der Streit verkündet, hat er außerdem unverzüglich Anzeige zu erstatten. Das gleiche gilt im Falle eines Arrestes, einer einstweiligen Verfügung oder eines selbständigen Beweisverfahrens.

Bei Nr. 4 handelt es sich um eine **Anzeige-, nicht** um eine **Auskunftsobliegenheit**. Der Versicherungsnehmer muss also von sich aus und nicht erst auf Anfrage des Versicherers tätig werden. Es ist Sache des Versicherers zu entscheiden, ob er sich am Verfahren beteiligen will, oder ob er dies wegen guter Prozesschancen glaubt, unterlassen zu können. Der Versicherungsnehmer hat den Versicherer auch dann von den in Nr. 4 genannten Tatbeständen zu unterrichten, wenn er dem Versicherer bereits eine **Schadensanzeige** nach Nr. 1 zugesandt hat. Die Obliegenheiten der Nr. 4 bestehen neben denen der Nr. 1.[162] Die unterlassene Anzeige von einem gerichtlichen Verfahren ist nicht dadurch entschuldigt, dass der Versicherungsnehmer glaubt, den Prozess zu gewinnen. Genauso wenig enthebt die dem Versicherer zuvor durch den Geschädigten angekündigte Klageerhebung den Versicherungsnehmer der Verpflichtung, die ge-

---

160 OLG Celle, MDR 2003, 1384.
161 *Terbille*, in: *Rinsche/Fahrendorf/Terbille*, Rn. 2098.
162 OLG Düsseldorf, VersR 1990, 411.

richtliche Geltendmachung des Haftpflichtanspruchs unverzüglich anzuzeigen.[163] Die unterlassene Benachrichtigung ist grundsätzlich auch geeignet, die Interessen des Versicherers ernsthaft zu gefährden.[164] Auch einer **Streitverkündungsschrift** (§ 73 ZPO) kann ein ernsthaftes Geltendmachen eines Anspruchs gegen den Versicherungsnehmer zu entnehmen sein, das den Anspruch auf Versicherungsschutz auslöst und zugleich dessen Verjährung in Lauf setzt.[165]

2179

> § 5
> II.5. Durch die **Absendung der Anzeige** werden die Fristen gewahrt. Für die Erben des Versicherungsnehmers tritt an Stelle der Wochenfrist jeweils eine Frist von einem Monat.
>
> III. 1. Der Versicherungsnehmer ist verpflichtet, unter Beachtung der **Weisungen des Versicherers**, insbesondere auch hinsichtlich der Auswahl des Prozessbevollmächtigten, für die Abwendung und Minderung des Schadens zu sorgen und alles zu tun, was zur Klarstellung des Schadenfalles dient. Er hat den Versicherer bei der Abwehr des Schadens sowie bei der Schadenermittlung und -regulierung zu unterstützen, ihm ausführliche und wahrheitsgemäße **Schadenberichte** zu erstatten, alle Tatumstände, welche auf den Schadenfall Bezug haben, mitzuteilen und alle nach Ansicht des Versicherers für die Beurteilung des Schadenfalls erheblichen Schriftstücke einzusenden.

In der Haftpflichtversicherung beginnt die Verpflichtung des Versicherungsnehmers, für die Abwendung und Minderung des Schadens zu sorgen, nicht schon mit dem Drohen des Versicherungsfalls, sondern erst bei dem **Eintritt des Versicherungsfalls**[166] (der aber schon gegeben ist, wenn ein Haftungsanspruch in Betracht kommen könnte, § 5 Abs. 1 AVB). Die **Aufklärungsobliegenheit** kann es erfordern, dass der Anwalt dem Versicherer die in Frage kommende Korrespondenz vorlegt, damit der Versicherer selbständig prüfen kann, ob der Anspruch des Dritten besteht und befriedigt werden muss. Vor allem aber verlangt die **Schadenminderungsobliegenheit** des Versicherungsnehmers, dass der Anwalt dazu beiträgt, dass unter Umständen ein Vergleich zustande kommt.

2180 Schwierig ist die Lage, wenn die Interessen des Versicherers und die des Anwalts auseinandergehen. Das Interesse des Anwalts, den Mandanten zu halten, kann mit dem Interesse des Versicherers kollidieren, den Anspruch unter allen Umständen abzuwehren. In solchen Fällen sollte das Verhalten untereinander abgestimmt werden. Auch dann aber darf der Anwalt seine Interessen nicht dadurch verfolgen, dass er den Versicherer

---

163 OLG Köln, VersR 2004, 1547.
164 OLG Düsseldorf, VersR 1990, 411.
165 BGHZ 155, 69 = NJW 2003, 2376; LG Frankfurt, VersR 2003, 1296.
166 BGHZ 43, 88 = NJW 1965, 755 = VersR 1965, 325; vgl. sog. **Vorerstreckungstheorie** *Römer/Langheid*, VVG, § 62 Rn. 2.

nicht oder falsch unterrichtet. Er riskiert dabei, den **Deckungsschutz** zu verlieren. Andererseits darf der Versicherer nicht vergessen, dass er nach außen den Versicherungsnehmer vertritt. Hier gilt, was der BGH[167] für den Fall der Prozessführung durch den Versicherer ausgesprochen hat: Der Versicherer muss die Interessen des Versicherten so wahren wie ein von diesem beauftragter Anwalt. Dies gilt auch bei einer **Kollision der Interessen** des Versicherers mit denen des Versicherten. In diesem Fall muss der Versicherer seine Interessen zurückstellen. So verletzt der Haftpflichtversicherer, der die Führung des Haftpflichtprozesses übernommen hat, seine Pflichten zur Wahrung der Interessen des Versicherungsnehmers, wenn er einen dem Versicherungsnehmer günstigen Vergleich widerruft, obwohl er beabsichtigt, Deckung zu verweigern.[168]

§ 5 III.	2181
2. Der Versicherungsnehmer ist nicht berechtigt, ohne vorherige Zustimmung des Versicherers einen Haftpflichtanspruch ganz oder zum Teil anzuerkennen oder zu vergleichen oder zu befriedigen.	

Zweck eines Anerkenntnis- und Befriedigungsverbots ist es zu verhindern, dass sich Versicherungsnehmer und Geschädigter auf Kosten des Versicherers einigen. Mit dem Anerkenntnis oder der Befriedigung können auch umstrittene Haftpflichtansprüche in Fällen erfasst werden, in denen eine Haftpflicht des Versicherungsnehmers objektiv nicht bestanden hat.[169]

In der Literatur **umstritten ist, ob das Anerkenntnis- und Befriedigungsverbot** des § 5 Abs. 3 Nr. 2 AVB **wirksam** ist. Nach § 154 Abs. 2 VVG ist eine solche Vereinbarung unwirksam, wenn nach den Umständen der Versicherungsnehmer die Befriedigung oder die Anerkennung nicht ohne offenbare Unbilligkeit verweigern konnte.[170] Während **§ 5 Nr. 5 AHB** einen solchen **Unbilligkeitsvorbehalt** noch in den Wortlaut aufgenommen hat, fehlt er in § 5 Abs. 3 Nr. 2 AVB. Ob § 154 Abs. 2 VVG abgeändert werden kann oder zumindest halbzwingenden Charakter hat, ist umstritten.[171]   2182

Jedenfalls ist § 154 VVG mit seinem Abs. 2 nicht in die Unabdingbarkeitsregelung des § 158a VVG aufgenommen.[172] Daraus lässt sich im Umkehrschluss aber noch nicht die Wirksamkeit feststellen. Vielmehr könnte sich die Unwirksamkeit jedenfalls aus § 307 Abs. 2 Nr. 1 BGB (früher § 9 Abs. 2 Nr. 1 AGBG) ergeben, wenn man mit Rö-

---

167 BGHZ 119, 276 = VersR 1992, 1504.
168 BGH, NJW-RR 2001, 1466.
169 BGH, VersR 1977, 174 unter 4 a.
170 *Veith/Gräfe*, Der Versicherungsprozess, § 12 Rn. 719, verweist zu Recht darauf, dass die Ausnahmesituation des § 154 Abs. 2 VVG in der Vermögensschadenhaftpflichtversicherung praktisch kaum denkbar ist.
171 Vgl. *Voit/Knappmann*, in: *Prölss/Martin*, VVG, § 154 Rn. 23, die ihn für halbzwingend halten.
172 Anders im österreichischen VVG, bei dem seit dem 1.1.1994 „Abs. 1" gestrichen ist, so dass die gesamte Vorschrift zumindest halbzwingend ist.

mer[173] davon ausgeht, dass § 5 Abs. 3 AVB von dem wesentlichen Grundgedanken des § 154 Abs. 2 VVG abweicht. Nach Voit/Knappmann[174] gilt das Anerkenntnis- und Befriedigungsverbot des wortgleichen § 5 Nr. 3a Abs. 2 AVB „nach Maßgabe des § 154 Abs. 2". Folgt man der Auffassung, § 5 Abs. 3 Nr. 2 AVB sei wegen Verstoßes gegen § 307 BGB unwirksam, ergibt sich eine solche oder ähnliche Regelung nicht aus dem Gesetz. § 154 Abs. 2 VVG setzt nur eine Vereinbarung über die Anerkennung und Befriedigung voraus. Dennoch könnte die Anerkennung oder Befriedigung zum Nachteil des versicherten Anwalts ausschlagen, wenn sie gegen die **Regeln über Treu und Glauben**, die das Versicherungsverhältnis im besonderen Maße beherrschen, verstößt. Das hat der BGH[175] jedenfalls in dem Falle für möglich gehalten, dass der Versicherungsnehmer damit leichtfertig handelt. Die Gefährdung langjähriger Geschäftsbeziehungen zwischen dem Versicherungsnehmer und dem Geschädigten reicht nicht aus, um ein Anerkenntnis als nicht unbillig gemäß § 154 Abs. 2 VVG anzusehen.[176]

Letztlich kann die Frage der Wirksamkeit des Anerkenntnisverbots dahingestellt bleiben, da jedenfalls die Grundsätze von Treu und Glauben zu beachten sind, gegen die vom Versicherungsnehmer verstoßen würde, wenn er nach den Umständen die Befriedigung oder die Anerkennung ohne offenbare Unbilligkeit verweigern konnte. Der Unbilligkeitsvorbehalt des § 5 Nr. 5 AHB stellt im Ergebnis nur die Ausformulierung eines allgemeinen Rechts- und Billigkeitsgedankens dar, der auch im Bereich der AVB gelten muss. Generell gilt zudem, dass die Frage, ob eine Feststellung des Haftpflichtanspruchs i.S.v. § 154 Abs. 1 Satz 1 VVG durch Anerkenntnis des Versicherungsnehmers (oder des Insolvenzverwalters über das Vermögen des Versicherungsnehmers) vorliegt, unabhängig davon zu beurteilen ist, ob das Anerkenntnis im Deckungsverhältnis eine zur Leistungsfreiheit führende Obliegenheitsverletzung darstellt (§ 154 Abs. 2 VVG), weil Deckungs- und Haftungsverhältnis nicht miteinander vermischt werden dürfen.[177]

2183 Geht man von der Wirksamkeit des § 5 Abs. 3 Nr. 2 AVB aus, wird man entweder den **Billigkeitsvorbehalt des § 154 Abs. 2 VVG** ergänzend heranziehen oder eine etwaige Anerkennung oder Befriedigung unter dem Gesichtspunkt des § 242 BGB beurteilen und die Interessen des Anwalts in die Erwägungen mit einbeziehen müssen. Befriedigt der Anwalt die offensichtlich berechtigten Ansprüche seines Mandanten, weil der Versicherer seine Einstandspflicht mit unhaltbarer Begründung ablehnt, kann sich der

---

173 *Römer*, in: *Zugehör*, Handbuch der Anwaltshaftung, 1. Aufl., Rn. 1908, zu § 9 Abs. 2 Nr. 1 AGBG.
174 In: *Prölss/Martin*, VVG, § 5 AVB Vermögen/WB Rn. 3.
175 BGH, VersR 1977, 174 unter 3.
176 OLG Hamm, VersR 1999, 1405; s. auch OLG Köln, NJW-RR 2003, 1263 in einem Betriebshaftpflichtversicherungsfall, wo der Versicherungsnehmer 80 % seiner Aufträge vom angeblich geschädigten Kunden erhielt, der mit Abbruch der Geschäftsbeziehungen drohte.
177 BGH, NJW-RR 2004, 829.

Versicherer nicht auf das Befriedigungsverbot berufen.[178] Da es sich bei dem Anerkennungs- und Befriedigungsverbot um eine Obliegenheit handelt, sind bei der Frage, ob der Versicherer leistungsfrei geworden ist, die oben (Rn. 2175;) aufgezeigten Entlastungsmöglichkeiten zu prüfen.

Will der Anwalt eigene Honoraransprüche den Forderungen seines Mandanten wegen eines (angeblichen) Schadens gegenüberstellen, wird er das Anerkenntnis- und Befriedigungsverbot zu beachten haben. Denn ein Verstoß gegen das Verbot liegt auch vor, wenn in einem **Vergleich** wechselseitig auf eigene geltend gemachte Ansprüche verzichtet wird.[179] 2184

> § 5 III.
> 3. Den aus Anlass eines Schadenfalles erforderlichen**Schriftwechsel** hat der Versicherungsnehmer unentgeltlich zu führen. Sonstiger anfallender Aufwand sowie auch die Kosten eines vom Versicherungsnehmer außergerichtlich beauftragten Bevollmächtigten werden nicht erstattet.

2185

Die Klarstellung ist notwendig, weil der erforderliche Schriftwechsel zur beruflichen Tätigkeit des Anwalts gehört und ansonsten honorarpflichtig sein könnte. Die Regelung erhält ihre Bedeutung auch dann, wenn es der Versicherer dem versicherten Anwalt überlässt, nach seinen Weisungen die Korrespondenz mit dem geschädigten Mandanten selbst zu führen.

> § 5 III.
> 4. Der Versicherer gilt als bevollmächtigt, alle zur Beilegung oder Abwehr des Anspruchs ihm zweckmäßig erscheinenden Erklärungen im Namen des Versicherungsnehmers abzugeben.

2186

Die **Regulierungsvollmacht des Versicherers** hat ihren Grund in dessen Regulierungspflicht. Will er seiner Pflicht nach § 3 Abs. 2 Nr. 1 AVB nachkommen, nämlich unbegründete Ansprüche abzuwehren und begründete zu befriedigen, braucht der Versicherer – auch zu den erforderlichen Verhandlungen – eine Regulierungsvollmacht. Deshalb endet die Vollmacht auch nicht mit dem Versicherungsverhältnis. Insbesondere wirkt sie auch noch bei der **Nachhaftung** fort.[180]

Die Regulierungsvollmacht besteht auch in den Fällen, in denen der Versicherer gegenüber dem Versicherungsnehmer leistungsfrei ist, ein Anspruch gegenüber dem Geschädigten nach § 158c Abs. 1 VVG aber fingiert wird.[181] Die Vollmacht deckt ei-

---

178 Vgl. LG Berlin, r + s 1995, 211; auch den Fall OGH, VersR 1990, 447.
179 OLG Hamm, VersR 1992, 307 für die Honorarforderungen eines Ingenieurs.
180 BGHZ 101, 276, 282.
181 Vgl. BGHZ 101, 276, 283.

nen Vergleich oder ein Anerkenntnis auch insoweit, als der Versicherungsnehmer eine Selbstbeteiligung zu tragen hat oder die Deckungssumme nicht ausreicht.[182]

2187
> § 5 III.
> 5. Eine **Streitverkündung** seitens des Versicherungsnehmers an den Versicherer ist nicht erforderlich. Die Kosten einer solchen werden vom Versicherer nicht ersetzt.
>
> **§ 7 Versicherung für fremde Rechnung, Abtreten des Versicherungsanspruchs, Rückgriffsansprüche**
>
> III. Die Versicherungsansprüche können vor ihrer endgültigen Feststellung ohne ausdrückliche Zustimmung des Versicherers nicht abgetreten oder verpfändet werden.

Mit dem **Abtretungsverbot** bezweckt der Versicherer zu verhindern, dass er gezwungen wird, den Schadenfall mit unbeteiligten, ihm unbekannten Personen abzuwickeln und Rechtsfragen außerhalb des Versicherungsverhältnisses zu erörtern.[183] In der Praxis spielte diese Klausel bisher keine Rolle, da Versicherer i.d.R. auf vorherige Anfrage ihre Einwilligung geben dürften; sie stehen damit nicht anders als bei einer Pfändung des Versicherungsanspruchs im Falle eines Haftpflichturteils gegen den Versicherungsnehmer

2188 § 7 Abs. 3 AVB untersagt die **Abtretung und Verpfändung** von Ansprüchen, die noch nicht endgültig festgestellt sind (vgl. § 154 Abs. 1 VVG), wenn der Versicherer nicht ausdrücklich zustimmt. Der **Befreiungsanspruch** kann ohnehin nicht abgetreten werden, weil er persönlicher Natur ist und die Haftpflichtversicherung grundsätzlich an die Person des Versicherten gebunden ist. Der geschädigte Dritte hat aber die Möglichkeit, sich den Anspruch aus der Haftpflichtversicherung des Schädigers pfänden und überweisen zu lassen, um so die Forderung unmittelbar gegen den Versicherer geltend machen zu können. Der Befreiungsanspruch wandelt sich dann in einen Zahlungsanspruch um.[184]

2189 Die **Berufung auf das Abtretungsverbot** kann **rechtsmissbräuchlich** sein, wenn sie nicht von einem beachtlichen, im Zweckbereich der Bestimmung liegenden Interesse des Versicherers gedeckt wird.[185] Das ist z.B. der Fall, wenn der Geschädigte über einen rechtskräftigen Titel verfügt und jederzeit in die Forderung aus der Haftpflichtver-

---

182 OLG Düsseldorf, VersR 1979, 151; BGH, VersR 1970, 549; OLG Frankfurt, VersR 1982, 58 sowie weitere Rechtsprechungshinweise bei *Voit*, in: *Prölss/Martin*, VVG, § 5 AHB Rn. 25.
183 H.M., vgl. BGH, VersR 1983, 823 unter II. 1, allerdings zu § 7 Abs. 1 Satz 2 AHB; *Späte*, AHB-Kommentar, § 7 Rn. 17; *Voit*, in: *Prölss/Martin*, VVG, § 7 AHB Rn. 8.
184 OLG Düsseldorf, VersR 1983, 625.
185 BGH, VersR 1983, 945.

sicherung vollstrecken könnte[186] oder wenn sich der Versicherer auf Verhandlungen in einer gewissen Intensität mit dem Geschädigten eingelassen hat. Rechtsmissbräuchlich ist die Berufung auf das Abtretungsverbot oder die Verweigerung der Zustimmung zu einer Abtretung an den Geschädigten auch, wenn sich der Versicherungsnehmer ohne triftigen Grund weigert, selbst die Deckungsfrage zu klären.[187] Die Deckungsablehnung steht einer endgültigen Feststellung des Anspruchs nicht gleich. Auch danach soll sich der Versicherer noch auf das Abtretungsverbot berufen können.[188]

H. Fälligkeit, Verlust des Anspruchs, Regress

I. Fälligkeit

1. Deckungsanspruch

Fällig ist der **Anspruch des Versicherungsnehmers auf Befriedigung oder Abwehr** durch den Versicherer, wenn von einem Dritten Ansprüche gegen ihn, den Versicherungsnehmer, erhoben werden.[189] Es kommt nicht darauf an, wann ein etwaiger Zahlungsanspruch gegen den Versicherer entstanden ist[190] (dazu Rn. 2191) oder wann ein Urteil gegen den Versicherten im Haftpflichtprozess rechtskräftig geworden ist[191] der Abwehranspruch (und korrespondierend dazu die Anzeigeobliegenheit beim Versicherer) entsteht schon dann, wenn nur die entfernte Möglichkeit besteht, dass der Versicherungsnehmer aus dem versicherten Risiko in Anspruch genommen wird.[192] Wegen des Trennungsprinzips hat ein Haftpflichtprozess auf die Fälligkeit (und den Lauf der Verjährungsfrist) in Bezug auf den einheitlichen Deckungsanspruch des Versicherungsnehmers keinen Einfluss.[193]

2190

2. Leistung an den Geschädigten

> § 5 IV.
> Steht die Ersatzleistung des Versicherers fest, sind die fälligen Beträge spätestens innerhalb einer Woche, die Renten an den Fälligkeitsterminen zu bezahlen. Die Leistungen des Versicherers erfolgen in Euro. Die Verpflichtung des Versicherers

2191

---

186 OLG Düsseldorf, VersR 1983, 625.
187 OLG Hamm, VersR 1991, 579, Rechtsmissbrauch aber im Fall verneint.
188 OLG München, VersR 1991, 456.
189 BGH, NJW 1960, 1346 = VersR 1960, 554; VersR 1976, 477 unter III 4; OLG Köln, r + s 1998, 323.
190 OLG Düsseldorf, zfs 1999, 163 = NVersZ 1999, 229.
191 OLG Frankfurt, VersR 1994, 1175, 1178.
192 *Veith/Gräfe*, Der Versicherungsprozess, § 12 Rn. 362, unter Hinweis auf OLG Koblenz, VersR 1979, 830.
193 Vgl. BGH, zfs 1999, 162.

gilt mit dem Zeitpunkt als erfüllt, in dem der €-Betrag bei einem inländischen Geldinstitut angewiesen ist. Der Versicherer kann jedoch verlangen, dass der Versicherungsnehmer seinen Schadenanteil an eine vom Versicherer bestimmte Stelle abführt und die Quittung dafür dem Versicherer einsendet. Die einwöchige Frist läuft in diesem Falle vom Eingang der Quittung. Bei außergerichtlicher Erledigung des Versicherungsfalls soll die Erklärung des Anspruchmerhebenden, dass er für seine Ansprüche befriedigt sei, in Textform beigebracht werden. Der Versicherer kann Beglaubigung der Unterschrift des Anspruchmerhebenden verlangen.

Satz 1 entspricht inhaltlich § 154 Abs. 1 VVG, jedoch mit dem Unterschied, dass die **Frist zur Fälligkeit auf eine Woche verkürzt** ist.

II. Verlust

1. Verjährung

2192

§ 10 Verjährung, Klagefrist, Gerichtsstand

I. Die Ansprüche aus dem Versicherungsvertrag verjähren in zwei Jahren. Die Verjährungsfrist beginnt am Schluss des Jahres, in dem die Versicherungsleistung fällig wird. Ist der Anspruch angemeldet, bleibt der Zeitraum zwischen Anmeldung und abschließender schriftlicher Entscheidung des Versicherers bei der Fristberechnung unberücksichtigt

Noch (s. Rn. 2206) gilt die gegenüber der regelmäßigen **Verjährungsfrist** von drei Jahren des § 195 BGB um ein Jahr kürzere Verjährungsfrist des § 12 Abs. 1 VVG. Der Expertenentwurf zur Neuregelung des VVG sieht allerdings vor, diese Sonderregelung den allgemeinen Regeln anzupassen.[194] Als Spezialgesetz gehen die VVG-Regelungen den allgemeinen Regelungen in §§ 195 ff. BGB vor.

Die obige AVB-Regelung entspricht § 12 Abs. 1 und 2 VVG. Zutreffend spricht sie im Plural von den Ansprüchen, denn der Versicherungsnehmer hat nach § 3 Abs. 2 Nr. 1 AVB sowohl einen Anspruch auf Befriedigung begründeter als auch einen Rechtsschutzanspruch auf Abwehr unbegründeter Schadenersatzansprüche. Dennoch handelt es sich um einen **einheitlichen Deckungsanspruch**, der auch **einheitlich verjährt**. Anknüpfungspunkt für den **Beginn der Verjährungsfrist** ist die Fälligkeit der Versicherungsleistung. Damit beginnt für beide Ansprüche einheitlich die Verjährungsfrist mit dem Schluss des Jahres zu laufen, in dem sie fällig werden.

Hat der Versicherungsnehmer an den Geschädigten geleistet, etwa weil der Versicherer die Befriedigung unberechtigterweise abgelehnt hat, wandelt sich der **Deckungsan-**

---

[194] Vgl. Ziff. 1.2.2.12 des Expertenentwurfs, sowie Rn. 2206.

spruch des Versicherungsnehmers in einen Zahlungsanspruch um.[195] Für diesen beginnt eine **gesonderte Verjährungsfrist** entsprechend § 154 VVG zu laufen, es sei denn, der Zahlungsanspruch ist erst nach Verjährung des Deckungsanspruchs entstanden.[196] Auch wenn sich der Deckungsanspruch des Versicherungsnehmers in der Hand desjenigen in einen Zahlungsanspruch umwandelt, der den Anspruch hat pfänden und an sich überweisen lassen, beginnt entsprechend § 154 VVG eine neue Verjährungsfrist.[197]

Eine **Anmeldung des Anspruchs**, die gemäß § 12 Abs. 2 VVG die Hemmung der Verjährungsfrist bewirkt, liegt schon in der Anzeige des Versicherungsfalls.[198] Die Hemmung wird beendet, wenn der Versicherer den Anspruch bescheidet.

2. Obliegenheitsverletzungen

> **§ 6 Rechtsverlust**
>
> Wird eine Obliegenheit verletzt, die nach § 5 dem Versicherer gegenüber zu erfüllen ist, ist der Versicherer dem Versicherungsnehmer gegenüber von der Verpflichtung zur Leistung frei, es sei denn, dass die Verletzung weder auf Vorsatz noch auf grober Fahrlässigkeit beruht. Bei grob fahrlässiger Verletzung bleibt der Versicherer zur Leistung insoweit verpflichtet, als die Verletzung Einfluss weder auf die Feststellung des Versicherungsfalles noch auf die Feststellung oder den Umfang der dem Versicherer obliegenden Leistung gehabt hat. Handelt es sich hierbei um die Verletzung von Obliegenheiten zwecks Abwendung oder Minderung des Schadens, bleibt der Versicherer bei grob fahrlässiger Verletzung zur Leistung insoweit verpflichtet, als der Umfang des Schadens auch bei gehöriger Erfüllung der Obliegenheiten nicht geringer gewesen wäre.

2193

Satz 1 und 2 gehen auf § 6 Abs. 3 VVG zurück. Es wird auf die Übersicht unter Rn. 2175 ff. verwiesen. Satz 3 entspricht inhaltlich § 62 Abs. 2 VVG. Die Rechtsfolgen einer Obliegenheitsverletzung treten nicht bereits kraft Gesetzes und ohne weiteres Zutun des Versicherers ein. Die Inanspruchnahme des ihm eingeräumten Leistungsverweigerungsrechts hängt deshalb von einer Entschließung des Versicherers ab, die gegenüber dem Versicherungsnehmer zu erklären ist. Aus der Erklärung muss für den Versicherungsnehmer klar hervorgehen, dass der Versicherer die Leistung gerade wegen der Obliegenheitsverletzung verweigert.[199]

---

195 BGH, VersR 1977, 174 unter 2.
196 OLG Düsseldorf, zfs 1999, 163 = NVersZ 1999, 229; BGH, VersR 1971, 333; OLG Hamm, VersR 1976, 1030; zweifelnd *Römer/Langheid*, VVG, § 149 Rn. 27.
197 OLG Frankfurt, VersR 1994, 1175, 1178.
198 *Römer/Langheid*, VVG, § 12 Rn. 21; BGH, VersR 1978, 313.
199 BGH, NJW 2005, 1185.

3. Versäumung der Klagefrist

2194

> § 10 II.
> Der Versicherungsnehmer verliert den Anspruch auf die Versicherungsleistung, wenn er ihn nicht innerhalb einer **Frist von sechs Monaten** nach Zugang der ablehnenden Entscheidung des Versicherers gerichtlich geltend macht. Diese Frist beginnt erst, wenn der Versicherer in seiner Ablehnung auf die Rechtsfolgen des Fristablaufs hingewiesen hat.

Die Bestimmung gibt den Inhalt des § 12 Abs. 3 VVG wieder. Sie ist (noch)[200] **eine der gefährlichsten Vorschriften im Versicherungsrecht**. Der Anwalt, zu dessen Tätigkeitsfeld das Versicherungsrecht nicht gehört, erwartet eine so rigide Regelung über den Verlust von Ansprüchen – neben der längeren Verjährung – nicht. Er muss als Versicherungsnehmer aber darüber vom Versicherer belehrt werden; diese **Belehrung** verdient, die volle Aufmerksamkeit. Unter dem Gesichtspunkt von Treu und Glauben kann es im Einzelfall dem Versicherer verwehrt sein, sich auf Leistungsfreiheit nach § 12 Abs. 3 VVG zu berufen.[201] Der Versicherer kann sich sogar noch in der Berufungsinstanz auf den Ablauf der Klagefrist nach § 12 Abs. 3 VVG berufen.[202]

Folgt der Versicherungsnehmer seiner Obliegenheit, § 5 Abs. 2 Nr. 1 AVB, den Versicherer von dem Schadensfall zu unterrichten, nicht, kann sich dies bezüglich der Klagefrist zu seinem Vorteil auswirken. Voraussetzung dafür, dass die sechsmonatige Frist in Gang gesetzt wird, ist, dass der Versicherungsnehmer seinen Deckungsanspruch gegenüber dem Versicherer „erhoben" hat, § 12 Abs. 3 VVG. Hat der Versicherungsnehmer den Versicherer nicht unterrichtet, hat er auch keinen Deckungsanspruch erhoben, so dass die Frist nicht zu laufen beginnt.[203]

III. Regress des Versicherers

2195

> § 7 IV. Rückgriffsansprüche
>
> 1. Rückgriffsansprüche des Versicherungsnehmers gegen Dritte, ebenso dessen Ansprüche auf Kostenersatz, auf Rückgabe hinterlegter und auf Rückerstattung bezahlter Beträge sowie auf Abtretung gemäß § 255 BGB gehen in Höhe der vom Versicherer geleisteten Zahlung ohne weiteres auf diesen über. Der Übergang kann nicht zum Nachteil des Versicherungsnehmers geltend gemacht werden. Der Versicherer kann die Ausstellung einer den Forderungsübergang nachweisenden Urkunde verlangen.

---

200 S. Rn. 2206; im Entwurf zur VVG-Reform ist die Streichung der Vorschrift vorgesehen.
201 BGH, NJW-RR 2005, 619.
202 BGH, VersR 2006, 57.
203 Vgl. OLG Hamm, VersR 1987, 802, 803.

2. Rückgriff gegen Angestellte des Versicherungsnehmers wird nur genommen, wenn der Angestellte seine Pflichten wissentlich verletzt hat.

3. Hat der Versicherungsnehmer auf einen Anspruch gemäß Ziff. IV 1 oder ein zu dessen Sicherung dienendes Recht verzichtet, bleibt der Versicherer nur insoweit verpflichtet, als der Versicherungsnehmer beweist, dass die Verfolgung des Anspruchs ergebnislos geblieben wäre.

§ 7 Abs. 4 AVB ändert § 67 VVG zum Teil ab. Zweifelhaft ist, ob die Regelung in Nr. 3, mit der der Versicherer dem Versicherungsnehmer die Beweislast auferlegt, wirksam ist.[204]

I. Besonderheiten vor und im Prozess mit dem Versicherer

§ 10 III. Gerichtsstand

2196

Ansprüche aus dem Versicherungsvertrag können gegen den Versicherer bei dem für seinen Geschäftssitz oder für den Geschäftssitz seiner vertragsführenden Niederlassung örtlich zuständigen Gericht geltend gemacht werden. Ist der Vertrag durch Vermittlung eines Vertreters des Versicherers zustande gekommen, kann auch das Gericht des Ortes angerufen werden, an dem der Vertreter z.Zt. der Vermittlung seine gewerbliche Niederlassung oder, wenn er eine solche nicht unterhält, seinen Wohnsitz hat. Der Versicherer kann Ansprüche aus dem Versicherungsvertrag an dem für den Wohnsitz, den Sitz oder die Niederlassung des Versicherungsnehmers örtlich zuständigen Gericht geltend machen. Die Rechte und Pflichten aus dem Versicherungsvertrag bestimmen sich nach deutschem Recht.

I. Gerichtsstand

§ 10 Abs. 3 Satz 2 AVB gibt den Inhalt des § 48 Abs. 1 VVG wieder, der durch Vereinbarung nicht ausgeschlossen werden kann. Diese versicherungsrechtliche Besonderheit ist auch für den Anwalt von Vorteil, der einen Versicherer nicht in eigener Sache verklagen will. Die Vorschrift ist wenig bekannt.

2197

II. Klageantrag

Der Klageantrag wird i.d.R. ein **Feststellungsantrag** sein, gerichtet darauf, dass der Versicherer für das bestimmte Ereignis **Deckungsschutz** zu gewähren habe. Deckungsschutz beinhaltet sowohl die Freistellung von rechtskräftig festgestellten oder vom Versicherer für begründet gehaltenen Haftpflichtansprüchen, als auch den Anspruch des Versicherungsnehmers auf Abwehr unbegründeter Ansprüche.[205] Ein **Zahlungsan-**

2198

---

204 *Voit*, in: *Prölss/Martin*, VVG, § 7 AVB Vermögen/WB Rn. 1: unwirksam.
205 Vgl. OLG Hamm, NJW-RR 1995, 141 = r + s 1996, 16.

spruch kommt erst in Betracht, wenn der Versicherungsnehmer den Geschädigten befriedigt und sich der Anspruch auf Befreiung oder Abwehr in einen Zahlungsanspruch umgewandelt hat. In Fällen, in denen der Versicherer die Abwehr für unbegründet erachteter Schadenersatzansprüche anbietet, kommt eine Klage auf **Freistellung von den Ansprüchen Dritter** erst dann in Betracht, wenn das Bestehen des Haftpflichtanspruchs rechtskräftig festgestellt ist.[206]

III. Erstmaliges Berufen auf Obliegenheitsverletzungen im Prozess

2199 Es ist umstritten, ob ein auf Leistung in Anspruch genommener Versicherer sich mit Erfolg auch dann noch im Prozess auf Obliegenheitsverletzungen berufen kann, wenn er diesen **Grund der Leistungsfreiheit** nicht schon in seinem **Ablehnungsbescheid** oder jedenfalls sofort zu Beginn des gerichtlichen Verfahrens geltend gemacht hat.[207] Höchstrichterlich ist diese Frage noch nicht entschieden. Auszugehen ist davon, dass der Versicherer Leistungsfreiheit geltend zu machen berechtigt ist, wenn dazu die tatbestandlichen Voraussetzungen vorliegen. Dieses Recht kann er nicht dadurch verlieren, dass über seine Leistungspflicht ein Prozess geführt wird. Nur wenn die auch sonst heranzuziehenden Gründe eines Rechtsverlusts vorliegen, ist es dem Versicherer verwehrt, sich auf Gründe der Leistungsfreiheit zu berufen, die er erstmals vorbringt. Als ein solcher Grund kommt der **Verzicht** in Betracht. Dann muss ein zumindest konkludent erklärter Verzichtswille festgestellt werden. Weiter kann **Verwirkung** eingetreten sein, wenn der Versicherungsnehmer aufgrund konkreter Umstände nach Treu und Glauben davon ausgehen durfte, der Versicherer werde diesen Grund der Leistungsfreiheit nicht mehr ins Feld führen. Liegen solche festzustellenden Gründe nicht vor, ist der Versicherer nicht gehindert, auch zu einem späteren Zeitpunkt, ggf. auch noch in der zweiten Instanz, neue Gründe für seine Leistungsfreiheit geltend zu machen.

---

206 OLG Frankfurt/M., NJW-RR 2003, 394.
207 S. OLG Düsseldorf, VersR 1993, 425; OLG Hamm, r + s 1994, 229; OLG Köln, VersR 1994, 1183.

Abschnitt 3: Ansprüche des geschädigten Mandanten gegen den Versicherer

Der **geschädigte Dritte** hat de lege lata[1] **keinen Direktanspruch gegen den Versicherer**, auch soweit er Ansprüche aus der Pflichtversicherung geltend macht. Zwar bleibt der Versicherer gemäß § 158c Abs. 1 VVG „**in Ansehung des Dritten" zur Leistung verpflichtet**, auch wenn er im Innenverhältnis zum Versicherungsnehmer leistungsfrei ist. Er kann, wenn er den Dritten befriedigt, gemäß § 158f VVG bei dem Versicherungsnehmer **Regress** nehmen. Wie sich aus § 158c Abs. 6 VVG ergibt, hat der Geschädigte aber keinen direkten Anspruch gegen den Versicherer. Er muss, will er gegen den Versicherer vorgehen, den **Anspruch des Versicherungsnehmers pfänden und sich überweisen lassen**.[2] Eine Abtretung des Anspruchs ist nicht zu empfehlen, weil sie – bei entsprechender Regelung wie in § 7 Abs. 3 AVB – unwirksam sein kann. Zu etwaigen Ausnahmen s. unter Rn. 2187.

2200

§ 158c VVG fingiert einen nicht vorhandenen Anspruch des Versicherungsnehmers gegen den Versicherer, wenn das Versicherungsverhältnis „krank" ist. Das heißt, der Versicherer muss aus Gründen leistungsfrei sein, die nicht darin bestehen, dass er von vornherein ein solches Risiko nicht übernommen hat. Denn nach § 158c Abs. 3 VVG haftet der Versicherer dem Geschädigten gegenüber nur soweit, wie er die Gefahr übernommen hat. Das bedeutet z.B.: Der geschädigte Dritte ist geschützt, wenn der Versicherer leistungsfrei ist, weil der Versicherungsnehmer eine Obliegenheit verletzt, die Prämie nicht rechtzeitig gezahlt oder die Frist des § 12 Abs. 3 VVG unbeachtet gelassen hat. Der Geschädigte bleibt aber ungeschützt gegen Risiken, die vom Versicherungsschutz ausgeschlossen sind, wie z.B. der Ausschluss nach § 4 Nr. 5 AVB, dem wissentlichen Verstoß des Rechtsanwalts gegen Berufspflichten.[3] Der den Geschädigten vertretende Anwalt wird sich also seinen Vortrag genau überlegen müssen.

2201

Im Übrigen ist die Fiktion eines Anspruchs auf die amtlich festgesetzte Mindestversicherungssumme begrenzt, § 158c Abs. 3 VVG.

Soweit der Versicherer den geschädigten Dritten nach § 158c VVG befriedigt, **geht der Anspruch des Dritten**, des Mandanten gegen seinen Anwalt, **auf den Versicherer über**, § 158f VVG. Ist der Versicherungsnehmer mit der Prämienzahlung in Rückstand, kann der Versicherer seine Leistung um den fälligen Betrag der Prämie kürzen, also aufrechnen. Das gilt in der Haftpflichtversicherung grundsätzlich auch, wenn der Versicherer nicht an den Versicherungsnehmer, sondern an einen Dritten leistet, § 35b VVG. Diese **Möglichkeit der Aufrechnung** ist dem Versicherer in der Pflichtversicherung aber versagt, § 158g VVG.

2202

---

1 Dies wird die anstehende VVG-Reform (s. Rn. 2206) möglicherweise ändern!
2 Vgl. OLG Hamm, VersR 1987, 803, 804.
3 Vgl. OLG Hamm, VersR 1988, 1122.

2203 Ist das **Versicherungsverhältnis beendet**, bleibt der Mandant noch einen weiteren Monat geschützt, § 158 Abs. 2 VVG, es sei denn, der Mandant kann von anderer Seite Schadensersatz erlangen, § 158c Abs. 4 VVG. Die **Frist von einem Monat** beginnt erst zu laufen, wenn der Versicherer die Beendigung und ihren Grund der zuständigen Stelle, der Rechtsanwaltskammer, mitgeteilt hat. Der Grund, aus dem das Vertragsverhältnis beendet wird, ist insoweit nicht von Bedeutung.[4]

2204 Auch wenn der **geschädigte Mandant** keinen direkten Anspruch gegen den Versicherer hat, ist er doch verpflichtet, **dem Versicherer** mitzuteilen, wenn er gegen den Anwalt Ansprüche geltend macht (Frist zwei Wochen) oder den Anspruch gerichtlich geltend macht (unverzüglich), § 158d Abs. 1 und 2 VVG. Unterbleibt diese **Anzeige**, beschränkt sich die Haftung des Versicherers nach § 158e Abs. 1 VVG auf den Betrag, den er auch bei gehöriger Erfüllung der Leistungspflicht zu leisten gehabt hätte, mit der Folge, dass dem Versicherer im Deckungsprozess alle Einwendungen offen stehen, die die Haftung des Versicherungsnehmers betreffen.[5] Der Versicherer kann sich gegenüber einem Dritten, der den Versicherungsnehmer durch Klage und Klageerweiterung in Anspruch genommen hat, allerdings nicht auf Leistungsfreiheit wegen Nichtunterrichtung über eine Klageerweiterung berufen, wenn er aufgrund einer Mitteilung des Versicherungsnehmers Kenntnis von dem Prozess hatte und bei seiner Akteneinsicht aus dem Sitzungsprotokoll hätte erkennen können, dass die Klage erweitert worden war.[6] Der Mandant hat dem Versicherer auf dessen Verlangen auch **Auskünfte** zu erteilen, soweit diese zur Feststellung des Schadensereignisses und der Höhe des Schadens erforderlich sind, § 158d Abs. 3 VVG.

2205 Die Schwierigkeit des Mandanten kann darin bestehen, dass er nicht weiß, wer der Versicherer seines Anwalts ist. Diesen zu fragen ist erfolglos, wenn der Anwalt nicht bereit ist, Auskunft zu erteilen, oder für den Mandanten nicht mehr erreichbar ist. Aus dieser Schwierigkeit kann sich der Mandant – oder der ihn dann vertretende Anwalt – befreien, indem er **bei der zuständigen Anwaltskammer nachfragt**. Bisweilen hört man, dass diese Stellen keine Auskunft erteilen unter Hinweis auf Landesdatenschutzgesetze.[7] In solchen Fällen kann der Mandant versuchen, auf Verdacht **bei den Versicherern nachzufragen**, ob der Anwalt X bei ihnen versichert ist, wo er aber wegen der Diskretionspflicht aus dem Versicherungsvertrag auch nicht weiterkommt. Abhilfe könnte hier ein vom Land Hessen 2005 vorgelegter Entwurf eines „Gesetz zur Stärkung der Selbstverwaltung der Rechtsanwaltschaft" schaffen, in dem eine Verpflichtung der Rechtsanwaltskammern zur Auskunftserteilung vorgesehen ist.[8]

---

[4] Näher *Römer/Langheid*, VVG, § 158c Rn. 10.
[5] OLG Düsseldorf, NJW-RR 2000, 248.
[6] BGH, NJW-RR 2004, 176, 177.
[7] *Braun*, BRAK-Mitt. 2002, 150, 153, bezweifelt die Haltbarkeit dieser Begründung.
[8] BT-Drucks. 945/04 vom 26.11.2004.

Abschnitt 4: Geplante Reform des Versicherungsvertragsgesetzes

Seit geraumer Zeit wird – insbesondere unter dem Aspekt des Verbraucherschutzes, also des Schutzes der Versicherungsnehmer – über eine **Modernisierung des Versicherungsvertragsgesetzes** diskutiert. Die zur Vorbereitung des Reformvorhabens eingesetzte Expertenkommission hat Ende 2004 ihren Abschlussbericht abgegeben; das Bundesministerium der Justiz hat die Vorschläge der VVG-Kommission am 19.4.2005 mittels Presseerklärung veröffentlicht.[1] Zwischenzeitlich liegt dazu der Referentenentwurf des BMJ vom 13.3.2006 vor, der inhaltlich keine Abweichungen zu den in diesem Abschnitt angesprochenen Vorschlägen der Expertenkommission bringt.[2]

2206

Ob, wann und in welcher Form die Vorschläge, die sich weitgehend an die aktuelle BGH-Rechtsprechung anlehnen, in Gesetzesform gegossen werden, ist bei Drucklegung dieses Buches noch nicht absehbar gewesen. Gleichwohl sei in aller Kürze auf einige Eckpunkte der Reformvorschläge hingewiesen, soweit sie die Berufshaftpflichtversicherung der Anwälte betreffen:

- **Verbesserte Beratung und Information des Verbrauchers bei Vertragsabschluss**:
  Die VVG-Kommission schlägt eine Verbesserung der Beratung und Information des Verbrauchers vor. Der Versicherer soll nach dem Vorschlag verpflichtet werden, die Wünsche und Bedürfnisse seines Kunden zu erfragen und die Beratung darauf abzustellen; das Beratungsgespräch ist zu dokumentieren, es sei denn, der Verbraucher verzichtet darauf.
  Bei schuldhafter Verletzung der Beratungs- und Informationspflichten hat der Verbraucher einen Schadenersatzanspruch (§ 6 Abs. 4 Entwurf der VVG-Kommission bzw. § 6 Abs. 4 Referentenentwurf).

- **Anzeigepflichtverletzungen; Obliegenheitsverletzungen**:
  Verletzt der Versicherungsnehmer während der Laufzeit des Vertrages ihn treffende Obliegenheiten, kommt es nach dem Vorschlag der VVG-Kommission zukünftig für die Rechtsfolge darauf an, ob der Versicherungsnehmer fahrlässig, grobfahrlässig oder vorsätzlich gehandelt hat (§§ 21, 30 Entwurf der VVG-Kommission und Referentenentwurf). Fahrlässigkeit auf Seiten des Versicherungsnehmers soll den Versicherer nicht mehr zum Rücktritt vom Vertrag berechtigen; der Anspruch aus dem Versicherungsvertrag bleibt bestehen. Ferner soll es darauf ankommen, ob die Pflichtverletzung für den Eintritt des Schadenfalls, damit für die Leistungspflicht des Versicherers, kausal geworden ist. Ob „nur" Fahrlässigkeit vorliegt, haben im Streitfall die Gerichte zu entscheiden.

---

1 Über die Website des BMJ kann der Bericht abgerufen werden.
2 Vgl. z.B. die synoptische Darstellung beider Entwürfe unter www.brak.de/seiten/05.php#versvertr.

- **Zahlungsverzug bei Erstprämie**:
  Die Folgen eines **Zahlungsverzuges** sollen nach dem Vorschlag der VVG-Kommission gemildert werden. Bei Nichtzahlung der Erstprämie kann der Versicherer nicht mehr wie nach noch geltendem Recht vom Vertrag zurücktreten (mit der Folge, dass kein Versicherungsschutz besteht), wenn der Versicherungsnehmer die Nichtzahlung nicht zu vertreten hat.

- **Direktanspruch**:
  Die VVG-Regelungen für eine Pflichtversicherung sollen erweitert werden (§§ 114 ff. Entwurf der VVG-Kommission und Referentenentwurf). Für alle Pflichtversicherungen wird ein **Direktanspruch des Geschädigten** gegen die Versicherung des Schädigers vorgesehen (wie dies bereits z.B. in der Kraftfahrzeug-Haftpflicht-Pflichtversicherung geregelt ist).[3]

---

3   S. dazu auch *Terbille*, in: *Rinschel/Fahrendorf/Terbille*, Rn. 2157 ff.

Stichwortverzeichnis

Die Zahlen verweisen auf die Randnummern.

A

Abänderungsklage, Gebot des
  sichersten Weges   572
Abfindungsvergleich   721
Ablaufhemmung   1507, 1522 ff.
- wahlweise gegebener Anspruch   1523 ff.
Abschlussprüfer   1357, 1667 f., 1685
Absolutes Recht, Verletzung   1930
Abtretung, Gebührenforderung   856 ff.
Abtretungsverbot, Gebot des
  sichersten Weges   572
Abwehranspruch
- auf Beseitigung   1984 ff.
- auf Unterlassung   1984 ff.
- negatorischer   1961
- quasi-negatorischer   1984 ff.
Abwickler   282 ff., 286 f.
- Haftung des früheren Anwalts   288
- Honoraraufrechnung   920
Adäquanz
- Begriff   1015
- Gerichtsfehler   1024 ff.
- Handlungen des Mandanten 1018 ff.
- Handlungen Dritter   1021 ff.
Adhäsionsverfahren   1969
Ad-hoc-Mitteilung
- Anscheinsbeweis   2043
- fehlerhafte   2010, 2034, 2043
- Prospekthaftung   1881
- Sittenwidrigkeit   2034
AGB
- ausländischer Mandant   34
- Begriff   28
- Einbeziehung in Anwaltsvertrag 27 ff.
- Einverständnis des Vertragspartners 32
- Haftungsbeschränkung   27, 440 ff.
- Hinweis   30
- Inhaltskontrolle   1561 ff.
- Kenntnisnahme   31
- Klauselverbote gemäß
  § 309 BGB   1560
- richterliche Prüfung   1562
- Treu und Glauben   1571
- unangemessene Benachteiligung   1565 ff.
- Unternehmer   33
- Verjährungserleichterung 1557 ff.
- vertragliche Haftungsbeschränkungen   27
- Vertragssprache   761
Akteneinsicht   518
Aktienerwerb, Prospekthaftung 1881
Allgemeine Versicherungsbedingungen
- Auslegung   2082
- Genehmigungserfordernis   2080
- Verhandelbarkeit   2081
Allgemeines Persönlichkeitsrecht   1930, 1932, 1963, 1986, 1932, 1990, 2010
Alternativverhalten, rechtmäßiges   1040 ff.
Amtliche Tätigkeit   155 ff., 1851 ff.
- Verjährung   1285 ff.
Amtsähnliche Tätigkeit   155 ff., 1851 ff.
- Verjährung   1285
Amtspflichtverletzung   1953
Angestellter Anwalt   258 ff.
- Abgrenzung zum Freien Mitarbeiter   261
- Haftung   263 ff.
- Haftung des beauftragten Anwalts 262
Anlageberatung   479
- Abgrenzung zur Anlagevermittlung   1751
- Anwaltsvertrag   143
- Auskunft   1743 ff.

1217

- vertragliche Auskunftspflicht 1723
Anlagemodelle, Prospekthaftung 1881
Anlagevermittler, Auskunftspflichtverletzung 1762
Anlagevermittlung
- Abgrenzung zur Anlageberatung 1751
- Auskunft 1743, 1747 ff.
- Plausibilitätsprüfung 1749
- Schadensersatzpflicht aus § 823 Abs. 2 BGB 2014
Anlagevertrieb, Schadensersatzpflicht aus § 823 Abs. 2 BGB 2014
Anscheinsbeweis 1001 ff.
- Ad-hoc-Mitteilung 2043
- Berufshaftpflichtversicherung 2132
- haftungsausfüllende Kausalität 1004 ff., 1947
- Mitverschulden 1228, 1983
- unerlaubte Handlung 1945
- Ursachenzusammenhang 2023
- Vorsatz 2017
Anscheinssozietät 355
Anschlussmandat, Sekundärverjährung 1409
Anspruchskonkurrenz 1439 ff., 1534
- unerlaubte Handlung 1925
- Verjährung 1439, 1534
Anträge 665
Anwalt
- als Anlageberater 1309
- als Betreuer 158, 1854
- als Erfüllungsgehilfe 1243
- als Erfüllungsgehilfe 1225
- als Insolvenzverwalter 1852
- als Makler 1307, 1309, 1311
- als Sachwalter 157, 2104
- als steuerlicher Berater 1307
- als Treuhänder 1789 ff., 1798, 1307, 1309
- als Vermögensverwalter 1307, 1309
- als Verrichtungsgehilfe 2056
- als Vertragsvermittler 1307
- amtliche Tätigkeit 1851 ff.
- amtsähnliche Tätigkeit 1851 ff.

- Angestellter → *angestellter Anwalt*
- Anlageberater 143 f., 1743
- Anlagevermittler 1747
- Anspruchssicherung 611 ff.
- Aufklärung über Gebührenhöhe 814 ff.
- Aufklärung über Prozessaussicht 630 ff.
- Aufsichtsratmitglied 151, 1312
- ausländischer → *ausländischer Anwalt*
- Befragung des Auftraggebers 606
- Belehrung des Mandanten 559
- Beteiligung mehrerer 205 ff.
- Beweissicherungspflicht 605 ff.
- Bonitätsauskunft 1732
- Buchführungstätigkeit 148 f., 1309
- Dokumentationspflicht 608
- eigene Rechtsüberzeugung 553 ff.
- Freier Mitarbeiter → *Freier Mitarbeiter*
- gerichtliche Beiordnung 73, 161 ff.
- Gesetzeskenntnis 527 ff.
- gesundheitliche Beeinträchtigungen 971 ff.
- Haftung bei Zusammenarbeit mit ausländischen Anwälten 312 ff.
- Hinweispflicht bei beschränktem Mandat 628
- honorarfreie Leistung 813
- Insolvenzverwalter 156
- Interessenkollision 89
- Kenntnis ausländischen Rechts 327 ff.
- Kenntnisnahme von Rechtsänderungen 531, 548
- Maklertätigkeit 145 ff.
- Mediator 154
- Missbrauch einer formalen Rechtsstellung 2036
- Mitteilungen an Versicherer 2172
- nacheinander tätige 290 ff., 1240, 1244, 1326 f.
- Nachlassverwalter 160
- nachvertragliche Nebenpflicht 486 f.

Stichwortverzeichnis

- nebeneinander
  tätige 290 ff., 1240, 1243
- Parteiverrat 96
- Pfleger 158
- Prospekthaftung 1887
- rechtsgestaltende Tätigkeit 743 ff.
- Säumnis 680
- Schadensverhütungspflicht 581 ff.
- Sicherung gegen Verjährung 612 ff.
- Steuerberatung 480, 502
- steuerrechtliche Beratung 130 ff.
- steuerrechtliche Fragen 561
- Strohmanntätigkeit 2104
- Tätigkeit zur Enteignungsverhinderung 1307
- Tätigkeit zur Flächennutzungsplanänderung 1307
- Terminswahrnehmung 680
- Testamentsvollstrecker 159
- Tod 52
- treuhänderische Vermögensverwaltung 138
- treuhänderische Verwaltung von Anlagebeteiligungen 2103
- Treuhandpflicht 1820
- Überwachung von Ausschlussfristen 629
- Vergütungsanspruch 803 ff.
- Verjährungshemmung 614 ff.
- Vermeidung von Interessenkollision 775 ff.
- Vermögensverwaltung 2010
- Verpflichtungen zugunsten Dritter 1639
- Versicherungspflicht 2164 ff.
- Vertragspflichten 478 ff.
- Vertragsverhandlungen mit Dritten 1848
- vertragswidriges Verhalten 87 ff.
- Vertreter 185
- Vertretung 269 ff.
- Vormund 158
- vorvertragliche Nebenpflicht 486
- vorvertragliche Pflichtverletzung 1847 ff.
- wahrheitswidriger Vortrag 1607
- Warnpflicht bei beschränktem Mandat 496
- Zwangsverwalter 157

Anwalts-AG 396 ff.
- Haftpflichtversicherung 2089
- Haftung 399
- Postulationsfähigkeit 398
- Sternsozietät 409
- Zulassungsvoraussetzungen 397

Anwaltsdienstvertrag
- Auflösungsverschulden 902
- Kündigung des Anwalts 893 f.
- Kündigung des Auftraggebers 895
- Rücktritt 1155 ff.
- Vergütung bei Kündigung 880 ff.
- Vergütungsanspruch 877

Anwaltsfranchising 406

Anwaltsfremde Tätigkeit 133 ff., 478 f., 1306
- Schutzwirkung zugunsten Dritter 1705

Anwalts-GmbH 389 ff., 399
- Berufshaftpflichtversicherung 2089
- Haftung 391 ff.
- Haftungsbeschränkung 399
- Postulationsfähigkeit 390
- Prozesskostenhilfeverfahren 390
- Rechtsgrundlagen 389 ff.

Anwaltshotline 36
Anwaltskartell 233 ff.
Anwaltskosten 1949
Anwaltsnotar 18, 110 ff.
- Abgrenzung anwaltliche und notarielle Tätigkeit 117 ff.
- Anwaltsvertragsabschluss 18
- Aufeinanderfolge anwaltlicher und notarieller Tätigkeit 128
- Aufeinanderfolge notarieller und anwaltlicher Tätigkeit 129
- FGG-Verfahren 126

1219

- Haftungsprivileg bei notarieller Tätigkeit 114 ff.
- Treuhandtätigkeit 1817
- Verfahrungsgeschäft 127

Anwaltssozietät → *Sozietät*
Anwaltsvergleich 729
Anwaltsvertrag → *auch AGB*
- Abgrenzung zum Maklervertrag 146
- Abgrenzung zum Vertrag über anwaltsfremde Tätigkeit 134
- Abgrenzung zur Gefälligkeit 22 ff.
- Angebot 9, 176 ff.
- Anlageberatung 143
- anwaltsfremde Tätigkeit 133 ff.
- Anwaltsnotar 18
- Anwendbarkeit § 281 BGB 1153
- Anwendbarkeit § 283 BGB 1154
- Auslandsbezug 171
- Beendigung 51 ff.
- bei amtlicher Tätigkeit 155 ff.
- bei amtsähnlicher Tätigkeit 155 ff.
- Beweislast 21, 103 ff.
- Darlegungslast 21
- Dauermandat 8
- Dienstvertrag 5 ff.
- echter 108 ff., 133 ff., 478, 1306 ff.
- Erledigung des Auftrags 53 ff.
- gerichtliche Beiordnung 73, 161 ff.
- Gerichtsstandvereinbarung 49
- Haftungsbeschränkung 414 ff.
- Insolvenzverfahrenseröffnung 52
- konkludenter Vertragsschluss 12 ff.
- Kündigung → *Kündigung des Anwaltsvertrags*
- Mediation 154
- mit Schutzwirkung zugunsten Dritter 1651 ff.
- nachvertragliche Aufklärungspflichten 193 ff.
- nachvertragliche Haftung 189
- nachwirkende Vertragspflichten 191 ff.
- Nebenabreden 47
- Prozesskostenhilfe 19

- Rechtsnatur 4 ff.
- Schutzwirkung für Angehörige des Mandanten 1654 ff.
- Schutzwirkung zugunsten Dritter 1641 ff.
- Schutzwirkung zugunsten Insolvenzgläubiger 1660
- stillschweigender Vertragsschluss 12 ff.
- Tätigkeitsverbot
- Tod des Anwalts 52
- Tod des Mandanten 52
- treuhänderische Vermögensverwaltung 138 ff.
- unechter 133 ff., 478
- Vergütung 805
- Vergütung bei Kündigung 879 ff.
- Verkehrsanwalt 209 ff.
- Verkehrsanwaltsvertrag 17
- Verschulden bei Vertragsschluss 174
- Vertragsinhalt 42 ff.
- Vertragsparteien 50
- Vertragspflichten des Rechtsanwalts 578 ff.
- Vertragsschluss 9 ff.
- vorvertragliche Haftung 174
- Wahrnehmung wirtschaftlicher Interessen 564 ff.
- Weisungen 48
- Werkvertrag 5 ff

Anwaltswerkvertrag 490
- Kündigung des Anwalts 906
- Kündigung des Auftraggebers 904 f.
- Pflichtverletzung 945
- Vergütung bei Kündigung 903 ff.
- Vergütungsanspruch 878

Anwartschaftsrecht 1930
Arbeitsentgelt
- Veruntreuung 2015
- Vorenthalten 2015

Architekt, Bautenstandsbestätigung 1689

Stichwortverzeichnis

Architektenvertrag, Beweislastregel 612
Arglist, Sittenwidrigkeit 2034
Arglisteinrede, gegenüber Verjährung 2074
Arglisteinwand 1378
- Verjährungseinrede 1438
Arglistige Täuschung 2034, 2042
Arrestverfahren, anwaltliche Pflichten 710
Arzthaftung 1942
Aufklärungsinitiative 1487
Aufklärungspflicht 1857
- Beratungshilfe 651
- Dokumentation 640
- Kosten 641 ff., 651
- Prozessaussicht 630 ff.
- Prozesskostenhilfe 651
- Prozessrisiko 632 ff., 637 ff.
- Rechtsmittel 690 ff.
- Rechtsverfolgung im Ausland 649
- Risiken einer Vertragsgestaltung 744 ff.
- Vergleich 716 ff.
- vorvertragliche 497, 1858
- Zwangsvollstreckungsmöglichkeiten 698
- nachvertragliche → *nachvertragliche Aufklärungspflicht*
Auflassung, Auslandsbeurkundung 756
Aufrechnung
- Ausschluss 922
- unpfändbare Ansprüche 921
- Vergütung 918 ff.
Aufsichtsratmitglied, Anwalt 151
Aufwendungsersatz 1128 ff.
- ideelle Zwecke 1130
- Vertragskosten 1130
- wirtschaftliche Zwecke 1130
Auskunft 1722, 1724
- Bankauskünfte 1741
Auskunftsanspruch 1965, 1984

Auskunftshaftung 1684 ff.
- vertrauensrechtliche 1663, 1752
Auskunftspflicht, aus Vertrag mit Schutzwirkung zugunsten Dritter 1666
Auskunftspflichtverletzung 1754 ff.
- Beweislast 1754, 1756 ff., 1769
- Darlegungslast 1754, 1756 ff., 1769
- haftungsausfüllende Kausalität 1756
- Haftungsbegrenzung 1764 ff.
- Haftungsfreistellung 1755
- haftungsrechtliche Zurechnung 1759
- Mitverschulden 1770 ff.
- Schadensersatz 1760 ff.
- Verjährung 1774 ff.
- Verschulden 1755
Auskunftsvertrag 1575, 1726
- Dritthaftung 1722 ff.
- Grenzen 1753
- Kontrahierungsverbot 1753
- mit Dritten 1731 ff.
- Schadensersatz 1760 ff.
- Schadensersatzpflicht 1754 ff.
- Schutzwirkung zugunsten Dritter 1742
- selbständiger 1664
- stillschweigender Abschluss 1730, 1733, 1741, 1743
- Verbot widerstreitender Interessen 1753
- zugunsten Dritter 1614, 1724 ff.
Ausländischer Anwalt
- anwendbares Recht 311
- Berufshaftpflichtversicherung 2088
- Berufsregeln der Rechtsanwälte der EU 309
- beschränktes Mandat 493
- Einvernehmensanwalt 332 ff.
- Haftung 331
- Haftung des deutschen Anwalts 312 ff.
- Honorar 336
- Verschuldensmaßstab 978
- Zusammenarbeit 308 ff.

1221

Ausländischer Mandant, AGB 34
Ausländisches Recht, Kenntnis des
 Anwalts 327 ff.
Auslandsbeurkundung 756
Auslandsbezug 535 ff.
- anwendbares Recht 311
- Aufklärungspflicht über Kosten-
 risiko 649
- Erfolgshonorar 855
- Vertragsgestaltung 757 ff.
- Vertragsstatut 171 f., 311
Ausschluss der Leistungs-
 pflicht 1149 ff.
Ausschlussfristen 629
Ausschreibungsunterlagen 519
Außergerichtlicher Vergleich 729

B

Bank
- Bonitätsauskünfte 1768
- Missbrauch einer formalen Rechtsstel-
 lung 2036
Baubetreuungsvertrag, Kündigungs-
 ausschluss durch AGB 75
Bauherrenmodell, Prospekthaf-
 tung 1881
Bauträgermodell, Prospekthaf-
 tung 1881
Beförderungsvertrag im internationa-
 len Straßengüterverkehr,
 Gesetzeskenntnis 543
Beiordnung des Anwalts
- Belehrungspflicht 165
- Betreuungspflicht 165
- Führsorgepflicht 165
- gerichtliche 73, 161 f.
- Notanwalt 168
- Pflichtverteidiger 170
- Prozesskostenhilfe 162 ff.
- Schadensersatz 167
- Scheidungsverfahren 169
Belege, Vorlagepflicht des
 Anwalts 792

Beratung
- außergerichtliche 730 ff.
- steuerrechtliche 739 ff.
Beratungshilfe 919
- Aufklärungspflicht über Kosten 651
- Beiordnung des Anwalts 168
Beratungspflicht 731 ff.
- Buchwertklausel 738
- Firmenfortführung 738
- Inhalt 732 ff.
- Kündigung eines Bauwerkver-
 trages 737
- Rücktritt vom Kaufvertrag 737 f.
- Teilkündigung eines Vertrages 738
- Vertragserfüllung 737
- wirtschaftliche Erwägungen 742
Beratungsvertrag
- Auskunftspflichtverletzung 1761
- vertragliche Auskunftspflicht 1723
Berufshaftpflichtversicherer,
 Nachfolgeversicherer 2170
Berufshaftpflichtversicherung
- Abandon 2152
- Abtretungsverbot 2187 ff.
- Abwehranspruch 2111
- Angehörigenklausel 2121
- Anmeldung des Anspruchs 2192
- Annerkenntnisverbot 2177, 2181 f.
- Anscheinsbeweis 2132
- Anspruchsverlust 2192 ff.
- Anwalts-AG 2089
- Anwalts-GmbH 2089
- Anzeigen an Versicherer 2172 ff.
- Anzeigenobliegenheit des Versiche-
 rungsnehmers 2178
- Aufklärungsobliegenheit 2179
- ausländische Versicherer 2083
- ausländischer Anwalt 2088
- Auslandsschäden 2115
- Ausschluss 2113 ff.
- Ausschluss aufgrund Vertrages 2119
- Ausschluss aufgrund Zusage 2119

Stichwortverzeichnis

- Ausschluss der Verlängerung der Verjährungsfristen 2120
- Ausschluss von Pflichtversicherung 2086
- Ausschluss wegen Veruntreuung 2122
- Ausschlussklausel 2113, 2116 f.
- Ausübung beruflicher Tätigkeit 2102
- Auszahlungsfehler bei Anderkonten 2141
- Befreiungsanspruch 2111
- Befriedigungsverbot 2177, 2181 f.
- Beginn 2153
- Belehrung 2194
- Beweislast 2113, 2129, 2132
- Billigkeitsvorbehalt 2183
- Bindungswirkung 2134
- claims-made-Prinzip 2083, 2155
- Darlegungslast 2132
- Deckungsanspruch 2190
- Deckungsprozess 2134
- Deckungsschutz 2180
- Deckungsumfang 2099 ff
- Eigenschaden 2110
- Eigenzahlung 2149
- Einlösungsklausel 2153, 2164
- Einzelmandatsversicherung 2142
- Einzelobjektversicherung 2142
- Ende 2161
- Fälligkeit 2190
- Freiheitsentzug 2109
- Gegenstand der Versicherung 2099 ff.
- Gerichtsstand 2196 f.
- gesetzliche Haftpflichtbestimmungen 2108
- Grundlagen 2079
- Haftpflichtprozess 2134
- Honorarrückforderung 2150
- Insolvenzverwaltertätigkeit 2127
- Interessenkollision 2133, 2180
- Kausalereignistheorie 2169
- Kausalitätsgegenbeweis 2176
- Klageantrag 2198
- Klagefrist 2194
- Leistung an Geschädigten 2191
- Leitungsklausel 2123
- mehrere Versicherungsfälle 2171
- Mindestversicherungssumme 2087, 2089, 2142
- Mitarbeiter 2088, 2094 ff., 2165
- Mitteilungen an Versicherer 2172 ff.
- mitversicherte Tätigkeiten des Anwalts 2107
- Nachhaftung 2162, 2186
- Nachhaftungsvereinbarung 2155
- Nebentätigkeiten 2103
- Nebentätigkeitspolice 2098
- Obliegenheitsverletzung 2175 ff., 2193
- Organklausel 2123
- Partnerschaftsgesellschaft 2089, 2156
- Personenschäden 2109
- Pflichtverletzung 2128
- Prämienzahlung 2163 ff.
- Prozess mit dem Versicherer 2196 ff.
- Rechtsverlust 2193
- Regress des Versicherers 2195
- Regulierungsvollmacht des Versicherers 2186
- Relevanzrechtsprechung 2175
- Risikoausschluss 2125, 2132, 2136 ff.
- Rückwärtsversicherung 2156
- Sachschäden 2109, 2140
- Schadenminderungsobliegenheit 2179
- Schadensanzeige 2178
- Selbstbehalt 2149 ff.
- Serienschadenklausel 2171
- Sozien 2090 ff.
- Sozienklausel 2121
- Sozietät 2154, 2156
- Tod des Versicherten 2162
- Trennungsprinzip 2134
- Unbilligkeitsverbot 2182
- Verjährung des Deckungsanspruchs 2192
- Verjährung des Zahlungsanspruchs 2192

1223

- Vermögensschaden 2109
- Verpfändungsverbot 2188
- Versäumung der Klagefrist 2194
- versicherte Personen 2087 ff.
- versicherter Gegenstand 2099 ff.
- Versicherungsfall 2169, 2178
- Versicherungspflicht 2084 ff.
- Versicherungspolice 2153
- Versicherungssumme 2142 ff.
- Verstoß des Versicherungsneh-
  mers 2101, 2169 f.
- Verstoß durch Unterlassen 2160
- Verwirkung 2199
- Verzicht 2199
- Vorwärtsversicherung 2154
- Widerspruch des Versicherungsneh-
  mers 2152
- Zahlungsverzögerung 2163
- Zinsen 2144

Berufshaftung 1661 ff.
- Anwaltsvertrag zugunsten
  Dritter 1608 ff.

**Beschränktes
Mandat** 44, 46, 493 ff., 498 f., 505, 628
- ausländischer Anwalt 493
- Hinweispflicht 628
- Prozessanwalt 493
- Verkehrsanwalt 493

Beseitigungsanspruch 1984 ff.
Besitz, unmittelbarer 1930
**Beteiligung mehrerer Rechtsan-
  wälte** 205 ff.
Betriebsgefahr 1976
Betrug 2013
**Beweisbeschluss, Überprüfung durch
  Anwalt** 675
Beweiserleichterung 1012
- unerlaubte Handlung 1942
Beweislast
- Absprachen 105
- anrechenbare Vorteile 1970
- Anscheinsbeweis 1001 ff.

- Anwalt 1334
- Anwaltsvertragsabschluss 103 ff.
- Auftragsänderung 963 f
- Auftragsinhalt 505
- Auskunftspflichtverlet-
  zung 1754, 1756 ff., 1769
- Belehrungsbedürftigkeit des Man-
  danten 962
- Beratungsfehler 998 ff.
- Berufshaftpflichtversiche-
  rung 2113, 2129, 2132
- entgangener Gewinn 1095
- Gebührenanspruch 103
- grober Fehler 986 f.
- Haftung für Verrichtungsge-
  hilfen 2066
- haftungsausfüllende Kausa-
  lität 599, 959 ff., 1228, 1947
- Haftungsbeschränkung 469
- Honorarrückforderung 837, 841
- hypothetisches Ausgangsver-
  fahren 1077 f.
- Kreditgefährdung 2031, 2045
- Kündigung des Anwaltsdienstver-
  trages 901
- Mandant 1332
- Mandatsumfang 505
- Mitverschulden 1228, 1982
- negative Feststellungsklage 965
- negative Tatsachen 957 ff.
- Neubeginn der Verjährung 1533
- objektive Pflichtverletzung 599, 952 ff.
- Pflichtverletzung 952 ff., 1107 ff
- Pflichtverletzung aus Treuhandver-
  trag 1823
- Prospekthaftung 1884, 1891
- rechtmäßiges Alternativver-
  halten 1046
- Risikoausschluss 2132
- Schaden 1047 ff., 1965, 1093
- Schadensersatz neben der Leis-
  tung 1107 ff.

- Schadensersatz statt der Leistung 1137, 1148
- sekundärer Schadensersatzanspruch 1432
- Steuerberater 1334
- unerlaubter Handlung 1940 ff., 2021
- Ursachenzusammenhang 2023
- Verjährung 1432, 1496
- verjährungshemmende Umstände 1418, 1527
- verjährungsunterbrechende Umstände 1430
- Verletzung vorvertraglicher Pflichten 1859
- Verschulden 985
- Vorteilsausgleich 1087
- Weisungen 105, 505, 960 f.
- Widerruf ehrkränkender Behauptung 1986

Beweissicherung 521 ff., 605 ff.
- Befragung des Auftraggebers 606
- Beweismittel im Prozess 610
- durch Anwalt 608 ff.
- Feststellungen durch Auftraggeber 607

Beweisstück, Inaugenscheinnahme 520
Beweisvereitelung 1011
Bilanz 1357, 1661 ff., 1685, 1692
BRAGO
- Angelegenheit 821
- Anwendung 802
- Beruftätigkeit 805
- dieselbe Angelegenheit 822
- Gegenstand der anwaltlichen Tätigkeit 823

Buchführung, Anwaltstätigkeit 148 ff.
Bundesgebührenordnung für Rechtsanwälte → *BRAGO*
Bürgschaftsurkunde 1827
Bürogemeinschaft 372 ff.
- Haftung 373
- Rechtsgrundlagen 372

C

Checkliste
- vertragliche Haftung gegenüber Auftraggeber 2076
- vertragliche Haftung gegenüber „Nichtmandanten" 2077
- außervertragliche Haftung gegenüber Mandanten und Dritten 2078

c.i.c. 173 ff., 489, 1116, 1835, 1847
→ *auch Verschulden bei Vertragsschluss*
- Abbruch der Vertragsverhandlung 1868
- Anwaltshaftung 1847 ff.
- eigenes wirtschaftliches Interesse 1844 ff.
- Gehilfenhaftung 1840 ff.
- haftungsausfüllende Kausalität 1861
- haftungsrechtliche Zurechnung 1863
- Inanspruchnahme persönlichen Vertrauens 1840 ff.
- Mitverschulden 1870
- Schadensersatz 1864
- unwirksamer Vertrag 1867
- Verjährung 1871 ff.
- Verletzung vorvertraglicher Pflicht 1856 ff.
- Verschulden 1860
- Vertragsanpassung 1866
- Vertragsaufhebung 1865
- Vertrauensschaden 1864
- Vorteilsausgleich 1869

Claims-made-Prinzip 2083, 2155

D

Darlegungslast 667
- anrechenbare Vorteile 1970
- Anwalt 1334
- Auskunftspflichtverletzung 1754, 1756 ff., 1769
- Berufshaftpflichtversicherung 2132

Stichwortverzeichnis

- haftungsausfüllende Kausa-
  lität 994, 1947
- Kreditgefährdung 2045
- Mandant 1332
- Neubeginn der Verjährung 1533
- Pflichtverletzung 1107 ff.
- Pflichtverletzung aus Treuhand-
  vertrag 1823
- Risikoausschluss 2132
- Schaden 1094, 1965
- Schadensersatz neben der Leis-
  tung 1107 ff.
- Schadensersatz statt der Leis-
  tung 1137, 1148
- sekundärer Schadensersatzan-
  spruch 1432
- Steuerberater 1334
- unerlaubter Handlung 1940 ff., 2021
- Verjährung 1432
- verjährungshemmende Um-
  stände 1418, 1527
- verjährungsunterbrechende Um-
  stände 1430
- Verletzung vorvertraglicher
  Pflichten 1859
- Vorteilsausgleich 1087

**Darlehensvertrag, Schutzwirkung
  zugunsten Dritter** 1660
Datenträger, Herausgabe 786
Dauerberatungsmandat 8
- Kündigung des Anwaltsvertrages 70
Dauermandat
- außerordentliche Kündigung 1213
- Rücktritt vom Dienstvertrag 1157 f.
- Störung der Geschäftsgrundlage 1212
Dauerschuldverhältnis
- außerordentliche Kündigung 1213 ff.
- Kündigungsgrund 1214 f.
Dauervertretungsmandat 8
Detektivkosten 1949
Dienstverhältnis, dauerndes 886
Dienstvertrag 6, 8, 480
- Dienste höherer Art 885

- feste Bezüge 887
- Rücktritt 1155 ff.
Dokumentationspflicht 782
Dritthaftung
- Anwaltsvertrag mit Schutzwirkung
  zugunsten Dritter 1641 ff.
- Anwaltsvertrag zugunsten
  Dritter 1608 ff.
- Auskunftsvertrag 1722
- Checkliste 2077
- Haftungsbeschränkung 415
- Prospekthaftung 1879 ff.
- sittenwidrige Schädigung 2047 ff.
- Steuerberatervertrag mit Schutzwir-
  kung zugunsten Dritter 1641 ff.
- Treuhandvertrag 1779 ff.
- Vergütungsanspruch 813
- Verschulden bei Vertrags-
  schluss 1663, 1835 ff.
- wahrheitswidriger Vortrag eines An-
  walts 1607
- Wirtschaftsprüfervertrag mit Schutz-
  wirkung zugunsten Dritter 1641 ff.
Drittschadensliquidation 1713 ff.
- Abgrenzung zum Vertrag mit Schutz-
  wirkung zugunsten Dritter 1713 ff.
Due Diligence 1613, 1665, 1735, 1742

E

**EG-Verbraucherschutz-Richt-
  linie** 446 ff.
Ehre 2010
- Geschäftsehre 1990, 2025
Ehrenschutzklage, Ausschluss 1998 f.
**Ehrverletzende Äuße-
  rungen** 1990 ff., 1998 ff., 2003
- Klage 1998
Einrede der Verjährung
- der Primärverjährung 1362 ff.
- der Sekundärverjährung 1403
- Verzicht 616
**Einstweilige Verfügung, Unterlas-
  sungsanspruch** 1988

Stichwortverzeichnis

Einstweiliges Verfügungsverfahren, anwaltliche Pflichten	710
Einvernehmensanwalt	332 ff.
Einzelmandat	354
Elterliche Sorge	1930, 1949
Entlastungsbeweis	2063
Entwurf	
- Wirksamkeit	746
- Zweckmäßigkeit	746
Erbenhaftung, beschränkte	665
Erbschein, unrichtiger	2013
Erfolgshonorar	849 ff.
- Auslandsbezug	855
- verbotswidrige Abrede	852 ff.
Erfüllungsgehilfe	1836
- Eigenhaftung	264
- Haftung	795 ff.
- Haftung für	795 ff.
- Mitverschulden	1224 ff., 1227
Erfüllungsinteresse	1105 f., 1122
Ermächtigungstreuhand	1788
Europäische Wirtschaftliche Interessenvereinigung	400 ff.
- anwendbares Recht	401
- Haftung	402 ff.
- neueintretende Mitglieder	403
- Rechtsgrundlagen	400
- Rechtsscheinhaftung	405
Europarecht, Gesetzeskenntnis	543
Expertenhaftung	1661 ff.

F

Fachanwalt, Verschuldensmaßstab	978
Fachausdruck, Verwendung	762
Fahrlässigkeit	597
Fangprämie	1950
Fernabsatzvertrag	36 ff., 479
Feststellungsinteresse, künftiger Schadensersatzanspruch	1473
Feststellungsklage	
- negative	619, 965
- Verjährungshemmung	619

Finanzdienstleistungen, Vermittler	478
Finanzgerichtsbarkeit, Nachweis der Prozessvollmacht	659
Fiskus	1952
Flucht in die Säumnis	680, 683
Forderungspfändung	703
Formvorschrift, Nichtbeachtung	748
Franchiserecht	
- Anwaltsfranchising	406
- Prospekthaftung	1881
Freier Mitarbeiter	258 ff.
- Abgrenzung zum angestellten Anwalt	261
- Haftung	263 ff.
- Haftung des beauftragten Anwalts	262
Frist	
- zur Leistung	1124 ff.
- zur Nacherfüllung	1124 ff.
Fristablauf, bevorstehender	1319

G

Garantievertrag	1729
Gebot des sichersten Weges	510, 568 ff., 582, 630, 733, 939, 1035
- Abänderungsklage	572
- Abtretungsverbot	572
- alternative Steuervergünstigungen	573
- eindeutige Wortwahl	572
- früherer Verjährungseintritt	576
- gerichtlicher Hinweis	577
- Hilfs- und Vorsorgemaßnahmen	575
- Kostenvorschuss	578
- Kündigungserklärung mit Vollmachtsurkunde	572
- Kündigungsschutzklage	572
- Nachteile	581
- notarielle Beurkundung	579
- Schadensersatz wegen Nichterfüllung	572
- Testamentsentwurf	574
- Verbraucherschutzgesetz	580

Stichwortverzeichnis

- Versorgungsausgleich	572
- Vorsteuerabzug	573
- Zugang empfangsbedürftige Willenserklärung	572
Gebührenabschlag „Ost"	807
Gebührenanspruch, Beweislast	103
Gebührenforderung	
-Abtretung	856 ff.
- Pfändung	869 ff.
Gebührenüberhebung	849
Gefahrentlastung	1715
Gefälligkeit	22 ff.
Gegendarstellung	2007, 2030
Gehilfenhaftung	1840 ff.
- für Gehilfen	1846
Geldwäsche	
- Identifizierungspflicht	772
- Strafverteidigerhonorar	803, 2012
Gerichtsgebühr, Nichteinzahlung	618
Gerichtlicher Hinweis	683
- Gebot des sichersten Weges	577
Gerichtskostenvorschuss, verspätete Einzahlung	617
Gerichtsstand	
- Berufshaftpflichtversicherung	2196 f.
- Versicherungsprozess	2196
Gerichtsstandsvereinbarung, Erfüllungsort	49
Gesamtmandat	354
Gesamtschuldner	223 ff., 281, 1239, 1243, 1343 f.
- nacheinander tätige Rechtsanwälte	300, 1327
- nebeneinander tätige Rechtsanwälte	300, 1326
- unerlaubte Handlung	1928, 2054
- Verjährung	1320 ff.
- Verjährungshemmung	1413
Gesamtschuldnerausgleich, Prozess- und Verkehrsanwalt	225
Gesamtschuldnerische Haftung, Haupt- und Unterbevollmächtigter	253, 255
Geschäftsbesorgungsvertrag	1183
Geschäftsehre	1990, 2025
Geschäftsführer, eigenes wirtschaftliches Interesse	1845
Geschäftsführung ohne Auftrag	1914 ff.
- berechtigte	1916
- unberechtigte	1918
- Verjährung	133
Geschäftspapiere des Mandanten	789 f.
Geschlossener Immobilienfonds, Prospekthaftung	1881
Gesellschaft bürgerlichen Rechts	337 ff.
- Haftung	345 ff.
- Haftung aus unerlaubter Handlung	1952
- Mitgliederhaftung	1322
- Parteifähigkeit	346
- Rechtsfähigkeit	346 ff.
- Weisungsrecht	2055
Gesellschafter, Missbrauch einer formalen Rechtsstellung	2036
Gesellschafterhaftung, akzessorische	1322
Gesetz über den Wertpapierhandel	768
Gesetzeskenntnis	527 ff.
- ausländisches Recht	535 ff.
- Beförderungsvertrag im internationalen Straßengüterverkehr	543
- deutsches internationales Privatrecht	538
- deutsches internationales Zivilverfahrensrecht	537
- Europarecht	543
- geänderte Rechtsnormen	531
- Haager Minderjährigenschutzabkommen	543
- internationales Einheitsrecht	543
- mandatsbezogene	528 ff.
- neue Rechtsnormen	531
- Recht der neuen Länder	532

- UN-Kaufrecht 543
- Völkerrecht 543
Gesetzlicher Vertreter 1478
- Mitverschulden 1226
- Unkenntnis 1488
Gesetzliches Verbot, Risikoaufklärung bei Vertragsgestaltung 749
Gewerbebetrieb 1930, 1932
Gläubigerbenachteiligung, Sittenwidrigkeit 2035
GmbH → *auch Anwalts-GmbH*
- Aufklärung über rechtliche Tragweite der Errichtung 744
- Auslandsbeurkundung bei Abtretung von Geschäftsanteilen 756
- Auslandsbeurkundung bei Kapitalerhöhung 756
- Auslandsbeurkundung der Satzung 756
- Schutzbereich eines Anwaltsvertrages 1659
Grundbuch, Einsichtnahme 518
Grundbucheintragung 2013
Grundpflichten 506 ff.
- Klärung des Sachverhalts 507 ff.
- Rechtsberatung 556 ff.
- Rechtsprüfung 522 ff.
- Schadensverhütung 582 ff.
Grundsatz der Schadenseinheit 1316 f., 1360, 1466
Grundstücksmakler 478
Gutachten
- Anfertigung 1661
- Beweissicherung 607
- haftungsrechtliche Zurechnung 1680
- Mangel 1678
- Schadensersatzanspruch des geschützten Dritten 1679 ff.
- unparteiische Erstattung 16676
Gutachtenerstellung, Sorgfaltsmaßstab 1677
Gutachtenvertrag
- Auslegung 1683
- Haftungsbeschränkung 1696 ff.

- mit Schutzwirkung zugunsten Dritter 1669 ff., 1708
- Mitverschulden 1682
- Verjährung 1684
Gutachter
- Pflichten 1676
- Schadensersatzpflicht 1678 ff.
Gutachterhaftung, gesetzliche 1670
Gute Sitten 1920, 2033, 2048

H

Haager Minderjährigenschutzabkommen, Gesetzeskenntnis 543
Haftpflichtprozess
- Bindungswirkung 2134
- Einrede der Verjährung 1364
- Kostenerstattung 2151
- Streitverkündung 2178, 2187
Haftung
- aus unerlaubter Handlung 1924 ff.
- Erfüllungsgehilfen 795 ff.
- für Erfüllungsgehilfen 795 ff.
- für Hilfspersonen 794 ff.
- für Immissionsschäden 1942
- für Verrichtungsgehilfen 799 ff., 2052 ff.
- gesamtschuldnerische 223 ff., 281, 1239
- Hilfspersonen 794 ff.
- nachvertragliche 189
- vorvertragliche 174
Haftungsausfüllende Kausalität 992
- Anscheinsbeweis 1004 ff., 1947
- Darlegungs- und Beweislast 1228, 1947
Haftungsausschluss, Abgrenzung zur Haftungsbegrenzung 416
Haftungsbegrenzung, Auskunftspflichtverletzung 1764 ff.
Haftungsbeschränkung
- Abgrenzung zum Haftungsausschluss 416
- AGB-Recht 440 ff.
- Anwalts-AG 399

Stichwortverzeichnis

- Anwalts-GmbH 399
- auf Höchstbetrag 414 ff.
- Aufklärungspflicht des Anwalts 426
- Ausgestaltung 431
- Begriff 416
- Beweislast 469
- Dritthaftung 1625, 1696 ff.
- Dritthaftung aus Gutachtenvertrag 1696 ff.
- einfache Fahrlässigkeit 435
- Formulierungsbeispiele 474 ff.
- Gutachtenvertrag 1696 ff.
- Haftung für Fahrlässigkeit 418
- Haftungshöchstbetrag 438
- i.V.m. Honorarvereinbarung 463
- individualvertragliche 417 ff.
- Inhaltskontrolle 444
- Partnerschaft 383 ff., 472
- Prospekt 1892
- Prüfvertrag 1696 ff.
- Schriftform 424
- Sozietät 449 ff.
- unzulässige 427 ff.
- Verantwortlichkeit für Schriftsatzinhalt 213
- Vereinbarung im Einzelfall 419 ff.
- Verjährungsvereinbarung 1550 ff.
- Versicherungsschutz 439 ff.
- vertragliche 410 ff.
- vierfacher Betrag der Mindestversicherungssumme 438
- vorformulierte Vertragsbedingungen 420, 432 ff.

Haftungshöchstbetrag 438
Haftungskonzentration
- Bezeichnung der Sozietätsmitglieder 450 ff., 461, 465 ff.
- individualvertragliche Vereinbarung 458
- Partnerschaftsmitglieder 472
- unzulässige 464
- vorformulierte Vertragsbedingungen 458

- Zustimmungserklärung des Auftraggebers 462

Haftungsprüfung, Checklisten 2076 ff.

Handakten 782
- Aufbewahrung 784
- Auskunftserteilung 791
- Einsichtnahme 791, 793, 926
- elektronische Form 784, 786, 788
- Herausgabe 785 ff., 926
- Rechenschaftslegung 791
- Zurückbehaltungsrecht 788 ff., 926

Handelsvertreter, eigenes wirtschaftliches Interesse 1845

Hauptbevollmächtigter 229 ff.
- gesamtschuldnerische Haftung mit Unterbevollmächtigten 253
- Sorgfaltspflichten 251

Hilfspersonen, Haftung für 794 ff.

Hinweispflicht
- notarielle Beurkundung 754 ff.
- sekundäre 1381 ff.

Hinweispflichten, beschränktes Mandat 628

Höchstrichterliche Rechtsprechung 544 ff.
- Entwicklungslinie 549 f.
- Fortbestand 549
- Fundorte 547
- hypothetisches Ausgangsverfahren 1066
- neue Entscheidungen 548
- richtungsweisende Bedeutung 545

Honorar
- Anwaltsdienstvertrag 877
- Anwaltswerkvertrag 878
- ausländischer Anwalt 336
- Erfolgshonorar 849 ff.
- Mindesthonorar 851
- Sonderhonorar 833

Honorarforderung
- Abtretung 773
- Aufrechnung 918 ff.

- Hemmung der Verjährung	912, 914
- Insolvenzanfechtung	833
- Neubeginn der Verjährung	912
- Sicherung durch Arrest	812
- Sozietät	876
- Unterbrechung der Verjährung	915 f.
- Verjährung	909 ff.
- Verjährung vor dem 1.1.2002	913 ff.
- Verjährungsbeginn	911
- Verjährungsfrist	911
- Verwirkung	907 f.
Honorarschein	828
Honorarvereinbarung	825
- Bestimmtheit	829
- Form	826 ff.
- Formunwirksamkeit	835 ff.
- Gebührenüberschreitung	825
- Gebührenunterschreitung	843 ff.
- Herabsetzung der Vergütung	842
- Irrtum	834
- Nebenabreden	828
- rechtswidrige	833
- Rückforderung	840
- Schuldanerkenntnis	827, 833
- Schuldbeitritt	831
- Sittenwidrigkeit	833
- Sonderhonorar	833
- Stundensatzvereinbarung	833
- vertragswidriges Verhalten	833
- Zusatzvergütung	832
Honorarvorschuss	824, 839
Hypothetische Kausalität	1036 ff.
Hypothetisches Ausgangsverfahren	1062 ff.
- Beweislast	1077 f.
- Beweisverfahren	1072 ff.
- gerichtliche Entscheidungen	1063 ff.
- Verwaltungsverfahren	1067

I

Immissionsschäden, Haftung	1942
Immobilienfonds, geschlossener	1881, 1905

Informationspflicht, des Mandanten	511, 927 ff., 1236
Insiderinformationen, börsennotierte Gesellschaft	768
Insolvenz	
- fremdnütziger Treuhänder	1796
- Treugeber	1813
- Treuvermögen des Treugebers	1797
Insolvenzanfechtung	706
Insolvenzstraftat	2015
Insolvenzverfahren	
- Eröffnungsantrag	702
- unlautere Verfahrenseinleitung	2036
Insolvenzverschleppung, Beteiligung	2010
Insolvenzverwalter, Verletzung vorvertraglicher Pflichten	1852
Integritätsinteresse	1104, 1106, 1122
Interessenkollision	775 ff.
Internationale Sozietät	362 ff.
- anwendbares Recht	363 ff.
- Ausgleich im Innenverhältnis	371
- Berufsrecht	366 ff.
- Haftung	370
- Rechtsfähigkeit	370
Internationales Einheitsrecht, Gesetzeskenntnis	543
Internationales Privatrecht	
- Gesetzeskenntnis	538
- Rechtswahlklausel	172
- Vertragsstatut	171 f.
Internationales Zivilverfahrensrecht, Gesetzeskenntnis	537
Interprofessionelle Sozietät, Haftungsbeschränkung	460 f.

J

Jahresabschluss	1685
- Erstellung	1661
Jahresschlussverjährung	1489
Juristische Person des öffentlichen Rechts	1952

K

Kapitalanlagebetrug	2014
Kapitalanleger	1616
Kapitalerhöhung, Auslandsbeurkundung	756
Kartellanwalt	233 ff.
Kartellsystem	233 ff.
Kausalität	990 ff.
- Beweislast	995 ff.
- Doppelkausalität	1013
- Gesamtkausalität	1013
- haftungsausfüllende	491, 990 ff., 1004 ff., 1047 ff., 1947
- haftungsbegründende	491, 966 ff.
- hypothetische	1036 ff.
- Leitfaden	1097
- Prospekthaftung	1891, 1893
- Sekundärschaden	1399
- Tätigwerden mehrerer Anwälte	294 ff.
- Treuhandpflichtverletzung	1825
- unerlaubte Handlung	2019
Kausalitätsgegenbeweis	2176
Kautelarjuristische Tätigkeit	743
Kenntnis	1463 ff.
Klage, Unterlassungsanspruch	1988
Klageantrag, Prozess mit dem Versicherer	2168
Klageeinreichung, aussichtslose	654
Klageerhebung	
- rügelose Einlassung	657
- Verjährungshemmung	617
- vollmachtloser Anwalt	657
- Wille des Auftraggebers	655
- zuständiges Gericht	656
Klärung des Sachverhalts	507 ff.
Kollusives Zusammenwirken, Sittenwidrigkeit	2035
Konkursantrag, unbegründeter	1933, 2029
Kontrahierungsverbot	1753
Korrespondenzanwalt	→ *Verkehrsanwalt*

Kosten	
- Aufklärungspflicht	641 ff., 1035
- Verjährung	1541
Kostenerstattung, gesetzliche Hinweispflicht auf den Ausschluss	647
Kostenrisiko, Aufklärungspflicht bei Auslandsbezug	649
Kreditbetrug	2013
Kreditgeber, Missbrauch einer formalen Rechtsstellung	2036
Kreditgefährdung	2024 ff.
- berechtigtes Interesse	2029
- Beweislast	2031, 2045
- geschütztes Rechtsgut	2025
- Mitverschulden	2044
- Schadenminderungspflicht	2044
- Schadensersatz	2030, 2040 ff.
- Schutzbereich	2028
- Tathandlung	2026
- Verschulden	2027
- Vorsatz	2037 ff.
- wirtschaftliche Wertschätzung	2025
Kreditinstitut, falsche Auskunft	1766
Kündigung des Anwaltsvertrages	62 ff.
- Ausschluss des außerordentlichen Kündigungsrechts	72 ff.
- außerordentliches Kündigungsrecht	67 ff.
- Dauerberatungsmandat	70
- Kündigung zur Unzeit	77 ff.
- Kündigungserklärung	76
- Rechtsgrundlagen	63 ff.
- Schadensersatz	77 ff.
- Syndikusanwalt	69
- Vergütung	879 ff.
- Ausschluss durch AGB	75
- Schadensersatz	102
- Schadensersatz infolge vertragswidrigen Verhaltens	85 ff.
- vertraglicher Ausschluss	74 f.
- wichtiger Grund	83

Stichwortverzeichnis

- zur Unzeit ohne wichtigen Grund 77 ff.
Kündigung des Steuerberatervertrages, Ausschluss durch AGB 75
Kündigung, Dauerschuldverhältnis 1213 ff.
- entgeltlicher Treuhandvertrag 1810
- unentgeltlicher Treuhandvertrag 1809
- Werkvertrag mit treuhänderischer Geschäftsbesorgung 1811
Kündigungsgrund, Dauerschuldverhältnis 1214
Kündigungsschutzklage, Gebot des sichersten Weges 572
Kurzmandat, Rücktritt vom Dienstvertrag 1157

L

Leistungspflicht, Ausschluss 1149 ff.
Leistungsstörungsrecht
- ab 1.1.2002 490 ff., 1098 ff.
- Übergangsregelungen 1098
- vor 1.1.2002 489, 1098
Leistungsverweigerungsrecht 1145
Leitfaden
- altes Verjährungsrecht 1594
- Kausalität 1097
- neues Verjährungsrecht 1595
- Pflichtwidrigkeit 987
- Schaden 1097
- Verschulden 987
- Zurechenbarkeit 1097
Liquidationsvergleich 1616
Lugano-Übereinkommen 537

M

Mahnverfahren, Verjährungshemmung 621, 1516
Makler 478 f.
Makler, Anwalt als 145 ff.
Maklerprovision
- erfolgsabhängige 850
- Verwirkung 908

Maklervertrag, Vergütungsanspruch 808
Mandant
- Ansprüche gegen Versicherer 2200 ff.
- ausländischer 649
- Belehrungsbedürftigkeit 962
- Beweissicherung 607
- Einsichtnahmerecht in Handakten 793
- Informationspflicht 511 ff., 670, 927 ff., 1236
- Mitverschulden 1233 ff.
- Pflichten 801
- Schadenminderungspflicht 1236
- Tod 52
- Vergütungspflicht 801 ff.
- vertragswidriges Verhalten 94 ff.
- Weisung 48, 97, 932 ff.
- Weisungsrecht 932 ff., 951
Mandantengelder
- Herausgabe 781
- Rechenschaftslegung 781
Mandat
- Ablehnungserklärung 175 ff.
- Auslandsbezug 535 ff.
- Beendigung 1348 ff.
- beschränktes → *Beschränktes Mandat*
- Beweislast 505
- Dauermandat 480
- Einzelmandat 354
- erweitertes 501, 503
- Gesamtmandat 354
- Inhalt 42, 492, 505
- Sekundärverjährung eines Regressanspruchs 503, 1365 ff.
- steuerrechtliches 502, 740
- Übernahmepflicht 37
- Übernahmeverbot 38 ff.
- Umfang 492 ff., 505
- unbeschränktes 42 ff., 493 ff.
- Wahrnehmung wirtschaftlicher Interessen 564 ff.
- Weisungen 504, 932 ff.
Mangelfolgeschaden 1105 f.

1233

Stichwortverzeichnis

Mangelschaden	1106
Mediation	154
Mediator	480
Mehrfachberufler	199 ff., 1034
- Haftpflichtversicherung	2093
- Sekundärhaftung	1356
- Verjährung	1304 ff.
Minderjähriger, Haftung	1951
Mitarbeiter	
- als Verrichtungsgehilfe	2057
- freier → *Freier Mitarbeiter*	
- nicht juristischer	262
Mitgliedschaftsrecht	1930
Mitverschulden	491, 1217 ff.
- adäquate Mitursache	1974
- adäquate Ursache	1222
- Anscheinsbeweis	1228, 1983
- Auskunftspflichtverletzung	1770 ff.
- Berufungsanwalt	1246
- Betriebsgefahr	1976
- Beweislast	1228, 1982
- Einzelabwägung bei mehreren Schädigern	1981
- Erfüllungsgehilfe	1224 ff.
- fahrlässiges	2020, 2044
- Feststellungsurteil	1231
- Gesamtabwägung bei mehreren Schädigern	1981
- gesetzlicher Vertreter	1224
- Grundurteil	1231
- Gutachtenvertrag	1682
- Haftungsverteilung	1227, 1230, 1249
- Kreditgefährdung	2044
- Mandant	301 ff., 512, 1233 ff.
- Prospekthaftung	1904
- Prüfvertrag	1694
- Rechtsmittelanwalt	1246
- Rechtsstreit	1229 ff.
- Revision	1231
- Sachgefahr	1976
- Schadensersatzanspruch aus § 831 BGB	2054
- Schuldfähigkeit	1221
- schuldlose Mitverursachung	1976
- Schutzbereich der verletzten Norm	1975, 1223
- Sekundäranspruch	1402
- unerlaubte Handlung	1971 ff., 2020, 2054
- Verletzung vorvertraglicher Pflichten	1870
- Zurechnung	1239 ff.
- Zurechnungsfähigkeit	1973
- Zweitanwalt	1245 ff.
Mündliche Verhandlung	679 ff.
- Fehler des Gerichts	684

N

Nacherfüllung	
- Teilunmöglichkeit	1149
- und Fristsetzung	1124 ff.
- Unmöglichkeit	1150
Nachvertragliche Aufklärungspflichten	193 ff.
- drohende Verjährung	198 ff.
- laufende prozessuale Fristen	194 ff.
- materiell-rechtliche Fragen	197 ff.
Namensrecht	1930
Naturalrestitution	1960
Nebenkläger, Auslagen	1950
Nebenleistungen, Verjährung	1540
Nebenpflicht, leistungsbezogene	1123
Negative Feststellungsklage	
- Beweislast	965
- Verjährungshemmung	619
Negatorischer Abwehranspruch	1961
Neubeginn der Verjährung	1528 ff.
- Anerkenntnis	1528 f.
- Vollstreckungshandlung	1530 f.
- wahlweise gegebener Anspruch	1532, 1523 ff.
Nichtleistung	1138
- Schadensersatz neben der Leistung	1113
Nichtmandant → *Dritthaftung*	
Normativer Schaden	1050 ff.
Notanwalt	168

Stichwortverzeichnis

Notar, als Erfüllungsgehilfe 1225
Notarielle Beurkundung
- Gebot des sichersten Weges 579
- Hinweispflicht 754 ff.
Notarvertreter, Berufshaftpflichtversicherung 2107
Nötigung 2012

O

Obhutspflicht, fremde Sache 1715
Öffentliches Register, Einsichtnahme 518
Organisationspflicht 779

P

Parteiverrat 96, 778, 2015
Partnerschaft 374 ff.
- Ausgleich im Innenverhältnis 378
- Haftung aus fehlerhafter Berufsausübung 384 ff.
- Haftung der Partner 376 ff.
- Haftung der Partnerschaft 375
- Haftungsbeschränkung 472
- Haftungsbeschränkung auf einzelne Partner 383 ff.
- neueintretender Partner 380
- Rechtsgrundlagen 374
- Scheinpartner 377, 382
- untergeordneter Bearbeitungsbeitrag 388
Partnerschaftsgesellschaft, Berufshaftpflichtversicherung 2089, 2156
Patentanwalt
- Rechtsberatung 560
- Vertragspflichten 480, 483 ff.
Persönliche Ehre 1930
Pfändung, Gebührenforderung 869 ff.
Pfändungsbeschluss, Antrag 701
Pflichtverletzung 944 ff.
- Beweislast 952 ff., 1107 ff.
- c.i.c. 1116 ff.
- Darlegungslast 1107 ff.
- Nebenpflicht 1112, 1114
- Negativbeweis 1109
- prima-facie-Beweis 956
- Prospektverantwortliche 1888 ff.
- rechtswidrige 491, 950 f.
- Schlechterfüllung 1111
- Schlechtleistung 1111
- Unmöglichkeit 1115
Pflichtverteidiger, Beiordnung des Anwalts 170
Pflichtwidrigkeit 941 ff.
- Leitfaden 987
- objektiver Sorgfaltsmaßstab 947 ff.
- Rechtswidrigkeit 950 f.
- Weisung des Mandanten 951
Positive Vertragsverletzung 489, 946
Poststempel, Beweismittel 608
Präklusionswirkung 671
Prämienzahlung, Berufshaftpflichtversicherung 2163 f.
Presseerklärung, anwaltliche 2001
Primärverjährung 1339 ff.
- Einrede 1362 ff.
- Eintritt 1362 ff.
Privatgeheimnis, Verletzung 2015
Produzentenhaftung 1942
Prokurist, eigenes wirtschaftliches Interesse 1845
Prospekt, Haftungsbeschränkung 1892
Prospektangaben
- Beteiligung an Bauherrenmodell 1888
- Mietgarantie 1888
- Sondervorteile für Gründer 1888
- Sondervorteile für Initiator 1888
- steuerliche Annerkennungsfähigkeit der Kapitalanlage 1888
- Wohnflächen 1888
Prospektberichtung 1889
Prospekthaftung 1120, 1576, 1649
- eigenverantwortliche Anlageentscheidung 1890
- Ad-hoc-Mitteilung 1881
- Aktienerwerb 1881
- Anlagemodelle 1881

Stichwortverzeichnis

- Anspruchskonkurrenz mit Vertrag mit Schutzwirkung zugunsten Dritter 1885
- Anwalt 1887
- Bauherrenmodell 1881, 1906
- Bauträgermodell 1881
- Beweislast 1884, 1891
- börsenrechtliche 1884
- bürgerlich-rechtliche 1880, 1883
- deliktsrechtliche 1882
- Ersatz entgangenen Gewinns 1900
- Franchiserecht 1881
- geschlossener Immobilienfonds 1881, 1905
- gesetzliche 1879
- haftungsausfüllende Kausalität 1893
- haftungsbegründende Kausalität 1891
- haftungsrechtliche Zurechnung 1897
- im engeren Sinne 1883 ff.
- im weiteren Sinne 1910 ff.
- investmentrechtliche 1884
- Kausalität 1891, 1893
- Mitverschulden 1904
- Publikums-Kommanditgesellschaft 1881
- Schadensersatz 1900 ff.
- Steuervorteile 1903
- Verjährung 1684, 1905 ff., 1912
- Verschulden 1892
- Vertrauensschaden 1900 f.
- wertpapierrechtliche 1884

Prospektverantwortlicher 1886 ff.
- Garantenstellung 1899, 1910
- Pflichtverletzung 1888 ff.

Provision 1845
- Verjährung 1541

Provisionsschinden, Sittenwidrigkeit 2035

Prozessanwalt 206 ff.
- beschränktes Mandat 493
- Klärung des Sachverhalts 510

Prozessanwalt, Pflichtenkreis 211

Prozessaussicht 630 ff.

Prozessbetrug 2013

Prozessbevollmächtigter
- gesamtschuldnerische Haftung mit Verkehrsanwalt 224
- Haftung 212 ff.
- Sorgfaltspflicht 215
- Vollziehung einstweilige Verfügung 216

Prozessbürgschaft, Rückforderung 1319

Prozessführung, unlautere 2036

Prozesskostenhilfe
- Aufklärungspflicht über Kosten 651
- Beiordnung des Anwalts 19, 162 ff.
- Verjährungshemmung, 620, 1415, 1516

Prozesskostenschaden 1345

Prozesspartei, Missbrauch einer formalen Rechtsstellung 2036

Prozessrisiko
- Aufklärung 632 ff., 637 ff.
- drohende Verjährung 639

Prozesstaktik 214

Prozessvollmacht 10
- fortbestehende 202 f.
- Mandatsinhalt 42

Prüfvertrag
- Auslegung 1694
- Haftungsbeschränkung 1696 ff.
- Haftungssummenbegrenzung 1693
- mit Schutzwirkung für Dritte 1687 ff.
- Mitverschulden 1694
- Schadensersatzpflicht des Prüfers 1691 ff.
- Verjährung 1695

Publikums-Kommanditgesellschaft, Prospekthaftung 1881

R

Rechnungserteilung, Sittenwidrigkeit 2035

Rechnungsübersendung 53

Rechtsanwalt → *Anwalt*

Rechtsanwaltsgebührenordnung der	
früheren DDR	807
Rechtsanwaltskammer	2085, 2168
Rechtsanwaltskosten	1949
Rechtsanwaltsvergütungs-	
gesetz → *RVG*	
Rechtsausführungen	673 ff.
- Fehler des Gerichts	674
Rechtsbeistand, Vertrags-	
pflichten	480, 483 ff.
Rechtsberater, Grundpflichten	506 ff.
Rechtsberatervertrag	
- elektronischer Geschäftsverkehr	479
- mit Schutzwirkung zugunsten	
Dritter	1653 ff.
- Rücktritt	1155 ff.
Rechtsberatung	556 ff.
- außerrechtliche Umstände	564 ff.
- Bedenken	560 ff.
- Belehrung des Mandanten	559
- Dokumentationspflicht	559
- Eindringlichkeit	557
- geeigneter Weg	568
- Prüfungsvorbehalt	556
- Risiken	560 ff.
- risikoreiche Maßnahmen	563 ff.
- sicherster Weg	569 ff.
- Ziel	558
- Zweifel	560 ff.
Rechtserschleichung, Sittenwidrig-	
keit	2034
Rechtsgestaltende Tätigkeit	743 ff.
- Aufklärung über rechtliche Trag-	
weite	744
- einseitige Rechtsgeschäfte	762 f.
- rechtsgeschäftsähnliche Erklä-	
rungen	762 f.
- Wiedergabe des Auftraggeber-	
willens	745
Rechtsirrtum	
- Eigenverantwortung	979
- Kollegialgericht	979
- Kommentarliteratur	980
- unsichere Rechtslage	980
- Vertrauensschutz	981 ff.
Rechtskenntnis	522 ff.
Rechtsmittel	
- Aufklärungspflicht	690 ff.
- Einlegung	694
- Erfolgsaussichten	636
Rechtsmittelanwalt, Beauftragung	695
Rechtsmittelfrist	
- Feststellung	692
- Mitteilung an Mandant	693
Rechtsprechung	
- höchstrichterliche → *Höchstrichter-*	
liche Rechtsprechung	
- Kenntnis	544 ff.
- Untergerichte	551
Rechtsprüfung	522 ff.
- Rechtsirrtum	979 ff.
Rechtsreferendar, Haftung des beauf-	
tragten Anwalts	262
Rechtsschutzversicherung	652
Rechtswahlklausel	172, 759
Rechtswidrigkeit	950 f.
- Verbotsirrtum	2018
Regelverjährung	1444
- Beginn	1452 ff.
Regresspflicht, Schranken	594 ff.
Regulierungsvollmacht	2186
Relevanzrechtsprechung	2175
Reserveursache	1036 ff.
Risikoausschluss, Darlegungs- und	
Beweislast	2132
Risiko-Schaden-Formel	1342 ff., 1457
Rücktritt	1155 ff.
- Ausschluss	1156, 1166
- Erklärung	1179
- Rechtsfolgen	1179 ff.
- Rückgewährpflicht	1180
- Teilschlechtleistung	1165
- unerhebliche Pflichtverlet-	
zung	1163
- vom Dienstvertrag	1155 ff.
- vom Werkvertrag	1159

Stichwortverzeichnis

- Voraussetzungen	1160 ff.
- wegen Nichtleistung	1167
- wegen Schlechtleistung	1160 ff.
- wegen Schutzpflichtverletzung	1170
- wegen Teilleistung	1168
- wegen Unmöglichkeit	1171 ff.
- Werkvertrag	1159, 1196
- Wirkung	1180 ff.
Rückwärtsversicherung	2156
RVG	
- Angelegenheit	821
- anwaltliche Tätigkeit	805
- dieselbe Angelegenheit	822
- Gegenstand der anwaltlichen Tätigkeit	823
- Geltungsbereich	810 ff.
- Übergangsvorschriften	802
Sachverhalt, Feststellung	510
- Klärung	507 ff.

S

Sachverständiger	
- Haftung	1662
- Haftung aus Gutachtenvertrag	1670
- Haftung aus unerlaubter Handlung	1954
Sachvortrag	666 ff.
- rechtzeitiger	671
- schlüssiger	667
- substanziierter	667
- umfassender	668
- verspäteter	1347
Sachwalter	1841, 1846
- eigenes wirtschaftliches Interesse	1844
- Eigenhaftung	1838
- Gehilfenhaftung	1846
- Inanspruchnahme persönlichen Vertrauens	1840
- Vergleichsordnung	1852
Sachwaltertätigkeit, Gegenstand der Berufshaftpflichtversicherung	2104
Salvatorische Klausel	750
Satzungsänderung, Auslandsbeurkundung	756

Säumnis	
- Anwalt	680
- Prozessgegner	681
Schaden	1047 ff.
- Ansprüche gegen Dritte	1086
- Anwaltskosten	1055
- Arbeitsaufwand	1053
- Beweislast	1047, 1093, 1965
- Darlegungslast	1094, 1965
- Differenztheorie	1048
- entgangener Gewinn	1057, 1968
- Ersatz Beschaffungskosten	1140
- Ersatzanspruch gegen Dritten	1056
- ersparte Aufwendungen	1081
- Gebrauchsvorteile	1085
- Gesamtvermögensvergleich	1966
- Geschädigter	1088
- hypothetisches Ausgangsverfahren	1062 ff.
- Leitfaden	1097
- mehrere Schädiger	1981
- Mehrkosten	1140
- normativer	1050 ff.
- Nutzungen	1051, 1085
- rechtskräftiges Urteil	1058
- Schätzung	1967
- Steuerschaden	1111
- Steuervorteil	1082, 1111, 1769, 1903, 1970
- stille Reserven	1083
- titulierter Anspruch	1058
- verbotswidriges Geschäft	1057
- Vergleichsabschluss	1060
- Vermögenslosigkeit	1052
- Vorteilsausgleich	1079 ff.
- Zeitaufwand	1053
Schadenminderungspflicht	1978
- Kreditgefährdung	2044
- Mandant	1236
Schadenseintritt	
- anwaltlich verschuldeter Einigungsmangel	1344
- Arrestpfändung	1345

Stichwortverzeichnis

- aussichtslose Klage 1345
- Erbenhaftung 1344
- Fristablauf 1345
- mangelhafter Vertragsentwurf 1344
- Subventionsverlust 1355
- ungünstiger Vergleich 1345
- ungünstiges Vertragsangebot 1344
- unzulässige Teilkündigung 1344
- verspäteter Sachvortrag 1347
- Vertragsrücktritt 1345
- Zwangsversteigerung eines Erbbaurechts 1345

Schadensersatz 1100 ff.

Schadensersatz neben der Leistung
- Begleitschäden 1104 f.
- Beweiserleichterung 1110
- Beweislast 1107 ff.
- c.i.c. 1116 ff.
- Darlegungslast 1107 ff.
- Integritätsinteresse 1104, 1106
- Mangelfolgeschaden 1105 f.
- Mangelschaden 1106
- Nebenpflichtverletzung 1112, 1114
- Nichtleistung 1113
- Pflichtverletzung 1102
- Schaden 1104 ff.
- Schlechterfüllung 1111
- Schlechtleistung 1111
- Schuldverhältnis 1101
- Verantwortlichkeit des Schuldners 1103
- Verschulden bei Vertragsschluss 1116 ff.
- zu vertretende Unmöglichkeit 1115

Schadensersatz statt der ganzen Leistung 1149, 1151

Schadensersatz statt der Leistung 1112 ff., 1122ff., 1131 ff.
- Anspruch auf Leistung 1135
- Aufwendungsersatz 1128 ff.
- Ausschluss der Leistungspflicht 1144 ff.
- Darlegungs- und Beweislast 1137, 1148
- Frist 1124 ff.
- Nichtleistung 1138 ff.
- Rechtsgrundlage 1123
- Schlechterfüllung 1122 ff.
- Schutzpflichtverletzung 1143 ff.
- Teilleistung 1138 ff.
- Unmöglichkeit 1144 ff.
- Voraussetzungen 1123 ff.

Schadensersatz wegen Nichterfüllung, Gebot des sichersten Weges 572

Schadensersatz wegen Schlechtleistung 1203
- aus Dienstvertrag 1100
- aus Werkvertrag 1198 ff.
- Auskunftspflichtverletzung 1760 ff.
- Auskunftsvertrag 1754 ff.
- beigeordneter Anwalt 167
- c.i.c. 1855 ff., 1864 ff.
- Geldersatz 1960
- großer 1131
- kleiner 1128
- Kreditgefährdung 2030, 2040 ff.
- Kündigung des Anwaltvertrages infolge vertragswidrigen Verhaltens 85 ff.
- Kündigung des Anwaltvertrages zur Unzeit 77 ff.
- Naturalrestitution 1960
- neben der Leistung 1100 ff.
- negatives Interesse 1959
- ordentliche Kündigung des Anwaltvertrages 102
- Pflichtverletzung aus dem Treuhandvertrag 1827
- positives Interesse 1960
- Prospekthaftung 1900 ff.
- Quotenvorrecht 1958
- statt der ganzen Leistung 1131 ff.
- Treuhandvertrag 1819 ff.
- unerlaubte Handlung 1951 ff.
- Vertrag mit Schutzwirkung zugunsten Dritter 1706 ff.
- verzögerte Mandatsablehnung 188
- Verzögerungsschaden 1121

1239

Schadensersatzanspruch
- Dritter aus Gutachtenvertrag 1679 ff.
- Entstehungszeitpunkt 1456 ff.
- fehlerhafter Jahresabschluss 1692
- gesetzlicher Übergang 1957 f.
- Inhalt 1090
- mangelhafte Bilanz 1692
- Verjährung 1452 ff.
- Vorteilsausgleich 1970

Schadensverhütung, honorarfreie 590

Schadensverhütungspflicht 582 ff.
- Fehlentscheidung 588
- Hilfs- und Vorsorgemaßnahmen 588
- Musterklage 588
- Prozessauftrag 586
- risikoreiche Maßnahme 588
- Veränderung des Mandatsgegenstandes 585 ff.
- Weisung 588

Scheidungsverfahren, Beiordnung des Anwalts 169

Schiedsvergleich 729

Schikanöses Vorgehen, Sittenwidrigkeit 2035

Schlechterfüllung 1122 ff.
- Schadensersatz neben der Leistung 1111

Schmähkritik 1992, 2000, 2003

Schmerzensgeld 1092, 1957, 1962 f., 2041
- Kapitalbetrag 1963
- Mitverschulden 1972
- Rentenanspruch 1963
- Verletzung des Allgemeinen Persönlichkeitsrechts 1963

Schmiergeld 1845, 2034

Schriftsätze 664 ff.
- Anträge 665
- Kenntnis 552
- Rechtsausführungen 673 ff.
- Sachvortrag 666 ff.
- Unterschriftserfordernis 666

- Verantwortlichkeit für Inhalt 213

Schriftwechsel, Durchsicht 519

Schuldfähigkeit 1221

Schutzbereich der verletzten Norm 1975, 1223

Schutzgesetz 2009 ff.

Schutzpflichtverletzung, Schadensersatz statt der Leistung 1143

Sekundäranspruch 1365 ff.
- haftungsausfüllende Kausalität 1399
- Inhalt 1366
- Mitverschulden 1402
- Rechtsgrund 1372
- Schaden 1399
- sekundäre Hinweispflicht 1381 ff.
- Verjährung 1403 ff.
- Verschulden 1398
- Wirkung 1370
- Zweck 1371

Sekundärhaftung 1365
- Mehrfachberufler 1356

Sekundärverjährung 1365 ff.
- aus Anschlussmandat 1409
- Einrede 1403
- Primäranspruch aus vorvertraglicher Pflichtverletzung 1411

Selbständiges Beweisverfahren 624
- Verjährungshemmung 624, 1516

Sequester, Verletzung vorvertraglicher Pflichten 1852

Sicherheitsleistung, Rückgabe 709

Sicherungsgeschäft, treuhänderisches 1715

Sicherungstreuhand 1790

Silvester-Verjährung 1489

Sittenwidrige Regelung, Risikoaufklärung bei Vertragsgestaltung 749

Sittenwidrige Schädigung 2032 ff., 2048 ff.

Sonderverjährung 1251, 1446, 1451, 1497 ff.

Sorgfaltsmaßstab 947, 967 ff.

Stichwortverzeichnis

Sozien, Berufshaftpflichtversicherung 2154
Sozietät 337 ff.
- Anscheinssozietät 355
- ausscheidendes Mitglied 359 ff.
- Berufshaftpflichtversicherung 2154, 2156
- Berufsrecht 341
- Gesamtmandat 354
- Gesellschaftsrecht 340
- Haftpflichtversicherung 2090 ff.
- Haftung 345 ff.
- Haftung aus unerlaubter Handlung 1952
- Haftungsbeschränkung 449 ff.
- Honorarforderung 876
- internationale 354, 362 ff.
- interprofessionelle 354
- neu eintretendes Mitglied 356 ff.
- Sternsozietät 409
- Weisungsrecht 2055
- Wettbewerbsrecht 342 f.

Sozietätsmitglied, Beschränkung der persönlichen Haftung auf Schadensersatz 453 ff.

Sozietätswechsel, Mandatsübernahmeverbot 39

Sozius
- Berufshaftpflichtversicherung 2090 ff.
- Versicherungsschutz 357

Stellvertreter
- Auskunftspflichtverletzung 1763
- Vertragsschluss für Rechnung eines Dritten 1715

Sternsozietät 409

Steuerberater
- Abtretung Gebührenforderung 858
- als Anlageberater 1308, 1743
- als Anlagevermittler 1309, 1747
- als Treuhänder 1308, 1798, 1800
- Auftragsinhalt 492 ff.
- Auslegung eines unbestimmten Rechtsbegriffs 561
- Belehrung des Mandanten 559
- Beratung des Mandanten 556
- Beweislast bei Pflichtverletzung 955
- Bilanzerstellung 1690
- Bonitätsauskunft 1736
- falsche Auskunft 1767
- Gebot des sichersten Weges 573
- Gesetzeskenntnis 529
- Haftung aus Auskunftsvertrag 1736 ff.
- Jahresabschluss 1661, 1688
- nacheinander tätige 1239 ff.
- Pfändung der Gebührenforderung 868 ff.
- Prospekthaftung 1887
- Schadensverhütungspflicht 584, 589
- Treuhandpflicht 1820
- Unternehmensbilanz 1688
- Vergütungsanspruch 803 ff.
- Vermerke 1685
- Vertragspflichten 483 ff.
- vorvertragliche Nebenpflicht 487
- Warnpflicht bei beschränktem Mandat 497 f.
- Zwischenabschluss 1688

Steuerberaterdienstvertrag, Rücktritt 1155 ff.

Steuerberatergebührenverordnung 802

Steuerberatergesellschaft, Haftung aus Auskunftsvertrag 1737, 1739

Steuerberatersozietät, Mitgliederhaftung 1322

Steuerberatervertrag 479
- Kündigungsausschluss durch AGB 75
- Schutzwirkung für Angehörige des Mandanten 1657
- Schutzwirkung zugunsten Insolvenzgläubiger 1660

Steuerberatung, fehlerhafte 1035

Steuerberatungsgesellschaft, fehlerhafte Auskunft 1767

Steuerrechtliche Beratung 739 ff.

Steuersache, unbefugte Hilfeleistung 2010
Stillhalteabkommen, Verjährungshemmung 1414
Störung der Geschäftsgrundlage 1212
Strafverteidiger 481
- Anwaltsvertrag mit Schutzwirkung zugunsten Dritter 1660
- Auskunft 1734
- Begünstigung 2012
- Belehrung des Mandanten 556
- Geldwäsche 803, 2012
- Hehlerei 2012
- Pflichtverletzung 1962
- Rechtsprüfung 526
- Warnpflicht bei beschränktem Mandat 498
Strafverteidigerkosten 1950
Streitverkündung 661 ff.
- Interventionswirkung 662
- Verjährungshemmung 624, 662, 1516
- Verjährungsunterbrechung 1423, 1428
Strohmanntätigkeit, Gegenstand der Berufshaftpflichtversicherung 2104
Syndikusanwalt, Kündigung des Anwaltsvertrages 69

T

Tatsachenbehauptung, unwahre 1990
Täuschung, arglistige 2034, 2042
Teilleistung 1138 ff.
Teilschlechtleistung 1132, 1165
Terminsanwalt, beschränktes Mandat 493
Terminsbericht 688
Testamentsentwurf, Gebot des sichersten Weges 574
Testamentsvollstrecker, unerlaubte Handlung 1936
Testat 1661, 1667 f., 1685, 1742
Third Party Legal Opinion 1665, 1735, 1742
Todesfallbericht, ärztlicher 1675

Treugeber, Tod 1814
Treugut 1780, 1785
- Insolvenz 1796
- Zwangsvollstreckung 1792 ff.
Treuhand
- auflösende Bedingung 1786
- Beendigung 1786
- Befristung 1786
- echte 1785 ff.
- fiduziarische 1785 ff.
- fremdnützige 1791
- mehrseitige 1822
- Sicherungstreuhand 1790
- unechte 1788 f.
- Verwaltungstreuhand 1791
Treuhandabrede 1615, 1780
Treuhandauftrag, Schadensersatz 1035
Treuhänder
- Aufklärungspflichtverletzung 1828
- Aufwendungsersatz 1806
- Auskunftspflicht 1803
- Herausgabepflicht 1804
- Prozessvollmacht 1789
- Rechenschaftslegung 1803
- Tod 1814
- Vergütung 1806, 1810 f.
- Vollstreckungsvereitelung 1787
- Vorschuss 1806
- Weisungsgebundenheit 1821
Treuhändervollmacht 1788
Treuhandpflicht 1819
Treuhandpflichtverletzung
- Darlegungs- und Beweislast 1823
- haftungsausfüllende Kausalität 1825
- haftungsrechtliche Zurechnung 1826
- Schadensersatz 1827 ff.
- Verschulden 1824
Treuhandschaden 1827 ff.
Treuhandschaften 1784 ff.
Treuhandvereinbarung zugunsten Dritter 1616

Treuhandverhältnis	1780 ff.
- auf bestimmte Zeit	1807
- Aufrechung	923
- Beendigung	1807
- Gesellschaftsrechtliche Bindungen	1783
- Zurückbehaltungsrecht	925
Treuhandvertrag	479, 1615, 1781
- Aufhebung	1808
- Beratungsfehler	1035
- entgeltlicher	1810
- Haustürgeschäft	1783
- Insolvenz des Treugebers	1813
- Insolvenz des Treuhänders	1813
- Kündigung	1809 ff.
- Pflichten	1803 ff.
- Pflichtverletzung	1819
- Rechtsnatur	1799 ff.
- Schadensersatzpflicht	1819 ff.
- Schutzwirkung zugunsten Dritter	1660, 1801
- unentgeltlicher	1809
- Verbot widerstreitender Interessen	1815
- Verjährung	1832
- Vertragsänderung	1822
- wechselseitige Pflichten	1803 ff.
- Weisungen	1821

U

Üble Nachrede	1986
Ultimo-Verjährung	1489
Unerlaubte Handlung	
- § 823 Abs. 1 BGB	1924 ff.
- § 823 Abs. 2 BGB	2008 ff.
- § 824 BGB	2024 ff.
- § 826 BGB	2032 ff.
- § 831 BGB	2052 ff.
- Anspruchskonkurrenz	1925
- Anstifter	1928, 1951, 1981
- Berufshaftung	2047 ff.
- Beteiligung	1928
- Beweiserleichterung	1942
- Beweislast	1940 ff., 2021
- Darlegungslast	1940 ff., 2021
- Drittschadensliquidation	1956
- Ersatzberechtigte	1955 ff.
- Ersatzpflichtige	1951 ff.
- Expertenhaftung	2047 ff.
- Fahrlässigkeit	1939
- Gehilfe	1928, 1951, 1981
- Gesamtschuldner	1928, 2054
- geschützte Rechtsgüter	1930
- Güter- und Interessenabwägung	1932
- Haftung für Verrichtungsgehilfen	2052 ff.
- haftungsausfüllende Kausalität	1946
- haftungsrechtliche Zurechnung	1948 ff.
- hypothetische Schadensursache	1960
- Kausalität	2019
- Kreditgefährdung	2024 ff.
- Mittäter	1928, 1951, 1981
- Mitverschulden	1971 ff., 2020, 2054,
- offene Verletzungstatbeständen	1932
- Rechtswidrigkeit	1931 f., 2016
- Schadensersatz	1951 ff.
- Schutzbereich	1949 f.
- Schutzgesetz	2009 ff.
- sittenwidrige vorsätzliche Schädigung	2032 ff.
- sonstige Rechte	1930
- Verjährung	1337, 1926
- Verletzung eines absoluten Rechts	1930
- Verschulden	1926, 2017
- Verstoß gegen Schutzgesetz	2008 ff.
- Vorsatz	1938, 2019
- widerrechtliche Verletzung	1931 ff.
- Zurechnung	1948 ff., 2019
- mehrere Schädiger	1981
Ungerechtfertigte Bereicherung	1919 ff.
- Verjährung	1337
UN-Kaufrecht, Gesetzeskenntnis	543
Unkenntnis, grob fahrlässige	1485

Stichwortverzeichnis

Unmöglichkeit	944
- anfängliche	1146
- Befreiung von der Gegenleistung	1172 ff.
- nachträgliche	1144
- Rücktritt	1171 ff.
- Schadensersatz neben der Leistung	1115
- Schadensersatz statt der Leistung	1144 ff.
Unterbevollmächtigter	229 ff.
- Gebührenanspruch	231
- gesamtschuldnerische Haftung mit Hauptbevollmächtigten	253
- Sorgfaltspflichten	252
- gesetzlicher Ausschluss	245
- Kartellsystem	233 ff.
- Rechtsfolgen eigenmächtiger	254
- Rechtsfolgen wirksamer	247 ff.
- Voraussetzungen	241 ff.
Unterlassung	
- ehrverletzende Äußerungen	1990 ff., 1998 ff., 2003
- künftige Störung	1961
Unterlassungsanspruch	2002 ff.
- Erstbegehungsgefahr	2006
- künftige Rechtsgutsverletzung	2006
- Wiederholungsgefahr	2005
Unterschlagung	2012
Untreue	2012, 2014
Unzurechnungsfähiger, Haftung	1951
Urheberrecht	1930
Urkundenprozess, Klageerhebung	660

V

Verbraucherschutzgesetz, Gebot des sichersten Weges	580
Verbraucherverträge, Inhaltskontrolle	1563
Verbund	406
- anwendbares Recht	407
- Begriff	406
- Haftung	408
Verein, Haftung aus unerlaubter Handlung	1952
Verfahrenseinleitung, unlautere	2036
Vergleich	
- Abwägung der Vor- und Nachteile	718 ff.
- anwaltliche Pflichten	711 ff.
- außergerichtlicher	729
- Empfehlung des Prozessgerichts	720
- Inhalt	723
- Rechtsnatur	712
- schiedsrichterliches Verfahren	729
- Widerruf	724 ff.
- Wirksamkeit	712
Vergleichsverhandlungen	
- Aufklärung des Auftraggebers	716
- Entscheidung des Auftraggebers	714
- Pflichten des Anwalts	713 ff.
Vergütung	
- Anwaltsdienstvertrag	805
- Anwaltswerkvertrag	805
- Aufklärung über Gebührenhöhe	814 ff.
- Auslandssache	806
- echter Anwaltsvertrag	805 ff.
- Erfolgshonorar	849 ff.
- Gebührenabschlag „Ost"	807
- Gebührenüberhebung	849
- gekündigter Anwaltsdienstvertrag	880 ff.
- gekündigter Anwaltswerkvertrag	803 ff.
- Hinweispflicht des Anwalts	805
- honorarfreie Leistung	813
- Kündigung des Anwaltsvertrages	879 ff.
- Maklervertrag	808
- Stundensatzvereinbarung	833
- unechter Anwaltsvertrag	808 ff.
- Verjährung	909 ff.
- Vorschuss	824, 839

1244

Vergütungsanspruch, Dritthaftung 813
Vergütungsprozess 812
- Eigenhaftung 1118, 1838 ff., 1576
- Eigenhaftung gegenüber Dritten 1839
- Haftung 1835 ff.

Verjährung
- amtliche Anwaltstätigkeit 1285 ff.
- amtsähnliche Anwaltstätigkeit 1285
- Anspruch auf Rechenschaftslegung 1336
- Ansprüche aus ungerechtfertigter Bereicherung 1337, 1922
- Ansprüche aus Geschäftsführung ohne Auftrag 1922
- Anspruchskonkurrenz 1439, 1534
- Anspruchssicherung durch Anwalt 612 ff.
- anwaltsfremde Tätigkeit 1306 ff.
- Arglisteinrede 2074
- Auskunftsanspruch 1336
- Auskunftsanspruch 1455
- Bereicherung aus unerlaubter Handlung 2071
- Beseitigungsanspruch 1987
- drohende 198 ff., 1319
- Einrede 616
- Fristenkontrolle 613
- Geschäftsführung ohne Auftrag 1337
- Gutachtenvertrag 1684
- Herausgabeanspruch 1336, 1455
- Honorarforderung 909 ff.
- Leitfaden zum alten Verjährungsrecht 1594
- Leitfaden zum neuen Verjährungsrecht 1595
- Mängelansprüche aus Werkvertrag 1497 ff.
- Mehrfachberufler 1304 ff.
- Nebenleistungen 1540 f.
- Neubeginn 1490, 1528 ff.
- neues Verjährungsrecht 1259 ff.
- Primärverjährung 1265 ff.
- Prospekthaftung im engeren Sinne 1905 ff.
- Prospekthaftung im weiteren Sinne 1912
- quasi-negatorische Abwehransprüche 1987
- Rechenschaftslegungsanspruch 1455
- Regelverjährung 1444
- Regressanspruch 491, 1251 ff.
- Risiko-Schaden-Formel 1281, 1342 ff.
- Rücktritt 1542
- Schadensersatzanspruch
- - Ausgleich eines Vermögensverlustes 1493
- - aus Anwaltsvertrag 1329, 1454
- - aus Dienstvertrag 1301 ff.
- - aus gemischtem Anwaltsvertrag 1331
- - aus gesetzlichem Schuldverhältnis 1454
- - aus Steuerberatervertrag 1329, 1454
- - aus Treuhandvertrag 1832
- - aus unechtem Rechtsberatervertrag 1454
- - aus unerlaubter Handlung 1337, 2067 ff., 2070
- - aus Verschulden bei Vertragsschluss 1315 ff., 1871 ff.
- - aus Werkvertrag 1302 ff.
- - bei Anbahnung eines Treuhandverhältnisses 1315
- - eines Dritten aus Prüfvertrag 1695
- - gegen Abschlussprüfer 1259
- - gegen Anwalt 1276
- - gegen Anwaltsgesellschaft 1277
- - gegen Anwaltsnotar 1297 ff.
- - gegen beigeordneten Anwalt 1290 ff.
- - gegen Beistand 1293 f.
- - gegen Betreuer 1288
- - gegen Gesamtschuldner 1320 ff.
- - gegen Insolvenzverwalter 1287
- - gegen Mitglied des Gläubigerausschusses 1287

- - gegen Mitglied des Gläubigerbeirats 1287
- - gegen Nachlassverwalter 1288
- - gegen Notar 1296
- - gegen Patentanwalt 1276
- - gegen Patentanwaltsgesellschaft 1277
- - gegen Pfleger 1288
- - gegen Pflichtverteidiger 1294
- - gegen Rechtsbeistand 1276
- - gegen Steuerberater 1278
- - gegen Steuerberatungsgesellschaft 1278
- - gegen Steuerbevollmächtigten 1278
- - gegen Testamentsvollstrecker 1288
- - gegen Treuhänder im Rechtschuldbefreiungsverfahren 1287
- - gegen Vormund 1288
- - gegen Wirtschaftsprüfer 1279, 1302, 1315
- - gegen Wirtschaftsprüfungsgesellschaft 1279, 1302
- - wegen fehlerhafter Auskunft 1774 ff.
- - wegen Verletzung höchstpersönlicher Rechtsgüter 1492
- - wegen Verletzung nachvertraglicher Pflicht 1319
- Sekundäranspruch 14033 ff.
- Sekundärhaftung 201
- Sekundärverjährung 1265 ff.
- Sonderverjährung 1251, 1446, 1451
- Tätigkeit als „Gütestelle" 1289
- Tätigkeit als Konkursverwalter 1287
- Tätigkeit als Liquidator 1286
- Tätigkeit als Sachwalter 1287
- Tätigkeit als Schiedsrichter 1286
- Tätigkeit als Sequester 1287
- Tätigkeit als Vergleichsverwalter 1287
- Tätigkeit als Zwangsverwalter 1287
- treuhänderische Tätigkeit 1286
- Übergangsrecht 1251 ff., 1262 ff., 1272, 1594
- Überleitungsvorschriften 1252 ff., 1262
- Unterlassungsanspruch 1987
- Vertrag mit Schutzwirkung zugunsten Dritter 1313
- Vertrag zugunsten Dritter 1313
- Vertraglicher Schadensersatzanspruch des Auftraggebers 1283 ff.
- Vertragserfüllungsanspruch 1455
- werkvertragliche Mängelansprüche 1497 ff.
- Wirkung (§ 214 Abs. 1 BGB) 1535 ff.
Verjährungsbeginn 1264 ff.
- § 198 BGB a.F. 1340
- Anspruchsentstehung 1456 ff.
- dreißigjährige Verjährungsfrist 1493
- Kenntnis 1462 ff.
- Kenntnis bei Drittschadensliquidation 1481
- Kenntnis bei einmaliger Schadenshandlung 1466 ff.
- Kenntnis bei mehreren Schadenshandlungen 1470
- Kenntnis der den Anspruch begründenden Umstände 1472
- Kenntnis der Person des Schuldners 1474 ff.
- Kenntnis des Erblassers 1482
- Kenntnis des gesetzlichen Vertreters 1478
- Kenntnis des Wissensvertreters 1479
- Kenntnis des Zedenten 1483
- Kenntnis Dritter 1477 ff.
- kenntnisunabhängiger 1258, 1271, 1274
- mit Beendigung des Auftrags 1348
- mit Entstehung des vertraglichen Schadensersatzanspruchs 1339 ff.
- nachvertraglicher Regressanspruch 1359
- Primäranspruch 1339 ff.
- Risiko-Schaden-Formel 1342 ff.
- Schadenseintritt 1342 ff.

- Schadensersatzanspruch
- - aus steuerlicher Beratung 1353
- - des Auftraggebers 1339 ff.
- - gegen Abschlussprüfer 1357
- - gegen Steuerberater 1352 ff.
- - gegen Steuerberatungsgesellschaft 1352 ff.
- - gegen Steuerbevollmächtigte 1352 ff.
- - i.S.d. § 280 Abs. 1 BGB 1456
- - i.S.d. § 281 BGB 1458
- - i.S.d. § 282 BGB 1461
- - i.S.d. § 283 BGB 1461
- - i.S.d. § 311a BGB 1461
- - wegen Verletzung höchstpersönlicher Rechtsgüter 1492
- Sonderverjährung 1446
- Spätschäden 1360
- Unkenntnis 1484 ff.
- Unkenntnis des gesetzlichen Vertreters 1488
- Unkenntnis des Wissensvertreters 1488
- vorvertraglicher Regressanspruch 1358
- zehnjährige Verjährungsfrist 1493
- Zurechnung der Kenntnis Dritter 1477 ff.

Verjährungseinrede
- § 222 BGB a.F. 1433
- Arglisteinwand 1438
- rechtsmissbräuchliche 1543
- rechtmissbräuchliche (§ 222 BGB a.F.) 1437
- Verzicht 1503
- Verzicht (§ 225 BGB a.F.) 1434 ff.

Verjährungserleichterung
- § 225 BGB a.F. 1442
- AGB 1556, 1557 ff.
- Aufklärung des Auftraggebers 1582 ff.
- Aushandeln 1578
- Einzelvereinbarung 1573 ff.
- grobe Fahrlässigkeit 1577
- Inhaltskontrolle 1561 ff.
- Klauselverbote gemäß § 309 BGB 1560
- richterliche Prüfung 1562 ff.
- Sittenwidrigkeit 1584 ff.
- unangemessene Benachteiligung 1565 ff.
- unwirksame AGB 1591
- unwirksame Einzelvereinbarung 1590
- Verstoß gegen Treu und Glauben 1584 ff.
- Ziel 1555

Verjährungsfrist
- Ausschluss der Verlängerung 2120
- Gesamtschuldner 1320 ff.
- Vergleich zwischen alt- und neurechtlicher 1268
- Verlängerungsvereinbarung 1269
- Überwachung 613

Verjährungshemmung 614 ff., 1412, 1490
- §§ 203 ff. BGB 1447, 1501 ff.
- Ablaufhemmung 1507, 1522 ff.
- Aufrechnung 1516
- außergerichtliches Güteverfahren 623
- Ende (§ 204 Abs. 2 BGB) 1517 ff.
- familiäre Gründe 1521
- Feststellungsklage 619
- Gesamtschuldner 1413
- Gründe (§§ 202 ff. BGB a.F.) 1412 ff.
- Güteantrag 1516
- höhere Gewalt 1521
- Klageabweisung 1515
- Klageerhebung 617 ff.
- Klageerhebung (§ 204 Abs. 1 Nr. 1 BGB) 1509 ff.
- Klagerücknahme 1515
- Leistungsverweigerungsrecht (§ 205 BGB) 1520
- Mahnverfahren 621, 1516
- Nachfrist 1522
- negative Feststellungsklage 619
- Neubeginn der Hemmung 1518
- postalische Verzögerung 1416

1247

- Prozesskostenhilfeantrag 620, 1415, 1516
- Rechtsverfolgung (§ 204 BGB) 1508 ff.
- Regressanspruch
  (§ 852 Abs. 2 BGB a.F.) 1417
- Schlichtungsverfahren 623
- selbständiges Beweisverfahren 624, 1516
- Sonderverjährung 1446
- Stillhalteabkommen 1414
- Streitverkündung 624, 1516
- Stufenklage 1511
- Teilklage 619
- Umfang 1512
- verdeckte Teilklage 1514
- Verhandlungen (§ 203 BGB) 1502
- Verhandlungsabbruch 1506
- Verletzung der sexuellen Selbstbestimmung 1521
- wahlweise gegebener Anspruch 1523 ff.
- Wirkung (§ 209 BGB) 1526
- Zuständigkeitsbestimmung 1516

Verjährungshöchstfristen 1491 ff.
- Neubeginn der Verjährung 1491
- Verjährungshemmung 1491

Verjährungsunterbrechung
- § 212 BGB 1448
- Anerkenntnis (§ 208 BGB a.F.) 1419
- Aufrechnung
  (§ 209 Abs. 2 BGB a.F.) 1423, 1428
- Inanspruchnahme von Primärrechtsschutz 1424
- Klageerhebung
  (§ 209 Abs. 1 BGB a.F.) 1420
- Mahnverfahren
  (§ 209 Abs. 2 BGB a.F.) 1422
- Regressklage (§ 209 BGB a.F.) 1425
- Streitverkündung
  (§ 209 Abs. 2 BGB a. f.) 1423, 1428
- Umfang 1421
- Unterbrechungszeit
  (§§ 211 ff. BGB a.F.) 1427
- Wegfall der Unterbrechungswirkung 1428
- Wirkung (§ 217 BGB a.F.) 1426

Verjährungsvereinbarung 1544 ff.
- AGB 1557 ff.
- Einzelvereinbarung 1573 ff.
- Form 1548
- geschützte Dritte 1554 ff.
- Haftungsbeschränkung 1550 ff.
- Inhalt 1545
- Leitlinie 1549
- Verjährungserleichterung 1555
- Vertragspartner 1574 ff.
- Zeitpunkt 1548

Verjährungsvollendung 1431, 1495

Verkehrsanwalt 207 ff.
- beschränktes Mandat 493
- Fristenkontrolle 222
- gesamtschuldnerische Haftung mit Prozessbevollmächtigten 224
- Haftung 218 ff.
- Kostenerstattung 207
- Pflichtenkreis 211
- Sachverhaltsermittlung 221
- Überwachung der Rechtsmittelfrist 219
- Überwachung der Tätigkeit des Prozessbevollmächtigten 220
- Vollziehung einstweilige Verfügung 222

Verkehrsanwaltsvertrag
- Abschluss 209
- konkludenter Vertragsschluss 17

Vermittler
- eigenes wirtschaftliches Interesse 1844
- Eigenhaftung 1838 ff.
- Gehilfenhaftung 1846
- Inanspruchnahme persönlichen Vertrauens 1840

Vermögensgefährdung 1342 ff.

Vermögensschaden, Definition 2109

Stichwortverzeichnis

Vermögensverwaltung 479
- Gegenstand der Berufshaftpflichtversicherung 2103
Verrichtung 2058
Verrichtungsgehilfe 799, 2055 ff.
- Entlastung 2060 ff.
- Entlastungsbeweis 2063
- Haftung 795 ff., 2052 ff.
- Haftung für 799 f., 2052 ff.
- Widerlegung der Ursächlichkeitsvermutung 2064
Verschmelzungsvertrag, Auslandsbeurkundung 756
Verschulden 597, 966 ff.
Verschulden bei Vertragsschluss 174
→ auch c.i.c.
- Dritthaftung 1663
- Schadensersatz neben der Leistung 1116 ff.
Verschulden
- Arbeitsüberlastung 976
- ausländischer Anwalt 978
- Beweislast 985
- Computerdefekt 975
- Fachanwalt 978
- Krankheit 971
- Leitfaden 987
- materielles 970
- prozessuales 970
- Rechtsirrtum 979 ff.
- seelische Belastung 973
- situationsbezogene Umstände 971 ff.
- Sorgfaltsmaßstab 967 ff.
- Telefaxstörung 975
- Treuhandpflichtverletzung 1824
- unerlaubter Handlung 1937 ff.
- Unfall 975
- Verkehrsstau 975
- vorvertragliche Pflichtverletzung 1860
Verschwiegenheitspflicht 765 ff.
- Ausnahmen 769 ff.
- Einwilligung 770

- Rechtsgrundlagen 766 ff.
Verschwiegenheitsrecht 774
Versicherer
- Mitteilung an Rechtsanwaltskammer 2085, 2168
- Regress 2195
Versicherung
- Allgemeine Versicherungsbedingungen 2080 ff.
- Anzeigenpflichtverletzung 2206
- Aufrechnung 2202
- Direktanspruch des Geschädigten 2206
- Direktanspruch des Mandanten 2200, 2206
- Obliegenheitsverletzung 2206
- Zahlungsverzug 2206
Versicherungsagent, eigenes wirtschaftliches Interesse 1845
Versicherungsfall 2101, 2169 ff.
- Anzeigeobliegenheit des Versicherungsnehmers 2178
- Anzeigepflicht 2175
- Definition 2169
- mehrere 2171
Versicherungsmakler 478
Versicherungsnehmer, vorvertragliche Anzeigepflichten 2173
Versicherungspflicht 2084
Versicherungspolice 2153
Versicherungsschutz
- Beginn 2163 f., 5153
- Ende 2161
- Umfang 2164
- vorläufige Deckung 2163
Versicherungsverhältnis, Schutzwirkung zugunsten Dritter 1675
Versicherungsvertrag, ausländischer Versicherer 2083
Versicherungsvertragsgesetz, Reform 2206
Versorgungsausgleich, Gebot des sichersten Weges 572

1249

Vertrag mit Schutzwirkung zugunsten Dritter 1641 ff.
- Angehörige des Mandanten 1654 ff.
- Anspruchskonkurrenz mit Prospekthaftung 1885
- anwaltsuntypische Leistung 1705
- Aufrechnung 1710
- Auskunftspflicht 1666 ff.
- Auskunftsvertrag 1664 ff., 1742
- Auslegung 1642
- Einwendungen 1709
- Forderungsrecht des Versprechensempfängers 1720
- GmbH 1659
- Grenzen 1699 ff.
- Haftungsbeschränkung 415
- Interessenabwägung 1651
- objektive Voraussetzungen 1644 ff.
- Rechtsfolgen 1706 ff.
- Schutzbereich 1645 ff.
- Schutzwirkung 1642 f.
- Schutzwirkung für GmbH 1659
- schutzwürdiges Interesse 1649
- sekundärer Schadensersatzanspruch 1641
- subjektive Voraussetzungen 1650
- Treuhandvertrag 1801
- Verbot widerstreitender Interessen 1702 ff.
- Voraussetzungen 1644 ff.
- vorvertragliches Verhältnis 1652

Vertrag zugunsten Dritter 1608 ff.
- Aufrechnung 1622, 1629, 1638
- Auskunftsvertrag 1614
- Auslegung 1608 ff.
- begünstigter 1618 ff.
- Deckungsverhältnis 1617 ff., 1631 ff.
- echter 1610
- Einwendungen aus Valutaverhältnis 1637
- Einwendungen gegenüber Dritten 1624 ff.
- fehlerhaftes Deckungsverhältnis 1631 ff.
- Forderungsrecht des Versprechensempfängers 1621 ff.
- Freistellung von Ersatzpflicht 1622
- Mitverschulden 1628, 1638
- Störung der Geschäftsgrundlage 1617
- unechter 1611
- ungerechtfertigte Bereicherung 1632 ff.
- unwirksames Deckungsverhältnis 1631 ff.
- Valutaverhältnis 1636 ff.
- vertragsgestaltende Erklärungen 1630
- Vertragspartner 1608
- Vollzugsverhältnis 1638
- Zurückweisung des Rechts 1618

Vertrag, Auslandsbeurkundung 757 ff.
Vertragsbruch, Sittenwidrigkeit 2034
Vertragsgehilfe, Verantwortlichkeit 2065
Vertragssprache 760
- Einbeziehung von AGB 761
- UN-Kaufrecht 761

Vertragsurkunde, Durchsicht 519
Vertragsverhältnis 1284
Vertrauensschaden 1090, 1864
Vertreter
- amtlich bestellter 270
- Bestellung durch Anwalt 269
- eigenes wirtschaftliches Interesse 1844
- Eigenhaftung 266, 274 ff., 1838
- Freistellungsanspruch 267, 281
- Gehilfenhaftung 1846
- Haftung des beauftragten Anwalts 271 f.
- Inanspruchnahme persönlichen Vertrauens 1840
- Mitverschulden 1224, 1126

Veruntreuung, Versicherungsschutz 2122
Verwaltungsgerichtsbarkeit, Nachweis der Prozessvollmacht 659

Stichwortverzeichnis

Verwaltungtreuhand 1791
Verwaltungsverfahren, hypothetisches
Ausgangsverfahren 1067 ff.
Verwirkung
- Honorarforderung 907 f.
- Maklerprovision 908
Verzögerungsschaden 1121
Verzug 944
Völkerrecht, Gesetzeskenntnis 543
Vollmachtsmissbrauch, Sittenwidrigkeit 2034
Vollmachtstreuhand 1788
Vollstreckungsantrag, unberechtigter 2029
Vollstreckungstitelerschleichung, Sittenwidrigkeit 2034
Vollstreckungsvereitelung 2015
Vorformulierte Vertragsbedingung
- Begriff 420
- Haftungsbeschränkung 432 ff.
Vorpfändung 704
Vorsatz, Irrtum 2039
Vorschuss 824, 839
- Rückerstattung 900
Vorsteuerabzug, Gebot des sichersten Weges 573
Vorteilsausgleich 1079 ff., 1869, 1970
- Ansprüche gegen Dritte 1086
- Beweislast 1087
- Darlegungslast 1087
- ersparte Aufwendungen 1081
- Gebrauchsvorteile 1085
- Nutzungen 1085
- Steuervorteile 1082
- stille Reserven 1083
Vorvertragliche Haftung → c.i.c.
Vorwärtsversicherung 2154

W

Wahrheitspflicht, Zivilprozess 2010
Warnpflicht 1112, 1123, 1857
- beschränktes Mandat 498
- Steuerberater 497 f.

Weisung 504, 736
- Beweislast 105, 505, 960 f.
- des Mandanten 48, 97, 932 ff.
- Pflichtwidrigkeit 951
- Treuhandvertrag 1821
Werkvertrag 6 ff., 480, 489 f. 1183 ff.
- Abnahme 1184 f.
- Anwaltsvertrag 7
- Ersatz vergeblicher Aufwendungen 1208 f.
- Gutachtenvertrag 1669 ff.
- Mängelhaftung 480, 1183 ff.
- Mängelhaftung des Werkunternehmers 1183
- Mängelrechte des Bestellers 1186 ff.
- Minderung 1197
- mit Schutzwirkung für Dritte 1686 ff.
- Nacherfüllung 1190 ff.
- Nichtleistung des Werkunternehmers 1210
- Rücktritt 1159, 1196
- Schadensersatz 1198 ff.
- Schadensersatz bei nachträglicher Unmöglichkeit 1206
- Schadensersatz vor Abnahme 1184
- Schadensersatz wegen Schlechterfüllung 1203
- Schutzpflichtverletzung 1211
- Selbstvornahme 1194 f.
- treuhänderische Geschäftsbesorgung 1811
- Verjährung 480, 1497 ff.
Wertpapierdienstleistungsunternehmen 1743
Werturteil 1991 f., 2003
Widerruf unwahre Behauptung 1989 ff.
- ehrenrührige Äußerungen 1990
- ehrenrührige Behauptung 1993, 1961
- ehrkränkende Behauptung 1986
- eingeschränkter 1994
- Formalbeleidigung 1995
- Richtigstellung 1996

1251

- unwahre Behauptung 1988
- Vergleich 724 ff.
- Veröffentlichung 1997
Widerrufsvergleich, Verjährungshemmung 1505
Widerspruch, Versicherungsnehmer 2152
Wiederbeschaffungswert 1090
Wiedereinsetzung in den vorigen Stand 696
Wirtschaftlicher Druck, Sittenwidrigkeit 2034
Wirtschaftsprüfer
- als Anlageberater 1743
- als Anlagevermittler 1747
- als Treuhänder 1798, 1800
- Auskunftspflicht aus Vertrag mit Schutzwirkung 1667
- Bonitätsauskunft 1661, 1664
- falsches Testat 1688
- Haftung aus c.i.c. 1842
- Jahresabschluss 1661, 1688
- Pfändung der Gebührenforderung 869 ff.
- Pflichtprüfung 1667, 1688
- Prospekthaftung 1887
- steuerliches Gutachten 1661
- Treuhandpflicht 1820
- Verstoß gegen Schutzgesetz 2011
- vorvertragliche Nebenpflicht 487 f.
Wirtschaftsprüfergesellschaft, Gutachtenvertrag mit Schutzwirkung für Dritte 1675
Wirtschaftsprüfervertrag 479
- Schutzbereich 1690
- Schutzwirkung zugunsten Dritter 1658, 1660
Wirtschaftsprüfungsgesellschaft
- Bonitätsauskunft 1740, 1742
- unrichtige Vermögensaufstellung 1688

Wissensvertreter 1479
- Unkenntnis 1488

Z

Zahnarzt-GmbH, Zulässigkeit 389
Zeugnisverweigerungsrecht 774
Zinsen, Verjährung 1541
Zurechenbarkeit, Leitfaden 1097
Zurechnung 1014 ff.
- Adäquanz 1015 ff.
- Gerichtsfehler 1024 ff.
- Handlungen des Mandanten 1018 ff.
- Handlungen Dritter 1021 ff.
- hypothetische Kausalität 1036 ff.
- mangelhaftes Gutachten 1680
- rechtmäßiges Alternativverhalten 1043 ff.
- Schutzzweck der Norm 1032 ff.
- Tätigwerden mehrerer Anwälte 294 ff.
- Treuhandpflichtverletzung 1826
- unerlaubte Handlung 2019
Zurückbehaltungsrecht 790
- Geldforderung 925
- Handakten 788 ff., 926
- Treuhandverhältnis 925
Zwangsverwalter, Vermögensschaden-Haftpflichtversicherung 2107
Zwangsvollstreckung
- Abwendung 708
- Beseitigungsmaßnahme 1988
- Betreibung 700
- Durchführung 699
- eigennützige Treuhand 1795
- einstweilige Einstellung 707
- Freigabe der Pfandsache 1936
- fremdnützige Treuhand 1792
- Regressanspruch 1338
- schuldnerfremde Gegenstände 1933
- Schutzanträge 707
- Unterlassungsgebot 1988